DICTIONNAIRE USUEL

DE

LÉGISLATION

DU MÊME AUTEUR :

A LA MÊME LIBRAIRIE

Législation et jurisprudence scolaires. — *Questions diverses.* 1 vol. in-12. . . . . 1 fr. 60 c.

DICTIONNAIRE USUEL

DE

LÉGISLATION

COMPRENANT

LES ÉLÉMENTS DU DROIT CIVIL, COMMERCIAL, INDUSTRIEL MARITIME, CRIMINEL, ADMINISTRATIF, ETC.

PAR ERNEST CADET

DOCTEUR EN DROIT, LAURÉAT DE L'INSTITUT, CHEVALIER DE LA LÉGION D'HONNEUR
OFFICIER DE L'INSTRUCTION PUBLIQUE, ETC.

MIS AU COURANT

PAR PAUL FERRAND

DOCTEUR EN DROIT, OFFICIER DE L'INSTRUCTION PUBLIQUE

Ouvrage adopté pour les bibliothèques scolaires et populaires et les bibliothèques pédagogiques, couronné par la Société pour l'instruction élémentaire (*Médaille d'argent*, 1869), par la Société d'encouragement au bien (*Médaille d'honneur*, 1870), par la Société des anciens élèves de l'école normale de Versailles (*Médaille de vermeil*, 1874).

MÉDAILLE D'ARGENT A L'EXPOSITION UNIVERSELLE DE 1889

HUITIÈME ÉDITION

Avec un deuxième SUPPLÉMENT contenant les principales modifications apportées à la législation depuis la précédente édition jusqu'au 31 janvier 1895.

PARIS

LIBRAIRIE CLASSIQUE EUGÈNE BELIN

BELIN FRÈRES

RUE DE VAUGIRARD, 52

1895

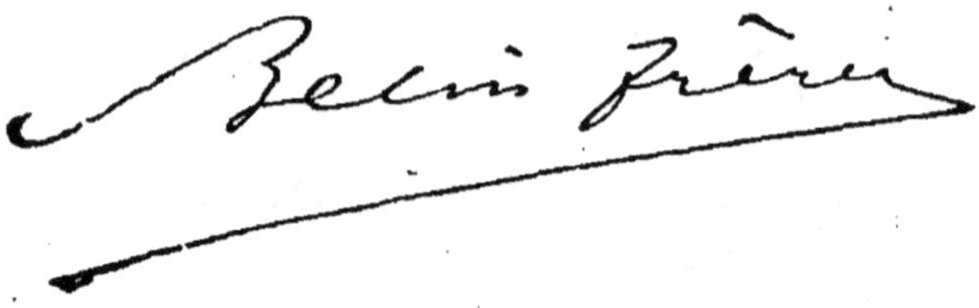

SAINT-CLOUD. — IMPRIMERIE BELIN FRÈRES.

PRÉFACE

DE LA PREMIÈRE ÉDITION

Depuis quelques années, surtout depuis l'organisation du nouvel enseignement appelé *secondaire spécial*, il a paru divers ouvrages de législation usuelle, dont plusieurs sont recommandables. Mais on peut regretter que les auteurs se soient généralement astreints à suivre des programmes officiels, trop développés sur certains points, muets et incomplets sur d'autres, et qui, en tout cas, sont, comme tout programme, sujets à modifications.

Chargé du *Cours de législation usuelle* que l'Association philotechnique pour l'instruction gratuite des ouvriers a bien voulu créer, sur nos instances, en 1861, nous avons été souvent sollicité par nos auditeurs d'entreprendre la publication d'une sorte de manuel renfermant toutes les notions de droit qu'il peut être intéressant de posséder. Nous nous sommes mis à l'œuvre en cherchant à faire un livre qui fût également utile aux maîtres et aux élèves, comme à toute personne désireuse de s'initier à des connaissances que nul n'est censé ignorer.

Pour rendre les recherches plus faciles, nous avons cru devoir adopter la forme d'un Dictionnaire, en multipliant les mots de renvoi, de manière à mettre le lecteur, le moins versé en législation, à même de trouver aisément la matière sur laquelle il a besoin de se renseigner.

Une *table méthodique* permet aux professeurs et aux élèves d'étudier successivement, dans un ordre rationnel, les matières qui font l'objet des cours de 3e et 4e années de l'enseignement spécial.

Il va sans dire que notre Dictionnaire est au courant des modifications apportées à la législation par les lois les plus récentes.

Nous aimons à espérer que le public fera bon accueil à cet ouvrage, fruit d'un travail de plusieurs années.

E. C.

Paris, 13 février 1869.

PRÉFACE

DE LA DEUXIÈME ÉDITION

Notre espoir n'a pas été trompé, et les nombreux témoignages d'approbation que nous avons reçus (1) nous décident à donner aujourd'hui une édition nouvelle et entièrement refondue de notre travail, édition d'autant plus nécessaire que, depuis 1870, la législation a été considérablement modifiée.

E. C.

Paris, 25 septembre 1872.

---

(1) « Votre dictionnaire vient combler une lacune sérieuse en dispensant de recourir aux ouvrages spéciaux et volumineux dont tout le monde n'est pas en état de faire utilement usage. »

M. Frédéric PASSY.

« Quand verrons-nous les notions élémentaires de droit enseignées dans nos écoles primaires?... En attendant ce jour-là, qui sera bien forcé de venir, nous devons nous tenir heureux d'avoir des livres comme le vôtre qu'on puisse mettre à la disposition de tous dans les bibliothèques populaires. »

M. Jean MACÉ.

« Il me semble difficile, dans les proportions où vous vous êtes avec raison renfermé, de faire un travail mieux conçu et plus pratique. »

M. MARGUERIN, *directeur de l'Ecole municipale Turgot*, etc.

« C'est un excellent ouvrage appelé à rendre de grands services aux élèves de nos écoles et aux gens du monde. »

M. MENU DE SAINT-MESMIN, *préfet général des Etudes au collège Chaptal*, etc.

« C'est une œuvre très remarquable, dont l'utilité est de tous les instants. »

M. DE BEAUPRÉ, *docteur en droit*.

« C'est un ouvrage à consulter dans toutes les positions de la vie. »

M. WATELLE, *proviseur du lycée de Saint-Omer*.

« C'est un bien utile et excellent ouvrage, clair et fort instructif. »

M. GRÉARD, *inspecteur de l'Académie de Paris*.

PRÉFACE

DE LA TROISIÈME ÉDITION

Depuis 1872, de nombreuses et importantes modifications ont été apportées à la législation, tant dans l'ordre civil que dans l'ordre politique.

Pour continuer à mériter la faveur du public, nous donnons aujourd'hui une troisième édition, remaniée de fond en comble, de notre *Dictionnaire*. Nous en avons profité pour compléter sur divers points un ouvrage destiné non seulement à ceux qui ont besoin d'apprendre, mais aussi à ceux qui ont besoin de se souvenir et à qui il est utile d'avoir constamment sous la main, dans un format commode, avec l'indication des sources, l'abrégé des sujets les plus usuels de droit et d'administration.

E. C.

Paris, 20 décembre 1887.

« C'est un excellent et précieux ouvrage que l'on a besoin de consulter journellement et qui donne la science du droit au premier ignorant venu. »

M. CASTEL, *secrétaire de la Compagnie du chemin de fer du Nord.*

« Je viens de parcourir votre livre avec l'empressement d'un homme qui réclame depuis quinze ans que cette lacune soit comblée dans l'éducation nationale, et que l'axiome de droit « *nul n'est censé ignorer la loi* » devienne enfin une vérité, ainsi que le veut la justice... Vous avez rendu là un grand service. »

M. Charles SAUVESTRE (*de l'Opinion nationale*).

« Ce volume a le rare mérite de convenir aux lecteurs de tout âge et de toute condition ; il est trop utile et trop bien conçu pour ne pas être universellement adopté. »

M. A. GERMAIN, *doyen de la Faculté des lettres de Montpellier.*

« Je suis heureux que vous m'ayez procuré le plaisir de connaître cet ouvrage excellent, si correct, si substantiel, et si bien approprié aux besoins des cours de législation usuelle, commerciale ou industrielle. »

M. QUÉTELART, *directeur de l'Ecole commerciale.*

Etc., etc.

EXPLICATION DES SIGNES ABRÉVIATIFS

Arg.............................. *Argument.*
Arr.............................. *Arrêté.*
Arr. Cons........................ *Arrêt du Conseil.*
Arr. consul...................... *Arrêté consulaire.*
Arr. min......................... *Arrêté ministériel.*
Art.............................. *Article.*
Chap............................. *Chapitre.*
Cod. civ......................... *Code civil.*
Cod. com......................... *Code de commerce.*
Cod. for......................... *Code forestier.*
Cod. instr. crim................. *Code d'instruction criminelle.*
Cod. just. mil................... *Code de justice militaire.*
Cod. pén......................... *Code pénal.*
Cod. proc. civ................... *Code de procédure civile.*
Déc.............................. *Décret.*
Déclar........................... *Déclaration.*
Instr. min....................... *Instruction ministérielle.*
Ord. Pol......................... *Ordonnance de Police.*
Ord. Roy......................... *Ordonnance Royale.*
Org.............................. *Organique.*
Règl............................. *Règlement.*
Sect............................. *Section.*
Tabl............................. *Tableau.*
Tit.............................. *Titre.*
Voy.............................. *Voyez.*

DICTIONNAIRE USUEL

DE

LÉGISLATION

A

ABANDON. — Ce mot a, dans la langue du droit, plusieurs significations : le législateur s'en est différemment servi comme synonyme de *délaissement*, *renonciation*, *abdication*, *délivrance*.

1. — Les articles 216, 241 et 310 du Code de commerce portent:

Art. 216 (modifié par la loi du 12 août 1885). — « Tout propriétaire de navire est civilement responsable des faits du capitaine, et tenu des engagements contractés par ce dernier, pour ce qui est relatif au navire et à l'expédition. — Il peut, dans tous les cas, s'affranchir des obligations ci-dessus par l'*abandon* du navire et du *fret*. (Voy. ce mot.) Toutefois, la faculté de faire abandon n'est point accordée à celui qui est en même temps capitaine ou propriétaire ou co-propriétaire du navire. Lorsque le capitaine ne sera que co-propriétaire, il ne sera responsable des engagements contractés par lui, pour ce qui est relatif au navire et à l'expédition, que dans la proportion de son intérêt. — En cas de naufrage du navire dans un port de mer ou havre, dans un port maritime ou dans les eaux qui leur servent d'accès, comme aussi en cas d'avaries causées par le navire aux ouvrages d'un port, le propriétaire du navire peut se libérer, même envers l'Etat, de toute dépense d'extraction ou de réparation, ainsi que de tous dommages-intérêts, par l'abandon du navire et du fret des marchandises à bord.

» La même faculté appartient au capitaine qui est propriétaire ou co-propriétaire du navire, à moins qu'il ne soit prouvé que l'accident a été occasionné par sa faute. »

Art. 241. — « Le capitaine ne peut *abandonner* son navire pendant le voyage, pour quelque danger que ce soit, sans l'avis des officiers et principaux de l'équipage. »

Art. 310. — « Le chargeur ne peut *abandonner* pour le fret les marchandises diminuées de prix, ou détériorées par leur vice propre ou par cas fortuit. — Si toutefois des futailles contenant du vin, huile, miel et autres liquides, ont tellement coulé qu'elles soient vides ou presque vides, lesdites futailles pourront être abandonnées pour le fret. »

2. — La loi du 3 frimaire an VII (23 novembre 1798), touchant la répartition, l'assiette et le recouvrement de la *contribution foncière*, après avoir déclaré, dans l'article 65, que « les terres vaines et vagues, les landes et bruyères, et les terrains habituellement inondés ou dévastés par les eaux, seront assujettis à la contribution foncière d'après leur produit net et moyen, quelque modique qu'il soit, sans que, dans au-

cun cas, leur cotisation puisse être moindre d'un décime par hectare », ajoute (art. 66) : « Les particuliers ne pourront s'affranchir de la contribution à laquelle les fonds désignés en l'article précédent devraient être soumis, qu'en renonçant à ces propriétés au profit de la Commune dans laquelle elles sont situées. La déclaration détaillée de cet *abandon* perpétuel sera faite par écrit au secrétariat de l'administration municipale, par le propriétaire ou par un fondé de pouvoir spécial. — Les cotisations des objets ainsi abandonnés, dans les rôles faits antérieurement à l'abandon, resteront à la charge de l'ancien propriétaire. »

3. — Aux termes de l'art. 656 du Code civil, tout co-propriétaire d'un *mur mitoyen* peut se dispenser de contribuer aux réparations et reconstructions de ce mur, en *abandonnant* le droit de mitoyenneté, pourvu que le mur mitoyen ne soutienne pas un bâtiment qui lui appartienne.

4. — L'article 699 du même Code consacre la faculté, pour le propriétaire d'un fonds assujetti à une *servitude*, de s'affranchir de tous frais occasionnés par les ouvrages nécessaires pour l'usage ou la conservation de cette servitude, en *abandonnant* le fonds au propriétaire à qui elle est due. — Voy. SERVITUDES, III.

5. — L'héritier qui accepte une succession *sous bénéfice d'inventaire* peut se décharger du payement des dettes en *abandonnant* tous les biens de cette succession aux créanciers et aux légataires. (Cod. civ. art. 802.) — Voy. SUCCESSIONS, III.

6. — Le failli peut obtenir un concordat en *abandonnant* à ses créanciers tout ou partie de son actif. (Cod. com. art. 541.) — Voy. FAILLITE, VI.

7. — Tout militaire qui abandonne son poste est puni : 1° de la peine de *mort*, si l'abandon a eu lieu en présence de l'ennemi ou de rebelles armés ; — 2° de 2 à 5 ans d'emprisonnement, si, hors le cas prévu par le paragraphe précédent, l'abandon a eu lieu sur un territoire en état de guerre ou de siège ; — 3° de 2 à 6 mois d'emprisonnement, dans tous les autres cas. — Si le coupable est chef de poste, le maximum de la peine lui est toujours appliqué. (Cod. just. mil. p. l'armée de terre, art. 213.) — Les mêmes peines sont prononcées par le Code de justice militaire pour l'armée de mer (art. 284) contre tout marin, tout militaire, tout individu faisant partie de l'équipage d'un bâtiment de l'Etat, qui abandonne son quart ou son poste. — Voy. aussi DÉSERTION.

8. — Pour ce qui concerne l'*abandon d'enfant*, prévu et puni par le Code pénal (art. 348-353), voy. ENFANT, 4.

ABATTOIR. — (Ord. roy. 15 avril 1838 ; déc. 1er août 1864.)

Etablissement communal où les bouchers et charcutiers sont tenus d'abattre et de dépouiller les bestiaux introduits vivants pour la consommation des habitants.

1. — Les abattoirs sont rangés dans la 1re classe des *Etablissements dangereux et insalubres*. (Voy. ces mots.) Leur autorisation appartient aux Préfets, depuis le décret du 1er août 1864.

Cette autorisation entraîne de plein droit la suppression des tueries particulières situées dans la localité. Toutefois, les propriétaires qui élèvent des porcs pour leur consommation particulière ont la faculté de les abattre chez eux, pourvu que l'opération ait lieu dans des endroits clos et séparés de la voie publique.

2. — Les taxes d'abatage doivent être calculées de manière à ne pas dépasser les sommes nécessaires pour couvrir les frais annuels d'entretien et de gestion des abattoirs, et pour tenir compte à la Commune de l'intérêt du capital dépensé pour leur construction et de la somme affectée à l'amortissement de ce capital.

ABEILLES. — (Loi 6 oct. 1791, tit. I, sect. 3, art. 3, 5 ; loi 25 frimaire an VIII (16 déc. 1799), art. 2.)

Insectes ailés dont le travail produit la cire et le miel.

D'après la statistique officielle pour l'année 1882, le nombre des *ruches en activité* était de 1 693 872;

La production en *miel* a été de 8 005 030 kilog.;

La production en *cire*, de 2 579 682 kilog.

1. — Les ruches à miel sont rangées dans la catégorie des biens *immeubles par destination*. (Cod. civ. art. 524.)

2. — Pour aucune raison, il n'est permis de troubler les abeilles dans leurs courses et dans leurs travaux. Même en cas de saisie légitime, une ruche ne peut être déplacée que dans les mois de décembre, janvier et février. La saisie n'est permise qu'au profit de la personne qui a fourni les abeilles ou pour l'acquittement de la créance du propriétaire envers son fermier.

3. — Le propriétaire d'un essaim a le droit de le réclamer et de s'en ressaisir, tant qu'il n'a point cessé de le suivre; autrement l'essaim appartient au propriétaire du terrain sur lequel il s'est fixé.

4. — Le vol d'une ruche est puni d'un emprisonnement de 3 mois à un an, s'il a été commis de jour, et de 6 mois à 2 ans, s'il a eu lieu la nuit.

AB INTESTAT. — Du latin *ab intestato*, sans avoir testé. Une succession est dite *ab intestat*, lorsque c'est la loi, à défaut de testament, qui en règle la dévolution.

AB IRATO. — La traduction de ces deux mots latins est : *par un homme en colère*. — On appelle action *ab irato* celle qui a pour objet de faire annuler les libéralités que l'on prétend avoir été déterminées aveuglément par la colère ou par la haine.

La jurisprudence a décidé que, pour que l'action *ab irato* fût recevable, il ne suffisait pas qu'il y eût mauvaise humeur, aversion, haine ou colère même, mais qu'il fallait encore que ces divers sentiments eussent tellement agité et bouleversé le disposant, que sa raison en eût éprouvé une altération passagère, et que son esprit n'eût pas conservé sa liberté.

ABONNEMENT. — Convention entre l'Administration et les contribuables, par laquelle on fixe à une somme déterminée, et pour un temps limité, le montant, par évaluation, de certains droits éventuels à la charge de ces derniers. Ainsi se trouvent évitées les nombreuses formalités qu'entraînerait la perception au détail.

1. — Les *débitants de boissons* peuvent contracter des abonnements individuels, à l'*année* ou à l'*hectolitre*, avec la régie des contributions indirectes. Un abonnement *général par Commune* peut être consenti, sur la demande des Conseils municipaux, pour remplacer les droits de détail et de circulation auxquels les débitants sont assujettis dans l'intérieur, etc. — Voy. BOISSONS.

2. — Le montant du droit de fabrication dont les *brasseurs* sont présumés passibles est remplacé, à Paris et dans les villes au-dessus de 30 000 âmes, par un abonnement contracté de gré à gré avec la Régie. (Loi 28 avril 1816.)

3. — Les *voitures publiques* et les *bateaux à service régulier* peuvent contracter un abonnement d'après la recette présumée de l'entreprise. (Loi 25 mars 1817.)

4. — Les *propriétaires* ou *exploitants de mines* peuvent consentir avec l'Administration des contributions directes un abonnement annuel, pour tenir lieu de la redevance fixe et proportionnelle qu'ils doivent à l'État. — Voy. MINES.

5. — Les *Communes* peuvent, par voie d'abonnement, s'exonérer des charges pesant sur elles pour le *logement des troupes*. (Ord. roy. 5 août 1818.)

6. — Les *Conseils municipaux* ont la faculté de consentir avec la régie des contributions indirectes un abonnement pour la *perception des octrois* au profit de la Commune. — Voy. OCTROI, 4.

7. — Par *abonnement*, on entend encore une allocation fixe destinée à

couvrir des dépenses éventuelles. Tel est l'*abonnement des Préfectures et Sous-Préfectures*, c'est-à-dire la somme allouée par le Gouvernement aux Préfets et Sous-Préfets, pour frais de bureaux et d'administration. Le chiffre en est fixé par décret, pour chaque département, sur la proposition du Ministre de l'Intérieur.

8. — Une loi du 7 avril 1879 (art. 9) a autorisé l'Administration des postes à recevoir les abonnements aux *journaux*, *revues*, *recueils périodiques*, moyennant un droit de 3 %.

Les sommes versées pour prix d'abonnements sont transmises par le bureau de poste du dépôt aux directeurs de publications, au moyen d'un mandat spécial émis à leur nom et contenant toutes les indications nécessaires au service de l'abonnement. — Le *droit* de 3 % est préalablement déduit du prix de l'abonnement pour les journaux dont les éditeurs ont déclaré prendre ce prélèvement à leur charge. Pour les autres publications, les abonnements sont perçus d'après les déclarations mêmes du déposant des fonds, sous sa propre responsabilité, et le payement du droit de 3 % est acquitté par lui en sus. (Déc. 5 mai 1879, art. 2 et 3.)

ABORDAGE. — Choc d'un vaisseau contre un autre.

1. — Si l'événement a été purement fortuit, si, par exemple, les bâtiments ont été jetés l'un contre l'autre par la violence des vents, le dommage est supporté par celui des deux navires qui l'a éprouvé, sauf le recours du propriétaire contre ses assureurs, s'il en a.

Si l'abordage a eu lieu par la faute de l'un des capitaines, le dommage est à la charge de celui qui l'a causé.

S'il y a doute sur les causes de l'abordage, le dommage est réparé à frais communs et par égale portion.

Dans ces deux dernières hypothèses, l'estimation des dommages est faite par experts. (Cod. com. art. 407.)

2. — La jurisprudence a établi diverses règles propres à guider les juges dans le doute sur les causes de l'abordage : — Ainsi, lorsque deux navires se présentent pour entrer dans un port d'un accès difficile, le plus éloigné doit attendre que le plus proche soit entré. S'ils abordent, le dommage est imputable au dernier venu, jusqu'à preuve contraire ; — dans le concours de deux navires, le plus petit doit céder le pas au plus grand, si les circonstances le permettent ; — le navire qui sort du port doit faire place à celui qui y entre ; — celui qui sort le second, étant plus maître de la mer que celui qui est sorti le premier, est censé avoir causé l'abordage ; — le navire qui court à voiles déployées est censé avoir, par sa faute, abordé celui qui, étant à la cape ou amarré en rade, n'a pu se mettre à l'écart, quand même celui-ci aurait été averti de se déplacer, s'il en a été empêché par défaut de temps ou par crainte d'un plus grand danger ; — la présomption est contre le navire qui met à la voile pendant la nuit, ou contre celui qui est laissé sans gardien ; — le navire qui se place mal dans le port, ou qui ne garde pas la distance prescrite, ou qui ne s'amarre pas aux anneaux et lieux destinés à cet effet, ou qui ne place pas au-dessus de ses ancres les signes prescrits pour indiquer les endroits où elles sont mouillées, est censé en faute et tenu, par suite, du dommage.

3. — Dans la navigation des rivières, les bateaux montant doivent faire place à ceux qui descendent, sur l'avertissement que ces derniers sont tenus de leur donner de se ranger et d'aller à terre. La responsabilité des suites de l'abordage tomberait donc sur le vaisseau descendant, s'il avait négligé d'avertir l'autre, et, sur ce dernier, s'il n'avait pas tenu compte de l'avertissement.

4. — Dans tous les cas où un navire, en faisant une manœuvre requise pour le salut d'un autre, éprouve quelque dommage, sans la faute du capitaine ou de l'équipage,

il doit en être indemnisé par le bâtiment dans l'intérêt duquel la manœuvre a été faite.

5. — A la date du 4 novembre 1879, est intervenu un décret prescrivant les *signaux à faire* et les *manœuvres à exécuter* par les bâtiments de la marine nationale et par les navires du commerce, afin de prévenir les abordages.

ABORNEMENT. — Voy. BORNAGE.

ABREUVOIR. — Endroit où l'on mène habituellement boire et même baigner les chevaux et autres animaux.

1. — Les abreuvoirs existent naturellement sur les bords des fleuves, rivières, ruisseaux, lacs, étangs ou mares ; ou bien ils sont construits de main d'homme et constituent alors un réservoir d'eaux, soit pluviales, soit de source.

2. — La police des abreuvoirs publics est dans les attributions de l'Autorité administrative. Celle des abreuvoirs communaux appartient à l'Autorité municipale, sous le contrôle des Préfets. Enfin, les abreuvoirs particuliers peuvent aussi être l'objet de mesures prises par les municipalités lorsque, par leur situation ou l'insalubrité des eaux, ils compromettent la sûreté ou la salubrité publique.

3. — Les règlements de police en vigueur à Paris défendent de conduire aux abreuvoirs ou ailleurs, dans la ville ou ses faubourgs, les chevaux et mulets en plus grand nombre que trois attachés en queue, compris celui du conducteur, de les confier à des enfants, domestiques ou autres, au-dessous de dix-huit ans; de les faire trotter ou courir dans les rues, à peine d'une amende de 1 à 10 fr. (Cod. pén. art. 471, n° 15, et 475, n°s 3 et 4), et, en cas de récidive, d'un emprisonnement dont le maximum est 5 jours (art. 474, 478).

La prohibition de conduire plus de trois chevaux à la fois n'est pas applicable aux maîtres de poste. Une déclaration du Roi, du 28 avril 1782, les a autorisés à faire conduire à l'abreuvoir jusqu'à quatre chevaux par un seul postillon.

Il est également défendu de faire mener les chevaux à l'abreuvoir pendant la nuit, ou par des femmes dans aucun temps.

4. — Quant aux mesures de salubrité que peuvent rendre nécessaires les abreuvoirs, l'Autorité a le droit et le devoir de les prescrire. Ainsi, pour empêcher la corruption des eaux, l'Autorité municipale doit faire nettoyer soigneusement les abreuvoirs en hiver, et enlever le frai des crapauds et des grenouilles qui s'y réfugient.

De même, il serait utile d'interdire, pendant un certain temps, la divagation des oies et autres volailles, si elles avaient l'habitude d'aller se baigner dans les abreuvoirs publics, et si les petites plumes ou les excréments qu'elles laissent étaient de nature soit à corrompre les eaux, soit à nuire aux bestiaux ou chevaux qui y sont conduits.

5. — En cas de maladie contagieuse sur les bestiaux, défense est faite de conduire aux abreuvoirs publics ceux qui en sont infectés, à peine de 100 fr. d'amende. Dans ce cas, le Maire doit assigner un abreuvoir isolé aux troupeaux que l'épizootie éloigne de l'abreuvoir commun.

6. — Le droit d'abreuvoir, constituant une servitude *discontinue*, ne peut s'acquérir que par titre et non par prescription. — Voy. SERVITUDE, III.

ABRÉVIATIONS. — Retranchement de lettres dans un mot pour écrire plus vite ou occuper moins d'espace.

1. — Les abréviations ne sont pas seulement désagréables pour le lecteur qui les comprend parfois avec difficulté; elles offrent aussi des dangers qui ont frappé le législateur. C'est ce qui explique la défense d'écrire par abréviation dans les *actes de l'état civil* (voy. ce mot), et d'y mettre des dates en chiffres. (Cod. civ. art. 42.)

2. — La loi du 25 ventôse an XI (16 mars 1803) sur l'organisation du *notariat* interdit également (art. 13) les abréviations aux Notaires, sous peine d'une amende de 100 fr., et sans préjudice, s'il y a lieu, de dommages-intérêts.

3. — Les *Agents de change* et *Courtiers* ne peuvent consigner par abréviations ou en chiffres, sur les livres qu'ils sont tenus d'avoir, les opérations de leur ministère. (Cod. com. art. 84.)

ABROGATION. — Se dit de l'abolition d'une loi, d'un décret ou d'une disposition réglementaire.

1. — Au législateur seul appartient le droit d'abroger une *loi*, puisque c'est de lui qu'elle émane; au Président de la République seul, celui d'abroger un *décret* (c'est ainsi que s'appellent ses décisions); aux diverses autorités administratives enfin, celui d'anéantir les règlements ou arrêtés pris par elles dans les limites de leur compétence.

2. — L'abrogation peut être *expresse* ou *tacite*. Elle est *expresse*, quand elle est prononcée en termes formels; *tacite*, lorsqu'une loi, un décret, un arrêté ou un règlement postérieur se trouve contenir des dispositions inconciliables avec les dispositions antérieures sur la même matière.

3. — Si l'incompatibilité n'est pas absolue, les dispositions anciennes et les nouvelles doivent être combinées ensemble et entendues l'une par l'autre. Si la contrariété n'existe que sur quelques points, ce n'est que dans ces points que les dispositions anciennes se trouvent abrogées par les plus récentes.

Nous ne croyons pas, comme divers auteurs l'ont prétendu, que l'abrogation puisse résulter de la désuétude ou d'un usage contraire. Tant qu'une disposition n'a pas été rapportée par le pouvoir dont elle est émanée, il est plus sûr et plus rationnel de dire qu'elle subsiste. C'est dans ce sens, d'ailleurs, que s'est prononcée la jurisprudence la plus générale, et le système contraire aurait pour conséquence d'amener l'anarchie dans la législation et une incertitude des plus fâcheuses.

ABSENCE — ABSENT. — (Cod. civ. art. 112-143; Cod. proc. civ. art. 859, 860.)

On entend par *absent*, dans le langage de la loi, l'individu qui a disparu sans donner de nouvelles, et dont l'existence a été déclarée incertaine par un jugement du tribunal de son domicile ou de sa dernière résidence.

Le Code civil distingue dans l'*absence* trois périodes:

1° La *présomption d'absence;*

2° La *déclaration d'absence*, qui donne lieu à l'*envoi en possession provisoire des biens de l'absent;*

3° L'*envoi en possession définitif*.

I. Présomption d'absence. — Le présumé absent est celui qui a disparu du lieu de son domicile ou de sa résidence, sans qu'on ait de ses nouvelles, et dont l'absence n'est pas encore déclarée par jugement. Cette déclaration ne peut être faite que cinq ans après la disparition ou les dernières nouvelles reçues, si le présumé absent n'a point laissé de procuration, et qu'après onze ans seulement, s'il en a laissé une, quand bien même ladite procuration viendrait à cesser avant l'expiration des onze années.

Durant cette première période, s'il est nécessaire de pourvoir à l'administration de tout ou partie des biens du présumé absent, le tribunal y pourvoit, sur la demande des parties intéressées; mais il faut pour cela qu'il y ait absolue nécessité, et que le présumé absent n'ait pas laissé de procureur. La loi n'a pas voulu, dans sa sagesse, qu'on pût, sans un impérieux motif, s'immiscer dans l'administration des biens d'une personne.

Si le présumé absent est intéressé dans des inventaires, comptes, partages ou liquidations, le tribunal commet un notaire pour le représenter.

Le *Ministère public* (voy. ce mot) est spécialement chargé de veiller aux intérêts des personnes présumées absentes. Il doit être entendu sur toutes les demandes qui les concernent.

II. Déclaration d'absence. Envoi des héritiers présomptifs de l'absent en possession provisoire de ses biens. — Lorsqu'il s'est écoulé, depuis la disparition ou les dernières nouvelles, quatre ans si le présumé absent n'a pas laissé de procuration, et dix ans s'il en a laissé une, ses héritiers présomptifs peuvent s'adresser au tribunal pour que l'absence soit déclarée. Il est alors ordonné une enquête, et ce n'est qu'au bout d'un an, s'il y a lieu, que le tribunal déclare l'absence qui a pour conséquence l'envoi des héritiers présomptifs de l'absent en *possession provisoire* de ses biens.

La loi exige, en prévision du retour de l'absent, que les envoyés en possession provisoire offrent certaines garanties de restitution, telles qu'une *caution*, et elle a prescrit diverses mesures conservatoires. Ainsi, il est procédé à l'inventaire des meubles et des titres de l'absent en présence du Procureur de la République ou d'un Juge de paix par lui commis, afin qu'on sache ce que les envoyés recueillent et ce qu'ils devront rendre un jour, s'il y a lieu.

Les envoyés en possession provisoire ne sont donc point propriétaires des biens qu'ils possèdent. Ils en sont simplement les gardiens, chargés de les administrer, avec l'obligation d'en rendre compte, mais sous la réserve à leur profit d'une portion plus ou moins forte, ou même de la totalité des revenus qu'ils perçoivent, suivant que l'absence est plus ou moins prolongée.

Cette portion est des 4/5 lorsque l'absent reparaît ou donne de ses nouvelles avant 15 ans révolus depuis sa disparition, des 9/10 lorsqu'il reparaît après 15 ans.

Ainsi, dans le premier cas, les envoyés ne sont tenus de restituer, outre les capitaux, que 1/5 des revenus, et, dans le second, 1/10 seulement.

Après 30 ans d'absence, la totalité des revenus leur appartient.

III. Envoi en possession définitif. — Si l'absence a continué pendant 30 ans depuis l'envoi en possession provisoire, ou s'il s'est écoulé cent ans révolus depuis la naissance de l'absent, tous les ayants droit peuvent demander le partage des biens de l'absent et faire prononcer l'*envoi en possession définitif* par le tribunal.

Dans cette double hypothèse, en effet, la présomption de la mort de l'absent devient tellement forte que la loi n'hésite pas à fixer définitivement le sort des héritiers. L'intérêt public exigeait, d'ailleurs, qu'on ne laissât pas plus longtemps les propriétés incertaines et hors le commerce.

Or, comme l'envoi en possession provisoire n'est prononcé au plus tôt qu'après 5 ans de non-présence sans nouvelles, ce n'est qu'après 35 ans au moins de cet état qu'il peut devenir définitif.

Quelque forte que soit devenue la présomption de la mort de l'absent, elle n'est point cependant la certitude absolue. Il fallait donc prévoir la possibilité d'un retour. C'est ce qu'a fait l'article 132 du Code civil en ordonnant que, dans ce cas, l'absent recouvrera ses biens dans l'état où ils se trouveront, et le prix de ceux qui auraient été aliénés, ou les biens provenant de l'emploi qui aurait été fait du produit de ses biens vendus.

ABSOLUTION. — Ce mot n'est pas synonyme d'*acquittement*.

1. — Un accusé est *absous*, lorsque le fait dont il est reconnu coupable ne se trouve pas défendu par la loi pénale (Cod. instr. crim. art. 364) : ce cas se présentera rarement aujourd'hui.

2. — L'individu absous peut être condamné aux frais de la procédure, ce qui n'a pas lieu en cas d'acquittement.

3. — Ces expressions : *absolution*

et *acquittement* ne s'emploient que lorsqu'il s'agit d'une accusation portée devant la Cour d'assises, c'est-à-dire en matière criminelle.

En matière correctionnelle ou de simple police, le tribunal prononce le *renvoi* du prévenu. (Cod. instr. crim. art. 191.)

ABSTENTION DE JUGE. — (Cod. proc. civ. art. 380.)

C'est le fait spontané du juge qui, sollicité par sa conscience de demeurer étranger à un procès, s'abstient d'en connaître, après que ses motifs ont été agréés par la chambre du tribunal.

Il ne faut pas confondre l'*abstention du juge* avec sa *récusation :* celle-ci émane du plaideur qui peut exercer ce droit sous certaines conditions déterminées par le Code de procédure civile (art. 378-396). — Voy. RÉCUSATION.

ABUS D'AUTORITÉ. — (Cod. pén. art. 184-191.)

Le Code pénal divise les abus d'autorité en 2 classes : *abus d'autorité contre les particuliers* et *abus d'autorité contre la chose publique.* Ils sont punis des peines ci-après :

I. ABUS D'AUTORITÉ CONTRE LES PARTICULIERS. — Art. 184. — « Tout fonctionnaire de l'ordre administratif ou judiciaire, tout officier de justice ou de police, tout commandant ou agent de la force publique, qui, agissant en sa dite qualité, se sera introduit dans le domicile d'un citoyen, contre le gré de celui-ci, hors les cas prévus par la loi, et sans les formalités qu'elle a prescrites, sera puni d'un emprisonnement de 6 jours à 1 an, et d'une amende de 16 fr. à 500 fr., sans préjudice de l'application du second paragraphe de l'article 114. » Ce paragraphe est ainsi conçu : « Si le fonctionnaire justifie qu'il a agi par ordre de ses supérieurs pour des objets du ressort de ceux-ci, sur lesquels il leur était dû obéissance hiérarchique, il sera exempt de la peine, laquelle sera, dans ce cas, appliquée seulement aux supérieurs qui auront donné l'ordre. »

» Tout individu qui se sera introduit à l'aide de menaces ou de violences dans le domicile d'un citoyen, sera puni d'un emprisonnement de 6 jours à 3 mois, et d'une amende de 16 fr. à 200 fr. »

Art. 185. — « Tout juge ou tribunal, tout administrateur ou autorité administrative, qui, sous quelque prétexte que ce soit, même du silence ou de l'obscurité de la loi, aura dénié de rendre la justice qu'il doit aux parties, après en avoir été requis, et qui aura persévéré dans son déni, après avertissement ou injonction de ses supérieurs, pourra être poursuivi, et sera puni d'une amende de 200 fr. au moins et de 500 fr. au plus, et de l'interdiction des fonctions publiques depuis 5 ans jusqu'à 20. »

Art. 186. — « Lorsqu'un fonctionnaire ou un officier public, un administrateur, un agent ou un préposé du Gouvernement ou de la police, un exécuteur des mandats de justice ou jugements, un commandant en chef ou en sous-ordre de la force publique, aura, sans motif légitime, usé ou fait user de violences envers les personnes, dans l'exercice de ses fonctions, il sera puni selon la nature et la gravité de ces violences, et en élevant la peine suivant la règle posée par l'article 198. » — Cette règle est celle-ci : « S'il s'agit d'un délit de police correctionnelle, ils (*les fonctionnaires et officiers publics*) subiront toujours le maximum de la peine attachée à l'espèce de délit ; — et, s'il s'agit de crime, ils seront condamnés, savoir : à la réclusion, si le crime emporte contre tout autre coupable la peine du bannissement ou de la dégradation civique ; aux travaux forcés à temps, si le crime emporte contre tout autre coupable la peine de la réclusion ou de la détention ; — et aux travaux forcés à perpétuité lorsque le crime emportera contre tout autre coupable la peine de la déportation ou celle des travaux forcés à temps. »

Art. 187. — « Toute suppression, toute ouverture des lettres confiées à la poste, commise ou facilitée par un fonctionnaire ou un agent du Gouvernement ou de l'Administration des postes, sera punie d'une amende de 16 fr. à 500 fr., et d'un emprisonnement de 3 mois à 5 ans. Le coupable sera, de plus, interdit de toute fonction ou emploi public pendant 5 ans au moins et 10 ans au plus. »

II. ABUS D'AUTORITÉ CONTRE LA CHOSE PUBLIQUE. — Art. 188. — « Tout fonctionnaire public, agent ou préposé du Gouvernement, de quelque état ou grade qu'il soit, qui aura requis ou ordonné, fait requérir ou ordonner l'action ou l'emploi de la force publique contre la perception d'une contribution légale, ou contre l'exécution soit d'une ordonnance ou mandat de justice, soit de tout autre ordre émané de l'autorité légitime, sera puni de la réclusion. »

Art. 189. — « Si cette réquisition ou cet ordre ont été suivis de leur effet, la peine sera le maximum de la réclusion. »

Art. 190. — « Les peines énoncées aux art. 188 et 189 ne cesseront d'être applicables aux fonctionnaires ou préposés qui auraient agi par ordre de leurs supérieurs, qu'autant que cet ordre aura été donné par ceux-ci pour des objets de leur ressort, et sur lesquels il leur était dû obéissance hiérarchique ; dans ce cas, les peines portées ci-dessus ne seront appliquées qu'aux supérieurs qui, les premiers, auront donné cet ordre. »

Art. 191. — « Si, par suite desdits ordres ou réquisitions, il survient d'autres crimes punissables de peines plus fortes que celles exprimées aux articles 188 et 189, ces peines plus fortes seront appliquées aux fonctionnaires, agents ou préposés coupables d'avoir donné lesdits ordres ou fait lesdites réquisitions. »

— Aux termes de l'article 50 du Code pénal, sont punissables comme complices d'une action qualifiée crime ou délit, ceux qui, par abus d'autorité et de pouvoir, ont provoqué à cette action ou donné des instructions pour la commettre.

ABUS DE CONFIANCE. — (Cod. pén. art. 406-409.)

L'abus de confiance, qu'il serait difficile de définir bien exactement, se manifeste sous des formes diverses, et le Code pénal qualifie ainsi quatre espèces de délits dont nous allons parler successivement :

I. ABUS DES BESOINS, DES FAIBLESSES ET DES PASSIONS D'UN MINEUR. — « Quiconque, dit l'article 406, aura abusé des besoins, des faiblesses ou des passions d'un mineur, pour lui faire souscrire, à son préjudice, des obligations, quittances ou décharges, pour prêt d'argent ou de choses mobilières, ou d'effets de commerce, ou de tous autres effets obligatoires, sous quelque forme que cette négociation ait été faite ou déguisée, sera puni d'un emprisonnement de deux mois au moins, de deux ans au plus, et d'une amende qui ne pourra excéder le quart des restitutions et des dommages-intérêts qui seront dus aux parties lésées, ni être moindre de 25 fr. »

Le coupable peut, en outre, à compter du jour où il aura subi sa peine, être interdit, pendant cinq ans au moins et dix ans au plus, des droits civiques, civils ou de famille mentionnés dans l'article 42 du Code pénal.

En édictant cette disposition, le législateur de 1810 a pensé que la crainte d'une peine correctionnelle retiendrait peut-être ces hommes sans pudeur qui abusent des besoins, des faiblesses ou des passions des fils de famille, et que ceux-ci dès lors ne trouveraient plus autant de facilité à se procurer « des ressources désastreuses pour leur fortune et quelquefois plus funestes encore pour leurs mœurs ».

II. ABUS DE BLANC-SEING. — On appelle *blanc-seing* une signature donnée de confiance sur un papier destiné à recevoir un écrit dont il ne contient encore aucune trace.

L'abus de blanc-seing est puni par l'article 407 ainsi conçu : « Quiconque, abusant d'un blanc-seing qui lui aura été confié, aura frauduleusement écrit au-dessus une obligation ou décharge, ou tout autre acte pouvant compromettre la personne ou la fortune du signataire, sera puni des peines portées en l'article 405, » c'est-à-dire d'un emprisonnement d'un an au moins et de cinq ans au plus, et d'une amende de 50 fr. au moins et de 3000 fr. au plus.

Le coupable peut, en outre, être interdit, pendant cinq ans au moins et dix ans au plus, à compter du jour où il aura subi sa peine, des droits mentionnés en l'article 42 du Code pénal.

Dans le cas où le blanc-seing n'aurait pas été confié à celui qui en a abusé, il serait poursuivi comme faussaire et puni comme tel. — Voy. FAUX, IV.

III. DÉTOURNEMENT D'OBJETS CONFIÉS A TITRE DE LOUAGE, DE DÉPOT, DE MANDAT, etc. — Cette troisième espèce d'abus de confiance fait l'objet de l'article 408 : « Quiconque aura détourné ou dissipé, au préjudice des propriétaires, possesseurs ou détenteurs, des effets, deniers, marchandises, billets, quittances ou tous autres écrits contenant ou opérant obligation ou décharge, qui ne lui auraient été remis qu'à titre de louage, de dépôt, de mandat, de nantissement, de prêt à usage, ou pour un travail salarié, à la charge de les rendre ou représenter, ou d'en faire un usage ou un emploi déterminé, sera puni des peines portées en l'article 406. (Voy. ci-dessus.)

« Si l'abus de confiance prévu et puni par le précédent paragraphe a été commis par un officier public ou ministériel, ou par un domestique, homme de services à gages, élève, clerc, commis, ouvrier, compagnon ou apprenti, au préjudice de son maître, la peine sera celle de la réclusion. »

IV. SOUSTRACTION DE PIÈCES PRODUITES DANS UN PROCÈS. — « Quiconque, après avoir produit, dans une contestation judiciaire, quelque titre, pièce ou mémoire, l'aura soustrait de quelque manière que ce soit, sera puni d'une amende de 25 fr. à 300 fr. » (Art. 409.)

ABUS DE JOUISSANCE. — Se dit lorsqu'une personne excède les limites du droit qu'elle a de jouir d'une chose.

1. — L'abus de jouissance de la part de l'*usufruitier* peut entraîner l'extinction de l'usufruit. (Cod. civ. art. 618.) — Voy. USUFRUIT, 4.

2. — Il y a lieu à résiliation du bail, lorsque le *locataire* n'use point de la chose louée « en bon père de famille », et qu'il en résulte un dommage pour le bailleur. (Cod. civ. art. 1728-1729.) — Voy. LOUAGE, sect. I, I, § 2.

ABUS ECCLÉSIASTIQUE. — Voy. APPEL COMME D'ABUS.

ACADÉMIE. — Division de la France sous le rapport de l'*Instruction publique*. (Voy. ces mots.)

L'Institut de France se compose de 5 sections ou *académies*. — Voy. INSTITUT DE FRANCE.

ACCAPAREMENT-ACCAPAREUR. (Cod. pén. art. 419, 420.)

Accaparement se dit de l'achat considérable de certains objets, particulièrement de denrées, dans le but d'en élever le prix d'une manière arbitraire, en restreignant la concurrence ou en la rendant tout à fait impossible. On appelle *accapareur* l'individu qui se livre à des opérations de ce genre.

1. — L'accaparement fut déclaré crime capital par le décret du 28 juillet 1793. (Art. 1er.)

Etaient coupables de ce crime ceux qui dérobaient à la circulation des marchandises ou denrées de première nécessité qu'ils avaient achetées et tenaient enfermées dans un lieu quelconque, sans les mettre en vente journellement et publiquement. (Art. 2.)

2. — Etaient également déclarés *accapareurs* ceux qui faisaient périr ou laissaient périr volontairement

les denrées et marchandises de première nécessité. (Art. 3.)

L'article 4 faisait l'énumération des denrées et marchandises de première nécessité : « le pain, la viande, le vin, les grains, farines, légumes, fruits, le beurre, le vinaigre, le cidre, l'eau-de-vie, le charbon, le suif, l'huile, la soude, le savon, le sel, les viandes et poissons secs, fumés, salés ou marinés, le miel, le sucre, le chanvre, le papier, les laines ouvrées et non ouvrées, les cuirs, le fer et l'acier, le cuivre, les draps, la toile, et généralement toutes les étoffes, ainsi que les matières premières qui servent à leur fabrication, les soieries exceptées. »

3. — Tout citoyen qui dénonçait des accaparements avait le tiers du produit des marchandises et denrées confisquées. L'autre tiers était distribué aux citoyens indigents de la Commune ; le dernier tiers appartenait à la République.

Celui qui dénonçait des marchandises ou denrées détruites volontairement recevait une gratification proportionnée à la gravité de la dénonciation. (Art. 12.)

4. — Le Code pénal actuel a prévu et puni les diverses manœuvres tendant à opérer la hausse ou la baisse du prix des denrées ou marchandises au-dessus et au-dessous des prix qu'aurait déterminés la concurrence naturelle et libre du commerce ; il prononce contre les coupables un emprisonnement d'un mois au moins, d'un an au plus, et une amende de 500 fr. à 10 000 fr. Il autorise, en outre, leur mise sous la surveillance de la haute police pendant deux ans au moins et 5 ans au plus. (Art. 419.)

5. — Si ces manœuvres ont été pratiquées sur grains, grenailles, farines, substances farineuses, pain, vin, ou toute autre boisson, la peine applicable est un emprisonnement de deux mois au moins, et de deux ans au plus, et une amende de 1 000 fr. à 20 000 fr. La mise en surveillance qui peut être prononcée est de cinq ans au moins et dix ans au plus. (Art. 420.)

ACCEPTATION.

— de *succession*. — Voy. SUCCESSIONS, III.

— de *lettre de change*. — Voy. EFFETS DE COMMERCE, III et IV.

— de *communauté*. — Voy. CONTRAT DE MARIAGE, I, § I.

— de *donation entre vifs*. — Voy. DONATION ENTRE VIFS, I.

— de *mandat*. — Voy. MANDAT, I.

— de *transport de créance*. — Voy. VENTE, VI.

L'acceptation, non autorisée par le chef de l'État, de *fonctions publiques conférées par un gouvernement étranger* entraîne la perte de la qualité de Français. (Cod. civ. art. 17.) — Voy. FRANÇAIS.

ACCEPTEUR. — C'est, dans le langage du droit commercial, la personne sur qui une lettre de change a été tirée lorsqu'à présentation elle l'a revêtue de son acceptation. — Voy. EFFETS DE COMMERCE, III.

ACCESSION. — (Cod. civ., art. 546, 577, 712.)

La propriété d'une chose, soit mobilière, soit immobilière, donne droit sur tout ce qu'elle produit, et sur ce qui s'y unit accessoirement, soit naturellement, soit artificiellement. — Ce droit s'appelle *droit d'accession*. — Voy. FRUITS, ALLUVION, ARTISAN, PLANTATIONS, CONSTRUCTIONS.

ACCIDENT (ASSURANCES EN CAS D'). — Voyez CAISSES D'ASSURANCES, etc.

ACHALANDAGE. — Synonyme de *clientèle*. — Il forme souvent la partie principale d'un fonds de commerce, plus importante que le matériel, c'est-à-dire que les ustensiles et les marchandises : aussi peut-il être vendu séparément.

L'achalandage comprend l'enseigne, le nom sous lequel la maison est connue. Celui qui l'achète a le droit de se dire seul successeur du cédant et son continuateur dans l'établissement cédé.

ACHAT. — C'est le fait de se procurer, moyennant un prix, une chose de quelqu'un qui la vend. Le mot *achat* s'emploie surtout quand il s'agit de choses mobilières; pour les immeubles, on se sert plutôt du mot *acquisition*.

ACHAT D'EFFETS MILITAIRES. (Cod. just. mil., armée de terre, art. 244, 247; armée de mer, art. 325, 329.) — L'achat à un militaire de ses effets d'équipement, dans des cas autres que ceux où les règlements autorisent leur mise en vente, constitue un délit prévu et puni de la manière suivante :

Cod. just. mil., armée de terre, art. 244. — « Est puni d'un an à cinq ans d'emprisonnement tout militaire qui vend son cheval, ses effets d'armement, d'équipement ou d'habillement, des munitions ou tout autre objet à lui confié pour le service. — Est puni de la même peine tout militaire qui sciemment achète ou recèle lesdits effets. — La peine est de six mois à un an d'emprisonnement, s'il s'agit d'effets de petit équipement. »

Art. 247. — « Tout individu qui achète, recèle ou reçoit en gage des armes, munitions, effets d'habillement, ou tout autre objet militaire. dans des cas autres que ceux où les règlements autorisent leur mise en vente, est puni par le tribunal compétent de la même peine que l'auteur du délit. »

Cod. just. mil., armée de mer, art. 325. — « Est puni d'un an à cinq ans d'emprisonnement tout marin qui vend ses effets d'armement ou d'équipement, des munitions ou tout autre objet à lui confié pour le service. — Est puni de la même peine tout marin qui sciemment achète ou recèle lesdits effets. — La peine est de six mois à un an d'emprisonnement, s'il s'agit d'effets composant le sac du marin. »

Art. 329. — « Tout individu qui achète, recèle ou reçoit en gage des armes, munitions, effets d'équipement, effets composant le sac du marin, ou tout autre objet militaire, dans des cas autres que ceux où les règlements autorisent leur mise en vente, est puni par le tribunal compétent de la même peine que l'auteur du délit. »

ACHETEUR. — On désigne ainsi celui qui stipule d'un individu appelé *vendeur*, qu'il recevra une chose moyennant un prix convenu. Quand la chose est mobilière, on emploie particulièrement le mot *acheteur*. S'il s'agit d'une chose immobilière, on se sert de l'expression *acquéreur*. — Voy. VENTE.

ACCOMMODEMENT. — Synonyme d'accord, de transaction; ce mot s'applique au traité amiable par lequel on prévient ou on termine un procès. On dit dans ce sens : *un mauvais accommodement vaut mieux qu'un bon procès.*

Ce proverbe si excellent devrait être sans cesse présent à l'esprit des plaideurs et de ceux qui ont spécialement mission de les éclairer et de les conseiller. Il nous rappelle ces vers du judicieux Boileau :

« ..... N'entreprends point même un juste [procès;
N'imite point ces fous dont la sotte ava- [rice
Va de ses revenus engraisser la justice;
Qui, toujours assignant, et toujours assi- [gnés,
Souvent demeurent gueux de vingt procès [gagnés. »

Qui ne connait aussi la charmante fable de *l'Huitre et les Plaideurs ?*

(Voy. ARBITRAGE, TRANSACTION.)

ACCUSÉ. — On donne spécialement ce nom, dans le langage juridique, à l'individu qui est renvoyé, pour un fait qualifié *crime*, devant la Cour d'assises.

L'expression de *prévenu* sert à désigner celui qui est appelé, à raison d'un *délit*, devant le tribunal de police correctionnelle.

ACQUÉREUR. — C'est celui qui stipule qu'il recevra une chose moyennant un prix convenu. On désigne ainsi particulièrement la personne qui achète un *immeuble*.

L'expression d'*acheteur* s'emploie de préférence quand il s'agit d'une chose mobilière. — Voy. VENTE.

ACQUÊT. — Ce mot comprend, dans son sens propre et étroit, tout ce que l'on acquiert par son industrie ou son économie, par opposition à ce que l'on tient de la libéralité des autres ou de ses ancêtres.

Le Code civil (art. 1402-1408) se sert indifféremment des expressions *acquêt* et *conquêt* pour désigner les immeubles acquis pendant le mariage, qui entrent en communauté.

ACQUIESCEMENT. — Ce mot s'emploie pour désigner l'adhésion expresse ou tacite à un jugement ou à un acte auquel on aurait pu s'opposer.

1. — La volonté de l'acquiesçant doit être libre et spontanée, c'est-à-dire exempte de violence, de dol et d'erreur, mais elle peut se manifester soit expressément, par un écrit ou une déclaration dont il est dressé acte, soit tacitement, par des faits, des actes d'exécution, souvent même par le silence de la partie, pourvu qu'il n'y ait pas d'équivoque possible, car il est de principe que nul n'est présumé avoir renoncé à son droit ou acquiescer à un acte ou à une décision qui anéantirait ce droit.

2. — L'acquiescement impliquant la renonciation à un droit acquis, ceux-là seuls peuvent valablement acquiescer qui ont la disposition de ce droit ou qui représentent à cet effet la personne qui peut en disposer.

En conséquence, *n'ont pas capacité par eux-mêmes pour acquiescer :* — 1° le mineur non émancipé; — 2° le mineur émancipé, sans l'assistance de son curateur; — 3° l'interdit; — 4° le prodigue, sans l'assistance de son conseil judiciaire; — 5° la femme mariée, sans l'autorisation de son mari, ou de la justice; — 6° le failli.

N'ont pas capacité d'acquiescer pour autrui : 1° — le mandataire, dont les pouvoirs déterminés dans le titre de son mandat ne comprennent pas expressément la faculté d'acquiescer; — 2° les avocats, agréés, avoués, huissiers, sans pouvoir spécial de leur client; — 3° le tuteur, sans l'autorisation du conseil de famille et l'homologation du tribunal; — 4° le curateur à une succession vacante, sans l'autorisation de la justice; — 5° les envoyés en possession provisoire des biens d'un absent; — 6° les syndics d'une faillite; — 7° les Communes, sans l'autorisation de l'Administration supérieure, qui exerce à leur égard un droit permanent de tutelle.

3. — L'acquiescement n'est admissible que dans les matières qui touchent aux intérêts privés. Il ne peut avoir lieu dans celles qui affectent l'ordre public ou les bonnes mœurs.

4. — L'effet principal de l'acquiescement est de donner à la décision à propos de laquelle il se produit l'*autorité de la chose* irrévocablement *jugée*. Cette décision se trouve donc désormais inattaquable par les voies de droit ordinaires et extraordinaires : l'*opposition*, l'*appel*, la *cassation*, la *requête civile*, suivant le cas.

En matière criminelle, il n'en est pas de même. Les délais prescrits par la loi pour mettre à exécution les décisions de la justice constituent des garanties autant dans l'intérêt général de la société et de l'ordre public que dans l'intérêt des parties. L'exécution prématurée de la sentence rendue contre lui ne saurait, en conséquence, priver un condamné du droit d'opposition ou d'appel, selon les circonstances, s'il s'apercevait plus tard et avant l'expiration du délai, que cette sentence renferme des vices ou des nullités.

ACQUIT. — C'est la quittance mise au bas d'un mémoire ou d'un effet négociable. Il doit émaner du créancier ou de son mandataire autorisé.

Depuis le 1er décembre 1871, sont soumis à un *droit de timbre* de dix centimes les acquits donnés au bas des factures et mémoires et toute quittance en général s'élevant à 10 fr. et au-dessus. Ce droit peut être payé par l'apposition d'un *timbre mobile* sur lequel la personne qui donne l'acquit appose sa signature avec la date. (Loi du 23 août 1871, art. 18.)

Toute *contravention* est punie d'une amende de 50 francs.

ACQUIT-A-CAUTION. — Permis délivré par l'Administration des *Douanes* (voy. ce mot) pour certaines opérations commerciales qui entrainent l'accomplissement ultérieur d'une obligation, ou le payement d'un droit, sous peine d'encourir les condamnations prononcées par la loi. La délivrance de tout acquit-à-caution est précédée d'un engagement souscrit par le demandeur, et dont l'accomplissement est garanti par la signature d'une caution.

L'Administration des *contributions indirectes* délivre également des acquits-à-caution pour les boissons, les tabacs et les poudres.

ACQUIT DE PAYEMENT. — C'est la quittance que délivrent les agents des *Douanes*, pour constater que le capitaine a payé les droits auxquels sont soumis les navires et les cargaisons.

ACQUITTEMENT. — Se dit du renvoi d'une accusation portée contre un individu qui est déclaré, par le jury, non coupable. (Cod. instr. crim. art. 358.)

1. — Il ne faut pas confondre l'*acquittement* avec l'*absolution* : Dans le langage du droit, ces deux expressions ont une signification distincte. — Voy. ABSOLUTION.

2. — L'individu acquitté légalement ne peut plus être repris ni accusé à raison du même fait. Tel est le sens du brocard : *Non bis in idem*.

ACTE AUTHENTIQUE. — (Cod. civ. art. 1317-1321.) — Du grec *authenticos*, qui fait autorité. — Acte fait par un officier public (*Notaire*, *Maire*, *Greffier*, *Avoué*, *Huissier*, etc.), dans les limites de sa compétence, et avec les solennités requises. Les actes qui sont revêtus de ce caractère font foi par eux-mêmes, sans autre preuve ni vérification préalable, et on ne peut les combattre que par la voie de l'*inscription de faux*. (Voy. ces mots.)

L'acte qui n'est point authentique par l'incompétence ou l'incapacité de l'officier public, ou par un défaut de forme, vaut comme écriture privée, s'il a été signé des parties.

ACTE COMPLÉMENTAIRE. — Acte par lequel on ajoute à un acte antérieur quelques clauses, utiles pour l'existence de la première convention, ou destinées à en assurer l'exécution.

Aux termes de l'art. 68, § 1, nº 6 de la loi du 22 frimaire an VII (12 déc. 1798), sur l'*Enregistrement* (voy. ce mot), il est simplement dû un droit fixe de 1 fr. pour les actes qui ne contiennent que l'exécution, le *complément* et la consommation d'actes antérieurs enregistrés.

ACTE CONFIRMATIF. — (Cod. civ. art. 1338-1340.)

Se dit de l'acte par lequel on ratifie, on confirme un engagement antérieur qui était dépourvu de formes essentielles à sa validité.

1. — L'acte de confirmation ou ratification d'une obligation contre laquelle la loi admet l'action en nullité ou en rescision, n'est valable que lorsqu'on y trouve la substance de cette obligation, la mention du motif de l'action en rescision, et l'intention de réparer le vice sur lequel cette action est fondée.

2. — La confirmation emporte la renonciation aux moyens et exceptions que l'on pouvait opposer contre l'acte sujet à nullité ou rescision, sans préjudice néanmoins des droits des tiers intéressés à faire valoir les moyens de nullité qui vicient cet acte.

3. — Le donateur ne peut réparer par aucun acte confirmatif les vices d'une donation entre vifs; nulle en la forme, elle doit être refaite en la forme légale.

4. — La confirmation ou ratification, ou exécution volontaire d'une donation par les héritiers ou ayants cause du donateur, après son décès, emporte leur renonciation à opposer soit les vices de forme, soit toute autre exception.

ACTE CONSERVATOIRE. — Se dit des actes ayant pour objet de conserver un droit et d'en assurer l'exercice. Tels sont l'*inventaire*, l'*opposition*, les *scellés*, le *séquestre*, l'*inscription hypothécaire*, etc.

1. — Les actes purement conservatoires, de surveillance et d'administration provisoire ne font pas présumer l'intention d'accepter une succession, si l'on n'y a pas pris le titre ou la qualité d'héritier. (Cod. civ. art. 779.)

2. — Sous le régime de communauté, le mari, administrateur des biens personnels de sa femme, est responsable de tout dépérissement desdits biens, causé par défaut d'actes conservatoires. (Cod. civ., art. 1428.)

ACTE D'ACCUSATION. — C'est l'exposé des faits imputés à l'individu traduit devant une Cour d'assises. Lecture en est donnée à haute voix par le greffier, au début de l'audience. (Cod. instr. crim. art. 313.)

Il est *interdit de publier* les actes d'accusation et tous autres actes de procédure criminelle ou correctionnelle avant qu'ils aient été lus en audience publique, et ce, sous peine d'une *amende* de 50 fr. à 1 000 fr. (Loi 29 juillet 1881, art. 38.)

ACTE D'AVOUÉ A AVOUÉ. — On appelle ainsi les actes de procédure dont la signification a lieu, durant l'instance, entre les avoués respectifs des parties, par l'intermédiaire des huissiers audienciers.

ACTE DE COMMERCE. — 1. — La loi répute *actes de commerce :* Tout achat de denrées et marchandises pour les revendre, soit en nature, soit après les avoir travaillées et mises en œuvre, ou même pour en louer simplement l'usage; — Toute entreprise de manufactures, de commission, de transport par terre ou par eau; — Toute entreprise de fournitures, d'agences, bureaux d'affaires, établissements de ventes à l'encan, de spectacles publics; — Toute opération de change, banque et courtage; — Toutes les opérations de banques publiques; — Toutes obligations entre négociants, marchands et banquiers; — Entre toutes personnes, les lettres de change ou remises d'argent faites de place en place; — Toute entreprise de construction, et tous achats, ventes et reventes de bâtiments pour la navigation intérieure et extérieure; — Toutes expéditions maritimes; — Tout achat ou vente d'agrès, apparaux et avitaillements; — Tout affrètement ou nolissement, emprunt ou prêt à la grosse; — Toutes assurances et autres contrats concernant le commerce de mer; — Tous accords et conventions pour salaires et loyers d'équipage; — Tous engagements de gens de mer, pour le service de bâtiments de commerce. (Cod. com. art. 632-633.)

2. — Sont commerçants ceux qui exercent des actes de commerce, et en font leur profession habituelle. (Cod. com. art. 1.)

3. — Les contestations relatives aux actes de commerce, entre toutes personnes, sont de la compétence des tribunaux de commerce. (Cod. com. art. 631.)

ACTE DE DÉCÈS. — Voy. ACTES DE L'ÉTAT CIVIL.

ACTE DE MARIAGE. — Voy. ACTES DE L'ÉTAT CIVIL.

ACTE DE NAISSANCE. — Voy. ACTES DE L'ÉTAT CIVIL.

ACTE DE NOTORIÉTÉ. — (Cod. civ. art. 70-72-155.)

1. — On désigne sous ce nom l'acte passé devant un officier public (*Notaire ou Juge de paix*), et dans lequel sont constatées les déclarations de personnes qui attestent un fait *notoire*, dont il est impossible de produire la preuve écrite.

Ainsi, pour le mariage, celui qui ne peut pas présenter un acte de naissance, est admis à y suppléer par un acte de notoriété que lui délivre le Juge de paix du lieu de sa naissance ou de son domicile, sur l'attestation de sept personnes, de l'un et de l'autre sexe, parentes ou non.

Jusqu'à la reconstitution des actes de l'état civil du département de la Seine détruits par le feu, la loi du 10 juillet 1871 a dérogé provisoirement aux prescriptions du Code civil. (Voy. ACTES DE L'ÉTAT CIVIL, VI.)

2. — Cet acte doit être soumis à l'homologation du tribunal de première instance du lieu où se fera la célébration du mariage, sur les conclusions du Ministère public; et selon qu'il juge suffisantes ou non les déclarations des témoins et les causes qui empêchent de rapporter l'acte de naissance, le tribunal accorde ou refuse l'homologation.

3. — Mais, l'acte de notoriété, homologué, ne tient lieu d'acte de naissance que pour le mariage. Il ne pourrait servir, par exemple, à prouver la filiation ou à former la base d'une demande de droits de famille ou de succession.

4. — De même que l'acte de naissance, l'acte de décès peut être suppléé, pour le mariage seulement, par un acte de notoriété.

5. — En cas d'*absence* (voy. ce mot) d'un ascendant auquel aurait dû être fait un acte respectueux, s'il n'a pas encore été rendu de jugement déclarant l'absence ou ordonnant l'enquête, il peut être passé outre à la célébration du mariage sur la production d'un acte de notoriété délivré par le Juge de paix, sur la déclaration de quatre témoins appelés d'office.

6. — Pour obtenir l'envoi en possession des biens qui lui ont été légués par un testament olographe ou mystique, le légataire universel est tenu d'appuyer sa requête au Président du tribunal du lieu où la succession s'est ouverte, d'un acte de notoriété constatant que le défunt n'a laissé aucun héritier à réserve. Cet acte est dressé par un Notaire, sur l'attestation de deux témoins.

7. — Dans diverses autres circonstances qu'il serait superflu d'énumérer, comme, par exemple, lorsqu'il s'agit d'obtenir la rectification d'un acte de l'état civil, ou le redressement d'erreurs commises dans les nom et prénoms inscrits au grand livre de la dette publique, etc., il y a lieu de produire, à l'appui de la réclamation, un *acte de notoriété*, dressé devant Notaire, sur la déclaration de deux témoins.

ACTE EXÉCUTOIRE. — C'est ainsi qu'on désigne tout acte notarié, revêtu de la *formule exécutoire*, c'est-à-dire intitulé, comme les jugements, au nom du pouvoir exécutif, et se terminant par un mandement aux officiers de justice. — Voy. FORMULE EXÉCUTOIRE.

ACTE FRUSTRATOIRE. — Se dit de tout acte inutile fait par un officier ministériel dans le but d'exploiter le client.

Les actes frustratoires, comme les actes nuls et ceux qui ont donné lieu à une condamnation d'amende, sont mis, par le Code de procédure civile, à la charge des officiers ministériels qui sont, en outre, suivant l'exigence des cas, passibles de dommages-intérêts envers le client, et peuvent même être suspendus de leurs fonctions. (Cod. proc. civ. art. 1031.)

ACTE RÉCOGNITIF. — (Cod. civ. art. 1337.)

Se dit de l'acte donné par un débiteur à son créancier, principalement pour empêcher que la prescription n'éteigne le titre primordial.

— Les actes récognitifs ne dispensent point de la représentation du titre primordial, à moins que sa teneur n'y soit spécialement relatée. Ce qu'ils contiennent de plus que le titre primordial, ou ce qui se trouve de différent, n'a aucun effet. Néanmoins, s'il y avait plusieurs reconnaissances conformes, soutenues de la possession, c'est-à-dire ayant reçu leur exécution, et dont l'une eût trente ans de date, le créancier pourrait être dispensé de représenter le titre primordial.

ACTE RESPECTUEUX. — (Cod. civ. art. 151-158.)

On appelle ainsi l'acte par lequel le garçon, majeur de vingt-cinq ans, la fille, majeure de vingt et un ans, et pouvant, par conséquent, se marier à leur gré, sont néanmoins obligés de demander, au préalable, conseil à leur père et mère ou autres ascendants.

Trop souvent on entend appeler

cet acte *sommation respectueuse*. Ces deux mots vont fort mal ensemble, rien n'étant moins respectueux qu'une sommation. Il faut donc dire *acte :* c'est, du reste, l'expression qu'emploie le Code civil (art. 151). — Voy. MARIAGE, I.

ACTES DE L'ÉTAT CIVIL. — (Cod. civ. art. 34-101.)

On appelle ainsi les procès-verbaux où se trouvent relatés les principaux événements qui marquent la vie de l'homme et sont la source de ses droits et de ses devoirs. Tels sont la *naissance*, le *mariage*, le *décès*. — Le but des actes de l'état civil indique suffisamment leur importance. Quelques exemples, du reste, la feront mieux ressortir. Ainsi, 1° l'*acte de naissance* sert à établir l'âge des personnes. Or, il existe dans notre droit de nombreuses prérogatives qui ne sont accordées qu'à tel ou tel âge : Les père et mère ont la faculté d'émanciper leurs enfants à 15 ans ; — jusqu'à 25 ans les garçons, jusqu'à 21 ans les filles, ont besoin, pour se marier, du consentement de leurs ascendants ; — à 21 ans on est électeur ; à 25 ans on peut être élu député ; — on n'est juré qu'à 30 ans ; — on n'est pas forcé d'accepter une tutelle à 65 ans, etc., etc., etc.

2° L'*acte de mariage* atteste la célébration du mariage auquel sont attachées diverses obligations dont ce n'est pas ici le lieu de parler.

3° L'*acte de décès* permet de déterminer le jour à partir duquel la personne morte a cessé d'acquérir des droits, par exemple une succession qui lui serait échue si elle avait encore vécu, etc.

I. HISTORIQUE. — Au moyen âge, le clergé constatait dans des registres les baptêmes, mariages et sépultures, mais ces registres n'étaient relatifs qu'à l'administration des sacrements, et n'avaient aucun rapport avec les intérêts temporels. Lorsque l'état civil d'une personne était contesté, on recourait, à défaut de preuve écrite, à la preuve testimoniale.

Par son ordonnance de Villers-Cotterets, en date du 1er août 1539, François Ier prescrivit aux chapitres, monastères et curés de tenir registre des *sépultures des personnes tenant bénéfices, et des baptêmes de tous, avec mention du temps et de l'heure de la nativité*, mais l'ordonnance ne s'occupait ni du décès des personnes non pourvues de bénéfices, ni du mariage.

Vingt ans plus tard (mai 1559), une ordonnance de Henri III, datée de Blois, combla les lacunes de l'ordonnance de Villers-Cotterets ; elle ordonna aux curés et vicaires, afin d'éviter les preuves par témoins, de tenir registre des naissances, mariages et décès de toute personne.

Le mode de constatation et de rédaction fut réglé par deux ordonnances postérieures, l'une de Louis XIV, datée d'avril 1617, l'autre de Louis XV, rendue le 9 avril 1736.

Ces ordonnances, toutefois, ne concernaient que les catholiques. L'état civil des protestants était constaté, en vertu de l'Edit de Nantes (Henri IV, avril 1598), par les Ministres de leur culte, sur des registres tenus aux consistoires ; mais ce droit leur fut enlevé par la révocation de l'Edit, au mois d'octobre 1685. A partir de cette époque, les protestants se trouvèrent dans la dure alternative de faire, à l'aide d'un mensonge, c'est-à-dire en se présentant comme catholiques, constater par les prêtres de la religion dominante les naissances, mariages et décès qui les intéressaient, ou de se résigner à n'avoir pas d'état civil. Louis XVI fit cesser cet état de choses par son ordonnance du 18 novembre 1787, en autorisant les protestants à faire constater leur état civil par les officiers de justice de leur domicile.

Depuis que la révolution de 1789 a proclamé le principe de la liberté des cultes et de la séparation de la loi civile d'avec la loi religieuse, c'est une Autorité purement civile qui est chargée de la constatation des naissances, mariages et décès de toute personne, sans distinction: c'est aux Maires que ce soin est confié; ils remplissent les fonctions d'*Officiers de l'état civil.*

II. Tenue des actes de l'état civil. — publicité. — Pour assurer la conservation d'actes aussi importants, la loi exige qu'ils soient écrits, non sur des feuilles volantes qui pourraient s'égarer, mais sur un *registre* tenu *double*. Ces deux registres sont déposés dans des lieux différents, afin d'éviter les chances de destruction ou de perte; l'un reste aux archives de la Commune, l'autre est envoyé, en fin d'année, au greffe du tribunal de l'arrondissement.

— Les registres de l'état civil sont *publics*, c'est-à-dire que toute personne peut s'en faire délivrer des extraits par les dépositaires en acquittant les frais d'expédition et de timbre.

— Lorsque ces extraits doivent être employés hors de l'arrondissement où ils ont été délivrés, il est nécessaire de les faire *légaliser*, car la signature du Maire et du greffier est présumée inconnue. La légalisation est faite par le Juge de paix, moyennant un droit de 0 fr. 25 c. au profit de son Greffier.

III. Règles spéciales. — 1° *Acte de naissance.* — La loi a fixé pour les *déclarations* de naissance un *délai* fort court, afin que les personnes qui pourraient avoir intérêt à déguiser la vérité n'aient pas le temps de se concerter. Ce délai est de trois jours à dater de celui de la naissance.

Toute déclaration tardive donne lieu à une amende de 16 fr. à 300 fr. et à un emprisonnement de 6 jours à 6 mois (Cod. pén. art. 346.)

— C'est à la municipalité du lieu où l'enfant est né que la déclaration doit être faite : — 1° par le père; — 2° à son défaut, par le médecin ou la sage-femme; — 3° enfin, au besoin, et à défaut des personnes ci-dessus mentionnées, par ceux qui assistaient à la naissance.

— L'acte de naissance est rédigé immédiatement après la déclaration, en présence de deux *témoins*, mâles et majeurs, parents ou non.

— L'enfant est *présenté* à l'officier de l'état civil, à moins que son déplacement n'offre trop de danger, auquel cas l'officier de l'état civil serait tenu de se transporter près de lui avec ses registres afin de rédiger l'acte.

Pour obvier aux dangers du déplacement des nouveau-nés, et à l'exemple de ce qui se pratiquait déjà dans plusieurs villes, le Préfet de la Seine a pris, à la date du 29 décembre 1868, un arrêté dont voici les dispositions essentielles :

Art. 1er. — « A partir du 1er janvier 1869, les parents qui désireront faire constater à domicile la naissance d'un enfant devront en faire la demande par écrit, dans les 24 heures de la naissance, à la mairie de leur arrondissement, avec indication :

1° Des noms, prénoms et domicile des parents;

2° Des jour et heure de la naissance de l'enfant;

3° Et du sexe de l'enfant. »

Art. 2. — « La constatation est faite à domicile, sans frais d'aucune espèce pour les parents, par un médecin de l'état civil. »

Art. 3. — « Ce bulletin de constatation, déposé à la mairie par le médecin de l'état civil, tiendra lieu de la présentation de l'enfant pour la déclaration de naissance qui devra toujours être faite dans les termes et délai des articles 55 et suivants du Code civil. »

— On ne peut donner à l'enfant d'autres *prénoms* que ceux qui sont en usage dans les différents calendriers, ou qui ont appartenu à des personnages connus de l'histoire ancienne. (Loi 11 germinal an XI) (1er avril 1803.)

— La loi a prévu le cas de la naissance d'un enfant pendant un voyage en mer. Elle a tracé des formalités spéciales dans les articles 59, 60 et 61 du Code civil.

2° *Acte de mariage.* — Il est

dressé après la célébration du mariage, en présence de 4 *témoins*, mâles et majeurs, parents ou non.

3° *Acte de décès*. — A la mort d'un individu, il faut en faire la déclaration à l'officier de l'état civil du lieu où le décès est arrivé. Il n'y a pas de délai fixé ; le législateur a pensé que l'officier de l'état civil serait nécessairement averti du décès, puisque aucune inhumation ne peut se faire sans une autorisation qu'il donne, sur papier libre et sans frais, après s'être assuré de la réalité du décès. Dans la pratique, du moins dans les grandes villes, le Maire confie à un médecin le soin de vérifier le décès.

Cette vérification a une double utilité : elle prévient le danger des inhumations précipitées, et permet en même temps de s'assurer si la mort n'est pas le résultat d'un crime, auquel cas la justice commence une enquête immédiatement.

Hors les cas prévus par les règlements de police, l'inhumation n'a lieu que vingt-quatre heures, au plus tôt, après le décès.

— L'acte de décès est dressé sur la déclaration de deux *témoins* qui doivent être autant que possible les deux plus proches parents ou voisins du mort, ou, lorsqu'un individu est décédé hors de son domicile, la personne chez laquelle il est décédé, et un parent ou autre.

— On ne mentionne pas dans l'acte les circonstances du décès ; on ne dit pas, par exemple, que la personne s'est suicidée, qu'elle a péri sur l'échafaud, etc. Les rédacteurs du Code ont sagement pensé qu'il ne fallait pas perpétuer le souvenir de faits pouvant porter atteinte à l'honneur de la famille.

— Pour les décès arrivés pendant un voyage en mer, la loi prescrit des formalités particulières qui sont tracées dans les articles 86 et 87 du Code civil.

IV. Actes de l'état civil des militaires hors de France. — Un mode spécial de constater les mariages, naissances et décès, concernant les militaires hors du territoire de la République, a été établi : les articles 88 et 98 du même Code le font connaître.

V. Actes de l'état civil reçus a l'étranger. — Les Français qui se trouvent à l'étranger peuvent faire constater leur état civil, suivant les formes du pays où ils sont, par les autorités locales compétentes, ou, suivant les formes françaises, par les agents diplomatiques français ; mais la prudence conseille qu'à leur retour en France, ils fassent transcrire sur les registres de la municipalité du lieu de leur domicile l'acte passé à l'étranger. Ils en assureront ainsi la conservation et la publicité.

VI. Inexistence ou perte des registres de l'état civil. Moyens d'y suppléer. — En principe, l'état des personnes ne se prouve ni par témoins, ni par titres privés : les naissances, mariages et décès ne s'établissent que par les actes qui en sont dressés sur les registres de l'état civil.

Par exception, lorsqu'il n'a pas existé de registre, ou s'ils sont perdus, détruits, les parties, de qui la loi ne saurait exiger l'impossible, sont admises à prouver, tant par témoins que par titres et papiers domestiques, les naissances, mariages et décès qui les intéressent.

Le cas d'inexistence de registres se présentera sans doute rarement aujourd'hui. Néanmoins, il pourrait se faire (on l'a vu, hélas ! en 1870 et en 1871) que, par suite d'épidémies, de troubles politiques ou d'invasion ennemie, la tenue des registres eût été impossible dans une localité.

Une loi du 12 février 1872, dont il nous paraît aujourd'hui superflu de rappeler les dispositions, a prescrit la *reconstitution des actes de l'état civil de Paris et des Communes y annexées* en 1859, dont les registres ont été détruits par le feu durant l'insurrection de Paris (mai 1871).

Ce travail devait porter sur tous

les actes antérieurs ou postérieurs à la loi de 1792 jusqu'en 1860, et pour la mairie du XIIe arrondissement (Bercy), depuis le 1er janvier 1870 jusqu'au 25 mai 1871. La surveillance et les contrôles en étaient confiés à une Commission nommée par le Ministre de la justice.

Les actes devaient être rétablis :

1° D'après les extraits des anciens registres délivrés conformes ;

2° Sur les déclarations des personnes intéressées ou des tiers, et d'après les documents dressés à l'appui ;

3° D'après les registres tenus par les ministres des différents cultes, les registres des hôpitaux et des cimetières, les tables de décès rédigées par l'Administration des domaines, et toutes les pièces qui pouvaient reproduire la substance des actes authentiques.

VII. Rectification des actes de l'état civil. — Toutes les fois qu'il y a lieu à rectifier un acte de l'état civil, soit parce que les noms ont été mal orthographiés, soit parce que les prénoms ont été omis ou transposés, il est nécessaire de s'adresser, par le ministère d'un Avoué, au tribunal de l'arrondissement au greffe duquel le double des registres a été déposé.

On ne saurait donc trop s'assurer, au moment où il est dressé, que l'acte est bien régulier. On s'épargne ainsi des frais et des difficultés pour l'avenir.

VIII. Statistique de l'état civil en France, de 1880 a 1884.

ANNÉES	NAISSANCES			MORTS-NÉS	MARIAGES
	ENFANTS LÉGITIMES	ENFANTS NATURELS	TOTAL des NAISSANCES		
1880....	851 950	68 227	920 177	41 737	279 046
1881....	866 978	70 079	937 057	43 841	282 079
1882....	864 261	71 305	935 566	44 352	281 060
1883....	863 731	74 213	937 944	43 747	284 519
1884....	862 304	75 754	937 758	45 286	289 555
TOTAL des 5 années.	4 309 224	359 578	4 668 502	218 963	1 416 259

ACTE SOUS SEING PRIVÉ. — (Cod. civ. art. 1322-1332.) — Acte fait sans l'intervention d'un officier public, et sous la seule signature des parties. Il peut servir à prouver toute espèce de contrat, à moins que la loi n'ait exigé expressément la forme authentique, comme elle l'a fait pour le *contrat de mariage* (Cod. civ, art. 1394) ; la *donation entre vifs* (id. art. 931) ; la *constitution d'hypothèque* (id. art. 2127) ; le *consentement* des ascendants *au mariage* de leurs descendants (id. art. 73) ; la *reconnaissance d'un enfant naturel* (id. art. 334), etc.

1. — L'acte sous seing privé, reconnu par celui auquel on l'oppose, ou légalement tenu pour reconnu, a, entre ceux qui l'ont souscrit et entre leurs héritiers et *ayants cause* (voy. ces mots), la même foi que l'acte authentique.

Celui auquel on oppose un acte sous seing privé est obligé d'avouer ou de désavouer formellement son écriture. Ses héritiers ou ayants cause peuvent se contenter de déclarer qu'ils ne connaissent point l'écriture ou la signature de leur auteur. Dans le cas où l'acte est *dénié* ou *méconnu*, la vérification en est ordonnée en justice. — Voy. VÉRIFICATION D'ÉCRITURE.

2. — Les actes sous seing privé qui contiennent des conventions *synallagmatiques*, c'est-à-dire obligeant réciproquement les contractants les uns envers les autres (*vente*, *société*, etc.) ne sont valables qu'autant qu'ils ont été faits en autant d'originaux qu'il y a de parties ayant un intérêt distinct, et chaque original doit contenir la mention du nombre des originaux qui ont été faits : *Fait double*, *triple*, etc.

3. — Le billet ou la promesse sous seing privé par lequel une partie s'engage envers l'autre à lui payer une somme d'argent ou une chose appréciable (*tant de pièces de vin*, par exemple) doit être écrit en entier de la main de celui qui le souscrit; ou, du moins, il faut qu'outre sa signature, il ait écrit de sa main un *bon* ou un *approuvé*, portant en toutes lettres la somme ou la quantité de la chose, afin que toute surprise soit impossible. Cette formalité n'est pas exigée lorsque l'acte émane de *marchands*, *artisans*, *laboureurs*, *vignerons*, *gens de journée et de service*. L'exception semble assez bizarre, car ce sont précisément les personnes ci-dessus désignées qui ont le plus besoin d'être protégées contre les surprises et l'abus des blancs-seings. Pour l'expliquer il faut se rappeler que le Code civil a été rédigé en 1803, c'est-à-dire à une époque où le nombre des individus complètement illettrés était considérable. Le législateur a sans doute pensé qu'exiger des personnes dont nous parlons, outre leur signature, déjà difficile à obtenir, un *bon* ou *approuvé pour la somme de.....*, c'eût été les placer dans la nécessité d'aller chez le Notaire pour faire dresser l'acte qu'elles auraient été incapables de faire elles-mêmes, et occasionner des lenteurs et des frais quelquefois aussi élevés que l'objet même de l'obligation.

4. — Lorsque la somme exprimée au corps de l'acte est différente de celle exprimée au *bon*, l'obligation est présumée n'être que de la somme moindre, lors même que l'acte, ainsi que le bon, sont écrits en entier de la main de celui qui s'est obligé, à moins qu'il ne soit prouvé de quel côté est l'erreur.

5. — Les actes sous seing privé n'ont de date contre les tiers que du jour où ils ont été *enregistrés* (voy. ENREGISTREMENT), du jour de la mort de celui ou de l'un de ceux qui les ont souscrits (car, de ce moment, une antidate est impossible), ou enfin du jour où leur substance est constatée dans des actes publics, tels que procès-verbaux de scellés ou d'inventaire.

6. — Une loi du 28 février 1872 exige (art. 8) que les actes sous seing privé contenant *mutation de propriété de fonds de commerce* ou de *clientèle* soient *enregistrés* dans les *trois mois* de leur date.

A défaut d'enregistrement dans ce délai, l'ancien et le nouveau possesseurs sont tenus personnellement d'un *droit en sus*, qui ne peut être inférieur à 50 francs.

ACTE SYNALLAGMATIQUE. — Du grec *sunallagma*, échange. — On appelle ainsi l'acte qui constate une convention par laquelle deux ou plusieurs personnes s'obligent réciproquement comme en cas de *vente*, d'*échange*, de *louage*, de *société*, etc.

Pour les formalités auxquelles les conventions synallagmatiques, constatées par acte sous seing privé, sont assujetties, voy. ACTE SOUS SEING PRIVÉ, 2.

ACTIF. — Se dit de la totalité de l'avoir d'un individu, d'une société, d'une succession, d'une faillite, par opposition au mot *passif*, qui sert à désigner l'ensemble des dettes.

ACTION. — Nul ne pouvant se faire justice à lui-même et devant la réclamer du juge compétent, l'*action* est le droit de poursuivre en jugement ce qui nous est dû ou ce qui nous appartient.

— Les actions sont dites *personnelles*, *réelles* ou *mixtes*, *mobilières* ou *immobilières*, *possessoires* ou *pétitoires*, *publiques* ou *civiles*.

ACTION CIVILE. — (Cod. instr. crim. art. 1-4 ; 637, 638, 640.)

C'est l'action en réparation du dommage causé par un crime, par un délit ou par une contravention. Elle appartient à tous ceux qui ont souffert de ce dommage, et peut être exercée contre le prévenu et contre ses représentants.

1. — L'action civile pour la réparation du dommage peut être poursuivie en même temps et devant les mêmes juges que l'*action publique* pour l'application de la peine. Quand la victime ou ses héritiers se présentent dans une instance criminelle pour y demander la réparation du préjudice qui leur a été causé, on dit qu'ils *se portent partie civile*.

L'action civile peut aussi être intentée séparément : dans ce cas, l'exercice en est suspendu tant qu'il n'a pas été prononcé définitivement sur l'action publique.

2. — L'action civile est sujette à *prescription* : les délais sont les mêmes qu'en ce qui concerne l'action publique. — Voy. ACTION PUBLIQUE.

ACTION IMMOBILIÈRE. — C'est celle qui a pour objet un *immeuble*.

1. — Aucun *tuteur* ne peut introduire en justice une action relative aux droits *immobiliers* du mineur, ni acquiescer à une demande relative aux mêmes droits, sans l'autorisation du Conseil de famille. (Cod. civ. art. 464.) — Voy. TUTELLE.

2. — Le *mineur émancipé* ne peut intenter une action *immobilière*, ni y défendre, sans l'assistance de son *curateur*. (Cod. civ. art. 482.) — Voy. ÉMANCIPATION.

3. — Sous le régime de communauté, le *mari*, administrateur des biens personnels de sa femme, ne peut, sans le concours de cette dernière, exercer les actions immobilières à elle appartenant, à l'exception toutefois des actions purement *possessoires*. (Cod. civ. art. 1428.)

ACTION MIXTE. — C'est celle qui peut être exercée contre la même personne et comme *obligée* et comme *possesseur*, parce que celui qui a droit de l'intenter réclame en même temps et l'accomplissement d'une obligation et la restitution d'une chose. Telles sont l'action *en partage d'une chose commune ;* l'action en *bornage ;* l'action en *restitution* (pétition) d'*hérédité ;* l'action en *partage d'une succession*. Ces actions sont *mixtes*, c'est-à-dire *personnelles et réelles*, parce que leur but est de réclamer tout à la fois ce qui nous appartient et des prestations personnelles, telles que des fruits, des remboursements de dépenses.

En matière mixte, l'*assignation* est donnée devant le tribunal de la situation, ou devant celui du domicile du *défendeur* (voy. ce mot), au choix du demandeur. (Cod. proc. civ. art. 59.)

ACTION MOBILIÈRE. — C'est celle qui a pour objet tout bien réputé *meuble*. — Voy. BIENS, II.

1. — Le *tuteur* a plein pouvoir pour intenter les actions mobilières qui appartiennent au mineur, ou pour y défendre. Il en est autrement quant aux actions *immobilières*. Il ne peut les intenter ou y défendre qu'avec l'autorisation du Conseil de famille. (Cod. civ. art. 464.)

2. — Le *mineur émancipé* peut intenter seul toute action mobilière ou y défendre, à moins que l'action n'ait pour objet un capital en argent, car, étant incapable de disposer seul de ses capitaux, il aurait besoin de l'assistance de son curateur. (Cod. civ. art. 482.)

3. — Sous le régime de communauté, le *mari*, administrateur de tous les biens personnels de sa femme, peut exercer seul les actions mobilières qui appartiennent à cette dernière. (Cod. civ. art. 1428.)

ACTION PERSONNELLE. — C'est celle par laquelle nous agissons contre une personne qui est obligée de faire pour nous, ou de nous donner quelque chose. Elle diffère de l'*action réelle* (voy. ces mots), d'abord parce qu'elle doit être intentée devant le tribunal du domicile du défendeur, tandis que l'action réelle est portée devant le tribunal de la situation de l'objet litigieux ; ensuite, parce qu'elle ne *se prescrit* que par 30 ans, tandis que l'action réelle peut se prescrire par dix et vingt ans. (Cod. civ. art. 2262-2265.)

ACTION POSSESSOIRE. — (Cod. proc. civ. art. 23, 27.)

C'est l'action qui a pour but de faire maintenir ou réintégrer une personne dans sa possession, lorsqu'elle y est troublée par un tiers qui, sans établir qu'il soit réellement propriétaire, veut se mettre à sa place.

On l'appelle *possessoire*, par opposition à celle qui a pour but la propriété, et qu'on nomme *pétitoire*. — Les actions possessoires, ne présentant ordinairement à résoudre que de simples questions de fait, qu'il est de l'intérêt des parties de voir décider promptement, ont été placées dans les attributions des *Juges de paix*. Selon les circonstances dans lesquelles elles se présentent, elles ont des noms particuliers. Il y a, en effet, trois espèces d'actions possessoires : 1° *la complainte ;* — 2° *la réintégrande ;* — 3° *la dénonciation de nouvel œuvre*.

I. Complainte. — Ce mot, dont l'origine est fort ancienne, et qui ne signifie pas autre chose que *plainte*, sert à désigner l'action par laquelle on demande à être maintenu dans la possession, au moins annale, d'un immeuble ou d'un droit réel immobilier, tel qu'une servitude, lorsqu'on y est *troublé*. Elle doit être exercée dans l'année du trouble.

II. Réintégrande. — C'est l'action qui a pour but, comme son nom l'indique, de faire réintégrer dans sa possession celui qui en a été *dépouillé*. Elle dérive de ce principe, sans lequel il n'y aurait pas de société, qu'on ne peut se faire justice à soi-même.

III. Dénonciation de nouvel œuvre. — C'est une espèce de complainte intentée contre celui qui entreprend sur son fonds une nouvelle construction ou tout autre ouvrage de nature à porter préjudice au plaignant en le troublant dans sa possession. Si les travaux commencés par le voisin ne sont pas achevés, le Juge de paix peut en prescrire la suspension, jusqu'à ce que le juge du *pétitoire* ait statué sur le différend où une question de propriété est engagée. — Il pourrait prescrire la destruction des travaux faits depuis son ordre de suspendre.

Le *possessoire* et le *pétitoire* ne peuvent jamais se cumuler. Cette prohibition formelle résulte de la différence des deux actions qui se portent : la première devant la justice de paix, la seconde devant le tribunal de première instance. Le jugement sur le possessoire fixe, d'ailleurs, d'une manière invariable, quelle est celle des parties qui devra former sa demande au pétitoire : c'est celle qui aura succombé au possessoire.

ACTION PUBLIQUE. — (Cod. inst. crim. art. 1, 2, 4, 637, 638, 640.)

On désigne sous ce nom l'action qui appartient à la Société pour la répression des infractions à la loi, et qui est exercée en son nom par des magistrats spécialement chargés de ce soin. — Voy. ministère public.

1. — A la différence de l'action *civile*, pour la réparation du dommage, qui peut s'exercer contre le prévenu et contre ses représentants, l'action *publique*, pour l'application de la peine, s'éteint par la mort du prévenu.

2. — L'action publique résultant d'un *crime* se prescrit par *dix ans* révolus, à compter du jour où le crime a été commis, si, dans cet intervalle, il n'a été fait aucun acte d'instruction ni de poursuite, ou à compter du dernier acte, s'il en a été fait, sans qu'un jugement ait suivi.

La durée de la prescription est réduite à *trois ans* révolus, à partir de la même époque et suivant les mêmes distinctions, s'il s'agit d'un *délit*.

L'action publique pour une *contravention de police* se prescrit par *une année* révolue, à compter du jour où elle a été commise, même lorsqu'il y a eu procès-verbal, saisie, instruction ou poursuite, si, dans cet intervalle, il n'est point intervenu de condamnation.

3. — « La renonciation à l'action civile ne peut arrêter ni suspendre l'exercice de l'action publique. » (Cod. pén. art. 4.) — De son côté, le Code civil déclare (art. 2046) que l'on peut transiger sur l'intérêt civil qui résulte d'un délit, mais que « la transaction n'empêche pas la poursuite du Ministère public. » — Voy. TRANSACTION.

ACTION RÉELLE. — C'est celle par laquelle une personne agit contre le possesseur de la chose qu'elle réclame, ou sur laquelle elle prétend avoir un droit réel, tel qu'une servitude. Par l'action réelle on poursuit la chose plutôt que la personne : si on agit contre le possesseur, c'est parce que la chose est un objet inanimé ; mais le possesseur n'est obligé et poursuivi qu'à raison de la chose, de telle sorte que, s'il vient à l'aliéner, c'est contre le nouveau détenteur que l'action sera dirigée.

En matière *réelle*, le tribunal compétent pour connaître de la contestation est celui de la situation de l'objet litigieux. (Cod. proc. civ. art. 59.) — Voy. ACTION PERSONNELLE.

ACTIONS-ACTIONNAIRES. — On donne le nom d'*actions* aux diverses fractions d'intérêts composant le capital social d'une société anonyme, en commandite, ou à capital variable, et celui d'*actionnaires* aux propriétaires de ces actions. — Voy. SOCIÉTÉ, *sect.* II.

1. — Sont *meubles* par la détermination de la loi les actions ou intérêts dans les compagnies de finance, de commerce ou d'industrie. (Cod. civ. art. 529.) — Voy. BIENS.

2. — Aux termes de l'article 7 du décret du 16 janvier 1808, les actions de la banque de France peuvent être *immobilisées* par une déclaration de volonté du propriétaire faite dans la forme voulue pour le transfert des rentes.

Il en est de même des actions de la Compagnie des canaux d'Orléans et du Loing, d'après un décret du 16 mars 1810.

ADDITION (CERTIFICAT D'). — Voy. CERTIFICAT D'ADDITION.

ADJOINT. — (Loi 5 avril 1884, art. 73 et suiv.)

Nom donné aux magistrats institués pour remplacer les Maires empêchés, ou les seconder dans leurs fonctions.

1. — Le *nombre* des Adjoints est de *un* dans les Communes de 2500 habitants et au-dessous ; de *deux* dans celles de 2501 à 10000. Dans les Communes d'une population supérieure, il y a *un* adjoint *de plus* par chaque excédent de 25000 habitants, sans que le nombre des Adjoints puisse dépasser *douze*, sauf en ce qui concerne la ville de *Lyon*, où le nombre des Adjoints est porté à *dix-sept*. Les Adjoints sont aujourd'hui *nommés* par le Conseil municipal.

2. — Lorsqu'un obstacle quelconque ou l'éloignement rend difficiles, dangereuses ou momentanément impossibles les communications entre le chef-lieu et une fraction de Commune, un poste d'*Adjoint spécial* peut être institué, sur la demande du Conseil municipal, par un décret rendu en Conseil d'État.

Cet Adjoint, élu par le Conseil municipal, est pris parmi les Conseillers, et, à défaut d'un Conseiller résidant dans cette fraction de Commune, ou s'il en est empêché, parmi les habitants de la fraction. Il remplit les fonctions d'officier de l'état civil et il peut être chargé de l'exécution des lois et des règlements de police dans cette partie de la Commune. Il n'a pas d'autres attributions.

3. — Il y a 3 Adjoints pour chacun des 20 arrondissements de *Paris*. Ils sont choisis par le Président de la République.

4. — Pour l'*incompatibilité* des fonctions d'Adjoint avec certaines fonctions énumérées par la loi, voy. MAIRE.

5. — Les Adjoints peuvent être *suspendus* par arrêté du Préfet, sauf confirmation, dans le délai de deux mois, par le Ministre de l'intérieur. Ils ne peuvent être *révoqués* que par un décret du Président de la République.

Les Adjoints destitués ne sont pas rééligibles pendant une année.

ADJUDICATION. — Vente publique. — Celui qui est déclaré acquéreur s'appelle *adjudicataire*.

1. — Ne peuvent se rendre adjudicataires, sous peine de nullité, ni par eux-mêmes, ni par personnes interposées, les *tuteurs*, des biens de ceux dont ils ont la tutelle; — les *mandataires*, des biens qu'ils sont chargés de vendre; — les *administrateurs*, de ceux des Communes ou des Etablissements publics confiés à leurs soins; — les *officiers publics*, des biens nationaux dont les ventes se font par leur ministère. (Cod. civ. art. 1596.)

2. — Les formalités pour l'adjudication, après saisie, des barques, chaloupes et autres bâtiments de mer du port de dix *tonneaux* (voy. ce mot) et au-dessus, des bacs, galiotes, bateaux et autres bâtiments de rivière, moulins et autres édifices mobiles, assis sur bateaux et autrement, sont réglées par le Code de procédure civile. (Art. 620.)

3. — Pour l'adjudication des immeubles, après saisie, voy. Code de procédure civile, art. 695 et suivants.

4. — Les formalités à observer pour les adjudications de *glandée*, *panage* et *paisson*, dans les bois et forêts appartenant à l'Etat, font l'objet des articles 53 à 57 du Code forestier, et 100 à 104 de l'ordonnance royale rendue le 1er août 1827, pour l'exécution de ce Code.

5. — Les *marchés* de constructions et ceux de fournitures pour le compte de l'Etat ont lieu, en général, par voie d'adjudication, avec publicité et concurrence.

6. — Ceux qui, dans les adjudications de la propriété, de l'usufruit ou de la location des choses mobilières ou immobilières, d'une entreprise, d'une fourniture, d'une exploitation ou d'un service quelconque, ont entravé ou troublé la liberté des enchères ou des soumissions, par voies de fait, violences ou menaces, sont punis d'un emprisonnement de quinze jours au moins, de trois mois au plus, et d'une amende de 100 fr. au moins, et de 5000 fr. au plus. — La même peine est applicable à ceux qui, par dons ou promesses, ont écarté les enchérisseurs.

ADMINISTRATIF (DROIT). — Voy. DROIT ADMINISTRATIF.

ADMINISTRATION. — 1. — Le rôle de l'*Administration* est de garantir aux individus la jouissance de leurs droits et le libre usage des choses communes; de répartir les charges publiques qui portent sur les personnes et sur les biens; de gérer la fortune de l'Etat; de surveiller la gestion des intérêts collectifs, enfin de préparer et de faire exécuter les mesures d'utilité générale.

2. — *Agir*, *consulter*, *délibérer*, telles sont les fonctions des autorités administratives. Aussi l'Administration se distingue-t-elle en Administration *active*, Administration *consultative* et Administration *contentieuse*.

3. — L'*action* administrative appartient à un agent unique, à tous les degrés de la hiérarchie; mais si l'unité est indispensable à une bonne administration, il a paru utile de placer auprès des fonctionnaires chargés d'agir des Conseils pour éclairer leur marche. Le tableau suivant fera bien saisir ce principe:

	ACTION	CONSULTATION
Administration *générale* ou *centrale*........	Président de la République.. Ministres.....	Conseil d'Etat.
Administration *départementale*...........	Préfet........	Conseil de Préfecture. Conseil général.
	Sous-Préfet...	Conseil d'arrondissement.
Administration *communale*..............	Maire........	Conseil municipal.

Voy. Président de la République; — Ministres; — Conseil d'Etat; — Préfet; — Conseil de Préfecture; — Conseil général; — Sous-Préfet; — Conseil d'arrondissement; — Maire; — Conseil municipal.

4. — Indépendamment des fonctionnaires chargés de l'*action*, et des corps chargés du *conseil* et du *contrôle*, l'organisation administrative comprend des tribunaux spéciaux pour le jugement des réclamations que les particuliers croient devoir soulever contre les actes de l'Administration : c'est ce qu'on appelle le *contentieux administratif*. (Voy. ces mots.)

5. — Pour ce qui concerne l'organisation administrative proprement dite, c'est-à-dire la division de la France en départements et en arrondissements, voy. département, 3.

ADMINISTRATION LÉGALE. — On qualifie ainsi l'administration des biens personnels de ses enfants mineurs attribuée au père, durant le mariage. Elle se transforme en *tutelle* (voy. ce mot), à la dissolution du mariage arrivée par le décès de la mère, les enfants étant encore mineurs et non émancipés. (Cod. civ. art. 389, 390.)

ADOPTION. — (Cod. civ. art. 343, 360.)

C'est le contrat qui, avec la sanction de l'autorité judiciaire, crée entre des individus des rapports de paternité et de filiation purement civils.

L'adoption a été pratiquée dès les temps les plus reculés. Elle a été admise par le Code civil aux conditions suivantes :

I. conditions. — L'*adoptant* doit être âgé de plus de 50 ans, n'avoir ni enfants ni descendants légitimes, et avoir au moins 15 ans de plus que l'adopté.

Si l'adoptant est *marié*, il est nécessaire que son conjoint donne son consentement à l'adoption.

Enfin, pour empêcher que l'adoption ne soit le résultat d'un caprice ou d'une amitié trop précipitamment conçue, la loi exige que l'adoptant ait fourni à l'adopté, pendant qu'il était mineur, des secours et donné des soins non interrompus durant six ans au moins.

L'*adopté* doit, de son côté, être majeur, et avoir le consentement de ses père et mère, s'il n'a point accompli sa vingt-cinquième année.

S'il est majeur de vingt-cinq ans, il est tenu de requérir leur conseil.

Adoption dite rémunératoire. — Les conditions exigées pour l'adoption sont moins rigoureuses lorsqu'elle a pour but de reconnaître les services rendus par une personne qui a sauvé la vie à une autre, soit dans un combat, soit en la retirant des flammes ou des flots. Dans ce cas, en effet, on est assuré des sentiments de l'adoptant, et il suffit que l'adoptant soit majeur, plus âgé que l'adopté, sans enfants, ni descendants légitimes, et, s'il est marié, qu'il ait l'assentiment de son conjoint.

II. FORMES DE L'ADOPTION. — L'adoption se fait par un acte passé devant le Juge de paix du domicile de l'adoptant, et approuvé par le tribunal de première instance de l'arrondissement qui examine, en la chambre du conseil, si les conditions de la loi sont remplies, et si l'adoptant jouit d'une bonne réputation. Son jugement est soumis à la Cour d'appel qui prononce, comme le tribunal, sans énoncer de motif : « *il y a lieu* » ou « *il n'y a pas lieu à l'adoption.* »

L'arrêt de la Cour est affiché, et, dans les trois mois, à peine de nullité, l'adoption est inscrite sur le registre de l'état civil du domicile de l'adoptant.

III. EFFETS DE L'ADOPTION. — L'adopté prend le nom de l'adoptant, qu'il ajoute au sien propre. Il reste dans sa famille naturelle et y conserve ses droits. Il acquiert sur la succession de l'adoptant tous les droits que pourrait faire valoir un enfant légitime.

Quant à la succession de l'adopté, elle est réglée d'après le droit commun, comme s'il n'y avait pas eu d'adoption, c'est-à-dire qu'elle appartient à sa famille naturelle et non à son père adoptif ou aux parents de ce dernier.

Toutefois, lorsque l'adopté meurt sans descendants légitimes, les biens qu'il a reçus de l'adoptant et qui se retrouvent en nature font retour à l'adoptant. Si celui-ci est prédécédé à la même époque, lesdits biens font retour à ses descendants, à l'exclusion de la famille de l'adopté.

ADULTÈRE — (Cod. civ. art. 230, 306, 308, 309, 313; Cod. pén. art. 324, 336, 339.)

Violation de la foi conjugale.

1. — L'adultère n'est poursuivi que sur la plainte de l'époux outragé. Il est une cause de *séparation de corps* et de *divorce*. (Voy. ces mots.)

2. — La femme convaincue d'adultère est punie d'un emprisonnement pendant trois mois au moins et deux ans au plus. Le complice est passible de la même peine, et, en outre, d'une amende de 100 fr. à 2 000 fr. — Quant au mari, convaincu d'entretien d'une concubine dans la maison conjugale, il est puni d'une amende de 100 fr. à 2000 fr.

3. — Les *preuves* de l'adultère peuvent résulter, soit de la constatation du flagrant délit, soit de lettres écrites par l'épouse coupable ou son complice.

4. — Même en cas d'adultère de la femme, le mari ne peut désavouer l'enfant, à moins que la naissance de ce dernier ne lui ait été cachée. — Voy. PATERNITÉ.

5. — Les enfants adultérins ne peuvent être *reconnus*, ni, à plus forte raison, *légitimés* : ils n'ont aucun droit de succession et ne peuvent réclamer que des aliments. — Voy. ENFANTS NATURELS.

6. — Le *meurtre* commis par l'époux sur son épouse, ainsi que sur le complice, à l'instant où il les surprend en *flagrant délit* dans la maison conjugale, est *excusable*. (Cod. pén. art. 324.)

AFFECTATION. — Attribution d'une chose à un objet déterminé.

« Les délibérations par lesquelles les commissions administratives, chargées de la gestion des établissements publics communaux, changeraient en totalité ou en partie l'affectation des locaux ou objets immobiliers ou mobiliers appartenant à ces établissements, dans l'intérêt d'un service public ou privé quelconque, ou mettraient à la disposition, soit d'un autre établissement public ou privé, soit d'un particulier, lesdits locaux et objets, ne sont exécutoires qu'après avis du Conseil municipal et en vertu d'un décret rendu sur la proposition du Ministre de l'intérieur. » (Loi du 5 avril 1884, art. 120.)

— Voy. DÉSAFFECTATION.

AFFICHAGE. — 1. — De même

que l'imprimerie et la librairie, l'affichage a été affranchi par la loi du 29 juillet 1881, des restrictions auxquelles les lois antérieures l'avaient soumis. Il est aujourd'hui entièrement *libre*. Aucune différence n'est plus à faire entre les affiches politiques et celles qui ne le sont pas. Les unes et les autres peuvent être apposées *sans autorisation*, sous la responsabilité de ceux qui en sont les auteurs ou qui les ont placardées, et qui sont poursuivis si les affiches sont criminelles ou délictueuses.

La loi du 29 juillet 1881 précitée contient sur l'affichage les dispositions suivantes :

Dans chaque commune, le Maire désigne, par arrêté, les lieux exclusivement destinés à recevoir les affiches des lois et autres actes de l'autorité publique. Les affiches des actes émanés de l'autorité sont seules imprimées sur *papier blanc*. Toute contravention est punie d'une *amende* de 5 à 15 francs et, en cas de récidive dans les 12 mois, de l'*emprisonnement* de 1 à 5 jours.

Les *professions de foi*, *circulaires* et *affiches électorales* peuvent être placardées, à l'exception des emplacements réservés comme il a été dit ci-dessus, sur tous les édifices publics autres que les édifices consacrés aux cultes, et particulièrement aux abords des salles de scrutin.

Ceux qui ont *enlevé*, *déchiré*, *recouvert* ou *altéré*, par un procédé quelconque, de manière à les travestir ou à les rendre illisibles, des affiches apposées par ordre de l'Administration dans les emplacements à ce réservés, sont punis d'une *amende* de 5 à 15 francs. — Si le fait a été commis par un *fonctionnaire* ou un *agent de l'autorité publique*, la peine est d'une amende de 16 à 100 francs et d'un *emprisonnement* de 6 jours à 1 mois, ou de l'une des deux peines seulement. — Sont punis d'une *amende* de 5 à 15 francs ceux qui ont enlevé, déchiré, recouvert ou altéré des affiches électorales émanant de simples particuliers, apposées ailleurs que sur les propriétés de ceux qui ont commis cette lacération ou altération. — La peine est d'une *amende* de 16 à 100 francs et d'un *emprisonnement* de 6 jours à 1 mois, ou de l'une de ces deux peines seulement, si le fait a été commis par un *fonctionnaire* ou *agent de l'autorité publique*, à moins que les affiches n'aient été apposées dans les emplacements réservés dont il a été parlé plus haut.

2. — Les affiches qui ont rapport à des intérêts privés, et celles qui sont faites et apposées par les particuliers, sont soumises au *timbre*.

3. — Des affiches sont prescrites par la loi dans une infinité de cas, notamment pour les publications de *mariage*; pour les jugements de déclaration d'*absence*, d'*interdiction* ou de *nomination d'un conseil judiciaire*; pour les *arrêts d'adoption*; la *vente des biens de mineurs*; les *ventes mobilières par autorité de justice*; pour les *jugements de séparation de biens*, etc.; à la suite de certaines *condamnations*, pour *tromperie sur la quantité ou la qualité de la marchandise*, etc., etc.

4. — Tout individu qui veut, au moyen de la peinture ou de tout autre procédé, inscrire des affiches dans un lieu public, sur les murs, sur une construction quelconque et même sur toile, est tenu de payer préalablement un *droit d'affichage* fixé à 50 c. pour les affiches d'un mètre carré et au-dessous, et à 1 fr. pour celles d'une dimension supérieure.

Le payement du droit se fait au bureau de l'enregistrement dans l'arrondissement duquel se trouvent les Communes où les affiches doivent être placées.

Les *contraventions* aux prescriptions de la loi du 8 juillet 1852 et du décret du 28 août suivant en cette matière peuvent entraîner une amende de 100 fr. à 500 fr.

AFFIRMATION. — 1. — La femme survivante qui veut conserver la faculté de renoncer à la communauté doit, dans les trois mois du jour du décès de son mari, faire faire un inventaire fidèle et exact de tous les biens de la communauté, contradictoirement avec les héritiers du mari ou eux dûment appelés. Cet inventaire doit être *affirmé* par elle sincère et véritable, lors de sa clôture, devant l'officier public qui l'a reçu. (Cod. civ. art. 1456.)

2. — Toutes actions relatives aux lettres de change, et à ceux des billets à ordre souscrits par des négociants, marchands ou banquiers, ou pour fait de commerce, se prescrivent par cinq ans, à compter du jour du protêt, ou de la dernière poursuite juridique, s'il n'y a eu condamnation, ou si la dette n'a été reconnue par acte séparé. Mais les prétendus débiteurs sont tenus, s'ils en sont requis, d'*affirmer* sous serment, qu'ils ne sont plus redevables. (Cod. com. art. 189.)

3. — Pour ce qui concerne l'*affirmation* des créances produites dans une faillite, voy. FAILLITE, III.

4. — Lorsque, pour le salut du navire, le capitaine a été contraint de jeter en mer une partie de son chargement, il doit, au premier port où le bâtiment aborde, et dans les vingt-quatre heures de son arrivée, *affirmer* les faits contenus dans la délibération prise par les intéressés au chargement qui se trouvaient à bord, et par les principaux de l'équipage. (Cod. com. art. 413.) — Voy. JET et CONTRIBUTION.

5. — Les gardes champêtres sont obligés d'*affirmer* devant le Juge de paix ou le Maire les procès-verbaux dans lesquels ils constatent les délits et contraventions de leur compétence.

(Loi du 28 septembre 1791, sect. VII, art. 6.)

AFFOUAGE. — (Cod. for. art. 103-105 ; lois 23 juin 1874, 22 novembre 1883.)

Ce mot, dérivé du latin *ad*, vers ; *focum*, le foyer, signifie le droit accordé à chaque habitant d'une Commune, propriétaire de forêts, de prendre le bois nécessaire pour son chauffage ou les besoins de la maison.

La question de savoir si les *étrangers*, chefs de famille, ont droit aux portions affouagères de la Commune où ils sont venus s'établir était résolue diversement par le Conseil d'Etat, par le tribunal des conflits et par la Cour de cassation. Une loi du 23 juin 1874, dans le but de mettre un terme à la controverse, a modifié l'article 105 du Code forestier en ajoutant aux conditions donnant droit à l'affouage une condition spéciale pour les étrangers, celle « d'avoir été *autorisés* par le Gouvernement français *à établir leur domicile en France*, conformément à l'article 13 du Code civil. »

1. — La délivrance de l'affouage est faite par l'Administration forestière, et la répartition entre les habitants par le Conseil municipal qui fixe également la somme que les affouagers auront à payer pour subvenir au payement des frais d'exploitation.

2. — Une loi du 23 novembre 1883 a modifié ainsi qu'il suit l'article 105 du Code forestier relatif au partage des lois d'affouage :

« S'il n'y a titre contraire, le partage de l'affouage, en ce qui concerne les *bois de chauffage*, se fera *par feu*, c'est-à-dire par le chef de famille ou de maison ayant domicile réel et fixe dans la Commune avant la publication du rôle. Sera considéré comme chef de famille ou de maison tout individu possédant un ménage ou une habitation à feu distincte, soit qu'il y prépare la nourriture pour lui et les siens, soit que, vivant avec d'autres à une table commune, il possède des propriétés divisées, qu'il exerce une industrie distincte ou qu'il ait des intérêts séparés. — En ce qui concerne les *bois de construction*, chaque année, le Conseil municipal, dans sa session

de mai, décidera s'ils doivent être, en tout ou en partie, vendus au profit de la caisse communale ou s'ils doivent être délivrés en nature. — Dans le premier cas, la vente aura lieu aux enchères publiques par les soins de l'Administration forestière; dans le second, le partage aura lieu suivant les formes et le mode indiqués pour le partage des bois de chauffage. — Les usages contraires à ce mode de partage sont et demeurent abolis. — Les *étrangers* qui rempliront les conditions ci-dessus indiquées ne pourront être appelés au partage qu'après avoir été autorisés, conformément à l'article 13 du Code civil, à établir leur domicile en France. »

AFFRÉTEUR. — Celui qui prend à loyer d'une autre personne, nommée *fréteur*, tout ou partie d'un navire.

Les droits et obligations de l'affréteur et du fréteur sont déterminés dans les articles 286 à 310 du Code de commerce.

AGE. — 1. — Il a une grande influence sur l'état et la capacité des personnes. — Voy. notamment : MINORITÉ ; — PUISSANCE PATERNELLE ; — TUTELLE ; — EMANCIPATION ; — ADOPTION ; — TUTELLE OFFICIEUSE ; — MARIAGE, I ; — COMMERÇANT, I et II ; CONSEIL MUNICIPAL, I, I ; — CONSEIL GÉNÉRAL, I, I ; — MAIRE, I ; DÉPUTÉ, I ; — CONSEIL DE PRÉFECTURE, V ; — JURY, I ; — CHAMBRE DE COMMERCE, 2 ; — CONSEIL DE PRUD'HOMMES, I, 2 ; — TRIBUNAL DE COMMERCE, I, 3 ; — Etc. ; — Voy. également : SERVICE MILITAIRE ; — INSCRIPTION MARITIME.

2. — L'âge influe sur l'appréciation de la criminalité et sur la pénalité. — Voy. DISCERNEMENT ; — SEXAGÉNAIRE ; — SEPTUAGÉNAIRE.

3. — L'âge de la victime est quelquefois une circonstance aggravante du crime ou du délit. — Voy. ATTENTAT A LA PUDEUR. — VIOL.

4. — La preuve de l'âge des personnes résulte de leur *acte de naissance*. — Voy. ACTES DE L'ÉTAT CIVIL.

AGENT D'AFFAIRES. — Individu qui, sans avoir de caractère public, se charge *habituellement* de gérer les affaires d'autrui moyennant salaire. — Le salaire doit être fixé avec discrétion ; sinon la réduction pourrait en être demandée à la justice.

1. — La profession d'agent d'affaires est sans limites, et il y en a de toutes conditions ; ce qui explique le peu de considération qu'à tort ou à raison on y attache généralement, et l'exclusion du barreau prononcée par l'article 24 de l'ordonnance du 20 novembre 1822 contre tous ceux qui l'ont exercée.

2. — Les agents d'affaires, étant des commerçants, sont soumis à la rigueur des lois commerciales. En cas de suspension de payements, ils sont en état de faillite, et peuvent, suivant les circonstances, être déclarés *banqueroutiers*.

Ils sont tenus d'avoir un livre-journal comme tout commerçant, et sont soumis à la patente de quatrième classe. Cette contribution se compose d'un droit fixe, variable suivant la population de la ville où l'agent d'affaires a son domicile, et d'un droit proportionnel qui est du vingtième de son loyer.

AGENT DE CHANGE. — Loi 28 ventôse an IX (19 avril 1801), arr. 29 germinal an IX (19 avril 1801), et 27 prairial an X (16 juin 1802) ; Cod. com. art. 74 et suiv. ; lois 28 avril 1816, art. 90, 91 ; 28 mars 1885, art. 3-5.

1. — Les *Agents de change* sont des officiers ministériels, institués par l'Autorité auprès des *Bourses de commerce*, pour se livrer, comme intermédiaires, à la négociation des effets publics ou particuliers, et pour constater authentiquement le cours des effets publics et des matières d'or et d'argent.

Dans les villes où il n'y a pas d'agents de change, toute personne peut négocier des effets particuliers. Quant aux effets publics, ils sont négociés par les *Notaires*.

2. — Les agents de change sont

nommés par le Président de la République, sur la proposition du Ministre des finances, à Paris, et sur celle du Ministre du commerce, pour les départements.

3. — L'article 85 du Code de commerce interdisait aux agents de change de faire des *opérations de commerce ou de banque pour leur compte* et de s'intéresser directement ou indirectement dans une entreprise commerciale et de recevoir ou payer pour le compte de leurs commettants. *Ils le peuvent* aujourd'hui en vertu de la loi du 28 mars 1885. — Voy. MARCHÉ A TERME.

A l'avenir, ils seront toujours *responsables* de la livraison et du payement.

4. — Les agents de change de chaque place élisent un syndic et six adjoints qui composent une *Chambre syndicale*, chargée d'exercer une police intérieure sur les membres de la Compagnie.

AGENT DE POLICE. — Tout agent de police qui, sans motif légitime, use de violences envers les personnes dans l'exercice de ses fonctions, est punissable selon la gravité de ces violences. (Cod. pén. art. 186.)

AGENT VOYER. — Nom donné aux fonctionnaires chargés des *chemins vicinaux*. (Voy. ces mots.)

AGGRAVANTES (CIRCONSTANCES). — Voy. CIRCONSTANCES AGGRAVANTES.

AGIOTAGE. — AGIOTEUR. — *Agiotage* se dit, en mauvaise part, du trafic sur la hausse et la baisse des denrées, marchandises ou effets publics. — On appelle *agioteur* celui qui se livre à ces opérations.

— L'agiotage, qu'on a appelé à bon droit « la lèpre morale des sociétés modernes », fut très sévèrement défendu par la Convention. Les dispositions édictées dans ce but ne sont plus en vigueur aujourd'hui ; le Code pénal actuel punissait (art. 421 et 422) d'un emprisonnement d'un mois au moins, d'un an au plus, et d'une amende de 500 fr. à 10 000 fr., la spéculation connue sous le nom d'agiotage, et notamment les paris faits sur la hausse et la baisse des effets publics.

Les coupables pouvaient de plus être mis sous la *surveillance de la haute police* (voy. ces mots) pendant deux ans au moins et cinq ans au plus.

Les articles 421 et 422 du Code pénal ont été abrogés par la loi du 28 mars 1885 sur les *marchés à terme* (voy. ces mots).

AGRÉÉ. — On appelle ainsi les personnes désignées ou *agréées* par les tribunaux de commerce pour représenter habituellement les parties devant cette juridiction.

1. — Les *Agréés* sont des mandataires de profession, sans caractère public, et dont le ministère n'est pas forcé, chaque justiciable pouvant comparaître en personne ou se faire représenter par un fondé de pouvoir particulier.

2. — L'institution des agréés près les tribunaux de commerce est presque aussi ancienne que celle des tribunaux eux-mêmes. On comprend, en effet, l'utilité pour les juges consulaires d'avoir auprès d'eux pour défendre les parties, des hommes possédant leur confiance et particulièrement versés dans la pratique des affaires commerciales.

Cette utilité n'existe pas moins pour les plaideurs à qui l'entremise de praticiens exercés permet de ne pas négliger leurs affaires ordinaires.

AGRÈS. — Terme de marine qui désigne les voiles, cordages, poulies et tout ce qui est nécessaire pour mettre un bâtiment en état de naviguer.

— Les agrès sont affectés à l'exécution des engagements du propriétaire du navire, et, par privilège, au capital et intérêts de l'argent donné à la grosse sur le corps et quille du vaisseau. (Cod. com. art. 280 et 320.) — Voy. CONTRAT A LA GROSSE.

AGRICULTURE. — Du latin *ager*, champ, et *colere*, cultiver. — L'agriculture est libre depuis que la

Révolution de 1789, en détruisant le régime féodal, a supprimé les charges abusives qui la ruinaient, et fait tomber les entraves qui en gênaient l'essor. *Liberté du sol, liberté de culture, égalité des charges, inviolabilité privée*, tels sont les grands principes proclamés par l'Assemblée constituante. Une ère nouvelle commença, de ce jour, pour l'agriculture.

Aujourd'hui l'Etat n'intervient que pour protéger et encourager un art dont les progrès doivent être la première préoccupation des Economistes et des Politiques.

— Le Ministre spécialement chargé de rechercher tout ce qui peut améliorer et perfectionner l'agriculture, est le *Ministre de l'agriculture*. Il a, pour s'éclairer, un *Conseil supérieur de l'agriculture*, un *Conseil supérieur des haras* et une *Commission supérieure du phylloxéra*.

Au premier degré, les intérêts agricoles se trouvent représentés par les *Chambres consultatives d'agriculture*, instituées dans chaque arrondissement, et par les *Comices agricoles*. (Voy. CHAMBRES CONSULTATIVES D'AGRICULTURE et COMICES AGRICOLES.) — Il existe ainsi un lien de communication entre les centres partiels d'exploitation, de production, d'échange, et le centre général d'activité qui constitue le Gouvernement.

2. — Les établissements destinés à répandre l'enseignement professionnel de l'agriculture ou à préparer à l'exercice des arts qui s'y rattachent sont l'*Institut national agronomique* (voy. ces mots), les *Ecoles d'agriculture*, au nombre de trois : (*Grignon*, Seine-et-Oise ; *Grand-Jouan*, Loire-Inférieure ; *Montpellier* (Hérault); — les *Fermes-Ecoles*, au nombre de 53, et les *Ecoles vétérinaires*, au nombre de trois : (*Alfort*, *Lyon*, *Toulouse*). Une *Ecole pratique d'irrigation et de drainage* est établie au *Lézardeau* (Finistère). Une *Ecole pratique d'agriculture* et d'*irrigation* vient d'être organisée à *Avignon*, et une *Ecole pratique d'agriculture* a été créée sur le domaine du *Chesnoy* (Loiret), légué à cet effet à la ville de Montargis.

Une loi du 6 juin 1879 a décidé que, dans un délai de six ans, il serait établi une *Chaire d'agriculture* dans les départements non dotés déjà de cette institution.

Les professeurs départementaux d'agriculture seront chargés de leçons à l'Ecole normale primaire et de conférences agricoles dans les différentes communes du département aux instituteurs et agriculteurs de la région.

Trois ans après l'organisation complète de l'enseignement de l'agriculture dans les Ecoles normales primaires, les notions élémentaires d'agriculture devaient être comprises dans les matières *obligatoires* de l'enseignement primaire.

La loi du 28 mars 1882 (art. 1er) mentionne parmi les matières de l'enseignement primaire les éléments des sciences naturelles et physiques et leurs applications à l'agriculture.

3. — La loi du 28 septembre 1791 concernant les biens et usages ruraux et la police rurale, loi célèbre qu'on désigne sous le nom de *Code rural*, est incomplète : son insuffisance, depuis longtemps reconnue, a fait mettre à l'étude un projet de nouveau code rural.

Le droit rural se lie à presque toutes les parties de la législation. — Voy. notamment CHASSE, CHEPTEL, EAUX, ÉCHANGE, ÉCHENILLAGE, ÉPIZOOTIES, DRAINAGE, GARDE CHAMPÊTRE, GRAPILLAGE, IRRIGATIONS, MARAIS, PACAGE, SERVITUDES, MARAUDAGE, CÉRÉALES, MÉRITE AGRICOLE.

4. — Quiconque vole ou tente de voler dans les champs des chevaux ou bêtes de charge, de voiture ou de monture, gros et menus bestiaux, ou des instruments d'agriculture, est passible d'un emprisonnement d'un an à cinq ans, et d'une amende de 16 fr. à 500 fr. (Cod. pén. art. 388.)

AIEUL — AIEULE. — Ascendant du second degré. — Se dit du *grand-père* ou de la *grand'mère*. — Voy. ASCENDANT.

AINÉ. — Du latin *ante*, auparavant, et *natus*, né. — Se dit du premier-né des enfants.

Sont exemptés du service militaire : l'aîné d'orphelins de père et de mère ; l'aîné des fils, ou, à défaut de fils ou de gendre, l'aîné des petits-fils d'une femme veuve, ou d'un père aveugle ou entré dans sa soixante-dixième année. (Loi 27 juillet 1872, art. 17.)

AJOURNEMENT. — Assignation donnée par *huissier* pour comparaître à jour fixe devant un tribunal de première instance. — Voy. ASSIGNATION.

ALCOOMÈTRE. — Instrument destiné à constater le degré des alcools et eaux-de-vie. — Pour prévenir les difficultés qui résultaient de l'emploi de différents alcoomètres, une loi du 7 juillet 1881 a rendu obligatoire l'usage de l'alcoomètre centésimal de *Gay-Lussac*. Aux termes de cette loi et de celle du 28 juillet 1883 qui l'a modifiée, les alcoomètres centésimaux et les thermomètres nécessaires à leur usage ne peuvent être mis en vente ni employés, s'ils n'ont été soumis à une *vérification préalable*, et s'ils ne sont munis d'un *signe* constatant l'accomplissement de cette formalité. Le Ministre du commerce et de l'industrie peut, sur l'avis conforme du Bureau national des poids et mesures, prescrire une nouvelle vérification générale ou partielle des alcoomètres en circulation.

ALÉATOIRE. — Du latin *alea*, coup de dé. — On appelle *contrats aléatoires* les conventions réciproques dont les effets, quant aux avantages et aux pertes, soit pour toutes les parties, soit pour l'une ou plusieurs d'entre elles, dépendent d'un événement incertain. Tels sont le contrat d'*assurance*, le *prêt à grosse aventure*, le *jeu* et le *pari*, le contrat de *rente viagère*. — (Voy. ces mots.)

ALGÉRIE. — Conquise en 1830, l'Algérie est bornée à l'Est par la Tunisie, à l'Ouest par l'Empire du Maroc, au Nord par la Méditerranée, et au Sud par le grand désert du Sahara. Sa longueur de l'Est à l'Ouest est de 720 kilomètres ; sa largeur du Nord au Sud, de 400 kilomètres. Sa superficie totale est de 390 000 kilomètres carrés.

1. — L'Algérie se divise en trois provinces : *Alger* au centre, *Oran* à l'ouest, *Constantine* à l'est. Chaque province renferme un *territoire civil* divisé en département, arrondissements, districts ou commissariats civils et communes ; — et un *territoire militaire* formant une division militaire, des subdivisions, cercles, aghaliks, caïdats et cheikats.

2. — Le gouvernement et la haute administration sont centralisés à Alger sous l'autorité d'un *Gouverneur général civil* qui a sous ses ordres les Commandants des forces de terre et de mer, le Directeur général des affaires civiles et financières, et, en général, tous les services administratifs concernant les Européens et les indigènes. (Arr. du chef du pouvoir exécutif de la République, du 29 mars 1871.)

— Le Gouverneur général civil est assisté d'un *Conseil de Gouvernement* qui se réunit sous sa présidence et dont font partie le Secrétaire général du Gouvernement, le premier Président, le Procureur général, le Général chef d'état-major, le Commandant supérieur de la Marine, le Général commandant supérieur du génie, l'Inspecteur général des travaux civils, l'Inspecteur général des finances, le Recteur de l'Académie, l'Archevêque d'Alger.

Les *attributions* de ce Conseil ont été déterminées notamment par les décrets des 10 décembre 1860, article 10, et 30 avril 1861.

— Chaque année, les Conseils généraux de l'Algérie élisent cinq délégués par département qui, réunis au Conseil de Gouvernement à Alger, y forment un *Conseil supé-*

rieur de Gouvernement dont les *attributions* sont déterminées conformément au décret du 10 décembre 1860, art. 12, et qui est spécialement chargé de délibérer sur le budget général de l'Algérie, l'assiette et la répartition des divers impôts.

A l'ouverture de chaque session, le Conseil supérieur élit un *vice-président* pour suppléer le Gouverneur général empêché. (Déc. 7 octobre 1871.)

3. — La justice, l'instruction publique et les cultes sont dans les attributions des départements auxquels ils ressortissent en France ; les écoles françaises-arabes et les écoles indigènes sont dans les attributions exclusives du Gouverneur général. — Les actes de haute administration et de gouvernement, les nominations aux emplois qui doivent émaner du Président de la République et qui ne concernent ni la justice ni la marine, ni l'instruction publique et les cultes, lui sont présentés, d'après les propositions du Gouverneur général, par le Ministre de la guerre qui les contresigne. Le Gouverneur général civil statue sur toutes les autres affaires administratives qui n'ont pas été placées dans les attributions d'une autre autorité.

4. — Un *Préfet*, assisté d'un *Conseil de Préfecture*, est placé à la tête de chacun des trois départements d'Alger, d'Oran et de Constantine. Il y a un *Sous-Préfet* à Médéa, Miliana, Orléansville et Tizi-Ouzou (département d'Alger), à Mascara, Mostaganem, Sidi-Bel-Abbès et Tlemcen (département d'Oran), à Batna, Bône, Bougie, Guelma, Philippeville et Sétif (département de Constantine).

5. — Sous le rapport de la justice, l'Algérie compte une *Cour d'appel* à Alger, des *Tribunaux de première instance* à Alger, Blidah, Orléansville et Tizi-Ouzou (départ. d'Alger); — à Oran, Mostaganem, Mascara, Sidi-Bel-Abbès et Tlemcen (départ. d'Oran), — et à Constantine, Bône, Batna, Bougie, Guelma, Philippeville et Sétif (départ. de Constantine); — plus un certain nombre de *Justices de paix*.

Pour l'administration de la *Justice musulmane*, les trois départements de l'Algérie sont divisés en *circonscriptions* à chacune desquelles est préposé un *kadhi* (juge), assisté d'*adels* (suppléants). Les *appels* des jugements des kadhis sont, suivant la nature des affaires et leur importance, portés soit devant la Cour d'appel, soit devant les tribunaux de première instance du ressort.

6. — Il y a un *Tribunal de commerce* à Alger, Oran, Bône et Constantine, et une *Chambre de commerce* dans chacun de ces trois chefs-lieux qui possèdent également une *Chambre consultative d'agriculture.*

7. — L'Algérie nomme 6 *Députés*, deux pour chacun des départements d'Alger, de Constantine et d'Oran. (Loi 16 juin 1885.) Les 3 départements nomment chacun *un sénateur*. (Loi 9 décembre 1884.)

8. — Le nombre des membres des *Conseils généraux* de l'Algérie, nommés aujourd'hui par le suffrage universel, est fixé à 26 pour le département d'Alger, 24 pour le département de Constantine, et 22 pour le département d'Oran, indépendamment des assesseurs musulmans désignés par le Gouverneur général civil. (Déc. 12 octobre 1871.)

9. — On distingue en Algérie 3 sortes de Communes : les Communes *de plein exercice ;* — les Communes *mixtes ;* — les Communes *indigènes.*

La loi du 5 avril 1884 sur l'organisation municipale a été, sauf quelques réserves, déclarée applicable aux Communes de *plein exercice*, lesquelles ne se trouvent qu'en territoire civil.

Les Communes *mixtes* sont administrées par des Commissions municipales dont les membres, autres que le Commandant de cercle, le Commandant de place et le Juge de paix, sont nommés pour 3 ans par le Général commandant la province.

Les Communes *indigènes* comprennent toute l'étendue du territoire militaire occupé d'une façon permanente par nos troupes. Elles sont administrées par le Commandant supérieur du cercle investi des fonctions de Maire et peuvent avoir un adjoint *civil* nommé par le Gouverneur général.

10. — L'Algérie forme aujourd'hui le 19e *corps d'armée.*

La Marine est placée sous le commandement d'un Contre-Amiral.

11. — Un sénatus-consulte du 14 juillet 1865 a réglé ainsi qu'il suit l'état des personnes en Algérie, et a déterminé les conditions auxquelles les étrangers y pourraient acquérir la *naturalisation :*

Art. 1er. — « L'indigène *musulman* est Français; néanmoins il continue à être régi par la loi musulmane. — Il peut être admis à servir dans les armées de terre et de mer. Il peut être appelé à des fonctions et emplois civils en Algérie. — Il peut, sur sa demande, être admis à jouir des droits de citoyen français; dans ce cas, il est régi par les lois civiles et politiques de la France. »

Art. 2. — « L'indigène *israélite* est français; néanmoins il continue à être régi par son *statut personnel* (voy. ces mots). — Il peut être admis à servir dans les armées de terre et de mer. Il peut être appelé à des fonctions et emplois civils en Algérie. — Il peut, sur sa demande, être admis à jouir des droits de citoyen français; dans ce cas, il est régi par la loi française. »

Art. 3. — « L'étranger qui justifie de trois années de résidence en Algérie peut être admis à jouir de tous les droits de citoyen français. »

Art. 4. — « La qualité de *citoyen français* ne peut être obtenue, conformément aux articles 1, 2 et 3 du présent sénatus-consulte, qu'à l'âge de 21 ans accomplis; elle est déférée par décret rendu en Conseil d'Etat. »

12. — Le délai des *assignations* devant les tribunaux français pour les personnes domiciliées en Algérie est de un mois. Il en est de même pour les personnes domiciliées en France, assignées devant les tribunaux d'Algérie. (Cod. proc. civ. art. 73.)

Le délai d'*appel* est prolongé d'un mois. (Même Code, art. 442.)

Ceux qui sont absents du territoire de l'Algérie, pour cause de service public, ont, pour interjeter appel, un délai de huit mois outre celui de deux mois accordé par la loi, à partir de la signification du jugement. (Même Code, art. 446.)

Dans cette dernière hypothèse, le même délai est fixé pour demander, par la voie de la *requête civile* (voy. ces mots), la rétractation d'un jugement devenu définitif. (Même Code, art. 480.)

13. — Quant au délai pour le payement ou la présentation à l'acceptation des *effets de commerce*, tirés de l'Afrique sur la France ou réciproquement, et pour les poursuites à exercer en cas de protêt, voy. EFFETS DE COMMERCE, XI.

14. — STATISTIQUE. — DÉNOMBREMENT DE LA POPULATION D'ALGÉRIE

TABLEAU N° 1, INDIQUANT LA POPULATION DE CHAQUE DÉPARTEMENT

DÉPARTEMENTS	TERRITOIRES administrés par l'autorité civile. — NOMBRE			TERRITOIRES de commandements. — NOMBRE		POPULATION		
	des arrondissements.	des communes de plein exercice.	des communes mixtes.	des communes mixtes.	des communes indigènes.	des territoires administrés par l'autorité civile.	des territoires de commandements.	TOTAL
Alger........	5	89	23	3	6	1 202 768	177 773	1 380 541
Constantine..	7	69	35	»	5	1 369 153	197 266	1 566 419
Oran.........	5	74	20	3	2	752 554	117 951	870 505
Totaux...	17	232	78	6	13	3 324 475	492 990	3 817 465

TABLEAU N° 2, INDIQUANT LA POPULATION DES ARRONDISSEMENTS, CELLE DES SUBDIVISIONS ADMINISTRATIVES ET LE NOMBRE DES COMMUNES PAR ARRONDISSEMENTS ET SUBDIVISIONS.

ARRONDISSEMENTS ET SUBDIVISIONS	NOMBRE de COMMUNES	POPULATION
Département d'Alger.		
TERRITOIRE CIVIL.		
Arrondissement d'Alger..................	65	468 729
— de Médéa................	7	87 854
— de Milianah..............	15	132 035
— d'Orléansville............	9	146 043
— de Tizi-Ouzou...........	16	368 107
TERRITOIRE MILITAIRE.		
Subdivision d'Aumale....................	3	46 929
— de Médéah..................	5	130 844

ARRONDISSEMENTS ET SUBDIVISIONS	NOMBRE de COMMUNES	POPULATION
Département de Constantine.		
TERRITOIRE CIVIL.		
Arrondissement de Batna................	7	101 081
— de Bône..................	16	103 782
— de Bougie...............	15	340 960
— de Constantine...........	29	399 167
— de Guelma...............	11	108 239
— de Philippeville..........	13	124 049
— de Sétif................	13	191 875
TERRITOIRE MILITAIRE.		
Subdivision de Batna..................	4	172 987
— de Constantine..............	1	24 279
Département d'Oran.		
TERRITOIRE CIVIL.		
Arrondissement de Mascara...............	9	130 408
— de Mostaganem...........	25	255 842
— d'Oran..................	39	200 314
— de Sidi-bel-Abbès.........	12	65 564
— de Tlemcen..............	9	100 426
TERRITOIRE MILITAIRE.		
Subdivision de Mascara................	4	92 934
— de Tlemcen.................	5	117 951

ALIBI. — Mot latin qui veut dire *ailleurs*. — On s'en sert, dans le langage du droit, pour indiquer le moyen de défense invoqué par un accusé qui cherche à établir qu'au moment où a été commis le fait dont il est inculpé, il se trouvait dans un autre lieu.

ALIÉNATION. — 1. — L'aliénation des biens de l'*absent* n'est pas permise à ceux qui n'en jouissent qu'en vertu de l'*envoi provisoire*. (Cod. civ. art. 128.) — Voy. ABSENCE-ABSENT, II.

2. — La *femme mariée*, même non commune ou séparée de biens, ne peut aliéner sans le concours du mari dans l'acte, ou son consentement par écrit. (Cod. civ. art. 217.)

3. — Le *tuteur*, même le père ou la mère, ne peut aliéner les biens immeubles du mineur, sans y être autorisé par le Conseil de famille, pour cause d'une nécessité absolue, ou d'un avantage évident; la délibération du Conseil de famille doit être homologuée par le tribunal de première instance. (Cod. civ. art. 457, 460.)

4. — Pour l'aliénation des biens du *mineur émancipé* (Cod. civ. art. 484), voy. ÉMANCIPATION, II.

5. — Sans prononcer l'*interdiction* d'une personne, le tribunal a le droit d'ordonner, si les circonstances l'exigent, qu'elle ne pourra désormais aliéner sans l'assistance d'un *Conseil* qui lui est nommé par le même jugement. (Cod. civ. art. 499.)

6. — Il peut être défendu aux *prodigues* d'aliéner leurs biens sans l'assistance d'un *Conseil* désigné par le tribunal. (Cod. civ. art. 513.)

7. — Toute aliénation, celle même

par vente avec faculté de rachat ou par échange, qu'a faite le *testateur* de tout ou partie de la *chose léguée*, emporte la révocation du legs pour tout ce qui a été aliéné, encore que l'aliénation postérieure soit nulle, et que l'objet soit rentré dans la main du testateur. (Cod. civ. art. 1038.)

8. — Le *mari* peut aliéner les biens de la *communauté* sans le concours de sa femme, mais il a besoin du consentement de celle-ci pour l'aliénation des immeubles qu'elle possède personnellement. (Cod. civ. art. 1421, 1428.)

9. — Sous le *régime dotal*, la dot est inaliénable. (Cod. civ. art. 155 et suiv.) — Voy. CONTRAT DE MARIAGE, IV.

10. — Les *mineurs marchands* peuvent aliéner leurs immeubles en remplissant certaines formalités indiquées par les art. 457 et suivants du Code civil. (Cod. com. art. 6.)

11. — Les femmes *marchandes publiques* ont la capacité d'aliéner leurs immeubles, autres que ceux stipulés dotaux, pour les nécessités de leur négoce. (Cod. com. art. 7.)

12. — Les biens qui composent le *domaine public* (voy. ces mots) sont inaliénables. — Voy. aussi DOMAINE DE L'ÉTAT.

13. — Pour l'aliénation des *propriétés départementales*, voy. CONSEIL GÉNÉRAL, II, I.

ALIÉNÉS. — (Loi 30 juin 1838.) — On appelle *aliéné* l'individu dont la raison est affaiblie ou pervertie au point que l'usage de sa liberté devient un danger incessant, soit pour la sûreté publique, soit pour sa sûreté personnelle ou sa fortune.

1. — Les dispositions du Code civil sur les aliénés présentaient une lacune qui a été comblée par la loi du 30 juin 1838. L'interdiction, seule mesure à laquelle le Code permettait de recourir, est, en effet, un moyen qui souvent répugne aux familles. Elles n'osaient l'employer, tantôt par crainte d'aggraver la position de leur parent en le faisant passer par toutes les procédures de l'interdiction, tantôt pour ne pas révéler au public l'existence de l'infirmité dont l'un des leurs était affligé. Elles préféraient alors placer leur parent dans une maison de santé ou d'aliénés, mais elles ne pouvaient l'y conduire et surtout l'y retenir malgré lui qu'en violant le principe de la liberté individuelle, puisqu'aucune garantie n'existait contre les abus possibles. De plus, les établissements spéciaux d'aliénés étaient rares, et les malheureux atteints de cette cruelle infirmité étaient placés dans les hospices ordinaires, souvent même dans les maisons de correction !

La loi du 30 juin 1838 a remédié à cet état de choses ; mais l'expérience a démontré son insuffisance au point de vue des garanties contre les abus possibles, et le Parlement se préoccupe de la modifier. En attendant, en voici l'analyse sommaire : Tout département est tenu d'avoir un établissement public spécialement destiné à recevoir et soigner les aliénés, ou de traiter à cet effet avec un établissement public ou privé, soit de ce département, soit d'un département voisin. La loi règle minutieusement les conditions du placement volontaire des aliénés, afin d'empêcher qu'il ne puisse être attenté, dans un esprit de haine et de cupidité, à la liberté d'une personne qui ne serait point réellement frappée d'aliénation mentale. Lors de l'entrée d'un malade, le directeur de l'asile doit, dans les vingt-quatre heures, en informer le Préfet. Dans les trois jours de cette notification, le Préfet en donne avis, à son tour, au Procureur de la République. S'il s'agit d'un asile privé, le Préfet ordonne une contre-visite de médecins qui lui adressent un rapport sur l'état du malade. Le médecin de l'établissement doit, en outre, envoyer au Préfet, quinze jours après l'entrée du malade, un nouveau certificat destiné à rectifier ou à compléter le premier.

2. — Dans tous les asiles privés ou publics, le médecin est tenu de faire, chaque semestre, un rapport

au Préfet sur l'état de chaque aliéné, état qui est constaté sur un registre, coté et paraphé par le Maire, et qui doit être produit aux agents chargés de la surveillance.

3. — La loi du 30 juin 1838 a pourvu également à l'administration de la fortune de l'aliéné, non interdit. La gestion de ses biens est provisoirement confiée à l'un des membres de la Commission administrative de l'établissement public où il est placé, ou à un mandataire spécial, désigné par le tribunal, si l'aliéné se trouve dans un asile privé.

4. — La même loi permet d'attaquer, pour cause de démence, les actes faits par l'aliéné non interdit, pendant le temps qu'il était retenu. Cette action en nullité dure dix ans qui courent, à l'égard de l'aliéné, à dater de la signification qui lui est faite de l'acte, ou de la connaissance qu'il en a eue après sa sortie définitive de la maison d'aliénés; — et, à l'égard de ses héritiers, à dater de la signification qui leur en est faite, ou de la connaissance qu'ils en ont eue, depuis la mort de leur auteur.

5. — Le *Ministère public* est entendu dans toutes les affaires qui intéressent les personnes placées dans un établissement d'aliénés, lors même qu'elles ne sont pas interdites.

6. — Au 31 décembre 1882, les asiles d'aliénés, tant publics que privés, renfermaient 49 908 individus, dont 23 483 hommes et 26 425 femmes.

ALIGNEMENT. — (Edit déc. 1607; arr. cons. 27 fév. 1765; loi 19 juillet 1791, tit. Ier, art. 29; loi 16 sept. 1807, art. 51-53; déc. 25 mars 1852, art. 1, tab. A, n° 50.)

Acte par lequel l'Administration fixe la ligne séparative entre la voie publique et les propriétés qui la bordent.

1. — « L'alignement a pour objet principal de donner aux rues des villes, aux routes et aux chemins publics, la largeur nécessaire et la direction qui leur convient; d'obtenir une régularité de lignes comme condition de la beauté d'aspect des villes; de faire disparaître les renfoncements dont la malveillance pourrait profiter, et où l'incurie pourrait accumuler des dépôts de matières capables de nuire à la propreté et à la salubrité de la cité, et enfin de prévenir les anticipations. » (*Dalloz*, Répertoire, voirie par terre, 1931.)

2. — L'autorité compétente pour délivrer les alignements varie suivant qu'il s'agit de *grande* ou de *petite voirie*. (Voy. VOIRIE.) Dans le premier cas, c'est le Préfet; dans le second, le Maire.

3. — Tout particulier qui veut construire, ou réparer un bâtiment bordant une route, doit obtenir l'alignement, sous peine d'amende, de démolition et de confiscation des matériaux.

4. — Lorsque, par suite d'un plan général arrêté, une maison se trouve sujette à *reculement*, le propriétaire ne peut désormais y faire aucun changement de nature à prolonger la durée des constructions, aucun travail confortatif, et l'Administration a le droit d'exiger la démolition s'il vient à menacer ruine. Dans cette hypothèse, il n'est payé au propriétaire que la valeur du terrain réuni à la voie publique. Si l'Administration voulait faire immédiatement reculer le riverain, elle devrait recourir aux formalités de l'*expropriation pour cause d'utilité publique* (voy. ces mots), et payer une indemnité, non seulement pour la valeur du terrain, mais encore pour celle de la construction.

5. — Si l'alignement, au lieu d'être en arrière de la façade de la maison, se trouve en avant, le terrain compris entre la nouvelle limite est cédé, d'après sa valeur, au propriétaire qui désire s'avancer sur la voie publique. S'il ne veut pas acquérir ce terrain, qui parfois formerait un enfoncement dangereux, l'Administration est autorisée à le déposséder de l'ensemble de sa propriété en lui en payant la valeur, telle qu'elle était avant l'exécution des travaux d'assainissement ou

d'embellissement du quartier ou de la rue.

ALIMENTS. — En droit, l'expression *aliments* signifie tout ce qui est nécessaire pour les besoins de la vie, c'est-à-dire la nourriture, le logement et l'entretien.

1. — Les aliments sont dus à raison de la parenté ou de l'alliance. (Cod. civ. art. 205-211.) — Voy. MARIAGE, V.

2. — L'obligation naturelle, qui continue d'exister entre l'adopté et ses père et mère, de se fournir des aliments dans les cas déterminés par la loi, est considérée comme commune à l'adoptant et à l'adopté, l'un envers l'autre. (Cod. civ. art. 349.)

3. — Le refus d'aliments par le donataire au donateur dans le besoin constitue un fait d'ingratitude qui permet à ce dernier de demander à la justice la révocation de sa libéralité. (Cod. civ. art. 953.) — Voy. DONATION ENTRE VIFS, II.

4. — La communauté se compose passivement : ... 5° Des aliments des époux. (Cod. civ. art. 1409.) — Voy. CONTRAT DE MARIAGE, I, § I.

5. — Certains objets déclarés *insaisissables* par le Code de procédure civile (art. 581, 592), peuvent être exceptionnellement saisis pour cause d'*aliments*, c'est-à-dire par les créanciers qui ont fourni des aliments au saisi. (Cod. proc. civ. art. 582,593.) — Voy. SAISIE-EXÉCUTION.

6. — Les marchands en détail, tels que boulangers, bouchers et autres, ont un privilège sur la généralité des meubles pour les fournitures de substances qui ont alimenté le débiteur et sa famille pendant les six derniers mois. (Cod. civ. art. 2101, n° 5.) — Voy. PRIVILÈGE, I, § 1er.

7. — L'action des hôteliers et traiteurs pour le payement de la nourriture qu'ils ont fournie se prescrit par six mois. (Cod. civ. art. 2271.) — Voy. PRESCRIPTION, III.

ALLIANCE. — Lien civil que fait naître le mariage entre chacun des époux et les parents de l'autre. — Ainsi le mari est allié aux père, mère, frères, sœurs, oncles, tantes, cousins, cousines de sa femme, et réciproquement.

Comme la parenté, l'alliance est la source de droits et d'obligations : elle crée des privilèges, en même temps qu'elle entraîne des incompatibilités et des prohibitions.

1. — Pour ce qui concerne l'obligation de se fournir des *aliments* qui pèse sur les *gendres* et *belles-filles* à l'égard de leurs beau-père et belle-mère, et réciproquement (Cod. civ. art. 206), voy. MARIAGE, V.

2. — Pour les *prohibitions de mariage* résultant de l'alliance (Cod. civ. art. 161-164), voy. MARIAGE, I.

3. — L'*Huissier* de la justice de paix ne peut instrumenter pour ses parents en ligne directe, ni pour ses frères, sœurs et *alliés* au même degré. (Cod. proc. civ. art. 4.) Devant le tribunal de première instance, l'huissier ne peut instrumenter pour ses parents et *alliés* et ceux de sa femme, en ligne directe à l'infini, ni pour ses parents et *alliés* collatéraux, jusqu'au degré de cousin issu de germain inclusivement, à peine de nullité. (Même Code, art. 66.)

4. — Les *Notaires* ne peuvent recevoir des actes dans lesquels leurs parents ou *alliés*, en ligne droite à tous les dégrés, et en collatérale jusqu'au degré d'oncle ou de neveu inclusivement, seraient parties ou qui contiendraient quelque disposition en leur faveur. (Loi 25 ventôse an XI (16 mars 1803), art. 8.)

5. — Les parents et *alliés*, jusqu'au degré d'oncle et neveu inclusivement, ne peuvent être simultanément membres d'un même *Tribunal* ou d'une même *Cour*, soit comme juges, soit comme officiers du ministère public, ou même comme greffiers, sans une *dispense* du Président de la République : il n'en est pas accordé pour les tribunaux composés de moins de huit juges. En cas d'*alliance* survenue depuis la nomination, celui qui l'a contractée ne peut continuer ses

fonctions sans obtenir une dispense. (Loi 20 avril 1810, art. 63.)

6. — Ne peut, à peine de nullité, être appelé à composer la cour ou le tribunal, tout magistrat titulaire ou suppléant dont l'un des *avocats* ou *avoués* représentant l'une des parties intéressées au procès est parent ou allié jusqu'au troisième degré inclusivement. (Loi 30 août 1883, art. 10.)

7. — Dans les Communes de 501 habitants et au-dessus, les *ascendants* et les *descendants*, les *frères* et les *alliés* au même degré ne peuvent être simultanément membres du même *Conseil municipal*. (Loi 5 avril 1884, art. 35.)

8. — En matière criminelle, les dépositions des père, mère, aïeul, aïeule, fils, petit-fils, fille, petite-fille, frère, sœur, ou *alliés*, au même degré, de l'accusé, ne sont point reçues à titre de *témoignages*, mais seulement comme renseignements, et sans prestation de serment. (Cod. instr. crim. art. 322.)

9. — Aucun parent ou allié du *failli*, jusqu'au quatrième degré inclusivement, ne peut être nommé *syndic*. (Cod. com. art. 463.) — Voy. FAILLITE, II.

ALLONGE. — L'endossement des *effets de commerce* devant être mis sur le titre même, et ne pouvant être donné par acte séparé, lorsque le nombre des endos absorbe le papier dans son entier, on y en ajoute un autre, sous le nom d'*allonge*, pour recevoir les négociations ultérieures.

ALLUMETTES. — La nécessité de trouver des ressources pour subvenir aux charges écrasantes qui pèsent sur la France a fait songer à l'établissement des taxes nouvelles, et la loi du 4 septembre 1871 (art. 3 à 5), modifiée par celle du 22 janvier 1872 (art. 4), avait établi un *droit* sur les allumettes chimiques fabriquées en France ou importées, en vertu des lois des 2 août 1872 et 15 mars 1873.

L'achat, la fabrication et la vente des allumettes chimiques ont été attribués *exclusivement* à l'Etat avec faculté d'en *affermer* le monopole par adjudication publique, ce qui a eu lieu les 7 et 12 octobre 1872. La compagnie concessionnaire s'est engagée à payer au Trésor les *redevances* suivantes, proportionnelles au chiffre de la fabrication des allumettes :

Pour une consommation au-dessous de 40 milliards d'allumettes, et jusqu'à ce chiffre		16 030 000 fr.
Pour une consommation de 41 milliards		16 631 125
Id.	45 —	19 035 626
Id.	50 —	22 041 250
Id.	55 —	25 046 875
Id.	60 —	28 052 500
Id.	80 —	40 075 000

2. — Le *prix* maximum de vente des allumettes au phosphore amorphe a été fixé ainsi qu'il suit :

Allumettes en bois.

Par boîte de 100..... 10 c.
.... de 50..... 05 c.

Allumettes en cire.

Par boîte de 30...... 10 c.

Avec tolérance de 10 pour 100 sur le nombre des allumettes.

3. — L'*importation* des allumettes chimiques de fabrication étrangère a été *prohibée* en France, sauf les exceptions résultant des traités internationaux en vigueur.

4. — Les fabriques d'allumettes chimiques existant en France ont été *expropriées*.

5. — Tout individu convaincu de *fabrication frauduleuse* d'allumettes chimiques est puni d'une amende de 300 à 1 000 fr. et, en cas de récidive, d'un emprisonnement de 6 jours à 6 mois. — Est punie des mêmes peines la *détention* des ustensiles, instruments ou

matières nécessaires pour cette fabrication. (Loi 28 juillet 1875.)

6.—L'impôt sur les allumettes chimiques a *produit* 16067205 francs 81 centimes en 1880.

ALLUVION. — Nom donné par le Code civil aux *atterrissements* et *accroissements* qui se forment successivement et imperceptiblement aux fonds riverains d'un fleuve ou d'une rivière.

1. — L'alluvion profite au propriétaire riverain, qu'il s'agisse d'un fleuve ou d'une rivière navigable, flottable ou non, à la charge, dans le premier cas, de laisser le *marchepied* ou *chemin de halage* (voy. ces mots), conformément aux règlements. (Cod. civ. art. 556.)

2. — L'usufruitier jouit de l'augmentation survenue par alluvion à l'objet dont il a l'usufruit. (Cod. civ. art. 596.)

ALSACE-LORRAINE. — Sous cette rubrique, nous avons cru devoir réunir les principales dispositions prises par l'Assemblée nationale dans l'intérêt des habitants de ces deux belles provinces dont la mutilation fera saigner tout cœur français jusqu'au jour de leur retour à la patrie.

1. — Sont *électeurs* et *éligibles*, sans condition de temps de résidence dans le nouveau domicile qu'ils ont choisi en France, les citoyens français qui ont opté pour la nationalité française, à la charge de faire à la mairie de leur nouvelle résidence une déclaration constatant leur volonté d'y fixer leur domicile, et d'y réclamer leur inscription sur les listes électorales. (Loi 19 juin 1871.)

2. — Une *concession* de 100000 hectares des meilleures terres de l'Algérie est attribuée, *à titre gratuit*, aux habitants de l'Alsace et de la Lorraine qui, voulant conserver la nationalité française, prennent l'engagement de se rendre en Algérie pour y mettre en valeur et exploiter les terrains ainsi concédés. (Loi 21 juin 1871.)

Une loi postérieure, rendue à la date du 15 septembre 1871, a déterminé ainsi qu'il suit dans quelles proportions et de quelle manière l'Etat devra intervenir pour faciliter l'installation en Algérie des émigrants de l'Alsace et de la Lorraine.

Art. 1er. — « Il est institué à Belfort et à Nancy des *Commissions* à l'effet de recevoir des demandes des habitants de l'Alsace et de la Lorraine qui, voulant conserver la nationalité française, prendraient, conformément à l'article 1er de la loi du 21 juin 1871, l'engagement de se rendre en Algérie pour y cultiver et mettre en valeur les terres dont la concession leur serait faite par l'Etat à titre gratuit.

Ces Commissions seront chargées de constater la moralité des émigrants et leur aptitude à faire des colons agricoles ; de s'assurer que chaque famille dispose de ressources pécuniaires s'élevant à 5000 francs au moins; de diriger enfin sur les ports d'embarquement les familles réunissant ces diverses conditions. »

Art. 2. — « L'Etat pourvoira au transport par mer des émigrants entre les ports de France et ceux de l'Algérie les plus rapprochés des colonies à établir. »

Art. 3. — « Dans chacun des trois départements algériens, il sera institué par les Conseils généraux des *Commissions* à l'effet de recevoir les colons à leur débarquement, de les diriger sur les lots qui leur seront affectés et de leur rendre tous les bons offices réclamés par leur situation. »

Art. 4. — « Indépendamment des lots individuels, chaque colonie devra comprendre un communal, en bois, s'il y en a, et en terres de parcours, dont l'étendue sera proportionnée au chiffre de la population présumée. »

Art. 5. — « Chaque chef de famille sera mis, par les soins de l'Administration, en possession de son lot urbain et rural, avec titre et plan, aussitôt après son arrivée. Le choix des lots aura lieu par ordre d'arrivée ; autant que possible, leur étendue devra être en rapport avec le nombre de membres de la famille, et l'importance des ressources pécuniaires dont elle dispose. »

Art. 6. — « Chaque centre de population sera pourvu, aux frais de l'Etat : 1° d'eaux alimentaires (fontaine ou puits, lavoir et abreuvoir); — 2° d'une mairie ; — 3° d'une école ; — 4° d'un édifice du culte avec ses accessoires obligés ; — 5° des voies de communication nécessaires pour le relier à l'artère principale de la contrée et des centres voisins. »

Art. 7. — « Les émigrants seront employés, de préférence à tous autres ouvriers, aux travaux de toute nature qui sont mis à la charge de l'Etat par l'article précédent. »

Art. 8. — « En attendant la construction des maisons d'habitation, l'Etat pourvoira les colons des moyens de campement comme pour les troupes en campagne. »

Art. 9. — « Chaque colonie sera constituée en Commune de plein exercice aussitôt l'arrivée des deux tiers des habitants qui doivent la former. »

Pour l'exécution de la loi ci-dessus, un décret du 16 octobre 1871 a prescrit les mesures suivantes :

TITRE Ier

Art. 1er. — « Les habitants de l'Alsace et de la Lorraine qui voudront profiter du bénéfice de la loi du 15 septembre 1871, auront à produire devant les Commissions d'émigration, instituées à l'art. 1er de ladite loi, une expédition en forme de la déclaration qu'ils doivent faire auprès de l'autorité municipale du lieu de leur domicile, aux termes de l'article 2 du traité du 10 mai 1871, pour conserver la qualité de citoyen français. Ce titre sera déposé, à l'arrivée des immigrants dans la colonie, au greffe du tribunal de première instance de la situation des biens dont la concession leur sera attribuée. »

Art. 2. — « A leur débarquement en Algérie, les immigrants alsaciens et lorrains souscriront définitivement l'engagement par eux pris, devant les Commissions sus-mentionnées, de cultiver, de mettre en valeur et d'habiter les terres dont la concession leur sera faite, à titre gratuit, par l'Etat, en même temps qu'ils justifieront qu'ils sont demeurés en possession des ressources pécuniaires exigées par l'article 1er de la loi précitée.

Le titre de concession qui leur sera délivré aux termes de l'article 5 de la même loi mentionnera cet engagement, et la déchéance pourra être prononcée contre ceux qui cesseraient de résider sur leurs terres, avant de les avoir mises en valeur dans une mesure suffisante pour prouver la loyale exécution des obligations par eux souscrites. »

Art. 3. — « L'affranchissement de la clause résolutoire impliquant, au profit des concessionnaires, propriété définitive et incommutable des immeubles dont ils auront été mis en possession, sera prononcée, à la requête des concessionnaires ou de leurs ayants cause, par arrêté du Préfet du département rendu sur l'avis de la Commission départementale. Cet arrêté sera enregistré gratis et transcrit sans autres frais que le salaire du conservateur.

En cas de déchéance, il sera procédé conformément aux règles établies à l'article 11 du présent décret. »

Art. 4. — « Pendant trois ans le concessionnaire sera affranchi de tous impôts qui pourraient être établis sur la propriété immobilière en Algérie. »

Art. 5. — « Chaque colonie sera constituée en Commune de plein exercice, aussitôt l'arrivée des deux tiers des habitants qui doivent la former. En conséquence, les conditions de peuplement seront réglées, pour chacune d'elles, de façon à ce que cette proportion puisse correspondre à l'existence d'un corps électoral de cent citoyens français au moins. »

TITRE II.

Art. 6. — « Le Gouverneur général est autorisé à consentir, sous promesse de propriété définitive, et aux conditions ci-après exprimées, des locations de terres domaniales d'une durée de neuf années en faveur de tous Français d'origine européenne autres que ceux désignés au titre 1er. »

Art. 7. — « La location est faite à condition de résidence sur la terre louée.

Le locataire payera annuellement et d'avance à la caisse du receveur des domaines de la situation des biens, la somme de 1 franc, quelle que soit l'étendue de son lot. »

Art. 8. — « La contenance de chaque lot est proportionnée à la composition de la famille du locataire, à raison de dix hectares au plus et de trois hectares au moins par tête de résident européen (hommes, femmes, enfants ou gens à gages).

L'acte de location déterminera, pour chaque cas particulier, le nombre d'Européens à entretenir sur l'immeuble. »

Art. 9. — « A l'expiration de la neuvième année de résidence continue dans les conditions exprimées à l'article précédent, le bail est converti en titre définitif de propriété.

Cet acte de propriété, établi par le service des domaines, est enregistré gratis et transcrit sans autres frais que le salaire du conservateur, le tout à la diligence du service des domaines, et aux frais du titulaire. »

Art. 10. — « Après deux années de résidence, le locataire a la faculté de céder son droit au bail et éventuellement à la concession ultérieure des terres, à tout autre colon européen, aux clauses et conditions convenues entre eux, sous la réserve de la notification en due forme du contrat de substitution au receveur des domaines de la situation des biens.

Le titre définitif de propriété est délivré, en fin de bail, au dernier locataire occupant. »

Art. 11. — « Le bail est résilié de plein droit par le fait de l'inexécution des conditions de résidence imposées à l'article 8.

En cas de résiliation, l'Etat reprend purement et simplement possession de la terre louée.

Néanmoins, si le locataire a fait sur l'immeuble des améliorations utiles et permanentes, il sera procédé publiquement, par voie administrative, à l'adjudication du droit au bail. Cette adjudication ne pourra être prononcée qu'en faveur d'enchérisseurs européens.

Le prix de l'adjudication, déduction faite des frais, et compensation faite des dommages, s'il y a lieu, appartiendra au locataire déchu ou à ses ayants cause.

S'il ne se présente aucun adjudicataire, l'immeuble fait définitivement retour à l'Etat, franc et quitte de toutes charges. »

Art. 12. — « Pendant trois ans, le locataire sera affranchi de tous impôts qui pourraient être établis sur la propriété immobilière en Algérie. »

3. — Aux termes de l'article 2 du traité de paix du 10 avril 1871, les habitants des territoires cédés ont la faculté, jusqu'au 1er octobre 1872, d'*opter entre la nationalité française et la nationalité allemande* par une déclaration à la mairie de leur domicile. Ce délai a été étendu par l'article 1er de la convention additionnelle du 11 décembre 1871 jusqu'au 1er octobre 1873 pour les individus originaires des territoires cédés qui résident hors d'Europe. L'option en faveur de la nationalité française résulte, pour ceux de ces individus qui résident hors d'Allemagne, d'une déclaration faite, soit aux mairies de leur domicile en France, soit devant une chancellerie diplomatique ou consulaire française.

4. — Il nous reste à faire connaître les **PERTES IMPOSÉES A LA FRANCE PAR LES TRAITÉS DU 26 FÉVRIER ET DU 10 MAI 1871, ET LA CONVENTION DU 12 OCTOBRE DE LA MÊME ANNÉE** :

DÉPARTEMENTS	NOMBRE de COMMUNES	SUPERFICIE en HECTARES	POPULATION
BAS-RHIN......... (cédé entièrement).	541	455 345	588 970
HAUT-RHIN........	384	350 287	473 314
VOSGES...........	18	20 339	21 017
MEURTHE..........	242	197 621	120 174
MOSELLE..........	504	423 874	393 753
TOTAL........	1 689	1 447 466	1 597 228

5. — Les portions du département du Haut-Rhin restées à la France forment une *Administration provisoire* dite de *Belfort*, dont le territoire comprend 106 Communes ayant une superficie de 60 826 hectares et une population de 56 971 habitants.

Le nouveau département formé provisoirement, sous la dénomination de *Meurthe-et-Moselle*, de la réunion des territoires restés à la France sur l'un et l'autre de ces départements, comprend 577 Communes avec une superficie de 524 398 hectares et une population de 366 617 habitants.

AMARRAGE. — Du bas-breton *amarr*, lier. Terme de marine. Action d'arrêter un navire dans un port au moyen de câbles. — Il est perçu un *droit d'amarrage*, lequel n'est pas considéré comme *avarie* (voy. ce mot), mais comme de simples frais à la charge du navire. (Cod. com. art. 406.)

AMBASSADEUR. — Agent diplomatique de 1re classe. L'*outrage* public envers les agents accrédités près les gouvernements étrangers est puni d'un *emprisonnement* de 8 jours à 1 an et d'une *amende* de 50 fr. à 2 000 fr., ou de l'une de ces deux peines. (Loi 29 juillet 1881, art. 17.) — Voy. EXTERRITORIALITÉ.

AMÉNAGEMENT. — Ordre adopté pour la coupe des bois et forêts.

1. — Lorsqu'un usufruit comprend des bois taillis, l'usufruitier est tenu d'observer l'ordre et la quotité des coupes, conformément à l'aménagement ou à l'usage constant des propriétaires. (Cod. civ. art. 590.)

2. — Le mode d'aménagement des bois et forêts du domaine de l'Etat varie suivant les localités, et est déterminé par décret. Aucune coupe extraordinaire n'y peut être faite sans un décret spécial inséré au *Bulletin des lois* (voy. ces mots), à peine de nullité des ventes. (Cod. for. art. 15 et 16.) Les règles qui doivent présider à l'aménagement sont formulées dans les articles 67 à 72 de l'ordonnance rendue, le 1er août 1827, pour l'exécution du Code forestier.

3. — Sont soumis au *régime forestier* les bois taillis ou futaies appartenant aux Communes et aux Etablissements publics, qui ont été reconnus susceptibles d'aménagement ou d'une exploitation régulière. (Cod. for. art. 90.) — Voy. FORÊTS.

AMENDE. — (Cod. instr. crim. art. 172 ; Cod. pén. art. 9, 11, 54, 55, 464, 466.) — Du latin *emendare*, corriger. — Peine pécuniaire infligée par suite d'un crime, d'un délit ou d'une contravention. Elle est prononcée, tantôt seule, tantôt comme accessoire à une autre peine.

1. — Les amendes pour *contravention* peuvent être infligées de-

puis 1 fr. jusqu'à 15 fr. inclusivement, et sont appliquées au profit de la Commune où la contravention a été commise. — Lorsque l'amende excède 5 fr., le jugement du *tribunal de simple police* est susceptible d'*appel*. — Voy. APPEL, 1, 2.

2. — La *contrainte par corps* est maintenue pour le payement des amendes. (Loi 22 juillet 1867.) — Voy. CONTRAINTE PAR CORPS.

3. — En cas de concurrence de l'amende avec les restitutions et les dommages-intérêts, sur les biens insuffisants du condamné, ces dernières condamnations obtiennent la préférence.

4. — Tous les individus condamnés pour un même crime ou pour un même délit sont tenus *solidairement* des amendes.

5. — Il est *interdit* d'ouvrir ou d'annoncer publiquement des *souscriptions* ayant pour objet d'indemniser des amendes prononcées par des condamnations judiciaires en matière criminelle et correctionnelle, sous peine d'un *emprisonnement* de 8 jours à 6 mois et d'une *amende* de 100 fr. à 1 000 fr., ou de l'une de ces deux peines seulement. (Loi 29 juillet 1881, art. 40.)

6. Fait partie des *recettes ordinaires du budget communal* la portion que les lois accordent aux Communes dans les produits des amendes prononcées par les tribunaux de police correctionnelle et de simple police.

Les amendes de *police rurale et municipale* appartiennent *exclusivement* aux Communes sur le territoire desquelles les contraventions ont été commises; il en est de même des amendes pour délit de *chasse*, sauf prélèvement des gratifications accordées aux agents.

Les amendes de *police correctionnelle* forment un *fonds commun* dont la Commission départementale dispose sur les propositions du Préfet.

AMEUBLISSEMENT. — Convention par laquelle les futurs époux ou l'un d'eux font entrer en communauté tout ou partie de leurs immeubles présents ou futurs.

Cette clause est extensive de la communauté. — Voy. CONTRAT DE MARIAGE, I, § 2.

AMIABLE-COMPOSITEUR. — Voy. ARBITRAGE-ARBITRE, 6.

AMIRAL. — De l'arabe *Emir-al-Bahr*, commandant de la mer. — Grade le plus haut dans la Marine : Il est assimilé à celui de *Maréchal de France*. — Au-dessous de ce grade, viennent ceux de *Vice-Amiral* et de *Contre-Amiral*.

Les *Conseils de guerre* chargés de juger les Amiraux sont ainsi composés : un *Amiral*, président, trois *Amiraux* ou *Maréchaux de France* et trois *Vice-Amiraux*, juges. — (Cod. just. mil. armée de mer, art. 10.) — Voy. CONSEILS DE GUERRE.

AMNISTIE. — Du grec *amnestia*, sans souvenir.

On appelle ainsi l'acte du pouvoir souverain qui proclame l'oubli de certains faits, et remet ceux auxquels ils sont imputables dans la même position que si ces faits n'avaient jamais eu lieu. Sous ce rapport, l'amnistie ne doit pas être confondue avec la *grâce* qui laisse subsister la condamnation, et a seulement pour effet de remettre au condamné la peine prononcée contre lui.

Voici, du reste, en quels termes saisissants M. de Peyronnet, dans un écrit intitulé : *Pensées d'un prisonnier*, a fait ressortir les différences qui existent entre l'*amnistie* et la *grâce:* « Amnistie, dit-il, c'est abolition et oubli; grâce, ce n'est que pitié et pardon. La grâce n'efface rien; elle abandonne et remet. — L'amnistie retourne vers le passé, et y détruit jusqu'à la première trace du mal : La grâce ne va que dans l'avenir, et conserve dans le passé tout ce qu'il a souffert ou produit. — La grâce suppose le crime et la condamnation; une certaine régularité dans la condamnation et une certaine justice : l'amnistie ne suppose rien, si ce n'est pourtant l'accusation. — On reçoit plus et on est moins redevable dans une amnistie : dans une grâce, on reçoit moins et on est plus redevable. — La grâce s'accorde à celui qui a été certainement coupable : l'amnistie à ceux qui ont pu l'être. »

1. — L'amnistie la plus importante est celle qui fut accordée par la loi du 11 juillet 1880 aux individus condamnés pour avoir pris part aux événements insurrectionnels de 1870-1871 et aux événements insurrectionnels postérieurs.

2. — Les amnisties ne peuvent être accordées que par une *loi.* (Loi 25 février 1875, art. 3.)

3. — Les droits des tiers sont respectés par l'amnistie.

AMONT. — Du latin *ad montem*, du côté de la montagne. — Se dit de la partie supérieure d'un fleuve ou d'une rivière, par opposition à *aval* (*ad vallem*, du côté de la vallée), qui signifie la partie inférieure. — Ainsi, en suivant le cours de la Seine, Melun est à douze lieues *en amont* de Paris, et Sèvres à deux lieues *en aval.*

AMORTISSABLE (RENTE 3 p. °/₀). — Voy. RENTES SUR L'ÉTAT.

AMORTISSEMENT. — Mode de libération de la dette publique qui s'effectue par le rachat que fait l'Etat, à l'aide de ressources spéciales, des rentes créées par lui, et offertes sur le marché public par les détenteurs d'inscriptions. Une *caisse* dite d'*amortissement* est chargée de ce rachat. — Voy. CAISSE D'AMORTISSEMENT.

ANALOGIE. — Rapport qui existe entre des idées ou des principes.

1. — En matière civile, le juge doit rechercher la pensée du législateur, et, par conséquent, se livrer à une interprétation extensive. Il est même obligé, sous peine de se rendre coupable de *déni de justice*, de suppléer au silence, à l'obscurité ou à l'insuffisance de la loi. (Cod. civ. art. 5.)

2. — Rien de semblable ne saurait avoir lieu en matière pénale, où tout est de rigueur, et où les lois doivent être appliquées *textuellement.* C'est là un principe sacré, de l'observation duquel dépend la sécurité des citoyens.

ANATOCISME. — Du grec *ana*, derechef, et *tocos*, production. — Se dit de la production d'intérêts nouveaux par un capital déjà formé d'intérêts échus et non payés.

1. — Jadis prohibé, l'*anatocisme* est autorisé par le Code civil (art. 1154), à la condition qu'il s'agisse d'intérêts dus au moins pour une année entière, et qu'il y ait une convention spéciale à ce sujet ou une demande judiciaire.

2. — Il est de jurisprudence que, dans le commerce, où les usages font loi, les intérêts du reliquat d'un compte peuvent être capitalisés pour produire eux-mêmes des intérêts, quoiqu'il s'agisse d'intérêts de moins d'une année.

ANCRAGE. Droit payé par un navire pour avoir la facilité de jeter l'ancre dans un port ou une rade. Il n'est pas considéré comme *avarie* (voy. ce mot), mais comme de simples frais à la charge du navire. (Cod. com. art. 406.)

ANGARIE. — Voy. ARRÊT DE PRINCE.

ANIMAUX. — 1. — Les animaux que le propriétaire du fonds livre au fermier ou au métayer pour la culture sont censés *immeubles*, tant qu'ils demeurent attachés au fonds par l'effet de la convention. — Ceux qu'il donne à *cheptel* (voy. ce mot) à d'autres qu'au fermier ou au métayer sont *meubles.* (Cod. civ. art. 522.) — Voy. BIENS.

2. — L'usufruitier jouit du *croît* des animaux. (Cod. civ. art. 583.)

3. — Si l'usufruit n'est établi que sur un animal qui vient à périr sans la faute de l'usufruitier, celui-ci n'est pas tenu d'en rendre un autre, ni d'en payer l'estimation. — Si le troupeau sur lequel un usufruit a été établi périt entièrement par accident ou par maladie, et sans la faute de l'usufruitier, celui-ci n'est tenu envers le propriétaire que de lui rendre compte des cuirs ou de leur valeur.

— Si le troupeau ne périt pas entièrement, l'usufruitier est tenu de remplacer, jusqu'à concurrence du croît, les têtes des animaux qui ont péri. (Cod. civ. art. 615, 616.)

4. — Le propriétaire d'un animal, ou celui qui s'en sert, pendant qu'il est à son usage, est responsable du dommage que l'animal a causé, soit que l'animal fût sous sa garde, soit qu'il se fût égaré ou échappé. (Cod. civ. art. 1385.)

5. — Sont punis d'une amende de cinq francs à quinze francs et peuvent l'être d'un à cinq jours d'emprisonnement, ceux qui ont exercé *publiquement* et *abusivement* de mauvais traitements envers les animaux domestiques. — La peine de la prison est toujours appliquée en cas de récidive. (Loi 2 juillet 1850.)

6. — Pour ce qui concerne les *vices rédhibitoires* des animaux de l'espèce chevaline, bovine et ovine, voy. VENTE, II.

7. — En cas de *saisie* d'animaux, servant à l'exploitation des terres, le Juge de paix peut, sur la demande du saisissant, le propriétaire et le saisi entendus ou appelés, établir un gérant à l'exploitation. (Cod. proc. civ. art. 594.)

8. — Quiconque a, sans nécessité, tué un animal domestique dans un lieu dont celui à qui cet animal appartient est propriétaire, locataire, colon ou fermier, est puni d'un emprisonnement de six jours au moins et de six mois au plus. S'il y a eu violation de clôture, le maximum de la peine est prononcé. Dans tous les cas, il est infligé une amende qui ne peut excéder le quart des restitutions et dommages-intérêts, ni être au-dessous de seize francs. (Cod. pén. art. 454, 455.)

9. — Ceux qui ont laissé divaguer des animaux malfaisants ou féroces, ceux qui ont fait ou laissé passer des animaux de trait, de charge ou de monture, sur le terrain d'autrui, ensemencé ou chargé d'une récolte, en quelque saison que ce soit, ou dans un bois taillis appartenant à autrui, sont passibles d'une amende de six fr. à dix fr. inclusivement. En cas de récidive, la peine de l'emprisonnement pendant cinq jours au plus est toujours appliquée. (Cod. pén. art. 475, nos 7 et 10 ; 478.)

10. — Les propriétaires d'animaux trouvés de jour en délit dans les bois de dix ans et au-dessus sont condamnés à une amende de : un fr. pour un cochon ; — deux fr. pour une bête à laine ; — trois fr. pour un cheval ou autre bête de somme ; — quatre francs pour une chèvre ; — cinq francs pour un bœuf, une vache ou un veau. — L'amende est double si les bois ont moins de dix ans, sans préjudice, s'il y a lieu, des dommages-intérêts. (Cod. for. art. 199.)

11. — Pour subvenir aux frais de la statistique commerciale, un droit spécial de 10 centimes est établi par tête d'animaux vivants ou abattus, des espèces chevaline, bovine, ovine, caprine et porcine. Ce droit, indépendant de toute autre taxe, mais affranchi des dixièmes additionnels, est perçu, tant à l'entrée qu'à la sortie, quelle que soit la provenance ou la destination. (Loi 22 janvier 1872, art. 3.)

— Voy. ABATTOIR ; — ABREUVOIR ; — CHASSE ; — CHEPTEL ; — ÉPIZOOTIES ; — SAISIE-EXÉCUTION ; — EMPOISONNEMENT, 2 ; — SOCIÉTÉ PROTECTRICE DES ANIMAUX.

ANONYME (ÉCRIT). — Voy. MENACES, 1.

ANONYME (SOCIÉTÉ). — Voy. SOCIÉTÉ, *sect.* II, IV.

ANTICHRÈSE-ANTICHRÉSISTE. — (Cod. civ. art. 2085-2091.)

Ces deux mots sont dérivés du grec : *anti*, au lieu de, et *chrèsis*, jouissance.

On appelle *antichrèse* le contrat par lequel un débiteur, ou un tiers pour ce dernier, livre au créancier un immeuble avec faculté d'en percevoir les fruits, à charge de les imputer annuellement sur les intérêts et ensuite sur le capital de sa créance. — On nomme *antichrésiste* le créancier à qui cette délégation est faite. Voy. NANTISSEMENT, II.

ANTIDATE. — L'antidate des endossements d'*effets de commerce* est punie des peines du *faux*, c'est-à-dire des travaux forcés à temps. (Cod. com. art. 139.) — Voy. EFFETS DE COMMERCE, VI.

APPARAUX. — Terme de marine qui s'applique aux accessoires nécessaires d'un navire.

1. — Le navire, les agrès et *apparaux*, le fret et les marchandises chargées, sont respectivement affectés à l'exécution des conventions du *fréteur* et de l'*affréteur*. (Cod. com. art. 280.)

2. — Les apparaux sont affectés par privilège au capital et intérêts de l'argent donné *à la grosse* sur le corps et la quille du vaisseau. (Cod. com. art. 320.) — Voy. CONTRAT A LA GROSSE.

APPEL. — (Cod. proc. civ. art. 443-473; 1010; 1023-1025; Cod. com. art. 639, 645-648; Cod. instr. crim. art. 172-178; 199-216; Lois 25 mai 1838; 3 mars 1840; 1er juin 1853, art. 13 et 14; 2 mai 1855; 13 juin 1856; 3 mai 1862.)

Voie de recours devant une juridiction supérieure contre une décision rendue par un juge ou un tribunal inférieur. Pour qu'elle soit praticable, il faut que la cause donne lieu au second degré de juridiction; que le jugement rendu en premier ressort n'ait pas acquis l'autorité de la *chose jugée* (voy. ces mots); qu'on n'ait pas *acquiescé* à la décision (voy. ACQUIESCEMENT); que cette décision n'ait pas été exécutée.

I. APPEL DES JUGEMENTS DE JUGES DE PAIX. — 1. — L'appel des jugements rendus en premier ressort, et *au civil*, par les Juges de paix, se porte devant le tribunal d'arrondissement. Il n'est recevable, ni avant les trois jours qui suivent la prononciation du jugement, à moins qu'il n'y ait lieu à l'exécution provisoire, ni après les trente jours qui suivent la signification dudit jugement, sauf une prolongation de un jour, à raison de cinq myriamètres (12 lieues 1/2), pour les personnes domiciliées hors du canton. — L'*exécution provisoire* des jugements des Juges de paix est ordonnée dans tous les cas où il y a titre authentique, promesse reconnue, ou condamnation précédente dont il n'y a point eu appel. Dans tous les autres cas, le juge peut ordonner l'exécution provisoire, nonobstant appel, *sans caution*, lorsqu'il s'agit de pension alimentaire, ou lorsque la somme n'excède pas 300 fr., et *avec caution*, au-dessus de cette somme. La caution est reçue par le Juge de paix.

Pour savoir dans quels cas le Juge de paix statue, en matière civile, souverainement ou à charge d'appel, voy. JUSTICE DE PAIX, 2.

L'appelant qui succombe est condamné à une *amende* de 5 fr.

2. — L'appel des jugements rendus par les Juges de paix, comme juges de *simple police*, se porte, dans les dix jours de la signification, devant le tribunal d'arrondissement, statuant comme *tribunal correctionnel*: il est *suspensif*. L'appel est admissible toutes les fois que le jugement prononce un emprisonnement, ou lorsque les amendes, restitutions et autres réparations civiles excèdent la somme de 5 fr., outre les dépens.

II. APPEL DES JUGEMENTS DES TRIBUNAUX D'ARRONDISSEMENT. — 1. — L'appel des jugements rendus en première instance, et *au civil*, par les tribunaux d'arrondissement, se porte devant la Cour d'appel. Le délai est de deux mois qui courent, pour les jugements *contradictoires*, du jour de la signification à personne ou domicile, et, pour les jugements *par défaut*, du jour où l'opposition n'est plus recevable. — Voy. OPPOSITION.

L'appel est *suspensif*, si le jugement ne prononce pas l'exécution provisoire, dans les cas où elle est autorisée.

Aucun appel d'un jugement non exécutoire par provision ne peut être interjeté dans la huitaine, à dater du jour du jugement.

Les délais de l'appel sont suspendus par la mort de la partie condamnée. Ils ne reprennent leur cours qu'après la signification du jugement faite, au domicile du défunt, à ses héritiers collectivement.

L'appelant qui succombe est condamné à une *amende* de 10 fr.

2. — Les jugements rendus par les tribunaux d'arrondissement, en *matière correctionnelle*, peuvent être attaqués par la voie de l'appel devant la Cour d'appel.

La faculté d'appeler appartient : 1° aux *parties prévenues* ou *responsables*; — 2° à la *partie civile*, quant à ses intérêts civils seulement; — 3° à l'*Administration forestière*, quand il s'agit de délits forestiers ; — 4° au *Procureur de la République* près le tribunal d'arrondissement; — 5° au *Procureur général* près la Cour d'appel.

3. — La déclaration d'appel doit, sous peine de déchéance, être faite au greffe du tribunal qui a rendu le jugement, dix jours au plus tard après celui où il a été prononcé, et si le jugement est rendu par défaut, dix jours au plus tard après celui de la signification à la partie condamnée ou à son domicile, outre un jour par trois myriamètres.

Pendant ce délai, et pendant l'instance d'appel, il est *sursis* à l'exécution du jugement.

Le délai d'appel est, à l'égard du Procureur général près la Cour d'appel, de deux mois à compter du jour de la prononciation du jugement, ou, si le jugement lui a été légalement signifié par l'une des parties, d'un mois à dater du jour de cette notification.

4. - En cas d'*acquittement*, le prévenu est immédiatement mis en liberté, nonobstant appel.

5. — Si le jugement est réformé parce que le fait n'est réputé délit ni contravention de police par aucune loi, la Cour renvoie le prévenu, et statue, s'il y a lieu, sur les dommages-intérêts.

Si le jugement est annulé parce que le fait ne présente qu'une contravention de police, et si la partie publique et la partie civile n'ont pas demandé le renvoi, la Cour prononce la peine, et statue également, s'il y a lieu, sur les dommages-intérêts.

Si le jugement est annulé parce que le fait est de nature à mériter une peine afflictive ou infamante, la Cour décerne, s'il y a lieu, le *mandat de dépôt* ou même le *mandat d'arrêt* (voy. ces mots), et renvoie le prévenu devant le fonctionnaire public compétent, autre, toutefois, que celui qui a rendu le jugement ou fait l'instruction.

Si le jugement est annulé pour violation ou omission non réparée de formes prescrites par la loi à peine de nullité, la Cour statue sur le fond.

6. — La partie civile, le prévenu, la partie publique, les personnes civilement responsables du délit peuvent se pourvoir en *cassation* contre l'arrêt.

III. Appel des jugements des tribunaux de commerce. — Il se porte devant la Cour d'appel, et le délai est le même que pour les jugements rendus par les tribunaux d'arrondissement (voy. ci-dessus II); mais l'appel peut être interjeté le jour même du jugement, et, suivant l'exigence des cas, la Cour a la faculté d'accorder la permission de citer extraordinairement à jour et heure fixes.

1. — Les jugements des tribunaux de commerce sont, de droit, *exécutoires par provision*, nonobstant appel, à la charge de donner caution ou de justifier de solvabilité suffisante. Le tribunal peut même dispenser de la caution, lorsqu'il y a titre non attaqué ou condamnation précédente dont il n'y a pas appel.

2. — Pour savoir dans quels cas les jugements des tribunaux de commerce sont susceptibles d'appel, voy. tribunal de commerce, II, 2.

L'appelant qui succombe est condamné à une *amende* de 10 fr.

IV. Appel des jugements des conseils de prud'hommes. — Voy. conseil de prud'hommes, II.

V. Appel des sentences arbitrales. — Voy. arbitrage-arbitre, 5 et 6.

VI. Appel des décisions des commissions scolaires. — Voy. commission scolaire.

APPEL A MINIMA. — Se dit de l'appel interjeté par le *Ministère public* pour *insuffisance de la peine* prononcée contre un prévenu par le tribunal correctionnel. — Voy. appel, II, ii.

APPEL COMME D'ABUS. — (Loi 18 germinal an x (8 avril 1802), art. org. 6-8.)

On désigne ainsi le recours à la puissance temporelle contre l'abus commis par un ministre du culte dans l'exercice de ses fonctions. Les cas d'abus sont : l'usurpation ou l'excès de pouvoir, la contravention aux lois et règlements de l'Etat, l'infraction des règles consacrées par les canons reçus en France, l'attentat aux libertés, franchises et coutumes de l'Eglise gallicane, et toute entreprise ou tout procédé qui, dans l'exercice du culte, peut compromettre l'honneur des citoyens, troubler arbitrairement leur conscience, dégénérer contre eux en oppression ou en injure, ou en scandale public.

1. — Le recours est porté devant le *Conseil d'Etat*. S'il y a eu réellement *abus*, un décret du Président de la République le déclare. Cette déclaration n'entraîne à sa suite aucune peine matérielle : elle ne constitue qu'une haute censure. Mais si à l'abus se trouvait réuni un délit ou un fait préjudiciable pour les particuliers, le Conseil d'Etat pourrait renvoyer devant les tribunaux compétents en autorisant la poursuite.

2. — Les ministres du culte trouvent, à leur tour, aide et protection contre les empiètements de la puissance civile, dans la faculté qu'ils ont de recourir au Conseil d'Etat s'il est porté atteinte à la liberté que les lois et règlements leur garantissent, ou à l'exercice public du culte. — Ils ne peuvent être déférés à la juridiction ordinaire, pour les faits commis dans l'exercice de leur ministère, et rentrant dans l'un des cas d'abus ci-dessus spécifiés, sans que le Conseil d'Etat, saisi de la plainte préalablement, ait autorisé la poursuite.

APPORT FRANC ET QUITTE. (clause d') — Voy. contrat de mariage, I, § 2, 4.

APPRENTI. — 1. — Les maîtres, patrons et artisans sont *responsables* du dommage causé par leurs apprentis, pendant le temps que ceux-ci sont sous leur surveillance, à moins de prouver qu'ils n'ont pu empêcher le fait qui donne lieu à cette responsabilité. (Cod. civ. art. 1384.)

2. — La qualité d'apprenti est une circonstance aggravante du *vol.* (Cod. pén. art. 386.)

3. — Voy. contrat d'apprentissage ; — conseil de prud'hommes, 5 et 6.

APPRENTISSAGE. — 1. — Les frais d'apprentissage ne doivent pas être *rapportés* à la succession. (Cod. civ. art. 852.) — Voy. succession, IV.

2. — L'action des maîtres pour le prix de l'apprentissage *se prescrit* par un an. (Cod. civ. art. 2272.) — Voy. prescription, III.

3. — Voy. contrat d'apprentissage ; — conseil de prud'hommes, 5 et 6.

APTITUDE PÉDAGOGIQUE. — Voy. certificat d'aptitude pédagogique.

AQUEDUC. — Canal pour conduire l'eau. La servitude d'aqueduc est une servitude dite *apparente*. — Voy. servitudes, III.

ARBITRAGE-ARBITRE. — (Cod. proc. civ. art. 1003-1028.)

On appelle *arbitrage* une juridiction privée établie par les particuliers pour juger promptement et économiquement les contestations sur lesquelles la loi ne défend pas de compromettre ; l'*arbitre* est celui à qui cette mission a été confiée.

1. — Lorsque des parties conviennent de soumettre leurs différends à des arbitres, elles font un *compromis*.

Le compromis diffère de la *transaction*, qui est aussi un moyen d'éviter un procès, les frais qu'il entraîne et les désagréments qui en sont la suite, en ce que, dans la transaction, ce sont les parties elles-mêmes qui sont leurs propres arbitres. Voy. TRANSACTION.

2. — Certaines affaires ne peuvent être l'objet d'un compromis, parce qu'elles intéressent l'ordre public. L'article 1004 du Code de procédure civile en contient l'énumération.

3. — S'il n'y a qu'un arbitre, il est juge unique de la contestation. S'il y en a deux, et qu'ils ne soient pas d'accord, les parties peuvent en désigner un troisième, ou charger les deux autres de ce soin. Le troisième arbitre s'appelle, en droit, *tiers-arbitre* ou *sur-arbitre*. S'il n'a pas été nommé par les parties, ou si les deux arbitres ne peuvent pas s'entendre pour le choisir, c'est le Président du tribunal qui le désigne.

4. — Les parties peuvent fixer le *délai* dans lequel les arbitres prononceront; si elles ne l'ont pas fait, la sentence arbitrale doit être rendue dans le délai de trois mois.

5. — Les jugements arbitraux ne peuvent être exécutés qu'après avoir été revêtus de l'autorisation du Président du tribunal et en vertu de l'ordonnance qu'il rend à cet effet. — Ils sont susceptibles d'*appel*, savoir: devant le tribunal de première instance, pour les matières qui, s'il n'y eût point eu arbitrage, auraient été, soit en premier, soit en dernier ressort, de la compétence du Juge de paix, et devant la Cour d'appel, pour les matières qui eussent été, soit en premier, soit en dernier ressort, de la compétence du tribunal de première instance.

6. — Les parties peuvent convenir qu'il *ne sera point appelé* de la sentence arbitrale. Elles sont même censées avoir renoncé à cette faculté lorsqu'elles ont mis dans le compromis que les arbitres pourraient juger comme *amiables compositeurs*. Les arbitres amiables compositeurs sont, en effet, autorisés à juger d'après l'équité, et sans s'astreindre, comme tout juge doit le faire, aux prescriptions de la loi.

ARBRES. — 1. — Les coupes ordinaires des bois taillis ou de futaies mises en coupes réglées ne deviennent *meubles* qu'au fur et à mesure que les arbres sont abattus. (Cod. civ. art. 521.) — Voy. BIENS.

2. — L'*usufruitier* profite, en se conformant aux époques et à l'usage des anciens propriétaires, des parties de bois de haute futaie qui ont été mises en coupes réglées, soit que ces coupes se fassent périodiquement sur une certaine étendue de terrain, soit qu'elles se fassent d'une certaine quantité d'arbres pris indistinctement sur toute la surface du domaine. — Dans tous les autres cas, l'usufruitier ne peut toucher aux arbres de haute futaie : il peut seulement employer, pour faire les réparations dont il est tenu, les arbres arrachés ou brisés par accident; il peut même, pour cet objet, en faire abattre s'il est nécessaire, mais à la charge d'en faire constater la nécessité avec le propriétaire. — Il peut prendre dans les bois des échalas pour les vignes; il a aussi la faculté de prendre, sur les arbres, des produits annuels ou périodiques; le tout suivant l'usage du pays ou la coutume des propriétaires. — Les arbres fruitiers qui meurent, ceux même qui sont arrachés ou brisés par accident appartiennent à l'usufruitier, à la charge de les remplacer par d'autres. — Les arbres qu'on peut tirer d'une pépinière sans la dégrader ne font partie de l'usufruit qu'à la condition, pour l'usufruitier, de se conformer aux usages des lieux pour le emplacement. (Cod. civ. art. 590-594.)

3. — Il n'est permis de *planter* des arbres de haute tige qu'à la distance prescrite par les règlements

particuliers ou par les usages constants et reconnus; et, à défaut de règlements et usages, qu'à la distance de deux mètres de la ligne séparative des deux héritages pour les arbres à haute tige et à la distance d'un demi-mètre pour les autres arbres et haies vives. — Le voisin peut exiger que les arbres et haies plantés à une moindre distance soient arrachés. Celui sur la propriété duquel avancent les branches des arbres du voisin peut contraindre celui-ci à couper ces branches. Si ce sont les racines qui avancent sur son héritage, il a le droit de les y couper lui-même. — Les arbres qui se trouvent dans la haie *mitoyenne* sont mitoyens comme la haie; et chacun des deux propriétaires a droit de requérir qu'ils soient abattus. (Cod. civ. art. 671-673.)

4. — C'est le Juge de paix de la situation de l'objet litigieux qui doit connaître des contestations pour *usurpations* d'arbres commises dans l'année. (Cod. proc. civ. art. 3, n° 2.)

5. — Toute contravention de la part de l'adjudicataire aux clauses et conditions du cahier des charges relativement au *mode d'abatage* des arbres, est punie d'une amende qui ne peut être moindre de 50 fr., ni excéder 500 fr., sans préjudice des dommages-intérêts. (Cod. for. art. 37.) — La *coupe* ou *l'enlèvement* des arbres dans tous les bois et forêts en général est punie plus ou moins sévèrement, selon l'essence et la circonférence des arbres. (Cod. for. art. 192 et suiv.)

6. — Quiconque *abat* un ou plusieurs arbres qu'il savait appartenir à autrui est puni d'un emprisonnement de six jours à six mois, à raison de chaque arbre, sans que la totalité puisse excéder cinq ans. — Les peines sont les mêmes à raison de chaque arbre *mutilé*, *coupé* ou *écorcé* de manière à le faire périr. — Le minimum de l'emprisonnement est de vingt jours, si les arbres étaient plantés sur les places, routes, chemins, rues, voies publiques ou vicinales ou de traverse. (Cod. pén. art. 445, 446, 448.)

7. — Le *déplacement* ou la *suppression* d'arbres servant de limites entre différents héritages est puni d'un emprisonnement de un mois à un an, et d'une amende égale au quart des restitutions et des dommages-intérêts, sans qu'elle puisse, dans aucun cas, être au-dessous de 50 fr. (Cod. pén. art. 456.)

8. — *Les propriétaires riverains des routes nationales et départementales* sont tenus de planter des arbres le long de ces routes, à une distance de un mètre au moins du bord extérieur du fossé. L'essence des arbres est indiquée, suivant les localités, par arrêté du Préfet. Les arbres morts doivent être remplacés, dans les trois derniers mois de chaque année, par le planteur, sur la simple réquisition de l'ingénieur en chef des ponts et chaussées. A défaut d'accomplissement de ces obligations, les plantations sont faites aux frais des propriétaires qui payent, en outre, une amende de 1 fr. par chaque arbre.

Les plantations dont il s'agit ont une double utilité : elles contribuent à l'embellissement des routes, et servent en même temps à indiquer leur direction aux voyageurs lorsque les chemins sont couverts de neige ou d'eau.

Une amende triple de la valeur de l'arbre détruit est encourue par le propriétaire qui serait reconnu avoir coupé sans autorisation ou fait périr les arbres plantés sur son terrain.

La permission de l'Administration est également nécessaire pour l'*élagage* des arbres. (Déc. 16 décembre 1811, tit. VIII; loi 12 mai 1825.)

9. — Aucun arbre à haute tige ne peut être planté près d'un *cours d'eau navigable ou flottable* à une distance moindre de trente pieds (9 mètres 74 cent.), du côté où se tirent les bateaux et trains de bois, et de 10 pieds (3 mètres 24 cent.) de l'autre bord, « à peine de 500 livres d'amende, confiscation des arbres, et d'être, les contrevenants, con-

traints à réparer et remettre les chemins en état à leurs frais. » (Ord. 1669, tit. 28, art. 7.) — Toutefois l'Administration peut, si le service de la navigation ne doit pas en souffrir, restreindre la largeur des *chemins de halage* ou *marchepied*, dans l'intérêt des propriétaires riverains.

Le long des cours d'eau qui ne sont que *flottables à bûches perdues*, le chemin que les riverains doivent laisser libre de chaque côté, pour le passage des ouvriers, n'est que de 1 mètre 30 centim. (Arr. 13 nivôse an x (2 janvier 1797), art. 3.)

ARCHEVÊCHÉ.—Voy. CULTES, I.

ARCHITECTE. — Du grec *arché*, commandement, et *tecton*, ouvrier.

1. — L'architecte est *responsable*, pendant dix ans, de la perte de l'édifice construit à prix fait. (Cod. civ. art. 1792.) — Voy. LOUAGE, sect. II, III, 2.

2. — Lorsqu'un architecte s'est chargé de la construction à *forfait* d'un bâtiment, d'après un plan convenu avec le propriétaire, il ne peut, sous aucun prétexte, demander une *augmentation de prix*. (Cod. civ. art. 1793.) — Voy. LOUAGE, id., 3.

3. — Le contrat de louage d'ouvrage est *dissous* par la *mort* de l'architecte. (Cod. civ. art. 1795.) — Voy. id., 4.

4. — Les architectes sont *privilégiés* pour la plus-value résultant des travaux qu'ils ont fait exécuter. (Cod. civ. art. 2103, nº 4.) — Voy. PRIVILÈGE, II.

ARCHIVES NATIONALES. — *Constituées* en 1808 et *établies* à Paris, rue des Francs-Bourgeois, 60, les Archives nationales *renferment* tout ce qui s'est conservé de plus précieux des nombreuses archives que formèrent successivement les souverains de la France, les établissements religieux, les diverses juridictions et administrations. Elles s'enrichissent, chaque année, des documents dont les Ministères et les Administrations qui en dépendent n'ont plus besoin pour leurs affaires courantes. Ce riche dépôt contient plus de 90 millions d'actes ou de titres dont le plus ancien est un diplôme original de l'an 625.

Les Archives nationales sont régies par les décrets du 22 décembre 1855, 22 mars et 1er août 1856, et par un arrêté ministériel du 12 novembre 1856.

ARE. — Unité des mesures agraires, représentant 100 *mètres carrés* ou un *carré* de 10 *mètres de côté*. — Voy. POIDS ET MESURES.

ARGENT. — Voy. MATIÈRES D'OR ET D'ARGENT; — MONNAIE.

ARMÉE. — 1. — Pour l'organisation de l'armée active, de la réserve de l'armée active, de l'armée territoriale et de sa réserve, la loi du 24 juillet 1873 a divisé le territoire français en *dix-huit régions*, comprenant chacune 8 subdivisions de région.

Le *siège* de ces 18 régions et les départements dont elles sont formées, ont été déterminés ainsi qu'il suit par le décret du 6 août 1874 :

NUMÉROS de la RÉGION	QUARTIER GÉNÉRAL	DÉPARTEMENTS FORMANT LA RÉGION
1re	LILLE	Nord, Pas-de-Calais.
2e	AMIENS	Aisne, Oise, Somme, Seine-et-Oise (arr. de Pontoise) et Seine (cant. de Saint-Denis et de Pantin); 10e, 19e et 20e arr. de Paris.

NUMÉROS de la RÉGION	QUARTIER GÉNÉRAL	DÉPARTEMENTS FORMANT LA RÉGION
3e......	ROUEN.........	Calvados, Eure, Seine-Inférieure, Seine-et-Oise (arr. de Mantes et de Versailles) et Seine (cant. de Courbevoie et de Neuilly); 1er, 7e, 8e, 9e, 15e, 16e, 17e et 18e arr. de Paris.
4e......	LE MANS......	Eure-et-Loir, Mayenne, Orne, Sarthe, Seine-et-Oise (arr. de Rambouillet) et Seine (cant. de Villejuif et de Sceaux); 4e, 5e, 6e, 13e, et 14e arr. de Paris.
5e......	ORLÉANS.......	Loiret, Loir-et-Cher, Seine-et-Marne, Yonne, Seine-et-Oise (arr. de Corbeil et d'Etampes) et Seine (cant. de Charenton et de Vincennes); 2e, 3e, 11e et 12e arr. de Paris.
6e......	CHALONS-SUR-MARNE.........	Ardennes, Aube, Marne, Meurthe-et-Moselle, Meuse, Vosges.
7e......	BESANÇON......	Ain, Doubs, Jura, Haute-Marne, arr. de Belfort, Haute-Saône, Rhône, (cant. de Neuville) et 4e et 5e arr. de Lyon.
8e......	BOURGES.......	Cher, Côte-d'Or, Nièvre, Saône-et-Loire, Rhône (arr. de Villefranche).
9e......	TOURS.........	Maine-et-Loire, Indre-et-Loire, Indre, Deux-Sèvres, Vienne.
10e......	RENNES........	Côtes-du-Nord, Manche, Ille-et-Vilaine.
11e......	NANTES........	Finistère, Loire-Inférieure, Morbihan, Vendée.
12e......	LIMOGES.......	Charente, Corrèze, Creuse, Dordogne, Haute-Vienne.
13e......	CLERMONT-FERRAND.........	Allier, Loire, Puy-de-Dôme, Haute-Loire, Cantal, Rhône (cant. de l'Arbresle, Condrieu, Limonest, Mornant, Saint-Symphorien, Saint-Laurent et Vaugneray).
14e......	LYON..........	Hautes-Alpes, Drôme, Isère, Savoie, Haute-Savoie, Rhône (cant. de Givors, Saint-Genis-Laval, Villeurbanne) et 1er, 2e, 3e et 6e arr. de Lyon.
15e......	MARSEILLE.....	Basses-Alpes, Alpes-Maritimes, Ardèche, Bouches-du-Rhône, Corse, Gard, Var, Vaucluse.

NUMÉROS de la RÉGION	QUARTIER GÉNÉRAL	DÉPARTEMENTS FORMANT LA RÉGION
16e......	MONTPELLIER...	Aude, Aveyron, Hérault, Lozère, Tarn, Pyrénées-Orientales.
17e......	TOULOUSE......	Ariège, Haute-Garonne, Gers, Lot, Lot-et-Garonne, Tarn-et-Garonne.
18e......	BORDEAUX......	Charente-Inférieure, Gironde, Landes, Basses-Pyrénées, Hautes-Pyrénées.

L'*Algérie* forme la 19e région.

2. — La constitution des cadres et des effectifs de l'armée a été réglée par la loi du 13 mars 1875. En voici le résumé :

1° ARMÉE ACTIVE.

L'*infanterie* comprend 144 régiments de ligne à 4 bataillons de 4 compagnies, plus 2 compagnies de dépôt ; — 30 bataillons de chasseurs à pied à 4 compagnies, plus une compagnie de dépôt. — Elle comprend, en outre, les troupes suivantes spéciales au 19e corps, savoir : 4 régiments de zouaves à 4 bataillons de 4 compagnies, plus une compagnie de dépôt ; — 3 régiments de tirailleurs algériens à 4 bataillons de 4 compagnies, plus une compagnie de dépôt ; — une légion étrangère à 4 bataillons de 4 compagnies ; — 3 bataillons d'infanterie légère d'Afrique ; — 5 compagnies de discipline, dont une de pionniers et 4 de fusiliers.

La *cavalerie* comprend : 1° 77 régiments, savoir : 12 de cuirassiers, 26 de dragons, 32 régiments de cavalerie légère, dont 20 de chasseurs et 12 de hussards, 4 régiments de chasseurs d'Afrique, 3 régiments de spahis. — Les 70 régiments de l'intérieur sont à 5 escadrons ; ils constituent 18 brigades de 2 régiments, à raison d'une brigade par corps d'armée, et un certain nombre de brigades et divisions de cavalerie indépendantes, placées en dehors des corps d'armée. — Les régiments de chasseurs d'Afrique et de spahis sont à 6 escadrons ; ils sont spécialement affectés au 19e corps d'armée ;

2° 19 escadrons d'éclaireurs volontaires, appelés à l'activité seulement au moment de la mobilisation et des manœuvres ;

3° 8 compagnies de cavalerie de remonte, à raison d'une compagnie par chacune des 4 circonscriptions de remonte, une compagnie aux écoles et 3 en Algérie.

L'*artillerie* comprend : 1° 38 régiments, tous stationnés en France et constituant 19 brigades à 5 régiments, à raison d'une brigade par corps d'armée. — Le 1er régiment de chaque brigade est à 13 batteries, dont 3 à pieds, 8 montées, 2 montées de dépôt et de sections de munitions. Le 2e régiment est à 13 batteries, dont 8 montées, 3 à cheval, 2 montées de dépôt et de sections de munitions ;

2° 2 régiments d'artillerie-pontonniers, à 14 compagnies chacun ;

3° 10 compagnies d'ouvriers d'artillerie, chargées de la construction de la partie du matériel de l'artillerie, du génie et du train des équipages militaires dont la confection ne serait pas confiée à l'industrie civile ;

4° 3 compagnies d'artificiers ;

5° 57 compagnies du train d'artillerie, à raison de 3 par brigade d'artillerie.

Les troupes du *génie* se composent de : 4 régiments de sapeurs-mineurs attachés aux 4 écoles de l'armée. — Chaque régiment comprend 5 bataillons à 4 compagnies, une compagnie de dépôt, une compagnie d'ouvriers de chemins de fer, une compagnie de sapeurs-conducteurs.

Le *train des équipages militaires* comprend 20 escadrons, à 3 compagnies.

IIº ARMÉE TERRITORIALE.

L'armée territoriale comprend des troupes de toutes armes. Ces troupes sont organisées par subdivision de région pour l'*infanterie* et sur l'ensemble de la région pour les *autres armes*.

Chaque subdivision de région fournit un régiment d'*infanterie* composé de 3 bataillons à 4 compagnies et d'un cadre de compagnie de dépôt.

Chaque région fournit : un régiment d'*artillerie*, ainsi qu'un certain nombre de compagnies du *train d'artillerie;* — un bataillon du génie ; — un escadron du *train d'équipages militaires*.

Il est formé dans chaque région un nombre d'escadrons de *cavalerie* dépendant des ressources en chevaux du territoire. Il peut être formé des escadrons de cavaliers *volontaires* avec les militaires de l'armée territoriale qui s'engageraient à s'équiper et à se monter à leurs frais.

Le recrutement des cadres de l'armée territoriale est déterminé par les art. 31, 36, 38 et 41 de la loi du 24 juillet 1873.

3. — Voy. SERVICE MILITAIRE ; — INSCRIPTION MARITIME ; — CODE DE JUSTICE MILITAIRE.

4. — Tout ce qui concerne l'*administration de l'armée* est réglé par la loi du 16 mars 1882 dont le principe général est la séparation des divers services en : — *direction ;* — *gestion* ou *exécution ;* — *contrôle*. — La direction ne participe pas aux actes de la gestion qui lui est soumise. Le contrôle ne prend part ni à la direction, ni à la gestion, et ne relève que du Ministre.

ARMES. — 1. — Le mot *meuble*, employé *seul* dans les dispositions de la loi ou de l'homme, sans autre addition ni désignation, ne comprend pas... *les armes*. (Cod. civ. art. 533.) — Voy. BIENS, III.

2. — Tout *Français* qui a porté les armes *contre la France* est puni de *mort*. (Cod. pén. art. 75.) — Est puni de la même peine quiconque a pratiqué des manœuvres ou entretenu des intelligences avec les *ennemis de l'État* pour leur fournir des *secours en armes*. (Même Code, art. 77.)

3. — Sont passibles de la peine de *mort* ceux qui ont *sciemment* et *volontairement fourni* ou *procuré des armes* aux bandes formées pour le *pillage* ou la *guerre civile*. (Cod. pén. art. 96.) — Le Code comprend dans le mot *armes* « toutes machines, tous instruments ou ustensiles tranchants, perçants ou contondants. » — Les « couteaux et ciseaux de poche, les cannes simples » ne sont réputés armes qu'autant qu'il en a été fait usage pour tuer, blesser ou frapper. (Même Code, art. 101.)

4. — Tout citoyen a le droit de *porter*, pour sa défense, des armes autres que celles *prohibées* (voy. ci-après, 5), à moins qu'il n'ait été privé de ce droit par une condamnation judiciaire.

5. — D'après la déclaration du 22 mars 1728, l'ordonnance de police du 21 mai 1784 et les décrets des 13 mars 1806 et 2 nivôse an XIV (23 décembre 1805), sont compris sous le nom d'*armes prohibées*, les poignards, stylets, tromblons, couteaux en forme de poignard, pistolets de poche, cannes à épée, bâtons à ferrement, fusils à vent, et généralement toutes les armes offensives dangereuses secrètes et cachées.

Tout individu reconnu coupable d'avoir *fabriqué* ou *débité* quelque espèce que ce soit d'*armes prohibées* est puni d'un emprisonnement de six jours à six mois. Celui qui est trouvé *porteur* desdites armes est puni d'une amende de 16 fr. à 200 fr. — Dans l'un et l'autre cas, les armes sont confisquées. Le tout sans préjudice de plus fortes peines, s'il y échet, en cas de complicité de crime. — Outre les peines correctionnelles ci-dessus mentionnées, les tribunaux peuvent prononcer le renvoi sous la *surveillance de la haute police* depuis deux ans jusqu'à dix ans. (Cod. pén. art. 314, 315.)

6. — Le fait de *laisser* dans les rues, chemins, places, lieux publics, ou dans les champs, des armes dont puissent abuser les voleurs et autres malfaiteurs, est puni d'une amende de un franc à cinq francs inclusivement, et, en cas de récidive, d'un emprisonnement pendant trois jours au plus. (Cod. pén. art. 471, n° 7; 474.)

7. — Ceux qui ont occasionné quelque dommage par l'*emploi* ou l'*usage* d'armes *sans précaution* ou *avec maladresse* sont passibles d'une amende de onze francs à quinze francs inclusivement, et, selon les circonstances, d'un emprisonnement pendant cinq jours au plus. L'emprisonnement pendant cinq jours est toujours applicable en cas de récidive. (Cod. pén. art. 479, n° 3; 480, 482.)

8. — Le *port d'armes apparentes ou cachées* est une circonstance aggravante du *vol*. (Cod. pén. art. 381 et suiv.) — Voy. VOL.

9. — Les *mendiants* et les *vagabonds* sont plus sévèrement punis, lorsqu'ils sont trouvés *porteurs d'armes*. (Cod. pén. art. 277, 279.) — Voy. MENDICITÉ; — VAGABONDAGE.

10. — La loi distingue l'*attroupement armé* de celui qui ne l'est pas. — Voy. ATTROUPEMENTS.

11. — Sont punis de la *détention* les individus qui, dans un *mouvement insurrectionnel*, ont *porté des armes* apparentes ou cachées; s'ils étaient revêtus d'un uniforme, d'un costume ou d'autres insignes civils ou militaires, ils sont passibles de la *déportation*. — S'ils ont *fait usage de leurs armes*, ils sont punis de *mort*. (Loi 24 mai 1834, art. 5.)

La peine des *travaux forcés à temps* est prononcée contre ceux qui, dans un mouvement insurrectionnel, se sont *emparés d'armes*, par violences, menaces, ou par le pillage, ou enfin par le désarmement des agents de la force publique. Chacun des coupables est, de plus, condamné à une amende de deux cents francs à cinq mille francs. (Même loi, art. 6.)

12. — La loi du 25 août 1885 a rendu *entièrement libres* la *fabrication* et le *commerce* des armes de toutes espèces *non réglementaires en France* et des munitions non chargées employées pour ces armes. Sont également libres, mais sous la réserve de certaines conditions à remplir (déclaration à la préfecture, tenue d'un registre), la fabrication et le commerce des armes, pièces d'armes ou munitions non chargées des modèles *réglementaires* en France.

L'*importation*, l'*exportation* et le *transit* des armes de toutes espèces et de leurs munitions non chargées sont libres, à l'exception des armes réglementaires en France et de leurs munitions, dont l'importation et l'exportation n'ont lieu qu'après *déclaration* à la préfecture à laquelle ressortissent, soit la localité où ces objets doivent parvenir après importation, soit le fabricant ou le commerçant s'il s'agit d'exportation.

En cas de *guerre* nationale et continentale, un décret peut interdire l'*exportation* des armes, pièces d'armes et munitions de toutes espèces.

13. — Sont punis comme *complices* d'une action qualifiée crime ou délit ceux qui ont *procuré des armes* ayant servi à l'action, *sachant* qu'elles devaient y servir. (Cod. pén. art. 60.)

14. — Est puni de deux à cinq ans de *travaux publics* tout militaire ou marin qui volontairement

brise des armes. Si le coupable est officier, la peine est celle de la destitution ou d'un emprisonnement de deux à cinq ans. — Lorsqu'il existe des circonstances atténuantes, la peine est réduite à un emprisonnement de deux mois à cinq ans. (Cod. just. mil., armée de terre, art. 254; armée de mer, art. 344.)

15. — Voy. ACHAT D'EFFETS MILITAIRES.

16. — Voy. BROCANTEUR.

17. — Voy. CHASSE.

ARMISTICE. — Du latin *arma*, armes, et *sistere*, arrêter. — Suspension d'hostilités. Il est d'usage, parmi les nations civilisées, de ne pas recommencer la guerre avant d'avoir averti l'ennemi par ce qu'on appelle la *dénonciation de l'armistice*.

Est puni de *mort* tout chef militaire qui prolonge les hostilités après avoir reçu l'avis officiel d'un armistice. (Cod. just. mil., armée de terre, art. 227.)

ARRAISONNEMENT. — On appelle ainsi l'examen approfondi, jugé nécessaire par l'autorité sanitaire, d'un navire arrivant dans un port français. (Déc. 22 février 1876, art. 4-7.)

ARRÉRAGES. — Ce sont les produits des rentes perpétuelles ou viagères, par opposition aux *intérêts*, qui sont les produits des capitaux placés autrement qu'en rente.

1. — Les arrérages des rentes sont au nombre des fruits appelés en droit *fruits civils*, et qui s'acquièrent jour par jour. (Cod. civ. art. 584.) — Voy. FRUITS, I.

2. — Les arrérages, de quelque nature qu'ils soient, échus ou perçus pendant le mariage, tombent dans la *communauté*, qui supporte par contre les arrérages des rentes passives personnelles aux deux époux. (Cod. civ. art. 1401, 1409.) — Voy. CONTRAT DE MARIAGE, I, § 1.

3. — Le propriétaire d'une *rente viagère* n'en peut demander les arrérages qu'en justifiant de son existence ou de celle de la personne sur laquelle elle a été constituée. (Cod. civ. art. 1983.) — Voy. RENTE VIAGÈRE.

4. — Les arrérages de rentes perpétuelles et viagères *se prescrivent* par cinq ans. (Cod. civ. art. 2277.) — Voy. PRESCRIPTION, III.

ARRESTATION. — Du latin *restis*, corde.

1. — Pour ce qui concerne l'arrestation, comme moyen de correction, des *enfants mineurs* qui donnent de graves sujets de mécontentement à leur famille (Cod. civ. art. 375-383), voy. PUISSANCE PATERNELLE, 2.

2. — Les *gardes champêtres* et les *gardes forestiers* ont le droit d'arrêter et de conduire devant le Juge de paix ou devant le Maire tout individu qu'ils ont surpris en *flagrant délit* ou qui est dénoncé par la clameur publique, lorsque ce délit emporte la peine d'emprisonnement ou une peine plus grave. (Cod. instr. crim. art. 16.)

3. — Tout dépositaire de la force publique, et même tout individu, est tenu d'arrêter le prévenu surpris en flagrant délit, ou poursuivi soit par la clameur publique, soit dans les cas assimilés au *flagrant délit* (voy. ces mots), et de le conduire devant le Procureur de la République, sans qu'il soit besoin de *mandat d'amener* (voy. ces mots), si le crime ou délit emporte peine afflictive ou infamante. (Même Code, art. 106.)

4. — Les articles 77 à 82 de la Constitution du 22 frimaire an VIII (13 décembre 1799), qui sont rappelés par l'article 615 du Code d'instruction criminelle, garantissent de la manière suivante les citoyens contre les *arrestations arbitraires*:

Art. 77. — « Pour que l'acte qui ordonne l'arrestation d'une personne puisse être exécuté, il faut : 1° Qu'il exprime formellement le motif de l'arrestation, et la loi en exécution de laquelle elle est ordonnée ; — 2° Qu'il émane d'un fonctionnaire à qui la loi ait donné formellement ce pouvoir ; — 3° Qu'il soit notifié à la personne arrêtée et qu'il lui en soit laissé copie. »

Art. 78. — « Un gardien ou geôlier ne peut recevoir ou détenir aucune personne qu'après avoir transcrit sur son registre l'acte qui ordonne l'arrestation; cet acte doit être un mandat donné dans les formes prescrites par l'article précédent, ou une ordonnance de prise de corps, ou un décret d'accusation, ou un jugement. »

Art. 79. — « Tout gardien ou geôlier est tenu, sans qu'aucun ordre puisse l'en dispenser, de représenter la personne détenue à l'officier civil ayant la police de la maison de détention, toutes les fois qu'il en sera requis par cet officier. »

Art. 80. — « La représentation de la personne détenue ne pourra être refusée à ses parents et amis, porteurs de l'ordre de l'officier civil, lequel sera toujours tenu de l'accorder, à moins que le gardien ou le geôlier ne représente une ordonnance du juge pour tenir la personne au secret. »

Art. 81. — « Tous ceux qui, n'ayant point reçu de la loi le pouvoir de faire arrêter, donneront, signeront, exécuteront l'arrestation d'une personne quelconque; tous ceux qui, même dans le cas de l'arrestation autorisée par la loi, recevront ou retiendront la personne arrêtée, dans un lieu de détention non publiquement et légalement désigné comme tel, et tous les gardiens ou geôliers qui contreviendront aux dispositions des trois articles précédents, seront coupables du crime de détention arbitraire. »

Art. 82. — « Toutes rigueurs employées dans les arrestations, détentions ou exécutions, autres que celles autorisées par les lois, sont des crimes. »

5. — Sont punis des *travaux forcés à temps* ceux qui, sans ordre des autorités constituées et hors les cas où la loi ordonne de saisir des prévenus, ont arrêté des personnes quelconques. Ceux qui ont prêté un lieu pour exécuter la détention encourent la même peine. — Si la détention a duré plus d'un mois, la peine est celle des *travaux forcés à perpétuité*. Elle est réduite à l'*emprisonnement*, de deux à cinq ans, si les coupables, avant toute poursuite, ont rendu la liberté à la personne arrêtée, avant le dixième jour accompli depuis celui de l'arrestation. Ils peuvent néanmoins être renvoyés sous la *surveillance de la haute police*, depuis cinq ans jusqu'à dix ans.

Dans chacun des deux cas suivants : 1° si l'arrestation a été exécutée avec le faux costume, sous un faux nom, ou sur un faux ordre de l'autorité publique; — 2° si l'individu arrêté a été menacé de la mort, les coupables sont punis des *travaux forcés à perpétuité*. Mais la peine est celle de la *mort*, si les personnes arrêtées ont été soumises à des tortures corporelles. (Cod. pén. art. 341, 344.)

6. — Lorsque, d'après les débats, la déposition d'un *témoin* paraît fausse, le Président de la Cour d'assises peut sur-le-champ mettre le témoin en état d'arrestation. (Cod. instr. crim. art. 330.)

7. — Voy. LIBERTÉ PROVISOIRE. (*Mise en*)

ARRÊT. — Nom donné aux décisions de la *Cour de cassation*, des *Cours d'appel* et des *Cours d'assises*. — La *Cour des comptes* rend également des *arrêts*. Les décisions du *Conseil d'Etat*, en matière contentieuse, s'appellent aussi *arrêts*.

ARRÊT DE PRINCE. — Se dit de l'acte par lequel un Gouvernement prohibe la sortie des navires qui se trouvent dans les ports de sa domination.

1. — Il y a trois sortes d'arrêts de prince : 1° l'*arrêt de prince proprement dit :* c'est l'acte par lequel un Gouvernement ami fait arrêter, pour cause de nécessité publique, et hors les cas de guerre, un ou plusieurs vaisseaux en pleine mer ou dans ses ports; — 2° l'*angarie* (du grec *angaros*, signifiant courrier de corvée) : c'est l'obligation im-

posée par un Gouvernement aux bâtiments se trouvant dans les ports de sa domination de transporter pour lui des soldats et des munitions de guerre, au temps de quelque expédition; — 3° l'*embargo* (de l'espagnol *embargar*, séquestrer), qui s'applique à tous les bâtiments, nationaux ou étrangers, et les retient dans tous les ports du souverain qui fait opérer l'arrêt.

2. — L'*avarie* (voy. ce mot) causée par *arrêt de prince*, étant une *fortune de mer*, est au risque des assureurs. L'*arrêt* se constate par la production de l'ordre qui l'a imposé, et il doit être signifié par l'assuré dans les trois jours de la réception de la nouvelle. (Cod. com. art. 369, 387, 388.) — Voy. ASSURANCES, *sect.* I, III.

ARRÊT. (MAISON D') — Voy. PRISONS.

ARRÊT. (SAISIE-) — Voy. SAISIE-ARRÊT.

ARRÊTÉ. — On qualifie ainsi les décisions prises par les *Ministres*, les *Préfets*, les *Sous-Préfets* et les *Maires*. Les décisions rendues, en matière contentieuse, par les *Conseils de Préfecture* sont également appelées *arrêtés*.

ARRHES. — Somme d'argent donnée à la suite d'une convention, ordinairement verbale, de *vente* ou de *louage*.

1. — Lorsqu'une promesse de vente a été faite avec des arrhes, chacun des contractants est maître de s'en départir : celui qui les a données, en les perdant; celui qui les a reçues, en restituant le double. (Cod. civ. art. 1590.)

Si la promesse est exécutée, les arrhes s'imputent sur le prix.

2. — Dans le louage des domestiques, l'usage s'est introduit de remettre des arrhes à l'individu qu'on engage à son service, mais les deux parties ont vingt-quatre heures pour se dédire. — Ces arrhes, qui consistent en une somme modique, ne s'imputent pas sur le prix : elles sont considérées comme un don fait aux domestiques. C'est une sorte de *denier à Dieu* (voy. ces mots).

3. — Les arrhes sont très usitées dans le *louage de transport des personnes*, et payées en à-compte sur le prix du transport, au moment où le voyageur retient sa place. L'entrepreneur de transport est lié par les arrhes qu'il a reçues : quant au voyageur, il peut se dédire en les abandonnant.

ARRONDISSEMENT. — Circonscription administrative et judiciaire.

1. — Il n'y a plus actuellement en France que 362 arrondissements. Dans chacun d'eux siègent : pour l'administration civile, un *Sous-Préfet* (excepté dans l'arrondissement chef-lieu), assisté d'un *Conseil d'arrondissement ;* pour l'administration de la justice, un *Tribunal de première instance* (excepté dans les arrondissements de Sceaux et de Saint-Denis); pour l'administration financière, un *Receveur particulier des finances*, des *Receveurs de l'enregistrement*, un *Conservateur des hypothèques*, un *Receveur* ou *Entreposeur des contributions indirectes*.

2. — Le nom d'*arrondissements forestiers* est donné aux circonscriptions forestières de la France, et celui d'*arrondissements maritimes* aux préfectures maritimes.

3. — Pour la nomenclature des arrondissements et leur répartition entre les départements, voy. DÉPARTEMENT, 3.

ARTISAN. — Ouvrier travaillant à son compte sur la matière première qu'il a achetée.

1. — Si un artisan a employé une matière qui ne lui appartenait pas à former une chose d'une nouvelle espèce, soit que la matière puisse ou non reprendre sa première forme, celui qui en était le propriétaire a le droit de réclamer la chose qui en a été formée, en remboursant le prix de la main-d'œuvre. — Si cependant la main-d'œuvre était tellement importante qu'elle surpassât de beaucoup la valeur de la matière em-

ployée, l'industrie serait alors réputée la partie principale, et l'ouvrier aurait le droit de retenir la chose travaillée, en remboursant le prix de la matière au propriétaire. (Cod. civ. art. 570, 571.)

Dans cette double hypothèse, il faut supposer, bien entendu, que l'artisan était de bonne foi. Autrement, il aurait commis un vol.

2. — Les artisans sont civilement *responsables* du dommage causé par leurs *apprentis*, pendant qu'ils sont sous leur surveillance, à moins de prouver qu'ils n'ont pu empêcher le fait qui donne lieu à cette responsabilité. (Cod. civ. art. 1384.)

3. — Ne sont pas assujettis à la *patente* (voy. ce mot) les artisans travaillant sans compagnons, apprentis, enseigne ni boutique. (Loi 25 avril 1844, art. 13.)

4. — Le *mineur* artisan n'est point *restituable* contre les engagements qu'il a pris à raison de son art. (Cod. civ. art. 1308.)

5. — Les artisans sont dispensés de l'obligation du *bon* ou *approuvé*, portant en toutes lettres la somme ou la quantité de la chose qu'ils s'engagent, par acte sous seing privé non écrit en entier de leur main, à payer ou à délivrer. (Cod. civ. art. 1326.) — Voy. ACTE SOUS SEING PRIVÉ.

6. — Sont *insaisissables*, si ce n'est pour certaines créances spécifiées dans l'art. 593 du Code de procédure civile, les *outils* des artisans nécessaires à leurs occupations personnelles. (Cod. proc. civ. art. 592.) — Voy. SAISIE-EXÉCUTION.

ARTS ET MÉTIERS. — Voy. CONSERVATOIRE ; — ÉCOLES.

ASCENDANT. — Du latin *ascendere*, monter. — On appelle *ascendants* les parents dont on descend en ligne directe : tels sont le *père*, la *mère*, le *grand-père*, la *grand'-mère*, etc.

1. — Six mois après la disparition du père, si la mère était décédée lors de cette disparition, ou si elle vient à décéder avant que l'*absence* (voy. ce mot) du père ait été déclarée, la *surveillance des enfants mineurs* est déférée, par le Conseil de famille, aux ascendants les plus proches. (Cod. civ. art. 142.)

2. — Pour ce qui concerne le *consentement des ascendants au mariage*, voy. MARIAGE, I, 2.

3. — Le *mariage* est *prohibé* entre tous les ascendants et descendants légitimes ou naturels, et les alliés en ligne directe. (Cod. civ. art. 161.) — Voy. MARIAGE, I, 3.

4. — Quant au droit qui appartient aux ascendants de former *opposition au mariage* de leurs descendants, voy. MARIAGE, III.

5. — L'obligation de se fournir des *aliments*, en cas de besoin, existe entre les descendants et les ascendants, et réciproquement. (Cod. civ. art. 205 et suiv.) — Voy. MARIAGE, V.

6. — Pour savoir dans quels cas il y a lieu à la *tutelle* des ascendants, voy. TUTELLE, I, 3.

7. — Nul, à l'exception des époux, des *ascendants*, n'est tenu de *conserver* la *tutelle* d'un *interdit* au delà de dix ans. (Cod. civ. art. 508.) — Voy. INTERDICTION, IV, 5.

8. — Pour connaître les cas où les ascendants sont appelés par la loi à *succéder*, voy. SUCCESSIONS, II, § 2.

9. — Les ascendants ont droit à une *réserve*. (Cod. civ. art. 915.) — Voy. QUOTITÉ DISPONIBLE, II.

10. — Les ascendants peuvent faire eux-mêmes le *partage de leurs biens* entre leurs descendants. (Cod. civ. art. 1075-1080.) — Voy. PARTAGES D'ASCENDANTS.

11. — Lorsque la *Communauté* est poursuivie pour les dettes de l'un des époux, déclaré, par contrat, *franc et quitte* de toutes dettes *antérieures au mariage*, le conjoint a droit à une indemnité qui se prend, soit sur la part de communauté revenant à l'époux débiteur, soit sur les biens personnels dudit époux ; et, en cas d'insuffisance, cette indemnité peut être poursuivie par voie de *garantie* contre l'ascendant qui l'a déclaré franc et quitte. (Cod. civ. art. 1513.)

12. — Les juges sont autorisés à compenser les *dépens* (voy. ce mot) entre ascendants et descendants. (Cod. proc. civ. art. 131.)

13. — Les *Coups et blessures* sont plus sévèrement punis lorsqu'ils ont été portés ou faits à un ascendant. (Cod. pén. art. 312.) — Voy. COUPS et BLESSURES.

14. — Les *soustractions* commises par des descendants, au préjudice de leurs ascendants, ou réciproquement, ne donnent lieu qu'à des *réparations civiles*. (Cod. pén. art. 380.)

15. — Les *attentats aux mœurs* sont plus sévèrement punis, lorsque le coupable est un ascendant. (Cod. pén. art. 333, 334.) — Voy. ATTENTAT A LA PUDEUR ; — DÉBAUCHE ; — VIOL.

16. — En matière criminelle, les *dépositions* d'ascendants ne sont reçues que comme simples renseignements et sans prestation de serment. (Cod. instr. crim. art. 322.)

17. — Est qualifié *parricide* (voy. ce mot) et puni comme tel le meurtre de tout ascendant. (Cod. pén. art. 299.)

ASSASSINAT. — (Cod. pén. art. 296, 302.)

Crime plus grave et plus odieux que le *meurtre* (voy. ce mot), l'*assassinat* est l'homicide commis avec *préméditation* ou *guet-apens*. (Voy. ces mots.)

Il est puni de mort.

ASSEMBLÉE NATIONALE. — Nom actuellement donné à l'assemblée des Sénateurs et des Députés réunis soit pour la nomination du Président de la République (Loi 25 février 1875, art. 2 et 7), soit pour la révision des lois constitutionnelles (même loi, art. 8).

Lorsqu'il y a lieu à la réunion de l'Assemblée nationale, elle siège à *Versailles*. (Loi 22 juillet 1879, art. 3.)

— Dans le but de rendre impossibles à l'avenir les *coups d'État* ou les *entreprises violentes* contre la représentation nationale, une loi du 15 février 1872, rendue sur la proposition du Représentant *Tréveneuc*, a édicté les dispositions suivantes :

Art. 1er. — « Si l'Assemblée nationale ou celles qui lui succéderont viennent à être illégalement dissoutes ou empêchées de se réunir, les Conseils généraux s'assemblent immédiatement, de plein droit, et sans qu'il soit besoin de convocation spéciale, au chef-lieu de chaque département. Ils peuvent s'assembler partout ailleurs dans le département, si le lieu habituel de leurs séances ne leur paraît pas offrir de garanties suffisantes pour la liberté de leurs délibérations. Les Conseils ne sont valablement constitués que par la présence de la majorité de leurs membres. »

Art. 2. — « Jusqu'au jour où l'Assemblée, dont il sera parlé à l'article 3, aura fait connaître qu'elle est régulièrement constituée, le Conseil général pourvoira d'urgence au maintien de la tranquillité publique et de l'ordre légal. »

Art. 3. — « Une assemblée composée de deux délégués élus par chaque Conseil général, en comité secret, se réunit dans le lieu où se seront rendus les membres du Gouvernement légal et les Députés qui auront pu se soustraire à la violence.

L'assemblée des délégués n'est valablement constituée qu'autant que la moitié des départements au moins s'y trouve représentée. »

Art. 4. — « Cette assemblée est chargée de prendre pour toute la France les mesures urgentes que nécessite le maintien de l'ordre et spécialement celles qui ont pour objet de rendre à l'Assemblée nationale la plénitude de son indépendance et l'exercice de ses droits. Elle pourvoit provisoirement à l'administration générale du pays. »

Art. 5. — « Elle doit se dissoudre aussitôt que l'Assemblée nationale se sera reconstituée par la réunion de la majorité de ses membres sur un point quelconque du territoire. Si cette reconstitution ne peut se réaliser dans le mois qui suit les événements, l'assemblée des délégués doit décréter un appel à la nation pour des élections générales. Ses pouvoirs cessent le jour où la nouvelle Assemblée nationale est constituée. »

Art. 6. — « Les décisions de l'assemblée des délégués doivent être exécutées, à peine de forfaiture, par tous les fonctionnaires, agents de l'autorité et commandants de la force publique. »

ASSIGNATION. — (Cod. proc. civ. art. 1-7 ; 59-74 ; 415-420 ; 456.)

Acte par lequel une personne en appelle une autre en justice. — Cet acte se nomme *citation*, quand il s'agit de comparaître devant la justice de paix ; *ajournement*, devant un tribunal de première instance ou de commerce ; *acte d'appel*, devant une Cour d'appel ; *acte de pourvoi*, devant la Cour de cassation.

1. — Toute assignation est donnée par *huissier* et contient l'objet de la demande, l'exposé sommaire des moyens et les conclusions. Elle est remise au domicile de l'assigné, soit à lui-même, soit à quelque parent ou serviteur ; à leur défaut, à un voisin ou au Maire.

Lorsque le domicile et la résidence de l'assigné sont inconnus, l'exploit est affiché à la porte du tribunal où la demande est portée, et copie en est adressée au Procureur de la République.

2. — Le délai ordinaire des assignations, pour ceux qui sont domiciliés en France, est de huitaine. Dans les cas qui requièrent célérité, le Président peut permettre d'assigner à bref délai.

3. — En matière *personnelle*, l'assignation doit être donnée devant le tribunal du domicile du défendeur ; — en matière *réelle*, devant le tribunal de la situation de l'objet litigieux ; — en matière de *société*, devant le tribunal du lieu où cette société est établie ; — en matière de *succession*, devant le tribunal de l'endroit où elle est ouverte ; — en matière de *faillite*, devant le tribunal du domicile du failli.

4. — Dans l'intérêt du commerce, afin de faciliter aux négociants les moyens d'arriver promptement à l'exécution de leurs transactions, une exception a été introduite à la règle qui prescrit d'assigner le *défendeur* devant le tribunal de son domicile. L'article 420 du Code de procédure civile laisse, en effet, le choix au demandeur, en matière commerciale, d'assigner le défendeur devant le tribunal de son domicile, devant celui dans l'arrondissement duquel la promesse a été faite et la marchandise livrée, ou devant le tribunal dans l'arrondissement duquel le payement devait être effectué.

ASSISES. — Voy. COUR D'ASSISES.

ASSISTANCE JUDICIAIRE. — (Loi 30 janvier 1851.)

La justice est *gratuite*, ce qui n'empêche pas qu'elle ne coûte fort cher. Les frais qu'elle entraine, et dont il faut faire l'avance en grande partie, sont de trois sortes : *droits d'enregistrement*, de *timbre* et de *greffe* perçus par le Trésor public ; — *honoraires* ou *émoluments* des *avocats*, *avoués*, *huissiers*, *greffiers* ; enfin *taxes des témoins*, *vacations* des *experts* et *frais de transport* des personnes dont l'instruction de l'affaire exige le déplacement.

Aussi, avant la loi du 30 janvier 1851 sur l'*assistance judiciaire* (loi due à l'initiative du Représentant du peuple Favreau), les indigents se trouvaient dans l'impossibilité de se faire rendre justice en dépit de ce principe de l'égalité des citoyens devant la loi, inscrit en tête de toutes nos Constitutions.

I. FORMES DANS LESQUELLES L'ASSISTANCE JUDICIAIRE EST ACCORDÉE.

1. — L'admission à l'assistance judiciaire est prononcée par un bureau spécial qui est établi auprès de chaque tribunal d'arrondissement, dans chaque Cour d'appel, à la Cour de cassation et au Conseil d'Etat.

Toute personne qui réclame l'assistance judiciaire doit adresser sa demande par écrit, sur papier libre, au *Procureur de la République* près le tribunal de son domicile, et y joindre : 1° un extrait du rôle de ses contributions ou un certificat du percepteur de son domicile constatant qu'elle n'est pas imposée ; — 2° une déclaration attestant qu'elle est, à raison de son indigence, dans l'impossibilité d'exercer ses droits en justice, et contenant l'énumération détaillée de ses moyens d'existence quels qu'ils soient.

Le réclamant *affirme la sincérité* de sa déclaration devant le Maire de la Commune : ce magistrat lui en donne acte au bas de sa déclaration.

Il est important de remarquer que la loi du 30 janvier 1851 s'applique à l'indigence *relative* et non à l'indigence *absolue*. Ce point a été précisé lors de la discussion au Corps législatif. La question d'indigence est une question d'appréciation qui se résout en comparant les moyens pécuniaires de la personne avec les frais présumés du litige.

2. — Le bureau d'assistance, saisi de la demande par le Procureur de la République, prend les informations nécessaires pour s'éclairer sur l'indigence du réclamant. Il donne avis à la partie adverse qu'elle peut se présenter devant lui, soit pour contester l'indigence, soit pour fournir des explications sur le fond de l'affaire, et, si elle comparait, il emploie ses bons offices pour opérer un arrangement amiable.

Les décisions du bureau ne sont susceptibles d'aucun recours. Toutefois, le législateur a investi le *Procureur général* du droit de déférer au bureau établi près la Cour une décision prise par un bureau établi près un tribunal inférieur. Il pourrait arriver, en effet, que, dans certains bureaux, il se manifestât des tendances contraires à l'esprit de la loi ; que les demandes à fin d'assistance fussent accueillies trop facilement ou repoussées mal à propos. Il a paru juste de donner au Procureur général le moyen d'obtenir le redressement des erreurs commises.

3. — Celui qui a été admis à l'assistance judiciaire devant une première juridiction continue à en jouir sur l'appel interjeté contre lui ou sur le pourvoi en cassation formé contre lui. Mais si c'est lui qui émet un appel principal ou qui forme un pourvoi, il ne peut, sur cet appel ou sur ce pourvoi, jouir de l'assistance qu'autant qu'il y est admis par une décision nouvelle. Pour y parvenir, il doit adresser sa demande, appuyée des pièces justificatives ci-dessus désignées, savoir :

S'il s'agit d'un *appel* à porter devant la Cour d'appel, au Procureur général près cette Cour ;

S'il s'agit d'un *pourvoi* en cassation, au Procureur général près la Cour de cassation.

II. EFFETS DE L'ASSISTANCE JUDICIAIRE. — 1. — Sur l'envoi à qui de droit de la décision du bureau portant admission à l'assistance judiciaire, il est désigné à l'assisté, suivant les circonstances et la juridiction, un *huissier*, un *avoué* et un *avocat* chargés d'agir pour lui.

L'assisté est dispensé *provisoirement* du payement des sommes dues au Trésor pour droits de timbre, d'enregistrement et de greffe, ainsi que de toute consignation d'amende.

Il est aussi dispensé *provisoirement* du payement des sommes dues aux greffiers, aux officiers ministériels et aux avocats pour droits, émoluments et honoraires.

Les frais de transport des juges, des officiers ministériels et des experts, les honoraires de ces derniers, et les taxes des témoins sont avancés par le Trésor.

2. — Si l'assisté gagne son procès, l'adversaire paye *tous* les droits dont la dispense avait été provisoirement accordée à l'assisté. — Si, au contraire, c'est ce dernier qui perd son procès, il est seulement tenu envers le Trésor des sommes avancées pour taxes des témoins ou honoraires des experts.

III. RETRAIT DE L'ASSISTANCE JUDICIAIRE. — 1. — Le bénéfice de l'assistance judiciaire n'étant accordé qu'aux *indigents*, on comprend qu'il puisse être retiré : 1° s'il survient à l'assisté des ressources reconnues suffisantes ; — 2° s'il a surpris la décision du bureau par une déclaration frauduleuse.

Le retrait de l'assistance judiciaire peut avoir lieu devant toutes les juridictions et en tout état de cause, avant et même après le jugement, à la requête du ministère public ou de la partie adverse, ou même d'office par le bureau, mais, en tous cas, après que l'assisté a été entendu ou mis en demeure de s'expliquer.

Ce retrait rend exigibles les droits de *toute nature* dont l'assisté avait été dispensé.

2. — Lorsque le retrait de l'assistance a pour cause une déclaration *frauduleuse* de l'assisté relativement à son indigence, celui-ci peut, sur l'avis du bureau, être traduit en police correctionnelle pour y être condamné, indépendamment du payement des droits et frais quelconques dont il avait été dispensé, à une amende égale au montant de ces droits et frais, sans que ladite amende puisse être inférieure à cent francs, et à un emprisonnement de huit jours à six mois.

IV. ASSISTANCE JUDICIAIRE EN MATIÈRE CRIMINELLE ET CORRECTIONNELLE. — 1. — Devant la *Cour d'assises*, il est pourvu à la défense des accusés par la nomination d'*office* d'un défenseur, lorsqu'ils n'en ont pas eux-mêmes choisi. (Cod. instr. crim. art. 294.)

2. — En *police correctionnelle*, les prévenus dont l'indigence est constatée peuvent obtenir du Président du tribunal la nomination d'un défenseur d'*office*, comme aussi l'assignation de témoins à décharge et toutes productions et vérifications de pièces utiles.

ASSISTANCE PUBLIQUE. — Cette expression comprend l'ensemble des services organisés pour venir en aide à l'indigence.

1. — Les principales institutions relatives à l'assistance publique sont les *bureaux de bienfaisance*, les *hospices*, les *hôpitaux*, les *monts-de-piété*, l'*assistance judiciaire*, etc. (Voy. ces mots.)

2. — L'assistance publique à Paris a été organisée par la loi du 10 janvier 1849 qui a centralisé le service des secours à domicile et le service des hôpitaux entre les mains d'un directeur, nommé par le Ministre de l'intérieur, sur la proposition du Préfet, et placé sous la surveillance d'un Conseil.

3. — Le nombre total des indigents inscrits dans les vingt arrondissements de Paris, en 1864, était de 121 330.

ASSOCIATION. — (Cod. pén. art. 291 ; loi 10 avril 1834.)

1. — *Nulle* association de plus de vingt personnes, dans le but de s'occuper d'objets religieux, littéraires, politiques ou autres, ne peut se former qu'avec l'autorisation du Gouvernement et sous les conditions qui lui sont imposées, quand bien même l'association serait partagée en sections se composant de moins de vingt membres, et que les réunions n'auraient pas lieu tous les jours ou à des jours marqués.

2. — L'autorisation accordée est toujours *révocable*.

3. — Quiconque fait partie d'une association *non autorisée* est puni de deux mois à un an d'emprisonnement, et de cinquante francs à mille francs d'amende. En cas de récidive, les peines peuvent être portées au double, et le condamné peut être placé sous la *surveillance de la haute police* pendant un temps qui n'excède pas le double du maximum de la peine. Sont considérés comme *complices* et punis comme tels ceux qui ont prêté ou loué *sciemment* leur maison ou appartement pour une ou plusieurs réunions d'une association non autorisée.

4. — C'est au Préfet de police, à Paris et dans le département de la Seine, et au Préfet, dans les autres départements, qu'il appartient d'accorder ou de refuser l'autorisation.

5. — Voy. CONGRÉGATIONS RELIGIEUSES ; — CLUBS ; — INTERNA-

TIONALE; — RÉUNIONS; — SOCIÉTÉS SECRÈTES; — SYNDICATS PROFESSIONNELS.

ASSOCIATION COMMERCIALE EN PARTICIPATION. — Voy. SOCIÉTÉS, sect. II, VII.

ASSOCIATIONS DE MALFAITEURS. — (Cod. pén. art. 265-268.) Toute association de malfaiteurs envers les personnes ou les propriétés est un crime contre la paix publique. — Ce crime existe par le seul fait d'organisation de bandes ou de correspondance entre elles et leurs chefs ou commandants, ou de conventions tendant à rendre compte ou à faire distribution ou partage du produit des méfaits.

Quand même ce crime n'aurait été accompagné ni suivi d'aucun autre, les auteurs, directeurs de l'association, et les commandants en chef ou en sous-ordre de ces bandes, sont punis des *travaux forcés à temps*.

Tous autres individus chargés d'un service quelconque dans ces bandes, et ceux qui ont, *sciemment* et *volontairement*, fourni aux bandes ou à leurs divisions des armes, munitions, instruments de crime, logement, retraite ou lieu de réunion, sont punis de la *réclusion*.

ASSOCIATIONS SYNDICALES. — (Loi 23 mai 1865.) — Associations formées entre les propriétaires intéressés, pour l'exécution et l'entretien de certains travaux d'amélioration agricole.

1. — Leur origine est fort ancienne, car des efforts isolés sont impuissants lorsqu'il s'agit de défendre contre la mer ou les débordements des rivières, des territoires menacés d'inondation, d'améliorer, de curer et de régulariser des cours d'eau, de conquérir ou d'assainir des terrains rendus improductifs et souvent insalubres par la stagnation des eaux, de faire profiter des surfaces considérables des bienfaits de l'irrigation et du *colmatage*. (Voy. ce mot.)

De telles entreprises veulent des efforts combinés et le concours de l'esprit d'association : c'est pour leur assurer ce concours qu'une loi du 23 mai 1865 a été rendue. En voici les dispositions principales :

2. — Peuvent être l'objet d'une association syndicale, entre propriétaires intéressés, l'exécution et l'entretien des travaux :

1° De défense contre la mer, les fleuves, les torrents et les rivières navigables ou non navigables; — 2° de curage, approfondissement, redressement et régularisation des canaux et cours d'eau non navigables ni flottables et des canaux de desséchement et d'irrigation; — 3° de desséchement des marais; — 4° des étiers et ouvrages nécessaires à l'exploitation des marais salants; — 5° d'assainissement des terres humides et insalubres; — 6° d'irrigation et de colmatage; — 7° de drainage; — 8° de chemin d'exploitation et de toute autre amélioration agricole ayant un caractère d'intérêt collectif.

3. — Les associations syndicales sont *libres* ou *autorisées*. — Elles peuvent ester en justice par leurs syndics, acquérir, vendre, échanger, transiger, hypothéquer.

Les *associations libres* se forment sans l'intervention de l'Administration. Le consentement unanime des associés doit être constaté par écrit. L'acte d'association spécifie le but de l'entreprise, règle le mode d'administration de la société, fixe les limites du mandat confié aux administrateurs ou syndics, et détermine les voies et moyens nécessaires pour subvenir à la dépense, ainsi que le mode de recouvrement des cotisations.

Extrait de cet acte est publié, dans le mois de sa date, dans un journal d'annonces judiciaires de l'arrondissement.

4. — Les entreprises spécifiées dans les cinq premiers numéros ci-dessus ont paru au législateur présenter un caractère particulier d'utilité publique, et il permet, en conséquence, que les associations qui les ont pour objet soient *imposées* par l'Administration, si elles réunissent

l'adhésion de la majorité des intéressés représentant au moins les deux tiers en superficie des terrains, ou des deux tiers des intéressés représentant plus de la moitié de la superficie. L'initiative est prise, soit par le Préfet, soit par un ou plusieurs des propriétaires intéressés.

5. — Les associations syndicales libres peuvent être converties en *associations autorisées*, par un arrêté préfectoral, en vertu d'une délibération prise par l'assemblée générale. Elles jouissent, dès lors, des avantages accordés à ces dernières associations. Ainsi : 1° les rôles de répartition des taxes ou cotisations, dressés par le syndicat, sont rendus exécutoires par le Préfet, et le recouvrement en est fait comme en matière de contributions directes ; — 2° les contestations relatives à la fixation du périmètre des terrains compris dans l'association, à la perception des taxes, à l'exécution des travaux, sont jugées par le Conseil de Préfecture, sauf recours au Conseil d'Etat ; — 3° nul propriétaire compris dans l'association ne peut, après le délai de quatre mois à partir de la notification du premier rôle des taxes, contester sa qualité d'associé ou la validité de l'association ; — 4° dans le cas où l'exécution des travaux exige l'expropriation de terrains, il y est procédé par un décret déclarant l'utilité publique, d'après les règles établies pour l'expropriation en matière de chemins vicinaux ; — 5° lorsqu'il y a lieu à l'établissement de servitudes, conformément aux lois, au profit de l'association, les contestations sont portées devant le Juge de paix, sauf appel devant le tribunal civil de l'arrondissement.

ASSURANCES. — Le mot *assurance* exprime le contrat par lequel un ou plusieurs individus stipulent qu'ils seront garantis contre les résultats d'un accident ou d'un sinistre déterminé, moyennant le payement d'une somme appelée *prime*.

1. — Le contrat d'assurance a pris beaucoup de développement dans ces derniers temps. Indépendamment des assurances maritimes, qui remontent à une haute antiquité, et dont les opérations se sont considérablement accrues de nos jours ; indépendamment des assurances *contre l'incendie* qui, introduites en France au XVIIIe siècle, à l'imitation des Anglais, ont obtenu de très grands succès, il s'en est formé pour toutes sortes de sinistres. Rien de plus multiplié aujourd'hui que les assurances sur les risques autres que les fortunes de mer : assurances contre la *grêle*, les *épizooties*, les *accidents de chemins de fer ;* assurances *sur la vie*, etc.

2. — Les assurances se divisent en deux grandes catégories : 1° les *assurances maritimes*, qui ont pour objet les risques attachés à la navigation ; — 2° les *assurances terrestres*, qui ont pour objet les risques autres que ceux de la navigation.

SECT. I. — **ASSURANCES MARITIMES.** (Cod. com. art. 332-396 ; loi 12 août 1885.)

L'assurance maritime est un contrat par lequel un des contractants (*assureur*) se charge, moyennant une somme (*prime*), d'indemniser l'autre (*assuré*) des pertes et dommages résultant d'événements accidentels ou fortuits, sur des choses exposées aux risques de la navigation. Grâce aux garanties que leur procure l'assurance, les commerçants sont puissamment sollicités à des entreprises qu'ils n'auraient pas osé tenter ; ils peuvent avec sécurité déployer leur activité et leur industrie jusque par delà les mers.

I. FORME ET OBJET. — 1. — Le contrat d'assurance est rédigé par écrit. L'acte qui le constate se nomme *police*. Il doit être daté et même énoncer s'il a été signé avant ou après midi. Il exprime : le nom et le domicile de celui qui fait assurer, sa qualité de propriétaire ou de commissionnaire ; — le nom et la désignation du navire ; — le nom du capitaine ; — le lieu où les marchandises ont été ou doivent être chargées; — le port d'où ce navire a dû ou doit partir; — les ports ou rades dans lesquels il doit charger ou décharger; — ceux dans lesquels il doit entrer; — la nature et la valeur ou l'estimation des marchandises ou objets que l'on fait assurer; — les temps auxquels les risques doivent commencer et finir; — la somme assurée; — la prime ou le coût de l'assurance; — la soumission des parties à des arbitres, en cas de contestation, si elle a été stipulée; — et généralement toutes les autres conditions dont les parties sont convenues.

Tout contrat d'assurance maritime, ainsi que toute convention postérieure contenant prolongation de l'assurance, augmentation dans la prime ou le capital assuré, désignation d'une somme en risque ou d'une prime à payer, est soumis à une *taxe obligatoire*, moyennant le payement de laquelle la formalité de l'enregistrement est donnée gratis toutes les fois qu'elle est requise.

Cette taxe est fixée, par chaque contrat, à raison de 50 centimes par cent francs, décimes compris, du montant des primes et accessoires de la prime.

La perception suit les sommes de 20 francs en 20 francs, sans fraction, et la moindre taxe perçue pour chaque contrat est de 25 centimes, décimes compris. (Loi 23 août 1871, art. 6 à 10.)

Un règlement d'administration publique, en date du 25 novembre 1871, a déterminé le mode de perception et les époques de payement de ladite taxe.

2. — La même police peut contenir plusieurs assurances distinctes, soit à raison des marchandises, soit à raison du taux de la prime, soit à raison de différents assureurs.

3. — Toute personne intéressée peut faire assurer le navire et ses accessoires, les frais d'armement, les victuailles, les loyers des gens de mer, le fret net, les sommes prêtées à la grosse et le profit maritime, les marchandises chargées à bord et le profit espéré de ces marchandises, le coût de l'assurance et généralement toutes choses estimables à prix d'argent sujettes aux risques de la navigation.

Toute assurance *cumulative* est interdite.

Dans tous les cas d'assurances cumulatives, s'il y a eu dol ou fraude de la part de l'assuré, l'assurance est nulle à l'égard de l'assuré seulement; s'il n'y a eu ni dol ni fraude, l'assurance est réduite de toute la valeur de l'objet deux fois assuré. S'il y a eu deux ou plusieurs assurances successives, la réduction porte sur la plus récente.

L'assurance peut être faite sur le *tout* ou sur une *partie* desdits objets, conjointement ou séparément; — en temps de paix ou en temps de guerre, avant ou pendant le voyage du vaisseau; — pour l'aller et le retour, ou seulement l'un des deux; pour le voyage entier ou pour un temps limité; — pour tous voyages et transports par mer, rivière et canaux navigables.

4. — En cas de *fraude* dans l'estimation des effets assurés, en cas de *supposition* ou de *falsification*, l'assureur peut faire procéder à la vérification et estimation des objets, sans préjudice de toutes autres poursuites, soit civiles, soit criminelles.

5. — Les chargements faits aux Echelles du Levant, aux côtes d'Afrique et autres parties du monde, pour l'Europe, peuvent être assurés, sur quelque navire qu'ils aient lieu, sans désignation du navire ni du capitaine, car le propriétaire des marchandises est souvent à cet égard dans une complète ignorance. C'est aux assureurs, s'ils le jugent convenable, à augmenter la prime en raison de cette incertitude. Les marchandises elles-mêmes peuvent, en ce cas, être assurées sans désignation de leur nature et espèce. Mais la police doit indiquer celui à qui l'expédition est faite ou sera

consignée, s'il n'y a convention contraire dans la police d'assurance.

6. — Tout effet dont le prix est stipulé dans le contrat en monnaie étrangère est évalué au prix que la monnaie stipulée vaut en monnaie de France, suivant le cours à l'époque de la signature de la police.

7. — Si la valeur des marchandises n'est point fixée par le contrat, elle peut être justifiée par les factures ou par les livres : à défaut, l'estimation en est faite suivant le prix courant au temps et au lieu du chargement, y compris tous les droits payés et les frais faits jusqu'à bord.

8. — Si l'assurance est conclue sur le retour d'un pays où le commerce ne se fait que par troc, en l'absence d'une valeur monétaire, comme sur certaines côtes d'Afrique, et que l'estimation des marchandises ne soit pas faite par la police, elle est réglée sur le pied de la valeur de celles qui ont été données en échange, en y joignant les frais de transport.

9. — Si le contrat d'assurance ne règle point le temps des *risques*, les risques commencent et finissent dans le temps réglé pour les *contrats à la grosse*, c'est-à-dire, à l'égard du navire, des agrès, apparaux, armement et victuailles, du jour que le navire a fait voile, jusqu'au jour où il est ancré ou amarré au port ou lieu de sa destination, et, à l'égard des marchandises, du jour qu'elles ont été chargées dans le navire ou dans les gabares pour les y porter, jusqu'au jour où elles sont délivrées à terre.

10. — L'assureur peut faire *réassurer* par d'autres les effets qu'il a assurés. De son côté, l'assuré peut faire assurer le coût de l'assurance. La prime de réassurance peut être moindre ou plus forte que celle de l'assurance.

11. — L'augmentation de prime stipulée en temps de paix pour le *temps de guerre* qui pourrait survenir et dont la quotité n'a pas été déterminée par les contrats d'assurance, est réglée par les tribunaux, en ayant égard aux risques, aux circonstances et aux stipulations de chaque police d'assurance.

12. — En cas de *perte* des marchandises assurées et chargées pour le compte du capitaine sur le vaisseau qu'il commande, le capitaine est tenu de justifier aux assureurs l'achat des marchandises et d'en fournir un *connaissement* (voy. ce mot), signé par deux des principaux de l'équipage.

13. — Afin de rendre les fraudes impossibles, la loi exige que tout homme de l'équipage et que tout passager qui apportent des pays étrangers des marchandises assurées en France en laissent un connaissement dans les lieux où le chargement s'effectue, entre les mains du Consul de France, et, à défaut, entre les mains d'un Français, notable négociant, ou du magistrat du lieu.

14. — Si l'assureur tombe en *faillite* lorsque le risque n'est pas encore fini, l'assuré peut demander *caution*, ou la résiliation du contrat. L'assureur a le même droit en cas de faillite de l'assuré.

15. — Le contrat d'assurance est *nul*, s'il a pour objet *les sommes empruntées à la grosse*, l'emprunteur ne courant à leur égard aucun risque, puisque, si les marchandises viennent à périr, il ne sera pas obligé de rendre ces sommes.

16. — Toute réticence, toute fausse déclaration de la part de l'assuré, toute différence entre le contrat d'assurance et le connaissement, qui diminueraient l'opinion du risque, ou en changeraient le sujet, annulent l'assurance. L'assurance est nulle, même dans le cas où la réticence, la fausse déclaration ou la différence n'auraient pas influé sur le dommage ou la perte de l'objet assuré.

II. OBLIGATIONS DE L'ASSUREUR ET DE L'ASSURÉ. — 1. — Si le voyage est *rompu* avant le départ du vaisseau, même par le fait de l'assuré, l'assurance est *annulée*, mais l'assureur reçoit, à titre d'indemnité, demi pour cent de la somme assurée.

2. — Sont aux *risques des assureurs* toutes pertes et dommages qui arrivent aux objets assurés, par tempête, naufrage, échouement, abordage fortuit, changements forcés de route, de voyage ou de vaisseau, par jet, feu, prise, pillage, arrêt par ordre de puissance, déclaration de guerre, représailles, et généralement par toutes les autres fortunes de mer.

Tout changement de route, de voyage ou de vaisseau, et toutes pertes et dommages provenant du fait de l'assuré, ne sont point à la charge de l'assureur; et même la prime lui est acquise, s'il a commencé à courir les risques.

Les déchets, les diminutions et pertes qui arrivent par le vice propre de la chose, et les dommages causés par le fait ou par les fautes des propriétaires, affréteurs ou chargeurs, ne sont point à la charge des assureurs.

Ces derniers ne sont point tenus des prévarications et fautes du capitaine et de l'équipage, connues sous le nom de *baraterie de patron*, s'il n'y a convention contraire. Ils ne sont point tenus également du pilotage, touage, lamanage, ni d'aucune espèce de droits imposés sur le navire et les marchandises.

3. — Il est fait désignation, dans la police, des marchandises sujettes, par leur nature, à *détérioration* particulière, ou *diminution*, comme blés ou sels, ou marchandises susceptibles de *coulage*; sinon, les assureurs ne répondent point des dommages ou pertes qui pourraient arriver à ces mêmes denrées, à moins toutefois que l'assuré ait ignoré la nature du chargement, lors de la police.

4. — Si l'assurance a pour objet des marchandises pour l'aller et le retour, et si, le vaisseau étant parvenu à sa première destination, il ne se fait point de chargement en retour, ou si le chargement en retour n'est pas complet, l'assureur reçoit seulement les deux tiers proportionnels de la prime convenue, s'il n'y a stipulation contraire.

5. — Un contrat d'assurance ou de réassurance consenti pour une somme excédant la valeur des effets chargés est nul *à l'égard de l'assuré seulement*, s'il est prouvé qu'il y a dol ou fraude de sa part.

S'il n'y a ni dol ni fraude, le contrat est valable jusqu'à concurrence de la valeur des effets chargés, d'après l'estimation qui en est faite ou convenue. En cas de pertes, les assureurs (s'il y en a plusieurs qui aient assuré dans la même police et par une assurance commune) sont tenus d'y contribuer chacun à proportion des sommes par eux assurées. Ils ne reçoivent pas la prime de cet excédent de valeur; mais, comme ils ne sauraient souffrir de l'erreur de l'assuré, ils ont droit à une indemnité de demi pour cent.

6. — S'il existe *plusieurs* contrats d'assurance faits sans fraude sur le même chargement, et que le premier contrat assure l'entière valeur des effets chargés, il subsiste seul. Les assureurs qui ont signé les contrats subséquents sont libérés; ils ne reçoivent que demi pour cent de la somme assurée. Si l'entière valeur des effets chargés n'est pas assurée par le premier contrat, les assureurs qui ont signé les contrats subséquents répondent de l'excédent en suivant l'ordre de la date des contrats.

S'il y a des effets chargés pour le montant des sommes assurées, en cas de perte d'une partie, elle est payée par tous les assureurs de ces effets, au marc le franc de leur intérêt. Soit un chargement de 90 000 fr. assuré par un premier assureur, pour la moitié, 45 000 fr.; — par un deuxième, pour le tiers, 30 000 fr.; — par un troisième, pour le sixième, 15 000 fr. — Si le chargement périt en entier, chaque assureur sera tenu de la somme qu'il a assurée; mais si la perte n'est que partielle, de 30 000 francs, par exemple, elle se divisera proportionnellement entre eux de la manière suivante : le premier assureur en supportera la moitié, 15 000 francs ; le deuxième, le tiers, 10 000 francs ; le troisième assureur, le sixième, 5000 francs.

7. — Si l'assurance a lieu divisément pour des marchandises qui doivent être chargées sur plusieurs vaisseaux désignés, avec énonciation de la somme assurée sur chacun, et si le chargement entier est mis sur un seul vaisseau, ou sur un moindre nombre qu'il n'en est désigné dans le contrat, l'assureur n'est tenu que de la somme assurée par lui sur le vaisseau ou sur les vaisseaux qui ont reçu le chargement, nonobstant la perte de tous les vaisseaux désignés ; et il reçoit néanmoins demi pour cent des sommes dont les assurances se trouvent annulées.

8. — Si le capitaine a la liberté d'entrer dans différents ports pour compléter ou échanger son chargement (cette clause se nomme *clause de faire échelle*), l'assureur ne court les risques des effets assurés que lorsqu'ils sont à bord, à moins de convention contraire.

9. — Si l'assurance est faite pour un *temps limité* (par exemple, pour les quarante premiers jours de navigation), l'assureur est libre après l'expiration du temps, et l'assuré peut faire assurer les nouveaux risques.

10. — L'assureur est déchargé des risques, et la prime lui est acquise, si l'assuré envoie le vaisseau en un lieu *plus éloigné* que celui qui est désigné par le contrat, quoique sur la même route. L'assurance a son entier effet si le voyage est *raccourci*.

11. — Toute assurance faite après la perte ou l'arrivée des objets assurés est *nulle*, s'il y a présomption qu'avant la signature du contrat, l'assuré a pu être informé de la perte, ou l'assureur de l'arrivée des objets assurés. — La *présomption* existe si, en comptant trois quarts de myriamètre (7 kilom. 500 hectom.) par heure, sans préjudice des autres preuves, il est établi que, de l'endroit de l'arrivée ou de la perte du vaisseau ou du lieu où la première nouvelle en est parvenue, elle a pu être portée dans le lieu où le contrat d'assurance a été passé, avant la signature de ce contrat.

Si cependant l'assurance est faite *sur bonnes ou mauvaises nouvelles*, c'est-à-dire sur des nouvelles qui font présumer l'heureuse arrivée du navire, ou sa perte, et qui, par suite, diminuant ou augmentant l'opinion des risques, doivent diminuer ou augmenter la prime, la présomption ci-dessus mentionnée n'est pas admise. Le contrat n'est annulé que sur la preuve que l'assuré savait la perte, ou l'assureur l'arrivée du navire, avant la signature du contrat.

En cas de preuve contre l'assuré, l'assureur a droit à une *double prime*. Si, au contraire, la preuve est faite contre l'assureur, celui-ci est tenu de payer à l'assuré une somme double de la prime convenue. Le tribunal correctionnel, juge de la fraude, condamne le coupable, indépendamment des réparations dont il s'agit, aux peines du *vol* ou de l'*escroquerie*.

III. DÉLAISSEMENT. — 1. — Dans certains cas spécifiés par la loi, l'assuré a le droit de renoncer à la propriété de ce qui a survécu au sinistre, et d'exiger le payement de la valeur entière de la chose assurée, comme s'il y avait eu perte totale. Cette faculté s'appelle *délaissement* : elle peut être exercée dans les circonstances suivantes : 1° *Prise du navire* ; — 2° *Naufrage* ; — 3° *Echouement avec bris* ; — 4° *Innavigabilité par fortune de mer* ; — 5° *Arrêt d'une puissance étrangère ou du gouvernement*, ce que, dans la pratique, on nomme plus souvent *embargo* ; — 6° *Perte ou détérioration des effets assurés, lorsqu'elle est au moins des trois quarts*.

Tous autres dommages sont réputés *avaries*, et se règlent entre les assureurs et les assurés, suivant l'objet de l'assurance.

2. — Le délaissement ne peut être ni *partiel* ni *conditionnel*.

Il doit être fait aux assureurs dans le terme de six mois, à partir du jour de la nouvelle de la perte arrivée aux ports ou côtes d'Europe, ou sur celles d'Asie et d'Afrique, dans la Méditerranée, ou bien, en cas de prise, à partir de la réception de la nouvelle de la conduite du navire dans l'un des ports ou lieux situés aux côtes ci-dessus mentionnées; dans le délai d'un an après la réception de la nouvelle de la perte arrivée ou de la prise conduite en Afrique en deçà du Cap de Bonne-Espérance, ou en Amérique en deçà du Cap Horn; — dans le délai de dix-huit mois, après la nouvelle des pertes arrivées ou des prises conduites dans toutes les autres parties du monde; — une fois ces *délais passés*, les assurés ne sont plus recevables à faire le délaissement.

3. — Dans le cas où le délaissement est autorisé, comme dans celui de tous autres accidents aux risques des assureurs, l'assuré est tenu de signifier à ceux-ci les avis qu'il a reçus, et cette signification doit être faite dans les trois jours de la réception de l'avis.

4. — Si après six mois expirés, à compter du jour du départ du navire, ou du jour auquel se rapportent les dernières nouvelles reçues, pour les voyages ordinaires; — après un an, pour les voyages de *long cours* (voy. ci-dessous, 6, ce qu'on entend par là), l'assuré déclare n'avoir reçu aucune nouvelle de son navire, il peut faire le délaissement à l'assureur et demander le payement de l'assurance, sans qu'il soit besoin d'attestation de perte. Après l'expiration des six mois ou de l'an, l'assuré a pour agir les délais fixés comme il a été dit plus haut (voy. 2).

5. — Dans le cas d'une assurance pour temps limité, après l'expiration des délais établis comme ci-dessus, pour les voyages ordinaires et pour ceux de long cours, la perte du navire est présumée arrivée dans le temps de l'assurance.

6. — Sont réputés *voyages de long cours* ceux qui se font au delà des limites ci-après déterminées: au sud, le 30e degré de latitude nord; — au nord, le 72e degré de latitude nord; — à l'ouest, le 15e degré de longitude du méridien de Paris; — à l'est, le 44e degré de longitude du même méridien.

7. — En faisant le délaissement, l'assuré est tenu de déclarer toutes les assurances qu'il a faites ou fait faire, pour que l'assureur soit à même d'apprécier si ces contrats réunis excèdent la valeur de l'objet assuré, et s'il y a lieu d'appliquer la règle qui réduit ou annule, selon le cas, les assurances dont la valeur est supérieure à celle de l'objet exposé aux risques. Par la même raison, l'assuré doit également déclarer l'argent qu'il a pris *à la grosse* (voy. CONTRAT A LA GROSSE), soit sur le navire, soit sur les marchandises.

Faute par l'assuré de se conformer à ces prescriptions, le délai de payement, au lieu de commencer à courir du jour du délaissement, est *suspendu* jusqu'au jour où il notifie ladite déclaration, sans qu'il en résulte toutefois aucune prorogation de délaissement.

En cas de *déclaration frauduleuse*, l'assuré est privé des effets de l'assurance; c'est-à-dire qu'il ne peut plus faire le délaissement, ni exiger la somme assurée, sans être dispensé pour cela de payer la prime; et nonobstant la perte ou la prise du navire, il est tenu de payer les sommes par lui empruntées à la grosse.

8. — En cas de *naufrage* ou d'*échouement avec bris*, l'assuré doit, sans préjudice du délaissement à faire en temps et lieu, travailler au recouvrement des effets naufragés. Sur son affirmation, les frais de recouvrement lui sont alloués jusqu'à concurrence de la valeur des effets recouvrés.

9. — Si l'*époque du payement* n'est point fixée par le contrat, l'assureur est tenu de payer l'assurance

trois mois après la signification du délaissement.

10. — Les actes justificatifs du chargement et de la perte sont signifiés à l'assureur avant qu'il puisse être poursuivi pour le payement des sommes assurées.

L'assureur est admis à la preuve des faits contraires à ceux qui sont consignés dans les attestations, sans qu'il puisse se dispenser du payement provisoire de la somme assurée, si l'assuré donne une caution dont l'engagement s'éteint après quatre années révolues au cas où il n'y a pas eu de poursuite.

11. — Lorsque le délaissement a été accepté ou jugé valable, les effets assurés appartiennent à l'assureur, à partir de l'époque du délaissement. L'assureur ne peut, sous prétexte du retour du navire, se dispenser de payer la somme assurée.

12. — En cas d'*arrêt* de la part d'une puissance, l'assuré doit faire la signification à l'assureur dans les trois jours de la réception de la nouvelle. — Le délaissement des objets arrêtés ne peut être fait qu'après un délai de *six mois* à dater de la signification, si l'arrêt a eu lieu dans les mers de l'Europe, dans la Méditerranée, ou dans la Baltique, — et, après *un an*, si l'arrêt a eu lieu en pays plus éloigné. Lorsque les marchandises sont de nature à se gâter promptement (fruits, légumes), les délais sont réduits à un *mois et demi* pour le premier cas, et à *trois mois* pour le second.

Pendant les délais ci-dessus fixés, les assurés sont obligés de faire toutes diligences à l'effet d'obtenir la mainlevée des effets arrêtés. De leur côté, les assureurs peuvent, ou de concert avec les assurés, ou séparément, faire des démarches dans le même but.

13. — Le délaissement à titre d'*innavigabilité* ne peut être fait, s'il est possible de relever le navire, de le réparer et de le mettre en état de continuer sa route pour le lieu de sa destination. Dans ce cas, l'assuré conserve son recours sur les assureurs, pour les frais et avaries occasionnés par l'échouement.

Si le navire a été déclaré innavigable, l'assuré sur le chargement doit en faire la notification dans le délai de trois jours à partir de la réception de la nouvelle. — Le capitaine est tenu, dans cette hypothèse, de faire toutes diligences pour se procurer un autre navire à l'effet de transporter les marchandises au lieu de leur destination. — L'assureur court les risques des marchandises ainsi chargées sur un autre bâtiment jusqu'à leur arrivée et leur déchargement. Il est tenu, en outre, des avaries, frais de déchargement, magasinage, rembarquement de l'excédent du fret, et de toutes autres dépenses faites pour sauver les marchandises, jusqu'à concurrence de la somme assurée.

Si, dans les délais ci-dessus fixés (voy. 12), le capitaine n'a pu trouver de navire pour recharger les marchandises et les conduire au lieu de leur destination, l'assuré a la faculté d'en faire le délaissement.

14. — En cas de *prise*, si l'assuré n'a pu en donner avis à l'assureur, il a le droit de racheter les effets sans attendre son ordre; mais il est tenu de signifier à l'assureur la *composition* (prix de rachat) qu'il a faite, aussitôt qu'il en a les moyens.

L'assureur a le choix de prendre la composition à son compte, ou d'y renoncer; il doit notifier son choix à l'assuré, dans les vingt-quatre heures qui suivent la signification de la composition. S'il déclare prendre la composition à son compte, il est obligé de payer sans délai la portion du rachat qui est à la charge des objets qu'il avait assurés, et il continue à courir les risques du voyage, conformément au contrat d'assurance. S'il déclare renoncer au profit de la composition, il doit payer la somme assurée, sans pouvoir rien prétendre aux effets rachetés. Lorsque l'assureur n'a pas notifié son choix dans le délai susdit, il est censé avoir renoncé à prendre à son compte la composition.

SECT. II. — **ASSURANCES TERRESTRES.** — (Cod. civ. art. 1964; loi 24 juillet 1867, art. 66-67.)

1. — Par opposition aux assurances *maritimes*, qui ont pour objet la garantie des risques de navigation, on appelle *terrestres* les assurances dont l'objet est de garantir d'autres risques, du *feu*, par exemple, de la *grêle*, de la *mortalité des bestiaux*, etc., etc. Elles sont aussi nombreuses et aussi variées que les risques dont on peut avoir besoin de se préserver.

2. — En l'absence d'une loi qui réglemente les assurances terrestres, on leur applique, par analogie, les principes généraux consacrés par le Code de commerce en matière d'assurances maritimes, sauf les différences résultant de la nature des choses. Les polices et les statuts déterminent, d'ailleurs, l'étendue des obligations réciproques entre l'assureur et l'assuré.

3. — Les assurances se divisent en *assurances mutuelles* et en *assurances à primes fixes*. Les premières sont simplement des réunions de personnes qui s'associent pour se donner une garantie réciproque en cas de sinistre, et qui jouent en même temps le rôle d'assureurs et d'assurés. La cotisation dépend du nombre et de l'étendue des sinistres arrivés. Elle peut être très faible, comme très élevée. Dans les assurances *à primes fixes*, au contraire, l'assureur s'engage, à *forfait*, moyennant une somme annuelle et invariable, à indemniser intégralement l'assuré des dommages qui peuvent atteindre la chose assurée.

4. — Les *obligations de l'assuré* consistent : 1° lors de la formation du contrat, à faire des déclarations exactes et complètes sur les choses assurées et sur les risques. Toute omission, toute réticence, s'interprètent contre lui ; — 2° pendant la durée du contrat, à payer la prime à l'époque convenue. Généralement, l'assuré paye comptant et d'avance la prime de la première année, et celle des années suivantes dans la quinzaine au plus tard qui suit l'échéance. Passé ce délai, il perdrait son droit à indemnité ; — 3° en cas de sinistre, à en informer immédiatement l'assureur.

Quant à l'*assureur*, son obligation consiste tout entière dans la réparation du dommage éprouvé par l'assuré.

5. — On n'assure pas seulement sa maison, son mobilier contre le feu, ses navires, ses marchandises contre les risques de mer, ses récoltes contre la grêle, ses bestiaux contre les épizooties ; l'homme peut assurer *sa vie*, qui est bien plus précieuse et plus exposée. Encore trop peu connues, les *assurances sur la vie*, fort répandues en Angleterre, ont un but essentiellement moral : leurs combinaisons sont nombreuses. Nous ne pouvons les indiquer ici, mais nous signalerons comme utile à consulter sur cet important sujet l'étude publiée par M. Eug. Reboul, et intitulée : *Assurances sur la vie*, avec préface de M. Alfr. de Courcy.

6. — Les sociétés d'assurances sur la vie et les associations de la nature des *tontines* sont soumises à l'*autorisation* et à la *surveillance* du Gouvernement. Les autres sociétés d'assurances peuvent se former sans autorisation. Un règlement d'administration publique du 22 janvier 1868 a déterminé les conditions sous lesquelles elles peuvent se constituer.

ASSURANCES EN CAS DE DÉCÈS ET EN CAS D'ACCIDENTS. (CAISSES D') — Voy. CAISSES D'ASSURANCES EN CAS DE DÉCÈS ET EN CAS D'ACCIDENTS.

ATELIERS. — 1. — Les conditions d'exploitation des ateliers *dangereux*, *insalubres* ou *incommodes* sont exposées à l'article ÉTABLISSEMENTS DANGEREUX, INSALUBRES OU INCOMMODES.

2. — Pour ce qui concerne la réglementation du *travail des en-*

fants dans les ateliers, voy. TRAVAIL DES ENFANTS DANS LES MANUFACTURES.

3. — Dans le cas où l'*apprenti* est obligé, par suite des conventions ou conformément à l'usage, de *ranger l'atelier*, les dimanches et jours de fêtes reconnues ou légales, ce travail ne peut se prolonger au delà de dix heures du matin. (Loi 22 février 1851, art. 9.) — Voy. CONTRAT D'APPRENTISSAGE, III.

4. — Tout *délit* tendant à *troubler* l'*ordre* ou la *discipline des ateliers* peut être réprimé par les *Conseils de prud'hommes.* (Déc. 3 août 1810, art. 4.) — Voy. CONSEIL DE PRUD'HOMMES, II, 6.

5. — Voy. DURÉE DU TRAVAIL.

ATERMOIEMENT. — *Terme* ou délai de grâce accordé par des créanciers à leur débiteur qui ne peut payer à l'échéance de sa dette. Cette convention se fait, en général, pour empêcher la faillite.

ATTENTAT A LA PUDEUR. — (Cod. pén. art. 331-333.)

1. — L'attentat à la pudeur, même commis *sans violence*, est punissable toutes les fois que la victime a *moins* de *treize ans* accomplis, la loi présumant avec raison qu'au-dessous de cet âge l'enfant ne saurait avoir le discernement nécessaire pour donner un consentement sérieux et libre. — La peine encourue par le coupable est celle de la *réclusion.*

2. — L'attentat à la pudeur commis par tout *ascendant* sur la personne d'un mineur, même âgé de *plus* de treize ans, mais non émancipé par mariage, est puni de la même peine.

3. — Lorsqu'il y a eu *violence*, quel que soit l'âge de la personne victime de l'attentat, la peine est celle de la *réclusion* ; — si le crime a été commis sur la personne d'un enfant *au-dessous* de *quinze ans*, la peine est celle des *travaux forcés à temps*, comme aussi dans le cas où le coupable est l'*ascendant*, l'*instituteur* ou le *serviteur à gages* de la victime, s'il est *fonctionnaire* ou *ministre d'un culte*, ou si le coupable, quel qu'il soit, a été *aidé* dans son crime par *une ou plusieurs personnes.*

ATTENTATS AUX MOEURS. — (Cod. pén. art. 330-340.)

Sous cette dénomination générale, le Code pénal comprend plusieurs crimes ou délits. Ce sont : l'*outrage public à la pudeur*, l'*attentat à la pudeur* commis avec ou sans violence, le *viol*, l'*excitation à la débauche*, l'*adultère* et la *bigamie.* (Voy. ces mots.)

ATTENTATS ET COMPLOTS. — (Cod. pén. art. 87-89.)

1. — L'*attentat*, dont le but est de *détruire* ou *de changer le Gouvernement*, est puni de la peine de la *déportation* dans une enceinte fortifiée.

L'exécution ou la tentative constituent seules l'attentat.

2. — Le *complot* ayant pour but les crimes ci-dessus mentionnés, s'il a été suivi d'un acte commis ou commencé pour en préparer l'exécution, est puni de la *déportation.* — S'il n'a été suivi d'aucun acte commis ou commencé pour en préparer l'exécution, la peine est celle de la *détention.*

Il y a *complot* dès que la résolution d'agir est concertée et arrêtée entre deux ou plusieurs personnes.

S'il y a eu proposition faite et non agréée de former le complot, celui qui a fait une telle proposition est puni d'un emprisonnement d'un an à cinq ans. Le coupable peut, de plus, être interdit, en tout ou en partie, des droits mentionnés en l'article 42 du Cde pénal.

ATTÉNUANTES. (CIRCONSTANCES) — Voy. CIRCONSTANCES ATTÉNUANTES.

ATTERRISSEMENT. — Amas de terre qui se forme successivement et imperceptiblement le long des rivages. Le Code civil (art. 556) lui donne le nom d'*alluvion* (voy. ce mot).

ATTROUPEMENTS. — (Loi 7 juin 1848.)

Rassemblements tumultueux formés sur la voie publique.

1. — On distingue l'attroupement *armé* de celui qui ne l'est pas. L'attroupement est armé : 1° quand plusieurs des individus qui le composent sont porteurs d'armes apparentes ou cachées ; — 2° lorsqu'un seul de ces individus, porteur d'armes apparentes, n'est pas immédiatement expulsé de l'attroupement par ceux-là mêmes qui en font partie.

2. — Dès qu'un attroupement armé ou non armé s'est formé sur la voie publique, le Maire ou l'un de ses Adjoints, à leur défaut, le Commissaire de police ou tout autre agent ou dépositaire de la force publique ou du pouvoir exécutif, portant l'écharpe tricolore, se rend sur le lieu de l'attroupement. Un roulement de tambour annonce l'arrivée du magistrat. Si l'attroupement est armé, après *deux* sommations demeurées sans effet, il est dissipé par la force. Si l'attroupement est sans armes, *trois* sommations sont successivement faites avant de recourir à la force pour le dissiper.

3. — Si l'attroupement *armé* s'est dissipé après la première sommation et sans avoir fait usage de ses armes, la peine prononcée contre ceux qui en faisaient partie est d'un mois à un an d'emprisonnement. Elle est d'un an à trois ans d'emprisonnement si l'attroupement s'était formé pendant la nuit. Néanmoins, il n'est prononcé aucune peine pour fait d'attroupement contre ceux qui, en ayant fait partie, sans être personnellement armés, se sont retirés sur la première sommation de l'Autorité.

Si l'attroupement ne s'est dissipé qu'après la deuxième sommation, mais avant l'emploi de la force, et sans qu'il ait fait usage de ses armes, la peine est de un an à trois ans de prison, et de deux à cinq ans si l'attroupement s'était formé pendant la nuit.

Si l'attroupement ne s'est dissipé que devant la force ou après avoir fait usage de ses armes, la peine est de cinq à dix ans de *détention* pour le premier cas, et de cinq à dix ans de *réclusion* pour le second cas. Si l'attroupement s'était formé la nuit, la peine serait la *réclusion*.

4. — Les coupables condamnés à des peines correctionnelles peuvent être interdits, pendant un an au moins et cinq ans au plus, de tout ou partie des droits mentionnés en l'article 42 du Code pénal.

5. — En ce qui concerne l'attroupement *non armé*, s'il ne s'est pas dissous avant la deuxième sommation, la peine est un emprisonnement de quinze jours à six mois ; s'il n'a pu être dissipé que par la force, la peine est de six mois à deux ans de prison.

6. — Toute *provocation* directe à un attroupement armé ou non armé, par des discours proférés publiquement et par des écrits ou des imprimés, affichés ou distribués, est punie comme l'attroupement lui-même, selon les distinctions ci-dessus établies. Quand la provocation n'a pas été suivie d'effet, elle est punie, s'il s'agit d'une provocation à un attroupement nocturne et armé, d'un emprisonnement de six mois à un an ; s'il s'agit d'un attroupement non armé, l'emprisonnement est de un mois à trois mois.

Voy. COMMUNE, VI.

AUBAINE. — Voy. DROIT D'AUBAINE.

AUBERGISTE. — 1. — Il est responsable, comme dépositaire des effets apportés par les voyageurs qui logent chez lui. (Cod. civ. art. 1952, 1954.) — Voy. DÉPÔT, *sect.* I, § 2.

2. — Il a, pour le payement de ses fournitures, un *privilège* sur les effets du voyageur qui ont été transportés dans son auberge. (Cod. civ. art. 2102, n° 15.) — Voy. PRIVILÈGE, I, § 2.

3. — L'action des aubergistes à raison du logement et de la nourriture qu'ils fournissent *se prescrit* par six mois. (Cod. civ. art. 2271.) — Voy. PRESCRIPTION, III.

4. — Les aubergistes sont tenus d'inscrire de suite, par jour et sans

aucun blanc, sur des registres cotés et paraphés par la police, les personnes logées chez eux, sous peine d'une amende de six francs à dix fr. inclusivement, et d'un emprisonnement pendant cinq jours au plus, en cas de récidive. (Cod. pén. art. 475, nº 2, et 478.)

5. — Les aubergistes convaincus d'avoir logé, plus de 24 heures, quelqu'un qui, pendant son séjour, a commis un crime ou un délit, sont civilement responsables des restitutions, des indemnités et des frais adjugés à ceux à qui ce crime ou ce délit ont causé quelque dommage, faute par eux d'avoir inscrit sur leur registre le nom, la profession et le domicile du coupable. (Cod. pén. art. 73.)

6. — Le *vol* commis par un aubergiste, à qui des effets ont été remis à ce titre, est puni de la *réclusion*. (Cod. pén. art. 386, nº 4.)

7. — Voy. IVRESSE.

AUDIENCE. — (Cod. proc. civ. art. 8-12 ; 85-92 ; 470 ; Cod. instr. crim. art. 181 ; 504-509 ; Cod. pén. art. 222 et suiv.)

Du latin *audire*, entendre, écouter. — Séance des juges dans les causes qui se plaident.

1. — Les audiences sont *publiques* à moins que le *huis clos* (voy. ces mots) n'ait été ordonné en raison du scandale ou du danger des plaidoiries ou des débats.

2. — Ceux qui assistent aux audiences doivent se tenir découverts et silencieux. Le Président du tribunal a la police de l'audience : il peut ordonner toutes les mesures nécessaires pour le maintien de l'ordre, et punir sur-le-champ les délits commis en sa présence, s'ils sont de la compétence du tribunal. Sinon, il fait arrêter les délinquants pour être jugés par la juridiction compétente.

AUDITEUR A LA COUR DES COMPTES.—Voy. COUR DES COMPTES.

AUDITEUR AU CONSEIL D'ÉTAT. — Voy. CONSEIL D'ÉTAT.

AUMONERIE MILITAIRE. — Elle a fait l'objet d'une loi du 8 juillet 1880 ainsi conçue :

Art. 1er. — « La loi des 20 mai-3 juin 1874 sur l'aumônerie militaire est *abrogée*. »

Art. 2. — « Il sera attaché des ministres des différents cultes aux camps, forts détachés et autres garnisons placées hors de l'enceinte des villes, contenant un rassemblement de 2 000 hommes au moins et éloignés des églises paroissiales et des temples de plus de 3 kilomètres, ainsi qu'aux hôpitaux et pénitenciers militaires. »

Art. 3. — « En cas de *mobilisation*, des ministres des différents cultes seront attachés aux armées, corps d'armée et divisions en campagne, mais sans aucune distinction hiérarchique... »

Pour l'exécution de cette loi, est intervenu, à la date du 27 avril 1881, un décret déterminant le *mode de recrutement* et le *nombre* des ministres des cultes à attacher aux armées en cas de mobilisation.

AUMONIER DES DERNIÈRES PRIÈRES. — (Déc. 21 mars 1852.) — On désigne sous ce nom les ecclésiastiques chargés spécialement à Paris de recevoir gratuitement aux cimetières les corps qui ne sont pas accompagnés par le clergé, de les conduire jusqu'à la tombe, et de réciter pour eux les prières de l'Église.

AVAL. — Du latin *ad vallem*, du côté de la vallée, se dit de la partie inférieure d'un fleuve ou d'une rivière, par opposition à AMONT (*ad montem*, du côté de la montagne), qui signifie la partie supérieure. Ainsi Sèvres est à deux lieues *en aval* de Paris ; Melun à douze lieues en *amont*.

— Dans le langage du droit commercial, le mot *aval* (du latin *ad valere*, à valoir, bon pour) a une acception particulière. Il s'emploie pour désigner l'engagement pris par un tiers, comme caution, de payer une lettre de change. (Cod. com. art. 141, 142.) — Voy. EFFETS DE COMMERCE, VIII.

AVARIE. — (Cod. com. art. 98, 103, 397-409.)

1. — Ce mot, en général, veut dire *perte*, *dommage*. L'article 98 du Code de commerce l'emploie dans ce sens, en déclarant le commissionnaire de transport « garant des avaries ou pertes de marchandises et effets, s'il n'y a stipulation contraire dans la lettre de voiture, ou force majeure. » Dans le même sens, l'art. 103 déclare le voiturier « garant des avaries autres que celles qui proviennent du vice propre de la chose ou de la force majeure. » — Voy. COMMISSION ; — VOITURIER.

2. — Dans une acception spéciale, l'article 397 du même Code qualifie *avaries* « toutes dépenses extraordinaires faites pour le navire et les marchandises, conjointement ou séparément, et tout dommage qui arrive au navire et aux marchandises, depuis leur chargement et départ jusqu'à leur retour et déchargement. »

3. — A défaut de conventions spéciales entre toutes les parties, les avaries sont ainsi réglées :

Les avaries sont de deux classes, avaries *grosses* ou *communes*, et avaries *simples* ou *particulières*. Le Code en fait l'énumération.

Les avaries *communes* (c'est-à-dire, d'une manière générale, les dommages soufferts volontairement et les dépenses faites, d'après délibérations motivées, *pour le bien et salut commun du navire et des marchandises*), sont supportées par les marchandises et par la moitié du navire et du fret, au marc le franc de la valeur.

Les avaries *particulières* (c'est-à-dire, d'une manière générale, les dépenses faites et le dommage souffert pour le navire seul, ou pour les marchandises seules) sont supportées par le propriétaire de la chose, qui a essuyé le dommage ou occasionné la dépense.

AVENANT. — On appelle ainsi l'écrit qui constate la modification ou l'annulation d'une *police d'assurance*, d'un commun accord entre l'assureur et l'assuré.

AVERTISSEMENT. — C'est ainsi qu'est dénommée la notification annuelle faite à chaque contribuable par le Percepteur du montant de la cote qu'il aura à payer. L'avertissement fait connaître la part qui revient, pour chaque nature de contribution, à l'Etat, au Département et à la Commune. Il indique également la date de la publication du rôle, date à partir de laquelle court le *délai de 3 mois* pour les réclamations. La feuille d'avertissement doit toujours accompagner la réclamation, en même temps que la quittance des douzièmes échus. — Voy. CONTRIBUTIONS, IV.

AVEU. — Déclaration par laquelle une personne reconnait la vérité des faits allégués par son adversaire.

L'aveu est l'un des modes de preuve de l'existence ou de l'extinction d'une obligation. — Voy. OBLIGATIONS, V, § 4.

AVOCAT. — (Ord. roy. 20 novembre 1822 et 27 août 1830.)

Du latin *advocatus*, appelé à. — Nom donné à celui qui fait profession de défendre en justice les intérêts d'autrui.

Au 1er janvier 1883, on comptait, auprès des *Cours d'appel*, 1 962 avocats *inscrits au tableau* et 1 689 *stagiaires*; auprès des *tribunaux de première instance*, 4 160 avocats *inscrits au tableau* et 2 262 *stagiaires*.

1. — Les avocats ne sont ni fonctionnaires publics, ni officiers ministériels. C'est une profession libre et indépendante que toute personne peut embrasser, à la condition de s'être fait recevoir *licencié en droit* et d'avoir prêté le serment professionnel devant une Cour d'appel.

2. — L'Avocat, dont le ministère n'est pas obligatoire, à la différence de l'Avoué qui est l'intermédiaire nécessaire entre les parties et le Tribunal ou la Cour, peut refuser les causes qui lui semblent injustes ; mais, lorsqu'il a été désigné d'*office* pour assister un accusé que la loi ne laisse jamais sans défense, il doit faire agréer ses motifs d'excuse.

3. — Les Avocats de chaque res-

sort ont un *Conseil de discipline* dont ils élisent les membres, et qui est chargé de veiller sur l'honneur et les intérêts de l'ordre. A sa tête est un *Bâtonnier*. (Voy. ce mot.)

— Voy. ALLIANCE, 6.

AVOCATS AU CONSEIL D'ÉTAT ET A LA COUR DE CASSATION. — (Ord. roy. 10 sept. 1817.)

Les *Avocats au Conseil d'État et à la Cour de cassation* forment un Ordre à part. Ils sont au nombre de 60, et sont propriétaires de leurs charges, qui se transmettent comme celles des *officiers ministériels*. (Voy. ces mots.)

1. — Indépendamment des attributions exclusives qui leur ont été conférées par les lois et règlements de leur institution, pour les affaires portées soit au Conseil d'État, délibérant en séance publique ou administrative et à ses divers comités, soit à la Cour de cassation, ils ont exclusivement le droit, à défaut des parties elles-mêmes, de signer, *en matière contentieuse*, tous mémoires et réclamations adressés aux ministères et aux administrations et directions générales qui en dépendent.

2. — Pour la discipline intérieure de l'Ordre, il y a un *Conseil* composé d'un président et de neuf membres, dont deux ont la qualité de *syndics*, et un troisième celle de secrétaire-trésorier. Le Président est nommé par le Garde des sceaux sur la présentation de trois candidats élus par l'assemblée générale de l'Ordre. Les 7 membres sont nommés directement par cette assemblée. Les fonctions du Président et des membres du Conseil de discipline durent trois ans. Le tiers du Conseil est renouvelé chaque année. Aucun des membres sortants ne peut être réélu qu'après une année d'intervalle.

AVOCAT GÉNÉRAL. — Titre donné aux membres du parquet qui, à la Cour de cassation et dans chaque Cour d'appel, sont spécialement chargés de porter la parole, à l'audience, au nom du Procureur général. L'un d'eux, désigné par le Président de la République, a la qualification de *Premier Avocat général*. — Voy. MINISTÈRE PUBLIC.

AVORTEMENT. — (Cod. pén. art. 317.) — Se dit d'un accouchement avant terme, et qui a été provoqué.

1. — L'avortement est un crime dont l'ordre social exige la sévère répression, et qui autrefois était puni de mort. Aujourd'hui la femme reconnue coupable est punie de la *réclusion*. Son complice est passible de la même peine.

2. — Un châtiment plus rigoureux atteint les médecins, chirurgiens, officiers de santé, sages-femmes, pharmaciens, qui auraient indiqué ou administré les breuvages ou médicaments ayant procuré l'avortement. La loi les considère, dans ce cas, comme plus coupables que la femme, car ils ont fait usage, pour détruire, d'un art qu'ils ne doivent employer qu'à conserver; et, pour ce motif, elle prononce contre eux la peine des *travaux forcés à temps*.

AVOUÉ. — (Lois 27 ventôse an VIII (18 mars 1800), art. 93, 95; 13 frimaire an IX (4 déc. 1800); 22 ventôse an XII (13 mars 1804), art. 27, 32.)

Du latin *advocatus*, appelé à. — Nom donné aux officiers ministériels spécialement chargés de représenter en justice les parties et de faire pour elles tous les actes de procédure nécessaires.

Les *Avoués* ont remplacé les anciens *Procureurs*. — Voy. PROCUREUR.

Au 1er janvier 1883, le nombre des études d'Avoué de 1re *instance* était de 2 505; celui des études d'Avoué d'*appel*, de 300.

1. — Ils sont *nommés* par le Président de la République, sur la présentation des Cours et Tribunaux près desquels ils doivent exercer.

Leur ministère est obligatoire en matière civile.

2. — Les Avoués ne peuvent rien réclamer au delà de ce qui leur est

alloué par le tarif officiel. Les parties ont le droit de faire *taxer* les mémoires qu'elles croient exagérés, par le Président du Tribunal ou par un Juge commis à cet effet.

3. — Les Avoués de chaque Cour et de chaque Tribunal sont soumis à la surveillance d'une *Chambre des Avoués* qu'ils élisent eux-mêmes, et qui exerce sur eux un pouvoir disciplinaire.

— Voy. ALLIANCE, 6.

AYANT CAUSE. — Cette expression sert à désigner tous ceux qui tirent leur droit d'une personne dont ils tiennent la place.

1. — On distingue les ayants cause *universels* et les ayants cause *particuliers*. Les premiers sont les héritiers, les successeurs; les seconds sont les acquéreurs, les créanciers, les cessionnaires, les donataires.

2. — Tout contractant est censé avoir stipulé pour lui et ses ayants cause, à moins que le contraire ne soit exprimé ou ne résulte de la nature de la convention. (Cod. civ. art. 1122.)

B

BAC. — (Loi 6 frimaire an VII (26 novembre 1798); Cod. civ. art. 531 ; Cod. proc. civ. art. 620.)

Grand bateau plat servant au passage d'un cours d'eau à l'aide d'un câble qui le traverse.

1. — Les bacs sont établis par l'Administration. Leur exploitation est mise en ferme par adjudication publique.

2. — Quoique rangés dans la classe des biens *meubles*, les bacs, en raison de leur importance, ne peuvent être *saisis* qu'en observant certaines formalités particulières énumérées dans l'art. 620 du Code de procédure civile.

BAIL. — Se dit soit du *contrat*, par lequel une personne (*propriétaire*, *bailleur*, *locateur*) transfère à une autre (*preneur*, *fermier*, *locataire*) la jouissance d'une chose, pour un temps convenu et moyennant un certain prix, soit de l'*acte* qui constate les clauses et conditions de ce contrat. — Voy. LOUAGE.

— Une loi du 23 août 1871, portant établissement d'augmentations d'impôts ou créant de nouveaux impôts relatifs à l'enregistrement et au timbre, contient en ce qui concerne l'*enregistrement des baux* les dispositions suivantes:

Art. 11. — « Lorsqu'il n'existe *pas de conventions écrites* constatant une mutation de jouissance de biens immeubles, il y est suppléé par des *déclarations* détaillées et estimatives dans les 3 mois de l'entrée en jouissance. Si la location est faite suivant l'usage des lieux, la déclaration en contiendra la mention. Les droits d'enregistrement deviendront exigibles dans les 20 jours qui suivront l'échéance de chaque terme, et la perception en sera continuée jusqu'à ce qu'il ait été déclaré que le bail a cessé ou qu'il a été résilié. — En cas de *déclaration insuffisante*, il sera fait application des dispositions des articles 19 et 39 de la loi du 22 frimaire an VII (*amende d'un demi-droit en sus, payement des frais d'expertise*). La déclaration doit être faite par le preneur ou, à son défaut, par le bailleur. — Ne sont pas assujetties à la déclaration les *locations verbales* ne dépassant pas 3 ans et dont le prix n'excède pas 100 francs. Toutefois, si le même bailleur a consenti plusieurs locations verbales de cette catégorie, mais dont le prix accumulé excède 100 francs annuellement, il sera tenu d'en faire la déclaration et d'acquitter personnellement et sans recours les droits d'enregistrement. — Si le prix de la location verbale est supérieur à 100 francs, sans excéder 300 francs annuellement, le bailleur sera également tenu d'en faire la déclaration et d'acquitter les droits exigibles, sauf son recours contre le preneur qui sera dispensé, dans ce cas, de la formalité de la déclaration. — Le *droit* sera *exigible* lors de l'enregistrement ou de la déclaration. Toutefois, si le bail est de plus de 3 ans, et si les parties le requièrent, le montant du droit pourra être fractionné en autant de payements égaux qu'il y aura de périodes triennales dans la durée du bail. Le payement des droits afférents à la première période sera seul acquitté lors de l'enregistrement ou de la déclaration, et celui des périodes subséquentes aura lieu dans le premier mois de l'année qui commencera chaque période... »

La loi du 28 février 1872 (art. 6) a mis la déclaration à la charge du *bailleur*, sauf son recours contre le preneur.

BAINS SUR BATEAUX. — L'article 531 du Code civil les range dans la classe des biens *meubles*. — (Voy. BIENS.) Cependant, à raison de leur importance, la *saisie* des bains sur bateaux est soumise à des formes particulières tracées dans l'article 620 du Code de procédure civile.

BALANCE. — Instrument servant à déterminer le poids des marchandises.

L'usage de balances *fausses* donne lieu à l'application d'une peine. — Voy. POIDS ET MESURES.

BALAYAGE (TAXE DE). — La loi du 26 mars 1873 a converti en une *taxe municipale* l'obligation imposée aux riverains des voies publiques de *Paris*, de balayer le sol livré à la circulation. La loi du 5 avril 1884 sur l'organisation municipale a étendu à *toutes les Communes* la faculté de convertir cette obligation en taxe par décret spécial.

BALCON. — (Cod. civ. art. 678, 680, 1386; Cod. pén. art. 470, nos 6, 12 ; 474.)

Saillie avec balustrade sur la façade d'une maison.

1. — On ne peut avoir de balcons ou autres saillies semblables sur l'héritage clos ou non clos de son voisin, s'il n'y a 19 décimètres de distance entre les murs où on les pratique et ledit héritage. — Voy. SERVITUDES, II.

2. — Le propriétaire est responsable des accidents qui peuvent résulter du mauvais état des balcons.

3. — Il est défendu de mettre sur des balcons ou fenêtres aucun pot, vase ou caisse de fleurs, à moins que la chute de ces objets ne soit impossible et qu'il ne puisse tomber sur les passants ni eau ni ordure.

En cas de contravention, on est passible d'une amende de 1 fr. à 5 fr. et d'un emprisonnement pendant trois jours au plus, s'il y a récidive.

BALISE. — Terme de marine. — Du bas latin *palitius*, formé de *palum*, pieu. — Marque placée aux endroits dangereux pour avertir les navigateurs.

Les droits de balises ne sont point réputés *avaries* (voy. ce mot) ; ils sont de simples frais à la charge du navire. (Cod. com. art. 406.)

— A la date du 27 mars 1882, est intervenue une loi ayant pour objet la *protection* du balisage dans les eaux maritimes.

BALIVEAU. — Terme forestier. — Du latin *palum*, pieu. — Arbre choisi et réservé dans la coupe d'un bois pour devenir de haute futaie.

Dans les bois et forêts soumis au régime forestier, il est réservé, lors de l'exploitation des taillis, cinquante baliveaux de l'âge de la coupe, par hectare. Les conditions et formes du *balivage* dans les mêmes bois et forêts sont déterminées par l'ordonnance royale du 1er août 1827, rendue pour l'exécution du Code forestier (sect. III).

BAN DE VENDANGE. — Voy. VENDANGE.

BANNISSEMENT. — (Cod. pén. art. 8, 32, 33, 48.)

Peine *infamante*, applicable aux crimes *politiques*, et qui consiste dans l'expulsion du territoire français. Sa *durée* est de cinq ans au moins et de dix ans au plus.

1. — Si le banni, avant l'expiration de sa peine, rentre sur le territoire de la République, il est, sur la seule preuve de son identité, condamné à la *détention* (voy. ce mot), pour un temps au moins égal à celui qui restait à courir jusqu'à l'expiration du bannissement, et qui ne peut excéder le double de ce temps.

2. — Les condamnés au bannissement sont, de plein droit, sous la *surveillance de la haute police* (voy. ces mots), pendant un temps égal à la durée de la peine qu'ils ont subie.

3. — Indépendamment du *bannissement judiciaire*, dont il vient d'être question, il en existe un autre qu'on peut appeler le *bannissement politique* et qui a été souvent infligé à certaines personnes, à la suite de nos révolutions. — Ainsi, la loi du 10 avril 1832 avait interdit à perpétuité le territoire de la France et de ses colonies à Charles X, à ses descendants et aux époux et épouses de ses descendants.

La loi du 26 mai 1848 avait interdit le même territoire à Louis-Philippe et à sa famille. — Ces deux lois ont été abrogées le 18 juin 1871.

La loi qui avait banni la famille Bonaparte a été abrogée par le gouvernement de la République. (Déc. 11 octobre 1848.)

Mais, à la date du 22 juin 1886, est intervenue une loi interdisant le territoire de la République aux *chefs des familles* ayant régné en France et à leurs *héritiers directs*, dans l'ordre de primogéniture.

Le Gouvernement est autorisé à interdire le territoire de la République aux *autres membres* de ces familles, par un décret rendu en Conseil des Ministres.

Celui qui, en violation de l'interdiction, serait trouvé en France, en Algérie ou dans les colonies, serait puni d'un emprisonnement de 2 à 5 ans. A l'expiration de sa peine, il serait reconduit à la frontière.

La même loi dispose que les membres des familles ayant régné en France ne pourront entrer dans les armées de terre et de mer, ni exercer aucune fonction publique, ni aucun mandat électif.

BANQUE DE FRANCE. — (Lois 24 germinal an XI (14 avril 1803); 22 avril 1806; 28 mai 1857; 30 janvier 1884.)

Grand établissement de crédit public qui a, jusqu'au 31 décembre 1897, le privilège exclusif d'émettre des billets payables au porteur et à vue.

Le chiffre des émissions a été fixé au *maximum*, par la loi du 30 janvier 1884, à 3 milliards 500 millions.

A deux reprises différentes, de 1848 à 1850 et de 1870 à 1879, la Banque de France a été légalement dispensée de rembourser en espèces ses billets qui avaient *cours forcé*. Une conséquence obligatoire du cours forcé est l'abaissement des coupures. Le décret du 15 mars 1848 abaissa à 100 fr. la moindre; — la loi du 12 août 1870, à 20 fr.; — la loi du 29 décembre 1871, à 10 fr. et 5 fr.

1. — Les *opérations* principales de la Banque de France consistent : 1° A escompter les lettres de change ou autres effets de commerce à ordre, à des échéances n'excédant pas trois mois, et souscrits par des personnes notoirement solvables; — 2° à se charger de l'encaissement des effets qui lui sont remis; — 3° à recevoir en compte courant les sommes versées par les négociants et les établissements publics; — 4° à faire des avances sur effets publics français, actions et obligations de chemins de fer français, obligations de la Ville de Paris et du Crédit foncier; — 5° à tenir une caisse de dépôts volontaires pour tous titres,

lingots, monnaies d'or et d'argent.

Les effets de commerce ne sont admis à l'escompte que lorsqu'ils sont garantis au moins par trois signatures ou par deux signatures et un transfert d'actions de la Banque ou d'effets publics, d'actions de chemins de fer, de récépissés de marchandises dans les magasins généraux, ou d'obligations de la Ville de Paris.

Le taux de ses escomptes et l'intérêt de ses avances est variable suivant l'abondance ou la rareté du numéraire : il peut dépasser 6 p. 100 lorsque les circonstances l'exigent. Le 12 novembre 1857, il s'est élevé jusqu'à 10 p. 100.

2. — L'administration de la Banque de France est confiée à un *Gouverneur* et deux *Sous-Gouverneurs*, nommés par le Président de la République. Ces trois fonctionnaires forment, avec quinze *Régents* et trois *Censeurs* élus par l'assemblée des actionnaires, le Conseil de la Banque.

3. — La Banque de France compte actuellement une *succursale* au moins dans chaque département; cette succursale n'est pas toujours installée au chef-lieu ; elle l'a été dans la ville la plus commerçante. Quelques départements en possèdent deux.

La Banque a même récemment étendu l'action des succursales en créant, dans certaines localités, appelées par elle des *villes rattachées*, des agences où le papier de commerce est admis à l'escompte. — En outre, elle a créé des *Bureaux auxiliaires* dans lesquels elle fait, 5 fois par mois, l'encaissement des effets remboursables dans les villes où sont situés ces bureaux.

4. — Le *capital* de la Banque de France s'élève, non compris les réserves, à 182 250 000 fr., représentant 182 000 actions, d'une valeur nominale de 1 000 fr. Ces actions sont *nominatives;* elles sont *mobilières* comme toutes les valeurs du même genre, mais elles sont susceptibles d'être immobilisées, d'après l'article 7 des statuts, au moyen d'une déclaration faite sur les registres dans la forme prescrite pour les transferts. Elles sont alors soumises à toutes les règles du Code civil en ce qui touche l'aliénation, les hypothèques et la purge.

5. — Chaque semaine, le *bilan* de la Banque de France est affiché à la Bourse et publié au *Journal officiel.*

BANQUEROUTE. — (Cod. com. art. 584-603 ; Cod. pén. art. 402, 403.)

Le mot *banqueroute* vient de deux mots italiens : *banco*, banc, comptoir, et *rotto* (du latin *ruptum*), rompu, brisé, à cause de l'usage où l'on était de briser le comptoir du commerçant qui ne remplissait pas ses engagements. Il s'emploie pour désigner l'état du failli qui s'est rendu coupable de fautes ou de vol.

La faute ou l'imprudence produisent la *banqueroute simple ;* le vol, la fraude produisent la *banqueroute frauduleuse.*

La banqueroute *simple* est un *délit* puni par le tribunal correctionnel ; la banqueroute *frauduleuse* est un *crime* justiciable de la Cour d'assises.

I. BANQUEROUTE SIMPLE. — Il est des cas où le failli *doit* être déclaré banqueroutier simple, et d'autres où il *peut* l'être. C'est selon la gravité des fautes ou négligences qu'il a commises.

1. — *Doit* être déclaré banqueroutier simple le failli qui se trouve dans l'un des cas suivants : 1° Si ses dépenses personnelles ou les dépenses de sa maison sont jugées excessives ; — 2° S'il a consommé de fortes sommes, soit à des opérations de pur hasard, soit à des opérations fictives de bourse ou sur marchandises ; — 3° Si, dans l'intention de retarder sa faillite, il a fait des achats pour revendre au-dessous du cours ; si, dans la même intention, il s'est livré à des emprunts, circulation d'effets ou autres moyens ruineux de se procurer des

fonds; — 4° Si, après cessation de ses payements, il a payé un créancier au préjudice de la masse.

2. — *Peut* être déclaré banqueroutier simple, le failli qui se trouve dans l'un des cas suivants : 1° S'il a contracté pour le compte d'autrui, sans recevoir des valeurs en échange, des engagements jugés trop considérables eu égard à sa situation lorsqu'il les a contractés; — 2° S'il est de nouveau déclaré en faillite, sans avoir satisfait aux obligations d'un précédent concordat; — 3° Si, étant marié sous le régime dotal ou séparé de biens, il n'a pas fait publier son contrat conformément aux prescriptions des articles 69 et 70 du Code de commerce; — 4° Si, dans les trois jours de la cessation de ses payements, il n'a pas fait la déclaration exigée par les articles 438 et 439 du même Code ; — 5° Si, sans empêchement légitime, il ne s'est pas présenté en personne aux syndics dans les cas et délais fixés, ou si, après avoir obtenu un sauf-conduit, il ne s'est pas représenté à la justice ; — 6° S'il n'a pas tenu de livres, ou s'ils sont incomplets ou irréguliers, sans toutefois qu'il y ait fraude.

La *peine* de la banqueroute simple consiste dans un emprisonnement d'un mois au moins et de deux ans au plus.

II. BANQUEROUTE FRAUDULEUSE. — 1. — Est *déclaré* banqueroutier frauduleux le failli qui a soustrait ses livres, détourné ou dissimulé une partie de son actif, ou qui, soit dans ses écritures, soit par des actes publics ou des engagements sous seing privé, s'est frauduleusement reconnu débiteur de sommes qu'il ne devait pas.

Le banqueroutier frauduleux est puni des *travaux forcés à temps.*

2. — Sont considérés comme *complices* du banqueroutier frauduleux, et punis de la même peine que lui : 1° Les individus convaincus d'avoir, dans l'intérêt du failli, soustrait, recélé ou dissimulé tout ou partie de ses biens ; — 2° Les individus convaincus d'avoir frauduleusement présenté et affirmé dans la faillite des créances supposées.

3. — Le failli, condamné pour banqueroute frauduleuse, ne peut obtenir un *concordat* : celui qu'il aurait obtenu avant sa condamnation est annulé de plein droit.

Il n'est jamais admis à se faire *réhabiliter.*

BANQUIER. — Individu qui fait commerce d'argent de place en place.

1. — Pendant le moyen âge, par suite de la condamnation du *prêt à intérêt*, les Juifs et les Lombards eurent seuls la permission de faire la banque. Ce privilège leur était vendu fort cher par les Rois. « Poursuivis, excommuniés par le clergé », dit M. Troplong (*Préface du Prêt*, p. 120), « banquiers des rois, oppresseurs des peuples, aussi âpres dans la bonne fortune que dans la mauvaise, on ne saurait dire combien de fois les uns et les autres furent chassés, rappelés, chassés encore et dépouillés. »

Ce n'est que lorsque l'Assemblée constituante eut déclaré, par la loi des 3-12 octobre 1789, la légitimité du prêt à intérêt, que l'industrie des banquiers fut entièrement affranchie de ses entraves. La loi des 2-17 mars 1791 vint sanctionner de nouveau cet état de choses en proclamant la liberté absolue du commerce et de l'industrie, sous la seule condition de la *patente.* (Voy. ce mot.)

2. — Le *mineur* banquier n'est point restituable contre les engagements qu'il a pris à raison de son commerce. (Cod. civ. art. 1308.)

3. — En cas de *séparation de biens* judiciairement prononcée, si le mari est banquier, le jugement doit, à peine de nullité, être affiché dans la salle principale du tribunal de commerce du lieu de son domicile, indépendamment de l'affiche apposée au tribunal de première instance. (Cod. civ. art. 1445.)

BARATERIE. — L'expression *baraterie de patron* sert à désigner, dans le langage du droit maritime, toute faute ou prévarication du capitaine et de l'équipage d'un navire.

L'assureur n'en est point tenu, s'il n'y a convention contraire. (Cod. com. art. 353.)

La baraterie est dite *simple* ou *civile*, lorsque les fautes qui la constituent n'ont aucun caractère de criminalité et donnent seulement lieu à une action civile en responsabilité. Mais lorsque ces fautes dégénèrent en crimes, elles constituent la baraterie dite *criminelle* et motivent, indépendamment des dommages-intérêts dus aux parties lésées, l'application de peines plus ou moins sévères (*mort*, *travaux forcés à perpétuité* ou *à temps*, *réclusion*), suivant les cas prévus par une loi du 10 avril 1825 contre la piraterie et la barbarie. (Tit. 2, art. 11 à 15 inclus.)

La poursuite et le jugement ont lieu selon les formes et devant les tribunaux ordinaires.

BARBARIE. (ACTES DE) — L'article 303 du Code pénal est ainsi conçu : « Seront punis comme coupables d'*assassinat* tous malfaiteurs, quelle que soit leur dénomination, qui, pour l'exécution de leurs crimes, emploient des tortures ou commettent des *actes de barbarie*. »

En 1810, époque de la promulgation du Code pénal, des bandes féroces, connues sous le nom de *chauffeurs* et de *garrotteurs*, désolaient quelques parties de la France. C'est contre elles que fut édictée cette disposition conçue dans des termes très-vagues, la loi n'ayant pas défini ce qu'il faut entendre par *tortures* et *actes de barbarie*. La détermination des actes empreints de ce caractère est donc abandonnée aux lumières et à la conscience des jurés.

Il n'est pas nécessaire que les actes de barbarie, pour être punissables comme l'assassinat, aient causé la mort, ou qu'ils aient eu lieu dans le dessein de la causer : il suffit qu'ils aient été commis pour faciliter ou exécuter d'autres crimes.

BARRAGE. — Digue établie transversalement dans un cours d'eau pour le faire dériver ou pour obtenir une chute d'eau nécessaire comme force motrice.

1. — L'établissement des barrages sur les cours d'eau navigables ou flottables est soumis à l'autorisation préfectorale. Si le barrage cause quelque préjudice aux propriétés voisines, soit en les privant d'eau, soit en les exposant à des inondations, il peut être supprimé.

2. — Il est interdit de placer dans les rivières navigables ou flottables, canaux et ruisseaux, aucun barrage ayant pour objet d'empêcher entièrement le passage du poisson. (Loi 15 avril 1829, art. 24.)

BARREAU. — Se dit soit de l'Ordre entier des Avocats, soit de la profession d'Avocat (*suivre le barreau*, *quitter le barreau*), soit de l'endroit du prétoire où se placent les Avocats et les Avoués, et où ils ont seuls le droit de se mettre.

BARRICADES. — (Loi 24 mai 1834, art. 9, M.) — Sont passibles de la *détention* les individus qui, dans un mouvement insurrectionnel, ont fait ou aidé à faire des *barricades* ou tous autres travaux ayant pour objet d'entraver ou d'arrêter l'exercice de la force publique. — Cette peine est prononcée sans préjudice de celles que les coupables ont pu encourir comme auteurs ou complices de tous autres crimes. — Dans le cas du concours de deux peines, la plus grave seule est appliquée.

BARRIÈRES DE DÉGEL. — (Déc. 29 août 1863.) — Ce sont des barrières placées par les soins de l'Autorité, à l'époque du dégel, sur les routes pavées ou nouvellement construites, pour restreindre la circulation des voitures. — Voy. POLICE DU ROULAGE.

BATAILLONS SCOLAIRES. — Leur création est subordonnée aux conditions déterminées par un décret du 6 juillet 1882 ainsi qu'il suit :

Art. 1er. — « Tout établissement public d'instruction primaire ou secondaire ou toute réunion d'écoles publiques comptant de 200 à 600 élèves âgés de 12 ans et au-dessus pourra, sous le nom de *Bataillon scolaire*, rassembler ses élèves pour les exercices gymnastiques et militaires pendant toute la durée de leur séjour dans les établissements d'instruction. »

Art. 2. — « Aucun bataillon scolaire ne sera constitué sans un arrêté d'*autorisation* rendu par le Préfet. Cette autorisation ne pourra être accordée qu'après que le groupe d'enfants destiné à former le bataillon aura été reconnu capable d'exécuter l'*école de compagnie*. — Il sera procédé à cette constatation par les soins d'une Commission de 3 membres, savoir : 2 officiers désignés par l'autorité militaire et l'inspecteur d'académie ou son délégué. »

Art. 3. — « Tout bataillon scolaire, après sa constitution, devra être *inspecté* au moins une fois par an par la Commission désignée à l'art. 2. »

Art. 4. — « Tout bataillon scolaire recevra du Ministre de l'instruction publique un *drapeau* qui sera déposé, chaque année, dans celle des écoles dont les enfants auront obtenu, au cours de l'année, les meilleures notes d'inspection militaire. »

Art. 5. — « Chaque bataillon scolaire *se composera* de 4 compagnies, dont chacune comprendra au moins 50 enfants. »

Art. 6. — « *Ne pourront* faire partie du bataillon les élèves que le médecin attaché à l'établissement aura déclarés *hors d'état* de participer aux exercices gymnastiques et militaires du bataillon. »

Art. 7. — « Tout bataillon scolaire est placé sous les ordres d'un instructeur en chef et d'instructeurs adjoints désignés par l'autorité militaire. — La répartition des élèves dans les diverses compagnies est faite sur la proposition des chefs d'établissement par l'instructeur en chef. »

Art. 8. — « Un maître au moins de chaque établissement scolaire dont les élèves font partie du bataillon devra assister aux réunions du bataillon. Ces réunions auront toujours lieu, sauf autorisation spéciale de l'inspecteur d'académie, en dehors des heures de classe réglementaires. »

Art. 9. — « Le bataillon scolaire ne pourra être armé que de *fusils* conformes à un modèle adopté par le Ministre de la guerre et poinçonnés par l'autorité militaire. Ces fusils, dont la fabrication sera abandonnée à l'industrie privée, devront présenter les 3 conditions suivantes : n'être pas trop lourds pour l'âge des enfants ; comporter tout le mécanisme du fusil actuel ; n'être pas susceptibles de faire feu, même à courte portée. — Ces fusils sont déposés à l'école. »

Art. 10. — « Pour les exercices du *tir à la cible*, les élèves des bataillons scolaires âgés de 14 ans au moins et que l'instructeur en chef aura désignés comme aptes à y prendre part seront conduits au stand ou au champ de tir et y seront exercés avec le fusil scolaire spécial dans les conditions qui seront réglées par un arrêté des Ministres de la guerre et de l'instruction publique[1]. »

Art. 11. — « Aucun *uniforme* ne sera obligatoire. Les uniformes qui pourraient être adoptés par les bataillons scolaires devront être autorisés par le Ministre de l'instruction publique. — Les Caisses des écoles pourront seules être autorisées par le Préfet à fournir aux élèves, dans des conditions à déterminer par des règlements locaux, tout ou partie des effets d'habillement ou d'équipement jugés nécessaires. »

---

1. A la même date (6 juillet 1882), le Ministre de la guerre a pris un arrêté, publié au *Journal officiel* du lendemain, portant règlement sur l'exécution des exercices de tir dans les établissements d'instruction primaire ou secondaire.

Art. 12. — « Les établissements *libres* d'instruction primaire et secondaire qui déclareront se soumettre à toutes les prescriptions du présent décret sont autorisés, soit à incorporer leurs élèves dans le bataillon scolaire du canton, soit, si leur effectif est suffisant, à former des bataillons scolaires distincts qui seront à tous égards assimilés à ceux des écoles publiques. »

BATEAUX. — 1. — Les bateaux sont considérés comme biens *meubles* (Cod. civ. art. 531) : cependant leur *saisie* est soumise à des formes particulières tracées par le Code de procédure civile (art. 620).

2. — Aux termes d'une ordonnance de police du 25 octobre 1840, les bateaux de toute espèce, employés à la navigation dans l'étendue du ressort de la Préfecture de police, doivent porter sur leur arrière une devise, ainsi que le nom et le domicile du propriétaire auquel ils appartiennent. L'inscription doit être en lettres blanches de vingt centimètres de hauteur sur trois centimètres de plein et sur un fond noir.

3. — Les chaudières placées sur les bateaux que la vapeur fait marcher ont été astreintes à des mesures de précaution spéciales, à cause de la gravité des accidents qui sont à redouter. Tel est l'objet du décret du 9 avril 1883 qui, en revisant l'ordonnance de 1843 sur la navigation fluviale, a eu pour but de mettre la réglementation en harmonie avec les progrès accomplis depuis cette époque et de faciliter l'industrie du transport par eau, tout en assurant les garanties qu'exige la sécurité publique.

BATELIER. — Individu dont le métier est de conduire un bateau.

1. — Sont passibles de la *réclusion* les bateliers ou préposés qui *volent* tout ou partie des choses qu'on leur avait confiées à ce titre. (Cod. pén. art. 386.)

2. — Les bateliers ou les préposés qui ont *altéré* ou tenté d'altérer des *vins* ou toute autre espèce de liquides ou marchandises dont le transport leur a été confié, et qui ont commis ou tenté de commettre cette altération par le *mélange de substances malfaisantes*, sont punis d'un emprisonnement de deux à cinq ans et d'une amende de vingt-cinq francs à cinq cents francs. — Ils peuvent, en outre, être privés des droits mentionnés en l'article 42 du Code pénal, pendant cinq ans au moins et dix ans au plus, et être mis sous la *surveillance de la haute police*, pendant le même nombre d'années. — S'il n'y a pas eu mélange de substances malfaisantes, la peine consiste en un emprisonnement d'un mois à un an et en une amende de seize francs à cent francs. (Cod. pén. art. 387.)

BATIMENT. — Maison, édifice.

1. — Les bâtiments sont *immeubles* par leur nature. (Cod. civ. art. 518.) — Voy. BIENS.

2. — Si l'*usufruit* n'est établi que sur un bâtiment, et que ce bâtiment soit détruit par un incendie, ou autre accident, ou qu'il s'écroule de vétusté, l'usufruitier n'a le droit de jouir ni du sol ni des matériaux. Si l'usufruit était établi sur un domaine dont le bâtiment faisait partie, l'usufruit jouirait du sol et des matériaux. (Cod. civ. art. 624.)

3. — Le propriétaire d'un bâtiment est responsable du dommage causé par sa *ruine*, lorsqu'elle est arrivée par suite du défaut d'entretien ou par le vice de sa construction. (Cod. civ. art. 1386.)

4. — Lorsqu'un bâtiment construit à prix fait *périt* en tout ou en partie par le vice de la construction, même par le vice du sol, les *architectes* et *entrepreneurs* en sont *responsables* pendant dix ans, qui commencent à courir du jour où l'ouvrage a été vérifié. (Cod. civ. art. 1792.)

5. — Lorsqu'un architecte ou un entrepreneur s'est chargé de la *construction à forfait* d'un bâtiment, d'après un plan arrêté et convenu avec le propriétaire du sol, il ne peut demander aucune augmentation de prix, ni sous le prétexte de l'aug-

mentation de la main-d'œuvre ou des matériaux, ni sous celui de changements ou d'augmentations faits sur ce plan, si ces changements ou augmentations n'ont pas été autorisés par écrit, et le prix convenu avec le propriétaire. (Cod. civ. art. 1793.)

6. — Les maçons, charpentiers et autres ouvriers qui ont été employés à la construction d'un bâtiment n'ont d'action contre le propriétaire que jusqu'à concurrence de ce dont il se trouve débiteur envers l'entrepreneur, au moment où leur action est intentée. (Cod. civ. art. 1798.)

7. — Voy. INCENDIE.

BATIMENTS DE MER. — Les bâtiments de mer sont *meubles.* Néanmoins ils sont affectés aux dettes du vendeur et à celles que la loi déclare privilégiées ; leur saisie et leur vente sont soumises à des règles particulières. — Voy. NAVIRE.

BATONNIER. — On appelle ainsi le chef de l'Ordre des Avocats.

La dénomination de *Bâtonnier* vient de ce que l'Avocat choisi par ses confrères comme leur doyen portait, dans les processions, le *bâton* ou bannière de saint Nicolas sous l'invocation duquel les Avocats avaient formé, en 1342, une confrérie qui dura jusqu'en 1782. Le titre de Bâtonnier s'est conservé et est en usage encore aujourd'hui.

BEAU-FILS. — **BELLE-FILLE.** Ces mots sont tantôt synonymes des expressions *gendre* et *bru ;* tantôt ils servent à désigner celui ou celle dont on épouse le père ou la mère.

L'obligation réciproque de se fournir des *aliments*, en cas de besoin, n'existe qu'entre *gendre* ou *bru* et leurs *beau-père* ou *belle-mère.* (Cod. civ. art. 206, 207.) — Voy. MARIAGE, I. — ALLIANCE, 3 et suiv.

BEAU-FRÈRE. — **BELLE-SOEUR.** On désigne ainsi celui ou celle qui a épousé notre sœur ou notre frère.

1. — Le *mariage* est *prohibé* entre beau-frère et belle-sœur, mais il peut être accordé une *dispense* pour *causes graves.* (Cod. civ. art. 162 ; loi 16 avril 1832.) — Voy. MARIAGE, I.

2. — Voy. ALLIANCE, 3 et suiv.

BEAU-PÈRE. — **BELLE-MÈRE.** Ces mots ont une double acception : Ils signifient tantôt le *père* et la *mère, par alliance,* de celui ou de celle qui a épousé leur fille ou leur fils ; tantôt le *second mari* de notre mère (*parâtre*), ou la *seconde femme* de notre père (*marâtre*).

L'obligation réciproque de se fournir des *aliments*, en cas de besoin, n'existe qu'entre les *beau-père* ou *belle-mère* proprement dits et leurs *gendre* ou *bru.* (Cod. civ. art. 206, 207.) — Voy. MARIAGE, I. — Voy. aussi ALLIANCE, 3 et suiv.

BÉNÉFICE DE DISCUSSION. — Voy. CAUTIONNEMENT, II, 1.

BÉNÉFICE DE DIVISION. — Voy. CAUTIONNEMENT, II, 2.

BÉNÉFICE D'INVENTAIRE. — Privilège accordé à un héritier de n'accepter qu'avec restriction la succession qui lui est échue, lorsqu'il n'en connait pas exactement l'actif et le passif. — Voy. SUCCESSIONS, III.

BESOIN. — 1. — Les enfants doivent des *aliments* à leurs père et mère et autres ascendants qui sont dans le *besoin*. Les gendres et belles-filles doivent également et dans les mêmes circonstances des aliments à leurs beau-père et belle-mère. — Ces obligations sont réciproques. (Cod. civ. art. 205-207.) — Voy. MARIAGE, V.

2. — Le refus du donataire de fournir des aliments au donateur qui se trouve dans le besoin est une cause de révocation de la libéralité. (Cod. civ. art. 955.) — Voy. DONATION ENTRE VIFS, II.

3. — Dans le langage du droit commercial, on désigne par le mot *besoin* la mention, inscrite au bas d'un effet de la personne qui le payera à défaut du tiré. — Voy. EFFETS DE COMMERCE.

4. — L'*abus des besoins des mineurs* est l'une des espèces d'abus de confiance que prévoit et punit le

Code pénal (art. 406). — Voy. ABUS DE CONFIANCE, I.

BESTIAUX. — Du latin *bestia*, bête. Ne se dit guère que des bœufs, vaches, moutons, chèvres et porcs.

1. — Les bestiaux et ustensiles servant à faire valoir les terres sont censés compris dans les donations entre vifs ou testamentaires desdites terres. (Cod. civ. art. 1064.)

2. — Si le preneur d'un héritage rural ne le garnit pas des bestiaux nécessaires à son exploitation, le bailleur peut faire résilier le bail. (Cod. civ. art. 1766.)

3. — Le *vol* de bestiaux dans les champs est puni d'un emprisonnement de un à cinq ans et d'une amende de seize francs à cinq cents francs. (Cod. pén. 388.)

4. — Voici quel était, d'après le recensement de 1882, l'effectif du bétail en France :

Race *bovine*, 11 617 775, dont :

2 479 418 bœufs et taureaux ;
7 261 726 vaches et génisses ;
1 877 651 veaux.

Race *ovine*, 21 634 706, dont :

19 044 366 de races du pays ;
5 590 340 de races perfectionnées.

Race *caprine*, 1 497 114 ;
— *porcine*, 6 257 980.

5. — Voy. ANIMAUX.

BEURRES. — (Loi 14 mars 1887.) — Pour réprimer les fraudes commises dans la vente des beurres, une loi du 14 mars 1887 a édicté les mesures suivantes :

TITRE Ier. — DE LA RÉPRESSION DES FRAUDES DANS LA VENTE DES BEURRES.

Art. 1er. — « Il est *interdit* d'exposer, de mettre en vente ou de vendre, d'importer ou d'exporter, *sous le nom de beurre*, de la margarine, de l'oléo-margarine et, d'une manière générale, toute substance destinée à remplacer le beurre, ainsi que les mélanges de margarine, de graisse, d'huile et d'autres substances avec le beurre, quelle que soit la quantité qu'en renferment ces mélanges. »

Art. 2. — « Seront *punis* d'un emprisonnement de six jours à six mois et de 50 à 3 000 francs d'amende ceux qui auront *sciemment* contrevenu aux dispositions de l'article 1er.

Toutefois, seront *présumés avoir connu la falsification* de la marchandise ceux qui ne pourront indiquer le nom du vendeur ou de l'expéditeur. »

Art. 3. — « Les substances ou les mélanges frauduleusement exposés, vendus, mis en vente, importés ou exportés, restés en la possession de l'auteur du délit seront *confisqués*, conformément à l'article 5 de la loi du 27 mars 1851. »

Art. 4. — « Les tribunaux pourront toujours ordonner que les *jugements de condamnations* prononcées par application des dispositions de l'article 2 soient, par extraits ou littéralement, *publiés* dans les journaux qu'ils désigneront, ou *affichés* dans les lieux ou marchés où la fraude a été commise, ainsi qu'aux portes de la maison et des magasins du délinquant, et à celles de la mairie du domicile de ce dernier, et ce, toujours aux frais du condamné. »

Art. 5. — « En cas de *récidive* dans l'année qui suivra la condamnation, le *maximum* de l'amende sera toujours appliqué et le *jugement toujours publié et affiché*. »

TITRE II. — DE LA VENTE, DU TRANSPORT ET DE L'EXPORTATION DE LA MARGARINE, DE L'OLÉO-MARGARINE OU DES GRAISSES ALIMENTAIRES.

Art. 6. — « Tout marchand au détail de margarine ou de substances ou mélanges destinés à remplacer le beurre devra informer l'acheteur que la substance ou le mélange par lui vendu n'est pas du beurre, en le livrant dans un vase, flacon ou enveloppe, portant en caractères apparents les mots : *Margarine*, *oléo-margarine* ou *graisse alimentaire*. »

Art. 7. — « Tout fabricant, marchand en gros, expéditeur ou consignataire de margarine, d'oléo-margarine ou de substances similaires, sera tenu de les placer dans des fûts ou récipients marqués en caractères apparents, imprimés ou creusés au feu, des mots : *margarine*, *oléo-margarine* ou *graisse alimentaire*. »

Art. 8. — « Les fabricants, marchands, expéditeurs ou consignataires de margarine, oléo-margarine ou de substances similaires, devront indiquer sur les factures, lettres de voitures, connaissements, etc., pour chaque envoi de marchandises de ce genre, que les marchandises ainsi expédiées sont vendues comme *margarine*, *oléo-margarine* ou *graisse alimentaire*.

Tout voiturier et toute compagnie de transports par terre ou par eau devront reproduire cette désignation dans leurs livres, factures et déclarations ou manifestes. »

Art. 9. — « Ceux qui auront contrevenu aux dispositions des articles ci-dessus, 6, 7 et 8, § 1er, seront punis d'un *emprisonnement* de six jours à un mois et d'une *amende* de 25 à 1 000 fr., ou de l'une de ces deux peines seulement.

Les voituriers ou compagnies de transports, par terre ou par eau, qui auront contrevenu aux dispositions du second paragraphe de l'article 8, seront punis d'une *amende* de 25 à 500 francs. »

Art. 10. — « En cas de *récidive* dans l'année qui suivra la condamnation, le *maximum* de l'amende sera toujours appliqué.

L'article 463 du Code pénal (*circonstances atténuantes*) est applicable aux délits prévus par la présente loi. »

BIENS. — (Cod. civ. 516-543.) — Du latin *beare*, rendre heureux. — On entend par *biens* toutes les choses qui sont susceptibles d'une propriété publique ou privée.

1. — Tous les biens sont *meubles* ou *immeubles*. Cette distinction est fort importante : les meubles tombent dans la *communauté* des époux, les immeubles n'y tombent pas (Cod. civ. art. 1401, 1404); — les immeubles seuls peuvent être *hypothéqués* (Cod. civ. art. 2118, 2119); — les formalités de la *saisie* des immeubles sont plus compliquées que celles de la saisie des meubles (Cod. proc. civ. art. 533 et suiv., 673 et suiv.); — la *compétence* des tribunaux est déterminée, quand il s'agit d'immeubles, par la situation de l'immeuble litigieux; en matière mobilière, par le domicile du défendeur (Cod. proc. civ. art. 59); etc., etc.

1. Des immeubles. — 1. — Généralement, les immeubles sont les choses qui, ayant reçu de la nature ou de la main de l'homme une assiette fixe et immobile, ne peuvent pas être transportées d'un lieu dans un autre : tels sont les fonds de terre, les maisons, etc.

2. — Toutefois, il est des choses qui, bien qu'essentiellement mobiles, ont reçu de la loi même un caractère immobilier, lorsqu'elles se rattachent, par *destination*, à un immeuble dont elles sont devenues l'auxiliaire ou l'accessoire.

3. — Enfin la loi attribue la qualité d'immeubles à certaines choses qui, étant *incorporelles*, ne sont, par leur propre nature, ni meubles ni immeubles.

4. — Ainsi, il y a trois classes d'immeubles : 1° les *immeubles par leur nature*; — 2° les *immeubles par destination*; — 3° les *immeubles par détermination de la loi*; ou, suivant l'expression employée par le législateur, *par l'objet auquel ils s'appliquent*.

5. — Les immeubles *par leur nature* sont : les fonds de terre; les bâtiments; les moulins à vent ou à eau fixés sur piliers ou faisant partie des bâtiments; les tuyaux servant à la conduite des eaux dans une maison ou dans un autre héritage; les récoltes pendantes par les racines et les fruits des arbres non encore recueillis; les bois taillis et les futaies.

6. — Les immeubles *par destination* sont les objets que le propriétaire d'un fonds y a placés pour le service et l'exploitation de ce fonds. Tels sont les animaux attachés à la culture, les ustensiles aratoires, les semences données aux fermiers ou colons partiaires, les pigeons des colombiers, lapins des garennes et poissons des étangs, les ruches à miel, les pressoirs, chaudières, alambics, cuves et tonnes, les ustensiles nécessaires à l'exploitation des forges, papeteries et autres usines, les pailles et engrais.

7. — Sont aussi immeubles *par destination* tous les effets mobiliers que le propriétaire a attachés au fonds à perpétuelle demeure. Sont censés attachés au fonds à perpétuelle demeure les objets qui y sont scellés en plâtre ou à chaux ou à ciment, ou qui ne pourraient en être détachés sans fracture et détérioration. Les glaces d'un appartement sont réputées mises à perpétuelle demeure, lorsque le parquet sur lequel elles sont attachées fait corps avec la boiserie. Il en est de même des tableaux et autres ornements. Quant aux statues, elles sont immeubles lorsqu'elles sont placées dans une niche pratiquée exprès pour les recevoir, bien qu'elles puissent être enlevées sans fracture ou détérioration.

8. — Sont immeubles *par la détermination de la loi*, ou *par l'objet auquel ils s'appliquent*, les droits ou actions qui ont pour objet un immeuble. Tels sont : 1° l'usufruit, l'usage et le droit d'habitation, établis sur un immeuble ; — 2° les servitudes ou services fonciers ; — 3° les actions qui tendent à revendiquer un immeuble.

II. Des meubles. — Il y a deux classes de meubles : 1° les *meubles par leur nature* ; — 2° les *meubles par détermination de la loi*, ou *par l'objet auquel ils s'appliquent*.

1. — Sont meubles *par leur nature*, les corps qui peuvent se transporter d'un lieu à un autre, soit qu'ils se meuvent par eux-mêmes, comme les animaux, soit qu'ils ne puissent changer de place que par l'effet d'une force étrangère, comme les choses inanimées.

2. — Sont meubles *par la détermination de la loi*, ou *par l'objet auquel ils s'appliquent* : — 1° l'usufruit des choses mobilières ; — 2° les obligations et actions qui ont pour objet des sommes exigibles ou des effets mobiliers ; — 3° les actions ou intérêts dans les compagnies de finance, de commerce ou d'industrie. (Toutefois, les rentes sur l'Etat, les actions de la Banque de France, celles des canaux d'Orléans et du Loing peuvent être immobilisées par une déclaration formelle de la personne qui les a ;) — 4° les rentes perpétuelles ou viagères soit sur l'Etat, soit sur des particuliers.

III. Sens légal des mots : meubles, meubles meublants, biens meubles, mobilier, etc. — 1. — Employé seul, sans autre addition ni désignation, le mot *meubles* comprend tous les meubles autres que l'argent comptant, les pierreries, les créances, les livres, les médailles, les instruments des sciences, des arts et métiers, le linge de corps, les chevaux, équipages, armes, grains, vins, foins et autres denrées, enfin ce qui fait l'objet d'un commerce.

2. — Les mots *meubles meublants* ne comprennent que les meubles destinés à l'usage et à l'ornement des appartements, comme tapisseries, lits, sièges, glaces, pendules, tables, porcelaines, et autres objets de cette nature. Les tableaux et les statues qui font partie du meuble d'un appartement y sont aussi compris, mais non les collections de tableaux qui peuvent être dans les galeries ou pièces particulières. Il en est de même des porcelaines : celles seulement qui font partie de la décoration d'un appartement sont comprises sous la dénomination de meubles meublants.

3. — L'expression *biens meubles*, *mobilier* ou *effets mobiliers* a un sens plus général : elle comprend tout ce qui n'est pas immeuble.

4. — La vente ou le don d'une *maison meublée* ne comprend que les meubles meublants.

5. — La vente ou le don d'une maison, *avec tout ce qui s'y trouve*, ne comprend pas l'argent comptant, ni les créances et autres droits dont les titres peuvent être déposés dans la maison : tous les autres effets mobiliers y sont compris.

IV. DES BIENS DANS LEUR RAPPORT AVEC CEUX QUI LES POSSÈDENT. — 1. — Sous ce rapport, les biens se divisent en deux grandes classes : la première comprend les biens qui appartiennent à des particuliers, à des *personnes privées;* la seconde, les biens qui appartiennent à des *personnes publiques*, c'est-à-dire à l'Etat, aux Départements, aux Communes, aux Etablissements publics.

Les biens qui n'appartiennent pas à des particuliers sont administrés et ne peuvent être aliénés que dans les formes et suivant les règles tracées par les lois administratives.

2. — Voy. DOMAINE DE L'ÉTAT ; — DOMAINE PUBLIC ; — COMMUNE.

BIENS VACANTS. — Tous les biens vacants et sans maître, et ceux des personnes qui décèdent sans héritiers, ou dont les successions sont abandonnées, appartiennent au *domaine public*. (Cod. civ. art. 539.)

BIGAMIE. — (Cod. civ. art. 147, 188, 189 ; Cod. pén. art. 340.)

Du latin *bis*, deux fois, et du grec *gamein*, se marier. — C'est l'état de celui qui contracte un nouveau mariage avant la dissolution du premier.

1. — La *bigamie* est un crime que la loi punit des *travaux forcés à temps*.

2. — Il n'est pas nécessaire, pour l'existence du crime de bigamie, que la célébration du second mariage ait été consommée. Il suffit, suivant les principes généraux du droit criminel (Cod. pén. art. 2), qu'elle ait commencé et que l'accomplissement n'en ait été empêché que par des circonstances indépendantes de la volonté du coupable. (Voy. TENTATIVE.) L'appréciation des circonstances qui forment le commencement d'exécution est laissée à la conscience du jury.

3. — L'officier public qui, connaissant l'existence du premier mariage, aurait prêté son ministère pour la célébration, encourrait la même peine que le bigame lui-même. Il faut en dire autant de quiconque se serait rendu complice du crime.

4. — D'après les principes généraux (Cod. instr. crim. art. 637), s'il s'écoule dix années sans poursuites à compter du jour où le second mariage a été contracté, l'*action publique* pour l'application de la peine encourue par le bigame se trouve *prescrite* en sa faveur : il ne peut donc plus être condamné comme tel ; mais le Ministère public n'en a pas moins la faculté de faire déclarer par la voie civile la nullité du second mariage.

5. — Si cette nullité est prononcée, le conjoint de *bonne foi* peut obtenir contre le bigame des dommages-intérêts et, en outre, jouir, ainsi que ses enfants, s'il en a, des avantages attachés par la loi au mariage *putatif*. (Cod. civ. art. 201, 202.) — Voy. MARIAGE, IV.

Si le conjoint du bigame n'était pas de bonne foi, non seulement son prétendu mariage ne produirait, quant à lui, aucun effet civil, mais les enfants qui en seraient issus se trouveraient être *adultérins*. — S'ils n'avaient été conçus que depuis le décès du premier conjoint, ils seraient *naturels simples*.

6. — Dans le cas où les nouveaux époux opposeraient la nullité du premier mariage, la validité ou la nullité de ce mariage devrait être jugée préalablement. En effet, si le premier mariage est déclaré nul, le second se trouve valable, et réciproquement.

BILAN. — Du latin *bilanx*, balance. — C'est l'état qu'en cas de faillite un commerçant est tenu de déposer au greffe du tribunal de son domicile, en même temps qu'il déclare la suspension de ses payements. — Voy. FAILLITE, I.

BILLARD. — Jeu d'adresse, inventé, dit-on, en Angleterre.

1. — La tenue d'un billard ne doit pas être considérée comme une sorte d'accessoire de la licence qui permet à un individu d'exercer la profession de cafetier ou d'aubergiste. Il faut obtenir une *autorisation* spéciale, de la Préfecture de police à Paris, et de la Municipalité partout ailleurs.

2. — Le jeu de billard a été déclaré par la jurisprudence *ne pas faire partie des jeux d'adresse*, dans le sens de l'article 1966 du Code civil, c'est-à-dire que les dettes contractées à l'occasion de ce jeu ne donnent point d'action en justice. (Arrêts, Cour de Poitiers, 4 mai 1810; Cour de Montpellier, 4 juillet 1828; Cour d'Angers, 13 août 1831.) Ces diverses décisions sont motivées sur ce que les combinaisons du jeu de billard, « appelées savantes par les joueurs, ne sont d'aucun fruit pour le bien public » et qu'on ne voit pas que « de l'adresse et de l'exercice d'un joueur de billard, il doive naître un soldat vigoureux ou tout autre homme utile à la société. »

3. — Depuis le 1er octobre 1871, les billards publics et privés sont soumis aux *taxes* suivantes :

Paris	60 f.
Villes au-dessus de 50 000 âmes	30
Villes de 10 000 à 50 000 âmes	15
Ailleurs	6

Ces taxes sont recouvrées comme en matière de contributions directes. — Elles sont *doublées* pour les contribuables qui ont fait des déclarations inexactes ou qui n'ont pas fait leur déclaration avant le 31 janvier de chaque année.

Les demandes en décharge doivent, à peine de nullité, être formées avant le 31 janvier. (Lois 16 septembre 1871, art. 8 et 10; 18 décembre 1871, art. 5.)

Les taxes sur les billards ont *rapporté* 995 538 fr. en 1877, 1 008 225 fr. en 1878, 1 017 951 fr. en 1879 et 1 023 757 fr. en 1880.

BILLET A DOMICILE. — C'est le billet à ordre payable à un autre domicile que celui de la personne qui l'a souscrit :

> Bon pour 1 000 fr.
>
> Paris, le 8 Mars 1887.
>
> Fin Avril prochain, je payerai à M....., ou à son ordre, la somme de mille francs, valeur (en compte).
>
> BERTRAND.
>
> Au domicile de M.***, rue de Rivoli, 40.

— Voy. EFFETS DE COMMERCE.

BILLET A ORDRE. — (Cod. com. art. 187, 189.)

C'est le billet payable à la personne à qui il est souscrit, ou à l'*ordre* de celle qui en devient cessionnaire par un endossement régulier. — Voy. EFFETS DE COMMERCE, sect. II.

BILLET AU PORTEUR. — C'est le billet payable au porteur, sans désignation aucune de la personne pour laquelle il est souscrit :

> Bon pour 1 000 fr.
>
> Paris, le 8 Mars 1887.
>
> A présentation, je payerai au porteur du présent effet, à mon domicile ci-dessous, la somme de mille francs, valeur (en compte).
>
> BERTRAND,
>
> 90, rue de Rivoli.

Ce billet devient une véritable monnaie circulant de main en main, sans qu'il soit nécessaire d'en constater la transmission.

BILLETS DE BANQUE. — Voy. BANQUE DE FRANCE.

Les *contrefacteurs* de billets de banque et ceux qui sciemment ont fait usage de billets contrefaits sont punis des *travaux forcés à perpétuité*. (Cod. pén. art. 139.)

Une loi du 11 juillet 1885 *interdit* la fabrication, la vente, le colportage et la distribution de tous imprimés ou formules obtenues par un procédé quelconque qui, par leur forme extérieure, présenteraient avec les billets de banque et autres valeurs fiduciaires une *ressemblance* de nature à faciliter l'acceptation desdits imprimés ou formules, au lieu et place des valeurs imitées.

Toute infraction est punie de 5 jours à 6 mois de *prison* et de 16 fr. à 2 000 fr. d'*amende*, à moins d'admission de circonstances atténuantes.

Les imprimés ou formules, ainsi que les planches ou matrices ayant servi à leur confection, sont confisqués.

BILLON. — Monnaie de cuivre.

1. — La monnaie de billon, de fabrication française, ne peut être employée dans les payements que pour l'appoint de la pièce de cinq francs, si ce n'est de gré à gré. (Déc. 15 août 1810.)

2. — Le Code pénal (art. 133) punit très sévèrement la contrefaçon ou l'altération des monnaies de billon. — Voy. FAUX, I.

— Voy. MONNAIE.

BLANCS. — Espace laissé sans écriture sur un papier.

1. — Les *actes de l'état civil* doivent être inscrits sur les registres, de suite, sans aucun blanc, à peine d'une amende de cent francs au maximum. (Cod. civ. art. 42.)

2. — Les *Conservateurs des hypothèques* sont tenus de faire les inscriptions et transcriptions de suite, sans aucun blanc ni interligne, à peine d'une amende de mille francs, à deux mille francs, et des dommages et intérêts des parties. (Cod. civ. art. 2203.)

3. — Les actes des *Notaires* doivent être écrits sans blanc, lacune, ni intervalle, à peine de cent francs d'amende. (Loi 25 ventôse an XI (16 mars 1803), art. 13.)

4. — Les livres sur lesquels les *Agents de change* et les *Courtiers* doivent consigner les opérations faites par leur ministère ne peuvent contenir également ni blancs, ni interlignes, etc. (Cod. com. art. 84.)

5. — Les *livres de commerce* doivent être tenus par ordre de date, sans blancs, lacunes, ni transports en marge. (Cod. com. art 10.)

BLANC-SEING. — Signature donnée de confiance sur un papier destiné à recevoir un écrit, dont il ne contient encore aucune trace.

L'abus de blanc-seing est l'une des espèces d'abus de confiance que prévoit le Code pénal. — Voy. ABUS DE CONFIANCE, II.

BLESSURES. — Voy. COUPS ET BLESSURES.

BLOCUS. — (Déclaration 16 avril 1836 annexée au traité de Paris.) (Cod. com. art. 279.)

C'est l'investissement par l'ennemi d'un port ou d'une ville afin d'empêcher l'entrée de secours de toute nature.

1. — Pour être obligatoires, les blocus doivent être *effectifs*, c'est-à-dire maintenus par une force suffisante pour interdire réellement l'accès du littoral de l'ennemi.

2. — Dans le cas de blocus du port pour lequel le navire est destiné, le capitaine est tenu, s'il n'a des ordres contraires, de se rendre dans un des ports voisins de la même puissance où il lui est permis d'aborder.

Dans cette hypothèse, le capitaine peut exiger, à raison de la prolongation du voyage, une augmentation de *fret* (voy. ce mot).

BOBINAGE. — Voy. TISSAGE ET BOBINAGE.

BOIS. — 1. — Les coupes ordinaires des bois *taillis* (sujets à être coupés) ou de *futaies* (arbres qui, n'ayant pas été coupés, sont devenus anciens) mises en coupes réglées, ne deviennent *meubles* qu'au fur et à mesure que les arbres sont abattus. (Cod. civ. art. 521.)

2. — Si l'usufruit comprend des bois taillis, l'*usufruitier* est tenu d'observer l'ordre et la quotité des coupes, conformément à l'aménagement ou à l'usage constant des propriétaires; sans indemnité toutefois en faveur de l'usufruitier ou de ses héritiers, pour les coupes ordinaires,

qu'il n'aurait pas faites pendant sa jouissance. — L'usufruitier profite encore, toujours en se conformant aux époques et à l'usage des anciens propriétaires, des parties de bois de haute futaie mises en coupes réglées. Il peut prendre, dans les bois, des échalas pour les vignes, et, sur les arbres, des produits annuels ou périodiques (glands, liège, ébranchage, etc.), le tout suivant l'usage du pays ou la coutume des propriétaires. (Cod. civ. art. 590-593.)

3. — Le *vol* de bois dans les ventes est puni d'un emprisonnement de un à cinq ans et d'une amende de seize francs à cinq cents francs. (Cod. pén. art. 388.)

4. — Voy. INCENDIE, 2 et 3; — AFFOUAGE; — FORÊTS.

BOISSONS. — (Lois 28 avril 1816; 17 juillet 1819; 12 décembre 1830; 21 avril 1832; ord. roy. 21 décembre 1838: loi 24 juillet 1843; déc. 17 mars 1852; lois 1er septembre 1871, 9 juin 1875.)

1. — Toutes les boissons, vins, eaux-de-vie, esprits et liqueurs, bières, cidres, et généralement toutes les liqueurs fermentées, sont soumises à un *impôt* très productif, qui date du moyen âge et qu'on désignait anciennement sous le nom d'*aides*. — Les droits auxquels elles sont assujetties sont ceux de *circulation*, d'*entrée*, de *vente en détail*, de *consommation*, de *fabrication* et de *licence*.

§ I. *Droit de circulation.* — 1. — Il est dû à chaque enlèvement ou déplacement des vins, cidres, poirés ou hydromels en quantité de un hectolitre et au-dessus en cercles, et de vingt-cinq bouteilles au moins en caisses ou paniers fermés et emballés suivant les usages du commerce. Les quantités inférieures sont soumises au *droit de détail*. — L'exemption de droit est accordée : 1° Au propriétaire qui fait transporter sa denrée du pressoir au cellier; — 2° au propriétaire qui fait transporter sa denrée d'un cellier à un autre, soit dans le même département, soit dans un des arrondissements limitrophes; — 3° au marchand qui expédie les boissons d'un magasin à un autre.

2. — Le droit est perçu d'après un tarif gradué suivant les départements, de manière à frapper la denrée proportionnellement à sa valeur présumée. Dans ce but, les départements sont divisés en quatre classes et le droit est d'autant plus élevé qu'on s'éloigne davantage des pays viticoles.

3. — C'est au moment de l'enlèvement qu'en général le droit de circulation est perçu, car le liquide imposable ne peut voyager sans être accompagné d'un *congé*, que les receveurs des contributions indirectes délivrent moyennant l'acquittement préalable de la taxe. S'il n'y a pas lieu à la perception du droit de circulation, par exemple en cas de transport du pressoir au cellier, le propriétaire doit se munir d'un *passavant* délivré gratuitement par le Receveur.

§ II. *Droit d'entrée.* — 1. — C'est un droit *local* auquel sont assujetties les villes ayant une population agglomérée de quatre mille âmes et au-dessus. Ce droit frappe toutes les espèces de boissons, à l'exception de la bière : il est perçu au profit du Trésor et ne se confond pas avec le droit d'*octroi* perçu au profit de la Commune.

2. — Les boissons introduites dans un lieu sujet au droit d'entrée, pour le traverser seulement ou y séjourner moins de vingt-quatre heures, ne sont pas soumises à ce droit; mais le conducteur est tenu d'en consigner ou d'en faire cautionner le montant à l'entrée et de se munir d'un permis appelé *passe-debout*. La somme consignée n'est restituée ou la caution libérée qu'au départ des boissons et après justification de leur sortie du lieu. — Si le séjour est de plus de vingt-quatre heures, le conducteur doit faire une déclaration de *transit*.

3. — Le payement de l'impôt retombe en définitive sur le consommateur, le marchand s'indemnisant

par l'élévation du prix de la denrée ; mais, comme il serait onéreux aux marchands d'être obligés d'en faire l'avance, la loi leur a donné la faculté de s'en affranchir au moyen de l'*entrepôt*.

4. — L'entrepôt est dit *réel* ou *fictif*.

Par *entrepôt réel*, on entend le dépôt des marchandises dans un magasin public : les droits ne sont perçus qu'au fur et à mesure de l'enlèvement de ces marchandises pour servir à la consommation. Dans les villes où il n'y a pas d'établissement public, les magasins privés peuvent être *fictivement* considérés comme lieux d'entrepôt, à la condition d'être soumis à l'*exercice*, c'est-à-dire aux visites des agents de la Régie à l'effet de constater les quantités et d'exiger les taxes sur les manquants.

§ III. *Droit de détail.* — 1. — La vente en détail des vins, cidres, poirés et hydromels est frappée d'un droit de quinze pour cent par hectolitre, sauf une *remise* de trois pour cent pour déchet et consommation de famille.

2. — Les débitants sont assujettis à des règles de police et à une surveillance des employés de la Régie qui est qualifiée d'*exercice*. Mais ils peuvent se soustraire à l'exercice en contractant un *abonnement*.

3. — L'abonnement est *individuel* ou *collectif :* ce dernier peut avoir lieu *par Commune* ou *par Corporation*.

L'*abonnement individuel* se fait pour une somme fixe ou à raison de tant l'hectolitre. L'*abonnement par Commune* substitue aux droits de détail et de circulation dans l'intérieur de la Commune le payement d'une somme versée, de quinzaine en quinzaine, par la caisse municipale. L'*abonnement par Corporation* ne remplace que le droit de détail : lorsqu'il a été voté par les deux tiers des débitants, il est obligatoire pour tous ; sa *durée* est d'une année.

4. — Les droits de *circulation*, d'*entrée* et de *détail* sont remplacés par une taxe unique à l'entrée, pour la ville de Paris, et pour les villes, ayant plus de quatre mille âmes, dont les Conseils municipaux le demandent. — La loi du 9 juin 1875 a rendu le régime de la *taxe unique obligatoire* pour toutes les agglomérations de 10 000 âmes et au-dessus. Le tarif de cette taxe unique est revisable périodiquement tous les 5 ans d'après le prix moyen de la vente en détail et d'après les quantités vendues par les débitants.

Les vins, cidres, poirés et hydromels expédiés du dehors à destination des villes placées sous le régime de la taxe unique ne peuvent circuler qu'en vertu d'*acquits-à-caution*. (Voy. ce mot.)

§ IV. *Droit de consommation.* — C'est un droit général applicable aux *spiritueux*, et perçu d'après le degré de l'esprit : il est de 50 pour 100.

§ V. *Droit de fabrication.* — Ce droit n'existe que pour la *bière :* il est de trois francs soixante centimes par hectolitre pour les bières *fortes* et de un franc vingt centimes pour les *petites bières*. — (Pour se rendre compte de la différence qui existe entre les *bières fortes* et les *petites bières*, il faut savoir que les brasseurs jettent de l'eau sur les mêmes matières à plusieurs reprises, et obtiennent ainsi des *trempes* dont la force va en diminuant. Or, c'est après la troisième trempe que commence la fabrication de la *petite bière*.)

§ VI. *Droit de licence.* — A l'ensemble des droits sur les boissons vient se joindre un droit particulier dit de *licence* (du latin *licentia*, permission), exigé des personnes qui se livrent au commerce des boissons. C'est une sorte de patente spéciale, indépendante de la patente exigée de tout commerçant et payée, à ce titre, par les débitants eux-mêmes.

Depuis le 1er octobre 1871, les droits de licence sont perçus d'après le tarif suivant :

12 fr. dans les Communes au-dessous		de	4000	habitants;	
16	—	de	4000	à 6000	—
20	—	de	6000	à 10000	—
24	—	de	10000	à 15000	—
28	—	de	15000	à 20000	—
32	—	de	20000	à 30000	—
36	—	de	30000	à 50000	—
40	—	de	50000	habitants et au-dessus (Paris excepté.)	

§ VII. La *falsification* des boissons est sévèrement punie. Une loi du 5 mai 1855 a rendu applicables aux boissons les dispositions de la loi du 27 mars 1851 tendant à la répression plus efficace de certaines fraudes dans la vente des marchandises.

Suivant les circonstances, la *peine* varie entre un emprisonnement de 3 mois à 2 ans et une amende de 50 à 500 fr. En cas de *récidive*, elle peut être élevée jusqu'au double du maximum.

Le tribunal a la faculté d'ordonner l'affiche du jugement et son insertion intégrale ou par extraits dans les journaux, aux frais du condamné.

§ VIII. Le *produit des droits* sur les boissons s'est élevé, en 1880, à la somme de 439 046 616 fr. 23 c. — Voy. IVRESSE.

§ IX. STATISTIQUE

PRODUCTION ET PRIX DU VIN EN FRANCE DE 1829 A 1882.

ANNÉES	NOMBRE d'hectares PLANTÉS	PRODUCTION en HECTOLITRES	RAPPORTS — RENDEMENT par HECTARE	RAPPORTS — PRIX MOYEN de l'hectolitre chez le RÉCOLTANT
	Hectares	Hectolitres	Hect. lit.	Fr. c.
1829..	2003365	30973000	75 56	17 00
1835..	2118709	26496000	12 56	16 00
1840..	2145260	27719000	12 92	11 00
1845..	2169156	30130000	13 89	13 00
1850..	2181609	45266000	20 75	12 97
1855..	2175084	15175000	6 98	» »
1860..	2205409	39558450	17 94	» »
1865..	2293567	68942931	30 06	26 00
1870[1].	2238178	54535000	23 32	28 00
1875..	2396139	78202088	32 64	21 00
1880..	2258520	33915679	15 02	38 18
1881..	2245331	38577689	17 16	40 26
1882..	2180265	38825325	17 83	40 41

1. Déduction faite des superficies et produits de l'Alsace-Lorraine.

Voici quelle a été pour dix années, de 1858 à 1868, la production des autres boissons :

ANNÉES	ALCOOLS	CIDRES ET POIRÉS	BIÈRES
	Hectolitres	Hectolitres	Hectolitres
1858	842 591	3 935 722	6 806 672
1859	823 030	5 235 340	6 696 761
1860	851 826	4 643 859	6 575 620
1861	832 937	6 567 627	6 797 937
1862	859 600	5 790 551	6 963 014
1863	870 283	5 719 108	7 050 898
1864	873 240	5 798 709	7 212 136
1865	873 028	5 509 319	7 685 965
1866	964 232	4 511 075	8 078 470
1867	939 473	5 836 628	7 006 811
1868	971 329	6 599 805	7 327 332

BON PÈRE DE FAMILLE. — Expression souvent employée par le législateur pour désigner un type de sagesse et de vigilance.

1. — Le tuteur doit administrer *en bon père de famille*. (Cod. civ. art. 450.)

2. — L'usufruitier, l'usager et celui qui a un droit d'habitation doivent jouir *en bons pères de famille*. (Cod. civ. art. 601, 627.)

3. — L'obligation de veiller, jusqu'à la livraison, à la conservation de la chose qu'on s'est engagé à donner soumet celui qui en est chargé à y apporter tous les soins d'*un bon père de famille*. (Cod. civ. art. 1137.)

4. — Celui qui gère volontairement l'affaire d'autrui est tenu d'apporter à sa gestion tous les soins d'*un bon père de famille*. (Cod. civ. art. 1374.)

5. — Le maître doit se conduire envers l'apprenti *en bon père de famille*. (Loi 22 fév. 1851, art. 8.)

BONS DU TRÉSOR. — (Loi 4 août 1824, tit. III, art. 6.)

Ce sont des bons émis par le Ministre des Finances pour le service du Trésor public ; ils sont payables à échéance fixe, et portent un intérêt qui varie suivant les époques du remboursement, et aussi suivant la rareté du numéraire.

La loi annuelle du budget fixe le chiffre jusqu'à concurrence duquel le Ministre des finances pourra émettre ces bons.

BORNAGE — BORNE. — (Cod. civ. art. 646; Cod. proc. civ. art. 3, 38 ; Cod. pén. art. 456 ; Cod. for. art. 8, 14.)

Le *bornage* est une opération qui tend à prévenir les procès, et qui consiste à déterminer la ligne séparative de deux terrains contigus à l'aide de signes appelés *bornes*.

1. — Aux termes de l'article 646 du Code civil, « tout propriétaire peut *obliger* son voisin au bornage de leurs propriétés contiguës. » Cette opération se fait « à *frais communs*. »

Lorsque l'un des propriétaires ne consent pas à ce que le bornage ait lieu à l'*amiable*, il faut recourir à l'intervention du Juge de paix de la situation, qui ordonne une *expertise* et statue, sauf appel devant le tribunal civil d'arrondissement.

Si la contestation ne portait pas seulement sur les limites, si elle avait pour objet la *propriété*, le tribunal seul serait compétent pour en connaître.

2. — Le *déplacement* ou la *suppression* de bornes ou d'arbres servant de limites entre différents héritages est un délit que l'article 456

du Code pénal punit d'un emprisonnement d'un mois à un an et d'une amende égale au quart des restitutions et des dommages-intérêts, sans que cette amende puisse être inférieure à 50 fr.

3. — Des règles particulières pour le bornage des *bois et forêts* de l'Etat ont été tracées par le Code forestier. (Art. 8-14.)

BOUCHER — BOUCHERIE. — Du grec *bous*, bœuf.

1. — Le commerce de la boucherie est *libre*, sauf l'observation des mesures de police prescrites dans l'intérêt de la sûreté, de la salubrité et de la santé publiques.

Jusqu'à ces dernières années, l'exercice de la boucherie à Paris a été l'objet d'une réglementation à part, dérogeant au droit commun, afin de mieux assurer (du moins, on le croyait) l'approvisionnement de la capitale et de prévenir plus efficacement les dangers qui pouvaient menacer la sécurité publique. Mais le décret du 24 février 1858, en supprimant la limitation du nombre des bouchers, le cautionnement et les marchés obligatoires, etc., a sagement rétabli le droit commun dans une profession où le privilège et l'exception ne sauraient se justifier. Voici les principales dispositions de ce décret :

« Tout individu qui veut exercer, à Paris, la profession de boucher doit préalablement faire, à la Préfecture de police, une *déclaration* indiquant la rue ou la place et le numéro de la maison ou des maisons où la boucherie et ses dépendances seront établies. — Cette déclaration doit être *renouvelée* chaque fois que la boucherie change de propriétaire ou de locaux.

» La viande est *inspectée* à l'abattoir et à l'entrée dans Paris, sans préjudice de tous autres droits appartenant à l'Administration pour assurer la fidélité du débit et la salubrité des viandes vendues dans les étaux ou sur les marchés.

» Le colportage en quête d'acheteurs des viandes de boucherie est interdit dans Paris.

» Il sera institué, sur les marchés à bestiaux autorisés pour l'approvisionnement de Paris, des *facteurs* dont la gestion sera garantie par un cautionnement, et dont les fonctions consisteront à recevoir en consignation les animaux sur pieds et à les vendre, soit à l'amiable, soit à la criée, et aux conditions indiquées par le propriétaire. — L'emploi de ces facteurs sera *facultatif*.

» Tout propriétaire d'animaux jouit, comme les bouchers, du droit de faire abattre son bétail dans les abattoirs généraux, d'y faire vendre à l'amiable la viande provenant de ces animaux, de la faire enlever pour l'extérieur, en franchise du droit d'octroi, ou de l'envoyer sur les marchés intérieurs de la ville affectés à la criée des viandes abattues.

» Les bouchers forains sont admis, concurremment avec les bouchers établis à Paris, à vendre ou faire vendre en détail, sur les marchés publics, en se conformant aux règlements de police... »

2. — Sont rangées au cinquième rang, parmi les créances *privilégiées* sur la généralité des meubles, les fournitures faites au débiteur et à sa famille par les bouchers, pendant les six derniers mois. (Cod. civ. art. 2101.) — Voy. PRIVILÉGE, I, § 1er.

3. — L'action des bouchers pour le payement du prix de leurs fournitures *se prescrit* par un an. (Cod. civ. art. 2272.) — Voy. PRESCRIPTION, III, 3°.

4. — Voy. ABATTOIR ; — TROMPERIE SUR LA MARCHANDISE.

BOULANGER — BOULANGERIE. 1. — Un décret d'une haute importance, en date du 22 juin 1863, a proclamé la *liberté* absolue de la boulangerie, à partir du 1er septembre de la même année. — Sont ainsi abrogées les dispositions des décrets, ordonnances ou règlements généraux ayant pour objet de limiter le nombre des boulangers, de les soumettre aux formalités des autorisations préalables pour la fondation ou la fermeture de leurs établissements, de leur imposer des réserves de farines ou de grains, des dépôts de garantie ou de cautionnements en argent, de réglementer la fabrication, le transport ou la vente du pain. — Il ne reste debout que les dispositions relatives à la *salubrité* et à la *fidélité du débit* du pain mis en vente. — Voy. TROMPERIE SUR LA MARCHANDISE.

2. — L'art. 2101 du Code civil place au cinquième rang, parmi les créances *privilégiées* sur la généralité des meubles, les fournitures faites au débiteur et à sa famille par les boulangers, pendant les six derniers mois. — Voy. PRIVILÈGE, I, § 1er.

3. — L'action des boulangers pour le payement du prix de leurs fournitures *se prescrit* par un an. (Cod. civ. art. 2272.) — Voy. PRESCRIPTION, III, 3°.

BOURSES DE COMMERCE. — (Loi 28 ventôse an IX (19 mars 1801); arr. 27 prairial an X (16 juin 1802); Cod. com. art. 71-73.)

Le commerce et l'industrie ont besoin de centres d'activité. Il importe aux commerçants de pouvoir se rencontrer à jour et heure fixes, et de connaître les nouvelles qui influent sur les cours. *Les Bourses de commerce* leur offrent ces avantages.

1. — C'est de Bruges en Flandre que nous est venue cette dénomination de *Bourse*. Au XVIe siècle, les marchands de cette ville avaient l'habitude de se réunir dans une maison appartenant à la famille Van der Burse, sur la porte de laquelle étaient sculptées trois bourses. Ils furent naturellement amenés à désigner, par cette sorte d'enseigne, d'abord le lieu de leur réunion, puis leur assemblée elle-même, et cette désignation fut adoptée ensuite dans toutes les villes qui, à l'exemple de Bruges, eurent des Bourses de commerce.

2. — La faculté d'établir des Bourses dans les lieux où il le juge convenable appartient au Gouvernement. Il en existe actuellement dans 69 villes ci-après désignées :

Agde, Agen, Albi, Amiens, Angers, Angoulême, Arras, Auch, Avignon, Bastia, Bayonne, Béziers, Blois, Bordeaux, Boulogne-sur-Mer, Brest, Caen, Calais, Carcassonne, Castres, Cette, Chalon-sur-Saône, Châtellerault, Cherbourg, Clermont-Ferrand, Dieppe, Dijon, Douai, Grenoble, Havre (Le), Honfleur, Libourne, Limoges, Lorient, Lyon, Marennes, Marseille, Montauban, Montpellier, Morlaix, Nancy, Nantes, Narbonne, Nevers, Nice, Nîmes, Niort, Orléans, Paris, Pézenas, Reims, Rennes, Rochefort, Rochelle (La), Rodez, Roubaix, Rouen, Saint-Étienne, Saint-Malo, Saint-Omer, Saint-Quentin, Toulon, Toulouse, Tourcoing, Tours, Troyes, Valenciennes, Vannes, Versailles.

3. — Il est pourvu aux dépenses d'entretien et de réparation des Bourses à l'aide d'une contribution qui porte sur certaines classes de commerçants, et qui est proportionnée à la patente : la quotité en est fixée annuellement par un décret rendu sur la proposition des Chambres de commerce, ou des Conseils municipaux dans les lieux où il n'y a pas de Chambres de commerce.

4. — Le résultat des négociations et des transactions qui s'opèrent dans la Bourse détermine le cours du change, des marchandises, des assurances, du fret ou nolis, du prix des transports par terre ou par eau, des effets publics et autres dont le cours est susceptible d'être coté. Ces divers cours sont constatés par les *Agents de change* et *Courtiers*. (Voy. ces mots.)

5. — L'entrée de la Bourse est *interdite* aux commerçants faillis non réhabilités.

BRASSERIE — BRASSEUR. — (Lois 28 avril 1816, chap. 5; 1er mai 1822, art. 8; 23 avril 1836; Déc. 17 mars 1852, art. 23.)

On appelle *brasserie* le lieu où se fabrique la *bière*, et *brasseur* l'individu qui se livre à cette fabrication.

L'expression *brasseur* paraît venir du mot *bras*, parce que c'est avec les bras qu'il opère son travail.

1. — L'établissement de *droits* sur la bière remonte à 1625. Aujourd'hui, à la différence de l'impôt sur les autres boissons qui ne les frappe qu'après leur complète fabrication et au moment de leur déplacement, de leur vente ou de leur consommation, l'impôt sur les bières est *perçu à la fabrication :* il est dû par le fabricant seul, indépendamment de toute vente ou consommation ultérieures. — Voy. BOISSONS, § V.

— Les brasseurs sont assujettis à un *droit de licence* fixé à 100 fr. dans les départements de l'Aisne, des Ardennes, de la Côte-d'Or, de Meurthe-et-Moselle, du Nord, du Pas-de-Calais, du Rhône, de la Seine, de la Seine-Inférieure, de Seine-et-Oise et de la Somme; — à 60 fr. dans les autres départements (Loi 1er septembre 1871, art. 6.)

2. — Les brasseurs sont tenus de faire à la Régie la *déclaration* de leur profession et du lieu où seront situés leurs établissements. Ils sont, en outre, obligés de déclarer par écrit la contenance de leurs chaudières, cuves et bacs, avant de s'en servir; ils doivent fournir l'eau et les ouvriers nécessaires pour vérifier par l'empotement de ces vaisseaux les contenances déclarées. Chaque vaisseau porte un numéro et l'indication de sa contenance en hectolitres.

3. — Il est *défendu* aux brasseurs de changer, modifier ou altérer la contenance des chaudières, cuves et bacs, ou d'en établir de nouveaux, sans en avoir fait la déclaration par écrit, vingt-quatre heures d'avance. Chaque fois qu'ils veulent mettre le feu sous leurs chaudières, ils doivent *déclarer* à la Régie, au moins quatre heures d'avance, dans les villes, et douze heures, dans les campagnes : 1° le numéro et la contenance des chaudières qu'ils veulent employer, et l'heure de la mise du feu sous chacune ; — le nombre et la qualité des brassins qu'ils fabriqueront avec la même drèche; — 3° l'heure à laquelle les trempes de chaque brassin seront données et l'heure de l'entonnement de chaque brassin; — 4° le moment où l'eau sera versée sur les marcs, pour fabriquer la petite bière sans ébullition exempte du droit, et celui où elle sortira de la brasserie.

4. — Les brasseurs sont soumis aux *visites* et *vérifications* des employés de la Régie, et tenus de leur ouvrir, à toute réquisition, leurs maisons, brasseries, ateliers, magasins, caves et celliers, ainsi que de leur représenter les bières qu'ils ont en leur possession. Ces visites et vérifications peuvent avoir lieu pendant la nuit dans les brasseries et distilleries, lorsque ces établissements sont en activité.

5. — Toute *contravention* aux dispositions qui régissent l'industrie du brasseur est punie d'une amende de 200 fr. à 600 fr. Les bières trouvées en fraude, et les chaudières qui ne seraient pas fixées à demeure et maçonnées sont, en outre, saisies et confisquées.

6. — La Régie peut consentir, de gré à gré, avec les brasseurs de la ville de Paris et des villes au-dessus de 30 000 âmes, un *abonnement* général pour le montant du droit de fabrication dont ils sont présumés passibles. Cette convention n'est valable qu'après avoir reçu l'approbation du Ministre des Finances : elle est *annuelle*.

7. — Voy. BOISSONS, §§ VII et IX.

BREF. — Du latin *brevis*, court. Nom donné, à cause de leur brièveté, aux lettres adressées par le Pape, et qui n'ont point rapport aux affaires générales de l'Eglise.

1. — Aux termes de l'article 1er du Concordat, aucun *bref* ne peut être publié, imprimé, ni autrement mis à exécution en France sans l'autorisation du Gouvernement. Il appartient au Conseil d'Etat d'enregistrer les brefs, après avoir examiné s'ils ne contiennent rien de contraire à notre droit public.

2. — Voici, d'après l'Encyclopédie catholique, les principales différences qui existent entre les *bulles* (voy. ce mot) et les *brefs*: « Les premières sont toujours ouvertes quand on les donne; les secondes sont presque toujours cachetées. Les brefs ne renferment ni préface ni préambule, et, au lieu d'être signés de la main du Pape, ils ne portent que la signature d'un secrétaire désigné pour cet objet. On les écrivit longtemps sur du papier ordinaire; mais, de nos jours, ils sont presque tous sur parchemin, et sur le côté opposé à celui dont on se sert pour les bulles. On les scelle de cire rouge, à la différence des bulles, qui portent de la cire verte, et on y applique l'anneau du pêcheur. »

BREVET. (ACTE EN) — Se dit d'un acte dont le notaire ne garde pas minute, et qu'il délivre en original.

BREVET DE CAPACITÉ. — Diplôme exigé de quiconque veut exercer les fonctions d'instituteur primaire. (Loi 16 juin 1881, art. 1er.)

Il y a deux sortes de brevets de capacité : le brevet *élémentaire* et brevet *supérieur*. Le premier ouvre la carrière de l'enseignement; la possession du second est la condition d'accès à certaines fonctions plus relevées d'enseignement ou d'administration.

Pour être admis aux examens du *brevet élémentaire*, il faut avoir *seize ans* au moins *le 1er octobre* de l'année dans laquelle on se présente; Pour le *brevet supérieur*, 18 *ans* révolus sont exigés au jour de *l'ouverture de la session*. — Des *dispenses d'âge* ne dépassant pas *trois mois* peuvent être accordées.

Les *Commissions d'examen*, composées de 7 membres au moins, sont nommées par le Recteur.

Il y a 2 sessions *ordinaires* par an, en *juillet* et en *octobre*. — Des sessions *extraordinaires* peuvent être autorisées. (Déc. 18 janvier 1887, art. 106 et suiv.; arr. du même jour, art. 134 et suiv.)

Un *droit d'examen* de 10 fr. pour le brevet *élémentaire*, et de 20 fr. pour le brevet supérieur, a été établi par la loi de finances du 27 février 1887 (art. 3). En sont *exempts* les élèves des écoles normales primaires.

BREVET D'INVENTION. — (Lois 5 juillet 1844, 31 mai 1856 et 23 mai 1868.)

Titre conféré par le Gouvernement à l'auteur d'une découverte ou invention industrielle, à l'effet de lui assurer, pendant un certain temps et sous certaines conditions, le droit exclusif d'exploiter à son profit ladite découverte ou invention.

I. HISTORIQUE. — La création des brevets d'invention date de 1623, et c'est l'Angleterre qui en a eu la première idée.

1. — En France, avant 1790, aucun droit particulier n'était accordé aux auteurs de découvertes industrielles. Opprimés par les Corporations qui leur disputaient le droit d'exécuter les découvertes qu'elles n'avaient point faites, entravés par les règlements qui, en prescrivant rigoureusement certains procédés de fabrication, interdisaient par cela même d'en introduire de meilleurs, les inventeurs n'avaient d'autre refuge contre les rigueurs de la législation que dans l'obtention de *privilèges*. Mais le caprice présidait seul à la distribution de ces privilèges; les conditions de leur concession étaient pareillement soumises au régime du bon plaisir; leur durée même était variable et quelquefois illimitée; la déclaration du 24 décembre 1762 la réduisit à quinze années, sauf prorogation lorsqu'il y aurait lieu.

2. — Dans la fameuse nuit du 4 au 5 août 1789, l'Assemblée constituante vota l'abolition des privilèges et la suppression des Jurandes et des Maîtrises. Le 31 décembre 1790, elle décréta une loi qui assurait une juste protection aux auteurs de découvertes industrielles. Garantir à tout inventeur, pendant un temps donné, la jouissance pleine et entière de sa découverte, à la condition que cet inventeur livrera sa découverte à la Société après l'expi-

ration de son privilège : tel est l'état de choses que cette loi substitua à un régime arbitraire. Pour remédier aux imperfections de la législation des brevets d'invention, un projet fut préparé dès 1833 : il fut converti en loi en 1844, après une étude attentive. Cette loi du 5 juillet 1844 forme actuellement le *Code des inventeurs*.

II. Caractères de l'invention brevetable. — 1. — Pour qu'un brevet puisse être obtenu, *il faut :* 1° qu'il se rapporte à une invention ou découverte ; — 2° que cette invention ou découverte soit nouvelle ; — 3° qu'elle ait le caractère d'invention ou découverte *industrielle ;* — 4° qu'elle ne soit pas contraire à l'ordre ou à la sûreté publique, aux bonnes mœurs et aux lois.

2. — Sont considérées comme *inventions* ou *découvertes nouvelles :* — l'invention de nouveaux produits industriels ; — l'invention de nouveaux moyens ou l'application nouvelle de moyens connus, pour l'obtention d'un résultat ou d'un produit industriel. — L'invention peut, en effet, se manifester sous des formes diverses. Elle peut conquérir des *produits nouveaux*, comme, par exemple, lorsqu'elle a obtenu la soude, en brûlant du varech ; — Elle peut créer seulement de *nouveaux moyens* pour obtenir plus aisément et à moins de frais des produits en circulation, comme lorsqu'elle a retiré la soude du sel marin à l'aide de l'acide sulfurique. — Elle peut enfin se borner à une *application nouvelle de moyens déjà connus*, comme lorsqu'elle a appliqué la vapeur au blanchiment des tissus de fil

3. — *N'est pas réputée nouvelle* toute découverte, invention ou application qui, en France ou à l'étranger, et antérieurement à la date du dépôt de la demande de brevet, a reçu une publicité suffisante pour pouvoir être exécutée.

4. — *Ne sont pas susceptibles d'être brevetés :* 1° les compositions pharmaceutiques ou remèdes de toutes espèces ; — 2° les plans et combinaisons de crédits ou de finances. Ces deux exceptions ont été introduites pour protéger le public contre le charlatanisme ou la mauvaise foi. En effet, bien que les brevets d'invention soient délivrés sans examen et *sans garantie du Gouvernement*, le vulgaire est porté à y voir une sorte de recommandation, et cette crédulité pourrait être exploitée au détriment de la santé ou de la fortune des particuliers.

III. Durée des brevets. — La durée des brevets est de cinq, dix ou quinze années, au choix de ceux qui les demandent : elle ne peut être *prolongée* que par une loi, et *commence* au jour du dépôt de la demande à la Préfecture.

IV. Taxe. — Les brevets sont soumis à une taxe ainsi fixée : 500 fr. pour un brevet de 5 ans ; 1 000 fr. pour un brevet de 10 ans ; 1 500 fr. pour un brevet de 15 ans ; elle est payable par annuité de 100 fr., sous peine de *déchéance* si le breveté ne l'a pas versée avant le commencement de chaque année du brevet. Aucun dépôt de demande n'est reçu que sur la production d'un récépissé constatant le payement de la première annuité. Les annuités *se payent* à la caisse du Trésorier-Payeur général du département, et, à Paris, à la Recette centrale.

Cette taxe a été établie pour deux *motifs :* d'une part, pour rembourser le fisc des dépenses que l'administration des brevets occasionne, et, d'autre part, pour empêcher une foule de rêveries et de puérilités d'entraver le commerce et d'usurper une protection due seulement aux découvertes sérieuses et utiles.

V. Formalités pour la délivrance des brevets. — 1. — Celui qui veut obtenir un brevet d'invention doit déposer au secrétariat de la Préfecture du département où il est domicilié, ou de tout autre département, en y faisant élection de domicile, un paquet cacheté contenant : 1° *Une demande au Ministre du commerce et de l'industrie*, laquelle demande, limitée à un seul objet principal, mentionne la durée (5, 10 ou 15 années) que le pétitionnaire entend assigner à son brevet, et indique un titre désignant d'une manière précise l'objet de l'invention ; — 2° *Une description de ladite invention*, en double original. Cette description ne doit contenir ni surcharges, ni altérations, et ne peut être écrite en langue étrangère ; les mots rayés sont comptés et constatés ; les pages et les renvois paraphés ; — 3° *Les dessins ou échantillons nécessaires pour l'intelligence de la description*, en double original également ; — 4° *Un bordereau des pièces déposées.* — Toutes ces pièces (demande, description, dessins ou échantillons, bordereau) doivent être *signées* de celui qui demande le brevet ou de son mandataire.

Aucun dépôt n'est reçu que sur la production d'un *récépissé* constatant le versement d'une somme de 100 fr., à valoir sur le montant de la taxe du brevet. (Voy. ci-dessus, IV.)

2. — Le dépôt de la demande est constaté par un procès-verbal dressé au secrétariat général de la Préfecture, et énonçant le jour et même l'heure de la remise des pièces, afin d'établir la priorité au cas où plusieurs demandes de brevet pour le même objet seraient déposées le même jour.

3. — Le Préfet transmet les pièces au Ministère du commerce et de l'industrie. A leur arrivée, elles sont ouvertes, et, si la demande est régulière, le Ministre délivre, sous forme d'*arrêté*, le brevet, *sans examen préalable* et *sans garantie*, soit de la réalité, de la nouveauté ou du mérite de l'invention, soit de la fidélité ou de l'exactitude de la description.

4. — Si la demande est *irrégulière*, si, par exemple, elle n'est pas accompagnée d'une description ou si elle ne contient pas toutes les énonciations exigées, le brevet n'est pas délivré, et la moitié de la somme versée reste acquise au Trésor, à moins que, dans les trois mois à compter de la date de notification du rejet de la requête, la demande ne soit renouvelée d'une manière régulière.

5. — Une expédition de l'arrêté ministériel qui constitue le brevet est délivrée sans frais au demandeur, avec le duplicata de la description et des dessins. Toute expédition ultérieure, réclamée par le breveté ou ses ayants cause, donne lieu au payement d'une taxe de 25 fr. Les frais de dessin, s'il y a lieu, demeurent à la charge de l'impétrant.

6. — Un décret, inséré au *Bulletin des lois*, proclame, tous les trois mois, les brevets délivrés.

7. — Quiconque, dans des enseignes, annonces, prospectus, affiches, marques ou estampilles, prendrait la qualité de breveté, sans posséder un brevet, ou après l'expiration de ce brevet, ou qui, étant breveté, mentionnerait cette qualité ou son brevet sans y ajouter ces mots : *sans garantie du Gouvernement*, serait passible d'une amende de 50 fr. à 1000 fr. En cas de récidive, l'amende pourrait être portée au double.

VI. Certificats d'addition. — Brevets de perfectionnement. — 1. — La loi permet de breveter les changements, additions ou perfectionnements apportés à une invention précédemment brevetée, un perfectionnement, quand il ne se réduit pas à une modification insignifiante, pouvant avoir le caractère et l'importance d'une création nouvelle. Si le changement, l'addition ou le perfectionnement émane de l'inventeur breveté, il a le choix ou de prendre un brevet spécial pour 5, 10 ou 15 années, ou de se faire délivrer un simple *certificat d'addition* se rattachant au brevet primitif et soumis alors à une faible taxe de 20 francs. Si c'est un tiers, il lui faut un brevet assujetti aux mêmes formalités, aux mêmes conditions et aux mêmes droits que les brevets primordiaux.

2. — Tout en accordant à d'autres qu'à l'inventeur le droit de se faire breveter pour un perfectionnement, il était juste de laisser à l'inventeur le temps de tirer de son invention toutes ses conséquences, et d'y apporter les améliorations que la pratique peut lui avoir suggérées. Aussi la loi dispose-t-elle que *nul* autre que le breveté ou ses ayants droit ne peut, *pendant une année*, prendre valablement un brevet pour un *changement*, *perfectionnement* ou *addition* à l'invention qui fait l'objet du brevet primitif. Après ce délai, le breveté n'a plus de privilège.

3. — Celui qui prend un brevet pour un perfectionnement apporté à une invention brevetée au profit d'une autre personne, ne peut exploiter l'invention, objet du brevet primitif tant que ce brevet dure, et réciproquement le titulaire du brevet primitif ne peut appliquer le perfectionnement sans le consentement du second inventeur.

VII. Cession des brevets. — 1. — Comme toute autre propriété, les brevets d'invention sont *cessibles*, totalement ou partiellement, à titre gratuit ou à titre onéreux. La cession est *totale*, si le breveté vend tous ses droits à un acquéreur qui se trouve ainsi complètement mis en son lieu et place ; elle est *partielle*, s'il ne cède qu'une partie seulement des droits résultant du brevet, par exemple, s'il cède le droit de vendre en se réservant celui de fabriquer ; s'il ne cède son brevet que pour telle commune, tel département, ou pour une limite de temps déterminé.

2. — Afin que les tiers soient à même de connaître facilement à qui appartient le brevet, la loi exige que la cession soit faite par *acte notarié*, et qu'elle soit *enregistrée* au secrétariat de la Préfecture du département dans lequel l'acte a été passé. Elle doit, en outre, être précédée du *payement de la totalité de la taxe* du brevet qui n'est, en général, payable que par annuités.

3. — Le cessionnaire, saisi par une cession régulière, peut, dans les limites où la cession lui a été faite, exercer tous les droits du breveté, et notamment poursuivre les contrefacteurs.

VIII. Communication et publication des descriptions et dessins de brevets. — 1. — Les descriptions, dessins, échantillons et modèles des brevets délivrés restent, jusqu'à l'expiration des brevets, déposés au Ministère du commerce et de l'industrie, où ils sont *communiqués*, sans frais, à toute réquisition. Toute personne peut obtenir, à ses frais, copie desdites descriptions et dessins.

2. — Après le payement de la deuxième annuité, les descriptions et dessins sont *publiés*, soit textuellement, soit par extrait. Il est, en outre, publié, au commencement de chaque année, un *catalogue* contenant les titres des brevets délivrés dans le courant de l'année précédente. Ce catalogue et le recueil des descriptions et dessins sont déposés au Ministère du commerce et de l'industrie et au secrétariat de la Préfecture de chaque département, où ils peuvent être consultés *sans frais*.

3. — A l'expiration des brevets, les originaux des descriptions et dessins sont déposés au *Conservatoire des Arts et Métiers*.

IX. Droits des étrangers. — Les étrangers peuvent obtenir en France des brevets d'invention. Mais, si la découverte ou invention est déjà brevetée à l'étranger, la durée du brevet pris en France ne peut excéder celle des brevets antérieurement pris à l'étranger.

X. Nullités et déchéance. — 1. — Les brevets peuvent être frappés de *nullité* ou de *déchéance*. — Il y a *nullité* lorsque le brevet, entaché d'un vice originaire, se trouve n'avoir jamais eu d'existence légale, et n'avoir, par conséquent, conféré aucun droit au breveté. Il y a *déchéance* lorsque, valable à l'origine, le brevet vient, pendant sa durée, à être vicié par certaines causes et à perdre son efficacité pour l'avenir.

2. — Les causes de *nullité* sont les suivantes : 1° si la découverte, invention ou application n'est pas nouvelle et a reçu, en France ou à l'étranger, antérieurement à la date du dépôt de la demande, une publicité suffisante pour pouvoir être connue ; — 2° si elle n'est pas légalement susceptible d'être brevetée ; — 3° si elle est reconnue contraire à l'ordre ou à la sûreté publique, aux bonnes mœurs ou aux lois de l'Etat ; — 4° si le titre sous lequel le brevet a été demandé indique frauduleusement un objet autre que le véritable objet de l'invention ; — 5° si la description jointe au brevet n'est pas suffisante pour l'exécution de l'invention, ou si elle n'indique pas, d'une manière complète et loyale, les véritables moyens de l'inventeur ; — 6° si le brevet a été obtenu pour un perfectionnement apporté à une industrie déjà brevetée, pendant l'année réservée au breveté primitif pour prendre un certificat d'addition ou un brevet de perfectionnement ; — 7° si les certificats d'addition qui ont été pris ne se rattachent pas au brevet principal, ou sont étrangers à l'objet de ce brevet.

3. — Les causes de *déchéance* sont au nombre de trois : 1° défaut d'acquittement de l'annuité avant le commencement de chaque année de la durée du brevet ; — 2° défaut d'exploitation de la découverte dans les deux ans de la concession du brevet, ou cessation d'exploitation pendant deux années consécutives, à moins, dans l'un et l'autre cas, de justification des causes de l'inaction ; — 3° introduction en France d'objets fabriqués à l'étranger et semblables à ceux garantis par le brevet. (Voy. toutefois ci-après XII.)

4. — L'action en nullité et l'action en déchéance peuvent être exercées par toute personne y ayant intérêt. Ces actions, ainsi que toutes contestations relatives à la propriété des brevets, sont portées devant les *tribunaux civils de première instance.*

XI. Contrefaçon. — 1. — Toute atteinte portée aux droits du breveté, soit par la fabrication de produits, soit par l'emploi de moyens faisant l'objet de son brevet, constitue le délit de *contrefaçon*, puni d'une amende de 100 fr. à 2 000 fr.

2. — Sont passibles des mêmes peines que les contrefacteurs, ceux qui sciemment ont *recélé*, *vendu* ou *exposé en vente*, ou *introduit* sur le territoire français un ou plusieurs objets contrefaits.

3. — Dans le cas de *récidive*, c'est-à-dire s'il a été rendu contre le prévenu une première condamnation dans les cinq années antérieures, il est prononcé, outre l'amende, un emprisonnement d'un mois à six mois.

4. — Le même emprisonnement peut aussi être prononcé, si le contrefacteur est un *ouvrier* ou un *employé* ayant travaillé dans les ateliers ou dans l'établissement du breveté, ou si le contrefacteur, s'étant associé avec un ouvrier ou un employé du breveté, a eu connaissance, par ce dernier, des procédés décrits au brevet. L'ouvrier ou l'employé peut être poursuivi comme *complice*.

5. — Les propriétaires de brevets peuvent, en vertu d'une ordonnance du Président du tribunal de première instance, faire procéder, par huissier, à la désignation et description détaillées, avec ou sans saisie, des objets argués de contrefaçon.

6. — La *confiscation* des objets reconnus contrefaits, et, le cas échéant, celle des instruments ou ustensiles destinés spécialement à leur fabrication, sont, même en cas d'acquittement (si l'inculpé n'a pas agi sciemment), prononcées contre le contrefacteur, le recéleur, l'introducteur ou le débitant. Les objets confisqués sont remis au propriétaire du brevet, sans préjudice de plus amples dommages-intérêts, et de l'affiche du jugement, s'il y a lieu.

7. — Si le prévenu de contrefaçon excipe de la nullité ou de la dé-

chéance du brevet, le tribunal correctionnel statue sur cette exception.

XII. **Loi du 31 mai 1856.** — Cette loi, modificative de l'article 32 de la loi du 5 juillet 1844, a donné au Ministre du commerce et de l'industrie le droit d'*autoriser* l'introduction par le breveté : 1° des modèles de machines; — 2° des objets fabriqués à l'étranger, destinés à des expositions publiques ou à des essais faits avec l'assentiment du Gouvernement, sans encourir aucune déchéance, dans l'un et l'autre cas.

XIII. **Dispositions spéciales relatives a la garantie des inventions susceptibles d'être brevetées, qui sont admises aux expositions publiques.** — 1. — Tout Français ou étranger, auteur d'une découverte ou invention susceptible d'être brevetée, ou ses ayants droit, peuvent, s'ils sont admis dans une exposition publique, autorisée par l'administration, obtenir du Préfet ou du Sous-Préfet, dans le département ou l'Arrondissement duquel cette exposition est ouverte, un *certificat descriptif* de l'objet déposé.

2. — Ce certificat assure à celui qui l'obtient les *mêmes droits* que lui conférerait un brevet d'invention, à dater du jour de l'admission jusqu'à la fin du troisième mois qui suit la clôture de l'exposition, sans préjudice du brevet que l'exposant peut prendre avant l'expiration de ce terme.

3. — La *demande* de ce certificat doit être faite dans le premier mois, *au plus tard*, de l'ouverture de l'exposition.

Elle est *adressée* à la Préfecture, ou à la Sous-Préfecture, et *accompagnée* d'une description exacte de l'objet à garantir, et, s'il y a lieu, d'un plan ou d'un dessin dudit objet.

Les demandes, ainsi que les décisions prises par le Préfet ou le Sous-Préfet sont inscrites sur un *registre spécial* qui est ultérieurement transmis au Ministère du commerce et de l'industrie, et *communiqué*, sans frais, à toute réquisition.

La délivrance du certificat est *gratuite*.

XIV. **Statistique des brevets d'invention et des certificats d'addition.** — Le nombre total des *brevets* délivrés du 9 octobre 1844, après la loi organique du 5 juillet de la même année, jusqu'à la fin de 1868, a été de :

Brevets de 5 ans.......	672
— 10 —	1 442
— 15 —	75 630
— étrangers..........	6 039
Total des *brevets*.......	83 783
Certificats d'addition...	26 422
Total général.......	110 205

La statistique de l'année 1882 donne les résultats suivants :

Brevets de 5 ans.........	34
— 10 —	49
— 15 —	5 959
— étrangers............	287
Total des *brevets*.........	6 329
Certificats d'addition....	1 455
Total général.........	7 784

BRIS. — Rupture, fracture. — Voy. clôture, 4; évasion; scellés, 3; armes, 14.

BROCANTEUR. — Individu dont la profession consiste à acheter ou échanger des objets d'occasion pour les revendre ou les échanger.

Nous reproduisons ci-après les principales dispositions d'une ordonnance du Préfet de police, en date du 15 juin 1831, où se trouvent rappelées les obligations imposées, dans l'intérêt de l'ordre public, aux personnes qui exercent ou veulent exercer l'état de brocanteur.

Art. 1er. — « Personne ne peut exercer l'état de brocanteur dans la ville de Paris et dans les communes rurales du ressort de la Préfecture de police, sans s'être préalablement fait *inscrire* sur les registres ouverts à cet effet à ladite Préfecture. » (Déclar. 29 mars 1778, art. 1.)

Art. 2. — « L'impétrant devra être muni de sa patente ou d'une lettre portant décharge du droit de patente et d'un certificat de domicile et d'individualité. Ce certificat sera *délivré* par les Commissaires de police, à Paris et dans les Communes rurales où il en existe, et par les Maires dans les autres Communes. »

Art. 3. — « Le déclarant recevra un *bulletin d'inscription* qu'il sera tenu de faire viser une fois par an (du 1er avril au 30 juin), à la préfecture de police, où il justifiera de sa patente ou d'un certificat d'exemption du droit de patente. Ce visa ne donnera lieu à aucun frais. »

. . . .

Art. 5. — « Les brocanteurs porteront, d'une manière apparente, une *médaille* en cuivre qui leur sera délivrée à la Préfecture de police, et sur laquelle seront gravés leur nom, les initiales de leur prénom et le numéro de leur bulletin d'inscription. (Déclar. 29 mars 1778, art. 2.) La médaille des brocanteurs résidant hors de Paris portera de plus ces mots : *cantons ruraux.* »

Art. 6. — « Il est *défendu* aux brocanteurs de céder, vendre, prêter ou engager, à qui que ce soit, leurs bulletins d'inscription ou leurs médailles. (Déclar. 29 mars 1778, art. 2.) Lorsque les brocanteurs *renonceront* à leur état ou *s'absenteront* du lieu de leur résidence, ils seront tenus de déposer leurs bulletins d'inscription et médailles, savoir : ceux de Paris, à la Préfecture de police; ceux des Communes rurales, entre les mains des Commissaires de police ou des Maires de leurs Communes respectives, lesquels les transmettront à la Préfecture de police. — En cas de *décès*, le dépôt en sera fait par leurs héritiers ou ayants cause. »

Art. 7. — « Les brocanteurs continueront d'avoir un *registre* timbré pour inscrire exactement, jour par jour, sans aucun blanc, rature, surcharge ni interligne, les hardes, linges et autres objets qu'ils achèteront, ainsi que les noms et demeures des vendeurs. — Ce registre, qui sera *coté* et *paraphé* par le Commissaire de police ou le Maire du lieu de la résidence du brocanteur, portera en tête les nom, prénoms, âge, demeure et signalement de celui-ci, ainsi que le numéro de sa médaille. Il sera, tous les mois, examiné et visé par ces fonctionnaires, sur le vu de la patente de l'année ou du certificat d'exemption du droit de patente. » (Ord. pol., 8 nov. 1780, art. 3.)

Art. 8. — « Les brocanteurs qui *changeront de demeure* en feront la *déclaration*, non seulement à la Préfecture de police, mais aussi aux Commissaires de police ou Maires du lieu de leur ancienne et de leur nouvelle résidence. Ces fonctionnaires leur donneront acte, sur leur livre timbré, de cette déclaration. »

Art. 9. — « Il est enjoint aux brocanteurs d'être *constamment porteurs* de leurs bulletins d'inscription, patente et livre timbré; ils devront les représenter, ainsi que les effets, hardes et autres objets qu'ils auront achetés ou échangés, à toute réquisition des Maires, Commissaires de police, Officiers de paix et agents de la Préfecture de police. » (Ord. pol., 8 nov. 1780, art. 4.)

Art. 10. — « Il est *défendu* aux brocanteurs d'*acheter aux enfants* des hardes, meubles, linges, livres, bijoux et autres objets quelconques, à moins d'un consentement par écrit en bonne forme de leurs pères, mères ou tuteurs. (Ord. pol., 8 nov. 1780, art. 1.) — Il leur est expressément interdit d'*acheter aux soldats* leurs armes et effets d'habillement et d'équipement. » (Loi 28 mars 1793 et Ord. roy. 24 juillet 1816.)

Art. 11. — « Il leur est également défendu de vendre et d'acheter des *armes prohibées*, telles que fusils et pistolets à vent, poignards, stylets, tromblons, couteaux en forme de poignard, baïonnettes, pistolets de poche, cannes à épées, à dard ou plombées, etc., et des armes de guerre montées ou non montées. » (Déclar. 23 mars 1728;

déc. 2 nivôse an XIV (12 mars 1806), et Ord. roy. 24 juillet 1816.)

. . . .

Art. 15. — « Il sera pris envers les *contrevenants* telles mesures administratives qu'il appartiendra, sans préjudice des poursuites à exercer contre eux, devant les tribunaux, conformément aux lois et règlements précités, et aux dispositions du Code pénal. »

BRU. — *Belle-fille*, dans l'acception de *femme du fils*. — Voy. BEAU-FILS, BELLE-FILLE.

BUDGET. — Mot anglais, venant lui-même du vieux français *bougette*, qui signifiait bourse, sac de cuir. — On appelle ainsi l'exposé annuel des *recettes* et des *dépenses* d'un pays.

— Le budget de l'Etat a presque *quadruplé* depuis 60 ans. Voici le relevé pour 13 années, de 1819 à 1880, du montant des dépenses tant *ordinaires* qu'*extraordinaires* :

1819..	896 000 028	fr.
1823..	1 118 025 162	—
1831..	1 219 310 975	—
1840..	1 303 711 102	—
1841..	1 425 259 625	—
1846..	1 506 525 591	—
1847..	1 629 678 080	—
1848..	1 770 960 740	—
1854..	1 988 078 169	—
1855..	2 399 217 840	—
1870..	3 439 613 079	—
1879..	3 584 973 504	—
1880..	3 760 696 204	—

1. — Le *budget de l'Etat*, préparé par les différents ministères, est voté par les chambres, dans le cours de la session qui précède l'année pendant laquelle se feront la dépense et la perception.

Il est voté par chapitre. Aucun *virement de crédit* ne peut avoir lieu d'un chapitre à un autre. Les *suppléments de crédit* nécessaires pour subvenir à l'insuffisance dûment justifiée des fonds affectés à un service ne peuvent être accordés que par une loi, sauf le cas de prorogation des Chambres. — La même disposition est applicable aux *crédits extraordinaires*, lesquels ne peuvent être demandés que pour des services qu'il était impossible de prévoir et de régler au budget.

En cas de prorogation des Chambres, les crédits supplémentaires et extraordinaires ne peuvent être ouverts que par des décrets rendus en Conseil d'Etat après délibération et approbation du Conseil des ministres. Ces décrets doivent être soumis à la sanction du Parlement dans la première quinzaine de la plus prochaine réunion. (Loi 16 septembre 1871, art. 30 et 31.)

2. — Le *budget départemental*, préparé, dans chaque département, par le Préfet, est soumis à la délibération du Conseil général, puis arrêté par décret. — Voy. CONSEIL GÉNÉRAL, IV.

3. — Le *budget communal*, dressé, dans chaque Commune, par le Maire, et voté par le Conseil municipal, est arrêté par le Préfet, lorsqu'il ne donne pas lieu à des impositions extraordinaires, sinon par décret. — Voy. COMMUNE, III.

4. — Les budgets des *établissements publics*, hospices, bureaux de bienfaisance, etc., sont soumis à des règlements spéciaux qu'il n'entre pas dans le cadre de cet ouvrage de faire connaître.

BULLE. — Du latin *bullare*, sceller. — Nom donné à certaines lettres pontificales, à cause du sceau (*bulla*) en plomb qui y est suspendu.

1. — Aucune *bulle* ne peut être publiée, imprimée, ni autrement mise à exécution en France sans l'autorisation du Gouvernement (art. 1er du Concordat). — C'est au Conseil d'Etat qu'il appartient d'enregistrer les bulles après avoir examiné si elles ne contiennent rien de contraire à notre droit public.

2. — Les *bulles* se distinguent des *brefs*. — Voy. BREF.

BULLETIN DES COMMUNES. — *Créé* par décret du 17 déc. 1871, il a été *supprimé* par celui du 31 déc. 1884 dont les articles 2 et 3 sont ainsi conçus :

Art. 2. — « A partir du 1er janvier 1885, les Communes autres que les chefs-lieux de canton recevront en échange une feuille hebdomadaire en placard, publiée par l'administration du *Journal officiel*, rédigée par les soins et sous la surveillance du Ministre de l'intérieur et contenant les lois, décrets et instructions du Gouvernement, reproduits textuellement ou par analyse, et, dans la mesure du possible, les travaux de la Chambre des Députés et du Sénat.

Cette publication officielle, qui aura pour titre : *Journal officiel, Edition des Communes*, sera affichée dans chaque Commune au lieu le plus apparent. »

Art. 3. — « Le prix d'abonnement en est fixé à 4 francs par an. Il sera, comme le *Bulletin des Communes*, acquitté par les Communes et porté aux budgets à titre de dépense obligatoire. »

BULLETIN DES LOIS. — Nom donné à la collection officielle des lois et des actes du Gouvernement.

Créé par un décret de la Convention, en date du 14 frimaire an II (4 déc. 1793), ce recueil est publié par l'Imprimerie nationale.

La date placée au bas de chaque bulletin sert à supputer le délai à partir duquel les lois sont réputées promulguées et exécutoires. (Cod. civ. art. 1er.) — Voy. LOI, 2 et 3.

BUREAU CENTRAL MÉTÉOROLOGIQUE. — (Déc. 14 mai 1878). — Etabli à Paris, le Bureau central météorologique a pour attributions : l'étude des mouvements de l'atmosphère, les avertissements météorologiques aux ports et à l'agriculture, l'organisation des observations météorologiques et des commissions régionales ou départementales, les publications de leurs travaux et l'ensemble des recherches de météorologie ou de climatologie.

BUREAU DE BIENFAISANCE. — (Loi 7 frimaire an V (27 novembre 1796); déc. 17 juin 1852; loi 5 août 1879.)

Les *Bureaux de bienfaisance* sont des établissements communaux qui ont pour objet de distribuer des secours à domicile aux familles indigentes.

Au 1er janvier 1883, le *nombre* des Bureaux de bienfaisance était de 14287.

Ils avaient *secouru*, en 1882, 1449330 individus et avaient *distribué* 21390005 francs en *nature* et 6528119 fr. en *argent*.

1. — Les *Commissions administratives* des Bureaux de bienfaisance sont *composées* du Maire et de six membres renouvelables. 2 des membres de chaque Commission sont *élus* par le Conseil municipal. Les 4 autres membres sont *nommés* par le Préfet.

Le nombre des membres renouvelables peut, en raison de l'importance des établissements et des circonstances locales, être *augmenté* par décret rendu sur l'avis du Conseil d'Etat. Dans ce cas, l'augmentation a lieu par nombre *pair*, afin que le droit de nomination s'exerce dans une proportion égale, par le Conseil municipal et le Préfet.

Les délégués du Conseil municipal suivent le sort de cette assemblée quant à la durée de leur mandat; mais, en cas de suspension ou de dissolution du Conseil municipal, ce mandat est continué jusqu'au jour de la nomination des délégués par le nouveau Conseil municipal. — Les autres membres renouvelables sont nommés pour *quatre ans*. Chaque année, la Commission *se renouvelle* par quart. Les membres sortants sont *rééligibles*. — Si le remplacement a lieu dans le cours d'une année, les fonctions du nouveau membre expirent à l'époque où auraient cessé celles du membre qu'il a remplacé. — Ne sont *pas éligibles* ou sont *révoqués de plein droit* les membres qui se trouveraient dans un des cas d'incapacité prévus par les lois électorales. — L'élection des délégués du Conseil municipal a lieu au *scrutin secret*, à la majorité *absolue* des voix. Après 2 tours de scrutin, la majorité *relative* suffit, et, en cas de partage, le plus âgé des candidats est élu.

2. — Les Commissions peuvent être *dissoutes* et leurs membres *révoqués* par le Ministre de l'intérieur. — En cas de dissolution ou de révocation, la Commission est remplacée ou complétée dans le délai d'*un mois.* — Les délégués des Conseils municipaux ne peuvent, s'ils sont révoqués, être réélus pendant *une année.* — En cas de *renouvellement total* ou de *création nouvelle*, les membres à la nomination du Préfet sont, sur sa proposition, nommés par le Ministre de l'intérieur.

3. — Les Commissions administratives peuvent s'adjoindre, en nombre illimité, des *Dames de charité* qui rendent la répartition des secours plus éclairée et plus efficace.

4. — Pour avoir droit aux secours du bureau de bienfaisance d'une Commune, il ne suffit pas d'être indigent, il faut encore avoir ce qu'on appelle le *domicile de secours* dans cette Commune. Ce domicile, jusqu'à l'âge de 21 ans, est au lieu de la naissance. Après cet âge, il s'acquiert par un séjour d'une année dans la Commune.

5. — La législation annuelle n'impose pas la charité aux Communes. Les seules dépenses qui soient obligatoires pour elles sont celles concernant les aliénés et les enfants assistés. — Elles ne sont tenues d'avoir des bureaux de bienfaisance qu'autant qu'elles allouent des subsides pour les secours à domicile, ou que des dons et legs leur sont faits à cette intention.

6. — La *création* des bureaux de bienfaisance est autorisée par les Préfets, sur l'avis des Conseils municipaux.

BUREAU DE PLACEMENT. — (Déc. 25 mars 1852.) — Établissement servant d'intermédiaire entre les domestiques ou employés sans place et les personnes qui ont besoin de domestiques ou d'employés.

1. — Nul ne peut tenir un bureau de placement, sous quelque titre et pour quelques professions, places ou emplois que ce soit, sans une *permission* spéciale délivrée, par le Préfet de police à Paris et dans le ressort de sa Préfecture, par le Préfet du Rhône à Lyon et dans les Communes suburbaines, par l'Autorité municipale partout ailleurs.

2. — Toute *contravention* à cette prescription ou aux règlements concernant le mode de gestion de l'établissement et le tarif des droits à percevoir est punie d'une amende de 1 fr. à 15 fr. et d'un emprisonnement de cinq jours au plus, ou de l'une de ces deux peines seulement. Le maximum des deux peines est toujours appliqué au contrevenant, lorsqu'il a été prononcé contre lui, dans les douze mois précédents, une première condamnation.

3. — Ces peines sont indépendantes des restitutions et dommages-intérêts auxquels peuvent donner lieu les faits imputables au gérant.

4. — La permission peut être *retirée* en cas de condamnation pour certains faits prévus par l'article 5 du décret.

BUREAU DES LONGITUDES. — (Déc. 25 juin 1795; 15 mars 1874.)

Sorte d'Académie astronomique, fondée par la Convention, et réorganisée par les décrets des 30 janvier 1854 et 26 mars 1862.

Elle se *compose* de treize membres, dont trois appartenant à l'Académie des sciences, cinq astronomes, trois membres appartenant au département de la marine, un au département de la guerre, un géographe; un artiste ayant rang de titulaire ; deux membres adjoints; deux artistes adjoints.

Dix *correspondants* sont institués près du Bureau des longitudes, dont trois peuvent être choisis parmi les savants étrangers.

1. — Le *Bureau des longitudes* rédige et publie, trois ans au moins à l'avance, la *Connaissance des temps*, à l'usage des astronomes et des navigateurs. Il rédige aussi et publie un *annuaire*.

2. — Il est appelé à porter et à provoquer des idées de progrès dans toutes les parties de la science astronomique et de l'art d'observer, ce qui comprend : les améliorations à introduire dans la construction des instruments astronomiques et dans les méthodes d'observation soit à terre, soit à la mer; la rédaction des instructions concernant les études sur l'astronomie physique, sur les marées et sur le magnétisme terrestre; l'indication des missions extraordinaires ayant pour but d'étendre les connaissances actuelles sur la configuration ou la physique du globe ; l'avancement des théories de la mécanique céleste et de leurs applications, le perfectionnement des tables du soleil, de la lune et des planètes.

3. — Sur la demande du Gouvernement, le Bureau des longitudes donne son *avis :* 1° sur les questions concernant l'organisation et le service des observatoires existants, ainsi que sur la fondation de nouveaux observatoires; — 2° sur les missions scientifiques confiées aux navigateurs chargés d'expéditions lointaines.

C

CABARET. — Voy. BILLARD ; — DÉBITS DE BOISSON ; — IVRESSE.

CABOTAGE. — (De l'espagnol *cabo*, cap.) — Se dit de la navigation qui se fait le long des côtes, et, en quelque sorte, de cap en cap, pour le transport des marchandises.

1. — On distingue le *petit cabotage*, qui se fait d'un port à l'autre de la France, dans la Manche, l'Océan ou la Méditerranée, du *grand cabotage*, qui se fait, dans la Manche, avec l'Angleterre, la Belgique et la Hollande ; dans l'Océan, avec l'Espagne et le Portugal ; dans la Méditerranée, avec l'Espagne et l'Italie.

2. — Les marins qui commandent les bâtiments servant au cabotage ont le titre de *maîtres au cabotage :* les conditions de nomination à ce titre font l'objet d'un décret du 2 octobre 1880. Il y a un double examen, l'un sur la pratique de la navigation, l'autre sur la théorie.

3. — Les navires de cabotage français sont exempts des droits de tonnage et d'expédition. (Loi 6 mai 1841.)

4. — Pour connaître les formalités imposées au commerce du cabotage, il faut se reporter à la loi du 22 août 1791, à une circulaire des douanes, du 20 octobre 1834, et à la loi du 12 juillet 1836.

5. — Sur 2136053 tonnes de marchandises transportées en cabotage pendant l'année 1883, le *grand cabotage* (celui qui s'effectue d'une mer dans l'autre) figure pour 99347 tonnes (de 1000 kilos), et le *petit cabotage* (celui qui a lieu entre les ports de la même mer) pour 2036706 tonnes.

CADASTRE. — Du bas latin *capitastrum*. — Opération qui sert à déterminer l'étendue et la valeur des biens-fonds.

Le mot *cadastre* se dit aussi du registre public qui contient cette indication. — Voy. FONCIÈRE (*Contribution*), 3.

CAFÉ. — Voy. BILLARD ; — DÉBITS DE BOISSON ; — IVRESSE.

CAHIER DES CHARGES. — Se dit de l'acte qui contient les conditions des ventes ou adjudications publiques, et les obligations auxquelles seront soumis les adjudicataires. Il est tenu, avant les ventes ou adjudications, à la disposition du public qui peut en prendre connaissance aux endroits désignés.

CAISSE D'AMORTISSEMENT. —

(Loi 28 avril 1816, tit. 10; déc. 27 mars 1852; loi 16 septembre 1871, art. 22.)

Cette caisse, placée sous la surveillance et la garantie de l'autorité législative, a pour objet l'amortissement de la dette publique au moyen d'achats journaliers de rentes, dont les arrérages sont employés en achat de nouvelles rentes également inscrites en son nom : elle est dirigée par la même Administration que celle qui régit la *Caisse des dépôts et consignations.*

CAISSE D'ÉPARGNE. — (Loi 5 juin 1835, art. 1, 7, 8-12; loi 31 mars 1837, art. 1; loi 22 juin 1845, art. 1, 5; lois 30 juin 1851; 7 mai 1853; 9 avril 1881, art. 21.)

On donne ce nom à des établissements d'utilité publique destinés à recevoir en dépôts les petites économies et à les rembourser, à la demande des déposants, en tenant compte des intérêts cumulés.

1. — L'institution des Caisses d'épargne est toute moderne. L'idée en est née simultanément en Allemagne, en Suisse et en Angleterre. Elles y fonctionnaient avec succès depuis plusieurs années, quand la généreuse initiative de quelques hommes de bien, à la tête desquels il faut placer M. Benjamin Delessert, essaya d'en fonder une en France. Cette création se fit sous la forme d'une société anonyme qui fut autorisée par ordonnance royale du 29 juillet 1818. L'exemple de Paris ne tarda pas à être suivi par différentes villes de province, mais ce n'est qu'en 1835 que l'institution fut réellement organisée. Les bases en ont été successivement modifiées en 1837, 1845, 1851 et 1853.

2. — Les Caisses d'épargne sont *instituées* par décrets rendus dans la forme des règlements d'administration publique. L'initiative de leur création appartient exclusivement aux Conseils municipaux : on en compte aujourd'hui plus de 500.

3. — Chaque déposant reçoit un *livret* correspondant au compte qui lui est ouvert. *Nul ne peut* avoir plus d'un livret dans la même caisse ou dans des caisses différentes, sous peine de perdre l'intérêt de la totalité des intérêts des sommes déposées.

4. — L'*intérêt* servi par la plupart des Caisses d'épargne a été jusqu'ici de 4 °/o l'an. Il commence à courir huit jours après le dépôt et cesse huit jours avant celui fixé pour le retrait.

5. — Le *minimum* des versements est de 1 fr.; le *maximum*, par semaine, est de 300 fr. Les dépôts *ne peuvent dépasser* 2000 fr., capital et intérêts compris. Lorsque, dans le délai de trois mois, le déposant n'a pas réduit son crédit au-dessous de cette somme, l'Administration de la Caisse achète pour son compte une rente de dix francs sur l'Etat.

Cette règle souffre cependant trois *exceptions :* 1° les *remplaçants* dans les armées de terre et de mer étaient admis à déposer le prix intégral de leur remplacement, à quelque somme qu'il s'élevât; — 2° les *marins* portés sur le contrôle de l'inscription maritime sont également admis à déposer, à quelque somme qu'il s'élève, le montant de leur solde, décomptes et salaires, au moment soit de leur embarquement, soit de leur débarquement; — 3° le compte des *Sociétés de secours mutuels* peut s'élever à 8000 fr., capital et intérêts compris. Lorsque ce chiffre est dépassé, l'Administration de la Caisse achète en leur nom jusqu'à concurrence de cent francs de rente.

6. — Les déposants ont le droit d'obtenir le *transfert* de leur crédit d'une caisse à une autre désignée par eux; mais le transfert n'est possible que pour la totalité du crédit.

7. — Les *remboursements* sont, au gré des déposants, de la totalité de leur avoir, y compris les intérêts acquis, ou de telle quantité qui leur convient.

8. — Au 31 décembre 1882, il existait 544 *Caisses* d'épargne et 908 *succursales*. Les *livrets* étaient au nombre de 4434362 et le *solde* dû aux déposants s'élevait à 1754128710 fr.

— Voy. CAISSE NATIONALE D'ÉPARGNE.

CAISSE DES CHEMINS VICINAUX.—Voy. CHEMINS VICINAUX, 14.

CAISSE DES DÉPOTS ET CONSIGNATIONS. — (Loi 28 avril 1816, art. 110.)

C'est un établissement dont le siège est à Paris, et qui est chargé de recevoir, sous la garantie de l'Etat, les consignations et dépôts obligatoires ou volontaires qui lui sont présentés, et d'administrer en même temps les fonds appartenant à divers services publics. Les Receveurs généraux et particuliers des finances sont ses *préposés* dans les départements.

1. — La Caisse paye l'*intérêt* de toute somme consignée, à raison de trois pour cent, à compter du soixante-et-unième jour du dépôt, jusques et non compris celui du remboursement. La remise des sommes consignées est faite dans le lieu du dépôt, à ceux qui justifient de leurs droits, dix jours après la réquisition du payement au préposé de la Caisse.

Elle bonifie l'intérêt à trois pour cent sur les sommes déposées volontairement par les établissements publics, pourvu qu'elles soient restées trente jours à la Caisse; si elles sont retirées avant ce temps, il n'est pas dû d'intérêt. A l'égard des dépôts volontaires effectués par les particuliers, à Paris, l'intérêt et les conditions de ces dépôts sont fixés par des arrêtés du Directeur général de la Caisse, pris sur l'avis de la Commission de surveillance et revêtus de l'approbation du Ministre des finances.

2. — Les fonds provenant des *Caisses d'épargne et de prévoyance*, ainsi que ceux de la *Caisse des retraites pour la vieillesse*, sont administrés par la *Caisse des dépôts et consignations.*

CAISSE DES ÉCOLES. — (Loi 28 mars 1882, art. 17.)

Institution excellente, due à l'initiative individuelle, qui a pour but d'élever le niveau de l'instruction primaire en en favorisant le développement. *Assistance*, *Émulation*, telle est sa devise.

La loi du 10 avril 1867 (art. 15) s'était proposé d'aider à la généralisation d'une œuvre dont l'expérience a prouvé, notamment à Paris, tout le bien qu'elle peut produire.

Aux termes de l'article 15 de cette loi, « une délibération du Conseil municipal approuvée par le Préfet peut créer, dans toute Commune, une *Caisse des écoles* destinée à encourager et à faciliter la fréquentation de l'école par des récompenses aux élèves indigents. — Le *revenu* de la Caisse se compose de cotisations volontaires et de subventions de la Commune, du département et de l'Etat. Elle peut recevoir, avec l'autorisation des Préfets, des dons et des legs. — Plusieurs Communes peuvent être autorisées à se réunir pour la formation et l'entretien de cette Caisse. — Le *service* de la Caisse des écoles est fait *gratuitement* par le Percepteur. »

La loi du 28 mars 1882 (art. 17) a prescrit l'établissement d'une Caisse des écoles dans *toutes les Communes*, en promettant à celles dont le *centime n'excède pas* 30 *fr.* une subvention au moins égale au montant de la subvention communale. Malheureusement il est plus aisé de décréter une mesure que de la faire appliquer. La Caisse des écoles ne fonctionne pas encore partout, et l'Etat n'a pu jusqu'ici disposer de ressources suffisantes pour tenir entièrement sa promesse.

CAISSE NATIONALE D'EPARGNE. — (Loi 9 avril 1881, déc. 31 août 1884.)

Elle est placée, par la loi, sous la garantie immédiate et absolue de l'Etat.

Tout déposant, muni d'un livret de la Caisse nationale d'épargne, peut continuer ses versements et opérer ses retraits de fonds dans *tous les bureaux* de poste de France, de Corse, d'Algérie et de Tunisie.

I. DÉLIVRANCE DES LIVRETS. — La délivrance des livrets est opérée *gratuitement* par l'intermédiaire de tous les bureaux de poste, ouverts *tous les jours* au service de la Caisse d'épargne, en France, en Algérie et en Tunisie.

Les *mineurs* sont admis à se faire ouvrir des livrets sans l'intervention de leur représentant légal. Ils peuvent également retirer, sans cette intervention, mais seulement *après l'âge de 16 ans révolus*, les sommes figurant sur les livrets *ainsi ouverts*, sauf opposition de la part de leur représentant légal.

Les *femmes mariées*, quel que soit le régime de leur contrat de mariage, sont admises à se faire ouvrir des livrets *sans l'assistance de leurs maris*, et elles peuvent retirer, sans cette assistance, les sommes inscrites aux livrets ainsi ouverts, sauf opposition de la part de leurs maris.

Nul ne peut être titulaire, à la fois, de *deux* livrets de la Caisse nationale ou d'un livret de cette Caisse et d'un livret de Caisse d'épargne privée. Le titulaire d'un livret de Caisse d'épargne privée peut demander et obtenir, sans frais, par l'entremise d'un bureau de poste quelconque, le *transfert* de son compte à la Caisse nationale.

II. Intérêts. — Un *intérêt* de 3 p. 0/0 est servi aux déposants par la Caisse nationale d'épargne. Cet intérêt *part* du 1er ou du 16 de chaque mois, après le jour du versement. Il *cesse* de courir à partir du 1er ou du 16 qui a précédé le jour du remboursement. Au 31 décembre de chaque année, l'intérêt acquis s'ajoute au capital et devient lui-même productif d'intérêts.

Tout déposant qui désire faire porter sur son livret le montant des intérêts acquis au 31 décembre de chaque année dépose son titre dans un *bureau de poste quelconque;* il reçoit, en échange, un *bulletin de dépôt*, détaché d'un livre à souche, et énonçant que le livret lui sera rendu dans un délai de quinze jours. Le déposant indique s'il désire que son livret lui soit remis *à domicile*, par le facteur et sans frais.

III. Montant des versements. — Chaque versement ne peut être inférieur à *un franc*.

Tout versement doit être d'une *somme ronde*, en francs *sans centimes*.

Toute personne qui, sans être en mesure d'opérer le versement minimum de un franc, désire se créer des épargnes, peut acheter des timbres-poste ordinaires à 5 ou à 10 centimes, et les coller, jusqu'à concurrence d'une somme de *un franc*, dans l'encadrement ménagé sur les formules dites: *Bulletin d'épargne*.

Les bulletins d'épargne, ainsi revêtus de timbres-poste intacts, d'une valeur de *un franc*, sont reçus comme numéraire, soit séparément, soit comme appoint d'un versement en espèces. Le même déposant peut verser, en une ou plusieurs fois, jusqu'à dix francs par mois en bulletins d'épargne.

Les formules de bulletins d'épargne sont mises gratuitement à la disposition du public dans les bureaux de poste. Il peut en être délivré dix exemplaires à la fois à la même personne.

Le compte ouvert à chaque déposant ne peut excéder le chiffre de 2000 francs, versés en *une* ou *plusieurs fois*. Le premier versement peut, dès lors, varier entre 1 franc (chiffre minimum) et 2000 (chiffre maximum).

IV. Constatation des versements. — Toute somme versée à un receveur des postes à titre de premier versement donne lieu à la délivrance immédiate d'une *quittance à souche*. Cette quittance est provisoire, et le versement est inscrit sur le livret *lui-même* par le receveur principal et visé par le Directeur des postes du département.

Le livret est remis au déposant contre la restitution de cette quittance, dans un délai de trois jours (non compris le jour du versement et les dimanches). Ce délai est augmenté, en Algérie et en Tunisie, du temps exigé pour l'échange des correspondances entre le lieu de dépôt et le chef-lieu du département. Si le déposant le demande, son livret lui est remis *à domicile,* sans frais, par *l'entremise des facteurs.*

Tout versement ultérieur peut être effectué par le titulaire d'un livret de la Caisse nationale d'épargne ou par un tiers quelconque porteur de ce livret. Au moment de chaque versement ultérieur, l'agent des postes applique sur le livret, en présence de la partie versante, le nombre de timbres-épargne nécessaire pour représenter exactement la somme versée, laquelle est, en outre, inscrite en chiffres dans la colonne des sommes reçues.

Pour former titre envers la Caisse nationale d'épargne, les timbres-épargne doivent être frappés du timbre à date du bureau de poste où les fonds sont déposés, et être revêtus de la signature du receveur. Le livret est rendu sur-le-champ au déposant. Celui-ci doit, avant de quitter le bureau, s'assurer que les formalités énoncées ci-dessus ont été dûment remplies et que la valeur des timbres-épargne collés sur son livret représente bien le dépôt de fonds par lui effectué.

V. Remboursement. — Tout déposant qui veut se faire rembourser soit la *totalité,* soit seulement une *portion* quelconque de son compte courant, doit adresser *directement* au ministre des postes et des télégraphes, à Paris, une *demande de remboursement* rédigée sur une des formules spéciales qui sont à la disposition du public *dans tous les bureaux de poste* et qui diffèrent suivant que le remboursement est partiel ou intégral. Le remboursement est autorisé, autant que possible, par le retour du courrier.

La demande de remboursement doit être signée par le titulaire du livret ou par une personne dûment accréditée pour le représenter. Lorsque le titulaire *ne sait pas signer,* il doit produire l'attestation de deux témoins ou donner procuration devant le maire.

Dans le cas de *force majeure,* des décrets rendus, le Conseil d'État entendu, peuvent autoriser la Caisse nationale d'épargne à n'opérer les remboursements que par *acomptes de 50 francs* au minimum et par quinzaine.

Lorsque le livret est au nom d'une *femme mariée* qui a fait son dépôt sans l'assistance de son mari, c'est elle seule qui signe la demande de remboursement ainsi que la quittance.

En cas d'*opposition de la part du mari,* le remboursement ne peut être fait à la femme seule, mais il peut avoir lieu entre les mains du mari et de la femme.

Quand il s'agit d'une femme mariée qui a fait son dépôt avec l'assistance de son mari, la demande de remboursement peut être signée par elle seule; mais le remboursement est fait au mari et à la femme. — S'ils sont présents l'un et l'autre, on leur fait signer à tous deux la quittance.

Si un seul est présent, on le fait signer et l'on annexe à la quittance le consentement écrit et signé de l'autre. Ce consentement est ainsi rédigé :

Je soussigné (nom et prénoms) *déclare consentir à ce qu'il soit remboursé à ma femme* (ou *à mon mari*) *la somme de* (en toutes lettres) *sur celles inscrites au livret n° ***.*

En ce qui concerne la fille majeure ou mineure, ainsi que la veuve, qui se sont *mariées depuis la délivrance du livret,* le remboursement est fait au mari et à la femme.

Pour les dépôts faits par le représentant légal d'un mineur, la demande de remboursement et la quittance sont signées par la personne chargée de l'administration de ses biens ou de sa tutelle.

Le mineur qui a fait son dépôt sans l'assistance de son représentant légal, signe seul la demande de remboursement et la quittance, *mais seulement lorsqu'il a seize ans révolus* et sauf opposition du représentant légal. — S'il *a moins de seize ans*, la signature du représentant légal sur la quittance est seule nécessaire.

L'intervention du vaguemestre n'est pas nécessaire pour les remboursements à effectuer aux officiers de tout grade ou aux militaires sous les drapeaux.

Pour les dépôts faits par une *maison* ou *société de commerce*, la demande de remboursement et la quittance sont signées par la maison sociale, et le receveur doit se faire communiquer, sauf restitution immédiate, l'acte de société ou d'association.

Lorsque le livret est au nom d'une personne *interdite* ou pourvue d'un *conseil judiciaire* ou *aliénée* non interdite, les fonds ne peuvent être retirés que par la personne chargée de l'administration des biens du titulaire.

Remboursements par voie télégraphique. — Tout déposant peut demander et obtenir, par *télégraphe*, un remboursement à valoir sur son compte d'épargne, aux conditions ci-après :

La taxe du télégramme de demande et de la réponse est à la charge du déposant. Si celui-ci acquitte seulement le prix du télégramme de demande, l'autorisation de remboursement lui est envoyée, sans frais, par la poste.

Le déposant doit, au moment de l'envoi du télégramme, justifier de son *identité* et produire son *livret*.

Le montant d'un remboursement demandé par voie télégraphique doit être *inférieur* d'un franc, au moins, à l'avoir net du déposant. En aucun cas, et jusqu'à nouvel avis, il *ne peut excéder* 300 francs, s'il doit être autorisé par télégramme. Mais un remboursement d'une somme supérieure peut être demandé par télégraphe et autorisé par la *poste*.

Remboursements par mandats-poste. — Tout déposant peut demander le remboursement d'une somme à valoir sur son compte, à son profit ou au profit d'une autre personne, au moyen d'un *mandat-poste* dont il acquitte les frais d'envoi.

La demande de remboursement par mandat-poste est faite sur une formule spéciale mise à la disposition du public dans tous les bureaux de poste, et que le déposant adresse directement au ministre des postes et des télégraphes, à Paris. Si le déposant réside à l'étranger, il doit faire parvenir son livret en même temps que la demande de remboursement.

Les sommes à rembourser sont converties en *mandats-cartes* si elles sont payables en France ou dans l'un des pays étrangers qui admettent cette forme de mandat.

Les remboursements payables par les bureaux de poste des Etats-Unis de l'Amérique du Nord, de la Grande-Bretagne et des Indes orientales néerlandaises donnent lieu à la délivrance de mandats clos, pour la transmission desquels est perçue la taxe d'une lettre ordinaire.

Par la remise des talons des mandats au déposant, la Caisse nationale d'épargne se trouve déchargée de toute responsabilité en ce qui concerne la transmission ou le payement des mandats-poste émis par son entremise.

VI. Achat de rentes. — Tout déposant dont le crédit est suffisant pour acheter 10 francs de rente au minimum peut faire opérer cet achat, *sans frais*, par la Caisse nationale d'épargne. L'achat de rentes peut être supérieur à 10 francs, si la situation du crédit du déposant le comporte; mais le capital à employer ne peut dépasser, pour chaque achat, le maximum de 2000 francs.

Les demandes d'achat de rentes sont adressées directement, par le titulaire du livret, au ministre des postes et des télégraphes sur des formules qui sont mises à la disposition du public dans les bureaux de poste. Les déposants doivent indiquer sur la demande l'avoir net du livret, ainsi que la date, le lieu et le montant du dernier versement.

Les rentes achetées sur la demande des déposants sont *nominatives* ou *mixtes*, au choix des parties : ce choix est toutefois limité aux valeurs indiquées ci-dessous.

En aucun cas, il n'est acheté de rentes *au porteur*.

Il n'est acheté de rentes mixtes que pour les personnes ayant la pleine et entière disposition de leurs inscriptions. Ainsi, il ne peut être délivré de rentes de cette nature aux mineurs, aux interdits, aux établissements publics et religieux, aux caisses de retraites, et généralement aux incapables. Les femmes mariées peuvent posséder des rentes mixtes, mais seulement lorsque leur contrat de mariage ne contient aucune condition de dotalité ou de remploi.

Les demandes d'achat de rentes ne sont admises que pour les rentes 4 1/2 °/ₒ ancien, 4 1/2 °/ₒ fonds nouveau, 3 °/ₒ ancien, 3 °/ₒ nouveau et 3 °/ₒ amortissable. — Il n'est fait aucun achat de rentes 4 °/ₒ, attendu la rareté des titres de cette nature et la difficulté qu'il y a pour les acquérir.

Les rentes 4 1/2 °/ₒ fonds nouveau et 3 °/ₒ ancien comportent seules des titres *mixtes*.

La rente 3 °/ₒ *amortissable* n'est délivrée que par coupures de 15 fr. ou d'un multiple de 15 fr.

Les nom et prénoms du rentier à inscrire doivent être écrits très exactement, d'une manière très lisible et sans aucune abréviation, rature ou surcharge.

Le titulaire a le plus grand intérêt à ce que ses nom et prénoms soient reproduits sur le titre de rente avec la même orthographe et dans le même ordre qu'ils ont sur son acte de naissance.

Le déposant doit demander l'achat d'une somme fixe de rente, sans indication du capital à employer, ce capital étant subordonné au prix d'achat. Il ne peut pas désigner un capital fixe à convertir en une inscription de rente d'un chiffre indéterminé.

En principe, il y a lieu d'observer, à l'égard du déposant ou de son représentant, les mêmes formalités et d'exiger les mêmes garanties pour un achat de rente que pour un remboursement.

Ainsi, le titulaire du livret doit signer lui-même la demande de l'achat de rente, afin que la signature apposée au bas de la demande d'achat puisse être rapprochée de celle de la demande de livret conservée à la direction centrale. Toute demande d'achat de rentes faite par une *femme mariée* doit être signée de son nom de famille, suivi de celui d'alliance. — Les exceptions à cette règle sont celles indiquées pour les demandes de remboursement.

La femme mariée, lorsqu'elle fait ses versements sans l'assistance de son mari, peut acheter des rentes sans cette assistance, mais elle ne peut en effectuer la vente ou le transfert qu'avec le concours de ce dernier. — Quand il s'agit d'une femme mariée qui a fait son dépôt avec l'assistance du mari, la demande d'achat de rentes est signée par le mari et par la femme.

Les inscriptions aux noms de *femmes mariées* ou *veuves* doivent indiquer le nom de famille de la femme, ses prénoms et les nom et prénoms du mari.

Si la titulaire n'est ni mariée ni veuve et qu'elle ait 21 ans accomplis, elle reçoit la qualité de *fille majeure*.

Les *mineurs*, lorsqu'ils font leurs versements sans l'assistance de leur représentant légal, peuvent également, sans cette assistance, acheter des rentes, mais seulement après l'âge de 16 ans révolus. Ils ne peuvent les vendre ou les transférer qu'avec le concours de la personne chargée de l'administration de leurs biens ou de leur tutelle.

VII. Transferts et remboursements internationaux. — Les déposants à la Caisse nationale d'épargne française qui transportent leur domicile en Belgique ou qui séjournent momentanément dans ce pays peuvent obtenir, sans frais, le transfert de leurs comptes d'épargne à la Caisse générale d'épargne et de retraite de Belgique ou le remboursement en Belgique de tout ou partie de leurs épargnes.

Les mêmes avantages sont assurés en France, ainsi qu'en Algérie et en Tunisie, aux titulaires de livrets émis par la Caisse générale d'épargne et de retraite de Belgique.

VIII. Caisses d'épargne scolaires. — Par l'emploi de bulletins d'épargne, les instituteurs peuvent organiser des *Caisses d'épargne scolaires* qui n'entraînent pour eux aucun déplacement ni aucun frais, et dont l'avantage est de développer chez les élèves des habitudes d'ordre et d'économie.

Les opérations des Caisses d'épargne scolaires sont effectuées par l'entremise des facteurs lorsque ces Caisses sont situées dans des communes dépourvues d'un établissement de poste.

IX. Réclamations. — Toute réclamation concernant le service de la Caisse nationale d'épargne doit contenir l'indication du numéro du livret du titulaire et du nom du département où ce livret a été ouvert.

CAISSE NATIONALE DES RETRAITES POUR LA VIEILLESSE. — (Loi 20 juillet 1886; déc. 28 décembre 1886.)

I. Objet et nature de l'institution. — La Caisse nationale des retraites pour la vieillesse, *créée* en 1850 et *réorganisée* par la loi du 20 juillet 1886 et le décret du 28 décembre 1886, fonctionne sous la garantie de l'État et sous le contrôle d'une commission supérieure formée auprès du Ministère du commerce. Elle a pour *objet* de constituer, à l'âge de 50 ans ou à un âge plus avancé, au choix du déposant, des pensions viagères dont le maximum ne peut dépasser 1200 francs.

La pensée du législateur a été d'offrir à l'ouvrier laborieux des villes et des campagnes un moyen de s'assurer, par un léger prélèvement sur son salaire journalier, une retraite pour ses vieux jours.

La Caisse reçoit et centralise dans ce but les épargnes les plus minimes et les fait fructifier par l'accumulation des intérêts et en tenant compte des chances de mortalité.

A l'exception des sommes nécessaires aux payements quotidiens, lesquelles sont placées en compte courant au Trésor public, tous les fonds reçus des déposants sont successivement employés en rentes françaises ou autres valeurs garanties par l'Etat, de sorte que la Caisse a toujours en portefeuille des titres qui représentent exactement le montant de ses engagements.

L'intérêt composé dont il est tenu compte aux déposants est égal à celui que la Caisse retire elle-même des fonds qui lui sont remis. Aucune retenue ou déduction n'est opérée pour les frais d'administration. Ces frais sont exclusivement supportés par la Caisse des dépôts, chargée de la gestion de la Caisse nationale des retraites.

Cette institution offre donc à tout homme qui vit de son salaire la possibilité de préparer, dans des conditions de sécurité absolue et avec les plus grands avantages possibles, le repos et l'indépendance de sa vieillesse. Il sera assuré ainsi de ne pas tomber à la charge de ses enfants, et il pourra même, s'il le désire, en réservant le capital à leur profit, joindre à une légitime prévoyance envers lui-même la satisfaction de leur laisser une petite somme à son décès.

En outre si, avant l'époque fixée pour l'entrée en jouissance, le déposant se trouve dans l'incapacité absolue de travailler par suite de blessures graves ou d'infirmités prématurées régulièrement constatées, il est mis en possession immédiate, même avant 50 ans, d'une pension proportionnelle à son âge et à ses versements; cette pension peut être augmentée au moyen d'une subvention de l'Etat, dans la limite du crédit inscrit chaque année à cet effet au budget.

La *Commission supérieure* est

composée de seize membres parmi lesquels figurent obligatoirement deux sénateurs, deux députés, deux conseillers d'Etat, deux présidents de sociétés de secours mutuels et un industriel; elle statue sur toutes les demandes de bonification, et, en général, donne son avis sur toutes les questions concernant la Caisse.

Depuis sa fondation jusqu'au 31 décembre 1885, la Caisse des retraites a reçu de 694 911 déposants :

	6 498 251 versements à capital *aliéné* pour une somme de..............	279 175 873f 79c
	3 809 828 versements à capital *réservé* pour une somme de..............	313 210 637 03c
Ensemble :	10 308 079 versements s'élevant à.........	592 386 510f 82c

Elle a constitué au profit de 278 782 rentiers 36 921 908 francs de rentes viagères.

Elle a payé, pour le montant des arrérages échus sur ces rentes, la somme de 240 121 054 fr. 62 c.

Elle a remboursé aux héritiers ou ayants droit de déposants ayant versé avec réserve du capital une somme de 66 911 638 fr. 55 c.

L'actif de la Caisse correspondant à ses engagements à la même date s'élevait, soit en rentes sur l'Etat, soit en numéraire, à 647 603 324 fr. 01 c.

II. Mode des versements. — Il suffit de produire à l'appui du premier versement un extrait sur *papier libre* de l'acte de naissance du titulaire. Il est délivré au déposant un récépissé destiné à être échangé contre un *livret* qui sera établi par la Caisse des Dépôts et Consignations. Ce livret contient tous les renseignements nécessaires pour effectuer les versements ultérieurs, lesquels sont reçus sur la simple production de cette pièce chez tous les comptables désignés au bas de la présente instruction.

Les dépôts peuvent provenir des deniers du titulaire de la rente, ou de ceux d'un tiers donateur.

Les premiers peuvent être faits soit directement par le titulaire lui-même, soit par un intermédiaire. Toute personne peut servir d'intermédiaire, recevoir les cotisations et les verser à la Caisse du préposé, sur la production d'un bordereau contenant les noms des adhérents et les sommes versées au compte de chacun d'eux. Le maire peut verser au nom des habitants de sa commune, l'instituteur au nom des élèves de son école, le chef d'industrie au nom de ses ouvriers, les sociétés de secours mutuels au nom de leurs membres, etc.

Des sociétés spéciales de prévoyance, créées exclusivement en vue de servir d'intermédiaire entre leurs adhérents et la Caisse des retraites, sont de nature à rendre de grands services et à aider puissamment au développement de l'institution, en groupant les bonnes volontés, en assurant la perception des cotisations à des époques fixes et en ranimant le zèle des retardataires.

Enfin les caisses d'épargne privées et la Caisse nationale d'épargne postale sont officiellement désignées pour remplir ce rôle vis-à-vis de leurs déposants.

Quant aux versements effectués à titre de donation, opérés par le donateur lui-même ou par un mandataire verbal, ils peuvent être faits par un père au profit de ses enfants, ou par les communes, les départements, les comices agricoles, des particuliers, à titre de prix ou de récompenses, sur la tête d'écoliers ou autres; par un industriel au profit de ses ouvriers, etc.

Ce genre de libéralité doit être particulièrement recommandé ; on crée ainsi au donataire une ressource certaine qu'il ne lui est pas possible de détruire, et on lui assure, surtout s'il s'agit d'un enfant ou d'un apprenti, une rente viagère souvent égale et parfois supérieure à la somme déboursée. C'est aussi un moyen de répandre la connaissance de l'institution et de faire pénétrer dans les familles les notions de prévoyance et d'économie pour l'avenir.

Les versements sont reçus à la Caisse des Dépôts et Consignations et chez les Trésoriers-Payeurs généraux et les Receveurs des Finances, et, en Algérie, chez les Trésoriers-Payeurs et Payeurs particuliers. Ils le sont aussi, depuis le 1er avril 1887, chez les Percepteurs et les Receveurs des Postes.

III. Bulletins-retraites. — Pour faciliter aux économies, même les plus minimes, l'accès de la Caisse nationale des retraites, il est créé, depuis le 1er avril 1887, des *Bulletins-retraites* analogues aux bulletins d'épargne de la Caisse d'épargne postale et permettant de réaliser, au moyen de timbres-poste ordinaires, le versement minimum de 1 franc (ou de 2 francs s'il s'agit de conjoints) prescrit par la loi.

Il suffira de coller les timbres à ce destinés sur un bulletin qui est reçu comme argent par tout préposé de la Caisse des retraites, pourvu que ces timbres ne soient ni altérés, ni maculés, ni déchirés.

Des formules, imprimées sur couleur rose pour les distinguer des bulletins de la Caisse nationale d'épargne, sont délivrées gratuitement dans tous les bureaux désignés ci-dessous.

L'emploi de ces bulletins sera très utile aux instituteurs pour faire participer leurs élèves aux avantages offerts par la Caisse nationale des retraites et qui sont particulièrement remarquables lorsque les versements sont opérés sur la tête de jeunes enfants.

IV. Conditions des versements. — Les versements sont entièrement *facultatifs*. Aucun engagement n'est pris par le déposant, qui peut les interrompre et les recommencer à son gré, augmenter ou diminuer le montant de son dépôt annuel, sans que les résultats déjà acquis soient modifiés. Tout versement donne lieu, en effet, à une liquidation spéciale effectuée d'après le tarif en usage au moment du dépôt.

La rente produite est inscrite sur le livret du déposant en regard du versement et constitue une propriété désormais irrévocable. Elle ne peut plus être diminuée que par suite de liquidation anticipée, ou augmentée que par un ajournement de jouissance ou par l'abandon du capital. A l'époque fixée pour l'entrée en jouissance, elle sera inscrite au grand-livre de la Caisse nationale des retraites.

Les versements peuvent être faits au nom de toute personne âgée de 3 *ans*.

Ceux opérés à titre de donation n'ont pas besoin d'être acceptés par le bénéficiaire ni autorisés par le père s'il s'agit de mineurs.

Les versements effectués des deniers de *mineurs* âgés de moins de 16 ans doivent être autorisés par leur père, mère ou tuteur.

Les femmes *mariées*, quel que soit le régime de leur contrat de mariage, sont admises à faire des versements sans l'assistance de leur mari. Mais les versements effectués au nom de déposants mariés et non séparés de biens sont obligatoirement partagés par moitié, à moins qu'ils ne proviennent de donation. En cas d'absence ou d'éloignement de l'un des deux conjoints depuis plus d'une année, le juge de paix peut accorder l'autorisation de faire des versements au profit exclusif du déposant.

Les versements sont reçus depuis 1 franc (2 francs pour deux conjoints). Le *maximum* est de 1 000 francs par année (2 000 francs pour deux conjoints).

Les capitaux sont *aliénés* ou *réservés* ; dans ce dernier cas, ils sont remboursés sans intérêts aux ayants droit lors du décès du titulaire.

Tout capital réservé peut être abandonné ultérieurement en vue d'obtenir une nouvelle rente à l'âge que fixera le déposant en souscrivant l'abandon.

V. Rentes viagères. — Ces rentes sont garanties par l'Etat et inscrites au grand-livre de la Caisse nationale des retraites, dont un double est déposé au Ministère des finances.

L'entrée en jouissance a lieu à une année d'âge accomplie de 50 *à 65 ans*, c'est-à-dire à 50, 51, 52 ans, etc., au choix du titulaire. *Après* 65 *ans*, elle est immédiate, c'est-à-dire qu'elle commence à partir du premier jour du trimestre qui suit le versement.

Les rentes viagères sont de droit *incessibles* et *insaisissables* jusqu'à concurrence de 360 francs. Elles peuvent être déclarées incessibles et insaisissables en totalité par le donateur du capital.

A l'époque choisie pour l'entrée en jouissance, il est délivré au rentier un titre comprenant l'ensemble des rentes portées au livret pour cette jouissance. Les arrérages sont payables par trimestre chez les receveurs des finances ou par l'entremise des percepteurs.

VI. Transferts des fonds déposés aux caisses d'épargne. — Tout déposant qui désire transférer à la Caisse nationale des retraites tout ou partie des fonds qu'il possède à une caisse d'épargne doit s'adresser, soit au caissier, s'il s'agit d'une caisse privée, soit au receveur des postes, si les fonds sont déposés à la Caisse d'épargne postale.

La demande doit être faite *au plus tard* le 10 du troisième mois de chaque trimestre, c'est-à-dire le 10 mars, le 10 juin, le 10 septembre ou le 10 décembre, pour que le versement soit effectué avec valeur du premier jour du trimestre suivant.

S'il s'agit d'un versement subséquent, le livret de la Caisse des retraites doit être produit.

VII. Tarifs. — Les tarifs sont fixés *chaque année* par un décret du Président de la République, rendu sur la proposition du Ministre des finances, après avis de la Commission supérieure de la Caisse.

Ils sont calculés en tenant compte pour chaque versement : 1° De l'intérêt composé du capital ; 2° Des chances de mortalité en raison de l'âge du déposant au moment du versement et de l'âge auquel commence la retraite ; 3° De l'abandon du capital, si le versement a été fait à capital aliéné, ou du remboursement au décès, si le déposant en a fait la demande au moment du versement.

Les tarifs officiels sont établis de trimestre en trimestre, depuis 3 ans jusqu'à 65 ans, pour les versements, et d'année en année, de 50 à 65 ans, pour la jouissance. Ces tarifs sont mis à la disposition du public au prix de dix centimes, montant approximatif des frais d'impression.

Nous indiquons plus loin les rentes produites, soit par un versement unique de 100 francs aux différents âges au versement et à l'entrée en jouissance, soit par des versements annuels de 10 francs commencés à un certain âge et continués jusqu'à l'entrée en jouissance.

Si ces renseignements ne suffisaient pas, on peut s'adresser soit aux trésoriers-payeurs généraux et receveurs des finances, soit aux trésoriers-payeurs et payeurs particuliers en Algérie, soit, par lettre non affranchie, au directeur général de la Caisse des dépôts et consignations, rue de Lille, n° 56, à Paris. Depuis le 1er avril 1887, on peut s'adresser également aux percepteurs et aux receveurs des postes.

VIII. Les tableaux nos 1 et 2 ci-après, extraits des tarifs en vigueur (*l'intérêt qui sert de base aux tarifs est actuellement de* 4 *p.* 0/0), indiquent les rentes produites par des *versements uniques de* 100 *francs*, effectués à différents âges, depuis 3 ans jusqu'à 65 ans, avec jouissance de la rente à 50, 55, 60 et 65 ans.

Les tableaux nos 3 et 4 indiquent les rentes viagères produites par des *versements annuels de* 10 *francs*, commencés à un certain âge et continués jusqu'à l'entrée en jouissance. Les tarifs étant établis en tenant compte de l'intérêt composé du capital et des chances de mortalité, il en résulte que les versements sont d'autant plus productifs qu'ils sont commencés plus tôt. Ainsi un versement unique, fait à capital aliéné sur la tête d'un enfant de 3 ans avec jouissance à 60 ans, rapporte 203 fr. 87 p. 0/0 du capital versé.

A 20 ans, il rapporte encore 84 fr. 64 p. 0/0.

Des versements annuels de 30 francs effectués depuis l'âge de 18 ans jusqu'à 60 ans (soit 1260 francs versés) produisent à ce dernier âge :

1° A capital *aliéné*, une rente viagère de 503 fr. 94, c'est-à-dire 40 p. 0/0 du capital versé ;

2° A capital *réservé*, une rente de 332 fr. 04 ou 26 fr. 35 p. 0/0 du capital déposé.

Tableau n° 1. — Tarif 4 0/0 D.

RENTE VIAGÈRE PRODUITE PAR LE VERSEMENT DE 100 FRANCS.

CAPITAL ALIÉNÉ

AGES au 1er versement	JOUISSANCE DE LA RENTE A 50 ANS	55 ANS	60 ANS	65 ANS	AGES au 1er versement	JOUISSANCE DE LA RENTE A 50 ANS	55 ANS	60 ANS	65 ANS
	fr. c.	fr. c.	fr. c.	fr. c.		fr. c.	fr. c.	fr. c.	fr. c.
»	» »	» »	» »	» »	36 ans.	15 03	23 92	37 85	64 66
»	» »	» »	» »	» »	37	15 13	22 73	35 96	61 42
3 ans.	85 79	128 85	203 87	348 27	38	14 39	21 62	34 20	58 43
4	79 99	120 13	190 08	324 71	39	13 69	20 56	32 53	55 57
5	75 14	112 85	178 55	305 04	40	13 02	19 55	30 94	52 85
6 ans.	70 85	106 41	168 36	287 61	41 ans.	12 38	18 59	29 42	50 26
7	67 00	100 63	159 21	271 98	42	11 77	17 68	27 97	47 79
8	63 48	95 35	150 85	257 71	43	11 19	16 81	26 59	45 43
9	60 20	90 42	143 07	244 40	44	10 64	15 98	25 28	43 19
10	57 22	85 94	135 97	232 27	45	10 11	15 19	24 03	41 05
11 ans.	54 49	81 85	129 50	221 23	46 ans.	9 61	14 43	22 84	39 01
12	52 02	78 13	123 61	211 17	47	9 12	13 69	21 66	37 01
13	49 65	74 57	117 99	201 57	48	8 65	12 99	20 55	35 10
14	47 39	71 18	112 62	192 39	49	8 19	12 30	19 45	33 23
15	45 23	67 93	107 48	183 62	50	7 75	11 64	18 41	31 45
16 ans.	43 17	64 83	102 58	175 24	51 ans.		10 99	17 39	29 71
17	41 15	61 80	97 78	167 03	52		10 36	16 40	28 01
18	39 22	58 90	93 19	159 20	53		9 76	15 45	26 39
19	37 37	56 13	88 82	151 73	54		9 20	14 55	24 86
20	35 62	53 49	84 64	144 59	55		8 64	13 67	23 36
21 ans.	33 90	50 91	80 55	137 61	56 ans.			12 84	21 94
22	32 26	48 45	76 66	130 95	57			12 06	20 60
23	30 69	46 10	72 94	124 61	58			11 29	19 28
24	29 20	43 86	69 40	118 56	59			10 56	18 04
25	27 78	41 73	66 02	112 79	60			9 87	16 87
26 ans.	26 13	39 69	62 80	107 29	61 ans.				15 76
27	25 14	37 75	59 73	102 04	62				14 71
28	23 91	35 90	56 81	97 05	63				13 68
29	22 73	34 14	54 02	92 28	64				12 72
30	21 61	32 46	51 36	87 74	65				11 81
31 ans.	20 55	30 86	48 83	83 42					
32	19 53	29 34	46 42	79 29					
33	18 56	27 88	44 12	75 37	Au-dessus de 65 ans les rentes sont les mêmes qu'à 65 ans.				
34	17 64	26 50	41 93	71 62					
35	16 76	25 18	39 84	68 06					

Tableau n° 1 *bis*. — Tarif 4 0/0 D.

RENTES VIAGÈRES IMMÉDIATES ACQUISES PAR UN VERSEMENT DE 100 FRANCS.
CAPITAL ALIÉNÉ

	fr. c.		fr. c.		fr. c.		fr. c.
50 ans....	7 75	**54** ans...	8 45	**58** ans...	9 33	**62** ans...	10 55
51	7 91	**55**	8 64	**59**	9 59	**63**	10 92
52	8 08	**56**	8 86	**60**	9 87	**64**	11 34
53	8 25	**57**	9 09	**61**	10 19	**65**	11 81

NOTA. — L'entrée en jouissance de la rente a lieu à partir du 1er jour du trimestre qui suit le trimestre correspondant à celui de la naissance. Après 65 ans, l'entrée en jouissance a lieu à partir du 1er jour du trimestre qui suit le versement.

Tableau n° 2. — Tarif 4 0/0 D.

RENTE VIAGÈRE PRODUITE PAR LE VERSEMENT DE 100 FRANCS.
CAPITAL RÉSERVÉ

AGES au 1er versement	JOUISSANCE DE LA RENTE A 50 ANS	55 ANS	60 ANS	65 ANS	AGES au 1er versement	JOUISSANCE DE LA RENTE A 50 ANS	55 ANS	60 ANS	65 ANS
	fr. c.	fr. c.	fr. c.	fr. c.		fr. c.	fr. c.	fr. c.	fr. c.
»	» »	» »	» »	» »	**36** ans.	10 33	15 52	24 55	41 95
»	» »	» »	» »	» »	**37**	9 72	14 59	23 09	39 45
3 ans.	63 35	95 14	150 54	257 16	**38**	9 13	13 71	21 70	37 07
4	60 05	90 20	142 71	243 79	**39**	8 57	12 88	20 38	34 81
5	56 97	85 57	135 39	231 29	**40**	8 05	12 08	19 12	32 66
6 ans.	54 08	81 22	128 50	219 53	**41** ans.	7 54	11 33	17 92	30 62
7	51 37	77 11	122 01	208 42	**42**	7 06	10 61	16 78	28 67
8	48 75	73 22	115 86	197 92	**43**	6 61	9 92	15 70	26 82
9	46 30	69 54	110 03	187 96	**44**	6 17	9 27	14 67	25 07
10	43 97	66 04	104 49	178 51	**45**	5 76	8 66	13 70	23 40
11 ans.	41 76	62 72	99 23	169 52	**46** ans.	5 37	8 07	12 77	21 81
12	39 65	50 55	94 22	160 95	**47**	5 00	7 51	11 88	20 30
13	37 63	56 52	89 43	152 77	**48**	4 65	6 98	11 05	18 87
14	35 71	53 63	84 86	144 97	**49**	4 31	6 48	10 25	17 52
15	33 87	50 88	80 50	137 52	**50**	4 00	6 01	9 50	16 23
16 ans.	32 12	48 25	76 34	130 40	**51** ans.		5 56	8 79	15 02
17	30 45	45 74	72 36	123 62	**52**		5 13	8 12	13 87
18	28 86	43 34	68 58	117 15	**53**		4 73	7 49	12 79
19	27 34	41 06	64 97	110 99	**54**		4 36	6 89	11 78
20	25 89	38 89	61 53	105 12	**55**		4 00	6 33	10 82
21 ans.	24 52	36 82	58 26	99 5[illegible]	**56** ans.			5 81	9 92
22 ...	23 20	34 85	55 14	94 20	**57**			5 31	9 08
23	21 96	32 98	52 18	89 14	**58**			4 85	8 28
24	20 77	31 19	49 36	84 31	**59**			4 42	7 54
25	19 64	29 50	46 67	79 73	**60**			4 01	6 85
26 ans.	18 56	27 88	44 12	75 37	**61** ans.				6 20
27	17 54	26 35	41 69	71 22	**62**				5 60
28	16 57	24 89	39 38	67 27	**63**				5 03
29	15 65	23 50	37 18	63 52	**64**				4 51
30	14 77	22 18	35 09	59 95	**65**				4 02
31 ans.	13 93	20 92	33 10	56 55	Au-dessus de 65 ans les rentes sont les mêmes qu'à 65 ans.				
32	13 14	19 73	31 22	53 33					
33	12 38	18 60	29 42	50 26					
34	11 66	17 52	27 72	47 35					
35	10 98	16 49	26 08	44 58					

Tableau n° 2 *bis*. — Tarif 4 0/0 D.

RENTES VIAGÈRES IMMÉDIATES ACQUISES PAR UN VERSEMENT DE 100 FRANCS.
CAPITAL RÉSERVÉ

	fr. c.		fr. c.		fr. c.		fr. c.
50 ans	4 00	54 ans	4 00	58 ans	4 01	62 ans	4 01
51	4 00	55	4 00	59	4 01	63	4 01
52	4 00	56	4 00	60	4 01	64	4 02
53	4 00	57	4 01	61	4 01	65	4 02

NOTA. — L'entrée en jouissance de la rente a lieu à partir du 1er jour du trimestre qui suit le trimestre correspondant à celui de la naissance. Après 65 ans, l'entrée en jouissance a lieu à partir du 1er jour du trimestre qui suit le versement.

Tableau n° 3. — Tarif 4 0/0 D.

RENTE VIAGÈRE PRODUITE PAR UN VERSEMENT ANNUEL DE 10 FRANCS.
CAPITAL ALIÉNÉ

AGES au 1er versement	JOUISSANCE DE LA RENTE A 50 ANS	55 ANS	60 ANS	65 ANS	AGES au 1er versement	JOUISSANCE DE LA RENTE A 50 ANS	55 ANS	60 ANS	65 ANS
	fr. c.	fr. c.	fr. c.	fr. c.		fr. c.	fr. c.	fr. c.	fr. c.
»	» »	» »	» »	» »	36 ans.	17 16	30 66	54 18	99 42
»	» »	» »	» »	» »	37	15 56	28 27	50 39	92 95
3 ans.	154 32	236 68	380 14	656 26	38	14 05	26 00	46 80	86 81
4	145 75	223 79	359 75	621 43	39	12 61	23 84	43 38	80 97
5	137 75	211 78	340 74	588 96	40	11 24	21 78	40 12	75 41
6 ans.	130 23	200 49	322 89	558 46	41 ans.	9 94	19 83	37 03	70 13
7	123 15	189 85	306 05	529 70	42	8 70	17 97	34 09	65 10
8	116 45	179 79	290 13	502 50	43	7 53	16 20	31 29	60 32
9	110 10	170 26	275 04	476 73	44	6 41	14 52	28 63	55 78
10	104 08	161 21	260 74	452 29	45	5 34	12 92	26 10	51 46
11 ans.	98 36	152 62	247 14	429 06	46 ans.	4 33	11 40	23 70	47 35
12	92 91	144 43	234 19	406 94	47	3 37	9 96	21 42	43 45
13	87 71	136 62	221 83	385 82	48	2 46	8 59	19 25	39 75
14	82 74	129 16	210 03	365 67	49	1 59	7 29	17 19	36 24
15	78 00	122 05	198 77	346 43	50	0 78	6 06	15 25	32 92
16 ans.	73 48	115 25	188 02	328 07	51 ans.		4 90	13 41	29 77
17	69 16	108 77	177 76	310 54	52		3 80	11 67	26 80
18	65 05	102 59	167 98	293 84	53		2 76	10 03	24 00
19	61 13	96 70	158 67	277 92	54		1 78	8 48	21 36
20	57 39	91 09	149 78	262 75	55		0 86	7 03	18 88
21 ans.	53 83	85 74	141 32	248 29	56 ans.			5 66	16 54
22	50 44	80 65	133 26	234 53	57			4 38	14 35
23	47 21	75 80	125 60	221 43	58			3 17	12 29
24	44 14	71 19	118 30	208 97	59			2 04	10 36
25	41 22	66 81	111 36	197 11	60			0 99	8 56
26 ans.	38 44	62 63	104 76	185 84	61 ans.				6 87
27	35 80	58 66	98 48	175 11	62				5 29
28	33 29	54 89	92 51	164 90	63				3 82
29	30 90	51 30	86 83	155 20	64				2 45
30	28 62	47 89	81 43	145 97	65				1 18
31 ans.	26 46	44 64	76 29	137 20					
32	24 41	41 55	71 41	128 85					
33	22 45	38 62	66 77	120 92					
34	20 60	35 83	62 35	113 39					
35	18 83	33 18	58 16	106 23					

Tableau nº 4. — Tarif 4 0/0 D.

RENTE VIAGÈRE PRODUITE PAR UN VERSEMENT ANNUEL DE 10 FRANCS.

CAPITAL RÉSERVÉ

AGES au Ier versement	JOUISSANCE DE LA RENTE A				AGES au Ier versement	JOUISSANCE DE LA RENTE A			
	50 ANS	55 ANS	60 ANS	65 ANS		50 ANS	55 ANS	60 ANS	65 ANS
	fr. c.	fr. c.	fr. c.	fr. c.		fr. c.	fr. c.	fr. c.	fr. c.
»	» »	» »	» »	» »	36 ans.	10 23	17 74	30 51	54 66
»	» »	» »	» »	» »	37	9 19	16 19	28 05	50 46
3 ans.	111 56	169 94	271 33	466 05	38	8 22	14 73	25 74	46 52
4	105 23	160 43	256 27	440 33	39	7 31	13 36	23 57	42 81
5	99 22	151 41	242 00	415 95	40	6 45	12 07	21 54	39 33
6 ans.	93 53	142 85	228 46	392 82	41 ans.	5 65	10 86	19 62	36 06
7	88 12	134 73	215 61	370 87	42	4 89	9 73	17 83	33 00
8	82 98	127 02	203 41	350 03	43	4 19	8 67	16 15	30 13
9	78 11	119 70	191 82	330 24	44	3 53	7 68	14 58	27 45
10	73 48	112 74	180 82	311 44	45	2 91	6 75	13 12	24 94
11 ans.	69 08	106 14	170 37	293 59	46 ans.	2 33	5 88	11 75	22 60
12	64 91	99 87	160 45	276 64	47	1 80	5 08	10 47	20 42
13	60 94	93 91	151 03	260 54	48	1 30	4 33	9 28	18 39
14	57 18	88 26	142 08	245 26	49	0 83	3 63	8 18	16 51
15	53 61	82 90	133 60	230 77	50	0 40	2 98	7 15	14 75
16 ans.	50 22	77 81	125 55	217 02	51 ans.		2 38	6 20	13 13
17	47 01	72 98	117 91	203 98	52		1 82	5 32	11 63
18	43 96	68 41	110 68	191 61	53		1 31	4 51	10 24
19	41 08	64 08	103 82	179 90	54		0 84	3 76	8 96
20	38 34	59 97	97 32	168 80	55		0 40	3 07	7 79
21 ans.	35 75	56 08	91 17	158 29	56 ans.			2 44	6 70
22	33 30	52 40	85 31	148 33	57			1 86	5 71
23	30 98	48 91	79 83	138 91	58			1 33	4 80
24	28 79	45 62	74 61	130 00	59			0 84	3 98
25	26 71	42 50	69 68	121 57	60			0 40	3 22
26 ans.	24 75	39 55	65 01	113 60	61 ans.				2 54
27	22 89	36 76	60 60	106 06	62				1 92
28	21 14	34 12	56 43	98 94	63				1 36
29	19 48	31 63	52 49	92 21	64				0 85
30	17 91	29 28	48 77	85 86	65				0 40
31 ans.	16 44	27 07	45 26	70 86					
32	15 04	24 97	41 95	74 21					
33	13 73	23 00	38 83	68 88					
34	12 40	21 14	35 89	63 85					
35	11 33	19 39	33 12	59 11					

N. B. — L'intérêt qui sert de base aux tarifs est fixé chaque année et est égal à celui que la Caisse retire des fonds qui lui sont remis. Les résultats des tableaux 3 et 4 ne sont donc donnés qu'à titre de renseignement.

EXEMPLES TIRÉS DES TABLEAUX 1 ET 2

	CAPITAL	
	ALIÉNÉ	RÉSERVÉ
	fr. c.	fr. c.
1° Un père de famille effectue un seul versement de 100 francs sur la tête de son fils âgé de 3 ans; la rente acquise sera, pour la jouissance à 50 ans, de............	85 79	63 35
à 60 ans, de..................................	203 87	150 54
65 ans, de..................................	348 27	257 16
2° Un livret de 50 francs donné en prix à un enfant de 10 ans par une commune, un département ou un particulier produirait :		
à 50 ans, une rente de..........................	28 61	21 98
à 60 ans, une rente de..........................	67 98	52 21
à 65 ans, une rente de..........................	116 13	89 25

EXEMPLES TIRÉS DES TABLEAUX 3 ET 4

	CAPITAL	
	ALIÉNÉ	RÉSERVÉ
	fr. c.	fr. c.
1° Un versement annuel de 30 francs (soit une économie de 0 fr. 10 cent. par jour) fait depuis 18 ans jusqu'à 55 ans produirait une rente de..................................	307 77	205 33
et jusqu'à 60 ans, une rente de..........................	503 94	332 04
2° Pour s'assurer 600 francs de rente à 55 ans, il faudrait verser annuellement depuis l'âge de 20 ans la somme de...	65 86	100 05
3° Pour s'assurer 1000 francs de rente à 60 ans, il faudrait verser annuellement depuis l'âge de 25 ans la somme de...	89 79	143 51
4° Pour s'assurer 1200 francs de rente à 65 ans, il faudrait verser annuellement depuis l'âge de 30 ans la somme de...	82 20	139 76

CAISSES D'ASSURANCES EN CAS DE DÉCÈS ET D'ACCIDENTS. — (Loi 11 juillet 1868; Déc. 10 août 1868.)

Créées sous la garantie de l'État, et gérées par la Caisse des dépôts et consignations, elles ont pour *objet*, la première, de payer, au décès de chaque assuré, à ses héritiers ou ayants droit une somme déterminée suivant les bases fixées ci-après; — la deuxième, de servir des pensions viagères aux personnes assurées qui, dans l'exécution des travaux agricoles ou industriels, sont atteintes de blessures entraînant une incapacité permanente de travail, et de donner des secours aux veuves et aux enfants mineurs des personnes assurées qui ont péri par suite d'accidents survenus dans l'exécution desdits travaux.

I. Caisse d'assurance en cas de décès. — La participation à l'assurance est acquise par le versement de primes *uniques* ou de primes *annuelles*.

La somme à payer au décès de l'assuré est fixée conformément à des *tarifs* tenant compte :

1° De l'intérêt composé à 4 p. 100 par an des versements effectués; — 2° des chances de mortalité, à raison de l'âge des déposants, calculées d'après la table dite de Deparcieux.

Les primes établies d'après les tarifs sus-énoncés sont augmentées de 6 p. 100.

— Toute assurance faite moins de deux ans avant le décès de l'assuré demeure sans effet. Dans ce cas, les versements effectués sont restitués aux ayants droit, avec les intérêts simples à 4 p. 100.

Il en est de même lorsque le décès de l'assuré, quelle qu'en soit l'époque, résulte de causes exceptionnelles définies dans les polices d'assurances (*suicide, duel* ou *condamnation judiciaire*).

— Les sommes assurées sur une tête ne peuvent excéder 3000 fr. Elles sont insaisissables et incessibles jusqu'à concurrence de la moitié, sans toutefois que la partie incessible ou insaisissable puisse descendre au-dessous de 600 francs.

— Nul ne peut s'assurer s'il n'est âgé de *seize ans* au moins et de *soixante ans* au plus.

— A défaut de payement de la prime annuelle dans l'année qui suit l'échéance, le contrat est résolu de plein droit. Dans ce cas, les versements effectués, déduction faite de la part afférente aux risques courus, sont ramenés à un versement unique, donnant lieu, au profit de l'assuré, à la liquidation d'un capital au décès. La déduction est calculée d'après les bases du tarif.

— Les Sociétés de secours mutuels approuvées sont admises à contracter des assurances collectives sur une liste indiquant le nom et l'âge de tous les membres qui les composent, pour assurer au décès de chacun d'eux une somme fixe qui, dans aucun cas, ne peut excéder 1 000 francs. — Ces assurances sont faites pour une année seulement et d'après des tarifs spéciaux. Elles peuvent se cumuler avec les assurances individuelles.

— L'extrait ci-dessous du décret du 10 août 1868, portant règlement d'administration publique pour l'exécution de la loi du 11 juillet, contient la marche à suivre pour contracter l'assurance en cas de décès, et indique les *formalités* à remplir par les contractants :

Art. 1er. — « Toute personne qui veut contracter une assurance fait une proposition à l'Administration de la Caisse des dépôts et consignations. — Cette proposition contient les nom et prénoms de l'assuré ; son domicile ; le lieu et la date de sa naissance, la somme qu'il veut assurer, ainsi que les conditions spéciales de son assurance. Elle est signée par l'assuré ou par son mandataire spécial. Cette signature est légalisée par le Maire de la résidence du signataire. »

Art. 2. — « Les propositions d'assurance sont reçues, à Paris, à la Caisse des dépôts et consignations, et, dans les départements, par les Trésoriers-Payeurs généraux et par les Receveurs particuliers des finances. — Elles sont également reçues par les Percepteurs des contributions directes et les Receveurs des postes. — Elles sont toujours accompagnées d'un versement qui comprend la prime entière, si l'assurance a lieu par prime unique, et la première annuité, si elle a lieu par primes annuelles. »

. . . .

Art. 5. — « Les primes annuelles, autres que la première, peuvent être versées par toute personne munie du livret, dans toute localité, entre les mains des comptables indiqués à l'article 2. »

Art. 6. — « Chaque versement est constaté sur le livret-police par un enregistrement signé du comptable entre les mains duquel il a été opéré. — Cet enregistrement ne fait titre envers l'État qu'à la charge par l'assuré de le faire viser dans les vingt-quatre heures, à Paris, pour les versements faits à la Caisse des dépôts et consignations, par le Contrôleur près de cette caisse, et, dans les départements, pour les versements faits chez les Trésoriers-Payeurs généraux ou chez les Receveurs particuliers des finances, par le Préfet ou le Sous-Préfet. — Quant aux versements faits à Paris ou dans les départements, entre les mains des Percepteurs et des Receveurs des postes, leur enregistrement sur le livret-poste est visé, dans le même délai que ci-dessus, par le Maire du lieu où il a été opéré.

. . . .

Art. 11. — « Les primes annuelles sont acquittées chaque année à l'échéance indiquée par la date du premier versement. — A défaut de payement dans les 30 jours, il est dû des intérêts de 4 p. 100, à partir de l'échéance jusqu'à l'expiration du délai d'un an, » (après lequel le contrat se trouve résolu de plein droit.)

Art. 12. — « A toute époque l'assuré peut anticiper la libération de sa police. — Sa proposition à cet effet est remise à l'un des comptables désignés dans l'article 2. »

Art. 13. — « Dans l'application des tarifs, la prime est fixée d'après l'âge de l'assuré, au prochain anniversaire de sa naissance. »

Art. 14. — « Les sommes dues par la Caisse des assurances au décès de l'assuré sont payables aux héritiers ou ayants droit, à Paris, à la Caisse générale, et, dans les départements, à la caisse de ses préposés. Le payement a lieu sur une autorisation donnée par le Directeur général de la Caisse des dépôts et consignations, auquel les demandes doivent être adressées soit directement, soit par l'intermédiaire des préposés ou agents désignés à l'article 2. — Ces demandes doivent être accompagnées du livret-police et de l'acte de décès de l'assuré, ainsi que d'un certificat de propriété... constatant les droits des réclamants. »

Art. 15. — « Les oppositions au payement des sommes assurées, ou les cessions desdites sommes (dans les limites déterminées ci-dessus) doivent être signifiées au Directeur général de la Caisse des dépôts et consignations.

. . . .

Art. 17. — « Les propositions d'assurances collectives pour une année, au profit de Sociétés de secours mutuels approuvées, sont faites par les Présidents de ces Sociétés et déposées avec les versements correspondants chez les comptables désignés à l'article 2. — Ces propositions sont accompagnées de listes nominatives comprenant les personnes assurées et indiquant la date de la naissance de chacune d'elles. Les assurances collectives ont leur effet à partir du 1er janvier qui suit l'envoi des listes et le payement des primes. »

Art. 18. — « Le payement des sommes dues aux Sociétés de secours mutuels, après décès d'un de leurs membres, se fait entre les mains du Trésorier desdites Sociétés, dûment autorisé. — Ce payement a lieu sur une autorisation donnée par le Directeur général de la Caisse des dépôts et consignations, auquel la demande doit être adressée avec l'acte de décès du sociétaire. »

Art. 19. — « En cas de perte du livret-police, il est pourvu à son remplacement dans les formes prescrites pour les titres de rente sur l'Etat, sur la production d'une déclaration faite devant le Maire de la Commune où l'assuré a sa résidence. »

Le rapport de la Commission supérieure pour la période écoulée de 1874 à 1885 constate que la caisse d'assurances en cas de décès se développe avec beaucoup de lenteur. Mais ses opérations comprennent les assurances collectives de Sociétés de secours mutuels, qui lui sont très onéreuses et qui rendent sa situation de plus en plus précaire.

II. Caisse d'assurance en cas d'accidents. — Les assurances en cas d'accidents ont lieu par année. L'assuré verse, à son choix et pour chaque année, huit francs, cinq francs ou trois francs.

— Les ressources de la Caisse en cas d'accidents se composent : 1° du montant des cotisations versées par les assurés ; — 2° d'une subvention annuelle de l'Etat ; — 3° des dons et legs faits à la Caisse.

— Pour le règlement des pensions viagères à concéder, les accidents sont distingués en deux classes :

1° Accidents ayant occasionné une incapacité absolue de travail ;

2° Accidents ayant entraîné une incapacité permanente du travail de la profession.

La pension accordée pour les accidents de la seconde classe n'est que de la moitié de la pension afférente aux accidents de la première.

— La pension viagère due aux assurés est servie par la Caisse des retraites, moyennant la remise qui lui est faite, par la Caisse des assurances en cas d'accidents, du capital nécessaire à la constitution de ladite pension d'après les tarifs de la Caisse des retraites.

Ce capital se compose, pour la pension en cas d'accidents de la 1re classe, d'une somme égale à 320 fois le montant de la cotisation versée par l'assuré, laquelle somme est ensuite doublée.

Le montant de la pension correspondant aux cotisations de cinq francs et de trois francs ne peut être inférieur à 200 francs pour la première et à 150 francs pour la seconde.

Le secours à allouer, en cas de mort par suite d'accident, à la veuve de l'assuré, et, s'il est célibataire ou veuf sans enfants, à son père ou à sa mère sexagénaire, est égal à deux années de la pension à laquelle il aurait eu droit.

L'enfant ou les enfants mineurs reçoivent un secours égal à celui qui est attribué à la veuve.

Les secours se payent en deux annuités. Les rentes viagères sont incessibles et insaisissables.

Nul ne peut s'assurer s'il n'est âgé de *douze ans* au moins.

Les Administrations publiques, les Etablissements industriels, les Compagnies de chemins de fer, les Sociétés de secours mutuels autorisées peuvent assurer collectivement leurs ouvriers ou leurs membres par listes nominatives. — Les Administrations municipales peuvent assurer de la même manière les compagnies ou subdivisions de sapeurs-pompiers contre les risques inhérents soit à leur service spécial, soit aux professions individuelles des ouvriers qui les composent. Chaque assuré ne peut obtenir qu'une seule pension viagère.

— L'extrait ci-dessous du décret du 10 août 1868, portant règlement d'administration publique pour l'exécution de la loi du 11 juillet, contient la marche à suivre pour contracter l'assurance en cas d'accidents, et indique les *formalités* à remplir par les contractants :

Art. 21. — « La proposition d'assurance en cas d'accidents contient les nom et prénoms de l'assuré ; sa profession, son domicile ; le lieu et la date de sa naissance, et le taux de la cotisation qu'il choisit. »

Art. 22. — « Les propositions d'assurances collectives par les Administrations publiques, les Etablissements industriels, les Compagnies de chemins de fer, les Sociétés de secours mutuels autorisées, sont faites par les Chefs, Directeurs ou Présidents desdites Administrations, Etablissements, Compagnies ou Sociétés, et déposées chez les comptables désignés à l'article 2. — Ces propositions sont accompagnées des listes nominatives comprenant les personnes assurées et indiquant la date de naissance de chacune d'elles. — Les assurances collectives en cas d'accidents ont leur effet à partir du jour où elles sont contractées. »

Art. 23. — « Un comité institué au chef-lieu de chaque arrondissement donne son avis sur les demandes de pensions viagères ou de secours présentées par les assurés domiciliés dans l'arrondissement ou par leurs ayants droit. »

Art. 24. — « Ce Comité est composé, sous la présidence du Préfet ou Sous-Préfet ou de leur délégué, de quatre membres désignés par le Préfet, savoir : un Ingénieur des ponts et chaussées ou des mines en résidence dans l'arrondissement, un médecin et deux membres de Sociétés de secours mutuels s'il en existe. — A défaut de Sociétés de secours mutuels le Préfet nomme deux membres pris parmi les chefs d'industrie, les contre-maîtres ou les ouvriers des professions les plus répandues dans l'arrondissement. — A Paris et à Lyon, il est institué un Comité par arrondissement municipal. Le Maire en est président ; les autres membres sont désignés par le Préfet, qui, à défaut d'Ingénieurs, choisit parmi les Architectes-voyers.»

Art. 25. — « Lorsqu'un assuré est atteint par un accident grave, le Maire, sur l'avis qui lui en est donné, constate les circonstances, les causes et la nature de cet accident. — Il consigne sur son procès-verbal les déclarations des personnes présentes et ses observations personnelles. »

Art. 26. — « Le Maire charge un médecin de constater l'état du blessé, d'indiquer les suites probables de l'accident, et, s'il y a lieu, l'époque à laquelle il sera possible d'en déterminer le résultat définitif. »

Art. 27. — « Le certificat dressé par le médecin est remis au Maire, qui, après l'avoir dûment légalisé, le transmet au Préfet ou au Sous-Préfet avec son procès-verbal. »

Art. 28. — « Les pièces ci-dessus sont transmises, dans le plus bref délai, avec la demande de la partie intéressée, au Comité institué par l'article 23 ci-dessus. »

Art. 29. — « Ce Comité donne son avis, dans les huit jours, sur les affaires susceptibles de recevoir une solution définitive. — Pour les autres, le Comité sursoit jusqu'à production d'un nouveau certificat médical. — Ce certificat est dressé après serment prêté devant le Juge de paix, soit par le médecin membre du Comité, soit par tout autre médecin désigné par le Sous-Préfet, sur la demande du Comité. — Avis de la visite du médecin est donné, huit jours à l'avance, au Maire de la Commune, qui lui-même en avertit le blessé. Celui-ci peut demander l'ajournement de la visite. »

Art. 30. — « Les avis du Comité sont adressés sans délai au Préfet du département. — Le Préfet les transmet, avec les pièces à l'appui, au Directeur de la Caisse, qui statue. »

Le rapport de la Commission supérieure pour la période écoulée de 1874 à 1883 constate que les *opérations* de la Caisse d'assurances en cas d'accidents tendent à diminuer. Son portefeuille s'accroît chaque année, tant par suite de la capitalisation des sommes qu'elle a reçues à l'origine à titre de subvention ou de legs, que par suite de l'excédent des recettes sur les dépenses, les sinistres étant loin de se produire dans la proportion prévue.

CALENDRIER. — (Du mot *calendes*, dénomination, chez les Romains, du premier jour de chaque mois.) — Tableau indiquant la suite des mois et des jours.

Le calendrier actuellement adopté est celui de Jules César, modifié par le pape Grégoire XIII.

Le *Dictionnaire de l'Administration française*, de M. Maurice Block, donne sur les différents calendriers les renseignements suivants pleins d'intérêt :

« A l'avènement de César au pouvoir, il s'était introduit dans la supputation du temps de tels désordres que les fêtes de la moisson se célébraient, à Rome, dans le milieu de l'hiver.

Pour rétablir la concordance, Jules César, intercalant 90 jours entre novembre et décembre, assigna une durée de 445 jours à l'année 708 de Rome, ce qui la fit appeler *année de confusion*. Il ordonna de plus que, tous les quatre ans, on intercalerait, à l'avenir, un jour après le 6e des calendes de mars ; ce jour fut appelé second sixième ou *bissextus;* de là le mot de *bissextile* qui se retrouve encore dans notre almanach.

Dans ce système, toute année dont le millésime est divisible par 4 était *bissextile*.

La réforme julienne supposait l'année solaire de 365 jours et 6 heures, c'est-à-dire de 11 minutes 11 secondes plus longue qu'elle n'est en réalité.

En 1582, cette erreur avait produit un nouveau dérangement de 10 jours, auquel le pape Grégoire XIII entreprit de remédier. Il retrancha, en conséquence, 10 jours sur le mois d'octobre de cette année, et ordonna que, sur 4 années séculaires, c'est-à-dire commençant le siècle, une seule serait bissextile.

Ainsi, d'après Grégoire XIII, il n'y a d'année séculaire bissextile que celle dont les deux premiers chiffres du millésime sont divisibles par 4, comme 1600, 2000. Dans l'intercalation julienne, toute année séculaire est bissextile. Là est toute la différence entre les deux réformes.

La France adopta, en 1582, les changements apportés au calendrier par Grégoire XIII, et cet exemple fut suivi un peu plus tard par les autres pays d'Europe, protestants ou catholiques.

Seuls, les peuples soumis à la religion grecque ont constamment repoussé la réforme venue de Rome et conservé le calendrier julien. Telle est la cause de la différence qui existe entre les dates de la Russie et les nôtres. Cet écart, qui était primitivement de 10 jours, s'est accru d'un jour pour chacune des années 1700 et 1800, bissextiles d'après Jules César, et communes d'après Grégoire XIII; il augmentera encore par la suite de 3 jours pour chaque période de quatre siècles, si la réforme n'est pas adoptée par la Russie.

En France, l'année a successivement commencé à *Noël*, au 1er *mars*, à *Pâques;* c'est un édit de Charles IX qui en a fixé le commencement au 1er *janvier*.

Le calendrier grégorien a été momentanément *remplacé*, le 5 octobre 1792, par une distribution de l'année ayant pour base le système décimal.

Aux termes du décret fixant la nouvelle ère des Français, l'année commençait à l'*équinoxe d'automne*, c'est-à-dire le 22 septembre.

Elle était divisée en 12 mois de 30 jours, après lesquels venaient, pour les années communes, 5 jours complémentaires n'appartenant à aucun mois.

Chaque mois était divisé en 3 parties égales appelées *décades*.

Les mois, les jours de la décade, les jours complémentaires, étaient uniquement désignés par les dénominations ordinales de *premier*, *second*, *troisième*, etc.

La période bissextile de 4 ans était appelée *franciade*, et le jour intercalaire qui venait après cette période prenait le nom de *jour de la Révolution;* il était placé après les 5 jours *complémentaires*.

Le jour, de minuit à minuit, était divisé en 10 parties ou heures, avec subdivisions de 10 en 10.

Un décret du 24 novembre 1793 a donné ensuite aux 12 mois les noms suivants :

Pour l'*automne*, vendémiaire, brumaire, frimaire;

Pour l'*hiver*, nivôse, pluviôse, ventôse;

Pour le *printemps*, germinal, floréal, prairial;

Pour l'*été*, messidor, thermidor, fructidor.

Les jours de la décade étaient : primidi, duodi, tridi, quartidi, quintidi, sextidi, septidi, octidi, nonidi, décadi.

Les jours complémentaires prenaient le nom de *sans-culottides*.

L'ère républicaine est restée en usage jusqu'au 10 nivôse an XIV; le lendemain 1er janvier 1806, le calendrier grégorien a été *rétabli* dans tout l'empire français, aux termes du sénatus-consulte du 22 fructidor an XIII (9 sept. 1805). »

CANAUX. — On entend par *canal* un cours d'eau fait de la main des hommes, et destiné soit à la navigation, soit à l'irrigation des terres arides, soit au roulement des usines, soit enfin au desséchement des marais.

1. — Les canaux destinés à la *navigation* font partie de la grande voirie, et sont assimilés aux grandes routes pour ce qui concerne leur établissement, leur entretien et leur police.

2. — Les canaux d'*irrigation* appartiennent à l'Etat ou aux particuliers, selon que l'Etat ou les particuliers en ont fait la dépense. Dans le premier cas, les frais d'entretien

sont supportés par les propriétaires dans l'intérêt desquels ces canaux ont été construits : la répartition en est faite par le Préfet, sauf recours au Conseil de Préfecture. Tous les canaux d'irrigation sont soumis à la haute police de l'Administration, qui prescrit les mesures nécessaires à leur conservation, notamment celles relatives au curage. (Loi 14 floréal an XI (4 mai 1803).

3. — Les canaux de *dérivation* établis pour le service des usines appartiennent, en général, au propriétaire du sol dans lequel ils sont creusés, mais ils sont assujettis à la police de l'Administration.

4. — Les canaux de *dessèchement*, qui servent à faire écouler les eaux des prairies ou des marais, sont également soumis à la police administrative, alors même qu'ils sont la propriété des particuliers.

CANON. (DROIT) — Voy. DROIT CANON.

CANTON. — (Loi 22 déc. 1789, art. 3.)

Circonscription territoriale comprise dans la circonscription plus étendue de l'arrondissement, et dont le caractère principal est de former le ressort de l'autorité judiciaire du degré inférieur, la *justice de paix*.

1. — Il y avait, en France, avant le démembrement de l'Alsace et de la Lorraine, 2 941 cantons. Il y en a aujourd'hui 2 871.

2. — Bien que le canton ne soit plus une circonscription administrative, il a continué d'avoir une importance spéciale dans certaines matières administratives. C'est ainsi : 1° que le nombre de membres des Conseils généraux et d'arrondissement est déterminé par celui des cantons (lois 22 juin 1833 et 10 août 1871); — 2° que c'est sur la circonscription cantonale que se répartit le contingent annuel pour le recrutement militaire, et que c'est au chef-lieu de canton qu'a lieu le tirage au sort des jeunes soldats et que s'assemble le Conseil de revision (loi 27 juillet 1872, art. 13 et suiv.); — 3° que c'est au chef-lieu de canton qu'a lieu la perception des contributions directes; — 4° que le canton est le siège et détermine la juridiction des Commissaires de police; — 5° que c'est au chef-lieu de canton que sont situés les bureaux d'enregistrement, etc.

CANTONNEMENT. — (Cod. for. art. 63-65; loi 15 avril 1829, art. 10, 11; déc. 12 avril 1854.)

Terme de droit qui a une double acception : 1° Il signifie la portion de propriété abandonnée à un usager, pour remplacer son droit d'usage sur le reste. Cette cession ne peut être provoquée que par le propriétaire, par l'Etat, les Communes et les Etablissements publics. — Le cantonnement a lieu à l'*amiable*, ou est réglé, en cas de contestation, par les tribunaux après estimation d'*experts*. Il ne peut être demandé que pour le droit de pâturage et de vaine pâture. Quant aux droits de glandée et de panage, on n'est admis à s'en affranchir qu'à prix d'argent; — 2° On nomme *cantonnement de pêche* ou *de chasse* les parties de rivières ou de forêts dans lesquelles l'Etat a concédé, par adjudication, le droit de pêcher ou de chasser.

CANTONNEMENT DES TROUPES. — Voy. RÉQUISITIONS MILITAIRES, III.

CAPITAINE DE NAVIRE. — (Cod. com. art. 221 et suiv.) — Les *obligations* des capitaines de navires marchands sont tracées avec détails par le Code de commerce. En voici le résumé :

1. — Tout capitaine, maître ou patron, chargé de la conduite d'un navire ou autre bâtiment, est garant de ses fautes, même légères, dans l'exercice de ses fonctions. Il est *responsable* des marchandises dont il se charge et en fournit une reconnaissance appelée *connaissement*. (Voy. ce mot.)

2. — Il appartient au capitaine de former l'*équipage* du vaisseau, de choisir et de louer les matelots et autres gens de l'équipage : il doit néanmoins se concerter avec les pro-

priétaires du bâtiment s'il est dans le lieu de leur demeure.

3. — Le capitaine tient un registre coté et paraphé par l'un des juges du tribunal de commerce, ou par le Maire ou son Adjoint, dans les localités où il n'y a pas de tribunal de commerce. Ce registre, appelé *livre* ou *journal de bord*, contient : les résolutions prises pendant le voyage; — la recette et la dépense concernant le navire, et généralement tout ce qui concerne le fait de sa charge, et tout ce qui peut donner lieu à un compte à rendre, à une demande à former.

4. — Avant de prendre charge, le capitaine, afin de s'assurer que le navire est en état de prendre la mer, doit le faire *visiter* dans les formes prescrites par les règlements. Le procès verbal de visite, dont il lui est remis extrait, est déposé au greffe du tribunal de commerce.

5. — Le capitaine est tenu d'être *en personne* dans son navire, à l'entrée et à la sortie des ports, havres ou rivières, parce que ce sont ordinairement les passages les plus dangereux.

6. — En cas de *contravention* aux obligations ci-dessus relatées, il est responsable de tous les événements envers les intéressés au navire et au chargement. — Il répond également de tout le dommage qui peut arriver aux marchandises qu'il aurait chargées sur le tillac ou pont du vaisseau sans le consentement par écrit du chargeur. Cette disposition, toutefois, n'est point applicable au *petit cabotage*. — Voy. CABOTAGE.

Sa responsabilité ne *cesse* que par la preuve d'obstacles de force majeure.

7. — Le capitaine, dans le lieu de la demeure des propriétaires ou de leurs fondés de pouvoirs, ne peut, sans leur autorisation spéciale, faire travailler au radoub du bâtiment, acheter des voiles, cordages, etc., prendre à cet effet de l'argent sur le corps du navire, ni fréter le navire,

8. — Si, pendant le cours du voyage, il y a *nécessité* de radoub ou d'achat de victuailles, le capitaine, après l'avoir constaté par un procès-verbal signé des principaux de l'équipage, peut, en se faisant *autoriser :* — en France, par le tribunal de commerce, ou, à défaut, par le Juge de paix; — à l'étranger, par le Consul français, ou, à défaut, par le magistrat du lieu, — emprunter sur le corps et quille du vaisseau, mettre en gage ou vendre des marchandises jusqu'à concurrence de la somme que les besoins constatés exigent. Il est tenu compte des marchandises vendues, d'après le cours des marchandises de même nature et qualité, dans le lieu de la décharge du navire, à l'époque de son arrivée.

9. — Avant son départ d'un port étranger ou des colonies françaises pour revenir en France, le capitaine doit envoyer à ses propriétaires ou à leurs fondés de pouvoir un compte, signé de lui, contenant l'état de son chargement, le prix des marchandises de sa cargaison, les sommes par lui empruntées, les noms et demeures des prêteurs. Cette formalité est doublement utile : d'une part, en cas de perte du bâtiment pendant la traversée, on saura de quoi se composait le chargement, et d'autre part, il devient impossible, dans la route, de frauder les propriétaires en substituant des marchandises à celles primitivement chargées.

10. — Le capitaine qui, *sans nécessité*, prendrait de l'argent sur le corps du navire, engagerait ou vendrait des marchandises ou des victuailles, ou qui supposerait des dépenses ou des avaries, serait tenu du remboursement de l'argent ou du payement des objets, sans préjudice des poursuites criminelles aux cas de vol, faux, etc.

11. — Hors le cas d'*innavigabilité* constaté légalement (c'est-à-dire dans un procès-verbal dressé par des experts qui sont nommés, en France, par le tribunal de commerce ou le Juge de paix; à l'étranger, par le Consul français, et, à défaut, par les

magistrats du lieu), le capitaine ne peut, à peine de nullité de la vente, vendre le navire sans un pouvoir spécial des propriétaires.

12. — Tout capitaine de navire, engagé pour un voyage, est tenu de l'achever, sous peine de tous dépens, dommages-intérêts envers les propriétaires et les affréteurs.

13. — Le capitaine qui navigue à profit commun sur le chargement ne peut faire aucun trafic ni commerce pour son compte particulier, s'il n'y a convention contraire. En cas de contravention à cette disposition, les marchandises qu'il aurait embarquées pour son compte particulier seraient confisquées au profit des autres intéressés.

14. — Le capitaine ne peut *abandonner* son navire pendant le voyage, pour quelque danger que ce soit, sans l'avis des officiers et principaux de l'équipage; et, en ce cas, il est tenu de sauver avec lui l'argent et ce qu'il peut des marchandises les plus précieuses de son chargement, sous peine d'en répondre en son propre nom. Si les objets, ainsi tirés du navire, sont perdus par quelque cas fortuit, il en demeure déchargé.

15. — Une fois *arrivé* au port de destination, et dans les vingt-quatre heures, le capitaine doit soumettre son livre de bord au visa du Président du tribunal de commerce, et, à défaut, au *visa* du Juge de paix; il doit, de plus, faire au même magistrat son *rapport*, énonçant: le lieu et le temps du départ; — la route suivie; — les hasards courus; — les désordres arrivés dans le navire, et toutes les circonstances remarquables du voyage.

16. — Si le capitaine aborde dans un *port étranger*, il est tenu de se présenter au Consul de France, de lui faire son rapport, et de prendre un certificat constatant l'époque de son arrivée et de son départ, l'état et la nature de son chargement.

17. — Si, pendant le cours du voyage, le capitaine est obligé de *relâcher* dans un *port français*, il est tenu de déclarer au Président du tribunal de commerce du lieu les causes de sa relâche. Dans les localités où il n'y a pas de tribunal de commerce, la déclaration est faite au Juge de paix du canton. Si la relâche forcée s'opère dans un *port étranger*, la déclaration est faite au Consul de France, ou, à son défaut, au magistrat du lieu.

18. — Le capitaine qui a fait *naufrage* et qui s'est sauvé seul ou avec partie de l'équipage est tenu de se présenter devant le juge du lieu, ou, à défaut de juge, devant toute autre autorité civile, d'y faire son rapport, et de le faire vérifier par ceux de l'équipage qui se sont sauvés et se trouvent avec lui, et d'en lever expédition.

Pour *vérifier* le rapport du capitaine, le juge reçoit l'interrogatoire des gens de l'équipage, et, s'il est possible, des passagers, sans préjudice des autres preuves. — Les rapports non vérifiés ne sont point admis à la décharge du capitaine, et ne font point foi en justice, excepté dans le cas où le capitaine naufragé s'est sauvé seul dans le lieu où il a fait son rapport. — La preuve des faits contraires est réservée aux parties.

19. — Hors les cas de *péril imminent*, le capitaine ne peut décharger aucune marchandise avant d'avoir fait son rapport, à peine de poursuites extraordinaires contre lui.

20. — Si les victuailles du bâtiment manquent pendant le voyage, le capitaine, en prenant l'avis des principaux de l'équipage, peut contraindre ceux qui ont des vivres en particulier de les mettre en commun, à la charge de leur en payer la valeur.

CAPITAL VARIABLE. (SOCIÉTÉ A) — Voy. SOCIÉTÉ, sect. II, V.

CARDINAL. — Du latin *cardo*, gond, ce sur quoi roule une chose. On donne ce nom aux soixante-dix prélats de l'Eglise romaine qui composent le Conseil du Pape. A la mort du Souverain Pontife, ce sont les Cardinaux réunis en conclave qui désignent un des leurs pour le remplacer.

CARENCE. — Du latin *carere*, manquer. — C'est l'état d'un individu qui ne possède rien.

— Dans le cas où il y aurait lieu à apposition des scellés, lors du décès d'une personne, s'il ne se trouve aucun effet mobilier, le Juge de paix dresse un procès-verbal de *carence*. (Cod. proc. civ. art. 924.)

CARRIÈRES. — (Loi 21 avril 1810, art. 1, 4, 81, 82; arr. cons. 5 avril 1771.)

1. — Sont considérées comme *carrières* les excavations qui renferment « les ardoises, les grès, pierres à bâtir et autres, les marbres, granits, pierres à chaux, pierres à plâtre, les pozzolanes, le trass, les basaltes, les laves, les marnes, craies, sables, pierres à fusil, argiles, kaolin, terres à foulon, terres à poterie, les substances terreuses et les cailloux de toute nature, les terres pyriteuses regardées comme engrais. »

2. — L'exploitation des carrières à *ciel ouvert* a lieu sans permission, sous la simple surveillance de la police, et avec l'observation des lois ou règlements généraux ou locaux. Quand elle se fait par *galeries souterraines*, elle est assujettie à la surveillance de la haute Administration.

3. — L'*usufruitier* jouit, de la même manière que le propriétaire, des carrières qui sont en exploitation à l'ouverture de l'usufruit. Il n'a aucun droit aux carrières non encore ouvertes à cette époque. (Cod. civ. art. 598.)

4. — Il est *défendu* d'ouvrir des carrières de pierres, de moellons, de faire des fouilles ou de pousser des galeries souterraines à moins de cinquante-huit mètres quarante-sept centimètres du pied des arbres plantés le long des routes, ou du bord même de la route.

5. Est puni d'un emprisonnement d'un an à cinq ans et d'une amende de 16 fr. à 500 fr. le *vol* ou la tentative de vol de pierres dans les carrières. (Cod. pén. art. 388.)

CARTES A JOUER. — (Loi 28 avril 1816, tit. 3; loi 1er septembre 1871, art. 5.)

1. — Il est perçu, au profit du Trésor, un *droit* de cinquante centimes par jeu de cartes. La recette effectuée en 1880 a été de 2 304 144 fr. 80 c.

2. — Les fabricants et débitants de cartes doivent être *commissionnés* par l'Administration des contributions indirectes. — Le *papier* servant à la fabrication des cartes est fourni par l'Etat, ainsi que les *moules*.

3. — Les *contraventions* aux lois sur les cartes à jouer sont punies de la confiscation des objets de fraude, d'une amende de 1000 fr. à 3000 fr. et d'un emprisonnement d'un mois; en cas de récidive, l'amende est toujours de 3000 fr.

4. — Ceux qui ont *contrefait* ou *imité* les moules, timbres et marques employés par la Régie pour distinguer les cartes légalement fabriquées et ceux qui se serviraient des véritables moules, timbres ou marques, en les employant d'une manière nuisible aux intérêts de l'État, sont punis, indépendamment de l'amende ci-dessus fixée, d'un emprisonnement qui varie, dans le premier cas, entre deux ans et cinq ans, et, dans le second cas, entre six mois et trois ans. — Les coupables peuvent, en outre, être interdits des droits mentionnés en l'article 42 du Code pénal pendant cinq ans au moins et dix ans au plus, à compter du jour où ils auront subi leur peine, et être mis sous la surveillance de la haute police pendant le même nombre d'années.

CASIER JUDICIAIRE. — Casier établi au *greffe de chaque tribunal civil* pour recevoir et classer par ordre alphabétique des bulletins constatant à l'égard de tout individu né dans l'arrondissement : tout jugement ou arrêt devenu définitif, rendu contre lui en matière correctionnelle; — tout arrêt criminel rendu contre lui par la cour d'assises ou par les tribunaux militaires; — toute mesure disciplinaire dont il aurait pu être l'objet; — tout jugement déclarant sa faillite, s'il est négociant; — toute réhabilitation qu'il aurait obtenue, soit comme condamné, soit comme failli. (*Circulaire du Ministre de la Justice, du 6 novembre* 1850.)

Les renseignements contenus dans le casier judiciaire sont principalement destinés au Ministère public, mais ils sont aussi communiqués aux particuliers qui peuvent avoir intérêt à les connaître. Le *prix* des extraits délivrés aux particuliers est de 3 fr. 50 cent., dont 1 franc pour le greffier, comme droit de recherche. (Loi de finances du 30 décembre 1873.)

Un *casier judiciaire central* a été établi au Ministère de la Justice en exécution d'une circulaire du garde des sceaux, du 30 août 1855.

La loi du 30 octobre 1886 (art. 38) exige des personnes qui veulent ouvrir une *école privée* la production d'un extrait de leur casier judiciaire.

CASSATION. — Annulation d'un jugement ou d'un arrêt rendu en dernier ressort, lorsque la loi a été violée ou faussement appliquée.

1. — En *matière civile*, il y a lieu à pourvoi en cassation, pour violation de la loi ou des formes prescrites à peine de nullité; lorsque la décision a été rendue par un tribunal incompétent ou contient un excès de pouvoir; enfin, lorsqu'il y a contradiction entre deux jugements rendus entre les mêmes parties, sur les mêmes faits, par deux tribunaux différents. On ne peut néanmoins se pourvoir en cassation contre les jugements, en dernier ressort, des Juges de paix, que pour *excès de pouvoir*.

— Le *délai* du pourvoi est de *deux mois* à compter du jour de la signification de la décision qui en fait l'objet, si elle a été rendue contradictoirement, ou à compter du jour où l'opposition n'est plus recevable, s'il s'agit de jugement ou d'arrêt par défaut. (Loi 2 juin 1862, art. 1er.) — Le délai est augmenté, à raison des distances, lorsque le demandeur est domicilié hors de France. (Même loi, art. 5.)

— En cas de *rejet* du pourvoi, le demandeur est condamné à 300 fr. d'*amende* envers l'Etat, et à 150 fr. de *dommages-intérêts* envers la partie, s'il s'agit d'un arrêt ou d'un jugement contradictoire; à la *moitié* seulement de ces deux sommes, si la décision attaquée avait été rendue par défaut. (Règl. 28 juin 1838, 1re partie, tit. IV, art. 5 et 35.) Cette disposition a été édictée dans le but de mettre un frein à la témérité des plaideurs. — La *moitié* de l'amende encourue en cas de rejet, c'est-à-dire 150 fr. ou 75 fr., d'après la distinction ci-dessus, doit être *consignée* pour que la requête en cassation soit reçue au greffe. — Restitution en est ordonnée, si le pourvoi est accueilli.

2. — *En matière criminelle*, le recours en cassation pour excès de pouvoir, incompétence, violation des formes ou fausse application de la loi, doit être exercé *dans les trois jours*.

3. — Sauf en *matière criminelle*, tout demandeur en cassation doit, à peine de non-recevabilité de son pourvoi, *consigner* une amende dont le taux est de 150 fr., si la sentence contre laquelle est dirigé le pourvoi est *contradictoire*, et de 75 fr., s'il s'agit d'une décision rendue *par défaut*, plus le double décime et l'enregistrement. Lorsque le pourvoi est *rejeté*, l'amende consignée est acquise au Trésor; elle est restituée au demandeur, si la sentence attaquée est *cassée*.

Sont néanmoins *dispensés* de consigner l'amende : 1° les condamnés à une peine correctionnelle ou de police emportant *privation de la liberté*; — 2° les personnes qui joignent à leur demande en cassation : premièrement, un extrait du rôle des contributions constatant qu'elles payent *moins de 6 francs*, ou un certificat du percepteur portant qu'elles ne sont *point imposées;* et, deuxièmement, un certificat délivré par le maire et approuvé par le sous-préfet ou par le préfet, constatant qu'elles sont, à raison de leur *indigence*, dans l'impossibilité de consigner l'amende.

Sont déclarés *déchus* de leur pourvoi en cassation, les condamnés à une peine emportant privation de la liberté pour *plus de six mois*, qui ne sont *pas en état* (c'est-à-dire qui ne se sont pas constitués *prisonniers*), s'ils n'ont pas été mis en liberté provisoire avec ou sans caution. — L'acte de leur écrou ou de leur mise en liberté doit être produit devant la Cour de cassation *au plus tard* au moment où l'affaire y est appelée. Il suffit au demandeur, pour que son recours soit reçu, de justifier qu'il s'est actuellement constitué dans la maison de justice du lieu où siège la cour de cassation. (Cod. instr. crim. art. 420 et 421 modifiés par la loi du 28 juin 1877.)

4. — Voy. COUR DE CASSATION; — AVOCATS AU CONSEIL D'ÉTAT ET A LA COUR DE CASSATION.

CAUTION. — CAUTIONNEMENT (Cod. civ. art. 2011-2043.)

D'un usage très fréquent et très utile dans la société, le *cautionnement* est un contrat par lequel on s'engage à exécuter une obligation que d'autres ont souscrite, si les personnes obligées ne l'exécutent pas elles-mêmes. La garantie qu'il procure facilite puissamment les transactions civiles et commerciales.

On sait, du reste, les périls qui environnent le rôle de *caution*. « *Qui répond, paye*, » dit un proverbe, dont l'expérience démontre chaque jour l'exacte vérité.

I. NATURE ET ÉTENDUE DU CAUTIONNEMENT. — 1. — Le premier principe posé par la loi en cette matière, c'est qu'on ne peut cautionner qu'une obligation valable.

2. — Le cautionnement, n'étant qu'un accessoire de l'obligation principale, ne peut être ni plus étendu ni plus onéreux que cette obligation. Il peut, au contraire, être moins étendu et moins onéreux; en d'autres termes, la caution a la faculté de ne s'engager que pour une partie de la dette, ou à des conditions plus favorables que celles auxquelles est soumis le principal obligé. Tout dépend de la convention.

3. — On peut cautionner une personne *sans son ordre*, même *à son insu*. On peut aussi se rendre caution, non seulement du débiteur principal, mais encore de celui qui l'a cautionné.

4. — Le cautionnement *ne se présume pas*. A cause des conséquences si graves qu'il entraîne, la loi exige qu'il soit clairement exprimé, et elle recommande de ne pas l'étendre au delà des limites dans lesquelles l'engagement a été contracté; ainsi la caution donnée pour le principal seulement ne doit pas être étendue aux intérêts ni aux frais.

5. — Comme les autres contrats, le cautionnement oblige les héritiers de celui qui l'a souscrit, mais chaque héritier n'en est tenu que pour sa part et portion.

6. — Il y a trois espèces de cautions : celles que la *loi* oblige à donner, par exemple, pour la jouissance d'un usufruit; celles qu'un *jugement* condamne à fournir; celles enfin qu'on donne *volontairement*.

La loi n'avait pas besoin de veiller aux qualités que doit avoir la caution *conventionnelle*. C'est au créancier à pourvoir à sa sûreté ainsi qu'il lui plaît. Au contraire, à l'égard des cautions *légales* ou *judiciaires*, trois conditions sont exigées : *capacité de contracter*, *solvabilité*, *facilité pour les poursuites*.

Les mineurs, les interdits, les femmes mariées non autorisées par leurs maris ou par la justice, ne peuvent donc pas être reçus cautions légales ou judiciaires, parce qu'ils n'ont pas la capacité de contracter.

La solvabilité de la caution ne doit pas être fugitive et incertaine : elle doit porter sur des propriétés foncières d'une valeur suffisante pour répondre de l'objet de l'obligation principale. Mais, en matière de commerce, ou lorsque la dette est modique, le cautionnement en immeubles n'est point exigé, si le crédit, la réputation et la solvabilité notoires de la caution présentée donnent une garantie suffisante.

Pour la facilité des poursuites, la loi veut que la caution ait son domicile dans le ressort de la Cour d'appel où la garantie doit être donnée, et que ses immeubles ne soient pas litigieux ou d'une discussion trop difficile par suite de leur éloignement.

7. — Le débiteur qui, obligé par la loi, ou condamné par jugement, à fournir une caution, ne peut en trouver une remplissant les qualités requises, est admis à donner en nantissement un gage suffisant.

8. — Lorsque la caution reçue par le créancier, volontairement ou en justice, est devenue ensuite *insolvable*, il doit en être donné une autre. Cette règle reçoit exception dans le cas seulement où c'est le créancier lui-même qui avait indiqué et nominativement exigé la caution, devenue insolvable. Il était juste de le rendre responsable de son choix.

II. Effets du cautionnement. — 1. — La caution, ne devant payer qu'à défaut du débiteur principal, a le droit, lorsqu'elle est poursuivie, de requérir que le débiteur soit préalablement *discuté* dans ses biens par le créancier. C'est ce qu'on appelle le *bénéfice de discussion*. Mais il a paru nécessaire de restreindre ce droit dans de justes limites, afin de ne pas rendre illusoire le cautionnement. Ainsi, le créancier n'est tenu de discuter le débiteur principal que lorsque la caution le requiert expressément, et sur les premières poursuites exercées contre elle. En outre, la loi exige que la discussion réclamée soit de nature à s'effectuer promptement et facilement, qu'elle n'expose pas le créancier à des retards considérables ou à des contestations pénibles, et qu'enfin ce dernier ne soit pas forcé d'en avancer les frais. Elle exige, en conséquence, que la caution n'indique, ni des biens situés hors du ressort de la Cour d'appel où le payement doit être fait, ni des biens litigieux.

Mais, lorsque la caution a fait les indications prescrites, et qu'elle a remis les fonds nécessaires, si le créancier néglige la discussion, il est seul responsable de l'insolvabilité du débiteur survenue depuis, à défaut de poursuites.

Le bénéfice de discussion n'est pas accordé aux cautions *légales* et *judiciaires*, qui doivent présenter la plus forte comme la plus sûre des responsabilités, soit à cause de la nature de la dette cautionnée, soit en raison du respect dû aux jugements dont l'exécution ne doit être ni retardée ni gênée.

2. — Les cautions *conventionnelles* jouissent d'une autre faveur. Lorsque plusieurs personnes ont cautionné le même débiteur pour la même dette, bien qu'elles soient réellement obligées chacune à toute la dette, elles peuvent exiger que le créancier *divise* son action et la réduise contre chacune d'elles à sa part et portion seulement : c'est ce qu'on appelle le *bénéfice de division*, bénéfice auquel le créancier peut, d'ailleurs, dans l'acte de cautionnement, faire renoncer la caution, comme à celui de *discussion*.

3. — La caution qui a payé a son *recours* contre le débiteur principal; elle est subrogée entièrement aux droits du créancier.

Mais ce recours lui est refusé lorsqu'elle a bénévolement payé sans être poursuivie et sans avoir averti le débiteur principal; car celui-ci pouvait avoir des exceptions à opposer, des compensations à faire valoir, en un mot des moyens quelconques de faire déclarer la dette éteinte, et il lui a été impossible de les proposer, si la caution lui a laissé ignorer les poursuites.

4. — Lorsqu'il y a plusieurs débiteurs principaux *solidaires* d'une même dette, la caution qui les a tous cautionnés a contre chacun d'eux

un recours contre la répétition du total de ce qu'elle a payé. Il était juste qu'ayant acquitté ce que chacun des débiteurs s'était solidairement engagé à payer, la caution eût le droit de choisir celui contre lequel elle veut diriger sa demande.

5. — Même *avant d'avoir payé*, la caution peut agir contre le débiteur pour être indemnisée : 1° si elle est poursuivie en justice pour le paiement, parce qu'elle ne s'est pas obligée à payer pour lui ni à supporter des frais ; — 2° si le débiteur est en faillite ou se trouve dans l'état de ruine qu'en terme de droit on appelle *déconfiture*, parce qu'alors la dette est devenue exigible ; — 3° si le débiteur s'est obligé de rapporter dans un certain temps la décharge du cautionnement, lorsque ce temps est expiré, parce que c'est une condition de l'engagement contracté par la caution et que cette condition doit être exécutée ; — 4° si la dette est devenue exigible par l'échéance du terme, quoique le créancier n'exerce pas encore de poursuites, parce que la caution a intérêt de prévenir ces poursuites, et que le débiteur peut devenir insolvable ; — 5° après dix années, lorsque l'obligation principale n'a pas un terme fixe d'échéance, parce qu'il ne faut pas que la caution reste indéfiniment engagée. Néanmoins, si l'obligation était de nature à ne pouvoir être éteinte avant un temps déterminé, la caution ne pourrait, avant l'expiration de ce temps, quelque long qu'il fût, demander sa décharge, parce qu'elle a connu ou dû connaître la nature et la durée de l'engagement qu'elle garantissait. Ainsi la personne qui se serait rendue caution d'un tuteur ne pourrait lui demander décharge tant que la tutelle dure.

6. — Lorsque plusieurs personnes ont cautionné un même débiteur pour une même dette, celle d'entre elles qui a payé a recours contre les autres cautions, chacune pour sa part et portion, pourvu toutefois qu'elle n'ait payé que dans l'un des cinq cas ci-dessus exprimés, c'est-à-dire étant contrainte de le faire.

III. EXTINCTION DU CAUTIONNEMENT. — 1. Le Code déclare que l'obligation résultant du cautionnement s'éteint par les mêmes causes que toute autre obligation. (Voy. OBLIGATIONS, III.) — Comment la caution pourrait-elle continuer à être engagée, alors qu'il n'y a plus d'obligation qui puisse être l'objet du cautionnement ?

2. — La caution peut opposer au créancier toutes les *exceptions* qui appartiennent au débiteur principal, et qui sont inhérentes à la dette, comme celles qui résulteraient de l'*erreur* du *dol* et de la *violence*, etc. ; quant aux exceptions purement personnelles au débiteur, comme celles résultant de l'incapacité de ce dernier (*minorité*, *défaut d'autorisation de la femme mariée*, etc.), la caution n'est pas admise à les faire valoir.

3. — Quand le créancier s'est mis hors d'état de faire à la caution subrogation de ses droits, hypothèques et privilèges, la caution se trouve déchargée, parce qu'elle n'a plus un recours aussi assuré contre le débiteur.

Elle est encore déchargée par l'acceptation que le créancier fait d'un immeuble ou d'un effet quelconque en payement de la dette. Peu importe que ce dernier vienne plus tard à être évincé, car la caution n'avait garanti que la première.

CÉDULE. — Du latin *sheda*, billet, note. — Ordonnance du Juge de paix qui autorise une citation ou en abrège les délais, ou qui prescrit une enquête. (Cod. proc. civ. art. 6, 29 ; Cod. instr. crim. art. 146.) — Voy. CITATION, 2.

CENTIARE. — Mesure *agraire*, représentant le centième de l'*are*, ou un mètre carré. — Voy. POIDS ET MESURES.

CENTIGRAMME. — Centième du *gramme*. — Voy. POIDS ET MESURES.

CENTIME. — Centième du *franc*.

CENTIMÈTRE. — Centième du *mètre*. — Voy. POIDS ET MESURES.

CENTIMES ADDITIONNELS. — On appelle ainsi des *impositions supplémentaires* destinées à couvrir des dépenses temporaires ou variables d'une année à une autre. Les centimes additionnels sont ajoutés aux contributions ordinaires, votés et perçus de la même manière.

1. — Indépendamment des *centimes additionnels généraux*, votés par le Parlement, chaque année, pour couvrir les frais de perception et les non-valeurs, il y a des *centimes additionnels départementaux*, votés par les Conseils généraux, et se subdivisant en centimes *facultatifs*, centimes *extraordinaires* et centimes *spéciaux*, et des *centimes additionnels communaux*, votés par les Conseils municipaux.

La loi de finances détermine, chaque année, le nombre *maximum* des centimes additionnels pouvant être votés par les Conseils généraux et les Conseils municipaux.

2. — Les *patentes* ont spécialement leurs centimes additionnels, destinés aux dépenses des Chambres et des Bourses de commerce.

CÉRÉALES. — Ce mot, dérivé de *Cérès*, déesse de l'agriculture, s'applique aux produits alimentaires provenant de l'industrie agricole. — Il comprend : le *blé*, le *seigle*, l'*orge*, le *maïs*, l'*avoine*, le *sarrasin* ou *blé noir*, et quelques autres végétaux de moindre importance.

1. — Le commerce des céréales a longtemps été *réglementé* en France, au grand détriment des producteurs et des consommateurs. Il n'est *libre* que depuis 1861.

Mieux éclairé sur les vrais principes de l'économie politique, le Gouvernement a compris que les dispositions restrictives, par lesquelles le législateur s'était flatté de favoriser l'agriculture et d'assurer l'approvisionnement des marchés, produisaient des résultats tout à fait opposés, et il a eu la sagesse de supprimer l'*échelle mobile*. (Voy. ces mots.)

2. — Le Code pénal (art. 420) prévoit et punit les *manœuvres* tendant à opérer la *hausse* ou la *baisse* des céréales au-dessus ou au-dessous des prix qu'aurait déterminés la concurrence naturelle et libre du commerce. — Voy. ACCAPAREMENT — ACCAPAREUR, 4 et 5.

3. — Voy. TROMPERIE SUR LA MARCHANDISE.

4. — STATISTIQUE

PRODUCTION, COMMERCE ET PRIX MOYEN DU FROMENT A DIVERSES ÉPOQUES, DE 1821 A 1882.

ANNÉES	PRODUCTION en GRAINS	RAPPORTS		COMMERCE du froment, grains et farines Excédant	
		RENDEMENT par hectare	PRIX MOYEN de l'hectolitre	des IMPORTATIONS	des EXPORTATIONS
	Hectolitres	Hect. lit.	Fr. c.	Hectolitres	Hectolitres
1821..	58 219 268	12 25	17 70	485 533	»
1826..	59 631 917	12 18	15 85	»	401 211
1831..	56 429 694	11 04	22 10	341 617	»
1837..	67 915 534	12 56	18 53	»	282 114
1840..	80 880 431	14 62	21 84	1 810 061	»
1846..	60 696 968	10 23	24 05	4 245 829	»
1847..	97 611 140	16 32	29 01	3 515 170	»
1848..	87 994 435	14 73	16 05	»	640 443
1849..	90 761 712	15 21	15 37	»	2 691 522

ANNÉES	PRODUCTION en GRAINS	RAPPORTS		COMMERCE du froment, grains et farines Excédant	
		RENDEMENT par hectare	PRIX MOYEN de l'hectolitre	des IMPORTATIONS	des EXPORTATIONS
	Hectolitres	Hect. lit.	Fr. c.	Hectolitres	Hectolitres
1851..	85 986 232	14 33	14 48	»	4 356 291
1852..	86 065 386	14 13	17 23	»	2 017 918
1855..	72 936 726	11 36	20 32	3 113 310	»
1858..	109 989 747	16 56	16 75	»	»
1861..	75 116 287	11 12	24 55	12 418 660	»
1866..	85 131 455	12 33	19 61	»	5 792 715
1871..	72 806 067	11 38	25 65	13 794 824	»
1875..	101 690 385	14 57	19 32	»	1 842 697
1876..	98 665 499	14 35	20 59	3 746 134	»
1877..	100 804 328	14 50	23 44	»	524 533
1878..	96 446 298	13 65	21 25	17 819 515	»
1879..	80 899 123	11 67	22 12	29 349 391	»
1880..	100 553 846	14 48	22 19	26 785 620	»
1881..	96 816 083	13 91	22 20	17 151 735	»
1882..	122 133 770	17 68	19 29	13 938 880	»

2° PRODUCTION DES AUTRES CÉRÉALES, DE 1879 A 1882.

ANNÉES	MÉTEIL	SEIGLE	ORGE	SARRASIN	MAÏS	AVOINE
	Hectolitres	Hectolitres	Hectolitres	Hectolitres	Hectolitres	Hectolitres
1879......	4 625 696	19 134 784	16 035 179	8 953 715	7 524 590	71 848 977
1880......	5 917 755	26 409 524	19 219 985	10 531 271	9 755 437	81 958 533
1881......	6 007 400	23 731 635	17 583 558	10 592 316	8 402 456	77 248 030
1882......	6 997 763	29 336 688	19 391 979	10 781 790	9 684 045	89 701 750

CERTIFICAT D'ADDITION. — (Loi 5 juillet 1844, art. 16-19.)

Certificat délivré pour l'*addition* faite à une invention ou découverte déjà *brevetée*. — Voy. BREVET D'INVENTION, VI.

CERTIFICAT D'APTITUDE PÉDAGOGIQUE. — *Institué* par décret du 4 janvier 1881 et *exigé* désormais de tout instituteur *stagiaire* pour devenir *titulaire*. (Loi 30 octobre 1886, art. 23.)

Les *conditions* et *formes de l'examen* pour le certificat d'aptitude pédagogique sont déterminées par le décret du 18 janvier 1887, art. 117 et suiv. et par l'arrêté du même jour, art. 154 et suiv.

CERTIFICAT D'ÉTUDES PRIMAIRES. — Dès 1866, on avait été frappé de l'utilité qu'il y aurait à terminer les études primaires par un examen qui en serait comme le couronnement; mais c'est en 1880 seulement que l'institution fut l'objet d'une réglementation uniforme.

La loi du 28 mars 1882 (art. 6) dispose que les enfants peuvent se présenter à l'examen du certificat d'études primaires dès l'âge de *onze ans*. Ceux qui ont obtenu ce certificat sont *dispensés* du temps de scolarité obligatoire qui leur restait à passer.

CERTIFICAT DE VIE. — Pièce constatant l'existence d'une personne. Pour recevoir les arrérages d'une *rente viagère* ou d'une *pension*, il faut justifier de son existence par la production d'un *certificat de vie*. Ce sont les *notaires* qui, en règle générale, délivrent ces certificats.

Le décret du 9 novembre 1853 (art. 46) a fixé ainsi qu'il suit la *rétribution* due aux notaires pour la délivrance des certificats de vie à produire, chaque trimestre, par les titulaires d'une pension inscrite au Trésor :

De 600 fr. et au-dessus	0fr,50
De 600 fr. à 301 fr....	0fr,35
De 300 fr. à 101 fr....	0fr,25
De 100 fr. à 50 fr	0fr,20
Au-dessous de 50 fr ..	0fr,00

Les certificats de vie exigés pour le payement des arrérages de rentes de la *Caisse des retraites pour la vieillesse* sont délivrés *gratuitement* par les *Maires*. (Loi 20 juillet 1886.)

CHAMBRE DES DÉPUTÉS. — Nom de l'une des deux Assemblées instituées par la loi du 25 février 1875 pour exercer le pouvoir législatif.

Les membres de la Chambre des Députés sont élus au *scrutin de liste*. (Loi 16 juin 1885.)

Chaque département élit le nombre de Députés qui lui a été attribué par le tableau ci-dessous annexé à la loi du 16 juin 1885, à raison d'*un Député par* 70000 *habitants*, les étrangers non compris. Néanmoins, il est tenu compte de toute *fraction* inférieure à 70000.

Chaque département élit *au moins* 3 Députés.

Il est attribué 2 Députés au territoire de *Belfort*, 6 à l'*Algérie* et 10 aux *Colonies*, conformément aux indications du tableau.

Le département forme une seule circonscription.

— Les pouvoirs de la Chambre des Députés durent *quatre ans*. La Chambre se renouvelle *intégralement*. Sauf le cas de *dissolution* prévu et réglé par la Constitution, les élections générales ont lieu dans les 60 jours qui précèdent l'expiration des pouvoirs de la Chambre. Il n'est pas pourvu aux vacances survenues dans les 6 mois qui précèdent le renouvellement.

— Le *nombre* des Députés est de 584, ainsi répartis :

DÉPARTEMENTS	NOMBRE DES HABITANTS non compris LES ÉTRANGERS	NOMBRE des DÉPUTÉS
Ain	359 507	6
Aisne	543 891	8
Allier	416 076	6
Alpes (Basses-)	129 199	3
Alpes (Hautes-)	119 287	3
Alpes-Maritimes	184 621	3
Ardèche	376 416	6
Ardennes	298 675	5
Ariège	240 455	4
Aube	252 636	4
Aude	316 442	5
Aveyron	410 075	6
Bouches du-Rhône	499 051	8
Calvados	438 585	7
Cantal	235 975	4

DÉPARTEMENTS	NOMBRE DES HABITANTS non compris LES ÉTRANGERS	NOMBRE des DÉPUTÉS
Charente	370 489	6
Charente-Inférieure	465 391	7
Cher	350 810	6
Corrèze	316 741	5
Corse	257 669	4
Côte-d'Or	378 725	6
Côtes-du-Nord	626 970	9
Creuse	278 782	4
Dordogne	493 690	8
Doubs	297 181	5
Drôme	312 413	5
Eure	361 641	6
Eure-et-Loir	279 065	4
Finistère	681 190	10
Gard	412 229	6
Garonne (Haute-)	473 167	7
Gers	274 880	4
Gironde	740 046	11
Hérault	432 233	7
Ille-et-Vilaine	614 382	9
Indre	287 425	5
Indre-et-Loire	327 982	5
Isère	574 186	9
Jura	282 063	5
Landes	300 775	5
Loir-et-Cher	275 063	4
Loire	598 136	9
Loire (Haute-)	316 132	5
Loire-Inférieure	624 630	9
Loiret	367 266	6
Lot	279 693	4
Lot-et-Garonne	304 949	5
Lozère	143 225	3
Maine-et-Loire	522 083	8
Manche	525 656	8
Marne	408 503	6
Marne (Haute-)	252 676	4
Mayenne	344 656	5
Meurthe-et-Moselle	404 817	6
Meuse	282 301	5
Morbihan	521 407	8
Nièvre	347 076	5
Nord	1 335 548	20
Oise	396 150	6
Orne	375 721	6
Pas-de-Calais	798 722	12
Puy-de-Dôme	565 264	9
Pyrénées (Basses-)	417 766	6

DÉPARTEMENTS	NOMBRE DES HABITANTS non compris LES ÉTRANGERS	NOMBRE des DÉPUTÉS
Pyrénées (Hautes-)	233 474	4
Pyrénées-Orientales	197 875	3
Rhin (Haut-) — Territ. de Belfort	70 244	2
Rhône	724 499	11
Saône (Haute-)	294 311	5
Saône-et-Loire	622 689	9
Sarthe	438 233	7
Savoie	260 054	4
Savoie (Haute-)	267 252	4
Seine	2 606 283	38
Seine-Inférieure	804 935	12
Seine-et-Marne	341 124	5
Seine-et-Oise	570 824	9
Sèvres (Deux-)	349 888	5
Somme	546 425	8
Tarn	358 723	6
Tarn-et-Garonne	216 306	4
Var	265 636	4
Vaucluse	242 309	4
Vendée	421 522	7
Vienne	339 599	5
Vienne (Haute-)	348 780	5
Vosges	402 615	6
Yonne	355 529	6
Algérie.		
Alger		2
Constantine		2
Oran		2
Colonies.		
Cochinchine		1
La Guadeloupe		2
Guyane française		1
Inde française		1
La Martinique		2
La Réunion		2
Sénégal		1
TOTAL		584

— Voy. DÉPUTÉ.

CHAMBRE DES MISES EN ACCUSATION. — (Cod. instr. crim. art. 217-550.) Section de la *Cour d'appel* spécialement chargée d'apprécier toutes les poursuites intentées, dans l'étendue du ressort, à l'occasion de faits réputés *crimes*. — Voy. COUR D'APPEL, 4.

CHAMBRE DU CONSEIL. — Salle dans laquelle les juges se retirent pour délibérer et rédiger les arrêts ou jugements qui doivent ensuite être prononcés à l'audience publique.

C'est dans la *chambre du conseil* que le mari, qui refuse à sa femme l'autorisation de poursuivre ses droits en justice, est cité pour faire connaître ses motifs. C'est là aussi que s'opère la tentative de réconciliation entre époux en cas de demande de séparation de corps ; — qu'il est procédé à l'interrogatoire de la personne dont l'interdiction est réclamée ; etc.

CHAMBRES CONSULTATIVES D'AGRICULTURE. — (Déc. 25 mars 1852.)

1. — Il y a, dans chaque arrondissement, une *Chambre consultative d'agriculture*, composée d'autant de membres qu'il y a de cantons dans l'arrondissement, sans que le nombre de ces membres puisse être inférieur à 6.

Le Préfet désigne, dans chaque canton, pour faire partie de la Chambre, un agriculteur *notable* ayant son domicile ou des propriétés dans le canton.

Les membres de la Chambre d'agriculture sont nommés pour 3 ans. Ils sont toujours *rééligibles*.

Le Préfet, au chef-lieu, et les Sous-Préfets, dans les arrondissements, *président* la Chambre. Un vice-président, élu à la majorité des voix des membres présents, supplée le Préfet ou le Sous-Préfet, en cas d'absence ou d'empêchement. Le Préfet ou le Sous-Préfet nomme le *secrétaire*.

2. — Un arrêté du Préfet fixe, chaque année, l'époque de la session ordinaire des Chambres d'agriculture de son département. Il en détermine la durée, et arrête le programme des travaux. Des sessions extraordinaires peuvent avoir lieu sur sa convocation.

3. — Les Chambres consultatives d'agriculture présentent au Gouvernement leurs vues sur les questions qui intéressent l'agriculture. Leur avis peut être demandé sur les changements à opérer dans la législation, en ce qui touche les intérêts agricoles, et notamment en ce qui concerne les contributions indirectes, les douanes, les octrois, la police et l'emploi des eaux. Elles peuvent aussi être consultées sur l'établissement des foires et marchés, sur la destination à donner aux subventions de l'Etat et du département, enfin sur l'établissement des écoles régionales et des fermes-écoles. Elles sont chargées de la statistique agricole de l'arrondissement, et correspondent directement avec les Préfets et les Sous-Préfets, et, par l'intermédiaire des Préfets, avec le Ministre de l'agriculture et du commerce.

4. — Les Chambres consultatives d'agriculture sont reconnues comme *établissements d'utilité publique* : elles peuvent, en cette qualité, acquérir, recevoir, posséder et aliéner, après y avoir été dûment autorisées. Leur *budget*, visé par le Préfet, est présenté au Conseil général : il fait partie des dépenses départementales ordinaires.

CHAMBRES CONSULTATIVES DES ARTS ET MANUFACTURES. — (Loi 22 germinal an XI (12 avril 1803) ; arr. 10 thermidor an XI (29 juillet 1802) ; ordonn. roy. 16 juin 1832 ; arr. 19 juin 1848, art. 7, 10 ; décembre 30 août 1852 ; 24 octobre 1863.)

Assemblées de manufacturiers, fabricants ou directeurs de fabriques, établies dans les grands centres industriels pour faire connaître au Gouvernement les vœux et les besoins de l'industrie manufacturière. — Il en existe actuellement dans les 82 villes ci-après désignées :

Agen, *Aix*, *Alençon*, *Ambert*, *Angoulême*, *Aubusson*, *Bayeux*, *Beauvais*, *Bédarieux*, *Bernay*, *Bolbec*, *Bourgoin*, *Brignoles*, *Cambrai*, *Chalabre*, *Châlons-sur-Marne*, *Charleville*, *Châteauroux*, *Cholet*,

Clermont-de-l'Hérault, *Condé-s.-Noireau*, *Draguignan*, *Evreux*, *Falaise*, *Felletin*, *Ferté-Macé* (*La*), *Flers*, *Foix*, *Ganges*, *Givet*, *Grasse*, *Issoudun*, *Joinville*, *Laigle*, *Lisieux*, *Lodève*, *Louviers*, *Mayenne*, *Mazamet*, *Mende*, *Millau*, *Montauban*, *Montbéliard*, *Montereau*, *Montluçon*, *Morez*, *Moulins*, *Nevers*, *Niort*, *Oloron*, *Orange*, *Pamiers*, *Pau*, *Poitiers*, *Pont-Audemer*, *Puy* (*Le*), *Quintin*, *Remiremont*, *Rethel*, *Rive-de-Gier*, *Rocroy*, *Rodez*, *Saint-Affrique*, *Saint-Chamond*, *Saint-Claude*, *Saint-Dié*, *Saint-Geniès*, *Saint-Hippolyte-du-Gard*, *Saint-Lô*, *Saint-Maixent*, *Saint-Pons*, *Saumur*, *Sens*, *Sommières*, *Tinchebray*, *Tourcoing*, *Valence*, *Vigan* (*Le*), *Vimoutiers*, *Vire*, *Voiron*, *Yvetot*.

1. — Le décret d'institution de chaque Chambre détermine sa *circonscription*, qui comprend, soit l'arrondissement, soit un ou plusieurs cantons, soit seulement la ville où elle siège.

2. — Le nombre des membres est de douze : ils sont élus par les industriels et commerçants de la circonscription, portés sur la liste des *notables*. — Voy. NOTABLES COMMERÇANTS.

3. — Les conditions d'éligibilité sont les mêmes que pour les *Chambres de commerce*. (Voy. ces mots.)

4. — Les fonctions des membres des Chambres consultatives des arts et manufactures durent *six années*; le *renouvellement* a lieu par tiers tous les deux ans. Pour les deux premiers renouvellements partiels qui suivent une élection générale, l'ordre de la sortie est réglé par le sort.

Les *avances* accidentelles sont remplies à la plus prochaine élection, mais seulement pour le temps qui reste à courir sur l'exercice du membre remplacé.

Les membres sortants sont *rééligibles*.

5. — Les Chambres consultatives nomment leur *président*: sa voix est prépondérante, en cas de partage.

6. — Le Préfet ou le Sous-Préfet, dans le lieu de sa résidence, le Maire, dans les autres villes, est *membre né* et *président d'honneur* de la Chambre : il préside effectivement les séances où il assiste en personne.

CHAMBRES DE COMMERCE. — (Déc. 3 sept. 1851 et 30 août 1852.)

1. — On donne ce nom à des assemblées de négociants ou d'anciens négociants dont la mission est d'éclairer le Gouvernement sur toutes les questions qui intéressent le commerce et l'industrie.

Les Chambres de commerce sont *instituées* par décret dans les villes où le Gouvernement reconnait l'opportunité d'en établir. Il en existe actuellement dans les 93 villes ci-après désignées :

Abbeville, *Agen*, *Albi*, *Amiens*, *Angers*, *Angoulême*, *Annonay*, *Armentières*, *Arras*, *Aubenas*, *Avesnes*, *Avignon*, *Bar-le-Duc*, *Bastia*, *Bayonne*, *Beaune*, *Besançon*, *Bolbec*, *Bordeaux*, *Boulogne-sur-Mer*, *Bourges*, *Brest*, *Caen*, *Calais*, *Cambrai*, *Carcassonne*, *Castres*, *Cette*, *Châlon-sur-Saône*, *Chambéry*, *Cherbourg*, *Clermont-Ferrand*, *Cognac*, *Dieppe*, *Dijon*, *Douai*, *Dunkerque*, *Elbeuf*, *Epinal*, *Fécamp*, *Fougères*, *Granville*, *Gray*, *Grenoble*, *Havre* (*Le*), *Honfleur*, *Laval*, *Lille*, *Limoges*, *Lons-le-Saunier*, *Lorient*, *Lyon*, *Mâcon*, *Mans* (*Le*), *Marseille*, *Montauban*, *Montpellier*, *Morlaix*, *Nancy*, *Nantes*, *Narbonne*, *Nice*, *Nîmes*, *Orléans*, *Paris*, *Perpignan*, *Quimper*, *Reims*, *Rennes*, *Rochefort*, *Rochelle* (*La*), *Roanne*, *Rouen*, *Roubaix*, *Saint-Brieuc*, *Saint-Dizier*, *Saint-Etienne*, *Saint-Malo*, *Saint-Nazaire*, *Saint-Omer*, *Saint-Quentin*, *Sedan*, *Tarare*, *Thiers*, *Toulon*, *Toulouse*, *Tourcoing*, *Tours*, *Troyes*, *Valence*, *Valenciennes*, *Versailles*, *Vienne*.

2. — Sont *éligibles* : 1° tout commerçant ayant au moins 30 ans et exerçant le commerce ou une in-

dustrie manufacturière depuis cinq ans au moins; 2° les anciens négociants ou manufacturiers domiciliés dans la circonscription de la Chambre, pourvu qu'ils aient au moins 30 ans d'âge : toutefois les éligibles de cette seconde catégorie ne peuvent excéder le tiers du nombre des membres de la Chambre.

Sont *électeurs* les *notables commerçants* appelés à élire les membres des tribunaux de commerce. — Voy. NOTABLES COMMERÇANTS.

3. — Les fonctions des membres des Chambres de commerce durent *six ans :* leur *renouvellement* a lieu par tiers tous les deux ans.

4. — Les Chambres de commerce sont des établissements d'*utilité publique*.

Dans les cérémonies, elles prennent *rang* immédiatement après les tribunaux de commerce.

CHANGE-CHANGEUR. — 1. — On désigne sous le nom de *change* le négoce des effets payables d'un lieu sur un autre, dont s'occupent spécialement les banquiers. Le change se dit aussi de la permutation de monnaies nationales ou étrangères pour d'autres monnaies : c'est ce qui constitue la profession de *changeur*.

2. — Toute opération de change est réputée acte de commerce. (Cod. com. art. 632.) — Il en résulte que les changeurs sont des commerçants. Ils sont tenus d'inscrire leurs recettes et le nom des propriétaires des espèces changées ou vendues. (Déc. 19 mai 1791.)

CHANGEMENT DE NOMS. — (Lois 6 fructidor an II (23 août 1794); 11 germinal an XI (1er avril 1803); déc. 8 janvier 1859.)

1. — Les noms et prénoms servant à établir l'identité des personnes, à assurer les droits de famille et de succession, nul ne peut, à moins d'une *autorisation* expresse par décret en Conseil d'État, porter d'autres nom et prénoms que ceux mentionnés dans son acte de naissance.

2. — Les demandes en changement ou addition de nom doivent être adressées au Ministre de la justice. Lorsque la demande est accueillie, le décret est inséré au *Bulletin des lois*, et il ne peut recevoir son exécution qu'après une année écoulée à compter du jour de l'insertion. Pendant ladite année, toute personne intéressée est admise à former *opposition* au décret, qui est rapporté, s'il y a lieu.

3. — Est passible d'une *amende* de 500 fr. à 10000 fr. quiconque, sans droit et en vue de s'attribuer une distinction honorifique, a *publiquement changé*, *altéré* ou *modifié* le nom que lui assignent les actes de l'*état civil*. (Loi 28 mai 1858.)

4. — Voy. COMMUNE, 3.

CHANTAGE. — (Loi 13 mai 1863.) Genre d'extorsion opérée à l'aide d'une contrainte morale. — « Le hasard, » a dit M. de Belleyme, dans son rapport au Corps législatif sur le projet de loi portant modification de plusieurs dispositions du Code pénal (session de 1863), « l'occasion, une confidence imprudente nous initient quelquefois à des secrets qui intéressent le repos des citoyens, l'honneur des familles, la paix du foyer domestique, et dont la révélation peut amener une poursuite criminelle, ou occasionner un scandale; il se rencontre des hommes assez vils pour profiter de la connaissance qu'ils ont des secrets et pour menacer de les dénoncer ou de les répandre, si on ne consent pas à acheter leur silence. D'autres, plus éhontés, ne savent rien qui puisse compromettre la personne qu'ils ont choisie pour victime; mais, par des combinaisons astucieuses, ils l'entraînent dans une situation suspecte et difficile à expliquer, ils font naître des circonstances d'où puisse résulter le soupçon d'une action douteuse, et, menaçant d'exploiter les simples apparences, ils arrachent à la faiblesse et à la peur la rançon d'une calomnie dont ils promettent de s'abstenir. C'est ce qu'on nomme vulgairement le *chantage*. »

La loi du 13 mai 1863 a sagement voulu réprimer un abus aussi révoltant. Elle en a fait un délit spécial prévu et puni de la manière suivante par une disposition insérée dans l'article 400 du Code pénal : « Quiconque, à l'aide de la menace écrite ou verbale, de révélations ou d'imputations diffamatoires, aura extorqué ou tenté d'extorquer, soit la remise de fonds ou valeurs, soit la signature ou remise des écrits énumérées ci-dessus (*écrit*, *acte*, *titre*, *pièce quelconque contenant ou opérant obligation*, *disposition ou décharge*), sera puni d'un emprisonnement d'un an à cinq ans et d'une amende de 50 fr. à 3000 fr. »

CHAPERON. — Sorte de toit placé au haut d'un mur. Lorsqu'il n'existe que d'un seul côté de ce mur, il y a présomption de *non-mitoyenneté*. —(Cod. civ. art. 654.)

CHARBON. — Maladie contagieuse donnant lieu, pour les animaux des espèces *bovine*, *ovine*, *caprine*, *porcine*, *chevaline* et *asine*, à l'application de la loi du 21 juillet 1881. — Voy. ÉPIZOOTIES.

CHARIVARI. — (Cod. pén. art. 479, n° 8 ; 480, 482.)

Bruit confus fait avec toutes sortes d'instruments à la porte de quelqu'un dans un but injurieux.

1. — Sont passibles d'une amende de 11 fr. à 15 fr. inclusivement les auteurs ou complices de bruits ou tapages injurieux ou nocturnes, troublant la tranquillité des habitants.

Selon les circonstances, ils peuvent être condamnés à l'emprisonnement pendant cinq jours au plus.

2. — En cas de récidive, la peine de l'emprisonnement pendant cinq jours est toujours applicable.

CHARTES. (ÉCOLE DES) — Voy. ÉCOLE DES CHARTES.

CHARTE-PARTIE. — (Cod. com. art. 273-280.)

Convention par laquelle un individu, appelé *fréteur*, loue à un autre *affréteur* un navire en tout ou en partie, moyennant un prix désigné sous le nom de *fret*, sur l'Océan, et de *nolis*, sur la Méditerranée.

Elle doit être rédigée par écrit.

La dénomination de *charte-partie* vient du latin *charta-partita*, parce qu'autrefois le contrat était écrit sur un parchemin qu'on partageait ensuite entre les contractants.

Le navire, les agrès et les apparaux, le fret et les marchandises chargées sont respectivement affectés à l'exécution des conventions des parties.

CHASSE. — (Loi 3 mai 1844; Ord. roy. 5 mai 1845, 20 juin 1845 ; déc. 13 avril 1861, art. 6 ; loi 22 juin 1874.)

1. — Le droit de chasse n'est plus aujourd'hui un privilège ; il appartient à toute personne sur sa propriété, ou sur le terrain d'autrui, avec le consentement du propriétaire ou de ses ayants droit. Toutefois, l'exercice de ce droit a été réglementé dans l'intérêt de la conservation du gibier, dans celui de l'agriculture et aussi dans l'intérêt de la sécurité publique.

Ainsi, nul ne peut chasser si la chasse n'est pas ouverte, et sans avoir un *permis de chasse*.

2. — Dans chaque département, le Préfet détermine, par un arrêté publié au moins dix jours à l'avance, l'époque de l'*ouverture* et de la *clôture* de la chasse, époque nécessairement variable d'un lieu à l'autre, suivant les climats et les cultures.

3. — Les *permis de chasse*, valables pour un an, sont délivrés par les Sous-Préfets, sur l'avis des Maires, à qui la demande doit être adressée. Leur délivrance donne lieu à la perception d'un *droit* de 28 fr., dont 18 fr. au profit de l'Etat et 10 fr. au profit de la Commune dont le Maire a donné l'avis ci-dessus énoncé.

Le nombre des permis de chasse délivrés en France, pendant l'année 1886, a été de 389 906, dont le produit représente 10 917 368 francs.

Sur cette somme, il est revenu à

l'Etat 7018308 francs, et aux Communes 3899060 francs.

Ces chiffres sont sensiblement inférieurs à ceux de l'année précédente pendant laquelle il avait été délivré 10354 permis de chasse de plus qu'en 1886.

4. — Le permis de chasse *peut* être refusé : 1° à tout individu majeur qui n'est point personnellement inscrit, ou dont le père ou la mère n'est point inscrit au rôle des contributions ; — 2° à tout individu qui, par une condamnation judiciaire, a été privé de l'un ou de plusieurs des droits énumérés dans l'art. 42 du Code pénal ; — 2° à tout condamné à un emprisonnement de plus de six mois pour rébellion ou violence envers les agents de l'autorité publique ; — 4° à tout condamné pour délit d'association illicite, de fabrication, débit, distribution de poudre, armes ou autres munitions de guerre ; de menaces écrites ou de menaces verbales avec ordre ou sous condition ; d'entraves à la circulation des grains ; de dévastations d'arbres ou de récoltes sur pied, de plants venus naturellement ou faits de main d'homme ; — 5° à ceux qui ont été condamnés pour vagabondage, mendicité, vol, escroquerie ou abus de confiance.

La faculté de refuser le permis de chasse aux condamnés dont il est question dans les §§ 3, 4 et 5 cesse cinq ans après l'expiration de la peine.

5. — Le permis de chasse *doit* être refusé : 1° aux mineurs de moins de 16 ans accomplis ; — 2° aux mineurs de 16 à 21 ans, à moins que le permis ne soit demandé pour eux par leur père, mère, tuteur ou curateur, porté au rôle des contributions ; — 3° aux interdits ; — 4° aux gardes champêtres ou forestiers des Communes et établissements publics, ainsi qu'aux gardes forestiers de l'Etat et aux gardes-pêche ; — 5° à ceux qui, par suite de condamnations, sont privés du droit de port d'armes ; — 6° à ceux qui n'ont pas exécuté les condamnations prononcées contre eux pour délit de chasse ; — 7° à tout condamné placé sous la surveillance de la haute police.

6. — Dans le temps où la chasse est ouverte, le permis donne à celui qui l'a obtenu, le droit de chasser de jour, à tire et à courre, sur ses propres terres et sur les terres d'autrui avec le consentement de celui à qui le droit de chasse appartient. Tous autres moyens de chasse, à l'exception des furets et des bourses destinés à prendre le lapin, sont formellement prohibés.

7. — Sur l'avis des Conseils généraux, les Préfets prennent des arrêtés pour déterminer : 1° l'époque de la chasse des oiseaux de passage, autres que la caille, et les modes et procédés de cette chasse ; — 2° le temps pendant lequel il est permis de chasser le gibier d'eau, dans les marais, sur les étangs, fleuves ou rivières ; — 3° les espèces d'animaux malfaisants ou nuisibles que le propriétaire, possesseur ou fermier, peut en tout temps détruire sur ses terres, et les conditions de l'exercice de ce droit, sans préjudice du droit appartenant au propriétaire ou au fermier de repousser ou de détruire, même avec des armes à feu, les bêtes fauves qui portent dommage à ses propriétés.

Ils peuvent prendre également des arrêtés : 1° pour prévenir la destruction des oiseaux ; — 2° pour autoriser l'emploi des chiens lévriers dans le but de détruire les animaux nuisibles ; — 3° pour interdire la chasse pendant les temps de neige.

— Une loi du 22 juin 1874 a complété, en la modifiant, celle du 3 mai 1844 sur la chasse. Elle a donné aux Préfets les pouvoirs nécessaires pour prévenir la destruction des *oiseaux* ou favoriser leur multiplication. Des arrêtés préfectoraux ont été pris à cet effet, et les contrevenants sont passibles d'une amende variant de 16 à 100 francs.

8. — *En tout temps* et *sans avoir besoin de permis*, le propriétaire ou possesseur peut chasser ou faire

chasser dans ses possessions *attenant à une habitation et entourées d'une clôture continue* faisant obstacle à toute communication avec les héritages voisins. Cette faculté exceptionnelle a été introduite par l'impossibilité de constater les contraventions au sein de propriétés closes sans violer le domicile.

9. — Peines. — *Sont passibles d'une amende de seize à cent francs :* 1° ceux qui ont chassé sans permis ; — 2° ceux qui ont chassé sur le terrain d'autrui sans le consentement du propriétaire. L'amende peut être portée au double si le délit a été commis sur des terres non dépouillées de leurs fruits, ou sur un terrain entouré d'une clôture continue faisant obstacle à toute communication avec les héritages voisins, mais non attenant à une habitation; — 3° ceux qui ont contrevenu aux arrêtés des préfets concernant les oiseaux de passage, le gibier d'eau, la chasse en temps de neige, l'emploi des chiens lévriers, ou aux arrêtés concernant la destruction des oiseaux et celle des animaux nuisibles ou malfaisants ; — 4° ceux qui ont pris ou détruit, sur le terrain d'autrui, des œufs ou couvées de faisans, de perdrix ou de cailles ; — 5° les fermiers de la chasse, soit dans les bois soumis au régime forestier, soit sur les propriétés dont la chasse est louée au profit des Communes ou Etablissements publics, qui ont contrevenu aux clauses et conditions de leurs cahiers de charges relatives à la chasse.

— *Sont passibles d'une amende de cinquante à deux cents francs, et peuvent, en outre, être punis d'un emprisonnement de six jours à deux mois :* 1° ceux qui ont chassé en temps prohibé ; — 2° ceux qui ont chassé pendant la nuit, ou à l'aide d'engins et instruments prohibés ; — 3° ceux qui sont détenteurs ou qui sont trouvés munis ou porteurs, hors de leur domicile, de filets, engins ou autres instruments de chasse prohibés ; — 4° ceux qui, en temps où la chasse est prohibée, ont mis en vente, vendu, acheté, transporté ou colporté du gibier ; — 5° ceux qui ont employé des drogues ou appâts de nature à enivrer le gibier ou à le détruire.

— *Sont passibles d'une amende de cinquante à trois cents francs, et peuvent, en outre, être punis d'un emprisonnement de six jours à trois mois :* ceux qui ont chassé sur le terrain d'autrui sans son consentement, si ce terrain est attenant à une maison habitée ou servant à l'habitation, et s'il est entouré d'une clôture continue faisant obstacle à toute communication avec les héritages voisins. Si le délit a été commis pendant la nuit, les délinquants sont punis d'une amende de 100 fr. à 1000 fr., et peuvent l'être d'un emprisonnement de trois mois à deux ans, sans préjudice, s'il y a lieu dans l'un et l'autre cas, de plus fortes peines prononcées par le Code pénal.

— Les peines ci-dessus déterminées peuvent être portées *au double* en cas de *récidive*, c'est-à-dire si, dans les douze mois qui ont précédé l'infraction, le délinquant a été condamné pour fait de chasse.

10. — Tout jugement de condamnation prononce la *confiscation* des filets, engins et autres instruments de chasse, ainsi que la destruction des instruments de chasse prohibés. Il prononce également la confiscation des armes, excepté dans le cas où le délit a été commis par un individu muni d'un permis de chasse, dans le temps où la chasse est autorisée.

En cas de conviction de plusieurs délits, la peine la plus forte est seule prononcée.

Les délinquants peuvent être *privés* par les tribunaux du droit d'obtenir un *permis de chasse* pendant un temps qui ne peut excéder cinq ans.

11. — Le montant des amendes est attribué aux Communes, déduction faite des gratifications accordées aux gardes et gendarmes.

12. — Ceux qui ont commis con-

jointement des délits de chasse sont condamnés *solidairement* aux amendes, dommages-intérêts et frais.

13. — Le père, la mère, le tuteur, les maîtres et commettants sont *civilement responsables* des délits de chasse commis par leurs enfants mineurs non mariés, pupilles demeurant avec eux, domestiques ou préposés, sauf tout recours de droit.

14. — Toute action relative aux délits de chasse *se prescrit* par le laps de trois mois, à compter du jour du délit.

15. — Voy. LOUVETERIE.

16. — Voy. FAUX, V, où il est question des peines applicables à ceux qui fabriqueraient de faux permis de chasse, ou falsifieraient des permis originairement véritables, etc.

CHAUDIÈRES A VAPEUR. — Voy. MACHINES ET CHAUDIÈRES A VAPEUR.

CHAUSSÉES. (PONTS ET) — Voy. PONTS ET CHAUSSÉES.

CHEMINÉES. — 1. — « Tout copropriétaire peut faire bâtir contre un mur mitoyen, et y faire placer des poutres ou solives dans toute l'épaisseur du mur, à 54 millimètres (2 pouces) près, sans préjudice du droit qu'a le voisin de faire réduire à l'ébauchoir la poutre jusqu'à la moitié du mur, dans le cas où il voudrait lui-même asseoir des poutres dans le même lieu, ou y *adosser* une *cheminée.* » (Cod. civ. art. 657.)

2. — Celui qui veut *construire* une *cheminée près d'un mur* mitoyen ou non est obligé de laisser la distance prescrite par les règlements et usages particuliers, ou de faire les ouvrages prescrits par les mêmes règlements et usages, pour éviter de nuire aux voisins. (Cod. civ. art. 674.)

3. — Les *réparations* à faire aux *âtres*, *contre-cœurs*, *chambranles* et *tablettes* des cheminées sont à la charge du locataire. (Cod. civ. art. 1754.) — Voy. LOUAGE, sect. I, II, § 1er.

4. — *L'incendie* des propriétés mobilières ou immobilières d'autrui causé par la *vétusté* ou le *défaut* soit de *réparation*, soit de *nettoyage des cheminées*, est puni d'une amende de 50 fr. au moins et de 500 fr. au plus. (Cod. pén. art. 458.)

5. — Sont passibles d'une amende depuis un franc jusqu'à 5 fr. inclusivement, et d'un emprisonnement pendant trois jours au plus, en cas de récidive, ceux qui négligent d'*entretenir*, *réparer* ou *nettoyer* les fours, cheminées ou usines où l'on fait usage du feu. (Cod. pén. art. 471, n° 1; 474.)

CHEMINS DE FER. — (Loi 15 juillet 1845; Ord. roy. 15 novembre 1846; déc. 27 mars 1852; 26 juillet 1852; loi 10 juin 1853, 14 juillet 1855; déc. 17 juin 1854; 22 février 1855; lois mai 1872; 18 mai 1878, 11 juin 1880; déc. 18, 25 mai 1881; 20 mars 1882.)

1. — Merveilleuse invention, dont les résultats sont incalculables, les chemins de fer ont opéré une véritable révolution dans le commerce, l'industrie et les relations internationales. Ils sont un puissant instrument de civilisation et de progrès. Sous l'impulsion donnée à tous les travaux publics par le Gouvernement, les lignes de chemins de fer, longtemps à l'état de projet, ont été exécutées, et bientôt, sous ce rapport, la France ne le cédera à aucun autre pays.

A la suite du traité de paix du 18 mai 1871, 843 kilomètres ont été retranchés des lignes de la Compagnie de l'Est, ce qui réduisit la longueur du réseau français à 23 389 kilomètres.

2. — Nul chemin de fer ne peut être établi qu'en vertu d'un traité passé avec le Gouvernement. Les *concessions* sont données de *gré à gré* ou accordées par voie d'*adjudication*. Dans ce dernier cas, pour être admis à concourir à l'adjudication, il faut avoir été préalablement agréé par le Ministre des travaux publics.

Le temps de la concession est plus

ou moins long. Après ce délai, le chemin doit faire *retour à l'Etat*, qui, suivant les circonstances, aura à opter entre l'exploitation directe ou une nouvelle concession moyennant redevance.

3. — La loi du 15 juillet 1845 sur la *police des chemins de fer* est divisée en trois titres : le premier est relatif à la *construction des chemins de fer* et à l'*établissement des servitudes* que leur conservation exige ; — le deuxième, à la *répression des contraventions commises aux règlements de la voirie* par les concessionnaires ou fermiers ; — le troisième, à la *répression des crimes et délits* qui peuvent compromettre la *sûreté de la circulation* sur les chemins de fer.

Voici les principales dispositions de cette loi, pour l'exécution de laquelle est intervenue une ordonnance royale, en date du 15 novembre 1846 :

Sont applicables aux propriétés riveraines des chemins de fer les *servitudes* imposées par les lois et règlements sur la *grande voirie*, et qui concernent : — l'alignement, — l'écoulement des eaux, — l'occupation temporaire des terrains en cas de réparation, — la distance à observer pour les plantations, et l'élagage des arbres plantés, — le mode d'exploitation des mines, minières, tourbières, carrières et sablières, dans la zone déterminée à cet effet. — Sont également applicables à la confection et à l'entretien des chemins de fer les lois et règlements sur l'extraction des matériaux nécessaires aux travaux publics.

Tout chemin de fer doit être *clos* des deux côtés et sur toute l'étendue de la voie. Partout où les chemins croisent de niveau les routes de terre, des *barrières* doivent être établies et tenues fermées, conformément aux règlements.

Aucune *construction*, autre qu'un mur de clôture, ne peut être établie dans une *distance* de deux mètres d'un chemin de fer. Cette distance se mesure soit de l'arête supérieure du déblai, soit de l'arête inférieure du talus du remblai, soit du bord extérieur des fossés du chemin, et, à défaut d'une ligne tracée, à un mètre cinquante centimètres à partir des rails extérieurs de la voie de fer. — Les constructions *existantes* lors de l'établissement d'un chemin de fer peuvent être entretenues dans l'état où elles se trouvent à cette époque.

Dans les localités où le chemin de fer se trouve en remblai de plus de trois mètres au-dessus du terrain naturel, il est interdit aux riverains de pratiquer, sans autorisation préalable, des *excavations* dans une zone de largeur égale à la hauteur verticale du remblai, mesurée à partir du pied du talus. — Cette autorisation ne peut être accordée sans que les concessionnaires ou fermiers de l'exploitation du chemin de fer aient été entendus ou dûment appelés.

Il est défendu d'établir, à une distance de moins de 20 mètres d'un chemin de fer desservi par des machines à feu, des *couvertures en chaume*, des *meules de paille*, de *foin* et aucun autre *dépôt de matières inflammables*. — Cette prohibition ne s'étend pas aux dépôts de récoltes faits seulement pour le temps de la moisson.

Dans une distance de moins de 5 mètres d'un chemin de fer, aucun *dépôt de pierres* ou *objets non inflammables* ne peut être établi sans l'autorisation préalable du Préfet. Cette autorisation est toujours révocable.

L'autorisation n'est pas nécessaire : 1° pour former, dans les localités où le chemin de fer est en remblai, des dépôts de matières non inflammables, dont la hauteur n'excède pas celle du remblai du chemin ; — 2° pour former des dépôts temporaires d'engrais et autres objets nécessaires à la culture des terres.

Lorsque la sûreté publique, la conservation du chemin et la disposition des lieux le permettent, les distances ci-dessus déterminées peuvent être *diminuées* en vertu de décrets rendus après enquêtes.

Si la sûreté publique, ou la conservation du chemin de fer l'exige, l'Administration a la faculté de faire *supprimer*, moyennant une juste indemnité, les constructions, les plantations, excavations, couvertures en chaumes, amas de matériaux combustibles ou autres, existant dans les zones ci-dessus spécifiées, lors de l'établissement du chemin.

4. — Les *contraventions* aux dispositions que nous venons de faire connaître sont constatées, poursuivies et réprimées comme en matière de grande voirie. — Elles sont punies d'une amende de 16 fr. à 300 fr., sans préjudice, s'il y a lieu, des peines portées au Code pénal. Les contrevenants sont, en outre, condamnés à supprimer, dans le délai déterminé par le Conseil de Préfecture, les excavations, couvertures, meules ou dépôts faits contrairement aux prescriptions légales. — A défaut par eux de satisfaire à cette condamnation dans le délai fixé, la suppression a lieu d'office, et le montant de la dépense est recouvré contre eux par voie de contrainte, comme en matière de contributions publiques.

5. — Quiconque a volontairement détruit ou dérangé la voie de fer, placé sur la voie un objet faisant obstacle à la circulation, ou employé tout autre moyen pour entraver la marche des convois ou les faire sortir des rails, est puni de la *réclusion*. — S'il y a eu homicide ou blessures, le coupable est, dans le premier cas, puni de *mort*, et, dans le second, des *travaux forcés à temps*.

Si le crime ci-dessus prévu a été commis en réunion séditieuse, avec rébellion et pillage, il est imputable aux chefs, auteurs, instigateurs et provocateurs de ces réunions, qui sont punis comme coupables du crime et condamnés aux mêmes peines que ceux qui l'ont personnellement commis, lors même que la réunion séditieuse n'aurait pas eu pour but direct et principal la destruction de la voie de fer. — Toutefois, dans cette dernière hypothèse, lorsque la peine de mort est applicable aux auteurs du crime, elle est remplacée, à l'égard des chefs, auteurs, instigateurs et provocateurs de ces réunions, par la peine des *travaux forcés à perpétuité*.

6. — Quiconque a menacé, par écrit anonyme ou signé, de commettre un des crimes prévus ci-dessus, est puni d'un emprisonnement de 3 à 5 ans, dans le cas où la menace a été faite avec ordre de déposer une somme d'argent dans un lieu indiqué, ou de remplir toute autre condition. — Si la menace n'a été accompagnée d'aucun ordre ou condition, la peine consiste en un emprisonnement de 3 mois à 2 ans et en une amende de 100 fr. à 500 fr. — Si la menace avec ordre ou condition a été verbale, le coupable est passible d'un emprisonnement de 15 jours à six mois, et d'une amende de 25 fr. à 300 fr. — Dans tous les cas, la mise sous la *surveillance de la haute police* peut être prononcée pour 2 ans au moins et 5 ans au plus.

7. — Ceux qui, par maladresse, imprudence, intention, négligence ou inobservation des lois ou règlements, ont involontairement causé sur un chemin de fer, ou dans les gares ou stations, un *accident* ayant occasionné des blessures, sont punis de 8 jours à 6 mois d'emprisonnement, et d'une amende de 50 fr. à 1 000 fr. — Si l'accident a causé la mort d'une ou plusieurs personnes, l'emprisonnement est de 6 mois à 5 ans, et l'amende de 300 fr. à 3 000 fr.

8. — Est passible d'un emprisonnement de 6 mois à 2 ans tout mécanicien ou conducteur garde-frein qui abandonne son poste pendant la marche du convoi.

9. — Toute *contravention* aux règlements d'administration publique sur la police, la sûreté et l'exploitation des chemins de fer, et aux

arrêtés pris par les Préfets, sous l'approbation du Ministre des travaux publics, pour l'exécution desdits règlements, est punie d'une amende de 16 fr. à 3000 fr. — En cas de récidive, l'amende est portée au double, et le tribunal peut, selon les circonstances, prononcer, en outre, un emprisonnement de trois jours à un mois.

10. — Les concessionnaires ou fermiers d'un chemin de fer sont *responsables*, soit envers l'Etat, soit envers les particuliers, du dommage causé par les administrateurs, directeurs ou employés à un titre quelconque au service de l'exploitation du chemin. — L'Etat serait soumis à la même responsabilité envers les particuliers, si l'exploitation se faisait à ses frais et pour son compte.

11. — Les crimes, délits ou contraventions sont *constatés* concurremment par les officiers de police judiciaire, les ingénieurs des ponts et chaussées et des mines, les conducteurs, gardes-mines, agents de surveillance et gardes nommés ou agréés par l'Administration et dûment assermentés. — Les procès-verbaux des délits et contraventions font foi jusqu'à preuve contraire. — Au moyen du serment prêté devant le tribunal de première instance de leur domicile, les agents de surveillance de l'Administration et des concessionnaires ou fermiers peuvent verbaliser sur toute la ligne du chemin de fer auquel ils sont attachés.

Les procès-verbaux dressés par des agents de surveillance et gardes assermentés doivent être *affirmés*, dans les trois jours, à peine de nullité, devant le Juge de paix ou le Maire, soit du lieu du délit ou de la contravention, soit de la résidence de l'agent.

12. — Toute attaque, toute résistance avec violence et voies de fait envers les agents des chemins de fer dans l'exercice de leurs fonctions, est punie des peines appliquées à la *rébellion*, suivant les distinctions faites par le Code pénal. — Voy. RÉBELLION.

13. — En cas de conviction de plusieurs crimes ou délits, la peine la plus forte est seule prononcée. Les peines encourues pour des faits postérieurs à la poursuite peuvent être cumulées, sans préjudice des peines de la récidive.

14. — L'Etat perçoit, à titre d'*impôt*, le dixième du prix total des places des voyageurs sur les chemins de fer, et du prix du transport des marchandises et objets de toute nature par la grande vitesse.

Une taxe additionnelle de 10 p. 100 a été établie par la loi du 16 septembre 1871 (art. 12), à partir du 15 octobre 1871.

15. — Il a paru nécessaire de déterminer par une loi spéciale les règles à suivre pour l'établissement des chemins de fer dits d'*intérêt local*, c'est-à-dire des lignes secondaires qui doivent desservir des relations locales et rattacher aux grandes voies les divers centres de populations qui en sont éloignés. Tel est l'objet d'une loi en date du 11 juin 1880 qui a remplacé celle du 12 juillet 1863. Un règlement d'administration publique a été promulgué le 18 mai 1881. Il a été suivi d'un autre règlement, en date du 20 mars 1882, déterminant : 1° les justifications à fournir par les concessionnaires pour établir les recettes et les dépenses annuelles; — 2° les conditions dans lesquelles seront fixés le chiffre de la subvention due par l'Etat, le département ou les communes, et, lorsqu'il y aura lieu, la part revenant à l'Etat, au département, aux communes ou aux intéressés, à titre de remboursement de leurs avances, sur le produit net de l'exploitation.

16. — L'Etat a été autorisé, par la loi du 18 mai 1878, à racheter plusieurs lignes secondaires de chemins de fer de la région du centre et du sud-ouest. Ces lignes sont provisoirement considérées comme formant un seul et même réseau sous la dénomination de *Chemins*

de fer de l'Etat (décr. 25 mai 1878).

17. — Voici quelle était, au 31 décembre 1882, la *situation générale des chemins de fer français :*

Longueurs exploitées	28 638 kilom.
En construction....	11 515 —
Chemins industriels et divers.......	310 —
Chemins non concédés, à l'étude...	4 105 —
Ensemble du réseau français........	44 568 —

Les *dépenses de premier établissement* se montaient à 9 009 405 605 francs, sur lesquels les *subventions de l'Etat* en argent ou en travaux représentaient 1 644 937 127 francs.

Pour 1882, les *résultats de l'exploitation* ont été les suivants :

Recettes.....	1 079 622 611 fr.
Dépenses.....	546 439 350 —
Produits nets.	533 183 261 —

CHEMINS DE HALAGE. — (Ord. 1669, tit. XXVIII, art. 7; arr. 13 nivôse an V (3 mars 1797); déc. 22 janv. 1808; Cod. civ. art. 556, 650.) — On appelle ainsi le chemin que les propriétaires riverains des cours d'eau navigables ou flottables doivent laisser d'un côté, pour le passage des hommes ou des animaux employés au tirage, *halage*, des bateaux et trains de bois.

1. — Ce chemin doit avoir 24 pieds (7 m. 79 c.) au moins de *largeur*, et il ne peut être planté d'arbres ni tenu de clôtures ou de haies plus près de 30 pieds (9 m. 74. c.), du côté où les bateaux se tirent. L'Administration, toutefois, a la faculté de restreindre la largeur des chemins de halage, lorsque le service n'en souffrira point.

2. — Il n'est dû d'*indemnité* aux riverains que pour les cours d'eau qui n'étaient point navigables lors de la publication du décret du 22 janvier 1808.

3. — Le chemin de halage étant une *servitude* établie pour le tirage des bateaux, on ne peut s'en servir que dans ce but.

4. — Voy. MARCHE-PIED.

CHEMINS RURAUX. — (Loi 20 août 1881). Sont compris sous cette dénomination les chemins appartenant aux Communes, et servant à l'usage des habitants de la localité, mais n'ayant pas, toutefois, assez d'importance pour être classés dans la catégorie des chemins *vicinaux*. — (Voy. ces mots.)

L'affectation à l'usage du public peut s'établir notamment par la destination du chemin, jointe soit au fait d'une circulation générale et continue, soit à des actes réitérés de surveillance et de voirie de l'autorité municipale.

Tout chemin affecté à l'usage du public est *présumé*, jusqu'à preuve contraire, appartenir à la Commune sur le territoire de laquelle il est situé.

1. — Il a été procédé, conformément à la loi du 20 août 1881, à la *reconnaissance* des chemins ruraux. Des arrêtés ont été pris à cet effet par la Commission départementale, sur la proposition du Préfet, après enquête publique et sur l'avis du Conseil municipal.

Les chemins ruraux qui ont été l'objet d'un arrêté de reconnaissance sont *imprescriptibles*.

2. — En cas d'*insuffisance des ressources ordinaires*, les Communes sont autorisées à pourvoir aux dépenses des chemins ruraux reconnus, à l'aide soit d'une journée de prestations, soit de centimes extraordinaires additionnels.

3. — Toutes les fois qu'un chemin rural reconnu, entretenu à l'état de viabilité, est habituellement ou temporairement *dégradé* par des exploitations de mines, de carrières, de forêts ou de toute autre entreprise industrielle, il peut y avoir lieu à imposer aux entrepreneurs ou propriétaires des *subventions spéciales* proportionnées à la dégradation extraordinaire attribuée aux exploitations. Ces subventions, qui

peuvent être acquittées en argent ou en prestations en nature, sont réglées annuellement par le Conseil de préfecture après des expertises contradictoires. Ces subventions peuvent aussi être déterminées par abonnement, en vertu de traités approuvés par la Commission départementale.

4. — La loi du 20 août 1881 (art. 29 et suiv.) a autorisé la formation de *syndicats pour l'ouverture, le redressement, l'élargissement, la réparation et l'entretien des chemins ruraux.*

Si la *moitié plus un* des intéressés, représentant au moins les *deux tiers* de la superficie des propriétés desservies par le chemin, ou si les *deux tiers* des intéressés représentant *plus de la moitié* de la superficie, consentent à se charger des travaux nécessaires pour mettre ou maintenir la voie en état de viabilité, l'association est constituée. — Elle existe même à l'égard des intéressés qui n'ont pas donné leur adhésion. — Pour les travaux d'amélioration et d'élargissement partiel, l'assentiment de la *moitié plus un* des intéressés représentant au moins les *trois quarts* de la superficie des propriétés desservies, ou des *trois quarts* des intéressés représentant *plus de moitié* de la superficie, est exigé. — Pour les travaux d'ouverture, de redressement et d'élargissement d'ensemble, le consentement *unanime* des intéressés est nécessaire.

Les *syndics* de l'association, dès que celle-ci a été autorisée par le Préfet, sont *élus* en assemblée générale. — Si la Commune a accordé une subvention, le Maire nomme un nombre de syndics proportionné à la part que la subvention représente dans l'ensemble de l'entreprise. Les autres syndics sont nommés par le Préfet, dans le cas où l'assemblée générale, après deux convocations, ne se serait pas réunie ou n'aurait pas procédé à leur élection.

Les associations ainsi constituées peuvent ester en justice, emprunter, acquérir les parcelles de terrain nécessaires et qui deviennent la propriété de la Commune.

Les rôles pour le recouvrement de la taxe due par chaque intéressé sont dressés par le syndicat, approuvés, s'il y a lieu, et rendus exécutoires par le Préfet.

Les intéressés et les tiers peuvent déférer au Ministre de l'intérieur, dans le délai d'un mois à partir de l'affiche, les arrêtés qui autorisent ou refusent d'autoriser les associations syndicales. Le recours est déposé à la Préfecture et transmis, avec le dossier, au Ministre, dans le délai de 15 jours. — Il est statué par un décret rendu en Conseil d'Etat.

Nulle personne comprise dans l'association ne peut contester sa qualité d'associé ou la validité de l'acte d'association, après le délai de 1 mois à partir de la notification du premier rôle des taxes ou prestations.

5. — Toutes *contestations* relatives au défaut de convocation d'une partie intéressée, à l'absence ou au défaut d'intérêt des personnes appelées à l'association, ou au degré d'intérêt des associés ainsi qu'à la répartition, à la perception et à l'accomplissement des taxes et prestations, à la nomination des syndics, à l'exécution des travaux, sont jugées par le *Conseil de Préfecture*, sauf recours au *Conseil d'Etat*. — Il est procédé à l'apurement des comptes de l'association selon les règles établies pour les comptes des receveurs municipaux.

CHEMINS VICINAUX. — (Lois 28 juillet 1824; 21 mai 1836; instr. min. 25 juin 1856; loi 11 juillet 1868.)

Nom donné aux chemins qui établissent entre les Communes des communications nécessaires, et dont l'entretien est *obligatoire* pour elles.

I. — Ils se divisent en *trois classes*: 1° *chemins vicinaux de grande communication*; — 2° *chemins vicinaux d'intérêt commun*; — 3° *chemins vicinaux ordinaires*.

1° Les chemins vicinaux de *grande communication* sont ceux qui traversent plusieurs Communes ou même plusieurs cantons, et qui se relient aux voies de communication des départements voisins. L'intérêt qu'ils présentent étant à la fois départemental et communal, c'est au *Conseil général* qu'il appartient d'en opérer le classement, sur la proposition du Préfet, d'en déterminer la direction et de désigner les Communes qui doivent contribuer aux dépenses qu'ils occasionnent. Ces chemins peuvent recevoir une subvention du département. Ils sont placés sous l'autorité immédiate du Préfet, pour ce qui concerne l'exécution des travaux et la police.

2° Les chemins vicinaux d'*intérêt commun* sont ceux qui intéressent un groupe de Communes. Ils sont classés par arrêté du Préfet après avis des Conseils municipaux. L'arrêté fixe en même temps la direction du chemin, la largeur à lui donner et la contribution de chaque Commune dans les frais de construction et d'entretien. La police de ces chemins est confiée aux Maires.

3° Les chemins vicinaux *ordinaires* sont ceux qui mènent d'une Commune à une autre, et qui sont construits et entretenus par les Communes sur le territoire desquelles ils passent. Ils sont placés sous l'autorité immédiate des Maires en ce qui concerne l'exécution des travaux et la police.

2. — Lorsque les dépenses de chemins vicinaux excèdent les ressources ordinaires de la Commune, il y est pourvu soit à l'aide de *centimes additionnels* aux contributions directes, dont le maximum est fixé à cinq, soit au moyen de *prestations en nature*, dont le maximum est de trois journées de travail. Le Conseil municipal peut voter l'une ou l'autre de ces ressources, ou toutes les deux concurremment.

3. — Tout habitant, chef de famille ou d'établissement, à titre de propriétaire, de régisseur, de fermier ou de colon partiaire, porté au rôle des contributions directes, peut être appelé à fournir, chaque année, une *prestation* de trois jours: 1° pour sa personne et pour chaque individu mâle, valide, âgé de 18 ans au moins et de 60 ans au plus, membre ou serviteur de la famille, et résidant dans la Commune; — 2° pour chacune des charrettes ou voitures attelées, et, en outre, pour chacune des bêtes de somme, de trait, de selle, au service de la famille ou de l'établissement dans la Commune.

La prestation est appréciée en argent, conformément à la valeur attribuée annuellement pour la Commune à chaque espèce de journée par le Conseil général, sur les propositions des Conseils d'arrondissement. — La prestation peut être acquittée en *nature* ou en *argent*, au gré du contribuable. Toutes les fois que celui-ci n'a pas opté dans les délais prescrits, la prestation est de droit exigible en argent.

La prestation non rachetée en argent peut être convertie en tâches, d'après les bases et évaluations de travaux préalablement fixées par le Conseil municipal.

4. — Si le Conseil municipal, mis en demeure, n'a pas voté, dans la session désignée à cet effet, les prestations et centimes nécessaires, ou s'il n'en a pas fait emploi dans les délais prescrits, le Préfet peut, d'*office*, soit imposer la Commune dans les limites du maximum, soit faire exécuter les travaux.

5. — Quand il y a lieu à *ouverture* ou *redressement* d'un chemin vicinal, il suffit d'un arrêté du Préfet pour constater l'*utilité publique*. Le *jury* spécial chargé de régler les *indemnités* n'est composé que de quatre jurés. Le magistrat, ou le juge de paix désigné pour présider et diriger le jury, a voix délibérative en cas de partage. Il reçoit les acquiescements des parties; son procès-verbal emporte translation définitive de propriété. Mais les indemnités réglées par le jury doivent être acquittées entre les mains des ayants droit, *préalablement* à la prise de possession.

6. — Alors même qu'il n'y a pas lieu à expropriation pour travaux d'ouverture ou de redressement des chemins vicinaux, ces travaux, ou même ceux d'entretien, peuvent exiger qu'il soit fait usage des propriétés privées. C'est pour ce cas que la loi du 21 mai 1836 (art. 17, 18) prescrit les dispositions suivantes :

Les *extractions de matériaux*, les *dépôts* ou *enlèvements de terre*, les *occupations temporaires de terrains*, sont autorisés par arrêté du Préfet, lequel désigne les lieux. Cet arrêté est notifié aux parties intéressées, au moins dix jours avant qu'il puisse être mis à exécution. — Si l'*indemnité* n'est point fixée à l'amiable, elle est réglée par le Conseil de Préfecture, sur le rapport d'*experts* nommés, l'un par le Sous-Préfet, et l'autre par le propriétaire. En cas de désaccord, un tiers-expert est désigné par le Conseil de Préfecture.

7. — L'action en indemnité des propriétaires pour les terrains qui ont servi à la confection des chemins vicinaux, et pour extraction de matériaux, *se prescrit* par le laps de deux ans.

8. - En cas de *changement de direction* ou d'*abandon* d'un chemin vicinal, en tout ou partie, les propriétaires riverains de la partie de ce chemin qui cesse de servir de voie de communication peuvent faire leur soumission de s'en rendre acquéreurs, et d'en payer la valeur, fixée par experts.

9. — Toutes les fois qu'un chemin vicinal, entretenu à l'état de viabilité par une Commune, est habituellement ou temporairement *dégradé* par des exploitations de mines, de carrières, de forêts ou de toute entreprise industrielle appartenant à des particuliers, à des établissements publics ou à l'Etat, il peut y avoir lieu à imposer aux entrepreneurs ou propriétaires, suivant que l'exploitation ou les transports ont eu lieu pour les uns ou les autres, des *subventions spéciales*, dont la quotité est proportionnée à la dégradation extraordinaire qui doit être attribuée aux exploitations. — Ces subventions peuvent, au choix de ceux qui ont à les fournir, être acquittées en argent ou en prestations en nature, et sont exclusivement affectées à ceux des chemins qui y ont donné lieu. Elles sont réglées annuellement, sur la demande des Communes, par les Conseils de Préfecture, après des expertises contradictoires, et recouvrées comme en matière de contributions directes. — Ces subventions peuvent aussi être déterminées par *abonnement* : elles sont réglées, dans ce cas, par le Préfet, en Conseil de Préfecture.

10. — Tous les chemins vicinaux classés dans la grande, dans la moyenne ou dans la petite vicinalité, appartiennent aux Communes et sont *imprescriptibles*.

11. — Un *règlement*, approuvé par le Ministre de l'Intérieur, fixe, pour chaque département, le maximum de la largeur des chemins vicinaux, les époques auxquelles les prestations en nature doivent être faites, le mode de leur emploi ou de leur conversion en tâches, et statue en même temps sur tout ce qui est relatif aux alignements, aux autorisations de construire le long des chemins, à l'écoulement des eaux, aux plantations, à l'élagage, aux fossés, à leur curage, et à tous autres détails de surveillance et de conservation.

12. — Des agents spéciaux, nommés *agents voyers*, sont chargés de toutes les opérations relatives aux chemins vicinaux. Leur nombre et la circonscription dans laquelle ils exercent leurs fonctions sont réglés par le Préfet ; leur traitement, par le Conseil général. Ils prêtent serment et ont le droit de constater les contraventions et délits.

13. — Toutes les *contraventions* autres que les *usurpations du sol*, qui sont de la compétence des *Conseils de Préfecture*, sont réprimées par les tribunaux ordinaires.

14. — A la date du 11 juillet

1868, est intervenue une loi importante relative à l'*achèvement des chemins vicinaux* et à la *création d'une caisse spéciale pour leur exécution*. En voici la teneur :

Art. 1er. — « Une subvention de 100 millions, payable en dix annuités à partir de 1869, est accordée aux Communes pour faciliter l'achèvement des chemins vicinaux dont la longueur kilométrique aura été approuvée, pour chaque département, par un arrêté du Ministre de l'Intérieur, avant la répartition de la première annuité. »

Art. 2. — « Chaque annuité sera répartie entre les départements par un décret délibéré en Conseil d'Etat, en ayant égard aux besoins, aux ressources et aux sacrifices des Communes et des Départements. — Un dixième pourra être réservé pour être appliqué directement, après avis de la section de l'Intérieur du Conseil d'Etat, aux besoins imprévus et exceptionnels dans les départements dont le centime est d'un produit inférieur à 20 000 fr. — Dans chaque département, la subvention de l'Etat et celle du Département seront réparties entre les Communes par le Conseil général, sur la proposition du Préfet et suivant les bases indiquées par le paragraphe 1er du présent article. »

Art. 3. — « Dans les Communes dont les charges extraordinaires excèdent dix centimes, les Conseils municipaux peuvent substituer une journée de prestations aux trois centimes extraordinaires autorisés par l'article 3 de la loi du 24 juillet 1867. »

Art. 4. — « Une nouvelle subvention de 15 millions est affectée, en dix ans à partir de 1869, à l'achèvement des chemins vicinaux actuellement désignés comme chemins d'intérêt commun. Chaque annuité sera répartie entre les Départements et les Communes, conformément aux paragraphes 1 et 3 de l'article 2 de la présente loi. »

Art. 5. — « Dans les Départements dont le centime est d'un produit inférieur à 20 000 francs, le Conseil général pourra appliquer aux chemins vicinaux de grande communication la moitié des subventions accordées en vertu du paragraphe 1er de l'article 2 et de l'article 4 de la présente loi ; la délibération qu'il aura prise à cet effet ne sera exécutoire qu'après avoir été approuvée par décret. »

Art. 6. — « Il est créé, sous la garantie de l'Etat, une *Caisse des chemins vicinaux* chargée de faire, pendant dix ans, aux Communes dûment autorisées à emprunter, les avances nécessaires pour l'achèvement des chemins vicinaux, soit de grande communication ou d'intérêt commun ; ces avances ne pourront dépasser la somme de 200 millions. Ladite Caisse est gérée par l'administration de la Caisse des dépôts et consignations. »

Art. 7. — « La Caisse des chemins vicinaux pourvoira à ces avances au moyen de la partie disponible des fonds déposés par les Communes et Etablissements publics au Trésor et à la Caisse des dépôts et consignations. — En cas de besoin, elle pourra être autorisée par un décret à créer et à émettre des titres négociables portant intérêt, amortissables en trente années, dans la forme et aux conditions qui auront été approuvées par le Ministre des Finances. »

Art. 8. — « Les Communes seront libérées de ces avances par le payement de trente annuités de 4 p. 100 des sommes empruntées. — Il sera tenu compte à la Caisse, par le Trésor, tant de la dépense complémentaire d'amortissement que des divers frais de gestion de la Caisse. »

Une *instruction générale sur le service des chemins vicinaux* a été publiée au *Bulletin officiel du Ministère de l'Intérieur* de 1871, n° 6.

CHENILLES. — Voy. ÉCHENILLAGE.

CHEPTEL. — (Cod. civ. art. 1800-1831.) — Prononcez *chetel*,

— de *chatal*, vieux mot celtique ou bas breton, qui signifie un *troupeau de bêtes*. On désigne ainsi le contrat par lequel un individu, à qui appartient un troupeau de vaches, de chèvres, de brebis, et généralement de bestiaux susceptibles de croît ou de profit, le confie à un autre pour le garder, le nourrir et le soigner, sous les conditions convenues entre eux. — Voy. LOUAGE, sect. III.

CHÈQUES. — (Lois 14 juin 1865, 19 février 1874, art. 5-9.) De l'anglais *check*, bon, mandat. — C'est un bon tiré par une personne sur le banquier dépositaire de ses fonds.

1. — L'usage des chèques est tellement répandu en Angleterre que le numéraire n'entre que pour une quantité extrêmement faible dans les transactions. Tout particulier, négociant ou non négociant, a un banquier chez lequel il dépose les valeurs de toute nature qu'il reçoit dans la journée : espèces, banknotes, traites ou effets arrivés à échéance, ne gardant dans sa caisse ou dans sa poche que les petites sommes nécessaires à ses besoins journaliers. Un autre usage, non moins répandu, consiste à prendre domicile chez les banquiers pour les billets de commerce que l'on souscrit. De cette façon, le banquier se charge de payer tous les effets échus, sans qu'on ait à se préoccuper d'autre chose que de tenir son compte courant à un chiffre suffisant pour satisfaire à tous les besoins.

« Ces deux usages, dont l'un est la conséquence naturelle de l'autre, offrent des avantages qu'il est presque superflu de faire ressortir. En se dispensant de garder sur soi ce que l'on possède en numéraire ou en billets de banque, on se débarrasse des dangers de vol, d'incendie, de perte dans le transport ou d'erreurs dans les comptes, et, de plus, des ennuis de compter sans cesse, d'attendre le payement, de passer des écritures, de surveiller des commis et garçons de caisse. En chargeant un banquier d'opérer les recouvrements ou d'effectuer le payement des traites échues, on s'épargne des frais de caisse et de caissiers, et on est dispensé de tenir une comptabilité plus ou moins compliquée. En outre, toutes les sommes déposées chez le banquier ou inscrites au compte d'un particulier n'ont pas besoin d'être constamment disponibles. Une portion est ordinairement confiée au banquier, qui l'engage dans des opérations prudentes et à court terme, et qui paye alors un intérêt plus ou moins élevé. Plus les dépôts sont abondants, plus sont considérables les sommes qu'on peut ainsi tirer de leur disponibilité et consacrer à vivifier le commerce et l'industrie. Un capital énorme est de cette façon arraché à l'inaction, et, en même temps qu'il produit un intérêt au déposant, il contribue à accroître la richesse générale. » (*Rapport de M. Darimon au Corps législatif.*)

L'usage des chèques tend à se développer en France, et, pour aider à son extension, la loi du 14 juin 1865 les avait *exemptés* de tout droit de *timbre* pendant *dix ans* à partir de sa promulgation ; mais, depuis le 1er décembre 1871, la nécessité de se procurer des ressources les a fait soumettre à un *droit* de timbre de *dix centimes*. (Loi 23 août 1871, art. 18.) — Voy. ci-après, 5.

2. — D'après les termes de la loi de 1865, le chèque « est l'écrit qui, sous la forme d'un mandat de payement, sert au tireur à effectuer le retrait, à son profit ou au profit d'un tiers, de tout ou partie de fonds portés au crédit de son compte chez le tiré, et disponibles. » — On voit, par cette définition, que le caractère essentiel du chèque est d'être un *mode de payement* : il suppose l'existence d'une somme disponible entre les mains du tiré, qui devra remettre cette somme au porteur régulier du chèque. La *provision*, c'est-à-dire la somme suffisante pour acquitter le chèque, et due par le tiré au tireur doit exister au jour

même de l'émission du chèque, sous peine d'une amende de 6 p. 100 du montant du chèque émis sans provision préalable, et sans préjudice de peines correctionnelles, si le fait a eu lieu de mauvaise foi.

Le chèque est daté et signé par le tireur; il est payable *à vue*, et peut être souscrit soit *au porteur*, soit au profit d'une *personne dénommée*, soit *à ordre:* dans ce dernier cas, il est transmissible par voie d'*endossement en blanc*, c'est-à-dire par la simple signature du porteur mise au dos du titre.

Voici un modèle de chèque :

TALON restant entre les mains du tireur pour servir de références. On y inscrit à cet effet toutes les indications utiles.	Paris, le cinq juin mil huit cent quatre-vingt-sept. B. P. F. 1000. A présentation, veuillez payer à M. Dubois (ou à *l'ordre de M. Dubois* ou *au porteur*) la somme de mille francs dont vous débiterez mon compte. Guérin, rue , n° . A. M. Michel, banquier à Paris, rue , n° .

3. — Le chèque peut être tiré d'un lieu sur un autre ou sur la même place. Même dans le premier cas, il ne constitue pas, par sa nature, un *acte de commerce*, ce qui le différencie de la *lettre de change* qui est essentiellement un acte de commerce. Le chèque doit donc être considéré comme un acte de commerce, ou comme un acte civil, suivant la qualité des parties et les causes à raison desquelles il a été souscrit. Toutefois, les dispositions du Code de commerce relatives à la garantie solidaire du tireur et des endosseurs, au protêt et à l'action en garantie, en matière de lettres de change, sont applicables aux chèques. — Voy. EFFETS DE COMMERCE.

4. — Le porteur d'un chèque doit en réclamer le *payement* dans le délai de cinq jours, y compris le jour de la date si le chèque est tiré de la place sur laquelle il est payable, et dans le délai de huit jours, y compris également le jour de la date, s'il est tiré d'un autre lieu. Faute d'en réclamer le payement dans les délais ci-dessus, le porteur du chèque *perd son recours* contre les endosseurs; il le perd même contre le tireur, si la provision a péri par le fait du tiré, après lesdits délais ; il ne conserve de droit par conséquent que contre le tiré.

5. — Une loi du 19 février 1874 portant augmentation des droits d'enregistrement et de timbre a modifié ainsi qu'il suit la législation sur les chèques :

Art. 5. — « Les dispositions suivantes sont ajoutées à l'article 1er de la loi du 14 juin 1865 : — Le chèque indique le *lieu* d'où il est émis. La *date* du jour où il est tiré est inscrite *en toutes lettres* et de la main de celui qui a écrit le chèque. — Le chèque, même au porteur, est acquitté par celui qui le touche; l'acquit est *daté*. — Toutes stipulations entre le tireur, le bénéficiaire ou le tiré, ayant pour objet de rendre le chèque payable autrement qu'*à vue* et *à première réquisition*, sont nulles de plein droit. »

Art. 6. — « L'article 6 de la loi du 14 juin 1865 est abrogé et remplacé par les dispositions suivantes: — Le tireur qui émet un chèque *sans date* ou *non daté en toutes lettres*, s'il s'agit d'un chèque de place à place ; celui qui revêt un chèque d'une *fausse date* ou d'une *fausse énonciation* du lieu d'où il est tiré, est passible d'une *amende* de six pour cent de la somme pour laquelle le chèque est tiré, sans que cette amende puisse être inférieure à cent francs. — La même amende est due personnellement, et sans recours, par le premier endosseur ou le porteur d'un chèque *sans date* ou *non daté en toutes lettres*, s'il est tiré de place à place, ou portant une *date postérieure* à l'époque à laquelle il est endossé ou présenté. Cette amende est due, en outre, par celui qui paye ou reçoit en compensation un chèque sans date, ou irrégulièrement daté, ou présenté au payement avant la date d'émission. — Celui qui émet un chèque *sans provision préalable et disponible* est passible de la même amende, sans préjudice des peines correctionnelles, s'il y a lieu. »

Art. 7. — « Celui qui paye un chèque sans exiger qu'il soit acquitté est passible, personnellement et sans recours, d'une amende de 50 francs. »

Art. 8. — « Les chèques *de place à place* sont assujettis à un *droit de timbre* fixe de 20 centimes. — Les chèques *sur place* continueront à être timbrés à 10 centimes. — Sont applicables aux chèques de place à place non timbrés conformément au présent article les dispositions pénales des articles 3, 5, 6, 7 et 8 de la loi du 5 juin 1850. — Le droit de timbre additionnel peut être acquitté au moyen d'un timbre mobile de 10 centimes. »

Art. 9. — « Toutes les dispositions législatives relatives aux chèques tirés de France sont applicables aux chèques tirés *hors de France* et payables en France. — Les chèques pourront, avant tout endossement en France, être timbrés avec des timbres mobiles. — Si le chèque tiré hors de France n'a pas été timbré conformément aux dispositions ci-dessus, le bénéficiaire, le premier endosseur, le porteur ou le tiré sont tenus, sous peine de l'amende de 6 pour 100, de le faire timbrer aux droits fixés par l'article précédent, *avant tout usage en France*. — Si le chèque tiré hors de France n'est pas souscrit conformément aux prescriptions de l'article 1er de la loi du 14 juin 1865 et de l'article 5 ci-dessus, il est assujetti aux droits de timbre des effets de commerce. Dans ce cas, le bénéficiaire, le premier endosseur, le porteur ou le tiré sont tenus de le faire timbrer *avant tout usage en France*, sous peine d'une *amende* de 6 p. 100. — Toutes les parties sont *solidaires* pour le recouvrement des droits et amendes. »

CHEVAL-VAPEUR. — Terme de mécanique qui signifie la force nécessaire pour élever un poids de soixante-quinze kilogrammes à un mètre par seconde. Un *cheval-vapeur* équivaut à la force de trois chevaux de trait et à celle de vingt et un hommes de peine.

CHEVAUX. — 1. — « Le mot *meuble*, employé *seul* dans les dispositions de la loi ou de l'homme, sans autre addition ni désignation, ne comprend pas... les *chevaux*. » (Cod. civ. art. 533.) — Voy. BIENS, III.

2. — Voy. ABREUVOIR ; — AGRICULTURE, 4 ; — ANIMAUX ; — ÉPIZOOTIES ; — ÉTALON ; — RÉQUISITIONS MILITAIRES, VIII ; — VENTE, II, §§ 2, 3.

3. — On comptait en France, en 1866, 3 313 232 chevaux.

Le recensement de 1882 n'en constate que 2 910 143.

4. — La loi du 16 septembre 1871 (art. 7) a remis en vigueur, à dater du 1er janvier 1872, celle du 2 juillet 1862 qui avait établi un *impôt* sur les chevaux attelés, affectés au service personnel du propriétaire ou de sa famille.

Aux termes des lois des 23 juillet 1872 et 22 décembre 1879, cette contribution est établie d'après le *tarif* suivant et les bases ci-après :

VILLES, COMMUNES ou LOCALITÉS DANS LESQUELLES LE TARIF EST APPLICABLE	SOMMES A PAYER NON COMPRIS LE FONDS DE NON-VALEUR PAR CHAQUE		
	VOITURE		CHEVAL de selle ou d'attelage.
	à 4 roues.	à 2 roues.	
	francs.	francs.	francs.
Paris	60	40	25
Les Communes autres que Paris ayant plus de 40000 âmes de population.	50	25	20
Les Communes de 20001 âmes à 40000 âmes	40	20	15
Les Communes de 10001 âmes à 20000 âmes	30	15	12
Les Communes de 5001 âmes à 10000 âmes	25	10	10
Les Communes de 5000 âmes et au-dessous	10	5	3

— Les *mules* et *mulets* de selle ainsi que les mules et mulets servant à atteler les voitures imposables à la contribution sur les voitures et les chevaux sont passibles de cette contribution d'après le même tarif et suivant les mêmes règles que les chevaux.

— *Sont imposables :*

Les voitures suspendues destinées au transport des personnes ; — les chevaux de selle ; — les chevaux servant à atteler les voitures imposables, — sauf les exceptions ci-après :

— La taxe est *réduite de moitié* pour les chevaux et voitures employés *habituellement* pour le service de l'agriculture ou d'une profession quelconque donnant lieu à l'application du droit de patente, sauf en ce qui concerne les professions rangées dans le tableau G annexé à la loi du 18 mai 1850, et dans les tableaux correspondants annexés aux lois de patentes subséquentes.

— *Ne sont pas imposables :*

Les voitures non suspendues et les chevaux qui servent à les atteler ;

Les voitures suspendues non destinées au transport des personnes et les chevaux qui servent à les atteler ;

Les voitures et les chevaux affectés exclusivement au service des voitures publiques soumises aux droits de la régie (voitures à service régulier et voitures d'occasion et à volonté) ;

Les voitures et les chevaux exclusivement destinés à la vente et à la location, tels que ceux possédés par les marchands de chevaux, carrossiers, marchands de voitures, etc. ;

Les chevaux et les voitures possédés en conformité des règlements du service militaire ou administratif ;

Les juments et les étalons exclusivement consacrés à la reproduction.

— Il est *attribué aux Communes un vingtième* du produit de l'impôt, déduction faite des cotes ou portions de cotes dont le dégrèvement a été accordé.

— La contribution est due pour l'*année entière*, en ce qui concerne les faits existants au 1er janvier.

— Dans le cas où, à raison d'une *résidence nouvelle*, le contribuable devient passible d'une taxe supérieure à celle à laquelle il a été assujetti au 1er janvier, il ne doit qu'un *droit complémentaire* égal au montant de la différence.

— Si le contribuable a *plusieurs résidences*, il est, pour les chevaux et les voitures qui le suivent habituellement, imposé dans la Commune où il est soumis à la contribution personnelle, mais la contribution est établie suivant la taxe de la Commune dont la population est la plus élevée. Pour les chevaux et les voitures qui restent habituellement attachés à l'une de ces résidences, le contribuable est imposé dans la Commune de cette résidence et suivant la taxe afférente à la population de cette Commune.

— Les contribuables sont tenus de faire la *déclaration* des voitures et des chevaux à raison desquels ils sont imposables, et d'indiquer les différentes Communes où ils ont des habitations, en désignant celles où ils ont des éléments de cotisation en permanence.

— Les déclarations sont *valables* pour toute la durée des faits qui y ont donné lieu; elles doivent être *modifiées* dans le cas de changement de résidence hors de la Commune ou du ressort de la perception, et dans le cas de modifications survenues dans les bases de cotisation. — Les déclarations sont faites et modifiées, s'il y a lieu, *le 15 janvier*, au plus tard, de chaque année, à la mairie de l'une des Communes où les contribuables ont leur résidence. — Si les déclarations ne sont *pas faites* dans le délai ci-dessus, ou si elles sont *inexactes* ou *incomplètes*, il y est suppléé d'office par le contrôleur des contributions directes, qui est chargé de diriger, de concert avec le Maire et les répartiteurs, l'état matrice destiné à servir de base à la confection du rôle.

— En cas de *contestation* entre le contrôleur et le Maire et les répartiteurs, il est, sur le rapport du directeur des contributions directes, statué par le Préfet, sauf référé au Ministre des Finances, si la décision est contraire à la proposition du directeur, et, dans tous les cas, sans préjudice pour le contribuable du droit de réclamer après la mise en recouvrement du rôle.

Les taxes sont *doublées* pour les chevaux et les voitures qui n'ont pas été déclarés d'une manière exacte.

— Il est *ajouté* à l'impôt 5 centimes par franc pour couvrir les charges, réductions, remises ou modérations, ainsi que les frais de l'assiette de l'impôt et ceux de la confection des rôles, qui sont établis, arrêtés, publiés et recouvrés comme en matière de contributions directes.

— L'impôt sur les chevaux et voitures a *produit*, en 1880, 10 779 298 fr. 19 c.

— Voy. ÉTALON.

CHÈVRES. — Voy. AGRICULTURE, 4; — ANIMAUX; — ÉPIZOOTIES; — LOUAGE, sect. III; — SAISIE-EXÉCUTION, 2; — VENTE, II, § 2, 2. — On comptait, en France, en 1866, 1 679 938 chèvres. Le recensement de 1882 a donné le chiffre de 1 497 114.

CHIENS. — 1. — Ils sont soumis à une *taxe* perçue au profit de la Commune. (Loi 2 mai 1855.) — Voy. TAXE DES CHIENS.

2. — Ceux qui ont excité ou n'ont pas retenu leurs chiens, lorsqu'ils attaquent ou poursuivent les passants, quand même il n'en serait résulté aucun mal ni dommage, sont passibles d'une amende de 6 fr. à 10 fr. inclusivement. La peine de l'emprisonnement pendant cinq jours au plus est toujours prononcée en cas de récidive. (Cod. pén. art. 475, n° 7; 478.)

3. — Le propriétaire d'un chien, ou celui qui s'en sert pendant qu'il est à son usage, est *responsable* du dommage que l'animal a causé. (Cod. civ. art. 1385.)

4. — La loi du 21 juillet 1881 sur la police des animaux prescrit (art. 10) l'*abattage* immédiat des chiens suspects de *rage*. Le propriétaire de l'animal y est tenu, même en l'absence d'un ordre des agents de l'Administration. — L'in-

fraction à cette prescription peut entraîner la condamnation à un emprisonnement de 6 jours à 2 mois et à une amende de 16 fr. à 400 fr. (art. 30.)

5. — Voy. CHASSE ; — LOUVETERIE ; — ANIMAUX, 5, 8.

CHIROGRAPHAIRE. — Voy. CRÉANCIER.

CHIRURGIEN. — Du grec *cheir*, main ; *ergon*, ouvrage.

1. — Nul ne peut exercer cette profession s'il n'a été examiné et reçu dans les formes déterminées par les lois et règlements. (Loi 19 ventôse an XI (10 mars 1803), art. 1, 35, 36.)

2. — Les *honoraires* des chirurgiens sont mis au troisième rang des créances *privilégiées* sur la généralité des *meubles*. (Cod. civ. art. 2101.) — Voy. PRIVILÈGES, I, § 1.

3. — L'*action* des chirurgiens pour le payement de leurs opérations se *prescrit* par un an. (Cod. civ. art. 2272.) — Voy. PRESCRIPTION, III, 3.

4. — Voy. AVORTEMENT ; — FAUX, V ; — RÉVÉLATION DE SECRETS.

CHOSE JUGÉE. — (Cod. civ. art. 1350, 1351 ; Cod. instr. crim. art. 360.)

C'est ce qui a été décidé par un jugement rendu en dernier ressort ou devenu inattaquable par l'expiration des délais pendant lesquels un recours était possible.

Le repos des familles et le maintien de l'ordre public exigeaient impérieusement que ce qui a été définitivement jugé eût entre les parties l'autorité d'une vérité légale irréfragable ; autrement les procès n'auraient plus eu de terme.

La *chose jugée* définitivement est donc présumée être la *vérité*, sans qu'on soit admis à prouver le contraire. On peut dire de ce principe, comme de la *prescription*, que c'est un abri tutélaire offert par la loi aux citoyens contre les prétentions qui viendraient incessamment troubler leur sécurité et remettre en question leur fortune.

CHOSE TROUVÉE. — Ce serait une erreur de croire qu'un objet perdu appartient à celui qui le trouve. La loi, d'accord avec la morale, assimile au *voleur* celui qui, trouvant une chose perdue, garde le silence et met ainsi le propriétaire dans l'impossibilité de rentrer en sa possession.

A Paris, les objets trouvés *se déposent* à la *Préfecture de police ;* dans les départements, à la *Mairie* ou entre les mains du *Commissaire de police*.

L'usage s'est introduit de remettre les objets non réclamés au bout d'un an à la personne qui les a trouvés ; mais elle n'en devient *pas encore propriétaire*, car, aux termes de l'article 2279 du Code civil, « celui qui a perdu ou auquel il a été volé une chose peut la *revendiquer* pendant trois ans, à compter du jour de la perte ou du vol... » — Voy. PRESCRIPTION, IV.

CIMETIÈRE. — (Déc. 23 prairial an XII (12 juin 1804) ; déc. 7 mars 1808 ; ord. roy. 6 décembre 1843 ; déc. 13 avril 1861, art. 6, nos 9, 17 ; Cod. pén. art. 360 ; loi 14 novembre 1881.)

Du grec *koimao*, dormir ; *koimètèrion*, dortoir. — Lieu consacré à la sépulture des morts.

1. — Les Cimetières doivent être établis à la *distance* de trente-cinq mètres au moins de l'enceinte des villes et bourgs. Des *concessions* de terrains peuvent être faites aux personnes qui désirent y posséder une place distincte. Les tarifs sont réglés par le Conseil municipal.

Aux termes de l'article 15 du décret du 23 prairial an XII, dans les Communes où *plusieurs cultes* sont pratiqués, un lieu d'inhumation particulier était réservé pour chacun d'eux, ou, quand le cimetière était unique, il devait être partagé par des murs, haies ou fossés, en autant de parties qu'il y a de cultes dans la Commune. — La loi du 14 novembre 1881 a abrogé cette disposition par respect pour la liberté de conscience et par cette considération que le cimetière, étant une propriété commune, doit être ouvert à tous sans distinction de culte.

2. — Lorsqu'un cimetière vient à être *fermé*, il reste dans l'état où il se trouve, sans qu'on puisse en faire usage pendant cinq ans. Après ce temps, il peut être vendu, échangé ou affermé, sous la condition qu'il n'y sera fait jusqu'à nouvel ordre *aucune fouille* ou *fondation*. Il ne peut être qu'*ensemencé* ou *planté*.

3. — Est puni d'un emprisonnement de trois mois à un an, et de 16 fr. à 200 fr. d'amende, quiconque s'est rendu coupable de *violation de tombeaux* ou de sépultures; sans préjudice des peines contre les crimes ou délits qui se seraient joints à celui-ci.

4. — Voy. INHUMATION; — AUMÔNIERS DES DERNIÈRES PRIÈRES.

CIRCONSTANCES AGGRAVANTES. — Ce sont les faits qui, ajoutant à la gravité d'un crime ou d'un délit, entraînent une pénalité plus forte.

Ainsi, le *meurtre* devient un *assassinat* lorsqu'il y a eu préméditation ou guet-apens; le *vol* qui, par lui-même, est un simple délit, puni d'une peine correctionnelle, devient un crime, s'il a été commis à l'aide d'*escalade*, d'*effraction*, de *fausses clefs*, la *nuit*, dans une *maison habitée*, par *deux* ou *plusieurs personnes*, par un *domestique*, etc.

CIRCONSTANCES ATTÉNUANTES. — (Cod. pén. art. 463.) — On désigne ainsi les faits qui sont de nature à *atténuer* la faute d'un accusé ou d'un prévenu, et à lui mériter quelque indulgence.

1. — A la différence des *excuses* qui sont des faits déterminés par la loi, les *circonstances atténuantes* sont laissées à l'appréciation du jury en matière criminelle, et à celle des juges en matière correctionnelle.

2. — L'effet de l'admission des circonstances atténuantes sur l'application de la peine est réglé par l'article 463 du Code pénal, que nous reproduisons ci-après, tel qu'il a été modifié par la loi du 13 mai 1863 :

« Les peines prononcées par la loi contre celui ou ceux des accusés reconnus coupables, en faveur de qui le jury aura déclaré les circonstances atténuantes, seront modifiées ainsi qu'il suit :

» Si la peine prononcée par la loi est la *mort*, la Cour appliquera la peine des *travaux forcés à perpétuité* ou celle des *travaux forcés à temps*.

» Si la peine est celle des *travaux forcés à perpétuité*, la Cour appliquera la peine des *travaux forcés à temps* ou celle de la *réclusion*.

» Si la peine est celle de la *déportation dans une enceinte fortifiée*, la Cour appliquera celle de la *déportation simple*, ou celle de la *détention ;* mais dans les cas prévus par les articles 96 et 97 (crimes tendant à troubler l'Etat par la guerre civile, etc.), la peine de la *déportation simple* sera seule appliquée.

» Si la peine est celle de la *déportation*, la Cour appliquera la peine de la *détention* ou celle du *bannissement*.

» Si la peine est celle des *travaux forcés à temps*, la Cour appliquera la peine de la *réclusion* ou les dispositions de l'article 401 (*emprisonnement* de un à cinq ans, *amende* de 16 fr. au moins et de 500 fr. au plus), sans toutefois pouvoir réduire la durée de l'emprisonnement au-dessous de deux ans.

» Si la peine est celle de la *réclusion*, de la *détention*, du *bannissement* ou de la *dégradation civique*, la Cour appliquera les dispositions de l'article 401, sans toutefois pouvoir réduire la durée de l'*emprisonnement* au-dessous d'un an.

» Dans le cas où le Code prononce le *maximum* d'une peine afflictive, s'il existe des circonstances atténuantes, la Cour appliquera le *minimum* de la peine ou même la *peine inférieure*.

» Dans tous les cas où la peine de l'emprisonnement et celle de l'amende sont prononcées par le Code pénal, si les circonstances paraissent atténuantes, les tribunaux correctionnels sont autorisés, même en cas de récidive, à réduire ces peines comme suit :

« Si la peine prononcée par la loi, soit à raison de la nature du délit, soit à raison de l'état de récidive du prévenu, est un emprisonnement dont le *minimum* ne soit pas inférieur à *un an* ou une amende dont le *minimum* ne soit pas inférieur à *cinq cents francs*, les tribunaux pourront réduire l'emprisonnement jusqu'à *six jours* et l'amende jusqu'à *seize francs*.

» *Dans tous les autres cas*, ils pourront réduire l'emprisonnement même *au-dessous* de 16 fr. Ils pourront aussi prononcer *séparément* l'une ou l'autre de ces peines et même *substituer* l'amende à l'emprisonnement, sans qu'en aucun cas elle puisse être au-dessous des peines de *simple police*. »

CIRCULAIRE. — Instruction adressée par l'Autorité supérieure à ses agents.

Comme l'a très bien dit M. Batbie, « en *administration*, les instructions et circulaires sont obligatoires pour les agents ; en *droit administratif*, elles n'ont qu'une valeur doctrinale à l'égard des tiers. (*Précis du cours de droit public et administratif*.)

CIRCULATION. (DROIT DE) — Voy. BOISSONS, § 1er.

CITATION. — (Cod. proc. civ. art. 1-6 ; Cod. instr. crim. art. 145-147, 182-184.)

Acte, signifié par huissier, qui somme une personne de comparaître devant la justice de paix, le tribunal correctionnel ou le tribunal de simple police.

1. — En matière *personnelle*, la citation doit être donnée devant le Juge de paix du domicile du défendeur ; en matière *réelle*, devant celui de la situation de l'objet litigieux.

2. — En matière *civile*, il y a un jour au moins entre celui de la citation et le jour indiqué pour la comparution, si la partie citée est domiciliée dans la distance de 3 myriamètres (7 lieues 1/2). Si elle est domiciliée au delà de cette distance, il doit être ajouté un jour par 3 myriamètres. — En cas d'urgence, le juge peut abréger les délais, en donnant une *cédule*.

3. — En matière de *simple police*, le délai pour comparaître est au moins de 24 heures, plus un jour par 3 myriamètres.

4. — En matière *correctionnelle*, le délai est de trois jours, plus un jour par myriamètre.

CITOYEN. — (Cod. civ. art. 7.)

A la différence des droits *civils*, qui appartiennent à tout Français, les droits politiques ne sont l'apanage que des *citoyens*. — Voy. DROITS CIVILS ; — DROITS POLITIQUES.

1. — En principe, *sont citoyens*, et, par conséquent, aptes aux fonctions politiques, tous les Français mâles et majeurs de 21 ans. Cependant l'exercice de certains droits politiques est subordonné, par des lois spéciales, à des conditions particulières. Ainsi on n'est éligible qu'à 25 ans, on ne peut être juré qu'à 30 ans, etc.

2. — Par exception, *ne sont pas citoyens* : les interdits, les femmes, les mineurs de 21 ans, ceux qui, par suite d'une condamnation, ont été privés de tous leurs droits politiques.

3. — Voy. DÉGRADATION CIVIQUE.

CIVIL. (DROIT) — Voy. DROIT CIVIL.

CIVILS. (DROITS) — Voy. DROITS CIVILS.

CIVIQUES. (DROITS) — Voy. DROITS CIVIQUES.

CLAVELÉE. — Maladie contagieuse propre aux espèces *ovine* et *caprine*. — Voy. ÉPIZOOTIES ; — VICES RÉDHIBITOIRES.

CLOCHES — CLOCHER. — Dans le but de prévenir les conflits entre l'autorité civile et l'autorité ecclésiastique, la loi du 5 avril 1884 sur l'organisation municipale a édicté les dispositions suivantes :

Art. 100. — « Les cloches des églises sont spécialement affectées aux cérémonies du culte. — Néanmoins, elles peuvent être employées : dans les cas de péril commun qui exigent un prompt secours et dans les circonstances où cet emploi est prescrit par des dispositions de lois ou règlements, ou autorisé par les usages locaux.

. Les sonneries religieuses comme les sonneries civiles feront l'objet d'un *règlement* concerté entre l'Evêque et le Préfet, entre le Préfet et les Consistoires, et arrêté, en cas de désaccord, par le Ministre des cultes. »

Art. 101. — « Une *clef du clocher* sera déposée entre les mains des titulaires ecclésiastiques, une autre entre les mains du Maire qui ne pourra en faire usage que dans les circonstances prévues par les lois ou règlements. -- Si l'entrée du clocher n'est pas indépendante de celle de l'église, une clef de la porte de l'église sera déposée entre les mains du Maire. »

CLOTURES. — 1. — « *Tout propriétaire peut clore son héritage.* » (Cod. civ. art. 647.) La faculté de se clore étant une conséquence du droit de propriété, il peut paraître singulier que le législateur ait cru devoir la consacrer par une disposition formelle. Mais il faut savoir qu'avant la Révolution le droit de clôture était entravé par le droit de *chasse* attribué aux seigneurs sur les fonds roturiers, et par les droits de *parcours* ou de *vaine pâture.* Le droit de chasse sur les terres d'autrui n'existe plus. Quant aux droits de parcours ou de vaine pâture, bien qu'ils aient été conservés, lorsqu'ils sont fondés sur un titre ou un usage local immémorial, ils n'empêchent point aujourd'hui les propriétaires de se clore, mais « *le propriétaire qui veut se clore perd son droit au parcours et vaine pâture, en proportion du terrain qu'il y soustrait.* » (Cod. civ. art. 648.).

2. -- Si étendu qu'il soit, le droit de se clore a ses limites, comme le droit de propriété d'où il dérive. Ainsi il n'est point permis de clore les héritages sur lesquels il existe une *servitude de passage*, fondée soit sur un titre, soit sur la faculté accordée par l'article 682 du Code civil au propriétaire d'un fonds enclavé et sans issue sur la voie publique. — Voy. ENCLAVE.

3. — Dans les villes et faubourgs, chacun peut *contraindre* son voisin à contribuer aux *constructions* et *réparations de la clôture* faisant séparation de leurs maisons, cours et jardins. La *hauteur* de cette clôture est fixée suivant les règlements particuliers ou les usages constants et reconnus ; et, à défaut d'usages et de règlements, tout mur de séparation entre voisins doit avoir au moins trente-deux décimètres (dix pieds) de hauteur, compris le chaperon, dans les villes de 50000 âmes et au-dessus, et vingt-six décimètres (huit pieds) dans les autres. (Cod. civ. art. 663.)

4. — La *destruction* des clôtures, de quelques matériaux qu'elles soient faites, est punie d'un emprisonnement d'un mois à un an, et d'une amende égale au quart des restitutions et dommages-intérêts, sans pouvoir, dans aucun cas, être au-dessous de 50 fr. (Cod. pén. art. 456.)

5. — Le *forcement*, la *dégradation*, l'*escalade* de toute espèce de clôtures sont des *circonstances aggravantes du vol.* (Cod. pén. art. 381, 384, 389 et suiv.) — Voy. VOL.

CLUBS. — Voy. RÉUNIONS PUBLIQUES.

COALITIONS. — (Loi 25 mai 1864.)

On entend spécialement par *coalition* l'accord conclu soit entre patrons, soit entre ouvriers, pour faire baisser ou hausser le prix du travail.

1. — Une loi du 25 mai 1864, qui a été à la fois un acte de justice et de sage politique, a abrogé les articles 414, 415 et 416 du Code pénal aux termes desquels la coalition était punissable, alors même qu'elle n'était accompagnée d'aucunes vio-

lences ou menaces, et elle les a remplacés par les dispositions suivantes :

Art. 414. — « Sera puni d'un emprisonnement de 6 jours à 3 ans et d'une amende de 16 fr. à 3000 fr. ou de l'une de ces deux peines seulement, quiconque, à l'aide de *violences*, *voies de fait*, *menaces* ou *manœuvres frauduleuses*, aura amené ou maintenu, tenté d'amener ou de maintenir une cessation concertée de travail dans le but de forcer la hausse ou la baisse des salaires, ou de porter atteinte au libre exercice de l'industrie ou du travail. »

Art. 415. — « Lorsque des faits punis par l'article précédent auront été commis par suite d'un *plan concerté*, les coupables pourront être mis, par l'arrêt ou le jugement, sous la *surveillance de la haute police* pendant 2 ans au moins et 5 ans au plus. »

Art. 416. — « Seront punis d'un emprisonnement de 6 jours à 3 mois et d'une amende de 16 fr. à 300 fr. ou de l'une de ces deux peines seulement, tous ouvriers, patrons et entrepreneurs d'ouvrages qui, à l'aide d'*amendes*, *défenses*, *proscriptions*, *interdictions* prononcées par suite d'un *plan concerté*, auront porté atteinte au libre exercice de l'industrie ou du travail. »

2. — Ces dispositions sont applicables aux *propriétaires* et *fermiers* ainsi qu'aux *moissonneurs*, *domestiques* et *ouvriers de la campagne*.

3. — En résumé, il n'y a plus désormais de délit, en matière de coalition, que quand il y a *violences*, *voies de fait*, *menaces et manœuvres frauduleuses*. La loi ne punit plus le concert, soit entre patrons, soit entre ouvriers, qui s'entendent librement, volontairement, sans emploi ni de la violence, ni d'aucun moyen d'intimidation, pour fixer les conditions auxquelles ils veulent faire travailler ou travailler, et qui sanctionnent leurs prétentions par la fermeture ou l'abandon simultané des ateliers.

COAUTEUR. — Se dit de celui qui a coopéré avec d'autres à un crime, à un délit ou à une contravention. — Voy. COMPLICE — COMPLICITÉ.

CODÉBITEUR. — Celui qui doit avec d'autres. — Voy. SOLIDARITÉ, II.

CODE CIVIL. — Il peut être défini le *Code de la famille et de la propriété*, car il traite spécialement des personnes, des rapports de famille, des biens, des différentes modifications de la propriété, et des diverses manières dont elle s'acquiert et se transmet.

I. HISTORIQUE. — Dans les temps qui ont précédé la Révolution de 1789, la France était moins une nation qu'un assemblage de nations diverses, successivement réunies ou conquises, distinctes par le sol, par le climat, par les coutumes, par les institutions civiles et politiques. Le Prince gouvernait ces différentes nations sous les titres différents de *Roi*, de *Duc*, de *Comte*; il avait promis de maintenir chaque pays dans ses *coutumes* et dans ses *franchises*. On comptait soixante coutumes régissant chacune une province entière, et plus de trois cents qui n'étaient observées que dans une seule ville, un bourg ou un village. Aussi Voltaire a-t-il pu dire que, lorsqu'un homme voyage en France, il change de lois presque autant que de chevaux.

Dans les provinces du Midi, où les institutions féodales firent le moins de progrès, le *droit romain* était observé et y tenait lieu de loi. Dans le Nord et le Centre, on suivait les *coutumes*.

La *Guienne*, la *Gascogne*, le *Roussillon*, le comté de *Foix*, le *Languedoc*, le *Quercy*, la *Provence*, le *Dauphiné*, le *Lyonnais*, le *Forez*, le *Beaujolais*, la *Franche-Comté*, et une partie de l'*Auvergne*, étaient régis par le droit romain et appelés *pays de droit écrit ;* les autres provinces formaient les *pays de droit coutumier*.

On appelait *coutumes* des usages juridiques qui (à une époque où presque personne ne savait lire, et où les provinces, concentrées dans leurs relations par le régime féodal, communiquaient à peine entre elles) s'étaient établis par le consentement tacite du peuple. Dans l'enfance des sociétés, il y a peu de lois formulées ; on suit l'usage, la manière d'agir des anciens : peu à peu on sent le besoin de règles plus précises, et les lois *écrites* apparaissent.

C'est ce qui arriva en France. La diversité que présentaient les coutumes devint fort embarrassante lorsque les provinces furent réunies sous l'obéissance du Roi. Il était impossible que les juges d'appel connussent toutes les coutumes particulières qui n'étaient point écrites en forme authentique : les parties devaient donc convenir de la coutume, ou, en cas de dissentiment, en faire la preuve par témoins. Il y avait là de grandes difficultés et la source d'inconvénients de plus d'une sorte. Sous Louis IX (saint Louis), Philippe IV, Jean le Bon, on essaya de remédier à ces dangers en consignant par écrit les coutumes. Charles VII, en 1453, prescrivit cette rédaction, mais un travail aussi vaste ne devait être achevé que plus de cent ans après la mort du monarque qui l'avait ordonné.

— A côté du droit romain et des coutumes venaient se placer les *ordonnances royales* qui, pour être exécutoires, devaient être *enregistrées* par les *Parlements*, cours souveraines et permanentes, composées d'ecclésiastiques et de laïcs, dont la mission était de rendre la justice en dernier ressort au nom du Roi. Il y en avait treize dans le royaume : *Paris, Toulouse, Grenoble, Bordeaux, Dijon, Rouen, Aix, Rennes, Pau, Metz, Besançon, Douai* et *Nancy*.

Les Parlements refusaient-ils unanimement l'enregistrement d'une ordonnance, la volonté du Roi n'avait pas force de loi ; l'enregistraient-ils unanimement, elle était obligatoire dans toute la monarchie ; si quelques-uns seulement l'enregistraient, elle était exécutoire dans le ressort de ces Parlements, mais non avenue partout ailleurs.

La Royauté fut loin d'accepter ce pouvoir des Parlements, et l'on sait combien il en résulta de difficultés. Le récit des luttes entre l'autorité royale et les Parlements constitue une grande partie de l'histoire intérieure de la monarchie. Lorsque le Roi refusait de se rendre aux remontrances qui lui étaient faites, il envoyait des *lettres de jussion*, c'est-à-dire portant *ordre* d'enregistrer. En cas de résistance, il allait lui-même au Parlement et y tenait un *lit de justice*. C'est ainsi qu'on désignait la séance solennelle qu'il présidait. Comme il était accompagné de la force armée, le Parlement cédait presque toujours. Quelquefois cependant le Parlement persistait dans son refus d'enregistrer l'ordonnance. On l'exilait alors et il finissait par se soumettre. — La suppression des Parlements fut prononcée, le 24 mars 1790, par l'Assemblée constituante.

— La diversité qui régnait dans la législation accusait, on peut le dire, la raison humaine. Ce qui était permis dans une partie de la France était réprouvé dans une autre. Les règles sur les personnes et sur la propriété ne se ressemblaient pas dans deux provinces limitrophes ; bien plus, elles différaient souvent dans la même province, dans le même canton ! Une telle diversité de lois formait un obstacle insurmontable à ce qui fait la force et la grandeur d'une nation, l'unité de l'État.

— A différentes époques, les hommes les plus éminents dans la science du droit, Dumoulin, Lamoignon, d'Aguesseau, conçurent le projet de refondre toutes les coutumes et ordonnances en un seul corps de lois qui eût été uniformément applicable à toute la France ; mais le génie de ces grands jurisconsultes avait devancé leur siècle.

Louis XI aussi avait entrepris de réaliser cette idée féconde. Il rêvait pour son royaume un seul poids, une seule mesure, une seule législation. La mort le surprit au milieu de ses efforts.

Il était réservé à la Révolution française de donner satisfaction au vœu de tant de siècles et de briser toute entrave en abolissant la féodalité et en proclamant, avec l'unité de l'Etat, l'égalité de tous devant la loi.

Cette réforme de notre législation parut si essentielle à la Constituante qu'elle en fit l'objet d'un article de la Constitution de 1791. « *Il sera fait*, y est-il dit, *un Code de lois civiles communes à tout le Royaume.* »

Les graves événements qui agitèrent l'Assemblée législative ne lui permirent pas de s'occuper de cette importante question.

La Convention décréta, à son tour, qu'il serait fait un Code de lois civiles et criminelles uniforme pour toute la France. Peu de temps après, il lui fut présenté un projet qu'elle rejeta comme étant trop compliqué et pas assez en harmonie avec les idées philosophiques de l'époque.

C'est au Consulat que revient l'honneur d'avoir doté notre pays d'un Code civil. A peine investi du pouvoir consulaire, Bonaparte songea à reprendre l'œuvre que ses devanciers n'avaient pu mener à bonne fin. Il chargea une Commission spéciale, composée de Tronchet, Bigot-Préameneu, Portalis et Malleville, d'étudier les essais antérieurs et de préparer un nouveau projet. La Commission se mit laborieusement à l'œuvre : en moins de quatre mois elle avait achevé sa tâche.

Le premier Consul, voulant s'entourer des lumières du pays, soumit le travail de la Commission à l'appréciation du tribunal de cassation et de tous les tribunaux d'appel, qui adressèrent leurs observations. Puis le Conseil d'Etat, le Tribunat et le Corps législatif concoururent à l'édification de ce grand monument national.

Trente-six lois furent successivement décrétées et promulguées : le 30 ventôse an XII (21 mars 1804), elles furent réunies en un seul corps sous le titre de : *Code civil des Français*, avec une même série d'articles au nombre de 2281.

II. Division du Code civil. — Ce Code se compose d'un titre préliminaire sur la *publication*, les *effets* et l'*application des lois* en général, et de trois livres, subdivisés en titres, chapitres et sections, qui traitent : *Des personnes ; — des biens, et des différentes modifications de la propriété ; — des différentes manières dont on acquiert la propriété.*

Le premier livre a pour objet : la *jouissance* et la *privation des droits civils ;* — les *actes de l'état civil ;* — le *domicile ;* — l'*absence ;* — le *mariage ;* — le *divorce ;* — la *paternité* et la *filiation ;* — l'*adoption* et la *tutelle officieuse ;* — la *puissance paternelle ;* — la *minorité*, la *tutelle* et l'*émancipation ;* — la *majorité*, l'*interdiction* et le *conseil judiciaire.*

Le deuxième livre s'occupe : de la *distinction des biens ;* — de la *propriété ;* — de l'*usufruit*, de l'*usage* et de l'*habitation ;* — des *servitudes.*

Le troisième livre comprend : les *successions ;* — les *donations entre vifs* et *testaments ;* — les *contrats* ou *obligations* en général ; — les *engagements* sans convention ; — le *contrat de mariage* et les *droits respectifs des époux ;* — la *vente ;* — l'*échange ;* — le *louage ;* — le contrat de *société ;* — le *prêt ;* — le *dépôt* et le *séquestre ;* — les *contrats aléatoires ;* — le *mandat ;* — le *cautionnement ;* — les *transactions ;* — la *contrainte par corps en matière civile ;* — le *nantissement ;* — les *privilèges* et *hypothèques ;* — l'*expropriation forcée* et les *ordres entre créanciers ;* — la *prescription.*

A proprement parler, un Code ne se fait pas ; c'est l'œuvre du temps. Le Code civil a été le produit du droit romain, des anciennes coutumes, des ordonnances royales et des lois de la Révolution.

III. Modifications apportées au Code civil. — Il est de la nature de toute législation d'être variable et de se modifier avec l'esprit de chaque époque. Depuis 1804, date de sa promulgation, de nombreux changements ont été apportés au Code civil ; plusieurs de ses dispositions ont été abrogées ; d'autres ont reçu d'utiles compléments. — C'est ainsi que la loi du 8 mai 1816 avait aboli le *divorce* que la loi du 27 juillet 1884 a rétabli en modifiant le Code de 1804; — la loi du 7 avril 1832 a permis le *mariage entre beau-frère et belle-sœur*, moyennant une dispense du chef du Gouvernement; — la loi du 30 juin 1838, comblant une lacune du Code de 1804, a réglé la condition des personnes qui, *sans être interdites*, sont placées dans une *maison d'aliénés;* — la loi du 31 mai 1854 a aboli la *mort civile;* — la loi du 22 juillet 1867 a supprimé la *contrainte par corps*, dont les rigueurs avaient été adoucies en 1832 et en 1848; — la loi du 2 août 1868 a abrogé l'article 1781 aux termes duquel *le maître était cru sur son affirmation;* — la loi du 20 août 1881 a modifié les dispositions relatives à la *mitoyenneté* des clôtures, aux *plantations*, et aux droits de *passage* en cas d'enclave; — la loi du 5 janvier 1883 a modifié l'article 1734 relatif aux *risques locatifs*, etc.

CODE DE COMMERCE. — Son objet est de régler les droits et obligations des commerçants, et les effets des actes et contrats commerciaux.

Promulgué, le 15 septembre 1807, pour être mis à exécution à partir du 1er janvier 1808, le Code de commerce comprend 648 articles et est divisé en 4 livres consacrés : le 1er au *Commerce en général*, le 2e au *Commerce maritime*, le 3e aux *Faillites et Banqueroutes*, le 4e à la *Juridiction commerciale*. Parmi les modifications que les progrès du commerce et l'expérience ont fait apporter à ce Code, depuis 1808, nous signalerons la loi du 28 mai 1838 qui a remanié entièrement les dispositions concernant les *faillites* et *banqueroutes;* — la loi du 3 mars 1840 relative à l'organisation des *tribunaux de commerce;* — celles du 22 juillet 1867 portant abolition de la *contrainte par corps*, et du 24 du même mois sur les *Sociétés;* — celle du 5 décembre 1876 modifiant les articles 620 et 626 relatifs à l'*organisation des tribunaux de commerce;* — celle du 12 août 1885 modifiant plusieurs articles du livre 2 ayant trait au *commerce maritime*, etc.

CODE DE JUSTICE MILITAIRE POUR L'ARMÉE DE TERRE. — Ce Code, promulgué en 1857, est divisé en 4 livres, qui se subdivisent en titres et chapitres. Voici l'indication des livres et titres :

LIVRE Ier

De l'organisation des tribunaux militaires.

Tit. Ier. Des *Conseils de guerre* et des *Conseils de revision permanents* dans les *divisions territoriales;* — Tit. II. Des *Conseils de guerre* et des *Conseils de revision aux armées*, dans les départements et dans les places de guerre *en état de siège;* — Tit. III. *Des Prévôtés.*

LIVRE II

De la compétence des tribunaux militaires.

Tit. Ier. *Compétence des Conseils de guerre;* — Tit. II. *Compétence des Conseils de revision;* — Tit. III. *Compétence des Prévôtés;* — Tit. IV. *Compétence* en cas de *complicité;* — Tit. V. Des *pourvois* devant la *Cour de cassation.*

LIVRE III

De la procédure devant les tribunaux militaires.

Tit. Ier. *Procédure* devant les *Con-*

seils de guerre ; — Tit. ii. *Procédure* devant les *Conseils de revision ;* — Tit. iii. *Procédure* devant les *Prévôtés ;* — Tit. iv. Des *Peines* et de leurs effets ; — Tit. v. Dispositions générales.

LIVRE IV

Des crimes, des délits et des peines.

Tit. ier. De la *contumace* et des *jugements par défaut ;* — Tit. ii. Des *crimes*, des *délits* et de leur *punition ;* — Tit. iii. Dispositions générales.

Le Code de justice militaire pour l'armée de terre comprend 277 articles. — Une loi du 18 mai 1875 a mis en concordance avec la loi du 24 juillet 1873 sur l'organisation de l'armée les dispositions du Code de justice militaire relatives à l'organisation des tribunaux militaires en temps de paix ; elle a, en outre, simplifié et abrégé la procédure devant les Conseils de guerre aux armées.

CODE DE JUSTICE MILITAIRE POUR L'ARMÉE DE MER. — Promulgué en 1858, ce Code est fait sur le même plan que celui publié, l'année précédente, pour l'armée de terre. Il se divise en *livres*, *titres*, *chapitres*, et se compose de 376 articles. — Les modifications apportées par la loi du 18 mai 1875 au titre ii du livre 4 du Code de justice militaire pour l'armée de terre ont été étendues, par la loi du 31 décembre 1875, au Code de justice militaire pour l'armée de mer.

CODE DE PROCÉDURE CIVILE. — Il renferme principalement les règles sur la compétence des tribunaux et sur les formes à suivre pour l'instruction et le jugement des procès en matière civile.

Promulgué en 1806, et rendu exécutoire à partir du 1er janvier 1807, le Code de procédure civile ne contient pas moins de 1 042 articles : il est ainsi divisé : 1re partie : PROCÉDURE DEVANT LES TRIBUNAUX. Livre 1er : *de la justice de paix ;* — Livre 2e : *des tribunaux inférieurs ;* — Livre 3e : *des Cours d'appel ;* — Livre 4e : *des voies extraordinaires pour attaquer les jugements ;* — Livre 5e : *de l'exécution des jugements ;* — 2e partie : PROCÉDURES DIVERSES : Livre 1er : *saisies, séparation de corps et de biens, interdiction*, etc. ; — Livre 2e : *procédures relatives à l'ouverture d'une succession ;* — Livre 3e : *des arbitrages ; dispositions générales.*

La nécessité de simplifier des procédures compliquées et souvent abusives a déjà donné lieu à des modifications importantes du Code de 1806, notamment en ce qui touche la *vente de biens immeubles* appartenant à des mineurs, les *partages* et *licitations* (loi 2 juin 1841), la *saisie immobilière*, l'*ordre*, etc. (loi 21 mai 1858), etc.

L'opinion publique proteste contre la complication et les lenteurs de certaines procédures civiles : elle demande à bon droit une réforme qui les simplifierait et surtout les rendrait moins coûteuses.

La Chambre des Députés a nommé une Commission chargée de la préparer.

CODE D'INSTRUCTION CRIMINELLE. — Promulgué en 1808, le Code d'*instruction criminelle* renferme les règles touchant la manière de constater, poursuivre et juger les *crimes*, *délits* et *contraventions.* Il se compose de 643 articles et est ainsi divisé : *Dispositions préliminaires ;* — Livre 1er : *de la police judiciaire, et des officiers qui l'exercent ;* — Livre 2e : *de la justice.*

Revisé en 1832, le Code d'instruction criminelle a été modifié par diverses lois postérieures à cette époque, et dont quelques-unes sont récentes. Parmi ces lois, nous citerons celle du 3 juillet 1852 sur la *réhabilitation* des condamnés ; — celle du 4 juin 1853 sur la composition du *jury ;* — celle du 13 juin 1856 sur les *appels* des jugements des tribunaux *correctionnels;* — celle du 20 mai 1863 sur l'instruction des *flagrants délits* devant les tribunaux correctionnels; — celle du 14 juillet 1865 sur la mise en *liberté provisoire;* — celle du 29 juin 1867 sur la *revision* des procès criminels et correctionnels; — celle du 19 juin 1881 supprimant le *résumé* du président à la cour d'assises; — celle du 14 août 1885 sur les *moyens de prévenir la récidive.*

CODE FORESTIER. — On a donné ce nom à la loi du 21 mai 1827, à cause de son objet et de son importance. Le Code forestier a été suivi d'une ordonnance royale rendue, le 1er août de la même année, pour en assurer l'exécution et en régler les détails. Depuis cette époque, la législation forestière a été modifiée ou complétée par diverses dispositions. Nous citerons, parmi les plus importantes, la loi du 18 juin 1859, qui est principalement relative au *défrichement* des bois particuliers, la loi du 28 juillet 1860 sur le *reboisement* et celle du 8 juin 1864 sur le *gazonnement* des montagnes, la loi du 23 novembre 1883 modifiant l'article 105 du Code relatif au *partage des bois d'affouage.*

CODE PÉNAL. — Il détermine les faits punissables et les peines auxquelles ils donnent lieu.

Promulgué en 1810, le Code pénal a été plusieurs fois déjà revisé ou modifié, en 1832 notamment, en 1848, en 1854 et en 1863.

Il comprend 484 articles et est ainsi divisé : *Dispositions préliminaires;* — Livre 1er. *Des peines en matière criminelle et correctionnelle, et de leurs effets;* — Livre II. *Des personnes punissables, excusables ou responsables, pour des crimes ou pour des délits;* — Livre III. *Des crimes, des délits et de leur punition;* — Livre IV. *Contraventions de police et peines.* — Voy. PEINES.

CODE RURAL. — Nom donné au décret de l'Assemblée constituante, du 28 septembre 1791, concernant les *biens* et *usages ruraux* et la *police rurale.*

Cette loi célèbre qui consacrait de grands principes : *liberté du sol, liberté de culture, égalité des charges, inviolabilité privée,* qui abolissait le droit de *parcours* et de *vaine pâture* si préjudiciable à l'agriculture, etc., cette loi était devenue insuffisante par suite des progrès accomplis depuis le commencement du siècle, et des changements survenus dans l'état des campagnes. Aussi la publication d'un nouveau code rural était-elle vivement réclamée. En attendant que toutes les dispositions dont l'ensemble formera le Code rural puissent être étudiées et adoptées, le Parlement a jugé utile de résoudre par des lois séparées les questions dont la solution était la plus urgente. C'est ainsi qu'à la date du 20 août 1881 ont paru trois lois, la première concernant les *chemins ruraux,* la deuxième relative aux *chemins et sentiers d'exploitation,* la troisième modifiant les dispositions du Code civil ayant trait à la *mitoyenneté des clôtures,* aux *plantations* et aux *droits de passage* en cas d'enclave.

Le 2 août 1884, a paru une loi sur les *vices rédhibitoires* dans les ventes et échanges d'animaux domestiques.

CODEX. — Recueil officiel des formules pour la préparation des médicaments.

Ce formulaire est le code imposé aux *Médecins* et aux *Pharmaciens.*

En garantissant la santé publique contre les dangers de l'empirisme et les séductions trompeuses du charlatanisme, il est à la fois, pour les praticiens, un guide certain, et pour l'Administration, un moyen assuré d'ordre et de surveillance.

Revisé plusieurs fois déjà, le *Codex* ou *Pharmacopée française* n'était plus en harmonie avec l'état de la science. Une *nouvelle édition* en a été donnée en 1884 : elle est *obligatoire* depuis le 15 mars 1884. (Déc. 13 février 1884.)

COHÉRITIER. — Celui qui hérite avec d'autres. — Voy. INDIVISION; — SUCCESSIONS, IV; — PRIVILÈGE, II.

COLIS POSTAUX. — Voy. POSTES.

COLLATÉRAUX. — Du latin *cum*, avec, et *latus*, côté. — On appelle *collatéraux* les parents qui ne descendent pas les uns des autres, mais d'une souche commune. Tels sont les frères et sœurs, les cousins et cousines entre eux, les oncles et tantes à l'égard de leurs neveux et nièces, et ces derniers à l'égard de leurs oncles et tantes.

1. — Au delà du *douzième* degré, les collatéraux ne succèdent pas. (Cod. civ. art. 755.) — Voy. SUCCESSIONS, II.

2. — Pour savoir comment se comptent les degrés dans la ligne collatérale, voy. PARENTÉ, 7.

COLLÈGE DE FRANCE. — Établissement destiné à donner une haute impulsion à la science. — *Fondé*, en 1530, par François Ier, il ne compta d'abord que trois chaires de langues (*grec*, *hébreu*, *latin*), d'où le nom de *Collège des trois langues*, qu'il changea, sous Louis XIII, pour celui de *Collège royal*. L'enseignement fut successivement complété par la création de diverses chaires, et aujourd'hui les cours, au nombre de 40, comprennent : la *mécanique céleste*, les *mathématiques*, la *physique générale et expérimentale*, la *chimie minérale*, la *chimie organique*, la *médecine*, l'*histoire naturelle des corps organisés*, l'*embryogénie comparée*, l'*anatomie générale*, le *droit de la nature et des gens*, l'*histoire des législations comparées*, l'*économie politique*, la *géographie*, l'*histoire* et la *statistique économiques*, l'*histoire* et la *morale*, l'*épigraphie* et les *antiquités romaines*, l'*épigraphie* et les *antiquités grecques*, la *philologie* et l'*archéologie égyptiennes*, la *philologie* et l'*archéologie assyriennes*, les *langues hébraïque*, *chaldaïque* et *syriaque*, la *langue* et la *littérature arabes*, la *langue* et la *littérature persanes*, la *langue* et la *littérature turques*, les *langue* et *littérature celtiques*, la *langue* et la *littérature chinoises* et *tartares-mandchoues*, la *langue* et la *littérature sanskrites*, la *langue* et la *littérature grecques*, la *philologie latine*, l'*histoire* et la *littérature latines*, la *philosophie grecque* et *latine*, la *philosophie moderne*, la *langue* et la *littérature française du moyen âge*, la *langue* et la *littérature françaises modernes*, les *langues* et *littératures de l'Europe méridionale*, les *langues* et *littératures d'origine germanique*, les *langues* et *littératures d'origine slave*, la *grammaire comparée*, l'*esthétique* et l'*histoire de l'art*, l'*histoire des religions*. — Il doit y être institué une chaire de la *théorie des nombres*.

Tous ces cours sont *gratuits*.

Les professeurs sont *nommés* par décret, sur la double présentation de l'Institut et de l'assemblée des professeurs du Collège. (Déc. 9 mars 1852, art. 1 et 2.)

COLLOCATION. — Détermination de l'ordre dans lequel seront payés les créanciers d'un débiteur.

COLMATAGE. — De l'italien *colmare*, combler. — Opération agricole, très pratiquée, surtout en Toscane, qui consiste à exhausser un bas-fond habituellement immergé, au moyen de terres enlevées à des lieux plus élevés, que l'on fait charrier et déposer par les eaux elles-mêmes. On obtient ainsi le nivellement, l'assainissement et la fertilisation du terrain.

L'exécution et l'entretien des travaux de *colmatage* peuvent être l'objet d'une association syndicale entre les propriétaires intéressés. - Voy. ASSOCIATIONS SYNDICALES.

COLON PARTIAIRE. — Nom donné aux fermiers qui cultivent un fonds sous la condition de payer le propriétaire au moyen d'une *partie* des fruits, souvent la moitié (*meta*); d'où l'expression de *métayer* qui leur est aussi appliquée.

1. — La loi déclare *immeubles par destination* les animaux que le propriétaire livre au colon partiaire, ainsi que les semences qu'il lui donne pour la culture et l'exploitation du fonds. (Cod. civ. art. 522, 524.) — Voy. BIENS, I.

2. — Pour ce qui concerne les *droits* et *obligations* du colon partiaire (Cod. civ. art. 1763 et suiv.), voy. LOUAGE, sect. I, II, § 2.

COLPORTAGE. — (Loi 17 juin 1880.) — De *col* et *porter*, parce que les *colporteurs* ont l'habitude de porter leurs marchandises sur des crochets ou dans des balles suspendus à leur cou.

1. — En l'état actuel de la législation, le colportage n'est plus subordonné à l'autorisation préalable. Quiconque veut exercer la profession de colporteur ou de distributeur sur la voie publique, ou tout autre lieu public ou privé, de livres, écrits, brochures, journaux, dessins, gravures, lithographies et photographies, est tenu d'en faire la *déclaration* à la Préfecture du département où il a son domicile, et de justifier qu'il est Français et qu'il n'a pas encouru une déclaration pouvant entraîner privation de ses droits civils et politiques. — Toutefois, en ce qui concerne les journaux et autres feuilles périodiques, la déclaration peut être faite, soit à la Mairie de la Commune dans laquelle doit se faire la distribution, soit à la Sous-Préfecture. Dans ce dernier cas, la déclaration produit son effet pour toutes les Communes de l'arrondissement.

La déclaration contient les nom, prénoms, profession, domicile, âge et lieu de naissance du déclarant. Il est délivré immédiatement et sans frais à ce dernier un récépissé de sa déclaration.

Tout colporteur ou distributeur doit être, en outre, muni d'un *catalogue* qui contient l'indication des objets destinés à la vente, lequel catalogue est dressé sur un livret coté, visé et paraphé à l'avance par le Préfet ou le Sous-Préfet.

Pour le colportage et la distribution des journaux dans une Commune, le catalogue peut être visé par le Maire.

Le récépissé et le catalogue doivent être présentés par le colporteur à toute réquisition de l'Autorité compétente qui a toujours le droit de vérifier si les objets colportés ou distribués sont mentionnés au catalogue.

Les objets mentionnés au catalogue peuvent seuls être colportés ou distribués.

La distribution et le colportage *accidentels* ne sont assujettis à aucune déclaration.

2. — L'exercice de la profession de colporteur ou distributeur sans déclaration préalable, ou après déclaration faite par un individu incapable, la fausseté de la déclaration, l'absence de catalogue, la détention par le colporteur ou distributeur d'objets non mentionnés au catalogue, le défaut de présentation à toute réquisition du récépissé ou du catalogue, constituent des *contraventions* punies d'une amende de 5 à 15 francs, et, s'il y a lieu, en outre, d'un emprisonnement d'un à 5 jours. — En cas de *récidive*, de déclaration mensongère, ou déclaration faite par un individu incapable, l'emprisonnement est nécessairement prononcé.

L'article 463 du Code pénal (*circonstances atténuantes*) peut être appliqué.

Les colporteurs et distributeurs peuvent être poursuivis conformément au droit commun, s'ils ont *sciemment* colporté ou distribué des livres, écrits, etc., présentant un caractère délictueux. Tout individu condamné de ce chef peut être *interdit* par les tribunaux de l'exercice de la profession de colporteur ou distributeur.

3. — La *surveillance* du colportage est spécialement confiée à la gendarmerie. (Déc. 1er mars 1854, art. 302.)

COMICES AGRICOLES. — (Loi 20 mars 1851.) — Associations de cultivateurs et de propriétaires dans le but de discuter en commun les meilleurs procédés de culture et d'en encourager l'application par des primes et récompenses. L'établissement des Comices agricoles est libre, sous la seule condition de l'*approbation* des statuts par le Préfet. — Le nombre de chaque comice est illimité.

COMMAND. (DÉCLARATION DE) — Voy. DÉCLARATION DE COMMAND.

COMMANDEMENT. — Injonction de payer.

1. — Toute poursuite en *expropriation d'immeuble* doit être *précédée* d'un commandement de payer, fait à la diligence du créancier par un huissier. (Cod. civ. art. 2217.) — Les *formes* du commandement sont réglées par le Code de procédure civile (art. 673). — Voy. SAISIE IMMOBILIÈRE.

2. — La *saisie-brandon* doit également être *précédée* d'un commandement. (Cod. proc. civ. art. 626.) — Voy. SAISIE-BRANDON.

3. — Il en est de même de la *saisie-exécution*. (Cod. proc. civ. art. 583.) — Voy. SAISIE-EXÉCUTION.

COMMANDITE PAR ACTIONS. (SOCIÉTÉ EN) — Voy. SOCIÉTÉ, sect. II, III.

COMMANDITE SIMPLE. (SOCIÉTÉ EN) — Voy. SOCIÉTÉ, sect. II, II.

COMMERÇANT. — (Cod. com. art. 1-7.) — Celui qui fait *habituellement* des actes de commerce. — L'expression générale de *commerçant* s'applique aux négociants, marchands, fabricants, banquiers, armateurs, courtiers, commissionnaires, à tous ceux enfin qui font de l'exercice des *actes de commerce* leur profession habituelle. — Voy. ACTE DE COMMERCE.

I. INCAPACITÉS DE FAIRE LE COMMERCE. — En principe, toute personne, capable de contracter, qu'elle soit Française ou étrangère, peut se livrer au commerce; mais des motifs de convenances ou d'ordre public l'ont fait interdire aux ecclésiastiques, aux magistrats, avocats, notaires, avoués, agents de change, huissiers, consuls, à ceux qui remplissent de hautes fonctions administratives.

Les *mineurs* et les *femmes mariées* ne peuvent l'exercer que sous les conditions ci-après :

§ 1er. — MINEUR COMMERÇANT. — Quatre conditions sont exigées du mineur, de l'un ou de l'autre sexe : il faut qu'il soit *âgé de 18 ans*, *émancipé*, *autorisé expressément* par son père, ou par sa mère, en cas de décès, interdiction ou absence de son père, ou, à défaut du père et de la mère, par une délibération du Conseil de famille, homologuée par le tribunal civil, et que cette *autorisation* ait été *enregistrée* et *affichée au tribunal de commerce* du lieu où le mineur veut établir son domicile. Le mineur régulièrement autorisé à faire le commerce est réputé majeur pour les faits qui s'y rattachent.

§ 2. — FEMME MARIÉE COMMERÇANTE. — La femme mariée ne peut être marchande publique sans le consentement de son mari, sous quelque régime matrimonial que les époux se soient placés. — Le consentement du mari n'a pas besoin, du reste, d'être exprès. Il s'induit toutes les fois que la femme fait un commerce public au su de son mari et sans réclamation de la part de ce dernier.

Ce n'est que lorsque la femme est *majeure* que le simple consentement du mari suffit pour l'autoriser à faire le commerce. Si elle est *mineure*, il faut qu'elle ait, en outre, obtenu préalablement l'autorisation de ses père et mère, ou, à défaut de père et de mère, celle du Conseil de famille dûment homologuée, conformément à l'article 2 du Code de commerce qui exige cette condition de « *tout mineur émancipé de l'un et de l'autre sexe.* »

Le mari peut *révoquer* le consentement qu'il a donné, car il est le chef de la famille, et sa volonté doit être respectée.

II. OBLIGATIONS GÉNÉRALES DES COMMERÇANTS. — Trois obligations principales pèsent sur tout commerçant. Elles se réfèrent :

1° A l'impôt de la *patente*, au moyen duquel l'industrie, comme source de revenus, supporte sa part des charges de l'Etat (voy. PATENTE);

2° Aux *livres* que les commerçants sont obligés de tenir pour constater leurs opérations (voy. LIVRES DE COMMERCE);

3° A la *publicité* à donner au régime stipulé dans leur *contrat de mariage* et aux *jugements de séparation de corps et de biens* les concernant. — Cette publicité importe à la sécurité des tiers comme au crédit des époux. Le mode en est réglé par les articles 67 à 70 du Code de commerce. — Voy. NOTABLES COMMERÇANTS.

COMMERCE. — Le commerce est l'âme de l'agriculture et de l'industrie. Intermédiaire entre la spéculation qui crée et le besoin qui consomme, il rapproche les peuples et exerce une influence marquée sur leur bon accord. En échangeant mutuellement les produits de leur territoire, les nations apprennent à se connaître et à s'apprécier.

1. — La *liberté du commerce* est une conséquence de la liberté du travail proclamée en 1791 par l'Assemblée constituante ; elle en est le complément logique. Aussi l'Empereur avait-il été très heureusement inspiré en engageant résolument la France dans cette voie féconde de la liberté commerciale ouverte, en 1860, par le traité conclu avec l'Angleterre.

Comme l'a dit en termes excellents M. H. Baudrillart, dans ses *Eléments d'économie rurale, industrielle, commerciale*, p. 418, « Rien n'est plus conforme que la liberté commerciale à l'esprit de nos lois et aux tendances générales de notre temps. L'esprit de nos lois, c'est que chacun soit rendu responsable de ses œuvres, agisse à ses risques et périls. Pourquoi donc des privilèges sous forme de tarifs ? Pourquoi la masse des citoyens payerait-elle un véritable impôt à un certain nombre d'industries ? Pourquoi des établissements qui n'ont pas en eux-mêmes les conditions de vitalité nécessaires vivraient-ils à l'aide de droits qui retombent sur le public ? L'esprit de nos lois, c'est que l'acheteur, qu'il soit producteur ou consommateur, puisse se procurer ce dont il a besoin aux conditions les meilleures possible. La liberté de l'achat et de la vente fait partie de la liberté du travail et aussi du droit qu'a tout homme de ne pas voir diminuer ses moyens d'existence par des mesures factices et exclusivement profitables à un petit nombre. Enfin, rien n'est plus conforme à l'esprit de notre temps que de mettre les peuples en communication fraternelle par l'échange de leur excédent. La prospérité de l'un importe à la prospérité des autres, et *vice versa*. C'est le résultat de l'échange des produits contre les produits. »

Les *résultats* de la politique commerciale inaugurée en 1860 ont été des plus satisfaisants, quoi qu'en disent les adversaires intéressés du *libre échange*. On peut en juger par cet *aperçu comparatif du commerce extérieur de la France* en 1859 et en 1868 :

Le commerce *général* de la France, pour 1868, représente une valeur totale de 7 milliards 979 millions de fr., dont 4 milliards 258 millions à l'*importation* et 3 milliards 721 millions à l'*exportation*. C'est un *accroissement* de 2 567 millions sur 1859, année antérieure à la réforme commerciale.

Le commerce *spécial*, représentation exacte des échanges directs, s'élève à 6 milliards 94 millions de fr., dont 3 milliards 304 millions à l'*importation*, et 2 milliards 790 millions à l'*exportation*. — L'*augmentation* s'élève, comparativement à 1859, à 2 milliards 187 millions, sur lesquels il revient 1 milliard 663 millions à l'*importation*, et 524 millions à l'*exportation*.

D'après le *tableau général du commerce de la France pour* 1883, les importations et les exportations se sont élevées aux chiffres ci-après, de 1880 à 1883. Ces chiffres dénotent l'influence de la crise générale :

IMPORTATIONS

ANNÉES	MATIÈRES nécessaires à l'industrie.	OBJETS DE CONSOMMATION naturels.	OBJETS DE CONSOMMATION fabriqués.	TOTAL
	francs.	francs.	francs.	francs.
1880.....	2 505 201 743	2 088 317 431	439 647 402	5 033 166 576
1881.....	2 493 183 779	1 686 712 292	683 511 681	4 863 407 752
1882.....	2 376 043 590	1 670 644 421	775 137 208	4 821 825 219
1883.....	2 397 686 765	1 638 211 626	768 450 399	4 804 348 790

EXPORTATIONS

ANNÉES	PRODUITS naturels.	OBJETS manufacturés.	TOTAL
	francs.	francs.	francs.
1880.........	1 710 446 546	1 757 442 176	3 467 888 722
1881.........	1 687 424 931	1 874 079 414	3 561 504 345
1882.........	1 686 029 166	1 888 327 155	3 574 356 321
1883.........	1 601 027 115	1 850 845 354	3 451 872 460

2. — Le Ministre du *Commerce* n'est pas le seul qui donne ses soins aux choses qui intéressent le commerce ; ses collègues des *Finances*, de la *Marine* et des *Colonies*, et des *Affaires étrangères* ont également à s'en occuper, ce dernier surtout. Il prépare les conventions commerciales entre la France et les autres puissances, et protège les commerçants français établis à l'étranger. C'est à lui principalement qu'il appartient de surveiller la loyale et complète exécution des traités conclus, d'éclairer nos négociants sur la situation des marchés étrangers, sur les débouchés nouveaux offerts à leur activité, de rendre enfin aussi fécondes que possible les relations que la diplomatie a réussi à leur créer.

3. — *Intermédiaires de commerce.* — Voy. AGENT DE CHANGE ; — COMMISSIONNAIRE ; — COURTIER ; — VOITURIER.

4. — *Institutions destinées à faciliter les opérations du commerce.* — Voy. BANQUE DE FRANCE ; — BOURSES DE COMMERCE ; — FOIRES ; — HALLES ET MARCHÉS ; — MAGASINS GÉNÉRAUX ; — MONNAIE ; — POIDS ET MESURES.

4. — *Conseils institués dans l'intérêt du Commerce.* — Voy. CHAMBRES DE COMMERCE ; — CONSEIL SUPÉRIEUR DU COMMERCE ET DE L'INDUSTRIE.

COMMERCIAL. (DROIT) — Voy. DROIT COMMERCIAL.

COMMISSAIRE DE POLICE. — (Loi 28 pluviôse an VIII (17 février 1800) ; déc. 28 mars 1852, 17 janvier 1853) ; inst. minist. 21 juillet 1858 ; Cod. inst. crim. art. 10-15.)

On donne ce nom à des fonctionnaires spécialement chargés de veiller à la tranquillité publique, et qui sont à la fois magistrats de l'ordre *administratif* et de l'ordre *judiciaire*. A ce titre, ils sont sous la dépendance du Préfet, du Sous-Préfet, du Maire et du Procureur de la République.

1. — D'après la loi du 28 pluviôse an VIII (17 février 1800), il y a un Commissaire de police dans toutes les villes de 5000 à 10000 habitants : dans celles qui ont une population supérieure, il faut ajouter un Commissaire de police par chaque excédent de 10000 habitants. Le décret du 28 mars 1852 a donné à l'Administration la faculté d'en établir, dans chaque chef-lieu de canton, si elle le juge utile : la compétence de ce Commissaire s'étend sur toutes les Communes du canton.

2. — Dans les localités où le service de la police exige le concours simultané de plusieurs Commissaires, l'un de ces agents est institué pour *centraliser* le service. Le *Commissaire central* est chef responsable vis-à-vis l'Autorité; les autres Commissaires de la ville sont placés sous ses ordres.

3. — Comme *fonctionnaires de l'ordre administratif*, les Commissaires de police ont la surveillance particulière des hôtels, auberges, garnis, cafés et cabarets, des individus mal famés ou dont les moyens d'existence sont suspects, des vagabonds, des mendiants, etc. ; ils vérifient, dans l'intérêt de la santé publique, la qualité des substances alimentaires ; ils veillent à l'exécution des règlements de police municipale, de voirie, etc.

4. — Comme *fonctionnaires de l'ordre judiciaire*, ils sont chargés de recevoir les dénonciations et plaintes de tous crimes et délits, et, en cas de flagrant délit, de dresser les procès-verbaux, de recevoir les déclarations des témoins et de faire tous les actes qui tendent à constater le fait et à en rechercher les auteurs. — Ils remplissent aussi auprès des *tribunaux de simple police* l'office de *Ministère public* (voy. ces mots). Ils reçoivent les plaintes ou dénonciations, recherchent les contraventions et les poursuivent, soit sur une plainte, soit d'office.

COMMISSAIRE-PRISEUR. — (Loi 27 ventôse an IX (18 mars 1801); loi 28 avril 1816, art. 89; ord. roy. 26 juin 1816; loi 18 juin 1843.)

Officier public chargé de faire la *prisée* ou estimation des meubles et effets mobiliers, et d'en opérer la vente aux enchères publiques.

Dans les localités peu importantes où il n'y a pas de Commissaire-priseur, ce soin est confié aux *Notaires*, *Greffiers* et *Huissiers*.

— Les Commissaires-priseurs sont *nommés* par le Président de la République, sur la proposition du Ministre de la justice. Comme tous les officiers ministériels, ils sont admis à vendre leurs charges et à présenter leurs successeurs.

Leurs *honoraires* ont été réglés par une loi du 18 juin 1843.

COMMISSARIAT DE LA MARINE. — (Déc. 14 mai 1853.)

Ce corps est pour l'armée navale ce qu'est l'*Intendance* pour l'armée de terre. Il est chargé des approvisionnements, du payement des soldes et de tous les détails de la comptabilité.

Les Commissaires de marine se divisent en *Commissaires Généraux*, *Commissaires*, *Commissaires Adjoints*, *Sous-Commissaires* et *Aides-Commissaires*.

COMMISSION-COMMISSIONNAIRE. — (Cod. com. art. 94-102; loi 23 mai 1863.) — Du latin *committere*, charger, confier. — *Commission* est le nom sous lequel le mandat est principalement connu dans le commerce, et on appelle *Commissionnaire* celui qui, sous son propre nom, ou sous un nom social, agit pour le compte d'un tiers qu'on nomme *commettant*.

1. — Le *commissionnaire* diffère du *mandataire* ordinaire en ce que celui-ci agit gratuitement, et au nom de son mandant qui seul est obligé à l'égard des tiers, tandis que le commissionnaire a droit à un salaire et s'oblige personnellement envers ceux avec qui il traite. — Les avantages que le commerce retire de ce mode d'opérer se comprennent aisément;

celui qui traite avec le commissionnaire, sachant qu'il l'a pour obligé, n'a pas à se préoccuper de la solvabilité du commettant; c'est au commissionnaire seul à s'en enquérir, puisque c'est sur lui que retomberait la perte en cas d'insolvabilité du commettant. Ce dernier trouve, dans l'intervention du commissionnaire, le moyen de ne pas se faire connaître et d'assurer ainsi le secret de l'opération, ce qui peut être utile dans certains cas.

2. — La profession de commissionnaire est *libre;* elle peut être exercée par un individu ou par une société, et embrasser toute espèce d'opérations commerciales, notamment les *ventes*, les *achats* et les *transports* de marchandises.

Les *commissionnaires pour les ventes* rendent aux fabricants de signalés services en s'occupant du placement de leurs produits, et en leur faisant des avances à l'aide desquelles la fabrication peut continuer.

Les *commissionnaires pour les achats* ne rendent pas moins de services aux commerçants en les dispensant d'envoyer sur toutes les places de nombreux commis pour faire leurs approvisionnements. Moyennant un droit de commission, ils se chargent de ces achats. C'est une notable économie pour le commerce.

La facilité et le bon marché des transports exercent une grande influence sur les opérations commerciales. De là l'utilité d'intermédiaires entretenant, avec des expéditeurs d'un côté, et des voituriers de l'autre, des relations habituelles, de telle sorte qu'un commerçant puisse toujours, sans beaucoup de frais, faire arriver ses marchandises sur un marché avantageux, et que le voiturier soit assuré d'avoir un chargement complet. C'est surtout lorsqu'il s'agit de grandes distances à franchir, que l'utilité des *commissionnaires de transport* se révèle. Comme il est nécessaire, dans ce cas, de recourir à de nombreux agents, il serait bien difficile, souvent même impossible, au commerçant de se mettre directement en rapport avec chacun d'eux. Ces difficultés disparaissent grâce aux commissionnaires. Leurs relations avec des sous-commissionnaires, qui sont pour eux ce qu'eux-mêmes sont pour les expéditeurs, permettent de transporter facilement, et à peu de frais, les objets qu'on leur confie.

I. Des commissionnaires en général. Forme et effets du contrat de commission. — 1. — Le contrat de commission *se forme* par le seul consentement des parties. La commission peut être donnée *verbalement*, ou par *écrit*, ou même *tacitement*, si, sachant qu'une opération se fait pour mon compte, et pouvant l'empêcher, je ne m'y oppose pas. Elle peut être acceptée de la même manière, et le plus souvent le commissionnaire ne manifeste son acceptation que par l'exécution même de l'ordre qu'il a reçu.

2. — Le contrat *se dissout* par la volonté du commettant, et par la renonciation de bonne foi et non à contre-temps du commissionnaire. Il prend fin aussi par la mort, la faillite ou la déconfiture de l'une des parties.

3. — Le commettant *doit* rembourser au commissionnaire le montant de ses avances, intérêts et frais, et lui payer le *droit de commission* (tant pour cent), suivant la convention ou l'usage de la place. Le droit de commission est *double* lorsque le commissionnaire, remplissant en quelque sorte le rôle d'*assureur*, a garanti à l'égard du commettant la solvabilité de ceux avec qui il traite. Cette convention particulière est désignée sous le nom assez bizarre de *du croire* (de l'italien *del credere*, avec confiance).

4. — Le commissionnaire, étant salarié, *répond* de la faute même légère. — A l'égard des tiers, il est obligé, comme si l'opération lui était personnelle.

5. — Tout commissionnaire a *privilège* sur la valeur des mar-

chandises à lui expédiées, déposées ou consignées, par le fait seul de l'expédition, du dépôt ou de la consignation, pour tous les prêts, avances ou payements faits par lui, soit avant la réception des marchandises, soit pendant le temps qu'elles sont en sa possession. Le commissionnaire est réputé avoir les marchandises en sa possession, lorsqu'elles sont à sa disposition dans ses magasins ou navires, à la douane ou dans un dépôt public, ou si, avant qu'elles soient arrivées, il en est saisi par un connaissement ou par une lettre de voiture. — Si les marchandises ont été vendues et livrées pour le compte du commettant, le commissionnaire se rembourse, sur le produit de la vente, du montant de sa créance, par préférence aux créanciers du commettant.

II. RÈGLES SPÉCIALES AUX COMMISSIONNAIRES DE TRANSPORT. — 1. — Le contrat de commission de transport se *prouve* soit par acte authentique ou sous seing privé, soit par la correspondance ou les livres des parties, soit par témoins, mais le plus fréquemment par la *lettre de voiture*, ainsi nommée parce que c'est un acte en forme de lettre, adressée par le commissionnaire ou l'expéditeur au destinataire. — Voy. LETTRE DE VOITURE.

2. — Le commissionnaire de transport est *responsable* du *retard* qu'éprouve l'arrivée des marchandises, à moins qu'il ne prouve que ce retard provient de force majeure.

La *perte* ou les *avaries* des marchandises sont également à sa charge, à moins qu'il ne prouve qu'elles proviennent d'une force majeure, du vice propre de la chose ou du fait de l'expéditeur.

3. — Le commissionnaire de transport, étant responsable des marchandises jusqu'à leur arrivée, est *garant* des faits des commissionnaires *intermédiaires* qu'il emploie; mais il peut stipuler qu'il ne répondra que de ses propres faits.

4. — Voy. VOITURIER.

COMMISSION DÉPARTEMENTALE. — Voy. CONSEIL GÉNÉRAL, V.

COMMISSION ROGATOIRE. — Du latin *rogare*, prier. — Mission donnée par un tribunal à un juge d'un autre siège pour procéder à quelque acte, par exemple recevoir une *déposition de témoins*, *interroger sur faits et articles*, faire une *vérification de livres*, une *perquisition à domicile*, etc., etc.

Les commissions rogatoires sont tout à la fois un moyen d'éviter le déplacement des témoins ou des parties qui se trouvent dans l'impossibilité de comparaître, et de diminuer les frais de procès.

COMMISSION SCOLAIRE. — Voy. OBLIGATION SCOLAIRE.

COMMISSION SUPÉRIEURE DE L'AMÉNAGEMENT DES EAUX. — (Décr. 5 sept. 1878.) — Instituée, sous la présidence du Ministre des travaux publics, elle *se compose* de 48 membres, dont 16 pris en nombre égal dans les deux Chambres, 16 représentant l'administration et 16 représentant les intérêts agricoles et industriels.

La commission *délibère* sur toutes les questions qui lui sont soumises par le Ministre, notamment sur les moyens de développer les irrigations et les dessèchements, d'accroître les forces motrices disponibles pour l'industrie, de prévenir les inondations, d'alimenter les villes en eaux potables, d'employer utilement les eaux d'égout et les liquides industriels. — Elle procède, avec l'assentiment du Ministre, à des *enquêtes*. Les résultats en sont publiés avec les procès-verbaux des séances.

COMMISSION SYNDICALE. — Voy. COMMUNE, I, III et V.

COMMISSIONS INTERCOMMUNALES. — Voy. COMMUNE, IX.

COMMISSIONS MIXTES. — Sous cette dénomination, le gouvernement issu du coup d'État du 2 déc. 1851 avait institué dans chaque département une sorte de tribunal spécial chargé de statuer sur le sort des citoyens compromis dans les mouvements insurrectionnels. *Composées* du Préfet, d'un officier supérieur et d'un magistrat du Parquet, elles avaient le pouvoir exorbitant d'ordonner, *à leur gré*, suivant les circonstances, le renvoi devant les conseils de guerre; la transportation à Cayenne ou en Algérie, l'expulsion de France; l'éloignement momentané du territoire; l'internement; le renvoi en police correctionnelle; la mise sous la surveillance du ministère de la police générale; la mise en liberté.

La loi du 30 août 1883 sur la réforme de l'organisation judiciaire a imprimé une flétrissure aux magistrats qui avaient fait partie des commissions mixtes après le 2 décembre 1851, en décidant (art. 11) qu'ils ne seraient *pas maintenus dans la magistrature*, à quelque juridiction qu'ils appartinssent.

COMMODAT. — Du latin *commodum*, avantage. — Dénomination donnée par l'article 1875 du Code civil au *prêt à usage*. — Voy. PRÊT, sect. I.

COMMODO ET INCOMMODO. (ENQUÊTE DE) — Voy. ENQUÊTE DE COMMODO ET INCOMMODO.

COMMUNAUTÉ ENTRE ÉPOUX. — Voy. CONTRAT DE MARIAGE, I.

COMMUNAUTÉS RELIGIEUSES. — Voy. CONGRÉGATIONS RELIGIEUSES.

COMMUNE. — Lois 28 pluviôse an VIII (17 fév. 1800); 5 avril 1884.

Circonscription territoriale dont les intérêts sont administrés par un *Conseil municipal*.

1. — La *Commune* est la plus petite des circonscriptions administratives. On en comptait, en 1870, 37 548.

La guerre, si follement engagée avec la Prusse, nous en a enlevé 1689. — (Voy. ALSACE-LORRAINE, 4.) — Il y a aujourd'hui, en France, 36 121 Communes ainsi réparties d'après le chiffre de population accusé par le recensement de 1886 :

Communes ayant une population au-dessous de 100 habitants.	768
— — de 101 à 200 —	3600
— — de 201 à 300 —	4895
— — de 301 à 400 —	4299
— — de 401 à 500 —	3619
— — de 501 à 1 000 —	10362
— — de 1 001 à 1 500 —	3945
— — de 1 501 à 2 000 —	1892
— — de 2 001 à 2 500 —	828
— — de 2 501 à 3 000 —	553
— — de 3 001 à 3 500 —	335
— — de 3 501 à 4 000 —	218
— — de 4 001 à 5 000 —	245
— — de 5 001 à 10 000 —	328
— — de 10 001 à 20 000 —	135
— — de 20 001 habitants et au-dessus.	99
Total.............	36121

2. — Le corps municipal de chaque Commune se compose du *Conseil municipal*, du *Maire* et d'un ou de plusieurs *Adjoints*. — Voy. CONSEIL MUNICIPAL; — MAIRE; — ADJOINT.

3. — Le *changement de nom* d'une Commune est décidé par décret, sur la demande du Conseil municipal, le Conseil général consulté et le Conseil d'État entendu.

I. MODIFICATIONS A LA CIRCONSCRIPTION TERRITORIALE DES COMMUNES. — Toutes les fois qu'il s'agit de transférer le chef-lieu d'une Commune, de réunir plusieurs Communes en une seule, ou de distraire une section d'une Commune, soit pour la réunir à une autre, soit pour l'ériger en Commune séparée, le Préfet prescrit dans les Communes intéressées une enquête sur le projet en lui-même et sur ses conditions. — Après cette enquête, les Conseils municipaux et les Conseils d'arrondissement donnent leur avis, et la proposition est soumise au Conseil général.

Si le projet concerne une section de Commune, un arrêté du Préfet décide la création d'une *Commission syndicale* pour cette section ou pour la section du chef-lieu, si les représentants de la première sont en majorité dans le Conseil municipal, et détermine le nombre des membres de cette Commission. — Ils sont *élus* par les électeurs domiciliés dans la section.

La Commission nomme son *Président*. Elle donne son avis sur le projet.

Il ne peut être procédé à l'érection d'une Commune nouvelle qu'en vertu d'une *loi*, après avis du Conseil général et le Conseil d'Etat entendu.

Les autres modifications à la circonscription territoriale des Communes, les suppressions et les réunions de deux ou de plusieurs Communes, la désignation des nouveaux chefs-lieux sont réglées de la manière suivante :

Si les changements proposés modifient la circonscription d'un département, d'un arrondissement ou d'un canton, il est statué par une *loi*, les Conseils généraux et le Conseil d'Etat entendus. — Dans tous les autres cas, il est statué par un *décret* rendu en Conseil d'Etat, les Conseils généraux entendus. — Néanmoins, le Conseil général statue définitivement s'il approuve le projet, lorsque les Communes ou sections sont situées dans le même canton et que la modification projetée réunit, quant au fond, et quant aux conditions de la réalisation, l'adhésion des Conseils municipaux et des Commissions syndicales intéressées.

La Commune *réunie* à une autre Commune conserve la propriété des biens qui lui appartenaient. Les habitants de cette Commune conservent la jouissance de ceux de ces mêmes biens dont les fruits sont perçus en nature. — Il en est de même de la section réunie à une autre Commune pour les biens qui lui appartenaient exclusivement.

Les édifices et autres immeubles servant à un usage public et situés sur le territoire de la Commune ou de la section de Commune réunie à une autre Commune, ou de la section érigée en Commune séparée, deviennent la propriété de la Commune à laquelle est faite la réunion ou de la nouvelle Commune.

Les actes qui prononcent des réunions ou des distractions de Communes en déterminent expressément toutes les autres conditions.

En cas de *division*, la Commune ou la section de Commune réunie à une autre Commune ou érigée en Commune séparée, reprend la pleine propriété de tous les biens qu'elle avait apportés.

Les dénominations nouvelles qui résultent, soit d'un changement de chef-lieu, soit de la création d'une Commune nouvelle, sont fixées par les autorités compétentes pour prendre ces décisions.

Dans tous les cas de réunion ou de fractionnement de Communes, les Conseils municipaux sont *dissous* de plein droit. Il est procédé immédiatement à des élections nouvelles.

II. **Biens communaux.** — Ils se divisent en trois classes : *biens publics communaux*; — *biens et revenus patrimoniaux*; — *biens communaux* proprement dits.

Les *biens publics communaux* sont ceux affectés à l'usage de tous ou à un service public communal (*rues*, *places*, *chemins*, *églises*, *hôtel de ville*, etc.). Ils sont *hors du commerce* et par conséquent *imprescriptibles*.

Les *biens patrimoniaux* sont ceux qui se louent, s'afferment ou s'exploitent régulièrement au profit de la Commune (*bois*, *moulins*, *métairies*, *rentes sur l'Etat*, etc.).

Les *biens communaux* proprement dits sont ceux dont la jouissance en nature est laissée aux habitants (*pâturages*, *bois*, etc.).

Les *biens patrimoniaux* et *communaux* proprement dits sont régis par le droit commun : ils sont *dans le commerce*, *aliénables* et *prescriptibles*.

La *répartition* des fruits des biens communaux est faite par le Conseil municipal. Les *réclamations* qui soulèvent des questions d'état, de domicile et de propriété sont jugées par les tribunaux ordinaires; celles qui ne portent que sur une fausse application des règles du partage sont de la compétence du Conseil de Préfecture. — Voy. AFFOUAGE.

— La vente des biens mobiliers et immobiliers des Communes, autres que ceux servant à un usage public, peut être autorisée sur la demande de tout créancier, porteur de titre exécutoire, par un décret du Président de la République, qui détermine les formes de la vente.

III. DONS ET LEGS. — Les délibérations du Conseil municipal ayant pour objet l'acceptation de dons et legs, lorsqu'il y a des *charges* ou *conditions*, sont exécutoires sur arrêté du Préfet, pris en Conseil de Préfecture.

S'il y a *réclamation* des prétendants droit à la succession, quelles que soient la quotité et la nature de la donation ou du legs, l'autorisation ne peut être accordée que par décret rendu en Conseil d'Etat.

Si la donation ou le legs ont été faits à un hameau ou quartier de Commune qui n'est pas encore à l'état de section ayant la personnalité civile, les habitants du hameau ou quartier sont appelés à élire une *Commission syndicale* qui délibère sur l'acceptation de la libéralité. En aucun cas, l'autorisation d'accepter ne peut être accordée que par un décret rendu en Conseil d'Etat.

— Lorsque la délibération porte le *refus* de dons ou legs, le Préfet peut, par un arrêté motivé, inviter le Conseil municipal à revenir sur sa première délibération. Le refus n'est *définitif* que si, par une seconde délibération, le Conseil municipal déclare y persister.

Si le don ou le legs a été fait à une section de Commune et que le Conseil municipal soit d'avis de refuser la libéralité, il est procédé comme il a été dit ci-dessus. — Voy. n° I.

— Le Maire peut toujours, à titre conservatoire, accepter les dons et legs et former avant l'autorisation toute demande en délivrance. — Le décret du Président de la République, l'arrêté du Préfet et la délibération du Conseil municipal, qui interviennent ultérieurement, ont effet du jour de cette acceptation.

IV. CONFÉRENCES INTERCOMMUNALES. — Deux ou plusieurs Conseils municipaux peuvent provoquer entre eux, par l'entremise de leurs présidents, et après en avoir averti les Préfets, une entente sur les objets d'utilité communale compris dans leurs attributions et qui intéressent à la fois leurs Communes respectives. — Ils peuvent faire des conventions à l'effet d'entreprendre ou de conserver à frais communs des ouvrages ou des institutions d'utilité commune.

Les questions d'intérêt commun sont débattues dans des conférences où chaque Conseil municipal est représenté par une *Commission* spéciale nommée à cet effet et composée de *trois membres* nommés au scrutin secret.

Les Préfets et Sous-Préfets des départements et arrondissements comprenant les Communes intéressées peuvent toujours assister à ces conférences. Les décisions qui y sont prises ne sont *exécutoires* qu'après avoir été ratifiées par tous les Conseils municipaux intéressés.

V. ACTIONS JUDICIAIRES. — Nulle Commune ou section de Commune ne peut ester en justice sans y être *autorisée* par le Conseil de préfecture.

Après tout jugement intervenu, la Commune ne peut se pourvoir devant un autre degré de juridiction qu'en vertu d'une *nouvelle autorisation* du Conseil de préfecture.

Le Maire peut toujours, sans autorisation préalable, intenter toute *action possessoire* ou y défendre, et faire tous actes *conservatoires* ou *interruptifs des déchéances.* — Il peut, sans autre autorisation, interjeter *appel* de tout jugement et se pourvoir en *cassation ;* mais il ne peut ni suivre son appel, ni suivre sur le pourvoi, qu'en vertu d'une nouvelle autorisation.

— *Tout contribuable* inscrit au rôle de la Commune a le droit d'exercer, à ses frais et risques, avec l'autorisation du Conseil de préfecture, les actions qu'il croit appartenir à la Commune ou section, et que celle-ci, préalablement appelée à en délibérer, a refusé ou négligé d'exercer.

La Commune ou section est mise en cause et la décision qui intervient a effet à son égard.

— Aucune action judiciaire autre que les actions possessoires ne peut, à peine de nullité, être intentée contre une Commune qu'autant que le demandeur a préalablement adressé au Préfet ou au Sous-Préfet un *mémoire* exposant l'objet et les motifs de sa réclamation. Il lui en est donné récépissé.

L'action ne peut être portée devant les tribunaux que *deux mois* après la date du récépissé, sans préjudice des actes conservatoires.

La présentation du mémoire interrompt toute prescription ou déchéance, si elle est suivie d'une demande en justice dans le délai de *trois mois*.

Le Préfet ou Sous-Préfet adresse immédiatement le mémoire au Maire, avec l'invitation de convoquer le Conseil municipal dans le plus bref délai pour en délibérer. — La délibération du Conseil municipal est transmise au Conseil de préfecture, qui décide si la Commune doit ester en justice. — La décision du Conseil de préfecture doit être rendue dans le délai de *deux mois,* à dater du dépôt du mémoire.

Toute décision du Conseil de préfecture portant refus d'autorisation doit être motivée. — La Commune, la section de commune ou le contribuable auquel l'autorisation a été refusée, peut *se pourvoir* devant le Conseil d'Etat. — Le pourvoi est introduit et jugé dans la forme administrative. Il doit, à peine de déchéance, être formé dans le délai de *deux mois* à dater de la notification de l'arrêté du Conseil de préfecture. — Il doit être statué sur le pourvoi dans le délai de *deux mois* à partir du jour de son enregistrement au secrétariat général du Conseil d'Etat.

— Lorsqu'une section se propose d'intenter ou de soutenir une action judiciaire, soit contre la Commune dont elle dépend, soit contre une autre section de la même Commune, il est formé, pour la section et pour chacune des sections intéressées, une *Commission syndicale* distincte.

Les membres de la Commission syndicale sont choisis parmi les éligibles de la Commune et nommés par les électeurs de la section qui l'habitent et par les personnes qui, sans être portées sur la liste électorale, y sont propriétaires fonciers.

Le Préfet est tenu de convoquer les électeurs dans le délai *d'un mois* pour nommer une Commission syndicale, toutes les fois qu'un tiers des habitants ou propriétaires de la section lui adresse à cet effet une demande motivée sur l'existence d'un droit litigieux à exercer au profit de la section contre la Commune ou une autre section de la Commune. — Le nombre des membres de la Commission est fixé par l'arrêté qui convoque les électeurs. Ils élisent parmi eux un *président* chargé de suivre l'action.

Lorsque le Conseil municipal se trouve réduit à *moins du tiers* de ses membres, par suite de l'abstention, prescrite par la loi, des Conseillers municipaux qui sont intéressés à la jouissance des biens et droits revendiqués par une section, le Préfet convoque les électeurs de la Commune, déduction faite de ceux qui habitent ou sont propriétaires sur le territoire de la section, à l'effet d'élire ceux d'entre eux qui doivent prendre part aux délibérations aux lieu et place des Conseillers municipaux obligés de s'abstenir.

La section qui a obtenu une condamnation contre la Commune ou une autre section n'est point passible des charges ou contributions imposées pour l'acquittement des frais et dommages-intérêts résultant du procès.

Il en est de même à l'égard de toute partie qui plaide contre une Commune ou une section de Commune.

VI. Responsabilité des communes. — Les Communes sont *civilement* responsables des dégâts et dommages résultant des crimes ou délits commis à force ouverte ou par violence sur leur territoire par des attroupements ou rassemblements armés ou non armés, soit envers les personnes, soit contre les propriétés publiques ou privées.

Les dommages-intérêts dont la Commune est responsable sont *répartis* entre tous les habitants domiciliés dans ladite Commune, en vertu d'un rôle spécial comprenant les 4 contributions directes.

Si les attroupements ont été formés d'habitants de *plusieurs Communes*, chacune d'elles est responsable des dégâts et dommages causés, dans la proportion fixée par les tribunaux.

Les dispositions qui précèdent ne sont *pas applicables :*

1° Lorsque la Commune peut prouver que toutes les mesures qui étaient en son pouvoir ont été prises à l'effet de prévenir les attroupements ou rassemblements, et d'en faire connaître les auteurs ;

2° Dans les Communes où la Municipalité n'a pas la disposition de la police locale ni la force armée ;

3° Lorsque les dommages causés sont le résultat d'un fait de guerre.

La Commune déclarée responsable peut exercer son *recours* contre les auteurs et complices du désordre.

VII. Budget communal. — Le budget communal se divise en budget *ordinaire* et en budget *extraordinaire*.

Les *recettes du budget ordinaire* se composent :

1° Des revenus de tous les biens dont les habitants n'ont pas la jouissance en nature ;

2° Des cotisations imposées annuellement sur les ayants droit aux fruits qui se perçoivent en nature ;

3° Du produit des centimes ordinaires et spéciaux affectés aux Communes par les lois de finances ;

4° Du produit de la portion accordée aux Communes dans certains des impôts et droits perçus pour le compte de l'Etat ;

5° Du produit des octrois municipaux affectés aux dépenses ordinaires ;

6° Du produit des droits de place perçus dans les halles, foires, marchés, abattoirs, d'après les tarifs dûment établis ;

7° Du produit des permis de stationnement et de location sur la voie publique, sur les rivières, ports et quais fluviaux et autres lieux publics ;

8° Du produit des péages communaux, des droits de mesurage, pesage et jaugeage, des droits de voirie et autres légalement établis ;

9° Du produit des terrains communaux affectés aux inhumations et de la part revenant aux Communes dans le prix des concessions dans les cimetières ;

10° Du produit des concessions d'eau et de l'enlèvement des boues et immondices de la voie publique et autres concessions autorisées pour les services communaux ;

11° Du produit des expéditions des actes administratifs et des actes de l'état civil ;

12° De la portion que les lois accordent aux Communes dans les produits des amendes prononcées par les tribunaux de simple police;

13° Du produit de la taxe de balayage dans les Communes où elle a été établie, sur leur demande, conformément aux dispositions de la loi du 26 mars 1873;

14° Et généralement du produit des contributions, taxes et droits dont la perception est autorisée par les lois dans l'intérêt des Communes, et de toutes les ressources annuelles et permanentes.

L'établissement des centimes pour insuffisance de revenus est autorisé par arrêté du Préfet, lorsqu'il s'agit de dépenses obligatoires. — Il est approuvé par décret dans les autres cas.

Les *recettes du budget extraordinaire* se composent :

1° Des contributions extraordinaires dûment autorisées;

2° Du prix des biens aliénés;

3° Des dons et legs;

4° Du remboursement des capitaux exigibles et des rentes rachetées;

5° Du produit des coupes extraordinaires des bois;

6° Du produit des emprunts;

7° Du produit des taxes ou des surtaxes d'octroi spécialement affectées à des dépenses extraordinaires et à des remboursements d'emprunt;

8° Et de toutes autres recettes accidentelles.

Les *dépenses du budget ordinaire* comprennent les dépenses annuelles et permanentes d'utilité communale.

Les *dépenses du budget extraordinaire* comprennent les dépenses accidentelles ou temporaires qui sont imputées sur les recettes extraordinaires ci-dessus énumérées ou sur l'excédent des recettes ordinaires.

Sont *obligatoires* pour les Communes les dépenses suivantes :

1° L'entretien de l'hôtel de ville ou la location de la maison ou de la salle qui en tient lieu;

2° Les frais de bureau et d'impressions pour le service de la Commune; la conservation des archives communales et du recueil des actes administratifs du département; les frais d'abonnement au *Journal officiel*, Edition des Communes, et, pour les communes chefs-lieux de canton, les frais d'abonnement et de conservation du *Bulletin des Lois;*

3° Les frais de recensement de la population; ceux des assemblées électorales qui se tiennent dans les Communes et ceux des cartes électorales;

4° Les frais des registres de l'état civil et des *livrets de famille* (voy. ces mots), et la portion de la table décennale des actes de l'état civil à la charge des Communes;

5° Le traitement du receveur municipal, du préposé en chef de l'octroi et les frais de perception;

6° Les traitements et autres frais du personnel de la police municipale et rurale et des gardes des bois de la Commune;

7° Les pensions à la charge de la Commune;

8° Les frais de loyer et de réparation du local de la justice de paix, ainsi que ceux d'achat et d'entretien de son mobilier dans les Communes chefs-lieux de canton;

9° Les dépenses relatives à l'instruction publique, conformément aux lois;

10° L'indemnité de logement aux curés et desservants et ministres des autres cultes salariés par l'Etat, lorsqu'il n'existe pas de bâtiment affecté à leur logement et lorsque les fabriques ou autres administrations préposées aux cultes ne peuvent pourvoir elles-mêmes au payement de cette indemnité;

11° Le contingent assigné à la Commune dans la dépense des enfants assistés et des aliénés;

12° Les grosses réparations aux édifices communaux, sauf lorsqu'ils sont consacrés aux cultes, l'application préalable des revenus et ressources des fabriques à ces réparations, et sauf l'exécution des lois spéciales concernant les bâtiments affectés à un service militaire;

13° La clôture des cimetières,

leur entretien et leur translation dans les cas déterminés par les lois et règlements d'administration publique ;

14° Les frais d'établissement et de conservation des plans d'alignement et de nivellement;

15° Les frais et dépenses des Conseils de prud'hommes pour les Communes comprises dans le territoire de leur juridiction et proportionnellement au nombre des électeurs inscrits sur les listes électorales spéciales à l'élection, et les menus frais des Chambres consultatives des arts et manufactures pour les Communes où elles existent;

16° Les prélèvements et contributions établis par les lois sur les biens et revenus communaux;

17° L'acquittement des dettes exigibles;

18° Les dépenses des chemins vicinaux dans les limites fixées par la loi;

Et généralement toutes les dépenses mises à la charge des Communes par une disposition de loi.

— Les Conseils municipaux peuvent voter, dans la limite du *maximum* fixé chaque année par le Conseil général, des contributions *extraordinaires* n'excédant pas 5 centimes pendant 5 années, pour en affecter le produit à des dépenses extraordinaires d'utilité communale.

Ils peuvent aussi voter 3 centimes *extraordinaires* exclusivement affectés aux chemins ruraux reconnus.

Ils votent et règlent des emprunts communaux remboursables sur les centimes extraordinaires votés comme il vient d'être dit, ou sur les ressources ordinaires, quand l'amortissement en ce dernier cas ne dépasse pas 30 ans.

Ils peuvent, dans les mêmes conditions, voter 5 centimes pour en affecter le produit à certaines *dépenses intercommunales*, telles que la création ou l'entretien à frais communs par plusieurs Communes d'établissements d'instruction ou de bienfaisance ou de chemins desservant les communes.

— Les Conseils municipaux votent, *sauf approbation* du Préfet :

1° Les contributions extraordinaires qui dépasseraient 5 centimes sans excéder le maximum fixé par le Conseil général, et dont la durée excédant 5 années ne serait pas supérieure à 30 ans;

2° Les emprunts remboursables sur les mêmes contributions extraordinaires ou sur les revenus ordinaires dans un délai excédant, pour ce dernier cas, 30 ans.

Toute contribution extraordinaire dépassant le maximum fixé par le Conseil général et tout emprunt remboursable sur cette contribution sont autorisés par *décret*.

Si la contribution est établie pour une durée de plus de 30 ans, ou si l'emprunt remboursable sur ressources extraordinaires doit excéder cette durée, le décret est rendu *en Conseil d'Etat*.

Il est statué par une *loi*, si la somme à emprunter dépasse un million, ou si, réunie au chiffre d'autres emprunts, non encore remboursés, elle dépasse un million.

— Le budget de chaque Commune est *proposé* par le Maire, *voté* par le Conseil municipal et *réglé* par le Préfet.

Lorsqu'il pourvoit à toutes les dépenses obligatoires et qu'il n'applique aucune recette extraordinaire aux dépenses soit obligatoires, soit facultatives ordinaires ou extraordinaires, les allocations portées audit budget pour les dépenses facultatives *ne peuvent être modifiées* par l'autorité supérieure.

Le budget des villes dont le revenu est de 3 *millions* de francs au moins est toujours soumis à l'approbation du Président de la République, sur la proposition du Ministre de l'intérieur.

Le revenu d'une ville est réputé atteindre 3 milllions lorsque les recettes ordinaires, constatées dans les comptes, se sont élevées à cette somme pendant les trois dernières années. — Il n'est réputé être descendu au-dessous de 3 millions que lorsque, pendant les trois dernières années, les recettes ordinaires sont restées inférieures à cette somme.

Les crédits reconnus nécessaires après le règlement du budget sont votés et autorisés conformément aux dispositions qui précèdent.

— Le crédit porté au budget pour *dépenses imprévues* ne peut être réduit ou rejeté qu'autant que les revenus ordinaires, après avoir satisfait à toutes les dépenses obligatoires, ne permettraient pas d'y faire face. — Ce crédit est employé par le Maire qui en rend compte au Conseil municipal, avec pièces justificatives à l'appui, dans la première session qui suit l'ordonnancement de chaque dépense.

— Le décret ou l'arrêté qui règle le budget ne peut augmenter les dépenses portées ni en introduire de nouvelles qu'autant qu'elles sont *obligatoires*.

Si un Conseil municipal n'allouait pas les fonds exigés par une dépense obligatoire, ou n'allouait qu'une somme insuffisante, l'allocation serait inscrite au budget, par *décret* pour les Communes dont le revenu est de 3 millions et au-dessus, par *arrêté* du Préfet en Conseil de préfecture pour celles dont le revenu est inférieur.

Aucune *inscription d'office* ne peut être opérée sans que le Conseil municipal ait été, au préalable, appelé à délibérer à ce sujet.

S'il s'agit d'une dépense annuelle et *variable*, le chiffre en est fixé sur sa quotité moyenne pendant les trois dernières années. — S'il s'agit d'une dépense annuelle et *fixe* de sa nature, ou d'une dépense *extraordinaire*, elle est inscrite pour sa quotité réelle.

Si les ressources de la Commune sont insuffisantes pour subvenir aux dépenses obligatoires inscrites d'office, il y est pourvu par le Conseil municipal, ou, en cas de refus de sa part, au moyen d'une contribution extraordinaire, établie d'office par un *décret* si la contribution extraordinaire n'excède pas le maximum à fixer annuellement par la loi de finances, et par une *loi* spéciale si la contribution doit excéder ce maximum.

Dans le cas où, pour une cause quelconque, le budget d'une Commune n'aurait pas été définitivement réglé avant le commencement de l'exercice, les recettes et les dépenses ordinaires continuent, jusqu'à l'approbation de ce budget, à être faites conformément à celui de *l'année précédente*. — Dans le cas où il n'y aurait eu aucun budget antérieurement voté, le budget serait établi par le Préfet en Conseil de préfecture.

VIII. Comptabilité des communes. — Les recettes et dépenses communales s'effectuent par un comptable, chargé seul et sous sa responsabilité, de poursuivre la rentrée de tous revenus de la Commune et de toutes sommes qui lui seraient dues, ainsi que d'acquitter les dépenses ordonnancées par le Maire, jusqu'à concurrence des crédits régulièrement accordés.

Toutes les recettes municipales pour lesquelles les lois et règlements n'ont pas prescrit un mode spécial de recouvrement s'effectuent sur les états *dressés* par le Maire et *exécutoires* après visa du Préfet ou du Sous-Préfet. Les oppositions, lorsque la matière est de la compétence des tribunaux ordinaires, sont jugées comme affaires sommaires, et la Commune peut y défendre sans autorisation du Conseil de préfecture.

Les budgets et les comptes des Communes restent déposés à la Mairie : ils sont rendus publics dans les Communes dont le revenu est de 100 000 fr. et au-dessus et dans les autres quand le Conseil municipal a voté la dépense de l'impression.

— Voy. receveur municipal.

IX. Biens et droits indivis entre plusieurs communes. — Commissions intercommunales. — Lorsque plusieurs Communes possèdent des biens ou droits par indivis, ou lorsqu'elles sont intéressées à l'exécution d'un même travail, un arrêté du Préfet, si elles appartiennent au *même département*, et un décret du Président de la République, si elles appartiennent à des *départements différents*, institue, soit d'office, soit sur la réclamation de l'une d'elles, une *Commission intercommunale* composée de délégués des Conseils municipaux des Communes intéressées.

Chacun des Conseils élit dans son sein le nombre des délégués qui a été déterminé par l'arrêté ou le décret d'institution.

La Commission est renouvelée après le renouvellement des Conseils municipaux.

— Une Commission internationale peut être instituée dans les mêmes conditions par arrêté du Préfet entre plusieurs Communes ou la totalité des Communes d'un canton, en vue de se concerter et de prendre des délibérations sur les objets suivants :

1° La création ou l'entretien à frais communs de cours ou d'écoles d'enseignement primaire supérieur, d'enseignement professionnel ou agricole;

2° La création ou l'entretien des voies ou chemins vicinaux ordinaires desservant plusieurs Communes.

— La Commission intercommunale choisit son *président* parmi ses membres.

Les *attributions* de la Commission et de son président, en ce qui touche les biens et les droits indivis ou l'exécution des travaux, sont les mêmes que celles des Conseils municipaux et des Maires en pareille matière.

Les délibérations prises par la Commission ne sont exécutoires qu'après avoir été *ratifiées* par arrêté du Préfet ou décret du Président de la République, et demeurent d'ailleurs soumises à toutes les règles établies pour les délibérations des Conseils municipaux. Mais les *ventes, échanges, partages, acquisitions, transactions*, demeurent réservés aux Conseils municipaux. Ceux-ci peuvent autoriser le président de la Commission à passer les actes qui y sont relatifs.

COMMUNE RENOMMÉE. — « A défaut d'inventaire, et dans tous les cas où ce défaut préjudicie à la femme, elle ou ses héritiers peuvent, lors de la dissolution de la communauté, poursuivre les récompenses de droit, et même faire preuve, tant par titres et papiers domestiques que par témoins, et, au besoin, par la *commune renommée*, de la consistance et valeur du mobilier non inventorié. — Le mari n'est jamais recevable à faire cette preuve. » (Cod. civ. art. 1415.)

COMMUNICATION AU MINISTÈRE PUBLIC. — (Cod. proc. civ art. 83, 84.) — L'intervention du *Ministère public* (voy. ces mots) est exigée dans certaines causes déterminées par la loi. Il doit prendre la parole et donner ses conclusions, à peine de nullité du jugement.

Les causes pour lesquelles la communication au Ministère public est prescrite sont les suivantes : 1° celles qui *intéressent l'ordre public*, l'*Etat*, le *domaine*, les *communes*, les *établissements publics*, les *dons et legs au profit des pauvres* ; — 2° celles qui concernent l'*état des personnes* et les *tutelles*; — 3° les *déclinatoires sur incompétence*; — 4° les *règlements de juges*, les *récusations* et *renvois pour parenté et alliance*; — 5° les *prises à partie*; — 6° les *causes des femmes non autorisées* par leurs maris, ou *même autorisées*, lorsqu'il s'agit de leur *dot* et qu'elles sont mariées sous le *régime dotal*; les causes des *mineurs*, et généralement toutes celles où l'une des parties est défendue par un *curateur*; — 7° les causes concernant ou intéressant les personnes *présumées absentes*.

Le Procureur de la République *peut* prendre communication de toutes les autres causes dans lesquelles il croit son ministère nécessaire; le tribunal peut même l'*ordonner d'office*.

COMPENSATION. — (Cod. civ. art. 1289-1299.) — Payement réciproque et fictif qui s'opère entre deux personnes créancières et débitrices l'une de l'autre.

1. — La compensation s'opère *de plein droit* par la seule force de la loi, même à l'insu des débiteurs; les deux dettes s'éteignent réciproquement, à l'instant où elles se trouvent exister à la fois, jusqu'à concurrence de leurs quotités respectives. L'*utilité* de la compensation est évidente, car elle évite les poursuites que les parties pourraient diriger mutuellement l'une contre l'autre.

2. — La compensation *n'a lieu* qu'entre deux dettes ayant également pour objet soit une somme d'argent, soit des choses de même espèce, telles que du vin, du blé, etc., et toutes deux exigibles.

3. — Lorsque les deux dettes ne sont pas payables au même lieu, on n'en peut opposer la compensation qu'en faisant raison des frais de transport.

4. — La compensation s'opère, quelles que soient les causes de l'une ou l'autre des dettes, excepté dans le cas : 1° *de la demande en restitution d'une chose dont le propriétaire a été injustement dépouillé :* on ne pourrait ainsi se dispenser de rendre une somme enlevée, par le motif que celui qui la réclame en doit une pareille; — 2° *de la demande en restitution d'un dépôt ou d'un prêt à usage :* le dépositaire serait non recevable à vouloir profiter d'un service d'amitié qu'il a rendu, pour se faire payer une créance; l'emprunteur ne pourrait davantage garder la chose qui lui a été prêtée pour s'en servir et la restituer ensuite; — 3° *d'une dette qui a pour cause des aliments déclarés insaisissables.* Ainsi celui qui doit une pension alimentaire ne pourrait la retenir en alléguant que celui à qui il la doit est son débiteur.

5. — La compensation ne saurait avoir lieu non plus au préjudice des droits acquis à un tiers. Celui, par exemple, qui, étant débiteur, ne serait devenu créancier que depuis une *saisie-arrêt* (voy. ces mots) faite par un tiers entre ses mains, ne pourrait, au préjudice du saisissant, opposer la compensation.

6. — L'article 131 du Code de procédure civile autorise la compensation, en tout ou en partie, des *frais* et *dépens* du procès, entre certains parents et alliés, et entre parties qui ont succombé respectivement sur quelques chefs de leurs prétentions. — Voy. DÉPENS.

COMPÉTENCE. — La loi du 24 août 1790, en divisant les pouvoirs dont l'action collective constitue le Gouvernement, a attribué à chacun d'eux une compétence déterminée, dans le cercle de laquelle il doit se mouvoir et agir librement. Tout empiètement d'un pouvoir sur l'autre est un obstacle à la marche régulière de l'action gouvernementale. La *compétence* n'est donc autre chose que la mesure du pouvoir départi par la loi à chaque fonctionnaire de quelque ordre qu'il soit, législatif, exécutif, administratif ou judiciaire. — Voy. SÉPARATION DES POUVOIRS; — CONFLIT; — EMPIÈTEMENT DES AUTORITÉS ADMINISTRATIVES ET JUDICIAIRES.

COMPLAINTE. — Action par laquelle une personne troublée dans la possession d'un immeuble demande à la justice de l'y maintenir. — Voy. ACTION POSSESSOIRE, I.

COMPLICE - COMPLICITÉ. — On appelle *complice* toute personne qui participe, en connaissance de cause, soit directement, soit indirectement, à une action coupable. — Aux termes du Code pénal (art. 59 et 60), on doit considérer comme participant à une action coupable et comme tombant, à ce titre, sous l'application de la loi :

1° ceux qui, par dons, promesses, menaces, abus d'autorité ou de pouvoir, machinations ou artifices coupables, provoquent à une action qualifiée crime ou délit, ou donnent des instructions pour la commettre;

— 2° ceux qui procurent des armes, des instruments ou tout autre moyen pour servir à l'action, sachant qu'ils doivent y servir; — 3° ceux qui, avec connaissance, aident ou assistent l'auteur ou les auteurs de l'action dans les faits qui la préparent ou la facilitent, ou dans ceux qui la consomment. — Il faut ajouter à cette énumération deux classes particulières de complices d'un caractère tout spécial. Ce sont : 1° ceux qui, connaissant la conduite criminelle des malfaiteurs exerçant des brigandages ou des violences contre la sûreté de l'Etat, la paix publique, les personnes ou les propriétés, leur fournissent habituellement logement, lieu de retraite ou de réunion; — 2° ceux qui sciemment recèlent en tout ou en partie des choses enlevées, détournées ou obtenues à l'aide d'un crime ou d'un délit. Ces derniers sont habituellement désignés sous le nom de *complices par recel*.

On appelle *complicité* l'état légal constitué par les faits sus-énoncés dans lequel se trouvent les complices d'un crime ou d'un délit.

Sauf les cas où la loi en a disposé autrement, les complices d'un crime ou d'un délit sont punis de la *même peine* que les auteurs mêmes de ce crime ou de ce délit.

COMPLOTS. — Voy. ATTENTATS ET COMPLOTS.

COMPROMIS. — (Cod. proc. civ. art. 1003-1028.) — Convention par laquelle les parties dérogent à l'ordre des juridictions pour soumettre leur contestation à des *arbitres*. — Voy. ARBITRAGE.

COMPTABILITÉ PUBLIQUE. — (Décr. 31 mai 1862.)

C'est l'ensemble des mesures par lesquelles sont constatées les recettes et les dépenses publiques : elles font aujourd'hui l'objet du décret du 31 mai 1862, qu'on peut appeler le *Code de la comptabilité publique*. Un *règlement* spécial à chaque ministère a été établi pour en assurer l'exécution par les différents services soumis à l'application des règles qu'il prescrit.

COMPTOIRS D'ESCOMPTE. — Créés lors de la crise qui suivit la révolution de 1848, et fondés avec le concours des particuliers, des Communes et de l'Etat, les *Comptoirs d'escompte* semblaient devoir être transitoires comme les circonstances qui en avaient inspiré l'idée; mais les services que rendirent ces établissements engagèrent le Gouvernement à leur donner une place définitive parmi les institutions financières, en leur retirant, toutefois, le concours et la garantie de l'Etat et des Communes.

Les Comptoirs d'escompte ne sont donc plus aujourd'hui que des *sociétés anonymes* soumises aux règles ordinaires en matière de société. Ils ont généralement pour *objet* d'escompter des effets de commerce revêtus de deux signatures au moins, à échéance de cent cinq jours au maximum, de faire des avances sur rentes françaises, actions ou obligations de sociétés anonymes, de recevoir des fonds en compte courant, de se charger de payements et de recouvrements, etc.

Ils sont autorisés, par une dérogation au droit commun, à faire vendre publiquement, huit jours après une simple mise en demeure, les valeurs qui leur ont été données en nantissement.

Ils peuvent avoir pour auxiliaires des *sous-comptoirs* organisés, soit par localité, soit par groupes d'industries.

COMPULSOIRE. — (Cod. proc. civ. art. 846-852.)

Celui qui, n'ayant pas été partie dans un acte, aurait intérêt à en prendre communication, parce que cette pièce peut conduire à la décision d'un procès engagé, est autorisé à recourir à la voie du *compulsoire*, à l'effet de se faire délivrer expédition ou extrait dudit acte par le notaire ou autre dépositaire public qui l'a reçu.

1. — *Procédure.* — La demande à fin de compulsoire est formée par requête d'avoué à avoué, et portée à

l'audience du tribunal qui statue sommairement, sans aucune procédure. La décision du tribunal est exécutoire nonobstant appel ou opposition.

Si le compulsoire est ordonné, signification du jugement qui l'autorise est faite par celui qui l'a obtenu, tant au dépositaire qu'aux autres parties de l'instance, avec sommation de se trouver à jour et heure indiqués chez le dépositaire. Quelquefois, le tribunal commet un de ses membres pour faire le compulsoire. Dans ce cas, le dépositaire de l'acte est tenu d'en faire rapport au juge.

2. — *Procès-verbal* est dressé du compulsoire. Les parties ont le droit d'y faire insérer telles observations qu'elles jugent convenables.

3. — Si les frais et déboursés de minute de l'acte sont encore dus au dépositaire, il a le droit de s'opposer au compulsoire et de refuser expédition, tant qu'il n'est pas payé desdits frais, outre ceux d'expédition.

4. — Les *frais* du procès-verbal de compulsoire et ceux de transport par le dépositaire, dans le cas où c'est le juge qui compulse, sont avancés par le requérant.

CONCIERGE. — Du latin *conservare*, garder. — Nom donné autrefois aux *gardiens des maisons royales* et aujourd'hui synonyme de *portier*. — Voy. PORTIER.

CONCILIATION. — (Cod. proc. civ. art. 48-58; loi 2 mai 1855, art. 2.)

1. — En instituant les *Juges de paix*, le législateur de 1790 leur a donné, comme la plus belle de leurs prérogatives, la mission d'entendre et de *concilier* les parties. Ne permettre l'accès des tribunaux qu'après avoir épuisé tous les moyens de pacification, telle était sa volonté formelle. Aussi exigea-t-il impérieusement qu'en toute matière, avant toute citation, quelles que fussent la nature de la cause et la qualité des plaideurs, ils comparussent au bureau de conciliation : cette formalité devait être renouvelée en cas d'appel.

Lors de la rédaction du Code de procédure civile, le préliminaire de conciliation fut combattu comme *une vaine formalité*, et son principe mis en question. Après de vives discussions, on le conserva, mais en le restreignant aux affaires qui excèdent la compétence des Juges de paix. Voici ce que le Code de procédure décide à cet égard :

En principe, aucune demande entre parties capables de transiger et sur des objets susceptibles de transaction n'est recevable devant les tribunaux de première instance avant que le *défendeur* (voy. ce mot) n'ait été préalablement appelé en *conciliation* devant le Juge de paix, ou que les parties n'y aient volontairement comparu.

Par exception à cette règle, sont dispensées du préliminaire de conciliation : 1° les demandes qui intéressent l'Etat et le Domaine, les Communes, les établissements publics, les mineurs, les interdits, les curateurs aux successions vacantes; — 2° les demandes qui requièrent célérité ; — 3° les demandes en intervention ou en garantie ; — 4° les demandes en matière de commerce ; — 5° les demandes en mainlevée de saisie ou opposition, en payement de loyers, fermages ou arrérages de rentes ou pensions; celle des avoués en payement de frais ; — 6° les demandes formées contre plus de deux parties, encore qu'elles aient le même intérêt; — 7° les demandes en vérification d'écritures, en désaveu, en règlement de juges, en renvoi, en prise à partie; — les demandes contre un tiers saisi, et en général sur les offres réelles, sur la remise des titres, sur leur communication, sur les séparations de biens, sur les tutelles et curatelles; — et enfin sur toutes les causes exceptées par les lois.

2. — Le défendeur est cité en conciliation : 1° en matière *personnelle* et *réelle*, devant le Juge de paix de son domicile ; s'il y a deux défendeurs, devant le juge de l'un d'eux, au choix du demandeur; —

2° en matière de *société* autre que celle de commerce, tant qu'elle existe, devant le juge du lieu où elle est établie; — 3° en matière de *succession*, sur les demandes entre héritiers, jusqu'au partage inclusivement; sur les demandes intentées par les créanciers du défunt avant le partage; sur les demandes relatives à l'exécution des dispositions à cause de mort, jusqu'au jugement définitif, devant le Juge de paix du lieu où la succession est ouverte.

3. — Le *délai* de la citation est de trois jours au moins.

4. — La citation est donnée par un huissier de la Justice de paix du défendeur; elle énonce sommairement l'objet de la conciliation.

5. — Les parties doivent comparaître en personne; en cas d'empêchement, par un fondé de pouvoir.

Lors de la comparution, le demandeur peut expliquer, même augmenter sa demande, et le défendeur former celles qu'il juge convenables : le procès-verbal qui en est dressé contient les conditions de l'arrangement, s'il y en a; dans le cas contraire, il mentionne que les parties n'ont pu s'accorder.

Si l'une des parties défère le serment à l'autre, le Juge de paix le reçoit, ou fait mention du refus de le prêter.

6. — Celle des parties qui *ne comparaît pas* est condamnée à une *amende* de dix francs; et toute audience lui est refusée jusqu'à ce qu'elle ait justifié de la quittance.

7. — La citation en conciliation *interrompt la prescription*, et *fait courir les intérêts*, pourvu que la demande soit formée dans le mois à dater du jour de la non-comparution ou de la non-conciliation.

8. — Jusqu'à la loi du 2 mai 1855, on pouvait, sans tentative préalable de conciliation, plaider devant la justice de paix. Cette loi a décidé que, dans toutes les causes, excepté celles qui requièrent célérité, et celles dans lesquelles le défendeur serait domicilié hors du canton ou des cantons de la même ville, aucune citation ne peut être donnée sans que le Juge de paix n'ait appelé les parties devant lui, au moyen d'un *avertissement* rédigé par le greffier.

Les avertissements sont rédigés aujourd'hui sur *papier timbré*. (Loi 23 août 1871, art. 21.) Leur coût, droit de timbre et affranchissement compris, est de 85 centimes.

S'il y a conciliation, le Juge de paix, sur la demande de l'une des parties, peut dresser procès-verbal des conditions de l'arrangement : ce procès-verbal a force d'obligation privée.

9. — Dans les cas qui requièrent célérité, il n'est remis de citation non précédée d'avertissement qu'en vertu d'une permission donnée, sans frais, par le Juge de paix, sur l'original de l'exploit.

CONCORDAT. — (Cod. com. art. 507-526.)

Traité par lequel un commerçant failli est remis à la tête de ses affaires moyennant le payement d'un dividende, c'est-à-dire de tant pour cent, à ses créanciers. — Voy. FAILLITE, VI.

— Dans une autre acception, on entend par *concordat* la convention passée, le 20 messidor an IX (15 juillet 1801), entre le Pape Pie VII et le premier Consul pour la réorganisation du culte en France, convention qui fut publiée comme loi de l'Etat, le 18 germinal an X (8 avril 1802). — Voy. CULTES.

CONCUSSION-CONCUSSIONNAIRE. — (Cod. pén. art. 174.)

On appelle *concussion* la perception illégale par un fonctionnaire de droits ou taxes qui ne sont pas dus, et *concussionnaire* celui qui s'en rend coupable.

— L'article 174 du Code pénal est ainsi conçu : « Tous fonctionnaires, tous officiers publics, leurs commis ou préposés, tous percepteurs des droits, taxes, contributions, deniers, revenus publics ou communaux, et leurs commis ou préposés, qui se seront rendus coupables du crime de concussion, en ordonnant de percevoir ou en exigeant ou en recevant ce qu'ils savaient n'être pas dû ou excéder ce qui était dû pour droits, taxes, contributions, deniers ou revenus, ou pour salaires ou traitements, seront punis, savoir : les fonctionnaires ou officiers publics, de la peine de la *réclusion*, et leurs commis ou préposés, d'un *emprisonnement* de deux ans au moins et de cinq ans au plus, lorsque la totalité des sommes indûment exigées ou reçues, ou dont la perception a été ordonnée, a été supérieure à 300 fr.

« Toutes les fois que la totalité de ces sommes n'excédera pas 300 fr., les fonctionnaires ou les officiers publics ci-dessus désignés seront punis d'un *emprisonnement* de deux à cinq ans, et leurs commis ou préposés d'un *emprisonnement* d'une année au moins et de quatre ans au plus.

« La *tentative* de ce délit sera punie comme le délit lui-même.

« Dans tous les cas où la peine d'emprisonnement sera prononcée, les coupables pourront, en outre, être privés des droits mentionnés en l'article 42 du présent Code pendant cinq ans au moins et dix au plus, à compter du jour où ils auront subi leur peine ; ils pourront aussi être mis, par l'arrêt ou le jugement, sous la *surveillance de la haute police* pendant le même nombre d'années.

« Dans tous les cas prévus par le présent article, les coupables seront condamnés à une *amende* dont le maximum sera le quart des restitutions et des dommages-intérêts, et le minimum le douzième.

« Les dispositions du présent article sont applicables aux *Greffiers* et *Officiers ministériels*, lorsque le fait a été commis à l'occasion des recettes dont ils sont chargés par la loi. »

CONDUCTEUR DES PONTS ET CHAUSSÉES. — (Loi 30 novembre 1850; Déc. 12 décembre 1877.) — Agent placé sous la direction des Ingénieurs et au-dessus des Piqueurs des ponts et chaussées, pour la surveillance des travaux des routes, ponts, canaux, etc. Il est chargé aussi de constater les contraventions en matière de grande voirie et de police du roulage.

1. — Les Conducteurs des ponts et chaussées sont *nommés* par le Ministre des travaux publics : ils *se divisent* en Conducteurs *principaux*, Conducteurs de 1re, 2e, 3e et 4e *classe*, et Conducteurs *auxiliaires*.

2. — Le titre de *Sous-Ingénieur* peut être conféré par arrêté du Ministre, sur la proposition de l'Inspecteur général de la division, aux Conducteurs principaux remplissant, depuis cinq ans au moins, les fonctions d'Ingénieur.

3. — Les Conducteurs des ponts et chaussées ayant dix ans de services effectifs sont admis à concourir pour le *grade d'Ingénieur*. Tout ce qui concerne les conditions à remplir, le programme du concours, le classement des candidats est réglé par le décret du 12 décembre 1877, qui a remplacé celui du 8 mars 1868.

CONFISCATION. — Admise dans notre ancien droit criminel, la confiscation *générale* des biens a été abolie par la Charte de 1814 (art. 66). — Il n'existe plus aujourd'hui que la confiscation *spéciale* d'objets particuliers qui est prononcée, à titre de peine, dans plusieurs articles du Code pénal et par diverses lois.

CONFLIT. — Contestation élevée entre plusieurs Autorités qui se prétendent chacune compétente ou incompétente pour la même affaire.

1. — On l'appelle *conflit de juridictions*, quand il s'élève entre les Cours et les Tribunaux, et il est alors porté devant la Cour de cassation. (Cod. proc. civ. art. 363-367.) — Voy. RÈGLEMENT DE JUGES ; — *conflit d'attributions*, quand le différend sur la compétence s'élève entre l'Autorité judiciaire et l'Autorité administrative.

2. — Il y a deux sortes de conflits d'attributions : le conflit *positif* et le conflit *négatif*. Le premier existe, lorsque l'Autorité administrative revendique le jugement d'une contestation portée devant les Tribunaux

judiciaires ; le conflit est dit négatif, lorsqu'il y a refus réciproque des Tribunaux administratifs et judiciaires de connaître d'un litige.

3. — Les conflits d'attributions entre l'Autorité *administrative* et l'Autorité *judiciaire* sont réglés aujourd'hui par un tribunal spécial dit *Tribunal des conflits.* (Loi 24 mai 1872, tit. IV.) — Voy. TRIBUNAL DES CONFLITS.

C'est au Préfet qu'appartient le droit d'élever le conflit positif. Dès qu'une affaire attribuée par la loi à l'Autorité administrative a été portée devant un Tribunal de première instance, il propose un *déclinatoire* sur lequel le Tribunal rend un jugement, et, si le déclinatoire est rejeté, le Préfet peut, dans la quinzaine, élever le conflit.

4. — En cas de conflit négatif, ce sont les parties intéressées qui exercent directement le recours pour faire régler la compétence.

5. — La déclaration d'incompétence peut émaner de deux Conseils de Préfecture, ou d'un Préfet et d'un Conseil de Préfecture. Il n'y a pas, à proprement parler, dans cette hypothèse, *conflit négatif*, mais il y a lieu à *règlement de juges administratifs*, et c'est le Conseil d'Etat, délibérant au contentieux, qui déclare quel est le juge administratif compétent.

CONFUSION. — (Cod. civ. art. 1300, 1301.) — Réunion sur la même tête de deux qualités incompatibles comme celles de créancier et de débiteur de la même obligation, ce qui peut arriver, par exemple, si le débiteur devient héritier de son créancier, ou réciproquement.

La *confusion* éteint tous les droits dont l'exécution est devenue impossible, mais elle n'éteint que ceux-là. Or, trois hypothèses sont à examiner : 1° *Le débiteur a succédé à son créancier ou le créancier à son débiteur.* — La dette est complètement éteinte, et les cautions, s'il y en a, sont libérées. — 2° *La caution a succédé au créancier ou le créancier à la caution.* — Le cautionnement seul est éteint ; l'obligation n'a pas cessé de peser sur le débiteur principal. — 3° *L'un des débiteurs solidaires a succédé au créancier, ou le créancier à l'un des débiteurs.* — La dette subsiste à l'égard des autres débiteurs, déduction faite, toutefois, de la part de leur codébiteur devenu le créancier, auquel le créancier a succédé.

CONGÉ. — Ce mot a des acceptions différentes ; en matière de *contributions indirectes*, il signifie l'acte délivré, après l'acquittement du droit, pour la circulation des boissons. — Voy. BOISSONS, § 1er, 3.

En matière de *louage*, il sert à désigner l'avertissement par lequel l'une ou l'autre des parties fait connaître son intention de mettre fin au bail. — Voy. LOUAGE, sect. I, I, § 3.

CONGRÉGATIONS RELIGIEUSES. (Loi 13 février 1790 ; déc. 3 messidor an XII (22 juin 1804) ; ord. roy. 29 février 1816, art. 36 ; loi 24 mai 1825 ; déc. 31 janvier 1852.)

Association de personnes de l'un ou de l'autre sexe qui s'engagent par des vœux religieux à vivre en commun sous les mêmes règles.

Les dispositions de notre droit public varient suivant qu'il s'agit de congrégations de femmes ou de congrégations d'hommes.

1. — En ce qui concerne les *congrégations de femmes*, une loi du 24 mai 1825 dispose qu'elles ne peuvent être créées qu'avec le consentement du pouvoir législatif, après que leurs statuts, approuvés par l'Evêque diocésain, auront été vérifiés et enregistrés en Conseil d'Etat. Mais le décret-loi du 31 janvier 1852 a rendu leur autorisation plus facile en décidant qu'elles pourraient être autorisées *par décret*, lorsqu'elles déclareraient adopter des statuts déjà vérifiés, enregistrés et approuvés par d'autres communautés religieuses.

2. — Quant aux *congrégations d'hommes*, la loi du 13 février 1790, qui supprima les ordres monastiques, est toujours regardée, avec le décret du 3 messidor an XII, comme pou-

vant leur être appliquée. Leur prohibition est donc maintenue implicitement; mais, dès 1808, une exception avait été faite, dans l'intérêt de l'enseignement populaire, en faveur des *Frères des écoles chrétiennes*. Depuis, diverses associations ont été régulièrement autorisées dans le même but d'instruction populaire, en vertu de l'ordonnance royale du 29 février 1816, portant, article 36 : « Toute association religieuse ou charitable, telle que celle des Ecoles chrétiennes, pourra être admise à fournir, à des conditions convenues, des maîtres aux Communes qui en demanderont, pourvu que l'association soit autorisée par Nous, et que ses règlements et les méthodes qu'elle emploie aient été approuvés par notre Commission de l'Instruction publique. »

3. — Des congrégations religieuses d'un autre ordre, et n'ayant pas pour but l'instruction primaire, se sont établies en France, mais leur condition est précaire, car elles n'existent que par la tolérance de l'Etat, qui est armé vis-à-vis d'elles de lois non abrogées.

C'est ainsi qu'un décret du 29 mars 1880 a donné à l'*association* dite *de Jésus* un délai de 3 mois pour se dissoudre et évacuer les établissements qu'elle occupait en France. — Voy. JÉSUITES.

Un autre décret du même jour obligeait les autres congrégations ou communautés non autorisées à faire les diligences nécessaires pour obtenir la vérification et l'approbation de leurs statuts et règlements, sous peine, à l'expiration du délai de 3 mois, d'encourir l'application des lois en vigueur.

4. — La loi de finances du 28 décembre 1880 (art. 3 et 4) et celle du 29 décembre 1884 (art. 9) ont assujetti les congrégations religieuses, autorisées ou non autorisées, à l'*impôt* de 3 p. °/₀ établi sur les produits et bénéfices des Sociétés par la loi du 29 juin 1872. Les accroissements opérés par suite de clauses de réversions, au profit des membres restants, ont été soumis au *droit de mutation par décès*, si l'accroissement se réalise par le décès, ou aux *droits de donation*, s'il a lieu de toute autre manière, d'après la nature des biens existant au jour de l'accroissement, nonobstant toutes cessions antérieures faites entre vifs au profit d'un ou de plusieurs membres de l'association.

Le revenu est déterminé à raison de 5 p. °/₀ de la valeur brute des meubles et immeubles possédés ou occupés par les congrégations, à moins qu'un revenu supérieur ne soit constaté.

CONJOINT. — Synonyme d'*époux*.

1. — Pour ce qui concerne les *droits* et *devoirs respectifs des conjoints* (Cod. civ. art. 212-226), voy. MARIAGE, VI.

2. — Pour ce qui regarde les droits de *succession* du *conjoint survivant* (Cod. civ. art. 767-773), voy. SUCCESSIONS, II, § 4, 2.

3. — Par exception au principe que les frais du procès sont à la charge du plaideur qui le perd, les *dépens* peuvent être *compensés*, en tout ou en partie, entre conjoints. (Cod. proc. civ. art. 131.)

4. — Les conjoints ne peuvent être *témoins* pour ou contre. (Cod. proc. civ. art. 268, 283 ; Cod. instr. crim. art. 156, 322.) — Voy. TÉMOIN.

5. — Les *soustractions* commises par des maris au préjudice de leurs femmes, ou réciproquement, ne donnent lieu qu'à des *réparations civiles*. (Cod. pén. art. 380.) — Voy. VOL.

6. — Voy. QUOTITÉ DISPONIBLE, III.

CONNAISSEMENT. — (Cod. com. art. 281-285.)

Reconnaissance que le fréteur d'un navire est tenu de remettre à l'affréteur, des marchandises dont il se charge pour le compte de ce dernier. Cet acte se nomme aussi, dans les ports de la Méditerranée, *police de chargement*.

1. — Le *connaissement* diffère de la *charte-partie* ou *police d'affrètement*, en ce que la charte-partie sert à fixer les conditions du louage

du navire, tandis que le connaissement sert à constater que les marchandises ont été réellement chargées à bord.

2. — Le connaissement, dont les formes sont réglées par le Code de commerce (art. 281-282), peut être *à ordre* ou *au porteur*, ou *à personne dénommée*. Il doit être fait en autant d'originaux qu'il y a de parties intéressées. Or il y en a au moins quatre : le chargeur, le destinataire, le capitaine et l'armateur.

3. — Le connaissement, rédigé dans la forme légale, fait foi entre toutes les parties intéressées au chargement, et entre elles et les assureurs. En cas de *diversité* entre les connaissements d'un même chargement, celui qui est entre les mains du capitaine fait foi s'il est rempli de la main du chargeur, ou de celle de son commissionnaire ; et celui qui est présenté par le chargeur ou le consignataire est suivi, s'il est rempli de la main du capitaine.

4. — Les connaissements ne peuvent être rédigés que sur du papier frappé d'un *timbre noir* et d'un *timbre sec*, à peine d'une amende de 30 fr. payable solidairement par le chargeur et le capitaine. (Loi 11 juin 1843, art. 7.) Le droit d'*enregistrement* est de 3 fr. (Loi 28 avril 1816, art. 44.)

CONNIVENCE. — Du latin *cum*, avec, et *nivere*, cligner les yeux. — Complicité par tolérance et dissimulation d'un fait qu'on devrait empêcher.

La connivence à l'évasion de détenus est punie plus ou moins sévèrement, selon la nature du délit dont ils étaient inculpés, ou pour lequel ils étaient condamnés. — Voy. ÉVASION.

CONQUÊT. — Expression employée par le Code civil (art. 1408) pour désigner les immeubles acquis pendant le mariage, et qui entrent en communauté. Le mot *acquêt* est usité dans le même sens. (Art. 1402.)

CONSANGUIN. — Du latin *cum*, avec, et *sanguis*, sang. — Se dit des frères et des sœurs qui ont le même père et une mère différente, par opposition aux *utérins*, qui sont de la même mère, mais d'un père différent, et aux *germains*, qui ont le même père et la même mère. — Voy. SUCCESSION, II, § 3.

CONSEIL ACADÉMIQUE. (Loi 27 février 1880, tit. II.)

I. COMPOSITION. — Il y a au chef-lieu de chaque Académie un Conseil *composé :* 1° du Recteur, *président ;* — 2° des Inspecteurs d'Académie ; — 3° des Doyens des Facultés de théologie catholique ou protestante, de droit, de médecine, des sciences et des lettres, des Directeurs des Ecoles supérieures de pharmacie de l'Etat, des Directeurs des Ecoles de plein exercice et préparatoires de médecine et de pharmacie, et des Directeurs des Ecoles préparatoires à l'enseignement supérieur des sciences et des lettres du ressort ; — 4° d'un Professeur titulaire de chacune des Facultés ou Ecoles supérieures de pharmacie du ressort, *élu* dans chacune d'elles par les professeurs, les suppléants, les agrégés en exercice, les chargés de cours et les maitres de conférences ; — 5° d'un Professeur titulaire des Ecoles préparatoires de médecine et de pharmacie du ressort, *élu* par l'ensemble des professeurs, chargés de cours ou suppléants de ces Ecoles, pourvus du grade de docteur ou de pharmacien de 1re classe ; — 6° d'un Professeur titulaire des Ecoles préparatoires à l'enseignement supérieur des sciences et des lettres du ressort, *élu* par l'ensemble des professeurs et chargés de cours ; — 7° d'un Proviseur et d'un Principal de l'un des Lycées et Collèges communaux de plein exercice du ressort *désignés* par le Ministre ; — 8° de deux Professeurs de l'ordre des sciences, agrégés ou docteurs, *élus* au scrutin de liste par les professeurs du même ordre, agrégés ou docteurs, en exercice dans les Lycées du ressort ; — 9° de deux Professeurs de l'ordre des lettres, agrégés ou docteurs, *élus* dans les mêmes conditions ; — 10° de deux Professeurs des Collèges communaux du ressort, pourvus du grade de Licencié, l'un pour l'ordre des lettres, l'autre pour l'ordre des sciences, *élus* par l'ensemble des professeurs de ces établissements, pourvus des mêmes grades et appartenant au même ordre; — 11° de deux membres choisis par le Ministre dans les Conseils généraux, et deux dans les Conseils municipaux, qui concourent aux dépenses de l'enseignement supérieur ou secondaire du ressort.

Les *opérations électorales* ont fait l'objet d'un règlement du 16 mars 1880.

II. Durée des fonctions. — Les membres du Conseil académique, nommés par le Ministre ou élus, le sont pour *quatre ans*. Les pouvoirs des Conseillers généraux et des Conseillers municipaux cessent avec leur qualité de Conseillers généraux ou de Conseillers municipaux.

III. Attributions. — Le Conseil académique donne son *avis* sur les règlements relatifs aux Collèges communaux, aux Lycées et aux Établissements d'enseignement supérieur public; sur les budgets et comptes d'administration de ces établissements; sur toutes les questions d'administration et de discipline concernant ces mêmes établissements, qui lui sont renvoyées par le Ministre.

Il adresse, chaque année, au Ministre, un *rapport* sur la situation des établissements d'enseignement public, secondaire et supérieur, et sur les améliorations qui peuvent y être introduites.

Il est saisi par le Ministre ou le Recteur des affaires *contentieuses* ou *disciplinaires* qui sont relatives à l'enseignement secondaire ou supérieur, public ou libre; il les instruit, et il prononce, sauf recours au Conseil supérieur, les décisions et les peines à appliquer.

L'*appel* au Conseil supérieur d'une décision du Conseil académique doit être fait dans le délai de *quinze jours*, à partir de la notification.

Il est *suspensif*; toutefois le Conseil académique peut ordonner l'exécution provisoire de ses décisions, nonobstant appel.

Les membres de l'enseignement public ou libre, traduits devant le Conseil académique ou le Conseil supérieur, ont le droit de prendre connaissance du dossier, de se défendre ou de se faire défendre de vive voix ou au moyen de mémoires écrits.

Pour les affaires contentieuses ou disciplinaires, intéressant les membres de l'enseignement *libre*, supérieur ou secondaire, deux membres de l'enseignement libre, nommés par le Ministre, sont adjoints au Conseil académique.

IV. Sessions. — Le Conseil académique se réunit *deux fois* par an en *session ordinaire*. Il peut être convoqué *extraordinairement* par le Ministre.

— Un décret du 26 juin 1880 a réglementé la tenue des sessions des Conseils académiques et le mode de procéder en matière contentieuse ou disciplinaire.

CONSEIL D'ARRONDISSEMENT. (Lois 22 juin 1833; 20 mai 1838; 7 juillet 1852; 10 novembre 1862.)

Assemblée élective, *composée* d'autant de membres qu'il y a de cantons dans l'arrondissement, sans que le nombre des Conseillers puisse être au-dessous de 9. Si le nombre des cantons était inférieur à ce chiffre, un décret répartirait entre les cantons les plus peuplés le nombre des Conseillers à élire pour complément.

1. — Les *attributions* des Conseils d'arrondissement sont peu nombreuses: leur *session* se divise en deux parties. Dans la première, qui précède celle du Conseil général, ils délibèrent sur les réclamations auxquelles a donné lieu la fixation du contingent de l'arrondissement dans les contributions directes et sur les demandes en réduction de contributions formées par les Communes; — ils donnent leur avis sur les modifications proposées à la cir-

conscription du territoire de l'arrondissement, du canton et des communes, et à la désignation de leurs chefs-lieux ; — sur le classement et la direction des chemins vicinaux de grande communication, sur l'établissement, la suppression ou le changement des foires et marchés, et généralement sur tous les objets sur lesquels le Conseil général est appelé à délibérer, en tant qu'ils intéressent l'arrondissement. — Dans la seconde partie de leur session, ils répartissent entre les Communes les contributions directes, en se conformant aux décisions rendues par le Conseil général sur les réclamations des Communes.

2. — Les membres des Conseils d'arrondissement sont *nommés* par les électeurs inscrits sur les listes dressées pour les élections municipales. Ils sont élus pour six ans, et *renouvelés* par moitié tous les trois ans.

3. — Ne *sont pas éligibles :* les fonctionnaires de l'ordre administratif, les agents financiers, les ingénieurs des ponts et chaussées et les architectes du département, les agents forestiers, et les employés des Préfectures et Sous-Préfectures.

4. — *Nul ne peut* être membre de plusieurs Conseils d'arrondissement et d'un Conseil général.

5. — La *dissolution* d'un Conseil d'arrondissement peut être prononcée par le Président de la République. En ce cas, il est procédé à une *nouvelle élection* avant la session annuelle et, au plus tard, dans le délai de trois mois à dater du jour de la dissolution.

CONSEIL DE DISCIPLINE. — Voy. AVOCAT, 3 ; — AVOCATS AU CONSEIL D'ÉTAT ET A LA COUR DE CASSATION, 2.

CONSEIL DE FAMILLE. — (Cod. civ. art. 405-416.) — Réunion de parents sous la présidence du Juge de paix. — Voy. TUTELLE, I, 4°.

CONSEIL DÉPARTEMENTAL DE L'ENSEIGNEMENT PRIMAIRE. — (Loi 30 octobre 1886, déc. 12 novembre et 4 décembre 1886, 18 janvier 1887.) — Conseil institué dans chaque département pour veiller aux intérêts de l'enseignement primaire. Ses *attributions* sont nombreuses et importantes.

Il statue notamment, sauf appel au Conseil supérieur de l'instruction publique, sur les oppositions à l'ouverture des écoles privées ; il donne son avis sur les peines disciplinaires de la censure et de la révocation à appliquer aux instituteurs et institutrices publics ; il applique les peines de la censure et de l'interdiction locale aux membres de l'enseignement privé. Il peut prononcer, sauf appel au Conseil supérieur, l'interdiction temporaire ou absolue contre les instituteurs publics ou privés.

Le Conseil départemental est *composé* ainsi qu'il suit : Le Préfet, *président ;* — L'Inspecteur d'Académie, *vice-président ;* — 4 Conseillers généraux élus par leurs collègues ; — Le directeur de l'école normale d'instituteurs et la directrice de l'école normale d'institutrices ; — 2 instituteurs et 2 institutrices élus respectivement par les instituteurs et institutrices publics titulaires du département et éligibles, soit parmi les directeurs et directrices d'écoles à plusieurs classes ou d'écoles annexes à l'école normale, soit parmi les instituteurs et institutrices en retraite ; — 2 Inspecteurs primaires désignés par le Ministre.

Pour les affaires *contentieuses* et *disciplinaires* intéressant les membres de l'*enseignement privé*, 2 membres de cet enseignement, l'un laïque, l'autre congréganiste, élus par leurs collègues respectifs, sont adjoints au Conseil départemental.

Dans le département de la *Seine*, le nombre des Conseillers généraux est de 8, celui des Inspecteurs primaires de 4, et celui des membres élus, moitié par les instituteurs, moitié par les institutrices, est de 14, à raison de 2 pour 4 arrondissements municipaux et de 2 pour chacun des arrondissements de St-Denis et de Sceaux.

Les membres *élus* du Conseil départemental le sont pour *trois* ans. Ils sont *rééligibles*. — Les pouvoirs des *Conseillers généraux* cessent avec leur qualité de Conseillers généraux.

Le Conseil départemental *se réunit* de droit au moins une fois par trimestre, le Préfet pouvant toujours le convoquer selon les besoins du service.

CONSEIL DE PRÉFECTURE. — (Loi 28 pluviôse an VIII (17 février 1800); déc. 28 mars 1852 et 30 déc. 1862; loi 21 juin 1865; déc. 12 juillet 1865.)

Corps institué dans chaque département pour remplir les fonctions de Tribunal administratif de premier degré, et pour éclairer le Préfet de ses avis. Les membres qui le composent ont le titre de *Conseiller*.

Les Conseils de Préfecture ont été *créés* par la loi du 28 pluviôse an VIII (17 février 1800), la même que celle qui a institué les *Conseils généraux* et les *Préfectures* en remplacement des *Directoires des départements*. Les règles qui les régissent ont été fixées par la loi précitée et par les décrets du 28 mars 1852 et du 30 déc. 1862.

I. COMPÉTENCE ET ATTRIBUTIONS CONTENTIEUSES. — La loi du 28 pluviôse an VIII, en créant les Conseils de Préfecture, a déterminé leur *compétence* et leurs *attributions*. On peut ranger ces attributions en 5 grandes classes :

1° Les *Contributions directes*. — Le Conseil de Préfecture statue sur les réclamations formées par les particuliers dans le but d'obtenir la *décharge* ou la *réduction* de leur cote de contributions *directes*. Sa compétence ne s'étend pas aux réclamations formées en matière de contributions *indirectes*. La raison en est simple : Le contingent de chacun dans les contributions directes étant déterminé par une série d'opérations confiées aux agents de l'Administration, il aurait été impossible de soumettre aux Tribunaux civils les réclamations des contribuables, sans les appeler à contrôler des actes administratifs, contrairement au principe de la *séparation des pouvoirs*. Or, il n'y avait pas le même motif pour enlever aux tribunaux ordinaires la connaissance des difficultés que peut faire naître la perception des contributions indirectes, puisque la quotité de ces contributions est déterminée par la loi elle-même et non par des opérations administratives.

2° *Travaux publics*. — On comprend sous cette désignation tous les travaux de l'Etat et des départements, ceux des Communes et des Etablissements publics, qui ont un caractère d'utilité générale. La compétence des Conseils de Préfecture, en cette matière, comprend les difficultés qui peuvent s'élever entre les entrepreneurs de Travaux publics et l'Administration relativement à l'interprétation ou à l'exécution des clauses de leurs marchés; — les réclamations des particuliers qui se plaignent de torts et dommages procédant du fait personnel des entrepreneurs; — les demandes et contestations concernant les indemnités dues aux particuliers à raison des terrains pris et occupés *temporairement*, soit pour fouilles, soit pour l'exécution de travaux publics, ainsi que celles relatives aux dommages résultant de l'exécution de ces mêmes travaux.

3° *Contentieux en matière de grande voirie*. — La compétence des Conseils de Préfecture en matière de grande voirie est à la fois *contentieuse* et *répressive*.

Au contentieux, ils jugent les difficultés provenant de l'empiètement des terrains voisins sur les routes, et les contestations qui peuvent s'élever entre les propriétaires riverains et l'Administration, au sujet de certains frais mis à leur charge.

Leur *compétence répressive* s'étend aux contraventions qui affectent l'état matériel de la voie publique ou bien y empêchent la circulation.

4° *Domaines nationaux*. — On

appelle *domaines nationaux* tous les biens appartenant à l'Etat à un titre quelconque, et faisant partie du domaine de la nation. — En cette matière, les Conseils de Préfecture sont compétents pour statuer sur les contestations qui s'élèvent entre l'Etat et les acquéreurs de biens nationaux au sujet du sens et de l'exécution des actes de vente. Il convient de remarquer que cette compétence pour connaître des difficultés relatives aux actes de vente dans lesquels l'Etat joue le rôle de vendeur disparait quand l'Etat remplit celui d'acheteur. Les tribunaux civils sont seuls compétents dans cette dernière hypothèse.

5° *Ateliers insalubres, servitudes militaires*, *élections*, *comptabilité*, *biens communaux*, *mines*, etc. — Les Conseils de Préfecture prononcent comme juges : sur les oppositions aux arrêtés autorisant l'établissement d'ateliers insalubres ; — sur les contraventions commises dans le rayon des places de guerre, et sur les difficultés que présentent les limites légales des servitudes militaires; — sur la régularité des listes électorales, sur la validité des élections municipales et départementales ; — sur le règlement des comptes des receveurs municipaux, des receveurs des hospices et bureaux de bienfaisance, quand ces comptes ne dépassent pas 30 000 fr.; — sur les difficultés qui peuvent s'élever entre les copartageants, détenteurs ou occupants des biens communaux ou sur l'usurpation desdits biens.

6° Les Conseils de Préfecture statuent sur les *indemnités* à payer par les *propriétaires de mines*, et sur leurs réclamations contre les redevances exigées d'eux.

II. Juridiction et procédure. — La juridiction des Conseils de Préfecture s'étend sur tout le département auprès duquel ils sont établis. Leur *compétence* respective n'est pas, comme pour les tribunaux civils, déterminée par le caractère de l'action ou le domicile des parties : elle l'est par la situation des lieux, c'est-à-dire que le Conseil de Préfecture compétent est, en règle générale, celui du département où se sont passés les actes qui font l'objet du procès.

— Avant le décret du 30 décembre 1862, les justiciables ne pouvaient exposer leurs moyens de défense que par écrit; les séances n'étaient point publiques. Aujourd'hui elles le sont, et les parties sont admises à présenter leurs observations de vive voix, soit elles-mêmes, soit par l'intermédiaire d'avocats ou de tout autre mandataire.

Le décret du 30 décembre 1862 a introduit une autre amélioration en chargeant l'un des membres du Conseil de Préfecture de remplir les fonctions du *Ministère public*. A cet effet, le Secrétaire général de la Préfecture doit, comme Commissaire du Gouvernement, prendre des conclusions dans toute affaire contentieuse administrative, et veiller à l'observation rigoureuse de la loi et de la jurisprudence.

— Voici comment procèdent les Conseils de Préfecture : Lorsque l'affaire est en état d'être jugée, un Conseiller, désigné par le Préfet, fait son rapport à l'audience; les parties présentent ensuite leurs observations, soit elles-mêmes, soit par des mandataires; le Commissaire du Gouvernement donne ses conclusions, et le Conseil, après en avoir délibéré, rend sa décision immédiatement ou à une séance ultérieure.

Si le Conseil reconnaît la nécessité de recourir à une expertise, il fixe aux parties le délai dans lequel chacune devra faire choix d'un expert. Ce délai expiré, sans que les parties aient choisi des experts, il les désigne lui-même. En cas de désaccord de ces derniers, il a recours à une tierce expertise.

— Les jugements des Conseils de Préfecture sont formulés en *arrêtés*. Ils doivent être *motivés* sur chaque chef, à peine de nullité.

III. Voies de recours contre les décisions des conseils de préfecture. — Les arrêtés pris par les Conseils de Préfecture peuvent être *contradictoires*, *par défaut*, *préparatoires* ou *interlocutoires*.

Les arrêtés *contradictoires* sont ceux que prend le Conseil à la suite de débats dans lesquels les parties ont fait valoir chacune leurs moyens de défense, soit par écrit, soit de vive voix. — Les parties peuvent se pourvoir en cassation contre ces arrêtés devant le Conseil d'Etat : elles ont à cet effet un délai de trois mois à partir de la signification régulière desdits arrêtés.

Les arrêtés *par défaut* sont ceux qui ont été rendus contre des parties n'ayant point fourni de moyens de défense. Comme ils sont susceptibles d'opposition tant qu'ils ne sont pas exécutés, le recours au Conseil d'Etat n'est possible que lorsque l'opposition n'est plus recevable.

Les arrêtés *préparatoires* sont des arrêtés pris par le Conseil de Préfecture dans le but de faciliter la solution du fond de la question soumise à son examen. Ces arrêtés peuvent être réformés par le Conseil de Préfecture lui-même : ils ne sont donc pas attaquables devant le Conseil d'Etat.

Les arrêtés *interlocutoires* ne peuvent, pour la même raison, être déférés au Conseil d'Etat. On désigne sous ce nom les arrêtés rendus sur des questions préliminaires qu'il est nécessaire de résoudre avant de statuer sur le fond même de la difficulté ; telle est, par exemple, la question de *compétence*.

Lorsque les parties consentent volontairement à exécuter les arrêtés rendus en matière contentieuse par les Conseils de Préfecture, ces arrêtés deviennent désormais inattaquables ; mais l'exécution d'une seule disposition n'ôte pas le droit de se pourvoir contre les autres.

— Le *tiers*, qui se trouve lésé dans ses droits par un arrêté du Conseil de Préfecture, pouvant l'attaquer par voie de *tierce-opposition*, n'est point recevable à recourir au Conseil d'Etat. Mais la tierce-opposition n'est plus admissible quand l'arrêté du Conseil de Préfecture a été confirmé par le Conseil d'Etat.

— Les arrêtés des Conseils de Préfecture sont *exécutoires par provision*, malgré le pourvoi au Conseil d'Etat qui peut cependant, mais lui seul, accorder un sursis.

Lorsque le Conseil d'Etat annule un arrêté rendu par un Conseil de Préfecture, il renvoie quelquefois l'affaire devant le Conseil, mais souvent il statue lui-même sur le fond de la question.

En aucun cas, les arrêtés des Conseils de Préfecture ne peuvent être réformés par les Préfets ou par les Ministres.

IV. Attributions consultatives. — En matières non contentieuses, il est toujours loisible au Préfet de prendre, avant d'agir, l'avis du Conseil de Préfecture ; mais c'est un devoir pour lui de consulter ce corps toutes les fois qu'aux termes des lois et règlements, ses arrêtés doivent être rendus *en Conseil de Préfecture*. Du reste, alors même qu'il est astreint à consulter le Conseil de Préfecture, le Préfet n'est pas tenu de suivre l'avis qui lui est donné.

V. Organisation des conseils de préfecture. — D'après la loi du 21 juin 1865, les Conseils de Préfecture *se composent* de huit membres, y compris le président, dans le département de la Seine ; de quatre membres dans trente et un départements, et de trois membres dans les autres.

— Lorsque le Préfet assiste au Conseil, il le *préside*, et, en cas de partage, il a voix *prépondérante*.

— Pour être Conseiller de Préfecture, il faut avoir vingt-cinq ans au moins, et être, en outre, licencié en droit, ou avoir rempli, pendant dix ans au moins, des fonctions rétribuées dans l'ordre administratif ou judiciaire, ou bien avoir été, pendant le même espace de temps, membre d'un Conseil général ou Maire.

Les fonctions de Conseiller de Préfecture sont *incompatibles* avec un autre emploi public et avec l'exercice d'une profession.

CONSEIL DE PRUD'HOMMES. — (Loi 18 mars 1806; décret 11 juin 1809; lois 1er juin 1853; 4 juin 1864; 7 février 1880, 23 février 1881, 24 novembre 1883, 10 décembre 1884.)

Du latin *prudens homo*, homme prudent, ayant l'expérience des affaires. — Juridiction spéciale, analogue à celle des Juges de paix, instituée dans les principales villes manufacturières de France, pour concilier et pour juger, à défaut de conciliation, les différends et les contestations entre fabricants et ouvriers.

I. ORGANISATION. — Les Conseils de prud'hommes sont *établis*, après avis des *Conseils municipaux* et des *Chambres de commerce* ou des *Chambres consultatives des arts et manufactures*, par décrets rendus dans la forme des règlements d'administration publique.

Cette utile institution date de 1806. Elle fut d'abord spéciale à la ville de Lyon. Aujourd'hui, les 107 villes ci-après désignées en sont dotées, savoir : *Abbeville, Alais, Alby, Alençon, Amiens, Amplepuis, Anduze, Angers, Angoulême, Annonay, Armentières, Aubusson, Avignon, Bapaume, Bar-le-Duc, Bédarieux, Belfort, Bernay, Besançon, Béziers, Bohain, Bolbec, Bordeaux, Boulogne-sur-Mer, Bourges, Brienne, Caen, Calais, Cambrai, Carcassonne, Cateau (Le), Cette, Châlons-sur-Marne, Chambéry, Charlieu, Châtellerault, Chazelles-sur-Lyon, Cholet, Clermont-de-l'Hérault, Cognac, Condé-sur-Noireau, Condom, Darnétal, Douai, Elbeuf, Epinal, Evreux, Falaise, Ferté-Macé (La), Flers, Fourmies, Friville-Escarbotin, Grenoble, Havre (Le), Laigle, Laval, Lille, Limoges, Lisieux, Lodève, Lorient, Louviers, Lunéville, Lyon, Maromme, Marseille, Maubeuge, Mayenne, Mazamet, Millau, Montalieu-Vercieu, Montluçon, Montpellier, Nancy, Nantes, Nice, Nîmes, Orléans, Paris* (4), *Pavilly, Périgueux, Poitiers, Puy (Le), Reims, Romorantin, Roubaix, Rouen, Saint-Chamond, Saint-Didier-la-Séauve, Saint-Dié, Saint-Etienne, Saint-Quentin, Saint-Tropez, Sedan, Tarare, Thiers, Toulouse, Tourcoing, Tours, Troyes, Valenciennes, Vienne, Villefranche, Vimoutiers, Vire, Voiron, Yvetot.*

1. — Le nombre des membres de chaque Conseil est fixé par le décret qui l'institue, sans que ce nombre puisse être inférieur à six, non compris le président et le vice-président. Ils sont *composés*, en nombre égal, d'ouvriers et de patrons désignés, les uns et les autres, par voie d'élection.

Les *ouvriers* réunis en assemblée particulière, sous la présidence du Juge de paix, nomment les prud'hommes ouvriers. Font partie de cette assemblée les *contremaîtres* et les *chefs d'atelier*, c'est-à-dire les ouvriers qui façonnent, à leur propre domicile, soit seuls, soit avec l'aide de quelques compagnons, des matières confiées par un fabricant.

Les *patrons* réunis, de leur côté, en assemblée particulière, sous la présidence du suppléant du Juge de paix, nomment les prud'hommes patrons.

2. — Sont *électeurs* : 1° les patrons âgés de vingt-cinq ans accomplis, patentés depuis cinq ans au moins, et domiciliés depuis trois ans dans la circonscription du Conseil ; — 2° les chefs d'atelier, contremaîtres et ouvriers âgés de vingt-cinq ans accomplis, exerçant leur industrie depuis cinq ans au moins, et domiciliés depuis trois ans dans la circonscription du Conseil. — La liste électorale est arrêtée par le Préfet. Les *réclamations* auxquelles elle peut donner lieu doivent être produites dans le délai de dix jours.

Sont *éligibles* les électeurs âgés de trente ans accomplis et sachant lire et écrire.

3. — *Au premier tour* de scrutin, la majorité absolue des suffrages est nécessaire pour qu'il y ait élection; la majorité relative suffit au *second tour;* s'il y a partage des voix entre deux candidats, le plus âgé est préféré.

Les *réclamations* sont jugées par le Conseil de Préfecture, ou, lorsqu'il s'agit d'une question d'état, par le Tribunal civil.

4. — Les Conseils de prud'hommes sont *renouvelés* par moitié tous les trois ans; les membres sortants sont *rééligibles*. Les prud'hommes, réunis en assemblée générale, élisent parmi eux, à la majorité absolue des membres présents, un *Président* et un *Vice-Président*. — En cas de partage des voix et après deux tours de scrutin, le Conseiller le *plus ancien* en fonctions est élu. Si les deux candidats avaient un temps de service égal, la préférence serait accordée au *plus âgé*. Il en est de même dans le cas de la création d'un nouveau Conseil.

Lorsque le Président est choisi parmi les prud'hommes *patrons*, le Vice-Président ne peut l'être que parmi les prud'hommes *ouvriers*, et réciproquement.

La durée des fonctions de Président et de Vice-Président est d'*une année*. Ils sont *rééligibles*.

Le *Secrétaire* est nommé à la majorité absolue des suffrages; il peut être révoqué à volonté; mais, dans ce cas, la délibération doit être signée par les deux tiers des prud'hommes.

5. — La loi du 7 février 1880 a abrogé avec raison l'article 30 de la loi du 18 mars 1806, qui déclarait *gratuites* les fonctions de prud'hommes *patrons*, laissant ainsi aux seuls prud'hommes *ouvriers* la faculté, à laquelle beaucoup renonçaient par dignité, de recevoir une indemnité des Conseils municipaux ou des Chambres de commerce. Dorénavant, la règle quant à l'*indemnité* à laquelle les fonctions de prud'homme peuvent donner droit est absolument la même pour les patrons et pour les ouvriers.

II. Attributions. — Chaque Conseil de prud'hommes se divise en deux bureaux : 1° le bureau particulier ou de *conciliation;* — 2° le bureau général ou de *jugement*.

Le *bureau de conciliation*, composé de deux membres, l'un patron, l'autre ouvrier, et présidé alternativement par un patron et un ouvrier, se réunit au moins une fois chaque semaine pour concilier, s'il se peut, les parties. S'il n'y réussit point, il les renvoie devant le *bureau de jugement* qui se réunit au moins deux fois par mois, et qui se compose, en outre du président ou du vice-président, d'un nombre égal de prud'hommes patrons et de prud'hommes ouvriers, sans qu'il puisse y en avoir moins de deux de chaque qualité.

1. — Les jugements des Conseils de prud'hommes sont *définitifs* et en *dernier ressort* quand le chiffre de la demande n'excède pas 200 fr.; au-dessus de 200 fr., ils sont sujets à *l'appel* devant le Tribunal de commerce, s'il en existe un dans la circonscription du Conseil, sinon devant le Tribunal civil de première instance qui en tient lieu.

2. — L'appel doit être formé dans les trois mois de la signification du jugement.

3. — Lorsque le chiffre de la demande est supérieur à 200 fr., le jugement de condamnation peut ordonner, jusqu'à concurrence de cette somme, l'*exécution* immédiate et *provisoire*, nonobstant appel, sans qu'il soit besoin de fournir caution. Pour le surplus, l'exécution provisoire n'est ordonnée que sous *caution*.

4. — L'accès de la justice des prud'hommes a été facilité par une loi du 7 août 1850 portant que, dans les contestations entre patrons et ouvriers, les actes de procédure, ainsi que les jugements et les actes nécessaires pour en assurer l'exé-

cution, seront rédigés sur papier visé pour timbre, et que l'enregistrement aura lieu en débet, c'est-à-dire à crédit jusqu'après la décision.

5. — Les Conseils de prud'hommes sont chargés de statuer sur les demandes relatives à l'exécution ou à la résolution des *contrats d'apprentissage*, et sur les réclamations dirigées contre des tiers en cas de détournement d'apprentis.

6. — En matière de *simple police*, ils sont investis du droit de punir d'un emprisonnement de trois jours au plus, lorsqu'ils sont saisis de l'affaire par la partie plaignante, tout délit tendant à troubler l'ordre ou la discipline des ateliers, tout manquement grave des apprentis envers les patrons.

7. — Toutes les causes de la compétence des Conseils de prud'hommes sont portées devant les *Juges de paix* dans les lieux où ces Conseils ne sont pas établis.

III. Dispositions de la loi du 10 décembre 1884. — Le fonctionnement des Conseils de prud'hommes a rencontré des obstacles inattendus par l'application de la loi du 7 février 1880 qui a rendu à ces Conseils le droit d'élire leurs bureaux, droit que leur avait enlevé la loi du 1er juin 1853.

Une loi du 10 décembre 1884 s'est proposé de faire disparaître les causes de conflits entre prud'hommes patrons et prud'hommes ouvriers en édictant les mesures suivantes :

Art. 1er. — « Dans le cas où, dans les élections pour les Conseils de prud'hommes, se produirait l'*abstention collective*, soit des patrons, soit des ouvriers; dans le cas où ils porteraient leurs suffrages sur les noms d'un candidat notoirement inéligible; dans le cas où les candidats élus par les patrons ou par les ouvriers *refuseraient* d'accepter le mandat;

Dans celui où les membres élus *s'abstiendraient* systématiquement de siéger;

Il sera procédé, dans la quinzaine, à des élections nouvelles pour compléter le Conseil. Si, après ces nouvelles élections, les mêmes obstacles empêchent encore la constitution ou le fonctionnement du Conseil, les prud'hommes régulièrement élus, acceptant le mandat et se rendant aux convocations, constitueront le Conseil et procéderont, pourvu que leur nombre soit au moins égal à la moitié du nombre total des membres dont le Conseil est composé. »

Art. 2. — « Sont modifiés ou complétés ainsi qu'il suit, les articles 22 du décret du 27 mai 1848, 11 de la loi du 1er juin 1853, 2 et 4 de la loi du 7 février 1880 :

Décret du 27 *mai* 1848, *art.* 22.

Une audience au moins par semaine sera consacrée aux conciliations. Cette audience sera tenue par 2 membres, l'un patron, l'autre ouvrier.

Exceptionnellement, et dans les cas prévus par l'article 1er de la présente loi, les deux membres composant le bureau peuvent être pris soit parmi les prud'hommes patrons, soit parmi les prud'hommes ouvriers.

Loi du 1er *juin* 1853, *article* 11.

Le bureau général est composé, indépendamment du président ou du vice-président, d'un nombre égal de prud'hommes patrons et de prud'hommes ouvriers. Ce nombre est au moins de 2 prud'hommes patrons et de 2 prud'hommes ouvriers, quel que soit celui des membres dont se compose le Conseil.

Par exception et dans les cas prévus par l'article 1er de la présente loi, les 4 membres seront pris, sans distinction de qualité, parmi les prud'hommes installés.

Loi du 7 *février* 1880, *article* 2.

Lorsque le président sera choisi parmi les prud'hommes patrons, le vice-président ne pourra l'être que parmi les prud'hommes ouvriers, et réciproquement.

Dans les cas exceptionnels prévus

par l'article 1er de la présente loi, le président, le vice-président pourront être pris tous deux parmi les prud'hommes ouvriers ou les prud'hommes patrons.

Loi du 7 février 1880, *article* 4.

Le bureau particulier des Conseils de prud'hommes institué par l'article 21 du décret du 11 juin 1809 sera présidé alternativement par un patron et un ouvrier, suivant un roulement établi par le règlement particulier de chaque Conseil, sauf dans les cas prévus par l'article 1er de la présente loi. »

IV. Statistique. — Pendant l'année 1882, les Conseils de prud'hommes ont eu à régler 55 914 affaires, dont 44 021 portées devant le bureau *particulier* et 11 891 devant le bureau *général*. Ils en ont terminé 55 598, dont 43 897 en bureau *particulier* et 11 711 en bureau *général*

CONSEIL D'ÉTAT. — (Lois 24 mai 1872, 13 juillet 1879; déc. 22 juillet 1806, 2 novembre 1864, 2 août 1879.)

C'est un corps composé d'hommes éminents par la position, l'intelligence et le savoir, qui est placé près du siège du Gouvernement, et dont les attributions ont varié suivant les circonstances politiques. Une loi du 13 juillet 1879 a réglé ainsi qu'il suit l'organisation actuelle du Conseil d'Etat :

I. Composition du conseil d'état. — Le Conseil d'Etat est composé : du Garde des Sceaux, Ministre de la Justice, *président ;* de 32 Conseillers en *service ordinaire ;* de 18 Conseillers en *service extraordinaire ;* de 30 Maîtres des Requêtes ; d'un Secrétaire général ayant titre et rang de Maître des Requêtes ; de 36 Auditeurs ; d'un Secrétaire spécial du contentieux.

Les Ministres ont rang et séance à l'assemblée générale du Conseil d'Etat. Chacun d'eux a voix délibérative, en matière non contentieuse, pour les affaires qui dépendent de son Ministère. Le Garde des Sceaux a voix délibérative toutes les fois qu'il préside, soit l'assemblée générale, soit les sections.

Le Conseil d'Etat est présidé par le Garde des Sceaux, Ministre de la Justice, et, en son absence, par le Vice-Président. En l'absence du Garde des Sceaux et du Vice-Président, la présidence appartient au plus ancien président de section, en suivant l'ordre du tableau.

Le *Vice-Président* du Conseil d'Etat et les *Présidents de section* sont nommés par décrets du Président de la République et choisis parmi les Conseillers en service ordinaire.

Les *Conseillers d'Etat en service ordinaire*, aux termes de la loi du 25 février 1875 sur les pouvoirs publics, sont nommés et révoqués par le Président de la République en Conseil des Ministres. — Ils doivent être âgés d'au moins 30 ans. — Les fonctions de Conseiller d'Etat sont *incompatibles* avec celles d'administrateur de toute compagnie privilégiée ou subventionnée.

Les *Conseillers d'Etat en service extraordinaire* sont nommés par le Président de la République ; ils perdent leur titre de plein droit dès qu'ils cessent d'appartenir à l'administration active.

Les *Maîtres des Requêtes*, le *Secrétaire général* et le *Secrétaire spécial du contentieux* sont nommés par le Président de la République, sur la présentation du vice-président et des présidents de section. — Ils ne peuvent être révoqués que par décret individuel et après avis des présidents. — Nul ne peut être nommé Maître des requêtes s'il a moins de vingt-sept ans. — Les fonctions qui sont incompatibles avec celles de Conseiller d'Etat sont également incompatibles avec les fonctions de Maître des requêtes.

Les *Auditeurs* sont divisés en deux classes : la première de douze, la seconde de vingt-quatre.

Les *Auditeurs de première classe* sont choisis parmi les Auditeurs de 2e classe en fonction et parmi les anciens Auditeurs sortis du Conseil qui comptent quatre années d'exercice, soit de leurs fonctions, soit des fonctions publiques auxquelles ils auraient été appelés. Ils sont nommés par décret du Président de la République. Le vice-président et les présidents de section sont appelés à faire des présentations. — La durée de leurs fonctions n'est pas limitée. — Un tiers, au moins, des places de Maître des requêtes leur est réservé. — Ils reçoivent un traitement égal à la moitié de celui des Maîtres des requêtes. — Nul ne peut être nommé Auditeur de 1re classe s'il a plus de trente ans.

Les *Auditeurs de seconde classe* sont nommés au *concours*. — Ils ne restent en fonctions que pendant quatre ans et ne reçoivent aucune indemnité pendant la première année de leurs fonctions ; à partir de la seconde année, ils reçoivent un traitement égal à la moitié de celui des auditeurs de 1re classe. — Nul ne peut être nommé Auditeur de 2e classe s'il a moins de vingt et un ans et plus de vingt-cinq. — Les Auditeurs, tant de 1re que de 2e classe, ne peuvent être révoqués que par des décrets individuels et après avis du vice-président et des présidents de section.

II. Fonctions du conseil d'état. — Le Conseil d'Etat donne son *avis :* 1° sur les projets d'initiative parlementaire que les Chambres jugent à propos de lui renvoyer ; — 2° sur les projets de lois préparés par le Gouvernement, et qu'un décret spécial ordonne de soumettre au Conseil d'Etat ; — 3° sur les projets de décret et, en général, sur toutes les questions qui lui sont soumises par le Président de la République ou par les Ministres. Il est appelé nécessairement à donner son avis sur les règlements d'administration publique et sur les décrets en forme de règlements d'administration publique. — Il exerce, en outre, jusqu'à ce qu'il en soit autrement ordonné, toutes les attributions qui étaient conférées à l'ancien Conseil d'Etat par les lois ou règlements qui n'ont pas été abrogés. — Il *statue souverainement* sur les recours en matière *contentieuse* administrative, et sur les demandes d'annulation pour *excès de pouvoirs* formés contre les actes des diverses Autorités administratives.

III. Formes de procéder. — Le Conseil d'Etat est divisé en *cinq sections* dont quatre sont chargées d'examiner les affaires d'administration pure, et une de juger les recours contentieux. — Ces sections sont ainsi dénommées : section de *législation*, de la *justice* et des *affaires étrangères ;* section de l'*intérieur*, de l'*instruction publique*, des *beaux-arts* et des *cultes ;* section des *finances*, des *postes et télégraphes*, de la *guerre*, de la *marine* et des *colonies ;* section des *travaux publics*, de l'*agriculture*, du *commerce* et de l'*industrie ;* section du *contentieux*.

Les quatre sections administratives se composent chacune de cinq Conseillers et d'un président. — Le Ministre de la justice a le droit de présider les sections, hormis la section du contentieux. — Les Conseillers en service ordinaire sont répartis entre les sections par des décrets du Président de la République. Les Conseillers en service extraordinaire, les Maîtres des requêtes et les Auditeurs sont distribués entre les sections par arrêtés du Ministre de la justice, suivant les besoins du service. Les Conseillers en service extraordinaire ne peuvent pas être attachés à la section du contentieux. — Les Conseillers en service extraordinaire ont voix *délibérative*, soit à l'assemblée générale, soit à la section, dans les affaires qui dépendent du département ministériel auquel ils appartiennent. Ils n'ont que voix *consultative* dans les autres affaires. — Les Maîtres des requêtes ont voix *délibérative*, soit à l'assemblée, soit à la section, dans les affaires dont le rapport leur a été confié, et voix *consultative* dans les autres. — Les Auditeurs ont voix *délibérative* à leur section et voix *consultative* à l'assemblée générale, seulement dans les affaires dont ils sont les rapporteurs. — Le Conseil d'État, en *assemblée générale*, ne peut délibérer si *seize* au moins des conseillers en service ordinaire ne sont présents. — En cas de partage, la voix du président est prépondérante. — Les sections administratives ne peuvent délibérer valablement que si *trois* conseillers en service ordinaire sont présents. En cas de partage, la voix du président est prépondérante. — Les décrets rendus après délibération de l'assemblée générale mentionnent que le Conseil d'Etat a été entendu. — Les décrets rendus après délibération d'une ou de plusieurs sections mentionnent que ces sections ont été entendues. — Le Gouvernement peut appeler à prendre part aux séances de l'assemblée ou des sections, avec voix consultative, les personnes que leurs connaissances spéciales mettraient en mesure d'éclairer la discussion.

Un règlement d'administration publique, en date du 2 août 1879, a statué sur l'ordre intérieur des travaux du Conseil d'Etat; sur le jugement des affaires contentieuses; sur la répartition entre les sections administratives des affaires ressortissant aux divers ministères; sur la nature des affaires qui doivent être portées à l'assemblée générale; sur le mode de roulement des membres entre les sections et sur les mesures d'exécution non prévues par les lois des 24 mai 1872 et 13 juillet 1879, relatives au Conseil d'Etat. (Les projets de loi et les affaires administratives concernant l'Algérie sont examinés par les différentes sections suivant le département ministériel auquel ils se rattachent.)

IV. Matières contentieuses. — La section du contentieux est *composée* de six Conseillers d'Etat en service ordinaire et d'un président. Le président de la section du contentieux n'a la présidence de l'assemblée publique du Conseil d'État au contentieux qu'en l'absence du vice-président. — La section du contentieux est *chargée* de diriger l'instruction écrite et de préparer le rapport des affaires contentieuses qui doivent être jugées par le Conseil d'État. Elle ne peut délibérer que si *trois* Conseillers d'Etat au moins sont présents. En cas de partage, on appelle le plus ancien des Maîtres des requêtes présents à la séance. — Tous les rapports au contentieux sont faits par écrit. — Quatre Maîtres des requêtes sont désignés par le Président de la République pour remplir au contentieux les fonctions de *Commissaire du Gouvernement*. — Ils assistent aux délibérations de la section du contentieux. — Le *rapport* est fait, au nom de la section du contentieux, à l'assemblée publique du Conseil d'État statuant au contentieux. Cette assemblée se compose : 1° des membres de la section; 2° de huit Conseillers en service ordinaire pris dans les autres sections et désignés par le vice-président du Conseil délibérant avec les présidents de section. — Les Conseillers adjoints à la section du contentieux ne peuvent y être remplacés que par une décision prise dans la forme qui est suivie pour leur désignation. — Après le rapport, les *avocats* des parties présentent leurs observations orales. Les questions posées par les rapports sont communiquées, sans déplacement, aux avocats, quatre jours au moins avant la séance. — Le Commissaire du Gouvernement donne ses *conclusions* dans chaque affaire. — Les affaires pour lesquelles il n'y a pas de constitution d'avocat ne sont portées à l'audience publique que si ce renvoi a été demandé par l'un des Conseillers d'Etat de la section ou par le Commissaire du Gouvernement à qui elles sont préalablement communiquées. Si le renvoi n'a pas été demandé, ces affaires sont jugées par la section du contentieux, sur le rapport de celui de ses membres que le président en a chargé et après les conclusions du Commissaire du Gouvernement. —

Les membres du Conseil d'Etat ne peuvent participer au jugement des recours dirigés contre les décisions qui ont été préparées par les sections auxquelles ils appartiennent, s'ils ont pris part à la délibération. — L'assemblée du Conseil d'Etat statuant au contentieux ne peut délibérer qu'en nombre *impair;* elle ne décide valablement que si *neuf* membres au moins ayant voix délibérative sont présents. Pour compléter l'assemblée, les Conseillers d'Etat absents ou empêchés peuvent être remplacés par d'autres Conseillers en service ordinaire, suivant l'ordre du tableau. — Toutes les décisions prises par l'assemblée du Conseil d'Etat délibérant au contentieux et par la section du contentieux sont lues en séance publique, transcrites sur le procès-verbal des délibérations et signées soit par le vice-président, soit par le président de la section du contentieux, soit par le Conseiller d'Etat ayant présidé la séance, et par le rapporteur et le secrétaire du contentieux. Il y est fait mention des membres ayant délibéré. Les expéditions qui sont délivrées par le secrétaire portent la formule exécutoire. (Voy. ces mots.)

— Aux termes du décret du 2 novembre 1864, sont jugés sans autres frais que les droits de *timbre* et *d'enregistrement*, les recours portés devant le Conseil d'Etat contre les actes des Autorités administratives, pour incompétence ou excès de pouvoir; — les recours contre les décisions portant refus de liquidation ou contre les liquidations de pension. — Le pourvoi peut être formé sans l'intervention d'un *Avocat au Conseil*.

— Lorsque les Ministres statuent sur des recours contre les décisions d'Autorités qui leur sont subordonnées, leur décision doit intervenir *dans le délai de quatre mois*, à dater de la réception de la réclamation au ministère. Si des pièces sont produites ultérieurement par le réclamant, le délai ne court qu'à dater de la réception de ces pièces. — Après l'expiration de ce délai, s'il n'est intervenu aucune décision, les parties peuvent considérer leur réclamation comme rejetée et se pourvoir devant le Conseil d'Etat.

Lorsque les Ministres sont appelés à produire des défenses ou à présenter des observations sur des pourvois introduits devant le Conseil d'Etat, la section du contentieux fixe, eu égard aux circonstances de l'affaire, les *délais* dans lesquels les réponses et observations doivent être produites.

V. — Voy. CONFLIT; — TRIBUNAL DES CONFLITS.

CONSEIL GÉNÉRAL. — (Lois 28 pluviôse an VIII (17 février 1800); 10 août 1871; 31 juillet 1875; 12 août, 19 décembre 1876.) — Corps électif placé auprès du Préfet pour éclairer et surtout contrôler ses actes.

La loi du 10 août 1871 sur les Conseils généraux a considérablement accru l'importance de ces Assemblées.

I. ORGANISATION. — 1. — Chaque canton du département élit un membre du Conseil général.

L'élection se fait au *suffrage universel*, dans chaque Commune, sur les listes dressées pour les élections municipales.

2. — Sont *éligibles* tous les citoyens inscrits sur une liste d'électeurs ou justifiant qu'ils devaient y être inscrits avant le jour de l'élection, âgés de 25 ans accomplis, qui sont domiciliés dans le département, et ceux qui, sans y être domiciliés, y sont inscrits au rôle d'une des contributions directes au 1er janvier de l'année dans laquelle se fait l'élection, ou justifient qu'ils devaient y être inscrits à ce jour, ou ont hérité depuis la même époque d'une propriété foncière dans le département. Toutefois, le nombre des Conseillers généraux *non domiciliés* ne peut dépasser le quart du nombre total dont le Conseil doit être composé.

3. — *Ne peuvent être élus* au Conseil général les citoyens qui sont pourvus d'un *conseil judiciaire* (voy. ce mot).

Ne peuvent être élus membres du Conseil général :

1° Les Préfets, Sous-Préfets, Secrétaires généraux et Conseillers de Préfecture, dans le département où ils exercent leurs fonctions ; — 2° Les Procureurs généraux, Avocats généraux et Substituts du Procureur général près les Cours d'appel dans l'étendue du ressort de la Cour ; — 3° Les Président, Vice-Président, Juges titulaires, Juges d'instruction et Membres du parquet des Tribunaux de première instance, dans l'arrondissement du Tribunal ; — 4° Les Juges de paix, dans leurs cantons ; — 5° Les Généraux commandant les divisions ou les subdivisions territoriales, dans l'étendue de leurs commandements ; — 6° Les Préfets maritimes, Majors-Généraux de la marine et Commissaires de l'inscription maritime, dans les départements où ils résident ; — 7° Les Commissaires et Agents de police, dans les cantons de leur ressort ; — 8° Les ingénieurs en chef de département et les Ingénieurs ordinaires d'arrondissement, dans le département où ils exercent leurs fonctions ; — 9° Les Ingénieurs du service ordinaire des mines, dans les cantons de leur ressort ; — 10° Les Recteurs d'Académie, dans le ressort de l'Académie ; — 11° Les Inspecteurs d'Académie et les Inspecteurs des écoles primaires dans le département où ils exercent leurs fonctions ; — 12° Les Ministres des différents cultes, dans les cantons de leur ressort ; — 13° Les Agents et Comptables de tout ordre, employés à l'assiette, à la perception et au recouvrement des contributions directes ou indirectes, et au payement des dépenses publiques de toute nature, dans le département où ils exercent leurs fonctions ; — 14° Les Directeurs et Inspecteurs des postes, des télégraphes et des manufactures de tabac, dans le département où ils exercent leurs fonctions ; — 15° Les Conservateurs, Inspecteurs et autres Agents des eaux et forêts, dans les cantons de leur ressort ; — 16° Les Vérificateurs des poids et mesures, dans les cantons de leur ressort.

4.—Il y a *incompatibilité* du mandat de Conseiller général, dans *toute la France*, avec les fonctions énumérées ci-dessus sous les nos 1 et 7.

Le mandat de Conseiller général est *incompatible*, dans *le département*, avec les fonctions d'architecte départemental, d'agent voyer, d'employé des bureaux de la Préfecture ou d'une Sous-Préfecture, et généralement de tous les Agents salariés ou subventionnés sur les fonds départementaux.

Nul ne peut être membre de plusieurs Conseils généraux.

5. — Il doit y avoir un *intervalle* de 15 jours francs, au moins, entre la date du décret de convocation des électeurs et le jour de l'élection qui est toujours un dimanche. Le *scrutin* est ouvert à 7 heures du matin et clos le même jour, à 6 heures. Le *dépouillement* a lieu immédiatement.

Lorsqu'un *second tour* de scrutin est nécessaire, il y est procédé le dimanche suivant.

Immédiatement après le dépouillement du scrutin, les *procès-verbaux* de chaque Commune, arrêtés et signés, sont portés au chef-lieu du canton par deux membres du bureau. Le *recensement* général des votes est fait par le bureau du chef-lieu, et le résultat est proclamé par son président, qui adresse tous les procès-verbaux et les pièces au Préfet.

6. — Nul n'est élu membre du Conseil général *au premier tour de scrutin*, s'il n'a réuni :

1° La majorité absolue des suffrages exprimés ; — 2° Un nombre de suffrages égal au quart de celui des électeurs inscrits.

Au *second tour de scrutin*, l'élection a lieu à la majorité relative, quel que soit le nombre des votants. Si plusieurs candidats obtiennent le même nombre de suffrages, l'élection est acquise au *plus âgé*.

Les élections peuvent être arguées de *nullité* par tout électeur du canton, par les candidats et par les membres du Conseil général. — Si la réclamation n'a pas été consignée dans le procès-verbal, elle doit être déposée dans les *dix jours* qui suivent l'élection, soit au secrétariat de la section du contentieux du Conseil d'Etat, soit au secrétariat général de la préfecture du département où l'élection a eu lieu. — Il en est donné récépissé. — La réclamation est, dans tous les cas, notifiée à la partie intéressée dans le délai *d'un mois* à compter du jour de l'élection. — Le Préfet doit transmettre au Conseil d'Etat, dans les *dix jours* qui suivent leur réception, les réclamations consignées au procès-verbal ou déposées au secrétariat général de la préfecture. — Le Préfet a, pour réclamer contre les élections, un délai de *vingt jours* à partir du jour où il a reçu les procès-verbaux des opérations électorales : il envoie sa réclamation au Conseil d'Etat; elle ne peut être fondée que sur l'inobservation des conditions et formalités prescrites par les lois.

Les réclamations sont examinées au Conseil d'Etat suivant les formes adoptées pour le jugement des affaires contentieuses. Elles sont jugées *sans frais*, dispensées du timbre et du ministère des Avocats au Conseil d'Etat. La décision doit intervenir dans le délai de trois mois à partir de l'arrivée des pièces au secrétariat du Conseil. — Lorsqu'il y a lieu à renvoi devant les tribunaux, le délai de 3 mois ne court que du jour où la décision judiciaire est devenue définitive. — Le débat ne porte que sur les griefs relevés dans les réclamations, à l'exception des moyens d'ordre public qui peuvent être produits en tout état de cause. — Lorsque la réclamation est fondée sur l'incapacité légale de l'élu, le Conseil d'Etat sursoit à statuer jusqu'à ce que la *question préjudicielle* ait été jugée par les tribunaux compétents, et fixe un bref délai dans lequel la partie qui a élevé la question préjudicielle doit justifier de ses diligences. — S'il y a *appel*, l'acte d'appel doit, sous peine de nullité, être notifié à la partie dans les *dix jours* du jugement, quelle que soit la distance des lieux. Les questions préjudicielles sont jugées *sommairement* par les tribunaux et conformément au § 4 de l'article 33 de la loi du 19 avril 1831.

7. — Le Conseiller général élu dans plusieurs cantons est tenu de déclarer son *option* au président du Conseil général dans les *trois jours* qui suivent l'ouverture de la session, et, en cas de contestation, à partir de la notification de la décision du Conseil d'Etat. — A défaut d'option dans ce délai, le Conseil général détermine, en séance publique et par la *voie du sort*, à quel canton le Conseiller appartiendra. — Lorsque le nombre des Conseillers non domiciliés dans le département dépasse le *quart* du Conseil, le Conseil général procède de la même façon pour désigner celui ou ceux dont l'élection doit être annulée. Si une question préjudicielle s'élève sur le domicile, le Conseil général sursoit et le tirage au sort est fait par la Commission départementale pendant l'intervalle des sessions.

8. — Tout Conseiller général qui, par une cause survenue postérieurement à son élection, se trouve dans un des cas d'incompatibilité prévus par la loi, ou se trouve frappé de l'une des incapacités qui font perdre la qualité d'électeur, est déclaré *démissionnaire* par le Conseil général, soit d'office, soit sur la réclamation de tout électeur.

Lorsqu'un Conseiller général a *manqué* à une session ordinaire sans excuse légitime admise par le Conseil, il est déclaré démissionnaire par le Conseil général, dans la dernière séance de la session.

Lorsqu'un Conseiller général donne sa *démission*, il l'adresse au Président du Conseil général ou au Président de la Commission départementale, qui en donne immédiatement avis au Préfet.

9. — Les Conseillers généraux sont nommés pour *six ans*; ils sont *renouvelés* par moitié tous les trois ans, et indéfiniment *rééligibles*. En

cas de renouvellement intégral, à la session qui suit ce renouvellement, le Conseil général divise les cantons du département en deux séries, en répartissant, autant que possible dans une proportion égale, les cantons de chaque arrondissement dans chacune des séries, et il procède ensuite à un tirage au sort pour régler l'ordre du renouvellement des séries.

10. — En cas de *vacance* par décès, option, démission, ou par toute autre cause, les électeurs doivent être réunis dans le délai de *trois mois.*

Toutefois, si le renouvellement légal de la série à laquelle appartient le siège vacant doit avoir lieu avant la prochaine session ordinaire du Conseil général, l'élection partielle se fait à la même époque.

II. Sessions. — 1. — Les Conseils généraux ont, chaque année, *deux sessions ordinaires.*

La session dans laquelle sont délibérés le budget et les comptes commence de plein droit le premier lundi qui suit le 15 août et ne peut être retardée que par une loi.

L'ouverture de l'autre session a lieu de plein droit le second lundi qui suit le jour de Pâques.

La *durée* de la session d'août ne peut excéder un mois ; celle de l'autre session ordinaire ne peut excéder quinze jours.

2. — Les Conseils généraux peuvent être réunis *extraordinairement :*

1° Par décret du Chef du pouvoir exécutif ; — 2° Si les deux tiers des membres en adressent la demande écrite au Président.

Dans ce cas, le Président est tenu d'en donner avis immédiatement au Préfet, qui doit convoquer d'urgence.

La *durée* des sessions extraordinaires ne peut excéder huit jours.

3. — A l'ouverture de la session d'août, le Conseil général, réuni sous la présidence du *doyen d'âge, le plus jeune* membre faisant fonctions de secrétaire, nomme au scrutin secret et à la majorité absolue son *Président*, un ou plusieurs *Vice-Présidents* et ses *Secrétaires.* Leurs fonctions durent jusqu'à la session d'août de l'année suivante.

Le Conseil général fait son *règlement* intérieur.

Le Préfet a entrée au Conseil général ; il est entendu quand il le demande, et assiste aux délibérations, excepté lorsqu'il s'agit de l'apurement de ses comptes.

4. — Les *séances* des Conseils généraux sont *publiques.* Néanmoins, sur la demande de cinq membres, du Président ou du Préfet, le Conseil général, par assis et levé, sans débats, décide s'il se formera en *comité secret.*

Le Président a seul la police de l'assemblée. Il peut faire expulser de l'auditoire ou arrêter tout individu qui trouble l'ordre. En cas de crime ou de délit, il en dresse procès-verbal, et le Procureur de la République en est immédiatement saisi.

5. — Le Conseil général ne peut délibérer si la *moitié plus un* des membres dont il doit être composé n'est présente.

Les votes sont recueillis au *scrutin public*, toutes les fois que le sixième des membres présents le demande. En cas de partage, la voix du Président est prépondérante.

Néanmoins, les votes sur les nominations et sur les validations d'élections contestées ont toujours lieu au *scrutin secret.*

Le résultat des scrutins publics, énonçant les noms des votants, est reproduit au procès-verbal.

6. — Les Conseils généraux doivent établir jour par jour un *compte rendu* sommaire et officiel de leurs séances, qui est tenu à la disposition de tous les journaux du département, dans les quarante-huit heures qui suivent la séance.

Les *journaux* ne peuvent apprécier une discussion du Conseil général sans reproduire en même temps la portion du compte rendu afférente à cette discussion.

Toute contravention à cette disposition est punie d'une amende de 50 à 500 fr.

Les *procès-verbaux* des séances, rédigés par un des secrétaires, sont arrêtés au commencement de chaque séance, et signés par le Président et le Secrétaire.

Ils contiennent les rapports, les noms des membres qui ont pris part à la discussion et l'analyse de leurs opinions.

Tout électeur ou contribuable du département a le droit de demander la *communication* sans déplacement et de prendre *copie* de toutes les délibérations du Conseil général, ainsi que des procès-verbaux des séances publiques, et de les reproduire par la voie de la presse.

7. — Tout acte et toute délibération d'un Conseil général relatif à des objets qui ne sont pas légalement compris dans ses attributions sont nuls et de nul effet.

La *nullité* est prononcée par un décret rendu dans la forme des règlements d'administration publique.

Toute délibération prise hors des réunions du Conseil, prévues ou autorisées par la loi, est nulle et de nul effet.

Le Préfet, par un arrêté motivé, déclare la réunion illégale, prononce la nullité des actes, prend toutes les mesures nécessaires pour que l'assemblée se sépare immédiatement et transmet son arrêté au Procureur général du ressort pour l'exécution des lois et l'application, s'il y a lieu, des peines déterminées par l'article 258 du Code pénal. (Emprisonnement de 2 à 5 ans.) En cas de condamnation, les membres condamnés sont déclarés par le jugement exclus du Conseil et inéligibles pendant les trois années qui suivront la condamnation.

8. — Pendant les sessions des Chambres, la dissolution d'un Conseil général ne peut être prononcée par le Président de la République, que sous l'obligation expresse d'en rendre compte au Parlement dans le plus bref délai possible. En ce cas, une loi fixe la date de la nouvelle élection, et décide si la Commission départementale doit conserver son mandat jusqu'à la réunion du nouveau Conseil général, ou autorise le Pouvoir exécutif à en nommer provisoirement une autre.

Dans l'intervalle des sessions des Chambres, le Président de la République peut prononcer la *dissolution* d'un Conseil général pour des causes spéciales à ce Conseil.

Le décret de dissolution doit être *motivé*.

Il ne peut jamais être rendu par voie de mesure générale. Il convoque en même temps les électeurs du département pour le *quatrième dimanche* qui suivra sa date. Le nouveau Conseil général se réunit de plein droit le deuxième lundi après l'élection et nomme sa Commission départementale.

9. — *Organisation spéciale du Conseil général de la Seine.* — Le Conseil général de la Seine est *composé* des 80 membres du Conseil municipal de Paris, et, en outre, de 8 membres élus dans les arrondissements de Sceaux et de Saint-Denis, à raison d'un membre par canton.

III. Attributions. — 1. — Le Conseil général répartit chaque année, à sa session d'août, les *contributions directes*, conformément aux règles établies par les lois.

Avant d'effectuer cette répartition, il statue sur les demandes délibérées par les Conseils compétents en réduction du contingent. Il prononce définitivement sur les demandes en réduction de contingent formées par les Communes, et préalablement soumises au Conseil compétent.

Si le Conseil général ne se réunissait pas, ou s'il se séparait sans avoir arrêté la répartition des contributions directes, les mandements des contingents seraient délivrés par le Préfet, d'après les bases de la répartition précédente, sauf les modifications à porter dans le contingent en exécution des lois.

2. — Le Conseil général vote les *centimes additionnels* dont la perception est autorisée par les lois. Il peut voter des *centimes extraordinaires* dans la limite du maximum

fixé annuellement par la loi de finances. Il peut voter également les *emprunts départementaux* remboursables dans un délai qui ne peut excéder quinze années, sur les ressources ordinaires et extraordinaires.

Dans le cas où le Conseil général voterait une contribution extraordinaire ou un emprunt au delà des limites déterminées ci dessus, cette contribution ou cet emprunt ne pourrait être autorisé que par une *loi*.

3. — Le Conseil général arrête, chaque année, à sa session d'août, dans les limites fixées annuellement par la loi de finances, le maximum du nombre des centimes extraordinaires que les Conseils municipaux sont autorisés à voter, pour en affecter le produit à des dépenses extraordinaires d'utilité communale.

Si le Conseil général se sépare sans l'avoir arrêté, le maximum fixé pour l'année est maintenu jusqu'à la session d'août de l'année suivante.

4. — Chaque année, dans sa session d'août, le Conseil général, par un travail d'ensemble, comprenant toutes les Communes du département, procède à la revision des *sections électorales* et en dresse le tableau.

Le Conseil général opère la reconnaissance, détermine la largeur et prescrit l'ouverture et le redressement des *chemins vicinaux* de grande communication et d'intérêt commun.

Le Conseil général, sur l'avis motivé du Directeur et de la Commission de surveillance, pour les écoles normales, du Proviseur ou du Principal et du bureau d'administration, pour les lycées ou colléges, du chef d'institution, pour les institutions d'enseignement libre, nomme et révoque les titulaires des *bourses* entretenues sur les fonds départementaux.

L'Autorité universitaire, ou le chef d'institution libre, peut prononcer la révocation dans les cas d'urgence ; ils en donnent avis immédiatement au Président de la Commission départementale et en font connaître les motifs.

Le Conseil général détermine les conditions auxquelles seront tenus de satisfaire les candidats aux *fonctions rétribuées* exclusivement sur les *fonds départementaux* et les règles des concours d'après lesquels les nominations devront être faites. Néanmoins, sont maintenus les droits des *Archivistes paléographes*, tels qu'ils sont réglés par l'ordonnance de 1833.

5. — Le Conseil général *statue définitivement* sur les objets ci-après désignés, savoir :

1° Acquisition, aliénation et échange des propriétés départementales, mobilières ou immobilières, quand ces propriétés ne sont pas affectées à l'un des services énumérés au numéro 4 ; — 2° Mode de gestion des propriétés départementales ; — 3° Baux de biens donnés ou pris à ferme ou à loyer, quelle qu'en soit la durée ; — 4° Changement de destination des propriétés et des édifices départementaux autres que les hôtels de Préfecture et Sous-Préfecture, et des locaux affectés aux Cours d'assises, aux tribunaux, aux écoles normales, au casernement de la gendarmerie et aux prisons ; — 5° Acceptation ou refus de dons et legs faits au département, quand ils ne donnent pas lieu à réclamation ; — 6° Classement et direction des routes départementales ; — Projets, plans et devis des travaux à exécuter pour la construction, la rectification ou l'entretien desdites routes ; — Désignation des services qui seront chargés de leur construction et de leur entretien ; — 7° Classement et direction des chemins vicinaux de grande communication et d'intérêt commun ; désignation des Communes qui doivent concourir à la construction et à l'entretien desdits chemins, et fixation du contingent annuel de chaque Commune ; le tout sur l'avis des Conseils compétents ; — Répartition des subventions accordées, sur les fonds de l'Etat ou du département, aux chemins vicinaux de toute catégorie; — Désignation des services auxquels sera confiée l'exécution des travaux sur les chemins vicinaux de grande communication et d'intérêt commun, et mode d'exécution des travaux à la charge du département; — Taux de la conversion en argent des journées de prestation; — 8° Déclassement des routes départementales, des chemins vicinaux de grande communication, et d'intérêt commun; — 9° Projets, plans et devis de tous autres travaux à exécuter sur les fonds départementaux et désignation des services auxquels ces travaux seront confiés; — 10° Offres faites par les Communes, les associations ou les particuliers pour concourir à des dépenses quelconques d'intérêt départemental; — 11° Concession à des associations, à des compagnies ou à des particuliers de travaux d'intérêt départemental; — 12° Direction des chemins de fer d'intérêt local, mode et conditions de leur construction, traités et dispositions nécessaires pour en assurer l'exploitation; — 13° Etablissement et entretien des bacs et passages d'eau sur les routes et chemins à la charge du département; fixation des tarifs de péage; — 14° Assurances des bâtiments départementaux; — 15° Actions à intenter ou à soutenir au nom du département, sauf les cas d'urgence, dans lesquels la Commission départementale pourra statuer; — 16° Transactions concernant les droits des départements; — 17° Recettes de toute nature et dépenses des établissements d'aliénés appartenant au département; approbation des traités passés avec des établissements privés ou publics pour le traitement des aliénés du département; — 18° Service des enfants assistés; — 19° Part de la dépense des aliénés et des enfants assistés, qui sera mise à la charge des Communes, et bases de la répartition à faire entre elles; — 20° Créations d'institutions départementales d'assistance publique et service de l'assistance publique dans les établissements départementaux; — 21° Etablissement et organisation des caisses de retraites ou de tout autre mode de rémunération en faveur des employés des Préfectures et des Sous-Préfectures et des agents salariés sur les fonds départementaux; — 22° Part contributive du département aux dépenses des travaux qui intéressent à la fois le département et les Communes; — 23° Difficultés élevées relativement à la répartition de la dépense des travaux qui intéressent plusieurs Communes du département; — 24° Délibérations des Conseils municipaux ayant pour but l'établissement, la suppression ou les changements de foires et marchés; — 25° Délibérations des Conseils municipaux ayant pour but la prorogation des taxes additionnelles d'octroi actuellement existantes; ou l'augmentation des taxes principales au delà d'un décime, le tout dans les limites du maximum des droits et de la nomenclature des objets fixés par le tarif général établi conformément à la loi du 24 juillet 1867; — 26° Changements à la circonscription des Communes d'un même canton et à la désignation de leurs chefs-lieux, lorsqu'il y a accord entre les Conseils municipaux.

— Les délibérations par lesquelles les Conseils généraux statuent définitivement sont exécutoires si, dans le délai de *vingt jours*, à partir de la clôture de la session, le Préfet n'en a pas demandé l'*annulation* pour excès de pouvoir ou pour violation d'une disposition de la loi ou d'un règlement d'administration publique.

Le recours formé par le Préfet doit être notifié au Président du Conseil général et au Président de la Commission départementale. Si dans le délai de deux mois, à partir de la notification, l'annulation n'a pas été prononcée, la délibération est exécutoire.

Cette annulation ne peut être prononcée que par un *décret* rendu dans la forme des règlements d'administration publique.

6. — Le Conseil général délibère: 1° Sur l'acquisition, l'aliénation et l'échange des propriétés départementales affectées aux hôtels de Préfecture et de Sous-Préfectures, aux écoles normales, aux Cours d'assises et Tribunaux, au casernement de la gendarmerie et aux prisons; — 2° Sur le changement de destination des propriétés départementales affectées à l'un des services ci-dessus énumérés; — 3° Sur la part contributive à imposer au département dans les travaux exécutés par l'État qui intéressent le département; — 4° Sur les demandes des Conseils municipaux: — 1° Pour l'établissement ou le renouvellement d'une taxe d'octroi sur des matières non comprises dans le tarif général indiqué à l'article 46; — 2° Pour l'établissement ou le renouvellement d'une taxe excédant le maximum fixé par ledit tarif; — 3° Pour l'assujettissement à la taxe d'objets non encore imposés dans le tarif local; — 4° Pour les modifications aux règlements ou aux périmètres existants; — 5° Sur tous les autres objets sur lesquels il est appelé à délibérer par les lois et règlements, et généralement sur tous les objets d'intérêt départemental dont il est saisi, soit par une proposition du Préfet, soit sur l'initiative d'un de ses membres.

— Les délibérations prises sur ces matières par le Conseil général sont exécutoires si, dans le délai de *trois mois*, à partir de la clôture de la session, un décret motivé n'en a pas *suspendu l'exécution*.

7. — Le Conseil général *donne son avis:*

1° Sur les changements proposés à la circonscription du territoire du département, des arrondissements, des cantons et des Communes, et la désignation des chefs-lieux (il statue définitivement sur les changements à la circonscription des Communes d'un même canton et à la désignation de leurs chefs-lieux, lorsqu'il y a accord entre les Conseils municipaux); — 2° Sur l'application des dispositions de l'article 90 du Code forestier, relatives à la soumission au régime forestier des bois, taillis ou futaies appartenant aux Communes, et à la conversion en bois de terrains en pâturages; — 3° Sur les délibérations des Conseils municipaux, relatives à l'aménagement, au mode d'exploitation, à l'aliénation et au défrichement des bois communaux; — Et généralement sur tous les objets sur lesquels il est appelé à donner son avis en vertu des lois et règlements, ou sur lesquels il est consulté par les Ministres.

8. — Le Conseil général peut adresser directement au Ministre compétent, par l'intermédiaire de son Président, les réclamations qu'il aurait à présenter dans l'intérêt spécial du département, ainsi que son opinion sur l'état et les besoins des différents services publics, en ce qui touche le département.

Il peut charger un ou plusieurs de ses membres de recueillir sur les lieux les renseignements qui lui sont nécessaires pour statuer sur les affaires qui sont placées dans ses attributions.

Tous *vœux politiques* lui sont interdits. Néanmoins, il peut émettre des vœux sur toutes les questions économiques et d'administration générale.

Les chefs de service des Administrations publiques dans le département sont tenus de fournir verbalement ou par écrit tous les renseignements qui leur seraient réclamés par le Conseil général, sur les questions qui intéressent le département.

9. — Le Préfet accepte ou refuse les *dons et legs* faits au département, en vertu, soit de la décision du Conseil général, quand il n'y a pas de réclamations des familles, soit de la décision du Gouvernement, quand il y a réclamation.

Le Préfet peut toujours, à titre conservatoire, accepter les dons et legs. La décision du Conseil général ou du Gouvernement, qui intervient ensuite, a effet du jour de cette acceptation.

Le Préfet intente les *actions* en vertu de la décision du Conseil général, et il peut, sur l'avis conforme de la Commission départementale, défendre à toute action intentée contre le département. — Il fait tous actes conservatoires et interruptifs de déchéance.

En cas de litige entre l'Etat et le département, l'action est intentée ou soutenue, au nom du département, par un membre de la Commission départementale, désigné par elle.

Le Préfet, sur l'avis conforme de la Commission départementale, passe les *contrats* au nom du département.

Aucune action judiciaire, autre que les actions possessoires, ne peut, à peine de nullité, être intentée contre un département, qu'autant que le demandeur a préalablement adressé au Préfet un *mémoire* exposant l'objet et les motifs de sa réclamation.

Il lui en est donné récépissé.

L'action ne peut être portée devant les tribunaux que *deux mois* après la date du récépissé, sans préjudice des actes conservatoires.

La remise du mémoire interrompt la prescription, si elle est suivie d'une demande en justice dans le délai de trois mois.

— A la session d'août, le Préfet rend compte au Conseil général, par un rapport spécial et détaillé, de la situation du département et de l'état des différents services publics.

A l'autre session ordinaire, il présente au Conseil général un rapport sur les affaires qui doivent lui être soumises pendant cette session.

Ces rapports sont imprimés et distribués à tous les membres du Conseil général huit jours au moins avant l'ouverture de la session.

IV. Budget et comptes du département. — 1. — Le projet de *budget* du département est préparé et présenté par le Préfet, qui est tenu de le communiquer à la Commission départementale, avec les pièces à l'appui, dix jours au moins avant l'ouverture de la session d'août.

Le budget, délibéré par le Conseil général, est définitivement *réglé* par décret.

Il se divise en budget *ordinaire* et budget *extraordinaire*.

Les *recettes du budget ordinaire* se composent :

1° Du produit des centimes ordinaires additionnels, dont le nombre est fixé annuellement par la loi de finances; — 2° Du produit des centimes autorisés pour les dépenses des chemins vicinaux par la loi du 21 mai 1836 et pour celles de l'instruction primaire par la loi du 16 juin 1881 (art. 4); — 3° Du produit des centimes spéciaux affectés à la confection du cadastre par la loi du 2 août 1829; — 4° Du revenu et du produit des propriétés départementales; — 5° Du produit des expéditions d'anciennes pièces ou d'actes de la Préfecture déposés aux archives; — 6° Du produit des droits de péage des bacs et passages d'eau sur les routes et chemins à la charge du département, des autres droits de péage et de tous autres droits concédés au département par les lois; — 7° De la part allouée au département sur le fonds inscrit annuellement au budget du Ministère de l'intérieur et réparti, conformément à un tableau annexé à la loi de finances, entre les départements qui, en raison de leur situation financière, doivent recevoir une allocation sur les fonds généraux du budget; — 8° Des contingents de l'Etat et des Communes pour le service des aliénés et des enfants assistés, et de toute autre subvention applicable au budget ordinaire; — 9° Du contingent des Communes et autres ressources éventuelles pour le service vicinal et pour les chemins de fer d'intérêt local.

Les *recettes du budget extraordinaire* se composent :

1° Du produit des centimes extraordinaires votés annuellement par le Conseil général dans les limites déterminées par la loi de finances, ou autorisés par des lois spéciales; — 2° Du produit des emprunts; — 3° Des dons et legs; — 4° Du produit des biens aliénés ; — 5° Du remboursement des capitaux exigibles et des rentes rachetées; — 6° De toutes autres recettes accidentelles.

Sont comprises définitivement parmi les propriétés départementales les anciennes routes impériales de troisième classe, dont l'entretien a été mis à la charge des départements par le décret du 16 décembre 1811 ou postérieurement.

Le *budget ordinaire* comprend les *dépenses* suivantes :

1° Loyer, mobilier et entretien des hôtels de Préfecture et de Sous-Préfecture, du local nécessaire à la réunion du Conseil départemental d'instruction publique et du bureau de l'Inspecteur d'académie ; — 2° Casernement ordinaire des brigades de gendarmerie ; — 3° Loyer, entretien, mobilier et menues dépenses des Cours d'assises, Tribunaux civils et Tribunaux de commerce, et menues dépenses des Justices de paix ; — 4° Frais d'impression et de publication des listes pour les élections consulaires, frais d'impression des cadres pour la formation des listes électorales et des listes du jury ; — 5° Dépenses ordinaires d'utilité départementale ; — 6° Dépenses imputées sur les centimes spéciaux établis en vertu des lois des 2 août 1829 (cadastre), 21 mai 1836 (chemins vicinaux), 16 juin 1881 (instruction primaire).

2. — Le Conseil général entend et débat les *comptes d'administration* qui lui sont présentés par le Préfet, concernant les recettes et les dépenses du budget départemental.

Les comptes doivent être communiqués à la Commission départementale, avec les pièces à l'appui, dix jours au moins avant l'ouverture de la session d'août.

Les observations du Conseil général sur les comptes présentés à son examen sont adressées directement par son Président au Ministre de l'intérieur.

Ces comptes provisoirement arrêtés par le Conseil général, sont définitivement réglés par décret.

A la session d'août, le Préfet soumet au Conseil général le compte annuel de l'emploi des ressources municipales affectées aux chemins de grande communication et d'intérêt commun.

— Les budgets et les comptes du département définitivement réglés sont rendus publics par la voie de l'impression.

— Les secours pour travaux concernant les églises et presbytères ; — Les secours généraux à des établissements et institutions de bienfaisance ; — Les subventions aux Communes pour acquisition, construction et réparation de maisons d'école et de salles d'asile ; — Les subventions aux comices et associations agricoles, ne peuvent être alloués par le Ministre compétent que sur la proposition du Conseil général du département. — A cet effet, le Conseil général dresse un tableau collectif des propositions en les classant par ordre d'urgence.

V. Commission départementale. — 1. — Le Conseil général élit dans son sein une *Commission départementale*. Cette Commission, *élue* chaque année, à la fin de la session d'août, *se compose* de quatre membres au moins et de sept au plus, et elle comprend un membre choisi, autant que possible, parmi les Conseillers élus ou domiciliés dans chaque arrondissement.

Les membres de la Commission sont indéfiniment *rééligibles*.

2. — Les fonctions de membre de la Commission départementale sont *incompatibles* avec celles de Maire du chef-lieu du département et avec le mandat de Député ou de Sénateur.

3. — La Commission départementale est *présidée* par le plus âgé de ses membres. Elle élit elle-même son *Secrétaire*. Elle *siège* à la Préfecture, et prend, sous l'approbation du Conseil général et avec le concours du Préfet, toutes les mesures nécessaires pour assurer son service.

4. — La Commission départementale ne peut délibérer si la *majo-*

rité de ses membres n'est présente.

Les décisions sont prises à la majorité absolue des voix. En cas de partage, la voix du Président est prépondérante.

Il est tenu procès-verbal des délibérations. Les procès-verbaux font mention du nom des membres présents.

La Commission départementale *se réunit* au moins une fois par mois, aux époques et pour le nombre de jours qu'elle détermine elle-même, sans préjudice du droit qui appartient à son Président et au Préfet de la convoquer extraordinairement.

Tout membre de la Commission départementale qui s'absente des séances pendant deux mois consécutifs, sans excuse légitime admise par la Commission, est réputé *démissionnaire*. Il est pourvu à son remplacement à la plus prochaine session du Conseil général.

5. — Les membres de la Commission départementale ne reçoivent *pas de traitement*.

6. — Le Préfet ou son représentant assiste aux séances de la Commission; ils sont entendus quand ils le demandent.

7. — La Commission départementale règle les affaires qui lui sont renvoyées par le Conseil général, dans les limites de la délégation qui lui est faite.

Elle délibère sur toutes les questions qui lui sont déférées par la loi, et elle donne son avis au Préfet sur toutes les questions qu'il lui soumet ou sur lesquelles elle croit devoir appeler son attention dans l'intérêt du département.

— Le Préfet est tenu d'adresser à la Commission départementale, au commencement de chaque mois, l'état détaillé des ordonnances de délégation qu'il a reçues et des mandats de payement qu'il a délivrés pendant le mois précédent, concernant le budget départemental.

La même obligation existe pour les Ingénieurs en chef, sous-ordonnateurs délégués.

— A l'ouverture de chaque session ordinaire du Conseil général, la Commission départementale lui fait un *rapport* sur l'ensemble de ses travaux et lui soumet toutes les propositions qu'elle croit utiles.

A l'ouverture de la session d'août, elle lui présente dans un rapport sommaire ses observations sur le budget proposé par le Préfet.

Ces rapports sont imprimés et distribués, à moins que la Commission n'en décide autrement.

— Chaque année, à la session d'août, la Commission départementale présente au Conseil général le relevé de tous les emprunts communaux et de toutes les contributions extraordinaires communales qui ont été votées depuis la précédente session d'août, avec indication du chiffre total des centimes extraordinaires et des dettes dont chaque Commune est grevée.

8. — La Commission départementale, après avoir entendu l'avis ou les propositions du Préfet :

1° Répartit les subventions diverses, portées au budget départemental, et dont le Conseil général ne s'est pas réservé la distribution, les fonds provenant des amendes de police correctionnelle, et les fonds provenant du rachat des prestations en nature sur les lignes que ces prestations concernent; — 2° Détermine l'ordre de priorité des travaux à la charge du département, lorsque cet ordre n'a pas été fixé par le Conseil général; — 3° Fixe l'époque et le mode d'adjudication ou de réalisation des emprunts départementaux, lorsqu'ils n'ont pas été fixés par le Conseil général; — 4° Fixe l'époque de l'adjudication des travaux d'utilité départementale.

9. — La Commission départementale assigne à chaque membre du Conseil général et aux membres des autres Conseils électifs le canton pour lequel ils devront siéger dans le Conseil de revision.

Elle vérifie l'état des archives et celui du mobilier appartenant au département.

10. — En cas de *désaccord* entre

la Commission départementale et le Préfet, l'affaire peut être renvoyée à la plus prochaine session du Conseil général, qui statue définitivement.

En cas de *conflit* entre la Commission départementale et le Préfet, comme aussi dans le cas où la Commission aurait outrepassé ses attributions, le Conseil général est immédiatement convoqué pour statuer sur les faits qui lui seront soumis. Le Conseil général peut, s'il le juge convenable, procéder dès lors à la nomination d'une nouvelle Commission départementale.

11. — La Commission départementale prononce, sur l'avis des Conseils municipaux, la déclaration de vicinalité, le classement, l'ouverture et le redressement des chemins vicinaux ordinaires, la fixation de la largeur et la limite desdits chemins. Elle exerce à cet égard les pouvoirs conférés au Préfet par les articles 15 et 16 de la loi du 21 mai 1836. — Elle approuve les abonnements relatifs aux subventions spéciales pour la dégradation des chemins vicinaux, conformément au dernier paragraphe de l'article 14 de la même loi.

La Commission départementale approuve le tarif des évaluations cadastrales, et elle exerce à cet égard les pouvoirs attribués au Préfet en Conseil de Préfecture par la loi du 15 septembre 1807 et le règlement du 15 mars 1827.

Elle nomme les membres des Commissions syndicales, dans le cas où il s'agit d'entreprises subventionnées par le département, conformément à l'article 23 de la loi du 21 juin 1865.

12. — Les décisions prises par la Commission départementale sur les matières ci-dessus énumérées peuvent être frappées d'*appel* devant le Conseil général, pour cause d'inopportunité ou de fausse appréciation des faits soit par le Préfet, soit par les Conseils municipaux ou par toute autre partie intéressée. L'appel doit être notifié au Président de la Commission, dans le délai d'*un mois*, à partir de la décision. Le Conseil général statue définitivement à sa plus prochaine session.

Elles peuvent aussi être déférées au Conseil d'Etat, statuant au contentieux, pour cause d'excès de pouvoir ou de violation de la loi ou d'un règlement d'administration publique.

Le *recours* au Conseil d'Etat doit avoir lieu dans le délai de *deux mois*, à partir de la communication de la décision attaquée. Il peut être formé sans frais, et il est *suspensif* dans tous les cas.

VI. Conférences interdépartementales. — 1. — Deux ou plusieurs Conseils généraux peuvent provoquer entre eux, par l'entremise de leurs Présidents, et après en avoir averti les Préfets, une entente sur les objets d'utilité départementale compris dans leurs attributions et qui intéressent à la fois leurs départements respectifs. Ils peuvent faire des conventions à l'effet d'entreprendre ou de conserver à frais communs des ouvrages ou des institutions d'utilité commune.

Les questions d'intérêt commun sont débattues dans des *conférences* où chaque Conseil général est représenté, soit par sa Commission départementale, soit par une Commission spéciale nommée à cet effet. Les Préfets des départements intéressés peuvent toujours assister à ces conférences. Les décisions qui y sont prises ne sont exécutoires qu'après avoir été ratifiées par tous les Conseils généraux intéressés, et sous les réserves ci-dessus énoncées (*annulation pour excès de pouvoirs ou pour violation d'une disposition de la loi ou d'un règlement d'administration publique; suspension de l'exécution par un décret motivé*). — Voy. plus haut, V, 12.

2. — Si des questions autres que celles que la loi a prévues étaient mises en discussion, le Préfet du département où la conférence a lieu déclarerait la réunion *dissoute*. Toute délibération prise après cette déclaration donnerait lieu à l'application des dispositions et pénalités

énoncées plus haut. (Voy. II, 7.)

VII. Rôle éventuel des Conseils généraux. — Voy. Assemblée nationale.

CONSEIL JUDICIAIRE. — (Cod. civ. art. 499-513.)

Nom donné au curateur désigné par la justice pour assister une personne qu'elle a déclarée incapable de faire seule certains actes importants de la vie civile.

1. — La nomination d'un Conseil judiciaire équivaut à une *demi-interdiction*. Elle a lieu dans l'intérêt des prodigues et des individus faibles d'esprit, qui ne sont pas toutefois assez privés de raison pour être interdits.

Les *prodigues* sont ceux qui dissipent follement leur patrimoine ou le compromettent par des dépenses excessives. La prodigalité ne peut pas se définir rigoureusement : c'est une question de fait laissée à l'appréciation des juges.

2. — Les individus pourvus d'un Conseil judiciaire *ne peuvent*, sans l'assistance de ce dernier : — 1° Plaider; — 2° Transiger; — 3° Emprunter; — 4° Recevoir un capital mobilier et en donner décharge; — 5° Aliéner; — 6° Grever leurs biens immeubles d'hypothèques.

Ils ne peuvent être élus au *Conseil général*. (Loi 10 août 1871, art. 7.)

3. — Les personnes qui ont qualité pour *provoquer la nomination d'un Conseil judiciaire* sont les mêmes que celles qui pourraient demander l'interdiction. Les *formalités* à suivre sont également les mêmes. — Voy. interdiction, sect. I, II et III.

CONSEIL MUNICIPAL. — (Loi 5 avril 1884.)

Corps électif placé, dans chaque Commune, auprès du Maire, pour aider, éclairer et contrôler son administration.

I. Organisation. — 1. — Le Conseil municipal *se compose* de dix membres dans les Communes de 500 habitants et au-dessous;

De 12	dans celles de	501	à	1 500	habitants.
— 16	—	1 501	à	2 500	—
— 21	—	2 501	à	3 500	—
— 23	—	3 501	à	10 000	—
— 27	—	10 001	à	30 000	—
— 30	—	30 001	à	40 000	—
— 33	—	40 001	à	50 000	—
— 34	—	50 001	à	60 000	—
— 36	—	60 001	et au-dessus.		

Dans les villes divisées en plusieurs mairies, le nombre des Conseillers est *augmenté* de trois par mairie.

A *Paris*, les 20 arrondissements nomment chacun 4 membres du Conseil municipal. Ces 4 membres sont élus par *scrutin individuel* à la majorité absolue, à raison d'un membre par quartier.

Partout ailleurs, l'élection des Conseillers municipaux a lieu au *scrutin de liste* pour toute la Commune. — Néanmoins, la Commune peut être divisée en *sections électorales*, dont chacune élit un nombre de Conseillers proportionné au chiffre des électeurs, mais seulement dans les 2 cas suivants :

1° Quand elle se compose de plusieurs agglomérations d'habitants distinctes et séparées; dans ce cas, aucune section ne peut avoir moins de 2 Conseillers à élire;

2° Quand la population agglomérée de la Commune est supérieure à 10 000 habitants. — Dans ce cas, la section ne peut être formée de fractions appartenant à des cantons ou à des arrondissements municipaux différents. Les fractions de territoire ayant des biens propres ne peuvent être divisées entre plusieurs sections électorales.

Aucune de ces sections ne peut avoir moins de 4 Conseillers.

Dans tous les cas où le sectionnement est autorisé, chaque section doit être composée de territoires contigus.

Le sectionnement est fait par le Conseil général.

Le Préfet peut, par arrêté publié 10 jours au moins à l'avance, diviser la Commune en plusieurs *bureaux de vote* qui concourront à l'élection des mêmes Conseillers.

Il est délivré à chaque électeur une *carte* indiquant le lieu où il doit voter.

2. — Les Conseils municipaux sont élus par le *suffrage direct universel*.

Sont *électeurs* tous les Français âgés de 21 ans accomplis et n'étant dans aucun cas d'incapacité prévu par la loi.

La *liste électorale* comprend : 1° tous les électeurs qui ont leur domicile réel dans la Commune, ou y habitent depuis 6 mois au moins ; — 2° ceux qui y auront été inscrits au rôle d'une des 4 contributions directes ou au rôle des prestations en nature, et, s'ils ne résident pas dans la Commune, auront déclaré vouloir y exercer leurs droits électoraux. — Seront *également inscrits* les membres de la famille des mêmes électeurs compris dans la cote de la prestation en nature, alors même qu'ils n'y sont pas personnellement portés, et les habitants qui, en raison de leur âge ou de leur santé, auront cessé d'être soumis à cet impôt ; — 3° ceux qui, en vertu de l'art. 2 du traité du 10 mai 1871, ont opté pour la nationalité française et déclaré fixer leur résidence dans la Commune, conformément à la loi du 19 juin 1871 ; — 4° ceux qui sont assujettis à une résidence obligatoire dans la Commune en qualité, soit de ministres des cultes reconnus par l'Etat, soit de fonctionnaires publics.

Seront *également inscrits* les citoyens qui, ne remplissant pas les conditions d'âge et de résidence ci-dessus indiquées lors de la formation des listes, les rempliront avant la clôture définitive.

L'absence de la Commune résultant du service militaire ne porte aucune atteinte aux règles ci-dessus édictées pour l'inscription sur les listes électorales.

3. — L'assemblée des électeurs est *convoquée* par un arrêté du Préfet publié dans la Commune 15 *jours* au moins avant l'élection qui doit avoir lieu un dimanche.

Les bureaux de vote sont *présidés* par le Maire, les Adjoints, les Conseillers municipaux, dans l'ordre du tableau, et, en cas d'empêchement, par des électeurs désignés par le Maire.

Le président a seul la police de l'assemblée.

Les deux plus âgés et les deux plus jeunes des électeurs présents à l'ouverture de la séance, sachant lire et écrire, remplissent les fonctions d'*assesseurs*. Le *secrétaire* est désigné par le président et les assesseurs. Dans les délibérations du bureau, il n'a que voix consultative. *Trois* membres du bureau, au moins, doivent être *présents* pendant tout le cours des opérations.

Le scrutin ne dure qu'*un jour*.

Le bureau juge provisoirement les difficultés qui s'élèvent sur les opérations de l'assemblée. Ses décisions sont motivées. — Toutes les réclamations et décisions sont insérées au procès-verbal ; les pièces et les bulletins qui s'y rapportent y sont annexés, après avoir été paraphés par le bureau.

Nul ne peut être admis à voter s'il n'est inscrit sur la liste électorale. Toutefois, sont admis à voter, quoique non inscrits, les électeurs porteurs d'une décision du Juge de paix ordonnant leur inscription, ou d'un arrêt de la Cour de cassation annulant un jugement qui aurait prononcé leur radiation.

Nul électeur ne peut entrer dans l'assemblée, porteur d'armes quelconques.

Les électeurs apportent leurs

bulletins préparés en dehors de l'assemblée. — Le papier du bulletin doit être *blanc* et *sans signe extérieur.*

L'électeur remet au président son bulletin *fermé*. Le président le dépose dans la boîte du scrutin, laquelle doit, avant le commencement du vote, avoir été fermée à *deux serrures*, dont les clefs restent l'une entre les mains du président, l'autre entre les mains de l'assesseur le plus âgé.

Le vote de chaque électeur est *constaté* sur la liste en marge de son nom, par la signature, ou le paraphe avec initiales de l'un des membres du bureau.

Le président doit constater, au commencement de l'opération, l'heure à laquelle le scrutin est ouvert.

Le scrutin ne peut être fermé qu'après avoir été ouvert pendant 6 *heures* au moins.

Le président constate l'heure à laquelle il déclare le scrutin clos; après cette déclaration, aucun vote ne peut être reçu.

Après la clôture du scrutin, il est procédé au *dépouillement* de la manière suivante :

La boîte du scrutin est ouverte, et le nombre de bulletins vérifié.

Si ce nombre est *plus grand* ou *moindre* que celui des votants, il en est fait mention au procès-verbal.

Le bureau désigne parmi les électeurs présents un certain nombre de *scrutateurs.*

Le président et les membres du bureau surveillent l'opération du dépouillement. Ils peuvent y procéder eux-mêmes, s'il y a moins de 300 votants.

Les bulletins sont valables, bien qu'ils portent plus ou moins de noms qu'il n'y a de Conseillers à élire. — Les *derniers noms* inscrits au delà de ce nombre ne sont *pas comptés.*

Les bulletins *blancs* ou *illisibles*, ceux qui ne contiennent pas une *désignation suffisante*, ou dans lesquels les votants *se font connaître*, n'entrent pas en compte dans le résultat du dépouillement, mais ils sont annexés au procès-verbal.

Immédiatement après le dépouillement, le président proclame le résultat du scrutin.

Les bulletins autres que ceux à annexer au procès-verbal sont *brûlés* en présence des électeurs.

4. — Nul n'est élu au *premier tour de scrutin* s'il n'a réuni : 1° la majorité *absolue* des suffrages exprimés ; 2° un nombre de suffrages égal au *quart* de celui des électeurs inscrits. — Au *deuxième tour* de de scrutin, l'élection a lieu à la majorité *relative*, quel que soit le nombre des votants. En cas d'égalité de suffrages, l'élection est acquise au *plus âgé*.

En cas de deuxième tour de scrutin, l'assemblée est de droit convoquée pour le *dimanche suivant.*

5. — Sont *éligibles* au Conseil municipal, sauf les restrictions ci-après indiquées, tous les électeurs de la Commune et les citoyens inscrits au rôle des contributions directes ou justifiant qu'ils devaient y être inscrits au 1er janvier de l'année de l'élection, âgés de 25 ans accomplis. — Toutefois, le nombre des Conseillers ne résidant pas dans la Commune au moment de l'élection ne peut excéder le quart des membres du Conseil. S'il dépasse ce chiffre, la préférence est déterminée par le plus grand nombre de suffrages obtenus et, à égalité de voix, par la priorité d'âge.

Ne sont *pas éligibles* les militaires et employés des armées de terre et de mer en activité de service.

Ne peuvent être Conseillers municipaux :

1° Les individus privés du droit électoral;

2° Ceux qui sont pourvus d'un Conseil judiciaire;

3° Ceux qui sont dispensés de subvenir aux charges communales et ceux qui sont secourus par les bureaux de bienfaisance;

4° Les domestiques attachés exclusivement à la personne.

Ne sont *pas éligibles dans la*

ressort où ils exercent leurs fonctions :

1° Les Préfets, Sous-Préfets, Secrétaires généraux, Conseillers de préfecture ;

2° Les Commissaires et les agents de police ;

3° Les magistrats des Cours d'appel et de 1re instance, à l'exception des juges suppléants auxquels l'instruction n'est pas confiée ;

4° Les Juges de paix titulaires ;

5° Les comptables des deniers communaux et les entrepreneurs de services municipaux ;

6° Les instituteurs publics ;

7° Les employés de préfecture et de sous-préfecture ;

8° Les ingénieurs et les conducteurs des ponts et chaussées, chargés du service de la voirie urbaine et vicinale et les agents voyers ;

9° Les ministres en exercice d'un culte légalement reconnu ;

10° Les agents salariés de la Commune, parmi lesquels ne sont pas compris ceux qui, étant fonctionnaires publics ou exerçant une profession indépendante, ne reçoivent une indemnité de la Commune qu'à raison des services qu'ils lui rendent dans l'exercice de cette profession.

— Les fonctions de Conseiller municipal sont *incompatibles* avec celles de Préfet, Sous-Préfet, Secrétaire général de préfecture, Commissaire et agent de police.

6. — Nul ne peut être membre de *plusieurs* Conseils municipaux.

Un délai de 10 *jours* à partir de la proclamation du résultat du scrutin est accordé au Conseiller municipal nommé dans plusieurs Communes pour faire sa déclaration d'*option*. S'il ne l'a pas faite dans ce délai, il fait partie de droit du Conseil de la Commune où le nombre des électeurs est le *moins élevé*.

Dans les Communes de 501 *habitants et au-dessus*, les ascendants, les frères et les alliés du même degré ne peuvent être simultanément membres du Conseil municipal.

Tout Conseiller municipal qui, pour une cause survenue postérieurement à sa nomination, se trouve dans un des cas d'exclusion ou d'incompatibilité prévus, est immédiatement déclaré démissionnaire par le Préfet, sauf réclamation au Conseil de préfecture dans les 10 jours de la notification et sauf recours au Conseil d'Etat.

7. — Tout électeur et tout éligible a le droit d'arguer de *nullité* les opérations électorales de la Commune.

Les réclamations doivent être consignées au procès-verbal, sinon être déposées, à peine de nullité, dans les *cinq jours* qui suivent le jour de l'élection, au secrétariat de la mairie, ou à la sous-préfecture, ou à la préfecture.

Le Préfet, s'il estime que les conditions et les formes légales n'ont pas été observées, peut également, dans le délai de *quinzaine* à dater de la réception du procès-verbal, déférer les opérations électorales au Conseil de préfecture.

Dans l'un et l'autre cas, le Préfet donne connaissance de la réclamation aux Conseillers dont l'élection est contestée, les prévenant qu'ils ont *cinq jours* pour tout délai, à l'effet de déposer leurs défenses et de faire connaître s'ils entendent user du droit de présenter des observations orales.

Le Conseil de préfecture statue, sauf recours au Conseil d'Etat par le Préfet ou par les parties intéressées.

Le pourvoi est jugé comme affaire *urgente* et *sans frais*, et dispensé du timbre et du ministère de l'avocat.

Les Conseillers municipaux proclamés restent en fonctions jusqu'à ce qu'il ait été définitivement statué sur les réclamations.

Dans le cas où l'annulation de tout ou partie des élections est devenue définitive, l'assemblée des électeurs est convoquée dans un délai qui ne peut excéder 2 mois.

8. — Les Conseils municipaux sont nommés pour *quatre ans*. Ils sont renouvelés *intégralement* le premier dimanche de *mai*, dans toute la France, lors même qu'ils ont été élus dans l'intervalle.

Lorsque le Conseil municipal se trouve, par l'effet des vacances survenues, réduit aux *trois quarts* de ses membres, il est, dans le délai de deux mois à dater de la dernière vacance, procédé à des élections *complémentaires.*

Toutefois, dans les 6 *mois qui précèdent le renouvellement intégral*, les élections complémentaires ne sont obligatoires qu'en cas où le Conseil aurait perdu *plus de la moitié* de ses membres.

Dans les Communes divisées en sections, il y a toujours lieu à faire des élections partielles quand la section a perdu la *moitié* de ses Conseillers.

9. — Un Conseil municipal ne peut être *dissous* que par décret motivé du Président de la République, rendu en Conseil des Ministres, et publié au *Journal officiel.*

S'il y a urgence, il peut être provisoirement *suspendu*, par arrêté motivé du Préfet qui doit en rendre compte immédiatement au Ministre de l'Intérieur. La durée de la suspension ne peut excéder *un mois.*

— En cas de dissolution d'un Conseil municipal ou de démission de tous ses membres en exercice, et lorsqu'un Conseil municipal ne peut être constitué, une *délégation spéciale* en remplit les fonctions.

Elle est nommée par décret. Les membres qui la composent sont au nombre de *trois* dans les Communes où la population ne dépasse pas 35 000 habitants. Ce nombre peut être porté jusqu'à *sept* dans les villes d'une population supérieure.

Le décret qui institue la délégation en nomme le président et, au besoin, le vice-président.

Les pouvoirs de cette délégation spéciale sont *limités* aux actes de pure administration conservatoire et urgente. En aucun cas, il ne lui est permis d'engager les finances municipales au delà des ressources disponibles de l'exercice courant. Elle ne peut ni préparer le budget communal, ni recevoir les comptes du Maire ou du receveur.

Toutes les fois qu'une délégation spéciale a été nommée, il est procédé à la réélection du Conseil municipal dans les *deux mois* à dater de la dissolution ou de la dernière démission.

Les fonctions de la délégation spéciale expirent de plein droit dès que le Conseil municipal est reconstitué.

II. Fonctionnement des conseils municipaux. — 1. — Les Conseils municipaux *se réunissent* en session *ordinaire* 4 fois l'année : en *février, mai, août* et *novembre.*

La *durée* de chaque session est de 15 jours, sauf prolongation avec l'autorisation du Sous-Préfet. — La session pendant laquelle le budget est discuté peut durer *six semaines.*

Pendant les sessions ordinaires, le Conseil municipal peut s'occuper de toutes les matières qui rentrent dans ses attributions.

Le Préfet ou le Sous-Préfet peut prescrire la convocation *extraordinaire* du Conseil. Le Maire peut également le réunir chaque fois qu'il le juge utile. Il est tenu de le convoquer quand une demande motivée lui en est faite par la majorité en exercice de l'assemblée municipale. Dans l'un et l'autre cas, en même temps qu'il convoque le Conseil, il donne avis au Préfet ou au Sous-Préfet de cette réunion et des motifs qui la rendent nécessaire.

La convocation contient alors l'indication des objets spéciaux pour lesquels le Conseil doit s'assembler : le Conseil ne peut s'occuper que de ces objets.

2. — Toute convocation est *affichée* à la porte de la Mairie et adressée *par écrit* et *à domicile, trois jours* francs au moins avant celui de la réunion. — En cas d'*urgence*, le délai peut être abrégé par le Préfet ou le Sous-Préfet.

3. — Les Conseillers municipaux prennent *rang* dans l'ordre du tableau. Cet ordre est déterminé, même quand il y a des sections électorales : 1° par la date de la plus ancienne des nominations ; 2° entre Conseillers élus le même jour, par

le plus grand nombre de suffrages obtenus; 3° et, à égalité de voix, par la priorité d'âge.

4. — Le Conseil municipal ne peut délibérer que lorsque la *majorité* de ses membres en exercice assiste à la séance.

Quand, après *deux convocations successives*, à trois jours au moins d'intervalle, le Conseil ne s'est pas réuni en nombre suffisant, la délibération prise après la 3e convocation est valable, *quel que soit le nombre* des membres présents.

Les délibérations sont prises à la majorité absolue des votants. En cas de partage, sauf le cas de scrutin *secret*, la voix du président est *prépondérante*. Le vote a lieu au scrutin *public* sur la demande du quart des membres présents; les noms des votants, avec la désignation de leurs votes, sont insérés au procès-verbal.

Il est voté au *scrutin secret* toutes les fois que le *tiers* des membres présents le réclame ou qu'il s'agit de procéder à une nomination ou présentation. — Dans ces derniers cas, après 2 tours de scrutin secret, si aucun des candidats n'a obtenu la majorité absolue, il est procédé à un 3° tour de scrutin, et l'élection a lieu à la majorité *relative;* à égalité de voix, l'élection est acquise au plus âgé.

5. — Le Maire, et, à défaut, celui qui le remplace, *préside* le Conseil municipal. — Dans les séances où les *comptes d'administration du Maire* sont débattus, le Conseil municipal élit son président. Dans ce cas, le Maire peut, même quand il ne serait plus en fonction, assister à la discussion; mais il doit se retirer au moment du vote. Le Président adresse directement la délibération au Sous-Préfet.

Au début de chaque session et pour sa durée, le Conseil municipal nomme un ou plusieurs de ses membres pour remplir les fonctions de *secrétaire*. Il peut leur adjoindre des *auxiliaires* pris en dehors de ses membres, qui assisteront aux séances, mais sans participer aux délibérations.

6. — Les séances des Conseils municipaux sont *publiques*. Néanmoins, sur la demande de 3 membres ou du Maire, le Conseil municipal, par assis et levé sans débats, décide s'il se formera en *comité secret*.

Le Maire a seul la *police* de l'assemblée. Il peut faire expulser de l'auditoire ou arrêter tout individu qui trouble l'ordre. En cas de crime ou de délit, il en dresse un procès-verbal, et le Procureur de la République en est immédiatement saisi.

Le *compte-rendu* de la séance est, dans la huitaine, *affiché* par extrait à la porte de la Mairie.

Les délibérations sont inscrites par ordre de date sur un *registre* coté et paraphé par le Préfet ou le Sous-Préfet. Elles sont signées par tous les membres présents à la séance où mention est faite de la cause qui les a empêchés de signer.

Tout habitant ou contribuable a le droit de demander *communication sans déplacement*, de *prendre copie* totale ou partielle des procès-verbaux du Conseil municipal, des budgets et des comptes de la Commune, des arrêtés municipaux. Chacun peut les *publier* sous sa responsabilité.

7. — Le Conseil municipal peut former, au cours de chaque session, des *Commissions* chargées d'étudier les questions soumises au Conseil soit par l'administration, soit par l'initiative d'un de ses membres.

Elles sont *convoquées* par le Maire, qui en est le *président de droit*, dans les 8 jours qui suivent leur nomination, ou à plus bref délai sur la demande de la majorité des membres qui les composent. Dans cette 1re réunion, les Commissions désignent un *vice-président* qui peut les convoquer et les présider, si le Maire est absent ou empêché.

8. — Tout membre du Conseil municipal qui, sans motifs reconnus légitimes par le Conseil, a *manqué à 3 convocations successives*, peut

être, après avoir été admis à fournir ses explications, déclaré *démissionnaire* par le Préfet, sauf recours, dans les 10 jours de la notification, devant le Conseil de Préfecture.

9. — Les *démissions* sont adressées au Sous-Préfet; elles sont définitives à partir de l'accusé de réception par le Préfet, et, à défaut de cet accusé de réception, un mois après un nouvel envoi de la démission constaté par lettre recommandée.

III. Attributions. — Le Conseil municipal règle par ses délibérations les affaires de la Commune.

1. — Il donne son *avis* toutes les fois que cet avis est requis par les lois et règlements, ou qu'il est demandé par l'administration supérieure.

Il *réclame*, s'il y a lieu, contre le contingent assigné à la Commune dans l'établissement des impôts de répartition.

Il émet des *vœux* sur tous les objets d'intérêt local.

Il dresse, chaque année, une liste, contenant un nombre double de celui des *répartiteurs* et des répartiteurs suppléants à nommer, et sur cette liste le Sous-Préfet nomme les 5 répartiteurs visés dans l'article 9 de la loi du 3 frimaire an VII (23 nov. 1798) et les 5 répartiteurs suppléants.

Expédition de toute délibération est adressée, dans la *huitaine*, par le Maire au Sous-Préfet, qui en constate la réception sur un registre et en délivre immédiatement *récépissé*.

2. — Sont *nulles de plein droit :*

1° Les délibérations portant sur un objet étranger aux attributions d'un Conseil municipal ou prises hors de sa réunion légale ;

2° Les délibérations prises en violation d'une loi ou d'un règlement d'administration publique.

Sont *annulables* les délibérations auxquelles auraient pris part des membres du Conseil intéressés, soit en leur nom personnel, soit comme mandataires, à l'affaire qui en a fait l'objet.

La *nullité de droit* est prononcée par le Préfet en Conseil de préfecture. Elle peut être prononcée par le Préfet et proposée ou opposée par les parties intéressées, *à toute époque*.

L'*annulation* est prononcée par le Préfet en Conseil de préfecture. — Elle peut être provoquée d'office par le Préfet dans un délai de *trente jours* à partir du dépôt du procès-verbal de la délibération à la sous-préfecture ou à la préfecture. — Elle peut aussi être demandée par toute personne intéressée et par tout contribuable de la Commune. Dans ce dernier cas, la demande en annulation doit être déposée, à peine de déchéance, à la sous-préfecture ou à la préfecture, dans un délai de *quinze jours* à partir de l'affichage à la porte de la mairie. Le Préfet statue dans le délai d'*un mois*. — Passé le délai de quinze jours, sans qu'aucune demande ait été produite, le Préfet peut déclarer qu'il ne s'oppose pas à la délibération.

Le Conseil municipal et, en dehors du Conseil, toute partie intéressée peut *se pourvoir* contre l'arrêté du Préfet devant le Conseil d'Etat. Le pourvoi est introduit et jugé dans les formes du recours pour excès de pouvoir.

3. — Ne sont *exécutoires* qu'*après avoir été approuvées* par l'autorité supérieure les délibérations portant sur les objets suivants :

1° Les conditions des baux dont la durée dépasse 18 ans ;

2° Les aliénations et échanges de propriétés communales ;

3° Les acquisitions d'immeubles, les constructions nouvelles, les reconstructions entières ou partielles, les projets, plans et devis des grosses réparations d'entretien, quand la dépense totalisée avec les dépenses de même nature pendant l'exercice courant dépasse les limites des ressources ordinaires et extraordinaires que les Communes peuvent se créer sans autorisation spéciale ;

4° Les transactions;

5° Le changement d'affectation

d'une propriété communale déjà affectée à un service public;

6° La vaine pâture;

7° Le classement, le déclassement, le redressement ou le prolongement, l'élargissement, la suppression, la dénomination des rues et places publiques, la création et la suppression des promenades, squares ou jardins publics, champs de foire, de tir ou de course, l'établissement des plans d'alignement et de nivellement des voies publiques municipales, les modifications à des plans d'alignement adoptés, le tarif des droits de voirie, des droits de stationnement et de location sur les dépendances de la grande voirie, et généralement les tarifs des droits divers à percevoir au profit des Communes;

8° L'acceptation des dons et legs faits à la Commune lorsqu'il y a des charges ou conditions, ou lorsqu'ils donnent lieu à des réclamations des familles;

9° Le budget communal;

10° Les crédits supplémentaires;

11° Les contributions extraordinaires et les emprunts, lorsque les contributions excèdent 5 centimes pour plus de 5 années et que l'amortissement des emprunts dépasse 30 ans;

12° L'établissement des règlements relatifs à la perception des octrois; l'établissement ou le renouvellement d'une taxe d'octroi sur des matières non comprises dans le tarif général dressé conformément aux lois en vigueur; l'établissement ou le renouvellement d'une taxe excédant le maximum fixé par ledit tarif; l'assujettissement à la taxe d'objets non encore imposés dans le tarif local; les modifications aux règlements et aux périmètres existants;

13° Les délibérations prises par les Commissions internationales;

14° L'établissement, la suppression ou les changements des foires et marchés autres que les simples marchés d'approvisionnement.

Les délibérations des Conseils municipaux sur les objets ci-dessus énoncés sont exécutoires sur l'*approbation du Préfet*, sauf les cas où l'approbation par le Ministre compétent, par le Conseil général, par la Commission départementale, par un décret ou par une loi est prescrite par les lois et règlements.

Le Préfet statue en Conseil de préfecture dans les cas prévus aux nos 1, 2, 4 et 6 de l'énumération qui précède.

Lorsque le Préfet refuse son approbation ou qu'il n'a pas fait connaître sa décision dans un délai d'un mois à partir de la date du récépissé, le Conseil municipal peut *se pourvoir* devant le Ministre de l'Intérieur.

Le Conseil municipal est toujours appelé à donner son *avis* sur les objets suivants:

1° Les circonscriptions relatives aux cultes;

2° Les circonscriptions relatives à la distribution des secours publics;

3° Les projets d'alignement de grande voirie dans l'intérieur des villes, bourgs et villages;

4° La création des bureaux de bienfaisance;

5° Les budgets et les comptes des hospices, hôpitaux et autres établissements de charité et de bienfaisance, des fabriques et autres administrations préposées aux cultes dont les ministres sont salariés par l'Etat; les autorisations d'acquérir, d'aliéner, d'emprunter, d'échanger, de plaider ou de transiger, demandées par les mêmes établissements; l'acceptation des dons et legs qui leur sont faits;

6° Enfin, tous les objets sur lesquels les Conseils municipaux sont appelés par les lois et règlements à donner leur avis, et ceux sur lesquels ils seront consultés par le Préfet. — Lorsque le Conseil municipal, à ce régulièrement requis et convoqué, refuse ou néglige de donner son avis, il peut être passé outre.

4. — Le Conseil municipal délibère sur les *comptes d'administration* qui lui sont annuellement présentés par le Maire.

5. — Il est *interdit* à tout Conseil municipal soit de publier des

proclamations et adresses, soit d'émettre des vœux politiques, soit, hors les cas prévus par la loi, de se mettre en communication avec un ou plusieurs Conseils municipaux.

IV. Pour ce qui concerne l'élection des *délégués sénatoriaux*, voy. SÉNAT.

V. Voy. COMMUNE; — OBLIGATION SCOLAIRE; — MAIRE.

CONSEIL PRESBYTÉRAL. — Conseil d'une paroisse *protestante*, chargé de maintenir l'ordre et la discipline, de veiller à l'entretien des édifices religieux, d'administrer les biens de l'église et les deniers provenant des aumônes, etc. — Voy. CULTES, II.

CONSEIL SUPÉRIEUR DE L'AGRICULTURE. — (Décr. 11 janvier 1882.) — *Présidé* par le Ministre de l'agriculture, il est *composé* de membres de l'Institut, de Sénateurs, de Députés, d'Inspecteurs généraux de l'agriculture, des écoles vétérinaires et des haras, de propriétaires agriculteurs et viticulteurs, de présidents de Sociétés d'agriculture. Il est divisé en 4 *sections :* Agriculture ; — Forêts ; — Hydraulique agricole ; — Haras.

CONSEIL SUPÉRIEUR DU COMMERCE ET DE L'INDUSTRIE. — (Décr. 13 octobre 1882.) — Présidé par le Ministre du commerce et de l'industrie, il est divisé en 2 *sections :* Commerce; — Industrie, comprenant chacune 24 membres choisis parmi les Sénateurs, les Députés, les présidents des principales Chambres de commerce et les hommes notoirement les plus versés dans les matières commerciales, industrielles et financières, indépendamment des membres de droit.

Ce Conseil, qui se réunit sur la convocation du Ministre, peut être appelé à donner son *avis* sur les projets de loi concernant le tarif des douanes ; sur les projets de traités de commerce et de navigation ; sur la législation commerciale des colonies et de l'Algérie ; sur des encouragements aux grandes pêches maritimes et à la marine marchande ; sur les questions de colonisation et d'émigration, etc.

CONSEIL SUPÉRIEUR DE L'INSTRUCTION PUBLIQUE. — (Loi 27 février 1880 ; décr. 16 mars et 11 mai 1880; loi 30 octobre 1886, art. 51.) — La loi du 27 février 1880 qui a réorganisé le Conseil supérieur de l'instruction publique se distingue des lois antérieures par 3 caractères principaux : — 1° Exclusion des ministres des cultes et des personnes qui étaient réputées représenter dans le Conseil les intérêts sociaux; — 2° Représentation de tous les grands établissements d'instruction publique et des 3 degrés de l'enseignement universitaire; — Prédominance de l'élément électif.

I. COMPOSITION. — Le Conseil est composé comme il suit : — Le Ministre, *président;* — Cinq membres de l'*Institut*, élus par l'Institut en assemblée générale et choisis par chacune des 5 classes; — Neuf Conseillers *nommés par décret* et choisis parmi les directeurs et anciens directeurs du ministère de l'instruction publique, les inspecteurs généraux et anciens inspecteurs généraux, les Recteurs et anciens Recteurs, les inspecteurs et anciens inspecteurs d'académie, les professeurs et anciens professeurs de l'enseignement public; — Deux professeurs du *Collège de France*, élus par leurs collègues; — Un professeur du *Muséum*, élu par ses collègues ; — Un professeur titulaire des *Facultés de Théologie catholique*, élu par l'ensemble des professeurs, suppléants et chargés de cours desdites Facultés ; — Un professeur titulaire des *Facultés de Théologie protestante*, élu par les professeurs, chargés de cours et maîtres de conférences; — Deux professeurs titulaires des *Facultés de Droit*, élus au scrutin de liste par les professeurs, agrégés et chargés de cours; — Deux professeurs titulaires des *Facultés de Médecine* ou des Facultés mixtes, élus au scrutin de liste par les professeurs, agrégés en exercice, chargés de cours et maîtres de conférences pourvus du grade de docteur; — Un professeur titulaire des *Ecoles supérieures de Pharmacie* ou des Facultés mixtes, élu dans les mêmes conditions. — Dans les Facultés mixtes, les professeurs de l'enseignement médical votent pour les 2 professeurs de médecine, et les professeurs de l'enseignement de la pharmacie votent pour le professeur de pharmacie; — Deux professeurs titulaires des *Facultés des Sciences*, élus au scrutin de liste par les professeurs, suppléants, chargés de cours et maîtres de conférences pourvus du grade de docteur; — Deux docteurs des *Facultés des Lettres*, élus dans les mêmes conditions; — Deux délégués de l'*Ecole normale supérieure*, un pour les lettres, l'autre pour les sciences, élus par le directeur, le sous-directeur, et les maîtres de conférences de l'Ecole, et choisis parmi eux; — Un délégué de l'*Ecole normale d'enseignement spécial*, élu par le directeur, le sous-directeur et les professeurs de l'école, et choisi parmi eux; — Un délégué de l'*Ecole nationale des Chartes*, élu par les membres du Conseil de perfectionnement et les professeurs, et choisi parmi eux; — Un professeur titulaire de l'*Ecole des langues orientales vivantes*, élu par ses collègues; — Un délégué de l'*Ecole polytechnique*, élu par le Commandant, le commandant en second, les membres du Conseil de perfectionnement, le directeur des études, les examinateurs, professeurs et répétiteurs de l'Ecole, et choisi parmi eux; — Un délégué de l'*Ecole des Beaux-Arts*, élu par le directeur et les professeurs de l'Ecole, et choisi parmi eux; — Un délégué du *Conservatoire des arts et métiers*, élu par le directeur, le sous-directeur et les professeurs, et choisi parmi eux; — Un délégué de l'*Ecole centrale des arts et manufactures*, élu par le directeur et les professeurs de l'école, et choisi parmi eux; — Un délégué de l'*Institut agronomique*, élu par le directeur et les professeurs de cet établissement, et choisi parmi eux; — Huit *Agrégés* en exercice de chacun des ordres d'agrégation (Grammaire, Lettres, Philosophie, Histoire, Mathématiques, Sciences physiques ou naturelles, Langues vivantes, Enseignement spécial), élus par l'ensemble des agrégés du même ordre, qui sont professeurs ou fonctionnaires en exercice dans les lycées; — deux délégués des *Collèges communaux*, élus, l'un dans l'ordre des lettres, l'autre dans l'ordre des sciences, par les principaux et professeurs en exercice dans ces collèges, pourvus du grade de licencié dans le même ordre; — Six membres de l'*Enseignement primaire*, élus au scrutin de liste, par les inspecteurs généraux de l'instruction primaire, par le directeur de l'enseignement primaire de la Seine, les inspecteurs d'Académie des départements, les inspecteurs primaires, les directeurs et directrices des écoles normales primaires, la directrice de l'Ecole Pape-Carpantier, les inspectrices générales et les déléguées spéciales chargées de l'inspection des salles d'asile. (La loi du 30 octobre 1886, art. 51, a adjoint au corps électoral chargé d'élire les 6 représentants de l'enseignement primaire les directeurs et directrices d'écoles primaires supérieures publiques et les instituteurs et institutrices nommés membres du Conseil départemental;) — Quatre membres de l'*Enseignement libre* nommés par décret, sur la proposition du Ministre.

Tous les membres du Conseil supérieur sont nommés pour *quatre ans*. Leurs pouvoirs peuvent être indéfiniment renouvelés.

II. Attributions. — Les 9 membres nommés Conseillers par décret du Président de la République et 6 Conseillers que le Ministre désigne parmi ceux qui procèdent de l'élection constituent une *section permanente*, dont les fonctions sont: D'étudier les programmes et règlements avant qu'ils ne soient soumis au Conseil supérieur. — Elle donne son avis : Sur les créations de Facultés, lycées, collèges, écoles normales primaires ; — Sur les créations, transformations ou suppressions de chaires ; — Sur les livres de classe, de bibliothèque et de prix qui doivent être interdits dans les écoles publiques ; — Et, enfin, sur toutes les questions d'études d'administration, de discipline ou de scolarité qui lui sont envoyées par le Ministre. — En cas de vacance dans une Faculté, la section permanente présente 2 candidats, concurremment avec la Faculté dans laquelle la vacance existe.

Le Conseil supérieur donne son *avis :* Sur les programmes, méthodes d'enseignement, modes d'examens, règlements administratifs et disciplinaires relatifs aux écoles publiques, déjà étudiés par la section permanente ; — Sur les règlements relatifs aux examens et à la collation des grades ; — Sur les règlements relatifs à la surveillance des écoles libres ; — Sur les livres d'enseignement, de lecture et de prix qui doivent être interdits dans les écoles libres comme contraires à la morale, à la constitution et aux lois ; — Sur les règlements relatifs aux demandes formées par les étrangers pour être autorisés à enseigner, à ouvrir ou à diriger une école.

— Le Conseil statue en *appel* et en *dernier ressort* sur les jugements rendus par les Conseils académiques en matière contentieuse ou disciplinaire. Il statue également en appel et en dernier ressort sur les décisions des Conseils départementaux de l'enseignement primaire en matière d'opposition à l'ouverture d'écoles privées et en matière d'interdiction, qu'il s'agisse d'un instituteur public ou d'un instituteur privé.

Lorsqu'il s'agit : 1° De la révocation, du retrait d'emploi, de la suspension des professeurs titulaires de l'enseignement public, supérieur ou secondaire, ou de la mutation pour emploi inférieur des professeurs titulaires de l'enseignement public supérieur ; 2° De l'interdiction du droit d'enseigner ou de diriger un établissement d'enseignement contre un membre de l'enseignement public ou libre ; 3° De l'exclusion d'un étudiant de toutes les Académies, la décision du Conseil supérieur de l'instruction publique doit être prise aux *deux tiers* des suffrages.

III. Sessions. — Le Conseil se réunit en assemblée générale *deux fois* par an. Le Ministre peut le convoquer en session *extraordinaire.*

IV. Le décret du 16 mars 1880 a réglé les *formes de l'élection* des membres du Conseil supérieur. — Un autre décret du 11 mai de la même année porte *règlement intérieur* pour cette haute assemblée.

CONSEIL SUPÉRIEUR DE LA MAGISTRATURE. (Loi 30 août 1883, art. 13 — 16.) — La Cour de cassation, toutes chambres réunies, constitue le Conseil supérieur de la magistrature. Le gouvernement y est représenté par le Procureur général près la Cour.

Ce Conseil exerce le *pouvoir disciplinaire* à l'égard des premiers Présidents, Présidents de Chambres, Conseillers de la Cour de cassation et des Cours d'appel, des Présidents, Vice-Présidents, Juges, Juges suppléants des tribunaux de première instance ou de paix.

Toute délibération politique est interdite aux corps judiciaires. Toute manifestation ou démonstration d'hostilité au principe ou à la forme du gouvernement de la République est interdite aux magistrats. L'infraction à ces dispositions constitue une faute disciplinaire. Les *peines disciplinaires* applicables aux magistrats ci-dessus énumérés sont : La *censure simple ;* — La *censure avec réprimande ;* — La *suspension provisoire ;* — La *déchéance.*

La censure avec réprimande emporte de droit privation de traitement pendant un mois. La suspension provisoire emporte privation de traitement pendant sa durée.

Aucun premier Président, Président de Chambre, Conseiller de Cour d'appel, aucun Président, Vice-Président, Juge ou Juge suppléant des tribunaux de première instance ne peut être *déplacé* que sur l'avis conforme du Conseil supérieur. Ce déplacement ne doit entraîner, pour le magistrat qui en est l'objet, aucun changement de fonctions, aucune diminution de classe ni de traitement. — Les magistrats que des infirmités graves et permanentes mettent hors d'état d'exercer leurs fonctions peuvent être *mis d'office à la retraite*, sur avis conforme du Conseil supérieur.

Le Conseil supérieur ne peut être saisi que par le Garde des sceaux, et il ne doit statuer ou donner son avis qu'après que le magistrat a été entendu ou dûment appelé.

CONSEIL SUPÉRIEUR DES PRISONS. — *Institué*, en vertu de l'article 9 de la loi du 5 juin 1875 sur le régime des prisons départementales, ce Conseil a été *réorganisé* par décret du 3 janvier 1881.

Présidé par le Ministre de l'Intérieur, il *se compose* de 34 membres nommés par le Ministre, dont 18 doivent être choisis dans le Parlement.

Il tient, chaque année, *deux sessions ordinaires* commençant : l'une le 1er mardi du mois de février, l'autre le 3e mardi du mois de juin.

Le Conseil supérieur des prisons est *consulté :* sur les programmes généraux de construction et d'appropriation des prisons destinées à l'emprisonnement individuel ; — Sur les projets de règlements généraux concernant l'application du régime de l'emprisonnement individuel ; — Sur la fixation des subventions qui peuvent être allouées aux départements pour la transformation de leurs prisons ; — Sur la reconnaissance et le classement des maisons d'arrêt, de justice et de correction comme établissements affectés à l'emprisonnement individuel.

Il est *rendu compte annuellement* au Conseil supérieur des prisons de l'état des maisons d'arrêt, de justice et de correction soumises au régime de l'emprisonnement individuel et de tout ce qui concerne l'application de la loi du 5 juin 1875.

— Le Conseil est *renouvelé par moitié* tous les deux ans. Les membres sortants peuvent toujours être *renommés.*

CONSEILS DE GUERRE. — (Cod. just. mil. armée de terre et mer, liv. I, II, III ; loi 18 mai 1875.)

Tribunaux permanents institués dans chaque *région de corps d'armée* et dans chaque *arrondissement maritime* pour juger les crimes et délits commis par les militaires et marins, pendant qu'ils sont sous les drapeaux ou à bord des bâtiments de l'État.

1. — Les Conseils de guerre sont *formés* d'un président et de six juges ; leur *composition* varie suivant le grade de l'accusé.

2. — Il y a auprès de chaque Conseil un *Commissaire du Gouvernement*, remplissant les fonctions du Ministère public, et un *Rapporteur*, chargé de l'instruction.

3. — Lorsqu'un *corps d'armée* est appelé à opérer, soit sur le territoire, soit au dehors, un ou deux Conseils de guerre sont établis dans chaque division active ainsi qu'au quartier général de l'armée.

Ces Conseils de guerre sont *composés* de 5 juges seulement. — Il est établi 2 Conseils de guerre dans toute place de guerre assiégée ou investie.

4. — Les jugements rendus par les Conseils de guerre peuvent être attaqués par recours devant les *Conseils de revision*. (Voy. ces mots.)

CONSEILS DE REVISION. — (Cod. just. mil. armée de terre et de mer, liv. I, II, III ; loi 18 mai 1875.)

1. — On donne ce nom aux tribunaux permanents institués dans chaque *région de corps d'armée* et dans chaque *arrondissement maritime* pour prononcer sur les recours formés contre les jugements des *Conseils de guerre*.

— Les *Conseils de revision* ne connaissent pas du fond des affaires.

Ils ne peuvent annuler les jugements qui leur sont soumis que dans les cas suivants : 1° lorsque le Conseil de guerre n'a pas été régulièrement composé ; — 2° lorsque les règles de la compétence ont été violées ; — 3° lorsque la peine prononcée par la loi n'a pas été appliquée aux faits déclarés constants par le Conseil de guerre, ou lorsqu'une peine a été prononcée en dehors des cas prévus par la loi ; — 4° lorsqu'il y a eu violation ou omission des formes prescrites à peine de nullité ; — 5° lorsque le Conseil de guerre a omis de statuer sur une demande de l'accusé ou une réquisition du Commissaire du Gouvernement tendant à user d'une faculté ou d'un droit accordé par la loi.

Si le jugement est annulé, l'affaire est renvoyée devant un autre Conseil de guerre de la région ou de l'arrondissement, ou, à défaut d'un second Conseil de guerre, devant celui des divisions voisines.

2. — On appelle aussi *Conseil de revision* le Conseil qui, dans chaque département, est chargé de revoir les opérations du *recrutement de l'armée*, d'entendre les réclamations auxquelles ces opérations peuvent donner lieu, et de juger les causes d'exemption et de déduction du contingent. — Voy. SERVICE MILITAIRE.

CONSEILLER-MAITRE. — Voy. COUR DES COMPTES, 3.

CONSEILLER-RÉFÉRENDAIRE. — Voy. COUR DES COMPTES, 3.

CONSERVATEUR DES HYPOTHÈQUES. — Fonctionnaire placé dans chaque arrondissement pour inscrire sur un registre public les *privilèges* et *hypothèques*, transcrire les actes translatifs de propriété, etc. — Voy. HYPOTHÈQUES, IV ; — TRANSCRIPTION.

Les Conservateurs des hypothèques sont tenus de délivrer à tous ceux qui le requièrent copie des actes transcrits sur leurs registres et des inscriptions subsistantes, ou certificat qu'il n'en existe aucune.

Ils sont *responsables* du préjudice résultant : 1° de l'omission, sur leurs registres, des transcriptions d'actes de mutation, et des inscriptions requises en leurs bureaux ; — 2° du défaut de mention, dans leurs certificats, d'une ou de plusieurs des inscriptions existantes, à moins, dans ce dernier cas, que l'erreur ne provienne de désignations insuffisantes qui ne puissent leur être imputées. (Cod. civ. art. 2196-2203.)

CONSERVATOIRE NATIONAL DE MUSIQUE ET DE DÉCLAMATION. — Établissement créé à *Paris* en 1794 et *consacré* à l'enseignement gratuit de la musique vocale et instrumentale et de la déclamation dramatique et lyrique.

1. — Cet enseignement se divise en neuf sections : 1° *Solfège et théorie musicale ;* — 2° *Harmonie, orgue et composition ;* — 3° *Chant, déclamation lyrique ;* — 4° *Piano, Harpe ;* — 5° *Instruments à archet ;* — 6° *Instruments à vent :* — 7° *Classes d'ensemble ;* — 8° *Lecture à haute voix, diction et déclamation dramatique ;* — 9° *Histoire générale de la musique ; Histoire et littérature dramatique.*

2. — Il y a au Conservatoire une *Bibliothèque* composée d'œuvres musicales et dramatiques et de publications relatives à la musique et au théâtre, et un *Musée* composé d'instruments de musique anciens et modernes et d'objets ayant un intérêt direct pour l'enseignement de la musique ou la facture instrumentale.

3. — Il existe un *jury d'admission* pour chaque section de l'enseignement.

Pour toutes les classes, il y a des *examens semestriels*, des *exercices publics* et des *concours annuels*. (Déc. 9 sept. 1878.)

4. — Il existe 9 *Écoles de musique* considérées comme Écoles *succursales* du Conservatoire national ; elles sont établies à *Avignon, Dijon, Le Havre, Lille, Lyon, Nancy, Nantes, Rennes, Toulouse.*

CONSERVATOIRE NATIONAL DES ARTS ET MÉTIERS. — Établissement créé à Paris, en 1794, et destiné à recevoir les modèles, plans et dessins des machines, appareils, instruments et outils employés dans l'agriculture et dans les arts industriels, afin d'y servir à l'enseignement et aux progrès des sciences.

— Quatorze *cours publics* et *gratuits* sont attachés au Conservatoire. En voici l'objet : *Géométrie appliquée aux arts ; — Géométrie descriptive; — Mécanique appliquée aux arts ; — Constructions civiles ; — Physique appliquée aux arts; — Chimie générale dans ses rapports avec l'industrie ; — Chimie agricole et analyse chimique; — Agriculture; — Travaux agricoles et génie rural; — Filature et tissage; — Chimie appliquée aux industries de la teinture, de la céramique et de la verrerie; — Economie politique et législation industrielle; — Economie industrielle et statistique; — Droit commercial.*

Une *Ecole gratuite* de *dessin* et de *géométrie descriptive* est annexée au Conservatoire.

CONSIGNATION. — (Cod. civ. art. 1257-1264 ; Cod. proc. art. 812-218.) — C'est le *dépôt* entre les mains d'un tiers, déterminé par la loi ou par la justice, des objets qu'un créancier refuse de recevoir. Le *débiteur* se trouve *libéré*, et la chose consignée demeure *aux risques* du *créancier*.

1. — Lorsqu'il s'agit de sommes d'argent, le dépôt se fait à la *Caisse des dépôts et consignations* (voy. ces mots) qui en sert les intérêts à 3 p. 100, à compter du soixante et unième jour de la consignation.

Si l'objet de la dette, que le créancier refuse de recevoir, n'est pas une somme d'argent, mais un corps certain (un *cheval*, etc.), le lieu de la consignation est fixé par la Justice.

2. — Il n'est pas nécessaire, pour la validité de la consignation des *sommes d'argent*, qu'elle ait été autorisée par le juge ; *il suffit :* 1° qu'elle ait été précédée d'une sommation signifiée au créancier, et contenant l'indication du jour, de l'heure et du lieu où la chose offerte sera déposée ; — 2° que le débiteur se soit dessaisi de la chose offerte, en la remettant dans le dépôt indiqué par la loi (c'est-à-dire la *Caisse des dépôts et consignations*), avec les intérêts jusqu'au jour du dépôt ; — 3° qu'il y ait eu procès-verbal, dressé par huissier, de la nature des espèces offertes, du refus qu'a fait le créancier de les recevoir, ou de sa non-comparution, et enfin du dépôt ; — 4° qu'en cas de non-comparution de la part du créancier, le procès-verbal du dépôt lui ait été signifié avec sommation de retirer la chose déposée.

3. — Les *frais* des offres réelles et de la consignation sont à la charge du créancier, si elles sont valables.

4. — Tant que la consignation n'a point été acceptée par le créancier, le débiteur peut la *retirer*, et, s'il la retire, ses codébiteurs ou ses cautions ne sont point libérés.

5. — Lorsque le débiteur a lui-même obtenu un jugement passé en force de *chose jugée* (voy. CHOSE JUGÉE), qui a déclaré ses offres et sa consignation bonnes et valables, il ne peut plus, même du consentement du créancier, retirer sa consignation, au préjudice de ses codébiteurs ou de ses cautions.

6. — Le créancier qui a consenti que le débiteur retirât sa consignation après qu'elle a été déclarée valable par un jugement ayant acquis force de chose jugée ne peut plus, pour le payement de sa créance, exercer les *privilèges* ou *hypothèques* qui y étaient attachés ; il n'a plus d'hypothèque que du jour où l'acte par lequel il a consenti au retrait de la consignation a été revêtu des formes requises pour emporter hypothèque.

7. — Voy. OFFRES RÉELLES.

CONSIGNATIONS. (CAISSE DES DÉPÔTS ET) — Voy. CAISSE DES DÉPÔTS ET CONSIGNATIONS.

CONSISTOIRES. — Voy. CULTES, II.

CONSOLIDÉE. (DETTE) — Voy. DETTE PUBLIQUE.

CONSOMMATION. (DROIT DE) — Voy. BOISSONS, § IV.

CONSOMMATION. (PRÊT DE) — Voy. PRÊT, sect. II.

CONSOMMATION. (SOCIÉTÉ DE) — Voy. SOCIÉTÉS COOPÉRATIVES.

CONSORTS. — C'est ainsi qu'il est d'usage de désigner, par abréviation, les individus qui, ayant soutenu la même cause dans un procès, ont dû nécessairement partager le *même sort.* — On se borne à citer le nom de l'un d'eux en ajoutant : *et consorts.*

CONSTITUTION. — Loi fondamentale déterminant la *forme du Gouvernement* et réglant les *droits des citoyens.*

La France n'a pas actuellement de Constitution proprement dite, mais diverses lois qualifiées de *lois constitutionnelles* ont, en 1875, déterminé la forme du Gouvernement et les rapports des pouvoirs publics. Ces lois ont été depuis, à plusieurs reprises, l'objet d'une revision partielle.

Avant d'en parler, nous croyons intéressant de présenter le résumé de nos diverses Constitutions en rappelant les circonstances au milieu desquelles elles ont paru et disparu :

1. CONSTITUTION DE 1791 (3 septembre). — Elle était précédée d'une *déclaration des droits de l'homme et du citoyen*, celle adoptée par l'Assemblée nationale, le 22 août 1789. (Voy. PRINCIPES DE 1789.) — M. G. Ducoudray en a très bien précisé le caractère dans son *Histoire contemporaine*, 3e édit. p. 49 : « Une Assemblée unique et permanente, véritablement souveraine, un Monarque investi du pouvoir exécutif, mais n'ayant à l'égard des actes de l'Assemblée qu'un *veto* suspensif de quatre ans; un système électoral à deux degrés (*Assemblées primaires* nommant les électeurs, *Assemblées électorales* nommant les Députés, les Juges et les Administrateurs), tel était le Gouvernement établi par la Constitution de 91 : ce Gouvernement, mal équilibré, ne dura point; mais ce qui fait l'honneur de cette Constitution, ce sont les principes sur lesquels elle s'appuyait. Elle avait une préface belle malgré son emphase : la déclaration des droits de l'homme ; elle proclamait un nouveau dogme de politique : la souveraineté nationale; elle instituait le gouvernement représentatif. Elle mettait l'égalité dans la Société, l'équité dans la distribution de la justice, l'ordre dans les finances. De trois nations elle en formait une seule ; de trente-six provinces différentes de coutumes et de législation, elle faisait un seul pays, régi par la même administration et par la même jurisprudence. A l'arbitraire elle substituait la loi ; à la faveur, l'élection, qu'elle eut tort seulement de mettre partout; libres dans leur commerce, dans leurs professions, dans leur conscience, les citoyens jouissaient de leurs droits les plus sacrés. S'ils violaient les lois protectrices de la Société, on ne voyait en eux des coupables qu'après la déclaration d'autres citoyens siégeant en jury ; s'ils méritaient de hautes récompenses, une humble naissance ne leur en défendait plus l'espoir. Tous les privilèges étaient anéantis, toutes les entraves brisées, grand pas vers la fin de toutes les entraves brisées, grand pas vers la fin de toutes les misères. Imparfaite comme toute œuvre humaine, l'œuvre de l'Assemblée nationale n'en reposait pas moins sur des principes qui seront la pierre angulaire de toutes nos Constitutions. Les Gouvernements restreindront ou étendront plus ou moins la liberté, mais ils maintiendront toujours la précieuse conquête de 1789 : l'égalité. »

— Le 14 septembre 1791, Louis XVI prêta serment à la Constitution, et, le 30 du même mois, l'Assemblée qui l'avait votée se sépara pour faire place à l'*Assemblée législative*, dont il avait été décidé qu'aucun membre de la première législature ne ferait partie. De graves événements s'accomplirent pendant sa durée. A la suite de l'insurrection du 10 août 1792, l'Assemblée législative suspendit provisoirement le Roi de ses fonctions et résigna son mandat. Le peuple français fut invité à former une *Convention nationale.* Installée le 20 septembre, la Convention décréta, le lendemain 21, à l'unanimité, l'abolition de la Royauté et proclama la République. Louis XVI fut mis en accusation ; une faible majorité décida de son sort, et, le 21 janvier 1793, la tête de l'infortuné Monarque tomba sur l'échafaud.

II. Constitution de 1793 (24 juin). — Œuvre de la Convention nationale, cette Constitution, qui, du reste, ne fut jamais exécutée, était impraticable. Elle portait jusqu'à ses dernières conséquences le principe de la Souveraineté populaire.

Le *pouvoir législatif* appartenait à un corps unique, nommé, pour un an, par les Assemblées primaires de canton. Pouvaient être élus et étaient électeurs tous les citoyens âgés de 21 ans. L'Assemblée législative ne faisait que proposer la loi ; c'était le peuple qui la votait.

Le *pouvoir exécutif* était confié à un *Conseil* de vingt-quatre membres choisis par le Corps législatif sur une liste générale de candidats présentés par les Assemblées électorales de chaque département. Le Conseil devait être renouvelé tous les ans par moitié.

Toutes les fonctions judiciaires et administratives étaient conférées par l'élection populaire.

Cette Constitution, dont Condorcet était le principal auteur, ne fut jamais mise en action. Un décret du 10 octobre 1793 déclara que le Gouvernement provisoire de la France serait révolutionnaire jusqu'à la paix ; tous les droits allaient être suspendus, le régime de la terreur commençait.

III. Constitution du 5 fructidor an III (22 août 1795). — Œuvre de la Convention, comme la précédente, et née de la réaction de cette Assemblée contre elle-même après le 9 thermidor (27 juillet 1794), c'est-à-dire après la chute du Gouvernement révolutionnaire en la personne de Robespierre, Couthon, Saint-Just, qui furent à leur tour envoyés à l'échafaud, elle modifiait profondément le système gouvernemental. Le peuple n'exerçait plus le pouvoir législatif que par représentants ; encore ne les élisait-il pas directement. L'élection à deux degrés, abolie par la Constitution de 1793, était rétablie.

Le *pouvoir législatif* résidait dans deux Assemblées : le *Conseil des Cinq-Cents* et le *Conseil des Anciens*, renouvelés l'un et l'autre, tous les ans, par tiers. Le pouvoir exécutif était délégué à un *Directoire.*

Le *Conseil des Cinq-Cents* était composé, comme son nom l'indique, de cinq cents membres, âgés de 30 ans au moins, domiciliés depuis dix ans dans le territoire de la République. Il avait la proposition des lois qui étaient soumises à trois lectures et discussions, sauf le cas d'urgence.

Le *Conseil des Anciens* était composé de deux cent cinquante membres, âgés de 40 ans au moins. La *sanction* des lois lui appartenait ; lui seul avait le droit d'approuver ou de rejeter les résolutions du Conseil des Cinq-Cents. Mais il devait les rejeter intégralement ou les approuver dans leur entier sans pouvoir les amender.

Le *Directoire* était composé de cinq membres, âgés de 40 ans au moins, et nommés par les deux Conseils. Il avait le *pouvoir exécutif;* c'est lui qui était chargé de publier, promulguer et faire exécuter les lois. Les Directeurs, dont un était remplacé chaque année, avaient tour à tour pendant trois mois la présidence et la signature. Le membre sortant ne pouvait être réélu qu'après un intervalle de cinq ans.

— Le Directoire, qui eut besoin pour vivre de recourir aux coups d'État, tomba lui-même devant le coup d'État dirigé par le général Bonaparte, le 18 brumaire an VIII (10 novembre 1799).

Dans cette fameuse journée, la Constitution de l'an III fut abolie et le Directoire dissous. La République devint consulaire, ou, pour mieux dire, elle n'exista plus que de nom. Au lieu de cinq magistrats sans autorité, elle va avoir un maître absolu qui bientôt même lui ôtera ce vain titre de République au nom duquel tant de sang avait été versé.

IV. Constitution du 22 frimaire an viii (13 décembre 1799). — Voici les bases fondamentales de cette Constitution qui, soumise à l'acceptation populaire, réunit 3011007 suffrages sur 3012569 votants :

Le *pouvoir exécutif* appartenait à trois *Consuls* nommés pour dix ans et rééligibles.

Sur l'initiative et sous la direction du Gouvernement, un *Conseil d'Etat* était chargé d'élaborer les projets de lois ; un *Tribunat*, composé de cent tribuns, âgés de 25 ans au moins, renouvelés par cinquième tous les ans, et indéfiniment rééligibles, discutait ces projets et émettait un vœu pour ou contre, sans avoir le droit d'amendement ; un *Corps législatif*, composé de trois cents membres, âgés de 30 ans au moins, également renouvelés par cinquième tous les ans et rééligibles, admettait ou rejetait sans discussion et sans amendement les projets, après avoir écouté les orateurs du Conseil d'Etat et du Tribunat. Enfin un *Sénat conservateur*, composé de quatre-vingts membres inamovibles et à vie, âgés de 40 ans au moins, était investi du droit d'annuler les lois qui seraient contraires à la Constitution, et de nommer les Consuls, les membres du Tribunat, du Corps législatif et du Tribunal de Cassation.

La majorité des membres du Sénat était nommée, lors de sa création, par une Commission de quatre membres, dont le deuxième et le troisième Consul faisaient partie. Il se complétait lui-même sur la présentation de candidats faite par le Corps législatif, le Tribunat et le Premier Consul.

Les nominations faites par le Sénat devaient l'être sur des listes formées par l'élection.

L'élection était à plusieurs degrés : tout Français âgé de 21 ans concourait à la formation d'une *liste communale* de citoyens, parmi lesquels le premier Consul choisissait les fonctionnaires de l'arrondissement ; il désignait aussi un électeur sur dix pour dresser une *liste départementale*, sur laquelle étaient choisis les fonctionnaires du département ; enfin les élus de la liste départementale désignaient un dixième d'entre eux pour figurer sur la *liste nationale*, où le Sénat prenait les Tribuns et les membres du Corps législatif.

La justice était organisée de la manière suivante : les Juges des tribunaux de première instance, et les Commissaires du Gouvernement établis près ces tribunaux étaient pris dans la liste communale ou la liste départementale ; ceux des Tribunaux d'appel, dans la liste départementale ; ceux du Tribunal de Cassation, dans la liste nationale ; ceux de la Haute-Cour étaient choisis par le Tribunal de Cassation et dans son sein, avec un jury tiré de la liste nationale ; les Juges de paix étaient élus par les citoyens pour trois ans.

— Trois Consuls furent immédiatement désignés dans l'ordre suivant : *Bonaparte*, *Cambacérès* et *Lebrun ;* le Sénat devait, à l'avenir, les choisir dans son sein.

Le Premier Consul nommait les Ministres, les membres du Conseil d'Etat, les Ambassadeurs, les fonctionnaires civils, excepté les Juges de paix et les membres du Tribunal de Cassation ; il promulguait les lois. Les deux autres, à peu près annihilés, n'avaient guère que voix consultative.

— « Il serait assez difficile, » dit M. Dalloz (*Répertoire de jurisprudence*, art. Droit constitutionnel, 54), « d'imaginer une Constitution plus bizarre et plus compliquée dans ses combinaisons que la Constitution du 22 frimaire ; nous pourrions ajouter plus savante. Le but que s'est proposé son auteur, génie fécond en combinaisons constitutionnelles, y est parfaitement caché sous le mécanisme gouvernemental, mais s'y découvre avec un peu d'attention : annihiler le pouvoir du peuple, tout en ayant l'air de le maintenir, voilà le but. Comme par le passé, le peuple est appelé à voter dans les Assemblées primaires et à élire, mais ses choix sont passés au crible de tant d'élections, pour être soumis en définitive à un pouvoir qu'il ne nomme pas, que l'on peut dire qu'il n'en reste rien. Quelle est d'ailleurs l'autorité des législateurs nommés par le Sénat, après une triple élection? Les uns discutent sans voter, les autres votent sans discuter ; aucun d'eux ne propose... Cette division de la discussion et du vote était l'anéantissement du régime représentatif; aucun des partisans de ce régime ne s'y est trompé. « Jusqu'à nos jours, dit à ce sujet Benjamin Constant, chez toutes les nations où il y avait des formes représentatives, quelque imparfaites que fussent ces formes, la discussion était inséparable de la proposition et de l'adoption des lois. La Constitution de l'an VIII parut, et le peuple de Constantinople ne fut plus le seul peuple représenté par des muets. » (*Cours de politique constitutionnelle*, tom. I, p. 87.) Le nom de *muets* est resté au Corps législatif. Singuliers représentants d'un peuple souverain ! Il est vrai que la Constitution de l'an VIII ne rappelle pas, comme ses devancières, le principe de la souveraineté du peuple ; elle ne contient pas non plus de déclaration de droits. »

— Oligarchique depuis la Constitution de l'an VIII, le Gouvernement marchait à grands pas vers la monarchie et même au delà.

Réélu par anticipation le 18 floréal an X (8 mai 1802), proclamé *Consul à vie*, la même année (2 août), par 3 568 885 suffrages sur 3 577 259 votants, Bonaparte, entre les mains duquel tous les pouvoirs tendent chaque jour à se concentrer davantage, n'a plus qu'un titre à obtenir. Le sénatus-consulte du 28 floréal an XII (18 mai 1804) le lui donna. La nomination du Premier Consul de la République comme *Empereur des Français*, et l'hérédité de la dignité impériale, soumises à l'acceptation du peuple, furent consacrées par 3 521 675 suffrages sur 3 554 254 votants.

— Eblouie par des succès qui, durant dix ans, ne se démentirent pas, la France semble presque avoir oublié la liberté ; le puissant génie qu'elle s'était donné pour maître s'occupait de tout et suffisait à tout. Mais l'heure des revers vint à sonner. « Napoléon, contrarié au milieu de ses entreprises par des récriminations qu'il ne comprenait pas, détruisait les libertés publiques, déjà diminuées lors de son élévation à l'Empire. La liberté politique n'existait plus : le Sénat ne trouvait que des paroles louangeuses pour le dominateur de l'Europe; le Tribunat, où était demeuré un reste d'opposition, avait été supprimé; le Corps législatif votait sans murmurer toutes les levées d'hommes, toutes les anticipations sur la conscription, tous les retours sur les classes précédentes. La liberté individuelle n'avait plus de garanties; Napoléon exilait arbitrairement. La liberté de la presse subsistait encore moins, car la police surveillait seule la presse périodique et fut décrétée la censure préalable de tous les manuscrits. La liberté religieuse souffrait elle-même des querelles de l'Empereur et du Pape. Enfin, la liberté commerciale, complètement détruite à l'extérieur, ne tarda pas à être restreinte à l'intérieur. En 1811, une récolte de grains insuffisante fit monter le prix du pain. Napoléon voulut approvisionner lui-même Paris. Il en vint jusqu'à fixer, à l'instar de la Convention, un *maximum* pour le prix des grains. » (G. Ducoudray, *Histoire contemporaine*, 3e édit. p. 98.)

— Tel était l'état constitutif de la France quand l'épuisement du pays et la trahison amenèrent l'Europe coalisée sous les murs de Paris. Le Sénat, qui s'était renfermé jusqu'alors dans une obéissance servile, se tourna aussitôt contre le maître que la fortune abandonnait, et, le 3 avril 1814, il proclama la déchéance de l'Empereur en la motivant par ce long acte d'accusation :

« *Le Sénat conservateur;* — Considérant que, dans une monarchie constitutionnelle, le monarque n'existe qu'en vertu de la Constitution ou du pacte social ; — que Napoléon Bonaparte, pendant quelque temps d'un gouvernement ferme et prudent, avait donné à la nation des sujets de compter pour l'avenir sur des actes de sagesse et de justice ; mais qu'ensuite il a déchiré le pacte qui l'unissait au peuple français, notamment en levant des impôts, en établissant des taxes autrement qu'en vertu de la loi, contre la teneur expresse du serment qu'il avait prêté à son avènement au trône, conformément à l'article 53 de l'acte des Constitutions du 28 floréal an XII ; — qu'il a commis cet attentat aux droits du peuple, lors même qu'il venait d'ajourner sans nécessité le Corps législatif, et de faire supprimer comme criminel un rapport de ce corps, auquel il contestait son titre et sa part à la représentation nationale ; — qu'il a entrepris une suite de guerres en violation de l'article 50 de l'acte des Constitutions du 22 frimaire an VIII, qui veut que la déclaration de guerre soit proposée, discutée, décrétée et promulguée comme des lois ; — qu'il a inconstitutionnellement rendu plusieurs décrets portant peine de mort, nommément les deux décrets du 5 mars dernier, tendant à faire considérer comme nationale une guerre qui n'avait lieu que dans l'intérêt de son ambition démesurée ; — qu'il a violé les lois constitutionnelles par ses décrets sur les prisons d'Etat ; — qu'il a anéanti la responsabilité des Ministres, confondu tous les pouvoirs, et détruit l'indépendance des corps judiciaires ;

» Considérant que la liberté de la presse, établie et consacrée comme l'un des droits de la nation, a été constamment soumise à la censure arbitraire de sa police, et qu'en même temps il s'est toujours servi de la presse pour remplir la France et l'Europe de faits controuvés, de maximes fausses, de doctrines favorables au despotisme, et d'outrages contre les Gouvernements étrangers ; — que des actes et rapports entendus par le Sénat ont subi des altérations dans la publication qui en a été faite ;

» Considérant qu'au lieu de régner dans la seule vue de l'intérêt, du bonheur et de la gloire du peuple français, aux termes de son serment, Napoléon a mis le comble aux malheurs de la patrie par son refus de traiter à des conditions que l'intérêt national obligeait d'accepter, et qui ne compromettaient pas l'honneur français ; — par l'abus qu'il a fait de tous les moyens qu'on lui a confiés en hommes et en argent ; — par l'abandon des blessés sans pansement, sans secours, sans subsistances ; — par différentes mesures dont les suites étaient la ruine des villes, la dépopulation des campagnes, la famine et les maladies contagieuses ;

» Considérant que, par toutes ces causes, le Gouvernement impérial, établi par le sénatus-consulte du 28 floréal an XII, a cessé d'exister, et que le vœu manifeste de tous les Français appelle un ordre de choses dont le premier résultat soit le rétablissement de la paix générale, et qui soit aussi l'époque d'une réconciliation solennelle entre tous les Etats de la grande famille européenne ;

» Le Sénat déclare et décrète ce qui suit :

» Art. 1er. — Napoléon Bonaparte est déchu du trône, et le droit d'hérédité, établi dans sa famille, est aboli. »

» Art. 2. — Le Peuple français et l'Armée sont déliés du serment de fidélité envers Napoléon Bonaparte. »

Le 4 avril, le Corps législatif adhéra

à l'acte du Sénat. Le 11 du même mois, Napoléon, à Fontainebleau, abdiqua en ces termes :

« Les puissances alliées ayant proclamé que l'Empereur Napoléon était le seul obstacle au rétablissement de la paix en Europe, l'Empereur Napoléon, fidèle à son serment, déclare qu'il renonce, pour lui et ses héritiers, aux trônes de France et d'Italie, et qu'il n'est aucun sacrifice personnel, même celui de la vie, qu'il ne soit prêt à faire à l'intérêt de la France. »

Le 3 mai, Louis XVIII entrait à Paris.

V. Charte constitutionnelle de 1814 (4 juin). — Le préambule niait le principe de la souveraineté nationale pour y substituer l'ancienne souveraineté des Rois de France. On y lisait, en effet, ceci : « Nous avons considéré que, bien que l'*autorité résidât en France dans la personne du Roi*, nos prédécesseurs n'avaient point hésité à en modifier l'exercice suivant la différence des temps ; ..... nous avons dû, à l'exemple des Rois nos prédécesseurs, apprécier les effets des progrès toujours croissants des lumières... A ces causes, nous avons *volontairement*, et par le *libre exercice de notre autorité royale, accordé et accordons, fait concession et octroi à nos sujets*, etc. »

Au Roi seul, dont la personne était déclarée inviolable et sacrée, appartenait la *puissance exécutive*. Chef suprême de l'Etat, il commandait les forces de terre et de mer, déclarait la guerre, faisait les traités de paix, d'alliance et de commerce, nommait à toutes les fonctions ; lui seul avait l'initiative des lois.

Le *pouvoir législatif* était attribué tout à la fois au Roi pour la proposition et la sanction, à deux Chambres (la Chambre des Pairs et la Chambre des Députés) pour la discussion et le vote.

La *Chambre des Pairs* était composée des Pairs nommés par le Roi, en nombre illimité, héréditaires ou à vie à son choix. La *Chambre des Députés* était formée des Députés élus par les Collèges électoraux, pour cinq ans, avec renouvellement tous les ans par cinquième. Nul ne pouvait être élu député, s'il n'était âgé de 40 ans et ne payait une contribution directe de 1 000 fr. S'il n'y avait pas cinquante éligibles remplissant cette dernière condition dans le département, les plus imposés au-dessous de 1 000 fr. complétaient ce nombre. Pour être électeur, il fallait avoir 30 ans et payer une contribution directe de 300 fr.

Le Roi avait le droit de faire des nobles à volonté, mais sans aucune exemption des charges et des devoirs de la société. La liberté des Cultes était proclamée, mais en même temps la religion catholique était déclarée *Religion de l'Etat*.

— Le retour des Bourbons avait été bien accueilli. Un mot heureux du comte d'Artois, qui devint plus tard Charles X : « *Il n'y a rien de changé en France, il n'y a qu'un Français de plus*, » avait fait fortune. On espérait que vingt ans de malheurs avaient éclairé les princes de l'antique maison royale ; qu'ils avaient beaucoup oublié et beaucoup appris. Mais cet espoir fut bientôt déçu. Les Ministres du Roi, les courtisans revenus de l'exil, les émigrés, plus exigeants et plus fiers que jamais, changèrent les dispositions en éveillant les inquiétudes.

— Relégué à l'île d'Elbe, Napoléon songea à tirer parti du mécontentement général. Le 1er mars, il débarqua à Cannes, et, le 20, il rentrait aux Tuileries.

VI. Acte additionnel aux constitutions de l'Empire (22 avril 1815). — Instruit par le malheur, Napoléon voulut satisfaire les désirs de liberté qu'il avait trop méconnus. Tel fut l'objet de l'*acte additionnel aux Constitutions de l'Empire* qu'il promulgua solennellement, son but, disait-il, n'étant plus « désormais que d'accroître la prospérité de la France par l'affermissement de la liberté publique. »

Cet acte donnait au pays de véritables garanties constitutionnelles. Il *supprimait la Censure*, en reconnaissant à tout citoyen le droit d'imprimer et de publier ses pensées, sauf à en répondre devant un *jury*, même pour les simples délits. Il annonçait la *modification* par une loi de ce fameux *article* 75 *de la Constitution de l'an* VIII, abrogé seulement en 1870, aux termes duquel les agents du Gouvernement ne pouvaient être poursuivis qu'en vertu d'une décision du Conseil d'Etat. La liberté individuelle était sérieusement protégée. — Par un décret du 13 mars 1815, daté de Lyon, Napoléon avait *aboli la noblesse* et remis en vigueur les lois de l'Assemblée constituante à ce sujet. Le 30 avril, il *rendait aux Communes le droit d'élection de leurs Maires et Adjoints*, conformément au décret de l'Assemblée constituante, du 14 décembre 1789.

— Cependant Napoléon était demeuré un sujet d'effroi pour l'Europe; malgré ses déclarations pacifiques, la coalition se reforma. Il courut aux frontières, battit les Prussiens à Fleurus et à Ligny, mais le désastre de Waterloo (18 juin) livra de nouveau la France à l'invasion étrangère. Napoléon dut abdiquer encore une fois; les alliés ramenèrent Louis XVIII. Cette seconde restauration ne dura que quinze ans.

— « Appelée à réconcilier le présent avec le passé, la dynastie des Bourbons ne sembla régner que par *la grâce de l'étranger*; avec elle étaient revenus les hommes de l'ancien régime, ne rapportant de l'exil que des ressentiments et des préjugés. On les vit, pendant quinze ans, essayer de relever des ruines et de rendre à la vie ce qui n'était plus : mais, pendant qu'ils se livraient à cette œuvre de réaction, les idées révolutionnaires faisaient explosion sur tous les points de l'Europe, et la Sainte-Alliance s'efforçait en vain de les étouffer. Cependant la France avait supporté tous ses malheurs avec une constance héroïque : elle avait fidèlement payé la rançon qui lui avait été imposée. Heureuse de quelques jours de paix après tant d'orages, elle se reposait sur la foi des serments, quand tout à coup la royauté, jetant le masque, osa déchirer le pacte qui la liait à la nation. Alors, comme en 1789, le peuple se leva et renversa en trois jours (27, 28, 29 juillet 1830) une dynastie parjure, pour placer sur le trône une famille qui avait fait alliance avec la Révolution, et pris une part glorieuse à ses premières luttes. » (Ferrand et de Lamarque, *Histoire de la Révolution française*, etc., t. V, p. 553, 554.)

Le 9 août 1830, le duc d'Orléans était proclamé Roi des Français, sous le titre de Louis-Philippe Ier.

VII. Charte de 1830 (9 août). — Ce ne fut point une Constitution nouvelle à proprement parler, mais une modification de la Charte de 1814. Le *préambule* fut *supprimé* comme blessant la dignité nationale, en paraissant octroyer aux Français des droits qui leur appartiennent essentiellement.

L'article 6, qui proclamait « *religion de l'Etat* » la religion catholique, fut remplacé par une disposition où elle était désignée comme étant « *professée par la majorité des Français.* » On déclara que la *censure ne pourrait jamais être rétablie*. Un *jury* était établi pour le jugement des délits politiques. L'hérédité de la Pairie était mise en question : elle fut abolie l'année suivante.

L'*initiative des lois* appartenait à la fois au Roi et aux deux Chambres. L'*âge pour être député* était abaissé à 30 ans, et le *cens* de 1 000 fr. à 500 fr. de contribution directe; l'*âge des électeurs* était abaissé à 25 ans, et leur *cens* à 200 fr. Quelques *capacités* (membres et correspondants de l'Institut), et les officiers en retraite pensionnés de 1 200 fr. étaient électeurs. Les *Présidents des Collèges électoraux*, jadis nommés par le Roi, l'étaient par les électeurs. De même, le *Président de la Chambre des Députés* était élu par elle, à l'ouverture de chaque session.

— Portée au pouvoir par une Révolution, la Royauté de 1830 disparut, dix-huit ans après, par une Révolution.

« Le Gouvernement de juillet n'avait pu rallier la noblesse et le clergé, dévoués à la Restauration : il se défiait des classes populaires et ne s'appuyait que sur la bourgeoisie, trop faible pour le soutenir. Il persistait à laisser à l'opposition des griefs considérables. En n'appelant à nommer les députés que les électeurs inscrits aux rôles des contributions directes jusqu'à la somme de 200 francs, il violait un principe important : l'égalité. C'était à ce système que s'attaquaient les cris de *réforme électorale*. La composition de la Chambre des Députés, remplie en grande partie de fonctionnaires, rendait plus trompeuse encore cette partielle représentation du pays. La *réforme parlementaire*, toutefois, passionnait moins le public que la réforme électorale.

» La question de la réforme parlementaire et de la réforme électorale se posa avec éclat dans l'année 1847. A chaque session depuis 1840, l'opposition l'avait mise en avant; mais, lasse de voir ses propositions rejetées, elle chercha un appui dans l'agitation...

» Le mauvais état des finances, les crises monétaires inquiétaient le commerce. Les crises alimentaires, la famine de 1846 rendaient les impôts plus onéreux. Trois écrivains, en glorifiant la Révolution française à des points de vue divers, ravivaient les traditions républicaines. Les manifestations réformistes commencèrent, le 10 juillet 1847, par le banquet du Château-Rouge. Le banquet de Mâcon emprunta un intérêt dramatique à la foule qui s'y pressait, à un orage qui le troubla et à un discours de M. de Lamartine qui, au milieu de la tempête, caractérisa la révolution imminente par un mot cruel : révolution du mépris. » (G. Ducoudray, *Histoire contemporaine*, 3e édit., p. 352 et suiv.)

— Le 24 février 1848, à la suite d'une lutte qui ensanglanta les rues de Paris, mais que Louis-Philippe ne voulut point prolonger, ce monarque abdiqua ; la France, non sans quelque surprise, vit proclamer la *République*.

Le 2 mars, le Gouvernement provisoire fit appel au suffrage universel pour la nomination d'une *Assemblée Constituante* qui ouvrit ses séances, le 4 mai, et s'occupa de rédiger une Constitution.

VIII. Constitution de 1848 (4 novembre). — Elle conférait le *pouvoir législatif*, le droit de déclarer la guerre et de ratifier les traités, à une *Assemblée unique*, permanente, élue par tous les Français âgés de 21 ans et jouissant de leurs droits civils et politiques; — le *pouvoir exécutif* à un *Président* nommé pour quatre ans par les mêmes électeurs, rééligible seulement après un intervalle de quatre années, responsable, partageant l'initiative des projets de lois avec l'Assemblée, assurant l'exécution des lois après les avoir promulguées, et disposant de la force armée sans pouvoir jamais la commander en personne.

Un *Conseil d'Etat*, choisi par l'Assemblée, élaborait les lois ; il était présidé de droit par un Vice-Président de la République également nommé par l'Assemblée sur une liste de trois candidats dressée par le chef du pouvoir exécutif.

Une *Haute-Cour de justice* était instituée pour juger les crimes contre la sûreté de l'Etat.

— La Constitution, qui se composait de 146 articles, était précédée d'un *préambule* ainsi conçu :

« En présence de Dieu, et au nom du Peuple français, l'Assemblée nationale proclame :

» 1. — La France s'est constituée en République. En adoptant cette forme définitive de Gouvernement, elle s'est proposé pour but de marcher plus librement dans la voie du progrès et de la civilisation, d'assurer une répartition de plus en plus équitable des charges et des avantages de la société, d'augmenter l'aisance de chacun par la réduction graduée des dépenses publiques et des impôts, et de faire parvenir tous les citoyens, sans nouvelle commotion, par l'action successive et constante des institutions et des lois, à un degré toujours plus élevé de moralité, de lumière et de bien-être.

» 2. — La République française est démocratique, une et indivisible.

» 3. — Elle reconnait des droits et des devoirs antérieurs et supérieurs aux lois positives.

» 4. — Elle a pour principe la Liberté, l'Egalité et la Fraternité. — Elle a pour base la famille, le travail, la propriété, l'ordre public.

» 4. — Elle respecte les nationalités étrangères, comme elle entend faire respecter la sienne; n'entreprend aucune guerre dans des vues de conquête, et n'emploie jamais ses forces contre la liberté d'aucun peuple.

» 6. — Des devoirs réciproques obligent les citoyens envers la République, et la République envers les citoyens.

» 7. — Les citoyens doivent aimer la Patrie, servir la République, la défendre même au prix de leur vie, participer aux charges de l'Etat en raison de leur fortune; ils doivent s'assurer, par le travail, des moyens d'existence, et, par la prévoyance, des ressources pour l'avenir; ils doivent concourir au bien-être commun en s'entr'aidant fraternellement les uns les autres, et à l'ordre général en observant les lois morales et les lois écrites qui régissent la société, la famille et l'individu.

» 8. — La République doit protéger le citoyen dans sa personne, sa famille, sa religion, sa propriété, son travail, et mettre à la portée de chacun l'instruction indispensable à tous les hommes; elle doit, par une assistance fraternelle, assurer l'existence des citoyens nécessiteux, soit en leur procurant du travail dans les limites de ses ressources, soit en donnant, à défaut de la famille, les moyens d'exister à ceux qui sont hors d'état de travailler.

» En vue de l'accomplissement de tous ces devoirs et pour la garantie de tous ces droits, l'Assemblée nationale, fidèle aux traditions des grandes Assemblées qui ont inauguré la Révolution Française, décrète, ainsi qu'il suit, la Constitution de la République :... »

— Le 10 décembre 1848, eut lieu l'élection du Président. 5 562 834 suffrages donnèrent ce titre au Prince Louis-Napoléon Bonaparte. Le général Cavaignac obtint 1 469 166 voix; Ledru-Rollin 370 119; Raspail 36 226; M. de Lamartine n'en réunit pas 20 000. En conséquence, le Prince Louis-Napoléon Bonaparte, après avoir prêté serment à la Constitution, fut proclamé Président de la République Française : ses pouvoirs devaient expirer le deuxième dimanche du mois de mai 1852.

— L'Assemblée constituante se retira, le 27 mai 1849, pour faire place à l'Assemblée législative. — Nous n'avons point à retracer ici les divers incidents de la lutte qui s'engagea entre le Pouvoir exécutif et le Pouvoir parlementaire. Les différents partis s'agitaient; le Président prit les devants, et, le 2 décembre 1851, au matin, on lisait sur les murs de la capitale la proclamation suivante :

« Français ! la situation actuelle ne peut durer plus longtemps. Chaque jour qui s'écoule aggrave les dangers du pays. L'Assemblée, qui devait être le plus ferme appui de l'ordre, est devenue un foyer de complots. Le patriotisme de trois cents de ses membres n'a pu arrêter ses fatales tendances. Au lieu de faire des lois dans l'intérêt général, elle forge des armes pour la guerre civile; elle attente au pouvoir que je tiens directement du peuple; elle encourage toutes les mauvaises passions; elle compromet le repos de la France; je l'ai dissoute, et je rends le peuple juge entre elle et moi.

» La Constitution, vous le savez, avait été faite dans le but d'affaiblir d'avance le pouvoir que vous alliez me confier. Six millions de suffrages furent une éclatante protestation contre elle, et cependant je l'ai fidèlement observée. Les provocations, les calomnies, les outrages m'ont trouvé impassible. Mais aujourd'hui que le pacte fondamental n'est plus respecté de ceux-là mêmes qui l'invoquent sans cesse, et que les hommes qui ont déjà perdu deux monarchies veulent me lier les mains, afin de renverser la République, mon devoir est de déjouer leurs perfides projets, de maintenir la République et de sauver le pays en invoquant le jugement solennel du seul souverain que je reconnaisse en France, le Peuple.

» Je fais donc un appel loyal à la nation tout entière, et je vous dis : Si vous voulez continuer cet état de malaise qui nous dégrade et compromet notre avenir, choisissez un autre à ma place, car je ne veux plus d'un pouvoir qui est impuissant à faire le bien, me rend responsable d'actes que je ne puis empêcher, et m'enchaîne au gouvernail quand je vois le vaisseau courir vers l'abîme.

» Si, au contraire, vous avez encore confiance en moi, donnez-moi les moyens d'accomplir la grande mission que je tiens de vous.

» Cette mission consiste à fermer l'ère des révolutions en satisfaisant les besoins légitimes du peuple et en le protégeant contre les passions subversives. Elle consiste surtout à créer des institutions qui survivent aux hommes et qui soient enfin des fondations sur lesquelles on puisse asseoir quelque chose de durable.

» Persuadé que l'instabilité du pouvoir, que la prépondérance d'une seule Assemblée sont des causes permanentes de trouble et de discorde, je soumets à vos suffrages les bases fondamentales suivantes d'une Constitution que les Assemblées développeront plus tard :

» 1° *Un chef responsable nommé pour dix ans;*

» 2° *Des Ministres dépendants du Pouvoir exécutif seul;*

» 3° *Un Conseil d'État formé des hommes les plus distingués, préparant des lois et soutenant la discussion devant le Corps législatif;*

» 4° *Un Corps législatif discutant et votant les lois, nommé par le suffrage universel, sans scrutin de liste qui fausse l'élection;*

» 5° *Une seconde Assemblée, formée de toutes les illustrations du pays, pouvoir pondérateur, gardien du pacte fondamental et des libertés publiques.*

» Ce système, créé par le Premier Consul au commencement du siècle, a déjà donné à la France le repos et la prospérité; il les lui garantirait encore... »

— Tous les Français âgés de 21 ans, jouissant de leurs droits civils et politiques, furent appelés, les 20 et 21 décembre, à se prononcer sur l'adoption ou le rejet du plébiscite suivant : « *Le Peuple français veut le maintien de l'autorité de Louis-Napoléon Bonaparte, et lui délègue les pouvoirs nécessaires pour établir une Constitution sur les bases proposées dans sa proclamation du 2 décembre 1851.* »

Sur 8116773 bulletins, 7439216 portèrent le mot *oui;* 640737, le mot *non;* 36820 furent *annulés* comme irréguliers.

IX. Constitution de 1852 (14 janvier). — Faite en vertu des pouvoirs que la nation venait de donner au Prince Président, elle reproduit les parties essentielles de la Constitution de l'an VIII, et déclare, dans son article 1er, *reconnaître, confirmer et garantir* « les grands principes proclamés en 1789, et qui sont la base du droit public des Français. »

Le *Gouvernement* de la République est confié pour dix ans au Prince Louis-Napoléon Bonaparte. Responsable devant le Peuple français auquel il a toujours le droit de faire appel, il commande les forces de terre et de mer, déclare la guerre, fait les traités de paix, d'alliance et de commerce, nomme à tous les emplois; lui seul a l'initiative des lois; il fait les règlements et décrets nécessaires pour leur exécution. Les Ministres ne dépendent que du Chef de l'Etat.

La *puissance législative* s'exerce collectivement par le Président de la République, le Sénat et le Corps législatif.

Un *Conseil d'Etat*, dont les membres sont nommés par le Président et révocables par lui, rédige les projets de lois et en soutient la discussion devant les deux Assemblées. Il élabore les règlements d'administration publique, et résout les difficultés qui s'élèvent en matière d'administration.

Le *Corps législatif* discute et vote les projets de lois et d'impôts. Les Députés sont élus par le suffrage universel, pour *six ans*. Ils ne reçoivent *aucun traitement*. Il y a un Député à raison de 30 000 électeurs.

Le Président et les Vice-Présidents du Corps législatif sont *nommés* par le Président de la République pour un an: ils sont choisis parmi les Députés.

Le Président de la République *convoque*, *ajourne*, *proroge* et *dissout* le Corps législatif. En cas de dissolution, une nouvelle Assemblée doit être convoquée dans un délai de six mois.

Gardien du pacte fondamental, le *Sénat* s'oppose à la promulgation : 1° des lois qui seraient contraires ou qui porteraient atteinte à la Constitution, à la religion, à la morale, à la liberté des Cultes, à la liberté individuelle, à l'égalité des citoyens devant la loi, à l'inviolabilité de la propriété et au principe de l'inamovibilité de la magistrature ; — 2° de celles qui pourraient compromettre la défense du territoire. — Il règle, par un sénatus-consulte, tout ce qui n'a pas été prévu par la Constitution et qui est nécessaire à sa marche, ainsi que le sens des articles de la Constitution qui donnent lieu à différentes interprétations. Ces sénatus-consultes sont soumis à la sanction du Président et promulgués par lui.

Le Sénat maintient ou annule tous les actes qui lui sont déférés comme inconstitutionnels par le Gouvernement ou dénoncés pour la même cause par les pétitions des citoyens. Il peut proposer des modifications à la Constitution. Si la proposition est adoptée par le pouvoir exécutif, il y est statué par un Sénatus-Consulte. Néanmoins, doit être soumise au suffrage universel toute modification aux bases fondamentales de la Constitution, telles qu'elles ont été posées dans la proclamation du 2 décembre et adoptées par le Peuple.

Le *nombre* des Sénateurs est fixé au maximum à cent cinquante. Le Sénat *se compose:* 1° des Cardinaux, des Maréchaux, des Amiraux ; — 2° des citoyens que le Président de la République juge convenable d'y faire entrer.

Les Sénateurs sont *inamovibles* et *à vie*. Leurs fonctions sont *gratuites;* mais le Président de la République a la faculté d'accorder à des Sénateurs, en raison de leurs services et de leur position de fortune, une dotation personnelle qui ne peut excéder 30 000 francs par an.

Le Président et les Vice-Présidents du Sénat sont *nommés*, pour un an, par le Président de la République et choisis parmi les sénateurs.

Les séances du Sénat ne sont *pas publiques*. Cette Assemblée est *convoquée* et *prorogée* par le Président de la République, qui fixe la durée des sessions.

Une *Haute-Cour de justice* juge, sans appel ni recours en cassation, toutes personnes renvoyées devant elle comme prévenues de crimes, attentats ou complots contre le Président de la République et contre la sûreté intérieure ou extérieure de l'Etat.

Le pouvoir exécutif nomme les Maires avec la faculté de les prendre *hors du Conseil municipal*.

— Plusieurs *Sénatus-consultes* vinrent modifier la Constitution du 14 janvier 1852. Le plus important fut celui du 7 novembre de la même année, rétablissant la *dignité impériale.*

Proposé à l'acceptation du peuple, il fut ratifié, les 21 et 22 novembre, par 7 824 189 suffrages. 253 145 bulletins seulement portèrent le mot *non;* 63 326 furent *annulés.* En conséquence, à la date du 2 décembre 1852, le sénatus-consulte du 2 novembre, ratifié par le plébiscite des 21 et 22 du même mois, fut promulgué comme loi de l'Etat. Louis-Napoléon-Bonaparte fut proclamé Empereur des Français sous le nom de Napoléon III.

Un autre sénatus-consulte, à la date du 25 décembre 1852, donna à l'Empereur le droit d'ordonner ou d'autoriser tous les travaux d'utilité publique, toutes les entreprises d'intérêt général. Une dotation annuelle et viagère de 30 000 fr. fut affectée à la dignité de Sénateur. Une indemnité, fixée à raison de 2 500 fr. par mois, pendant la durée de chaque session, fut allouée aux Députés.

— Pour ne pas trop prolonger cet article, nous nous bornerons à ajouter que, le 8 mai 1870, les électeurs furent appelés à voter sur l'acceptation ou le rejet du projet de *plébiscite* dont la teneur suit : « *Le Peuple approuve les réformes libérales opérées dans la Constitution depuis* 1860, *par l'Empereur, avec le concours des grands Corps de l'Etat, et ratifie le sénatus-consulte du* 20 *avril* 1870, » fixant la Constitution de l'Empire.

Le recensement général des suffrages donna les résultats suivants : 7 350 140 bulletins portant le mot *oui;* 1 538 825 bulletins portant le mot *non;* 112975 bulletins *nuls.*

— Trois mois ne s'étaient pas écoulés que l'Empire s'effondrait. Le 4 septembre, à la nouvelle du désastre de Sedan, la foule se précipita vers le Corps législatif, qui fut envahi, et, le soir même, un nouveau Gouvernement, s'intitulant : *Gouvernement de la Défense nationale,* siégeait à l'Hôtel-de-Ville.

Le 1er mars 1871, l'Assemblée nationale, réunie à Bordeaux, votait, à la presque unanimité, un ordre du jour ainsi conçu : « *Dans les circonstances douloureuses que traverse la Patrie, en face de protestations et de réserves inattendues, l'Assemblée nationale confirme la déchéance de Napoléon III, déjà prononcée par le suffrage universel, et le rend responsable de la ruine, de l'invasion et du démembrement de la France.* »

X. Lois constitutionnelles de 1875. — En réglant provisoirement, par la loi du 20 mars 1873, les pouvoirs du Président de la République (M. Thiers), l'Assemblée nationale avait pris l'engagement d'organiser les pouvoirs publics, de régler leur mode de transmission, de créer une deuxième Chambre, d'en définir les attributions, enfin de faire une loi électorale.

Le 24 mai de la même année, un vote de l'Assemblée défavorable à la politique du Gouvernement ayant amené la démission de M. Thiers, le Maréchal de Mac-Mahon fut nommé à sa place. Une loi du 20 novembre suivant lui confia pour *sept ans* le pouvoir exécutif et chargea une Commission de 20 membres de l'élaboration des lois constitutionnelles. Ce n'est qu'en 1875, après de vaines tentatives soit pour restaurer la monarchie, soit pour prolonger l'état de choses provisoire existant depuis le 4 septembre 1870, que furent successivement votées les lois dont l'ensemble forme la Constitution actuelle. Ces lois sont : 1° La loi du 24 février 1875 relative à l'*organisation du Sénat;* — 2° Celle du 25 février 1875 relative à l'*organisation des pouvoirs publics;* — 3° Celle du 16 juillet 1875 sur les *rapports des pouvoirs publics;* — 4° celle du 2 août 1875 sur les *élections des Sénateurs.*

Le 19 juin 1879, le Sénat et la Chambre des Députés, réunis en Assemblée nationale, apportèrent une première modification à la Constitution en décidant que le *siège du pouvoir exécutif et des deux*

Chambres, fixé à Versailles, serait transféré à *Paris*.

Une autre revision partielle, mais plus importante, de la Constitution a eu lieu le 14 août 1884. Elle consiste dans les mesures suivantes : En cas de *dissolution de la Chambre des Députés*, les électeurs doivent être convoqués dans le délai de 2 mois, et la Chambre se réunit dans les 10 jours qui suivent la clôture des opérations électorales. — *La forme républicaine du Gouvernement ne peut faire l'objet d'une proposition de revision.* — Sont *inéligibles à la présidence de la République les membres des familles ayant régné sur la France.* — Les *prières publiques* prescrites à l'ouverture des sessions du Parlement sont supprimées. — Les articles 1 à 7 de la loi constitutionnelle du 24 février 1875 relative à l'organisation du Sénat *n'ont plus le caractère constitutionnel.* Une loi spéciale, votée par les deux Chambres dans les formes ordinaires, suffira pour les modifier s'il y a lieu. — En exécution de cette dernière disposition, est intervenue la loi du 9 décembre 1884 qui a modifié l'organisation du Sénat en supprimant pour l'avenir la catégorie des *inamovibles* et en augmentant le *nombre des électeurs sénatoriaux.* — Voy. ASSEMBLÉE NATIONALE ; — CHAMBRE DES DÉPUTÉS ; — DÉPUTÉ ; — PRÉSIDENT DE LA RÉPUBLIQUE ; — SÉNAT.

CONSTITUTION D'AVOUÉ. — Désignation de l'avoué qui doit occuper pour une partie. La forme et les délais en sont déterminés par le Code de procédure civile. (Art. 75-82.)

CONSTITUTION DE RENTE. — (Cod. civ. art. 1909-1914.)

On appelle ainsi le contrat par lequel une des parties prête à l'autre un capital qu'elle s'interdit d'exiger, à la charge par l'emprunteur de payer un intérêt annuel qu'on nomme rente. — Voy. RENTE PERPÉTUELLE.

CONSTITUTIONNEL. (DROIT) — Voy. DROIT CONSTITUTIONNEL.

CONSTRUCTIONS. — 1. — « Les matériaux provenant de la démolition d'un édifice, ceux assemblés pour en construire un nouveau, sont *meubles* jusqu'à ce qu'ils soient employés par l'ouvrier dans une construction. » (Cod. civ. art. 532.) — Voy. BIENS.

2. — Toutes constructions sur un terrain sont *présumées faites par le propriétaire*, à ses frais, et lui appartenir, sauf la preuve contraire, et sans préjudice de la propriété qu'un tiers pourrait avoir acquise par prescription. (Cod. civ. art. 533.)

3. — Le propriétaire du sol qui a fait des constructions avec *des matériaux qui ne lui appartenaient pas* doit en payer la valeur ; il peut aussi être condamné à des dommages-intérêts, s'il y a lieu ; mais le propriétaire des matériaux n'a pas le droit de les enlever. (Cod. civ. art. 554.)

4. — Lorsque les constructions ont été faites *par un tiers avec ses matériaux*, le propriétaire du fonds a droit ou de les retenir, ou d'obliger ce tiers à les enlever. — S'il demande la suppression des constructions, elle est aux frais de celui qui les a faites, sans aucune indemnité pour lui ; il peut même être condamné à des dommages-intérêts, s'il y a lieu, pour le préjudice éprouvé par le propriétaire du fonds. — Si ce dernier préfère conserver les constructions, il doit rembourser la valeur des matériaux et le prix de la main-d'œuvre, sans égard à la plus ou moins grande augmentation de valeur que le fonds a pu recevoir. Néanmoins, si les constructions ont été faites par un *tiers* évincé, qui était de *bonne foi*, le propriétaire n'en peut demander la suppression : il a seulement le choix, ou de rembourser la valeur des matériaux et le prix de la main-d'œuvre, ou de payer une somme égale à celle dont le fonds a augmenté de valeur. (Cod. civ. art. 555.)

5. — Le propriétaire d'un bâtiment est *responsable* du dommage causé par sa *ruine*, lorsqu'elle est arrivée par suite du *défaut d'entretien* ou par le *vice de construction*. (Cod. civ. art. 1386.)

6. — Pour ce qui concerne la *responsabilité* de l'*architecte* et de l'*entrepreneur* (Cod. civ. art. 1792, 1793), voy. LOUAGE, sect. II, III, 2 et 3.

7. — Voy. ALIGNEMENT.

8. — *Aucune construction* de maison ou ferme ne peut être effectuée, sans l'*autorisation* du Gouvernement, à la *distance de cinq cents mètres* des bois et forêts soumis au régime forestier, sous peine de démolition. Les demandes d'autorisation doivent être remises à l'agent forestier supérieur de l'arrondissement, en double minute, dont l'une revêtue du *visa* de cet agent, est rendue au déclarant. Il est *statué dans les six mois :* passé ce délai, la construction peut être effectuée.

Les dispositions ci-dessus ne sont *pas applicables* aux bois et forêts appartenant aux Communes, et qui sont d'une contenance au-dessous de 250 hectares. (Cod. for. art. 153; ord. roy. 1er août 1827, art. 178.)

CONSUL. — On donne ce nom aux agents que les Gouvernements entretiennent en pays étranger, et principalement dans les ports ou places de commerce, pour y protéger le commerce et la navigation de leurs nationaux, et pour remplir à l'égard de ces derniers certaines fonctions administratives ou judiciaires.

1. — Originaire de l'Italie, l'institution des Consulats est bien plus ancienne en France que celle des Ambassades : elle a été régularisée et étendue par Colbert. Son organisation actuelle résulte surtout des Ordonnances royales des 25, 29 octobre, 7 et 8 novembre 1833, des lois du 28 mars 1836 et du 8 juillet 1852 et des décrets des 22 septembre 1854, 18 septembre 1880, 19 janvier 1881, etc.

Le Corps des Consuls se compose de *Consuls généraux*, de *Consuls de 1re et de 2e classe* et d'*Élèves-Consuls*. Aucun de ces fonctionnaires ne peut, sous peine de révocation, faire le commerce directement ou indirectement.

2. — Un Consul ne peut exercer les pouvoirs qu'il a reçus de son Gouvernement sans que l'État, sur le territoire duquel il est acrédité, lui ait accordé l'*Exequatur*, mot latin dont la traduction est : *que cela soit exécuté*.

CONTENTIEUX ADMINISTRATIF. — « Le *contentieux administratif* se compose de toutes les réclamations fondées sur la violation des obligations imposées à l'Administration par les lois et règlements qui la régissent ou par les contrats qu'elle souscrit : ainsi toute loi qui établit une compétence, qui trace une forme d'instruction ou qui pose une règle de décision, peut donner ouverture à un débat de contentieux, s'il est allégué que la compétence soit intervertie, la forme inobservée ou la règle enfreinte. Tout contrat passé par l'Administration a le même effet, si le sens ou l'exécution en sont contestés. L'ensemble de ces débats, considérés en masse, constitue le contentieux de l'Administration ; il se compose donc d'une nature de contestations, bien distinctes, comme on le voit, du contentieux judiciaire et de l'administration pure. » (Vivien, *Études administratives*, 2e édit., t. I, p. 125.)

— Pour ce qui concerne la *juridiction administrative*, voy. principalement CONSEIL DE PRÉFECTURE ; — PRÉFET ; — MINISTRES ; — CONSEIL D'ÉTAT.

CONTINUE. (SERVITUDE) — Voy. SERVITUDES, III.

CONTRADICTOIRE. (JUGEMENT) — Voy. JUGEMENT.

CONTRAINTE PAR CORPS. — (Lois 22 juillet 1867, 9 décembre 1871.)

Mode d'exécution forcée accordé au créancier, dans certains cas, sur la personne de son débiteur pour le contraindre à remplir ses engagements.

1. — Abolie par la Convention, le 9 mars 1793, rétablie par la loi du 24 ventôse an V (14 mars 1797),

maintenue par le Code civil et le Code de commerce, modifiée et adoucie en 1832 et 1848, la contrainte par corps est aujourd'hui *supprimée* en *matière commerciale*, *civile* et *contre les étrangers*. Elle est *maintenue seulement*, en *matière criminelle*, *correctionnelle* et de *simple police*, pour le recouvrement des frais dus à l'Etat, pour le payement des *amendes*, *dommages-intérêts* et pour les *restitutions*.

2. — Lorsque la contrainte a lieu à la requête et dans l'intérêt des particuliers, ils sont obligés de pourvoir aux *aliments* des détenus; *faute de provision*, le condamné est mis en liberté. La consignation doit être effectuée d'avance pour trente jours au moins; elle ne vaut que pour des périodes entières de trente jours. Elle est, pour chaque période, de 45 fr. à Paris, de 40 fr. dans les villes de 100 000 âmes, et de 35 fr. dans les autres villes.

Lorsqu'il y a lieu à élargissement faute de consignation d'aliments, il suffit que la requête présentée au tribunal civil soit signée par le débiteur détenu et par le gardien de la maison d'arrêt pour dettes, ou même certifiée véritable par le gardien, si le détenu ne sait signer.

Le débiteur élargi faute de consignation d'aliments ne peut plus être incarcéré pour la même dette.

3. — La *durée* de la contrainte par corps est réglée ainsi qu'il suit:

De deux jours à vingt jours, lorsque l'amende et les autres condamnations n'excèdent pas 50 fr.;

De vingt à quarante jours, lorsqu'elles sont supérieures à 50 fr. et qu'elles n'excèdent pas 100 fr.;

De quarante à soixante jours, lorsqu'elles sont supérieures à 100 fr. et qu'elles n'excèdent pas 200 fr.;

De deux mois à quatre mois, lorsqu'elles sont supérieures à 200 fr. et qu'elles n'excèdent pas 500 fr.;

De quatre mois à huit mois, lorsqu'elles sont supérieures à 500 fr. et qu'elles n'excèdent pas 2 000 fr.;

De un an à deux ans, lorsqu'elles s'élèvent à plus de 2000 fr.

En matière de *simple police*, la durée de la contrainte par corps ne peut excéder cinq jours.

4. — Sont mis en liberté, après avoir subi la contrainte pendant la moitié de la durée fixée par le jugement, les condamnés qui justifient de leur *insolvabilité* par la production: 1° d'un extrait du rôle des contributions constatant qu'ils payent moins de 6 fr., ou d'un certificat du Percepteur de leur Commune portant qu'ils ne sont point imposés; — 2° d'un certificat d'indigence délivré par le Maire de la Commune de leur domicile, ou par son Adjoint, visé par le Sous-Préfet.

5. — Les individus contre lesquels la contrainte a été prononcée peuvent en prévenir ou en faire cesser l'effet en fournissant une *caution* reconnue bonne et valable.

La caution est admise, pour l'Etat, par le Receveur des domaines; pour les particuliers, par la partie intéressée: en cas de contestation, elle est déclarée, s'il y a lieu, bonne et valable, par le tribunal civil de l'arrondissement. — La caution doit s'exécuter dans le mois, à peine de poursuites.

6. — Les tribunaux *ne peuvent prononcer* la contrainte par corps contre les individus âgés de *moins de 16 ans* accomplis à l'époque des faits qui ont motivé la poursuite.

Si le débiteur a commencé sa *soixantième année*, la contrainte est *réduite* à la moitié de la durée fixée par le jugement, sans préjudice de la réduction qui peut résulter de la justification d'insolvabilité, comme il a été dit ci-dessus.

7. — La contrainte *ne peut être prononcée ou exercée* contre le débiteur au profit: 1° de son conjoint; — 2° de ses ascendants, descendants, frères ou sœurs; — 3° de son oncle ou de sa tante, de son grand-oncle ou de sa grand'tante, de son neveu ou de sa nièce, ni de ses alliés au même degré. — Elle ne peut être exercée *simultanément* contre le mari et la femme, même pour des dettes différentes.

8. — Dans l'intérêt des enfants mineurs du débiteur, les tribunaux ont la faculté de *surseoir*, pendant une année au plus, à l'exécution de la contrainte par corps.

9. — En *matière forestière* et de *pêche fluviale*, lorsque le débiteur ne fait pas les justifications d'insolvabilité ci-dessus énoncées, la durée de la contrainte est fixée par le jugement dans les limites de huit jours à six mois.

CONTRARIÉTÉ DE JUGEMENTS. — 1. — La contrariété de jugements en dernier ressort, entre les mêmes parties et sur les mêmes moyens, dans les *mêmes* Cours et Tribunaux, donne ouverture à la *requête civile*. (Cod. proc. civ. art. 480.) — Voy. REQUÊTE CIVILE.

2. — La contrariété de jugements en dernier ressort, entre les mêmes parties et sur les mêmes moyens en *différents* tribunaux, donne ouverture à *cassation*. (Cod. proc. civ. art. 504.) — Voy. CASSATION.

3. — Voy. REVISION DES PROCÈS CRIMINELS.

CONTRAT. — Convention par laquelle une ou plusieurs personnes *s'obligent* envers une ou plusieurs autres *à donner*, à *faire* ou à *ne pas faire* quelque chose. — Voy. OBLIGATIONS.

CONTRAT A LA GROSSE. — (Cod. com. art. 311-331 ; loi 12 août 1885.)

Contrat par lequel une personne (*emprunteur* ou *preneur*) reçoit d'une autre (*prêteur* ou *donneur*) une somme d'argent pour être employée à une expédition maritime, sous la condition : 1° que, si les objets affectés arrivent à bon port, l'emprunteur remboursera le capital, plus une somme convenue, à titre de *profit maritime* ; — 2° que si, au contraire, les objets exposés périssent par fortune de mer, le prêteur ne pourra rien réclamer au delà de ce qui restera desdits objets.

Cet emprunt est appelé *contrat à la grosse aventure*, ou, par abréviation, à *la grosse*, parce que le prêteur expose son argent aux aventures de mer, et qu'il contribue aux *avaries grosses*. — Voy. AVARIE.

1. — Le *contrat à la grosse* a beaucoup de ressemblance avec le *contrat d'assurance*, car le prêteur prend à sa charge les risques de la chose affectée au prêt, comme l'assureur ceux de la chose assurée, et le prêt ne peut jamais être pour l'emprunteur un moyen de gain, pas plus que l'assurance n'en doit être un pour l'assuré. Mais il *diffère* du contrat d'assurance en ce que le prêteur à la grosse, non seulement ne reçoit rien au moment du contrat, mais encore débourse la somme qui en fait l'objet, et n'a droit de la réclamer avec le profit maritime qu'autant que la chose affectée au prêt arrive à bon port, tandis que l'assuré ne débourse rien au moment du contrat, et reçoit, au contraire, une prime qui lui est acquise, dès qu'il a commencé à courir les risques, peu importe que la chose assurée vienne à périr.

2. — Le contrat à la grosse ne peut pas être prouvé par témoins ; il doit être constaté *par écrit*, et, s'il n'est pas sous seing privé, il faut qu'il soit dressé par un notaire.

3. — L'acte *doit énoncer* : le capital prêté et la somme convenue pour le profit maritime ; — les objets sur lesquels le prêt est affecté ; — les noms du navire et du capitaine ; — ceux du prêteur et de l'emprunteur ; — si le prêt est pour un voyage ; — pour quel voyage et pour quel temps ; — l'époque du remboursement.

En voici, du reste, la *formule :*

Entre les soussignés, Pierre D..., propriétaire, demeurant à..., d'une part ;

Et Charles M..., armateur du navire *la Minerve*, en chargement à Marseille, capitaine B..., demeurant à Marseille, d'autre part ;

Il a été convenu ce qui suit :

Art. 1er. — Le sieur D... prête, par ces présentes, à titre de *prêt à la grosse*, au sieur M...., ce acceptant, la somme de soixante mille francs, aujourd'hui payée comptant audit sieur M..., qui le reconnaît et en donne quittance.

Art. 2. — Le sieur M... s'engage à rembourser ladite somme au sieur D... (ou à son ordre), le quarantième jour après le retour de *la Minerve* au port de Marseille, ou dans tout autre port de France.

Art. 3. — Le sieur D... aura pour profit maritime le quart en sus de la somme prêtée, quelle que soit la durée du voyage que le navire va faire à la Martinique, lieu de sa destination; lequel profit le sieur M... s'oblige à payer au sieur D..., acceptant, sous les mêmes privilèges et garanties que la somme prêtée, le soixantième jour après le déchargement du navire, lors de son retour dudit voyage.

Art. 4. — Le prêteur ne contribuera pas aux avaries simples, et ne sera tenu des risques que dans les lieux et aux époques fixés par la loi.

Art. 5. — Le sieur D... déclare qu'il prête ladite somme de soixante mille francs avec affectation sur le corps et quille dudit navire, ses agrès et apparaux, et sur les portions de chargement appartenant audit sieur M..., tant d'aller que de retour.

Art. 6. — Le sieur M... accepte cette condition: en conséquence, il déclare affecter spécialement à la sûreté, tant du prêt que du profit convenu, le navire entier, ses agrès et ses apparaux, et la portion de marchandises à lui appartenant dans les chargements d'aller et de retour.

Art. 7. — Pour l'exécution du présent contrat, les parties se soumettent respectivement à toutes les dispositions des lois maritimes et du Code de commerce en matière de contrats à la grosse.

Art. 8. — Le présent contrat, qui sera enregistré au greffe du tribunal de commerce de Marseille, a été fait double entre nous, avec élection de domicile en nos demeures sus-indiquées.

A Marseille, le 188

(Signatures.)

4. — L'acte, écrit sur *papier timbré*, doit, dans les dix jours de sa date, être porté par le prêteur au greffe du Tribunal de commerce, pour y être *enregistré*.

5. — Le capitaine peut emprunter à la grosse, soit avant le départ du navire, soit pendant le voyage. Mais lorsque l'emprunt est contracté dans le lieu de la demeure des armateurs, c'est-à-dire avant le départ et non en cours de voyage, le Code de commerce (art. 321) exige l'autorisation des armateurs en forme authentique ou leur intervention dans l'acte.

A défaut de cette autorisation ou de cette intervention, le prêteur n'aurait action ou privilège que sur la portion qui pourrait appartenir au capitaine dans le navire et le fret. — Toutefois, même dans le lieu de la demeure des propriétaires, le capitaine pourrait, avec l'autorisation du juge, emprunter sur la part de ceux qui, vingt-quatre heures après sommation à eux faite, n'auraient pas fourni leur contingent dans les sommes nécessaires pour mettre le navire en état.

6. — Les emprunts à la grosse peuvent être affectés: sur le navire et ses accessoires, sur le chargement, sur la totalité de ces objets conjointement ou sur une partie déterminée de chacun d'eux.

En tout cas, le prêt ne saurait excéder la valeur des objets qui y sont affectés. S'il a été fait pour une somme supérieure à la valeur de ces objets, il faut distinguer si l'emprunteur était ou non de mauvaise foi. Dans la première hypothèse, le prêt est nul, mais seulement à l'égard de l'emprunteur; c'est-à-dire que le prêteur, pouvant seul se prévaloir de la nullité, a le droit, en cas d'heureuse arrivée, de réclamer le capital et le profit maritime, et, en cas de sinistre, de se faire rembourser le capital. — Si l'emprunteur était de bonne foi, le contrat doit être simplement réduit à la valeur réelle des objets, et l'excédent de la somme prêtée restitué avec l'intérêt ordinaire.

7. — Le profit maritime n'est point, comme l'intérêt, restreint au

taux déterminé par la loi; les parties le fixent à leur gré, et il n'est jamais réductible pour cause d'excès, parce qu'il représente des risques dont l'appréciation est nécessairement arbitraire. Il peut consister en une somme convenue ou être réglé à raison de tant par mois. Il est permis de stipuler qu'il sera augmenté en cas de survenance de guerre, et diminué en cas de cessation des hostilités.

8. — Si les effets sur lesquels le prêt à la grosse a eu lieu sont *entièrement perdus*, et que la perte soit arrivée *par cas fortuit*, *dans le temps* et *dans le lieu des risques*, la somme prêtée ne peut être réclamée. — Quant aux déchets, diminutions et pertes qui arrivent par le vice propre de la chose, et aux dommages causés par le fait de l'emprunteur, ils ne sont point à la charge du prêteur.

En cas de *naufrage*, le payement des sommes empruntées à la grosse est réduit à la valeur des effets sauvés et affectés au contrat, déduction faite des frais de sauvetage.

Enfin, au cas d'*heureuse arrivée*, le prêteur a droit au remboursement de son capital et au profit maritime.

CONTRAT D'APPRENTISSAGE. — (Loi 22 février 1851.)

Contrat par lequel un fabricant, un chef d'atelier ou un ouvrier s'oblige à enseigner la pratique de sa profession à une autre personne qui s'oblige, en retour, à travailler pour lui, le tout à des conditions et pendant un temps convenus.

I. Formes du contrat. — Il peut se faire par acte public ou sous seing privé, même verbalement; mais, dans ce dernier cas, la *preuve* n'en est pas reçue par témoins au delà de 150 fr., suivant la règle tracée par l'article 1341 du Code civil.

Les notaires, les secrétaires des Conseils de prud'hommes et les greffiers de Justice de paix peuvent recevoir les actes d'apprentissage, moyennant 2 francs d'honoraires ; le droit d'enregistrement est fixé à 1 fr. seulement.

II. Conditions générales. — Nul ne peut recevoir des apprentis *mineurs*, s'il n'est âgé de 21 ans au moins, c'est-à-dire s'il n'est lui-même hors de tutelle.

Aucun maître, s'il est célibataire ou en état de veuvage, ne peut loger comme apprenties des jeunes filles mineures.

Sont *incapables* de recevoir des apprentis : Les individus qui ont subi une condamnation pour crime ; — ceux qui ont été condamnés pour attentat aux mœurs ; — ceux qui ont été condamnés à plus de trois mois d'emprisonnement pour certains délits tels que ceux de vol, filouterie, escroquerie, abus de confiance, tromperie sur la qualité et la nature de la marchandise vendue.

Cette incapacité peut être levée par le Préfet, sur l'avis du Maire, quand le condamné, après l'expiration de sa peine, a résidé trois ans dans la même Commune. A Paris, les incapacités sont levées par le Préfet de police.

III. Devoirs des maitres et des apprentis. — Le maître doit se conduire envers l'apprenti « *en bon père de famille*, » expression qui, à elle seule, contient l'esprit de toute la loi. Le maître a, en effet, un dépôt précieux sous sa garde : l'innocence d'un enfant, sa santé, sa force, ses croyances, sa moralité. Il doit surveiller sa conduite et ses mœurs, soit dans la maison, soit au dehors (son propre intérêt, d'ailleurs, l'exige ; car, aux termes de l'article 1384 du Code civil, les maîtres et artisans sont responsables du dommage causé par leurs préposés et apprentis) ; il doit avertir ses parents ou leurs représentants des fautes graves que l'enfant pourrait commettre ou des penchants vicieux qu'il manifesterait et les prévenir sans retard en cas de maladie, d'absence, ou de tout fait de nature à motiver leur intervention.

Il ne peut employer l'apprenti, sauf conventions contraires, qu'aux travaux et services qui se rattachent à l'exercice de sa profession. Il ne doit l'employer jamais à ceux qui seraient insalubres ou au-dessus de ses forces.

— La *durée du travail* effectif des apprentis âgés de moins de 14 ans ne peut dépasser 10 heures par jour.

Pour les apprentis âgés de 14 à 16 ans, elle ne doit pas dépasser 12 heures.

Aucun *travail de nuit* ne peut être imposé aux apprentis âgés de moins de 16 ans. Est considéré comme travail de nuit tout travail fait entre 9 heures du soir et 5 heures du matin.

Les *dimanches* et *jours de fêtes* reconnues ou légales, les apprentis, dans aucun cas, ne peuvent être tenus, vis-à-vis de leur maître, à aucun travail de leur profession.

Dans le cas où l'apprenti serait obligé, par suite de conventions, ou conformément à l'usage, de ranger l'atelier aux jours ci-dessus marqués, ce travail ne peut se prolonger au delà de 10 heures du matin.

Il ne peut être dérogé aux prescriptions de la loi relatives à la durée du travail de nuit, ou en ce qui concerne le travail que par un arrêté du Préfet rendu sur l'avis du Maire.

Si l'apprenti âgé de moins de 16 ans *ne sait pas lire, écrire et compter*, ou s'il *n'a pas* encore *terminé sa première éducation religieuse*, le maître est tenu de lui laisser prendre, sur la journée de travail, le temps et la liberté nécessaires pour son instruction. — Néanmoins ce temps ne peut excéder 2 heures par jour.

Le maître *doit enseigner* à l'apprenti, *progressivement* et *complètement*, l'art, le métier ou la profession spéciale qui fait l'objet du contrat. Il lui délivre, à la fin de l'apprentissage, un congé d'acquit, ou certificat constatant l'exécution du contrat.

L'apprenti doit à son maître *fidélité*, *obéissance* et *respect*. Il doit l'aider par son travail dans la mesure de son aptitude et de ses forces, et est tenu de remplacer, à la fin de l'apprentissage, le temps qu'il n'a pu employer par suite de maladie ou d'absence ayant duré plus de 15 jours.

— Tout fabricant, chef d'atelier ou ouvrier convaincu d'avoir *détourné* un apprenti de chez son maître pour l'employer en qualité d'apprenti ou d'ouvrier, peut être tenu de tout ou partie de l'indemnité à prononcer au profit du maître abandonné. Cette disposition est très sage, car un abus fréquent, dans les grandes villes surtout, consiste à enlever à un concurrent, par l'appât d'un salaire immédiat, un apprenti intelligent, déjà façonné et en état d'être utile à son maître.

IV. Résolution du contrat. — Les deux premiers mois de l'apprentissage sont considérés comme un *temps d'essai* pendant lequel le contrat peut être annulé par la seule volonté de l'une des parties, sans indemnité, à moins de conventions expresses.

Le contrat d'apprentissage *est résolu de plein droit :* 1° Par la mort du maître ou de l'apprenti; — 2° Si l'apprenti ou le maître est appelé au service militaire; — 3° Si le maître ou l'apprenti vient à être frappé de l'une des condamnations énumérées plus haut (voy. II); — 4° Pour les filles mineures, dans le cas de décès de l'épouse du maître, ou de toute autre femme de la famille qui dirigeait la maison à l'époque du contrat.

Le contrat *peut être résolu*, sur la demande des parties ou de l'une d'elles : 1° Dans le cas où l'une des parties manquerait aux stipulations du contrat; — 2° Pour cause d'infraction grave ou habituelle aux prescriptions de la loi sur la matière; — 3° Dans le cas d'inconduite habituelle de la part de l'apprenti; — 4° Si le maître transporte sa résidence dans une autre Commune que celle qu'il habitait lors de la convention, pourvu toutefois que la demande en résolution soit formée dans les trois mois à compter du jour du changement de résidence; — 5° Si le maître ou l'apprenti encourait une condamnation emportant un emprisonnement de plus d'un mois; — 6° Dans le cas où l'apprenti viendrait à se marier.

Si le temps convenu pour la durée de l'apprentissage dépasse le maximum de durée consacré par les usages locaux, ce temps peut être réduit ou le contrat résolu.

V. Compétence. — Pénalités. — Toute demande à fin d'exécution ou de résolution du contrat est jugée par le *Conseil des prud'hommes* dont le maître est justiciable, et, à défaut, par le Juge de paix du canton.

Les réclamations qui peuvent être dirigées contre des tiers pour détournement d'apprentis afin de les employer chez eux sont portées devant le Conseil des prud'hommes ou devant le Juge de paix du lieu de leur domicile.

Dans les divers cas de résolution prévus par la loi et mentionnés ci-dessus; les indemnités ou les restitutions qui peuvent être dues à l'une ou l'autre des parties sont, à défaut de stipulations expresses, réglées par le *Conseil des prud'hommes*, ou par le *Juge de paix* dans les cantons qui ne ressortissent point à la juridiction d'un Conseil de prud'hommes.

— Les *contraventions* aux dispositions de la loi du 22 février 1851 sont poursuivies devant le Tribunal de simple police et punies d'une amende de 5 à 15 fr.; l'emprisonnement de 1 à 5 jours peut être infligé, outre l'amende, en cas de récidive.

CONTRAT DE MARIAGE. — (Cod. civ. art. 1387-1581.)

C'est l'ensemble des conventions faites par des futurs époux en vue de leur mariage. L'acte qui les contient est toujours *passé devant Notaire*, et il ne peut y être apporté *aucun changement* après la célébration du mariage. A *défaut de contrat*, les époux sont placés sous le régime de la *communauté*, tel que le Code civil l'a réglé.

— La loi distingue *quatre régimes* principaux sous lesquels les époux peuvent se placer : 1° Le régime de la *communauté;* — 2° Le régime *sans communauté;* — 3° Le régime de *séparation de biens;* — 4° Le régime *dotal*. Nous allons les examiner successivement.

I. Régime de la communauté. — La communauté est *légale* ou *conventionnelle*, selon que ses effets sont déterminés par la loi, ou que les parties, dans leur contrat de mariage, l'ont modifiée par des clauses restrictives ou extensives.

§ 1. Communauté légale. — Elle est le régime des époux qui se marient sans contrat, ou qui déclarent, dans leur contrat, l'accepter sans modifications. — Sous ce régime, on distingue trois espèces de biens : 1° Les biens *propres* de la femme; — Les biens *propres* du mari; — 3° Les biens qui appartiennent *en commun* aux deux époux. Cette dernière espèce de biens n'existe pas dans les autres régimes où l'on ne trouve que les biens de la femme et ceux du mari.

1. — Les biens qui tombent en communauté sont : 1° *Tous les meubles* (c'est-à-dire tout ce que la loi ne déclare pas *immeuble* (Voy. biens), sans distinction entre ceux que les époux possédaient avant le mariage, et ceux qui leur sont advenus depuis par donation, succession, etc.; — 2° Les *revenus des biens de toute espèce*, même de ceux qui restent propres à l'un des époux; — 3° Les *immeubles acquis pendant le mariage*, c'est-à-dire les immeubles autres que ceux que les époux possédaient antérieurement au mariage, ou qui leur sont advenus depuis par *donation, succession*, etc. — Tous autres biens restent propres à celui des époux auquel ils appartiennent. Tel est l'*actif* de la communauté. — Son *passif* se compose : 1° De *toutes les dettes mobilières* (qu'il est juste que la communauté supporte, puisqu'elle profite de tout l'actif mobilier); — 2° Des *arrérages ou inté-*

rêts seulement des rentes ou dettes personnelles à chacun des deux époux. (Les revenus des biens propres tombant dans la communauté, il était équitable de faire payer par la communauté les arrérages ou intérêts des rentes ou dettes personnelles aux conjoints); — 3° Des *réparations usufructuaires des immeubles qui n'entrent point en communauté.* (Le motif est le même : l'actif et le passif sont corrélatifs); — 4° Des *charges du mariage* (aliments des époux, éducation, entretien des enfants).

2. — Le mari *administre* seul les biens de la communauté ; il peut les vendre, les louer, les hypothéquer, sans le concours de sa femme. Il administre également les biens personnels de sa femme, mais ne peut les vendre ni les hypothéquer sans son consentement.

3. — La communauté *se dissout* par la mort de l'un des époux, par la *séparation de corps* et par la *séparation de biens.* (Voy. ces mots.)

Comme la femme est demeurée étrangère à la gestion de la communauté, la loi lui permet d'y *renoncer* pour se soustraire aux conséquences de cette gestion. Elle se soustrait ainsi au payement des dettes, mais elle perd tout droit sur les objets qui étaient tombés de son chef dans la communauté : elle peut retirer seulement les linges et hardes à son usage. Pour pouvoir renoncer, il faut que la femme fasse dresser, dans le délai de trois mois, un inventaire fidèle et exact, et qu'elle déclare, dans un nouveau délai de 40 jours, son intention de renoncer, au Greffe du tribunal de première instance de l'arrondissement où son mari était domicilié.

Pendant ces délais, la veuve a droit de prendre sa nourriture et celle de ses domestiques sur les provisions existantes, et même sur la masse commune, et elle ne doit aucun loyer pendant le même temps.

Les héritiers de la femme prédécédée ont, comme elle, la faculté de renoncer, sous les mêmes conditions.

4. — Si la femme ou ses héritiers, selon les circonstances, acceptent la communauté, la *liquidation* se fait de la manière suivante : chaque époux ou ses héritiers *rapportent* à la masse ce qu'ils peuvent devoir à la communauté, soit à titre d'emprunt, soit à titre de récompense ou d'indemnité.

Sur cette masse, chaque époux ou ses héritiers *prélèvent* les biens personnels qui n'étaient point entrés en communauté, s'ils existent en nature, ou ceux qui ont été acquis en remploi ; le prix des immeubles propres aliénés pendant la communauté, et dont il n'a pas été fait remploi ; enfin les indemnités qui peuvent être dues respectivement pour récompense.

Les *prélèvements de la femme* ou *de ses héritiers* se font avant ceux du mari. Ils s'exercent d'abord sur l'argent comptant et le mobilier, subsidiairement sur les immeubles de la communauté, enfin, en cas d'insuffisance des biens de la communauté, sur les biens personnels du mari. Ce dernier, au contraire, ne peut jamais exercer ses reprises et prélèvements que sur les biens de la communauté.

Après que tous les prélèvements des deux époux ont été effectués sur la masse, le surplus se partage *par moitié* entre les époux ou ceux qui les représentent.

5. — Le *deuil* de la femme est aux frais des héritiers du mari prédécédé. La valeur de ce deuil est réglée selon la fortune du mari. Il est dû même à la femme qui renonce à la communauté.

6. — Les *dettes* de la communauté sont pour moitié à la charge de chacun des époux ou de leurs héritiers. La femme n'est tenue au payement des dettes que jusqu'à concurrence de son émolument dans la communauté, à moins qu'elle ne soit obligée *solidairement*. (Voy. SOLIDARITÉ.) Le mari, au contraire, est tenu pour le tout, sauf son

recours pour moitié contre sa femme ou ses héritiers.

§ 2. COMMUNAUTÉ CONVENTIONNELLE. — Elle n'est qu'une modification de la communauté légale, telle que l'intérêt ou la volonté des époux peut le conseiller ou l'exiger. Il peut donc y avoir autant de communautés conventionnelles qu'il est possible d'imaginer de conventions différentes dans le système de la communauté, soit pour l'*étendre*, soit pour la *restreindre*.

Voici les principales modifications qui ont lieu à cet effet :

1° *Communauté réduite aux acquêts.* — Cette stipulation ne fait entrer en communauté que les revenus des biens des époux, les acquisitions faites pendant le mariage, et les économies provenant de leur travail. Les époux conservent donc en propre leur mobilier présent et futur comme leurs immeubles, et ils payent séparément toutes leurs dettes. Tout objet est *réputé acquêt*, s'il n'est pas prouvé que l'un des époux en avait la propriété au moment du mariage, ou qu'il lui est échu depuis.

2° *Exclusion de tout ou partie des meubles.* — La clause qui exclut de la communauté tout ou partie des meubles s'appelle clause de *réalisation*. Le mobilier exclu reste donc propre à l'époux auquel il appartient. Cette clause est particulièrement usitée lorsque l'un des futurs ne possède que des meubles qui tomberaient en communauté, tandis que l'autre n'a que des immeubles qu'il conserverait en propre, ou possède plus d'immeubles que de meubles. La clause de réalisation totale ou partielle a pour effet de maintenir l'égalité entre époux sous le rapport financier.

3° *Ameublissement de tout ou partie des immeubles.* — Cette clause est *extensive* de la communauté, puisqu'elle tend à y faire tomber des immeubles qui seraient restés propres à celui des époux à qui ils appartenaient. Comme pour la précédente, elle a pour effet de maintenir l'égalité entre conjoints possédant l'un des meubles, l'autre des immeubles. La chose ameublie est à la disposition du mari, maître de la communauté, comme toute autre chose mobilière. L'immeuble ameubli en *totalité* peut être vendu ; celui qui ne l'est qu'en *partie* peut être hypothéqué jusqu'à concurrence de l'ameublissement.

4° *Séparation des dettes.* — Les futurs peuvent stipuler que la communauté ne sera pas chargée des dettes que chacun d'eux a contractées avant le mariage, et qu'ils payeront séparément leurs dettes personnelles. Pour que cette clause soit opposable aux créanciers et réduise ainsi leur action aux biens personnels de l'époux débiteur, il faut que le mobilier propre à chacun ait été inventorié.

5° *Reprise de l'apport de la femme, franc et quitte de toutes dettes, en cas de renonciation à la communauté.* — Il est permis à la future de stipuler, dans le contrat de mariage, qu'elle reprendra son apport, franc et quitte de toutes dettes, en renonçant à la communauté. De cette manière, la femme, tout en conservant le droit de prendre part aux bénéfices de la communauté, ne court pas la chance de contribuer au payement des dettes. Une semblable stipulation, exorbitante du droit commun et contraire aux principes des sociétés ordinaires, ne s'étend pas au delà des choses formellement exprimées dans le contrat, ni au profit des personnes autres que celles désignées. Ainsi la faculté de reprendre le mobilier que la femme a apporté lors du mariage ne s'étend point à celui qui serait échu pendant le mariage. Ainsi encore, la faculté accordée à la femme ne s'étend point aux enfants; celle accordée à la femme et aux enfants ne s'étend point aux héritiers ascendants ou collatéraux. Dans tous les cas, les apports ne peuvent être repris que déduction faite des dettes personnelles à la femme acquittées par la communauté.

6° *Préciput.* — Les futurs peuvent

convenir que l'époux survivant prélèvera, avant tout partage, une certaine somme ou certaine quantité d'effets mobiliers en nature sur la communauté. Ce droit ne s'exerçant que sur la masse partageable, la femme survivante ne peut en user si elle renonce à la Communauté, à moins que le contrat de mariage ne lui ait réservé cette faculté, même au cas de renonciation.

7° *Parts inégales dans la communauté.* — Il est permis de convenir que l'un des conjoints aura une part supérieure à la moitié, ou même la totalité de la communauté. Mais la contribution au payement des dettes est nécessairement proportionnelle.

8° *Communauté universelle.* — La communauté, telle que la loi l'a réglée, ne comprend pas tous les biens. — Rien n'empêche que les futurs ne stipulent une communauté universelle, soit de tous leurs biens meubles et immeubles, présents et à venir, soit de leurs biens présents seulement, soit de leurs biens à venir seulement.

— La Communauté conventionnelle est assujettie aux principes de la communauté légale pour tous les cas auxquels il n'y a pas été dérogé par le contrat.

II. Régime sans communauté. — Sous ce régime, la femme conserve la propriété de tous ses biens meubles et immeubles : le mari les administre et en touche les revenus en compensation de toutes les charges que, seul, il doit supporter.

III. Régime de séparation de biens. — Il laisse à la femme le droit d'administration de tous ses biens et la jouissance des revenus ; il ne l'oblige qu'à verser entre les mains du mari la part nécessaire aux charges du ménage, part que la loi fixe au tiers des revenus, à défaut de convention sur ce point. Le pouvoir d'administration qui appartient à la femme, dans ce régime, ne lui donne que le droit de toucher et employer ses revenus sans l'autorisation du mari : si elle veut vendre ses biens ou les donner, elle a besoin d'y être autorisée par son mari ou, en cas de refus de ce dernier, par la justice.

IV. Régime dotal. — Ce qui caractérise ce régime, c'est l'*inaliénabilité* de la dot qui ne peut être donnée ou vendue, même du consentement du mari et de la femme. Le régime dotal étant un régime exceptionnel, les époux n'y sont soumis que par une déclaration expresse dans leur contrat.

1. — La constitution de dot peut frapper *tous les biens présents et à venir* de la femme, ou *tous ses biens présents seulement*, ou une *partie de ses biens présents et à venir*, ou même *un objet individuel.* Les biens qui ne font pas partie de la dot sont appelés *paraphernaux* (de deux mots grecs, *para, phernè*, qui signifient *en dehors de la dot*) : La femme en conserve la jouissance et la propriété, mais elle ne peut les aliéner sans l'autorisation de son mari, ou, à son refus, sans la permission de la justice.

Quant aux biens dotaux, ils sont administrés par le mari seul, qui en perçoit les revenus comme compensation des charges du ménage auxquelles il doit subvenir.

2. — Quoique la dot, en principe, soit inaliénable, il y a cependant des *cas où elle peut être aliénée.* Ces cas sont prévus par la loi. Ainsi la dot peut être aliénée pour l'établissement des enfants par mariage ou autrement, ou bien lorsque le contrat de mariage le permet. Elle peut encore être aliénée, avec permission de Justice et aux enchères, pour fournir des aliments à la famille et dans les différentes hypothèses prévues par l'article 1558 du Code civil.

3. — L'immeuble dotal peut être *échangé*, mais avec le consentement de la femme, contre un autre immeuble de même valeur, pour les quatre cinquièmes au moins, en justifiant de l'utilité de l'échange, en obtenant l'autorisation de la Justice, et d'après une estimation par experts que le tribunal nomme d'office. Dans ce cas,

l'immeuble reçu en échange est dotal; l'excédent du prix, s'il y en a, l'est aussi, et il doit en être fait emploi comme tel au profit de la femme.

4. — Si, hors les cas d'exception déterminés, les biens dotaux ont été aliénés, la femme ou ses héritiers peuvent faire *révoquer l'aliénation* après la dissolution du mariage, sans qu'on puisse leur opposer aucune prescription pendant sa durée. Le mari lui-même peut faire révoquer l'aliénation pendant le mariage, mais en demeurant sujet aux dommages-intérêts de l'acheteur, s'il n'a pas déclaré dans le contrat que le bien vendu était dotal.

5. — Il est permis aux époux qui déclarent se soumettre au régime dotal, de stipuler une *société d'acquêts* qui ne comprendra que les biens acquis à titre onéreux depuis le mariage.

6. — Voy. DOT.

CONTRAT. (QUASI) — Voy. QUASI-CONTRAT.

CONTRAVENTION. — (Cod. pén. art. 1er.) — Infraction aux lois ou règlements punie d'une peine de *simple police*, c'est-à-dire de 1 fr. à 15 fr. d'amende et de un jour à cinq jours de prison. — Voy. TRIBUNAL DE SIMPLE POLICE; — APPEL, I, 2; — ACTION CIVILE; — ACTION PUBLIQUE; — AMENDE; — RÉCIDIVE; — PEINES, IV.

CONTRE-ENQUÊTE. — (Cod. proc. civ. art. 256.) — Enquête opposée à celle de la partie adverse. Elle est *toujours autorisée*.

CONTREFAÇON. — Voy. BREVETS D'INVENTION, XI; — DESSINS DE FABRIQUE, 3 et 4; — MARQUES DE FABRIQUE, 3; — PROPRIÉTÉ LITTÉRAIRE ET ARTISTIQUE, 3; — FAUX.

CONTRE-LETTRE. — (Cod. civ. art. 1321.)

Ecrit destiné à rester secret entre les parties, et qui a pour but de modifier ou d'annuler un acte ostensible.

Les contre-lettres ne peuvent avoir leur effet qu'entre les parties contractantes; elles ne sont *point opposables aux tiers*. Souvent les parties relatent, dans leurs actes ostensibles, un prix inférieur au prix réel (sauf à rétablir la vérité par une contre-lettre), afin de frauder le fisc. Le législateur a cherché à prévenir cette fraude en prononçant une *amende triple* de la somme qui aurait été due au Trésor pour droit d'enregistrement. (Loi 22 frimaire an VII (12 décembre 1798), art. 40.)

CONTRIBUTIONS. — On appelle *contributions* ou *impôts* les charges qui pèsent sur les citoyens pour subvenir aux dépenses de la vie commune ou sociale.

1. — Il est juste, il est nécessaire que tous ceux qui profitent de la protection que l'Etat leur assure supportent leur part des dépenses faites dans l'intérêt de tous. L'impôt, comme l'a dit Mirabeau, n'est qu'une *avance pour obtenir la protection de l'ordre social, une condition imposée à chacun par tous*, » ou, suivant une ingénieuse définition de M. Emile de Girardin, « *une prime d'assurance payée par tous les membres d'une société appelée nation, à l'effet de s'assurer la pleine jouissance de leurs droits, l'efficace protection de leurs intérêts, et le libre exercice de leurs facultés*. »

2. — Avant 1789, les impôts, généralement désignés sous les noms de *taille* et de *dîme*, ne pesaient pas sur tous les habitants.

Un des premiers actes de l'Assemblée constituante fut de détruire cette inégalité choquante et de proclamer qu'à l'avenir tous les citoyens, sans exception, seraient soumis à l'impôt de la même manière et dans la même forme.

Elle proclama en même temps cet autre principe qui fait désormais partie de notre droit public, à savoir qu'*aucun impôt ne peut être établi que par une loi*.

3. — Les contributions publiques se divisent en deux grandes classes: les contributions *directes* et les contributions *indirectes*.

Les *contributions directes* sont celles qui se perçoivent directement, d'après un rôle nominatif, sur les personnes qui en sont passibles. — Les *contributions indirectes* sont celles qui ne portent sur personne nominativement, mais qui atteignent tout le monde, car elles frappent certaines denrées servant à la consommation.

SECT. I. — **CONTRIBUTIONS DIRECTES.** — I. DIVERSES ESPÈCES DE CONTRIBUTIONS DIRECTES. — 1. — Les principales contributions directes sont : 1° la contribution *foncière ;* — 2° la contribution *personnelle et mobilière ;* — 3° la contribution des *portes et fenêtres ;* — 4° la contribution des *patentes.* — Voy. FONCIÈRE (CONTRIBUTION) ; — PERSONNELLE ET MOBILIÈRE (CONTRIBUTION) ; — PORTES ET FENÊTRES ; — PATENTES.

2. — Sont *assimilés* aux contributions directes : la *taxe des biens de mainmorte ;* la *taxe sur les chiens ;* l'*impôt sur les chevaux et voitures ;* les *prestations pour chemins vicinaux ;* les *redevances sur les mines ;* les *taxes pour le curage des rivières non navigables*, le *pavage des rues*, l'*entretien des Bourses et Chambres de commerce.* Voy. TAXE DES BIENS DE MAINMORTE ; — TAXE DES CHIENS ; — CHEVAUX ET VOITURES ; — CHEMINS VICINAUX, 2 et 3 ; — MINES ; — CURAGE ; — PAVAGE ; — BOURSES DE COMMERCE, 3 ; — CHAMBRES DE COMMERCE.

3. — Les contributions *directes*, à l'exception de celle des *Patentes*, sont des impôts dits *de répartition*, c'est-à-dire que le produit qu'elles doivent donner est fixé d'avance, et que les cotes individuelles sont déterminées au moyen de répartitions successives entre les départements, les arrondissements, les communes et les contribuables. — Voici comment il est procédé à cet égard : le *Corps législatif* fixe la somme de l'impôt exigible pour toute la France et la répartit entre tous les départements, d'après la valeur présumée du produit net du sol dans chacun d'eux ; — le *Conseil général* de chaque département répartit la somme d'impôt direct due par le département entre chacun des arrondissements ; — le *Conseil d'arrondissement*, à son tour, répartit le contingent dévolu à l'arrondissement entre toutes les communes qui le composent ; — enfin, dans chaque Commune, une commission, dite des *répartiteurs*, distribue l'impôt de la Commune entre chaque propriétaire ou habitant. — Voy. RÉPARTITEUR.

La contribution des *patentes* et les contributions *indirectes* sont des impôts dits de *quotité*, c'est-à-dire que le contingent total n'est pas fixé à l'avance, et que les produits qu'elles donnent, perçus en vertu de tarifs, varient suivant l'étendue de la consommation de l'année.

II. RECOUVREMENT. — 1. — Le recouvrement des contributions directes est confié à des *Percepteurs*, nommés par le Ministre des Finances, et rétribués au moyen de primes proportionnelles à la quantité de fonds qu'ils perçoivent. Tous les dix jours, les Percepteurs versent à la caisse du Receveur particulier de l'arrondissement, et celui-ci, à son tour, verse chez le Trésorier-Payeur général du département.

2. — Les contributions directes sont payables par *douzièmes.* Le contribuable en retard reçoit d'abord une sommation gratuite. Si, dans les huit jours, il n'a pas payé, les poursuites commencent.

3. — Les droits du Trésor sont garantis par un *privilège* spécial qui porte, savoir : 1° Pour la contribution foncière de l'année échue et de l'année courante, sur les récoltes, fruits, loyers et revenus des biens immeubles sujets à la contribution ; — 2° Pour l'année échue et l'année courante des autres contributions directes, sur tous les meubles et autres effets mobiliers appartenant au redevable, en quelque lieu qu'ils se trouvent.

III. PRESCRIPTION. — Les actions en réclamation des contributions directes *se prescrivent* par trois années sans poursuites, à partir du jour où le rôle a été remis au Percepteur, ou à dater des dernières poursuites, quand il en a été fait.

IV. Réclamations. — 1. — Il y a lieu de distinguer les demandes en *décharge* ou en *réduction*, des demandes en *remise* ou en *modération*. Les premières sont fondées sur la violation d'un droit; les secondes tendent seulement à l'obtention d'une faveur ou d'un secours. Ainsi, une personne prétend avoir été indûment imposée, soit parce qu'elle n'est pas propriétaire du fonds sur lequel le droit est établi, soit parce qu'on lui a attribué par erreur une profession qu'elle n'exerce pas; elle doit agir par voie de demande en *décharge*. Elle se borne à soutenir que la valeur locative de son logement a été exagérée par rapport aux locations voisines; c'est un cas de demande en *réduction*. Enfin, lorsque le contribuable, à la suite d'un sinistre qui lui a fait perdre sa récolte, par exemple, sollicite le dégrèvement *total* ou *partiel* de l'impôt, il fait appel à la bienveillance, non à la justice de l'Administration : c'est là le cas d'une demande en *remise* ou *modération*.

2. — Les réclamations tendant à obtenir *décharge* ou *réduction* sont portées devant le Conseil de Préfecture et, en appel, devant le Conseil d'Etat : elles doivent être formées dans le *délai de trois mois* à partir de la publication des rôles. En matière de patentes, si la demande en décharge est motivée sur la fermeture des magasins pour cause de faillite ou de décès, le délai ne court que du jour de l'événement qui donne lieu à la libération des douzièmes à échoir.

A moins qu'elles n'aient pour objet une cote inférieure à 30 francs, les demandes en décharge ou réduction doivent être présentées sur *papier timbré*. Dans tous les cas, il est nécessaire qu'elles soient accompagnées de la *quittance des termes échus*.

3. — Les demandes en *remise* ou *modération* sont appréciées par le Préfet lui-même, qui statue en fin d'année, et fait, entre les contribuables dont les réclamations ont paru fondées, la répartition d'une somme qualifiée de *fonds de non-valeur*, mise annuellement à sa disposition pour cet objet.

Sect. II. — **CONTRIBUTIONS INDIRECTES.** — I. — DIVERSES ESPÈCES DE CONTRIBUTIONS INDIRECTES. — Les contributions indirectes comprennent les droits sur les *allumettes*, les *boissons*, les *sels*, les *sucres*, les *cartes à jouer*, les *voitures publiques*, la *navigation*, le produit du *monopole du tabac*, de la *poudre à feu*, des *postes*, les *douanes*, les droits de *garantie des matières d'or et d'argent*, l'*enregistrement*, le *timbre*, etc. — Voy. ALLUMETTES; — BOISSONS; — SEL; — SUCRE; — CARTES A JOUER; — VOITURES PUBLIQUES; — NAVIGATION; — TABAC; — POUDRE A FEU; — POSTES; — DOUANES; — MATIÈRES D'OR ET D'ARGENT; — ENREGISTREMENT; — TIMBRE.

II. Recouvrement. — CONTENTIEUX. — POURSUITES. — 1. — Le recouvrement de ces différents droits est confié à diverses Administrations dépendant du Ministère des Finances: 1° A celle dite des *Contributions indirectes*, qui perçoit les droits sur les boissons, tabacs, etc.; — 2° A celle des *Douanes*, qui perçoit les droits sur les marchandises faisant l'objet du commerce extérieur; — 3° A celle de l'*Enregistrement* et des *Domaines*, pour l'enregistrement, le timbre, etc.

Afin d'assurer ce recouvrement, un *privilège* est accordé à la Régie sur les meubles et effets mobiliers des comptables et des redevables, lequel privilège n'est primé que par celui des frais de justice, et celui du propriétaire pour six mois de loyer. (Déc. 1er germinal an VIII (22 mars 1805), art. 47.)

2. — Le *contentieux* relatif aux contributions indirectes est du ressort de *l'Autorité judiciaire*. Il en est différemment pour les contributions directes : nous en donnons le motif au mot CONSEIL DE PRÉFECTURE, I, 1°.

3. — L'instruction des affaires

portées devant le *Tribunal civil d'arrondissement* se fait par simple mémoire respectivement signifié, *sans ministère d'avoué* et *sans plaidoirie*. Le jugement est rendu sur le rapport d'un juge fait en audience publique, et sur les conclusions du Procureur de la République. Il est prononcé dans la *Chambre du conseil*, et n'est *pas susceptible d'appel*. On ne peut l'attaquer que par la voie de la *requête civile* ou de la *cassation*.

4. — Les *contraventions* et *fraudes* sont poursuivies devant le *Tribunal de police correctionnelle*, et jugées par lui, sauf l'appel. (Loi 5 ventôse an VII (25 fév. 1804), art. 90.)

Elles sont *prouvées* par des procès-verbaux qui font foi jusqu'à inscription de faux, quand ils sont signés par deux employés de la Régie et affirmés, dans les trois jours, devant le Juge de paix. (Décr. 1er germinal an VIII (22 mars 1805), art. 25.)

La poursuite doit être intentée, à peine de *déchéance*, dans les trois mois de la date du procès-verbal, et, s'il y a arrestation du prévenu, dans le mois à partir de cette arrestation. (Loi 15 juin 1835.)

5. — L'Administration a le droit de *transiger* avec les prévenus. (Arr. 5 germinal an VII (26 mars 1804), art. 23.) La transaction éteint même les poursuites du Ministère public. Si les condamnations qui pouvaient être prononcées ne dépassent pas 500 fr., l'approbation du Directeur du département suffit; de 500 fr. à 3 000 francs, il faut celle du Directeur général; au-dessus de 3 000 fr., la sanction du Ministre des Finances est indispensable.

III. Prescription. — La prescription est acquise *à la Régie* contre les demandes en restitution des droits perçus au delà du tarif, par *six mois*. Elle est acquise au redevable *contre la Régie*, pour les droits non réclamés, par *un an*, à compter du jour où ils étaient exigibles. (Décr. 1er germinal an VIII, art. 50; loi 28 avril 1816, art. 247.)

CONTUMACE-CONTUMAX. — (Cod. instr. crim. art. 244; 405-478; 641.)

Du latin *contumacia*, rébellion, désobéissance. — En matière criminelle, on appelle *contumace* l'état de l'accusé qui se dérobe à la justice: l'individu qui est en cet état est dit *contumax*.

1. — Le Code d'instruction criminelle, après avoir indiqué la série de publications et de notifications à faire pour mettre l'accusé légalement en demeure de comparaître, ordonne de procéder dans les dix jours au jugement du contumax. Aucun avocat ne peut se présenter en son nom. Ses parents ou ses amis seuls peuvent soumettre à la Cour d'assises son excuse.

Si la Cour trouve l'excuse légitime, elle ordonne qu'il sera sursis au jugement de l'accusé et au séquestre de ses biens, pendant un temps déterminé.

Hors ce cas, la Cour prononce sur l'accusation, *sans l'assistance de jurés*.

2. — S'il y a condamnation, les biens du contumax sont mis sous le *séquestre* et régis comme biens d'absent.

Si l'accusé se constitue prisonnier ou est arrêté avant que la peine prononcée contre lui soit éteinte par la prescription, le jugement et la procédure antérieure sont anéantis, et il est procédé contre lui dans la forme ordinaire.

En cas d'*acquittement*, il est condamné aux frais occasionnés par sa contumace.

3. — Lorsque la peine est *prescrite*, le condamné ne peut plus se présenter pour purger sa contumace.

CONVERSION DES RENTES. — Voy. DETTE PUBLIQUE, 2.

COOPÉRATIVE. (SOCIÉTÉ) — Voy. SOCIÉTÉS COOPÉRATIVES.

COPROPRIÉTAIRE. — Celui qui a la propriété d'une chose avec un ou plusieurs autres individus. — Voy. INDIVISION.

CORPORATIONS. — Voy. LI-

BERTÉ DU TRAVAIL ET DE L'INDUSTRIE.

CORRECTION. (DROIT DE) — Voy. PUISSANCE PATERNELLE, 2.

CORRECTION. (MAISON DE) — Voy. PRISONS.

CORRUPTION DE FONCTIONNAIRES.—(Cod. pén. art. 177-183.)

Elle est ainsi *punie* par le Code pénal : Art. 177. — « Tout fonctionnaire public de l'ordre administratif ou judiciaire, tout agent ou préposé d'une administration publique, qui aura agréé des offres ou promesses, ou reçu des dons ou présents, pour faire un acte de sa fonction ou de son emploi, *même juste*, mais non sujet à salaire, sera puni de la *dégradation civique*, et condamné à une *amende* double de la valeur des promesses agréées ou des choses reçues, sans que ladite amende puisse être inférieure à 200 fr.

» La présente disposition est applicable à tout fonctionnaire, agent ou préposé de la qualité ci-dessus exprimée, qui, par offres ou promesses agréées, dons ou présents reçus, se sera *abstenu* de faire un acte qui entrait dans l'ordre de ses devoirs.

» Sera puni de la même peine tout *arbitre* ou *expert*, nommé par le tribunal ou par les parties, qui aura agréé des offres ou promesses, ou reçu des dons ou présents, pour rendre une décision ou donner une opinion favorable à l'une des parties. »

Art. 178. — « Dans le cas où la corruption aurait pour objet un fait criminel comportant une peine plus forte que celle de la dégradation civique, cette peine plus forte sera appliquée aux coupables. »

Art. 179. — « Quiconque aura contraint ou tenté de contraindre par voie de fait ou menaces, corrompu ou tenté de corrompre par promesses, offres, dons ou présents, l'une des personnes de la qualité exprimée en l'article 177, pour obtenir soit une opinion favorable, soit des procès-verbaux, états, certificats ou estimations contraires à la vérité, soit des places, emplois, adjudications, entreprises ou autres bénéfices quelconques, soit tout autre acte du ministère du fonctionnaire, agent ou préposé, soit enfin l'abstention d'un acte qui rentrait dans l'exercice de ses devoirs, sera puni des mêmes peines que la personne corrompue.

» Toutefois, si les tentatives de contrainte ou corruption n'ont eu aucun effet, les auteurs de ces tentatives seront simplement punis d'un emprisonnement de trois mois au moins et de six mois au plus, et d'une amende de 100 fr. à 300 fr. »

Art. 180. — « Il ne sera jamais fait au corrupteur restitution des choses par lui livrées, ni de leur valeur ; elles seront confisquées au profit des hospices des lieux où la corruption aura été commise. »

Art. 181. — « Si c'est un *juge* prononçant en matière criminelle, ou un *juré*, qui s'est laissé corrompre, soit en faveur, soit au préjudice de l'accusé, il sera puni de la *réclusion*, outre l'amende ordonnée par l'article 177. »

Art. 182. — « Si, par l'effet de la corruption, il y a eu condamnation à une peine supérieure à celle de la réclusion, cette peine, quelle qu'elle soit, sera appliquée au juge ou juré coupable de corruption. »

Art. 183. — « Tout *juge* ou *administrateur* qui se sera décidé par faveur pour une partie ou par inimitié contre elle sera coupable de *forfaiture* et puni de la *dégradation civique*. »

CORRUPTION ÉLECTORALE. — Voy. ÉLECTIONS, II.

COSTUME. — 1. — Toute personne qui a *porté publiquement* un costume qui ne lui appartient pas est punie d'un *emprisonnement* de six mois à deux ans. (Cod. pén. art. 259.)

2. — Les *arrestations illégales* et les *vols* sont punis plus sévèrement, lorsqu'ils ont été commis sous un *faux costume*. (Cod. pén. art. 344, 381, 384.) — Voy. ARRESTATION, 5 ; — VOL, 1.

COTUTEUR. — (Cod. civ. art. 396.) — Celui qui est chargé d'une tutelle avec une autre personne. — Voy. TUTELLE, I.

COUPS ET BLESSURES. — (Cod. pén. art. 300-313; 315, 320, 321, 322, 326, 327-329.)

1. — Ils sont plus ou moins sévèrement punis selon qu'ils ont été *volontaires* ou *involontaires*, *avec* ou *sans préméditation*, selon qu'il y a eu ou non *provocation*, et aussi suivant le *mal* qui en est résulté.

Les dispositions du Code pénal à cet égard sont ainsi conçues :

Art. 309. — « Tout individu qui, *volontairement*, aura fait des blessures ou porté des coups, ou commis toute autre violence ou voie de fait, s'il est résulté de ces sortes de violences une *maladie* ou *incapacité de travail personnel pendant plus de vingt jours*, sera puni d'un emprisonnement de deux ans à cinq ans, et d'une amende de 16 à 2 000 fr. — Il pourra, en outre, être privé des droits mentionnés en l'article 42 du présent Code pendant cinq ans au moins et dix ans au plus, à compter du jour où il aura subi sa peine. — Quand les violences ci-dessus exprimées auront été suivies de *mutilation*, *amputation* ou *privation de l'usage d'un membre*, *cécité*, *perte d'un œil*, ou *autres infirmités permanentes*, le coupable sera puni de la *réclusion*. — Si les coups portés ou les blessures faites volontairement, mais sans intention de donner la *mort*, l'ont pourtant occasionnée, le coupable sera puni des *travaux forcés à temps*. »

Art. 310. — « Lorsqu'il y aura eu *préméditation* ou *guet-apens*, la peine sera, si la mort s'en est suivie, celle des *travaux forcés à perpétuité*; — si les violences ont été suivies de mutilation, amputation ou privation de l'usage d'un membre, cécité, perte d'un œil, ou autres infirmités permanentes, la peine sera celle des *travaux forcés à temps*; — dans le cas prévu par le premier paragraphe de l'article 309, la peine sera celle de la *réclusion*. »

Art. 311. — « Lorsque les blessures ou les coups, ou autres violences ou voies de fait, n'auront occasionné *aucune maladie ou incapacité de travail personnel* de l'espèce mentionnée en l'article 309, le coupable sera puni d'un *emprisonnement* de six jours à deux ans et d'une *amende* de 16 fr. à 200 fr., ou de l'une de ces deux peines seulement. — S'il y a eu *préméditation* ou *guet-apens*, l'emprisonnement sera de deux ans à cinq ans, et l'amende de 50 à 500 francs. »

Art. 312. — « L'individu qui aura volontairement fait des blessures ou porté des coups à ses *père* ou *mère* légitimes, naturels ou adoptifs, ou autres *ascendants* légitimes, sera puni ainsi qu'il suit : de la *réclusion*, si les blessures ou les coups n'ont occasionné aucune maladie ou incapacité de travail personnel de l'espèce mentionnée en l'article 309; — du *maximum de la réclusion*, s'il y a eu incapacité de travail pendant plus de vingt jours, ou préméditation, ou guet-apens; — des *travaux forcés à temps*, lorsque l'article auquel le cas se référera prononcera la peine de la réclusion; — des *travaux forcés à perpétuité*, si l'article prononce la peine des travaux forcés à temps. »

Art. 313. — « Les crimes et les délits prévus dans la présente section..., s'ils ont été commis en réunion séditieuse, avec rébellion ou pillage, sont imputables aux chefs, auteurs, instigateurs et provocateurs de ces réunions, rébellions ou pillages, qui seront punis comme coupables de ces crimes ou de ces délits, et condamnés aux mêmes peines que ceux qui les auront personnellement commis. »

— Indépendamment des peines ci-dessus mentionnées, les tribunaux peuvent prononcer le renvoi sous la *surveillance de la haute police* depuis deux ans jusqu'à dix ans.

— Lorsque des blessures ou des

coups *involontaires* résultent d'un *défaut d'adresse* ou de *précaution*, le coupable est passible de six jours à deux mois d'emprisonnement et d'une amende de 16 fr. à 100 fr. ou de l'une de ces deux peines seulement.

2. — Les coups et les blessures sont *excusables*, s'ils ont été *provoqués* par des coups ou violences envers les personnes, ou s'ils ont été commis en repoussant *pendant le jour* l'escalade ou l'effraction des clôtures, murs ou entrée d'une maison ou d'un appartement habité ou de leurs dépendances. — Dans le cas d'*excuse prouvée*, s'il s'agit d'un crime emportant la peine de mort, ou celle des travaux forcés à perpétuité, ou celle de la déportation, la *peine* est *réduite* à un emprisonnement d'un an à cinq ans; s'il s'agit de tout autre crime, elle est réduite à un emprisonnement de six mois à deux ans. — Les coupables peuvent, de plus, dans l'une et l'autre hypothèse, être mis par l'arrêt ou le jugement sous la surveillance de la haute police pendant cinq ans au moins et dix ans au plus. — S'il s'agit d'un délit, la peine est réduite à un emprisonnement de six jours à six mois.

3. — Il n'y a *ni crime ni délit* lorsque les blessures et les coups étaient commandés par la nécessité actuelle de la *légitime défense* de soi-même ou d'autrui. — Voy. LÉGITIME DÉFENSE.

4. — Les coups portés ou les blessures faites à l'un des époux par son conjoint sont une cause de *séparation de corps*. — (Cod. civ. art. 306.) — Voy. SÉPARATION DE CORPS, II.

5. — Est *indigne de succéder* celui qui aurait été condamné pour avoir donné ou tenté de donner la mort au défunt. (Cod. civ. art. 727.) — Voy. SUCCESSIONS, I.

6. — Le *donataire* qui se serait rendu coupable de coups et blessures envers le donateur pourrait être privé, pour cause d'*ingratitude*, de la libéralité qui lui a été faite. (Cod. civ. art. 955.) — Voy. DONATION ENTRE VIFS, II.

7. — Voy. VIOLENCES ENVERS LES DÉPOSITAIRES DE L'AUTORITÉ OU DE LA FORCE PUBLIQUE.

COUR D'APPEL. — (Loi 27 ventôse an VIII (18 mars 1800), tit. III; loi 20 avril 1810, chap. 1er; Cod. proc. civ. art. 443-473; Cod. instr. crim. 199-250, loi 30 août 1883.) — Juridiction du second degré instituée pour rendre la justice d'une manière souveraine et en dernier ressort.

1. — Les Cours d'appel, qui se sont appelées, suivant les temps, *Cours royales* ou *Cours impériales*, sont réduites aujourd'hui au nombre de 26, non compris l'*Algérie*. En voici le tableau, avec l'indication de l'étendue de leur circonscription :

CHEF-LIEU	CIRCONSCRIPTION	CHEF-LIEU	CIRCONSCRIPTION
Agen.....	Gers, Lot, Lot-et-Garonne.	*Bordeaux*	Charente, Dordogne, Gironde.
Aix......	Bouches-du-Rhône, Var, Basses-Alpes, Alpes-Maritimes.	*Bourges*..	Nièvre, Cher, Indre.
		Caen.....	Orne, Manche, Calvados.
Amiens...	Aisne, Somme, Oise.	*Chambéry*	Savoie, Haute-Savoie.
Angers...	Maine-et-Loire, Mayenne, Sarthe.	*Dijon*....	Côte-d'Or, Saône-et-Loire, Haute-Marne.
Bastia ...	Corse.	*Douai*. ..	Pas-de-Calais, Nord.
Besançon.	Jura, Doubs, Haut-Rhin, Haute-Saône.	*Grenoble*.	Hautes-Alpes, Drôme, Isère.

CHEF-LIEU	CIRCONSCRIPTION	CHEF-LIEU	CIRCONSCRIPTION
Limoges..	Creuse, Corrèze, Haute-Vienne.	*Pau*......	Landes, Basses-Pyrénées.
Lyon.....	Ain, Loire, Rhône.	*Poitiers*..	Charente-Inférieure, Vendée, Deux-Sèvres, Vienne.
Montpellier....	Pyrénées-Orientales, Aude, Aveyron, Hérault.		
Nancy...	Ardennes, Meurthe-et-Moselle, Vosges, Meuse.	*Rennes*...	Loire-Inférieure, Finistère, Côtes-du-Nord, Morbihan, Ille-et-Vilaine.
Nimes....	Lozère, Gard, Ardèche, Vaucluse.	*Riom*.....	Allier, Cantal, Puy-de-Dôme, Haute-Loire.
Orléans..	Loir-et-Cher, Loiret, Indre-et-Loire.	*Rouen*....	Eure, Seine-Inférieure.
Paris....	Yonne, Seine-et-Oise, Seine, Seine-et-Marne, Eure-et-Loir, Marne, Aube.	*Toulouse*..	Ariège, Haute-Garonne, Tarn, Tarn-et-Garonne.

2. — Les Cours d'appel statuent en dernier ressort :

1° Sur les appels des jugements rendus par les Tribunaux de première instance, tant en matière civile qu'en matière correctionnelle, et sur ceux des Tribunaux de commerce situés dans toute l'étendue de leur ressort. — Elles statuent également sur les appels des décisions des juges civils et de commerce d'un autre ressort, lorsqu'il y a renvoi de la Cour de cassation ; — 2° Sur les sentences rendues par les arbitres volontaires lorsque la contestation était de nature à être soumise aux Tribunaux civils; — 3° Sur les ordonnances de référé.

3. — Il y a certaines affaires qui, sans avoir subi l'épreuve d'un premier degré de juridiction, rentrent dans la compétence des Cours d'appel et doivent être portées devant cette juridiction supérieure. Ce sont : 1° Les actions qui découlent de l'exécution des jugements, dont les tribunaux ne connaissent pas ; — 2° Les demandes en payement de frais faits par les officiers ministériels qui exercent près d'elles; — 3° Les demandes en réhabilitation de faillis; — 4° Les demandes en règlement de juges; — 5° Les prises à partie.

4. — La loi du 30 août 1883 a réduit le nombre des Chambres et des magistrats des Cours d'appel, augmenté le traitement de ces derniers en assimilant toutes les Cours entre elles, Paris excepté.

En toute matière, les arrêts des Cours d'appel sont rendus par *cinq* juges au moins, président compris. Les magistrats délibérant doivent toujours être en nombre *impair*.

Pour le jugement des causes qui doivent être portées en *audiences solennelles*, les arrêts sont rendus par *neuf* juges au moins. Le tout à peine de nullité.

Un tableau annexé à la loi détermine le nombre de *Chambres* de chaque Cour et le nombre de *magistrats* qui la composent.

La Cour d'appel de *Paris* a neuf Chambres ; — celles d'*Aix*, *Bordeaux*, *Douai*, *Lyon*, *Montpellier*, *Rennes*, *Rouen* en ont trois ; — celles d'*Agen*, *Amiens*, *Besançon*, *Caen*, *Dijon*, *Grenoble*, *Nancy*, *Nimes*, *Poitiers*, *Riom*, *Toulouse*, deux ; — *Angers*, *Bastia*, *Bourges*,

Chambéry, *Limoges*, *Orléans*, *Pau*, n'ont qu'une seule Chambre.

Outre les Chambres dont le nombre est ainsi déterminé, chaque Cour d'appel a une Chambre appelée *Chambre des mises en accusation*, spécialement chargée d'apprécier toutes les poursuites intentées, dans l'étendue du ressort, à l'occasion de faits réputés crimes aux yeux de la loi. Sur le rapport qui lui est présenté par l'un des membres du parquet de la Cour, cette Chambre examine si le fait qui a donné lieu aux poursuites constitue le crime déterminé par la loi pénale, et s'il y a charges suffisantes contre celui qui est prévenu d'en être l'auteur, auquel cas elle renvoie l'inculpé devant la Cour d'assises pour y être jugé conformément à la loi.

Si le fait, quoique constituant un crime, n'est pas suffisamment établi à la charge du prévenu, la Chambre ordonne, s'il y a lieu, un supplément d'instruction ou plus ample informé, ou déclare qu'il n'y a lieu à suivre quant à ce moment, sauf à reprendre ultérieurement les poursuites s'il surgit des charges nouvelles. Un arrêt de non-lieu pur et simple équivaut à un acquittement, et le prévenu ne peut plus être poursuivi pour le même fait.

Si le fait qui a motivé la poursuite est dépouillé des circonstances aggravantes qui le constituent crime, et ne présente plus à la charge du prévenu qu'un simple délit ou seulement même qu'une contravention, la Chambre renvoie le prévenu devant le juge compétent pour en connaître.

COUR D'ASSISES. — (Cod. instr. crim. art. 251 et suiv.)

Juridiction chargée de juger définitivement et sans appel les infractions à la loi punies de peines afflictives et infamantes, depuis la réclusion jusqu'à la peine de mort, et connues sous la dénomination générale de *crimes*.

1. — La Cour d'assises ne *siège* que temporairement, excepté à Paris. D'ordinaire, elle se tient au chef-lieu de chaque département. Par exception, elle se tient, dans les Ardennes, à Charleville ; dans la Marne, à Reims ; dans la Meuse, à Saint-Mihiel.

2. — Elle *se compose* de trois magistrats qui sont : dans les villes où se trouve une Cour d'appel, trois Conseillers de cette Cour, l'un comme Président, les deux autres comme Assesseurs, et, dans les autres chefs-lieux de département, un membre de la Cour délégué comme président, et deux juges du tribunal faisant l'office d'assesseurs.

3. — La Cour d'assises est assistée de *jurés*, au nombre de douze pour chaque affaire. Les jurés seuls prononcent sur le fait, c'est-à-dire statuent sur la culpabilité ou la non-culpabilité de l'accusé : à la Cour est réservée l'application de la loi eu égard aux déclarations du jury. — Voy. JURY.

4. — Lorsque le jury, écartant les circonstances aggravantes et déclarant l'accusé coupable, fait dégénérer le crime en simple *délit*, la Cour d'assises n'en est pas moins compétente pour appliquer la peine correctionnelle.

5. — Même en cas d'acquittement de l'accusé, la Cour d'assises est compétente pour statuer sur la question des dommages-intérêts, s'il y a une *partie civile* en cause. La Cour alors statue *sans assistance de jurés*.

COUR DE CASSATION. — (Loi 1er déc. 1790; Ord. roy. 15 janvier 1826 ; lois 1er avril 1837, 30 août 1883.)

1. — La *Cour de cassation*, dont le siège est à Paris, est une magistrature suprême, placée au sommet de la hiérarchie judiciaire, dans le but de maintenir une saine et uniforme application des lois. C'est à elle que sont dénoncées toutes les décisions judiciaires qui ne sont plus attaquables par la voie de l'appel, et qui auraient violé la loi ou en auraient fait une fausse application.

2. — La Cour de cassation ne forme pas un troisième degré de

juridiction : sans entrer dans l'examen du fond de la décision qui lui est soumise par le pourvoi en cassation, elle examine seulement si cette décision est ou non conforme à la loi. Dans ce dernier cas, elle *casse* la décision, qui est considérée comme non avenue, et l'affaire est renvoyée devant des juges de même degré que ceux dont la sentence se trouve annulée.

3. — La Cour de cassation se divise en trois Chambres, dont deux sont spécialement consacrées aux affaires *civiles*. La *Chambre des requêtes* examine les requêtes qui lui sont présentées afin d'obtenir la cassation d'une décision judiciaire en matière civile : si la demande lui paraît fondée, elle admet la requête qui est alors soumise à la *Chambre civile*. Les affaires criminelles sont portées directement devant la *Chambre criminelle*.

4. — Lorsqu'une décision, soit civile, soit criminelle, a été cassée, et que, sur le renvoi qui lui en est fait, le second Tribunal ou la seconde Cour juge de la même manière, la Cour de cassation, saisie d'un nouveau pourvoi, tient une *audience solennelle*, c'est-à-dire que les trois Chambres se réunissent et l'arrêt qui intervient est *obligatoire*, quant à l'application de la loi, pour le troisième Tribunal, ou la troisième Cour, qui sera saisi de la question.

5. — La Cour de cassation, toutes Chambres réunies, constitue le *Conseil supérieur de la magistrature*. (Voy. ces mots.)

6. — Voy. CASSATION ; — AVOCATS AU CONSEIL D'ÉTAT ET A LA COUR DE CASSATION.

COUR DE JUSTICE. — Le *Sénat* peut être transformé en *Cour de justice* pour juger soit le Président de la République, soit les Ministres, et pour connaître des attentats commis contre la sûreté de l'Etat. (Loi 24 février 1875, art. 9.)

COUR DES COMPTES. — (Loi 16 sept. 1807 ; déc. 15 janv. 1852.)

1. — La *Cour des comptes* est une magistrature inamovible, gardienne de la fortune publique, qui prend rang immédiatement après la Cour de cassation. Elle a pour mission de juger la gestion de tous les comptables de deniers publics. Elle vérifie si les comptes généraux présentés par les Ministres concordent avec les comptes individuels des comptables sur lesquels elle a prononcé. La décision qu'elle rend à ce sujet, chaque année, s'appelle *arrêt de conformité*.

2. — Dans un rapport annuel présenté au Chef de l'Etat, la Cour exprime ses vues de réforme et d'amélioration dans les différentes branches de la comptabilité publique.

3. — *Créée* et organisée par la loi du 16 septembre 1807, la Cour des comptes est *divisée* en trois Chambres, et se compose d'un *Premier Président*, de trois *Présidents*, de dix-huit *Conseillers-Maîtres* des comptes, de quatre-vingt-quatre *Conseillers Référendaires*, et de vingt *Auditeurs*.

Un *Procureur général*, amovible comme tous les magistrats du Ministère public, est attaché à la Cour.

Le *Premier Président* préside les Chambres assemblées, et chaque Chambre lorsqu'il le juge convenable. Il a la surveillance générale de la Cour.

Les *Présidents* ont la direction du travail de la Chambre à la tête de laquelle ils sont placés.

Les *Conseillers Maîtres* vérifient le travail des Référendaires et expriment leur opinion sur les propositions faites dans les rapports.

Les *Conseillers Référendaires* sont chargés de la vérification des comptes et en font rapport aux Chambres. Ils donnent leur avis, mais n'ont pas voix délibérative.

Les *Auditeurs* sont adjoints aux Conseillers Référendaires pour concourir, sous leur direction, aux travaux de vérification et d'instruction.

Le *Procureur général* veille à ce que les comptables présentent leurs comptes dans les délais fixés par la loi. Il s'assure du service des Chambres et des Référendaires. Il est appelé à donner ses conclusions toutes les fois qu'un Référendaire élève contre un comptable une prévention de faux ou de concussion.

COURS D'EAU. — Voy. EAUX.

COURTIER. — (Cod. com. art. 74-90 ; loi 18 juillet 1866.)

On appelle ainsi des agents servant d'intermédiaires pour la négociation des opérations commerciales. A la différence des *Commissionnaires* qui agissent en leur nom pour le commettant, et figurent personnellement dans les marchés qu'ils concluent, les *Courtiers* se bornent à mettre les parties en rapport et à constater leurs conventions, sans jamais s'engager personnellement : ils perçoivent pour leurs soins un salaire désigné sous le nom de *courtage*.

Les Courtiers s'appelaient autrefois *couratiers*, mot dont la racine est *courir*, parce que les Courtiers courent sans cesse chez les vendeurs et les acheteurs pour opérer leurs négociations.

— Il y a plusieurs classes de Courtiers : les Courtiers *de marchandises* ou *de commerce;* les Courtiers d'*assurances;* les Courtiers *interprètes et conducteurs de navire ;* les Courtiers de *transports par terre et par eau;* les Courtiers *gourmets piqueurs de vins.*

Jusqu'au 1er janvier 1867, tous les Courtiers avaient, comme les Agents de change, le caractère d'officiers publics ; leur nombre était, par conséquent, limité, et leurs attributions privilégiées. Ce caractère subsiste encore pour les Courtiers autres que ceux de *marchandises* ou de *commerce :* il a disparu pour cette dernière classe, et aujourd'hui, en vertu de la loi du 18 juillet 1866, la profession de Courtier de marchandises est *libre*. Quant aux Courtiers qui ont conservé le caractère d'officiers publics, ils sont *nommés* par décret, sauf toutefois les Courtiers *gourmets piqueurs de vins*, dont la nomination est laissée au Ministre du commerce. Ils sont obligés de fournir un cautionnement ; leurs charges sont transmissibles.

I. COURTIERS DE MARCHANDISES OU DE COMMERCE. — Leur attribution essentielle consiste à servir d'intermédiaires pour l'achat et la vente des marchandises, et, depuis le 1er janvier 1867, il est loisible à toute personne de remplir cet office. Mais les Courtiers de marchandises n'ayant plus le caractère d'officiers publics, la loi du 18 juillet 1866 a déterminé les conditions auxquelles les Courtiers pourraient user du droit, que tous avaient, sous le régime du privilège, de procéder aux ventes publiques de marchandises aux enchères et en gros, ainsi que de constater le cours des marchandises. Il faut qu'ils soient *inscrits* sur une liste dressée par le Tribunal de commerce. Pour obtenir cette inscription, les Courtiers doivent justifier d'une certaine aptitude, prêter serment devant le Tribunal et payer au Trésor un droit qui varie de 1000 fr. à 3000 fr., selon l'importance de la place.

Les ventes publiques de marchandises aux enchères et en gros ne peuvent être faites que par les Courtiers inscrits : ceux-ci ont également le droit exclusif de procéder, à défaut d'expert choisi par les parties, à l'estimation des marchandises déposées dans les *magasins généraux* (voy. ces mots). Lorsque, dans une ville, il n'y a pas de Courtiers inscrits, le Président du Tribunal de commerce désigne, sur la demande des parties, un Courtier pour procéder à ces opérations.

— Les droits dus aux Courtiers pour les ventes publiques et les estimations sont fixés par le Ministre du commerce, pour chaque localité.

— *Défense* est faite aux Courtiers inscrits, chargés de procéder à une vente publique ou à une estimation, de se rendre personnellement acquéreurs. Le *contrevenant* serait rayé de la liste et ne pourrait plus y être inscrit.

Tout Courtier, inscrit ou non, qui se chargerait d'une opération à laquelle il serait intéressé, sans en prévenir les parties, serait passible d'une amende de 500 fr. à 3 000 fr.

— Lorsque les Courtiers inscrits ne sont pas en nombre suffisant, la Chambre de commerce peut leur adjoindre d'autres Courtiers ou des négociants de la place pour la constatation du cours des marchandises. Sont chargés de ce soin, dans les villes où il n'y a pas de Courtiers inscrits, les Courtiers et négociants désignés, chaque année, par la Chambre de commerce.

II. Courtiers d'assurances. — Ils rédigent, concurremment avec les Notaires, les contrats d'assurance maritime ; attestent, par leur signature, la vérité de ceux que les parties rédigent elles-mêmes, et ont seuls qualité pour certifier le taux des primes d'assurances pour tous les voyages de mer ou de rivière.

III. Courtiers interprètes et conducteurs de navires. — Ces Courtiers sont aussi désignés sous le nom de *Courtiers maritimes*. Ils ont des attributions assez nombreuses.

Ainsi, ils servent d'intermédiaires pour les locations de navires, quand les parties ne traitent pas directement ; ils constatent seuls le prix de ces locations ; ils ont le droit exclusif de traduire, en cas de contestations devant les tribunaux, les actes en langue étrangère relatifs au commerce maritime et produits en justice ; ils servent d'interprètes à tous les étrangers, marchands ou personnes de mer, dans les affaires contentieuses de commerce et pour le service des douanes.

— Le décret qui nomme le Courtier détermine les langues pour lesquelles il servira d'interprète.

— La même personne peut être autorisée à cumuler les fonctions d'Agent de change, de Courtier de marchandises ou assurances, et de Courtier interprète, conducteur de navire.

— L'expression *conducteur*, qui vient du latin *conductor*, celui qui prend à loyer, a été donnée par extension aux Courtiers, parce qu'ils s'entremettent pour la location des navires.

IV. Courtiers de transport par terre et par eau. — Ils négocient, dans les lieux où ils sont établis, les conventions relatives aux transports, et ont le droit exclusif d'en constater le cours. Leurs fonctions ne peuvent se cumuler avec celles des autres Courtiers.

V. Courtiers gourmets piqueurs de vins. — Institués pour *Paris* seulement par le décret du 15 décembre 1813, et *nommés* par le Ministre du commerce, sur la présentation du Préfet de police, les *Courtiers gourmets piqueurs de vins* servent d'intermédiaires, à l'entrepôt, entre les vendeurs et les acheteurs ; ils dégustent les boissons pour en indiquer le crû et la qualité ; ils font l'office d'experts, exclusivement à tous autres, en cas de contestation sur la qualité des vins, ou lorsque le destinataire prétend qu'ils ont été altérés par le voiturier ou le batelier.

COUTUMES. — Voy. code civil.

COUTUMIER. (droit) — Voy. droit coutumier.

CRÉANCES SUR L'ÉTAT. — (Loi 9 janvier 1831, art. 9, 10.)

Les créances sur l'État sont soumises à des *déchéances* spéciales. Le législateur a voulu, pour l'ordre et la sécurité des finances publiques, que l'État fût libéré irrévocablement dans des délais déterminés, plus courts que ceux de la prescription ordinaire, et qu'un exercice ne pût indéfiniment léguer des charges aux exercices suivants. En conséquence, il a déclaré *prescrites* et *éteintes* au profit de l'État toutes créances qui, n'ayant pas été acquittées avant la clôture des crédits de l'exercice auquel elles appartiennent, n'auraient pas, à défaut de justifications suffisantes, été *liquidées*, *ordonnancées* et *payées* dans un délai de cinq années, à partir de l'ouverture de l'exercice, pour les créanciers domiciliés en Europe, et de six années pour les créanciers résidant hors du territoire européen.

Ces dispositions cessent d'être applicables au cas où c'est par le fait de l'Administration, ou par suite de pourvoi devant le Conseil d'Etat, que l'ordonnancement et le payement n'ont pas été opérés dans les délais déterminés.

Le retard dans la libération du Trésor est imputable à l'Administration toutes les fois que la partie a produit ses titres et demandé dans les délais la liquidation de sa créance, a mis, en un mot, l'Administration en demeure.

— C'est au Ministre compétent seul qu'il appartient de prononcer la déchéance, sauf recours au Conseil d'Etat.

CRÉANCIER. — Du latin *credere*, prêter, confier. C'est celui à qui il est dû quelque chose.

1. — On distingue trois sortes de créanciers : les créanciers *chirographaires*, les créanciers *hypothécaires* et les créanciers *privilégiés*.

1° Les *créanciers chirographaires* (du grec *cheir*, main, et *graphô*, j'écris) sont ceux qui ont un titre, sous seing privé ou notarié, auquel la loi n'a attaché aucune faveur, et qui n'est garanti par aucun droit réel sur les immeubles du débiteur. Ils peuvent bien, en vertu de leur titre, poursuivre leur débiteur et faire vendre ses biens, tant qu'ils sont dans ses mains ; mais s'il en a disposé, ils n'ont aucun recours contre l'acquéreur : de plus, si le prix de vente des biens de leur débiteur ne suffit pas pour les désintéresser tous, ils le partagent, proportionnellement à la valeur de leur créance, et cette répartition se fait sans égard à la date de leurs titres.

2. Les *créanciers hypothécaires* (du grec *upothêkê*, gage) sont ceux qui ont sur les immeubles de leur débiteur un droit réel qui leur permet de les suivre en quelques mains qu'ils passent, et d'être payés sur le prix en provenant, de préférence aux créanciers chirographaires. — Voy. HYPOTHÈQUE.

3° Les *créanciers privilégiés* sont ceux dont la créance a paru tellement favorable que le législateur y a attaché le *privilège* d'être payée, sur les biens du débiteur, de préférence aux créanciers même hypothécaires. — Voy. PRIVILÈGE.

2. — Le Code civil (art. 1166 et 1167) accorde aux créanciers la double faculté d'exercer les droits et actions de leur débiteur, du chef et au nom de ce dernier, et de demander la révocation des actes qu'il a faits en fraude de leurs droits. Cette faculté est la conséquence du principe que quiconque s'oblige est réputé affecter à l'acquittement de son obligation tous ses biens présents et à venir. Or, tout bien qui entre dans le patrimoine du débiteur se trouve entrer dans le gage des créanciers ; tout bien dont il cesse d'être propriétaire échappe à leur gage ; tout droit qui s'éteint pour lui s'éteint également pour eux. Il était donc juste de donner aux créanciers le moyen de conserver ou de retrouver leur gage.

CRÈCHES. — (Déc. 26 février 1862 ; arr. min. 30 juin 1862.)

L'institution des *crèches* a pour but de garder et de soigner, pendant le jour, les petits enfants dont les mères sont occupées aux travaux des champs, des ateliers ou des manufactures.

C'est à M. F. Marbeau, dont le nom vénéré est synonyme de dévouement, que l'on doit une œuvre qui vient si heureusement combler la lacune existant entre la *Société de charité maternelle* et les *Salles d'asile*. — La première crèche fut ouverte à Paris en 1844.

— Les crèches sont *libres* ou *approuvées*.

L'établissement des crèches libres n'est soumis à aucune formalité en dehors des conditions d'hygiène et de salubrité prescrites par un arrêté du Ministre de l'intérieur en date du 30 juin 1862. Les crèches dont l'organisation est approuvée participent seules aux encouragements de l'État.

CRÉDIT FONCIER. — (Déc. 28 février, 28 mars, 30 juillet, 10 décembre 1852 ; 22 mars 1853 ; loi 10 juin 1853 ; déc. 26 juin, 6 juillet 1854; 28 juin 1856; loi 19 juin 1857; déc. 16 août 1859, 11 janvier 1860; lois 6 juillet 1860, 28 février 1862.)

1. — Originaire d'Allemagne, l'institution du *Crédit foncier* n'a été introduite en France que par le décret du 28 février 1852. Son *but* est de venir en aide à la propriété foncière, en permettant aux propriétaires de se procurer de l'argent à des conditions qui ne soient pas ruineuses, et en leur donnant la facilité de se libérer au moyen du payement d'annuités à long terme.

2. — La grande Société du *Crédit foncier de France* a son siège à Paris, rue Neuve-des-Capucines, 17 et 19. Elle est *administrée* par un *Gouverneur* et deux *Sous-Gouverneurs*, nommés tous trois par le Chef du pouvoir exécutif, et par vingt *Administrateurs* et trois *Censeurs* élus par l'Assemblée générale des actionnaires.

Les Administrateurs se renouvellent par cinquième chaque année; ils peuvent toujours être réélus. Les fonctions des Censeurs durent trois ans; ils se renouvellent par tiers et sont rééligibles.

L'*Assemblée générale*, composée des 200 plus forts actionnaires, se réunit une fois par an.

Le Crédit foncier a pour *représentants*, dans les départements, les Trésoriers-Payeurs généraux et les Receveurs particuliers des finances.

3. — OPÉRATIONS. — *Prêts hypothécaires à long terme.* — Le Crédit foncier de France fait en numéraire aux propriétaires d'immeubles situés en France, des prêts à long terme, qui se remboursent par annuités. Ces prêts ne peuvent dépasser la *moitié* de la valeur des immeubles qui lui servent de garantie. Ils ne peuvent même dépasser le *tiers* de la valeur pour les vignes ou les bois. Ils doivent être faits sur *première hypothèque*. L'intérêt est de 4,85 pour 100 sans commission; l'annuité comprenant l'amortissement, pour un prêt de 75 ans, est de 4,98 pour 100; pour un prêt de 60 ans de 5,13 pour 100. L'emprunteur a le droit, à toute époque, de se libérer par *anticipation*, en *tout* ou en *partie*.

Prêts hypothécaires à court terme. — Le Crédit foncier consent des prêts à *court terme*, sans amortissement, d'une *durée* de 1 à 6 ans. L'intérêt est de 4,85 pour 100 sans commission. — Le Crédit foncier est substitué au Comptoir d'escompte de Paris pour toutes les opérations que ce dernier établissement a été autorisé à effectuer avec le Sous-Comptoir des entrepreneurs de bâtiments, par les décrets des 24 mars et 4 juillet 1848, notamment pour les prêts hypothécaires à court terme, les ouvertures de crédit et les prêts sur nantissement.

Prêts aux départements, aux communes, aux associations syndicales, etc. — Le Crédit foncier est autorisé par la loi du 6 juillet 1860 à prêter aux départements, aux communes, aux associations syndicales, aux hospices et aux établissements publics. Les prêts sont consentis avec ou sans affectation hypothécaire, et sont remboursables, soit à long terme, par annuités, soit à court terme, avec ou sans amortissement.

4. — En représentation de ses prêts, le Crédit foncier est autorisé à créer et à négocier des *obligations*. Aucune *opposition* ne peut être reçue contre le payement des arrérages ou du capital de ces obligations, si ce n'est de la part du propriétaire en cas de *perte* ou de *vol*. — Les *intérêts* sont payables dans toutes les recettes des finances.

Les obligations du Crédit foncier sont désignées par la loi pour servir, comme les rentes sur l'État, à l'emploi des fonds appartenant aux incapables, aux Communes, aux établissements publics. Elles se divisent en 2 catégories : obligations *foncières*, au payement desquelles sont affectées par privilège les créances provenant des prêts hypothécaires, et obligations *communales*, au payement desquelles sont affectées par privilège les créances provenant des prêts aux départements, aux communes, aux associations syndicales, aux hospices et aux établissements publics.

CRÉDIT MUTUEL. (SOCIÉTÉ DE) — Voy. SOCIÉTÉS COOPÉRATIVES.

CRIEURS PUBLICS. — (Loi 16 février 1834.)

Nul ne peut exercer, même temporairement, la profession de crieur, de vendeur ou de distributeur, sur la voie publique, d'écrits, dessins, ou emblèmes imprimés, lithographiés, autographiés, moulés, gravés, ou à la main, sans *autorisation* préalable de l'autorité municipale. Cette autorisation peut toujours être *retirée*.

Les *contraventions* sont punies d'un emprisonnement de six jours à deux mois pour la première fois, et de deux mois à un an en cas de récidive, sauf l'admission, s'il y a lieu, de circonstances atténuantes par le Tribunal correctionnel.

CRIME. — (Cod. pén. art. 1er.) — Infraction à la loi pénale, punie d'une peine afflictive et infamante, ou seulement infamante, et jugée par la *Cour d'assises*. — Voy. COUR D'ASSISES; — ACTION CIVILE; — ACTION PUBLIQUE; — LÉGITIME DÉFENSE; — PEINES; — TENTATIVE; — COMPLICE; — COMPLICITÉ; — PROVOCATION.

CRIS SÉDITIEUX. — (Loi 29 juillet 1881, art. 24.) — Tous cris séditieux publiquement proférés sont punis d'un emprisonnement de six jours à un mois et d'une amende de 16 fr. à 500 fr., ou de l'une de ces deux peines seulement.

CROIT. — Augmentation du bétail par la naissance des petits.

1. — Le produit (laine, lait) et le *croît* des animaux sont réputés *fruits naturels*; l'*usufruitier* en a conséquemment la jouissance. (Cod. civ. art. 582, 583.)

2. — Dans le bail à *cheptel simple*, le preneur profite de la moitié du croît, comme il supporte aussi la moitié de la perte du bétail qu'il s'engage à garder, nourrir et soigner. (Cod. civ. art. 1804, 1811.) Il ne peut disposer d'aucune bête du troupeau, soit du fonds, soit du croît, sans le consentement du bailleur, qui, lui-même, ne peut en disposer sans l'assentiment du preneur. (Cod. civ. art. 1812.)

Dans le *cheptel à moitié*, on ne peut convenir que le bailleur aura droit à plus de la moitié du croît, à moins qu'il ne soit propriétaire de la métairie dont le preneur est fermier ou colon partiaire. (Cod. civ. art. 1819.) — Voy. LOUAGE, sect. III.

CULTES. — (Loi 18 germinal an X (8 avril 1802); ord. roy. 25 mai 1844; déc. 26 mars 1852; loi 1er août 1879; déc. 3 juillet 1879, 12 mars 1880; Cod. pén. art. 199-208; 260-264.)

Du latin *colere*, adorer, révérer. — Le *culte* est l'hommage que l'on rend à Dieu par des actes de religion.

En France, chacun professe sa religion avec une égale *liberté*. Les ministres du culte catholique, ceux des autres cultes chrétiens et du culte israélite reçoivent un *traitement* de l'État.

I. CULTE CATHOLIQUE. — En ce qui concerne le culte catholique, le territoire français est divisé en *diocèses* dont l'administration spirituelle est confiée à des *Archevêques* et à des *Évêques* qui sont *nommés* par le Président de la République, et qui reçoivent du Pape l'*institution canonique*.

Voici le tableau des 84 diocèses actuels; les *Archevêchés*, au nombre de 17, sont indiqués en lettres CAPITALES; les *Évêchés*, au nombre de 69, en lettres *italiques*:

DIOCÈSES	DÉPARTEMENTS
Agen	Lot-et-Garonne.
Aire	Landes.

DIOCÈSES	DÉPARTEMENTS
AIX.................	Bouches-du-Rhône, *moins l'arrondissement de Marseille.*
Ajaccio............	Corse.
ALBI................	Tarn.
Amiens............	Somme.
Angers............	Maine-et-Loire.
Angoulême.........	Charente.
Annecy............	Haute-Savoie.
Arras.............	Pas-de-Calais.
AUCH...............	Gers.
Autun.............	Saône-et-Loire.
AVIGNON............	Vaucluse.
Bayeux............	Calvados.
Bayonne...........	Basses-Pyrénées.
Beauvais..........	Oise.
Belley............	Ain.
BESANÇON...........	Doubs, Haut-Rhin, Haute-Saône.
Blois.............	Loir-et-Cher.
BORDEAUX...........	Gironde.
BOURGES............	Cher, Indre.
Cahors............	Lot.
CAMBRAI............	Nord.
Carcassonne.......	Aude.
Châlons...........	Marne, *moins l'arrondissement de Reims.*
CHAMBÉRY...........	Savoie.
Chartres..........	Eure-et-Loir.
Clermont..........	Puy-de-Dôme.
Coutances.........	Manche.
Digne.............	Basses-Alpes.
Dijon.............	Côte-d'Or.
Évreux............	Eure.
Fréjus............	Var, *plus l'arrondissement de Grasse* (Alpes-Maritimes).
Gap...............	Hautes-Alpes.
Grenoble..........	Isère.
Langres...........	Haute-Marne.
Laval.............	Mayenne.
Limoges...........	Creuse, Haute-Vienne.
Luçon.............	Vendée.
LYON...............	Loire, Rhône.
Le Mans...........	Sarthe.
Marseille.........	Bouches-du-Rhône (*l'arrondissement de Marseille seul*).
Meaux.............	Seine-et-Marne.
Mende.............	Lozère.
Montauban.........	Tarn-et-Garonne.
Montpellier.......	Hérault.
Moulins...........	Allier.
Nancy.............	Meurthe-et-Moselle.
Nantes............	Loire-Inférieure.

DIOCÈSES	DÉPARTEMENTS
Nevers	Nièvre.
Nice	Alpes-Maritimes, *moins l'arrondissement de Grasse.*
Nîmes	Gard.
Orléans	Loiret.
Pamiers	Ariège.
PARIS	Seine.
Périgueux	Dordogne.
Perpignan	Pyrénées-Orientales.
Poitiers	Deux-Sèvres, Vienne.
Puy (Le)	Haute-Loire.
Quimper	Finistère.
REIMS	Ardennes, Marne (*arrondissement de Reims seul*).
RENNES	Ille-et-Vilaine.
Rochelle (La)	Charente-Inférieure.
Rodez	Aveyron.
ROUEN	Seine-Inférieure.
Saint-Brieuc	Côtes-du-Nord.
Saint-Claude	Jura.
Saint-Dié	Vosges.
Saint-Flour	Cantal.
Saint-Jean-de-Maurienne	Savoie (*arrondissement de Saint-Jean-de-Maurienne, partie des arrondissements d'Albertville et de Chambéry*).
Séez	Orne.
SENS	Yonne.
Soissons	Aisne.
Tarbes	Hautes-Pyrénées.
Tarentaise	Savoie (*arrondissement de Moutiers, partie de l'arrondissement d'Albertville*).
TOULOUSE	Haute-Garonne.
TOURS	Indre-et-Loire.
Troyes	Aube.
Tulle	Corrèze.
Valence	Drôme.
Vannes	Morbihan.
Verdun	Meuse.
Versailles	Seine-et-Oise.
Viviers	Ardèche.

2. — Il y a une *Paroisse* au moins par canton et autant de *Succursales* que le besoin l'exige. Les *Curés*, placés à la tête des paroisses, et les *Desservants*, chargés du service des succursales, sont nommés par les Évêques : les premiers doivent être agréés par le Gouvernement et sont *inamovibles ;* les desservants peuvent être *révoqués* par l'Évêque de qui ils tiennent leur nomination.

3. — Les Archevêques connaissent des réclamations et des plaintes portées contre la conduite et les déci-

sions de leurs *suffragants*, c'est-à-dire des Évêques de leur circonscription archiépiscopale.

Voici le tableau des 17 circonscriptions archiépiscopales actuelles de la France :

ARCHEVÊCHÉS	ÉVÊCHÉS SUFFRAGANTS
Aix	Digne, Gap, Nice, Marseille, Fréjus, Ajaccio.
Albi...............	Rodez, Cahors, Mende, Perpignan.
Auch...............	Aire, Bayonne, Tarbes.
Avignon	Viviers, Valence, Nîmes, Montpellier.
Besançon	Belley, Verdun, Nancy, Saint-Dié.
Bordeaux	Angoulême, La Rochelle, Périgueux, Agen, Luçon, Poitiers.
Bourges	Saint-Flour, Tulle, Le Puy, Clermont, Limoges.
Cambrai............	Arras.
Chambéry	Saint-Jean-de-Maurienne, Annecy, Tarentaise.
Lyon	Dijon, Saint-Claude, Grenoble, Langres, Autun.
Paris..............	Chartres, Blois, Orléans, Meaux, Versailles.
Reims	Soissons, Châlons, Beauvais, Amiens.
Rennes	Saint-Brieuc, Quimper, Vannes.
Rouen..............	Bayeux, Évreux, Coutances, Séez.
Sens...............	Moulins, Troyes, Nevers.
Toulouse...........	Pamiers, Carcassonne, Montauban.
Tours..............	Nantes, Angers, Laval, Le Mans.

4. — Comme personne morale, toute paroisse a des biens, des revenus qui sont administrés par un *Conseil de fabrique*. — Voy. FABRIQUE D'ÉGLISE.

II. CULTES NON CATHOLIQUES. — Les cultes non catholiques, reconnus et rétribués par l'État, sont au nombre de trois : 1° *L'Église réformée* ou *calviniste* ; — 2° *L'Église de la confession d'Augsbourg* ou *Luthérienne* ; — 3° Le culte *Israélite*.

§ 1. — ÉGLISE RÉFORMÉE OU CALVINISTE. — Elle a des *Pasteurs* et des *Conseils presbytéraux*, des *Consistoires locaux*, des *Synodes* et un *Conseil central*, une *Faculté de théologie* à Montauban.

1. — Les *Pasteurs* sont préposés à l'administration du culte dans chaque paroisse ou section de Consistoire. Il n'y a entre eux aucune distinction d'ordre. Outre le Pasteur, chaque paroisse a un *Conseil presbytéral* composé de quatre membres laïques au moins, de sept au plus, et présidé par le Pasteur ou l'un des Pasteurs. Ce Conseil administre la paroisse sous l'autorité du Consistoire : les membres qui le composent sont *élus* par tous les membres de l'Église portés sur le registre paroissial ; ils sont *renouvelés* par moitié tous les trois ans.

2. — Il y a un *Consistoire* ou une *église consistoriale* par 6 000 âmes de la même communion ; ce titre est donné au Conseil presbytéral du chef-lieu de la circonscription territoriale dont le nombre des membres est alors doublé et se compose, en outre, de tous les Pasteurs du ressort consistorial et d'un délégué laïque de chaque Conseil presbytéral.

Les Consistoires sont chargés de veiller au maintien de la discipline, à l'administration des biens de l'Église et à celle des deniers provenant des aumônes. Ce sont eux qui nomment les Pasteurs, sur une liste de trois candidats présentés par le Conseil presbytéral.

Le *Président* de chaque Consistoire est *élu* par les membres qui le composent, parmi les Pasteurs en faisant partie ; l'élection est soumise à l'agrément du Gouvernement.

3. — Les *Synodes* sont des assemblées formées du Pasteur ou d'un des Pasteurs, et d'un ancien ou notable de chaque église consistoriale. Cinq églises consistoriales forment l'arrondissement d'un Synode.

Ces assemblées ne peuvent se tenir qu'avec l'autorisation du Gouvernement, et le Ministre des Cultes doit être informé, au préalable, des matières qui y seront traitées : leurs décisions sont soumises à l'approbation du chef de l'Etat. — Les Synodes veillent sur tout ce qui concerne la célébration du culte, l'enseignement de la doctrine et la conduite des affaires ecclésiastiques.

4. — Le *Conseil central*, établi à *Paris*, représente auprès du Gouvernement les Eglises réformées de France ; il s'occupe des questions d'intérêt général dont il est chargé par l'Administration ou par les Eglises. En cas de vacance d'une chaire de professeur dans les Facultés de théologie protestante, il recueille les votes des Consistoires, et les transmet, avec son avis, au Ministre. — Il *est composé* des deux plus anciens Pasteurs de Paris et de Notables protestants nommés par le Gouvernement.

§ 2. — ÉGLISE DE LA CONFESSION D'AUGSBOURG OU LUTHÉRIENNE.— Elle a des *Pasteurs*, des *Inspecteurs ecclésiastiques*, des *Conseils presbytéraux*, des *Consistoires*, des *Synodes particuliers* et un *Synode général*. Elle a aussi une *Faculté de théologie*.

1. — Chaque circonscription paroissiale a un ou plusieurs *Pasteurs*. Ils sont *nommés* par le Consistoire sur la présentation du Conseil presbytéral. Leur nomination est soumise à l'agrément du Gouvernement. — Ils peuvent être *suspendus* ou *destitués* par le Synode particulier. Les motifs de la mesure sont présentés au Gouvernement, qui les approuve ou les rejette.

2. — Les *Inspecteurs ecclésiastiques* sont chargés de la *consécration* des candidats au saint ministère, de l'installation des pasteurs, de la consécration des églises. Ils ont la surveillance des pasteurs et des églises de leur ressort; ils veillent à l'exercice régulier du culte et sont tenus de visiter périodiquement les églises. — Ils font, chaque année, au Synode particulier un *rapport* général sur leur circonscription. Ils siègent, en leur qualité, au Synode général. Ils sont nommés pour *neuf ans* par le Synode particulier et sont *rééligibles*. Ils ne peuvent être *révoqués* que par le Synode général.

3. — Chaque église qui ne forme pas à elle seule un Consistoire a un *Conseil presbytéral* composé du Pasteur ou des Pasteurs de la paroisse, ou d'un nombre d'anciens déterminé par le Synode particulier, mais qui ne peut être moindre de 8.

Le Conseil presbytéral, *élu* par les fidèles, est *renouvelé* par moitié tous les 3 ans. Le Pasteur ou le plus ancien des Pasteurs en est le président.

Le Conseil presbytéral est *chargé* de veiller à l'ordre, à la discipline et au développement religieux de la paroisse, à l'entretien et à la conservation des édifices religieux et des biens curiaux. Il délibère sur l'acceptation des dons et legs.

4. — Le *Consistoire* est *composé* de tous les pasteurs de la circonscription et d'un nombre double d'anciens, délégués par les Conseils presbytéraux. Il est *renouvelé* par moitié tous les 3 ans. Les membres sortants sont *rééligibles*. A chaque renouvellement il élit un président *ecclésiastique* et un secrétaire *laïque*.

Le Consistoire *veille* au maintien de la discipline ; il *contrôle* l'administration des Conseils presbytéraux dont il règle les budgets et arrête les comptes. Il donne son *avis* sur les délibérations des Conseils presbytéraux qui ont pour objet les dons et legs faits aux communautés de la circonscription.

5. — Les circonscriptions réunies de plusieurs Consistoires forment le ressort d'un *Synode particulier.*

Ce Synode *se compose* de tous les membres des Consistoires du ressort. Il *se réunit* une fois chaque année et nomme son bureau. Les églises de l'Algérie peuvent s'y faire représenter par des délégués choisis dans la mère patrie.

Le Synode *délibère* sur toutes les questions qui intéressent l'administration, le bon ordre ou la vie religieuse. Il prononce sur toutes les contestations survenues dans l'étendue de sa juridiction, *sauf appel* au Synode général.

Dans l'intervalle de ses sessions, le Synode est représenté par une *Commission synodale* prise dans son sein et nommée par lui. Elle *se compose* de l'Inspecteur ecclésiastique, d'un Pasteur et de 3 laïques, ces 4 derniers nommés pour 6 ans, et *se renouvelle* par moitié tous les 3 ans. Les membres sortants sont *rééligibles.*

La Commission est *chargée* de la suite à donner aux affaires et aux questions qui ont fait l'objet des délibérations du Synode.

6. — Le *Synode général* est l'autorité supérieure de l'Eglise de la confession d'Augsbourg; il *se compose :* 1° de Pasteurs et d'un nombre de laïques double de celui des Pasteurs, élus par les Synodes particuliers; — 2° d'un délégué de la Faculté de théologie.

Le Synode général *veille* au maintien de la constitution de l'Eglise. Il *approuve* les livres ou formulaires liturgiques, nomme une *Commission exécutive* qui communique avec le Gouvernement et *juge* en dernier ressort les difficultés auxquelles peut donner lieu l'application des règlements concernant le régime intérieur de l'Eglise.

Il *se réunit* au moins tous les 3 ans, alternativement à Paris et à Montbéliard, ou dans telle autre ville désignée par lui.

7. — Le Synode général peut, si les intérêts de l'Eglise lui paraissent l'exiger, convoquer un *Synode constituant*, composé d'un nombre double de celui des membres du Synode général.

§ 3. — Culte israélite. — Toutes les *synagogues* sont aujourd'hui réparties dans les circonscriptions de cinq *Consistoires* dits *départementaux* établis à *Nancy*, *Bordeaux, Marseille, Bayonne* et *Lyon*, qui relèvent d'un *Consistoire central* siégeant à *Paris.*

1. — Chaque *Consistoire départemental* a l'administration et la police des temples de sa circonscription. Il *se compose* de quatre membres laïques et d'un *grand Rabbin*, élus par les électeurs du ressort du Consistoire; il délivre les diplômes de Rabbin de premier degré et nomme les assemblées qui élisent les *Rabbins communaux*, chargés de la prédication, de l'enseignement religieux et de la bénédiction des mariages dans chaque synagogue, et les *ministres officiants*, ou simples chantres, chargés de la célébration des offices.

2. — Le *Consistoire central se compose* d'un *grand Rabbin* et de huit membres laïques élus par les assemblées d'électeurs de la circonscription du Consistoire départemental qu'ils représentent. Il choisit son président et nomme aussi son grand Rabbin, avec l'adjonction de deux délégués de chaque circonscription départementale.

Le Consistoire central est l'intermédiaire entre le Ministre des Cultes et les Consistoires départementaux. Il est chargé de la haute surveillance des intérêts du culte et de la police ecclésiastique générale; il délivre les diplômes de Rabbin de second degré et donne son avis dans la plupart des affaires traitées par les Consistoires départementaux.

Le *grand Rabbin du Consistoire central* a droit de surveillance et d'administration à l'égard de tous les Ministres du Culte israélite, et aucune délibération ne peut être prise par le Consistoire central, en ce qui touche les objets religieux, sans son approbation. Les *grands Rabbins des Consistoires départementaux* ont droit de surveillance sur les Rabbins et Ministres officiant dans leur ressort.

3. — Toutes les élections faites par les Consistoires et les assemblées électorales sont soumises à la confirmation du Gouvernement.

4. — Les *traitements* des Ministres du culte israélite ont été mis à la charge du Trésor public par une loi du 3 mai 1841 : jusqu'à cette époque, il y était pourvu au moyen de contributions que les Consistoires étaient autorisés à répartir entre les fidèles.

L'Etat entretient une école *rabbinique* ou Séminaire du culte israélite.

III. Dispositions pénales. — La loi a établi des peines, soit contre les personnes qui troubleraient l'exercice des Cultes, ou adresseraient des outrages à leurs Ministres (Cod. pén. art. 260-264), soit contre ces Ministres eux-mêmes, s'ils venaient à troubler l'ordre public dans l'exercice de leur ministère (même Code, art. 199-208). — Voy. appel comme d'abus ; — congrégations religieuses.

CURAGE. — 1. — Le curage des *canaux* et des *rivières navigables* et *flottables* est à la *charge de l'Etat ;* celui des *autres cours d'eau,* à la charge des riverains. Les rôles de répartition des sommes nécessaires pour cette opération sont dressés sous la surveillance du Préfet, rendus exécutoires par lui, et le recouvrement s'en opère de la même manière que celui des contributions publiques.

Toutes les *contestations* relatives au recouvrement de ces rôles sont jugées par le Conseil de Préfecture, sauf recours au Conseil d'Etat. (Loi 14 floréal an XI (4 mai 1803.)

2. — Le curage des *puits* et celui des *fosses d'aisances* sont à la *charge du bailleur*, s'il n'y a clause contraire. (Cod. civ. art. 1756.) — Voy. louage, sect. I, II, § 1.

CURATEUR. — Du latin *curare*, prendre soin.

1. — La nomination d'un *curateur* est prescrite par la loi dans diverses circonstances, notamment en cas d'*émancipation* d'un mineur, de *vacance de succession*, de *revision d'un procès criminel.* — Voy. émancipation ; — successions, V ; — revision des procès criminels.

2. Lorsqu'au décès du mari, sa femme est enceinte, l'article 393 du Code civil dispose qu'il sera nommé un *curateur au ventre* par le Conseil de famille. (Cette expression assez bizarre vient du droit romain.) — A la naissance de l'enfant, la mère en devient tutrice, et le curateur en devient *subrogé-tuteur.*

CURÉ. — Du latin *curare*, prendre soin. — Nom donné au Ministre de l'Eglise catholique *titulaire d'une paroisse.* — Voy. cultes, I.

D

DAME DE CHARITÉ. — (Ord. roy. 31 oct. 1821, art. 4.)

L'Administration des Hospices et Bureaux de bienfaisance est autorisée à nommer, dans les divers quartiers de la ville, pour les soins qu'elle juge utile de leur confier, des *Dames de charité.*

DATES. — 1. — Elles sont prescrites pour les *actes de l'état civil*, et ne peuvent être mises *en chiffres.* (Cod. civ. art. 34, 42, 57.)

2. — Les *actes sous seing privé* n'ont de *date certaine* à l'égard des tiers que du jour où ils ont été enregistrés, du jour de la mort de celui

ou de l'un de ceux qui les ont souscrits, ou du jour où leur substance est constatée dans des actes dressés par des officiers publics, tels que procès-verbaux de scellé ou inventaire. (Cod. civ. art. 1328.)

3. — Les livres des *commerçants* doivent être tenus par ordre de dates. (Cod. com. art. 10.) — Il en est même des livres des *Agents de change* et des *Courtiers*. (Cod. com. art. 84.)

4. — Les actes des *Notaires* doivent énoncer les dates en toutes lettres, à peine de 20 fr. d'amende par contraventions. (Lois 25 ventôse an XI (16 mars 1803), art. 13; 16 juin 1824, art. 10.)

5. Voy. ANTIDATE.

DÉBAUCHE. — Voy. EXCITATION A LA DÉBAUCHE.

DÉBET. (ENREGISTREMENT EN) — Voy. ENREGISTREMENT, 3.

DÉBITEUR. — Celui qui doit une somme ou une chose quelconque. Ce mot est corrélatif de *créancier*. Voy. OBLIGATIONS; — SOLIDARITÉ; — CAUTION; — CONTRAINTE PAR CORPS; — DEMEURE (mise en); — PRESCRIPTION; — SAISIE-ARRÊT; — SAISIE-BRANDON; — SAISIE DES RENTES CONSTITUÉES SUR PARTICULIERS; — SAISIE-EXÉCUTION; — SAISIE-GAGERIE; — SAISIE IMMOBILIÈRE; — TERME.

DÉBITS DE BOISSONS. — (Loi 17 juillet 1880.) — 1. — La *permission préalable* de l'autorité administrative n'est *plus nécessaire*. — Désormais toute personne qui veut ouvrir un café, cabaret ou autre débit de boissons à consommer sur place, fait, 15 jours au moins à l'avance, une *déclaration* indiquant : 1° Ses nom, prénoms, lieu de naissance, profession et domicile; — 2° la situation du débit; — 3° à quel titre elle doit gérer le débit, et les nom, prénoms, profession et domicile du propriétaire, s'il y a lieu.

2. — Cette déclaration est faite à la mairie du lieu où le débit doit être établi. A Paris, elle est faite à la Préfecture de police. — Il en est donné immédiatement *récépissé*. Dans les 3 jours de cette déclaration, le Maire en transmet copie intégrale au Procureur de la République.

3. — Toute *mutation* dans la personne du propriétaire ou du gérant doit être déclarée dans les 15 jours qui suivent.

La *translation* d'un débit d'un lieu dans un autre doit être déclarée 8 jours au moins à l'avance.

La transmission de ces déclarations est également faite par le Maire au Procureur de la République.

En cas d'*infraction* aux prescriptions ci-dessus, le contrevenant est passible d'une amende de 16 fr. à 100 francs.

4. — Les *mineurs non émancipés* et les *interdits* ne peuvent exercer par eux-mêmes la profession de débitant de boissons.

5. — *Ne peuvent* non plus *exploiter* des débits de boissons à consommer sur place :

1° Tous les individus condamnés pour crimes de droit commun ;

2° Ceux qui ont été condamnés à un emprisonnement d'un mois au moins pour vol, recel, escroquerie, filouterie, abus de confiance, recel de malfaiteurs, outrage public à la pudeur, excitation de mineurs à la débauche, tenue d'une maison de jeu, vente de marchandises falsifiées et nuisibles à la santé.

L'incapacité est *perpétuelle* à l'égard de tous les individus condamnés pour *crimes*. Elle cesse 5 *ans* après l'expiration de leur peine, à l'égard des condamnés pour *délits*, si, pendant ces 5 années, ils n'ont encouru aucune condamnation correctionnelle à l'emprisonnement.

Les mêmes condamnations, si elles sont prononcées contre un débitant, entraînent de plein droit contre lui, et pendant le même délai, l'interdiction d'exploiter un débit.

La même interdiction atteindrait aussi tout débitant qui viendrait à être condamné à un mois au moins d'emprisonnement en vertu des articles 1 et 2 de la loi du 18 janvier 1878 pour la répression de l'ivresse publique.

Le débitant interdit ne peut être employé, à quelque titre que ce soit, dans l'établissement qu'il exploitait, comme attaché au service de celui auquel il aurait vendu ou loué, ou par qui il ferait gérer ledit établissement, ni dans l'établissement qui serait exploité par son conjoint même séparé.

Toute *infraction* à ces prescriptions est punie d'une amende de 16 fr. à 200 francs.

En cas de *récidive*, l'amende peut être portée jusqu'au double, et le coupable peut, en outre, être condamné à un emprisonnement de 6 jours à 1 mois.

6. — Les Maires peuvent, les Conseils municipaux entendus, prendre des arrêtés pour déterminer, sans préjudice des droits acquis, les *distances* auxquelles les cafés et débits de boissons ne pourront être établis autour des édifices consacrés à un culte quelconque, des cimetières, des hospices, des écoles primaires, collèges ou autres établissements d'instruction publique.

7. — Les individus qui, à l'occasion d'une *foire*, d'une *vente* ou d'une *fête publique*, veulent établir des cafés ou débits de boissons, ne sont pas tenus à la déclaration dont il a été parlé plus haut; mais ils doivent obtenir l'autorisation de l'autorité municipale, sous peine de la fermeture du débit et d'une amende de 16 fr. à 100 francs.

8. — L'article 463 du Code pénal (*circonstances atténuantes*) est applicable à tous les délits et contraventions punis par la loi du 17 juillet 1880 ci-dessus rapportée.

9. — Voy. BILLARD. 1; — BOISSONS, § VII; — IVRESSE.

DÉBITS DE TABAC. — Ils sont *concédés* par le Gouvernement, qui n'en dispose généralement qu'à titre de rémunération de services rendus au pays, et particulièrement en faveur des veuves de militaires ou de fonctionnaires restées sans ressources.

Ce sont les *Préfets* qui *nomment* directement les titulaires des débits de tabac simple dont le *produit ne dépasse pas* 1 000 fr. (Décr. 25 mars 1852, art. 5, n° 15.) *Au-dessus de ce chiffre*, la nomination est réservée au Chef du pouvoir exécutif, sur la proposition du Ministre des Finances.

DÉBOUTER. — Du vieux mot *bouter*, mettre. — Signifie *mettre hors*, et s'emploie, en style de palais, pour indiquer qu'un plaideur est déchu de la demande qu'il avait formée en justice.

DÉCAGRAMME. — Poids équivalant à 10 grammes. — Voy. POIDS ET MESURES.

DÉCALITRE. — Mesure de capacité pour les liquides et les matières sèches. Le décalitre équivaut à 10 litres. La loi a autorisé l'emploi du *demi-décalitre* ou du *double-décalitre*. — Voy. POIDS ET MESURES.

DÉCAMÈTRE. — Mesure de longueur équivalant à 10 mètres. — Voy. POIDS ET MESURES.

DÉCASTÈRE. — Mesure de solidité, employée particulièrement pour le bois de chauffage. Le décastère équivaut à 10 stères ou mètres cubes. — Voy. POIDS ET MESURES.

DÉCÈS. — Voy. ACTES DE L'ÉTAT CIVIL, III, 3°.

DÉCENTRALISATION ADMINISTRATIVE. — (Décr. 25 mars 1852 et 13 avril 1861.)

Frappé des abus d'une centralisation excessive, le Gouvernement avait cherché à y remédier en remettant aux Préfets et, dans quelques cas, aux Sous-Préfets la décision d'un grand nombre d'affaires qui antérieurement exigeaient l'examen et l'autorisation des Ministres ou du chef de l'Etat, d'où résultaient des retards très préjudiciables pour les intérêts locaux.

Tel fut le but des décrets des 25 mars 1852 et 13 avril 1861, qui avaient réservé, toutefois, le droit de contrôle à l'Administration centrale, et lui avaient en même temps maintenu la décision des affaires départementales et communales qui affectent directement l'intérêt général de l'Etat.

Les lois du 18 juillet 1866 et du 24 juillet 1867 avaient déjà élargi les attributions des Conseils généraux et des Conseils municipaux, opérant ainsi une décentralisation dans le vrai sens du mot, et par un système très différent de celui des décrets des 25 mars 1852 et 13 avril 1861. La loi du 10 août 1871 sur les Conseils généraux et celle du 5 avril 1884 sur l'organisation municipale ont été bien plus loin, et, en restreignant d'une manière sensible les pouvoirs de l'autorité préfectorale, elles ont voulu donner aux membres de ces Conseils l'expérience féconde des affaires et les initier aux devoirs ainsi qu'à la pratique des fonctions publiques. — Voy. CONSEIL GÉNÉRAL; — CONSEIL MUNICIPAL.

DÉCHARGE. — Synonyme de *quittance*, *libération*.

1. *Le mineur émancipé* ne peut recevoir un capital mobilier et en donner décharge, sans l'assistance de son Curateur. (Cod. civ. art. 482.) — Voy. ÉMANCIPATION, II.

2. — Les *individus pourvus d'un Conseil judiciaire* ne peuvent recevoir un capital mobilier et en donner décharge, sans l'assistance de leur Conseil. (Cod. civ. art. 499, 513.) — Voy. CONSEIL JUDICIAIRE.

3. — Pour ce qui concerne la décharge des *cautions* (Cod. civ. art. 2037-2039), voy. CAUTION-CAUTIONNEMENT, III.

4. — Les *Juges* et *Avoués* sont déchargés des pièces cinq ans après le jugement des procès. Les *Huissiers*, après deux ans, depuis l'exécution de la commission ou la signification des actes, en sont pareillement déchargés. (Cod. civ. art. 2276.) — Voy. PRESCRIPTION, III.

5. — On appelle *témoins à décharge* ceux que l'accusé ou le prévenu font assigner pour venir déposer en leur faveur.

6. — Depuis le 1er décembre 1871, sont soumis à un *droit de timbre* de 10 centimes tous les titres, de quelque nature qu'ils soient, signés ou non signés, qui emportent décharge. (Loi 23 août 1871, art. 18.)

7. — Pour ce qui concerne les demandes en décharge de *contributions*, voy. CONTRIBUTIONS, sect. I, IV.

DÉCHÉANCE. — Perte d'un droit pour n'avoir point rempli une condition imposée par la loi, ou pour avoir laissé passer le délai qu'elle avait fixé. — Les causes de déchéance sont trop nombreuses pour qu'il soit possible de les énumérer ici. — Voy. surtout APPEL; — BREVET D'INVENTION, X; — CASSATION; — CRÉANCES SUR L'ÉTAT; — EFFETS DE COMMERCE, XI, XIV; — HYPOTHÈQUE, IV; — MARIAGE, IV; — PATERNITÉ ET FILIATION; — PRESCRIPTION; — VENTE, II, §§ 1 et 2.

DÉCIGRAMME. — Poids représentant le 10e du gramme. — Voy. POIDS ET MESURES.

DÉCILITRE. — Dixième du litre. — Voy. POIDS ET MESURES.

DÉCIME. — Monnaie française de cuivre, représentant le 10e du franc, ou 10 centimes

DÉCIME DE GUERRE. — Imposition extraordinaire d'un *décime par franc* en sus des droits d'enregistrement, de timbre, d'hypothèque, de greffe, de voitures publiques, de garantie sur les matières d'or et d'argent, etc. Cette imposition, que la loi du 6 prairial an VII (25 mai 1799) avait établie pour un an seulement à titre de subvention de guerre, s'est maintenue d'année en année jusqu'à nos jours; la perception temporaire d'un *second décime* a même été autorisée à diverses reprises, notamment par la loi du 14 juillet 1855, à l'occasion de la guerre de Crimée. La loi du 23 août 1871 a ajouté deux décimes au principal des droits de timbre.

DÉCIMÈTRE. — Mesure de longueur représentant le 10e du mètre. — Voy. POIDS ET MESURES.

DÉCISTÈRE. — Mesure de solidité, représentant le 10e du stère. — Voy. POIDS ET MESURES.

DÉCLARATION A L'OCTROI. — Voy. OCTROI, 6.

DÉCLARATION D'ABSENCE. — Voy. ABSENCE, II.

DÉCLARATION D'ACCEPTATION DE SUCCESSION SOUS BÉNÉFICE D'INVENTAIRE. — Voy. SUCCESSIONS, III.

DÉCLARATION DE COMMAND. — Terme de droit par lequel on désigne la faculté, réservée à l'acquéreur, de nommer ultérieurement une tierce personne, actuellement inconnue du vendeur, qui prendra le marché pour elle. Cette tierce personne s'appelle *command*, parce que c'est elle qui a donné le *commandement* d'acheter.

M. Dalloz (*Répertoire de jurisprudence*, article *vente*, 214) explique ainsi l'*origine* de la déclaration de command : « Il paraît, » dit-il, « que d'abord elle ne s'appliqua qu'aux ventes judiciaires. Les personnes de distinction ne voulant pas y intervenir, de peur d'être accusées soit de cupidité, soit de malveillance pour ceux dont les biens étaient vendus sur saisie, faisaient acheter par un tiers, qui déclarait acquérir pour lui ou pour son command, et qui ensuite les subrogeait en son lieu et place. » Une fois adopté pour les ventes publiques, cet usage fut bientôt étendu aux ventes volontaires.

— Les déclarations de command sont soumises à certaines conditions restrictives. Ainsi, il faut que la faculté d'élire command ait été réservée dans le contrat, et que la déclaration soit faite dans le délai convenu. (Entre parties, ce délai peut varier; mais, à l'égard du fisc, il n'est que de vingt-quatre heures.)

DÉCLARATION DE DÉCÈS. — Voy. ACTES DE L'ÉTAT CIVIL, III, 3°.

DÉCLARATION DE FAILLITE. — Voy. FAILLITE, I.

DÉCLARATION DE NAISSANCE. — Voy. ACTES DE L'ÉTAT CIVIL, III, 3°.

DÉCLARATION DE RENONCIATION A COMMUNAUTÉ. — Voy. CONTRAT DE MARIAGE, I, § 1, 3.

DÉCLARATION DE RENONCIATION A SUCCESSION. — Voy. SUCCESSIONS, III.

DÉCLARATION DE SUCCESSION. — (Lois 22 frimaire an VII (12 décembre 1798), art. 24, 25; 15 mai 1850, art. 7, 10, 11.)

1. — A l'ouverture d'une succession, ceux qui sont appelés à la recueillir, soit par une disposition de dernière volonté, soit dans l'ordre établi par la loi, sont tenus d'en faire la *déclaration* à la régie de l'*enregistrement*, et d'acquitter les *droits de mutation* d'après la valeur des biens dont elle se compose.

2. — Les *délais* pour les déclarations à faire par les héritiers, légataires ou donataires ont été gradués en raison de la distance et de la manière suivante :

1° FRANCE. — *Six mois*, à compter du jour du décès, lorsque celui dont on recueille la succession est décédé en France ;

2° EUROPE. — *Huit mois*, s'il est décédé dans toute partie de l'Europe autre que la France ;

3° AMÉRIQUE. — *Une année*, s'il est mort en Amérique ;

4° AFRIQUE OU ASIE. — *Deux années*, s'il est décédé en Afrique ou en Asie.

Faute de déclaration dans les délais ci-dessus prescrits, les héritiers, légataires ou donataires sont passibles, à titre d'amende, d'un *demi-droit* en sus du droit qui était dû.

3. Les *droits de mutation* par décès sont ainsi *fixés*, sans distinction de biens meubles et immeubles :

En *ligne directe :* 1 p. 100 ;

Entre *époux :* 3 p. 100 ;

Entre *frères* et *sœurs*, *oncles* et *tantes*, *neveux* et *nièces :* 6 fr. 50 p. 100.

Entre *grands-oncles* et *grand'-tantes*, *petits-neveux* et *petites-nièces*, *cousins germains :* 7 p. 100 ;

Entre *parents au delà du quatrième degré :* 8 p. 100 ;

Entre *personnes non parentes :* 9 p. 100.

— La perception des droits suit

les sommes et valeurs de 20 fr. en 20 fr. inclusivement et sans fractions; c'est-à-dire qu'il est autant perçu sur 20 fr. 05 c. que sur 40 fr., sur 41 fr. que sur 60 fr.. etc.

4. — Les déclarations de succession *doivent être faites*, pour les *immeubles*, au bureau d'enregistrement de la situation des biens; — pour les biens *meubles*, au bureau dans l'arrondissement duquel ils se trouvaient au moment du décès; — pour les *rentes* et autres biens meubles *sans assiette déterminée* (actions, obligations, intérêts, fermages, etc.), au bureau du domicile du défunt.

Dans le cas où les biens sont *situés dans plusieurs arrondissements*, il doit être passé à *chaque bureau* une *déclaration particulière* à raison des biens compris dans son ressort.

5. — La *valeur* de la propriété et de l'usufruit des biens, pour la perception des droits de mutation par décès, est *déterminée*, savoir : 1° Celle des *biens meubles*, par la déclaration estimative des parties, *sans distraction des charges*, c'est-à-dire des dettes ou impôts qui grèvent les biens. *L'usufruit* s'évalue à la moitié de la valeur entière de l'objet; — 2° Celle *des immeubles*, par l'évaluation portée à 20 fois le produit des biens ou le prix des baux courants, s'il s'agit de la *propriété*, et à dix fois seulement s'il s'agit d'un *usufruit*, *sans distraction des charges*, dans l'une et l'autre hypothèse.

— Les *créances* doivent être déclarées pour leur *capital nominal*. Si elles sont *irrecouvrables* ou *douteuses*, les héritiers peuvent *se dispenser du payement du droit de mutation* en affirmant, dans leur déclaration, qu'ils y *renoncent*.

6. — Sont assujettis aux droits de mutation par décès les fonds publics, actions, obligations, parts d'intérêts, créances et généralement toutes les valeurs mobilières étrangères, de quelque nature qu'elles soient, dépendant de la *succession d'un étranger* domicilié en France avec ou sans autorisation. (Loi 23 août 1871, article 4.)

7. — La *peine* pour les *omissions* qui seraient reconnues avoir été faites dans les déclarations est d'*un droit en sus* de celui qui se trouvait dû pour les objets omis. Il en est de même pour les *insuffisances* constatées dans les *estimations* des biens déclarés. Si l'insuffisance est établie par un rapport d'experts, les contrevenants payent, en outre, les frais de l'expertise. — Les *Tuteurs* et *Curateurs* supportent personnellement la peine dont il s'agit, lorsqu'ils ont fait des omissions ou des estimations insuffisantes.

DÉCLARATION DES DROITS DE L'HOMME ET DU CITOYEN. — Voy. CONSTITUTION, I.

DÉCLINATOIRE. — Se dit des moyens allégués par une partie pour contester la compétence du tribunal saisi d'une affaire. Ils doivent être *proposés préalablement* à toutes autres exceptions et défenses. Cependant, si le tribunal était incompétent *à raison de la matière*, le renvoi pourrait être demandé en tout état de cause, et devrait même être prononcé d'office par les juges.

1. — Les déclinatoires sur incompétence doivent être *communiqués au Ministère public*. — Voy. COMMUNICATION AU MINISTÈRE PUBLIC.

2. — Les tribunaux de commerce, seuls, en rejetant le déclinatoire, peuvent statuer sur le fond, mais par deux dispositions distinctes, l'une sur la compétence, l'autre sur le fond : les dispositions sur la compétence sont toujours attaquables par la voie de l'appel. (Cod. proc. civ. art. 83, n° 3; 168-172; 425-425.)

3. — Voy. CONFLIT, 3.

DÉCONFITURE. — De l'italien *sconfitta*, défaite, déroute. — État d'un individu non commerçant qui se trouve dans l'impossibilité de payer ses dettes.

1. — Le débiteur qui tombe en déconfiture *perd le bénéfice du terme*, et sa dette devient immédiate-

ment *exigible*. (Cod. civ. art. 1188.)

2. — Les *créanciers personnels d'une femme mariée*, qui ne peuvent, sans son consentement, demander la séparation de biens, ont, en cas de *déconfiture du mari*, la faculté d'exercer les droits de leur débitrice jusqu'à concurrence de leurs créances. (Cod. civ. art. 2003.)

3. — Le *vendeur* n'est pas tenu à la délivrance de la chose si l'acheteur est, depuis la vente, tombé en déconfiture. (Cod. civ. art. 1613.)

4. — La *société* prend fin par la déconfiture de l'un de ses associés. (Cod. civ. art. 1865.)

5. — Le *mandat* finit par la déconfiture soit du mandant, soit du mandataire. (Cod. civ. art. 2003.)

6. — Le *capital* d'une rente constituée en perpétuel est *exigible* en cas de déconfiture du débiteur, parce que le créancier n'a plus de sûreté pour le payement de la rente. (Cod. civ. art. 1913.)

7. — En cas de déconfiture du débiteur pour lequel elle s'est engagée, la *caution* peut, même avant d'avoir payé, agir contre le débiteur pour être indemnisée par lui. (Cod. civ. art. 2032.)

DÉCORATIONS. — Voy. ORDRE DE LA LÉGION D'HONNEUR ; — ORDRES ÉTRANGERS.

Toute personne qui porte publiquement une décoration qui ne lui appartient pas est passible d'un emprisonnement de 6 mois à 2 ans. Le tribunal peut ordonner l'insertion intégrale ou par extraits du jugement, aux frais du condamné. (Cod. pén. art. 259.)

DÉCRET. — L'emploi de ce mot a varié suivant les temps. Aujourd'hui il n'y a plus que les décisions du Président de la République qui soient ainsi appelées.

DÉFAUT. (JUGEMENT PAR) — Voy. JUGEMENT ; — OPPOSITION A JUGEMENT.

DÉFENDEUR. — (Cod. proc. civ. art. 1, 2, 48, 49, 50, 59.)

On appelle ainsi la partie contre laquelle une action est intentée en justice. Celui qui intente cette action se nomme *demandeur*.

En appel, le défendeur prend le nom d'*intimé*.

Généralement le défendeur doit être *assigné* devant le tribunal du lieu de son domicile. — Voy. ASSIGNATION, 3, 4.

Lorsqu'il y a *plusieurs défendeurs*, la demande est *dispensée* du préliminaire de *conciliation*. — Voy. CONCILIATION.

DÉFENSABLE. — Terme forestier. Se dit d'un bois qui est d'âge à résister aux bestiaux, et est déclaré en état de souffrir l'exercice du droit de pâture.

DÉFENSE. (LÉGITIME) — Voy. LÉGITIME DÉFENSE.

DÉFRICHEMENT. — Opération par laquelle on convertit un terrain inculte ou boisé en terres labourables, en pâturages, en vignes, etc.

Le défrichement des *terres incultes* est encouragé par des exemptions d'impôts. (Voy. DUNES.) — Celui des *bois et forêts* est assujetti à certaines conditions indiquées à l'article FORÊTS.

DÉGRADATION CIVIQUE. — (Cod. pén. art. 8, 28, 34-36.)

Peine infamante, *perpétuelle*, tantôt dérivant de la condamnation à une autre peine infamante, tantôt prononcée comme peine principale.

1. — Elle *consiste :* 1° dans la destitution et l'exclusion de toutes fonctions, emplois ou offices publics ; — 2° dans la privation du droit de vote, d'élection et d'éligibilité, et, en général, de tous les droits civiques et politiques, et du droit de porter aucune décoration ; — 3° dans l'incapacité d'être employé comme témoin dans les actes, et de déposer en justice autrement que pour y donner de simples renseignements ; — 4° dans l'incapacité de faire partie d'aucun Conseil de famille, et d'être tuteur, curateur, subrogé-tuteur ou conseil judiciaire, si ce n'est de ses propres enfants, et sur l'avis conforme de la famille ; — 5° dans la privation du droit de port d'armes, du droit de servir

dans les armées françaises, de tenir école, ou d'enseigner et d'être employé dans aucun établissement d'instruction, à titre de professeur, maître ou surveillant.

— 2. — Toutes les fois que la dégradation civique est prononcée comme *peine principale*, elle *peut être accompagnée d'un emprisonnement* dont la durée, fixée par l'arrêt de condamnation, n'excède pas cinq ans. — Si le coupable est un étranger ou un Français ayant perdu la qualité de citoyen, la peine de l'emprisonnement est toujours prononcée.

3. — La condamnation à la peine des *travaux forcés à temps*, de la *détention*, de la *réclusion* ou du *bannissement* emporte la dégradation civique.

DÉGRADATION DE MONUMENTS. — Sous cette rubrique, l'article 257 du Code pénal dispose : « Quiconque aura détruit, abattu, mutilé ou dégradé des monuments, statues et autres objets destinés à l'utilité ou à la décoration publique, et élevés par l'Autorité publique ou avec son autorisation, sera puni d'un *emprisonnement* d'un mois à deux ans, et d'une *amende* de 100 fr. à 500 fr.

DÉGRADATION MILITAIRE. — (Cod. just. mil. p. l'armée de terre, art. 185, 189, 190, 191 ; Cod. just. mil. p. l'armée de mer, art. 237, 241, 242, 243.)

Peine appliquée, en matière de crime, par les Conseils de guerre.

1. — Les peines des *travaux forcés*, de la *déportation*, de la *détention*, de la *réclusion* et du *bannissement* emportent la *dégradation militaire*.

2. — Tout militaire, tout marin qui doit subir la dégradation militaire, soit comme peine principale, soit comme accessoire d'une peine autre que la mort, est conduit devant l'équipage assemblé ou la troupe sous les armes. Après la lecture du jugement, le Commandant prononce ces mots à haute voix : « N***, *vous êtes indigne de porter les armes ; de par le Président de la République, nous vous dégradons.* » — Aussitôt après, tous les insignes militaires et les décorations dont le condamné est revêtu sont enlevés, et s'il est officier, son épée est brisée et jetée à terre devant lui.

3. — La dégradation militaire entraîne : 1° la privation du grade et du droit d'en porter les insignes et l'uniforme ; — 2° l'incapacité absolue de servir dans les armées de terre et de mer, à quelque titre que ce soit, et les autres incapacités prononcées par les articles 28 et 34 du Code pénal ordinaire ; — 3° la privation de porter aucune décoration, et la déchéance de tout droit à pension et à récompense pour les services antérieurs.

4. — La dégradation militaire prononcée comme *peine principale* est toujours *accompagnée* d'un *emprisonnement* dont la durée n'excède pas cinq années.

DEGRÉS DE PARENTÉ. — Voy. PARENTÉ.

DÉLAISSEMENT. — Faculté accordée par la loi, dans certains cas déterminés, d'abandonner à l'assureur la propriété des objets assurés et de réclamer la somme convenue pour indemnité. — Voy. ASSURANCES, sect. I, III.

DÉLÉGATION SPÉCIALE. — Voy. CONSEIL MUNICIPAL, I, 9.

DÉLÉGUÉS SÉNATORIAUX. — On appelle ainsi les citoyens désignés par chaque Conseil municipal pour prendre part à l'élection du *Sénat* (voy. SÉNAT). Le choix du Conseil peut porter sur *tous les électeurs* de la Commune, y compris les Conseillers municipaux, sans distinction entre eux.

Tout électeur peut, dans un délai de *trois jours*, adresser au Préfet une *protestation* contre la régularité de l'élection. La protestation est jugée, sauf *recours* au Conseil d'État, par le Conseil de Préfecture, et, dans les Colonies, par le Conseil privé.

Le délégué qui, *sans cause légitime*, n'a pas pris part à tous les scrutins, ou qui, étant empêché, n'a point averti le suppléant en temps utile, est condamné à une *amende* de 50 fr. par le tribunal civil du chef-lieu.

Le délégué qui a pris part à tous les scrutins a droit, s'il le requiert, à une *indemnité* de déplacement fixée à 2 fr. 50 c. par myriamètre parcouru, tant en allant qu'en revenant. Dans les colonies, l'indemnité est de 8 fr. pour chaque myriamètre parcouru par *mer* et de 5 fr. pour chaque myriamètre parcouru par *terre*.

L'indemnité est *réglée* par myriamètre et demi-myriamètre. — Les fractions au-dessus de 7 kilomètres sont comptées pour 1 myriamètre, et celles de 3 à 7 kilomètres pour un demi-myriamètre. Il n'y a lieu à *aucune indemnité* lorsque la distance n'atteint pas 3 kilomètres.

La distance *se compte*, quel que soit le domicile du délégué, du chef-lieu de la Commune qui l'a élu au chef-lieu du département. (Loi 2 août 1875; déc. 26 décembre 1875.)

DÉLIBÉRÉ. — (Cod. proc. civ. art. 93, 94.) — Mode d'instruction de certaines affaires civiles.

Au lieu de prononcer de suite le jugement, le tribunal peut ordonner que les pièces lui soient remises pour en être délibéré au rapport d'un de ses membres.

Si l'une des parties ne remet point ses pièces, la cause est jugée sur les pièces de l'autre.

DÉLIT. — (Cod. pén. art. 1.) — Dans son sens le plus large, le mot *délit* s'applique à toute espèce d'infraction à la loi. Dans un sens restreint, il sert à qualifier les infractions simplement punies d'une *peine correctionnelle*. — Voy. ACTION CIVILE; — ACTION PUBLIQUE; — APPEL, II, 2, et suiv.; — FLAGRANT DÉLIT; — TENTATIVE.

DÉLIT. (QUASI) — Voy. QUASI-DÉLIT.

DÉLIVRANCE. — Synonyme de *livraison*.

1. — « La *délivrance* est le transport de la chose vendue en la puissance et possession de l'acheteur. » (Cod. civ. art. 1604.) — *Où, comment*, et *aux frais de qui* s'opère-t-elle? Ces questions sont examinées à l'article VENTE, II, § 1er.

2. — Pour ce qui regarde la délivrance des *brevets d'invention*, voy. BREVET D'INVENTION, V.

3. — Pour la délivrance des *legs*, voy. TESTAMENT, II.

4. — Aucun droit d'usage ne peut être exercé dans les bois et forêts sans *délivrance* préalable du propriétaire. (Cod. for. art. 67, 69, 120.) Le mot *délivrance* est ici synonyme de : *autorisation*.

DEMANDEUR. — On appelle ainsi la partie qui intente une action en justice, et *défendeur* celui contre qui elle est intentée. — Voy. ASSIGNATION, 3, 4; — CONCILIATION.

DÉMENCE. — Dérèglement d'idées qui ôte l'usage de la raison.

L'individu qui est dans un état *habituel* de démence doit être *interdit*, même lorsque cet état présente des intervalles lucides. (Cod. civ. art. 489.) — Voy. INTERDICTION, sect. I, I.

— Il n'y a *ni crime ni délit*, lorsque le prévenu était en démence au temps de l'action. (Cod. pén. art. 64.)

DEMEURE. (MISE EN) — *Demeure*, du latin *mora*, signifie *retard*.

Les *risques d'une chose* sont à la charge du débiteur, lorsqu'il est en demeure de livrer. (Cod. civ. art. 1138.)

Le débiteur est *constitué en demeure*, soit par une sommation, soit par une citation en justice, soit par l'effet de la convention, lorsqu'elle porte que, sans qu'il soit besoin d'acte et par la seule échéance du terme, le débiteur sera en demeure. (Cod. civ. art. 1139.)

DÉNI DE JUSTICE. — On appelle ainsi le refus ou la négligence de juger de la part des magistrats que la loi a investis de cette mission.

1. — Aux termes des articles 4 du Code civil et 506 du Code de procédure civile, il y a *déni de justice* :

1° Lorsque le Juge refuse de statuer, sous prétexte du silence, de l'obscurité ou de l'insuffisance de la loi ; — 2° lorsqu'il refuse de répondre les requêtes qui lui sont présentées ; — 3° lorsqu'il néglige de juger les affaires en état et en tour d'être jugées.

2. — Le déni de justice *se constate* par deux réquisitions faites aux Juges en la personne des greffiers, et signifiées de trois en trois jours au moins pour les Juges de paix et de commerce, et de huitaine en huitaine au moins pour les autres Juges. Tout huissier est tenu de faire ces réquisitions, à peine d'interdiction. (Cod. proc. civ. art. 507.)

Après deux réquisitions, le Juge peut être *pris à partie* (même Code, art. 508). — Voy. PRISE A PARTIE.

3. — Si, malgré l'injonction qu'il aurait reçue de ses supérieurs, le Juge *persévérait dans son refus*, il serait passible d'une amende de 200 fr. au minimum, de 500 fr. au maximum, et de l'interdiction des fonctions publiques depuis cinq ans jusqu'à vingt. (Cod. pén. art. 185.)

DENIER A DIEU. — L'usage s'est introduit, à Paris notamment, de remettre au portier, au moment d'une location verbale, une somme d'argent qui varie suivant l'importance de la location. Cela s'appelle le *denier à Dieu*, parce que, dans l'origine, la somme remise consistait en un denier, et qu'elle devait, au cas où elle ne serait pas retirée, être convertie en un usage pieux, comme une aumône. Le portier garde aujourd'hui le denier à Dieu comme une espèce de gratification pour la peine qu'il a prise en montrant l'appartement. — On considère à Paris le denier à Dieu comme le signe de l'engagement ; mais *les parties peuvent se dédire jusqu'au lendemain*, le bailleur en le renvoyant, et le locataire en le reprenant. Passé le lendemain, l'engagement devient définitif.

DÉNOMBREMENT. — Voy. RECENSEMENT.

DÉNONCIATION. — Se dit de la déclaration d'un crime faite aux magistrats par une personne qui en a connaissance, mais qui n'en a point souffert. Elle se distingue sous ce rapport de la *plainte*, qui émane de la victime elle-même.

1. — Le Code pénal (art. 373) punit d'un emprisonnement d'un mois à un an, et d'une amende de 100 fr. à 3000 fr. quiconque a fait par écrit une dénonciation *calomnieuse* aux officiers de justice ou de police administrative ou judiciaire.

2. — Sont *indignes de succéder :* 1° celui qui a porté contre le défunt une plainte ou une dénonciation *capitale* (c'est-à-dire qui tendait à faire condamner à la peine de mort), jugée *calomnieuse ;* — 2° l'*héritier majeur* qui, *instruit du meurtre* du défunt, ne l'*a pas dénoncé* à la justice. — Toutefois le *défaut de dénonciation* n'est *pas opposable* aux ascendants et descendants du meurtrier, ni à ses alliés au même degré, ni à ses frères et ses sœurs, oncles, tantes, neveux et nièces. (Cod. civ. art. 727, 728.)

3. — L'*accusé acquitté* peut obtenir des *dommages-intérêts* contre ses *dénonciateurs*, pour faits de calomnie. Le Procureur général est tenu de les lui nommer, s'il le requiert.

Si l'accusé n'a connu son dénonciateur que depuis le jugement, mais avant la fin de la session, il est tenu, sous peine de déchéance, de porter sa demande à la *Cour d'assises ;* s'il ne l'a connu qu'après la clôture de la session, sa demande est formée devant le *tribunal civil*. (Cod. instr. crim. art. 358, 359.)

DÉNONCIATION DE NOUVEL ŒUVRE. — Espèce de *complainte* intentée contre celui qui fait un nouvel ouvrage sur son fonds, contrairement à l'ancienne disposition des lieux, ouvrage d'où résulte un préjudice pour le plaignant en le troublant dans sa propriété. — Voy. ACTION POSSESSOIRE.

DENRÉES. — Voy. ACCAPAREMENT — ACCAPAREUR ; — TROMPERIE SUR LA MARCHANDISE.

DEPARCIEUX (Antoine), mathématicien (1703-1768), célèbre par le livre qu'il publia en 1746 sous le titre de : *Essai sur la probabilité de la vie humaine, d'où l'on déduit la manière de déterminer les rentes viagères tant simples qu'en tontines.* Il y ajouta un *Supplément* en 1760.

Ses *Tables de mortalité* servent à déterminer le montant des rentes servies par la *Caisse nationale des retraites pour la vieillesse* (voy. ces mots).

DÉPARTEMENT. — (Loi 28 pluviôse an VIII (17 février 1800).

Le département est la grande unité locale sous le rapport politique et administratif.

1. — Chaque département est *administré* par un Préfet, assisté d'un Conseil de préfecture et d'un Conseil général. (Voy. PRÉFET; — CONSEIL DE PRÉFECTURE; — CONSEIL GÉNÉRAL.) Il envoie un nombre de Députés proportionné au nombre de ses habitants. — Voy. DÉPUTÉ.

2. — Le département est aussi l'unité judiciaire pour la juridiction criminelle des *Cours d'assises.* — Voy. COUR D'ASSISES.

3. — Il nous a paru utile de donner ici la nomenclature des 87 départements actuels, avec l'indication de la *population* de chacun d'eux et du nombre d'*arrondissements*, de *cantons* et de *communes* dont ils se composent :

DÉPARTEMENTS	NOMBRE des arrondissements.	des cantons.	des communes.	POPULATION
Ain	5	36	453	364 408
Aisne	5	37	840	555 925
Allier	4	28	321	424 582
Alpes (Basses-)	5	30	251	129 494
Alpes (Hautes-)	3	24	189	122 924
Alpes-Maritimes	3	26	152	238 057
Ardèche	3	31	339	375 472
Ardennes	5	31	503	332 759
Ariège	3	20	336	237 619
Aube	5	26	446	257 374
Aude	4	31	437	332 080
Aveyron	5	43	302	415 826
Belfort (territoire de)	1	6	106	79 758
Bouches-du-Rhône	3	29	109	604 857
Calvados	6	38	763	437 267
Cantal	4	23	267	241 742
Charente	5	29	426	366 408
Charente-Inférieure	6	40	480	462 803
Cher	3	29	292	355 349
Corrèze	3	29	287	326 494
Corse	5	62	364	278 501
Côte-d'Or	4	36	717	381 574
Côtes-du-Nord	5	48	389	628 256
Creuse	4	25	266	284 942
Dordogne	5	47	583	492 205
Doubs	4	27	638	310 963
Drôme	4	29	379	314 615
Eure	5	36	700	358 829

DÉPARTEMENTS	NOMBRE des arrondissements.	NOMBRE des cantons.	NOMBRE des communes.	POPULATION
Eure-et-Loir	4	24	426	283 719
Finistère	5	43	291	707 820
Gard	4	40	350	417 099
Garonne (Haute-)	4	39	587	481 169
Gers	5	29	465	274 391
Gironde	6	48	552	775 845
Hérault	4	36	338	439 044
Ille-et-Vilaine	6	43	357	621 384
Indre	4	23	245	296 147
Indre-et-Loire	3	24	282	340 921
Isère	4	45	563	581 680
Jura	4	32	584	281 292
Landes	3	28	333	302 266
Loir-et-Cher	3	24	297	279 214
Loire	3	30	331	603 384
Loire (Haute-)	3	28	264	320 063
Loire-Inférieure	5	45	217	643 884
Loiret	4	31	349	374 875
Lot	3	29	324	271 514
Lot-et-Garonne	4	35	326	307 437
Lozère	3	24	197	141 264
Maine-et-Loire	5	34	381	527 680
Manche	6	48	643	520 865
Marne	5	32	662	429 494
Marne (Haute-)	3	28	550	247 781
Mayenne	3	27	276	340 063
Meurthe-et-Moselle	4	29	596	431 693
Meuse	4	28	586	291 971
Morbihan	4	37	250	535 256
Nièvre	4	25	313	347 645
Nord	7	62	665	1 670 184
Oise	4	35	701	403 146
Orne	4	36	512	367 248
Pas-de-Calais	6	44	903	853 526
Puy-de-Dôme	5	50	469	570 964
Pyrénées (Basses-)	5	40	558	432 999
Pyrénées (Hautes-)	3	26	480	234 825
Pyrénées-Orientales	3	17	231	211 187
Rhône	2	29	266	772 912
Saône (Haute-)	3	28	583	290 954
Saône-et-Loire	5	50	589	625 885
Sarthe	4	33	385	436 111
Savoie	4	29	328	267 428
Savoie (Haute-)	4	28	314	275 018
Seine	3	28	74	2 961 089
Seine-Inférieure	5	51	759	833 386
Seine-et-Marne	5	29	530	355 136

DÉPARTEMENTS	NOMBRE			POPULATION
	des arrondissements.	des cantons.	des communes.	
Seine-et-Oise.........	6	37	688	618 089
Sèvres (Deux-)........	4	31	355	353 766
Somme..............	5	41	836	548 982
Tarn................	4	35	318	358 757
Tarn-et-Garonne.......	3	24	194	214 046
Var.................	3	28	145	283 689
Vaucluse.............	4	22	150	241 787
Vendée..............	3	30	300	434 808
Vienne.	5	31	300	342 785
Vienne (Haute-).......	4	27	203	363 182
Vosges..............	5	29	530	413 707
Yonne...............	5	37	485	355 364
Totaux........	362	2 871	36 121	38 218 903

DÉPENS. — (Cod. proc. civ. art. 130, 131.)

Frais auxquels a donné lieu un procès. La *partie qui succombe* y est condamnée. Néanmoins, les juges sont autorisés à *compenser*, en tout ou en partie, les dépens entre *conjoints*, *ascendants*, *descendants*, *frères* et *sœurs* ou *alliés* au même degré et entre les *parties* qui *succombent respectivement* sur quelques chefs. — Voy. DISTRACTION DE DÉPENS.

DÉPORTATION. — (Cod. pén. art. 7, 17; lois 8 juin 1850; 23 mars 1872, 25 mars 1873.)

Peine *perpétuelle* prononcée en *matière politique*, et qui *consiste* à être transporté au delà des mers.

— Aux termes d'une loi du 23 mars 1872, « l'île des Pins et, en cas d'insuffisance, l'île Maré, dépendances de la *Nouvelle-Calédonie*, sont déclarées lieux de *déportation simple* pour l'exécution de l'article 17 du Code pénal.

« Les condamnés à la déportation dans une enceinte *fortifiée* jouiront dans la *presqu'île Ducos* de toute la liberté compatible avec la nécessité d'assurer la garde de leur personne et le maintien de l'ordre. — Ils seront soumis à un régime de police et de surveillance déterminé par un *règlement d'administration publique*. Ce règlement fixera les conditions sous lesquelles les déportés seront autorisés à circuler dans tout ou partie de la presqu'île, suivant leur nombre; à s'y occuper à des travaux de culture ou d'industrie, et à y former des établissements provisoires par groupe ou par famille.

» Les condamnés à la *déportation simple* jouiront, dans l'*île des Pins* et dans l'*île Maré*, d'une liberté qui n'aura pour limite que les précautions indispensables pour empêcher les évasions et assurer la sécurité et le bon ordre. »

— Le 25 mars 1873, a été promulguée une loi réglant le régime des condamnés, la compétence disciplinaire à laquelle ils sont soumis, les mesures destinées à prévenir le désordre et les évasions, les concessions de terre soit dans les îles, soit dans la grande terre, les conditions auxquelles elles peuvent être faites et révoquées, enfin le droit pour les familles des déportés de se rendre dans les lieux de déportation et les conditions auxquelles elles peuvent obtenir leur transport aux frais de l'Etat.

DÉPOSITIONS. — Voy. TÉMOIN; — FAUX TÉMOIGNAGE.

DÉPOT. — Le *dépôt*, en général, est l'acte par lequel on reçoit la chose d'autrui, à la charge de la garder et de la restituer en nature.

Il se divise en *dépôt* proprement dit, et en *séquestre*.

SECT. I. — **DU DÉPOT PROPREMENT DIT.** — (Cod. civ. art. 1915-1954.) — Le dépôt proprement dit ne peut avoir pour objet que des choses mobilières : c'est un contrat essentiellement gratuit ; la stipulation d'un salaire en ferait un *louage d'industrie*. Il est *volontaire* ou *nécessaire*.

§ 1. DÉPÔT VOLONTAIRE. — Le dépôt *volontaire* est celui qui se forme en vertu d'un contrat librement et spontanément conclu, à la différence du dépôt *nécessaire*, qui est déterminé par des circonstances impérieuses, telles qu'un incendie, un naufrage, etc., circonstances qui obligent le déposant à faire le dépôt, sans lui permettre de choisir le dépositaire. Le dépôt volontaire doit être *prouvé par écrit*. La preuve par témoins ne serait pas admissible si la valeur de l'objet dépassait 150 fr.

Celui qui est attaqué comme dépositaire d'une chose d'une valeur supérieure à 150 fr., alors qu'il n'y a aucune preuve écrite du dépôt, est *cru sur sa déclaration*, soit pour la chose qui en aurait été l'objet, soit pour la restitution.

— *Le dépositaire est tenu :* 1° De donner à la garde de la chose déposée les mêmes soins qu'il apporte dans la garde des choses qui lui appartiennent. Sa *responsabilité* à cet égard est appréciée avec plus de rigueur, s'il s'est offert lui-même pour recevoir le dépôt ; — s'il reçoit un salaire, car le contrat est plutôt alors un louage d'industrie consenti dans l'intérêt de chacune des parties, qu'un dépôt fait exclusivement dans l'intérêt du déposant ; — s'il a été expressément convenu que le dépositaire répondrait de toute espèce de faute ;

2° De ne pas se servir de la chose déposée sans la permission expresse ou présumée du déposant ;

3° De ne pas chercher à connaître quelles choses lui ont été confiées, si elles lui ont été remises dans un coffre fermé ou sous enveloppe cachetée ;

4° De rendre identiquement la chose même qu'il a reçue, dans l'état où elle se trouve au moment de la restitution. Les détériorations qui ne sont pas survenues par son fait sont à la charge du déposant.

De son côté, *le déposant doit* rembourser au dépositaire les dépenses qu'il a faites pour la conservation de la chose, et l'indemniser de toutes les pertes que le dépôt peut lui avoir occasionnées. Ces deux obligations sont garanties par le droit accordé au dépositaire de retenir la chose déposée jusqu'à l'entier payement de ce qui lui est dû à raison du dépôt.

§ 2. DÉPÔT NÉCESSAIRE. — Le dépôt *nécessaire* est celui qui a été forcé par quelque accident, tel qu'un incendie, une ruine, un pillage, un naufrage ou autre événement imprévu. La *preuve par témoins* en est toujours reçue, quelle que soit la valeur de la chose déposée, car le plus souvent il serait impossible d'avoir une autre preuve.

La loi regarde comme un dépôt nécessaire celui des effets apportés par les voyageurs qui logent dans les hôtels ou auberges. Les *hôteliers* ou *aubergistes* en répondent, ainsi que des vols commis dans leur maison, à moins qu'ils ne soient faits à main armée, ou par force majeure.

SECT. II. — **DU SÉQUESTRE.** — (Cod. civ. art. 1955-1963.) — Le *séquestre* est le dépôt d'une chose contestée. Il est *conventionnel* ou *judiciaire*.

§ 1. SÉQUESTRE CONVENTIONNEL. Le séquestre *conventionnel* est la remise faite par deux ou plusieurs personnes d'une chose litigieuse entre les mains d'un tiers qui se charge de la rendre, après la contestation terminée, à celle des parties qui sera jugée devoir l'obtenir.

Il s'applique aux immeubles comme aux meubles, et peut n'être pas gratuit.

§ 2. SÉQUESTRE JUDICIAIRE. — C'est le dépôt ordonné par la Justice, soit des meubles saisis sur un débiteur, soit d'un immeuble ou d'un meuble dont la propriété ou la possession est litigieuse, soit enfin de choses, autres qu'une somme d'argent, qu'un débiteur voulant se libérer offre à son créancier qui les refuse. Si la chose offerte était une somme d'argent, le dépôt en serait fait à la Caisse des dépôts et consignations.

Le séquestre judiciaire est donné à la personne dont les parties conviennent, et, à défaut, à celle désignée par la Justice.

DÉPOTS DE MENDICITÉ. — (Déc. 5 juillet 1808.)

Asiles destinés à recevoir les pauvres infirmes, et à subvenir à leurs besoins, mais en les astreignant à un certain travail.

Dans le but d'extirper la mendicité, Napoléon avait ordonné l'établissement, dans chaque département, d'un dépôt où tout mendiant arrêté serait conduit pour y être nourri et assujetti au travail conformément au règlement de la maison. Mais 37 dépôts seulement furent ouverts, et la Restauration ne se montra pas favorable à cette institution. Il n'en existe que quatre aujourd'hui : à *Villers-Cotterets*, pour la Seine ; *Montreuil*, pour l'Aisne ; *Saint-Lizier*, pour l'Ariège, et *Bellevaux*, pour le Doubs. — Voy. MENDICITÉ.

DÉPOTS ET CONSIGNATIONS. (CAISSE DES) — Voy. CAISSE DES DÉPÔTS ET CONSIGNATIONS.

DÉPUTÉ. — Nom donné aux membres de l'une des deux assemblées qui exercent le pouvoir *législatif*. (Voy. CHAMBRE DES DÉPUTÉS.)

1. — Sont *éligibles* tous les électeurs âgés de 25 ans.

Ne peuvent être élus : 1° Les individus privés de leurs droits civils et politiques par suite de condamnation, soit à des peines afflictives et infamantes, soit à des peines infamantes seulement ; — 2° Ceux auxquels les tribunaux correctionnels ont interdit le droit de vote, d'élection ou d'éligibilité ; — 3° Les condamnés pour crime à l'emprisonnement par application de l'article 463 du Code pénal (*circonstances atténuantes*) ; — 4° Les condamnés pour vol, escroquerie, abus de confiance, soustraction commise par les dépositaires de deniers publics, ou attentat aux mœurs prévu par l'article 334 du Code pénal ; — 5° Ceux qui ont été condamnés par application de l'article 423 du Code pénal (*tromperie sur la qualité de la chose vendue*) ; — 6° Ceux qui ont été condamnés pour délit d'usure ; — 7° Les accusés contumaces ; — 8° Les interdits et les citoyens pourvus d'un conseil judiciaire ; — 9° Les faillis non réhabilités.

Aucun *militaire* ou *marin* faisant partie des armées de terre ou de mer ne peut, quels que soient son grade ou ses fonctions, être député. Cette disposition s'applique aux militaires et marins en disponibilité ou en non-activité, mais elle ne s'étend ni aux officiers placés dans la 2e section du cadre de l'État-major général, ni à ceux qui, maintenus dans la 1re section comme ayant commandé en chef devant l'ennemi, ont cessé d'être employés activement, ni aux officiers qui, ayant des droits acquis à la retraite, sont envoyés ou maintenus dans leurs foyers en attendant la liquidation de leur pension.

Ne peuvent être élus *dans l'étendue de la circonscription* où ils exercent leurs fonctions et pendant les *six mois* qui suivent la cessation de leurs fonctions, par démission, destitution, changement de résidence ou de toute autre manière, les premiers présidents, les présidents et les membres des parquets des Cours d'appel ; — les présidents, vice-présidents, juges titulaires, juges d'instruction et membres des parquets des tribunaux de première instance; — le préfet de police, les préfets et secrétaires généraux de préfectures, les gouverneurs, directeurs de l'intérieur et secrétaires généraux des colonies; — les recteurs et inspecteurs d'académie; — les inspecteurs des écoles primaires; — les archevêques, évêques et vicaires généraux; — les trésoriers-payeurs généraux et receveurs particuliers des finances; — les directeurs des contributions directes et indirectes, de l'enregistrement, des domaines et des postes; — les inspecteurs et conservateurs des forêts. Les sous-préfets ne peuvent être élus dans aucun des arrondissements du département où ils exercent leurs fonctions.

— L'exercice de fonctions publiques rétribuées *sur les fonds de l'Etat* est *incompatible* avec le mandat de Député. Sont *exceptées* les fonctions de ministre, sous-secrétaire d'Etat, ambassadeur, ministre plénipotentiaire, préfet de la Seine, préfet de police, premier président de la Cour de cassation, premier président de la Cour des comptes, premier président de la Cour d'appel de Paris, procureur général de la Cour de cassation, procureur général près la Cour d'appel de Paris, archevêque et évêque, pasteur président de Consistoire dans les circonscriptions territoriales dont le chef-lieu compte 2 pasteurs et au-dessus, grand rabbin du Consistoire central, grand rabbin du Consistoire de Paris.

Sont également exceptés: les professeurs titulaires de chaires données au concours ou sur la présentation des corps où la vacance s'est produite; — les personnes chargées d'une mission temporaire d'une durée n'excédant pas 6 mois.

2. — Les Députés jouissent de certaines *prérogatives*. Ainsi ils ne peuvent être recherchés, accusés ni jugés en aucun temps pour les opinions qu'ils ont émises dans le sein de l'Assemblée. Ils ne peuvent, pendant la durée de la législature, être poursuivis ni arrêtés en matière criminelle, sauf le cas de flagrant délit, qu'après que l'Assemblée a autorisé la poursuite.

Ils reçoivent une indemnité annuelle de 9000 francs.

— Lorsque le chiffre de l'indemnité est supérieur à celui du traitement dont jouissait le fonctionnaire élu Député, ce traitement est ordonnancé en totalité au profit du Trésor pendant la durée du mandat législatif. — Si le chiffre du traitement est supérieur à celui de l'indemnité, le fonctionnaire député ne touche, pendant la même période, que la portion de son traitement net excédant ladite indemnité. (Loi 16 février 1872.)

3. — Le 25 avril 1872, l'Assemblée nationale a voté la loi dont la teneur suit:

Art. 1er. — « Aucun membre de l'Assemblée nationale ne pourra, pendant la durée de son mandat, être nommé à des fonctions publiques salariées, ni, s'il est déjà fonctionnaire, obtenir de l'avancement. — En cas de démission donnée par un membre de l'Assemblée, ces interdictions continueront d'être appliquées au membre démissionnaire pendant les six mois qui suivront sa démission ou jusqu'à la dissolution de l'Assemblée, si cette dissolution a lieu avant l'expiration dudit délai de six mois. »

Art. 2. — « Sont exceptées des dispositions de l'article précédent:

» 1° Les fonctions données au concours ou à l'élection; — 2° Les fonctions de Ministre, de Sous-Secrétaire d'Etat, d'Ambassadeur, de Ministre plénipotentiaire, de Préfet de la Seine. »

Art. 3. — « Les membres de l'Assemblée nationale pourront être chargés par le Gouvernement de missions extraordinaires et temporaires, à l'intérieur et à l'étranger. »

Art. 4. — « Les Officiers de tout grade et de toutes armes, élus Représentants, seront considérés comme étant en mission hors cadres pendant la durée de leur mandat. »

Art. 5. — « Les Députés ne peuvent être nommés ou promus dans l'Ordre de la Légion d'honneur, excepté pour fait de guerre. »

DERNIER RESSORT. — Un jugement est dit en *dernier ressort* quand il ne peut être attaqué devant une juridiction supérieure.

DÉSAFFECTATION. — A la suite du Concordat, un certain nombre d'immeubles appartenant, soit à l'Etat, soit aux Départements, soit aux Communes, ont été affectés au service du culte ou à des établissements ecclésiastiques. La loi du 5 avril 1884 sur l'organisation communale (art. 169) autorise les Conseils municipaux à prononcer la *désaffectation totale ou partielle* des immeubles appartenant aux Communes, qui ont été consacrés, *en dehors des prescriptions de la loi organique des cultes du* 18 *germinal an* x, soit aux cultes, soit à des établissements quelconques ecclésiastiques ou civils. — Ces désaffectations sont prononcées *dans la même forme* que les affectations.

DÉSAVEU. — (Cod. proc. civ. art. 49, nº 7 ; 352-362.)

Se dit de l'action intentée contre un officier ministériel par une partie qui prétend, soit qu'il n'a pas été chargé d'occuper pour elle, soit qu'il a excédé les bornes de son mandat.

1. — Les demandes en désaveu doivent être *communiquées* au *Ministère public.* — Voy. COMMUNICATION AU MINISTÈRE PUBLIC.

2. — Elles sont *portées* au tribunal devant lequel la procédure désavouée a été instruite, ou au tribunal du défendeur si le désaveu concerne un acte sur lequel il n'y a point d'instance.

3. — Si le désaveu est déclaré *valable*, le jugement, ou les dispositions du jugement relatives aux chefs qui ont donné lieu au désaveu, demeurent annulés et comme non avenus : le désavoué est condamné, envers le demandeur et les autres parties, en tous dommages-intérêts, même puni d'interdiction, ou poursuivi extraordinairement, suivant la gravité du cas et la nature des circonstances.

Si le désaveu est *rejeté,* le demandeur peut être condamné, envers le désavoué et les autres parties, en tels dommages et réparations qu'il appartient.

4. — Lorsque le désaveu est formé à l'occasion d'un jugement qui a acquis force de *chose jugée*, il n'est plus recevable après la huitaine, à dater du jour où le jugement est réputé exécuté, c'est-à-dire si les meubles saisis ont été vendus, si la saisie d'un ou de plusieurs des immeubles a été notifiée, si les frais ont été payés, etc.

DÉSAVEU DE PATERNITÉ. — Voy. PATERNITÉ ET FILIATION.

DESCENDANT. — Du latin *descendere*, descendre. — On appelle *descendants* les personnes qui sont issues l'une de l'autre : le *fils*, le *petit-fils*, etc., sont descendants du père, de l'aïeul, etc.

1. — Le *mariage* est *prohibé* entre tous les descendants et ascendants légitimes ou naturels, et les alliés en ligne directe. (Cod. civ. art. 161.) — Voy. MARIAGE, I, 3.

2. — L'obligation de se fournir des *aliments*, en cas de besoin, existe entre les descendants et les ascendants, et réciproquement. (Cod. civ. art. 205 et suiv.) — Voy. MARIAGE, V.

3. — Nul, à l'exception des *descendants*, des ascendants et des époux, n'est tenu de *conserver* la *tutelle* d'un *interdit* au delà de dix ans. (Cod. civ. art. 508.) — Voy. INTERDICTION, IV. 5.

4. — Pour connaître le cas où les descendants sont appelés par la loi à *succéder*, voy. SUCCESSIONS, II, § 1.

5. — Les descendants ont droit à une *réserve*. (Cod. civ. art. 913 et suiv.) — Voy. QUOTITÉ DISPONIBLE, I.

6. — Les juges sont autorisés à compenser les *dépens* (voy. ce mot) entre descendants et ascendants. (Cod. proc. civ. art. 131.)

7. — Les *soustractions* commises par des descendants au préjudice de leurs ascendants, ou réciproquement,

ne donnent lieu qu'à des *réparations civiles*. (Cod. pén. art. 380.)

8. — Les *coups* et *blessures* sont plus sévèrement punis lorsqu'ils ont été portés ou faits par un descendant. (Cod. pén. art. 312.) — Voy. COUPS ET BLESSURES.

9. — Les *attentats aux mœurs* sont plus sévèrement punis lorsque la victime est un descendant. (Cod. pén. art. 333, 334.) — Voy. ATTENTAT A LA PUDEUR; — EXCITATION A LA DÉBAUCHE; — VIOL.

10. — En matière criminelle, les *dépositions* de descendants ne sont reçues que comme simples renseignements et sans prestation de serment. (Cod. instr. crim. art. 322.)

11. — Les ascendants sont autorisés à faire eux-mêmes le *partage de leurs biens* entre leurs descendants. (Cod. civ. art. 1075-1080.) — Voy. PARTAGES D'ASCENDANTS.

DESCENTE SUR LES LIEUX. — (Cod. proc. civ. art. 41-44; 295-301.) — Le tribunal peut ordonner, dans le cas où il le croit nécessaire, ou s'il en est requis par l'une ou l'autre des parties, que l'un des juges se transportera sur les lieux qui font l'objet de la contestation, afin de les examiner et d'en dresser procès-verbal.

Les *frais de transport* sont avancés par le requérant et par lui consignés au greffe.

DÉSERTION. — Elle est punie ainsi qu'il suit par les articles 231 à 243 du Code de justice militaire pour l'armée de terre, modifiés par la loi du 18 mai 1875 :

I. DÉSERTION A L'INTÉRIEUR. — Art. 231. — « Est considéré comme déserteur à l'intérieur :

1° *Six jours* après celui de l'absence constatée, tout sous-officier, caporal, brigadier ou soldat qui s'absente de son corps ou détachement sans autorisation. Néanmoins, si le soldat n'a pas trois mois de service, il ne peut être considéré comme déserteur qu'après *un mois* d'absence; — 2° Tout sous-officier, caporal, brigadier ou soldat voyageant isolément d'un corps à un autre et dont le congé ou la permission est expiré, et qui, dans les *quinze jours* qui suivent celui qui a été fixé pour son retour ou son arrivée au corps, ne s'y est pas présenté. »

Art. 232. — « Tout sous-officier, caporal, brigadier ou soldat, coupable de désertion à l'intérieur *en temps de paix,* est puni de 2 à 5 ans de travaux publics, si la désertion a eu lieu *en temps de guerre*, ou d'un territoire en état de guerre ou de siège.

La peine ne peut être moindre de 3 ans d'emprisonnement ou de travaux publics, suivant le cas, dans les circonstances suivantes :

1° Si le coupable a emporté une de ses armes, un objet d'équipement ou d'habillement, ou s'il a emmené son cheval;

2° S'il a déserté étant de service, sauf les cas prévus par les art. 211 et 213 du présent code;

3° S'il a déserté antérieurement. »

Art. 233. — « Est puni de 6 mois à 1 an d'emprisonnement tout officier absent de son corps ou de son poste sans autorisation, depuis plus de *six jours*, ou qui ne s'y présente pas *quinze jours* après l'expiration de son congé ou de sa permission, sans préjudice de l'application, s'il y a lieu, des dispositions de l'art. 1er de la loi du 19 mai 1834, sur l'état des officiers.

Tout officier qui abandonne son corps ou son poste sur un territoire en état de guerre ou de siège est déclaré déserteur après les délais déterminés par le § précédent, et puni de la destitution avec emprisonnement de 2 à 5 ans. »

Art. 234. — « *En cas de guerre*, tous les délais fixés par les art. 231 et 233 précédents sont réduits des *deux tiers*. »

II. DÉSERTION A L'ÉTRANGER. — Art. 235. — « Est déclaré déserteur à l'étranger, *en temps de paix*, 3 jours, et, *en temps de guerre*, un jour après celui de l'absence constatée, tout militaire qui franchit sans autorisation les limites du territoire français, ou qui, hors de France, abandonne le corps auquel il appartient. »

Art. 236. — « Tout sous-officier, caporal, brigadier ou soldat, coupable de désertion à l'étranger, est puni de 2 ans à 5 ans de travaux publics, si la désertion a eu lieu *en temps de paix*.

Il est puni de 5 à 10 ans de la même peine, si la désertion a eu lieu *en temps de guerre*, ou d'un territoire en état de guerre ou de siège.

La peine ne peut être moindre de 3 ans de travaux publics dans le cas prévu par le § 1er, et de 7 dans le cas du § 2, dans les circonstances suivantes :

1° Si le coupable a emporté une de ses armes, un objet d'habillement ou d'équipement, ou s'il a emmené son cheval ;

2° S'il a déserté étant de service, sauf les cas prévus par les art. 211 et 213 ;

3° S'il a déserté antérieurement. »

Art. 237. — « Tout officier coupable de désertion à l'étranger est puni de la destitution, avec emprisonnement d'un an à 5 ans, si la désertion a eu lieu *en temps de paix*, et de la détention si la désertion a eu lieu *en temps de guerre*, ou d'un territoire en état de guerre ou de siège. »

III. Désertion a l'ennemi ou en présence de l'ennemi. — Art. 238. — « Est puni de mort, avec dégradation militaire, tout militaire coupable de désertion *à l'ennemi*. »

IV. Dispositions communes aux sections précédentes. — Art. 240. — « Est réputée désertion *avec complot* toute désertion effectuée de concert par plus de deux militaires. »

Art. 241. — « Est puni de *mort :*

1° Le coupable de désertion avec complot en présence de l'ennemi ;

2° Le chef du complot de désertion à l'étranger.

Le chef du complot de désertion à l'intérieur est puni de 5 ans à 10 ans de travaux publics, s'il est sous-officier, caporal, brigadier ou soldat, et de la détention s'il est officier.

Dans tous les autres cas, le coupable de désertion avec complot est puni du maximum de la peine portée par les dispositions des sections précédentes, suivant la nature et les circonstances du crime ou du délit. »

Art. 242. — « Tout militaire qui provoque ou favorise la désertion est puni de la peine encourue par le déserteur selon les distinctions établies au présent chapitre.

Tout individu non militaire ou non assimilé aux militaires qui, sans être embaucheur pour l'ennemi ou pour les rebelles, provoque ou favorise la désertion, est puni par le tribunal compétent d'un emprisonnement de 2 mois à 5 ans. »

Art. 243. — « Si un militaire reconnu coupable de désertion est condamné par le même jugement pour un fait entrainant une peine plus grave, cette peine ne peut être réduite par l'admission de circonstances atténuantes. »

— Le Code de justice militaire pour l'*armée de mer* contient, dans les articles 309 à 324, des dispositions analogues sur la désertion.

DÉSHÉRENCE. — Une succession est dite en *déshérence*, lorsqu'il est constaté qu'il n'existe aucun héritier. Elle est alors dévolue à l'Etat. (Cod. civ. art. 723, 768-770.) — Voy. successions, V.

DÉSISTEMENT. — (Cod. proc. civ. art. 402, 403 ; Cod. inst. crim. art. 4, 67.)

Renonciation à une demande, à une plainte.

1. — En *matière civile*, le désistement peut être fait et accepté par de simples actes signés des parties ou de leurs mandataires, et signifiés d'avoué à avoué. La loi a voulu simplifier les formalités qui ont pour objet de mettre un terme aux procès.

Lorsqu'il a été accepté, le désistement emporte de plein droit consentement que les choses soient remises de part et d'autre au même état qu'elles étaient avant la demande. Il emporte également soumission, par la partie qui s'est désistée, de payer les frais.

2. — En *matière criminelle*, le

désistement du plaignant ne peut arrêter ni suspendre l'exercice de l'action publique, si ce n'est au cas de poursuite pour diffamation ou pour adultère. — Il n'est plus valable après le jugement.

DESSÉCHEMENT. — Action de retirer l'eau des terres qui sont à l'état de *marais*, et par suite improductives, afin de les mettre en culture ou de leur donner une valeur. — Voy. MARAIS.

DESSERVANT — Nom donné au prêtre catholique chargé de la direction spirituelle d'une *succursale*. — Voy. CULTES, I.

DESSINS DE FABRIQUE. — (Loi 18 mars 1806, art. 14-19; Ord. roy. 27 août 1825; loi 23 mai 1868.) On désigne ainsi les dessins appliqués à toutes sortes d'étoffes, à toutes matières, au moyen du tissage ou de l'impression, ou par tout autre procédé industriel.

Ils peuvent être pour le fabricant l'objet d'une propriété exclusive, à condition qu'ils constituent une invention ou un perfectionnement, et que cette invention ou ce perfectionnement n'aient pas été appliqués en pays étranger, car, par le fait seul de cette application, ils seraient tombés dans le domaine public.

1. — Tout fabricant qui veut s'assurer le droit de revendiquer devant le tribunal de commerce la propriété d'un dessin de son invention est tenu d'en *déposer*, aux archives du Conseil de prud'hommes, un échantillon plié sous enveloppe, revêtu de ses cachet et signature. A défaut de Conseil des prud'hommes, ce dépôt doit se faire au greffe du tribunal de commerce ou du tribunal civil, lorsque celui-ci remplit en même temps les fonctions de tribunal de commerce.

2. — En déposant son échantillon, le fabricant *déclare* s'il entend se réserver la propriété exclusive pendant 1, 3 ou 5 années, ou à perpétuité. Il est tenu note de cette déclaration. — Les *frais de dépôt*, réglés par le Conseil des prud'hommes, sont fixés eu égard à la durée du temps pendant lequel le fabricant veut se réserver la propriété exclusive de son dessin. Ils ne peuvent excéder 1 fr. par chacune des années, et sont de 10 fr. pour la propriété perpétuelle.

Lorsque le dépôt a lieu au greffe du tribunal de commerce ou du tribunal civil, il n'est perçu que le droit du greffier pour la délivrance du certificat de dépôt, de sorte que les frais se trouvent être les mêmes, soit que le fabricant se réserve la propriété perpétuelle, soit qu'il se réserve seulement la propriété pour 1, 3 ou 5 années.

Il convient de remarquer que si, *en droit*, le fabricant peut se réserver la propriété perpétuelle de son dessin, *en fait*, il ne la conservera souvent que quelques années, les dessins étant des articles de fantaisie dont la durée se trouve nécessairement limitée par la mode sans cesse changeante.

3. — Le fabricant qui, ayant rempli les conditions ci-dessus, veut demander réparation du dommage que lui cause une *contrefaçon* de son dessin, peut suivre deux voies, la voie civile ou la voie criminelle; — la voie *civile*, c'est-à-dire intenter une action en dommages-intérêts devant le tribunal de commerce ou le tribunal civil qui en tient lieu, - la voie *criminelle*, c'est-à-dire porter plainte contre le contrefacteur qui est passible des peines édictées par l'article 427 du Code pénal (amende de 100 à 2 000 fr.), sans préjudice des dommages-intérêts à prononcer en même temps par le tribunal correctionnel.

4. — La contrefaçon ne résulte pas seulement d'une copie exacte et servile : une simple imitation peut la constituer si, malgré de légères différences dans la disposition ou dans les nuances, cette imitation produit le même effet que la contrefaçon. S'il en était autrement, l'impunité serait trop facilement acquise au contrefacteur.

5. — *Dispositions spéciales rela-*

tives à la garantie des dessins de fabrique admis aux expositions. — 1. — Tout Français ou étranger, auteur d'un dessin de fabrique qui devrait être déposé conformément à la loi du 18 mars 1806, ou ses ayants droit, peuvent, s'ils sont admis dans une exposition publique, autorisée par l'Administration, obtenir du Préfet ou du Sous-Préfet, dans le département ou l'arrondissement duquel cette exposition est ouverte, un *certificat descriptif* de l'objet exposé.

2. — Ce certificat assure à celui qui l'obtient les *mêmes droits* que lui conférerait un dépôt légal du dessin, à dater du jour de l'admission jusqu'à la fin du troisième mois qui suit la clôture de l'exposition, sans préjudice du dépôt que l'exposant peut opérer avant l'expiration de ce terme.

3. — La *demande* de ce certificat doit être faite dans le premier mois, *au plus tard*, de l'ouverture de l'Exposition.

Elle est *adressée* à la Préfecture ou à la Sous-Préfecture et *accompagnée* d'une description exacte de l'objet à garantir, et, s'il y a lieu, d'un plan ou d'un dessin dudit objet.

Les demandes ainsi que les décisions prises par le Préfet ou par le Sous-Préfet sont inscrites sur un *registre spécial*, qui est ultérieurement transmis au Ministère du Commerce et de l'Industrie, et *communiqué*, sans frais, à toute réquisition.

La délivrance du certificat est *gratuite*.

DESTRUCTION. — 1. — Lorsqu'un *usufruit* n'est établi que sur un bâtiment qui vient à être détruit par incendie ou autre accident, l'usufruitier n'a le droit de jouir ni du sol ni des matériaux. Si l'usufruit était établi sur un domaine dont le bâtiment faisait partie, l'usufruitier jouirait du sol et des matériaux. (Cod. civ. art. 624.)

2. — Le Code d'instruction criminelle a prévu l'hypothèse de la destruction des *pièces* ou du *jugement d'une affaire*, et il contient sur la manière de procéder, en pareille occurrence, les dispositions suivantes :

Art. 521. — « Lorsque, par l'effet d'un incendie, d'une inondation ou de toute autre cause extraordinaire, des minutes d'arrêts rendus en matière criminelle ou correctionnelle et non encore exécutés, ou des procédures encore indécises auront été détruites, enlevées, ou se trouveront égarées, et qu'il n'aura pas été possible de les rétablir, il sera procédé ainsi qu'il suit :

Art. 522. — » S'il existe une expédition ou copie authentique de l'arrêt, elle sera considérée comme minute, et, en conséquence, remise dans le dépôt destiné à la conservation des arrêts. — A cet effet, tout officier public ou tout individu dépositaire d'une expédition ou d'une copie authentique de l'arrêt est tenu, sous peine d'y être contraint par corps, de la remettre au greffe de la Cour qui l'a rendu, sur l'ordre qui en sera donné par le Président de cette Cour. — Cet ordre lui servira de décharge envers ceux qui auront intérêt à la pièce. — Le dépositaire de l'expédition ou copie authentique de la minute détruite, enlevée ou égarée, aura la liberté, en la remettant dans le dépôt public, de s'en faire délivrer une expédition sans frais. »

Art. 523. — « Lorsqu'il n'existera plus, en matière criminelle, d'expédition ni de copie authentique de l'arrêt, si la déclaration du jury existe encore en minute ou en copie authentique, on procédera d'après cette déclaration à un nouveau jugement. »

Art. 524. — « Lorsque la déclaration du jury ne pourra plus être représentée, ou lorsque l'affaire aura été jugée sans jurés, et qu'il n'en existera aucun acte par écrit, l'instruction sera recommencée, à partir du point où les pièces se trouveront à manquer tant en minute qu'en expédition ou copie authentique. »

3. — Pour ce qui concerne les

moyen de prouver l'*état civil* des personnes, en cas de destruction des registres, voy. ACTES DE L'ÉTAT CIVIL, VI.

4. — Quiconque a volontairement détruit, par quelque moyen que ce soit, en tout ou en partie, des *édifices*, des *ponts*, *digues* ou *chaussées*, ou autres constructions qu'il savait appartenir à autrui, est puni de la *réclusion* et d'une *amende* qui ne peut excéder le quart des restitutions et indemnités, ni être au-dessous de 100 francs. — S'il y a eu homicide ou blessures, le coupable est, dans le premier cas, puni de *mort*, et, dans le second, puni des *travaux forcés à temps*. (Cod. pén. art. 437.)

5. — La destruction, d'une manière quelconque, de *registres*, *minutes* ou *actes originaux* de *l'Autorité publique*, de *titres*, *billets*, *lettres de change*, *effets de commerce* ou de *banque*, est punie de la *réclusion*, s'il s'agit d'actes de l'Autorité publique ou d'effets de commerce ou de banque, et, s'il s'agit de toute autre pièce, d'un emprisonnement de 2 à 5 ans, et d'une amende de 100 à 300 fr. (Cod. pén. art. 439.)

6. — Voy. CLOTURE, 4; — ARMES, 14; — SCELLÉS, 3.

DÉTAIL. (DROIT DE) — Voy. BOISSONS, § III.

DÉTENTION. — (Cod. pén. art. 7, 20, 28, 31.)

Peine afflictive et infamante spécialement applicable aux *crimes politiques*, qui *consiste* à être enfermé dans une forteresse située sur le territoire continental de la République, pendant 5 *ans au moins* et 20 *ans au plus*. Elle emporte la *dégradation civique*. (Voy. ces mots.)

Les condamnés à la détention sont de plus, pendant la durée de leur peine, en état d'*interdiction légale*. — Voy. INTERDICTION, sect. II.

— Un décret du 16 janvier 1874 a affecté le fort de l'*île Sainte-Marguerite* (Alpes-Maritimes) aux condamnés à la peine de la détention.

DETENTION. (MAISON DE) — Voy. PRISONS.

DÉTENTION PRÉVENTIVE. — Voy. LIBERTÉ PROVISOIRE. (*Mise en*)

DÉTENUS. (JEUNES) — Voy. JEUNES DÉTENUS.

DÉTÉRIORATION. — 1. — Lorsqu'un *usufruit* comprend des choses qui, sans se consommer de suite, se détériorent peu à peu par l'usage, comme du linge, des meubles meublants, l'usufruitier a le droit de s'en servir pour l'usage auquel elles sont destinées, et n'est obligé de les rendre, à la fin de l'usufruit, que dans l'état où elles se trouvent, non détériorées par son dol ou par sa faute. (Cod. civ. art. 589.)

2. — Le *donataire* doit tenir compte des détériorations qui ont diminué, par son fait ou par sa faute et négligence, la valeur de l'immeuble qu'il est obligé de rapporter à la succession. (Cod. pén. art. 863.) — Voy. SUCCESSIONS, IV.

3. — Lorsqu'une obligation a été contractée sous une condition suspensive, si, lors de l'événement de la condition, la chose qui faisait l'objet du contrat s'est détériorée *sans la faute* du débiteur, le créancier a le choix ou de résoudre la convention, ou d'exiger la chose dans l'état où elle se trouve, sans diminution du prix. — Si la détérioration avait eu lieu *par la faute* du débiteur, le créancier aurait le droit ou de résoudre le contrat, ou d'exiger la chose dans l'état où elle se trouve, avec des dommages-intérêts. (Cod. civ. art. 1182.)

4. — Le *mari* est responsable de toutes détériorations survenues par sa négligence aux *biens dotaux*. (Cod. civ. art. 1562.)

5. — Il doit être fait désignation, dans les polices d'*assurances maritimes*, des marchandises sujettes, par leur nature, à détérioration particulière ou diminution, comme blés ou sels, ou marchandises susceptibles de coulage; sinon les assureurs ne répondent point des dommages ou pertes qui pourraient arriver à ces mêmes denrées, à moins toute-

fois que l'assuré ait ignoré la nature du chargement lors de la signature de la police.

Le *délaissement* des objets assurés peut être fait en cas de détérioration des effets, si elle va au moins à trois quarts. (Cod. com. art. 355, 369.) — Voy. ASSURANCES, sect. I, III.

6. — Voy. DÉGRADATION DE MONUMENTS.

DÉTOURNEMENT DE MINEURS. — Voy. ENLÈVEMENT DE MINEURS.

DETTE CONSOLIDÉE. — Voy. DETTE PUBLIQUE, 2.

DETTE FLOTTANTE. — Voy. DETTE PUBLIQUE, 1.

DETTE PUBLIQUE. — C'est la dette de l'Etat. Elle se distingue en dette *flottante* et dette *consolidée*.

1. — La *dette flottante* se compose des sommes que l'Etat est obligé d'emprunter à quelques mois d'échéance, pour subvenir aux différents services publics, en attendant la rentrée des contributions. Les fonds de cette dette proviennent notamment des *dépôts faits aux Caisses d'épargne* et des *bons du Trésor*, c'est-à-dire des titres donnés aux prêteurs qui versent de l'argent au Trésor sous la double condition du payement de l'intérêt au taux du jour de leur versement et du remboursement à l'échéance. Les *cautionnements des officiers ministériels* et des *comptables* font également partie de la dette flottante ; mais comme les agents qui cessent leurs fonctions sont remplacés par des successeurs soumis à la même obligation, les remboursements ne constituent, à vrai dire, que des changements de créanciers.

2. — La *dette consolidée* comprend les rentes provenant des *emprunts* successifs qui ont été autorisés par des lois pour subvenir aux besoins extraordinaires ou pour couvrir les déficits des budgets antérieurs. Cette dette est dite *consolidée*, parce que son fonds est permanent et d'une durée indéfinie, l'Etat ne s'étant engagé qu'à payer la rente annuelle des capitaux empruntés et n'étant pas lié pour leur restitution à une époque déterminée. Mais si le capital des rentes n'est pas exigible contre lui, l'Etat peut user du droit qui appartient à tout débiteur de rembourser son créancier, et cette libération s'opère de deux manières, soit par l'*amortissement* ou extinction de la dette, soit par le *remboursement* ou *conversion* de la rente.

L'*amortissement* consiste dans le rachat graduel des titres de rentes offerts à la Bourse. Une caisse dite d'amortissement est chargée de cette opération. Ses ressources se composent d'une dotation annuelle spéciale fixée par la loi de finances et des arrérages des rentes rachetées pour le compte de l'Etat. — Voy. CAISSE D'AMORTISSEMENT.

La *conversion des rentes* consiste à mettre les rentiers en demeure d'accepter le remboursement *au pair*, c'est-à-dire au prix nominal porté sur leurs titres, ou de subir une réduction dans le taux de l'intérêt. Ainsi, en 1852, l'Etat a converti en 4 1/2 pour 100 la rente 5 pour 100. — En 1862, le 4 1/2 pour cent et une autre rente de 4 pour 100 ont été, en grande partie, convertis en 3 pour 100. — En 1883, la rente 5 p. 100 a été convertie en 4 1/2 pour 100.

DETTES. (SÉPARATION DES) — Voy. CONTRAT DE MARIAGE, I, § 2, 4°.

DEUIL. — Du latin *dolere*, souffrir, avoir du chagrin. Se dit des habits de convention portés en signe de douleur pour la mort d'un parent.

1. — « Le *deuil de la femme* est aux *frais des héritiers du mari* prédécédé. — La *valeur* de ce deuil est réglée selon la fortune du mari. Il est dû même à la femme qui *renonce à la communauté*. » (Cod. civ. art. 1481.)

Sous le *régime dotal*, lorsque le mariage vient à se dissoudre par la mort du mari, « la femme a le droit d'exiger les intérêts de sa dot pendant l'an de deuil, ou de se faire fournir des aliments pendant ledit temps aux dépens de la succession de son mari ; mais, dans les deux cas, l'habitation durant cette année, et les habits de deuil doivent lui être fournis sur la succession, et sans imputation sur les intérêts à elle dus. » (Cod. civ. art. 1570.)

2. Les *frais funéraires* sont mis au deuxième rang des créances *privilégiées* sur la généralité des meubles. (Cod. civ. art. 2101.) — Voy. PRIVILÈGE, I, § 1er.

DEVIN. — (Cod. pén. art. 479, n° 7; 481, 482.)

Tout individu faisant métier de *deviner* est passible d'une amende de 11 fr. à 15 francs inclusivement. — Sont, de plus, confisqués les instruments, ustensiles et costumes servant ou destinés à l'exercice de ce métier.

En cas de récidive, l'emprisonnement pendant cinq jours au plus est toujours prononcé.

DEVIS ET MARCHÉS. — (Cod. civ. art. 1770, 1787-1799.)

On nomme *devis* un aperçu par écrit des ouvrages à faire, avec indication du prix des matériaux et de la main-d'œuvre; — *marché*, l'acte qui renferme les conditions auxquelles se soumettent réciproquement l'entrepreneur qui s'engage à exécuter un ouvrage, et celui pour lequel il le fait. — Voy. LOUAGE, sect. II, III.

DIFFAMATION. — (Loi 29 juillet 1881, art. 29-35.)

Toute allégation ou imputation d'un fait qui porte atteinte à l'honneur ou à la considération de la personne ou du corps auquel le fait est imputé, est une diffamation.

1. — Est punie d'un *emprisonnement* de 8 jours à un an et d'une *amende* de 100 fr. à 3 000 francs, ou de l'une de ces deux peines seulement, la diffamation envers les *Cours*, les *tribunaux*, les *armées de terre ou de mer*, les *corps constitués* et les *administrations publiques* commise par l'un des moyens suivants : discours proférés dans les réunions ou lieux publics, écrits vendus ou distribués, mis en vente ou exposés dans des lieux publics, placards ou affiches exposés aux regards du public, mise en vente, distribution ou exposition de dessins, gravures, peintures, emblèmes ou images obscènes.

2.— Est punie de la *même peine* la diffamation commise par les mêmes moyens, à raison de leurs fonctions ou de leur qualité, envers un ou plusieurs membres du *ministère*, un ou plusieurs membres de l'une ou de l'autre *Chambre*, un dépositaire ou agent de l'*autorité publique*, un ministre de l'un des *cultes* salariés par l'Etat, un citoyen chargé d'un *service* ou d'un *mandat public*, temporaire ou permanent, un *juré* ou un *témoin*, à raison de sa déposition.

3. — La diffamation commise par les mêmes moyens envers les *particuliers* est punie d'un *emprisonnement* de 5 jours à 6 mois et d'une *amende* de 25 fr. à 2000 francs, ou de l'une de ces deux peines seulement.

4. — Les dispositions ci-dessus ne sont applicables aux diffamations dirigées contre la mémoire des *morts* que dans les cas où les auteurs de ces diffamations auraient eu l'intention de porter atteinte à l'honneur ou à la considération des *héritiers vivants*. Ceux-ci peuvent toujours user du *droit de réponse*. — Voy. JOURNAL, § 2.

5. — La *vérité du fait diffamatoire*, mais seulement quand il est relatif aux fonctions, peut être établie par les voies ordinaires, dans le cas d'imputations contre les corps constitués, les armées de terre ou de mer, les administrations publiques et toutes les personnes énumérées au § 2.

La vérité des imputations diffamatoires peut être également établie contre les directeurs ou administrateurs de toute entreprise, industrielle, commerciale ou financière, faisant publiquement appel à l'épargne ou au crédit.

Dans tous ces cas, la *preuve contraire* est réservée.

Si la preuve du fait diffamatoire

est rapportée, le prévenu est renvoyé des fins de la plainte.

Dans toute autre circonstance et envers toute autre personne non qualifiée, lorsque le fait imputé est l'objet de poursuites commencées à la requête du ministère public ou d'une plainte de la part du prévenu, il est, durant l'instruction, *sursis* à la poursuite et au jugement du délit de diffamation.

DIMANCHES. — Voy. FÊTES.

DIOCÈSE. — Du grec *diokésis*, administration, juridiction. Se dit de la circonscription des paroisses placées sous l'autorité d'un même Évêque. — Voy. CULTES, I.

DISCERNEMENT. — (Cod. instr. crim. art. 340; Cod. pén. art. 76-69.)

Faculté de distinguer le bien du mal.

1. — La loi présume qu'*à seize ans* toute personne a le discernement de la valeur morale de ses actes. — Au-dessous de cet âge, elle veut que les tribunaux examinent, à peine de nullité de leurs décisions, si le prévenu ou l'accusé a agi *avec* ou *sans discernement*.

S'il est reconnu avoir agi *sans discernement*, il doit être acquitté; mais, selon les circonstances, il est remis à ses parents ou conduit dans une maison de correction pour y être élevé et détenu pendant tel nombre d'années que l'arrêt ou le jugement détermine, et qui, toutefois, ne peut excéder l'époque où il aura accompli sa vingtième année.

S'il est reconnu avoir agi *avec discernement*, il est punissable; mais la pénalité est modifiée de la manière suivante en raison de la jeunesse du coupable : — S'il a encouru la peine de *mort*, des *travaux forcés à perpétuité*, de la *déportation*, il est condamné à un emprisonnement dans une maison de correction pendant un temps variable entre dix et vingt ans. — S'il a encouru la peine des *travaux forcés à temps*, de la *détention* ou de la *réclusion*, il est condamné à être renfermé dans une maison de correction pour un temps égal au tiers au moins et à la moitié au plus de celui pour lequel il aurait pu être condamné à l'une de ces peines. — Dans tous les cas, il peut être mis sous la *surveillance de la haute police* pendant cinq ans au moins et dix ans au plus. — S'il a encouru la peine de la *dégradation civique* ou du *bannissement*, il est condamné à être enfermé dans une maison de correction, de un à cinq ans.

Si le fait ne constitue qu'un *simple délit*, la peine ne peut s'élever au-dessus de la moitié de celle à laquelle il aurait été condamné s'il avait eu seize ans.

2. — C'est à l'époque où le fait coupable a été commis, et non à celle du jugement, qu'il faut se placer pour savoir si le prévenu ou l'accusé a seize ans, et, s'il y a lieu, par conséquent, de résoudre la question de *discernement*.

3. — En 1866, sur 3361 mineurs de seize ans considérés comme ayant agi sans discernement, 1238 ont été remis à leurs parents; 2123 envoyés dans une maison d'éducation correctionnelle.

DISCIPLINE. — Voy. AGENT DE CHANGE, 4; — AVOCAT, 3; — AVOCATS AU CONSEIL D'ÉTAT ET A LA COUR DE CASSATION, 2; — AVOUÉ, 3; — HUISSIER, 3; — NOTAIRE, 3.

DISCONTINUE. (SERVITUDE) — Voy. SERVITUDES, II.

DISPENSES POUR MARIAGE. — Voy. MARIAGE, I.

DISPOSITIF. — (Cod. proc. civ. art. 141; Cod. instr. crim. art. 195.)

C'est la partie de la sentence du juge qui fait connaître la mesure prescrite ou la condamnation prononcée.

Tout jugement se compose de deux parties principales : 1° les *motifs* ou *considérants*, c'est-à-dire les raisons qui ont déterminé le juge; — 2° le *dispositif*, c'est-à-dire la décision elle-même.

DISSOLUTION. — Voy. CHAMBRE DES DÉPUTÉS; — CONSEIL GÉNÉRAL, II, 8; — CONSEIL D'ARRONDISSEMENT, 6; — CONSEIL MUNICIPAL, I, 9.

DISTRACTION DE DÉPENS. — Terme de procédure. — L'avoué de la partie qui a obtenu gain de cause peut demander, à son profit, la *distraction des dépens* auxquels l'adversaire a été condamné, en affirmant, lors de la prononciation du jugement, qu'il a fait la plus grande partie des avances. (Cod. proc. civ. art. 133.)

DIVISIONS MILITAIRES. — Voy. ARMÉE, I.

DIVORCE. — (Loi 27 juillet 1884, déc. 30 avril 1885, loi 18 avril 1886.) Dissolution du mariage prononcée par la Justice sur la demande des époux, ou de l'un d'eux contre l'autre.

Le divorce, que le Code civil permettait, à de certaines conditions, avait été *aboli* par la loi du 8 mai 1816. La loi du 27 juillet 1884 l'a rétabli, en supprimant toutefois le divorce par consentement mutuel, et en accordant à la femme le droit de le demander pour cause d'adultère de son mari, dans n'importe quelle circonstance et non plus seulement pour entretien d'une concubine dans la maison conjugale. Rien n'était innové en ce qui concerne la forme et le mode de procéder. La loi du 18 avril 1886 a prescrit un mode d'action moins compliqué et plus expéditif en simplifiant la procédure.

I. CAUSES DE DIVORCE. — Elles sont au nombre de trois : 1° L'*adultère* de l'un des époux; — 2° Les *excès*, *sévices* ou *injures graves* de l'un d'eux envers l'autre; — 3° La *condamnation* du conjoint à une *peine infamante*.

II. PROCÉDURE. — 1. — L'époux qui veut former une demande en divorce présente, *en personne*, sa requête au président du tribunal ou au juge qui en fait fonctions. — En cas d'empêchement dûment constaté, le magistrat se transporte, assisté de son greffier, au domicile de l'époux demandeur. — En cas d'interdiction légale résultant d'une condamnation, la requête à fin de divorce ne peut être présentée par le tuteur que sur la réquisition ou avec l'autorisation de l'interdit.

Le juge, après avoir entendu le demandeur et lui avoir fait les observations qu'il croit convenable, ordonne au bas de la requête que les parties comparaîtront devant lui au jour et à l'heure qu'il indique, et commet un huissier pour notifier la citation.

Le juge peut, par l'ordonnance permettant de citer, autoriser l'époux demandeur à *résider séparément*, en indiquant, s'il s'agit de la femme, le lieu de la résidence provisoire.

La requête et l'ordonnance sont signifiées en tête de la citation donnée à l'époux défendeur trois jours au moins avant le jour fixé pour la comparution, outre les délais de distance, le tout à peine de nullité. Cette citation est délivrée par l'huissier commis et sous pli fermé.

2. — Au jour indiqué, le juge entend les parties en personne; si l'une d'elles se trouve dans l'impossibilité de se rendre auprès du juge, ce magistrat détermine le lieu où sera tentée la *conciliation*, ou donne commission pour entendre le défendeur; en cas de non-conciliation ou de défaut, il rend une ordonnance qui constate la non-conciliation ou le défaut et autorise le demandeur à assigner devant le tribunal. — Le juge statue à nouveau, s'il y a lieu, sur la résidence de l'époux demandeur, sur la garde provisoire des enfants, sur la remise des effets personnels, et il a la faculté de statuer également, s'il y a lieu, sur la demande d'aliments. — Cette ordonnance est exécutoire par provision; elle est susceptible d'appel jusqu'à l'expiration de la quinzaine à dater du jour de la signification. — Par le fait de cette ordonnance, la femme est autorisée à faire toutes procédures pour la conservation de ses droits et à ester en justice jusqu'à la fin de l'instance et des opérations qui en sont les suites. — Lorsque le tribunal est saisi, les mesures provisoires prescrites par le juge peuvent être modifiées ou complétées au cours de l'instance, par jugement du tribunal, sans préjudice du droit

qu'a toujours le juge de statuer, en tout état de cause, en référé, sur la résidence de la femme. — Le juge peut, suivant les circonstances, avant d'autoriser le demandeur à citer, ajourner les parties à un délai qui n'excède pas 20 jours, sauf à ordonner les mesures provisoires nécessaires. — L'époux demandeur en divorce doit user de la permission de citer qui lui est accordée, par l'ordonnance du président, dans un *délai de 20 jours* à partir de cette ordonnance, faute de quoi les mesures provisoires ordonnées à son profit cessent de plein droit.

La cause est instruite et jugée dans la forme ordinaire, le ministère public entendu. — Le demandeur peut, en tout état de cause, transformer sa demande en divorce en demande en séparation de corps.

Les demandes *reconventionnelles* en divorce peuvent être introduites par un simple acte de conclusions.

3. — Les tribunaux peuvent ordonner le *huis clos*. La reproduction des débats par la voie de la presse, dans les instances en divorce, est *interdite*, sous peine d'une amende de 100 à 2000 francs.

Le tribunal peut, soit sur la demande de l'une des parties intéressées, soit sur celle de l'un des membres de la famille, soit sur les réquisitions du ministère public, soit même d'office, ordonner toutes les *mesures provisoires* qui lui paraissent nécessaires dans l'intérêt des enfants. Il statue aussi sur les demandes relatives aux aliments pour la durée de l'instance, sur les provisions et sur toutes les autres mesures urgentes.

4. — La femme est tenue de justifier de sa résidence dans la maison indiquée, toutes les fois qu'elle en est requise; à défaut de cette justification, le mari peut refuser la provision alimentaire, et, si la femme est demanderesse en divorce, la faire déclarer non recevable à continuer ses poursuites.

5. — L'un ou l'autre des époux peut, dès la première ordonnance et sur l'autorisation du juge, donnée à la charge d'en référer, prendre pour la garantie de ses droits des *mesures conservatoires*, notamment requérir l'apposition des scellés sur les biens de la communauté. — Le même droit appartient à la femme même non commune, pour la conservation de ceux de ses biens dont le mari a l'administration ou la jouissance. — Les scellés sont levés à la requête de la partie la plus diligente, les objets et valeurs sont inventoriés et prisés; l'époux qui est en possession en est constitué gardien judiciaire, à moins qu'il n'en soit décidé autrement.

6. — Toute obligation contractée par le mari à la charge de la communauté, toute aliénation par lui faite des immeubles qui en dépendent, postérieurement à la date de l'ordonnance dont il a été parlé ci-dessus, sera déclarée *nulle*, s'il est prouvé d'ailleurs qu'elle a été faite ou contractée en fraude des droits de la femme.

7. — L'action en divorce *s'éteint* par la réconciliation des époux survenue, soit depuis les faits allégués dans la demande, soit depuis cette demande. — Dans l'un et l'autre cas, le demandeur est déclaré non recevable dans son action; il peut néanmoins en intenter une nouvelle pour cause survenue ou découverte depuis la réconciliation et se prévaloir des anciennes causes à l'appui de sa demande nouvelle. — L'action en divorce s'éteint également par le décès de l'un des époux survenu avant que le jugement soit devenu irrévocable par la transcription sur les registres de l'état civil.

8. — Lorsqu'il y a lieu à *enquête*, elle est faite conformément aux dispositions des articles 252 et suivants du Code de procédure civile. Les parents, à l'exception des descendants, et les domestiques des époux, peuvent être entendus comme témoins.

9. — Lorsque la demande en divorce a été formée pour toute autre cause que la condamnation du con-

joint à une peine infamante, le tribunal, encore que cette demande soit bien établie, peut ne pas prononcer immédiatement le divorce. — Dans ce cas, il maintient ou prescrit l'habitation séparée et les mesures provisoires pendant un délai qui ne peut excéder six mois. — Après le délai fixé par le tribunal, si les époux ne se sont pas réconciliés, chacun d'eux peut faire citer l'autre à comparaître devant le tribunal dans le délai de la loi pour entendre prononcer le divorce.

10. — Si l'assignation n'a pas été délivrée à la partie défenderesse en personne, et si cette partie fait défaut, le tribunal peut, avant de prononcer le jugement sur le fond, ordonner l'*insertion* dans les journaux d'un avis destiné à faire connaître à cette partie la demande dont elle a été l'objet.

11. — Le jugement ou l'arrêt qui prononce le divorce par défaut est *signifié* par huissier commis. — Si cette signification n'a pas été faite à personne, le président ordonne, sur simple requête, la publication du jugement par extrait dans les journaux qu'il désigne. L'*opposition* est recevable dans le mois de la signification, si elle a été faite à personne, et, dans le cas contraire, dans les huit mois qui suivront le dernier acte de publicité.

12.—L'*appel* est recevable pour les jugements contradictoires dans les délais ordinaires fixés par le Code de procédure civile (voy. APPEL). — S'il s'agit d'un jugement par défaut, le délai ne commence à courir qu'à partir du jour où l'opposition n'est plus recevable (voy. OPPOSITION). — En cas d'appel, la cause s'instruit à l'audience ordinaire et comme affaire urgente. — Les demandes reconventionnelles peuvent se reproduire en appel, sans être considérées comme demandes nouvelles. — Le délai pour se pourvoir en *cassation* court du jour de la signification à partie, pour les arrêts contradictoires, et, pour les arrêts par défaut, du jour où l'opposition n'est plus recevable. — Le pourvoi est suspensif.

Le jugement ou l'arrêt qui prononce le divorce n'est pas susceptible d'*acquiescement* (voy. ce mot).

13. — Extrait du jugement ou de l'arrêt qui prononce le divorce est *inséré* aux tableaux exposés tant dans l'auditoire des tribunaux civils et de commerce que dans les chambres des avoués et des notaires. Pareil extrait est inséré dans l'un des journaux qui se publient dans le lieu où siège le tribunal, ou, s'il n'y en a pas, dans l'un de ceux publiés dans le département.

Le dispositif du jugement ou de l'arrêt est *transcrit* sur les registres de l'état civil du lieu où le mariage a été célébré. Mention est faite de ce jugement ou arrêt en marge de l'acte de mariage. Si le mariage a été célébré à l'étranger, la transcription est faite sur les registres de l'état civil du lieu où les époux avaient leur dernier domicile, et mention est faite en marge de l'acte de mariage, s'il a été transcrit en France.

La transcription est faite à la diligence de la partie qui a obtenu le divorce; à cet effet, la décision est signifiée, dans un délai de deux mois, à partir du jour où elle est devenue définitive, à l'officier de l'état civil compétent, pour être transcrite sur les registres. A cette signification doivent être joints les certificats énoncés en l'article 548 du Code de procédure civile (certificat de signification du jugement; — certificat de non-opposition ni appel), et, en outre, s'il y a eu arrêt, un certificat de non-pourvoi. — Cette transcription est faite par l'officier de l'état civil, le cinquième jour de la réquisition, non compris les jours fériés, sous peine d'une amende de 100 francs au plus. — A défaut, par la partie qui a obtenu le divorce, de faire la signification dans le premier mois, l'autre partie a le droit, concurremment avec elle, de faire cette signification dans le mois suivant. — A défaut, par les parties, d'avoir requis la transcription dans le délai de deux mois, le divorce est considéré comme *nul* et non avenu.

Le jugement dûment transcrit remonte, quant à ses effets entre époux, au jour de la demande.

III. Effets du divorce. — 1. — Les époux divorcés ne peuvent plus se réunir, si l'un ou l'autre a, postérieurement au divorce, contracté un nouveau mariage suivi d'un *second divorce*. Au cas de réunion des époux, une *nouvelle célébration* du mariage est nécessaire.

Les époux ne peuvent adopter un *régime matrimonial* autre que celui qui réglait originairement leur union.

Après la réunion des époux, il n'est reçu de leur part *aucune nouvelle demande de divorce*, pour quelque cause que ce soit, autre que celle d'une condamnation à une peine afflictive et infamante prononcée contre l'un d'eux depuis leur réunion.

2. — La femme divorcée ne peut se remarier que *dix mois* après que le divorce est devenu définitif.

3. — Dans le cas de divorce admis en justice pour cause d'adultère, l'époux coupable *ne peut* jamais *se marier avec son complice*.

4. — L'époux contre lequel le divorce a été prononcé *perd tous les avantages* que l'autre époux lui avait faits, soit par contrat de mariage, soit depuis le mariage. — Quant à celui qui a obtenu le divorce, il conserve les avantages à lui faits par l'autre époux, encore qu'ils aient été stipulés réciproques et que la réciprocité n'ait pas lieu.

Si les époux ne s'étaient fait aucun avantage, ou si ceux stipulés ne paraissent pas suffisants pour assurer la subsistance de l'époux qui a obtenu le divorce, le tribunal peut lui accorder, sur les biens de l'autre époux, une *pension alimentaire*, qui ne peut excéder le tiers des revenus de cet autre époux. Cette pension est révocable dans le cas où elle cesserait d'être nécessaire.

5. — Les *enfants* sont confiés à l'époux qui a obtenu le divorce, à moins que le tribunal, sur la demande de la famille, ou du ministère public, n ordonne, pour le plus grand avantage des enfants, que tous ou quelques-uns d'eux seront confiés aux soins soit de l'autre époux, soit d'une tierce personne.

Quelle que soit la personne à laquelle les enfants sont confiés, les père et mère conservent respectivement le droit de surveiller l'entretien et l'éducation de leurs enfants et sont tenus d'y contribuer à proportion de leurs facultés.

La dissolution du mariage par le divorce ne prive les enfants nés de ce mariage d'aucun des avantages qui leur étaient assurés par les lois ou par les conventions matrimoniales de leurs père et mère; mais il n'y a d'ouverture aux droits des enfants que de la même manière et dans les mêmes circonstances où ils se seraient ouverts s'il n'y avait pas eu divorce.

6. — Voy. paternité et filiation, 2; — séparation de corps, III.

DOCK. — Mot anglais signifiant *réceptacle*, et qui sert à désigner les *magasins généraux* où l'on entrepose les marchandises. — Voy. magasins généraux.

DOL. — (Cod. civ. art. 1109, 1116, 1117, 1304.) — Du latin *dolus*, fraude. — Se dit de toute manœuvre employée pour tromper quelqu'un.

1. — Le *dol* est une cause de nullité de la convention, lorsque les manœuvres pratiquées par l'une des parties sont telles, qu'il est évident que, sans ces manœuvres, l'autre partie n'aurait pas contracté. Il ne *se présume pas*, et doit être prouvé. Cependant la loi le présume quelquefois; par exemple, elle frappe de nullité toutes les dispositions à titre gratuit faites par un commerçant dans les 10 jours qui ont précédé sa faillite. (Cod. com. art. 446.) — Voy. faillite, II.

2. — La convention contractée par suite de dol n'est point nulle de plein droit. Elle donne seulement lieu à une *action en nullité* ou en rescision, qui *dure* 10 ans à dater du jour où le dol a été découvert.

DOMAINE DE L'ÉTAT. — (Loi

22 novembre 1790, art. 1, 3, 5 ; Cod. civ. art. 2227.)

C'est l'ensemble des biens mobiliers et immobiliers qui appartiennent à l'Etat, et dont il jouit comme le ferait un propriétaire ordinaire.

Le domaine de l'Etat est considérable ; sa gestion est confiée à l'*Administration de l'Enregistrement et des Domaines*, dépendant du Ministère des Finances.

1. — A la différence des biens composant le *Domaine public*, qui, en raison de leur destination, sont placés hors du commerce, et sont, par conséquent, inaliénables et imprescriptibles, les biens faisant partie du domaine de l'Etat ne sont pas exclus du commerce, et, comme ceux des particuliers, ils sont *aliénables et prescriptibles.*

2. — L'*aliénation* des biens domaniaux a lieu, soit par vente ou adjudication, soit par concession, soit enfin par voie d'échange, et, dans ces deux derniers cas, en vertu d'une loi.

3. — C'est au Préfet, dans chaque département, qu'il appartient d'intenter et de soutenir les *actions domaniales.* (Cod. proc. civ. art. 69, § 1er.)

4. — Aux termes de l'article 15, titre III, de la loi des 28 octobre, 5 novembre 1790, nul ne peut intenter une action contre l'Etat sans avoir *préalablement* remis au Préfet du département un *mémoire* contenant l'exposé de la réclamation. — Cette disposition a pour but de prévenir les procès ou de les concilier, s'il est possible ; les Communes doivent s'y conformer aussi bien que les particuliers.

Le mémoire doit être rédigé sur *papier timbré.*

Dans le *délai d'un mois* à partir de la communication du mémoire, le Préfet doit prendre une décision après avoir demandé l'avis du Directeur des Domaines. Passé ce délai, la partie peut se pourvoir devant les tribunaux.

DOMAINE PUBLIC. — (Cod. civ. art. 538-541.)

Le *Domaine public*, qu'il ne faut pas confondre avec le *Domaine de l'Etat*, embrasse les biens qui, étant destinés à un usage public, se trouvent placés hors du commerce, et, par conséquent, sont *inaliénables* et *imprescriptibles.* Tels sont les chemins, routes et rues à la charge de l'Etat, les fleuves et rivières navigables et flottables, les rivages, les ports, les havres, les rades, les forteresses, places de guerre, etc.

1. — En raison de leur destination particulière, les biens dont se compose le Domaine public sont spécialement confiés, quant à la *surveillance* et à l'*administration*, aux Ministres de la Guerre, de la Marine et des Travaux publics, chacun en ce qui le concerne.

2. — Les dépendances du Domaine public ne conservent leur caractère d'inaliénabilité et d'imprescriptibilité que tant que dure leur affectation à la jouissance de tous. Lorsque le Gouvernement fait cesser cette affectation, les biens dont il s'agit passent dans le *Domaine de l'Etat* et deviennent *aliénables* et *prescriptibles* selon le droit commun. — Voy. DOMAINE DE L'ÉTAT.

DOMESTIQUE. — Du latin *domus*, maison. — Se dit de l'individu qui est, moyennant salaire, attaché au service d'une personne et loge chez elle : tels sont les valets de chambre, cuisiniers, cochers, portiers, etc.

— Autrefois le mot *domestique* n'avait rien d'humiliant. On donnait ce titre à des officiers et à des personnes de distinction attachés à la maison du roi. Mais les simples particuliers ne tardèrent pas, pour se donner du relief, à appeler les gens à leur service leurs *domestiques*, et depuis longtemps ce mot a perdu toute acception relevée.

« La domesticité est, dans les Etats libres, ce qui rappelle le plus l'esclavage. Elle correspond à un besoin que la servitude est chargée de satisfaire chez les peuples où l'esclavage est établi. Elle est le degré inférieur de la société ; car, de toutes les conditions, c'est celle qui suppose le moins d'indépendance et d'industrie. Vivant dans la famille, elle n'en fait pas partie ; elle est plutôt établie pour elle que dans elle, comme dit Montesquieu, et il est rare qu'elle cherche à se relever de son infériorité par le dévouement, l'affection, qui rehaussent les services les plus humbles. » (Troplong, *Commentaire du Louage*, 334.)

1. — Les majeurs qui servent habituellement chez autrui ont le même *domicile* que la personne qu'ils servent, lorsqu'ils demeurent avec elle dans la même maison. (Cod. civ. art. 109.) — Voy. DOMICILE.

2. — Les *maîtres* sont *responsables* du dommage causé par leurs domestiques dans les fonctions auxquelles ils les ont employés. (Cod. civ. art. 1384.) — Voy. RESPONSABILITÉ.

3. — Un domestique ne peut engager ses services qu'*à temps*. (Cod. civ. art. 1780.) — Voy. LOUAGE, *sect.* II, I.

4. — Les salaires des domestiques pour l'année échue, et ce qui leur est dû sur l'année courante, figurent au quatrième rang des créances *privilégiées* sur la généralité des meubles. (Cod. civ. art. 2101.) — Voy. PRIVILÈGE, I, § 1er.

5. — L'action des domestiques qui se louent à l'année, pour le payement de leur salaire, *se prescrit* par un an. (Cod. civ. art. 2272.) — Voy. PRESCRIPTION, II, 3°.

6. — Le *legs* fait à un domestique n'est pas censé lui être fait en compensation de ses gages. (Cod. civ. art. 1023.)

7. — Peuvent être *reprochés* les serviteurs et domestiques appelés comme *témoins* dans une enquête. (Cod. proc. civ. art. 283.)

8. — Les domestiques des époux ne sont pas reprochables en cette qualité, dans une instance en *séparation de corps* ou en *divorce*. Mais le tribunal doit avoir tel égard que de raison à leurs témoignages.

9. — Avant la déposition des *témoins* en *matière criminelle*, le Président doit leur demander s'ils ne sont pas attachés au service de l'accusé, ou si celui-ci ne l'est pas au leur. (Cod. instr. crim. art. 317.)

10. — Les deux témoins dont l'huissier doit être assisté dans une *saisie-exécution* (voy. ces mots) ne peuvent être ni ses domestiques, ni ceux des parties. (Cod. proc. civ. art. 585.)

11. — Les domestiques attachés à la personne ne peuvent être *Conseillers municipaux*. (Loi 5 avril 1884, art. 32, n° 4.)

12. — Les domestiques et serviteurs à gages ne peuvent être *jurés*. (Cod. instr. crim. art. 383.)

13. — Le *voleur* est puni de la réclusion, s'il est un domestique, même lorsqu'il a commis le vol envers des personnes qu'il ne servait pas, mais qui se trouvaient, soit dans la maison de son maître, soit dans celle où il l'accompagnait. (Cod. pén. art. 386.)

14. — La qualité de domestique est une *circonstance aggravante* : — de l'*attentat aux mœurs* (Cod. pén. art. 333) ; — de l'*abus de confiance* (Cod. pén. art. 408).

15. — Voy. ARRHES, 2.

DOMICILE. — (Cod. civ. art. 102-111.) — Du latin *domus*, maison, et *colere*, habiter. — C'est, en droit, le lieu où une personne a établi le siège de ses affaires, le centre de ses intérêts.

1. — *Domicile* et *résidence* n'ont pas, dans le langage juridique, la même signification :

Le *domicile* est indépendant de l'habitation ; il ne s'acquiert point et ne se perd point nécessairement avec elle ; la *résidence*, au contraire, est un simple fait ; on réside là où on est et tant qu'on y est. Aussi chaque individu ne peut-il avoir qu'un *domicile*, quoiqu'il puisse avoir plusieurs *résidences*.

2. — Il est *important de connaître le domicile* d'une personne. C'est, en effet, à son domicile que chacun doit recevoir toutes les citations qui sont à lui faire ; — en ma-

tière personnelle, c'est-à-dire lorsqu'il s'agit d'une obligation dont l'une des parties demande l'exécution, tandis que l'autre en nie l'existence, l'affaire doit être portée devant le tribunal du domicile du défendeur ; — c'est au domicile du défunt que s'ouvre sa succession, et, jusqu'au partage, c'est le tribunal de ce domicile qui est compétent pour connaître des contestations qui peuvent surgir ; — c'est dans la Commune où tout individu est domicilié, qu'il doit tirer au sort ; — c'est là que son mariage doit être publié ; — c'est au domicile du mineur que doit être convoqué le Conseil de famille appelé à nommer un tuteur ou à prendre part aux opérations de la tutelle, etc., etc.

3. — Le *majeur* a son domicile dans le lieu où il réside habituellement, où il paye la contribution personnelle.

L'*enfant* a son domicile chez ses père et mère.

Le *mineur* qui est en *tutelle* a son domicile chez son tuteur.

Le *mineur émancipé* a son domicile chez son curateur.

La *femme mariée* a son domicile chez son mari.

L'*interdit* a son domicile chez son tuteur.

Les *majeurs* qui *servent* ou *travaillent habituellement chez autrui*, c'est-à-dire les *domestiques* et les *ouvriers*, ont le même domicile que la personne qu'ils servent ou chez laquelle ils travaillent, lorsqu'ils demeurent avec elle dans la même maison.

Le fonctionnaire public qui remplit des *fonctions à vie* a son domicile au lieu où il exerce ses fonctions.

4. — Le *changement de domicile* résulte d'une habitation réelle dans un autre lieu avec l'intention d'y fixer son principal établissement. La *preuve* de cette intention se manifeste par les circonstances, à défaut d'une déclaration expresse à la municipalité du lieu que l'on quitte et à celle du lieu où l'on s'établit.

5. — Indépendamment du domicile *réel*, dont nous venons de parler, on peut avoir, pour certaines affaires déterminées, un domicile spécial ou d'*élection*. Ainsi, Pierre, qui a son domicile à Paris, prête 20 000 fr. à Paul, qui est domicilié à Nancy : pour éviter des lenteurs, des déplacements, dans le cas où il serait obligé de recourir à la Justice, il peut exiger que Paul élise domicile à Paris chez telle ou telle personne ; c'est là, et non à Nancy, que ce dernier sera assigné, s'il y a lieu. Il est donc permis d'avoir autant de domiciles *élus* qu'on a d'affaires différentes, tandis qu'on ne peut avoir qu'un domicile *réel*.

6. — Le domicile, *quant au mariage*, est régi par une règle particulière. — Il s'établit par *six mois* d'habitation continue dans la même Commune. (Cod. civ. art. 74.)

7. — Pour avoir droit aux secours d'un bureau de bienfaisance, il ne suffit pas d'être indigent ; il faut encore avoir ce qu'on appelle le *domicile de secours*. — Voy. BUREAU DE BIENFAISANCE, 3.

8. — Le domicile de tout citoyen est *inviolable*. Les officiers de police ne peuvent y pénétrer que porteurs d'un ordre régulier de Justice, ou dans les cas formellement prévus par la loi, comme le flagrant délit, la réquisition du propriétaire, etc.

La *violation* du domicile est un délit puni par l'art. 184 du Code pénal. — Voy. ABUS D'AUTORITÉ, I.

DOMMAGES. — 1. — Chacun est responsable, non seulement des dommages qu'il a causés par son propre fait, mais encore de ceux qui proviennent des personnes sur lesquelles il a autorité, ou des choses placées sous sa garde. (Cod. civ. art. 1382-1386.) — Voy. RESPONSABILITÉ.

2. — Les *actions* pour dommages aux *champs*, *fruits* et *récoltes* doivent être portées devant le *Juge de paix de la situation* de l'objet litigieux. (Cod. proc. civ. art. 3, 1°.)

3. — Pour ce qui concerne la détermination des dommages *aux risques des assureurs*, dans le cas

d'assurance maritime, voy. ASSURANCES, sect. I, II, 2.

4. — Voy. AVARIE.

DOMMAGES-INTÉRÊTS. — (Cod. civ. art. 1142-1655.)

Indemnité pour le préjudice causé à quelqu'un, soit par suite d'un fait nuisible, soit par l'inexécution d'une obligation. — Elle comprend à la fois et la *perte éprouvée* et la *privation de gain.*

1. — Toute obligation de *faire* ou de *ne pas faire* se résout en dommages-intérêts, en cas d'inexécution de la part du débiteur. Il est cependant des circonstances dans lesquelles le créancier peut exiger l'exécution effective de l'obligation. Ainsi, que le débiteur se refuse de démolir un mur qu'il s'était engagé à abattre, rien ne s'oppose à ce que le créancier se fasse autoriser par la Justice à faire, aux frais du débiteur, démolir ce mur par un tiers. De même, supposons qu'il s'agisse d'un mur que le débiteur aurait promis de ne point bâtir, et qu'il a néanmoins bâti, la Justice pourra autoriser le créancier à faire, avec le secours des agents de l'Autorité publique, rétablir les choses dans leur premier état. Ce n'est que lorsque le fait promis ne peut être utilement exécuté que par le débiteur lui-même, qui s'y refuse, qu'il reste au créancier la seule ressource des dommages-intérêts.

2. — Les dommages-intérêts ne peuvent être demandés qu'après que le débiteur a été *mis en demeure* de faire ce qu'il avait promis de *faire ;* mais, quand l'obligation est de *ne pas faire,* le débiteur qui y contrevient doit les dommages-intérêts par le seul fait de la contravention.

3. — Le débiteur est passible de dommages-intérêts, soit à raison de l'*inexécution* de l'obligation, soit à raison du *retard* dans l'exécution, toutes les fois qu'il ne justifie pas que cette inexécution ou ce retard proviennent d'une cause étrangère qui ne peut lui être imputée, c'est-à-dire d'un cas fortuit ou de force majeure, par exemple, d'une inondation, d'une guerre, etc.

4. — Lorsque la *convention* porte que celui qui manquera de l'exécuter payera une *certaine somme* à titre de dommages-intérêts, il ne peut être alloué à l'autre partie une somme *plus forte* ni *moindre.*

5. — Dans les obligations qui se bornent au payement d'une certaine somme, les dommages-intérêts résultant du retard dans l'exécution ne consistent que dans la condamnation aux *intérêts* fixés par la loi : ils sont dus sans que le créancier soit tenu de justifier d'aucune perte, mais seulement *à partir du jour de la demande*, excepté dans les cas où la loi les fait courir de plein droit. Ces cas sont prévus notamment par les art. 474, 856, 1440, 1570, 1652, 1846, 1996, 2001, 2028 du Code civil.

DONATION ENTRE VIFS. — (Cod. civ. art. 894 et suiv.)

Contrat par lequel une personne (le *donateur*) se dépouille actuellement et irrévocablement d'une chose en faveur d'une autre personne (le *donataire*) qui l'accepte.

I. FORMES. — La validité des donations entre vifs est subordonnée à l'accomplissement de formalités que la loi a prescrites pour empêcher les dons inconsidérés, ou légèrement consentis, ou arrachés dans des moments de faiblesse. Ainsi l'offre et l'acceptation doivent être constatées, à peine de nullité, par *acte* dressé *devant Notaire.* Le législateur a pensé que la nécessité de se présenter devant un officier public appellerait l'attention du donateur sur l'importance de l'acte qu'il va faire, en même temps qu'elle intimiderait ceux qui veulent exploiter ses faiblesses ou ses passions.

Il n'y a que les dons *manuels*, c'est-à-dire les libéralités de la main à la main, qui, par la force des choses, sont dispensés des formalités prescrites pour la validité des donations entre vifs.

Les donations d'*immeubles* doivent être *transcrites* au bureau des hypothèques de l'arrondissement où ils sont situés, afin que tous ceux qui peuvent avoir des droits à faire valoir sur les immeubles donnés soient avertis. — Les donations d'effets *mobiliers* ne sont valables qu'autant qu'elles sont accompagnées d'un *état estimatif* destiné à faire connaître l'importance de la libéralité.

II. EXCEPTIONS A LA RÈGLE DE L'IRRÉVOCABILITÉ DES DONATIONS ENTRE VIFS. — La loi déclare les donations révocables dans trois cas: 1° *Si les conditions sous lesquelles elles ont été faites ne sont pas exécutées;* — 2° *En cas d'ingratitude du donataire.* L'ingratitude ne peut résulter que d'un attentat à la vie du donateur, de mauvais traitements ou injures graves, ou enfin de refus d'aliments au donateur dans le besoin. La demande de révocation pour cause d'ingratitude doit être formée *dans l'année* du délit, ou de la connaissance de ce délit; — 3° *En cas de survenance d'enfant au donateur* qui n'avait aucun enfant vivant au moment de la donation. La loi suppose que la libéralité n'aurait point été faite si le donateur avait eu un enfant ou s'il avait supposé qu'il en aurait un jour, et les biens donnés retournent, de plein droit, au donateur, libres de toutes charges imposées dans l'intervalle. La mort de l'enfant survenu ne ferait pas revivre les donations révoquées: le donateur, s'il voulait donner les mêmes biens à la même personne, devrait faire un nouvel acte dans les formes prescrites. — Voy. QUOTITÉ DISPONIBLE.

DON MANUEL. — On appelle ainsi les libéralités qui se font de la main à la main, et qui ont pour objet des choses mobilières. Elles sont dispensées des formes solennelles auxquelles sont assujetties les donations entre vifs. — Voy. DONATION ENTRE VIFS, I.

DONNEUR D'AVAL. — Voy. EFFETS DE COMMERCE, sect. I, VIII.

DORYPHORA (du grec *doru*, lance, et *phoros*, porteur). Insecte qui s'attaque à la pomme de terre. Dans le but d'arrêter les progrès de ce véritable fléau, une loi du 15 juillet 1878 a édicté les mesures suivantes:

Art. 6. — « Un décret peut interdire l'importation en France des pommes de terre, feuilles et débris de cette plante, des sacs et autres objets d'emballage servant ou ayant servi à les transporter et provenant des pays où l'existence de l'insecte dit *Doryphora decemlineata* ou *colorado* aura été signalée. »

Art. 7. — « Il est interdit de détenir et de transporter le doryphora, ses œufs, larves et nymphes. »

Art. 8. — « Des arrêtés spéciaux du Ministre de l'agriculture déterminent les conditions sous lesquelles peuvent circuler en France les pommes de terre, feuilles et débris de cette plante, les sacs et autres objets d'emballage servant ou ayant servi à les transporter et venant de pays étrangers. »

Art. 9. — « Tout propriétaire, fermier, métayer ou colon qui aura constaté la présence du doryphora dans un champ lui appartenant ou cultivé par lui, est tenu d'en faire immédiatement la *déclaration* au Maire de la Commune dans laquelle le champ est situé. — Celui-ci, après vérification des faits, doit en informer sans retard le Sous-Préfet. Cet avis est transmis sans retard au Préfet et au Ministre de l'agriculture. »

Art. 10. — « Le Ministre... est autorisé à prendre toutes les mesures nécessaires pour combattre la propagation du doryphora. Il peut ordonner au besoin *la destruction*, par le feu ou par tout autre procédé, des pommes de terre existant sur le terrain envahi ou sur les terrains environnants... »

L'article 11 promet une *indemnité* pour la perte des récoltes détruites par mesure de précaution. Aucune indemnité n'est due pour la destruction des récoltes sur lesquelles l'existence du doryphora a été constatée. — Les Juges de paix connaissent sans appel jusqu'à la valeur de 100 fr., et, à charge d'appel, à quelque valeur que la demande puisse s'élever, des contestations relatives aux indemnités réclamées.

Les contraventions aux dispositions ci-dessus sont punies d'une amende de 50 à 500 fr. (art. 12).

En cas de récidive dans les 12 mois, la peine est doublée (art. 14).

L'art. 463 du Code pénal (*circonstances atténuantes*) est applicable aux condamnations prononcées en vertu de la loi.

— Pour l'exécution de la loi du 15 juillet 1878, il a été rendu un règlement d'administration publique à la date du 26 décembre de la même année.

DOT. — Se dit des biens que la femme apporte à son mari pour subvenir aux charges du ménage.

1. — L'histoire nous apprend que, chez les peuples peu avancés en civilisation, on ne connait point la dot : loin de faire aucun apport, la femme est achetée par le mari. La dot n'apparait que dans un état de société plus policé, et suppose l'émancipation relative de la femme, dont la dignité personnelle est jugée incompatible avec un achat. Cependant, il y eut des législateurs, des philosophes, en Grèce notamment, qui crurent devoir proscrire systématiquement la dot, comme tendant à corrompre le mariage. Solon la prohibait à Athènes; Lycurgue la défendait à Sparte; ce que Platon approuve en ces termes : « Les femmes, dit-il, seront moins insolentes et les maris moins esclaves et moins rampants devant elles. »

Plus tard enfin, l'histoire nous montre la femme ne se dotant pas seulement elle-même, mais entrant encore en communauté avec le mari, devenant son associée et partageant, par égale portion, les bénéfices de cette association.

2. — La dot est *facultative* pour les pères et mères. (Cod. civ. article 204.) Avant la Révolution, dans les pays de *droit écrit*, c'est-à-dire régis par le droit romain, les filles pouvaient judiciairement contraindre leur père de les doter, selon sa fortune. Dans les pays de *droit coutumier*, au contraire, on suivait la maxime : *ne dote qui ne veut*, maxime consacrée par notre droit actuel.

3. — Sous le *régime de communauté*, le père et la mère qui ont doté *conjointement* leur enfant commun, sans exprimer la portion pour laquelle ils entendaient y contribuer, sont censés avoir doté *chacun pour moitié*, soit que la dot ait été fournie ou promise en effets de la communauté, soit qu'elle l'ait été en biens personnels à l'un des deux époux. — Au second cas, l'époux dont l'immeuble ou l'effet personnel a été constitué en dot, a, sur les biens de l'autre, une action en indemnité pour la moitié de ladite dot, eu égard à la valeur de l'effet donné, au temps de la donation.

La dot constituée *par le mari seul*, à l'enfant commun, en *effets de la communauté*, est à la *charge de la communauté;* et, dans le cas où, lors de la dissolution du mariage, la communauté est acceptée par la femme, celle-ci doit supporter la moitié de la dot, à moins que le mari n'ait déclaré expressément qu'il s'en chargeait pour le tout, ou pour une portion plus forte que la moitié.

La *garantie de la dot* est due par toute personne qui l'a constituée, et ses *intérêts* courent du jour du mariage, encore qu'il y ait terme pour le payement, s'il n'y a stipulation contraire. (Cod. civ. art. 1438-1440.)

4. — Si les père et mère, mariés *sous le régime dotal*, constituent *conjointement* une dot, sans distinguer la part de chacun, elle est censée constituée par portions égales. — Si la dot est constituée par le *père seul* pour droits paternels et maternels, la mère, quoique présente au contrat, n'est point engagée, et la dot demeure en entier à la charge du père.

Si le survivant des père ou mère constitue une dot pour biens *paternels et maternels*, sans spécifier les portions, la dot se prend d'abord sur les droits du futur époux dans les biens du conjoint prédécédé, et le surplus sur les biens du constituant.

Quoique la fille dotée par ses père

et mère ait des *biens à elle propres* dont ils jouissent, la dot est prise sur les biens des constituants, s'il n'y a stipulation contraire.

Ceux qui constituent une dot sont tenus à la *garantie* des objets constitués. — Les *intérêts* de la dot courent, de plein droit, du jour du mariage, contre ceux qui l'ont promise, encore qu'il y ait terme pour le payement, s'il n'y a stipulation contraire.

5. — Lorsqu'il est question du *mariage* de l'*enfant d'un interdit*, la dot et les conventions matrimoniales sont réglées par un avis du Conseil de famille, homologué par le Tribunal, sur les conclusions du Procureur de la République. (Cod. civ. art. 511.)

6. — Ce qui caractérise le *régime dotal*, c'est l'*inaliénabilité* de la dot. — (Voy. CONTRAT DE MARIAGE, IV.) Sous ce régime, la *restitution* de la dot par le mari ou ses héritiers, lors de la dissolution du mariage, est soumise aux dispositions suivantes :

Si la dot consiste en *immeubles*, ou en *meubles non estimés* par le contrat de mariage, ou bien mis à prix, avec déclaration que l'*estimation n'en ôte pas la propriété* à la femme, le mari ou ses héritiers peuvent être contraints de la restituer *sans délai*, parce que ces biens doivent se trouver en la possession du mari qui n'avait pas la faculté d'en disposer.

Si la dot consiste en une *somme d'argent* ou en *meubles mis à prix* par le contrat, sans déclaration que l'estimation n'en rend pas le mari propriétaire, la restitution n'est exigible qu'*un an après* la dissolution du mariage. Ce délai a paru nécessaire pour retirer les fonds peut-être placés, ou pour s'en procurer d'autres.

Lorsque les *meubles* dont la propriété reste à la femme ont *dépéri par l'usage* et *sans la faute du mari*, ce dernier n'est tenu de rendre que les meubles qui restent, et dans l'état où ils se trouvent. — Et néanmoins la femme peut, dans tous les cas, *retirer les linges et hardes à son usage actuel*, sauf à précompter leur valeur, si ces linges et hardes ont été primitivement constitués avec estimation et appartiennent ainsi au mari, puisque l'estimation vaut vente.

Toutes les fois que la dot comprend des *obligations* ou *constitutions de rente* qui ont *péri* ou *souffert des retranchements* non imputables à la négligence du mari, il n'en est point tenu, et il est quitte en restituant les contrats.

Si un *usufruit* a été constitué en dot, le mari ou ses héritiers ne sont obligés, à la dissolution du mariage, que de restituer le droit d'usufruit, et non les fruits échus durant le mariage.

Quand le mariage a *duré dix ans* depuis l'échéance des termes pris pour le payement de la dot, la femme ou ses héritiers peuvent la réclamer contre le mari, après la dissolution du mariage, *sans être tenus de prouver qu'il l'a reçue*, à moins que le mari ne justifie de diligences inutilement par lui faites pour s'en procurer le payement.

Si le mariage est dissous *par la mort de la femme*, l'intérêt et les fruits de la dot à restituer courent de plein droit au profit de ses héritiers depuis le jour de la dissolution. — Si c'est *par la mort du mari*, la femme a le choix d'exiger les intérêts de sa dot pendant l'an du deuil, ou de se faire fournir des aliments pendant ledit temps aux dépens de la succession : dans les deux cas, l'habitation durant cette année, et les habits de deuil, doivent lui être fournis sur la succession, et sans imputation sur les intérêts à elle dus.

A la dissolution du mariage, les *fruits* des immeubles dotaux se partagent entre le mari et la femme ou leurs héritiers, à proportion du temps qu'il a duré, pendant la dernière année. — L'année commence à partir du jour où le mariage a été célébré.

La femme et ses héritiers n'ont point de *privilège* pour la répétition de la dot sur les créanciers antérieurs à elle en hypothèque.

Si le mari était *déjà insolvable*,

et n'avait *ni art, ni profession* lorsque le père a constitué une dot à sa fille, celle-ci n'est tenue de *rapporter* à la succession du père que l'action qu'elle a contre la succession de son mari, pour s'en faire rembourser. — Mais si le mari n'est devenu insolvable que *depuis le mariage*, ou s'il avait *un métier* ou *une profession* qui lui tenait lieu de bien, la perte de la dot tombe uniquement sur la femme. (Cod. civ. art. 1564-1573.)

DOUANES. — (Déc. 28 juill. 1791, 4 floréal an IV (23 avril 1796); lois 17 décembre 1814, 28 avril 1816, 27 février 1832, 2 juillet 1836; déc. 27 décembre 1851; lois 2 juin 1875, 7 mai 1881.)

Droits établis sur les marchandises et sur certaines denrées, à l'entrée ou à la sortie du territoire. — Le mot *Douane* sert aussi à indiquer l'Administration chargée de percevoir ces taxes. Il paraît venir de l'italien *dogana*, dénomination sous laquelle on désignait, au moyen âge, un droit prélevé au profit du Doge de Venise sur toutes les marchandises qui étaient importées dans cette ville, ou qui en étaient exportées sur les vaisseaux de la République.

1. — Les douanes peuvent être considérées sous un *double aspect* : comme *impôt* ou moyen de revenu pour l'Etat, et comme instrument de *protection* pour l'industrie nationale. En tant que moyen de revenu pour l'Etat, les douanes remontent, sous des noms divers, à l'antiquité la plus reculée : les Grecs et les Romains avaient des lignes de douanes pour subvenir au Trésor public. Comme instrument de protection, leur origine est moderne. Ce n'est guère qu'à partir de l'administration de Colbert qu'elles ont pris le caractère de *droits protecteurs*, caractère que les principes de liberté commerciale consacrés par les récents traités de commerce tendent aujourd'hui à faire disparaître.

2. — L'*Administration* des douanes, réunie à celle des contributions indirectes, est *dirigée*, sous l'autorité du Ministre des Finances, par un Directeur général, assisté de 4 Administrateurs, qui forment avec lui le Conseil d'administration. Les côtes et les frontières sont partagées en 26 *directions*, dont 16 directions *mixtes* des douanes et des contributions indirectes, et 10 directions *spéciales* des douanes. Voici où se trouve le siège des unes et des autres :

Directions mixtes des douanes et des contributions indirectes. — Dunkerque, Lille, Valenciennes, Charleville, Besançon, Bourg, Lyon, Toulon, Bayonne, Vannes, Brest, Saint-Brieuc, Saint-Lô, Caen, Rouen, le Havre.

Directions spéciales des douanes. — Chambéry, Nice, Marseille, Montpellier, Toulouse, Bordeaux, la Rochelle, Nantes, Boulogne-sur-Mer, Bastia.

Chaque Directeur a sous ses ordres des Inspecteurs, des Sous-Inspecteurs, des Commis de direction, des Receveurs généraux et particuliers, des Contrôleurs, des Vérificateurs, et des employés chargés du service actif, embrigadés militairement.

3. — La *surveillance* de la douane s'exerce dans la portion du territoire nommée *rayon frontière*, qui est déterminée par une ligne parallèle à la frontière. — Le *rayon de terre* comprend 2 myriamètres ou 2 myriamètres et demi à partir de la limite du territoire. Dans ce rayon, *aucune usine* ou *grande fabrique* ne peut être établie sans l'*autorisation* du Gouvernement : le but de cette défense est d'empêcher que des établissements considérables ne deviennent des entrepôts frauduleux de marchandises prohibées, d'où elles pourraient facilement se répandre dans l'intérieur du territoire. — *Aucune marchandise* ne peut être *transportée* d'un lieu à un autre sans un acte d'expédition de la douane, appelé *passavant*, sous peine d'être saisie et confisquée.

Le *rayon de mer* comprend une distance de 2 myriamètres au delà des côtes. Cet espace est parcouru par les chaloupes de la douane : les agents ont le droit de monter à bord et d'exiger des capitaines de navires la production de leurs manifestes.

4. — Les droits de douanes sont perçus, soit sur les marchandises entrant en France, ou à l'*importation*, soit sur les marchandises sortant de France, ou à l'*exportation*. Ils sont calculés de différentes manières, tantôt *ad valorem*, c'est-à-dire sur la valeur des marchandises, tantôt eu égard à leur poids, mesure et nombre. Dans ce dernier cas, les droits sont dits *spécifiques*. — Lorsque le droit se paye sur la valeur, si les agents soupçonnent que la déclaration est frauduleuse, ils peuvent retenir la marchandise au prix indiqué : cette faculté accordée à la Régie est connue sous le nom de *droit de préemption*. — Les animaux supportent un droit par tête, suivant l'espèce à laquelle ils appartiennent, quels que soient leur poids et leur prix. — Enfin certaines denrées sont soumises à une taxe insignifiante qui n'a le caractère ni d'impôt ni de protection, mais qui a seulement pour but de constater la quantité des importations et des exportations.

5. — Le payement des droits de douanes est garanti par un *privilège* sur les meubles et les effets mobiliers des redevables, semblable à celui des contributions indirectes. Il se poursuit au moyen d'une *contrainte* délivrée par le Receveur, visée par le Juge de paix, et exécutoire nonobstant l'opposition qui est portée, en premier ressort, devant le Juge de paix, et, en appel, devant le tribunal civil d'arrondissement.

6. — Les *contestations* relatives à l'espèce, à la qualité ou à la provenance des marchandises sont déférées à des *Commissaires experts* siégeant à Paris auprès du Ministère du commerce et de l'industrie. Leurs décisions ne sont susceptibles d'aucun recours.

7. — Dans l'intérêt du développement du commerce national, le Gouvernement accorde parfois à certains produits une *prime d'exportation*, à titre d'encouragement. — Une prime particulière, appelée *drawback*, consiste dans la restitution, à l'exportation, des droits que les matières premières avaient payés lors de leur importation.

8. — En matière de douanes, comme pour les contributions indirectes, le législateur a établi la faculté d'*entrepôt* et de *transit*.

Les *entrepôts*, qui, selon l'expression de Colbert, sont pour le commerce un *terrain neutre*, sont *réels* ou *fictifs*. L'*entrepôt réel* est celui qui a lieu dans les magasins publics administrés par la douane ; l'*entrepôt fictif*, qui ne peut durer plus d'une année, est celui qui a lieu au domicile des simples particuliers, sous la surveillance de la douane, et moyennant une soumission cautionnée de payer les droits.

Le *transit* (du latin *trans ire*, aller au delà) est la faculté de transporter les marchandises de l'étranger à l'étranger en traversant le territoire français sans acquitter les droits de douanes. Pour user de cette faculté il faut faire à la douane une déclaration détaillée, se munir d'un acquit-à-caution, prendre l'obligation de faire sortir les marchandises dans un délai déterminé et justifier de leur sortie. Les marchandises sont vérifiées à l'entrée et soumises au *plombage*. On désigne ainsi l'application de sceaux de plomb destinés à empêcher l'ouverture des enveloppes des marchandises dont l'identité est de cette façon garantie. Il est procédé à une nouvelle vérification, lors de la sortie des marchandises, pour s'assurer qu'elles sont bien celles qui ont été admises au transit, et qu'aucune quantité n'en a été détournée, vendue ou consommée en France.

9. — Les *fraudes* en matière de douanes sont sévèrement réprimées. Les règles posées par le législateur s'écartent complètement des principes du droit pénal ordinaire, et on

distingue trois sortes de fraudes ou contraventions : 1° la *contravention simple*, justiciable de la *justice de paix* jugeant *civilement*. Tout fait puni seulement d'une amende, quel qu'en soit le chiffre, constitue une contravention proprement dite; — 2° la contravention constituant un *délit de contrebande*, justiciable du *tribunal correctionnel*. Est réputé délit tout fait puni de la peine d'emprisonnement; — 3° enfin la contravention qui devient *crime*, par les circonstances qui l'accompagnent (rébellion à main armée, blessures aux agents de l'Administration), et qui, à ce titre, est justiciable de la *Cour d'assises*. — Indépendamment des peines de l'*amende* et de l'*emprisonnement* qui peuvent être prononcées, les marchandises introduites en fraude sont confisquées et vendues au profit du Trésor, ainsi que les voitures ou autres moyens ayant servi au transport. De plus, les négociants ou commissionnaires, reconnus coupables, peuvent être privés de la faculté d'entrepôt et de transit.

10. — Les *contraventions* sont *constatées* par les préposés des douanes, qui peuvent faire des visites domiciliaires, mais de jour seulement, et avec l'assistance d'un Commissaire de police ou d'un Officier municipal.

11. — L'Administration a la faculté de *transiger*, soit avant, soit après la condamnation. Les transactions sont définitives par l'approbation du Directeur général, quand la condamnation encourue n'excède pas 3000 francs. Au-dessus de ce chiffre, l'approbation du Ministre des Finances est nécessaire.

12. — La *prescription* est acquise soit en faveur de l'Administration, soit contre elle, par le délai d'un an écoulé sans réclamation ou sans poursuite.

13. — Un savant économiste, M. Joseph Garnier, a parfaitement résumé en quelques lignes les résultats des combinaisons et des procédés de la douane : « Les *prohibitions*, » dit-il (*Eléments de finance et de statistique*, p. 419, 420), « conduisent à des manœuvres barbares. Elles engendrent la fraude et la violation de la loi, la délation, la saisie et le meurtre, au sujet d'un simple fait d'échange très naturel et très innocent par lui-même. — Les *droits élevés* sont prohibitifs et produisent les mêmes résultats. Il est rare que les *drawbacks* soient bien calculés et qu'ils ne deviennent l'objet d'une fraude et d'une perte pour le Trésor public. — Les *primes* sont des sacrifices en pure perte, auxquels Adam Smith adresse ce dilemme, applicable d'ailleurs à tout le système de la protection : « S'il y a quelque bénéfice à tirer d'une industrie, elle n'a pas besoin d'encouragement; s'il n'y a point de bénéfice à en retirer, elle ne mérite pas d'être encouragée. » — (Liv. IV, ch. II.) — « Les *entrepôts* ont eu d'utiles effets, puisqu'ils ont pour but de suspendre l'action des entraves qui gênent le commerce et l'industrie... »

Par suite du progrès des vrais principes de l'économie politique, le système douanier des peuples est appelé à subir une importante réforme dont le but immédiat sera de ramener la douane à ses fonctions purement fiscales et de lui ôter tout caractère de protection. Il faut s'en féliciter, et se réjouir de la tendance non équivoque des Gouvernements à sortir du système d'isolement qui fut si longtemps la base de leur politique commerciale. Les vœux des consommateurs, le besoin d'une paix durable garantie par la solidarité des intérêts économiques triompheront, dans l'esprit des hommes d'Etat, des réclamations, des menaces même des producteurs indigènes. Quelles que soient leurs différences de race, de langue, de culte, les peuples ne sont, en effet, que les membres d'une seule et même famille, de la grande famille humaine, et le moyen le plus sûr de satisfaire aux obligations que fait naître cette étroite parenté, c'est avant tout de laisser circuler librement les produits du travail. Quand les barrières s'ouvrent devant les hommes, elles ne peuvent demeurer fermées aux produits. Les chemins de fer auront été, sous ce rapport, les agents les plus efficaces de la révolution économique qui a déjà commencé à s'opérer.

14. — Le *produit* des droits généraux de douane était *évalué*, au budget de 1869, pour la somme de 70 480 000 francs. En 1883, le produit des droits de douane proprement dits s'est élevé à 329 784 129 francs.

15. — Un décret du 2 avril 1875 relatif à l'*organisation militaire des douaniers* dispose que chaque inspection des douanes forme, pour la mobilisation, un bataillon.

DOURINE. — Maladie contagieuse propre aux espèces *chevaline* et *asine*. — Voy. ÉPIZOOTIES.

DRAINAGE. — (Lois 10 juin 1854, 17 juillet 1856, 28 mai 1858; déc. 23 septembre 1858.)

Mot anglais qui signifie *écoulement*, *asséchement*, et qu'on emploie, dans un sens plus restreint, pour désigner l'opération qui consiste à placer dans un champ des séries régulières de tuyaux (*drains*) qui enlèvent l'humidité par le sous-sol.

1. — Dans le but de favoriser l'asséchement au moyen du drainage, une loi du 10 juin 1854 accorde au propriétaire qui veut assainir son fonds par ce procédé le droit, moyennant une juste et préalable indemnité, de conduire à travers un fonds voisin, et de proche en proche jusqu'à la rencontre d'un cours d'eau ou d'une autre voie d'écoulement naturelle ou artificielle, les eaux provenant du drainage.

La loi du 10 juin 1854 a ainsi créé une nouvelle espèce de *servitude*, dont *sont exceptés* seulement les maisons, cours, jardins, parcs et enclos attenant aux habitations.

2. — Les propriétaires des fonds voisins ou traversés ont la faculté de se servir des travaux faits en vertu des dispositions de la loi précitée, pour l'écoulement des eaux de leurs propres fonds. Dans ce cas, ils ont à supporter : 1° une part proportionnelle dans les frais des travaux dont ils profitent ; — 2° les dépenses résultant des modifications que l'exercice de cette faculté peut rendre nécessaires, — et 3°, pour l'avenir, une part contributive dans l'entretien des travaux devenus communs.

3. — Mais les efforts isolés des propriétaires risquent d'être impuissants, et souvent il ne peut être procédé au drainage dans de bonnes conditions de succès que par des travaux d'ensemble; aussi la loi autorise-t-elle les Préfets à constituer en *syndicats*, sur leur demande, les associations de propriétaires désireux de procéder en commun à ces opérations sur une certaine étendue de territoire. Les travaux que veulent exécuter les associations syndicales, les communes ou les départements pour faciliter le drainage ou tout autre mode d'asséchement, peuvent être déclarés d'utilité publique par décret rendu en Conseil d'Etat. Le règlement des indemnités dues pour expropriation a lieu conformément aux dispositions des §§ 2 et suivants de l'article 16 de la loi du 21 mai 1836, relatives aux expropriations nécessitées par les travaux d'ouverture et de redressement des chemins vicinaux. — Voy. CHEMINS VICINAUX, 5.

4. — Les *contestations* auxquelles peuvent donner lieu l'établissement et l'exercice de la servitude créée par la loi du 10 juin 1854, la fixation du parcours des eaux, l'exécution des travaux de drainage ou d'asséchement, les indemnités et les frais d'entretien, sont portées en premier ressort devant le Juge de paix du canton, qui, en prononçant, doit concilier les intérêts de l'opération avec le respect dû à la propriété. — S'il y a lieu à expertise, il peut n'être nommé qu'un expert.

5. — La *destruction* totale ou partielle des conduits d'eau ou fossés évacuateurs est *punie* d'un emprisonnement qui ne peut être au-dessous d'un mois ni excéder une

année, et d'une amende égale au quart des restitutions et des dommages-intérêts, sans qu'elle puisse être au-dessous de 50 francs.

Tout *obstacle* apporté *volontairement* au libre écoulement des eaux est *puni* d'une amende qui ne peut excéder le quart des restitutions et des dommages-intérêts, ni être au-dessous de 50 fr. — S'il est résulté du fait quelques dégradations, la peine est, outre l'amende, un emprisonnement de six jours à un mois.

6. — Pour aider au développement des opérations de drainage, le Ministre des travaux publics a, par une circulaire du 16 août 1854, autorisé les Ingénieurs du service hydraulique, les Conducteurs et autres agents placés sous leurs ordres, à *prêter gratuitement leur concours* aux particuliers et aux associations qui voudraient appliquer la loi du 10 juin 1854. Ces fonctionnaires reçoivent, sur les fonds du trésor, les mêmes indemnités que pour les travaux au compte de l'État.

7. — Le Gouvernement a fait plus encore. Une loi du 17 juillet 1856 a affecté 100 000 000 de fr. à des *prêts* destinés à faciliter les opérations de drainage. C'est le *Crédit foncier de France* qui est chargé de faire ces prêts, aux termes de la loi du 28 mai 1858. — Ils sont remboursables en 25 ans, par annuités comprenant l'amortissement du capital et l'intérêt calculé à 4 pour 100. — L'emprunteur a toujours le droit de se libérer par anticipation, soit en totalité, soit en partie. — Le recouvrement des annuités a lieu de la même manière que celui des contributions directes.

Il est accordé au Crédit foncier, pour le recouvrement de l'annuité échue et de l'annuité courante, sur les récoltes ou revenus des terrains drainés, un *privilège* qui prend rang immédiatement après celui des contributions publiques. Néanmoins les sommes dues pour les semences ou pour les frais de la récolte de l'année sont payés sur le prix de la récolte avant la créance du Crédit foncier.

Le Crédit foncier a également, pour le recouvrement de ses prêts, un privilège qui prend rang avant tout autre sur les terrains drainés.

Indépendamment de ce privilège, le Crédit foncier peut exiger que l'emprunteur lui confère une *hypothèque*, s'il reconnait la nécessité de ce supplément de garantie.

8. — Un décret du 23 septembre 1858, portant règlement d'administration publique pour l'exécution des lois des 17 juillet 1856 et 28 mai 1858, détermine de la manière suivante les *conditions* et les *formes des prêts :*

La demande doit être *adressée* au Ministre des travaux publics, et *énoncer :* 1° la somme à emprunter, et, s'il y a lieu, celle pour laquelle le demandeur entend concourir à la dépense ; — 2° les noms et prénoms des fermiers ou colons partiaires. — Il *y est joint* un extrait de la matrice et du plan cadastral, avec indication de la situation et de l'étendue des terrains à drainer.

La demande, avec les pièces à l'appui, est *soumise* à une Commission formée près du Ministère des travaux publics, sous le titre de *Commission supérieure du drainage*, et dont les membres sont nommés par le Ministre.

Après délibération de la Commission, la demande est *renvoyée*, s'il y a lieu, à l'*Ingénieur* chargé du service hydraulique dans le département de la situation des biens.

Dans la quinzaine qui suit l'envoi, l'Ingénieur visite les terrains à drainer, procède aux opérations et vérifications nécessaires pour apprécier l'utilité de l'entreprise projetée, et *donne son avis* sur l'admissibilité de la demande de prêt. — Son rapport est adressé au Préfet, qui le transmet, *dans les dix jours*, avec ses propositions, au Ministre des travaux publics.

Le Ministre *adresse*, s'il y a lieu,

les pièces à *la Société du Crédit foncier de France*, afin qu'elle vérifie les titres de propriété et la situation hypothécaire du demandeur. Si la société juge que les garanties offertes sont suffisantes, le Ministre *statue* après avis de la Commission supérieure. — L'arrêté du Ministre qui autorise le prêt en détermine les conditions générales, et notamment les délais dans lesquels les travaux devront être commencés et achevés.

Si la demande est formée par un *syndicat*, elle doit contenir, outre les indications ci-dessus mentionnées, la délibération des intéressés qui donne au syndicat pouvoir de contracter un emprunt soumis aux dispositions des lois des 17 juillet 1856 et 28 mai 1858.

— Les fonds prêtés *ne peuvent servir* qu'aux travaux du drainage : le Crédit foncier s'assure qu'ils reçoivent leur destination. — Les travaux sont exécutés par l'entrepreneur, sous la *surveillance de l'Administration*.

Le montant du prêt est remis à l'emprunteur par *acomptes successifs*, aux époques fixées et proportionnellement au degré d'avancement des travaux constaté par l'Ingénieur chargé de la surveillance, de manière que le solde n'est versé qu'après leur exécution complète.

L'Ingénieur refuse le certificat nécessaire à l'emprunteur pour toucher tout ou partie du prêt, si les travaux sont *mal exécutés*. — En cas de réclamation contre le refus de l'Ingénieur, il est statué par le Préfet, qui suspend provisoirement, s'il y a lieu, le payement des termes de l'emprunt. — Si les travaux sont *interrompus* sans que l'emprunteur ait remboursé, le Préfet peut autoriser la Société du Crédit foncier à faire exécuter, en son lieu et place, les travaux nécessaires pour rendre productive la dépense déjà faite, jusqu'à concurrence des sommes à verser pour compléter le prêt. Le tout sans préjudice des actions à intenter par la Société du Crédit foncier devant les Tribunaux civils, à raison de l'inexécution du contrat.

L'*entretien des travaux de drainage* reste soumis au *contrôle du Crédit foncier*, jusqu'à l'entière libération de l'emprunteur.

Le département des travaux publics supporte les frais de l'instruction administrative des demandes de prêts et de surveillance des travaux. Sont seuls *à la charge de l'emprunteur* les frais d'expertise, ceux de l'acte de prêt, de l'inscription du privilège et de l'hypothèque supplémentaire, dans le cas où elle a été requise, enfin le coût des mainlevées et des quittances. — Le montant en est recouvré par le Crédit foncier dans le cas où il en aurait fait l'avance.

9. — L'*Exposé de la situation de l'Empire* (1868) constatait que les populations agricoles s'étaient jusqu'alors montrées peu disposées à recourir au crédit de l'Etat, qui leur offre cependant l'avantage de recevoir des fonds à 4 p. 0/0 amortissables en 25 ans, moyennant une prime de 2, 41 p. 0/0. C'est ainsi qu'après plus de dix ans, les prêts ne s'étaient élevés qu'à 1 111 790 fr., répartis entre 75 emprunteurs.

DRAWBACK. — Mot d'origine anglaise qui sert à désigner la restitution des droits de douane perçus à l'entrée en France sur les matières premières venant de l'étranger, lorsqu'on exporte certains produits nationaux fabriqués avec ces matières. — Voy. DOUANES, 7.

DROGMAN. — Du turc *Tordjiman*, interprète. — Nom donné aux interprètes attachés officiellement aux Légations et aux Consulats en Orient et sur la côte de Barbarie.

— L'organisation du *drogmanat* pour les langues arabe, turque et persane, et de l'*interprétariat* pour les langues chinoise, japonaise et siamoise et pour les langues slaves a fait l'objet d'un décret du 18 septembre 1880.

DROIT. — Du latin *dirigere*, conduire, diriger.

Le *droit* est l'ensemble des règles qui, au point de vue du juste et de l'injuste, régissent les rapports des hommes.

1. — Envisagé quant à son origine, le droit se divise en *droit naturel* et *droit positif*, en *droit écrit* et *droit coutumier*. — Considéré quant à son objet, il se distingue en *droit civil* et *droit des gens*, en *droit public* et *droit privé*. — Voy. DROIT NATUREL; — DROIT POSITIF; — DROIT ÉCRIT; — DROIT COUTUMIER; — DROIT CIVIL; — DROIT DES GENS; — DROIT PUBLIC; — DROIT PRIVÉ.

2. — Le droit français, historiquement parlant, se divise en *droit ancien, droit intermédiaire* et *droit nouveau.*

Le *droit ancien* comprend tous les actes législatifs, ordonnances, coutumes et arrêts de règlement depuis le commencement de la monarchie jusqu'au 17 juin 1789, jour où les Etats généraux convoqués par Louis XVI s'érigèrent en Assemblée nationale.

Le *droit intermédiaire* se compose de toutes les lois rendues depuis le 17 juin 1789 jusqu'au 31 mars 1804, jour de la promulgation du Code civil.

Le *droit nouveau* comprend les différents Codes promulgués sous le Consulat et l'Empire, ainsi que toutes les lois postérieures.

3. — Dans un sens plus restreint, le mot *droit* sert à indiquer les facultés ou prérogatives que la loi consacre : tels sont le droit de disposer de ses biens, de se marier, de succéder, etc. — Quelquefois, il est synonyme d'impôts : *droits de timbre*, d'*enregistrement*, de *mutation*, de *chancellerie*, etc.

DROIT ADMINISTRATIF. — C'est l'ensemble des règles qui concernent la gestion des intérêts communs en déterminant les droits respectifs et les obligations mutuelles de l'Administration et des administrés. — Il forme une branche du *Droit public.*

Le droit administratif n'est pas codifié. Il est épars dans une multitude de lois, ordonnances royales, décrets, règlements d'administration publique, etc.

DROIT AU TRAVAIL. — Dangereuse utopie qui avait essayé de se faire jour dans la Constitution républicaine de 1848, mais dont le bon sens de l'Assemblée nationale sut faire justice. — Elle a été solidement réfutée en ces termes par M. Francis Wey : « ... En reconnaissant la légitimité de ce droit, l'Etat contracterait le devoir d'assigner de l'ouvrage à tout le monde, et, en cas de fériation forcée, de faire vivre des deniers publics ceux qu'il ne pourrait employer ni placer.

» Sans parler de l'inconvénient d'assimiler l'Etat à un bureau de placement, ce qui ne serait qu'un demi-mal, s'il pouvait être mis en situation de desservir sa clientèle, observons qu'une pareille organisation suppose le Gouvernement muni d'un trésor inépuisable. Les impôts seraient donc réglés de manière à le lui fournir, et les riches seraient les pourvoyeurs des rentiers du travail. Dans l'état actuel des fortunes en France, cette ressource suffirait peut-être pendant quelques mois : il y a très peu de riches dans notre pays, mais on affirme, sans hésiter, qu'après un court essai de ce régime, il n'y en aurait plus.

» Examinons quelles seraient les conséquences du droit au travail pour le travailleur, pour l'ouvrier surtout, en faveur de qui l'on a prétendu réaliser cette théorie.

» Le droit au travail, c'est-à-dire au salaire, étant reconnu, le premier soin de l'Administration est d'évaluer les besoins matériels de chaque industrie, et de répartir à chacune le nombre d'ouvriers qu'elle est susceptible d'utiliser, en reportant le surplus sur les exploitations moins abondamment défrayées.

» Si la consommation générale n'exige que 10000 forgerons, par exemple, et qu'il y en ait 15000 sur le territoire; si, d'autre part, il y a moyen d'augmenter le personnel des mineurs, des terrassiers, des balayeurs, ou des maçons, on répartira l'excédent des forgerons dans ces professions diverses.

» Cet ordre une fois établi, l'Etat maintiendra l'équilibre et veillera à proportionner le chiffre de chaque catégorie d'ouvriers aux besoins de chaque industrie, déterminés par la consommation.

» Cette nécessité conduit inévitablement à limiter l'admission aux apprentissages, et à rétablir, par rapport à toutes les conditions, et même à celles des manœuvres, quelque chose d'analogue aux maîtrises. — Vous prétendez à être mécanicien, mais les cadres sont pleins; on a besoin de six cents goujats : mon ami, vous serez goujat.

» Ainsi, tous les genres de métiers deviendront des emplois à la discrétion du Gouvernement chargé de faire vivre chacun.

» On conçoit qu'il n'en peut être différemment, sans quoi les conditions du travail seraient trop faciles à éluder; car en choisissant de préférence une profession agréable et surchargée d'hommes, l'ouvrier se placerait aisément dans la condition de ne rien faire; oisiveté sans inconvénient pour lui, puisqu'il n'en recevrait pas moins un salaire...

» .... Mais comment, par quels moyens obtenir le travail et réussir à utiliser le monde? Placé dans l'alternative de la ruine de la Société ou de la réalisation générale et absolue du travail, obligé de pourvoir à l'existence de ceux qui ne gagnent pas leur vie, l'Etat doit être forcément investi d'un pouvoir proportionné au devoir immense qui lui est imposé.

» L'ouvrier est désintéressé de toute émulation, dégagé de toute responsabilité personnelle. Comme le cheval, il n'a plus qu'une destinée matérielle et passive; il pait sa patrie et va où on l'attelle.

» De toute évidence, l'Etat, cocher de la machine humaine, doit être armé d'un très long fouet.

» Du moment que le travail est un droit absolu imposé à la Société, le travail constitue de la part de l'individu un devoir également absolu, et auquel la société est engagée à le contraindre. Un droit compense l'autre, et l'étendue d'un droit correspond toujours à un devoir d'un poids égal.

» Si l'Etat est assujetti à assurer l'existence des travailleurs inoccupés, et rendu solidaire de leur désœuvrement, comme il est responsable du fonds social, il sera muni d'un pouvoir sans bornes pour obliger chacun au devoir du travail.

» Dès lors il est l'arbitre du sort de tout citoyen; il règle les vocations, il répartit suivant les nécessités éventuelles l'obéissante armée des travailleurs, et, partout où il assigne à l'ouvrier une besogne quelconque, l'ouvrier doit l'aller chercher et marcher comme un soldat... Car ce serait bien mal entendre le droit au travail, que de le rendre obligatoire pour l'Etat et de laisser le devoir qu'il impose aux citoyens dans une condition facultative. Les garanties sont forcément mutuelles. Dès que le travail est un devoir public, l'oisiveté, la paresse, la négligence même deviennent plus que des délits, des crimes contre la Société. Le Gouvernement ne saurait être investi de la mission de faire travailler tout le monde, à la charge pour lui de nourrir les oisifs, sans être armé d'une pénalité terrible contre quiconque se refuse à travailler. La paresse sera donc punie comme un attentat contre la Société et assimilée au vol...

» ... La proclamation du droit au travail arriverait à assimiler l'Etat à un manufacturier investi d'une autorité despotique sur les ouvriers de son usine. Ce serait la confiscation de la liberté individuelle.

» En présence des frais nécessités par l'admission du droit au travail, l'Etat se verrait réduit à absorber la propriété par l'aggravation de l'impôt. L'un des chefs du communisme l'entendait à merveille, qui disait naguère : « *Accordez-moi le droit au travail, je vous abandonne la propriété.* »

» Or, la propriété, c'est le stimulant du travail ; c'est le principe et la garantie de la liberté.

» La question du droit au travail se réduit à cette combinaison : anéantir la liberté avec la propriété représentée par 10 millions de citoyens qui en font vivre 20 millions, pour alimenter, pendant quelques jours, 2 millions d'ouvriers sans ouvrage.

» Car, ne l'oubliez pas, le droit au travail n'est, en réalité, que le droit au salaire.

» Observez, en outre, qu'en saine équité, ce droit au salaire ne saurait constituer un privilège d'exception au profit des seuls ouvriers qui travaillent de leurs mains. Tout ce qui vit de son industrie, de son talent, et n'est ni fonctionnaire, ni propriétaire, serait appelé à revendiquer le bénéfice du droit au travail. Il faudrait établir des ateliers de crimes pour les avocats sans causes, des fournitures de malades au profit des médecins sans clientèle, et allouer des éditeurs aux écrivains sans débouchés.

» A moins, que... l'Etat ne fût constitué l'arbitre absolu du genre de travail assigné à chacun ; alors il ferait peut-être l'écrivain paveur, l'avocat maçon, le médecin fossoyeur. Les artistes équarriraient les arbres au lieu de les peindre, et les sculpteurs auraient le droit d'être tailleurs de pierres...

» ... Le droit au travail est la plus monstrueuse, la plus inapplicable des combinaisons. Il conduit à l'anéantissement de la propriété, à la ruine de la liberté, à l'indolence et à l'abrutissement, par la suppression du charme attaché au travail volontaire, par l'abolition de l'émulation, cette active et salutaire concurrence du cœur.

» En réduisant la destinée humaine à une question de pâture, en remplaçant le sentiment de la dignité personnelle par l'esclavage, cette organisation inepte consacre le matérialisme le plus sauvage ; elle fait descendre l'humanité à la condition des bêtes de somme. Plus d'hiérarchie sous un tel régime, plus de travail intellectuel, plus de ces carrières au moyen desquelles on s'élève à la gloire par le sacrifice ou par l'étude, excité par l'appât d'une juste rémunération. L'égalité des salaires et leur progressive réduction est la conséquence forcée du droit au travail, profondément illusoire, parce qu'il contraint l'Etat à des devoirs qu'il n'aurait pas la faculté d'accomplir.

» Dès lors apparaîtrait la guerre la plus antisociale, la guerre des loups qui se disputent une proie, et dont la faim n'est pas assouvie quand ils s'en sont arraché les lambeaux. La proie, ce serait le crédit d'abord ; le crédit, force résultante de la fortune publique ; puis la propriété, autre grand ressort indispensable au mouvement du mécanisme social.

» En énumérant les effets du droit au travail, qui sont l'esclavage, l'abolition de la propriété, la dispersion de la famille, le monopole industriel et manufacturier de l'Etat, la destruction des carrières libérales, le nivellement des salaires et le règne exclusif des intérêts les plus matériels, on s'aperçoit, non que le droit au travail participe du communisme, mais qu'il en combine toutes les erreurs et qu'il en est le dernier mot.

» N'est-il pas déplorable que de semblables folies aient été jugées dignes de la discussion, et que l'ambition des uns, que la mauvaise foi des autres, et la légèreté de plusieurs, aient réussi à envelopper d'un certain prestige des utopies si creuses et d'une culpabilité si manifeste !... » (*Dictionnaire démocratique*, p. 466 et suiv.)

DROIT CANON. — Le mot *canon* vient du grec *kanôn*, qui signifie règle, ordre, et on appelle *droit canon* ou *droit canonique* la collection des lois de l'Eglise, c'est-à-dire des décisions des Conciles, nommées *canons*, et des ordonnances des Papes, appelées décrétales.

— Dans son intéressante *Intro-*

duction générale à l'étude du Droit, M. Eschbach explique très bien comment le droit canonique était arrivé à prendre, avant 1789, un immense développement :

« Le clergé, » dit-il (p. 210 et suiv.), « dispensateur des sacrements, présidait à la naissance, au mariage et au décès. Sous prétexte de connexité, il aborda la connaissance de toutes les questions judiciaires qui avaient trait à ces trois grandes phases de l'état civil des individus (filiation légitime, légitimation, conventions matrimoniales, nullité de mariage, adultère, testaments, etc.), de même qu'il intervint comme juge de toutes les causes où la conscience paraissait plus ou moins directement intéressée (contrats, serment, etc.). L'Eglise attira presque tous les procès à la barre de ses tribunaux. Les plaideurs, du reste, étaient loin d'en murmurer, car ils trouvaient dans les Officialités, de l'impartialité, de la science et une procédure régulière, tandis que les justices seigneuriales n'étaient peuplées que de chevaliers ès lois ignorants et corrompus. Qu'on ajoute à cela que le clergé devint propriétaire de domaines très considérables sur lesquels la justice territoriale était un droit pour lui, et l'on comprendra facilement... comment et pourquoi l'Eglise intervint pour juger les procès de la vie civile. Une fois juge, elle devint nécessairement législatrice, car il lui fallut non seulement établir les règles de sa discipline intérieure, mais encore poser les lois d'après lesquelles justice serait rendue dans tous ses tribunaux qui, sous différents noms, couvraient les pays chrétiens d'un réseau judiciaire. — Le Droit canonique n'est autre chose que l'ensemble de ces lois faites et appliquées par l'Eglise. »

— Depuis la Révolution de 1789, notre Droit civil est devenu indépendant des croyances religieuses, et la France a complètement rompu avec le Droit canon.

DROIT CIVIL. — C'est, *historiquement* et *scientifiquement* parlant, le droit propre à chaque peuple : il se distingue, à ce point de vue, du *Droit des gens*. Mais, dans la pratique, le Droit civil est souvent synonyme de *Droit privé*, et, sous ce rapport, on l'oppose au *Droit public*. Quelquefois encore on le prend par opposition au *Droit commercial* ou au *Droit criminel*.

DROIT COMMERCIAL. — C'est l'ensemble des règles particulières au commerce. Il comprend à la fois les règles formulées dans des textes écrits et les coutumes introduites par la pratique journalière. Les opérations multipliées au moyen desquelles le commerce s'exerce présentent, en effet, des détails si divers et si variables qu'il eût été impossible de tout prévoir dans la loi. Les Tribunaux de commerce ont donc la faculté de baser leurs jugements sur les usages, qui souvent, en l'absence d'une disposition légale, peuvent servir de guide pour apprécier la nature et l'étendue des engagements auxquels les parties ont entendu se soumettre.

DROIT CONSTITUTIONNEL. — C'est celui qui a pour objet la garantie des droits individuels et l'organisation des pouvoirs publics. — Il s'appelle aussi *Droit politique*, et forme une branche du DROIT PUBLIC. — Voy. CONSTITUTION.

DROIT COUTUMIER. — Nom donné au droit qui consistait dans l'observation des *coutumes*. — Avant la Révolution, une partie de la France était régie par le droit coutumier ; l'autre par le *droit romain* ou *droit écrit*. — Voy. CODE CIVIL, I.

DROIT CRIMINEL. — C'est l'ensemble des lois dont l'objet est de réprimer par des peines les infractions aux règlements édictés en vue du maintien de l'ordre social et de la tranquillité publique. Il s'appelle aussi, pour ce motif, *Droit pénal*, et forme une branche du *Droit public*.

DROIT D'AUBAINE. — C'était anciennement le droit par lequel un Etat s'appropriait la succession des étrangers décédés sur son territoire.

— On n'est pas d'accord sur l'étymologie du mot *aubain*, d'où a été tirée l'expression *aubaine*, *droit d'aubaine*. Suivant les uns, le mot *aubain* serait une contraction des mots latins *alibi natus*, né ailleurs. Suivant les autres, le nom d'*aubains* aurait été donné par l'usage à tous les étrangers, par extension du titre d'*Albani*, qui était le nom particulier des Ecossais, peuple qui a toujours eu l'humeur essentiellement voyageuse.

1. — L'Assemblée nationale prononça l'*abolition* du droit d'aubaine par un décret du **6** août **1790** ainsi motivé : « ... Considérant que le droit d'aubaine est contraire aux principes de fraternité qui doivent lier tous les hommes, quels que soient leur pays et leur gouvernement ; que ce droit, établi dans les temps barbares, doit être proscrit chez un peuple qui a fondé sa Constitution sur les droits de l'homme et du citoyen ; et que la France libre doit ouvrir son sein à tous les peuples de la terre, en les invitant à jouir, sous un gouvernement libre, des droits sacrés et inaltérables de l'humanité... »

2. — Sans rétablir le droit d'aubaine, les rédacteurs du Code civil n'autorisèrent les étrangers à recueillir et à transmettre les biens situés en France qu'autant que les nations auxquelles ils appartenaient reconnaissaient aux Français le même droit (art. 726). — Mais la loi du **14** juillet **1819**, dans le but d'attirer le numéraire en France, rendit aux étrangers la faculté de succéder, de disposer et de transmettre en faveur de toute personne. Seulement, pour sauvegarder l'intérêt des nationaux, elle déclara (art. 2), que le Français en concours avec un étranger aurait le droit de prendre, avant tout partage, sur les biens situés en France, une portion égale à celle que la loi étrangère lui refuserait sur les biens laissés par le défunt en pays étranger.

DROIT DE GRACE. — Voy. GRACE.

DROIT DE PÉTITION. — Voy. PÉTITION.

DROIT DE PRÉEMPTION. — Voy. EXPROPRIATION POUR CAUSE D'UTILITÉ PUBLIQUE, IV, 2 ; — DOUANES, 4.

DROIT DE RÉTENTION. — Voy. RÉTENTION.

DROIT DES GENS. — Du latin *jus gentium*, droit des nations. — C'est celui qui a pour objet de régler les rapports des nations entre elles. Il est fondé sur les usages et principalement sur les traités publics. « Il faut bien convenir, » dit l'auteur de l'article *Droit des gens*, dans le *Dictionnaire des Lettres, Beaux-Arts, Sciences morales*, etc., de MM. Bachelet et Dezobry, « que le premier Droit entre les nations a été celui du plus fort, et que, même dans les temps modernes, on n'en a souvent pas connu d'autre. » On connaît l'axiome de M. de Bismarck : « *La force prime le droit.* »

— Le Droit des gens s'appelle aussi *Droit international*.

DROIT DES PAUVRES. — Impôt établi, au profit de l'Hôpital général, en **1699**, sur les recettes des théâtres. Il ne fut pas aboli sous la Révolution, mais la perception s'en fit irrégulièrement. La loi du **8** frimaire an V (**27** novembre **1796**) le rétablit pour six mois, au profit des hospices et des bureaux de bienfaisance, sur les revenus des spectacles, concerts, bals publics, feux d'artifice, courses, etc. ; il fut alors du *dixième en sus* du prix des billets. Puis la loi du **8** thermidor an V (**26** juillet **1797**) le fixa au *quart* de la recette brute pour tous les établissements autres que les théâtres ; mais les cafés-concerts parviennent à éluder cette obligation, grâce à leur mode spécial d'exploitation qui refuse à l'assistance publique une base pour ses calculs. Le droit des pauvres, renouvelé par des lois successives, fut définitivement consacré par le décret du **9** décembre **1809**, et, depuis **1817**, il a toujours été inscrit au budget de l'Etat par des lois de finance ; le décret du

6 janvier 1864 l'a maintenu expressément.

DROIT ÉCRIT. — On appelait ainsi le *droit romain*, parce qu'à l'origine il était la seule *loi écrite* qui existât, et on désignait comme *pays de droit écrit* ceux où le droit romain avait force de loi, par opposition aux *pays de droit coutumier* qui étaient régis par des *coutumes*. — Voy. CODE CIVIL, I.

DROIT INTERNATIONAL. — Il a pour objet de régler les rapports des nations entre elles. On l'appelle aussi *Droit des gens*. (Voy. ces mots.)

DROIT MARITIME. — Se dit de l'ensemble des lois, règlements et usages relatifs à la navigation, au commerce sur mer et aux relations des puissances maritimes. Il fait partie du Droit *international* ou *des gens* lorsqu'il a pour objet les rapports maritimes entre deux ou plusieurs nations; il rentre dans le droit *commercial* quand il s'occupe du commerce maritime et statue sur l'intérêt des particuliers.

DROIT NATUREL. — Certains principes d'équité sont gravés dans la conscience humaine; ils sont de tous les temps et de tous les lieux: *honorer ses père et mère, — nourrir et élever ses enfants, — ne faire tort à personne, — rendre à chacun ce qui lui appartient*, etc., ce sont là des préceptes immuables, universellement admis et révélés par la seule raison. Leur ensemble constitue ce que l'on est convenu d'appeler le *Droit naturel*, par opposition aux règles que les pouvoirs sociaux établissent chez chaque peuple, règles qui varient suivant les temps et les lieux, comme les Sociétés elles-mêmes, et forment ce qu'on appelle le *Droit positif*. (Voy. ces mots.)

DROIT PÉNAL. — Voy. DROIT CRIMINEL.

DROIT POSITIF. — C'est le droit que les hommes ont établi: il se rapproche plus ou moins du *Droit naturel* (voy. ces mots), suivant qu'il est le fruit d'une civilisation plus ou moins avancée, et *se divise* en trois branches principales qui, elles-mêmes, se divisent en divers rameaux. Ainsi l'ensemble des règles juridiques dont l'objet est de déterminer les droits et les devoirs des particuliers entre eux forme cette branche de Droit que, pour ce motif, on appelle *Droit privé*. Les règles qui s'appliquent aux droits et devoirs de l'Etat envers ses membres composent le *Droit public*. Enfin, celles qui doivent présider aux rapports de l'Etat avec les autres nations constituent le *Droit des gens* ou *Droit international*. — Voy. DROIT PRIVÉ; — DROIT PUBLIC; — DROIT DES GENS.

— Le Droit positif devant être la consécration et le développement du Droit naturel, on est frappé de voir aussi peu de fixité dans l'œuvre des législateurs; on a peine à comprendre que le juste devienne l'injuste, et réciproquement, suivant les temps et les lieux; que de vieilles lois, abandonnées, méprisées, soient remises en honneur; que des lois, estimées la veille, soient flétries le lendemain.

» En présence de ces variations législatives, l'esprit hésite, un moment incertain. La vérité, se dit-il, est une, invariable, éternelle: les lois positives ne sont donc pas l'expression de la vérité, puisqu'elles sont si changeantes et si souvent contradictoires! Sont-elles donc l'œuvre du hasard, et le droit n'a-t-il jamais régné sur la terre!

» Cette conclusion serait bien affligeante si elle était vraie; mais il faut la rejeter sans hésiter. La mobilité des lois n'a rien qui doive nous surprendre ou nous affliger, car elle a sa raison d'être, et sa raison légitime. Si, dès l'origine, l'intelligence humaine avait pu atteindre la perfection dont elle est susceptible, les lois eussent été parfaites dès le principe; elles seraient alors restées perpétuellement les mêmes. Mais l'homme n'a pas la perfection réalisée en lui de toute éternité: Dieu ne l'a fait que *perfectible!* Ce n'est que successivement, par degrés et après de bien longues recherches, que, s'élevant vers la vérité, il perçoit la notion du juste. De là, la mobilité de ses lois : ses idées sur la justice changent et se développent à mesure que ses idées générales sur sa nature et son but social se rectifient et s'élargissent.

» Le droit qui s'établit s'élève donc progressivement, c'est-à-dire proportionnellement aux connaissances qu'il acquiert ; les transformations de la législation ne sont que l'image des transformations qu'il subit lui-même. Et de même que chaque transformation marque un progrès dans son intelligence, chaque loi nouvelle qu'il consacre marque une amélioration. Ainsi, à l'époque barbare où il était permis de massacrer impitoyablement les prisonniers de guerre, la loi qui créa l'esclavage pour les sauver de la mort réalisa un progrès véritable. Plus tard elle fut elle-même jugée inhumaine et odieuse. Le servage, transformation adoucie de la servitude, disparut à son tour pour faire place au principe de l'égalité civile.

» La science du juste est comme une alluvion qui se forme insensiblement, jour par jour, grain par grain. Il ne faut donc voir dans la mobilité de nos lois que la série des degrés que l'esprit humain a dû successivement gravir pour s'élever dans la science du juste, jusqu'au point qu'il occupe aujourd'hui. » (Mourlon, *Répétitions écrites sur le Code civil*, t. Ier, p. 5.)

DROIT PRIVÉ. — C'est le droit qui a pour objet les intérêts des particuliers, à la différence du *Droit public*, qui règle l'organisation de l'Etat et les rapports des gouvernés et des gouvernants.

DROIT PUBLIC. — C'est le droit qui règle l'organisation de l'Etat et les rapports des gouvernés et gouvernants, à la différence du *Droit privé*, qui a pour objet les intérêts des particuliers.

Il prend le nom de Droit *constitutionnel*, Droit *administratif* ou Droit *criminel*, selon qu'il a pour but la *constitution* de l'Etat, son *administration* ou sa *conservation*. — Voy. DROIT CONSTITUTIONNEL ; — DROIT ADMINISTRATIF ; — DROIT CRIMINEL.

DROIT RURAL. — Se dit de l'ensemble des principes et des usages consacrés par la loi ou par le temps, et qui servent à déterminer les droits et devoirs des propriétaires ruraux. — Voy. CODE RURAL.

DROITS CIVILS. — Ce sont les facultés que les personnes sont appelées à exercer dans leurs rapports privés avec les autres personnes ; tels sont, par exemple, le droit de propriété, de puissance paternelle, le droit d'acheter et de vendre, celui d'acquérir ou de transmettre par succession.

1. — A la différence des *droits politiques* (voy. ces mots), dont la jouissance est attachée à la qualité de *citoyen*, les droits civils appartiennent à tout Français, qu'il soit majeur ou mineur, du sexe masculin ou du sexe féminin, interdit ou non. Toutefois, il ne faut pas confondre la *jouissance* avec l'*exercice* d'un droit : les mineurs, les interdits, les femmes mariées sont bien saisis des droits et actions qui leur appartiennent, mais c'est leur tuteur ou leur mari qui les exerce en leur nom.

2. — La *privation* des droits civils peut résulter, soit de la perte de la qualité de Français (voy. FRANÇAIS), soit de condamnations judiciaires. Ainsi tout condamné à une peine afflictive perpétuelle (*travaux forcés à perpétuité*, *déportation*) perd la faculté de disposer de ses biens, en tout ou en partie, par donation entre vifs ou par testament, et de recevoir à ce titre, si ce n'est pour cause d'aliments. Le Gouvernement peut cependant relever le condamné de tout ou partie de ces incapacités, et lui accorder l'exercice, dans le lieu de sa peine, des droits civils, ou de quelques-uns de ces droits, dont il a été privé par son état d'interdiction légale. (Loi 31 mai 1854.) — Tout condamné aux *travaux forcés à temps*, à la *dé-*

tention, à la *réclusion* ou au *bannissement*, est frappé de *dégradation civique*, ce qui lui fait perdre, indépendamment de ses droits de citoyen, certains droits de famille. (Cod. pén. art. 28, 34.) — Voy. DÉGRADATION CIVIQUE. — Enfin, dans certains cas, les *Tribunaux correctionnels* sont autorisés à prononcer l'interdiction, en tout ou en partie, de l'exercice des droits civils. (Cod. pén. art. 42, 43.)

3. — Voy. ÉTRANGER.

DROITS CIVIQUES. — Prérogatives attachées à la qualité de *citoyen:* on les appelle aussi *droits politiques*. — Voy. DROITS POLITIQUES.

DROITS DE FAMILLE. — Ils se rapportent à la puissance paternelle, à l'autorité maritale, au droit de faire partie d'un Conseil de famille, d'être tuteur, subrogé-tuteur, curateur, etc.

1. — La *dégradation civique* entraîne la privation de certains droits de famille. — Voy. DÉGRADATION CIVIQUE.

2. — Les tribunaux correctionnels sont autorisés quelquefois à prononcer l'interdiction du droit d'être tuteur, subrogé-tuteur, si ce n'est de ses enfants et sur l'avis seulement de la famille. (Cod. pén. art. 42, 43.)

DROITS DE L'HOMME ET DU CITOYEN. — Ils ont été formulés par l'Assemblée nationale dans un acte qui sert de préambule à la Constitution du 3 septembre 1791. — Voy. CONSTITUTION, I; — PRINCIPES DE 1789.

DROITS DE MUTATION. — On désigne ainsi (du latin *mutare*, changer) les droits que l'Etat perçoit toutes les fois qu'il y a mutation entre vifs de propriété immobilière, ou transmission à titre successif ou testamentaire de propriété mobilière ou immobilière.

Nous donnons le tarif des droits de mutation par décès à l'article DÉCLARATION DE SUCCESSION, 3.

DROITS DE SUCCESSION. — Voy. DÉCLARATION DE SUCCESSION, 3.

DROITS PERSONNELS. — Ce sont ceux que l'on a contre quelqu'un pour l'obliger à donner quelque chose. Les actions par lesquelles on exerce ces droits s'appellent *actions personnelles*, par opposition aux *actions réelles*. Cette distinction est importante. — Voy. ACTION PERSONNELLE.

DROITS POLITIQUES. — Ce sont ceux qui sont attachés à la qualité de *citoyen français*, et qui permettent de participer à l'exercice de la puissance publique ; tels sont les droits d'élection et d'éligibilité, le droit d'être juré, de servir de témoin dans les actes notariés, d'être appelé à toutes fonctions publiques, civiles et militaires. — Voy. CITOYEN.

2. — La *dégradation civique* entraîne la privation de tous les droits politiques. — Voy. DÉGRADATION CIVIQUE.

2. — Dans certains cas spécifiés, les tribunaux correctionnels peuvent prononcer l'*interdiction* du droit de vote et d'élection, d'éligibilité, d'être juré ou d'exercer une fonction publique. (Cod. pén. art. 42, 43.)

DROITS RÉELS. — Ce sont ceux qu'une personne a contre le possesseur de la chose qu'elle réclame, ou sur laquelle elle prétend avoir un droit, tel qu'une servitude, etc. — Les actions par lesquelles on exerce ces droits s'appellent *actions réelles*, par opposition aux *actions personnelles*. Cette distinction n'est pas seulement théorique. Elle offre un intérêt pratique. — Voy. ACTION RÉELLE.

DROITS RÉUNIS. — Dénomination donnée, sous le Consulat et l'Empire, à certaines contributions indirectes qui formaient une régie spéciale, et comprenaient les taxes sur les boissons, les tabacs, les cartes, les voitures, etc. Le gouvernement de la Restauration, sachant que ces droits étaient odieux au peuple, avait promis, en 1814, de les supprimer ; le nom de *droits réunis* fut aboli, mais la chose subsista sous celui de *contributions indirectes*.

DUCROIRE. — On appelle ainsi, dans le langage du droit commercial, la convention par laquelle un commissionnaire s'oblige à répondre de la solvabilité des tiers avec lesquels il traitera pour le compte du commettant, et même à payer à ce dernier, dans un délai déterminé, le prix de la chose vendue. Dans ce cas, le commissaire a droit à une commission double.

L'expression assez bizarre de *ducroire* est la traduction mot à mot en français de *del credere*, accorder confiance, nom sous lequel les Italiens désignent la convention dont il s'agit. — Voy. COMMISSION-COMMISSIONNAIRE, I.

DUEL. — (Cod. pén. art. 295; 304; 309-311; 463.)

Du latin *duellum*, fait de *duo*, deux.

Combat entre deux personnages pour une querelle particulière. — « C'est un acte que condamnent également la religion et la philosophie : le duel, en effet, a le double caractère du suicide et de l'homicide ; il viole l'obligation imposée à tout homme de conserver sa propre existence et de respecter celle d'autrui. D'un autre côté, il attente à une loi fondamentale des sociétés humaines, qui est de ne pas être juge de sa propre cause, de ne pas se faire justice à soi-même, mais de s'en remettre au pouvoir social, seul investi du droit de punir. Non seulement le duel est une infraction aux lois de la morale sociale, mais il est injuste, en ce qu'il ne présente pas de degrés dans le châtiment, la plus légère offense, comme la plus cruelle injure, pouvant être punie de mort. Il n'est pas une mesure véritablement réparatrice ; car il fait dépendre des hasards d'un combat le bon droit et l'honneur ; il expose l'offensé aux mêmes chances et souvent à de plus grandes que le provocateur, et il implique gratuitement que le courage physique peut réparer un tort moral. » (Bachelet et Dezobry, *Dictionnaire des Lettres, Beaux-Arts, et des Sciences morales et politiques*, art. DUEL.)

1. — Le Code pénal garde le silence sur le duel, mais la jurisprudence a décidé, depuis 1837, que les dispositions de ce Code qui punissent l'homicide et les blessures étaient applicables aux suites du duel.

En conséquence, quiconque, dans un duel, a blessé son adversaire, est passible de la *réclusion*, des *travaux forcés à temps* ou à *perpétuité*, selon la gravité des cas. S'il n'est résulté des blessures *ni maladie ni incapacité de travail*, le coupable n'encourt qu'un *emprisonnement* de 6 jours à 2 ans et une amende de 16 fr. à 200 fr., ou l'une de ces peines seulement. — S'il y a eu *mort*, la peine encourue est celle des *travaux forcés à perpétuité*. — Dans toute hypothèse, la déclaration de *circonstances atténuantes* est admise, et elle a pour effet de diminuer la pénalité. — Voy. CIRCONSTANCES ATTÉNUANTES.

2. — Les témoins du duel sont poursuivis comme *complices*.

DUNES. — (Déc. 14 déc. 1810 ; loi 18 juin 1859 ; déc. 29 avril 1862.)

Du celtique *dun* qui signifie *hauteur, collines*. — On appelle ainsi les collines sablonneuses qui s'élèvent le long des bords de la mer. Le moyen le plus efficace de les fixer est d'en arrêter la marche envahissante et d'y faire des plantations.

Ces plantations sont assujetties à des règlements spéciaux.

1. — Quand les dunes appartiennent à des Communes ou à des particuliers qui *refusent de planter* d'après le plan qui leur est indiqué, l'Administration a le droit de faire planter à leurs frais et de conserver la jouissance des dunes jusqu'à ce qu'elle ait recouvré ses avances.

2. — Il est *défendu* de faire aucune *coupe* des plantes conservatrices des dunes sans l'autorisation du Ministre des Finances, qui a aujourd'hui dans ses attributions les travaux de fixation, d'entretien, de conservation et d'exploitation des dunes sur le littoral maritime.

3. — L'Administration peut s'opposer au *défrichement* des bois dont la conservation serait reconnue nécessaire à la protection des dunes

contre les érosions de la mer et l'envahissement des sables. — Voy. FORÊTS.

4. — La loi du 18 juin 1859 a *exempté* de *tout impôt* pendant 30 ans les semis ou plantations de bois sur les dunes.

DURÉE DU TRAVAIL. — (Loi 9 septembre 1848; déc. 17 mai 1851; loi 16 février 1883.)

1. — La liberté des conditions du travail est un élément si considérable de la prospérité industrielle, que la loi ne doit intervenir que dans la mesure la plus restreinte. Elle risque de les troubler en cherchant à les modifier. Telle avait été la portée du décret du 2 mars 1848 par lequel le Gouvernement provisoire réduisit brusquement à dix heures la journée de travail à Paris, et à onze heures celle du travail en province.

Des réclamations ne tardèrent pas à se produire, et l'abrogation pure et simple du décret du 2 mars 1848 fut demandée. Le Gouvernement, par l'organe du Ministre de l'intérieur, déclara ne vouloir admettre ni le décret du 2 mars dans son texte absolu, ni la proposition d'abrogation dans sa formule également absolue. « Toutes choses en ce monde », a dit à ce propos M. Senard (séance du 8 septembre 1848) « sont sujettes à la loi d'action et de réaction. On avait, au mois de mars, dépassé la limite; on se jette, aujourd'hui, dans l'excès contraire. Eu regard des décrets qui interdisaient à peine d'amende et de prison toute contravention en dehors des termes qu'ils avaient fixés, on vient aujourd'hui vous proposer une abrogation pure et simple, et on vous demande, au nom de la liberté des contrats, de rétablir la faculté absolue pour le patron et pour l'ouvrier de régler comme ils l'entendraient la journée du travail. Des raisons très sérieuses viennent d'être déduites en faveur de cette théorie par l'honorable auteur de la proposition, M. Wolowski, raisons prises dans la constitution intérieure de l'industrie et dans la nécessité de soutenir la concurrence à l'extérieur. Mais..., au-dessus de toutes ces raisons dictées par les intérêts industriels, soit du dedans, soit du dehors, il y a une raison plus puissante et qui doit les dominer toutes: l'intérêt de l'humanité. Ne nous laissons pas abuser en cette matière par les mots de liberté du contrat. Sommes-nous bien sûrs qu'il intervienne un contrat libre entre l'homme qui offre le travail à des conditions qu'il détermine et celui qui, s'il ne se soumet pas à ces conditions, ne voit devant lui, pour lui et pour sa famille, que l'impossibilité de vivre, que le manque du nécessaire? Nous devons tous réfléchir, en cette grave matière, que, s'il y a un péril réel à intervenir avec des règles absolues, que s'il y a un péril réel à apporter l'amende et la prison comme la sanction d'une certaine nature de conventions que le législateur imposerait sans rien examiner des circonstances au milieu desquelles elles peuvent se former, il y aurait un péril non moindre, un péril beaucoup trop grand peut-être, à laisser la durée du travail de chaque jour à la discrétion de conditions, libres en apparence, mais qui..., se forment trop souvent sous l'empire d'une nécessité fatale qui pèse sur un des contractants. C'est là... qu'à côté du respect pour les conventions industrielles, les Gouvernements doivent placer le respect pour les droits de l'humanité. N'intervenons pas dans le contrat pour en dicter les conditions commerciales, mais veillons à ce qu'il ne se fasse jamais qu'avec des conditions humaines... »

Ces considérations ont prévalu, et, à la date du 9 septembre 1848, l'Assemblée nationale décréta que *la journée de l'ouvrier dans les manufactures et usines ne pourrait excéder douze heures de travail effectif*, tout en laissant au Gouvernement la faculté de déterminer, par des règlements d'administration publique, les *exceptions* qu'il serait nécessaire d'apporter à cette disposition générale, à *raison de la nature des industries* ou des *causes de force majeure*.

2. — En exécution de la loi du 9 septembre 1848, est intervenu, le 17 mai 1851, un décret exceptant les travaux industriels ci-après désignés, de la limitation de durée fixée par ladite loi :

Travail des ouvriers employés à la conduite des fourneaux, étuves, sécheries ou *chaudières à débouillir, lessiver ou aviver; — travail des chauffeurs attachés au service des machines à vapeur, des ouvriers employés à allumer les feux avant l'ouverture des ateliers, des gardiens de nuit; — travaux de décatissage; — fabrication et dessiccation de la colle forte; — chauffage dans les fabriques de savon; — mouture des grains; — imprimeries typographiques et imprimeries lithographiques; — fonte, affinage, étamage, galvanisation de métaux; — fabrication de projectiles de guerre.*

— Sont également exceptés de la limite fixée par la loi du 9 septembre 1848 : 1° le *nettoiement des machines* à la fin de la journée; — 2° les travaux que rendent immédiatement nécessaires : un *accident* arrivé à un *moteur*, à une *chaudière*, à l'*outillage* ou au *bâtiment* même d'une usine, ou tout autre *cas de force majeure*.

— La *durée* du travail effectif peut être *prolongée* au delà de la limite légale :

1° D'*une heure* à la fin de la journée de travail pour le lavage et l'étendage des étoffes dans les *teintureries, blanchisseries* et dans les *fabriques d'indiennes;*

2° De *deux heures* dans les fabriques de raffineries de *sucre*, et dans les fabriques de *produits chimiques;*

3° De *deux heures*, pendant *cent vingt jours* ouvrables par année, au choix des chefs d'établissement, dans les usines de *teinturerie*, d'*imprimerie sur étoffes*, d'*apprêt* d'étoffes et de *pressage*. — Le chef d'usine ou de manufacture doit faire savoir *préalablement* au Préfet, par l'intermédiaire du Maire, qui donne récépissé de la déclaration, les jours pendant lesquels il se propose de donner au travail une durée exceptionnelle.

3. — Tout chef de manufacture ou usine qui contrevient aux dispositions de la loi du 9 septembre 1848 et du décret du 17 mai 1851, est passible d'une amende de 5 fr. à 100 fr. — Les *contraventions* donnent lieu à *autant d'amendes* qu'il y a eu d'ouvriers indûment employés, sans que ces amendes réunies puissent s'élever au-dessus de 1 000 fr.

Une loi du 16 février 1883 a chargé les commissions locales et les inspecteurs du travail des enfants dans les manufactures de surveiller l'application de la loi du 9 septembre 1848 sur la durée des heures du travail. Le nombre des inspecteurs divisionnaires a été porté à cet effet de 15 à 21. — Voy. TRAVAIL DES ENFANTS, etc., sect. VI.

4. — Pour ce qui concerne la durée du travail des *apprentis* et des *enfants employés dans les manufactures*, voy. CONTRAT D'APPRENTISSAGE, III; — TRAVAIL DES ENFANTS ET DES FILLES MINEURES EMPLOYÉS DANS L'INDUSTRIE.

E

EAUX. — L'eau est une chose de première nécessité pour l'homme, au point de vue de l'alimentation comme de l'hygiène; c'est aussi un moyen de transport, un puissant moteur industriel; elle procure la fertilité aux campagnes, sert de réservoir aux poissons, etc. — Le législateur a dû régler la manière d'en jouir sous ces différents rapports, afin d'empêcher qu'une ressource commune ne soit dilapidée par l'égoïsme, et pour rendre sans danger l'usage d'une chose utile à tout le monde.

— Les eaux se divisent en eaux *courantes* et *non courantes*.

Sect. I. Eaux courantes. — On distingue les cours d'eau *naturels* et les cours d'eau *artificiels*.

§ 1er. *Cours d'eau naturels*. — 1. — Sources. — Celui qui a une source dans son fonds peut en user *comme il lui plaît*, sauf le droit que le propriétaire du fonds inférieur aurait acquis par titre ou prescription, sauf aussi le cas où cette source fournirait aux habitants d'une Commune, d'un village ou d'un hameau, l'eau qui leur est nécessaire. (Cod. civ. art. 641-643.)

— L'exploitation des sources d'*eau salée* et des sources d'*eau minérale* est assujettie à des règles particulières. — Voy. sel, 5; — eaux minérales.

II. Ruisseaux. — Ils sont la propriété des riverains. Leur peu d'importance les rendant impropres à rendre des services publics, on les considère comme l'accessoire du fonds sur lequel ils coulent. — La distinction entre les ruisseaux et les rivières est une question de fait de la compétence de l'Administration.

III. Rivières. — Elles se divisent en rivières *navigables et flottables*, et rivières qui ne sont *ni navigables ni flottables*. Les premières sont rangées par l'art. 538 du Code civil parmi les dépendances du *domaine public*. (Voy. ces mots.)

On entend par rivières *navigables* celles qui portent des bateaux dans une partie assez considérable de leur cours pour faire l'office de chemins. La navigabilité est déclarée par l'Autorité administrative.

Les rivières sont *flottables* lorsqu'elles peuvent transporter des radeaux et trains de bois. Les cours d'eau qui sont seulement capables de charrier des bûches isolées, et qu'on appelle, pour cette raison, *flottables à bûches perdues*, sont considérés comme rivières non navigables ni flottables.

1. — Les rivières navigables font partie de la *grande voirie;* la police *réglementaire* appartient à l'Autorité administrative, et la police *répressive* aux Conseils de préfecture. — Aucune *prise d'eau*, aucune *construction*, aucuns *travaux* ne peuvent être faits dans le courant ou sur les rives sans une *autorisation* de l'Administration.

— Les riverains sont soumis à la *servitude* dite de *halage*. — Voy. chemins de halage.

— Les *dépenses d'entretien* des rivières navigables ou flottables avec trains sont à la *charge de l'Etat;* cependant, si les travaux servent à la fois à la navigation et au roulement d'une usine, les *propriétaires* peuvent être forcés d'y *contribuer* en raison de leur intérêt. (Loi 16 sept. 1807, art. 33, 34.)

— Voy. pêche; — usines.

2. — Quant aux rivières qui ne sont *ni navigables ni flottables*, elles n'appartiennent ni à l'Etat ni aux particuliers : elles sont au nombre des choses qui, n'étant la propriété de personne, sont seulement soumises à des mesures de police qui en règlent l'usage.

Les *droits des riverains* sont ainsi déterminés par le Code civil :

Art. 644. — « Celui dont la propriété *borde* une eau courante autre que celle qui est déclarée dépendance du domaine public par l'article 538, au titre de la distinction des biens, peut *s'en servir* à son passage pour l'irrigation de ses propriétés. — Celui dont cette eau *traverse* l'héritage peut *même en user* dans l'intervalle qu'elle y parcourt, mais à la charge de la rendre, à la sortie de ses fonds, à son cours ordinaire. »

Art. 645. — « S'il s'élève une contestation entre les propriétaires auxquels ces eaux peuvent être utiles, les Tribunaux, en prononçant, doivent concilier l'intérêt de l'agriculture avec le respect dû à la propriété;

et, dans tous les cas, les règlements particuliers et locaux sur le cours et l'usage des eaux doivent être observés. »

— La *police*, le *curage* et l'*amélioration* des cours d'eau non navigables ni flottables sont dans les *attributions* du *Ministre* des *travaux publics*.

Les riverains *doivent faire* et *entretenir* à *frais communs* les ouvrages jugés nécessaires par l'Administration pour empêcher le débordement, le changement de cours ou la perte des eaux. — La dépense est *répartie* entre les différents propriétaires, eu égard à l'intérêt de chacun d'eux, au moyen de rôles dressés sous la surveillance des Préfets et recouvrés comme en matière de contributions publiques. — Les *réclamations* contre la répartition sont jugées par le Conseil de préfecture.

La *police répressive* appartient aux *Tribunaux ordinaires*.

— Voy. PÊCHE; — USINES.

§ 2. — *Cours d'eau artificiels.* — Voy. CANAUX.

Sect. II. EAUX NON COURANTES. — Il y a lieu de distinguer la *mer*, les *lacs*, les *étangs*, les *marais*.

I. MER. — Elle est la propriété de toutes les nations; les parties qui pénètrent dans les terres et y forment des havres, des ports, etc., appartiennent aux peuples dans le territoire desquels elles se trouvent. Il en est de même de la portion qui baigne les côtes jusqu'à la plus grande portée du canon.

Le *rayon maritime* dans lequel les navires sont soumis à la législation des *douanes* et de la *police sanitaire* est fixé à quatre lieues en mer. (Loi 4 germinal an II (24 mars 1794), tit. 2, art. 3.)

Les *rivages*, *lais* et *relais* de la mer, c'est-à-dire les terrains qu'elle couvre dans la plus haute marée, et ceux qu'elle abandonne successivement en se retirant des côtes, font partie du *domaine public*. (Cod. civ. art. 538.) — Voy. VARECH.

II. LACS. — Ce sont des réservoirs naturels alimentés par des sources, des cours d'eau, ou par l'eau provenant de la pluie et de la fonte des neiges.

Les grands lacs servant à la navigation font partie du *domaine public* et sont soumis aux règles de police relatives aux cours d'eau navigables. — Voy. Sect. I, III.

III. ETANGS. — Ce sont des réservoirs formés soit avec les eaux de la pluie, soit avec des cours d'eau naturels au moyen d'une chaussée.

L'*Administration a le droit* de déterminer la hauteur de cette chaussée afin de prévenir les inondations : elle peut aussi prescrire le desséchement des étangs, s'il est prouvé qu'ils occasionnent, par leurs émanations, des maladies épidémiques, ou qu'ils sont sujets à inonder les propriétés inférieures. (Lois 6 oct. 1791, tit. 2, art. 15; 11 sept. 1792.)

1. — L'*alluvion* (voy. ce mot) n'a pas lieu à l'égard des étangs dont le propriétaire conserve toujours le terrain que l'eau couvre quand elle est à la hauteur de la décharge de l'étang, encore que le volume de l'eau vienne à diminuer. — Réciproquement, le propriétaire de l'étang n'acquiert aucun droit sur les terres riveraines que son eau vient à couvrir dans des crues extraordinaires. (Cod. civ. art. 558.)

2. — Sont *passibles d'une amende* qui ne peut excéder le quart des restitutions et des dommages-intérêts, ni être au-dessous de 50 fr., les propriétaires ou fermiers, ou toute personne jouissant d'étangs, qui, par l'élévation du déversoir de leurs eaux au-dessus de la hauteur déterminée par l'Autorité compétente, ont inondé les chemins ou les propriétés d'autrui. — *S'il est résulté* du fait *quelques dégradations*, la peine est, outre l'amende, un *emprisonnement* de six jours à un mois. (Cod. pén. art. 457.)

3. — Les *poissons* des étangs sont *immeubles par destination* (Cod. civ. art. 524.) — Voy. BIENS.

4. — L'*empoisonnement* des poissons dans les étangs est puni d'un

emprisonnement d'un an à cinq ans, et d'une amende de 16 fr. à 300 fr. Les coupables peuvent, en outre, être mis sous la surveillance de la haute police pendant deux ans au moins et cinq ans au plus. (Cod. pén. art. 452.)

IV. Marais. — Voy. ce mot.

— Voy. BAC; — DRAINAGE; — IRRIGATION; — NAVIGATION; — SERVITUDES, I; — COMMISSION SUPÉRIEURE DE L'AMÉNAGEMENT DES EAUX.

EAUX MÉNAGÈRES. — Ce sont les eaux qui ont été employées dans l'économie domestique.

L'article 640 du Code civil, aux termes duquel les fonds inférieurs sont assujettis à recevoir les eaux qui découlent naturellement des fonds plus élevés, et *sans que la main de l'homme* y ait contribué, est inapplicable aux eaux ménagères. *En aucun cas*, les fonds inférieurs ne sont tenus de les recevoir, car elles n'y coulent toujours que par le fait de l'homme.

EAUX MINÉRALES. — (Loi 14 juill. 1856; déc. 8 sept. 1856; déc. 28 janv. 1860.)

1. — Les eaux minérales ont toujours été considérées comme une ressource précieuse pour la santé publique. Il importe d'en assurer la conservation et le bon aménagement. Toutefois, pour ne pas apporter, sans de graves motifs, des restrictions au droit de propriété, le législateur n'a créé des mesures de protection spéciale qu'au profit des sources d'eaux minérales dont l'*utilité publique* est constatée, après enquête, par un décret délibéré en Conseil d'Etat.

2. — Lorsqu'une source a été déclarée d'utilité publique, il peut lui être assigné un *périmètre* dans le rayon duquel aucun *sondage*, aucun *travail souterrain* ne doit être pratiqué sans *autorisation* préalable. A l'égard des fouilles, tranchées, pour extraction de matériaux ou pour un autre objet, le décret qui fixe le périmètre de protection peut exceptionnellement imposer aux propriétaires l'obligation de faire, au moins un mois à l'avance, une déclaration au Préfet. Ce magistrat, sur la demande des intéressés, peut *interdire les travaux* si leur résultat constaté est d'altérer ou de diminuer la source. L'arrêté qu'il prend à cet effet est exécutoire par provision, sauf recours au Conseil de Préfecture et ensuite au Conseil d'Etat.

3. — A l'intérieur du périmètre de protection, le propriétaire d'une source déclarée d'intérêt public a le droit de faire, dans le terrain d'autrui, à l'exception des maisons d'habitation et des cours attenantes, tous les travaux de captage et d'aménagement nécessaires pour la conservation, la conduite et la distribution de cette source, lorsque ces travaux ont été autorisés par un arrêté du Ministre des travaux publics.

4. — Les *dommages* dus par suite de suspension, interdiction ou destruction de travaux, ou à raison de travaux exécutés, dans les divers cas ci-dessus spécifiés, sont à la charge du propriétaire de la source. L'indemnité est réglée à l'amiable ou par les Tribunaux.

5. — Lorsque l'occupation d'un terrain compris dans le périmètre prive le propriétaire de la jouissance du revenu au delà du temps d'une année, ou lorsque, après les travaux, le terrain n'est plus propre à l'usage auquel il était employé, le propriétaire de ce terrain peut exiger du propriétaire de la source l'acquisition du terrain occupé ou dénaturé.

6. — Si une source d'eau minérale, déclarée d'intérêt public, est exploitée d'une manière qui en compromette la conservation, ou si l'exploitation ne satisfait pas aux besoins de la santé publique, un décret, délibéré en Conseil d'Etat, peut autoriser l'*expropriation* de la source et de ses dépendances nécessaires à l'exploitation.

7. — L'exécution, *sans autorisation*, ou *sans déclaration préalable*, dans le périmètre de protection, de l'un des travaux mentionnés plus haut, la reprise des travaux interdits ou suspendus administrati-

vement, est punie d'une *amende* de 50 fr. à 500 fr.

8. — Les *infractions* aux règlement d'administration publique faits pour l'exécution de la loi sont punies d'une amende de 16 fr. à 100 fr.

9. — L'*inspection médicale* et la *surveillance* des sources et des établissements d'eaux minérales naturelles ont été organisées par un décret en date du 28 janvier 1860.

10. — Ce sont les Préfets aujourd'hui qui statuent sur les autorisations de *fabriques d'eaux minérales artificielles*, et sur les autorisations de *dépôt d'eaux minérales naturelles* ou *artificielles*. (Déc. 13 avril 1861, art. 2.)

ÉCHANGE. — (Cod. civ. art. 1702-1707; Loi 4 nov. 1884.)

Contrat par lequel les parties se donnent respectivement une chose pour une autre.

1. — L'échange est sans contredit *le plus ancien des contrats*, car il n'y eut pas, dans les premiers âges du monde, d'autre moyen de se procurer les choses dont on avait besoin. Ce n'est que plus tard qu'on inventa la monnaie comme signe représentatif de la valeur de tout ce qui peut être dans le commerce, et telle est l'origine de la vente, qui n'est en réalité qu'un échange perfectionné.

2. — L'échange ayant la plus grande affinité avec la vente, le Code déclare que les mêmes règles sont applicables à ces deux contrats. Il y a, toutefois, entre eux cette différence essentielle, que la *rescision pour cause de lésion* n'a pas lieu dans le contrat d'échange. Dans la vente d'immeubles, au contraire, la lésion des 7/12 éprouvée par le vendeur permet à ce dernier de demander l'annulation du marché (art. 1694). La loi vient à son secours parce qu'elle suppose qu'en vendant un immeuble à vil prix, il y a été contraint par un état de détresse dont l'acheteur a abusé.

Si l'acheteur n'est pas recevable à se plaindre d'avoir acheté trop cher, c'est qu'il n'y a jamais nécessité urgente d'avoir un immeuble. La même considération explique pourquoi la lésion n'est pas une cause de rescision de l'échange. Dans l'échange, d'ailleurs, chacun des contractants se trouve être à la fois vendeur et acheteur, et c'est ce qui explique aussi pourquoi les frais et loyaux coûts du contrat sont, à moins de stipulations contraires, supportés en commun, tandis que, dans la vente, ils sont à la charge de l'acheteur.

3. — L'échange joue un rôle important dans le *régime dotal*. Il offre, sous certaines conditions, un moyen de tirer le fonds inaliénable de la femme de cet état de séquestration qui paralyse d'une manière si fâcheuse le mouvement de la propriété. (Cod. civ. art. 1559.) — Voy. CONTRAT DE MARIAGE, IV, 3.

4. — L'intérêt public conseille de favoriser les échanges de parcelles de terrain affectées à l'agriculture, pour remédier au morcellement croissant des héritages. Tel a été le but d'une loi du 4 novembre 1884 ainsi conçue : art. 1er. « A partir de la promulgation de la présente loi, il ne sera perçu, sur les *échanges d'immeubles ruraux*, que 20 centimes par 100 francs pour tout droit proportionnel d'enregistrement et de transcription, lorsque les immeubles échangés seront situés dans la *même commune* ou dans les *communes limitrophes*.

» En dehors de ces limites, le tarif ainsi fixé ne sera applicable que si l'un des immeubles échangés est contigu aux propriétés de celui des échangistes qui le recevra, et dans les cas seulement où ces immeubles auront été acquis par les contractants par acte enregistré depuis plus de deux ans, ou recueillis à titre héréditaire. »

Art. 2. — « Dans tous les cas, le contrat d'échange renfermera l'indication de la contenance, du numéro, de la section, du lieu dit, de la classe, de la nature et du revenu du cadastre de chacun des immeubles échangés, et un extrait de la matrice cadastrale desdits biens, qui sera délivré gratuitement, soit par le Maire, soit par le directeur des contributions directes, sera déposé au bureau lors de l'enregistrement. »

Art. 3. — « Le droit réglé par l'article 52 de la loi du 28 avril 1816 (1 1/2 p. 100) sera payé sur le montant de la soulte, ou de la plus-value. »

ÉCHANGE. (LIBRE) — Voy. LIBRE ÉCHANGE

ÉCHÉANCE. — Voy. EFFETS DE COMMERCE, sect. I, V.

ÉCHELLE MOBILE. — Combinaison artificielle de tarifs, empruntée à l'Angleterre, établie en France par les lois de 1819 et 1821 pour maintenir les blés à un prix élevé dans l'intérêt de la grande propriété territoriale. Quand les grains tombaient au-dessous d'un certain prix, on élevait les tarifs pour repousser les blés étrangers, et on permettait, au contraire, l'exportation. Quand les prix s'élevaient trop, on abaissait les tarifs pour laisser entrer les blés étrangers, et on défendait l'exportation. L'expérience et la théorie ont condamné la prétendue sagesse de ces règlements : ils n'ont jamais pu, en dehors de la loi naturelle de l'offre et de la demande, maintenir le prix des grains à ce qu'on appelait le prix rémunérateur; ils désorganisaient le commerce des céréales par le changement incessant des tarifs, et tendaient à produire soit l'avilissement, soit l'extrême cherté et la disette. Enfin, n'eussent-ils aucun inconvénient, ils feraient par un mécanisme compliqué (*division des départements en plusieurs zones, tarifs inégaux et variables, intervention incessante de l'Autorité pour permettre ou défendre l'importation et l'exportation*) ce que font très simplement les intérêts individuels laissés à eux-mêmes.

— L'*Echelle mobile* a été *abolie*, en Angleterre, en 1846, et, en France, en 1861.

ÉCHELLE. (TOUR D') — Voy. TOUR D'ÉCHELLE.

ÉCHENILLAGE. — (Loi 26 ventôse an IV (16 mars 1796); Cod. pén. art. 471, § 8; 474.) — Action de détruire les chenilles ou leurs nids dans l'intérêt des récoltes et des fruits. — La *contravention* à l'obligation d'écheniller les arbres aux époques fixées par l'Autorité locale est punie d'une amende de 1 fr. à 5 francs inclusivement. En cas de *récidive*, l'emprisonnement, pendant trois jours au plus, est toujours prononcé.

ÉCHOUEMENT. — Choc d'un navire contre un banc de sable, un récif ou un bas-fond. On distingue l'*échouement avec bris*, de l'*échouement simple*, qui n'empêche pas de continuer le voyage. Le premier seul donne ouverture à l'action en *délaissement*; le second est simplement réputé *avarie*. (Cod. com. art. 369, 371.) — Voy. ASSURANCES, sect. I, III.

ÉCLAIRAGE. — 1. — Sont punis d'une amende depuis un franc jusqu'à cinq francs inclusivement, et, en cas de récidive, d'un emprisonnement pendant trois jours au plus, les aubergistes et autres qui, obligés à l'éclairage, l'ont négligé. (Cod. pén. art. 471, n° 3; 474.)

2. — *Aucune voiture* marchant isolément ou en tête d'un convoi ne peut circuler pendant la nuit sans être *pourvue d'un fallot* ou d'une *lanterne allumée*. Cette disposition peut être appliquée aux voitures d'agriculture par des arrêtés des Préfets ou des Maires. (Décr. 10 août 1852, art. 15.)

— Pendant la nuit, les *voitures publiques* doivent être éclairées par une lanterne à réflecteur placée à droite et à l'avant de la voiture. (Même décret, art. 28.)

3. — Les *contraventions* sont punies d'une amende de 6 à 10 fr. et d'un emprisonnement de un à trois jours. En cas de *récidive*, l'amende peut être portée à 15 fr. et l'emprisonnement à cinq jours.

ÉCOBUAGE. — Opération qui consiste à brûler des broussailles et mauvaises herbes sur un terrain pour l'en débarrasser et en tirer quelque produit.

— Le mot *écobuage* vient de ce

qu'on emploie pour enlever la couche superficielle du terrain une pioche recourbée désignée sous le nom d'*écobue*.

— Les écobuages de terrains situés à moins de deux cents mètres des bois soumis au régime forestier doivent être *autorisés* par le Préfet, sous les conditions déterminées par l'administration forestière. (Arr. min. Finances, 14 juillet 1841.)

ÉCOLE CENTRALE DES ARTS ET MANUFACTURES. — Fondée en 1829, et devenue établissement de l'Etat en 1857, cette école, *située* à Paris, rue Montgolfier, 1, relève du Ministre du commerce et de l'industrie. Elle est spécialement *destinée* à former des Ingénieurs pour toutes les branches de l'industrie et pour les travaux et services publics dont la direction n'appartient pas nécessairement aux Ingénieurs de l'Etat.

1. — La *durée* des études est de *trois ans*. Le régime de l'Ecole est l'*externat*. On n'y est *admis* que par voie de concours, et à l'âge de 17 ans révolus. — Le *prix* de l'enseignement est de 900 fr. par an.

Un certain nombre d'élèves sont entretenus aux *frais de l'Etat* ou de leur *département*. Les candidats qui désirent prendre part aux encouragements de l'Etat doivent en faire la déclaration par écrit, avant le 15 juillet, à la Préfecture de leur département : cette déclaration est accompagnée d'une demande motivée adressée au Ministre du commerce et de l'industrie.

2. — L'enseignement comprend les cours suivants : *Mécanique appliquée; — Mécanique générale; — Constructions civiles; — Travaux publics; — Architecture; — Construction de Machines; — Exploitation des mines; — Chimie industrielle; — Chimie analytique; — Machines à vapeur; — Chemins de fer; — Législation industrielle et rurale; — Métallurgie; — Physique industrielle; — Constructions navales; — Résistance des matériaux; — Analyse mathématique; — Géométrie descriptive; — Chimie générale; — Physique générale; — Minéralogie et Géologie; — Hygiène appliquée; — Physique générale; — Technologie chimique; — Conférences* sur l'*électricité* et la *lumière*.

3. — A la fin de la troisième année d'études, des *diplômes* d'Ingénieur des arts et manufactures sont donnés aux élèves qui ont satisfait à toutes les épreuves d'un concours.

Des *certificats de capacité* sont accordés à ceux qui, sans avoir satisfait à toutes les épreuves, ont néanmoins justifié de connaissances suffisantes sur les points les plus importants de l'enseignement.

ÉCOLE D'APPLICATION DE L'ARTILLERIE ET DU GÉNIE. — Créée par arrêté du 12 vendémiaire an XI (4 oct. 1802), et réorganisée par décret du 24 juin 1834, cette école est *destinée* à former des officiers pour le service des corps de l'artillerie et du génie. Elle est *installée* à Fontainebleau depuis l'annexion de Metz à l'Allemagne.

1. — Les élèves sont pris parmi ceux de l'*Ecole polytechnique*, reconnus admissibles dans les services publics, d'après un examen qui détermine l'arme à laquelle ils seront appelés. Ils reçoivent, lors de leur admission, le brevet de *sous-lieutenant* élève.

2. — La durée des études est de *deux ans* ou *trois ans* au plus. L'enseignement est ainsi réparti : *Topographie* et *Géodésie; — Constructions; — Mécanique; — Artillerie; — Fortifications permanentes; — Art militaire, administration* et *législation; — Sciences appliquées; — Dessin; — Langue allemande; — Equitation*.

3. — Les élèves qui ont satisfait aux examens de sortie sont classés définitivement, suivant leur ordre de mérite, dans leur arme respective. Ils sont alors placés dans les corps de l'artillerie et du génie pour

occuper les emplois de *lieutenant* réservés aux élèves par la loi du 14 avril 1832.

4. — En conséquence du temps consacré par les élèves à leur instruction, il est reconnu à chacun d'eux quatre années d'études préliminaires, antérieurement à l'époque de leur admission à l'école d'application. (Loi 11 avril 1831, art. 5.) — Ces quatre années leur sont *comptées comme service effectif*, dans la liquidation de leur pension de retraite et pour l'admission dans l'Ordre de la Légion d'honneur.

ÉCOLE D'APPLICATION DE MÉDECINE ET DE PHARMACIE MILITAIRES. — Située à l'hôpital du Val-de-Grâce, à *Paris*, elle a pour *but* de donner aux élèves du service de santé militaire, reçus docteurs ou pharmaciens de 1re classe, l'instruction complémentaire en rapport avec les fonctions qu'ils auront à exercer dans l'armée, et de leur faire connaître les lois, décrets et règlements constitutifs de l'armée et du service de santé militaire.

1. — Ceux qui ont satisfait aux examens de sortie sont nommés *aides-majors* de 2e classe.

2. — Le régime de l'école est l'*externat*.

ÉCOLE DE CAVALERIE. — Etablie à *Saumur* (Maine-et-Loire), cette école, placée dans les attributions du Ministre de la guerre, a été réorganisée par le décret du 25 mai 1883. Elle a pour *but :*

1° De perfectionner l'instruction d'un certain nombre de lieutenants de cavalerie et d'artillerie, de lieutenants et de sous-lieutenants du génie désignés pour suivre les cours ;

2° De compléter l'instruction des élèves de la section de cavalerie de l'Ecole spéciale militaire ;

3° De perfectionner et d'uniformiser l'instruction des sous-officiers reconnus susceptibles d'être nommés sous-lieutenants ;

4° De compléter l'instruction technique des aides-vétérinaires stagiaires nouvellement promus, de leur enseigner l'équitation et de les initier au service régimentaire.

L'Ecole reçoit, en outre : des élèves télégraphistes, qui viennent s'exercer au maniement des appareils de télégraphie électrique et optique ; des élèves maréchaux-ferrants provenant des corps de troupes à cheval.

ÉCOLE DES CHARTES. — (Ord. roy. 31 décembre 1846 ; décr. 4 février 1850, — 29 août 1873.) — Etablie à Paris, au palais des *Archives nationales*, cette école a été fondée, en 1821, dans le but de former des Archivistes *Paléographes* (du grec *palaios*, ancien, et *graphè*, écriture), pour les fonctions d'archiviste et de bibliothécaire. — Elle est placée dans les attributions du Ministre de l'instruction publique.

L'*enseignement* comprend les cours suivants : *Paléographie ; — Langues romanes ; — Bibliographie, classement des bibliothèques et des archives ; — Diplomatique ; — Institutions politiques, administratives et judiciaires de la France ; — Histoire du droit civil et du droit canonique ; — Archéologie du moyen âge ; — Etude critique des sources de l'histoire de France.*

Les cours sont publics et *gratuits*.

2. — Pour obtenir le titre d'*élève de l'école*, il faut être bachelier ès lettres, et *âgé* de moins de 25 ans révolus au 31 décembre de l'année qui précède l'inscription, s'inscrire au secrétariat de l'école, avant la rentrée des cours, et être présenté, après examen, au choix du Ministre par le Conseil de l'école.

— Les élèves sont *gratuits* ou *boursiers*. Les bourses, au nombre de huit, sont annuelles et consistent dans un traitement de 600 fr. chacune. A la fin de chaque année d'études, les huit bourses sont mises au concours, savoir : deux bourses pour les élèves du premier cours, trois pour ceux du deuxième, et trois pour ceux du troisième.

3. — Chaque année, le Conseil de perfectionnement de l'école procède à des *examens* auxquels doi-

vent prendre part tous les élèves sous peine de perdre leur titre. Ceux qui ne se sont pas présentés, ou qui n'ont pas été déclarés capables de passer aux études de l'année suivante, ne peuvent plus suivre les cours qu'à titre d'auditeurs libres.

4. — Au *diplôme d'archiviste paléographe* est attaché, pendant trois ans, un *traitement* fixe de 600 fr. pour six anciens élèves de l'école : il se perd par le refus d'acceptation des emplois institués pour les archivistes paléographes. — Ce diplôme *donne droit* aux fonctions d'archivistes des départements, de commis aux archives de l'Etat, d'employés dans les bibliothèques publiques, d'auxiliaires pour les travaux de l'Académie des Inscriptions et Belles-Lettres, de répétiteurs et professeurs de l'école des Chartes.

ÉCOLE DES HARAS. — Elle ressortit au Ministère de l'Agriculture et est placée sous l'autorité du directeur du dépôt d'étalons du *Pin*, village de l'arrondissement d'Argentan (Orne).

1. — Le régime de l'école est l'*internat*. La durée de l'enseignement est de *deux ans*. — Les cours sont les suivants : *Science hippique; — Comptabilité; — Equitation, attelage et dressage ; — Zootechnie, Anatomie, Physiologie, Hygiène et extérieur du cheval; — Pathologie, Maréchalerie; — Agriculture; — Physiologie végétale, Botanique fourragère;* — Langue *allemande;* — Langue *anglaise; — Dessin.*

2. — Le nombre des élèves admis, chaque année, par voie de *concours*, est de 9 au plus. Les candidats doivent avoir, au 1er octobre de l'année du concours, 18 ans accomplis et moins de 24.

3. — Les élèves qui satisfont au dernier examen reçoivent un *diplôme* et sont placés dans les établissements de l'administration des haras.

ÉCOLE DES HAUTES ÉTUDES COMMERCIALES. — Située à Paris, boulevard Malesherbes, 108, et fondée en 1881 par la Chambre de commerce, cette école est *destinée* à couronner par un enseignement élevé les études faites dans les collèges et les établissements spéciaux, et à rendre à la banque et au commerce des services analogues à ceux que l'Ecole centrale rend à l'industrie.

1. — L'enseignement comprend une année préparatoire et 2 années d'études normales : il a pour objet les matières ci-après : *Comptabilité générale et bureau commercial; — Mathématiques appliquées au commerce; — Etude des marchandises; — Essai des marchandises, analyses et falsifications; — Histoire du commerce; — Géographie commerciale; — Droit commercial et industriel, législation commerciale comparée; — Code civil; — Economie politique; — Etude des budgets et législation douanière; — Etude des transports;* — Langue *anglaise;* — Langue *allemande;* — Langue *espagnole;* — Langue *portugaise;* — Langue *italienne.*

2. — Les jeunes gens munis du diplôme de bachelier ès lettres ou ès sciences, ainsi que les bacheliers de l'enseignement spécial, entrent directement, et sans examen, en 1re année. Les candidats *non bacheliers*, qui veulent être admis directement en 1re année, doivent subir un *examen* et être *âgés* de 16 ans au moins.

3. — Un *diplôme*, signé par le Ministre du commerce et de l'industrie, est décerné aux élèves qui ont satisfait à toutes les épreuves de sortie.

ÉCOLE DES LANGUES ORIENTALES VIVANTES. — *Créée* par décret du 13 germinal an III (2 avril 1795) et *réorganisée* par décrets des 8 novembre 1869, 11 mars 1872 et 6 septembre 1873, cette école *située* à Paris, rue de Lille, 2, a pour *but* de former des élèves Consuls et des élèves interprètes pour les pays de l'Orient.

1. — La durée des cours est de

trois ans. Ils sont *publics* et *gratuits.*

2. — Les candidats au titre d'élève de l'école doivent être *âgés* de 16 ans au moins, de 24 ans au plus, et, à défaut du diplôme de bachelier ès lettres, subir un *examen* d'admission.

3. — Les *cours* sont au nombre de 11, savoir : *Arabe vulgaire ; — Arabe littéral ; — Persan ; — Turc ; — Arménien ; — Hindoustani et langue tamoule ; — Chinois vulgaire ; — Malais et Javanais ; — Annamite ; — Russe.*

4. — Les élèves qui justifient d'une année d'études assidues peuvent obtenir une *subvention* de 1 000 fr. à 1 500 fr. Ceux qui en sont dignes obtiennent, à la fin du cours d'études, un *diplôme* d'élève breveté de l'Ecole des langues orientales vivantes, avec indication de la langue sur laquelle l'épreuve a été subie.

ÉCOLE DES MINES DE SAINT-ÉTIENNE. — Fondée en 1816, à Saint-Etienne (Loire), cette école est *destinée* à former des directeurs d'exploitations de mines et d'usines métallurgiques, ainsi que des gardes-mines. Elle ressortit au Ministère des travaux publics.

1. — Le régime de l'école est l'*externat.* L'instruction est *gratuite.* Les cours durent *trois ans* et comprennent les connaissances suivantes : *Minéralogie ; — Géologie ; — Préparation mécanique et Machines ; — Exploitation et Construction ; — Chimie ; — Métallurgie ; — Arithmétique ; — Comptabilité ; — Géométrie ; — Levé de plans* et *Dessin.*

2. — Les candidats doivent être *âgés* de 16 à 25 ans, sauf les militaires et les marins, libérés du service, qui peuvent se présenter jusqu'à 28 ans, et subir un examen d'après le programme approuvé par le Ministre.

3. — A la fin du cours d'études, les élèves qui se sont distingués obtiennent des *brevets de capacité* de différents degrés.

ÉCOLE DES PONTS ET CHAUSSÉES. — Créée en 1747, et réorganisée plusieurs fois depuis cette époque, en dernier lieu, par le décret du 13 octobre 1851, cette école, qui est située à Paris, rue des Saints-Pères, 28, a pour *but* spécial de former les Ingénieurs nécessaires au recrutement du Corps des ponts et chaussées.

1. — *Sont admis* exclusivement en qualité d'*Elèves-Ingénieurs*, les jeunes gens choisis, chaque année, parmi les élèves de l'Ecole Polytechnique ayant terminé leurs cours d'études et ayant satisfait aux conditions imposées par les règlements.

Sont admis, en outre, à participer aux travaux intérieurs de l'école, des élèves externes, français ou étrangers. — Les conditions d'admission ont été réglées par un arrêté ministériel en date du 18 février 1852.

2. — Le cours d'études est de *trois ans* ; il comprend les matières ci-après : *Routes ; — Ponts ; — Chemins de fer ; — Navigation ; — Travaux maritimes ; — Architecture appliquée ; — Mécanique appliquée ; — Minéralogie et Géologie ; — Machines à vapeur et locomotives ; — Hydraulique agricole ; — Chimie appliquée ; — Economie politique ; — Droit administratif ; — Travaux graphiques ; — Dessin ; — Langue allemande ; — Langue anglaise.*

3. — Un *laboratoire*, destiné aux essais et analyses des matières employées dans les constructions, des terres, des eaux, des engrais, est organisé à l'école depuis 1851. — Les personnes qui désirent faire exécuter des essais et analyses des substances ci-dessus désignées peuvent adresser (*franco*) leurs échantillons, avec la suscription *laboratoire*, au Directeur de l'école : ces essais et analyses sont *gratuits.*

ÉCOLE D'HORTICULTURE. — Etablie au potager de *Versailles* et placée sous l'autorité du Ministre de l'agriculture, cette école a pour *but* de former des jardiniers capables et instruits, possédant toutes les connaissances théoriques et pratiques relatives à l'art horticole. Elle ne reçoit que des *externes*. La durée des études est de *trois ans*.

1. — Les candidats doivent être *âgés* de 14 ans au moins et de 26 ans au plus au 1er octobre de l'année de leur admission. Ceux qui ont le certificat d'études primaires ou le certificat d'apprentissage d'une école pratique d'agriculture ou d'une ferme-école sont dispensés de l'*examen d'admission*.

2. — Les élèves qui ont satisfait aux examens de sortie reçoivent un *certificat d'études* délivré par le Ministre. Ceux qui sortent parmi les premiers peuvent obtenir un *stage* d'une année dans de grands établissements horticoles de la France ou de l'étranger avec jouissance d'une allocation de 1 200 francs.

ÉCOLE D'IRRIGATION ET DE DRAINAGE. — Située *au Lézardeau* près de Quimperlé (Finistère), cette école pratique, placée sous l'autorité du Ministre de l'agriculture, reçoit des élèves *internes* ou *externes*. Les premiers payent une *pension* de 600 francs, s'ils ne sont *stagiaires* ou *boursiers*.

1. — La durée des études est *d'une année*.

2. — Les candidats à l'externat doivent être *âgés* de 17 ans accomplis dans l'année de leur admission et subir un examen.

3. — 15 stages sont accordés, chaque année, par l'Etat, de préférence aux anciens apprentis des fermes-écoles sortis au premier ou au second rang avec le certificat.

ÉCOLE DU GÉNIE MARITIME. — Elle ressortit au Ministre de la marine et est *installée* à Paris, quai de la Tournelle, n° 27. Les élèves sont choisis parmi les jeunes gens qui ont fait au moins 2 années d'études à l'Ecole polytechnique. Des élèves *libres* peuvent être autorisés par le Ministre à suivre les cours oraux qui portent sur les matières suivantes : *Construction navale ; — Résistance des matériaux ; — Architecture navale ; — Machines à vapeur ; — Technologie ; — Artillerie navale ; — Régulation des compas*.

L'enseignement dure *deux ans*.

ÉCOLE FORESTIÈRE. — Située à *Nancy* (Meurthe-et-Moselle), cette école, qui ressortit au ministère de l'agriculture, a pour *but* de former les jeunes gens se destinant au service de l'administration des forêts.

1. — Elle se recrute au *concours*. Pour s'y présenter, il faut avoir, le 1er novembre de l'année du concours, 18 ans au moins et 22 ans au plus.

2. — Le régime de l'école est l'*internat*. La pension est de 1 500 fr. par an. 4 *bourses* peuvent être accordées.

3. — Le cours des études est de *deux années*. L'enseignement a pour objet les matières suivantes : *Législation* et *jurisprudence ; — Économie forestière ; — Mathématiques appliquées ; — Histoire naturelle ; — Agriculture ; — Langue allemande ; — Enseignement militaire*.

4. — Les élèves qui ont satisfait aux examens de sortie sont admis dans le cadre de l'administration des forêts avec le grade de *Garde général stagiaire*.

ÉCOLE FRANÇAISE D'ATHÈNES. — Etablie à Athènes (Grèce), par ordonnance royale du 11 septembre 1846, cette école, qui ressortit au Ministère de l'instruction publique, est placée sous la direction scientifique de l'Académie des Inscriptions et Belles-Lettres. Elle a pour *but* de donner à de jeunes professeurs le moyen de se perfectionner dans l'étude de la langue, de l'histoire et des antiquités grecques.

1. — Le nombre des membres de l'Ecole française d'Athènes est de *six*. Ils sont nommés à la suite d'un *concours* entre les docteurs ès lettres ou les agrégés des lettres, de grammaire, de philosophie ou d'histoire, *âgés* de 30 ans au moins.

2. — Avant de se rendre en Grèce, ils séjournent *une année en Italie*, à l'école française de Rome ; ils

passent ensuite *deux années en Grèce* et peuvent y rester une *troisième* par décision du Ministre.

ÉCOLE FRANÇAISE DE ROME. — Nom donné par le décret du 20 novembre 1875 à une mission permanente en Italie, qui *se compose* des membres de 1re année de l'école française d'Athènes et des membres propres à l'école de Rome qui sont au nombre de 6. Ces *six places* sont attribuées soit à des candidats présentés par l'Ecole normale supérieure, par l'Ecole des chartes et par la section d'histoire et de philologie de l'Ecole pratique des hautes études, soit à des docteurs reçus avec distinction ou à des jeunes gens signalés par leurs travaux.

Les membres de l'Ecole sont nommés pour *un an*.

Une *prolongation* peut leur être accordée sur l'avis de l'Académie des inscriptions et belles-lettres.

ÉCOLE FRANÇAISE DU CAIRE. — Sous ce nom a été instituée, au Caire, par décret du 28 décembre 1880, une mission permanente ayant pour *objet* l'étude des antiquités égyptiennes, de l'histoire, de la philosophie et des antiquités orientales.

ÉCOLE NATIONALE DE DESSIN POUR LES JEUNES FILLES. — Située à *Paris*, rue de Seine, n° 10, cette école donne un enseignement gratuit. Les élèves y sont admises *de 12 à 25 ans;* elles doivent savoir lire, écrire et calculer.

ÉCOLE NATIONALE ET SPÉCIALE DES BEAUX-ARTS. — Cette école, *située* à Paris, rue Bonaparte, 14, a pour *objet* l'enseignement de la peinture, de la sculpture, de l'architecture, de la gravure en taille-douce et de la gravure en médailles et pierres fines. Elle a été substituée aux corps enseignants de l'Académie de peinture et de sculpture, établie en 1648, et de celle d'architecture, fondée en 1671. Son administration est dans les attributions du Ministre de l'Instruction publique et des Beaux-Arts.

1. — Le régime de l'école est l'*externat.* L'enseignement est *gratuit* et comprend, indépendamment des cours spéciaux de peinture, sculpture, architecture et gravure, les cours généraux ci-après: *Anatomie; — Mathématiques; — Histoire et Archéologie; — Perspective; — Géométrie descriptive; — Physique, Chimie, Géologie; — Esthétique, Histoire de l'art; — Administration et Comptabilité.*

2. — Les jeunes gens qui désirent suivre les cours qui y sont professés doivent préalablement se faire inscrire au secrétariat, justifier de leur qualité de Français, et être *âgés* de quinze à trente ans.

Nul n'est admis à l'école qu'après avoir satisfait aux épreuves.

Les étrangers peuvent, avec l'autorisation du Ministre, être admis à suivre les cours.

Les *ateliers* sont ouverts aux élèves de l'école qui choisissent, suivant l'ordre et la date de leurs récompenses, puis de leur rang sur la liste d'admission, celui des ateliers de leur section dans lequel ils désirent étudier.

Le nombre des élèves à admettre dans chaque atelier est déterminé par l'Administration, d'accord avec le professeur chef d'atelier.

3. — Chaque année, les élèves que les concours ont signalés comme les plus distingués concourent pour des *grands prix*. Les lauréats sont envoyés, aux frais de l'Etat, deux ans à *Rome* et deux *ad libitum*. Ils sont, de plus, *exempts* du *service militaire*.

4. — Il existe à *Lyon*, à *Dijon*, à *Bourges* et à *Alger*, une *Ecole nationale des Beaux-Arts*.

ÉCOLE NAVALE. — Etablie sur le vaisseau *le Borda*, en rade de Brest, cette école a pour *but* de former les jeunes gens qui se destinent au corps des Officiers de la marine de l'Etat.

1. — L'école, dont le régime est l'*internat*, se recrute par voie de *concours*.

L'enseignement proprement dit est donné dans les cours suivants: *Sciences; — Littérature; — An-*

glais; — *Dessin*; — *Physique et chimie.*

2. — Les candidats doivent avoir 14 ans au moins et n'avoir pas accompli leur 18e année avant le 1er janvier de l'année du concours.

Le *prix* de la pension est de 700 fr. par an. Des *bourses* ou demi-bourses, des trousseaux ou demi-trousseaux peuvent être accordés par le Ministre.

3. — La durée des études est de *deux ans*, à l'expiration desquels les élèves qui ont satisfait aux examens sont nommés *Aspirants de marine* de deuxième classe.

ÉCOLE NORMALE DE L'ENSEIGNEMENT SECONDAIRE SPÉCIAL. — Cette école, qui est établie à Cluny (Saône-et-Loire) dans les bâtiments de l'ancienne et célèbre abbaye de ce nom, est *destinée* à former des maîtres pour l'enseignement organisé par la loi du 21 juin 1865 sous la dénomination d'*enseignement secondaire spécial.*

Le cours d'études est de *trois ans.*

Les élèves reçus au *concours* sont divisés en deux sections : celle des *sciences* et celle des *lettres* et des *langues vivantes.*

L'*enseignement* comprend les matières suivantes : *Mathématiques pures*; — *Mathématiques appliquées*; — *Physique*; — *Chimie*; — *Histoire naturelle*; — *Morale*; *Littérature*; — *Histoire et Géographie*; — *Législation et économie politique*; — *Langue allemande*; — *Langue anglaise*; — *Dessin d'imitation*; — *Dessin graphique*; — *Harmonie*; — *Gymnastique.*

ÉCOLE NORMALE PRIMAIRE SUPÉRIEURE D'INSTITUTEURS. — Établie à *Saint-Cloud* (Seine-et-Oise), elle est *destinée* à former des professeurs pour les écoles normales primaires d'instituteurs. Elle est *gratuite* et se recrute au *concours.*

1. — Les élèves sont répartis en 2 sections : la section des *sciences* et la section des *lettres*. Le cours est de *deux années.*

2. — L'enseignement comprend les matières suivantes : *Psychologie et morale*; — *Composition française et lecture expliquée des auteurs classiques*; — *Histoire de la littérature ancienne*; — *Histoire de la littérature française*; — *Histoire ancienne*; — *Histoire moderne*; — *Histoire contemporaine*; — *Géographie*; — *Instruction civique et économie politique*; — *Grammaire*; — *Allemand*; — *Anglais*; — *Mathématiques*; — *Physique*; — *Chimie*; — *Sciences naturelles*; — *Dessin géométrique*; — *Dessin artistique*; — *Modelage*; — *Chant*; — *Travail manuel.*

ÉCOLE NORMALE PRIMAIRE SUPÉRIEURE D'INSTITUTRICES. — Établie à *Fontenay-aux-Roses* (Seine), elle est *destinée* à former des professeurs pour les écoles normales primaires d'institutrices. Elle est *gratuite* et se recrute au *concours.*

1. — Les élèves sont réparties en 2 sections : la section des *sciences* et la section des *lettres.* Le cours est de *deux années.*

2. — L'enseignement comprend les matières suivantes : *Psychologie et morale appliquées à la pédagogie*; — *Histoire et critique des doctrines et des méthodes pédagogiques*; — *Grammaire et histoire de la langue*; — *Composition française, lecture expliquée des classiques et histoire de la littérature*; — *Littérature française aux 18e et 19e siècles*; — *Histoire ancienne*; — *Histoire de France et Histoire générale jusqu'à la fin du 18e siècle*; — *Histoire du 19e siècle*; — *Arithmétique et géométrie élémentaires*; — *Physique et chimie*; — *Histoire naturelle*; — *Géographie*; — *Hygiène*; — *Langue et littérature anglaises*; — *Langue et littérature allemandes*; — *Dessin*; — *Musique*; — *Gymnastique*; — *Leçons de coupe et d'assemblage*; — *Diction.*

ÉCOLE NORMALE SECONDAIRE DES JEUNES FILLES. —

Etablie à *Sèvres* (Seine-et-Oise), et *destinée* à former des professeurs femmes pour les lycées et collèges de jeunes filles, elle se recrute par voie de *concours*.

1. — L'école a pour régime l'*internat*. Elle comprend 2 sections : la section *littéraire* et la section *scientifique*.

2. — A l'exception du *trousseau* laissé à la charge des familles, l'Etat se charge de toutes les dépenses.

3. — L'enseignement a pour objet les matières suivantes : *Mathématiques ; — Physique ; — Chimie ; — Sciences naturelles ; — Botanique ; — Morale ; — Psychologie appliquée à l'éducation ; — Histoire ; — Géographie ; — Littérature du moyen âge ; — Grammaire ; — Lecture et Diction ; — Anglais ; — Allemand ; — Dessin ; — Couture et Coupe.*

ÉCOLE NORMALE SUPÉRIEURE. — Etablissement *destiné* à former les professeurs de l'enseignement secondaire. Il est *situé* à Paris, rue d'Ulm, nº 45.

1. — *Créée* en 1808, *supprimée* en 1822, *rétablie* le 6 août 1830, l'école se recrute par le *concours*. Les candidats doivent être Français ou admis à jouir des droits civils, avoir 18 ans au moins et 24 ans au plus, prendre l'engagement de se vouer pendant dix ans à l'instruction publique, et être admis par le Ministre à se présenter au concours.

2. — Le régime de l'école est l'*internat*. L'instruction et l'entretien sont *gratuits* ; le trousseau seul est à la charge des familles.

3. — Le cours des études est de *trois années*, et embrasse les matières suivantes :

Lettres : — *Langue et littérature latines ; — Langue et littérature grecques ; — Langue et littérature françaises ; — Histoire ancienne, du moyen âge et moderne ; — Géographie ; — Philosophie ; — Grammaire.*

Sciences : *Calcul différentiel et intégral ; — Chimie ; — Physique ; — Minéralogie ; — Botanique ; — Géologie ; — Zoologie ; — Mécanique et Astronomie ; — Mathématiques ; — Langue allemande ; — Langue anglaise ; — Dessin ; — Travaux graphiques.*

4. — Les élèves qui ont subi avec succès le cours triennal des études peuvent se présenter immédiatement au concours de l'*agrégation* des lycées.

ÉCOLE PAPE-CARPANTIER. — Etablie à Versailles, elle est *destinée* à former des directrices d'écoles primaires et maternelles annexées aux écoles normales d'institutrices.

1. — L'école est *gratuite* et se recrute au *concours*.

Les aspirantes doivent être pourvues du brevet supérieur et être âgées de 20 ans au moins, de 25 ans au plus.

2. — Le cours d'études est *d'une année*.

Indépendamment des leçons données dans l'établissement, les élèves ont des exercices communs avec l'Ecole normale d'institutrices de Versailles et avec l'école annexe.

ÉCOLE POLYTECHNIQUE. — Fondée par la Convention, le 7 vendémiaire an III (28 septembre 1794), sous le nom d'*Ecole centrale de travaux publics*, elle changea cette dénomination, le 1er septembre 1795, contre celle d'*Ecole polytechnique*. Elle a aujourd'hui son *siège* rue Descartes, près le Panthéon, et ressortit au Ministère de la guerre.

1. — L'admission à cette école a lieu, chaque année, à la suite de *concours* publics. — Les candidats doivent être Français ou naturalisés, avoir 16 ans au moins et 20 ans au plus, justifier du diplôme de bachelier ès sciences ou ès lettres. Les militaires sont admis exceptionnellement à concourir jusqu'à 25 ans, lorsqu'ils ont passé deux ans sous les drapeaux ; mais ils ne peuvent être placés que dans les services militaires.

2. — L'école est soumise à l'*internat* et au *régime militaire*. Le *prix de pension* est de 1000 fr. par an, en sus du trousseau. Des

bourses et demi-bourses, des *trousseaux* et *demi-trousseaux* sont accordés par le Ministre de la guerre, sur la présentation des Conseils d'instruction et d'administration de l'école.

3. - - Les élèves sont *exempts du service militaire*, en s'engageant à passer soit dans l'école, soit dans les services publics, un temps égal à celui fixé par la loi pour le service militaire.

4. — La durée des cours est de *deux ans*. — L'enseignement comprend les matières ci-après : *Analyse ; — Géométrie et Stéréotomie ; — Physique ; — Chimie ; — Architecture ; — Astronomie ; -- Langue allemande ; — Mécanique ; — Histoire et Littérature ; — Travaux graphiques ; — Dessin.*

5. -- Les élèves qui ont satisfait aux examens de sortie et dont l'aptitude physique aux services publics a été constatée ont le droit de choisir, *suivant le rang de mérite* qu'ils occupent sur la liste générale de classement dressée par le jury, et jusqu'à concurrence du nombre d'emplois disponibles, le service public où ils désirent entrer, parmi ceux qui s'alimentent à l'École, savoir : l'*artillerie* de terre et de mer, le *génie* militaire et le génie maritime, la *marine de l'Etat* et le Corps des *Ingénieurs hydrographes*, les *ponts et chaussées* et les *mines*, le Corps d'*état-major*, les *poudres et salpêtres*, l'Administration des *télégraphes* et celle des *tabacs*.

ÉCOLE PRATIQUE DES HAUTES ÉTUDES. — Instituée auprès des grands établissements scientifiques et littéraires (Muséum d'histoire naturelle, Observatoire, Faculté des Sciences, Collège de France), cette école, due à la féconde initiative de M. V. Duruy, Ministre de l'instruction publique, a pour *but* de placer à côté de l'enseignement théorique les exercices qui peuvent le fortifier et l'étendre. Elle est *divisée* en 5 sections : 1° Sciences *mathématiques ;* — 2° Sciences *physico-chimiques ;* — 3° Sciences *naturelles ;* — 4° Sciences *historiques et philologiques ;* — 5° Sciences *religieuses.*

1. — *Aucune condition* d'âge, de grade ou de nationalité n'est exigée pour l'admission. — Les candidats sont admis comme élèves *stagiaires* sur l'avis du directeur de la section. Leur situation est régularisée après un stage de *trois mois* et leur admission définitive est prononcée par le Ministre. La jouissance des avantages que confère cette admission ne peut dépasser *trois ans*.

2. — Les élèves peuvent obtenir des *missions*, des *médailles*, des *mentions*, des *subventions*, des *bourses d'étude* et de *voyage*.

ÉCOLE SPÉCIALE D'ARCHITECTURE. — Cette école, due à l'initiative privée et reconnue d'utilité publique en 1870, est *située* à Paris, boulevard Montparnasse, 136 ; elle est *destinée* à former des Architectes.

1. — Les études durent *trois ans* et comprennent les cours suivants : *Dessin ; — Stéréotomie* (science de la coupe des solides, du grec *stereos*, solide, et *temnô*, je coupe) ; — *Physique générale ; — Chimie générale ; — Stabilité des constructions ; — Géologie ; — Hygiène ; — Histoire naturelle ; — Histoire des civilisations ; -— Perspective et ombres ; — Physique appliquée aux constructions ; — Chimie appliquée aux constructions ; — Machinerie des constructions ; — Théorie de l'architecture ; — Histoire comparée de l'architecture ; — Construction ; — Comptabilité des constructions ; — Législation appliquée aux constructions ; — Économie politique.*

2. — Le régime de l'école est l'*externat*. Le *prix* de l'enseignement est de 850 fr. par an. Des *bourses* sont données au concours.

3. — Nul n'est *admis* à l'école qu'à la suite d'épreuves indiquées sur un programme.

4. — A la fin de la troisième année d'études, les élèves qui en

sont jugés capables prennent part à un concours général pour l'obtention d'un *diplôme* spécial.

ÉCOLE SPÉCIALE MILITAIRE DE SAINT-CYR (Seine-et-Oise). — Elle est *destinée* à former des Officiers pour l'infanterie, la cavalerie, le Corps d'état-major, l'infanterie de marine. — Son installation dans les bâtiments où Mme de Maintenon avait fondé une maison d'éducation pour deux cent cinquante jeunes filles de noblesse pauvre remonte à 1803.

1. — L'école se recrute par des *concours* annuels auxquels peuvent prendre part les candidats, français ou naturalisés, âgés de 17 à 20 ans, pourvus du diplôme de bachelier ès sciences ou de bachelier ès lettres (ancien) ou du certificat de la première épreuve du baccalauréat ès lettres (nouveau). — Les militaires, comptant deux ans de présence effective sous les drapeaux, sont admis à concourir jusqu'à vingt-cinq ans.

2. — Le régime de l'école est l'*internat*. Le *prix de pension* est de 1500 francs, en sus du trousseau. Des *bourses* et *demi-bourses*, des *trousseaux* et *demi-trousseaux*, sont accordés par le Ministre de la guerre, sur la présentation des Conseils d'instruction et d'administration de l'école.

3. — La durée du cours d'études est de *deux ans*. L'enseignement comprend, indépendamment des manœuvres et des exercices pratiques, les matières ci-après : *Artillerie; — Topographie; — Art militaire; — Administration; — Fortifications; — Littérature; — Géographie; — Dessin; — Langue allemande.*

4. — Les élèves qui désirent servir dans l'arme de la *cavalerie* doivent le faire connaître au moment de leur admission à l'École ; ils suivent, à titre d'essai, des cours d'équitation qui font juger de leur aptitude à servir dans cette arme. La liste des élèves destinés à la cavalerie est formée par suite de cet essai ; ils sont nommés *Sous-Lieutenants* dans les régiments de cavalerie, s'ils satisfont aux examens de sortie.

Les autres élèves qui ont également satisfait aux examens de sortie ont le droit de choisir, *suivant le rang de mérite* obtenu dans le classement de sortie, et jusqu'à concurrence du nombre d'emplois disponibles, dans l'*infanterie de terre* et l'*infanterie de marine*, celle de ces armes dans laquelle ils désirent servir.

ÉCOLE SUPÉRIEURE DE GUERRE. — Instituée d'abord sous le titre de : *École supérieure militaire* par l'article 28 de la loi du 13 mars 1875 relative à la constitution des cadres et des effectifs de l'armée, elle a reçu cette nouvelle dénomination de la loi du 23 mars 1880 sur le service d'Etat-major (art. 3) qui en a déterminé le recrutement.

1. — Y sont admis, par voie de *concours*, les capitaines, lieutenants et sous-lieutenants de toutes armes ayant accompli 5 années de service comme officiers, dont 3 ans de service effectif dans les troupes.

2. — Les cours et conférences de l'École supérieure de guerre sont les suivants : *Tactique appliquée ; — Fortification; — Service d'Etat-major; — Topographie; — Géographie; — Administration; — Équitation; — Histoire militaire, stratégie et tactique générale; — Allemand; — Russe; — Mobilisation; — Chemins de fer; — Fortification passagère; — Télégraphie; — Droit des gens et droit international.*

3. — Les officiers ayant satisfait aux examens de sortie reçoivent le *brevet d'Etat-major*.

ÉCOLE SUPÉRIEURE DE TÉLÉGRAPHIE. — Instituée en 1878, elle est *destinée* spécialement à recruter le personnel du service technique de la télégraphie.

1. — Indépendamment des élèves de l'École polytechnique classés, d'après leur numéro de sortie, dans les télégraphes, sont admis, à la suite d'un *concours* : 1° les agents des postes et des télégraphes comptant deux ans de service; 2° les licenciés ès

sciences, les anciens élèves de l'Ecole polytechnique, de l'Ecole normale, de l'Ecole des mines, de l'Ecole des ponts et chaussées, de l'Ecole forestière, de l'Ecole navale, de l'Ecole centrale ayant satisfait aux examens de sortie. — Des *auditeurs libres*, français ou étrangers, peuvent être autorisés à suivre les cours.

2. — La durée des études est de *deux ans*. Les élèves de l'Ecole prennent le titre d'*élèves-ingénieurs des télégraphes* et concourent ensemble sans distinction d'origine.

Après avoir subi l'examen de sortie, ils sont nommés *sous-ingénieurs des télégraphes* et attachés au service technique.

Les auditeurs libres peuvent obtenir un *diplôme spécial*.

3. — L'*enseignement* de l'Ecole porte sur les matières suivantes :

1re *année*. — Physique. — Appareils de télégraphie. — Exploitation télégraphique. — Exploitation postale. — Droit administratif. — Cours pratiques d'anglais et d'allemand. — Conférences de télégraphie militaire, de télégraphie optique, d'architecture et construction. — Exercices journaliers de manipulation des appareils à cadran, Morse, Hughes, etc. — Manœuvres de télégraphie militaire. — Missions diverses destinées à mettre les élèves au courant du service d'exploitation et du service technique (les élèves doivent rapporter un journal de mission).

2e *année*. — Machines à vapeur. — Construction des lignes. — Physique appliquée à la télégraphie (mesures électriques et télégraphie sous-marine). — Chimie appliquée. — Cours pratiques d'anglais et d'allemand. — Conférences sur les nouveaux appareils et les nouveaux systèmes de communication. — Conférences sur la téléphonie, la lumière électrique et le transport de la force par l'électricité. — Conférences sur les applications de l'électricité aux chemins de fer. —Exercices de mesure électrique. — Missions pour l'étude de la télégraphie sous-marine. — Missions à l'étranger (les élèves doivent rapporter un journal de mission).

ÉCOLE DES MINES. — *Créée* en 1778, progressivement développée par la loi du 30 vendémiaire an IV (22 octobre 1795), et par l'ordonnance royale du 5 décembre 1816, cette école, qui est située à Paris, boulevard Saint-Michel, 60, a pour *but :* 1o De former des Ingénieurs destinés au recrutement du Corps des Mines ; — 2o De répandre dans le public la connaissance des sciences et des arts relatifs à l'industrie minérale, et, en particulier, de former des praticiens propres à diriger des entreprises privées d'exploitation de mines et d'usines minéralurgiques ; — 3o De réunir et de classer tous les matériaux nécessaires pour compléter la statistique minéralogique des départements de la France et des colonies françaises ; — 4o De conserver un musée et une bibliothèque consacrés spécialement à l'industrie minérale, et de tenir les collections au niveau des progrès de l'industrie des mines et usines et des sciences qui s'y rapportent ; — 5o Enfin d'exécuter, soit pour les Administrations publiques, soit pour les particuliers, les essais et analyses qui peuvent aider au progrès de l'industrie minérale.

1. — L'Ecole reçoit *trois catégories d'élèves :* 1o Les *Elèves-Ingénieurs*, destinés au recrutement du Corps des mines, pris parmi les élèves de l'Ecole Polytechnique ; — 2o Les *Elèves externes* admis par voie de concours, et qui, après avoir justifié, à leur sortie, de connaissances suffisantes, sont déclarés aptes à diriger des exploitations de mines et d'usines minéralurgiques, et reçoivent à cet effet un brevet qui leur confère le titre d'*élève breveté ;* — 3o Enfin, des *Elèves étrangers* admis, sur la demande des Ambassadeurs ou Chargés d'affaires, par décisions spéciales du Ministre.

2. — Le cours des études est de *trois ans*, et comprend les matières suivantes : *Minéralogie ;* — *Géo-*

logie ; — *Exploitation des Mines et Machines ;* — *Docimasie* (art d'essayer en petit les mines, pour savoir les métaux qu'elles contiennent, du grec *dokimasia*, épreuve) ; — *Métallurgie ;* — *Chemins de fer et Constructions industrielles ;* — *Législation des mines ;* — *Agriculture et Géologie technique ;* — *Paléontologie* (histoire descriptive des êtres qui ont jadis peuplé la terre, du grec *palaios*, ancien, *ôn*, être, et *logos*, description) ; — *Fortifications ;* — *Dessin ;* — *Langue allemande ;* — *Langue anglaise.*

3. — Toute personne qui désire faire exécuter l'*essai d'une substance minérale* est admise à en faire le dépôt au secrétariat de l'Ecole : l'inscription de la demande du déposant mentionne la localité d'où provient la substance à essayer. Il est aussitôt procédé à ceux de ces essais qui peuvent aider au progrès de l'industrie minérale.

4. — *Tous les services* de l'Ecole, enseignement, musée, bibliothèque et bureau d'essais, sont *gratuits*.

ÉCOLE SUPÉRIEURE DU COMMERCE. — Etablissement libre fondé à Paris, vers 1820, pour préparer des jeunes gens à la carrière commerciale, et *situé* rue Amelot, nº 102. — Il est placé sous le *patronage* de la Chambre de commerce de Paris et sous la surveillance d'un Conseil de perfectionnement présidé par le Ministre du commerce et de l'industrie.

1. — Les élèves doivent être *âgés* de quinze ans révolus. Le régime de l'école est l'*internat* ou le *demi-pensionnat*. Les cours durent *trois ans*. Le *prix de pension* est de 2000 fr. par année pour les *internes*, et de 1 000 fr. pour les *demi-pensionnaires*. — L'État entretient 12 *boursiers*, par voie de concours.

2. — L'école est partagée en trois *divisions* ou *comptoirs*, correspondant aux trois années d'études. — L'enseignement comprend le *Français*, l'*Anglais*, l'*Allemand*, l'*Espagnol* et l'*Italien*, l'*Ecriture*, l'*Arithmétique* théorique et pratique, la *Comptabilité*, la *Correspondance commerciale*, la *Géographie*, l'*Histoire*, la *Littérature française*, l'*Histoire littéraire*, l'*Algèbre*, la *Géographie*, le *Dessin linéaire* appliqué aux machines et à l'architecture, le *dessin d'ornement*, la *Physique*, la *Mécanique élémentaire*, la *Chimie industrielle*, la *Technologie*, l'étude des *Matières premières* du commerce et de l'industrie, l'*Histoire du commerce*, la *Géographie commerciale*, l'*Economie industrielle*, le *Droit usuel*, le *Droit commercial*, le *Droit maritime*, la *Législation industrielle*, la *Statistique*, la *Sténographie*, le *Commerce intérieur*, le *Commerce extérieur*.

3. — Les élèves de la troisième division qui ont satisfait aux examens de sortie reçoivent un *diplôme de capacité*, signé par le Ministre du commerce et de l'industrie. Ceux qui ne peuvent obtenir le diplôme reçoivent un *certificat d'études*.

ÉCOLES D'ARTS ET MÉTIERS. — Ces écoles, placées sous l'autorité du Ministre du commerce et de l'industrie, sont *destinées* à former, pour les industries correspondant à l'emploi du fer et du bois, des chefs d'atelier et des ouvriers exercés dans la pratique éclairée des arts spécialement utiles à ces industries.

1. — Elles sont au nombre de *trois* et situées à *Aix*, *Angers* et *Châlons-sur-Marne*. Une 4e école nationale d'arts et métiers, non encore organisée, a été créée à *Lille* par la loi du 10 mars 1881.

Pour y être admis, il faut être français, avoir plus de 15 ans et moins de 17 ans au 1er octobre de l'année du *concours* et avoir été déclaré admissible par le jury d'examen.

2. — Les écoles d'arts et métiers reçoivent des *internes* et des *externes*. Le *prix* de la pension, pour les premiers, est de 600 fr. par an. L'État y entretient un certain nombre de *bourses* et *demi-bourses*.

La durée des études est de *trois ans*.

Des *brevets* sont délivrés par le Ministre du commerce et de l'industrie aux élèves de 3e année ayant satisfait aux examens généraux de sortie.

3. — Il existe à *Cluses* (Haute-Savoie) une école spéciale d'*horlogerie*.

ÉCOLES DE BERGERS. — Il en existe deux, l'une à Rambouillet (Seine-et-Oise), l'autre à Moudjebeur (Algérie).

1. — L'école de *Rambouillet* reçoit les jeunes gens âgés de 15 ans, justifiant des connaissances de l'instruction primaire et admis par le Ministre de l'agriculture. Ils y séjournent *deux ans*. La nourriture et l'enseignement sont *gratuits*. Ceux qui en sont dignes reçoivent, à leur sortie, un *certificat d'aptitude* et une *prime*.

2. — L'école de *Moudjebeur* reçoit à la fois des élèves bergers qui n'ont à justifier que de 14 ans d'âge, d'un certificat de bonne conduite et d'un certificat de vaccine et de bonne constitution ; — et des jeunes gens qui se proposent l'exploitation pour leur propre compte ou l'administration comme régisseurs de domaines ou de grandes bergeries. Ces derniers doivent avoir 16 ans au moins, justifier d'une bonne instruction primaire et payer, s'ils n'en ont obtenu remise totale ou partielle, une pension de 600 fr. par an. La durée de l'apprentissage est de *trois ans*.

ÉCOLES DE MÉDECINE ET DE PHARMACIE NAVALES. — Elles sont au nombre de *trois*, établies à *Brest*, *Rochefort* et *Toulon*, auprès des hôpitaux de la marine, afin de faciliter la préparation des candidats au concours d'admission dans le service de santé.

1. — L'enseignement de ces écoles est *permanent* et *gratuit*. Des bibliothèques, des jardins botaniques, des amphithéâtres d'anatomie, sont à la disposition des élèves.

2. — Les places vacantes dans chaque école sont données annuellement au *concours*. Pour y prendre part, il faut être Français, avoir au moins 18 ans révolus et au plus 23 ans, produire les diplômes de bachelier ès lettres et de bachelier ès sciences complet ou restreint, suivant que le candidat se destine à la médecine ou à la pharmacie, enfin être exempt de toute infirmité susceptible de rendre impropre au service de la mer.

ÉCOLES D'HYDROGRAPHIE. — Ces écoles (ainsi appelées du grec *udôr*, eau, *graphô*, je décris) ressortissent au Ministère de la marine et des colonies. Leur *but* est de donner aux marins les connaissances scientifiques nécessaires pour l'obtention des brevets de capitaine au long cours et de maître au cabotage.

1. — Il existe une école d'hydrographie dans les villes ci-après : *Bordeaux*, *Marseille*, *Saint-Malo*, *le Havre*, *Brest*, *Rochefort*, *Cherbourg*, *Nantes*, *Bastia*, *Dunkerque*, *Toulon*, *Caen*, *Paimpol*, *Saint-Brieuc*, *Lorient*, *Saint-Nazaire*, *Granville*, *Agde*, *Bayonne*, *Saint-Tropez*, *Vannes*.

2. — Le régime des écoles d'hydrographie est l'*externat*. L'enseignement est *gratuit*. La durée des cours est d'*une année*.

3. — *Pour être admis* dans ces écoles, il faut être âgé de 13 ans au moins, savoir lire, écrire, compter, et être porté sur le registre de l'inscription maritime.

ÉCOLES DES MAITRES OUVRIERS MINEURS. — Elles ressortissent au ministère des travaux publics et sont au nombre de deux : l'une à *Alais* (Gard), l'autre à *Douai* (Nord). Leur *but* est de former des contre-maîtres qui possèdent à la fois assez de pratique pour surveiller et guider le travail des ouvriers, assez de théorie pour bien comprendre et exécuter les ordres d'un chef d'exploitation.

1. — Le régime de ces écoles est l'*internat*. Les cours durent *deux ans*.

2. — Les candidats doivent justifier d'une instruction élémentaire

et d'un travail effectif dans les mines pendant un temps déterminé.

3. — Des *brevets* de *maîtres-mineurs* sont délivrés aux élèves de deuxième année qui en sont jugés dignes.

ÉCOLES DE PLEIN EXERCICE DE MÉDECINE ET DE PHARMACIE. — Il en existe deux : à *Marseille* et à *Nantes.*

Les écoles ainsi qualifiées reçoivent *toutes les inscriptions* des aspirants au diplôme de *docteur en médecine* ou en *chirurgie* qui peuvent y passer le 1er *examen probatoire* et les *deux parties du* 2e *examen*, les autres épreuves devant être subies devant une Faculté. Elles reçoivent toutes les inscriptions et font passer *tous les examens* des aspirants au diplôme d'*officier de santé*. Elles ne peuvent faire passer que l'examen pour le certificat de *sage-femme de* 2e *classe* et ne délivrent ce diplôme et ce certificat que pour les *départements compris dans leur circonscription.*

ÉCOLES MANUELLES D'APPRENTISSAGE. — Sont considérées comme telles par la loi du 11 décembre 1880 : 1° les écoles fondées par les Communes, les départements ou des particuliers, pour développer chez les jeunes gens qui se destinent aux professions manuelles la dextérité nécessaire et les connaissances techniques ; — 2° les écoles publiques d'enseignement primaire complémentaire dont le programme comprend des cours ou des classes d'enseignement professionnel.

1. — Le *programme d'enseignement* de ces écoles, arrêté d'après un plan élaboré par les fondateurs, doit être approuvé par les Ministres de l'instruction publique et du commerce et de l'industrie.

2. — Pour l'exécution de la loi du 11 décembre 1880 est intervenu, à la date du 30 juillet 1881, un règlement d'administration publique.

3. — Il a été créé à *Vierzon* (Cher) une *Ecole nationale d'enseignement primaire supérieur et d'enseignement professionnel préparatoire à l'apprentissage*, destinée à servir de type pour les établissements de même nature à fonder par application de la loi du 11 décembre 1880.

Deux autres écoles de ce genre ont été récemment établies à *Armentières* (Nord) et à *Voiron* (Isère).

ÉCOLES MILITAIRES PRÉPARATOIRES. — Créées au nombre de *six* par la loi du 19 juillet 1884 qui a supprimé les *enfants de troupe* dans les régiments, elles sont *destinées* aux fils de soldats, caporaux ou brigadiers, sous-officiers, officiers jusqu'au grade de capitaine inclusivement ou assimilés.

1. — Les enfants doivent avoir **13** *ans révolus* et *moins de* **14** *ans* au 1er août de l'année de leur admission. Elle n'est prononcée que sur la production d'une déclaration des parents ou tuteurs autorisant les enfants à contracter, à l'âge minimum fixé pour les engagements volontaires, un *engagement* dont le terme est déterminé par la date de l'expiration légale du service dans l'armée active de la classe à laquelle ils appartiennent par leur âge.

2. — Des 6 écoles militaires préparatoires, 4 sont pour l'*infanterie*, 1 pour la *cavalerie*, 1 pour l'*artillerie* et le *génie*.

L'effectif maximum de chacune d'elles a été fixé à 500 par le décret du 22 mars 1885 rendu pour l'exécution de la loi du 19 juillet 1884.

3. — L'école d'essai des enfants de troupe de *Rambouillet* (Seine-et-Oise) a été constituée à titre définitif comme école militaire préparatoire pour l'infanterie. Une seconde école vient de s'ouvrir à *Billom* (Puy-de-Dôme) ; les 4 autres sont en voie d'organisation.

ÉCOLES NATIONALES D'AGRICULTURE. — Elles sont au nombre de *trois*, savoir : *Grignon* (Seine-et-Oise) ; — *Grand-Jouan* (Loire-Inférieure) ; — *Montpellier.*

1. — L'*enseignement* comprend les matières suivantes : *Chimie, Physique, Météorologie et Géologie appliquées ; — Génie rural ;*

— *Agriculture ;* — *Zootechnie ou Economie du bétail et Zoologie ;* — *Sylviculture et Botanique ;* — *Economie et Législation rurales.* — La durée du cours d'études est de *deux ans et demi.*

2. — Ces écoles reçoivent des élèves *internes*, des élèves *externes* et des auditeurs *libres.*

Tout candidat à l'internat doit être *âgé* de 17 ans accomplis au 1er octobre de l'année d'admission et subir un *examen* s'il ne justifie du diplôme de bachelier ès sciences, du certificat de l'enseignement secondaire spécial ou du diplôme de vétérinaire.

Les auditeurs libres n'ont pas d'examen à subir ; ils sont admis sur l'autorisation du directeur de l'école et moyennant l'acquittement d'un droit de 50 francs par trimestre.

3. — Le *prix* de la pension est de 1200 fr. par an pour *Grignon*, 1000 fr. pour *Grand-Jouan* et *Montpellier.* Les élèves *externes* et les auditeurs *libres* des 3 écoles ne payent que 200 fr. — Un certain nombre de *bourses* ou demi-bourses sont distribuées à la suite d'un concours entre les élèves.

4. — A la fin des études, les élèves reconnus capables reçoivent le *diplôme* d'école nationale d'agriculture qui est délivré par le Ministre.

ÉCOLES NATIONALES DES ARTS DÉCORATIFS. — Elles sont au nombre de 4 et établies à *Paris*, *Aubusson*, *Limoges* et *Nice.* L'enseignement est *gratuit.*

ECOLES NORMALES PRIMAIRES. — Elles sont *destinées* à assurer le recrutement du personnel enseignant dans les écoles primaires publiques.

1. — La loi du 9 août 1879 a imposé à *tout département* l'obligation d'avoir une école normale d'instituteurs et une école normale d'institutrices. Toutefois un décret peut autoriser deux départements à s'unir pour l'*entretien en commun*, soit de l'une ou de l'autre de leurs écoles normales, soit de toutes les deux.

2. — Les écoles normales se recrutent par le *concours.*

Leur régime est l'*internat.* L'internat est *gratuit.*

Elles peuvent recevoir, au même titre, des *demi-pensionnaires* et des *externes.*

3. — La durée du cours d'études est de *trois ans.*

L'enseignement comprend : l'*instruction morale et civique ;* — la *lecture ;* — l'*écriture ;* — la *langue* et les *éléments de la littérature française ;* — l'*histoire* et particulièrement l'*histoire de la France jusqu'à nos jours ;* — la *géographie*, et particulièrement celle *de la France ;* — le *calcul*, le *système métrique*, l'*arithmétique* élémentaire avec applications aux opérations pratiques ; des notions de *calcul algébrique ;* des notions de *tenue des livres ;* — la *géométrie élémentaire ;* — l'*arpentage* et le *nivellement* pour les élèves-maîtres seulement ; — les éléments des *sciences physiques* et des *sciences naturelles* avec leurs principales applications ; — l'*agriculture* pour les élèves-maîtres ; l'*horticulture ;* — l'*économie domestique* pour les élèves-maîtresses ; — le *dessin ;* — le *chant* et la *musique ;* — la *gymnastique* et, pour les élèves-maîtres, les *exercices militaires ;* — les *travaux manuels* pour les élèves-maîtres ; les *travaux* à l'*aiguille* pour les élèves-maîtresses ; — la *pédagogie ;* — l'étude d'une *langue étrangère.*

4. — Les candidats doivent, entre autres conditions, avoir 18 *ans au plus*, sauf autorisation du Recteur, au 1er octobre de l'année dans laquelle ils se présentent et être pourvus du *brevet élémentaire.*

5. — Nul ne peut se présenter *plus de deux fois.*

6. — Une *école primaire* dans laquelle les élèves s'exercent à la pratique de l'enseignement sous la direction d'un maître spécialement nommé à cet effet est *annexée* à chaque école normale.

Il doit y avoir, en outre, annexée à chaque école normale d'institutrices, une *école maternelle.*

7. — Les articles 56 à 89 du décret du 18 janvier 1887 et 68 à 105 de l'arrêté du même jour concernent les écoles normales primaires.

ÉCOLES NORMALES SECONDAIRES. — Elles sont *établies* au lycée du chef-lieu de chaque Académie et formées par la réunion des maîtres répétiteurs auxiliaires, logés et nourris au lycée, à qui l'accès du professorat est ainsi facilité.

ÉCOLES PRÉPARATOIRES DE MÉDECINE ET DE PHARMACIE. — Elles sont au nombre de *seize* et établies à *Alger*, *Amiens*, *Angers*, *Arras*, *Besançon*, *Caen*, *Clermont*, *Dijon*, *Grenoble*, *Limoges*, *Poitiers*, *Reims*, *Rennes*, *Rouen*, *Toulouse* et *Tours*.

Ces écoles ne peuvent recevoir que les *huit premières* inscriptions des aspirants au diplôme de *pharmacien de 1re classe* et ne font passer que les *deux premiers examens de fin d'année*, l'examen semestriel et les examens probatoires devant être subis devant une Ecole supérieure ou une Faculté mixte. Elles reçoivent *toutes les inscriptions* et font passer *tous les examens* des aspirants au diplôme de *pharmacien de 2e classe*. Elles ne font passer que l'examen d'*herboriste de 2e classe*. — Ce diplôme et ce certificat ne sont délivrés que pour les *départements compris dans leur circonscription*.

ÉCOLES SUPÉRIEURES DE PHARMACIE. — Elles sont au nombre de *trois*, établies à *Paris*, *Montpellier* et *Nancy*.

1. — L'enseignement comprend la *Physique appliquée à la Pharmacie*, la *Chimie*, l'*Histoire naturelle des médicaments*, la *Botanique*, la *Toxicologie* (science des poisons, du grec *toxicon*, poison, *logos*, description), la *Pharmacie*.

2. — Les écoles supérieures de pharmacie reçoivent *toutes les inscriptions* et font passer valablement *tous les examens* des aspirants aux divers diplômes et certificats qui se rapportent à l'exercice de la *pharmacie* et de l'*herboristerie*. — Elles ne délivrent le diplôme de pharmacien de 2e classe et le certificat d'herboriste de 2e classe que pour les départements où elles siègent.

ÉCOLES VÉTÉRINAIRES. — Ces établissements, *destinés* à former des vétérinaires civils et militaires, sont au nombre de *trois*, et situés à *Alfort* près Paris, à *Lyon*, et à *Toulouse*.

1. — Le régime de ces écoles est l'*internat*. La durée des études est de *quatre ans*. L'enseignement comprend les matières suivantes : *Anatomie ;* — *Physiologie ;* — *Physique, Chimie et pharmacie ;* — *Pathologie des maladies contagieuses, police sanitaire ;* — *Pathologie générale ;* — *Pathologie chirurgicale ;* — *Histoire naturelle ;* — *Hygiène* et *Zootechnie*.

2. — Les élèves sont admis par voie de *concours*. Toutefois, les bacheliers ès lettres ou ès sciences, les bacheliers de l'enseignement secondaire spécial et les jeunes gens munis du diplôme des écoles nationales d'agriculture sont dispensés de l'examen.

Pour être admis à concourir, il faut avoir 17 ans au moins et 25 ans au plus au 1er octobre de l'année du concours.

3. — Le *prix* de pension est de 600 fr. par an. Des *bourses* et demi-bourses sont accordées par le Ministre de l'agriculture.

4. — Les élèves de 4e année reconnus en état d'exercer la médecine des animaux domestiques reçoivent un *diplôme* de vétérinaire.

ÉCONOMIE POLITIQUE. — Une des branches de la science sociale, dont le domaine propre est l'étude des intérêts matériels de la société. — Elle fait partie des sciences morales, parce qu'elle éclaire toutes les questions d'intérêts à la lumière des principes de justice, de liberté, de responsabilité et de sociabilité.

Etant posé ce principe : *donner satisfaction à nos besoins avec la moindre somme possible de tra-*

vail, elle détermine scientifiquement les conditions générales de sa réalisation, à savoir : la division du travail, le capital, l'instruction et la moralité, la liberté du travail, l'association, la liberté de l'échange, la rémunération, la sécurité.

1. — Née avec *Boisguilbert* (mort en 1714), *Vauban* (1633-1707), *Quesnay* (1694-1774), *Turgot* (1727-1781), elle s'est véritablement constituée avec *Adam Smith* (1723-1790) et *Jean-Baptiste Say* (1767-1832). Un de ses plus charmants vulgarisateurs a été, parmi nous, *Frédéric Bastiat* (1801-1850). En Angleterre, *Miss Martineau* a rendu des services signalés par ses Contes sur l'économie politique.

2. — Les progrès de cette science, trop longtemps méconnue ou dédaignée, sont de la plus haute importance pour la civilisation générale : elle proclame l'harmonie des intérêts aussi bien entre les peuples qu'entre les individus et les classes sociales, et demande, en conséquence, qu'on abolisse toutes les entraves artificielles imaginées par de prétendus sages pour gêner cette liberté naturelle de travailler et d'échanger qui est la cause la plus efficace et la plus sérieuse garantie du bien-être et de la paix entre les hommes.

ÉCRIT ANONYME. — Voy. MENACES, 1.

ÉCRIT. (DROIT) — Voy. DROIT ÉCRIT.

EFFET RÉTROACTIF. — « *La loi ne dispose que pour l'avenir; elle n'a point d'effet rétroactif.* »

Ce principe tutélaire, inscrit dans le Code civil (art. 2), se retrouve dans l'article 4 du Code pénal ainsi conçu : « *Nulle contravention, nul délit, nul crime ne peuvent être punis de peines qui n'étaient pas prononcées par la loi avant qu'ils fussent commis.* »

EFFETS DE COMMERCE. — (Cod. com. art. 110-189; lois 5 juin 1850, 11 juin 1859; décr. 18 janvier 1860; lois 23 août 1871, 28 février 1872; 22 décembre 1878, art. 1er.)

C'est ainsi que l'on désigne les divers actes usités dans le commerce pour faciliter le mouvement du numéraire dont ils font l'office en quelque sorte : les plus importants comme les plus usuels sont la *lettre de change* et le *billet à ordre*.

— Sect. I. **LETTRE DE CHANGE.** — I. NATURE ET FORME. — 1. — Le commerce est redevable à la lettre de change de la plus grande partie de ses progrès. Avant son invention, les frais et les risques du transport des monnaies imposaient de grandes entraves aux transactions à l'intérieur et les rendaient presque impraticables à l'étranger. Grâce à la lettre de change, ces entraves ont disparu, les capitaux mobiliers ont été affranchis, une somme immense de crédit a été créée, et le commerce n'a plus connu d'autres limites que celles du monde.

— On n'est pas d'accord sur l'*origine* de la lettre de change. D'après la version la plus vraisemblable, ce furent les Juifs qui, chassés de France pour la seconde fois, en 1180, sous Philippe-Auguste, et retirés en Lombardie, auraient eu l'idée première de cette création. Ils se seraient servis de voyageurs et de pèlerins étrangers venant en France en leur remettant des lettres en style concis pour toucher l'argent qu'ils avaient confié à leurs amis au moment de leur sortie de France. Ils auraient ensuite initié à cette industrie les négociants d'Amsterdam, place centrale du commerce, d'où elle se serait répandue dans toute l'Europe.

2. — La lettre de change peut être *définie* un acte par lequel une personne s'oblige à faire payer à une autre personne, ou à celle qui exercera ses droits dans un lieu déterminé, une somme dont elle a reçu la valeur.

En voici un modèle :

B. P. F. 1000.

Paris, le 24 juin 1887.

Au 15 septembre prochain, il vous plaira payer à M. Isnard, négociant à Toulouse, ou à son ordre, la somme de mille francs, valeur reçue *comptant* (ou, suivant le cas), valeur reçue *en compte*, ou, *en marchandises.*

VINCENT,
rue de Rivoli, 90.

A M. Drouet, négociant, à Bordeaux, rue... n°...

3. — La lettre de change, on le voit, suppose essentiellement trois personnes au moins : le *tireur* ou *souscripteur* (Vincent), le *tiré* (Drouet), et le *preneur* ou *bénéficiaire* (Isnard) ; mais il peut y en avoir un plus grand nombre : un tiers est quelquefois désigné pour payer dans le cas où le tiré ne le ferait pas : on l'appelle *recommandataire* ou *besoin;* — la lettre est souvent payable en un domicile autre que celui du tiré ; la personne chez laquelle le payement doit s'effectuer se nomme *domiciliataire;* — l'engagement d'un des signataires de la lettre est d'autres fois cautionné par un tiers désigné sous le nom de *donneur d'aval;* — le preneur n'opère pas ordinairement lui-même le recouvrement de la traite ; il la transmet par voie d'endossement et devient *endosseur;* — lorsque le tiré accepte la lettre, il devient *accepteur;* — un tiers peut accepter, à défaut du tiré, ou payer pour lui : ce tiers est dit, selon le cas, *accepteur* ou *payeur par intervention.*

4. — Les effets de commerce doivent être sur *papier timbré.* Le droit est proportionnel à la somme portée au titre, et fixé ainsi qu'il suit par la loi du 22 décembre 1878 :

5 centimes	pour les effets de	....	100 fr.	et au-dessous;
10 —	—	au dessus de	100 —	à 200 fr.
15 —	—	—	200 —	à 300 —
20 —	—	—	300 —	à 400 —
25 —	—	—	400 —	à 500 —
30 —	—	—	500 —	à 600 —
35 —	—	—	600 —	à 700 —
40 —	—	—	700 —	à 800 —
45 —	—	—	800 —	à 900 —
50 —	—	—	900 —	à 1 000 —
1 franc	—	—	1 000 —	à 2 000 —
1 fr. 50 c.	—	—	2 000 —	à 3 000 —
2 francs	—	—	3 000 —	à 4 000 —

et ainsi de suite, en suivant la même progression et sans fraction.

— Une *amende* de 6 p. 100 du montant du titre *non timbré* est prononcée contre le tireur, le preneur, le tiré, s'il a accepté, et toute personne s'étant chargée de la négociation de l'effet. S'il y a eu seulement emploi d'un *timbre insuffisant*, l'amende ne porte que sur la somme pour laquelle le droit de timbre n'a pas été acquitté. — De plus, le porteur d'un effet non timbré est *déchu* de tout *recours* contre les divers *endosseurs*, et la clause *retour sans frais*, dont il sera question un peu plus loin (voy. 6), est frappée de nullité.

— Celui qui reçoit du souscripteur un effet non timbré peut, dans les quinze jours de sa date, et avant toute négociation, le faire timbrer, moyennant un droit de quinze centimes par 100 francs, qui s'ajoute au montant de l'effet, et est remboursé par le débiteur.

Les effets de commerce *venant de l'étranger* et payables en France doivent, avant d'être négociés ou payés, acquitter le même droit de timbre que s'ils avaient été créés en France. Ce droit peut être acquitté par l'apposition de *timbres mobiles*, vendus par l'Administration et analogues à ceux qui servent pour l'affranchissement des lettres. Le timbre mobile se colle sur l'effet, et la personne qui l'appose l'*annule* de suite, en y inscrivant la *date de l'apposition* et sa *signature*. Pour les effets dépassant 20 000 fr., il n'existe pas de timbres mobiles; on doit les présenter au bureau du receveur pour la perception du droit.

5. — La lettre de change est soumise à un *droit d'enregistrement* de cinquante centimes par 100 fr. Toutefois l'enregistrement n'est nécessaire qu'au cas de poursuites judiciaires en vue d'arriver au payement. Dans cette hypothèse, la lettre de change doit être enregistrée avec le protêt.

6. — La lettre de change contient souvent une clause fort utile à y insérer; c'est la clause : *retour sans frais*. Elle a pour but d'éviter les frais élevés qui résulteraient, au cas de non-payement à l'échéance, de la nécessité de faire dresser un acte de protêt et d'exercer à bref délai des poursuites judiciaires. Grâce à cette clause, le porteur peut se dispenser de remplir ces formalités dispendieuses, sans encourir de déchéance.

7. — Pour la facilité de la négociation de la lettre de change, ou pour obvier à sa perte, on peut la tirer en *plusieurs exemplaires*, sur chacun desquels on mentionne s'il est premier, deuxième, troisième, etc., afin de constater qu'il ne s'agit pas de lettres de change distinctes, mais d'un titre unique tiré à plusieurs exemplaires. On dit, par exemple, si la lettre est tirée à un seul exemplaire : *Payez par cette seule de change;* — s'il y a plusieurs exemplaires : *Payez par cette première* (*par cette seconde*, etc.) *de change*.

II. Provision. — On appelle *provision* la valeur destinée au payement de la lettre de change. Le tireur s'étant obligé à faire payer la lettre de change par le tiré, c'est à lui de fournir au tiré une somme suffisante pour le payement de la lettre. — « *Il y a provision*, » dit l'art. 116 du Code de commerce, « si, à l'échéance de la lettre de change, celui sur qui elle est fournie est redevable au tireur, ou à celui pour compte de qui elle est tirée, d'une somme au moins égale au montant de la lettre de change. » — La provision peut *consister* en argent, en marchandises, en valeurs quelconques, ou compenser des dettes du tiré envers le tireur.

L'acceptation *suppose* la provision.

III. Acceptation. — C'est l'engagement de payer la lettre de change, pris par le tiré, qui devient alors, à l'égard du porteur, débiteur direct de la lettre; le tireur et les endosseurs ne sont plus que les garants du payement. Le porteur peut toujours requérir l'acceptation; il y est tenu lorsque la lettre est payable à un *certain délai de vue*.

1. — Le tiré a vingt-quatre heures, à partir de la présentation ou de la remise du titre, pour *accepter* ou *refuser*. A l'expiration de ce délai, il doit rendre le titre, accepté ou non, sous peine de dommages-intérêts.

2. — Le *refus d'acceptation* est constaté par une protestation ou acte appelé : *protêt faute d'acceptation*, dont la forme et les effets sont indiqués ci-après. (Voy. xii.)

3. — L'acceptation s'exprime par le mot : *accepté*, ou tout autre impliquant de la part du tiré l'enga-

gement de payer; elle est signée. La date n'est nécessaire qu'autant que la lettre est payable à un certain délai de vue. Dans le cas où la lettre de change serait payable à un domicile autre que celui du tiré, mention en est faite en ces termes : *Accepté, payable au domicile de M..., à...*

L'acceptation ne peut être *conditionnelle*, mais elle peut *être partielle*, si le tiré n'a entre les mains qu'une provision insuffisante. L'acceptation partielle s'exprime ainsi : *accepté pour la somme de...* — Dans cette hypothèse, le porteur doit, *pour le surplus*, faire faire un *protêt faute d'acceptation.*

IV. Acceptation par intervention. — Lorsqu'une lettre de change a été protestée faute d'acceptation, un tiers peut intervenir et prendre l'engagement de payer, pour éviter des poursuites contre tel ou tel garant. L'intervention est mentionnée dans l'acte de protêt et signée par l'intervenant, qui doit la notifier sans délai à celui pour lequel elle a eu lieu. — Le porteur n'en conserve pas moins le droit d'exercer son recours contre le tireur et les endosseurs, comme s'il y avait eu refus d'acceptation, s'il n'a pas foi en la solvabilité de l'intervenant.

V. Echéance. — 1. — Une lettre de change peut être tirée à vue; — à un ou plusieurs jours de vue; — à un ou plusieurs mois de vue; — à une ou plusieurs usances de vue; — à un ou plusieurs jours de date; — à un ou plusieurs mois de date; — à une ou plusieurs usances de date; — à jour fixe ou à jour déterminé; — en foire.

La lettre de change *à vue* est payable à sa présentation.

L'échéance d'une lettre de change à *un ou plusieurs jours de vue*, à *un ou plusieurs mois de vue*, à *une ou plusieurs usances de vue*, est fixée par la date de l'acceptation, ou par celle du protêt faute d'acceptation.

L'*usance* est de trente jours, qui courent du lendemain de la date de la lettre de change.

Les mois sont tels qu'ils sont fixés par le calendrier grégorien.

Une lettre de change payable *en foire* est échue la veille du jour fixé pour la clôture de la foire, ou le jour de la foire, si elle ne dure qu'un jour.

2. — Si l'échéance est à un *jour férié légal* (voy. jours fériés), la lettre de change est payable *la veille*.

3. — *Aucun délai* ne peut être accordé pour le payement, par la Justice, à la différence de ce qui a lieu en matière civile. (Cod. civ. art. 1244.) — L'intérêt du commerce exige, en effet, que les obligations soient exécutées avec la plus parfaite exactitude.

VI. Endossement. — La simple déclaration faite *au dos* d'une lettre de change, et nommée pour cela *endossement*, suffit pour transférer à un tiers la propriété de la lettre.

1. — L'endossement doit être *daté*, exprimer la *valeur fournie*, et énoncer le nom de *celui à l'ordre de qui il est passé*. Voici en quels termes il se donne :

« Payez à l'ordre de M. Mercier, valeur reçue en *espèces*, ou en *marchandises*, ou en *compte* » (selon les circonstances).

» Paris, le 14 juin 1887.

» Isnard,
» Rue Jacob, 9. »

2. — L'endossement qui n'est pas conforme aux dispositions ci-dessus ne constitue qu'une *simple procuration* : il ne transfère pas la propriété de la lettre de change.

3. — Il est *défendu d'antidater* les endossements, sous peine d'être poursuivi comme *faussaire*, et d'être passible, par conséquent, des *travaux forcés à temps*. Cette prescription sévère a pour but de prévenir la fraude que pourrait commettre un commerçant failli en reportant à une époque antérieure à sa faillite la date d'un endosse-

ment, au préjudice des droits dont la masse de ses créanciers est investie sur une provision qui se trouve entre les mains du tiré.

VII. Solidarité. — Tous ceux qui ont *signé*, *accepté*, *endossé* ou *cautionné* une lettre de change sont tenus à la *garantie solidaire* envers le porteur, qui a une action contre chacun d'eux et peut les poursuivre, soit collectivement, soit individuellement.

Cette solidarité prononcée par la loi était le meilleur moyen de faciliter l'exécution du contrat de change et d'augmenter le crédit des effets de circulation. Aussi ne doit-on pas s'étonner de la faveur avec laquelle tous les peuples commerçants ont accueilli la lettre de change. C'est grâce à son ingénieux mécanisme qu'elle a pu devenir un des agents les plus actifs des transactions.

VIII. Aval. — On désigne ainsi (du latin *ad valere*, à valoir, bon pour) l'engagement pris par un tiers, comme caution, de payer une lettre de change. Il n'est assujetti à aucune formalité particulière, et peut être donné soit sur la lettre de change, soit par acte séparé, sous seing privé ou notarié. Quand il est donné sur la lettre de change, il s'exprime par ces mots : *Bon pour aval*, suivis de la signature.

Quelle que soit la forme de son engagement, le *donneur d'aval* est soumis aux conséquences ordinaires de la lettre de change : la *solidarité*, la *compétence des tribunaux de commerce*. Des conventions particulières pourraient cependant modifier les effets de l'aval. Le donneur d'aval, par exemple, serait affranchi de la solidarité, s'il l'avait expressément stipulé.

IX. Payement. — 1. — La lettre doit être payée dans la *monnaie* qu'elle indique, même si c'est une monnaie étrangère : la convention des parties à cet égard doit recevoir son exécution.

Le payement se fait en *espèces d'or* ou *d'argent ayant cours*. — La *monnaie de billon* ne peut servir que comme appoint de la pièce de 5 fr., c'est-à-dire jusqu'à concurrence de 4 fr. 95.

2. — D'après un usage consacré par le décret du 1er juillet 1809, le débiteur est tenu, dans les payements de 500 fr. et au-dessus, qui se font en pièces d'argent, de fournir le *sac* et la *ficelle*, en retenant dix centimes par sac. Cette retenue s'appelle *passe de sacs*. — Les sacs doivent contenir au moins 1 000 fr. chacun.

3. — A *défaut de présentation* de la lettre au payement dans les trois jours de l'échéance, le débiteur est autorisé à en déposer le montant à la Caisse des Dépôts et Consignations, à Paris, et, dans les départements, à la Caisse des Trésoriers Payeurs généraux ou des Receveurs particuliers des finances. Il lui est délivré un *récépissé* qu'il remettra au porteur s'il se présente plus tard.

4. — *Aucune opposition* ne peut être faite au payement de la lettre de change, si ce n'est en cas de *faillite du porteur* ou de *perte de l'effet*.

5. — Celui qui paye une lettre de change *avant son échéance* est responsable de la validité du payement. S'il survenait entre ses mains une opposition, il serait forcé de payer deux fois.

6. — Le porteur ne peut être contraint de recevoir le payement *avant l'échéance*, ni de recevoir un *payement partiel*. S'il consent à recevoir un acompte, il conserve ses droits contre le tireur et les endosseurs en faisant protester la lettre *pour le surplus*.

7. — La lettre de change doit être payée sur la *présentation du titre*; mais il peut se faire qu'elle ait été tirée à plusieurs exemplaires. Dans cette hypothèse, et si aucun des exemplaires n'est revêtu de l'acceptation du tiré, le payement fait sur une seconde, troisième, etc., est valable, pourvu qu'on y inscrive que ce payement annule l'effet des autres. — Si l'un des exemplaires est revêtu de l'acceptation du tiré, et que celui-ci paye sur un autre exem-

plaire, il n'est pas libéré envers le tiers porteur de l'exemplaire accepté.

8. — Il peut arriver que la lettre de change *s'échange* ou *se perde*. Trois situations différentes sont à considérer : 1° *La lettre de change a été tirée à plusieurs exemplaires dont aucun ne porte l'acceptation du tiré.* — Le porteur qui a perdu le premier exemplaire peut poursuivre le payement sur un second, troisième, etc., sans autorisation de la Justice et sans aucune justification. — 2° *La lettre a été tirée à plusieurs exemplaires, et celui qui porte l'acceptation est perdu.* — Le propriétaire ne peut exiger le payement sur un second, troisième, etc., qu'en vertu d'une ordonnance du Président du tribunal de commerce et moyennant caution. — 3° *La lettre n'a été tirée qu'à un seul exemplaire qui est perdu, ou bien encore à plusieurs exemplaires dont aucun ne se retrouve.* — Le propriétaire de la lettre a le choix ou de réclamer un nouveau titre en s'adressant à son cédant immédiat et en remontant d'endosseur en endosseur jusqu'au tireur, ou d'obtenir une ordonnance du Président du tribunal de commerce en justifiant par ses livres qu'il était régulièrement saisi de la lettre de change, et en donnant caution.

9. — Il peut arriver aussi que la lettre de change soit *fausse* ou *falsifiée*. Si la lettre est fausse (ayant été tirée par un tireur imaginaire, ou sous un nom supposé), le tiré qui l'a acceptée est tenu de la payer au tiers porteur de bonne foi. C'était à lui, avant d'accepter, de s'assurer de la sincérité de la signature du tireur. Comme moyen de garantie contre les faussaires, l'usage s'est introduit de donner avis au tiré de l'émission de la lettre. A moins donc que la lettre ne contienne formellement la clause *sans autre avis*, le tiré agira prudemment en n'acceptant pas avant d'avoir reçu du tireur un avis séparé.

— Si la lettre a été *falsifiée*, le tiré n'est jamais tenu que de la somme portée sur l'effet lors de son acceptation.

X. Payement par intervention. — 1. — Lorsque le tiré a refusé de payer la lettre de change, et que son refus a été constaté par un protêt, toute personne peut, quoiqu'elle ne soit nullement tenue de le faire, intervenir et payer pour le compte de l'un des obligés; c'est ce qu'on appelle *payement par intervention*.

Pour encourager les payements par intervention, le Code de commerce (article 159) *subroge* le tiers intervenant dans les droits du porteur, à la condition de remplir les mêmes formalités que celles dont ce dernier serait tenu. (Voy. ci-après, xi.)

2. — L'intervention et le payement *se constatent* dans l'acte du protêt ou à la suite de cet acte.

3. — Si *plusieurs personnes* se présentaient pour acquitter une lettre de change par intervention, la *préférence* devrait être donnée à celle qui opérera le plus de libérations. Ainsi, celui qui, offrant de payer pour le tireur, libérerait tous les endosseurs, serait préféré à celui qui offrirait de payer pour l'un des endosseurs. Ainsi encore, celui qui offrirait de payer pour le premier endosseur, serait préféré à celui qui offrirait de payer pour un endosseur subséquent. — Dans tous les cas, il est nécessaire qu'un acte de protêt ait été dressé préalablement; sans cette formalité de rigueur, l'intervenant serait censé avoir payé comme simple mandataire du tiré ou de l'accepteur, et il ne serait pas subrogé aux droits du porteur.

XI. Droits et devoirs du porteur. — 1. — Le porteur d'une lettre de change tirée du continent et des îles de l'Europe ou de l'Algérie, et payable dans les possessions européennes de la France ou de l'Algérie, soit à vue, soit à un ou plusieurs jours, mois ou usances de vue, doit en exiger le payement ou l'acceptation dans les *trois mois* de sa date, sous peine de perdre son recours sur les endosseurs et même sur le tireur, si celui-ci a fait provision.

Le délai est de *quatre mois* pour les lettres de change tirées des États du littoral de la Méditerranée et du littoral de la mer Noire sur les possessions européennes de la France, et réciproquement, du continent et des îles de l'Europe sur les établissements français de la Méditerranée et de la mer Noire.

Le délai est de *six mois* pour les lettres de change tirées des États d'Afrique en deçà du cap de Bonne-Espérance, et des États d'Amérique en deçà du cap Horn, sur les possessions européennes de la France, et réciproquement, du continent et des îles de l'Europe sur les possessions françaises ou établissements français dans les États d'Afrique en deçà du cap de Bonne-Espérance, et dans les États d'Amérique en deçà du cap Horn.

Le délai est *d'un an* pour les lettres de change tirées de toute autre partie du monde sur les possessions européennes de la France, et réciproquement, du continent et des îles de l'Europe sur les possessions françaises et les établissements français dans toute autre partie du monde.

La même déchéance a lieu contre le porteur d'une lettre de change à vue, à un ou plusieurs jours, mois ou usances de vue, tirée de la France, des possessions ou établissements français et payable dans les pays étrangers, qui n'en exigerait pas le payement ou l'acceptation dans les délais ci-dessus prescrits pour chacune des distances respectives. Lesdits délais sont *doublés* en temps de guerre maritime pour les pays d'outre-mer.

Les dispositions dont il vient d'être parlé ne font pas obstacle à ce que des *stipulations contraires* interviennent entre le preneur, le tireur et même les endosseurs.

2. — Le porteur doit *exiger le payement le jour de l'échéance*, et, en cas de refus, le faire constater, le lendemain, par un acte nommé *protêt faute de payement*. — Si ce jour est un jour *férié* légal, le protêt est fait le jour suivant.

3. — Le porteur *n'est dispensé* du protêt faute de payement ni par le protêt faute d'acceptation, ni par la mort ou faillite de celui sur qui la lettre était tirée. Dans le cas de *faillite* de l'accepteur *avant l'échéance*, il peut faire protester et exercer son recours, le débiteur ne pouvant plus réclamer le bénéfice du terme s'il tombe en faillite.

4. — Le porteur d'une lettre de change protestée faute de payement peut exercer son action en garantie, ou *individuellement* contre le tireur et chacun des endosseurs, ou *collectivement* contre les endosseurs et le tireur. — La même faculté existe pour chacun des endosseurs, à l'égard du tireur et des endosseurs qui le précèdent.

Si le porteur exerce le recours individuellement contre son cédant, il doit lui faire notifier le protêt, et, à défaut de remboursement, le faire citer en jugement dans les *quinze jours* qui suivent la date du protêt, si celui-ci réside dans la distance de cinq myriamètres. Ce délai, à l'égard du cédant domicilié à plus de cinq myriamètres de l'endroit où la lettre de change était payable, est augmenté d'un jour par deux myriamètres et demi excédant les cinq myriamètres.

5. — Les lettres de change tirées de France et payables hors du territoire continental de la France en Europe étant protestées, les tireurs et endosseurs résidant en France doivent être poursuivis dans les délais ci-après : D'*un mois* pour celles qui étaient payables en Corse, en Algérie, dans les îles Britanniques, en Italie, dans le royaume des Pays-Bas et dans les États ou confédérations limitrophes de la France;

De *deux mois* pour celles qui étaient payables dans les autres États, soit de l'Europe, soit du littoral de la Méditerranée et de celui de la mer Noire;

De *cinq mois* pour celles qui étaient payables hors d'Europe en deçà des détroits de Malacca et de la Sonde, et en deçà du cap Horn;

De *huit mois* pour celles qui étaient payables au delà des détroits de Malacca et de la Sonde, et au delà du cap Horn. — Ces délais doivent être observés dans les mêmes proportions pour le recours à exercer contre les tireurs et endosseurs résidant dans les possessions françaises hors de la France continentale. — Ils sont *doublés* pour les pays d'outre-mer, en cas de guerre maritime.

6. — Si le porteur exerce son recours collectivement contre les endosseurs et le tireur, il jouit à l'égard de chacun d'eux du délai ci-dessus déterminé. — Chacun des endosseurs a le droit d'exercer le même recours, ou individuellement, ou collectivement, dans le même délai. A leur égard, le délai court du lendemain de la citation en justice.

7. — *Après l'expiration des délais* ci-dessus, pour la présentation de la lettre de change à vue, ou à un ou plusieurs jours ou mois, ou usances de vue, — pour le protêt faute de payement, — pour l'exercice de l'action en garantie, — le porteur est *déchu* de tous droits contre les endosseurs.

Les endosseurs sont également déchus de toute action en garantie contre leurs cédants, après les mêmes délais, chacun en ce qui le concerne.

La *même déchéance* a lieu contre le porteur et les endosseurs *à l'égard du tireur lui-même*, si ce dernier justifie qu'il y avait provision à l'échéance de la lettre de change. Le porteur, en ce cas, ne conserve d'action que contre celui sur qui la lettre était tirée.

8. — Les effets de la déchéance *viennent à cesser* en faveur du porteur, si le tireur ou l'un des endosseurs, après l'expiration des délais fixés pour le protêt, la notification du protêt, ou la citation en justice, ont reçu par compte, compensation ou autrement, les fonds destinés au payement de la lettre de change, parce qu'ils n'éprouvent plus aucun préjudice de la négligence du porteur.

9. — Le porteur d'une lettre de change protestée faute de payement peut, indépendamment des formalités prescrites pour l'exercice de son action en garantie, obtenir du tribunal l'autorisation de faire *saisir conservatoirement* les effets mobiliers des tireurs, accepteurs et endosseurs.

XII. Protêts. — 1. — Les protêts faute d'acceptation ou de payement sont *faits* par un notaire ou par un huissier. (Déc. 23 mars 1848, art. 2.)

2. — Le protêt doit être fait : au domicile de celui sur qui la lettre de change était payable, ou à son dernier domicile connu; — au domicile des personnes indiquées dans la lettre pour la payer au besoin; — au domicile du tiers qui a accepté par intervention; — le tout par un seul et même acte. En cas de fausse indication de domicile, le protêt est précédé d'un acte de perquisition, c'est-à-dire d'un procès-verbal dans lequel l'officier ministériel chargé d'instrumenter déclare que toutes les informations prises par lui n'ont pu lui faire découvrir la personne.

3. — L'acte de protêt *contient :* — la transcription littérale de la lettre de change, de l'acceptation, des endossements et des recommandations qui y sont indiquées; — la sommation de payer le montant de la lettre de change. — Il *énonce :* — la présence ou l'absence de celui qui doit payer; — les motifs du refus de payer, et l'impuissance ou le refus de signer.

4. — *Nul acte*, de la part du porteur, *ne peut suppléer* le protêt, excepté le cas de perte de la lettre de change, où il est dressé un acte particulier dit *acte de protestation*.

5. — Les notaires et les huissiers sont tenus, à peine de destitution, dépens, dommages-intérêts envers les parties, de laisser copie exacte des protêts, et de les inscrire en entier, jour par jour et par ordre de dates, sur un registre spécial, coté et paraphé.

XIII. Rechange. — Le porteur qui

a fait protester un effet pour défaut de payement peut, pour se rembourser, tirer, à son tour, une nouvelle lettre de change sur le tireur ou l'un des endosseurs de la lettre protestée. C'est ce qu'on appelle *faire retraite*. Le porteur a ainsi le moyen d'éviter les lenteurs des poursuites judiciaires et de se procurer immédiatement de l'argent en négociant la retraite. La nouvelle lettre de change, ou retraite, comprend le capital de la lettre de change protestée, les intérêts de cette somme à compter du jour du protêt, les frais de protêt et autres accessoires, enfin le *rechange*, c'est-à-dire le prix payé pour la négociation de la retraite. Elle doit être accompagnée de la lettre protestée, du protêt et d'un *compte de retour*, ou bordereau détaillant les sommes dont se compose le montant de la retraite. Le rechange est certifié par un agent de change, et dans les lieux où il n'existe pas d'agent de change, par deux commerçants.

La retraite peut être faite soit par le porteur sur le tireur ou l'un des endosseurs, soit par l'endosseur qui a payé la lettre de change protestée, sur le tireur ou un endosseur antérieur.

XIV. Prescription. — Toutes actions relatives aux lettres de change se prescrivent par *cinq ans*, à compter du jour du protêt ou de la dernière poursuite juridique, s'il n'y a eu condamnation, ou si la dette n'a été reconnue par acte séparé.

Néanmoins les prétendus débiteurs sont tenus, s'ils en sont requis, d'affirmer, sous *serment*, qu'ils ne sont plus redevables; et leurs veuves, héritiers ou ayants cause, qu'ils estiment de bonne foi qu'il n'est rien dû.

— En admettant pour les effets de commerce une prescription plus courte que la prescription ordinaire, le législateur a considéré que les payements doivent se faire, entre commerçants, avec plus d'exactitude et de rapidité, et que la multiplicité des affaires nécessite des règlements de comptes à de courts intervalles.

XV. Recouvrement des effets de commerce par la poste. — (Lois 5 avril 1879, 17 juillet 1880.) — Le service des postes est autorisé à effectuer, en France et en Algérie, le recouvrement des quittances, factures, billets, traites et généralement de toutes les valeurs commerciales ou autres *dont le montant n'excède pas* 2000 francs, qu'elles soient ou non soumises à protêt. Ne sont acceptées les valeurs à recouvrer en Tunisie qu'autant qu'elles ne sont pas soumises au protêt.

On peut de même faire recouvrer par la poste les effets de commerce et valeurs quelconques payables en Suisse, en Belgique, en Allemagne, dans le grand-duché de Luxembourg, dans les Pays-Bas, en Roumanie, en Suède, en Portugal, et réciproquement. Les valeurs protestables ne sont admises que pour l'Allemagne et la Belgique.

Les valeurs à recouvrer *ne doivent pas dépasser* 300 francs par envoi pour les Pays-Bas, 1000 francs pour la Suisse, 500 francs pour l'Allemagne, le grand-duché de Luxembourg, la Suède, 2000 francs pour la Belgique, 1000 francs pour la Roumanie et le Portugal.

Dans le service intérieur français, les valeurs protestables ne sont admises, en cas de *non-consignation du montant probable des frais*, qu'autant qu'elles sont à destination de localités pour lesquelles des officiers ministériels ou publics se sont engagés à effectuer les protêts sans consignation préalable. — La liste de ces localités est communiquée au public dans tous les bureaux de poste.

— Sect. II. **BILLET A ORDRE.** — C'est le billet payable à la personne à qui il est souscrit, ou à l'*ordre* de celle qui en devient cessionnaire par un endossement régulier.

En voici la formule :

Paris, le 20 février 1887.	Bon pour 1000 francs.
Au 15 avril prochain, je paierai à M. Masson, rue Vivienne, 35, ou à son ordre, la somme de mille francs, valeur reçue (en *espèces*, ou en *marchandises*, ou en *compte*).	FONTAINE, 60, rue du Bac.

— Toutes les dispositions relatives aux lettres de change, et concernant l'*échéance*, l'*endossement*, la *solidarité*, l'*aval*, le *payement*, le *payement par intervention*, le *protêt*, les *droits et devoirs du porteur*, le *rechange ou les intérêts*, la *prescription*, sont applicables aux billets à ordre.

EFFRACTION. — Circonstance *aggravante* du vol, et entraînant la peine des *travaux forcés à temps*.

1. — Est qualifié *effraction* tout forcement, rupture, dégradation, démolition, enlèvement de murs, toits, planchers, portes, fenêtres, serrures, cadenas ou autres ustensiles ou instruments servant à fermer ou empêcher le passage, et de toute espèce de clôture, quelle qu'elle soit.

2. — Les effractions sont *extérieures* ou *intérieures*.

Les *effractions extérieures* sont celles à l'aide desquelles on peut s'introduire dans les maisons, cours, basses-cours, enclos ou dépendances, ou dans les appartements ou logements particuliers.

Les *effractions intérieures* sont celles qui, après l'introduction dans les lieux ci-dessus désignés, sont faites aux portes ou clôtures du dedans, ainsi qu'aux armoires ou autres meubles fermés.

Est compris dans la classe des effractions *intérieures* le simple enlèvement des caisses, boîtes, ballots sous toile et corde, et autres meubles fermés, qui contiennent des effets quelconques, bien que l'effraction n'ait pas été faite sur le lieu. (Cod. pén. art. 384, 393-396.)

ÉGLISE DE LA CONFESSION D'AUGSBOURG. — Voy. CULTES, II, § 2.

ÉGLISE. (FABRIQUE D') — Voy. FABRIQUE D'ÉGLISE.

ÉGLISE RÉFORMÉE. — Voy. CULTES, II, § 1er.

ÉLECTEUR. — Est *électeur* tout citoyen âgé de 21 ans et résidant dans la Commune depuis 6 mois.

Sont *exclus*, par application de l'article 3 de la loi du 12 mars 1849 : 1° Les individus privés de leurs droits civils et politiques par suite de condamnation, soit à des peines afflictives et infamantes, soit à des peines infamantes seulement; — 2° Ceux auxquels les tribunaux correctionnels ont interdit le droit de vote et d'élection par application des lois qui autorisent cette interdiction; — 3° Les condamnés pour crime à l'emprisonnement, par application de l'article 463 du Code pénal (*circonstances atténuantes*); — 4° Les condamnés à trois mois de prison au moins, pour vol, escroquerie, abus de confiance, soustraction commise par des dépositaires de deniers publics, ou attentat aux mœurs prévu par l'article 334 du Code pénal ; — 5° Ceux qui ont été condamnés à trois mois de prison, par application des articles 318 et 423 du Code pénal (*vente ou débit de boissons falsifiées contenant des mixtions nuisibles à la santé; — tromperie sur la qualité ou la quantité des marchandises;* — 6° Ceux qui ont été condamnés pour délit d'usure; — 7° Les interdits; — 8° Les faillis qui, n'ayant point obtenu de concordat, ou n'ayant point été déclarés excusables, conformément à l'article 538 du Code de commerce, n'ont pas d'ailleurs été réhabilités.

ÉLECTION DE DOMICILE. — Voy. DOMICILE, 5.

ÉLECTIONS. — Du latin *eligere*, choisir. — L'élection est le choix fait par des citoyens, légalement réunis, d'une personne qui reçoit mission de les représenter. Le *Parlement*, les *Conseils généraux*, les *Conseils d'arrondissement* et les *Conseils municipaux* se recrutent par l'élection. — Voy. CONSEIL D'ARRONDISSEMENT, 2 et 3; — CONSEIL GÉNÉRAL, I; — CONSEIL MUNICIPAL, I; — DÉPUTÉ, 1; — SÉNAT.

I. LISTES ÉLECTORALES. — RÉCLAMATIONS. — Les listes électorales sont l'objet d'une *revision annuelle*. Lors de cette revision, et dans les délais prescrits, tout citoyen *omis* sur la liste peut présenter sa *réclamation* à la Mairie. Tout électeur inscrit sur l'une des listes de la circonscription électorale a la faculté de demander la *radiation* d'un individu indûment inscrit ou l'*inscription* d'un individu omis. — Le même droit appartient aux Préfets et aux Sous-Préfets.

Il est ouvert, dans chaque Mairie, un *registre* sur lequel les réclamations sont inscrites par ordre de date. Le Maire doit donner récépissé de chaque réclamation.

L'électeur dont l'inscription a été contestée en est averti, sans frais, par le Maire, pour qu'il puisse présenter ses observations.

— Les *réclamations* sont *jugées* par une Commission composée, à Paris, du Maire et de deux Adjoints; partout ailleurs, du Maire et de deux membres du Conseil municipal désignés par le Conseil. — *Notification* de la décision est faite, dans les *trois jours*, aux parties intéressées, qui peuvent interjeter *appel* dans les *trois jours* de cette notification.

L'appel est porté devant le *Juge de paix du canton;* il *est formé* par simple déclaration au greffe. Le Juge de paix statue dans les *dix jours*, sans frais ni forme de procédure, et sur simple avertissement donné trois jours à l'avance à toutes les parties intéressées. — Toutefois, si la demande portée devant lui implique la solution préjudicielle d'une question d'état, il renvoie préalablement les parties à se pourvoir devant les juges compétents, et fixe un bref délai dans lequel la partie qui a élevé la question préjudicielle devra justifier de ses diligences.

— La décision du Juge de paix est en *dernier ressort*, mais elle peut être déférée à la *Cour de cassation*. Le pourvoi n'est recevable que s'il est formé dans les *dix jours* de la notification de la décision. Il n'est *pas suspensif*. Il *se forme* par simple requête, dénoncée aux défendeurs dans les dix jours qui suivent; il est dispensé de l'intermédiaire d'un Avocat à la Cour, et jugé d'urgence, sans frais ni consignation d'amende. — Les pièces et mémoires fournis par les parties sont transmis, sans frais, par le greffier de la Cour de cassation.

— Tous les actes judiciaires sont, en matière électorale, *dispensés du timbre* et *enregistrés gratis*. — Les extraits des actes de naissance nécessaires pour établir l'âge des électeurs sont délivrés *gratuitement sur papier libre* à tout réclamant.

L'élection est faite sur la liste revisée pendant toute l'année qui suit la clôture de la liste.

II. DISPOSITIONS PÉNALES. — Elles font l'objet du titre IV du décret organique du 2 février 1852, que nous pouvons nous borner à reproduire :

Art. 31. — « Toute personne qui se sera fait inscrire sur la liste électorale sous de *faux noms* ou de *fausses qualités*, ou aura, en se faisant inscrire, *dissimulé une incapacité* prévue par la loi, ou aura réclamé et obtenu une *inscription sur deux ou plusieurs listes*, sera punie d'un emprisonnement d'un mois à un an et d'une amende de 100 fr. à 1 000 fr. »

Art. 32. — « Celui qui, *déchu du droit de voter*, soit par suite d'une condamnation judiciaire, soit par suite d'une faillite non suivie de réhabilitation, aura voté, soit en vertu d'une inscription sur les listes antérieures à sa déchéance, soit en vertu d'une inscription postérieure, mais opérée sans sa participation, sera puni d'un emprisonnement de 15 jours à 3 mois et d'une amende de 20 à 500 fr. »

Art. 33. — « Quiconque aura voté dans une assemblée électorale, soit en vertu d'une inscription obtenue dans les deux premiers cas prévus par l'article 31, soit en prenant faussement les noms et qualités d'un électeur inscrit, sera puni d'un emprisonnement de 6 mois à 2 ans et d'une amende de 200 à 500 fr. »

Art. 34. — « Sera puni de la même peine tout citoyen qui aura profité d'une inscription multiple pour *voter plus d'une fois*. »

Art. 35. — « Quiconque étant chargé, dans un scrutin, de recevoir, compter ou dépouiller les bulletins contenant les suffrages des citoyens, aura *soustrait*, *ajouté* ou *altéré* des bulletins, ou *lu un nom autre* que celui inscrit, sera puni d'un emprisonnement d'un an à cinq ans et d'une amende de 500 fr. à 5000 fr. »

Art. 36. — « La même peine sera appliquée à tout individu qui, chargé par un électeur d'écrire son suffrage, aura *inscrit* sur le bulletin *un nom autre* que celui qui lui était désigné. »

Art. 37. — « L'entrée dans l'assemblée électorale avec des *armes apparentes* est interdite. En cas d'infraction, le contrevenant sera passible d'une amende de 16 à 100 fr. — La peine sera d'un emprisonnement de 15 jours à 3 mois et d'une amende de 50 fr. à 300 fr. si les *armes* étaient *cachées*. »

Art. 38. — « Quiconque aura *donné*, *promis* ou *reçu* des *deniers*, *effets* ou *valeurs quelconques*, sous la condition soit de donner ou de procurer un suffrage, soit de s'abstenir de voter, sera puni d'un emprisonnement de 3 mois à 2 ans et d'une amende de 500 fr. à 5000 fr. — Seront punis des mêmes peines ceux qui, sous les mêmes conditions, auront fait ou accepté l'*offre* ou la *promesse d'emplois publics ou privés*. — Si le coupable est *fonctionnaire public*, la peine sera double. »

Art. 39. — « Ceux qui, soit par *voies de fait*, *violences ou menaces* contre un électeur, soit en lui faisant craindre de perdre son emploi ou d'exposer à un dommage sa personne, sa famille ou sa fortune, l'auront déterminé à *s'abstenir de voter*, ou auront *influencé* un vote, seront punis d'un emprisonnement d'un mois à un an et d'une amende de 100 fr. à 1 000 francs. — La peine sera du double si le coupable est *fonctionnaire public*. »

Art. 40. — « Ceux qui, à l'aide de *fausses nouvelles*, *bruits calomnieux* ou *autres manœuvres frauduleuses*, auront surpris ou détourné des suffrages, déterminé un ou plusieurs électeurs à s'abstenir de voter, seront punis d'un emprisonnement d'un mois à un an et d'une amende de 100 fr. à 2000 fr. »

Art. 41. — « Lorsque, par *attroupements*, *clameurs*, ou *démonstrations menaçantes*, on aura troublé les opérations d'un collège électoral, porté atteinte à l'exercice du droit électoral ou à la liberté du vote, les coupables seront punis d'un emprisonnement de 3 mois à 2 ans et d'une amende de 100 fr. à 2 000 francs. »

Art. 42. — « Toute *irruption* dans un collège électoral consommée ou tentée avec *violence*, en vue d'empêcher un choix, sera punie d'un emprisonnement d'un an à cinq ans et d'une amende de 1000 fr. à 5 000 francs. »

Art. 43. — « Si les coupables étaient *porteurs d'armes*, ou si le *scrutin* a été *violé*, la peine sera la réclusion. »

Art. 44. — « Elle sera des travaux forcés à temps si le crime a été commis par suite d'un *plan concerté* pour être exécuté, soit dans toute la République, soit dans un ou plusieurs départements, soit dans un ou plusieurs arrondissements. »

Art. 45. — « Les membres d'un collège électoral qui, pendant la réunion; se seront rendus coupables d'*outrages* ou de *violences*, soit envers le bureau, soit envers l'un de ses membres, ou qui, par *voies de fait* ou *menaces,* auront retardé ou empêché les opérations électorales, seront punis d'un emprisonnement d'un mois à un an et d'une amende de 100 fr. à 2000 fr. — Si le *scrutin* a été *violé*, l'emprisonnement sera d'un an à cinq ans, et l'amende de 1000 fr. à 5000 fr. »

Art. 46. — « L'*enlèvement de l'urne* contenant les suffrages émis et non encore dépouillés sera puni d'un emprisonnement d'un an à cinq ans et d'une amende de 1 000 fr. à 5 000 fr. — Si cet enlèvement a été effectué *en réunion* ou *avec violence*, la peine sera la réclusion. »

Art. 47. — « La *violation du scrutin,* faite soit par les membres du bureau, soit par les agents de l'Autorité préposés à la garde des bulletins non encore dépouillés, sera punie de la réclusion. »

Art. 48. — « Les crimes prévus par la présente loi seront jugés par la Cour d'assises, et les délits par les tribunaux correctionnels; l'article 463 du Code pénal (circonstances atténuantes) pourra être appliqué. »

Art. 49. — « En cas de *conviction de plusieurs crimes ou délits* prévus par la présente loi et commis antérieurement au premier acte de poursuite, la peine la plus forte sera seule appliquée. »

ÉMANCIPATION. — (Cod. civ. art. 476-487.)

Du latin *e*, de; *mancipium*, sujétion. — C'est l'acte par lequel un mineur, qui est sous la puissance paternelle ou sous l'autorité d'un tuteur, en est affranchi.

I. Formes et conditions. — L'émancipation peut être *tacite* ou *expresse*.

Elle est *tacite*, quand elle s'opère de plein droit, sans formalités, par le seul fait du mariage du mineur; — *expresse*, lorsqu'elle a lieu par la volonté du père, ou, à défaut de ce dernier, décédé, interdit ou absent, par la volonté de la mère, ou enfin, à défaut de père et de mère, par délibération du Conseil de famille.

— L'émancipation expresse se fait par une *déclaration* devant le Juge de paix qui la constate dans un procès-verbal.

Lorsqu'elle émane du père ou de la mère, elle est permise à 15 ans révolus; elle ne peut avoir lieu qu'à 18 ans révolus, si elle émane du Conseil de famille. — Cette différence d'âge établie par la loi entre l'émancipation faite par le père ou la mère et celle faite par le Conseil de famille s'explique aisément : le mineur émancipé par son père ou, à défaut du père, par sa mère, trouve en lui ou en elle un conseil dévoué, tandis que le mineur devenu orphelin est entièrement livré à lui-même. De plus, le législateur a considéré que le tuteur, pour se décharger de la tutelle, pourrait parfois supposer à son pupille une capacité précoce et amener le Conseil de famille à prendre une mesure funeste pour l'enfant. Ces craintes ne sauraient exister à l'égard des père et mère : leur affection est un sûr garant de la gravité des motifs qui peuvent les porter à émanciper leurs enfants.

II. Effets de l'émancipation. — L'émancipation ne confère au mineur qu'une *demi-capacité*. Pour ce qui regarde *sa personne*, il est libre de se choisir un domicile, il peut prendre un état, faire en un mot tout ce qui lui convient, sauf en ce qui concerne l'état de commerçant, pour lequel des conditions spéciales seraient exigées de lui. — Voy. commerçant, I, § 1er.

Mais quant à *ses biens*, il a seulement le droit de les administrer et de toucher ses revenus; il peut passer des baux dont la durée n'excède point 9 années, et faire, en général, tous les actes qui ne sont que de *pure administration*. Pour les actes plus importants, il a besoin de l'assistance d'un *Curateur* qui lui est nommé par le Conseil de famille. Ainsi, cette assistance lui est nécessaire pour faire des baux d'une durée dépassant 9 années, pour donner décharge d'un capital mobilier, pour introduire une action en partage, accepter une donation.

Le mineur doit, indépendamment de l'assistance de son Curateur, obtenir l'autorisation du Conseil de famille et l'homologation du tribunal, lorsqu'il s'agit d'emprunt, d'aliénation d'immeubles, d'hypothèques, de transaction, d'acceptation ou de répudiation d'une succession.

III. Révocation de l'émancipation. — L'émancipation est *révocable* en cas d'inconduite ou de mauvaise gestion du mineur, et le retrait s'opère en suivant les mêmes formes que celles qui avaient été employées pour la lui conférer.

Dès le jour où il est privé du bénéfice de l'émancipation, le mineur rentre sous la puissance paternelle ou en tutelle, selon les cas, et il y reste jusqu'à sa majorité accomplie. Le législateur n'a pas voulu qu'on pût recommencer une expérience qui a si mal réussi.

EMBARGO. — De l'espagnol *embargar*, séquestrer. — Défense de laisser sortir d'un port les vaisseaux qui s'y trouvent.

Toutes pertes et dommages qui en résultent pour les objets assurés sont aux risques des assureurs. (Cod. com. art. 350.) — Voy. arrêt de prince.

EMBAUCHAGE — EMBAUCHEUR. — Le mot *embauchage* a plusieurs acceptions, mais il se prend ordinairement en mauvaise part, et pour désigner le fait de provoquer, soit des militaires à passer à l'ennemi ou aux rebelles armés, soit des ouvriers à passer à l'étranger dans le but de nuire à l'industrie française.

1. — Les lois militaires punissent l'*embaucheur* de la peine de *mort*. — Voy. Cod. just. mil. (armée de terre), art. 208; (armée de mer), art. 256, 266.

2. — L'article 417 du Code pénal porte : « Quiconque, *dans la vue de nuire à l'industrie française*, aura fait passer en pays étranger des directeurs, commis ou des ouvriers d'un établissement, sera puni d'un *emprisonnement* de 6 mois à 2 ans, et d'une *amende* de 50 fr. à 300 fr. »

3. — Dans une autre acception, qui n'est guère usitée, du reste, qu'entre ouvriers et patrons, le mot *embauchage* s'applique au fait d'engager des ouvriers pour l'exécution de certains travaux, ce qui, évidemment, n'a rien d'illicite.

ÉMENDER. — Cette expression, synonyme de *corriger*, *réformer*, est employée par les magistrats devant qui une cause a été portée en appel, lorsqu'ils modifient sur quelques points la décision des premiers juges.

EMPÊCHEMENT DE MARIAGE. — Voy. mariage, I.

EMPIÈTEMENT DES AUTORITÉS ADMINISTRATIVES ET JUDICIAIRES. — (Cod. pén. art. 127-131.)

La *séparation des pouvoirs* (voy. ces mots) est un principe fondamental de notre droit public. Le législateur ne s'est pas contenté de tracer les limites dans lesquelles chaque pouvoir doit se renfermer; il a édicté des peines contre les Autorités qui, dépassant ces limites, *empiéteraient* les unes sur les autres. Tel est l'objet des articles 127 à 131 du Code pénal ainsi conçus :

Art. 127. — « Seront coupables de *forfaiture*, et punis de la *dégradation* civique : 1° les Juges, les Procureurs généraux ou de la République, ou leurs Substituts, les Officiers de police, qui se seront immiscés dans l'exercice du pouvoir législatif, soit par des règlements contenant des dispositions législatives, soit en arrêtant ou en suspendant l'exécution d'une ou de plusieurs lois, soit en délibérant sur le point de savoir si les lois seront publiées ou exécutées; — 2° les Juges, les Procureurs généraux ou de la République, ou leurs Substituts, les Officiers de police judiciaire, qui auraient excédé leur pouvoir, en s'immisçant dans les matières attribuées aux Autorités administratives, soit en faisant des règlements sur ces matières, soit en défendant d'exécuter les ordres émanés de l'Administration, ou qui, ayant permis et ordonné de citer des Administrateurs pour raison de l'exercice de leurs fonctions, auraient persisté dans l'exécution de leurs jugements ou ordonnances, nonobstant l'annulation qui en aurait été prononcée ou le conflit qui leur aurait été notifié. »

Art. 128. — « Les Juges qui, sur la revendication formellement faite par l'Autorité administrative d'une affaire portée devant eux, auront néanmoins procédé au jugement avant la décision de l'Autorité supérieure, seront punis chacun d'une *amende* de 16 fr. au moins et de 150 fr. au plus. — Les Officiers du ministère public qui auront fait des réquisitions ou donné des conclusions pour ledit jugement seront punis de la même peine. »

Art. 129. — « La peine sera d'une amende de 100 fr. au moins et de 500 fr. au plus contre chacun des juges qui, après une réclamation légale des parties intéressées ou de l'Autorité administrative, auront, sans autorisation du Gouvernement, rendu des ordonnances ou décerné des mandats contre ses agents ou préposés prévenus de crimes ou délits commis dans l'exercice de leurs fonctions. — La même peine sera appliquée aux Officiers du ministère public ou de police qui auront requis lesdites ordonnances ou mandats. »

Art. 130. — « Les Préfets, Sous-Préfets, Maires et autres Administrateurs, qui se seront immiscés dans l'exercice du pouvoir législatif, comme il est dit au n° 1er de l'article 127, ou qui se seront ingérés de prendre des arrêtés généraux tendant à intimer des ordres ou des défenses quelconques à des Cours ou Tribunaux, seront punis de la *dégradation civique.* »

Art. 131. — « Lorsque ces Administrateurs entreprendront sur les fonctions judiciaires en s'ingérant de connaître de droits et intérêts privés du ressort des tribunaux, et qu'après la réclamation des parties ou de l'une d'elles, ils auront néanmoins décidé l'affaire avant que l'Autorité supérieure ait prononcé, ils seront punis d'une *amende* de 16 fr. au moins et de 150 fr. au plus. »

EMPOISONNEMENT. — (Cod. pén. art. 301, 302, 452.)

1. — Est qualifié d'*empoisonnement* tout attentat à la vie d'une personne, par l'effet de substances qui peuvent donner la mort plus ou moins promptement, de quelque manière que ces substances aient été employées ou administrées, et quelles qu'en aient été les suites.

L'empoisonnement, le plus lâche de tous les crimes, est un véritable *assassinat* (voy. ce mot), car il suppose nécessairement la préméditation. Aussi le Code pénal lui applique-t-il également la *peine de mort.*

2. — Quiconque empoisonne des *chevaux* ou autres *bêtes de voiture*, de *monture* ou de *charge*, des *bestiaux* à cornes, des *moutons*, *chèvres* ou *porcs*, ou des *poissons* dans des étangs, viviers ou réservoirs, est passible d'un *emprisonnement* de 1 an à 5 ans, et d'une *amende* de 16 fr. à 300 fr. Il peut, en outre, être mis sous la *surveillance de la haute police* pendant 2 ans au moins et 5 ans au plus.

EMPRISONNEMENT. — Peine infligée pour les *contraventions* et pour les *délits*.

1. — En matière de *simple police*, l'emprisonnement varie entre *un* et *cinq* jours; — en matière *correctionnelle*, il est de *six jours* au moins, et de *cinq ans* au plus, sauf le cas de récidive. (Cod. pén. art. 9, 40, 41, 464, 465.)

2. — L'emprisonnement diffère de la *détention* et de la *réclusion*, quant au caractère et à la durée de la peine, et quant au mode d'exécution. — Voy. DÉTENTION; — RÉCLUSION.

3. — Voy. PRISONS; — CONTRAINTE

PAR CORPS; — PUISSANCE PATERNELLE, 2.

ENCHÈRE. — (Cod. proc. civ. art. 705 et suiv.; Cod. pén. art. 412; Cod. for. art. 22.)

Offre supérieure, soit à la mise à prix, soit au prix offert par quelqu'un, pour une chose qui se vend ou se loue publiquement au plus offrant.

1. — Les ventes aux enchères ou à l'encan sont *judiciaires*, c'est-à-dire ordonnées par Justice dans l'intérêt des créanciers, ou *volontaires*, c'est-à-dire faites au nom de particuliers qui ont recours à ce moyen pour vendre leurs effets ou marchandises. Dans le premier cas, quand il s'agit d'immeubles, les enchères se font par le ministère d'Avoués. On allume successivement des bougies préparées de manière que chacune dure environ une minute, et les offres deviennent définitives après l'extinction de trois bougies sans nouvelles enchères.

Toute vente aux enchères se fait à la criée par l'intermédiaire d'un officier public (*Notaire*, *Commissaire-priseur*, *Greffier*, *Huissier*).

2. — Le Code pénal (art. 412) punit d'un emprisonnement de 15 jours à 3 mois et d'une amende de 100 fr. à 5 000 fr. ceux qui, par voies de fait, violences, menaces, dons ou promesses, *entravent la liberté des enchères*. La même peine est applicable à toute *association secrète* ou *manœuvre entre les marchands de bois ou autres*, tendant à nuire aux enchères, à les troubler ou à obtenir les bois à plus bas prix. (Cod. for. art. 22.)

3. — Voy. FOLLE-ENCHÈRE et SURENCHÈRE.

4. — Dans les adjudications administratives, on fait une sorte d'*enchère au rabais*.

ENCLAVE. — (Cod. civ. art. 682-685.)

État d'un fonds qui est entouré par des terrains appartenant à autrui, et qui se trouve ainsi n'avoir pas d'issue sur la voie publique.

Les articles 682 à 685 du Code civil sur l'enclave ont été modifiés comme il suit par une loi du 20 août 1881 :

Art. 682. — « Le propriétaire dont les fonds sont enclavés et qui n'a sur la voie publique aucune issue ou qu'une issue insuffisante pour l'exploitation, soit agricole, soit industrielle de sa propriété, peut réclamer un passage sur les fonds de ses voisins, à la charge d'une indemnité proportionnée au dommage qu'il peut occasionner. »

Art. 683. — « Le passage doit régulièrement être pris du côté où le trajet est le plus court du fonds enclavé à la voie publique. — Néanmoins, il doit être fixé dans l'endroit le moins dommageable à celui sur le fonds duquel il est accordé. »

Art. 684. — « Si l'enclave résulte de la division d'un fonds par suite d'une vente, d'un échange, d'un partage ou de tout autre contrat, le passage ne peut être demandé que sur les terrains qui ont fait l'objet de ces actes. — Toutefois, dans le cas où un passage suffisant ne pourrait être établi sur les fonds divisés, l'article 682 serait applicable. »

Art. 685. — « L'assiette et le mode de servitude de passage pour cause d'enclave sont déterminés par 30 ans d'usage continu. — L'action en indemnité, dans le cas prévu par l'article 682, est prescriptible, et le passage peut être continué, quoique l'action en indemnité ne soit plus recevable. »

ENDOSSEMENT — ENDOSSEUR. — (Cod. com. art. 136 et suiv.)

Les effets de commerce, qui sont une espèce de monnaie, peuvent être cédés indéfiniment par une simple déclaration écrite au dos du titre : c'est ce qu'on appelle *endossement*. L'*endosseur* est celui qui transmet par ce moyen un effet de commerce à un tiers. — Voy. EFFETS DE COMMERCE, sect. I, VI; — ALLONGE.

ENFANT. — 1. — La loi reconnaît trois espèces de filiations : 1° la filiation *légitime*, qui se divise en filiation *légitime* proprement dite et filiation *légitimée*;

2° La filiation *naturelle*, qui se divise en filiation naturelle *simple*, *adultérine* et *incestueuse;*

3° La filiation *adoptive*.

— Il y a donc, en réalité, *six classes* d'enfants :

1° Les enfants *légitimes*, c'est-à-dire les enfants conçus ou nés pendant le mariage de leurs père et mère;

2° Les enfants *légitimés*, c'est-à-dire les enfants qui, simples enfants naturels au moment de leur conception, sont devenus légitimes ultérieurement par le mariage de leurs père et mère;

3° Les enfants *naturels simples*, c'est-à-dire les enfants issus de deux personnes qui n'étaient pas mariées, mais entre lesquelles n'existait aucun lien de parenté ou d'alliance susceptible de faire obstacle à leur mariage;

4° Les enfants naturels *adultérins*, c'est-à-dire les enfants issus de deux personnes qui n'auraient pu se marier ensemble, parce que l'une d'elles ou toutes les deux étaient déjà engagées dans les liens d'un précédent mariage;

5° Les enfants naturels *incestueux*, c'est-à-dire les enfants dont les père et mère étaient unis par un lien de parenté ou d'alliance, susceptible de faire obstacle à leur mariage;

6° Les enfants *adoptifs*.

2. — Les enfants *naturels simples* peuvent être *reconnus* et même *légitimés;* ils succèdent, dans une certaine mesure, à leurs père et mère. Les enfants *adultérins* ou *incestueux*, au contraire, ne peuvent être ni reconnus, ni légitimés; ils ne sont point héritiers et ne peuvent jamais prétendre qu'à des *aliments*. — Voy. RECONNAISSANCE; — LÉGITIMATION; — SUCCESSIONS, II, § 4.

3. — Pour éviter des répétitions, nous renvoyons le lecteur aux différents mots où il est traité de la situation légale de l'enfant, notamment aux mots : ADOPTION; — CONTRAT D'APPRENTISSAGE; — DESCENDANT; — DISCERNEMENT; — ÉMANCIPATION; — JEUNES DÉTENUS; — MARIAGE; — MINORITÉ; — PATERNITÉ ET FILIATION; — PUISSANCE PATERNELLE; — QUOTITÉ DISPONIBLE; — SUCCESSIONS; — TUTELLE.

4. — Le Code pénal a prévu et puni de la manière suivante les divers *crimes* ou *délits tendant à empêcher ou détruire la preuve de l'état civil d'un enfant*, ou à *compromettre son existence :*

Art. 345. — « Les coupables d'*enlèvement*, de *recélé* ou de *suppression* d'un enfant, de *substitution* d'un enfant à un autre, ou de *supposition* d'un enfant à une femme qui ne sera pas accouchée, seront punis de la *réclusion*. — S'il n'est pas établi que l'enfant ait vécu, la peine sera d'*un mois* à *cinq ans d'emprisonnement*. — S'il est établi que l'enfant n'a pas vécu, la peine sera de *six jours à deux mois d'emprisonnement*. — Seront punis de la *réclusion* ceux qui, étant chargés d'un enfant, ne le représenteront point aux personnes qui ont droit de le réclamer. »

Art. 346. — « Toute personne qui, *ayant assisté à un accouchement, n'aura pas fait la déclaration* à elle prescrite par l'article 56 du Code civil, et *dans les délais* fixés par l'article 55 du même Code, sera punie d'un *emprisonnement* de 6 jours à 6 mois, et d'une *amende* de 16 fr. à 300 fr. »

Art. 347. — « Toute personne qui, *ayant trouvé un enfant nouveau-né*, ne l'aura pas remis à l'officier de l'état civil, ainsi qu'il est prescrit par l'article 58 du Code civil, sera punie des peines portées au précédent article. — La présente disposition n'est point applicable à celui qui aurait consenti à se charger de l'enfant, et qui aurait fait sa déclaration à cet égard devant la municipalité du lieu où l'enfant a été trouvé. »

Art. 348. — « Ceux qui auront *porté à un hospice* un enfant au-dessous de l'âge de 7 ans accomplis, qui leur aurait été confié afin qu'ils en prissent soin ou pour toute autre cause, seront punis d'un *emprisonnement* de 6 semaines à 6 mois, et d'une *amende* de 16 fr. à 50 fr. — Toutefois, aucune peine ne sera prononcée, s'ils n'étaient pas tenus ou ne s'étaient pas obligés de pourvoir gratuitement à la nourriture et à l'entretien de l'enfant, et si personne n'y avait pourvu. »

Art. 349. — « Ceux qui auront *exposé* et *délaissé* en un *lieu solitaire* un enfant au-dessous de l'âge de 7 ans accomplis, ceux qui auront donné l'ordre de l'exposer ainsi, si cet ordre a été exécuté, seront, pour ce seul fait, condamnés à un *emprisonnement* de 6 mois à 2 ans, et à une *amende* de 16 fr. à 2000 fr. »

Art. 350. — « La peine portée au précédent article sera de 2 ans à 5 ans, et l'amende de 50 fr. à 400 fr., contre les ***tuteurs*** ou ***tutrices***, ***instituteurs*** ou ***institutrices*** de l'enfant exposé et délaissé par eux ou par leur ordre. »

Art. 351. — « Si, par suite de l'exposition et du délaissement prévus par les articles 349 et 350, l'enfant est demeuré *mutilé* ou *estropié*, l'action sera considérée comme *blessures volontaires* à lui faites par la personne qui l'a exposé et délaissé; et si la *mort* s'en est suivie, l'action sera considérée comme *meurtre* : au premier cas, les coupables subiront la peine applicable aux blessures volontaires; et, au second cas, celle du meurtre. »

Art. 352. — « Ceux qui auront *exposé* et ***délaissé*** en un *lieu non solitaire* un enfant au-dessous de l'âge de 7 ans accomplis seront punis d'un ***emprisonnement*** de 3 mois à 1 an, et d'une *amende* de 16 fr. à 100 fr. »

Art. 353. — « Le délit prévu par le précédent article sera puni d'un emprisonnement de 6 mois à 2 ans, et d'une amende de 25 fr. à 200 fr., s'il a été commis par les ***tuteurs*** ou ***tutrices***, ***instituteurs*** ou ***institutrices*** de l'enfant. »

5. — ***Enfants employés dans les professions ambulantes.*** (Loi 7 décembre 1874.) — La loi dont le texte est reproduit ci-après a pour objet de prévenir l'abandon, le détournement et la démoralisation des enfants employés dans les *professions ambulantes*. Elle est en quelque sorte le complément de la loi sur le travail des enfants dans les manufactures, avec la différence que, dans ce dernier cas, il s'agit d'enfants confiés aux industriels qui font la gloire et la richesse du pays, et qu'ici il s'agit de malheureux qui sont, au contraire, l'objet d'une odieuse spéculation.

Art. 1er. — « Tout individu qui fera exécuter par des enfants de moins de *seize ans* des tours de force périlleux ou des exercices de dislocation; — Tout individu, *autre que les père et mère*, pratiquant les professions d'acrobate, saltimbanque, charlatan, montreur d'animaux ou directeur de cirque, qui emploiera dans ses représentations des enfants âgés de moins de *seize ans*, — sera puni d'un *emprisonnement* de 6 mois à 2 ans et d'une *amende* de 16 fr. à 200 fr. — La même peine sera applicable aux père et mère exerçant les professions ci-dessus désignées qui emploieraient dans leurs représentations leurs enfants âgés de moins de *douze ans*. »

Art. 2. — « Les pères, mères, tuteurs ou patrons qui auront livré, soit gratuitement, soit à prix d'argent, leurs enfants, pupilles ou apprentis âgés de moins de *seize ans* aux individus exerçant les professions ci-dessus spécifiées, ou qui les auront placés sous la conduite de vagabonds, de gens sans aveu ou faisant métier de la mendicité, seront punis des peines portées en l'article 1er. — La même peine sera applicable à quiconque aura déterminé des enfants âgés de moins de *seize ans* à quitter le domicile de leurs parents ou tuteurs pour suivre des individus des professions susdésignées. — La condamnation entraînera de plein droit pour les tuteurs la *destitution de la tutelle;* les pères et mères pourront être privés des droits de la *puissance paternelle*. »

Art. 3. — « Quiconque emploiera des enfants âgés de moins de *seize ans* à la mendicité habituelle, soit ouvertement, soit sous l'apparence d'une profession, sera considéré comme auteur ou complice du délit de mendicité en réunion, prévu par l'article 276 du Code pénal, et sera puni des peines portées audit article. — Dans le cas où le délit aurait été commis par les pères, mères ou tuteurs, ils pourront être privés des droits de la *puissance paternelle*, ou être destitués de la *tutelle*. »

Art. 4. — « Tout individu exerçant l'une des professions spécifiées à l'article 1er de la présente loi devra être porteur de l'extrait des actes de naissance des enfants placés sous sa conduite et justifier de leur origine et de leur identité par la production d'un *livret* ou d'un *passe-port*. — Toute infraction à cette disposition sera punie d'un *emprisonnement* de un mois à six mois et d'une *amende* de 16 fr. à 50 fr. »

Art. 5. — « En cas d'infractions à l'une des dispositions de la présente loi, les Autorités municipales seront tenues d'*interdire* toutes représentations aux individus désignés en l'article 1er. — Ces dites Autorités seront également tenues de requérir la justification, conformément aux dispositions de l'article 4, de l'origine et de l'identité de tous les enfants placés sous la conduite des individus sus-désignés. A défaut de cette justification, il en sera donné avis immédiat au parquet. — Toute infraction à la présente loi commise à l'étranger à l'égard de Français devra être dénoncée, dans le plus bref délai, par nos agents consulaires aux Autorités françaises ou aux Autorités locales si les lois du pays en assurent la répression. — Ces agents devront, en outre, prendre les mesures nécessaires pour assurer le *rapatriement* en France des enfants d'origine française. »

Art. 6. — « L'article 463 du Code pénal (*circonstances atténuantes*) est applicable aux délits prévus et punis par la présente loi. »

6. — *Enfants du premier âge et nourrissons.* (Loi 23 décembre 1874; déc. 27 février 1877.) — Frappé de l'excessive mortalité qui atteint les *enfants mis en nourrice*, le législateur a, par une loi du 23 décembre 1874, due à l'initiative de M. Th. Roussel, fixé les obligations imposées aux nourrices et aux divers agents de placement, et organisé l'inspection de ce service.

Un règlement d'administration publique pour l'exécution de cette loi est intervenu le 27 février 1877.

Voici un extrait des principales dispositions de la loi et du règlement :

Loi du 23 décembre 1874.

Art. 1er. — « *Tout enfant, âgé de moins de deux ans, qui est placé, moyennant salaire, en nourrice, en sevrage ou en garde, hors du domicile de ses parents, devient, par ce fait, l'objet d'une surveillance de l'autorité publique, ayant pour but de protéger sa vie et sa santé.* »

Art. 2. — « Des Commissions locales sont instituées, par un arrêté du Préfet, après avis du comité départemental, dans les parties du département où l'utilité en sera reconnue, pour concourir à l'application des mesures de protection des enfants et de surveillance des nourrices et gardeuses d'enfants.

Deux mères de famille font partie de chaque Commission locale. »

Art. 6. — « Sont soumis à la surveillance instituée par la présente loi : *toute personne ayant un nourrisson ou un ou plusieurs enfants en sevrage ou en garde, placés chez elle moyennant salaire.*

Le refus de recevoir la visite du Maire de la commune, ou de toutes autres personnes déléguées ou autorisées en vertu de la présente loi, est puni d'une amende de cinq à quinze francs.

Un emprisonnement de un à cinq jours peut être prononcé si le refus dont il s'agit est accompagné d'injures ou de violences. »

Art. 7. — « *Toute personne qui place un enfant en nourrice, en sevrage ou en garde, moyennant salaire, est tenue*, sous les peines portées par l'article 346 du Code pénal, *d'en faire la déclaration à la mairie de la commune où a été faite la déclaration de naissance de l'enfant, ou à la mairie de la résidence actuelle du déclarant*, en indiquant, dans ce cas, le lieu de la naissance de l'enfant, et de remettre à la nourrice ou à la gardeuse un bulletin contenant un extrait de l'acte de naissance de l'enfant qui lui est confié. »

Art. 8. — « *Toute personne qui veut se procurer un nourrisson ou un ou plusieurs enfants en sevrage ou en garde est tenue de se munir* PRÉALABLEMENT *des certificats exigés* par les règlements pour indiquer son état civil et justifier de son aptitude à nourrir ou à recevoir des enfants en sevrage ou en garde.

Toute personne qui veut se placer comme nourrice sur lieu est tenue de se munir d'un certificat du Maire de sa résidence, indiquant si son dernier enfant est vivant et constatant qu'il est âgé de sept mois révolus, ou, s'il n'a pas atteint cet âge, qu'il est allaité par une autre femme remplissant les conditions qui seront déterminées par le règlement d'administration publique prescrit par l'article 12 de la présente loi.

Toute déclaration ou énonciation reconnue fausse dans lesdits certificats entraîne l'application au certificateur des peines portées au paragraphe 1er de l'article 155 du Code pénal. »

Art. 9. — « *Toute personne qui a reçu chez elle, moyennant salaire, un nourrisson ou un enfant en sevrage ou en garde, est tenue*, sous les peines portées à l'article 346 du Code pénal :

1° *De faire la déclaration à la mairie* de la commune de son domicile *dans les trois jours de l'arrivée de l'enfant*, et de remettre le bulletin mentionné en l'article 7 ;

2° *D'en faire, en cas de changement de résidence, la même déclaration à la mairie de sa nouvelle résidence ;*

3° *De déclarer, dans le même délai, le retrait de l'enfant* par ses parents *ou la remise de cet enfant* à une autre personne, pour quelque cause que cette remise ait lieu ;

4° En cas de décès de l'enfant, de déclarer ce décès dans les vingt-quatre heures. »

Art. 10. — « Nul ne peut ouvrir ou diriger un *bureau de nourrices*, ni exercer la profession d'intermédiaire pour le placement des enfants en nourrice, en sevrage ou en garde, et le louage des nourrices, sans en avoir obtenu l'autorisation préalable du Préfet de police, dans le département de la Seine, ou du Préfet dans les autres départements.

Toute personne qui exerce sans autorisation l'une ou l'autre de ces professions, ou qui néglige de se conformer aux conditions de l'autorisation ou aux prescriptions des règlements, est punie d'une amende de seize francs à cent francs. En cas de récidive, la peine d'emprisonnement prévue par l'art. 480 du Code pénal peut être prononcée.

Ces mêmes peines sont applicables à toute sage-femme et à tout autre intermédiaire qui entreprend, sans autorisation, de placer des enfants en nourrice, en sevrage ou en garde.

Si, par suite de la contravention ou par suite d'une négligence de la part d'une nourrice ou d'une gardeuse, il est résulté un dommage pour la santé d'un ou de plusieurs enfants, l'emprisonnement de un à cinq jours peut être prononcé.

En cas de décès d'un enfant, l'application des peines portées à l'article 319 du Code pénal peut être prononcée. »

Art. 13. — « *En dehors des pénalités spécifiées dans les articles précédents, toute infraction* aux dispositions de la présente loi et des règlements d'administration publique qui s'y rattachent *est punie d'une amende de cinq francs à quinze francs.*

Sont applicables à tous les cas prévus par la présente loi le dernier paragraphe de l'article 463 du Code pénal et les articles 482, 483 du même Code. »

Art. 14. — « Les mois de nourrice dus par les parents ou par toute autre personne font partie des *créances privilégiées* et prennent rang entre les nos 3 et 4 de l'article 2101 du Code civil. »

Décret du 27 février 1877.

ORGANISATION DU SERVICE. — Article 1er. — « La surveillance instituée par la loi du 23 décembre 1874 en faveur des enfants au-dessous de deux ans placés, moyennant salaire, en nourrice, en sevrage ou en garde, hors du domicile de leurs parents, *est exercée sous l'autorité du Préfet* assisté du comité départemental, *par des Commissions locales, par les Maires, par des médecins inspecteurs, et par l'inspecteur des enfants assistés du département.* »

COMMISSIONS LOCALES. — Art. 7. — « *Si la Commission juge que la vie ou la santé d'un enfant est compromise, elle peut,* après avoir mis en demeure les parents et pris l'avis du médecin inspecteur, *retirer l'enfant à la nourrice, sevreuse ou gardeuse,* et le placer provisoirement chez une autre personne. Elle doit, dans les vingt-quatre heures, rendre compte de sa décision au Préfet et prévenir de nouveau les parents.

Dans les communes où il n'a pas été institué de Commission locale, le Maire exerce les pouvoirs conférés à ces Commissions par le présent article.

Les mesures prises par les autorités locales, en vertu du présent article, sont purement provisoires ; le Préfet statue. »

Art. 8. — « *La Commission signale au Préfet,* dans un rapport annuel, *les nourrices qui mériteraient une mention spéciale, à raison des bons soins qu'elles donnent aux enfants qui leur sont confiés.* »

MÉDECINS INSPECTEURS. — Art. 11. — « Après chaque visite, le médecin inspecteur vise le carnet délivré à la nourrice, sevreuse ou gardeuse, en exécution de l'article 30 ci-après, et il y inscrit ses observations ; il transmet au maire un bulletin indiquant la date et les résultats de sa visite. Ce bulletin est communiqué à la Commission locale.

En cas de décès de l'enfant, il mentionne sur le bulletin la date et les causes du décès. »

Art. 12. — « Le médecin inspecteur rend compte immédiatement au Maire et au Préfet des faits qu'il aurait constatés dans ses visites, et qui mériteraient leur attention.

Chaque année, il adresse un rapport sur l'état général de sa circonscription au Préfet, qui le communique à l'inspecteur départemental du service des enfants assistés et au comité départemental. »

Art. 13. — « Si le médecin reconnaît, soit chez la nourrice, soit chez l'enfant, les symptômes d'une maladie contagieuse, il constate l'état de l'enfant et celui de la nourrice, et peut faire cesser l'allaitement naturel.

Dans ce cas, ainsi que lorsqu'il constate une grossesse, il informe le Maire, qui doit aviser les parents, sans préjudice, s'il y a lieu, des mesures autorisées par l'article 7. »

Art. 14. — « *Dès que le Maire apprend qu'un enfant placé en nourrice ou en garde dans la commune est malade et manque de soins médicaux, il prévient le médecin inspecteur* de la circonscription, *et si celui-ci est empêché, il requiert le médecin le moins éloigné* de la résidence de l'enfant. Ce dernier doit, si l'enfant succombe, mentionner les causes du décès dans un bulletin spécial, ainsi qu'il est prescrit à l'article 11 pour le médecin inspecteur. »

DÉCLARATION IMPOSÉE A TOUTE PERSONNE QUI PLACE UN ENFANT EN NOURRICE, EN SEVRAGE OU EN GARDE,

MOYENNANT SALAIRE. — Art. 20. — « Tout officier de l'état civil qui reçoit une déclaration doit rappeler au déclarant les dispositions édictées par l'article 7 de la loi du 23 décembre 1874. »

Art. 21. — « La déclaration prescrite par ledit article à toute personne qui place un enfant en nourrice, en sevrage ou en garde moyennant salaire, est inscrite sur le registre spécial prévu par l'article 10 de la loi.

Elle est signée par le déclarant.

Elle fait connaître :

1° Les nom et prénoms, le sexe, la date et le lieu de la naissance de l'enfant; — 2° S'il est baptisé ou non; — 3° Les nom, prénoms, profession et domicile des parents ; — 4° Les nom, prénoms et domicile de la nourrice, sevreuse ou gardeuse à laquelle l'enfant est confié ; — 5° Les conditions du contrat intervenu avec la nourrice, sevreuse ou gardeuse. »

Art. 24. — « Le Maire, averti par suite d'une déclaration faite, soit par les parents en exécution de l'article 7, soit par la nourrice en exécution de l'article 9, qu'un enfant est placé dans sa commune, en nourrice, en sevrage ou en garde, moyennant salaire, *doit, dans les trois jours, transmettre une copie de la déclaration au médecin inspecteur de la circonscription.* »

OBLIGATIONS IMPOSÉES AUX NOURRICES, SEVREUSES OU GARDEUSES, QUI PRENNENT DES ENFANTS CHEZ ELLES MOYENNANT SALAIRE. — Art. 25. — « Il est *interdit à toute nourrice d'allaiter un autre enfant que son nourrisson*, à moins d'une autorisation spéciale et écrite donnée par le médecin inspecteur, ou, s'il n'existe pas de médecin inspecteur dans le canton, par un docteur en médecine ou un officier de santé. »

Art. 26. — « *Nulle sevreuse ou gardeuse ne peut se charger de plus de deux enfants à la fois*, à moins d'une autorisation spéciale et écrite donnée par la Commission locale et, à défaut de Commission locale, par le Maire. »

Art. 27. — « *Toute femme qui veut prendre chez elle un enfant en nourrice doit préalablement obtenir un certificat du Maire* de sa commune *et un certificat médical.* Elle doit, en outre, se munir du carnet spécifié à l'article 30. »

Art. 28. — « Le certificat délivré par le Maire doit être revêtu du sceau de la mairie et contenir les indications suivantes :

1° Nom, prénoms, signalement, domicile et profession de la nourrice, date et lieu de naissance ;

2° Etat civil de la nourrice, nom, prénoms et profession de son mari ;

3° Date de la naissance de son dernier enfant, et si cet enfant est vivant.

Le certificat fera connaître si le mari a donné son consentement ; il contiendra les renseignements que pourra fournir le Maire *sur la conduite et les moyens d'existence de la nourrice, sur la salubrité et la propreté de son habitation. Il constatera* la déclaration de la nourrice *qu'elle est pourvue d'un garde-feu et d'un berceau.*

Sur l'interpellation du Maire, la nourrice déclarera si elle a déjà élevé un ou plusieurs enfants moyennant salaire ; elle indiquera l'époque à laquelle elle a été chargée de ces enfants, la date et la cause des retraits, et si elle est restée munie des carnets qui lui auraient été précédemment délivrés. Le Maire mentionnera dans le certificat les réponses de la nourrice. »

Art. 30. — « Le carnet est délivré *gratuitement.* »

Art. 31. — « *Les conditions concernant les certificats, l'inscription et le carnet sont applicables aux femmes qui veulent se charger d'enfants en sevrage ou en garde,* à l'exception de la condition d'aptitude à l'allaitement au sein. »

Art. 32. — « Si l'enfant n'a pas été *vacciné*, la nourrice doit le faire vacciner dans les trois mois du jour où il lui a été confié. »

Art. 33. — « *La nourrice, sevreuse ou gardeuse ne peut,*

sous aucun prétexte, *se décharger, même temporairement, du soin d'élever l'enfant qui lui a été confié*, en le remettant à une autre nourrice, sevreuse ou gardeuse, à moins d'une autorisation écrite donnée par les parents ou par le Maire après avis du médecin inspecteur. »

Art. 34. — « *La nourrice, sevreuse ou gardeuse qui veut rendre l'enfant* confié à ses soins avant qu'il lui ait été réclamé *doit en prévenir le Maire.* »

BUREAUX DE NOURRICES, MENEURS ET MENEUSES. — Art. 35. — « La demande en *autorisation* d'ouvrir un bureau de nourrices ou d'exercer la profession de placer des enfants en nourrice, en sevrage ou en garde est adressée au Préfet du département où le pétitionnaire est domicilié. Elle fait connaître les départements dans lesquels celui-ci se propose de prendre ou de placer des enfants.

L'arrêté d'autorisation détermine les conditions particulières auxquelles le permissionnaire est astreint dans l'intérêt de la salubrité, des mœurs et de l'ordre public.

L'autorisation peut toujours être *retirée.* »

Art. 36. — « Il est interdit aux directeurs des bureaux de nourrices et à leurs agents de s'entremettre pour procurer des nourrissons à des nourrices qui ne seraient pas munies des pièces mentionnées aux art. 27, 28, 29 et 30. »

Art. 38. — « Aucun établissement destiné à recevoir en nourrice ou en garde des enfants au-dessous de deux ans ne peut subsister ni s'ouvrir sans l'autorisation du Préfet de police dans le département de la Seine, et des Préfets dans les autres départements.

L'autorisation peut toujours être retirée.

Les nourrices employées dans ces établissements sont assimilées aux nourrices sur lieu. »

ENFANTS (TRAVAIL DES) **DANS LES MANUFACTURES.** — Voy. TRAVAIL DES ENFANTS DANS LES MANUFACTURES.

ENFANTS DE TROUPE. — La loi du 19 juillet 1884 a supprimé les enfants de troupe dans les régiments et créé six *écoles militaires préparatoires* (voy. ces mots) recevant chacune un effectif maximum de 500 élèves.

1. — Les enfants de troupe qui entrent dans ces établissements doivent avoir 13 *ans* révolus et *moins de* 14 *ans* au 1er août de l'année de leur admission. Ils y restent jusqu'au jour de leur engagement.

2. — Ne *sont admis* que les fils de soldats, caporaux ou brigadiers, sous-officiers, officiers jusqu'au grade de capitaine inclusivement, ou assimilés, et d'officiers supérieurs ou assimilés décédés.

3. — Les enfants de troupe sont laissés dans leurs familles jusqu'au moment de leur entrée dans les écoles. Les familles reçoivent les *allocations annuelles* suivantes : 100 fr. pour les enfants de 2 à 5 ans ; — 150 fr. pour les enfants de 5 à 8 ans ; — 180 fr. pour les enfants au-dessus de 8 ans.

4. — L'effectif des enfants de troupe de 2 à 13 ans à inscrire sur les contrôles des corps est fixé au chiffre *maximum* de 5000, dont :

2500 enfants de 8 à 13 ans ;
1500 — de 5 à 8 ans ;
1000 — de 2 à 5 ans.

Les *admissions* en qualité d'enfants de troupe sont *prononcées* par le Ministre de la guerre. (Décr. 22 mars 1885.)

ENFANTS TROUVÉS. — 1. — Toute personne qui trouve un enfant nouveau-né *est tenue* de le remettre à l'Officier de l'état civil, ainsi que les vêtements et autres effets trouvés avec l'enfant, et de déclarer toutes les circonstances du temps et du lieu où il a été trouvé. — Il en est dressé un *procès-verbal* détaillé, qui énonce, en outre, l'âge apparent de l'enfant, son sexe, les noms qui lui sont donnés, l'autorité civile à laquelle il est remis. Ce procès-verbal est *inscrit sur les registres*. (Cod. civ. art. 58.)

L'obligation ci-dessus a pour sanction un *emprisonnement* de 6 jours à 6 mois et une *amende* de 16 fr. à 300 fr. (Cod. pén. art. 347.)

2. — Les enfants trouvés recueillis dans les hospices sont sous *la tutelle des Commissions administratives* de ces établissements, et y demeurent jusqu'à leur majorité ou leur émancipation par mariage ou autrement.

ENGAGEMENT VOLONTAIRE. — Acte par lequel un individu prend volontairement du service dans l'armée. — Voy. SERVICE MILITAIRE, IV.

ENGRAIS. — Matière servant à féconder les terres.

1. — Les engrais placés dans un fonds par le propriétaire, pour l'exploitation de son domaine, sont *immeubles par destination*. (Cod. civ. art. 524.) — Voy. BIENS.

2. — Le fermier sortant doit laisser les engrais de l'année, s'il les a reçus lors de son entrée en jouissance; et quand même il ne les aurait pas reçus, le propriétaire peut les retenir en en payant le prix suivant l'estimation. (Cod. civ. art. 1778.)

3. — Les dépôts de matières provenant de la vidange des latrines ou des animaux, et destinés à servir d'engrais, sont rangés dans la première classe des *Etablissements insalubres* et doivent être autorisés.

4. — L'enlèvement non autorisé des engrais existant sur le sol des forêts (*feuilles mortes, fumiers des bestiaux conduits au pâturage*, etc.) est puni d'amendes ainsi fixées : par charretée ou tombereau, de 10 fr. à 30 fr. pour chaque bête attelée; — par chaque charge de bête de somme, de 5 fr. à 15 fr.; — par chaque charge d'homme, de 2 fr. à 6 fr. (Cod. for. art. 144.)

5. — Une loi du 27 juillet 1867, destinée à réprimer les *fraudes dans la vente des engrais*, punit d'un emprisonnement de 3 mois à un an et d'une amende de 50 fr. à 2000 fr. : 1° Ceux qui, en vendant ou mettant en vente des engrais ou amendements, auraient *trompé* ou *tenté de tromper* l'acheteur, soit sur leur *nature*, leur *composition* ou le *dosage* des éléments qu'ils contiennent, soit sur leur *provenance*, soit en les désignant sous un nom qui, d'après l'usage, est donné à d'autres substances fertilisantes; — 2° ceux qui, sans avoir prévenu l'acheteur, auraient *vendu* ou *tenté de vendre* des engrais ou amendements qu'ils savaient être *falsifiés, altérés* ou *avariés*; — le tout, sans préjudice de l'application de l'article 1er, § 3, de la loi du 27 mars 1851, en cas de tromperie sur la quantité de la marchandise. — Voy. TROMPERIE SUR LA MARCHANDISE.

— La peine peut être portée au *double du maximum*, s'il y a *récidive* commise dans les 5 ans qui ont suivi la condamnation.

— Les tribunaux ont la faculté d'ordonner que les *jugements* soient *publiés* et *affichés*, par extraits ou intégralement, aux frais des condamnés.

ENLÈVEMENT DE MINEURS. Crime prévu et puni par les articles ci-après du Code pénal :

Art. 354. — « Quiconque aura, par *fraude* ou *violence*, enlevé ou fait enlever des mineurs, ou les aura entraînés, détournés ou déplacés, ou les aura fait entraîner, détourner ou déplacer des lieux où ils étaient mis par ceux à l'autorité ou à la direction desquels ils étaient soumis ou confiés, subira la peine de la *réclusion*. »

Art. 355. — « Si la personne ainsi enlevée ou détournée est une *fille au-dessous de 16 ans* accomplis, la peine sera celle des *travaux forcés à temps*. »

Art. 356. — « Quand la fille au-dessous de 16 ans aurait *consenti* à son enlèvement ou suivi *volontairement* le ravisseur, si celui-ci était *majeur* de 21 ans ou au-dessus, il sera condamné aux *travaux forcés à temps*. » — Le législateur suppose que le consentement a été surpris à l'inexpérience de la jeune fille. — « Si le ravisseur n'avait pas encore 21 ans, il sera puni d'un emprisonnement de 2 à 5 ans. »

Art. 357. — « Dans le cas où le *ravisseur aurait épousé* la fille qu'il a enlevée, il ne pourra être poursuivi que sur la plainte des personnes qui, d'après le Code civil, ont le droit de demander la nullité du mariage, ni condamné qu'après que la nullité du mariage aura été prononcée. » — La loi ne devait plus, en effet, se montrer sévère du moment que la personne enlevée et sa famille gardent le silence.

ENQUÊTE. — Du latin *inquirere*, s'informer. — Voie d'instruction d'une affaire à l'aide de témoignages : en *matière criminelle*, elle prend le nom d'*information*.

1. — Les enquêtes en *matière civile* ont été réglées avec soin par le Code de procédure : les articles 34 à 40 s'occupent des enquêtes en *justice de paix;* les articles 242 à 294 sont consacrés aux enquêtes en *matière ordinaire;* les articles 407 à 413 contiennent quelques dispositions relatives aux enquêtes en *matière sommaire;* enfin l'art. 432 a pour objet les enquêtes devant les *tribunaux de commerce*.

2. — Les enquêtes doivent toujours être *ordonnées* par un jugement, soit d'office, soit sur la demande des parties. Le jugement qui prescrit une enquête contient la désignation précise des *faits à prouver* et la nomination d'un *Juge-Commissaire* devant qui elle se fera.

3. — Toutes les fois qu'une partie a été autorisée à faire entendre des témoins sur certains faits, l'autre partie est, *de droit*, admise à faire la *preuve contraire*. C'est ce qu'on appelle la *contre-enquête*.

4. — *Il n'y a jamais lieu* à enquête que dans les affaires où la loi admet la preuve par témoins. — Voy. PREUVE TESTIMONIALE.

5. — Voy. TÉMOIN.

ENQUÊTE DE COMMODO ET INCOMMODO. — Enquête administrative ayant pour objet de constater, d'après l'opinion publique, les *avantages* ou les *inconvénients* d'un projet. — Elle est *confiée* à un fonctionnaire délégué par le Préfet ou le Sous-Préfet, et doit être *annoncée* 8 jours d'avance.

ENREGISTREMENT. — (Lois 22 frimaire an VII (12 décembre 1798); 28 avril 1816, 16 juin 1824, 21 avril 1832, 20 février 1849, 15 mai 1850, 7 août 1850, 22 juin 1854, 5 mai 1855; déc. 29 septembre 1855; lois 6 juin 1857, 23 juin 1857, 11 juin 1859, 28 juin 1861, 23 août 1871, 28 février 1872, 21 juin 1875, 28 décembre 1880.)

1. — Le droit d'enregistrement est un impôt perçu au profit du Trésor public sur les mutations de propriété et sur les actes, à raison de l'enregistrement qui se fait des uns et des autres, et dont l'objet est d'assurer leur existence en constatant leur date.

— La loi du 22 frimaire an VII (12 décembre 1798), qui a abrogé toutes les dispositions antérieures, régit encore aujourd'hui la matière, malgré quelques modifications qu'elle a reçues depuis, quant aux tarifs.

Dans l'économie de cette loi, la formalité de l'enregistrement a *deux objets* bien marqués : un *service public* dans l'intérêt des contractants, des tiers, de la Société en général; une *constitution d'impôt* dans l'intérêt de l'État.

A ce dernier point de vue, on comprend que, parmi les stipulations auxquelles donnent lieu les transactions civiles ou commerciales, un très petit nombre doit échapper à la loi fiscale. Il n'y a, en effet, d'exception que pour les actes de la catégorie de ceux formellement exemptés par la loi du 22 frimaire an VII (tit. XI).

2. — Les droits d'enregistrement sont *fixes* ou *proportionnels* suivant la nature des actes ou mutations qui y sont assujettis.

Le *droit fixe* s'applique aux actes soit civils, soit judiciaires, ou extrajudiciaires, qui ne contiennent ni obligation, ni libération, ni condamnation, ni collocation ou liquidation de sommes et valeurs, ni transmission de propriété, d'usufruit ou de jouissance de biens meubles ou immeubles. Il y a deux catégories de droits fixes, la première portant sur les actes *dénommés* dans la loi, la seconde sur les actes *innommés*. Les premiers seulement sont soumis à une classification dans laquelle le droit fixe varie suivant l'importance des actes. Quant aux actes innommés, c'est-à-dire non prévus par la loi fiscale, ils sont invariablement soumis au droit fixe de 1 franc.

Par leur nature même, les *droits proportionnels* sont bien plus importants que les droits fixes. Ils ne sont pas seulement, comme ces derniers, le salaire de la formalité ; ils sont de plus une contribution assise sur les valeurs : c'est cette contribution qui, à vrai dire, constitue l'impôt de l'enregistrement.

— De même que les droits fixes, les droits proportionnels varient suivant la diversité des actes ou des mutations auxquels ils s'appliquent. Mais ils se distinguent profondément des droits fixes, en ce que; tandis que ceux-ci demeurent invariables, quelle que soit la valeur de l'objet imposé, eux, au contraire, varient et s'élèvent en raison de cette valeur, car ils sont établis dans la proportion d'une somme quelconque à 100 francs, de telle façon que le contribuable doit payer autant de fois cette somme que l'objet imposé vaut de fois 100 francs. C'est en ce sens que le droit est proportionnel.

Ce droit est établi pour les *obligations*, *libérations*, *condamnations*, *collocations* ou *liquidations de sommes et valeurs*, et pour toute *transmission de propriété*, d'*usufruit* ou *de jouissance de biens meubles* ou *immeubles*, soit *entre vifs*, soit *par décès*.

— La perception du droit proportionnel suit les sommes et valeurs de 20 fr. en 20 francs inclusivement, et *sans fraction*. Il ne peut être perçu moins de 25 centimes pour l'enregistrement des actes et mutations dont les sommes et valeurs ne produiraient pas 25 centimes de droit proportionnel.

3. — *Délais pour l'enregistrement des actes et déclarations.* — Dans la rigueur des principes, le droit à percevoir sur les actes et mutations est acquis au Trésor à l'instant même où il est ouvert : le contribuable est aussitôt débiteur; mais la loi, dans l'intérêt calculé des parties et du fisc, a permis que cette obligation fût différée dans son exécution : elle a accordé des *délais* pour soumettre les actes à la formalité ou pour faire les déclarations. Ces délais, qui sont déterminés par les articles 20 et suivants de la loi du 22 frimaire an VII, *varient* suivant la nature des actes et la qualité des officiers publics de qui ces actes émanent.

L'article 20, ayant pour objet l'enregistrement des actes publics, fixe 4 délais différents, qui varient de 4 à 20 jours, savoir :

4 *jours*, pour les actes des *Huissiers* et autres ayant pouvoir de faire des exploits et procès-verbaux (c'est-à-dire *Commissaires-priseurs*, *Commissaires de police*, *Prud'hommes*, *Gardes forestiers*, *Piqueurs des ponts et chaussées*, etc.) ;

10 *jours*, pour les actes des *Notaires résidant dans la Commune* où le bureau d'enregistrement est établi ;

15 *jours*, pour ceux des *Notaires qui n'y résident pas;*

20 *jours*, pour les actes judiciaires soumis à l'enregistrement sur les minutes et pour ceux dont il ne reste pas de minute au greffe, ou qui se délivrent en brevet ; — pour les actes des Administrations centrales et municipales assujettis à la formalité de l'enregistrement. (On range dans cette catégorie tous les actes administratifs qui ne sont pas exempts de l'enregistrement, soit qu'ils doivent être enregistrés en *débet*, soit qu'ils doivent supporter le droit en recevant la formalité).

L'exemption du droit désignée sous le nom d'enregistrement en *débet* est toute provisoire; elle consiste en un simple sursis; c'est ce qu'exprime l'article 70, § 1er, de la loi du 22 frimaire an VII qui, après avoir donné la nomenclature des actes à enregistrer en débet, ajoute : « Il y aura lieu de suivre la rentrée des droits d'enregistrement de ces actes, procès-verbaux et jugements, contre les parties condamnées, d'après les extraits des jugements qui seront fournis aux préposés de la régie par les greffiers. »

— Les *testaments* déposés chez les Notaires ou par eux reçus doivent être enregistrés dans les 3 *mois du décès* des testateurs, à la diligence des héritiers, donataires, légataires ou exécuteurs testamentaires.

— Relativement aux *actes sous seing privé*, la loi de frimaire distingue (art. 22) entre ceux qui sont translatifs d'immeubles en propriété ou en jouissance, et ceux qui ont un tout autre objet. Les actes de la première catégorie (dans laquelle rentrent les *baux à ferme* ou *à loyer*, *sous-baux*, *cessions* et *subrogations de baux*, et les *engagements*, aussi sous signature privée, *de biens de même nature*), doivent être enregistrés dans les 3 *mois de leur date*, sous peine du double droit.

— Il n'y a *point de délai* de rigueur pour l'enregistrement de tous autres actes que ceux mentionnés dans l'article 22 de la loi de frimaire; mais il *n'en peut être fait usage*, soit par acte public, soit en justice, soit devant toute autre Autorité constituée, qu'ils n'aient été préalablement enregistrés.

4. — L'*Administration* de l'Enregistrement, à la tête de laquelle est placé un Directeur, dépend du ministère des Finances. Il y a dans chaque arrondissement, et dans les cantons importants, un *Receveur* chargé de l'enregistrement et des recouvrements.

5. — Le *produit* des droits d'enregistrement était *évalué*, au budget de 1872, à la somme de 407 399 000 fr. En 1886, il s'est élevé à 517 791 000 fr.

ENSEIGNE. — Désignation matérielle et extérieure d'un établissement commercial ou industriel au moyen d'une inscription, d'un tableau ou d'un signe quelconque.

1. — Tout commerçant ou industriel peut désigner son établissement par telle enseigne, c'est-à-dire par tel signe extérieur qu'il lui plaît de choisir, pourvu que cette enseigne n'appartienne pas déjà à d'autres dans la même localité. L'enseigne qui sert ainsi à distinguer une maison constitue une *véritable propriété* que le droit commun protège contre les usurpateurs.

2. — L'enseigne forme l'*accessoire du fonds de commerce* et est transmise avec lui. Celui qui vendrait un fonds, sans restriction, ne pourrait, par conséquent, s'il venait à ouvrir un établissement semblable, prendre la même enseigne, ou une enseigne analogue et capable de causer méprise.

3. — Il peut y avoir *usurpation* d'enseigne lorsque, malgré sa dissemblance, la nouvelle enseigne est formulée de manière à établir une confusion entre les deux maisons rivales. C'est ainsi qu'il a été jugé que l'enseigne *Aux Pauvres Diables* constitue de la part d'un commerçant une usurpation de la propriété de l'enseigne *Au Pauvre Diable* adoptée par un autre commerçant, nonobstant la différence grammaticale introduite dans l'intitulé de la première.

Il a été pareillement décidé qu'il y a usurpation de l'enseigne *Au Rocher de Cancale* dans celle *Au Rocher du Cantal*, prise par un restaurateur demeurant dans le voisinage de la première maison.

ENSEIGNEMENT. — Voy. INSTRUCTION PUBLIQUE.

ENTÉRINEMENT. — Du latin barbare *integrinare*, dérivé d'*integer*, entier. *Entériner* signifie *rendre entier*, *donner à quelque chose son entier effet*. — On appelle *entérinement* une sorte d'enregistrement, faite par les Cours d'appel, des lettres de *grâce* ou de *commutation de peine* accordées à un condamné. L'entérinement se fait en audience solennelle, en présence du gracié, qui se tient debout, entre la force armée, mais libre et sans fers.

— Le mot *entérinement* se trouve employé par le Code de procédure civile, comme synonyme d'*admission*, dans l'art. 501, et comme synonyme d'*homologation*, d'*approbation*, dans les art. 971 et 987.

Art. 501. — « ... Lorsque la *requête civile* (voy. ces mots) aura été *entérinée* pour raison de contrariété de jugements, le jugement qui *entérinera* la requête civile ordonnera que le premier jugement sera exécuté selon sa forme et teneur. »

Art. 971. — « ... Les rapports d'experts (*en matière de partage de succession*) présenteront sommairement les bases de l'estimation, sans entrer dans le détail descriptif des biens à partager ou à liciter. — Le poursuivant demandera l'*entérinement* du rapport par un simple acte de conclusion d'avoué à avoué. »

Art. 987. — « S'il y a lieu de vendre des immeubles dépendant de la succession, l'héritier bénéficiaire présentera au Président du Tribunal de première instance du lieu de l'ouverture de la succession une requête dans laquelle ces immeubles seront désignés sommairement.

» Cette requête sera communiquée au Ministère public : sur ses conclusions et le rapport du juge nommé à cet effet, il sera rendu jugement qui autorisera la vente et fixera la mise à prix, ou qui ordonnera préalablement que les immeubles seront vus et estimés par un expert nommé d'office. — Dans ce dernier cas, le rapport de l'expert sera *entériné* sur requête par le tribunal... »

ENTRÉE. (DROIT D') — Voy. BOISSONS, § II.

ENTREPOT. — Lieu public ou particulier où les commerçants ont la faculté de déposer des marchandises pour les réexporter en franchise ou pour n'acquitter les droits auxquels elles sont assujetties qu'au moment de leur mise en consommation en France. — Voy. BOISSONS, § 2, 3 et 4 ; — DOUANES, 8.

ENTREPRENEUR. — Se dit de l'individu qui se charge de faire quelque bâtiment ou quelque espèce d'ouvrage que ce soit.

1. — L'entrepreneur est *responsable*, pendant 10 ans, de la perte de l'édifice construit à prix fait. (Cod. civ. art. 1792.) — Voy. LOUAGE, sect. II, III, 2.

2. — Lorsqu'un entrepreneur s'est chargé de la construction *à forfait* d'un bâtiment, d'après un plan convenu avec le propriétaire, il ne peut, sous aucun prétexte, demander une *augmentation de prix*. (Cod. civ. art. 1793.) — Voy. LOUAGE, *id.*, 3.

3. — Le contrat de louage d'ouvrage est *dissous* par la *mort* de l'entrepreneur. (Cod. civ. art. 1795.) — Voy. LOUAGE, *id.*, 4.

4. — Les entrepreneurs sont *privilégiés* pour la plus-value résultant des travaux qu'ils ont faits. (Cod. civ. art. 2103, n° 4.) — Voy. PRIVILÈGE, II.

ENVOI EN POSSESSION. — Autorisation en vertu de laquelle les héritiers présomptifs d'un individu déclaré *absent*, ou les successeurs irréguliers (*enfants naturels, conjoint survivant, Etat*) sont mis en possession des biens qui leur sont dévolus.

— Pour ce qui concerne l'*envoi en possession des biens d'un absent* (Cod. civ. art. 120 et suiv.), voy. ABSENCE-ABSENT, II et III.

— Pour ce qui regarde l'*envoi en possession des successeurs irréguliers* (Cod. civ. art. 724), voy. SUCCESSIONS, II, § 4.

ÉPARGNE. (CAISSE D') — Voy. CAISSE D'ÉPARGNE.

ÉPIZOOTIES. — (Loi 21 juillet 1881 ; décr. 22 juin 1882.)

Du grec, *épi*, sur ; *zoon*, animal. — On appelle *épizootie* une maladie contagieuse qui attaque les animaux. — Les épizooties sont pour les animaux ce que les épidémies sont pour les hommes. Elles tendent à se développer en raison de la facilité de plus en plus grande des transports et des transactions. Des mesures plus efficaces pour prévenir ou arrêter les maladies contagieuses parmi les animaux étaient nécessaires. Elles ont fait l'objet d'une loi du 21 juillet 1881 ainsi conçue :

TITRE Ier. — MALADIES CONTAGIEUSES DES ANIMAUX ET MESURES SANITAIRES QUI LEUR SONT APPLICABLES.

Art. 1er. — « Les maladies des animaux qui sont réputées contagieuses et qui donnent lieu à l'application des dispositions de la présente loi sont : — La *peste bovine* dans toutes les espèces de ruminants; — La *péripneumonie* contagieuse dans l'espèce bovine ; — La *clavelée* et la *gale* dans les espèces ovine et caprine; — La *fièvre aphteuse* dans les espèces bovine, ovine, caprine et porcine; — La *morve*, le *farcin*, la *dourine* dans les espèces chevaline et asine; — La *rage* et le *charbon* dans toutes les espèces. »

Art. 2. — « Un décret... pourra ajouter à la nomenclature des maladies réputées contagieuses dans chacune des espèces d'animaux énoncées ci-dessus toutes autres maladies contagieuses, dénommées ou non, qui prendraient un caractère dangereux. — Les dispositions de la présente loi pourront être étendues, par un décret..., aux animaux d'espèces autres que celles ci-dessus désignées. »

Art. 3. — « Tout propriétaire, toute personne ayant, à quelque titre que ce soit, la charge des soins ou la garde d'un animal atteint ou soupçonné d'être atteint d'une maladie contagieuse, dans les cas prévus par les articles 1 et 2, est tenu d'en faire sur-le-champ la *déclaration* au Maire de la Commune où se trouve cet animal. — Sont également tenus de faire cette déclaration tous les vétérinaires qui seraient appelés à le soigner. — L'animal atteint ou soupçonné d'être atteint de l'une des maladies spécifiées dans l'art. 1er devra être immédiatement, et avant même que l'autorité administrative ait répondu à l'avertissement, *séquestré*, *séparé* et maintenu *isolé* autant que possible des autres animaux susceptibles de contracter cette maladie. — *Il est interdit* de le transporter avant que le vétérinaire délégué par l'Administration l'ait examiné. La même interdiction est applicable à l'enfouissement, à moins que le Maire, en cas d'urgence, n'en ait donné l'autorisation spéciale. »

Art. 4. — « Le Maire devra, dès qu'il aura été prévenu, s'assurer de l'accomplissement des prescriptions contenues dans l'art. précédent et y pourvoir d'office, s'il y a lieu. — Aussitôt que la déclaration prescrite par le § Ier de l'art. précédent a été faite, ou, à défaut de déclaration, dès qu'il a connaissance de la maladie, le Maire fait procéder sans retard à la *visite de l'animal* malade ou suspect par le vétérinaire chargé de ce service. — Ce vétérinaire constate et, au besoin, prescrit la complète exécution des dispositions du 3e alinéa de l'art. 3 et les mesures de désinfection immédiatement nécessaires. — Dans le plus bref délai, il adresse son rapport au Préfet. »

Art. 5. — « Après la constatation de la maladie, le Préfet statue sur les mesures à mettre à exécution dans le cas particulier. — Il prend, s'il est nécessaire, un arrêté portant *déclaration d'infection*. — Cette déclaration peut entraîner, dans les localités qu'elle détermine, l'application des mesures suivantes : — 1o L'isolement, la séquestration, la visite, le recensement et la marque des animaux et troupeaux dans les localités infectées; — 2o L'interdiction de ces localités; — 3o L'interdiction momentanée ou la réglementation des foires et marchés, du transport et de la circulation du bétail; — 4o La désinfection des écuries, étables, voitures ou autres moyens de transport, la désinfection ou même la destruction des objets à l'usage des animaux malades ou qui ont été souillés par eux, et généralement des objets quelconques pouvant servir de véhicules à la contagion. »

Art. 6. — « Lorsqu'un arrêté du Préfet a constaté l'existence de la *peste bovine* dans une commune, les animaux qui en sont atteints et ceux de l'espèce bovine qui auraient été contaminés, alors même qu'ils ne présenteraient aucun signe apparent de maladie, sont abattus par ordre du Maire conformément à la proposition du vétérinaire délégué et après évaluation. — Il est interdit de suspendre l'exécution desdites mesures pour traiter les animaux malades, sauf les cas et sous les conditions qui seraient spécialement déterminées par le Ministre de l'agriculture, sur l'avis du Comité consultatif des épizooties. »

Art. 7. — « Dans le cas prévu par l'article précédent, les animaux malades sont *abattus sur place*, sauf le cas où le transport du cadavre au lieu de l'enfouissement sera déclaré par le vétérinaire plus dangereux que celui de l'animal vivant; le transport en vue de l'abatage peut être autorisé par le Maire conformément à l'avis du vétérinaire délégué, pour ceux qui ont été seulement contaminés. — Les animaux des espèces ovine et caprine qui ont été exposés à la contagion sont isolés et soumis aux mesures sanitaires déterminées par le règlement d'administration publique rendu pour l'exécution de la loi. »

Art. 8. — « Dans le cas de *morve* constatée, et dans le cas de *farcin*, de *charbon*, si la maladie est jugée incurable par le vétérinaire délégué, les animaux doivent être abattus sur ordre du Maire. — Quand il y a contestations sur la nature ou le caractère incurable de la maladie entre le vétérinaire délégué et le vétérinaire que le propriétaire aura fait appeler, le Préfet désigne un troisième vétérinaire, conformément au rapport duquel il est statué. »

Art. 9. — « Dans le cas de *péripneumonie contagieuse*, le Préfet devra ordonner l'abatage, dans le délai de deux jours, des animaux reconnus atteints de cette maladie par le vétérinaire délégué, et l'inoculation des animaux d'espèce bovine, dans les localités reconnues infectées de cette maladie. — Le Ministre de l'agriculture aura le droit d'ordonner l'abatage des animaux d'espèce bovine ayant été dans la même étable, ou dans le même troupeau, ou en contact avec des animaux atteints de péripneumonie contagieuse. »

Art. 10. — La *rage*, lorsqu'elle est constatée chez les animaux de quelque espèce qu'ils soient, entraîne l'abatage, qui ne peut être différé sous aucun prétexte. — Les *chiens* et les *chats* suspects de rage doivent être immédiatement abattus. Le propriétaire de l'animal suspect est tenu, même en l'absence d'un ordre des agents d'Administration, de pourvoir à l'accomplissement de cette prescription. »

Art. 11. — « Dans les épizooties de *clavelée*, le Préfet peut, par arrêté pris sur l'avis du Comité consultatif des épizooties, ordonner la clavelisation des troupeaux infectés. — La clavelisation ne devra pas être exécutée sans autorisation du Préfet. »

Art. 12. — « L'exercice de la médecine vétérinaire dans les maladies contagieuses des animaux est interdit à quiconque n'est pas pourvu du diplôme de vétérinaire... »

Art. 13. — « La *vente* ou la *mise en vente* des animaux atteints ou soupçonnés d'être atteints de maladies contagieuses est *interdite*. — Le propriétaire ne peut s'en dessaisir que dans les conditions déterminées par le règlement d'administration publique à l'article 5... »

Art. 14. — « La chair des animaux morts de maladies contagieuses quelles qu'elles soient, ou abattus comme atteints de la peste bovine, de la morve, du farcin, du charbon et de la rage, *ne peut être livrée à la consommation.* — Les cadavres ou débris des animaux morts de la peste bovine et du charbon, ou ayant été abattus comme atteints de ces maladies, devront être *enfouis* avec la peau tailladée, à moins qu'ils ne soient envoyés à un atelier d'équarissage régulièrement autorisé... »

Art. 15. — « La chair des animaux abattus comme ayant été en contact avec des animaux atteints de la peste bovine peut être livrée à la consommation ; mais leurs peaux, abats et issues ne peuvent être sortis du lieu de l'abatage qu'après avoir été *désinfectés.* »

Art. 16. — « Tout entrepreneur de transport par terre ou par eau qui aura transporté des bestiaux devra, en tout temps, désinfecter, dans les conditions prescrites par le règlement d'administration publique, les véhicules qui auront servi à cet usage. »

TITRE II. — INDEMNITÉS. — Art. 17. — « Il est alloué aux propriétaires des animaux abattus pour cause de peste bovine, en vertu de l'art. 7, une indemnité des *trois quarts* de leur valeur avant la maladie. — Il est alloué aux propriétaires d'animaux abattus pour cause de péripneumonie contagieuse ou morts par suite de l'inoculation, en vertu de l'art. 9, une indemnité ainsi réglée : — La *moitié* de leur valeur avant la maladie, s'ils en sont reconnus atteints ; — les *trois quarts* s'ils ont seulement été contaminés ; — la *totalité* s'ils sont morts des suites de l'inoculation de la péripneumonie contagieuse. — L'indemnité à accorder *ne peut dépasser* la somme de 400 francs pour la moitié de la valeur de l'animal, celle de 600 fr. pour les trois quarts, et celle de 800 fr. pour la totalité de sa valeur. »

Art. 18. — « Il n'est alloué *aucune indemnité* aux propriétaires d'animaux importés des pays étrangers, abattus pour cause de péripneumonie contagieuse dans les trois mois qui ont suivi leur introduction en France. »

Art. 19. — « Lorsque l'emploi des débris d'un animal abattu pour cause de peste bovine ou de péripneumonie contagieuse a été autorisé pour la consommation ou un usage industriel, le propriétaire est tenu de déclarer le produit de la vente de ces débris. — Ce produit appartient au propriétaire ; s'il est supérieur à la portion de la valeur laissée à sa charge, l'indemnité due par l'Etat est réduite de l'excédent. »

Art. 20. — « Avant l'exécution de l'ordre d'abatage, il est procédé à une *évaluation* des animaux par le vétérinaire délégué et un expert désigné par la partie. — A défaut, par la partie, de désigner un expert, le vétérinaire délégué opère seul. — Il est dressé un procès-verbal de l'expertise ; le Maire et le Juge de paix le contresignent et donnent leur avis. »

Art. 21. — « La *demande d'indemnité* doit être adressée au Ministre de l'agriculture *dans le délai de trois mois* à dater du jour de l'abatage, sous peine de déchéance. — Le Ministre peut ordonner la *revision* des évaluations faites en vertu de l'art. 20, par une Commission dont il désigne les membres. — L'indemnité est fixée par le Ministre, sauf recours au Conseil d'Etat. »

Art. 22. — « Toute infraction aux dispositions de la présente loi ou des règlements rendus pour son exécution peut entraîner la perte de l'indemnité prévue par l'art. 17. — La décision appartiendra au Ministre, sauf recours au Conseil d'Etat. »

Art. 23. — « Il n'est alloué *aucune indemnité* aux propriétaires des animaux abattus par suite de maladies contagieuses autres que la peste bovine, et de la péripneumonie contagieuse dans les conditions spéciales indiquées dans l'art. 9. »

TITRE III. — IMPORTATION ET EXPORTATION DES ANIMAUX. — Art. 24. — « Les animaux des espèces chevaline, asine, bovine, ovine, caprine et porcine sont soumis, en tout temps, aux frais des importateurs, à une *visite sanitaire* au moment de leur entrée en France, soit par terre, soit par mer. — La même mesure peut être appliquée aux animaux des autres espèces, lorsqu'il y a lieu de craindre, par suite de leur introduction, l'invasion d'une maladie contagieuse. »

Art. 25. — « Les bureaux de douane et ports de mer, ouverts à l'importation des animaux soumis à la vente, sont déterminés par décrets. »

Art. 26. — « Le Gouvernement peut *prohiber l'entrée* en France, ou ordonner la *mise en quarantaine* des animaux susceptibles de communiquer une maladie contagieuse, ou de tous les objets pouvant présenter les mêmes dangers. — Il peut, à la frontière, prescrire l'abatage, *sans indemnité*, des animaux malades ou ayant été exposés à la contagion, et enfin prendre toutes les mesures que la crainte de l'invasion d'une maladie rendrait nécessaires. »

Art. 27. — « Les mesures sanitaires à prendre à la frontière sont ordonnées par les Maires dans les communes rurales, par les Commissaires de police dans les gares frontières et dans les ports de mer, conformément à l'avis du vétérinaire désigné par l'Administration pour la visite du bétail. — En attendant l'intervention de ces autorités, les agents des douanes peuvent être requis de prêter main-forte. »

Art. 28. — « Les Municipalités des ports de mer ouverts à l'importation du bétail devront fournir des *quais spéciaux de débarquement*, munis des agrès nécessaires, ainsi qu'un bâtiment destiné à recevoir, à mesure du débarquement, les animaux mis en quarantaine par mesure sanitaire. — Les locaux devront être préalablement agréés par le Ministre de l'agriculture. — Pour se rembourser de ces frais, les Municipalités pourront établir des *taxes* spéciales sur les animaux importés. »

Art. 29. — « Le Gouvernement est autorisé à prescrire, à la sortie, les mesures nécessaires pour *empêcher l'exportation* des animaux atteints de maladies contagieuses. »

Titre iv. Pénalités. — Art. 30. — « Toute infraction aux dispositions des art. 3, 5, 6, 9, 10, 11 § 2 et 12 de la présente loi sera punie d'un *emprisonnement* de 6 jours à 2 mois et d'une *amende* de 16 fr. à 400 fr. »

Art. 31. — « Seront punis d'un *emprisonnement* de 2 mois à 6 mois et d'une *amende* de 100 fr. à 1000 fr. : — 1° Ceux qui, au mépris des défenses de l'Administration, auront laissé leurs animaux infectés communiquer avec d'autres ; — 2° Ceux qui auraient vendu ou mis en vente des animaux qu'ils savaient atteints ou soupçonnés d'être atteints de maladies contagieuses ; — 3° Ceux qui, sans permission de l'autorité, auront déterré ou sciemment acheté des cadavres ou débris des animaux morts de maladies contagieuses quelles qu'elles soient, ou abattus comme atteints de la peste bovine, du charbon, de la morve, du farcin et de la rage ; — 4° Ceux qui, même avant l'arrêté d'interdiction, auront importé en France des animaux qu'ils savaient atteints de maladies contagieuses ou avoir été exposés à la contagion. »

Art. 32. — « Seront punis d'un *emprisonnement* de 6 mois à 3 ans et d'une *amende* de 100 fr. à 2000 fr. : — 1° Ceux qui auront vendu ou mis en vente de la viande provenant d'animaux qu'ils savaient morts de maladies contagieuses quelles qu'elles soient, ou abattus comme atteints de la peste bovine, du charbon, du farcin, de la morve et de la rage ; — 2° Ceux qui se sont rendus coupables des délits prévus par les art. précédents, s'il est résulté de ces délits une contagion parmi les autres animaux. »

Art. 33. — « Tout entrepreneur de transports qui aura contrevenu à l'obligation de désinfecter son matériel sera passible d'une *amende* de 100 fr. à 1000 fr. — Il sera puni d'un *emprisonnement* de 6 jours à 2 mois, s'il est résulté de cette infraction une contagion parmi les autres animaux. »

Art. 34. — « Toute infraction à la présente loi, non spécifiée dans les articles ci-dessus, sera punie de 16 fr. à 400 fr. d'*amende*. Les contraventions aux dispositions du règlement d'administration publique rendu pour l'exécution de la présente loi seront, suivant les cas, passibles d'une *amende* de 1 franc à 200 francs, qui sera prononcée par le juge de paix du canton. »

Art. 35. — « Si la condamnation pour infraction à l'une des dispositions de la présente loi remonte à moins d'une année, ou si cette infraction a été commise par des vétérinaires délégués, des gardes champêtres, des gardes forestiers, des officiers de police à quelque titre que ce soit, les peines peuvent être portées au *double du maximum* fixé par les précédents articles. »

Art. 36. — « L'article 463 du Code pénal (*circonstances atténuantes*) est applicable dans tous les cas prévus par les articles du présent titre. »

TITRE V. DISPOSITIONS GÉNÉRALES. — Art. 37. -- « Les frais d'abatage, d'enfouissement, de transport, de quarantaine, de désinfection, ainsi que tous autres frais auxquels peut donner lieu l'exécution des mesures prescrites en vertu de la présente loi, sont à la charge des propriétaires ou conducteurs d'animaux. — En cas de refus des propriétaires ou conducteurs d'animaux de se conformer aux injonctions de l'autorité administrative, il y est pourvu d'office à leur compte. — Les frais de ces opérations seront recouvrés sur un état dressé par le Maire et rendu exécutoire par le Sous-Préfet. Les oppositions seront portées devant le Juge de paix... »

Art. 38. — « Un *service des épizooties* est établi dans chacun des départements, en vue d'assurer l'exécution de la présente loi. — Les frais de ce service seront compris parmi les dépenses obligatoires à la charge des budgets départementaux... »

Art. 39. — « Les Communes où il existe des *foires* et *marchés* aux chevaux ou aux bestiaux seront tenues de préposer, à leurs frais et sauf à se rembourser par l'établissement d'une *taxe* sur les animaux amenés, un vétérinaire pour l'inspection sanitaire des animaux conduits à ces foires et marchés. Cette dépense sera obligatoire pour la Commune... »

Art. 41. — « Sont et demeurent abrogés les art. 459, 460 et 461 du Code pénal, toutes lois et ordonnances, tous arrêts du Conseil, arrêtés, décrets et règlements intervenus, à quelque époque que ce soit, sur la police sanitaire des animaux. »

— Le *règlement d'administration publique* pour l'application de la loi sur la police sanitaire des animaux a été rendu le 22 juin 1882 et promulgué, le 25 du même mois, au *Journal officiel*.

ÉPOUX. — Voy. CONJOINT.

ÉQUIPEMENT. — 1. — Les frais ordinaires d'équipement ne doivent *pas* être *rapportés* à la masse de la succession par l'héritier en faveur duquel ils ont été faits. (Cod. civ. art. 852.) — Voy. SUCCESSIONS, IV.

2. — Les équipements des militaires sont *insaisissables* (Cod. proc. civ. art. 592), si ce n'est pour les créances énumérées dans l'art. 593 du même Code. — Voy. SAISIE-EXÉCUTION.

3. — Voy. ACHAT D'EFFETS MILITAIRES.

ERREUR. — 1. — *L'erreur sur la personne* rend le *mariage annulable*. (Cod. civ. art. 180, 181.) — Voy. MARIAGE, IV.

2. — L'erreur n'est une cause de *nullité de la convention*, que lorsqu'elle tombe sur la *substance même de la chose* qui en est l'objet, si, par exemple, croyant acheter une

montre d'or, on m'en vend une en cuivre doré.

Elle n'est point une cause de nullité lorsqu'elle ne tombe que *sur la personne* avec laquelle on a intention de contracter, *à moins que* la considération de cette personne ne soit la cause principale de la convention. Si, par exemple, croyant m'adresser à un grand artiste, j'ai commandé un tableau à un peintre médiocre portant le même nom, l'erreur dans laquelle je suis tombé vicie le contrat; je ne serai pas forcé de payer les 30 000 fr. que j'avais promis pour le tableau; mais, comme je suis en faute pour n'avoir pas pris des renseignements suffisants, je devrai payer, à dire d'experts, le tableau fait par le peintre auquel je l'ai commandé.

3. — La convention contractée par erreur *n'est point nulle de plein droit;* elle donne seulement lieu à une action *en nullité* ou *en rescision*, qui dure *dix ans* à partir du jour où l'erreur a été découverte. (Cod. civ. art. 1109, 1110, 1117, 1304.)

ESCALADE. — Du latin *scala*, échelle.

Circonstance *aggravante* du vol, et qui entraîne la peine des *travaux forcés à temps.*

— Est qualifiée *escalade*, toute entrée dans les maisons, bâtiments, cours, basses-cours, édifices quelconques, jardins, parcs et enclos, exécutée par dessus les murs, portes, toiture ou toute autre clôture. — L'entrée par une ouverture souterraine, autre que celle qui a été établie pour servir d'entrée, est une circonstance de même gravité que l'escalade. (Cod. pén. art. 384, 397.)

ESCOMPTE. — Opération qui consiste à fournir *comptant* le montant d'une créance *à terme*, moyennant la retenue d'une somme proportionnée aux délais à courir. Cette retenue est ce qu'on appelle *escompte.*

ESCOMPTE. (COMPTOIRS D') — Voy. COMPTOIRS D'ESCOMPTE.

ESCROQUERIE. — (Cod. pén. art. 405.) — De l'italien *scroccare*, obtenir quelques profits pour rien.

Délit dont les différentes formes et la peine sont ainsi déterminées par l'article 405 du Code pénal : « Quiconque, soit en faisant usage de faux noms ou de fausses qualités, soit en employant des manœuvres frauduleuses pour persuader l'existence de fausses entreprises, d'un pouvoir ou d'un crédit imaginaire, ou pour faire naître l'espérance ou la crainte d'un succès, d'un accident ou de tout autre événement chimérique, se sera fait remettre ou délivrer, ou aura tenté de se faire remettre ou délivrer des fonds, des meubles ou des obligations, dispositions, billets, promesses, quittances ou décharges, et aura, par un de ces moyens, escroqué ou tenté d'escroquer la totalité ou partie de la fortune d'autrui, sera puni d'un *emprisonnement* d'un an au moins et de cinq ans au plus, et d'une *amende* de 50 fr. au moins et de 5000 fr. au plus. Le coupable pourra être, en outre, à compter du jour où il aura subi sa peine, *interdit*, pendant 5 ans au moins et 10 ans au plus, des droits mentionnés en l'article 42 du Code pénal, le tout sauf les peines plus graves, s'il y a un crime de faux. »

ESPION — ESPIONNAGE. — Individu qui fait métier d'*épier*, d'observer, pour en faire rapport. — L'espionnage a toujours été considéré avec un juste mépris.

— « Est considéré comme *espion* et puni de *mort*, avec *dégradation militaire :* — 1° Tout militaire qui s'introduit dans une place de guerre, dans un poste ou établissement militaires, dans les travaux, camps, bivouacs ou cantonnements d'une armée, pour s'y procurer des documents ou renseignements dans l'intérêt de l'ennemi ; — 2° Tout militaire qui procure à l'ennemi des documents ou renseignements susceptibles de nuire aux opérations de l'armée ou de compromettre la sûreté des places, postes ou autres établissements militaires ; — 3° Tout militaire qui, sciemment, recèle ou fait recéler les espions ou les ennemis envoyés à la découverte. » (Cod. just. mil. *Armée de terre*, art. 206.)

— Le Code de justice militaire pour l'*armée de mer* contient sur l'espionnage les dispositions suivantes :

Art. 264. — « Est considéré comme *espion* et puni de *mort* : 1° Tout individu au service de la marine qui procure à l'ennemi des documents ou renseignements susceptibles de nuire aux opérations maritimes ou de compromettre la sûreté des bâtiments de guerre ou de commerce, des arsenaux et établissements de la marine; — 2° Tout individu au service de la marine qui, sciemment, recèle ou fait recéler les espions ou les ennemis envoyés à la découverte; — 3° Tout individu qui s'introduit sur les bâtiments de guerre ou de convoi, dans un arsenal ou un établissement de la marine pour s'y procurer des documents ou renseignements dans l'intérêt de l'ennemi; — 4° Tout ennemi qui s'introduit déguisé, soit sur un des bâtiments ou dans un des lieux désignés au présent article, soit au milieu d'un convoi ou de plusieurs bâtiments armés ou désarmés. »

Art. 266. — « Si le coupable est marin ou militaire, la peine de mort est accompagnée de la *dégradation militaire*. »

— Les dispositions ci-dessus ne sont applicables que devant l'ennemi. L'espionnage en *temps de paix* ne donnait donc lieu à aucune répression pénale. Cette regrettable lacune a été comblée par la loi du 17 avril 1886 dont voici la teneur :

Art. 1er. — « Sera puni d'un *emprisonnement* de 2 ans à 5 ans et d'une *amende* de 1000 fr. à 5000 fr. : 1° Tout fonctionnaire public, agent ou préposé du Gouvernement qui aura livré ou communiqué à une personne non qualifiée pour en prendre connaissance, ou qui aura divulgué en tout ou en partie les plans, écrits ou documents secrets intéressant la défense du territoire ou la sûreté extérieure de l'Etat, qui lui étaient confiés ou dont il avait connaissance à raison de ses fonctions. — La *révocation* s'ensuivra de plein droit; — 2° Tout individu qui aura livré ou communiqué à une personne non qualifiée pour en prendre connaissance, ou qui aura divulgué en tout ou en partie les plans, écrits ou documents ci-dessus énoncés qui lui ont été confiés ou dont il aura eu connaissance soit officiellement, soit à raison de son état, de sa profession, ou d'une mission dont il aura été chargé; — 3° Toute personne qui, se trouvant dans l'un des cas prévus aux deux §§ précédents, aura communiqué ou divulgué des renseignements tirés desdits plans, écrits ou documents. »

Art. 2. — « Toute personne, autre que celles énoncées dans l'article précédent, qui, s'étant procuré lesdits plans, écrits ou documents, les aura délivrés ou communiqués en tout ou en partie à d'autres personnes, ou qui, en ayant eu connaissance, aura communiqué ou divulgué des renseignements qui y étaient contenus, sera punie d'un *emprisonnement* de 1 an à 5 ans et d'une *amende* de 500 fr. à 3000 fr. — La publication ou la reproduction de ces plans, écrits ou documents, sera punie de la même peine. »

Art. 3. — « La peine d'un *emprisonnement* de 6 mois à 3 ans et d'une *amende* de 300 fr. à 3000 fr. sera appliquée à toute personne qui, sans qualité pour en prendre connaissance, se sera procuré lesdits plans, écrits ou documents. »

Art. 4. — « Celui qui, par négligence ou par inobservation des règlements, aura laissé soustraire, enlever ou détruire les plans, écrits ou documents secrets qui lui étaient confiés à raison de ses fonctions, de son état ou de sa profession, ou d'une mission dont il était chargé, sera puni d'un *emprisonnement* de 3 mois à 2 ans et d'une *amende* de 100 fr. à 2000 fr. »

Art. 5. — « Sera puni d'un *emprisonnement* de 1 an à 5 ans et d'une *amende* de 1000 fr. à 5000 fr. :

1° Toute personne qui, à l'aide d'un déguisement ou d'un faux nom, ou en dissimulant sa qualité, sa profession ou sa nationalité, se sera introduite dans une place forte, un poste, un navire de l'État ou dans un établissement militaire ou maritime; — 2° Toute personne qui, déguisée ou sous un faux nom, ou en dissimulant sa qualité, sa profession ou sa nationalité, aura levé des plans, reconnu des voies de communication ou recueilli des renseignements intéressant la défense du territoire ou la sûreté extérieure de l'Etat. »

Art. 6. — « Celui qui, sans autorisation de l'autorité militaire ou maritime, aura exécuté des levés ou opérations de topographie dans un rayon d'un myriamètre autour d'une place forte, d'un poste ou d'un établissement militaire ou maritime, à partir des ouvrages avancés, sera puni d'un *emprisonnement* de 1 mois à 1 an et d'une *amende* de 100 fr. à 1000 francs. »

Art. 7. — « La peine d'un *emprisonnement* de 6 jours à 6 mois et d'une *amende* de 16 fr. à 100 fr. sera appliquée à celui qui, pour reconnaître un ouvrage de défense, aura franchi les barrières, palissades ou autres clôtures établies sur le terrain militaire, ou qui aura escaladé les revêtements et les talus des fortifications. »

Art. 8. — « Toute tentative de l'un des délits prévus par les articles 1, 2, 3 et 5 de la présente loi sera considérée comme le délit lui-même. »

Art. 9. — « Sera punie comme *complice*, toute personne qui, connaissant les intentions des auteurs des délits prévus par la présente loi, leur aura fourni logement, lieu de retraite ou de réunion, ou qui aura sciemment recélé les objets et instruments ayant servi ou devant servir à commettre ces délits. »

Art. 10. — « Sera *exempt de la peine* qu'il aurait personnellement encourue le coupable qui, avant la consommation de l'un des délits prévus par la présente loi ou avant toute poursuite commencée, en aura donné connaissance aux autorités administratives ou de police judiciaire, ou qui, même après les poursuites commencées, aura procuré l'arrestation des coupables ou de quelques-uns d'entre eux. »

Art. 11. — « La poursuite de tous les délits prévus par la présente loi aura lieu devant le tribunal correctionnel et suivant les règles édictées par le Code d'instruction criminelle. Toutefois, les militaires, marins ou assimilés, demeureront soumis aux juridictions spéciales dont ils relèvent, conformément aux Codes de justice militaire des armées de terre et de mer. »

Art. 12. — « Indépendamment des peines édictées par la présente loi, le tribunal pourra prononcer, pour une durée de 5 ans au moins et de 10 ans au plus, l'*interdiction* de tout ou partie des *droits civiques, civils et de famille* énoncés en l'article 42 du Code pénal, ainsi que l'*interdiction de séjour* prévue par l'article 19 de la loi du 28 mai 1885. »

Art. 13. — « L'article 463 du Code pénal (*circonstances atténuantes*) est applicable aux délits prévus par la présente loi. »

ESSARTEMENT. — (Ord. roy. 1669, tit. 28.)

Les bois traversés par les grandes routes sont soumis à une servitude dite d'*essartement*. Afin que le chemin soit libre et sûr, les bois doivent être essartés et coupés sur 20 *mètres* de *largeur* de chaque côté de la route.

Lorsque l'essartement a été prescrit, le propriétaire qui doit l'exécuter a droit à une *indemnité* fixée, après expertise, par le Conseil de Préfecture, sauf recours au Conseil d'Etat. Mais *il n'y a lieu à indemnité* que dans le cas où les terrains essartés seraient impropres à une culture plus productive que celle des bois, et l'indemnité ne peut dès lors être que la représentation de la différence entre le revenu des bois et celui des nouveaux produits des terrains essartés.

ESTER EN JUGEMENT. — Du latin *stare*, être debout. — Vieux terme de droit qui signifie *comparaître en justice*, soit comme demandeur, soit comme défendeur.

1. — La *femme* ne peut ester en jugement sans l'*autorisation de son mari*, quand même elle serait marchande publique, ou non commune, ou séparée de biens. — Si le mari *refuse*, l'autorisation peut être donnée par la Justice, comme dans l'hypothèse où le mari est *interdit* ou *absent*. (Cod. civ. art. 215, 218, 222.)

2. — Les *mineurs non émancipés* ne peuvent ester en jugement sans l'assistance de leur Curateur. (Cod. civ. art. 482.)

3. — Les individus pourvus d'un *Conseil judiciaire* ont besoin, pour plaider, d'être assistés de leur Conseil. (Cod. civ. art. 513.)

ÉTABLISSEMENTS DANGEREUX, INSALUBRES OU INCOMMODES. — (Déc. 15 octobre 1810 et 25 mars 1852, art. 2, tableau B, n° 8; déc. 31 décembre 1866; 31 janvier 1872; 7 mai 1878; 22 avril 1879; 26 février 1881; 20 juin 1883.)

Certains établissements industriels pouvant nuire soit à la santé publique, soit à la sécurité du voisinage, on a dû soumettre leur création et leur exploitation à des restrictions et à des mesures de précaution qui varient selon le degré de leurs inconvénients. Il n'y avait pas autrefois de règlement général à cet égard, et, jusqu'en 1810, le contrôle ne s'exerça que par les Autorités locales.

1. — Le décret du 15 octobre 1810 a divisé en trois classes les établissements réputés *dangereux*, *insalubres* ou *incommodes*, et les a soumis à une *autorisation préalable*.

La *première classe* comprend les établissements qui doivent être éloignés des habitations particulières, à raison de l'odeur qu'ils répandent, ou des accidents auxquels ils peuvent donner lieu.

La *deuxième classe* comprend les manufactures et ateliers dont l'éloignement des habitations n'est pas rigoureusement nécessaire, mais qui néanmoins ne doivent être autorisés qu'à la condition de ne causer au voisinage, ni incommodité, ni préjudice.

La *troisième classe* comprend les établissements qui peuvent, sans inconvénients, rester auprès des habitations, mais doivent rester soumis à la surveillance de la police.

2. — Les établissements de première classe sont *autorisés* par les Préfets dans les départements, et par le Préfet de police dans le département de la Seine.

La *demande* est adressée au Préfet, affichée pendant un mois dans toutes les Communes, à 5 kilomètres de rayon, et soumises à une enquête de *commodo et incommodo*, à laquelle il est procédé par le Maire de la Commune où l'établissement doit être formé. S'il y a des *oppositions*, elles sont jugées en premier ressort par le Conseil de Préfecture, sauf recours au Conseil d'Etat.

L'autorisation peut être accordée ou refusée par le préfet. Dans le premier cas, ceux qui ont à se plaindre de l'autorisation accordée peuvent former *opposition* devant le Conseil de Préfecture, qui statue sauf recours au Conseil d'Etat. Dans le deuxième cas, c'est-à-dire quand l'autorisation a été refusée, le demandeur peut se pourvoir au Conseil d'Etat contre l'arrêté de refus.

2. — Les établissements de deuxième classe sont également *autorisés* par les Préfets. La *demande* est adressée au Sous-Préfet et soumise à une enquête de *commodo et incommodo*. Les voies de recours sont les mêmes que pour les établissements de première classe.

3. — Les ateliers de troisième classe n'ont besoin que de l'*autorisation* des Sous-Préfets, — à Paris, du Préfet de police.

Toutes réclamations, soit de la part du demandeur en cas de refus, soit de la part des opposants en cas d'autorisation, sont portées devant le Conseil de Préfecture, sauf recours au Conseil d'Etat.

4. — Une règle commune aux trois classes d'ateliers est que la *translation* de l'atelier d'un lieu dans un autre, ou bien l'*interruption* de six mois dans les travaux, enlève également le bénéfice de l'autorisation.

Le fabricant est tenu de se conformer aux *conditions* qui lui ont été imposées; sinon l'autorisation pourrait lui être retirée par le Préfet, sauf recours au Ministre et au Conseil d'Etat.

L'autorisation une fois accordée ne peut être arbitrairement retirée, mais elle ne fait point obstacle au droit de police qui appartient à l'Administration dans l'intérêt public, et en vertu duquel elle aurait la faculté de *supprimer* les établissements de première classe. Cette suppression ne pourrait être prononcée que par un décret rendu en Conseil d'Etat, après avoir entendu la police locale, sur l'avis du Préfet, et le manufacturier ou fabricant entendu.

5. — La répartition des différents établissements dans chacune des trois classes n'est pas définitive, et le Gouvernement la modifie de temps à autre. On conçoit, en effet, que telle industrie dangereuse qui avait été primitivement rangée dans la première catégorie puisse plus tard redescendre dans la seconde ou la troisième, par suite de la création ou du perfectionnement d'un procédé de fabrication.

Comme des établissements nouveaux, non encore classés, peuvent être plus ou moins dangereux, les Préfets ont le droit d'en *empêcher temporairement* la formation, ou d'*autoriser provisoirement*, en suivant les formalités prescrites par la loi, ceux qui ne sont pas assez dangereux pour être rangés ultérieurement dans la première catégorie.

6. — L'autorisation administrative est toujours accordée *sous la réserve des droits des tiers*, à raison du préjudice qu'ils peuvent éprouver. La question de savoir s'il y a lieu à des dommages-intérêts est une *question de fait* à résoudre d'après les circonstances. En *règle générale*, une indemnité est due toutes les fois que le dommage souffert par le propriétaire voisin dépasse les limites de ce qu'imposent les relations de bon voisinage. Toute action à cet effet est portée devant le tribunal civil.

7. — La *division* en trois classes des établissements réputés dangereux, insalubres ou incommodes, a fait l'objet d'un décret du 31 décembre 1866 auquel est annexé un *tableau* par ordre alphabétique. Une nomenclature supplémentaire a été publiée à la date du 31 janvier 1872.

Divers décrets postérieurs les ont modifiés ou complétés.

ÉTALON. — Cheval entier employé pour la reproduction. — Dans le but de favoriser l'amélioration de l'espèce chevaline, en empêchant de faire pratiquer la monte par des sujets défectueux susceptibles de transmettre des vices héréditaires, une loi du 14 août 1885 a édicté les prescriptions ci-après :

Art. 1er. — « Tout étalon qui n'est ni *approuvé* ni *autorisé* par l'administration des haras ne peut être employé à la monte des juments appartenant à d'autres qu'à son propriétaire, sans être muni d'un *certificat* constatant qu'il n'est atteint ni de cornage ni de fluxion périodique. »

Art. 2. — « Ce certificat, valable pour un an, sera délivré *gratuitement* après examen de l'étalon par une Commission nommée par le Ministre de l'agriculture. »

Art. 3. — « Tout étalon employé à la monte, qu'il soit approuvé, autorisé ou muni du certificat indiqué ci-dessus, sera *marqué au feu* sous la crinière.

En cas de *retrait de l'approbation*, de l'autorisation ou du certificat, la lettre R sera inscrite de la même manière, au-dessus de la marque primitive. »

Art. 4. — « En cas d'infraction à

la présente loi, le propriétaire et le conducteur de l'étalon seront punis d'une *amende* de 50 à 500 francs. — En cas de *récidive*, l'amende sera du *double*. »

Art. 5. — « Seront punis d'une *amende* de 16 à 50 francs les propriétaires qui auront fait saillir leurs juments par un étalon qui ne serait ni approuvé, ni autorisé, ni muni du certificat.

L'arrêté ministériel prévu pour l'exécution de la loi a été rendu le 25 septembre 1885 et publié au *Journal Officiel* le 10 oct. suivant.

ÉTANGS. — Voy. EAUX, sect. II, III.

ÉTAT. — Ce mot est synonyme de *Nation;* il sert aussi à désigner le *Gouvernement*, c'est-à-dire l'ensemble des pouvoirs et des droits d'une société d'hommes, d'un peuple.

1. — La *mission principale* de l'Etat consiste à garantir aux membres de la Société le libre et paisible développement de leurs facultés individuelles dans les limites déterminées par les lois générales. En France, malheureusement, au lieu de se borner à demander à l'Etat la sécurité, toute la sécurité possible, et pour ainsi dire rien que la sécurité, on est toujours porté à attendre tout de l'Etat, à tout lui demander. Les excès de la centralisation et les envahissements de la bureaucratie ont, comme le dit très justement M. Le Play, dans son beau livre : *la Réforme sociale en France*, « perverti les esprits en les habituant à croire que l'Etat a qualité pour se charger de toutes les fonctions qui, chez les peuples libres et prospères, appartiennent exclusivement aux individus et aux familles. » — On ne saurait trop réagir contre ces déplorables tendances qui nous conduiraient au socialisme.

J.-B. Say s'élevait avec raison contre la fausseté de toutes ces images qui assimilent le chef de l'Etat au chef de la famille, et qui comparent les peuples à des troupeaux dont les Rois sont les pasteurs. « ... Dans la vie sociale, » disait-il, le 2 décembre 1820, à l'ouverture de son cours d'économie industrielle au Conservatoire des Arts et Métiers, « par la nature même des choses, l'impulsion ne réside point dans le Gouvernement (il serait injuste de la lui demander), mais dans la Nation. Ce sont les hommes dont elle se compose qui sont chargés de se tirer d'affaire. C'est là qu'est la pensée, c'est là qu'est l'action qui fait subsister la Société. C'est un emblème trompeur que celui qui représente l'Etat comme une famille dont le chef de l'Administration est le père. Ces deux choses sont entièrement différentes. Dans la famille, c'est du père que viennent tous les moyens de subsistance; c'est dans sa tête que germent toutes les pensées utiles; c'est lui qui procure les capitaux nécessaires pour entreprendre l'ouvrage; c'est lui qui travaille et dirige le travail de ses enfants; c'est lui qui pourvoit à leur éducation et à leur établissement.

» Dans l'Etat, c'est tout le contraire : les conceptions qui procurent l'entretien du corps social, les capitaux, l'exécution des entreprises, se trouvent chez les gouvernés. C'est là que l'on étudie les lois de la nature, bases de tous les travaux humains, que l'on pratique les arts qui nous font vivre et d'où naissent les revenus de tous les membres de l'Etat, depuis les plus humbles jusqu'aux plus éminents. La nature a créé la supériorité du père sur les enfants. C'est elle qui a voulu qu'il fût, dans leur enfance, le plus fort, ensuite le plus expérimenté. Loin de là, dans la société civile, non seulement la force morale, mais la force physique est du côté de ceux qu'on a nommés, non sans quelque niaiserie, des enfants; car plusieurs millions d'hommes endurcis à la fatigue sont plus forts que quelques centaines seulement qui les gouvernent.

» Ce n'est pas un tableau plus fidèle que celui qui représente les citoyens comme des brebis, et ceux d'entre eux qui sont chargés de veiller sur les intérêts communs, comme des Pasteurs. Un tel langage n'est propre qu'à rabaisser la dignité de l'homme à l'importance des brebis. Ces bergeries politiques ne conviennent plus à un siècle parvenu à sa maturité. »

— De nos jours, de nombreux publicistes ont aussi élevé la voix contre les dangers de cette absorption de l'individu par l'Etat. L'un d'eux, M. Charles Dolfus, dans un vigoureux écrit intitulé : *Liberté et Centralisation*, s'exprime ainsi (page 64) :

« On a, chez nous, confondu sans cesse l'Etat avec la Société. L'Etat n'est chargé ni de représenter, ni de diriger le mouvement social, mais seulement de contenir ce mouvement dans les bornes de la justice. L'Etat est la sentinelle, non le chef de la Société. Il a mission de veiller à ce que l'ordre, c'est-à-dire la liberté, ne souffre point d'atteinte. A cet effet, on l'a armé d'une force publique et judiciaire capable de garantir les droits individuels contre toute infraction qui viendrait du dehors ou du dedans. L'armée et les tribunaux, ces deux bras du Pouvoir, n'ont qu'un même objet : maintenir l'ordre au profit de la liberté. Ils doivent restituer en sécurité à la liberté individuelle ce qu'elle leur a payé de sa substance sous la forme de l'impôt. »

2. — Considéré comme *personne morale*, l'Etat a des *biens*. — Voy. DOMAINE DE L'ÉTAT.

3. — Voy. CRÉANCES SUR L'ÉTAT.

4. — A défaut d'héritiers légitimes, d'enfants naturels et de conjoint, les *successions* sont dévolues à l'Etat. (Cod. civ. art. 768.) — Voy. SUCCESSIONS, II, § 4.

ÉTAT CIVIL. — (Cod. civ. art. 34-101 ; Cod. pén. 345-347.)

C'est la situation légale des individus dans la Société. Les principaux événements qui constituent l'état civil d'une personne, la *naissance*, le *mariage*, le *décès*, etc., sont constatés dans des procès-verbaux ou écrits qu'on nomme *actes de l'Etat civil*. — Voy. ACTES DE L'ÉTAT CIVIL.

Le Code pénal (art. 345-346) prévoit et punit les divers *crimes* ou *délits* tendant à *empêcher* ou à *détruire* la *preuve de l'état civil d'un enfant*. — Voy. ENFANT, 4.

ÉTAT. (CONSEIL D') — Voy. CONSEIL D'ÉTAT.

ÉTAT DE LIEUX. — Description par écrit des parties dont se compose la distribution intérieure d'une maison ou d'un appartement, et de l'état actuel, au moment du bail, des portes, fenêtres, armoires et autres accessoires.

Lorsqu'*il a été fait* un état des lieux entre le bailleur et le preneur, celui-ci doit rendre la chose telle qu'il l'a reçue, suivant cet état, excepté ce qui a péri ou a été dégradé par vétusté ou force majeure. — *S'il n'a pas été fait* d'état des lieux, le preneur est présumé les avoir reçus en bon état de réparations locatives, et doit les rendre tels, sauf la preuve contraire. (Cod. civ. art. 1730, 1731.)

ÉTAT DE SIÈGE. — Lois 9 août 1849, 3 avril 1878.)

C'est une mesure de sûreté publique qui a pour effet de suspendre momentanément l'empire des lois ordinaires et de remettre tout pouvoir à l'Autorité militaire.

1. — Les *conséquences* de l'état de siège sont les suivantes : les *tribunaux militaires* peuvent être saisis de la connaissance des crimes et délits contre la sûreté de l'Etat, contre la Constitution, l'ordre et la paix publique, quelle que soit la qualité des coupables. *L'Autorité militaire* a le droit : 1° de faire des *perquisitions*, de jour et de nuit, dans le domicile des citoyens ; — 2° d'*éloigner* les repris de justice et les individus qui n'ont pas leur domicile dans les lieux soumis à l'état de siège ; — 3° d'ordonner la *remise* des *armes* et *munitions*, et de procéder à leur recherche et à leur enlèvement ; — d'*interdire* les

publications et les *réunions* qu'elle juge de nature à exciter ou à entretenir le désordre.

2. — L'état de siège ne peut être déclaré qu'en cas de *péril imminent*, résultant d'une guerre étrangère ou d'une insurrection à main armée, et par une *loi* qui désigne les communes, les arrondissements ou départements auxquels il s'applique, et en fixe la durée. A l'expiration de ce temps, l'état de siège *cesse de plein droit*, à moins qu'une loi nouvelle n'en prolonge les effets.

3. — En cas d'*ajournement des Chambres*, le Président de la République peut déclarer l'état de siège, de l'avis du Conseil des ministres; mais alors les Chambres se réunissent de plein droit *deux jours après*.

4. — En cas de *dissolution* de la Chambre des Députés, et jusqu'à l'accomplissement entier des opérations électorales, l'état de siège ne peut, *même provisoirement*, être déclaré par le Président de la République. — Néanmoins, s'il y avait *guerre étrangère*, le Président, de l'avis du Conseil des Ministres, pourrait déclarer l'état de siège dans les territoires menacés par l'ennemi, à la condition de convoquer les Collèges électoraux et de réunir les Chambres dans le plus bref délai possible.

5. — Dans les deux hypothèses ci-dessus, les Chambres, dès qu'elles sont réunies, maintiennent ou lèvent l'état de siège. En cas de *dissentiment* entre elles, l'état de siège est levé de plein droit.

ÉTAT-MAJOR. — (Loi 20 mars 1880.) — Le *corps spécial* d'Etat-major, créé par l'ordonnance du 6 mai 1818 et modifié par des ordonnances subséquentes, a été *supprimé* par la loi du 20 mars 1880.

1. — Le service d'Etat-major est aujourd'hui assuré : 1° par un personnel d'officiers de toutes armes munis du brevet d'Etat-major et employés temporairement à ce service; — 2° par un personnel d'archivistes et secrétaires des bureaux d'Etat-major.

2. — Sur le pied de *paix*, le personnel des officiers d'Etat-major ne dépasse pas 300, savoir : 25 colonels; — 35 lieutenants-colonels; — 100 chefs d'escadron; — 140 capitaines. — Ils sont placés hors cadres et continuent d'appartenir à leur arme respective.

3. — La direction du service et du personnel d'Etat-major est confiée, sous l'autorité du Ministre, à un officier général. — Un *Comité consultatif* d'Etat-major est, en outre, établi auprès du Ministre.

— Voy. ECOLE SUPÉRIEURE DE GUERRE.

ÉTRANGER. — (Cod. civ. art. 11-16; loi 3 décembre 1849; décr. 30 janvier 1852; loi 23 mai 1867.)

1. — L'étranger n'a, en France, ni la jouissance des *droits politiques*, ni celle des *droits civiques*, ce qui l'empêche, par conséquent, d'être électeur ou éligible, et l'exclut de toutes fonctions publiques. — Il n'en est pas de même des *droits civils*, et, sous ce rapport, il faut distinguer si l'étranger a été ou non autorisé par le Gouvernement à établir son domicile en France. S'*il a obtenu cette autorisation*, il jouit de tous les droits civils, comme un Français, tant qu'il continue à résider en France. — S'*il n'a pas été autorisé* à fixer son domicile en France, il jouit des droits civils autres que ceux qui sont expressément refusés par la loi; ainsi il peut être propriétaire d'immeubles, acquérir ou transmettre par donation ou testament; il peut se marier en France, être tuteur, etc.; mais voici en quoi sa situation diffère de celle du Français : s'il veut introduire une action en justice contre un Français, il doit fournir une caution dite *judicatum solvi*, garantissant le payement des frais du procès et de tous dommages-intérêts, pour le cas où sa demande serait rejetée et causerait un préjudice à son adversaire; — il peut être traduit devant la justice française même pour une

obligation contractée à l'étranger : c'est là une dérogation au principe que le défendeur doit être assigné devant le tribunal de son domicile; — il ne peut servir de *témoin* dans un acte public.

2. — L'étranger est soumis aux *lois de police et de sûreté*, car elles sont applicables à tous ceux qui habitent le territoire français; mais son *état* et sa *capacité* sont régis par la loi du pays auquel il appartient. — Voy. STATUT PERSONNEL.

3. — L'*autorisation* accordée à l'étranger d'établir son domicile en France peut être *révoquée*. L'Administration a même le droit, dans un intérêt de police et d'ordre public, d'*expulser* l'étranger quand bon lui semble. Si l'étranger expulsé *rentre en France* sans la permission du Gouvernement, il est passible d'un *emprisonnement* d'un mois à six mois, et, à l'expiration de sa peine, il est reconduit à la frontière.

4. — L'étranger peut devenir *Français* par la *naturalisation*. — Voy. NATURALISATION.

5. — L'étrangère qui *épouse un Français* suit la condition de son mari.

6. — Le dénombrement de la population de la France en 1886 a constaté la présence de 1 115 214 étrangers. — Voy. FRANÇAIS.

ÉVASION. — (Cod. pén. art. 237-248; loi 30 mai 1854, art. 7.)

C'est le fait d'un détenu qui s'échappe des mains des agents de la force publique ou du lieu où il était légalement enfermé.

1. — Le désir de la liberté est si naturel à l'homme que la loi ne frappe d'aucune peine celui qui, trouvant ouverte la porte de sa prison, en franchit le seuil. *Le délit ne commence à son égard* que lorsqu'il a employé des moyens criminels, tels que le *bris de prison* ou la *violence*. — Quant à ceux qui étaient préposés à sa garde, il en est différemment, et la *simple évasion du détenu constitue ses gardiens en délit*. Ils sont plus ou moins gravement punis suivant qu'il y a eu de leur part *connivence* ou seulement *négligence*. La gravité de la peine est aussi mesurée d'après celle du crime ou du délit pour lequel la détention avait eu lieu. Il est certain, en effet, que l'évasion d'un individu enfermé pour une simple rixe ne répand point dans la société le même degré d'alarme que l'évasion d'un assassin.

2. — La loi punit également ceux qui donnent *asile aux criminels* et leur procurent ainsi le moyen d'échapper aux recherches de la Justice ou, s'ils ont été condamnés, de se soustraire à leur châtiment. Elle fait, toutefois, une *exception en faveur des proches parents* dont l'affection naturelle est, à ses yeux, une cause d'excuse.

3. — Après ce résumé de la matière, nous nous bornerons à reproduire les dispositions du Code pénal qui s'y rattachent :

Art. 237. — « Toutes les fois qu'une évasion de détenus aura lieu, les huissiers, les commandants en chef ou en sous-ordre, soit de la gendarmerie, soit de la force armée servant d'escorte ou garnissant les postes, les concierges, gardiens, geôliers, et tous autres préposés à la conduite, au transport ou à la garde des prévenus, seront punis ainsi qu'il suit : »

Art. 238. — « Si l'évadé était prévenu de *délits de police* ou de *crimes* simplement *infamants*, ou condamné pour l'un de ces crimes, s'il était *prisonnier de guerre*, les préposés à sa garde ou conduite seront punis, en cas de *négligence*, d'un *emprisonnement* de 6 jours à 2 mois, et, en cas de *connivence*, d'un *emprisonnement* de 6 mois à 2 ans. Ceux qui, *n'étant pas chargés* de la *conduite* ou de la *garde* du détenu, auront *procuré* ou *facilité* son évasion, seront punis de 6 jours à 3 mois d'*emprisonnement*. »

Art. 239. — « Si les détenus évadés, ou l'un d'eux, étaient prévenus ou accusés d'un crime de nature à entraîner une *peine afflictive à temps*, ou condamnés pour l'un de ces crimes, la peine sera, contre les préposés à la garde ou conduite, en cas de *négligence*, un *emprisonnement* de 2 mois à 6 mois ; en cas de *connivence*, la *réclusion*. — Les individus *non chargés de la garde* des détenus, qui auront *procuré* ou *facilité* l'évasion, seront punis d'un *emprisonnement* de 3 mois à 2 ans. »

Art. 240. — « Si les évadés, ou l'un d'eux, sont prévenus ou accusés de crimes de nature à entraîner la *peine de mort* ou des *peines perpétuelles*, ou s'ils sont condamnés à l'une de ces peines, leurs *conducteurs* ou *gardiens* seront punis d'un an à 2 ans d'*emprisonnement* en cas de *négligence*, et des *travaux forcés à temps*, en cas de *connivence*. — Les individus *non chargés* de la *conduite* ou de la *garde*, qui auront *facilité* ou *procuré* l'évasion, seront punis d'un *emprisonnement* d'un an au moins et de cinq ans au plus. »

Art. 241. — « Si l'évasion a eu lieu ou a été tentée avec *violence*, ou *bris de prison*, les peines contre ceux qui l'auront favorisée *en fournissant des instruments* propres à l'opérer, seront : si le détenu qui s'est évadé se trouve dans le cas prévu par l'article 238, 3 mois à 2 ans d'*emprisonnement* ; — au cas de l'article 239, 1 an à 4 ans d'*emprisonnement*, — et au cas de l'article 240, 2 ans à 5 ans de la *même peine*, et une *amende* de 50 fr. à 2000 fr. — Dans ce dernier cas, les coupables pourront, en outre, être *privés des droits* mentionnés en l'article 42 du présent Code pendant 5 ans au moins et 10 ans au plus, à compter du jour où ils auront subi leur peine. »

Art. 242. — « Dans tous les cas ci-dessus, lorsque les tiers qui auront procuré ou facilité l'évasion y seront parvenus en *corrompant* les *gardiens* ou *geôliers*, ou de *connivence* avec eux, ils seront punis des *mêmes peines* que lesdits gardiens et geôliers. »

Art. 243. — « Si l'évasion avec bris ou violence a été favorisée par *transmission d'armes*, les *gardiens* et *conducteurs* qui y auront participé seront punis des *travaux forcés à perpétuité*; les autres personnes, des *travaux forcés à temps*. »

Art. 244. — « Tous ceux qui auront connivé à l'évasion d'un détenu seront *solidairement* condamnés, à titre de *dommages-intérêts*, à tout ce que la partie civile du détenu aurait eu droit d'obtenir contre lui. »

Art. 245. — « A l'égard des *détenus* qui se seront évadés, ou qui auront tenté de s'évader par *bris de prison* ou par *violence*, ils seront, pour ce seul fait, punis de six mois à un an d'*emprisonnement*, et subiront cette peine immédiatement après l'expiration de celle qu'ils auront encourue pour le crime ou délit à raison duquel ils étaient détenus, ou immédiatement après l'arrêt ou le jugement qui les aura acquittés ou renvoyés absous dudit crime ou délit, le tout sans préjudice de plus fortes peines qu'ils auraient pu encourir pour d'autres crimes qu'ils auraient commis dans leurs violences. »

Art. 246. — « Quiconque sera condamné, pour avoir *favorisé* une évasion ou des tentatives d'évasion, à un emprisonnement de plus de 6 mois, pourra, en outre, être mis sous la *surveillance spéciale de la haute police* pour un intervalle de 5 à 10 ans. »

Art. 247. — « *Les peines* d'emprisonnement ci-dessus établies contre les conducteurs ou les gardiens, en cas de négligence seulement, *cesseront* lorsque les évadés seront repris ou représentés, pourvu que ce soit *dans les 4 mois* de l'évasion, et qu'ils ne soient pas arrêtés pour d'autres crimes ou délits commis postérieurement. »

Art. 248. — « Ceux qui auront *recélé* ou *fait receler* des personnes qu'ils savaient avoir commis des crimes emportant *peine afflictive* seront punis de 3 mois d'*emprisonnement* au moins et de 2 ans au plus. — Sont *exceptés* de la présente disposition les *ascendants* ou *descendants*, *époux* ou *épouse*, *frères* ou *sœurs* des criminels recélés, ou leurs *alliés* au même degré. »

4. — « L'article 7 de la loi du 30 mai 1854 sur l'exécution de la peine des travaux forcés porte : « Tout condamné à temps qui, à dater de son embarquement, se sera rendu coupable d'évasion, sera puni de 2 ans à 5 ans de *travaux forcés*. Cette peine ne se confondra pas avec celle antérieurement prononcée. — La peine pour les condamnés à perpétuité sera l'application à la *double chaine* pendant 2 ans au moins et 5 ans au plus. »

ÉVÊCHÉ. — Voy. CULTES, I.

ÉVICTION. — Dépossession d'un immeuble ordonnée par la Justice au profit du véritable propriétaire.

1. — Le *vendeur* est de droit obligé à garantir l'acquéreur de toute éviction. (Cod. civ. art. 1625-1640.) — Voy. VENTE, II, § 2.

2. — Les *cohéritiers* sont respectivement garants, les uns envers les autres, des évictions qui procèdent d'une cause antérieure au partage. (Cod. civ. art. 884, 885.) — Voy. SUCCESSIONS, IV.

ÉVOCATION. — Action d'ôter à un juge ou à un tribunal la connaissance d'une affaire qui devait leur être soumise, d'après les règles ordinaires, pour en saisir un autre juge ou un autre tribunal. Elle appartient à la *Cour de cassation*, qui peut l'exercer pour cause de *sûreté publique* ou de *suspicion légitime*. (Cod. instr. crim. art. 541 et suiv.)

EXCEPTION. — Moyen préjudiciel invoqué par une partie devant la Justice pour faire écarter la demande ou en ajourner l'examen.

— Les exceptions se distinguent en *déclinatoires*, *dilatoires* et *péremptoires*.

Les *exceptions déclinatoires* ont pour but de décliner la juridiction du tribunal saisi de l'affaire et d'en demander le renvoi à d'autres juges ; — les *exceptions dilatoires* tendent seulement à faire différer le jugement de l'instance ; — les *exceptions péremptoires* ont pour objet de faire écarter définitivement la demande, sans qu'elle soit jugée : elles se tirent soit de la nullité des actes de procédure, soit d'une prescription acquise, etc. — Le titre IX du Code de procédure civile (art. 166-192) est consacré à cette matière.

EXCITATION A LA DÉBAUCHE. — Délit prévu et puni par les articles 334 et 335 du Code pénal, ainsi conçus :

Art. 333. — « Quiconque aura attenté aux mœurs, en excitant, favorisant ou facilitant *habituellement* la débauche ou la corruption de la jeunesse de l'un ou de l'autre sexe au-dessous de l'âge de 21 ans, sera puni d'un *emprisonnement* de 6 mois à 2 ans et d'une *amende* de 50 fr. à 500 francs. — Si la prostitution ou la corruption a été excitée, favorisée ou facilitée par leurs *pères, mères, tuteurs* ou autres *personnes chargées de leur surveillance*, la peine sera de 2 ans à 5 ans d'*emprisonnement* et de 300 fr. à 1000 fr. d'*amende*. »

Art. 335. — « Les coupables du délit mentionné au précédent article seront *interdits* de toute tutelle et curatelle, et de toute participation aux Conseils de famille ; savoir : les individus auxquels s'applique le premier paragraphe de cet article, pendant 2 ans au moins et 5 ans au plus, et ceux dont il est parlé au second paragraphe, pendant 10 ans au moins et 20 ans au plus. — Si le délit a été commis par le *père* ou la *mère*, le coupable sera de plus privé des droits et avantages à lui accordés sur la personne et les biens de l'enfant par le Code civil, livre Ier, titre IX, *de la Puissance paternelle*. — Dans tous les cas, les coupables pourront de plus être mis, par l'arrêt ou le jugement, sous la *surveillance de la haute police*, en observant, pour la durée de la surveillance, ce qui vient d'être établi pour la durée de l'interdiction mentionnée au présent article. »

EXCLUSION. — 1. — L'exclusion de la *tutelle* est prononcée contre : 1° Les gens d'une inconduite notoire; — 2° Ceux dont la gestion atteste l'incapacité ou l'infidélité. (Cod. civ. art. 444.) — Voy. TUTELLE — TUTEUR, IV.

2. — L'exclusion de la *communauté* peut être stipulée par les futurs époux. (Cod. civ. art. 1529 et suiv.) — CONTRAT DE MARIAGE, II.

3. — Tout en admettant la communauté, les époux peuvent en exclure tout ou partie de leur *mobilier* présent et futur. (Cod. civ. art. 1500 et suiv.) — Voy. CONTRAT DE MARIAGE, I, § 2, 2°.

4. — L'exclusion des *fonctions* ou *emplois publics* est l'un des effets de la *dégradation civique*. (Cod. pén. art. 34.) — Voy. DÉGRADATION CIVIQUE.

EXCUSE. — Ce mot a plusieurs acceptions : dans le langage du droit pénal, il signifie : 1° *atténuation de la criminalité d'un fait*. — Le Code pénal a déterminé, dans les articles 321 à 326, les crimes et délits excusables, et les cas où ils ne peuvent être excusés.

La *provocation*, le *flagrant délit d'adultère* excusent le meurtre ou les blessures. Il en est de même s'il s'agissait de repousser, pendant le jour, l'*escalade* ou l'*effraction* des clôtures, murs ou entrée d'une maison, d'un appartement, ou de ses dépendances.

Le *parricide* n'est *jamais excusable*.

— Lorsque le fait d'excuse est prouvé, — s'il s'agit d'un crime emportant la peine de *mort*, ou celle des *travaux forcés à perpétuité*, ou celle de la *déportation*, la peine est *réduite* à un *emprisonnement d'un an à cinq ans*; — s'il s'agit de *tout autre crime*, elle est réduite à un *emprisonnement de six mois à deux ans*; — Dans l'une et l'autre hypothèse, les coupables peuvent, de plus, être mis, par l'arrêt ou le jugement, sous la *surveillance de la haute police* pendant cinq ans au moins et dix ans au plus. — S'il s'agit d'un *délit*, la peine est réduite à un *emprisonnement de six jours à six mois*.

2° — Excuse se dit aussi des *motifs d'une absence ou d'un refus d'accepter une mission*. — Voy. dans ce sens JURY-JURÉ ; — TÉMOIN ; — TUTELLE-TUTEUR, I, 4.

EXÉCUTEUR TESTAMENTAIRE. — (Cod. civ. art. 1025-1034.) — Nom donné à la personne qu'un testateur a chargée d'exécuter ses dernières volontés ou de veiller à leur exécution. — Voy. TESTAMENT, III.

EXÉCUTIF. (POUVOIR) — Voy. POUVOIR EXÉCUTIF.

EXÉCUTION. (SAISIE-) — Voy. SAISIE-EXÉCUTION.

EXÉCUTIONS MILITAIRES. — (Déc. 25 octobre 1874.) — Dans un but d'humanité, afin de rendre *plus sûre* et *plus prompte* l'exécution militaire des condamnés à mort, un décret du 25 octobre 1874 a prescrit les mesures suivantes :

... Art. 2. — « Le Commandant de place ou le Commandant d'armes fait commander pour l'exécution un adjudant sous-officier, 4 sergents ou maréchaux des logis, 4 caporaux ou brigadiers et 4 soldats pris à tour de rôle, en commençant par *les plus anciens* dans le corps auquel appartenait le condamné, et lorsque le condamné n'appartiendra pas à un des corps de la garnison, le peloton d'exécution sera fourni à tour de rôle par les corps qui se trouvent dans la place, en commençant par *le plus bas numéro*. »

Art. 3. — « Il est commandé, en même temps que le peloton d'exécution, un 5° sergent ou maréchal des logis pris également parmi les plus anciens, et dont le rôle sera déterminé ci-après. »

Art. 4. — « Un *poteau* muni d'un crochet sera planté au lieu fixé pour l'exécution; un sillon tracé à 6 *mètres* en avant de ce poteau indiquera la distance à laquelle le peloton, composé de 12 hommes, devra se ranger devant le condamné. L'Adjudant, auquel un officier de l'état-major de la place fera connaître le moment de l'exécution, fera charger les armes *avant l'arrivée du condamné.* »

Art. 5. — « Le condamné est amené sur le terrain par un détachement de 50 hommes; il n'est *pas porteur de ses insignes.* Lorsqu'il arrive au centre des troupes, elles portent les armes, les tambours battent aux champs. »

Art. 6. — « Le condamné sera adossé au poteau pendant la lecture de l'extrait du jugement, conformément à la loi; un soldat désigné à l'avance lui *bandera les yeux* et le fera mettre *à genoux.* Dans ce moment, le peloton, formé sur deux rangs, prendra place à la distance indiquée, et, le condamné étant laissé seul, l'Adjudant, placé à 4 pas sur la droite et à 2 pas en avant du peloton, *lèvera son épée;* à ce signe, les 12 hommes mettront *en joue;* chacun visera à la *poitrine,* sur une ligne qui joindrait le milieu des deux bras, c'est-à-dire entre les coudes et les épaules; l'Adjudant, gardant son épée levée, laissera au peloton le temps d'assurer son tir, puis il prononcera distinctement le commandement : *Feu,* qui sera immédiatement suivi d'exécution. »

Art. 7. — « Un médecin militaire, choisi, soit dans le corps de troupe qui aura fourni les tireurs, soit à tour de rôle parmi les plus anciens de la garnison, devra assister à l'exécution; aussitôt après le feu du peloton, il s'approchera du corps du condamné pour décider s'il faut ou non donner le *coup de grâce.* »

Art. 8. — « S'il y a nécessité de donner le coup de grâce, le *sous-officier* commandé en même temps que le peloton d'exécution, ainsi qu'il est dit à l'article 3, dont l'arme sera chargée d'avance et qui se tiendra à côté du médecin militaire, placera l'extrémité du canon à 5 centimètres de l'oreille du supplicié, et fera ainsi feu *à bout portant.* »

Art. 9. — « Les exécutions *multiples* seront toujours *simultanées.* Les condamnés seront placés sur une même ligne et séparés par une distance de 10 mètres. Un seul adjudant commandera le feu. »

Art. 10. — « Le médecin militaire qui a assisté à l'exécution examinera le cadavre du supplicié; il indiquera, dans un *rapport médico-légal,* le nombre et le siège des blessures, et appréciera, s'il y a lieu, les circonstances majeures qui auraient, en faisant varier le procédé d'exécution, rendu le coup de grâce nécessaire. Ce rapport, indépendant de celui par lequel le décès est médicalement constaté, sera immédiatement remis à l'autorité militaire supérieure qui a ordonné l'exécution du jugement. »

EXÉCUTOIRE. (FORMULE) — Voy. FORMULE EXÉCUTOIRE.

EXEQUATUR. — Mot latin dont la traduction est : *que cela soit exécuté.* — Il s'emploie pour désigner :

1° L'ordonnance qui rend exécutoire une sentence d'arbitre;

2° L'acte qui confère à un Consul étranger le droit d'exercer ses fonctions en France;

3° La formule par laquelle un tribunal français rend exécutoire en France un jugement étranger.

EXERCICE. — Ce mot a une double acception : — 1° Il signifie la *visite* que les agents des contributions indirectes font chez les *marchands* et *débitants de boissons,* pour assurer la perception de l'impôt; (voy. BOISSONS, § III, 2.) — 2° En termes de *finances,* il sert à désigner la période pendant laquelle un *budget* peut être exécuté. Pour le payement des dépenses de l'*Etat,* l'exercice est clos le 31 août de la seconde année, c'est-à-dire que l'exercice 1886, par exemple, a été clos le 31 août 1887. — Pour le budget *départemental,* la clôture de l'exercice a lieu le 30 juin de la seconde année; — Pour le budget *communal,* elle est fixée au 31 mars de la seconde année également.

EXPERT-EXPERTISE. — (Cod. proc. civ. art. 302-323.)

Du latin *expertus,* éprouvé, habile. — On désigne sous le nom d'*expert* la personne qu'un tribunal ou les parties nomment pour prononcer sur des faits qui exigent des connaissances spéciales, et pour donner son avis dans un rapport. L'opération des experts s'appelle *expertise*.

1. — Lorsque l'expertise est ordonnée par la Justice, les formes en sont réglées par le Code de procédure civile. (Art. 302-323.)

Elle ne peut se faire que par trois experts, à moins que les parties ne consentent à ce qu'il soit procédé par un seul.

2. — Les experts prêtent *serment* de remplir fidèlement leur mandat. En rédigeant leur rapport, ils ne doivent former qu'*un seul avis*, à la pluralité des voix. Néanmoins, en cas d'avis différents, ils indiquent les motifs des divers avis, sans faire connaître ceux qui les ont émis.

Si les juges ne trouvent point dans le rapport les éclaircissements suffisants, ils ont la faculté d'ordonner une *nouvelle expertise*.

3. — L'avis des experts étant demandé pour éclairer les juges, ceux-ci *ne sont point astreints à le suivre*, si leur conviction s'y oppose.

EXPLOIT. — Du latin *explicitum*, expliqué. — On désigne ainsi les actes propres au ministère des *Huissiers*. Suivant leur objet, ils se distinguent en *assignation*, *citation*, *ajournement* ou *commandement*, *sommation*, *signification*. Les règles communes à tous les exploits sont tracées dans les articles 61 à 68 du Code de procédure civile.

Lorsqu'un exploit vient à être déclaré *nul par le fait de l'huissier*, cet officier supporte les frais dudit exploit et de la procédure annulée, sans préjudice des dommages-intérêts, s'il y a lieu.

EXPOSITION PUBLIQUE. — Cette peine, prononcée par l'article 22 du Code pénal contre tout individu condamné aux *travaux forcés* ou à la *réclusion*, consistait à demeurer exposé pendant une heure aux regards du peuple sur la place publique, avec un écriteau portant en gros caractères les noms, profession, domicile du condamné, sa peine et la cause de sa condamnation. Les mineurs de 18 ans et les septuagénaires n'y étaient cependant pas soumis.

La peine de l'exposition publique a été *abolie* par décret du Gouvernement provisoire, en date du 12 avril 1848, ainsi motivé : « Considérant que la peine de l'exposition publique dégrade la dignité humaine, flétrit à jamais le condamné, et lui ôte, par le sentiment de son infamie, la possibilité de la réhabilitation ;

» Considérant que cette peine est empreinte d'une odieuse inégalité, en ce qu'elle touche à peine le criminel endurci, tandis qu'elle frappe d'une atteinte irréparable le condamné repentant ;

» Considérant enfin que le spectacle des expositions publiques éteint le sentiment de la pitié et familiarise avec la vue du crime... »

EXPROPRIATION FORCÉE. — (Cod. civ. art. 2204-2217 ; Cod. proc. civ. art. 673 et suiv.)

C'est la vente des immeubles d'un débiteur faite par autorité de Justice, sur la poursuite des créanciers.

Elle ne peut avoir lieu qu'en vertu d'un titre authentique et exécutoire. Les formes en sont réglées par le Code de procédure civile (art. 673 et suiv.) — Voy. SAISIE IMMOBILIÈRE.

Si le débiteur justifie, par baux authentiques, que le revenu net et libre de ses immeubles pendant une année suffit pour le payement de la dette en capital, intérêts et frais, et s'il en offre la délégation au créancier, la *poursuite* peut être *suspendue* par les juges, sauf à être reprise s'il survient quelque opposition ou obstacle au payement.

EXPROPRIATION POUR CAUSE D'UTILITÉ PUBLIQUE. — (Lois 3 mai 1841, 3 juillet 1880.)

On désigne ainsi le droit attribué à la Société d'enlever à un particulier sa propriété, moyennant une juste et préalable indemnité, lorsque l'intérêt public exige ce sacrifice.

La législation en cette matière met en présence deux grands principes fondamentaux du droit social : le *respect de la propriété*, la *prédominance de l'intérêt général sur les intérêts privés*.

La loi actuellement en vigueur est celle du 3 mai 1841 : *Déclaration d'utilité publique*, *fixation de l'indemnité*, *garanties données aux créanciers et aux tiers intéressés*, tels sont les points importants qu'elle règle.

I. Déclaration d'utilité publique. — Formes de l'expropriation. — 1. — L'expropriation pour cause d'utilité publique s'opère par autorité de Justice, mais elle ne peut être prononcée que dans les formes légales qui consistent : 1° dans la loi ou le décret autorisant l'exécution des travaux en vue desquels l'expropriation est requise ; — 2° dans l'acte du Préfet qui désigne les localités ou territoires sur lesquels les travaux doivent avoir lieu, lorsque cette désignation ne résulte pas du décret ou de la loi ; — 3° dans l'arrêté ultérieur par lequel le Préfet détermine les propriétés particulières auxquelles l'expropriation est applicable. Cette application ne peut être faite à aucune propriété particulière qu'après que les parties intéressées ont été mises en état d'y fournir leurs contredits.

A cet effet, l'Administration fait lever un *plan parcellaire* des propriétés dont la cession lui paraît nécessaire, avec le nom de chaque propriétaire, et ce plan reste *déposé* pendant *huit jours* à la mairie de la Commune de la situation des biens, afin que chacun puisse en prendre connaissance. Ce délai de huitaine ne court que du jour où l'avertissement de prendre communication est donné collectivement aux parties intéressées, à son de trompe ou de caisse dans la Commune, et affiché tant à la principale porte de l'église qu'à celle de la mairie. Insertion en est également faite dans l'un des journaux publiés dans l'arrondissement, ou s'il n'en existe aucun, dans l'un des journaux du département. S'il survient des réclamations verbales, le Maire en dresse procès-verbal et y annexe celles qui sont dressées par écrit. Les réclamations et déclarations recueillies verbalement doivent être signées par les parties.

A l'expiration du délai de huitaine, une *Commission* formée de 4 membres du Conseil général ou du Conseil d'arrondissement, désignés par le Préfet, du Maire de la Commune où les propriétés sont situées, et de l'un des Ingénieurs chargés de l'exécution des travaux, se réunit au chef-lieu de la Sous-Préfecture, sous la présidence du Sous-Préfet. Pendant *huit jours*, la Commission reçoit les observations des propriétaires ; elle les appelle toutes les fois qu'elle le juge convenable, et donne son avis. Ses opérations doivent être terminées dans le délai de dix jours, après quoi le Sous-Préfet adresse immédiatement au Préfet le procès-verbal.

Si la commission propose quelque *changement au tracé* indiqué par les Ingénieurs, le Sous-Préfet doit faire donner immédiatement avis aux intéressés des changements proposés, à son de caisse ou de trompe, par affiches et insertion dans un journal. Pendant huitaine à dater de cet avertissement, le procès-verbal reste déposé, ainsi que les pièces, à la Sous-Préfecture ; les parties intéressées ont la faculté d'en prendre communication, sans déplacement et sans frais, et de fournir leurs observations écrites. Dans les trois jours suivants, le Sous-Préfet transmet toutes les pièces à la Préfecture.

Sur le vu du procès-verbal et des documents y annexés, le Préfet détermine, par un arrêté motivé, les propriétés qui doivent être cédées, et indique l'époque à laquelle il sera nécessaire d'en prendre possession. Toutefois, dans le cas où il résulterait de l'avis de la Commission qu'il y a lieu de modifier le tracé des travaux ordonnés, le Préfet doit surseoir jusqu'à ce que l'Autorité supérieure ait statué.

2. — Dans les trois jours de la transmission qui lui en est faite par le Préfet, le Procureur de la République, dans le ressort duquel les biens à exproprier sont situés, requiert du Tribunal le prononcé de l'expropriation pour cause d'utilité publique des terrains ou bâtiments indiqués dans l'arrêté préfectoral; et un juge est commis pour remplir les fonctions de magistrat directeur du jury chargé de fixer les indemnités.

Si les propriétaires à exproprier consentent à la cession, sans être d'accord sur le prix, il n'est pas besoin de rendre un jugement d'expropriation, et le tribunal donne acte de leur consentement en désignant le magistrat directeur du jury devant qui la question de l'indemnité sera débattue.

3. — Le jugement qui prononce l'expropriation est publié, affiché et inséré dans un journal du lieu ou du département, et signifié aux parties intéressées. Cette notification a lieu au domicile qu'elles ont élu dans l'arrondissement de la situation des biens, et, à défaut de cette élection de domicile, la notification est faite en double copie au Maire et au fermier, locataire, gardien ou régisseur de la propriété.

4. — Le jugement d'expropriation ne peut être *attaqué* que par le recours en *cassation* et seulement pour *excès de pouvoir*, *incompétence* ou *vices de forme*. Le pourvoi doit avoir lieu au plus tard dans les *trois jours* à dater de la signification, par déclaration au greffe du Tribunal.

Une fois l'utilité publique déclarée et l'expropriation prononcée, on s'occupe de la fixation de l'indemnité.

II. Fixation de l'indemnité. — 1. — L'administration notifie aux propriétaires les sommes qu'elle offre pour les indemniser. *Dans la quinzaine* qui suit cette notification, les propriétaires ou autres intéressés sont tenus de déclarer leur acceptation ou, au cas de refus, d'indiquer le montant de leurs prétentions, et alors l'Administration les cite devant un *jury*, pour procéder au règlement des indemnités.

Ce jury spécial est *composé* de 12 membres choisis par la Cour d'appel siégeant dans le département, ou, à défaut, par le Tribunal du chef-lieu judiciaire, sur une liste de 36 personnes au moins et 72 au plus dressée annuellement, pour chaque arrondissement, par le Conseil général. Lorsque des circonstances exceptionnelles l'exigent, le nombre des personnes ainsi désignées peut être augmenté par des décrets rendus en Conseil d'Etat, sans pouvoir dépasser 144. (Loi 3 juillet 1880.) A Lyon, la liste des jurés contient 200 noms; à Paris, 600. Les intéressés ne peuvent faire partie du jury.

Le magistrat directeur du jury est assisté du greffier du Tribunal, qui appelle les causes successivement et tient procès-verbal des opérations. La discussion est publique; plans, titres de propriété, etc., tout est mis sous les yeux des jurés, qui ont la faculté d'entendre les personnes capables de les éclairer.

2. — L'indemnité allouée par le jury *ne peut être* en aucun cas *inférieure* aux offres de l'Administration, ni *supérieure* à la demande de la partie intéressée. Si elle ne dépasse pas l'offre de l'Administration, les personnes qui l'ont refusée sont condamnées aux dépens; si elle est égale à la demande des parties, c'est l'Administration qui les supporte; enfin si l'indemnité est à la fois supérieure à l'offre de l'Administration et inférieure à la prétention des intéressés, les dépens sont compensés dans la proportion des offres et de la demande avec la décision du jury. Il convient de remarquer que tout propriétaire qui néglige de déclarer s'il accepte ou refuse les offres de l'Administration est condamné aux dépens, quelle que soit l'estimation ultérieure du jury.

La décision du jury est rendue exécutoire par le magistrat directeur qui envoie l'Administration en possession.

3. — Si des biens de *mineurs*, d'*interdits*, d'*absents* ou d'*autres incapables* sont compris dans les propriétés à exproprier, leurs représentants peuvent, avec l'autorisation du Tribunal donnée en Chambre du Conseil (c'est-à-dire en audience publique et ordinaire), sur simple requête, et le Ministère public entendu, consentir amiablement à l'aliénation desdits biens, sauf au Tribunal à ordonner les mesures de conservation et de remploi qu'il juge nécessaires. Ces dispositions sont applicables aux immeubles dotaux, et ce n'est qu'à défaut de conventions amiables qu'un jugement d'expropriation est rendu.

III. Droits des créanciers et autres tiers intéressés. — 1. — Le jugement qui prononce l'expropriation est *transcrit* au bureau des hypothèques de l'arrondissement de la situation des biens, immédiatement après sa signification aux parties intéressées. *Dans la quinzaine* de la transcription, les privilèges et les hypothèques (conventionnelles, judiciaires ou légales) doivent être inscrits ; sinon l'immeuble exproprié en est affranchi, sans préjudice du droit des femmes, mineurs ou interdits, sur le montant de l'indemnité tant qu'elle n'a pas été payée ou que l'ordre n'a pas été réglé définitivement entre les créanciers.

Les *créanciers inscrits* n'ont jamais le droit de surenchérir, mais ils peuvent exiger, même dans le cas d'aliénation amiable, que l'indemnité soit fixée par le jury.

Quant aux *fermiers*, *locataires*, *usufruitiers*, *usagers* des biens expropriés, et à ceux qui peuvent réclamer des *servitudes* résultant des titres mêmes du propriétaire ou d'autres actes dans lesquels il serait intervenu, la partie expropriée est tenue de les appeler, et de les faire connaître à l'Administration dans la *huitaine* de la signification qui lui est faite du jugement d'expropriation, sinon elle reste seule chargée des indemnités qu'ils peuvent réclamer. Les autres intéressés sont mis en demeure de faire valoir leurs droits par l'affiche et la publication indiquant le dépôt à la Mairie du plan des propriétés ; ils sont tenus de se faire connaître à l'Administration dans le même délai de huitaine, à défaut de quoi ils sont déchus de tout droit à l'indemnité.

Si l'Administration conteste au détenteur le droit à l'indemnité, le jury l'estime néanmoins, et le montant en est déposé à la Caisse des dépôts et consignations pour être remis à qui de droit.

2. — S'il n'y a ni créanciers, ni tiers opposants, les indemnités réglées par le jury sont acquittées entre les mains des ayants droit préalablement à la prise de possession. Si, au contraire, il survient des inscriptions, il n'est pas fait d'offres réelles par l'Administration, mais l'indemnité est consignée pour être ultérieurement distribuée selon les règles du droit commun. Enfin, si l'Administration ne poursuit pas la fixation de l'indemnité dans les six mois du jugement d'expropriation, les parties peuvent la requérir ; et si l'indemnité n'est ni acquittée ni consignée dans les six mois de la décision du jury, les intérêts courent de plein droit à l'expiration de ce délai.

IV. Dispositions spéciales ou exceptionnelles. — 1. — Les bâtiments dont il est nécessaire d'acquérir une portion pour cause d'utilité publique doivent être achetés en entier, si les propriétaires le requièrent par une déclaration formelle adressée au magistrat directeur du jury, *dans la quinzaine* de la notification qui leur est faite des offres de l'Administration. Il en est de même de toute parcelle de terrain qui, par suite du nivellement, se trouve réduite au quart de la contenance totale, si toutefois le propriétaire ne possède aucun terrain immédiatement contigu et si la parcelle ainsi réduite est inférieure à 10 ares.

2. — Si les terrains acquis pour

des travaux d'utilité publique ne reçoivent pas cette destination, les anciens propriétaires ou leurs ayants droit peuvent en demander la remise. Cette faculté est désignée sous le nom de droit de *préemption* (du latin *præ*, avant; *emptio*, achat).

En cas de rétrocession, le *prix* est fixé à l'amiable, sinon par le jury, sans qu'il puisse excéder la somme moyennant laquelle les terrains ont été acquis. La rétrocession n'est pas admise pour les terrains dont les propriétaires avaient requis l'expropriation totale parce que l'expropriation partielle leur avait paru plus onéreuse.

3. — *Dans certains cas d'urgence*, l'Administration peut entrer en possession des terrains expropriés avant le règlement et le payement de l'indemnité, mais à la charge pourtant de consigner une somme représentant provisoirement cette indemnité. L'exercice de ce droit est subordonné aux conditions suivantes : il faut qu'il y ait urgence déclarée par un décret, et qu'il s'agisse de *terrains non bâtis*.

EXTERRITORIALITÉ. — Fiction du droit des gens qui fait considérer les Ambassadeurs et Ministres plénipotentiaires, pendant toute la durée de leur mission, comme n'ayant point quitté l'Etat dont ils sont les envoyés et comme remplissant leur mandat hors du territoire de la puissance auprès de laquelle ils ont été accrédités.

L'*inviolabilité* est une conséquence de l'exterritorialité. Elle entraîne l'exemption de la juridiction du pays étranger où réside la personne qui jouit de cette pérogative.

EXTORSION. — C'est le fait d'obtenir par force la signature ou la remise d'un écrit, d'un acte, d'un titre, d'une pièce quelconque contenant obligation, disposition ou décharge. Il constitue un crime puni par l'article 400 du Code pénal de la peine des *travaux forcés à temps*. — Voy. aussi CHANTAGE.

EXTRADITION. — Du latin *extra*, hors, et *tradere*, livrer. — C'est la remise faite au Gouvernement, qui le réclame, d'un individu accusé d'un crime et refugié à l'étranger.

La Société entière est intéressée à la répression de tous les crimes. L'extradition répond donc à un commun besoin de justice; aussi tous les Etats civilisés ont-ils conclu des conventions spéciales et réciproques d'extradition dans certains cas déterminés.

F

FABRICATION. (DROIT DE) — Voy. BOISSONS, § V.

FABRIQUE D'ÉGLISE. — (Loi 18 germinal an X (8 avril 1802), art. 76 ; déc. 30 décembre 1809.)

On désigne ainsi le corps des administrateurs chargés de veiller à l'entretien et à la conservation des temples, d'administrer les biens, rentes et perceptions autorisées, et généralement tous les fonds qui sont affectés à l'exercice du culte, enfin d'assurer cet exercice et le maintien de sa dignité, soit en réglant les dépenses qui y sont nécessaires, soit en avisant aux moyens d'y pourvoir.

1. — Suivant l'importance des paroisses, la Fabrique est *composée* de 9 membres dans celles qui ont 5000 habitants, et de 5 dans toutes les autres, indépendamment du Maire et du Curé ou Desservant qui sont membres de droit. Pour la première organisation, l'Evêque nomme 5 ou 3 membres, et le Préfet 4 ou 2 ; une fois composé, le Conseil de Fabrique *se renouvelle* par élection, d'après un ordre que le sort détermine. Le renouvellement a lieu au bout de 3 *ans:* à la première

période triennale, 5 ou 3 membres sortent, et les 4 ou 2 qui restent nomment aux places vacantes; à la période suivante, le renouvellement porte sur ceux qui étaient restés, et ainsi de suite. Les membres sortants sont *rééligibles*.

Le Conseil nomme au scrutin son *président* et son *secrétaire*, qui sont soumis *annuellement* à *réélection*, le premier dimanche d'*avril*.

2. — Les sessions du Conseil de Fabrique sont *ordinaires* et *extraordinaires*. Les premières, au nombre de 4, doivent être tenues les premiers dimanches de *janvier*, *avril*, *juillet* et *octobre*, et on peut y traiter toutes les affaires qui intéressent la Fabrique. Les secondes ne peuvent avoir pour objet que des affaires déterminées, et ne se tiennent qu'avec l'autorisation de l'Evêque ou du Préfet, en cas d'urgence.

3. — Le Conseil désigne 3 de ses membres qui, réunis au Curé ou Desservant, membre de droit, forment le *Bureau des Marguilliers*, sorte de pouvoir exécutif de la Fabrique. C'est ce bureau qui prépare le budget, fait les propositions sur lesquelles le Conseil de Fabrique doit délibérer, s'occupe des fournitures nécessaires au culte.

Le bureau des Marguilliers élit un président, un secrétaire et un trésorier. C'est ce dernier qui représente en justice la Fabrique, qui est chargé de faire rentrer tous les biens lui appartenant, et qui accepte pour elle les dons et legs autorisés par décret.

4. — Ce n'est qu'en cas d'insuffisance constatée des ressources de la fabrique que la Commune est aujourd'hui tenue de payer l'*indemnité de logement* aux Ministres du culte, s'il n'existe pas de bâtiment affecté à ce logement, et de pourvoir aux *grosses réparations* des édifices consacrés aux cultes, quand ces bâtiments sont communaux.

La loi du 5 avril 1884 sur l'organisation communale a rendu *facultatives* toutes les autres dépenses que le décret du 30 décembre 1809 avait déclarées obligatoires pour les Communes en cas d'insuffisance des ressources de la fabrique.

FABRIQUE. (DESSINS DE) — Voy. DESSINS DE FABRIQUE.

FABRIQUE. (MARQUES DE) — Voy. MARQUES DE FABRIQUE ET DE COMMERCE.

FABRIQUE. (SECRETS DE) — Voy. SECRETS DE FABRIQUE.

FACULTÉS. — On désigne sous ce nom les établissements d'enseignement supérieur auprès desquels s'obtiennent, après examens, dans les divers ordres de sciences, les grades de *bachelier, licencié* et *docteur*.

1. — Il existe actuellement en France :

2 Facultés de THÉOLOGIE PROTESTANTE, *Paris*, *Montauban* ; elles ont été maintenues comme étant indispensables pour le recrutement des Pasteurs. Les Facultés de théologie *Catholique*, n'étant nullement nécessaires au recrutement du clergé, ont été récemment supprimées;

13 Facultés de DROIT : *Paris*, *Aix*, *Bordeaux*, *Caen*, *Dijon*, *Douai*, *Grenoble*, *Lyon*, *Montpellier*, *Nancy*, *Poitiers*, *Rennes*, *Toulouse* ;

3 Facultés de MÉDECINE : *Paris*, *Montpellier*, *Nancy*;

3 Facultés MIXTES de MÉDECINE et de PHARMACIE : *Bordeaux*, *Lille*, *Lyon*;

15 Facultés des SCIENCES : *Paris*, *Besançon*, *Bordeaux*, *Caen*, *Clermont*, *Dijon*, *Grenoble*, *Lille*, *Lyon*, *Marseille*, *Montpellier*, *Nancy*, *Poitiers*, *Rennes*, *Toulouse*;

15 Facultés des LETTRES : *Paris*, *Aix*, *Besançon*, *Bordeaux*, *Caen*, *Clermont*, *Dijon*, *Douai*, *Grenoble*, *Lyon*, *Montpellier*, *Nancy*, *Poitiers*, *Rennes*, *Toulouse*.

2. — La *personnalité civile* des Facultés a été reconnue par un décret du 25 juillet 1885. Un autre décret du même jour a rapproché les Facultés du même ressort et les a appelées à une vie commune en instituant un *Conseil général des Facultés* où elles sont toutes égale-

ment représentées par des membres élus.

En même temps, en vue d'assurer le développement de la vie propre de chaque Faculté, il a été établi dans chacune d'elles un *Conseil*, composé des professeurs titulaires, ayant toutes les attributions de la personne morale, et une *Assemblée* comprenant tous les docteurs chargés d'un enseignement officiel, qui a pour attribution de délibérer sur toutes les questions se rapportant à l'enseignement.

FAILLITE. — (Cod. com. art. 437 et suiv.; loi 17 juillet 1856.) — De *faillir*, manquer.

La *faillite* est l'état d'un commerçant qui a cessé ses payements.

L'exactitude la plus parfaite est nécessaire dans l'accomplissement des engagements commerciaux ; un mécompte rejaillit au loin et peut devenir un désastre public. Aussi l'Autorité intervient-elle dans les faillites.

La *faillite* et la *banqueroute* ont une même origine, mais la loi a attaché à ces deux expressions un sens différent que, par ignorance ou par malignité, l'on confond trop souvent. Légalement parlant, la faillite n'est qu'un malheur ; la banqueroute est un délit, et parfois même un crime.

1. — Déclaration de la faillite. — 1. — Dans les trois jours de la cessation de ses payements, tout commerçant doit en faire la déclaration au greffe du tribunal de commerce de son domicile, ou, s'il n'y a pas de tribunal de commerce, au greffe du tribunal de première instance qui en tient lieu. Cette déclaration est accompagnée du dépôt du *bilan* du failli, c'est-à-dire d'un état certifié véritable, daté et signé par lui, qui contient l'énumération de son actif et de son passif, le tableau de ses profits et pertes, ainsi que celui de ses dépenses.

Voici un modèle de bilan :

BILAN du sieur A... (*nom, profession, domicile*).

ACTIF.

Argent en caisse....................................			280 fr.
Effets en portefeuille.........	Bons.........	1 700	2 050
	Douteux......	350	
Débiteurs par compte	Bons.........	2 300	3 260
	Douteux......	960	
Fonds de commerce et marchandises évalués approximativement....................................			5 000
Meubles meublants. Objets à mon usage................			1 000
Vaisselle d'argent....................................			600
Actions industrielles....................................			1 800
Immeuble. — Une maison située à ...... évaluée.....			12 000
			25 990

PASSIF.

Créanciers privilégiés........	Contributions..........	350 fr.
Créanciers hypothécaires.....	Au sieur B....., par acte du.................	8 000
	A ma femme, pour sa dot.	20 000

Créanciers par billets à payer..	Au sieur C......., pour billet au 15 avril		2700
	Au sieur D......., pour billet au 1er mai.....		4600
Créanciers pour compte	Au sieur E....	1025	7375
	Au sieur H....	650	
	Au sieur L....	2160	
	Au sieur M....	540	
	Au sieur P....	3000	
			43025 fr.

RÉSUMÉ.

Le *Passif* est de....................................	43025 fr.
L'*Actif* est de....................................	25990
Déficit........	17035 fr.

NOTE JUSTIFICATIVE DES OPÉRATIONS DU SIEUR A.....

Perdu dans la faillite du sieur X..........................	6000 fr.
(*Indication des pertes qu'il a pu éprouver.*)	
Payé pour intérêts de ma dette hypothécaire au sieur B...	600
	6600 fr.

Dépenses de maison :

Année 1883..........................	3000	15000 fr.
— 1884..........................	3000	
— 1885..........................	3000	
— 1886..........................	3000	
— 1887..........................	3000	

Dépenses et pertes.............	21600 fr.
A déduire les bénéfices de mon commerce pendant les cinq années ci-dessus....................................	4565
Reste...............	17035 fr.

RÉCAPITULATION.

Actif réel....................................	25990	43025 fr.
Dépenses et pertes, déduction faite des bénéfices.	17035	
Passif...........		43025 fr.

Certifié véritable par moi soussigné,

A............., le................ 188 .

(*Signature du failli.*)

2. — L'obligation de déclarer, dans les trois jours, la cessation de ses payements et de déposer son bilan est imposée au failli à peine d'être poursuivi comme *banqueroutier simple* et puni comme tel.

3. — Le jugement qui déclare la faillite est rendu, soit sur la déclaration que le commerçant a faite au greffe, soit sur la demande d'un ou de plusieurs des créanciers, soit d'office sur la seule notoriété.

4. — La faillite d'un commerçant peut être déclarée *après sa mort*, lorsqu'il est décédé en état de cessation de payements, mais elle doit l'être *dans l'année* qui suit le décès.

5. — Le tribunal détermine, par le jugement déclaratif de la faillite, ou par un jugement postérieur, l'époque à laquelle a eu lieu la cessation des payements ; sinon elle est réputée avoir eu lieu à partir du jugement déclaratif, ou au plus tard le jour de la mort, dans le cas de faillite après décès. La fixation de l'époque à laquelle remonte la faillite est, en effet, très importante, comme on le verra bientôt, au point de vue de la validité de certains actes faits par le commerçant.

II. Effets de la déclaration de faillite. — 1. — La déclaration de faillite a pour effets : 1° de *dessaisir immédiatement le failli* de l'administration de tous ses biens, même de ceux qui peuvent lui échoir, tant qu'il est en état de faillite. Cette administration passe aux mains d'un ou de plusieurs agents désignés par le tribunal pour représenter, sous le nom de *syndics provisoires*, les intérêts des créanciers et ceux du failli. C'est contre les syndics désormais que doit être dirigée toute action, toute réclamation des créanciers du failli ; c'est également par les syndics que doit être désormais intentée toute action, toute réclamation du failli ; — 2° de *rendre exigibles les dettes du failli* non encore échues ; — 3° d'*arrêter*, à l'égard de la masse des créanciers, *le cours des intérêts* de toute créance non garantie par un nantissement, un privilège ou une hypothèque.

2. — Le législateur a voulu empêcher que le failli, ou celui qui va le devenir, pût faire des libéralités au préjudice de ses créanciers, ou avantager les uns au détriment des autres. En conséquence, il a déclaré *nuls*, à l'égard de la masse des créanciers, lorsqu'ils ont été faits par le débiteur depuis la cessation de ses payements, ou dans les dix jours qui l'ont précédée, tous actes translatifs de propriété à titre gratuit ; — tous payements, en espèces ou autrement pour dettes non échues, et tous payements de dettes échues, autrement qu'en espèces ou effets de commerce ; — tous nantissements ou hypothèques, pour dettes antérieurement contractées ; — *annulables*, tous autres payements ou actes à titre onéreux faits ou consentis depuis la cessation de payements, s'il est démontré que les tiers qui ont traité avec le failli avaient connaissance du mauvais état de ses affaires. En un mot, ce que le législateur a voulu, c'est qu'à partir du moment où les créanciers non privilégiés ne peuvent plus être tous intégralement payés, l'égalité de droits la plus complète existât entre eux.

III. — Opérations de la faillite. — 1. — Par le jugement qui déclare la faillite, le tribunal de commerce désigne l'un de ses membres pour remplir les fonctions de *juge-commissaire*, c'est-à-dire pour surveiller les opérations de la faillite, et faire rapport au tribunal de toutes les contestations qui pourraient surgir et qui seraient de sa compétence. Il nomme en même temps un ou plusieurs *syndics provisoires*, chargés d'administrer les biens de la faillite, dans le triple intérêt des créanciers, des tiers et du failli. Dans le délai de quinzaine, les créanciers sont appelés à ratifier la nomination des syndics désignés provisoirement, ou à proposer au tribunal de nouveaux syndics. *Aucun parent* ou *allié* du failli, jusqu'au quatrième degré inclusivement, ne peut être nommé syndic.

2. — Les principales fonctions des syndics *consistent :* 1° à dresser un inventaire des biens du failli; — 2° à vendre, après autorisation du juge-commissaire, les objets sujets à dépérissement ou à dépréciation immédiate, ou dispendieux à conserver; — 3° à continuer l'exploitation du fonds de commerce, si l'autorisation en est donnée par le juge-commissaire; — 4° à faire le recouvrement des créances et de toutes les valeurs devenues exigibles; — 5° à faire tous les actes conservatoires reconnus utiles, et à soutenir en justice tous les procès qui intéressent la faillite; — 6° à faire rentrer à la masse tout ce qui aurait été payé mal à propos ou dans le but de favoriser un créancier, et à attaquer toutes les conventions qui auraient le caractère d'un détournement au préjudice de la masse.

3. — S'il s'élève des *réclamations* contre les opérations des syndics, ces réclamations doivent être adressées d'abord au juge-commissaire, qui est tenu de statuer dans les trois jours sauf recours devant le tribunal.

4. — La *vérification des créances* est l'une des plus importantes opérations de la faillite. Elle a pour objet de contrôler les prétentions de tous ceux qui se présentent comme créanciers. A partir du jugement déclaratif de la faillite, tout créancier peut remettre au greffe ses titres, avec un bordereau indiquant les sommes qu'il réclame. Ceux qui ne l'ont pas fait, à l'époque du maintien ou du remplacement des syndics, sont avertis par des insertions dans les journaux et par lettres du greffier, qu'ils doivent se présenter en personne ou par fondés de pouvoirs, dans le délai de 20 jours, sauf augmentation à raison des distances, ainsi qu'il est réglé par l'article 492 du Code de commerce, afin de déposer leurs titres avec un bordereau indicatif de ce qui leur est dû. La vérification commence dans les trois jours de l'expiration des délais, et se continue sans interruption, aux lieu, jour et heure indiqués par le juge-commissaire. Les créances des syndics sont vérifiées par ce magistrat; les autres le sont contradictoirement entre le créancier ou son fondé de pouvoirs et les syndics, en présence du juge-commissaire, qui en dresse procès-verbal. Tout créancier vérifié ou porté au bilan peut assister à la vérification et la contredire. Le même droit appartient au failli. Si la créance est admise, les syndics signent sur chacun des titres la déclaration suivante : *Admis au passif de la faillite de..... pour la somme de...., le.....*

Le juge-commissaire vise la déclaration, et le créancier, dans la huitaine, est tenu d'*affirmer* entre les mains de ce magistrat que la créance est sincère et véritable.

— Si la créance est *contestée*, le tribunal de commerce décide, selon les circonstances, s'il sera sursis ou passé outre à la convocation de l'assemblée appelée à délibérer sur la formation d'un *concordat*. (Voy. ci-après, VI.) Dans le cas où il est passé outre, le tribunal peut décider par provision que le créancier contesté sera admis dans les délibérations pour une somme que le même jugement détermine.

— Le créancier dont l'hypothèque ou le privilège seulement est contesté est admis comme créancier ordinaire.

5. — *A défaut de comparution et d'affirmation* dans les délais, les défaillants connus ou inconnus ne sont pas compris dans les répartitions à faire. Toutefois, la voie de l'opposition leur est ouverte jusqu'à la distribution des deniers inclusivement. S'ils se font ultérieurement reconnaître créanciers, ils ne peuvent rien réclamer sur les répartitions ordonnancées par le juge-commissaire; mais ils ont le droit de prélever sur l'actif non encore réparti les dividendes afférents à leurs créances dans les premières répartitions.

IV. Clôture des opérations de

LA FAILLITE POUR CAUSE D'INSUFFISANCE DE L'ACTIF. — 1. — Lorsque, à quelque époque que ce soit, avant l'homologation du concordat ou la formation de l'union, le cours des opérations de la faillite se trouve arrêté par l'insuffisance de l'actif, le tribunal peut en prononcer la clôture, sur la demande des syndics ou des créanciers, même d'office.

2. — La clôture des opérations laisse le failli dans les liens de la faillite; elle aggrave même sa position en autorisant contre lui les poursuites individuelles de ses créanciers pour tout ce qui leur est dû, sans le relever de l'incapacité que l'état de failli fait peser sur lui.

Aussi, pour adoucir la rigueur de cette disposition, l'article 527 du Code de commerce ajoute que l'exécution du jugement prononçant la clôture des opérations sera suspendue *pendant un mois* à partir de sa date. C'est un répit accordé au failli pour lui donner le temps d'aviser.

Dans la même pensée, l'article 528 confère au failli ou à tout autre intéressé la faculté de faire rapporter le jugement en justifiant qu'il existe des fonds pour faire face aux frais des opérations de la faillite, ou en consignant entre les mains des syndics une somme suffisante pour y pourvoir.

V. DIFFÉRENTES ESPÈCES DE CRÉANCIERS. — LEURS DROITS EN CAS DE FAILLITE. — 1. — Aux termes des articles 2092 et 2093 du Code civil, tous les biens du débiteur sont le gage commun de ses créanciers; mais les droits de ceux-ci sont fort différents selon que les créanciers sont *chirographaires*, *hypothécaires* ou *privilégiés* (pour la définition de ces mots, voy. CRÉANCIER), ou selon qu'ils sont nantis d'un gage ou porteurs d'engagements solidaires.

2. — Les créanciers *hypothécaires* ou *privilégiés* sont hors de la faillite pour tous les droits que leurs hypothèques ou leurs priviléges peuvent garantir; ils entrent dans la faillite pour les créances ou portions de créances que leurs hypothèques ou priviléges ont été impuissants à sauvegarder.

3. — Les créanciers valablement *nantis de gages* ne sont inscrits dans la masse de la faillite que pour mémoire, puisque la loi leur donne le droit de se faire payer sur la chose qui en est l'objet par privilége et préférence aux autres créanciers. Si les syndics trouvent qu'il est de l'intérêt de la masse de retirer le gage, ils peuvent le faire, avec l'autorisation du juge-commissaire, en remboursant la dette. Dans le cas où le gage n'est pas retiré par les syndics, s'il est vendu par le créancier moyennant un prix qui excède la créance, le surplus est recouvré par les syndics; si le prix est moindre que la créance, le créancier nanti vient à contribution pour le surplus, dans la masse, comme créancier ordinaire.

4. — Les créanciers *porteurs d'engagements* souscrits, endossés ou garantis *solidairement* par le failli et d'autres coobligés qui sont également en faillite, participent aux distributions dans toutes les masses, et y figurent pour la valeur nominale de leurs titres jusqu'à parfait payement.

VI. CONCORDAT. — 1. — A l'expiration des délais fixés pour la vérification et l'affirmation des créances, une nouvelle réunion des créanciers a lieu à l'effet de délibérer sur le *concordat*. On désigne ainsi le traité par lequel, replaçant leur débiteur à la tête de ses affaires, les créanciers lui accordent des délais pour se libérer, ou le plus souvent lui font remise d'une partie de sa dette pour assurer le payement du surplus.

Tous les créanciers dont les créances ont été vérifiées et affirmées peuvent prendre part à la délibération, sauf les créanciers privilégiés, hypothécaires ou nantis d'un gage, parce qu'étant assurés de l'acquittement de leurs créances sur les immeubles et sur les gages qui y sont affectés, ils seraient plus portés à s'entendre avec le débiteur, et à consentir des remises considérables, au préjudice des créanciers chirographaires. S'ils prenaient part au vote du concordat, ils seraient réputés avoir renoncé à leur privilège, hypothèque ou gage.

2. — Pour la formation du concordat, le consentement de tous les créanciers n'est pas exigé : il suffit que les propositions du failli soient accueillies par la majorité, c'est-à-dire par la *moitié plus un*, si elle représente, en outre, les *trois quarts* du montant des créances vérifiées et affirmées.

Lorsque le concordat est consenti seulement par la majorité en nombre, ou par la majorité des trois quarts en somme, la *délibération* est *remise à huitaine* pour tout délai. Si, à cette nouvelle séance, la double majorité exigée n'est pas réunie, le concordat est définitivement rejeté.

Le concordat voté par les créanciers ne devient définitif qu'après avoir été *homologué* par le tribunal de commerce. Il doit y avoir un *délai de huit jours* au moins entre le vote du concordat et l'homologation, afin que les intéressés aient le temps d'y former opposition, s'il y a lieu.

Le jugement qui refuse l'homologation, ou celui qui l'accorde malgré l'opposition d'un ou de plusieurs créanciers, sont susceptibles d'*appel* par le failli ou par les créanciers opposants. L'appel *se porte* devant la Cour d'appel et doit être interjeté *dans la quinzaine* de la signification du jugement.

3. — Une fois homologué, le concordat devient *obligatoire* pour tous les créanciers, même pour ceux qui ne l'ont pas voté et qui n'ont pas pris part aux opérations de la faillite. Les syndics cessent leurs fonctions et rendent, en présence du juge-commissaire, leur compte au failli. Ce dernier se trouve remis à la tête de ses affaires, et recouvre l'administration de ses biens. Il n'est tenu de payer que le dividende promis, et les créanciers ne peuvent le poursuivre pour le surplus; mais, s'il veut obtenir sa réhabilitation, le failli est obligé de payer intégralement ses dettes en capital, intérêts et frais. (Voy. ci-après, X.)

4. — Le concordat peut être *annulé* lorsque, postérieurement à l'homologation, on découvre que le failli a, par des manœuvres frauduleuses, dissimulé une partie de son actif ou exagéré son passif, ou bien encore s'il intervient contre le failli une condamnation pour banqueroute frauduleuse. Il peut être *résolu* en cas d'inexécution des engagements pris par le failli. Dans l'une ou l'autre de ces hypothèses, les opérations de la faillite recommencent, un juge-commissaire et des syndics sont nommés, on suit la procédure indiquée dans les articles 522 à 524 du Code de commerce. — Les actes faits par le failli depuis l'homologation jusqu'à l'annulation ou la résolution du concordat sont maintenus, à moins qu'ils n'aient été faits de mauvaise foi et dans l'intention de nuire aux créanciers. Dans la nouvelle faillite, le sort des créanciers antérieurs au concordat annulé ou résolu est ainsi réglé : s'ils n'ont rien touché du dividende qui leur avait été promis, ils figurent pour l'intégralité de leurs créances; — s'ils ont reçu une partie de ce dividende, ils ne figurent dans la masse que pour la portion de leur créance primitive correspondant à la fraction du dividende promis qu'ils n'ont pas touché. Exemple : Pierre était créancier de 500 fr. et le dividende qu'il devait recevoir était de 50 p. 100. S'il n'a rien touché, Pierre sera compris dans la nouvelle faillite pour 500 fr.; — s'il a touché 125 fr., il figurera seulement pour 250 fr. et non pour 375 fr., parce que les 125 fr. qu'il a reçus ont soldé sa créance jusqu'à concurrence de la moitié.

5. — *Concordat par abandon d'actif.* — Le concordat ainsi qualifié s'explique par son nom même. Pour prix de sa libération, le failli

abandonne à ses créanciers tout ou partie de son actif, afin qu'ils en poursuivent, par des mandataires de leur choix, la réalisation et la répartition, comme s'ils étaient en *état d'union*. (Voy. ci-après, VII.)

Le concordat par abandon d'actif, organisé par la loi du 17 juillet 1856, se forme, comme les concordats ordinaires, à la *majorité* des créanciers en nombre représentant les *trois quarts* en sommes; il est *annulable* pour les mêmes causes, et doit être aussi *homologué* par le tribunal. Il en *diffère* uniquement en ce que le concordat ordinaire laisse le failli libre d'exécuter lui-même les engagements pris envers ses créanciers, tandis que, dans le concordat par abandon, ce sont les créanciers qui poursuivent eux-mêmes la liquidation de l'actif que leur a abandonné le failli, à forfait, en guise de dividende. C'est, on le voit, un état mixte qui procure à la fois au failli les avantages du concordat ordinaire et aux créanciers les garanties du contrat d'union.

VII. Union des créanciers. — 1. — La faillite ne pouvant se terminer que par le *concordat* ou l'*union*, dès que le concordat n'est pas possible pour une cause ou pour une autre, les créanciers sont forcément en état d'union. L'*union* est pour le failli la solution la plus fâcheuse, car elle aboutit à son expropriation complète, elle consomme sa ruine. Le seul but à poursuivre désormais, c'est de liquider la faillite, de convertir les meubles et les immeubles du failli en argent à l'effet de payer les créanciers. Toutefois, ces derniers peuvent autoriser les syndics à continuer l'exploitation de l'actif pendant un temps plus ou moins long. La délibération qui autorise cette exploitation ne peut être prise qu'à la majorité des trois quarts des créanciers en nombre et en sommes. Elle est susceptible d'opposition de la part du failli et des créanciers dissidents. Le jugement qui intervient est en premier ressort seulement; il peut être frappé d'appel, dans la quinzaine de sa signification, par les parties en cause.

2. — Si l'exploitation par les syndics produit des bénéfices, ces bénéfices sont répartis entre tous les créanciers au prorata de leurs créances. Tous ont des droits égaux à la répartition, même ceux qui avaient formé opposition à la délibération et qui en ont été déboutés par la Justice. L'excédent, s'il y en a, après le remboursement de toutes les créances en capital, intérêts et frais, appartient au failli.

VIII. Restrictions aux droits de la femme du failli. — 1. — La loi restreint notablement les droits de la femme du failli dans la crainte qu'elle puisse s'approprier indirectement les deniers des créanciers ou les biens qui leur servent de gage. Ainsi, la femme n'est admise à reprendre les immeubles qu'elle a apportés lors du mariage, ou ceux qu'elle a recueillis depuis par donation ou succession, qu'en justifiant de son droit sur ces immeubles. Elle ne peut également reprendre les immeubles achetés en son nom, pendant le mariage, qu'en prouvant qu'elle les a acquis avec ses propres deniers. Sinon, la *présomption légale* est que lesdits biens appartiennent à son mari, qu'ils ont été payés de ses deniers, et que, par conséquent, ils doivent être réunis à l'actif de la faillite. Quant aux effets mobiliers que la femme s'est constitués par contrat de mariage, ou qui lui sont advenus par donation ou succession, et qui ne sont point entrés en communauté, elle ne les reprend qu'autant que l'identité en est constatée par un inventaire ou autre acte authentique. — Si la femme a payé des dettes pour son mari, elle n'a de recours à exercer contre la faillite qu'autant qu'elle prouve que ses *deniers personnels* ont servi à les payer.

2. — Une autre précaution rigoureuse prise par la loi consiste à *restreindre* les effets de l'*hypothèque légale* des femmes de faillis. En général, la femme a hypothèque sur tous

les immeubles de son mari pour la garantie de ses droits. (Voy. HYPOTHÈQUE, II et III.) En cas de faillite du mari, toutes les fois que ce dernier était commerçant à l'époque du mariage, ou quand, n'ayant pas alors de profession déterminée, il l'est devenu dans l'année, l'hypothèque légale de la femme *ne porte* que sur les immeubles dont le mari était propriétaire lors de la célébration du mariage, ou qui lui sont advenus depuis par donation ou succession; elle ne s'étend pas à ceux qui ont été achetés pendant le mariage. En outre, *cette hypothèque n'est maintenue* que : 1° Pour les deniers et effets mobiliers apportés en dot par la femme, ou à elle échus, depuis le mariage, par donation ou succession, si le payement des deniers ou la délivrance des effets sont justifiés par acte ayant date certaine ; — 2° Pour le remploi des biens de la femme aliénés pendant le mariage ; — 3° Pour l'indemnité des dettes contractées par la femme avec son mari. — Enfin, dans la même hypothèse, c'est-à-dire si le mari était déjà commerçant lors du mariage, ou s'il l'est devenu dans l'année, la femme se trouve privée de tous les avantages que lui assurait le contrat de mariage. Par cette disposition, la loi a voulu déjouer des combinaisons coupables au moyen desquelles deux époux, en se mariant, auraient pu à l'avance préparer la ruine de leurs créanciers.

IX. REVENDICATION. — 1. — On entend par *revendication* la réclamation d'une chose dont on est propriétaire et qui se trouve être entre les mains d'un tiers. Trois sortes de revendication sont admises en matière de faillite : 1° Celle des *effets de commerce*, billets à ordre ou lettres de change, *qui se trouvent encore dans le portefeuille du failli*, si la remise lui en avait été faite uniquement pour *en opérer le recouvrement*, ou pour *servir à un payement déterminé ;* — 2° Celle des *marchandises consignées à titre de dépôt ou pour être vendues pour le compte du propriétaire*, aussi longtemps qu'elles *existent en nature*, en tout ou en partie. Si les marchandises ont été vendues, mais que le prix en soit encore dû, ce prix ne tombe pas dans la masse de la faillite, et le propriétaire des marchandises y a seul droit, à l'exclusion des autres créanciers du failli ; — 3° La revendication des *marchandises vendues au failli, mais non payées*, à la double condition que les marchandises ne soient entrées ni dans les magasins de l'acheteur failli, ni dans ceux du commissionnaire chargé de les vendre pour le compte du failli, et qu'avant leur arrivée elles n'aient pas été vendues à un tiers de bonne foi. Le vendeur a également, et à plus forte raison, le droit de retenir et de conserver les marchandises qu'il aurait vendues, mais non encore expédiées.

Dans les deux cas dont il s'agit, les syndics de la faillite peuvent, avec l'autorisation du juge-commissaire, *exiger la livraison* des marchandises en payant au vendeur le prix convenu entre ce dernier et le failli.

2. — Les demandes en revendication sont admises par les syndics, avec l'approbation du juge-commissaire ; s'il y a *contestation*, le Tribunal de commerce prononce.

X. RÉHABILITATION DU FAILLI. — 1. — L'état de faillite entraîne certaines incapacités, en même temps qu'il porte atteinte à la renommée et à l'honneur du failli. Ce dernier, par exemple, est privé de l'exercice des droits politiques ; il ne peut être membre d'un Tribunal de commerce, agent de change ou courtier ; l'entrée de la Bourse lui est interdite ; il n'est pas admis à l'escompte de la Banque de France, etc. La loi permet au failli d'obtenir sa réhabilitation, s'il justifie qu'il a intégralement acquitté en principal, intérêts et frais, toutes les sommes par lui dues, même celles dont le concordat lui avait fait remise. Il faut, en un mot, que ses créanciers aient été replacés exactement dans le même état où ils se trouveraient si la faillite n'avait pas eu lieu.

2. — La demande en réhabilitation doit être *adressée*, sous forme de requête signée par un avoué, à la Cour d'appel dans le ressort de laquelle le failli est domicilié. A l'appui sont jointes les quittances et autres pièces justificatives. Le Procureur général près cette Cour, sur la communication qui lui est faite de la requête, en adresse des expéditions au Procureur de la République et au Président du Tribunal de commerce du domicile du demandeur, et, si celui-ci a changé de domicile depuis la faillite, au Procureur de la République et au Président du Tribunal de commerce de l'arrondissement où elle a eu lieu, en les chargeant de recueillir tous les renseignements qu'ils pourront se procurer sur la vérité des faits exposés. A cet effet, copie de la requête est *affichée* pendant 2 *mois*, tant dans les salles d'audience de chaque Tribunal qu'à la Bourse et à la Mairie, et *extrait* en est *inséré* dans les papiers publics.

Durant ce délai, tout créancier qui n'a pas été payé intégralement en principal, intérêts et frais, et toute autre partie intéressée, peut former *opposition* à la réhabilitation par une déclaration, appuyée de pièces justificatives, faite au greffe, soit du Tribunal de commerce, soit du Tribunal de première instance où la demande du failli a été affichée.

3. — Si la Cour d'appel estime qu'il y a lieu de prononcer la réhabilitation, elle le fait par un arrêt motivé, lu en audience publique, et dont expédition est adressée aux tribunaux auxquels la demande avait été communiquée. Ces tribunaux en font faire la lecture publique et la transcription sur leurs registres.

Si la demande en réhabilitation est *rejetée* par la Cour, elle ne peut être *reproduite* qu'après *une année* d'intervalle.

4. — Le failli peut être réhabilité même *après sa mort*.

5. — Certains faillis sont déclarés *indignes* d'obtenir le bénéfice de la réhabilitation. Ce sont : les *banqueroutiers frauduleux*, les individus condamnés pour *vol*, *escroquerie* ou *abus de confiance*, les *stellionataires* (voy. ce mot), les *tuteurs*, *administrateurs* ou autres *comptables*, qui n'ont pas rendu et soldé leurs comptes.

Quant au banqueroutier *simple*, il peut être admis à la réhabilitation après avoir subi la peine à laquelle il a été condamné. Il ne le serait pas si, s'étant soustrait à la Justice, il n'avait reparu qu'après avoir prescrit sa peine. — Voy. BANQUEROUTE.

FAMILLE. (DROITS DE) — Voy. DROITS DE FAMILLE.

FARCIN. — Maladie contagieuse propre aux espèces *chevaline* et *asine*. — Voy. ÉPIZOOTIES.

FAUX. — (Cod. pén. art. 132-164.)

Il y a différentes espèces de faux, selon les objets sur lesquels il s'exerce. Nous allons successivement les examiner, d'après les distinctions du Code pénal.

I. FAUSSE MONNAIE. — Sont punis des *travaux forcés à perpétuité* ceux qui contrefont ou altèrent les monnaies d'*or* ou d'*argent* ayant cours légal en France, ou qui participent à l'émission desdites monnaies contrefaites ou altérées, ou à leur introduction sur le territoire français.

Sont punis des *travaux forcés à temps* ceux qui se livrent aux mêmes contrefaçons, altérations, etc., pour les monnaies de *billon* ou de *cuivre*.

Sont passibles également des *travaux forcés à temps* ceux qui ont, en France, contrefait ou altéré des monnaies *étrangères* ou participé à l'émission ou introduction en France de monnaies étrangères contrefaites ou altérées.

Un *emprisonnement de 6 mois à 3 ans* est prononcé contre ceux qui auraient *coloré* les monnaies ayant cours légal en France ou les monnaies étrangères, dans le but de tromper sur la nature du métal, ou qui les auraient émises ou introduites sur le territoire français. Sont passibles de la même peine ceux qui auraient participé à l'émission ou à l'introduction des monnaies ainsi colorées.

La participation dont il s'agit ne s'applique point à ceux qui, ayant reçu pour bonnes des pièces de monnaie contrefaites, altérées ou colorées, les ont remises en circulation. Toutefois, celui qui aurait fait usage desdites pièces, après en avoir vérifié les vices, est passible d'une *amende* triple au moins, sextuple au plus, de la somme représentée par les pièces rendues à la circulation, sans que cette amende puisse, en aucun cas, être inférieure à 16 fr.

La loi prononce l'*exemption* de toutes peines à l'égard de ceux qui, ayant participé à la contrefaçon ou à l'altération de monnaies ayant cours légal en France, ou à l'émission ou introduction de monnaies contrefaites ou altérées, auraient, avant la consommation de ces crimes et avant les poursuites, averti l'Autorité et révélé les auteurs, ou qui, même après les poursuites commencées, auraient procuré l'arrestation des autres coupables. — Néanmoins, ils pourraient être mis, pour la vie ou à temps, sous la *surveillance de la haute police*.

II. CONTREFAÇON DES SCEAUX DE L'ÉTAT, DES BILLETS DE BANQUE, DES EFFETS PUBLICS, DES POINÇONS, TIMBRES ET MARQUES. — (Cod. pén. art. 139.) « Ceux qui auront contrefait le sceau de l'Etat, ou fait usage du sceau contrefait ; ceux qui auront contrefait ou falsifié, soit des effets émis par le Trésor public avec son timbre, soit des billets de banques autorisées par la loi, ou qui auront fait usage de ces effets et billets contrefaits ou falsifiés, ou qui les auront introduits dans l'enceinte du territoire français, — seront punis des *travaux forcés à perpétuité*. »

Art. 140. — « Ceux qui auront contrefait ou falsifié, soit un ou plusieurs timbres nationaux, soit les marteaux de l'Etat servant aux marques forestières, soit le poinçon ou les poinçons servant à marquer les matières d'or ou d'argent, ou qui auront fait usage des papiers, effets, timbres, marteaux ou poinçons falsifiés ou contrefaits, seront punis des *travaux forcés à temps*, dont le *maximum* sera toujours appliqué dans ce cas. »

Art. 141. — « Sera puni de la *réclusion* quiconque, s'étant indûment procuré les vrais timbres, marteaux ou poinçons ayant l'une des destinations exprimées en l'article 140, en aura fait une application ou usage préjudiciable aux droits ou intérêts de l'Etat. »

Art. 142. — « Ceux qui auront contrefait les marques destinées à être apposées, au nom du Gouvernement, sur les diverses espèces de denrées ou marchandises, ou qui auront fait usage de ces fausses marques ; ceux qui auront contrefait le sceau, timbre ou marque d'une Autorité quelconque, ou qui auront fait usage des sceaux, timbres ou marques contrefaits ; ceux qui auront contrefait les timbres-poste ou fait usage sciemment de timbres-poste contrefaits, seront punis d'un *emprisonnement de 2 ans au moins et de 5 ans au plus*. — Les coupables pourront, en outre, être *privés des droits* mentionnés en l'art. 42 du Code pendant 5 ans au moins et 10 ans au plus, à compter du jour où ils auront subi leur peine. — Ils pourront aussi être mis par l'arrêt ou le jugement sous la *surveillance de la haute police* pendant le même nombre d'années. — Les dispositions qui précèdent seront applicables aux tentatives de ces mêmes délits. »

Art. 143. — « Quiconque, s'étant indûment procuré les vrais sceaux, timbres ou marques ayant l'une des destinations exprimées en l'art. 142, en aura fait ou tenté de faire une application ou un usage préjudiciable aux droits ou intérêts de l'Etat ou d'une Autorité quelconque, sera puni d'un *emprisonnement de 6 mois à 3 ans*. — Les coupables pourront, en outre, être *privés des droits* mentionnés en l'art. 42 du présent Code, pendant 5 ans au moins et 10 au plus, à compter du jour où ils auront subi leur peine. — Ils pourront aussi être mis, par l'arrêt ou le jugement, sous la *surveillance de la haute police* pendant le même nombre d'années. »

Art. 144. — « Les dispositions de l'art. 138 sont applicables aux crimes mentionnés dans l'art. 139. »

III. Faux en écritures publiques ou authentiques, et de commerce ou de banque. — (Cod. pén. art. 145.) — « Tout fonctionnaire ou officier public qui, dans l'exercice de ses fonctions, aura commis un faux, soit par fausses signatures, soit par altération des actes, écritures ou signatures, soit par supposition de personnes, soit par des écritures faites ou intercalées sur des registres ou d'autres actes publics, depuis leur confection ou clôture, sera puni des *travaux forcés à perpétuité*. »

Art. 146. — « Sera aussi puni des *travaux forcés à perpétuité* tout fonctionnaire ou officier public qui, en rédigeant des actes de son ministère, en aura frauduleusement dénaturé la substance ou les circonstances, soit en écrivant des conventions autres que celles qui auraient été tracées ou dictées par les parties, soit en constatant comme vrais des faits faux, ou comme avoués des faits qui ne l'étaient pas. »

Art. 147. — « Seront punies des *travaux forcés à temps* toutes autres personnes qui auront commis un faux en écriture authentique et publique, ou en écriture de commerce ou de banque, soit par contrefaçon ou altération d'écritures ou de signatures, soit par fabrication de conventions, dispositions, obligations ou décharges, ou par leur insertion après coup dans ces actes, soit par addition ou altération de clauses, de déclarations ou de faits que ces actes avaient pour objet de recevoir et de constater. »

Art. 148. — « Dans tous les cas exprimés au présent paragraphe, celui qui aura fait usage des actes faux sera puni des *travaux forcés à temps*. »

Art. 149. — « Sont exceptés des dispositions ci-dessus les faux commis dans les passeports, feuilles de route et permis de chasse, sur lesquels il sera particulièrement statué ci-après. »

IV. Faux en écriture privée. — Art. 150. — « Tout individu qui aura, de l'une des manières exprimées en l'article 147, commis un faux en écriture privée, sera puni de la *réclusion*. »

Art. 151. — « Sera puni de la même peine celui qui aura fait usage de la pièce fausse. »

Art. 152. — « Sont exceptés des dispositions ci-dessus les faux certificats de l'espèce dont il sera ci-après parlé. »

V. Faux commis dans les passeports, permis de chasse, feuilles de route et certificats. — Ils sont prévus et punis de la manière suivante par le Code pénal :

Art. 153. — « Quiconque fabriquera un faux passeport ou un faux permis de chasse, ou falsifiera un passeport ou un permis de chasse originairement véritable, ou fera usage d'un passeport ou d'un permis de chasse fabriqué ou falsifié, sera puni d'un *emprisonnement de 6 mois au moins et de 3 ans au plus*. »

Art. 154. — « Quiconque prendra, dans un passeport ou dans un permis de chasse, un nom supposé, ou aura concouru comme témoin à faire délivrer le passeport sous le nom supposé, sera puni d'un *emprisonnement de 3 mois à 1 an*. La même peine sera applicable à tout individu qui aura fait usage d'un passeport ou d'un permis de chasse délivré sous un autre nom que le sien. — Les logeurs et aubergistes qui, sciemment, inscriront sur leurs registres, sous des noms faux ou supposés, les personnes logées chez eux, ou qui, de connivence avec elles, auront omis de les inscrire, seront punis d'un *emprisonnement de 6 jours au moins et 3 mois au plus*. »

Art. 155. — « Les officiers publics qui délivreront ou feront délivrer un passeport à une personne qu'ils ne connaîtront pas personnellement, sans avoir fait attester ses noms et qualités par deux citoyens à eux connus, seront punis d'un *emprisonnement d'un mois à 6 mois.* — Si l'officier public, instruit de la supposition du nom, a néanmoins délivré ou fait délivrer le passeport sous le nom supposé, il sera puni d'un *emprisonnement d'une année au moins et de 4 ans au plus.* — Le coupable pourra, en outre, être *privé des droits* mentionnés en l'article 42 du présent Code pendant 5 ans au moins et 10 ans au plus, à compter du jour où il aura subi sa peine. »

Art. 156. — « Quiconque fabriquera une fausse feuille de route, ou falsifiera une feuille de route originairement véritable, ou fera usage d'une feuille de route fabriquée ou falsifiée, sera puni, savoir : d'un *emprisonnement de 6 mois au moins et de 3 ans au plus*, si la fausse feuille de route n'a eu pour objet que de tromper la surveillance de l'autorité publique ; — d'un *emprisonnement d'une année au moins et de 4 ans au plus*, si le Trésor public a payé au porteur de la fausse feuille des frais de route qui ne lui étaient pas dus ou qui excédaient ceux auxquels il pouvait avoir droit, le tout néanmoins au-dessous de 100 fr. ; — et d'un *emprisonnement de 2 ans au moins et de 5 ans au plus*, si les sommes indûment perçues par le porteur de la feuille s'élèvent à 100 fr. et au delà.

« Dans ces deux derniers cas, les coupables pourront, en outre, être *privés des droits* mentionnés en l'article 42 du présent Code pendant 5 ans au moins et 10 ans au plus, à compter du jour où ils auront subi leur peine. — Ils pourront aussi être mis, par l'arrêt ou le jugement, sous la *surveillance de la haute police.*

Art. 157. — « Les peines portées en l'article précédent seront appliquées, selon les distinctions qui y sont établies, à toute personne qui se sera fait délivrer par l'officier public une feuille de route sous un nom supposé ou qui aura fait usage d'une feuille de route délivrée sous un autre nom que le sien. »

Art. 158. — « Si l'officier public était instruit de la supposition de nom lorsqu'il a délivré la feuille de route, il sera puni, savoir : — dans le 1er cas posé par l'article 156, d'un *emprisonnement d'une année au moins et de 4 ans au plus;* — dans le 2e cas du même article, d'un *emprisonnement de 2 ans au moins et de 5 ans au plus;* — dans le 3e cas, de la *réclusion.*

« Dans les 2 premiers cas, il pourra, en outre, être *privé des droits* mentionnés en l'article 42 du présent Code pendant 5 ans au moins et 10 ans au plus, à compter du jour où il aura subi sa peine. »

Art. 159. — « Toute personne qui, pour se rédimer elle-même ou affranchir une autre d'un service public quelconque, fabriquera, sous le nom d'un médecin, chirurgien ou autre officier de santé, un certificat de maladie ou d'infirmité, sera punie d'un *emprisonnement d'une année au moins et de 3 ans au plus.* »

Art. 160. — « Tout médecin, chirurgien ou autre officier de santé qui, pour favoriser quelqu'un, certifiera faussement des maladies ou infirmités propres à dispenser d'un service public, sera puni d'un *emprisonnement d'une année au moins et de 3 ans au plus.* — S'il y a été mû par dons ou promesses, la peine de l'emprisonnement sera d'*une année au moins et de 4 ans au plus.* — Dans les deux cas, le coupable pourra, en outre, être *privé des droits* mentionnés en l'article 42 du présent Code, pendant 5 ans au moins et 10 ans au plus, à compter du jour où il aura subi sa peine. — Dans le deuxième cas, les corrupteurs seront punis des mêmes peines que le médecin, chirurgien ou officier de santé qui aura délivré le faux certificat. »

Art. 161. — « Quiconque fabriquera, sous le nom d'un fonctionnaire ou officier public, un certificat de bonne conduite, indigence ou autres circonstances propres à appeler la bienveillance du Gouvernement ou des particuliers sur la personne y désignée, et à lui procurer places, crédit ou secours, sera puni d'un *emprisonnement de* 6 *mois à* 2 *ans*. — La même peine sera appliquée : 1° à celui qui falsifiera un certificat de cette espèce, originairement véritable, pour l'approprier à une personne autre que celle à laquelle il a été primitivement délivré ; — 2° à tout individu qui se sera servi du certificat ainsi fabriqué ou falsifié.

« Si ce certificat est fabriqué sous le nom d'un simple particulier, la fabrication et l'usage seront punis de 15 *jours à* 6 *mois d'emprisonnement*. »

Art. 162. — « Les faux certificats de toute autre nature, d'où il pourrait résulter, soit lésion envers des tiers, soit préjudice envers le Trésor, seront punis, selon qu'il y aura lieu, d'après les dispositions des §§ 3 et 4 de la présente section. » (Voy. III et IV.)

VI. Dispositions communes. — (Cod. pén. art. 163.) — « L'application des peines portées contre ceux qui ont fait usage de monnaies, billets, sceaux, timbres, marteaux, poinçons, marques et écrits faux, contrefaits, fabriqués ou falsifiés, cessera toutes les fois que le faux n'aura pas été connu de la personne qui aura fait usage de la chose fausse. »

Art. 164. — « Il sera prononcé contre les coupables une *amende* dont le *minimum* sera de 100 fr., et le *maximum* de 3000 fr. ; l'amende pourra cependant être portée jusqu'au quart du bénéfice illégitime que le faux aura procuré ou était destiné à procurer aux auteurs du crime ou du délit, à leurs complices ou à ceux qui ont fait usage de la pièce fausse. »

FAUX SERMENT. — (Cod. pén. art. 366.)

Celui à qui le serment a été déféré ou référé en matière civile, et qui a fait un faux serment, est puni d'un *emprisonnement* d'une année au moins et de 5 ans au plus, et d'une *amende* de 100 fr. à 3000 fr.

Il peut, en outre, être *privé des droits* mentionnés en l'article 42 du Code pénal, pendant 5 ans au moins et 10 ans au plus à compter de l'expiration de sa peine, et être placé sous la *surveillance de la haute police* pendant le même nombre d'années.

FAUX TÉMOIGNAGE. — (Cod. pén. art. 361-364.)

Le Code pénal contient les dispositions suivantes touchant le faux témoignage :

Art. 361. — « Quiconque sera coupable de faux témoignage, en *matière criminelle*, soit contre l'accusé, soit en sa faveur, sera puni de la *réclusion*. Si néanmoins l'accusé a été condamné à une peine plus forte que celle de la réclusion, le faux témoin qui a déposé contre lui subira la *même peine*. »

Art. 362. — « Quiconque sera coupable de faux témoignage, en *matière correctionnelle*, soit contre le prévenu, soit en sa faveur, sera puni d'un *emprisonnement* de 2 ans au moins et de 5 ans au plus et d'une *amende* de 50 fr. à 2000 fr. — Si néanmoins le prévenu a été condamné à plus de 5 années d'emprisonnement, le faux témoin qui a déposé contre lui subira la *même peine*.

« Quiconque sera coupable de faux témoignage, en *matière de police*, soit contre le prévenu, soit en sa faveur, sera puni d'un *emprisonnement* d'un an au moins et de 3 ans au plus, et d'une amende de 16 fr. à 500 fr.

« Dans ces deux cas, les coupables pourront, en outre, être *privés des droits* mentionnés en l'article 42 du présent Code, pendant cinq ans au moins et 10 ans au plus, à compter du jour où ils auront subi leur peine, et être placés *sous la surveillance de la haute police* pendant le même nombre d'années. »

Art. 363. — « Le coupable de faux témoignage, en *matière civile*, sera puni d'un *emprisonnement* de 2 à 5 ans, et d'une *amende* de 50 fr. à 2000 fr. Il pourra l'être aussi des *peines accessoires* mentionnées en l'article précédent. »

Art. 364. — « Le faux témoin, en *matière criminelle*, qui aura reçu de l'argent, une récompense quelconque ou des promesses, sera puni des *travaux forcés à temps*, sans préjudice de l'application du deuxième paragraphe de l'art. 361.

« Le faux témoin, en *matière correctionnelle* ou *civile*, qui aura reçu de l'argent, une récompense quelconque ou des promesses, sera puni de la *réclusion*.

« Le faux témoin, en *matière de police*, qui aura reçu de l'argent, une récompense quelconque ou des promesses, sera puni d'un *emprisonnement* de 2 à 5 ans, et d'une *amende* de 50 fr. à 2000 fr. Il pourra l'être aussi des *peines accessoires* mentionnées en l'article 362. — Dans tous les cas, ce que le faux témoin aura reçu sera *confisqué*. »

FEMME. — Ce mot, en droit, comprend toutes les personnes du sexe féminin, qu'elles soient mariées ou filles. La condition légale de la femme diffère en plusieurs points de celle de l'homme.

1. — Les *droits politiques* sont refusés à la femme.

2. — La femme ne peut servir de *témoin* dans les *actes de l'état civil* (Cod. civ. art. 37), ni dans les *actes notariés* (loi 25 ventôse an XI (16 mars 1803), art. 9).

3. — La femme *étrangère* qui *épouse* un *Français* suit la condition de son mari. — La femme *française* qui épouse un *étranger* cesse d'être Française. (Cod. civ. art. 12, 19.) — Voy. FRANÇAIS.

4. — La femme peut *se marier à 15 ans*; — à 21 *ans*, elle *n'est plus assujettie* à obtenir le *consentement*, soit de ses père et mère, ou du survivant d'eux, soit des ascendants ou du Conseil de famille; — à 25 *ans*, elle n'est tenue qu'à *un seul acte respectueux*. En anticipant, pour les individus du sexe féminin, l'époque du mariage, le législateur a suivi les tendances de la nature, et considéré que, le développement intellectuel et physique étant plus hâtif chez les filles que chez les garçons, le retard du mariage était plus préjudiciable aux premières. (Cod. civ. art. 144, 148, 152.) — Voy. MARIAGE, I.

5. — La femme mariée n'a pas d'autre *domicile* que celui de son mari. (Cod. civ. art. 108.) — Voy. DOMICILE.

6. — La femme ne peut être *marchande publique* sans le consentement de son mari. (Cod. com. art. 4-7.) — Voy. COMMERÇANT, I, § 2.

7. — La femme ne peut *ester en jugement* sans l'*autorisation* de son mari ou de la Justice. (Cod. civ. art. 215, 218.) — Voy. MARIAGE, VI.

8. — La femme ne peut contracter un *nouveau mariage* qu'après *dix* mois révolus depuis la dissolution du mariage précédent. — (Cod. civ. art. 228.) — Voy. MARIAGE, VIII.

9. — La *belle-mère* qui convole en *secondes noces perd* son *droit aux aliments* qu'elle aurait pu exiger, en cas de besoin, de son gendre ou de sa belle-fille. (Cod. civ. art. 306.) — Voy. MARIAGE, V.

10. — La mère *perd*, en cas de *second mariage*, l'*usufruit* que la loi accorde aux père et mère sur les biens personnels de leurs enfants jusqu'à l'âge de 18 ans, ou jusqu'à leur émancipation. (Cod. civ. art. 286.) — Voy. PUISSANCE PATERNELLE.

11. — *Ne peuvent* être *tutrices* ni membres des *Conseils de famille* les femmes autres que la mère et les ascendantes. (Cod. civ. art. 442.) — Voy. TUTELLE-TUTEUR.

12. — La *mère survivante, tutrice*, qui veut *se remarier*, doit faire convoquer le Conseil de famille pour décider s'il y a lieu de la maintenir en tutelle, d'après les garanties de fortune, d'honorabilité, d'aptitude et

de moralité que présente le futur beau-père du mineur. (Cod. civ. art. 395, 396.) — Voy. TUTELLE-TUTEUR.

13. — Doivent être *communiquées* au *Ministère public* les causes des femmes non autorisées par leurs maris, ou même autorisées, lorsqu'il s'agit de leur dot, et qu'elles sont mariées sous le régime dotal. (Cod. proc. civ. art. 83, n° 6.) — Voy. COMMUNICATION AU MINISTÈRE PUBLIC.

14. — La loi accorde aux *femmes mariées* une *hypothèque* sur les *biens de leur mari.* (Cod. civ. art. 2121.) Voy. HYPOTHÈQUE.

15. — Les *droits* des femmes sont *restreints* en cas de *faillite* de leur *mari.* (Cod. com. art. 557-564.) — Voy. FAILLITE, VIII.

16. — Si une femme *condamnée à mort* se déclare, et s'il est vérifié qu'elle est *enceinte*, elle ne subit sa peine qu'après sa délivrance. (Cod. pén. art. 27.)

17. — Voy. ADULTÈRE ; — AVORTEMENT ; — CONJOINT ; — CONTRAT DE MARIAGE ; — DIVORCE ; — DOT ; — INFANTICIDE ; — MATERNITÉ ; — PENSIONS ; — QUOTITÉ DISPONIBLE, III ; — SÉPARATION DE CORPS ; — SÉPARATION DE BIENS.

FÉRIÉS. (JOURS) — Voy. JOURS FÉRIÉS.

FERME. (BAIL A) — On désigne ainsi le *louage* des *héritages ruraux.* — Voy. LOUAGE, sect. I, I et II, § 2.

FERMIER. — Individu qui exploite à son profit un fonds ne lui appartenant pas, à la charge de payer au propriétaire certaines sommes d'argent.

1. — Les *droits* et *obligations* du fermier sont expliqués à l'article LOUAGE, sec. I, I et II, § 2.

2. — Sont *immeubles par destination* les *animaux* que le propriétaire du fonds livre au fermier pour la culture, tant qu'ils demeurent attachés au fonds par l'effet de la convention. — Il en est de même des *semences* données au fermier. (Cod. civ. art. 522, 524.) — Voy. BIENS.

3. — Le fermier ne peut jamais *prescrire*, par quelque laps de temps que ce soit, la chose du propriétaire. (Cod. civ. art. 2236.) — Voy. PRESCRIPTION, I.

4. — C'est le *juge de paix* de la *situation de l'objet litigieux* qui est compétent pour connaître des indemnités prétendues par le fermier pour non-jouissance, lorsque le droit n'est pas contesté, et des dégradations alléguées par le propriétaire. (Cod. proc. civ. art. 3, n° 4.)

FÊTE NATIONALE. — La République a adopté la date du 14 juillet comme jour de fête nationale annuelle. (Loi 6 juillet 1880.)

FÊTES. — Les fêtes légales sont les *Dimanches* et les *Fêtes* religieuses conservées par les articles organiques de la convention du 26 messidor an IX (15 juillet 1801), titre III, savoir : l'*Ascension*, l'*Assomption*, la *Toussaint* et *Noël*. — D'après un avis du Conseil d'Etat, du 13 mars 1810, il faut y joindre le *premier janvier.*

1. — Les *juges de paix* peuvent juger tous les jours, même ceux de dimanches et fêtes, le matin et l'après-midi. (Cod. proc. civ. art. 8.)

2. — *Aucun exploit* n'est donné un jour de fête légale, si ce n'est en vertu de *permission* du Président du tribunal. (Cod. proc. civ. art. 63.)

3. — En cas d'*urgence*, le Président du tribunal, ou celui qui le représente, peut permettre d'assigner *en référé*, même les jours de fêtes. (Cod. proc. civ. art. 808.)

4. — La *saisie-revendication* peut être autorisée, même les jours de fête légale. (Cod. proc. civ. art. 828.) — Voy. SAISIE-REVENDICATION.

5. — Lorsqu'un *effet de commerce* a pour échéance un jour de fête, il est *payable la veille.* (Cod. com. art. 134.) — Voy. EFFETS DE COMMERCE, sect. I, V.

6. — Aucune *condamnation* ne peut être *exécutée* les jours de fêtes nationales ou religieuses, ni les dimanches. (Cod. pén. art. 25.)

7. — La loi du 12 juillet 1880 a abrogé celle du 18 novembre 1814 qui, peu conciliable avec le principe

de la liberté de conscience, interdisait le travail pendant les dimanches et jours de fêtes religieuses reconnues.

FIÈVRE APHTEUSE. — Maladie contagieuse propre aux espèces *bovine*, *ovine*, *caprine* et *porcine*. — Voy. ÉPIZOOTIES.

FILIATION. — Relation existant entre deux personnes dont l'une est née de l'autre. — Voy. ENFANT ; — DESCENDANT.

FILOUTERIE. — (Cod. pén. art. 401.) — Vol exécuté avec ruse.

1. — Les filouteries sont punies d'un *emprisonnement* d'un an au moins et de cinq ans au plus, et peuvent l'être d'une *amende* de 16 fr. à 500 francs.

Les coupables peuvent, en outre, être *interdits des droits* mentionnés en l'article 42 du Code pénal, pendant cinq ans au moins et dix ans au plus, à compter du jour où ils ont subi leur peine, et être mis sous la *surveillance de la haute police* pendant le même nombre d'années.

2. — La *tentative* de filouterie est punie comme le délit lui-même.

FILS-FILLE. — Voy. DESCENDANT ; — ENFANT.

FLAGRANT DÉLIT. — (Cod. instr. crim. art. 41 ; loi 20 mai 1863.)

C'est le délit ou le crime qui se commet actuellement ou qui vient de se commettre. Il y a aussi *flagrant délit* quand un homme est poursuivi par la clameur publique, ou que, dans un temps voisin du délit, il est trouvé saisi d'effets, armes, instruments ou papiers, faisant présumer qu'il est auteur ou complice.

1. — Inspirée par le louable désir de supprimer la détention préventive, ou tout au moins d'en réduire le plus possible la durée, dans les cas où une instruction orale doit suffire, une loi du 20 mai 1863 a réglé le mode d'instruction des *flagrants délits* devant les tribunaux correctionnels. — Aux termes de cette loi, tout inculpé arrêté en état de flagrant délit pour un fait puni de peines correctionnelles est *immédiatement* conduit devant le Procureur de la République qui l'interroge, et, s'il y a lieu, le traduit sur-le-champ à l'audience du Tribunal. S'il n'y a point d'audience, l'inculpé est cité pour l'audience du lendemain. Le Tribunal est, au besoin, spécialement convoqué.

2. — Les *témoins* peuvent être *verbalement requis* par tout officier de police judiciaire ou agent de la force publique. Ils sont tenus de comparaître sous les peines portées contre les témoins défaillants.

3. — Si l'inculpé le demande, le Tribunal lui accorde un *délai* de trois jours au moins pour sa défense.

4. — En cas d'*acquittement*, il est immédiatement, et *nonobstant appel*, *mis en liberté*.

FLOTTANTE. (DETTE) — Voy. DETTE PUBLIQUE, I.

FOIRES, HALLES ET MARCHÉS. — On nomme *Foire* une réunion de marchands et d'acheteurs, où l'on vend toute sorte de marchandises, et qui se tient dans des lieux et à des époques fixes ; — *Marché* une réunion moins nombreuse et plus fréquente qui a surtout pour objet l'approvisionnement des villes en denrées alimentaires ; — *Halle* un emplacement couvert spécialement affecté à la vente des mêmes denrées.

Une ville qui n'a qu'une ou deux foires par an peut avoir un ou plusieurs marchés par semaine.

1. — De nos jours, par suite de la liberté du commerce et de la propagation universelle de toutes les branches d'industrie, les foires n'ont plus l'importance qu'elles avaient à une époque où les communications étaient difficiles et où chaque pays avait sa spécialité de produits industriels. Il en est cependant encore aujourd'hui qui jouissent d'une grande réputation, notamment celle de Beaucaire, dans le Gard.

L'abolition de la féodalité a eu pour conséquence la suppression des droits perçus par les Seigneurs dans les foires, halles et marchés, à raison de l'apport et du dépôt des denrées et marchandises, et à raison du monopole qu'ils s'étaient attribué du pesage et du mesurage de ces denrées et marchandises. On se ferait difficilement une idée de la multitude de perceptions seigneuriales que supportait le commerce des denrées nécessaires à l'existence du peuple.

Le *prix des places* dans les foires, halles et marchés est perçu maintenant *au profit des Communes*. Le tarif est fixé par le Conseil municipal.

2. — Aux termes de l'art. 46, § 24, de la loi du 10 août 1871 sur les Conseils généraux, ces Assemblées statuent définitivement sur les délibérations des Conseils municipaux ayant pour but l'établissement, la suppression et les changements de foires et marchés.

Les simples marchés d'approvisionnement local peuvent être établis dans une Commune sur la seule délibération de son Conseil municipal, sans qu'il soit nécessaire de consulter le Conseil d'arrondissement et le Conseil général.

3. — Toutes les fois qu'une Commune demande *l'établissement*, la *suppression* ou le *changement* d'une foire ou d'un marché, le Préfet provoque une délibération des Conseils municipaux de toutes les Communes que cette question intéresse. On considère comme intéressées non seulement toutes les Communes du canton, mais encore toutes celles qui sont situées hors de ses limites et dans un rayon de 2 myriamètres (5 lieues) environ du lieu d'où la demande émane. Le Conseil d'arrondissement est appelé à donner son avis.

4. — La *police* des foires, halles et marchés appartient au Maire, qui a le droit de prescrire toutes les mesures qu'il juge nécessaires au point de vue de la sécurité et de la salubrité. A Paris, c'est le Préfet de police qui est chargé de ce soin.

5. — Il existe, dans les halles et marchés d'approvisionnement de Paris, des *Facteurs*, commissionnés par la Préfecture de police, qui, moyennant un droit fixe, sont chargés de vendre pour les marchands forains, et sont, vis-à-vis de ces derniers, responsables du prix de vente. Leur ministère est purement *facultatif*.

Le commerce trouve de grands avantages dans cette institution. L'entremise des facteurs permet, en effet, aux vendeurs qui, souvent, ne connaissent pas les acheteurs et leur solvabilité, de vendre leurs marchandises promptement et avec sécurité. — Voy. ÉPIZOOTIES.

FOL APPEL. — Se dit, dans le langage de la procédure, d'un appel dénué de moyens légitimes. Pour punir le plaideur de sa témérité, la loi le condamne à une amende appelée, pour cette raison, *amende de fol appel*. Elle est de *cinq francs*, s'il s'agit du jugement d'un *juge de paix*, et de *dix francs* en cas d'appel d'un jugement de *Tribunal de première instance* ou de *commerce*. (Cod. proc. civ. art. 471.)

FOLIE. — Voy. ALIÉNÉS; — DÉMENCE.

FOLLE ENCHÈRE. — (Cod. proc. civ. art. 733 et suiv.)

Lorsque l'adjudicataire d'un immeuble vendu aux enchères publiques ne peut satisfaire aux conditions de l'adjudication, on dit qu'il a enchéri *follement;* il est alors procédé à une nouvelle vente, dite *sur folle enchère*.

Le *fol enchérisseur* doit la différence entre son prix et celui de la nouvelle vente, s'il est inférieur; il n'a aucun droit au surplus, s'il y en a.

FONCIER. (CRÉDIT) — Voy. CRÉDIT FONCIER.

FONCIÈRE. (CONTRIBUTION) — (Loi 3 frimaire an VII (23 novembre 1798.)

1. — La contribution *foncière* est celle qui se perçoit sur les propriétés immobilières bâties ou non bâties, proportionnellement et à raison de leur *revenu net imposable*, c'est-à-dire de ce qui reste sur le produit de la propriété, déduction faite des frais de production et d'entretien.

2. — La loi a admis certaines

exemptions, les unes *permanentes*, telles que celles relatives aux biens de l'Etat, des Départements ou des Communes affectés à un service public, les autres *temporaires*, pour favoriser l'agriculture ou l'industrie du bâtiment. Ainsi les semis et plantations sur le sommet et le penchant des montagnes et sur les dunes sont exempts de tout impôt pendant vingt ans (Cod. for. art. 225); — la cotisation des terres vaines et vagues qui sont mises en culture ne peut être augmentée qu'un certain nombre d'années après le défrichement (Loi 3 frim. an VII, art. 112, 113, 114, 115, 116); — la cotisation des marais dont on opère le desséchement ne peut être augmentée pendant les vingt-cinq premières années qui suivent le desséchement (même loi, art. 111); — les constructions ne donnent lieu à une augmentation de l'impôt foncier que la troisième année après leur achèvement (même loi, art. 88).

3. — Pour arriver à une juste répartition de la contribution foncière, on a recours à une longue et minutieuse opération, appelée *cadastre*. Elle consiste à lever les plans de chaque parcelle de terre : ce soin est confié à des géomètres; puis on répartit les fonds en différentes classes, d'après leur revenu net. On n'admet pas plus de cinq classes pour chaque nature de propriété. Cette répartition se fait par le Conseil municipal, qui s'adjoint, en nombre égal à celui de ses membres, les plus forts imposés de la Commune, choisis de manière que toutes les natures de propriétés se trouvent représentées. Il ne reste plus alors qu'à procéder à la répartition individuelle, à l'aide des éléments fournis par les deux premières opérations. Ce travail, purement administratif, est fait par le Directeur des contributions directes, et soumis à l'approbation du Préfet, qui, après avoir pris l'avis du Conseil de Préfecture, statue sur les *réclamations* et fixe définitivement le revenu imposable.

4. — Le *produit* de la contribution foncière était *évalué*, pour 1869, à 172 000 000 fr. En 1880, il a atteint 355 159 550 fr. 92 cent.

5. — En 1884, il y avait 14 074 801 *cotes foncières*, dont 12 600 556 afférentes à la *petite* propriété, 1 351 499 à la *moyenne* et 122 746 à la *grande* propriété.

FONCTIONNAIRE PUBLIC. — Se dit, en général, de toute personne qui exerce une fonction publique, c'est-à-dire qui concourt d'une manière quelconque, et dans une sphère plus ou moins élevée, à la gestion de la chose publique.

1. — Un décret du 5 septembre 1870 a *aboli* le serment politique que les fonctionnaires publics de l'ordre civil, administratif, militaire et judiciaire étaient tenus de prêter avant d'entrer en fonctions, aux termes de l'article 14 de la Constitution du 14 janvier 1852.

2. — Un décret du 19 septembre 1870 a abrogé l'*article 75 de la Constitution du 22 frimaire an* VIII (13 décembre 1799), qui était demeuré en vigueur, malgré les vives et nombreuses attaques dont il avait été l'objet, et aux termes duquel aucun agent du Gouvernement ne pouvait être poursuivi pour des faits relatifs à ses fonctions qu'en vertu d'une décision du Conseil d'Etat. — Il n'est pas inutile de rappeler que l'*acte additionnel aux Constitutions de l'Empire*, du 22 avril 1815, contenait la promesse de la modification, par une loi, de cet article 75. L'opinion de Napoléon Ier à cet égard est des plus précieuses.

3. — Le citoyen appelé à une fonction publique *temporaire* ou *révocable* conserve le *domicile* qu'il avait auparavant, s'il n'a pas manifesté d'intention contraire. — L'acceptation de fonctions conférées *à vie* emporte translation immédiate du domicile du fonctionnaire dans le lieu où il doit exercer ses fonctions. (Cod. civ. art. 106, 107.) — Voy. DOMICILE.

4. — Sont *dispensés de la tutelle* tous citoyens exerçant une fonction publique dans un départe-

ment autre que celui où la tutelle s'établit. (Cod. civ. art. 427.) — Voy. TUTELLE, III.

5. — Les *créances* résultant d'*abus* et *prévarications* commis par les fonctionnaires publics, dans l'exercice de leurs fonctions, sont *privilégiées* sur les fonds de leur cautionnement et sur les intérêts qui en peuvent être dus. (Cod. civ. art. 2102, nº 7.) — Voy. PRIVILÈGE.

6. — Tout fonctionnaire public qui, dans l'exercice de ses fonctions, acquiert la *connaissance* d'un *crime* ou d'un *délit*, est tenu d'en *donner avis* sur-le-champ au Procureur de la République près le tribunal dans le ressort duquel ce crime ou ce délit a été commis, ou dans lequel le prévenu peut être trouvé, et de transmettre à ce magistrat tous les renseignements, procès-verbaux et actes qui y sont relatifs. (Cod. instr. crim. art. 29.)

7. — La *dégradation civique* emporte la destitution et l'exclusion de toutes fonctions publiques. (Cod. pén. art. 34.) — Voy. DÉGRADATION CIVIQUE.

8. — Les tribunaux jugeant correctionnellement peuvent, dans certains cas, prononcer l'*interdiction* des fonctions publiques (Cod. pén. art. 42, 43.)

9. — Voy. ABUS D'AUTORITÉ; — CONCUSSION; — CORRUPTION DE FONCTIONNAIRES; — EMPIÈTEMENT DES AUTORITÉS ADMINISTRATIVES ET JUDICIAIRES; — DIFFAMATION; — FORFAITURE; — OUTRAGES ENVERS LES DÉPOSITAIRES DE L'AUTORITÉ ET DE LA FORCE PUBLIQUE; — USURPATION DE TITRES OU FONCTIONS; — VIOLENCES ENVERS LES DÉPOSITAIRES DE L'AUTORITÉ ET DE LA FORCE PUBLIQUE.

FORCE. (MAISON DE) — Voy. PRISONS.

FORCE MAJEURE. — Se dit de tout événement imprévu qu'il était impossible d'empêcher.

1. — Il n'y a lieu à aucuns *dommages-intérêts* lorsque, par suite d'une force majeure, le *débiteur* n'a pu donner ou faire ce à quoi il était obligé, ou a fait ce qui lui était interdit. (Cod. civ. art. 1148.)

2. — Le *locataire* n'est pas responsable des pertes ou dégradations arrivées par force majeure. (Cod. civ. art. 1730.)

3. — Le *dépositaire* n'est point tenu des accidents de force majeure, à moins qu'il n'ait été mis en demeure de restituer la chose déposée. (Cod. civ. art. 1929.)

4. — Les *aubergistes* ou *hôteliers* ne sont pas responsables des vols faits avec force armée ou autre force majeure. (Cod. civ. art. 1954.)

5. — Il n'y a *ni crime ni délit* lorsque le prévenu a été contraint par une force à laquelle il n'a pu résister. (Cod. pén. art. 64.)

6. — Sont *exceptés* de la *limite* fixée par la loi du 9 septembre 1848, pour la *durée du travail* dans les manufactures, les travaux que rend immédiatement nécessaires un cas de force majeure. (Déc. 17 mai 1871.) — Voy. DURÉE DU TRAVAIL.

7. — Voy. FORTUNE DE MER.

FORCÉS. (TRAVAUX) — Voy. TRAVAUX FORCÉS.

FORCLUSION. — Du latin *foras*, dehors, et *claudere*, fermer. — Exclusion d'un droit faute de l'avoir exercé en temps utile. — Voy. DÉCHÉANCE.

FORESTIER. (CODE) — Voy. CODE FORESTIER.

FORESTIER. (GARDE) — Voy. GARDE FORESTIER.

FORÊTS. — (Loi 21 mai 1827; ord. roy. 1er août 1827; loi 18 juin 1859; déc. 22 novembre et 21 décembre 1859.)

Dans le langage de la loi, le mot *forêt* s'entend de toute espèce de bois : son étymologie est *foresta*, qui, dans la basse latinité, désignait le lieu où séjournent les bêtes fauves, *ubi fera stat*.

— De tout temps, on a senti l'importance et la nécessité des forêts. « Tous les arts de la société, tous les besoins de la vie en réclament la conservation, parce qu'ils en exigent l'usage : chauffage pendant les temps rigoureux; cuisson des aliments en toute saison; construction et réparation des habitations; confection des ustensiles aratoires, des meubles de ménage et des vases propres à contenir les liquides; échalas pour la vigne; tuteurs des jeunes arbres : c'est avec les dépouilles des forêts qu'on pourvoit à tous ces besoins. Lorsqu'enfin l'homme osa concevoir la pensée de confier sa vie à l'inconstance des flots, il trouva dans les bois le moyen de marcher à la conquête d'un élément nouveau sur lequel il règne aujourd'hui en souverain. » (Dalloz, *Répertoire de législation*, etc., art. Forêts, 4.)

1. — Les bois et forêts se *divisent* en deux classes : la première comprend ceux qui sont soumis au *régime forestier*, c'est-à-dire aux règles tracées par les différentes lois qui composent la législation forestière; ce sont les bois de l'Etat, des Départements, des Communes et des Etablissements publics; la seconde comprend les bois auxquels ce régime n'est pas applicable : ce sont les propriétés privées, qui, néanmoins, se trouvent assujetties à certaines restrictions ou servitudes, notamment en ce qui concerne le *défrichement*.

2. — Aucun particulier ne peut user du droit d'arracher ou défricher ses bois qu'après en avoir fait la *déclaration* à la Sous-Préfecture, au moins *4 mois d'avance*, durant lesquels l'Administration peut faire signifier au propriétaire son *opposition* au défrichement. Si, *dans les 6 mois* qui suivent cette signification, le Ministre des Finances n'a pas rendu et fait connaître sa décision au propriétaire des bois, le défrichement peut être effectué.

L'opposition au défrichement *ne peut être formée* que pour les bois dont la conservation est reconnue nécessaire : 1° au maintien des terres sur les montagnes ou sur les pentes; — 2° à la défense du sol contre les érosions et les envahissements des fleuves, rivières ou torrents; — 3° à l'existence des sources et cours d'eau; — 4° à la protection des dunes et des côtes contre les érosions de la mer et l'envahissement des sables; — 5° à la défense du territoire dans la partie de la zone frontière déterminée par un décret du 22 novembre 1859; — 6° à la salubrité publique.

— En cas de *contravention* à l'obligation d'une déclaration préalable au défrichement, le propriétaire est condamné à une *amende*, calculée à raison de 500 fr. au moins et de 1 500 fr. au plus, par hectare de bois défriché. Il doit, en outre, s'il en est ainsi ordonné par le Ministre des Finances, rétablir les lieux défrichés, en nature de bois, dans un délai qui ne peut excéder 3 années.

Faute par le propriétaire d'effectuer la plantation ou le semis dans le délai prescrit par la décision ministérielle, il est pourvu à ses frais par l'Administration forestière, sur l'autorisation préalable du Préfet, qui arrête le mémoire des travaux faits et le rend exécutoire contre le propriétaire.

— Les actions ayant pour objet des défrichements commis en contravention aux dispositions de la loi *se prescrivent* par 2 ans à dater de l'époque où le défrichement a été consommé.

3. — L'*Administration* des Forêts, dépendant autrefois du Ministre des Finances, relève aujourd'hui du Ministre de l'*Agriculture*.

— Le territoire français est divisé en *Conservations* ou *Arrondissements forestiers*, qui comprennent chacun un certain nombre de départements.

4. — Il existe à *Nancy* une *Ecole forestière* destinée à former des sujets pour les emplois d'agent forestier. — Voy. ÉCOLE FORESTIÈRE.

5. — Les forêts et les bois de l'Etat acquittent les centimes additionnels ordinaires et extraordinaires affectés aux dépenses des communes dans la même proportion que les propriétés privées. (Loi 5 avril 1884, art. 144.)

FORFAITURE. — (Cod. pén. art. 166, 169.) — Tout *crime* commis par un fonctionnaire public dans l'exercice de ses fonctions est une *forfaiture*.

Toute forfaiture pour laquelle la loi ne prononce pas de peines plus graves est punie de la *dégradation civique*. — Voy. DÉGRADATION CIVIQUE.

FORMULE EXÉCUTOIRE. — On appelle ainsi l'intitulé au nom du Souverain et le mandement aux Officiers de justice, en vertu desquels un acte peut être mis à exécution.

— Cette formule a nécessairement *varié* suivant les changements politiques qui se sont opérés en France depuis 1790 jusqu'en 1870. Elle a été intitulée tantôt au nom du Roi ou de l'Empereur, tantôt au nom du Peuple ; elle l'est aujourd'hui au nom du Peuple, de la manière suivante :

« RÉPUBLIQUE FRANÇAISE.

« AU NOM DU PEUPLE FRANÇAIS »

Suit la copie de l'arrêt, du jugement, mandat de justice ou de l'acte notarié, qui se termine ainsi :

« *En conséquence, le Président de la République française mande et ordonne à tous huissiers sur ce requis de mettre ledit arrêt* (ou ledit jugement, etc.) *à exécution, aux Procureurs généraux et aux Procureurs de la République près les tribunaux de première instance d'y tenir la main, à tous Commandants et Officiers de la force publique de prêter main-forte lorsqu'ils en seront légalement requis.*

« *En foi de quoi le présent arrêt* (ou jugement, etc.) *a été signé par...* » (Décr. 2 septembre 1871.)

FORTUNE DE MER. — On comprend sous la dénomination générale de *fortune de mer* tous les événements de force majeure qui, pendant le voyage, peuvent arriver à un navire ou à sa cargaison.

Ils sont à la *charge* des *assureurs*. (Cod. com. art. 350.)

FOSSE D'AISANCES. — Réservoir destiné à recevoir les matières fécales. — Le *mode de construction* est déterminé par des règlements spéciaux dans l'intérêt de l'hygiène publique : à défaut de règlements, on suit les usages locaux.

1. — Celui qui fait creuser une fosse d'aisances *près d'un mur* mitoyen ou non est obligé à laisser la *distance* prescrite par les règlements et usages particuliers, ou à faire les ouvrages imposés par les mêmes règlements et usages pour éviter de nuire au voisin. (Cod. civ. art. 674.)

2. — Le *curement* des fosses d'aisances est à la *charge* du *bailleur*, s'il n'y a clause contraire. (Cod. civ. art. 1756.)

FOSSÉ. — 1. — Les fossés des *places de guerre* et des *forteresses* font partie du *domaine public*. (Cod. civ. art. 540.)

2. — Tous fossés entre deux héritages sont présumés *mitoyens*, s'il n'y a titre ou marque de contraire.

Il y a marque de *non-mitoyenneté*, lorsque la levée ou le rejet de la terre se trouve d'un côté seulement du fossé. — Le fossé est censé appartenir exclusivement à celui du côté duquel le rejet se trouve.

— Le fossé mitoyen doit être entretenu à *frais communs*. (Cod. civ. art. 666-669.)

3. — C'est le *juge de paix* de la situation qui est compétent pour connaître des usurpations de fossés commises dans l'année. (Cod. proc. civ. art. 3, nº 2.)

4. — Le fait de *combler*, en tout ou en partie, des fossés est puni d'un *emprisonnement* d'un mois à un an, et d'une *amende* égale au quart des restitutions et des dommages-intérêts, sans qu'elle puisse être au-dessous de 50 fr. (Cod. pén. art. 456.)

FRAI. — Il est permis à toute personne de pêcher à la ligne flottante tenue à la main, dans les fleuves, rivières et canaux navigables, excepté en temps de *frai*, c'est-à-dire à l'époque de la reproduction du poisson. (Loi 15 avril 1829, art. 5, § 3.) — Voy. PÊCHE.

FRAIS. — Voy. DÉPENS.

FRAIS DE JUSTICE. — On entend par *frais de justice* les frais faits pour constater, conserver les biens d'un débiteur, les transformer en argent et en distribuer le prix à ses créanciers : tels sont les frais d'*apposition* et de *levée de scellés*, d'*inventaire*, de *saisie*, de *gardien*, d'*affiches*, d'*insertions* dans les journaux, d'*enregistrement*, de *vente*, etc. — Ils sont mis au premier rang des créances *privilégiées*, parce qu'ils sont faits dans l'intérêt commun des créanciers. (Cod. civ. art. 2101, 2105.) — Voy. PRIVILÈGE.

FRAIS FUNÉRAIRES. — Ce sont les dépenses faites pour la sépulture d'une personne.

Ils sont mis par le Code civil (art. 2101, 2105) au rang des créances *privilégiées* et viennent après les frais de justice. — Voy. PRIVILÈGE.

FRANC. — Unité principale pour les *prix* ou *valeurs*. — Le *franc* est une pièce d'argent pesant 5 gr. — Voy. POIDS ET MESURES.

FRANÇAIS. — (Cod. civ. art. 7-21; lois 22 mars, 3 décembre 1849, 7 février 1851, 29 juin 1867, 16 décembre 1874.)

I. ACQUISITION DE LA QUALITÉ DE FRANÇAIS. — On *naît* Français ou on le *devient*.

§ 1er. — NAISSENT FRANÇAIS : 1° Tout *enfant né d'un père français* en France ou à l'étranger; — 2° Les *enfants nés en France de parents restés inconnus;* — 3° *L'enfant né en France d'un étranger qui lui-même y est né*, sauf le droit pour cet enfant de réclamer, dans l'année de sa majorité, telle qu'elle est réglée par la loi française, la qualité d'étranger, au moyen d'une déclaration faite, soit devant l'Autorité municipale du lieu de sa résidence, soit devant les agents diplomatiques ou consulaires accrédités en France par le Gouvernement étranger.

§ 2. — On DEVIENT FRANÇAIS de trois manières différentes : 1° par le *bienfait de la loi;* — 2° par la *naturalisation;* — 3° par l'*annexion* de son pays au territoire de la France.

1. — Devient Français *par le bienfait de la loi*, c'est-à-dire en vertu d'une disposition législative qui constitue un *droit :*

1° L'*enfant né en France de parents étrangers* qui n'y étaient pas nés eux-mêmes, pourvu que, *dans l'année qui suit sa majorité*, il *déclare* à la municipalité du lieu de sa résidence qu'il a l'*intention de fixer son domicile en France*, et qu'il l'y *fixe réellement* dans l'année qui suit cette soumission.

Aux termes d'une loi du 22 mars 1849, l'individu né en France d'un étranger peut, *à tout âge*, réclamer la qualité de Français, *s'il sert* ou *a servi* dans les armées françaises, ou *s'il a satisfait à la loi de recrutement,* sans exciper de son extranéité.

Une autre loi du 16 décembre 1874, modifiant celle du 7 février 1851, déclare Français tout individu *né en France d'un étranger qui lui-même y est né*, à moins que, dans l'année qui suit l'époque de sa majorité, telle qu'elle est fixée par la loi française, il ne réclame la qualité d'étranger par une déclaration faite soit devant l'autorité municipale du lieu de sa résidence, soit devant les agents diplomatiques et consulaires de France à l'étranger, et qu'il ne justifie avoir conservé sa nationalité d'origine par une attestation en due forme de son gouvernement. Cette déclaration peut être faite par procuration authentique. — Les jeunes gens auxquels s'applique cette disposition peuvent, soit s'engager volontairement dans les armées de terre et de mer, soit contracter l'engagement conditionnel d'un an, soit entrer dans les écoles du gouvernement, en déclarant qu'ils renoncent à réclamer la qualité d'étrangers dans l'année qui suivra leur majorité. — Cette déclaration ne peut être faite qu'avec le consentement exprès du père ou, à défaut du père, de la mère, ou, à défaut de père et de mère, qu'avec l'autorisation du conseil de famille. Elle n'est reçue qu'après les examens d'admission et s'ils sont favorables.

2° *L'enfant, né à l'étranger, d'un père ayant perdu la qualité de Français.* — Il n'a qu'à remplir, à n'importe quelle époque, les formalités ci-dessus exigées pour l'étranger né en France.

3° *La femme étrangère qui épouse un Français.* — Aucune condition, aucune formalité n'est prescrite.

2. — Devient Français par la *naturalisation*, c'est-à-dire en vertu d'une décision du Gouvernement, l'étranger qui remplit les conditions voulues et qui est jugé digne de cette faveur. — Voy. NATURALISATION.

3. — Devient Français par l'*annexion* de son pays à la France l'étranger qui habite un territoire incorporé.

II. PERTE DE LA QUALITÉ DE FRANÇAIS. — La qualité de Français *se perd:* 1° par la *naturalisation* acquise en pays étranger ; — 2° par *l'acceptation, non autorisée, de fonctions publiques à l'étranger ;* — 3° par tout *établissement* fait *en pays étranger sans esprit de retour;* les établissements de commerce ne sont jamais considérés comme ayant été faits sans esprit de retour ; — 4° en prenant du *service militaire* chez l'étranger, ou en *s'affiliant avec une corporation militaire* étrangère, *sans autorisation* du Gouvernement ; — 5° par le *mariage* d'une femme française avec un étranger ; — 6° par l'*annexion* d'une portion de territoire français à un pays étranger.

III. RECOUVREMENT DE LA QUALITÉ DE FRANÇAIS. — 1. — Le Français qui a perdu sa qualité de Français peut la recouvrer en rentrant en France avec l'autorisation du Gouvernement, et en déclarant qu'il veut s'y fixer et qu'il renonce à toute distinction contraire à la loi française. La loi s'est montrée plus sévère pour le Français qui a perdu sa nationalité en prenant du service militaire à l'étranger : elle exige qu'il obtienne du Chef de l'Etat la permission de rentrer en France et qu'il remplisse les conditions imposées à l'étranger pour devenir Français. Toutefois, un décret du 26 août 1811 accorde au Chef de l'Etat la faculté de restituer au Français sa qualité par de simples *lettres de relief*, sans condition de stage.

2. — Quant à la femme qui a perdu la qualité de Française par son mariage avec un étranger, elle la recouvre *immédiatement* et de plein droit *si*, au moment de la dissolution de son mariage, elle *réside en France.* Si, à cette époque, elle *résidait à l'étranger*, elle ne peut recouvrer la qualité de Française qu'à la condition de rentrer en France avec *autorisation* du Gouvernement, et de déclarer qu'elle veut s'y fixer.

IV. DROITS ATTACHÉS A LA QUALITÉ DE FRANÇAIS. — Voy. DROITS CIVILS ; — DROITS POLITIQUES.

FRÈRE. — Du latin *frater.* — Les frères sont parents au *deuxième degré.* — Ils se distinguent en *germains*, *consanguins* ou *utérins.* — Les *germains* sont ceux qui sont nés de même père et de même mère ; — les *consanguins*, ceux qui ont seulement le même père ; — les *utérins*, ceux qui sont de la même mère, mais d'un père différent.

1. — Les *frères germains* du mineur font de droit partie du Conseil de famille, quel que soit leur nombre. (Cod. civ. art. 408.) — Voy. TUTELLE, I, 4°.

2. — Les frères et sœurs sont appelés par la loi à *succéder*, à défaut de descendants. Ils *excluent* tous autres *collatéraux* et même les *ascendants* autres que les père et mère, avec lesquels ils concourent. — La succession dévolue aux frères et sœurs ou descendants d'eux se partage *par tête*, s'ils sont *tous germains* ou *tous consanguins*, ou *tous utérins*, c'est-à-dire s'ils sont

tous nés du *même mariage*. Dans le cas contraire, la succession se divise en *deux parts* : l'une est attribuée à la ligne *paternelle*, l'autre à la ligne *maternelle*. Les frères *germains* prennent part dans les deux lignes ; les *consanguins*, dans la ligne paternelle seulement ; les *utérins*, dans la ligne maternelle seulement. (Cod. civ. art. 748-753.) — Voy. SUCCESSIONS, II, § 3.

3. — La *représentation* est admise en faveur des enfants et descendants de frères ou sœurs du défunt. (Cod. civ. art. 742.) — Voy. REPRÉSENTATION.

4. — Le *mariage* est *prohibé* entre le frère et la sœur légitimes ou naturels et les alliés au même degré. *Néanmoins*, il est loisible au Gouvernement de permettre, pour causes graves, le mariage entre *beaux-frères* et *belles-sœurs*. (Cod. civ. art. 162, 164.) — Voy. MARIAGE, I.

5. — En matière criminelle, les *dépositions* des frères ou sœurs de l'accusé ne sont point reçues à titre de témoignages, mais seulement comme renseignements et sans prestation de serment. (Cod. instr. crim. art. 322.)

6. — Dans les *Communes de* 501 *âmes* et *au-dessus*, les parents et les alliés au degré de frère ne peuvent être en même temps membres du *Conseil municipal*. (Loi 5 avril 1884, art. 35.)

7. — Aucun parent ou allié du *failli*, jusqu'au quatrième degré inclusivement, *ne peut* être nommé *syndic*. (Cod. com. art. 463.) — Voy. FAILLITE, II.

8. — Les parents ou alliés, jusqu'au degré d'oncle ou de neveu inclusivement, *ne peuvent* être simultanément membres d'un *même Tribunal* ou d'une *même Cour*, soit comme officiers du Ministère public, ou même comme greffiers, sans une *dispense* du Président de la République : il n'en est pas accordé pour les tribunaux composés de moins de huit juges. En cas d'alliance survenue depuis la nomination, celui qui l'a contractée ne peut continuer ses fonctions sans obtenir une dispense. (Loi 20 avril 1810, art. 63.)

9. — Les *notaires* ne peuvent recevoir des actes dans lesquels leurs parents ou alliés, en ligne directe à tous les degrés, et en ligne collatérale jusqu'au degré d'oncle ou de neveu inclusivement, seraient parties, ou qui contiendraient quelque disposition en leur faveur. (Loi 25 ventôse an XI (16 mars 1803), article 8.)

10. — L'*huissier* de la justice de paix ne peut instrumenter pour ses frères, sœurs et alliés au même degré (Cod. proc. civ. art. 4.) — Devant le tribunal de première instance, l'huissier ne peut instrumenter pour ses parents et alliés collatéraux jusqu'au degré de cousin issu de germain inclusivement, à peine de nullité. (Même code, art. 66.)

FRET. — Du latin *fretum*, mer. — On appelle *Fret*, sur l'Océan, et *Nolis*, sur la Méditerranée, le prix du loyer d'un navire ou autre bâtiment de mer.

Il est réglé par les conventions des parties, et est constaté par la *charte-partie* ou par le *connaissement*. (Cod. com. art. 280 et suiv.)

FRÉTEUR. — On appelle ainsi celui qui loue à une autre personne nommée *affréteur* tout ou partie d'un navire.

Les *droits* et *obligations* du fréteur et de l'affréteur sont déterminés dans les articles 286 à 310 du Code de commerce.

FRUITS. — (Cod. civ. art. 582-586.)

Dans le langage du droit, on appelle *fruits* les produits ou revenus d'une propriété quelconque.

1. — On distingue trois sortes de fruits : les fruits *naturels*, les fruits *industriels* et les fruits *civils*.

Les *fruits naturels* sont ceux qui sont le produit spontané de la terre ; on comprend aussi dans cette classe le produit et le croît des animaux.

Les *fruits industriels* sont ceux qui s'obtiennent par la culture, comme le blé, le vin, etc.

Les *fruits civils* sont ceux qui

consistent en loyers de maisons, fermages, intérêts de sommes exigibles, arrérages de rentes, etc.

2. — Les fruits *naturels* et *industriels* sont *immeubles* tant qu'ils sont attachés au fonds, et *meubles* dès qu'ils en sont détachés. Ils s'acquièrent par la perception.

Les fruits *civils* s'acquièrent jour par jour.

FUMIER. — Les articles 1811, 1819 et 1824 du Code civil déterminent à qui appartient le fumier dans les baux à *cheptel*. — Voy. LOUAGE, sect. III.

Lorsque les troupes sont *gratuitement* logées chez l'habitant ou cantonnées, le fumier provenant des animaux appartient à l'habitant. Si le logement ou le cantonnement chez l'habitant donne droit à une *indemnité*, le fumier reste la propriété de l'Etat et son prix peut être déduit du montant de ladite indemnité, avec le consentement de l'habitant. (Loi 3 juillet 1877, art. 17.) — Voy. RÉQUISITIONS MILITAIRES.

FUREUR. — Se dit de la démence portée à l'excès. — Lorsqu'elle est *habituelle*, elle est une cause d'*interdiction*. (Cod. civ. art. 489 et suiv.) Voy. INTERDICTION, sect. I.

G

GAGE-GAGISTE. — (Cod. civ. art. 2073-2084.)

Le *gage* est le contrat par lequel un débiteur, ou un tiers pour ce dernier, remet en dépôt au créancier un objet mobilier pour sûreté de sa créance. Le créancier à qui cette remise est faite s'appelle *gagiste*. — Voy. NANTISSEMENT, I.

GAGERIE. (SAISIE) — Voy. SAISIE-GAGERIE.

GALE. — Maladie contagieuse propre aux espèces *ovine* et *caprine*. — Voy. ÉPIZOOTIES.

GALÈRES-GALÉRIENS. — Jusqu'en 1748, la marine se servit de bâtiments longs et étroits, allant à la rame et à voile, appelés *galères*. On y employait comme rameurs des criminels ; de là le nom de *galériens* qu'ils portaient, et celui de *galères* pour désigner la peine à laquelle ils étaient condamnés.

Lors de la suppression des bâtiments à rames, les galériens furent occupés aux travaux des ports et des arsenaux. Le Code pénal de 1810 a substitué à la peine des galères celle des *travaux forcés*. — Voy. TRAVAUX FORCÉS.

GARANTIE DES MATIÈRES D'OR ET D'ARGENT. — Voy. MATIÈRES D'OR ET D'ARGENT.

GARANTIE DU VENDEUR. — Voy. VENTE, II, § 2.

GARDE CHAMPÊTRE. — (Loi 28 septembre 1791, sect. VIII.)

Agent établi dans chaque Commune pour veiller au respect des propriétés et à la conservation des récoltes.

1. — Les gardes champêtres sont *nommés* par le Maire ; ils doivent être *agréés* et *commissionnés* par le Sous-Préfet ou par le Préfet dans l'arrondissement du chef-lieu, et être *assermentés*.

Ils peuvent être *suspendus* pour un mois au plus par le Maire ; le Préfet seul peut les *révoquer*.

En dehors de leurs fonctions relatives à la police rurale, les gardes champêtres sont chargés de rechercher, chacun dans le territoire pour lequel il est assermenté, les contraventions aux règlements et arrêtés de police municipale. Ils dressent des procès-verbaux pour constater ces contraventions. (Loi 5 avril 1884, art. 102.)

2. — Ils doivent *affirmer* devant le Juge de paix ou le Maire, c'est-à-dire déclarer sincères et véritables, les procès-verbaux dans lesquels ils constatent les délits et contraventions de leur compétence.

3. — Comme agents communaux, ils sont placés sous la *surveillance* des Maires, des Sous-Préfets et des Préfets. En qualité d'officiers de police judiciaire, ils sont soumis à la surveillance des Procureurs de la République.

4. — *Tout particulier* a le droit d'avoir un garde champêtre pour veiller à la conservation de ses propriétés. Ce garde doit être *agréé* par le Sous-Préfet.

Plusieurs particuliers peuvent se réunir pour avoir le même garde champêtre.

5. — Voy. POLICE JUDICIAIRE.

GARDE DES SCEAUX. — Ce titre est donné au *Ministre de la justice* comme étant spécialement chargé de conserver le sceau de l'Etat et de l'apposer sur les lois, traités, lettres patentes et autres actes de chancellerie.

GARDE FORESTIER. — Agent préposé à la garde des bois et forêts. — Les *devoirs* et les *attributions* des gardes forestiers ont été résumés dans une instruction de l'Administration des forêts, portant la date du 20 septembre 1839, et dont nous reproduisons les dispositions principales :

1. — Les gardes forestiers sont Officiers de *police judiciaire*. (Cod. instr. crim. art. 9, 16.) — Voy. POLICE JUDICIAIRE.

2. — Ils ne peuvent être *poursuivis* en Justice, pour des faits relatifs à leurs fonctions, qu'avec l'*autorisation* de l'Administration. (Ord. roy. 1er août 1827, art. 39.)

3. — Indépendamment de la surveillance qu'ils exercent spécialement sur les bois qui leur sont confiés, ils ont le droit de rechercher et constater sur le territoire de l'arrondissement *communal* pour lequel ils sont assermentés les délits et contraventions qui portent atteinte aux propriétés soumises au régime forestier. — Les *procès-verbaux* des gardes *font foi* en justice jusqu'à inscription de faux, mais seulement lorsque le délit ou la contravention n'entraîne pas une condamnation de plus de 100 fr., tant pour amende que pour dommages-intérêts. (Cod. for. art. 176, 177.)

4. — Nul n'est admis à exercer un emploi de garde forestier s'il est *âgé* de moins de vingt-cinq ans ou de plus de trente-cinq, et s'il ne sait *lire et écrire*. (Ord. roy. 5 novembre 1832, art. 1er.) — L'emploi de garde forestier est *incompatible* avec toute autre fonction administrative. (Cod. for. art. 4.) — Les *parents* ou *alliés* d'un garde ne peuvent être facteurs des coupes de son triage.

5. — Il est *interdit* aux gardes de faire le *commerce* de bois directement ou indirectement ; de prendre aucune part aux adjudications de coupes, chablis, glandées et menus marchés quelconques ; de *tenir auberge* ou de vendre des boissons en détail ; de *rien recevoir* des adjudicataires ou de toutes autres personnes pour objet relatif à leurs fonctions ; de *disposer* d'aucun *produit du sol forestier*.

6. — Les gardes ont pour *chefs* immédiats les *Brigadiers*, et, à défaut de brigadiers, les *Gardes généraux*. Ils leur doivent obéissance et soumission pour tous les objets du service. Ils ne peuvent quitter leur poste sans la permission du Conservateur.

7. — Les gardes veillent de jour et de nuit à la conservation des forêts qui leur sont confiées. — Ils sont *responsables* des délits, dégâts, abus et abroutissements qu'ils n'ont point constatés et reconnus, et passibles, dans ce cas, des amendes et indemnités encourues par les délinquants.

8. — Les procès-verbaux doivent être *affirmés* au plus tard le lendemain de leur clôture, par-devant le Juge de paix du canton ou l'un de ses suppléants, ou par-devant le Maire ou l'Adjoint, soit de la Commune de la résidence du garde, soit de celle où le délit a été commis ou constaté. — Toutefois, si, par suite d'un empêchement quelconque, le procès-verbal est seulement signé

par le garde, mais non écrit en entier de sa main, l'officier public qui en reçoit l'affirmation doit lui en donner préalablement lecture, et faire ensuite mention de cette formalité ; le tout sous peine de nullité du procès-verbal. (Cod. for. art. 165.) —Tout *renvoi*, *rature* ou *surcharge* doit être approuvé et parafé par le rédacteur du procès-verbal, par l'officier public qui a reçu l'affirmation et par le receveur de l'enregistrement. — Les procès-verbaux doivent, sous peine de nullité, être *enregistrés* dans les quatre jours qui suivent celui de l'affirmation. (Cod. for. art. 170.)

9. — Les gardes sont autorisés à *saisir* les bestiaux trouvés en délit, et les instruments, voitures et attelages des délinquants, et à les mettre en *séquestre*. Ils suivent les objets enlevés par les délinquants jusque dans les lieux où ils ont été transportés, et les mettent également en séquestre. — Les gardes *ne peuvent s'introduire* dans les maisons, bâtiments, cours et enclos, si ce n'est en présence soit du Juge de paix ou de son suppléant, soit du Maire du lieu ou de son Adjoint, soit du Commissaire de police. (Cod. for. art. 161.) — Cette *assistance* n'est *pas nécessaire :* 1° pour les loges et autres établissements qui ne forment pas un domicile ou des ateliers permanents, dont la loi garantit l'inviolabilité ; — 2° pour les usines, hangars et autres établissements autorisés en vertu des articles 151, 152, 154 et 155 du Code forestier (*fours à chaux ou à plâtre*, *briqueteries*, *tuileries*, *ateliers à façonner le bois*, *chantiers*, *scieries*, etc.). Toutes perquisitions peuvent y être faites, pourvu que les gardes se présentent au nombre de deux au moins, ou que le garde soit accompagné de deux témoins domiciliés dans la Commune.

10. — Les gardes forestiers constatent les *délits de chasse* et les *contraventions* aux lois sur le *port d'armes*. Mais ils n'ont ce pouvoir que pour les bois soumis au régime forestier dans l'arrondissement duquel ils sont assermentés. Ils constatent également les *délits de pêche* sur les rivières navigables et flottables, et même sur les cours d'eau appartenant aux particuliers. (Loi 15 avril 1829, art. 36.) — Ils ont le droit de requérir directement la force publique, pour la répression des délits et contraventions en matière forestière, ainsi que pour la recherche et la saisie des bois coupés en délit, vendus ou achetés en fraude. (Cod. for. art. 164.) — Ils arrêtent et conduisent devant le Juge de paix ou devant le Maire tout inconnu qu'ils ont surpris en *flagrant délit*. (Cod. for. art. 163 ; Cod. instr. crim. art. 16.)

11. — Les gardes forestiers portent leur *surveillance au dehors des forêts*, dans un rayon de cinq cents mètres à deux kilomètres, afin d'assurer l'exécution des articles 151 à 155 du Code forestier, relatifs aux constructions de fours à chaux ou à plâtre, briqueteries, tuileries, maisons sur perches, loges, baraques ou hangars, maisons ou fermes, usines à scier le bois, etc.

12. — Ils doivent leur *concours :* à la *gendarmerie*, pour la recherche des crimes et délits, et pour l'arrestation des prévenus ; — aux préposés des *douanes*, pour la saisie des objets dont l'importation est défendue, et pour l'arrestation des contrebandiers. — Ils constatent les plantations frauduleuses de *tabac* faites dans les forêts.

13. — Les gardes forestiers n'entrent en exercice qu'après avoir prêté *serment* et fait enregistrer leur commission au greffe du tribunal de première instance de l'arrondissement. — Dans leurs tournées, ils doivent être munis de la *plaque* qu'ils portent ostensiblement.

14. — Après *vingt-cinq ans de services* rétribués par l'État, les gardes forestiers ont droit à une *retraite*.

GARDE-MINES. — Agent auxiliaire des Ingénieurs des Mines pour la surveillance et la police des exploitations, les levées et les copies de plans.

— Les gardes-mines sont *nommés*, après examen, par le Ministre des travaux publics. Ils doivent être *âgés* de 21 ans au moins et de 30 ans au plus, sauf les anciens militaires qui sont admissibles jusqu'à 35 ans.

GARDE-PÊCHE. — Agent spécialement chargé de veiller à l'exécution des lois et règlements concernant la pêche fluviale.

1. — Les gardes-pêche appartiennent à l'Administration forestière ; ils doivent être *âgés* de 25 ans accomplis, et n'entrent en fonctions qu'après avoir prêté *serment* devant le Tribunal de première instance de leur résidence.

2. — Ils recherchent et constatent par procès-verbaux les délits dans l'arrondissement du Tribunal près lequel ils sont assermentés. Ils sont autorisés à *saisir* les filets et autres instruments de pêche prohibés, ainsi que le poisson pêché en délit. — Sous aucun prétexte, ils *ne peuvent s'introduire dans les maisons* et enclos y attenant pour la recherche des filets prohibés.

3. — Les *procès-verbaux* revêtus de toutes les formalités prescrites par la loi, et signés de *deux gardes-pêche*, font preuve, jusqu'à inscription de faux, des faits matériels relatifs aux délits qu'ils constatent, quelles que soient les condamnations auxquelles ces délits peuvent donner lieu. S'ils ne sont dressés et signés que par *un seul garde-pêche*, ils ne font preuve suffisante jusqu'à inscription de faux que lorsque le délit n'entraîne pas une condamnation de plus de 50 fr., tant pour amende que pour dommages-intérêts.

4. — Les gardes-pêche peuvent être déclarés *responsables* des délits commis dans leurs cantonnements, et passibles des amendes et indemnités encourues par les délinquants, lorsqu'ils n'ont pas dûment constaté les délits.

GARDE-VENTE. — Agent que tout adjudicataire de bois et forêts est tenu d'avoir, aux termes de l'art. 31 du Code forestier. Il doit être *agréé* par l'agent forestier local, et *assermenté* devant le Juge de Paix.

Cet agent constate les délits commis tant dans la vente qu'à l'*ouïe de la cognée*, c'est-à-dire dans l'espace de 250 mètres, à partir des limites de la coupe. Ses procès-verbaux sont soumis aux mêmes formalités que ceux des gardes forestiers, et font foi jusqu'à preuve du contraire. — Il inscrit jour par jour, sur un registre timbré, coté et paraphé par les Sous-Inspecteurs de l'Administration forestière, les bois débités, le nom des acheteurs et leur demeure. Il veille à ce que les ouvriers exploitants se soumettent aux prescriptions des lois et règlements en matière forestière.

GRATUIT. (TITRE) — Celui par lequel on acquiert une chose sans rien donner en échange. Il est opposé à titre *onéreux*.

GRATUITÉ. — La gratuité de l'*enseignement primaire public* a été établie par la loi du 16 juin 1881.

GENDARMERIE.—(Déc. 1er mars 1854, 24 juillet 1875.)

Force instituée pour veiller à la sûreté publique, et pour assurer le maintien de l'ordre et l'exécution des lois. Elle est particulièrement destinée à la sûreté des campagnes et des voies de communication.

1. — En raison de la nature mixte de son service, la gendarmerie se trouve placée dans les attributions des Ministres de la Guerre, de l'Intérieur et de la Justice.

2. — Les Officiers de gendarmerie de tout grade sont *Officiers de police judiciaire*. Ils sont considérés comme auxiliaires du Procureur de la République dans l'arrondissement où ils exercent habituellement leurs fonctions.

Ils n'ont pas qualité pour recevoir les plaintes relatives aux simples contraventions, et doivent renvoyer les plaignants devant le Commissaire de police, ou, à défaut, devant le

Maire ou l'Adjoint, qui sont les officiers de police chargés de recevoir les plaintes de cette nature.

Lorsque les infractions sont punissables de peines correctionnelles, afflictives ou infamantes, ils peuvent recevoir les plaintes qui leur sont faites pour les transmettre sans délai au Procureur de la République. Leur compétence ne s'étend pas au delà : ils ne peuvent faire aucune instruction préliminaire que dans le cas de *flagrant délit* (voy. ces mots), ou lorsque, s'agissant d'un crime ou d'un délit, même non flagrant, commis dans l'intérieur d'une maison, le chef de cette maison les requiert de le constater.

3. — La maison de chaque citoyen est un asile où la gendarmerie *ne peut pénétrer* sans se rendre coupable d'abus de pouvoir, *sauf* les 2 *cas* ci-après déterminés :

1° *Pendant le jour*, elle peut y entrer pour un motif formellement exprimé par une loi, ou en vertu d'un mandat spécial de perquisition décerné par l'autorité compétente ;

2° *Pendant la nuit*, elle peut y pénétrer dans les cas d'incendie, d'inondation, ou de réclamation venant de l'intérieur de la maison.

— En ce qui touche la *police rurale*, les fonctions des gendarmes sont les mêmes que celles des gardes champêtres : leurs procès-verbaux font foi jusqu'à preuve contraire.

4. — Ils sont chargés, en outre, de constater les infractions aux lois sur le *colportage*, les *douanes* et les *contributions indirectes*, la *poste aux lettres*, la *police du roulage*, la *chasse*, la *pêche fluviale*, et les contraventions de *grande* et de *petite voirie*.

5. — La *gendarmerie départementale* se compose de *Légions* formées chacune de plusieurs Compagnies.

GENDRE. — Mari de la fille d'une personne. — Voy. BEAU-FILS — BELLE-FILLE.

GENS. (DROIT DES) — Voy. DROIT DES GENS.

GERMAIN. — Du latin *germanus*, dérivé de *germen*, souche. — Se dit des frères et sœurs nés du même père et de la même mère, par opposition aux *consanguins* et aux *utérins*. — Voy. FRÈRE.

— Les enfants de deux frères ou de deux sœurs s'appellent *cousins germains;* ceux qui naissent de deux cousins germains sont dits *cousins issus de germains*.

GESTION D'AFFAIRES. — (Cod. civ. art. 1372-1375.)

C'est le fait volontaire d'une personne qui, sans avoir reçu mandat à cet effet, agit, stipule ou promet pour un tiers.

1. — La loi s'est montrée plus rigoureuse à l'égard du gérant d'affaires qu'à l'égard du mandataire, afin que le premier venu ne s'immisce pas légèrement dans les affaires d'une personne absente.

Ainsi, le mandataire qui a fait ce qu'on lui a mandé de faire a droit au remboursement de ses dépenses, alors même qu'elles n'ont procuré aucun profit au mandant. (Cod. civ. art. 1999.) Le gérant d'affaires, au contraire, n'a droit qu'au remboursement des dépenses qui ont été *utilement* faites. — Tandis que le mandataire, en cas de mort du mandant, n'est tenu de continuer l'affaire qu'autant qu'il y a péril en la demeure (Cod. civ. art. 1991), le gérant d'affaires doit, dans la même hypothèse, continuer l'affaire dont il s'est volontairement chargé, jusqu'à ce que les héritiers puissent en prendre la direction.

Les circonstances qui ont conduit le gérant à se charger de l'affaire sont prises en considération par les juges pour la fixation des *dommages-intérêts* auxquels peut donner lieu sa faute ou sa négligence. Il est évident qu'on doit être plus indulgent si l'amitié seule et le péril qu'il y aurait eu dans le retard ont porté le gérant à entreprendre l'affaire.

2. — Celui dont l'affaire a été utilement gérée est soumis à toutes les obligations qui résulteraient d'un contrat de mandat.

GOÉMON. — Voy. VARECH.

GOUVERNEMENT. — Du latin

gubernare, conduire un vaisseau. — C'est l'Autorité chargée, dans l'intérêt de tous, de veiller à l'exécution des lois et de faire respecter le droit, la justice, la liberté; en d'autres termes, d'assurer à chacun la *sécurité* : sécurité contre les invasions de l'étranger, sécurité contre les ennemis du dedans. Telle est la mission essentielle du Gouvernement ou de l'Etat, qui, suivant une heureuse expression de Rossi, n'est, pour ainsi dire, que le *Conseil d'administration de la Société*.

— On connait cette spirituelle boutade d'un humoriste anglais :

« En France, quand il pleut trop longtemps, on s'en prend au Gouvernement; lorsqu'il a été trop longtemps sans pleuvoir, on s'en prend encore au Gouvernement. » Jamais peuple ne fut à la fois plus ingouvernable et plus avide d'être gouverné que le peuple français; il attend sa direction de l'Etat; il est prêt à tout lui demander, et c'est ainsi que, la paresse et la routine aidant, l'Etat est sorti des limites de ses attributions légitimes. Cette absorption de l'individu par l'Etat présente les plus sérieux inconvénients.

« Lorsque le Gouvernement intervient dans ce qui peut être laissé à l'initiative de l'individu, il empiète sur la responsabilité des citoyens; il dénie à ceux-ci la capacité de juger eux-mêmes de l'étendue et de la nature de leurs besoins, en leur ôtant le choix des moyens de les satisfaire, et il prend sur lui une responsabilité correspondante à toute la somme de libertés individuelles qu'il anéantit; cette responsabilité, devenue énorme pour tous les Gouvernements interventionistes, est aujourd'hui une des causes principales de leur instabilité et des fréquentes révolutions qu'ils subissent. Il en résulte aussi que ces Gouvernements, pour se prémunir contre ces dangers, s'entourent d'appareils et de mesures de sûreté, les uns très coûteux, les autres très-oppressifs, pour les nations ainsi gouvernées. » (Bachelet et Dezobry, *Dictionnaire des Lettres, Beaux-Arts et des Sciences morales et politiques*, art. GOUVERNEMENT.)

— « Le départ entre les fonctions rationnelles de l'Autorité et les fonctions qu'elle s'attribue d'une manière anormale est une question de politique, mais de politique éclairée par l'analyse économique. Au fur et à mesure que les notions d'économie politique pénétreront plus avant dans la couche des intelligences, cette détermination se fera d'une manière de plus en plus précise; Peuples et Gouvernements abandonneront tous les jours davantage les errements réglementaires, interventionnistes et communistes, pour limiter l'Autorité publique — dans la fonction qui est son essence même, dans la production de la *sécurité* intérieure et extérieure, premier besoin des Sociétés, — dans le maintien de la *justice* et de l'*égalité* devant la loi, et dans la garantie de la *propriété* et de la *liberté* individuelle de Religion, de Pensée, de Travail, de Commerce, d'Association, etc. »

Tels sont les principes que proclame l'Economie politique. « Ils sont combattus naturellement par les écoles socialistes qui veulent absorber toutes les activités dans l'action gouvernementale, transformer toutes les industries en fonctions publiques, et supprimer l'action individuelle et la liberté. Ils sont encore actuellement combattus par les théoriciens de la centralisation, de la bureaucratie, ou du despotisme, qui veulent tout régler, tout administrer, tout décider, tout faire sans contrôle. » (Garnier, *Eléments de Finances*, etc., p. 11 et 12.)

— L'illustre auteur de la *Démocratie en Amérique*, M. de Tocqueville, a admirablement caractérisé d'un seul mot la centralisation administrative : « *Elle excelle à empêcher, non à faire.* » Les peuples qui s'y soumettent ont « de la tranquillité sans bonheur, de la stabilité sans force, de l'ordre matériel sans moralité publique. » (Tom. Ier, p. 151.) C'est qu'en effet la machine la plus ingénieuse ne peut remplacer les forces de l'organisme vivant qu'elle simule; il y a dans l'activité spontanée un fonds inépuisable de progrès, et c'est bien moins la concentration des pouvoirs que la virilité des particuliers et l'énergie des caractères qui font les grandes nations. — Voy. ADMINISTRATION; — CONSTITUTION; — ETAT; — SÉPARATION DES POUVOIRS.

GRACE. — Remise faite à un condamné de la peine prononcée contre lui par la Justice.

Elle diffère de l'*amnistie* en ce qu'elle a seulement pour objet de remettre ou de modérer la peine, tandis que l'effet de l'amnistie est de couvrir du voile de l'oubli les faits auxquels elle s'applique. — Voy. AMNISTIE.

1. — Le pouvoir de faire grâce appartient au Président de la République. (Loi 25 février 1875, art. 3.)

2. — Des grâces *collectives* sont accordées, à certaines époques, aux condamnés que leur repentir et leur bonne conduite rendent dignes de quelque indulgence.

A *toute époque*, un recours en grâce peut être *individuellement* adressé au Président de la République, qui statue sur la proposition du Ministre de la Justice, et après avis du Procureur général de la Cour dans le ressort de laquelle la condamnation a été prononcée. Mais il est de règle que, pour obtenir sa grâce ou une commutation de peine, le condamné doit avoir subi la moitié de celle qu'il a encourue.

GRAMME. — Unité de pesanteur, représentant le poids d'un *centimètre cube* d'eau distillée. — Voy. POIDS ET MESURES.

— Le *prix* du transport des *lettres*, *paquets*, etc., par la poste, varie suivant le nombre des grammes. — Voy. POSTES.

GRAND PRÉVOT. — Titre que prend le commandant supérieur de la gendarmerie, lorsqu'une armée est mobilisée. Il exerce sa juridiction sur toute l'armée. (Déc. 24 juillet 1875.)

GRAPILLAGE. — (Loi 28 septembre 1791, art. 21; Cod. pén. art. 471, § 10; 473, 474.)

Enlèvement des grappes de raisins laissées par les vendangeurs. — Il est *interdit* dans tout *enclos rural.*

1. — Sont passibles d'une *amende* de 1 fr. à 5 fr. inclusivement ceux qui, sans autre circonstance, ont grapillé dans les vignes non encore entièrement dépouillées et vidées de leurs récoltes, ou avant le moment du lever ou après celui du coucher du soleil.

2. — La peine de *l'emprisonnement* pendant trois jours au plus peut, en outre, être prononcée *selon les circonstances.* Elle est toujours applicable en cas de *récidive.*

GREFFIER. — Du grec *grapheus*, écrivain. — Officier public institué près les Cours et les Tribunaux pour écrire les arrêts ou jugements, en garder minute et en délivrer expédition.

Les greffiers sont *nommés* par le Président de la République, sur la proposition du Ministre de la Justice. Leur charge est *vénale.* — Voy. OFFICIER MINISTÉRIEL.

Dans les localités où il n'y a pas de *Commissaire-priseur*, les greffiers de justice de paix peuvent procéder aux ventes publiques de meubles.

GRÈVE. — Suspension de travail par suite de *coalition.* (Voy. ce mot.) C'est en plein air, sur les quais, aux environs de l'hôtel de ville et dans le quartier que l'on nomme *la Grève*, qu'à Paris les ouvriers en bâtiment ont l'habitude de se réunir pour se renseigner mutuellement sur les travaux en cours d'exécution et se faire embaucher par les entrepreneurs. De là probablement viennent les expressions : être *en grève*, *tenir grève*, *etc.*, les ouvriers se trouvant plus nombreux lorsque les travaux sont interrompus.

—Les coalitions ne constituant plus aujourd'hui un délit que lorsqu'elles sont accompagnées de violences, de voies de fait, de menaces, de manœuvres frauduleuses, les ouvriers qui se mettent en grève sont à l'abri de toute poursuite; mais, avant de recourir à ce moyen extrême, ils doivent sérieusement réfléchir. Les grèves leur coûtent toujours cher, et c'est sur eux que retombent le plus cruellement les frais de la guerre. — A cette occasion, nous empruntons au remarquable rapport de M. Emile Ollivier quelques renseignements pleins d'intérêt sur les célèbres grèves dont l'Angleterre a été témoin, à Preston en 1853, et à Colne en 1860. Il est impossible de lire ces détails sans une vive émotion, comme aussi de ne pas applaudir aux réflexions élevées dont l'éloquent Député les faisait suivre :

« Les ouvriers de Preston se coalisèrent afin d'obtenir dans toutes les manufactures une augmentation de 10 p. 100; trente-deux patrons, quoique trouvant les prétentions des ouvriers excessives, y accédèrent; quatre seulement résistèrent. Pour les vaincre, les ouvriers eurent recours à des moyens de pression tels que les manufacturiers qui avaient cédé comprirent que la cause de leurs quatre confrères devenait la leur : ils retirèrent leurs concessions et, opposant à la coalition partielle des ouvriers une coalition générale, ils fermèrent leurs ateliers; 25 000 individus se trouvèrent sans travail. De ce jour commença entre les patrons et les ouvriers une lutte qui dura six mois. L'Angleterre entière y prit part; les ouvriers de toutes les villes vinrent en aide aux ouvriers, les manufacturiers de tous les districts secoururent les industriels. De part et d'autre on fit des efforts gigantesques. Les ouvriers surtout furent prodigieux d'activité et de résignation. Guidés par un chef intelligent, Georges Cowel, un des plus parfaits orateurs populaires qu'il y ait eu, ils employèrent toutes les ressources des luttes légales, les *meetings* succédaient aux *meetings*; les délégués ardents circulaient dans le pays entier : on les voyait partout, dans les voitures publiques, à la porte des ateliers ou des boutiques, dans les foires, dans les réunions, la main tendue, les récits enflammés à la bouche. Sur les murs des villes, les affiches les plus émouvantes arrêtaient les indifférents. « Un mois s'est écoulé, » disait l'une d'elles, « depuis que 30 000 ouvriers sont sans ouvrage et réduits à vivre de la charité publique. Depuis ce temps, les pleurs versés par la veuve aux pieds de l'oppresseur ont été recueillis dans le vase de la justice de Dieu. Les cris de l'orphelin affamé sont montés aussi haut que ceux des Juifs esclaves en Egypte. Pour ces veuves, pour ces orphelins nous implorons votre pitié. » La poésie venait en aide à l'éloquence, et les larmes coulaient de tous les yeux lorsqu'on chantait la complainte de la mère qui a perdu sa fille : « Venez et consolez-moi dans ma douleur. Je reste à gémir seule sur cette terre. Mon enfant chérie m'est ravie, et je dois maintenant pleurer à jamais. Elle était pour moi tout ce que je pouvais souhaiter. Si elle m'avait été conservée, j'aurais été contente. Mais, hélas! elle est morte martyre de la cause du *dix pour cent.* » — Tout fut inutile. Quand ils travaillaient, les ouvriers touchaient par semaine 12 000 à 13 000 livres sterl.; les cotisations, les quêtes, les secours extérieurs ne dépassèrent jamais 4 000 livres par semaine. Les épargnes s'épuisèrent; il fallut vendre les vêtements, les meubles; la faim arriva avec son hideux cortège. Alors commença le découragement, la défiance; les chefs furent d'abord moins obéis, puis ce fut contre eux et non contre les patrons que la poésie populaire dirigea ses traits : « Cowel n'a pas la pensée de reprendre jamais son travail soit avec le fuseau ou la navette, soit avec la pioche ou la bêche. Il appartient aujourd'hui à une bande d'hommes qui savent bien que la meilleure besogne est celle de l'orateur. Cowel a une langue dangereuse, il nous a dit que nous aurions de plus beaux salaires; mais Cowel nous a longtemps trompés, car cette lutte sans espérance ne finit pas, nous mourons de faim; mais qu'importe à nos délégués? Réunis autour d'une table bien garnie, chaque jour ils deviennent plus gras et nous devenons plus maigres. » — Enfin un jour parut sur les murs de la ville une affiche, signée par les directeurs de la coalition, qui disait : « Nous engageons les ouvriers à reprendre leur travail jusqu'à une occasion plus opportune. » Seulement les patrons avaient perdu approximativement 165000 livres sterl. (4125000 fr.), et les ouvriers certainement 250000 liv. (6260000 fr.). Et quelques jours après, on lisait les lignes suivantes dans un journal de Preston : « Les résultats de la terrible catastrophe que nous venons de traverser dépassent les plus sinistres prévisions. Nos rues sont encombrées de malheureux qui demandent vainement du travail ; leur place est prise par des ouvriers étrangers, ou de nouvelles machines suppléent au défaut de bras. D'ici à longtemps, ils sont condamnés à rester sans occupation. Des milliers de familles ont enduré les plus sévères privations; elles ont contracté des dettes qu'une génération ne parviendra pas à éteindre, et quelque déplorable que soit l'état présent de notre ville, nous sommes convaincus que nous n'en sommes pas aux dernières conséquences de ce mouvement insensé. »

— « La grève de Colne a eu lieu en 1860. Les exigences des ouvriers étaient : une élévation de salaire, l'établissement d'un tarif uniforme sans aucun allégement en raison de l'excédent de dépense imposée à certains patrons par les désavantages de la localité ou du matériel employé, enfin le droit reconnu aux officiers de l'union ouvrière d'intervenir dans les débats entre maîtres et ouvriers. Les maîtres refusèrent. Le 7 juin, 4000 métiers furent arrêtés et 1500 ouvriers se trouvèrent sans travail. La lutte dura pendant cinquante semaines ! après quoi les ouvriers vaincus durent se soumettre et subir, à la suite des misères de tous genres, les conditions qu'au début ils avaient rejetées avec mépris. Les pertes que cette grève leur avait occasionnées étaient telles, qu'en supposant l'augmentation de salaire obtenue, ce n'est qu'au bout de vingt-huit ans qu'ils eussent retrouvé la position dont ils jouissaient avant la grève.

— » Osons le dire, la certitude des rudes épreuves réservées à ceux qui entreront dans des grèves est un des motifs principaux en faveur de la liberté des coalitions. L'idéal serait de permettre celles qui sont justes, d'interdire celles qui ne le sont pas. Malheureusement, il n'existe aucun moyen de distinguer les unes des autres ; il faut les permettre toutes ou les défendre toutes. Les défendre toutes est contraire aux principes ; les permettre toutes serait contraire à la prudence, si la Société restait sans garantie. La garantie, nous la plaçons dans le mal que se feront à eux-mêmes les imprudents qui abuseront du droit de se coaliser. Loin d'être insuffisante, la peine sera souvent plus sévère qu'il ne serait désirable. Ceux qui appellent la liberté, comme ceux qui la repoussent, oublient trop que les pouvoirs qu'elle confère sont au prix de la plus sérieuse responsabilité. L'esclave devient serf, puis homme libre; il se réjouit, et il a raison, car l'homme qui n'est pas libre, ainsi que l'a dit Homère, a perdu la moitié de son âme : mais, si la vie est désormais plus haute, combien aussi n'est-elle pas plus difficile ! Personne ne le contraint plus, mais personne non plus n'a le devoir légal de l'assister ; il est seul, exposé aux incertitudes du travail, sans refuge, s'il n'a été prévoyant, contre les chômages, les maladies, la vieillesse. La responsabilité a crû en raison de la liberté. De même, cette loi promulguée, les ouvriers pourront organiser des grèves sans crainte d'être poursuivis. Ils auront ainsi un pouvoir nouveau, et dans leur existence de travailleur, avec plus de liberté, il y aura, sinon plus de bien-être matériel, du moins plus de dignité. Cependant, qu'ils hésitent longtemps avant de se servir du droit qu'on leur donne. Qu'ils n'y aient recours qu'à la dernière extrémité, en désespoir de cause, quand toute chance d'arrangement sera définitivement évanouie! Tous ceux qui leur sont dévoués du cœur et non des lèvres les en supplieront : qu'ils ne se précipitent pas en aveugles dans les coalitions, qu'ils ne se confient pas trop aux promesses de la grève. Des dangers les menacent désormais dont ils ne connaissaient pas la gravité. En même temps que leur liberté s'est accrue, se sont accrues aussi les occasions de faillir. Et toute faute, qu'ils y pensent bien, retombera en malheurs, en larmes sur eux, beaucoup plus que sur les patrons qui peuvent attendre, beaucoup plus que sur la Société qui sait se défendre !

» La grève, c'est la guerre avec ses nécessités, avec son caractère destructeur, ses duretés, ses violences, ses emportements, ses colères, avec son accompagnement obligé de deuils, de dévastations. Comme à la guerre, dans les grèves, les innocents sont atteints pour les coupables; les femmes, les enfants, les vieillards supportent les maux qu'ils n'ont point causés. De la grève comme de la guerre il sort quelquefois du bien, mais un bien mêlé d'amertume, qui laisse après lui les longs ressentiments, dont on ose à peine se réjouir; mais un bien tellement semblable au mal, que l'historien a peine à l'en distinguer et que le philosophe n'y parvient pas. Seulement, de même que la guerre ne sera vaincue qu'à force de civilisation et de lumière, la grève aussi ne sera vaincue qu'à force de liberté et d'instruction. L'expérience du passé le prouve, la défendre c'est en allumer le désir, la permettre ce sera en inspirer la terreur. Avec le temps la liberté des coalitions tuera la grève. Quand les ouvriers auront touché de leurs propres mains les limites infranchissables de la volonté humaine; quand ils se seront exercés au maniement des faits, à la connaissance des lois économiques; quand ils auront plusieurs fois encouru pour leurs entreprises injustes les censures de l'opinion publique, toujours disposée à les soutenir tant qu'ils sont désarmés; quand, de leur côté, les patrons avertis des épreuves auxquelles ils sont exposés auront redoublé de bienveillance et de sagesse, les grèves deviendront plus rares, et d'un antagonisme passager naîtra, sinon l'accord sans nuages, du moins l'habitude des discussions loyales et conciliantes. En Angleterre, la liberté des coalitions a conduit au fameux *meeting* de Bolton, dans lequel les ouvriers eux-mêmes ont fortement déduit les raisons pour lesquelles la grève était mauvaise. Si l'on était resté sous l'empire de la loi prohibitive, aurait-on jamais entendu un ouvrier tenir à ses camarades des discours tels que ceux de MM. John Brewer et Samuel Hill : « Quant à la condition de l'ouvrier, il reste encore beaucoup à faire pour l'élever à son niveau naturel; mais l'ouvrier en a les moyens dans ses propres mains, et s'il néglige de les employer, il n'en doit accuser que lui-même. De tous les maux qui affligent les classes laborieuses, l'ignorance est décidément le plus grand. L'ignorance les expose à être trompées et ne leur permet pas de se former une opinion exacte sur les choses qui intéressent le plus leur bien-être. (*Applaudissements.*) Ce n'est point des manufacturiers que dépend le taux des salaires. Dans les époques de dépression, *les maîtres ne sont pour ainsi dire que le fouet dont s'arme la nécessité, et qu'ils le veuillent ou non, il faut qu'ils frappent.* Le principe régulateur est le rapport de l'offre avec la demande, et les maîtres n'ont pas ce pouvoir. — ***Quant aux coalitions et aux grèves, il faut bien se garder de les encourager; elles ne produisent que du mal.*** Supposez 500 fileurs, promenant leur oisiveté dans les rues; ils ne seront pas les seuls à souffrir, eux et leurs familles; car ils mettront dans la même position 5000 ouvriers de la manufacture, qui n'avaient rien à démêler avec cette querelle, et la communauté industrielle tout entière s'en ressentira plus ou moins. *Evitons donc les coalitions à l'avenir.* »

GROSSE. — Terme de notariat. C'est la copie d'un acte authentique, revêtue de la forme exécutoire. Elle est appelée *grosse*, parce qu'ordinairement elle est d'une écriture large et grosse.

GROSSE AVENTURE. — Voy. CONTRAT A LA GROSSE.

GUERRE. — « Le Président de la République ne peut déclarer la guerre sans *l'assentiment préalable des Chambres.* » (Loi 2 août 1875, art. 9.)

Plus que jamais nous tenons à reproduire les considérations philosophiques et économiques que nous avions cru devoir placer, dans notre 1re édition, sur la guerre : Quel que soit le point de vue auquel on se place comme chrétien, comme philosophe, comme économiste, comme moraliste, il est impossible de ne pas se prononcer contre la guerre, qui cependant a, de nos jours encore, ses apologistes. Sans doute, lorsqu'il s'agit de défendre ou de recouvrer l'indépendance de son pays, la guerre est noble et sacrée; « mais ces généreux enthousiasmes de la guerre sainte, de la guerre inévitable, on les étend malheureusement trop souvent à la guerre en général et aux exploits de la guerre. Ce n'est plus seulement la lutte pour la liberté, c'est la lutte quelle qu'elle soit : ce n'est plus seulement la guerre de la légitime défense, c'est la guerre agressive, la guerre d'expansion, la guerre de conquête, *la guerre pour la guerre*, qu'on entoure de cette admiration sonore que nous connaissons tous ; car tous, plus ou moins, nous en avons été bercés. » (Frédéric Passy, *Conférence sur la guerre et sur la paix*, 21 mai 1867.)

Or, quand on songe à ce que coûte la guerre et à ce qu'elle rapporte, à ce qu'elle coûte de toutes façons : en argent, en hommes, en dignité, en liberté, en bien-être, on la maudit de toute l'énergie de son âme, et on se prend d'une passion d'autant plus vive pour la paix. Comme l'a dit, aux applaudissements de tous ses collègues, un honorable magistrat, M. Renouard, président de la société des Economistes, « *la guerre gaspille le passé, ruine le présent, grève et retarde l'avenir.* » Ce sont là des crimes qui, aux yeux de tout esprit sensé, ne se pardonnent pas.

GUERRE. (CONSEILS DE). — Voy. CONSEILS DE GUERRE.

GUET-APENS. — (Cod. pén. art. 296, 298, 302, 310, 312.)

Il consiste à attendre plus ou moins de temps, dans un ou divers lieux, un individu, soit pour lui donner la mort, soit pour exercer sur lui des actes de violence.

— Le guet-apens est une *circonstance aggravante* du *meurtre* et des *coups* et *blessures*.

GUILLOTINE. — Machine servant à trancher la tête des condamnés à mort.

En 1789, un membre de l'Assemblée Constituante, le docteur Guillotin, proposa de substituer aux supplices usités la décapitation comme procurant une mort plus prompte et moins cruelle, et il indiqua une machine connue depuis longtemps à l'étranger. Le secrétaire de l'Académie de chirurgie, Antoine Louis, et un mécanicien nommé Schmidt, perfectionnèrent cette machine à laquelle des plaisants donnèrent le nom de *guillotine*, qui lui est resté.

Il en fut fait usage pour la première fois, le 25 avril 1792. — Guillotin ne tarda pas à maudire une invention qu'il n'avait signalée que par amour de l'humanité. — Né à Saintes, en 1738, il est mort en 1814.

H

HABITATION. — (Cod. civ. art. 625-635.)

1. — C'est le droit de demeurer pendant sa vie, ou pendant le temps déterminé par le titre constitutif, dans la maison d'autrui.

Ce droit *se restreint* à ce qui est nécessaire pour l'habitation de celui à qui il est concédé et de sa famille.

Il ne peut être *ni cédé, ni loué.*

2. — La *veuve*, soit qu'elle accepte la communauté, soit qu'elle y renonce, ne doit *aucun loyer* à raison de l'habitation qu'elle a pu faire, pendant les 3 *mois et* 40 *jours* qui lui sont accordés pour faire inventaire et délibérer, dans une maison dépendant de la communauté ou appartenant aux héritiers du mari; et si la maison qu'habitaient les époux à l'époque de la dissolution de la communauté était tenue par eux à titre de loyer, la femme ne contribue point, pendant les mêmes délais, au payement dudit loyer, lequel est pris sur la masse commune. (Cod. civ. art. 1465.)

3. — La femme mariée sous le *régime dotal*, qui devient veuve, a droit, pendant *une année*, à l'habitation, aux dépens de la succession de son mari. (Cod. civ. art. 1570.) — Il est difficile d'expliquer pourquoi la femme commune est moins bien traitée à cet égard que la femme mariée sous le régime dotal.

HAIE. — Clôture naturelle ou artificielle des jardins, des champs, des vignes, etc.

1. — Toute haie qui sépare des héritages est réputée *mitoyenne*, à moins qu'il n'y ait qu'un seul des héritages en état de clôture, ou s'il n'y a titre ou possession suffisante au contraire. (Cod. civ. art. 670.)

2. — Les *haies vives* ne peuvent être *plantées* à une *distance* moindre d'un *demi-mètre* de la ligne séparative des deux héritages. — Le voisin a le droit d'exiger que les haies plantées à une moindre distance soient arrachées. (Cod. civ. art. 671, 672.)

3. — Les *arbres* qui se trouvent dans la *haie mitoyenne* sont mitoyens comme la haie ; et chacun des deux propriétaires a droit de requérir qu'ils soient abattus. (Cod. civ. art. 673.)

4. — C'est le *Juge de Paix de la situation* qui est compétent pour connaître des *usurpations* de haies. (Cod. proc. civ. art. 3, n° 2.)

5. — Quiconque *coupe* ou *arrache* en tout ou en partie des haies vives ou sèches est passible d'un *emprisonnement* d'un mois à un an, et d'une *amende* égale au quart des restitutions et des dommages-intérêts, sans qu'elle puisse être inférieure à 50 fr. (Cod. pén. art. 456.)

HALAGE. — Voy. CHEMINS DE HALAGE.

HALLES. — Emplacements couverts affectés, dans les villes, à la vente des denrées alimentaires. — Voy. FOIRES, HALLES ET MARCHÉS.

HAUTE POLICE. — Voy. SURVEILLANCE DE LA HAUTE POLICE.

HECTARE. — Mesure agraire de *superficie*, représentant 100 ares ou 10 000 mètres carrés. — Voy. POIDS ET MESURES.

HECTOGRAMME. — Poids d'un décilitre d'eau pure à son maximum de densité. Il représente 100 grammes ou 10 décigrammes. — Voy. POIDS ET MESURES.

HECTOLITRE. — Mesure de *capacité* pour les liquides ou les matières sèches, équivalant à 100 litres ou à 10 décalitres. — Voy. POIDS ET MESURES.

HECTOMÈTRE. — Mesure de *longueur*, équivalant à 100 mètres ou à 10 décamètres. — Voy. POIDS ET MESURES.

HERBORISTE. — Individu dont la profession est de vendre toutes sortes d'*herbes* pour les boissons médicinales.

1. — Nul ne peut exercer cette profession sans avoir obtenu un *diplôme*. Les femmes sont admises à se faire recevoir herboristes.

2.—Il existe *deux diplômes* d'herboriste : celui de *première classe* valable *dans toute la France ;* celui de *deuxième classe*, valable *seulement dans le département* pour lequel le candidat a été reçu.

— L'*examen* pour le diplôme d'*herboriste de première classe* n'est subi que devant les *Ecoles supérieures de pharmacie* et les *Facultés mixtes de médecine et de pharmacie*. — Aucune condition d'âge n'est exigée ; mais les aspirants doivent subir un examen préparatoire sur la lecture, l'orthographe, l'arithmétique, le système métrique. L'examen définitif porte sur la connaissance des plantes médicinales, les précautions nécessaires pour leur récolte, leur dessiccation et leur préparation, et des notions élémentaires sur le caractère de ces plantes. — Les *droits* à acquitter sont de 100 fr.

— L'*examen* pour le diplôme d'*herboriste de deuxième classe* peut être subi devant l'*Ecole supérieure de Pharmacie*, l'Ecole de plein exercice ou l'*Ecole préparatoire de Médecine et de Pharmacie* dans la circonscription de laquelle le candidat se propose d'exercer. — Aucune condition d'études n'est exigée pour l'admission à cet examen auquel on ne peut se présenter avant l'âge de 21 ans révolus et qui porte sur la connaissance des plantes médicinales, les précautions nécessaires pour leur récolte, leur dessiccation et leur préparation. — Les *droits* à acquitter sont de 100 fr. à *Paris*, et de 80 fr. dans les *départements*.

HÉRITIER. — Celui qui représente une personne défunte, qui succède à ses droits et à ses obligations.

1. — Les héritiers sont *légitimes* ou *testamentaires*, selon qu'ils sont appelés à la succession par la *loi*, à défaut de testament, ou par la *volonté du défunt*. — Les *héritiers légitimes*, ou appelés par la loi, se distinguent, à leur tour, en *héritiers légitimes proprement dits* et *héritiers irréguliers*. Les héritiers proprement dits sont ceux qui étaient unis au défunt par un lien de parenté légitime ; les héritiers irréguliers sont ceux qui étaient unis par un lien de parenté naturelle avec le défunt, ou qui n'étaient liés avec lui par aucun lien de parenté : tels sont les *parents naturels*, le *conjoint survivant*, et l'*Etat*. — Ils sont désignés par le Code civil sous le nom de *successeurs aux biens*. Selon la loi, les héritiers *légitimes* ont seuls la qualification d'*héritiers*, et, lorsqu'ils sont appelés par un testament, ils prennent la dénomination de *légataires ;* — Voy. SAISINE ; — SUCCESSIONS ; — TESTAMENT.

HOIRIE. — Vieux mot français qui veut dire *succession*, *héritage*.

HOMICIDE. — (Cod. pén. art. 295-304 ; art. 319, 321-324 ; 326-329.)

Du latin *homo*, homme ; *cædere*, abattre, tuer.

1. — L'homicide commis avec *préméditation* ou *guet-apens* est qualifié *assassinat ;* il est qualifié *meurtre* lorsqu'il résulte de coups donnés *volontairement*, mais *sans préméditation*. — Voy. ASSASSINAT ; — MEURTRE.

2. — L'homicide n'est pas punissable en cas de *légitime défense* (voy. ces mots).

Il est *excusable* s'il a eu lieu à la suite d'une *provocation* par des coups ou violences graves, et la peine est réduite à un emprisonnement de 1 an à 5 ans.

3. — L'homicide causé par *maladresse*, *imprudence*, *négligence* ou *inobservation des règlements*, est puni d'un *emprisonnement* de 3 mois à 2 ans, et d'une *amende* de 50 fr. à 600 fr.

HOMOLOGATION. — Du grec

homologuéin, approuver, consentir. — Signifie *confirmation* par autorité de Justice.

1. — Doivent être *homologuées* les délibérations du Conseil de famille relatives : — aux emprunts, aliénations, hypothèques, transactions, à contracter, faire, constituer ou consentir pour le mineur (Cod. civ. art. 457, 458, 467) ; — à l'exclusion ou à la destitution du tuteur, si ce dernier n'y adhère pas. (Cod. civ. art. 447, 448.) — Voy. TUTELLE, III.

Les formes de l'homologation des avis des Conseils de famille sont réglées par le Code de procédure civile (art. 885 et suiv.).

2. — L'*acte de notoriété* qui, dans le cas prévu par l'article 70 du Code civil, peut remplacer l'acte de naissance en vue du futur mariage, doit être présenté à l'homologation du tribunal de l'arrondissement où le mariage sera célébré. (Cod. civ. art. 27.) — Voy. ACTE DE NOTORIÉTÉ.

3. — Le *concordat* accordé au failli par ses créanciers doit être homologué par le tribunal de commerce (Cod. com. art. 513 et suiv.). — Voy. FAILLITE, VI.

HOSPICES — HOPITAUX. — Du latin *hospitium, hospitalitas*, secours, hospitalité. — On désigne ainsi les divers établissements de bienfaisance publique dans lesquels sont reçus, pour y être traités ou entretenus, les malades indigents, les vieillards, les infirmes incurables, les orphelins, etc. Mais on appelle plus particulièrement *hôpitaux* les établissements consacrés au soin des malades indigents, et *hospices* ceux qui reçoivent et entretiennent les vieillards invalides et indigents, les orphelins pauvres, les enfants trouvés, les aliénés.

1. — Aux termes de la loi du 5 août 1879, l'*administration* des hospices et hôpitaux est confiée, dans les départements, à des *Commissions composées* du Maire de la Commune et de 6 membres renouvelables. 2 de ces membres sont *élus* par le Conseil municipal ; les 4 autres sont *nommés* par le Préfet. La *présidence* appartient au Maire ; il a voix prépondérante en cas de partage. En cas d'absence du Maire, la présidence appartient au plus âgé des membres présents, et, à défaut d'ancienneté, au plus âgé.

Les fonctions des Commissions administratives sont *gratuites* et durent *quatre ans*.

Chaque année, les membres renouvelables des Commissions administratives *se renouvellent* par *quart*. Les membres sortants sont *rééligibles*.

— Les Commissions administratives peuvent être *dissoutes* par le Ministre de l'intérieur, sur la proposition ou l'avis du Préfet. Les membres de ces Commissions peuvent être individuellement *révoqués* dans la même forme.

— Le nombre des membres des Commissions administratives peut, en raison de l'importance des établissements ou des circonstances locales, être porté à plus de 5, par des décrets spéciaux rendus sur l'avis du Conseil d'Etat. (Décret 23 mars 1852.)

2. — La Commission administrative *règle* par ses délibérations les objets suivants :

Le mode d'administration des biens et revenus des établissements hospitaliers ;

Les conditions des baux et fermes de ces biens, lorsque leur durée n'excède pas 18 ans pour les biens ruraux et 9 pour les autres ;

Le mode et les conditions des marchés pour fournitures et entretien dont la durée n'excède pas une année ; les travaux de toute nature dont la dépense ne dépasse pas 3000 fr.

Toute délibération sur l'un de ces objets est exécutoire, si, 30 jours après la notification officielle, le Préfet ne l'a pas annulée, soit d'office pour violation de la loi ou d'un règlement d'administration publique, soit sur la réclamation de toute partie intéressée.

La Commission arrête également,

mais avec l'approbation du Préfet, les règlements du service tant intérieur qu'extérieur et de santé, et les contrats à passer pour le service avec les congrégations hospitalières.

— Elle *délibère* sur les objets suivants :

Les budgets, comptes et, en général, toutes les recettes et dépenses des établissements hospitaliers;

Les acquisitions, échanges, aliénation des propriétés de ces établissements, leur affectation au service, et, en général, tout ce qui intéresse leur conservation et leur amélioration ;

Les projets de travaux pour constructions, grosses réparations et démolitions dont la valeur excède 3000 francs ;

Les conditions ou cahiers des charges des adjudications de travaux et marchés pour fournitures ou entretien dont la durée excède une année ;

Les actions judiciaires et transactions ;

Les placements de fonds et emprunts ;

Les acceptations de dons et legs.

Ces diverses délibérations sont soumises à l'*avis du Conseil municipal*, qui doit être *conforme* quand il s'agit de l'*aliénation* des biens *immeubles* formant la dotation des hospices et hôpitaux.

3. — *A Paris*, le service des hôpitaux et hospices civils est confié à une *Administration générale de l'Assistance publique*, et placée sous l'autorité du Préfet de la Seine et du Ministre de l'Intérieur. — Cette administration a un *Directeur* responsable, et un *Conseil de surveillance* composé ainsi qu'il suit : le Préfet de la Seine, président ; — 2 Membres du Conseil municipal ; — 2 Maires ou Adjoints ; — 2 Administrateurs des Comités d'assistance des arrondissements municipaux ; — 1 Conseiller d'Etat ou 1 Maître des Requêtes au Conseil d'Etat ; — 1 Membre de la Cour de Cassation ; — 1 médecin des hôpitaux et hospices en exercice ; — 1 Chirurgien des hôpitaux et hospices en exercice ; — 1 Professeur de la Faculté de Médecine ; — 1 Membre de la Chambre de commerce ; — 1 Membre d'un des Conseils des Prud'hommes ; — 5 Membres pris en dehors des catégories indiquées ci-dessus.

Nommés par le Président de la République sur la proposition du Ministre de l'Intérieur, les Membres du Conseil, à l'exception des deux Préfets, sont *renouvelés* par tiers tous les ans. Les sortants sont *rééligibles*.

— Le Conseil est *présidé* par le Préfet de la Seine, et, à son défaut, par un Vice-Président choisi par le Conseil dans son sein et élu tous les ans. — En cas de partage, la voix du Président est *prépondérante*. (Loi 10 janvier 1849 ; arr. 24 avril 1849.)

4. — Lorsqu'un individu privé de ressources tombe malade dans une Commune, *aucune condition de domicile* ne peut être exigée pour son admission dans l'*hôpital* de cette Commune.

Quant à l'admission des indigents dans les *hospices*, elle est subordonnée à certaines *conditions d'âge* et *de domicile* déterminées par un règlement particulier à chaque établissement.

— Les malades et incurables indigents des Communes privées d'établissements hospitaliers peuvent être admis aux hospices et hôpitaux du département désignés par le Conseil général, sur la proposition du Préfet, suivant un prix de journée fixé par ce fonctionnaire, d'accord avec la Commission des hospices et hôpitaux. Les Communes qui veulent profiter du bénéfice de cette disposition supportent la dépense nécessaire pour le traitement de leurs malades et incurables. Toutefois, le département, dans les cas et proportions déterminés par le Conseil général, peut venir en aide aux Communes dont les ressources sont insuffisantes. — Lorsque les revenus d'un hospice ou d'un hôpital le permettent, les Commissions administratives sont autorisées à admettre dans les lits vacants les malades ou incurables des Communes sans exiger le prix de journée dont il a été question ci-dessus.

L'administration des hospices a la faculté d'exercer son *recours*, s'il y a lieu, contre les membres de la famille du malade, du vieillard ou de l'incurable, qui, aux termes des articles 205 et 206 du Code civil, sont tenus de la dette alimentaire. — Voy. MARIAGE, V. — (Loi 7 août 1851.)

5. — En cas de *décès* dans les hôpitaux, les directeurs sont tenus d'en donner avis, dans les vingt-quatre heures, à l'Officier de l'état civil, qui s'y transporte pour s'assurer du décès, et en dresse acte sur les déclarations qui lui sont faites, et sur les renseignements qu'il prend. Il est tenu, en outre, dans lesdits hôpitaux, des registres destinés à inscrire ces déclarations et ces renseignements. — L'Officier de l'état civil envoie l'acte de décès à celui du dernier domicile de la personne décédée qui l'inscrit sur les registres. (Cod. civ. art. 80.)

6. — Les *effets mobiliers* apportés par les malades *décédés* dans les hospices, et qui y ont été traités *gratuitement*, *appartiennent* auxdits *hospices*, à l'exclusion des héritiers, et du domaine en cas de déshérence. Si, au contraire, le traitement et l'entretien des individus décédés dans les hospices a été acquitté de quelque manière que ce soit, leurs héritiers ou légataires peuvent exercer leurs droits sur tous les effets apportés par ces individus dans lesdits hospices, et, à défaut d'héritiers, les mêmes effets appartiennent aux hospices, à l'exclusion du domaine. (Avis Cons. d'Etat, 3 novembre 1809.)

7. — Les *hôpitaux militaires* n'ont pas, comme les hospices civils, le caractère d'établissements publics; ils n'ont ni propriétés, ni personnalité légale. En conséquence, la succession des militaires morts à l'hôpital est soumise au droit commun. L'Etat reprend seulement ce qui lui appartient en objets d'habillement, d'armement, de grand et de petit équipement. (Règl. 20 déc. 1824.)

8. — Les *dispositions* entre vifs ou par testament au *profit des hospices* n'ont leur effet qu'autant qu'elles sont *autorisées* par décret. (Cod. civ. art. 910.)

9. — Sont *punies* comme *réunion de rebelles*, celles qui ont été formées avec ou sans armes par les individus admis dans les hospices. (Cod. pén. art. 219, 2°.) — Voy. RÉBELLION.

10. — Voy. DROIT DES PAUVRES.

HOTELIER. — Individu tenant une maison où on loge et on mange pour de l'argent.

— Les *droits* et les *devoirs* des hôteliers sont les mêmes que ceux des *aubergistes*. — Voy. AUBERGISTE.

HUIS-CLOS. — Signifie *portes fermées*. — Lorsque les débats d'une affaire sont de nature à offrir quelques *dangers* pour les *mœurs* ou l'*ordre public*, les tribunaux peuvent, par exception, ordonner qu'ils auront lieu à *huis-clos*.

HUISSIER. — (Déc. 14 juin 1813.) — Ce mot, dérivé du vieux terme *huis*, porte, désigne particulièrement aujourd'hui les officiers ministériels chargés des significations judiciaires ou extrajudiciaires, de l'exécution forcée des actes publics et du service intérieur des tribunaux.

On en comptait 5461 au 1er janvier 1883.

1. — Les Huissiers sont *nommés* par le Président de la République, sur la présentation du Ministre de la Justice. Leurs attributions sont limitées au territoire de l'arrondissement.

2. — Ils sont *responsables* des conséquences que peuvent avoir les nullités résultant d'une erreur grave de leur part.

3. — Leurs *émoluments* sont fixés par un *tarif* qu'il leur est interdit de dépasser.

4. — Dans les villes où il n'y a pas de *Commissaires-priseurs*, ils ont le droit de procéder aux ventes publiques de meubles, comme les notaires et les greffiers.

5. — Il y a, au chef-lieu judi-

ciaire de chaque arrondissement, une *Chambre de discipline* dont la mission consiste à veiller au maintien de l'ordre et à l'exécution des lois et règlements qui régissent la profession.

HYDROGRAPHIE. — (ÉCOLES D') — Voy. ÉCOLES D'HYDROGRAPHIE.

HYDROMEL. — Du grec *udôr*, eau, et *méli*, miel. — Boisson faite avec de l'eau et du miel fermentés au soleil.

— Elle est soumise aux *droits* perçus sur les boissons. — Voy. BOISSONS.

HYPOTHÈQUE. — (Cod. civ. art. 2114 et suiv.)

Du grec *upotèkè*, gage. — Droit en vertu duquel un créancier peut se faire payer sur le prix des biens immeubles affectés à la sûreté de sa créance, par préférence aux créanciers qui n'ont pas stipulé la même garantie, ou qui ne se sont fait inscrire que postérieurement.

« C'est l'hypothèque qui conserve aux familles le précieux patrimoine des épouses, qui protège la fortune de ceux à qui leur âge ou leur capacité morale ne permet pas de surveiller leurs intérêts, qui soutient ou relève le crédit du particulier, qui favorise le placement des capitaux étrangers au commerce, qui porte le numéraire au secours de l'agriculture et des spéculations civiles, et qui enfin, comme un puissant levier, donne le mouvement aux plus importantes transactions, par cela même qu'elle les environne des plus solides garanties. » (M. Troplong, préface du commentaire des *privilèges* et *hypothèques*.)

I. NATURE ET EFFETS DE L'HYPOTHÈQUE. — 1. — L'hypothèque comprend deux droits : 1° Un *droit de préférence*, c'est-à-dire que le créancier hypothécaire est payé, sur le prix de l'immeuble, avant les autres créanciers ; — 2° Un *droit de suite*, c'est-à-dire que les acquéreurs, même de bonne foi, sont forcés d'abandonner l'immeuble ou d'en subir l'expropriation, s'ils n'aiment mieux payer le montant intégral de la dette.

L'hypothèque est, en outre, *indivisible*, c'est-à-dire que l'immeuble en totalité, ou tous les immeubles hypothéqués sont affectés au payement de la dette entière et de chacune des fractions de la dette, et que chaque portion des biens hypothéqués est affectée au payement de la dette entière et de chacune de ses parties.

2. — Sont seuls *susceptibles d'hypothèque :* 1° Les biens immobiliers qui sont dans le commerce et leurs accessoires réputés immeubles, par exemple, les animaux attachés à la culture, les ustensiles aratoires, etc. ; — 2° L'usufruit des biens immobiliers ; — 3° Les mines exploitées en vertu d'une concession du Gouvernement, car elles constituent une propriété immobilière, distincte de celle de la surface, et susceptible, comme elle, d'être grevée d'hypothèque ; — 4° Les actions de la Banque de France, immobilisées ; — 5° Les actions de la Compagnie des canaux d'Orléans et du Loing, immobilisées.

Bien que meubles, les *navires* ont été déclarés susceptibles d'hypothèque par la loi du 10 décembre 1874. — Voy. NAVIRE, II.

II. DIVERSES SORTES D'HYPOTHÈQUES. — Il y a trois sortes d'hypothèques : l'hypothèque *légale*, l'hypothèque *judiciaire* et l'hypothèque *conventionnelle*.

1. — *Hypothèques légales.* — Les hypothèques légales sont celles qui résultent, sans aucune stipulation ni condamnation judiciaire, de la loi elle-même.

Les droits et créances auxquels l'hypothèque légale est attribuée sont : ceux des *femmes mariées*, sur les biens de leur mari ; — ceux des *mineurs* et *interdits*, sur les biens de leur tuteur ; — ceux de l'*Etat*, des *Communes* et des *Etablissements publics*, sur les biens des Receveurs et Administrateurs comptables ; — ceux des *légataires*, sur les biens de la succession ; — ceux des *créanciers privilégiés* qui n'ont pas fait inscrire leur privilège dans le délai fixé par la loi, et dont le privilège dégénère en simple hypothèque. (Voy. PRIVILÈGE.)

2. — *Hypothèques judiciaires.* — Ce sont celles qui résultent des jugements ou des actes judiciaires : elles ont pour but d'en assurer l'exécution.

Les sentences rendues par des arbitres n'emportent hypothèque qu'après avoir reçu force exécutoire par une ordonnance du Président du tribunal.

L'hypothèque ne peut pareillement résulter des jugements rendus à l'étranger qu'autant qu'ils ont été déclarés exécutoires par un tribunal français.

3. — *Hypothèques conventionnelles.* — Ce sont celles qui sont consenties dans la forme légale, c'est-à-dire devant Notaire, par des personnes capables d'aliéner les immeubles qu'elles y soumettent.

A la différence des hypothèques légales ou judiciaires qui sont *générales*, c'est-à-dire qui frappent les biens présents et à venir du débiteur, les hypothèques conventionnelles sont *spéciales* et ne peuvent frapper que les biens présents, un à un et nominativement, avec l'indication du montant de la créance pour laquelle chacun d'eux est hypothéqué. La spécialité favorise ainsi le crédit des débiteurs et, par suite, le crédit public.

III. DU RANG DES HYPOTHÈQUES ENTRE ELLES. — 1. — Entre les créanciers, l'hypothèque, soit légale, soit judiciaire, soit conventionnelle, n'a de rang que du jour de l'inscription prise par le créancier sur les registres du Conservateur des hypothèques dans l'arrondissement duquel sont situés les biens soumis à l'hypothèque. (Il y a un *bureau de conservation des hypothèques* dans chaque *arrondissement.*)

C'est l'*inscription* qui donne la vie à l'hypothèque : sans elle, les tiers ne pourraient connaître les charges qui pèsent sur les biens des personnes avec lesquelles ils veulent traiter.

2. — Une *exception*, toutefois, à cette règle a été admise, et l'hypothèque existe, indépendamment de toute inscription : 1° Au profit des *mineurs et interdits*, sur les immeubles appartenant à leur tuteur, à raison de sa gestion, du jour de l'acceptation de la tutelle ; — 2° Au profit des *femmes*, pour raison de leur dot et conventions matrimoniales, sur les immeubles de leur mari, et à compter du jour du mariage.

Cette faveur a été accordée aux mineurs, aux interdits et aux femmes mariées, parce qu'étant, les uns sous la dépendance de leurs tuteurs, les autres sous celle de leur mari, il a pu leur être impossible de prendre inscription ; mais il n'y a que ces deux sortes d'hypothèques légales qui soient dispensées de l'inscription (voy. toutefois TRANSCRIPTION, 5) ; celles des Communes, des Etablissements publics, de l'Etat, sur les biens des receveurs et administrateurs comptables, n'en sont point affranchies, non plus que celles des légataires sur les immeubles de la succession ou des créanciers privilégiés devenus simples créanciers hypothécaires pour n'avoir pas rempli les conditions d'où dépendait la conservation de leur privilège. — Voy. PRIVILÈGE.

3. — En résumé, après les hypothèques du mineur, de l'interdit et de la femme mariée, les autres hypothèques se rangent, d'après la *date* de leur inscription. Tous les créanciers inscrits le même jour exercent en concurrence une hypothèque de la même date, sans distinction entre l'inscription du matin et celle du soir, quand même cette différence serait marquée par le Conservateur.

IV. MODE D'INSCRIPTION DES HYPOTHÈQUES. — RENOUVELLEMENT. — 1. — Toute hypothèque *judiciaire* ou *conventionnelle* doit être inscrite au bureau de conservation des hypothèques de l'arrondissement dans lequel se trouvent les biens qui y sont soumis.

Pour opérer l'inscription, le créancier représente au Conservateur, soit par lui-même, soit par un tiers, son titre de créance ou une expédition authentique. Il y joint deux bordereaux écrits sur papier timbré, dont l'un peut être porté sur l'expédition du titre, et qui contiennent toutes les indications nécessaires pour faire connaître exactement le créancier, le débiteur, le titre, le montant de la créance, les biens hypothéqués, etc. L'art. 2148 du Code civil énumère les formalités prescrites en pareil cas.

Après avoir fait mention sur les registres du contenu aux bordereaux, le Conservateur remet au créancier son titre et l'un des bordereaux, au bas duquel il certifie avoir fait l'inscription.

2. — L'inscription prise ne conserve que le *capital*, *deux années d'intérêts* et l'*année courante*. Le législateur n'a pas voulu que l'agglomération des intérêts dus à un premier créancier, qui a négligé d'en exiger le payement, privât de sa créance le créancier postérieur.

3. — Les inscriptions doivent être *renouvelées* tous les *dix ans*, à compter du jour de leur date; sinon elles cessent de produire effet. Sans ce renouvellement, il eût été impossible au Conservateur de se retrouver dans la multitude de registres qu'il lui aurait fallu garder. Si donc un créancier ne renouvelle son inscription qu'après l'expiration du délai de dix ans, son hypothèque n'a plus rang que du jour du renouvellement, et il est primé par les nouveaux créanciers qui, dans l'intervalle, ont pu prendre inscription.

4. — Les *frais* des inscriptions sont à la charge du débiteur, s'il n'y a stipulation contraire; l'avance en est faite par l'inscrivant.

5. — Les registres des Conservateurs des hypothèques sont *publics*. Toute personne peut obtenir copie des actes qui y sont transcrits et des inscriptions qu'ils contiennent, ou un certificat constatant qu'il n'en existe aucune. Les Conservateurs sont responsables des erreurs qu'ils ont pu commettre.

V. Radiation et réduction des inscriptions. — 1. — Les inscriptions sont *rayées* du consentement des parties intéressées, ou en vertu d'un jugement si la mainlevée en est refusée à tort.

La radiation non consentie est demandée au tribunal dans le ressort duquel l'inscription a été faite, à moins que cette inscription n'ait eu lieu pour sûreté d'une condamnation éventuelle ou indéterminée, sur l'exécution ou liquidation de laquelle le débiteur et le créancier prétendu soient en instance auprès d'un autre tribunal : ce serait à ce dernier tribunal qu'il appartiendrait de statuer.

La radiation doit être ordonnée par la Justice, lorsque l'inscription a été faite sans être fondée ni sur la loi, ni sur un titre, ou lorsqu'elle l'a été en vertu d'un titre irrégulier, éteint ou soldé.

2. — Il y a lieu à *réduction*, toutes les fois que les inscriptions ont été prises pour une somme trop considérable, ou sur plus d'immeubles qu'il n'est nécessaire à la sûreté des créances. L'excès, dans cette double hypothèse, est arbitré par les juges d'après les règles tracées par le Code civil (art. 2161-2165).

VI. Extinction des hypothèques. — 1. — Les hypothèques s'éteignent : 1° *Avec les créances* qu'elles garantissaient, et dont elles n'étaient que l'accessoire; — 2° Par la *renonciation du créancier*; — 3° Par l'accomplissement des formalités et conditions prescrites aux tiers détenteurs pour *purger* les biens par eux acquis (Il en sera question ci-après); — 4° Par la *prescription*, qui est un moyen de se libérer d'une action quelconque.

2. — *Purge*. — Il y a deux sortes de *purges* : celle des *hypothèques inscrites* et celle des *hypothèques légales non inscrites*.

La *purge des hypothèques inscrites* consiste dans la faculté pour le tiers acquéreur d'affranchir son immeuble des hypothèques dont il est grevé, en offrant aux créanciers d'acquitter sur-le-champ, jusqu'à concurrence du prix qu'il doit, les dettes hypothécaires, sans distinction entre celles qui sont exigibles et celles qui ne le sont point. Les créanciers hypothécaires, à qui cette offre est faite, ont le droit de faire une surenchère sur le prix de l'immeuble vendu, si ce prix leur paraît inférieur à la valeur de l'immeuble; mais il faut que la surenchère soit du *dixième* du prix et qu'elle soit faite dans le délai de *quarante jours* à partir de la notification de l'acquéreur.

A défaut par les créanciers d'avoir requis la mise aux enchères dans le délai prescrit, la valeur de l'immeuble demeure définitivement fixée au prix stipulé dans le contrat, et le nouveau propriétaire est libéré de toute hypothèque en payant ledit prix aux créanciers inscrits.

En cas de revente aux enchères, si c'est l'acquéreur qui se rend adjudicataire, il a un recours contre son vendeur pour le remboursement de ce qui excède le prix stipulé, et pour l'intérêt de cet excédent, à compter du jour de chaque payement. Si, au contraire, l'acquéreur se trouve dépossédé, l'adjudicataire est tenu de lui restituer les frais et loyaux coûts du contrat, ceux de la transcription sur les registres du Conservateur des hypothèques, ceux de notification, et ceux qu'il a faits pour parvenir à la revente.

3. — La *purge des hypothèques légales non inscrites* s'accomplit de la manière suivante : l'acquéreur dépose au greffe du tribunal civil de l'arrondissement dans lequel les biens sont situés une copie de son contrat de vente, et le greffier lui délivre un certificat du dépôt; il notifie ce certificat tant au subrogé-tuteur des mineurs ou interdits, qui peuvent être sous la tutelle du vendeur, qu'à la femme de ce dernier et au Procureur de la République près le tribunal de l'arrondissement, avec sommation de prendre, dans les *deux mois*, inscription sur l'immeuble aliéné. Si, à l'expiration de ce délai, il n'est pas survenu d'inscription, le Conservateur le constate par un certificat, et l'acquéreur peut se libérer de son prix; l'immeuble vendu passe entre ses mains sans aucune charge, à raison des dot, reprises et conventions matrimoniales de la femme du vendeur, ou de la gestion de ce dernier comme tuteur, sauf le recours, s'il y a lieu, de la femme, des mineurs ou interdits, contre leur mari ou tuteur. Si, au contraire, inscription a été prise dans le délai voulu, l'acquéreur ne peut effectuer aucun payement au préjudice des femmes, mineurs ou interdits, dont la loi fait remonter l'hypothèque, soit à l'époque de la célébration du mariage du vendeur, soit à celle de son entrée en gestion comme tuteur.

— Voy. CONSERVATEUR DES HYPOTHÈQUES; — TRANSCRIPTION.

I

ILE. — Espace de terre entouré d'eau de tous côtés.

— Le Code civil règle ainsi qu'il suit le *droit de propriété* sur les îles et îlots qui viennent à se former dans les fleuves et dans les rivières, qu'elles soient ou non navigables ou flottables :

Art. 560. — « Les îles, îlots, atterrissements qui se forment dans le lit des fleuves ou des rivières navigables ou flottables, appartiennent à l'État, s'il n'y a titre ou prescription contraire. »

Art. 561. — « Les îles et atterrissements qui se forment dans les rivières non navigables et non flottables appartiennent aux propriétaires riverains du côté où l'île s'est formée : si l'île n'est pas formée d'un seul côté, elle appartient aux propriétaires riverains des deux côtés, à partir de la ligne qu'on suppose tracée au milieu de la rivière. »

Art. 562. — « Si une rivière ou un fleuve, en se formant un bras nouveau, coupe et embrasse le champ d'un propriétaire riverain, et en fait une île, ce propriétaire conserve la propriété de son champ, encore que l'île se soit formée dans un fleuve ou dans une rivière navigable ou flottable. »

IMBÉCILLITÉ. — Faiblesse d'esprit qui ne permet pas de concevoir les idées les plus ordinaires.

Lorsqu'elle est *habituelle*, l'imbécillité est une cause d'*interdiction*. (Cod. civ. art. 489.) — Voy. INTERDICTION.

IMMEUBLE. — Du latin *immobilis*, qui ne peut se mouvoir. — Se dit des biens qui ont une assiette fixe et ne sont pas susceptibles de déplacement. — Voy. BIENS.

IMMIXTION. — C'est le fait de se mêler d'une affaire.

1. — L'immixtion de l'*héritier* dans la succession qui lui est échue équivaut à une *acceptation*, et lui enlève la faculté de renoncer ou d'accepter sous bénéfice d'inventaire. (Cod. civ. art. 778, 800.)

2. — « La *femme* qui s'est immiscée dans les biens de la *communauté* ne peut y renoncer. — Les actes purement administratifs ou conservatoires n'emportent point immixtion. » (Cod. civ. art. 1454.)

3. — L'immixtion de l'associé *commanditaire* dans les affaires de la Société le rend responsable, solidairement avec les associés en nom collectif, de toutes les dettes et engagements de la Société. (Cod. com. art. 27, 28.)

4. — L'immixtion dans les *fonctions publiques*, civiles ou militaires, rend passible d'un *emprisonnement* de 2 à 5 ans, sans préjudice de la peine de faux, si l'acte porte le caractère de ce crime. (Cod. pén. art. 258.)

5. — L'immixtion dans les fonctions d'*agent de change* donne lieu à une *amende* du douzième au moins et du sixième au plus du cautionnement de ces officiers ministériels. (Arr. 27 prairial an X (16 juin 1802), art. 4.)

6. — Voy. EMPIÈTEMENT DES AUTORITÉS ADMINISTRATIVES ET JUDICIAIRES.

IMMONDICES. — Ordures.

1. — Sont passibles d'une *amende* de 1 franc à 5 francs inclusivement ceux qui, *imprudemment*, ont jeté des immondices sur quelque personne. (Cod. pén. art. 471, § 12.) — En cas de *récidive*, la peine d'*emprisonnement*, pendant 3 jours au plus, est toujours applicable (art. 447).

2. — Sont passibles d'une *amende* de 6 francs à 10 francs inclusivement ceux qui *volontairement* ont jeté des immondices sur quelqu'un, ou ceux qui en ont jeté contre les maisons, édifices et clôtures d'autrui, ou dans les jardins et enclos. En outre de l'amende, ils peuvent, *suivant les circonstances*, être condamnés à un *emprisonnement* pendant 3 jours au plus (art. 475, § 8; art. 476). — La peine de l'*emprisonnement* pendant 5 jours au plus est toujours prononcée en cas de *récidive* (art. 478).

IMPENSE. — C'est le nom que donne le Code civil aux dépenses faites pour la *conservation*, l'*amélioration* ou l'*embellissement* d'un immeuble. Elles sont réputées, suivant l'un ou l'autre de ces trois cas, *nécessaires*, *utiles* ou *voluptuaires*.

1. — Quand il y a lieu au *rapport* d'un immeuble à la masse d'une succession, il doit être *tenu compte* à l'héritier soumis au rapport des impenses qui ont *amélioré* la chose ou l'ont *conservée*. Pour ce qui est des impenses *voluptuaires* ou de pur agrément, il ne lui en est dû *aucun compte*. (Cod. civ. art. 861, 862.) — Voy. SUCCESSIONS, IV.

2. — Le *vendeur* est tenu de rembourser, ou de faire rembourser, à l'acquéreur, par celui qui l'évince,

toutes les réparations et améliorations *utiles* qu'il a faites au fonds. (Cod. civ. art. 1634.)

Si le vendeur avait vendu de *mauvaise foi* le fonds d'autrui, il serait obligé de rembourser à l'acquéreur toutes les dépenses, même *voluptuaires*, faites par ce dernier sur le fonds. (Cod. civ. art. 1635.)

3. — Les détériorations qui procèdent du fait ou de la négligence du *tiers détenteur* d'un immeuble, au préjudice des créanciers *hypothécaires* ou *privilégiés*, donnent lieu contre lui à une action en indemnité; mais il ne peut répéter ses impenses et améliorations que jusqu'à concurrence de la plus-value résultant de l'amélioration. (Cod. civ. art. 2175.)

IMPOTS. — Voy. CONTRIBUTIONS.

IMPRESCRIPTIBILITÉ. — Qualité d'une chose non sujette à prescription.

— Sont *imprescriptibles* les biens que la loi a placés *hors du commerce* et qui, par conséquent, ne peuvent appartenir à des particuliers, savoir :

1° Les biens faisant partie du *domaine public*, c'est-à-dire destinés à l'usage commun des citoyens (Voy. DOMAINE PUBLIC); — 2° Les biens des *Départements* et des *Communes*, lorsqu'ils sont affectés à un *usage public :* tels sont les *routes départementales*, les *chemins vicinaux*, les *églises*, les *hospices*, les *cimetières*, les *hôtels de ville*, les *prisons*, les *places et promenades*.

IMPRIMERIE. — (Loi 29 juillet 1881, art. 1-4.)

Du latin *in*, sur, et *premere*, presser. — Merveilleux moyen de communication entre les hommes, dont la création, qui date de 1450, est due, à divers degrés, à *Coster*, *Guttenberg*, *Fust* et *Schœffer*, l'imprimerie a exercé l'action la plus décisive sur les progrès de la civilisation.

1. — Depuis l'origine de l'imprimerie jusqu'en 1870, les différents Pouvoirs qui se sont succédé en France se sont préoccupés, à des points de vue divers, des moyens de prévenir ou de réprimer ce qu'ils regardaient comme les abus d'un aussi puissant instrument de publicité. Nous empruntons à M. Dalloz quelques détails pleins d'intérêt sur ce point :

« Un des caractères du régime féodal, qui vit naître l'imprimerie, fut l'esprit de *corporation*. Les différentes branches d'industrie qui se rattachent à la presse, imprimeurs, libraires, fondeurs, etc., prirent donc cette forme d'organisation; mais leur corporation ne resta pas indépendante; elle fut réunie à l'Université : la presse se trouva placée sous la domination absolue de l'autorité religieuse. Tous les ouvrages qui devaient être imprimés étaient assujettis à l'*autorisation préalable* de l'Université : ce corps, entièrement composé d'ecclésiastiques, approuvait, tolérait ou proscrivait les écrits sans autre règle que l'intérêt de ses doctrines. — La crainte des supplices arrêtait ceux qui auraient tenté de se soustraire à cette censure; l'Edit de Henri II contre les imprimeurs, confirmé par la Déclaration de 1553, prononce la *peine de mort* contre tout imprimeur, libraire ou particulier qui imprimera, vendra ou distribuera un ouvrage quelconque sans en avoir obtenu l'autorisation formelle. C'est en vertu de cet Edit qu'on fit pendre à Paris des marchands de Genève qui avaient apporté des livres de prières à l'usage des Calvinistes. Les Parlements, dont l'indépendance mérita souvent la reconnaissance des peuples, ne se montraient pas seulement les exécuteurs zélés des plus cruelles dispositions contre la libre communication de la pensée, mais, au moyen des arrêts de règlements, ils lui imposaient encore de nouvelles entraves. Ils avaient renouvelé la coutume de quelques Empereurs romains, en ordonnant que les livres condamnés seraient brûlés publiquement par la main du bourreau. Cet usage ridicule se maintint jusqu'à la Révolution. Sous le règne de François Ier, le Parlement de Paris déclara que la Faculté de théologie de l'Université avait le droit de juger les livres nouveaux. En vertu de cet arrêt, la Faculté de théologie, en 1714, publia le catalogue des livres qu'elle avait prohibés, et dont les auteurs, distributeurs, même les simples possesseurs, devaient être poursuivis extraordinairement. Si l'on ajoute à ces rigueurs les interdictions de la Sorbonne, arbitre suprême des matières religieuses, et les censures des autres Facultés de théologie, on n'aura encore qu'une idée incomplète de la contrainte à laquelle étaient soumises les productions de la presse.

« Sous ce régime inquisitorial, le Chancelier l'Hospital conçut le généreux projet de l'affranchir. Les querelles religieuses, qui étaient alors dans toute leur animation, paralysèrent ses efforts; mais l'Ordonnance de Moulins de 1566, rendue sur son rapport, diminua l'influence de l'autorité ecclésiastique sur le nouvel instrument de civilisation, en attribuant au Roi la délivrance des lettres de privilège pour l'impression des ouvrages; la même ordonnance supprima la peine de mort. Cet adoucissement dans la législation était un triomphe obtenu par l'humanité sur la superstition, et faisait espérer des améliorations plus grandes. Mais il ne fut pas de longue durée : en 1626, le Cardinal de Richelieu, irrité de quelques écrits contre son administration, porta un Edit où la peine de mort fut rétablie textuellement pour les ouvrages contre la religion et les affaires de l'Etat; quant aux autres ouvrages, l'Ordonnance de 1629 chargea le Chancelier et le Garde des sceaux de les faire examiner avant d'accorder le privilège. La peine de mort subsista jusqu'en 1728, où une Ordonnance réduisit à la marque, au carcan et aux galères les peines infligées aux imprimeurs et distributeurs d'ouvrages jugés criminels.

« ... Une Déclaration de 1767 punissait d'une forte amende les propriétaires des maisons où se trouveraient cachées des imprimeries, même à leur insu : la même Déclaration, contenant les désignations les plus vagues des crimes et délits de la presse, leur appliqua de nouveau les peines les plus sévères. Mais on fut généralement révolté, sans être intimidé, de dispositions qui plaçaient arbitrairement la vie des citoyens sous l'autorité illimitée des juges. Un homme qui savait être libre au milieu des fers et indépendant au milieu des Cours, M. de Malesherbes, s'opposa de tout son pouvoir à ces dispositions tyranniques. — Ce fut alors qu'il publia ses mémoires sur la librairie, où les principes de la liberté de la presse se trouvent développés avec tant de force et de sagesse.

« Cependant cette contrainte si oppressive n'avait pas pu arrêter l'élan de la pensée; de courageux citoyens avaient bravé ou éludé les châtiments pour annoncer au monde des vérités utiles : des lois sans mesure étaient violées sans scrupule. Il s'établit une contrebande littéraire ouverte et impunie, au moyen de laquelle les ouvrages défendus, sortis en manuscrits, rentraient en France après avoir passé deux fois la frontière. Montesquieu fut obligé de faire imprimer l'*Esprit des Lois* à Genève; les ouvrages les plus remarquables de Voltaire et de Rousseau ont été publiés à Londres, à Genève ou à Amsterdam. Bientôt il ne fut plus possible d'arrêter le torrent qui brisait ses digues et pénétrait toutes les parties du Royaume; la dure prohibition si longtemps imposée à la liberté d'écrire ne se soutenait plus qu'à peine : le Gouvernement songea alors à user d'une tolérance qui était devenue indispensable; les parlements seuls tinrent rigueur. Un arrêt du Parlement de Paris, de 1775, ordonne la lacération de l'ouvrage intitulé : *Philosophie de la nature*, et décrète l'auteur d'information comme coupable du crime de lèse-majesté divine et humaine ; s'il eût été saisi, on l'aurait sans doute brûlé pour lui prouver que sa doctrine était erronée. Un autre arrêt de 1781 décrète également l'abbé Raynal pour crime d'impiété, à l'occasion de son *Histoire des Indes*. Mais les arrêts des Cours souveraines n'inspiraient point d'effroi, par la facilité que l'on avait de se soustraire à leur rigueur. Telle fut la situation des choses jusqu'à la Révolution.

— « La *déclaration des droits de l'homme* votée par l'Assemblée Constituante proclama le droit de chaque citoyen de publier et faire imprimer ses opinions, Toutes les lois prohibitives de la liberté de la presse furent ainsi anéanties ; les professions d'imprimeurs et de libraires, soumises depuis plusieurs siècles à un régime exceptionnel, rentrèrent dans le droit commun. Le décret du 17 mars 1791 dispose qu'il *sera libre à toute personne* de faire tel négoce ou d'exercer telle *profession qu'elle trouvera bon* ; plus tard, les corporations d'imprimeurs et de libraires furent formellement abolies. La Constitution du 3 septembre 1791 porte, en outre : « La *liberté* est accordée *à tout homme* de *parler*, d'*écrire*, d'*imprimer* et de *publier* ses pensées, sans que les écrits puissent être soumis à aucune *censure* ni *inspection préalable*. » Dans les premiers transports que dut faire naître cette liberté absolue d'imprimer et d'écrire, la presse devint un instrument terrible. Le peuple, mécontent du passé, impatient de l'avenir, prenait une part active aux affaires publiques : chaque club avait ses orateurs et ses écrivains ; des écrits effrénés appelaient ouvertement les citoyens à la révolte. — Les zélateurs forcenés de la liberté ont été les mêmes dans tous les temps. Ils ne comprennent pas que leurs excès doivent avoir pour résultat inévitable de forger à la Nation de nouvelles chaînes, et qu'ils donnent pour auxiliaires au pouvoir absolu les hommes modérés de tous les partis qui espèrent y trouver un refuge contre leurs écarts et leurs violences. » (*Répertoire de jurisprudence*, art. *Presse*, 8 et suiv.)

2. — Le décret du 5 février 1810 et la loi du 21 octobre 1814 constituèrent un régime particulier auquel, jusqu'en 1870, fut soumis l'exercice de la profession d'imprimeur.

Nul ne pouvait être imprimeur sans avoir obtenu un *brevet* du Ministre de l'Intérieur.

Le *nombre* des imprimeurs était *limité*. Il était de quatre-vingts pour Paris ; dans les départements, il était déterminé par des arrêtés ministériels.

Pour être imprimeur, il fallait donc acquérir le brevet d'un titulaire en exercice, comme on achète un office ministériel, et justifier, en outre, « de sa *capacité*, de sa *moralité* et de son *attachement à la Patrie et à son Souverain*. » (Décr. 5 février 1810, art. 7.)

Le brevet une fois délivré devait être *enregistré* au tribunal civil du lieu de la résidence de l'impétrant qui y prêtait *serment* « de ne rien imprimer de contraire aux devoirs envers le Souverain et à l'intérêt de l'Etat. » (Même déc. art. 9.)

— Le *retrait* du brevet d'imprimeur pouvait être prononcé à la suite d'une condamnation encourue pour *contravention aux lois et aux règlements*. D'après la jurisprudence du Conseil d'Etat, il n'était pas nécessaire que cette contravention fût relative aux règlements concernant l'exercice de la profession. C'était là un droit exorbitant dont, il est vrai, le Gouvernement a rarement usé, mais on doit déplorer qu'il ait été ainsi armé d'un pouvoir discrétionnaire, et que, pour la moindre faute, il pût priver arbitrairement un citoyen de sa profession et souvent de toute sa fortune.

— Les imprimeries *clandestines* étaient détruites, et les possesseurs ou dépositaires punis d'une *amende* de 10000 fr. et d'un *emprisonnement* de six mois. — Etait *réputée clandestine* toute imprimerie pour laquelle il n'avait pas été obtenu de permission.

— Les imprimeurs *lithographes* avaient été *assimilés* aux autres imprimeurs, pour le *brevet* et le *serment*, par une Ordonnance royale du 8 octobre 1817. — Il en était de même, depuis 1852, pour les imprimeurs en *taille-douce*. (Déc. 22 mars 1852, art. 1er.)

3. — La limitation du nombre des imprimeurs constituait une grave atteinte au principe de la liberté du travail : elle n'était, d'ailleurs, nullement justifiée par les nécessités de l'ordre public.

Ce monopole artificiel accordé aux imprimeurs était, de plus, très préjudiciable aux consommateurs, la liberté de la production devant avoir pour conséquence naturelle une diminution dans le prix des produits.

4. — Dans la session de 1868, au Corps législatif, la question de la suppression du brevet d'imprimeur donna lieu à une vive discussion, mais la solution fut ajournée, et, en attendant, *les gérants de journaux furent autorisés à établir une imprimerie exclusivement destinée à l'impression du journal*. (Loi 11 mai 1868, art. 14.)

5. — Le décret du 10 septembre 1870 rendit libre la profession d'imprimeur, mais en exigeant une déclaration au Ministre de l'intérieur. Cette déclaration n'est plus nécessaire depuis la loi du 29 juillet 1881 actuellement en vigueur et dont il nous reste à faire connaître les dispositions :

Art. 1er. — « L'imprimerie et la librairie sont *libres*. »

Art. 2. — « Tout imprimé rendu public, à l'exception des ouvrages dits *de ville* ou *bilboquets*, portera l'indication du *nom* et du *domicile* de l'imprimeur, à peine, contre celui-ci, d'une amende de 5 fr. à 15 fr. — La peine de l'emprisonnement pourra être prononcée si, dans les 12 mois précédents, l'imprimeur a été condamné pour contravention de même nature. »

Art. 3. — « Au moment de la publication de tout imprimé, il en sera fait, par l'imprimeur, sous peine d'une amende de 16 fr. à 300 francs, un *dépôt* de 2 exemplaires destinés aux collections nationales. — Ce dépôt sera fait au ministère de l'intérieur pour Paris ; à la préfecture pour les chefs-lieux de département ; à la sous-préfecture, pour les chefs-lieux d'arrondissement, et, pour les autres villes, à la mairie. — L'acte de dépôt mentionnera le titre de l'imprimé et le chiffre du tirage. — Sont *exceptés* de cette disposition les bulletins de vote, les circulaires commerciales ou industrielles et les ouvrages dits *de ville* ou *bilboquets*. »

Art. 4. — « Les dispositions qui précèdent sont applicables à tous les genres d'imprimés ou de reproductions, destinés à être publiés. — Toutefois, le dépôt prescrit par l'article précédent sera de 3 exemplaires pour les estampes, la musique et en général les reproductions autres que les imprimés. »

6. — Voy. JOURNAL ; — LIBRAIRIE ; — PRESSE.

IMPRUDENCE. — 1. — Chacun est *responsable* du dommage qu'il a causé non seulement par son fait, mais encore par sa négligence ou par son *imprudence*. (Cod. civ. art. 1383.) — Voy. RESPONSABILITÉ.

2. — Quiconque, par *imprudence*, a commis involontairement un *homicide*, ou en a volontairement été la cause, est puni d'un *emprisonnement* de trois mois à deux ans, et d'une *amende* de 50 fr. à 600 fr. — S'il n'est résulté de l'imprudence que des *blessures* ou *coups*, l'*emprisonnement* est de six jours à deux mois, et l'amende de 16 fr. à 100 fr. (Cod. pén. art. 319, 320.)

3. — Voy. IMMONDICES, 1 ; — INCENDIE, 4.

IMPUTATION DE PAYEMENT. — (Cod. civ. art. 1253-1256.) — Lorsqu'un débiteur est tenu de plusieurs dettes de même nature envers le même créancier, et que le payement qu'il fait est inférieur au montant de ce qu'il doit, il importe de connaître quelle dette sera acquittée. L'indication de la dette qui a fait l'objet du payement s'appelle *imputation.*

1. — Le débiteur de plusieurs dettes a le droit de déclarer, lorsqu'il paye, quelle dette il entend acquitter. Mais si la dette *porte intérêt* ou produit des arrérages, le débiteur ne peut, sans le consentement du créancier, imputer le payement qu'il fait sur le capital par préférence aux arrérages ou intérêts : le payement fait sur le capital et intérêts, sans être intégral, s'impute d'abord sur les intérêts.

2. — Quand le débiteur de diverses dettes a *accepté* une quittance par laquelle le créancier a imputé ce qu'il a reçu sur l'une de ces dettes spécialement, il ne peut plus demander l'imputation sur une dette différente, à moins qu'il n'y ait eu *dol* ou *surprise* de la part du créancier.

3. — Si la quittance ne contient *aucune imputation*, la loi décide que le payement doit être imputé sur la dette que le débiteur avait le *plus d'intérêt* d'acquitter entre celles qui étaient échues (par exemple, sur la dette garantie par une *hypothèque* plutôt que sur une dette *chirographaire*), sinon sur la dette *échue*, quoique moins onéreuse que celles qui ne sont point échues. Si les dettes sont de même nature, l'imputation se fait sur la *plus ancienne* : toutes choses égales, elle se fait *proportionnellement.*

4. — L'article 1848 du Code civil contient la disposition suivante relative à un cas spécial d'imputation :

« Lorsque l'un des *associés* est, pour son compte particulier, créancier d'une somme exigible envers une personne qui se trouve aussi devoir à la société une somme également exigible, l'imputation de ce qu'il reçoit de ce débiteur doit se faire sur la créance de la société et sur la sienne, dans la proportion des deux créances, encore qu'il eût, par sa quittance, dirigé l'imputation intégrale sur sa créance particulière ; mais s'il a exprimé dans sa quittance que l'imputation serait faite en entier sur la créance de la société, cette stipulation sera exécutée. »

INALIÉNABILITÉ. — Etat d'une chose qui ne peut être aliénée.

1. — Les biens qui composent le *domaine public* sont inaliénables. — Voy. DOMAINE PUBLIC.

2. — Sous le *régime dotal*, les biens que la femme s'est constitués en dot sont frappés d'inaliénabilité. — Voy. CONTRAT DE MARIAGE, IV.

3. — La *liberté* est d'un tel prix que le législateur ne permet pas de prendre des engagements qui ressembleraient à une aliénation. « On ne peut, » dit l'article 1780 du Code civil, « *engager ses services qu'à temps, ou pour une entreprise déterminée.* »

INAMOVIBILITÉ. — Caractère de certaines fonctions dont les titulaires ne peuvent être dépossédés, si ce n'est pour *forfaiture* ou à raison d'une *limite d'âge* fixée par la loi.

1. — Sont *inamovibles :* les membres de la *Cour de cassation*, de la *Cour des comptes*, des *Cours d'appel* et des *Tribunaux de première instance*, à l'exception des magistrats du *Ministère public*. — Voy. MINISTÈRE PUBLIC.

2. — L'inamovibilité est une garantie d'indépendance. Celle des juges, concédée par un Edit de Louis XI, en date du 21 octobre 1467, fut abolie par la Constitution de 1791 et rétablie par la Constitution de l'an VIII ; détruite un instant en 1848, elle fut consacrée à nouveau, la même année, par l'article 87 de la Constitution républicaine.

INCENDIE. — (Cod. pén. art. 434, 436, 458, 475, n° 12.)

1. — L'incendie commis avec l'intention de nuire est l'un des crimes les plus atroces, car il attaque à la fois la fortune et la vie des citoyens ; ses effets, le plus souvent, ne se bornent pas à ceux que poursuit une odieuse vengeance, et d'attentat privé qu'il était, il peut devenir une calamité publique. Aussi est-il puni de peines sévères.

2. — La peine de *mort* est applicable en cas d'incendie de lieux d'habitation, ou toutes les fois que le crime a causé la mort d'une ou plusieurs personnes.

Celui qui met le feu à des lieux non habités, ou à des forêts, bois taillis, récoltes sur pied ne lui appartenant pas, est passible des *travaux forcés à perpétuité*.

S'il s'agit de bois ou récoltes abattus, ne lui appartenant pas, l'incendiaire est puni des *travaux forcés à temps*.

3. — Celui qui, en mettant le feu à l'un des objets ci-dessus énumérés, mais à lui-même appartenant, a causé volontairement un préjudice quelconque à autrui, est puni de la *réclusion*.

4. — Lorsque l'incendie de la propriété d'autrui a été causé par *négligence* ou par *imprudence*, celui qui l'a occasionné est passible d'une *amende* de 50 fr. au moins et de 500 fr. au plus, sans préjudice de tous les *dommages-intérêts*.

5. — La *menace* d'incendier une habitation ou toute autre propriété entraîne la peine des *travaux forcés à temps* lorsqu'elle est faite *par écrit*, avec *ordre* de déposer une somme d'argent dans un lieu indiqué, ou de remplir toute autre condition.

Si cette menace écrite n'a été accompagnée d'aucun ordre ou condition, la peine consiste dans un *emprisonnement* de deux ans au moins et de cinq ans au plus, et dans une *amende* de 100 fr. à 600 fr.

Si la menace faite avec ordre ou condition a été *verbale*, le coupable est puni d'un *emprisonnement* de six mois à deux ans, et d'une *amende* de 25 fr. à 300 fr.

6. — Tout individu *requis de prêter secours* en cas d'incendie est passible, s'il refuse, d'une *amende* de 6 fr. à 10 fr.

7. — La loi du 24 août 1790 a confié à l'Autorité municipale le soin de prévenir et de faire éteindre les incendies. Elle lui permet, pour circonscrire un foyer d'incendie, d'ordonner la *démolition*, jugée indispensable, des édifices voisins, sauf *indemnité* par la Commune ou par toutes autres personnes responsables.

8. — Pour ce qui concerne la responsabilité des *locataires* en cas d'incendie (Cod. civ. art. 1733, 1734), voy. LOUAGE, sect. 1, § 2.

INCESSIBLE. — Se dit de ce qui ne peut être cédé par une personne à une autre.

1. — Les droits d'*usage* et d'*habitation* sont personnels et incessibles. (Cod. civ. art. 631, 634.) — Voy. USAGE ; — HABITATION.

2. — Les *pensions* de l'Etat sont incessibles. (Lois 11 avril 1831, art. 28 ; 18 avril 1831, art. 30 ; 9 juin 1853, art. 26.) — Voy. PENSIONS.

INCESTE. — Du latin *in*, négatif ; *castus*, chaste. — Se dit de l'union illicite de parents ou alliés entre lesquels le mariage était prohibé. (Cod. civ. art. 161-163.) — Voy. MARIAGE.

1. — Le Code pénal actuel ne s'occupe pas de l'inceste : autrefois il était puni de mort.

2. — Les *enfants incestueux* ne peuvent être *ni reconnus ni légitimés* : ils n'ont *aucun droit de succession* ; la loi leur accorde seulement des *aliments*. (Cod. civ. art. 331, 335, 762.)

INCOMPATIBILITÉ. — Se dit de l'impossibilité légale d'exercer en même temps certaines fonctions. — Voy. notamment CONSEIL D'ARRONDISSEMENT, 3, 4 ; — CONSEIL DE PRÉFECTURE, V ; — CONSEIL GÉNÉRAL, 2, 3 ; — CONSEIL MUNICIPAL, 2 ; — DÉPUTÉ, 4 ; — GARDE FORESTIER, 4 ; — JURY.

INCOMPÉTENCE. — Se dit lorsqu'un juge ou un tribunal n'a pas le pouvoir de statuer sur la contestation qui lui est soumise.

1. — Il y a deux sortes d'incompétence, l'incompétence dite *matérielle* et l'incompétence dite *personnelle*. — *L'incompétence matérielle*, ou à raison de la matière, existe lorsque le tribunal saisi de la contestation n'est pas institué pour

en connaitre ; par exemple, lorsqu'une affaire civile est soumise à un tribunal de commerce. Cette incompétence est absolue ; elle peut, par conséquent, être opposée par le défendeur en tout état de cause, même en appel, et le tribunal doit même, d'office, renvoyer l'affaire devant qui de droit.

— Il y a *incompétence personnelle*, ou à raison de la personne, lorsque le défendeur est cité devant un autre Tribunal que celui qui doit connaître de la cause. Ainsi, un Tribunal de première instance est bien compétent pour juger toutes les affaires civiles ; mais si l'affaire est *personnelle*, elle doit être portée devant le Tribunal du domicile du défendeur ; — si elle est *réelle*, elle doit être portée devant le Tribunal du lieu où l'objet litigieux est situé ; — si elle est *mixte*, devant le Tribunal du domicile du défendeur, ou de la situation de l'objet litigieux. (Voy. ACTION PERSONNELLE ; — ACTION RÉELLE ; — ACTION MIXTE.) — Si donc, dans l'une de ces trois hypothèses, le défendeur est cité devant un Tribunal autre que celui indiqué par la loi, il peut demander son renvoi devant les juges compétents, mais cette exception, étant uniquement dans son intérêt, doit être proposée avant toutes autres défenses. (Cod. proc. civ. art. 168-170.)

2. — Voy. CONFLIT.

INDIGENTS. — 1. — Voy. ASSISTANCE PUBLIQUE.

2. — Une loi du 10 décembre 1850, due à l'initiative du Représentant du Peuple Bouhier de l'Écluse, et ayant pour objet de faciliter le *mariage* des indigents, la *légitimation* de leurs enfants naturels et le *retrait* de ces enfants déposés dans les *hospices*, contient les dispositions suivantes :

Art. 1er. — « Les *pièces nécessaires* au mariage des indigents, à la légitimation de leurs enfants naturels et au retrait de ces enfants déposés dans les hospices, seront *réclamées* et *réunies* par les soins de l'*Officier de l'état civil* de la Commune dans laquelle les parties auront déclaré vouloir se marier. — Les expéditions de ces pièces pourront, sur la demande du Maire, être réclamées et transmises par les Procureurs de la République. »

Art. 2. — « Les Procureurs de la République pourront, dans les mêmes cas, agir d'*office* et procéder à tous actes d'instruction préalables à la célébration du mariage. »

Art. 3. — « Tous *jugements* de rectification ou d'inscription des actes de l'état civil, toutes *homologations* d'actes de notoriété, et généralement tous *actes judiciaires* ou *procédures nécessaires* au mariage des indigents, seront *poursuivis* et *exécutés d'office* par le *Ministère public*. »

Art. 4. — « Les *extraits* des registres de l'état civil, les actes de *notoriété*, de *consentement*, de *publications* ; les délibérations des *Conseils de famille*, les certificats de *libération du service militaire*, les dispenses pour cause de *parenté*, d'*alliance* ou d'*âge*, les actes de *reconnaissance* des enfants naturels, les actes de *procédure*, les *jugements* et *arrêts* dont la production sera nécessaire dans les cas prévus par l'article 1er, seront *visés pour timbre* et *enregistrés gratis*, lorsqu'il y aura lieu à enregistrement. Il ne sera perçu *aucun droit de greffe*, ni *aucun droit de sceau* au profit du Trésor sur les minutes et originaux, ainsi que sur les copies ou expéditions qui en seraient passibles. — L'obligation du visa pour timbre n'est pas applicable aux publications civiles, ni au certificat constatant la célébration civile du mariage. »

Art. 5. — « La *taxe* des expéditions des actes de l'état civil requises pour le mariage des indigents est *réduite*, quels que soient les détenteurs de ces pièces, à 30 centimes lorsqu'il n'y aura pas lieu à *légalisation*, à 50 centimes lorsque cette dernière formalité devra être accomplie. — Le *droit de recherche* alloué aux *greffiers* par l'article 14 de la loi du 21 ventôse an VII, les *droits de légalisation* perçus au Ministère des Affaires étrangères ou dans les Chancelleries de France à l'Etranger, sont *supprimés* en ce qui concerne l'application de la présente loi. »

Art. 6. — « Seront *admises au bénéfice de la loi* les personnes qui justifieront d'un *certificat d'indigence*, à elles délivré par le Commissaire de police ou par les Maires dans les Communes où il n'existe pas de Commissaire de police, sur le vu d'un extrait du rôle des contributions constatant que les parties intéressées payent *moins de* 10 *fr.*, ou d'un certificat du Percepteur de leur Commune, portant qu'elles ne sont *pas imposées*. — Le certificat d'indigence sera *visé* et *approuvé* par le *Juge de paix* du canton. Il sera fait mention, dans le visa, de l'extrait des rôles ou du certificat négatif du Percepteur. »

Art. 7. — « Les actes, extraits, copies ou expéditions ainsi délivrés, *mentionneront expressément* qu'ils seront *destinés* à servir à la célébration d'un mariage entre indigents, à la légitimation ou au retrait de leurs enfants naturels déposés dans les hospices. — Ils *ne pourront servir à autres fins* sous peine de 25 francs d'*amende*, outre le *payement des droits*, contre ceux qui en auront fait usage, ou qui les auront indûment délivrés ou reçus. — Le recouvrement des droits et des amendes de contraventions sera poursuivi par voie de contrainte, comme en matière d'enregistrement. »

Art. 8. — « La présente loi est applicable au mariage entre *Français* et *Etrangers*. — Elle sera exécutoire aux Colonies... »

INDIVISION. — C'est l'état de biens qui appartiennent en commun à plusieurs personnes.

— Comme l'indivision est une source de contestations, la loi déclare que *nul n'est tenu d'y demeurer*, et que le partage peut toujours être provoqué nonobstant prohibitions et conventions contraires. On peut cependant convenir qu'il n'aura pas lieu avant un certain délai, *cinq ans* au plus : cette convention est *renouvelable*. (Cod. civ. art. 815.)

INDUSTRIE. — Dans le langage ordinaire, le mot *industrie* signifie le travail de l'atelier, par opposition à l'*agriculture* et au *commerce;* mais il a aussi une acception plus large, et se dit de l'activité humaine déployée d'une manière générale pour vaincre la matière et l'approprier aux besoins de tous.

« Par l'*industrie*, mot aujourd'hui devenu populaire et qui réveille de si grandes idées, l'homme arrive à changer la face de la terre et à la refaire, pour ainsi dire, à l'image de sa pensée. Il multiplie par la culture et l'éducation les espèces utiles, et réduit le nombre et la fécondité des espèces nuisibles. Il dompte, il apprivoise les animaux les plus sauvages en apparence, et sait les convertir en instruments qui lui prêtent leur force, ou en des moyens de subsistance qui lui donnent une nourriture succulente et variée. Il remonte les fleuves à l'aide de la rame, ou bien il dirige dans la voile et fait concourir à son but le vent devenu auxiliaire au lieu d'ennemi. Point de matière qu'il n'utilise, point de force qu'il n'emploie à ses desseins. On l'a vu, dans le cours des âges, marcher de découverte en découverte, de conquête en conquête, tirer des usages imprévus de la vapeur, de l'électricité, du magnétisme, de tous les agents mystérieux qui semblaient lui offrir le moins de prise, et le moins appelés à ces emplois de l'industrie qui ont pour but la création d'utilité. L'industrie qui s'avance appuyée sur la science et sur l'expérience des siècles, comme sur le génie des inventeurs, est donc, il faut le répéter, une des grandeurs de l'homme auquel elle soumet le monde. Impuissant sans elle et puissant par elle seule, il aurait tort d'en rougir, comme le lui conseillent assez inutilement d'ailleurs, quelques esprits superficiels, trop prompts à parler avec dédain de cette industrie si féconde en services de tout genre. Sans doute, les lettres et les arts ont en propre une grandeur que rien ne peut leur ravir. Leur mérite est d'élever la nature humaine dans les plus hautes régions de la pensée, et de charmer notre existence par des émotions qu'il leur appartient seuls de donner. Mais l'industrie est le pain quotidien de l'humanité. Sans elle, que deviennent d'ailleurs et les arts, et les lettres, et la civilisation elle-même? » (M. H. Baudrillart, *Eléments d'économie rurale, industrielle, commerciale*, p. 3, 4.)

1. — La Révolution a émancipé l'industrie en supprimant les *Corporations*, les *Maîtrises*, les *Jurandes*, et en proclamant le droit, pour toute personne, de faire tel négoce ou d'exercer telle profession, art ou métier qu'elle trouverait bon, sous la seule condition de se pourvoir d'une *patente* et de se conformer aux règlements de police. Mais, quoique la liberté du travail et de l'industrie soit le *principe général*, il y a encore un assez grand nombre de *restrictions* à ce principe. — Voy. LIBERTÉ DU TRAVAIL ET DE L'INDUSTRIE. — Parmi ces restrictions, un grand nombre, qui ne sont nullement justifiées, ne peuvent manquer de disparaître dans un prochain avenir. Le Gouvernement impérial (il faut le reconnaître) avait mis hardiment la main aux réformes économiques.

« *Aujourd'hui, nos grandes exploitations sont gênées par une foule de règlements restrictifs*, » disait l'Empereur dans une lettre à son Ministre d'Etat, au commencement de 1860. « Effectivement, » ajoutait à son tour le Président du Corps législatif, M. de Morny (séance du 2 mars 1860), « l'esprit de nos codes, de tous nos règlements, s'est principalement proposé pour but de prévenir les abus, et, à force de poursuivre l'abus, il est arrivé à gêner l'usage. C'est là la réforme la plus importante à obtenir. Il n'y a de vraie prospérité qu'avec une entière liberté civile, et si notre pays n'a jamais su se servir avec modération de la liberté politique, c'est qu'il n'avait pas commencé par jouir des bienfaits de la première. »

2. — *Conseils institués dans l'intérêt de l'industrie.* — Voy. CHAMBRES DE COMMERCE; — CHAMBRES CONSULTATIVES DES ARTS ET MANUFACTURES; — CONSEIL SUPÉRIEUR DU COMMERCE ET DE L'INDUSTRIE.

3. — *Institutions auxiliaires de l'industrie.* — Voy. CONSERVATOIRE DES ARTS ET MÉTIERS; — ÉCOLES D'ARTS ET MÉTIERS; — FOIRES; — MAGASINS GÉNÉRAUX.

4. — La législation de l'industrie n'est pas codifiée; elle se trouve éparse dans une multitude de lois et règlements. — Voy. notamment : BREVET D'INVENTION; — COALITIONS; — CONSEIL DE PRUD'HOMMES; — DESSINS DE FABRIQUE; — DOUANES; — EMBAUCHAGE; — ÉTABLISSEMENTS DANGEREUX, INSALUBRES OU INCOMMODES; — GRÈVE; — LIVRETS D'OUVRIERS; — LOUAGE, sect. II; — MACHINES ET CHAUDIÈRES A VAPEUR; — MARQUES DE FABRIQUE ET DE COMMERCE; — MINES; — SECRETS DE FABRIQUE; — TRAVAIL DES ENFANTS DANS LES MANUFACTURES.

INFAMANTE. (PEINE) — Voy. PEINES.

INFANTICIDE. — Du latin *infans*, enfant, et *cædere*, tuer. — C'est ainsi que le Code pénal qualifie le meurtre d'un enfant nouveau-né. — Il est puni de *mort*. (Art. 300, 302.)

INFIRMER. — Expression synonyme de *réformer*, *anéantir*, dont se servent les magistrats devant qui une cause est portée en *appel*, lorsque leur décision se trouve tout à fait contraire à celle des premiers juges.

INFIRMITÉS. — 1. — Tout individu atteint d'une infirmité grave et dûment justifiée est *dispensé* de la *tutelle*. — Il peut même s'en faire décharger si cette infirmité est survenue depuis sa nomination. (Cod. civ. art. 434.) — Voy. TUTELLE, III.

2. — *Toute personne* qui, pour

se rédimer elle-même ou affranchir une autre d'un service public quelconque, a *fabriqué*, sous le nom d'un médecin, chirurgien ou autre officier de santé, un *certificat* de maladie ou d'infirmité, est punie d'un *emprisonnement* d'une année au moins et de trois ans au plus. (Cod. pén. art. 159.)

— Tout *médecin*, *chirurgien* ou autre *officier de santé* qui, pour favoriser quelqu'un, a *certifié faussement* des maladies ou infirmités propres à dispenser d'un service public, est passible d'un *emprisonnement* d'une année au moins et de trois ans au plus. — S'il y a été mû par dons ou promesses, la peine de l'emprisonnement est d'une année au moins et de quatre ans au plus. — Dans les deux cas, le coupable peut, en outre, être *privé des droits* mentionnés en l'article 42 du Code pénal, pendant cinq ans au moins et dix ans au plus, à compter du jour où il a subi sa peine. — Dans le deuxième cas, les *corrupteurs* sont punis des *mêmes peines* que le médecin, chirurgien ou officier de santé qui a délivré le faux certificat. (Cod. pén. art. 160.)

3. — Les *mendiants*, qui *feignent* des *plaies* ou des *infirmités*, sont passibles d'un *emprisonnement* de six mois à deux ans. (Cod. pén. art. 276.)

4. — Sont *exemptés* du service *militaire*, — ceux que leurs infirmités rendent impropres à ce service; — celui dont un frère a été réformé ou admis à la retraite pour infirmités contractées dans les armées de terre ou de mer. — Voy. SERVICE MILITAIRE.

5. — Voy. PENSIONS.

INFORMATION. — Nom particulier donné aux *enquêtes* en *matière criminelle*.

INFRACTION. — Manquement à la loi. — Le Code pénal (art. 1) distingue trois sortes d'infractions : les *contraventions*, les *délits* et les *crimes*. — Voy. CONTRAVENTION; — CRIME; — DÉLIT.

INGRATITUDE. — Elle est une cause de *révocation* des *donations entre vifs* ou *testamentaires*. — La loi, afin de prévenir des abus, a pris soin de déterminer les faits constitutifs d'ingratitude. (Cod. civ. art. 953, 955-959, 1046.) — Voy. DONATION ENTRE VIFS, II; — TESTAMENT, IV, 3.

INHUMATION. — (Cod. civ. art. 77, 81; Cod. pén. art. 358; Déc. 23 prairial an XII (12 juin 1804). — Du latin *in*, dans, et *humus*, terre.

1. — Aucune inhumation ne peut être faite sans une *autorisation* de l'Officier de l'Etat civil qui doit s'assurer du décès, et que 24 heures après la mort, à moins de cas prévus par les règlements de police. — Voy. ACTES DE L'ÉTAT CIVIL, III, 3°.

L'*infraction* à cette disposition est punie de 6 jours à 2 mois de *prison* et d'une *amende* de 16 fr. à 50 fr.

2. — En règle générale, *aucune inhumation* ne peut plus avoir lieu dans les *églises*, *temples*, *hôpitaux* ni dans l'enceinte des *villes* et *bourgs*, si ce n'est dans des cas exceptionnels et avec l'*autorisation* de l'Administration.

3. — Toute personne peut être enterrée sur sa propriété, pourvu qu'elle soit hors des villes et des bourgs, et à la distance de 35 mètres au moins.

4. — Voy. CIMETIÈRE.

INJURES. — (Loi 29 juillet 1881, art. 29, 33, 34; Cod. pén. art. 471, n° 11, 474.)

Du latin *in*, contre, et *jus*, le droit. — Toute expression outrageante, terme de mépris ou invective, qui ne renferme l'imputation d'aucun fait, est une *injure*.

1. — Aux termes de l'article 33 de la loi du 29 juillet 1881 sur la liberté de la presse, est punie d'un *emprisonnement* de 6 jours à 3 mois et d'une *amende* de 18 fr. à 500 fr., ou de l'une de ces deux peines seulement, l'injure publique commise envers les cours, les tribunaux, les armées de terre ou de mer, les corps constitués et les administrations publiques. — Est passible de la même peine l'injure publique

commise, à raison de leurs fonctions ou de leur qualité, envers un ou plusieurs membres du Ministère, un ou plusieurs membres de l'une ou de l'autre Chambre, un fonctionnaire public, un dépositaire ou agent de l'autorité publique, un ministre de l'un des cultes salariés par l'Etat, un citoyen chargé d'un service ou d'un mandat public, temporaire ou permanent, un juré ou un témoin, à raison de sa déposition.

2. — L'injure publique envers les particuliers, lorsqu'elle n'a pas été précédée de provocation, est punie d'un *emprisonnement* de 5 jours à 2 mois et d'une amende de 16 fr. à 300 fr., ou de l'une de ces deux peines seulement.

3. — L'injure qui ne renferme l'imputation d'*aucun vice déterminé*, ou qui n'est *pas publique*, donne seulement lieu à une *amende* de 1 fr. à 5 fr. inclusivement, et, en cas de *récidive*, à un *emprisonnement* pendant 3 jours au plus.

4. — Les injures ne sont poursuivies que sur la *plainte* de la partie qui se croit injuriée.

INJURES GRAVES. — 1. — Elles sont une cause de *séparation de corps* ou *de divorce*. (Cod. civ. art. 231, 306.) — Voy. SÉPARATION DE CORPS; — DIVORCE.

3. — Par *injures graves*, la loi entend toute *action*, toute *parole* ou tout *écrit* outrageants, portant atteinte à l'honneur de la personne. L'appréciation de la gravité est laissée aux juges qui tiennent compte des circonstances, de la qualité des parties en cause, etc.

INNAVIGABILITÉ. — Etat d'un navire tellement endommagé qu'il n'est plus possible, même à l'aide de réparations, de le faire naviguer.

1. — *Hors le cas d'innavigabilité* légalement constatée, le capitaine ne peut, à peine de nullité de la vente, *vendre le navire* sans un pouvoir spécial des propriétaires. (Cod. com. art. 237.) — Voy. CAPITAINE DE NAVIRE, 11.

2. — Le *délaissement* des objets assurés peut être fait en cas d'innavigabilité par fortune de mer, lorsqu'il est impossible de relever le navire, de le réparer et de le mettre en état de continuer sa route. (Cod. com. art. 369, 389 et suiv.) — Voy. ASSURANCES, sect. I, III.

INSAISISSABLE. — Ce qui ne peut être saisi par les créanciers. — Voy. SAISIE-ARRÊT; — SAISIE-EXÉCUTION.

INSCRIPTION DE FAUX. — C'est l'acte par lequel on soutient en Justice qu'une pièce est fausse ou falsifiée. La *procédure* à suivre en pareille occurrence est réglée par le Code de procédure civile (art. 214-251.) — Le demandeur en faux qui *succombe* est condamné à une *amende* de 300 fr. au minimum et à tels *dommages-intérêts* qu'il appartient.

INSCRIPTION DE RENTE. — Voy. RENTES SUR L'ÉTAT.

INSCRIPTION HYPOTHÉCAIRE. — Voy. HYPOTHÈQUE, III et suiv.

INSCRIPTION MARITIME. — (Loi 3 brumaire an IV (25 oct. 1795); déc. 28 janv. 1857.)

C'est le mode de recrutement de l'*armée de mer*. Il a pour but de mettre à la disposition du Ministre de la marine, depuis 18 *ans* jusqu'à 50 *ans*, tous les individus qui se livrent à la navigation ou à la pêche maritimes.

1. — A l'âge de 50 *ans*, le marin cesse de droit de faire partie de l'inscription maritime. Avant cet âge, il ne peut obtenir sa radiation des contrôles qu'en renonçant à sa profession.

2. — L'inscrit maritime est à la disposition du Gouvernement; il peut être appelé à servir sur les bâtiments de l'Etat, à son tour de rôle, toutes les fois qu'il y a nécessité. En temps de *paix*, le service est généralement de 3 ans; les marins ne sont requis qu'une fois et jusqu'à l'âge de 40 ans seulement. En temps de *guerre*, la levée se fait dans l'ordre suivant : 1° Les célibataires ; — 2° Les veufs sans enfants; — 3° Les hommes mariés

sans enfants; — 4° Les pères de famille.

3. — Tout inscrit maritime non levé est libre de se livrer à l'exercice de sa profession en France, sur les navires du commerce français, mais il doit faire connaître au Commissaire de l'inscription maritime de sa circonscription tous ses mouvements, dont il est fait mention sur le matricule. Il lui est *interdit* de passer à l'étranger et de s'engager sur un navire étranger.

4. — Les charges imposées aux marins dans l'intérêt de la défense du pays sont compensées par certains avantages. Ainsi, ils sont exemptés de tous services publics autres que ceux résultant de l'inscription; en cas de blessures reçues au service, ils ont droit à des pensions de retraite; leurs veuves et leurs enfants sont secourus par l'Etat; après un certain temps de navigation, ils ont droit à une retraite appelée *demi-solde*, etc.

5. — Les mesures concernant la *mobilisation* et la concentration des inscrits maritimes ont fait l'objet d'un décret du 24 juin 1880.

INSOLVABILITÉ. — Du latin *in*, négatif, et *solvere*, payer. — Etat d'un individu qui ne peut payer ses dettes.

Le Code civil a réglé de la manière suivante les effets de l'insolvabilité dans différentes hypothèses :

1. — En cas d'insolvabilité d'un des *cohéritiers* ou successeurs à titre universel, sa part dans la *dette hypothécaire* est répartie sur tous les autres, au marc le franc. (Cod. civ. art. 876.)

2. — La garantie de la solvabilité du *débiteur d'une rente* échue en partage à l'un des cohéritiers ne peut être exercée que dans les 5 *ans* qui suivent le partage. Il n'y a pas lieu à garantie à raison de l'insolvabilité du débiteur, quand elle n'est survenue que depuis le partage consommé. (Cod. civ. art. 886.)

3. — Lorsque l'un des *codébiteurs solidaires* se trouve insolvable, la perte qu'occasionne son insolvabilité se répartit par contribution entre tous les autres codébiteurs solvables et celui qui a payé le créancier. (Cod. civ. art. 1214.) — Dans le cas où le créancier a renoncé à l'action solidaire envers l'un des débiteurs, si l'un ou plusieurs des autres codébiteurs deviennent insolvables, la portion des insolvables est contributoirement répartie entre tous les débiteurs, même entre ceux précédemment déchargés de la solidarité par le créancier. (Cod. civ. art. 1215.)

4. — Si le mari était déjà insolvable lorsque le père a constitué une dot à sa fille, celle-ci n'est tenue de rapporter à la succession du père que l'action qu'elle a contre celle de son mari, pour s'en faire rembourser. Si, au contraire, le mari n'est devenu insolvable que depuis le mariage, la perte de la dot tombe uniquement sur la femme. (Cod. civ. art. 1573.)

5. — Lorsqu'un des *associés* a reçu sa part entière de la créance commune, et que le débiteur est depuis devenu insolvable, cet associé est tenu de rapporter à la masse commune ce qu'il a reçu, encore qu'il eût spécialement donné quittance pour sa part. (Cod. civ. art. 1849.)

6. — Pour ce qui concerne l'insolvabilité des *cautions* (Cod. civ. art. 2020, 2026, 2027), voy. CAUTION — CAUTIONNEMENT.

7. — Voy. CONTRAINTE PAR CORPS; — DÉCONFITURE; — FAILLITE.

INSOUMISSION. — Délit militaire prévu et puni de la manière suivante par l'art. 220 du Code de justice militaire pour l'armée de terre, modifié ainsi qu'il suit par la loi du 18 mai 1875 :

« Sont considérés comme *insoumis* et punis d'un *emprisonnement d'un mois à un an*, les engagés volontaires et les hommes appelés par la loi qui, n'ayant pas déjà servi, ne sont pas rendus à leur destination, hors le cas de force majeure, dans le mois qui suit le jour fixé par leur ordre de route. Sont également considérés comme insoumis et punis de la même peine, les hommes de la disponibilité et de la réserve de l'armée active, de l'armée territoriale et de la réserve de cette armée, à quelque catégorie qu'ils appartiennent, qui, ayant déjà servi et étant appelés à l'activité par ordre individuel, ne sont pas rendus à leur destination, hors le cas de force majeure, dans les 15 jours qui suivent celui fixé par leur ordre de route. — Les délais ci-dessus déterminés sont portés : 1° à 2 mois, pour les hommes demeurant en Algérie et en Europe ; 2° à 6 mois, pour ceux demeurant dans tout autre pays. — En *temps de guerre* ou en cas de *mobilisation par voie d'affiches et de publications sur la voie publique*, les délais ci-dessus sont réduits à 2 jours pour les hommes dont il est parlé aux 1er et 2e §§ du présent article, et diminués de moitié pour ceux que le 3e § concerne. En *temps de guerre*, la peine est de 2 à 5 ans d'emprisonnement, sans préjudice des dispositions spéciales édictées par l'article 61 de la loi du 27 juillet 1872. (Voy. SERVICE MILITAIRE.) — Conformément au dernier § de l'art. 68 de cette même loi, les peines prononcées par le présent article pourront être modifiées par l'application de l'art. 463 du Code pénal (*circonstances atténuantes*). »

INSTANCE. — Du latin *stare in judicio*, être en jugement. — C'est l'action portée devant un tribunal. — On nomme *demande introductive d'instance* celle qui saisit le juge (Cod. proc. civ. art. 48). Elle peut être déclarée *périmée* si le demandeur laisse s'écouler 3 *ans* sans faire aucun acte de procédure. — Voy. PÉREMPTION D'INSTANCE.

— Le mot *instance* sert aussi à désigner la juridiction. Etre en *première instance*, c'est plaider devant un tribunal du premier degré.

INSTITUT DE FRANCE. — Corps institué par l'art. 298 de la Constitution du 5 fructidor an III (22 août 1795) pour remplacer les anciennes Académies supprimées en 1793, et « *perfectionner les sciences et les arts par des recherches non interrompues, par la publication des découvertes, par la correspondance avec les Sociétés savantes et étrangères.* »

1. — Il *se compose* actuellement de 5 *Académies* qui prennent rang selon l'ordre de leur fondation, et sont dénommées ainsi qu'il suit, savoir : l'Académie *Française*, l'Académie des *Inscriptions et Belles-Lettres*, l'Académie des *Sciences*, l'Académie des *Beaux-Arts* et l'Académie des *Sciences morales et politiques*.

1° L'Académie FRANÇAISE, composée de 40 *membres*, est particulièrement chargée de la publication du *Dictionnaire historique de la langue française*. Elle se réunit tous les *jeudis*, de 3 h. à 5 h.

2° L'Académie des INSCRIPTIONS ET BELLES-LETTRES est composée de 40 *membres*, de 10 *Académiciens libres*, de 8 *Associés étrangers*, et de 50 *Correspondants*, dont 30 *étrangers* et 20 *régnicoles*.

Les langues savantes, les antiquités et les monuments, l'histoire, et toutes les sciences morales et politiques dans leur rapport avec l'histoire, sont l'objet de ses recherches et de ses travaux ; elle s'attache particulièrement à enrichir la littérature française des ouvrages grecs, latins et orientaux qui n'ont pas encore été traduits.

Elle se réunit tous les *vendredis*, de 3 h. à 5 h. ; ses séances sont *publiques*.

3° L'Académie des SCIENCES est divisée en 11 *sections* qui sont composées chacune de 6 membres et désignées ainsi qu'il suit :

SCIENCES MATHÉMATIQUES. — *Géométrie ; — Mécanique ; — Astronomie ; — Géographie et Navigation ; — Physique générale.*

SCIENCES PHYSIQUES. — *Chimie ; — Minéralogie ; — Botanique ; — Economie rurale ; — Anatomie et Zoologie ; — Médecine et Chirurgie.*

Chaque section a le nombre de *Correspondants* suivant :

Géométrie, 6; — *Mécanique*, 6; — *Astronomie*, 16; — *Géographie et Navigation*, 8; — *Physique générale*, 9; — *Chimie*, 9; — *Minéralogie*, 8; — *Botanique*, 10; — *Economie rurale*, 10; — *Anatomie et Zoologie*, 10; — *Médecine et Chirurgie*, 8.

L'Académie se réunit tous les *lundis*, de 3 à 5 h.; ses séances sont *publiques*.

4° — L'Académie des BEAUX-ARTS est divisée en 5 *sections*, qui sont ainsi désignées et composées : 1° *Peinture*, 14 membres; — 2° *Sculpture*, 8; — 3° *Architecture*, 8; — 4° *Gravure*, 4; — 5° *Composition musicale*, 6.

Elle compte, en outre, 10 *Académiciens libres*; — 10 *Associés étrangers*, et 40 *Correspondants*, tant nationaux qu'étrangers, répartis de la manière suivante entre les 5 sections, savoir : *Peinture*, 14; — *Sculpture*, 8; — *Architecture*, 8; — *Gravure*, 4; — *Composition musicale*, 6; — 10 *Correspondants libres*.

5° Supprimée en 1803, rétablie en 1832, l'Académie des SCIENCES MORALES ET POLITIQUES est divisée en 5 *sections* ainsi dénommées : 1° *Philosophie*; — 2° *Morale*; — 3° *Législation, Droit public et Jurisprudence*; — 4° *Economie politique et Finances, Statistique*; — 5° *Histoire générale et philosophique*.

Chaque section se compose de 8 *membres*.

L'Académie compte, en outre, 10 *Académiciens libres*, 6 *Associés étrangers*, et de 30 à 40 *Correspondants*.

2. — Les *nominations* aux places vacantes sont faites par chacune des Académies où ces places viennent à vaquer; les élections sont confirmées par le Chef du Gouvernement.

3. — *Tous les ans*, chaque Académie tient une *séance publique solennelle* pour la proclamation des prix décernés à la suite de concours, et, *le 25 octobre*, les cinq Académies tiennent une *séance publique commune*.

4. — Sont *dispensés* du *service militaire* les jeunes gens qui ont remporté les *grands prix* de l'Institut. — Voy. SERVICE MILITAIRE.

INSTITUT NATIONAL AGRONOMIQUE. — (Loi 9 août 1876.) — Ecole destinée à l'étude et à l'enseignement des sciences, dans leurs rapports avec l'agriculture, et située, à Paris, au Conservatoire des Arts et Métiers.

L'établissement admet des élèves *externes* et des auditeurs *libres*. Les premiers, à défaut du diplôme du baccalauréat ès sciences complet ou de titres équivalents, doivent subir un *examen* sur les connaissances scientifiques comprises dans le programme de ce baccalauréat. Les auditeurs libres sont dispensés de tout examen.

La *rétribution scolaire* est fixée à 300 francs pour les élèves réguliers et à 25 francs pour les auditeurs libres.

Quatre *bourses* de 1 000 francs et deux de 500 fr., donnant droit à la gratuité de l'enseignement, et dix places gratuites, sont mises au concours par moitié entre les élèves diplômés des Ecoles nationales d'agriculture et les autres concurrents.

Un *diplôme* est délivré aux élèves qui ont satisfait aux examens de sortie; les deux premiers sur la liste de classement peuvent recevoir, aux frais de l'Etat, une *mission* complémentaire d'études d'une durée de 3 années, soit en France, soit à l'étranger.

INSTITUTEUR. — C'est, dans la plus large acception de ce mot, tout individu qui se livre à l'enseignement ou tient une maison d'éducation.

1. — Les instituteurs sont *responsables* du dommage causé par leurs élèves, pendant le temps que ceux-ci sont placés sous leur surveillance. (Cod. civ. art. 1384.) — Voy. RESPONSABILITÉ.

2. — L'*action* des Instituteurs,

pour le payement des leçons qu'ils donnent au mois, *se prescrit* par 6 mois. Celle des Maîtres de pension, pour le prix de la pension de leurs élèves, *se prescrit* par un an. (Cod. civ. art. 2271, 2273.) — Voy. PRESCRIPTION, III.

3. — La qualité d'Instituteur est une circonstance *aggravante* du *viol* et de l'*attentat à la pudeur* (Cod. pén. art. 333) ; — de l'*excitation à la débauche* (Cod. pén. art. 334); — de l'*exposition* ou du *délaissement* d'un enfant en un lieu solitaire (Cod. pén. art. 350, 353). — Voy. VIOL ; — ATTENTAT A LA PUDEUR ; — EXCITATION A LA DÉBAUCHE ; — ENFANT, 4.

4. — Quant aux *conditions* exigées pour la profession d'instituteur *public* ou *privé*, voy. INSTRUCTION PUBLIQUE, 14 et suiv.

INSTITUTION CANONIQUE. — Tout ecclésiastique nommé *Evêque* par le Gouvernement doit obtenir l'institution du Pape avant d'entrer en fonctions. (Loi 18 germinal an X (8 avril 1802), art. 18.)

— Ce sont les Evêques qui nomment et instituent les *Curés;* mais l'institution canonique ne leur est donnée qu'après que leur nomination a été agréée par le Chef de l'Etat. (Même loi, art. 19.)

INSTITUTION CONTRACTUELLE. — (Cod. civ. art. 1082.) — On désigne sous ce nom la disposition par laquelle une personne fait don à des futurs époux, dans leur contrat de mariage, de tout ou partie des biens qu'elle laissera au jour de son décès.

INSTRUCTION CRIMINELLE. (CODE D') — Voy. CODE D'INSTRUCTION CRIMINELLE.

INSTRUCTION DANS LA FAMILLE. — En déclarant l'instruction primaire obligatoire pour les enfants des deux sexes âgés de 6 ans révolus, la loi du 28 mars 1882 (art. 4) a reconnu formellement, comme elle le devait, le droit du père de famille de donner lui-même cette instruction ou de la faire donner chez lui par une personne de son choix.

1. — Aux termes de l'article 16 de la même loi, les enfants qui reçoivent l'instruction dans la famille doivent, chaque année, à partir de la fin de la 2e année d'instruction obligatoire, subir un *examen* sur les matières de l'enseignement correspondant à leur âge dans les écoles publiques.

Si l'examen est jugé *insuffisant* et qu'aucune excuse ne soit admise par le jury, les parents sont mis en demeure d'envoyer leur enfant dans une école publique ou privée, dans la huitaine de la notification, et de faire savoir au Maire quelle école ils ont choisie.

En cas de non-déclaration, l'inscription a lieu d'office à l'une des écoles publiques.

2. — Aux termes de l'arrêté du 22 décembre 1882, l'examen consiste en *épreuves écrites;* il n'y a lieu à épreuves *orales* qu'autant que les premières auraient été jugées insuffisantes.

Les épreuves écrites consistent, soit en devoirs écrits sous la dictée et sous le contrôle du jury, soit dans les devoirs faits à domicile et communiqués avec une *attestation d'authenticité*, par le père de famille, conformément à la formule suivante :

Je soussigné (*nom et prénoms*) père (ou tuteur) de (*nom et prénoms de l'enfant*) , né le , et que je me suis engagé, par ma déclaration, en date du , à faire instruire à domicile, conformément aux prescriptions de la loi du 28 mars 1882, atteste que les cahiers ci-joints sont les cahiers de l'enfant, et contiennent des devoirs faits par lui seul dans le cours de la présente année. En foi de quoi, il a signé avec moi la présente déclaration.

Fait à , le 188

(*Signature de l'enfant.*)

(*Signature du père.*)

INSTRUCTION. (JUGE D') — Voy. JUGE D'INSTRUCTION.

INSTRUCTION PAR ÉCRIT. — Dans les affaires compliquées de détails et qui ne sont pas susceptibles d'être jugées sur plaidoirie ou délibéré, le tribunal peut ordonner une *instruction par écrit* pour en être fait rapport par l'un de ses membres.

Les *formes* de l'instruction par écrit sont tracées dans les articles 95 et suivants du Code de procédure civile.

INSTRUCTION PUBLIQUE. — (Loi 15 mars 1850, tit. III et IV; déc. 9 mars 1852; lois 14 juin 1854, 21 juin 1865, 19 juillet 1875, 16 juin 1881, 28 mars 1882, 30 octobre 1886; déc. 18 janvier 1887.)

1. — Sous le rapport de l'Instruction publique, la France est *divisée* aujourd'hui en 17 Académies, y compris l'Algérie.

En voici le tableau avec l'indication de l'étendue de leur circonscription :

CHEF-LIEU	CIRCONSCRIPTION
Aix.............	Basses-Alpes, Alpes-Maritimes, Bouches-du Rhône, Corse (*un vice-recteur réside à Ajaccio*), Var, Vaucluse.
Alger............	L'Algérie.
Besançon........	Doubs, Jura, Haut-Rhin, Haute-Saône.
Bordeaux........	Dordogne, Gironde, Landes, Lot-et-Garonne, Basses-Pyrénées.
Caen.............	Calvados, Eure, Manche, Orne, Sarthe, Seine-Inférieure.
Chambéry........	Savoie, Haute-Savoie.
Clermont........	Allier, Cantal, Corrèze, Creuse, Haute-Loire, Puy-de-Dôme.
Dijon............	Aube, Côte-d'Or, Haute-Marne, Nièvre, Yonne.
Douai............	Aisne, Ardennes, Nord, Pas-de-Calais, Somme.
Grenoble.........	Hautes-Alpes, Ardèche, Drôme, Isère.
Lyon.............	Ain, Rhône, Loire, Saône-et-Loire.
Montpellier......	Aude, Gard, Hérault, Lozère, Pyrénées-Orientales.
Nancy............	Meuse, Meurthe-et-Moselle, Vosges.
Paris............	Cher, Eure-et-Loir, Loir-et-Cher, Loiret, Marne, Oise, Seine, Seine-et-Marne, Seine-et-Oise.
Poitiers.........	Charente, Charente-Inférieure, Indre, Indre-et-Loire, Deux-Sèvres, Vendée, Vienne, Haute-Vienne.

CHEF-LIEU	CIRCONSCRIPTION
Rennes...........	Côtes-du-Nord, Finistère, Ille-et-Vilaine, Loire-Inférieure, Maine-et-Loire, Mayenne, Morbihan.
Toulouse.........	Ariège, Aveyron, Gers, Haute-Garonne, Lot, Hautes-Pyrénées, Tarn, Tarn-et-Garonne.

2. — Chaque Académie est administrée par un *Recteur*, assisté d'autant d'*Inspecteurs d'Académie* qu'il y a de départements dans la circonscription, et d'un *Conseil académique* (voy. ces mots).

3. — Au chef-lieu de chaque département, il y a un *Conseil départemental de l'enseignement primaire* (voy. ces mots).

4. — La loi du 14 juin 1854 a remis aux *Préfets* les attributions déférées aux Recteurs par la loi du 15 mars 1850, pour ce qui concerne l'instruction primaire.

Le rôle de l'*Inspecteur d'Académie* attaché à chaque département est d'instruire, sous l'autorité du Préfet, les affaires relatives à l'enseignement primaire, et de diriger, sous l'autorité du Recteur, l'administration des lycées et colléges, et la surveillance de l'enseignement secondaire libre.

La loi du 30 octobre 1886 et le décret du 18 janvier 1887 ont notablement accru l'importance des fonctions d'inspecteur d'Académie dans les matières d'enseignement primaire.

5. — Auprès du Ministre de l'Instruction publique se trouve le *Conseil supérieur de l'Instruction publique*.

La composition et les attributions de ce Conseil ont été fixées par la loi du 27 février 1880. — Voy. CONSEIL SUPÉRIEUR DE L'INSTRUCTION PUBLIQUE.

6. — C'est au Président de la République qu'appartient, sur la proposition du Ministre, la nomination et la révocation des *Inspecteurs généraux*, des *Recteurs*, des Professeurs de *Facultés*, du *Collège de France*, du *Muséum d'Histoire naturelle*, de l'*Ecole des langues orientales vivantes*, des Membres du *Bureau des Longitudes* et des *Observatoires nationaux*, des *Administrateurs* et *Conservateurs* des *Bibliothèques publiques*.

Par délégation du Président de la République, le Ministre nomme et révoque les Professeurs de l'*Ecole des Chartes*, les *Inspecteurs d'Académie*, les fonctionnaires et professeurs des Ecoles préparatoires de médecine et de pharmacie ; les professeurs et fonctionnaires de l'*Enseignement secondaire public*, les Directeurs et Professeurs des *Ecoles normales primaires*, les *Inspecteurs primaires*, les directeurs, directrices et professeurs d'*écoles primaires supérieures*, les directeurs et directrices d'*écoles manuelles d'apprentissage*, les employés des *Bibliothèques publiques*.

7. — La loi reconnaît *deux espèces d'Ecoles :* 1° les *Ecoles publiques* (fondées ou entretenues par les Communes, les Départements ou l'Etat) ; — 2° les Ecoles *privées* (fondées ou entretenues par des particuliers ou des Associations).

8. — L'*inspection* des établissements d'instruction publique ou privée s'exerce :

1° Par les *Inspecteurs généraux* de l'instruction publique ;

2° Par les *Recteurs* et les *Inspecteur d'Académie ;*

3° Par les *Inspecteurs de l'Enseignement primaire ;*

4° Par les *Membres du Conseil départemental désignés* à cet effet;

5° Par les *délégués cantonaux* et les *Maires*, etc.

— Les *Délégués cantonaux* sont nommés, pour 3 ans, par le Conseil départemental. Ils sont *rééligibles* et *révocables*. Chaque délégué correspond, tant avec le Conseil départemental, auquel il doit adresser ses rapports, qu'avec les Autorités locales, pour tout ce qui regarde l'état et les besoins de l'enseignement primaire dans sa circonscription. — Il peut, lorsqu'il n'est pas membre du Conseil départemental, assister à ses séances avec *voix consultative* pour les affaires intéressant les écoles de sa circonscription.

Les Délégués *se réunissent* au moins une fois *tous les trois mois* au chef-lieu de canton, sous la présidence de celui d'entre eux qu'ils désignent, pour convenir des avis à transmettre au Conseil départemental.

— A *Paris*, les Délégués nommés pour chaque arrondissement, par le Conseil départemental, *se réunissent* au moins une fois *tous les mois*, sous la présidence du Maire ou de l'un de ses Adjoints par lui désigné.

— L'inspection des établissements *privés* porte seulement sur la *moralité*, l'*hygiène* et la *salubrité* et sur l'exécution des obligations imposées à ces écoles par la loi du 28 mars 1882. Elle ne peut avoir pour objet l'enseignement qu'afin de vérifier s'il n'est pas contraire à la morale, à la constitution et aux lois.

Tout chef d'établissement privé qui *refuserait* de se soumettre à la surveillance de l'État, telle qu'elle est ci-dessus prescrite, serait traduit devant le tribunal correctionnel, et condamné à une *amende* de 50 fr. à 500 fr. En cas de *récidive*, l'amende serait de 100 fr. à 1 000 fr., et, si le refus avait donné lieu à *deux condamnations* dans l'année, la *fermeture* de l'établissement serait ordonnée par le jugement prononçant la seconde condamnation.

9. — L'Enseignement primaire comprend : l'*instruction morale* et *civique*; la *lecture* et l'*écriture*; la *langue* et les éléments de la *littérature française*; la *géographie*, particulièrement celle de la France; l'*histoire*, particulièrement celle de la France jusqu'à nos jours; — quelques notions usuelles de *droit* et d'*économie politique*; les éléments des *sciences naturelles*, *physiques* et *mathématiques*; leurs applications à l'agriculture, à l'hygiène, aux arts industriels; *travaux manuels* et usage des outils des principaux métiers; — les *éléments du dessin*, du *modelage* et de la *musique*; — la *gymnastique*; — pour les garçons, les *exercices militaires*; — pour les filles, les *travaux à l'aiguille*. (Loi 28 mars 1882, art. 1er.)

L'enseignement primaire est donné *gratuitement* à tous les enfants, sans distinction. (Loi 16 juin 1881, art. 1er.)

10. — *Toute Commune* doit entretenir une ou plusieurs écoles primaires. Le Conseil départemental peut autoriser une Commune à se réunir à une ou plusieurs Communes voisines pour l'entretien d'une école.

11. — Toute Commune de 500 *habitants* et au-dessus est tenue d'avoir au moins une *école publique de filles*, si elle n'en est pas dispensée par le Conseil départemental.

— Dans toute *école mixte* tenue par un instituteur, une *femme* nommée par l'Inspecteur d'Académie est chargée de diriger les *travaux à l'aiguille* des filles.

12. — *Aucune école* primaire privée ne peut, sans l'autorisation du Conseil départemental, recevoir d'enfants des *deux sexes*, s'il existe dans la Commune une école publique ou privée de filles. Toute *contravention* donne lieu à une *amende* de 100 fr. à 1 000 fr. et à la *fermeture* de l'école. En cas de *récidive*, le délinquant est passible d'un *emprisonnement* de 6 jours à un

mois, et d'une *amende* de 500 fr. à 2000 fr.

Lorsqu'il existe dans la Commune une *école maternelle publique*, ou une *classe enfantine publique*, aucune école primaire privée ne peut, sans l'autorisation du Conseil départemental, recevoir des enfants *au-dessous de* 6 *ans*, à moins qu'elle-même ne possède une classe enfantine.

13. — Tout département est tenu de pourvoir au *recrutement des Instituteurs et des Institutrices publics*, en entretenant des élèves-maîtres, dans l'*Ecole normale* établie à cet effet dans le département. — Voy. ÉCOLES NORMALES PRIMAIRES.

14. — Tout Français, âgé de *vingt et un ans* accomplis, peut exercer dans toute la France la profession d'instituteur primaire, public ou privé, s'il est muni d'un *brevet de capacité*.

Le brevet de capacité ne peut être suppléé par *aucun autre titre*.

15. — Il est *interdit* aux Instituteurs communaux d'exercer aucune fonction administrative sans l'autorisation du Conseil départemental. — Toute profession commerciale ou industrielle leur est absolument interdite.

Les peines disciplinaires applicables au personnel de l'enseignement primaire *public* sont : la *réprimande ;* — la *censure ;* — la *révocation ;* — l'*interdiction* pour un temps dont la durée ne peut excéder *cinq ans ;* — l'*interdiction absolue*.

La réprimande est prononcée par l'inspecteur d'académie.

La censure est prononcée par l'inspecteur d'académie, après *avis motivé* du Conseil départemental. Elle peut être prononcée avec insertion au Bulletin.

La révocation est prononcée par le Préfet, sur la proposition de l'inspecteur d'académie, après *avis motivé* du Conseil départemental. Le fonctionnaire inculpé a le droit de comparaître devant le Conseil et d'obtenir préalablement communication du dossier.

Le fonctionnaire révoqué peut, dans le délai de 20 jours à partir de la signification de l'arrêté préfectoral, interjeter *appel* devant le Ministre.

Le Conseil départemental peut, après l'avoir entendu ou dûment appelé, frapper l'instituteur communal d'une *interdiction temporaire* ou *absolue*, sauf *appel* devant le Conseil supérieur dans le délai de 10 *jours* à partir de la notification de la décision. — L'appel n'est *pas suspensif*.

En cas d'urgence, l'Inspecteur d'Académie a la faculté de suspendre provisoirement l'instituteur communal, à la condition de saisir à bref délai le Conseil départemental. Cette suspension n'entraîne pas la privation de traitement.

17. — Tout instituteur qui veut ouvrir une école *privée* doit préalablement *déclarer* son intention au Maire de la Commune où il désire s'établir et lui désigner le *local*.

Le Maire remet au postulant un *récépissé* de sa déclaration et fait *afficher* celle-ci à la porte de la mairie pendant *un mois*. S'il juge que le local n'est pas convenable, pour raisons tirées de l'intérêt des bonnes mœurs ou de l'hygiène, il forme, dans les 8 jours, *opposition* à l'ouverture de l'école et en informe le postulant.

Le postulant adresse les mêmes déclarations au Préfet, à l'Inspecteur d'Académie et au Procureur de la République ; il y joint, en outre, pour l'Inspecteur d'Académie, son acte de naissance, ses diplômes, l'extrait de son casier judiciaire, l'indication des lieux où il a résidé et des professions qu'il y a exercées pendant les 10 années précédentes, le plan des locaux affectés à l'établissement et, s'il appartient à une association, une copie des statuts de cette association.

L'Inspecteur d'Académie, soit d'office, soit sur la plainte du Procureur de la République, peut former *opposition* à l'ouverture d'une école privée, dans l'intérêt des *bonnes mœurs* ou de l'*hygiène*.

Lorsqu'il s'agit d'un instituteur public révoqué et voulant s'établir comme instituteur privé dans la Commune où il exerçait, l'opposition peut être faite dans l'intérêt de l'*ordre public*.

A défaut d'opposition, l'école est ouverte à l'expiration du mois, sans autre formalité.

Les oppositions à l'ouverture d'une école privée sont *jugées* contradictoirement par le Conseil départemental, dans le délai d'*un mois*.

Appel peut être interjeté de la décision du Conseil départemental, dans les *dix jours* de la notification.

L'instituteur appelant a la faculté de se faire assister ou représenter devant le Conseil départemental et le Conseil supérieur.

En aucun cas, l'ouverture ne peut avoir lieu qu'après la décision d'appel.

18. — Pour tenir un *pensionnat primaire*, il faut, indépendamment des conditions ci-dessus, être âgé de *vingt-cinq ans*. A défaut d'opposition, ou s'il a été donné mainlevée de celle qui aurait été formée, le Conseil départemental détermine le nombre maximum de pensionnaires et le nombre des maîtres nécessaire pour la surveillance de ces élèves.

19. — Sont *incapables* de tenir une école privée ou publique, ou d'y être employés, les individus qui ont subi une *condamnation* pour crime ou pour un délit contraire à la *probité* ou aux *mœurs*; les individus *privés* par jugement de tout ou partie *des droits* mentionnés en l'article 42 du Code pénal et ceux qui ont été *interdits des fonctions d'instituteur*.

20. — Les *étrangers* non naturalisés ne peuvent remplir aucune fonction dans l'enseignement *public*; pour exercer dans l'enseignement *privé*, il faut qu'ils aient obtenu du Ministre de la Justice l'*admission à domicile* et du Ministre de l'Instruction publique l'*autorisation d'enseigner* après déclaration *d'équivalence*, s'il y a lieu, de leurs diplômes avec les titres de capacité français.

21. — Quiconque a ouvert ou dirigé un établissement d'instruction primaire en *contravention* aux prescriptions de la loi est poursuivi devant le tribunal correctionnel du lieu du délit, et condamné à une *amende* de 100 fr. à 1000 fr. — L'établissement est *fermé*. — En cas de *récidive*, le délinquant est condamné à un *emprisonnement* de 6 jours à 1 mois et à une *amende* de 500 fr. à 2000 fr.

La même peine de 6 jours à 1 mois de prison et de 500 fr. à 2000 fr. d'amende est prononcée contre celui qui, dans le cas d'opposition formée à l'ouverture de son école, l'a néanmoins ouverte avant qu'il ait été statué sur cette opposition, ou bien au mépris de la décision du Conseil départemental qui a accueilli l'opposition.

22. — Tout instituteur privé peut, sur la plainte de l'Inspecteur de l'Académie, être traduit pour cause de faute grave dans l'exercice de ses fonctions, d'inconduite ou d'immoralité, devant le Conseil départemental, et être *censuré* ou *interdit* de l'exercice de sa profession, soit dans la Commune où il exerce, soit dans le département, selon la gravité de la faute commise. — Le Conseil départemental peut même le frapper d'une *interdiction à temps* ou *absolue*, sauf *appel* devant le Conseil supérieur dans les *dix jours* de la notification de la décision. L'appel n'est pas *suspensif*.

23. — Les établissements *publics* d'INSTRUCTION SECONDAIRE sont les Lycées et les Collèges communaux.

Les *Lycées* sont fondés et entretenus par l'État, avec le concours des départements et des villes. On en compte actuellement 97 pour les *garçons*, établis à *Paris* (6), *Agen*, *Aix*, *Alby*, *Alençon*, *Alger*, *Amiens*, *Angers*, *Angoulême*, *Auch*, *Avignon*, *Bar-le-Duc*,

Bastia, Bayonne, Belfort, Besançon, Bordeaux, Bourg, Bourges, Brest, Caen, Cahors, Carcassonne, Chambéry, Charleville, Châteauroux, Chaumont, Clermont-Ferrand, Constantine, Coutances, Dijon, Douai, Evreux, Grenoble, Guéret, le Havre, Laval, Lille, Limoges, Lons-le-Saunier, Lorient, Lyon, Mâcon, le Mans, Marseille, Montauban, Mont-de-Marsan, Montluçon, Montpellier, Moulins, Nancy, Nantes, Nevers, Nice, Nîmes, Niort, Orléans, Pau, Périgueux, Pointe-à-Pitre, Poitiers, Pontivy, le Puy, Reims, Rennes, la Roche-sur-Yon, la Rochelle, Rodez, Rouen, Saint-Brieuc, Saint-Denis (Réunion), *Saint-Etienne, Saint-Omer, St-Pierre* (Martinique), *Saint-Quentin, Sceaux, Sens, Tarbes, Toulon, Toulouse, Tourcoing, Tournon, Tours, Troyes, Vanves, Valenciennes, Vendôme, Versailles, Vesoul.*

Les lycées de *jeunes filles* sont au nombre de 15, établis à *Paris* (lycée Fénelon), *Amiens, Besançon, Bordeaux, Le Havre, Lyon, Montpellier, Moulins, Nantes, Niort, Reims, Roanne, Rouen, Toulouse, Tournon.*

Les *Collèges communaux* sont fondés et entretenus par les Communes. L'Etat peut les subventionner. On en compte actuellement pour les *garçons*, 251 établis à : *Paris* (Rollin), *Abbeville, Agde, Aix, Ajaccio, Alais, Ambert, Annecy, Antibes, Apt, Arbois, Argentan, Arles, Armentières, Arnay-le-Duc, Arras, Aubusson, Auray, Aurillac, Autun, Auxerre, Auxonne, Avallon, Avesnes, Avranches, Bagnères-de-Bigorre, Bailleul, Bar-sur-Aube, Barbezieux, Barcelonnette, Baume, Bayeux, Beaufort, Beaune, Beauvais, Bédarieux, Bergerac, Bernay, Béthune, Béziers, Blanc* (*Le*), *Blaye, Blidah, Blois, Bône, Bonneville, Boulogne-sur-Mer, Bourgoin, Briançon, Brioude, Brive, Bruyères, Calais, Calvi, Cambrai, Carentan, Carpentras, Cassel, Castelnaudary, Castel-Sarrazin, Castres, le Câteau, Cette, Châlons-sur-Marne, Chalon-sur-Saône, Charolles, Chartres, Châteaudun, Château-Thierry, Châtellerault, Châtillon-sur-Seine, la Châtre, Cherbourg, Chinon, Cholet, Civray, Clamecy, Clermont-l'Hérault, Clermont* (Oise), *Cluny, Cognac, Commercy, Compiègne, Condé-sur-Escaut, Condom, Confolens, Coulommiers, Corte, Cosne-sur-Loire, Courdemanche, Cusset, Dieppe, Digne, Dinan, Dôle, Domfront, Draguignan, Dreux, Dunkerque, Embrun, Epernay, Epinal, Ernée, Etain, Etampes, Eu, Evron, Eymoutiers, Falaise, Fère* (*La*), *Flers, Figeac, Foix, Fontainebleau, Fontenay-le-Comte, Fougères, Gaillac, Gap, Grasse, Gray, Hazebrouck, Hesdin, Honfleur, Issoire, Issoudun, Joigny, Josselin, Lamballe, Landerneau, Landrecies, Langres, Lannion, Laon, Lectoure, Lesneven, Libourne, Lisieux, Lodève, Longwy, Loudun, Louhans, Luçon, Lunel, Lunéville, Lure, Luxeuil, Manosque, Marmande, Maubeuge, Mauriac, Meaux, Milianah, Melle, Melun, Mende, Menton, Mézin, Milhau, Mirecourt, Moissac, Montargis, Montbéliard, Montélimar, Morlaix, Mortain, Nantua, Neufchâteau, Nogent-le-Rotrou, Nyons, Oran, Orange, Paimbœuf, Pamiers, Parthenay, Péronne, Perpignan, Pertuis, Pézénas, Philippeville, Poligny, Pont-à-Mousson, Pont-de-Vaux, Pontarlier, Pontoise, Privas, Provins, le Quesnoy, Quimper, Remiremont, la Réole, Revel, Riom, Roanne, Rochefort, la Rochefoucauld, Romans, Romorantin, Sablé, St-Amand-les-Eaux, St-Amand-Montrond, St-Amour, Saint-Claude, Saint-Dié, Saint-Flour, Saint-Gaudens, Saint-Girons, Saint-Hilaire-du-Harcouet, Saint-Jean-d'Angely, Saint-Maixent, Saint-Marcellin, Saint-Mihiel, Saint-Paul* (Réunion), *Saint-Pol-de-Léon, Saint-*

Pol-sur-Ternoise, Saint-Servan, Saint-Sever, Saint-Yrieix, Sainte-Menehould, Saintes, Salins, Sancerre, Sarlat, Saulieu, Saumur, Sedan, Semur, Sétif, Sillé-le-Guillaume, Sisteron, Soissons, Tarascon, Thiers, Tlemcen, Tonnerre, Toul, Tournus, Treignac, Tulle, Uzès, Valence, Vannes, Vassy, Verdun, Verneuil, Vic-de-Bigorre, Vienne, le Vigan, Villefranche-de-Rouergue, Villeneuve-sur-Lot, Vire, Vitry-le-Français.

Des Collèges de *jeunes filles* existent à *Abbeville, Agen, Armentières, Auxerre, Béziers, Cambrai, Chalon-sur-Saône, Fère (La), Grenoble, Lille, Lons-le-Saunier, Louhans, Montauban, Saumur, Tarbes, Vic-de-Bigorre, Vitry-le-Français.*

24. — Une loi du 21 juin 1865 a institué, à côté de l'enseignement secondaire classique, un enseignement dont la nécessité se faisait depuis longtemps sentir. Cet enseignement, appelé *secondaire spécial*, comprend : l'*instruction morale* et *religieuse*; — la *langue* et la *littérature françaises*; — l'*histoire* et la *géographie*; — les *mathématiques appliquées*; — la *physique*, la *mécanique*, la *chimie*, l'*histoire naturelle* et leurs applications à l'agriculture et à l'industrie; — le *dessin linéaire*, la *comptabilité* et la *tenue des livres*.

Il peut comprendre, en outre, une ou plusieurs *langues vivantes étrangères*; — des notions usuelles de *législation*, d'*économie industrielle* et *rurale*, et d'*hygiène*; — le *dessin d'ornement* et le *dessin d'imitation*; — la *musique vocale* et la *gymnastique*. — Voy. ÉCOLE NORMALE DE L'ENSEIGNEMENT SECONDAIRE SPÉCIAL.

25. — Tout Français âgé de vingt-cinq ans au moins qui veut ouvrir un établissement libre d'instruction secondaire doit être muni d'un *diplôme de bachelier*, ou d'un *brevet spécial de capacité*, et avoir fait un *stage* d'au moins *cinq ans*, comme professeur ou surveillant, dans un établissement d'instruction public ou libre.

Les *certificats de stage* sont *délivrés* par le Conseil académique, sur l'attestation des chefs d'établissements où le stage a été accompli. Toute *attestation fausse* rend passible des peines portées en l'art. 160 du Code pénal. (Voy. FAUX, V, p. 330.)

Le Ministre, sur la proposition des Conseils académiques et l'avis conforme du Conseil supérieur, peut accorder des *dispenses de stage*.

— Avant de pouvoir ouvrir son établissement, le postulant qui remplit, d'ailleurs, les conditions ci-dessus, doit, au préalable, *déclarer* son intention à l'Inspecteur d'Académie en résidence dans le département où il se propose de s'établir, et *déposer* entre les mains de ce fonctionnaire les *pièces suivantes :* 1° Son acte de naissance; — 2° Le certificat de stage dont il a été parlé plus haut; — 3° Son diplôme de bachelier ou le brevet spécial de capacité pour l'instruction secondaire; — 4° Le plan du local; — 5° L'indication de l'objet de l'enseignement.

Un mois après la remise de ces pièces, s'il n'est pas intervenu d'*opposition* de la part de l'Administration, l'établissement peut être immédiatement ouvert.

Durant ce délai, l'Inspecteur d'Académie, le Préfet et le Procureur de la République peuvent se pourvoir devant le Conseil académique et s'opposer à l'ouverture de l'établissement, dans l'intérêt des *mœurs publiques* ou de la *santé des élèves*. — En cas d'opposition, le Conseil académique prononce, la partie entendue ou dûment appelée, sauf *appel* devant le Conseil supérieur.

26. — Quiconque, *sans avoir satisfait aux conditions exigées*, a ouvert un établissement d'instruction secondaire, est poursuivi devant le Tribunal correctionnel du lieu du délit, et condamné à une *amende*

de 100 fr. à 1 000 fr. — L'établissement est *fermé*.

En cas de *récidive*, ou si l'établissement a été ouvert avant qu'il ait été statué sur l'opposition, ou contrairement à la décision du Conseil académique qui l'aurait accueillie, le délinquant est condamné à un *emprisonnement* de 15 jours à 1 mois et à une *amende* de 1 000 fr. à 3 000 fr.

— Les Ministres des différents cultes reconnus peuvent donner l'instruction secondaire à *quatre* jeunes gens au plus, destinés aux écoles ecclésiastiques, sans être soumis aux prescriptions ci-dessus, à la condition d'en faire la déclaration à l'Inspecteur d'Académie.

27. — En cas de désordre grave dans le régime intérieur d'un établissement libre d'instruction secondaire, le chef de cet établissement peut être appelé devant le Conseil académique, et soumis à la *réprimande* avec ou sans publicité. — La réprimande ne donne lieu à *aucun recours*.

Tout chef d'établissement libre d'instruction secondaire, toute personne attachée à l'enseignement ou à la surveillance d'une maison d'éducation, peut, sur la plainte du Ministère public ou de l'Inspecteur d'Académie, être traduit, pour cause d'*inconduite* ou d'*immoralité*, devant le Conseil académique, et être *interdit* de sa profession, *à temps* ou *à toujours*, sans préjudice des peines encourues pour crimes ou délits prévus par le Code pénal.

Appel de la décision peut toujours avoir lieu, dans les 15 *jours* de la notification, devant le *Conseil supérieur*. L'appel n'est *pas suspensif*.

28. — L'ENSEIGNEMENT SUPÉRIEUR se donne, depuis la loi du 12 juillet 1875, dans les établissements de l'*Etat* ou dans les établissements *libres*, mais la *collation des grades* a été rendue, en 1880, aux Facultés d'Etat. — Voy. LIBERTÉ DE L'ENSEIGNEMENT SUPÉRIEUR; — FACULTÉS; — ÉCOLES SUPÉRIEURES.

29. — Sont *dispensés* du *service militaire* ceux qui, étant membres de l'instruction publique, ont contracté, avant l'époque déterminée pour le tirage au sort, l'engagement de se vouer pendant 10 ans à la carrière de l'enseignement public, et remplissent en effet cet engagement. — Voy. SERVICE MILITAIRE.

INSTRUCTION RELIGIEUSE.— La loi du 28 mars 1882 (art. 1er) l'a supprimée, par prétérition, des matières de l'enseignement primaire public.

L'article 2 de la même loi est ainsi conçu : « Les écoles primaires publiques vaqueront *un jour* par semaine, en outre du dimanche, afin de permettre aux parents de faire donner, s'ils le désirent, à leurs enfants, l'instruction religieuse, *en dehors des édifices scolaires*.

L'enseignement religieux est facultatif dans les écoles *privées*.

INSUFFISANCE D'ACTIF. — (CLÔTURE POUR) — Voy. FAILLITE, IV.

INTENDANCE MILITAIRE. — Corps chargé de l'administration de l'armée. — C'est lui qui assure aux troupes en campagne la solde et les vivres, l'habillement et le campement, le service médical, etc.

1. — Aux termes de la loi du 16 mars 1882 (art. 28-36), le corps de l'intendance militaire a une hiérarchie propre, réglée ainsi qu'il suit : — *Adjoint à l'intendance militaire*; — *Sous-intendant militaire de 3e classe*; — *Sous-intendant militaire de 2e classe*; — *Sous-intendant militaire de 1re classe*; — *Intendant militaire*; — *Intendant général*.

Ces grades *correspondent* à ceux de la hiérarchie militaire, savoir : — Le grade d'adjoint à l'intendance militaire, à celui de *capitaine*; — le grade de sous-intendant militaire de 3e classe, à celui de *chef de bataillon*; — le grade de sous-intendant militaire de 2e classe, à celui de *lieutenant-colonel*; — le grade de sous-intendant militaire de 1re classe, à celui de *colonel*; — le grade d'intendant militaire, à celui de *général de brigade*; — le grade d'intendant général, à celui de *général de division.*

2. — Le personnel des Officiers d'administration forme un corps distinct ainsi hiérarchisé : *Officier d'administration adjoint de* 2e *classe; — Officier d'administration adjoint de* 1re *classe; — Officier d'administration de* 2e *classe; — Officier d'administration de* 1re *classe; — Officier d'administration principal.*

3. — Les officiers d'administration sont répartis en 4 sections, savoir : 1° Officiers d'administration des *bureaux de l'intendance;* — 2° Officiers d'administration des *subsistances;* — 3° Officiers d'administration des *hôpitaux;* — 4° Officiers d'administration de l'*habillement* et du *campement.*

INTENTION. — 1. — « On doit, dans les conventions, rechercher quelle a été la commune *intention* des parties contractantes, plutôt que de s'arrêter au sens littéral des termes. » (Cod. civ. art. 1156.)

2. — L'intention est un élément constitutif de la *criminalité.* Sans la conscience du mal et la volonté de le commettre, il ne saurait y avoir culpabilité. — Lorsqu'un acte illicite, qui a causé à autrui un dommage, a été commis *sans intention de nuire,* il ne donne lieu qu'à une responsabilité civile. — Voy. QUASI-DÉLIT.

INTERDICTION — INTERDIT. — L'*interdiction*, en général, est l'état d'une personne qui, en raison de l'incapacité où elle est de se conduire elle-même, est placée sous l'autorité d'un tuteur chargé d'en prendre soin et de la représenter dans les actes de la vie civile. — On appelle *interdit* l'individu qui se trouve dans cette situation.

— On distingue *deux sortes* d'interdiction : l'interdiction *judiciaire* et l'interdiction *légale.* La première est une mesure protectrice prise dans l'intérêt de ceux qui, étant privés de raison, ne sauraient sans de graves inconvénients être abandonnés à eux-mêmes; la seconde est une mesure de précaution prise à l'encontre de ceux qui ont été condamnés à une peine afflictive et infamante, et à qui il convient d'ôter les moyens propres à faciliter leur évasion ou leur contumace.

SECT. I. — **INTERDICTION JUDICIAIRE.** — (Cod. civ. art. 489-512; Cod. proc. civ. art. 890-897.)

I. CAUSES D'INTERDICTION. — 1. — Elles sont au nombre de *trois :* l'*imbécillité*, la *démence*, la *fureur.*

Par *imbécillité* on entend cette faiblesse d'esprit qui permet à peine de concevoir les idées les plus communes. — La *démence* résulte, non pas de la faiblesse d'esprit, mais du dérèglement des idées. — La *fureur* est l'exaltation de la démence portant à des actes dangereux.

2. — Il faut que l'imbécillité, la démence ou la fureur soient l'état *habituel* de la personne qu'on veut faire interdire, peu importe, d'ailleurs, qu'elle ait des intervalles lucides.

3. — Les *mineurs* peuvent être interdits aussi bien que les majeurs. Ce serait une erreur de croire que cette mesure est inutile à leur égard puisqu'ils sont déjà en tutelle. L'incapacité résultant de l'interdiction est, en effet, beaucoup plus absolue que celle attachée à l'état de minorité. Tandis que le mineur peut, sous certaines conditions, contracter mariage ou disposer de ses biens en partie, l'interdit n'a le droit ni de se marier ni de disposer de sa fortune.

II. PERSONNES QUI PEUVENT OU DOIVENT PROVOQUER L'INTERDICTION. — La loi distingue le cas de l'imbécillité ou de la démence et celui de la fureur. Lorsque la sûreté publique n'est pas compromise, si la famille garde le silence, personne n'a droit de se plaindre. En d'autres termes, l'interdiction pour cause d'*imbécillité* ou de *démence* ne peut être provoquée que par un parent ou par l'un des époux à l'égard de l'autre. Il n'y a qu'un cas d'excepté : c'est celui d'une personne frappée d'imbécillité ou de démence, qui n'aurait ni époux, ni épouse, ni parents connus : alors le Procureur de la République *peut* agir, si l'intérêt du malade l'exige. Mais, au cas de *fureur*, lorsque la sûreté publique est menacée, le Procureur de la République *doit* provoquer l'interdiction de l'être dangereux, quand même la famille de ce dernier ne l'aurait pas demandée. L'intérêt général doit ici prévaloir sur les égards et les ménagements particuliers.

III. Procédure. — C'est devant le Tribunal de première instance du domicile de la personne dont l'interdiction est sollicitée que la demande doit être portée. Elle est introduite par une *requête* au Président du tribunal, dans laquelle sont exposés les faits; on y joint les pièces à l'appui et l'indication des témoins à entendre.

1. — Le *Conseil de famille* est *consulté*, et, pour que son avis soit plus impartial, on écarte du Conseil les parents qui ont provoqué l'interdiction : s'étant rendus parties, ils ne sauraient se constituer juges. Cependant l'époux ou l'épouse, et les enfants de la personne dont l'interdiction est demandée, sont admis au Conseil, parce qu'ils sont plus en état que qui que ce soit de donner sur le malade les éclaircissements nécessaires; mais ils n'ont pas voix délibérative.

2. — Après avoir reçu l'avis du Conseil de famille, le Tribunal procède à l'*interrogatoire* du *défendeur* en interdiction. (C'est ainsi que désormais nous appellerons, avec le Code, la personne dont l'interdiction est provoquée.) Cet interrogatoire a pour but de mettre les juges à même d'étudier les gestes, l'attitude du défendeur, de se rendre compte de son exacte situation. L'interrogatoire a lieu, non pas en séance publique, mais en la *Chambre du Conseil*, afin de ne pas affecter trop vivement un individu déjà suffisamment alarmé de se voir soumis à cette pénible épreuve. Si celui qu'il s'agit d'interdire est hors d'état de se transporter au Tribunal, le soin de l'interroger est confié à l'un des juges qui y procède en présence du Procureur de la République.

3. — Comme la demande en interdiction peut, par les formes qu'elle exige, par les actes qu'elle nécessite, entraîner des délais qui deviendraient préjudiciables aux intérêts du défendeur, le Tribunal est autorisé à lui désigner, s'il y a lieu, un *Administrateur provisoire*.

4. — Si la procédure doit être secrète, il importe, au contraire, que le jugement soit public : c'est ce que décide le Code (art. 498).

5. — Tout en rejetant la demande en interdiction, le Tribunal a la faculté, si les circonstances lui paraissent l'exiger, d'ordonner que le défendeur ne pourra désormais plaider, transiger, emprunter, recevoir un capital mobilier et en donner décharge, aliéner ou hypothéquer ses immeubles, sans l'assistance d'un *Conseil* qui lui est nommé par le même jugement.

6. — Le jugement, quel qu'il soit, du Tribunal de première instance est susceptible d'*appel*. La Cour d'appel est investie du pouvoir de répéter l'épreuve de l'interrogatoire du défendeur, si elle le juge utile.

7. — Tout jugement ou arrêt portant interdiction ou nomination d'un Conseil judiciaire doit être *affiché* dans la salle d'audience et dans les études des Notaires de l'arrondissement. Cette précaution est ordonnée dans l'intérêt des tiers.

IV. Effets de l'interdiction. — 1. — S'il n'y a pas d'appel du jugement d'interdiction rendu en première instance, ou si ce jugement est confirmé sur l'appel, il est pourvu à la nomination d'un tuteur et d'un subrogé-tuteur à l'interdit par le Conseil de famille, selon les règles exposées à l'article *tutelle*.

2. — La tutelle des interdits est toujours *dative*, c'est-à-dire déférée par le Conseil de famille. Il n'y a d'exception à cette règle qu'en faveur du *mari*, qui est, *de droit*, tuteur de sa femme interdite.

3. — Aux termes de l'art. 510 du

Code civil, « les revenus d'un interdit doivent être essentiellement employés à adoucir son sort et à accélérer sa guérison, » disposition fort rationnelle qui trace au tuteur sa ligne de conduite. Il importe bien moins d'accroitre, par l'économie dans les dépenses, la fortune de l'interdit, que de chercher à le soulager et à le guérir, s'il est possible. C'est là une des différences principales qui existent entre la tutelle des interdits et celle des mineurs.

4. — La loi déclare *nuls*, de droit, tous actes passés par l'interdit *postérieurement* à son interdiction. Quant aux actes *antérieurs*, ils sont *annulables*, si la cause de l'interdiction existait notoirement à l'époque où ils ont été faits.

5. — Le tuteur d'un interdit, s'il était contraint de porter sa charge tant que durera l'interdiction, se trouverait dans une condition pire que le tuteur d'un mineur. En effet, la tutelle des mineurs a pour terme fixe leur majorité, tandis que celle des interdits n'en a d'autre que la durée incertaine de leur état ou de leur vie. Aussi le Code a-t-il posé en principe qu'*après 10 ans* de gestion, le tuteur d'un interdit serait *remplacé* s'il demandait à l'être, à moins toutefois que la tutelle fût exercée par un *mari*, par une *épouse*, par un *ascendant* ou par un *descendant*. Dans ces diverses hypothèses, l'obligation qui pèse sur le tuteur de protéger l'être infortuné qui le touche d'aussi près vient de la nature : la loi ne devait point lui permettre de s'y soustraire.

V. Cessation de l'interdiction. — L'interdiction doit cesser avec la cause qui l'a motivée. Mais, par respect pour le jugement qui l'a prononcée, et surtout dans l'intérêt de la sûreté publique, il faut qu'il intervienne un jugement de mainlevée, et que les mêmes formalités qui ont précédé la première décision garantissent encore la sagesse du second arrêt de la Justice. Des témoins sont donc entendus, le Conseil de famille est appelé à donner son avis, l'interdit enfin est interrogé par les juges.

Sect. II. — **Interdiction légale.** (Cod. pén. art. 29-31 ; loi 31 mai 1854.)

1. — Certaines peines ont pour conséquence l'interdiction légale de celui qui en est frappé : « Quiconque, » dit l'art. 29 du Code pénal, « aura été condamné à la peine des *travaux forcés à temps*, de la *détention* ou de la *réclusion*, sera, de plus, pendant la durée de sa peine, en état d'interdiction légale ; il lui sera nommé un *tuteur* et un *subrogé-tuteur* pour gérer et administrer ses biens, dans les formes prescrites pour les nominations des tuteurs et subrogés-tuteurs aux interdits. »

La loi du 31 mai 1854, qui a aboli la *mort civile* (voy. ces mots) attachée autrefois aux peines afflictives perpétuelles (*travaux forcés à perpétuité, déportation*), l'a remplacée par la *dégradation civique* et l'*interdiction légale*. Il en résulte que l'interdiction légale est aujourd'hui *perpétuelle* si elle s'applique à un condamné aux travaux forcés à perpétuité ou à la déportation, à moins qu'il ne vienne à être gracié, ou que sa peine soit commuée ; — *temporaire*, si elle s'applique à un condamné aux travaux forcés à temps, à la détention ou à la réclusion.

2. — Le condamné à une peine afflictive *perpétuelle* ne peut disposer de ses biens, en tout ou en partie, soit par donation entre vifs, soit par testament, ni recevoir à ce titre, si ce n'est pour cause d'aliments. — Tout testament par lui fait antérieurement à sa condamnation contradictoire, devenue définitive, est nul. — Cette disposition n'est applicable au condamné par *contumace* que cinq ans après l'exécution par effigie.

Le Gouvernement peut relever le condamné à une peine afflictive perpétuelle de tout ou partie des incapacités dont il s'agit, et lui accorder l'exercice, dans le lieu de l'exécution de la peine, des droits civils ou de quelques-uns de ces droits qui lui ont été enlevés par son état d'interdiction légale.

3. — Lorsque le condamné à une peine afflictive *temporaire* a subi sa peine, les biens qu'il avait lui sont remis, et le tuteur lui rend compte de son administration.

INTERDICTION DE SÉJOUR. — (Loi 27 mai 1885, art. 19; Cod. instr. crim. art. 635; Cod. pén. art. 45.) — Défense faite à certains condamnés de paraître dans les lieux dont l'interdiction leur a été signifiée par le Gouvernement avant leur libération. Elle a été *substituée* par la loi du 27 mai 1885 à la *surveillance de la haute police* (voy. ces mots).

1. — Aux termes de l'article 635 du Code d'instruction criminelle, le condamné qui a prescrit sa peine, en *matière criminelle*, ne peut résider dans le département où demeureraient, soit celui sur lequel ou contre la propriété duquel le crime a été commis, soit ses héritiers directs.

2. — En cas de *désobéissance* aux dispositions ci-dessus, il y a lieu à l'application de la peine de l'*emprisonnement* pour 5 ans au maximum. (Cod. pén. art. 45.)

INTERDICTION D'ENSEIGNER. — Peine prévue par la loi du 30 octobre 1886 et dont sont passibles les membres de l'enseignement primaire *public* (art. 30 et 32) ou *privé* (art. 41). Elle est prononcée *contradictoirement* par le Conseil départemental de l'enseignement primaire, sauf *appel* devant le Conseil supérieur de l'instruction publique, dans les *vingt jours* à partir de la signification du jugement.

L'appel n'est *pas suspensif*.

A l'égard des instituteurs *publics*, l'interdiction est prononcée soit pour un temps qui n'excède pas *cinq années*, soit d'une manière *absolue*. Pour les instituteurs *privés*, l'interdiction peut s'appliquer soit seulement à la *Commune* ou au *département* où l'inculpé exerçait, soit d'une manière générale pour un temps n'excédant pas *cinq années* ou d'une manière *absolue*.

INTERDICTION DES DROITS CIVIQUES, CIVILS ET DE FAMILLE. — (Cod. pén. art. 42, 43.) — Peine correctionnelle que, dans certains cas, les tribunaux peuvent prononcer accessoirement à une autre peine.

1. — Elle diffère de la *dégradation civique* (voy. ces mots), en ce qu'elle n'est jamais une peine *principale*, qu'elle n'a point le caractère de peine *infamante*, qu'elle entraine *un moins grand nombre d'incapacités*, que ces incapacités peuvent *n'être pas cumulativement prononcées par le juge*, et qu'enfin elle est *temporaire*.

2. — L'article 42 du Code pénal est ainsi conçu : « Les tribunaux jugeant correctionnellement pourront, dans certains cas, interdire, en tout ou en partie, l'exercice des droits civiques, civils et de famille suivants : 1° de *vote* et d'*élection*; — 2° d'*éligibilité*; — 3° d'être appelé ou nommé aux fonctions de *juré* ou autres *fonctions publiques*, ou aux *emplois de l'Administration*, ou d'exercer ces fonctions ou emplois; — 4° du *port d'armes*; — 5° de *vote* et de *suffrage* dans les *délibérations de famille*; — 6° d'être *tuteur*, *curateur*, si ce n'est de ses enfants, et sur l'avis seulement de la famille; — 7° d'être *expert* ou employé comme *témoin* dans les actes; — 8° de *témoignage en justice*, autrement que pour y faire de simples déclarations. »

3. — L'interdiction dont il s'agit ne peut être prononcée que lorsqu'elle est autorisée ou ordonnée par une disposition particulière de la loi. Elle est tantôt *facultative*, tantôt *obligatoire* pour les tribunaux.

INTÉRÊT. — Produit d'un capital placé autrement qu'en rente.

1. — Les intérêts sont au nombre des fruits *civils*. (Cod. civ. art. 584.) — Voy. FRUITS. — Ils *se prescrivent* par *cinq* ans. (Cod. civ. art. 2277.)

2. — Les intérêts se distinguent,

suivant les circonstances qui leur donnent naissance, en :

1° Intérêts *dus de plein droit;*

2° Intérêts *conventionnels;*

3° Intérêts *judiciaires* ou *moratoires;*

4° Intérêts d'*intérêts.*

I. Intérêts dus de plein droit. — 1. — Le *Conseil de famille* détermine la somme à laquelle commence, pour le tuteur, l'obligation d'employer l'excédent des revenus sur la dépense; cet emploi doit être fait dans le délai de *six mois*, passé lequel le *tuteur doit les intérêts à défaut d'emploi.* — Si le tuteur n'a pas fait déterminer par le Conseil de famille la somme à laquelle commencera l'emploi, il *doit*, après le délai de six mois, les *intérêts de toute somme employée, quelque modique qu'elle soit.* (Cod. civ. art. 455, 456.)

2. — La somme à laquelle s'élève le *reliquat dû par le tuteur* porte intérêt *sans demande*, à compter de la clôture du compte. Les intérêts de ce qui est dû au tuteur par le mineur ne courent, au contraire, que du jour de la sommation de payer qui suit la clôture du compte. (Cod. civ. art. 474.)

3. — Les intérêts de la *dot* courent du jour du mariage, encore qu'il y ait terme pour le payement, s'il n'y a stipulation contraire. (Cod. civ. art. 1440.)

4. — La demande d'intérêts formée contre l'un des *débiteurs solidaires* fait courir les intérêts à l'égard de tous. (Cod. civ. art. 1207.)

5. — Les fruits et les intérêts des choses sujettes à *rapport* ne sont dus qu'à compter du jour de l'ouverture de la succession. (Cod. civ. art. 856.)

6. — Les intérêts ou fruits de la *chose léguée* courent au profit du légataire dès le jour du décès. (Cod. civ. art. 1015.)

7. — Les *remplois* et *récompenses* dues par la communauté aux époux, et les récompenses et indemnités par eux dues à la communauté, emportent les intérêts de plein droit, du jour de la dissolution de la Communauté. (Cod. civ. art. 1473.)

8. — L'acheteur doit l'intérêt du prix de la vente jusqu'au payement du capital, dans les trois cas suivants : s'il a été ainsi convenu lors de la vente; — si la chose vendue et livrée produit des fruits ou autres revenus; — si l'acheteur a été sommé de payer. Dans ce dernier cas, l'intérêt ne court que depuis la sommation. (Cod. civ. art. 1652.)

9. — Le *mandataire* doit l'intérêt des sommes qu'il a employées à son usage, à dater de cet emploi. (Cod. civ. art. 1996.)

10. — L'intérêt des avances faites par le *mandataire* lui est dû par le mandant, à dater du jour des avances constatées. (Cod. civ. art. 2101.)

11. — La *caution* qui a payé pour le débiteur a recours contre lui tant pour le principal que pour les intérêts. (Cod. civ. art. 2028.)

12. — Lorsque le mariage se dissout par la mort de la femme, l'intérêt et les fruits de la *dot* à restituer courent de plein droit au profit de ses héritiers depuis le jour de la dissolution. — Si c'est par la mort du mari, la femme a le droit d'exiger les intérêts de sa dot pendant l'an du deuil, ou de se faire fournir des aliments pendant ledit temps aux dépens de la succession du mari. (Cod. civ. art. 1570.)

II. Intérêts conventionnels. — Ce sont ceux qui résultent d'une stipulation. — Voy. prêt, sect. III.

III. Intérêts judiciaires ou moratoires. — A la différence des intérêts qui courent de plein droit en vertu d'une disposition de la loi, ou de ceux qui résultent d'une stipulation, les intérêts judiciaires ou moratoires ne s'obtiennent que par une demande judiciaire formée contre le débiteur par son créancier, ou par une *mise en demeure.* De là le mot *moratoires* (du latin *mora*, retard).

1. — Le *dépositaire* ne doit aucun intérêt de l'argent déposé, si ce n'est du jour où il a été mis en demeure de faire la restitution. (Cod. civ. art. 1936.)

2. — Le *mandataire* ne doit l'intérêt des sommes dont il est reliquataire qu'à compter du jour de sa mise en demeure. (Cod. civ. art. 1996.)

3. — La *citation en conciliation* fait courir les intérêts, pourvu que la demande soit formée dans le mois, à dater du jour de la non-comparution ou de la non-conciliation. (Cod. proc. civ. art. 57.)

4. — L'intérêt du principal de la *lettre de change* protestée faute de payement est dû à compter du jour du protêt. (Cod. com. art. 184.)

5. — L'intérêt des frais de *protêt*, *rechange* et autres *frais légitimes*, n'est dû qu'à compter du jour de la demande en justice. (Cod. civ. art. 185.)

IV. Intérêts d'intérêts. — Voy. anatocisme.

— Voy. imputation de payement.

INTÉRÊT DE LA LOI. — Les décisions des Cours d'appel et des Tribunaux, qui contiennent une violation ou une fausse application de la loi, ne sont pas toujours déférées à la Cour de Cassation par les parties intéressées. De là l'institution du *pourvoi dans l'intérêt de la loi*. Ce recours est exercé exclusivement par le Procureur général près la Cour de Cassation, dans le seul intérêt de la conservation des principes, et *sans que les parties puissent s'en prévaloir ni en souffrir en aucune manière*. (Loi 27 novembre 1790, art. 25 ; Cod. instr. crim. art. 442.)

INTÉRÊT. (prêt a) — Voy. prêt, sect. III.

INTÉRÊTS. (dommages-) — Voy. dommages-intérêts.

INTERLIGNE. — Espace blanc laissé entre deux lignes.

Il est prudent de ne rien ajouter dans les interlignes d'un acte ou, quand on ne peut pas faire autrement, d'avoir soin d'approuver l'écriture ainsi intercalée,

1. — Les *Agents de change* et *Courtiers* sont tenus de consigner sans interlignes leurs opérations journalières. (Cod. com. art. 84.)

2. — La loi du 25 ventôse an XI sur le *notariat* déclare nuls, dans les actes notariés, les mots interlignés.

3. — Le Code d'*instruction criminelle* (art. 78) proscrit également les interlignes dans les *informations*.

INTERLOCUTOIRE. — Terme de procédure. — Se dit d'un jugement qui, avant de statuer sur le fond, ordonne qu'au préalable il sera produit une pièce, fait une vérification, une preuve, ou tout autre acte reconnu nécessaire pour l'instruction de la cause.

L'*appel* d'un jugement interlocutoire peut être interjeté avant le jugement définitif. Il est *suspensif* si le jugement ne prononce pas l'exécution provisoire dans les cas où elle est autorisée. (Cod. proc. civ. 451, 457.)

INTERNATIONAL. (droit) — Voy. droit international.

INTERNATIONALE. — Association dont la marche ascendante et le but justifient les inquiétudes qui se sont élevées autour d'elle et les mesures prises pour en arrêter le dangereux développement.

« L'*Association internationale des travailleurs* a depuis longtemps dépassé le but originairement poursuivi par elle. En s'éloignant de la discussion économique, elle a fatalement glissé sur la pente de la révolution. Elle avait entrepris une lutte contre le capital et avait eu l'ambition de transformer le régime de l'industrie. Son agression aujourd'hui porte plus haut et plus loin : c'est à la Société, tout entière qu'elle s'attaque, et elle se donne d'avance la mission, après l'avoir bouleversée, de l'organiser et de la refaire. » (*Rapport de M. Sacase à l'Assemblée nationale*, 5 février 1872.)

La loi du 14 mars 1872, dans le but de préserver et de défendre ce que cette redoutable association s'était promis d'abattre, a édicté les dispositions suivantes :

Art. 1er. — « Toute association internationale qui, sous quelque dénomination que ce soit, et notamment sous celle d'*Association internationale des travailleurs*, aura pour but de provoquer à la suspension du travail, à l'abolition du droit de propriété, de la famille, de la patrie, de la religion ou du libre exercice des cultes, constituera, par le seul fait de son existence et de ses ramifications sur le territoire français, un attentat contre la paix publique. »

Art. 2. — « Tout Français qui, après la promulgation de la présente loi, s'affiliera ou fera acte d'affilié à l'Association internationale des travailleurs ou à toute autre association professant les mêmes doctrines et ayant le même but, sera puni d'un emprisonnement de trois mois à deux ans et d'une amende de cinquante à mille francs. Il pourra, en outre, être privé de tous ses droits civiques, civils et de famille énumérés en l'article 42 du Code pénal, pendant cinq ans au moins et dix ans au plus.

» L'étranger qui s'affiliera en France ou fera acte d'affilié sera puni des peines édictées par la présente loi. »

Art. 3. — « La peine de l'emprisonnement pourra être élevée à cinq ans, et celle de l'amende à deux mille francs, à l'égard de tous ceux, Français ou étrangers, qui auront accepté une fonction dans une de ces associations, ou qui auront sciemment concouru à son développement, soit en recevant ou en provoquant à son profit des souscriptions, soit en lui procurant des adhésions collectives ou individuelles, soit enfin en propageant ses doctrines, ses statuts ou ses circulaires. — Ils pourront, en outre, être renvoyés par les tribunaux correctionnels, à partir de l'expiration de la peine, sous la surveillance de la haute police, pour cinq ans au moins et dix ans au plus.

» Tout Français auquel aura été fait application du paragraphe précédent restera, pendant le même temps, soumis aux mesures de police applicables aux étrangers, conformément aux art. 7 et 8 de la loi du 3 décembre 1849. »

Art. 4. — « Seront punis d'un an à six mois de prison et d'une amende de cinquante à cinq cents francs ceux qui auront prêté ou loué sciemment un local pour une ou plusieurs réunions d'une partie ou section quelconque des associations susmentionnées, le tout sans préjudice des peines plus graves applicables, en conformité du Code pénal, aux crimes et délits de toute nature dont auront pu se rendre coupables, soit comme auteurs principaux, soit comme complices, les prévenus dont il est fait mention dans la présente loi. »

Art. 5. — « L'art. 463 du Code pénal (*circonstances atténuantes*) pourra être appliqué, quant aux peines de la prison et de l'amende prononcées par les articles qui précèdent. »

Art. 6. — « Les dispositions du Code pénal et celles des lois antérieures auxquelles il n'a pas été dérogé par la présente loi continueront de recevoir leur exécution. »

Art. 7. — « La présente loi sera publiée et affichée dans toutes les Communes. »

INTERPOSITION DE PERSONNES. — Elle a lieu lorsqu'une personne prête son nom à une autre pour lui faciliter des avantages que cette dernière ne pourrait obtenir directement.

Toute disposition au profit d'un incapable est *nulle*, si elle est reconnue avoir été faite sous le nom de personnes interposées. — L'interposition de personnes est quelquefois *présumée* par la loi. Ainsi, sont réputées personnes interposées les *père* et *mère*, les *enfants* et *descendants*, et l'*époux* de la personne incapable. (Cod. civ. art. 911.)

INTERPRÉTATION. — Explication de ce qui est obscur ou ambigu. — Le Code civil (art. 1156-1164) contient quelques règles sur l'interprétation des conventions. — Voy. OBLIGATIONS.

INTERPRÈTE. — Individu qui traduit dans une langue ce qui est dit dans une autre.

— Lorsque l'accusé, les témoins,

ou l'un d'eux, ne parlent pas la même langue ou le même idiome, le Président de la Cour d'assises doit nommer d'office, à peine de nullité, un interprète âgé de vingt et un ans au moins, et lui faire prêter serment de traduire fidèlement les discours à transmettre entre ceux qui parlent des langages différents. L'accusé et le Procureur général ont la faculté de récuser l'interprète, en motivant leur récusation. La Cour prononce. — L'interprète ne peut, à peine de nullité, même du consentement de l'accusé et du Procureur général, être pris parmi les témoins, les juges et les jurés.

— Si l'accusé est sourd-muet et ne sait pas écrire, le Président nomme d'office pour son interprète la personne qui a le plus d'habitude de converser avec lui. — Il en est de même à l'égard du sourd-muet. (Cod. instr. crim. art. 332, 333.)

INTERROGATOIRE SUR FAITS ET ARTICLES. — Mode d'instruction qui, dans toute matière et en tout état de cause, peut être autorisé par le tribunal, et dont les *formes* sont déterminées par le Code de procédure civile. (Art. 324-336.)

L'interrogatoire se fait de vive voix par le juge à ce commis. La partie ne peut lire aucun projet de réponse par écrit, ni se faire assister de Conseil. Celle qui a requis l'interrogatoire n'est pas présente.

En cas de *non-comparution* sans motif légitime, ou de *refus de répondre* après avoir comparu, les faits peuvent être tenus pour *avérés*.

INTERRUPTION DE PRESCRIPTION. — Voy. PRESCRIPTION, I.

INTERVENTION. — C'est, dans le langage de la procédure, l'action par laquelle un tiers se présente dans une instance civile pendante entre d'autres, afin d'y défendre ses droits ou ceux d'une des parties.

1. — L'intervention *se forme* par requête contenant les moyens et conclusions. Elle *ne peut retarder le jugement* de la cause principale, si elle est en état.

En *appel*, aucune intervention n'est reçue, si ce n'est de la part de ceux qui auraient droit de former *tierce opposition*. (Cod. proc. civ. art. 339-341 ; 466.)

2. — Les demandes en intervention ou en garantie sont *dispensées* du *préliminaire de conciliation*. (Même code, art. 49, nº 3.)

INTERVENTION. (ACCEPTATION PAR) — Voy. EFFETS DE COMMERCE, sect. I, IV.

INTERVENTION. (PAYEMENT PAR) — Voy. EFFETS DE COMMERCE, sect. I, X.

INTESTAT. (AB) — Voy. AB INTESTAT.

INTIMATION-INTIMÉ. — L'*intimation* est l'acte par lequel une partie appelante ajourne devant les juges du degré supérieur son adversaire qui a gagné en première instance, et qui prend alors le nom d'*intimé*.

INVENTAIRE. — Du latin *invenire*, trouver. — État *énumératif*, *descriptif* et *estimatif* des biens d'une personne ou d'une société. — Ce sont les *Notaires* qui ont spécialement qualité pour dresser inventaire.

1. — La loi exige un inventaire dans un grand nombre de cas, notamment des *envoyés en possession provisoire des biens d'un absent* (Cod. civ. art. 126) ; — du *tuteur*, lors de son entrée en fonctions (Cod. civ. art. 451) ; — de l'*usufruitier*, avant son entrée en jouissance (Cod. civ. art. 600) ; — de celui qui a un *droit d'usage* ou *d'habitation* (Cod. civ. art. 626) ; — de l'*héritier* qui veut accepter une succession sous bénéfice d'inventaire (Cod. civ. art. 794) ; — du *curateur* à une *succession vacante* (Cod. civ. art. 813) ; — des *exécuteurs testamentaires*, lorsqu'il y a des héritiers *mineurs*, *interdits* ou *absents* (Cod. civ. art. 1031) ; — de la *femme survivante* qui veut conserver la faculté de renoncer à la communauté (Cod. civ. art. 1456) ; — etc.

— « Lorsque la succession échue à l'un des époux est en partie mobilière et en partie immobilière, les dettes dont elle est grevée ne sont à la charge de la communauté que jusqu'à concurrence de la portion contributoire du mobilier dans les dettes, eu égard à la valeur de ce mobilier comparée à celle des immeubles. Cette portion contributoire se règle d'après l'inventaire auquel le mari doit faire procéder, soit de son chef, si la succession le concerne personnellement, soit comme dirigeant et autorisant les actions de sa femme, s'il s'agit d'une succession à elle échue. — *A défaut d'inventaire*, et dans tous les cas où ce défaut préjudicie à la femme, elle ou ses héritiers peuvent, lors de la dissolution de la communauté, poursuivre les récompenses de droit, et même faire preuve, tant par titres et papiers domestiques que par témoins, et au besoin par la commune renommée, de la consistance et valeur du mobilier non inventorié. — Le mari n'est jamais recevable à faire cette preuve. » (Cod. civ. art. 1414, 1415.)

2. — Les règles à suivre pour les inventaires *après décès* sont tracées par le Code de procédure civile. (Art. 928-944.)

INVENTAIRE. (BÉNÉFICE D') — Voy. SUCCESSIONS, III.

INVENTAIRES. (LIVRE D') — Voy. LIVRES DE COMMERCE.

INVENTION. (BREVET D') — Voy. BREVET D'INVENTION.

IRRIGATION. — (Lois 29 avril 1845 et 11 juillet 1847.)

Arrosement des terres à l'aide de rigoles ou autres moyens artificiels.

— Dans le but d'encourager et de faciliter les irrigations dont l'agriculture tire un si grand profit, deux lois, en date des 29 avril 1845 et 11 juillet 1847, sont venues compléter les dispositions du Code civil sur les eaux, en créant deux nouvelles servitudes, dites servitudes d'*aqueduc* et d'*appui*.

1. — La loi du 29 *avril* 1845 a donné au propriétaire qui veut se servir, pour l'irrigation de son héritage, des eaux naturelles ou artificielles dont il a le droit de disposer, la faculté d'obtenir le *passage* de ces eaux sur les *fonds intermédiaires*, à la charge d'une *juste et préalable indemnité*. — Sont toutefois *exceptés* de cette servitude les maisons, cours, jardins, parcs et enclos attenant aux habitations.

Les propriétaires des fonds inférieurs doivent recevoir les eaux qui s'écoulent des terrains ainsi arrosés, sauf l'indemnité qui peut leur être due. — Sont également *exceptés* de cette servitude les maisons, cours, jardins, parcs et enclos attenant aux habitations.

— La même faculté de passage sur les fonds intermédiaires peut être accordée au propriétaire d'un terrain submergé en tout ou en partie, à l'effet de procurer aux eaux nuisibles leur écoulement.

— Les *contestations* auxquelles donnent lieu l'établissement de la servitude, la fixation du parcours de la conduite d'eau, de ses dimensions et de sa forme, et les indemnités dues soit au propriétaire du fonds traversé, soit à celui du fonds qui reçoit l'écoulement des eaux, sont portées devant les tribunaux qui, en prononçant, doivent concilier l'intérêt de l'opération avec le respect dû à la propriété. — Il est procédé comme en *matière sommaire* (voy. MATIÈRES SOMMAIRES), et, s'il y a lieu à expertise, il peut n'être nommé qu'un seul expert.

2. — La loi du 11 juillet 1847, complément de la précédente, permet au propriétaire riverain d'un seul côté *d'appuyer sur la propriété du riverain opposé* les ouvrages d'art nécessaires à sa prise d'eau, à la charge d'une juste et préalable indemnité.—Sont *exceptés* de cette servitude les bâtiments, cours et jardins attenant aux habitations.

Le riverain sur le fonds duquel l'appui est réclamé peut toujours demander l'*usage commun* du barrage, en contribuant pour moitié aux frais d'établissement et d'entretien; *aucune indemnité* n'est respectivement due dans ce cas, et celle qui aurait été payée doit être rendue. Lorsque cet usage commun n'est réclamé qu'après le commencement ou la confection des travaux, celui qui le demande doit supporter seul l'excédent de dépense auquel donnent lieu les changements à faire au barrage pour le rendre à l'irrigation des deux rives.

Les *contestations* qui peuvent s'élever sont portées devant les tribunaux. Il y est procédé comme en *matière sommaire*, et, s'il y a lieu à expertise, le tribunal peut ne nommer qu'un seul expert.

ISRAÉLITE. (CULTE) — Voy. CULTES, II, § 3.

IVRESSE. — Jusqu'en 1873, notre législation pénale ne contenait aucune mesure répressive contre l'ivresse. Le 23 janvier de cette année, a été votée une loi ayant pour objet de réprimer l'ivresse publique et de combattre les progrès de l'alcoolisme. En voici la teneur :

Art. 1er. — « Seront punis d'une *amende* de 1 à 5 fr. inclusivement ceux qui seront trouvés en état d'ivresse manifeste dans les rues, chemins, places, cafés, cabarets ou autres lieux publics.

» Les articles 474 (*emprisonnement pendant 3 jours au plus en cas de récidive*) et 483 (*il y a récidive lorsqu'il a été rendu contre le contrevenant, dans les 12 mois précédents, un jugement, pour le même fait, par le même tribunal*) du Code pénal seront applicables aux contraventions indiquées au paragraphe précédent. »

Art. 2. — « Seront punis d'un *emprisonnement* de 6 jours à 1 mois, et d'une amende de 16 fr. à 300 francs ceux qui, ayant, depuis *moins de trois ans*, subi deux condamnations en vertu de l'article précédent, seront trouvés en état d'ivresse manifeste dans les rues, chemins, places, cafés, cabarets ou autres lieux publics.

» Quiconque, ayant été condamné en police correctionnelle pour ivresse depuis moins de deux ans, se sera de nouveau rendu coupable du même délit, sera condamné au *maximum* des peines indiquées au paragraphe précédent, lesquelles pourront être élevées jusqu'au *double*. »

Art. 3. — « Toute personne qui aura été condamnée *deux fois* en police correctionnelle pour délit d'ivresse manifeste, conformément à l'article précédent, sera déclarée par le second jugement *incapable* d'exercer les droits suivants :

1° De vote et d'élection ;

2° D'éligibilité ;

3° D'être appelée ou nommée aux fonctions de juré ou autres fonctions publiques, ou aux emplois de l'Administration, ou d'exercer ces fonctions ou emplois ;

4° De port d'armes, pendant deux ans à partir du jour où la condamnation sera devenue irrévocable. »

Art. 4. — « Seront punis d'une *amende* de 1 à 5 francs inclusivement les cafetiers, cabaretiers et autres débitants qui auront donné à boire à des gens *manifestement ivres*, ou qui les auront reçus dans leurs établissements, ou qui auront servi des liqueurs alcooliques à des *mineurs* âgés de moins de seize ans accomplis.

» Toutefois, dans le cas où le débitant sera prévenu d'avoir servi des liqueurs alcooliques à un mineur âgé de moins de 16 ans accomplis, il pourra prouver qu'il a été induit en erreur sur l'âge du mineur ; s'il fait cette preuve, aucune peine ne lui sera applicable de ce chef. — Les articles 474 et 483 du Code pénal seront applicables aux contraventions indiquées aux paragraphes précédents. »

Art. 5. — « Seront punis d'un *emprisonnement* de 6 jours à 1 mois et d'une *amende* de 16 fr. à 300 francs les cafetiers, cabaretiers et autres débitants qui, dans les 12 mois qui auront suivi la deuxième condamnation prononcée en vertu de l'article précédent, auront commis un des faits prévus audit article.

» Quiconque, ayant été condamné en police correctionnelle pour l'un ou l'autre des mêmes faits, depuis *moins d'un an*, se rendra de nouveau coupable de l'un ou de l'autre de ces faits, sera condamné au *maximum* des peines indiquées au paragraphe précédent, lesquelles pourront être portées jusqu'au *double*. »

Art. 6. — « Toute personne qui aura subi *deux condamnations* en police correctionnelle pour l'un ou l'autre des délits prévus en l'article précédent, pourra être déclarée par le second jugement *incapable* d'exercer tout ou partie des droits indiqués en l'article 3. — Dans le même cas, le tribunal pourra ordonner la *fermeture* de l'établissement pour un temps qui ne saurait excéder *un mois*, sous les peines portées par l'article 3 du décret du 29 décembre 1851. — Il pourra aussi, sous les mêmes peines, interdire seulement au débitant la faculté de livrer des boissons à consommer sur place. »

Art. 7. — « Sera puni d'un *emprisonnement* de 6 jours à 1 mois et d'une *amende* de 16 fr. à 300 fr. quiconque aura fait boire jusqu'à l'ivresse un *mineur* âgé de moins de 16 ans accomplis. — Sera puni des peines portées aux articles 5 et 6 tout cafetier, cabaretier, et autre débitant de boissons qui, ayant subi une condamnation en vertu du paragraphe précédent, se sera de nouveau rendu coupable, soit du même fait, soit de l'un ou l'autre des faits prévus en l'art. 4, § 1er, dans le délai indiqué en l'art. 5, § 2. »

Art. 8. — « Le tribunal correctionnel, dans les cas prévus par la présente loi, pourra ordonner que son jugement soit *affiché* à tel nombre d'exemplaires, et en tels lieux qu'il indiquera. »

Art. 9. — « L'article 463 du Code pénal (*circonstances atténuantes*) est applicable aux peines d'emprisonnement et d'amende portées par la présente loi.

» L'article 59 du même Code (*complicité*) ne sera pas applicable aux délits prévus par la présente loi. »

Art. 10. — « Les procès-verbaux constatant les infractions prévues dans les articles précédents seront transmis au Procureur de la République dans les 3 jours au plus tard, y compris celui où aura été reconnu le fait sur lequel ils sont dressés. »

Art. 11. — « Toute personne trouvée en état d'ivresse manifeste dans les rues, chemins, places, cafés, cabarets ou autres lieux publics pourra être, par mesure de police, conduite *à ses frais*, par les agents de l'Autorité, au poste le plus prochain, pour y être retenue jusqu'à ce qu'elle ait recouvré la raison. »

Art. 12. — « Le texte de la présente loi sera *affiché* à la porte de toutes les maisons et dans la salle principale de tous cabarets, cafés et autres débits de boissons. Un exemplaire en sera adressé, à cet effet, à tous les Maires et à tous les cafetiers et autres débitants de boissons. — Toute personne qui aura *détruit* ou *lacéré* le texte affiché sera condamnée à une *amende* de 1 fr. à 5 fr. et aux frais du rétablissement de l'affiche. — Sera puni de même tout cabaretier, cafetier ou débitant chez lequel ledit texte ne se trouvera pas affiché. »

Art. 13. — » Les gardes-champêtres sont chargés de rechercher, concurremment avec les autres officiers de police judiciaire, chacun sur le territoire pour lequel il est assermenté, les infractions à la présente loi. Ils dresseront des procès-verbaux pour constater ces infractions. »

J

JAUGEAGE. — Opération par laquelle se constate la capacité ou le tonnage d'un navire. Elle est confiée à des préposés publics, dans les ports.

Un décret du 24 mai 1873 a déterminé les règles de jaugeage des navires de commerce. Celui des bateaux circulant sur les fleuves, rivières, canaux, a fait l'objet du décret du 17 novembre 1880.

JÉSUITES. — Cette Société célèbre, fondée par Ignace de Loyola en 1534, a excité, à diverses époques et dans les divers pays de l'Europe, une haine universelle contre ses maximes et surtout contre ses intrigues. Bannis du Portugal en 1759, bannis d'Espagne en 1763, ils furent expulsés de France en 1764. Le Pape Clément XIV lui-même les supprima en 1773.

Le décret du 29 mars 1880, qui a fixé à l'agrégation ou association non autorisée, dite *de Jésus*, un délai de trois mois pour se dissoudre en exécution des lois existantes, et évacuer les établissements qu'elle occupait sur le territoire de la République, est précédé de considérants que nous croyons utile de reproduire à raison de leur intérêt historique :

« Vu l'article 1er de la loi des 13-19 février 1790 portant : « La loi constitutionnelle du royaume ne reconnaîtra plus de vœux monastiques solennels des personnes de l'un ni de l'autre sexe ; en conséquence, les ordres et congrégations réguliers, dans lesquels on fait de pareils vœux sont et demeurent supprimés de France, sans qu'il puisse en être établi de semblables à l'avenir ; »

» Vu l'article 1er, titre Ier, de la loi du 18 août 1792 ; — Vu l'article 2 du Concordat ; — Vu l'article 2 de la loi du 18 germinal an x, portant : « Les archevêques et évêques pourront, avec l'autorisation du Gouvernement, établir dans leurs diocèses des chapitres cathédraux et des séminaires. Tous autres établissements ecclésiastiques sont supprimés » ; — Vu le décret-loi du 3 messidor an XII qui prononce la dissolution immédiate de la congrégation ou association connue sous les noms de *Pères de la foi*, d'*Adorateurs de Jésus* ou *Paccanaristes*, et porte que « seront pareillement dissoutes toutes autres agrégations ou associations formées sous prétexte de religion et non autorisées ; » — Vu les articles 291 et 292 du Code pénal et la loi du 10 avril 1834 ;

» Considérant qu'antérieurement aux lois et décrets susvisés, la Société de Jésus a été supprimée en France, sous l'ancienne monarchie, par divers arrêts et édits, notamment l'arrêt du Parlement de Paris du 6 août 1762, l'édit du mois de novembre 1764, l'arrêt du Parlement de Paris du 9 mai 1767, l'édit de mai 1777 ; — Qu'un arrêt de la Cour de Paris du 18 août 1826, rendu « toutes les Chambres assemblées », déclare que l'état actuel de la législation s'oppose formellement au rétablissement de la Société dite de Jésus, sous quelque dénomination qu'elle se présente, et qu'il appartient à la haute police du royaume de dissoudre tous établissements, toutes agrégations ou associations qui sont ou seraient formés au mépris des arrêts, édits, loi et décrets susénoncés ; — Que, le 21 juin 1828, la Chambre des Députés a voté un ordre du jour tendant à ce qu'il leur fût fait application des lois existantes, et que le Gouvernement se mît en devoir de réaliser leur dispersion ; — Que, le 16 mars 1880, à la suite de débats dans l'une et l'autre Chambre, qui avaient plus particulièrement visé l'ordre des Jésuites, la Chambre des Députés a réclamé l'application des lois aux congrégations non autorisées; — Qu'ainsi sous les divers régimes qui se sont succédé, tant avant qu'après la Révolution de 1789, les pouvoirs publics ont constamment affirmé leur droit et leur volonté de ne pas supporter l'existence de la Société de Jésus, toutes les fois que cette Société, abusant de la tolérance qui lui avait été accordée, a tenté de se reformer et d'étendre son action. »

JET ET CONTRIBUTION. (Cod. com. art. 410-429.) — Le *jet* est l'action de jeter à la mer tout ou partie du chargement d'un navire pour l'alléger et le sauver. La *contribution* est la répartition au marc le franc entre tous les intéressés de la somme à payer pour les pertes ou sacrifices constituant des *avaries communes*.

1. — Pour que le jet donne lieu à indemnité, il faut qu'il ait été fait dans les cas prévus par la loi et en vertu d'une délibération motivée.

L'art. 411 du Code de commerce fixe l'*ordre* du jet des objets. Ce sont les moins nécessaires, les plus pesants et de moindre prix, puis les marchandises du premier pont, au choix du capitaine et sur l'avis des principaux de l'équipage.

2. — Tous ceux qui ont profité de l'avarie commune devant indemniser celui qui l'a soufferte dans l'intérêt commun, la contribution est due :

1° *Par le navire et le fret;*

2° *Par les effets sauvés au moyen du jet;*

3° *Par les objets jetés;* — dans la proportion et de la manière indiquées par le Code de commerce.

JEU. — (Cod. civ. art. 1964-1967.)

Le jeu est un contrat *aléatoire* (du latin *alea*, coup de dé), par lequel deux ou plusieurs personnes s'engagent à donner à celle d'entre elles qui gagnera, une somme convenue ou un objet déterminé.

1. — La loi fait une distinction importante entre les jeux qui tiennent à l'adresse et à l'exercice du corps, et ceux qui sont de hasard. Elle n'accorde action en justice que pour les dettes contractées dans des jeux de la première espèce.

Parmi les jeux *privilégiés*, le Code cite les *courses à pied* ou à *cheval*, les *courses de chariot*, le *jeu de paume*. On y peut joindre la *natation*, les *combats de rameurs*, le *tir au pistolet*. Le Législateur a pensé qu'il pouvait, en pareil cas, autoriser les joueurs à intéresser leur jeu dans un but d'émulation. Néanmoins il a donné aux Tribunaux la faculté de rejeter la demande toutes les fois que le *prix* stipulé leur paraîtrait *excessif*.

Quant aux jeux qui ne sont pas propres à exercer au fait des armes, ou qui ne tiennent pas à l'adresse et à l'exercice du corps, la loi, sans les prohiber, ne les reconnaît pas en Justice. Tels sont les jeux de *hasard*, les jeux de *cartes*, le jeu de *billard*, les jeux de *quilles*, etc.

2. — Bien que le Code n'accorde aucune action en justice pour une dette de jeu ou pour le payement d'un pari, si ce n'est dans les cas ci-dessus désignés, il déclare que le perdant, s'il s'exécute de lui-même, ne saurait être admis à répéter ce qu'il a volontairement payé, à moins qu'il n'y ait eu, de la part du gagnant, dol, supercherie ou escroquerie.

3. — Voy. MARCHÉS A TERME.

JEUNES DÉTENUS. — (Loi 5 août 1850.) — La situation des mineurs envoyés en correction par application des articles 66 et 67 du Code pénal était digne de la sollicitude du législateur. On a senti, d'abord, la nécessité de les isoler des prisonniers adultes dans la société desquels ils ne pouvaient que se corrompre, et la charité privée a trouvé, plus tard, dans la fondation de colonies agricoles, le moyen efficace de rendre à la vie honnête et laborieuse des enfants que l'oisiveté et une mauvaise éducation de famille avaient placés sur une pente funeste.

Les résultats obtenus ont été si remarquables que la loi du 5 août 1850, relative à l'éducation et au patronage des jeunes détenus, donnant la préférence aux établissements particuliers, n'a attribué qu'en seconde ligne à l'Etat le soin d'établir des colonies pénitentiaires de jeunes détenus.

Cette loi contient les dispositions suivantes :

Art. Ier. — « Les *mineurs des deux sexes* détenus à raison de crimes, délits, contraventions aux lois fiscales, ou par voie de correction paternelle, reçoivent, soit pendant leur détention préventive, soit pendant leur séjour dans les établissements pénitentiaires, une *éducation morale, religieuse* et *professionnelle.* »

Art. 2. — « Dans les maisons d'arrêt et de justice, un *quartier distinct* est affecté aux jeunes détenus de toute catégorie. »

Art. 3. — « Les jeunes détenus acquittés en vertu de l'article 66 du Code pénal, comme ayant agi sans discernement, mais non remis à leurs parents, sont conduits dans une *colonie pénitentiaire;* ils y sont élevés en commun, sous une discipline sévère, et appliqués aux travaux de l'*agriculture*, ainsi qu'aux principales *industries qui s'y rattachent*. Il est pourvu à leur *instruction élémentaire*.

Art. 4. — « Les colonies pénitentiaires reçoivent également les jeunes détenus condamnés à un *emprisonnement de plus de 6 mois* et qui *n'excède pas 2 ans*. — Pendant les 3 premiers mois, ces jeunes détenus sont renfermés dans un quartier distinct, et appliqués à des travaux sédentaires. A l'expiration de ce terme, le Directeur peut, en raison de leur bonne conduite, les admettre aux travaux agricoles de la colonie. »

Art. 5. — « Les colonies pénitentiaires sont des établissements *publics* ou *privés*. — Les établissements publics sont ceux fondés par l'Etat, et dont il institue les directeurs. — Les établissements privés sont ceux fondés et dirigés par des particuliers, avec l'autorisation de l'Etat. » — On compte seulement 6 *établissements publics*, dont 4 pour les garçons, 2 pour les filles, et 53 *établissements privés*, dont 29 pour les garçons, 24 pour les filles.

... Art. 7. — « Toute colonie pénitentiaire privée est régie par un directeur responsable, agréé par le Gouvernement, et investi de l'autorité des directeurs des maisons de correction. »

Art. 8. — « Il est établi auprès de toute colonie pénitentiaire un *Conseil de surveillance* qui *se compose :* d'un délégué du Préfet; d'un ecclésiastique désigné par l'Evêque du diocèse; de 2 délégués du Conseil général; d'un membre du tribunal civil de l'arrondissement élu par ses collègues. »

Art. 9. — « Les jeunes détenus des colonies pénitentiaires peuvent obtenir, à titre d'épreuve, et sous des conditions déterminées par un règlement d'administration publique, d'être placés provisoirement hors de la colonie. »

Art. 10. — « Il est établi, soit en France, soit en Algérie, une ou plusieurs *colonies correctionnelles* où sont conduits et élevés : 1° Les jeunes détenus condamnés à un *emprisonnement de plus de 2 années;* — 2° Les jeunes détenus des colonies pénitentiaires qui auront été déclarés *insubordonnés.* Cette déclaration est rendue, sur la proposition du directeur, par le Conseil de surveillance. Elle est soumise à l'approbation du Ministre de l'Intérieur. »

Art. 11. — « Les jeunes détenus des colonies correctionnelles sont, pendant les 6 premiers mois, soumis à l'emprisonnement et appliqués à des travaux sédentaires. A l'expiration de ce terme, le directeur peut, en raison de leur bonne conduite, les admettre aux travaux agricoles de la colonie. »

... Art. 15. — « Les règles tracées

par la présente loi pour la création, le régime et la surveillance des colonies pénitentiaires s'appliquent aux *maisons pénitentiaires* destinées à recevoir les *jeunes filles* détenues, sauf les modifications suivantes : »

Art. 16. — « Les maisons pénitentiaires reçoivent : 1° Les mineures détenues par voie de correction paternelle; — 2° Les jeunes filles de moins de 16 ans condamnées à l'emprisonnement pour une durée quelconque; — 3° Les jeunes filles acquittées comme ayant agi sans discernement, et non remises à leurs parents. »

Art. 17. — « Les jeunes filles détenues dans les maisons pénitentiaires sont élevées sous une discipline sévère et appliquées aux *travaux* qui *conviennent à leur sexe.* »

Art. 18. — « Le *Conseil de surveillance* des maisons pénitentiaires *se compose :* d'un ecclésiastique désigné par l'Évêque du diocèse; — de 4 Dames déléguées par le Préfet du département. L'inspection, faite au nom du Ministre de l'Intérieur, sera exercée par une Dame inspectrice. »

Art. 19. — « Les jeunes détenus désignés aux articles 3, 4, 10 et 16, §§ 2 et 3, sont, à l'époque de leur *libération*, placés sous le *patronage* de l'*Assistance publique* pendant 3 *années* au moins... »

JOUISSANCE. (ABUS DE) — Voy. ABUS DE JOUISSANCE.

JOUISSANCE LÉGALE. — Se dit du droit de jouir des biens personnels de leurs enfants mineurs accordé par la loi aux père et mère. (Cod. civ. art. 384-387.) — Voy. PUISSANCE PATERNELLE, 3.

JOUR. — Ouverture pratiquée dans un bâtiment.

1. — Il n'est pas permis de pratiquer des jours dans un *mur mitoyen*, même à verre dormant, sans le consentement du voisin.

2. — Le propriétaire d'un *mur non mitoyen*, joignant immédiatement l'héritage d'autrui, peut pratiquer dans ce mur des jours ou fenêtres à fer maillé et verre dormant. — Ces fenêtres doivent être garnies d'un *treillis de fer* dont les mailles ont un décimètre (environ 3 pouces 8 lignes) d'ouverture au plus, et d'un *châssis à verre dormant.*

Ces fenêtres ou jours ne peuvent être établis qu'à 26 *décimètres* (8 pieds) au-dessus du plancher ou du sol de la chambre qu'on veut éclairer si c'est à rez-de-chaussée, et à 19 *décimètres* (6 pieds) au-dessus du plancher pour les étages supérieurs.

3. — Il convient de remarquer que le *voisin* a la faculté, s'il le veut, de *construire un mur* de manière à *obstruer les jours* donnant ainsi sur son héritage.

JOURS DE PLANCHE. — On appelle *jours de planche* ou *staries* le délai dans lequel l'affréteur est tenu d'amener au quai les marchandises que le capitaine doit charger dans le navire, et le délai dans lequel le chargeur doit recevoir du capitaine les mêmes marchandises après l'arrivée du bâtiment.

L'usage est d'accorder 15 jours de planche pour la charge et autant pour la décharge, quand il s'agit d'un voyage de long cours ou au grand cabotage, et 3 jours seulement, quand il s'agit d'un voyage au petit cabotage. Les jours employés en sus des *jours de planche* ou *staries* fixés par la convention ou l'usage s'appellent *surstaries* ou *surestaries :* ils sont dus au capitaine.

JOURS FÉRIÉS. — Du latin *feria*, fête. — Ce sont les jours consacrés à la célébration des fêtes reconnues par la loi. — Voy. FÊTES.

JOURNAL. — (Loi 29 juillet 1881, art. 5-14.)

Publication *périodique*, ordinairement quotidienne, mais pouvant être hebdomadaire, mensuelle, etc.

La loi du 29 juillet 1881 sur la liberté de la presse contient sur la presse périodique les dispositions suivantes :

§ 1er. — DU DROIT DE PUBLICATION, DE LA GÉRANCE, DE LA DÉCLARATION ET DU DÉPÔT AU PARQUET.

Art. 5. — « Tout journal ou écrit

périodique peut être publié, *sans autorisation préalable* et *sans dépôt de cautionnement*, après la déclaration prescrite par l'art. 7. »

Art. 6. — « Tout journal ou écrit périodique aura un *gérant*. — Le gérant devra être Français, majeur, avoir la jouissance de ses droits civils, et n'être privé de ses droits civiques par aucune condamnation judiciaire. »

Art. 7. — « Avant la publication de tout journal ou écrit périodique, il sera fait, au parquet du Procureur de la République, une *déclaration* contenant : 1° Le titre du journal ou écrit périodique et son mode de publication ; — 2° Le nom et la demeure du gérant ; — 3° L'indication de l'imprimerie où il doit être imprimé. — Toute *mutation* dans les conditions ci-dessus énumérées sera déclarée dans les 5 jours qui suivront. »

Art. 8. — « Les déclarations seront faites par écrit, sur papier timbré, et signées des gérants. Il sera donné *récépissé*. »

Art. 9. — « En cas de *contravention* aux dispositions prescrites par les articles 6, 7, 8, le propriétaire, le gérant, ou, à défaut, l'imprimeur, seront punis d'une *amende* de 50 fr. à 500 fr. — Le journal ou écrit périodique ne pourra continuer sa publication qu'après avoir rempli les formalités ci-dessus prescrites, à peine, si la publication irrégulière continue, d'une *amende* de 100 fr., prononcée solidairement contre les mêmes personnes, pour chaque numéro publié à partir du jour de la prononciation du jugement de condamnation, si ce jugement est *contradictoire*, et du troisième jour qui suivra sa notification s'il a été rendu *par défaut* ; et ce, nonobstant opposition ou appel, si l'exécution provisoire est ordonnée. — Le condamné, même par défaut, peut interjeter *appel*. Il sera statué par la Cour dans le délai de trois jours. »

Art. 10. — « Au moment de la publication de chaque feuille ou livraison du journal ou écrit périodique, il sera remis au parquet du Procureur de la République, ou à la Mairie dans les villes où il n'y a pas de tribunal de première instance, *deux exemplaires* signés du gérant. — Pareil dépôt sera fait au ministère de l'intérieur, pour Paris et le département de la Seine, et, pour les autres départements, à la préfecture, à la sous-préfecture, ou à la Mairie, dans les villes qui ne sont ni chefs-lieux de département, ni chefs-lieux d'arrondissement. — Chacun de ces dépôts sera effectué sous peine de 50 fr. d'*amende* contre le gérant. »

Art. 11. — « Le *nom du gérant* sera imprimé au bas de tous les exemplaires, à peine, contre l'imprimeur, de 16 fr. à 100 fr. d'*amende* par chaque numéro publié en contravention de la présente disposition. »

§ 2. — Des rectifications.

Art. 12. — « Le gérant est tenu d'insérer *gratuitement*, en tête du plus prochain numéro du journal ou écrit périodique, toutes les *rectifications* qui lui seront adressées par un dépositaire de l'autorité publique, au sujet des actes de sa fonction qui auront été inexactement rapportés par ledit journal ou écrit périodique. — Toutefois, ces rectifications ne dépasseront pas le *double* de l'article auquel elles répondront. — En cas de contravention, le gérant sera puni d'une *amende* de 100 fr. à 1 000 fr. »

Art. 13. — « Le gérant sera tenu d'insérer dans les *trois jours* de leur réception ou dans le plus prochain numéro, s'il n'en était pas publié avant l'expiration des 3 jours, les *réponses* de toute personne nommée ou désignée dans le journal ou écrit périodique, sous peine d'une *amende* de 50 fr. à 500 fr., sans préjudice des autres peines et dommages-intérêts auxquels l'article pourrait donner lieu. — Cette insertion devra être faite à la *même place* et en *mêmes caractères* que l'article qui l'aura provoquée. Elle sera *gratuite*, lorsque les réponses ne dépasseront pas le *double* de la longueur dudit article. Si elles le dépassent, le prix d'insertion sera dû pour le surplus seulement. Il sera calculé au prix des annonces judiciaires.

§ 3. — DES JOURNAUX OU ÉCRITS PÉRIODIQUES ÉTRANGERS.

Art. 14. — « La circulation en France des journaux et écrits périodiques publiés à l'étranger ne pourra être *interdite* que par une décision spéciale délibérée en Conseil des Ministres. — La circulation d'un numéro peut être interdite par une décision du Ministre de l'intérieur. — La mise en vente ou la distribution, faite sciemment au mépris de l'interdiction, sera punie d'une *amende* de 50 fr. à 500 fr. »

JOURNAL. (LIVRE) — Voy. LIVRES DE COMMERCE.

JUDICATUM SOLVI. — Signifie en latin : *payer le jugé.* — On appelle ainsi la caution qu'en toutes matières, autres que celles de commerce, l'étranger *demandeur* est tenu de fournir lorsque le défendeur le requiert. Par ce moyen, si l'étranger venait à disparaître après avoir perdu sa cause, le Français pourrait se faire rembourser par la caution les frais qu'il a été forcé de faire et qui sont à la charge de la partie qui succombe.

1. — Le jugement qui ordonne la caution fixe la somme jusqu'à concurrence de laquelle elle sera fournie : le demandeur qui consigne cette somme ou qui justifie que ses immeubles, situés en France, sont suffisants pour en répondre, est *dispensé* de la fournir.

2. — L'étranger qui a été admis à établir son domicile en France est dispensé de la caution *judicatum solvi.* (Cod. civ. art. 16 ; Cod. proc. civ. art. 166, 167.)

JUDICIAIRE. (CONSEIL) — Voy. CONSEIL JUDICIAIRE.

JUDICIAIRE. (POUVOIR) — Voy. POUVOIR JUDICIAIRE.

JUGE. — Dans sa plus large acception, le mot *juge* s'applique à tout magistrat préposé par l'Autorité publique pour rendre la justice aux particuliers. Dans un sens restreint, il sert à désigner les membres des *Tribunaux de première instance* ou *de commerce* par opposition aux membres des Cours d'appel ou de la Cour de cassation qui ont le nom de *Conseillers.* — Voy. ALLIANCE, 5 ; — DÉNI DE JUSTICE ; — EMPIÈTEMENT DES AUTORITÉS ADMINISTRATIVES ET JUDICIAIRES ; — PRISE A PARTIE ; — TRIBUNAL DE PREMIÈRE INSTANCE.

JUGE-COMMISSAIRE. — Se dit du Juge *commis* par un Tribunal pour surveiller les opérations : d'un *partage de succession,* dans les cas où la loi exige qu'il soit fait en Justice (Cod. civ. art. 813 ; Cod. proc. civ. art. 960) ; — d'une *faillite* (Cod. com. art. 451-454) ; — d'une *vérification d'écritures* (Cod. proc. civ. art. 196) ; — d'une *enquête* (Cod. proc. civ. art. 255) ; — d'un *ordre* et d'une *distribution* entre créanciers des deniers saisis ou du prix de vente des immeubles du débiteur (Cod. civ. art. 2218 ; Cod. proc. civ. art. 656-672 ; 749-779).

JUGE DE PAIX. — Voy. JUSTICE DE PAIX.

JUGE D'INSTRUCTION. — (Cod. instr. crim. chap. VI-IX ; lois 17 juillet 1856, 14 juillet 1865.) — On donne ce nom au magistrat qui, dans chaque Tribunal d'arrondissement, est spécialement chargé d'instruire ou d'informer relativement aux crimes et aux délits commis dans l'étendue du ressort du tribunal.

1. — Le Juge d'instruction fait citer devant lui les personnes indiquées par la dénonciation, par la plainte, par le Procureur de la République, ou autrement, comme ayant connaissance, soit du crime ou du délit, soit de ses circonstances. Il se transporte, s'il y a lieu, au domicile de l'inculpé, pour y faire perquisition, procède à son interrogatoire, etc. — Les ordres ou *mandats* qu'il délivre diffèrent de nom et d'effets, selon les circonstances et la gravité de l'inculpation. — Voy. MANDAT DE COMPARUTION ; — MANDAT

D'AMENER ; — MANDAT DE DÉPÔT ; — MANDAT D'ARRÊT.

2. — Lorsque la procédure instruite par le Juge d'instruction est achevée, elle est communiquée au Procureur de la République, qui prend telles réquisitions qu'il juge convenables. Le Juge d'instruction rend alors une *ordonnance* par laquelle, faisant ou non droit à ces réquisitions, il statue sur la suite à donner à la procédure.

3. — Si le fait ne constitue ni *crime*, ni *délit*, ni *contravention*, ou s'il n'existe pas contre l'inculpé des charges suffisantes de culpabilité, le Juge d'instruction rend une *ordonnance de non-lieu*, et, si l'inculpé a été arrêté, il est mis en liberté.

— Si le fait ne constitue qu'une *contravention*, l'inculpé est renvoyé devant le *Tribunal de simple police*, et, s'il a été arrêté, il est remis en liberté.

Si le fait constitue un *délit*, l'inculpé est renvoyé devant le *Tribunal de police correctionnelle*.

Si le fait constitue un *crime*, le Juge d'instruction prononce le renvoi de l'inculpé devant la *Chambre des mises en accusation*, qui renvoie à son tour ce dernier, s'il y a lieu, devant la *Cour d'assises*.

JUGEMENT. — (Cod. proc. civ. art. 116-162.)

Du latin *jus*, droit, et *dicere*, dire. — Se dit, en général, de toute décision émanée de l'Autorité judiciaire. Mais on donne spécialement la qualification de *jugement* aux décisions des Tribunaux inférieurs, tels que Justices de paix, Tribunaux de commerce, Conseils de Prud'hommes. Les décisions de la Cour de cassation et des Cours d'appel portent le nom d'*Arrêts*.

1. — Les jugements sont dits *contradictoires* lorsqu'ils sont rendus sur les défenses des deux parties ; — *par défaut*, lorsque la partie assignée n'a pas constitué d'avoué, ou lorsque ce dernier ne s'est pas présenté ; — *en premier* ou *en dernier ressort*, selon qu'ils sont ou non susceptibles d'appel devant une juridiction supérieure. — Voy. APPEL ; — OPPOSITION A JUGEMENT.

2. — Tout jugement est *motivé*, à peine de nullité.

3. — Les recours ouverts par la loi contre les jugements se divisent en recours *ordinaires* et en recours *extraordinaires*.

Les premiers sont l'*opposition*, qui ne concerne que les jugements par défaut, et l'*appel*, dans le cas où il est recevable ; — les seconds sont la *tierce-opposition*, la *requête civile* et la *cassation*. — (Voy. ces mots.)

JURANDES. — Voy. MAITRISES ET JURANDES.

JURÉ. — Voy. JURY.

JURISCONSULTE. — Se dit d'une personne versée dans la science du droit, ou faisant profession de donner ses conseils, oralement ou par écrit, sur les affaires litigieuses.

1. — Le *tuteur* ne peut *transiger* au nom du mineur qu'après y avoir été autorisé par le Conseil de famille, et de l'avis de trois jurisconsultes désignés par le Procureur de la République. (Cod. civ. art. 467.)

2. — La *requête civile* doit être appuyée de la consultation de trois avocats exerçant depuis dix ans au moins près l'un des Tribunaux du ressort de la Cour dans laquelle le jugement a été rendu. (Cod. proc. civ. art. 495.)

JURISPRUDENCE. — Ce mot sert à désigner tantôt la *science du droit* (c'est là son acception la plus générale), tantôt l'*ensemble des décisions judiciaires* sur un point de droit controversé. C'est ainsi que l'on dit : la *jurisprudence de la Cour de cassation*, la *jurisprudence du Conseil d'Etat, etc.*

— La *jurisprudence* est à la *législation* ce que la pratique est à la théorie, car elle présente l'application des principes et des textes aux affaires humaines, ce qui est, en définitive, le but essentiel de la science du droit.

JURY. — (Cod. instr. crim. art.

312 et suiv.; lois 21 nov. 1872; 31 juillet 1875, 19 juin 1881.)

Mot anglais adopté en France pour désigner une Commission de simples citoyens appelés à l'occasion d'un fait qualifié *crime*, et chargés de décider si l'individu qui est accusé est coupable ou non, et s'il existe en sa faveur des circonstances atténuantes.

1. — Une modification considérable a été introduite dans l'organisation du jury par la loi du 21 novembre 1872 dont voici le texte :

TITRE 1er. — DES CONDITIONS REQUISES POUR ÊTRE JURÉ.

Art. 1er. — « Nul *ne peut remplir les fonctions de juré*, à peine de nullité des déclarations de culpabilité auxquelles il aurait concouru, s'il n'est âgé de 30 ans accomplis, s'il ne jouit des droits politiques, civils et de famille, ou s'il est dans un des cas d'incapacité ou d'incompatibilité établis par les deux articles suivants. »

Art. 2. — « Sont *incapables* d'être jurés : 1° Les individus qui ont été condamnés, soit à des peines afflictives et infamantes, soit à des peines infamantes seulement ; — 2° Ceux qui ont été condamnés à des peines correctionnelles pour faits qualifiés crimes par la loi ; — 3° Les militaires condamnés au boulet ou aux travaux publics ; — 4° Les condamnés à un emprisonnement de 3 mois au moins ; toutefois, les condamnations pour délits politiques ou de presse n'entraîneront que l'incapacité temporaire dont il est parlé au § 11 du présent article ; — 5° Les condamnés à l'amende ou à l'emprisonnement, quelle qu'en soit la durée, pour vol, escroquerie, abus de confiance, soustraction commise par des dépositaires publics, attentats aux mœurs prévus par les articles 330 et 334 du Code pénal, délit d'usure ; les condamnés à l'emprisonnement pour outrage à la morale publique et religieuse, attaque contre le principe de la propriété et les droits de famille, délits commis contre les mœurs par l'un des moyens énoncés dans l'article 1er de la loi du 17 mai 1819, pour vagabondage ou mendicité, pour infraction aux dispositions des articles 60, 63 et 65 de la loi sur le recrutement de l'armée et aux dispositions de l'art. 423 du Code pénal, de l'art. 1er de la loi du 27 mars 1851 et de l'art. 1er de la loi des 5-9 mai 1855 ; pour les délits prévus par les art. 134, 142, 143, 174, 251, 305, 345, 362, 363, 364 § 3, 365, 366, 387, 389, 399 § 2, 400 § 2, 418 du Code pénal ; — 6° Ceux qui sont en état d'accusation ou de contumace ; — 7° Les notaires, greffiers et officiers ministériels destitués ; — 8° Les faillis non réhabilités dont la faillite a été déclarée soit par les tribunaux français, soit par jugement rendu à l'étranger, mais exécutoire en France ; — 9° Ceux auxquels les fonctions de juré ont été interdites en vertu de l'art. 396 du Code d'instruction criminelle ou de l'art. 42 du Code pénal ; — 10° Ceux qui sont sous mandat d'arrêt ou de dépôt ; — 11° Sont incapables, pour *cinq ans* seulement, à dater de l'expiration de leur peine, les condamnés à un emprisonnement de moins de 3 mois pour quelque délit que ce soit, même pour les délits politiques ou de presse ; — 12° Sont également incapables les interdits, les individus pourvus de conseils judiciaires, ceux qui sont placés dans un établissement public d'aliénés, en vertu de la loi du 30 juin 1838. »

Art. 3. — Les fonctions de Juré sont *incompatibles* avec celles de Député, de Ministre, membre du Conseil d'Etat, membre de la Cour des comptes, sous-Secrétaire d'Etat ou Secrétaire général d'un Ministère, Préfet et sous-Préfet, Secrétaire général de Préfecture, membre de la Cour de cassation et des Cours d'appel, Juge titulaire ou suppléant des tribunaux civils et des tribunaux de commerce, officier du ministère public près les tribunaux de première instance, Juge de paix, Commissaire de police, ministre d'un culte reconnu par l'Etat, militaire de l'armée de terre ou de mer en activité de service et pourvu d'emploi, fonctionnaire ou préposé du service actif des douanes, des contributions indirectes, des forêts de l'Etat et de l'administration des télégraphes, instituteur primaire communal. »

Art. 4. — « *Ne peuvent être jurés* les domestiques et serviteurs à gages, ceux qui ne savent pas lire et écrire en français. »

Art. 5. — « Sont *dispensés* des fonctions de juré : — 1° Les septuagénaires ; — 2° Ceux qui ont besoin pour vivre de leur travail manuel et journalier ; — 3° Ceux qui ont rempli lesdites fonctions pendant l'année courante ou l'année précédente. »

TITRE II. — DE LA COMPOSITION DE LA LISTE ANNUELLE.

Art. 6. — « La liste annuelle du jury comprend : — Pour le département de la *Seine*, 3000 jurés ; pour les *autres départements*, 1 juré par 500 habitants, sans toutefois que le nombre des jurés puisse être inférieur à 400 et supérieur à 600. — La liste ne peut comprendre que des citoyens ayant leur domicile dans le département. »

Art. 7. — « Le nombre des jurés pour la liste annuelle est *réparti*, par arrondissement et par canton, proportionnellement au tableau officiel de la population. Cette répartition est faite par arrêté du Préfet pris sur l'avis conforme de la Commission départementale, et, pour le département de la Seine, sur l'avis conforme du bureau du Conseil général, au mois de juillet de chaque année. — A Paris, la répartition est faite entre les arrondissements et les quartiers. — En adressant au Juge de paix l'arrêté de répartition, le Préfet lui fait connaître les noms des jurés du canton désignés par le sort pendant l'année courante et pendant l'année précédente. »

Art. 8. — « Une *Commission* composée, dans chaque canton, du Juge de paix, président, des suppléants du juge de paix, et des Maires de toutes les Communes du canton, dresse une *liste préparatoire* de la liste annuelle. Cette liste contient un nombre de noms *double* de celui fixé pour le contingent du canton. — Dans les cantons formés d'une seule Commune, la Commission est composée, indépendamment du Juge de paix et de ses suppléants, du Maire de la Commune et de deux Conseillers désignés par le Conseil municipal. — Dans les Communes divisées en plusieurs cantons, il y a autant de Commissions que de cantons. Chacune de ces Commissions est composée, indépendamment du Juge de paix et de ses suppléants, du Maire de la ville ou d'un Adjoint délégué par lui, de deux Conseillers municipaux désignés par le Conseil, et des Maires des Communes rurales comprises dans le canton. »

Art. 9. — « A *Paris*, les listes préparatoires sont dressées pour chaque quartier par une Commission composée du Juge de paix de l'arrondissement ou d'un suppléant du Juge de paix, président, du Maire de l'arrondissement ou d'un Adjoint, du Conseiller municipal nommé dans le quartier et, en outre, de 4 personnes désignées par ces trois premiers membres parmi les jurés qui ont été portés l'année précédente sur la liste de l'arrondissement et qui ont leur domicile dans le quartier. »

Art. 10. — « Les Commissions chargées de dresser les listes préparatoires se réunissent dans la *première quinzaine du mois d'août*, au chef-lieu de leur circonscription, sur la convocation spéciale du Juge de paix, délivrée dans la forme administrative. — Les listes sont dressées en deux originaux, dont l'un reste déposé au greffe de la justice de paix et l'autre est transmis au greffe du tribunal civil de l'arrondissement. — Dans le département de la Seine, le second original des listes dressées par les Commissions de canton ou de quartier est envoyé au greffe du Tribunal de la Seine. — Le public est admis à prendre connaissance des listes préparatoires pendant les 15 jours qui suivent le dépôt de ces listes au greffe de la justice de paix. »

Art. 11. — « La *liste annuelle* est dressée, pour chaque arrondissement, par une Commission composée du Président du tribunal civil ou du magistrat qui en remplit les fonctions, président, des Juges de paix et des Conseillers généraux. En cas d'empêchement, le Conseiller général d'un canton sera remplacé par le Conseiller d'arrondissement, ou, s'il y a deux Conseillers d'arrondissement dans le canton, par le plus âgé des deux. — A Paris, la Commission est composée, pour chaque arrondissement, du Président du tribunal civil de la Seine ou d'un Juge délégué par lui, président, du Juge de paix de l'arrondissement et de ses suppléants, du Maire, des 4 Conseillers municipaux de l'arrondissement. — Les Commissions de Saint-Denis et de Sceaux sont présidées par un Juge du tribunal civil de la Seine, délégué par le Président de ce tribunal. »

Art. 12. — « Dans tous les cas prévus par la présente loi, le Maire, s'il est empêché, sera remplacé par un Adjoint expressément délégué. »

Art. 13. — « La Commission chargée de dresser la liste annuelle des jurés se réunit au chef-lieu judiciaire de l'arrondissement, au plus tard dans le courant de *septembre*, sur la convocation faite par le Président du tribunal civil. — Elle peut porter sur cette liste des noms de personnes qui n'ont point été inscrites sur les listes préparatoires des Commissions cantonales, sans toutefois que le nombre de ces noms puisse excéder le quart de ceux qui sont portés pour le canton. — Elle a également la faculté d'élever ou d'abaisser, pour chaque canton, le contingent proportionnel fixé par le Préfet, sans toutefois que la réduction ou l'augmentation puisse excéder le quart du contingent du canton, ni modifier le contingent de l'arrondissement. — Les décisions sont prises à la majorité ; en cas de partage, la voix du Président est prépondérante. »

Art. 14. — « La liste de l'arrondissement, définitivement arrêtée, est signée séance tenante. Elle est transmise, *avant le 1er décembre*, au greffe de la Cour ou du Tribunal chargé de la tenue des assises. »

Art. 15. — « Une liste spéciale des jurés *suppléants*, pris parmi les jurés de la ville où se tiennent les assises, est aussi formée chaque année, en dehors de la liste annuelle du jury. — Elle comprend 300 jurés pour *Paris*, 50 pour les *autres départements*. — Cette liste est dressée par la Commission de l'arrondissement où se tiennent les assises. — A Paris, chaque Commission d'arrondissement arrête une liste de 15 jurés suppléants. »

Art. 16. — « Le premier Président de la Cour d'appel ou le Président du tribunal chef-lieu d'assises dresse, *dans la première quinzaine de décembre*, la liste annuelle du département, par ordre alphabétique, conformément aux listes d'arrondissement. Il dresse également la liste spéciale des jurés suppléants. »

Art. 17. — « Le Juge de paix de chaque canton est tenu d'instruire immédiatement le premier Président de la Cour ou le Président du tribunal chef-lieu d'assises, des décès, des incapacités ou des incompatibilités légales qui frapperaient les membres dont les noms sont portés sur la liste annuelle. Dans ce cas, il est statué conformément à l'art. 390 du Code d'instruction criminelle. »

TITRE III. — DE LA COMPOSITION DE LA LISTE DU JURY POUR CHAQUE SESSION.

Art. 18. — « *Dix jours* au moins avant l'ouverture des assises, le premier Président de la Cour d'appel ou le Président du tribunal du chef-lieu d'assises, dans les villes où il n'y a pas de Cour d'appel, *tire au sort* en audience publique, sur la liste annuelle, les noms des 36 jurés qui forment la liste de la session. Il tire en outre 4 jurés suppléants sur la liste spéciale.

— » Si les noms d'un ou de plusieurs jurés ayant rempli lesdites fonctions pendant l'*année courante* ou pendant l'*année précédente* viennent à sortir de l'urne, ils seront immédiatement *remplacés* sur la liste de session par les noms d'un ou de plusieurs autres jurés tirés au sort. » (Loi 31 juillet 1875.)

Art. 19. — « Si, au jour indiqué pour le jugement, le nombre des jurés est réduit à moins de 30 par suite d'absence ou pour toute autre cause, ce nombre est complété par les jurés suppléants, suivant l'ordre de leur inscription; en cas d'insuffisance, par les jurés tirés au sort, en audience publique, parmi les jurés inscrits sur la liste spéciale; subsidiairement, parmi les jurés de la ville inscrits sur la liste annuelle. Dans le cas prévu par l'article 90 du décret du 6 juillet 1810 (*convocation des assises pour un lieu autre que celui où elles se tiennent habituellement*), le nombre des jurés titulaires est complété par un tirage au sort fait, en audience publique, parmi les jurés de la ville inscrits sur la liste annuelle. »

2. — Tout juré qui *ne s'est pas rendu à son poste*, sur la citation qui lui a été notifiée, est condamné par la Cour d'assises à une *amende* de 200 fr. à 500 fr. pour la première fois; de 1 000 fr. pour la seconde, et de 1 500 fr. pour la troisième. Cette dernière fois, il est déclaré *incapable* d'exercer à l'avenir les fonctions de juré.

Sont *exceptés* ceux qui justifient de l'*impossibilité* où ils se trouvaient de se rendre au jour indiqué. La Cour prononce sur la validité de l'excuse.

3. — Pour chaque affaire, l'appel des jurés non excusés et non dispensés est fait avant l'ouverture de l'audience, en leur présence, et en présence de l'accusé et du Procureur général. — Le nom de chaque juré répondant à l'appel est déposé dans une urne. — L'accusé, premièrement, ou son Conseil, et le Procureur général ont la faculté de *récuser* tels jurés qu'ils jugent à propos, à mesure que leurs noms sortent de l'urne, et sans énoncer de motifs. Le jury est formé à l'instant où il est sorti de l'urne 12 noms de jurés non récusés.

Les récusations que peuvent faire l'accusé et le Procureur général s'arrêtent lorsqu'il ne reste que 12 jurés.

4. — Lorsque le jury de jugement est formé conformément aux dispositions qui précèdent, le Président, en audience publique, adresse aux jurés, debout et découverts, le discours suivant :

« *Vous jurez et promettez, devant Dieu et devant les hommes, d'examiner avec l'attention la plus scrupuleuse les charges qui seront portées contre N...; de ne trahir ni les intérêts de l'accusé, ni ceux de la Société qui l'accuse; de ne communiquer avec personne jusqu'après votre déclaration; de n'écouter ni la haine ou la méchanceté, ni la crainte ou l'affection; de vous décider d'après les charges et les moyens de défense, suivant votre conscience et votre intime conviction, avec l'impartialité et la fermeté qui conviennent à un homme probe et libre.* »

Chacun des jurés, appelé individuellement par le Président, répond en levant la main : *Je le jure*, à peine de nullité.

5. — A la suite de l'interrogatoire de l'accusé, des dépositions des témoins, du réquisitoire du Ministère public et de la plaidoirie du défenseur, le Président pose aux jurés les questions qu'ils auront à résoudre par *oui* ou par *non*, au scrutin secret.

La loi du 19 juin 1881, modifiant l'article 336 du Code pénal, a spécifié que le président, après la clôture des débats, ne pourrait, à peine de nullité, *résumer*, comme il devait jusqu'alors le faire, les moyens de l'accusation et de la défense. L'expérience avait démontré que trop souvent ce résumé se transformait en réquisitoire à l'heure où la défense était close.

6. — Les questions étant posées

et remises aux jurés, ils se rendent dans leur chambre pour y délibérer.

Leur chef est le *premier juré désigné par le sort*, ou celui qui est *choisi par eux* et du consentement de ce dernier.

Avant de commencer la délibération, le chef des jurés leur fait lecture de l'instruction suivante qui est en outre affichée en gros caractères dans le lieu le plus apparent de leur chambre :

« La loi ne demande pas compte aux jurés des moyens par lesquels ils se sont convaincus; elle ne leur prescrit point de règles desquelles ils doivent faire particulièrement dépendre la plénitude et la suffisance d'une preuve; elle leur prescrit de s'interroger eux-mêmes dans le silence et le recueillement, et de chercher dans la sincérité de leur conscience quelle impression ont faite sur leur raison les preuves apportées contre l'accusé et les moyens de sa défense. La loi ne leur dit point : *Vous tiendrez pour vrai tout fait attesté par tel ou tel nombre de témoins*. Elle ne leur dit pas non plus : *Vous ne regarderez pas comme suffisamment établie toute preuve qui ne sera pas formée de tel procès-verbal, de telles pièces, de tant de témoins ou de tant d'indices;* elle ne leur fait que cette seule question, qui renferme toute la mesure de leurs devoirs : *Avez-vous une intime conviction?*

» Ce qu'il est bien essentiel de ne pas perdre de vue, c'est que toute la délibération du jury porte sur l'acte d'accusation; c'est aux faits qui le constituent et qui en dépendent qu'ils doivent uniquement s'attacher; et ils manquent à leur premier devoir lorsque, pensant aux dispositions des lois pénales, ils considèrent les suites que pourra avoir, par rapport à l'accusé, la déclaration qu'ils ont à faire. Leur mission n'a pas pour objet la poursuite ni la punition des délits; ils ne sont appelés que pour décider si l'accusé est, ou non, coupable du crime qu'on lui impute. »

— Les jurés *ne peuvent sortir* de leur chambre qu'après avoir formé leur déclaration. Toute *contravention* donne lieu à une *amende* de 500 fr. au plus.

7. — La décision du jury, tant contre l'accusé que sur les circonstances atténuantes, se forme *à la majorité*. La déclaration du jury constate cette majorité, *sans que le nombre de voix puisse y être exprimé*, à peine de nullité.

Les jurés rentrent ensuite dans l'auditoire et reprennent leur place. Le Président leur demande quel est le résultat de leur délibération. Le chef du jury se lève, et, la main placée sur son cœur, il dit : « *Sur mon honneur et sur ma conscience, devant Dieu et devant les hommes, la déclaration du jury est :* Oui, *l'accusé*, etc. Non, *l'accusé*, etc.

La déclaration du jury est signée par le chef et remise par lui au Président, le tout en présence des jurés. — Elle ne peut jamais être soumise à *aucun recours*.

8. — Dans le cas où l'accusé est reconnu coupable, et si la Cour est convaincue que les jurés, tout en observant les formes, *se sont trompés au fond*, elle déclare qu'il est sursis au jugement et renvoie l'affaire à la *session suivante*, pour y être soumise à un nouveau jury dont ne peut faire partie aucun des jurés qui ont pris part à la déclaration annulée. — Nul n'a le droit de provoquer cette mesure; la Cour ne peut l'ordonner que *d'office*, immédiatement après que la déclaration du jury a été prononcée publiquement.

Après la déclaration du second jury, la Cour ne peut ordonner un nouveau renvoi, même quand cette déclaration serait conforme à la première.

JURY D'EXPROPRIATION. — Voy. EXPROPRIATION POUR CAUSE D'UTILITÉ PUBLIQUE, II.

JUSTICE. (COUR DE) — Voy. COUR DE JUSTICE.

JUSTICE. (DÉNI DE) — Voy. DÉNI DE JUSTICE.

JUSTICE. (MAISON DE) — Voy. PRISONS.

JUSTICE DE PAIX. — (Lois 24 août 1790, 25 mai 1838, 2 mai 1855; Cod. proc. civ. art. 1-47; Cod. instr. crim. art. 137-178.)

Instituée en 1790, la *Justice de paix* forme le premier degré de la hiérarchie judiciaire.

— Il y a un Juge de paix dans chaque canton : ce magistrat remplit 3 sortes de fonctions : 1° des fonctions de *conciliateur;* — 2° des fonctions *judiciaires;* — 3° des fonctions *extra-judiciaires.*

I. — Comme CONCILIATEUR, il connaît des différends qui doivent être jugés par le Tribunal d'arrondissement ou de première instance. Dans le but de diminuer le nombre des procès, le législateur a voulu qu'aucune demande en justice, sauf pour certains cas expressément exceptés (Cod. proc. civ. art. 48, 49), ne pût être formée devant les Tribunaux d'arrondissement, sans avoir été précédée d'une *citation en conciliation* devant le Juge de paix qui entend les parties et essaie de les concilier (Voy. CONCILIATION). — Une loi du 2 mai 1855 a étendu le principe de cette tentative de conciliation aux affaires qui sont de la compétence des Juges de paix, et la citation à comparaître ne peut être donnée sans qu'au préalable le Juge de paix n'ait appelé devant lui les parties en conciliation. Cette mesure cesse d'être obligatoire quand le défendeur est domicilié hors du canton, ou si la cause requiert célérité.

II. — Comme JUGE, en *matière civile*, le Juge de paix prononce sur les contestations ci-après désignées, tantôt définitivement, tantôt en premier ressort et sauf appel devant le Tribunal d'arrondissement :

Les Juges de paix connaissent de toutes actions purement personnelles ou mobilières, *en dernier ressort*, jusqu'à la valeur de 100 fr., et, *à charge d'appel*, jusqu'à la valeur de 200 fr.

— Ils prononcent, *sans appel*, jusqu'à la valeur de 100 fr., et, *à charge d'appel*, jusqu'au taux de la compétence en dernier ressort des Tribunaux de première instance (1 500 fr.) : sur les contestations entre les hôteliers, aubergistes ou logeurs, et les voyageurs ou locataires en garni, pour dépense d'hôtellerie et perte ou avarie d'effets déposés dans l'auberge ou à l'hôtel; — Entre les voyageurs et les voituriers et bateliers, pour retards, frais de route et perte ou avarie d'effets accompagnant les voyageurs; — Entre les voyageurs et les carrossiers ou autres ouvriers, pour fournitures, salaires et réparations faites aux voitures de voyage.

Les Juges de paix connaissent *sans appel*, jusqu'à la valeur de 100 fr., et, *à charge d'appel*, à quelque valeur que la demande puisse s'élever : des actions en payement de loyers ou fermages, des congés, des demandes en résiliation de baux, fondées sur le seul défaut de payement des loyers ou fermages; — des expulsions de lieux et des demandes en validité de *saisie-gagerie* (voy. ces mots); — le tout lorsque les locations verbales ou par écrit n'excèdent pas 400 fr.

— Ils connaissent, *sans appel*, jusqu'à la valeur de 100 fr., et, *à charge d'appel*, jusqu'à 1 500 fr. : des indemnités réclamées par le locataire ou fermier pour non-jouissance provenant du fait du propriétaire, lorsque le droit à une indemnité n'est pas contesté; — des dégradations et pertes dont les locataires sont responsables (Cod. civ. art. 1732, 1735).

— Toutefois, les Juges de paix ne connaissent des pertes causées par incendie ou inondation, que jusqu'à la valeur de 100 fr. en premier ressort, et à charge d'appel, jusqu'à 200 fr.

— Ils connaissent également, *sans appel*, jusqu'à la valeur de 100 fr., et, *à charge d'appel*, à quelque valeur que la demande s'élève : des actions pour dommages faits aux champs, fruits et récoltes, soit par l'homme, soit par les animaux, et de celles relatives à l'élagage des arbres ou haies, et au curage, soit des fossés, soit des canaux servant à l'irrigation des propriétés ou au mouvement des usines, lorsque les droits de propriété ou de servitude ne sont pas contestés; — des réparations locatives des maisons ou fermes, mises par la loi à la charge du locataire; — des contestations relatives aux engagements respectifs des gens de travail au jour, au mois et à l'année, et de ceux qui les emploient; des maitres et des domestiques ou gens de service à gages; des maitres et de leurs ouvriers et apprentis, sans néanmoins qu'il soit dérogé aux lois et règlements concernant la juridiction des Prud'hommes (voy. CONSEIL DE PRUD'HOMMES); — des actions civiles pour diffamation verbale et pour injures publiques ou non publiques, verbales ou par écrit, autrement que par la voie de la presse; des mêmes actions pour rixes ou voies de fait; — le tout lorsque les parties ne se sont pas pourvues par la voie criminelle.

— Les Juges de paix connaissent, en outre, *à charge d'appel :* des entreprises commises, dans l'année, sur les cours d'eau servant à l'irrigation des propriétés et au mouvement des usines et moulins; — des dénonciations de nouvel œuvre, complaintes, actions en réintégrande et autres *actions possessoires* (voy. ces mots) fondées sur des faits commis également dans l'année; — des actions en bornage, et de celles relatives à la distance prescrite pour les plantations d'arbres ou de haies, lorsque la propriété n'est pas contestée; — des actions relatives aux constructions et travaux énoncés dans l'article 674 du Code civil (*creusement de puits, fosse d'aisance, construction de cheminée*, etc.), lorsque la propriété ou la mitoyenneté du mur ne sont pas contestées; des demandes en pension alimentaire n'excédant pas 150 fr. par an, et formées en vertu des articles 205, 206 et 207 du Code civil. — Voy. MARIAGE, V.

— Quant au *délai* pour appeler des jugements rendus, en matière civile, par les Juges de paix statuant en premier ressort, voy. APPEL, I.

— Le Juge de paix *compétent* pour connaître d'une contestation est, en matière purement *personnelle* ou *mobilière*, celui du domicile du défendeur ou de la résidence de ce dernier, s'il n'a pas de domicile. (Voy. DOMICILE.) — S'il y avait plusieurs défendeurs, le demandeur pourrait assigner, *à son choix*, devant le Juge de paix du domicile de l'un d'eux.

L'assignation doit être donnée devant le *juge de la situation* de l'objet litigieux, lorsqu'il s'agit : d'actions pour dommages aux champs, fruits et récoltes; — de déplacements de bornes, d'usurpations de terres, arbres, haies, fossés et de toutes autres actions possessoires; — de réparations locatives; — d'indemnités prétendues par le fermier ou locataire pour non-jouissance, lorsque le droit n'est pas contesté; — d'indemnités réclamées par le propriétaire pour dégradations du fait du preneur.

— Comme juge de *simple police*, le Juge de paix prononce sur les infractions à la loi qualifiées de *contraventions*, et punies d'une peine qui ne peut excéder 15 fr. d'amende et 5 jours de prison. (Voy. TRIBUNAL DE SIMPLE POLICE.) Lorsque le jugement prononce une *amende supérieure* à 5 fr. ou la *prison*, il est susceptible d'*appel*, dans les *dix jours* de la signification, devant le Tribunal de police correctionnelle. — Voy. APPEL, I, 2.

III. — Les fonctions EXTRA-JUDICIAIRES des Juges de paix sont nombreuses. Elles consistent notamment : à convoquer et à présider les *Conseils de famille* pour tout ce qui concerne les mineurs et les interdits; — à faire l'apposition et la levée des *scellés* après décès ou en cas de faillite; — à dresser les actes d'*adoption*, de *tutelle officieuse* et d'*émancipation;* — à assister, sur la réquisition du Procureur de la République, à l'inventaire du mobilier et des titres de l'*absent*; — à faire procéder, en cas de *saisie*, à l'ouverture des portes si elle est refusée; — à présider l'assemblée électorale des ouvriers pour la nomination des membres des *Conseils de prud'hommes*, etc., etc.

— Les Juges de paix sont *Officiers de police* auxiliaires du Procureur de la République pour la recherche et la constatation des crimes et délits. — Voy. POLICE JUDICIAIRE.

K

KILOGRAMME. — Mesure de *pesanteur*, représentant le poids, dans le vide, d'un litre d'eau distillée à la température de quatre degrés centigrades. Le kilogramme vaut 1 000 grammes, ou 100 décigrammes, ou 10 hectogrammes. — Voy. POIDS ET MESURES.

KILOLITRE. — Mesure de *capacité* pour les liquides et les matières sèches, équivalant à 1 000 litres, ou 100 décalitres, ou 10 hectolitres, soit un mètre cube ou stère. — Voy. POIDS ET MESURES.

KILOMÈTRE. — Mesure de *longueur*, équivalent à 1 000 mètres, ou 100 décamètres, ou 10 hectomètres. Quatre kilomètres font ce qu'on appelle communément une *lieue*. — Voy. POIDS ET MESURES.

L

LABOUR — LABOUREUR. — 1. — Les fruits produits par la chose n'appartiennent au propriétaire qu'à la charge de *rembourser les frais des labours* faits par des tiers. (Cod. civ. art. 548.) — Ces frais sont *privilégiés* sur le prix de la récolte. (Cod. civ. art. 2102.)

2. — Les laboureurs sont dispensés de l'obligation du *bon* ou *approuvé*, portant en toutes lettres la somme ou la quantité de la chose qu'ils s'engagent, par acte sous seing privé non écrit en entier de leur main, à payer ou à livrer. (Cod. civ. art. 1326.) — Voy. ACTE SOUS SEING PRIVÉ, 3.

LAC. — Réservoir naturel alimenté par des sources, des cours d'eau, ou par l'eau provenant de la pluie et de la fonte des neiges.

1. — Les *grands lacs* servant à la navigation font partie du *domaine public* et sont soumis aux règles de police relatives aux cours d'eau navigables. — Voy. EAUX, sect. I, III, 1.

2. — L'*alluvion* n'a pas lieu à l'égard des lacs et étangs, dont le propriétaire conserve toujours le terrain que l'eau couvre quand elle est à la hauteur de la décharge de l'étang, encore que le volume de l'eau vienne à diminuer. — Réciproquement le propriétaire de l'étang n'acquiert aucun droit sur les terres riveraines que son eau vient à couvrir dans des crues extraordinaires. » — (Cod. civ. art. 558.) — Voy. ALLUVION.

LAÏCITÉ. — La loi du 28 mars 1882 (art. 1er) a laïcisé les *programmes* de l'enseignement primaire *public*. La loi du 30 octobre 1886 (art. 18) a prescrit en ces termes la laïcisation du *personnel* chargé de donner cet enseignement :

« *Aucune nomination nouvelle*, soit d'instituteur, soit d'institutrice congréganistes, ne sera faite dans les départements où fonctionnera *depuis* 4 *ans* une école normale, soit d'instituteurs, soit d'institutrices, en conformité avec l'article 1er de la loi du 9 août 1879. — Pour les écoles de *garçons*, la substitution du personnel laïque au personnel congréganiste devra être complète dans le laps de *cinq ans* après la promulgation de la présente loi. »

1. — Il résulte de documents officiels qu'au 1er décembre 1886 il ne restait que 4 départements où pussent encore avoir lieu légalement des nominations d'*instituteurs* congréganistes pendant une période d'*un an* (Morbihan, Pas-de-Calais); de *deux ans* (Oise), et de *trois ans* (Côtes-du-Nord).

2. — Pour ce qui concerne les *institutrices* congréganistes, il pouvait encore en être nommé, à la même date, dans 42 départements, savoir : 15 dans lesquels l'école normale aura seulement 4 années d'existence le 1er *octobre* 1887 (Charente-Inférieure, Cher, Gard, Loire-Inférieure, Lot-et-Garonne, Lozère, Haute-Marne, Nièvre, Nord, Pas-de-Calais, Basses-Pyrénées, Hautes-Pyrénées, Tarn-et-Garonne, Haute-Vienne, Oran); — 7 où l'école normale aura 4 années d'existence le 1er *octobre* 1888 (Charente, Corrèze, Haute-Garonne, Gironde, Morbihan, Oise, Vendée); — 3 où l'école normale aura 4 années d'existence le 1er *octobre* 1889 (Hautes-Alpes, Finistère, Meuse); — 8 où l'école normale aura 4 années d'existence le 1er *octobre* 1890 (Basses-Alpes, Calvados, Côtes-du-Nord, Gers, Ille-et-Vilaine, Landes, Maine-et-Loire, Manche); — 9 enfin n'ayant *pas encore d'école normale de filles* (Aveyron, Creuse, Eure, Indre, Lot, Mayenne, Tarn, Vienne, Constantine).

3. — L'article 19 de la loi du 30 octobre 1886 dispose que « *toute action* à raison des donations et legs faits aux Communes antérieurement à la présente loi, à la charge d'établir des écoles ou salles d'asile dirigées par les congréganistes ou ayant un caractère confessionnel, sera déclarée *non recevable*, si elle n'est pas intentée dans les deux *ans* qui suivront le jour où l'arrêté de laïcisation ou de suppression de l'école aura été inséré au *Journal officiel*. »

LAIS ET RELAIS. — (Cod. civ. art. 556, 557.) — Il y a deux sortes d'*alluvion :* les *lais* et les *relais*.

Le *lais* est l'accroissement insensible que reçoit une rive par l'accumulation des terres que l'eau courante y dépose successivement. — Le *relais* est la portion du lit que l'eau laisse à sec en se retirant de l'une des rives pour se porter sur l'autre.

— Les lais ou relais *appartiennent* au propriétaire de la rive où ils se sont formés, à la charge seulement de laisser le *marchepied* ou le *chemin de halage* (voy. ces mots), conformément aux règlements, s'il s'agit d'un cours d'eau *navigable* ou *flottable*. — Les lais et relais qui se forment sur le rivage de la *mer* appartiennent, par droit d'accession, à l'*Etat*. Le Gouvernement peut les concéder aux conditions qu'il juge convenables. (Loi 16 septembre 1807, art. 41.)

LAMANAGE. — Droit payé aux pilotes qui ont porté secours au navire et lui ont facilité l'entrée ou la sortie des havres ou rivières.

Les lamanages ne sont point considérés comme *avaries*, mais comme de simples frais à la charge du navire. (Cod. com. art. 406.) — Voy. AVARIE.

LAMANEUR. — On appelle pilotes *lamaneurs* des marins préposés par le Gouvernement pour porter secours aux bâtiments de mer qui se trouvent dans des parages dangereux, et pour leur faciliter l'entrée ou la sortie des ports, havres et rivières.

Cette utile institution a été *créée* par un décret du 12 décembre 1806. — Voy. LAMANAGE.

LANDES. — Voy. TERRES VAINES ET VAGUES.

LANGUES ORIENTALES VI-

VANTES. (ÉCOLE DES) — Voy. ÉCOLE DES LANGUES ORIENTALES VIVANTES.

LAPINS. — 1. — Les lapins des *garennes* sont rangés dans la classe des biens *immeubles par destination*, comme étant accessoires de la garenne. (Cod. civ. art. 524.) Il en est différemment des lapins de *clapiers*. — Voy. BIENS.

2. — Les lapins qui *passent dans une autre garenne* appartiennent au propriétaire de cette garenne, pourvu qu'ils n'y aient point été attirés par fraude et artifice. (Cod. civ. art. 564.)

3. — Les lapins sont considérés comme des *animaux nuisibles* qu'en tout temps les propriétaires, possesseurs ou fermiers, peuvent détruire sur leurs terres, aux conditions fixées par arrêté préfectoral. (Loi 5 mai 1844, art. 9.)

4. — Comme tous les autres gibiers, les lapins sont, par leur nature, des *animaux sauvages* qui n'appartiennent à personne; ils ne deviennent propriété particulière que lorsqu'ils sont enfermés ou tout au moins établis dans un lieu spécialement destiné à les conserver ou à les multiplier. Hors ces circonstances, la chasse de ces animaux ne peut constituer ni un vol, ni une tentative de vol, mais seulement un délit de chasse, si elle a eu lieu sur le terrain d'autrui, sans le consentement du propriétaire de ce terrain. (Arr. Cour Cass. 13 août 1840.)

5. — Il a été également jugé que les lapins de garenne, appartenant au propriétaire de la garenne, le rendent *responsable* des dommages qu'ils causent aux terres voisines; et que les lapins qui se sont multipliés sur un terrain ouvert, sans que le propriétaire de ce terrain ait rien fait pour les y attirer, bien qu'ils soient des animaux sauvages n'appartenant à personne, rendent également ce propriétaire responsable du préjudice qu'ils causent aux champs voisins, s'il a négligé de les détruire ou refusé de laisser opérer cette destruction par les riverains. (Arr. Cour Cass. 13 janvier 1829.)

LARCIN. — Se dit du vol exécuté furtivement et par ruse. — Voy. FILOUTERIE.

LAZARET. — Lieu préparé dans quelques ports, principalement dans ceux de la Méditerranée, pour y faire passer la quarantaine aux personnes, aux effets et aux marchandises qui viennent des pays infectés ou soupçonnés d'être infectés d'une maladie contagieuse.

Il y a des lazarets de premier et de second ordre.

Les lazarets de *premier ordre* sont ceux dans lesquels, en règle générale, doivent être accomplies toutes les quarantaines de rigueur qui exigent le débarquement des passagers avec désinfection des marchandises et du navire.

Les lazarets de *second ordre* sont des établissements restreints, permanents ou temporaires, destinés, en cas d'urgence, à recevoir un petit nombre de malades atteints d'une des affections réputées importables. (Décr. 22 fév. 1876, tit. IX.)

LÉGALISATION. — Attestation de la vérité d'une signature apposée à un acte. Elle est nécessaire, en général, toutes les fois que l'acte doit servir en dehors du ressort de l'officier public ou de la Commune du simple particulier qui l'a signé.

1. — Les *Juges de paix* qui ne siègent pas au chef-lieu du ressort d'un Tribunal de première instance sont autorisés à légaliser, concurremment avec le Président du tribunal, les signatures des *notaires* qui résident dans leur canton et celle des *officiers de l'état civil* des Communes qui en dépendent, soit en totalité, soit en partie. — Il est alloué au greffier une *rétribution* de vingt-cinq centimes par chaque légalisation; néanmoins cette rétribution n'est pas exigée si l'acte est dispensé du timbre. (Loi 2 mai 1861.)

2. — Les actes d'administration, d'ordre ou d'intérêt public délivrés par les *Commissaires de police*,

les membres des *Bureaux de bienfaisance*, les *Médecins*, les *Chirurgiens*, etc., sont légalisés par le Maire.

3. — Les actes administratifs des *Sous-Préfets* et des *Maires* sont légalisés par le Préfet; ceux des *agents inférieurs* de l'Administration, par le Préfet ou les Sous-Préfets.

4. — Les actes des agents de l'Administration des *Finances* sont légalisés, suivant leur nature, par les Trésoriers-Payeurs généraux ou les autres supérieurs hiérarchiques des signataires.

5. — Pour les actes *destinés à l'étranger*, la signature du fonctionnaire qui avait qualité pour légaliser doit être légalisée par le Ministre du département duquel il relève; la signature de ce dernier est légalisée à son tour par le Ministre des affaires étrangères dont la signature est elle-même légalisée par l'Ambassadeur ou autre agent diplomatique du pays de destination. (Ord. roy. 25 octobre 1833.)

LÉGION D'HONNEUR. — Voy. ORDRE NATIONAL DE LA LÉGION D'HONNEUR.

LÉGISLATIF. (POUVOIR) — Voy. POUVOIR LÉGISLATIF.

LÉGISLATION. — Ce mot, dans son acception la plus large, s'emploie pour désigner le corps entier des lois qui régissent un pays.

Dans un sens restreint, il signifie l'ensemble des lois relatives à une matière spéciale. Ainsi l'on dit : *législation de la presse, des douanes, des mines, de la chasse*, etc.; *législation commerciale, criminelle*, etc.

LÉGITIMATION. — (Cod. civ. art. 331-333.)

C'est un bienfait de la loi dont l'effet est de faire considérer comme étant né depuis le mariage de ses père et mère l'enfant né d'un concubinage antérieur, et par suite de lui donner les mêmes droits que ceux dont jouit l'enfant légitime.

1. — La légitimation des enfants s'opère par le *mariage subséquent* de leurs père et mère, lorsque ceux-ci les ont légalement reconnus avant leur mariage (voy. RECONNAISSANCE D'ENFANT NATUREL), ou qu'ils les reconnaissent dans l'acte même de célébration.

Elle n'est permise qu'à l'égard des *enfants naturels simples*, c'est-à-dire des enfants dont les père et mère auraient pu se marier ensemble, à l'époque de la conception desdits enfants. Elle est interdite à l'égard des enfants issus d'un commerce *adultère* ou *incestueux*.

2. — La légitimation peut avoir lieu, même en faveur des *enfants décédés*, qui ont laissé des descendants : elle profite alors à ces derniers.

3. — Une loi du 18 décembre 1850, rendue dans le but de *faciliter le mariage des indigents* et la *légitimation de leurs enfants*, a chargé les Maires et les Procureurs de la République du soin de réunir toutes les pièces nécessaires. — Voy. INDIGENTS, 2.

4. — Dès 1826, une société s'est fondée à Paris, sous le titre de : *Société charitable de St-François Régis*, pour faciliter le mariage civil et religieux des pauvres du département de la Seine, et la légitimation de leurs enfants. Cette œuvre excellente qui, de 1826 au 1er janvier 1869, a réussi à faire célébrer 45800 mariages, et à procurer le bienfait de la légitimation à 28645 enfants, répondait si bien à une nécessité sociale qu'un grand nombre de villes se sont empressées de l'adopter.

LÉGITIME DÉFENSE. — (Cod. pén. art. 328, 329.)

Usage légitime de la force pour repousser une injuste agression.

1. — Il n'y a ni *crime* ni *délit* lorsque l'homicide, les blessures et les coups étaient commandés par la nécessité actuelle de la légitime défense de soi-même ou d'autrui.

2. — *Sont compris* dans les cas de *nécessité actuelle de défense* les deux cas suivants : 1° Si l'ho-

micide a été commis, si les blessures ont été faites, ou si les coups ont été portés en repoussant pendant la nuit l'escalade ou l'effraction des clôtures, murs ou entrée d'une maison ou d'un appartement habité ou de leurs dépendances; — 2° Si le fait a eu lieu contre les auteurs de vols ou de pillages exécutés avec violence.

LEGS. — LÉGATAIRE. — (Cod. civ. art. 1002 et suiv.)

Du latin *lex*, loi, parce que la volonté du défunt exprimée dans son testament devient une loi.

Le mot *legs* signifie toute espèce de donation faite par testament. La personne qui est appelée à en profiter se nomme *légataire*. — Voy. TESTAMENT.

LÉSION. — Du latin *lædere*, nuire. — Préjudice éprouvé par une partie contractante, sans qu'elle ait été victime de dol ou de violence.

1. — *En principe*, la lésion, si énorme qu'elle soit, n'est pas une cause de rescision des contrats. Celui qui l'a soufferte est réputé n'avoir pas suffisamment réfléchi avant de s'engager, et son imprudence retombe sur lui. — *Par exception*, elle est considérée comme un vice du consentement, et, par suite, comme une cause de rescision dans certains contrats : — le *partage d'une succession*, lorsqu'elle est de *plus du quart*, parce que l'égalité est de l'essence des partages (Cod. civ. art. 887); — la *vente d'immeubles*, en faveur du vendeur seulement, lorsqu'elle est de *plus des sept douzièmes*, parce qu'on suppose que le besoin d'argent a pu lui faire vendre sa chose à vil prix (Cod. civ. art. 1674 et suiv.).

2. — La lésion donne également lieu à rescision en faveur du *mineur non émancipé*, contre toutes sortes de conventions, et, en faveur du *mineur émancipé*, contre celles qui excèdent les bornes de sa capacité (Cod. civ. art. 1305 et suiv.).

3. — L'*action* en rescision pour cause de lésion dure au profit des mineurs pendant 10 *ans* à partir de leur majorité. — Celle accordée au *vendeur* d'immeubles, en cas de lésion de plus des sept douzièmes, n'est plus recevable après l'expiration de 2 *années* à partir de la vente. — Dans tous les cas où cette action n'est pas limitée à un moindre temps par une disposition particulière, elle dure 10 *ans* (Cod. civ. art. 1304).

LÉTHARGIE. — De deux mots grecs : *lethè*, oubli, et *argos*, lent, paresseux. — Etat d'assoupissement qui ressemble à la mort.

1. — Afin de prévenir le danger des inhumations précipitées, la loi exige qu'*aucun enterrement* n'ait lieu que 24 *heures après le décès*, si ce n'est dans les cas prévus par les règlements de police, c'est-à-dire pour cause de *salubrité*. (Cod. civ. art. 77.)

2. — L'*infraction* à cette prescription est punie d'un *emprisonnement* de 6 jours à 2 mois et d'une *amende* de 16 fr. à 50 fr. (Cod. pén. art. 358.)

LETTRE DE CHANGE. — Cod. com. art. 110-186.)

On donne ce nom à l'acte par lequel une personne s'oblige à faire payer à une autre personne, ou à celle qui exercera ses droits, dans un lieu déterminé, une somme dont elle a reçu la valeur. — Voy. EFFETS DE COMMERCE, sect. I.

LETTRE DE VOITURE. — (Cod. com. art. 101, 102.)

C'est l'écrit qui constate une opération de transport de marchandises par terre.

— Aux termes de l'article 102 du Code de commerce, la lettre de voiture doit contenir les énonciations suivantes : 1° la *date*, afin que le destinataire, par la comparaison de la date de l'arrivée avec celle de la lettre même et avec le délai fixé pour le transport, puisse voir s'il y a ou non retard, par conséquent, lieu ou non à indemnité; — 2° la *nature et le poids ou la contenance des objets à transporter*, avec les *numéros* et *marques* desdits objets, pour que le destinataire ait le moyen de vérifier si les marchandises sont bien celles qui lui ont été envoyées, et s'il n'y a pas perte ou avarie; — 3° le *nom et le domicile du commissionnaire* (s'il y en a un) *et du voiturier*, afin que le destinataire puisse exercer son recours contre eux et obtenir les renseignements dont il aurait besoin; — 4° le *nom et le domicile du destinataire*, pour que le voiturier sache à qui remettre les marchandises et de qui réclamer le prix du transport; — 5° le *prix de la voiture* (du transport), pour que le voiturier ne demande pas plus que le prix convenu; — 6° le *montant de l'indemnité due en cas de retard*. A défaut de stipulation, l'indemnité est réglée par la Justice.

La lettre de voiture doit enfin être signée par l'expéditeur ou le commissionnaire, et, de plus, être transcrite par ce dernier sur un registre coté et paraphé.

— Voici une *formule* de lettre de voiture :

Voiture..........
Remboursement...

Total......   Paris, le...... 188.

A. C. E.   M..........................

Nos 1, 2, 3.   A la conduite de X......, voiturier à......, vous recevrez 3 colis (*désigner la nature de la marchandise*), marqués comme en marge, du poids de........, lesquels devront vous être rendus le......., à peine de perte par ledit voiturier du tiers du prix du transport. Vous lui payerez la somme de......., et lui rembourserez........., suivant le détail ci-contre.

(*Signature de l'expéditeur ou du commissionnaire.*)

A. M. N....., à.....,

LETTRE D'OBÉDIENCE. — Ordre donné à une religieuse, par sa supérieure, de se rendre dans une Commune pour y prendre la direction de l'école. — La lettre d'obédience *tenait lieu de brevet de capacité* aux institutrices appartenant à des congrégations religieuses vouées à l'enseignement et reconnues par l'État (Loi 15 mars 1850, art. 49; déc. 21 mars 1855, art. 20).

Cette disposition constituait au profit des institutrices congréganistes un privilège que rien ne justifiait plus. Toutes les institutrices sont aujourd'hui soumises au droit commun et doivent posséder le *brevet de capacité*. (Loi 16 juin 1881.)

LIBERTÉ COMMERCIALE. — Voy. LIBRE ÉCHANGE.

LIBERTÉ DE CONSCIENCE. — C'est le droit qu'a tout homme de choisir et de préférer les croyances religieuses qui lui paraissent les plus conformes à la vérité, sans pouvoir être inquiété à ce sujet. Trop longtemps méconnue, cette liberté est l'une des plus précieuses conquêtes de la Révolution. Elle a été proclamée en ces termes par l'Assemblée nationale dans sa célèbre *déclaration des droits de l'homme et du citoyen*, qui forme le préambule de la Constitution du 3 septembre 1791 : « Nul ne doit être inquiété pour ses opinions, même religieuses, pourvu que leur manifestation ne trouble pas l'ordre public établi par la loi. »

— La conscience est un asile impénétrable. « Les Sociétés humaines, » a dit Royer-Collard, dans un magnifique langage, « naissent, vivent et meurent sur la terre. Là s'accomplissent leurs destinées; là se termine leur justice imparfaite et fautive, qui n'est fondée que sur le besoin et le droit qu'elles ont de se conserver. Mais elles ne contiennent pas l'homme tout entier. Après qu'il s'est engagé à la Société, il lui reste la plus noble partie de lui-même, ces hautes facultés par lesquelles il s'élève à Dieu, à une vie future, à des biens inconnus dans un monde invisible. Ce sont les croyances religieuses, grandeurs de l'homme, charme de la faiblesse et du malheur, recours inviolable contre les tyrannies d'ici-bas. Reléguée à jamais aux choses de la terre, la loi humaine ne participe point aux croyances religieuses : dans la capacité temporelle elle ne les connaît ni ne les comprend; au delà des intérêts de cette vie elle est frappée d'ignorance, d'impuissance. Comme la religion n'est pas de ce monde, la loi humaine n'est pas du monde invisible. Ces deux mondes qui se touchent ne sauraient jamais se confondre. Le tombeau est leur limite. » (*Chambre des Députés*, séance du 12 avril 1825.)

LIBERTÉ DE L'ENSEIGNEMENT SUPÉRIEUR. — (Lois 12 juillet 1875, 18 mars 1880.) — La loi de 1850 avait donné la liberté de l'enseignement primaire et de l'enseignement secondaire, mais l'Etat gardait le monopole de l'enseignement supérieur. Une loi du 12 juillet 1875 le lui a enlevé et a proclamé la liberté de l'enseignement supérieur.

La loi du 18 mars 1880 a apporté des modifications notables à celle du 12 juillet 1875 : elle a supprimé les *jurys mixtes* et rendu la *collation des grades* aux seules Facultés d'Etat.

En second lieu, la loi de 1875 avait imposé à l'exercice de la liberté de l'enseignement supérieur des conditions telles que de puissantes associations pouvaient seules bénéficier de cette liberté. Désormais, l'enseignement laïque peut entrer en concurrence avec l'enseignement catholique, grâce à la liberté des *cours isolés*, liberté consacrée par la loi de 1880. Enfin, d'après la loi de 1875, les établissements d'enseignement supérieur libres pouvaient, lorsqu'ils remplissaient certaines conditions déterminées, être déclarés d'*utilité publique* par un simple *décret;* ils ne peuvent l'être aujourd'hui qu'en vertu d'une *loi.*

La loi de 1880 interdit aux établissements libres d'enseignement supérieur de prendre le titre d'*Université.*

Les dispositions de la loi du 12 juillet 1875 non abrogées sont les suivantes :

Art. 1er. — « L'enseignement supérieur est *libre.* »

Art. 2. — « Tout Français âgé de 25 ans, n'ayant encouru aucune des incapacités prévues par l'article 8 de la présente loi, les associations formées légalement dans un dessein d'enseignement supérieur, pourront ouvrir librement des cours et des établissements d'enseignement supérieur, aux seules conditions prescrites par les articles suivants. — Toutefois, pour l'enseignement de la *médecine* et de la *pharmacie*, il faudra justifier, en outre, des conditions requises pour l'exercice des professions de médecin ou de pharmacien. »

Art. 3. — « L'ouverture de chaque cours devra être précédée d'une *déclaration* signée par l'auteur de ce cours. — Cette déclaration indiquera les noms, qualités et domicile du déclarant, le local où seront faits les cours, et l'objet ou les divers objets de l'enseignement qui y sera donné. — Elle sera *remise* au Recteur dans les départements où est établi le chef-lieu de l'Académie, et à l'Inspecteur d'Académie dans les autres départements. Il en sera donné immédiatement *récépissé*. — L'ouverture du cours ne pourra avoir lieu que 10 jours après la délivrance du récépissé. — Toute modification aux points qui auront fait l'objet de la déclaration primitive devra être portée à la connaissance des autorités désignées dans le § précédent. Il ne pourra être donné suite aux modifications projetées que 5 jours après la délivrance du récépissé. »

Art. 4. — « Les établissements libres d'enseignement supérieur devront être *administrés* par trois personnes au moins. La déclaration prescrite par l'article 3 de la présente loi devra être signée par les administrateurs ci-dessus désignés; elle indiquera leurs noms, qualités et domiciles, le siège et les statuts de l'établissement, ainsi que les autres énonciations mentionnées dans ledit article 3. — En cas de décès ou de retraite de l'un des administrateurs, il devra être procédé à son remplacement dans un délai de 6 mois. — Avis en sera donné au Recteur ou à l'Inspecteur d'Académie. — La liste des professeurs et le programme des cours seront communiqués, chaque année, aux autorités désignées dans le § précédent. — Indépendamment des cours proprement dits, il pourra être fait dans lesdits établissements des conférences spéciales sans qu'il soit besoin d'autorisation préalable. — Les autres formalités prescrites par l'article 3 de la présente loi sont applicables à l'ouverture et à l'administration des établissements libres. »

Art. 5. — « Les établissements d'enseignement supérieur ouverts conformément à l'article précédent, et comprenant au moins le même nombre de professeurs pourvus du grade de docteur que les Facultés de l'Etat qui comptent le moins de chaires, pourront prendre le nom de *Faculté libre des lettres*, des *sciences*, de *droit*, de *médecine*, etc., s'ils appartiennent à des particuliers ou à des associations... »

Art. 6. — « Pour les Facultés des *lettres*, de *sciences* et de *droit*, la déclaration signée par les administrateurs devra porter que lesdites Facultés ont des salles de cours, de conférences et de travail suffisantes pour 100 étudiants au moins, et une bibliothèque spéciale. — Pour une Faculté des *sciences*, il devra être établi, en outre, qu'elle possède des laboratoires de physique et de chimie, des cabinets de physique et d'histoire naturelle en rapport avec les besoins de l'enseignement supérieur. — S'il s'agit d'une Faculté de *médecine*, d'une Faculté mixte de médecine et de pharmacie, où d'une Ecole de médecine ou de pharmacie, la déclaration signée par les administrateurs devra établir : — Que ladite Faculté ou Ecole dispose, dans un hôpital fondé par elle ou mis à sa disposition par l'assistance publique, de 120 lits au moins habituellement occupés, pour les 3 enseignements cliniques principaux : médical, chirurgical, obstétrical; — Qu'elle est pourvue : 1° de salles de dissection munies de tout ce qui est nécessaire aux exercices anatomiques des élèves; 2° des laboratoires nécessaires aux études de chimie, de physique et de physiologie; 3° de collections d'étude pour l'anatomie normale et pathologique, d'un cabinet de physique, d'une collection de matière médicale, d'une collection d'instruments et appareils de chirurgie; — Qu'elle met à la disposition des élèves un jardin de plantes médicinales et une bibliothèque spéciale. — S'il s'agit d'une école spéciale de *pharmacie*, les administrateurs de cet établissement devront déclarer qu'ils possèdent des laboratoires de physique, de chimie, de pharmacie et d'histoire naturelle, les collections nécessaires à l'enseignement de la pharmacie, un jardin de plantes médicinales et une bibliothèque spéciale. »

Art. 7. — « Les cours ou établissements libres d'enseignement supérieur seront toujours ouverts et accessibles aux délégués du Ministre de l'instruction publique. — La *surveillance* ne pourra porter sur l'enseignement que pour vérifier s'il n'est pas contraire à la morale, à la Constitution et aux lois. »

Art. 8. — « Sont *incapables* d'ouvrir un cours ou de remplir les fonctions d'administrateur ou de professeur dans un établissement libre d'enseignement supérieur : — 1° Les individus qui ne jouissent pas de leurs droits civils ; — 2° Ceux qui ont subi une condamnation pour crime ou pour un délit contraire à la probité ou aux mœurs ; — 3° Ceux qui, par suite de jugement, se trouvent privés de tout ou partie des droits civiques, civils et de famille indiqués dans les nos 1, 2, 3, 5, 6, 7 et 8 de l'article 42 du Code pénal ; — 4° Ceux contre lesquels l'incapacité aura été prononcée en vertu de l'article 16 de la présente loi. »

Art. 9. — « Les *étrangers* pourront être autorisés à ouvrir des cours ou à diriger des établissements libres d'enseignement supérieur dans les conditions prescrites par l'article 78 de la loi du 15 mars 1850. »

Art. 10. — « L'article 291 du Code pénal n'est pas applicable aux associations formées pour créer et entretenir des cours ou établissements d'enseignement supérieur dans les conditions déterminées par la présente loi. — Il devra être fait une *déclaration* indiquant les noms, professions et domiciles des fondateurs et administrateurs desdites associations, le lieu de leurs réunions et les statuts qui doivent les régir. — Cette déclaration devra être faite, savoir : 1° au Recteur ou à l'Inspecteur d'académie, qui la transmettra au Recteur ; 2° dans le département de la Seine, au Préfet de police, et dans les autres départements, au Préfet ; 3° au Procureur général de la Cour du ressort, en son parquet ou au parquet du Procureur de la République. — La liste complète des associés, avec indication de leur domicile, devra se trouver au siège de l'association et être communiquée au parquet à toute réquisition du Procureur général. »

Art. 12. — « En cas d'*extinction* d'un établissement d'enseignement supérieur survenue, soit par l'expiration de la société, soit par la révocation de la déclaration d'utilité publique, les *biens* acquis par donation entre vifs et par disposition à cause de mort feront *retour* aux donateurs ou aux successeurs des donateurs et testateurs, dans l'ordre réglé par la loi, et, à défaut de successeurs, à l'Etat. — Les biens acquis à titre onéreux feront également retour à l'Etat, si les statuts ne contiennent à cet égard aucune disposition. — Il sera fait *emploi* de ces biens pour les besoins de l'enseignement supérieur par décrets rendus en Conseil d'Etat, après avis du Conseil supérieur de l'instruction publique. »

Art. 16. — « Toute *infraction* aux articles 3, 4, 5, 6, 8 et 10 de la présente loi sera punie d'une *amende* qui ne pourra excéder 1000 fr. — Sont passibles de cette peine : — 1° L'auteur du cours, dans le cas prévu par l'article 3 ; — 2° Les administrateurs, ou, à défaut d'administrateurs régulièrement constitués, les organisateurs, dans les cas prévus par les articles 4, 6 et 10 ; — 3° Tout professeur qui aura enseigné malgré la défense de l'article 8. »

Art. 17. — « En cas d'*infraction* aux prescriptions des articles 3, 4, 5, 6 et 10, les Tribunaux pourront prononcer la *suspension* du cours ou de l'établissement pour un temps qui ne devra pas excéder 3 *mois*. — En cas d'infraction aux dispositions de l'article 8, ils prononceront la *fermeture du cours* et pourront prononcer *celle de l'établissement*. — Il en sera de même lorsqu'une seconde infraction aux prescriptions des articles 3, 4, 5, 6 ou 10 sera commise dans le courant de l'année qui suivra la première condamnation. Dans ce cas, le délinquant pourra être frappé, pour un temps n'excédant pas 5 *ans*, de l'incapacité édictée par l'article 8. »

Art. 18. — « Tout jugement prononçant la suspension ou la fermeture d'un cours sera *exécutoire par provision*, nonobstant appel ou opposition. »

Art. 19. — « Tout refus de se soumettre à la surveillance, telle qu'elle est prescrite par l'article 7, sera puni d'une *amende* de 1000 à 3000 fr., et, en cas de *récidive*, de 3000 à 6000 fr. — Si la récidive a lieu dans le courant de l'année qui suit la première condamnation, le jugement pourra ordonner la *fermeture* du cours ou de l'établissement. — Tous les administrateurs de l'établissement seront civilement et solidairement responsables du payement des amendes prononcées contre l'un ou plusieurs d'entre eux. »

Art. 20. — « Lorsque les déclarations faites conformément aux articles 3 et 4 indiqueront comme professeur une personne frappée d'incapacité ou contiendront la mention d'un sujet contraire à l'ordre public ou à la morale publique et religieuse, le Procureur de la République pourra former *opposition* dans les 10 *jours*. — L'opposition sera notifiée à la personne qui aura fait la déclaration. — La demande en mainlevée pourra être formée devant le Tribunal civil, soit par déclaration écrite au bas de la notification, soit par acte séparé, adressé au Procureur de la République. — Elle sera portée à la plus prochaine audience. — En cas de *pourvoi en cassation*, le recours sera formé dans la *quinzaine* de la notification de l'arrêt, par déclaration au greffe de la Cour ; il sera notifié dans la *huitaine*, soit à la partie, soit au Procureur général, suivant le cas, le tout à peine de déchéance. — Le recours formé par le Procureur général sera *suspensif*. — L'affaire sera portée directement devant la Chambre civile de la Cour de cassation. — Le cours ne pourra être ouvert avant la mainlevée de l'opposition, à peine d'une *amende* de 16 francs à 500 francs, laquelle pourra être portée au double en cas de *récidive* dans l'année qui suivra la première condamnation. — Si le cours est ouvert dans un établissement, les administrateurs sont civilement et solidairement responsables des amendes prononcées en vertu du présent article. »

Art. 21. — En cas de condamnation pour délit commis dans un cours, les Tribunaux pourront prononcer la *fermeture du cours*. — La poursuite entraînera la *suspension provisoire* du cours ; l'affaire sera portée à la plus prochaine audience. »

Art. 22. — « Indépendamment des pénalités ci-dessus édictées, tout professeur pourra, sur la plainte du Préfet ou du Recteur, être traduit devant le Conseil académique pour cause d'inconduite notoire, ou lorsque son enseignement sera contraire à la morale et aux lois, ou pour désordre grave occasionné ou toléré par lui dans son cours. Il pourra, à raison de ces faits, être soumis à la *réprimande* avec ou sans publicité ; l'enseignement pourra même lui être *interdit à temps* ou *à toujours*, sans préjudice des peines encourues pour crime ou délits. — Le Conseil académique devra être convoqué dans les 8 *jours* à partir de la plainte. — *Appel* de la décision rendue pourra toujours être porté devant le Conseil supérieur, dans les 15 *jours* à partir de la notification de cette décision. — L'appel ne sera *pas suspensif*. »

Art. 23. — « L'article 463 du Code pénal (*circonstances atténuantes*) pourra être appliqué aux infractions prévues par la présente loi. »

LIBERTÉ DU TRAVAIL ET DE L'INDUSTRIE. — 1. — Le travail et l'industrie étaient, avant la Révolution, soumis au régime du privilège comme tous les éléments de la Société.

« Il n'y a qu'à lire l'histoire pour être édifié sur les inconvénients de l'ancienne organisation de l'industrie en *Corporations*, *Jurandes* et *Maîtrises*, et sur les règlements de fabrique. Ces règlements, qu'ils provinssent de l'Autorité ou des Corporations, étaient devenus ridicules, odieux et tyranniques.

» Défense était faite, à Paris, aux menuisiers de prendre des bois gercés ou ayant aubier; avec ordre de faire les goujons en fer et les jointures avec la colle. — Le peaussier devait s'enquérir de l'état sanitaire de la bête vivante. — Il n'était pas permis au chandelier de mêler la cire neuve avec la cire vieille, le suif de mouton avec la graisse de vache. Pour les mèches la quantité de fils était déterminée. — Il y avait une confusion inextricable entre les attributions des poulaillers, des oyers et des rôtisseurs : défense était faite aux oyers de réchauffer la viande. Mais, au commencement du XVIe siècle, les rôtisseurs s'émancipèrent au point de mettre à la broche la volaille et le gibier. De là un procès entre les deux corporations, qui dura jusqu'au XVIIe siècle... Lutte analogue entre les libraires et les bouquinistes, entre les selliers et les charrons, les taillandiers et les maréchaux ferrants, les cloutiers et les serruriers, qui ne pouvaient fabriquer les clous dont ils avaient besoin ; guerre des cordonniers contre les savetiers, pour ôter à ceux-ci même le droit de faire les souliers de leurs femmes et de leurs enfants ; guerre des fripiers contre les tailleurs, ceux-ci ne pouvant doubler qu'avec du neuf, à l'exception toutefois des habits de bourgeois qui pouvaient être doublés avec de vieux habits de gentilshommes, « s'ils ne sont, disait le règlement, ni trop usés ni trop râpés. » Les procès intentés aux fripiers par les tailleurs de Paris pour obtenir la ligne de démarcation entre un habit neuf et un habit vieux duraient depuis 1530, et n'étaient pas terminés en 1776.

» ... Ces querelles devenaient souvent des querelles de coutumes et d'insignes extérieurs. — Le tailleur ne pouvait avoir qu'une boucle à sa perruque ; l'orfèvre et le perruquier pouvaient s'en permettre deux ; l'apothicaire avait le droit d'en porter jusqu'à trois !

» ... Dans une brochure publiée, en 1821, sur les corps de marchands et communautés d'arts et métiers, M. Costaz évaluait à 800 000 fr. la somme que les communautés de Paris dépensaient annuellement en frais de procès.

» Au sein des Corporations, ce n'était que restrictions et prohibitions. — Chaque maître ne pouvait avoir qu'un compagnon. — Pour être compagnon, il fallait avoir été plusieurs années, 7 ans en moyenne, apprenti ; — pour passer de la qualité d'aspirant à celle d'apprenti, de celle d'apprenti à celle de compagnon, de celle de compagnon à celle de maître, il fallait subir des examens, obtenir des brevets. Encore le brevet obtenu dans une ville n'était-il pas valable dans l'autre. Mais si ces brevets ou diplômes ne s'obtenaient pas sans peine, ils ne s'obtenaient pas non plus sans argent. Recevait-on la lettre de maîtrise, il fallait payer l'enregistrement du titre, et le droit royal, et le droit de police, et le droit d'ouverture de boutique, et les honoraires de doyen, et ceux des maîtres ouvriers, et ceux des maîtres modernes, et ceux de l'huissier, et ceux du clerc, etc. Puis venaient à l'église les frais du *Te Deum*, dont je passe le détail. Roland de la Platière porte les frais d'obtention de maîtrise à 2 000 fr. Il en coûtait 200 fr. pour passer maîtresse bouquetière ! »

— Il faut savoir de plus jusqu'où pouvait aller la police des manufactures. « Descentes de justice, confiscations, amendes, combustion de tissus en place publique, nom de fabricant exposé au carcan, emprisonnements, violences de la maréchaussée, des gens de loi, etc., et finalement honte, frais et discrédit ; le tout pour une matière inégale, un tissage irrégulier, un nombre de fils ou une teinte contraire à la lettre des règlements ou à l'interprétation des agents administratifs et des inspecteurs des manufactures.

» Ce système était un obstacle à tout progrès ; les idées nouvelles étaient obligées de se cacher et de fuir à l'étranger : c'est ce qui arriva notamment pour l'invention de la tôle vernie, trouvée en 1761, et qui ne revint en France qu'en 1803. » (Jos. Garnier, *Eléments de finances*, etc., p. 364 et suiv.)

2. — Pour faire ressortir encore davantage le côté si tristement comique de l'ancienne organisation de l'industrie, nous extrayons ces deux épisodes de l'intéressante *Histoire des classes ouvrières en France*, de M. E. Levasseur (tome II, p. 83-88):

« Les oyers-rôtisseurs n'avaient vendu dans le principe que des oies rôties. Peu à peu, ils étendirent leur commerce et, au commencement du XVIIe siècle, ils étalaient dans leurs boutiques toute espèce de volaille et de gibier. Ils firent renouveler leurs statuts en 1509, sous le règne de Louis XII, et eurent soin de faire consacrer dans un article nouveau leur droit de faire cuire et de vendre *toute viande en poil et en plume.*

» Mais il existait à Paris une corporation qui avait le privilège de faire commerce de volaille : celle des poulaillers. Elle réclama contre cette usurpation, demandant que ses rivaux se bornassent à tenir les grosses viandes et les oies. Le Prévôt fut saisi de l'affaire, et donna raison aux poulaillers. Les rôtisseurs interjetèrent appel au Parlement.

» La question était difficile. Si les oyers avaient usurpé d'une part, l'usurpation avait été légitimée par une autorisation légitime, et, d'ailleurs, les poulaillers n'étaient pas eux-mêmes sans reproches; ils vendaient de la volaille cuite, et leurs statuts ne parlaient que de volaille crue. Le procès fut long.

» Sur ces entrefaites, en mars 1526, les rôtisseurs, qui étaient alors à peu près ce que sont aujourd'hui chez nous les restaurants, et qui jouissaient d'une grande vogue, eurent assez de crédit pour obtenir des lettres-patentes, défendant à quiconque n'était pas maître oyer-rôtisseur d'exposer en vente *viande qui ait odeur de feu.* C'était enlever aux poulaillers le plus clair de leurs profits.

» Ceux-ci réclamèrent énergiquement. Il y eut, de part et d'autre, saisies, poursuites nouvelles, entraves de toute espèce à l'exercice de la profession. Le gibier renchérit, et ce fut le public qui souffrit de la querelle. En 1541, le Prévôt s'interposa encore, et rendit une seconde ordonnance en faveur des poulaillers. Les rôtisseurs refusèrent de s'y soumettre au nom de leurs privilèges, et la lutte se prolongea ainsi jusqu'en 1546, sans qu'il fût possible, au milieu d'usages et de statuts contradictoires, de déterminer exactement quel était le droit de chacun.

» A la fin, le Roi prit une grande mesure : ne pouvant accorder entre eux les privilèges, il les supprima tous et déclara le métier libre. « Nous voulons, dit-il, que lesdits rôtisseurs et poulaillers et autres puissent et leur loise achepter, vendre et distribuer toutes sortes de volailles et gibier, tout ainsy qu'ils faisaient et pouvaient faire avant lesdites défenses... »

» Cette ordonnance, rendue sur la requête des rôtisseurs, était toute à leur avantage, parce que leurs boutiques étaient bien mieux achalandées que celles de leurs rivaux, mais ils n'étaient pas encore triomphants. Les poulaillers leur intentèrent un nouveau procès dès 1564. Le Parlement décida d'abord, par provision, que, pendant toute la durée de l'enquête, les poulaillers ne vendraient que du gibier cru et que les rôtisseurs ne vendraient pas de gibier cuit. Enfin, en 1578, il rendit un arrêt définitif : les rôtisseurs purent préparer et exposer librement en vente toutes sortes de gibier et de volailles; les poulaillers durent se borner au seul gibier cru. Ce fut pour eux un arrêt de mort: leur métier, ainsi amoindri, tomba peu à peu et disparut presque entièrement.

» Les rôtisseurs, victorieux, devinrent de véritables traiteurs; mais, en s'étendant, ils se heurtèrent contre une autre corporation aussi puissante que la leur. Les cuisiniers avaient déjà, en 1579, obtenu une sentence contre les vinaigriers-moutardiers, qui leur faisaient concurrence en préparant des sauces. Ils attaquèrent les rôtisseurs, ennemis bien plus dangereux, qui menaçaient d'envahir tout leur territoire. La lutte, après de longues enquêtes et surenquêtes, ne fut terminée qu'en juillet 1628 par une bizarre sentence qui, cette fois, donna tort aux rôtisseurs : il ne leur fut plus permis de vendre que trois plats de viande et trois plats de fricassée, sans pouvoir, dans aucun cas, porter en ville.

» — Les merciers, tenant une foule d'articles divers, se trouvaient en contact avec beaucoup de corps de métiers ; de là des procès sans nombre. Ils avaient droit de vendre des gants en détail, mais non d'en fabriquer; le monopole de la fabrication et de la vente en gros appartenait à la corporation des gantiers.

» En vain le Parlement avait essayé de trancher la difficulté. Défense avait été faite, en 1573, aux merciers, « de coudre gants, faire ne toucher à la cousture d'iceux, fors en ce qui concerne et sera nécessaire pour enjoliver et enrichir lesdits gants. » Cinq ans plus tard, en 1578, une sentence avait été rendue, ordonnant, « que chacun mercier ne pourrait avoir en son ouvroir et boutique plus de quatre paires de gants pendus et accouplez en étalage, et trois piles sur l'ouvroir avec mercerie meslée, lesquelles piles ne pourront estre que d'une douzaine de paires de gants... » Le débat entre les deux confréries avait été porté pour la première fois devant les tribunaux en 1565, et dans l'espace d'un siècle, il donna naissance à seize jugements en forme, rendus par le Parlement, sans parler du nombre incalculable de saisies, de requêtes, d'exploits et de frais de tout genre. En 1660, il n'était pas terminé, et le Parlement rendait encore un arrêt confirmatif de celui de 1578.

» Les merciers eurent des querelles du même genre avec les bonnetiers, chapeliers. Dès 1467, ils voulurent mettre eux-mêmes des houppes de soie aux bonnets qu'ils exposaient en vente ; les bonnetiers s'y opposèrent. En 1555, ils voulurent faire venir des chapeaux de l'étranger, sans les soumettre à la visite ; les jurés-chapeliers obtinrent un arrêt qui les autorisait à visiter toutes les balles de chapeaux expédiées aux merciers et à saisir toutes les marchandises défectueuses. En 1557, les jurés-chapeliers firent saisir chez un mercier, parce qu'il vendait des chapeaux, et prétendirent qu'il ne devait, en aucune façon, se mêler de ce genre de commerce ; c'était outrepasser leurs droits. Pourtant, le Prévôt leur donna raison ; mais tout le corps des merciers en appela devant le Parlement, qui les autorisa à vendre des chapeaux aussi bien que les chapeliers. La même année, les bonnetiers attaquèrent les merciers, et les obligèrent à ne plus vendre de bonnets qu'en gros.

» Les merciers, forts de l'arrêt de 1557, piquèrent eux-mêmes leurs chapeaux et en mirent en étalage dans leur boutique. Autre procès : défense leur fut faite, en 1558, de piquer et d'avoir des barres pour étaler à la manière des chapeliers. Ce règlement, comme tous les règlements de ce genre, fut mal observé, et, dès 1568, de nouvelles saisies étaient faites, de nouveaux arrêts rendus. Le Prévôt décida, pour terminer le différend, que les merciers ne pourraient pas, à l'avenir, mettre en montre plus de six chapeaux de feutre, un chapeau de velours, un de satin et un de taffetas, et que ces chapeaux seraient empilés et non pas étalés.

» Les merciers, condamnés, s'adressèrent au Parlement. Ils représentèrent qu'ils étaient d'utiles citoyens qui enrichissaient le royaume en faisant venir beaucoup de chapeaux de l'étranger, et que c'était leur interdire ce commerce que de les obliger à empiler, et par conséquent à gâter des chapeaux ornés de fleurs et de rubans... Le Parlement confirma la sentence du Prévôt en y ajoutant le droit d'avoir de plus à l'étalage six chapeaux étrangers, etc. »

3. — C'est à Turgot que revient l'honneur d'avoir proclamé le premier le droit de travailler, la liberté du travail et de l'industrie. Ce courageux ministre de Louis XVI réussit, en effet, à faire rendre, en février 1776, un édit portant suppression des communautés de marchands et artisans, ainsi que des maîtrises et jurandes.

Ce mémorable édit, qui devait malheureusement être rapporté quelques mois après (août 1776), était précédé d'un préambule dans lequel Louis XVI, ou plutôt Turgot, après avoir esquissé l'histoire des corporations et montré leurs inconvénients, posait, en ce magnifique langage, au nom du droit naturel et de la justice, le principe de la liberté du travail :

« Nous devons à tous nos sujets de leur assurer la jouissance pleine et entière de leurs droits; nous devons surtout cette protection à cette classe d'hommes qui, n'ayant de propriété que leur travail et leur industrie, ont d'autant plus le besoin et le droit d'employer dans toute leur étendue les seules ressources qu'ils aient pour subsister.

» Nous avons vu avec peine les atteintes multipliées qu'ont données à ce droit naturel et commun des institutions, anciennes à la vérité, mais que ni le temps, ni l'opinion, ni les actes même émanés de l'Autorité qui semble les avoir consacrés, n'ont pu légitimer.

» Dans presque toutes les villes de notre royaume, l'exercice des différents arts et métiers est concentré dans les mains d'un petit nombre de maîtres réunis en communauté, qui peuvent seuls, à l'exclusion de tous les autres citoyens, fabriquer ou vendre les objets de commerce particulier dont ils ont le privilège exclusif; en sorte que ceux de nos sujets qui, par goût ou par nécessité, se destinent à l'exercice des arts et métiers, ne peuvent y parvenir qu'en acquérant la maîtrise à laquelle ils ne sont reçus qu'après des épreuves aussi longues et aussi nuisibles que superflues, et après avoir satisfait à des droits ou à des exactions multipliés, par lesquels une partie des fonds dont ils auraient eu besoin pour monter leur commerce ou leur atelier, ou même pour subsister, se trouve consommée en pure perte.

» Ceux dont la fortune ne peut suffire à ces pertes sont réduits à n'avoir qu'une subsistance précaire sous l'empire des maîtres, à languir dans l'indigence, ou à porter hors de leur patrie une industrie qu'ils auraient pu rendre utile à l'Etat.

» Toutes les classes de citoyens sont privées du droit de choisir les ouvriers qu'ils voudraient employer et des avantages que leur donnerait la concurrence par le bas prix et la perfection du travail. On ne peut souvent exécuter l'ouvrage le plus simple sans recourir à plusieurs ouvriers de communautés différentes, sans essuyer les lenteurs, les infidélités, les exactions que nécessitent ou favorisent les prétentions de ces différentes communautés et les caprices de leur régime arbitraire et intéressé.

» Ainsi les effets de ces établissements sont, à l'égard de l'Etat, une diminution inappréciable de commerce et de travaux industrieux; à l'égard d'une nombreuse partie de nos sujets, une perte de salaires et de moyens de subsistance; à l'égard des habitants des villes en général, l'asservissement à des privilèges exclusifs dont l'effet est absolument analogue à celui d'un monopole effectif : monopole dont ceux qui l'exercent contre le public, en travaillant et en vendant, sont eux-mêmes les victimes dans tous les moments où ils ont à leur tour besoin des marchandises ou du travail d'une autre communauté.

» La source du mal est dans la faculté même accordée aux artisans d'un même métier de s'assembler et de se réunir en un corps...

» Il paraît que, lorsque les villes commencèrent à s'affranchir de la servitude féodale et à se former en

Communes, la facilité de classer les citoyens par le moyen de leur profession introduisit un usage inconnu jusqu'alors. Les différentes professions devinrent ainsi comme autant de communautés particulières dont la communauté générale était composée. Les confréries religieuses, en resserrant encore les liens qui unissaient entre elles les personnes d'une même profession, leur donnèrent des occasions plus fréquentes de s'assembler et de s'occuper, dans ces assemblées, de l'intérêt commun des membres de la Société particulière, qu'elles poursuivirent avec une activité continue, au préjudice des intérêts de la société générale.

» Les Communautés, une fois formées, rédigèrent des statuts, et, sous différents prétextes du bien public, les firent autoriser par la police. La base de ces statuts est d'abord d'exclure du droit d'exercer le métier quiconque n'est pas membre de la communauté; leur esprit général est de restreindre, le plus qu'il est possible, le nombre des maîtres, de rendre l'acquisition de la maîtrise d'une difficulté presque insurmontable pour tout autre que pour les enfants des maîtres actuels. C'est à ce but que sont dirigées la multiplicité des frais et des formalités de réception, les difficultés du chef-d'œuvre, toujours jugé arbitrairement, surtout la cherté et la longueur inutile des apprentissages, et la servitude prolongée du compagnonnage; institutions qui ont encore l'objet de faire jouir les maîtres gratuitement pendant plusieurs années du travail des aspirants.

» Les Communautés s'occupèrent surtout d'écarter de leur territoire les marchandises et les ouvrages des forains: elles s'appuyèrent sur le prétendu avantage de bannir du commerce des marchandises qu'elles supposaient être mal fabriquées. Ce motif les conduisit à demander pour elles-mêmes des règlements d'un nouveau genre, tendant à prescrire la qualité des matières premières, leur emploi et leur fabrication. Ces règlements, dont l'exécution fut confiée aux officiers des communautés, donnèrent à ceux-ci une autorité qui devint un moyen non seulement d'écarter encore plus sûrement les forains, sous prétexte de contravention, mais encore d'assujettir les maîtres mêmes de la Communauté à l'empire des chefs, et de les forcer, par la crainte d'être poursuivis pour des contraventions supposées, à ne jamais séparer leurs intérêts de l'association, et par conséquent à se rendre complices de toutes les manœuvres inspirées par l'esprit de monopole aux principaux membres de la communauté.

» Parmi les dispositions déraisonnables et diversifiées à l'infini de ces statuts, mais toujours dictées par le plus grand intérêt des maîtres de chaque communauté, il en est qui excluent entièrement tous autres que les fils de maîtres ou ceux qui épousent des veuves de maîtres; d'autres rejettent tous ceux qu'ils appellent étrangers, c'est-à-dire ceux qui sont nés dans une autre ville. Dans un grand nombre de communautés, il suffit d'être marié pour être exclu de l'apprentissage et, par conséquent, de la maîtrise. L'esprit de monopole qui a présidé à la confection de ces statuts a été poussé jusqu'à exclure les femmes des métiers les plus convenables à leur sexe, tels que la broderie, qu'elles ne peuvent exercer pour leur propre compte.

» Nous ne suivrons pas plus loin l'énumération des dispositions bizarres, tyranniques, contraires à l'humanité et aux bonnes mœurs, dont sont remplis ces espèces de codes obscurs rédigés par l'avidité, adoptés sans examen dans des temps d'ignorance, et auxquels il n'a manqué, pour être l'objet de l'indignation publique, que d'être connus.

» C'est sans doute l'appât des moyens de finance qui a prolongé l'illusion sur le préjudice immense que l'existence des Communautés cause à l'industrie et sur l'atteinte qu'elle porte au droit de travail. Cette illusion a été portée chez quelques personnes jusqu'au point d'avancer que le *droit de travailler* était un *droit royal* que le Prince pouvait vendre, et que les sujets devaient acheter.

» Nous nous hâtons de rejeter une pareille maxime.

» Dieu, en donnant à l'homme des besoins, en lui rendant nécessaire la ressource du travail, a fait du droit de travailler la propriété de tout homme, et cette propriété est la première, la plus sacrée et la plus imprescriptible de toutes.

» Nous regardons comme un des premiers devoirs de notre justice et comme un des actes les plus dignes de notre bienfaisance d'affranchir nos sujets de toutes les atteintes portées à ce droit inaliénable de l'humanité : nous voulons, en conséquence, abroger ces institutions arbitraires, qui ne permettent pas à l'indigent de vivre de son travail; qui repoussent un sexe à qui sa faiblesse a donné plus de besoins et moins de ressources, et semblent en le condamnant à une misère inévitable seconder la séduction et la débauche; qui éloignent l'émulation et l'industrie, et rendent inutiles les talents de ceux que les circonstances excluent de l'entrée d'une communauté; qui privent l'Etat et les arts de toutes les lumières que les étrangers y apporteraient; qui retardent le progrès des arts par la difficulté multipliée que rencontrent les inventeurs auxquels les différentes communautés disputent le droit d'exécuter les découvertes qu'elles n'ont point faites; qui, par les frais immenses que les artisans sont obligés de payer pour acquérir la faculté de travailler, par les exactions de toute espèce qu'ils essuient, par les saisies multipliées pour de prétendues contraventions, par les dépenses et les dissipations de tous genres, par les procès interminables qu'occasionnent entre toutes ces communautés leurs prétentions respectives sur l'étendue de leurs privilèges exclusifs, surchargent l'industrie d'un impôt énorme, onéreux aux sujets, sans fruit pour l'Etat; qui enfin, par la facilité qu'elles donnent aux membres des communautés de se liguer entre eux, de forcer les membres les plus pauvres à subir la loi des riches, deviennent un instrument de monopole et favorisent des manœuvres dont l'effet est de hausser, au-dessus de leurs proportions naturelles, les denrées les plus nécessaires à la subsistance du peuple.

» Nous ne serons point arrêtés dans cet acte de justice par la crainte qu'une foule d'artisans n'usent de la liberté rendue à tous pour exercer des métiers qu'ils ignorent, et que le public ne soit inondé d'ouvrages mal fabriqués; la liberté n'a point produit ces fâcheux effets dans les lieux où elle est établie depuis longtemps. Les ouvriers des faubourgs et des autres lieux privilégiés ne travaillent pas moins bien que ceux de l'intérieur de Paris. Tout le monde sait, d'ailleurs, combien la police des Jurandes, quant à ce qui concerne la perfection des ouvrages, est illusoire, et que, tous les membres des communautés étant portés par l'esprit de corps à se soutenir les uns les autres, un particulier qui se plaint se voit presque toujours condamné et se lasse de poursuivre de tribunaux en tribunaux une justice plus dispendieuse que l'objet de sa plainte. »

4. — Une formidable opposition se forma contre la tentative hardie de Turgot : Louis XVI céda, et, dès le mois d'août de la même année, rendit un nouvel édit qui restaurait le passé, à quelques améliorations près.

Il était réservé à la Révolution d'accomplir ce que Turgot avait vainement tenté, et de faire passer d'une manière définitive dans nos lois et dans nos mœurs les principes que le sage Ministre de Louis XVI avait eu la gloire de poser si bien.

— La loi du 2 mars 1791 consacra en ces termes, dans son article 2, la suppression des Maîtrises et Jurandes : « A compter de la même époque (le 1er avril 1791), les offices de perruquiers, barbiers, baigneurs, étuvistes, ceux des agents de change, et tous autres offices pour l'inspection des arts et du commerce, les brevets et les lettres de Maîtrise, les droits perçus pour la réception des Maîtrises et Jurandes, ceux du Collège de pharmacie, et tous privilèges de professions, sous quelque dénomination que ce soit, sont également supprimés. »

En même temps qu'elle constatait la suppression des Corporations, la loi du 2 mars 1791 reconnut et proclama, dans son article 7, la liberté comme base du nouveau régime industriel. « A compter du 1er avril prochain, » dit cet article, « il sera libre à toute personne de faire tel négoce ou d'exercer telle profession, art ou métier qu'elle trouvera bon; mais elle sera tenue de se pourvoir auparavant d'une patente, d'en acquitter le prix suivant les taux ci-après déterminés, et de se conformer aux règlements de police qui sont ou pourront être faits... »

5. — Il s'en faut néanmoins de beaucoup que la liberté du travail et de l'industrie soit même aujourd'hui une vérité, car ce principe reçoit encore d'assez nombreuses exceptions. Plusieurs monopoles ont été reconstitués, depuis 1791, par la vénalité des offices de Notaire, d'Avoué, d'Huissier, de Greffier, de Commissaire-priseur, d'Agent de change, etc. — Il n'y a pas longtemps, l'obligation était imposée aux imprimeurs et aux libraires d'obtenir un brevet ministériel.

— Voy. OFFICIERS MINISTÉRIELS.

Le Gouvernement s'est aussi réservé la fabrication et la vente de certains produits, tels que les *poudres*, les *tabacs*, les *allumettes*. — Voy. POUDRE A FEU; — TABAC; — ALLUMETTES. — Il s'est attribué de même le monopole du transport des dépêches. — Voy. POSTES.

La liberté professionnelle reçoit enfin des restrictions motivées sur les inconvénients ou les dangers que peuvent avoir certains établissements. — Voy. notamment ÉTABLISSEMENTS DANGEREUX, INSALUBRES OU INCOMMODES; — MACHINES ET CHAUDIÈRES A VAPEUR.

6. — Dans ces dernières années, un grand pas a été fait dans la voie de la liberté : la profession de *courtier de commerce* a cessé d'être privilégiée; — la liberté des *théâtres* a été proclamée, ainsi que la liberté de la *boulangerie* et de la *boucherie*, de l'*imprimerie* et de la *librairie*; — l'autorisation du Gouvernement n'est plus nécessaire pour la fondation d'une *Société anonyme*; — l'initiative individuelle se dégage de plus en plus des entraves qui gênent inutilement son action. L'impulsion est donnée; elle ne s'arrêtera pas, car « le mouvement de la civilisation marche de la réglementation, du socialisme, de l'esclavage (ce sont, à divers égards, trois synonymes), vers la liberté...; la liberté est l'étoile polaire sur laquelle les hommes d'Etat doivent toujours avoir l'œil ouvert, s'ils sont jaloux de se montrer nautonniers intelligents et habiles. » (Jos. Garnier, *Eléments de finances*, etc., p. 390.)

LIBERTÉ INDIVIDUELLE. — Elle consiste dans le droit de disposer de sa personne et de n'être arrêté et détenu que par ordre de Justice, dans les circonstances et les formes déterminées par la loi. Avant la Révolution, la liberté individuelle n'existait pas, puisqu'elle était à la merci d'une *lettre de cachet* : elle est aujourd'hui garantie par les dispositions du Code pénal qui punissent l'arrestation et la détention arbitraires. — Voy. ABUS D'AUTORITÉ; — ARRESTATION.

1. — Il n'est pas permis d'aliéner sa liberté. La loi déclare *nul* tout engagement qui aurait une durée indéterminée. Ainsi, l'on ne peut s'engager personnellement au service d'autrui que pour un *temps limité* ou pour une *entreprise déterminée*.

(Cod. civ. art. 1780.) — On ne peut également s'obliger par des *vœux perpétuels* à rester dans la profession religieuse. (Loi 13 février 1790.) — Les *jeunes filles* ne peuvent, *avant l'âge de 16 ans*, prononcer aucun vœu sans le *consentement* de leurs parents, et ces vœux, alors même qu'elles sont *majeures* et libres, ne sont *obligatoires* que pour 5 ans. (Déc. 18 février 1809.)

2. — Le principe de la liberté individuelle a fléchi quelquefois devant la *raison d'Etat*. Ainsi, pour n'en citer qu'un exemple, nous rappellerons la loi du 27 février 1858, rendue à la suite de l'attentat du 14 janvier, dit *de l'Opéra*, qui autorisait le Gouvernement à éloigner certaines catégories de personnes.

Une loi du 9 juillet 1852 avait donné le droit au Gouvernement d'interdire le séjour du département de la Seine et des Communes de l'agglomération lyonnaise à certains condamnés, et même à ceux qui, *sans avoir subi de condamnation*, ne justifiaient pas qu'ils eussent des moyens d'existence.

3. — On peut aussi considérer comme une restriction à la liberté individuelle l'obligation de se munir d'un *passeport* pour voyager à l'intérieur et à l'étranger. — Voy. PASSEPORT.

4. — La liberté individuelle a pour conséquence l'*inviolabilité du domicile :* les Officiers de police ne peuvent y pénétrer que s'ils sont porteurs d'un *ordre régulier de Justice*, ou dans *certains cas formellement prévus par la loi*, comme le *flagrant délit*, la *réquisition du propriétaire*, la qualité de *débitant de boissons*, etc.

La violation de domicile est un délit puni par l'article 184 du Code pénal. - Voy. ABUS D'AUTORITÉ, I.

LIBERTÉ PROVISOIRE. (MISE EN) — (Loi du 14 juillet 1865.)

La détention préalable est, dans certains cas, une nécessité de la Justice; mais il convient d'y recourir le moins possible et d'en abréger la durée. Tel est le but que s'est proposé la loi du 14 juillet 1865, dont voici l'analyse :

1. — En *matière criminelle* ou *correctionnelle*, le Juge d'instruction peut ne décerner qu'un *mandat de comparution* (voy. ces mots), sauf à convertir ce mandat, après l'interrogatoire, en tel autre mandat qu'il appartiendra.

Après l'interrogatoire, ou en cas de fuite de l'inculpé, le Juge peut décerner un *mandat de dépôt* ou *d'arrêt* (voy. ces mots), si le fait emporte la peine de l'emprisonnement ou une autre peine plus grave. Il ne peut décerner le *mandat d'arrêt* qu'après avoir entendu le Procureur de la République.

Dans le cours de l'instruction, il a la faculté, sur les conclusions conformes du Procureur de la République, et, quelle que soit la nature de l'inculpation, de donner mainlevée de tout mandat de dépôt ou d'arrêt, à la charge, par l'inculpé, de se représenter à tous les actes de la procédure et pour l'exécution du jugement, aussitôt qu'il en sera requis.

2. — *En toute matière*, le Juge d'instruction peut, sur la demande de l'inculpé et sur les conclusions du Procureur de la République, ordonner que l'inculpé sera *mis provisoirement en liberté*, à la charge, par celui-ci, de prendre l'engagement de se représenter à tous les actes de la procédure et pour l'exécution du jugement, dès qu'il en sera requis.

3. — En *matière correctionnelle*, la mise en liberté est de *droit*, 5 jours après l'interrogatoire, en faveur du prévenu domicilié, quand le maximum de la peine prononcée par la loi est inférieur à 2 ans d'emprisonnement, à moins cependant que le prévenu n'ait été déjà condamné pour crime, ou à un emprisonnement de plus d'une année.

— Dans tous les cas où elle n'est pas de droit, la mise en liberté provisoire peut être subordonnée à la condition d'un *cautionnement* qui doit être fourni en espèces, soit par l'inculpé, soit par un tiers, et qui garantit : 1° La représentation de l'inculpé à tous les actes de la procédure et pour l'exécution du jugement; — 2° Le payement des frais faits par la partie publique, de ceux avancés par la partie civile, et des amendes. — L'ordonnance de mise en liberté détermine la somme affectée à chacune des deux parties du cautionnement.

— Les obligations résultant du cautionnement cessent si l'inculpé se présente à tous les actes de la procédure et pour l'exécution du jugement.

— La *première partie* du cautionnement est *acquise à l'Etat*, du moment que l'inculpé, sans motif légitime d'excuse, est constitué en défaut de se présenter à quelque acte de procédure ou pour l'exécution du jugement. Néanmoins, en cas de renvoi des poursuites, d'absolution ou d'acquittement, le jugement ou l'arrêt peut ordonner la restitution de cette partie du cautionnement.

La seconde partie du cautionnement est toujours restituée, dans cette hypothèse. Au cas de condamnation, elle est affectée aux frais et à l'amende : le surplus, s'il y en a, est restitué.

4. — La mise en liberté a lieu sans préjudice du droit que conserve le Juge d'instruction, dans la suite de l'information, de décerner un nouveau mandat d'amener, d'arrêt ou de dépôt, si des circonstances nouvelles et graves rendent cette mesure nécessaire.

5. — L'individu renvoyé devant la Cour d'assises est mis en état d'arrestation, en vertu de l'ordonnance de prise de corps contenue dans l'arrêt de la Chambre des mises en accusation, nonobstant la mise en liberté provisoire.

6. — En cas d'*acquittement*, le prévenu est immédiatement, et *nonobstant appel*, mis en liberté.

LIBRAIRIE. — Cette profession est aujourd'hui absolument *libre*. (Loi du 19 juillet 1881, art. 1er.) — — Voy. COLPORTAGE; — PRESSE.

LIBRE-ÉCHANGE. — Le *libre-échange*, la *liberté des échanges*, la *liberté commerciale* (tous mots sont synonymes) est le droit naturel que possède tout individu de disposer du fruit de son travail. — La liberté du travail, qui n'est plus contestée aujourd'hui, comprend essentiellement la liberté du commerce : c'est un droit, conséquence du droit de propriété. C'est de plus l'intérêt des individus et des peuples, car l'échange les fait mutuellement profiter des avantages de leurs climats divers, de la spécialité de leurs aptitudes variées, et contribue ainsi puissamment à assurer la paix du monde. — Le libre-échange condamne la prohibition, le système protecteur, et même les traités de commerce qui supposent toujours que l'échange peut être dangereux. — *Richard Cobden* (1804-1865) et *Frédéric Bastiat* (1801-1850) ont été les deux plus célèbres apôtres du libre-échange. C'est l'Angleterre qui a eu la gloire de donner l'exemple au monde (1846).

LICENCE. (DROIT DE) — Voy. BOISSONS, § VI.

LICITATION. — (Cod. civ. art. 1686-1688; Cod. proc. civ. art. 966 et suiv.)

Du latin *licitari*, enchérir. — Vente au plus offrant et dernier enchérisseur d'un immeuble appartenant par indivis à plusieurs personnes, et qui ne peut être partagé commodément ou sans dépréciation.

1. — La licitation est *volontaire*, lorsque tous les copropriétaires sont majeurs, maîtres de leurs droits, présents et d'accord entre eux : dans ce cas, aucune forme particulière n'est prescrite; il n'est pas besoin d'y appeler les étrangers, mais leur admission est de droit dès qu'un seul des *colicitants* la réclame.

2. — La licitation est nécessairement *judiciaire*, lorsque tous les copropriétaires ne sont pas majeurs, maîtres de leurs droits, et présents, ou lorsqu'ils ne sont pas d'accord entre eux.

Les formes de la licitation faite en Justice sont réglées par le Code de procédure civile (art. 966 et suiv.).

3. — S'il se trouve, parmi les copropriétaires, des *incapables* ou des *absents*, les étrangers doivent être admis à enchérir.

4. — Voy. VENTES JUDICIAIRES D'IMMEUBLES.

LISTE CIVILE. — On désigne ainsi la somme annuelle et la dotation mobilière et immobilière attribuées au chef de l'État pour ses dépenses personnelles et celles de sa maison.

Cette dénomination a été empruntée à l'Angleterre. Voici, d'après MM. Macarel et Boulatignier (*De la fortune publique*), quelle en serait l'origine : « A la suite de la révolution de 1688, le Parlement anglais voulut, par des motifs politiques que l'on aperçoit aisément, se charger de pourvoir, par des subsides annuels, à la défense du royaume, et laissa au Roi le soin de défrayer la *liste civile*, c'est-à-dire toute la dépense qui n'était pas militaire ou ecclésiastique; mais, comme on avait ôté des mains du roi plusieurs propriétés royales et plusieurs droits féodaux ou régaliens, on résolut de lui accorder en compensation une somme fixe qui servirait à solder la *liste civile*. Depuis, la somme accordée au Roi d'Angleterre pour défrayer les dépenses de sa maison, a conservé le nom de *liste civile* (civil list). »

La *liste civile de l'ex-Empereur*, fixée par un sénatus-consulte du 12 décembre 1852, pour toute la durée du règne, comprenait, en *toute propriété*, la somme annuelle de 25 000 000 de fr., et, en *jouissance seulement*, les palais, châteaux, maisons, domaines et manufactures énumérés dans un tableau annexé audit sénatus-consulte.

Une *dotation annuelle* de 1 500 000 francs était affectée aux *Princes* et *Princesses* de la famille impériale.

Il n'est pas inutile de rappeler, en regard de ces chiffres, que le Président de la République reçoit, par an, 600 000 francs à titre de *traitement* et 600 000 francs pour frais de *représentation* et de *déplacement*.

LITIGIEUX. (RETRAIT) — Voy. RETRAIT LITIGIEUX.

LITRE. — Unité légale des mesures actuelles de *capacité*, équivalant à un *décimètre cube*. — Voy. POIDS ET MESURES.

LIVRE DE BORD. — Journal ou registre que *doit tenir* tout capitaine, maître ou patron d'un navire ou autre bâtiment, pour y inscrire les résolutions prises pendant le voyage, la recette et la dépense concernant le navire, et généralement tout ce qui concerne le fait de sa charge et tout ce qui peut donner lieu à un compte à rendre, à une demande à former.

Ce registre est *coté* et *paraphé* par l'un des Juges du tribunal de commerce, ou par le Maire ou son Adjoint, dans les lieux où il n'y a pas de Tribunal de commerce. (Cod. com. art. 224.)

LIVRES. — 1. — Le mot *meuble*, employé *seul* dans les dispositions de la loi ou de l'homme, sans autre addition ni désignation, ne comprend pas... *les livres*... (Cod. civ. art. 533.) — Voy. BIENS.

2. — Les livres *relatifs à la profession du saisi*, jusqu'à la somme de 300 francs, à son choix, ne peuvent être saisis (Cod. proc. civ. art. 592), si ce n'est pour certaines créances énumérées dans l'article 593 du même Code. — Voy. SAISIE-EXÉCUTION.

3. — Voy. LIBRAIRIE.

LIVRES DE COMMERCE. — (Cod. com. art. 8-17.)

Livres que les commerçants *sont obligés de tenir* pour constater leurs opérations. Ils sont au nombre de trois : 1° le *livre-journal*, ainsi nommé parce qu'il sert à inscrire *jour par jour* tout ce que le commerçant reçoit et paye, à quelque titre que ce soit. Quant aux sommes employées pour les dépenses de sa maison, il suffit d'en énoncer mois par mois le montant; — 2° le *livre de copies de lettres*, destiné à la transcription des lettres que le commerçant envoie : quant à celles qu'il reçoit, il doit les mettre en liasse et les conserver; — 3° le *livre d'inventaires*, sur lequel il transcrit l'inventaire qu'il est tenu de faire, chaque année, lui-même et sans l'intervention d'un officier public, de son *actif* et de son *passif*.

1. — Ces trois livres, qui sont *seuls obligatoires*, mais qui n'empêchent pas le commerçant d'en avoir d'autres pour sa commodité (tels que le *brouillard* ou *main-courante*, le livre des *effets à recevoir* ou *à payer*, le *grand-livre* contenant les comptes ouverts à divers, etc.), doivent être tenus par ordre de *dates*, *sans blancs*, *lacunes*, ni *transports en marge*. De plus, le livre-journal et le livre des inventaires doivent être *cotés*, *visés* et *paraphés*, soit par un Juge du Tribunal de commerce, soit par le Maire de la Commune.

2. — Les commerçants ne sont obligés de *conserver* leurs livres que pendant *dix ans;* mais la prudence veut qu'ils les gardent plus longtemps afin de pouvoir justifier de leur prudence et de leur bonne foi, à une date plus reculée, dans le cas d'événements malheureux.

3. — Les livres *régulièrement tenus* peuvent être admis en Justice pour faire preuve complète entre commerçants à raison de faits de commerce. A l'égard des individus non commerçants, ils constituent un commencement de preuve qui autorise les Juges à déférer le serment *supplétoire*. — Voy. SERMENT.

4. — Le commerçant qui n'a *pas tenu* de livres ou les a tenus *irrégulièrement*, peut, en cas de faillite, être déclaré *banqueroutier simple* et puni comme tel (Cod. com. art. 586, n° 6).

5. — Suivant les circonstances, les Juges ont la faculté d'ordonner la *représentation* ou la *communication* des livres. La *représentation* consiste dans la production des livres, faite pour en extraire spécialement ce qui concerne le différend : l'examen ne porte que sur un point déterminé du livre, et tout le reste du registre demeure fermé. Elle peut être ordonnée dans toute espèce de contestation. Si la partie, aux livres de laquelle on offre d'ajouter foi, refuse de les représenter, le Tribunal peut déférer le serment à l'adversaire pour en faire dépendre la solution du procès. — La *communication* est la remise des livres pour être feuilletés et examinés en entier; elle ne peut être ordonnée que dans les affaires de succession, communauté, partage de société, et en cas de faillite.

LIVRET DE FAMILLE. — Dans un assez grand nombre de villes, les municipalités ont eu l'excellente idée de remettre aux nouveaux mariés un petit livret indiquant leurs noms et prénoms, ainsi que ceux de leurs ascendants, et destiné à contenir plus tard les noms et prénoms de leurs enfants. Ce livret, présenté à la Mairie toutes les fois qu'il s'agit de faire dresser un acte de naissance ou de décès, a l'avantage d'éviter des erreurs dans l'orthographe des noms. La loi du 5 avril 1884 (art. 136, n° 4) a mis au nombre des dépenses communales *obligatoires* les frais des livrets de famille.

LIVRETS D'OUVRIERS. — (Loi 22 juin 1854; déc. 30 avril 1855.)

Le livret, dont les ouvriers de l'un et l'autre sexe attachés à un établissement industriel, ou travaillant chez eux pour un ou plusieurs patrons, sont *tenus de se munir*, offre à la fois aux patrons et aux ouvriers des garanties dans leurs rapports quotidiens. Le patron y apprend à connaître l'ouvrier avec lequel il contracte; il voit, par les mentions qui y sont portées, si ce dernier a toujours exactement remboursé les avances reçues de ses précédents patrons. Pour l'ouvrier, le livret, qui contient en quelque sorte l'histoire de sa vie laborieuse, forme un témoignage irrécusable de la fidélité à remplir ses engagements.

1. — Le livret est délivré, moyennant un *droit fixe* de 25 centimes, par le Préfet de police à Paris, par le Préfet du Rhône à Lyon, et par le

Maire dans toute autre Commune. Il *contient* les nom et prénoms de l'ouvrier, son âge, le lieu de sa naissance, son signalement, la désignation de sa profession et le nom du maître chez lequel il travaille au moment où le livret lui est délivré. Chaque fois qu'il *change de maître*, il doit faire inscrire sur son livret sa sortie et son entrée par l'ancien et par le nouveau maître. On y ajoute, s'il y a lieu, le montant des *avances* dont l'ouvrier reste débiteur envers son dernier patron, lesquelles avances, du reste, *ne doivent pas dépasser* 30 fr. Cette mention a pour objet d'obliger le nouveau maître à faire au profit de l'ancien une *retenue qui ne peut excéder le dixième* du salaire journalier. Le livret ne doit porter *aucune annotation* favorable ou défavorable à l'ouvrier.

Après avoir reçu les mentions exigées, le livret est *remis à l'ouvrier*. Il *tient lieu de passeport* à l'intérieur, pourvu qu'il soit *visé* par le fonctionnaire qui délivre les livrets.

2. — Les *contestations* relatives à la délivrance des *congés d'acquit* ou à la rétention des livrets sont jugées par les Conseils de prud'hommes, et, à défaut de ces Conseils, par les Juges de paix. La décision est exécutoire sans aucun délai.

3. — L'ouvrier qui *néglige de prendre un livret* peut être poursuivi devant le Tribunal de simple police, et puni d'une *amende* de 1 à 15 fr. Le Tribunal peut, en outre, prononcer, suivant les circonstances, un *emprisonnement* de 1 à 5 jours. Les *mêmes peines* sont applicables au *chef d'établissement* qui emploie un ouvrier dépourvu de livret, ou qui n'y inscrit pas les mentions prescrites, ou qui enfin mettrait sur le livret des annotations favorables ou défavorables.

4. — Il y aurait lieu à poursuite devant le Tribunal de police correctionnelle contre l'ouvrier qui se serait fait remettre un livret, soit sous un *faux nom*, soit au moyen de *fausses déclarations* ou de *faux certificats*, ou qui aurait fait usage d'un livret *ne lui appartenant pas*. La peine encourue serait un *emprisonnement* de 3 mois à 1 an. — Un *emprisonnement* de 1 an à 5 ans peut être prononcé contre tout individu coupable d'avoir *fabriqué* un faux livret, ou *falsifié* un livret originairement véritable, ou *fait sciemment usage* d'un livret *faux* ou *falsifié*.

LOGEMENT DES TROUPES. — Voy. RÉQUISITIONS MILITAIRES, III.

LOGEMENTS INSALUBRES. — (Loi 13 avril 1850.) — Sont réputés *insalubres* les logements qui se trouvent dans des conditions de nature à porter atteinte à la vie ou à la santé de leurs habitants.

1. — Une loi du 13 avril 1850, due à l'initiative de M. de Melun, Représentant, autorise les Conseils municipaux à nommer, lorsqu'ils le jugent nécessaire, une *Commission* chargée de rechercher et d'indiquer les mesures indispensables d'assainissement des logements et dépendances insalubres mis en location, ou occupés par d'autres que le propriétaire, l'usufruitier ou l'usager.

La Commission visite les lieux signalés comme insalubres, détermine l'état d'insalubrité, et en indique les causes, ainsi que les moyens d'y remédier. Elle désigne les logements qui ne sont pas susceptibles d'assainissement.

Les rapports de la Commission sont déposés au secrétariat de la Mairie, et les parties intéressées sont mises en demeure d'en prendre connaissance et de produire leurs observations dans le délai d'*un mois*.

A l'expiration de ce délai, les rapports et observations sont soumis au Conseil municipal qui détermine les travaux d'assainissement à faire, les lieux où ils doivent être exécutés et les délais de leur achèvement, ainsi que les habitations qui ne sont pas susceptibles d'assainissement.

Un *recours* est ouvert aux intéressés contre ces décisions, devant le Conseil de Préfecture, dans le délai d'*un mois* à dater de la notification de l'arrêté municipal. Ce recours est *suspensif.*

2. — Lorsqu'il est reconnu que les causes d'insalubrité dépendent du fait du propriétaire, l'Autorité municipale lui enjoint d'exécuter les travaux jugés nécessaires. Les ouvertures pratiquées pour l'exécution des travaux d'assainissement sont *exemptes* pendant 3 *ans* de la *contribution des portes et fenêtres.*

3. — En cas d'*inexécution des travaux* dans les délais déterminés, et si le logement continue d'être occupé par un tiers, le propriétaire ou l'usufruitier est passible d'une *amende* de 16 fr. à 100 fr. Si les travaux n'ont pas été exécutés dans l'année qui a suivi la condamnation, et si le logement insalubre a continué d'être occupé par un tiers, le propriétaire ou l'usufruitier est passible d'une *amende* égale à la valeur des travaux et pouvant être élevée au double.

4. — S'il est reconnu que le logement n'est *pas susceptible d'assainissement* et que les causes d'insalubrité sont dépendantes de l'habitation elle-même, l'Autorité municipale peut en *interdire provisoirement* la location à titre d'habitation.

L'*interdiction absolue* ne peut être prononcée que par le Conseil de Préfecture, sauf recours devant le Conseil d'État. En cas de *contravention* à l'interdiction prononcée, le contrevenant encourt une *amende* de 16 fr. à 100 fr., laquelle amende peut, s'il y a *récidive* dans l'année, être égale au double de la valeur locative du logement interdit.

5. — Lorsque, par suite de l'exécution de la loi du 13 avril 1850, il y a lieu à *résiliation des baux*, cette résiliation n'emporte, en faveur du locataire, *aucuns dommages-intérêts.*

6. — Si l'insalubrité est le résultat de causes *extérieures* et *permanentes*, ou si ces causes ne peuvent être détruites que par des *travaux d'ensemble*, la Commune a la faculté d'acquérir, par *expropriation*, la totalité des propriétés comprises dans le périmètre des travaux.

Les portions de ces travaux qui, après l'assainissement opéré, restent en dehors des alignements arrêtés pour les nouvelles constructions, sont revendues aux enchères publiques.

LOGEUR. — Voy. AUBERGISTE.

LOI. — (Cod. civ. art. 1-6 ; déc. 5 novembre 1870, 2 sept. 1871.)

— La réciprocité des besoins a rendu la société nécessaire entre les hommes. Or, dans la Société, les droits et les devoirs sont corrélatifs ; chacun est tenu de respecter dans autrui ce qu'il veut qu'on respecte en lui. C'est dans ce but que la Société a dû établir des règles générales, des *lois*, et qu'elle a confié à certaines personnes, au *Gouvernement*, le soin d'en surveiller l'exécution pour le bien de tous.

1. — L'*initiative* des lois appartient aujourd'hui aux deux Chambres et au Président de la République. Sauf le cas d'*urgence* déclarée, toute proposition de loi est soumise à *trois délibérations.*

2. — Une fois votée, la loi est *promulguée* par le Président de la République. — Voy. PROMULGATION.

3. — « La loi ne dispose que pour l'avenir ; elle n'a *point d'effet rétroactif.* » (Cod. civ. art. 2.) — Voy. EFFET RÉTROACTIF.

LOIS. (BULLETIN DES) — Voy. BULLETIN DES LOIS.

LONGITUDES. (BUREAU DES) — Voy. BUREAU DES LONGITUDES.

LOTERIE. — (Loi 21 mai 1836 ; Cod. pén. art. 410 ; déc. 13 avril 1861, art. 6, nº 5.) — Sorte de jeu de hasard dans lequel différents *lots* sont tirés au sort et donnés comme gains à ceux que la couleur ou le numéro de leurs billets a favorisés.

1. — L'*origine* des loteries est fort ancienne. C'est en 1520 que ce jeu se répandit en France. Sous Louis XIV, la loterie fut mise au rang des voies et moyens de subvenir aux besoins de l'État. On lit dans le préambule d'un arrêt de 1700 cette phrase singulière : « Sa

Majesté ayant remarqué l'inclination naturelle de ses sujets à mettre de l'argent aux loteries particulières, et désirant leur procurer un moyen *agréable et commode* de se faire un revenu *sûr* et considérable pour le reste de leur vie, et même d'enrichir leur famille en donnant au hasard..., a jugé à propos d'établir à l'Hôtel de Ville de Paris une loterie royale de dix millions. »

La loi du 25 brumaire an II (15 novembre 1793) supprima la loterie de France « *comme invention du despotisme, destinée à faire taire le peuple sur sa misère en le leurrant d'une espérance qui aggravait sa détresse.* » Mais cette sage réforme ne dura pas longtemps, et, quelques mois après, des loteries de biens nationaux furent substituées à la loterie de France. Celle-ci fut même rétablie en l'an VI (1797) sur ses anciennes bases.

La loterie devait enfin disparaître en France : elle fut *abolie* à partir du 1er janvier 1836, par la loi du 21 avril 1832, art. 48. L'insuffisance des dispositions édictées par le Code pénal (art. 410) inspira la loi du 21 mai 1836, dont voici l'analyse : Les loteries de toute espèce sont prohibées, à l'exception des loteries d'objets mobiliers exclusivement destinées à des actes de bienfaisance ou à l'encouragement des arts, lesquelles doivent être autorisées.

2. — *Sont réputées* loteries et *interdites* comme telles, les ventes d'immeubles, de meubles ou de marchandises effectuées par la voie du sort, ou auxquelles auraient été réunies des primes ou autres bénéfices dus au hasard, et généralement toutes opérations offertes au public pour faire naître l'espérance d'un gain qui serait acquis par la voie du sort.

— La *contravention* à ces prohibitions est punie d'un *emprisonnement* de deux mois au moins et de six mois au plus, et d'une *amende* de 100 fr. à 6 000 fr.

Les coupables peuvent être, de plus, à compter du jour où ils ont subi leur peine, *interdits*, pendant cinq ans au moins et dix ans au plus, *des droits* mentionnés en l'article 42 du Code pénal.

Dans tous les cas, les fonds ou effets qui ont été trouvés mis à la loterie, les meubles, instruments, appareils employés, les meubles et les effets mobiliers dont les lieux étaient garnis ou décorés, sont *confisqués.*

3. — L'*autorisation* des loteries de bienfaisance jusqu'à concurrence de 2 000 fr. appartient aux Sous-Préfets. Au delà de ce chiffre, ce sont les Préfets qui autorisent, s'il y a lieu.

LOTS. — Les lots et primes de remboursement payés aux créanciers et aux porteurs d'obligations, effets publics et tous autres titres d'emprunt ont été assujettis, par la loi du 21 juin 1875 (art. 5.), à une *taxe* de 3 %. — La valeur est déterminée, pour la perception de la taxe, savoir : 1° Pour les *lots*, par le montant même du lot en monnaie française ; — 2° Pour les *primes*, par la différence entre la somme remboursée et le taux d'émission des emprunts.

LOUAGE. — (Cod. civ. art. 1708-1831 ; lois 2 août 1868 ; 5 juin 1883.)

Contrat par lequel l'une des parties s'oblige à donner à l'autre, pendant un certain temps et pour un certain prix, la jouissance d'une chose ou de son travail.

1. — Le *louage*, dit en termes saisissants M. Troplong (*préface du commentaire de l'Echange et du Louage*), « est, dans nos sociétés modernes, un des contrats qui exercent le plus d'influence sur la prospérité publique ; il associe aux jouissances de la propriété ceux qui ne sont pas propriétaires ; il est le nerf de l'agriculture, cette mère nourrice des Etats, à qui il donne des colons laborieux et intéressés à ses progrès. Tour à tour il recrute cette milice industrieuse qui féconde nos champs, ou alimente et cherche à pacifier cette immense et frémissante armée qui prête ses bras à l'industrie manufacturière. »

2. — On distingue deux sortes principales de *louage*, celui *des choses* et celui d'*ouvrage*. La partie qui s'oblige à procurer la jouissance s'appelle *locateur* ou *bailleur;* celle qui l'acquiert se nomme, en général, *conducteur* (du latin *conducere*, louer), ou *preneur*, et, suivant les cas, *fermier*, *locataire*, *colon* ou *cheptelier*. On désigne par *bail à loyer* le louage des maisons et celui des meubles; *bail à ferme*, celui des héritages ruraux; *bail à cheptel*, celui des animaux dont le profit se partage entre le propriétaire et celui à qui il les confie. Le mot *location*, synonyme de louage, se dit plus particulièrement du louage d'une maison ou d'un effet mobilier.

Sect. I. — **DU LOUAGE DES CHOSES.** (Cod. civ. art. 1713-1778.)

I. Règles communes aux baux des maisons et des biens ruraux. — 1. — Le contrat de louage, soit qu'il s'applique à des maisons ou à des héritages ruraux, soit qu'il s'applique à des meubles, se forme *par écrit* ou *verbalement*. Mais il est toujours prudent de dresser un acte, car la *preuve par témoins* n'est *jamais admissible*, et tout ce qu'on peut faire, c'est de déférer le *serment* à celui qui nie le bail. En proscrivant d'une manière absolue la preuve testimoniale, le législateur a voulu prévenir des contestations dispendieuses sur des objets de peu de valeur et dans une matière où tout est urgent.

2. — Lorsqu'il y a contestation, non pas sur l'existence d'un bail verbal, mais sur le *prix* de ce bail, le *propriétaire* en est *cru sur son serment*, à moins que le locataire ne préfère requérir *l'estimation par experts;* auquel cas les frais de l'expertise restent à sa charge, si l'estimation excède le prix qu'il a déclaré.

3. — Le preneur a le *droit de sous-louer* et même de *céder son bail* à un autre, si cette faculté ne lui a pas été interdite.

§ 1er. — Obligations du bailleur. — Le bailleur est obligé: 1° *De délivrer au preneur la chose louée*, et de la délivrer *en bon état de réparations de toute espèce*, de telle sorte que, si la chose a des vices qui la rendent impropre à l'usage pour lequel elle a été louée, le preneur est autorisé à demander la résiliation du bail, et même des dommages-intérêts, si ces vices lui ont causé quelque perte; — 2° d'*entretenir cette chose en état de servir à l'usage pour lequel elle a été louée*, de telle sorte que, s'il survient, pendant la durée du bail, des vices qui rendent la chose impropre à l'usage convenu, le bail peut être résilié, mais le bailleur n'est tenu à aucuns dommages-intérêts. — Si la chose périt *en totalité*, le bail est nécessairement résilié pour l'avenir; si elle ne périt qu'*en partie*, le preneur peut réclamer une diminution de prix, ou même la résiliation du bail, si la partie qui n'existe plus rend la chose impropre à l'usage convenu. — Si, *durant le bail*, la chose louée a besoin de *réparations* urgentes et qui ne puissent être différées jusqu'à sa fin, le preneur doit les souffrir, quelque incommodité qu'elles lui causent, et quoiqu'il soit privé, pendant qu'elles se font, d'une partie de la chose louée. Mais si ces réparations *durent plus de quarante jours*, le prix du bail est diminué à proportion du temps et de la partie de la chose louée dont il a été privé. Si les réparations sont de telle nature qu'elles rendent inhabitable ce qui est nécessaire au logement du preneur et de sa famille, celui-ci peut faire résilier le bail; — 3° *de faire jouir paisiblement le preneur de la chose louée pendant la durée du bail.* — Ainsi, le bailleur ne pourrait changer la forme de la chose louée, convertir, par exemple, une prairie en terre labourable. Il est tenu de faire cesser les troubles que des tiers apporteraient à la jouissance du preneur. S'il ne parvenait point à faire rejeter les prétentions élevées par un tiers sur la chose louée, le bail serait de plein droit résilié, et le preneur pourrait réclamer des dommages-intérêts. Si le bailleur n'était évincé que d'une partie de la chose louée, le preneur aurait droit à une diminution de prix, ou, selon les circonstances, à la résiliation du bail avec dommages-intérêts.

§ 2. — OBLIGATIONS DU PRENEUR. — Le preneur doit : 1° *Payer le prix du bail aux termes convenus;*

2° *User de la chose louée en bon père de famille, et suivant la destination qui lui a été donnée par le bail, ou suivant celle présumée par les circonstances, à défaut de convention.* Si le preneur cause quelque dommage, soit en n'usant pas de la chose en bon père de famille, c'est-à-dire comme le ferait un propriétaire soigneux et attentif, soit en l'employant à un usage autre que celui auquel elle était destinée, le bailleur peut réclamer des dommages-intérêts et même, selon les circonstances, la résiliation du bail;

3° *Rendre la chose dans l'état où il l'a reçue, moins toutefois ce qui a péri ou a été dégradé par vétusté ou par force majeure.* S'il n'a pas fait un *état des lieux* (voy. ces mots), le preneur est présumé avoir reçu la chose en bon état et doit la rendre telle, sauf la preuve contraire.

Le preneur répond de l'*incendie*, à moins qu'il ne prouve le cas fortuit, la force majeure, le vice de construction ou la communication par une maison voisine. S'il y a plusieurs locataires, tous sont *responsables* de l'incendie proportionnellement à la valeur locative de la partie de l'immeuble qu'ils occupent ; — à moins qu'ils ne prouvent que l'incendie a commencé dans l'habitation de l'un d'eux, auquel cas celui-là seul en est tenu ; — ou que quelques-uns ne prouvent que l'incendie n'a pu commencer chez eux, auquel cas ceux-là n'en sont pas tenus.

§ 3. — CESSATION DU BAIL. — Si le bail a été fait *par écrit*, il cesse de plein droit, sans qu'il soit nécessaire de donner *congé*, à l'expiration du terme fixé. S'il a été fait *verbalement*, il cesse par le congé que l'une des deux parties donne à l'autre dans les délais fixés par l'usage des lieux.

A Paris, le *délai* des congés est de 6 mois pour une maison, un corps de logis ou une boutique ; — de 3 mois, pour un appartement de 400 fr. et au-dessus ; — de 6 semaines pour un appartement au-dessous de 400 fr.

1. — Le congé doit être prouvé *par écrit ;* il peut se donner à l'amiable et être constaté par un échange de correspondance ; mais si la partie à qui l'autre donne ainsi congé refuse de le reconnaître par écrit, il faut le lui faire signifier par huissier. On peut du reste, comme dans toute contestation, déférer le *serment* à celui qui nie le congé.

2. — Lorsqu'à l'expiration d'un bail écrit, le preneur reste et est laissé en possession, il s'opère un nouvel engagement conforme à l'ancien quant aux conditions, mais réglé, pour sa durée, comme une location non écrite : c'est ce qu'on appelle *tacite reconduction.*

3. — Le contrat de louage cesse encore par la *perte de la chose louée* et par la *résiliation* que l'une ou l'autre des parties peut en demander, comme on l'a vu plus haut, en cas d'inexécution des engagements contractés.

4. — Le louage *ne cesse point* par la *mort* du *bailleur* ni par celle du *preneur.* Il est de principe, en effet, que toute personne stipule pour elle et ses héritiers.

5. — Si le bailleur *vend la chose louée*, l'acquéreur ne peut expulser le locataire ou fermier qui a un bail authentique, ou dont la date est certaine, à moins que ce droit n'ait été réservé dans le bail. — Dans ce cas, l'acquéreur doit avertir le locataire, dans les délais fixés par l'usage des lieux pour les congés, et le fermier de biens ruraux, un an au moins à l'avance.

II. RÈGLES PARTICULIÈRES AUX

BAUX DES MAISONS ET DES BIENS RURAUX. — § 1er. *Baux des maisons ou baux à loyer.* — 1. — Le locataire d'une maison ou d'un appartement doit garnir les lieux qu'il occupe de meubles suffisants pour répondre du loyer. Sinon, et faute de donner d'autres sûretés au bailleur, il peut être expulsé.

2. — Les *réparations locatives* ou de menu entretien dont le locataire est tenu, s'il n'y a clause contraire, sont celles désignées comme telles par l'usage des lieux, et, entre autres, les réparations à faire : aux âtres, contre-cœurs, chambranles et tablettes des cheminées ; au recrépiement du bas des murailles des appartements et autres lieux d'habitation, à la hauteur d'un mètre ; aux pavés et carreaux des chambres ; aux portes, croisées, planches de cloison ou de fermeture de boutique, gonds, targettes et serrures ; aux vitres, à moins qu'elles ne soient cassées par la grêle ou autres accidents extraordinaires et de force majeure, dont le locataire ne peut être tenu.

Aucune des réparations réputées locatives n'est à la charge du locataire, quand elles ne sont occasionnées que par *vétusté* ou *force majeure*.

Le *curement des puits* et celui des *fosses d'aisances* sont à la charge du bailleur, s'il n'y a clause contraire.

3. — Le bail d'un appartement *meublé* est censé fait *à l'année*, quand il a été fait à tant par an ; — au mois, quand il a été fait à tant par mois ; — *au jour*, s'il a été fait à tant par jour. Si rien ne constate que le bail soit fait à tant par an, par mois ou par jour, la location est censée faite suivant l'usage des lieux.

4. — Si le locataire d'une maison ou d'un appartement continue sa jouissance après l'expiration du bail par écrit, sans opposition de la part du bailleur, il est censé les occuper aux mêmes conditions, pour le terme fixé par l'usage des lieux, et il ne peut plus en sortir ni en être expulsé qu'après un congé donné suivant le délai fixé par cet usage.

5. — En cas de résiliation par la faute du locataire, celui-ci est tenu de payer le prix du bail pendant le temps nécessaire à la relocation, sans préjudice des dommages et intérêts qui ont pu résulter de l'abus.

6. — Le bailleur ne peut résoudre la location, encore qu'il déclare vouloir occuper par lui-même la maison louée, s'il n'y a convention contraire. Il en était autrement dans l'ancien droit.

S'il a été convenu, dans le contrat de louage, que le bailleur pourrait venir occuper la maison, il est tenu de signifier d'avance un congé aux époques déterminées par l'usage des lieux.

§ 2. *Baux des biens ruraux ou baux à ferme.* — 1. — Celui qui cultive sous la condition d'un partage de fruits avec le bailleur (on l'appelle *colon partiaire*) ne peut ni *sous-louer* ni *céder*, si la faculté ne lui en a été *expressément* accordée par le bail. En cas de contravention, le propriétaire aurait le droit de demander la résiliation du bail, et le preneur serait passible des dommages-intérêts résultant de l'inexécution dudit bail.

2. — Si, dans un bail à ferme, on donne aux fonds une *contenance moindre* ou *plus grande* que celle qu'ils ont réellement, il n'y a lieu à augmentation ou diminution du prix pour le fermier que dans les cas et suivant les règles exprimées au titre de la Vente. (Cod. civ. art. 1617-1619.) — Voy. VENTE, II, § 1er.

3. — Si le preneur d'un héritage rural ne le garnit pas des bestiaux et ustensiles nécessaires à son exploitation, s'il abandonne la culture, s'il ne cultive pas en bon père de famille, s'il emploie la chose louée à un autre usage que celui auquel elle a été destinée, ou, en général, s'il n'exécute pas les clauses du bail, et qu'il en résulte un préjudice pour le bailleur, celui-ci peut, sui-

vant les circonstances, faire résilier le bail, sans préjudice de tous dommages-intérêts.

4. — Tout preneur de bien rural est *tenu d'engranger* dans les lieux à ce destinés d'après le bail. Le propriétaire, en effet, ayant sur les fruits de la récolte de l'année un privilège pour le payement du loyer, il est important que le fermier ne les détourne pas du lieu convenu pour les soustraire au propriétaire.

5. — Sous peine de tous dépens, dommages et intérêts, le preneur d'un bien rural est tenu d'avertir le propriétaire des *usurpations* qui peuvent être commises sur le fonds.

6. — Si le bail est fait pour plusieurs années, et que, pendant la durée du bail, la *totalité* ou la *moitié* d'une récolte au moins soit enlevée par des cas fortuits, le fermier est autorisé à demander une *remise du prix* de sa location, à moins qu'il ne soit indemnisé par les récoltes précédentes. S'il n'est pas indemnisé, l'estimation de la remise ne peut avoir lieu qu'à la fin du bail, et il se fait alors une compensation de toutes les années de jouissance. Cependant le juge peut provisoirement dispenser le preneur de payer une partie du prix, en raison de la perte soufferte.

Si le bail n'est que d'une année, et que la perte soit de la totalité des fruits ou au moins de la moitié, le preneur est déchargé d'une partie proportionnelle du prix de la location. Il ne peut réclamer aucune remise, si la perte est moindre de moitié.

7. — Le fermier *ne peut obtenir de remise*, lorsque la perte des fruits arrive après qu'ils sont séparés de la terre, à moins que le bail ne donne au propriétaire une quotité de la récolte en nature; auquel cas le propriétaire doit supporter sa part de la perte, pourvu que le preneur ne fût pas en demeure de lui délivrer sa portion de la récolte. — Le fermier ne peut également demander une remise, lorsque la cause du dommage était existante et connue à l'époque où le bail a été passé.

8. — Le preneur peut être *chargé des cas fortuits* par une stipulation expresse; mais cette stipulation ne s'entend que des cas fortuits ordinaires, tels que grêle, feu du ciel, gelée ou coulure. Elle ne s'entend pas des cas fortuits extraordinaires, tels que les ravages de la guerre, ou une inondation, à moins que le preneur n'ait été chargé de tous les cas fortuits prévus et imprévus.

9. — Le bail *sans écrit* d'un *fonds rural* est *censé fait* pour le temps qui est nécessaire, afin que le preneur recueille tous les fruits de l'héritage affermé. Ainsi le bail à ferme d'un pré, d'une vigne et de tout autre fonds dont les fruits se recueillent en entier dans le cours de l'année, est censé fait pour un an. — Le bail des terres labourables, lorsqu'elles se divisent par soles ou saisons, est censé fait pour autant d'années qu'il y a de soles.

10. — Le bail des héritages ruraux, quoique fait sans écrit, cesse de plein droit à l'expiration du temps pour lequel il est censé fait, selon ce qui a été dit plus haut.

11. — Si, à l'expiration des baux ruraux écrits, le preneur reste et est laissé en possession, il s'opère, par l'effet d'une *tacite reconduction*, un nouveau bail conforme au premier pour la durée, le prix et les conditions.

12. — Le *fermier sortant* doit laisser à celui qui lui succède dans la culture les logements convenables et autres facilités pour les travaux de l'année suivante, et, réciproquement, le *fermier entrant* doit procurer à celui qui sort les logements convenables et autres facilités pour la consommation des fourrages et pour les récoltes restant à faire. — Dans l'un et l'autre cas, on doit se conformer à l'usage des lieux.

Le fermier sortant doit aussi laisser les *pailles* et *engrais* de l'année, s'il les a reçus lors de son entrée en jouissance; et quand même il ne les aurait pas reçus, le propriétaire peut les retenir suivant l'estimation. Cette dérogation au droit de propriété a été introduite dans l'intérêt de l'agriculture.

SECT. II. — **DU LOUAGE D'OUVRAGE.** — (Cod. civ. art. 1779-1799 ; loi 2 août 1868.) — Le louage d'ouvrage est le contrat par lequel l'une des parties s'engage à faire quelque chose pour l'autre, moyennant un prix que celle-ci s'oblige à lui payer. On appelle *propriétaire* ou *maître* celui qui fait travailler et paye le prix du travail; — *ouvrier*, *entrepreneur, architecte, domestique, voiturier*, celui qui travaille et reçoit le prix.

— Il y a trois espèces principales de louage d'ouvrage et d'industrie : 1° Le louage des *gens de travail* (domestiques et ouvriers) qui s'engagent au service de quelqu'un; — 2° Celui des *voituriers,* tant par terre que par eau, qui se chargent du transport des personnes et des marchandises ; — 3° Celui des *entrepreneurs* d'ouvrages par suite de devis ou marchés.

I. LOUAGE DES GENS DE TRAVAIL. — 1. — Les domestiques et ouvriers ne peuvent engager leurs services qu'*à temps* ou pour une *entreprise déterminée*. Toute convention contraire serait nulle comme portant atteinte à la liberté, qui est inaliénable.

2. — Aux termes de l'art. 1781 du Code civil abrogé en 1868, *le maître était cru sur son affirmation :* — pour la quotité des gages; pour le payement du salaire de l'année échue, et pour les acomptes donnés pour l'année courante.

On expliquait cette disposition, si contraire au principe de l'égalité de tous devant la loi, en disant que le maître, « étant beaucoup plus riche que son domestique ou son ouvrier, a un intérêt moins grand à trahir la vérité, ce qui doit le rendre plus digne de foi. » Quoi qu'il en soit, les critiques dont l'article 1781 étaient depuis longtemps l'objet ont enfin prévalu devant le législateur. (Loi 2 août 1868.)

II. DES VOITURIERS PAR TERRE ET PAR EAU. — 1. — Les voituriers par terre et par eau sont assujettis, pour la garde et la conservation des choses qui leur sont confiées, aux mêmes obligations que les aubergistes. — Voy. DÉPOT, sect. I, § 2.

Ils *répondent*, non seulement de ce qu'ils ont déjà reçu dans leur bâtiment ou voiture, mais encore de ce qui leur a été remis sur le port ou dans l'entrepôt pour être placé dans leur bâtiment ou voiture. Ils sont responsables de la perte et des avaries des choses qui leur sont confiées, à moins qu'ils ne prouvent qu'elles ont été perdues ou avariées par *cas fortuit* ou *force majeure.*

2. — Les entrepreneurs de voitures publiques par terre et par eau, et ceux des roulages publics, doivent tenir *registre* de l'argent, des effets et des paquets dont ils se chargent.

Les entrepreneurs et directeurs de voitures et roulages publics, les maîtres de barques et navires, sont, en outre, assujettis à des *règlements particuliers* qui font la loi entre eux et les autres citoyens.

III. DES DEVIS ET DES MARCHÉS. — On nomme *devis* l'acte contenant par écrit un aperçu détaillé des objets qui doivent être employés dans une entreprise d'ouvrage, avec l'indication du prix des matériaux et de la main-d'œuvre : c'est pour les parties, et surtout pour les propriétaires, un moyen de traiter en connaissance de cause et de se rendre compte de l'étendue des engagements qu'ils vont prendre. Le *marché* est la convention même intervenue entre le propriétaire et l'entrepreneur pour l'exécution d'un ouvrage.

1. — Lorsqu'on charge quelqu'un de faire un ouvrage, on peut convenir qu'il fournira seulement son travail ou son industrie, ou bien qu'il fournira aussi la matière.

— Si, *dans le cas où l'ouvrier fournira la matière*, la chose vient à périr de quelque manière que ce soit, avant d'être livrée, la perte en est pour l'ouvrier, à moins que le maître ne fût en demeure de recevoir la chose.

— *Dans le cas où l'ouvrier fournit seulement son travail ou son industrie*, si la chose vient à périr, l'ouvrier n'est tenu que de sa faute.

Si, dans la même hypothèse, la chose vient à périr, quoique sans aucune faute de la part de l'ouvrier, avant que l'ouvrage ait été reçu, et sans que le maître fût en demeure de le vérifier, l'ouvrier n'a point de salaire à réclamer, à moins que la chose n'ait péri par le vice de la matière.

— S'il s'agit d'un ouvrage à plusieurs pièces ou à la mesure, la vérification peut s'en faire par parties. Elle est censée faite pour toutes les parties payées, si le maître paye l'ouvrier en proportion de l'ouvrage fait.

2. — Lorsqu'un édifice construit à prix fait périt en tout ou en partie par le vice de la construction, même par le vice du sol, les *architectes* et *entrepreneurs* en sont *responsables* pendant 10 ans qui commencent à courir du jour où l'ouvrage a été vérifié.

3. — L'architecte ou l'entrepreneur, chargé de la construction à forfait d'un bâtiment, d'après un plan arrêté avec le propriétaire du sol, ne peut demander *aucune augmentation du prix*, ni sous le prétexte de l'augmentation de la main-d'œuvre ou des matériaux, ni sous celui de changements ou d'augmentations faits sur ce plan, si ces changements ou augmentations n'ont pas été autorisés par écrit et le prix convenu avec le propriétaire.

4. — Le maître *peut résilier*, par sa seule volonté, le marché à forfait, quoique l'ouvrage soit déjà commencé, en dédommageant l'entrepreneur de toutes les dépenses, de tous les travaux et de tout ce qu'il aurait pu gagner dans cette entreprise.

5. — Le contrat de louage d'ouvrage est *dissous* par la mort de l'ouvrier, de l'architecte ou de l'entrepreneur. Mais le propriétaire est tenu de payer à leurs héritiers, en proportion du prix porté par la convention, la valeur des ouvrages faits et celle des matériaux préparés, si ces ouvrages ou ces matériaux peuvent lui être utiles.

6. — L'entrepreneur est *responsable* du fait des personnes qu'il emploie.

Les maçons, charpentiers et autres ouvriers qui ont été employés à la construction d'un bâtiment ou d'autres ouvrages faits à l'entreprise, n'ont d'*action* contre celui pour lequel les ouvrages ont été faits que *jusqu'à concurrence* de ce dont il se trouve débiteur envers l'entrepreneur au moment où leur action est intentée.

7. — Les *marchés* peuvent se faire de différentes manières : 1° *Au mètre :* en ce cas, le prix est payé par mètre ; — 2° *La clef à la main :* en ce cas, l'entrepreneur s'oblige à fournir tout ce qui est nécessaire à la construction de la maison ; — 3° *Au rabais*, lorsqu'il s'agit d'ouvrages publics : en ce cas, le marché se fait, par adjudication, avec celui qui offre d'exécuter l'ouvrage au plus bas prix.

SECT. III. — **DU BAIL A CHEPTEL.** — (Cod. civ. art. 1800-1831.)

Le *bail à cheptel* est le contrat par lequel l'une des parties livre à l'autre un fonds de bétail pour le garder, le nourrir et le soigner, sous les conditions convenues entre elles. La preuve en est gouvernée par les règles ordinaires des contrats.

L'expression *cheptel* (prononcez *chetel*) vient de *chatal*, vieux mot celtique ou bas breton, qui signifie *troupeau de bêtes*. Elle s'applique soit au contrat lui-même, soit au fonds du bétail qui en fait l'objet.

1. — On peut donner à cheptel toute espèce d'animaux susceptibles de croît ou de profit pour l'agriculture ou le commerce.

2. — Ce n'est qu'*à défaut de conventions particulières* que le

Code civil a tracé des règles applicables aux diverses espèces de cheptel, lesquelles sont au nombre de cinq : 1° Le cheptel *simple* ou *ordinaire;* — 2° Le cheptel *à moitié;* — 3° Le cheptel *donné au fermier*, ou *cheptel de fer;* — 4° Le cheptel *donné au colon partiaire ;* — 5° Le cheptel *improprement appelé cheptel.*

I. Cheptel simple. — C'est le nom du contrat par lequel on donne à un autre des bestiaux à garder, nourrir et soigner, à condition que le preneur profitera de la *moitié* des *laines* et du *croît*, et qu'il supportera aussi la moitié de la *perte ;* les *laitages*, les *fumiers*, le *travail des animaux* sont *exclusivement* pour lui.

1. — Le preneur doit les soins d'un bon père de famille à la conservation du bétail donné à cheptel. Si le bétail *périt en entier* sans la faute du preneur, la perte en est pour le bailleur ; — s'il n'en *périt qu'une partie*, la perte est supportée en commun, d'après le prix de l'estimation à l'expiration du cheptel, c'est-à-dire que si, à la fin du bail, il y a perte sur la valeur qu'avait le cheptel au commencement, le preneur devra payer au propriétaire la moitié de cette perte.

2. — Il n'est *pas permis de stipuler* que le preneur supportera la perte totale du cheptel, quoique arrivée par cas fortuit et sans sa faute ; — ou qu'il supportera dans la perte une part plus grande que dans le profit ; — ou que le bailleur prélèvera, à la fin du bail, quelque chose de plus que le cheptel qu'il a fourni. Toute convention de ce genre serait nulle.

3. — Le preneur ne peut disposer d'aucune bête du troupeau, soit du fonds, soit du croît, sans le consentement du bailleur. Il lui est interdit de tondre sans en prévenir le bailleur.

4. — Lorsque le cheptel est donné au fermier d'autrui, il doit être notifié au propriétaire de qui ce fermier tient : sans quoi ce propriétaire aurait la faculté de le saisir et de le faire vendre pour ce que son fermier lui doit.

5. — S'il n'y a pas de temps fixé par la convention pour la *durée* du cheptel, il est censé fait pour trois ans. Le bailleur peut en demander plus tôt la résolution si le preneur ne remplit pas ses obligations.

6. — A la fin du bail, ou lors de sa résolution, il se fait une nouvelle estimation du cheptel. Le bailleur prélève des bêtes de chaque espèce jusqu'à concurrence de la première estimation ; l'excédent se partage. — S'il n'existe pas assez de bêtes pour remplir la première estimation, le bailleur prend ce qui reste et les parties se font raison de la perte.

II. Cheptel a moitié. — On désigne ainsi une société dans laquelle chacun des contractants fournit la moitié des bestiaux, qui demeurent communs pour le profit ou la perte. Si ce contrat se trouve rangé dans la classe des baux, c'est parce qu'il n'est qu'une modification du cheptel.

1. — Le preneur profite *seul*, comme dans le cheptel simple, des *laitages*, du *fumier* et des *travaux des bêtes*. Le bailleur n'a droit qu'à la *moitié* des *laines* et du *croît*.

2. — Toutes les autres règles du cheptel simple s'appliquent au cheptel à moitié. Ainsi le troupeau doit être estimé au commencement du bail ; — le preneur est responsable de ses fautes, il ne l'est pas des cas fortuits ; — il ne peut tondre sans prévenir le bailleur ; — à défaut de terme fixé, le bail dure trois ans.

III. Cheptel donné au fermier ou cheptel de fer. — C'est celui par lequel le propriétaire d'une métairie la donne à ferme, à la charge qu'à l'expiration du bail, le fermier laissera des bestiaux d'une valeur égale au prix de l'estimation de ceux qu'il aura reçus. Le bail des bestiaux n'est ainsi que l'accessoire du bail de la métairie, et on l'appelle *cheptel de fer*, parce qu'il est comme *enchaîné à la métairie.*

1. — *Tous les profits* appartiennent au fermier, pendant la durée

de son bail, s'il n'y a pas convention contraire. Toutefois, *le fumier* appartient à la métairie et doit être uniquement employé à son exploitation.

2. — A moins de convention contraire, la *perte*, même totale, et par cas fortuit, est en entier pour le fermier.

Ce dernier, à la fin du bail, ne peut retenir le cheptel en en payant l'estimation originaire; il doit en laisser un de la valeur pareille à celle du cheptel qu'il a reçu. S'il y a du déficit, il le paye, et c'est seulement l'excédent qui lui appartient.

IV. Cheptel donné au colon partiaire. — Ce cheptel n'est qu'un accessoire du bail à métairie, comme le cheptel donné au fermier n'est qu'un accessoire du bail à ferme. Il a pour objet le partage des fruits du fonds, et il est pour toute la durée de ce bail.

1. — La *perte totale* du cheptel est au compte du bailleur lorsqu'elle arrive par *cas fortuit*.

2. — Il *peut être stipulé* que le colon laissera au bailleur sa part de la toison à un prix inférieur à la valeur ordinaire; — que le bailleur aura une plus grande part du profit; — qu'il aura la moitié des laitages. Si de telles clauses, interdites dans le cheptel simple, sont autorisées dans le cheptel donné au colon partiaire, c'est que la loi présume que les clauses du bail de la métairie dédommagent le colon partiaire. Elle a aussi égard à ce que le bailleur fournit le logement du cheptel et contribue à sa nourriture, puisqu'elle est prise sur la métairie dont les fruits lui appartiennent en partie.

Est néanmoins *prohibée* la clause qui mettrait toute la perte à la charge du colon partiaire.

V. Contrat improprement appelé cheptel. — Le contrat *improprement appelé cheptel* est celui par lequel une personne livre une ou plusieurs vaches à une autre personne qui se charge de les loger et de les nourrir, à la condition de profiter du lait et du fumier: le bailleur conserve la propriété des vaches et a seulement le profit des veaux qui en naissent.

Ce bail est improprement appelé cheptel, puisqu'il n'a pour objet que des individualités, une ou quelques têtes de bétail, tandis que le cheptel proprement dit a pour objet une universalité, un troupeau se perpétuant par le renouvellement des individus.

LOUVETERIE. — (Régl. 20 août 1814; Instr. min. 8 juin 1818; Ord. roy. 24 juillet 1832, art. 6; Déc. 25 mars 1854, art. 5, nº 17.)

Institution destinée à favoriser la destruction des loups, renards et autres animaux nuisibles.

1. — Sur la proposition du Conservateur des forêts, les Préfets nomment des *Lieutenants de Louveterie* dont la commission, renouvelable chaque année, est *honorifique*, et qui sont tenus: 1º D'entretenir à leurs frais un équipage de chasse, composé au moins d'un piqueur, deux valets de limiers, un valet de chiens, dix chiens courants et quatre limiers; — 2º De se procurer les pièges nécessaires pour la destruction des loups, renards et autres animaux nuisibles, dans la proportion des besoins.

En retour de ces obligations, les Lieutenants de louveterie ont le *droit* de chasser à courre le sanglier, deux fois par mois, dans les forêts de l'Etat faisant partie de leur arrondissement; de chasser au loup sans permis et d'employer pour la destruction des animaux nuisibles certains pièges interdits par la loi du 3 mai 1844 sur la chasse. Ce sont eux qui dirigent, sous la surveillance des agents forestiers, les chasses et battues générales ou particulières ordonnées par les Préfets. Ils ont un uniforme permis, mais non obligatoire.

2. — *Toute personne* est autorisée à tuer les loups et autres bêtes malfaisantes sur sa propriété.

3. — Des *primes* sont accordées pour la destruction des loups.

Elles ont été fixées de la manière suivante par la loi du 3 août 1882: 100 fr. par tête de *loup* ou de *louve non pleine;* — 150 fr. par tête de *louve pleine;* — 40 fr. par tête de *louveteau.* — Est considéré comme louveteau l'animal dont le poids est inférieur à 8 kilog. — Lorsqu'il sera prouvé qu'un loup s'est jeté sur des êtres humains, celui qui l'a tué a droit à une prime de 200 fr. L'abatage est constaté par le Maire de la Commune sur le territoire de laquelle le loup a été abattu. La prime, à la charge de l'Etat, est payée au plus tard le 15e jour qui suit la constatation de l'abatage.

M

MACHINES ET CHAUDIÈRES A VAPEUR. — (Déc. 30 avril 1880; 29 juin 1886.)

Il était du devoir de l'Autorité de chercher à prévenir les graves dangers que présente l'emploi de la vapeur, cette merveilleuse conquête de l'homme sur la matière, qui multiplie prodigieusement ses forces, supprime la distance et rend d'immenses services à l'industrie.

Aussi le Gouvernement a-t-il déterminé les conditions d'épreuve et de surveillance des machines et chaudières à vapeur. Tel est l'objet du décret du 30 avril 1880 qui, sauf les modifications apportées par le décret du 29 juin 1886, est venu remplacer les dispositions prises antérieurement à ce sujet et concilie dans une sage mesure les nécessités de la sécurité publique avec les exigences de l'industrie.

1. — Le décret du 30 avril 1880 se divise en 6 titres : le premier traite des *mesures de sûreté* relatives aux chaudières à demeure ; — le titre II règle la forme de la *déclaration* à faire par celui qui veut établir à demeure une chaudière à vapeur, et les *conditions à remplir par rapport au voisinage*, afin de sauvegarder la sécurité publique et les intérêts des propriétaires voisins ; — le titre III a pour objet les *chaudières locomobiles ;* — le titre IV énonce les dispositions relatives aux *chaudières des machines locomotives ;* — le titre V énumère les mesures de sécurité que nécessitent les *récipients* d'une capacité de plus de 100 litres, au moyen desquels les matières à élaborer sont chauffées, non directement à feu nu, mais par de la vapeur empruntée à un générateur distinct, lorsque leur communication avec l'atmosphère n'est point établie par des moyens excluant toute pression effective nettement appréciable ; — le titre VI désigne les agents de divers ordres chargés de la *surveillance* et prescrit les mesures à observer en cas d'*accident*, pour que la justice soit à même de décider à qui incombe la responsabilité.

2. — Les chaudières placées sur des *bateaux* ont été astreintes à des mesures de précaution spéciales, à cause de la gravité des accidents qui sont à redouter. Elles font l'objet du décret du 9 avril 1883.

MAGASINS GÉNÉRAUX. — (Loi 28 mai 1858 ; Déc. 12 mars 1859.)

Les *Magasins généraux* ou *Docks* sont destinés à recevoir les marchandises que tout commerçant veut y déposer, moyennant un droit très minime, en échange d'un *récépissé* et d'un *warrant*, tous deux négociables.

1. — C'est à l'Angleterre que la France a emprunté cette institution si avantageuse pour le commerce, car elle permet au propriétaire de la marchandise de l'engager ou de la vendre, de la faire circuler de main en main, à titre d'aliénation ou de nantissement, avec la plus grande facilité et sans aucuns frais

de déplacement. Ainsi mobilisée par un procédé ingénieux, la marchandise n'est plus entre les mains du négociant qui la possède une valeur inerte, mais une valeur active presque à l'égal des espèces ; elle est au moins un moyen de crédit d'une très grande efficacité, parce qu'il y a une base presque certaine.

2. — Les *Magasins généraux* sont ouverts, sur l'avis des Chambres de commerce ou des Chambres consultatives des arts et manufactures, avec l'autorisation du Gouvernement, et sont placés sous sa surveillance. Ils reçoivent les matières premières, les marchandises et les objets fabriqués que les négociants et industriels veulent y déposer. Des *récépissés* délivrés aux déposants énoncent leurs noms, profession et domicile, ainsi que les indications propres à établir l'identité de la marchandise et à en déterminer la valeur. A chaque récépissé est annexé, sous la dénomination de *warrant*, un bulletin de gage contenant les mêmes mentions. Les récépissés et les warrants peuvent être *transférés* par voie d'*endossement*, *ensemble* ou *séparément*.

3. — Voici un modèle de *récépissé* et de *warrant :*

MAGASINS GÉNÉRAUX AGRÉÉS PAR L'ÉTAT

RÉCÉPISSÉ A ORDRE

Série A *N°*

Il a été déposé par M. , demeurant à , les marchandises ci-après désignées, par

NUMÉROS D'ENTRÉE AU MAGASIN.		NOMBRE, ESPÈCE ET MARQUE DES COLIS	NATURE ET POIDS BRUT DES MARCHANDISES
Entrepôt réel des douanes	....	....	....
— d'octroi.......	....	....	....
— des sels......	....	....	....
— des sucres indigènes.............	....	....	....
Entrepôt libre.........	....	....	....

A , *le* 188 .

Le Chef de bureau, L'Administrateur,

MAGASINS GÉNÉRAUX AGRÉÉS PAR L'ÉTAT

WARRANT A ORDRE

Série A *N°* [illegible]

Il a été déposé par M. , demeurant à , les marchandises ci-après désignées, venant de , par

NUMÉROS D'ENTRÉE AU MAGASIN.		NOMBRE, ESPÈCE ET MARQUE DES COLIS	NATURE ET POIDS BRUT DES MARCHANDISES
Entrepôt réel des douanes	....	....	....
— d'octroi.......	....	....	....
— des sels......	....	....	....
— des sucres indigènes.............	....	....	....
Entrepôt libre.........	....	....	....

A , *le* 188 .

Le Chef de bureau, L'Administrateur,

4. — Peu de mots sont nécessaires pour faire comprendre le mécanisme des deux opérations auxquelles le déposant peut se livrer sur la chose déposée dans un magasin général. Veut-il *emprunter* sur sa marchandise, il détache le *warrant* et le transfère au prêteur par endossement ; celui-ci acquiert, en vertu de ce transport, tous les droits d'un créancier gagiste ; — veut-il *vendre* sa marchandise, non encore engagée, il transfère les deux titres qu'il a reçus au moment du dépôt, *récépissé et warrant*, à l'acheteur par voie d'endossement. Si la marchandise est déjà engagée, il transfère, par endossement, le *récépissé* qu'il a conservé ; l'acheteur devient propriétaire de la chose au même titre que le vendeur, c'est-à-dire à charge de payer au porteur du *warrant* le montant de la créance garantie par ce bulletin. Ainsi l'endossement du récépissé opère *vente* de la marchandise ; — l'endossement du warrant constitue au profit de celui en faveur duquel il est fait un droit de *gage* ou de *nantissement*. Cette double opération *peut se renouveler*; c'est-à-dire que le porteur du récépissé ou du warrant peut l'endosser à son tour au profit d'une autre personne, et, de cette manière, au moyen d'endossements successifs, la marchandise peut circuler, être donnée en gage ou être vendue successivement à différentes personnes.

5. — L'*endossement* du warrant *séparé* du récépissé doit *énoncer* le montant intégral, en capital et

intérêts, de la créance garantie, la date de son échéance, les noms, profession et domicile du créancier, et être transcrit sur les registres du magasin. Cette formalité, qui n'est, du reste, exigée que pour le premier endossement, a pour but de faire connaître aux intéressés la somme pour laquelle la marchandise est engagée et celle, par conséquent, qu'il faudrait consigner pour retirer la chose.

6. — Il nous reste à examiner les diverses hypothèses qui peuvent se présenter par suite de la négociation simultanée ou séparée du récépissé et du warrant : celui qui a entre les mains, en vertu d'un endossement régulier, ces deux titres, est devenu propriétaire de la marchandise ; il peut donc se présenter au magasin général et se faire délivrer cette marchandise contre remise du récépissé et du warrant.

Si le récépissé a été transmis sans le warrant, parce qu'au moment de la vente la marchandise avait été déjà donnée en gage, le porteur du récépissé ne peut retirer la marchandise qu'en consignant à l'Administration du magasin général la somme due au porteur du warrant, y compris les intérêts jusqu'au jour de l'exigibilité.

Quant au porteur du warrant, il a un droit de gage sur la marchandise ; s'il n'est *pas payé* au jour de l'échéance, il doit faire constater par un *protêt* le refus de payement, et, huit jours après, il peut faire procéder à la *vente publique* aux enchères par le ministère d'un courtier. Il est payé sur le prix, avant tous autres créanciers, déduction faite seulement des droits de douanes, d'octroi, etc., des frais de vente et de magasinage. Si la vente n'avait pas suffi pour le rembourser complètement, il aurait recours, pour la différence, contre l'emprunteur et les endosseurs successifs du warrant. — Le porteur du warrant *perd son recours* contre les endosseurs, s'il n'a pas fait procéder à la vente dans le mois qui suit le jour du protêt, ou s'il ne les a pas assignés en payement dans le délai de quinzaine à partir du jour de la vente des marchandises. Le warrant a donc les caractères d'un effet de commerce, et il est reçu comme tel par les établissements de crédit qui font l'escompte, notamment par la Banque de France, qui admet exceptionnellement et à cause de la garantie spéciale qu'ils offrent les warrants revêtus seulement de deux signatures.

7. — En cas de *perte* du récépissé ou du warrant, on peut, moyennant justification de propriété et caution, obtenir soit un duplicata, s'il s'agit du récépissé, soit le payement de la créance garantie, s'il s'agit du warrant. Dans l'une et l'autre hypothèse, une ordonnance du Président du tribunal de commerce est nécessaire.

MAINMORTE. — Voy. TAXE DES BIENS DE MAINMORTE.

MAIRE. — (Lois 28 pluviôse an VIII (17 février 1800), tit. II, § III ; 5 avril 1884, tit. III.) — Du latin *major*, maître, premier, d'où l'ancienne expression *maïeur* ou *majeur*. — Nom donné au premier Officier municipal d'une Commune.

I. CONDITIONS ET MODE DE NOMINATION. — 1. — A *Paris*, il y a un Maire pour chacun des 20 arrondissements. Ils sont choisis par le Président de la République. Il y a *incompatibilité* entre les fonctions de Maire ou d'Adjoint d'arrondissement et celles de Conseiller municipal de la ville de Paris.

Dans les autres Communes, c'est le Conseil municipal qui élit le Maire parmi ses Membres, au scrutin secret et à la majorité absolue. Si, après deux scrutins, aucun candidat n'a obtenu la majorité, il est procédé à un tour de ballottage entre les deux candidats qui ont obtenu le plus de suffrages. En cas d'égalité de suffrages, le plus âgé est nommé.

2. — La séance dans laquelle il est procédé à l'élection du Maire est *présidée* par *le plus âgé* des membres du Conseil municipal.

3. — Avant cette convocation, il est procédé aux élections qui pourraient être nécessaires pour compléter le Conseil. Si, après les *élections complémentaires*, de nouvelles vacances se produisent, le Conseil municipal procède néanmoins à l'élection du Maire et des Adjoints, à moins qu'il ne soit réduit aux *trois quarts* de ses membres. En ce cas, il y aurait lieu de recourir à de nouvelles élections complémentaires et il y serait procédé dans le délai d'*un mois* à dater de la dernière vacance.

4. — L'élection du Maire et des Adjoints peut être arguée de *nullité* dans les conditions, formes et délais prescrits pour les réclamations contre les élections du Conseil municipal. Le délai de *cinq jours* court à partir de 24 heures après l'élection.

Lorsque l'élection est annulée ou que, pour toute autre cause, le Maire ou les Adjoints ont cessé leurs fonctions, le Conseil, s'il est au complet, est convoqué pour procéder au remplacement dans le délai de *quinzaine*. — S'il y a lieu de compléter le Conseil, il est procédé aux élections complémentaires dans la *quinzaine* de la vacance, et le nouveau Maire est élu dans la *quinzaine* qui suit.

5. — *Ne peuvent être Maires ou Adjoints*, ni en exercer même temporairement les fonctions :

Les agents et employés des administrations financières, les trésoriers-payeurs généraux, les receveurs particuliers et les percepteurs ; les agents des forêts, ceux des postes et télégraphes, ainsi que les gardes des établissements publics et des particuliers.

6. — Les Maires et Adjoints sont nommés pour la même durée (*quatre ans*) que le Conseil municipal. Ils continuent l'exercice de leurs fonctions jusqu'à l'installation de leurs successeurs. Toutefois, en cas de renouvellement intégral, les fonctions de Maire et d'Adjoint sont, à partir de l'installation du nouveau Conseil jusqu'à l'élection du Maire, exercées par les Conseillers municipaux dans l'ordre du tableau.

6. — Les fonctions de Maire et d'Adjoint sont *gratuites*. Elles donnent seulement droit au remboursement des frais que nécessite l'exécution des mandats spéciaux. Les Conseils municipaux peuvent voter, sur les ressources ordinaires de la Commune, des indemnités aux Maires pour *frais de représentation*.

7. — Les Maires peuvent être *suspendus* par arrêté du Préfet pour un temps qui n'excède pas *un mois* et qui peut être porté à *trois mois* par le Ministre de l'Intérieur. Ils ne peuvent être *révoqués* que par décret du Président de la République. En cas de destitution, ils ne sont pas *rééligibles* pendant une année, à moins qu'il ne soit procédé auparavant au renouvellement général des Conseils municipaux.

II. Attributions. — Elles sont de deux natures : les unes relatives, les autres étrangères à l'Administration.

§ 1er. — *Attributions administratives*. — 1. En tant que *délégué du Gouvernement*, le Maire est chargé : 1° de la publication et de l'exécution des lois et règlements; — 2° des fonctions spéciales qui lui sont attribuées par les lois; — 3° de l'exécution des mesures de sûreté générale. Dans ces différents cas, il est l'intermédiaire entre l'Administration supérieure et les administrés, l'organe des réclamations des administrés auprès de l'Administration.

2. — En tant que *représentant de la Commune*, le Maire est chargé, sous la surveillance du Préfet : 1° de la police municipale, de la police rurale et de la voirie municipale, et de pourvoir à l'exécution des actes de l'Autorité supérieure qui y sont relatifs; — 2° de la conservation et de l'administration des propriétés de la Commune, et de faire, en conséquence, tous actes conservatoires de ses droits; — 3° de la gestion des revenus, de la surveillance des établissements communaux et de la comptabilité com-

munale; — 4° de la proposition du budget et de l'ordonnancement des dépenses; — 5° de la direction des travaux communaux; — 6° de souscrire les marchés, de passer les baux des biens et les adjudications des travaux communaux, dans les formes établies par les lois et règlements; — 7° de souscrire, dans les mêmes formes, les actes de vente, échange, partage, acceptation de dons ou legs, acquisition, transaction, lorsque ces actes ont été dûment autorisés; — 8° de représenter la Commune en Justice, soit en demandant, soit en défendant.

3. — Les *arrêtés* pris par le Maire sur les objets de police qu'il a le droit de réglementer sont immédiatement adressés au Sous-Préfet, qui les transmet au Préfet. Le Préfet peut les *annuler* ou en *suspendre l'exécution*. Ceux de ces arrêtés qui portent *règlement permanent* ne sont exécutoires qu'*un mois* à partir de la date du récépissé donné par le Sous-Préfet. — En cas d'*urgence*, le Préfet peut en autoriser l'*exécution immédiate*.

Il est loisible de se *pourvoir* contre les arrêtés des Maires devant le Préfet, et contre la décision du Préfet devant le Ministre de l'Intérieur. La décision approbative du Préfet ou du Ministre peut être attaquée devant le Conseil d'Etat pour *incompétence* ou *excès de pouvoir*. Aucun *délai* n'est prescrit pour le pourvoi devant le Préfet ou le Conseil d'Etat.

§ 2. — *Attributions étrangères à l'Administration*. — 1. — Ce sont celles : 1° d'Officier de l'état civil; — 2° d'Officier de police judiciaire.

Comme *Officier de l'état civil*, le Maire est chargé de la tenue des registres de déclaration de naissance, de mariage et de décès. (Cod. civ. art. 34-101.) — Voy. ACTES DE L'ÉTAT CIVIL.

Comme *Officier de police judiciaire*, il exerce les fonctions déterminées par le Code d'Instruction criminelle (art. 8 et suiv.). — Voy. POLICE JUDICIAIRE.

2. — Le Maire est seul chargé de l'administration; mais il peut, sous sa surveillance et sa responsabilité, *déléguer* une partie de ses fonctions à un ou plusieurs de ses Adjoints, et, en l'absence ou en cas d'empêchement des Adjoints, à des membres du Conseil municipal.

3. — Dans les cas où les intérêts du Maire se trouvent en opposition avec ceux de la Commune, le Conseil municipal désigne un autre de ses membres pour représenter la Commune soit en justice, soit dans les contrats.

4. — En cas d'absence, de suspension, de révocation ou de tout autre empêchement, le Maire est provisoirement *remplacé*, dans la plénitude de ses fonctions, par un Adjoint, dans l'ordre des nominations, et, à défaut d'Adjoints, par un Conseiller municipal désigné par le Conseil, sinon pris dans l'ordre du tableau.

5. — Dans le cas où le Maire *refuserait* ou *négligerait* de faire un des actes qui lui sont prescrits par la loi, le Préfet peut, après l'en avoir requis, y procéder d'office par lui-même ou par un *délégué spécial*.

MAISON COMMUNE. — C'est la dénomination légale du bâtiment où siège l'Administration municipale de chaque Commune : on l'appelle vulgairement *Mairie* ou *Hôtel de Ville*.

MAISON D'ARRÊT, DE CORRECTION, DE DÉPÔT, DE FORCE, DE DÉTENTION. — Voy. PRISONS.

MAISONS D'ÉCOLE. — 1. — Toute Commune est tenue de pourvoir à l'établissement de maisons d'école au *chef-lieu* et dans les *hameaux* ou centres de population *éloignés* dudit chef-lieu ou *distants* les uns des autres *de 3 kilomètres* et réunissant un *effectif d'au moins* 20 enfants d'âge scolaire.

A défaut d'un vote du Conseil municipal ou sur son refus, le Préfet, après avis du Conseil général, et, si cet avis n'est pas favorable, en vertu d'un décret rendu en Conseil d'Etat, pourvoit *d'office*, par un arrêté, au payement des frais de construction et d'appropriation des bâtiments et d'acquisition du mobilier scolaire.

L'*emplacement* de l'école à construire est désigné par le Conseil municipal, et, à défaut, par le Préfet, deux mois après que le Conseil a été mis en demeure de le faire. (Loi 20 mars 1883, tit. II.)

2. — Le chiffre *maximum* de la dépense à laquelle l'Etat contribue a été ainsi fixé par la loi du 20 juin 1885 :

Ecole de hameau	12 000 fr.
Ecole de chef-lieu communal à une seule classe	15 000 —
Groupe scolaire à une seule classe pour chaque sexe	28 000 —
Chaque classe en sus ajoutée au groupe scolaire ou à une école de chef-lieu communal	12 000 —
Ecole maternelle	18 000 —
Ecole primaire supérieure	80 000 —
Mobilier scolaire, par chaque classe	500 —

Les Communes dont le centime communal représente une valeur supérieure à 6 000 fr. ne reçoivent *aucune subvention* de l'Etat.

La proportion suivant laquelle l'Etat, pour les autres Communes, contribue au payement des annuités nécessaires au remboursement des emprunts qu'elles ont été autorisées à contracter, est déterminée à la fois en raison de la *valeur du centime* communal et en raison des *charges* tant ordinaires qu'extraordinaires de la Commune. Des tableaux indiquant cette proportion sont annexés au décret du 15 février 1886.

MAISONS DE PRÊT SUR GAGES. — Voy. PRÊT SUR GAGES (*Maisons de*).

MAITRE. (CONSEILLER) — Voy. COUR DES COMPTES, 3.

MAITRE DE PENSION. — Voy. INSTITUTEUR ; — INSTRUCTION PUBLIQUE.

MAITRE DES REQUÊTES. — Voy. CONSEIL D'ÉTAT, 1.

MAITRISES ET JURANDES. — Le travail et l'industrie étaient, avant la Révolution, soumis au régime des Maîtrises et des Jurandes. — On entendait par *Maîtrise* la réunion de ceux qui, ayant été reçus *maîtres* dans la corporation des gens de même métier, avaient seuls le droit de s'établir et de vendre pour leur compte les produits dont la fabrication était le privilège exclusif de la corporation. — On donnait le nom de *Jurande* au syndicat des *jurés* ou chefs de la corporation, qui étaient chargés d'inspecter les ateliers, de faire exécuter les règlements de la communauté et de juger le *chef-d'œuvre* imposé aux compagnons ou ouvriers pour leur admission à la maîtrise.

— Supprimées par Turgot en 1776, rétablies, la même année, avec quelques modifications, les Maîtrises et les Jurandes durèrent jusqu'à la Révolution. Leur suppression définitive date de 1791. (Loi du 2 mars.) — Voy. LIBERTÉ DU TRAVAIL ET DE L'INDUSTRIE.

MAJORITÉ. — (Cod. civ. art. 488.) — 1. Elle est fixée à *vingt et un* ans accomplis : à cet âge, on est capable de tous les actes de la vie civile.

2. — Néanmoins, le garçon, jusqu'à vingt-cinq ans, a besoin du consentement de ses père et mère pour *se marier* (Cod. civ. art. 148); — les enfants, sans distinction de sexe, ne peuvent être *adoptés* qu'avec l'assentiment de leurs père et mère, s'ils n'ont pas *vingt-cinq* ans. (Cod. civ. art. 346.)

3. — Ce n'est qu'à *vingt-cinq* ans qu'on peut être *Député* (déc. 2 février 1852, art. 26); — *Maire*, *Adjoint* ou *Conseiller municipal* (loi 5 mai 1855, art. 2, 8); — *Membre* d'un *Conseil d'arrondissement* ou d'un *Conseil général* (loi 22 juin

1833, art. 4, 23); — *Conseiller de Préfecture* (Const. 5 fructidor an III (22 août 1795), art. 175).

4. — Pour prendre part à l'élection des Membres des *Conseils de Prud'hommes*, il faut avoir *vingt-cinq* ans; on n'est *éligible* qu'à l'âge de *trente* ans.

5. — Nul ne peut être *Juge* ou *Suppléant* d'un *Tribunal de première instance*, ou *Procureur de la République*, s'il n'est âgé de *vingt-cinq* ans, ni *Président* s'il n'a *vingt-sept* ans. Les *Substituts* du Procureur de la République peuvent être nommés lorsqu'ils ont atteint leur *vingt-deuxième* année.

Pour être *Conseiller* à une *Cour d'appel*, il faut avoir *vingt-sept* ans; les *Présidents* et le *Procureur général* doivent être âgés de *trente* ans. Quant aux *Substituts* du Procureur général, il suffit qu'ils aient accompli leur *vingt-cinquième* année. (Loi 21 avril 1810, art. 64, 65.)

6. — Les *Juges* et *Suppléants des Tribunaux de commerce* doivent avoir *trente* ans; l'âge de *quarante* ans est exigé des *Présidents*. (Cod. com. art. 620.)

7. — On ne peut être *juré* avant *trente* ans. (Loi 4 juin 1853, art. 1er.) — Etc., etc.

MALFAITEURS. — Voy. ASSOCIATIONS DE MALFAITEURS.

MANDAT. — (Cod. civ. art. 1984-2010). — Du latin *mandatum*, confié. — Le *mandat*, ou *procuration*, est l'acte par lequel une personne (le *mandant*) donne à une autre (le *mandataire*) le pouvoir de faire quelque chose pour elle et en son nom.

Par le mandat, l'homme trouve les moyens de se multiplier dans les lieux les plus divers sans se déplacer.

I. FORMES DU MANDAT. — 1. — Le contrat de mandat ne se forme que par l'*acceptation du mandataire*, acceptation qui peut, du reste, être *tacite*, et résulter de l'exécution partielle ou totale du mandat par le mandataire.

2. — Dans *certains cas exceptionnels*, la loi exige formellement que la procuration soit rédigée *devant notaire*, par exemple, lorsqu'une personne donne mandat à une autre de la représenter dans les *actes de l'état civil* (Cod. civ. art. 36); — d'accepter pour elle une *donation* (Cod. civ. art. 933); — de former en son nom *opposition au mariage* (arg. de l'art. 73 du même Code); — de consentir une *hypothèque* (arg. de l'art. 2127 id.).

En dehors de ces cas spéciaux, la procuration peut être rédigée sous *seing privé*, ou même donnée par *simple lettre*. Bien plus, elle serait valable donnée *verbalement;* mais, en cas de contestation sur son existence, on ne serait admis à en faire *preuve par témoins* que dans les conditions auxquelles est autorisé ce genre de preuve, c'est-à-dire si l'affaire, objet du mandat contesté, ne dépasse pas 150 fr., ou s'il y a un commencement de preuve par écrit. — Voy. OBLIGATIONS, V, § 2.

II. NATURE ET ÉTENDUE DU MANDAT. — 1. — Le mandat, de sa nature, est *gratuit*, mais rien n'empêche de convenir d'un salaire.

2. — Il est *général* ou *spécial :* dans cette dernière hypothèse, le mandataire ne peut rien faire au delà de l'acte déterminé.

Le Code déclare avec sagesse (art. 1988) que le mandat conçu en termes généraux n'embrasse que les actes d'administration (*louer* les maisons, *affermer* les biens pour 9 ans au plus, *vendre les fruits*, etc.), mais que, s'il s'agit d'aliéner, d'hypothéquer ou de faire tout autre acte de propriété, le mandat doit s'en exprimer formellement.

III. EFFETS DU MANDAT. — DROITS ET OBLIGATIONS DU MANDANT ET DU MANDATAIRE. — 1. — En acceptant le mandat, le mandataire s'oblige à l'accomplir, tant qu'il en demeure chargé, sous peine de dommages-intérêts. Il doit rendre compte de sa gestion et répond de ses fautes. Sa *responsabilité* est plus ou moins étendue selon que le mandat est *gratuit* ou *salarié*.

2. — S'il a employé à son *usage*

personnel des sommes reçues pour le mandant, il en doit l'*intérêt* à dater de cet emploi.

3. — A moins que cette faculté ne lui ait été expressément interdite, le mandataire peut *se substituer* une autre personne, mais c'est à ses propres risques : 1° S'il n'a pas reçu pouvoir de se substituer quelqu'un; — 2° Si, ce pouvoir lui ayant été conféré sans désignation de personne, celle dont il a fait choix était notoirement incapable ou insolvable.

4. — Quant au mandant, il doit exécuter les engagements contractés par le mandataire dans la limite de ses pouvoirs, et *rembourser* à ce dernier ses frais et avances, *alors même que l'affaire n'aurait pas réussi*, s'il n'y a d'ailleurs aucune faute imputable au mandataire.

Il doit aussi lui payer le salaire promis et l'indemniser, s'il y a lieu, des pertes essuyées à l'occasion de sa gestion.

L'*intérêt des avances* faites par le mandataire lui est dû à dater du jour des avances constatées.

IV. FIN DU MANDAT. — 1. — Le mandat prend fin : 1° Par la *révocation* du mandataire; — 2° Par la *renonciation* de celui-ci au mandat; — 3° Par la *mort*, l'*interdiction* ou la *déconfiture* de l'une ou l'autre des parties.

2. — Le mandant peut *révoquer* sa procuration *quand bon lui semble* et contraindre, au besoin, le mandataire à lui remettre l'écrit qui la renferme; mais il doit avoir bien soin de notifier cette révocation aux tiers avec lesquels le mandataire pourrait traiter; car, aux termes de l'art. 2005 du Code civil, « *la révocation notifiée au seul mandataire ne peut être opposée aux tiers qui ont traité dans l'ignorance de cette révocation, sauf au mandant son recours contre le mandataire.* »

3. — Il était juste de permettre au mandataire de *renoncer au mandat*. Néanmoins, s'il en résultait un préjudice pour le mandant, celui-ci aurait droit à une indemnité, à moins que le mandataire ne se fût trouvé dans l'impossibilité de continuer sa gestion sans éprouver lui-même un préjudice considérable.

4. — En cas de *mort du mandataire*, ses héritiers sont tenus d'en donner avis au mandant et de pourvoir, en attendant, à ce que les circonstances exigent.

5. — Dans le commerce, le mandat est très usité, mais il est principalement connu sous le nom de *commission*. (Voy. ce mot.)

MANDAT D'AMENER. — (Cod. instr. crim. art. 91 et suiv.)

Ordonnance du Juge d'instruction qui prescrit aux agents de la force publique d'amener devant lui, de gré ou de force, un individu pour l'interroger sur les faits dont il est incriminé. — Voy. MANDAT DE COMPARUTION; — MANDAT DE DÉPÔT; — MANDAT D'ARRÊT.

MANDAT D'ARRÊT. — (Cod. instr. crim. art. 91 et suiv.)

Ordonnance par laquelle le Juge d'instruction, après avoir interrogé un individu inculpé d'un fait emportant peine afflictive ou infamante, ou emprisonnement correctionnel, et sur les conclusions du Ministère public, prescrit de le retenir dans la maison d'arrêt jusqu'à nouvel ordre. — Voy. LIBERTÉ PROVISOIRE (*Mise en*).

MANDAT DE COMPARUTION. — (Cod. instr. crim. art. 91 et suiv.) — Ordonnance par laquelle le Juge d'instruction prescrit qu'une personne inculpée d'un délit comparaîtra devant lui à jour et heure déterminés. Si l'inculpé fait défaut, le magistrat instructeur lance contre lui un *mandat d'amener* qui s'exécute à l'aide de la force publique. — Voy. LIBERTÉ PROVISOIRE (*Mise en*).

MANDAT DE DÉPOT. — (Cod. instr. crim. art. 91 et suiv.) — Ordonnance par laquelle le Juge d'instruction prescrit de détenir jusqu'à nouvel ordre un individu sur qui pèsent des charges qu'un premier interrogatoire n'a pas réussi à dissiper. — Voy. LIBERTÉ PROVISOIRE (*Mise en*).

MANDEMENT. — Ordre par écrit et rendu public de la part d'une personne qui a autorité et juridiction. — Les jugements sont terminés par un mandement aux Officiers de justice et aux commandants de la force publique pour leur ordonner de les mettre à exécution. — Voy. FORMULE EXÉCUTOIRE.

MANUFACTURES. — Voy. CHAMBRES CONSULTATIVES DES ARTS ET MANUFACTURES ; — DESSINS DE FABRIQUE ; — DURÉE DU TRAVAIL ; — ÉTABLISSEMENTS DANGEREUX, INSALUBRES OU INCOMMODES ; — LIVRETS D'OUVRIERS ; — MACHINES ET CHAUDIÈRES A VAPEUR ; — MARQUES DE FABRIQUE ; — TISSAGE ET BOBINAGE ; — TRAVAIL DES ENFANTS DANS LES MANUFACTURES.

MARAIS. — (Loi 16 septembre 1807.) — On appelle ainsi des terrains couverts d'eaux stagnantes. Ils présentent de grands inconvénients pour la santé publique et pour l'agriculture. Aussi le Gouvernement a-t-il le droit d'en ordonner le dessèchement quand il le juge nécessaire.

1. — Si les propriétaires *veulent eux-mêmes faire le dessèchement*, ils sont préférés à tout autre, à la charge de se soumettre aux conditions déterminées par le Gouvernement. S'ils *refusent* d'effectuer cette opération, elle peut être confiée à un *concessionnaire* qui recevra, comme indemnité, une part déterminée de la *plus-value* résultant des travaux.

2. — *Avant le commencement des travaux*, il est procédé à l'*évaluation* des terrains à l'état de marais. Cette évaluation est faite par *trois experts*, dont l'un est nommé par le propriétaire ou par le syndicat des propriétaires, s'il y en a plusieurs ; le second, par le concessionnaire, et le tiers-expert, par le Préfet. Elle est ensuite soumise à une *Commission spéciale* composée de sept membres nommés par décret, lesquels n'ont aucun intérêt dans les travaux.

Quand le dessèchement est terminé, l'*évaluation* des terrains est faite *à nouveau*, après une semblable expertise, par la même Commission. La comparaison des deux estimations fait connaître la plus-value résultant des travaux de dessèchement et sert ainsi à déterminer la part qui revient au concessionnaire.

Pour se libérer, les propriétaires ont le *choix :* 1° D'abandonner en payement une partie des terrains desséchés ; — 2° De payer en argent la part de la plus-value à laquelle a droit le concessionnaire ; — 3° De constituer au profit de ce dernier une rente foncière à raison de 4 p. 100.

3. — Lorsqu'*à défaut d'entrepreneurs*, l'Etat a fait exécuter lui-même le dessèchement, il a le droit de se rembourser de toutes ses dépenses, *sans aucune part dans les bénéfices*.

4. — Les travaux de dessèchement des marais peuvent être l'objet d'une *association syndicale* entre les propriétaires intéressés. — Voy. ASSOCIATIONS SYNDICALES.

MARAUDAGE. — (Cod. pén. art. 471, n° 9 ; — 474, 475, n° 15 ; 478.) — Se dit du fait de dérober dans les champs des productions non encore détachées du sol. — Il est puni d'une *amende* de 6 fr. à 10 fr. inclusivement, et, en cas de *récidive*, d'un *emprisonnement* pendant cinq jours au plus.

1. — Le fait de cueillir ou de manger, sur le lieu même, des fruits appartenant à autrui, est puni d'une *amende* de 1 à 5 fr. inclusivement et, en cas de *récidive*, d'un *emprisonnement* pendant trois jours au plus.

2. — Si le vol ou la tentative de vol de récoltes ou autres productions utiles de la terre avait eu lieu, soit avec des paniers ou des sacs ou autres objets équivalents, soit la nuit, soit à l'aide de voitures ou d'animaux de charge, soit par plusieurs personnes, la peine serait d'un *emprisonnement* de quinze jours à deux ans et d'une *amende* de 16 fr. à 200 fr. Les coupables pourraient, en outre, être *interdits* de tout ou partie *des droits* mentionnés en l'art. 42 du Code pénal, pendant cinq ans au moins et dix

ans au plus, à compter du jour où ils ont subi leur peine, et être mis sous la *surveillance de la haute police* pendant le même nombre d'années. (Cod. pén. art. 388.)

MARCHAND. — Voy. COMMERÇANT; — PRESCRIPTION, III, 1, 3°.

MARCHANDISES. — Voy. TROMPERIE SUR LA MARCHANDISE; — VENTE PUBLIQUE DE MARCHANDISES EN GROS.

MARCHÉ DE FOURNITURES. — (Ord. roy. 4 décembre 1836, 14 novembre 1837; Arr. 19 thermidor an IX (7 août 1801); Cod. pén. art. 430, 431, 433.) — Nom donné aux traités par lesquels l'Administration se procure les objets de consommation nécessaires aux besoins de ses services.

1. — Sauf de *rares exceptions*, tout marché de l'Etat doit être fait avec *publicité* et *concurrence*.

2. — L'exécution des obligations contractées par les entrepreneurs est garantie par un *cautionnement* et par une pénalité grave en cas de fraude ou de négligence. Voici, en effet, les dispositions du Code pénal à cet égard :

Art. 430. — « Tous individus chargés, comme membres de Compagnie ou individuellement, de fournitures, d'entreprises ou régies pour le compte des armées de terre ou de mer, qui, sans y avoir été contraints par une force majeure, auront *fait manquer le service* dont ils sont chargés, seront punis de la peine de la *réclusion* et d'une *amende* qui ne pourra excéder le quart des dommages-intérêts, ni être au-dessous de 500 fr.; le tout sans préjudice de peines plus fortes en cas d'intelligence avec l'ennemi. »

Art. 431. — « Lorsque la cessation du service proviendra du fait des agents des fournisseurs, les agents seront condamnés aux peines portées par le précédent article. Les fournisseurs et leurs agents seront également condamnés, lorsque les uns et les autres auront participé au crime. »

Art. 433. — « Quoique le service n'ait pas manqué, si, par négligence, les livraisons et les travaux ont été *retardés*, ou s'il y a eu *fraude* sur la nature, la qualité ou la quantité des travaux ou main-d'œuvre ou des choses fournies, les coupables seront punis d'un *emprisonnement* de six mois au moins et de cinq ans au plus, et d'une *amende* qui ne pourra excéder le quart des dommages-intérêts ni être moindre de 100 francs. »

3. — L'Etat a le droit, s'il le juge convenable, de *résilier* le marché *sauf indemnité* à l'entrepreneur, quand la résiliation ne provient pas de sa faute.

4. — Les *contestations* entre les fournisseurs ou entrepreneurs et l'Etat sont jugées par l'Autorité administrative, c'est-à-dire par le Préfet, sauf recours au Ministre compétent et ensuite au Conseil d'Etat.

MARCHÉS. — Lieux publics où l'on vend toutes sortes de denrées. — Voy. FOIRES, HALLES ET MARCHÉS.

MARCHÉS A TERME. — (Loi 28 mars 1885.) — Bien plus nombreux que les marchés *au comptant*, les marchés *à terme*, malgré les inconvénients qu'ils peuvent présenter en faussant parfois la valeur des titres, ont une utilité réelle. Ils servent, en temps normal, à fixer et à régulariser les cours que le marché au comptant, livré à lui-même, ferait monter brusquement et sans mesure, si la demande abondait, et baisser avec même rapidité, si l'offre dominait. — Tandis que les tribunaux de commerce considéraient comme des opérations sérieuses et valables les marchés à terme et les ventes à découvert, les Cours d'appel, d'un avis opposé, admettaient que l'exception de jeu était applicable à ces sortes de transactions. La loi du 28 mars 1885 a mis fin à cette contrariété de jurisprudence. *L'exception de jeu ne peut plus être aujourd'hui invoquée en matière d'opérations de bourse.*

La loi nouvelle est ainsi conçue :

Art. 1er. — « Tous marchés à

terme sur effets publics et autres; tous marchés à livrer sur denrées et marchandises sont reconnus *légaux*. Nul ne peut, pour se soustraire aux obligations qui en résultent, se prévaloir de l'article 1965 du Code civil, lors même qu'ils se résoudraient par le payement d'une simple différence. »

Art. 2. — « Les articles 421 et 422 du Code pénal sont *abrogés*. »

Art. 3. — « Sont *abrogées* les dispositions des anciens arrêts du Conseil des 24 septembre 1724, 7 août, 2 octobre 1785 et 22 septembre 1786, l'article 15, chapitre 1er, l'article 4, chapitre 2, de la loi du 28 vendémiaire an IV, les articles 85, § 3, et 86 du Code de commerce. »

Art. 4. — « L'article 13 de l'arrêté du 27 prairial an X est *modifié* ainsi qu'il suit : « Chaque *agent de change* est responsable de la livraison et du payement de ce qu'il aura vendu et acheté. Son cautionnement sera affecté à cette garantie. »

Art. 5. — « Les conditions d'exécution des marchés à terme par les agents de change seront fixées par le règlement d'administration publique prévu par l'article 90 du Code de commerce. »

MARCHEPIED. — (Ord. 1669, tit. XXVIII, art. 7; Arr. 13 nivôse an V (3 mars 1797); Décr. 22 janvier 1808; Cod. *civ.* art. 556, 650.) — Passage public établi, dans l'intérêt de la navigation, sur la propriété des riverains des cours d'eau navigables ou flottables. — Moins étendu que le *chemin de halage* placé sur la rive opposée, il ne sert qu'au passage des gens à pied. Sa largeur est fixée par l'Ordonnance de 1669 à 10 pieds (3 mètres 24 c.). — Voy. CHEMINS DE HALAGE.

MARÉCHAL DE FRANCE. — Grade le plus haut dans l'armée de terre.

Les *Conseils de guerre* chargés de juger les Maréchaux sont ainsi composés : un *Maréchal de France*, président; trois *Maréchaux de France* ou *Amiraux* et trois *Généraux de division*, juges. (Cod. just. mil. armée de terre, art. 10.) — Voy. CONSEILS DE GUERRE.

MARGARINE. — Du grec *margaron*, blanc de perle. — Nom donné par Chevreul à la combinaison naturelle d'acide margarique et de glycérine qui forme la plus grande partie de la portion concrète des huiles grasses. — Voy. BEURRES.

MARGUILLIER. — On appelle ainsi les laïques chargés d'administrer les affaires et les biens des fabriques d'église.

Le nom de *marguillier* paraît venir du latin *matricularii*, désignation qui s'appliquait autrefois aux clercs tenant le catalogue, *matricula*, des pauvres recevant l'aumône de chaque église. — Voy. FABRIQUE D'ÉGLISE.

MARIAGE. — (Cod. civ. art. 63-76; 144-228; décr. 16 juin 1808; loi 16 avril 1832.)

Les familles sont la pépinière de l'Etat, et c'est le mariage qui forme les familles. Un acte aussi important devait être, de la part du législateur, l'objet d'une sollicitude spéciale. Nous résumons ci-après les règles tracées par le Code civil en cette matière.

I. QUALITÉS ET CONDITIONS REQUISES POUR POUVOIR CONTRACTER MARIAGE. — 1. — L'*homme* ne peut se marier avant 18 *ans* révolus, la *femme* avant 15 *ans* révolus. — Néanmoins, le chef de l'État peut, pour des motifs graves, accorder une *dispense d'âge*. Les demandes à cet effet sont adressées au Président de la République par l'intermédiaire du Procureur de la République.

2. — Comme les forces du corps se développent plus rapidement que celles de l'âme, la loi exige le *consentement des père et mère* pour le mariage des fils qui n'ont point atteint l'âge de 25 ans, et pour celui des filles qui n'ont point atteint leur 21e année. En cas de *dissentiment*, le consentement du père suffit. Si l'un d'eux est mort, ou dans l'impossibilité de manifester

sa volonté, le consentement de l'autre est suffisant.

— Lorsque les père et mère sont décédés, les *aïeuls* ou *aïeules* les remplacent. S'il y a *dissentiment entre l'aïeul ou l'aïeule* de la même ligne, il suffit du consentement de l'aïeul. — S'il y a *dissentiment entre les deux lignes*, ce partage emporte consentement parce que, dans le doute, il a paru convenable de se décider pour la liberté et pour la faveur des mariages.

— A défaut de père et mère ou d'autres ascendants, si les futurs sont majeurs de 21 ans, ils peuvent se marier de leur plein gré. S'ils sont mineurs, le consentement du *Conseil de famille* (voy. TUTELLE, I, 4°) est nécessaire.

3. — A *vingt-cinq ans* révolus les garçons, à *vingt et un ans* révolus les filles, n'ont plus absolument besoin du consentement de leurs parents, mais ils doivent toujours leur demander conseil, et, au cas de refus de consentement, recourir à ce qu'on nomme des *actes respectueux*. — L'acte respectueux consiste dans une demande rédigée et présentée à l'ascendant par un *notaire* assisté d'un autre notaire, ou de deux témoins. L'enfant n'est pas présent à la notification; l'officier ministériel mentionne dans son procès-verbal la réponse faite par l'ascendant.

De 25 à 30 ans pour les fils et de 21 à 25 ans pour les filles, *trois actes respectueux*, renouvelés de mois en mois, sont exigés et, un mois après le troisième acte, il peut être passé outre à la célébration du mariage.

Après 30 ans pour les fils et 25 ans pour les filles, *un seul acte* suffit; un mois après, il peut être passé outre à la célébration du mariage.

4. — En cas d'absence de l'ascendant auquel eût dû être fait l'acte respectueux, il est passé outre à la célébration du mariage, en représentant le jugement qui a été rendu pour déclarer l'absence, ou, à défaut de ce jugement, celui qui a ordonné l'enquête, ou s'il n'y a point encore eu de jugement, un *acte de notoriété* délivré par le Juge de paix du lieu où l'ascendant a eu son dernier domicile connu. Cet acte contient la déclaration de quatre témoins appelés d'office par le Juge de paix. — Voy. ACTE DE NOTORIÉTÉ.

5. — Les Officiers de l'état civil qui auraient procédé à la célébration des mariages contractés par des fils n'ayant pas atteint l'âge de 25 ans accomplis, ou par des filles n'ayant pas atteint l'âge de 21 ans accomplis, sans que le consentement des pères et mères, celui des aïeuls ou aïeules et celui de la famille, dans le cas où ils sont requis, soient énoncés dans l'acte de mariage, sont, à la diligence des parties intéressées et du Procureur de la République près le Tribunal de première instance du lieu où le mariage a été célébré, condamnés à une *amende* qui ne peut excéder 300 fr. et, en outre, à un *emprisonnement* de 6 mois au minimum.

Lorsqu'il n'y a pas eu d'actes respectueux dans les cas où ils sont prescrits, l'Officier de l'état civil qui a célébré le mariage est condamné à la *même amende* et à un *emprisonnement* qui ne peut être moindre d'un mois.

— Les dispositions ci-dessus sont applicables aux *enfants naturels légalement reconnus*, avec cette seule différence que, tandis que les enfants légitimes peuvent avoir des ascendants qui remplacent leurs père et mère, quand ceux-ci sont morts ou dans l'impossibilité de manifester leur volonté, les enfants naturels n'ont point d'autres ascendants que leurs père et mère.

L'enfant naturel qui n'a *point été reconnu*, et celui qui, après l'avoir été, a perdu ses père et mère, ou dont les père et mère sont dans l'impossibilité de manifester leur volonté, ne peut, avant l'âge de 21 ans révolus, se marier qu'après avoir obtenu le consentement d'un *tuteur ad hoc* nommé par un *Con-*

seil improprement appelé *de famille* (l'enfant naturel dont les père et mère sont décédés ou qui n'a pas été reconnu n'ayant point de *parents*), et qui se compose de personnes connues pour avoir eu des relations habituelles d'amitié avec son père ou sa mère, ou de ses propres amis.

8. — *Mariage des militaires.* — Indépendamment du consentement de leurs ascendants, les militaires en activité de service doivent, pour contracter mariage, obtenir une *permission* spéciale de l'Autorité militaire. — Voici ce que prescrit à cet égard un décret du 16 juin 1808 :

Art. 1er. — « Les *Officiers* de tout grade, en activité de service, ne pourront, à l'avenir, se marier qu'après en avoir obtenu la *permission* par écrit du *Ministre de la guerre*. Ceux d'entre eux qui auront contracté mariage sans cette permission encourront la *destitution* et la *perte* de leurs *droits*, tant pour eux que pour leurs veuves et leurs enfants, à toute *pension* ou *récompense militaire.* »

Art. 2. — « Les *sous-officiers* et *soldats* en activité de service ne pourront de même se marier qu'après avoir obtenu la *permission* du *Conseil d'administration* de leur corps. »

Art. 3. — « Tout *Officier de l'état civil* qui, *sciemment*, aura célébré le mariage d'un officier, sous-officier ou soldat en activité de service sans s'être fait remettre lesdites permissions, ou qui aura négligé de les joindre à l'acte de célébration du mariage, sera *destitué de ses fonctions.* »

— « Les hommes *en disponibilité de l'armée active* et les hommes *de la réserve* peuvent se marier *sans autorisation.*

» Les hommes mariés restent soumis aux obligations de service imposées aux classes auxquelles ils appartiennent.

» Toutefois, les hommes en disponibilité ou en réserve qui sont pères de *quatre enfants vivants* passent de droit dans l'*armée territoriale.* » (Loi 27 juillet 1872, art. 44.)

9. — La *parenté* et l'*alliance* constituent, dans certains cas, un *empêchement* au mariage.

Dans la *parenté* en *ligne directe*, la *prohibition* est *absolue :* le mariage n'est jamais possible entre un ascendant et un descendant, à quelque degré que ce soit ; il est également défendu entre les *alliés à titre d'ascendants ou de descendants:* ainsi, une personne ne pourrait épouser ni la mère de sa femme, ni la fille qu'elle aurait eue d'un premier mari.

Dans la *ligne collatérale*, la prohibition de mariage n'est pas aussi étendue. Elle n'existe que pour les *frères* et *sœurs*, *oncles* et *nièces*, *tantes* et *neveux*, *beaux-frères* et *belles-sœurs ;* encore est-il loisible au chef de l'Etat d'accorder, pour *causes graves*, sur le rapport du Ministre de la Justice, une *dispense* pour le mariage entre *oncles* et *nièces*, *tantes* et *neveux*, *beaux-frères* et *belles-sœurs* (Cod. civ. art. 164 ; loi 16 avril 1832). Il n'y a, par conséquent, d'empêchement absolu, dans la ligne collatérale, qu'en ce qui regarde les frères et sœurs.

10. — Aux prohibitions ci-dessus il faut ajouter celle que l'article 348 du Code civil établit entre l'*adoptant*, l'*adopté* et ses *descendants ;* — entre les *enfants adoptifs* du même individu ; — entre l'*adopté* et les *enfants* qui ont pu *survenir à l'adoptant;* — entre l'*adopté* et le *conjoint de l'adoptant*, et réciproquement entre l'*adoptant* et le *conjoint de l'adopté*.

II. FORMALITÉS RELATIVES A LA CÉLÉBRATION DU MARIAGE. — 1. — Le mariage doit être précédé de 2 *publications* faites à 8 jours d'intervalle, dans le but de porter à la connaissance de tous le projet d'union et de provoquer, s'il y a lieu, les oppositions à la célébration.

Ces publications consistent dans une affiche apposée à la porte de la Mairie. On peut être *dispensé*, pour des causes graves, de la *seconde publication*. La dispense se demande au Procureur de la République près le Tribunal du lieu où le mariage doit être célébré.

2. — Les publications sont exigées : 1° dans la Commune où chaque partie est domiciliée, même quand elle n'y résiderait pas ; — 2° dans la Commune où chacune des parties réside depuis 6 mois ; — 3° dans les Communes où sont domiciliées les personnes qui doivent donner leur consentement.

3. — Le mariage ne peut être célébré avant le troisième jour depuis et non compris celui de la seconde publication.

4. — Si le mariage n'a pas été célébré *dans l'année*, à compter de l'expiration du délai des publications, il ne peut plus être célébré qu'après de *nouvelles publications*.

5. — Les *pièces* suivantes doivent être *remises* à l'Officier de l'état civil, avant la célébration du mariage :

1° L'*acte de naissance de chacun des futurs époux*. — Si l'acte de naissance fait défaut, on le remplace par un *acte de notoriété* délivré par le Juge de paix du lieu de la naissance ou du domicile de ce futur époux, sur la déclaration de sept témoins de l'un ou l'autre sexe, parents ou non parents.

En cas d'*indigence* justifiée par la production d'un certificat que délivre le Commissaire de police, ou le Maire dans les Communes où il n'existe pas de Commissaire de police (lequel certificat doit être visé ou approuvé par le Juge de paix du canton), ces formalités sont remplies gratuitement par l'intermédiaire du Procureur de la République. Il en est de même lorsque l'acte de naissance doit être rectifié par un jugement du Tribunal civil (loi 18 déc. 1850);

2° *Un acte authentique du consentement des ascendants* lorsqu'ils n'assistent pas au mariage, ou les *procès-verbaux des actes respectueux* qui leur ont été signifiés, ou leur *acte de décès* s'ils sont prédécédés;

3° Une expédition authentique des *dispenses d'âge* ou *de parenté*, s'il en a été accordé;

4° L'*acte de décès du premier conjoint*, en cas de précédent mariage;

5° Un *certificat* de chacun des Officiers de l'état civil qui ont fait les *publications légales*, constatant que ces publications ont été faites sans opposition;

6° La *mainlevée des oppositions* qui ont pu être formées;

7° S'il a été fait un *contrat de mariage*, un *certificat* délivré par le notaire devant lequel il a été passé, constatant la *date* de ce contrat, le *nom* et la *résidence du notaire* qui l'a reçu. (Loi 11 juillet 1850.)

6. — Au jour indiqué par les parties, le mariage est célébré *publiquement* dans la Maison Commune, en présence de 4 *témoins*, parents ou non parents, mâles et majeurs de 21 ans.

L'Officier de l'état civil, après avoir donné *lecture* aux parties des pièces relatives à leur état et aux formalités du mariage, ainsi que du chapitre VI du titre du mariage, sur les droits et les devoirs respectifs des époux, reçoit de chacun des futurs, l'un après l'autre, la *déclaration* qu'ils veulent se prendre pour mari et femme. Il *prononce* ensuite, au nom de la loi, qu'ils sont unis par le mariage, et il en *dresse acte* sur-le-champ.

7. — *Mariage contracté en pays étranger*. — Le mariage contracté en pays étranger entre Français, et entre Français et Etrangers, est valable s'il a été célébré dans les formes usitées dans le pays, pourvu qu'il ait été précédé des *publications* prescrites en France, et que le Français n'ait point contrevenu aux dispositions concernant sa *capacité*, l'*âge requis*, le *consentement des ascendants*, etc.

Dans les 3 mois après son retour en France, le Français marié à l'Etranger doit faire *transcrire* l'acte de célébration du mariage sur le registre de la municipalité du lieu de son domicile.

III. Oppositions au mariage. — C'est en vain que le législateur aurait prescrit des conditions et des formalités pour la célébration du mariage, si personne n'avait le droit d'empêcher qu'elles fussent éludées ou enfreintes. Il vaut mieux, en effet, prévenir le mal qu'avoir à le réparer : de là le droit de former opposition au mariage, accordé à certaines personnes et dans des cas déterminés.

1. — Les personnes auxquelles la loi confère le droit d'opposition sont : 1° la *personne engagée par mariage avec l'un des deux futurs.* — Son intérêt est évident et légitime : il est juste qu'elle puisse défendre son titre et réclamer l'exécution de la foi promise ; — 2° les *ascendants*, c'est-à-dire le père, et, à défaut du père, la mère, et, à défaut des père et mère, les aïeuls et aïeules. — Le droit d'opposition est *illimité*, et il peut s'exercer alors même que les enfants ont atteint l'âge compétent pour se marier à leur gré. Sans doute, cette opposition sera levée si elle n'est point fondée sur un empêchement légal, mais c'est une dernière ressource accordée aux ascendants pour gagner du temps et retarder un mariage peut-être funeste ; — 3° les *collatéraux* ci-après : le *frère* ou la *sœur*, l'*oncle* ou la *tante*, le *cousin* ou la *cousine germains*, *majeurs*, dans deux cas seulement : — 1° lorsque le consentement du Conseil de famille, indispensable jusqu'à l'âge de 21 ans, n'a pas été obtenu ; — 2° lorsque l'opposition est fondée sur l'état de démence du futur époux, à la charge, dans ce cas, de provoquer son interdiction.

2. — L'opposition *se forme* par exploit d'huissier, signifié aux parties et à l'Officier de l'état civil.

3. — Celui au mariage duquel est formée une opposition, peut en demander la *mainlevée*, si cette opposition lui paraît mal fondée. La loi exige que le Tribunal statue dans les 10 jours, et, s'il y a appel, la Cour d'appel doit se prononcer dans le même délai.

Si l'opposition est *rejetée*, les opposants peuvent être condamnés à des *dommages-intérêts*, sauf toutefois les ascendants, parce que leur affection présumée écarte d'eux tout soupçon de mauvaise foi et fait excuser leur erreur.

IV. Demandes en nullité de mariage. — Le législateur ne s'est pas borné à poser des règles sur les conditions et les formes du mariage : il les a sanctionnées en prononçant, dans certains cas, la nullité du mariage.

Tantôt le mariage est *nul*, c'est-à-dire qu'il n'a aucune existence légale, et que la nullité dont il est infecté peut être invoquée par toute personne intéressée et dans tous les temps ; — tantôt il est simplement *annulable*, c'est-à-dire qu'il peut être attaqué par certaines personnes et pendant un délai déterminé, passé lequel il y a tacite ratification.

1. — *Mariages nuls.* — Les causes qui rendent un mariage radicalement *nul* sont les suivantes : *défaut absolu de consentement ;* — *bigamie* ou *existence d'un premier mariage ;* — *parenté* ou *alliance au degré prohibé ;* — *clandestinité.*

2. — *Mariages annulables.* — Les causes qui rendent un mariage *annulable* sont au nombre de 2 : *vice du consentement de l'une ou de l'autre des parties*, résultant du défaut de liberté ou d'une erreur sur la personne ; — *défaut de consentement des père et mère, des ascendants ou du Conseil de famille*, dans les cas où ce consentement était nécessaire.

C'est aux Tribunaux qu'il appartient d'apprécier si le consentement n'a pas été libre. — Quant à l'*erreur sur la personne*, elle doit s'entendre de l'erreur sur la personne *physique*, ou de l'erreur sur la personne *civile*, c'est-à-dire sur l'origine qui la rattache à telle ou telle famille. Mais l'erreur sur la personne *morale* ne saurait être prise en considération.

3. — Le mariage qui a été contracté *sans le consentement libre* des deux époux, ou de l'un d'eux, ne peut être attaqué que par les époux, ou par celui des deux dont le consentement n'a pas été libre. — Lorsqu'il y a *erreur sur la personne*, le mariage ne peut être attaqué que par celui des deux époux qui a été induit en erreur.

Dans cette double hypothèse, la demande en nullité n'est plus *recevable*, toutes les fois qu'il y a eu cohabitation continuée pendant *six mois* depuis que l'époux a acquis sa pleine liberté, ou que l'erreur a été par lui reconnue, la loi voyant dans ce fait une ratification tacite du premier consentement qui se trouvait vicié par la violence ou l'erreur.

4. — Le mariage contracté *sans le consentement des père et mère*, des *ascendants* ou du *Conseil de famille*, dans les cas où ce consentement était nécessaire, ne peut être attaqué que par ceux dont le consentement était requis, ou par celui des deux époux qui avait besoin de ce consentement.

L'action en nullité *ne peut plus être intentée* ni par les époux, ni par les parents dont le consentement était requis, toutes les fois que le mariage a été *approuvé* expressément ou tacitement par ceux dont le consentement était nécessaire, ou lorsqu'il s'est écoulé *une année* sans réclamation de leur part, depuis qu'ils ont eu connaissance du mariage. — Elle ne peut être intentée non plus par l'époux, lorsqu'il s'est écoulé *une année* sans réclamation de sa part, depuis qu'il a atteint l'âge compétent pour consentir lui-même au mariage.

5. — *Mariage putatif.* — On appelle ainsi (du latin *putare*, penser) le mariage qui avait été contracté de bonne foi par les deux époux ou par l'un d'eux, et qui, dans leur pensée, était valable, mais qui, en réalité, se trouve être nul.

Lorsqu'un mariage contracté dans ces conditions vient à être annulé, il est, par une fiction de droit, réputé avoir été valable dans le passé et jusqu'au jour du jugement. Il produit, par conséquent, les mêmes effets civils qu'un mariage réellement valable venant à se dissoudre. — Toutefois, un mariage peut être *putatif* à l'égard des époux ou de l'un d'eux seulement.

Si les époux ont été l'*un et l'autre* de bonne foi, le mariage est réputé valable et produit des effets civils tant à leur égard qu'à l'égard des enfants nés de leur union. Ainsi leurs conventions matrimoniales, les libéralités qu'ils ont pu se faire, soit par contrat de mariage, soit pendant le mariage, reçoivent leur exécution; le droit de puissance paternelle, avec tous les attributs qui y sont attachés, leur est conféré; ils succèdent à leurs enfants. Quant à ces derniers, ils jouissent de toutes les prérogatives accordées aux enfants légitimes (droit de *succéder* à leurs père et mère et aux parents de ceux-ci, droit à des *aliments* en cas de besoin, droit à une *réserve*, etc.).

Si l'*un des époux seulement* a été de bonne foi, le mariage ne produit d'effets civils qu'à l'égard de cet époux et des enfants issus du mariage. Il n'en produit aucun à l'égard du conjoint qui a été de mauvaise foi.

— Une seule condition est nécessaire pour constituer un mariage putatif : *la bonne foi* des époux ou de l'un d'eux, et il suffit qu'elle ait existé au moment où le mariage a été contracté.

V. Obligations résultant du mariage. — 1. — La première obligation des époux est de nourrir, entretenir et élever leurs enfants, c'est-à-dire de les mettre en état de pourvoir eux-mêmes à leur subsistance. Mais les enfants n'ont pas d'action contre leurs père et mère pour obtenir un établissement par mariage ou autrement.

2. — Les enfants doivent des *aliments* (on entend par là tout ce qui est nécessaire à la vie : le *logement*,

la *nourriture*, les *vêtements*) à leurs père et mère et autres ascendants qui sont dans le besoin. Cette obligation *réciproque*, qui se fonde sur la nature, est également imposée, et dans les mêmes circonstances, aux gendres et belles-filles à l'égard de leurs beaux-pères et belles-mères ; mais elle *cesse* lorsque la belle-mère a convolé en secondes noces, et lorsque celui des époux qui produisait l'alliance, et les enfants issus de son union avec l'autre époux, sont décédés.

Les beaux-pères et belles-mères doivent réciproquement des aliments à leurs gendres et belles-filles.

— L'obligation de fournir des aliments à quelqu'un s'acquitte ordinairement par une pension fixée par les parties à l'*amiable*, sinon par la *Justice*.

Les aliments ne sont accordés que dans la proportion du besoin de celui qui les réclame et de la fortune de celui qui les doit. Lorsque celui qui fournit ou qui reçoit des aliments est replacé dans un état tel que l'un ne puisse plus en donner ou que l'autre n'en ait plus besoin, en tout ou en partie, la décharge ou réduction peut en être demandée. Rien *n'est* donc *réglé définitivement*.

— En principe, la dette d'aliments s'acquitte au moyen d'une *pension en argent*. Ce n'est qu'en cas d'impossibilité de payer cette pension, que l'offre de recevoir, nourrir et entretenir la personne à qui des aliments sont dus est acceptable, excepté quand l'offre est faite par un père ou une mère à son enfant. — Cette distinction est fort juste : obliger un père ou une mère à rester dans la maison de son enfant, et en quelque sorte sous sa dépendance, ce serait blesser sa dignité : l'impossibilité de faire autrement peut seule justifier cette humiliation. Au contraire, l'enfant reçu dans la maison paternelle est à sa place. L'enfant ne serait donc admis à réclamer une pension en argent que si, par extraordinaire, le Tribunal en reconnaissait la nécessité, notamment pour épargner à l'enfant de mauvais traitements ou de mauvais exemples.

VI. Droits et devoirs respectifs des époux. — 1. — Les époux se doivent mutuellement *fidélité*, *secours*, *assistance* ; le mari doit *protection* à sa femme, la femme *obéissance* à son mari. — Du devoir d'obéissance naît pour la femme l'obligation de suivre son mari, partout où il juge à propos de résider, même à l'étranger. De son côté, le mari est tenu de fournir à sa femme tout ce qui est nécessaire pour les besoins de la vie, selon ses facultés et son état.

2. — La *femme* a besoin de l'*autorisation* de *son mari* pour *plaider en Justice*, *aliéner*, *hypothéquer*, *acquérir* à titre gratuit ou onéreux, sauf à s'adresser à la Justice en cas de refus injuste de son époux. — Elle n'a besoin de *nulle autorisation* pour faire son *testament*, parce que c'est seulement à sa mort, c'est-à-dire alors qu'il n'y aura plus de mariage, ni autorité maritale à respecter, que ce testament sera mis à exécution.

3. — Le devoir de *fidélité*, commun aux deux époux, n'est pas purement moral : l'observation en est garantie par une sanction pénale. — Voy. adultère.

VII. Dissolution du mariage. — Le *divorce* avait été aboli par la loi du 8 mai 1816 ; il a été *rétabli* par la loi du 27 juillet 1884. C'est, avec la mort naturelle, la seule cause de dissolution du mariage, la *mort civile* ayant été supprimée par la loi du 31 mai 1854.

L'absence la plus longue de l'un des époux n'autoriserait point son conjoint à contracter une nouvelle union. — Voy. divorce ; — mort civile.

VIII. Seconds mariages. — *Aucun délai* n'est imposé au *mari* devenu veuf qui veut se remarier. Il n'en est pas de même de la *veuve* : elle ne peut contracter une nouvelle union que 10 *mois* après son veuvage. Par cette prohibition, le législateur a voulu prévenir un doute fâcheux, la *confusion de part*. Si, en effet, la veuve avait pu se remarier immédiatement après la dissolution de son premier mariage, il eût été fort difficile d'attribuer au second plutôt qu'au premier mari la paternité de l'enfant né après les 6 premiers mois du second mariage de sa mère, mais avant les 10 mois de son veuvage. Cette prohibition étant *absolue* et subsistant alors même que, par une cause ou par une autre, la confusion de part n'est plus à craindre, on la justifie par un *second motif* tiré de nos mœurs. « L'honnêteté et la décence publiques, » dit à ce propos M. Mourlon, « exigent de la veuve une certaine retenue ; elle blesserait toutes les convenances et ferait scandale si elle se hâtait trop de s'engager en de nouveaux liens. Si l'on permet au mari, resté veuf, de se remarier dans un bref délai, c'est que, quant à lui, le second mariage est, dans bien des cas, une nécessité dont il subit la loi. Ce n'est pas lui, en effet, qui peut utilement s'occuper de ses enfants en bas âge. D'autres préoccupations prennent tout son temps ; souvent même il est incapable des soins qu'exige l'enfance. Or, sa seconde femme le suppléera bien mieux que la femme étrangère et salariée qu'il serait obligé d'appeler dans sa maison. » (*Répétitions écrites sur le Code civil*, tom. Ier, p. 413, 414.)

— Voy. CONTRAT DE MARIAGE ; — DIVORCE ; — SÉPARATION DE CORPS ; — SÉPARATION DE BIENS.

MARINE. — Voy. INSCRIPTION MARITIME ; — COMMISSARIAT DE LA MARINE.

MARQUES DE FABRIQUE ET DE COMMERCE. — (Loi 23 juin 1857, décr. 29 juillet 1858 ; loi 26 novembre 1873.)

Signes extérieurs qu'un fabricant ou un commerçant a le *droit exclusif* d'appliquer sur ses produits ou ses marchandises pour en constater l'identité.

1. — Ce droit est subordonné aux *conditions* suivantes :

Il faut *déposer* au greffe du Tribunal de commerce, ou du Tribunal civil de première instance de son domicile, s'il n'y a pas de Tribunal de commerce, *deux exemplaires* de la marque adoptée, et représentée par un dessin, une gravure ou une empreinte. — Le greffier du Tribunal dresse procès-verbal du dépôt, et en remet une expédition au déposant : il perçoit un *droit fixe* de 1 franc.

— Le dépôt n'a d'effet et ne conserve la propriété de la marque que pendant *quinze années ;* mais le fabricant ou le commerçant a la faculté, avant l'expiration de ce délai, de faire un nouveau dépôt qui conservera son droit pour 15 ans : on peut ainsi, au moyen de *dépôts successifs*, s'assurer indéfiniment la jouissance exclusive d'une marque.

2. — Les *étrangers* qui possèdent en France des établissements d'industrie ou de commerce sont admis, pour les produits de leurs établissements, au bénéfice de la loi en se conformant aux formalités qu'elle prescrit. — Quant aux marques des produits provenant d'établissements exploités hors de France par des étrangers ou même par des Français, la propriété n'en peut être conservée qu'autant que des garanties équivalentes existent pour les marques françaises, en vertu de traités ou de conventions diplomatiques, dans les pays où ces établissements sont situés. Dans ce cas, comme les fabriques et maisons de commerce fondées à l'étranger ne ressortissent à aucune juridiction française, un mode particulier pour le dépôt des marques étrangères a été déterminé. Cette formalité doit s'accomplir au *greffe du Tribunal de commerce de la Seine*. L'existence d'un seul lieu de dépôt facilite ainsi les recherches et les vérifications des intéressés.

3. — La *contrefaçon* d'une marque de fabrique est punie d'une *amende* de 50 fr. à 3 000 fr., et

d'un *emprisonnement* de 3 mois à 3 ans ou de l'une de ces deux peines seulement. L'*imitation frauduleuse* qui a pour but de tromper l'acheteur sur la provenance du produit donne lieu à une *amende* de 50 fr. à 2 000 fr., et à un *emprisonnement* d'un mois à un an.

Le propriétaire de la marque a, dans l'une ou l'autre hypothèse, *deux actions* à son choix : il peut se pourvoir devant le Tribunal *correctionnel* ou devant le Tribunal *civil*, et obtenir, indépendamment de tous dommages-intérêts, la confiscation des produits dont la marque est reconnue contrefaite, ainsi que l'affiche du jugement de condamnation et son insertion dans les journaux.

— La poursuite correctionnelle ou civile est précédée presque toujours d'une *description* avec ou sans *saisie*, en vertu d'une autorisation du Président du Tribunal de première instance, ou du Juge de paix du canton, s'il n'y a pas de Tribunal dans la localité où se trouvent les produits à décrire ou à saisir, laquelle autorisation se donne sur simple requête et sur le vu du procès-verbal constatant le dépôt de la marque.

C'est un *huissier*, assisté, s'il y a lieu, d'un expert, qui procède à la description ou à la saisie. — En autorisant la saisie, le Juge peut imposer au saisissant l'obligation de fournir *caution*.

A peine de *nullité*, la description ou la saisie doivent, *dans la quinzaine*, être suivies d'une *assignation* devant le Tribunal correctionnel ou devant le Tribunal civil.

4. — Sans modifier le régime établi par la loi du 23 juin 1857 relative aux marques de fabrique et de commerce, une loi du 26 novembre 1873 a donné aux propriétaires de ces marques une protection plus efficace en leur permettant de les fortifier au moyen de l'apposition d'un *timbre de l'Etat*, destiné à rendre la poursuite de la contrefaçon plus facile et plus sérieuse.

L'apposition de ce timbre ou signe spécial, moyennant le payement de droits variables suivant un tarif proportionnel à la valeur des objets, est, bien entendu, *facultative* pour les commerçants, comme l'est l'apposition des marques de fabrique elles-mêmes, sur les produits.

Voici le texte de la loi du 26 novembre 1873 :

Art. 1er. — « Tout propriétaire d'une marque de fabrique ou de commerce, déposée conformément à la loi du 23 juin 1857, pourra être admis, sur sa réquisition écrite, à faire apposer par l'Etat, soit sur les étiquettes, bandes ou enveloppes en papier, soit sur les étiquettes ou estampilles en métal sur lesquelles figure sa marque, un *timbre* ou *poinçon spécial* destiné à affirmer l'authenticité de cette marque. — Le poinçon pourra être apposé sur la marque faisant corps avec les objets eux-mêmes, si l'Administration les en juge susceptibles. »

Art. 2. — « Il sera perçu, au profit de l'Etat, par chaque apposition de timbre, un *droit* qui pourra varier de *un centime à un franc*. — Le droit dû pour chaque apposition du poinçon sur les objets eux-mêmes ne pourra être *inférieur* à 5 centimes, ni *excéder* 5 francs. »

Art. 3. — « La quotité des droits perçus au profit du Trésor sera proportionnée à la valeur des objets sur lesquels doivent être apposées les étiquettes soit en papier, soit en métal, et à la difficulté de frapper d'un poinçon les marques fixées sur les objets eux-mêmes. — Cette quotité sera établie par des règlements d'administration publique qui détermineront, en outre, les métaux sur lesquels le poinçon pourra être appliqué, les conditions à remplir pour être admis à obtenir l'apposition des timbre ou poinçon, les lieux dans lesquels cette apposition pourra être effectuée, ainsi que les autres mesures d'exécution de la présente loi. »

Art. 4. — « La vente des objets par le propriétaire de la marque de fabrique ou de commerce à un prix supérieur à celui correspondant à la quotité du timbre ou du poinçon sera punie, par chaque contravention, d'une *amende* de 100 fr. à 5 000 fr. — Les *contraventions* seront *constatées* dans tous les lieux ouverts au public par tous les agents qui ont qualité pour verbaliser en matière de timbre et de contributions indirectes, par les agents des postes et par ceux des douanes, lors de l'exportation. — Il leur est accordé *un quart de l'amende* ou portion d'amende recouvrée. — Les contraventions seront constatées et les instances seront suivies et jugées, savoir : 1° comme en matière de timbre, lorsqu'il s'agira de timbre apposé sur les étiquettes, bandes ou enveloppes en papier; 2° comme en matière de contributions indirectes, en ce qui concerne l'application du poinçon. »

Art. 5. — « Les Consuls de France à *l'étranger* auront qualité pour dresser les procès-verbaux des usurpations de marques et les transmettre à l'autorité compétente. »

Art. 6. — « Ceux qui auront *contrefait* ou *falsifié* les timbres ou poinçons établis par la présente loi, ceux qui auront fait usage de timbres ou poinçons falsifiés ou contrefaits, seront punis des peines portées en l'article 140 du Code pénal, et sans préjudice des réparations civiles. — Tout *autre usage frauduleux* de ces timbres ou poinçons et des étiquettes, bandes, enveloppes et estampilles qui en seraient revêtues, sera puni des peines portées en l'article 142 dudit Code. Il pourra être fait application des dispositions de l'article 463 du Code pénal. »

Art. 7. — « Le timbre ou poinçon de l'État apposé sur une marque de fabrique ou de commerce fait partie intégrante de cette marque. — A défaut par l'État de poursuivre en France ou à l'étranger la contrefaçon ou la falsification desdits timbre ou poinçon, la poursuite pourra être exercée par le propriétaire de la marque. »

Art. 8. — « La présente loi sera applicable dans les *colonies françaises* et en *Algérie*. »

Art. 9. — « Les dispositions des autres lois en vigueur touchant le nom commercial, les marques, dessins ou modèles de fabrique, seront appliquées au profit des *étrangers*, si, dans leur pays, la législation ou des traités internationaux assurent aux Français les mêmes garanties. »

5. — La marque est, en général, *facultative*. Il y a cependant *certains produits* pour lesquels la marque est *obligatoire :* tels sont les *savons* autres que ceux destinés à la toilette. (Décr. 1er avril 1811.) — Tout fabricant de savon est tenu d'apposer sur chaque brique de savon une marque déposée au Tribunal de commerce et au secrétariat du Conseil des Prud'hommes, laquelle marque est *différente* pour le savon fabriqué à l'*huile d'olive*, pour celui fabriqué à l'*huile de graines* et pour celui fabriqué au *suif* ou à la *graisse*.

Les *matières d'or et d'argent* doivent être marquées d'un poinçon portant un emblème spécial choisi par le fabricant et la lettre initiale de son nom. (Loi 19 brumaire an VI (9 novembre 1797.) — Etc., etc.

MASSE DES CRÉANCIERS. — Se dit de la réunion des créanciers d'une *faillite*. — Voy. FAILLITE.

MATELOTS. — Du mot *mât*. — Le Code de commerce (art. 250-272) contient sur l'*engagement* et les *loyers* des *matelots* et *gens de l'équipage* d'un navire des dispositions dont nous donnons plus loin le résumé. — Voy. NAVIRE, IV.

MATERNITÉ. — Qualité de mère. — A la différence de la paternité qui, de sa nature, est incertaine, rien ne la révélant, la maternité a des signes matériels (la *grossesse* et l'*accouchement*) auxquels on peut la reconnaître : aussi la *recherche* en est-elle *permise*. — Voy. PATERNITÉ ET FILIATION.

MATIÈRES D'OR ET D'ARGENT. — (Loi 19 brumaire an VI (9 novembre 1797); Cod. pén. art.

423; Loi 25 janvier 1884.) — Cette dénomination comprend l'or et l'argent, à l'état de *lingot* ou *mis en œuvre* par l'industrie, mais non l'or et l'argent *monnayés*, qui sont l'objet d'une législation spéciale. (Voy. MONNAIE.)

1. — Afin de préserver le public des fraudes que le commerce de la bijouterie et de l'orfèvrerie pourrait introduire dans la fabrication des objets d'or et d'argent, le législateur a cru devoir intervenir pour déterminer : 1° Le *titre* de ces objets, c'est-à-dire la quantité de fin et d'alliage qu'ils peuvent contenir; — 2° La *marque* ou les *poinçons* dont ils doivent être revêtus, pour la garantie des acheteurs. — Le cadre de notre Dictionnaire ne nous permet pas d'entrer sur ce point dans des détails techniques; nous nous bornons à ajouter qu'il est perçu, au profit du Trésor, un *droit* dit *de garantie*.

2. — Quiconque a *trompé* l'acheteur sur le titre des matières d'or ou d'argent est passible d'un *emprisonnement* de 3 mois au moins, d'un an au plus, et d'une *amende* qui ne peut excéder le quart des restitutions et dommages-intérêts, ni être au-dessous de 50 fr. — Le Tribunal peut ordonner l'*affiche du jugement* dans les lieux qu'il désigne, et son *insertion* intégrale ou par extrait dans les journaux, aux frais du condamné.

3. — Dans le but de permettre aux fabricants français de lutter au dehors, à armes égales, avec les étrangers, une loi du 25 janvier 1884 a créé pour la fabrication des boîtes de montres, d'or seulement, destinées *exclusivement à l'exportation*, un 4° titre légal à 583 millièmes. Elle a autorisé, en outre, les fabricants seuls d'orfèvrerie, joaillerie, bijouterie et boîtes de montres à fabriquer à tous autres titres les objets d'or et d'argent *exclusivement destinés à l'exportation* et ne pouvant, sous aucun prétexte, être livrés à la consommation intérieure. Les fabricants et les négociants exportateurs de ces ouvrages sont soumis aux visites et exercices des employés des contributions indirectes.

Des peines sévères sont prononcées contre les contrevenants : L'*amende* est, pour la première fois, de *dix fois* la valeur des objets confisqués; pour la deuxième fois, du *double* proportionnel de la première, avec *affiche de la condamnation* aux frais du délinquant; enfin, la troisième fois, l'amende est *quadruple* de la première, et le commerce ainsi que la fabrication des ouvrages d'or et d'argent sont *interdits* au délinquant, sous peine de confiscation de tous les objets de son commerce.

MATIÈRES SOMMAIRES. — (Cod. proc. civ. art. 404-413.)

On entend par *matières sommaires* certaines contestations déterminées par la loi, qui, en raison de leur nature, de leur modicité et de leur urgence, nécessitent une procédure simple et peu dispendieuse, et demandent une prompte solution.

1. — Les matières sommaires sont jugées à l'audience, après les délais de la citation échus, sur un simple acte, sans autres procédures ni formalités.

2. — *Sont réputées* matières sommaires :

Les appels des jugements rendus par les juges de paix;

Les demandes pures personnelles, à quelque somme qu'elles puissent monter, quand il y a titre, pourvu qu'il ne soit pas contesté;

Les demandes formées sans titre, lorsqu'elles n'excèdent pas 1 500 fr.;

Les actions immobilières, jusqu'à 60 fr. de revenu déterminé soit en rentes, soit par prix de bail;

Les demandes provisoires ou qui requièrent célérité;

Les demandes en payement de loyers ou fermages, et arrérages de rentes.

MATRICE. — Registre original d'après lequel sont établis les rôles de contributions.

MÉDAILLE MILITAIRE. —

(Décr. 22 janvier 1852, art. 11; 29 février 1852; 9 novembre 1852; 8 novembre 1870.)

1. — Instituée par l'art. 11 du décret du 22 janvier 1852 prescrivant la restitution au domaine de l'Etat des biens meubles et immeubles compris dans la donation faite, le 7 août 1830, par le roi Louis-Philippe, cette médaille donne droit à une *rente viagère* de 100 fr., *incessible* et *insaisissable*, pouvant se cumuler avec toute allocation ou pension sur les fonds de l'Etat ou des Communes, mais non avec le traitement alloué aux membres de la Légion d'honneur.

Cette médaille est en *argent* et d'un *diamètre* de 28 millimètres. Elle porte aujourd'hui, d'un côté, l'*effigie* de la République, et, de l'autre côté, dans l'intérieur du médaillon, la devise : *Valeur et Discipline*. Elle est surmontée d'un trophée d'armes.

2. — La médaille militaire est *accordée* par le Président de la République, sur la proposition du Ministre de la Guerre ou de la Marine, aux militaires ou marins qui réunissent les conditions déterminées ci-après :

Elle peut être donnée :

1° Aux sous-officiers, caporaux ou brigadiers, soldats ou marins, qui se sont rengagés après avoir fait un congé, ou à ceux qui ont fait 4 campagnes simples ;

2° A ceux dont les noms ont été cités à l'ordre de l'armée, quelle que soit leur ancienneté de service ;

3° A ceux qui ont reçu une ou plusieurs blessures, en combattant devant l'ennemi ou dans un service commandé ;

4° A ceux qui se sont signalés par un acte de courage et de dévouement méritant récompense.

— Ces dispositions sont applicables à tous les employés, gardes et agents militaires qui, dans les armées de terre et de mer, ne sont pas traités ou considérés comme officiers.

3. — La *valeur* des médailles militaires est imputée sur la *première annuité* à payer aux titulaires.

MÉDECIN. — (Loi 19 ventôse an XI (10 mars 1803.)

1. — Pour exercer la profession de médecin, il faut avoir obtenu le diplôme de *docteur en médecine*, à peine d'une *amende* qui peut être portée jusqu'à 1 000 fr. — En cas de *récidive*, l'amende est *double* et les délinquants sont passibles, en outre, d'un *emprisonnement* qui n'excède pas 6 mois.

2. — Premier témoin de la *naissance* d'un enfant, le médecin est tenu d'en faire la *déclaration*, à défaut du père. (Cod. civ. art. 56.) — Voy. ACTES DE L'ÉTAT CIVIL, III.

3. — Les médecins, chirurgiens, officiers de santé, pharmaciens, qui ont traité une personne pendant la maladie dont elle meurt, *ne peuvent profiter des dispositions entre vifs ou testamentaires* qu'elle a faites en leur faveur *pendant le cours de cette maladie*. (Cod. civ. art. 909.) — La loi a cependant excepté : 1° les dispositions rémunératoires faites *à titre particulier*, eu égard aux facultés du disposant et aux services rendus ; — 2° les dispositions *universelles*, dans le cas de *parenté*, jusqu'au 4° degré inclusivement, pourvu toutefois que le décédé n'ait pas d'héritiers en ligne directe ; à moins que celui au profit de qui la disposition a été faite ne soit lui-même du nombre de ces héritiers.

4. — Les médecins sont-ils *responsables* du préjudice causé par eux dans l'exercice de leur art? C'est une question délicate et controversée, qui nous semble avoir été très justement résolue par la Cour royale de Besançon (18 décembre 1844), dans un arrêt ainsi motivé : « Attendu qu'aux termes des articles 319 et 320 du Code pénal, quiconque, par maladresse, imprudence, inattention, négligence, inobservation des règlements, a involontairement commis un homicide, en a été involontairement la cause, ou a fait des blessures à autrui, est passible des peines prononcées par ces arti-

cles ; — Que ces termes, par leur généralité, s'appliquent à toutes personnes, quels que soient leur art ou leur profession, et par conséquent au médecin et à l'opérateur qui, dans l'exercice de son art, se rend coupable de fautes et de négligences graves ; — Que la règle générale doit prévaloir là où l'exception n'est point établie ; — ... Que, dans la société civile, toutes les professions, même les plus élevées, même celles dont l'exercice est précédé d'épreuves et accompagné de diplômes, sont assujetties par la loi à une responsabilité sévère, et qu'on ne concevrait pas que l'art du médecin, si honorable et si utile, mais qui tient de si près à la vie des hommes, jouirait seul du privilège d'une irresponsabilité absolue ; et que, là où la négligence et la maladresse offrent le plus grand danger, l'impunité, quelque inexcusables qu'on les suppose, serait par avance et dans tous les cas plus invariablement assurée ;

» Mais que, si le législateur n'eût pu sans péril désarmer la Société à ce point, on doit reconnaître aussi que les Tribunaux doivent user avec prudence et modération des pouvoirs que la loi pénale leur confère ; — qu'*ils ne sont pas juges compétents des théories, des opinions, des systèmes* ; — qu'*ils ne peuvent apprécier l'opportunité, l'exactitude plus ou moins parfaite d'une opération chirurgicale, la valeur d'un procédé* comparé aux résultats d'un autre procédé, parce qu'ils ne sauraient jamais être convertis en Conseils médicaux supérieurs, distribuant le blâme avec la peine et indiquant la route qu'il faut suivre ; — Que leur action ne peut donc s'exercer dans cette région réservée à la science ; mais qu'elle commence là où, pour tout homme de bon sens et indépendamment des théories sujettes à discussion, il y a eu de la part du médecin *faute lourde, négligence, maladresse visible, impéritie* ou *ignorance* des choses que tout homme de l'art doit savoir, et qu'il a ainsi compromis les jours du malade ou converti son opération en une véritable blessure ; — Que cette distinction, conforme à la jurisprudence, concilie la liberté nécessaire à l'art et à l'opération avec les justes garanties dues à la Société tout entière... »

5. — Les *honoraires* des médecins figurent au troisième rang des créances *privilégiées* sur la généralité des *meubles*. (Cod. civ. art. 2101.) Voy. PRIVILÈGE, I, § 1.

6. — L'*action* des médecins pour le payement de leurs honoraires *se prescrit* par *un an*. (Cod. civ. art. 2272.) Voy. PRESCRIPTION, III, 3.

7. — Voy. AVORTEMENT, 2 ; — FAUX, V ; — LÉGALISATION, 2 ; — RÉVÉLATION DE SECRETS.

MENACES. — (Cod. pén. art. 305-308.)

Elles consistent dans toute parole ou tout écrit de nature à inspirer la crainte d'un mal.

1. — Les menaces sont punies plus ou moins gravement, selon qu'elles sont faites *par écrit* ou *verbalement*, selon qu'elles sont *pures et simples* ou *accompagnées* d'un *ordre* ou d'une *condition*, enfin selon le *fait sur lequel elles portent*. — Voici ce que dispose le Code pénal à cet égard :

Art. 305. — « Quiconque aura menacé, *par écrit* anonyme ou signé, d'*assassinat*, d'*emprisonnement* ou de tout autre attentat contre les personnes qui serait punissable de la peine de mort, des travaux forcés à perpétuité ou de la déportation, sera, dans le cas où la menace aurait été faite *avec ordre de déposer une somme d'argent* dans un lieu indiqué, ou de *remplir toute autre condition*, puni d'un *emprisonnement* de deux à cinq ans et d'une *amende* de 150 à 1000 fr. — Le coupable pourra, en outre, être *privé des droits* mentionnés en l'article 42 du présent Code pendant cinq ans au moins et dix ans au plus, à compter du jour où il aura subi sa peine. — Le coupable pourra être mis aussi sous la *surveillance de la haute police* pendant cinq ans au moins et dix ans au plus, à dater du jour où il aura subi sa peine. »

Art. 306. — « Si cette menace n'a été accompagnée d'*aucun ordre ou condition*, la peine sera d'un *emprisonnement* d'une année au moins et de trois ans au plus, et d'une *amende* de 100 fr. à 600 fr. — Dans ce cas, comme dans celui de l'article précédent, la peine de la *surveillance* pourra être prononcée contre le coupable. »

Art. 307. — « Si la menace faite *avec ordre* ou *sous condition* a été *verbale*, le coupable sera puni d'un *emprisonnement* de six mois à deux ans et d'une *amende* de 25 fr. à 300 fr. — Dans ce cas, comme dans celui des précédents articles, la peine de la *surveillance* pourra être prononcée contre le coupable. »

Art. 308. — « Quiconque aura menacé verbalement ou par écrit de voies de fait ou violences non prévues par l'article 305, si la menace a été faite *avec ordre* ou *sous condition*, sera puni d'un *emprisonnement* de six jours à trois mois et d'une *amende* de 16 fr. à 100 fr., ou de l'une de ces deux peines seulement. »

2. — La menace d'*incendier* une habitation ou toute autre propriété est punie de la même peine que la menace d'assassinat, d'après les distinctions établies par les articles 305, 306 et 307 ci-dessus rapportés. (Cod. pén. art. 436.)

3. — Les menaces faites à un *magistrat*, à un *juré*, à tout *officier ministériel* ou *agent dépositaire de la force publique*, sont considérées et punies comme un *outrage*. (Cod. pén. art. 223 et suiv.) Voy. OUTRAGES.

4. — Les menaces sont une circonstance *aggravante* du délit de *mendicité*. — (Cod. pén. art. 279.) — Voy. MENDICITÉ.

MENDICITÉ. — (Cod. pén. art. 274-282.)

Etat de celui qui demande l'aumône habituellement.

1. — Toute personne trouvée mendiant *dans un lieu pour lequel il existe un établissement public* organisé afin d'obvier à la mendicité, est punie de trois mois à six mois d'*emprisonnement* et conduite, après l'expiration de sa peine, au *dépôt de mendicité*.

Dans les lieux où il n'existe pas de tels établissements, les mendiants d'habitude, *valides*, sont punis de un mois à trois mois d'*emprisonnement*. S'ils ont été arrêtés *hors du canton* de leur résidence, ils sont passibles de six mois à deux ans de *prison*.

2. — Tous mendiants, *même invalides*, qui ont *usé de menaces*, ou sont *entrés sans permission* du propriétaire ou des personnes de sa maison, soit dans une habitation, soit dans un enclos en dépendant, ou qui *simulent des plaies* ou *infirmités*, ou qui mendient *en réunion*, à moins que ce ne soient le mari et la femme, le père ou la mère et leurs jeunes enfants, l'aveugle et son conducteur, sont punis d'un *emprisonnement* de six mois à deux ans.

3. — Tout mendiant qui a été saisi *travesti* d'une manière quelconque, ou *porteur d'armes*, bien qu'il n'en ait usé ni menacé, ou *muni de limes, crochets* ou autres *instruments* propres soit à commettre des vols ou d'autres délits, soit à lui procurer les moyens de pénétrer dans les maisons, est puni de deux ans à cinq ans d'*emprisonnement*.

4. — Celui qui est trouvé *porteur* d'un ou de plusieurs *effets* d'une valeur supérieure à 100 fr., et qui ne peut justifier d'où ils lui proviennent, est puni d'un *emprisonnement* de six mois à deux ans.

5. — Le mendiant qui a exercé ou tenté d'exercer quelque acte de *violence* que ce soit envers les personnes est puni d'un *emprisonnement* de deux à cinq ans, sans préjudice de peines plus fortes, s'il y a lieu, à raison du genre et des circonstances de la violence. S'il se trouvait, en outre, *porteur d'armes* ou *muni*

de limes, *crochets*, etc., il serait puni de la *réclusion*.

6. — Les peines prononcées contre les individus porteurs de faux certificats, faux passeports ou fausses feuilles de route, sont toujours infligées au *maximum* quand elles sont appliquées à des mendiants.

7. — A l'expiration de leur peine, les mendiants peuvent être renvoyés sous la *surveillance de la haute police* pour cinq ans au moins et dix ans au plus.

8. — Voy. DÉPOTS DE MENDICITÉ.

MER. — Voy. EAUX, sect. II, I. — Pour la constatation des *naissances* ou des *décès* arrivés pendant un voyage en mer, la loi a prescrit des formalités particulières qui sont tracées dans les articles 59, 60, 61, 86 et 87 du Code civil.

MÈRE. — Voy. MARIAGE ; — MATERNITÉ ; — PUISSANCE PATERNELLE ; — TUTELLE.

MÉRITE AGRICOLE. — (Décr. 7 juillet 1883, 18 juin 1887.) — Décoration spéciale instituée en vue de récompenser les services rendus à l'agriculture.

1. — Les bases de cet ordre, fondé par le décret du 7 juillet 1883, ont été élargies par le décret du 18 juin 1887 qui crée des *Officiers* au nombre de 500 et porte de 1000 à 2000 le nombre des *chevaliers*.

Les *étrangers* sont admis dans l'ordre, mais ne figurent pas dans le cadre fixe.

2. — La décoration du mérite agricole *consiste* dans une étoile à 5 rayons doubles, surmontée d'une couronne en feuilles d'olivier; le centre de l'étoile, entouré d'épis, présente d'un côté l'effigie de la République avec la date de la fondation de l'ordre ; de l'autre côté, la devise : *Mérite agricole*. — L'étoile, émaillée de vert, est en argent : son diamètre est de 40 millimètres. — Le *ruban*, avec rosette pour les officiers, est moiré vert bordé d'un liséré de couleur amaranthe : il peut être porté *sans la décoration*.

3. — Les Chevaliers sont *nommés* par arrêté du Ministre de l'agriculture ; les Officiers, par décret.

4. — Les personnes nommées ou promues dans l'ordre du Mérite agricole versent au Trésor pour frais de décoration et de brevet les *droits de chancellerie* fixés par les lois de finances.

MESSAGE. — Nom donné aux communications solennelles du pouvoir exécutif au pouvoir législatif.

MESURES. (POIDS ET) — Voy. POIDS ET MESURES.

MÉTAYER. — Individu qui exploite à son profit un fonds appartenant à une autre personne, à charge de laisser au propriétaire une partie des fruits, ordinairement la moitié (*meta*), d'où l'expression de *métayer*.

1. — Pour les droits et obligations du métayer (Cod. civ. art. 1763 et suiv.), voy. LOUAGE, sect. I, II, § 2.

2. — La loi déclare *immeubles par destination* les *animaux* que le propriétaire du fonds livre au métayer pour la culture, tant qu'ils demeurent attachés au fonds par l'effet de la convention. — (Cod. civ. art. 522.) — Voy. BIENS.

MÉTIERS. — (CONSERVATOIRE DES ARTS ET) — Voy. CONSERVATOIRE DES ARTS ET MÉTIERS.

MÉTIERS. (ÉCOLES D'ARTS ET) — Voy. ÉCOLES D'ARTS ET MÉTIERS.

MÈTRE. — Du grec *métron*, mesure. — Unité fondamentale des *poids et mesures*. — (Voy. ces mots.) — Sa longueur représente la *dix-millionième* partie du quart du méridien terrestre, c'est-à-dire de la distance du pôle à l'équateur, comptée sur le méridien de Paris.

MEUBLE. — Du latin *mobilis*, mobile, qu'on peut mouvoir. — Se dit des biens qui sont susceptibles de déplacement. — Voy. BIENS.

MEURTRE. — (Cod. pén. art. 295, 304.)

C'est ainsi que la loi qualifie l'homicide commis *volontairement*, mais *sans préméditation*.

Le meurtre n'emporte la peine de mort que lorsqu'il a précédé, accompagné ou suivi un autre crime, ou lorsqu'il a eu pour objet, soit de préparer, faciliter ou exécuter un délit, soit de favoriser la fuite ou d'assurer l'impunité des auteurs ou complices de ce délit. En tout autre cas, la peine est celle des *travaux forcés à perpétuité*.

MILITAIRES. — Voy. ACHAT D'EFFETS MILITAIRES ; — ACTES DE L'ÉTAT CIVIL, IV ; — CODE DE JUSTICE MILITAIRE ; — CONSEILS DE GUERRE ; — CONSEILS DE REVISION ; — DÉGRADATION MILITAIRE ; — DIVISION MILITAIRE ; — EMBAUCHAGE, 1 ; — INSCRIPTION MARITIME ; — INSOUMISSION ; — INTENDANCE MILITAIRE ; — JURY, 2 ; — MARIAGE, I, 8 ; — MÉDAILLE MILITAIRE ; — ORDRE NATIONAL DE LA LÉGION D'HONNEUR ; — PENSIONS MILITAIRES ; — SERVICE MILITAIRE.

— Une loi du 9 août 1871 a remis en vigueur les dispositions de la loi du 10 janvier 1817, à l'effet de constater judiciairement le sort des Français ayant appartenu aux armées de terre et de mer, qui ont *disparu* depuis le 19 juillet 1870 jusqu'au 31 mai 1871.

En vertu de cette dernière loi, les héritiers présomptifs ou l'épouse de l'individu disparu peuvent se pourvoir au Tribunal de son dernier domicile, soit pour faire déclarer son absence, soit pour faire constater son décès, soit pour l'une de ces fins au défaut de l'autre.

Leur requête et les pièces justificatives sont communiquées au Procureur de la République, et par lui adressées au Ministre de la Justice, qui les transmet, selon le cas, au Ministre de la guerre ou au Ministre de la Marine, et rend publique la demande, ainsi qu'il est prescrit à l'égard des jugements d'absence par l'article 118 du Code civil.

La requête, les extraits d'actes, pièces et renseignements recueillis au Ministère de la guerre ou de la marine sont renvoyés, par l'intermédiaire du Ministre de la Justice, au Procureur de la République. — Si l'acte de décès a été transmis au Procureur de la République, il en fait immédiatement le renvoi à l'Officier de l'état civil, qui est tenu de se conformer à l'article 98 du Code civil. — Le Procureur de la République remet le surplus des pièces au greffe, après en avoir prévenu l'avoué des parties requérantes, et, à défaut d'acte de décès, il donne ses conclusions.

Sur le vu du tout, le Tribunal prononce. — S'il résulte des pièces et renseignements fournis par le Ministre que l'individu existe, la demande est rejetée. — S'il y a lieu seulement de présumer son existence, l'instruction peut être ajournée pendant un délai d'un an au maximum. Le Tribunal peut aussi ordonner les enquêtes prescrites par l'article 116 du Code civil, pour confirmer les présomptions d'absence résultant desdites pièces et renseignements. — Enfin, l'absence peut être déclarée ou sans autre instruction, ou après ajournement et enquêtes, s'il est prouvé que l'individu a disparu sans qu'on ait eu de ses nouvelles, savoir : depuis deux ans, quand le corps, le détachement ou l'équipage dont il faisait partie servait en Europe, et depuis quatre ans, quand ce corps, ce détachement ou cet équipage se trouvait hors d'Europe.

La preuve testimoniale du décès peut être ordonnée, conformément à l'article 46 du Code civil, s'il est prouvé, soit par l'attestation du Ministre de la guerre ou de la marine, soit par toute autre voie légale, qu'il n'y a pas eu de registres, ou qu'ils ont été perdus ou détruits en tout ou en partie, ou que leur tenue a éprouvé des interruptions. — Dans ce cas, il est procédé aux enquêtes contradictoirement avec le Procureur de la République.

Dans aucun cas, le jugement définitif portant déclaration d'absence ou de décès ne peut intervenir qu'après le délai d'un an, à compter de l'annonce officielle dont il a été parlé plus haut.

Le Procureur de la République et les parties requérantes peuvent interjeter appel des jugements, soit interlocutoires, soit définitifs. — L'appel du Procureur de la République est, dans le délai d'un mois à partir du jugement, signifié à la partie au domicile de son avoué. — Les appels sont portés à l'audience sur simple acte et sans aucune procédure.

Si les héritiers présomptifs ou l'épouse négligent d'user du bénéfice de la loi, les créanciers ou autres personnes intéressées peuvent, un mois après l'interpellation qu'ils sont tenus de leur faire signifier, se pourvoir eux-mêmes en déclaration d'absence ou de décès.

MILLIGRAMME. — Millième du *gramme.* — Voy. POIDS ET MESURES.

MILLIMÈTRE. — Millième du *mètre.* — Voy. POIDS ET MESURES.

MINES. — (Cod. civ. art. 552; loi 21 avril 1810; déc. 18 novembre 1810, 6 mai 1811, 3 janvier 1813; lois 27 avril 1838, 17 juin 1840; ord. roy. 23 mai 1841, 18 avril 1842, 26 mars 1843; déc. 24 décembre 1851, 23 octobre 1852, 30 août 1855, 17 juillet 1856, 27 juin 1866; loi 27 juillet 1880.)

— Les mines sont les terrains connus pour contenir en filons, en couches ou en amas, de l'*or*, de l'*argent*, du *platine*, du *mercure*, du *plomb*, du *fer* en filons ou couches, du *cuivre*, de l'*étain*, du *zinc*, de la *calamine*, du *bismuth*, du *cobalt*, de l'*arsenic*, du *manganèse*, de l'*antimoine*, du *molybdène*, de la *plombagine* ou autres matières métalliques, du *soufre*, du *charbon* de terre ou de pierre, du *bois fossile*, des *bitumes*, de l'*alun* et des *sulfates à base métallique.*

I. PROPRIÉTÉ DES MINES. — 1. — Par dérogation au principe du droit commun qui considère le propriétaire du *dessus* comme propriétaire du *dessous* (Cod. civ. art. 252), les Mines sont l'objet d'une *expropriation* implicite et générale résultant de la loi du 21 avril 1810 qui n'en permet l'exploitation qu'aux personnes auxquelles une *concession* a été faite par décret rendu en Conseil d'Etat, et *sauf indemnité* au profit du *propriétaire du sol* et de l'*inventeur de la mine*, quand ils ne sont pas eux-mêmes concessionnaires.

Cette dérogation est fondée sur l'intérêt public, qui veut que les richesses minérales ne demeurent pas enfouies, et sur les difficultés de l'exploitation qui exige des capitaux considérables et des travaux exécutés sur une grande échelle, selon les règles de l'art.

2. — Le décret de concession, rendu après l'accomplissement des formalités prescrites, opère la division entre la propriété de la mine et celle de la surface : de ce moment il existe *deux immeubles* tout à fait *distincts l'un de l'autre*, lors même qu'ils sont réunis dans les mêmes mains ; les hypothèques consenties sur la superficie ne frappent pas la mine, et réciproquement ; comme toute autre propriété, la mine est disponible et transmissible, mais elle ne peut être vendue par lots ou partagée sans l'autorisation du Gouvernement.

3. — Sont *immeubles*, comme les mines : les *bâtiments*, *machines*, *puits*, *galeries* et autres *travaux établis à demeure*, conformément à l'article 524 du Code civil ; — les *chevaux*, *agrès*, *outils* et *ustensiles* servant à l'exploitation. Ne sont considérés comme chevaux servant à l'exploitation que ceux qui sont *exclusivement* attachés aux travaux intérieurs des mines.

— Sont *meubles*, les *matières extraites*, les *approvisionnements* et autres objets mobiliers. — Sont réputés *meubles*, conformément à l'article 529 du Code civil, les *actions* ou *intérêts* dans une société ou entreprise pour l'exploitation des mines. — Voy. BIENS.

II. RECHERCHE ET DÉCOUVERTE DES MINES. — 1. — Nul ne peut faire des *recherches* pour découvrir des mines, enfoncer des sondes ou tarières sur un terrain qui ne lui appartient pas, que du *consentement du propriétaire* de la surface, ou avec l'*autorisation du Gouvernement* donnée après avoir consulté l'Administration des mines, à la charge d'une *préalable indemnité* envers le propriétaire, et après qu'il a été entendu.

2. — *Aucune permission de recherches ni concession de mines* ne peut, sans le *consentement du propriétaire* de la surface, donner le droit de faire des sondages, d'ouvrir des puits ou galeries, d'établir des machines, ateliers ou magasins dans les *enclos murés, cours et jardins.*

— Les puits et galeries ne peuvent être ouverts dans un rayon de 50 mètres des habitations et des terrains compris dans les clôtures murées y attenant, sans le consentement des propriétaires de ces habitations.

3. — Le propriétaire a la faculté de faire des recherches, sans formalité préalable, dans toutes les parties de sa propriété ; mais il est obligé d'obtenir une concession avant d'y établir une exploitation. — Dans aucun cas, les recherches ne peuvent être autorisées dans un terrain déjà concédé.

III. Concessions. — 1. — Tout *Français* ou tout *étranger* naturalisé ou non en France, agissant isolément ou en société, a le droit de demander une concession de mines.

L'individu ou la société doit *justifier* des facultés nécessaires pour entreprendre et conduire les travaux, et des moyens de satisfaire aux redevances et indemnités qui lui seront imposées par l'acte de concession. — Il doit aussi, le cas arrivant de travaux à faire sous des maisons ou lieux d'habitation, sous d'autres exploitations ou dans leur voisinage immédiat, donner *caution* de payer toute indemnité en cas d'accident : les demandes ou oppositions des intéressés sont, dans cette hypothèse, portées devant les Tribunaux ordinaires.

2. — La *demande* en concession se forme par voie de simple *pétition* adressée au Préfet, qui la fait enregistrer à sa date sur un registre particulier et ordonne les publications et affiches dans les 10 jours.

Un *plan* régulier de la surface, en *triple expédition*, et sur une *échelle* de 10 millimètres par 100 m., est annexé à la demande. Ce plan doit être *dressé* ou *vérifié* par l'Ingénieur des mines, et *certifié* par le Préfet du département.

— L'*affichage* a lieu pendant 2 mois, dans le chef-lieu du département, dans celui de l'arrondissement où la mine est située, dans le lieu du domicile du demandeur, et dans toutes les Communes sur le territoire desquelles la concession peut s'étendre. Elles sont *insérées deux fois* et à un mois d'intervalle dans les journaux du département et au *Journal officiel.*

Les *publications* ont lieu devant la porte de la Maison commune et des églises paroissiales et consistoriales, à la diligence des Maires, à l'issue de l'office, un jour de dimanche, et au moins une fois par mois pendant la durée des affiches.

3. — Les *demandes en concurrence* et les *oppositions* sont admises devant le Préfet jusqu'au dernier jour du second mois, à compter de la date de l'affiche : elles sont notifiées par actes extrajudiciaires à la Préfecture du département, où elles sont enregistrées sur le registre ci-dessus mentionné. Elles sont également notifiées aux parties intéressées, et le registre est ouvert à tous ceux qui en demandent communication.

4. — A l'*expiration du délai des affiches et publications*, le Préfet, sur l'avis de l'Ingénieur des Mines, et après avoir pris des informations sur les droits et les facultés des demandeurs, donne son avis, et le transmet au Ministre des Travaux publics.

5. — Il est définitivement *statué* sur la demande en concession par un *décret* délibéré en Conseil d'Etat. — Jusqu'à l'émission du décret, toute *opposition* est admissible devant le Ministre des Travaux publics ou le Secrétaire général du Conseil d'Etat ; dans ce dernier cas, elle a lieu par

une requête signée et présentée par un Avocat au Conseil. L'opposition doit être notifiée aux parties intéressées : si elle est motivée sur la propriété de la mine acquise par concession ou autrement, les parties sont renvoyées devant les Tribunaux ordinaires.

6. — Le Gouvernement juge des motifs d'après lesquels la *préférence* doit être accordée aux divers demandeurs en concession, qu'ils soient propriétaires de la surface, inventeurs ou autres. *Si l'inventeur* d'une mine n'en *obtient pas la concession*, il a droit à une *indemnité* de la part du concessionnaire : l'acte de concession en fixe la *quotité*.

IV. Charges et obligations imposées aux concessionnaires. — 1. — L'exploitation des mines n'est pas considérée comme un commerce, et n'est pas sujette à la patente ; mais les concessionnaires sont tenus de payer à l'Etat une *redevance fixe* et une *redevance proportionnelle* au profit de l'extraction.

La redevance fixe est *annuelle* et réglée *à raison de 10 fr. par kilomètre carré*. La redevance proportionnelle fixée chaque année, par le budget de l'Etat, comme les autres contributions publiques, *ne peut s'élever au-dessus de 5 p. 100 du produit net*. Les propriétaires de mines ont la faculté de contracter un *abonnement*. (Voy. ci-après, 6.)

2. — Il est *imposé en sus* un *décime par franc*, à l'effet de former un *fonds de non-valeur* à la disposition du Ministre des Travaux publics, pour *dégrèvement* en faveur des propriétaires de mines qui éprouvent des *pertes* ou *accidents*.

3. — Les *réclamations*, à fin de dégrèvement ou de rappel à l'égalité proportionnelle, sont jugées par le Conseil de Préfecture. Le *dégrèvement* est *de droit*, quand l'exploitant justifie que sa redevance excède 5 p. 100 du produit net de son exploitation.

4. — Le Gouvernement accorde, s'il y a lieu, la *remise* en tout ou partie du payement de la *redevance proportionnelle*, pour le temps qu'il juge convenable, comme *encouragement*, en raison de la *difficulté des travaux ;* semblable remise peut être accordée comme *dédommagement*, en cas *d'accident de force majeure* survenu pendant l'exploitation.

5. — Le *produit de la redevance fixe* et *de la redevance proportionnelle* forme un *fonds spécial* qui est appliqué aux dépenses de l'administration des mines, et aux frais des recherches, ouvertures et mises en activité des mines nouvelles ou rétablissement des mines anciennes.

6. — Un décret du 27 juin 1866 a décidé qu'à l'avenir l'*abonnement* à la redevance proportionnelle des mines serait *réglé*, pour les exploitants qui le demanderont, sur le *produit net moyen des* 5 *dernières années* pour lesquelles l'impôt à la redevance a été régulièrement établi. — *Il n'est pas tenu compte*, dans lesdites 5 années, de celles qui *n'ont pas donné de produit net*.

L'abonnement ainsi fixé est *maintenu* pendant une *durée de 5 ans*.

7. — Indépendamment de la double redevance fixe et proportionnelle à payer à l'Etat, le concessionnaire est soumis à l'obligation de payer au propriétaire de la surface une *indemnité* déterminée par l'acte de concession. — Par contre, le propriétaire de la surface doit supporter les travaux commandés par l'exploitation, sauf indemnité.

Si les travaux entrepris par les explorateurs ou par les propriétaires de mines ne sont que *passagers*, et si le sol où ils ont été faits peut être mis en culture *au bout d'un an* comme il était auparavant, l'indemnité est réglée au *double* de ce qu'aurait produit net le terrain endommagé.

Lorsque l'occupation des terrains, pour la recherche ou les travaux des mines, prive les propriétaires du sol de la jouissance du revenu *au delà du temps d'une année*, ou lorsque, après les travaux, les terrains ne sont *plus propres à la culture*, on peut exiger des propriétaires des mines l'*acquisition* des terrains à l'usage de l'exploitation. Si le propriétaire de la surface le requiert, les pièces de terre trop endommagées ou dégradées sur une trop grande partie de leur surface, doivent être *achetées en totalité* par le propriétaire de la mine. — Le terrain à acquérir est toujours estimé au *double* de la valeur qu'il avait avant l'exploitation de la mine.

8. — *Défense* est faite à tout concessionnaire de mines, de quelque nature qu'elles soient, de *réunir* sa ou ses *concessions* à d'autres concessions de même nature, sans y avoir été autorisé.

La sanction de cette prohibition est la *nullité des actes de réunion* et même le *retrait des concessions*, sans préjudice des poursuites qui pourraient avoir lieu en vertu des articles 414 et 419 du Code pénal. — Voy. ACCAPAREMENT, 4; — COALITIONS, 1.

V. SURVEILLANCE ET POLICE DES MINES. — 1. — Les exploitations minérales sont soumises à la *surveillance* des Ingénieurs du corps des Mines. Dès qu'un *accident* survient, avis doit en être immédiatement donné à l'Ingénieur des Mines, qui se transporte sans délai sur les lieux. Ce fonctionnaire recherche les causes de l'accident, en constate les circonstances; il provoque, au besoin, les mesures propres à en prévenir le retour, et, en tout cas, il en dresse un procès-verbal, qui est transmis ensuite au *Ministère public* (voy. ces mots), chargé de poursuivre, s'il y a lieu, les auteurs directs ou indirects de l'accident devant la juridiction compétente.

2. — Si l'exploitation *compromet* la *sûreté publique*, la *conservation de la mine*, la *sûreté des ouvriers mineurs*, la *conservation des voies de communication*, celle des *eaux minérales*, la *solidité des habitations*, l'*usage des sources publiques*, les concessionnaires sont tenus d'en donner avis à l'Ingénieur des Mines, ou, à son défaut, au Garde-Mines, qui transmet au Préfet son procès-verbal et l'indication des mesures qu'il juge propres à faire cesser le danger. Le Préfet, après avoir entendu le concessionnaire, prescrit ce qu'il croit utile; si le concessionnaire se refuse à exécuter les ordres du Préfet, les travaux se font d'*office*, et les frais sont réglés par le Préfet, sauf recours devant le Conseil de Préfecture et le Conseil d'Etat.

3. — Lorsque plusieurs mines situées dans des concessions différentes sont *atteintes* ou *menacées* d'une *inondation* commune de nature à compromettre leur existence, la sûreté publique ou les besoins des consommateurs, le Gouvernement peut obliger les concessionnaires à exécuter *en commun* et *à leurs frais* les travaux nécessaires pour dessécher les mines inondées ou pour arrêter le progrès de l'inondation. — Après une enquête administrative, le Ministre détermine les concessions dans lesquelles doivent être effectués les travaux. Les concessionnaires réunis en assemblée générale nomment un *syndicat* composé de 3 ou de 5 membres. Un décret organise le syndicat et détermine la répartition de la dépense entre les concessionnaires intéressés. *Si les concessionnaires* ou *le syndicat refusent* de se soumettre à ces mesures, le Ministre peut suspendre les syndics de leurs fonctions et leur substituer un nombre égal de *Commissaires.*

La *dépense* des travaux à exécuter est *répartie* entre les concessionnaires en vertu d'un rôle dressé par les syndics ou les commissaires, et rendu exécutoire par le Préfet. — Les *réclamations* sur l'exécution des travaux et celles relatives à la répartition des frais sont jugées par le Conseil de Préfecture, sauf recours au Conseil d'Etat. — *A défaut de payement* dans le délai de deux mois à dater de la sommation, la mine est réputée *abandonnée*, et le Ministre peut prononcer le *retrait de la concession*, sauf recours au Conseil d'Etat.

4. — Pour le service des Mines,

le territoire français est divisé en 5 *Inspections générales* et 16 *Arrondissements*, de la manière suivante :

ARRONDISSEMENTS	DÉPARTEMENTS
INSPECTION DU NORD-OUEST	
Paris	Seine; — Seine-et-Oise; — Loiret; — Seine-et-Marne; — Eure-et-Loir.
Douai	Nord; — Aisne.
Arras	Pas-de-Calais; — Somme; — Oise.
Rouen	Seine-Inférieure; — Eure; — Manche; — Calvados; — Orne.
Le Mans	Sarthe; — Mayenne; — Ille-et-Vilaine; — Côtes-du-Nord; — Morbihan; — Finistère; — Loire-Inférieure.
INSPECTION DU NORD-EST	
Nancy	Ardennes; — Meuse; — Marne; — Vosges; — Meurthe et-Moselle.
Chaumont	Haute-Saône; — Haute-Marne; — Territoire de Belfort; — Aube; — Yonne.
Châlon-sur-Saône	Saône-et-Loire; — Ain; — Doubs; — Jura; — Côte-d'Or.
INSPECTION DU CENTRE	
Poitiers	Maine-et-Loire; — Vendée; — Deux-Sèvres; — Indre-et-Loire; — Loir-et-Cher; — Vienne; — Corrèze; — Creuse; — Haute-Vienne; — Indre.
Saint-Étienne	Loire; — Rhône.
Clermond-Ferrand	Cantal; — Puy-de-Dôme; — Haute-Loire; — Allier; — Nièvre.
INSPECTION DU SUD-EST	
Marseille	Bouches-du-Rhône; — Corse; — Alpes-Maritimes; — Var; — Vaucluse; — Basses-Alpes.
Chambéry	Savoie; — Haute-Savoie; — Isère; — Hautes-Alpes.
Alais	Gard; — Ardèche; — Lozère; — Drôme.
INSPECTION DU SUD-OUEST	
Bordeaux	Dordogne; — Charente; — Charente-Inférieure; — Gironde; — Lot-et-Garonne; — Landes; — Gers; — Basses-Pyrénées; — Hautes-Pyrénées.
Rodez	Lot; — Tarn-et-Garonne; — Tarn; — Aveyron.
Toulouse	Haute-Garonne; — Aude; — Pyrénées-Orientales; — Ariège; — Hérault.

VI. Statistique de l'industrie minérale a diverses époques, de 1832 a 1882.

ANNÉES	PRODUCTION ET CONSOMMATION de la houille.		MÉTALLURGIE Production.		
	PRODUCTION.	CONSOMMATION.	FONTE.	FER.	ACIER.
	tonnes.	tonnes.	tonnes.	tonnes.	tonnes.
1832.....	1 962 855	2 520 159	222 035	143 488	5 229
1842.....	3 592 084	5 203 415	399 455	284 823	8 133
1852.....	4 903 925	7 958 515	522 613	301 758	18 097
1862.....	10 317 387	16 264 597	1 090 837	734 257	47 095
1872.....	16 100 773	23 233 333	1 217 838	883 348	141 704
1882.....	20 603 704	31 024 600	2 039 067	1 073 021	458 238

— Voy. sel, 5.

MINES. (École supérieure des) — Voy. école supérieure des mines.

MINES. (garde-) — Voy. garde-mines.

MINEURS. (Écoles des maitres-ouvriers) — Voy. écoles des maitres-ouvriers mineurs.

MINES DE SAINT-ÉTIENNE. (École des) — Voy. école des mines de saint-étienne.

MINIÈRES. — (Loi 21 avril 1810, art. 1, 5, 57 et suiv.; 9 mai 1866.) — Sont compris sous la désignation de *Minières* « les *minerais de fer* dits *d'alluvion*, les *terres pyriteuses* propres à être converties en *sulfate de fer*, les *terres alumineuses* et les *tourbes*. »

1. — Si l'exploitation des minières doit avoir lieu *à ciel ouvert*, le propriétaire est tenu de faire préalablement une *déclaration* au Préfet; aucune autre formalité n'est prescrite.

Si elle doit être *souterraine*, une *permission* du Préfet est nécessaire. Cette permission détermine les conditions spéciales auxquelles l'exploitant devra se conformer.

2. — Dans tous les cas, il faut observer les règlements généraux ou locaux auxquels est assujettie l'exploitation des minières, en ce qui concerne la sûreté et la salubrité publiques.

MINIMA. (appel a) — Voy. appel minima.

MINISTÈRE PUBLIC. — Magistrature *amovible*, établie près les Cours et Tribunaux, pour y veiller au maintien de l'ordre public et y requérir l'application et l'exécution des lois.

L'ensemble des magistrats qui composent le Ministère public s'appelle le *Parquet*. On désigne aussi cette magistrature sous le nom de *Magistrature debout*, ceux qui en exercent les fonctions se tenant *debout* pour porter la parole, par opposition à la *Magistrature assise* composée des Présidents, Vice-Présidents, Conseillers et Juges, qui sont *assis* pour suivre les affaires et prononcer leurs jugements.

I. Historique. — Il est impossible de déterminer d'une manière précise l'époque de la création du Ministère public. Cette utile institution était inconnue des anciennes sociétés. On n'en voit aucune trace dans l'histoire de Rome et d'Athènes où chaque citoyen se portait *accusateur public* en dénonçant les coupables aux magistrats et en les déférant à la Justice.

Tacite nous a retracé un tableau saisissant des conséquences fatales qu'eut pour l'Empire romain ce droit de *délation* que tous sans distinction pouvaient exercer. Les citoyens se dénoncèrent les uns les autres; les esclaves dénoncèrent leurs maîtres, les femmes leurs maris. Le grave devoir de l'accusation et de la poursuite des méfaits publics, mis au service des passions et des haines privées, jeta le trouble dans les familles et dans l'Etat, et la délation doit être comptée parmi les principales causes qui entraînèrent l'Empire à sa perte.

Si nous remontons à une époque éloignée de notre histoire, nous voyons apparaître pour la première fois, sous le règne de Philippe le Bel, en 1302, des magistrats appelés *Procureurs du Roi*, chargés spécialement des fonctions du Ministère public. Leurs attributions eurent tout d'abord pour but de défendre les intérêts du fisc. Ils furent ensuite préposés à la garde du domaine royal, dont ils durent faire respecter l'inaliénabilité, et on les vit alors apporter, avec une noble indépendance, un contrôle sérieux aux dépenses souvent excessives des Rois absolus et s'opposer à leurs prodigalités. Peu à peu, à leurs attributions originaires vinrent se joindre celles de la poursuite des coupables, et, au XVIe siècle, en 1579, le Roi Henri III rendit une ordonnance qui leur imposa le devoir de poursuivre et de rechercher les crimes sans attendre qu'il y ait « *instigateur*, *dénonciateur* ou *partie civile*. » — A partir de cette ordonnance, les fonctions du Ministère public se dessinèrent de plus en plus. Sous le nom de *Gens du Roi*, ces magistrats représentèrent dans les Parlements les grands intérêts de la Société. En 1789, quand les Parlements furent supprimés et remplacés par les Tribunaux de district, un *Commissaire du Roi* et un *Accusateur public* furent attachés à chacun de ces Tribunaux. Le nom de Fouquier-Tinville nous a laissé un souvenir sanglant de ce que fut, en 1793, le Ministère public auprès des Tribunaux révolutionnaires. — Depuis cette époque, un grand nombre de lois ont réglementé cette institution qui semble être arrivée aujourd'hui à son plus haut degré de perfection.

II. Hiérarchie. — Dans l'organisation actuelle, au sommet de la hiérarchie se trouve placé le *Garde des Sceaux Ministre de la Justice*. Ensuite vient le *Procureur général* près la *Cour de cassation*. Le Parquet de la Cour de cassation se compose, indépendamment du Procureur général, d'un *Premier Avocat Général* et de cinq *Avocats Généraux*. — Dans le ressort de chaque Cour d'appel, les fonctions du Ministère public sont dévolues à un Procureur général, appelé *Procureur général de la République ;* il est secondé dans son action par un *Premier Avocat Général*, des *Avocats Généraux* et des *Substituts du Procureur Général*. — Près les Tribunaux de chefs-lieux de département et d'arrondissement, sont placés des *Procureurs de la République*, que la loi désigne également sous le nom de *Substituts du Procureur général*, et qui, agissant sous les ordres de ce dernier, le représentent dans l'action judiciaire. — Chaque Procureur de la République est assisté d'un ou de plusieurs *Substituts*, suivant l'importance du Tribunal. — Près les tribunaux de simple police, c'est-à-dire devant les Juges de paix siégeant pour la répression des contraventions, les fonctions du Ministère public sont remplies par le *Commissaire de police*, et, dans les localités où il n'y a pas de Commissaire de police, par les *Maires* ou leurs *Adjoints*.

Au Conseil d'Etat, les mêmes fonctions sont exercées, près de la section du Contentieux, par trois *Maîtres des Requêtes* appelés *Commissaires du Gouvernement*.

— L'institution du Ministère public a été récemment étendue aux Conseils de Préfecture devant lesquels elle est représentée par le *Secrétaire Général de la Préfecture*, qui est entendu dans les questions contentieuses et requiert la répression des contraventions en matière administrative.

— Il n'y a pas de ministère public devant les Tribunaux de commerce. — Les fonctions en sont exercées devant les Conseils de guerre par des Officiers désignés sous le nom de *Commissaires du Gouvernement*.

Il existe également près la Cour des Comptes un magistrat du Ministère public, appelé *Procureur général*, dont les attributions, qui sont d'une nature toute spéciale, diffèrent essentiellement de celles des Procureurs généraux près les Cours d'appel. — Voy. COUR DES COMPTES.

III. ATTRIBUTIONS. — Le Ministère public exerce l'*action publique*. (On appelle ainsi la défense des intérêts de la Société, par opposition à *l'action civile* ou *privée*, qui ne concerne que les intérêts des particuliers.) — Ses attributions sont de deux sortes : *criminelles* ou *civiles*.

Au *criminel*, le Procureur de la République agissant comme Officier de police judiciaire, soit par lui-même, soit par ses Substituts, recherche les délits et les crimes dans tout l'arrondissement sur lequel s'étend la compétence du Tribunal dont il fait partie. Quand un fait lui est dénoncé, si ce fait ne lui paraît pas avoir de gravité, s'il ne présente aucun caractère criminel ou délictueux, ou si la preuve en est impossible, il classe le procès-verbal sans exercer de poursuites. Si le fait constitue un délit, c'est-à-dire une infraction à la loi justiciable des Tribunaux de police correctionnelle, le Procureur de la République peut, dans les cas où la preuve lui semble facile à produire, citer le prévenu *directement* devant le Tribunal. Une loi récente, en date du 20 mai 1863, a même conféré au Procureur de la République des droits particuliers quand l'auteur du fait correctionnel est arrêté en état de *flagrant délit*. Le magistrat peut alors l'interroger, décerner contre lui le *mandat de dépôt*, s'il y a lieu, et le faire juger dans les 24 heures. Cette disposition législative a eu pour but de diminuer les rigueurs de la prison préventive. Si, au contraire, une instruction complète est nécessaire pour rechercher l'individu soupçonné, pour constater le caractère légal du fait incriminé, le Procureur de la République transmet les pièces au *Juge d'instruction*. — Dans les cas où il s'agit de crimes, c'est-à-dire de faits justiciables de la Cour d'assises, l'affaire doit être nécessairement soumise à la formalité de l'instruction.

Quand l'information est terminée, si les charges relevées contre l'inculpé sont suffisantes, le Procureur de la République requiert son renvoi devant la juridiction compétente. Si, au contraire, elles sont insuffisantes, il requiert une *ordonnance de non-lieu*, et, dans cette dernière hypothèse, la poursuite est abandonnée et ne peut être reprise que s'il se produit des charges nouvelles. — A l'audience de la police correctionnelle et à celle de la Cour d'assises, il suit les débats. Si les charges qui s'élevaient contre le prévenu ou l'accusé se confirment, il doit requérir une décision de culpabilité et l'application de la loi. Si, au contraire, cette culpabilité devient douteuse, il ne doit pas hésiter à abandonner la prévention ou l'accusation et à demander un acquittement. On croit souvent à tort que le Ministère public doit toujours être accusateur. C'est là une erreur qu'il est important de relever. Le Ministère public recherche la vérité, et son devoir lui impose de se placer toujours du côté où se rencontrent la justice et le bon droit. Loin d'adopter d'une manière absolue le rôle de l'accusation, il doit, au besoin, prendre celui de la défense si l'homme traduit devant le Tribunal ou la Cour ne lui semble pas coupable. En effet, la condamnation d'un innocent apporte toujours un grand trouble à l'ordre social, et le magistrat du Parquet, représentant de l'intérêt public, ne doit jamais mettre en oubli l'esprit d'équité et d'impartialité qui fait la grandeur et la force de ses fonctions en prémunissant contre toute erreur la conscience des Juges.

Le Procureur de la République a le droit d'*interjeter appel* des jugements rendus par le Tribunal en matière correctionnelle, et de se *pourvoir en cassation* contre ces mêmes jugements, s'il y a lieu.

— Au *civil*, ses attributions sont plus simples. Il écoute les plaidoiries des avocats ou les observations des parties si elles les donnent en personne. Il prend ensuite la parole et *conclut* dans le sens de la prétention qui lui paraît justifiée. — Les conclusions du Ministère public sont imposées par la loi, à peine de nullité du jugement, toutes les fois que la cause intéresse l'*ordre public*, l'*Etat*, le *Domaine*, les *Communes*, les *femmes mariées*, les *mineurs*, les *interdits* dont il est le protecteur légal. Le Code civil et le Code de procédure civile (art. 83) déterminent, au reste, toutes les circonstances dans lesquelles son intervention est obligatoire. — Voy. COMMUNICATION AU MINISTÈRE PUBLIC.

Dans certaines affaires spéciales, comme, par exemple, dans les affaires concernant l'Administration de l'Enregistrement et des Domaines, il est seul entendu, les parties ne pouvant, aux termes de la loi, présenter leurs observations que par mémoires écrits. — Le Ministère public a encore d'autres attributions particulières. Il provoque des mesures d'utilité générale, telles que *l'interdiction des aliénés*, les *rectifications d'actes de l'état civil*, etc.

— Dans les Cours d'appel, le Procureur général et, à son défaut, ses Avocats généraux et ses Substituts, font leurs réquisitions ou donnent leurs conclusions, soit devant la Chambre des appels de police correctionnelle, soit devant la Chambre civile, comme le fait le Ministère public en première instance, et ils demandent ou repoussent la confirmation de la première décision.

Ils siègent également à la *Chambre des mises en accusation* et à la *Cour d'assises* qui, dans les chefs-lieux où réside la Cour d'appel, rentre dans les attributions de cette dernière.

— En matière correctionnelle, le Procureur général a le droit d'appeler, dans les cas déterminés par la loi, des décisions rendues par les Tribunaux de première instance et de se pourvoir en cassation contre les arrêts rendus par la Cour. On doit, en outre, mettre au nombre des attributions des Procureurs généraux la *surveillance* qu'ils exercent, soit par eux-mêmes, soit par les Procureurs de la République, sur les *Officiers ministériels* et les *Officiers publics* du ressort. Les plaintes formées contre ces derniers doivent donc leur être adressées.

Le Procureur général près la Cour de cassation et ses Avocats généraux ne participent pas à l'action publique, excepté dans quelques circonstances déterminées (Cod. instr. crim. art. 441 et suiv.); ils n'ont même pas la direction de cette action. Ils sont entendus dans toutes les affaires portées devant la Cour.

Le Procureur général près la Cour de cassation peut se pourvoir, dans l'*intérêt de la loi*, contre les arrêts ou jugements des Cours ou Tribunaux. — Voy. INTÉRÊT DE LA LOI.

MINISTRES. — Agents immédiats du Président de la République, les Ministres sont chargés, chacun en ce qui le concerne, de l'exécution des lois et des décrets ; leur autorité s'exerce par des arrêtés ou des instructions pour l'organisation et la marche des services publics, et par des décisions individuelles concernant les particuliers.

1. — Il y a actuellement 10 ministres. Ce sont : le *Garde des sceaux* Ministre de la *Justice ;* — le Ministre des *Affaires étrangères ;* — le Ministre de l'*Intérieur ;* — le Ministre des *Finances ;* — le Ministre de la *Guerre ;* — le Ministre de la *Marine* et des *Colonies ;* — le Ministre de l'*Instruction publique*, *des Cultes* et des *Beaux-Arts ;* — le Ministre du *Commerce* et de l'*Industrie ;* — le Ministre de l'*Agriculture ;* — le Ministre des *Travaux publics*.

Les attributions de chacun des Ministres forment ce qu'on appelle son *département*.

2. — Il y a, auprès des différents Ministères, des *Conseils*, *Comités*,

Commissions, dont le rôle principal est d'éclairer l'Administration. Tels sont : le *Conseil général des bâtiments civils*, le *Conseil général des Ponts et Chaussées*, le *Conseil général des Mines*, le *Conseil supérieur du Commerce et de l'Industrie*, le *Conseil supérieur de l'Instruction publique*, le *Conseil de santé des armées*, etc.

3. — Les Ministres ont le droit de réformer les actes des agents inférieurs de l'Administration placés sous leurs ordres, tels que Préfets, Recteurs, Généraux, etc.

Quant à leurs propres décisions, celles qui sont *d'administration pure* ne peuvent pas être attaquées devant le Conseil d'Etat ; celles, au contraire, qui sont rendues en *matière contentieuse* sont susceptibles de ce recours. Pour qu'il y ait lieu à se pourvoir au contentieux, il faut que la réclamation soit fondée sur un *droit acquis* qui se dit violé, et non sur un *simple intérêt* qui serait lésé.

4. — Voy. COUR DE JUSTICE.

MINORITÉ. — (Cod. civ. art. 388.) Du latin *minor*, moindre. — C'est la situation légale des personnes qui n'ont point encore atteint l'âge de 21 ans accomplis. La nature ne marquant pas également dans chaque individu l'époque où la raison est suffisamment développée, la loi a dû poser cette règle générale.

1. — Les mineurs se distinguent en mineurs *non émancipés* et mineurs *émancipés*. Les premiers sont sous la *puissance paternelle* ou en *tutelle* ; les seconds sont en curatelle. — Voy. PUISSANCE PATERNELLE ; — TUTELLE ; — ÉMANCIPATION.

2. — La loi entoure les mineurs d'une protection toute particulière. Ainsi, pour n'en donner que quelques preuves manifestes, elle les autorise à demander, dans le délai de dix ans à partir de leur majorité, l'*annulation des engagements* qu'ils ont contractés, malgré leur incapacité, lorsqu'il en est résulté pour eux un préjudice. (Cod. civ. art. 1310, 1305.) — Voy. LÉSION.

— Elle leur accorde, comme garantie de la bonne gestion de leurs tuteurs, une *hypothèque* sur les biens de ces derniers. (Cod. civ. art. 2121.) — Voy. HYPOTHÈQUE.

— Elle ne fait point courir contre eux, du moins en général, la *prescription*, qui se trouve ainsi suspendue tant que dure leur minorité. (Même Code, art. 2252.) — Voy. PRESCRIPTION, I.

— Elle exige que toutes les causes dans lesquelles ils sont intéressés soient communiquées au *Ministère public*, protecteur-né des incapables. (Cod. proc. civ. art. 83, § 6.) — Voy. COMMUNICATION AU MINISTÈRE PUBLIC.

— Elle veut que, lorsqu'un mineur traduit en Justice a moins de 16 ans, on examine avant tout s'il a agi avec ou sans *discernement*. (Cod. instr. crim. art. 340 ; Cod. pén. art. 66-69.) — Voy. DISCERNEMENT.

MISE EN DEMEURE. — Voy. DEMEURE. (*Mise en*)

MISES EN ACCUSATION. (CHAMBRE DES) — Voy. CHAMBRE DES MISES EN ACCUSATION.

MITOYENNETÉ. — (Cod. civ. art. 653-673.) — Cette expression complexe, formée des mots *moi*, *toi*, s'emploie pour indiquer la copropriété par portions indivises d'un objet intermédiaire (*mur*, *haie*, *fossé*) servant de séparation entre deux propriétés contiguës. — Voy. FOSSÉ ; — HAIE ; — MUR.

MIXTE. (ACTION) — Voy. ACTION MIXTE.

MIXTES. (COMMISSIONS) — Voy. COMMISSIONS MIXTES.

MIXTES. (TRAVAUX) — Voy. TRAVAUX MIXTES.

MOBILIER. — Voy. BIENS, III.

MOBILIÈRE. (ACTION) — Voy. ACTION MOBILIÈRE.

MOBILIÈRE. (CONTRIBUTION PERSONNELLE ET) — Voy. PERSONNELLE ET MOBILIÈRE. (*Contribution*)

MOBILISATION. — Elle peut avoir lieu par voie d'*affiches* et de *publications* sur la voie publique. En conséquence, tout homme à la disposition de l'autorité militaire ou faisant partie de la disponibilité et de la réserve de l'armée active, de l'armée territoriale et de la réserve de cette armée, doit se mettre en route de façon à arriver à son corps le jour fixé par l'ordre de mobilisation sans attendre la notification individuelle d'un ordre de route ou d'appel.

En cas de mobilisation ou de guerre, les Compagnies de chemins de fer mettent à la disposition du Ministre de la guerre tous les moyens nécessaires pour les mouvements et la concentration des troupes et du matériel de l'armée.

MODÉRATION D'IMPOT. (DEMANDE EN) — Voy. CONTRIBUTIONS, sect. I, IV.

MŒURS. — 1. — « *On ne peut déroger*, par des *conventions particulières*, aux lois qui intéressent l'ordre public et les *bonnes mœurs.* » (Cod. civ. art. 6.)

2. — Dans toute *disposition entre vifs* ou *testamentaire*, les *conditions contraires aux mœurs* sont *réputées non écrites.* (Cod. civ. art. 900.) — De semblables conditions entraînent, au contraire, la nullité des *contrats* (Cod. civ. art. 1172), parce que l'intention de faire une libéralité n'est plus ici prédominante et que la condition peut être regardée comme la cause unique du contrat, qui doit dès lors tomber avec elle.

3. — Voy. ATTENTATS AUX MŒURS.

4. — Tout *outrage aux bonnes mœurs* commis par la voie de la *presse*, ou par tout *autre moyen de publication* (discours, dessins, gravures, peintures, etc.) est puni d'un *emprisonnement* d'un mois à un an et d'une *amende* de 16 fr. à 500 francs. (Loi. art. 8.)

5. — Voy. MORALE.

MOIS. — Douzième partie de l'année.

1. — 7 mois sont de *trente et un* jours : *Janvier*, *Mars*, *Mai*, *Juillet*, *Août*, *Octobre* et *Décembre*; — 4 de *trente* jours : *Avril*, *Juin*, *Septembre* et *Novembre*; — *Février* a *vingt-huit* jours, et *vingt-neuf* tous les 4 ans, lors du retour de l'*année bissextile*.

2. — Dans le *calendrier républicain*, qui fut en usage de 1793 à 1805 inclusivement, l'année était divisée en 12 mois égaux de *trente* jours chacun : après les 12 mois suivaient 5 jours pour compléter l'année ordinaire; ces 5 jours n'appartenaient à *aucun mois*. — Chaque mois était *divisé* en 3 parties égales, de 10 jours chacune, appelées *décades*.

Les noms des jours de la décade étaient : *primidi*, *duodi*, *tridi*, *quartidi*, *quintidi*, *sextidi*, *septidi*, *octidi*, *nonidi*, *décadi*. — Les noms des mois étaient, pour l'AUTOMNE : *Vendémiaire*, *Brumaire*, *Frimaire*; — pour l'HIVER : *Nivôse*, *Pluviôse*, *Ventôse*; — pour le PRINTEMPS : *Germinal*, *Floréal*, *Prairial*; — pour l'ÉTÉ : *Messidor*, *Thermidor*, *Fructidor*.

Les 5 derniers jours s'appelaient les *sans-culottides*.

3. — Pour l'échéance des *lettres de change*, « les mois sont tels qu'ils sont fixés par le *calendrier grégorien* » (Cod. com. art. 132), c'est-à-dire de 31, 30, 29, ou 28 jours, comme nous l'avons mentionné plus haut. — D'après le Code pénal, au contraire, la peine à un mois d'emprisonnement « est de *trente jours*. » (Art. 40.)

MONNAIE. — Du latin *moneta*, celle qui avertit, surnom de Junon à Rome : c'est dans le temple de cette déesse qu'on fabriquait la monnaie; de là *moneta* prit le sens de *monnaie*. (Etymologie donnée par Littré.)

1. — « Du moment où les hommes ont pu, en multipliant les produits au delà des besoins de leur consommation habituelle, se créer un excédent, une réserve, ils ont dû naturellement chercher à utiliser cet excédent par de mutuels échanges. Le chasseur qui aura tué un daim, le pêcheur qui aura empli ses filets seront tout disposés à donner une portion de ce daim ou de cette pêche au potier, au cultivateur, au

cordonnier, en retour des vins, des aliments, des souliers dont ils ont besoin. C'est là la forme primitive de l'échange, forme grossière et matérielle qui est encore en honneur partout où la civilisation débute, partout où les peuples en sont encore à cet âge patriarcal que tant d'esprits avancés préconisent comme l'idéal du perfectionnement social. Mais, dès que l'activité humaine, se ramifiant dans mille directions, se spiritualisant dans les productions de l'industrie, de l'art, de l'intelligence, en vient à jeter d'innombrables variétés de produits sur des marchés de plus en plus élargis, le troc de la main à la main devient difficile, lent, impossible même. De plus, il peut, il doit arriver qu'au moment où le vigneron désire acheter un chapeau, un habit, le chapelier et le tailleur auxquels il offre son vin, déjà pourvus, ne demandent que du blé ou de la viande. A leur tour, le fermier ou le boucher peuvent n'avoir besoin d'aucune de ces denrées, ce qui paralyserait tout à coup l'échange ou forcerait chaque individu à quêter de porte en porte une partie prenante.

» De là l'intervention d'une marchandise spéciale servant d'expression, de dénominateur commun aux échanges et dont la valeur soit *relativement fixée;* de là la monnaie. Cette nécessité de choisir pour agent intermédiaire des opérations commerciales, pour agent de circulation, une marchandise acceptée par tous, en tous lieux, est même tellement impérieuse que, lorsque les Nations n'ont pas eu à leur disposition des métaux précieux, elles ont pris du fer, du cuivre, du sel, etc. » (Instruction pour le peuple. *Cent traités sur les connaissances les plus indispensables*, t. II, p. 2919.)

2. — Les monnaies françaises sont assujetties au *système métrique décimal des poids et mesures.* — Voy. POIDS ET MESURES.

L'*unité monétaire* est le *franc*, qui pèse *cinq grammes.*

Les *unités secondaires* sont le *décime* (10e du franc) et le *centime* (100e du franc). — Il n'y a *pas de dénomination* particulière pour les *multiples* du franc.

— Le tableau suivant fait connaître la *valeur*, le *diamètre* et le *poids* des 14 pièces dont se compose la série des monnaies en circulation:

INDICATION ET VALEUR DES PIÈCES.		DIAMÈTRE DES PIÈCES.	POIDS DES PIÈCES.
		millimètres.	grammes.
5 en OR	100 francs.....	35	32,258.
	50	28	16,129.
	20	21	6,45161.
	10	19	3,22580.
	5	17	1,61290.
5 en ARGENT	5 francs.....	37	25.
	2	27	10.
	1	23	5.
	1/2	18	2,5.
	1/5 (20 centimes).	15	1.
4 en CUIVRE.	10 centimes...	30	10.
	5	25	5.
	2	20	2.
	1	15	1.

— La loi du 31 juillet 1879 a substitué le système de la *régie* au système de l'entreprise dans la fabrication des monnaies.

3. — Il n'existe plus que 2 *hôtels monétaires* pour la fabrication des espèces d'or, d'argent et de bronze. Ils ont une *lettre* ou marque qui sert à distinguer les pièces sorties de leurs presses. Ces marques sont : pour *Paris* A ; — pour *Bordeaux* K.

4. — Une *lettre de change* doit être *payée* dans la *monnaie qu'elle indique*. (Cod. com. art. 143.) — Voy. EFFETS DE COMMERCE, IX.

5. — Sont punis d'*amende*, depuis 6 fr. jusqu'à 10 fr. inclusivement, ceux qui « ont refusé de recevoir les espèces et monnaies nationales, non fausses, ni altérées, selon la valeur pour laquelle elles ont cours. » — En cas de *récidive*, la peine de l'*emprisonnement* pendant 5 jours au plus est toujours prononcée. (Cod. pén. art. 475, n° 11 ; 478.)

6. — La monnaie de *cuivre* ou de *billon* ne peut être donnée en payement, si ce n'est de gré à gré, que pour l'*appoint de la pièce de 5 francs*. (Déc. 18 août 1810.)

7. — Dans les *payements* de 500 francs et au-dessus, en *pièces d'argent*, le débiteur est obligé de fournir le sac et la ficelle moyennant une retenue de 10 centimes par sac contenant au moins 1 000 fr. (Déc. 1er juillet 1809, 17 novembre 1852.) — Voy. PASSE DE SACS.

8. — Pour ce qui concerne la *contrefaçon* ou *l'altération* des monnaies (Cod. pén. art. 132-138), voy. FAUX, I.

9. — RÉSULTATS GÉNÉRAUX DE LA FABRICATION DES MONNAIES (1795 AU 31 DÉCEMBRE 1883). PIÈCES EN CIRCULATION.

OR		ARGENT		BRONZE	
NATURE des pièces.	VALEUR	NATURE des pièces.	VALEUR	NATURE des pièces.	VALEUR
Pièces de	fr. c.	Pièces de	fr. c.	Pièces de	fr. c.
100 fr...	55 396 900 00	5 fr.	5 060 606 240 00	10 cent.	33 739 573 90
50 —	46 833 400 00	2 —	80 144 084 00	5 —	26 975 347 55
40 —	204 432 360 00	1 —	101 985 552 00	2 —	1 898 706 52
20 —	7 168 602 800 00	50 cent.	49 459 259 50	1 —	1 177 596 93
10 —	965 051 690 00	20 —	2 501 728 60		
5 —	210 947 190 00				
	(a) fr. c. 8 651 204 340 00		(b) fr. c. 5 297 079 864 10		(c) fr. c. 63 791 224 90
	11 012 679 864 fr. 10 cent.				

(A). Ce total ne comprend pas 71 082 860 fr. d'or démonétisé (pièces de 10 et de 5 fr.).

(B). Ce total ne comprend pas 222 166 304 fr. 25 cent. d'argent démonétisé (pièces de 25 centimes, 2 fr., 1 fr., 50 cent., et 20 cent. retirées de la circulation).

(C). Les monnaies de bronze émises en vertu de la loi du 6 mai 1852 ont été fabriquées avec les matières provenant de la fonte des anciens sous. Les fabrications exécutées d'après les lois des 18 juillet 1860 et 2 août 1872 ont été faites avec des métaux neufs.

10. — MONNAIES ADMISES DANS LA CIRCULATION.

MONNAIES NATIONALES.

Or.

Pièces de 100 fr., 40 fr. et 20 fr., sans distinction de millésime.

Pièces de 10 fr. et de 5 fr., aux millésimes de 1856 et années suivantes.

Les pièces de 10 fr. du diamètre de 17 millimètres et les pièces de 5 fr. du diamètre de 14 millimètres frappées antérieurement à 1856 ont été démonétisées. (Déc. 7 avril 1855 et 19 février 1859.)

Argent.

Pièces de 5 fr. sans distinction de millésime.

Pièces de 2 fr. et 1 fr. aux millésimes de 1866 et années suivantes.

Pièces de 0,50 et 0,20 cent. aux millésimes de 1864 et années suivantes.

Toutes les pièces divisionnaires de 2 fr. et de 1 fr. portant un millésime antérieur à 1866 et les pièces de 0,50 et de 0,20 cent. portant un millésime antérieur à 1864 ont été démonétisées et ont cessé d'avoir cours à partir du 1er janvier 1869. (Loi 14 juillet 1866.)

Bronze.

Pièces de 0,10, 0,05, 0,02 et 0,01 c. frappées à partir de 1852 inclusivement.

Les pièces nationales d'or et d'argent sont admises par les caisses publiques sans limitation de quantité ; les pièces de bronze pour l'appoint de 5 francs seulement.

MONNAIES ÉTRANGÈRES.

Or.

Monnaies à l'effigie des Etats signataires de la convention du 6 novembre 1885 ou ayant adhéré à cette convention.

Belgique, Grèce, Italie, Suisse.

Pièces de 100, 50, 20, 10 et 5 fr.

Monnaies à l'effigie de la *principauté de Monaco.*

Pièces de 100 et 20 francs.

Monnaies de l'*Autriche-Hongrie.*

Pièces de 8 et 4 florins (20 et 10 francs).

Dans les monnaies italiennes sont comprises les pièces de 20 et 10 fr. de l'ancien royaume du Piémont et celles de 40 et 20 fr. de l'ancien royaume d'Italie.

Argent.

Monnaies à l'effigie des Etats signataires de la convention du 6 novembre 1885 ou ayant adhéré à cette convention.

Belgique, Grèce, Italie, Suisse.

Pièces de 5 fr. sans distinction de millésime à l'effigie des quatre Etats ci-dessus.

Dans les pièces italiennes sont comprises les pièces de l'ancien royaume du Piémont et de l'ancien royaume d'Italie.

Pièces de 2 fr., 1 fr., 0,50 cent. et 0,20 cent., savoir :

Pièces	*Belges,*	aux millésimes de	1866	et années suivantes;
—	*Grecques,*	—	1868	—
—	*Suisses,*	—	1866	—
—	*Italiennes,*	—	1863	—

La circulation en France des monnaies divisionnaires d'argent italiennes, momentanément suspendue en exécution de l'article 8 de la convention du 5 novembre 1878, est rétablie par la nouvelle convention.

Bronze, cuivre ou nickel.

Aux termes des articles 1 et 2 du décret du 11 mai 1807 et de l'article 1, § 2, de la loi du 22 juin 1846, l'introduction et la circulation en France des monnaies *étrangères* de *cuivre* et de *billon* sont *prohibées*.

— Les pièces d'or et d'argent de 5 francs des pays de l'union monétaire sont admises par les caisses publiques *sans limitation de quantité;* les pièces divisionnaires d'argent des mêmes pays *jusqu'à concurrence de* 100 *francs seulement* dans chaque payement.

MONTAGNE. (TERRAINS EN) — (Loi 4 avril 1882; déc. 11 juillet 1882.)

Une loi du 4 avril 1882 relative à la *restauration* et à la *conservation* des terrains en montagne a remplacé les lois, reconnues défectueuses et insuffisantes, du 28 juillet 1860 sur le *reboisement* et du 8 juin 1864 sur le *gazonnement* des montagnes.

L'économie de la loi nouvelle est celle-ci : Lorsque la nécessité de la restauration de terrains en montagne a été reconnue, les propriétaires, après entente avec l'Etat, se chargent d'exécuter les travaux qui leur sont indiqués par l'administration forestière et s'obligent à les entretenir sous le contrôle et la surveillance de cette administration; — ou bien l'Etat devient propriétaire des terrains qui doivent être restaurés, les acquérant à l'amiable, s'il est possible, et, au cas contraire, par une expropriation pour cause d'utilité publique. Les travaux y sont ensuite exécutés à ses frais par les soins de l'Administration, qui en conserve la garde et pourvoit à leur entretien.

— Pour l'exécution de la loi du 4 avril 1882, un *règlement d'administration publique* a été rendu le 11 juillet de la même année.

MONTS-DE-PIÉTÉ. — (Loi 24 juin 1851.) — Etablissements privilégiés de prêts sur gages.

1. — En 1450, un religieux de l'ordre des Frères mineurs, le père Barnabé de Terni, prêcha à Pérouse contre les bureaux de prêt tenus par les Juifs dont la rapacité produisait de grands maux en Europe. A cette époque, en effet, les Juifs étaient les seuls prêteurs, et ils prêtaient à un taux si élevé que les pauvres ne pouvaient emprunter. La parole du Frère mineur excita la compassion de son auditoire, et une quête permit de fonder sous le nom de *Monte di Pieta*, ou *Banque de charité*, un établissement qui ferait aux pauvres des prêts gratuits, sous la condition d'une légère redevance pour les frais de service.

Telle est l'*origine* des Monts-de-Piété. Le premier établissement de ce genre en France fut fondé à Avignon, en 1577. Celui de Paris n'a été ouvert que le 1er janvier 1778.

La Révolution, considérant comme des privilèges les droits dont jouissaient les Monts-de-Piété, les abolit, mais leur disparition donna naissance aux maisons de prêts sur gages, tenues par d'avides spéculateurs, et les excès qui en résultèrent firent, quelques années après, rétablir les Monts-de-Piété.

2. — Les Monts-de-Piété sont *institués*, avec l'assentiment des Conseils municipaux, par décrets rendus dans la forme des règlements d'administration publique. Ils sont *administrés* par un Conseil dont la présidence appartient au Maire de la Commune, et, à Paris, au Préfet de la Seine.

MONUMENTS. (DÉGRADATION DE) — Voy. DÉGRADATION DE MONUMENTS.

MORALE. — Science des mœurs. — C'est elle qui donne à l'homme des règles pour faire le bien et éviter le mal. Aussi ancienne que le genre humain, on peut lui appliquer cette belle définition de Cicéron : « Oui, il est une loi véritable, la droite raison, conforme à la nature, inscrite dans tous les cœurs, immuable, éternelle, dont la voix nous trace nos devoirs, dont les menaces nous détournent du mal, sans que jamais ses ordres ou ses défenses soient perdus pour les bons, ou que les méchants s'y montrent sensibles. Cette loi, on n'en saurait rien changer, ni retrancher; on ne peut la détruire : il n'est ni sénat ni peuple qui nous en puisse affranchir : elle n'a besoin ni de commentateur, ni d'interprète : elle est la même dans Athènes, la même dans Rome ; la même aujourd'hui, la même demain ; toujours une, éternelle, immuable, elle embrasse tous les peuples et tous les temps : le souverain de l'univers, le Dieu qui l'a conçue, discutée, publiée, est le seul aussi qui nous l'enseigne à tous ; ne pas lui obéir, c'est se fuir soi-même, c'est dépouiller son caractère d'homme, c'est s'infliger le châtiment le plus terrible, même quand on échapperait à ce que nous regardons comme des supplices. » (*Du Gouvernement*, liv. III, 17.)

1. — La *morale* ne doit pas être confondue avec le *droit*. — « Voici, » dit M. Dalloz, « les points principaux par lesquels il est possible de les distinguer l'un de l'autre : 1° le *droit* dirige la conduite de l'homme, c'est-à-dire sa volonté dans sa manifestation extérieure ; il régit les actes externes, et les actes externes seulement. La *morale* pénètre plus avant ; elle régit le simple acte de vouloir, l'intention indépendamment de toute manifestation extérieure. Les faits de conscience, les actes purement internes rentrent dans son domaine, tandis qu'ils ne peuvent jamais faire l'objet du droit. — 2° Le *droit* a pour objet nos rapports externes ou sociaux avec nos semblables seulement ; la *morale* dirige notre conduite, non seulement envers eux, mais encore envers Dieu, envers nous-mêmes, et même vis-à-vis des autres êtres animés ou inanimés. — 3° Le but du *droit*, c'est la conservation, le maintien de la société actuelle, le bonheur de l'homme dans cette vie ; la *morale* a un but plus élevé, elle a pour but la perfection morale de l'individu, le bonheur d'une autre vie. — De ces différences fondamentales découlent, comme conséquence, des différences dans les prescriptions de la morale et celles du droit. Le *droit* prescrit un devoir social externe ; la *morale* prescrit la vertu. Le *droit* a toujours, ou peut du moins toujours avoir une sanction externe ; la *morale* ne le peut pas. On peut forcer les hommes à être sociables, à remplir leurs devoirs sociaux ; on ne peut les forcer à être vertueux. En déterminant les différences de la morale et du droit, nous ne prétendons nullement établir un antagonisme entre eux ; le droit ne peut pas prescrire tout ce que prescrit la morale, mais il ne saurait prescrire le contraire ; il n'est même, à proprement parler, qu'une partie de la morale. » (*Répertoire de Jurisprudence*, art. *Droit naturel et des gens*, 3). — C'est ce qui a inspiré à un jurisconsulte romain cette réflexion fort juste : « *Tout ce qui est permis n'est pas honnête.* »

2. — La loi du 29 juillet 1881 sur la liberté de la presse a fait disparaître le délit d'*outrage à la morale publique ou religieuse* en ne maintenant que celui d'*outrage aux bonnes mœurs.*

3. — L'instruction *morale* figure au 1er rang du programme des matières de l'enseignement primaire énumérées dans l'article 1er de la loi du 28 mars 1882.

MORATOIRES. (INTÉRÊTS) — Voy. INTÉRÊT, III.

MORT. — 1. — Voy. CIMETIÈRE ; — COUPS ET BLESSURES ; — DÉCLARATION DE SUCCESSION ; — DUEL ; — EMPOISONNEMENT ; — HOMICIDE ; — INFANTICIDE.

2. — Pour ce qui concerne les *déclarations de décès* (Cod. civ. art. 77 et suiv.), voy. ACTES DE L'ÉTAT CIVIL, III, 3°.

3. — En cas de mort de l'*adoptant* après que l'acte constatant la volonté de former le contrat d'adoption a été reçu par le Juge de paix et porté devant les Tribunaux, mais avant que ceux-ci aient définitivement prononcé, l'instruction est continuée et l'adoption admise s'il y a lieu. (Cod. civ. art. 360.) — Voy. ADOPTION.

4. — Si le *tuteur officieux* vient à mourir sans avoir adopté son pupille, il est fourni à celui-ci, durant sa minorité, des moyens de subsistance. (Cod. civ. art. 367.) — Voy. TUTELLE OFFICIEUSE, III.

5. — A la mort de l'un des *époux*,

la *tutelle* des enfants mineurs et non émancipés appartient de plein droit au survivant des père et mère. (Cod. civ. art. 390.) — Voy. TUTELLE, I.

6. — L'*usufruit*, l'*usage* et l'*habitation* prennent fin par la mort de l'usufruitier, de l'usager ou de celui qui avait un droit d'habitation. (Cod. civ. art. 617, 625.) — Voy. USUFRUIT; — USAGE; — HABITATION.

7. — La mort seule ouvre la *succession* d'une personne. (Cod. civ. art. 718.) — Voy. SUCCESSIONS.

8. — Sont indignes de succéder, et, comme tels, *exclus des successions :* 1° celui qui serait condamné pour avoir donné ou tenté de donner la mort au défunt ; — 2° celui qui a porté contre le défunt une dénonciation *capitale* (c'est-à-dire tendant à faire condamner à la peine de mort) jugée calomnieuse ; — 3° l'héritier majeur qui, instruit du meurtre du défunt, ne l'a pas dénoncé à la Justice. (Cod. civ. art. 727.) — Voy. SUCCESSIONS, I.

9. — Le contrat de *louage des choses* n'est point résolu par la mort du bailleur ni par celle du preneur. (Cod. civ. art. 1742.)

Le contrat de *louage d'ouvrage* est dissous par la mort de l'ouvrier, de l'architecte ou entrepreneur. (Cod. civ. art. 1795.) — Voy. LOUAGE, sect. I, I, § 3, 4 ; — sect. II, III, 5.

10. — L'article 1865 du Code civil place au nombre des causes qui mettent fin à la *société* la mort de l'un des associés. — Il est permis, toutefois, de déroger à cette disposition. (Art. 1868). — La loi du 24 juillet 1867 sur les sociétés a érigé en règle générale, à l'égard des *sociétés* dites *à capital variable* (coopératives), ce que la volonté des parties peut exceptionnellement établir. Aux termes de l'article 54, les sociétés de cette nature *ne sont point dissoutes par la mort des associés.* — Voy. SOCIÉTÉ, sect. II.

11. — Tout contrat de *rente viagère* créée sur la tête d'une personne qui était morte au jour du contrat ne produit aucun effet. Il en est de même du contrat par lequel la rente a été créée sur la tête d'une personne atteinte de la maladie dont elle est décédée dans les vingt jours de la date du contrat. (Cod. civ. art. 1974, 1975.) — Voy. RENTE VIAGÈRE.

12. — Le *mandat* finit par la mort du mandant ou du mandataire. (Cod. civ. art. 2003.) — Voy. MANDAT, IV.

13. — Sont *privilégiés* sur les meubles et les immeubles les *frais funéraires.* (Cod. civ. art. 2101, 2104.) — Voy. PRIVILÈGE.

14. — Pour ce qui concerne la propriété des effets mobiliers apportés dans les hospices par les malades qui y sont morts après y avoir été traités gratuitement, voy. HOSPICES — HÔPITAUX, 6, 7.

15. — Les délais de l'*appel* sont suspendus par la mort de la partie condamnée. (Cod. proc. civ. art. 447.) — Voy. APPEL, II, 1.

16. — Le délai de trois ans exigé pour la *péremption d'instance* est prolongé de six mois en cas de mort de l'une des parties ou des avoués. (Cod. proc. civ. art. 397.) — Voy. PÉREMPTION D'INSTANCE.

17. — La mort de celui sur qui la *lettre de change* était tirée ne dispense pas le porteur du *protêt faute de payement.* (Cod. com. art. 163.) — Voy. EFFETS DE COMMERCE, XI.

18. — La *faillite* d'un commerçant peut être déclarée après sa mort, lorsqu'il est décédé en état de cessation de payements ; mais elle doit l'être dans l'année qui suit le décès. (Cod. com. art. 434.) — Voy. FAILLITE.

19. — Tout *condamné à mort* a la *tête tranchée.* (Cod. pén. art. 12.) — Voy. GUILLOTINE ; — PARRICIDE ; — SUPPLICIÉS.

Tout individu condamné à la *même peine* par un *Conseil de guerre* ou par un *Tribunal de la marine* est *fusillé.* Les *forçats* et les *pirates* ont la *tête tranchée.* (Cod. just. mil. *armée de terre*, art. 187 ; *armée de mer*, art. 239.)

MORT CIVILE. — (Loi 31 mai 1854.)

1. — Par une fiction de la loi, tout individu condamné à la peine de *mort*, aux *travaux forcés à perpétuité* ou à la *déportation*, était autrefois réputé *mort aux yeux de la Société :* sa succession était ouverte au profit de ses héritiers légaux; — retranché de la famille comme de la Société, il ne pouvait être l'objet d'aucune libéralité; — les biens qui lui étaient échus après sa condamnation tombaient en déshérence et faisaient retour à l'Etat; — dépouillé de sa personnalité civile, il était incapable de contracter une union légitime; — le mariage qu'il avait contracté précédemment était dissous; son conjoint devenait veuf par l'autorité de la loi, comme il le serait devenu par la mort naturelle.

Si la condamnation avait été prononcée par contumace, la mort civile n'était encourue qu'à l'expiration des cinq années pendant lesquelles le condamné pouvait se présenter; mais si, après cette époque, il parvenait à la faire tomber par un jugement contradictoire, c'était en vain qu'il recouvrait la vie civile pour l'avenir; — son patrimoine n'en restait pas moins acquis à ses héritiers; — son mariage était irrévocablement dissous...

La nécessité de faire disparaître de nos Codes une institution qui blessait la morale par tant de côtés était depuis longtemps proclamée, lorsqu'elle fut enfin abolie en 1854.

2. — A la mort civile la loi du 31 mai 1854 a substitué une triple déchéance, savoir:

La *dégradation civique* du condamné (voy. DÉGRADATION CIVIQUE);

Son *interdiction légale* (voy. INTERDICTION, sect. II);

L'*incapacité* de *disposer* de ses biens en tout ou en partie, soit par donation entre vifs, soit par testament, ou de *recevoir* au même titre, si ce n'est pour cause d'aliments, et enfin la *nullité du testament* fait antérieurement à sa condamnation contradictoire devenue définitive, ou, s'il a été condamné par contumace, avant l'expiration des cinq années qui ont suivi l'exécution par effigie et pendant lesquelles le condamné peut se représenter.

— Le Gouvernement a la faculté de relever le condamné à une peine afflictive perpétuelle de tout ou partie des incapacités ci-dessus mentionnées.

MORT-NÉ. — L'enfant simplement conçu étant capable d'acquérir des droits, à la double condition de naître *vivant et viable* (Cod. civ. art. 725, 906), il est très important de savoir si l'enfant est né *vivant* ou s'il est *mort-né*. Le législateur n'a pas voulu que l'acte dressé par l'Officier de l'État civil pût avoir aucune influence sur la solution de cette question. — Aux termes du décret du 3 juillet 1806, lorsque le cadavre d'un enfant dont la naissance n'a pas été enregistrée est présenté à l'Officier de l'Etat civil, cet Officier *ne doit pas exprimer* que l'enfant lui a été présenté comme un enfant *mort-né*, ou qu'il est *mort quelques instants* ou *quelques jours après sa naissance ;* il doit se borner à mentionner ce fait qu'on lui a présenté un enfant *sans vie*, et il dresse alors, non pas un acte de naissance, mais un *acte de décès*. — La question de savoir si l'enfant a eu vie ou non reste donc entière : elle n'est résolue que par le témoignage des personnes présentes à l'accouchement ou par la constatation des gens de l'art.

MORVE. — Maladie contagieuse propre aux espèces *chevaline* et *ovine*. — Voy. ÉPIZOOTIES.

MOTIFS DES JUGEMENTS. — Voy. JUGEMENTS, 2; — DISPOSITIF.

MOULINS. — Du latin *mola*, meule.

1. — Les moulins à vent ou à eau, *fixés sur piliers* et faisant partie du bâtiment, sont *immeubles*. — Les moulins *sur bateaux* sont *meubles* (Cod. civ. art. 519, 531); cependant, à cause de leur importance, leur *saisie* est soumise à des for-

malités particulières (Cod. proc. civ. art. 620). — Voy. BIENS ; — SAISIE-EXÉCUTION.

2. — La construction des moulins *à vent* n'est *pas soumise à la permission préalable* de l'Administration ; mais, dans chaque Commune, l'Autorité municipale étant spécialement chargée par la loi du 24 août 1790 (tit. XI, art. 3) d'assurer la facilité et la sûreté des communications, peut décider que ces moulins ne seront établis qu'à telle distance des chemins, afin notamment de ne pas effaroucher les chevaux, soit par la rotation des roues, soit par la projection de l'ombre des ailes sur la route.

3. — Il en est différemment des moulins *à eau :* leur établissement est assujetti à l'*autorisation préfectorale.*

MOUVEMENT DE LA POPULATION. — Voy. RECENSEMENT.

MUNICIPAL. (CONSEIL) — Voy. CONSEIL MUNICIPAL.

MUR. — Ouvrages en pierres ou autres matériaux destinés à *clore*, à *séparer*, ou à *soutenir* des héritages.

1. — Tout mur servant de séparation entre bâtiments jusqu'à l'héberge (c'est-à-dire jusqu'au toit du bâtiment le moins élevé, lorsqu'il ne sont pas d'égale hauteur), ou entre cours et jardins, et même entre enclos dans les champs, est *présumé mitoyen*, s'il n'y a titre ou marque du contraire.

— Il y a *marque de non-mitoyenneté :* 1° Quand la sommité du mur est *perpendiculaire* d'un côté et présente de l'autre un *plan incliné :* — celui-là est réputé seul propriétaire sur le fonds duquel le mur présente son plan incliné, puisque, seul, il supporte la servitude des eaux pluviales.

2° Quand il n'y a que *d'un côté* ou un *chaperon* ou des *filets :* — on entend par *chaperon* une sorte de toit placé au haut du mur, et par *filets* la partie du chaperon qui déborde le mur pour prévenir les détériorations qu'occasionnerait la chute de l'eau. Cette marque de non-mitoyenneté se confond, du reste, avec celle dont il vient d'être question.

3° Quand il n'existe que *d'un côté* des *corbeaux* de pierre, c'est-à-dire des pierres en saillie destinées à supporter les poutres ou solives d'un bâtiment construit ou à construire plus tard.

2. — La *réparation* et la *reconstruction* du mur mitoyen sont à la *charge* de tous ceux qui y ont droit, et proportionnellement au droit de chacun. — Cependant tout copropriétaire d'un mur mitoyen peut *se dispenser* de contribuer à ces frais en *abandonnant* son droit de mitoyenneté, pourvu que le mur mitoyen ne soutienne pas un bâtiment qui lui appartienne.

3. — Tout copropriétaire *peut faire bâtir* contre un mur mitoyen, et y *faire placer* des *poutres* ou *solives* dans toute l'épaisseur du mur, à 54 millimètres (2 pouces) près, sans préjudice du droit qu'a le voisin de faire réduire à l'ébauchoir la poutre jusqu'à la moitié du mur, dans le cas où il voudrait lui-même asseoir des poutres dans le même lieu, ou y adosser une cheminée.

4. — Tout copropriétaire *peut faire exhausser* le mur mitoyen, mais il doit acquitter *seul* la *dépense* de l'exhaussement, ainsi que les *réparations d'entretien au-dessus de la hauteur de clôture commune.* En outre, comme la *surcharge* provenant de l'exhaussement sera, pour la partie du mur restée mitoyenne, une cause de réparations plus fréquentes, il doit payer au voisin une *indemnité* suivant la valeur de cet exhaussement.

Si le mur mitoyen n'est *pas en état de supporter l'exhaussement*, celui qui veut l'exhausser est forcé de le faire reconstruire *en entier et à ses frais*, et l'excédent d'épaisseur se prend de son côté.

5. — Le voisin qui n'a pas contribué à l'exhaussement peut en acquérir la moitié en payant la *moitié de la dépense* qu'il a coûtée et la *valeur de la moitié du sol* fourni

pour l'excédent d'épaisseur, s'il y en a.

Tout propriétaire joignant un mur a de même la faculté de le rendre mitoyen *en tout* ou *en partie*, en remboursant au maître du mur la *moitié* de *sa valeur*, ou la *moitié* de la *valeur de la portion* qu'il veut rendre mitoyenne, et *moitié* de la *valeur du sol* sur lequel le mur est bâti.

6. — L'un des voisins ne peut pratiquer dans le corps d'un mur mitoyen *aucun enfoncement*, ni y appliquer ou appuyer *aucun ouvrage*, sans le consentement de l'autre, ou sans avoir, à son refus, fait régler par experts les moyens de ne pas nuire aux droits de ce dernier.

MUSÉUM D'HISTOIRE NATURELLE. — Grand établissement scientifique situé à Paris, et vulgairement appelé *Jardin des Plantes*.

1. — *Fondé* en 1635 par Guy de la Brosse, médecin de Louis XIII, et aux frais du Roi, l'établissement fut ouvert en 1640, sous le nom de *Jardin Royal des Herbes médicinales*, nom qu'il changea quelque temps après pour celui de *Jardin du Roi*, et, en 1793, pour celui de *Muséum d'histoire naturelle*,

2. — Il *se compose* de plusieurs galeries où se trouvent disposées méthodiquement des *collections* appartenant aux *trois règnes de la nature*; — d'un vaste jardin dont plusieurs parties, ouvertes aux élèves, sont destinées à l'étude de la *botanique* et de la *culture*; — de *serres chaudes* et de *serres tempérées*; — d'une *ménagerie d'animaux vivants*; — d'une *bibliothèque* d'histoire naturelle, et d'amphithéâtres pour des *cours publics*.

3. — Les cours, au nombre de 19, embrassent les matières ci-après :

Physiologie générale; — *Anatomie comparée*; — *Anthropologie*; — *Zoologie* : Mammifères et Oiseaux ; — *Zoologie* : Reptiles et Poissons ; — *Zoologie* : Insectes, Crustacés et Arachnides ; — *Zoologie* : Annélides, Mollusques et Zoophytes ; — *Organographie* et *Physiologie végétale*; — *Classifications et familles naturelles*; — *Culture*; — *Géologie*; — *Minéralogie*; — *Paléontologie*; — *Physique appliquée aux sciences naturelles*; — *Physique végétale*; — *Chimie appliquée aux corps organiques*; — *Chimie appliquée aux corps inorganiques*; — *Pathologie comparée*; — *Physiologie végétale*.

4. — Le Jardin du Muséum *fournit* aux Etablissements publics qui lui sont analogues des *graines* d'arbres et de plantes utiles aux progrès de la botanique, de l'agriculture et des arts.

MUTATION. (DROITS DE) — Voy. DROITS DE MUTATION.

MUTILATION. — Voy. ARBRES, 6 ; — DÉGRADATION DE MONUMENTS.

MYRIAGRAMME. — Mesure de *pesanteur*, représentant 10 000 grammes. — Voy. POIDS ET MESURES.

MYRIAMÈTRE. — Mesure de *longueur*, équivalant à 10 000 m. — Voy. POIDS ET MESURES.

MYSTIQUE. (TESTAMENT) — Voy. TESTAMENT.

N

NAISSANCE. (ACTE DE) — Voy. ACTES DE L'ÉTAT CIVIL.

NANTISSEMENT. — (Cod. civ. art. 2071-2091.) — Contrat par lequel un débiteur remet une chose à son créancier pour sûreté de la dette.

L'étymologie du mot *nantissement* vient du saxon *Nam*, qui signifie *saisie d'un gage*, d'où la vieille expression française *Nampt*, comme synonyme de gage.

1. — Il n'est pas toujours pru-

dent de s'en rapporter à la bonne foi de son débiteur, et, alors même que la probité de ce dernier serait établie de la manière la plus solide, la prévoyance doit faire songer au créancier que des circonstances imprévues, indépendantes de la volonté du débiteur, des revers de fortune, par exemple, peuvent le mettre dans l'impossibilité de remplir ses engagements. De là, l'utilité de stipuler des sûretés particulières, telles que celles résultant du cautionnement, de l'hypothèque ou du nantissement.

2. — La chose donnée en nantissement peut être *mobilière* ou *immobilière*. Dans le premier cas, le contrat prend le nom de *gage ;* dans le second, celui d'*antichrèse*.

SECT. I. — **DU GAGE.** — (Cod. civ. art. 2073-2084.)

1. — *Toutes les choses mobilières* dont on a la libre disposition peuvent être données en gage.

2. — Le gage confère au créancier le *droit* de se faire payer sur la chose qui en est l'objet, par privilège et préférence aux autres créanciers.

3. — *Pour éviter les fraudes* des débiteurs et les complaisances de leurs complices, la loi a dû exiger des preuves sérieuses établissant à l'égard des tiers l'existence du gage. Tel est le but de l'article 2074, aux termes duquel le privilège ne peut être invoqué qu'autant que le créancier est porteur d'un *acte public* ou d'un *acte sous seing privé enregistré*, contenant la déclaration de la somme due, ainsi que l'espèce et la nature des choses remises en gage, ou un état annexé de leur qualité, poids et mesure.

Toutefois, la rédaction d'un acte et son enregistrement ne sont prescrits qu'en matière *excédant la valeur de* 150 *fr.* — Au-dessous de cette somme, l'intérêt a paru trop minime pour exiger une formalité coûteuse.

4. — La mise en gage des meubles *incorporels*, tels que créances, actions, titres de rente, effets de commerce, est autorisée comme celle des meubles corporels ; mais le privilège du créancier ne s'établit que par *acte* public ou sous seing privé enregistré et *signifié* au débiteur de la créance donnée en gage. L'utilité de cette signification est manifeste. En obligeant le créancier à se montrer aux tiers et à rendre son droit notoire, la loi prévient les dissimulations.

5. — Le gage peut être donné *par un tiers* pour le débiteur.

6. — Lorsqu'une *créance* donnée en gage est *productive d'intérêts*, le créancier gagiste doit les imputer sur ceux qui lui sont dus par son débiteur. — Si la dette, pour sûreté de laquelle une créance de ce genre a été donnée, n'est pas elle-même productive d'intérêts, l'imputation se fait, en déduction, sur le capital.

7. — A moins que le créancier détenteur du gage n'en abuse, le débiteur ne *peut en réclamer la restitution* qu'après s'être entièrement acquitté tant en principal qu'en intérêts et frais.

8. — Le créancier ne peut *jamais*, par le seul défaut de payement au terme convenu, *s'approprier le gage*. Ses droits se bornent à faire ordonner en Justice, ou que le gage lui restera pour sa valeur estimée par experts, ou qu'il sera vendu aux enchères. Toute stipulation contraire est nulle. — En édictant cette sage disposition, le législateur a songé que, pressé par le besoin, un débiteur remettra souvent à son créancier un gage supérieur au montant de la dette, dans l'espoir de pouvoir le retirer en s'acquittant. Or, il y aurait eu un odieux abus à permettre que la propriété d'un objet précieux, qui n'aurait ainsi servi qu'à payer une dette modique, appartînt au créancier, de plein droit, à défaut de payement au terme convenu. C'eût été enrichir le créancier en ruinant le débiteur.

9. — Le gage n'étant entre les mains du créancier qu'un *dépôt* qui assure son privilège, il était juste de l'astreindre à veiller à la conservation de la chose confiée à ses mains.

Aussi la loi le déclare-t-elle *responsable* de la perte ou détérioration survenue par sa négligence. — Mais, de son côté, le débiteur doit tenir compte au créancier des *dépenses utiles et nécessaires* que celui-ci a faites pour la conservation du gage.

SECT. II. — **DE L'ANTICHRÈSE.** — (Cod. civ. art. 2085-2091.)

1. — L'antichrèse (du grec *anti*, à la place de, et *krésis*, jouissance) est le nantissement des *immeubles*. — C'est une sûreté qui consiste, pour le créancier (on l'appelle *antichrésiste*), dans la mise en possession d'un immeuble appartenant au débiteur, avec faculté d'en percevoir les fruits pour les imputer annuellement sur les intérêts, s'il lui en est dû, et ensuite sur le capital de sa créance.

2. — L'antichrèse ne s'établit que *par écrit*.

3. — A moins de conventions contraires, le créancier est obligé de payer les *contributions* et autres *charges annuelles* de l'immeuble qu'il tient en antichrèse; mais, bien entendu, ce n'est pas à ses dépens que ce payement s'effectue, c'est sur les fruits de l'immeuble.

Il doit également, sous peine de dommages-intérêts, pourvoir à l'*entretien* et aux *réparations* utiles et nécessaires de l'immeuble, à l'aide d'un prélèvement sur les fruits.

4. — Le débiteur ne peut, avant l'entier acquittement de sa dette, *réclamer la jouissance* de l'immeuble qu'il a mis en antichrèse. Le créancier, au contraire, peut, à moins qu'il n'ait renoncé à ce droit, *contraindre le débiteur à reprendre la jouissance* de son immeuble, s'il trouve que l'obligation de pourvoir aux impôts, aux réparations, est trop onéreuse et ne lui laisse, au lieu des avantages qu'il s'était promis, que le fardeau d'une administration incommode.

5. — *En aucun cas*, le seul défaut de payement au terme convenu ne rend le créancier propriétaire de l'immeuble qui lui a été remis en antichrèse. Il n'a que le droit de poursuivre l'*expropriation* de son débiteur par les voies légales.

6. — Comme le gage, l'antichrèse peut être constituée *par un tiers* pour le débiteur.

NATURALISATION. — (Loi 29 juin 1867.) — Acte par lequel un étranger acquiert la qualité de Français et les droits qui y sont attachés.

1. — La naturalisation peut être demandée par l'étranger qui, après l'âge de 21 ans, a obtenu l'*autorisation d'établir son domicile* en France et y a *résidé pendant* 3 *années*.

Ces trois années courent à partir du jour où la demande d'autorisation a été enregistrée au Ministère de la Justice.

— Est assimilé à la résidence en France le séjour en pays étranger pour l'exercice d'une fonction conférée par le Gouvernement français.

2. — Il est statué sur la demande en naturalisation, après *enquête* sur la moralité de l'étranger, par un décret du Président de la République, rendu sur le rapport du Ministre de la Justice, le Conseil d'État entendu.

3. — Le *stage* de 3 ans peut être *réduit* à une seule année en faveur des Etrangers qui ont rendu à la France des services importants, ou qui ont introduit en France, soit une industrie, soit des inventions utiles, ou qui ont formé de grands établissements ou de grandes exploitations agricoles.

4. — La qualité de Français se perd par la naturalisation acquise en pays étranger. (Cod. civ. art. 17.)

NATUREL. (DROIT) — Voy. DROIT NATUREL.

NATUREL. (ENFANT) — Voy. ENFANT, 1 et 2.

NAVIGATION. (DROIT DE) — La loi de finances du 21 décembre 1879, art. 3, a *supprimé* le droit de navigation intérieure perçu au profit du Trésor.

NAVIRE. — (Cod. com. art. 190 et suiv.; Lois 14 juin 1841, 10 juillet 1885.) — Du latin *navis*, vaisseau. — Se dit, en général, de tout bâtiment de mer destiné au commerce.

I. DISPOSITIONS GÉNÉRALES. — 1. — La contenance des navires se détermine par une mesure cubique appelée *tonneau*, et représentée par un espace de 42 pieds cubes ou 1 stère 404 millièmes. Leur capacité ou *tonnage* se constate par une opération qu'on nomme *jaugeage*.

2. — Les navires sont *meubles*. Néanmoins, par exception au principe que les meubles, une fois sortis des mains du propriétaire, ne peuvent plus être poursuivis par ses créanciers, les navires demeurent *affectés aux dettes du vendeur* et à *certaines dettes privilégiées*.

— Voici, dans l'ordre où elles sont rangées par la loi, les diverses *créances* qu'elle déclare *privilégiées* sur les navires, et, en regard de chacune d'elles, l'indication des *justifications* imposées aux créanciers :

CRÉANCES PRIVILÉGIÉES	JUSTIFICATIONS A PRODUIRE
1° Les *frais de Justice* et *autres*, faits pour parvenir à la *vente* et à la *distribution du prix;*	*États de frais* arrêtés par le Tribunal compétent;
2° Les *droits* de *pilotage*, *amarrage*, *bassin* ou *avant-bassin*, etc.;	*Quittance* des Receveurs;
3° Les *gages* du *gardien* et *frais de garde* du bâtiment, depuis son entrée dans le port jusqu'à la vente;	*États* arrêtés par le Président du Tribunal de commerce;
4° Le *loyer* des *magasins* où se trouvent déposés les *agrès* ou *apparaux;*	*Idem.*
5° Les *frais d'entretien* du bâtiment et de ses agrès et apparaux, depuis son *dernier voyage* et son *entrée dans le port;*	*États* arrêtés par le Président du Tribunal de commerce;
6° Les *gages* et les *loyers* du *capitaine* et autres *gens de l'équipage* employés au *dernier voyage;*	*Rôles d'armement* et *de désarmement* arrêtés dans les bureaux de l'*inscription maritime;*
7° Les *sommes prêtées* au capitaine pour les *besoins du bâtiment* pendant le *dernier voyage*, et le *remboursement* du *prix des marchandises* par lui *vendues* pour le même objet;	*États* arrêtés par le capitaine, appuyés de *procès-verbaux* de l'équipage, attestant la nécessité des emprunts et des ventes;
8° Les *sommes dues* au *vendeur*, aux *fournisseurs* et *ouvriers* employés à la construction, si le navire n'a point encore fait de voyage; et les *sommes dues* aux *créanciers* pour *fournitures*, *travaux*, *main-d'œuvre*, pour *radoub*, *victuailles*, *armement* et *équipement*, avant le départ du navire;	*Acte de vente* ayant *date certaine;* — *mémoires*, *factures* ou *états*, visés par le capitaine, arrêtés par l'armateur, et dont un *double* doit être *déposé* au greffe du Tribunal de commerce avant le départ du navire, ou, au plus tard, dans les dix jours après le départ;

CRÉANCES PRIVILÉGIÉES	JUSTIFICATIONS A PRODUIRE
9° Le montant des *primes d'assurances* faites sur le corps, quille, agrès, apparaux, et sur armement et équipement du navire, dues pour le *dernier voyage;*	*Polices d'assurance*, ou *extraits* des *livres* des *courtiers d'assurance;*
10° Les *dommages et intérêts* dus aux *affréteurs*, pour le défaut de délivrance des marchandises qu'ils ont chargées, ou pour remboursement des avaries souffertes par lesdites marchandises par la faute du capitaine ou de l'équipage.	*Jugements* ou *sentences arbitrales.*

3. — Les créanciers dont il vient d'être question viennent *en concurrence* et *au marc le franc*, en cas d'*insuffisance du prix.* — Leur privilège se trouve *éteint* en cas de *vente en Justice* s'ils ne se sont pas présentés pour être payés sur le prix ou lorsque, après une *vente volontaire*, le navire a fait un *voyage en mer* sous le nom et aux risques de l'acquéreur, sans opposition de leur part.

Un navire *est censé avoir fait un voyage en mer :* lorsque son départ et son arrivée ont été constatés dans deux ports différents et 30 jours après le départ; — lorsque, sans qu'il soit arrivé dans un autre port, plus de 60 jours se sont écoulés entre le départ et le retour dans le même port, ou lorsque le navire, parti pour un voyage de long cours, a été plus de 60 jours en voyage, *sans réclamation* de la part des créanciers du vendeur.

— La vente volontaire d'un navire doit être faite *par écrit*, et peut avoir lieu par *acte public* ou par *acte sous signature privée ;* — pour *tout* ou *partie* du navire ; — le bâtiment étant *dans le port* ou *en voyage.* — Toutefois, afin de déjouer la fraude, le Code (art. 196) déclare que la vente volontaire d'un navire *en voyage* ne préjudicie pas aux créanciers du vendeur. Nonobstant la vente, le navire ou son prix continue d'être leur gage, et ils peuvent même, s'ils le jugent convenable, attaquer la vente pour cause de fraude.

II. Hypothèque des navires. — Dans l'intérêt des propriétaires de navires qui ont besoin de recourir au crédit, une loi du 10 décembre 1874 avait décidé que, bien que *meubles* (Cod. civ. art. 531), les navires seraient désormais susceptibles d'*hypothèque*. Cette loi, néanmoins, ne répondait qu'imparfaitement aux légitimes exigences du commerce maritime. Aussi le législateur a-t-il songé à la reviser pour lui donner un caractère plus pratique. Tel est l'objet de la loi du 10 juillet 1885 qui s'est attachée à concilier, dans la mesure nécessaire, les droits et les intérêts de l'armateur et du prêteur. Cette loi est ainsi conçue :

Art. 1er. — « Les navires sont susceptibles d'hypothèque ; ils ne peuvent être hypothéqués que par la convention des parties. »

Art. 2. — « Le contrat par lequel l'hypothèque maritime est consentie doit être rédigé *par écrit ;* il peut être fait par acte sous *signatures privées*.

» Le *droit d'enregistrement* de l'acte constitutif d'hypothèque anthentique ou sous seing privé est fixé à 1 franc par 1 000 francs des sommes ou valeurs portées au contrat. »

Art. 3. — « L'hypothèque sur le navire ne peut être *consentie* que par le propriétaire ou par son mandataire justifiant d'un mandat spécial. — Si le navire a *plusieurs propriétaires*, il pourra être hypothéqué par l'armateur titulaire pour les besoins de l'armement ou de la navigation, avec l'autorisation de la majorité, telle qu'elle est établie par l'article 220 du Code de commerce, et celle du juge, comme il est dit à l'article 233. — Dans le cas où l'un des copropriétaires voudrait hypothéquer sa part indivise dans le navire, il ne pourra le faire qu'avec l'autorisation de la *majorité*, conformément à l'article 220 du Code de commerce. »

Art. 4. — « L'hypothèque consentie sur le navire ou portion du navire s'étend, *à moins de convention contraire*, au corps du navire, aux agrès, aux apparaux, machines et autres accessoires. »

Art. 5. — « L'hypothèque maritime peut être constituée sur un navire *en construction*. Dans ce cas, l'hypothèque doit être précédée d'une *déclaration* faite au receveur principal du bureau des douanes dans la circonscription duquel le navire est en construction. Cette déclaration indiquera la longueur de la quille du navire, et approximativement ses autres dimensions, ainsi que son port présumé. Elle mentionnera l'emplacement de la mise en chantier du navire. »

Art. 6. — « L'hypothèque est rendue publique par l'inscription sur un *registre spécial* tenu par le receveur principal du bureau des douanes dans la circonscription duquel le navire est en construction, ou du bureau dans lequel le navire est immatriculé, s'il est déjà pourvu d'un acte de francisation.

» Des décrets détermineront, pour les chantiers de construction établis en dehors du rayon maritime, le bureau des douanes dans la circonscription duquel ils devront être compris. »

Art. 7. — « Tout propriétaire d'un navire construit en France qui demande à le faire admettre à la *francisation* est tenu de joindre aux pièces requises à cet effet un état des inscriptions prises sur le navire en construction ou un certificat qu'il n'en existe aucune. — Les inscriptions non rayées sont reportées d'office à leurs dates respectives, par le receveur des douanes, sur le registre du lieu de la francisation, si ce lieu est autre que celui de la construction. — Si le navire change de port d'immatricule, les inscriptions non rayées sont pareillement reportées d'office, par le receveur des douanes du nouveau port où il est immatriculé, sur son registre et avec mention de leurs dates respectives. »

Art. 8. — « Pour opérer l'inscription, il est *présenté au bureau du receveur des douanes* un des originaux du titre constitutif d'hypothèque, lequel y reste déposé s'il est sous seing privé ou reçu en brevet, ou une expédition s'il en existe minute. — Il y est *joint* 2 bordereaux signés par le requérant, dont l'un peut être porté sur le titre présenté. Ils contiennent : 1° les noms, prénoms et domiciles du créancier et du débiteur, et leur profession, s'ils en ont une ; — 2° la date et la nature du titre ; — 3° le montant de la créance exprimée dans le titre ; — 4° les conventions relatives aux intérêts et au remboursement ; — 5° le nom et la désignation du navire hypothéqué, la date de l'acte de francisation ou de la déclaration de la mise en construction ; — 6° élection de domicile, par le créancier, dans le lieu de la résidence du receveur des douanes. »

Art. 9. — « Le receveur des douanes fait *mention* sur son registre du contenu aux bordereaux, et remet au requérant l'expédition du titre, s'il est authentique, et l'un des bordereaux au pied duquel il *certifie* avoir fait l'inscription. »

Art. 10. — « S'il y a *deux* ou *plusieurs hypothèques* sur le *même navire* ou sur la *même part de propriété* du navire, leur rang est déterminé par l'ordre de priorité des dates de l'inscription. — Les hypothèques inscrites *le même jour* viennent en concurrence, nonobstant la différence des heures de l'inscription. »

Art. 11. — « L'inscription conserve l'hypothèque pendant 10 *ans*, à compter du jour de sa date ; son effet cesse si l'inscription n'a pas été renouvelée avant l'expiration de ce délai, sur le registre tenu en douane. »

Art. 12. — « Si le titre constitutif de l'hypothèque est *à ordre*, sa négociation par voie d'endossement emporte la translation du droit hypothécaire. »

Art. 13. — « L'inscription garantit, au même rang que le capital, *deux années* d'intérêt en sus de l'*année courante*. »

Art. 14. — « Les inscriptions sont *rayées*, soit du consentement des parties intéressées ayant capacité à cet effet, soit en vertu d'un jugement en dernier ressort ou passé en force de chose jugée. »

Art. 15. — « A défaut de jugement, la radiation totale ou partielle de l'inscription ne peut être opérée par le receveur des douanes, que sur le dépôt d'un acte authentique de consentement à la radiation, donné par le créancier ou son cessionnaire justifiant de ses droits.

» Dans le cas où l'acte constitutif de l'hypothèque est sous seing privé, ou si, étant authentique, il a été reçu en brevet, il est communiqué au receveur des douanes, qui y mentionne, séance tenante, la radiation totale ou partielle. »

Art. 16. — « Le receveur des douanes est tenu de délivrer à tous ceux qui le requièrent l'*état des inscriptions* subsistant sur un navire, ou un certificat qu'il n'en existe aucune. »

Art. 17. — « Les créanciers ayant hypothèque inscrite sur un navire ou portion de navire le suivent, en quelques mains qu'il passe, suivant l'ordre de leurs inscriptions. — Si l'hypothèque ne grève qu'une *portion du navire*, le créancier ne peut saisir et faire vendre la portion qui lui est affectée. Toutefois, si *plus de la moitié* du navire se trouve hypothéquée, le créancier pourra, après saisie, le faire vendre en totalité, à charge d'appeler à la vente les copropriétaires. — Dans tous les cas de copropriété, par dérogation à l'article 883 du Code civil, les hypothèques consenties durant l'indivision, par un ou plusieurs des copropriétaires, sur une portion du navire, continuent à subsister après le partage ou la licitation. — Toutefois, si la licitation s'est faite en justice dans les formes déterminées par les articles 23 et suivants de la présente loi, le droit des créanciers n'ayant hypothèque que sur une portion du navire sera limité au droit de préférence sur la partie du prix afférente à l'intérêt hypothéqué. »

Art. 18. — « L'*acquéreur* d'un navire ou d'une portion de navire hypothéqué qui veut se garantir des poursuites autorisées par l'article précédent est tenu, avant la poursuite ou dans le délai de quinzaine, de *notifier* à tous les créanciers inscrits sur l'acte de francisation, au domicile élu dans les inscriptions : 1° un extrait de son titre indiquant seulement la date et la nature de l'acte, le nom du vendeur, le nom, l'espèce et le tonnage du navire et les charges faisant partie du prix ; 2° un tableau, sur 3 colonnes, dont la première contiendra la date des inscriptions, la 2e le nom des créanciers, la 3e le montant des créances inscrites.

» Cette notification contiendra constitution d'avoué. »

Art. 19. — « L'acquéreur *déclarera* par le même acte qu'il est prêt à acquitter sur-le-champ les dettes hypothécaires jusqu'à concurrence seulement de son prix, sans distinction des dettes exigibles ou non exigibles. »

Art. 20. — « Tout créancier peut requérir la *mise aux enchères* du navire ou portion de navire, en offrant de porter le prix à un 10e en sus et de donner caution pour le payement du prix et des charges. »

Art. 21. — « Cette réquisition signée du créancier doit être *signifiée* à l'acquéreur dans les 10 *jours* des notifications. Elle contiendra assignation devant le tribunal civil du lieu où se trouve le navire, ou, s'il est en cours de voyage, du lieu où il est immatriculé, pour voir ordonner qu'il sera procédé aux enchères requises. »

Art. 22. — « *La vente aux enchères* aura lieu à la diligence soit du créancier qui l'aura requise, soit de l'acquéreur, dans les formes établies pour les ventes sur saisie. »

Art. 23. — « Au cas de *saisie*, le saisissant devra, dans le délai de 3 jours, notifier au propriétaire copie du procès-verbal de saisie et le faire citer devant le tribunal civil du lieu de la saisie, pour voir dire qu'il sera procédé à la vente des choses saisies. — Si le propriétaire n'est pas domicilié dans le ressort du tribunal, les significations et citations lui seront données en la personne du capitaine du bâtiment saisi, ou, en son absence, à la personne de celui qui représentera le propriétaire ou le capitaine, et le délai de 3 jours sera augmenté d'un jour par 5 myriamètres de la distance de son domicile, sans que le délai puisse dépasser un mois. — S'il est étranger, hors de France et non représenté, les citations et significations seront données, ainsi qu'il est prescrit par l'article 69 du Code de procédure civile. »

Art. 24. — « Le procès-verbal de saisie sera *transcrit* au bureau du receveur des douanes du lieu où le navire est en construction ou de celui où il est immatriculé, dans le délai fixé au § 1er de l'article précédent avec augmentation d'un jour par 5 myriamètres de la distance du lieu où se trouve le tribunal qui doit connaître de la saisie et de ses suites. — Dans la huitaine, le receveur des douanes délivrera un état des inscriptions, et dans les 3 jours qui suivront (avec augmentation du délai à raison des distances, comme il est dit ci-dessus), la saisie sera *dénoncée* aux créanciers inscrits, aux domiciles élus dans leurs inscriptions, avec indication du jour de la comparution devant le tribunal civil. — Le *délai de la comparution* sera calculé à raison d'un jour par 5 myriamètres de distance entre le lieu où le navire est immatriculé et le lieu où siège le tribunal dans le ressort duquel la saisie a été pratiquée, sans qu'en aucun cas, et tous calculs faits, il puisse dépasser les termes fixés par les deux derniers §§ de l'article 23. »

Art. 25. — « Le tribunal fixera par son jugement la *mise à prix* et les *conditions* de la vente. Si, au jour fixé pour la vente, il n'est pas fait d'offre, le tribunal déterminera par jugement le jour auquel les enchères auront lieu sur une nouvelle mise à prix inférieure à la première et qui sera déterminée par le jugement. »

Art. 26. — « La vente se fera à l'audience des criées du tribunal civil 15 jours après une apposition d'*affiche* et une *insertion* de cette affiche dans un des journaux imprimés au lieu où siège le tribunal, et, s'il n'y en a pas, au chef-lieu du département, sans préjudice de toutes autres publications qui seraient autorisées par le tribunal. — Néanmoins, le tribunal pourra ordonner que la vente sera faite soit devant un autre tribunal civil, soit en l'étude et par le ministère d'un notaire, soit par un courtier conducteur de navires à la Bourse ou dans tout autre lieu du port où se trouve le navire saisi. — Dans ces divers cas, le jugement réglementera la publicité locale. »

Art. 27. — « Les affiches seront *apposées* au grand mât ou sur la partie la plus apparente du bâtiment saisi ; à la porte principale du tribunal devant lequel on procédera ; dans la place publique et sur le quai du port où le bâtiment sera amarré, ainsi qu'à la bourse de commerce, s'il y en a une. »

Art. 28. — « Les annonces et affiches devront indiquer : Les nom, profession et demeure du poursuivant ; — Les titres en vertu desquels il agit ; — Le montant de la somme qui lui est due ; — L'élection de domicile par lui faite dans le lieu où siège le tribunal civil et dans le lieu où se trouve le bâtiment ; — Les nom, profession et domicile du propriétaire du bâtiment, et, s'il est armé ou en armement, celui du capitaine ; — Le mode de puissance motrice du navire, à voiles ou à vapeur, à roues ou à hélices ; s'il est à voiles, son tonnage légal ; s'il est à vapeur, les deux tonnages légaux, brut et net, ainsi que le nombre de chevaux nominaux de sa machine motrice ; — Le lieu où il se trouve ; — La mise à prix et les conditions de la vente ; — Les jour, lieu et heure de l'adjudication. »

Art. 29. — « La *surenchère* n'est pas admise en cas de vente judiciaire. »

Art. 30. — « L'adjudicataire sur saisie, comme l'adjudicataire par suite de surenchère, sera tenu de verser son *prix*, sans frais, à la Caisse des dépôts et consignations, dans les 24 heures de l'adjudication, à peine de *folle enchère*. — Il devra, dans les 5 jours suivants, présenter requête au président du tribunal civil, pour faire commettre un juge devant lequel il citera les créanciers par acte signifié aux domiciles élus, à l'effet de s'entendre à l'amiable sur la distribution du prix. — L'acte de convocation sera affiché dans l'auditoire du tribunal et inséré dans l'un des journaux imprimés au lieu où siège le tribunal, et, s'il n'y en a pas, dans l'un de ceux qui seront imprimés dans le département. — Le délai de la convocation sera de *quinzaine* sans augmentation à raison de la distance. »

Art. 31. — « Dans le cas où les créanciers *ne s'entendraient pas sur la distribution du prix*, il sera dressé procès-verbal de leurs prétentions et contredits. — Dans la huitaine, chacun des créanciers devra déposer au greffe une demande de collocation contenant constitution d'avoué avec titres à l'appui. A la requête du plus diligent, les créanciers seront, par un simple acte d'avoué à avoué, appelés devant le tribunal qui statuera à l'égard de tous, même des créanciers privilégiés. »

Art. 32. — « Le jugement sera signifié, dans les 30 jours de sa date, à avoué seulement pour les parties présentes, et aux domiciles élus pour les parties défaillantes. Ce jugement ne sera *pas susceptible d'opposition*. — Le délai d'*appel* sera de 10 jours à compter de la signification du jugement, outre 1 jour par 5 myriamètres de distance entre le siège du tribunal et le domicile élu dans l'inscription. — L'acte d'appel contiendra assignation et l'énonciation des griefs à peine de nullité. — La disposition finale de l'article 762 du Code de procédure civile sera appliquée, ainsi que les articles 761, 763 et 764 du même Code, relativement à la procédure devant la Cour. — Dans les 8 jours qui suivront l'expiration du délai d'appel, et, s'il y a appel, dans les 8 jours de l'arrêt, le juge, déjà désigné, dressera l'état des créances colloquées, en principal, intérêts et frais. Les *intérêts* des créances utilement colloquées cesseront de courir à l'égard de la partie saisie. Les *dépens* des contestations ne pourront être pris sur les deniers à distribuer, sauf les frais de l'avoué le plus ancien. — Sur ordonnance rendue par le juge-commissaire, le greffier délivrera les bordereaux de collocation exécutoires contre la Caisse des dépôts et consignations, dans les termes de l'article 770 du Code de procédure civile. La même ordonnance autorisera la radiation par le receveur des douanes des inscriptions des créanciers non colloqués. Il sera procédé à cette radiation sur la demande de toute partie intéressée. »

Art. 33. — « La *vente volontaire* d'un navire grevé d'hypothèques *à un étranger*, soit en France, soit à l'étranger, est *interdite*. Tout acte fait en fraude de cette disposition est nul, et rend le vendeur passible des peines portées par l'article 408 du Code pénal. L'article 463 du même Code (*circonstances atténuantes*) pourra être appliqué. — Les *hypothèques consenties à l'étranger* n'ont d'effet à l'égard des tiers, comme celles consenties en France, que du jour de leur inscription sur les registres de la recette principale des douanes du port d'immatricule du navire. — Sont néanmoins valables les hypothèques constituées sur le navire acheté à l'étranger avant son immatriculation en France, pourvu qu'elles soient régulièrement inscrites par le Consul français, sur le congé provisoire de navigation, et reportées sur le registre du receveur des douanes du lieu où le navire sera immatriculé. — Ce report sera fait sur la réquisition du créancier, qui devra produire à l'appui le bordereau prescrit par l'article 8 de la présente loi. — Les dispositions du présent article seront mentionnées sur l'acte de francisation. »

Art. 34. — « L'article 191 du Code de commerce est terminé par la disposition suivante :

» Les créanciers *hypothécaires* sur le navire viennent, dans leur ordre d'inscription, après les créanciers *privilégiés*. »

Art. 35. — « L'article 233 du Code de commerce est modifié ainsi qu'il suit : « Si le bâtiment est frété
» du consentement des propriétaires
» et que quelques-uns fassent refus
» de contribuer aux frais nécessaires
» pour l'expédition, le capitaine peut,
» en ce cas, 24 *heures après sommation* faite aux refusants de
» fournir leur contingent, emprunter hypothécairement pour leur
» compte, sur leur part dans le na-
» vire, avec l'autorisation du Juge.
» Au cas où la part serait déjà hypo-
» théquée, la saisie pourra être au-
» torisée par le juge et la vente
» poursuivie devant le tribunal civil,
» comme il est dit ci-dessus. »

Art. 36. — « Les navires de 20 *tonneaux* et *au-dessus* seront *seuls* susceptibles de l'hypothèque créée par la présente loi. »

Art. 37. — « Le tarif des droits à percevoir par les employés de l'administration des douanes, ainsi que le cautionnement spécial à leur imposer, à raison des actes auxquels donnera lieu la présente loi, les émoluments et honoraires dus aux notaires et aux courtiers conducteurs de navires pour les ventes dont ils pourront être chargés, seront fixés par des décrets rendus dans la forme des règlements d'administration publique. — La responsabilité de la régie des douanes du fait de ses agents ne s'applique pas aux attributions conférées aux receveurs par les dispositions qui précèdent. »

Art. 38. — « L'*intérêt conventionnel* en matière de prêts hypothécaires sur navires est *libre*. L'*intérêt légal* est de 6 p. 0/0 comme en matière commerciale. »

Art. 39. — « Sont abrogés : le § 9 de l'article 191 et le § 7 de l'article 192 du Code de commerce ; — Les articles 201, 202, 203, 204, 205, 206 et 207 du même Code ; — La loi du 10 décembre 1874 sur l'hypothèque maritime ; — Et généralement toutes les dispositions contraires à la présente loi. »

III. Saisie et vente des navires. — 1. — Comme tout autre meuble du débiteur, les navires sont le gage de ses créanciers, et ceux-ci, quelle que soit la nature de leur créance, peuvent les *saisir* et *faire vendre* en justice, pour se payer sur le prix. Mais, à cause de l'importance de ces objets, leur *saisie* et leur *vente* sont soumises à des règles particulières tracées dans les articles 198 et suivants du Code de commerce que la loi du 10 juillet 1885 sur l'hypothèque maritime a modifiés. — Voy.

ci-dessus II, HYPOTHÈQUE DES NAVIRES.

2. — Le bâtiment *prêt à faire voile* n'est pas *saisissable*, si ce n'est à raison des dettes contractées pour le voyage qu'il va faire; et même, dans ce dernier cas, le cautionnement de ces dettes empêche la saisie. — Le bâtiment est *censé prêt à faire voile* lorsque le capitaine est muni de ses expéditions (congé, rôle d'équipage), pour son voyage.

IV. DROITS ET DEVOIRS DES PROPRIÉTAIRES DE NAVIRES. — 1. — Tout propriétaire de navire est civilement *responsable* des faits du capitaine et *tenu des engagements* contractés par ce dernier, pour tout ce qui est relatif au navire et à l'expédition; mais comme, malgré toutes les précautions qu'il aurait prises pour faire un bon choix, le propriétaire pourrait se trouver ruiné par l'imprudence, l'impéritie ou l'inconduite du capitaine, il est libre de se dégager de toute responsabilité par l'*abandon du navire et du fret*. — Toutefois, la faculté de faire abandon *n'est point accordée* à celui qui est *en même temps capitaine* et *propriétaire* ou *copropriétaire* du navire, car, du moment où il s'agit de ses propres faits, il en est indéfiniment responsable, selon le droit commun. — Lorsque le capitaine n'est que *copropriétaire*, il n'est *responsable* des engagements contractés par lui, pour ce qui est relatif au navire et à l'expédition, que *dans la proportion de son intérêt*.

2. — L'*armateur* a le droit, quand bon lui semble, de *congédier le capitaine*, et il n'est tenu à *aucune indemnité*, à moins de convention par écrit.

Si le capitaine congédié est *copropriétaire du navire*, il peut *renoncer à la copropriété* et *exiger le remboursement* du capital qui la représente. Le montant de ce capital est déterminé par des *experts* convenus ou nommés d'office.

3. — En tout ce qui concerne l'intérêt commun des propriétaires d'un navire, l'avis de la *majorité* est suivi; mais, pour la formation de cette majorité, on a égard, *non pas au nombre des votants*, mais à l'intérêt de chacun dans le navire, de sorte que celui qui serait propriétaire de plus de moitié formerait à lui tout seul la majorité.

La *licitation* du navire ne peut avoir lieu que sur la demande des propriétaires formant ensemble la *moitié de l'intérêt total* dans le navire, à moins qu'il n'y ait, par écrit, convention contraire.

V. ENGAGEMENTS ET LOYERS DES MATELOTS ET GENS DE L'ÉQUIPAGE. — L'engagement des matelots peut se faire de plusieurs manières : 1° *Au voyage*, c'est-à-dire à raison d'une somme fixe; — *Au mois*, c'est-à-dire à raison d'une certaine somme pour chacun des mois que durera le voyage; — 3° *Au profit*, c'est-à-dire moyennant une part dans les gains espérés; — 4° *Au fret*, c'est-à-dire moyennant une part dans le prix que les chargeurs paieront pour le transport de leurs marchandises. Ces deux dernières espèces d'engagements ont moins le caractère d'un contrat de louage que celui d'une sorte d'association.

1. — Les conditions d'engagement du capitaine et des hommes de l'équipage doivent être constatées par écrit. — Le navire et le fret sont spécialement affectés aux loyers des matelots.

2. — Sous aucun prétexte le capitaine et les gens de l'équipage ne peuvent charger dans le navire aucune marchandise pour leur compte sans la permission des propriétaires et sans en payer le fret, s'ils n'y sont autorisés par l'engagement.

3. — Si le *voyage* est *rompu* par le *fait des propriétaires, capitaine* ou *affréteurs*, *avant le départ* du navire, les matelots loués *au voyage* ou *au mois* sont *payés des journées* par eux *employées à l'équipement* du navire; *ils retiennent* pour *indemnité* les *avances reçues*.

Si les avances ne sont pas encore

payées, ils reçoivent pour indemnité *un mois* de leurs gages convenus. — Si la *rupture* arrive *après le voyage* commencé, les matelots loués *au voyage* sont *payés en entier* aux termes de leur convention.

Les matelots loués *au mois* reçoivent leurs loyers stipulés, *pour le temps qu'ils ont servi*, et, en outre, pour *indemnité*, la *moitié de leurs gages* pour le reste de la durée présumée du voyage.

Les matelots loués *au voyage* ou *au mois* reçoivent, en outre, leur *conduite de retour* jusqu'au lieu de départ du navire, à moins que le capitaine, les propriétaires ou affréteurs, ou l'officier d'administration, ne leur procurent leur embarquement sur un autre navire revenant audit lieu de leur départ.

4. — S'il y a *interdiction de commerce* avec le lieu de la destination du navire, ou si le navire est *arrêté* par ordre du Gouvernement *avant le voyage* commencé, il n'est dû aux matelots que les *journées employées à équiper* le bâtiment. Si l'interdiction de commerce ou l'arrêt du navire arrive *pendant le cours du voyage*, — dans le cas d'*interdiction*, les matelots sont payés *à proportion du temps* qu'ils ont servi; dans le cas d'*arrêt*, le loyer des matelots engagés *au mois* court *pour moitié* pendant le temps de l'arrêt; le loyer des matelots engagés *au voyage* est payé *au terme de leur engagement*.

5. — Si le *voyage* est *prolongé*, le prix des loyers des matelots engagés au voyage est *augmenté* en proportion de la prolongation. Si la *décharge* du navire se fait *volontairement* dans un *lieu plus rapproché* que celui qui est désigné par l'affrètement, il ne leur est fait *aucune diminution*.

6. — Si les matelots sont engagés *au profit* ou *au fret*, il ne leur est dû *aucun dédommagement* ni *journées* pour la *rupture*, le *retardement* ou la *prolongation* de voyage occasionnés par *force majeure*. — Si la rupture, le retardement ou la prolongation arrivent par le *fait des chargeurs*, les gens de l'équipage ont part aux *indemnités* qui sont adjugées aux navires. — Ces indemnités sont partagées entre les propriétaires du navire et les gens de l'équipage, dans la même proportion que l'aurait été le fret. — Si l'empêchement arrive par le fait du capitaine ou des propriétaires, ils sont tenus des indemnités dues aux gens de l'équipage.

7. — En cas de *prise*, *naufrage* ou déclaration d'*innavigabilité*, les matelots engagés *au voyage* ou *au mois* sont payés de leurs loyers jusqu'au jour de la cessation de leurs services, à moins qu'il ne soit prouvé, soit que la perte du navire est le résultat de leur faute ou de leur négligence, soit qu'ils n'ont pas fait tout ce qui était en leur pouvoir pour sauver le navire, les passagers et les marchandises, ou pour recueillir les débris.

Dans ce cas, il appartient aux tribunaux de statuer sur la suppression ou la réduction du loyer qu'ils ont encourue.

Ils ne sont jamais tenus de rembourser ce qui leur a été avancé sur leurs loyers.

En cas de *perte sans nouvelles*, les héritiers ou représentants des matelots engagés *au mois* auront droit aux loyers échus jusqu'aux dernières nouvelles et à un mois en sus. Dans le cas d'engagement *au voyage*, il sera dû à la succession des matelots *moitié* des loyers du voyage.

Si l'engagement avait pour objet un voyage d'*aller et retour*, il sera payé un *quart* de l'engagement total si le navire a péri *en allant*, *trois quarts* s'il a péri dans le *retour*; le tout sans préjudice des conventions contraires.

Dans tous les cas, le *rapatriement* des gens de l'équipage est à la charge de l'armement, mais seulement jusqu'à concurrence de la valeur du navire ou de ses débris, et du montant du fret des marchandises sauvées, sans préjudice du droit de préférence qui appartient à l'équipage pour le payement de ses loyers.

8. — Les matelots engagés *au fret* sont payés de leurs loyers *seulement sur le fret* et à proportion de celui que reçoit le capitaine.

9. — De quelque manière qu'ils soient loués, les matelots sont *payés* des *journées* par eux *employées à sauver* les débris et les effets naufragés.

10. — Le matelot est payé de ses loyers, traité et pansé *aux frais du navire*, s'il tombe malade pendant le voyage, ou s'il est blessé au service du navire.

Si le matelot a dû être *laissé à terre*, il est rapatrié *aux dépens du navire;* toutefois le capitaine peut se libérer de tous frais de traitement ou de rapatriement en versant entre les mains de l'autorité française une somme à déterminer d'après un tarif qui sera arrêté par un règlement d'administration publique, lequel devra être revisé tous les trois ans.

Les loyers du matelot laissé à terre lui sont payés jusqu'à ce qu'il ait contracté un engagement nouveau ou qu'il ait été rapatrié. S'il a été rapatrié avant son rétablissement, il est payé de ses loyers jusqu'à ce qu'il soit rétabli. Toutefois, la période durant laquelle les loyers du matelot lui sont alloués ne pourra dépasser, en aucun cas, *quatre mois* à dater du jour où il a été laissé à terre.

Le matelot est traité, pansé et rapatrié de la manière indiquée en l'article précédent, *aux dépens du navire et du chargement*, s'il est blessé en combattant contre les ennemis et les pirates.

Si le matelot sorti du navire *sans autorisation* est blessé à-terre, les frais de ses pansement et traitement sont à *sa charge;* il peut même être *congédié* par le capitaine. — Ses loyers, en ce cas, ne lui sont payés qu'à proportion du temps qu'il a servi.

11. — En cas de *mort* d'un matelot pendant le voyage, si le matelot est engagé *au mois*, ses loyers sont dus à sa succession jusqu'au jour de son décès.

Si le matelot est engagé *au voyage, au profit* ou *au fret* et pour un voyage d'*aller seulement*, le total de ses loyers ou de sa part est dû, s'il meurt après le voyage commencé ; si l'engagement avait pour objet un voyage d'*aller et retour*, la *moitié* des loyers et de la part du matelot est due s'il meurt en allant ou au port d'arrivée ; la *totalité* est due s'il meurt en revenant.

Pour les opérations de la grande pêche, la *moitié* de ses loyers ou de sa part est due s'il meurt pendant la seconde moitié.

Les loyers du matelot *tué* en défendant le navire sont dus en entier pour tout le voyage si le navire arrive à bon port, et, en cas de prise, naufrage ou déclaration d'innavigabilité, jusqu'au jour de la cessation des services de l'équipage.

12. — Tout matelot qui justifie qu'il est *congédié sans cause valable* a droit à une *indemnité* contre le capitaine.

L'indemnité est fixée *au tiers* des loyers si le congé a lieu *avant le voyage* commencé ; — à la *totalité* des loyers et aux *frais du retour* si le congé a lieu *pendant le cours du voyage*.

— Le capitaine ne peut, dans aucun des cas ci-dessus, répéter le montant de l'indemnité contre les propriétaires du navire.

— Il n'y a *pas lieu à indemnité* si le matelot est congédié *avant la clôture du rôle d'équipage*.

— Dans aucun cas, le capitaine *ne peut congédier* un matelot dans les *pays étrangers*.

13. — Toutes les dispositions ci-dessus concernant les loyers, pansement et rachat des matelots, sont communes aux *Officiers* et à tous *autres gens de l'équipage*.

— Voy. ASSURANCES, sect. I; — CAPITAINE DE NAVIRE ; — CONTRAT A LA GROSSE; — JAUGEAGE.

NÉGOCIANT. — Cette dénomination qui, dans l'usage, s'applique spécialement aux individus se livrant à de grandes opérations commerciales, est, en droit, complètement synonyme de celle de *commerçant*. — Voy. COMMERÇANT.

NEVEU-NIÈCE. — Fils ou fille du frère ou de la sœur d'une personne.

1. — Les *neveux* et *nièces* sont parents au *troisième degré* avec leurs *oncles* et *tantes*. (Cod. civ. art. 738.) — Voy. PARENTÉ.

2. — Le *mariage* est *prohibé* entre l'oncle et la nièce, la tante et le neveu; mais le Gouvernement peut, pour des *causes graves*, lever l'empêchement. (Cod. civ. art. 163, 164.) — Voy. MARIAGE, I, 9.

3. — La *représentation* est admise dans la ligne collatérale, en faveur des enfants et descendants de frères ou sœurs du défunt. (Cod. civ. art. 742.) — Voy. REPRÉSENTATION.

4. — Est valable, en cas de mort sans enfants, la *disposition* que le défunt a faite, par acte entre-vifs ou testamentaire, *au profit* d'un ou plusieurs de ses *frères* ou *sœurs*, de tout ou partie des biens qui ne sont point réservés par la loi dans sa succession, avec la *charge de rendre* ces biens *aux enfants* nés et à naître, au premier degré seulement, desdits frères ou sœurs donataires. (Cod. civ. art. 1049.) — Voy. SUBSTITUTION.

NOBLESSE. — (Déc. 24 janvier 1852; loi 28 mai 1858.) — Qualité imprimée par le Souverain à des particuliers pour les élever, eux et leurs descendants, au-dessus des autres citoyens. — Le mot *noble* dérive du latin *noscibilis*, notable (de *noscere*, connaître).

1. — Sous l'ancienne monarchie, la noblesse française, dont nous n'avons point ici à rechercher les origines, constituait un Ordre particulier dans l'Etat, une classe distincte dans la Nation; elle possédait, en outre de ses prérogatives politiques et de l'exemption partielle des charges publiques, le monopole des grandes fonctions militaires, judiciaires, civiles, ecclésiastiques; une législation spéciale réglait la transmission héréditaire de ses biens. Ces privilèges furent une des causes principales de la révolution et devaient s'évanouir devant elle. Leur abolition, prononcée dans la mémorable nuit du 4 août 1789, fut de nouveau proclamée par un décret de l'Assemblée nationale, portant la date du 19 juin 1790 et ainsi conçu :

Art. 1er. — « La noblesse héréditaire est pour toujours abolie ; en conséquence les titres de *Prince*, de *Duc*, *Comte*, *Marquis*, *Vicomte*, *Vidame*, *Baron*, *Chevalier*, *Messire*, *Ecuyer*, *Noble*, et tous autres titres semblables, ne seront pris par qui que ce soit ni donnés à personne. »

Art. 2. — « Aucun citoyen ne pourra prendre que le *vrai nom de sa famille ;* personne ne pourra porter ni faire porter des livrées ni avoir d'armoiries ; l'encens ne sera brûlé dans les temples que pour honorer la Divinité, et ne sera offert à qui que ce soit. »

Art. 3. — « Les titres de *Monseigneur* et de *Messeigneurs* ne seront donnés ni à aucun Corps, ni à aucun individu, ainsi que les titres d'*Excellence*, d'*Altesse*, d'*Eminence*, de *Grandeur*, etc., sans que, sous prétexte du présent décret, aucun citoyen puisse se permettre d'attenter aux monuments placés dans les temples, aux chartes, titres et autres renseignements intéressant les familles ou les propriétés, ni aux décorations d'aucun lieu public ou particulier, et sans que l'exécution des dispositions relatives aux livrées et aux armes placées sur les voitures puisse être suivie ni exigée par qui que ce soit avant le 14 juillet pour les citoyens vivant à Paris, et avant trois mois pour ceux qui habitent la province. »

Art. 4. — « Ne sont compris dans la disposition du présent décret tous les *étrangers*, lesquels pourront conserver en France leurs livrées et leurs armoiries. »

— Des *sanctions pénales* furent ajoutées à ces prohibitions par un décret du 27 septembre 1791.

2. — En 1806, Napoléon Ier créa une nouvelle noblesse, sans toutefois lui accorder les privilèges et les exemptions dont avait joui l'ancienne. Pour confirmer par une sanction pénale l'institution de la noblesse qu'il venait de fonder, l'Empereur fit insérer dans le Code pénal de 1810 une disposition applicable à l'usurpation des titres nouvellement créés. L'article 259 de ce Code portait que « toute personne... qui se serait attribué des titres nationaux qui ne lui auraient pas été légalement conférés serait punie d'un emprisonnement de six mois à deux ans. »

3. — La Charte de 1814, après avoir déclaré que les *Français sont égaux devant la loi, quels que soient leurs titres et leur rang* (art. 1er); — qu'*ils contribuent indistinctement, dans la proportion de leur fortune, aux charges de l'Etat* (art. 2); — qu'*ils sont tous également admissibles aux emplois civils et militaires* (art. 3); — ajoutait: « La noblesse ancienne reprend ses titres. La nouvelle conserve les siens. Le Roi fait des nobles à volonté, mais il ne leur accorde que des rangs et des honneurs, sans aucune exemption des charges et des devoirs de la Société. »

4. — Pendant les *Cent jours*, l'Empereur rendit, à la date du 13 mars 1815, un décret portant *abolition* de la noblesse et des titres féodaux, et remettant en vigueur les lois de l'Assemblée Constituante. Toutefois, ce décret (qui n'eut qu'une fort courte durée) ajoutait que les individus ayant obtenu de l'Empereur des titres nationaux, comme récompense nationale, continueraient à les porter, et réservait à l'Empereur la faculté de donner des titres aux descendants des hommes qui avaient illustré le nom français dans l'armée, l'administration, dans les sciences, les arts, le commerce.

— A la rentrée de Louis XVIII, la Charte de 1814 reparut et redevint la loi en vigueur.

5. — La *Révolution de Juillet* 1830 laissa subsister les titres de noblesse en leur conservant le caractère de distinctions purement honorifiques; mais, lors de la revision du Code pénal, en 1832, la disposition de l'article 259 qui frappait d'une peine correctionnelle l'usurpation des titres royaux fut supprimée, et chacun put dès lors se parer du titre de Duc, de Marquis, de Comte, etc., sans avoir à craindre d'autre châtiment que le ridicule.

6. — Quelques jours après la *révolution de février* 1848, le 29 du même mois, le Gouvernement provisoire rendit un décret ainsi conçu:

« Le Gouvernement provisoire, considérant que l'égalité est un des trois grands principes de la République française; qu'il doit en conséquence recevoir une application immédiate,

» Décrète:

» Tous les anciens titres de noblesse sont *abolis;* les qualifications qui s'y rattachaient sont *interdites;* elles ne peuvent être prises publiquement ni figurer dans un acte public quelconque. »

7. — La Constitution du 4 novembre 1848 déclara également « *abolis à toujours tout titre nobiliaire, toute distinction de naissance, de classe ou de caste.* » (Art. 10.) — Mais cette abolition ne fut pas de longue durée: un décret en date du 24 février 1852 abrogea celui du 29 février 1848, et quant à la disposition insérée dans l'article 10 de la Constitution de 1848, elle disparut avec cette Constitution, le 2 décembre 1851. « Ainsi, » dit M. Dalloz, « dure chez nous (et durera toujours) le règne de l'égalité, quand il s'avance trop vite et que ni les esprits, ni les situations sociales ne sont en état de lui donner un plus ferme appui! » (*Répertoire de jurisprudence*, art. noblesse, 37.)

8. — Une loi du 28 mai 1858 a rétabli en ces termes dans l'article 259 du Code pénal les dispositions qui punissaient l'usurpation des titres de noblesse:

« ... Sera puni d'une *amende* de 500 fr. à 10 000 fr., quiconque, sans droit et en vue de s'attribuer une distinction honorifique, aura publiquement pris un titre, changé, altéré ou modifié le nom que lui assignent les actes de l'état civil.

» Le Tribunal ordonnera la *mention du jugement* en marge des actes authentiques ou des actes de l'état civil dans lesquels le titre aura été pris indûment ou le nom altéré.

» Dans tous les cas prévus par le présent article, le Tribunal pourra ordonner l'*insertion* intégrale ou par extrait du jugement *dans les journaux* qu'il désignera ; — le tout *aux frais du condamné.* »

NOLIS. — Du grec *naulos*, prix du vaisseau. — On appelle *nolis*, sur la Méditerranée, et *fret*, sur l'Océan, le prix du loyer d'un navire ou autre bâtiment de mer. — Il est réglé par les conventions des parties et est constaté par la *charte-partie* ou par le *connaissement*. — Voy. CHARTE-PARTIE ; — CONNAISSEMENT.

NOM COLLECTIF. (SOCIÉTÉ EN) — Voy. SOCIÉTÉ, sect. II, I.

NOMS ET PRÉNOMS. — Les *noms* désignent chaque famille dans la Société ; les *prénoms* servent à distinguer les membres de la famille. — Voy. ACTES DE L'ÉTAT CIVIL, III et VII ; — CHANGEMENT DE NOMS ; — FAUX, V.

NON BIS IN IDEM. — Voy. ACQUITTEMENT, 2.

NOTAIRE. — (Loi 25 ventôse an IX (16 mars 1803) ; ord. roy. 4 janvier 1843.) — Du latin *Notarius*, fait de *nota*, note. — Les *Notaires* sont des officiers ministériels établis pour recevoir tous les actes et contrats auxquels les parties *doivent* ou *veulent* donner un caractère d'*authenticité*, pour en assurer la *date*, en conserver le *dépôt*, en délivrer des *grosses* et *expéditions*.

— On en comptait 9084 au 1er janvier 1883.

1. — Ils sont *nommés* par le Président de la République, sur la proposition du Ministre de la Justice, et exercent leurs fonctions de la manière suivante : ceux des villes où est établie une *Cour d'appel*, dans toute l'étendue du ressort de cette Cour ; ceux des villes où il n'y a qu'un *Tribunal de première instance*, dans l'étendue du ressort de ce Tribunal ; — enfin ceux des autres Communes, dans l'étendue du ressort de la Justice de paix. — Leurs charges sont *vénales*. — Voy. OFFICIERS MINISTÉRIELS.

2. — Il y a, près de chaque Tribunal civil de première instance, une *Chambre* chargée du maintien de la discipline, de prévenir ou concilier tous les différends entre notaires, et toutes les réclamations de leurs clients. — Les notaires élisent parmi eux les membres de cette Chambre, qui choisissent à leur tour un Président, un Syndic, un Secrétaire, un Rapporteur et un Trésorier.

NOTORIÉTÉ. (ACTE DE) — Voy. ACTE DE NOTORIÉTÉ.

NOUVEL ŒUVRE. — Voy. DÉNONCIATION DE NOUVEL ŒUVRE.

NOUVELLES FAUSSES. — La publication ou reproduction de nouvelles fausses, de pièces fabriquées ou mensongèrement attribuées à des tiers, est punie d'un *emprisonnement* d'un mois à un an et d'une amende de 50 fr. à 1 000 francs, ou de l'une de ces deux peines seulement, lorsque la publication ou reproduction a *troublé la paix publique* et qu'elle a été faite de *mauvaise foi*. (Loi 29 juillet 1881, art. 27.)

NOVATION. — (Cod. civ. art. 1271-1281.) — Du latin *novare*, renouveler. — C'est la substitution d'une nouvelle dette à l'ancienne qui se trouve ainsi entièrement éteinte.

La novation peut s'opérer de trois manières : par substitution d'une *autre dette* à l'ancienne (par exemple, une rente de 50 fr. à une somme de 1 000 fr.) ; — par substitution d'un *nouveau débiteur* ; — enfin par substitution d'un *nouveau créancier*.

NUE PROPRIÉTÉ. — Propriété dont un autre a l'usufruit. — Elle est susceptible de transmission comme toute autre propriété ; mais les conventions qui peuvent se faire à ce sujet ont un caractère *aléatoire* en raison des chances de survie que présente l'âge de l'usufruitier. — Voy. PROPRIÉTÉ; — USUFRUIT.

— Sous le régime de communauté, le *créancier de la femme*, en vertu d'un acte n'ayant *pas de date certaine avant le mariage*, ne peut en poursuivre contre elle le payement que sur la *nue propriété de ses immeubles personnels*. (Cod. civ. art. 1410.)

NUIT. — Du grec *nux*. — Espace de temps compris entre le coucher et le lever du soleil.

1. — *Aucune signification* ni *exécution* ne peut être faite, *depuis le 1er octobre jusqu'au* 31 *mars*, avant six heures du matin et après six heures du soir; — et *depuis le 1er avril jusqu'au* 30 *septembre*, avant quatre heures du matin et après neuf heures du soir. (Cod. proc. civ. art. 1037.)

2. — La nuit est, dans le cas de *vol*, l'un des éléments qui constituent les *circonstances aggravantes*. (Cod. pén. 381, 382, 383, 385, 386.) — Voy. VOL.

3. — Aucun travail de nuit ne peut être imposé aux apprentis âgés de moins de 16 ans. Est considéré comme travail de nuit tout travail fait entre neuf heures du soir et cinq heures du matin. (Loi 22 fév. 1851, article 9.) — Voy. CONTRAT D'APPRENTISSAGE.

4. — Tout travail de nuit est interdit dans les manufactures, usines ou ateliers, pour les enfants au-dessous de 13 ans. Est considéré comme travail de nuit tout travail entre neuf heures du soir et cinq heures du matin. — (Loi 22 mars 1841, art. 5.) — Voy. TRAVAIL DES ENFANTS DANS LES MANUFACTURES.

NULLITÉS DE MARIAGE. — Voy. MARIAGE, IV.

O

OBÉDIENCE. (LETTRE D') — Voy. LETTRE D'OBÉDIENCE.

OBLATIONS. — Du latin *oblatio*, offrande. — Ce que les ministres du culte sont autorisés à recevoir pour l'administration des sacrements.

Les oblations sont fixées, dans chaque diocèse, par un *règlement* rédigé par l'Evêque et *approuvé* par le chef de l'Etat. (Loi 18 germinal an x (8 avril 1802), art. 69.)

OBLIGATION SCOLAIRE. — (Lois 28 mars 1882, 30 octobre 1886, art. 54-60; déc. 18 janvier 1887, art. 151-157; arr. 22 déc. 1882.)

L'instruction primaire est obligatoire pour les enfants des deux sexes âgés de *six ans* révolus à *treize ans* révolus; elle peut être donnée soit dans les écoles *publiques*, soit dans les écoles *privées*, soit dans la *famille*.

1. — Une *Commission municipale scolaire* est instituée dans chaque Commune pour surveiller et encourager la fréquentation des écoles. Elle *se compose* du Maire, *président*, d'un délégué cantonal désigné par l'Inspecteur d'académie, et de membres délégués par le Conseil municipal en nombre égal, au plus, au tiers des membres de ce Conseil.

A *Paris* et à *Lyon*, il y a une Commission pour chaque arrondissement municipal.

L'Inspecteur primaire fait partie *de droit* de toutes les Commissions scolaires de son ressort.

2. — Lorsqu'un enfant s'est absenté de l'école *quatre fois dans le mois*, pendant au moins une demi-journée, sans justification admise par la Commission scolaire, le père, le tuteur ou la personne responsable est invitée à *comparaître* à la Mairie devant ladite Commission qui lui

rappelle le texte de la loi et lui explique son devoir.

En cas de *récidive* dans les 12 mois qui suivent la première infraction, la Commission scolaire ordonne l'*inscription* pendant 15 jours ou un mois, à la *porte de la Mairie*, des noms, prénoms et qualités de la personne responsable, avec l'indication du fait relevé contre elle.

En cas d'une *nouvelle récidive*, la Commission ou, à son défaut, l'inspecteur primaire doit adresser une *plainte au Juge de paix*. L'infraction est considérée comme une contravention et peut entrainer condamnation aux peines de simple police (*amende* de 1 à 15 fr. inclus; *emprisonnement* de 1 jour à 5 jours inclus). — L'article 463 du Code pénal (*circonstances atténuantes*) est applicable.

3. — La Commission scolaire peut accorder aux enfants demeurant chez leurs parents ou chez leur tuteur, lorsque ceux-ci en font la demande motivée, des *dispenses de fréquentation* scolaire ne pouvant dépasser *trois mois* par année en dehors des vacances. Ces dispenses doivent, si elles excèdent *quinze jours*, être soumises à l'approbation de l'inspecteur primaire.

La Commission peut aussi, avec l'approbation du Conseil départemental, dispenser les enfants employés dans l'industrie et arrivés à l'âge d'apprentissage d'*une des deux classes* de la journée; la même faculté est accordée à tous les enfants employés, hors de leur famille, dans l'agriculture.

4. — La Commission scolaire *n'a pas à s'immiscer* dans l'appréciation des matières et des méthodes d'enseignement.

5. — Il peut être *appelé* de ses décisions par l'inspecteur primaire, les parents ou les personnes responsables. Cet appel doit être formé, dans les *dix jours*, par simple lettre adressée au Préfet et aux personnes intéressées. Il est porté devant le Conseil départemental statuant en dernier ressort. Cet appel est *suspensif*.

Les pères, mères, tuteurs ou tutrices peuvent se faire assister ou représenter par des mandataires devant le Conseil départemental.

6. — Les séances des Commissions scolaires ne sont *pas publiques*.

La Commission scolaire se réunit au moins une fois tous les *trois mois*. — Dans le cas où, après deux convocations, elle ne se trouverait pas en majorité, elle pourrait néanmoins délibérer valablement sur les affaires pour lesquelles elle a été spécialement convoquée, si le Maire (ou l'Adjoint qui le remplace), l'inspecteur primaire et le délégué cantonal sont présents.

7. — Les enfants qui, à partir de 11 ans, ont obtenu le *certificat d'études primaires*, sont dispensés du temps de scolarité obligatoire qui leur restait à passer.

8. — Les directeurs et directrices d'écoles privées doivent, comme les maitres de l'enseignement public, tenir un *registre d'appel* qui constate, pour chaque classe, l'absence des élèves inscrits. Extrait de ce registre est adressé, chaque mois, au Maire et à l'Inspecteur primaire, avec l'indication du nombre des absences et des motifs invoqués.

9. — Voy. INSTRUCTION DANS LA FAMILLE.

OBLIGATIONS. — (Cod. civ. art. 1101-1386.)

On entend par *obligation* (du latin *ob*, à cause de, *ligatus*, lié) un lien de droit qui astreint une personne envers une autre à *donner*, à *faire* ou à *ne pas faire* quelque chose.

I. SOURCES DES OBLIGATIONS. — Les obligations peuvent dériver de 5 sources différentes qui sont : le *contrat*; — le *quasi-contrat*; — le *délit*; — le *quasi-délit*; — la *loi*.

§ 1er. — *Contrat*. — 1. — On entend par contrat une convention par laquelle une ou plusieurs personnes s'obligent, envers une ou plusieurs autres, à donner, à faire ou à ne pas faire quelque chose.

Le contrat est dit *synallagmatique* ou *bilatéral*, lorsque les contractants s'obligent réciproquement les uns envers les autres, comme dans la *vente*, par exemple. (Voy. ACTE SYNALLAGMATIQUE.) — Il est dit *unilatéral*, lorsqu'il ne produit d'engagement que d'un côté. Tel est le *prêt d'argent* qui oblige seulement l'emprunteur envers le prêteur.

On appelle *commutatif* le contrat dans lequel chacune des parties s'engage à donner ou à faire une chose qui est regardée comme l'équivalent de ce qu'on lui donne ou de ce qu'on fait pour elle, comme dans la *vente;* — et *aléatoire* celui dans lequel chacune des parties stipule un avantage qui sera peut-être inférieur, peut-être supérieur, peut-être équivalent à celui qu'elle s'engage à procurer d'après un événement incertain ; tels sont la *rente viagère*, le contrat d'*assurance*, le *jeu* et le *pari*.

Le contrat est dit *à titre onéreux* lorsqu'il est fait pour l'avantage et l'utilité pécuniaires de chacune des parties, comme dans la *vente*, l'*échange*, la *société*, le *prêt à intérêt ;* — *à titre gratuit*, lorsqu'il ne procure d'avantage qu'à l'un des contractants, comme dans la *donation sans charges*, le *prêt sans intérêts*.

2. — Quatre *conditions* essentielles sont exigées pour la validité d'un contrat : 1° Le *consentement des parties ;* — 2° Leur *capacité de s'obliger ;* — 3° Un *objet certain* formant la matière de l'engagement ; — 4° Une *cause licite* de l'obligation.

— Le consentement n'est point valable, s'il n'a été donné que par *erreur*, ou s'il a été extorqué par *violence* ou surpris par *dol*. — Voy. ERREUR, 2 ; — VIOLENCE ; — DOL.

Ce n'est qu'exceptionnellement que la *lésion* est une cause de nullité des contrats. — Voy. LÉSION.

— En principe, toute personne peut contracter si elle n'en est pas déclarée incapable par la loi. Les *incapables* sont : les *mineurs*, les *interdits* et les *femmes mariées*. Certains contrats sont interdits à certaines personnes : ainsi le *tuteur* ne peut acheter les biens de son pupille (Cod. civ. art. 450) ; — le *mandataire* ne peut acheter les biens qu'il est chargé de vendre (Cod. civ. art. 1596).

— L'obligation doit avoir pour objet une chose *déterminée* au moins quant *à son espèce*. Ainsi une personne s'oblige envers une autre à lui livrer un *cheval :* cette obligation est valable, car, à défaut de stipulations sur la qualité du cheval, le débiteur se libérera en en fournissant un de qualité ordinaire. Le prix, d'ailleurs, sera un élément d'appréciation. Mais si l'obligation est seulement déterminée quant *au genre*, elle est nulle : telle serait celle de livrer *un animal*.

La quotité de la chose peut être incertaine, pourvu qu'il soit possible de la déterminer. Exemple : Pierre s'est engagé à donner du blé à Paul, sans autre indication : l'obligation est nulle, car Pierre pourrait la remplir à la rigueur en donnant quelques grains de blé. — Il lui a promis du blé pour ensemencer son champ, pour le nourrir pendant une année : l'obligation est valable, car il n'est pas impossible de la déterminer.

Les *choses futures* peuvent être l'objet d'une obligation (par exemple, le *vin de la prochaine récolte*). Il n'est pas permis cependant de renoncer à une succession qui n'est pas encore ouverte, ni de faire aucune stipulation à son sujet, même du consentement de celui de la succession duquel il s'agit.

— L'obligation *sans cause*, ou sur une *fausse cause*, ou sur une *cause illicite*, ne produit aucun effet.

§ 2. — *Quasi-contrat*. — Voy. ce mot.

§ 3. — *Délit*. — C'est tout acte illicite commis avec l'intention de nuire. Indépendamment de la peine qu'il a encourue pour avoir troublé l'ordre public, l'auteur du délit est obligé à réparer le dommage dont il a été la cause. — Voy. ACTION CIVILE.

§ 4. — *Quasi-délit.* — Voy. ce mot.

§ 5. — *Loi.* — Comme obligations naissant directement de la loi, nous citerons celle imposée mutuellement aux *ascendants* et aux *descendants* de se fournir des *aliments* en cas de besoin (Cod. civ. art. 205-211) — Voy. MARIAGE, V; — celle qui astreint les *propriétaires de fonds contigus* à pourvoir en commun aux frais de *bornage* de leurs propriétés (Cod. civ. art. 646) — Voy. BORNAGE; — celles relatives à la *mitoyenneté* (Cod. civ. art. 653 et suiv.) — Voy. MUR MITOYEN; — aux *vues sur la propriété du voisin* (Cod. civ. art. 675-680) — Voy. VUES; — au droit de *passage* (Cod. civ. art. 682-685) — Voy. ENCLAVE; — etc., etc.

II. EFFET DES OBLIGATIONS. — 1. — Les conventions légalement formées ont *force de loi* entre les parties et doivent être exécutées de bonne foi; elles obligent non seulement à ce qui y est exprimé, mais encore à toutes les *suites* que l'*équité*, l'*usage* ou la *loi* leur donnent.

2. — En général, les conventions ne peuvent être *révoquées* que du *consentement mutuel* des parties. — Il y a cependant des contrats résolubles, pour l'avenir, par la *volonté d'une seule* des parties: tels sont le contrat de *société*, lorsque sa durée est illimitée (Cod. civ. art. 1869); — le contrat de *mandat* (Cod. civ. art. 2003). — A l'inverse, il y a des contrats que les parties, *même d'accord*, ne peuvent *jamais révoquer :* tels sont le *mariage* et le *contrat de mariage*. (Cod. civ. art. 1395.)

§ 1. — *Obligation de donner.* — L'obligation de donner, c'est-à-dire de transférer la propriété d'une chose ou un démembrement du droit de propriété, tel qu'un droit d'usufruit ou d'usage, emporte celle de *livrer* la chose et de la *conserver* (si c'est un corps certain) jusqu'à la livraison, à peine de dommages-intérêts envers le créancier.

— Si la chose qu'on s'est obligé de donner ou de livrer à deux personnes successivement est purement *mobilière* (un cheval, par exemple), celle des deux qui en a été mise en *possession réelle* est préférée et en demeure *propriétaire*, bien que son titre soit postérieur en date, pourvu toutefois que le possesseur soit de bonne foi, et sauf recours en dommages-intérêts du premier acquéreur évincé contre le vendeur.

§ 2. — *Obligation de faire ou de ne pas faire.* — En cas d'*inexécution* de la part du débiteur, elle *se résout* nécessairement en *dommages-intérêts*, toutes les fois qu'il est impossible d'obtenir l'exécution effective de l'obligation, ou qu'on ne l'obtiendrait qu'en violentant physiquement la personne du débiteur. Les dommages-intérêts ne peuvent être demandés qu'après que le débiteur a été mis en demeure de faire ce à quoi il s'était engagé. Au contraire, lorsqu'il s'agit d'une obligation de ne pas faire, le débiteur qui y contrevient doit les dommages-intérêts par le seul fait de la contravention. — Voy. DOMMAGES-INTÉRÊTS.

§ 3. — *Dommages et intérêts résultant de l'inexécution de l'obligation.* — Voy. DOMMAGES-INTÉRÊTS, 2-5.

§ 4. — *Interprétation des conventions.* — La loi veut que, dans les conventions, on *recherche quelle a été la commune intention des parties plutôt que de s'arrêter au sens littéral des termes* dont elles se sont servies, s'il y a dissentiment sur leur signification.

— *Lorsqu'une clause est susceptible de deux sens, on doit plutôt l'entendre dans celui avec lequel elle peut avoir quelque effet que dans le sens avec lequel elle n'en pourrait produire aucun.* — Supposons que, dans un acte de partage entre Paul et Pierre, il soit dit que Paul consent à ce que Pierre passe *sur ses héritages :* il est évident qu'il s'agit des héritages de Paul.

car autrement la clause n'aurait aucun sens.

— *Les termes susceptibles de deux sens doivent être pris dans celui qui convient le plus à la matière du contrat.* — Ainsi, dans un bail, il est stipulé que le locataire sera tenu des *réparations :* on doit supposer que les contractants n'ont entendu parler que des réparations dites *locatives.*

— *Ce qui est ambigu s'interprète par ce qui est d'usage dans le pays où le contrat est passé.*

— *On supplée dans le contrat les clauses qui y sont d'usage quoiqu'elles n'y soient pas exprimées.* Ainsi, le locataire sera tenu des réparations locatives, bien qu'il n'en soit pas expressément chargé.

— *Toutes les clauses des conventions s'interprètent les unes par les autres en donnant à chacune le sens qui résulte de l'acte entier.* — Ainsi, dans un contrat de vente, le vendeur a déclaré par une première clause, que l'immeuble était *franc de toutes charges et hypothèques,* et, par une seconde, qu'il entendait *n'être garant que de ses faits :* la première clause doit s'expliquer par la seconde, et l'on supposera que le vendeur n'a entendu déclarer l'immeuble franc que de charges et hypothèques consenties par lui, mais non de celles consenties par ses auteurs.

— *Dans le doute, la convention s'interprète contre celui qui a stipulé et en faveur de celui qui a contracté l'obligation,* c'est-à-dire contre le créancier et en faveur du débiteur. — Pierre a emprunté de Paul une somme d'argent, et la reconnaissance ne mentionne point que Pierre payera l'intérêt du capital qui lui a été prêté : on devra supposer que le prêt a été fait sans intérêts.

— *Quelque généraux que soient les termes dans lesquels une convention est conçue, elle ne comprend que les choses sur lesquelles il paraît que les parties se sont proposé de contracter.* — Ainsi, le légataire qui, dans une transaction intervenue entre lui et les héritiers, aurait déclaré renoncer à tous ses droits, ne serait pas supposé avoir renoncé aux droits que lui donne un second testament découvert postérieurement à la transaction.

— *Lorsque, dans un contrat, on a exprimé un cas pour l'explication de l'obligation, on n'est pas censé avoir voulu par là restreindre l'étendue que l'engagement reçoit de droit aux cas non exprimés.* — Si, par exemple, il a été stipulé dans un contrat de mariage, que le mobilier des successions qui écherraient aux époux entrerait dans la communauté (ce qui est de droit), cette clause n'empêchera pas que toutes les autres choses qui doivent composer la communauté n'en fassent partie suivant la loi.

§ 5. — *Effet des conventions à l'égard des tiers.* — En principe, les conventions n'ont d'effet qu'entre les parties contractantes ; elles ne nuisent ni ne profitent aux tiers. — Voy. CRÉANCIER, 2.

III. DIVERSES ESPÈCES D'OBLIGATIONS. — Les obligations sont de diverse nature, et chaque espèce a ses règles particulières. Il est des obligations *conditionnelles ;* — il y en a qui sont *à terme ;* — d'autres sont *alternatives ;* — d'autres *solidaires ;* — quelques-unes sont *divisibles* ou *indivisibles ;* — enfin il en est où l'on fait entrer des *clauses pénales.*

L'obligation est dite *pure et simple* lorsqu'elle n'est affectée d'aucune de ces modalités.

§ 1er. — *Obligations conditionnelles.* — L'obligation est conditionnelle lorsqu'on la fait dépendre d'un événement futur et incertain, — soit en la *suspendant* jusqu'à ce que l'événement arrive (*je vous vends ma maison si je suis appelé à telles fonctions*), soit en la *résiliant* selon que l'événement arrivera ou n'arrivera pas (*je vous vends ma maison, mais sous la condition que cette vente sera résolue si je renonce à mon projet d'aller demeurer près de mon fils qui doit prochainement se marier*).

— Lorsqu'une obligation est contractée sous la condition qu'un événement arrivera dans un temps fixe (*je vous achèterai votre maison si mon fils est revenu des Etats-Unis d'ici à six mois*), cette condition est censée défaillie lorsque le temps est expiré sans que l'événement soit arrivé. — S'il n'y a point de temps fixe (*je vous achèterai votre maison si mon fils revient des Etats-Unis*), la condition n'est censée défaillie que lorsqu'il est devenu certain que l'événement n'arrivera pas, par exemple, si l'on apprend la mort de mon fils.

Lorsqu'une obligation est contractée sous la condition qu'un événement n'arrivera pas dans un temps fixe (*je vous vends ma maison si d'ici à un an mon fils n'est pas marié*), cette condition est accomplie lorsque ce temps est expiré sans que l'événement soit arrivé ; — elle l'est également si, avant le terme, il est certain que l'événement n'arrivera pas (*si mon fils, par exemple, vient à mourir dans l'intervalle*) ; — et, s'il n'y a pas de temps déterminé, elle n'est accomplie que lorsqu'il est certain que l'événement n'arrivera pas.

— La condition est *réputée accomplie*, lorsque c'est le débiteur, obligé sous cette condition, qui en *a empêché l'accomplissement*. (*J'ai promis à un ouvrier de lui donner 1 000 francs s'il me construit un mur dans 15 jours : le mur est presque achevé, et, croyant me soustraire à mon obligation, je fais disparaître les matériaux destinés à le finir ; je n'en devrai pas moins la somme promise, car c'est par ma faute que la condition ne s'est pas accomplie.*)

— Tant que la condition suspensive n'est pas réalisée, l'obligation n'existe pas encore ; il y a seulement espoir qu'elle existera. Mais dès qu'elle se réalise, elle a un effet *rétroactif* au jour du contrat. En conséquence, les droits, servitudes ou hypothèques que le vendeur conditionnel aurait pu consentir sur la chose aliénée sont nuls. — Si, au contraire, la condition vient à défaillir, la vente étant considérée comme n'ayant jamais existé, tous les droits consentis par le vendeur sont maintenus, tandis que ceux qui émaneraient de l'acheteur conditionnel seraient nuls.

— La loi a prévu le cas où la chose viendrait à périr ou à se détériorer, la condition étant toujours pendante, et elle a déterminé, d'après les distinctions suivantes, à la charge de qui seraient les détériorations ou la perte :

Si la chose est *entièrement détruite sans la faute du débiteur*, l'obligation est éteinte. — Si la chose s'est *détériorée sans la faute du débiteur*, le créancier a le choix ou de résoudre le contrat, ou d'exiger la chose dans l'état où elle se trouve, sans diminution du prix. — Si la chose s'est *détériorée par la faute du débiteur*, le créancier a le droit ou de résoudre le contrat, ou d'exiger la chose dans l'état où elle se trouve, avec des dommages-intérêts.

— A la différence de la condition suspensive qui tient en suspens les effets du contrat tant qu'elle ne s'est pas réalisée, la condition *résolutoire* n'empêche pas le contrat de produire ses effets immédiatement, de même qu'un contrat pur et simple. Mais lorsqu'elle s'accomplit, elle opère la révocation du contrat, et les choses sont remises dans le même état qu'auparavant ; les obligations dont chacune des parties était tenue sont réputées n'avoir jamais existé.

La condition résolutoire est toujours *sous-entendue* dans les contrats *synallagmatiques* (vente, échange, louage, société, etc.), pour le cas où l'une des deux parties ne satisfera point à son engagement. Dans ce cas, le contrat n'est point résolu de plein droit. La partie envers laquelle l'engagement n'a point été exécuté a le choix, ou de forcer l'autre à l'exécution de la convention lorsqu'elle est possible, ou d'en demander la résolution avec dommages-intérêts. La résolution doit être demandée en Justice, et il peut être accordé au défendeur un délai selon les circonstances.

§ 2. — *Obligations à terme.* — Le terme diffère de la condition en ce qu'il ne suspend point l'engagement, dont il *retarde seulement l'exécution.*

Ce qui n'est dû qu'à terme ne peut être exigé avant l'échéance ; mais ce qui a été payé d'avance ne peut être répété : dans cette hypothèse, le débiteur est supposé avoir volontairement renoncé au bénéfice du terme.

— Le terme est toujours *présumé stipulé en faveur du débiteur*, à moins qu'il ne résulte de la disposition ou des circonstances qu'il a été aussi convenu en faveur du créancier. Ainsi une personne achète un troupeau de moutons pour les vendre à la foire de Pâques, et qu'on ne doit lui livrer que la veille de cette foire : il ne saurait être forcé à les recevoir plus tôt, car évidemment il a stipulé le terme afin de ne pas être obligé de nourrir les bestiaux jusqu'au jour de la foire.

— Le débiteur *ne peut plus réclamer le bénéfice du terme* lorsqu'il a fait *faillite* ou est tombé en *déconfiture*, ou lorsque, par son fait, il a *diminué les sûretés* qu'il avait données par le contrat à son créancier (*si, par exemple, il fait des coupes insolites dans une forêt qu'il avait hypothéquée*).

§ 3. — *Obligations alternatives.* — L'obligation est alternative lorsque quelqu'un s'engage à donner ou à faire une chose ou une autre (*à donner*, par exemple, 20 *hectares de terre* ou 6000 *francs*), de manière qu'en s'acquittant d'une des choses, il soit entièrement libéré. — Le *choix* appartient *au débiteur*, s'il n'a pas été expressément réservé au créancier.

— Lorsque l'une des choses ou les deux choses faisant l'objet de l'obligation viennent à *périr*, il faut *distinguer* le cas où, soit par le silence de l'acte, soit par convention, le débiteur a le choix, et le cas où le choix a été réservé au créancier. — Dans la première hypothèse, *celle où le débiteur a le choix*, si l'une des deux choses périt et ne peut plus être livrée, l'obligation devient *pure et simple* et n'a plus pour objet que la chose existante, peu importe que la perte soit arrivée par la faute du débiteur. Dans la même hypothèse, *si les deux choses viennent à périr*, et que le débiteur soit *en faute* à l'égard de l'une d'elles, il doit payer le *prix* de celle qui a *péri la dernière*, comme il aurait dû cette chose elle-même si elle n'eût pas péri.

Lorsque le *créancier, s'étant réservé le choix*, se trouve dans le cas où *l'une des choses seulement a péri*, il faut examiner si c'est par la faute ou sans la faute du débiteur. — Si *le débiteur n'est pas en faute* (il le serait s'il était en demeure), le créancier doit avoir la chose qui reste ; il ne peut réclamer le prix de celle qui a péri, parce qu'elle a cessé d'être l'objet de l'obligation sans que le débiteur ait manqué à la bonne foi. — Si celui-ci *est en faute*, le créancier est fondé à demander soit la chose qui reste, soit le prix de celle qui a péri. — Lorsque les deux choses ont péri, et que le débiteur est en faute, soit à l'égard des deux, soit à l'égard de l'une d'elles, le créancier peut demander le prix de l'une ou de l'autre à son choix.

Dans tous les cas, soit que le débiteur ait le choix, soit qu'il ait été réservé au créancier, si les deux choses ont péri *sans la faute du débiteur*, l'obligation se trouve *éteinte*. (Voy. ci-après, IV, § 6.)

— Les règles que nous venons d'exposer sont applicables aux cas où il y a plus de deux choses comprises dans l'obligation alternative.

§ 4. — *Obligations solidaires.* — Voy. SOLIDARITÉ.

§ 5. — *Obligations divisibles et indivisibles.* — L'obligation est *divisible* ou *indivisible*, selon qu'elle a pour objet ou une chose qui dans sa livraison, ou un fait qui dans l'exécution est ou n'est pas susceptible de division, soit matérielle, soit intellectuelle. — *Exemples :* Pierre doit à Paul 1 000 francs : son obligation est *divisible*, car la chose qu'elle a pour objet est susceptible d'être livrée par parties. — Pierre a promis à Paul de labourer son champ : le fait qu'il s'est engagé à accomplir peut l'être par parties ; son obligation est *divisible.* — Pierre a promis à Paul de lui faire avoir une servitude de passage sur le fonds du voisin : son obligation est *indivisible*, puisque la chose qu'elle a pour objet ne peut pas être livrée par parties. — Pierre s'est engagé à faire un voyage pour Paul : son obligation est encore *indivisible*, car le fait qu'elle a pour objet n'est pas susceptible d'être accompli par parties.

— Les questions qui peuvent naître de ce qu'une obligation est divisible ou indivisible ne s'élèvent jamais, du reste, entre les parties contractantes. Toute obligation, celle même qui serait susceptible de division, doit s'exécuter entre le créancier et le débiteur comme si elle était indivisible. Les effets de la divisibilité ou de l'indivisibilité ne concernent que les héritiers du débiteur ou ceux du créancier. — Si l'obligation est divisible, les héritiers du créancier ne peuvent demander la dette que pour les parts et portions dont ils sont saisis comme représentant le créancier; et réciproquement les héritiers du débiteur ne sont tenus de la payer qu'à raison de leurs parts ou portions comme représentant le débiteur.

Il y a néanmoins des causes particulières qui empêchent quelquefois les héritiers du débiteur d'opposer au créancier la règle générale de la division de la dette entre eux, quoique l'obligation soit divisible. — Ainsi, lorsque la dette est *hypothécaire*, le créancier peut agir pour le tout contre l'héritier dans le lot duquel se trouve l'immeuble hypothéqué. — Ainsi encore, lorsque la dette est d'un *corps certain* (un cheval, par exemple), l'héritier détenteur de cet objet peut être poursuivi pour la totalité par le créancier. — Dans les divers cas énumérés par l'article 1221 du Code civil, celui des héritiers qui a payé plus qu'il ne devait personnellement pour sa part et portion a son recours contre ses cohéritiers, car ce n'était pas l'obligation entière, mais seulement le payement entier qui était à sa charge.

§ 6. — *Obligations avec clause pénale.* — Il peut être ajouté à toute convention une clause pénale dans le but de fixer la quotité de *dommages-intérêts* à payer *en cas d'inexécution* et par là d'éviter les embarras et les incertitudes d'une fixation judiciaire.

Si la peine n'a été stipulée que pour le *retard*, elle doit être regardée comme de simples dommages-intérêts relatifs à ce retard, et elle peut, en conséquence, être réclamée avec la chose. Mais, dans tout autre cas, la peine est censée substituée à la chose, et dès lors le créancier n'a que le *choix* entre la demande du principal ou celle de la peine.

IV. Extinction des obligations. — Les moyens d'extinction des obligations sont : 1° le *payement ;* — 2° la *novation ;* — 3° la *remise de la dette;* — 4° la *compensation;* — 5° la *confusion ;* — 6° la *perte de la chose due;* — 7° la *nullité* ou la *rescision de la convention;* — 8° l'effet de la *condition résolutoire;* — 9° la *prescription.*

§ 1er. — *Payement.* — Par ce terme *le payement,* on n'entend communément que la manière dont ceux qui doivent des sommes d'argent s'acquittent en donnant de l'argent. — Dans le langage du droit, on appelle en général *payement* la manière de s'acquitter de toute obligation qui consiste à donner ou à faire quelque chose, en donnant ou en faisant cette chose.

1. — Il n'est pas nécessaire, pour qu'un payement soit valable, qu'il soit fait par ceux qui y sont inté-

ressés. L'obligation peut être *acquittée par un tiers* qui n'y a aucun intérêt, lorsqu'il agit au nom et en l'acquit du débiteur. Le créancier ne serait en droit de refuser le payement fait par ce tiers qu'autant qu'il aurait un intérêt à ce que l'obligation fût acquittée par le débiteur lui-même. Ainsi, un peintre en renom s'est engagé à faire votre portrait : il ne pourrait pas, contre votre gré, le faire exécuter par un autre.

2. — Un payement ne serait pas valable s'il n'était pas fait, soit au *créancier*, soit *à quelqu'un ayant pouvoir* de lui, ou *autorisé par justice* ou *par la loi* à recevoir pour lui. — L'équité veut cependant que le payement soit valable, lorsqu'ayant été fait de *bonne foi* par le débiteur à celui qui était *en possession de la créance*, ce débiteur avait un juste sujet de le regarder comme le véritable créancier; tel serait un héritier qui, d'abord possesseur légitime de la succession, recevrait le payement des sommes dues et serait ensuite évincé par un héritier plus proche.

Le débiteur serait en faute s'il faisait un payement à celui qui, par son âge ou par un autre motif, n'aurait pas la capacité de recevoir. La seule ressource de ce débiteur serait de prouver que la chose payée a *tourné au profit du créancier*, nul ne devant s'enrichir aux dépens d'autrui.

3. — Le payement fait par le débiteur à son créancier, au préjudice d'une *saisie-arrêt* (voy. ce mot), n'est pas valable à l'égard des créanciers saisissants, qui peuvent le contraindre à payer de nouveau, sauf en ce cas seulement son recours contre le créancier.

4. — Un créancier *ne peut être contraint de recevoir* en payement une *autre chose* que celle qui lui est due, quand même on lui en offrirait une autre d'une valeur égale ou plus grande. Il ne peut non plus être forcé à recevoir *partiellement* son payement, par exemple le capital sans les intérêts. Si néanmoins le débiteur se trouve dans des circonstances telles que, par des motifs d'humanité, les juges soient convaincus que, sans porter préjudice au créancier, il serait convenable d'accorder des *délais modérés pour le payement*, la loi les y autorise, mais en leur rappelant le respect dû aux contrats et en les avertissant de n'user de ce pouvoir qu'avec une grande réserve.

5. — Le débiteur d'un corps *certain* et *déterminé* (tel cheval, telle maison, etc.) est libéré en livrant la chose au terme convenu, dans l'état où elle se trouve. Il ne répond pas des détériorations ni même de la perte, si elles ne sont point survenues par sa faute, à moins qu'il ne fût déjà en demeure de livrer.

6. — Si la dette est d'une chose qui ne soit *déterminée* que par *son espèce* (un cheval, tant de mesures de blé, etc.), l'équité n'autorise point le créancier à l'exiger de la *meilleure qualité;* mais aussi elle ne permet pas au débiteur de l'offrir de la *plus mauvaise.*

7. — *Où le payement doit-il se faire?* Dans le *lieu désigné* par la convention; — *à défaut de désignation*, et s'il s'agit d'un *corps certain et déterminé* (tel cheval, le blé qui se trouve dans mon grenier), dans le *lieu où était, au temps de l'obligation, la chose* qui en fait l'objet. — *Hors ces deux cas*, le payement doit se faire au *domicile du débiteur.*

8. — Les *frais* du payement sont à la *charge du débiteur*. S'il veut une quittance par-devant notaire, c'est à ses dépens qu'elle sera passée; par la même raison, il doit supporter les frais du papier timbré d'une simple quittance; autrement le créancier ne recouvrerait pas tout ce qui lui est dû.

— Voy. IMPUTATION DE PAYEMENT; — OFFRES RÉELLES; — SUBROGATION.

§ 2. — *Novation*. — Voy. ce mot.

§ 3. — *Remise de la dette.* — 1. — C'est la renonciation du créancier à ses droits; elle est *expresse* ou *tacite: expresse* lorsqu'elle résulte d'une déclaration formelle constatée dans un acte passé entre le débiteur et le créancier, ou d'une quittance ; — *tacite* lorsqu'elle résulte d'un fait emportant avec lui la présomption que le créancier a eu la volonté d'éteindre la dette. Ainsi la remise volontaire du *titre original sous signature privée* par le créancier au débiteur *fait preuve de la libération :* aux yeux de la loi, elle équivaut à une quittance, puisque le créancier s'est mis lui-même hors d'état d'intenter aucune action. — La remise volontaire de *la grosse* du titre (voy. GROSSE) *fait présumer* la remise de la dette ou le payement ; mais, comme le créancier pourrait ne s'être dessaisi de la grosse que parce qu'il restait la minute chez le notaire, la *preuve contraire* lui est réservée.

2. — Lorsque le créancier rend au débiteur le *gage* donné en nantissement, il est plutôt à présumer qu'il a consenti à se désister du gage qu'il n'est à présumer qu'il ait voulu remettre la dette.

3. — La dette étant éteinte par la remise qu'en fait le créancier, le *cautionnement* qui en était l'accessoire cesse également. Mais aussi par la raison que le cautionnement n'est qu'un accessoire de l'obligation, la remise peut en être faite à la caution sans qu'elle serve au débiteur principal ; et s'il y a plusieurs cautions, la remise peut être faite à l'une d'elles sans que les autres soient fondées à s'en prévaloir.

§ 4. — *Compensation.* — Voy. ce mot.

§ 5. — *Confusion.* — Voy. ce mot.

§ 6. — *Perte de la chose due.* — 1. — Cette expression est prise ici dans son sens le plus général ; elle comprend : 1° le cas où la chose due a été *matériellement détruite ;* — 2° celui où elle se trouve *mise hors du commerce* (par suite d'expropriation pour cause d'utilité publique, par exemple) ; — 3° celui où elle est *perdue*, de manière qu'*on en ignore absolument l'existence* (vol, chute dans la mer, etc.).

2. — Pour que la perte de la chose opère la libération du débiteur, il faut : 1° qu'il s'agisse d'un corps *certain* et *déterminé* (tel cheval, telle maison) ; — 2° que le débiteur ne soit *pas en faute* ; — 3° qu'il n'ait *pas encore* été *mis en demeure.* — Si, au lieu d'un corps certain, la dette était d'une chose *indéterminée* ou d'une chose *déterminée seulement quant à son espèce* (un cheval, une somme d'argent), elle ne pourrait jamais s'éteindre par la perte de la chose, car les espèces ne périssent point.

3. — Lors même que le débiteur est en demeure, s'il ne s'est pas chargé des cas fortuits, l'obligation est éteinte *dans le cas où la chose aurait également péri chez le créancier* si elle lui eût été livrée. Exemple : vous deviez me livrer une maison ; je vous ai sommé de le faire ; malgré ma sommation vous l'avez gardée. — Postérieurement, la foudre la consume : c'est pour moi qu'elle périt, car il est certain que, si vous me l'aviez livrée, elle eût également été détruite.

4. — C'est au débiteur à *prouver le cas fortuit* qu'il allègue.

§ 7. — *Nullité* ou *rescision.* — Voy. RESCISION.

§ 8. — *Effet de la condition résolutoire.* — Voy. ci-dessus, III, § 1er.

§ 9. — *Prescription.* — Voy. ce mot.

V. PREUVE DES OBLIGATIONS. — C'est à celui qui réclame l'exécution d'une obligation à prouver qu'il est bien réellement créancier ; mais cette preuve une fois faite, c'est au débiteur qui se prétend libéré à justifier son assertion. — La *preuve*, tant des obligations que de leur extinction, s'établit, suivant la diversité des cas, par des *écrits*, — par des *témoins*, — par des *présomptions*, — par l'*aveu de la partie*, — par le *serment.*

§ 1er. — *Preuve littérale.* — C'est celle qui résulte des *écrits* sous seing privé ou authentiques : elle est la plus sûre de toutes les preuves. — Voy. ACTE AUTHENTIQUE ;

— ACTE SOUS SEING PRIVÉ; — CONTRE-LETTRE; — PAPIERS DOMESTIQUES, 1; — TAILLE.

§ 2. — *Preuve testimoniale.* — C'est celle qui résulte de la déclaration des personnes présentes au fait qu'il s'agit d'éclaircir.

1. — Ce genre de preuve est suspect aux yeux du législateur qui, *en principe*, ne l'admet qu'autant qu'il s'agit d'une *somme* ou *valeur ne dépassant pas* 150 *fr.*

Pour que cette règle ne puisse être éludée, le Code dispose que la preuve testimoniale n'est pas permise lorsque l'action contient, outre la demande d'un capital, une réclamation d'intérêts qui, réunis au capital, dépassent la somme de 150 francs; — ni en restreignant à ce chiffre une demande primitivement supérieure; — ni lorsque la somme réclamée est le restant ou fait partie d'une créance plus forte, non prouvée par écrit.

2. — Trois *exceptions* cependant ont été admises: 1° Lorsqu'il existe un *commencement de preuve par écrit.* On appelle ainsi tout acte par écrit qui est émané de celui contre lequel la demande est formée ou de celui qu'il représente, et qui rend vraisemblable le fait allégué: *Telle serait une lettre demandant à emprunter*, ou *implorant un délai pour le payement*, etc.

2° *Lorsqu'il a été physiquement ou moralement impossible au créancier de se procurer une preuve écrite.* — Ainsi les obligations issues de *quasi-contrats*, de *délits* ou de *quasi-délits*, de *dépôts nécessaires*, peuvent toujours être prouvées par témoins. — Voy. QUASI-CONTRAT; — DÉLIT; — QUASI-DÉLIT; — DÉPOT, sect. I, § 2°.

3° *Lorsque le créancier a perdu son titre par suite d'un cas fortuit, imprévu et résultant d'une force majeure*, d'un incendie, par exemple.

§ 3. — *Présomptions.* — On entend par là des conséquences que la loi ou les magistrats tirent d'un fait connu pour parvenir à la connaissance d'un fait inconnu. — Elles se divisent en présomptions *légales* et présomptions *abandonnées à l'appréciation des juges.*

1. — Comme exemples de présomptions *légales*, le Code cite: 1° *Les cas où certains actes sont déclarés nuls d'après leur seule qualité, comme présumés faits en fraude des dispositions de la loi.* (Tels sont, par exemple, les actes translatifs de propriétés mobilières ou immobilières, à titre gratuit, faits par un commerçant depuis la cessation de ses payements, ou dans les 10 jours qui ont précédé cette époque (Cod. com. art. 446). — Voy. FAILLITE, II, 2.)

2° *Les cas dans lesquels la loi déclare la propriété ou la libération résulter de certaines circonstances déterminées.* — Voy. PRESCRIPTION; — MITOYENNETÉ.

3° *L'autorité attachée à la chose jugée.* — Voy. CHOSE JUGÉE.

— L'effet général des présomptions légales est de dispenser de toute preuve celui en faveur de qui elles militent.

2. — Les présomptions *non établies par la loi* sont abandonnées aux lumières et à la prudence des magistrats qui ne doivent admettre que des présomptions *graves, précises* et *concordantes*, — dans les cas seulement où la preuve testimoniale serait admissible, à moins qu'il ne s'agisse d'un acte attaqué pour cause de fraude ou de dol.

§ 4. — *Aveu de la partie.* — Il peut être *judiciaire* ou *extra-judiciaire.*

1. — L'*aveu judiciaire* est la déclaration que fait en Justice la partie ou son fondé de pouvoir spécial.

Il *ne peut être divisé* contre le débiteur. — Ainsi Pierre, à qui Paul réclame 3000 fr., avoue qu'en effet il a reçu cette somme, mais qu'il en a déjà remboursé la moitié: Paul ne serait pas admis à diviser cet aveu, à en accepter la première partie et à rejeter la seconde.

Il *ne peut être révoqué*, à moins de prouver qu'il a été la suite d'*une erreur de fait.* — Exemple : Paul, étant poursuivi du chef de son père dont il est l'héritier, pour le payement d'une somme que Pierre prétend lui avoir prêtée, a reconnu l'existence de la dette ; mais postérieurement il découvre dans les papiers de la succession une quittance attestant la restitution de la somme qui lui est réclamée : son aveu tombe et reste sans effet.

2. — L'*aveu extrajudiciaire* est celui qui n'est pas fait en Justice dans le cours d'un procès. S'il est purement *verbal*, on ne peut le prouver par témoins toutes les fois que son objet dépasse la somme de 150 fr., conformément au principe ci-dessus exposé. (Voy. V, § 2.)

§ 5. — *Serment.* — Voy. SERMENT, 3 et 4.

OBSCÈNES. (IMAGES) — Est punie d'un *emprisonnement* d'un mois à deux ans et d'une *amende* de 16 fr. à 2 000 fr. la mise en vente, la distribution ou l'exposition de dessins, gravures, peintures, emblèmes ou images obscènes. Les exemplaires sont *saisis*. (Loi 29 juillet 1881, art. 28.)

OCCUPATION. — Prise de possession d'une chose qui n'appartient à personne. — C'est par l'occupation que le *chasseur* et le *pêcheur* acquièrent le gibier ou le poisson qu'ils ont pris ; — que celui qui trouve un *trésor* dans le terrain d'autrui en devient, en partie du moins, propriétaire. — Voy. CHASSE ; — PÊCHE ; — TRÉSOR.

OCTROI. — (Ord. roy. 9 décembre 1814 ; lois 28 avril 1816, art. 147 ; — 11 juin 1842, art. 9 ; 22 juin 1854, art. 18 ; déc.-loi 17 mars 1852, art. 25, n° 16 ; déc. 13 avril 1861, art. 6 *in fine ;* loi 5 avril 1884, art. 137-139.)

Impôt *municipal indirect* sur les consommations locales. — Le mot *octroi* vient de ce qu'autrefois le Roi *octroyait* aux villes dont les revenus étaient insuffisants pour subvenir à leurs besoins la faculté de lever certains droits sur elles-mêmes.

Au 1er janvier 1883, le *nombre* des octrois était de 1535. Les *frais de perception* se sont élevés, en 1882, à 23 799 526 fr. et le *produit net* a représenté 267 193 326 fr.

1. — L'*établissement* des taxes d'octroi votées par les Conseils municipaux, en cas d'insuffisance des revenus de la Commune, ainsi que les règlements relatifs à leur *perception*, sont *autorisés* par décrets rendus en Conseil d'Etat, après avis du Conseil général ou de la Commission départementale dans l'intervalle des sessions.

Il *en est de même* en ce qui concerne : 1° les *modifications aux règlements* ou *aux périmètres* existants ; — 2° l'*assujettissement à la taxe des objets non encore imposés* dans le tarif *local ;* — 3° l'*établissement* ou le *renouvellement d'une taxe non comprise* dans le tarif *général ;* — 4° l'établissement ou le renouvellement d'un tarif excédant le *maximum* fixé par le tarif général. — Toute taxe ou surtaxe d'octroi *excédant le maximum* fixé par le tarif général et qui, en même temps, dépasserait les proportions déterminées par les lois spéciales en vigueur, ne peut être établie que par une *loi*.

2. — Sont *exécutoires* les délibérations prises par les Conseils municipaux, concernant : 1° la *suppression* ou la *diminution* des taxes d'octroi ; — 2° la *prorogation* des taxes d'octroi pour 5 ans au plus, commençant au 1er janvier qui suit la délibération ; — 3° l'*augmentation* des taxes pour 5 ans au plus ; — sous la condition, toutefois, qu'aucune des taxes ainsi maintenues ou modifiées n'excède le maximum déterminé dans le tarif général, ou qu'aucune desdites taxes ne porte sur des objets non compris dans ce tarif. — En cas de *désaccord entre le Maire et le Conseil municipal*, la délibération n'est exécutoire qu'après l'approbation du Préfet.

3. — Toute délibération portant *augmentation* ou *prorogation* de taxe pour une période de *plus de*

5 ans doit être approuvée par décret rendu en Conseil d'Etat, après avis du Conseil général ou de la Commission départementale dans l'intervalle des sessions.

4. — Il appartient aux Conseils municipaux de décider le mode de perception des taxes d'octroi : si ce sera la *régie simple*, la *régie intéressée*, le *bail à ferme* ou l'*abonnement avec l'Administration des contributions indirectes.*

La *régie simple* est la perception directe par des agents de la Commune sous l'autorité et la surveillance du Maire.

La *régie intéressée* consiste à traiter avec un régisseur, à la condition qu'au delà d'une certaine somme égale au prix du bail et aux frais de perception, la Commune participera aux bénéfices.

Le *bail à ferme* est l'adjudication pure et simple des produits, moyennant un prix convenu, sans partage de bénéfices. La ferme ne peut être consentie que pour 3 ans, et le droit au bail n'est cessible qu'avec le consentement de l'Autorité locale et l'autorisation du Ministre des finances.

Enfin l'*abonnement avec l'Administration des contributions indirectes* est un traité de gré à gré, sous l'approbation du Ministre des finances, en vertu duquel la perception et le service de l'octroi sont remis entre les mains des employés des contributions indirectes.

5. — Quant au versement du produit des octrois, il s'effectue intégralement à la caisse du receveur municipal, le décret-loi du 17 mars 1852 ayant supprimé le prélèvement de 10 p. 100 attribué au Trésor public par la loi du 28 avril 1816.

6. — Les *droits* d'octroi doivent être *payés* à l'entrée des localités, sur la déclaration des conducteurs ou autres personnes. Tout objet *non déclaré*, ou qui a été l'objet d'une *déclaration fausse* ou *inexacte*, est *saisi* comme *garantie de l'amende* encourue, laquelle est *égale à la valeur* des objets qu'on a voulu introduire en fraude. Le propriétaire de l'objet saisi peut le réclamer, soit en payant l'amende, soit en faisant opposition à la vente dans les 10 jours de la notification du procès-verbal ; sinon l'objet est vendu. — Le *produit* des amendes et confiscations est attribué *moitié* aux employés de l'octroi et *moitié* à la Commune.

7. — Les *contraventions* sont poursuivies devant le Tribunal de simple police ou de police correctionnelle, suivant la quotité de l'amende encourue. — Les *contestations* entre les redevables et les receveurs, sur l'*application du tarif* et la *quotité des droits* exigés, sont portées devant le *Juge de paix*, après consignation des droits. — Celles qui s'élèvent sur l'*administration* ou la *perception des octrois en régie intéressée*, entre les Communes et les régisseurs, de même que les contestations entre les Communes et les fermiers des octrois sur le *sens des clauses des baux*, sont jugées par le *Conseil de Préfecture*, sauf recours au Conseil d'Etat. — Les *autres contestations* sont de la compétence des *Tribunaux ordinaires.*

8. — En matière d'octroi, il est permis de *transiger*, même après le jugement rendu.

9. — *Il n'y a de soumis à l'octroi* que les objets qui doivent se *consommer dans la Commune*. Pour être admis à traverser la Commune sans payer les droits, il faut, ou se faire escorter jusqu'à la sortie, ou obtenir un *passe-debout* qui se délivre moyennant un cautionnement ou la consignation des droits, qui seront restitués à la sortie. Un séjour de plus de 24 heures s'appelle *transit :* la consignation ou le cautionnement du droit subsistent pendant toute la durée du séjour, fixée d'ordinaire par les règlements locaux. — L'*entrepôt* est la faculté donnée à un propriétaire, ou à un commerçant, de recevoir et d'emmagasiner dans un lieu sujet à l'octroi sans acquitter les droits, des marchandises qui y sont assujetties, et

auxquelles il réserve une destination ultérieure. L'entrepôt, qui est toujours illimité, peut être *réel* ou *fictif*, c'est-à-dire à domicile. Les règlements locaux déterminent les objets pour lesquels il est accordé, ainsi que les quantités au-dessous desquelles on ne peut l'obtenir. Les conditions de l'entrepôt, les devoirs des entrepositaires, les formalités à remplir à la sortie, sont déterminées par les articles 42 et suivants de l'Ordonnance royale du 9 décembre 1814 et par les règlements locaux.

10. — Les *simples préposés* d'octroi sont *nommés* par les Sous-Préfets. Quant aux *préposés en chef*, ils sont à la nomination du Préfet.

OCTROI DE MER. — Taxe perçue, moyennant un prélèvement de 3 p. 0/0, par l'Administration des douanes, au profit des Communes de *plein exercice* et des Communes *mixtes* de l'Algérie et à l'exclusion des Communes *indigènes*. La *répartition* se fait au prorata de la population ; mais, dans le décompte, chaque habitant européen équivaut à 8 indigènes dans les Communes de plein exercice et à 40 dans les Communes mixtes.

Les droits d'octroi municipal sont perçus aux *frontières de terre* sur les produits tunisiens et marocains qui en sont passibles par l'entrée par mer.

L'octroi porte sur les objets désignés dans un tarif annexé à l'ordonnance du 21 décembre 1844. Il n'est fait *aucune distinction* quant à leur origine, au pavillon importateur et à leur destination en Algérie.

OFFENSE AU PRÉSIDENT DE LA RÉPUBLIQUE. — Elle est punie d'un *emprisonnement* de trois mois à un an et d'une *amende* de 100 fr. à 3000 francs, ou de l'une de ces deux peines seulement. (Loi 29 juillet 1881 sur la liberté de la Presse, art. 26.)

OFFENSE ENVERS LES CHEFS D'ÉTAT ÉTRANGERS. — Elle est punie de la même manière par l'article 36 de la même loi.

OFFICIER DE L'ÉTAT CIVIL. — Ce nom appartient aux fonctionnaires chargés de la rédaction et de la tenue des *actes de l'état civil*, c'est-à-dire aux Maires et, en cas d'empêchement ou par délégation, à leurs Adjoints. — Voy. ACTES DE L'ÉTAT CIVIL.

OFFICIER DE POLICE JUDICIAIRE. — Voy. POLICE JUDICIAIRE.

OFFICIER DE SANTÉ. — (Lois 19 ventôse an XI (10 mars 1803), 29 décembre 1873, 18 mars 1880, 1er mai 1883); déc. 22 août 1854, 23 août 1873, 1er août 1883.) — On donne ce nom à des médecins d'un ordre inférieur, desquels on exige des études moins approfondies, et qui, par suite, n'ont pas des prérogatives aussi étendues que les *docteurs en médecine*.

1. — Les Officiers de santé ne peuvent pratiquer les *grandes opérations chirurgicales* que sous la *surveillance* et l'*inspection* d'un docteur, dans les lieux où celui-ci est établi. En cas d'accidents graves, arrivés à la suite d'opérations exécutées hors de la surveillance et de l'inspection prescrites, il y a *recours en indemnité* contre l'Officier de santé qui s'en est rendu coupable.

Ils n'ont le *droit d'exercer* que *dans le département pour lequel ils ont été reçus*. S'ils veulent exercer dans un autre département, ils doivent subir un examen supplémentaire devant le jury de la Faculté ou de l'École de laquelle relève ce département.

2. — Pour obtenir le diplôme d'Officier de santé, il faut : 1° avoir pris 16 *inscriptions* et suivi les cours pendant 4 *années* dans une Faculté de médecine, une école de plein exercice ou une école préparatoire ; — 2° avoir fait un *stage de 2 ans dans un hôpital* placé près de la Faculté ou École ; — 3° subir 3 *examens de fin d'année* et 3 *examens de fin d'études*. Le dernier examen ne peut être subi avant l'âge de 21 *ans révolus*.

3. — Voy. AVORTEMENT, 2 ; — FAUX, V ; — LÉGALISATION, 2 ; — MÉ-

DECIN, 3 et suiv. ; — RÉVÉLATION DE SECRETS.

OFFICIERS MINISTÉRIELS. — Cette dénomination s'applique aux *Avocats au Conseil d'Etat et à la Cour de Cassation*, aux *Notaires*, *Avoués*, *Greffiers*, *Huissiers*, *Agents de change*, *Commissaires-Priseurs*, et aux *Courtiers* autres que ceux de commerce. (Voy. ces mots.)

— Il n'est pas libre à toute personne, quelle que soit d'ailleurs sa capacité, d'embrasser l'une de ces professions. Dans chacune d'elles le nombre des titulaires est limité et leur nomination est réservée au Gouvernement. De plus, en compensation d'une augmentation de cautionnement qui leur fut imposée pour faire face aux dépenses extraordinaires occasionnées par les désastres de la guerre en 1815, la loi de finances du 28 avril 1816 (art. 91) leur a accordé le *droit de présenter des successeurs* à l'agrément du chef de l'État. Ainsi s'est trouvée rétablie par le fait la vénalité des charges dont il s'agit, car, si le choix des titulaires appartient au Gouvernement, en réalité ce sont les titulaires eux-mêmes qui élisent leurs successeurs. Laissons parler un illustre publiciste, M. Rossi : « Le titulaire qui, par un motif quelconque, estime que le moment de la retraite est arrivé pour lui, trouve un acheteur de son office, en retire un prix qui a été, dans certains cas, fort considérable, et obtient de l'Autorité la nomination du candidat qu'il présente.

» Qu'importe? dira-t-on. Le Gouvernement peut refuser son agrément si le candidat ne réunit pas les qualités nécessaires : l'intérêt général n'est donc exposé à aucun dommage.

» La réponse serait fondée que le dommage des consommateurs n'en serait pas moins réel. Sur quoi repose cette propriété factice, vendue à beaux deniers comptants, et souvent pour des sommes énormes, trois cent, quatre cent, cinq cent mille francs ? Quel est son revenu? Où l'acheteur peut-il le puiser? Hélas! dans la poche des consommateurs ; il faut bien que le tarif ou l'usage leur fasse retrouver, en sus de la rétribution due au travail, les intérêts et un peu aussi l'amortissement du prix d'achat. Car l'avenir est incertain ; il ne serait ni sage ni prudent de se fier aveuglément à l'espoir de recouvrer, à la fin de sa carrière, le prix déboursé ; mieux vaut prendre ses sûretés. Le résultat, c'est donc un impôt déguisé, levé par quelques particuliers et à leur profit; un droit aussi absurde que le serait la demande que l'un de nous pourrait faire au Gouvernement pour en obtenir le don d'un décime additionnel sur l'octroi de Paris.

» D'ailleurs, le libre choix de l'Autorité n'est plus qu'une vaine apparence. Un candidat perdu de réputation ou d'une incapacité notoire serait refusé. Qui en doute? Mais la question est autre; la question est de savoir si, en présence du candidat choisi par le titulaire, et avec la perspective du dommage que ferait éprouver à celui-ci le refus de confirmation, l'Autorité n'éprouve ni embarras, ni gêne; si c'est réellement le plus capable et le plus digne parmi les aspirants qu'elle appellera; si elle ne donne rien aux circonstances, rien aux engagements déjà pris, aux sollicitations des familles qui ont souscrit, aux influences si puissantes et si actives de l'esprit de corps. Car tous les titulaires sont intéressés à seconder les projets de leur confrère; plus les précédents se multiplient, plus le privilége est assuré. Dans ce système, l'Autorité est à peu près également certaine de ne pas nommer ni le plus indigne, ni le plus digne. Si, d'un côté, on n'oserait pas lui présenter le plus indigne, de l'autre, ce n'est pas le plus digne que l'on recherche, mais le plus hardi, le plus impatient; ce qu'on veut avant tout, c'est une bonne affaire, un prix élevé et des sûretés : tant mieux pour le public si on rencontre par surmarché une haute capacité et une probité inébranlable. » (*Cours d'économie politique*, 19e leçon.)

— Cet état de choses est condamné par tous les bons esprits au nom de l'économie politique, du droit, de la morale et du bon sens. « On veut, en France, des garanties, » dit M. Henri Baudrillart, « soit. Mais entre de justes garanties et le régime du privilège résultant en France de la vénalité des charges instituées à titre onéreux par la loi du 28 avril 1816, n'y a-t-il pas un abîme? Il est très contestable que toutes les professions que je viens d'examiner exigent des garanties spéciales. En attendant, le haut prix des charges, qui est le résultat du monopole, rend plusieurs de ces professions inabordables à des hommes très honnêtes et très capables. Encore si le haut prix des charges était une sécurité pour le public! Mais on a la preuve du contraire dans le nombre des malversations et des désastres dans quelques-uns de ces offices. C'est dans ces professions monopolisées que le nombre des actes frauduleux se montre le plus considérable, quelles que soient l'honorabilité de la plupart des titulaires et la surveillance exercée par l'esprit de corps. Cette atteinte à la liberté du travail constitue un dur impôt sur les transactions et sur les contrats, c'est-à-dire encore par conséquent sur la liberté du travail et du capital dont de telles redevances abusives gênent les mouvements. » (*La Liberté du travail, l'Association et la Démocratie*, page 89.)

— Malheureusement la question risque de demeurer longtemps sans solution, car le Gouvernement n'a que l'alternative ou de spolier les titulaires d'offices ou de dépenser des millions pour reprendre le droit qui leur a été si malencontreusement accordé.

OFFRES RÉELLES. — (Cod. civ. art. 1257-1264; Cod. proc. civ. art. 812-818.) — On désigne ainsi la représentation effective faite à un créancier des choses qui lui sont dues et qu'il refuse, avec sommation de les recevoir. — Les offres réelles suivies de *consignation* libèrent le débiteur.

— *Pour que les offres réelles soient valables*, il faut: 1° Qu'elles soient faites au créancier ayant la capacité de recevoir, ou à celui qui a pouvoir de recevoir pour lui; — 2° Qu'elles soient faites par une personne capable de payer; — 3° Qu'elles soient de la totalité de la somme exigible, des arrérages ou intérêts dus, des frais liquidés, sauf à la parfaire; — 4° Que le terme soit échu s'il a été stipulé en faveur du créancier; — 5° Que la condition sous laquelle la dette a été contractée soit arrivée; — 6° Que les offres soient faites au lieu dont on est convenu pour le payement, et que, s'il n'y a pas de convention spéciale à cet égard, les offres soient faites ou à la personne du créancier, ou à son domicile, ou au domicile élu pour l'exécution de la convention; — 7° Que les offres soient faites par un officier ministériel ayant caractère pour ces sortes d'actes, c'est-à-dire par un huissier ou un notaire. — Voy. CONSIGNATION.

OLOGRAPHE. — Expression formée de la réunion de deux mots grecs, *olos*, entier, *graphô*, j'écris, qui s'emploie pour désigner le testament écrit par le testateur lui-même. — Voy. TESTAMENT, I.

ONCLE. — Frère du père ou de la mère d'une personne.

1. — L'oncle est parent au *troisième degré* avec ses neveux et nièces. (Cod. civ. art. 738.) — Voy. PARENTÉ.

2. — Le *mariage* est *prohibé* entre l'oncle et la nièce; mais il est loisible au Gouvernement d'accorder une *dispense* pour *causes graves*. (Cod. civ. art. 163, 164.) — Voy. MARIAGE, I, 9.

3. — Voy. NEVEU-NIÈCE, 3 et 4.

ONÉREUX. (TITRE) — Celui par lequel on acquiert une chose à prix d'argent ou sous la condition d'acquitter certaines charges. Il est opposé à titre *gratuit*.

OPPOSITION. — Voy. SAISIE-ARRÊT.

OPPOSITION A JUGEMENT. — (Cod. proc. civ. art. 19-22; 149-164; 434-438; Déc. 20 février 1810, art. 41-44; Cod. instr. crim. art. 149-151; 186-188.)

Voie de recours contre les jugements rendus *par défaut*. — A la différence de l'*appel* qui est porté devant une juridiction supérieure, l'*opposition* se forme devant le Tribunal même qui a rendu le jugement.

1. — On ne peut en appeler d'un jugement rendu par défaut (dans les cas où il est susceptible d'appel), qu'après l'expiration du délai accordé pour y former opposition.

— Ce *délai* est, pour les jugements rendus par les *Juges de paix*, de 3 jours à partir de la signification par huissier.

— A l'égard des jugements rendus par les *Tribunaux de première instance*, il est de huitaine à partir de la signification à avoué. Si le jugement a été rendu contre une partie qui n'avait pas constitué d'avoué, l'opposition est recevable jusqu'à l'exécution du jugement.

— L'opposition aux jugements par défaut des *Tribunaux de commerce* n'est également plus recevable après la huitaine du jour de la signification.

— Le délai pour former opposition à un jugement par défaut des *Conseils de prud'hommes* est de 3 jours à partir de la signification.

— En matière de *simple police*, l'opposition doit être formée dans les 3 jours de la signification, outre un jour par 3 myriamètres.

— En matière de *police correctionnelle*, le délai est de 5 jours à partir de la signification, plus un jour par 5 myriamètres.

2. — Toute partie opposante qui se laisse juger *une seconde fois par défaut* n'est plus admise à former une nouvelle opposition. Il ne lui reste alors que la *voie de l'appel*, dans les cas où le jugement est susceptible de recours.

OPPOSITION A MARIAGE. — Voy. MARIAGE, III.

OPPOSITION. (TIERCE) — Voy. TIERCE OPPOSITION.

OR. — Voy. MATIÈRES D'OR ET D'ARGENT.

ORDRE. — (Cod. civ. art. 2218; Cod. proc. civ. art. 749-779.)

Détermination du rang suivant lequel chaque créancier *hypothécaire* ou *privilégié* doit être payé sur le prix provenant de la vente des biens immobiliers du débiteur commun.

— Dans les Tribunaux où les besoins du service l'exigent, il est désigné, par décret du Président de la République, un ou plusieurs Juges spécialement chargés du règlement des ordres.

— Une tentative d'*ordre* amiable est essayée par le Juge-commissaire; si elle n'aboutit pas, le règlement se fait judiciairement dans les formes déterminées au titre XIV du Code de procédure civile.

ORDRE. (BILLET A) — Voy. BILLET A ORDRE.

ORDRE NATIONAL DE LA LÉGION D'HONNEUR. — L'Ordre de la Légion d'honneur a été *institué* par la loi du 29 floréal an x (19 avril 1802), pour récompenser les services civils et militaires.

Le Président de la République est le *chef* souverain et le *grand-maître* de l'Ordre.

1. — La Légion d'honneur est *composée* de Chevaliers, d'Officiers, de Commandeurs, de Grands-Officiers et de Grands-Croix.

Le *nombre* des *Chevaliers* n'est pas *limité*; mais celui des *Officiers* est *fixé à* 4 000; — celui des *Commandeurs à* 1 000; — celui des *Grands-Officiers à* 200; — celui des *Grands-Croix à* 80; — indépendamment des étrangers à qui la décoration peut être accordée, et qui n'entrent pas dans le cadre fixé.

Une loi du 25 mai 1873 a décidé qu'à l'avenir et jusqu'à ce qu'il en ait été autrement ordonné, il ne serait fait, dans la Légion d'honneur, tant dans l'ordre civil que dans l'ordre militaire, qu'*une* nomination ou promotion sur *deux* extinctions.

2. — *Nul* ne peut être admis dans la Légion d'honneur qu'avec le *premier grade* de Chevalier, et après avoir *exercé avec distinction*, **pendant 20 ans**, en temps de paix, des fonctions civiles ou militaires. Mais, en temps de guerre, les actions d'éclat et les blessures graves, et, en tout temps, les *services extraordinaires* rendus à l'Etat dans les fonctions civiles et militaires, les sciences et les arts, peuvent *dispenser des conditions* exigées pour l'admission et l'avancement.

3. — *Pour être nommé à un grade supérieur*, il est indispensable d'avoir passé dans le grade inférieur, savoir : 1° pour le grade d'*Officier*, quatre ans dans celui de Chevalier; — 2° pour le grade de *Commandeur*, deux ans dans celui d'Officier; — 3° pour le grade de *Grand-Officier*, trois ans dans celui de Commandeur; — 4° pour le grade de *Grand-Croix*, cinq ans dans celui de Grand-Officier.

Chaque *campagne* est comptée *double* aux militaires dans l'évaluation des années exigées, sans qu'on puisse compter plus d'une campagne par année, sauf les cas d'exception déterminés par un décret spécial.

4. — Les membres admis prêtent, au moment de leur réception, un *serment* conçu en ces termes : « *Je jure fidélité à l'honneur et à la patrie; je jure de me consacrer tout entier au service de l'Etat, et de remplir les devoirs d'un brave et loyal chevalier de la Légion d'honneur.* »

5. — Il est *perçu* par la Grande-Chancellerie, pour l'expédition des brevets : 25 fr. par brevet de Chevalier; — 50 fr. par brevet d'Officier; — 80 fr. par brevet de Commandeur; — 120 fr. par brevet de Grand-Officier; — 300 fr. par brevet de Grand-Croix. (Décr. 22 mars 1875.)

Sont *exempts de tous frais* d'expédition les brevets des sous-officiers et soldats nommés en activité de service.

Indépendamment des droits de chancellerie fixés par le décret du 22 mars 1875, les membres *civils*, nommés ou promus dans l'ordre de la Légion d'honneur doivent acquitter le *prix des insignes*, savoir : *Chevalier*, 15 fr.; — *Officier*, 74 fr.; — *Commandeur*, 169 fr.; — *Grand-Officier*, 60 fr.; — *Grand-Croix*, 328 fr. (Déc. 14 déc. 1886.)

6. — Tous les *Officiers*, *sous-officiers* et *soldats* de terre et de mer en activité de service, nommés ou promus dans l'ordre de la Légion d'honneur *postérieurement* au décret du 22 janvier 1852, reçoivent, selon leur grade, l'*allocation annuelle* suivante : les Chevaliers, 250 fr.; — les Officiers, 500 fr.; — les Commandeurs, 1000 fr.; — les Grands-Officiers, 2000 fr.; — les Grands-Croix, 3000 fr.

7. — On *porte* les armes aux Officiers et Chevaliers; on les *présente* aux Grands-Croix, Grands-Officiers et Commandeurs.

— Les Grands-Croix et les Grands-Officiers reçoivent les mêmes *honneurs funèbres* et *militaires* que les Généraux de division et les Généraux de brigade non employés, et, s'ils sont Officiers généraux, ils sont considérés comme morts dans l'exercice de leur commandement. Les Commandeurs sont assimilés aux Colonels; les Officiers aux Chefs de bataillon; les Chevaliers aux Lieutenants.

Dans l'Ordre civil, les honneurs funèbres et militaires sont rendus aux Commandeurs, Officiers et Chevaliers.

8. — La qualité de membre de la Légion d'honneur *se perd*, et l'exercice des droits et prérogatives qui y sont attachés est suspendu par les mêmes causes que celles qui font perdre la qualité ou suspendent les droits de citoyen français. — Voy. FRANÇAIS.

9. — Voy. DÉCORATIONS.

ORDRES ÉTRANGERS. — (Déc. 10 juin 1853.) — Décorations étrangères. — Le port doit en être *autorisé* par le Gouvernement français. Les *demandes* à cet effet sont *adressées* au grand Chancelier de la Légion d'honneur, *par l'intermédiaire* du Ministre dont relève le demandeur à raison de ses fonctions ou de son emploi, et par le Préfet de son département, si le demandeur n'exerce aucune fonction publique.

1. — Toute demande en autorisation doit être *accompagnée :* 1° du titre ou brevet original; — 2° de sa traduction authentique; — 3° d'un acte de naissance dûment légalisé; — 4° d'un récépissé de la somme due pour droits de chancellerie, laquelle est versée à la Caisse des Dépôts et Consignations pour les personnes qui résident à Paris, et dans les Caisses des Receveurs des Finances pour celles qui habitent les départements.

2. — Les *droits de chancellerie* ont été augmentés par le décret du 22 mars 1875 et fixés ainsi qu'il suit : pour les décorations portées à *la boutonnière*, 100 fr.; — pour celles portées *en sautoir*, 150 fr.; — pour les décorations portées *avec plaque* sur la poitrine, 200 fr.; — pour celles portées *avec grand cordon et écharpe*, 300 fr.

3. — Voy. DÉCORATIONS.

OUTRAGE AUX BONNES MOEURS. — Délit puni par l'article 28 de la loi du 29 juillet 1881 sur la liberté de la presse d'un *emprisonnement* d'un mois à deux ans et d'une *amende* de 16 fr. à 2000 fr.

OUTRAGE PUBLIC A LA PUDEUR. — Délit que la loi n'a pas défini, et qui peut se produire sous les formes les plus diverses. Il résulte de tout fait de nature à blesser la pudeur de ceux qui, fortuitement, en ont été témoins.

La *peine* consiste en un *emprisonnement* de 3 mois à 2 ans et une *amende* de 16 fr. à 200 fr.

OUTRAGE A DES FONCTIONNAIRES, MAGISTRATS, JURÉS, TÉMOINS, etc.

1. — Le Code prévoit et punit de la manière suivante les outrages envers les *dépositaires de l'autorité et de la force publique :*

Art. 222. — Lorsqu'un ou plusieurs *magistrats de l'ordre administratif ou judiciaire* auront reçu, dans l'exercice de leurs fonctions, ou à l'occasion de cet exercice, quelque outrage *par paroles* tendant à inculper leur honneur ou leur délicatesse, celui qui les aura ainsi outragés sera puni d'un *emprisonnement* d'un mois à 2 ans.

« Si l'outrage a eu lieu *à l'audience* d'une Cour ou d'un Tribunal, l'*emprisonnement* sera de 2 à 5 ans.»

Art. 223. — « L'outrage fait *par gestes* ou *menaces* à un *magistrat*, dans l'exercice ou à l'occasion de l'exercice de ses fonctions, sera puni d'un mois à 6 mois d'*emprisonnement;* et si l'outrage a eu lieu *à l'audience* d'une Cour ou d'un Tribunal, il sera puni d'un *emprisonnement* d'un mois à 2 ans. »

Art. 224. — « L'outrage *par paroles, gestes* ou menaces, à tout *officier ministériel* ou *agent dépositaire de la force publique*, dans l'exercice ou à l'occasion de l'exercice de ses fonctions, sera puni d'une *amende* de 16 fr. à 200 fr. »

Art. 225. — « La peine sera de 6 jours à 1 mois d'*emprisonnement*, si l'outrage mentionné en l'article précédent a été dirigé contre un *commandant de la force publique.* »

Art. 226. — « Dans le cas des articles 222, 223 et 225, l'offenseur pourra être, outre l'emprisonnement, condamné à faire *réparation*, soit à la première audience, soit par écrit; et le temps de l'emprisonnement prononcé contre lui ne sera compté qu'à dater du jour où la réparation aura eu lieu. »

Art. 227. — « Dans le cas de l'article 224, l'offenseur pourra de même, outre l'amende, être condamné à faire *réparation* à l'offensé; et s'il retarde ou refuse, il sera contraint par corps. »

2. — L'outrage fait publiquement, d'*une manière quelconque*, à raison de leurs fonctions ou de leur qualité, soit à un ou plusieurs *mem-*

bres de l'une des deux Chambres, soit à un *fonctionnaire public*, soit à un *ministre de l'un des cultes* légalement reconnus, est puni d'un *emprisonnement* de 15 jours à 2 ans, et d'une *amende* de 100 fr. à 4 000 fr. — Le même délit envers un *juré*, à raison de ses fonctions, ou envers un *témoin*, à raison de sa déposition, est puni d'un *emprisonnement* de 10 jours à un an, et d'une *amende* de 50 fr. à 3 000 fr. — L'outrage fait à un *ministre du culte, dans l'exercice de ses fonctions*, est puni d'un *emprisonnement* de 3 mois à 5 ans et d'une *amende* de 300 fr. (Loi 25 mars 1822, art. 6.)

OUVRAGE. (LOUAGE D') — Voy. LOUAGE, sect. II.

OUVRIER. — Ce mot comprend tous les gens de travail, à l'exception des domestiques. — Voy. BREVET D'INVENTION, XI, 4°; — COALITIONS ; — CONSEIL DE PRUD'HOMMES ; — CONTRAT D'APPRENTISSAGE ; — DOMICILE, 3 ; — DURÉE DU TRAVAIL ; — EMBAUCHAGE ; — GRÈVE ; — LIVRETS D'OUVRIERS ; — LOUAGE, sect. II, I et III ; — PRESCRIPTION, III, 4° ; — SECRETS DE FABRIQUE ; — TRAVAIL DES ENFANTS DANS LES MANUFACTURES.

— La qualité d'ouvrier est une circonstance *aggravante* du *vol* (Cod. pén. art. 386) ; — de l'*abus de confiance* (Cod. pén. art. 408).

P

PACAGE. — Droit de faire paître des bestiaux sur certains fonds. Selon la manière dont cette faculté s'exerce, elle constitue :

Ou un droit de *parcours ;* — ou un droit de *vaine pâture;* — ou un droit de *pâturage ;* — ou un droit d'*usage dans les forêts.*

1. — Le pacage constitue le *droit de parcours* lorsque *deux* ou *plusieurs Communes voisines* envoient réciproquement leurs bestiaux sur leur territoire respectif, à certaines époques de l'année. — Lorsque le pacage, au lieu d'être exercé de Commune à Commune, s'exerce entre les *habitants de la même Commune*, il constitue le *droit de vaine pâture*.

2. — Aux termes du décret de l'Assemblée constituante, du 28 septembre 1791 (sect. IV), sur les biens et usages ruraux et la police rurale, les droits de parcours et de vaine pâture ne peuvent exister que dans les lieux où ils sont fondés sur un *titre particulier* ou autorisés par un *usage local immémorial.* Dans aucun cas et dans aucun temps, ils *ne peuvent s'exercer* sur les *prairies artificielles*, ni sur une *terre ensemencée* ou *couverte de quelques productions que ce soit*, qu'*après la récolte.* Partout où les *prairies naturelles* sont sujettes au parcours ou à la vaine pâture, ces droits ne sont exercés *que dans le temps autorisé* par les lois et coutumes, et *jamais tant que la première herbe n'est pas récoltée.*

3. — Quand le droit de parcours et de vaine pâture *n'est pas fondé sur un titre*, il est permis de *s'y soustraire* par la *clôture* de la propriété que l'on veut affranchir de cette servitude.

L'héritage est *réputé clos* lorsqu'il est entouré d'un mur de quatre pieds de hauteur, avec barrière ou porte, ou lorsqu'il est exactement fermé et entouré de palissades ou de treillages, ou d'une haie vive, ou d'une haie sèche faite avec des pieux, ou cordelée avec des branches, ou de toute autre manière de faire les haies en usage dans chaque localité, ou enfin d'un fossé de quatre pieds de large au moins à l'ouverture, et de deux pieds de profondeur.

— Tout propriétaire qui clôt ainsi son héritage *perd son droit* au parcours et à la vaine pâture, *en pro-*

portion du terrain qu'il y soustrait. (Cod. civ. art. 648.)

4. — Si le droit de vaine pâture est *fondé sur un titre entre particuliers*, les propriétaires ne jouissent plus de la faculté de se clore; ils peuvent seulement *racheter* la liberté de leur propriété au moyen d'une indemnité fixée par experts. — Il n'est *pas permis de se soustraire au droit de parcours par le rachat*, quand il est *fondé sur un titre;* mais on peut arriver au même résultat par le *cantonnement*, c'est-à-dire par l'abandon d'une certaine quantité de terrain en toute propriété, pour affranchir le surplus de cette servitude.

5. — C'est au Conseil municipal qu'il appartient de *fixer le nombre de bêtes* que les habitants peuvent envoyer au parcours et à la vaine pâture, en prenant pour base la quantité de terrain que chacun d'eux possède. Néanmoins *tout chef de famille* qui n'est *ni propriétaire ni fermier* a le droit d'envoyer au parcours et à la vaine pâture 6 bêtes à laine et une vache avec un veau.

6. — *Sont exclus* ordinairement de la vaine pâture les *chèvres*, les *oies* et les *porcs*.

7. — Le *pâturage* consiste à faire consommer par les bestiaux des herbes ou des fruits susceptibles d'être récoltés, conservés ou vendus au profit du propriétaire. — Le droit de pâturage ne peut résulter que d'un *titre:* une possession même immémoriale ne suffirait point à l'établir. Ce droit n'est *pas rachetable:* il n'est permis de s'en affranchir que par le *cantonnement*.

8. — Les *droits d'usage* dans les forêts sont régis par le Code forestier, dont nous résumons les principales dispositions:

— *Ne sont admis* à exercer un droit d'usage quelconque *dans les forêts de l'Etat* que ceux dont les *droits sont reconnus fondés*, soit par des actes du Gouvernement, soit par des jugements ou arrêts définitifs, ou qui ont été reconnus tels par suite d'instances administratives ou judiciaires. *Aucune concession nouvelle* ne peut être faite sous quelque prétexte que ce soit.

— Les droits de *pâturage*, *panage* et *glandée* ne peuvent être convertis en cantonnement; mais ils peuvent être *rachetés* moyennant des indemnités, qui sont réglées de gré à gré, ou, en cas de contestation, par les Tribunaux.

— L'exercice des droits d'usage, dans les forêts de l'Etat qui n'en sont point affranchies au moyen du rachat, peut toujours être *réduit* par l'Administration, suivant l'état et la possibilité des forêts. — En cas de *contestation* sur l'état et la possibilité des forêts, il y a lieu *à recours au Conseil de Préfecture.*

— La *durée* de la *glandée* et du *panage ne peut excéder* 3 *mois. L'époque de l'ouverture* en est fixée, chaque année, par l'Administration forestière.

— Quels que soient l'âge ou l'essence des bois, les usagers ne peuvent exercer leurs droits de pâturage et de panage que dans les cantons qui ont été déclarés *défensables* (voy. ce mot) par l'Administration forestière, sauf le recours au Conseil de Préfecture, et ce nonobstant toutes possessions contraires.

— L'Administration forestière fixe, d'après les droits des usagers, le *nombre des porcs* qui peuvent être mis en panage et *des bestiaux* qui peuvent être admis au pâturage. — A cet effet, chaque année, avant le 1er mars pour le pâturage, et un mois avant l'époque fixée par l'Administration forestière pour l'ouverture de la glandée et du panage, les agents forestiers font connaître aux Communes et aux particuliers jouissant des droits d'usage les cantons déclarés défensables, et le nombre des bestiaux qui seront admis au pâturage et au panage. — Les Maires sont tenus d'en faire la publication dans les Communes usagères.

— Les usagers ne peuvent jouir de leurs droits de pâturage et de panage que pour les bestiaux *à leur propre usage*, et non pour ceux dont ils font commerce, à peine d'une *amende* de : 2 fr. pour un cochon ; — 4 fr. pour une bête à laine ; — 6 fr. pour un cheval ou une autre bête de somme ; — 8 fr. pour une chèvre ; — 10 fr. pour un bœuf, une vache ou un veau.

— Les agents forestiers désignent les *chemins à suivre* pour conduire les bestiaux au pâturage et au panage. Si ces chemins traversent des *taillis* ou des *recrus de futaies non défensables*, il peut être fait, à *frais communs*, entre les usagers et l'Administration, et d'après l'indication des agents forestiers, des *fossés* suffisamment larges et profonds, ou *toute autre clôture*, pour empêcher les bestiaux de s'introduire dans les bois.

— Les porcs ou bestiaux de chaque Commune ou section de Commune usagère forment un *troupeau particulier* et *sans mélange* avec les bestiaux d'une autre Commune ou section de Commune, sous peine d'une amende de 5 à 10 fr. contre le pâtre, et d'un *emprisonnement* de 5 à 10 jours, en cas de *récidive*.

De plus, les porcs et les bestiaux doivent être marqués d'une *empreinte spéciale*. — Cette empreinte est *différente pour chaque Commune* usagère. — Il y a lieu, par *chaque tête* de *porc* ou de *bétail non marqué*, à une *amende* de 3 fr.

— Pour que l'attention du pâtre soit constamment tenue en éveil et que la surveillance soit plus facile aux gardes, les usagers sont obligés de mettre des *clochettes* au cou de tous les animaux admis au pâturage, sous peine de 2 fr. d'*amende* par chaque bête qui serait trouvée sans clochette dans les forêts.

— Si, malgré toutes les mesures prises, les porcs et les bestiaux des usagers sont *trouvés hors des cantons déclarés défensables* ou *désignés pour le panage*, ou *hors des chemins* indiqués *pour s'y rendre*, il y a lieu contre le pâtre à une *amende* de 3 à 30 fr. ; en cas de *récidive*, le pâtre peut, en outre, être condamné à un *emprisonnement* de 5 à 15 jours.

— Si les usagers introduisent au pâturage *un plus grand nombre* de bestiaux, ou au panage un plus grand nombre de porcs que celui qui a été fixé par l'Administration, il y a lieu *pour l'excédent* à une *amende* de : 1 fr. pour un cochon ; — 2 fr. pour une bête à laine ; — 3 fr. pour un cheval ou autre bête de somme. — 4 fr. pour une chèvre ; — 5 fr ; pour un bœuf, une vache ou un veau.

— *Ne sont point admis au pâturage* tous les animaux indistinctement. Ainsi, *défense* est faite à tous usagers, nonobstant titres et possessions contraires, de conduire des *chèvres*, *brebis* ou *moutons*, dans les forêts ou sur les terrains qui en dépendent, à peine contre les propriétaires d'une *amende* double de celle ci-dessus énoncée, et contre les pâtres ou bergers de 15 fr. d'*amende*. En cas de récidive, le pâtre serait passible, outre l'amende, d'un *emprisonnement* de 5 à 15 jours. — Toutefois le pacage des *moutons* peut être *autorisé*, dans certaines localités, par décrets.

9. — Les *prescriptions* que nous venons de faire connaître sont *également applicables aux bois des Communes*.

10. — En ce qui concerne les *bois des particuliers*, les droits de pâturage, panage et glandée ne peuvent être exercés que dans les parties déclarées *défensables* par l'Administration forestière et *suivant l'état* et *la possibilité des forêts*. — Les *chemins* par lesquels les bestiaux doivent passer pour aller au pâturage et pour en revenir sont *désignés par le propriétaire*.

En cas de *contestation* entre le propriétaire et l'usager, il est *statué par les Tribunaux*.

PAISSON. — Ce qui sert à la nourriture des bestiaux dans les bois et forêts. — Voy. PACAGE.

PANAGE. — Droit de mettre dans une forêt des porcs qui s'y nourrissent de glands, de faînes, etc. — Voy. PACAGE, 8 et suiv.

PANTHÉON. — (Déc. 26 mai 1885.) — Commencé sous le règne de Louis XV et terminé seulement sous la Restauration, le Panthéon a subi, même avant son achèvement définitif, des *affectations diverses.*

Un décret-loi de l'Assemblée nationale, des 4-10 avril 1791 décida que « le nouvel édifice serait destiné à recevoir les cendres des grands hommes à dater de l'époque de la liberté française», et cet honneur fut décerné immédiatement à MIRABEAU.

En 1806, un décret du 20 février affecta au culte l'*église Ste-Geneviève.* Des services solennels devaient y être célébrés à certains anniversaires, notamment à la date de la bataille d'Austerlitz. Mais ce décret, qui ne devait entrer en vigueur qu'après l'achèvement complet de la construction, ne fut pas exécuté.

Une ordonnance du 12 décembre 1821 rendit l'église au culte public. Par son ordonnance du 26 août 1830, Louis-Philippe décréta que le Panthéon reprendrait sa destination primitive et légale, et que l'inscription *Aux grands hommes la Patrie reconnaissante* serait rétablie sur le fronton.

Au lendemain du coup d'Etat, le décret du 6 décembre 1851 rendit de nouveau au culte l'ancienne église.

Enfin, à la date du 26 mai 1885, le Président de la République a fait paraître le décret dont nous reproduisons le considérant et les 2 premiers articles :

« Considérant que la France a le devoir de consacrer, par une sépulture nationale, la mémoire des grands hommes qui ont honoré la Patrie, et qu'il convient, à cet effet, de rendre le Panthéon à la destination que lui avait donnée la loi des 4-10 avril 1791 ;

Art. 1er. — « Le Panthéon est *rendu à sa destination primitive et légale.* Les restes des grands hommes qui ont mérité la reconnaissance nationale y sont déposés. »

Art. 2. — « La disposition qui précède est applicable aux citoyens à qui une loi aura décerné des funérailles nationales. Un décret du Président de la République ordonnera la translation de leurs restes au Panthéon. »

En exécution de cette dernière disposition, un décret du même jour prescrivit le dépôt au Panthéon du corps de Victor Hugo à qui la loi du 24 mai 1885 avait décerné des funérailles nationales.

PAPE. — Du grec *pappas*, père. — Ce nom, donné d'abord indifféremment à tous les Evêques, fut attribué de préférence, dès le VIe siècle, au successeur de saint Pierre dans le siège épiscopal de Rome, et ne s'applique plus qu'au Pontife romain depuis Grégoire VII (1063-1085).

1. — Tout ecclésiastique nommé *Evêque* par le Gouvernement doit obtenir l'*institution* du Pape avant d'entrer en fonctions. (Loi 18 germinal an X (6 avril 1802), art. 18.)

2. — Aux termes de l'article 1er du Concordat, aucune *bulle, bref, rescrit, décret, mandat, provision*, ni autres *expéditions de la Cour de Rome*, même ne concernant que les particuliers, ne peuvent être reçus, publiés, imprimés, ni autrement mis à exécution, sans l'*autorisation du Gouvernement.*

PAPIERS DOMESTIQUES. — On comprend sous cette dénomination les cahiers et les registres dont une personne se sert pour tenir compte des dépenses et des recettes de sa maison, et, en général, de tout ce qui concerne l'état de sa famille.

1. — Ils *ne font point un titre* pour celui qui les a écrits. Au contraire, ils *font foi contre lui:* 1° dans tous les cas où ils énoncent formellement un payement reçu ; — 2° lorsqu'ils contiennent la mention expresse que la note a été faite pour suppléer le défaut du titre en faveur de celui au profit duquel ils énoncent une obligation. (Cod. civ. art. 1331.)

2. — En cas d'*inexistence* ou de *perte des registres de l'état civil*, les papiers domestiques peuvent servir à prouver les *mariages, naissances* et *décès.* (Cod. civ. art. 46.) — Voy. ACTES DE L'ÉTAT CIVIL, VI.

3. — A *défaut d'inventaire*, la femme ou ses héritiers sont admis, lors de la dissolution de la communauté, à prouver par papiers domestiques la valeur et consistance du *mobilier* non inventorié. (Cod. civ. art. 1415.)

PARAPHERNAUX. — Se dit des biens appartenant à une femme mariée sous le régime dotal, et non compris dans sa dot. — Voy. CONTRAT DE MARIAGE, IV, 1.

PARCOURS. — Droit en vertu duquel deux ou plusieurs Communes voisines envoient réciproquement leurs bestiaux paître sur leurs territoires respectifs. — Voy. PACAGE, 1 et suiv.

PARENTÉ. — Relation existant entre personnes qui descendent l'une de l'autre ou d'un auteur commun.

1. — Elle se distingue en parenté *légitime*, *naturelle* et *civile*. — La parenté *légitime* résulte du mariage; la parenté *naturelle*, d'une union illégitime; la parenté purement *civile*, de l'adoption.

2. — C'est d'après la qualité des parents laissés par le défunt que la loi règle la dévolution de ses biens. — Voy. SUCCESSIONS, II.

3. — La *proximité* de parenté s'établit par le nombre de générations, et chaque génération s'appelle un *degré*.

La suite des degrés forme la *ligne*; on appelle *ligne directe* la suite des degrés entre personnes qui descendent l'une de l'autre.

La *ligne collatérale* est la suite des degrés entre personnes qui ne descendent pas les unes des autres, mais qui descendent d'un auteur commun.

4. — On distingue encore la *ligne paternelle* et la *ligne maternelle*. La ligne paternelle embrasse tous les parents du côté du père, et la ligne maternelle ceux du côté de la mère.

5. — La ligne directe se divise en ligne directe *descendante* et en ligne directe *ascendante*. — La première est celle qui lie le chef avec ceux qui descendent de lui; la deuxième est celle qui lie une personne avec ceux dont elle descend.

6. — Les *degrés* de parenté se calculent de la manière suivante :

En *ligne directe* descendante ou ascendante, on compte autant de degrés qu'il y a de générations entre les personnes. — Ainsi, le *fils* est à l'égard du père au *premier degré*; le *petit-fils* au *second*; et réciproquement du père et de l'aïeul à l'égard des fils et des petits-fils; c'est-à-dire que le *père* est à l'égard du fils au *premier degré*, et l'*aïeul* à l'égard du petit-fils, au *second*.

En *ligne collatérale*, les degrés se comptent par les générations, depuis l'un des parents jusques et non compris l'auteur commun, et depuis celui-ci jusqu'à l'autre parent. — Ainsi deux *frères* sont au *deuxième degré*; l'*oncle* et le *neveu* au *troisième*, les *cousins germains* au *quatrième*, et ainsi de suite, comme le fera comprendre l'arbre généalogique suivant :

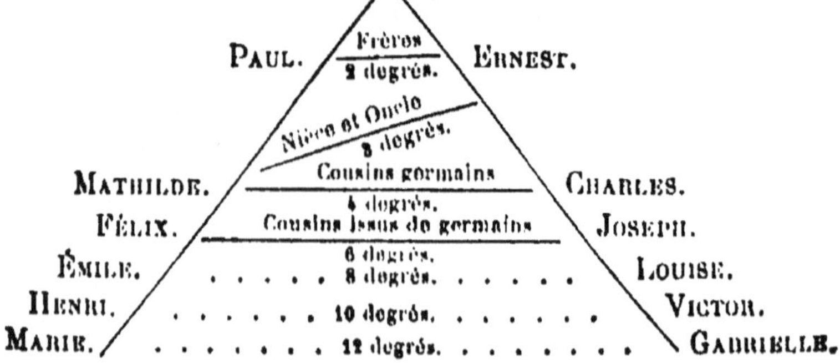

7. — La parenté est la source de droits et d'obligations; elle crée des privilèges, en même temps qu'elle entraine des incompatibilités et des prohibitions. — Voy. ALLIANCE, 3 et suiv.

PARÈRE. — De l'italien *mi pare*, il me paraît. — Certificat donné par des négociants notables pour être produit en Justice et servir à prouver l'existence d'usages commerciaux, lorsque la loi est muette, obscure ou insuffisante.

PARI. — (Cod. civ. art. 1964-1967.) — Promesse réciproque par laquelle deux ou plusieurs personnes soutenant des choses contraires s'engagent à payer une certaine somme à celle d'entre elles qui se trouvera avoir raison.

1. — Le *pari* est de la classe des *contrats* dits *aléatoires*, du latin *alea*, coup de dé. Il a les plus grandes ressemblances avec le *jeu :* comme lui, il peut dégénérer en causes de ruine tout aussi redoutables. Tous deux devaient être régis par les mêmes principes. Le pari n'est, en effet, digne de faveur aux yeux de la loi qu'autant qu'il a pour objet les jeux qu'elle veut encourager, et qu'il n'est pas d'ailleurs exorbitant. — Voy. JEU.

2. — La loi du 28 mars 1885 sur les *marchés à terme* (voy. ces mots) a abrogé l'article 421 du Code pénal qui punissait les paris sur la *hausse* ou la *baisse* des *effets publics*.

PARJURE. — Se dit soit du crime de celui qui fait un faux serment en Justice, soit de l'individu même qui s'en est rendu coupable. — Voy. FAUX SERMENT.

PARQUET. — Terme de Palais qui signifie : 1° l'ensemble des magistrats qui composent le *Ministère public;* — 2° le lieu même où se tiennent les magistrats du Ministère public pour recevoir leurs communications. — Voy. MINISTÈRE PUBLIC.

PARRICIDE. — (Cod. pén. art. 15, 299, 302, 323.)

C'est ainsi qu'est qualifié le meurtre des père et mère ou de tout autre ascendant.

Ce crime n'est *jamais excusable.* Il est puni de *mort.*

— Le Code pénal de 1810 voulait que le *parricide* (on désigne aussi sous ce nom le coupable lui-même) eût le *poignet coupé* avant d'être exécuté. Cette mutilation a été *supprimée* depuis 1832, comme étant une barbarie inutile, et l'on se contente aujourd'hui de conduire à l'échafaud le condamné, ainsi que le prescrit l'article 13 du Code, en *chemise, pieds nus* et la *tête couverte d'un voile noir.* — Avant de l'exécuter, *lecture* est faite au peuple, par un huissier, de l'arrêt de condamnation.

PARTAGE. — Opération ayant pour but de faire cesser l'indivision entre cohéritiers. — Voy. SUCCESSIONS, IV.

PARTAGES D'ASCENDANTS. — (Cod. civ. art. 1075-1080; Loi 21 juin 1875.) — Les père et mère ou autres ascendants sont autorisés à faire eux-mêmes le partage de leurs biens entre leurs enfants ou descendants. Cette faculté est précieuse sous un double rapport : d'abord, elle est un moyen de prévenir les discussions qu'entraîne souvent le partage entre cohéritiers; ensuite elle permet à l'ascendant qui doit laisser parmi ses héritiers un mineur ou un interdit, d'éviter les lenteurs et les frais d'un partage judiciaire.

1. — Les partages d'ascendants se font, soit par *acte entre vifs*, soit par *testament.* — Ceux qui sont faits par donation entre vifs ne peuvent comprendre que les biens présents. Les biens que l'ascendant laisse au jour de son décès et qui n'ont pas été compris dans le partage sont partagés conformément à la loi.

Les partages faits par testament ne transfèrent, du vivant du testateur, aucun droit aux enfants et sont *révocables* comme tout testament.

2. — Lorsque le partage n'est pas

fait entre tous les enfants existant à l'époque du décès et les descendants de ceux prédécédés, il est *nul*.

3. — Les partages d'ascendants peuvent être *attaqués* par celui des copartageants qui se trouverait lésé de *plus du quart*, ou si l'un d'eux avait un *avantage plus grand* que la loi ne le permet.

4. — Une loi du 21 juin 1875 a rendu obligatoire la *transcription* des partages anticipés faits par les parents au profit de leurs enfants; elle a en même temps abaissé de 1 fr. 50 à 50 centimes par 100 francs les droits à payer pour la transcription et pour l'enregistrement.

PARTIAIRE. (COLON) — Voy. COLON PARTIAIRE.

PARTIE CIVILE. — On donne ce nom au plaignant qui réclame des dommages-intérêts.

PASSAGE. — Droit de passer sur le fonds d'autrui. — Voy. ENCLAVE.

PASSAVANT. — On appelle ainsi, en matière de *Contributions indirectes*, l'expédition qui accompagne les boissons quand elles sont exemptes de droits à payer. — En matière de *Douane*, le mot *passavant* signifie l'expédition qui accompagne les marchandises déjà examinées par les préposés.

PASSE-DEBOUT. — Permis délivré par les Employés des Contributions indirectes ou de l'Octroi pour accompagner les boissons et autres objets de consommation qui ne font que traverser un territoire sujet aux droits d'entrée, et qui ne doivent pas payer ces droits. — Voy. BOISSONS, § 2.

PASSE DE SACS. — (Déc. 1er juillet 1809, 17 novembre 1852.) — Retenue que le débiteur est autorisé à faire pour le prix des sacs fournis par lui dans les payements en espèces. Elle est de 10 centimes par sac de 1000 francs.

PASSEPORT. — (Loi 10 vendémiaire an IV (2 octobre 1795), tit. 3; déc. 18 septembre 1807; déc. 13 avril 1861, art. 6, nº 2; Cod. pén. art. 153-155; 281.) — Acte de l'Autorité publique en vertu duquel on peut aller librement d'un lieu à un autre.

1. — « L'Assemblée constituante avait établi les passeports comme mesure temporaire au moment du départ secret de Louis XVI pour la frontière. Mais, après le serment prêté par le Roi à la Constitution, l'Assemblée décréta (14 sept. 1791) « qu'il ne serait plus exigé aucune » permission ou passeport, dont » l'usage avait été momentanément » établi; que le décret du 1er août » 1791 était révoqué, et que, con» formément à la Constitution, il ne » serait plus apporté aucun obstacle » au droit de tout citoyen français » de voyager librement dans le » royaume et d'en sortir à volonté. » C'est l'Assemblée législative qui, par son décret du 1er février 1792, a institué les passeports à l'intérieur. « Le salut de l'empire, dit le » décret, exige la surveillance la » plus active; toute personne qui » voudra voyager dans le royaume » sera tenue, jusqu'à ce qu'il en ait » été autrement ordonné, de se » munir d'un passeport. » — La législation sur les passeports n'avait originairement qu'un caractère provisoire : « L'Assemblée nationale, » obligée de multiplier temporai» rement les mesures de sûreté » publique, déclare qu'elle s'em» pressera d'abroger le présent dé» cret aussitôt que les circonstances » qui l'ont provoqué auront cessé, » et que la sûreté publique sera » suffisamment établie. » — Ce caractère provisoire a été maintenu dans les lois successives qui ont perpétué la mesure en la fortifiant, jusqu'au décret du 18 sept. 1807, qui a imprimé à la restriction le caractère définitif. » (Laferrière, *Cours de droit public et administratif*, tom. I, p. 453-454.)

2. — D'après la législation existante, que la facilité des moyens de locomotion rend singulièrement surannée et qui, *en fait*, est aujourd'hui abrogée, surtout pour l'intérieur, *nul ne peut quitter le canton de son domicile*, sans être muni d'un

passeport délivré par le Préfet de police, dans le département de la Seine, et ailleurs par le Maire, ou le Sous-Préfet sur l'avis motivé du Maire, selon qu'il s'agit d'un voyage à l'intérieur ou à l'étranger.

5. — La délivrance des passeports donne lieu à la perception d'un *droit* de 2 fr. pour la France, et de 10 fr. pour l'étranger.

Elle a rapporté 49 500 fr. en 1886.

4. — Les passeports ne sont valables que pour *un an*. Ils contiennent le signalement de la personne, l'indication du lieu d'où elle vient et où elle va.

5. — Le *diplôme* de membre d'une *Société de secours mutuels approuvée* tient lieu de passeport à l'intérieur; il en est de même du *livret* pour l'ouvrier. — Voy. SOCIÉTÉS DE SECOURS MUTUELS, III; — LIVRETS D'OUVRIERS, 1.

6. — Le Code pénal contient des dispositions à l'égard des individus qui fabriquent ou falsifient des passeports. — Voy. FAUX, V.

PASSIF. — Se dit de l'ensemble des dettes d'un particulier, d'une succession, d'une faillite, d'une société, par opposition au mot *actif* qui sert à désigner la totalité de l'avoir.

PASTEUR. — Ministre protestant. — Voy. CULTES, II, §§ 1 et 2.

PATENTE. — (Loi 15 juillet 1880, 29 juin 1881, tit. VI.) Contribution due par tout individu, français ou étranger, qui exerce en France un commerce, une industrie, une profession, non compris dans les exceptions déterminées par la loi. — Au moyen de cet impôt, l'industrie supporte, comme source de revenus, sa part des charges de l'Etat.

Le mot *patente* sert aussi à désigner le titre qui est remis au patentable par le Percepteur.

1. — La contribution des patentes se compose d'un *droit fixe* et d'un *droit proportionnel*. Le droit *fixe* est réglé conformément aux tableaux A, B, C annexés à la loi du 15 juillet 1880 et modifiés partiellement par la loi du 29 juin 1881. — Il est établi : — *Eu égard à la population* et d'après un tarif *général*, pour les industries et les professions énumérées dans le tableau A; — *Eu égard à la population* et d'après un tarif *exceptionnel*, pour les industries et professions portées dans le tableau B; — *Sans avoir égard à la population* pour celles qui font l'objet du tableau C.

Les commerces, industries et professions *non dénommés* dans ces tableaux n'en sont pas moins assujettis à la patente. Les droits auxquels ils doivent être soumis sont réglés d'après l'*analogie des opérations* ou des objets de commerce, par un arrêté spécial du Préfet, rendu sur la proposition du directeur des contributions directes et après avoir pris l'avis du Maire. — *Tous les cinq ans*, des tableaux additionnels contenant la nomenclature des commerces, industries et professions classés par voie d'assimilation, depuis 3 années au moins, sont soumis à la sanction législative.

2. — Pour les professions dont le droit fixe varie en raison de la population du lieu où elles sont exercées, les tarifs sont appliqués d'après la population déterminée par le dernier décret de dénombrement. — Néanmoins, lorsque ce dénombrement fait passer une commune dans une catégorie supérieure à celle dont elle faisait précédemment partie, l'augmentation du droit fixe n'est appliquée que pour *moitié* pendant les cinq premières années.

3. — Dans les Communes dont la population totale est *de plus de 5000 âmes*, les patentables exerçant dans la banlieue des professions imposées eu égard à la population payent le droit fixe d'après le tarif applicable à la population non agglomérée. — Les patentables exerçant lesdites professions dans la partie agglomérée payent le droit fixe d'après le tarif applicable à la population totale.

4. — Le patentable qui, dans le *même établissement*, exerce *plusieurs* commerces, industries ou

professions, ne peut être soumis qu'à *un seul droit fixe.* Ce droit est le *plus élevé* de ceux qu'il aurait à payer s'il était assujetti à autant de droits fixes qu'il exerce de professions. — Si les professions exercées dans le même établissement comportent, pour le droit fixe, soit seulement des taxes variables à raison du nombre d'employés, d'ouvriers, de machines ou autres éléments d'imposition, soit à la fois des taxes de cette nature et des taxes déterminées, c'est-à-dire arrêtées à un chiffre invariable, le patentable est assujetti aux taxes variables d'après tous les éléments d'information afférents aux professions exercées, mais il ne paye que la *plus élevée* des taxes déterminées.

5. — Le patentable ayant *plusieurs* établissements, boutiques ou magasins de même espèce ou d'espèces différentes est, quel que soit le tableau auquel il appartient comme patentable, passible d'un *droit fixe,* en raison du commerce, de l'industrie ou de la profession exercée dans *chacun* de ces établissements, boutiques ou magasins. — Les droits fixes sont imposables dans les Communes où sont situés les établissements, boutiques ou magasins, qui y donnent lieu.

6. — Le patentable qui exploite un établissement industriel et qui n'y effectue pas la vente de ses produits est exempt du droit fixe pour le magasin séparé dans lequel sont vendus exclusivement en gros les seuls produits de sa fabrication. — Toutefois, si la vente a lieu dans plusieurs magasins, l'exemption de droit fixe n'est applicable qu'à celui de ces magasins qui est le plus rapproché du centre de l'établissement de fabrication.

7. — Dans les établissements à raison desquels le droit fixe de patente est réglé d'après le nombre des ouvriers, les individus *au-dessous de* 10 *ans* et *au-dessus de* 65 *ans* ne sont comptés dans les éléments de cotisation que pour la *moitié* de leur nombre.

8. — Dans les usines fonctionnant exclusivement à l'aide de moteurs hydrauliques, le droit fixe est réduit de *moitié* pour ceux des éléments de cotisation qui, par manque ou par crue d'eau, sont périodiquement forcés de *chômer* pendant une partie de l'année équivalente *au moins à* 4 *mois.*

9. — Le droit *proportionnel* est établi sur la valeur locative tant de la maison d'habitation que des magasins, boutiques, usines, ateliers, hangars, remises, chantiers et autres locaux servant à l'exercice des professions imposables. — Il est dû, lors même que le logement et les locaux occupés sont concédés à *titre gratuit.* — La valeur locative est déterminée soit au moyen de baux authentiques ou de déclarations de locations verbales dûment enregistrées, soit par comparaison avec d'autres locaux dont le loyer a été régulièrement constaté ou est notoirement connu, et, à défaut de ces bases, par voie d'appréciation. — Le droit proportionnel pour les *usines* et les *établissements industriels* est calculé sur la valeur locative de ces établissements, pris dans leur ensemble et munis de tous leurs moyens matériels de production.

Le *taux* du droit proportionnel est *fixé* conformément au tableau D annexé à la loi du 15 juillet 1880.

10. — Le droit proportionnel est payé *dans toutes les Communes* où sont situés les magasins, boutiques, usines, ateliers, hangars, remises, chantiers et autres locaux servant à l'exercice des professions imposables. — Si, indépendamment de la maison où il fait sa résidence habituelle et principale et qui, dans tous les cas, sauf l'exception ci-après, doit être soumise au droit proportionnel, le patentable possède, soit dans la même Commune, soit dans des Communes différentes, une ou plusieurs maisons d'habitation, il ne paye le droit proportionnel que pour celles de ces maisons qui servent à l'exercice de sa profession. — Si l'industrie pour laquelle il est assu-

jetti à la patente ne constitue pas sa profession principale, et s'il ne l'exerce pas par lui-même, il ne paye le droit proportionnel que sur la maison d'habitation de l'agent préposé à l'exploitation.

11. — Le patentable qui exerce dans un même local, ou dans des locaux non distincts, plusieurs industries ou professions passibles d'un *droit proportionnel différent*, paye ce droit d'après le taux applicable à la profession pour laquelle il est assujetti au *droit fixe*. — Dans le cas où les locaux sont distincts, il paye pour chaque local le droit proportionnel attribué à l'industrie ou à la profession qui y est spécialement exercée. — Dans tous les cas, le droit proportionnel est établi sur la maison d'habitation d'après le taux applicable à celle des professions imposées au droit fixe qui comporte le taux le plus élevé.

12. — Dans les Communes dont la population est *inférieure à* 20 001 *âmes*, mais qui, en vertu d'un nouveau dénombrement, passent dans la catégorie des Communes de 20 001 *âmes et au-dessus*, les patentables des 7e et 8e classes ne sont soumis au droit proportionnel que dans le cas où un second décret de dénombrement a maintenu lesdites Communes dans la même catégorie.

13. — *Ne sont pas assujettis à la patente :* — 1° Les fonctionnaires et employés salariés, soit par l'Etat, soit par les Administrations départementales et communales, en ce qui concerne seulement l'exercice de leurs fonctions; — 2° Les peintres, sculpteurs, graveurs et dessinateurs considérés comme artistes, et ne vendant que le produit de leur art; les professeurs de belles-lettres, sciences et arts d'agrément; les instituteurs primaires; les sages-femmes; les éditeurs de feuilles périodiques; les artistes dramatiques; — 3° Les laboureurs et cultivateurs, seulement pour la vente et la manipulation des récoltes et fruits provenant des terrains qui leur appartiennent ou par eux exploités, et pour le bétail qu'ils y élèvent, qu'ils y entretiennent ou qu'ils y engraissent; les concessionnaires de mines, pour le seul fait de l'extraction et de la vente des matières par eux extraites, l'exemption ne pouvant, en aucun cas, être étendue à la transformation des matières extraites; les propriétaires ou fermiers de marais salants; les propriétaires ou locataires louant accidentellement une partie de leur habitation personnelle; les pêcheurs, lors même que la barque qu'ils montent leur appartient; — 4° Les associés en commandite, les caisses d'épargne et de prévoyance administrées gratuitement, les assurances mutuelles régulièrement autorisées; — 5° Les capitaines de navires de commerce ne naviguant que pour leur compte; les cantiniers attachés à l'armée; les écrivains publics; les commis et toutes les personnes travaillant à gages, à façon et à la journée, dans les maisons, ateliers et boutiques des personnes de leur profession; les ouvriers travaillant chez eux ou chez les particuliers sans compagnons ni apprentis, soit qu'ils travaillent à façon, soit qu'ils travaillent pour leur compte et avec des matières à eux appartenant, qu'ils aient ou non une enseigne ou une boutique; les ouvriers travaillant en chambre avec un apprenti âgé de moins de 16 ans; la veuve qui continue avec l'aide d'un seul ouvrier ou d'un seul apprenti la profession précédemment exercée par son mari; les personnes qui vendent en ambulance dans les rues, dans les lieux de passage et dans les marchés, soit des fleurs, de l'amadou, des balais, des statues et figures en plâtre, soit des fruits, des légumes, des poissons, du beurre, des œufs, du fromage et autres menus comestibles; les savetiers, les chiffonniers au crochet, les porteurs d'eau à la bretelle ou avec voiture à bras, les rémouleurs ambulants, les gardes malades. — *Ne sont point considérés*

comme *compagnons* ou *apprentis*, la femme travaillant avec son mari, ni les enfants non mariés travaillant avec leurs père et mère, ni le simple manœuvre dont le concours est indispensable à l'exercice de la profession.

14. — Tous ceux qui vendent *en ambulance* des objets non compris dans les exemptions ci-dessus déterminées et tous marchands *sous échoppe* ou *en étalage* sont passibles de la *moitié* des droits que payent les marchands vendant les mêmes objets en boutique. Toutefois, cette disposition n'est pas applicable aux bouchers, épiciers et autres marchands ayant un étal *permanent* ou occupant des places *fixes* dans les halles et marchés.

15. — Les patentes sont *personnelles* et ne peuvent servir qu'à ceux à qui elles sont délivrées. — Dans les *sociétés en nom collectif*, l'associé *principal* paye *seul* la totalité du droit *fixe* afférent à la profession. Le même droit est divisé en autant de parts égales qu'il y a d'associés en nom collectif, et une de ces parts est imposée à chaque associé *secondaire*. Néanmoins, pour les associés habituellement employés comme simples ouvriers dans les travaux de l'association, cette part ne doit jamais dépasser le 20e du droit fixe imposable au nom de l'associé principal. — L'associé principal et les associés secondaires sont imposés au droit fixe dans les Communes où sont situés les établissements, boutiques ou magasins qui y donnent lieu. — Le droit *proportionnel* est établi sur la maison d'habitation de l'associé principal et sur tous les locaux qui servent à la société pour l'exercice de son industrie. — La maison d'habitation de chacun des autres associés est affranchie du droit proportionnel, à moins qu'elle ne serve à l'exercice de l'industrie sociale. En ce dernier cas, elle est, de même que les autres locaux servant à l'industrie sociale, imposable au nom de l'associé principal.

Par exception aux dispositions qui précèdent, dans les sociétés en nom collectif qui sont passibles des droits de patente pour l'exercice de professions rangées dans le tableau C et tarifées en raison du nombre des ouvriers, machines, instruments, moyens de production ou autres éléments variables d'imposition, l'associé principal paye seul le droit fixe; les autres associés en sont affranchis. — *Par exception* aux mêmes dispositions, dans les sociétés en nom collectif qui sont passibles de droits de patente pour l'exercice de professions rangées dans le tableau B, le droit de patente des associés autres que l'associé principal ne porte pas sur les employés et autres éléments variables d'imposition.

16. — Les sociétés ou compagnies *anonymes*, ayant pour but une entreprise industrielle ou commerciale, sont imposées pour chacun de leurs établissements à un seul droit fixe, sous la désignation de l'objet de l'entreprise, sans préjudice du droit proportionnel. — La patente assignée à ces sociétés ou compagnies ne dispense aucun des sociétaires ou actionnaires du payement des droits de patente auxquels ils pourraient être personnellement assujettis pour l'exercice d'une industrie particulière.

17. — Tout individu transportant des marchandises *de commune en commune*, lors même qu'il vend pour le compte de marchands ou de fabricants, est tenu d'avoir une patente personnelle, qui est, selon les cas, celle de colporteur avec balle, avec bête de somme ou avec voiture.

18. — Les *Commis voyageurs* des nations étrangères sont traités, relativement à la patente, sur le même pied que les commis voyageurs français chez ces mêmes nations.

19. — Les contrôleurs des contributions directes procèdent *annuellement* au *recensement des imposables* et à la formation des matrices de patentes, lesquelles sont déposées pendant 10 jours à la mairie pour

que les intéressés puissent en prendre connaissance et remettre leurs observations.

20. — Les patentés qui *réclament* contre la fixation de leurs taxes sont admis à prouver la justice de leurs réclamations par la représentation d'actes de société légalement publiés, de journaux et livres de commerce régulièrement tenus, et par tous autres documents.

Les réclamations en *décharge* ou *réduction* et les demandes en *remise* ou *modération* sont communiquées aux Maires; elles sont, d'ailleurs, présentées, instruites et jugées dans les formes et délais prescrits pour les autres contributions directes. (Voy. CONTRIBUTIONS, sect. I, IV.)

21. — La contribution des patentes est due pour l'*année entière* par tous les individus exerçant *au mois de janvier* une profession imposable. — En cas de *cession* d'établissement, la patente est, sur la demande du cédant ou du cessionnaire, *transférée* à ce dernier. La demande est recevable dans le délai de *trois mois*, à partir, soit de la cession de l'établissement, soit de la publication du rôle supplémentaire dans lequel le cessionnaire a été personnellement imposé pour l'établissement cédé. — En cas de *fermeture* des magasins, boutiques et ateliers, par suite de *décès* ou *faillite déclarée*, les droits ne sont dus que pour le *passé* et le *mois courant*. Sur la réclamation des parties intéressées, il est accordé décharge du surplus de la taxe. — Ceux qui entreprennent *dans le cours de l'année* une profession sujette à patente ne doivent la contribution qu'*à partir du 1er du mois* dans lequel ils ont commencé d'exercer, *à moins que*, par sa nature, la profession ne puisse pas être exercée pendant toute l'année. Dans ce cas, la contribution est due pour l'année entière, quelle que soit l'époque à laquelle la profession a été entreprise. — Les patentés qui, dans le cours de l'année, entreprennent une profession comportant un *droit fixe plus élevé* que celui qui était afférent à la profession qu'ils exerçaient d'abord, ou qui transportent leur établissement dans une *Commune d'une plus forte population*, sont tenus de payer au prorata un *supplément* de droit fixe. — Il est également dû un supplément par les patentables qui prennent des maisons ou locaux d'une *valeur locative supérieure* à celle des maisons ou locaux pour lesquels ils ont été primitivement imposés, et par ceux qui entreprennent une profession passible d'un droit proportionnel plus élevé. — Les suppléments sont dus *à compter du 1er du mois* dans lequel les changements ont été opérés. — Sont imposables, au moyen de *rôles supplémentaires*, les individus omis aux rôles primitifs, qui exerçaient, avant le 1er janvier de l'année de l'émission de ces rôles, une profession, un commerce ou une industrie sujets à patente, ou qui, antérieurement à la même époque, avaient apporté dans leur profession, commerce ou industrie, des changements donnant lieu à des augmentations de droits. — Toutefois, les droits ne sont dus qu'*à partir du 1er janvier* de l'année pour laquelle le rôle primitif a été émis.

22. — La contribution des patentes est payable par *douzième*, et le recouvrement en est poursuivi comme celui des contributions directes. Dans le cas où le rôle n'est publié que *postérieurement au 1er mars*, les douzièmes échus ne sont pas immédiatement exigibles; le recouvrement en est fait par portions égales, en même temps que celui des douzièmes non échus. Néanmoins, les marchands *forains*, les *colporteurs*, les directeurs de *troupes ambulantes*, les entrepreneurs d'*amusements* et *jeux publics non sédentaires*, et tous autres patentables dont la profession n'est *pas exercée à demeure fixe*, sont tenus d'acquitter le montant *total* de leur cote au moment où la patente leur est délivrée.

23. — En cas de *déménagement*

hors du ressort de la perception, comme en cas de *vente volontaire* ou *forcée*, la contribution des patentes est immédiatement *exigible en totalité*. — Les propriétaires, et, à leur place, les principaux locataires, qui n'ont pas, *un mois* avant le terme fixé par le bail ou par les conventions verbales, donné avis au percepteur du déménagement de leurs locataires, sont *responsables* des sommes dues par ceux-ci pour la contribution des patentes. — Dans le cas où ce terme serait devancé, comme dans le cas de *déménagement furtif*, les propriétaires et, à leur place, les principaux locataires, deviennent *responsables* de la contribution de leurs locataires, s'ils n'ont pas, dans les *trois jours*, donné avis du déménagement au percepteur. — La part de la contribution laissée à leur charge comprend seulement le *dernier* 12e *échu* et le 12e *courant* dû par le patentable.

24. — Tout patentable est tenu d'exhiber sa patente lorsqu'il en est requis par les maires, adjoints, juges de paix, et tous autres officiers ou agents de police judiciaire.

Les individus qui exercent hors de la Commune de leur domicile une profession imposable sont tenus de justifier, à toute réquisition, de leur imposition à la patente, à peine de saisie ou de séquestre à leurs frais, des marchandises par eux mises en vente et des instruments servant à l'exercice de leur profession, à moins qu'ils ne donnent caution suffisante jusqu'à la représentation de la patente ou la production de la preuve que la patente a été délivrée.

Le patenté qui a égaré sa patente ou qui est dans le cas d'en justifier hors de son domicile peut se faire délivrer un *certificat* par le directeur ou le contrôleur des contributions directes. Ce certificat doit être sur papier timbré.

25. — Il est *ajouté au principal* de la contribution des patentes cinq centimes par franc dont le produit est destiné à couvrir les décharges, réductions, remises et modérations, ainsi que les frais d'impression et d'expédition des formules de patentes.

26. — Il est prélevé sur le principal *huit centimes* par franc dont le produit est versé dans la *Caisse municipale*.

27. — Les compagnies de chemins de fer, les services de transport fluviaux, maritimes et terrestres, ainsi que les établissements d'entrepôts et de magasins généraux sont tenus de laisser prendre connaissance des registres de réception et d'expédition de marchandises aux agents chargés de l'assiette des droits de patente.

28. — Le *produit* des patentes, évalué à 65 497 700 fr. au budget de 1869 et à 73 046 000 fr. à celui de 1873, s'est élevé, en 1880, à 164 606 899 francs 50 centimes. Il figure au projet de budget de l'exercice 1887 pour 104 905 600 fr.

PATENTE DE SANTÉ. — Certificat délivré, dans les ports de mer, aux navires qui partent.

1. — La présentation d'une patente de santé, à l'arrivée dans un port de France, est *obligatoire* en tout temps pour les navires provenant des côtes orientales de la Turquie d'Europe, du littoral de la mer Noire et de tous les pays situés hors de l'Europe, l'Algérie exceptée.

2. — Cette patente doit mentionner, dans une formule précise, l'état sanitaire du pays de provenance et particulièrement la présence ou l'absence des maladies qui motivent des précautions sanitaires.

3. — Elle est *nette* ou *brute*, selon qu'elle constate ou non l'absence de toute maladie pestilentielle dans le pays d'où vient le navire.

Le caractère net ou brut de la patente est apprécié par l'autorité sanitaire du port d'arrivée. (Déc. 22 février 1876, tit. III.)

PATERNITÉ ET FILIATION. — (Cod. civ. art. 312-342 ; loi 27 juillet 1884.) — Il existe entre deux personnes dont l'une est née de l'autre une relation qui s'appelle *pater-*

nité ou *maternité* quand on la considère par rapport au père ou à la mère, et *filiation* quand on l'envisage relativement à l'enfant. — Cette relation est *légitime* ou *naturelle* selon qu'elle a ou non le mariage pour origine. — Voy. ENFANT, 1 et 2.

1. — A la différence de la maternité, qui se révèle par des signes extérieurs (la *grossesse* ou l'*accouchement*), la paternité est, de sa nature, incertaine. — Comment donc l'établir ? Pour ce qui concerne la *paternité légitime*, le législateur saisissant la présomption la plus voisine de la preuve, a posé cette règle générale que « *l'enfant conçu pendant le mariage a pour père le mari ;* » — pour ce qui regarde la *paternité naturelle*, il a déclaré qu'elle ne résulterait que de la *déclaration du père lui-même ;* et il en a proscrit la recherche, à cause des difficultés et des scandales de la preuve.

2. — La *présomption légale* peut toutefois être *attaquée*, dans certains cas prévus, par le mari ou ses héritiers. — Ainsi la durée la plus courte de la gestation a été fixée à 180 jours, la plus grande durée à 300 jours. Conséquemment le mari serait recevable à désavouer l'enfant *né avant le* 180e *jour du mariage ;* ses héritiers seraient admis à contester la légitimité de l'enfant *né après le* 300e *jour de la mort du mari.*

Si cependant le mari avait *connu la grossesse avant le mariage*, s'il avait *assisté à l'acte de naissance*, ou si l'enfant n'était pas *né viable*, le désaveu ne serait point admissible.

Le mari peut encore désavouer l'enfant : 1° s'il prouve que, pendant l'époque où la conception a dû avoir lieu (du 300e au 180e jour avant la naissance), il a été dans l'*impossibilité physique* de cohabiter avec sa femme (par exemple, étant en voyage) ; — 2° au cas d'*adultère* de la femme, si la *naissance* de l'enfant lui a été *cachée*, et à charge d'établir en même temps une *impossibilité morale* de cohabitation (mésintelligence, maladie, etc.) ; — 3° au cas de jugement ou même de demande soit de *divorce*, soit de *séparation de corps*, lorsque l'enfant est né 300 jours *après la décision* qui a autorisé la femme à avoir un domicile séparé, et moins de 180 jours *depuis le rejet* définitif de la demande, ou *depuis la réconciliation.* — L'action en désaveu n'est *pas admise* s'il y a eu réunion de fait entre les époux.

3. — Dans les divers cas où le mari est autorisé à réclamer, il doit, à peine de *déchéance*, le faire *dans le mois*, s'il se trouve sur les lieux de la naissance de l'enfant ; — *dans les deux mois* après son retour, si, à la même époque, il était absent ; *dans les deux mois* après la découverte de la fraude, si on lui avait caché la naissance de l'enfant.

Si le mari est mort avant d'avoir fait sa réclamation, mais étant encore dans le délai utile pour la faire, les héritiers ont *deux mois* pour contester la légitimité de l'enfant, à compter de l'époque où cet enfant s'est mis en possession des biens du mari ou de l'époque où les héritiers sont troublés par l'enfant dans cette possession.

— Tout acte extrajudiciaire contenant le désaveu de la part du mari ou de ses héritiers est comme *non avenu*, s'il n'est suivi, dans le délai d'*un mois*, d'une *action en Justice* dirigée contre un tuteur *ad hoc* donné à l'enfant, et en présence de sa mère.

4. — Nous avons dit que la recherche de la paternité hors mariage était formellement interdite. Une seule exception a été admise : « Dans le cas d'*enlèvement*, lorsque l'époque de cet enlèvement se rapportera à celle de la conception, le ravisseur pourra être, sur la demande des parties intéressées, déclaré père de l'enfant. » (Cod. civ. art. 340.)

5. — Quant à la recherche de la *maternité*, elle est admise, à la double condition que l'enfant

soit muni d'un *commencement de preuve par écrit* qui rende vraisemblable sa prétention, et que sa réclamation ne tende point à établir une filiation *adultérine* ou *incestueuse*, la révélation comme la reconnaissance d'une pareille filiation n'étant jamais permise.

6. — *A défaut d'acte de naissance*, la filiation légitime peut se prouver par la *possession d'état*, c'est-à-dire par un ensemble de faits notoires et continus qui impliquent la reconnaissance de la filiation de l'enfant par la famille à laquelle il prétend appartenir. (Ainsi, l'enfant a toujours porté le nom de son prétendu père; ce dernier l'a traité comme son enfant, a pourvu à son éducation, à son entretien; l'enfant a toujours été considéré dans la Société comme le fils ou la fille de celui dont il se dit issu.)

— *Nul ne peut réclamer* un état contraire à celui que lui donnent son titre de naissance et la possession conforme à son titre; — et réciproquement, *nul ne peut contester* l'état de celui qui a une possession conforme à son titre de naissance.

— *A défaut de titre et de possession constante*, ou si l'enfant a été inscrit soit sous de *faux noms*, soit comme né de *père* et de *mère inconnus*, la preuve de la filiation peut se faire *par témoins* lorsqu'il y a *commencement de preuve par écrit*, ou lorsque les *présomptions* ou *indices* résultant de faits constants sont assez graves pour déterminer l'admission.

Le commencement de preuve par écrit résulte des titres de famille, des registres et papiers domestiques du père ou de la mère, des actes publics et même privés, émanés d'une partie engagée dans la contestation ou qui y aurait intérêt si elle était vivante.

La *preuve contraire* peut se faire par tous les moyens propres à établir que le réclamant n'est pas l'enfant de la mère qu'il prétend avoir, ou même, la maternité prouvée, qu'il n'est pas l'enfant du mari de la mère.

7. — L'action en réclamation d'état est *imprescriptible* à l'égard de l'enfant. — L'action ne peut être intentée par les héritiers de l'enfant qui n'a pas réclamé, qu'autant qu'il est décédé *mineur* ou dans les *cinq ans* après sa majorité. — Les héritiers peuvent suivre cette action lorsqu'elle a été commencée par l'enfant, à moins qu'il ne s'en soit *désisté* formellement, ou qu'il n'ait laissé passer *trois années sans poursuites* à compter du dernier acte de la procédure.

8. — Voy. RECONNAISSANCE; — LÉGITIMATION; — ADOPTION.

PATRIMOINES. (SÉPARATION DES) — Voy. SÉPARATION DES PATRIMOINES.

PATURAGE. — Voy. PACAGE.

PAUVRES. — Voy. ALIMENTS; — ASSISTANCE JUDICIAIRE; — ASSISTANCE PUBLIQUE; — HOSPICES; — MENDICITÉ; — VAGABONDAGE; — BUREAU DE BIENFAISANCE; — INDIGENTS; — DROIT DES PAUVRES.

PAVAGE. — Dans les villes où, conformément aux usages locaux, le pavage de tout ou partie des rues est à la charge des propriétaires riverains, l'obligation qui en résulte pour les frais de premier établissement ou d'entretien peut, en vertu d'une délibération du Conseil municipal et sur un tarif approuvé par le Préfet, être convertie en une taxe payable en numéraire et recouvrable comme les cotisations municipales. (Loi 11 frimaire an VII (1er décembre 1798), art. 4; loi 25 juin 1841, art. 28; déc. 25 mars 1852.)

PAYEMENT. — Voy. OBLIGATIONS, IV, § 1er. — EFFETS DE COMMERCE, IX.

PÊCHE. — (Lois 15 avril 1829, 31 mai 1865; déc. 10 août 1875.) — On distingue la pêche en *pêche fluviale* et en *pêche maritime*: cette dernière se divise en *petite pêche* ou *pêche côtière*, et en *grande pêche* ou pêche de la *baleine*, du *cachalot* et de la *morue*. — Il ne sera question ici que de la *pêche fluviale*.

1. — Le droit de pêche *appar-*

tient à l'Etat dans les *fleuves*, *rivières navigables* et *flottables*, *canaux*, *contre-fossés*, dont l'entretien est à sa charge : il le concède par voie d'*adjudication* aux enchères, avec concurrence et publicité, ou par voie de *licence*, à défaut d'offres suffisantes pour l'adjudication.

Le droit de pêche dans les cours d'eau *non navigables ni flottables* et dans les cours d'eau *flottables à bûches perdues* appartient aux *propriétaires riverains* jusqu'au milieu du cours de l'eau, sans préjudice des droits contraires établis par possession ou par titre. Lorsqu'un cours d'eau est rendu ou déclaré navigable, les propriétaires qui sont privés de la pêche ont droit à une indemnité.

— Tout individu qui se livre à la pêche sur les fleuves et rivières navigables ou flottables, canaux, ruisseaux ou cours d'eau quelconques, *sans la permission* de celui à qui le droit de pêche appartient, est passible d'une *amende* de 20 francs au moins et de 100 fr. au plus, indépendamment des *dommages-intérêts*. — Il y a lieu, en outre, à la *restitution* du prix du poisson pêché en délit, et la *confiscation* des filets et engins de pêche peut être prononcée. — Néanmoins il est *permis* à toute personne de pêcher à la *ligne flottante tenue à la main* dans les *fleuves*, *rivières et canaux navigables*, le temps du *frai* excepté.

2. — A la date du 10 août 1875 est intervenu un décret portant *règlement* de la *pêche fluviale* et abrogeant celui du 25 janvier 1868. Nous croyons utile de le reproduire en entier :

Art. 1er. — « Les époques pendant lesquelles *la pêche est interdite* en vue de protéger la reproduction du poisson sont fixées comme il suit : — 1° *Du 20 octobre au 31 janvier*, est interdite la pêche du saumon, de la truite, de l'ombre-chevalier et du lavaret; — 2° *Du 15 avril au 15 juin*, est interdite la pêche de tous les autres poissons et de l'écrevisse. — Les interdictions prononcées dans les §§ précédents s'appliquent à tous les procédés de pêche, même à la ligne flottante tenue à la main. »

Art. 2. — « Les Préfets peuvent, par des arrêtés rendus après avoir pris l'avis des Conseils généraux, soit pour tout le département, soit pour certains cours d'eau déterminés : — 1° *interdire exceptionnellement* la pêche de toutes les espèces de poissons pendant l'une ou l'autre période, lorsque cette interdiction est nécessaire pour protéger les espèces prédominantes ; — 2° *Augmenter*, pour certains poissons désignés, la *durée* desdites périodes, sous la condition que les périodes ainsi modifiées comprennent la totalité de l'intervalle de temps fixé par l'art. 1er ; — 3° *Excepter* de la seconde période la pêche de l'alose, de l'anguille, de la lamproie, ainsi que des autres poissons vivant alternativement dans les eaux douces et les eaux salées ; — 4° Fixer une période d'*interdiction* pour la pêche de la grenouille. »

Art. 3. — « Des *publications* sont faites, dans les Communes, 10 *jours* au moins avant le début de chaque période d'interdiction de la pêche, pour rappeler les dates du commencement et de la fin de ces périodes. »

Art. 4. — « Quiconque, *pendant la période d'interdiction*, transporte ou débite des poissons dont la pêche est prohibée, mais qui proviennent des étangs et réservoirs, est tenu de *justifier de l'origine* de ces poissons. »

Art. 5. — « Les poissons *saisis* et *vendus aux enchères*, conformément à l'art. 42 de la loi du 15 avril 1829, ne peuvent pas être exposés de nouveau en vente. »

Art. 6. — « La pêche n'est permise que depuis le *lever* jusqu'au *coucher du soleil*. — Toutefois, la pêche de l'*anguille*, de la *lamproie* et de l'*écrevisse* peut être autorisée, après le coucher et avant le lever du soleil, dans des cours d'eau désignés et aux heures fixées par des arrêtés préfectoraux rendus après avis des Conseils généraux. Ces arrêtés déterminent, pour l'anguille, la lamproie et l'écrevisse, la nature et les dimensions des engins dont l'emploi est autorisé. »

Art. 7. — « Le séjour dans l'eau des *filets* et *engins* ayant les dimensions réglementaires et destinés à la pêche de tous les poissons non désignés à l'article précédent est permis à toute heure, sous la condition qu'ils ne peuvent être *placés* et *relevés* que depuis le lever jusqu'au coucher du soleil. »

Art. 8. — Les *dimensions* au-dessous desquelles les poissons et écrevisses *ne peuvent être pêchés* même à la ligne flottante et doivent être immédiatement rejetés à l'eau sont déterminées comme il suit pour les diverses espèces : — 1° Les *saumons* et *anguilles*, 25 centimètres de longueur ; — 2° Les *truites*, *ombres-chevaliers*, *ombres communs*, *carpes*, *brochets*, *barbeaux*, *brêmes*, *meuniers*, *muges*, *aloses*, *perches*, *gardons*, *tanches*, *lottes*, *lamproies* et *lavarets*, 14 centimètres de longueur ; — 3° Les *soles*, *plies* et *flets*, 10 centimètres de longueur. — Les *écrevisses à pattes rouges*, 8 centimètres de longueur; celles *à pattes blanches*, 6 centimètres de longueur. — La longueur des poissons ci-dessus mentionnés est mesurée de l'œil à la naissance de la queue déployée. »

Art. 9. — « Les *mailles des filets*, mesurées de chaque côté après leur séjour dans l'eau, et l'espacement des verges des bires, nasses et autres engins employés à la pêche des poissons doivent avoir les dimensions suivantes : — 1° Pour les *saumons*, 40 millimètres au moins ; — 2° Pour les *grandes espèces* autres que le saumon et pour l'écrevisse, 27 millimètres au moins ; — 3° Pour les *petites espèces*, telles que goujons, loches, vérons, ablettes et autres, 10 millimètres. — La mesure des mailles et de l'espacement des verges est prise avec une tolérance d'un dixième. — Il est interdit d'employer *simultanément*, à la pêche, des filets ou engins de catégorie différente. »

Art. 10. — « Les Préfets peuvent, sur l'avis des Conseils généraux, prendre des arrêtés pour *réduire les dimensions des mailles des filets* et l'*espacement des verges des engins* employés uniquement à la pêche de l'*anguille*, de la *lamproie* et de l'*écrevisse*. Les filets et engins à mailles ainsi réduites ne peuvent être employés que dans les emplacements déterminés par ces arrêtés. — Les Préfets peuvent aussi, sur l'avis des Conseils généraux, déterminer les *emplacements limités* en dehors desquels l'usage des filets à maille de 10 millimètres n'est pas permis. »

Art. 11. — « Les filets fixes ou mobiles et les engins de toute nature ne peuvent excéder en *longueur* ni en *largeur* les deux tiers de la largeur mouillée des cours d'eau, dans les emplacements où on les emploie. — Plusieurs filets ou engins ne peuvent être employés *simultanément* sur la même rive ou sur deux rives opposées qu'à une distance au moins *triple* de leur développement. — Lorsqu'un ou plusieurs des engins employés sont en partie *fixes* et en partie *mobiles*, les distances entre les parties fixées à demeure sur la même rive ou sur les rives opposées doivent être au moins *triples* du développement total des parties fixes et mobiles mesurées bout à bout. »

Art. 12. — « Les filets fixes employés à la pêche doivent être *soulevés par le milieu* pendant 36 heures de chaque semaine, du *samedi* à 6 heures du soir au *lundi* à 6 heures du matin, sur une *longueur* équivalente au dixième de leur développement, et de manière à laisser entre le fond et la ralingue inférieure un *espace libre* de 50 centimètres au moins de hauteur. »

Art. 13. — « *Sont prohibés* tous les filets traînants, à l'exception du petit épervier jeté à la main et manœuvré par un seul homme. — Sont réputés *traînants* tous les filets coulés à fond au moyen de poids et promenés sous l'action d'une force quelconque. — Est pareillement prohibé l'emploi de *lacets* ou *collets.* »

Art. 14. — « Il est *interdit* d'établir dans les cours d'eau des appareils ayant pour objet de rassembler le poisson dans des noues, boires, fossés ou mares dont il ne pourrait plus sortir, ou de le contraindre à passer par une issue garnie de pièges. »

Art. 15. — « Il est également *interdit :* — 1° D'accoler aux écluses, barrages, chutes naturelles, pertuis, vannages, coursiers d'usines et échelles à poissons, des nasses, paniers et filets à demeure ; — 2° De pêcher avec tout autre engin que la ligne flottante tenue à la main, dans l'intérieur des écluses, barrages, pertuis, vannages, coursiers d'usines et passages ou échelles à poissons, ainsi qu'à une distance moindre de 30 mètres en amont et en aval de ces ouvrages ; — 3° De pêcher à la main, de troubler l'eau et de fouiller au moyen de perches sous les racines ou autres retraites fréquentées par le poisson ; — 4° De se servir d'armes à feu, de poudre de mine, de dynamite ou de toute autre substance explosive. »

Art. 16. — « Les Préfets peuvent, après avoir pris l'avis des Conseils généraux, *interdire* en outre, par des arrêtés spéciaux, d'autres engins, procédés ou modes de pêche de nature à nuire au repeuplement des cours d'eau. — Ils déterminent, conformément au § 6 de l'art. 26 de la loi du 15 avril 1829, les espèces de poissons avec lesquelles il est interdit d'*appâter* les hameçons, nasses, filets ou autres engins. »

Art. 17. — « Il est *interdit* de pêcher dans les parties des rivières, canaux ou cours d'eau dont le niveau serait accidentellement abaissé, soit pour y opérer des curages ou travaux quelconques, soit par suite du chômage des usines ou de la navigation. »

Art. 18. — « Sur la demande des adjudicataires de la pêche des cours d'eau et canaux navigables et flottables, et sur la demande des propriétaires de la pêche des autres cours d'eau et canaux, les Préfets peuvent *autoriser*, dans des emplacements déterminés et à des époques qui ne coïncideront pas avec les périodes d'interdiction, des *manœuvres d'eau* et des *pêches extraordinaires* pour détruire certaines espèces dans le but d'en propager d'autres plus précieuses. »

Art. 19. — « Des arrêtés préfectoraux, rendus sur les avis des Conseils de salubrité et des Ingénieurs, déterminent : — La durée du *rouissage du lin* et *du chanvre* dans les cours d'eau, et les emplacements où cette opération peut être pratiquée avec le moins d'inconvénient pour le poisson ; — 2° Les mesures à observer pour l'évacuation dans les cours d'eau des *matières* et *résidus susceptibles de nuire au poisson* et provenant des fabriques et établissements industriels quelconques. »

Art. 20. — « Les arrêtés pris par les Préfets en vertu des art. 2, 6, 10, 16 et 19 du présent décret ne seront exécutoires qu'après l'*approbation du Ministre des Travaux publics.* — A la fin de chaque année, les Préfets adressent au même Ministre un relevé des *autorisations* accordées en vertu de l'art. 18. »

Art. 21. — « Les dispositions du présent décret ne sont applicables ni au *lac Léman*, ni à la *Bidassoa*, lesquels restent soumis aux lois et règlements qui les régissent spécialement. »

PEINES. — (Cod. pén. art. 6-58 ; 464-470 ; Cod. instr. crim. art. 635-643.) — On entend par *peine* le châtiment infligé à celui qui a violé la loi. Son but principal est de maintenir l'ordre social en donnant une sanction aux lois sur lesquelles il repose et en affermissant l'idée de justice par le spectacle de l'expiation.

1. — Notre ancien droit pénal renfermait des dispositions contre lesquelles l'humanité réclamait depuis longtemps et que les progrès de la

raison et de la philosophie n'ont réussi à faire disparaître qu'à la fin du siècle dernier. Cette branche de la législation était la plus imparfaite et la plus vivement critiquée; les cahiers de 1789 en réclamaient unanimement la revision. L'Assemblée Constituante, dans la loi du 16 août 1790 (art. 21), posa en ces termes le principe de la réforme: « Le Code pénal sera incessamment réformé, de manière que les peines soient proportionnées aux délits; observant qu'elles soient modérées, et ne perdant pas de vue cette maxime de la déclaration des droits de l'homme, que la loi ne peut établir que des peines strictement et évidemment nécessaires. » C'est dans cet esprit que la peine de mort fut réduite à la simple privation de la vie, et que disparurent les supplices barbares du feu, de la roue, etc.; toute mutilation fut défendue, et les peines de lèvre coupée, de langue percée, et autres de cette nature, furent abolies.

Le Code pénal actuel date de 1810, mais il a été à plusieurs reprises modifié, notamment en 1832 et en 1848. De sérieuses améliorations y ont été apportées: la confiscation générale des biens a été supprimée en 1814; — depuis 1832, le parricide ne subit plus l'amputation du poignet avant d'être mis à mort; — l'*exposition publique* (voy. ces mots) n'existe plus depuis 1848, etc.

2. — Il y a *trois sortes de peines* correspondant aux trois natures d'infractions à la loi (*crime*, *délit*, *contravention*) et aux trois ordres de juridictions chargées de les réprimer (*Cour d'assises*, *Tribunal correctionnel*, *Tribunal de simple police*).

— En MATIÈRE CRIMINELLE, les peines sont *afflictives et infamantes* ou *seulement infamantes*.

Les peines *afflictives et infamantes* sont: 1° La *mort*; — 2° Les *travaux forcés à perpétuité*; — 3° La *déportation* (perpétuelle); — 4° Les *travaux forcés à temps* (de 5 à 20 ans); — 5° La *détention* (de 5 à 20 ans); — 6° La *réclusion* (de 5 à 10 ans). — Voy. MORT, 20; — TRAVAUX FORCÉS; — DÉPORTATION; — DÉTENTION; — RÉCLUSION.

Les peines *seulement infamantes* sont: le *bannissement* (de 5 à 10 ans); — la *dégradation civique*. — Voy. BANNISSEMENT; — DÉGRADATION CIVIQUE.

La *déportation*, la *détention* et le *bannissement* sont des peines spéciales aux crimes *politiques*.

— En MATIÈRE CORRECTIONNELLE, les peines sont: 1° L'*emprisonnement* (de 6 jours à 5 ans, sauf les cas de récidive ou autres où la loi a déterminé d'autres limites); — 2° L'*interdiction à temps de certains droits civiques, civils ou de famille* (voy. ces mots); — 3° L'*amende* (depuis 16 fr.).

L'*interdiction de séjour*, l'*amende* et la *confiscation spéciale*, soit du corps du délit quand la propriété en appartient au condamné, soit des choses produites par le délit, soit de celles qui ont servi ou qui ont été destinées à le commettre, sont des *peines communes aux matières criminelles et correctionnelles*. — Voy. INTERDICTION DE SÉJOUR; — AMENDE; — CONFISCATION.

— En MATIÈRE DE SIMPLE POLICE, les peines sont: 1° L'*emprisonnement* (de 1 à 5 jours); — 2° L'*amende* (de 1 franc à 15 francs inclusivement); — 3° La *confiscation* de certains objets saisis.

3. — La condamnation aux peines établies par la loi est toujours prononcée sans préjudice des *restitutions* et *dommages-intérêts* qui peuvent être dus aux parties.

4. — Certaines circonstances ont pour effet tantôt d'*aggraver* la peine, tantôt de la faire *diminuer*. Au nombre des premières se place la *récidive* (voy. RÉCIDIVE; — CIRCONSTANCES AGGRAVANTES); — parmi les secondes figurent la *jeunesse* du coupable (voy. DISCERNEMENT); — son *grand âge* (ainsi la peine des *travaux forcés* est *remplacée* par celle de la *réclusion* à l'égard des individus *âgés de 60 ans*); — certains faits prévus par la loi ou lais-

sés à l'appréciation des juges qui motivent une diminution de peine (voy. EXCUSE ; — CIRCONSTANCES ATTÉNUANTES).

5. — Le *cumul* des peines admis dans l'ancienne législation n'existe plus aujourd'hui : « *En cas de conviction de plusieurs crimes ou délits, la peine la plus forte sera seule prononcée.* » Tels sont les termes de l'article 365, § dernier, du Code d'instruction criminelle.

6. — Le temps, ce grand modérateur des choses humaines, a pour vertu de désarmer la vindicte publique. Toutes les législations des peuples civilisés ont admis le principe de la *prescription* des peines. On a pensé que, durant le temps exigé pour la prescription, le coupable a été suffisamment puni par les agitations, les troubles de sa conscience, les tourments d'une vie incertaine et précaire. On a considéré, en outre, que, la peine étant infligée surtout pour l'exemple, l'expiation était, après un certain temps, d'autant moins nécessaire, que l'émotion causée par l'infraction à la loi s'était effacée. Cette double considération explique et justifie parfaitement la prescription qui s'accomplit par un *délai plus ou moins long*, suivant qu'il s'agit d'un *crime*, d'un *délit* ou d'une simple *contravention*.

— Quand il s'agit d'un *crime*, la peine se prescrit par *vingt années* révolues, à compter de la date de l'arrêt de condamnation. Toutefois, *défense* est faite au condamné de *résider* dans le département où demeureraient, soit celui sur lequel ou contre la propriété duquel le crime a été commis, soit ses héritiers directs ; et le Gouvernement a la faculté de lui assigner un *lieu de domicile*.

Pour les *délits*, la peine se prescrit par *cinq années* révolues, à partir de la date du jugement rendu en dernier ressort, ou à compter du jour où il ne peut plus être attaqué par la voie de l'appel.

Enfin, s'il s'agit de *contraventions* de police, la peine se prescrit par *deux années* révolues à compter de la même époque.

— Il faut remarquer que la prescription atteint seulement la peine qui avait été prononcée dans l'intérêt de la Société. — Les *condamnations civiles* portées par les arrêts ou jugements rendus en matière criminelle, correctionnelle ou de simple police, et devenus irrévocables, sont soumises aux conditions de la prescription civile, c'est-à-dire qu'elles ne se prescrivent que par *trente ans*. (Cod. civ. art. 2262 ; Cod. inst. crim. art. 648.)

Voy. AMNISTIE ; — GRACE ; — RÉLÉGATION.

PENSIONS. — Rentes payées par l'Etat, à titre de rémunération, pour des services civils ou militaires.

— Les *arrérages* trimestriels des pensions inscrites sur le grand livre de la dette publique sont *payables* les 1er mars, 1er juin, 1er septembre et 1er décembre de chaque année.

— Il est de toute équité que l'Etat récompense ses anciens serviteurs, et qu'après avoir profité de leurs travaux, il ne les abandonne pas sans ressources aux infirmités et aux besoins de la vieillesse. Il n'est pas moins juste de récompenser le soldat de terre ou de mer, qui, pour la défense du pays, a exposé sa vie et parfois donné son sang. — Nous avons cru utile de faire connaître les principales dispositions qui régissent les *pensions civiles* ; sans entrer dans autant de détails pour ce qui concerne les *pensions militaires*, nous en dirons cependant quelques mots.

Sect. I. — **PENSIONS CIVILES.** — (Loi 9 juin 1853 ; déc. 9 novembre 1853 ; lois 17 mars 1875, art. 4 ; 17 août 1876.) — I. CONDITIONS DU DROIT A PENSION. — 1. — En règle générale, le droit à pension n'appartient qu'aux fonctionnaires et employés *rétribués directement par l'Etat*. La loi fait une *exception* en faveur d'un certain nombre de fonctionnaires qui, quoique institués par l'Etat ou par ses délégués, reçoivent un traitement payé en tout ou en partie sur les fonds départementaux ou communaux, ou même sur les fonds particuliers. Tels sont : 1° les fonctionnaires de l'*enseignement*, rétribués en tout ou en partie sur les fonds du Département, de la Commune, ou sur le prix de pension payé par les élèves ; — 2° les fonctionnaires ou employés qui, *sans cesser d'appartenir au cadre permanent d'une Administration publique*, et en conservant leurs droits à l'avancement hiérarchique, sont rétribués, en tout ou en partie, sur les fonds départementaux ou communaux, sur les fonds des compagnies concessionnaires, et même sur les remises et salaires payés par les particuliers. — Cette exception est *motivée* sur ce que les fonctionnaires et employés dont il s'agit conservent leur titre, qu'ils restent inscrits dans le cadre d'avancement hiérarchique, qu'ils continuent à être soumis à l'autorité du Ministre compétent, qui peut les rappeler et même les révoquer, suivant les circonstances.

2. — Les fonctionnaires et employés ayant droit à une pension de retraite supportent, sans pouvoir les répéter dans aucun cas, les *retenues* ci-après :

1° Une retenue de 5 pour 100 sur les sommes payées à titre de traitement fixe ou éventuel, de préciput, de supplément de traitement, de remises proportionnelles, de salaires, ou constituant, à tout autre titre, un émolument personnel ; — 2° Une retenue du douzième des mêmes rétributions lors de la première nomination ou dans le cas de réintégration, et du douzième de toute augmentation ultérieure ; — 3° Les retenues pour cause de congés et d'absences, ou par mesure disciplinaire.

— Sont *affranchies de ces retenues* les commissions allouées en compte courant par le Trésor aux *Trésoriers-Payeurs généraux* des Finances. Ces comptables, les *Receveurs particuliers* et les *Percepteurs des contributions directes*, ainsi que les *agents* ressortissant au *Ministère des finances*, qui sont rétribués par des salaires ou remises variables, supportent ces retenues sur les *trois quarts seulement* de leurs émoluments de toute nature, le dernier quart étant considéré comme indemnité de loyer et de frais de bureau.

3. — Le droit à la pension de retraite est acquis *par ancienneté* à 60 ans d'*âge* et après 30 ans accomplis de *services*.

Il suffit de 55 ans d'*âge* et de 25 ans de *services*, pour les fonctionnaires qui ont passé 15 ans dans la *partie active*. — La partie active comprend les emplois et grades indiqués au tableau ci-dessous, auxquels une loi du 17 août 1876 a ajouté diverses fonctions de l'*enseignement primaire*. Voy. ci-après :

DOUANES.	CONTRIBUTIONS INDIRECTES ET TABACS	FORÊTS.	POSTES.
Capitaines de brigade. Lieutenants d'embarcation. Lieutenants de 1re classe. — 2e classe. — 3e classe.	*Service général.* Inspecteurs. Sous-Inspecteurs. Contrôleurs de ville. Contrôleurs-receveurs à cheval et à pied.	Gardes généraux-adjoints. Gardes à cheval. Brigadiers.	Courriers et postulants. Facteurs de ville.

DOUANES.	CONTRIBUTIONS INDIRECTES ET TABACS.	FORÊTS.	POSTES.
Brigadiers à cheval et à pied. Sous-brigadiers à cheval et à pied. Cavaliers et préposés d'ordonnance. Préposés. Patrons et sous-patrons. Matelots. Mousses. Préposés gardes-magasins. Préposés concierges. Préposés emballeurs. Préposés peseurs et plombeurs.	Receveurs ambulants à cheval et à pied. Commis-adjoints à cheval et à pied. Commis aux exercices. *Navigation.* Commis-adjoints à pied. Commis à pied. *Garantie.* Contrôleurs. Sous-contrôleurs. Commis aux exercices. *Culture des tabacs.* Inspecteurs. Sous-inspecteurs. Contrôleurs. Commis. *Octrois.* Préposés en chef.	Gardes à pied. Gardes forestiers-cantonniers.	Brigadiers, sous-brigadiers, facteurs ruraux. Facteurs locaux. Chargeurs de malles.

— Sont compris dans le *service actif*, depuis la loi du 17 août 1876, les *Inspecteurs de l'enseignement primaire*, les directeurs et directrices, maîtres et maîtresses des *écoles normales primaires*, *instituteurs* et *institutrices* publics, directrices de *salles d'asile communales*.

Leur pension est basée sur la moyenne des traitements et émoluments de toute nature dont l'ayant droit a joui pendant les *six années qui ont produit le chiffre le plus élevé*. — Elle ne peut être inférieure à 600 francs pour un instituteur et à 500 francs pour une institutrice et une directrice de salle d'asile communale.

4. — Est *dispensé de la condition d'âge* ci-dessus établie le titulaire qui est reconnu par le Ministre *hors d'état de continuer ses fonctions*.

5. — La pension est basée sur la *moyenne* des traitements et émoluments de toute nature soumis à retenues, dont l'ayant droit a joui pendant les 6 *dernières années* d'exercice, sauf pour les fonctionnaires de l'*enseignement primaire* compris dans le service actif dont la pension est réglée d'après la moyenne des 6 *dernières années du traitement le plus élevé*. — Néanmoins, à l'égard des fonctionnaires rétribués en tout ou en partie sur les fonds départementaux ou

communaux, ou sur les fonds particuliers, la *moyenne ne peut excéder* celle des traitements dont ils auraient joui s'ils eussent été rétribués directement par l'Etat.

— La pension est réglée, pour chaque année de services civils, à un *soixantième* du traitement moyen. Néanmoins, pour 25 ans de services entièrement rendus dans la *partie active*, elle est de la *moitié* du traitement moyen, avec *accroissement* pour chaque année de services en sus, d'un *cinquantième* du traitement. — En aucun cas, elle *ne peut excéder* ni les *trois quarts* du traitement moyen, ni les *maximum* déterminés au tableau ci-après:

DÉSIGNATION des FONCTIONS, GRADES ET QUOTITÉS DES TRAITEMENTS.	MAXIMUM des PENSIONS.
1re *Section.*	
AGENTS DIPLOMATIQUES ET CONSULAIRES.	
Ambassadeurs..................................	12000 fr.
Ministres plénipotentiaires de 1re classe.........	10000.
Ministres plénipotentiaires de 2e classe et Directeurs de travaux politiques.................	8000.
Chargés d'affaires en titre....................	6000.
Premiers secrétaires d'Ambassade ou de Légation de 1re classe, et Sous-Directeurs des travaux politiques..................................	5000.
Tous autres secrétaires d'Ambassade ou de Légation.	4000.
Consuls généraux............................	6000.
Consuls de 1re classe.......................	5000.
— de 2e classe..........................	4000.
Premier Drogman et Secrétaire interprète à Constantinople................................	5000.
Second Drogman à la même résidence et premiers Drogmans des consulats généraux...........	3000.
Tous autres Drogmans, Chanceliers d'Ambassade et de Légation............................	2400.
Chanceliers des Consulats généraux............	2400.
Agents consulaires (*Vice-Consuls*) Français de nation et rétribués directement sur le Trésor, au moyen d'une allocation ordonnancée en leur nom.	2000.
Chanceliers de Consulat......................	1500.
2e *Section.*	
Magistrats de l'ordre judiciaire et de la Cour des Comptes, fonctionnaires de l'Enseignement et Ingénieurs des Ponts et Chaussées et des Mines.	2/3 du traitement moyen, sans pouvoir dépasser 6000 fr.

DÉSIGNATION des FONCTIONS, GRADES ET QUOTITÉS DES TRAITEMENTS.		MAXIMUM des PENSIONS.
3° *Section.*		
Fonctionnaires et Employés des Administrations centrales et du service intérieur des différents Ministères..................................		
TRAITEMENTS.	de 1000 fr. et au-dessous.......	730 fr.
	de 1001 à 2400...............	2/3 du traitement moyen, sans pouvoir descendre au-dessous de 750 fr.
	de 2401 à 3200 fr...........	1600 fr.
	de 3201 à 8000...............	1/2 du traitement moyen.
	de 8001 à 9000...............	4000 fr.
	de 9001 à 10500..............	4500.
	de 10501 à 12000.............	5000.
	au-dessus de 12000............	6000.
FONCTIONNAIRES ET AGENTS A SALAIRES ET REMISES.		
Conservateurs des hypothèques et Receveurs de l'Enregistrement et du Timbre, de 1re classe...		3000 fr.
Conservateurs des hypothèques et Receveurs de l'Enregistrement et du Timbre, de 2e classe....		2000.
Courriers et postulants courriers des Postes.....		1000.

6. — Les services dans les *armées de terre* et *de mer* concourent avec les services civils pour établir le droit à pension, et sont comptés pour leur *durée effective*, pourvu toutefois que la durée des services civils soit au moins de 12 ans dans la *partie sédentaire*, ou de 10 ans dans la *partie active*.

7. — Les services civils rendus *hors d'Europe* par les fonctionnaires et employés envoyés d'Europe par le Gouvernement français sont comptés pour *moitié en sus* de leur durée effective, sans toutefois que cette bonification puisse réduire de plus d'*un cinquième* le temps des services effectifs exigé pour constituer le droit à pension. Le supplément accordé à titre de *traitement colonial* n'entre pas dans le calcul du traitement moyen.

Après 15 *ans* de services rendus *hors d'Europe*, la pension peut être liquidée à 50 *ans d'âge*.

8. — A l'égard des *agents extérieurs* du département des *Affaires étrangères* et des fonctionnaires de l'*enseignement*, le temps d'*inactivité* durant lequel ils ont été assujettis à la *retenue* est compté comme *service effectif*; mais il ne peut être admis dans la liquidation pour *plus de* 5 *ans*.

9. — Peuvent exceptionnellement obtenir pension, *quels que soient leur âge et la durée de leur service* : 1° Les fonctionnaires et employés qui ont été mis hors d'état de continuer leur service, soit par

suite d'un acte de *dévouement* dans un intérêt public, ou en *exposant leurs jours* pour sauver la vie d'un de leurs concitoyens, soit par suite de *lutte* ou *combat* soutenu dans l'*exercice de leurs fonctions;* — 2° Ceux qu'un *accident grave*, résultant notoirement de l'*exercice de leurs fonctions*, met dans l'impossibilité de les continuer.

Dans la première hypothèse, la pension est de la *moitié* du dernier traitement, sans pouvoir excéder les maximum déterminés au tableau ci-dessus. — Dans la deuxième hypothèse, elle est liquidée, suivant que l'ayant droit appartient à la partie *sédentaire* ou à la partie *active*, à raison d'un *soixantième* ou d'un *cinquantième* du dernier traitement pour chaque année de services civils; elle ne peut être inférieure au *sixième* dudit traitement.

— Peuvent également obtenir pension, s'ils comptent 50 *ans d'âge* et 20 *ans de services* dans la partie *sédentaire*, ou 45 *ans d'âge* et 15 *ans de services* dans la partie *active*, ceux que des *infirmités graves*, résultant de l'*exercice de leurs fonctions*, mettent dans l'impossibilité de les continuer, ou dont l'*emploi* a été *supprimé*. — La pension est liquidée à raison d'un *soixantième* ou d'un *cinquantième* du traitement moyen pour chaque année de services civils.

— Aux termes de l'article 4 de la loi du 17 mars 1875, aucune pension civile ne peut être accordée en dehors des conditions d'âge et de service qu'après vérification, par *trois médecins* nommés par le Ministre compétent et assermentés, des infirmités sur lesquelles se fondent les réclamants et les causes qu'ils leur attribuent. — Le Conseil d'État, avant d'émettre son avis, ou s'il est saisi d'un recours, peut ordonner toute *nouvelle vérification* et toute mesure d'instruction qu'il juge propres à l'éclairer.

II. Droits des veuves et orphelins. — 1. *A droit à pension la veuve* du fonctionnaire qui a obtenu une pension de retraite, ou qui a accompli la durée de services exigée, pourvu que le mariage ait été contracté 6 *ans avant la cessation des fonctions du mari.*

La pension de la veuve est du *tiers* de celle que le mari avait obtenue ou à laquelle il aurait eu droit. Elle *ne peut être inférieure* à 100 fr., *sans toutefois excéder* celle que le mari aurait obtenue ou pu obtenir.

Le droit à pension *n'existe pas* pour la veuve dans le cas de *séparation de corps* ou de *divorce* prononcé *sur la demande du mari.*

— Lorsqu'un fonctionnaire ou employé est décédé *avant d'avoir accompli le temps de services* réglementaire, la veuve *n'a pas droit* à pension. — Toutefois une exception est faite en faveur : 1° de la veuve du fonctionnaire ou employé qui, *dans l'exercice ou à l'occasion de ses fonctions*, a perdu la vie dans un naufrage ou par suite d'un acte de dévouement dans un intérêt public; — 2° de la veuve dont le mari a perdu la vie par un accident grave *résultant* notoirement *de l'exercice de ses fonctions.* — Il est accordé à la veuve une pension qui est, dans le premier cas, des *deux tiers*, et dans le second cas, du *tiers* de celle que le mari a obtenue ou aurait pu obtenir. — Dans l'une ou l'autre hypothèse, *il suffit* que le mariage ait été *contracté antérieurement à l'événement* qui a amené la mort ou la mise à la retraite du mari.

— Lorsqu'un employé, ayant servi *alternativement* dans la partie *active* et dans la partie sédentaire, décède *avant d'avoir accompli* les 30 années de services exigées pour constituer le droit à pension de sa veuve, un *cinquième* de son temps de services dans la partie active est *ajouté fictivement* en sus du service effectif pour compléter les 30 années nécessaires. La *liquidation* ne s'opère néanmoins que sur la *durée effective* des services.

2. — L'*orphelin* ou les *orphelins*

mineurs d'un fonctionnaire ou employé ayant obtenu sa pension ou ayant accompli la durée de services exigée, ou ayant perdu la vie dans l'exercice ou à l'occasion de ses fonctions, ou par suite d'un acte de dévouement dans l'intérêt public, ont droit à un *secours annuel* lorsque la mère est ou décédée, ou inhabile à recueillir la pension, ou déchue de ses droits.

Ce secours est, quel que soit le nombre des enfants, *égal à la pension que la mère aurait obtenue.*

Il est partagé entre eux par égales portions, et payé jusqu'à ce que le plus jeune des enfants ait atteint l'âge de 21 ans accomplis, la part de ceux qui décéderaient ou celle des majeurs faisant retour aux mineurs.

— S'il existe une veuve et un ou plusieurs orphelins mineurs provenant d'un *mariage antérieur* du fonctionnaire, il est *prélevé* sur la pension de la veuve, et sauf réversibilité en sa faveur, *un quart* au profit de l'orphelin du premier lit, s'il n'en existe qu'un en âge de minorité, et la *moitié* s'il en existe plusieurs.

III. Justification du droit a pension. — 1. — Le fonctionnaire admis à la retraite doit produire, indépendamment de son *acte de naissance* et d'une *déclaration de domicile :*

1° *Pour la justification des services civils :* un extrait dûment certifié des registres et sommiers de l'Administration ou du Ministère auquel il a appartenu, énonçant ses nom et prénoms, sa qualité, la date et le lieu de sa naissance, la date de son entrée dans l'emploi avec traitement, la série de ses grades et services, l'époque et les motifs de leur cessation, et le montant du traitement dont il a joui pendant chacune des 6 dernières années de son activité.

Lorsqu'il n'a pas existé de registres, ou que tous les services administratifs ne se trouvent pas inscrits sur les registres existants, il y est suppléé, soit par un certificat du chef ou des chefs compétents des Administrations où l'employé a servi, relatant les indications ci-dessus énoncées, soit par un extrait des comptes et états d'émargement certifié par le greffier de la Cour des Comptes.

Les services civils rendus hors d'Europe sont constatés par un certificat distinct délivré par le Ministre compétent.

A défaut de ces justifications, et lorsque, pour cause de destruction des archives dont on aurait pu les extraire, ou du décès des fonctionnaires supérieurs, l'impossibilité de les produire a été prouvée, les services peuvent être constatés par acte de notoriété.

2° *Pour la justification des services militaires de terre et de mer :* Un certificat directement émané du Ministère de la guerre ou de celui de la marine.

— Les services des employés de Préfecture et de Sous-Préfecture sont justifiés par un certificat du Préfet ou du Sous-Préfet constatant que le titulaire a été rétribué par des fonds d'abonnement, et ce certificat doit être visé par le Ministre de l'Intérieur.

2. — Les *veuves* prétendant à pension doivent produire, indépendamment des pièces que leur mari aurait été tenu de fournir : 1° leur acte de naissance ; — 2° l'acte de décès de l'employé ou du fonctionnaire ; — 3° l'acte de célébration du mariage ; — 4° un certificat de non-séparation de corps, et, maintenant que le divorce est rétabli, un certificat de non-divorce ; — 5° dans le cas où il y aurait eu séparation de corps ou divorce, la justification que cette séparation ou ce divorce a été prononcé sur la demande de la femme.

3. — Les *orphelins* prétendant à pension doivent fournir, indépendamment des pièces que leur père aurait été tenu de produire : 1° leur acte de naissance ; — 2° l'acte de décès de leur père ; — 3° l'acte de célébration du mariage de leurs père et mère ; — 4° une expédition ou

un extrait de l'acte de tutelle; — 5° en cas de prédécès de la mère, son acte de décès; — 6° en cas de séparation de corps ou de divorce, expédition du jugement qui l'a prononcé, ou certificat du greffier du Tribunal qui a rendu le jugement; — 7° en cas de second mariage, acte de célébration.

4. — Les veuves ou orphelins prétendant à pension doivent produire le brevet délivré à leur mari ou père, lorsqu'il est décédé en jouissance de pension, ou une déclaration constatant la perte de ce titre.

5. — Si le fonctionnaire a été *justiciable direct de la Cour des Comptes*, soit en deniers, soit en matières, il doit produire un certificat de la comptabilité générale des Finances ou du Ministère compétent constatant, sauf justification ultérieure du *quitus* de la Cour des Comptes, que la vérification provisoire de sa gestion ne révèle aucun débet à sa charge. — Si le prétendant à pension n'est *pas justiciable direct de la Cour des Comptes*, sa situation en fin de gestion est constatée par un certificat du comptable supérieur duquel il relève.

6. — Les *enfants orphelins* des fonctionnaires décédés pensionnaires ne peuvent obtenir des secours à titre de révision qu'autant que le mariage dont ils sont issus a *précédé la mise à la retraite* de leur père.

7. — Lorsque le fonctionnaire a droit à pension comme *hors d'état de continuer son service*, soit par suite d'un *acte de dévouement* dans un intérêt public, soit par suite de *lutte* ou *combat* soutenu *dans l'exercice de ses fonctions*, ou lorsque le droit existe pour la veuve du fonctionnaire qui a *perdu la vie* dans l'une de ces circonstances, — l'*événement donnant ouverture au droit* à pension doit être *constaté par un procès-verbal* en due forme dressé sur les lieux et au moment où il est survenu. *A défaut de procès-verbal*, cette constatation peut s'établir par un *acte de notoriété* rédigé sur la déclaration des témoins de l'événement ou des personnes qui ont été à même d'en connaître et d'en apprécier les conséquences. Cet acte doit être *corroboré* par les attestations conformes de l'Autorité municipale et des supérieurs immédiats du fonctionnaire.

8. — Dans le cas d'*infirmités graves* résultant notoirement de l'exercice des fonctions et mettant dans l'impossibilité de les continuer, ces infirmités et leurs causes sont *constatées* par les *médecins qui ont donné leurs soins* au fonctionnaire et par un *médecin désigné par l'administration et assermenté*. Ces certificats doivent être *corroborés* par l'attestation de l'Autorité municipale et celle des supérieurs immédiats du fonctionnaire.

IV. Liquidation. — jouissance. — 1. — L'*admission* du fonctionnaire à faire valoir ses droits à la retraite est *prononcée* par l'Autorité qui a qualité pour prononcer sa révocation. — *A peine de déchéance*, la demande de pension doit être adressée, avec les pièces à l'appui, dans le *délai de 5 ans*, à partir du jour de l'admission à la retraite. La *même déchéance* court contre la veuve, du jour du décès du fonctionnaire, et, contre les orphelins, du jour du décès de leur père ou de leur mère.

2. — Les pensions sont *liquidées* d'après la *durée des services*, en *négligeant* sur le résultat final du décompte les *fractions de mois* et *de franc*.

Les *services civils* ne sont *comptés* que de la date du *premier traitement d'activité* et à partir de l'*âge de 20 ans accomplis*. Le temps de *surnumérariat* n'est compté *dans aucun cas*.

3. — La *liquidation* est faite par le Ministre compétent, qui la soumet à l'examen du *Conseil d'Etat* avec l'avis du *Ministre des Finances*. Le décret de concession est inséré au *Bulletin des Lois*.

4. — La *jouissance* de la pension *commence* du jour de la cessation

du traitement, ou du lendemain du décès du fonctionnaire ; celle du secours annuel, du lendemain du décès du fonctionnaire ou de celui de la veuve. — Il ne peut, en aucun cas, y avoir lieu au *rappel de plus de 3 années d'arrérages antérieurs* à la date de l'insertion *au Bulletin des Lois* du décret de concession.

5. — Les pensions sont *incessibles*. Aucune *saisie* ou *retenue* ne peut être opérée du vivant du pensionnaire que jusqu'à concurrence d'un *cinquième* pour *débet envers l'Etat*, ou pour des *créances privilégiées*, aux termes de l'article 2101 du Code civil (voy. PRIVILÈGE, I, § 1er), et d'un *tiers* dans les circonstances prévues par les articles 203, 205, 206, 207 et 214 du même Code (*entretien des enfants ; aliments* dus à un *ascendant*, ou à un *descendant*, à un *beau-père*, une *belle-mère*, ou à un *gendre* ou à une *belle-fille* ; *pension alimentaire* à fournir à la *femme*). — Voy. MARIAGE, V.

6. — Tout fonctionnaire, ou employé *démissionnaire*, *destitué*, *révoqué* d'emploi, *perd ses droits* à la pension. S'il est remis en activité, son premier service lui est compté.

Celui qui est constitué *en déficit* pour *détournement* de deniers ou de matières, ou de *malversations*, *perd ses droits* à la pension, lors même qu'elle aurait été liquidée ou inscrite. — La même disposition est applicable au fonctionnaire convaincu de s'être *démis* de son emploi *à prix d'argent*, et à celui qui a été *condamné* à une *peine afflictive* ou *infamante*. Dans ce dernier cas, s'il y a *réhabilitation*, les droits à la pension sont *rétablis*.

7. — Lorsqu'un pensionnaire est *remis en activité dans le même service*, le payement de sa pension est *suspendu*. Lorsqu'il est remis en activité *dans un service différent*, il ne peut *cumuler* sa *pension* et son *traitement* que jusqu'à concurrence de 1 500 fr.

Après la cessation de ses fonctions, il peut rentrer en jouissance de son ancienne pension, ou obtenir, s'il y a lieu, une nouvelle liquidation basée sur la généralité de ses services.

8. — Le droit à l'obtention ou à la jouissance d'une pension est *suspendu* par les circonstances qui font *perdre la qualité de Français*, durant la privation de cette qualité (voy. FRANÇAIS, II).

La liquidation ou le rétablissement de la pension ne peut donner lieu à *aucun rappel* pour les *arrérages antérieurs*.

9. — Les pensions et secours annuels sont *payés* par *trimestre* ; ils sont *rayés* des livres du Trésor *après* 3 *ans de non-réclamation*, sans que leur rétablissement donne lieu à aucun rappel d'arrérage antérieur à la réclamation. — La *même déchéance* est applicable aux héritiers ou ayants cause des pensionnaires qui n'ont pas produit la justification de leurs droits *dans les* 3 *ans qui suivent la date du décès* de leur auteur.

10. — Le *cumul* de deux pensions est *autorisé* dans la limite de 6 000 fr., pourvu qu'il n'y ait pas double emploi dans les années de services présentées pour la liquidation. — Cette *disposition* n'est *pas applicable* aux pensions que des lois spéciales ont affranchies des prohibitions du cumul. Telles sont la plupart des pensions accordées à titre de *récompense nationale*.

Sect. II. — **PENSIONS MILITAIRES**. — (Loi 11 et 18 avril 1831 ; ord. roy. 2 juillet 1831 et 26 janvier 1832 ; lois 26 avril 1855 (art. 19), 28 avril 1856 ; 25 juin 1861, 28 juin 1862, 10 avril 1869, 20 juin 1878, 5 et 7 août 1879.)

I. CONDITIONS DU DROIT A PENSION. — 1. — Elles diffèrent suivant qu'il s'agit d'une pension pour cause d'*ancienneté de services*, ou d'une pension par suite de *blessures* ou d'*infirmités*.

§ 1er. — *Pensions d'ancienneté*. — Dans l'*armée de terre*, le droit à la pension de retraite, par ancienneté, est acquis à *trente* ans accomplis de services effectifs pour les *Officiers;* — à *vingt-cinq* ans pour les *Sous-Officiers, Caporaux, Brigadiers et Soldats.* — *Aucune condition d'âge* n'est exigée. *Les années* de service *se comptent* de l'âge où il est permis de contracter un engagement volontaire, c'est-à-dire *à partir de* 18 *ans.*

Dans l'*armée de mer*, le droit à la pension de retraite d'ancienneté est acquis, pour les Officiers comme pour les marins de tout grade, à *vingt-cinq ans* accomplis de service effectif. — *Aucune condition d'âge* n'est exigée. *Les années se comptent à partir de* 16 *ans.*

— Chaque année de service *au delà des termes ci-dessus fixés*, et chaque année de campagne *ajoutent à la pension* un 20e de la différence du minimum au maximum. Le *maximum* est acquis à 45 ans de services, campagnes comprises.

§ 2. — *Pensions pour cause de blessures ou d'infirmités.* — Les *blessures* donnent droit à la pension de retraite, lorsqu'elles sont *graves* et *incurables*, et qu'elles *proviennent d'événements de guerre* ou *d'accidents* éprouvés dans un *service commandé.* — Les *infirmités* donnent le même droit lorsqu'elles sont *graves* et *incurables*, et qu'elles sont reconnues provenir des *fatigues* ou *dangers du service militaire.* — Le droit à pension est *immédiat* si les blessures ou infirmités ont occasionné la *cécité*, l'*amputation* ou la *perte absolue* de l'*usage* d'*un* ou de *plusieurs membres.* — Dans les cas *moins graves*, elles ne donnent lieu à la pension que sous les *conditions* suivantes : 1° Pour l'Officier, si elles le mettent hors d'état de rester en activité et lui ôtent la possibilité d'y rentrer ultérieurement ; — 2° pour tout individu au-dessous du rang d'Officier, si elles le mettent hors d'état de servir et de pourvoir à sa subsistance.

Pour l'*amputation d'un membre* ou la *perte absolue de deux membres*, la pension est réglée au *maximum.* — En cas d'*amputation de deux membres*, ou de la *perte totale de la vue*, ce maximum est *augmenté*, pour les Officiers, de 20 p. 100, et pour les Sous-Officiers, Caporaux, Brigadiers ou Soldats, de 30 p. 100.

2. — Le *taux de la pension* se règle sur le *grade* du titulaire au moment de son admission à la retraite. Les *tarifs* actuels ont été fixés par la loi du 18 août 1879 pour l'armée de terre, et par celle du 5 août 1879 pour l'armée de mer.

3. — *Ont droit exceptionnellement*, après 25 ans de services effectifs, au *minimum* de la pension de retraite attribuée à leur grade, les Officiers mis en non-activité pour *infirmités temporaires*, lorsqu'ils ont été reconnus par un Conseil d'enquête *non susceptibles d'être rappelés à l'activité.*

4. — Les pensions militaires et leurs arrérages sont *incessibles* et *insaisissables*, excepté dans le cas de *débet* envers l'Etat ou dans les circonstances prévues par les articles 203 et 205 du Code civil, c'est-à-dire lorsqu'il s'agit des *aliments* que se doivent réciproquement les descendants et les ascendants, ou enfin dans l'hypothèse de la condamnation du mari à payer à sa femme une *pension alimentaire.* Dans ces divers cas, les pensions militaires sont passibles de retenues qui ne peuvent excéder le *cinquième* de leur montant pour cause de *débet*, et le *tiers* pour *aliments.*

5. — Le droit à la jouissance des pensions militaires est *suspendu :* par la condamnation à une peine afflictive ou infamante, pendant la durée de la peine ; — par les circonstances qui font perdre la qualité de Français, durant la privation de cette qualité ; — par la résidence hors de France, sans l'autorisation du chef de l'Etat, lorsque le titulaire de la pension est Français ou naturalisé Français.

II. Droits des veuves et orphelins. — 1. — *Ont droit à une pension viagère :* 1° Les veuves de militaires ou marins tués dans un combat ou dans un service commandé ; — 2° les veuves des militaires ou marins qui ont péri à l'armée ou hors d'Europe, sur les bâtiments de l'Etat ou dans les Colonies, et dont la mort a été causée, soit par des événements de guerre, soit par des maladies contagieuses ou endémiques, aux influences desquelles ils ont été soumis par les obligations de leur service ; — 3° les veuves de militaires ou marins morts des suites des blessures reçues, soit dans un combat, soit dans un service commandé, pourvu que le mariage soit antérieur à ces blessures; — 4° les veuves de militaires ou marins morts en jouissance de la pension de retraite, ou en possession des droits à cette pension, pourvu que le mariage ait été contracté 2 ans avant la cessation de l'activité du mari, ou qu'il y ait eu un ou plusieurs enfants issus du mariage antérieur à cette cessation.

— En cas de *séparation de corps* ou de *divorce* prononcé *sur la demande de son mari*, la femme *ne peut* prétendre à la pension de veuve, et les enfants, s'il y en a, sont considérés comme orphelins.

2. — Après le décès de la mère, ou lorsqu'elle se trouve déchue de ses droits à la pension, l'*enfant* ou les *enfants mineurs* du militaire ou marin mort dans les cas ci-dessus prévus, ont droit, quel que soit leur nombre, à un *secours annuel* égal à la pension que la mère aurait pu obtenir. Ce secours leur est payé jusqu'à ce que le plus jeune ait atteint l'*âge de 21 ans accomplis*, la part des majeurs étant *réversible* sur les mineurs.

3. — La pension des veuves de militaires ou marins est fixée à la *moitié* du *maximum* de la pension d'ancienneté affectée au grade dont le mari était titulaire, quelle que soit la durée de son activité dans ce grade. — Néanmoins la pension des veuves des *Maréchaux de France* et des *Amiraux* est fixée à 6000 fr. — Celle des veuves des *Caporaux*, *Brigadiers*, *Soldats* ou *Marins* ne peut être *moindre de* 100 *fr*.

Est *élevée* aux *trois quarts* dudit maximum la pension accordée aux veuves : 1° des militaires ou marins *tués* sur le champ de bataille ; — 2° des militaires ou marins qui ont *péri* à l'armée, et dont la mort a été causée par des événements de guerre ; — 3° des militaires ou marins *morts des suites de blessures* reçues dans les mêmes circonstances, pourvu que le *mariage* soit *antérieur* à ces blessures. — Le bénéfice de ces dispositions est applicable aux secours annuels accordés aux orphelins des militaires ou marins dont il s'agit.

PERCEPTEUR. — Agent chargé du recouvrement des contributions directes.

1. — Les perceptions sont divisées en 5 classes :

La 1re comprend les emplois d'un produit supérieur à. . . 8000 fr.
La 2me — de 5001 à 8000 —
La 3me — de 3601 à 5000 —
La 4me — de 2401 à 3600 —
La 5me — de 2400 et au-dessous.

2. — Les Percepteurs *surnuméraires* sont placés dans chaque département, celui de la Seine excepté. (On en compte 1 sur 14 Perceptions environ.)

— *Pour être nommé Percepteur surnuméraire*, il faut avoir 21 ans au moins, 30 ans au plus, justifier de moyens d'existence pendant la durée du surnumérariat, et subir avec succès un examen d'aptitude passé devant une Commission désignée par le Préfet.

— Tout aspirant au surnumérariat doit adresser sa demande au Trésorier-Payeur Général du département dans lequel il désire être placé, en y joignant un extrait authentique de son acte de naissance.

— Les Percepteurs *surnuméraires* sont *nommés* par le Préfet sur une liste triple de candidats que lui présente le Trésorier-Payeur Général. Ils prêtent *serment* avant-

d'entrer en fonctions et doivent *demeurer au moins 2 ans en exercice* pour passer Percepteurs.

3. — Les *Percepteurs* sont *nommés* par le Ministre des Finances et sont placés sous les ordres des Trésoriers-Payeurs Généraux et des Receveurs Particuliers. — Le Préfet ne fait des propositions que pour les Percepteurs de 5me classe; le Ministre nomme d'office les titulaires des Perceptions des quatre premières classes.

4. — Sont *dispensés des conditions de surnumérariat* et admissibles aux Perceptions de diverses classes :

1° Les individus qui justifient de 7 ans au moins de services administratifs rétribués directement par l'Etat, ou de services militaires; — 2° Ceux que des blessures reçues dans un service commandé ont mis hors d'état de continuer leur carrière; — 3° Les employés des Administrations publiques dont l'emploi vient à être supprimé.

5. — La *limite d'âge* d'admission est de 50 ans. Les anciens militaires ont jusqu'à 55 ans.

6. — Les Percepteurs sont tenus de fournir un *cautionnement* dont le taux varie suivant l'importance de la Perception.

PÈRE. — Voy. MARIAGE ; — OBLIGATION SCOLAIRE ; — PATERNITÉ ET FILIATION ; — PUISSANCE PATERNELLE ; — TUTELLE.

PÉREMPTION D'INSTANCE. — (Cod. proc. civ. art. 397-401.)

C'est l'extinction d'une instance par la *discontinuation de poursuites pendant* 3 *ans*. Elle n'a pas lieu cependant de plein droit, et doit être *formellement demandée ;* elle est couverte par les actes valables que fait l'une ou l'autre des parties avant cette demande.

La péremption a été introduite pour abréger les procès et pour déjouer la mauvaise foi du plaideur qui voudrait fatiguer son adversaire en traînant la procédure en longueur, ou qui se flatterait peut-être, à la faveur de l'incertitude des droits que le temps entraîne souvent à sa suite, de faire perdre de vue les véritables éléments de la contestation.

1. — Le *délai* de 3 ans exigé pour la péremption est *prolongé* de 6 mois dans tous les cas où il y a lieu à demande en reprise d'instance, ou constitution de nouvel avoué, c'est-à-dire en cas de *mort* de l'une des *parties*, ou de *décès*, *démission*, *destitution* des *avoués*.

2. — La péremption n'*éteint pas l'action ;* elle emporte seulement extinction de la *procédure*, d'où il résulte que les parties se trouvent replacées dans la position qu'elles avaient avant l'introduction de l'instance. Il faut toutefois remarquer que, si le délai de la prescription s'était accompli durant l'instance qui vient à être périmée, la prescription serait réellement acquise, et, par suite, l'action elle-même serait éteinte.

3. — En cas de péremption, le *demandeur* principal est *condamné* à tous les *frais* de la procédure périmée.

4. — L'article 15 du Code de procédure civile fixe un *délai beaucoup plus court* pour la péremption des instances portées devant le *Juge de paix* quand un *interlocutoire* (voy. ce mot) a été ordonné.

Dans ce cas, la cause doit être jugée définitivement au plus tard dans le délai de 4 mois à partir du jour du jugement interlocutoire : après ce délai, l'instance est périmée *de droit*. — Si c'est par la *faute du Juge*, il est passible de *dommages-intérêts*.

En édictant cette disposition, le législateur a voulu obtenir le prompt jugement des contestations qui ont ordinairement peu d'importance, et qui, d'ailleurs, eu égard à la simplicité des formes de procéder de la Justice de paix, peuvent recevoir une solution rapide.

5. — La péremption *court contre* l'*Etat*, les *Etablissements publics*, et toutes personnes *même mineures*, sauf leur recours contre les administrateurs et tuteurs.

PERFECTIONNEMENT. (BREVET DE) — Voy. BREVET D'INVENTION, VI.

PÉRIPNEUMONIE CONTAGIEUSE. — Maladie propre à l'espèce bovine. — Voy. ÉPIZOOTIES.

PERMIS DE CHASSE. — Voy. CHASSE.

PERSONNELLE. (ACTION) — Voy. ACTION PERSONNELLE.

PERSONNELLE ET MOBILIÈRE. (CONTRIBUTION) — (Loi 21 avril 1832.) — Cette contribution se compose de deux impôts distincts que la loi du 21 avril 1832 a réunis : l'un, dit *impôt personnel*, consiste dans le payement d'une somme égale à la valeur de 3 journées de travail, dont le prix moyen est fixé, chaque année, par le Conseil général, sans pouvoir être évalué à moins de 50 centimes ni à plus de 1 fr. 50 c. la journée; l'autre, dit *impôt mobilier*, est proportionné à la valeur locative de l'habitation.

1. — La contribution personnelle et mobilière *est due* par tout habitant, Français ou étranger, domicilié dans la Commune depuis un an, jouissant de ses droits, et non déclaré indigent par le Conseil municipal.

Sont considérés comme jouissant de leurs droits les veuves et les femmes séparées de leurs maris ; les garçons et filles majeurs ou mineurs ayant des moyens suffisants d'existence, soit par leur fortune personnelle, soit par la profession qu'ils exercent, lors même qu'ils habitent avec leur père, mère, tuteur ou curateur.

2. — La taxe *personnelle* n'est due que dans la Commune où réside le contribuable. La taxe *mobilière* frappe sur *toute habitation* meublée, dans quelque Commune qu'elle soit située, même si cette habitation n'est pas celle du domicile.

3. — La contribution personnelle et mobilière étant établie pour l'*année entière*, lorsqu'un contribuable vient à décéder dans le courant de l'année, ses *héritiers sont tenus d'acquitter le montant de sa cote*. En cas de *déménagement* hors du ressort de la perception, comme en cas de *vente volontaire* ou *forcée*, la contribution personnelle et mobilière est exigible pour la *totalité de l'année courante*.

4. — Les *propriétaires* et *principaux locataires* répondent de la contribution due par les locataires déménagés, à moins qu'ils n'aient donné avis du déménagement au Percepteur, un mois d'avance, ou, si le déménagement a été *furtif*, qu'ils ne l'aient fait constater, dans les 3 jours, par le Maire, le Juge de paix ou le Commissaire de police. Ils sont, dans tous les cas, responsables de la contribution des personnes logées en garni.

5. — Dans les villes où il y a un *octroi*, la contribution personnelle et mobilière peut, sur la demande du Conseil municipal et en vertu d'un décret du Président de la République, être *convertie* en une somme à prélever sur le produit de l'octroi.

6. — Le *produit* de la contribution personnelle et mobilière qui n'était, en 1869, que de 52 millions 650 000 fr., s'est élevé, en 1880, à 116 464 521 fr. 96 cent. Il figure pour 71 136 000 fr. au projet de budget de l'exercice 1887.

7. — Pour ce qui concerne le mode de *recouvrement*, de *réclamation*, etc., voy. CONTRIBUTIONS, sect. I.

PERTE DE LA CHOSE. — Voy. OBLIGATIONS, IV, § 6.

PESTE BOVINE. — Maladie contagieuse propre à toutes les espèces de *ruminants*. — Voy. ÉPIZOOTIES.

PÉTITION. (DROIT DE) — Les citoyens peuvent adresser leurs réclamations à l'une ou à l'autre des deux Chambres.

Sur le rapport qui en est fait, l'Assemblée vote la *question préalable*, si la pétition est conçue en termes injurieux ou inconvenants; — l'*ordre du jour*, si elle ne paraît susceptible d'aucune suite ; — le *renvoi au Ministre compétent*, si elle semble fondée.

Les pétitions doivent être *légalisées*.

PÉTITOIRE. — (Cod. proc. civ. art. 25-27.)

C'est la poursuite intentée à l'effet de ressaisir la possession d'un bien qui est détenu par un tiers, en justifiant qu'on en a la propriété.

L'action *pétitoire* est opposée à l'action *possessoire*, qui oblige seulement celui qui l'intente à justifier qu'il est réellement en possession ou qu'il en a été privé par force et par violence. — Voy. ACTION POSSESSOIRE.

— Quand il y a contestation au possessoire et au pétitoire, on instruit et on juge d'abord le possessoire : après quoi, celui contre qui la *complainte* ou la *réintégrande* a été jugée peut poursuivre le pétitoire.

PHARMACIEN. — (Lois 21 germinal an XI (11 avril 1803, 29 décembre 1873, 18 mars 1880, 1er mai 1883; décr. 22 août 1854, 12 juillet 1878, 26 juillet 1885.) — Du grec *pharmacon*, remède.

1. — *Nul ne peut exercer* cette profession *sans un diplôme.*

2. — Il existe *deux diplômes* de pharmacien : celui de *première classe*, valable dans toute la France ; celui de *deuxième classe*, valable seulement dans le département pour lequel le candidat a été reçu.

L'un et l'autre diplôme ne peuvent être délivrés qu'après 25 *ans* révolus. Il a été institué, en outre, un *diplôme supérieur de pharmacien de première classe.*

Les études en vue des diplômes de pharmacien de première ou de deuxième classe durent 6 *ans*, savoir 3 années de *stage* dans une officine et 3 années de *scolarité.*

Nul ne peut se faire inscrire comme stagiaire, s'il n'a 16 *ans* accomplis, et s'il ne produit, pour le grade de pharmacien de *première classe*, le diplôme de bachelier ès lettres ou de bachelier ès sciences complet, ou de bachelier de l'enseignement secondaire spécial ; — pour le grade de pharmacien de *deuxième classe*, à défaut d'un diplôme de bachelier, soit le certificat d'études de l'enseignement secondaire spécial, soit le certificat d'examen de grammaire, complété par un examen portant sur les éléments de physique, de chimie et d'histoire naturelle, conformément au programme d'études de troisième année de l'enseignement secondaire spécial.

3. — Les *Officiers de santé* établis *dans les localités où il n'y a pas de pharmaciens ayant officine ouverte* peuvent fournir des médicaments simples ou composés aux personnes près desquelles ils sont appelés, mais sans avoir le droit de tenir une officine ouverte.

4. — Les pharmaciens ne peuvent livrer et débiter des préparations médicales ou drogues *composées* quelconques, que d'après la *prescription* des *Médecins*, *Chirurgiens*, *Officiers de santé* et *sur leur signature*. Ils doivent se conformer pour les préparations et compositions aux formules décrites dans le *Codex* (voy. ce mot).

5. — Chaque pharmacie est *visitée* au moins une fois par an.

6. — Sont *applicables* aux pharmaciens les dispositions concernant les médecins en ce qui touche le *privilège* de leurs créances, la *prescription* de leur action et l'*incapacité de profiter des dispositions entre vifs ou testamentaires* faites par la personne qu'ils ont soignée pendant la maladie dont elle meurt. — Voy. MÉDECIN, 3, 5 et 6.

7. — Voy. AVORTEMENT, 2; — REMÈDES SECRETS; — RÉVÉLATION DE SECRETS; — SUBSTANCES VÉNÉNEUSES.

PHYLLOXERA.—(du grec *phullon*, feuille, et *xèros*, sec), insecte dont la présence se révèle seulement par la ruine et la destruction de la vigne.

Depuis longtemps on s'est ému des progrès incessants de cet ennemi invisible; mais, malgré l'appât du prix de 300 000 francs offert par la loi du 22 juillet 1874 à celui qui trouverait un moyen efficace et pratique de sauver nos vignobles, ce moyen n'a pas encore été trouvé. En attendant, une loi du 15 juillet 1878 a édicté les mesures suivantes en vue de combattre le redoutable fléau qui menace la richesse du pays :

Art. 1er. — « Un décret du Président de la République peut *interdire l'entrée,* soit dans toute l'étendue, soit dans une partie du territoire français, des plants, sarments, feuilles et débris de vignes, des échalas ou tuteurs déjà employés, des composts ou des terreaux provenant d'un pays étranger, ainsi que le *transport* des mêmes objets hors des parties du territoire français envahies par le phylloxera. — En ce cas, le Ministre de l'agriculture peut autoriser exceptionnellement l'introduction des *plants étrangers* à destination d'une localité déterminée. »

Art. 2. — « Des arrêtés spéciaux du Ministre de l'agriculture, pris sur l'avis de la Commission supérieure du phylloxera, règlent les conditions sous lesquelles peuvent entrer et circuler en France les plants, sarments, feuilles et débris de vignes, échalas ou tuteurs déjà employés, composts ou terreaux provenant des pays étrangers ou des parties du territoire français déjà envahies par le phylloxera, auxquels ne s'appliquent pas les décrets d'interdiction. Le Ministre de l'agriculture fera établir des *cartes*, avec tableaux à l'appui indiquant par des teintes différentes les parties du territoire attaquées par le phylloxera et celles qui en sont préservées. Ces cartes seront tenues au courant, rectifiées chaque année, et plus souvent, si le Ministre le juge nécessaire. »

Art. 3. — « Dès que le Préfet d'un département a reçu avis, soit par le propriétaire d'une vigne, soit par le Maire d'une Commune, soit par la Commission départementale d'études et de surveillance, que le phylloxera a fait son apparition dans une localité, il charge un délégué de *visiter* la vigne signalée comme malade et, en cas de besoin, les vignes environnantes. Le délégué peut faire dans lesdites vignes les opérations nécessaires pour constater l'existence du phylloxera. — Un arrêté du Ministre de l'agriculture peut en même temps autoriser des investigations dans les vignobles des localités considérées comme indemnes où la présence du phylloxera est soupçonnée. »

Art. 4. — « Lorsque l'*existence du phylloxera a été constatée* dans les contrées indemnes dont le périmètre sera tracé, tous les ans, sur la carte de l'invasion phylloxérique... sur le rapport du Préfet, la Commission départementale permanente et les propriétaires entendus, ... un arrêté du Ministre de l'agriculture, pris sur l'avis conforme de la section permanente de la Commission supérieure du phylloxera, peut ordonner que la vigne et les vignes environnantes, dans un rayon fixé, et sous les conditions d'exécution déterminées par le même arrêté, seront soumises à l'un des *traitements* indiqués par la Commission supérieure. — En ce cas, les dépenses occasionnées par le traitement des vignes sont à la *charge de l'Etat.* »

Art. 5. — « Dans les parties du territoire français autres que celles qui sont désignées à l'article 4 de la présente loi, lorsqu'un département ou une Commune votera une subvention destinée à aider les propriétaires qui traitent leurs vignes suivant l'un des modes approuvés par la Commission supérieure du phylloxera, l'Etat donnera une *subvention égale* à celle du département ou de la Commune, qui se trouvera ainsi doublée. »

... Art. 11. — « Il sera alloué une *indemnité* pour la perte des récoltes détruites *par précaution.* — Aucune indemnité n'est due pour la destruction des récoltes sur lesquelles l'existence du phylloxera aura été constatée. — Les Juges de paix connaîtront *sans appel* jusqu'à la valeur de 100 francs, et, à *charge d'appel*, à quelque valeur que la demande puisse s'élever, des contestations relatives aux indemnités réclamées en vertu du présent article. »

Art. 12. — « Les *contraventions* aux articles 1, 2... de la présente loi ou aux décrets ou arrêtés pris pour son exécution seront punies d'une *amende* de 50 à 500 fr. »

Art. 13. — « Ceux qui auront introduit l'un des objets énoncés aux articles 1er..., sans déclaration ou à l'aide d'une fausse déclaration de provenance ou de route, ou de toute autre manœuvre frauduleuse, seront punis d'un *emprisonnement* de un mois à 15 mois et d'une *amende* de 50 à 500 francs. »

Art. 14. — « Les peines prévues aux deux articles précédents seront *doublées* en cas de *récidive*. — Il y a récidive lorsque, dans les 12 mois précédents, il a été rendu contre le contrevenant ou le délinquant un premier jugement en vertu de la présente loi. »

Art. 15. — « L'article 463 du Code pénal (*circonstances atténuantes*) est applicable aux condamnations prononcées en vertu de la présente loi. »

Art. 16. — « Un *règlement d'administration publique* déterminera les mesures nécessaires pour l'exécution de la loi, notamment des articles 4, 5 et 11. »

Ce règlement a paru le 26 décembre 1878.

PIEDS CORNIERS. — Gros arbres qui marquent les limites des coupes dans les bois et forêts.

Le Code pénal (art. 456) punit le *déplacement* ou la *suppression* des pieds corniers d'un *emprisonnement* d'un mois à un an et d'une *amende* égale au quart des restitutions et dommages-intérêts, sans que, dans aucun cas, elle puisse être au-dessous de 50 francs.

PIERRERIES. — 1. — Le mot *meuble* employé *seul*, sans autre addition ni désignation, est déclaré par l'article 535 du Code civil *ne pas comprendre* les pierreries. — Voy. BIENS.

2. — Quiconque *trompe* l'acheteur sur la *qualité* d'une pierre fausse vendue pour fine est passible d'un *emprisonnement* de 3 mois au moins, d'un an au plus, et d'une amende qui ne peut excéder le quart des restitutions et dommages-intérêts, ni être au-dessous de 50 fr. — L'objet du délit ou sa valeur, s'ils appartiennent encore au vendeur, sont *confisqués*. — Le Tribunal peut ordonner l'*affiche du jugement* dans les lieux qu'il détermine et son *insertion* intégrale ou par extrait dans tous les *journaux* qu'il désigne, le tout *aux frais* du condamné. (Cod. pén. art. 423.)

PIGEONS. — 1. — Les pigeons des *colombiers* sont considérés comme *immeubles par destination*: il en est différemment des pigeons de *volière*, qui sont regardés comme biens *meubles*. (Cod. civ. art. 524.) — Voy. BIENS.

2. — Les pigeons *qui passent dans un autre colombier* appartiennent au propriétaire de ce colombier, pourvu qu'ils n'y aient point été attirés par fraude et artifice. (Cod. civ. art. 564.)

3. — Les propriétaires ont le droit de *tuer* les pigeons sur leur terrain, *aux époques* où l'intérêt de l'agriculture exige qu'ils soient *enfermés*. (Décr. 4 août 1789, art. 2.)

PILOTE LAMANEUR. — Voy. LAMANEUR.

PLANTATIONS. — 1. — Toutes plantations sur un terrain sont *présumées faites par le propriétaire*, à ses frais, et lui appartenir, si le contraire n'est prouvé. (Cod. civ., art. 553.)

2. — Le *propriétaire du sol* qui a fait des plantations avec des arbres ou arbustes *qui ne lui appartenaient pas* doit en payer la valeur et, s'il y a lieu, des dommages-intérêts; mais le *propriétaire des arbres n'a pas le droit de les enlever*. (Cod. civ. art. 554.)

3. — Lorsque les plantations ont été faites *par un tiers* et avec ses arbres ou arbustes, le propriétaire du fonds a le droit ou de les retenir,

ou d'obliger ce tiers à les enlever. — Si le propriétaire du fonds demande la *suppression* des plantations, elle est aux frais de celui qui les a faites; il peut même être condamné à des dommages-intérêts, s'il y a lieu, pour le préjudice éprouvé par le propriétaire du fonds. — Si ce dernier préfère *conserver* les plantations, il doit en rembourser la valeur et le prix de la main-d'œuvre, sans avoir égard à la plus ou moins grande augmentation de valeur que le fonds a pu recevoir. Néanmoins si les plantations ont été faites par un *tiers* évincé, qui était de *bonne foi*, le propriétaire ne peut demander la suppression; il a seulement le *choix*, ou de rembourser la valeur des matériaux et le prix de la main-d'œuvre, ou de payer une somme égale à celle dont le fonds a augmenté de valeur. (Cod. civ. art. 555.)

4. — Il n'est permis d'avoir des arbres, arbrisseaux et arbustes près de la limite de la propriété voisine qu'à la distance prescrite par les règlements particuliers actuellement existants, ou par des usages constants et reconnus, et, à défaut de règlements et usages, qu'à la distance de *deux mètres* de la ligne séparative des deux héritages pour les plantations dont la hauteur dépasse 2 mètres, et à la distance d'un *demi-mètre* pour les autres plantations. — Les arbres, arbustes et arbrisseaux de toute espèce peuvent être plantés en *espaliers*, de chaque côté du mur séparatif, sans que l'on soit tenu d'observer aucune distance, mais ils ne pourront dépasser la crête du mur. — Si le mur n'est pas mitoyen, le propriétaire seul a le droit d'y apposer ses espaliers.

Le voisin peut exiger que les arbres, arbrisseaux et arbustes, plantés à une *distance moindre* que la distance légale, soient arrachés ou réduits à la hauteur déterminée dans l'article précédent, à moins qu'il n'y ait titre, destination du père de famille ou prescription trentenaire. — Si les arbres meurent, ou s'ils sont coupés ou arrachés, le voisin ne peut les remplacer qu'en observant les distances légales.

Celui sur la propriété duquel avancent les *branches* des arbres du voisin peut contraindre celui-ci à les couper. Les fruits tombés naturellement de ces branches lui appartiennent. — Si ce sont les *racines* qui avancent sur son héritage, il a le droit de les y couper lui-même. — Le droit de couper les racines ou de faire couper les branches est *imprescriptible*. (Art. 671, 672, 673 du Code civil modifiés par la loi du 20 août 1881.)

5. — *Dans le but d'encourager* les plantations des terrains *en culture* ou *en friche*, la loi du 3 frimaire an VII (23 novembre 1798) dispose :

1° Que la contribution foncière des terres en friche depuis 10 ans, qui sont plantées ou semées en bois, *ne peut être augmentée* pendant les 30 premières années du semis ou de la plantation; — 2° Que la cotisation des terres vaines ou vagues, ou en friche depuis 15 ans, qui sont plantées en vignes, mûriers ou autres arbres fruitiers, *ne peut être augmentée* pendant les 20 premières années de la plantation ; — 3° Que le revenu imposable des terrains déjà en valeur, qui sont plantés en vignes, mûriers et autres arbres fruitiers, ne peut être évalué pendant les 15 premières années de la plantation, qu'*au taux de celui des terres d'égale valeur non plantées*; — 4° Que le revenu imposable des terrains déjà en valeur, qui sont plantés ou semés en bois, n'est évalué, pendant les 30 premières années de la plantation ou du semis, qu'*au quart de celui des terres d'égale valeur non plantées.*

— Pour jouir de ces avantages, le propriétaire est tenu de faire à la Sous-Préfecture, *avant de commencer* la plantation ou le semis, une *déclaration* détaillée des terrains qu'il veut améliorer. Cette déclaration doit être remise en double, dont une sur papier timbré, et accompagnée d'un extrait du rôle des contributions et de la quittance des douzièmes échus

6. — Pour ce qui concerne les *plantations d'arbres* auxquelles sont assujettis les *propriétaires des routes nationales et départementales*, le long de ces routes (déc. 16 décembre 1811, tit. VIII; loi 12 mai 1825), voy. ARBRES, 8.

PLANTS. — Nom donné aux jeunes arbres des forêts ou des pépinières.

1. — Le Code forestier porte (art. 195) : « Quiconque *arrachera* des plants *dans les bois et forêts* sera puni d'une *amende* qui ne pourra être moindre de 10 fr., ni excéder 300 fr. ; et si le délit a été commis dans un *semis* ou *plantation exécuté de main d'homme*, il sera prononcé, en outre, un *emprisonnement* de 15 jours à 1 mois. »

2. — Le Code pénal punit le même délit commis *ailleurs que dans les bois et forêts :* « Quiconque aura dévasté des plants venus naturellement ou faits de main d'homme, sera puni d'un *emprisonnement* de 2 ans au moins, de 5 ans au plus. — Les coupables pourront, de plus, être mis sous la *surveillance de la haute police* pendant 5 ans au moins, 10 ans au plus. » (Art. 444.)

3. — Le même Code prononce (art. 479, nº 10) une *amende* de 11 à 15 fr. inclusivement contre ceux qui *mèneront des bestiaux* dans les plants ou pépinières d'autrui.

La peine d'*emprisonnement* pendant 5 jours est toujours applicable en cas de *récidive* (art. 482).

PLUMITIF. — Registre sur lequel le greffier d'un Tribunal prend ses notes et écrit le sommaire des jugements.

Après avoir été vérifiées et rectifiées par le Président, ces notes sont transcrites sur la feuille d'audience et forment ce qu'on appelle la *minute* du jugement.

POIDS ET MESURES. — (Déc. 1er août 1793 ; 18 germinal an III (7 avril 1795); loi 4 juillet 1837; ord. roy. 17 avril 1839, 16 juin 1839; loi 27 mars 1851 ; — Cod. pén. art. 423, 479, nº 6.) — Instruments servant à connaître la quotité des choses, eu égard à leur poids ou à leurs dimensions. Ils sont déterminés d'une manière uniforme pour toute la France, et leur ensemble est appelé *système métrique* parce qu'il a pour base le *mètre*, égal à la dix-millionième partie du quart du méridien terrestre, c'est-à-dire de la distance du pôle à l'équateur comptée sur le méridien de Paris. Toutes les autres unités qui servent à mesurer les surfaces, les solides, les liquides, l'unité de poids, l'unité monétaire elle-même, répondent aux fractions décimales du mètre ou à ses multiples.

Ce nouveau système de poids et mesures, reposant sur une base naturelle et invariable, ne renfermant rien d'arbitraire ni de particulier à la situation d'aucun peuple sur le globe, a été conçu en dehors de toute idée spéciale à la France et avec l'intention de le rendre ainsi acceptable par toutes les nations étrangères.

La France a conservé jusqu'à la Révolution les poids et mesures qu'avaient autrefois les différents États dont elle s'est successivement formée par conquête, mariage, cession, etc. Un pareil chaos entravait le commerce, favorisait la fraude et jetait une grande confusion dans toutes les relations de vente et d'échange. Il a fallu dix siècles de préparation, de tâtonnement pour arriver à l'uniformité des poids et mesures. Déjà en 825, au 4e Concile de Paris, on la demandait comme chose urgente; en 1322, Charles IV, dit *le Bel*, rendit une ordonnance dont le but était de préparer cette unité, rêvée aussi par Philippe V, dit *le Long*, son prédécesseur. Louis XI, à son tour, fit vainement un nouvel effort pour l'établir. L'uniformité des poids et mesures fut encore un vœu des États généraux de 1560. L'idée en fut reprise sous Louis XVI ; elle fut enfin décrétée par la Convention, le 18 germinal an III (7 avril 1795). On toléra, toutefois, la traduction, suivant l'ancien système, des mesures décimales : l'emploi exclusif de ces mesures n'a été rendu obligatoire que par la loi du 4 juillet 1837, à dater du 1er janvier 1840.

1. — Voici le tableau des seules mesures dont l'usage soit permis en France :

	UNITÉS de	SUBDIVISIONS	MULTIPLES
LONGUEUR..	**MÈTRE**	*Décimètre*, 10e du mètre *Centimètre*, 100e du mètre *Millimètre*, 1000e du mètre	*Décamètre*, 10 mètres. *Hectomètre*, 100 mètres. *Kilomètre*, 1 000 mètres. *Myriamètre*, 10 000 mètres.
SUPERFICIE.	**ARE**, 100 mètres carrés	*Centiare*, 100e de l'are ou mètre carré	*Hectare*, 100 ares ou 10 000 mètres carrés.
SOLIDITÉ...	**STÈRE**, mètre cube	*Décistère*, 10e du stère	*Décastère*, 10 stères.
CAPACITÉ ..	**LITRE**, décimètre cube	*Décilitre*, 10e du litre *Centilitre*, 100e du litre	*Décalitre*, 10 litres. *Hectolitre*, 100 litres. *Kilolitre*, 1000 litres.
PESANTEUR.	**GRAMME**, poids d'un centimètre cube d'eau distillée à 4 degrés centigrades	*Décigramme*, 10e du gramme *Centigramme*, 100e du gramme *Milligramme*, 1000e du gramme	*Décagramme*, 10 grammes. *Hectogramme*, 100 grammes. *Kilogramme*, 1000 grammes. (**)
VALEUR...	**FRANC** (5 grammes)	*Décime*, 10e du franc (10 grammes). *Centime*, 100e du franc (1 gramme).	

(**) Il y a, en outre, le *quintal métrique* représentant 100 kilogrammes, et le *tonneau de mer* ou la *tonne*, équivalant à 1000 kilogrammes.

2. — Ceux qui auraient dans leurs magasins, boutiques, ateliers ou maisons de commerce, ou dans les halles, foires ou marchés, des *poids et mesures autres* que les poids et mesures ci-dessus indiqués, seraient passibles d'une *amende* de 11 fr. à 15 fr. inclusivement et, selon les circonstances, d'un *emprisonnement* pendant 5 jours au plus. La peine d'*emprisonnement* pendant 5 jours serait de droit au cas de *récidive*.

3. — *Toutes dénominations de poids et mesures autres* que celles portées au tableau ci-dessus sont *interdites* dans les *actes publics*, ainsi que dans les *affiches* et les *annonces*. Elles sont également *interdites* dans les *actes sous seing privé*, les *registres de commerce* et *autres écritures produites en Justice*. — Les *Officiers publics* contrevenants seraient passibles d'une *amende* de 20 fr. — L'*amende* serait, pour les autres *contrevenants*, de 10 fr. à raison de chaque acte ou écriture sous signature privée.

4. — Quiconque a *trompé* ou *tenté de tromper* sur la quantité des choses vendues, soit par l'usage de *faux poids* ou de *fausses mesures*, ou d'*instruments inexacts* servant au pesage ou mesurage, soit par des *manœuvres* ou *procédés tendant à fausser* l'opération du pesage et du mesurage, ou à *augmenter frauduleusement* le poids ou le volume de la marchandise même avant cette opération, soit enfin par des *indications frauduleuses tendant à faire croire* à un *pesage* ou *mesurage antérieur et exact*, est puni de l'*emprisonnement* pendant 3 mois au moins, un an au plus, et d'une *amende* qui ne peut excéder le quart des restitutions et dommages-intérêts, ni être au-dessous de 50 fr. Les faux poids et les fausses mesures sont *confisqués* et *brisés*. Le Tribunal peut ordonner l'*affiche du jugement* dans tels lieux qu'il juge opportun, et son *insertion* intégrale ou par extrait dans les *journaux*, le tout aux frais du condamné. — En cas de *récidive dans les 5 ans* qui ont suivi une première condamnation pour le même délit, la peine peut être élevée jusqu'au *double du maximum ;* l'*amende* peut même *être portée jusqu'à* 1 000 fr., si la moitié des restitutions et dommages-intérêts n'excède pas cette somme.

5. — Sont punis d'une *amende* de 16 francs à 25 francs et d'un *emprisonnement* de 6 à 10 jours, ou de l'une de ces deux peines seulement, suivant les circonstances, ceux qui, *sans motifs légitimes*, ont dans leurs magasins, boutiques, ateliers ou maisons de commerce, ou dans les halles, foires ou marchés, soit des poids ou mesures faux, soit des appareils inexacts servant au pesage ou au mesurage. — Les objets délictueux sont *confisqués* et *détruits*. — En cas de *récidive* dans les 5 ans, la peine applicable peut être *élevée jusqu'au double du maximum*.

6. — La *forme* des poids et mesures, ainsi que les *substances* servant à leur fabrication, ont été *déterminées* par une ordonnance royale du 16 juin 1839. — *Avant d'être livrés au commerce*, les poids et mesures sont *vérifiés* et *poinçonnés* par un agent de l'Administration. Ils sont, de plus, l'objet d'une *vérification périodique*, et chacune des vérifications est constatée par l'apposition d'un *poinçon nouveau*. — Voy. VÉRIFICATEUR DES POIDS ET MESURES.

7. — En vertu d'une convention signée à Paris, le 20 mai 1875, entre la France, l'Allemagne, l'Autriche-Hongrie, la Belgique, la Confédération Argentine, le Danemark, l'Espagne, les États-Unis d'Amérique, l'Italie, la République du Pérou, le Portugal, la Russie, la Suède et la Norwège, la Suisse, la Turquie et la République de Vénézuela, il a été institué à Paris, à frais communs, un *Bureau international des poids et mesures*, scientifique et permanent.

Ce Bureau est *chargé :* — 1° De toutes les comparaisons et vérifications des nouveaux prototypes du mètre et du kilogramme ; — 2° De la conservation des prototypes internationaux ; — 3° Des comparaisons périodiques des étalons nationaux avec les prototypes internationaux et avec leurs témoins, ainsi que de celles des thermomètres étalons ; — 4° De la comparaison des nouveaux prototypes avec les étalons fondamentaux des poids et mesures non métriques employés dans les différents pays et dans les sciences ; — 5° De l'étalonnage et de la comparaison des règles géodésiques ; — 6° De la comparaison des étalons et échelles de précision dont la vérification serait demandée, soit par des gouvernements, soit par des sociétés savantes, soit même par des artistes et des savants.

POISONS. — Voy. SUBSTANCES VÉNÉNEUSES ; — EMPOISONNEMENT.

POISSONS. — 1. — Les poissons *des étangs* sont considérés comme *immeubles par destination ;* les poissons *de viviers* sont, au contraire, rangés dans la classe des biens *meubles.* (Cod. civ. art. 524.) — Voy. BIENS.

2. — Les poissons *qui passent dans un autre étang* appartiennent au propriétaire de cet étang, pourvu qu'ils n'y aient point été attirés par fraude et artifice. (Cod. civ. art. 564.)

3. — L'*empoisonnement* de poissons dans des étangs, viviers ou réservoirs, est puni d'un *emprisonnement* d'un an à 5 ans, et d'une *amende* de 16 fr. à 300 fr. Les coupables peuvent, en outre, être mis sous la *surveillance de la haute police* pendant 2 ans au moins et 5 ans au plus.

4. — Voy. PÊCHE.

POLICE. (PRÉFET DE) — Voy. PRÉFET DE POLICE.

POLICE. — (SURVEILLANCE DE LA HAUTE) — Voy. SURVEILLANCE DE LA HAUTE POLICE.

POLICE. (TRIBUNAL DE SIMPLE) — Voy. TRIBUNAL DE SIMPLE POLICE.

POLICE CORRECTIONNELLE. (TRIBUNAL DE) — Voy. TRIBUNAL DE PREMIÈRE INSTANCE, 2.

POLICE D'ASSURANCE. — Acte servant à constater le contrat d'assurance. — Voy. ASSURANCES.

POLICE DU ROULAGE. — (Loi 30 mai 1851 ; déc. 10 août 1852, 24 février 1858, 29 août 1863.) — Elle a pour objet d'assurer la conservation du sol des routes, de protéger la liberté de la circulation sur les voies publiques et de pourvoir à la sécurité des voyageurs.

1. — *En principe,* toute voiture peut circuler sur les routes nationales ou départementales et sur les chemins vicinaux de grande communication, *sans condition de réglementation de poids ou de largeur de jantes.*

Un règlement d'administration publique, du 10 août 1852, modifié et complété en quelques points par deux décrets du 24 février 1858 et du 29 août 1863, prévoit tous les cas où la sécurité publique pourrait être compromise, et contient un grand nombre de dispositions applicables, soit à toutes les voitures en général, soit spécialement aux voitures ne servant pas au transport des personnes ou aux voitures de messageries. Ces dispositions sont relatives à la *longueur* et à la *saillie des essieux* et *des moyeux ;* — à la *forme des bandes* et *des clous ;* — aux *conditions* à observer pour l'*emplacement* et les *dimensions de la plaque* qui doit être placée à l'extérieur de toute voiture ne servant pas au transport des personnes, et des voitures de messagerie ; — au *maximum* du *nombre des chevaux ;* — à la *circulation* pendant les *jours de dégel ;* — à la protection des *ponts suspendus ;* — au *stationnement ;* — à la *saillie des colliers des chevaux ;* — au mode d'*enrayage,* etc.

2. — Le Ministre des travaux publics détermine les départements dans lesquels il peut être établi, sur les routes nationales et départementales, des *barrières* pour restreindre la circulation pendant le *dégel.* Les Préfets, dans chaque département, déterminent les routes nationales et départementales, ainsi que

les chemins de grande communication, sur lesquels ces barrières peuvent être établies. *Sont seuls admis à circuler* pendant la fermeture des barrières de dégel : 1° les *courriers de la malle ;* — 2° les *voitures* de voyage *suspendues, étrangères à toute entreprise publique de messageries ;* — 3° les voitures *non chargées ;* — 4° les voitures chargées, montées sur *roues à jantes d'au moins* 11 *centimètres de largeur*, et dont l'*attelage n'excède pas le nombre de chevaux* fixés par le Préfet, à raison du climat, du mode de construction et de l'état des chaussées, de la nature du sol, du nombre des roues de la voiture et des autres circonstances locales.

Toute *voiture* prise en *contravention* est *arrêtée;* les *chevaux* sont mis *en fourrière*, sans préjudice d'une *amende* de 5 à 30 fr. et des frais de *réparation du chemin*.

3. — Sont spécialement *chargés de constater les contraventions et délits* prévus par les lois et règlements sur la police du roulage, les *Conducteurs, Agents-Voyers, Cantonniers, Chefs* et autres *Employés* du service des *ponts et chaussées* ou des *chemins vicinaux de grande communication*, commissionnés à cet effet; les *Gendarmes*, les *Gardes champêtres*, les *Employés des contributions indirectes, Agents forestiers* ou des *douanes*, et Employés des *poids et mesures* ayant droit de verbaliser, et les employés des *octrois* ayant le même droit. — Peuvent également faire ces constatations, les *Maires* et *Adjoints*, les *Commissaires* et *Agents assermentés* de police, les *Ingénieurs des ponts et chaussées*, les *Officiers* et *Sous-Officiers de gendarmerie*, et *toute personne commissionnée* par l'Autorité départementale pour la surveillance de l'entretien des voies de communication.

4. — Les *infractions* peuvent être déférées à 3 juridictions différentes : le Conseil de Préfecture, le Tribunal de police correctionnelle, le Tribunal de simple police.

Le *Conseil de Préfecture* ne connait que des infractions susceptibles de compromettre l'état matériel des voies de communication. — L'*instance* à raison des contraventions de la compétence de cette assemblée est *périmée* par 6 mois, à compter de la date du dernier acte des poursuites, et l'action publique est éteinte, à moins de fausses indications sur la plaque. — Les *amendes se prescrivent* par une année à compter de la date de l'arrêté du Conseil de préfecture, ou à compter de la décision du Conseil d'Etat, s'il a été formé un pourvoi. En cas de *fausses indications* sur la plaque, ou de *fausses déclarations* de nom ou de domicile, la prescription n'est acquise qu'après 5 années.

Quant aux infractions commises en ce qui touche les mesures d'ordre et les précautions prescrites pour la sécurité des voyageurs, elles sont jugées par le *Tribunal de police correctionnelle* ou le *Tribunal de simple police*, suivant la nature de la peine. — Le Tribunal de police n'est compétent que pour les contraventions qui entraînent une *amende* n'excédant pas 15 fr. et un *emprisonnement* de 5 jours au plus.

POLICE JUDICIAIRE. — (Cod. instr. crim. art. 8 et suiv.) — Elle a pour *objet* de rechercher les crimes, délits et contraventions, d'en rassembler les preuves et d'en livrer les auteurs aux Tribunaux chargés de les punir.

1. — La police judiciaire est *exercée*, sous la surveillance des Procureurs généraux, par les *Procureurs de la République* et leurs *Substituts*, les *Juges d'instruction*, les *Juges de paix*, les *Commissaires de police*, les *Maires* et leurs *Adjoints*, les *Officiers de gendarmerie*, les *Gardes champêtres* et les *Gardes forestiers*.

2. — Indépendamment des fonctionnaires et agents ci-dessus désignés, il en est encore d'autres qui remplissent les fonctions d'Officiers de police judiciaire dans certaines matières spéciales. Ce sont : 1° Les

Préposés des douanes, chargés de constater les contraventions aux lois concernant les importations et exportations et en matière de roulage ; — 2° Les Préposés des *Contributions indirectes*, chargés de rechercher les fraudes et contraventions en matière d'impôts indirects, et de constater les délits et contraventions aux lois sur la police du roulage et sur celle de la chasse; — 3° Les *Employés des octrois*, spécialement appelés à relever les fraudes aux droits d'octrois des Communes, et chargés également de la constatation des délits et contraventions aux lois sur la police du roulage et de la chasse; — 4° Les *Ingénieurs*, *Conducteurs*, *Piqueurs* et *Cantonniers chefs des Ponts et Chaussées*, chargés de constater les contraventions commises en matière de grande voirie et de police du roulage ; — 5° les *Agents-Voyers*, compétents pour constater les contraventions qui ont pour résultat la détérioration des chemins vicinaux ; — 6° les *Gardes du génie et des fortifications*, chargés de rechercher et de constater les délits commis sur les fortifications, arsenaux, casernes, et sur tout ce qui tient au domaine militaire dans les places de guerre et dans les garnisons de l'intérieur ; — 7° les *Préposés de l'Administration des Postes*, chargés de constater les infractions aux lois et règlements sur le transport des lettres et imprimés ; — 8° les *Vérificateurs des poids et mesures*, chargés de constater les infractions aux lois et règlements sur les poids et mesures; — 9° les *Employés des bureaux de garantie*, appelés à constater les contraventions aux lois sur le poinçonnage des matières et ouvrages d'or et d'argent ; — 10° les *Agents de la navigation*, chargés de constater les contraventions sur les cours d'eau navigables ; — 11° les *Gardes-pêche*, chargés de la recherche des contraventions en matière de pêche fluviale ; — 12° les *Gardes-rivières*, chargés d'assurer l'exécution des lois et règlements sur les eaux ; — 13° les *Gardes-canaux*, investis de pouvoirs analogues quant aux canaux ; — 14° les *Gardes-digues*, préposés à la Garde et conservation des digues établies sur le bord de la mer ou le long des fleuves, rivières et canaux ; — 15° les *Inspecteurs du travail des enfants dans les manufactures*, spécialement chargés de constater les contraventions à la loi du 19 mai 1874 ; — 16° les *Agents et arpenteurs forestiers*, chargés de la recherche des délits et contraventions dans les bois soumis au régime forestier, et de la constatation des délits et contraventions en matière de roulage, de chasse et de pêche ; — 17° les *Gardes-ventes*, spécialement chargés de constater les délits et contraventions dans les coupes des bois de l'État.

POLICE SANITAIRE DES ANIMAUX. — Voy. ÉPIZOOTIES.

POLICE SANITAIRE MARITIME. — Les règlements généraux et spéciaux de police sanitaire maritime ont été abrogés et remplacés par un règlement nouveau en date du 22 février 1876, inséré au *Journal officiel* du 5 mars suivant. Ce règlement, qui se compose de 130 articles, est divisé en 13 titres sous la rubrique ci-après : Tit. 1er. — *Des maladies qui sont l'objet principal de la police sanitaire*; — Tit. 2. — *De la reconnaissance et de l'arraisonnement des navires*; — Tit. 3. — *De la patente de santé*; — Tit. 4. — *Des mesures sanitaires au point de départ*; — Tit. 5. — *Des mesures sanitaires pendant la traversée*; — Tit. 6. — *Des mesures sanitaires à l'arrivée*; — Tit. 7. — *Des mesures de quarantaine*; — Tit. 8. — *Des mesures de désinfection*; — Tit. 9. *Lazarets*; — Tit. 10. — *Des droits sanitaires*; — Tit. 11. — *Des Autorités sanitaires*; — Tit. 12. — *Des attributions des Autorités sanitaires en matière de police judiciaire et d'état civil*; — Tit. 13. — *Dispositions générales*.

Suivent comme annexes : 1° Règlement contre le *choléra;* — 2° Règlement contre la *fièvre jaune;* — 3° Règlement contre la *peste;* — 4° Formule de la *patente de santé;* — 5° Modèle d'interrogatoire pour la *reconnaissance sanitaire;* — 6° Tableau des *circonscriptions sanitaires* sur le littoral des deux mers, indiquant le siège des directions de la santé, celui des agences principales et ordinaires, ainsi que la circonscription particulière de chaque direction et agence.

PONTS ET CHAUSSÉES. — On désigne sous ce nom l'ensemble des travaux d'utilité publique se rapportant aux voies de communication et exécutés par le corps des *Ingénieurs des Ponts et Chaussées*, sous l'autorité du Ministre des Travaux publics.

Les agents inférieurs de l'Administration des Ponts et Chaussées sont les *Conducteurs*, chargés d'aider les Ingénieurs dans leurs opérations et de surveiller tous les travaux; — les *Piqueurs*, ou chefs d'ouvriers; — les *Cantonniers*, ouvriers stationnaires sur les routes et assujettis à un travail habituel d'entretien; — les *Gardes-écluses;* — les *Gardes-digues;* — les *Gardes-marais;* — les *Gardes-ponts à bascule.*

1. — Il y a, à Paris, une *École des Ponts et Chaussées* dans laquelle se forment aux fonctions d'Ingénieur, des élèves qui, sortis de l'École Polytechnique, ont été reconnus aptes à entreprendre cette carrière.

2. — Auprès du Ministre des Travaux publics siège un *Conseil général des Ponts et Chaussées*, présidé par le Ministre.

3. — La France est divisée actuellement en 21 *Inspections générales des Ponts et Chaussées.*

PORT D'ARMES. — Voy. ARMES, 3.

PORT ILLÉGAL DE COSTUME, D'UNIFORME OU DE DÉCORATIONS. — Voy. COSTUME; — DÉCORATIONS; — UNIFORME.

PORTES ET FENÊTRES. — (Lois 4 frimaire an VII (24 novembre 1798); 21 avril 1832.)

La loi du 4 frimaire an VII (24 novembre 1798) a établi un impôt sur les portes et fenêtres donnant sur les rues, cours et jardins des maisons et bâtiments.

Cette taxe est un moyen d'atteindre, par des signes extérieurs, la fortune présumée des contribuables. Elle est *payable* par les propriétaires, sauf recours contre leurs locataires.

1. — Sont *affranchies de l'impôt :* 1° les portes et fenêtres servant à aérer les *granges*, *bergeries*, *caves*, et autres *locaux non destinés à l'habitation des hommes;* — 2° les portes et fenêtres des bâtiments affectés à un *service public*, civil ou militaire, ou aux *hospices;* — 3° les portes et fenêtres des *manufactures*, pour les parties qui ne servent pas à l'habitation personnelle des propriétaires, de leurs concierges ou de leurs commis.

Indépendamment de ces causes d'exemption permanentes, diverses lois ont consacré des *exemptions temporaires.* Ainsi un décret de l'Assemblée nationale, en date du 13 juillet 1848, a accordé l'exemption pendant 10 ans, à partir du 1er janvier 1849, pour les bâtiments dont la construction serait commencée avant cette époque et achevée au 1er juillet 1850, et pendant 15 ans pour les constructions destinées à des logements d'ouvriers. Ainsi encore, une loi du 13 avril 1850 (art. 8) prononce l'exemption de tout impôt, pendant 3 ans, pour les ouvertures pratiquées en vue de l'assainissement des *logements insalubres.* — (Voy. ces mots.)

2. — La contribution des portes et fenêtres est réglée par un *tarif* qui établit des droits gradués en raison de la nature, du nombre et de la position des ouvertures, combinés avec l'importance de la population.

3. — Le *produit* de cet impôt *évalué*, au budget de 1873, à la

somme de 38516238 fr., a été, en 1880, de 70182158 fr. 29 cent. Il figurait, pour 47130600 fr. au projet de budget de l'exercice 1887.

4. — Voy. CONTRIBUTIONS, sect. I, pour ce qui regarde le mode de *recouvrement*, de *réclamation*, etc.

PORTEUR. (BILLET AU) — Voy. BILLET AU PORTEUR.

PORTIER. — Domestique établi par le propriétaire pour la garde, la surveillance et la propreté de sa maison.

1. — En cas de *vacance* d'un appartement, le portier est tenu de *faire visiter* le local à louer à toute personne qui se présente à cet effet. L'usage de Paris accorde, pour ces visites, de 10 *heures du matin* à 4 *heures de l'après-midi*. Le portier accompagne ordinairement les visiteurs; mais le locataire qui aurait contre lui de *justes sujets de mécontentement* ne serait *pas obligé de subir sa présence*.

En traitant avec le portier d'une location *verbale*, l'habitude est de lui remettre une somme d'argent qui varie suivant l'importance de la location. Cela s'appelle le *denier à Dieu*, parce que, dans l'origine, il consistait en un denier qui devait, s'il n'était pas retiré, servir à un usage pieux, une aumône par exemple. Aujourd'hui, c'est une espèce de gratification que le portier conserve, et qui sert en même temps de *signe d'engagement*. Les parties, toutefois, ont la faculté de *se dédire jusqu'au lendemain*, le bailleur en le renvoyant, et le locataire en le reprenant. *Passé ce délai*, l'engagement est réputé *définitif*.

Le portier est tenu d'*ouvrir* à un locataire la porte d'entrée *à toute heure de nuit comme de jour*. *Il* doit *recevoir* les *lettres*, *journaux*, *paquets* adressés aux locataires, et même, dans la mesure de ses moyens pécuniaires, *faire l'avance du port de ces lettres ou paquets*. Mais il a le droit d'en exiger du locataire le *remboursement immédiat*. L'obligation de remettre régulièrement les lettres aux locataires comprend celle de les *monter au fur et à mesure des distributions*.

3. — Le portier, on le voit, est le serviteur non seulement du propriétaire, mais aussi des locataires dont il est, en fait, le salarié. S'il manque aux devoirs qui résultent de la nature même de ses attributions ou de l'usage, il peut y être contraint avec *dommages-intérêts*, et le propriétaire est *civilement responsable*. Les locataires qui auraient des motifs légitimes de plaintes contre le portier seraient fondés, sur le refus du propriétaire de le congédier, à demander judiciairement son *expulsion*.

POSSESSION. — C'est, aux termes de l'article 2228 du Code civil, « la détention ou la jouissance d'une chose ou d'un droit que nous tenons ou que nous exerçons par nous-mêmes, ou par un autre qui la tient ou qui l'exerce en notre nom. »

1. — La *possession* et la *propriété* ne doivent pas être confondues. L'une, la possession, est un *fait*; l'autre, la propriété, est un *droit*. Or, le *fait* et le *droit*, c'est-à-dire l'*exercice* du droit et le *droit*, peuvent se trouver séparés et en des mains différentes. La personne en laquelle le droit réside est le *propriétaire;* celle qui, sans avoir le droit, l'exerce, est le *possesseur*. On peut ainsi être *propriétaire* sans être *possesseur*, et réciproquement.

2. — Les effets légaux de la possession diffèrent suivant que le possesseur est de *bonne* ou *mauvaise foi*. Dans le premier cas, le possesseur « *fait les fruits siens*, » c'est-à-dire qu'il profite des produits de la chose, et qu'il n'est tenu, s'il vient à être évincé par le propriétaire, que de rendre la chose elle-même. Le temps requis pour la *prescription* est aussi beaucoup plus court. — Voy. PRESCRIPTION, II et IV. — La possession est dite *de bonne foi*, lorsque le possesseur détient la chose en vertu d'un titre légal (*vente*, *donation*, *legs*), et

dans l'ignorance qu'elle n'appartenait pas à celui de qui il l'a reçue.

POSSESSOIRE. — Voy. ACTION POSSESSOIRE.

POSTES. — Les Postes forment un grand service public, relevant du Ministère des Finances, et constituent un monopole pour l'Etat qui y trouve un revenu considérable : 139 643 300 francs en 1886.

— Au monopole qui lui est attribué pour le transport des lettres, journaux, feuilles à la main et ouvrages périodiques, paquets et papiers du poids d'un kilogramme et au-dessous, la Poste réunit *plusieurs autres services*, que nous allons faire successivement connaître, sans crainte d'entrer dans trop de détails sur un sujet d'une utilité pratique aussi grande.

I. TAXE ET AFFRANCHISSEMENT DES LETTRES. — Le *prix du port* des lettres ordinaires, nées et distribuables en *France* et en *Algérie*, est réglé comme il suit :

Lettres *affranchies*........	0 fr. 15 c. par 15 grammes.
— *non affranchies*....	0 fr. 30 c. —

(Loi 6 avril 1878, art. 1er.)

En cas d'*insuffisance d'affranchissement*, la taxe est calculée comme si la lettre n'avait pas été affranchie; mais il est fait déduction de la valeur des timbres-poste employés. (Loi 24 août 1871, art. 1.)

II. CARTES POSTALES. — La *taxe* des cartes postales nées et distribuables en France et en Algérie est fixée à 10 centimes.

Le *recto* de ces cartes ne doit contenir que l'adresse du destinataire; le *verso* est réservé aux mentions manuscrites ou imprimées, qu'il peut convenir à l'expéditeur d'y porter, sans restriction aucune.

Cartes postales avec réponse payée. — La taxe des cartes postales avec réponse payée, nées et distribuables en France et en Algérie, est fixée à 20 centimes.

Il est défendu de joindre ou attacher aux cartes postales des objets quelconques.

III. LETTRES ET OBJETS RECOMMANDÉS. — Le public est admis à recommander les lettres, les cartes postales, les échantillons, les papiers de commerce et d'affaires, les journaux, les imprimés et généralement tous les objets rentrant dans le monopole de la poste ou dont le transport peut lui être confié par les lois en vigueur.

Les lettres recommandées ne sont assujetties à aucun mode spécial de *fermeture*.

Les cartes postales, les échantillons, les papiers de commerce et d'affaires, les journaux et autres objets circulant à prix réduit, restent, en cas de recommandation, soumis aux conditions spéciales qui leur sont imposées.

Les lettres et objets recommandés sont *déposés* aux guichets des bureaux de poste. L'Administration en est *déchargée*, en ce qui concerne les lettres, par leur remise contre reçu au destinataire ou à son fondé de pouvoir; en ce qui concerne les autres objets, par leur remise contre reçu, soit au destinataire, soit à une personne attachée au service du destinataire ou demeurant avec lui.

L'Administration des Postes n'est tenue à *aucune indemnité* soit pour détérioration, soit pour spoliation des effets recommandés. La *perte*, sauf le cas de *force majeure*, donne seule droit, au profit du destinataire, à une *indemnité de 25 francs*.

Les objets recommandés payent, en sus de la taxe qui leur est applicable, un *droit fixe* de 25 centimes. Taxe et droit fixe sont acquittés par l'expéditeur.

La lettre recommandée est *substituée* au chargement sans déclaration de valeurs, et la faculté qui était donnée relativement à l'insertion des valeurs payables au porteur dans les lettres chargées sans déclaration de valeurs, s'applique aux lettres recommandées.

IV. Lettres contenant des valeurs déclarées. — L'expéditeur qui veut s'assurer en cas de *perte*, sauf le cas de force majeure, le *remboursement* des valeurs payables au porteur insérées dans une lettre, doit faire la *déclaration* du montant des valeurs que cette lettre contient.

La déclaration *ne doit pas excéder* 10 000 francs; elle est portée à l'angle gauche supérieur de la suscription de l'enveloppe et énonce *en toutes lettres* (francs et centimes) le montant des valeurs insérées. Elle doit être écrite *d'avance* par l'expéditeur lui-même sans *rature* ni *surcharge*, même approuvée, sous peine de refus.

L'expéditeur d'une valeur déclarée paye, indépendamment du *droit fixe* de 25 centimes et du port de la lettre selon le poids, un *droit proportionnel* de 10 centimes par chaque 100 francs ou fraction de 100 francs. Ces divers droits ou taxes sont représentés par des timbres-poste apposés sur les lettres.

— Les *bijoux* ou *objets précieux* sont assimilés aux lettres renfermant des valeurs déclarées, quant aux formalités relatives au dépôt, à la déclaration, à la remise au destinataire, à la responsabilité de l'Administration.

Ces objets acquittent un *droit fixe* de chargement de 25 centimes et une *taxe* de 1 p. 100 de leur valeur jusqu'à 100 francs, et de 50 centimes par chaque 100 francs ou fraction de 100 francs en plus, jusqu'à 10 000 francs, suivant la déclaration faite par l'expéditeur. Cette valeur *ne peut être inférieure* à 50 francs.

Ils sont déposés à la poste dans des *boîtes* closes d'avance, dont les parois doivent avoir une épaisseur d'au moins 8 millimètres, et dont les dimensions ne peuvent excéder 5 centimètres de hauteur, 8 centimètres de largeur et 10 centimètres de longueur.

En cas de *perte* ou de *détérioration* résultant de la fracture des boîtes ne réunissant pas ces conditions, la poste n'est tenue à *aucune indemnité*.

L'expéditeur d'une lettre ou d'un objet recommandé ou d'une lettre ou boîte contenant des valeurs déclarées, peut demander, au moment où il dépose l'un ou l'autre de ces objets, qu'il lui soit donné *avis de sa remise* au destinataire. A cet effet, il paye d'avance pour l'affranchissement de l'avis un *droit* de poste de 10 centimes.

V. Articles d'argent. — La poste se charge, moyennant un *droit* de 1 p. 100, du transport des sommes d'argent déposées à découvert dans ses bureaux. En échange, il est remis aux déposants des *mandats* payables dans tous les bureaux de France, de l'Algérie, de la Tunisie, dans les colonies françaises, et dans les bureaux français établis dans les villes du Levant et de la Chine, où la France entretient des bureaux de poste. Le *minimum des dépôts* est fixé à 50 centimes.

Le destinataire d'un mandat doit, pour en toucher le montant, présenter, outre la lettre d'envoi, une *pièce justificative d'identité*, telle que livret, quittance de loyer, patente, facture, lettre précédemment reçue, etc. A défaut de ces pièces, il doit justifier de son identité par un certificat en règle ou l'attestation de 2 témoins connus. Si le destinataire veut faire toucher par un *intermédiaire*, après avoir revêtu le mandat d'un acquit préalable, il doit faire attester la sincérité de l'acquit par l'apposition d'un timbre de mairie, de justice de paix ou de toute autre autorité civile ou judiciaire. L'empreinte d'une griffe de commerce relatant le nom du destinataire servira également à valider l'acquit préalablement apposé. Enfin, à défaut de timbre ou de griffe professionnelle, le destinataire pourra faire toucher le mandat par une tierce personne, à la condition que cette personne représentera au préposé des Postes une pièce authentique, telle que passeport, permis de chasse ou autre acte public quelconque, attestant l'identité du destinataire.

Des mandats, appelés *mandats-cartes,* sont mis à la disposition du public. Ils sont soumis aux mêmes règles que les mandats ordinaires, en ce qui concerne les délais de validité et de prescription, mais ils sont transmis par le bureau d'origine au bureau de destination qui invite le bénéficiaire à se présenter pour en toucher le montant.

L'expéditeur d'un mandat sur la poste peut demander, au moment du dépôt des fonds, qu'il lui soit donné *avis du payement* de ce mandat, moyennant un *droit* de 10 centimes.

VI. Bons de poste. — Des mandats d'articles d'argent de sommes fixes désignées sous le nom de *Bons de poste* et payables dans les bureaux de France, de Corse, d'Algérie et de Tunisie, sont mis à la disposition du public.

Il existe 5 catégories de bons, de la valeur de 1 fr., 2 fr., 5 fr., 10 fr. et 20 francs. — Le *droit* à percevoir sur chaque bon est de 5 centimes pour les bons de 1, 2 et 5 fr.; de 10 centimes pour les bons de 10 francs, et de 20 centimes pour les bons de 20 francs.

Tout bon de poste présenté au payement doit porter, inscrits dans les espaces réservés à cet effet, le *nom* et l'*adresse* de la personne entre les mains de laquelle le payement doit avoir lieu. L'insertion d'un bon qui ne porterait pas cette inscription, dans une lettre non recommandée, est punie d'une *amende* de 50 à 500 francs.

Les bons de poste doivent être présentés au payement dans un *délai de* 3 *mois*, à partir du jour de l'émission. Tout bon dont le montant n'a pas été touché dans ce délai, est soumis à la formalité du renouvellement et assujetti à une *nouvelle taxe* égale à autant de fois la taxe primitive qu'il s'est écoulé de trimestres ou de fractions de trimestres depuis la date de l'expiration du premier délai de 3 mois pendant lequel le bon était payable.

Le délai de *prescription* est de *un an*, à partir du jour du versement des fonds.

VII. Mandats internationaux. — Des envois de fonds peuvent être faits, au moyen de mandats de poste, à destination des pays dénommés au tableau suivant et moyennant les conditions indiquées en regard :

PAYS DE DESTINATION	Maximum. fr. c.	DROIT D'ÉMISSION à payer PAR L'EXPÉDITEUR.
Allemagne (y compris Héligoland)........ Autriche-Hongrie, Belgique..... Danemark (y compris l'Islande et les Iles Féroë), Italie, Luxembourg, Norvège, Roumanie, Suède et Suisse..........	500	25 centimes par 25 francs ou fractions de 25 francs.
Egypte	513	〃
Pays-Bas, Portugal, Antilles danoises..................	504	〃
Colonies françaises............	500	1 °/o avec minimum de 25 centimes.

PAYS DE DESTINATION	Maximum.	DROIT D'ÉMISSION à payer PAR L'EXPÉDITEUR.
Etats-Unis	262 50	15 centimes par 10 francs.
Grande-Bretagne	252	10 centimes par 10 francs ou fractions de 10 francs.
Inde britannique	500	10 centimes par 10 francs ou fractions de 10 francs.
Indes orientales néerlandaises	315	20 centimes par 10 francs ou fractions de 10 francs.

VIII. Mandats télégraphiques. — Le public est admis à employer la *voie télégraphique* pour faire payer à destination, *jusqu'à concurrence de* 4 000 *francs*, les sommes déposées dans les bureaux de poste et de télégraphe. Les déposants fournissent sur un bulletin spécial les renseignements nécessaires à la rédaction du mandat télégraphique.

Les *taxes* à percevoir sur les mandats télégraphiques se composent :

1° D'un *droit fixe* de 1 p. 100 sur le montant du mandat ;

2° De la *taxe ordinaire télégraphique;*

3° D'un *droit de* 50 *centimes* pour l'avis à remettre au destinataire ;

4° Des *frais accessoires* de la taxe télégraphique pour la remise à domicile.

Le *payement* des mandats télégraphiques doit être *réclamé dans les* 5 *jours* qui suivent le jour de leur arrivée au bureau de poste de destination. *Passé ce délai*, les mandats sont envoyés à l'Administration centrale à Paris pour être remboursés à l'envoyeur. Toutefois, lorsque le destinataire demande le payement dans un autre bureau que le bureau indiqué primitivement, le mandat peut être transmis à l'Administration centrale, sans attendre l'expiration du délai de 5 jours.

Si le destinataire du mandat, porteur de la lettre d'avis émanée du bureau télégraphique, est domicilié dans la commune ou dans l'arrondissement postal du bureau, l'*identité* sera établie par la production de lettres précédemment reçues au domicile indiqué, ou par toute autre pièce présentant de suffisantes garanties. Si, au contraire, le destinataire est étranger à la localité, il devra présenter, outre la lettre d'avis, une pièce indicative d'identité, telle que livret, quittance de loyer, patente, passeport, etc. A défaut de ces pièces, il devra justifier de son identité soit par un certificat en règle, soit par l'attestation de 2 témoins connus du receveur des postes. Les mandats de l'espèce ne peuvent être payés à un tiers que lorsque ce tiers est muni d'un pouvoir régulier.

Le montant des mandats d'articles d'argent *non réclamés* par les ayants droit, dans un *délai de* 3 *années* à partir du jour du versement des fonds, est définitivement acquis à l'Etat.

Il en est de même, après le même délai : 1° des espèces monnayées, métaux précieux, bijoux, billets de banque et autres valeurs au porteur, trouvés après ouverture, dans les lettres et paquets ordinaires ou chargés tombés au rebut ; 2° des valeurs et objets précieux recueillis dans les boîtes ou aux guichets des bureaux de poste, dont les propriétaires n'ont pu être trouvés ou ne se sont pas fait connaître.

IX. Recouvrement des effets de commerce, etc. — Le service des postes est autorisé à effectuer le recouvrement des effets de commerce, quittances, factures, etc., moyennant un *droit de recommandation* de 25 centimes pour la transmission des valeurs, et un *prélèvement* de 10 centimes par 20 francs ou fraction de 20 francs sur le montant de chaque valeur recouvrée. Ce prélèvement ne peut dépasser le *maximum de 50 centimes* par valeur. Les sommes recouvrées sont converties en *mandats de poste* pour lesquels le *droit* est perçu sur les bases suivantes :

1 p. 100 pour tout recouvrement ne dépassant pas 50 francs;

1/2 p. 100 pour toute fraction excédant la somme de 50 francs.

Les valeurs à recouvrer en *France*, ou en *Algérie*, ou en *Tunisie*, sont reçues dans tous les bureaux de France, d'Algérie et du Levant.

Le *maximum* du montant de chaque valeur à recouvrer en *France*, en *Algérie* ou en *Tunisie* est de 2000 francs. Lorsque ces valeurs sont déposées dans un bureau français du *Levant*, l'ensemble de l'envoi ne doit pas dépasser 1000 fr.

Les valeurs à recouvrer *ne doivent pas dépasser* 300 francs par envoi pour les *Pays-Bas*, 1000 fr. pour la *Suisse*, 500 francs pour l'*Allemagne*, le grand-duché de *Luxembourg*, la *Suède*, 2000 fr. pour la *Belgique*, et 1000 francs pour la *Roumanie* et le *Portugal*.

Les effets à échéance fixe, à destination de la *France*, doivent être *déposés* 5 jours avant l'échéance; ceux pour l'*Algérie* et la *Tunisie*, 15 jours avant l'échéance.

Tout titre *impayé* à présentation est *conservé*, pendant 24 heures en France, 48 heures en Algérie et 3 jours en Tunisie, à la disposition du débiteur qui en est informé par un avis spécial : passé ce délai, il est *renvoyé* au déposant. Il n'est pas admis de *payement partiel*.

Après recouvrement, les sommes revenant au déposant lui sont transmises en un *mandat;* à cet envoi sont jointes, s'il y a lieu, les valeurs qui n'ont pu être recouvrées.

L'Etat est *responsable* du montant des sommes recouvrées. La *perte* d'une valeur à recouvrer ou d'une lettre recommandée transmettant des effets à recouvrer donne droit à une *indemnité* de 50 francs.

Protêts. — Provisoirement, l'Administration *ne se charge pas de faire effectuer les protêts* en dehors de la France continentale, de certaines îles du littoral et de la Corse. Le déposant qui désire qu'un effet à destination de la France continentale, de certaines îles du littoral et de la Corse soit *protesté* en *cas de non payement*, doit le demander par une *déclaration* jointe à l'envoi ; il peut désigner dans cette déclaration une *tierce personne*, officier ministériel ou non, à qui la valeur sera remise en cas de non-payement.

Le déposant peut consigner au bureau expéditeur le coût probable des actes à dresser. Il est mis à la disposition du public, dans tous les bureaux de poste, une liste des localités dans lesquelles il existe des officiers ministériels s'étant engagés à instrumenter sans consignation préalable.

En cas de *non-payement*, les effets à protester sont remis à la personne désignée par l'expéditeur ou à un officier ministériel, chargé d'effectuer les protêts à bonne date. Mais, si les frais de protêt n'ont pas été consignés et si aucun officier ministériel ne consent à effectuer les protêts sans consignation préalable, ces effets sont retournés à l'expéditeur. En cas de protêt sans consignation préalable ou avec consignation insuffisante, les actes de protêt et les effets protestés sont renvoyés à l'expéditeur, auquel ils ne sont remis que contre *payement des frais*.

X. **Abonnements aux journaux, revues et recueils périodiques.** — Tous les établissements de poste et les agents embarqués à bord des paquebots, peuvent recevoir, moyennant un *droit* de 1 p. 0/0, plus un *droit fixe* de 10 centimes par abonnement, les abonnements aux journaux, revues et recueils périodiques publiés en *France*.

On peut s'abonner aussi, moyennant un *droit* de 3 p. 0/0 avec *minimum* de 25 ou de 50 centimes, aux journaux et recueils périodiques publiés en *Suisse*, en *Belgique*, en *Danemark*, en *Italie*, en *Suède*, en *Norvège*, aux *Pays-Bas* et en *Portugal*.

XI. Colis postaux. — Le public est admis à expédier, aux conditions ci-après, de toutes les gares de chemins de fer de l'Etat, de l'Est, du Midi, du Nord, d'Orléans, de l'Ouest, de Paris-Lyon-Méditerranée (France et Algérie), de diverses lignes secondaires, de l'Est algérien, de l'Ouest algérien, de Bône-Guelma et prolongements, de la Compagnie franco-algérienne, ainsi que des Agences au port d'embarquement, des Compagnies maritimes subventionnées, des *colis-postaux* circulant en France (Corse, Algérie et Tunisie comprises) et entre la France et les colonies françaises desservies par les paquebots-poste français, les bureaux de poste français en Turquie, l'Allemagne, l'Autriche-Hongrie, la Belgique, la Bulgarie, le Danemark, les Antilles danoises, l'Egypte, l'Italie, le Luxembourg, le Monténégro, la Norvège, les Pays-Bas, le Portugal, la Roumanie, la Serbie, la Suède, la Suisse et la Turquie.

Le service des colis postaux est exécuté par les Compagnies agissant au nom et sous le contrôle du département des postes et des télégraphes.

Le *poids* des colis postaux *ne peut dépasser* 3 kilogrammes, leur *volume* 20 décimètres cubes et leur *dimension* sur une face quelconque 60 centimètres. Toutefois, *aucune condition* de volume et de dimension n'est exigée pour les colis circulant à l'intérieur de la *France continentale*, ainsi que pour ceux échangés : 1° par les ports de la *Corse* entre eux ou avec la France; 2° entre ces mêmes ports et la *France*, d'une part, la *Belgique*, le *Luxembourg* et la *Suisse*, d'autre part.

Le dépôt est *effectué* dans les gares et dans les bureaux de ville désignés par les Compagnies.

L'affranchissement obligatoire *au départ* est fixé (droit de timbre de 10 centimes compris) à 60 ou 85 centimes, suivant que le colis est livrable *en gare* ou *à domicile*, pour la France. — Pour les tarifs applicables aux colis postaux à destination de la Corse, de l'Algérie, de la Tunisie, des colonies françaises, des bureaux français en Turquie et des pays étrangers, le public trouve les renseignements nécessaires dans les bureaux de poste, dans les gares et bureaux de chemins de fer, dans les agences aux ports d'embarquement des Compagnies maritimes subventionnées.

Un *récépissé* est délivré gratuitement à l'expéditeur.

Chaque colis postal doit être accompagné d'un *bulletin d'expédition* qui est rempli, daté et signé par l'expéditeur.

Les colis postaux *de* ou *pour l'étranger* doivent être accompagnés, indépendamment du bulletin d'expédition, d'une *déclaration en douane* établie en autant d'expéditions que le comportent la législation et le nombre des pays participant au transport. Ils sont remis contre reçu aux destinataires ou à leurs représentants en gare ou à domicile. Une *lettre d'avis* est adressée aux destinataires résidant dans les localités non desservies par factage ou correspondance, ou aux destinataires des colis livrables en gare.

A l'intérieur de la France continentale, les colis postaux peuvent être expédiés *contre remboursement*. Le *maximum* des remboursements est fixé à 100 francs. La *taxe* à payer pour le retour des sommes encaissées est celle applicable aux colis postaux ordinaires.

Le destinataire de tout colis postal de provenance étrangère doit payer :

1° Le *droit de timbre* de 10 centimes ; — 2° Le *port de la lettre* d'avis, s'il y a lieu ; — 3° Le *factage* de 25 centimes, si le colis est livrable *à domicile;* — 4° Eventuellement, les droits de *douane*, d'*octroi* et autres *frais accessoires*, s'il y a lieu.

XII. Timbres-poste. — de leur valeur. — de leur emploi. — Les timbres-poste sont de 15 *valeurs différentes :* 1 centime, 2 centimes, 3 centimes, 4 centimes, 5 centimes, 10 centimes, 15 centimes, 20 centimes, 25 centimes, 30 centimes, 35 centimes, 40 centimes, 75 centimes, 1 franc et 5 francs. Ils sont vendus dans tous les bureaux de poste, dans les débits de tabac, par les facteurs et les boitiers des postes.

Les particuliers doivent coller eux-mêmes les timbres-poste sur les objets à affranchir.

Les *lettres* affranchies ordinaires, chargées ou recommandées, à destination de l'intérieur, doivent toujours être *affranchies en timbres-poste*, soit d'avance, soit au guichet.

Les *journaux*, *imprimés*, etc. *s'affranchissent en timbres-poste* ou *en numéraire*, à la volonté de l'expéditeur, et suivant les convenances du service, si cette volonté n'est pas formulée.

XIII. Enveloppes timbrées. — bandes timbrées. — Il est mis en vente dans tous les bureaux de poste des *enveloppes timbrées* à 5 et à 15 centimes et des *bandes timbrées* à 1, 2 et 3 centimes.

Les enveloppes à 5 centimes sont de petit format, et sont *vendues* 1/2 centime ; il y a 3 *formats différents* d'enveloppes à 15 centimes ; le *prix* de ces enveloppes est de 1 centime uniformément. Le *prix* des bandes timbrées est de 1 centime par 3 bandes.

Les enveloppes timbrées mises, avant d'avoir été jetées à la boite, *hors d'usage* pour un motif quelconque, sont *échangées* contre des timbres-poste.

Le public est admis à présenter au timbrage *ses propres enveloppes et bandes ;* il est *perçu* 2 francs par 1 000 enveloppes et 1 fr. 20 c. par 1 000 bandes.

XIV. Chiffres-taxes. — Les objets de correspondance de toute nature *non affranchis* ou *insuffisamment affranchis* sont revêtus, par les agents de l'Administration, de *chiffres-taxes* indiquant le prix à percevoir au moment où ils sont remis aux destinataires.

XV. Imprimés, échantillons, épreuves d'imprimerie corrigées, papiers de commerce ou d'affaires. — Leur *taxe* est réglée à prix réduits, moyennant *affranchissement préalable*. Le *poids* des imprimés, épreuves d'imprimerie et papiers d'affaires ne doit pas dépasser 3 kilogrammes, celui des échantillons 350 grammes. La *dimension* des imprimés, épreuves d'imprimerie corrigées, papiers d'affaires et échantillons d'étoffes sur carte ne doit pas excéder 45 centimètres, celle des autres échantillons, 30 centimètres.

Les *imprimés* sont expédiés sous bandes mobiles couvrant au plus le *tiers* de la surface du paquet ; les *journaux* peuvent aussi être expédiés sous un simple tour ou croisé de ficelle, à la condition de porter l'adresse du destinataire écrite d'une manière très apparente sur la bordure extérieure du journal. Les imprimés sont divisés en deux classes :

1° *Journaux ou ouvrages périodiques traitant ou non de matières politiques ou d'économie sociale et paraissant au moins une fois par trimestre.*

INDICATION DU POIDS.	PRIX PAR EXEMPLAIRE		
	Expédié hors du département où est le lieu de publication ou des départements limitrophes.	Publié dans les départements de la Seine ou de Seine-et-Oise et expédié dans le département où il est publié.	Publié dans les départements autres que ceux de la Seine et de Seine-et-Oise et expédié soit dans le département où il est publié, soit dans les départements limitrophes.
Jusqu'à 25 grammes.......	2 centimes.	1 centime.	1 centime.
De 25 à 50 grammes.......	3 —	1 1/2 —	1 —
De 50 à 75 —	4 —	2 —	1 1/2 —
De 75 à 100 —	5 —	2 1/2 —	2 —
Et ainsi de suite, en ajoutant par 25 grammes ou fractions de 25 grammes excédant....................	1 —	1 1/2 —	1/2 —

L'envoi d'un seul exemplaire donne toujours lieu à la perception d'un *centime entier* chaque fois qu'il est dû un demi-centime.

Si des journaux sont envoyés en nombre par un même expéditeur, les fractions de centime, s'il y a lieu, sont annulées de manière à ne percevoir le centime entier, au lieu d'un demi-centime, que sur le prix total d'affranchissement de tous les exemplaires.

Sont *exemptés des droits de poste* les suppléments des journaux, lorsque la *moitié* au moins de leur superficie est consacrée à la reproduction des débats des Chambres, des exposés des motifs des projets de loi, des rapports des Commissions, des actes et documents officiels, et des cours, officiels ou non, des halles, bourses et marchés.

Pour jouir de l'exemption, les suppléments doivent être publiés sur feuilles détachées du journal ; ils ne peuvent dépasser en dimension et en étendue la partie du journal soumise à la taxe.

Les volumes brochés ou reliés composés d'exemplaires d'un journal embrassant une période de publication d'un mois au moins pour les écrits quotidiens, et de 3 mois au moins pour les autres écrits, sont considérés comme rentrant dans la catégorie des ouvrages ordinaires de librairie et taxés au même tarif qu'eux.

2° *Circulaires, prospectus, catalogues, avis divers et prix-courants, livres, gravures, lithographies en feuilles, brochés ou reliés, avis imprimés ou lithographiés de naissance, mariage ou décès, cartes de visite, circulaires électorales ou bulletins de vote* et, en général, tous imprimés expédiés sous bandes, autres que les journaux et ouvrages périodiques, *taxe :* 1 centime jusqu'au poids de 5 grammes pour toute la France ; 2 centimes de 5 à 10 grammes ; 3 centimes de 10 à 15 grammes ; 4 centimes de 15 à 20 grammes ; 5 centimes de 20 à 50 grammes. Au-dessus de 50 grammes, il y a une augmentation de 5 centimes pour chaque 50 grammes ou fraction de 50 grammes excédant.

Ce même tarif est applicable aux circulaires obtenues par la polygraphie, l'héliographie ou procédés analogues.

Les *avis de naissance, mariage* et *décès*, les *prospectus, catalogues, circulaires, prix-courants* et *avis divers* sont reçus sous *forme de lettres*, disposés de manière à pouvoir être facilement vérifiés, ou sous enveloppes ouvertes d'un côté : *taxe* 5 centimes jusqu'à 50 grammes inclusivement, 10 centimes jusqu'à 100 grammes, et ainsi de suite, en ajoutant 5 centimes par 50 grammes ou fraction de 50 grammes.

Les avis imprimés sur cartes, expédiés à découvert avec adresse au verso de la carte, sont passibles également de la *taxe* de 5 centimes jusqu'à 50 grammes.

Le port des *épreuves d'imprimerie* corrigées, des papiers de commerce ou d'affaires et des échantillons est de 5 centimes jusqu'à 50 grammes ; à partir de 50 grammes, il est augmenté de 5 centimes par 50 grammes ou fraction de 50 grammes.

Les épreuves d'imprimerie corrigées, les papiers de commerce ou d'affaires doivent être placés soit sous bandes mobiles, soit dans des enveloppes non fermées. — Les *échantillons* peuvent être expédiés dans les mêmes conditions ou bien encore dans des boîtes ou sacs faciles à ouvrir.

XVI. NON-AFFRANCHISSEMENT OU INSUFFISANCE D'AFFRANCHISSEMENT DES IMPRIMÉS, ÉCHANTILLONS, ÉPREUVES D'IMPRIMERIE, PAPIERS DE COMMERCE OU D'AFFAIRES. — *Lorsqu'ils n'ont pas été affranchis*, les imprimés, échantillons, épreuves d'imprimerie, papiers de commerce ou d'affaires sont *taxés comme lettres non affranchies ;* s'ils ont été affranchis d'une manière insuffisante, ils sont frappés d'une taxe égale au *triple* de l'insuffisance. Le port en est acquitté, *à défaut du destinataire*, par l'expéditeur, contre lequel des poursuites sont exercées en cas de refus de payement.

XVII. TARIFS POUR L'ÉTRANGER ET LES COLONIES FRANÇAISES.

1° *Pays compris dans l'Union postale universelle*. — Les correspondances à destination des pays compris dans l'*Union postale universelle* sont passibles des *taxes* d'affranchissement indiquées ci-après :

DESTINATION	NATURE DES CORRESPONDANCES					
	Lettres ordinaires.	Cartes postales simples.	Cartes postales avec réponse payée.	Papiers d'affaires.	Échantillons.	Journaux et autres imprimés.
Europe entière. Égypte — Maroc. Russie d'Asie et Turquie d'Asie (y compris l'Hedjaz et l'Yémen ou Arabie), Perse, Chine, Japon. Colonies françaises. États-Unis de l'Amérique du Nord. — Canada, Terre-Neuve, Îles Sandwich.	25 cent. par 15 gr.	10 cent.	20 cent. (1)	25 cent. jusqu'à 250 gr., et au delà de 250 gr., 5 cent. par 50 gr.	10 cent. jusqu'à 100 gr., et au delà de 100 gr., 5 cent. par 50 gr.	5 cent. par 50 gr.

(1) Seulement avec l'Allemagne, l'Autriche-Hongrie, la Belgique, la Bulgarie, le Danemark, les Antilles danoises, le Groënland, l'Espagne, la Grèce, la Grande Bretagne, Gibraltar et Malte, l'Italie, le Luxembourg, la Norvège, les Pays-Bas, le Portugal

DESTINATION	NATURE DES CORRESPONDANCES					
	Lettres ordinaires.	Cartes postales simples.	Cartes postales avec réponse payée.	Papiers d'affaires.	Échantillons.	Journaux et autres imprimés.
Brésil, République Argentine, Paraguay, Uruguay, Chili, Pérou, Equateur, Vénézuéla, Colombie, Guatemala, Mexique, Nicaragua, Honduras, Saint-Domingue, Haïti, Salvador, Costa-Rica. Colonies danoises, espagnoles, néerlandaises, portugaises en totalité. Inde britannique et bureaux indiens en Asie, à Aden et à Zanzibar, Colonies anglaises en Asie, en Afrique (moins le Cap, Natal, Ascension, Sainte-Hélène), en Amérique et aux Antilles. Libéria.	25 cent. par 15 gr.	10 cent.	20 cent.	25 cent. jusqu'à 250 gr., et au delà de 250 gr., 5 cent. par 50 gr.	10 cent. jusqu'à 100 gr., et au delà de 100 gr., 5 cent. par 50 gr.	5 cent. par 50 gr.

2° *Principaux pays non compris dans l'Union postale universelle.* — Australie, Nouvelle-Zélande, Tasmanie, Cap de Bonne-Espérance, Natal, Ascension, Ste-Hélène, Bolivie, Régences de Tunis et de Tripoli (1).

Les *taxes varient* suivant les voies employées pour l'expédition; tous les renseignements utiles à ce sujet sont fournis au public dans les bureaux de poste.

Les correspondances de toute nature peuvent être expédiées sans *recommandation*, moyennant payement d'un *droit fixe* de 25 centimes *en sus* de la taxe applicable à un objet affranchi de même nature. Le *port des avis de réception* des objets recommandés est uniformément de 10 centimes.

Le *poids maximum* des paquets de papiers d'affaires et d'imprimés est fixé à 2 kilogrammes. Les paquets d'échantillons ne peuvent avoir *aucune valeur marchande* et ne doivent pas dépasser le *poids* de 250 grammes et les *dimensions* suivantes : longueur 20 centimètres; largeur 10 centimètres; hauteur 5 centimètres.

Par exception, les paquets d'échantillons peuvent atteindre : Pour l'Angleterre, la Grèce, la Belgique,

(y compris Madère et les Açores), la Roumanie, la Serbie, la Suède, la Suisse, la Turquie, la Perse, la République Argentine, les colonies néerlandaises, le Pérou, le Nicaragua, Cuba et Porto Rico, les colonies portugaises, l'Équateur, le Honduras, le Salvador, Guatemala, la République de Libéria, l'Uruguay, le Paraguay, le Brésil, la République Dominicaine, Haïti, les Etats-Unis de Colombie, le Chili, Costa-Rica, Hawaï, les colonies anglaises du Canada, la Barbade, Bahamas, Jamaïque, Sainte-Lucie, Tabago, la Guyane, Lagos, Gambie, Inde britannique, le Japon.

(1) Le tarif intérieur français est applicable aux correspondances pour la Tunisie et Tripoli.

les Etats-Unis, le Luxembourg, le Portugal (y compris Madère et les Açores), la Suisse, l'Espagne et l'Australie, le *poids* de 350 grammes et les *dimensions* suivantes : longueur 30 centimètres, largeur 20 centimètres, hauteur 50 centimètres.

Pour les Colonies françaises, le *poids* de 350 grammes et les *dimensions* de 30 centimètres sur chaque face.

Envoi de valeurs déclarées. — Des lettres contenant des *valeurs déclarées* peuvent être expédiées à destination des pays énumérés ci-après et moyennant payement, *en sus* des taxes et droits applicables aux lettres recommandées pour les mêmes destinations, d'un *droit proportionnel* calculé par 100 francs ou fraction de 100 francs déclarés, de la manière suivante :

PAYS DE DESTINATION	DROIT PROPORTIONNEL
	fr. c.
Allemagne (y compris Héligoland)............. Belgique, Espagne (y compris les Baléares et les Canaries), Italie, Luxembourg, Suisse........	0 10
Guadeloupe, Martinique, Guyane française et Tonkin, Pondichéry, Nouvelle-Calédonie, Antilles danoises..................................	0 20
Autriche-Hongrie, Bulgarie, Danemark (y compris l'Islande et les Iles Féroë), Norvège, Pays-Bas, Portugal (y compris Madère et les Açores), Roumanie, Russie, Serbie, Suède............	0 25
Egypte; Groënland........................	0 35
Colonies portugaises du Cap-Vert, de San-Thomé et de Loanda...........................	0 35

Le montant de la déclaration par chaque lettre *ne peut excéder* 5000 francs pour les envois adressés en Egypte, en Serbie, dans les colonies portugaises et en Italie, ou par voie d'Italie, et 10000 francs pour les envois à destination des autres pays.

Le port des avis de réception des valeurs déclarées est uniformément *fixé* à 10 centimes.

XVIII. Taxe des lettres pour les militaires ou marins dans les colonies ou en station dans les pays étrangers. — Les lettres adressées de la France et de l'Algérie aux *militaires* et *marins* de tous grades, soit dans les colonies, soit à bord des bâtiments de l'Etat stationnant dans les ports étrangers, et réciproquement, les lettres adressées en France et en Algérie par ces militaires et marins ne supportent que la *taxe territoriale*, sans supplément de taxe pour le parcours à l'étranger ni pour le parcours de voie de mer, lorsqu'elles sont transportées exclusivement par des *services français*, paquebots-poste, navires de commerce ou bâtiments de l'Etat.

XIX. Contraventions aux lois sur la poste. — La loi *interdit* le transport, par toute voie étrangère au service des postes, des lettres cachetées ou non cachetées circulant à découvert ou renfermées dans des sacs, boîtes, paquets ou colis ; elle interdit également d'insérer dans les imprimés, échantillons, papiers de commerce ou d'affaires, affranchis à prix réduit, aucune lettre ou note pouvant tenir lieu de correspondance, ou d'expédier à prix réduit des imprimés ayant le caractère de correspondance personnelle. Toute *contravention* est punie d'une *amende* de 150 à 300 francs ; en cas de *récidive*, d'une *amende* de 300 à 3 000 francs.

Des *annotations* peuvent être ajoutées sur les échantillons, les épreuves corrigées ou sur les papiers d'affaires eux-mêmes, expédiés par la poste, moyennant l'acquittement préalable d'une *taxe supplémentaire* de 10 centimes, à l'exclusion complète des notes détachées.

L'usage d'un *timbre-poste ayant déjà servi* à l'affranchissement d'une lettre est puni d'une *amende* de 50 fr. à 1 000 fr. En cas de *récidive*, la peine est d'un *emprisonnement* de 5 jours à 1 mois et l'*amende* est *doublée*. Est punie des mêmes peines, suivant les distinctions sus-établies, la vente ou tentative de vente d'un timbre-poste ayant déjà servi.

La loi *défend :* 1° d'insérer dans les lettres non chargées ou non recommandées des billets de banque, bons, coupons de dividende ou d'intérêts échus payables au porteur ; — 2° d'insérer dans les lettres ou autres objets chargés ou recommandés des pièces de monnaie, des matières d'or ou d'argent, des bijoux et autres objets précieux ; — 3° d'insérer dans les objets recommandés, affranchis au prix du tarif réduit, des billets de banque ou valeurs payables au porteur ; — 4° d'expédier dans des boîtes de valeurs déclarées des monnaies françaises ou étrangères.

En cas d'*infraction*, l'expéditeur est puni d'une *amende* de 50 fr. à 500 fr.

Il est en outre défendu, sous peine d'une *amende* de 150 à 300 fr. qui, en cas de *récidive*, varie de 300 à 3 000 fr., d'insérer des lettres dans les boîtes contenant des bijoux et objets précieux confiés à la poste.

L'Administration peut *vérifier le contenu* de ces boîtes en présence du destinataire, lorsqu'elle le juge convenable.

POSTHUME. — Du latin *post*, après, et *humus*, terre. — Se dit de l'enfant né après la mort de son père.

1. — Il n'est reconnu légitime qu'autant que 300 jours ne se sont pas écoulés entre sa naissance et la mort du prétendu père. (Cod. civ. art. 315.) — Voy. PATERNITÉ ET FILIATION, 2.

2. — Toutes *donations entre vifs* faites par des personnes qui n'avaient point d'enfants ou de descendants actuellement vivants dans le temps de la donation sont *révoquées* de plein droit par la *survenance* d'un enfant légitime du donateur, même d'un posthume. (Cod. civ. art. 960.) — Voy. DONATION ENTRE VIFS, II.

3. — Voy. CURATEUR, 2.

POSTULATION. — C'est l'exercice des fonctions d'Avoué. — D'après l'article 94 de la loi du 27 ventôse an VIII (18 mars 1800), les Avoués ont exclusivemennt le droit de *postuler* et de prendre des conclusions devant le Tribunal auprès duquel ils sont établis.

Le fait par toute autre personne d'usurper les fonctions d'Avoué, en d'autres termes la *postulation illicite*, donne lieu à une condamnation par corps à une *amende* de 200 fr. au minimum, de 500 fr. au maximum, et, en cas de *récidive*, à une amende de 500 fr. au minimum, 1 000 fr. au maximum.

— Les Avoués convaincus de *complicité* encourent, pour la première fois, une *amende* de 500 fr. au minimum, et, en cas de *récidive*, une amende de 1 500 fr., indépendamment de leur *destitution*.

POUDRE A FEU. — (Loi 13 fructidor an V (30 août 1797) ; déc. 23 pluviôse an XIII (12 février 1805) ; ord. roy. 25 mars 1818 ; loi 24 mai 1834 ; déc. 20 mars 1852.) — 1. — La *fabrication* de la poudre à feu n'a lieu que dans les poudrières de l'État. Ce monopole se justifie par la nécessité de pouvoir subvenir en tout temps aux besoins de la force armée, et de prévenir l'abus d'un produit aussi dangereux.

2. — La *vente* de la poudre à feu se fait pour le compte de l'État, soit

dans les magasins nationaux, soit par les débitants pourvus de commissions de l'Administration des contributions indirectes.

3. — *Il est défendu* à qui que ce soit de fabriquer ou de vendre de la poudre sans y être autorisé, de tenir et vendre de la poudre de contrebande, et d'introduire aucunes poudres étrangères en France. Les particuliers ne peuvent avoir chez eux de la poudre de guerre, ni plus de 2 kilogrammes de toute autre poudre.

4. — La vente de la poudre a rapporté, en 1866, au Trésor 12612000 fr., et 12967100 fr. en 1886.

POUDRE DYNAMITE. — (Loi 8 mars 1875; déc. 5 juillet, 24 août 1875.) — Par dérogation à la loi du 13 fructidor an V (30 août 1797), la dynamite et les explosifs à base de nitroglycérine peuvent être fabriqués dans des établissements *particuliers*, moyennant le payement d'un *impôt*. — Ces établissements doivent être *autorisés* par le Gouvernement.

Pour l'exécution de la loi du 8 mars 1875, un *règlement d'administration publique* est intervenu le 24 août 1875.

Le *droit de fabrication* de la dynamite et de la nitro-glycérine a rapporté, en 1886, 795400 fr.

POURVOI. — Acte par lequel un jugement ou un arrêt est déféré à la Cour de cassation. — Voy. CASSATION.

L'expression de *pourvoi* s'applique également au *recours* exercé devant le Conseil d'État. — Voy. CONSEIL D'ÉTAT.

POUVOIR EXÉCUTIF. — C'est l'Autorité chargée de veiller à l'exécution des lois. La plénitude du pouvoir exécutif appartient au *Président de la République*. — Voy. PRÉSIDENT DE LA RÉPUBLIQUE; — SÉPARATION DES POUVOIRS; — POUVOIRS PUBLICS. (*Rapports des*).

POUVOIR JUDICIAIRE. — (Loi 27 ventôse an VIII (18 mars 1800). — 1. — Le Pouvoir judiciaire, qui n'est qu'une branche du *Pouvoir exécutif*, est exercé hiérarchiquement par des magistrats de trois espèces :

Les *Juges de paix*, institués dans chaque canton, au nombre de 2860;

Les *Tribunaux de première instance*, institués dans chaque arrondissement (Saint-Denis et Sceaux exceptés), au nombre de 359;

Les *Cours d'appel*, qui embrassent plusieurs départements dans leur ressort, réduites aujourd'hui au nombre de 26.

— Au-dessus de ces 3 juridictions différentes dans leur compétence, se trouve la *Cour de cassation* instituée, non pour juger, mais pour veiller à l'application des lois afin qu'elle soit uniforme dans toute la France.

2. — Le Pouvoir judiciaire est seul chargé de statuer sur toutes les questions qui intéressent l'état des personnes, c'est-à-dire qui sont relatives soit à la nationalité des individus, soit à la jouissance de leurs droits politiques, civils et de famille, et sur les contestations qui concernent le droit de propriété et ses démembrements, tels que les questions d'usufruit, de servitudes. Sa compétence s'étend également aux successions, aux donations, aux testaments; aux contrats de toute espèce, aux privilèges et hypothèques, enfin à l'application des lois pénales aux individus prévenus de crimes, de délits ou de contraventions. — Voy. JUSTICE DE PAIX; — TRIBUNAL DE PREMIÈRE INSTANCE; — COUR D'APPEL; — COUR D'ASSISES; — COUR DE CASSATION; — CONSEIL SUPÉRIEUR DE LA MAGISTRATURE.

POUVOIR LÉGISLATIF. — C'est l'Autorité de qui émanent les lois. Le Pouvoir législatif est exercé collectivement par les *deux Chambres* et le *Président de la République*. — Voy. SÉNAT; — CHAMBRE DES DÉPUTÉS; — PRÉSIDENT DE LA RÉPUBLIQUE; — POUVOIRS PUBLICS. (*Rapports des*)

POUVOIRS PUBLICS. (RAPPORTS DES) — (Loi 16 juillet 1875.) — En créant les organes nécessaires à l'existence du nouveau Gouvernement qu'elle consacrait, la loi constitutionnelle du 25 février 1875 avait renvoyé à une loi ultérieure le soin de régler les rapports mutuels des pouvoirs publics : tel a été l'objet de la loi du 16 juillet 1875, qui, destinée à prendre place dans la Constitution, ne pourra être modifiée que conformément aux règles établies par l'article 8 de la loi du 25 février, et dont voici la teneur :

Art. 1er. — « Le Sénat et la Chambre des députés *se réunissent*, chaque année, le *second mardi de janvier*, à moins d'une convocation antérieure faite par le Président de la République. — Les deux Chambres doivent être réunies en session *cinq mois* au moins chaque année. — La session de l'une commence et finit en même temps que celle de l'autre. — Le dimanche qui suivra la rentrée, des *prières publiques* seront adressées à Dieu dans les églises et dans les temples pour appeler son secours sur les travaux des Assemblées. » — Cette dernière disposition a été abrogée.

Art. 2. — « Le Président de la République prononce la *clôture* de la session. Il a le droit de convoquer *extraordinairement* les Chambres. Il devra les convoquer si la demande en est faite, dans l'intervalle des sessions, par la majorité absolue des membres composant chaque Chambre. — Le Président peut *ajourner* les Chambres. Toutefois, l'ajournement ne peut excéder le terme d'*un mois*, ni avoir lieu *plus de deux fois* dans la même session. »

Art. 3. — « Un mois au moins avant le terme légal des pouvoirs du Président de la République, les Chambres devront être réunies en *Assemblée nationale* pour procéder à l'élection du nouveau Président. — A défaut de convocation, cette réunion aurait lieu de plein droit le quinzième jour avant l'expiration de ses pouvoirs. — En cas de *décès* ou de *démission* du Président de la République les deux Chambres se réunissent immédiatement et de plein droit. — Dans le cas où, par application de l'article 5 de la loi du 25 février 1875, la Chambre des Députés se trouverait dissoute au moment où la présidence de la République deviendrait vacante, les collèges électoraux seraient aussitôt convoqués, et le Sénat se réunirait de plein droit. »

Art. 4. — « Toute assemblée de l'une des deux Chambres qui serait tenue *hors du temps de la session* commune est illicite et nulle de plein droit, sauf le cas prévu par l'article précédent et celui où le Sénat est réuni comme Cour de justice ; et, dans ce dernier cas, il ne peut exercer que des fonctions judiciaires. »

Art. 5. — « Les séances du Sénat et de la Chambre des Députés sont *publiques*. — Néanmoins, chaque Chambre peut se former en *comité secret*, sur la demande d'un certain nombre de ses membres, fixé par le règlement. — Elle décide ensuite, à la majorité *absolue*, si la séance doit être reprise en public sur le même sujet. »

Art. 6. — « Le Président de la République communique avec les Chambres par des *messages* qui sont lus à la tribune par un Ministre. — Les Ministres ont leur entrée dans les deux Chambres et doivent être entendus quand ils le demandent. Ils peuvent se faire assister par des commissaires désignés, pour la discussion d'un projet de loi déterminé, par décret du Président de la République. »

Art. 7. — « Le Président de la République promulgue les lois dans le mois qui suit la transmission au Gouvernement de la loi définitivement adoptée. Il doit promulguer dans les *trois jours* les lois dont la promulgation, par un vote exprès dans l'une et l'autre Chambre, aura été déclarée urgente. — Dans le délai fixé par la promulgation, le Président de la République peut, par un message motivé, demander aux deux Chambres une *nouvelle délibération* qui ne peut être refusée. »

Art. 8. — « Le Président de la République négocie et ratifie les *traités.* Il en donne connaissance aux Chambres aussitôt que l'intérêt et la sûreté de l'Etat le permettent. — Les traités de paix, de commerce, les traités qui engagent les finances de l'Etat, ceux qui sont relatifs à l'état des personnes et aux droits de propriété des Français à l'étranger, ne sont définitifs qu'après avoir été votés par les deux Chambres. Nulle cession, nul échange, nulle adjonction de territoire ne peut avoir lieu qu'en vertu d'une *loi.* »

Art. 9. — « Le Président de la République ne peut déclarer la *guerre* sans l'assentiment préalable des deux Chambres. »

Art. 10. — « Chacune des Chambre est juge de l'éligibilité de ses membres et de la régularité de leur élection ; elle peut seule recevoir leur démission. »

Art. 11. — « Le *Bureau* de chacune des deux Chambres est élu chaque année pour la durée de la session et pour toute session extraordinaire qui aurait lieu avant la session ordinaire de l'année suivante. — Lorsque les deux Chambres se réunissent en *Assemblée nationale*, leur bureau se compose des Président, Vice-présidents et Secrétaires du Sénat. »

Art. 12. — « Le Président de la République ne peut être *mis en accusation* que par la Chambre des Députés et ne peut être *jugé* que par le Sénat. — Les Ministres peuvent être *mis en accusation* par la Chambre des Députés pour crimes commis dans l'exercice de leurs fonctions. En ce cas, ils sont *jugés* par le Sénat. Le Sénat peut être constitué en *Cour de justice* par un décret du Président de la République, rendu en Conseil des Ministres, pour juger toute personne prévenue d'attentat commis contre la sûreté de l'Etat. — Si l'instruction est commencée par la justice ordinaire, le décret de convocation du Sénat peut être rendu jusqu'à l'arrêt de renvoi. — Une loi déterminera le mode de procéder pour l'accusation, l'instruction et le jugement. »

Art. 13. — « Aucun membre de l'une ou de l'autre Chambre ne peut être *poursuivi* ou *recherché* à l'occasion des opinions ou votes émis par lui dans l'exercice de ses fonctions. »

Art. 14. — « Aucun membre de l'une et l'autre Chambre ne peut, pendant la *durée de la session*, être *poursuivi* ou *arrêté* en matière criminelle ou correctionnelle qu'avec l'autorisation de la Chambre dont il fait partie, sauf le cas de *flagrant délit.* — La détention ou la poursuite d'un membre de l'une ou de l'autre Chambre est *suspendue* pendant la session, et pour toute sa durée, si la Chambre la requiert. »

POUVOIRS. (SÉPARATION DES) — Voy. SÉPARATION DES POUVOIRS.

PRATIQUE. (LIBRE) — En termes de marine, signifie la liberté, pour un navire, d'aborder et de débarquer.

PRÉCIPUT. — (Cod. civ. art. 919; art. 1515-1519.) — Du latin *præ*, avant, et *capere*, prendre. — Prélèvement d'une certaine portion sur un tout.

1. — L'un des *héritiers* d'un défunt peut, en vertu d'une disposition testamentaire, prélever une part sur la succession, indépendamment de celle que la loi lui défère ; ce préciput ne peut toutefois excéder la *quotité disponible.* — (Voy. ces mots.)

2. — On nomme *préciput conventionnel* la clause d'un contrat de mariage par laquelle l'*époux survivant* est autorisé à prélever avant tout partage, sur les biens de la communauté, une certaine somme ou une certaine quantité d'effets mobiliers en nature. — Voy. CONTRAT DE MARIAGE, I, 6°.

PRÉEMPTION. — Voy. EXPROPRIATION POUR CAUSE D'UTILITÉ PUBLIQUE, IV, 2; — DOUANES, 4.

PRÉFECTURE. (CONSEIL DE) — Voy. CONSEIL DE PRÉFECTURE.

PRÉFET. — (Loi 28 pluviôse an VIII (17 février 1800); déc. 25 mars 1852, 13 avril 1861.) — Du latin *præfectus*, préposé. — Fonctionnaire placé à la tête de chaque division territoriale appelée *département*, et ayant le double caractère d'*agent du pouvoir central* et de *représentant des intérêts spéciaux du département*.

1. — Comme *agent du pouvoir central*, le Préfet transmet aux Autorités locales dont il est le supérieur hiérarchique les lois, décrets, règlements, instructions, et les fait exécuter. Bien qu'il dépende plus particulièrement du Ministre de l'Intérieur, il correspond directement avec chaque Ministre pour les affaires ressortissant à son département ministériel. Il représente l'Etat, en tant que personne morale, et c'est contre lui que doivent être intentées les actions concernant le Domaine. Comme tuteur des Départements, des Communes et des Etablissements publics, il a des attributions nombreuses. Les décrets du 25 mars 1852 et du 13 avril 1861, dits de *décentralisation*, avaient beaucoup étendu ses pouvoirs en lui permettant de statuer sur certaines affaires départementales et communales qui précédemment étaient soumises à l'Administration supérieure, et en lui attribuant la nomination directe à un grand nombre de fonctions ou d'emplois; mais la loi du 10 août 1871 sur les Conseils généraux les a restreints d'une manière sensible. — Voy. CONSEIL GÉNÉRAL.

— Dans certains cas déterminés par les lois, le Préfet est obligé de consulter le *Conseil de Préfecture* (voy. ces mots), sans être astreint néanmoins à suivre son avis.

2. — Comme *représentant des intérêts spéciaux du Département*, le Préfet gère les biens propres au département et agit en son nom en Justice. Pour ce qui concerne les intérêts économiques du département, la *délibération* appartient au Conseil général, l'*action* au Préfet.

3. — Les décisions du Préfet portent le nom d'*arrêtés*. Elles peuvent toujours être déférées au Ministre que la matière concerne. *Aucun délai* n'est fixé pour l'exercice de ce droit, *aucune forme* particulière n'est exigée.

Les arrêtés préfectoraux peuvent être déférés au Conseil d'Etat, lorsqu'ils statuent en *matière contentieuse*, c'est-à-dire sur les réclamations à l'occasion de *droits violés* et non de *simples intérêts lésés*. Mais, à la différence des arrêtés statuant sur des objets de pure administration, pour lesquels le recours au Ministre peut toujours être exercé, quel que soit le temps écoulé, les arrêtés préfectoraux pris en matière contentieuse ne peuvent être déférés au Conseil d'Etat que *dans le délai de* 3 *mois*.

Les arrêtés préfectoraux sont toujours attaquables *directement* devant le Conseil d'Etat pour cause d'*excès de pouvoir* ou d'*incompétence*.

— En aucun cas, et sous quelque prétexte que ce soit, un arrêté préfectoral ne peut être attaqué devant le Conseil de Préfecture.

4. Les Préfets sont *nommés* et *révoqués* par le Président de la République.

PRÉFET DE POLICE. — (Loi 28 pluviôse an VIII (17 février 1800); arr. 12 messidor an VIII (1er juillet 1800); déc. 10 octobre 1859; déc. 30 novembre 1859.) — Institué par la loi du 28 pluviôse an VIII (17 février 1800), le *Préfet de police* est, sous l'autorité du Ministre de l'Intérieur, chargé de la direction générale de la sûreté publique.

— Le décret du 10 octobre 1859 ayant réuni sous la main du Préfet de la Seine la *grande* et la *petite voirie*, ainsi que quelques autres parties de la *police municipale*, le Préfet de police n'a conservé de ses attributions, telles que les avait fixées l'arrêté du 12 messidor an VIII (1er juillet 1800), que les matières de police municipale non comprises dans l'énumération du 10 oct. 1859.

— Pour ce qui concerne la *police de sûreté*, toutes les Communes du département de la Seine et de Seine-et-Oise sont placées sous la juridiction du Préfet de police.

PRÉFET MARITIME. — Fonctionnaire chargé, sous les ordres du Ministre de la marine, de l'administration spéciale des ports et de la direction supérieure de tous les services et établissements maritimes de son *arrondissement.*

— Le territoire maritime de la France est divisé en 5 *Arrondissements* et 7 *Sous-Arrondissements*, savoir :

ARRONDISSEMENTS		SOUS-ARRONDISSEMENTS
1er	*Cherbourg*	Dunkerque; — Le Havre.
2e........	*Brest*..............	Saint-Servan.
3e........	*Lorient*	Nantes.
4e........	*Rochefort*..........	Bordeaux.
5e........	*Toulon*.............	Marseille; — Nice.

PRÉFET. (SOUS-) — Voy. SOUS-PRÉFET.

PRÉJUDICIEL. — Terme de jurisprudence. On dit qu'une question est *préjudicielle* lorsqu'elle doit être jugée avant la question principale. Les moyens dont on se sert pour soutenir cette question sont qualifiés de moyens *préjudiciels.*

PRÉMÉDITATION. — (Cod. pén. art. 296, 297, 302, 310, 312.) — Elle *consiste* dans le dessein formé, avant l'action, d'attenter à la personne d'un individu déterminé, ou même de celui qui sera trouvé ou rencontré, quand même ce dessein serait dépendant de quelque circonstance ou de quelque condition.

— La préméditation est une circonstance *aggravante* du meurtre et des coups et blessures. — Voy. MEURTRE ; — COUPS ET BLESSURES.

PREMIER PRÉSIDENT. — Titre donné au premier magistrat de la *Cour de cassation,* de la *Cour des Comptes* et de chaque *Cour d'appel.*

PREMIER RESSORT. — Un jugement est dit en *premier ressort* lorsqu'il n'est pas définitif et qu'on peut en appeler devant une juridiction supérieure.

PRÉNOMS. — Voy. NOMS ET PRÉNOMS.

PRESBYTÈRE. — Du latin *presbyter*, prêtre. — Maison destinée au logement du curé. Son entretien est à la charge de la *Fabrique* (voy. FABRIQUE D'ÉGLISE), et, subsidiairement, de la Commune.

PRESCRIPTION. — (Cod. civ. art. 2219-2281.)

C'est un moyen d'*acquérir* ou de *se libérer* par un certain laps de temps, et sous les conditions déterminées par la loi.

1. — La prescription, dont la mauvaise foi peut abuser, est néanmoins une institution salutaire pour l'ordre social, et que de puissantes considérations légitiment. Elle *consolide la propriété* et *prévient les procès :* l'intérêt général, auquel l'intérêt particulier doit toujours être subordonné, exigeait impérieusement que l'on fixât un terme après lequel il ne fût plus permis d'inquiéter les possesseurs et de rechercher des droits trop longtemps négligés. Autrement, la propriété eût été perpétuellement incertaine ; les débiteurs eussent été obligés, sous peine de payer deux fois, de conserver pendant des siècles les quittances qui prouvent leur libération.

2. — Il y a *deux sortes* de prescriptions, l'une afin d'acquérir ou

acquisitive, l'autre afin de se libérer ou *libératoire*.

I. Dispositions générales. — Causes qui empêchent la prescription, ou qui en interrompent ou en suspendent le cours. — 1. — C'est à celui qui peut invoquer la prescription à la faire valoir; les juges ne doivent *pas suppléer d'office* le moyen qui en résulte, mais elle peut être opposée *en tout état de cause*, même *en appel* pour la première fois, à moins que la partie ne soit présumée, d'après les circonstances, y avoir renoncé.

2. — Pour pouvoir prescrire afin d'acquérir, il faut une *possession continue* pendant le temps exigé (voy. ci-après, II), *non interrompue, paisible, publique, non équivoque* et *à titre de propriétaire*.

— On est toujours présumé posséder pour soi, et à titre de propriétaire, s'il n'est prouvé qu'on a commencé à posséder pour autrui (*fermier, dépositaire, usufruitier, emprunteur*, etc.), on est toujours *présumé* posséder au même titre, s'il n'y a preuve du contraire.

Les actes de pure *faculté* et de *simple tolérance* ne peuvent fonder ni possession, ni prescription. Ainsi, pendant 30 ans, j'ai souffert que mon voisin passât sur ma propriété ou fît paître ses bestiaux sur une terre en friche m'appartenant, c'est un acte de bon vouloir qui ne saurait constituer une prescription au profit du voisin.

Les actes de *violence* ne peuvent non plus fonder une possession capable d'opérer la prescription.

— Le possesseur actuel qui prouve avoir possédé *anciennement*, est *présumé* avoir possédé dans le temps intermédiaire, sauf la preuve contraire.

— Pour compléter la prescription, on peut *joindre* sa possession à celle de son auteur, de quelque manière qu'on lui ait succédé, soit à titre universel ou particulier, soit à titre lucratif ou onéreux.

3. — La prescription peut être interrompue ou *naturellement* ou *civilement*.

Il y a *interruption naturelle* lorsque le possesseur est privé, pendant plus d'un an, de la jouissance de la chose, soit par l'ancien propriétaire, soit même par un tiers.

Une citation en Justice, un commandement ou une saisie, signifiés à celui qu'on veut empêcher de prescrire, forment l'*interruption civile*.

— L'interpellation faite à l'un des débiteurs solidaires, ou sa reconnaissance, interrompt la prescription contre leurs héritiers. L'interpellation faite au débiteur principal, ou sa reconnaissance, interrompt la prescription contre la caution.

4. — La prescription *ne court pas* contre les *mineurs* et les *interdits*. (Voy. cependant une dérogation à ce principe, III.) Elle ne court point *entre époux*, ni contre les *femmes mariées*, quoique majeures, mais *dans quatre cas seulement :* 1° sous quelque régime qu'elles soient mariées, la prescription ne court point contre elles, quant aux *actions en rescision des contrats* qu'elles ont *faits sans l'autorisation de leur mari ou de la Justice :* ce n'est qu'à partir de la dissolution du mariage que ces actions deviennent prescriptibles. Le législateur a pensé que la femme qui a eu la faiblesse de contracter sans autorisation craindrait de demander à son mari l'autorisation d'attaquer l'acte qu'elle a fait à son insu, et que, puisqu'elle était ainsi moralement impuissante à agir, il convenait de suspendre la prescription jusqu'à la dissolution du mariage; — 2° Sous quelque régime qu'elles soient mariées, la prescription ne court point contre elles, quant aux *actions qui réfléchiraient contre leur mari*, si elles les exerçaient contre le tiers qui y est soumis. Si, en effet, la femme exerçait une action de cette nature, la paix du ménage pourrait en être troublée; si elle n'osait pas agir dans la crainte d'irriter son mari en le soumettant

à un recours en garantie, son intérêt serait sacrifié. Pour éviter cette fâcheuse alternative, la loi suspend la prescription jusqu'à la dissolution du mariage; — 3° Lorsque la femme est mariée sous le régime de la communauté, la prescription ne court point contre elle, quant aux *actions qu'elle ne peut exercer qu'après une option à faire sur l'acceptation ou la répudiation de la communauté*. Le législateur a sans doute pensé que, si la prescription, quant à ces actions, courait pendant le mariage contre la femme, celle-ci serait obligée de contrôler les actes de son mari, d'où résulteraient des conflits et des altercations; — 4° Lorsque la femme est mariée sous le régime dotal, la prescription ne court point contre elle, pendant le mariage, quant aux *immeubles dotaux stipulés inaliénables*. L'imprescriptibilité est la conséquence de l'inaliénabilité. — En dehors des quatre cas ci-dessus, les femmes sont soumises au droit commun en ce qui concerne la prescription.

II. — PRESCRIPTION ACQUISITIVE. — Elle repose sur cette présomption que celui qui possède une chose pendant un certain temps en a été réellement investi par une juste cause d'acquisition ; on ne l'eût pas laissé jouir paisiblement si sa possession n'eût été qu'une usurpation.

1. — *En l'absence de titre et de bonne foi*, la prescription n'est acquise à l'égard des immeubles que par une possession de 30 *ans*.

Lorsqu'il y a *titre* (vente, donation) *et bonne foi*, 10 *ans* ou 20 *ans* suffisent, selon que le véritable propriétaire habitait ou non dans le ressort de la Cour d'appel où est situé l'immeuble.

2. — *Il suffit* que la bonne foi ait existé *au moment de l'acquisition*. Elle est toujours *présumée :* c'est à celui qui allègue la mauvaise foi à la prouver.

Si le véritable propriétaire a eu son *domicile* en différents temps *dans le ressort* et *hors du ressort* de la Cour d'appel, il faut, pour compléter la prescription, *ajouter* à ce qui manque aux dix ans de présence *un nombre d'années* d'absence *double* de celui qui manque pour faire les dix ans de présence.

III. PRESCRIPTION LIBÉRATOIRE. — Elle repose sur cette présomption que le créancier qui est demeuré pendant de longues années sans exiger sa créance en a été payé ou en a fait remise au débiteur. Le temps exigé pour la prescription libératoire est de 30 ans en général ; mais, dans certains cas, il n'est que de 5, 2, 1 année, et même de 6 mois seulement.

1. — *Se prescrivent par* 5 *ans :* 1° Les arrérages de rentes perpétuelles et viagères ; — 2° ceux des pensions alimentaires; — 3° les loyers des maisons et le prix de ferme des biens ruraux; — 4° les intérêts des sommes prêtées; — 5° généralement tout ce qui est payable par année ou à des termes périodiques plus courts.

2. — *Se prescrivent par* 2 *ans:* 1° L'action des Avoués pour le payement de leurs frais et salaires, à compter du jour où le procès est terminé; — 2° l'action en restitution des pièces confiées à un Huissier, soit pour les faire signifier, soit pour les mettre à exécution.

3. — *Se prescrivent par un an:* 1° L'action des Médecins, Chirurgiens et Apothicaires pour leurs visites, opérations et médicaments ; — 2° Celle des Huissiers pour le salaire des actes qu'ils signifient et des commissions qu'ils exécutent; 3° Celle des marchands pour les marchandises qu'ils vendent aux particuliers non marchands ; — 4° Celle des maîtres de pension pour le prix de la pension de leurs élèves, et des autres maîtres pour le prix de l'apprentissage ; — 5° Celle des domestiques qui se louent à l'année pour le payement de leur salaire.

4. — *Se prescrivent par* 6 *mois :* 1° L'action des maîtres et instituteurs des sciences et des arts pour les leçons qu'ils donnent au mois ; — 2° Celle des hôteliers et traiteurs à

raison du logement et de la nourriture qu'ils fournissent; — 3° Celle des ouvriers et des gens de travail pour le payement de leurs journées, fournitures et salaires.

— La prescription, dans les cas ci-dessus, a lieu *quoiqu'il y ait eu continuation* de fournitures, livraisons, services et travaux, chaque fourniture, livraison, etc., étant considérée comme une créance distincte soumise à une prescription particulière. Elle ne cesse de courir que lorsqu'il y a eu compte arrêté, obligation souscrite, ou citation en Justice non périmée, et alors, la présomption de payement n'existant plus, la prescription ne pourra s'acquérir que par 30 ans.

— Par une dérogation au droit commun, les *courtes prescriptions*, celles de 6 mois, de 1 an, de 2 ans et de 5 ans, *courent contre* les *mineurs* et les *interdits*, *sauf* toutefois leur *recours* contre le tuteur négligent.

— Comme la prescription, dans tous ces cas, ne repose que sur une présomption de payement qui peut être fausse, la loi accorde une dernière ressource au créancier à qui elle est opposée : celle de déférer le *serment* au débiteur sur la question de savoir si la chose a été réellement payée. Le serment peut aussi être déféré aux veuves et héritiers ou aux tuteurs, pour qu'ils aient à déclarer s'ils ne savent pas que la chose soit due.

IV. Règle : en fait de meubles, possession vaut titre. — Les meubles passant rapidement de mains en mains, par de simples conventions verbales, et leur identité étant fort difficile à constater, c'eût été donner lieu à trop de procès que d'en autoriser la revendication; de là la règle : *en fait de meubles, possession vaut titre*. Cette règle néanmoins cesse d'être applicable à l'égard des objets *perdus* ou *volés* qui peuvent être revendiqués, pendant 3 ans, contre celui entre les mains duquel le propriétaire les retrouve, sauf recours du tiers évincé contre la personne de qui il tenait la chose. Mais si le possesseur avait acheté dans une foire, dans un marché, dans une vente publique ou d'un marchand vendant des choses pareilles, l'objet volé ou perdu qui lui est réclamé par le propriétaire, ce dernier serait tenu de lui restituer le prix que cet objet lui a coûté, sauf son recours contre le voleur ou l'inventeur. Dans cette hypothèse, en effet, la bonne foi de l'acheteur est évidente, et l'intérêt du commerce exige qu'il en soit ainsi.

V. Pour ce qui concerne la prescription en *matière criminelle*, voy. ACTION CIVILE, 2; — ACTION PUBLIQUE; — PEINES, 6.

— Pour ce qui concerne la prescription en *matière commerciale*, voy. EFFETS DE COMMERCE, XIV.

PRÉSIDENT DE LA RÉPUBLIQUE. — (Loi 25 février 1875.) — Nom donné au Chef actuel du Pouvoir exécutif en France.

I. Mode de nomination. — Durée des fonctions. — Le Président de la République est élu à la majorité absolue des suffrages par le Sénat et la Chambre des Députés réunis en *assemblée nationale*. — Il est nommé pour 7 *ans*. Il est *rééligible*.

1. — Les membres des *familles ayant régné* sur la France sont *inéligibles* à la présidence de la République. (Loi 12 août 1884, art. 2.)

2. — En cas de *vacance de la Présidence* par décès ou pour toute autre cause, les deux Chambres réunies procèdent immédiatement à l'élection d'un nouveau Président. — *Dans l'intervalle*, le Conseil des Ministres est investi du pouvoir exécutif.

On se rappelle avec quelle simplicité majestueuse se sont opérées en quelques heures, le 30 janvier 1879, la démission d'un Président et la nomination d'un autre Président de la République.

II. Attributions. — Le Président de la République a l'initiative des lois, concurremment avec les membres des deux Chambres. — Il promulgue les lois lorsqu'elles ont été votées par les deux Assemblées : il en surveille et en assure l'exécution. — Il a le droit de faire *grâce;* les *amnisties* ne peuvent être accordées que par une loi. — Il dispose de la force armée. Il nomme à tous les emplois civils et militaires. — Il préside aux solennités nationales; les envoyés et les ambassadeurs des puissances étrangères sont accrédités auprès de lui. — Chacun des actes du Président de la République doit être *contre-signé* par un Ministre.

1. — Le Président de la République peut, sur l'avis conforme du Sénat, *dissoudre la Chambre des Députés* avant l'expiration légale de son mandat. — En ce cas, les collèges électoraux sont convoqués pour de nouvelles élections, dans le délai de 3 *mois.*

2. — Le Président de la République n'est *responsable* que dans le cas de haute trahison.

3. — Le Président reçoit, par an, 600 000 francs à titre de *traitement*, et 600 000 francs pour *frais de représentation et de déplacement.* — Voy. POUVOIRS PUBLICS. (Rapports des); — COUR DE JUSTICE; — OFFENSE.

PRÉSOMPTIONS. — Voy. OBLIGATIONS, V, § 3.

PRESSE. — (Loi 29 juillet 1881.) — La Presse, dans son ensemble, comprend tous les moyens à l'aide desquels on peut publier sa pensée et manifester ses opinions.

1. — Le grand principe de la liberté de la presse a été posé pour la première fois, en 1789, par l'Assemblée Constituante dans la *Déclaration des droits de l'homme et du citoyen.* L'article 11 de cette déclaration était ainsi conçu : « *La libre communication des pensées et des opinions est un des dons les plus précieux de l'homme. Tout citoyen peut donc parler, écrire, imprimer librement, sauf à répondre de l'abus de cette liberté dans les cas déterminés par la loi.* »

La Constitution du 3 septembre 1791, à qui la *Déclaration des droits* servait de préambule, contenait en outre dans l'article 17 du titre III, chapitre 5, la disposition suivante : « *Nul ne peut être recherché ni poursuivi pour raison des écrits qu'il aura fait imprimer ou publier, sur quelque matière que ce soit, si ce n'est qu'il ait provoqué à dessein la désobéissance à la loi, l'avilissement des pouvoirs constitués, la résistance à leurs actes ou à quelqu'une des actions déclarées crimes ou délits par la loi. La censure des actes des Pouvoirs constitués est permise; mais les calomnies volontaires contre la probité des fonctionnaires publics et la droiture de leurs intentions dans leurs fonctions pourront être poursuivies par ceux qui en sont l'objet. La calomnie et les injures contre quelque personne que ce soit, relatives à leur vie privée, seront punies sur leur poursuite.* »

Le premier Empire méconnut ces grands principes qui ne reparurent qu'avec la Charte de 1814. Il serait trop long de rappeler ici les vicissitudes de la presse et de faire connaître les régimes divers qui lui ont été appliqués depuis le commencement de ce siècle. Nous avons d'ailleurs donné déjà quelques renseignements historiques à cet égard au mot *Imprimerie.*

2. — La loi du 29 juillet 1881, qu'on peut appeler le *Code de la presse*, a abrogé et remplacé toutes les lois antérieures et règlements relatifs à l'imprimerie, à la librairie, à l'affichage, au colportage, à la presse périodique, aux crimes et délits commis par la voie de la presse ou par tout autre moyen de publication. A la différence des lois précédentes, elle ne contient aucune disposition préventive; elle laisse libre carrière aux opinions et n'admet aucun délit de doctrines, de tendances, aucun délit purement politique.

Parmi les délits prévus et punis par les lois antérieures, la loi du 29 juillet 1881 a supprimé :

1° La *provocation à la désobéis-*

sance aux lois (Loi 17 mai 1819, art. 6); — 2° L'*outrage à la morale publique et religieuse* (même loi, art. 8); — 3° L'*outrage aux religions* reconnues par l'Etat (Loi 25 mars 1822, art. 1er); — 4° Les délits d'*attaque contre la liberté des cultes*, le principe de la *propriété* et les droits de la *famille* (Déc. 11 août 1848, art. 3); — 5° Les attaques à la *Constitution*, au principe de la *souveraineté du peuple* et du *suffrage universel* (Déc. 11 août 1848, art. 1er); — 6° Le délit d'*excitation* à la *haine* et au *mépris du Gouvernement* (Déc. 11 août 1848, art. 4); — 7° Le délit consistant à *troubler* la *paix publique*, en excitant le *mépris* ou la *haine des citoyens les uns contre les autres* (Loi 25 mars 1822, art. 10; — Déc. 11 août 1848, art. 105); — 8° Le délit d'*attaques* contre le *respect dû aux lois* et l'inviolabilité des droits qu'elles ont consacrés; le délit d'*apologie de faits qualifiés crimes* ou *délits* par la loi (Loi 27 juillet 1849, art. 3); — 9° Le délit d'*infidélité* ou de *mauvaise foi dans le compte rendu* des séances des Chambres, ainsi que des audiences des cours et tribunaux (Loi 25 mars 1822, art. 7); — 10° L'interdiction de rendre compte des *procès de presse* (Déc. 17 février 1852, art. 17), sauf en ce qui concerne les procès en *diffamation* où la preuve des faits diffamatoires n'est pas autorisée; — 11° Le délit de *provocation à commettre un délit*, quand cette provocation n'a pas été suivie d'effet; — 12° Le délit d'*enlèvement* ou *dégradation des signes publics de l'autorité* (Loi 25 mars 1822, art. 5; Déc. 11 août 1848, art. 6, § 1er); — 13° Le délit de *port public* de tous *signes extérieurs de ralliement* non autorisés par la loi ou les règlements (Loi 17 mai 1819, art. 5; Loi 25 mars 1822, art. 9; Déc. 11 août 1848, art. 6, § 3); — 14° Le délit d'*exposition*, dans les lieux ou réunions publics, de *distribution* ou de *mise en vente* de tous *signes* ou *symboles propres à propager l'esprit de rébellion* ou à *troubler la paix publique* (Déc. 11 août 1848, art. 6, § 4); — 15° Le délit de *défaut de signature* ou de fausse signature d'un article de discussion politique, philosophique ou religieuse (Loi 16 juillet 1850, art. 3); — 16° Le délit de *publication* d'un fait relatif à la *vie privée* (Loi 11 mai 1868, art. 11).

3. — La loi du 29 juillet 1881 déclare passibles, comme *auteurs principaux*, des peines qui constituent la répression des crimes et délits commis par la voie de la presse, dans l'ordre ci-après, savoir: 1° Les *gérants* ou *éditeurs*, quelles que soient leurs professions ou leurs dénominations; 2° à leur défaut, les *auteurs;* 3° à défaut des auteurs, les *imprimeurs;* 4° à défaut des imprimeurs, les *vendeurs*, *distributeurs* et *afficheurs*.

Lorsque les gérants ou les éditeurs sont en cause, les auteurs sont poursuivis comme *complices*. — Peuvent l'être, au même titre, et dans tous les cas, toutes personnes auxquelles l'article 60 du Code pénal peut s'appliquer (voy. COMPLICE-COMPLICITÉ). Ledit article ne peut s'appliquer aux imprimeurs pour faits d'impression, sauf dans le cas et les conditions prévus par l'art. 6 de la loi du 7 juin 1848 sur les attroupements.

4. — Les propriétaires des journaux ou écrits périodiques sont *responsables* des condamnations pécuniaires prononcées au profit des tiers.

5. — Les crimes et délits commis par la voie de la presse sont déférés à la *Cour d'assises*. La poursuite a lieu d'office par le Ministère public, excepté dans le cas d'injure ou de diffamation.

6. — En cas de pourvoi en cassation, la loi dispense de consigner l'amende (voy. CASSATION).

7. — L'aggravation des peines résultant de la *récidive* n'est pas applicable aux infractions prévues par la loi du 29 juillet 1881. — En cas de conviction de *plusieurs crimes* ou *délits*, les peines ne se

cumulent pas, et *la plus forte* est seule prononcée.

8. — L'article 463 du Code pénal (*circonstances atténuantes*) est applicable dans tous les cas. Lorsqu'il y a lieu de faire cette application, la peine prononcée ne peut excéder la *moitié* de celle édictée par la loi.

9. — L'action publique et l'action civile se prescrivent après *trois mois* révolus, à compter du jour où le fait punissable a été commis ou du jour du dernier acte de poursuite, s'il en a été fait.

10. — Voy. AFFICHAGE; — IMPRIMERIE; — JOURNAL; — DIFFAMATION; — INJURE; — OFFENSE; — OUTRAGES; — PROVOCATIONS; — NOUVELLES FAUSSES.

PRESTATIONS EN NATURE. — Du latin *præstare*, fournir. — En cas d'insuffisance des revenus communaux pour l'ouverture, l'entretien et la réparation des chemins vicinaux, chaque habitant domicilié est tenu d'y contribuer par un certain nombre de journées de travail, mais la prestation en nature peut être rachetée en argent. — Voy. CHEMINS VICINAUX, 2 et suiv.

PRÊT. — (Cod. civ. art. 1874-1914; Lois 3 septembre 1807 et 19 décembre 1850.) — Du latin *præstare*, procurer, faire avoir. — Il n'y aurait point de société entre les hommes si chacun d'eux avait tout ce qu'il peut désirer pour la commodité de son existence. Le lien qui les unit ne s'est formé et ne subsiste que par la réciprocité des besoins et l'échange continuel des services. Or, on ne peut pas toujours vendre, louer ou échanger pour se procurer les choses nécessaires. Le *prêt* est une autre manière de s'entr'aider : il forme l'un des contrats les plus usuels.

— On distingue *deux sortes* de prêt, celui des choses dont on peut user, sans les consommer, sans les détruire, ou *prêt à usage*, — et celui des choses qui se consomment par l'usage qu'on en fait, ou *prêt de consommation*. Ce dernier prêt peut être gratuit ou *intéressé*; de là, en réalité, une troisième espèce de prêt : *le prêt à intérêt*.

SECT. I. — **PRÊT A USAGE.** — (Cod. civ. art. 1875-1891.) — Le *prêt à usage* ou *commodat* est le contrat par lequel l'une des parties livre une chose à l'autre pour s'en servir, à la charge par le preneur de la rendre après s'en être servi.

Ce prêt est essentiellement *gratuit*. La stipulation d'un prix en ferait un *louage*.

Tout ce qui est dans le commerce et ne se consomme pas par l'usage peut être l'objet de cette convention.

2. — L'*emprunteur*, devant rendre en bon état la chose qui lui a été prêtée, est tenu de veiller avec soin à sa conservation. Il ne peut s'en servir pour un temps plus long que celui convenu ou pour un usage autre que celui déterminé, à peine de dommages-intérêts et au risque de répondre, dans l'un ou l'autre cas, de la perte arrivée même par cas fortuit.

— Quant au *prêteur*, il ne peut retirer sa chose qu'après le terme convenu ou, à défaut de convention, qu'après qu'elle a servi à l'usage pour lequel elle a été empruntée. Si, néanmoins, il lui survenait un besoin imprévu et pressant de sa chose, il pourrait obtenir de la Justice l'autorisation de la reprendre.

SECT. II. — **PRÊT DE CONSOMMATION OU SIMPLE PRÊT.** — (Cod. civ. art. 1892-1904.)

1. — L'article 1892 du Code civil le définit « un contrat par lequel l'une des parties livre à l'autre une certaine quantité de choses qui se consomment par l'usage, à la charge par cette dernière de lui en rendre autant de même espèce et qualité. »

A la différence de ce qui a lieu dans le *prêt à usage*, l'emprunteur devient propriétaire de la chose prêtée, d'où la conséquence que c'est pour lui qu'elle périt de quelque manière que cette perte arrive.

2. — L'obligation de restituer s'exécute différemment, suivant que le prêt a pour objet une *somme d'argent* ou d'*autres choses* telles que

denrées et *marchandises.* — S'il s'agit d'une somme d'argent, l'emprunteur doit rendre non pas des pièces semblables à celles qu'il a reçues, mais pareille somme que celle énoncée au contrat, en espèces ayant cours au jour convenu pour la restitution, et quelques variations que les espèces aient éprouvées entre l'époque du prêt et celle du payement. On considère ici non pas la chose elle-même, mais sa valeur. Si, au contraire, le prêt consiste en denrées, marchandises ou lingots, la restitution à faire, quelque différence qui ait pu survenir dans leur prix, soit en plus soit en moins, n'est toujours que de la même quantité et qualité des choses empruntées.

On a prévu le cas où l'emprunteur de denrées, marchandises, etc., se trouverait dans l'impossibilité de satisfaire à ses engagements. Il doit alors payer la valeur de la chose prêtée eu égard au temps et au lieu déterminés pour la restitution. Si ce temps et ce lieu n'ont pas été réglés, le payement se fait au prix du temps et du lieu où l'emprunt a été contracté.

3. — Le prêteur ne peut pas redemander les choses prêtées avant le temps convenu, alors même qu'il en aurait un besoin imprévu et urgent. S'il en est différemment dans le prêt à usage, c'est que, la chose existant toujours entre les mains de l'emprunteur, celui-ci peut la rendre sans trop de préjudice. Dans le prêt de consommation, au contraire, la chose pouvant être consommée, il serait souvent très onéreux pour l'emprunteur de trouver à l'instant une chose semblable.

Sect. III. — **PRÊT A INTÉRÊT.** — (Cod. civ. art. 1905-1908; lois 3 septembre 1807, 19 décembre 1850, 12 janvier 1886.)

1. — Ce prêt, qui n'est qu'une variété du *prêt* dit *de consommation*, est celui dans lequel le prêteur stipule un dédommagement, un intérêt pour la privation momentanée de sa chose.

Dans l'ancien droit, toute stipulation d'intérêt en matière de prêt était *interdite.* Les Ordonnances royales étaient venues sanctionner les prohibitions canoniques. Cette défense de prêter, même à un taux modéré, eut pour résultat, d'une part d'empêcher, au grand préjudice du commerce et de l'industrie, la circulation des capitaux, car ceux qui ne voulaient pas éluder la loi gardaient leur argent, qu'un prêt gratuit eût exposé sans compensation; et, d'autre part, de rendre l'usure très dangereuse, car ceux qui enfreignaient la prohibition imaginaient une foule de moyens de l'éluder et stipulaient un intérêt d'autant plus fort qu'ils s'exposaient aux peines prononcées contre les prêteurs à intérêt.

Par la loi du 3 octobre 1789, l'Assemblée Constituante consacra la légitimité du prêt à intérêt, que le Code civil proclama (art. 1950), en faisant pressentir que la loi pourrait en régler le taux. C'est ce qui arriva, en effet, quatre ans après la publication du Code : le 3 septembre 1807, une loi décida qu'à l'avenir l'intérêt conventionnel *ne pourrait dépasser* 5 p. 100 en *matière civile* et 6 p. 100 en *matière commerciale.* Si l'intérêt commercial peut être plus élevé que l'intérêt civil, c'est parce qu'un commerçant tire un meilleur parti de l'argent qui lui est prêté et fait courir des risques plus grands à l'emprunteur.

La loi de 1807 contenait des dispositions pénales contre ceux qui en violeraient les prescriptions. Elle a été modifiée sur ce point par une loi du 19 décembre 1850 qui a eu pour but d'atteindre plus efficacement l'*usure* et de la punir plus sévèrement quand elle est *habituelle.* En voici la teneur :

Art. 1er. — « Lorsque, dans une instance civile ou commerciale, il sera prouvé que le prêt conventionnel a été fait à un taux supérieur à celui fixé par la loi, les perceptions excessives seront imputées de plein droit aux époques où elles auront eu lieu, sur les intérêts légaux alors échus et subsidiairement sur le capital de la créance.

» Si la créance est éteinte en capital et intérêts, le prêteur sera condamné à la restitution des sommes indûment perçues, avec intérêt du jour où elles lui auront été payées... »

Art. 2. — « Le délit d'habitude d'usure sera puni d'une amende qui pourra s'élever à la moitié des capitaux prêtés à usure et d'un emprisonnement de 6 jours à 6 mois. »

Art. 3. — « En cas de nouveau délit d'usure, le coupable sera condamné au maximum des peines prononcées par l'article précédent, et elles pourront être élevées jusqu'au double, sans préjudice des cas généraux de récidive prévus par les art. 57 et 58 du Code pénal.

» Après une première condamnation pour habitude d'usure, le nouveau délit résultera d'un fait postérieur, même unique, s'il s'est accompli dans les cinq ans à partir du jugement ou de l'arrêt de condamnation. »

Art. 4. — « S'il y a escroquerie de la part du prêteur, il sera passible des peines prononcées par l'art. 405 du Code pénal, sauf l'amende qui demeurera réglée par l'article 2 de la présente loi. »

Art. 5. — « Dans tous les cas, et suivant la gravité des circonstances, les Tribunaux pourront ordonner, aux frais du délinquant, l'affiche du jugement et son insertion par extrait dans un ou plusieurs journaux du département... »

— La loi du 12 janvier 1886, modifiant les lois des 3 septembre 1807 et 19 décembre 1850, a consacré la *liberté des conventions* sur le taux de l'intérêt en *matière commerciale*. Les dispositions restrictives de ces lois ne sont donc plus en vigueur aujourd'hui qu'en matière *civile*.

2. — Aux termes de l'article 1908 du Code civil, « la quittance du capital donnée sans réserve des intérêts en fait présumer le payement et en opère la libération. » — Cette présomption est toute naturelle, puisque, les intérêts n'étant que le produit du capital, le débiteur a dû vraisemblablement s'acquitter de ces produits avant de rendre le capital.

3. — Les intérêts ne peuvent être capitalisés et produire à leur tour des intérêts qu'autant qu'ils sont dus au moins pour une année entière. En le décidant ainsi, le Code civil (art. 1154) a voulu empêcher les abus et la ruine rapide des débiteurs. — Voy. ANATOCISME.

4. — On peut stipuler un prêt moyennant un capital que le prêteur s'interdit d'exiger. Dans ce cas, le prêt prend le nom de *constitution de rente*. — Voy. RENTE PERPÉTUELLE.

PRÊT SUR GAGES. (MAISONS DE) — (Loi 16 pluviôse an XII (6 février 1004); Cod. pén. art. 411.)

1. — Aucune maison de prêt sur gages ne peut être établie qu'au profit des pauvres et avec l'*autorisation* du Gouvernement. Les seules maisons aujourd'hui pourvues de cette autorisation sont les *Monts-de-Piété*. (Voy. ce mot.)

2. — Sont punies d'un *emprisonnement* de 15 jours au moins, de 3 mois au plus, et d'une *amende* de 100 fr. à 2000 fr., l'ouverture d'une maison de prêt sur gages sans autorisation, et les irrégularités commises par ceux qui auraient obtenu cette autorisation, dans la tenue des registres prescrits par les règlements.

PREUVES. — Voy. OBLIGATIONS, V.

PRÉVARICATION. — C'est le fait d'agir contre les devoirs de sa fonction.

On comprend sous le nom général de *prévarication* les crimes et délits de *forfaiture*, *concussion*, *corruption*, *abus d'autorité*, *déni de justice* (voy. ces mots).

1. — Sont *privilégiées* sur les fonds de leur *cautionnement* et sur les intérêts qui en peuvent être dus, les créances résultant d'abus et prévarications commis par les fonctionnaires publics dans l'exercice de leurs fonctions. (Cod. civ. art. 2102, n° 7.)

2. — L'*assureur* n'est point tenu

des prévarications et fautes du capitaine et de l'équipage, connues sous le nom de *baraterie de patron*, s'il n'y a convention contraire. (Cod. com. art. 353.)

PRÉVOYANCE. (INSTITUTIONS DE) — Voy. CAISSE DE RETRAITES POUR LA VIEILLESSE; — CAISSE D'ÉPARGNE; — CAISSES D'ASSURANCES EN CAS DE DÉCÈS ET D'ACCIDENTS; — SOCIÉTÉS DE SECOURS MUTUELS.

PRINCIPES DE 1789. — Il nous a paru intéressant de faire connaître en quoi consistent ces principes, que Napoléon Ier appelait les *vérités de la Révolution*, et dont tant de gens parlent à tort et à travers. Ils ont été l'objet d'une *déclaration* qui formait le préambule de la Constitution du 3 septembre 1791.

— Voici cette déclaration : « Les Représentants du Peuple Français, constitués en Assemblée Nationale, considérant que l'ignorance, l'oubli ou le mépris des droits de l'homme, sont les seules causes des malheurs publics et de la corruption des Gouvernements, ont résolu d'exposer dans une déclaration solennelle les droits naturels, inaliénables et sacrés de l'homme, afin que cette déclaration, constamment présente à tous les membres du corps social, leur rappelle sans cesse leurs droits et leurs devoirs ; afin que les actes du Pouvoir législatif et ceux du Pouvoir exécutif, pouvant être à chaque instant comparés avec le but de toute institution politique, en soient plus respectés ; afin que les réclamations des citoyens, fondées désormais sur des principes simples et incontestables, tournent toujours au maintien de la Constitution et au bonheur de tous. — En conséquence, l'Assemblée nationale reconnaît et déclare, en présence et sous les auspices de l'Être Suprême, les droits de l'homme et du citoyen :

Art. 1er. — « Les hommes naissent et demeurent libres et égaux en droit. Les distinctions sociales ne peuvent être fondées que sur l'utilité commune. »

Art. 2. — « Le but de toute association politique est la conservation des droits naturels et imprescriptibles de l'homme. Ces droits sont : la *liberté*, la *sûreté* et la *résistance à l'oppression.* »

Art. 3. — « Le principe de toute souveraineté réside essentiellement dans la Nation; nul corps, nul individu ne peut exercer d'autorité qui n'en émane expressément. »

Art. 4. — « La liberté consiste à pouvoir faire tout ce qui ne nuit pas à autrui : ainsi l'exercice des droits naturels de chaque homme n'a de bornes que celles qui assurent aux autres membres de la Société la jouissance de ces mêmes droits. Ces bornes ne peuvent être déterminées que par la loi. »

Art. 5. — « La loi n'a le droit de défendre que les actions nuisibles à la société. Tout ce qui n'est pas défendu par la loi ne peut être empêché, et nul ne peut être contraint à faire ce qu'elle n'ordonne pas. »

Art. 6. — « La loi est l'expression de la volonté générale. Tous les citoyens ont droit de concourir personnellement ou par leurs représentants à sa formation. Elle doit être la même pour tous, soit qu'elle protège, soit qu'elle punisse. Tous les citoyens, étant égaux à ses yeux, sont également admissibles à toutes dignités, places et emplois publics, selon leur capacité, et sans autre distinction que celle de leurs vertus et de leurs talents. »

Art. 7. — « Nul homme ne peut être accusé, arrêté ni détenu que dans les cas déterminés par la loi et selon les formes qu'elle a prescrites. Ceux qui sollicitent, expédient, exécutent ou font exécuter des ordres arbitraires doivent être punis ; mais tout citoyen appelé ou saisi en vertu de la loi doit obéir à l'instant ; il se rend coupable par la résistance. »

Art. 8. — « La loi ne doit établir que des peines strictement et évidemment nécessaires, et nul ne peut être puni qu'en vertu d'une loi établie et promulguée antérieurement au délit et légalement appliquée. »

Art. 7. — « Tout homme étant présumé innocent jusqu'à ce qu'il ait été déclaré coupable, s'il est jugé indispensable de l'arrêter, toute rigueur qui ne serait pas nécessaire pour s'assurer de sa personne doit être sévèrement réprimée par la loi. »

Art. 10. — « Nul ne doit être inquiété pour ses opinions, même religieuses, pourvu que leur manifestation ne trouble pas l'ordre public établi par la loi. »

Art. 11. — « La libre communication des pensées et des opinions est un des droits les plus précieux de l'homme; tout citoyen peut donc parler, écrire, imprimer librement, sauf à répondre de l'abus de cette liberté dans les cas déterminés par la loi. »

Art. 12. — « La garantie des droits de l'homme et du citoyen nécessite une force publique; cette force est donc instituée pour l'avantage de tous, et non pour l'utilité particulière de ceux auxquels elle est confiée. »

Art. 13. — « Pour l'entretien de la force publique et pour les dépenses d'administration, une contribution commune est indispensable; elle doit être également répartie entre tous les citoyens, en raison de leurs facultés. »

Art. 14. — « Tous les citoyens ont le droit de constater, par eux-mêmes ou par leurs représentants, la nécessité de la contribution publique, de la consentir librement, d'en suivre l'emploi, et d'en déterminer la quotité, l'assiette, le recouvrement et la durée. »

Art. 15. — « La Société a le droit de demander compte à tout agent public de son administration. »

Art. 16. — « Toute Société dans laquelle la garantie des droits n'est pas assurée, ni la séparation des Pouvoirs déterminée, n'a point de Constitution. »

Art. 17. — « La propriété étant un droit inviolable et sacré, nul ne peut en être privé, si ce n'est lorsque la nécessité publique l'exige évidemment, et sous la condition d'une juste et préalable indemnité. »

PRISE A PARTIE. — (Cod. proc. civ. art. 505-516.) — Voie par laquelle on peut obtenir d'un Juge la réparation du tort qu'il a causé en abusant de son autorité.

I. Cas de la prise a partie. — Il importait de sauvegarder le repos et la dignité du magistrat contre la liberté indéfinie pour le plaideur de lui demander raison de ses jugements. Aussi cette faculté de prendre un Juge à partie a-t-elle été limitée à certains cas déterminés avec précision dans l'article 505 du Code de procédure civile. Voici ces cas :

1° *S'il y a dol, fraude ou concussion.* — Il y a *dol* ou *fraude* si le Juge altère sciemment la réponse d'une partie, la déposition d'un témoin, le sens ou la portée d'un titre dont il est chargé de faire le rapport; s'il concourt à quelque acte ayant pour but de tromper la religion de ses collègues; ou enfin s'il commet sciemment une injustice par des motifs de faveur, de haine ou d'intérêt personnel.

Il y a *concussion*, d'après l'article 174 du Code pénal, si le Juge exige ou reçoit de la partie des droits, taxes ou émoluments qu'il sait n'être pas dus, abus qui se présentera bien rarement aujourd'hui, mais qui autrefois pouvait se produire par suite de l'usage où étaient quelques Tribunaux de percevoir certains droits sous le nom d'*épices*.

2° *Si la prise à partie est expressément prononcée par la loi.* — Elle l'est dans les articles 77, 112, 164, 271, 370 et 593 du Code d'Instruction criminelle qui attachent la peine de la prise à partie à la violation des formes destinées à sauvegarder la liberté individuelle, à garantir l'exactitude des dépositions des témoins, et à assurer l'authenticité des jugements et arrêts.

L'inobservation de ces formalités, dont le législateur a voulu garantir l'accomplissement par une sanction rigoureuse, donne ouverture à la prise à partie indépendamment de toute intention dolosive de la part des magistrats.

3° *Si la loi déclare les Juges responsables à peine de dommages-intérêts.* — Ainsi, il y a lieu à exercer la prise à partie : 1° Lorsqu'un Juge s'est rendu coupable d'un acte arbitraire et attentatoire à la liberté individuelle (Cod. pén. art. 1175) ; — 2° Lorsqu'un Juge de paix laisse périmer l'instance liée par devant lui (Cod. proc. civ. art. 15) ; — 3° Lorsqu'il fait la levée des scellés avant le délai prescrit par la loi (Cod. proc. civ. art. 928) ; — 4° Lorsqu'une Cour d'appel sursoit à l'exécution d'un jugement des Tribunaux de Commerce, même attaqué pour cause d'incompétence (Cod. com. art. 647).

4° *S'il y a déni de justice.* — (Voy. DÉNI DE JUSTICE.)

II. FORMES DE LA PRISE A PARTIE. — Il ne suffit pas d'alléguer l'une des causes qui autorisent la prise à partie pour que le Juge soit traduit en Justice. Il faut, au préalable, obtenir la permission du Tribunal devant lequel l'action doit être portée.

Cette permission se demande par une requête signée de la partie ou de son fondé de procuration authentique et spéciale ; on y joint, s'il y en a, les pièces justificatives. — La requête ne doit contenir *aucun terme injurieux* contre les Juges, à peine d'*amende* contre la partie et d'injonction ou de suspension à l'égard de l'Avoué.

Les demandes en prise à partie sont *dispensées du préliminaire de conciliation.* (Cod. proc. civ. art. 49, n° 7.) — Elles doivent être *communiquées au Ministère public.* (Même code, art. 83, n° 5.) — Voy. CONCILIATION ; — COMMUNICATION AU MINISTÈRE PUBLIC.

III. COMPÉTENCE. — La prise à partie contre les *Juges de paix*, les *Tribunaux de Commerce* ou *de première instance*, ou contre quelques-uns de leurs membres, et celle dirigée contre un Conseiller à une Cour d'appel ou à une Cour d'Assises, sont portées à la Cour d'appel du ressort.

La prise à partie contre les *Cours d'Assises*, les *Cours d'appel* ou l'une de leurs sections, est portée à la Cour de Cassation.

IV. PROCÉDURE. — Le Tribunal compétent, suivant les distinctions ci-dessus, statue sur l'admission de la requête demandant l'autorisation de la prise à partie.

Si la requête est *rejetée*, la partie est condamnée à une *amende* qui ne peut être moindre de 300 francs, sans préjudice, s'il y a lieu, de tous dommages-intérêts.

Si la requête est admise, elle est signifiée dans 3 jours au Juge pris à partie qui est tenu de fournir ses défenses dans la huitaine. — Il *doit s'abstenir* de la connaissance du différend, comme aussi (à peine de nullité des jugements) de toutes les causes que la partie, ses parents en ligne directe, ou son conjoint, pourraient avoir dans son Tribunal, jusqu'au jugement définitif de la prise à partie.

La prise à partie est jugée par une *autre Section* que celle qui l'a admise, et si la Cour ne se compose que d'une Section, le jugement est renvoyé à la *Cour la plus voisine* par la Cour de Cassation.

— Si définitivement la prise à partie est reconnue *fondée*, le Juge est condamné à des *dommages-intérêts* proportionnés au préjudice éprouvé par le demandeur ; si, au contraire, ce dernier est *débouté*, il est condamné à une amende de 300 francs, et est passible de tous *dommages* envers le Juge.

PRISEUR (COMMISSAIRE-) — Voy. COMMISSAIRE-PRISEUR.

PRISONS. — On comprend sous ce nom général les établissements institués pour recevoir, soit les individus qui sont *prévenus* de crimes ou de délits et qui ne sont pas encore jugés, soit les individus qui ont été *condamnés.*

1. — Sous le rapport administratif, les prisons se divisent en 3 classes, savoir : les *maisons centrales;* — les *prisons départementales;* — les *prisons cantonales* et *municipales.*

§ 1er. — MAISONS CENTRALES. — Les maisons centrales (ou Maisons de *force* et de *correction*), au nombre de 21, sont situées à *Albertville* (Savoie); — *Auberive* (Haute-Marne); — *Aniane* (Hérault); — *Beaulieu* (Calvados); — *Belle-Ile* (Morbihan); — *Cadillac* (Gironde); — *Clairvaux* (Aube); — *Clermont* (Oise); — *Doullens* (Somme); — *Embrun* (Hautes-Alpes); — *Eysses* (Lot-et-Garonne); — *Fontevrault* (Maine-et-Loire); — *Gaillon* (Eure); — *Landerneau* (Finistère); — *Loos* (Nord); — *Melun* (Seine-et-Marne); — *Montpellier* (Hérault) : — *Nimes* (Gard); — *Poissy* (Seine-et-Oise); — *Rennes* (Ille-et-Vilaine); — *Riom* (Puy-de-Dôme).

Chacune de ces Maisons est affectée au service d'un certain nombre de départements et sert à renfermer : 1° les condamnés à un *emprisonnement correctionnel de plus d'une année;* — 2° les condamnés à la *réclusion;* — 3° les condamnés aux *travaux forcés*, âgés de 60 *ans* accomplis au moment du jugement.

§ 2. — PRISONS DÉPARTEMENTALES. — Ce sont les Maisons d'*arrêt;* — les Maisons de *justice* et les Maisons de *correction départementales.*

Il doit y avoir, dans chaque département, *près de chaque Tribunal de première instance*, une *maison d'arrêt* pour y retenir les prévenus contre lesquels il a été décerné un *mandat de dépôt* ou *d'arrêt;* — et, *près de chaque Cour d'Assises*, une *Maison de Justice* pour y retenir 1° les accusés qui ont été l'objet d'un *arrêt de renvoi* devant la Cour d'Assises; — 2° les *condamnés* à quelque peine que ce soit, *en attendant leur transfèrement* au bagne ou à la maison centrale ou correctionnelle.

Enfin chaque département doit avoir une ou plusieurs Maisons de correction pour y recevoir les condamnés à un *emprisonnement correctionnel dont la durée n'excède pas une année* et les *enfants détenus par voie de correction paternelle.*

§ 3. — PRISONS CANTONALES ET MUNICIPALES. — Elles sont destinées à l'emprisonnement : 1° des condamnés par voie de *police municipale;* — 2° des délinquants arrêtés en *flagrant délit* et *qui ne peuvent être immédiatement interrogés.*

Chaque Commune est tenue d'avoir une prison qu'on nomme, selon l'usage des lieux, *maison de police municipale, maison de dépôt, salle de police, dépôt de sûreté, violon, prison cantonale, dépôt près de la Justice de paix.*

II. NOUVEAU RÉGIME DES PRISONS DÉPARTEMENTALES. EMPRISONNEMENT CELLULAIRE. (Loi 5 juin 1875; déc. 3 novembre 1875.) — La statistique a démontré l'accroissement incessant de la récidive, et cette augmentation regrettable est due en grande partie à l'insuffisance du régime pénitentiaire au point de vue moralisateur.

A la suite d'une longue enquête sur le régime des établissements pénitentiaires en France, est intervenue une loi du 5 juin 1875, dont voici la teneur :

DU RÉGIME DES INCULPÉS, PRÉVENUS ET ACCUSÉS.

Art. 1er. — « Les inculpés, prévenus et accusés seront, à l'avenir, individuellement *séparés* pendant le jour et la nuit. »

DU RÉGIME DES CONDAMNÉS A L'EMPRISONNEMENT.

Art. 2. — « Seront soumis à l'*emprisonnement individuel* les condamnés à un emprisonnement d'un an et un jour et au-dessous. — Ils subiront leur peine dans les maisons de correction départementales. »

Art. 3. — « Les condamnés à un emprisonnement de plus d'un an et un jour pourront, *sur leur demande*, être soumis au régime de l'emprisonnement individuel. — Ils seront, dans ce cas, maintenus dans les maisons de correction départementales jusqu'à l'expiration de leur peine, sauf décision contraire prise par l'Administration, sur l'avis de la Commission de surveillance de la prison. »

Art. 4. — « La durée des peines subies sous le régime de l'emprisonnement individuel sera, de plein droit, *réduite d'un quart*. — La réduction ne s'opérera pas sur les peines de 3 mois et au-dessous. — Elle ne profitera, dans le cas prévu par l'article 3, qu'aux condamnés ayant passé 3 *mois consécutifs* dans l'isolement, et dans la proportion de temps qu'ils y auront passé. »

Art. 5. — « Un règlement d'administration publique fixera les conditions d'organisation du travail et déterminera le régime intérieur des maisons consacrées à l'application de l'emprisonnement individuel. »

Art. 6. — « A l'avenir, la reconstruction ou l'appropriation des prisons départementales ne pourra avoir lieu qu'en vue de l'application du régime prescrit par la présente loi. — Les projets, plans et devis seront soumis à l'approbation du Ministre de l'Intérieur et les travaux seront exécutés sous son contrôle. »

Art. 7. — « Des *subventions* pourront être accordées par l'État, suivant les ressources du budget, pour venir en aide aux départements dans les dépenses de reconstruction et d'appropriation. — Il sera tenu compte, dans leur fixation, de l'étendue des sacrifices précédemment faits par eux pour leurs prisons, de la situation de leurs finances et du produit du centime départemental. — Elles ne pourront, en aucun cas, dépasser : — la moitié de la dépense, pour les départements dont le centime est inférieur à 20 000 fr.; — le tiers, pour ceux dont le centime est supérieur à 20 000 fr., mais inférieur à 40 000 fr.; — le quart pour ceux dont le centime est supérieur à 40 000 francs. »

Art. 8. — « Le nouveau régime pénitentiaire sera appliqué au fur et à mesure de la transformation des prisons. »

Art. 9. — « Un *Conseil supérieur des prisons*, pris parmi les hommes s'étant notoirement occupés des questions pénitentiaires, est institué auprès du Ministre de l'Intérieur, pour veiller, d'accord avec lui, à l'exécution de la présente loi. » Sa composition et ses attributions ont été réglées par un décret du 3 novembre 1875.

III. Répression des crimes dans l'intérieur des prisons. (Loi 25 décembre 1880.) — Des crimes étaient fréquemment commis par les détenus, dans l'intérieur des prisons, sans autre motif que le désir d'échanger le régime de ces maisons contre celui du bagne. Pour déjouer ces calculs et protéger contre d'odieuses tentatives la vie des détenus paisibles et celle des agents préposés à leur garde, une loi du 25 décembre 1880 a édicté la disposition suivante :

« Lorsque, à raison d'un *crime commis dans une prison* par un détenu, la peine des travaux forcés à temps ou à perpétuité est appliquée, la Cour d'assises ordonnera que cette *peine sera subie dans la prison même* où le crime a été commis, à moins d'impossibilité, pendant la durée qu'elle déterminera, et qui ne pourra être inférieure au temps de réclusion ou d'emprisonnement que le détenu avait à subir au moment du crime. — L'impossibilité prévue par le paragraphe précédent sera constatée par le Ministre de l'intérieur, sur l'avis de la Commission de surveillance de la prison. Dans ce cas, la peine sera subie dans une maison centrale. — La Cour d'assises pourra ordonner, en outre, que le condamné sera resserré plus étroitement, enfermé seul et soumis, pendant un temps qui n'excédera pas un an, à l'*emprisonnement cellulaire.* »

IV. Pécule des prisonniers. — Le pécule provenant du travail des détenus dans les maisons centrales est *divisé en 2 parties égales* dont l'une peut être employée à leur profit pendant leur captivité, et l'autre leur est remise au jour de la libération. (Ordon. 27 déc. 1843.) — Aux termes du décret du 22 octobre 1880, le reliquat du pécule disponible, au jour de la sortie des détenus, est appliqué, jusqu'à due concurrence, au payement des *condamnations pécuniaires dues* par eux *au Trésor*. Toutefois, si le pécule réservé, déduction faite des frais de route et d'habillement, *n'atteint pas* 100 fr., le pécule disponible est employé, par préférence, à compléter cette somme.

V. — Voy. tabac, 3.

PRIVÉ. (droit) — Voy. droit privé.

PRIVILÈGE. — (Cod. civ. art. 2092 et suiv.)

Le *Privilège* est un droit que la qualité de la créance donne à un créancier d'être préféré aux autres créanciers, même hypothécaires.

La loi a réglé l'étendue et l'ordre des différents privilèges qu'elle a établis, soit sur les meubles ou sur les immeubles, soit tout à la fois sur les meubles et immeubles du débiteur.

Les créanciers qui sont privilégiés dans le *même rang* sont payés par *concurrence.*

I. Privilèges sur les meubles. — Ils sont ou *généraux*, ou *particuliers sur certains meubles.*

§ 1er. — *Privilèges généraux sur les meubles.* — Les créances privilégiées sur la généralité des meubles sont celles ci-après exprimées : 1° les *frais de Justice;* — 2° les *frais funéraires;* — 3° les *frais quelconques de dernière maladie*, concurremment entre ceux à qui ils sont dus ; — 4° les *mois de nourrice* dus par les parents ou par toute autre personne (Loi 23 déc. 1874, art. 14); — 5° les *salaires des gens de service* pour l'année échue et ce qui est dû sur l'année courante ; — 6° les *fournitures des subsistances faites au débiteur et à sa famille*, savoir : pendant les *six derniers mois*, pour les *marchands en détail*, tels que boulangers, bouchers et autres, et, pendant la *dernière année*, pour les *maîtres de pension* et *marchands en gros.*

Les privilèges attachés à ces diverses créances s'exercent dans l'ordre de leur énumération.

§ 2. — *Privilèges sur certains meubles.* — Les créances privilégiées sur certains meubles sont :

1° Les *loyers et fermages des immeubles*, sur les fruits de la récolte de l'année et sur le prix de tout ce qui garnit la maison louée ou la ferme et de tout ce qui sert à l'exploitation de la ferme, savoir : pour tout *ce qui est échu* et pour tout *ce qui est à échoir*, si les baux sont *authentiques*, ou si, étant sous signature privée, ils ont une *date certaine;* — dans ces deux cas, les autres créanciers ont le droit de relouer la maison ou la ferme pour le restant du bail, et de faire leur profit des baux et fermages, à la charge toutefois de payer au propriétaire tout ce qui lui est encore dû ; — et, *à défaut de baux authentiques*, ou lorsque, étant sous signature privée, ils n'ont *pas une date certaine*, pour *une année* a partir de l'expiration de l'année courante.

Le même privilège a lieu pour les réparations locatives et pour tout ce qui concerne l'exécution du bail.

Néanmoins, les sommes dues pour les *semences* ou pour les *frais de la récolte* de l'année sont payées sur le prix de la récolte, et celles dues pour *ustensiles*, sur le prix de ces ustensiles *par préférence au propriétaire*, dans l'un et l'autre cas.

Le propriétaire peut saisir les meubles qui garnissent sa maison ou sa ferme, lorsqu'ils ont été déplacés sans son consentement, et il conserve sur eux son privilège, pourvu qu'il ait fait la revendication, savoir :

lorsqu'il s'agit du mobilier qui garnissait une *ferme*, dans le délai de *quarante jours;* et dans celui de *quinzaine*, s'il s'agit des meubles garnissant une *maison;*

2° La créance, sur *le gage dont le créancier est saisi;*

3° Les *frais* faits *pour la conservation de la chose;*

4° Le *prix d'effets non payés*, s'ils sont encore en la possession du débiteur, soit qu'il ait acheté à terme ou sans terme. — Si la vente a été faite sans terme, le vendeur peut même revendiquer ces effets tant qu'ils sont en la possession de l'acheteur et empêcher la revente, pourvu que la revendication soit faite dans la *huitaine* de la livraison et que les effets se trouvent dans le même état qu'au moment de cette livraison. — Le privilège du vendeur ne s'exerce toutefois qu'*après celui du propriétaire* de la maison ou de la ferme, à moins qu'il ne soit prouvé que le propriétaire avait connaissance que les meubles et autres objets garnissant sa maison ou sa ferme n'appartenaient pas au locataire;

5° Les *fournitures d'un aubergiste*, sur les effets du voyageur qui ont été transportés dans son auberge;

6° Les *frais de voiture* et les dépenses accessoires sur la chose voiturée;

7° Les créances résultant d'*abus* et *prévarications* commis par les *fonctionnaires publics* dans l'exercice de leurs fonctions, sur les fonds de leur *cautionnement* et les intérêts qui en peuvent être dus.

— Une loi du 12 février 1872 ayant pour objet de déterminer la *réduction du privilège des propriétaires d'immeubles affectés à une destination industrielle* ou *commerciale*, lorsque l'industriel ou le commerçant qui les occupe tombe en *faillite*, a édicté les dispositions suivantes :

Art. 1er. — « ... Si le bail est résilié, le propriétaire d'immeubles affectés à l'industrie ou au commerce du failli aura privilège pour les deux dernières années de location échues avant le jugement déclaratif de faillite, pour l'année courante pour tout ce qui concerne l'exécution du bail et pour les dommages-intérêts qui pourront lui être alloués par les Tribunaux.

» Au cas de non-résiliation, le bailleur, une fois payé de tous les loyers échus, ne pourra pas exiger le payement des loyers en cours ou à échoir, si les sûretés qui lui ont été données lors du contrat sont maintenues, ou si celles qui lui ont été fournies depuis la faillite sont jugées suffisantes.

» Lorsqu'il y aura vente et enlèvement des meubles garnissant les lieux loués, le bailleur pourra exercer son privilège comme au cas de résiliation ci-dessus, et, en outre, pour une année à échoir à partir de l'expiration de l'année courante, que le bail ait ou non date certaine.

» Les syndics pourront continuer ou céder le bail pour tout le temps restant à courir, à la charge par eux ou leurs concessionnaires de maintenir dans l'immeuble gage suffisant, et d'exécuter, au fur et à mesure des échéances, toutes les obligations résultant du droit ou de la convention, mais sans que la destination des lieux loués puisse être changée.

» Dans le cas où le bail contiendrait interdiction de céder le bail ou de sous-louer, les créanciers ne pourront faire leur profit de la location que pour le temps à raison duquel le bailleur aurait touché ses loyers par anticipation et toujours sans que la destination des lieux puisse être changée.

» Le privilège et le droit de revendication établis par le n° 4 de l'article 2102 du Code civil au profit du vendeur d'effets mobiliers ne peuvent être exercés contre la faillite. »

Art. 2. — « La présente loi ne s'appliquera pas aux baux qui, avant sa promulgation, auront acquis date certaine.

» Toutefois, le propriétaire qui, en vertu desdits baux, a privilège pour tout ce qui est échu et pour tout ce qui est à échoir, ne pourra exiger par anticipation les loyers à échoir, s'il lui est donné des sûretés suffisantes pour en garantir le payement. »

II. Privilèges spéciaux sur les immeubles. — Les créanciers privilégiés sur certains immeubles sont :

1° *Le vendeur, sur l'immeuble vendu, pour le payement du prix.* — S'il y a plusieurs ventes successives dont le prix soit dû en tout ou en partie, le premier vendeur est préféré au second, le deuxième au troisième, et ainsi de suite; — 2° *Ceux qui ont fourni les fonds pour l'acquisition d'un immeuble*, pourvu qu'il soit authentiquement constaté, par l'acte d'emprunt, que la somme était destinée à cet emploi, et, par la quittance du vendeur, que ce payement a été fait des deniers empruntés; — 3° *Les cohéritiers*, sur les immeubles de la succession, pour la garantie des partages faits entre eux et des soulte ou retour de lots; — 4° *Les Architectes, Entrepreneurs, Maçons* et *autres ouvriers* employés pour édifier, reconstruire ou réparer des bâtiments, canaux, ou autres ouvrages quelconques, pourvu néanmoins que, par un expert nommé d'office par le Tribunal de première instance dans le ressort duquel les bâtiments sont situés, il ait été dressé préalablement un procès-verbal à l'effet de constater l'état des lieux relativement aux ouvrages que le propriétaire déclarera avoir l'intention de faire, et que les ouvrages aient été, dans les six mois au plus de leur perfection, reçus par un expert également nommé d'office; mais le montant du privilège ne peut excéder les valeurs constatées par le second procès-verbal, et il se réduit à la plus-value existante à l'époque de l'aliénation de l'immeuble et résultant des travaux qui y ont été faits; — 6° *Ceux qui ont prêté les deniers pour payer ou rembourser les ouvriers* jouissent du même privilège, pourvu que cet emploi soit authentiquement constaté par l'acte d'emprunt et par la quittance des ouvriers, ainsi qu'il a été dit ci-dessus pour ceux qui ont prêté les deniers destinés à l'acquisition d'un immeuble.

III. Privilèges s'étendant sur les meubles et sur les immeubles. — Ce sont : 1° Les *frais de Justice;* — 2° Les *frais funéraires;* — 3° Les *frais quelconques de la dernière maladie*, concurremment entre ceux à qui ils sont dus; — 4° Les *salaires des gens de service*, pour l'année échue et ce qui est dû sur l'année courante; — 5° Les *fournitures de subsistances faites au débiteur et à sa famille*, savoir : pendant les 6 *derniers mois* par les *marchands en détail*, tels que boulangers, bouchers et autres, et, pendant la *dernière année*, par les *maîtres de pension* et *marchands en gros.*

Lorsque, *à défaut de mobilier*, les créanciers ci-dessus se présentent pour être payés sur le prix d'un immeuble *en concurrence* avec les créanciers privilégiés sur l'immeuble, ils *passent avant* ces derniers.

IV. Mode de conservation des privilèges. — Les privilèges n'ont d'effet, en général, et à l'exception de ceux qui portent sur les meubles, qu'autant qu'ils ont été rendus publics par leur *inscription* sur un registre ouvert, dans chaque arrondissement, au bureau d'un fonctionnaire nommé *Conservateur des hypothèques.*

Quant au privilège du *vendeur*, la publicité résulte de la *transcription* du contrat de vente au bureau des hypothèques et de l'inscription que le Conservateur est tenu d'opérer d'office à la suite de la transcription.

Le privilège des *cohéritiers* ou *copartageants* se conserve par une inscription prise dans les 60 jours à dater de l'acte du partage ou de l'adjudication par licitation; celui des *Architectes, Entrepreneurs, Ouvriers*, par l'inscription des deux procès-verbaux constatant le commencement et l'achèvement des travaux.

— Les privilèges dont la conservation est subordonnée à la formalité d'une inscription à prendre *dans un certain délai dégénèrent en hypothèques légales,* lorsque l'*inscription* n'a été prise que *postérieurement* à ce délai.

— Pour ce qui concerne le *mode d'inscription* des privilèges, leur *renouvellement,* leur *radiation* et leur *réduction* ainsi que leur *extinction,* nous renvoyons le lecteur au mot HYPOTHÈQUE, IV, V et VI, les formalités étant identiques.

PROCÉDURE CIVILE. (CODE DE) — Voy. CODE DE PROCÉDURE CIVILE.

PROCURATION. — Du latin *curare pro,* prendre soin pour un autre. — Voy. MANDAT.

PROCUREUR. — Mot synonyme de *mandataire.*

Avant la Révolution, les Avoués s'appelaient *procureurs.* Cette dénomination fut supprimée, en 1791, à cause du discrédit où était tombée la profession, et on la remplaça par celle d'*avoué.* — Voy. AVOUÉ.

PROCUREUR GÉNÉRAL. — C'est le magistrat placé, à la Cour de cassation et dans chaque Cour d'appel, à la tête du *Ministère public.* (Voy. ce mot.)

PROCUREUR DE LA RÉPUBLIQUE. — Magistrat chargé des fonctions du *Ministère public* auprès de chaque Tribunal de première instance.

Il s'est appelé, suivant les temps, *Procureur du Roi, Procureur impérial.* — Voy. MINISTÈRE PUBLIC.

PRODIGUE. — Se dit d'un individu qui dissipe follement son patrimoine. — Voy. CONSEIL JUDICIAIRE.

PRODUCTION. (SOCIÉTÉ DE) — Voy. SOCIÉTÉS COOPÉRATIVES.

PROFIT MARITIME. — Somme stipulée par le *prêteur à la grosse* en compensation des risques de mer. — Voy. CONTRAT A LA GROSSE.

PROMESSE. — 1. — En principe, l'inexécution d'une promesse de *mariage* ne peut donner lieu à des dommages-intérêts; cependant, si cette inexécution avait causé un préjudice et si elle n'avait pas un juste motif, la partie plaignante serait fondée à réclamer des dommages-intérêts par application de l'article 1382 du Code civil ainsi conçu: « *Tout fait quelconque de l'homme, qui cause à autrui un dommage, oblige celui par la faute duquel il est arrivé à le réparer.* »

2. — La promesse de *vente* vaut vente lorsqu'il y a consentement réciproque des deux parties sur la chose et sur le prix. (Cod. civ. art. 1589.)

3. — Sont considérés comme *complices* d'une action qualifiée crime ou délit ceux qui, par promesses, ont provoqué à cette action. (Cod. pén. art. 60.) — Voy. COMPLICE, — COMPLICITÉ.

4. — Voy. CORRUPTION DE FONCTIONNAIRES.

PROMULGATION. — Du latin *promulgare,* mettre devant le peuple. — C'est le mode d'après lequel la loi est portée à la connaissance des citoyens et devient obligatoire pour eux.

Un décret du 6 avril 1876 a réglé ainsi qu'il suit la *formule de promulgation* des lois :

« Le Sénat et la Chambre des Députés ont adopté,

Le Président de la République promulgue la loi dont la teneur suit :

(Texte de la loi)

La présente loi, délibérée et adoptée par le Sénat et par la Chambre des Députés, sera exécutée comme loi de l'Etat.

Fait à le »

— Pour ce qui concerne le *délai de la promulgation* d'une loi votée, voy. POUVOIRS PUBLICS. (*Rapports des*)

La promulgation des lois et décrets résulte de leur insertion au *Journal officiel de la République française,* lequel remplace à cet égard le *Bulletin des Lois.* L'insertion dans ce dernier recueil des actes non insérés au *Journal officiel* en opère promulgation.

— Les lois et les décrets sont

obligatoires, à Paris, 1 jour franc après la promulgation, et partout ailleurs, dans l'étendue de chaque arrondissement, 1 jour franc après que le *Journal officiel* qui les contient est parvenu au chef-lieu de cet arrondissement.

Le Gouvernement, par une disposition spéciale, peut ordonner l'*exécution immédiate* d'un décret.

Les Préfets et Sous-Préfets prennent les mesures nécessaires pour que les actes législatifs soient imprimés et affichés partout où besoin est.

— Les Tribunaux et les Autorités administratives peuvent, selon les circonstances, accueillir l'exception d'*ignorance* alléguée par les contrevenants, si la contravention a eu lieu dans le délai de 3 jours francs à partir de la promulgation. (Déc. 5 novembre 1870.)

PROPRIÉTÉ. — (Cod. civ. art. 544-577 ; 711-718.)

1. — La propriété est le droit d'user, de jouir et de disposer des choses qui nous appartiennent, de la manière la plus absolue, pourvu qu'on n'en fasse pas un usage prohibé par les lois ou par les règlements.

— L'idée de propriété se trouve dans tous les temps et chez tous les peuples. C'est vers la propriété que tendent tous les efforts de l'homme, toutes ses aspirations : elle est pour lui tout à la fois un besoin et un droit. Supprimer l'intérêt individuel ou la propriété, comme le rêvent certaines sectes, ce serait enlever à la Société son véritable point d'appui et la condamner à périr par la langueur du travail qui sans elle n'aurait plus d'attrait.

2. — L'intérêt particulier étant subordonné à l'intérêt général, il en résulte que le propriétaire, qui exerce son droit sous la protection des lois, doit se soumettre aux restrictions qu'elles imposent. Ainsi, il ne peut *bâtir sur un terrain joignant la voie publique* sans observer l'*alignement* (voy. ALIGNEMENT); — il ne peut *planter* des arbres, établir des *vues* ou *fenêtres* sur l'héritage de son voisin sans observer *certaines distances* (voy. PLANTATIONS ; — JOUR) ; — il ne peut établir des *ateliers dangereux, insalubres* ou *incommodes* pour le voisinage sans *autorisation* (voy. ÉTABLISSEMENTS DANGEREUX, INSALUBRES OU INCOMMODES, etc.).

Pour le même motif, et bien qu'en principe le droit de propriété soit inviolable, le propriétaire peut en être dépouillé, lorsque l'intérêt général exige ce sacrifice de sa part. — Voy. EXPROPRIATION POUR CAUSE D'UTILITÉ PUBLIQUE.

3. — La propriété d'une chose, soit mobilière, soit immobilière, donne droit sur tout ce qu'elle produit et sur ce qui s'y unit accessoirement, soit naturellement, soit artificiellement. Ce droit s'appelle *droit d'accession*. — Voy. FRUITS ; — ALLUVION.

4. — Les différents attributs dont se compose le droit de propriété (droit d'*user*, de *jouir*, de *disposer*) sont ordinairement réunis dans la même main, et la propriété est alors complète. Mais il peut se faire qu'une personne ait seulement le droit d'user ou celui de jouir, sans avoir le droit de disposer, qui appartient à une autre personne. Dépouillée du droit de jouir, la propriété prend le nom de *nue-propriété*, et celui qui l'a s'appelle *nu-propriétaire*. — Voy. USAGE ; — USUFRUIT ; — HABITATION.

5. — La propriété peut aussi être grevée de charges pour l'usage et l'utilité ou le simple agrément d'un héritage appartenant à un autre propriétaire. Ces charges sont désignées sous le nom de *servitudes* (voy. ce mot).

6. — La propriété s'acquiert ou se transmet par *succession*, par *donation entre vifs* ou *testamentaire*, par l'*effet des obligations* et par *prescription*. — Voy. SUCCESSIONS ; — DONATION ENTRE VIFS ; — TESTAMENT ; — OBLIGATIONS ; — PRESCRIPTION.

PROPRIÉTÉ INDUSTRIELLE.

— On comprend sous le mot de *propriété industrielle* le droit exclusif que peut avoir un fabricant ou commerçant d'exploiter un dessin, un modèle, un procédé dont il est inventeur ou que l'inventeur lui a cédé, comme aussi le droit exclusif de se servir d'une marque, d'un nom, d'une désignation spéciale pour constater l'identité des produits sortis de sa maison. La propriété industrielle embrasse donc ainsi les découvertes et procédés nouveaux, les dessins de fabrique, les marques, les noms, les enseignes. — Voy. BREVET D'INVENTION; — DESSINS DE FABRIQUE; — ENSEIGNE; — MARQUES DE FABRIQUE ET DE COMMERCE.

PROPRIÉTÉ LITTÉRAIRE ET ARTISTIQUE. — (Lois 19 juillet 1793, art. 1er; Déc. 28 mars 1852; Loi 14 juillet 1866; Cod. pén. art. 425-429.)

1. — On désigne ainsi le droit exclusif qu'ont les auteurs d'écrits en tout genre, les compositeurs de musique, les peintres et dessinateurs, de reproduire ou de faire reproduire leurs œuvres.

Ce droit est *viager* pour les *auteurs;* il dure 50 *ans après leur décès* en faveur de leurs *héritiers, successeurs irréguliers, donataires* ou *légataires.*

Pendant cette période de 50 ans, le *conjoint survivant*, quel que soit le régime matrimonial, et indépendamment des droits qui peuvent résulter à son profit du régime de la communauté, a la simple *jouissance* des droits dont l'auteur prédécédé n'a pas disposé par acte entre vifs ou par testament. Toutefois, si l'auteur laisse des *héritiers à réserve*, cette jouissance est *réduite*, au profit desdits héritiers, suivant les proportions et distinctions établies par les articles 913 et 915 du Code civil. — Voy. QUOTITÉ DISPONIBLE.

Cette jouissance *n'a pas lieu* lorsqu'il existe, au moment du décès, une *séparation de corps* ou un *divorce* prononcé *contre* le conjoint; elle *cesse* au cas où le conjoint contracte un *nouveau mariage.*

2. — Lorsque la succession est dévolue *à l'Etat*, le droit exclusif s'éteint sans préjudice des droits des créanciers et de l'exécution des traités de cession qui ont pu être consentis par l'auteur ou par ses représentants.

La propriété littéraire et artistique *peut*, en effet, *être cédée* comme toute autre propriété, et le cessionnaire en jouit pendant tout le temps concédé par la loi au cédant, à moins que l'acte de cession n'ait fixé un temps plus court.

3. — La loi punit la *contrefaçon* d'une *amende* de 100 fr. au moins et de 2000 fr. au plus, sans préjudice de tous *dommages-intérêts* et de la *confiscation* des exemplaires contrefaits.

4. — Des *traités de garantie réciproque* pour la propriété littéraire et artistique ont été conclus entre la France et un grand nombre d'Etats.

PROTÊT. — De *protester*, nom donné à l'acte par lequel le porteur d'une lettre de change ou d'un billet à ordre fait constater le refus d'acceptation ou de payement de la part du tiré ou du souscripteur. — Voy. EFFETS DE COMMERCE, XII.

PROTUTEUR. — Quand un mineur, domicilié en France, possède des biens dans les Colonies, ou réciproquement, la loi veut que l'administration spéciale de ces biens soit confiée à un *protuteur.* — Voy. TUTELLE, I.

PROVINCES ANCIENNES. — Il nous a paru intéressant de donner la nomenclature de nos anciennes *Provinces* et des divers *Pays* qu'elles renfermaient. La voici telle que la présente M. Emile de Bonnechose dans sa *Géographie physique, historique et politique de la France* (3e édition), page 111 :

Provinces du Nord.

Province	Division	Pays	Ville principale
Flandre		Flandre française	Lille.
		Hainaut français	Valenciennes.
		Cambrésis	Cambrai.
Artois			Arras.
Picardie	*Haute Picardie.*	Amiénois	Amiens.
		Santerre	Péronne.
		Vermandois	Saint-Quentin.
		Thiérache	Guise.
		Noyonnais	Noyon.
	Basse Picardie.	Boulonnais	Boulogne.
		Pays reconquis	Calais.
		Ponthieu	Abbeville.
		Vimeux	Saint-Valery.
Normandie	*Basse Normandie*	Vexin normand	Rouen.
		Roumois	Quillebœuf.
		Pays de Caux	Dieppe.
		Pays de Bray	Gournay.
		Pays d'Ouche	Evreux.
		Lieuvin	Lisieux.
		Campagne du Neubourg	Neubourg.
		— d'Alençon	Alençon.
		— de Caen	Caen.
		— de St-André	Saint-André.
	Haute Normandie.	Pays d'Auge	Pont-l'Évêque.
		Bessin	Bayeux.
		Cotentin	Coutances.
		Avranchin	Avranches.
		Bocage	Vire.
		Les Marches	Argentan.
		Pays d'Houlme	Domfront.
Ile-de-France		France	Saint-Denis.
		Le Gouhelle	Dammartin.
		Parisis	Paris.
		Gâtinais français	Melun.
		Hurepoix	Dourdan.
		Mantois	Mantes.
		Vexin français	Pontoise.
		Beauvoisis	Beauvais.
		Valois	Crespy.
		Soissonnais	Soissons.
		Laonnais	Laon.
		Brie française	Brie-Comte-Robert.
Champagne		Rethelois	Rethel.
		Argonne	Ste-Menehould.
		Remois	Reims.
		Châlonnais	Châlons.
		Perthois	Vitry-le-Français
		Principauté de Sedan	Sedan.
		Champagne propre	Troyes.
		Sénonais	Sens.
		Valage	Joinville.

Province	Pays	Chef-lieu
CHAMPAGNE	Bassigny	Chaumont.
	Haute Brie	Meaux.
	Basse Brie	Provins.
	Brie Pouilleuse	Château-Thierry.

Provinces de l'Est.

Province	Pays	Chef-lieu
LORRAINE	Pays Messin	Metz.
	Toulois	Toul.
	Verdunois	Verdun.
	Lorraine propre	NANCY.
	Lorraine allemande	Sarreguemines.
	Barrois	Bar-le-Duc.
	Luxembourg français	Thionville.
	Duché de Bouillon	Bouillon.
	Pays des Vosges	Saint-Dié.
ALSACE	Haute Alsace	Colmar.
	Basse Alsace	STRASBOURG.
	Sundgau	Béfort.
FRANCHE-COMTÉ	Bailliage d'Amont	Vesoul.
	Bailliage de Besançon	BESANÇON.
	Bailliage de Dôle	Dôle.
	Bailliage d'Aval	Salins.
BOURGOGNE	Auxerrois	Auxerre.
	Pays de la Montagne	Châtillon-sur-Seine.
	Auxois	Semur.
	Dijonnais	DIJON.
	Autunois	Autun.
	Chalonnais	Chalon.
	Charollais	Charolles.
	Mâconnais	Mâcon.
	Bresse	Bourg.
	Bugey	Belley.
	Principauté de Dombes	Trévoux.
	Pays de Gex	Gex.
LYONNAIS	Lyonnais proprement dit	LYON.
	Beaujolais	Villefranche.
	Forez	Montbrison.
DAUPHINÉ — *Haut Dauphiné.*	Grésivaudan	GRENOBLE.
	Royanez	Port-de-Royan.
	Briançonnais	Briançon.
	Embrunois	Embrun.
	Gapençois	Gap.
	Les Baronies	Le Buy.
DAUPHINÉ — *Bas Dauphiné.*	Viennois	Vienne.
	Valentinois	Valence.
	Tricastinois	Saint-Paul.
	Diois	Dié.

Provinces du Sud.

Province	Pays	Chef-lieu
PROVENCE	Haute Provence	Digne.
	Basse Provence	AIX.

Province	Division	Pays	Capitale
Languedoc et Cévennes.	*Haut Languedoc.*	Toulousan	Toulouse.
		Albigeois	Albi.
		Haut Lauraguais	Saint-Papoul.
		Bas Lauraguais	Lavaur.
		Razès	Limoux.
		Sault	Escouloubre.
		Carcassez	Carcassonne.
	Bas Languedoc.	Quartier de Narbonne	Narbonne.
		— de Béziers	Béziers.
		— de Nimes	Nimes.
	Cévennes.	Gévaudan	Mende.
		Velay	Le Puy.
		Vivarais	Viviers.
Roussillon		Viguerie de Perpignan	Perpignan.
		— de Conflans	Villefranche.
		Cerdagne française	Puycerda.
Comté de Foix			Foix.
Guyenne et Gascogne.	*Guyenne.*	Bordelais	Bordeaux.
		Pays de Buch	Tête-de-Buch.
		Médoc	Lesparre.
		Blayois	Blaye.
		Bazadois	Bazas.
		Haut Périgord	Périgueux.
		Bas Périgord	Sarlat.
		Agénois	Agen.
		Haut Quercy	Cahors.
		Bas Quercy	Montauban.
		Rouergue	Rodez.
		Haute Marche	Milhau.
		Basse Marche	Villefranche.
	Gascogne.	Pays de Born	St-Pol-en-Born.
		Les Landes	Dax.
		Le Marsan	Mont-de-Marsan.
		La Chalosse	Saint-Sever.
		Condomois	Condom.
		Haut Armagnac	Auch.
		Bas Armagnac	Nogaro.
Guyenne et Gascogne.	*Pays des Basques.*	Quatre-Vallées	Castelnau.
		Lomagne	Lectoure.
		Le Labourd	Bayonne.
		La Soule	Mauléon.
		Nebouzan	Saint-Gaudens.
		Bigorre	Tarbes.
		Comminges	Saint-Bertrand.
		Conserans	Saint-Girons.
Béarn		Béarn propre	Pau.
		Basse Navarre	Saint-Jean-Pied-de-Port.
Corse			Bastia.

Provinces de l'Ouest.

Province	Pays	Capitale
SAINTONGE et ANGOUMOIS.	Haute Saintonge.......	SAINTES.
	Basse Saintonge.......	Saint-Jean-d'Angély.
	Angoumois	ANGOULÊME.
	Brouageais............	Brouage.
AUNIS................	Pays d'Aunis..........	LA ROCHELLE.
POITOU................	Haut Poitou...........	POITIERS.
	Bas Poitou............	Fontenay-le-Comte.
MAINE.................	Haut Maine...........	Mayenne.
	Bas Maine............	LE MANS.
	Perche...............	Mortagne.
BRETAGNE	Haute Bretagne........	RENNES.
	Basse Bretagne........	Vannes.

Provinces du Milieu.

Province	Partie	Pays	Capitale
ORLÉANAIS...	*Beauce*..	Pays chartrain........	Chartres.
		Dunois...............	Châteaudun.
		Vendômois............	Vendôme.
	Orléanais propre.............		ORLÉANS.
	Blaisois......................		Blois.
	Gâtinais orléanais............		Montargis.
	Sologne		Romorantin.
TOURAINE.............		Haute Touraine........	TOURS.
		Basse Touraine........	Amboise.
BERRY		Haut Berry...........	BOURGES.
		Bas Berry............	Issoudun.
NIVERNAIS		Nivernais.............	NEVERS.
		Morvan	Château-Chinon.
		Donziois	Donzy.
BOURBONNAIS...........		Haut Bourbonnais......	MOULINS.
		Bas Bourbonnais.......	Montluçon.
MARCHE................		Haute Marche.........	GUÉRET.
		Basse Marche.........	Bellac.
LIMOUSIN		Haut Limousin........	LIMOGES
		Bas Limousin.........	Tulle.
AUVERGNE...	*Basse*....	La Limagne..........	CLERMONT.
		Combrailles..........	Evaux.
		Le Brivadois.........	Brioude.
	Haute...	....	Aurillac.

— A ces Provinces, qui étaient celles de la France avant la Révolution de 1789, il faut joindre le *Comtat Venaissin*, qui a été réuni en 1791, et dont la capitale était *Carpentras*, ainsi que la *Savoie* (capitale *Chambéry*) et le *Comté de Nice*, réunis en 1860.

— Voy. ALSACE-LORRAINE.

PROVISION. — Se dit de ce qui est adjugé provisoirement à l'une des parties, en attendant le jugement définitif.

— Dans le langage commercial, on entend par *provision* la valeur nécessaire pour assurer le payement d'une *lettre de change*. — Voy. EFFETS DE COMMERCE, sect. I, II.

PROVOCATION. — Action d'exciter une personne à faire quelque chose.

1. — La provocation à un *crime* ou à un *délit* constitue la *complicité*. (Cod. pén. art. 60.) — Voy. COMPLICE-COMPLICITÉ.

2. — La loi du 29 juillet 1881 sur la liberté de la presse renferme sur la provocation aux crimes et délits les dispositions suivantes :

Art. 23. — « Seront punis comme *complices* d'une action qualifiée crime ou délit ceux qui, soit par des discours, cris ou menaces proférés dans des lieux ou réunions publics, soit par des écrits, des imprimés vendus ou distribués, mis en vente ou exposés dans des lieux ou réunions publics, soit par des placards ou affiches exposés aux regards du public, auront directement provoqué l'auteur ou les auteurs à commettre ladite action, si la provocation a été suivie d'effet. — Cette disposition sera également applicable lorsque la provocation n'aura été suivie que d'une tentative de crime prévue par l'article 2 du Code pénal. »

Art. 24. — « Ceux qui, par les moyens énoncés en l'article précédent, auront directement provoqué à commettre les crimes de meurtre, de pillage et d'incendie, ou l'un des crimes contre la sûreté de l'État prévus par les articles 75 et suivants, jusques et y compris l'article 101 du Code pénal, seront punis, dans le cas où cette provocation n'aurait pas été suivie d'effet, de 3 mois à 2 ans d'*emprisonnement* et de 100 fr. à 3000 fr. d'*amende*. »

Art. 25. — « Toute provocation par l'un des moyens énoncés en l'article 23, adressée à des *militaires* des armées de terre ou de mer, dans le but de les détourner de leurs devoirs militaires et de l'obéissance qu'ils doivent à leurs chefs dans tout ce qu'ils leur commandent pour l'exécution des lois et règlements militaires, sera punie d'un *emprisonnement* d'un à six mois et d'une *amende* de 16 fr. à 100 francs. »

3. — Le *meurtre* ainsi que les *blessures* et les *coups* sont *excusables* lorsqu'ils ont été *provoqués* par des coups ou violences graves envers les personnes. (Cod. pén. art. 321.) — Voy. COUPS ET BLESSURES, 2 ; — EXCUSE.

4. — Voy. RÉBELLION.

PRUD'HOMMES. — Voy. CONSEIL DE PRUD'HOMMES.

PRYTANÉE MILITAIRE. — Établissement destiné à l'éducation des fils d'officiers sans fortune ou de sous-officiers morts au champ d'honneur. *Créé* par un décret du 13 fructidor an XIII (31 août 1805), transféré à *La Flèche* (Sarthe) en mars 1808, il a été *réorganisé* par décrets des 8 novembre 1859, 16 mars 1878 et 28 septembre 1879. Le nombre des élèves entretenus aux frais de l'État est de 300 *boursiers* et de 100 *demi-boursiers*. On y admet des enfants *payant pension*.

PUBLIC. (DROIT) — Voy. DROIT PUBLIC.

PUBLICATIONS DE MARIAGE. — Voy. MARIAGE, II.

PUDEUR. (ATTENTAT A LA) — Voy. ATTENTAT A LA PUDEUR.

PUDEUR. (OUTRAGE PUBLIC A LA) — Voy. OUTRAGE PUBLIC A LA PUDEUR.

PUISAGE. — Droit de puiser de l'eau au puits, à la fontaine ou à la citerne d'autrui. Il ne s'acquiert que par *titre*, jamais par la possession, fût-elle immémoriale. (Cod. civ. art. 688, 691.)

— La *servitude de puiser* de l'eau à la fontaine d'autrui *emporte nécessairement* le droit de *passage*. (Cod. civ. art. 696.)

PUISSANCE PATERNELLE. — (Cod. civ. art. 371-387.) — La puissance paternelle est un droit, fondé sur la nature et confirmé par la loi, qui donne aux père et mère, pendant un temps limité et sous certaines conditions, la surveillance de la personne, l'administration et la jouissance des biens de leurs enfants.

Cette autorité dure jusqu'à la *majorité* de l'enfant ou jusqu'à son *émancipation*. Durant le mariage, *le père* l'exerce *seul*, en sa qualité de chef de la famille.

1. — L'enfant ne peut *quitter la maison paternelle*, sans la permission de son père, si ce n'est pour *enrôlement volontaire* à l'âge de 20 ans révolus. (Loi 27 juillet 1872, art 46.)

2. — Dans le cas où les *fautes de l'enfant*, prenant un caractère de gravité, nécessitent l'emploi de mesures sévères, l'Autorité publique vient en aide à la magistrature paternelle en mettant à sa disposition des moyens de correction gradués sur l'âge plus ou moins avancé de l'enfant et sur la présomption plus ou moins fondée de l'impartialité et du désintéressement du père.

Si l'enfant est âgé de *moins* de 16 *ans commencés*, le père peut le faire incarcérer pendant un temps dont le maximum est fixé à *un mois*. Le législateur a considéré que, dans un âge aussi tendre, les écarts de l'enfant étant ordinairement peu graves, une courte détention devait suffire à les réprimer.

Dans ces circonstances, le père s'adresse directement au Président du Tribunal de l'arrondissement, qui délivre l'ordre d'arrestation sans pouvoir le refuser. Le père agit alors par *voie d'autorité*.

— *Au-dessus de* 16 *ans*, les fautes de l'enfant pouvant être plus graves, et, par suite, une plus longue détention pouvant être nécessaire, la loi permet qu'elle atteigne un maximum de *six mois*. Mais aussi elle donne au Président le droit d'*abréger* le temps de la détention requis par le père, et même de *refuser* l'ordre d'arrestation qui lui est demandé. Le père n'agit donc, dans cette hypothèse, que par *voie de réquisition*.

Il en est de même, c'est-à-dire le père peut simplement agir *par voie de réquisition*, toutes les fois que l'enfant, même âgé de moins de 16 ans, a des *biens personnels* ou qu'il *exerce un état*, ou enfin lorsque le *père est remarié*, car la loi ne lui suppose plus la même tendresse, ni la même impartialité. Il a même paru de toute justice, dans ces diverses hypothèses, d'autoriser l'enfant détenu à se pourvoir devant le Procureur général de la République contre la décision du Président du Tribunal qui a permis son incarcération.

Le Code, on le voit, a soigneusement ménagé l'intérêt de l'enfant. Voici, du reste, une nouvelle preuve de sa sollicitude : dans aucun cas, *nulle écriture ni formalité judiciaire*, autre que l'ordre d'arrestation, qui ne doit pas même énoncer de motifs, ne conserve le souvenir de la correction jugée nécessaire.

Le père est tenu de souscrire une *soumission de payer tous les frais* et de *fournir les aliments* convenables; mais l'Administration peut l'en *dispenser* lorsqu'il justifie, par une *attestation* du Juge de paix et du Maire ou du Commissaire de Police, qu'il se trouve dans l'*impossibilité de le faire*.

Il était naturel que le père eût le droit d'*abréger la détention* par lui ordonnée ou requise. Le Code lui accorde cette précieuse faculté de faire grâce à son enfant. Si celui-ci tombait dans de nouveaux écarts, sa détention pourrait de nouveau être ordonnée.

— En accordant le même droit de correction à la *mère survivante*, pourvu qu'elle *ne soit pas remariée*, la loi veut qu'elle n'agisse toujours que par *voie de réquisition* et avec le *concours des deux plus proches parents paternels* de l'enfant. Elle a pensé que, prompte à s'alarmer, la mère serait peut-être trop facilement portée à employer des moyens extrêmes, et elle a tenu aussi à ne pas lui laisser toute la responsabilité d'une mesure de rigueur.

3. — Il a paru juste et convenable d'accorder aux père et mère, en retour et comme indemnité des sacrifices qu'ils s'imposent pour l'entretien et l'éducation de leurs enfants, l'*usufruit* des biens que ceux-ci peuvent posséder personnellement. Cette jouissance *ne s'étend pas*, toutefois, aux biens que les enfants ont acquis par un travail et une industrie séparés. La loi donne ainsi à l'enfant un encouragement à l'amour du travail en même temps qu'à l'esprit d'ordre et d'économie.

L'usufruit légal *ne s'étend pas non plus* aux biens donnés ou légués aux enfants sous la condition expresse que leurs père et mère n'en jouiront pas. Cette disposition a été dictée par le désir de ne pas entraver les libéralités que voudraient faire des personnes affectionnant l'enfant, mais ayant des sentiments moins sympathiques à l'égard de ses père et mère.

— Quoique l'usufruit soit un attribut de la puissance paternelle, il ne dure pas aussi longtemps que cette puissance. Il *prend fin* lorsque les enfants ont atteint l'âge de 18 ans accomplis, ou à l'époque de leur émancipation qui peut avoir lieu avant cet âge. Si les père et mère avaient eu le droit de jouir des biens de leurs enfants jusqu'à la majorité de ces derniers, il aurait été à craindre que, par un sentiment d'intérêt personnel, ils ne se fussent opposés quelquefois soit à une émancipation, soit à un mariage, dont dépendaient le bonheur et la fortune de leurs enfants.

La *mère* veuve *perd son droit* à l'usufruit lorsqu'elle *se remarie*.

4. — Si, à un certain moment, la loi affranchit les enfants de la puissance paternelle, elle ne les dispense jamais, pas plus que la morale et la religion, de l'honneur et du respect qu'ils doivent, toute leur vie, à ceux de qui ils tiennent l'existence. Le Code le dit expressément : « *L'enfant, à tout âge, doit honneur et respect à ses père et mère.* » (Art. 371.)

Par application de ce principe, les enfants, alors même qu'ils auraient atteint l'âge auquel ils peuvent se marier de leur plein gré, sont tenus de prendre au moins l'avis de leurs père et mère. — Voy. MARIAGE, I.

PUITS. — Du latin *puteus*. — Trou profond, creusé de main d'homme et fait exprès pour en tirer de l'eau.

1. — Celui qui veut creuser un puits *près d'un mur* mitoyen ou non est tenu de laisser la *distance* prescrite par les règlements et usages particuliers, ou de faire les *ouvrages prescrits* par les mêmes règlements et usages *afin de ne pas nuire au voisin*. (Cod. civ. art. 674.)

2. — Le *curement* des puits est à la *charge du bailleur*, s'il n'y a clause contraire. (Cod. civ. art. 1756.)

PURGE. — C'est l'action de dégrever un immeuble des privilèges ou des hypothèques dont il est chargé. — Voy. HYPOTHÈQUE, VI.

PUTATIF. (MARIAGE) — Voy. MARIAGE, IV.

Q

QUALITÉS DE JUGEMENT. — (Cod. proc. civ. art. 142.) — On appelle ainsi les noms, professions et demeures des parties, leurs conclusions et les points de fait et de droit qui doivent être insérés dans la rédaction des jugements.

QUARANTAINE. — On désigne ainsi le séjour forcé hors de la ville où l'on arrive et la sequestration à laquelle sont soumises, dans les cas déterminés, les provenances de terre ou de mer, afin de s'assurer qu'elles ne renferment aucun germe contagieux, et de détruire, par les moyens indiqués, ceux qu'elles pourraient contenir.

1. — Le mot *quarantaine* indique que la séquestration était, dans l'origine, de 40 jours. Il a continué à être appliqué à tout séjour forcé hors du lieu de l'arrivée, sans se préoccuper de la durée de la séquestration.

2. — Les quarantaines se distinguent en quarantaines d'*observation* et quarantaines de *rigueur*, les unes et les autres plus ou moins sévères selon les saisons, les lieux, les diverses circonstances du voyage.

3. — Le règlement concernant les quarantaines, actuellement en vigueur, est celui du 22 février 1876.

QUASI-CONTRAT. — (Cod. civ. art. 1371-1381.) — Fait par lequel plusieurs personnes se trouvent obligées les unes envers les autres, quoiqu'il ne soit intervenu entre elles aucun engagement.

Ainsi celui qui a *payé par erreur* une chose qui n'était pas due, a une action pour répéter cette chose contre celui qui l'a indûment reçue.

La *gestion volontaire* et *sans mandat* des affaires d'une personne absente est aussi un quasi-contrat. — Voy. GESTION D'AFFAIRES.

QUASI-DÉLIT. — (Cod. civ. art. 1382 et suiv.) — On entend par *quasi-délit* tout fait illicite commis sans intention de nuire et qui cause un dommage à autrui.

L'auteur d'un quasi-délit, ayant agi sans intention criminelle, se trouve à l'abri de la loi pénale ; mais il est civilement responsable des suites du dommage qu'il a involontairement causé, suivant ce principe salutaire posé dans l'article 1382 du Code civil : « *Tout fait quelconque de l'homme, qui cause à autrui un dommage, oblige celui par la faute duquel il est arrivé à le réparer.* »

QUINTAL MÉTRIQUE. — Poids employé, dans le commerce en gros, pour les pesées un peu importantes : il représente 100 kilogrammes. — Voy. POIDS ET MESURES.

QUOTITÉ DISPONIBLE. — (Cod. civ. art. 913-930 ; 1094, 1098.) — Portion de biens dont on peut disposer, soit par donations entre vifs, soit par testament.

En général, l'homme peut librement disposer de ses biens : cette faculté est néanmoins limitée par la loi dans le cas où, en mourant, il laisse des *descendants* ou des *ascendants*. La part de biens ainsi réservée en faveur de ces deux sortes d'héritiers s'appelle *réserve*, et les héritiers qui en profitent sont dits *réservataires*.

I. CAS OU IL Y A DES DESCENDANTS. — Les libéralités, soit par acte entre vifs soit par testament, ne peuvent dépasser la *moitié* des biens du disposant s'il laisse *un* enfant ou descendant ; — le *tiers*, s'il en laisse *deux ;* — le *quart*, s'il en laisse *trois* ou un plus grand nombre. Les descendants ne sont comptés que pour l'enfant qu'ils représentent dans la succession du disposant.

II. CAS OU IL N'Y A QUE DES ASCENDANTS. — Les libéralités ne peuvent excéder la *moitié* des biens si, à défaut d'enfants ou descendants, le défunt laisse *un* ou plusieurs ascendants dans *chacune des lignes* paternelle et maternelle ; et les *trois* quarts, s'il ne laisse d'ascendants que dans *une ligne*. Les biens ainsi réservés au profit des ascendants sont par eux recueillis dans l'ordre où la loi les appelle à succéder.

— A défaut d'ascendants ou de descendants, les libéralités par actes entre vifs ou testamentaires peuvent épuiser la totalité des biens.

III. QUOTITÉ DISPONIBLE ENTRE ÉPOUX. — La quotité disponible n'a pas été réglée pour les époux comme pour les autres disposants. Elle varie suivant les trois hypothèses ci-après :

1° L'*époux disposant est mort sans enfant, mais laissant un ou plusieurs ascendants.* — Il a pu donner à son conjoint tout ce qu'il aurait pu donner à un étranger et, en outre, l'usufruit de la réserve des ascendants. Disposition fort bizarre assurément, puisque les ascendants, qui sont toujours beaucoup plus âgés que leur gendre ou bru, ont pour réserve une *nue propriété!* S'ils veulent tirer profit de ce droit, ils seront obligés de le vendre à vil prix.

2° L'*époux disposant a laissé des enfants issus de son mariage avec le conjoint auquel il a fait des libéralités.* — Il a pu, dans ce cas, donner à son conjoint un quart en toute propriété et un quart en usufruit, ou moitié en usufruit seulement, *quel que soit le nombre des enfants.* On voit que, dans cette hypothèse, la quotité disponible entre époux est tantôt plus étendue, tantôt moins étendue que la quotité disponible ordinaire. Elle sera plus étendue, si l'époux disposant a laissé trois enfants ou un plus grand nombre; elle sera moins forte, au contraire, s'il ne laisse qu'un enfant.

3° L'*époux disposant a laissé des enfants issus d'un précédent mariage.* — La quotité disponible est ici diminuée dans l'intérêt des enfants issus du premier mariage. Elle ne peut dépasser le quart des biens.

IV. RÉDUCTION DES LIBÉRALITÉS EXCÉDANT LA QUOTITÉ DISPONIBLE. — La réduction des dispositions excédant la quotité disponible est une conséquence nécessaire de la réserve affectée aux héritiers en ligne directe descendante et ascendante. Pour savoir si la quotité disponible a été ou non dépassée, d'après le nombre et la qualité des héritiers réservataires, c'est à l'époque du décès du disposant qu'il faut se placer, et non au moment de la confection de son testament ou de la donation. Telle libéralité qui n'eût pas été sujette à réduction si le disposant fût mort le jour même où il l'a faite, peut se trouver exagérée et par suite réductible au moment de son décès, ou réciproquement. Tout dépend de l'avenir.

Lorsque la quotité disponible a été dépassée, la *réduction* porte d'abord sur les dispositions testamentaires, sans distinction et proportionnellement; les donations entre vifs sont réductibles ensuite, s'il y a lieu, en commençant par la dernière, et ainsi de suite, en remontant des plus récentes aux plus anciennes.

R

RABBIN. — De l'hébreu *rab*, chef. — Nom des ministres du culte israélite. — Voy. CULTES, II, § 3.

RACHAT. (FACULTÉ DE) — Voy. RÉMÉRÉ.

RACINES. — 1. — Les *récoltes* pendantes par les racines sont *immeubles.* (Cod. civ. art. 250.) — Voy. BIENS.

2. — Le *voisin* a le droit de *couper lui-même* les racines des arbres qui avancent sur son héritage. (Cod. civ. art. 672.) — Voy. ARBRES, 3.

RADOUB. — Réparations faites à un navire. Les frais de *radoub* sont mis au rang des *créances privilégiées* sur le navire, mais ils ne viennent qu'au 8° rang. (Cod. com. art. 191.) — Voy. NAVIRE, 1, 2 et 3.

RAGE. — Maladie contagieuse qui, pour les animaux des espèces *bovine, ovine, caprine, porcine, chevaline* et *asine*, donne lieu à l'application des dispositions de la loi du 21 juillet 1881. — Voy. ÉPIZOOTIES.

RAISON SOCIALE. — C'est le nom ou les noms sous lesquels une société fait le commerce. — (Cod. com. art. 20-22.) — Voy. SOCIÉTÉ.

RAPPORT A SUCCESSION. — Voy. SUCCESSIONS, IV.

RATURE. — Du latin *ratura*, fait de *radere*, rayer.

Toute rature dans un acte doit être faite de manière qu'il soit possible de compter le nombre des mots sur lesquels elle s'étend. Le *nombre* des mots ainsi annulés est indiqué par un *renvoi* à la marge ou à la fin de l'acte, et cette mention est *approuvée* par les parties au moyen d'un *parafe*.

RÉALISATION. (CLAUSE DE) — Voy. CONTRAT DE MARIAGE, I, § 2, 2°.

RÉASSURANCE. — Acte par lequel l'assureur se fait garantir les risques qu'il a pris sur lui. (Cod. com. art. 342.) — Voy. ASSURANCES, sect. I, 10.

RÉBELLION. — (Cod. pén. art. 209-221.)

La loi qualifie de *rébellion* toute attaque, toute résistance avec violences et voies de fait envers tous les Officiers ou Agents chargés de l'exécution des lois ou actes de l'Autorité publique, ou des mandements de Justice.

1. — La rébellion est un *crime* ou un *délit*, selon les circonstances dans lesquelles elle a été accomplie. Elle est *plus* ou *moins sévèrement punie* suivant qu'elle émane de plus de 20 personnes, ou de 3 personnes et plus jusqu'à 20, ou de moins de 3 personnes, et, dans chacune de ces trois hypothèses, suivant que les rebelles étaient armés ou ne l'étaient pas.

— Quand la rébellion a été commise par *plus de* 20 *personnes armées*, les coupables sont punis des *travaux forcés à temps;* s'il n'y a *pas eu port d'armes*, la peine est celle de la *réclusion*.

Lorsque la rébellion a été commise *par* 3 *personnes et plus jusqu'à* 20 *inclusivement*, la peine est la *réclusion*, *s'il y a eu port d'armes*, et, *s'il n'y en a pas eu*, un *emprisonnement* de 5 mois à 2 ans.

Enfin, si elle a été commise par *une ou deux personnes armées*, la peine est un *emprisonnement* de 6 mois à 2 ans, et, *s'il n'y a pas eu port d'armes*, un *emprisonnement* de 6 jours à 6 mois.

2. — Dans tous les cas où il est prononcé, pour fait de rébellion, une simple peine d'emprisonnement, les coupables peuvent, en outre, être condamnés à une *amende* de 16 fr. à 200 fr.

3. — Les *chefs* d'une rébellion et *ceux qui l'ont provoquée* peuvent être condamnés à rester, après l'expiration de leur peine, sous la *surveillance de la haute police* pendant 5 ans au moins et 10 ans au plus.

RECEL — RECÉLÉ. — Se dit du fait de cacher des objets soustraits, ou de donner retraite à des coupables.

1. — Les *héritiers* qui auraient diverti ou recélé des effets d'une succession sont *déchus de la faculté d'y renoncer :* ils demeurent héritiers purs et simples, nonobstant leur renonciation, sans pouvoir prétendre à *aucune part* dans les objets divertis ou recélés. (Cod. civ. art. 792.)

— L'héritier qui s'est rendu coupable de recel est *déchu* du *bénéfice d'inventaire*. (Cod. civ. art. 801.)

2. — La *veuve* qui a diverti ou recélé quelques effets de la communauté est *déclarée commune*, nonobstant sa renonciation; il en est de même à l'égard de ses héritiers. (Cod. civ. art. 1460.)

— Celui des *époux* qui aurait diverti ou recélé quelques effets de la communauté est *privé de sa portion* dans lesdits effets. (Cod. civ. art. 1477.)

3. — Les individus qui *sciemment* ont recélé, en tout ou partie, des choses enlevées, détournées ou obtenues à l'aide d'un crime ou d'un délit, sont punis comme *complices* de ce crime ou de ce délit. (Cod. pén. art. 62.)

4. — Quiconque a recélé ou fait recéler les *espions* ou les *soldats ennemis envoyés à la découverte* et qu'il a connus pour tels est condamné à la peine de mort. (Cod. pén. art. 83.)

5. — Ceux qui ont recélé ou fait recéler les personnes qu'ils savaient avoir commis des crimes emportant *peine afflictive* sont punis d'un *emprisonnement* de 3 mois à 2 ans, à

l'exception toutefois des *ascendants* ou *descendants*, *époux* ou *épouse*, *frères* ou *sœurs* des criminels recélés, ou leurs *alliés au même degré*. (Cod. pén. art. 248.)

6. — Quiconque est reconnu coupable d'avoir recélé ou pris à son service un *insoumis* (voy. INSOUMISSION) est passible d'un *emprisonnement* de 6 mois au maximum. Selon les circonstances, la peine peut être réduite à une *amende* de 20 fr. à 200 fr. (Loi 21 mars 1832, art. 40.)

7. — Quiconque a recélé ou caché le *cadavre* d'une personne *homicidée* ou morte des suites de *coups* ou *blessures* est puni d'un *emprisonnement* de 6 mois à 2 ans, et d'une *amende* de 50 fr. à 400 fr.; sans préjudice de peines plus graves, s'il a participé au crime. (Cod. pén. art. 359.)

8. — Sont condamnés aux peines de *banqueroute frauduleuse* (travaux forcés à temps) les individus convaincus d'avoir, *dans l'intérêt du failli*, recélé tout ou partie de ses biens meubles ou immeubles. (Cod. com. art. 593.)

RECENSEMENT. — Opération administrative qui a pour but de déterminer périodiquement la population de la France par Communes, Arrondissements, Départements, et de recueillir le plus de renseignements possibles sur cette population.

1. — Le *premier recensement* général date de 1800 : l'opération fut *renouvelée* en 1805, 1820 et 1831 ; elle a lieu tous les *cinq ans* depuis cette dernière époque.

De 1801 à 1846, on s'est borné à constater le *sexe* et l'*état civil*. A partir de 1851, l'Administration a fait relever, en outre, l'*âge*, le *culte*, la *nationalité* et les *infirmités extérieures* et *visibles* (aveugles, borgnes, sourds-muets, goitreux, bossus, aliénés, etc.).

2. — Le chiffre de la population sert de base à la contribution des *portes et fenêtres*, à celle dite *mobilière*, à la *patente fixe*, au *droit d'entrée sur les boissons*, à la fixation du nombre des *Députés* à élire par département. — Voy. PORTES ET FENÊTRES; — PERSONNELLE ET MOBILIÈRE (*Contribution*); — PATENTE; — BOISSONS; — CHAMBRE DES DÉPUTÉS.

3. — Les événements n'ont pas permis de procéder, en 1871, au recensement de la population. Cette importante opération s'est accomplie en 1872, et depuis, elle a eu lieu régulièrement tous les cinq ans.

Voici quel a été le résultat général des 9 recensements opérés de 1846 à 1886 :

ANNÉES.	POPULATION TOTALE.	ANNÉES.	POPULATION TOTALE.
1846	35400000	1872	36102921
1851	35783000	1876	36905788
1856	36205000	1881	37672048
1861	37386000	1886	38218903
1866	38067064		

Dans ce dernier chiffre, les *Français* figuraient pour 37603689 et les *étrangers* pour 1115214.

RECEVEUR MUNICIPAL. — Agent chargé des recettes et des dépenses dans chaque Commune. (Voy. COMMUNE, III, 4.) Cette fonction est remplie par le *Percepteur;* néanmoins, dans les Communes dont le revenu excède 30000 fr., elle est confiée, si le Conseil municipal le demande, à un Agent spécial. (Loi 5 avril 1884, art. 156.)

1. — La *nomination* des Receveurs municipaux, dans les villes dont les revenus ne dépassent pas 300 000 francs, appartient au Préfet, sur la présentation de 3 candidats désignés par le Conseil municipal. Dans les villes dont le revenu est supérieur, la nomination appartient au Président de la République, sur la proposition du Ministre des Finances.

2. — Les Receveurs municipaux fournissent un *cautionnement* fixé au 10e des recettes ordinaires de la Commune. (Loi 28 avril 1816, art. 83.)

Leurs *comptes* sont définitivement *apurés* par le Conseil de préfecture, pour les Communes dont le revenu n'excède pas 30 000 fr., sauf recours à la Cour des Comptes. Au delà de ce chiffre, ils sont apurés par ladite Cour.

3. — Le décret du 27 juin 1876 a déterminé les bases devant servir à la fixation du *traitement* des receveurs municipaux.

RECEVEUR PARTICULIER DES FINANCES. — Fonctionnaire institué dans chaque arrondissement par la loi du 27 ventôse an VIII (18 mars 1800) pour centraliser la perception et le recouvrement des contributions directes et exécuter dans l'arrondissement les opérations de trésorerie.

1. — Les Receveurs particuliers sont *nommés* par décret sur la proposition du Ministre des Finances.

2. — Aux termes du décret du 23 juillet 1878, nul ne peut être nommé receveur particulier des finances s'il a *moins de 30 ans* ou *plus de 55 ans* et s'il ne compte 10 *ans de services* publics, dont 5 *au moins* dans un service ressortissant au ministère des finances. — Les *deux tiers* des vacances annuelles de recettes particulières sont réservées aux percepteurs.

RECHANGE. — Voy. RETRAITE.

RECHERCHE DE PATERNITÉ, DE MATERNITÉ. — Voy. PATERNITÉ et FILIATION, 1, 4 et 5.

RÉCIDIVE-RÉCIDIVISTE. — (Cod. pén. art. 56-58; 474, 478, 482, 483.) — Du latin *rursus*, de nouveau; *cadere*, tomber.

La *récidive* consiste à commettre un nouveau crime, un nouveau délit ou une nouvelle contravention après une condamnation déjà subie. Elle entraîne une aggravation de peine, parce qu'elle fait supposer chez le *récidiviste* une plus grande perversité, s'il s'agit de crime ou de délit, ou la nécessité d'une punition plus forte, s'il s'agit de contravention.

En matière *criminelle* et *correctionnelle*, les peines de la récidive sont fixées par les articles 56 à 58 du Code pénal.

En matière de *simple police*, elles sont fixées par les articles 474, 478 et 482 du même Code.

— Pour les *contraventions*, il n'y a récidive, d'après l'article 483 du Code pénal, qu'autant qu'il a été rendu contre le contrevenant, « dans les douze mois précédents, un premier jugement pour contravention de police commise dans le ressort du même Tribunal. » — Il en est autrement pour les *crimes* et *délits* : la récidive existe, quelle que soit l'époque à laquelle la première condamnation a été prononcée.

I. RELÉGATION DE CERTAINS RÉCIDIVISTES. — (Loi 27 mai 1885.) — Justement alarmée de la progression croissante de la criminalité et de la recrudescence constante des récidives, l'opinion publique réclamait depuis longtemps l'éloignement des malfaiteurs d'habitude. Elle a enfin reçu satisfaction par la loi du 27 mai 1885 qui prononce, dans certains cas déterminés, la relégation des récidivistes et qui est ainsi conçue :

Art. 1er. — « La relégation consistera dans l'*internement perpétuel* sur le territoire de colonies ou possessions françaises des condamnés que la présente loi a pour objet d'éloigner de France.

Seront déterminés, par décrets rendus en forme de règlement d'administration publique, les lieux dans lesquels pourra s'effectuer la relégation, les mesures d'ordre et de surveillance auxquelles les relégués pourront être soumis par nécessité de sécurité publique, et les conditions dans lesquelles il sera pourvu à leur subsistance, avec obligation du travail à défaut de moyens d'existence dûment constatés. »

Art. 2. — « La relégation ne sera *prononcée* que par les *Cours et Tribunaux ordinaires* comme conséquence des condamnations encourues devant eux, à l'exclusion de toutes juridictions spéciales et exceptionnelles.

Ces Cours et Tribunaux pourront toutefois tenir compte des condamnations prononcées par les tribunaux militaires et maritimes en dehors de l'état de siège ou de guerre pour les crimes ou délits de droit commun spécifiés à la présente loi. »

Art. 3. — « Les condamnations pour *crimes* ou *délits politiques* ou pour crimes ou délits qui leur sont *connexes* ne seront, *en aucun cas*, comptées pour la relégation. »

Art. 4. — « Seront relégués les récidivistes qui, dans quelque ordre que ce soit et dans un intervalle de *dix ans*, non compris la durée de toute peine subie, auront encouru les condamnations énumérées à l'un des §§ suivants :

1° *Deux* condamnations aux travaux forcés ou à la réclusion, sans qu'il soit dérogé aux dispositions des §§ 1 et 2 de l'art. 6 de la loi du 30 mai 1854;

2° *Une* des condamnations énoncées au § précédent et *deux* condamnations, soit à l'emprisonnement pour faits qualifiés crimes, soit à plus de trois mois d'emprisonnement pour : vol; — escroquerie; — abus de confiance; — outrage public à la pudeur; — excitation habituelle des mineurs à la débauche; — vagabondage ou mendicité par application des art. 277 et 279 du Code pénal;

3° *Quatre* condamnations, soit à l'emprisonnement pour faits qualifiés crimes, soit à plus de trois mois d'emprisonnement pour les délits spécifiés au § 2 ci-dessus;

4° *Sept* condamnations, dont *deux* au moins prévues par les deux §§ précédents, et *les autres*, soit pour vagabondage, soit pour infraction à l'interdiction de résidence signifiée par application de l'art. 19 de la présente loi, à la condition que deux de ces autres condamnations soient à plus de trois mois d'emprisonnement.

Sont considérés comme *gens sans aveu* et seront punis des peines édictées contre le vagabondage tous individus qui, soit qu'ils aient ou non un domicile certain, ne tirent habituellement leur subsistance que du fait de pratiquer ou faciliter sur la voie publique l'exercice de *jeux illicites*, ou la *prostitution d'autrui* sur la voie publique. »

Art. 5. — « Les condamnations qui auront fait l'objet de *grâce*, *commutation* ou *réduction de peine* seront néanmoins comptées en vue de la relégation. Ne le seront pas celles qui auront été effacées par la réhabilitation. »

Art. 6. — « La relégation n'est *pas applicable* aux individus qui seront âgés de *plus de* 60 *ans* ou de *moins de* 21 *ans* à l'expiration de leur peine.

Toutefois les condamnations encourues par le mineur de 21 ans compteront en vue de la relégation, s'il est, après avoir atteint cet âge, de nouveau condamné dans les conditions prévues par la présente loi. »

Art. 7. — « Les condamnés qui auraient encouru la relégation resteront soumis à toutes les obligations qui pourraient leur incomber en vertu des lois sur le recrutement de l'armée. — Un règlement d'administration publique déterminera dans quelles conditions ils accompliront ces obligations. »

Art. 8. — « Celui qui aurait encouru la relégation par application de l'art. 4 de la présente loi, s'il n'avait pas dépassé *soixante ans*, sera, après l'expiration de sa peine, soumis à perpétuité à l'interdiction de séjour édictée par l'art. 19 ci-après. — S'il est *mineur de 21 ans*, il sera, après l'expiration de sa peine, retenu dans une maison de correction jusqu'à sa majorité. »

Art. 9. — « Les condamnations encourues antérieurement à la promulgation de la présente loi seront comptées en vue de la relégation, conformément aux précédentes dispositions. Néanmoins, tout individu qui aura encouru avant cette époque des condamnations pouvant entraîner dès maintenant la relégation, n'y sera soumis qu'en cas de condamnation nouvelle dans les conditions ci-dessus prescrites. »

Art. 10. — « Le *jugement* ou l'*arrêt* prononcera la relégation en même temps que la peine principale; il visera expressément les condamnations antérieures par suite desquelles elle sera applicable. »

Art. 11. — « Lorsqu'une poursuite devant un tribunal correctionnel sera de nature à entraîner l'application de la relégation, il ne pourra jamais être procédé dans les formes édictées par la loi du 20 mai 1863 sur les *flagrants délits*. — Un *défenseur* sera nommé *d'office* au prévenu, à peine de nullité. »

Art. 2. — « La relégation ne sera appliquée qu'*à l'expiration de la dernière peine* à subir par le condamné. Toutefois, faculté est laissée au Gouvernement de devancer cette époque pour opérer le transfèrement du relégué. — Il pourra également lui faire subir tout ou partie de la dernière peine dans un *pénitencier*. — Ces pénitenciers pourront servir de dépôt pour les libérés qui y seront maintenus jusqu'au plus prochain départ pour le lieu de relégation. »

Art. 13. — « Le relégué pourra *momentanément sortir du territoire* de relégation en vertu d'une autorisation de l'autorité supérieure locale. — Le Ministre seul pourra donner cette autorisation pour plus de *six mois* ou la réitérer. Il pourra seul autoriser, à titre exceptionnel et pour six mois au plus, le relégué à rentrer en France. »

Art. 14. — « Le relégué qui, à partir de l'expiration de sa peine, se sera rendu coupable d'*évasion* ou de tentative d'évasion, celui qui, *sans autorisation*, sera rentré en France ou aura quitté le territoire de relégation, celui qui aura *outrepassé* le temps fixé par l'autorisation, sera traduit devant le tribunal correctionnel du lieu de son arrestation ou devant celui du lieu de relégation et, après une reconnaissance de son identité, sera puni d'un *emprisonnement* de 2 ans au plus. — En cas de *récidive*, cette peine pourra être portée à cinq ans. Elle sera subie sur le territoire des lieux de relégation. »

Art. 15. — « En cas de *grâce*, le condamné à la relégation ne pourra en être dispensé que par une disposition spéciale des lettres de grâce. Cette dispense par voie de grâce pourra d'ailleurs intervenir après l'expiration de la peine principale. »

Art. 16. — « Le relégué pourra, à partir de la *sixième année* de sa relégation, introduire devant le tribunal de la localité une demande tendant à se faire relever de la relégation, en justifiant de sa bonne conduite, des services rendus à la colonisation et de moyens d'existence. Les formes et conditions de cette demande seront déterminées par le règlement d'administration publique prévu par l'art. 18 ci-après. »

Art. 17. — « Le Gouvernement pourra accorder aux relégués l'*exercice*, sur les territoires de relégation, de *tout ou partie des droits civils* dont ils auraient été privés par l'effet des condamnations encourues. »

Art. 18. — « Des règlements d'administration publique détermineront : Les conditions dans lesquelles les relégués accompliront les obligations militaires auxquelles ils pourraient être soumis par la loi sur le recrutement de l'armée ; — L'organisation des pénitenciers mentionnés en l'art. 12 ; — Les conditions dans lesquelles le condamné pourra être dispensé provisoirement ou définitivement de la relégation pour cause d'infirmité ou de maladie, les mesures d'aide et d'assistance en faveur des relégués ou de leur famille, les conditions auxquelles des concessions de terrains provisoires ou définitives pourront leur être accordées, les avances à faire, s'il y a lieu, pour premier établissement, le mode de remboursement de ces avances, l'étendue des droits de l'époux survivant, des héritiers ou des tiers intéressés sur les terrains concédés et les facilités qui pourraient être données à la famille des relégués pour les rejoindre; — Les conditions des engagements de travail à exiger des relégués; — Le régime et la discipline des établissements ou chantiers où ceux qui n'auraient ni moyens d'existence ni engagement seront astreints au travail; — Et, en général, toutes les mesures nécessaires à assurer l'exécution de la présente loi.

Le 1er règlement destiné à organiser l'application de la présente loi sera promulgué dans un délai de 6 mois au plus à dater de sa promulgation. »

Art. 19. — « Est abrogée la loi du 9 juillet 1852, concernant l'*interdiction, par voie administrative, du séjour* du département de la Seine et des Communes formant l'agglomération lyonnaise.

La peine de la *surveillance de la haute police* est *supprimée*. Elle est *remplacée* par la défense faite au condamné de paraître dans les lieux dont l'interdiction lui sera signifiée par le Gouvernement avant sa libération.

Toutes les autres obligations et formalités imposées par l'art. 44 du Code pénal sont supprimées à partir de la promulgation de la présente loi, sans qu'il soit toutefois dérogé aux dispositions de l'art. 635 du Code d'instruction criminelle.

Restent en conséquence applicables pour cette interdiction les dispositions antérieures qui réglaient l'application ou la durée, ainsi que la remise ou la suppression de la surveillance de la haute police et les peines encourues par les contrevenants, conformément à l'article 45 du Code pénal... »

Art. 20. — « La présente loi est applicable à l'Algérie et aux Colonies.

» En Algérie, par dérogation à l'article 2, les Conseils de guerre prononceront la relégation contre les indigènes des territoires de commandement qui auront encouru, pour crimes ou délits de droit commun, les condamnations prévues par l'article 4 ci-dessus. »

— A la date du 26 novembre 1885, un décret a été rendu portant règlement d'administration publique pour l'application de la loi du 27 mai. — Voy. RELÉGATION.

— II. MOYENS DE PRÉVENIR LA RÉCIDIVE. (Loi 14 août 1885.) — Après avoir avisé, par la loi du 27 mai 1885, à purger le territoire français d'un certain nombre de récidivistes dangereux, le législateur s'est préoccupé des mesures propres à supprimer les causes mêmes de la récidive. Ces causes sont principalement : La démoralisation de l'emprisonnement commun qui met en contact des détenus susceptibles d'amendement avec des criminels d'habitude; — L'isolement du libéré qui se trouve souvent dans l'impossibilité de se préserver par le travail contre les rechutes; — L'extrême rigueur des formalités imposées au condamné régénéré qui veut reprendre son rang dans la société. La loi du 14 août 1885 répond à ces divers ordres d'idées. Elle permet la libération conditionnelle du détenu qui a montré, par son travail et sa conduite, l'intention de revenir au bien. Elle favorise par des subventions proportionnées à l'étendue de leur action les sociétés de patronage des libérés. Enfin, elle facilite la réhabilitation en simplifiant les dispositions du Code d'instruction criminelle. En voici la teneur :

TITRE Ier. — RÉGIME DISCIPLINAIRE DES ÉTABLISSEMENTS PÉNITENTIAIRES ET LIBÉRATION CONDITIONNELLE. — Art. 1er. — « Un régime disciplinaire, basé sur la constatation journalière de la conduite et du travail, sera institué dans les divers établissements pénitentiaires de France et d'Algérie, en vue de favoriser l'amendement des condamnés et de les préparer à la libération conditionnelle. »

Art. 2. — « Tous condamnés ayant à subir une ou plusieurs peines emportant privation de la liberté peuvent, après avoir accompli *trois mois* d'emprisonnement, si les peines sont inférieures à six mois, ou, dans le cas contraire, la moitié de leurs peines, être *mis conditionnellement en liberté*, s'ils ont satisfait aux dispositions réglementaires fixées en vertu de l'article 1er.

» Toutefois, s'il y a *récidive* légale, soit aux termes des articles 56 à 58 du Code pénal, soit en vertu de la loi du 27 mai 1885, la durée de l'emprisonnement est portée à *six mois*, si les peines sont inférieures à neuf mois, et aux deux tiers de la peine dans le cas contraire.

» La mise en liberté peut être *révoquée* en cas d'inconduite habituelle et publique dûment constatée, ou d'infraction aux conditions spéciales exprimées dans le permis de libération.

» Si la révocation n'est pas intervenue avant l'expiration de la durée de la peine, la libération est définitive.

» Au cas où la peine qui aurait fait l'objet d'une décision de libération conditionnelle devrait être suivie de la relégation, il pourra être sursis à l'exécution de cette dernière mesure, et le condamné sera, en conséquence, laissé en France, sauf droit de révocation, ainsi qu'il est dit au présent article.

» Le droit de révocation prendra fin en ce cas, s'il n'en a été fait usage pendant les *dix années* qui auront suivi la date d'expiration de la peine principale. »

Art. 3. — « Les arrêtés de mise en liberté sous conditions et de révocation sont pris par le Ministre de l'intérieur.

» S'il s'agit de la *mise en liberté*, après avis du Préfet, du directeur de l'établissement ou de la circonscription pénitentiaire, de la Commission de surveillance de la prison et du parquet près le Tribunal ou la Cour qui a prononcé la condamnation ;

» Et, s'il s'agit de la *révocation*, après avis du Préfet et du Procureur de la République de la résidence du libéré. »

Art. 4. — « L'arrestation du libéré conditionnel peut toutefois être provisoirement ordonnée par l'autorité administrative ou judiciaire du lieu où il se trouve, à la charge d'en donner immédiatement avis au Ministre de l'intérieur.

» Le Ministre prononce la révocation s'il y a lieu.

» L'effet de la révocation remonte au jour de l'arrestation. »

Art. 5. — « La *réintégration* a lieu pour *toute la durée* de la peine non subie au moment de la libération.

» Si l'arrestation provisoire est maintenue, le temps de sa durée compte pour l'exécution de la peine. »

Art. 6. — « Un règlement d'administration publique déterminera la forme des permis de libération, les conditions auxquelles ils peuvent être soumis et le mode de surveillance spéciale des libérés conditionnels.

» L'Administration peut charger les sociétés ou institutions de patronage de veiller sur la conduite des libérés qu'elle désigne spécialement et dans les conditions qu'elle détermine. »

TITRE II. — PATRONAGE. — Art. 7. — « Les sociétés ou institutions agréées par l'Administration pour le patronage des libérés reçoivent une *subvention* annuelle en rapport avec le nombre des libérés réellement patronnés par elles, dans les limites du crédit spécial inscrit dans la loi de finances. »

Art. 8. — « Dans le cas du § 2 de l'article 6, l'Administration alloue à la société ou institution de patronage une somme de 50 centimes par jour pour chaque libéré pendant un temps égal à celui de la durée de la peine restant à courir, sans que cette allocation puisse dépasser 100 francs. »

... TITRE III. — RÉHABILITATION.

Art. 10. — « Les articles 630, 631 et 632 du Code d'instruction criminelle sont supprimés.

» Les articles 621, 623, 624, 628, 629, 633 et 634 du même code sont modifiés ainsi qu'il suit :

» *Art.* 621. Le condamné à une *peine afflictive* ou *infamante* ne peut être admis à demander sa réhabilitation s'il n'a résidé dans le même arrondissement *depuis* 5 *années*, et pendant *les* 2 *dernières* dans la même Commune.

» Le condamné à une *peine correctionnelle* ne peut être admis à demander sa réhabilitation s'il n'a résidé dans le même arrondissement *depuis* 3 *années*, et pendant *les* 2 *dernières* dans la même Commune.

» Les condamnés qui ont passé tout ou partie de ce temps sous les drapeaux, ceux que leur profession oblige à des déplacements inconciliables avec une résidence fixe, pourront être *affranchis de cette condition* s'ils justifient, les premiers, d'attestations satisfaisantes de leurs chefs militaires, les seconds, de certificats de leurs patrons ou chefs d'administration constatant leur bonne conduite.

» Ces attestations et certificats sont délivrés dans les conditions de l'article 624. »

» *Art.* 623. Il doit, sauf le cas de prescription, justifier du *payement* des frais de justice, de l'amende et des dommages-intérêts, ou de la *remise* qui lui en a été faite.

A défaut de cette justification, il doit établir qu'il a subi le temps de *contrainte par corps* déterminé par la loi, ou que la partie lésée a renoncé à ce moyen d'exécution.

S'il est condamné pour *banqueroute frauduleuse*, il doit justifier du payement du passif de la faillite en capital, intérêts et frais, ou de la remise qui lui en a été faite.

Néanmoins, si le demandeur justifie qu'il est *hors d'état de se libérer des frais de justice*, la Cour peut accorder la réhabilitation même dans le cas où ces frais n'auraient pas été payés ou ne l'auraient été qu'en partie.

En cas de condamnation *solidaire*, la Cour fixe la part des frais de justice, des dommages-intérêts ou du passif qui doit être payée par le demandeur.

Si la partie lésée ne peut être retrouvée, ou si elle refuse de recevoir, il est fait *dépôt* de la somme à la Caisse des dépôts et consignations dans la forme des articles 812 et suiv. du Code de procédure civile ; si la partie ne se présente pas dans un *délai de* 5 *ans* pour se faire attribuer la somme consignée, cette somme est *restituée* au déposant sur sa simple demande. »

« *Art.* 624. Le Procureur de la République provoque des *attestations* des Maires des Communes où le condamné a résidé, faisant connaître : 1° La durée de sa résidence dans chaque Commune, avec indication du jour où elle a commencé et de celui où elle a fini ; — 2° Sa conduite pendant la durée de son séjour ; — 3° Ses moyens d'existence pendant le même temps.

» Ces attestations doivent contenir la mention expresse qu'elles ont été rédigées pour servir à l'appréciation de la demande en réhabilitation.

» Le Procureur de la République prend, en outre, l'avis des Juges de paix des cantons et celui des Sous-Préfets des arrondissements où le condamné a résidé. »

« *Art.* 628. La Cour, le Procureur général et la partie ou son conseil entendus, statue sur la demande. »

« *Art.* 629. En cas de *rejet*, une nouvelle demande ne peut être formée avant l'expiration d'un délai de *deux années*. »

« *Art.* 633. Si la réhabilitation est

prononcée, un extrait de l'arrêt est adressé par le Procureur général à la Cour ou au Tribunal qui a prononcé la condamnation, pour être *transcrit* en marge de la minute de l'arrêt ou du jugement. Mention en est faite au *casier judiciaire*. Les extraits délivrés aux parties ne doivent pas relever la condamnation.

» Le réhabilité peut se faire délivrer une expédition de la réhabilitation et un extrait du casier judiciaire *sans frais*. »

« *Art.* 634. La réhabilitation *efface la condamnation* et fait cesser pour l'avenir toutes les *incapacités* qui en résulteraient.

» Les interdictions prononcées par l'article 612 du Code de commerce sont maintenues, nonobstant la réhabilitation obtenue en vertu des dispositions qui précèdent.

» Les individus qui sont en état de *récidive légale*, ceux qui, après avoir obtenu la réhabilitation, auront encouru une *nouvelle condamnation* à une peine correctionnelle ne seront admis au bénéfice des dispositions qui précèdent qu'après un *délai de* 10 *années* écoulées depuis leur libération.

» Néanmoins les récidivistes qui n'auront subi aucune peine afflictive ou infamante et les réhabilités qui n'auront encouru qu'une condamnation à une peine correctionnelle seront admis au bénéfice des dispositions qui précèdent, après un délai de *six années* écoulées depuis leur libération. »

RÉCLUSION. — (Cod. pén. art. 7, 21, 28, 29, 30, 47; loi 30 mai 1854, art. 5.) — Du latin *recludere*, enfermer. — Peine *afflictive* et *infamante* qui consiste à être enfermé dans une maison de force et à être employé à des travaux dont le produit peut être appliqué en partie au profit du condamné.

1. — Sa *durée* est de 5 ans au moins et de 10 ans au plus.

2. — La réclusion emporte la *dégradation civique* et *l'interdiction légale*. — Voy. DÉGRADATION CIVIQUE; — INTERDICTION, sect. II.

3. — Les coupables condamnés à la réclusion sont *de plein droit*, après qu'ils ont subi leur peine et pendant *toute la vie*, sous la *surveillance de la haute police*. — Voy. SURVEILLANCE DE LA HAUTE POLICE.

4. — La peine des *travaux forcés* à perpétuité ou à temps n'est prononcée contre aucun *individu âgé de* 60 *ans* accomplis au moment du jugement : elle est *remplacée* par celle de la *réclusion*, soit à perpétuité, soit à temps selon le cas. (Loi 30 mai 1854, art. 5.)

RÉCOLTES. — 1. — « Les récoltes *pendantes par les racines*, et les *fruits* des arbres *non encore recueillis* sont immeubles. Dès que les grains sont *coupés* et les fruits *détachés*, quoique non enlevés, ils sont *meubles*. — Si une partie seulement de la récolte est coupée, cette partie seule est meuble. » (Cod. civ. art. 520.) — Voy. BIENS.

2. — Le *fermier* peut obtenir la *remise de ses fermages* en cas de *perte de la récolte*. (Cod. civ. art. 1769 et suiv.) — Voy. LOUAGE, sect. I, II, § 2, 6-8.

3. — Les loyers et fermages des immeubles sont *privilégiés* sur les fruits de la récolte de l'année et sur le prix de tout ce qui garnit la ferme ou sert à son exploitation. Néanmoins, les sommes dues pour les semences ou pour les frais de la récolte de l'année sont payées sur le prix de la récolte, par préférence au propriétaire. (Cod. civ. art. 2102, n° 1.) — Voy. PRIVILÈGE.

4. — Les *Juges de paix* connaissent *sans appel*, jusqu'à la valeur de 100 fr., et à *charge d'appel*, à quelque valeur que la demande puisse s'élever, des *actions pour dommages* faits aux champs, fruits et récoltes, soit par l'homme, soit par les animaux. (Loi 25 mai 1838, art. 5, 1°.) — C'est devant le Juge de paix *de la situation* que doivent être portées les actions de cette nature. (Cod. proc. civ. art. 3, 1°.)

5. — Quiconque a *dévasté* des récoltes sur pied est puni d'un *emprisonnement* de 2 ans au moins, de 5 ans au plus, et d'une *amende*, qui ne peut excéder le quart des restitutions et dommages-intérêts, ni être au-dessous de 16 fr. — Les coupables peuvent, de plus, être placés sous *la surveillance de la haute police* pendant 5 ans au moins et 10 ans au plus. (Cod. pén. art. 444, 455.)

6. — Le *vol* ou la *tentative* de vol dans les champs, des récoltes ou autres productions utiles de la terre déjà détachées du sol, ou des meules de grains faisant partie de récoltes, est puni d'un *emprisonnement* de 15 jours à 2 ans, et d'une *amende* de 16 fr. à 200 fr. — Si le vol a été commis, soit la *nuit*, soit par *plusieurs personnes*, soit à l'aide de *voitures* ou d'*animaux* de charge, l'*emprisonnement* est d'un an à 5 ans et l'*amende* de 16 fr. à 500 fr. — Lorsque le vol ou la tentative de vol de récoltes ou autres productions utiles de la terre, qui, avant d'être soustraites, n'étaient pas encore détachées du sol, a eu lieu, soit avec des *paniers*, des *sacs* ou autres *objets équivalents*, soit la *nuit*, soit à l'aide de *voitures* ou d'*animaux* de charge, soit par *plusieurs personnes*, la peine est d'un *emprisonnement* de 15 jours à 2 ans et d'une *amende* de 16 à 200 fr. — Dans tous les cas ci-dessus spécifiés, les coupables peuvent, indépendamment de la peine principale, être *interdits* de tout ou partie *des droits* mentionnés en l'article 42 du Code pénal. (Voy. INTERDICTION DES DROITS CIVIQUES, CIVILS ET DE FAMILLE), pendant 5 ans au moins et 10 ans au plus à compter du jour où ils ont subi leur peine, et être mis aussi, pendant le même nombre d'années, sous la *surveillance de la haute police*. (Cod. pén. art. 188.) — Ceux qui *dérobent*, sans aucune des circonstances ci-dessus prévues, des récoltes ou autres productions utiles de la terre qui, avant d'être soustraites, n'étaient pas encore détachées du sol, sont punis d'une *amende* de 6 fr. à 10 fr. inclusivement, et, en cas de *récidive*, d'un *emprisonnement* pendant 15 jours au plus. (Cod. pén. art. 475, 15°; 478.)

7. — Voy. INCENDIE.

RÉCOMPENSE. — Synonyme d'*indemnité*, cette expression signifie, dans le langage juridique, tout ce qui est dû à la communauté par l'un des époux en retour de ce qu'elle a dépensé pour lui, ou par la communauté à l'un des époux en retour de ce qu'il a dépensé pour elle. — Voy. CONTRAT DE MARIAGE, I, 4.

RÉCONCILIATION. — 1. — L'action en *séparation de corps* ou en *divorce* s'éteint par la réconciliation des époux, survenue soit depuis les faits qui auraient pu autoriser cette action, soit depuis la demande en séparation de corps ou en divorce. Dans l'un ou l'autre cas, le demandeur serait déclaré non recevable dans son action; il pourrait néanmoins en intenter une nouvelle pour cause survenue depuis la réconciliation, et alors faire usage des anciens motifs pour appuyer sa nouvelle demande. (Cod. civ. art. 272, 273, 306.)

2. — Au cas de jugement ou même de demande, soit de divorce, soit de séparation de corps, le mari peut *désavouer l'enfant né moins de 180 jours après la réconciliation* des époux. (Lois 6 décembre 1850, 27 juillet 1884.) — Voy. PATERNITÉ ET FILIATION, 2 et 3.

RECONDUCTION. (TACITE) — Voy. TACITE RECONDUCTION.

RECONNAISSANCE D'ENFANT. — (Cod. civ. art. 334-342.)

1. — Lorsqu'un enfant naturel n'a pas été reconnu au moment de sa naissance, dans l'acte dressé à la Mairie, il ne peut l'être qu'en la *forme authentique*, c'est-à-dire devant Notaire ou devant un Officier de l'Etat civil.

2. — La loi ne permet point la reconnaissance des enfants nés d'un commerce *incestueux* ou *adultérin*. Les enfants *naturels simples* sont

les seuls qui puissent être reconnus. — Voy. ENFANT, 1 et 2.

3. — La reconnaissance faite *pendant le mariage* par l'un des époux, au profit d'un enfant naturel qu'il aurait eu *avant son mariage d'un autre* que de son époux, ne saurait nuire ni à celui-ci, ni aux enfants nés de ce mariage; néanmoins elle produit son effet après la dissolution de ce mariage, s'il n'en reste pas d'enfants.

4. — La reconnaissance ne confère point les droits qui résultent de la légitimité; voici les seuls *effets* qu'elle produit : 1° Elle établit un lien civil de parenté entre l'enfant et la personne qui l'a reconnu. mais ce lien *ne rattache pas l'enfant aux parents* de son père ou de sa mère. L'enfant n'a ni *aïeuls* ou *aïeules* ni *collatéraux*.

2° L'enfant prend le *nom* de son père ou de sa mère. S'il a été reconnu par l'un et l'autre, il porte le nom de son père.

3° L'enfant acquiert des droits à la *succession* de son père ou de sa mère, mais ces droits sont moins étendus que ceux dont jouissent les enfants légitimes, et il ne peut rien recevoir au delà de la part que la loi lui attribue. — Voy. SUCCESSIONS, II, § 4.

4° Les père et mère ont le droit de *puissance paternelle*, moins le droit de jouissance que la loi accorde aux père et mère légitimes sur les biens personnels de leurs enfants mineurs de 18 ans. — Voy. PUISSANCE PATERNELLE.

5° L'enfant naturel reconnu, qui n'a pas atteint l'âge compétent pour *se marier* à son gré, doit obtenir le *consentement* de ses père et mère, et, après cet âge, il est tenu de requérir leur *conseil*. — Voy. MARIAGE.

5. — Voy. PATERNITÉ ET FILIATION, 1, 4 et 5.

RECRUTEMENT MILITAIRE. — Voy. SERVICE MILITAIRE.

RECTEUR. — Nom donné au fonctionnaire placé à la tête de chaque Académie. Le Recteur est assisté d'autant d'*Inspecteurs d'Académie* qu'il y a de départements dans la circonscription. Il est président du *Conseil académique.*

L'Académie de Paris est administrée par un *Vice-Recteur*. C'est le Ministre de l'Instruction publique, autrefois appelé *Grand Maître de l'Université*, qui a le titre de *Recteur* de cette académie. — Voy. INSTRUCTION PUBLIQUE.

RECTIFICATION DES ACTES DE L'ÉTAT CIVIL. — Voy. ACTES DE L'ÉTAT CIVIL, VII.

RECTIFICATIONS. — Voy. JOURNAL, § 2.

RÉCUSATION. — (Cod. proc. civ. art. 44-47; 197; 237; 308-314; 378-396; 430; 1014; Déc. 20 fév. 1810, art. 54-57; Cod. instr. crim. art. 399-404.) — Du latin *recusatio*, refus. — C'est le fait de refuser un arbitre, un expert, un juré, un témoin, dans les cas spécifiés par la loi.

1. — Les *Juges de Paix* peuvent être récusés : 1° quand ils ont un intérêt personnel à la contestation; — 2° quand ils sont parents ou alliés d'une des parties, jusqu'au degré de cousin-germain inclusivement; — 3° si, dans l'année qui a précédé la récusation, il y a eu procès criminel entre eux et l'une des parties ou son conjoint ou ses parents et alliés en ligne directe; — 4° s'il y a procès existant entre eux et l'une des parties ou son conjoint; — 5° s'ils ont donné un avis écrit dans l'affaire.

2. — Les *autres Juges* peuvent être récusés pour les causes ci-après : 1° Si le Juge est parent ou allié des parties ou de l'une d'elles jusqu'au degré de cousin issu de germain inclusivement; — 2° Si la femme du Juge est parente ou alliée de l'une des parties au degré ci-dessus, lorsque la femme est vivante, ou qu'étant décédée, il en existe des enfants : si elle est décédée et qu'il n'y ait pas d'enfants, le beau-père, le gendre ni les beaux-frères ne peuvent être juges; — 3° Si le Juge, sa femme, leurs ascendants et descendants, ou alliés dans la même ligne, ont un différend sur pareille question que celle dont il s'agit entre les

parties; — 4° S'ils ont un procès en leur nom dans un Tribunal où l'une des parties est Juge; s'ils sont créanciers ou débiteurs de l'une des parties; — 5° Si dans les 5 ans qui ont précédé la récusation, il y a eu procès criminel entre eux et l'une des parties ou son conjoint, ou ses parents ou alliés en ligne directe; — 6° S'il y a procès civil entre le Juge, sa femme, leurs ascendants et descendants ou alliés dans la même ligne, et l'une des parties, et que ce procès, s'il a été intenté par la partie, l'ait été avant l'instance dans laquelle la récusation est proposée; si, ce procès étant terminé, il ne l'a été que dans les 6 mois précédant la récusation; — 7° Si le Juge est tuteur, subrogé-tuteur ou curateur de l'une des parties; s'il est administrateur de quelque établissement, société ou direction, partie dans la cause; si l'une des parties est sa présomptive héritière; — 8° Si le Juge a donné conseil, plaidé ou écrit sur le différend; s'il en a précédemment connu comme Juge ou comme arbitre; s'il a sollicité, recommandé ou fourni aux frais du procès; s'il a déposé comme témoin; si, depuis le commencement du procès, il a bu ou mangé avec l'une ou l'autre des parties, dans leur maison, ou reçu d'elle des présents; — 9° S'il y a inimitié capitale entre lui et l'une des parties; s'il y a eu, de sa part, agressions, injures ou menaces, verbalement ou par écrit, depuis l'instance, ou dans les 6 mois précédant la récusation proposée.

— La récusation doit être faite *avant le commencement de la plaidoirie;* et, si l'affaire est en rapport, *avant que l'instruction soit achevée*, ou *que les délais soient expirés*, à moins que les causes de la récusation ne soient survenues postérieurement.

— Celui dont la récusation a été déclarée *inadmissible* est condamné à telle *amende* qu'il plaît au Tribunal, laquelle ne peut être moindre de 100 fr., et sans préjudice, s'il y a lieu, de l'action du Juge en *dommages-intérêts*, auquel cas il ne peut demeurer Juge.

3. — Les *Experts* peuvent être récusés par les motifs pour lesquels les témoins peuvent être reprochés. — (Voy. TÉMOINS.) — Si la récusation est *rejetée*, la partie qui l'a faite est condamnée à des *dommages-intérêts*, même envers l'expert, s'il le requiert; mais, dans ce dernier cas, il ne peut demeurer expert.

4. — Les *Arbitres* ne peuvent être récusés, si ce n'est pour *cause survenue depuis le compromis* et pour les mêmes motifs que les Juges.

5. — Les *Prud'hommes* peuvent être récusés : 1° quand ils ont un intérêt personnel à la contestation; — 2° quand ils sont parents ou alliés de l'une des parties, jusqu'au degré de cousin germain inclusivement; — 3° si, dans l'année qui a précédé la récusation, il y a eu procès criminel entre eux et l'une des parties ou son conjoint, ou ses parents et alliés en ligne directe; — 4° s'il y a procès civil existant entre eux et l'une des parties ou son conjoint; — 5° s'ils ont donné un avis écrit dans l'affaire.

6. — En *matière criminelle*, l'accusé ou son Conseil et le Procureur Général peuvent récuser tels *Jurés* qu'ils jugent à propos, sans faire connaître de motifs et jusqu'à ce qu'il reste 12 Jurés. — Voy. JURY, 7.

7. — En *matière d'expropriation pour cause d'utilité publique*, lors de l'appel des *Jurés* par le magistrat directeur du Jury, l'Administration a le droit d'en récuser 2, sans énoncer de motifs; la partie adverse a le même droit. (Loi 3 mai 1841, art. 34.)

RÉDHIBITOIRES. — Voy. VICES RÉDHIBITOIRES.

RÉDUCTION D'IMPOT. (DEMANDE EN) — Voy. CONTRIBUTIONS, sect. I, IV.

RÉELLE. (ACTION) — Voy. ACTION RÉELLE.

RÉFÉRÉ. — (Cod. proc. civ. art. 810-811.)

Du latin *referre*, rapporter. — C'est un recours exercé devant le

Président du Tribunal de première instance, à l'effet de faire juger provisoirement et avec rapidité, soit les difficultés survenues dans l'exécution d'un jugement ou d'un titre exécutoire, soit toute autre affaire urgente.

A cet effet, assignation est donnée directement et sans permission préalable pour l'audience spéciale tenue aux jour et heure indiqués par le Tribunal.

Si le cas requiert *célérité*, le Président peut permettre d'assigner à *bref délai* à *l'audience*, ou *à sa demeure*, ou *sur l'heure*, même les *jours de fête*.

La décision qui intervient, nommée *ordonnance de référé*, est exécutoire par provision, avec ou sans caution. Elle n'est pas susceptible d'opposition, mais elle peut être attaquée par la voie de l'appel et dans la quinzaine de la signification, si la valeur du litige excède le taux du dernier ressort.

RÉFÉRENDAIRE AU SCEAU DE FRANCE. — (Ord. roy. 15 juillet 1814, 11 décembre 1815, 31 octobre 1830, Déc. 8 janvier 1859.)

Nom donné à 12 officiers ministériels exclusivement *chargés*, auprès du Ministère de la Justice, de poursuivre la délivrance des lettres-patentes et décrets concernant les collations, transmissions et confirmations de *titres*, de former les demandes en investiture, échange, réduction et annulation de *majorats* ou *dotations*; de percevoir et de verser au Trésor les droits de sceau y relatifs. Ils sont également chargés de la perception et du versement des droits de sceau dans les demandes de *changement* ou *addition de noms*, *naturalisation*, *admission à domicile*, autorisation de *service à l'étranger*, *réintégration* dans la *qualité de Français*, *dispense* pour *mariages*, etc., — affaires dans lesquelles ils peuvent, comme mandataires, représenter les parties.

RÉFÉRENDAIRE. (CONSEILLER) — Voy. CONSEILLER RÉFÉRENDAIRE.

RÉGIME DOTAL. — Voy. CONTRAT DE MARIAGE, IV.

RÈGLEMENT D'ADMINISTRATION PUBLIQUE. — On donne ce nom aux décrets qui ont pour objet de déterminer la manière dont sera réglé un service public ou l'exécution d'une loi.

Le plus souvent ils sont prescrits ou réservés par la loi même dont ils sont l'explication ou le complément.

Les *règlements d'administration publique* sont élaborés par le Conseil d'État.

RÈGLEMENT DE JUGES. — (Cod. proc. civ. art. 363-367; Cod. instr. crim. art. 525-541.) — Décision par laquelle une Autorité judiciaire supérieure détermine celui de deux ou plusieurs Tribunaux inférieurs qui doit connaître d'un procès dont ils ont été simultanément saisis.

I. MATIÈRES CIVILES. — 1. — Si une contestation est portée devant deux ou plusieurs Tribunaux de paix *ressortissant au même Tribunal*, le règlement de Juges appartient à ce Tribunal.

Si les Tribunaux de paix *relèvent de Tribunaux différents*, le règlement est porté à la Cour d'appel.

Il doit l'être à la Cour de Cassation si ces Tribunaux *ne ressortissent pas à la même Cour d'appel*.

2. — Si la contestation est formée devant plusieurs Tribunaux de première instance *ressortissant à la même Cour d'appel*, le règlement de Juges est porté à cette Cour. Si, au contraire, ils *ressortissent à des Cours différentes*, ou si le conflit existe entre une ou plusieurs Cours, il est porté à la Cour de Cassation.

3. — Les articles 364, 365 et 366 du Code de procédure civile règlent les formes de la demande en règlement de Juges et les délais de signification du jugement qui l'a admise, ainsi que ceux de l'assignation des parties.

4. — Le demandeur qui succombe peut être condamné à des *dommages-intérêts* envers les autres parties.

5. — Les demandes en règlement de juges sont *dispensées du préliminaire de conciliation*. (Cod. proc.

civ. art. 49.) — Elles sont *communiquées au Ministère public.* (Même code, art. 83.)

II. Matières criminelles. — 1. — Le Code d'Instruction criminelle, qui s'occupe des règlements de Juges dans les articles 525 à 541, contient les mêmes principes que le Code de procédure civile.

Ainsi, lorsque deux Juges d'instruction ou deux Tribunaux de première instance établis *dans le ressort de la même Cour d'appel* sont saisis de la connaissance du même délit ou de délits connexes, les parties sont réglées de Juges par cette Cour, sauf, s'il y a lieu, recours à la Cour de Cassation.

Lorsque deux Tribunaux de simple police sont saisis de la connaissance de la même contravention ou de contraventions connexes, les parties sont réglées de Juges par le Tribunal auquel ils ressortissent l'un et l'autre, et, s'ils *ressortissent à différents Tribunaux*, elles sont réglées par la Cour d'appel, sauf le recours, s'il y a lieu, à la Cour de Cassation.

Lorsque le conflit existe entre les Cours d'appel, ou entre des Juges d'instruction ou des Tribunaux appartenant à des *ressorts différents*, le règlement est porté à la Cour de Cassation.

2. — C'est également la Cour de Cassation qui prononce lorsqu'un Tribunal militaire ou maritime, ou un Officier de police militaire, ou tout autre Tribunal d'exception, d'une part, et une Cour d'appel ou d'assises, un Tribunal correctionnel ou de police, ou un Juge d'instruction, d'autre part, sont saisis de la connaissance du même délit, ou de délits connexes, ou de la même contravention.

3. — La partie civile, le prévenu ou l'accusé qui succombe dans sa demande en règlement de Juges, peut être condamné à une *amende* de 300 fr. au maximum, et dont moitié est pour la partie.

RÉHABILITATION. — (Lois 3 juillet 1852; 14 août 1885, tit. III.) — Du latin *re habilis*, de nouveau habile, propre à. — Rétablissement d'une personne dans son premier état, dans ses anciens droits.

Tout condamné qui a *subi sa peine* ou qui a été *gracié* peut être réhabilité.

1. — La demande en réhabilitation pour les condamnés à une *peine afflictive* ou *infamante* ne peut être formée que 5 ans après le jour de leur libération. Néanmoins ce délai court, au profit des condamnés à la dégradation civique, du jour où la condamnation est devenue irrévocable, ou de celui de l'expiration de la peine de l'emprisonnement si elle a été prononcée. Il court, au profit du condamné à la surveillance de la haute police prononcée comme peine principale, du jour où la condamnation est devenue irrévocable.

Le délai est réduit à 3 ans pour les condamnés à une *peine correctionnelle.*

2. — Le condamné à une peine *afflictive* ou *infamante* n'est admis à demander sa réhabilitation que s'il a *résidé dans le même arrondissement depuis* 5 *années*, et pendant les *deux dernières dans la même Commune.* Le condamné à une peine *correctionnelle* doit avoir *résidé dans le même arrondissement depuis* 3 *années*, et pendant les *deux dernières dans la même Commune.*

— Les condamnés qui ont passé tout ou partie de ce temps sous les drapeaux, ceux que leur profession oblige à des déplacements inconciliables avec une résidence fixe, peuvent être *affranchis de cette condition* s'ils justifient, les premiers, d'attestations satisfaisantes de leurs chefs militaires, les seconds, de certificats de leurs patrons ou chefs d'administration constatant leur bonne conduite.

3. — La *demande* en réhabilitation est *adressée* au Procureur de la République de l'arrondissement.

Le condamné *doit*, sauf le cas de prescription, *justifier* du payement des frais de justice, de l'amende et des dommages-intérêts prononcés contre lui ou de la remise qui lui en a été faite. A défaut de cette justification, il doit établir qu'il a subi le temps de la contrainte par corps déterminé par la loi, ou que la partie lésée a renoncé à ce moyen d'exécution. — S'il est condamné pour banqueroute frauduleuse, il est tenu de justifier du payement du passif de la faillite, en capital, intérêts et frais, ou de la remise qui lui en a été faite.

— Néanmoins, si le demandeur justifie qu'il est *hors d'état de se libérer* des frais de justice, la Cour peut accorder la réhabilitation, même dans le cas où ces frais n'auraient pas été payés on ne l'auraient été qu'en partie. — En cas de condamnation *solidaire*, la Cour fixe la part des frais de justice, des dommages-intérêts ou du passif qui doit être payée par le demandeur. — Si la partie lésée ne peut être retrouvée, ou si elle refuse de recevoir, il est fait *dépôt* de la somme due à la Caisse des dépôts et consignations : si la partie civile ne se présente pas dans un délai de *cinq ans*, pour se faire attribuer la somme consignée, cette somme est *restituée* au déposant sur sa simple demande.

4° — Après une instruction de la demande, la Chambre d'accusation de la Cour d'appel dans le ressort de laquelle réside le condamné donne son *avis motivé*. Si l'avis n'est *pas favorable* à la réhabilitation, une *nouvelle demande ne peut être formée* avant l'expiration d'un *délai de 2 années*. Si l'avis est favorable, il est, avec les pièces produites, transmis au Ministre de la Justice, sur le rapport duquel le Président de la République statue.

5. — En cas d'admission de la demande, des *lettres de réhabilitations* sont expédiées et adressées à la Cour qui a délibéré l'avis. Copie authentique en est envoyée à la Cour ou au Tribunal qui a prononcé la condamnation, pour être transcrite en marge de la minute de l'arrêt ou du jugement de condamnation.

6. — La réhabilitation efface la condamnation et fait cesser, *pour l'avenir*, dans la personne du condamné, toutes les incapacités qui résultaient de la condamnation. Mais le banqueroutier frauduleux, quoique réhabilité *civilement*, ne peut jamais l'être *commercialement*.

Les individus qui sont en état de *récidive* légale, ceux qui, après avoir obtenu la réhabilitation, ont encouru une *nouvelle condamnation*, ne sont admis au bénéfice des dispositions qui précèdent qu'après un délai de *dix années* écoulées depuis leur libération.

Néanmoins, les récidivistes qui n'ont subi aucune peine afflictive ou infamante et les réhabilités qui n'ont encouru qu'une condamnation à une peine correctionnelle sont admis au bénéfice de ces dispositions après un délai de *six années* écoulées depuis leur libération.

7. — Pour ce qui concerne la réhabilitation du commerçant *failli*, voy. FAILLITE, X.

RÉINTÉGRANDE. — Action par laquelle une personne demande à être *réintégrée* dans la possession d'un héritage dont elle a été dépouillée par violence ou voie de fait. Voy. ACTION POSSESSOIRE, II.

RELAIS. — Voy. LAIS et RELAIS.

RELÉGATION DES RÉCIDIVISTES. — Pour l'application de la loi du 27 mai 1885 sur la relégation des *récidivistes* (voy. ce mot), un décret portant règlement d'administration publique est intervenu, à la date du 26 novembre 1885, et dispose ce qui suit :

TITRE I. — Art. 1er. — « La relégation est *individuelle* ou *collective*. »

Art. 2. — « La *relégation individuelle* consiste dans l'internement, en telle colonie ou possession française déterminée, des relégués admis à y résider en état de liberté, à la charge de se conformer aux mesures d'ordre et de surveillance qui seront prescrites en exécution de l'art. 1er de la loi du 27 mai 1885. Ces relégués sont soumis dans la colonie au régime du droit commun et aux juridictions ordinaires.

Sont admis à la relégation individuelle, après examen de leur conduite, les relégables qui justifient de moyens honorables d'existence, notamment par l'exercice de professions ou de métiers, ceux qui sont reconnus aptes à recevoir des concessions de terre et ceux qui sont autorisés à contracter des engagements de travail ou de service pour le compte de l'Etat, des colonies ou des particuliers. »

Art. 3. — « La *relégation collective* consiste dans l'internement, sur un territoire déterminé, des relégués qui n'ont pas été, soit avant, soit après leur envoi hors de France, reconnus aptes à bénéficier de la relégation individuelle. — Ces relégués sont réunis dans des établissements où l'administration pourvoit à leur subsistance et ils sont astreints au travail. Ils sont justiciables, pour la répression des crimes ou délits, d'une juridiction spéciale qui sera organisée par un règlement d'administration publique. »

Art. 4. — « La relégation individuelle sera subie dans les diverses colonies ou possessions françaises.

La relégation collective s'exécutera dans les territoires de la colonie de la *Guyane* et, si les besoins l'exigent, de la Nouvelle-Calédonie ou de ses dépendances, qui seront déterminés et délimités par décrets.

Des règlements d'administration publique pourront désigner ultérieurement d'autres lieux de relégation collective.

Il peut être envoyé temporairement, sur le territoire des diverses colonies, des groupes ou détachements de relégués à titre collectif pour être employés sur les chantiers de travaux publics. — La désignation des colonies où seront envoyés ces relégués, des travaux en vue desquels aura lieu cet envoi, l'organisation des groupes et détachements seront déterminés par décrets rendus en Conseil d'Etat. »

Art. 5. — « Les mêmes établissements et les mêmes circonscriptions territoriales ne doivent, *en aucun cas*, être affectés concurremment à la relégation collective et à la transportation. »

Art. 6. — « Il est procédé pour l'*admission au bénéfice de la relégation individuelle* de la manière suivante :

Le Parquet près la Cour ou le Tribunal ayant prononcé la relégation, le Préfet du département où résidait le relégable avant sa dernière condamnation, le directeur soit de l'établissement, soit de la circonscription pénitentiaire où le relégable se trouvait détenu en dernier lieu, sont appelés à donner leur avis.

Des médecins, désignés par le Ministre de l'intérieur, examinent l'état de santé et les aptitudes physiques du relégable et consignent leurs constatations et leur avis dans des rapports.

Le dossier est transmis à une Commission spéciale, dite *Commission de classement*, sur les propositions de laquelle le Ministre de l'intérieur statue définitivement. »

Art. 7. — « La Commission de classement est constituée par décret sur le rapport du Ministre de l'intérieur, après entente avec ses collègues de la justice et de la marine et des colonies. — Elle est composée de 7 membres : 1 Conseiller d'Etat élu par les conseillers d'Etat en service ordinaire, président; 2 représentants de chacun des 3 départements de la justice, de l'intérieur et de la marine et des colonies.

La Commission élit son vice-président. — Un secrétaire, désigné par le Ministre de l'intérieur, est chargé de la rédaction des procès-verbaux et de la conservation des archives.

La Commission ne peut délibérer que lorsque 4 de ses membres au moins sont présents. — Les délibérations sont prises à la majorité des voix ; en cas de partage, la voix du président est prépondérante. »

Art. 8. — « En ce qui concerne les condamnés dont la peine a été subie dans une colonie, il est statué définitivement par décision du Ministre de la marine et des colonies, après avis du gouverneur et du Conseil de santé, sur les propositions d'une Commission de classement nommée par le Gouverneur. Cette Commission est composée : d'un magistrat, président, et de 2 membres chargés de représenter, l'un la direction de l'intérieur, et l'autre le service pénitentiaire. »

Art. 9. — « Lorsqu'un relégué, subissant la relégation collective, se trouve dans les conditions énoncées dans l'art. 2 du présent décret, il peut demander à être admis au bénéfice de la *relégation individuelle*. Cette demande est soumise à la procédure réglée par l'art. 8 et transmise au Ministre de la marine et des colonies, qui statue définitivement. Cette décision est portée à la connaissance du Ministre de la justice et du Ministre de l'intérieur. »

Art. 10. — « Le bénéfice de la relégation individuelle peut être *retiré* au relégué : 1° En cas de nouvelle condamnation pour crime ou délit ; — 2° pour inconduite notoire ; — 3° pour violation des mesures d'ordre et de surveillance auxquelles le relégué était soumis ; — 4° pour rupture volontaire et non justifiée de son engagement ; — 5° pour abandon de sa concession.

Le retrait est prononcé définitivement par le Ministre de la marine et des colonies, sur la proposition du Gouverneur, après avis de la Commission instituée par l'art. 8. Cette décision est portée à la connaissance du Ministre de la justice et du Ministre de l'intérieur. »

Art. 11. — « Avant le départ des relégués, le Ministre de l'intérieur peut, en cas d'urgence et à titre provisoire, les dispenser de la relégation, pour cause de *maladie* ou d'*infirmité*, sur le rapport du directeur de l'établissement ou de la circonscription pénitentiaire, et après avis des médecins chargés du service de santé. La dispense, conférée *à titre provisoire*, ne peut durer plus d'*une année*. Elle ne peut être *renouvelée* qu'après avis de la Commission de classement instituée par l'art. 7.

La dispense ne peut être accordée *à titre définitif* qu'après l'instruction spéciale prévue à l'art. 6 et sur avis conforme de la Commission de classement. »

Titre II. — Mesures d'exécution en France. — Art. 12. — « Il est statué par le Ministre de l'intérieur, après avis du Ministre de la justice, sur la situation des relégables avant qu'ils soient envoyés hors de France, notamment en ce qui concerne leur placement dans les *pénitenciers spéciaux*, créés en vertu de l'art. 12 de la loi du 27 mai 1885. »

Art. 13. — « Les individus condamnés à la relégation qui sont maintenus, pendant tout ou partie de la durée des peines, à les subir avant leur envoi hors de France, dans les divers établissements pénitentiaires normalement destinés à l'exécution de ces peines, doivent être *séparés* des détenus non soumis à la relégation. »

Art. 14. — « Les mesures d'ordre à prescrire dans les divers établissements pénitentiaires ordinaires pour préparer les condamnés à la relégation sont déterminées par décisions ministérielles. »

Art. 15. — « Les relégables qui subissent tout ou partie de leur peine dans les pénitenciers spéciaux créés en vertu de l'art. 12 de la loi du 27 mai 1885 sont préparés à la vie coloniale. Ils sont soumis au travail dans les ateliers ou chantiers organisés autant que possible en vue d'un apprentissage industriel ou agricole. — Ils peuvent y être répartis en groupes et en détachements d'ouvriers ou de pionniers pour l'emploi éventuel de leur main-d'œuvre aux colonies. — *Aucun contact* ne doit exister entre les relégables et la population libre.

» Le *temps de séjour dans les pénitenciers spéciaux* est compté pour l'accomplissement des peines à subir avant l'envoi en relégation. »

Art. 16. — « La création et l'installation de chacun de ces établissements, l'affectation des emplacements, des bâtiments, des domaines et terrains nécessaires sont ordonnées par décrets, après avis du Conseil supérieur des prisons.

» Les pénitenciers spéciaux relèvent de l'administration pénitentiaire métropolitaine, sont placés sous l'autorité du Ministre de l'intérieur et soumis aux mêmes conditions générales de gestion et de contrôle que les autres établissements pénitentiaires. »

Art. 17. — « La répartition et le classement des relégables dans les pénitenciers sont effectués d'après leur conduite, leurs antécédents, leurs aptitudes et leur destination éventuelle.

» Il sera tenu compte, dans le règlement intérieur, des différences de traitement qu'implique la nature même de la peine restant à subir aux condamnés avant la relégation, sans qu'il y ait à séparer nécessairement ceux qui, par la dernière condamnation encourue, appartiennent à des catégories pénales différentes. — Toutefois, les relégables, qui subissent dans les pénitenciers spéciaux la peine des travaux forcés, *ne peuvent être mis en commun*, pendant la durée de cette peine, avec les relégables appartenant à d'autres catégories pénales. »

Art. 18. — « Les relégables ayant accompli la durée des peines à subir avant la relégation peuvent être *maintenus au dépôt* dans les établissements pénitentiaires ordinaires ou dans les pénitenciers spéciaux jusqu'à leur départ pour les lieux de relégation, notamment pendant l'instruction sur les causes de dispense et pendant la durée des dispenses accordées à titre provisoire. »

Art. 19. — « Les relégables maintenus en dépôt sont astreints aux conditions de discipline et de travail arrêtées pour chaque établissement, mais avec les différences de régime que comporte leur situation comparée à celle des condamnés relégables en cours de peine.

» Il *est tenu compte* à chacun des relégables maintenus en dépôt de la valeur du produit de son travail, déduction faite d'une part à retenir à titre de compensation pour les dépenses occasionnées par lui dans l'établissement, notamment pour son entretien, et sous réserve des prescriptions réglementaires concernant le mode d'emploi du pécule ainsi que la disposition de l'avoir. — La retenue ne peut dépasser le tiers du produit du travail. »

Art. 20. — « Il sera organisé, comme pénitenciers spéciaux de relégation pour les *femmes*, des établissements ou quartiers distincts, dans lesquels la discipline, le régime et les travaux seront appropriés à leur situation, d'après les règles générales édictées au présent décret. »

... Art. 22. — « Le *transfèrement* des relégables aux colonies *avant l'expiration des peines* à subir en France... est autorisé par le Ministre de l'intérieur, après avis du Ministre de la justice et du Ministre de la marine et des colonies. »

... TITRE III. — MESURES D'EXÉCUTION AUX COLONIES. — Art. 27. — « Après leur embarquement et jusqu'à leur arrivée aux lieux de relégation, les relégables sont maintenus en état de dépôt. Ils sont en outre soumis aux conditions d'ordre et aux règles disciplinaires déterminées par le Ministre de la marine et des colonies.

» Lorsque l'envoi hors de France précède l'expiration des peines, la durée du transfèrement est comptée pour l'accomplissement de ces peines. »

Art. 28. — « A leur arrivée ou durant leur séjour dans la colonie, les *femmes* envoyées en relégation *individuelle* peuvent, soit sur leur demande, soit d'office, lorsque des moyens honorables d'existence leur font défaut, être placées dans des *maisons d'assistance et de travail* où il est pourvu à leurs besoins. — Elles peuvent y être maintenues jusqu'à ce qu'elles aient trouvé à s'engager ou à s'établir dans des conditions suffisantes de bon ordre et de moralité. »

Art. 29. — « Un arrêté du Gouverneur, approuvé par le Ministre de la marine et des colonies, déterminera les facilités à donner aux femmes reléguées pour se procurer du travail et des moyens d'établissement dans la colonie. — Un règlement d'administration publique fixera les avantages particuliers qui pourront leur être accordés en *argent* ou en *concessions de terre*, en *avances* de premier établissement, en *dons* ou *prêts* d'outils, d'instruments et de tous objets nécessaires à une exploitation commerciale, industrielle ou agricole. Ces divers avantages pourront être consentis, tant au profit des conjoints et des enfants à naître, qu'au profit des femmes reléguées. »

Art. 30. — « Les *femmes* qui ont été envoyées en relégation *collective* peuvent obtenir les facilités et avantages ci-dessus, lorsqu'elles justifient d'une *bonne conduite* et d'*aptitudes suffisantes.* »

Art. 31. — « Il sera organisé, sur les territoires affectés à la relégation collective, des *dépôts d'arrivée et de préparation* où seront reçus et provisoirement maintenus les relégués à titre collectif. — Ces dépôts pourront comprendre des ateliers, chantiers, exploitations où seront placés les relégués pour une période d'épreuve et d'instruction. — Les relégués y seront formés, soit à la culture, soit à l'exercice d'un métier ou d'une profession en vue des engagements de travail ou de service à contracter et des concessions de terre à obtenir selon leurs aptitudes et leur conduite. »

Art. 32. — « Les relégués qui n'ont pas été admis à la relégation individuelle, soit avant leur départ de France, soit pendant leur séjour dans les dépôts de préparation, sont envoyés dans des *établissements de travail.* — Ces établissements peuvent consister en ateliers, chantiers de travaux publics, exploitations forestières, agricoles ou minières. Les relégués sont répartis entre ces établissements d'après leurs aptitudes, leurs connaissances, leur âge et leur état de santé. — L'Administration peut toujours les admettre, sur leur demande, à revenir dans les *dépôts de préparation* pour une nouvelle période d'épreuve et d'instruction. »

Art. 33. — « Sur autorisation du Gouverneur et sous les conditions fixées par lui...., des établissements, exploitations et domaines *particuliers* peuvent être assimilés aux établissements publics que mentionne le précédent article, pour fournir du travail et des moyens de subsistance aux condamnés soumis à la relégation collective. — Il peut, en conséquence, être envoyé et maintenu dans ces établissements privés des groupes ou détachements de relégués qui demeurent placés sous la surveillance des agents de l'État et qui sont soumis au même régime et aux mêmes règles disciplinaires que dans les établissements publics de travail. »

Art. 35. — « Les relégués qui, sans avoir perdu le bénéfice de la relégation individuelle, en vertu de l'article 10 du présent décret, se trouvent dans l'*impossibilité de pourvoir à leur subsistance*, peuvent, sur leur demande, être temporairement employés par les soins de l'Administration dans des exploitations, ateliers ou chantiers. »

Art. 35. — « Les relégués qui sont employés dans un des établissements affectés à la relégation collective sont *rémunérés* en raison de leur travail, sous réserve d'une *retenue* à opérer pour la dépense occasionnée par chacun d'eux, notamment pour les frais d'entretien. Cette retenue ne peut excéder le *tiers* du produit de la rémunération.

Art. 36. — « Les relégués placés dans un de ces mêmes établissements peuvent recevoir du dehors des offres d'occupation et d'emploi et justifier d'engagements de travail ou de service pour être *autorisés à quitter l'établissement.* — Ils peuvent de même être admis à bénéficier de *concessions de terre*, à raison de leur conduite et de leurs aptitudes.

» Les autorisations d'engagement et les concessions *n'entraînent pas* de plein droit l'admission au bénéfice de la *relégation individuelle*, qui doit être demandée et obtenue conformément à l'article 9 du présent décret. »

Art. 37. — « Les peines de la *réclusion* et de l'*emprisonnement* prononcées contre des relégués pour crimes ou délits, par quelque juridiction que ce soit, doivent être subies sans délai, *à défaut de prisons* proprement dites, dans des locaux fermés, spécialement destinés à cet effet, sans réunion ou contact des condamnés ni avec la population libre ni avec les relégués non condamnés. »

Art. 38. — « Les *châtiments corporels* sont et demeurent *interdits* à l'égard des relégués. »

... Art. 40. — « Les relégués ont toujours le droit d'adresser leurs *demandes* et *réclamations* par *plis fermés*, soit aux autorités administratives ou judiciaires de la colonie où ils sont internés, soit aux Ministres de la marine et des colonies et de la justice. — Ces réclamations doivent être transmises indistinctement et sans retard à destination par les soins des fonctionnaires et agents chargés des services de la relégation. »

RELIGION. — Du latin *ligare*, lier, parce que la religion est un lien entre le créateur et la créature. — Voy. CULTES. — INSTRUCTION RELIGIEUSE.

RÉMÉRÉ. — (Cod. civ. art. 1659-1673.) — Du latin *rursus*, de nouveau, *emere*, acheter. — On appelle ainsi la faculté que s'est réservée le vendeur de reprendre la chose vendue moyennant restitution à l'acquéreur du prix principal, des frais du contrat et des dépenses nécessaires ou utiles que ce dernier a pu faire et qui ont augmenté la valeur de la chose. — Voy. VENTE, IV.

REMISE DE LA DETTE. — Voy. OBLIGATIONS, IV, § 3.

REMISE D'IMPOT. (DEMANDE EN) — Voy. CONTRIBUTIONS, sect. I, IV.

REMPLACEMENT MILITAIRE. — La loi du 27 juillet 1872 l'a *supprimé*. — Voy. SERVICE MILITAIRE, tit. I.

REMPLOI. — On se sert spécialement de ce mot pour désigner l'opération par laquelle les époux remplacent au moyen d'un autre immeuble l'héritage propre à l'un d'eux, qui a été aliéné. (Cod. civ. art. 1433-1435.)

RENGAGEMENT. — Voy. SERVICE MILITAIRE, titre IV, section II.

RENOMMÉE. (COMMUNE) — Voy. COMMUNE RENOMMÉE.

RENONCIATION. — Pour ce qui concerne la renonciation à la *Communauté* par la femme survivante ou par les héritiers de la femme prédécédée, voy. CONTRAT DE MARIAGE, I, § 1er.

— Pour ce qui touche la renonciation à une *succession*, voy. SUCCESSIONS, III.

RENTE PERPÉTUELLE. — (Cod. civ. art. 529, 530; 1909-1913.) On donne ce nom aux intérêts d'un capital qui n'est pas exigible de la part du créancier, mais qui est remboursable au gré du débiteur. Le contrat qui intervient à cet effet s'appelle *constitution de rente*.

1. — La rente constituée en perpétuel est *essentiellement rachetable*. Le législateur n'a pas voulu qu'un individu se trouvât grevé à perpétuité, lui et ses héritiers, d'une dette dont il ne pourrait jamais se libérer. Il est seulement *permis* aux parties *de convenir que le rachat ne sera pas fait avant un délai qui ne saurait excéder 10 ans*, ou *sans avoir averti le créancier au terme d'avance* qu'elles auront déterminé. Mais, lorsque la rente perpétuelle est établie pour le *prix de la vente d'un héritage*, le *délai* peut être *de 30 ans*.

2. — Le débiteur d'une rente constituée en perpétuel peut être

contraint au rachat : 1° S'il cesse de remplir ses obligations pendant 2 années; — 2° S'il manque à fournir au prêteur les sûretés promises par le contrat.

Le capital de la rente constituée en perpétuel devient aussi *exigible* en cas de *faillite* ou de *déconfiture* du débiteur.

3. — Les rentes perpétuelles sont rangées dans la catégorie des *biens meubles par la détermination de la loi.* — Voy. BIENS.

RENTE VIAGÈRE. — (Cod. civ. art. 1964, 1968-1983.) — C'est la rente dont la durée est limitée, ainsi que son nom l'indique, à la vie d'une personne.

L'incertitude de l'époque à laquelle arrivera ce décès a fait ranger la rente viagère parmi les contrats dits *aléatoires*, car évidemment il y a bénéfice ou perte pour le débiteur de la rente, suivant que la personne sur la tête de laquelle elle a été créée vit plus ou moins longtemps.

1. — La rente viagère peut être constituée à titre *onéreux*, moyennant une somme d'argent, ou pour une chose mobilière appréciable, ou pour un immeuble. Elle peut être aussi constituée à titre purement *gratuit*, par donation entre vifs ou par testament. Dans ce cas, elle est réductible si elle excède la *quotité disponible.* — (Voy. ce mot.)

2. — Le plus ordinairement la rente viagère est constituée sur la tête de la personne qui a le droit d'en jouir; mais elle peut l'être également sur la tête d'un *tiers* qui n'y a aucun droit, et qui même ignore la convention. Elle peut l'être aussi sur une ou *plusieurs têtes.*

3. — Tout contrat de rente viagère créée sur la tête d'une personne qui était *morte au jour du contrat* ne produit aucun effet. Il en est de même du contrat par lequel la rente a été créée sur la tête d'une personne déjà *atteinte de la maladie dont elle est morte dans les 10 jours* de la date du contrat.

4. — Le *taux* des rentes viagères n'est *pas limité* par la loi comme celui de l'intérêt ordinaire, parce qu'il dépend d'éléments essentiellement variables suivant les personnes; aussi les parties peuvent-elles le fixer comme il leur plaît.

5. — La rente viagère n'est *point rachetable.* Le constituant ne peut, à moins d'une convention formelle, s'en libérer en offrant de rembourser le capital et en renonçant à la répétition des arrérages qu'il a payés; il est tenu de servir la rente pendant toute la vie de la personne ou des personnes sur la tête desquelles elle a été constituée, quelle que soit la durée de la vie de ces personnes et quelque onéreux qu'ait pu devenir le service de cette rente.

Le rentier, de son côté, ne peut, à moins d'une convention formelle, demander le remboursement du capital ou la restitution du fonds aliéné pour acquérir la rente, lors même que les arrérages ne lui sont pas exactement payés; il n'a que le droit de saisir et de faire vendre les biens de son débiteur, afin de s'assurer sur le produit une somme suffisante pour le service des arrérages.

La *résiliation* du contrat peut, toutefois, être demandée si le constituant ne donne pas les sûretés qui avaient été stipulées pour son exécution, comme une hypothèque, une caution, ou si les sûretés données viennent à s'évanouir. Il n'y a pas lieu, dans ce cas, à la restitution des arrérages perçus.

6. — La rente viagère n'est acquise au propriétaire que dans la proportion du nombre de jours qu'il a vécu. Néanmoins, s'il a été convenu qu'elle serait payée d'avance, le terme qui a dû être payé est acquis du jour où le payement a dû en être fait.

7. — Une rente viagère ne peut être stipulée *insaisissable* que lorsqu'elle est constituée à *titre gratuit.* Le donateur est libre, en effet, de mettre à sa libéralité une pareille condition. Celui, au contraire, qui acquiert avec ses propres biens une rente viagère ne peut pas stipuler qu'elle sera insaisissable, car il lui

aurait été ainsi permis de soustraire à l'action de ses créanciers une partie, souvent même la totalité de ses biens qui sont leur gage.

8. — Le propriétaire d'une rente viagère n'en peut demander les arrérages qu'en justifiant de son existence ou de celle de la personne sur la tête de laquelle elle a été constituée.

9. — Les arrérages de rentes viagères *se prescrivent* par 5 ans. (Cod. civ. art. 2277.)

10. — Les rentes viagères sont rangées dans la catégorie des *biens meubles par la détermination de la loi*. (Cod. civ. art. 529.) — Voy. BIENS.

RENTES SUR L'ÉTAT. — On appelle ainsi les sommes payées annuellement par le Gouvernement pour les intérêts des emprunts publics; elles sont inscrites au *Grand Livre de la Dette publique*, et les titres remis aux rentiers se nomment *Inscription de rente*. — Ces titres sont *au porteur* ou *nominatifs*. Dans ce dernier cas, leur négociation s'opère par un *transfert*.

1. — Les rentes se désignent par le taux de l'intérêt qu'elles rapportent. Ainsi l'on distingue actuellement le 3, le 3 *amortissable*, le 4 et le 4 1/2 p. 100.

Le 5 p. 100 a été remboursé ou converti en 4 1/2 p. 100 en vertu de la loi du 27 avril 1883. — Antérieurement, la loi du 11 juin 1878 avait créé la rente 3 p. 100 *amortissable* en 75 ans et jouissant, d'ailleurs, des privilèges et immunités attachés aux autres rentes sur l'Etat.

La rente 3 p. 100 se paye par *trimestre*, les 1er janvier, 1er avril, 1er juillet et 1er octobre; le 3 p. 100 amortissable se paye également par *trimestre*, aux échéances des 16 janvier, 16 avril, 16 juillet, 16 octobre; les rentes 4 et 4 1/2 p. 100 (ancien) se payent par *semestre*, le 22 mars et le 22 septembre; le 4 1/2 p. 100 (nouveau) se paye les 16 février, 16 mai, 16 août et 16 novembre.

Les *arrérages* sont *payables* pendant *cinq ans* à partir du jour de l'échéance; passé ce délai, ils sont *prescrits* au profit du Trésor.

— Les diverses rentes figurent, dans la proportion suivante, au budget de 1887 :

Rente 3 p. %	396 673 351
— 3 p. % amortissable	142 515 055
— 4 1/2 p. % ancien	37 433 232
— 4 1/2 p. % nouveau	305 540 359
— 4 p. %	446 096
Total	882 608 093

2. — Les rentes sur l'Etat sont rangées dans la catégorie des *biens meubles*. (Cod. civ. art. 529.) — Elles ne payent *aucun impôt*, et sont exemptes de la formalité de *l'enregistrement*. (Loi 22 frimaire an VII (12 décembre 1798), art. 70, § 3.) Elles sont *insaisissables* si ce n'est par le Trésor sur ses propres comptables, les fournisseurs et autres reliquataires des deniers publics. (Loi 8 nivôse an VI (28 déc. 1797), art. 4; Arr. 24 messidor an XI (13 juillet 1803.) — Il ne peut être formé *opposition* au payement des arrérages que de la part du propriétaire de l'inscription au cas de perte ou du vol. (Loi 22 floréal an VII (11 mai 1799), art. 7.)

3. — Lorsqu'un titre *nominatif* vient à *se perdre* ou à *être volé*, le rentier doit en faire la *déclaration* devant le Maire de son domicile, en présence de 2 témoins, et envoyer cette déclaration au Ministère des Finances. Le Ministre, après en avoir fait constater la régularité, autorise le Directeur du Grand Livre à débiter le compte de l'inscription perdue ou volée, et à la porter à compte nouveau par un transfert de forme; il est remis

ensuite au réclamant un extrait original de l'inscription de ce nouveau compte. (Décr. 3 messidor an XII (22 juin 1804).

4. — Les rentes sur l'Etat *se vendent* et *s'achètent* par le ministère des *Agents de change*, qui prennent un *courtage* de 1/8 p. 100 du prix de la rente vendue ou achetée.

5. — Le tableau suivant fait connaître le *taux de l'intérêt* de l'argent placé en *rentes sur l'Etat*, 3, 4 1/2 et 5 p. 100, à *différents cours :*

PRIX de la RENTE.	3 0/0	4 1/2 0/0	5 0/0	PRIX de la RENTE.	3 0/0	4 1/2 0/0	5 0/0
fr. c.	fr. c.	fr. c.	fr. c.	fr. c.	fr. c.	fr. c.	fr. c.
50 »	6 »	9 »	10 »	79 »	3 80	5 70	6 33
51 »	5 88	8 82	9 80	80 »	3 75	5 62	6 25
52 »	5 77	8 65	9 61	81 »	3 70	5 55	6 17
53 »	5 66	8 49	9 43	82 »	3 66	5 49	6 10
54 »	5 55	8 33	9 25	83 »	3 61	5 42	6 02
55 »	5 45	8 18	9 09	84 »	3 57	5 36	5 95
56 »	5 36	8 03	8 92	85 »	3 53	5 29	5 88
57 »	5 26	7 89	8 77	86 »	3 49	5 23	5 81
58 »	5 17	7 76	8 62	87 »	3 45	5 17	5 74
59 »	5 08	7 63	8 47	88 »	3 41	5 11	5 68
60 »	5 »	7 50	8 33	89 »	3 37	5 06	5 61
61 »	4 92	7 38	8 19	90 »	3 33	5 »	5 55
62 »	4 84	7 26	8 06	91 »	3 30	4 94	5 49
63 »	4 76	7 14	7 93	92 »	3 26	4 89	5 43
64 »	4 69	7 03	7 81	93 »	3 22	4 84	5 37
65 »	4 61	6 92	7 69	94 »	3 19	4 79	5 31
66 »	4 54	6 82	7 57	95 »	3 16	4 74	5 26
67 »	4 48	6 72	7 46	96 »	3 12	4 69	5 21
68 »	4 41	6 62	7 35	97 »	3 09	4 64	5 15
69 »	4 35	6 52	7 24	98 »	3 06	4 59	5 10
70 »	4 28	6 43	7 14	99 »	3 03	4 54	5 05
71 »	4 22	6 34	7 04	100 »	3 »	4 50	5 »
72 »	4 17	6 25	6 94	101 »	2 97	4 45	4 95
73 »	4 11	6 16	6 85	102 »	2 94	4 41	4 90
74 »	4 05	6 08	6 75	103 »	2 91	4 37	4 85
75 »	4 »	6 »	6 66	104 »	2 88	4 33	4 80
76 »	3 95	5 92	6 58	105 »	2 85	4 28	4 76
77 »	3 90	5 84	6 50	106 »	2 82	4 24	4 71
78 »	3 85	5 77	6 41	107 »	2 79	4 20	4 67

6. — Tout déposant dont le crédit est suffisant pour acheter 10 fr. de rente au minimum peut faire opérer cet *achat sans frais* par la *Caisse nationale d'épargne*. — (Voy. ces mots.)

7. — Voy. AMORTISSEMENT.

8. — Voy. TITRES AU PORTEUR.

RÉPARATIONS LOCATIVES. — Ce sont celles qui incombent aux locataires. (Cod. civ. art. 1731, 1754, 1356.) — Voy. LOUAGE, sect. I, II, 2.

RÉPONSE. (DROIT DE) — Voy. JOURNAL, § 2.

REPRÉSENTATION. — (Cod. civ. art. 739-744.) — C'est le droit à une succession, du chef d'une personne prédécédée, que l'on *représente*.

1. — La loi a réglé l'ordre des successions d'après l'affection présumée du défunt; en appelant le parent le plus proche à succéder, elle a pensé que le défunt avait pour lui une affection plus vive que celle qu'il accordait à ses parents plus éloignés. Cela n'est pas toujours exact, il est vrai; mais le défunt pouvait manifester ses préférences en faisant un testament. — Le droit de représentation attribué à certains parents est fondé sur la même idée. La loi suppose avec raison que, lorsqu'un père a la douleur de perdre son fils ou sa fille, il reporte sur les descendants de son enfant l'affection qu'il avait pour lui. Elle suppose également que celui qui perd son frère ou sa sœur reporte son affection sur les descendants de ce frère ou de cette sœur.

2. — La représentation a lieu à l'infini dans la *ligne directe descendante*. Ainsi des arrière-petits-fils seraient admis à représenter dans la succession de leur bisaïeul leur aïeul prédécédé, pour prendre la part qui lui serait revenue. — Dans la *ligne collatérale*, elle a lieu seulement en faveur des enfants et des descendants de frères ou sœurs. — Dans la *ligne ascendante*, il n'y a point de représentation : l'ascendant le plus proche exclut toujours l'ascendant le plus éloigné. Il faut reconnaître, en effet, que les ascendants ne remplacent pas dans le cœur d'un fils le père ou la mère qu'il voit mourir; plus nos ascendants sont éloignés, moins vive est l'affection que nous avons pour eux.

3. — Dans tous les cas où la représentation est admise, *le partage s'opère par souche*. Si une même souche a produit plusieurs branches, la subdivision se fait aussi par souche dans chaque branche, et les membres de la même branche partagent entre eux par tête. Exemple : Pierre vient à mourir et sa succession est de cent mille francs. — Il avait eu 3 enfants, Paul, Marie et Louis. Ce dernier, mort avant son père, a laissé 2 filles, Marthe et Mathilde. — La succession sera ainsi partagée :

Paul un tiers;

Marie un tiers;

Marthe et Mathilde, représentant leur père Louis prédécédé, l'autre tiers.

REPRISE D'APPORT FRANC ET QUITTE. (CLAUSE DE) — Voy. CONTRAT DE MARIAGE, I, § 2, 5°.

REPRISES MATRIMONIALES. — (Cod. civ. art. 1470-1472.) — 1. — A la dissolution de la communauté, chaque époux ou son héritier prélève : 1° Ses biens personnels qui ne sont point entrés en communauté, s'ils existent en nature, ou ceux qui ont été acquis en remploi; — 2° Le prix de ses immeubles qui ont été aliénés pendant la communauté et dont il n'a point été fait remploi; — 3° Les indemnités qui lui sont dues par la communauté.

Ces prélèvements sont ce qu'on appelle *reprises*.

2. — Les prélèvements *de la femme* s'exercent *avant ceux du mari*. Ils s'exercent pour les biens qui n'existent plus en nature, d'abord sur l'argent comptant, ensuite sur le mobilier, et subsidiairement sur les immeubles de la communauté; dans ce dernier cas, le choix des immeubles est déféré à la femme ou à ses héritiers.

Le mari ne peut exercer ses reprises que *sur les biens de la communauté*. La femme, et ses héritiers, en cas d'insuffisance de la communauté, ont, au contraire, un recours sur les biens personnels du mari qu'il était juste de rendre responsable de sa mauvaise administration.

RÉPUBLIQUE. — Du latin *respublica*, la chose publique. Forme de gouvernement qui est assurément la plus digne pour un peuple et en même temps la plus économique, mais qui exige des citoyens de nombreuses vertus : obéissance à la loi, respect des magistrats, désintéressement, etc.

Pour la troisième fois depuis quatre-vingts ans, la France fait l'essai de la République. Tous ceux qui désirent son affermissement doivent avoir à cœur de prouver qu'elle est une garantie pour tous, sans menacer personne, et que la vraie démocratie n'a rien de commun avec la démagogie qui a fatalement pour conséquence de ramener le despotisme. -- La forme républicaine du Gouvernement *ne peut* faire l'objet d'une *proposition de revision*. (Loi 14 août 1884, art. 2.)

— Voy. CONSTITUTION, X; — PRÉSIDENT DE LA RÉPUBLIQUE.

REQUÊTE CIVILE. — (Cod. proc. civ. art. 480-504.) — Du latin *requirere*, réclamer. — Voie extraordinaire employée pour obtenir la rétractation d'un jugement rendu en dernier ressort, en démontrant aux Juges mêmes dont il émane qu'ils ont commis une erreur.

Cette requête s'appelle *civile*, parce qu'elle doit être respectueuse pour les magistrats. Elle est assujettie à des formes particulières. Il faut notamment qu'elle soit accompagnée d'une consultation de trois avocats, favorable à ce recours et en indiquant les moyens.

1. — *Dix cas* donnent ouverture à la requête civile :

1° S'il y a eu dol personnel de l'adversaire; — 2° Si les formes prescrites à peine de nullité ont été violées; — 3° S'il a été prononcé sur choses non demandées; — 4° S'il a été adjugé plus qu'il n'a été demandé; — 5° S'il a été omis de prononcer sur l'un des chefs de la demande; — 6° S'il y a contrariété de jugements en dernier ressort, entre les mêmes parties et sur les mêmes moyens, dans les mêmes Cours ou Tribunaux; — 7° Si, dans un même jugement, il y a des dispositions contraires; — 8° Si, dans les cas où la loi exige la communication au Ministère public, cette communication n'a pas eu lieu, et que le jugement ait été rendu contre celui pour qui elle était ordonnée; — 9° Si l'on a jugé sur pièces reconnues ou déclarées fausses depuis le jugement; — 10° Si, depuis le jugement, il a été recouvré des pièces décisives et qui avaient été retenues par le fait de la partie.

2. — Si la requête civile est *rejetée*, celui qui l'a présentée est condamné à une *amende* et à des *dommages-intérêts* envers la partie. — — Si elle est admise, le jugement est rétracté et les parties sont remises au même état où elles étaient avant ce jugement.

RÉQUISITIONS MILITAIRES. — (Loi 3 juillet 1877; déc. 2 août 1877, 9 avril 1878.) — L'absence de toute réglementation sérieuse en matière de réquisition militaire présentait des inconvénients qui se sont fait sentir de la manière la plus fâcheuse dans la dernière guerre. Cette lacune a été comblée par la loi du 3 juillet 1877 et les décrets rendus, pour son exécution, à la date des 2 août 1877 et 9 avril 1878. En voici les dispositions essentielles :

I. CONDITIONS GÉNÉRALES DANS LESQUELLES S'EXERCE LE DROIT DE RÉQUISITION. — En cas de mobilisation *partielle* ou *totale* de l'armée, ou de rassemblement de troupes, le Ministre de la guerre détermine l'époque où commence, sur tout ou partie du territoire français, l'obligation de fournir les prestations nécessaires pour suppléer à l'insuffisance des moyens ordinaires d'approvisionnement de l'armée.

Toutes les prestations donnent droit à des *indemnités* représentatives de leur valeur, sauf dans les cas dont il sera parlé au § III.

— Les réquisitions sont toujours formulées *par écrit* et *signées*. Elles mentionnent l'espèce et la quantité des prestations imposées et, autant que possible, leur durée. — Il est toujours délivré un *reçu* des prestations fournies.

II. PRESTATIONS A FOURNIR PAR VOIE DE RÉQUISITION. — Est exigible par voie de réquisition la fourniture des prestations nécessaires à l'armée et qui comprennent notamment : — 1° Le *logement* chez l'habitant et le *cantonnement* pour les hommes et pour les chevaux, mulets et bestiaux dans les locaux disponibles, ainsi que les *bâtiments* nécessaires pour le personnel et le matériel des services de toute nature qui dépendent de l'armée; — 2° La *nourriture journalière* des officiers et soldats logés chez l'habitant, conformément à l'usage du pays; — 3° Les *vivres* et le *chauffage* pour l'armée, les *fourrages* pour les chevaux, mulets et bestiaux; la *paille de couchage* pour les troupes campées ou cantonnées;— 4° Les moyens d'*attelage* et de *transport* de toute nature, y compris le personnel; — 5° Les *bateaux* ou embarcations qui se trouvent sur les fleuves, rivières, lacs et canaux; — 6° Les *moulins* et les *fours;* — 7° Les *matériaux*, outils, machines et appareils nécessaires pour la construction ou la réparation des voies de communication, et, en général, pour l'exécution de tous les travaux militaires; — 8° Les *guides*, les *messagers*, les *conducteurs*, ainsi que les ouvriers pour tous les travaux que les différents services de l'armée ont à exécuter; — 9° Le *traitement des malades* ou *blessés* chez l'habitant; — 10° Les objets d'*habillement*, d'*équipement*, de *campement*, de *harnachement*, d'*armement* et de *couchage*, les *médicaments* et moyens de *pansement;* — 11° *Tous les autres objets* et services dont la fourniture est nécessitée par l'intérêt militaire.

Hors le cas de mobilisation, il ne peut être fait réquisition que des prestations énumérées aux 5 premiers paragraphes ci-dessus. Les moyens d'attelage et de transport, bateaux et embarcations ne peuvent également être requis chaque fois, hors le cas de mobilisation, que pour une *durée maximum* de 24 heures.

Les réquisitions relatives à l'emploi d'établissements industriels pour la fourniture de produits autres que ceux qui résultent de leur fabrication normale ne peuvent être exercées que sur un *ordre* du *Ministre de la guerre* ou d'un *commandant d'armée* ou de *corps d'armée*.

En cas d'*urgence*, sur l'ordre du Ministre de la guerre ou de l'autorité militaire supérieure chargée de la défense de la place, il peut être pourvu, par voie de réquisition, à la formation des approvisionnements nécessaires à la subsistance des habitants des places de guerre.

III. Logement et cantonnement. — Le *logement* des troupes, en station ou en marche, chez l'habitant, est l'installation, faute de casernement spécial, des hommes, des animaux et du matériel dans les parties des maisons, écuries, remises ou abris des particuliers reconnues, à la suite d'un recensement, comme pouvant être affectées à cet usage, et fixées en proportion des ressources de chaque particulier.

Le *cantonnement* des troupes, en station ou en marche, est l'installation des hommes, des animaux et du matériel dans les maisons, établissements, écuries, bâtiments ou abris de toute nature appartenant soit aux particuliers, soit aux Communes ou aux départements, soit à l'Etat, en utilisant, dans la mesure du nécessaire, la contenance des locaux, sous la réserve toutefois que les propriétaires ou détenteurs conservent toujours le logement qui leur est indispensable.

En cas d'*insuffisance des bâtiments militaires* destinés au logement des troupes dans les places de guerre ou les villes de garnison, il y est suppléé au moyen de maisons ou d'établissements loués par les Municipalités, reconnus et acceptés par l'autorité militaire, ou au moyen du logement des officiers et des hommes de troupe chez l'habitant. — Le logement est fourni de la même manière, à défaut de bâtiments militaires dans les villes, villages, hameaux et maisons isolées, aux troupes détachées ou cantonnées, ainsi qu'aux troupes de passage et aux militaires isolés.

Il est fait par les Municipalités un *recensement* de tous les logements, établissements et écuries, que les habitants peuvent fournir pour le logement et le cantonnement des troupes.

Dans tous les cas où les troupes doivent être logées ou cantonnées chez l'habitant, l'autorité militaire informe les Municipalités du jour de leur arrivée. Les Municipalités délivrent ensuite, sur la présentation des ordres de route, les *billets de logement*, en observant de réunir, autant que possible, dans le même quartier, les hommes et les chevaux appartenant aux mêmes unités constituées, afin d'en faciliter le rassemblement.

Sont *dispensés de fournir le logement dans leur domicile* les détenteurs de caisses publiques déposées dans ledit domicile, les veuves et filles vivant seules et les communautés religieuses de femmes. Mais les uns et les autres sont tenus d'y suppléer en fournissant le logement en nature chez d'autres habitants avec lesquels ils prennent des arrangements à cet effet; à défaut de quoi, il y est pourvu à leurs frais par les soins de la Municipalité. — Les officiers et les fonctionnaires militaires, dans leur garnison ou résidence, n'ont pas à loger les troupes dans le logement militaire qui leur est fourni en nature, et lorsqu'ils sont logés en dehors des bâtiments militaires, ils ne sont tenus de fournir le logement aux troupes qu'autant que celui qu'ils occupent excède la proportion affectée à leur grade ou à leur emploi. — Les officiers en garnison dans le lieu de leur habitation ordinaire sont tenus de fournir le logement dans leur domicile propre, comme les autres habitants.

Les Municipalités ont le devoir de veiller à ce que la charge du logement ou du cantonnement soit répartie avec équité sur tous les habitants. — Ceux-ci ne sauraient *jamais être délogés de la chambre et du lit où ils ont l'habitude de coucher;* ils ne peuvent néanmoins, sous ce prétexte, se soustraire à la charge du logement selon leurs facultés. — Hors le cas de mobilisation, le Maire ne peut envahir le domicile des *absents;* il doit loger ailleurs à leurs frais.

Les troupes sont *responsables* des dégâts et dommages occasionnés par elles dans leurs logements ou cantonnements. Les habitants qui auraient à se plaindre à cet égard adressent leurs *réclamations*, par l'intermédiaire de la Municipalité, au commandant de la troupe, afin qu'il soit fait droit si elles sont fondées. — Ces réclamations doivent être adressées et les dégâts constatés, à *peine de déchéance*, avant le départ de la troupe, ou, en temps de paix, trois heures après au plus tard. Un officier est laissé à cet effet par le commandant de la troupe.

Ne donnent droit à *aucune indemnité :* 1° Le logement des troupes de passage chez l'habitant ou leur cantonnement pour une durée maximum de trois nuits dans chaque mois, ladite durée s'appliquant indistinctement au séjour d'un seul corps ou de corps différents chez les mêmes habitants; — 2° Le cantonnement des troupes qui manœuvrent; — 3° Le logement chez l'habitant ou le cantonnement des troupes rassemblées dans les lieux de mobilisation et leurs dépendances pendant la période de mobilisation, dont un décret fixe la durée.

En toutes circonstances, les troupes ont droit, chez l'habitant, au *feu* et à la *chandelle.*

Dans tous les cas où les troupes sont *gratuitement* logées chez l'habitant ou cantonnées, le *fumier* provenant des animaux appartient à l'habitant. Lorsque le logement chez l'habitant et le cantonnement donnent droit à une indemnité, le fumier reste la propriété de l'État, et son prix peut être déduit du montant de ladite indemnité, avec le consentement de l'habitant.

IV. Exécution des réquisitions. — Toute réquisition doit être adressée à la Commune : elle est notifiée au Maire. Si aucun membre de la Municipalité ne se trouvait au siège de la Commune, ou si une réquisition urgente était nécessaire sur un point éloigné du siège de la Commune, et qu'il fût impossible de la notifier régulièrement, la réquisition pourrait être adressée directement par l'autorité militaire aux habitants. — Les réquisitions exercées sur une Commune ne doivent porter que sur les ressources qui y existent, sans pouvoir les absorber complètement.

Le Maire, assisté, sauf le cas de force majeure ou d'extrême urgence, de *deux membres du Conseil municipal* appelés dans l'ordre du tableau et de *deux* des habitants *les plus imposés* de la Commune, *répartit* les prestations exigées entre les habitants et les contribuables, alors même que ceux-ci n'habitent pas la Commune et n'y sont pas représentés. — Cette répartition est *obligatoire* pour tous ceux qui y sont compris. — Il est délivré par le Maire, à chacun d'eux, un *reçu* des prestations fournies. — Au lieu de procéder par voie de répartition, le Maire, assisté comme il vient d'être dit, peut, *au compte de la Commune*, pourvoir directement à la fourniture et à la livraison des prestations requises.

— Dans le cas de *refus* de la municipalité, le Maire, ou celui qui en fait fonctions, peut être condamné à une *amende* de 25 à 500 francs. — Si le fait provient du *mauvais vouloir des habitants*, le recouvrement des prestations est assuré, au besoin, *par la force;* en outre, les habitants qui n'obtempèrent pas aux ordres de réquisitions sont passibles d'une *amende* qui peut s'élever au double de la valeur de la prestation requise. — *En temps de paix*, quiconque abandonne le service pour lequel il est requis personnellement est passible d'une *amende* de 16 à 50 francs. — *En temps de guerre*, il est traduit devant le Conseil de guerre et peut être condamné à l'*emprisonnement* de 6 jours à 5 ans.

— Tout militaire qui, en matière de réquisitions, *abuse* des pouvoirs qui lui sont conférés, ou qui *refuse* de donner reçu des quantités fournies, est puni d'un *emprisonnement* de 6 jours à 5 ans; tout militaire qui exerce des réquisitions *sans avoir qualité* pour le faire est puni, *s'il n'y a pas eu violence*, des peines édictées par le Code de justice militaire (art. 248) contre le vol, c'est-à-dire des *travaux forcés à temps*, de la *réclusion* ou au moins de l'*emprisonnement* à temps, suivant les cas. — *S'il y a eu violence*, les peines sont celles applicales au pillage à main armée, c'est-à-dire la *mort*, ou tout au moins l'*emprisonnement* de un à cinq ans. — La peine est indépendante des *restitutions* auxquelles il peut y avoir lieu.

— Dans les *eaux maritimes*, les propriétaires, capitaines ou patrons de navires, bateaux et embarcations de toute nature sont tenus, sur réquisition, de mettre ces navires, bateaux et embarcations à la disposition de l'autorité militaire, qui a le droit d'en disposer dans l'intérêt de son service et qui peut également requérir le personnel en tout ou en partie. — Ces réquisitions se font par l'intermédiaire de l'administration de la marine, sur les points du littoral où elle est représentée.

V. Règlement des indemnités. — Une *Commission* nommée, dans chaque département, par le Ministre de la guerre est chargée d'évaluer les indemnités dues aux personnes et aux Communes qui ont fourni des prestations. Elle *se compose* de membres civils et de membres militaires : les premiers sont en majorité.

Le Maire adresse, dans le plus bref délai, à la Commission, avec une copie de l'ordre de réquisition, un état nominatif contenant l'indication de toutes les personnes qui ont fourni des prestations, avec la mention des quantités livrées, des prix réclamés et de la date des réquisitions. — L'autorité militaire fixe, sur la proposition de la Commission, l'*indemnité* allouée à chacun des intéressés.

Dans les *trois jours* de la proposition de la Commission, les décisions de l'autorité militaire sont adressées au Maire et notifiées par lui aux intéressés *dans les 24 heures.* — Dans un délai de *quinze jours* à partir de cette notification, ceux-ci doivent faire connaître au Maire s'ils acceptent ou refusent l'allocation qui leur est faite. — Faute par eux d'avoir fait connaître leur refus dans ce délai, les allocations sont considérées comme *définitives.* — Le refus est *motivé* et indique la somme réclamée. Il est transmis par le Maire au Juge de paix du canton, qui en donne connaissance à l'autorité militaire et envoie de simples avertissements sans frais, pour une date aussi prochaine que possible, à l'autorité militaire et au réclamant. — En cas de *non-conciliation,* il peut prononcer immédiatement ou ajourner les parties pour être jugées dans le plus bref délai. — Il statue en *dernier ressort* jusqu'à la valeur de deux cents francs inclusivement, et en *premier ressort* jusqu'à quinze cents francs inclusivement. *Au-dessus de ce chiffre*, l'affaire est portée devant le tribunal de première instance. — Dans tous les cas, le jugement est rendu comme en matière sommaire (voy. ces mots).

L'état des allocations devenues définitives par l'acceptation ou le silence des intéressés est dressé par le Maire. Le montant en est mandaté collectivement, au nom de la Commune, par les soins de l'Intendance et doit être payé comptant. — En *temps de guerre*, le payement peut être fait en bons du Trésor portant intérêt à 5 p. 100 du jour de la livraison.

Aussitôt après le payement du mandat ou l'échéance du bon du Trésor, le Maire est tenu de mandater et le receveur municipal est tenu de payer à chaque indemnitaire la somme qui lui revient.

VI. Réquisitions relatives aux chemins de fer. — En cas de mobilisation partielle ou totale de l'armée, ou de rassemblement de troupes, les Compagnies de *chemins de fer* sont tenues de mettre à la disposition du Ministre de la guerre toutes les ressources en personnel et matériel qu'il juge nécessaires pour assurer les transports militaires. Le personnel et le matériel ainsi requis peuvent être indifféremment employés, sans distinction de réseau.

L'autorité militaire peut aussi se faire livrer par les Compagnies, sur réquisition et au prix de revient, le combustible, les matières grasses et autres objets nécessaires pour le service des chemins de fer en campagne.

Les réquisitions sont adressées par l'autorité militaire aux chefs de gare : elles donnent lieu à des *indemnités* déterminées par un règlement d'administration publique.

En *temps de guerre*, les *transports commerciaux* cessent de plein droit sur les lignes ferrées situées au delà de la station de transition fixée sur la base d'opérations. Cette suppression ne donne lieu à *aucune indemnité.*

VII. Réquisitions de l'autorité maritime. — Comme l'autorité militaire, l'autorité maritime peut, en cas de mobilisation totale ou partielle, exercer des réquisitions. Ses attributions et les conditions d'exécution des réquisitions ont été déterminées par le décret du 2 août 1877, art. 65-73.

VIII. Dispositions relatives aux chevaux, mulets et voitures nécessaires a la mobilisation. — Pour compléter et entretenir l'armée sur le pied de guerre, l'autorité militaire a le droit d'acquérir, par voie de réquisition, des chevaux, juments, mules et mulets, et des voitures attelées.

Tous les ans, avant le 16 janvier, a lieu dans chaque Commune, sur la déclaration obligatoire des propriétaires, et, au besoin, d'office, par les soins du Maire, le *recensement des chevaux, juments, mules et mulets* susceptibles d'être requis en raison de l'âge qu'ils ont eu au 1er janvier, c'est-à-dire *six ans et au-dessus* pour les chevaux et juments, *quatre ans et au-dessus* pour les mulets et mules. — L'âge se compte à partir du 1er janvier de l'année de la naissance. — *Tous les trois ans*, avant le 16 janvier, a lieu dans chaque Commune le *recensement des voitures* attelées de chevaux et de mulets, autres que celles qui sont exclusivement affectées au transport des personnes.

Chaque année, le Ministre de la guerre peut faire procéder, du 16 janvier au 1er mars, ou du 15 mai au 15 juin, à l'inspection et au classement des chevaux, juments, mulets ou mules, recensés ou non, ayant l'âge ci-dessus fixé. — La même opération peut être faite, aux mêmes époques, dans l'année du recensement pour les voitures attelées. — L'inspection et le classement ont lieu, en temps de paix, dans chaque Commune, à l'endroit désigné à l'avance par l'autorité militaire, en présence du Maire ou de son suppléant légal. — Il y est procédé par des *Commissions mixtes* désignées dans chaque région par le Général commandant le corps d'armée et composées chacune d'un officier président et ayant voix prépondérante en cas de partage, d'un membre civil choisi dans la Commune, ayant voix délibérative, et d'un vétérinaire militaire ou d'un vétérinaire civil, ou, à défaut, d'une personne compétente désignée par le Maire, ayant voix consultative.

Les animaux reconnus propres à l'un des services de l'armée sont *classés* suivant les catégories établies au budget pour les achats annuels de la remonte, les chevaux d'officier formant, dans chaque catégorie des chevaux de selle, une classe à part.

Sont *exemptés de la réquisition*, en cas de mobilisation, et ne sont pas portés sur la liste de classement par catégories : — 1° Les chevaux appartenant au chef de l'Etat; — 2° Les chevaux dont les fonctionnaires sont tenus d'être pourvus pour leur service; — 3° Les chevaux entiers approuvés ou autorisés pour la reproduction; — 4° Les juments en état de gestation constatée, ou suitées d'un poulain, ou notoirement reconnues comme consacrées à la reproduction; — 5° Les chevaux et juments n'ayant pas atteint l'âge de six ans, les mulets et mules au-dessous de quatre ans; — 6° Les chevaux de l'administration des postes, ou ceux qu'elle entretient pour son service par des contrats particuliers; — 7° Les chevaux indispensables pour assurer le service des administrations publiques et ceux affectés aux transports de matériel nécessités par l'exploitation des chemins de fer. Ces derniers peuvent, toutefois, être requis au même titre que les voies ferrées elles-mêmes. — Voy. VI.

Les voitures recensées sont présentées *tout attelées* aux Commissions mixtes, qui arrêtent leur classement ainsi que celui des harnais. A l'issue de ce classement, il est procédé, en présence de la Commission, à un *tirage au sort* qui règle l'ordre d'appel des voitures en cas de mobilisation.

Sont exemptées de la réquisition, en cas de mobilisation, et ne sont pas portées sur la liste de classement par catégories, les voitures indispensables pour assurer le service des administrations publiques et celles affectées aux transports de matériel nécessités par l'exploitation des chemins de fer. Ces dernières peuvent, toutefois, être requises au même titre que les voies ferrées elles-mêmes. — Voy. VI.

— Dès la *réception de l'ordre de mobilisation*, le Maire est tenu de prévenir les propriétaires que : 1° tous les animaux classés présents dans la Commune; 2° tous ceux qui y ont été introduits depuis le dernier classement et qui ne sont pas compris dans les cas d'exemption prévus ci-dessus; 3° tous ceux qui ont atteint l'âge légal depuis le dernier classement; 4° tous ceux enfin qui, pour un motif quelconque, n'auraient pas été déclarés au recensement ni présentés au dernier classement, bien qu'ils eussent l'âge légal, doivent être *conduits*, *aux jour et heure fixés* pour chaque canton, *au point indiqué* par l'autorité militaire. — Le Maire prévient également les propriétaires des voitures, d'après les numéros de tirage portés sur le dernier état de classement, suivant la demande de l'autorité militaire, d'avoir à les conduire *tout attelées* au même point de rassemblement. Les animaux doivent avoir *ferrure en bon état*, un *bridon* et un *licol* pourvu d'une longe.

Des Commissions mixtes, désignées par l'autorité militaire, procèdent à la réception, par canton, des animaux amenés. — Si le nombre de ces animaux est supérieur au chiffre à requérir dans la catégorie, il est procédé à un *tirage au sort*.

Le propriétaire d'un animal compris dans le contingent a le droit de présenter et de faire inscrire à sa place un *autre animal* non compris dans le contingent, mais appartenant à la même catégorie et à la même classe.

Après avoir statué sur tous les *cas de réforme*, de *remplacement* ou d'*ajournement* demandé pour cause de maladie, la Commission de réception, en présence des Maires ou de leurs suppléants légaux, prononce la réquisition des animaux nécessaires pour la mobilisation. — Elle procède également à la réception des voitures attelées. — Elle fixe le *prix* des voitures et des harnais d'après les prix courants du pays.

Les prix des animaux requis sont déterminés à l'avance et fixés d'une manière absolue, pour chaque catégorie, aux chiffres portés au budget de l'année, augmentés du *quart* pour les chevaux de selle et pour les chevaux d'attelage d'artillerie. Toutefois cette augmentation n'est pas applicable aux chevaux *entiers*.

Les propriétaires des animaux, voitures ou harnais requis reçoivent sans délai *des mandats* en représentant le prix et payables à la caisse du receveur des finances le plus à proximité.

Sont passibles d'une *amende* égale à la *moitié* du prix d'achat fixé pour la catégorie à laquelle appartiennent les animaux, ou à la moitié du prix moyen d'acquisition des voitures ou harnais dans la région, les propriétaires qui n'auraient pas conduit leurs animaux classés ou susceptibles de l'être, ou leurs voitures attelées désignées par l'autorité militaire, au lieu indiqué pour la réquisition, sans motifs légitimes admis par la Commission de réception. — La *saisie* et la *réquisition* pourraient être exécutées immédiatement et sans attendre le jugement.

Les Maires ou les propriétaires de chevaux, juments, mulets ou mules, de voitures ou de harnais, qui ne se conformeraient pas aux dispositions édictées par la loi au cas de mobilisation sont passibles d'une *amende* de 25 à 1 000 francs. Ceux qui auraient fait *sciemment* de fausses déclarations encourent une *amende* de 50 à 2 000 fr.

Lorsque l'armée est replacée sur le *pied de paix*, les anciens propriétaires des animaux requis peuvent les réclamer, *sauf restitution* du prix intégral de payement et *sous réserve* de les rechercher eux-mêmes dans les rangs de l'armée et d'aller les prendre, *à leurs frais*, au lieu de garnison des corps ou de l'officier détenteur.

IX. Grandes manœuvres. — Les indemnités qui peuvent être allouées en cas de dommages causés aux propriétés privées par le passage ou le stationnement des troupes, dans les marches, manœuvres et opérations d'ensemble prévues par la loi, doivent, à *peine de déchéance*, être réclamées par les ayants droit, à la Mairie de la Commune, *dans les trois jours* qui suivent le passage ou le départ des troupes. — Une *Commission* attachée à chaque corps d'armée procède à l'évaluation des dommages. Si cette évaluation est acceptée, le montant de la somme fixée est payé *sur-le-champ*. — En cas de *désaccord*, la contestation est introduite et jugée comme il a été dit plus haut. (Voy. V.)

— Pour l'exécution de la loi dont nous venons de faire connaître les dispositions essentielles, est intervenu un *règlement d'administration publique*, en date du 2 août 1877.

RESCISION. — (Cod. civ. art. 887 et suiv.; 1117; 1304 et suiv.; 1674-1685; 1706; 2053; 2054; 2125.) — Du latin *rescindere*, briser; ce mot est synonyme de *cassation*, *annulation*.

1. — La lésion de *plus du quart* éprouvée par l'un des *cohéritiers* l'autorise à demander la rescision du *partage*. — Voy. SUCCESSIONS, IV.

2. — La rescision des contrats entachés d'*erreur*, de *violence* ou de *dol* peut être demandée à la Justice. — Voy. ERREUR; — VIOLENCE; — DOL.

3. — La rescision de la *vente* d'un *immeuble* peut être demandée par le *vendeur*, dans le délai de 2 ans à compter du jour de la vente, s'il a éprouvé une lésion de *plus des sept douzièmes*. — Voy. VENTE, V.

4. — La rescision pour cause de lésion n'a pas lieu dans le contrat d'*échange*. — Voy. ÉCHANGE.

5. — La rescision d'une *transaction* peut être demandée lorsqu'il y a erreur dans la personne ou sur l'objet de la contestation et dans tous les cas où il y a dol et violence. — Il y a également lieu à l'action en rescision contre une transaction, lorsqu'elle a été faite en exécution d'un titre nul, à moins que les parties n'aient expressément transigé sur la nullité. — Voy. TRANSACTION.

6. — Ceux qui n'ont sur un immeuble qu'un droit sujet à rescision ne peuvent consentir qu'une hypothèque soumise à la même rescision.

RÉSERVE. — Portion de biens dont on ne peut disposer au préjudice de certains héritiers. — Voy. QUOTITÉ DISPONIBLE.

— Dans une autre acception, le mot *réserve* s'emploie pour désigner la partie du contingent militaire laissée dans ses foyers. — Voy. SERVICE MILITAIRE, tit. III.

RÉSIDENCE. — N'est pas, en droit, synonyme de *domicile*. — Voy. DOMICILE, 1.

RESPONSABILITÉ CIVILE. — (Cod. civ. art. 1382-1386.) — On entend par *responsabilité civile* l'obligation de réparer, au moyen d'une indemnité pécuniaire, le préjudice résultant d'un fait dont on est l'auteur direct ou indirect. — Le principe salutaire de cette responsabilité est posé dans les art. 1382 à 1386 du Code civil ainsi conçus :

Art. 1382. — « Tout fait quelconque de l'homme, qui cause à autrui un dommage, oblige celui par la faute duquel il est arrivé, à le réparer. »

Art. 1383. — « Chacun est responsable du dommage qu'il a causé non seulement par son fait, mais encore par sa *négligence* ou par son *imprudence*. »

Art. 1384. — « On est responsable non seulement du dommage que l'on cause par son propre fait, mais encore de celui qui est causé par le fait des *personnes dont on doit répondre* ou des *choses que l'on a sous sa garde*. — Le *père*, et la *mère* après le décès du mari, sont responsables du dommage causé par leurs enfants mineurs habitant avec eux; — Les *maîtres* et les *commettants*, du dommage causé par leurs domestiques et préposés dans les fonctions auxquelles ils les ont employés; — Les *instituteurs* et les *artisans*, du dommage causé par leurs élèves et apprentis pendant le temps qu'ils sont sous leur surveillance. — La responsabilité ci-dessus a lieu, à moins que les père et mère, instituteurs et artisans, ne prouvent qu'ils n'ont pu empêcher le fait qui donne lieu à cette responsabilité. »

Art. 1385. — « Le propriétaire d'un *animal*, ou celui qui s'en sert pendant qu'il est à son usage, est responsable du dommage que l'animal a causé, soit que l'animal fût sous sa garde, soit qu'il fût égaré ou échappé. »

Art. 1386. — « Le propriétaire d'un *bâtiment* est responsable du dommage causé par sa ruine, lorsqu'elle est arrivée par une suite du défaut d'entretien ou par le vice de sa construction. »

— Voy. COMMISSION — COMMISSIONNAIRE; — COMMUNE, IV; — DÉPOT, sect. I, § 2; — LOUAGE, sect. II, II et III.

RESSORT. — Etendue d'une juridiction. — On dit qu'un jugement est rendu en *premier ressort* lorsqu'il est susceptible d'appel, et en *dernier ressort* lorsque la cause est jugée souverainement.

RETARD. — Voy. DEMEURE. (MISE EN)

RÉTENTION. — Dans certains cas, le tiers détenteur d'un objet peut en retenir la possession jusqu'au remboursement des avances qu'il a faites dans l'intérêt de cet objet, ou jusqu'à ce qu'il ait reçu les indemnités qui lui sont dues. — Cette faculté est connue sous le nom de *droit de rétention*. Elle se trouve autorisée, soit formellement, soit implicitement, dans les articles ci-après du Code civil et du Code de commerce :

1. — Lorsqu'un *artisan* a employé une matière qui ne lui appartenait pas à former une chose d'une nouvelle espèce et que la main-d'œuvre surpasse de beaucoup la valeur de la matière employée, il a le droit de retenir la chose travaillée en remboursant au propriétaire la valeur de la matière. (Cod. civ. art. 571.) — Voy. ARTISAN, 1.

2. — Le *cohéritier*, qui fait à la succession le rapport en nature d'un immeuble, peut en retenir la possession jusqu'au remboursement effectif des sommes qui lui sont dues pour impenses ou améliorations. (Cod. civ. art. 867.) — Voy. SUCCESSIONS, IV.

3. — Le *vendeur*, qui use du pacte de *réméré* (voy. VENTE, IV), doit rembourser à l'acheteur, non seulement le prix principal, mais encore les frais du contrat, les réparations nécessaires et celles qui ont augmenté la valeur du fonds jusqu'à concurrence de cette augmentation. Il ne peut entrer en possession qu'après avoir satisfait à toutes ces obligations. (Cod. civ. art. 1673.)

4. — Les *fermiers* ou les *locataires*, si le bailleur s'est réservé la faculté de les expulser en cas de vente, ne peuvent l'être qu'après avoir reçu les dommages-intérêts convenus ou réglés par la loi. (Cod. civ. art. 1744 et suiv.)

5. — Le *dépositaire* peut retenir le dépôt jusqu'à l'entier payement de ce qui lui est dû à raison du dépôt. (Cod. civ. art. 1948.) — Voy. DÉPOT, sect. I, § 1er.

6. — Le *débiteur* ne peut, à moins que le créancier détenteur du *gage* n'en abuse, en réclamer la restitution qu'après s'être entièrement libéré. (Cod. civ. art. 2082.) — De même, le débiteur ne peut, avant l'entier acquittement de la dette, réclamer la jouissance de l'immeuble qu'il a remis en *antichrèse* à son créancier. (Cod. civ. art. 2087.) — Voy. NANTISSEMENT.

7. — Peuvent être retenues par le vendeur les *marchandises* qu'il a vendues, mais *non encore expédiées au failli*. (Cod. com. art. 577.) — Voy. FAILLITE, IX.

RETOUR SANS FRAIS. — Voy. EFFETS DE COMMERCE, sect. I, 6.

RETRAIT LITIGIEUX. — Faculté accordée par l'article 1699 du Code civil à celui contre lequel on a cédé un droit *litigieux* (c'est-à-dire sujet à contestation), de s'en faire tenir quitte par le concessionnaire en lui *remboursant le prix réel de la cession*, avec les *frais et intérêts* à compter du jour du payement du prix de ladite cession. — Voy. VENTE, VI.

RETRAIT SUCCESSORAL. — (Cod. civ. art. 841.) — Faculté donnée à tout héritier d'écarter du partage de la succession celui qui s'y présenterait sans autre titre que sa qualité de cessionnaire des droits de l'un des copartageants, fût-il parent du défunt, s'il n'est pas au degré successible.

En accordant cette faculté, le législateur a eu pour *but :* 1° de prévenir les difficultés que peut faire naître la présence d'un étranger, le partage étant déjà, par sa nature, une opération compliquée et féconde en procès; — 2° d'empêcher qu'un spéculateur ne fût initié aux secrets des familles, tout copartageant ayant le droit de compulser les titres et papiers du défunt.

Le successible qui veut user du droit d'écarter le cessionnaire doit lui *rembourser le prix de la cession*, et il est alors subrogé aux lieu et place du cessionnaire.

RETRAITE. — Le porteur d'une lettre de change non payée a la faculté de tirer à son tour une lettre de change sur le tireur ou l'un des endosseurs de la lettre protestée. Cette opération se nomme *retraite*, et le prix du change auquel elle se négocie s'appelle *rechange*. (Cod. com. art. 177-186.) — Voy. EFFETS DE COMMERCE, XIII.

RETRAITE. (PENSION DE) — Voy. PENSIONS.

RETRAITES POUR LA VIEILLESSE. (CAISSE DES) — Voy. CAISSE DES RETRAITES POUR LA VIEILLESSE.

RÉTROACTIF. (EFFET) — Voy. EFFET RÉTROACTIF.

RÉUNIONS PUBLIQUES. — (Loi 30 juin 1881.) — Les réunions publiques sont *libres*, ainsi que le déclare en termes exprès l'article 1er de la loi du 30 juin 1881 qui a abrogé le décret du 28 juillet 1848, sauf l'article 13 interdisant les sociétés secrètes, le décret du 25 mars 1852 et la loi du 6 juin 1868.

1. — Elles peuvent avoir lieu *sans autorisation* préalable, aux seules conditions suivantes :

Toute réunion publique doit être précédée d'une *déclaration* indiquant le lieu, le jour, l'heure de la réunion, et *signée* par deux personnes au moins, dont l'une domiciliée dans la commune où la réunion doit avoir lieu. — Les déclarants doivent jouir de leurs droits civils et politiques; la déclaration indique leurs noms, qualités et domiciles.

Les déclarations sont faites, à *Paris*, au Préfet de police; dans les *chefs-lieux de département*, au Préfet; dans les *chefs-lieux d'arrondissement*, au Sous-Préfet, et dans les *autres communes*, au Maire. Il en est donné immédiatement *récépissé*. — Dans le cas où le déclarant n'aurait pu obtenir de *récépissé*, l'empêchement ou le refus peut être constaté par acte extrajudiciaire ou par attestation signée de 2 citoyens domiciliés dans la Commune. — Le récépissé, ou l'acte qui en tient lieu, constate l'heure de la déclaration. — La réunion ne peut avoir lieu qu'après un délai d'au moins *vingt-quatre heures*.

2. — Ce délai est réduit à *deux heures* pour les réunions publiques *électorales* ayant pour but le choix ou l'audition de candidats à des fonctions publiques électives (réunions auxquelles *ne peuvent assister* que les électeurs de la circonscription, les candidats, les membres des deux Chambres et le mandataire de chacun des candidats), lorsqu'elles sont tenues dans la période comprise entre le décret ou l'arrêté de convocation du collège électoral et le jour de l'élection exclusivement. — La réunion peut avoir alors lieu *le jour même du vote*, s'il s'agit d'élections comportant plusieurs tours de scrutin dans la même journée. — La réunion peut alors suivre immédiatement la déclaration.

3. — La déclaration fait connaître si la réunion a pour but une *conférence*, une *discussion publique*, ou si elle doit constituer une *réunion électorale*.

4. — Les réunions ne peuvent être tenues sur la *voie publique;* elles ne peuvent se prolonger au delà de *onze heures du soir;* cependant, dans les localités où la fermeture des établissements publics a lieu plus tard, elles peuvent se prolonger jusqu'à l'heure fixée pour la fermeture de ces établissements.

5. — Les *clubs* demeurent inter-

dits. — « Nous entendons par *club politique*, » a dit le Ministre de l'Intérieur lors de la discussion de la loi, « des réunions publiques à la tête desquelles se trouve toujours un *comité d'associés*; des réunions qui ont un caractère de *périodicité constante*, qui ont un *ordre du jour*, qui affectent des *formes délibérantes*, et qui n'admettent à délibérer que les *membres de l'association;* de telle sorte qu'il y a une réunion publique à laquelle assiste un public placé dans des conditions particulières, un public de muets, pouvant écouter, mais ne pouvant prendre part aux discussions. — C'est parce que les clubs participent à la fois de l'association et de la réunion publique qu'on juge nécessaire de rappeler l'interdiction dont ils étaient déjà l'objet, afin qu'on ne puisse pas, à l'aide de la loi nouvelle, voir les clubs se rouvrir. »

6. — Chaque réunion doit avoir un *bureau* composé de *trois personnes* au moins. Le bureau est *chargé* de maintenir l'ordre, d'empêcher toute infraction aux lois, de conserver à la réunion le caractère qui lui a été donné par la déclaration; d'interdire tout discours contraire à l'ordre public et aux bonnes mœurs, ou contenant provocation à un acte qualifié crime ou délit. — A défaut de désignation par les signataires de la déclaration, les membres du bureau sont *élus* par l'assemblée.

Les membres du bureau et, jusqu'à la formation du bureau, les signataires de la déclaration, sont *responsables* des infractions aux prescriptions de la loi sur les réunions publiques.

7. — Un *fonctionnaire de l'ordre administratif ou judiciaire* peut être délégué : à Paris, par le Préfet de police, et, dans les départements, par le Préfet, le Sous-Préfet ou le Maire, pour assister à la réunion. Il choisit sa place.

8. — Le droit de *dissolution* ne doit être exercé par le représentant de l'Autorité que s'il en est *requis* par le bureau, ou s'il se produit des *collisions* et *voies de fait*.

9. — Toute *infraction* aux dispositions de la loi sur les réunions publiques est punie des peines de *simple police*, sans préjudice des poursuites pour crimes et délits qui pourraient être commis dans les réunions.

L'article 463 du Code pénal (*circonstances atténuantes*) est applicable aux contraventions prévues par la loi.

10. — L'action publique et l'action privée se prescrivent par *six mois*.

RÉVÉLATION DE SECRETS. — (Cod. pén. art. 378.) Délit commis par les personnes qui, *dépositaires par état* des secrets d'autrui, en font la révélation hors des cas prévus par la loi.

Ces personnes sont les *Médecins*, *Chirurgiens*, *Officiers de santé*, *Sages-femmes*, *Pharmaciens*, *Ecclésiastiques*, *Notaires*, *Avocats*, *Avoués*, *Agents de change*.

— La peine consiste en un *emprisonnement* d'un mois à six mois et en une *amende* de 100 fr. à 500 francs.

REVENDICATION. — Du latin *rem vindicare*, réclamer une chose. — Action par laquelle le propriétaire d'une chose la réclame à celui qui l'en a injustement dépouillé ou qui en est détenteur.

Pour ce qui concerne la revendication en matière de *faillite*, voy. FAILLITE, IX.

REVENDICATION. (SAISIE-) — Voy. SAISIE-REVENDICATION.

REVISION. (CONSEILS DE) — Voy. CONSEILS DE REVISION.

REVISION DES PROCÈS CRIMINELS ET CORRECTIONNELS. — (Loi 29 juin 1867.) — L'organisation judiciaire la mieux combinée peut encore aboutir à l'erreur. La loi a donc dû faire fléchir l'autorité de la chose jugée, lorsqu'il y a certitude qu'une sentence a été injustement rendue. La revision des procès criminels et correctionnels n'est, toutefois, autorisée que dans des cas exceptionnels rigoureusement prévus, et alors que le doute n'est pas permis.

1. — La revision *peut être demandée* en matière criminelle et correctionnelle, quelle que soit la juridiction qui ait statué, dans chacun des cas suivants : 1° Lorsque, après une condamnation pour homicide, des pièces sont représentées propres à faire naître de suffisants indices sur l'existence de la prétendue victime de l'homicide; — 2° Lorsque, après une condamnation pour crime et délit, un nouvel arrêt ou jugement a condamné, pour le même fait, un autre accusé ou prévenu, et que, les deux condamnations ne pouvant se concilier, leur contradiction est la preuve de l'innocence de l'un ou de l'autre condamné; — 3° Lorsqu'un des témoins entendus a été, postérieurement à la condamnation, poursuivi et condamné pour faux témoignage contre l'accusé ou le prévenu.

2. — Le *droit de demander la revision appartient :* 1° au Ministre de la Justice; — 2° Au condamné; — 3° Après la mort du condamné, à son conjoint, à ses enfants, à ses parents, à ses légataires universels ou à titre universel, à ceux qui en ont reçu de lui la mission expresse.

3. — En matière *correctionnelle*, la revision ne peut avoir lieu que pour une condamnation à l'*emprisonnement* ou pour une condamnation prononçant ou emportant *interdiction*, soit totale, soit partielle, de l'exercice des *droits civiques, civils* et de *famille.*

4. — La Cour de cassation, section criminelle, est saisie par son Procureur Général, en vertu de l'ordre exprès que le Ministre de la Justice a donné soit d'office, soit sur la réclamation des parties invoquant un des cas ci-dessus spécifiés. — La *demande* de celles-ci est *non recevable* (lorsqu'elle est motivée sur l'existence de deux décisions contradictoires ou sur la condamnation d'un témoin pour faux témoignage), si elle n'a pas été inscrite au Ministère de la Justice dans le *délai de 2 ans* à partir de la seconde des condamnations inconciliables ou de la condamnation du faux témoin.

5. — Lorsque l'affaire est en état, si la Cour de cassation reconnait qu'il peut être procédé à de nouveaux débats contradictoires, elle annule les jugements ou arrêts et tous actes faisant obstacle à la revision; elle fixe les questions qui doivent être posées et renvoie les accusés ou prévenus, selon les cas, devant une Cour ou un Tribunal autres que ceux qui auraient primitivement connu de l'affaire.

Lorsqu'il ne peut être procédé de nouveau à des débats oraux entre toutes les parties, notamment en cas de *décès*, de *contumace*, ou de *défaut* d'un ou de plusieurs condamnés, en cas de *prescription* de l'action ou de celle de la peine, la Cour de cassation, après avoir constaté expressément cette impossibilité, statue au fond, sans cassation préalable, ni renvoi, en présence des parties civiles, s'il y en a au procès, et des curateurs nommés par elle à la mémoire de chacun des morts. Dans ce cas, elle annule seulement celle des condamnations qui avait été injustement portée, et décharge, s'il y a lieu, la mémoire des morts.

RÉVOCATION. — Voy. DONATION ENTRE VIFS, II; — MANDAT, IV; — TESTAMENT.

RISQUES LOCATIFS. — Voy. LOUAGE, sect. I, § 2, 3°.

RIVIÈRES. — Voy. EAUX, sect. I, § 1er, III.

ROULAGE. — Voy. POLICE DU ROULAGE.

ROUTES. — (Déc. 16 décembre 1811, Loi 12 mai 1825.) — Les routes se divisent en deux grandes catégories : les routes *nationales* et les routes *départementales.* Les premières sont celles qui, parcourant des lignes d'une vaste étendue, ouvrent des communications dans l'intérieur d'un département ou avec les départements voisins. Les frais de construction et d'entretien des routes nationales sont supportés par l'Etat; la dépense des routes départementales est à la charge des départements, mais l'Etat peut venir à leur secours. — Voy. ARBRES, 8 ; — POLICE DU ROULAGE ; — VOIRIE.

RUCHES A MIEL. — Voy. ABEILLES.

RUISSEAUX. — Voy. EAUX, sect. I, § 1er, II.

RUPTURE DE BAN. — (Cod. pén. art. 45.) — Délit spécial qui consiste dans le fait, par un individu soumis à la *surveillance de la haute police* (voy. ces mots), de reparaître sans autorisation dans le lieu qu'il lui est interdit d'habiter. — Il est puni d'un *emprisonnement* qui ne peut excéder 5 ans. (Cod. pén. art. 45.)

RURAL. (CODE) — Voy. CODE RURAL.

S

SACS. (PASSE DE) — Voy. PASSE DE SACS.

SAGE-FEMME. — (Loi 19 ventôse an XI (10 mars 1803), art. 33-36; Déc. 22 août 1854, 1er août 1879.) — Nom donné aux femmes qui, après examen, sont autorisées à pratiquer l'art des accouchements.

1. — Il existe *deux diplômes* de sage-femme : celui de *première classe*, valable dans *toute la France;* celui de *deuxième classe*, valable seulement dans *le département* pour lequel on a été reçu.

2. — Pour être admises aux examens, les aspirantes au diplôme de sage-femme doivent être reçues préalablement *élèves sages-femmes* près d'un hospice ou d'une maison d'accouchements et justifier qu'elles ont suivi régulièrement les cours qui leur sont destinés et que leur conduite n'a donné lieu à aucun reproche. Les aspirantes ne sont admises élèves sages-femmes qu'en justifiant qu'elles savent *lire* et *écrire*, qu'elles sont *âgées* de plus de 18 ans et de moins de 35, et qu'elles sont de *bonnes vie et mœurs*.

3. — Les sages-femmes ne sont pas assujetties à la *patente*. (Loi 15 juillet 1880, art. 17.)

4. — Les sages-femmes ne peuvent employer les *instruments*, dans les cas d'accouchements laborieux, sans appeler un *médecin* ou un *chirurgien*.

5. — Voy. ACTES DE L'ÉTAT CIVIL, III; — AVORTEMENT; — RÉVÉLATION DE SECRETS.

SAISIE-ARRÊT. — (Cod. proc. civ. art. 557-582.) — La *saisie-arrêt* ou *opposition* est l'acte par lequel un créancier arrête entre les mains d'un tiers les sommes ou les effets mobiliers appartenant à son débiteur pour faire ordonner ensuite que les deniers ou le prix des effets lui soient remis en déduction de sa créance.

1. — Le *tiers-saisi*, par suite de l'opposition faite entre ses mains, *ne peut se libérer* au préjudice du saisissant.

Ce dernier doit faire prononcer par le Tribunal la *validité de la saisie*, et, si elle est déclarée valable, il y a lieu à la *vente* des objets saisis et à la *distribution du prix* entre les ayants droit.

2. — Des considérations d'*utilité publique* ou d'*humanité* ont fait déclarer certains objets *insaisissables* en tout ou en partie. Telles sont les *pensions alimentaires*, etc. L'article 581 du Code de procédure civile en contient l'énumération. — Voy. aussi PENSIONS, sect. I, IV, 5; — sect. II, I, 4.

SAISIE-BRANDON. — (Cod. proc. civ. art. 626-635.) — On appelle ainsi l'acte par lequel un créancier, porteur d'un titre exécutoire, met sous la main de Justice les fruits pendants par racines, appartenant à son débiteur, à l'effet d'en opérer la vente lorsqu'ils seront parvenus à leur maturité, et d'être payé sur le prix.

Dans quelques pays, l'usage était de placer sur les champs frappés de saisie des faisceaux de paille appelés *brandons*, que l'on suspendait à des pieux fixés en terre. Bien que l'usage de ces signes ne se soit pas conservé, l'expression de *saisie-brandon* a été maintenue par le Code de procédure civile.

— La saisie-brandon ne peut être pratiquée que dans les *six semaines qui précèdent* l'époque ordinaire de la maturité des fruits, et elle doit être précédée d'un *commandement de payer* avec un jour d'intervalle. — Les formalités en sont réglées par le titre IX du Code de procédure civile (art. 626-635).

SAISIE DES RENTES CONSTITUÉES SUR PARTICULIERS. — (Cod. proc. civ. art. 636-655.) — A la différence des *rentes dues par l'Etat*, que des lois spéciales motivées par des raisons d'intérêt et de crédit public ont déclarées *insaisissables*, les *rentes constituées sur particuliers*, c'est-à-dire toutes les rentes que des particuliers doivent, quelle qu'en soit la nature (sauf toutefois les *rentes viagères* constituées *à titre gratuit* et *stipulées insaisissables*, ainsi que les *pensions alimentaires*), peuvent être saisies par les créanciers du rentier porteurs d'un *titre* exécutoire.

— Si le créancier veut saisir seulement les arrérages de la rente, il doit recourir à une *saisie-arrêt* (voy. ce mot). — Si c'est le droit lui-même à la rente qu'il veut atteindre, il faut qu'il observe les formalités prescrites par les articles 636 à 655 du Code de procédure civile, formalités analogues à celle de la *saisie immobilière*. Le droit à la rente est mis en *adjudication publique*, et l'adjudicataire verse le montant de son adjudication entre les mains du créancier saisissant. Si le prix de l'adjudication était inférieur au chiffre de la créance du saisissant, ce dernier resterait créancier du rentier pour la différence.

SAISIE-EXÉCUTION. — (Cod. proc. civ. art. 583-625.) — C'est la saisie des meubles corporels du débiteur à laquelle fait procéder le créancier, porteur d'un titre exécutoire, pour arriver à les faire vendre, et être payé, sur le prix en provenant, de ce qui lui est dû.

Les formes et conditions de la saisie-exécution sont déterminées par le Code de procédure civile (art. 583-625).

1. — Il y a des objets que, par *humanité* ou par *décence publique*, la loi défend de saisir : Tels sont, le coucher nécessaire des saisis, ceux de leurs enfants vivant avec eux; les habits dont les saisis sont vêtus et couverts ; — Les livres relatifs à la profession du saisi, jusqu'à la somme de 300 fr., à son choix ; — Les machines et instruments servant à l'enseignement pratique ou exercice des sciences et arts, jusqu'à concurrence de la même somme, et au choix du saisi ; — Les équipements des militaires, suivant l'ordonnance et le grade ; — Les outils des artisans nécessaires à leurs occupations personnelles ; — Les farines et menues denrées nécessaires à la consommation du saisi et de sa famille pendant un mois ; — Une vache, ou trois brebis, ou deux chèvres, au choix du saisi, avec les pailles, fourrages et grains nécessaires pour la litière et la nourriture desdits animaux pendant un mois.

Le *coucher du saisi*, les *habits* dont il est couvert, ne peuvent être saisis pour *aucune créance*. Quant aux *autres objets* que la loi déclare également insaisissables, ils ne peuvent *par exception* être saisis que pour *aliments* fournis à la partie saisie, ou *sommes dues* aux *fabricants* ou *vendeurs desdits objets*, ou à celui qui a *prêté pour les acheter*, *fabriquer* ou *réparer* ; — pour *fermages* et *moissons* des terres à la culture desquelles ils sont employés ; — *loyers* des manufactures, moulins, pressoirs, usines dont ils dépendent, et loyers des lieux servant à l'habitation personnelle du débiteur.

2. — Avant d'opérer la saisie, le créancier doit avertir son débiteur par un *commandement de payer*. Si cet acte reste sans effet, l'huissier peut, *vingt-quatre heures après*, procéder à la *saisie*, avec l'assistance de deux témoins. La présence du saisissant pouvant amener des altercations, la loi la défend.

Il est laissé un *délai entre la saisie et la vente*, afin que le débiteur ait le temps d'aviser et d'empêcher, s'il est possible, la perte et les désagréments d'une vente forcée.

3. — S'il est procédé à la vente, ce n'est qu'après des *affiches* et *annonces*, et dans un *lieu public*. On ne vend que jusqu'à concurrence de la somme nécessaire pour désintéresser les créanciers qui se sont présentés à la saisie.

Si le produit de la vente ne suffit pas pour les désintéresser tous intégralement, il y a lieu d'en faire la distribution entre eux par contribution.

SAISIE-GAGERIE. — (Cod. proc. civ. art. 819-825.) — On appelle ainsi la saisie à laquelle les propriétaires et principaux locataires de maisons ou de biens ruraux font procéder, pour loyers et fermages à eux dus, sur les effets et fruits étant dans leurs bâtiments ou sur leurs terres.

Les *formes* en sont réglées par le Code de procédure civile (art. 819-825).

SAISIE IMMOBILIÈRE. — (Cod. proc. civ. art. 673 et suiv.)

La *saisie immobilière* est pour les immeubles ce que la saisie-exécution est pour les meubles.

Elle doit être *précédée d'un commandement* de payer et ne peut avoir lieu que 30 *jours après*. Son but est de placer les immeubles du débiteur sous la main de la Justice pour les faire vendre et désintéresser les créanciers sur le prix. De nombreuses formalités doivent être remplies pour l'expropriation forcée des immeubles et la fixation de l'ordre dans lequel les créanciers sont payés.

La *vente* se fait *aux enchères* devant le Tribunal de première instance.

— La loi du 2 juin 1881 dispose que la saisie immobilière transcrite *cesse de plein droit de produire son effet*, si, dans les *dix ans* de la transcription, il n'est pas intervenu une *adjudication* mentionnée en marge de cette transcription.

SAISIE MOBILIÈRE. — Voy. SAISIE-EXÉCUTION.

SAISIE-REVENDICATION. — (Cod. proc. civ. art. 826-831.) — C'est l'acte par lequel celui qui prétend un droit de propriété, de possession légale ou de gage, sur une chose mobilière possédée par un tiers, met cette chose sous la main de la Justice jusqu'à ce qu'il ait été statué sur le droit réclamé par le saisissant.

1. — La saisie-revendication est autorisée : 1° Au cas de *perte* ou de *vol* d'un objet mobilier, *pendant* 3 *ans* à compter du jour de la perte ou du vol (Cod. civ. art. 2279, 2280). — Voy. PRESCRIPTION, IV ; — 2° En faveur du *locateur* à l'égard des meubles qui garnissaient sa maison ou sa ferme, lorsqu'ils ont été déplacés sans son consentement ; il conserve sur eux son privilège pourvu qu'il ait fait la revendication dans le délai de 40 jours s'il s'agit du mobilier qui garnissait une ferme, et dans celui de quinzaine s'il s'agit de meubles garnissant une maison (Cod. civ. art. 2102). — Voy. PRIVILÈGE, I, § 2 ; — 3° Au profit du *vendeur* d'un meuble qui n'en a pas été payé, à l'effet de rentrer dans la possession de ce meuble : il faut que la vente n'ait pas été faite à terme ; que la chose soit encore entre les mains de l'acheteur et dans le même état qu'au moment de la vente ; enfin, que la revendication soit exercée dans la huitaine de la livraison (Cod. civ. art. 2102). — Voy. PRIVILÈGE, I, § 2 ; — 4° Au cas de *dépôt* d'un objet mobilier fait dans les mains d'une personne incapable

de contracter (Cod. civ. art. 1926); — 5° Au cas de *faillite* (Cod. com. art. 574-579). — Voy. FAILLITE, IX.

2. Les *formes* de la saisie-revendication font l'objet des articles 826 à 821 du Code de procédure civile.

SAISINE. — C'est la disposition légale en vertu de laquelle les droits et les dettes d'un défunt passent, dès l'instant de sa mort, à ses héritiers légitimes, sans qu'ils aient besoin de manifester à cet effet aucune volonté et même à leur insu. (Cod. civ. art. 724.)

L'*origine* de la saisine est ainsi expliquée par M. Mourlon (*Répétitions écrites sur le Code civil*, t. II, p. 17) : « La saisine fut introduite pour soustraire la propriété aux exigences féodales. On sait que les seigneurs prétendaient qu'ils avaient été, dans l'origine, propriétaires de tous les biens situés dans le territoire de leur seigneurie, et qu'ils en avaient conservé le domaine direct après en avoir aliéné la propriété utile en les inféodant. De là les feudistes avaient conclu que le vassal était censé remettre, en mourant, la saisine ou la possession de ses biens à son seigneur ; qu'en conséquence ses héritiers étaient obligés de demander à celui-ci la délivrance de la succession, et payer, pour l'obtenir, les droits de *relief* pour les fiefs, et de *rachat* ou de saisine pour les héritages de roture. C'est pour échapper aux payements de ces droits que les légistes imaginèrent une fiction destructive de la fiction seigneuriale, et en vertu de laquelle le vassal décédé était censé avoir lui-même, au moment de sa mort, mis ses héritiers en possession de sa succession, ce qui les dispensait de l'obligation d'en demander la délivrance au seigneur. »

Tel est le sens de cette maxime de notre ancien droit : « *Le mort saisit le vif, son hoir plus proche et habile à succéder.* »

SALAIRE. — 1. — Les salaires des gens de service, pour l'année échue, et ce qui est dû sur l'année courante, sont *privilégiés* sur la *généralité des meubles*. (Cod. civ. art. 2101, n° 4.) — Voy. PRIVILÈGE, I, § 1er.

2. — L'action des *ouvriers* et *gens de travail*, pour le payement de leurs journées, fournitures et salaires, *se prescrit* par *six mois;* — celle des *domestiques* qui se louent à l'année se prescrit par *un an*. (Cod. civ. art. 2271, 2272.) — Voy. PRESCRIPTION, III, 3 et 4.

3. — Voy. COALITIONS ; — LIVRETS D'OUVRIERS, I.

SALLE D'ASILE. — Etablissement d'éducation où les enfants des deux sexes, de 2 à 7 ans, reçoivent les soins que réclame leur développement moral et physique.

1. — Les salles d'asile appelées, depuis 1881, *écoles maternelles*, sont *publiques* ou *privées :* leur direction est confiée exclusivement à des femmes.

2. — L'*enseignement* des salles d'asile comprend : 1° Les premiers principes d'éducation morale; des connaissances sur les objets usuels, les premiers éléments du dessin, de l'écriture et de la lecture ; des exercices de langage ; des notions d'histoire naturelle et de géographie ; des récits à la portée des enfants ; — 2° Des exercices manuels ; — 3° Le chant et des mouvements gymnastiques gradués.

3. — Le *certificat d'aptitude à la direction des salles d'asile* n'existe plus. Il n'y a aujourd'hui qu'un seul titre exigé pour l'enseignement primaire : le *brevet de capacité élémentaire*, et les conditions ne diffèrent pas soit pour l'ouverture des établissements privés, soit pour la nomination dans les salles d'asile publiques.

4. — Ne donnent lieu à une dépense *obligatoire* que les écoles maternelles publiques établies dans les Communes *de plus de* 2 000 *âmes* et ayant *au moins* 1 200 *âmes* de population agglomérée. (Loi 30 octobre 1886, art. 15.)

5. — Aucun enfant n'est reçu dans une salle d'asile s'il n'est pourvu d'un *certificat de médecin*, dûment

légalisé, constatant qu'il n'est atteint d'aucune maladie contagieuse et qu'il a été vacciné.

6. — Les salles d'asile *publiques* sont ouvertes *gratuitement* à tous les enfants. (Loi 16 juin 1881, article 1er.)

SANCTION. — On entend par ce mot la peine ou la récompense attachée à la violation ou à l'observation de la loi. Ainsi, la peine de mort est la sanction de la loi qui défend l'assassinat; — la nullité d'un mariage contracté par des parents au degré prohibé est la sanction de la loi qui défend ces sortes de mariage. Au contraire, les droits attachés à la qualité d'époux, la légitimité des enfants, sont la sanction ou la récompense d'une union contractée conformément à la loi.

SANTÉ MILITAIRE. (CORPS DE) — (Loi 16 mars 1882, art. 37-40; Déc. 27 mai 1882.) — Le corps de santé militaire comprend des *médecins* et des *pharmaciens*. Il a une *hiérarchie* propre correspondant à la hiérarchie militaire, savoir :

	GRADE CORRESPONDANT
Médecin ou pharmacien aide major de 2e classe.	Sous-Lieutenant.
Médecin ou pharmacien aide major de 1re — .	Lieutenant.
Médecin ou pharmacien major de 2e classe. . .	Capitaine.
Médecin ou pharmacien major de 1re — . .	Chef de bataillon.
Médecin ou pharmacien principal de 2e classe .	Lieutenant-Colonel.
Médecin ou pharmacien principal de 1re — .	Colonel.
Médecin ou pharmacien inspecteur.	Général de brigade.
Médecin inspecteur général	Général de division.

1. — Les médecins et pharmaciens aides-majors de 2e classe *se recrutent* parmi les élèves du service de santé militaire.

2. — En cas de *mobilisation*, le cadre du corps de santé militaire est *complété* par des médecins et pharmaciens de réserve et de l'armée territoriale.

3. — Il existe auprès du Ministre de la guerre un *Comité consultatif de santé*, composé de médecins inspecteurs et du pharmacien inspecteur.

4. — Un décret du 27 mai 1882 a réglé les *attributions* et le *mode de fonctionnement* du service de santé.

SCEAUX. (GARDE DES) — Voy. GARDE DES SCEAUX.

SCEAUX DE L'ÉTAT. (CONTREFAÇON DES) — Voy. FAUX, II.

SCELLÉS. — (Cod. proc. civ. art. 907 et suiv.; Cod. pén. art. 251.) — C'est une mesure qui a pour *but* d'empêcher le détournement d'objets, et qui *consiste* dans l'apposition sur les serrures des portes, armoires, caisses, etc., d'une bande de papier fixée par ses deux extrémités avec le sceau de la Justice de paix.

1. — L'apposition des scellés est prescrite dans divers cas, notamment au *décès* d'une personne, lorsque tous les héritiers ne sont pas présents, ou s'il y a parmi eux des mineurs ou des interdits. Les formalités en sont réglées avec détail par le Code de procédure civile. (Art. 907 et suiv.)

2. — A moins d'une autorisation donnée par le Président du Tribunal de première instance pour des causes urgentes, les scellés ne peuvent être *levés* que 3 *jours après l'inhumation* s'ils ont été apposés auparavant, ou 3 *jours après l'apposition* si elle a été faite depuis l'inhumation. Le *motif* de ce délai est double : c'est, d'une part, qu'il fallait laisser le temps à ceux qui ont intérêt à être présents à la levée et à l'inventaire, d'apprendre le décès et de se mettre en mesure d'assister à ces opérations ou de s'y faire représenter; c'est aussi, d'autre part, par un sentiment de respect pour la mémoire du défunt. Il eût

été indécent de permettre qu'avant même qu'il fût descendu dans la tombe, et en quelque sorte sous ses yeux, on s'occupât du partage de ses dépouilles.

3. — Le *bris* de scellés est puni d'un *emprisonnement* d'un an à 3 ans.

Si c'est le *gardien* lui-même qui s'en est rendu coupable ou qui y a pris part, il est passible d'un *emprisonnement* de 2 à 5 ans et d'une *amende* de 50 fr. à 2000 fr. — Il peut, en outre, être placé sous la *surveillance de la haute police* pendant 5 ans au moins et 10 ans au plus.

SECONDS MARIAGES. — Voy. MARIAGE, VIII.

SECOURS AUX ASPHYXIÉS. — Le mot *asphyxie*, dérivé du grec *asphuxia*, privation de pouls, s'emploie pour désigner l'état de mort apparente produit par la suspension de la respiration, état qui ne tarde pas à déterminer la mort réelle si la respiration n'est promptement rétablie. — On appelle *asphyxié* l'individu qui se trouve dans cette situation.

L'Autorité publique s'est justement préoccupée des secours à donner aux asphyxiés, et, à diverses époques, elle a fait publier des instructions spéciales dont la vulgarisation serait bien désirable.

L'étendue de ces documents ne nous permet pas de les reproduire : nous ne pouvons que nous borner à signaler particulièrement un arrêté du Préfet de Police en date du 1er janvier 1836, ainsi que l'instruction (29 avril 1842) émanée du Conseil de salubrité sur les secours à donner aux asphyxiés.

L'arrêté du 1er janvier 1836 contient notamment deux prescriptions qu'il importe de faire connaître, car le préjugé populaire s'obstine à croire qu'avant de secourir un noyé ou un pendu, il faut aller chercher l'Autorité. Voici les termes mêmes des articles 2 et 3 :

Art. 2. — « Tout individu trouvé blessé sur la voie publique, ou retiré de l'eau en état de suffocation, ou asphyxié par des vapeurs méphitiques, par le froid ou par la chaleur, devra être *immédiatement transporté* au dépôt de secours le plus voisin ou dans un hôpital, s'il s'en trouve à proximité, pour y recevoir les secours nécessaires. »

Art. 3. — « Lorsqu'un individu sera retiré de la rivière, il ne sera *point nécessaire*, comme on paraît le croire assez généralement, de lui *laisser les pieds dans l'eau jusqu'à l'arrivée des agents de l'Autorité*; les personnes présentes devront *immédiatement* lui administrer *des secours* en attendant l'arrivée des hommes de l'art et des agents de l'Autorité. — On devra également porter des *secours immédiats* à tout individu trouvé en état d'asphyxie par strangulation (*pendaison*). Les personnes qui arriveront les premières sur le lieu de l'événement devront *s'empresser de détacher ou de couper le lien qui entoure le cou.* »

SECOURS MUTUELS. — Voy. SOCIÉTÉS DE SECOURS MUTUELS.

SECRET. (MISE AU) — C'est une mesure rigoureuse que, dans l'intérêt de la manifestation de la vérité, le Juge d'instruction et le Président de la Cour d'assises sont autorisés à prendre à l'égard d'un prévenu ou d'un accusé. (Const. 22 frimaire an VIII (13 déc. 1799), art. 80 ; Cod. instr. crim. art. 613, 615, 618.)

« On ne doit, a dit M. le Procureur général Dupin devant la Cour de cassation (10 décembre 1847), l'employer que rarement et avec mesure ; mais il est quelquefois nécessaire d'y avoir recours. S'il y avait abus, vexations, rigueurs non nécessaires, cela même pourrait autoriser une plainte principale de la part de l'accusé. Mais, en termes ordinaires, c'est un moyen *laissé à l'appréciation du juge*, qui dépend du point de fait et des circonstances dont l'*appréciation n'est pas du domaine de la Cour de cassation.* »

Dès lors, on peut envier les garanties qu'une loi du 18 février 1852 sur la détention préventive a données à la Belgique. Voici les articles de cette loi qui sont relatifs à la *mise au secret :*

Art. 29. — « Lorsque le Juge d'instruction croira devoir prescrire, à l'égard de l'inculpé, une interdiction de communiquer, il ne pourra le faire que par une ordonnance qui sera transcrite sur le registre de la prison. »

Art. 30. — « Cette interdiction ne pourra s'étendre *au delà de* 10 *jours.* — Elle pourra toutefois être renouvelée ; mais, dans ce cas, l'inculpé, ou, pour lui, un de ses parents ou amis, pourra présenter une requête à la Chambre du Conseil, pour demander la mainlevée de l'interdiction. — La Chambre du Conseil, après avoir entendu le Juge d'instruction et le Procureur du roi, statuera dans les deux jours de la requête. — Si la demande est rejetée, elle ne pourra être reproduite que dix jours après cette décision. »

Art. 31. — « Dans tous les cas où le Juge d'instruction croira devoir renouveler l'interdiction de communiquer, il en rendra compte au Procureur général. »

SECRETS DE FABRIQUE. — Leur divulgation est un délit que le Code pénal (art. 418) a prévu et puni en ces termes : « Tout directeur, commis, ouvrier de fabrique, qui aura communiqué à des étrangers ou à des Français résidant en pays étranger des secrets de la fabrique où il est employé sera puni de la *réclusion* et d'une *amende* de 500 fr. à 20 000 fr. — Si ces secrets ont été communiqués à des Français résidant en France, la peine sera d'un *emprisonnement* de 3 mois à 2 ans, et d'une *amende* de 16 fr. à 200 fr.

SECRÉTAIRE DE MAIRIE. — Cette fonction est *incompatible* avec celles d'Adjoint et de Conseiller municipal. Cependant un Conseiller municipal pourrait être secrétaire, si son traitement était pris sur les fonds personnels du Maire et non sur le budget communal.

1. — Les Secrétaires de Mairie sont *nommés* et *révoqués* par les Maires, mais lorsque (ce qui arrive très fréquemment dans les campagnes) la fonction est remplie par l'*Instituteur*, il faut, aux termes de la loi du 30 octobre 1886, art. 25, que le *Conseil départemental de l'enseignement primaire* ait *autorisé* ce cumul.

2. — Les Secrétaires de Mairie n'ont *point de caractère public;* ils ne peuvent conséquemment rendre authentique aucun acte, aucune expédition. Les extraits des actes de l'état civil ne sont délivrés que par le fonctionnaire public dépositaire des registres. (Avis Cons. d'Etat, 2 juillet 1807.)

SECRÉTAIRE GÉNÉRAL DE PRÉFECTURE. — (Lois 28 pluviôse an VIII (17 février 1800) ; 21 juin 1865.)—Fonctionnaire qui, dans chaque département, a pour attributions propres la signature des ampliations des arrêtés pris par le Préfet, et qui remplit, auprès du Conseil de Préfecture, les fonctions de Ministère public.

Il remplace, par délégation, le Préfet absent ou empêché.

SEING PRIVÉ. — Voy. ACTE SOUS SEING PRIVÉ.

SEL. — (Déc. 16 mars 1806 ; loi 24 avril 1806 ; déc. 11 juin 1806 ; loi 17 juin 1840 ; ord. roy. 7 mars 1841, 26 juin 1841, 26 fév. 1846 ; lois 28 décembre 1848, 13 janvier 1849 ; déc.-loi 17 mars 1852, tit. III, art. 11, 12 et 13.)

Supprimé par le décret du 2 mars 1790, l'impôt sur le sel qui, sous le nom de *gabelle*, était devenu le plus odieux au peuple de l'ancienne monarchie, fut *rétabli* en 1806 et existe encore aujourd'hui.

1. — C'est en 1280, sous le règne de Philippe IV, que le commerce du sel, libre jusqu'alors, commença à être imposé. Créé pour des *besoins extraordinaires*, *supprimé* à la paix, puis *rétabli* encore *temporairement* sous Philippe le Long, enfin déclaré *perpétuel* par Charles V, cet impôt comptait jadis pour près du

quart dans les revenus du Roi. Le sel était inégalement taxé de province à province; pour quelques-unes, l'impôt représentait environ cent fois la valeur réelle de cette denrée!

2. — *Rétabli* par un décret du 16 mars 1806, l'impôt sur le sel fut d'abord fixé à un décime par kilogramme; puis il fut successivement élevé à 2 décimes, la même année, et à 4 décimes par le décret du 11 novembre 1813. Réduite à 3 décimes par la loi du 28 avril 1816, la taxe fut ramenée par l'Assemblée constituante de 1848 à *un décime par kilogramme*. Ce droit est applicable aux sels français de toute origine et à ceux qui viennent des colonies ou de l'Algérie. Quant aux sels étrangers, ils acquittent, à leur introduction en France, un droit de douane qui varie, suivant la zone par laquelle ils pénètrent sur le territoire, plus une surtaxe sur ceux qui arrivent sous pavillon étranger.

3. — Sont *exemptés* de la taxe les sels destinés pour l'étranger et ceux destinés à la pêche.

Dans l'intérêt de l'agriculture, les sels devant servir à l'*alimentation des bestiaux* ne payent que *moitié* de la taxe.

4. — Deux Administrations sont chargées de la *perception* des droits, celle des *Douanes*, dans l'étendue du rayon des douanes, et, hors de ce rayon, celle des *Contributions directes*.

Il y a lieu à un payement comptant lorsque la perception est inférieure à 600 fr. — Au delà de ce chiffre, les droits peuvent être acquittés en obligations cautionnées, moitié à 3 mois, moitié à 6 mois.

5. — Les *mines de sel* sont placées, relativement à la propriété, sous l'empire des mêmes principes que les autres mines; les lois et règlements généraux sur les mines sont applicables aux exploitations des mines de sel. — Voy. MINES.

Les concessions ne peuvent excéder 20 kilomètres carrés s'il s'agit d'une mine de sel, et un kilomètre carré pour l'exploitation d'une source ou d'un puits d'eau salée. Dans l'un et l'autre cas, les actes de concession règlent les droits du propriétaire de la surface.

Aucune redevance proportionnelle n'est exigée au profit de l'Etat.

6. — La *production du sel* en France, de 1852 à 1866, a représenté 8 908 000 tonneaux métriques, dont 3 979 000 provenant des marais salants du Midi, 3 052 000 des marais salants de l'Ouest, et 1 877 000 des salines.

7. — La *taxe* de consommation des sels a rapporté à l'Etat 14 386 171 fr. 63 centimes en 1880.

SÉNAT. — (Lois 24 février, 2 août 1875, 9 décembre 1884.) — Seconde Chambre dont la création avait été décidée en principe par la loi du 13 mars 1873 et dont la composition et les attributions, réglées par les lois des 24 février et 2 août 1875, ont été modifiées par la loi du 9 décembre 1884 qui a supprimé la catégorie des *inamovibles* et a élargi le cadre des électeurs sénatoriaux. En raison de l'importance de cette loi, nous la reproduisons ci-après en entier :

Art. 1er. — « Le Sénat se compose de *trois cents* membres élus par les départements et les colonies.

Les membres actuels, sans distinction entre les sénateurs élus par l'Assemblée nationale ou le Sénat et ceux qui sont élus par les départements et les colonies, conservent leurs fonctions pendant le temps pour lequel ils ont été nommés. »

Art. 2. — « Le département de la Seine élit *dix* sénateurs.

Le département du Nord élit *huit* sénateurs.

Les départements des Côtes-du-Nord, Finistère, Gironde, Ille-et-Vilaine, Loire, Loire-Inférieure, Pas-de-Calais, Rhône, Saône-et-Loire, Seine-Inférieure, élisent chacun *cinq* sénateurs.

L'Aisne, Bouches-du-Rhône, Charente-Inférieure, Dordogne, Haute-Garonne, Isère, Maine-et-Loire, Manche, Morbihan, Puy-de-Dôme,

Seine-et-Oise, Somme, élisent chacun *quatre* sénateurs.

L'Ain, Allier, Ardèche, Ardennes, Aube, Aude, Aveyron, Calvados, Charente, Cher, Corrèze, Corse, Côte-d'Or, Creuse, Doubs, Drôme, Eure, Eure-et-Loir, Gard, Gers, Hérault, Indre, Indre-et-Loire, Jura, Landes, Loir-et-Cher, Haute-Loire, Loiret, Lot, Lot-et-Garonne, Marne, Haute-Marne, Mayenne, Meurthe-et-Moselle, Meuse, Nièvre, Oise, Orne, Basses-Pyrénées, Haute-Saône, Sarthe, Savoie, Haute-Savoie, Seine-et-Marne, Deux-Sèvres, Tarn, Var, Vendée, Vienne, Haute-Vienne, Vosges, Yonne, élisent chacun *trois* sénateurs.

Les Basses-Alpes, Hautes-Alpes, Alpes-Maritimes, Ariége, Cantal, Lozère, Hautes-Pyrénées, Pyrénées-Orientales, Tarn-et-Garonne, Vaucluse, élisent chacun *deux* sénateurs.

Le territoire de Belfort, les trois départements de l'Algérie, les quatre colonies de la Martinique, de la Guadeloupe, de la Réunion et des Indes françaises, élisent chacun *un* sénateur. »

Art. 3. — « Dans les départements où le nombre des sénateurs est augmenté par la présente loi, l'augmentation s'effectuera à mesure des *vacances* qui se produiront parmi les sénateurs *inamovibles.*

A cet effet, il sera, dans la huitaine de la vacance, procédé en séance publique à un *tirage au sort* pour déterminer le département qui sera appelé à élire un sénateur.

Cette élection aura lieu dans le délai de *trois mois* à partir du tirage au sort; toutefois, si la vacance survient dans les six mois qui précèdent le renouvellement triennal, il n'y sera pourvu qu'au moment de ce renouvellement.

Le mandat ainsi conféré expirera en même temps que celui des autres sénateurs appartenant au même département. »

Art. 4. — « Nul ne peut être sénateur s'il n'est Français, âgé de *quarante ans* au moins, et s'il ne jouit de ses droits civils et politiques.

Les membres des familles qui ont régné sur la France sont *inéligibles* au Sénat. »

Art. 5. — « Les *militaires* des armées de terre et de mer *ne peuvent être élus* sénateurs.

Sont *exceptés* de cette disposition :

1° Les maréchaux de France et les amiraux;

2° Les officiers généraux maintenus sans limite d'âge dans le cadre de la première section de l'état-major général et non pourvus de commandement;

3° Les officiers généraux ou assimilés placés dans la deuxième section du cadre de l'état-major général ;

4° Les militaires des armées de terre et de mer qui appartiennent soit à la réserve de l'armée active, soit à l'armée territoriale. »

Art. 6. — « Les sénateurs sont élus au *scrutin de liste* quand il y a lieu, par un collège réuni *au chef-lieu* du département ou de la colonie et *composé :*

1° Des députés;

2° Des conseillers généraux;

3° Des conseillers d'arrondissement;

4° Des délégués élus parmi les électeurs de la commune, par chaque conseil municipal.

Les conseils composés de 10 membres éliront 1 délégué;

Les conseils composés de 12 membres éliront 2 délégués;

Les conseils composés de 16 membres éliront 3 délégués;

Les conseils composés de 21 membres éliront 6 délégués;

Les conseils composés de 23 membres éliront 9 délégués;

Les conseils composés de 27 membres éliront 12 délégués;

Les conseils composés de 30 membres éliront 15 délégués;

Les conseils composés de 32 membres éliront 18 délégués;

Les conseils composés de 34 membres éliront 21 délégués;

Les conseils composés de 36 membres et au-dessus éliront 24 délégués;

Le conseil municipal de Paris élira 30 délégués.

Dans l'Inde française, les membres des conseils locaux sont substitués aux conseillers d'arrondissement. Le conseil municipal de Pondichéry élira 5 délégués. Le conseil municipal de Karikal élira 3 délégués. Toutes les autres communes éliront chacune 2 délégués. — Le vote a lieu au chef-lieu de chaque établissement. »

Art. 7. — « Les membres du Sénat sont élus pour *neuf années*.

Le Sénat se renouvelle tous les *trois ans*, conformément à l'ordre des séries de départements et colonies actuellement existantes. »

Art. 8. — « Les articles 2 (§§ 1 et 2), 3, 4, 5, 8, 14, 16, 19, 23 de la loi organique du 2 août 1875, sur les élections des sénateurs, sont modifiés ainsi qu'il suit :

Art. 2 (§§ 1 et 2). — « Dans chaque conseil municipal l'élection des *délégués* se fait sans débat, au scrutin secret, et, le cas échéant, au scrutin de liste, à la majorité absolue des suffrages. Après deux tours de scrutin, la majorité relative suffit, et, en cas d'égalité de suffrages, le plus âgé est élu.

» Il est procédé de même et dans la même forme à l'élection des *suppléants*.

» Les conseils qui ont 1, 2 ou 3 délégués à élire nomment 1 suppléant.

Ceux qui élisent 6 ou 9 délégués nomment 2 suppléants ;

Ceux qui élisent 12 ou 15 délégués nomment 3 suppléants ;

Ceux qui élisent 18 ou 21 délégués nomment 4 suppléants ;

Ceux qui élisent 24 délégués nomment 5 suppléants.

Le conseil municipal de Paris nomme 8 suppléants.

Les suppléants remplaceront les délégués, en cas de refus ou d'empêchement, selon l'ordre fixé par le nombre des suffrages obtenus par chacun d'eux. »

Art. 3. — « Dans les Communes où les fonctions du Conseil municipal sont remplies par une *délégation spéciale* instituée en vertu de l'article 44 de la loi du 5 avril 1884, des délégués et suppléants seront nommés par l'ancien Conseil. »

Art. 4. — « Si les délégués n'ont pas été présents à l'élection, notification leur en est faite dans les *vingt-quatre heures* par les soins du maire. Ils doivent faire parvenir aux préfets, dans les *cinq jours*, l'avis de leur acceptation. En cas de refus ou de silence, ils sont remplacés par les suppléants qui sont alors portés sur la liste comme délégués de la commune. »

Art. 5. — « Le procès-verbal de l'élection des délégués et des suppléants est transmis immédiatement au préfet. Il mentionne l'acceptation ou le refus des délégués et suppléants, ainsi que les protestations élevées contre la régularité de l'élection par un ou plusieurs membres du conseil municipal. Une copie de ce procès-verbal est affichée à la porte de la mairie. »

Art. 8. — « Les protestations relatives à l'élection des délégués ou des suppléants sont jugées, sauf *recours* au Conseil d'Etat, par le Conseil de préfecture, et, dans les colonies, par le Conseil privé. »

« Les délégués dont l'élection est annulée parce qu'ils ne remplissent pas une des conditions exigées par la loi, ou pour vice de forme, sont remplacés par les suppléants.

» En cas d'annulation de l'élection d'un délégué et de celle d'un suppléant, comme en cas de refus ou de décès de l'un et de l'autre, après leur acceptation, il est procédé à de nouvelles élections par le Conseil municipal, au jour fixé par un arrêté du préfet. »

Art. 14. — « Le *premier scrutin* est ouvert à huit heures du matin et fermé à midi. Le *second* est ouvert à deux heures et fermé à cinq heures. Le *troisième* est ouvert à sept heures et fermé à dix heures. Les résultats des scrutins sont recensés par le Bureau et proclamés immédiatement par le président du collège électoral. »

Art. 16. — « Les *réunions électorales* pour la nomination des sénateurs pourront être tenues depuis le jour de la promulgation du décret de convocation des électeurs jusqu'au jour du vote inclusivement.

» La déclaration prescrite par l'article 2 de la loi du 30 juin 1881 sera faite par deux électeurs au moins. — Les formalités et prescriptions de cet article, ainsi que celles de l'article 3, seront observées.

» Les membres du Parlement élus ou électeurs dans le département, les électeurs sénatoriaux, délégués et suppléants, et les candidats, ou leur mandataire, *peuvent seuls assister* à ces réunions.

» L'autorité municipale veillera à ce que nulle autre personne ne s'y introduise.

» Les délégués et suppléants justifieront de leur qualité par un certificat du Maire de la Commune; — les candidats ou mandataires par un certificat du fonctionnaire qui aura reçu la déclaration dont il est parlé au § 2. »

Art. 19. — « Toute tentative de *corruption* ou de contrainte par l'emploi des moyens énoncés dans les articles 177 et suivants du Code pénal, pour influencer le vote d'un électeur ou le déterminer à s'abstenir de voter, sera punie d'un *emprisonnement* de 3 mois à 2 ans et d'une *amende* de 50 fr. à 500 francs, ou de l'une de ces deux peines seulement.

» L'article 463 du Code pénal (*circonstances atténuantes*) est applicable aux peines édictées par le présent article. »

Art. 23. — « Il est pourvu aux *vacances* survenant par suite de décès, ou de démission des sénateurs, dans le délai de *trois mois;* toutefois, si la vacance survient dans les six mois qui précèdent le renouvellement triennal, il n'y est pourvu qu'au moment de ce renouvellement.»

Art. 9. — « Sont abrogés : 1° les articles 1 à 7 de la loi du 24 février 1875 sur l'organisation du Sénat; — 2° les articles 24 et 25 de la loi du 2 août 1875 sur les élections des sénateurs. » — Voy. DÉLÉGUÉS SÉNATORIAUX; — POUVOIRS PUBLICS. (*Rapports des*)

SÉPARATION DE BIENS. — (Cod. civ, art. 311, 1441, 1443-1452, 1536-1539; Cod. proc. civ. art. 865-874, 1004; Cod. com. art. 65-70.) — Il y a *deux sortes* de séparation de biens entre mari et femme. L'une existe en vertu de stipulations faites par les futurs dans leur contrat de mariage, et s'appelle, par ce motif, *séparation de biens contractuelle;* — l'autre a lieu à la suite d'un jugement rendu sur la demande de la femme, ou à la requête de ses créanciers dans le cas de faillite ou de déconfiture du mari, et prend le nom de *séparation de biens judiciaire*. C'est de cette dernière seulement qu'il sera ici question : pour ce qui regarde la séparation de biens contractuelle, nous en avons parlé à l'article CONTRAT DE MARIAGE, III.

I. MOTIFS DE SÉPARATION. — 1. — Toutes les fois que les dissipations, les imprudences du mari, ou même des malheurs imprévus font craindre à la femme que les biens de son époux ne soient insuffisants pour garantir, soit la part de fortune qu'elle a apportée, soit celle qu'elle a gagnée, soit celle qu'elle peut attendre, en un mot toutes ses reprises même éventuelles, la loi l'autorise à demander la séparation de biens. Les créanciers de la femme ne peuvent la demander pour sauvegarder leurs droits que dans les cas de *faillite* ou de *déconfiture* du mari.

La séparation de biens est une *conséquence* nécessaire de la *séparation de corps*.

II. PROCÉDURE. — Aucune demande en séparation de biens ne peut être formée sans une *autorisation préalable* donnée, sur requête, par le Président du Tribunal.

Le greffier inscrit sans délai, dans un *tableau* placé à cet effet *dans l'auditoire*, un extrait de la demande en séparation contenant: 1° la date de la demande; — 2° les noms, prénoms, profession et demeure des époux; — 3° les noms et demeure de l'Avoué constitué.

Pareil extrait est inséré dans les tableaux placés à cet effet dans l'*auditoire du Tribunal de commerce*, dans les *Chambres d'Avoués* de première instance et dans celles de *Notaires*, ainsi que dans l'un des *journaux* qui s'impriment au lieu où siège le Tribunal, et, s'il n'y en a pas, dans l'un de ceux du département. Ce n'est qu'*un mois après* l'observation de ces diverses formalités qu'il peut être *statué sur la demande*.

Jusqu'au jugement définitif, les *créanciers du mari* ont la faculté d'exiger de l'Avoué de la femme communication de la demande en séparation et des pièces justificatives, même d'intervenir pour la conservation de leurs droits.

Le *Jugement* de séparation est *lu publiquement*, l'audience tenante, au Tribunal de commerce du lieu, s'il y en a; *extrait* de ce jugement, contenant la date, la désignation du Tribunal où il a été rendu, les noms, prénoms, profession et demeure des époux, est inséré sur un *tableau* à ce destiné et *exposé* pendant *un an* dans l'*auditoire des Tribunaux de première instance* et *de commerce* du domicile du mari, même lorsqu'il n'est pas négociant, et s'il n'y a pas de Tribunal de commerce, dans la *principale salle de la Maison commune* du domicile du mari. *Pareil extrait* est inséré au tableau exposé en la *Chambre des Avoués* et *Notaires* s'il y en a. — La femme ne peut commencer l'exécution du jugement que du jour où ces formalités ont été remplies, sans que néanmoins il soit nécessaire d'attendre l'expiration du susdit délai d'un an.

III. Effets de la séparation de biens. — Le jugement qui prononce la séparation de biens *remonte*, quant à ses effets, au *jour de la demande*. En édictant cette disposition, le législateur a voulu que, dans l'intervalle de la demande au jugement, la femme ne fût pas condamnée à rester spectatrice impuissante du naufrage de sa fortune.

La femme qui a obtenu la séparation de biens doit contribuer, proportionnellement à ses facultés et à celles du mari, tant à la dépense du ménage qu'aux frais d'éducation des enfants communs. — Ces frais sont entièrement à sa charge s'il ne reste rien au mari.

La femme séparée de biens en reprend la *libre administration*. Elle peut disposer de son *mobilier* et l'aliéner. Quant à ses *immeubles*, elle ne peut les aliéner sans le consentement de son mari ou sans être autorisée en Justice, à son refus.

Le mari n'est point garant du défaut d'emploi ou de remploi du prix de l'immeuble que la femme séparée a aliéné sous l'autorisation de la Justice, à moins qu'il n'ait concouru au contrat, ou qu'il ne soit prouvé que les deniers ont été reçus par lui ou ont tourné à son profit. — Il est garant du défaut d'emploi ou de remploi si la vente a été faite en sa présence et de son consentement; il ne l'est point de l'utilité de cet emploi.

— La *communauté* dissoute par la séparation de biens *peut être rétablie* du consentement des deux parties, mais elle ne peut l'être que par un *acte passé devant Notaire*, dont une *expédition* est *affichée* dans la principale salle du *Tribunal de première instance;* et, de plus, si le mari est marchand, banquier ou commerçant, dans celle du *Tribunal de commerce* du lieu de son domicile.

La communauté rétablie reprend son effet du jour du mariage; les choses sont remises au même état que s'il n'y avait point eu de séparation, sans préjudice néanmoins de l'exécution des actes qui, dans cet intervalle, ont pu légalement être faits par la femme.

Toute convention par laquelle les époux rétabliraient leur communauté sous des conditions différentes de celles qui la réglaient antérieurement est nulle.

— La dissolution de communauté opérée par la séparation de biens ne donne pas ouverture aux droits de survie de la femme; mais celle-ci conserve la faculté de les exercer lors de la mort de son mari.

SÉPARATION DE CORPS. — (Cod. civ. art. 306-311 modifiés par la loi du 27 juillet 1884; 1441, 1449-1452; 1463; Cod. proc. civ. art. 875-880; Cod. com. art. 66.) — A la différence du *divorce* (voy. ce mot) qui dissout le mariage, la *séparation de corps* ne fait qu'en relâcher les liens en dispensant les époux de l'obligation de vivre en commun.

I. Motifs de séparation. — La loi en énumère trois : 1° l'*adultère;* — 2° les *sévices, excès* ou *injures graves.* — On entend par *sévices,* tous mauvais traitements; par *excès,* les actes de violence qui mettent en danger la personne de l'époux; par *injures graves,* les actions, paroles ou écrits outrageants qui portent atteinte à l'honneur de l'époux; — 3° la *condamnation à une peine infamante.*

II. Procédure. — L'époux qui demande la séparation fait présenter, par le ministère d'un Avoué, une *requête* au Président du Tribunal de son domicile. Celui-ci fixe un jour où les époux comparaitront devant lui sans assistance d'aucun Conseil. Lors de cette comparution, le Président essaye de *concilier* les époux; s'il n'y réussit point, il les renvoie devant le Tribunal pour être statué dans les formes ordinaires. Il autorise la femme à se retirer provisoirement dans telle maison dont les parties conviennent ou qu'il indique d'office, et à prendre les effets qui servent à son usage journalier. Il fait régler enfin par les époux la pension alimentaire que la femme recevra pendant le cours du procès. Durant l'instance, les enfants restent avec le mari, à moins que le Tribunal ne juge à propos d'en ordonner autrement.

La *reproduction des débats* sur les instances en séparation de corps est *interdite* sous peine d'une amende de 100 fr. à 2000 fr. (Loi 27 juillet 1884, art. 3.)

III. Effets de la séparation. — 1° Les époux ont un *domicile distinct* puisqu'ils sont dispensés de l'obligation de vivre en commun ; — 2° celui qui a obtenu la séparation a généralement la *garde des enfants;* — 3° la *femme reprend la jouissance et l'administration de ses biens.* Elle ne peut toutefois ni les *aliéner,* ni *plaider,* ni *accepter* une *donation* ou une *succession* sans l'*autorisation de son mari, ou de la Justice* si son mari lui refuse cette autorisation ; — 4° l'époux *contre lequel la séparation de corps a été prononcée perd tous les avantages* que son conjoint lui avait faits, soit par contrat de mariage, soit après le mariage contracté ; — 5° *le droit à pension n'existe pas pour la veuve* d'un fonctionnaire dans le cas de séparation de *corps* prononcée *sur la demande du mari.* (Loi 9 juin 1853 sur les pensions civiles, art. 14.) — Voy. PATERNITÉ ET FILIATION, 2.

— Lorsque la séparation de corps a duré *trois ans,* le jugement peut être converti en jugement de divorce sur la demande formée par l'un des époux.

Cette nouvelle demande est introduite par assignation, à 8 jours francs, en vertu d'une ordonnance rendue par le Président. — Elle est débattue en *Chambre du Conseil.*

L'ordonnance nomme un juge-rapporteur, ordonne la communication au ministère public et fixe le jour de la comparution.

Le jugement est rendu en *audience publique.*

IV. Cessation de la séparation de corps. — Elle s'opère de droit, sans qu'il soit besoin de jugement, par la *réconciliation* des époux ou par leur *réunion volontaire.* Mais, tandis que le consentement des époux, de quelque manière qu'il soit exprimé, expressément ou tacitement, verbalement ou par écrit, suffit pour faire cesser la séparation de corps, il faut, pour faire cesser la *séparation de biens* qui en avait été la conséquence, un consentement exprès, manifesté par acte devant notaire, et dont expédition doit être affichée dans la principale salle du Tribunal de première instance, et, de plus, si le mari est marchand, banquier ou commerçant, dans celle du Tribunal de commerce du lieu de son domicile.

SÉPARATION DE DETTES. (CLAUSE DE) — Voy. CONTRAT DE MARIAGE, I, § 2, 4°.

SÉPARATION DES PATRIMOINES. — (Cod. civ. art. 878-881; 2111.) C'est le droit que la loi accorde aux créanciers d'un défunt de demander que les biens et les dettes provenant de la succession ne se confondent pas avec les biens et les dettes de l'héritier, afin que les créanciers personnels de ce dernier ne puissent, venant en concurrence avec eux, se faire payer sur les biens de la succession. — Un exemple fera clairement ressortir l'utilité de la *séparation des patrimoines :* Pierre meurt en laissant 10 000 fr. de biens et 10 000 fr. de dettes; sa succession est dévolue à Paul qui a 10 000 fr. de biens et 20 000 fr. de dettes. Si les deux patrimoines restaient confondus, on se trouverait en présence de 20 000 fr. de biens pour payer 30 000 fr. de dettes, et les créanciers de Pierre (le défunt), qui seraient payés intégralement si leur débiteur vivait encore, ne recevraient qu'un simple dividende, les deux tiers de leur créance. — La séparation des patrimoines prévient l'injustice de ce résultat.

Le droit de demander la séparation des patrimoines *ne peut plus être exercé* quand il y a eu *novation* dans la créance contre le défunt, c'est-à-dire quand les créanciers de ce dernier ont accepté son héritier pour leur débiteur personnel. — Il *se prescrit*, relativement aux *meubles*, par le laps de 3 ans; à l'égard des *immeubles*, l'action peut être exercée tant qu'ils existent dans la main de l'héritier.

SÉPARATION DES POUVOIRS. — La *séparation des Pouvoirs* est l'un des principes du droit public moderne.

Tout Gouvernement porte en lui deux Pouvoirs distincts : le Pouvoir *législatif* et le Pouvoir *exécutif :* leur confusion ou leur bonne distribution font la différence entre les Gouvernements absolus et les Gouvernements libres. — Voy. POUVOIR EXÉCUTIF ; — POUVOIR JUDICIAIRE ; — POUVOIR LÉGISLATIF.

SEPTUAGÉNAIRE. — Individu âgé de 70 ans.

1. — A 70 ans, le *tuteur* peut se faire décharger de la tutelle. (Cod. civ. art. 133.) — Voy. TUTELLE, III, 3°.

2. — Les septuagénaires sont dispensés des fonctions de *jurés.* — (Loi 4 juin 1853. art. 5.) — Voy. JURY, 4.

3. — Sont dispensés du *service militaire*, en *temps de paix*, le fils unique ou l'aîné des fils, ou, à défaut de fils ou de gendre, le petit-fils unique ou l'aîné des petits-fils d'un père entré dans sa 70e année. (Loi 27 juillet 1872, art. 17.) — Voy. SERVICE MILITAIRE, tit. II, sect. II.

SÉPULTURE. — Voy. CIMETIÈRE.

SÉQUESTRATION. — (Cod. pén. art. 341-344.) — C'est le fait d'isoler une personne de toute communication extérieure.

La séquestration est un crime puni de peines plus ou moins graves suivant les circonstances qui l'ont accompagnée.

1. — Sont passibles des *travaux forcés à temps* ceux qui, sans ordre des Autorités constituées et hors le cas où la loi prescrit de saisir des prévenus, ont arrêté, détenu ou séquestré des personnes quelconques, et ceux qui ont prêté un local pour exécuter cette séquestration.

Si la séquestration a duré plus d'un mois, la peine est celle des *travaux forcés à perpétuité.*

Les coupables sont également passibles des *travaux forcés à perpétuité* si l'individu séquestré a été menacé de mort.

Il y a lieu à l'application de la

peine de *mort*, si la personne séquestrée a été soumise à des tortures corporelles.

2. — La peine est réduite à un *emprisonnement* de 2 à 5 ans, si les coupables, non encore poursuivis, ont rendu la liberté à la personne séquestrée avant le dixième jour accompli depuis la séquestration. Mais ils peuvent, en outre, être renvoyés sous la *surveillance de la haute police* depuis 5 ans jusqu'à 10 ans.

SÉQUESTRE. — (Cod. civ. art. 1916, 1955-1963.) — C'est le dépôt que deux ou plusieurs personnes font, volontairement, ou par ordre de Justice, d'une chose contentieuse, entre les mains d'un tiers qui se charge de la garder et de la remettre, après la contestation terminée, à qui de droit.

On appelle aussi *séquestre* la personne chargée de la chose séquestrée. — Voy. DÉPÔT, sect. II.

SERGENT DE VILLE. — Agent placé sous la direction des Commissaires de police, et dont les fonctions consistent à surveiller l'exécution des arrêtés de l'Autorité municipale.

Les sergents de ville sont *nommés*, à Paris par le Préfet de Police, et ailleurs par les Maires.

Ils n'ont *pas qualité* pour dresser par eux-mêmes *procès-verbal* des contraventions qu'ils constatent : ils ne peuvent qu'en faire leur *rapport* au Commissaire de police.

SERMENT. — (Cod. civ. art. 1357-1369; Cod. pén. art. 366.) — Acte à la fois civil et religieux, par lequel on prend Dieu à témoin de la vérité d'un fait ou d'un engagement.

1. — L'usage du serment remonte aux premiers âges du monde. Suivant les croyances religieuses de tous les peuples de l'antiquité, le parjure était l'un des plus grands crimes qui se pussent commettre ; on le regardait comme une sorte de défi porté à la puissance divine qui devait appeler sur la tête du coupable toutes les vengeances du ciel. Aussi le serment n'était-il employé que dans des circonstances rares et solennelles. Ce fut précisément lorsque la religion du serment commença à s'affaiblir que l'usage en devint plus fréquent, et il est vrai de dire qu'il fut prodigué d'autant plus que ce lien eut sur l'esprit des hommes moins de puissance et d'autorité.

2. — Il y a *plusieurs sortes* de serments : le serment *politique*, aboli en 1848, rétabli en 1852, aboli de nouveau en 1870, qui était exigé des fonctionnaires publics et des membres du Sénat et du Corps Législatif.

Un serment *professionnel* est imposé aux *employés des Postes* relativement au secret des lettres, aux *Avocats* en ce qui concerne le loyal exercice de leur ministère, aux *Notaires*, aux *Avoués*, etc.

Un autre genre de serment spécial est celui des *Experts*, des *Interprètes*, des *Jurés* (Cod. instr. crim. art. 312, 332; Cod. proc. civ. art. 42, 204, 305); des *Témoins en matière criminelle* (Cod. inst. crim. art. 75, 155, 317).

Il y a enfin le serment *judiciaire*, dont nous avons particulièrement à parler ici et qui est de deux espèces : le *serment décisoire* et le *serment supplétoire*.

3. — Le serment *décisoire* est celui qu'une partie défère à l'autre pour en faire dépendre le jugement de la contestation qui les divise. Il peut être déféré *sur quelque espèce de contestation que ce soit*, et c'est la seule ressource du créancier qui n'a pas de titre, dans le cas où la preuve testimoniale est inadmissible.

Celui qui refuse le serment ou qui n'offre pas à son adversaire de le prêter lui-même pour attester son droit est censé par là reconnaître l'injustice de sa prétention : *il perd son procès*.

La partie qui a demandé ou consenti que son adversaire prêtât serment n'est pas recevable à en prouver la fausseté. Mais, si le Ministère public venait à acquérir la certitude, notamment par la découverte de quelque pièce qu'on croyait perdue, qu'un *faux serment* a été prêté, le parjure serait passible d'un *empri-*

sonnement d'une année au moins et de 5 ans au plus, et d'une *amende* de 100 fr. à 3000 fr. Il pourrait, en outre, être *privé des droits* mentionnés en l'article 42 du Code pénal pendant 5 ans au moins et 10 ans au plus, à compter de l'expiration de sa peine, et être placé sous la *surveillance de la haute police* pendant le même nombre d'années.

4. — Le serment *supplétoire* est celui que le Juge a la faculté de déférer d'*office* à l'une des parties, pour suppléer à l'insuffisance de la preuve.

SERVICE MILITAIRE. — Une cruelle expérience a démontré la nécessité de réformer notre organisation militaire : tel a été le but de la loi du 27 juillet 1872, et d'autres lois et décrets qui ont ultérieurement réglé tout ce qui concerne la constitution de l'armée. Ces lois sont en ce moment (1887) l'objet d'une revision au sein du Parlement. En attendant, à cause de son extrême importance, nous reproduisons ci-après la législation en vigueur, dans ses dispositions les plus essentielles.

I

LOI ORGANIQUE DU 27 JUILLET 1872.

TITRE Ier — **DISPOSITIONS GÉNÉRALES.** — Art. 1er. — « *Tout Français* doit le *service militaire personnel.* »

Art. 2. — « Il n'y a dans les troupes françaises ni prime en argent, ni prix quelconque d'engagement. »

Art. 3. — « Tout Français qui n'est pas déclaré impropre à tout service militaire peut être appelé depuis l'âge de *vingt ans* jusqu'à celui de *quarante ans* à faire partie de l'armée active et des réserves, selon le mode déterminé par la loi. »

Art. 4. — « Le *remplacement* est *supprimé.*

Les dispenses de service, dans les conditions spécifiées par la loi, ne sont pas accordées à titre de libération définitive. »

Art. 5. — « Les hommes présents au corps ne prennent part à *aucun vote.* »

Art. 6. — « Tout corps organisé en armes est soumis aux lois militaires, fait partie de l'armée, et relève soit du Ministre de la guerre, soit du Ministre de la marine. »

Art. 7. — « Nul n'est admis dans les troupes françaises s'il n'est Français.

Sont *exclus* du service militaire, et ne peuvent à aucun titre servir dans l'armée :

1° Les individus qui ont été condamnés à une peine afflictive ou infamante; — 2° Ceux qui, ayant été condamnés à une peine correctionnelle de deux ans d'emprisonnement et au-dessus, ont en outre été placés par le jugement de condamnation sous la surveillance de la haute police et interdits, en tout ou en partie, des droits civiques, civils ou de famille. »

TITRE II. — **DES APPELS.** — SECT. I. — **DU RECENSEMENT ET DU TIRAGE AU SORT.** — Art. 8. — « Chaque année, les tableaux de recensement des jeunes gens ayant atteint l'âge de vingt ans révolus dans l'année précédente et domiciliés dans le canton, sont dressés par les Maires :

1° Sur la déclaration à laquelle sont tenus les jeunes gens, leurs parents ou leurs tuteurs; — 2° D'office, d'après les registres de l'état civil et tous autres documents et renseignements.

Ces tableaux mentionnent dans une colonne d'observations la profession de chacun des jeunes gens inscrits.

Ces tableaux sont publiés et affichés dans chaque Commune et dans les formes prescrites par les articles 63 et 64 du Code civil. La dernière publication doit avoir lieu au plus tard le 15 janvier.

Un avis publié dans les mêmes formes indique le lieu et le jour où il sera procédé à l'examen desdits tableaux et à la désignation, par le sort, du numéro assigné à chaque jeune homme inscrit. »

Art. 9. — « Les individus nés en France de parents étrangers et les individus nés à l'étranger de parents étrangers naturalisés Français, et mineurs au moment de la naturalisation de leurs parents, concourent dans les cantons où ils sont domiciliés, au tirage qui suit la déclaration faite par eux en vertu de l'article 9 du Code civil et de l'article 2 de la loi du 7 février 1851.

Les individus déclarés Français en vertu de l'article 1er de la loi du 7 février 1851 concourent également, dans le canton où ils sont domiciliés, au tirage qui suit l'année de leur majorité, s'ils n'ont pas réclamé leur qualité d'étranger conformément à ladite loi.

Les uns et les autres ne sont assujettis qu'aux obligations de service de la classe à laquelle ils appartiennent par leur âge. »

Art. 10. — « Sont considérés comme légalement domiciliés dans le canton :

1° Les jeunes gens même émancipés, engagés, établis au dehors, expatriés, absents ou en état d'emprisonnement, si d'ailleurs leurs père, mère et tuteur ont leur domicile dans une des Communes du canton, ou si leur père expatrié avait son domicile dans une desdites Communes; — 2° Les jeunes gens mariés dont le père, ou la mère à défaut de père, sont domiciliés dans le canton, à moins qu'ils ne justifient de leur domicile réel dans un autre canton; — 3° Les jeunes gens mariés et domiciliés dans le canton, alors même que leur père ou leur mère n'y seraient pas domiciliés; — 4° Les jeunes gens nés et résidant dans le canton, qui n'auraient ni leur père, ni leur mère, ni tuteur; — 5° Les jeunes gens résidant dans le canton, qui ne seraient dans aucun des cas précédents, et qui ne justifieraient pas de leur inscription dans un autre canton. »

Art. 11. — « Sont, d'après la notoriété publique, considérés comme ayant l'âge requis pour le tirage, les jeunes gens qui ne peuvent produire ou n'ont pas produit, avant le tirage, un extrait des registres de l'état civil constatant un âge différent, ou qui, à défaut de registres, ne peuvent prouver ou n'ont pas prouvé leur âge conformément à l'article 46 du Code civil. »

Art. 12. — « Si dans les tableaux de recensement, ou dans les tirages des années précédentes, des jeunes gens ont été omis, ils sont inscrits sur les tableaux de recensement de la classe qui est appelée après la découverte de l'omission, à moins qu'ils n'aient trente ans accomplis à l'époque de la clôture des tableaux.

Après cet âge, ils sont soumis aux obligations de la classe à laquelle ils appartiennent. »

Art. 13. — « Dans les cantons composés de plusieurs Communes, l'examen des tableaux de recensement et le tirage au sort ont lieu au chef-lieu de canton, en séance publique, devant le Sous-Préfet assisté des Maires du canton.

Dans les Communes qui forment un ou plusieurs cantons, le Sous-Préfet est assisté du Maire et de ses adjoints.

Dans les villes divisées en plusieurs arrondissements, le Préfet ou son délégué est assisté d'un Officier municipal de l'arrondissement.

Le tableau est lu à haute voix. Les jeunes gens, leurs parents ou ayants cause sont entendus dans leurs observations. Le Sous-Préfet statue après avoir pris l'avis des Maires. Le tableau rectifié, s'il y a lieu, et définitivement arrêté, est revêtu de leurs signatures.

Dans les cantons composés de plusieurs Communes, l'ordre dans lequel elles sont appelées pour le tirage est, chaque fois, indiqué par le sort. »

Art. 14. — « Le Sous-Préfet inscrit, en tête de la liste de tirage, le nom des jeunes gens qui se trouvent dans les cas prévus par l'article 60 de la présente loi.

Les premiers numéros leur sont attribués de droit. Ces numéros sont, en conséquence, extraits de l'urne avant l'opération du tirage. »

Art. 15. — « Avant de commencer l'opération du tirage, le Sous-Préfet compte publiquement les numéros et les dépose dans l'urne, après s'être assuré que leur nombre est égal à celui des jeunes gens appelés à y concourir; il en est fait la déclaration à haute voix.

Aussitôt, chacun des jeunes gens appelés dans l'ordre du tableau prend dans l'urne un numéro qui est immédiatement proclamé et inscrit. Les parents des absents ou, à leur défaut, le Maire de leur Commune tirent à leur place.

L'opération du tirage achevée est définitive. Elle ne peut, sous aucun prétexte, être recommencée, et chacun garde le numéro qu'il a tiré ou qu'on a tiré pour lui.

Les jeunes gens qui ne se trouveraient pas pourvus de numéros seront inscrits à la suite avec des numéros supplémentaires et tireront entre eux pour déterminer l'ordre suivant lequel ils seront inscrits.

La liste par ordre de numéros est dressée à mesure que les numéros sont tirés de l'urne. Il y est fait mention des cas et des motifs d'exemption et de dispenses que les jeunes gens ou leurs parents, ou les Maires des Communes se proposent de faire valoir devant le Conseil de revision mentionné en l'article 27.

Le Sous-Préfet y ajoute ses observations.

La liste du tirage est ensuite lue, arrêtée et signée de la même manière que le tableau de recensement, et annexée avec ledit tableau au procès-verbal des opérations. Elle est publiée et affichée dans chaque Commune du canton. »

Sect. II. — **DES EXEMPTIONS. — DES DISPENSES ET DES SURSIS D'APPEL.** — Art. 16. — « Sont *exemptés* du service militaire les jeunes gens que leurs infirmités rendent impropres à tout service actif ou auxiliaire dans l'armée. »

Art. 17. — « Sont *dispensés* du service d'activité *en temps de paix :*

1° L'aîné d'orphelins de père et de mère; — 2° Le fils unique ou l'aîné des fils, ou à défaut de fils ou de gendre, le petit-fils unique ou l'aîné des petits-fils d'une femme actuellement veuve ou d'une femme dont le mari a été légalement déclaré absent, ou d'un père aveugle ou entré dans sa soixante-dixième année. Dans les cas prévus par les deux paragraphes précédents, le frère puîné jouira de la dispense, si le frère aîné est aveugle ou atteint de toute autre infirmité incurable qui le rende impotent; — 3° Le plus âgé des deux frères appelés à faire partie du même tirage, si le plus jeune est reconnu propre au service; — 4° Celui dont un frère sera dans l'armée active; — 5° Celui dont un frère sera mort en activité de service ou aura été réformé ou admis à la retraite pour blessures reçues dans un service commandé ou pour infirmités contractées dans les armées de terre et de mer.

La dispense accordée conformément aux paragraphes 4 et 5 ci-dessus ne sera appliquée qu'à un seul frère pour un même cas, mais elle se répétera dans la même famille autant de fois que les mêmes droits s'y reproduiront.

Le jeune homme omis, qui ne s'est pas présenté par lui ou ses ayants cause au tirage de la classe à laquelle il appartient, ne peut réclamer le bénéfice des dispenses indiquées par le présent article, si les causes de ces dispenses ne sont survenues que postérieurement à la clôture des listes.

Ces causes de dispenses doivent, pour produire leur effet, exister *au jour où le Conseil de revision est appelé à statuer.*

Néanmoins, l'appelé ou l'engagé qui, postérieurement, soit à la décision du Conseil de revision, soit au 1er juillet, soit à son incorporation, devient l'aîné d'orphelins de père et de mère, le fils unique ou l'aîné des fils, ou, à défaut du fils et du gendre, le petit-fils unique ou l'aîné des petits-fils d'une femme veuve, d'une femme dont le mari a été légalement déclaré absent, ou d'un père aveugle, est, sur sa demande, et pour le temps qu'il a encore à servir, renvoyé dans ses foyers en disponibilité, à moins qu'en raison de sa présence sous les drapeaux il n'ait procuré la dispense de service à un frère puîné actuellement vivant.

Le bénéfice de la disposition du paragraphe précédent s'étend au militaire devenu fils aîné ou petit-fils aîné de septuagénaire, par suite du décès d'un frère.

Les dispenses énoncées au présent article ne sont applicables qu'aux *enfants légitimes.* »

Art. 18. — « Peuvent être ajournés deux années de suite à un nouvel examen les jeunes gens qui, au moment de la réunion du Conseil de revision, n'ont pas la *taille* de un mètre cinquante-quatre centimètres ou sont reconnus d'une complexion trop faible pour un service armé.

Les jeunes gens ajournés à un nouvel examen du Conseil de revision sont tenus, à moins d'une autorisation spéciale, de se représenter au Conseil de revision du canton devant lequel ils ont comparu.

Après l'examen définitif, ils sont classés, et ceux de ces jeunes gens reconnus propres soit au service armé, soit à un service auxiliaire, sont soumis, selon la catégorie dans laquelle ils sont placés, à toutes les obligations de la classe à laquelle ils appartiennent. »

Art. 19. — « Les élèves de l'Ecole polytechnique et les élèves de l'Ecole forestière sont considérés comme présents sous les drapeaux dans l'armée active pendant tout le temps par eux passé dans lesdites Ecoles.

Les lois d'organisation prévues par l'article 45 de la présente loi déterminent pour ceux de ces jeunes gens qui ont satisfait aux examens de sortie et ne sont pas placés dans les armées de terre ou de mer, les emplois auxquels ils peuvent être appelés, soit dans la disponibilité, soit dans la réserve de l'armée active, soit dans l'armée territoriale, ou dans les services auxiliaires.

Les élèves de l'Ecole polytechnique et de l'Ecole forestière qui ne satisfont pas aux examens de sortie de ces écoles suivent les conditions de la classe de recrutement à laquelle ils appartiennent par leur âge; le temps passé par eux à l'Ecole polytechnique ou à l'Ecole forestière est déduit des années de service déterminées par l'article 36 de la présente loi. »

Art. 20. — « Sont, *à titre conditionnel*, dispensés du service militaire :

1° Les membres de l'instruction publique, les élèves de l'Ecole normale supérieure de Paris, dont l'engagement de se vouer pendant dix ans à la carrière de l'enseignement aura été accepté par le Recteur de l'Académie, avant le tirage au sort, et s'ils réalisent cet engagement; — 2° Les professeurs des institutions nationales des sourds-muets et des institutions nationales des jeunes aveugles, aux mêmes conditions que les membres de l'instruction publique; — 3° Les artistes qui ont remporté les grands prix de l'Institut, à condition qu'ils passeront à l'Ecole de Rome les années réglementaires et rempliront toutes leurs obligations envers l'Etat; — 4° Les élèves pensionnaires de l'Ecole des langues orientales vivantes et les élèves de l'Ecole des chartes nommés après examen, à condition de passer dix ans tant dans lesdites écoles que dans un service public; — 5° Les membres et novices des associations religieuses vouées à l'enseignement et reconnues comme établissements d'utilité publique, et les directeurs, maîtres adjoints, élèves maîtres des écoles fondées ou entretenues par les associations laïques lorsqu'elles remplissent les mêmes conditions, pourvu toutefois que les uns et les autres, avant le tirage au sort, aient pris devant le Recteur de l'Académie l'engagement de se consacrer pendant dix ans à l'enseignement et s'ils réalisent cet engagement dans un des établissements de l'association religieuse ou laïque, à condition que cet établissement existe depuis plus de deux ans ou renferme trente élèves au moins; — 6° Les jeunes gens qui, sans être compris dans les paragraphes précédents, se trouvent dans les cas prévus par l'article 79 de la loi du 15 mars 1850 et par l'article 18 de la loi du 10 avril 1867, et ont, avant l'époque fixée pour le tirage, contracté devant le Recteur le même engagement et aux mêmes conditions. — L'engagement de se vouer pendant dix ans à l'enseignement peut être réalisé par les instituteurs et par les instituteurs adjoints mentionnés au présent paragraphe 6, tant dans les écoles publiques que dans les écoles libres désignées à cet effet par le Ministre de l'Instruction publique, après avis du Conseil départemental; — 7° Les élèves ecclésiastiques désignés à cet effet par les Archevêques et par les Evêques, et les jeunes gens autorisés à continuer leurs études pour se vouer au ministère dans les cultes salariés par l'Etat, sous la condition qu'ils seront assujettis au service militaire, s'ils cessent les études en vue desquelles ils auront été dispensés, ou si, à vingt-six ans, les premiers ne sont pas entrés dans les ordres majeurs, et les seconds n'ont pas reçu la consécration. »

Art. 21. — « Les jeunes gens liés au service dans les armées de terre ou de mer en vertu d'un brevet ou d'une commission, et qui cessent leur service; — Les jeunes marins portés sur les registres matricules de l'inscription maritime, conformément aux règles prescrites par les articles 1, 2, 3 et 5 de la loi du 25 octobre 1795 (3 brumaire an IV), qui se font rayer de l'inscription maritime; — Les jeunes gens désignés en l'article 20 ci-dessus, qui cessent d'être dans une des positions indiquées audit article avant d'avoir accompli les conditions qu'il leur impose, sont tenus :

2° D'en faire la déclaration au Maire de la Commune dans les deux mois, et de retirer expédition de leur déclaration ; — 2° D'accomplir dans l'armée active le service prescrit par la présente loi, et de faire ensuite partie des réserves selon la classe à laquelle ils appartiennent.

Faute par eux de faire la déclaration ci-dessus et la soumettre au visa du Préfet du département dans le délai d'un mois, ils sont passibles des peines portées par l'article 60 de la présente loi.

Ils sont rétablis dans la première classe appelée après la cessation de leurs services, fonctions ou études. Mais le temps écoulé depuis la cessation de leurs services, fonctions ou études, jusqu'au moment de la déclaration, ne compte pas dans les années de service exigées par la présente loi.

Toutefois est déduit du nombre d'années pendant lesquelles tout Français fait partie de l'armée active, le temps déjà passé au service de l'Etat par les marins inscrits et par les jeunes gens liés au service dans les armées de terre et de mer, en vertu d'un brevet ou d'une commission. »

Art. 22. — « Peuvent être *dispensés à titre provisoire* comme *soutiens* indispensables *de famille* et s'ils en remplissent effectivement les devoirs, les jeunes gens désignés par les Conseils municipaux de la Commune où ils sont domiciliés.

La liste est présentée au Conseil de revision par le Maire.

Ces dispenses peuvent être accordées par département jusqu'à concurrence de *quatre pour cent* du nombre des jeunes gens reconnus propres au service et compris dans la première partie des listes du recrutement cantonal.

Tous les ans, le Maire de chaque Commune fait connaître au Conseil de revision la situation des jeunes gens qui ont obtenu les dispenses à titre de soutiens de famille pendant les années précédentes. »

Art. 23. — « *En temps de paix*, il peut être accordé des *sursis d'appel* aux jeunes gens qui, avant le tirage au sort, en auront fait la demande.

A cet effet, ils doivent établir que, soit pour leur apprentissage, soit pour les besoins de l'exploitation agricole, industrielle ou commerciale, à laquelle ils se livrent pour leur compte ou pour celui de leurs parents, il est indispensable qu'ils ne soient pas enlevés immédiatement à leurs travaux.

Ce sursis d'appel ne confère ni exemption ni dispense.

Il n'est accordé que pour *un an,* et peut néanmoins être *renouvelé* pour *une seconde année.*

Le jeune homme qui a obtenu un sursis d'appel conserve le numéro qui lui est échu lors du tirage au sort, et, à l'expiration de son sursis, il est tenu de satisfaire à toutes les obligations que lui imposait la loi en raison de son numéro. »

Art. 24. — « Les demandes de sursis, adressées au Maire, sont instruites par lui; le Conseil municipal donne son avis. Elles sont remises au Conseil de revision et envoyées par duplicata au Sous-Préfet, qui les transmet au Préfet avec ses observations, et y joint tous les documents nécessaires.

Il peut être accordé, pour tout le département et par chaque classe, des sursis d'appel jusqu'à concurrence de 4 p. 100 du nombre de jeunes gens reconnus propres au service militaire dans ladite classe et compris dans la première partie des listes du recrutement cantonal. »

Art. 25. — « Les jeunes gens dispensés du service d'activité en temps de paix, aux termes de l'article 17 de la présente loi; les jeunes gens dispensés à titre de soutiens de famille; ainsi que les jeunes gens auxquels il est accordé des sursis d'appel, sont astreints, par un règlement du Ministre de la guerre, à certains *exercices.*

Quand les causes de dispenses viennent à cesser, ils sont soumis à toutes les obligations de la classe à laquelle ils appartiennent. »

Art. 26. — « Les jeunes gens dispensés du service de l'armée active, aux termes de l'article 17 ci-dessus, les jeunes gens dispensés à titre de soutiens de famille, ainsi que ceux qui ont obtenu des sursis d'appel, sont appelés, *en cas de guerre,* comme les hommes de leur classe.

L'Autorité militaire en dispose alors selon les besoins des différents services. »

SECT. III. — **DES CONSEILS DE REVISION ET DES LISTES DU RECRUTEMENT CANTONAL.** — Art. 27. — « Les opérations du recrutement sont revues, les réclamations auxquelles ces opérations peuvent donner lieu sont entendues, les causes d'exemption et de dispenses prévues par les articles 16, 17 et 20 de la présente loi, sont jugées en séance publique par un *Conseil de revision* composé :

Du Préfet, président ou, à son défaut, du Secrétaire Général ou du Conseiller de Préfecture délégué par le Préfet; — D'un Conseiller de Préfecture désigné par le Préfet; — D'un membre du Conseil général du département autre que le représentant élu dans le canton où la revision a lieu; — D'un membre du Conseil d'arrondissement également autre que le représentant élu dans le canton où la revision a lieu; — Tous deux désignés par la Commission permanente du Conseil général, conformément à l'article 82 de la loi du 10 août 1871; — D'un Officier général ou supérieur désigné par l'Autorité militaire.

Un membre de l'Intendance, le commandant du recrutement, un médecin militaire ou, à défaut, un médecin civil désigné par l'Autorité militaire assistent aux opérations du Conseil de revision. Le membre de l'Intendance est entendu dans l'intérêt de la loi toutes les fois qu'il le demande et peut faire consigner ses observations au registre des délibérations.

Le Conseil de revision se transporte dans les divers cantons. Toutefois, suivant les localités, le Préfet peut exceptionnellement réunir, dans le même lieu, plusieurs cantons pour les opérations du Conseil.

Le Sous-Préfet ou le fonctionnaire par lequel il aura été suppléé pour les opérations du tirage assiste aux séances que le Conseil de revision tient dans son arrondissement. Il a voix consultative.

Les Maires des Communes auxquelles appartiennent les jeunes gens appelés devant le Conseil de revision assistent aux séances et peuvent être entendus.

Si, par suite d'une absence, le Conseil de revision ne se compose que de quatre membres, il peut délibérer, mais la voix du Président n'est pas prépondérante. La décision ne peut être prise qu'à la majorité de trois voix; en cas de partage, elle est ajournée. »

Art. 28. — « Les jeunes gens portés sur les tableaux de recensement, ainsi que ceux des classes précédentes qui ont été ajournés, conformément à l'article 18 ci dessus, sont convoqués, examinés et entendus par le Conseil de revision. Ils peuvent alors faire connaître l'arme dans laquelle ils désirent être placés.

S'ils ne se rendent pas à la convocation, ou s'ils ne se font pas représenter, ou s'ils n'obtiennent pas un délai, il est procédé comme s'ils étaient présents.

Dans le cas d'exemption pour infirmités, le Conseil ne prononce qu'après avoir entendu le médecin qui assiste au Conseil.

Les cas de dispense sont jugés sur la production de documents authentiques et sur les certificats signés de trois pères de famille domiciliés dans le même canton, dont les fils sont soumis à l'appel ou ont été appelés. Ces certificats doivent, en outre, être signés et approuvés par le Maire de la Commune du réclamant.

La *substitution de numéros* peut avoir lieu entre frères, si celui qui se présente comme substituant est reconnu propre au service par le Conseil de revision. »

Art. 29. — « Lorsque les jeunes gens portés sur les tableaux de recensement ont fait des réclamations dont l'admission ou le rejet dépend de la décision à intervenir sur des questions judiciaires relatives à leur état ou à leurs droits civils, le Conseil de revision ajourne sa décision ou ne prend qu'une décision conditionnelle.

Les questions sont jugées contradictoirement avec le Préfet, à la requête de la partie la plus diligente. Les Tribunaux statuent sans délai, le Ministère public entendu. »

Art. 30. — « Hors les cas prévus par l'article précédent, les décisions du Conseil de revision sont *définitives*. Elles peuvent néanmoins être attaquées devant le Conseil d'Etat pour *incompétence* et *excès de pouvoirs*.

Elles peuvent aussi être attaquées pour *violation de la loi*, mais par le Ministre de la guerre seulement et dans l'intérêt de la loi. Toutefois, l'annulation profite aux parties lésées. »

Art. 31. — « Après que le Conseil de revision a statué sur les cas d'exemption et sur ceux de dispenses, ainsi que sur toutes les réclamations auxquelles les opérations peuvent donner lieu, la liste du recrutement cantonal est définitivement arrêtée et signée par le Conseil de revision.

Cette liste, divisée en cinq parties, comprend :

1° Par ordre de numéros de tirage, tous les jeunes gens déclarés propres au service militaire et qui ne doivent pas être classés dans les catégories suivantes; — 2° tous les jeunes gens dispensés en exécution de l'article 17 de la présente loi; — 3° tous les jeunes gens conditionnellement dispensés en vertu de l'article 20, ainsi que les jeunes gens liés au service en vertu d'un engagement volontaire, d'un brevet ou d'une commission et les jeunes marins inscrits; — 4° les jeunes gens qui, pour défaut de taille ou pour toute autre cause, ont été dispensés du service dans l'armée active, mais ont été reconnus aptes à faire partie d'un des services auxiliaires de l'armée; — 5° enfin, les jeunes gens qui ont été ajournés à un nouvel examen du Conseil de revision. »

Art. 32. — « Quand les listes du recrutement de tous les cantons du département ont été arrêtées conformément aux prescriptions de l'article précédent, le Conseil de revision, auquel sont adjoints deux autres membres du Conseil général également désignés par la Commission permanente, et réuni au chef-lieu du département, prononce sur les demandes de dispenses pour soutiens de famille, et sur les demandes de sursis d'appel. »

SECT. IV. — **DU REGISTRE MATRICULE.** — Art. 33. — « Il est tenu, par département ou par circonscriptions déterminées dans chaque département, en vertu d'un règlement d'administration publique, un *registre matricule*, dressé au moyen des listes mentionnées en l'article 31 ci-dessus, et sur lequel sont portés tous les jeunes gens qui n'ont pas été déclarés impropres à tout service militaire ou qui n'ont pas été ajournés à un nouvel examen au Conseil de revision.

Ce registre mentionne l'incorporation de chaque homme inscrit, ou la position dans laquelle il est laissé, et successivement tous les changements qui peuvent survenir dans sa situation, jusqu'à ce qu'il passe dans l'armée territoriale. »

Art. 34. — « Tout homme inscrit sur le registre matricule qui *change de domicile* est tenu d'en faire la déclaration à la Mairie de la Commune qu'il quitte et à la Mairie du lieu où il vient s'établir.

Le Maire de chacune des Communes transmet, dans les huit jours, copie de ladite déclaration au bureau du registre matricule de la circonscription dans laquelle se trouve la Commune. »

Art. 35. — « Tout homme inscrit sur le registre matricule qui entend se fixer en *pays étranger* est tenu, dans sa déclaration à la Mairie de la Commune où il réside, de faire connaître le lieu où il va établir son domicile et, dès qu'il y est arrivé, d'en prévenir l'agent consulaire de France. Le Maire de la Commune transmet, dans les huit jours, copie de ladite déclaration au bureau du registre matricule de la circonscription dans laquelle se trouve sa Commune.

L'agent consulaire, dans les huit jours de la déclaration, en envoie copie au Ministre de la guerre. »

TITRE III. — **DU SERVICE MILITAIRE.** — Art. 36. — « Tout Français qui n'est pas déclaré impropre à tout service militaire fait partie :

De l'*armée active* pendant *cinq* ans;

De la *réserve de l'armée active* pendant *quatre* ans;

De l'*armée territoriale* pendant *cinq* ans;

De la *réserve de l'armée territoriale* pendant *six* ans.

1° L'*armée active* est composée, indépendamment des hommes qui ne se recrutent pas par les appels, de tous les jeunes gens déclarés propres à un des services de l'armée et compris dans les cinq dernières classes appelées; — 2° la *réserve de l'armée active* est composée de tous les hommes également déclarés propres à un des services de l'armée et compris dans les quatre classes appelées immédiatement avant celles qui forment l'armée active; — 3° L'*armée territoriale* est composée de tous les hommes qui ont accompli le temps de service prescrit pour l'armée active et la réserve; — 4° la *réserve de l'armée territoriale* est composée des hommes qui ont accompli le temps de service pour cette armée.

L'armée territoriale et la deuxième réserve sont formées par régions déterminées par un règlement d'administration publique; elles comprennent pour chaque région les hommes ci-dessus désignés aux paragraphes

3° et 4°, et qui sont domiciliés dans la région. »

Art. 37. — « *L'armée de mer* est composée, indépendamment des hommes fournis par l'inscription maritime :

1° Des hommes qui auront été admis à s'engager volontairement ou à se rengager dans les conditions déterminées par un règlement d'administration publique; — 2° Des jeunes gens qui, au moment des opérations du Conseil de revision, auront demandé à entrer dans un des corps de la marine et auront été reconnus propres à ce service; — 3° Enfin et à défaut d'un nombre suffisant d'hommes compris dans les deux catégories précédentes, du contingent du recrutement affecté par décision du Ministre de la guerre à l'armée de mer.

Ce contingent fourni par chaque canton, dans la proportion fixée par ladite décision, est composé de jeunes gens compris dans la première partie de la liste du recrutement cantonal, et auxquels seront échus les premiers numéros sortis au tirage au sort.

Un règlement d'administration publique déterminera les conditions dans lesquelles pourront avoir lieu les permutations entre les jeunes gens affectés à l'armée de mer et ceux de la même classe affectés à l'armée de terre.

Pour les hommes qui ne proviennent pas de l'inscription maritime, le temps de service actif dans l'armée est de cinq ans, et de deux ans dans la réserve.

Ces hommes passent ensuite dans l'armée territoriale. »

Art. 38. — « La *durée du service* compte du 1er juillet de l'année du tirage au sort.

Chaque année, au 30 juin, en temps de paix, les militaires qui ont achevé le temps de service prescrit dans l'armée active, ceux qui ont accompli le temps de service prescrit dans la réserve de l'armée active, ceux qui ont terminé le temps de service prescrit pour l'armée territoriale, enfin ceux qui ont terminé le temps de service pour la réserve de cette armée, reçoivent un *certificat* constatant :

Pour les premiers, leur envoi dans la première réserve; — Pour les seconds, leur envoi dans l'armée territoriale; — Pour les troisièmes, leur envoi dans la deuxième réserve; — Et, à l'expiration du temps de service dans cette réserve, les hommes reçoivent un congé définitif.

En temps de guerre, ils reçoivent ces certificats immédiatement après l'arrivée au corps des hommes de la classe destinée à remplacer celle à laquelle ils appartiennent.

Cette dernière disposition est applicable, en tout temps, aux hommes appartenant aux équipages de la flotte en cours de campagne. »

Art. 39. — « Tous les jeunes gens de la classe appelée, qui ne sont pas exemptés pour cause d'infirmités, ou ne sont pas dispensés en application des dispositions de la présente loi, ou n'ont pas obtenu des sursis d'appel, ou ne sont pas affectés à l'armée de mer, font partie de l'armée active et sont mis à la disposition du Ministre de la guerre.

Ces jeunes soldats sont tous immatriculés dans les divers corps de l'armée et envoyés, soit dans lesdits corps, soit dans des bataillons et écoles d'instruction. »

Art. 40. — « *Après une année de service* des jeunes soldats, dans les conditions indiquées en l'article précédent, ne sont plus maintenus sous les drapeaux que les hommes dont le chiffre est fixé chaque année par le Ministre de la guerre.

Ils sont pris par ordre de numéro sur la première partie de la liste du recrutement de chaque canton et dans la proportion déterminée par la décision du Ministre : cette décision est rendue aussitôt après que toutes les opérations du recrutement sont terminées. »

Art. 41. — « Nonobstant les dispositions de l'article précédent, le militaire compris dans la catégorie de ceux ne devant pas rester sous les drapeaux, mais qui, après l'année de service mentionné audit article, *ne sait pas lire et écrire*, et ne satisfait pas aux *examens* déterminés par le Ministre de la guerre, peut être maintenu au corps pendant une seconde année.

Le militaire placé dans la même catégorie, qui, par l'instruction acquise antérieurement à son entrée au service, et par celle reçue sous les drapeaux, remplit toutes les conditions exigées, peut, *après six mois*, à des époques fixées par le Ministre de la guerre, et avant l'expiration de l'année, être envoyé *en disponibilité* dans ses foyers, conformément à l'article suivant. »

Art. 42. — « Les jeunes gens qui, après le temps de service prescrit par les articles 40 et 41, ne sont pas maintenus sous les drapeaux restent en disponibilité de l'armée active dans leurs foyers et à la disposition du Ministre de la guerre.

Ils sont, par un règlement du Ministre, soumis à des *revues* et à des *exercices*. »

Art. 43. — « Les hommes envoyés dans la réserve de l'armée active restent immatriculés d'après le mode prescrit par la loi d'organisation.

Le rappel de la réserve de l'armée active peut être fait d'une manière distincte et indépendante pour l'armée de terre et pour l'armée de mer; il peut également être fait par classe, en commençant par la moins ancienne.

Les hommes de la réserve de l'armée active sont assujettis, pendant le temps de service de ladite réserve, à prendre part à *deux manœuvres*.

La durée de chacune de ces manœuvres ne peut dépasser *quatre semaines*. »

Art. 44. — « Les hommes en *disponibilité de l'armée active* et les hommes de la *réserve* peuvent se *marier sans autorisation*.

Les hommes mariés restent soumis aux obligations de service imposées aux classes auxquelles ils appartiennent.

Toutefois, les hommes en disponibilité ou en réserve, qui sont pères de *quatre enfants* vivants, passent de droit dans l'*armée territoriale*. »

Art. 45. — « Des lois spéciales déterminent les bases de l'organisation de l'armée active et de l'armée territoriale, ainsi que des réserves. »

TITRE IV. — **DES ENGAGEMENTS. DES RENGAGEMENTS ET DES ENGAGEMENTS CONDITIONNELS D'UN AN.** — Sect. I. — **DES ENGAGEMENTS.** — Art. 46. — « Tout Français peut être autorisé à contracter un *engagement volontaire* aux conditions suivantes :

L'engagé volontaire doit :

1° S'il entre dans l'armée de mer, avoir seize ans accomplis, sans être tenu d'avoir la taille prescrite par la loi, mais sous la condition qu'à l'âge de dix-huit ans il ne pourra être reçu s'il n'a pas cette taille ; — 2° S'il entre dans l'armée de terre, avoir dix-huit ans accomplis et au moins la taille de 1 mètre 54 centimètres; — 3° Savoir lire et écrire; — 4° Jouir de ses droits civils; — 5° N'être ni marié, ni veuf avec enfants; — 6° Etre porteur d'un certificat de bonnes vie et mœurs délivré par le Maire de la Commune de son dernier domicile; et, s'il ne compte pas au moins une année de séjour dans cette Commune, il doit également produire un autre certificat du Maire des Communes où il a été domicilié dans le cours de cette année.

Le certificat doit contenir le signalement du jeune homme qui veut s'engager, mentionner la durée du temps pendant lequel il a été domicilié dans la Commune et attester :

Qu'il jouit de ses droits civils; qu'il n'a jamais été condamné à une peine correctionnelle pour vol, escroquerie, abus de confiance ou attentats aux mœurs.

Si l'engagé a moins de vingt ans, il doit justifier du consentement de ses père, mère ou tuteur.

Ce dernier doit être autorisé par une délibération du Conseil de famille.

Les conditions relatives, soit à l'aptitude militaire, soit à l'admissibilité dans les différents corps de l'armée, sont déterminées par un décret inséré au *Bulletin des lois.* »

— Voy. ci-après, page 771.

Art. 47. — « La *durée* de l'engagement volontaire est de *cinq ans.*

Les années de l'engagement volontaire comptent dans la durée du service militaire fixé par l'article 36 ci-dessus.

En cas de guerre, tout Français qui a accompli le temps de service prescrit pour l'armée active et la réserve de ladite armée est admis à contracter dans l'armée active un *engagement pour la durée de la guerre.*

Cet engagement ne donne pas lieu aux dispenses prévues par le paragraphe 4 de l'article 17 de la présente loi. »

Art. 48. — « Les hommes qui, après avoir satisfait aux conditions des articles 40 et 41 de la présente loi, vont être renvoyés en disponibilité, peuvent être admis à rester dans ladite armée de manière à compléter cinq années de service.

Les hommes renvoyés en disponibilité peuvent être autorisés à compléter cinq années de service sous les drapeaux. »

Art. 49. — « Les engagés volontaires, les hommes admis à rester dans l'armée active, ainsi que ceux qui, en disponibilité, ont été autorisés à compléter cinq années de service dans ladite armée, ne peuvent être envoyés en congé sans leur consentement. »

Art. 50. — « Les engagements volontaires sont contractés dans les formes prescrites par les articles 34, 35, 36, 37, 38, 39, 40, 42 et 44 du Code civil, devant les Maires des chefs-lieux de canton.

Les conditions relatives à la durée des engagements sont insérées dans l'acte même.

Les autres conditions sont lues aux contractants avant la signature, et mention en est faite à la fin de l'acte, le tout sous peine de nullité. »

SECT. II. — **DES RENGAGEMENTS.** — Art. 51. — « Des *rengagements* peuvent être reçus pour *deux ans* au moins et *cinq ans* au plus.

Ces rengagements ne peuvent être reçus que pendant le cours de la dernière année de service sous les drapeaux.

Ils sont *renouvelables* jusqu'à l'âge de 29 ans accomplis pour les caporaux et soldats, et jusqu'à l'âge de 35 ans accomplis pour les sous-officiers.

Les autres conditions sont déterminées par un règlement inséré au *Bulletin des lois.*

Les rengagements après cinq ans de service sous les drapeaux donnent droit à une *haute paye.* »

Art. 52. — « Les engagements prévus à l'article 48 de la présente loi et les rengagements sont contractés devant les Intendants ou Sous-Intendants militaires dans la forme prescrite dans l'article 50 ci-dessus, sur la preuve que le contractant peut rester ou être admis dans le corps pour lequel il se présente. »

SECT. III. — **DES ENGAGEMENTS CONDITIONNELS D'UN AN.** — Art. 53. — « Les jeunes gens qui ont obtenu des diplômes de bacheliers ès lettres, de bacheliers ès sciences, des diplômes de fin d'études ou des brevets de capacité institués par les articles 4 et 6 de la loi du 21 juin 1865; ceux qui font partie de l'École centrale des arts et manufactures, des Écoles nationales des arts et métiers, des Écoles nationales des beaux-arts, du Conservatoire de musique, les élèves des Écoles nationales vétérinaires et des Écoles nationales d'agriculture; les élèves externes de l'École des mines, de l'École des ponts et chaussées, de l'École du génie maritime et les élèves de l'École des mineurs de Saint-Étienne, sont admis avant le tirage au sort, lorsqu'ils présentent les certificats d'études émanés des Autorités désignées par un règlement inséré au *Bulletin des lois*, à contracter dans l'armée de terre des *engagements conditionnels d'un* *an*, selon le mode déterminé par ledit règlement. » — Voy. ci-après, page 769.

Art. 54. — « Indépendamment des jeunes gens indiqués en l'article précédent, sont admis, avant le tirage au sort, à contracter un semblable engagement, ceux qui satisfont à un des examens exigés par les différents programmes préparés par le Ministre de la guerre et approuvés par décrets rendus dans la forme des règlements d'administration publique. Ces décrets sont insérés au *Bulletin des lois*. — Voy. ci-après, page 768.

Le Ministre de la guerre fixe, chaque année, le nombre des engagements conditionnels d'un an spécifiés au présent article. Ce nombre est réparti par régions déterminées conformément à l'article 36 ci-dessus, et proportionnellement au nombre des jeunes gens inscrits sur les tableaux de recensement de l'année précédente.

Si, au moment où les jeunes gens mentionnés au précédent article et à l'article précédent se présentent pour contracter un engagement d'un an, ils ne sont pas reconnus propres au service, ils sont ajournés et ne peuvent être incorporés que lorsqu'ils remplissent toutes les conditions voulues. »

Art. 55. — « L'engagé volontaire d'un an est habillé, monté, équipé et entretenu *à ses frais*.

Toutefois, le Ministre de la guerre peut exempter de tout ou partie des obligations déterminées au paragraphe précédent les jeunes gens qui ont donné dans leur examen des preuves de capacité et justifient, dans les formes prescrites par le règlement, être dans l'impossibilité de subvenir aux frais résultant de ces obligations. »

Art. 56. — « L'engagé volontaire d'un an est incorporé et soumis à toutes les obligations de service imposées aux hommes présents sous les drapeaux.

Il est astreint aux examens prescrits par le Ministre de la guerre.

Si, après un an de service, l'engagé volontaire d'un an ne satisfait pas à ces examens, il est obligé de rester une seconde année au service, aux conditions déterminées dans le règlement prévu par l'article 53.

Si, après cette seconde année, l'engagé volontaire ne satisfait pas à ces examens, il est, par décision du Ministre de la guerre, déchu des avantages réservés aux volontaires d'un an, et il reste soumis aux mêmes obligations que celles imposées aux hommes de la première partie de la classe à laquelle il appartient par son engagement

Il en est de même pour le volontaire qui, pendant la première et la seconde année, a commis des fautes graves et répétées contre la discipline.

Dans tous les cas, le temps passé dans le volontariat compte en déduction de la durée du service prescrite par l'article 36 de la présente loi.

En temps de guerre, l'engagé volontaire d'un an est maintenu au service.

En cas de mobilisation, l'engagé volontaire d'un an marche avec la première partie de la classe à laquelle il appartient par son engagement. »

Art. 57. — « Dans l'année qui précède l'appel de leur classe, les jeunes gens mentionnés dans l'article 53 qui n'auraient pas terminé les études de la Faculté ou des Ecoles auxquelles ils appartiennent, mais qui voudraient les achever dans un laps de temps déterminé, peuvent, tout en contractant l'engagement d'un an, obtenir, de l'Autorité militaire, un *sursis* avant de se rendre au corps pour lequel ils se sont engagés. Le sursis peut leur être accordé jusqu'à l'âge de *vingt-quatre* ans accomplis. »

Art. 58. — « Après que les engagés volontaires d'un an ont satisfait à tous les examens exigés par l'article 56, ils peuvent obtenir des brevets de sous-officiers ou des commissions au moins équivalentes.

Les lois spéciales prévues par l'article 45 déterminent l'emploi de ces jeunes gens, soit dans l'armée active, soit dans la disponibilité, soit dans la réserve de l'armée active, soit dans l'armée territoriale, ou dans les différents services auxquels leurs études les ont plus spécialement destinés. »

TITRE V. — **DISPOSITIONS PÉNALES.** — Art. 59. — « Tout homme inscrit sur le registre matricule, qui *n'a pas fait les déclarations de changement de domicile* prescrites par les articles 34 et 35 de la présente loi, est déféré aux Tribunaux ordinaires et puni d'une amende de dix francs à deux cents francs; il peut en outre être condamné à un emprisonnement de quinze jours à trois mois.

En temps de guerre la peine est double. »

Art. 60. — « Toutes *fraudes* ou *manœuvres*, par suite desquelles un jeune homme a été *omis* sur les listes du tirage, sont déférées aux Tribunaux ordinaires et punies d'un emprisonnement d'un mois à un an.

Sont déférés aux mêmes Tribunaux et punis de la même peine : 1° Les jeunes gens appelés qui, par suite d'un concert frauduleux, se sont abstenus de comparaître devant le Conseil de revision; — 2° les jeunes gens qui, à l'aide de fraudes ou manœuvres, se sont fait exempter ou dispenser par un Conseil de revision, sans préjudice des peines plus graves en cas de faux.

Les auteurs ou complices sont punis des mêmes peines.

Si le jeune homme omis a été condamné comme auteur ou complice de fraudes ou manœuvres, les dispositions de l'article 14 lui sont appliquées lors du premier tirage qui a lieu après l'expiration de sa peine.

Le jeune homme *indûment exempté* ou *indûment dispensé* est rétabli en tête de la première partie de la classe appelée après qu'il a été reconnu que l'exemption ou la dispense avait été indûment accordée. »

Art. 61. — « Tout homme inscrit sur le registre matricule, au domicile duquel un ordre de route a été régulièrement notifié, et qui n'est pas arrivé à sa destination au jour fixé par cet ordre, est, après *un mois* de délai, et hors le cas de force majeure, puni, comme *insoumis*, d'un emprisonnement d'un mois à un an en temps de paix et de deux à cinq ans en temps de guerre. Dans ce dernier cas, à l'expiration de sa peine, il est envoyé dans une compagnie de discipline.

En temps de guerre, les noms des insoumis sont affichés dans toutes les Communes du canton de leur domicile; ils restent affichés pendant toute la durée de la guerre.

Ces dispositions sont applicables à tout engagé volontaire qui, sans motifs légitimes, n'est pas arrivé à sa destination dans le délai fixé par sa feuille de route.

En cas d'absence du domicile, et lorsque le lieu de la résidence est inconnu, l'ordre de route est notifié au Maire de la Commune dans laquelle l'appelé a concouru au tirage.

A l'égard des appelés, le *délai* d'un mois sera porté :

1° A *deux* mois, s'ils demeurent en Algérie, dans les îles voisines des contrées limitrophes de la France ou en Europe; — 2° A *six* mois, s'ils demeurent dans tout autre pays.

L'insoumis est jugé par le Conseil de guerre de la Division militaire dans laquelle il est arrêté.

Le temps pendant lequel l'engagé volontaire ou l'homme inscrit sur le registre matricule aura été insoumis ne compte pas dans les années de service exigées. »

Art. 62. — « Quiconque est reconnu coupable d'avoir *recélé* ou d'avoir *pris à son service* un insoumis est puni d'un emprisonnement qui ne peut excéder six mois. Selon les circonstances, la peine peut être réduite à une amende de 20 à 200 fr.

Quiconque est convaincu d'avoir *favorisé l'évasion* d'un insoumis est puni d'un emprisonnement d'un mois à un an.

La même peine est prononcée contre ceux qui, par des manœuvres coupables, ont *empêché* ou *retardé le départ* des jeunes soldats.

Si le délinquant est fonctionnaire public, employé du Gouvernement ou ministre d'un culte salarié par l'Etat, la peine peut être portée jusqu'à deux années d'emprisonnement, et il est en outre condamné à une amende qui ne pourra excéder deux mille francs. »

Art. 63. — « Tout homme qui est prévenu de *s'être rendu impropre au service militaire*, soit temporairement, soit d'une manière permanente, dans le but de se soustraire aux obligations imposées par la présente loi, est déféré aux Tribunaux, soit sur la demande des Conseils de revision, soit d'office, et, s'il est reconnu coupable, il est puni d'un emprisonnement d'un mois à un an.

Sont également déférés aux Tribunaux et punis de la même peine, les jeunes gens qui, dans l'intervalle de la clôture de la liste cantonale à leur mise en activité, se sont rendus coupables du même délit.

A l'expiration de leur peine, les uns et les autres sont mis à la disposition du Ministre de la guerre, pour tout le temps du service militaire qu'ils doivent à l'Etat, et peuvent être envoyés dans une compagnie de discipline.

La peine portée au présent article est prononcée contre les complices.

Si les complices sont des médecins, chirurgiens, officiers de santé ou pharmaciens, la durée de l'emprisonnement est de deux mois à deux ans, indépendamment d'une amende de deux cents francs à mille francs qui peut aussi être prononcée, et sans préjudice de peines plus graves dans les cas prévus par le Code pénal. »

Art. 64. — « Ne compte pas pour les années de service exigées par la présente loi le temps pendant lequel un militaire a subi la peine de l'emprisonnement en vertu d'un jugement. »

Art. 65. — « Tout fonctionnaire ou officier public, civil et militaire, qui, sous quelque prétexte que ce soit, a autorisé ou admis des exemptions, dispenses ou exclusions autres que celles déterminées par la présente loi, ou qui aura donné arbitrairement une extension quelconque soit à la durée, soit aux règles ou conditions des appels, des engagements ou des rengagements, sera coupable d'abus d'autorité et puni des peines portées dans l'article 185 du Code pénal, sans préjudice des peines plus graves prononcées par le Code dans les autres cas qu'il a prévus. »

Art. 66. — « Les médecins, chirurgiens ou officiers de santé qui, appelés au Conseil de revision à l'effet de donner leur avis conformément aux articles 16, 18, 28, ont reçu des *dons* ou agréé des *promesses* pour être favorables aux jeunes gens qu'ils doivent examiner, sont punis d'un emprisonnement de deux mois à deux ans.

Cette peine leur est appliquée, soit qu'au moment des dons ou promesses ils aient déjà été désignés pour assister au Conseil, soit que les dons ou promesses aient été agréés dans la prévoyance des fonctions qu'ils auraient à y remplir.

Il leur est défendu, sous la même peine, de rien recevoir, même pour une exemption ou réforme justement prononcée. »

Art. 67. — « Les peines prononcées par les articles 60, 62 et 63 sont applicables aux tentatives des délits prévus par ces articles.

Dans le cas prévu par l'article 66, ceux qui ont fait des dons ou promesses sont punis des peines portées par ledit article contre les médecins, chirurgiens ou officiers de santé. »

Art. 68. — « Dans tous les cas non prévus par les dispositions précédentes, les Tribunaux civils et militaires, dans les limites de leur compétence, appliqueront les lois pénales ordinaires aux délits auxquels pourra donner lieu l'exécution du mode de recrutement déterminé par la présente loi.

Dans tous les cas où la peine d'emprisonnement est prononcée par la présente loi, les Juges peuvent, suivant les circonstances, user de la faculté exprimée par l'article 463 du Code pénal. »

DISPOSITIONS PARTICULIÈRES. — Art. 69. — « Les jeunes gens appelés à faire partie de l'armée, en exécution de la présente loi, outre l'instruction nécessaire à leur service, reçoivent dans leur corps, et suivant leurs grades, l'instruction prescrite par un règlement du Ministre de la guerre. »

Art. 70. — « Les Ministres de la guerre et de la marine assureront par des règlements, aux militaires de toutes armes, le temps et la liberté nécessaires à l'accomplissement de leurs *devoirs religieux* les dimanches et autres jours de fête consacrés pour leurs cultes respectifs. Ces règlements seront insérés au *Bulletin des lois.* »

Art. 71. — « Tout homme ayant passé sous les drapeaux *douze ans* dont quatre au moins avec le grade de sous-officier reçoit des chefs de corps un certificat en vertu duquel il obtient, au fur et à mesure des vacances, un emploi civil ou militaire en rapport avec ses aptitudes ou son instruction.

Une loi spéciale désignera, dans chaque service public, la catégorie des emplois qui seront réservés en totalité, ou dans une proportion déterminée, aux candidats munis du certificat ci-dessus. »

Art. 72. — « Nul n'est admis avant l'âge de *trente ans* accomplis, à un emploi civil ou militaire s'il ne justifie avoir satisfait aux obligations imposées par la présente loi. »

II

RÈGLEMENTS DIVERS POUR L'EXÉCUTION DE LA LOI ORGANIQUE.

I. Engagements conditionnels d'un an.

1. — Épreuves a subir par les jeunes gens. — Le décret du 31 octobre 1872 est ainsi conçu :

Art. 1er. — « Les jeunes gens qui demandent à contracter un engagement conditionnel d'un an en vertu de l'article 54 de la loi du 27 juillet 1872 subissent 2 épreuves successives devant les examinateurs nommés par le Ministre de la guerre et choisis parmi des agriculteurs, industriels et commerçants ou des citoyens ayant exercé l'une de ces professions. »

Art. 2. — « La *première épreuve* consiste dans une dictée écrite en français. »

Art. 3. — « La *seconde épreuve* est un examen oral public. — Les candidats sont rangés à l'avance en 3 séries correspondant respectivement à l'agriculture, au commerce, à l'industrie. Chacune de ces séries passe devant un examinateur différent. — Cet examen se compose de deux parties : — La première roule sur les matières composant l'enseignement que le candidat a dû recevoir à l'école primaire. — La seconde partie porte spécialement sur les notions élémentaires pratiques relatives à l'exercice même de la profession du candidat, suivant les indications du programme ci-annexé. »

Art. 4. — Après l'achèvement des examens oraux, les examinateurs des 3 séries se réunissent sous la présidence du Général commandant le département ou d'un officier supérieur délégué par lui, auquel est adjoint un membre du Conseil général désigné par ce Conseil, ou, à son défaut, par la Commission permanente, et constituent ainsi une Commission qui arrête la liste générale des candidats admissibles. »

Programme des examens professionnels annexé au décret du 31 octobre 1872.

« Chaque candidat sera interrogé sommairement, selon sa profession et sa spécialité, d'après les indications générales qui suivent :

Agriculture.

« Natures diverses des terrains au point de vue de la culture. — Engrais et amendements. — Climats, saisons, leurs rapports avec la culture. — Moyens d'utiliser les eaux ou de s'en préserver. — Instruments et machines agricoles. — Méthodes et procédés de culture. — Conservation des récoltes. — Bestiaux et animaux domestiques. — Comptabilité agricole. — Débouchés des principaux produits agricoles de la région. »

Commerce.

« Marchandises qui font l'objet de la spécialité du candidat, leur provenance, leur emploi et leur prix de revient.

Comptabilité et tenue des livres. — Dénomination des livres de commerce. — Principales opérations de commerce ou de banque. — Formules usuelles du billet à ordre, de la lettre de change, du mandat, du chèque, etc. — Signification des principaux termes de commerce ou de banque. »

Industrie.

« Caractères et propriétés des matières premières ou matériaux. — Leur extraction, leur préparation, leur transformation ou leur emploi. — Moteurs, machines, instruments et outils dont le candidat fait habituellement usage. — Procédés au moyen desquels il obtient les produits de son industrie spéciale. — Nature de ces produits. »

II. Conditions générales a remplir.

Elles ont fait l'objet d'un décret du 1er décembre 1872 dont voici la teneur :

Art. 1er. — « Tout Français qui veut contracter un engagement conditionnel d'un an, pour servir dans l'armée de terre, doit : 1° Réunir les conditions indiquées par les §§ 2, 4, 5 et 6 de l'article 46 de la loi du 27 juillet 1872 ; — 2° Etre sain, robuste et bien constitué ; — 3° N'avoir pas encore concouru au tirage au sort ; — 4° N'être pas lié au service dans les armées de terre ou de mer ; — 5° Avoir, selon le corps où il servira, la taille fixée dans le tableau n° 1 joint au présent décret (1) et réunir les conditions d'aptitude énoncées dans le tableau ; — 6° Se trouver dans l'un des cas mentionnés par l'article 53 de la loi du 27 juillet 1872 ou avoir satisfait aux examens prévus par l'article 54 ; — 7° Avoir rempli les obligations résultant du premier alinéa de l'article 55. »

Art. 2. — « Les jeunes gens qui se trouvent dans l'un des cas mentionnés par l'article 53 de la loi en justifieront par la production de l'une des pièces indiquées ci-après :

Jeunes gens ayant obtenu des diplômes : de bachelier ès lettres, de bachelier ès sciences, de fin d'études (art. 4 de la loi du 21 juin 1865), ou des brevets de capacité (art. 6 de la loi du 21 juin 1865).	Certificat délivré par le Recteur de l'Académie constatant qu'ils ont obtenu l'un des diplômes ci-contre ou le brevet de capacité.
Jeunes gens faisant partie : des Ecoles centrales des arts et manufactures, Des Ecoles nationales des beaux-arts.	Certificat délivré par le Directeur de ces établissements, constatant qu'ils en font partie en indiquant la date de leur admission.
Jeunes gens des Ecoles nationales des arts et métiers.	Certificat délivré par le Directeur de l'Ecole, constatant qu'ils en font partie ou qu'ils ont obtenu à leur sortie le certificat réglementaire.

(1) Voyez ce tableau à la page 771.

Jeunes gens du Conservatoire de Musique et de ses succursales.	Certificat délivré par le Directeur de l'établissement, constatant qu'ils en font partie, ou, s'ils en sont sortis, qu'ils ont obtenu des récompenses.
Elèves : des Ecoles nationales vétérinaires, des Ecoles nationales d'agriculture, de l'Ecole des Mines de Saint-Etienne.	Certificat délivré par le Directeur de ces écoles, attestant leur présence comme élèves dans lesdites écoles.
Elèves externes : de l'Ecole supérieure des mines, de l'Ecole des Ponts et chaussées, de l'Ecole du génie maritime.	Certificat délivré par le Directeur de ces Ecoles, attestant qu'ils en sont élèves externes et qu'ils en suivent régulièrement les cours.

Art. 3. — « Les examens prescrits par l'article 54 de la loi du 27 juillet 1872 portent sur le programme approuvé par le règlement d'administration publique du 31 oct. 1872. »

Art. 4. — « Les jeunes gens *versent*, en exécution de l'article 55 de la loi du 27 juillet 1872, avant de contracter l'engagement conditionnel d'un an, une *somme* qui est fixée par le Ministre. — Les versements sont reçus : — Dans le département de la Seine, à la direction générale de la Caisse des dépôts et consignations ; dans les autres départements, chez les préposés de cette Caisse (Trésoriers-Payeurs généraux et Receveurs particuliers des finances. »

Art. 5. — « Ces versements donnent lieu, de la part des préposés de la Caisse des dépôts et consignations, à l'établissement : — 1° De récépissés; — 2° De déclarations de versement; — A la charge, par les parties versantes, de soumettre ces deux pièces, pour le département de la Seine, immédiatement au visa du contrôle placé près de la Caisse des dépôts et consignations, et pour les autres départements, dans les 24 heures de leur date, au visa du Préfet. — Les récépissés de versement des engagés conditionnels qui ont été définitivement incorporés sont adressés au Ministre de la guerre. »

Art. 6. — « Les sommes versées par les engagés ne sont plus remboursées dès que l'incorporation de ces engagés est devenue définitive. »

Art. 7. — « Les jeunes gens retenus sous les drapeaux en exécution du 3e alinéa de l'article 56 de la loi du 27 juillet 1872 ne sont pas tenus à un nouveau versement. »

Art. 8. — « Les Préfets prennent l'avis des Conseils municipaux sur les demandes que peuvent former les jeunes gens indiqués à l'article 54 de la loi du 27 juillet 1872 pour être exemptés de tout ou partie des obligations déterminées au 1er § de l'article 55. — Ils soumettent ces demandes à la Commission permanente du Conseil général instituée par la loi du 10 août 1871. »

Art. 9. — « Les engagements d'un an sont contractés au chef-lieu du département devant l'officier de l'état civil. La décision du Ministre qui fixe le nombre des engagés d'un an admis en vertu de l'article 54 de la loi du 27 juillet 1872 détermine, pour chaque département, les corps dans lesquels les engagés d'un an des diverses catégories seront reçus, et le nombre d'hommes qui pourront être dirigés sur chaque corps. »

. . . .

Art. 11. — « Avant la signature de l'acte, le Maire donne lecture à l'engagé : — 1° de l'article 1er du présent décret; — 2° des articles 7 et 56 de la loi du 27 juillet 1872; — 3° des articles 13 et 14 du décret du 30 novembre 1873 sur les engagements; — 4° du dernier paragraphe de l'article 3 du décret; —

5° de l'acte d'engagement. — Les certificats et autres pièces produites par l'engagé resteront annexés à la minute de l'acte. »

Art. 12. — « Les jeunes gens qui, par suite d'*inaptitude* au service militaire, n'ont pu, dans l'année qui précède le tirage au sort de leur classe, contracter l'engagement conditionnel d'un an, sont susceptibles, s'ils sont déclarés aptes au service par le Conseil de revision, d'être admis aux mêmes avantages que les engagés conditionnels d'un an. »

Art. 13. — « Les engagés conditionnels d'un an mentionnés à l'article 53 de la loi, qui ont obtenu l'autorisation de poursuivre les études de la Faculté ou des Ecoles auxquelles ils appartiennent, sont disponibles en cas de *guerre*. »

Art. 14. — « Les engagés conditionnels d'un an sont *mis en route* à la date fixée par le Ministre. — Le temps qu'ils doivent passer dans le service actif ne court qu'à partir de cette date. — Ceux qui ne se rendent pas à leurs corps dans les délais prescrits seront poursuivis pour insoumission et, en cas de condamnation, déchus des avantages réservés aux volontaires d'un an. »

Art. 15. — « Lorsque les engagés conditionnels d'un an ont accompli leur temps de service, ils sont envoyés en *disponibilité* dans leurs foyers. »

Art. 16. — « Les engagés conditionnels d'un an ne confèrent à leurs frères que la dispense prévue par le paragraphe numéroté 5° de l'article 17 de la loi du 27 juillet 1872. »

II
ENGAGEMENTS VOLONTAIRES ET RENGAGEMENTS

Un décret du 30 novembre 1872 contient à cet égard les dispositions suivantes :

TITRE 1er. — DES ENGAGEMENTS VOLONTAIRES.

Art. 1er. — « La durée de l'engagement volontaire est de *cinq ans*.

En cas de guerre, il peut être reçu des engagements pour la *durée de la guerre*.

Le temps de service de l'engagé compte du jour où il a souscrit son acte d'engagement. »

Art. 2. — « Tout Français qui demande à contracter un engagement volontaire de 5 ans pour servir dans l'armée de terre doit, indépendamment des conditions exigées par l'article 46 de la loi du 27 juillet 1872, réunir les conditions suivantes :

1° Etre sain, robuste et bien constitué ; — 2° Ne pas être âgé de plus de vingt-quatre ans accomplis ; — 3° Satisfaire, selon le corps où il veut servir, aux conditions de taille et d'aptitude fixées dans le tableau (1) joint au présent décret ;

(1) *Tableau indiquant la taille et les conditions spéciales d'aptitude à exiger des engagés conditionnels d'un an pour leur admission dans les différentes armes.*

ARMES	TAILLE MINIMA	CONDITIONS SPÉCIALES D'APTITUDE
Infanterie	$1^m,54$	
Cavalerie : Cuirassiers. — Dragons	$1^m,68$	Savoir bien monter à cheval (*).
— Chasseurs. — Hussards	$1^m,60$	Savoir bien monter à cheval (*).

(*) Les connaissances en équitation seront constatées par une commission composée d'officiers de troupes à cheval.

ARMES	TAILLE MINIMA	CONDITIONS SPÉCIALES D'APTITUDE
Artillerie : Batteries à pied....	1m,64	
— Batteries montées ou à cheval..	1m,64	Etre habitué à monter à cheval (*).
Train d'artillerie......	1m,64	Etre habitué à monter à cheval ou à soigner les chevaux ou à conduire les voitures (*).
Génie...............	1m,54	Satisfaire à l'une des conditions suivantes : être admis à l'engagement en vertu de l'article 53 de la loi du 27 juillet 1872, ou être dessinateur, ou avoir été soit ouvrier, soit contremaître dans des ateliers ou des chantiers de construction, ou avoir été employé soit dans le service de la télégraphie, soit dans le service des chemins de fer, au matériel, à la traction ou à la voie.
Equipages militaires...	1m,64	Etre habitué à monter à cheval ou à soigner les chevaux ou à conduire les voitures.

(*) Les connaissances en équitation seront constatées par une commission composée d'officiers de troupes à cheval.

— 4° N'être lié au service de terre ou de mer ni comme engagé volontaire ou rengagé, ni comme appelé, ni comme inscrit maritime. »

Art. 3. — « L'engagé désigne le corps dans lequel il veut servir. Néanmoins, il ne peut faire choix d'un corps en garnison dans le département où il réside, que s'il est accepté par le chef de corps. Il peut toujours être changé de corps et d'arme lorsque l'intérêt ou les besoins du service l'exigent. »

Art. 4. — « Le jeune homme qui demande à s'engager se présente devant le chef du corps dans lequel il désire prendre du service ou devant le commandant du dépôt de recrutement.

L'officier s'assure que l'homme qui se présente a la taille et les autres qualités requises pour le corps auquel il se destine, et fait constater en sa présence par un médecin militaire, ou, à défaut, par un docteur en médecine ou en chirurgie désigné par le sous-intendant militaire, que cet homme n'a aucune infirmité ni maladie apparente ou cachée et qu'il est d'une constitution saine et robuste. »

Art. 5. — « Muni du certificat qui constate son acceptation par l'autorité militaire, le contractant se présente, en France, devant le Maire d'un chef-lieu de canton, ou en Algérie, devant le Maire d'une des villes désignées ci-après :

Province d'*Alger:* Alger, Aumale, Blidah, Bouffarick, Cherchell, Dellys, Douéra, Koléah, Marengo, Médéah, Milianah, Orléansville, Tenez.

Province d'*Oran:* Aïn-Temouchen, Saint-Cloud, Saint-Denis-du-Sig, Mascara, Mostaganem, Nemours, Oran, Sidi-bel-Abbès, Tlemcen.

Province de *Constantine:* Batna, Bône, Bougie, Constantine, Djidjelli, Guelma, Jemmapes, la Calle, Philippeville, Sétif, Soukarras.

Il justifie de son âge par des pièces authentiques et produit le certificat de bonne vie et mœurs prescrit par l'article 46 de la loi du 27 juillet 1872, et, s'il y a lieu, le consentement de son père, de sa mère ou de son tuteur. »

Art. 6. — « Le Maire constate l'identité du contractant et lui fait déclarer devant les deux témoins exigés par l'article 37 du Code civil : 1° Qu'il n'est ni marié, ni veuf avec enfant ; — 2° Qu'il n'est lié au service de terre ou de mer, ni comme appelé, ni comme inscrit maritime. — Ladite déclaration est insérée dans l'acte d'engagement. »

Art. 7. — « A partir du 1er janvier 1875, la déclaration dont il est parlé à l'article précédent sera écrite et signée par le contractant, en présence du Maire et devant les deux témoins remplissant les conditions exigées par l'article 39 du Code civil. Elle restera annexée à la minute d'engagement. »

Art. 8. — « Si l'engagé a été déclaré impropre au service par le Conseil de revision, ou s'il a déjà servi, il doit produire le titre en vertu duquel il a été dégagé de ses obligations militaires ou renvoyé dans ses foyers. — Les inscrits maritimes présenteront un acte de déclassement signé par la Commission de l'inscription maritime de leur quartier. »

Art. 9. — « Les jeunes gens qui ont pris part au tirage au sort de leur classe ne sont reçus à s'engager que jusqu'à la *veille du jour* où le Conseil de revision examine les jeunes gens du canton auquel ils appartiennent. »

....

Art. 11. — « Avant la signature de l'acte, le Maire donne lecture à l'engagé : — 1° Des articles 7, 46, 47 et 50 de la loi du 27 juillet 1872 ; — 2° des articles 13 et 14 et de l'article 3 du présent décret ; — 3° de l'acte d'engagement. — Les certificats et autres pièces produites par l'engagé restent annexés à la minute de l'acte. »

Art. 12. — « Tout engagé volontaire reçoit, immédiatement après la signature de son acte d'engagement, une expédition de cet acte et un ordre de route pour se rendre à son corps. »

Art. 13. — « L'engagé se rend directement à son corps. Il est tenu de s'y présenter dans les délais fixés par son ordre de route. »

Art. 14. — « Si, un mois après le jour où l'engagé volontaire devait arriver au corps, il n'y a point paru, il est, à moins de motifs légitimes, poursuivi comme *insoumis*, conformément aux dispositions de l'article 61 de la loi, et puni d'un emprisonnement d'un mois à un an en temps de paix, et de 2 à 5 ans en temps de guerre. Dans ce dernier cas, à l'expiration de la peine, il est envoyé dans une compagnie de discipline. »

Art. 15. — « Tout engagé volontaire qui contesterait la légalité ou la régularité de l'acte qui le lie au service militaire adressera sa réclamation au Préfet du département où l'acte a été contracté. Les Préfets transmettront les demandes en annulation d'acte d'engagement volontaire au Ministre de la guerre, qui statuera, s'il y a lieu, ou renverra la contestation devant les tribunaux. »

Art. 16. — « L'engagé volontaire reconnu impropre au service militaire reçoit un congé de réforme. — Toutefois l'engagé volontaire réformé pour des motifs autres que pour blessures reçues dans un service commandé ou pour infirmités contractées dans les armées de terre ou de mer peut être ultérieurement appelé à faire partie de la classe à laquelle il appartient par son âge, si les motifs de la réforme ont cessé d'exister. Dans ce cas, il lui est tenu compte, sur la durée de son service légal, du temps qu'il a précédemment passé sous les drapeaux. »

Art. 17. — « Tout Français qui veut contracter dans l'armée active un engagement pour la durée de la *guerre* doit : 1° Etre libre de toute obligation dans l'armée active et dans la réserve de ladite armée; — 2° Etre sain, robuste et en état de faire un bon service; — 3° Avoir les qualités requises pour le corps où il veut servir; — 4° N'être pas dans l'un des cas d'exclusion du service militaire prévus par l'art. 7 de la loi du 27 juillet 1872; — 5° S'il a moins de 20 ans, justifier du consentement de ses père, mère ou tuteur... »

TITRE II. — ENGAGEMENT SPÉCIAL AUX MILITAIRES QUI PASSENT DE LA DISPONIBILITÉ A L'ARMÉE ACTIVE.

Art. 18. — « Les militaires envoyés en disponibilité et ceux qui doivent y être envoyés après avoir accompli le temps de service prévu soit par les articles 40 et 41, soit par l'article 56 de la loi du 27 juillet 1872, sont admis, sur leur demande, à compléter 5 années de service sous les drapeaux. »

Art. 19. — « L'engagement de compléter 5 années de service dans l'armée active est contracté devant un fonctionnaire de l'intendance militaire, dans les formes prescrites par l'article 50 de la loi... »

TITRE III. — DES RENGAGEMENTS.

Art. 20. — « Les rengagements sont contractés pour 2, 3, 4 ou 5 ans. — Les conditions d'âge sont réglées de manière que le caporal et le soldat ne soient pas maintenus dans le service actif au delà de 29 ans accomplis, et le sous-officier au delà de 35 ans accomplis. »

Art. 21. — « Le militaire qui fait partie de l'*armée active* doit, pour être reçu à se rengager, justifier : 1° Qu'il est dans sa dernière année de service actif; — 2° Qu'il réunit les qualités requises pour faire un bon service dans le corps où il veut servir; — 3° Qu'il a toujours tenu une bonne conduite pendant son séjour sous les drapeaux; — 4° Que le chef du corps dans lequel il veut servir consent à le recevoir. »

Art. 22. — « Le militaire qui fait partie de la *réserve de l'armée active* peut se rengager s'il se trouve dans les conditions d'âge prévues par l'article 20 du présent décret. — Il justifiera à cet effet : — 1° Qu'il réunit les qualités requises pour faire un bon service dans le corps qu'il a choisi; — 2° Qu'il a toujours tenu une bonne conduite pendant son séjour sous les drapeaux; — 3° S'il est absent de son corps depuis plus de 3 mois, qu'il a tenu une bonne conduite depuis son départ du corps; — 4° Que le chef du corps dans lequel il veut entrer consent à le recevoir. »

Art. 23. — « Les engagements sont reçus par les fonctionnaires de l'intendance militaire pour le corps désigné par le rengagé et dans les formes prescrites par l'article 30 de la loi du 27 juillet 1872. — L'acte de rengagement est conforme au modèle annexé au présent décret. »

Art. 24. — « Tout militaire, s'il n'est déjà présent au corps pour lequel il s'est rengagé, est immédiatement dirigé sur le corps dans lequel il veut servir. Le temps de service que le rengagé doit accomplir dans la réserve de l'armée active se confond avec la durée du rengagement. »

Art. 25. — « La haute paye du rengagement résultant des dispositions de l'article 51 de la loi n'est due qu'au rengagé comptant 5 années de service sous les drapeaux. — Elle ne peut être touchée que par le militaire entré dans la durée de son engagement. »

Art. 26. — « La *haute paye* journalière à laquelle ont droit les rengagés de toutes armes est réglée ainsi qu'il suit :

	INFANTERIE		CAVALERIE et autres armes spéciales	
	SOUS-OFFICIERS	BRIGADIERS, CAPORAUX et SOLDATS	SOUS-OFFICIERS	CAPORAUX et SOLDATS.
	fr. c.	fr. c.	fr. c.	fr. c.
Haute paye dite du 1er chevron. Militaires ayant plus de 5 ans de service et moins de 10.	0.10	0.08	0.15	0.12
Haute paye dite de 2 chevrons. Militaires ayant plus de 10 ans de service et moins de 15.	0.15	0.10	0.20	0.15
Haute paye dite de 3 chevrons. Militaires ayant plus de 15 ans de service.	0.20	»	0.25	»

III. Permutation entre jeunes gens des armées de terre et de mer. (Déc. 18 juin 1873.)

Un décret du 18 juin 1873 détermine ainsi qu'il suit les conditions dans lesquelles peuvent avoir lieu ces permutations :

Art. 1er. — « Les permutations entre les jeunes gens affectés à l'armée de mer et ceux de la même classe affectés à l'armée de terre qui, à raison de leurs numéros de tirage, doivent être maintenus sous les drapeaux au delà d'une année, ont lieu, *avant incorporation* et *sans accord préalable* entre les intéressés, en vertu de décisions prises par le Ministre de la guerre, d'accord avec le Ministre de la marine. »

Art. 2. — « Elles sont *limitées* aux jeunes gens de la classe affectés d'office à l'une ou à l'autre armée, à l'exclusion de ceux qui sont liés au service en vertu d'engagements volontaires, de devancements d'appel, ou qui ont demandé à faire partie du contingent de la marine lors des opérations des Conseils de revision. »

Art. 3. — « Le jeune soldat qui désire passer de l'armée de terre dans l'armée de mer, ou réciproquement, adresse, à cet effet, au commandant du dépôt de recrutement de son département, une *demande écrite* contenant l'indication du corps qu'il choisit. — Le commandant du dépôt transmet au Ministre de la guerre un état des demandes qu'il a reçues, accompagné, pour chacun des candidats à la permutation pour l'armée de mer, de l'indication de sa taille, de sa constitution physique et de sa profession. »

Art. 4. — « Ne peuvent, en aucun cas, être présentés pour entrer dans un corps de la marine, à titre de permutants, les jeunes soldats auxquels les *premiers numéros* ont été attribués d'office, préalablement au tirage, en exécution des articles 14 et 60 de la loi du 27 juillet 1872. »

Art. 5. — « En cas d'inégalité entre les nombres de demandes provenant de jeunes soldats respectivement affectés à l'armée de terre et à l'armée de mer, il est procédé, après avis préalable, publiquement et par voie de tirage au sort, à la désignation de ceux qui seront admis au bénéfice de la permutation. »

Art. 6. — « Après que la permutation demandée par un jeune soldat de l'armée de terre, pour passer dans un corps de l'armée de mer, a été autorisée, il ne peut, sans son consentement, être *changé de corps* pour passer des équipages de la flotte dans un des corps de troupe de la marine, ou réciproquement. »

Art. 7. — « Après l'incorporation, les changements de corps pour passer d'une armée dans l'autre peuvent, comme précédemment, être autorisés, après accord entre les Ministres de la guerre et de la marine. »

IV. Engagements et rengagements dans l'armée de mer. — (Déc. 18 juin 1873.)

Les conditions d'engagement et de rengagement dans l'armée de mer ont été ainsi déterminées par un décret en date du 18 juin 1873 :

Titre Ier. — Des engagements volontaires.

Art. 1er. — « Tout Français qui demande à contracter un engagement volontaire pour servir dans l'armée de mer doit, indépendamment des conditions énoncées en l'article 46 de la loi du 27 juillet 1872, réunir les conditions suivantes :

1° Etre sain, robuste et bien constitué ; — 2° Avoir atteint l'âge minimum et n'avoir pas dépassé l'âge maximum fixé par les tableaux nos 1 et 2 annexés au présent décret (1), suivant le corps au titre duquel l'engagement doit être contracté ; — 3° Satisfaire, selon le corps où il veut servir, aux conditions de taille

(1) *Tableau n° 1 faisant connaître les conditions d'âge, etc., d'après lesquelles les engagements peuvent être admis dans les équipages de la flotte et les infirmiers maritimes.*

DESIGNATION DES CORPS		SANS SERVICES A L'ÉTAT — Age minimum	SANS SERVICES A L'ÉTAT — Age maximum	AVEC SERVICES A L'ÉTAT — Age maximum	OBSERVATIONS
Équipages de la flotte.	Apprentis marins..	16 (*a*) 18	24	30 (*b*)	(*a*) Les engagements ne sont ouverts à l'âge de 16 ans que pour les jeunes gens provenant de l'école des mousses de Brest, à moins d'une décision spéciale et individuelle prise par le Ministre de la marine. (*b*) Le maximum de 30 ans n'est applicable qu'aux musiciens, mécaniciens et ouvriers chauffeurs, charpentiers, voiliers et calfats, qui réunissent au moins 5 ans de services antérieurs depuis l'âge de 16 ans. Les autres marins et les militaires qui réunissent 3 ans de services ne sont admis à s'engager de nouveau que jusqu'à l'âge de 24 ans. (*c*) Et au delà, si les services antérieurs sont suffisants pour leur permettre de compléter, à l'âge de 50 ans, le nombre d'années de services exigé pour avoir droit à la pens. de retr.
	Elèves et quartiers-maîtres mécaniciens....	18	25	30 (*b*)	
	Ouvriers mécaniciens....	18	25	30 (*b*)	
Infirmiers maritimes		18	30 (*c*)		

Tableau n° 2 faisant connaître les conditions d'âge d'après les-

quelles les engagements et rengagements peuvent être admis dans les différents corps de troupes de la marine.

DÉSIGNATION DES CORPS	ENGAGEMENTS		RENGAGEMENTS — Age maximum		OBSERVATIONS
	Age minimum	Age maximum	Brigadiers ou caporaux et soldats	Sous-officiers d'artillerie et d'infanterie	
Artillerie de la marine. Régiment et compagnies d'ouvriers.	18	24	27	33	(*a*) Et au delà, si les services antérieurs sont suffisants pour leur permettre de compléter, à l'âge de 50 ans, le nombre d'années de services exigé pour avoir droit à la pension de retraite.
Infanterie de la marine	18	24	26	33	
Armuriers de la marine	18	30 (*a*)	»	»	

fixées par le tableau n° 3 joint au présent décret (*) ; — 4° N'être lié au service de terre ou de mer, ni comme engagé volontaire ou rengagé, ni comme appelé ; — 5° Ne pas appartenir à l'inscription maritime.»

Art. 2. — « Le jeune homme qui demande à s'engager désigne le corps de l'armée de mer dans lequel il veut servir.

Les corps de l'armée de mer sont définis ainsi qu'il suit, sans distinction des spécialités professionnelles, de divisions, de régiments, de ports et de colonies, savoir :

Equipages de la flotte (apprentis

(*) *Tableau n° 3 indiquant la taille à exiger pour les engagements dans les différents corps de l'armée de mer (équipages, troupes, etc.).*

DÉSIGNATION DES CORPS		TAILLE MINIMUM	OBSERVATIONS
		m. c.	
Equipages de la flotte.	A partir de 16 ans	» (*a*)	(*a*) Les engagés volontaires provenant de l'école des mousses sont admis sans condition de taille.
	A partir de 18 ans	1.58 (*b*)	(*b*) Peuvent être admis avec le minimum de la taille de 1m,54 les hommes qui, se trouvant dans les limites d'âge spécifiées au tableau n° 1, justifient de leur aptitude pour l'une des spécialités des équipages de la flotte indiquées ci-après : mécaniciens, charpentiers, voiliers, calfats et musiciens.
	A partir de 20 ans	1.60	
Artillerie de la marine.	Régiment	1.67 (*c*)	(*c*) Sauf les dispenses de taille qu'en raison de l'instruction ou de l'utilité des professions, le Ministre de la marine peut autoriser jusqu'à la limite inférieure de 1m,54.
	Compagnies d'ouvriers	1.64 (*c*)	
Infanterie de la marine		1.54	
Armuriers de la marine		1.54	
Infirmiers maritimes		1.54	

marins et compagnies de mécaniciens); — Artillerie de la marine; — Infanterie de la marine; — Armuriers militaires de la marine; — Infirmiers maritimes.

L'engagé volontaire ne peut être *changé de corps* sans son consentement. Toutefois, s'il a été admis à s'engager, soit pour l'artillerie, soit pour l'infanterie de marine, il peut toujours, lorsque l'intérêt ou les besoins du service l'exigent, être versé de l'une dans l'autre de ces armes. »

Art. 3. — « Les engagements volontaires pour chacun des différents corps de l'armée de mer peuvent être ouverts ou suspendus par une décision du Ministre de la marine et des colonies, suivant les besoins du service. »

Art. 4. — « Tout individu qui demande à s'engager doit faire constater qu'il a les qualités requises pour le corps de l'armée de mer auquel il se destine. — S'il réside dans l'un des départements de la Manche, du Finistère, du Morbihan, de la Charente-Inférieure ou du Var, il ne peut faire choix d'un corps de l'armée de mer que s'il est accepté, sur les lieux, par le chef de ce corps; s'il réside dans tout autre département, il doit être accepté par l'officier qui commande le dépôt de recrutement. — Aux colonies, et seulement en ce qui concerne les corps de troupes de la marine, le certificat d'acceptation est délivré par l'officier le plus élevé en grade de l'arme pour laquelle l'homme désire s'engager en France. »

Art. 5. — « Après s'être assuré que les engagements sont ouverts dans l'armée de mer pour le corps où l'homme qui se présente désire entrer et que celui-ci remplit les conditions exigées par l'article 1er du présent décret, le chef du corps ou le commandant de recrutement fait constater en sa présence, par un médecin de la marine ou de l'armée, ou, à défaut, par un docteur en médecine ou en chirurgie, que cet homme n'a aucune infirmité ni maladie apparente ou cachée, et qu'il est d'une constitution saine et robuste. »

Art. 6. — « Muni du certificat qui constate son acceptation par l'autorité maritime ou militaire, le contractant se présente en France, devant le Maire du chef-lieu du canton; en Algérie devant le Maire de l'une des villes désignées ci-après :

Province d'*Alger :* Alger, Aumale, Blidah, Bouffarick, Cherchell, Dellys, Douéra, Coléah, Marengo, Médéah, Milianah, Orléansville, Tenez;

Province d'*Oran :* Aïn-Temouchen, Saint-Cloud, Saint-Denis-du-Sig, Mascara, Mostaganem, Nemours, Oran, Sidi-Bel-Abbès, Tlemcen;

Province de *Constantine :* Batna, Bône, Bougie, Constantine, Djidjelly, Guelma, Jemmapes, la Calle, Philippeville, Sétif, Soukarras.

Aucun acte d'engagement n'est reçu aux colonies. A son arrivée dans la métropole, le porteur du certificat spécial dont il est question à l'article 4, § 3, se présente devant le Maire du port de débarquement afin de contracter un engagement pour l'un des corps de troupes de l'armée de mer, dans les conditions spécifiées au présent décret.

Aucun engagement ne peut être reçu en Algérie pour le corps des équipages de la flotte sans une décision du Ministre de la marine.

Le contractant justifie de son âge par des pièces authentiques et produit le certificat de bonnes vie et mœurs prescrit par l'article 46 de la loi du 27 juillet 1872, et, s'il y a lieu, le consentement de son père, de sa mère ou de son tuteur. »

Art. 7. — « Le Maire constate l'identité et la nationalité du contractant, et lui fait déclarer en présence de 2 témoins remplissant les conditions exigées par l'article 37 du Code civil : 1° Qu'il n'est ni marié, ni veuf avec enfants; — 2° Qu'il n'est lié au service de terre ou de mer, ni comme engagé volontaire ou rengagé, ni comme appelé; — 3° Qu'il n'appartient pas à l'inscription maritime.

Ladite déclaration est insérée dans l'acte d'engagement. »

Art. 8. — « A partir du 1er janvier 1875, la déclaration dont il est parlé à l'article précédent sera écrite et signée par le contractant, en présence du Maire et devant les deux témoins remplissant les conditions exigées par l'article 37 du Code civil. Elle restera annexée à la minute de l'acte d'engagement. »

Art. 9. — « Si l'engagé a été déclaré impropre au service par le Conseil de revision, ou s'il a déjà servi, il doit produire le titre en vertu duquel il a été dégagé de ses obligations militaires ou renvoyé dans ses foyers. — S'il a appartenu à l'inscription maritime, il doit présenter un certificat de radiation des matricules signé par le Commissaire de l'inscription maritime de son quartier. »

Art. 10. — « Les jeunes gens qui ont pris part au tirage au sort de leur classe ne sont reçus à s'engager que jusqu'à la *veille du jour* où le Conseil de revision commence ses opérations dans le canton auquel ils appartiennent. »

Art. 11. — « La durée de l'engagement volontaire est de 5 *ans*. — En cas de *guerre* il peut être reçu des engagements pour la durée de la guerre, d'après décision du Ministre de la marine, et pour les corps de l'armée de mer désignés spécialement par cette décision. — Le temps de service de l'engagé compte du jour où il a souscrit son engagement. »

Art. 12. — « *Dans aucun cas*, il n'est reçu d'engagements conditionnels d'un an pour l'armée de *mer*. »

Art. 13. — « L'acte d'engagement volontaire est conforme au modèle joint au présent décret. »

Art. 14. — « Avant la signature de l'acte, le Maire donne lecture à l'engagé : 1° Des articles 7, 46, 47 et 50 de la loi du 27 juillet 1872 ; — 2° Des articles 11, 16, 17 et 18 du présent décret ; — 3° De l'acte d'engagement.— Les certificats et les autres pièces produites par l'engagé restent annexés à la minute de l'acte. »

Art. 15. — « Tout engagé volontaire reçoit, immédiatement après la signature de son acte d'engagement, une expédition de cet acte et un ordre de route pour se rendre à son corps. »

Art. 16. — « L'engagé se rend directement à son corps. Il est tenu de s'y présenter dans les délais fixés par son ordre de route. »

Art. 17. — « Si, *un mois* après le jour où l'engagé volontaire doit arriver au corps, il n'y a point paru, il est, à moins de motifs légitimes, poursuivi comme *insoumis* et puni d'un emprisonnement d'un mois à un an en temps de paix et de 2 à 5 ans en temps de guerre, conformément aux dispositions de l'art. 61 de la loi du 27 juillet 1872. — Dans ce dernier cas, à l'expiration de sa peine, il est dirigé sur un corps disciplinaire. »

Art. 18. — « Tout engagé volontaire qui, avant l'incorporation, conteste la légalité ou la régularité de l'acte qui le lie au service de l'armée de mer, adresse sa réclamation au Préfet du département dans le ressort duquel se trouve le canton où l'acte a été souscrit. Si l'engagé volontaire se trouve sous les drapeaux, sa réclamation est soumise à l'autorité maritime sous les ordres de laquelle il est placé. Les Préfets des départements et les autorités maritimes transmettront les demandes en annulation d'acte d'engagement au Ministre de la marine et des colonies, qui statue, s'il y a lieu, ou renvoie la contestation devant les tribunaux. »

Art. 19. — « L'engagé qui, pendant la durée de son service, est reconnu *impropre* à servir dans l'armée de mer, reçoit un congé de réforme. — Toutefois, l'engagé réformé par des motifs autres que pour blessures reçues dans un service commandé ou pour infirmités contractées dans les armées de terre ou de mer, peut être ultérieurement appelé à faire partie de la classe à laquelle il appartient par son âge, si les motifs de la réforme ont cessé d'exister. — Dans ce cas, il lui est tenu compte, sur la durée de son service légal, du temps qu'il a précédemment passé sous les drapeaux.»

Art. 20. — « Tout Français qui veut contracter un engagement pour la durée de la *guerre*, dans l'un des corps de l'armée de mer où ces engagements sont ouverts, doit: 1° Etre libre de toute obligation de servir dans l'armée active et dans la réserve de ladite armée; — 2° N'être pas porté définitivement sur les matricules de l'inscription maritime; — 3° Etre sain, robuste et en état de faire un bon service; — 4° Avoir les qualités requises pour le corps de l'armée de mer où il veut servir; — 5° N'être pas dans l'un des cas d'exclusion du service militaire prévus par l'article 7 de la loi du 27 juillet 1872; — 6° S'il a moins de 20 ans, justifier du consentement de ses père, mère ou tuteur... »

TITRE II. — DES RENGAGEMENTS.

Art. 21. — « Les rengagements sont contractés pour 3, 4 ou 5 *ans*. Toutefois, dans les corps de troupes de la marine, le rengagement pour 2 *ans* peut être autorisé en faveur des sous-officiers âgés de 33 ans et des brigadiers d'artillerie âgés de 27 ans. — Dans les équipages de la flotte ainsi que dans les corps des armuriers et des infirmiers, les rengagements sont reçus sans condition d'âge et de service, sous la réserve que la durée des rengagements ne maintiendra pas au service au delà de 55 ans les officiers mariniers, et au delà de 50 ans, s'ils peuvent réunir à cet âge 25 ans de services, les quartiers-maîtres et matelots, les armuriers et les infirmiers. — Dans les corps de troupes de la marine, les conditions d'âge sont réglées suivant le tableau n° 2 annexé au présent décret de manière que le caporal et le soldat ne soient pas maintenus dans le service actif au delà de 29 ans, et le sous-officier au delà de 35 ans accomplis. »

Art. 22. — « Tout marin et militaire en activité de service doit, pour être reçu à se rengager dans un des corps de l'armée de mer, justifier: 1° Qu'il est dans sa dernière année de service actif; — 2° Qu'il est sain et robuste et réunit les qualités requises pour faire un bon service; — 3° Qu'il a toujours tenu une bonne conduite pendant son séjour sous les drapeaux; — 4° Que le chef du corps dans lequel il désire servir consent à le recevoir. »

Art. 23. — « En outre, les militaires des corps de troupe et les quartiers-maîtres et marins en activité de service ne peuvent être autorisés à se rengager au titre des équipages de la flotte qu'après avoir été soumis à l'examen des Commissions spéciales instituées à cet effet dans chacun des ports militaires. — Le rengagement des officiers mariniers n'est pas soumis auxdites Commissions. »

Art. 24. — « Le temps de service de réserve dû par le marin ou le militaire qui se rengage dans sa dernière année d'activité sous les drapeaux se confond avec la durée du rengagement. »

Art. 25. — « Tout marin ou militaire de la réserve ou de la marine ne peut se rengager à moins d'une autorisation spéciale et individuelle du Ministre de la marine. — Celui qui demande à contracter un rengagement dans les équipages de la flotte doit, avant d'en recevoir l'autorisation, être soumis à l'examen d'une Commission spéciale, dans les conditions mentionnées à l'article 23. — Celui qui demande à contracter un rengagement dans un des corps de l'armée de mer autre que celui des équipages de la flotte doit produire: 1° Un certificat d'aptitude délivré soit par le chef de corps, si l'intéressé est présent dans un corps militaire, soit par le commandant du dépôt de recrutement, dans toute autre localité; ce certificat constate qu'il réunit les qualités requises pour faire un bon service dans le corps qu'il a choisi; — 2° Un certificat d'acceptation du chef du corps dans lequel il veut entrer; — 3° Le certificat de bonne conduite qu'il aura reçu au moment de son passage dans la réserve; — 4° Le certificat de bonnes vie et mœurs dont la production est exigée par l'article 46 de la loi du 27 juillet 1872, s'il est absent du corps depuis plus de 3 mois. »

Art. 26. — » Dans les cas prévus aux articles 22 et 25 du présent décret, le marin ou le militaire de la marine en activité ou en réserve se présente pour contracter un rengagement : 1° Dans les ports militaires, devant l'officier du commissariat chargé de la surveillance administrative du corps de la marine pour lequel il est autorisé à se rengager; — 2° Dans les départements, devant le sous-intendant militaire chargé du service du recrutement. — En cours de campagne et hors de France, les Commissaires d'escadre ainsi que les Commissaires et les Sous-Commissaires de divisions navales ont qualité pour recevoir les rengagements des officiers mariniers. »

Art. 27. — « Le marin ou militaire présent dans la réserve, qui a contracté un rengagement dans les conditions des articles 25 et 26, est immédiatement mis en route pour le corps dans lequel il a demandé à continuer son service. — Le marin ou militaire, également présent dans la réserve, qui a été admis à se rengager au titre des équipages de la flotte, après acceptation d'une des Commissions indiquées à l'article 23 ci-dessus, est immédiatement incorporé; son rengagement est reçu par le Commissaire aux armements du port où il a été examiné. »

....

Art. 29. — « La *haute paye* de rengagement n'est due qu'au rengagé comptant 5 années de service sous les drapeaux. — Elle ne peut être touchée que par le marin ou militaire entré dans la durée de son rengagement. »

Art. 30. — « Cette haute paye, qui se décompte par jour, est réglée ainsi qu'il suit :

	ÉQUIPAGES de la flotte		ARTILLERIE Armuriers et infirmiers		INFANTERIE de la marine	
	Officiers mariniers	Quartiers-maîtres et marins	Sous-officiers	Quartiers-maîtres, infirmiers et armuriers	Sous-officiers	Caporaux et soldats
	fr. c.	fr. c.	fr. c.	fr. c.	fr. c.	fr. c.
Haute paye dite du 1er chevron. Marins ou militaires ayant plus de 5 ans de services et moins de 10	0.20	0.12	0.15	Brigadiers et canonniers. 0.12	0.10	0.08
Haute paye dite de 2 chevrons. Marins ou militaires ayant plus de 10 ans de services et moins de 15	0.25	0.15	0.20	0.15	0.15	0.10
Haute paye dite de 3 chevrons. Marins ou militaires ayant plus de 15 ans de services	0.40	0.20	0.25	Armuriers et infirmiers. 0.20	0.20	»

— Voy. ARMÉE.

SERVITUDES. — (Cod. civ. art. 657-710; lois 29 avril 1845, 11 juillet 1847, 10 juin 1854.) — Les *servitudes* ou *services fonciers* sont des charges imposées sur un héritage pour l'usage, l'utilité ou l'agrément d'un héritage appartenant à un autre propriétaire. Elles dérivent de la *situation naturelle des lieux*, ou des *obligations imposées par la loi*, ou des *conventions entre les propriétaires*.

I. SERVITUDES DÉRIVANT DE LA SITUATION DES LIEUX. — 1. — Les *fonds inférieurs* sont assujettis, envers ceux qui sont plus élevés, à *recevoir les eaux* qui en *découlent naturellement* sans que la main de l'homme y ait contribué. — Le propriétaire inférieur ne peut point élever de digue qui empêche cet écoulement. De son côté, le propriétaire supérieur ne peut rien faire qui aggrave la servitude du fonds inférieur. — Voy. EAUX MÉNAGÈRES.

2. — En principe, celui qui a une *source* dans son fonds peut en user à sa volonté ; il a sur elle un pouvoir absolu ; cependant, le propriétaire de la source est obligé d'en laisser l'usage au voisin qui a acquis le droit de s'en servir par *titre* (vente, donation, testament) ou par *prescription*. La prescription, dans ce cas, ne s'acquiert que par une *jouissance non interrompue* pendant l'espace *de 30 années*, à compter du moment où le voisin a fait et terminé des *ouvrages apparents destinés à faciliter* la chute et le cours de l'eau dans sa propriété.

Le propriétaire d'une source ne peut en changer le cours, lorsque l'eau est *nécessaire aux habitants* d'une Commune, village ou hameau ; mais il a droit à une *indemnité* réglée par experts.

3. — Pour ce qui concerne les servitudes d'*irrigation* et d'*écoulement des eaux nuisibles*, voy. EAUX, sect. I, III, 1 et 2 ; — IRRIGATION ; — DRAINAGE.

4. — Est également considérée comme une servitude dérivant de la situation des lieux, l'obligation de faire le *bornage* des propriétés contiguës si le voisin le demande. — Voy. BORNAGE.

II. SERVITUDES ÉTABLIES PAR LA LOI. — Elles ont pour objet l'utilité publique ou communale, ou l'utilité des particuliers.

1. — Sont établies pour l'*utilité publique*, par exemple, 1° l'obligation de laisser un chemin le long des rivières navigables ou flottables, pour le service de la navigation (voy. CHEMINS DE HALLAGE) ; — 2° celle imposée aux propriétaires riverains des routes nationales et départementales, de planter des arbres le long de ces routes (voy. ARBRES, 9) ; — 3° la servitude d'alignement à laquelle sont soumises les propriétés qui bordent la voie publique (voy. ALIGNEMENT) ; — 4° les servitudes dont sont grevées les propriétés voisines des *places de guerre*. Il existe autour de ces places 3 *zones*. La *première* s'étend à 250 mètres : aucune construction, aucune plantation de haies vives, d'arbres ou d'arbustes ne peut y être élevée. La *seconde* est de 487 mètres : il est interdit de faire aucune construction en maçonnerie autour des places de première classe ; on peut seulement y élever des constructions en bois et en terre, à la charge de les démolir sans indemnité sur la première réquisition de l'Autorité militaire ; quant aux places de deuxième classe et aux postes militaires, il est permis, dans cette seconde zone, de faire toute espèce de constructions, mais à la charge de les démolir à la première réquisition. La *troisième* zone s'étend à 974 mètres pour les places et à 584 mètres pour les postes : il est défendu d'y faire aucun exhaussement de terrain, aucune fouille ou dépôt de matériaux, aucun chemin, sans la permission de l'Autorité militaire. — En cas d'infraction à ces dispositions, il y a lieu à l'application d'une *amende* et à la *destruction* des travaux. (Loi 10 juillet 1851, déc. 10 août 1853.) — Il

est interdit d'élever aucune construction autre que des murs de clôture, à une distance moindre de 25 mètres des *magasins à poudre* de l'Etat; la même distance doit être observée pour l'établissement de conduites de gaz, de clôtures en bois ou haies sèches, de dépôts de bois, fourrages ou matières combustibles, pour les plantations d'arbres de haute tige. Les usines et établissements pourvus de foyers sont prohibés à une distance moindre de 50 mètres. (Loi 26 juin 1854.)

2. — Parmi les servitudes que la loi a établies pour l'*utilité des particuliers*, nous citerons celles qui ont trait : 1° à la mitoyenneté (voy. FOSSÉ, 2 ; — HAIE, 1 et 3 ; — MUR) ; — 2° à la distance à observer pour les plantations (voy. PLANTATIONS, 4) ; — 3° aux vues sur la propriété du voisin (voy. JOUR) ; — 4° au droit de passage (voy. ENCLAVE).

III. SERVITUDES ÉTABLIES PAR LE FAIT DE L'HOMME. — Il est permis aux propriétaires d'établir sur leurs propriétés, ou en faveur de leurs propriétés, telles servitudes que bon leur semble, pourvu que ces servitudes n'aient rien de contraire à l'ordre public : l'usage et l'étendue en sont réglés par le titre constitutif, et, à défaut de titre, par les dispositions ci-après :

1. — Les servitudes sont *continues* ou *discontinues*, *apparentes* ou *non apparentes*. Cette distinction est fort importante, les servitudes *continues et apparentes* pouvant seules s'acquérir par *prescription* aussi bien que par *titre*, tandis que les autres ne s'acquièront jamais que par titre.

Les servitudes CONTINUES sont celles dont l'usage est ou peut être continuel sans avoir besoin du fait actuel de l'homme : telles sont les *conduites d'eau*, les *égouts*, les *vues*, et autres de cette espèce. — Les servitudes DISCONTINUES sont celles qui ont besoin du fait actuel de l'homme pour être exercées : tels sont les droits de *passage*, *puisage*, *pacage*, et autres semblables. — Les servitudes APPARENTES sont celles qui s'annoncent par des ouvrages extérieurs, tels qu'une *porte*, une *fenêtre*, un *aqueduc*. — Les servitudes NON APPARENTES sont celles qui n'ont pas de signe extérieur de leur existence, comme, par exemple, la *prohibition de bâtir* sur un fonds, ou la servitude de *ne bâtir qu'à une hauteur déterminée*.

— Une servitude peut être CONTINUE ET APPARENTE tout à la fois : telle est la servitude de *vue* ; — CONTINUE sans être apparente, comme la servitude de *ne pas bâtir* ; — APPARENTE sans être continue : par exemple, la servitude de *passage*, quand il existe une *porte* ou un *chemin* qui en révèle l'existence ; — DISCONTINUE ET NON APPARENTE tout à la fois, comme le droit de *passage*, quand *aucun signe* n'en révèle l'existence.

Les servitudes *continues non apparentes* et les *servitudes discontinues apparentes* ou *non apparentes* ne peuvent s'établir que par *titres*, comme nous l'avons déjà dit; la *possession même immémoriale* ne suffirait pas.

La « *destination du père de famille* » vaut titre à l'égard des servitudes continues et apparentes. Ainsi, le propriétaire d'une maison y a établi des jours sur un terrain qui lui appartenait également : s'il vend ce terrain ou sa maison, les choses demeureront dans l'état où il les a mises; le terrain restera, dans ses mains ou dans celles de l'acquéreur, soumis à la servitude de vue au profit de la maison.

Il n'y a destination du père de famille que lorsqu'il est *prouvé* que les fonds actuellement divisés ont appartenu au même propriétaire et que c'est par lui que les choses ont été mises dans l'état duquel résulte la servitude.

2. — L'établissement d'une servitude *implique la concession de tout ce qui est nécessaire pour en user*. Ainsi, la servitude de puiser

de l'eau à la fontaine d'autrui emporte nécessairement le droit de passage.

Celui auquel est due une servitude a le droit de faire, *même sur le fonds asservi*, tous les ouvrages qu'exigent l'exercice et la conservation de la servitude. Ces ouvrages sont à *ses frais*, sauf convention contraire; mais, dans le cas même où le propriétaire du fonds assujetti est chargé par le titre de faire à ses frais les travaux dont il s'agit, il peut s'affranchir de cette obligation en *abandonnant* le fonds assujetti au propriétaire du fonds dominant.

Si l'héritage pour lequel la servitude a été établie vient à être *divisé*, la servitude reste due pour chaque portion, sans néanmoins que la condition du fonds assujetti soit aggravée. Ainsi, par exemple, s'il s'agit d'un droit de passage, tous les copropriétaires seront obligés de l'exercer par le même endroit.

Le propriétaire du fonds débiteur de la servitude ne peut rien faire qui tende à diminuer l'usage de la servitude ou à le rendre plus incommode. Ainsi, il ne peut changer l'état des lieux, ni transporter l'exercice de la servitude dans un endroit différent de celui où elle a été primitivement assignée. Mais cependant, si cette assignation primitive était devenue plus onéreuse au propriétaire du fonds assujetti, ou si elle l'empêchait d'y faire des réparations avantageuses, il pourrait offrir au propriétaire de l'autre fonds un endroit aussi commode pour l'exercice de ses droits, et celui-ci ne pourrait pas le refuser.

De son côté, celui qui a un droit de servitude ne peut en user que suivant son titre, sans pouvoir faire, ni dans le fonds qui doit la servitude, ni dans le fonds à qui elle est due, de changement qui aggrave la condition du premier.

3. — Les servitudes *cessent* lorsque les choses se trouvent en tel état qu'on ne peut plus en user; par exemple, si le chemin où l'on avait le droit de passer vient à disparaître sous une inondation; si la source où l'on avait le droit de puiser de l'eau se tarit, etc.; — mais elles *revivent* si les choses sont rétablies de manière qu'on puisse en user; par exemple, si la rivière se retire du chemin qu'elle avait inondé; si l'eau revient à la source, etc.; à moins qu'il ne se soit écoulé 30 ans depuis le non-usage. Les servitudes s'éteignent, en effet, par le *non-usage pendant 30 ans*, qui commencent à courir, selon les diverses espèces de servitudes, ou du jour où l'on a cessé d'en jouir, lorsqu'il s'agit de servitudes discontinues (droit de *passage*, de *puisage*, *pacage*, etc.), ou du jour où il a été fait un acte contraire à la servitude, lorsqu'il s'agit de servitudes continues (*prohibition de bâtir*), etc.

SÉVICES. — Du latin *sævitia*, mauvais traitement.

1. — Les sévices sont une cause de *séparation de corps* ou de *divorce*. (Cod. civ. art. 231, 306.) — Voy. SÉPARATION DE CORPS.

2. — Les sévices sont mis au rang des faits qui constituent l'*ingratitude* et peuvent donner lieu, pour ce motif, à la révocation des donations entre vifs ou des testaments. (Cod. civ. art. 955, 1046.) — Voy. DONATION ENTRE VIFS, II; TESTAMENT, V, 3.

SEXAGÉNAIRE. — Individu âgé de 60 ans.

1. — Le droit à la *pension de retraite* pour les fonctionnaires et employés civils est acquis, par ancienneté, *à 60 ans d'âge*, et après 30 ans accomplis de services. (Loi 9 juin 1853, art. 5.) — Voy. PENSIONS, sect. I, I, 3.

2. — La peine des *travaux forcés* est remplacée par celle de la *réclusion* à l'égard des individus âgés de 60 ans. (Loi 30 mai 1854, art. 5.) — Voy. PEINES.

SIÈGE. (ÉTAT DE) — Voy. ÉTAT DE SIÈGE.

SIMPLE POLICE. — Voy. PEINES, 2; — TRIBUNAL DE SIMPLE POLICE.

SOCIÉTÉ. — Contrat formé entre deux ou plusieurs personnes pour se procurer un bénéfice appréciable en argent et se le partager. « L'importance en est considérable ; il joue un rôle principal dans les développements des intérêts civils et commerciaux. Il est un puissant auxiliaire pour l'industrie, le négoce, l'agriculture ; il favorise l'exploitation de toutes nos richesses territoriales et manufacturières, en formant une union féconde de la propriété mobilière et immobilière, des capitaux et du travail. » (M. Troplong, Commentaire des *Sociétés*, p. 8.)

— Les Sociétés se divisent en deux grandes classes : les sociétés *civiles* et les sociétés *commerciales*.

Les *sociétés commerciales* sont celles qui sont formées pour exercer un commerce ou pour faire des actes de commerce (voy. ACTE DE COMMERCE) : c'est leur but qui leur imprime le caractère commercial. Toutes les autres sociétés sont des *sociétés civiles*.

Cette distinction offre un grand intérêt, car les lois et usages du commerce ont dérogé en certains points aux principes de la société civile. Notre article sera donc divisé en deux sections : dans la première, il sera question des sociétés civiles, aujourd'hui fort rares ; la seconde aura pour objet les sociétés commerciales.

SECT. I. — **SOCIÉTÉS CIVILES.** (Cod. civ. art. 1832-1873.)

1. — La première règle applicable à toute espèce de sociétés, est que l'objet doit être *licite*. La loi ne saurait reconnaître évidemment une société formée pour exercer la contrebande, par exemple, pour voler, pour empêcher la concurrence dans les adjudications, etc.

2. — Il faut, en second lieu, que la société soit contractée « *pour l'intérêt commun des parties*. » Ainsi la clause qui accorderait à l'un des associés la totalité des bénéfices ou qui le dispenserait de toute contribution aux pertes serait nulle et entraînerait la nullité du contrat.

Chaque associé doit apporter une mise qui peut consister soit en argent, soit en autres biens, soit en industrie. Ce cercle, on le voit, est immense, puisqu'il comprend non seulement tout ce qui tombe dans le domaine de propriété, mais encore les facultés intelligentes de l'homme, son travail, une invention, une clientèle, etc.

3. — Conformément au principe général d'après lequel toute convention dont l'objet excède 150 fr. doit être prouvée par écrit, l'article 1834 du Code civil exige que la société soit constatée par écrit lorsque son objet est d'une valeur supérieure à cette somme. — Si l'écrit qui est dressé est sous seing privé, il doit être fait en autant d'originaux qu'il y a de parties ayant un intérêt distinct, et porter la mention de l'accomplissement de cette formalité. (Cod. civ. art. 1325.) — Voy. ACTE SOUS SEING PRIVÉ, 2.

4. — Les parties peuvent, à leur gré, élargir ou restreindre le cercle des opérations pour lesquelles elles s'associent. De là, la subdivision des sociétés en sociétés *universelles* et en sociétés *particulières*.

5. — Dans toutes les sociétés ou associations civiles qui admettent l'adjonction de nouveaux membres, les accroissements opérés par suite de clauses de *réversion*, au profit des membres restant, de la part de ceux qui cessent de faire partie de la société ou association, sont assujettis au *droit de mutation par décès*, si l'accroissement se réalise par le décès, ou aux *droits de donation*, s'il a lieu de toute autre manière, d'après la nature des biens existant au jour de l'accroissement, nonobstant toutes cessions antérieures faites entre vifs au profit d'un ou de plusieurs membres de la société ou de l'association. — La liquidation et le payement de ce droit ont lieu dans la forme, dans les délais et sous les peines établis par les lois en vigueur pour les

transmissions d'immeubles. (Loi 28 décembre 1880, art. 4.)

I. Sociétés universelles. — Elles se divisent elles-mêmes en sociétés de *tous biens présents* et en sociétés *universelles de gains*.

§ 1. *Sociétés de tous biens présents*. — On entend par société de tous biens présents celle par laquelle les parties mettent en commun tous les biens, meubles et immeubles, qu'elles possèdent actuellement, et les profits qu'elles en tireront. Elles peuvent aussi y comprendre toute autre espèce de gains, mais les biens qui adviendront par succession, donation ou legs, n'entrent dans cette société que pour la jouissance seulement : toute stipulation tendant à y faire entrer la propriété de ces biens est prohibée, parce que les parties auraient un moyen trop facile de faire indirectement les donations de biens à venir que la loi défend toutes les fois qu'elles ne sont pas faites en faveur du mariage ou entre époux. (Cod. civ. art. 943, 1082, 1093.)

§ 2. *Sociétés universelles de gains*. — Elles comprennent : 1° En *toute propriété* : les meubles dont les associés sont propriétaires au moment de la formation de la société, et les biens qu'ils acquièrent par leur industrie pendant la société ; — 2° En *jouissance* seulement : les immeubles dont ils sont propriétaires au moment de la formation de la société et les biens qu'ils acquièrent autrement que par leur industrie, par exemple, à titre de donation ou de succession.

En d'autres termes, tout est commun, sauf la nue propriété des immeubles présents et la nue propriété des biens acquis pendant la durée de la société autrement que par l'industrie des associés.

— La simple convention de *société universelle*, faite *sans autre explication*, n'emporte que la société universelle de *gains*.

— Nulle société universelle ne peut avoir lieu qu'entre personnes respectivement capables de se donner ou de recevoir l'une de l'autre et auxquelles il n'est point défendu de s'avantager au préjudice d'autres personnes.

II. Sociétés particulières. — Ce sont celles qui ne s'appliquent qu'à certaines choses déterminées, ou à leur usage, ou aux fruits à en percevoir. Telle serait la société formée par deux ou plusieurs personnes pour acheter en commun une propriété afin de partager les fruits qu'elle rapporte. Telle serait encore la société formée pour une entreprise désignée, ou pour l'exercice de quelque métier ou profession.

III. Engagements des associés entre eux. — 1. — La société *commence* à l'instant même du contrat s'il n'y est fait mention d'une autre époque.

A défaut de convention sur sa *durée*, elle est censée contractée pour toute la vie des associés, sauf pour chacun d'eux la faculté de la faire cesser en notifiant aux autres sa renonciation, ou s'il s'agit d'une affaire dont la durée soit limitée, pour le temps que doit durer cette affaire.

2. — Chaque associé est débiteur envers la société de tout ce qu'il a promis d'y apporter. — Lorsque cet apport consiste en un *corps certain*, l'associé est garant de l'éviction, de la même manière que le serait un vendeur envers son acheteur. En cas d'éviction, les autres associés pourraient donc ou demander la résolution du contrat avec dommages-intérêts, ou exiger une autre chose à la place de celle dont la société a été évincée.

— L'associé qui s'était engagé à apporter une *somme d'argent*, et qui ne l'a point fait, devient de plein droit et sans demande débiteur des intérêts de cette somme à compter du jour où elle devait être payée. — Il en est de même à l'égard des sommes qu'il a prises dans la caisse sociale, à compter du jour où il les en a tirées pour son profit particulier. — Le tout sans préjudice de plus amples dommages-intérêts, s'il y a lieu; par exemple, si la société s'est trouvée empêchée de faire une opération dont elle aurait retiré des bénéfices.

— Si l'apport consiste en *industrie*, l'associé doit compte à la société de tous les gains qu'il a faits par l'espèce d'industrie qui est l'objet de la société. Ainsi deux personnes s'associent pour le commerce des vins : chacune d'elles devra compte à la société de tous les bénéfices qu'elle aura faits dans ce commerce; mais, si l'un des associés réalise d'autres gains en achetant des bois, par exemple, ces gains lui resteront propres, car il les a tirés d'une industrie étrangère à celle qui fait l'objet de la société. Il est bien entendu, d'ailleurs, que la société aurait droit à indemnité si l'associé, occupé à d'autres travaux, avait négligé d'exercer l'industrie promise.

3. — Lorsque l'un des associés est, pour son compte particulier, créancier d'une somme exigible envers une personne qui se trouve aussi devoir à la société une somme également exigible, l'imputation de ce qu'il reçoit de ce débiteur doit se faire sur la créance de la société et sur la sienne dans la proportion des deux créances, quoiqu'il eût, par sa quittance, dirigé l'imputation intégrale sur sa quittance particulière; mais, s'il a exprimé dans sa quittance que l'imputation serait faite en entier sur la créance de la société, cette stipulation est exécutée. Exemple : Pierre doit 1200 francs à l'un des associés et 600 francs à la société; les deux dettes sont exigibles : — S'il paye 1200 francs à l'associé, ce dernier sera tenu d'en remettre 400 pour la créance de la société; il ne pourra en garder que les deux tiers, 800 francs, pour sa créance particulière.

L'associé qui a reçu sa part entière de la créance commune doit, si le débiteur devient par la suite insolvable, rapporter à la masse ce qu'il a reçu, bien qu'il ait spécialement donné quittance pour sa part. Soit 3 associés et une créance sociale de 9000 fr.; le débiteur, après avoir payé 3000 fr. à Paul, l'un des associés, qui a donné quittance pour sa part, devient insolvable : Paul devra rapporter 3000 fr. à la société, ou, si elle est dissoute, 1000 francs à chacun de ses associés.

4. — Chaque associé est tenu envers la société des dommages qu'il lui a causés par sa faute, sans pouvoir compenser avec ces dommages les profits que son industrie lui a procurés dans d'autres affaires. La raison est que ces profits n'appartiennent pas à l'associé; ils sont à la société qui dès lors ne lui doit rien; il n'y a donc aucune compensation possible.

5. — La société est obligée de rembourser à chaque associé les sommes qu'il a avancées pour elle, avec les intérêts depuis le jour de ces avances, et de l'indemniser des obligations qu'il a contractées de bonne foi dans l'intérêt commun, ainsi que des pertes qu'il a éprouvées par suite des risques inséparables de sa gestion.

6. — Lorsque l'acte de société ne détermine point la *part de chaque associé dans les bénéfices ou pertes*, la part de chacun est en proportion de sa mise dans les fonds de la société. A l'égard de celui qui n'a apporté que son industrie, sa part dans les bénéfices ou dans les pertes est réglée comme si sa mise eût été égale à celle de l'associé qui a le moins apporté.

Si les associés sont convenus de s'en rapporter à l'un d'eux ou à un tiers pour le règlement des parts, ce règlement ne peut être attaqué s'il n'est évidemment contraire à l'équité. Nulle réclamation n'est admise à ce sujet, s'il s'est écoulé plus de *trois mois* depuis que la partie qui se prétend lésée a eu connaissance du règlement, ou si ce règlement a reçu de sa part un commencement d'exécution.

La convention qui donnerait à l'un des associés la totalité des bénéfices est nulle. Il en est de même de le stipulation qui affranchirait de toute contribution aux pertes les sommes ou effets mis dans le fonds de la société par un ou plusieurs des associés.

7. — L'associé chargé de l'administration par une clause spéciale du contrat de société peut faire, nonobstant l'opposition des autres associés, tous les actes qui dépendent de son administration, pourvu que ce soit sans fraude. Ce pouvoir ne peut être révoqué sans cause légitime tant que la société dure; mais, s'il n'a été donné que par acte postérieur au contrat de société, il est révocable comme un simple mandat.

Lorsque plusieurs associés sont chargés d'administrer, sans que leurs fonctions soient déterminées, ou sans qu'il ait été exprimé que l'un ne pourrait agir sans l'autre, ils peuvent faire chacun séparément tous les actes de cette administration.

S'il a été stipulé que l'un des administrateurs ne pourra rien faire sans l'autre, un seul ne peut, sans une nouvelle convention, agir en l'absence de l'autre, lors même que celui-ci serait dans l'impossibilité actuelle de concourir aux actes de l'administration.

— A défaut de stipulations spéciales sur le mode d'administration, l'on suit les règles suivantes :

1° Les associés sont censés s'être donné réciproquement le pouvoir d'administrer l'un pour l'autre. Ce que chacun fait est valable, même pour la part de ses associés, sans qu'il ait pris leur consentement; sauf le droit qu'ont ces derniers, ou l'un d'eux, de s'opposer à l'opération avant qu'elle soit conclue ; — 2° Chaque associé peut se servir des choses appartenant à la société, pourvu qu'il les emploie à leur destination fixée par l'usage, et qu'il ne s'en serve pas contre l'intérêt de la société ou de manière à empêcher les associés d'en user selon leur droit ; — 3° Chaque associé a le droit d'obliger ses associés à faire avec lui les dépenses qui sont nécessaires pour la conservation des choses de la société ; — 4° L'un des associés ne peut faire d'innovation sur les immeubles dépendants de la société, même quand il les soutiendrait avantageuses à cette société, si les autres n'y consentent.

— L'associé qui n'est point administrateur ne peut ni aliéner ni engager les choses même mobilières qui dépendent de la société.

8. — Chaque associé peut, sans le consentement de ses associés, s'associer une *tierce personne* relativement à la part qu'il a dans la société : il ne peut pas, sans ce consentement, l'associer à la société, lors même qu'il en aurait l'administration, car la confiance personnelle est la base du contrat de société. — Le tiers qu'un associé se donne comme coassocié, relativement à sa part, s'appelle *croupier*, parce que, selon l'expression de M. Troplong, « il chevauche sur son partner et ne se distingue pas de lui. »

IV. Engagements des associés a l'égard des tiers. — A la différence de ce qui a lieu dans les sociétés commerciales, les associés ne sont pas tenus solidairement des dettes sociales, et l'un des associés ne peut obliger les autres, si ceux-ci ne lui en ont conféré le pouvoir.

Les associés sont tenus envers le créancier avec lequel ils ont contracté, chacun pour une somme et part égales, bien que la part de l'un d'eux dans la société soit moindre, si l'acte n'a pas spécialement restreint l'obligation de celui-ci sur le pied de cette dernière part.

La stipulation que l'obligation est contractée pour le compte de la société ne lie que l'associé contractant et non les autres, à moins que ceux-ci ne lui aient donné pouvoir, ou que la chose ait tourné au profit de la société.

V. Extinction de la société. — 1. — La société *prend fin :* 1° par l'expiration du temps pour lequel elle a été contractée, sauf prorogation au gré des parties; — 2° par l'extinction de la chose, ou la consommation de la négociation ; —

3° par la mort de quelqu'un des associés; — 4° par l'interdiction ou la déconfiture de l'un d'eux; — 5° par la volonté qu'un seul ou plusieurs expriment de n'être plus en société, lorsque la durée de la société n'a pas été limitée.

2. — Lorsque l'un des associés a promis de mettre en commun la propriété d'une chose, la perte survenue avant que la mise en soit effectuée opère la dissolution de la société par rapport à tous les associés. — La société est également dissoute dans tous les cas par la perte de la chose lorsque la jouissance seule avait été mise en commun, la propriété continuant d'appartenir à l'associé. — Mais la société n'est pas rompue par la perte de la chose dont la propriété avait déjà été apportée à la société.

3. — S'il a été stipulé qu'en cas de mort de l'un des associés, la société continuerait avec son héritier, ou seulement entre les associés survivants, ces dispositions seront suivies; au second cas, l'héritier du décédé n'a droit qu'au partage de la société, eu égard à la situation de cette société lors du décès, et ne participe aux droits ultérieurs qu'autant qu'ils sont une suite nécessaire de ce qui s'est fait avant la mort de l'associé auquel il succède.

4. — La dissolution de la société par la volonté de l'une des parties ne s'applique qu'aux sociétés dont la durée est illimitée, et s'opère par une renonciation notifiée à tous les associés, pourvu que cette renonciation soit de bonne foi et non faite à contre-temps.

La renonciation n'est *pas de bonne foi* lorsque l'associé renonce pour s'approprier à lui seul le profit que les associés s'étaient proposé de retirer en commun. Elle est faite à *contre-temps* lorsque les choses ne sont plus entières et qu'il importe à la société que sa dissolution soit différée.

5. — La dissolution des sociétés à terme ne peut être demandée par l'un des associés avant le terme convenu qu'autant qu'il y en a de justes motifs, comme lorsqu'un associé manque à ses engagements, ou qu'une infirmité habituelle le rend inhabile aux affaires de la société, ou autres cas semblables dont la légitimité et la gravité sont laissées à l'arbitrage des Juges.

6. — Les règles concernant le partage des successions, la forme de ce partage, et les obligations qui en résultent entre les cohéritiers, s'appliquent aux *partages* entre associés. — Voy. SUCCESSIONS, IV.

SECT. II. — **SOCIÉTÉS COMMERCIALES.** — (Cod. com. art. 18-41; 47-64; loi 24 juillet 1867.) — Les sociétés commerciales sont régies par les dispositions du Code de commerce (art. 18-64) que des lois postérieures ont modifiées, et par la convention des parties; sur tous les points non prévus par la convention ou par la loi commerciale, on suit les principes généraux du droit civil.

Les règles concernant les formes du contrat, le mode d'administration, l'étendue des obligations des associés, varient selon la nature de la société qui peut être ou une société de personnes, ou une association de capitaux, ou combiner ces deux éléments, c'est-à-dire être à la fois une société de personnes et une association de capitaux. — Nous allons passer en revue ces différentes espèces de sociétés, auxquelles il faut ajouter les sociétés dites *à capital variable*, dont le caractère distinctif est que leur capital peut s'augmenter par des versements successifs ou l'admission d'associés nouveaux, et diminuer par la retraite de quelques-uns des associés ou la reprise d'une partie de l'apport. Nous parlerons enfin de l'*association commerciale en participation* qui n'a pas pour objet, comme les autres sociétés, l'exercice d'un commerce régulier ou d'une entreprise continue, mais qui se propose seulement une opération ou une série d'opérations déterminées, et qui, dépourvue de siège, de nom, de publicité, reste secrète entre le gérant et l'associé participant.

I. Sociétés en nom collectif. — La société *en nom collectif* est celle que contractent deux ou plusieurs personnes, et qui a pour objet de faire le commerce sous une *raison sociale*. Les noms des associés peuvent seuls faire partie de la raison sociale, qui comprend, soit le nom de tous : *Armagnac et David*, soit le nom d'un ou de quelques-uns d'entre eux, suivi de ces mots : *Et Compagnie* ou *Et Cie : Durand, Richard et Cie*.

1. — Tous les associés en nom collectif sont *personnellement* et *solidairement* responsables des engagements contractés par la société ; — *personnellement*, c'est-à-dire qu'ils peuvent être poursuivis par les créanciers, non seulement sur ce qu'ils ont mis dans la société, mais même sur leur patrimoine particulier ; — *solidairement*, c'est-à-dire que les créanciers ont le droit d'exiger de chaque associé la totalité de leurs créances, sauf recours de l'associé qui a payé le tout contre ses coassociés pour leur part et portion.

2. — La société en nom collectif est *constatée* par un *acte* notarié ou sous seing privé. Pour ce qui concerne le *mode de publicité* à donner à cet acte, voy. ci-après VI.

II. Sociétés en commandite simple. — La société en commandite est celle qui se forme entre un ou plusieurs associés, personnellement et solidairement responsables, comme dans la société en nom collectif, et un ou plusieurs bailleurs de fonds qui ne sont engagés que jusqu'à concurrence de leur mise. Cette combinaison ingénieuse permet d'associer aux entreprises commerciales les capitaux de ceux qui ne veulent pas en partager indéfiniment les chances. — On appelle *commanditaires* les associés qui apportent leurs fonds sans se soumettre à aucune responsabilité personnelle ; les autres sont nommés *commandités* ou *associés en nom*. — Lorsque le capital de la société en commandite est divisé en parts d'intérêts (le tiers, le quart, un dixième, etc.), qui ne peuvent se négocier, le commanditaire se trouvant lié au sort de la société jusqu'à sa dissolution, la société est dite *en commandite simple*. Si le capital est divisé en actions pouvant être cédées et négociées, la société est dite *en commandite par actions*, et comme ce genre de sociétés a pris de nos jours un développement considérable, pour prévenir le retour de fraudes et d'abus révélés par l'expérience, le législateur a cru devoir soumettre la commandite par actions à des règles particulières. Il ne sera question dans ce paragraphe que de la *société en commandite simple*.

1. — Les bailleurs de fonds, ou commanditaires, ne peuvent faire aucun acte de gestion, ni être employés pour les affaires de la société, même en vertu de procuration. En cas de contravention à cette prohibition, le commanditaire perdrait sa position privilégiée et se trouverait solidairement obligé avec les associés en nom pour les dettes et engagements de la société.

2. — La société en commandite simple *se constate*, comme la société en nom collectif, par un acte notarié ou sous seing privé ; les conditions de *publicité* sont les mêmes. — Voy. ci-après, VI.

III. Sociétés en commandite par actions. — Nous avons déjà défini cette variété de la société en commandite : nous pouvons conséquemment nous borner à indiquer les dispositions édictées dans l'intérêt des actionnaires et des tiers :

1. — Les sociétés en commandite *ne peuvent diviser leur capital* en actions ou coupons d'actions de *moins de* 100 *francs*, lorsque ce capital n'excède pas 200 000 francs, et de *moins de* 500 fr. lorsqu'il est supérieur.

Elles ne peuvent être *définitivement constituées* qu'après la *souscription de la totalité* du capital social et le *versement*, par chaque actionnaire, *du quart au moins* du montant des actions par lui souscrites.

Cette souscription et ces versements sont *constatés* par une déclaration du gérant dans un acte notarié.

A cette déclaration sont annexés la *liste des souscripteurs;* l'*état des versements* effectués; l'un des doubles de l'*acte de société*, s'il est sous seing privé, et une expédition s'il est notarié et s'il a été passé devant un notaire autre que celui qui a reçu la déclaration.

L'acte sous seing privé, quel que soit le nombre des associés, est fait en *double original*, dont l'un est annexé, comme il vient d'être dit, à la déclaration de souscription du capital et de versement du quart, et l'autre reste déposé au siège social.

2. — Les actions ou coupons d'actions sont *négociables après le versement du quart.*

3. — Il peut être stipulé, mais seulement par les statuts constitutifs de la société, que les actions ou coupons d'actions pourront, après avoir été libérés de moitié, être convertis en *actions au porteur* par délibération de l'assemblée générale.

Soit que les actions restent nominatives après cette délibération, soit qu'elles aient été converties en actions au porteur, les souscripteurs primitifs qui ont aliéné les actions et ceux auxquels ils les ont cédées avant le versement de moitié restent tenus au payement du montant de leurs actions pendant un délai de 2 ans, à partir de la délibération de l'assemblée générale.

4. — Lorsqu'un associé fait un *apport* qui *ne consiste pas en numéraire* ou stipule à son profit des *avantages particuliers*, la première assemblée générale fait apprécier la valeur de l'apport ou la cause des avantages stipulés.

La société n'est définitivement constituée qu'après l'approbation de l'apport ou des avantages, donnée par une autre assemblée générale, après une nouvelle convocation.

La seconde assemblée générale ne peut statuer sur l'approbation de l'apport ou des avantages qu'après un rapport qui est imprimé et tenu à la disposition des actionnaires, 5 jours au moins avant la réunion de cette assemblée.

— Les délibérations sont prises par la majorité des actionnaires présents. Cette majorité doit comprendre le *quart des actionnaires* et représenter le *quart du capital* social en *numéraire.*

Les associés qui ont fait l'apport ou stipulé des avantages particuliers soumis à l'approbation de l'assemblée n'ont *pas voix délibérative.*

A défaut d'approbation, la société reste sans effet à l'égard de toutes les parties.

L'approbation ne fait pas obstacle à l'exercice ultérieur de l'action qui peut être intentée pour cause de *dol* ou de *fraude.*

5. — Un *Conseil de surveillance*, composé de trois actionnaires au moins, est établi dans chaque société en commandite par actions.

Ce Conseil est *nommé* par l'assemblée générale des actionnaires immédiatement après la constitution définitive de la société et avant toute opération sociale.

Il est soumis à la *réélection* aux époques et suivant les conditions déterminées par les statuts : toutefois le *premier Conseil* n'est nommé que pour *une année.*

Ce premier Conseil doit, immédiatement après sa nomination, *vérifier* si toutes les dispositions ci-dessus prescrites ont été observées.

Est *nulle* et de nul effet à l'égard des intéressés toute société en commandite par actions constituée contrairement à ces dispositions.

Lorsque la société vient ainsi à être annulée, les membres du premier Conseil de surveillance peuvent être déclarés responsables avec le gérant du dommage résultant, pour la société ou pour les tiers, de cette annulation. — La même responsabilité peut être prononcée contre ceux des associés dont les apports ou les avantages n'auraient pas été vérifiés et approuvés, ainsi qu'il a été dit plus haut.

Les membres du Conseil de surveillance n'encourent aucune responsabilité en raison des actes de la gestion et de leurs résultats; mais chaque membre est responsable de ses fautes personnelles dans l'exécution de son mandat, conformément aux règles du droit commun.

— Les membres de ce Conseil vérifient les livres, la caisse, le portefeuille et les valeurs de la société. Ils font, *chaque année*, à l'assemblée générale, un *rapport* dans lequel ils doivent signaler les irrégularités et inexactitudes qu'ils ont reconnues dans les inventaires, et constater, s'il y a lieu, les motifs qui s'opposent aux distributions des dividendes proposés par le gérant.

Aucune répétition de dividendes ne peut être exercée contre les actionnaires, si ce n'est dans le cas où la distribution en aurait été faite en l'absence de tout inventaire ou en dehors des résultats constatés par l'inventaire.

L'action en répétition, dans le cas où elle est ouverte, *se prescrit* par 5 ans, à partir du jour fixé pour la distribution des dividendes.

Le Conseil de surveillance peut convoquer l'assemblée générale et, conformément à son avis, provoquer la dissolution de la société.

6. — Quinze jours au moins *avant la réunion de l'assemblée générale*, tout actionnaire peut prendre, par lui ou par un fondé de pouvoir, au siège social, *communication* du *bilan*, des *inventaires* et du *rapport du Conseil de surveillance*.

7. — L'émission d'actions ou de coupons d'actions d'une société constituée contrairement aux prescriptions ci-dessus est punie d'une *amende* de 500 fr. à 10 000 fr.

— Sont punis de la *même peine* :

Le gérant qui commence les opérations sociales avant l'entrée en fonctions du Conseil de surveillance;

Ceux qui, en se présentant comme propriétaires d'actions ou de coupons d'actions qui ne leur appartiennent pas, ont créé frauduleusement une majorité factice dans une assemblée générale, sans préjudice de tous dommages-intérêts, s'il y a lieu, envers la société ou envers les tiers;

Ceux qui ont remis les actions pour en faire un usage frauduleux.

Dans les cas prévus par les deux paragraphes précédents, la peine de l'*emprisonnement* de 15 jours à 6 mois peut, en outre, être prononcée.

— La négociation d'actions ou de coupons d'actions dont la valeur ou la forme serait contraire aux dispositions de la loi, ou pour lesquels le versement du quart n'aurait pas été effectué, est punie d'une *amende* de 500 fr. à 10 000 fr. — Sont punies de la *même peine* toute participation à ces négociations et toute publication de la valeur desdites actions.

— Sont passibles d'un *emprisonnement* d'un an à 5 ans et d'une amende de 50 fr. à 3 000 fr., et peuvent être en outre, à compter du jour où ils auront subi leur peine, *interdits* pendant 5 ans au moins et 10 ans au plus *des droits* mentionnés en l'article 42 du Code pénal :

1° Ceux qui, par simulation de souscriptions ou de versements, ou par publication faite de mauvaise foi de souscriptions ou de versements qui n'existent pas, ou de tous autres faits faux, ont obtenu ou tenté d'obtenir des souscriptions ou des versements ; — 2° Ceux qui, pour provoquer des souscriptions ou des versement , ont, de mauvaise foi, publié les noms de personnes désignées, contrairement à la vérité, comme étant ou devant être attachées à la société à un titre quelconque ; — 3° Les gérants qui, en l'absence d'inventaires ou au moyen d'inventaires frauduleux, ont opéré entre les actionnaires la répartition de dividendes fictifs.

8. — Les membres du Conseil de surveillance ne sont *pas civilement responsables* des *délits* commis par le *gérant*.

9. — Des actionnaires *représentent le* 20e au moins *du capital*

social peuvent, dans un intérêt commun, charger à leurs frais un ou plusieurs mandataires de soutenir, tant en demandant qu'en défendant, une action contre les gérants ou contre les membres du Conseil de surveillance, et de les représenter, en ce cas, en Justice, sans préjudice de l'action que chaque actionnaire peut intenter individuellement en son nom personnel.

— Voy. ci-après, VI, pour ce qui regarde le mode de *publication*.

IV. Sociétés anonymes. — La société *anonyme* est celle dans laquelle aucun des associés ne figure en nom, et qui est ordinairement désignée par l'objet de son entreprise : *Compagnie du chemin de fer de l'Est; Société du Crédit foncier*, etc. — C'est exclusivement une association de capitaux. Chaque associé ou *actionnaire* n'est tenu que jusqu'à concurrence de sa mise. Cette forme de société convient aux grandes entreprises qui exigent des fonds considérables et dans lesquelles, à raison de l'importance des opérations, la responsabilité personnelle n'eût pas été possible. C'est sous le drapeau de l'anonymat que se sont groupés les capitaux puissants qui ont exécuté le réseau presque entier de nos chemins de fer, et que d'autres compagnies, dont les œuvres ont heureusement développé la richesse publique et privée, se sont constituées.

1. — L'*autorisation* du Gouvernement n'est *plus nécessaire* aujourd'hui pour la fondation des sociétés anonymes.

Elles peuvent, quel que soit le nombre des associés, être formées par un acte *sous seing privé* fait en *double original*.

Le *nombre des associés* ne doit pas être inférieur à *sept*, au minimum : toute personne intéressée est recevable à demander la dissolution de la société, lorsqu'il s'est écoulé un an depuis que le nombre des associés a été réduit au-dessous de ce chiffre.

2. — De même que la société en commandite par actions, la société anonyme ne peut fonctionner qu'autant que le *capital social* est *entièrement souscrit* et que le quart au moins du montant des actions est *versé;* cette souscription et ce versement sont constatés par une déclaration notariée faite par les fondateurs, laquelle déclaration est soumise à la première assemblée générale pour en vérifier la sincérité. — Les actions *ne peuvent être d'un chiffre inférieur* à 100 francs ou à 500 francs, selon que le capital social n'excède pas ou excède 200 000 fr. — Les conditions pour la *négociation* des actions ou leur *conversion en titres au porteur* sont les mêmes que celles exigées à l'égard des sociétés en commandite par actions (voy. ci-dessus, III, 2 et 3). Les mêmes formes doivent être observées pour la *vérification des apports* qui ne consistent pas en numéraire et des avantages particuliers stipulés au profit de certains associés. (Voy. ci-dessus, III, 4.)

3. — Les sociétés anonymes sont *administrées* par un ou plusieurs mandataires à temps, révocables, salariés ou gratuits, pris parmi les associés. — Ces mandataires peuvent choisir parmi eux un directeur, ou, si les statuts le permettent, se substituer un mandataire étranger à la société et dont ils sont responsables envers elle.

La *durée* de leur mandat est de 6 ans au plus; ils sont *rééligibles*, sauf stipulation contraire.

Les statuts peuvent désigner les administrateurs, avec stipulation formelle que leur nomination ne sera point soumise à l'approbation de la première assemblée générale. En ce cas, la durée de leur mandat ne dépasse pas 3 ans au maximum.

— Les administrateurs *doivent être propriétaires* d'un nombre d'actions déterminé par les statuts. — Ces actions sont affectées en totalité à la *garantie* de tous les actes de la gestion, même de ceux qui seraient exclusivement personnels à l'un des administrateurs. Elles sont *nominatives*, *inaliénables*, frappées d'un *timbre* indiquant l'inaliénabilité et *déposées dans la caisse sociale*.

4. — Il est tenu, *chaque année* au moins, une *assemblée générale* à l'époque fixée par les statuts. — Les statuts déterminent le nombre d'actions qu'il est nécessaire de posséder, soit à titre de propriétaire, soit à titre de mandataire, pour être admis dans l'assemblée, et le nombre de voix appartenant à chaque actionnaire, eu égard au grand nombre d'actions dont il est porteur.

Néanmoins, dans les assemblées générales appelées à vérifier les apports, à nommer les premiers administrateurs et à vérifier la sincérité de la déclaration des fondateurs de la société, tout actionnaire, quel que soit le nombre des actions dont il est porteur, peut prendre part aux délibérations avec le nombre de voix déterminé par les statuts, sans qu'il puisse être supérieur à 10.

— Dans toutes les assemblées générales, les délibérations sont prises à la majorité des voix.

Il est tenu une *feuille de présence :* elle contient les noms et domicile des actionnaires et le nombre d'actions dont chacun d'eux est porteur.

Cette feuille, certifiée par le bureau de l'assemblée, est déposée au siége social et doit être communiquée à tout requérant.

En principe, les assemblées générales doivent être composées d'un nombre d'actionnaires représentant le *quart* au moins du capital social. Si ce nombre n'est pas atteint, une nouvelle assemblée est convoquée, et elle délibère valablement, quelle que soit la portion du capital représentée par les actionnaires présents.

Par exception, les assemblées générales qui ont pour objet la *vérification des apports*, la *nomination des premiers administrateurs* et *commissaires*, doivent être composées d'un nombre d'actionnaires représentant la *moitié* au moins du capital social. Si ce nombre n'est pas réuni, la délibération de l'assemblée n'est que provisoire; une nouvelle assemblée générale est convoquée, et les résolutions provisoires adoptées par la première deviennent définitives si elles sont approuvées par la seconde assemblée, composée d'un nombre d'actionnaires représentant le *cinquième* au moins du capital social.

Les assemblées qui ont à délibérer sur des *modifications aux statuts* ou sur des *propositions de continuation de la société* au delà du terme fixé pour sa durée, ou de *dissolution* avant ce terme, ne sont régulièrement constituées et ne délibèrent valablement qu'autant qu'elles sont composées d'un nombre d'actionnaires représentant la *moitié* au moins du capital social.

5. — L'assemblée générale annuelle désigne un ou plusieurs *commissaires*, associés ou non, chargés de faire un *rapport* à l'assemblée générale de l'année suivante sur la *situation de la société*, sur le *bilan* et sur les *comptes* présentés par les administrateurs.

La délibération contenant approbation du bilan et des comptes est nulle si elle n'a été précédée du rapport des commissaires.

A défaut de nomination des commissaires par l'assemblée générale, ou en cas d'empêchement ou de refus d'un ou de plusieurs des commissaires nommés, il est procédé à leur nomination ou à leur remplacement par ordonnance du Président du Tribunal de commerce du siége de la société, à la requête de tout intéressé, les administrateurs dûment appelés.

Pendant le trimestre qui précède l'époque fixée par les statuts pour la réunion de l'assemblée générale, les commissaires ont droit, toutes les fois qu'ils le jugent convenable dans l'intérêt social, de prendre *communication des livres et d'examiner les opérations* de la société.

Ils peuvent toujours, *en cas d'urgence*, convoquer l'assemblée générale.

6. — Toute société anonyme doit dresser, *chaque semestre*, un *état sommaire* de sa *situation active et passive*. — Cet état est mis à la disposition des commissaires. — Il est, en outre, établi, *chaque année*, un *inventaire* contenant l'indication des valeurs mobilières et immobilières, et de toutes les dettes actives et passives de la société.

L'inventaire, le bilan et le compte des profits et pertes sont mis à la disposition des commissaires le 40e jour, au plus tard, avant l'assemblée générale. Ils sont présentés à cette réunion.

Quinze jours au moins avant la réunion de l'assemblée générale, *tout actionnaire* peut prendre, au siège social, *communication* de l'inventaire et de la liste des actionnaires, et se faire délivrer *copie* du bilan résumant l'inventaire et du rapport des commissaires.

7. — Il est fait *annuellement*, sur les bénéfices nets, un *prélèvement d'un* 20e *au moins*, affecté à la formation d'un *fonds de réserve*. — Ce prélèvement cesse d'être obligatoire lorsque le fonds de réserve a atteint le *dixième* du capital social.

8. — En cas de *perte des trois quarts* du capital social, les administrateurs sont tenus de provoquer la réunion de l'assemblée générale de tous les actionnaires, à l'effet de statuer sur la question de savoir s'il y a lieu de prononcer la dissolution de la société.

La résolution de l'assemblée est, dans tous les cas, rendue publique.

A défaut par les administrateurs de réunir l'assemblée générale, comme dans le cas où cette assemblée n'aurait pu se constituer régulièrement, tout intéressé peut demander la dissolution de la société devant les Tribunaux.

9. — Il est *interdit aux administrateurs* de prendre ou de conserver un intérêt direct ou indirect dans une entreprise ou dans un marché fait avec la société ou pour son compte, à moins qu'ils n'y soient autorisés par l'assemblée générale.

— Il est, chaque année, rendu à l'assemblée générale un compte spécial de l'exécution des marchés ou entreprises par elle autorisés.

10. — Les *administrateurs* sont *responsables* conformément aux règles du droit commun, individuellement ou solidairement suivant les cas, envers la société ou envers les tiers, soit des infractions aux dispositions de la loi, soit des fautes qu'ils auraient commises dans leur gestion, notamment en distribuant ou en laissant distribuer sans opposition des dividendes fictifs.

— L'étendue et les effets de la responsabilité des *commissaires* envers la société sont déterminés d'après les règles générales du *mandat*.

11. — Voy. ci-après, VI, pour ce qui est relatif au mode de publicité.

V. Sociétés a capital variable. — C'est le nom juridique donné par la loi du 24 juillet 1867 aux sociétés connues sous la dénomination de *sociétés coopératives*. (Voy. ce mot.) — Antérieurement à cette loi, les sociétés coopératives trouvaient dans la législation des obstacles qui n'existent plus aujourd'hui. En effet, il est de principe, en matière de société, que les associés ne peuvent, sans une liquidation et sans publicité, se retirer de la société ou reprendre ce qu'ils y ont apporté. *Fixité du capital, Fixité du personnel*, telles étaient les entraves légales qui s'opposaient à la création d'associations dont le caractère distinctif réside précisément soit dans l'augmentation du capital par les versements successifs des associés ou par l'adjonction d'associés nouveaux, soit dans la diminution de ce capital par la retraite d'associés ou par la reprise d'une partie de leurs apports.

Ces entraves ont été supprimées par la loi du 24 juillet 1867 qui permet de stipuler, dans les statuts de *toute société*, que le capital social sera susceptible d'*augmentation* par des versements successifs faits par les associés ou l'admission d'associés nouveaux, et de *diminution* par la reprise totale ou partielle des apports effectués.

Les sociétés dont les statuts contiennent cette stipulation sont soumises, indépendamment des règles générales qui leur sont propres suivant leur forme spéciale (*en nom collectif*, *en commandite* ou *anonyme*), aux prescriptions ci-après :

1. — Le *capital social* ne peut être porté par les statuts constitutifs de la société *au-dessus de la somme de* 200 000 fr. — Il peut être *augmenté* par des délibérations de l'assemblée générale, prises d'année en année ; chacune des augmentations ne saurait excéder 200 000 fr.

2. — Les *actions* ou *coupons d'actions* sont *nominatifs*, même après leur entière libération ; ils ne peuvent être *inférieurs* à 50 fr., et ne sont *négociables* qu'après la constitution définitive de la société, c'est-à-dire après le *versement du* 10e du capital social. — La négociation ne peut avoir lieu que par voie de *transfert* sur les registres de la société, et les statuts peuvent donner, soit au Conseil d'administration, soit à l'assemblée générale, le *droit de s'opposer* au transfert. Les associés ont ainsi le moyen d'empêcher l'introduction dans la société, par voie de cession, de personnes dont la présence nuirait à l'entente commune, au fonctionnement régulier et à la prospérité de l'association.

3. — A moins de conventions contraires, chaque associé a la faculté de *se retirer* lorsqu'il le juge convenable. Toutefois les statuts doivent déterminer la *somme au-dessous de laquelle le capital ne pourra être réduit* par les reprises d'apports, et cette somme ne saurait être inférieure au 10e du capital social. Ainsi, dans l'hypothèse où le capital social représenterait 15 000 fr., la reprise des apports ne pourrait le réduire au-dessous de 1 500 fr.

4. — Il *peut être stipulé* que l'assemblée générale aura le droit de décider, à la majorité fixée pour la modification des statuts, que l'un ou plusieurs des associés *cesseront de faire partie de la société*.

5. — L'associé qui cesse de faire partie de la société, soit par l'effet de sa volonté, soit par suite de décision de l'assemblée générale, reste *tenu*, *pendant* 5 *ans*, envers les associés et envers les tiers, de toutes les *obligations* existant *au moment de sa retraite*.

6. — La société, quelle que soit sa forme, est valablement *représentée en Justice* par ses administrateurs. Elle n'est *point dissoute* par la *mort*, la *retraite*, l'*interdiction*, la *faillite* ou la *déconfiture* de l'un des associés, et continue de plein droit entre les autres associés.

7. — Pour ce qui concerne le mode de *publicité*, voy. ci-après, VI.

VI. Dispositions relatives a la publication des actes de société. — 1. — *Dans le mois* de la constitution de toute société commerciale, un double de l'*acte constitutif*, s'il est sous seing privé, ou une expédition, s'il est notarié, est *déposé aux greffes de la Justice de paix et du Tribunal de commerce* du lieu dans lequel est établie la société.

A l'acte constitutif des sociétés en *commandite par actions* et des sociétés *anonymes* sont annexées : 1o une expédition de l'acte notarié constatant la souscription du capital social et le versement du quart ; — 2o une copie certifiée des délibérations prises par l'assemblée générale (*appréciation de la valeur des apports, ne consistant pas en numéraire, ou de la cause des avantages particuliers stipulés à leur profit par des associés* (voy. ci-dessus, III, 2 et 3) ; *vérification de la sincérité de la déclaration faite par le gérant d'une société en commandite par actions ou par les fondateurs d'une société anonyme, de la souscription de la totalité du capital social, et du versement, par chaque actionnaire, du quart au moins du montant des actions par lui souscrites*).

— Voy. ci-dessus, III, 1, et IV, 2.

— En outre, lorsque la société est *anonyme*, on doit annexer à l'acte constitutif la liste nominative, dûment certifiée, des souscripteurs, contenant les nom, prénoms, qualités, demeure, et le nombre d'actions de chacun d'eux.

— Dans le même délai d'un mois, un *extrait* de l'acte constitutif et des pièces annexées est *publié* dans l'un des *journaux* désignés pour recevoir les annonces légales.

Il est justifié de l'insertion par un exemplaire du journal certifié par l'imprimeur, légalisé par le Maire et enregistré dans les 3 mois de sa date.

— Toutes les formalités ci-dessus doivent être observées, *à peine de nullité* à l'égard des intéressés; mais le défaut d'aucune d'elles n'est opposable aux tiers par les associés.

— *L'extrait doit contenir* les noms des associés autres que les actionnaires ou commanditaires; la raison de commerce ou la dénomination adoptée par la société et l'indication du siège social; la désignation des associés autorisés à gérer, administrer et signer pour la société; le montant du capital social et le montant des valeurs fournies ou à fournir par les actionnaires ou commanditaires; l'époque où la société commence, celle où elle doit finir, et la date du dépôt fait aux greffes de la Justice de paix et du Tribunal de commerce.

L'extrait doit mentionner si la société est en nom collectif ou en commandite simple, ou en commandite par actions, ou anonyme, ou à capital variable. — Si la société est *anonyme*, l'extrait doit énoncer le montant du capital social en numéraire et en autres objets, la quotité à prélever sur les bénéfices pour composer le fonds de réserve. — Enfin, si la société est à *capital variable*, l'extrait doit contenir l'indication de la somme au-dessous de laquelle le capital social ne peut être réduit.

— Si la société a *plusieurs maisons de commerce* situées dans *divers arrondissements*, le dépôt et la publication que la loi exige ont lieu dans chacun des arrondissements où existent les maisons de commerce. — Dans les villes divisées en plusieurs arrondissements, le dépôt se fait seulement au greffe de la Justice de paix du principal établissement.

L'extrait des actes et pièces déposées est signé, pour les actes publics, par le notaire, et, pour les actes sous seing privé, par les associés en nom collectif, par les gérants des sociétés en commandite ou par les administrateurs des sociétés anonymes.

2. — Les *mêmes formalités de publicité* sont prescrites pour tous les actes et délibérations ayant pour objet la *modification des statuts*, la *continuation de la société* au delà du terme fixé pour sa durée, la *dissolution* avant ce terme et le *mode de liquidation*, tout *changement* ou *retraite d'associés* et tout *changement à la raison sociale*.

3. — Ces règles sont simplifiées pour les sociétés *à capital variable:* ne sont pas assujettis aux formalités de dépôt et de publication les actes constatant les augmentations ou les diminutions du capital social par suite des versements opérés ou des reprises d'apports, et les retraites d'associés autres que les administrateurs.

4. — Lorsqu'il s'agit d'une société *anonyme* ou d'une société en *commandite par actions*, toute personne a le droit de prendre *communication* des pièces déposées aux greffes de la Justice de paix et du Tribunal de commerce, ou même de s'en faire délivrer à ses frais *expédition* ou *extrait* par le greffier ou le notaire détenteur de la minute. — Toute personne peut également exiger qu'il lui soit délivré au siège de la société une *copie certifiée* des statuts, moyennant payement d'une somme qui ne saurait excéder 1 fr. — Enfin les pièces déposées doivent être *affichées* d'une manière apparente dans les bureaux de la société.

5.— Dans tous les *actes*, *factures*, *annonces*, *publications* et autres documents imprimés ou autographiés, émanés des sociétés *en commandite par actions,* la dénomination sociale doit toujours être précédée ou suivie immédiatement de ces mots écrits lisiblement en toutes lettres : *Société anonyme* ou *société en commandite par actions*, et de l'énonciation du montant du capital social. — Pour les sociétés à capital variable, il faut aujouter ces mots : *à capital variable.*

Toute *contravention* est punie d'une *amende* de 50 fr. à 1000 fr.

VII. Associations en participation. — 1. — L'*association en participation* n'est point à proprement parler une *société*, car elle n'est relative qu'à une ou plusieurs opérations de commerce déterminées, tandis que la société a pour objet de faire le commerce d'une manière générale, sous une raison sociale. Comme exemple d'association en participation, nous citerons celle par laquelle plusieurs personnes conviendraient d'acheter ensemble une certaine quantité de blé ou de vin, pour le revendre en détail.

2. — L'association en participation n'a ni *domicile* ni *raison sociale;* elle reste *inconnue aux tiers* et n'établit que des rapports particuliers entre les contractants. Elle n'est *pas sujette aux formalités* prescrites pour les autres sociétés, et son existence peut être *constatée* par les livres, par la correspondance, ou par la preuve testimoniale si le Tribunal juge qu'il y a lieu de l'admettre

SOCIÉTÉ DE PROTECTION DES APPRENTIS ET DES ENFANTS DES MANUFACTURES. — Société fondée à Paris dans le *but* « d'améliorer la condition des apprentis et des enfants employés dans les manufactures, par tous les moyens qui, respectant la liberté de l'industrie et l'autorité du père de famille, agiront en conformité des lois sur l'apprentissage et sur le travail des enfants dans les manufactures. » — Elle a été reconnue d'*utilité publique* par un décret du 4 juillet 1868.

1. — Les revenus de la société sont appliqués : 1° A la publication d'un *bulletin* destiné à faire connaître tous les faits relatifs à la condition du travail des enfants employés dans l'industrie en France ou à l'étranger; — 2° A *aider*, à *encourager* ou à signaler par des *récompenses* tous ceux qui auront directement assisté, moralisé ou instruit les enfants employés dans la petite industrie et dans la grande, ainsi que tous ceux qui auront coopéré au même résultat par une invention, une publication, l'institution de concours entre apprentis, ou des fondations spéciales.

2. — Le nombre des sociétaires est illimité; leur *cotisation* est fixée à la somme annuelle de 10 fr., qui peut être remplacée par un *versement unique de* 100 *fr.*

SOCIÉTÉ PROTECTRICE DES ANIMAUX. — Fondée en 1845, et reconnue d'*utilité publique* par décret du 22 décembre 1860, cette société a son siège à Paris, rue de Grenelle Saint-Germain, 84.

1. — Elle décerne, *chaque année*, des *médailles*, des *primes en argent* et *autres récompenses :*

1° Aux *Auteurs* de publications utiles à la propagation de son œuvre; — 2° aux *Instituteurs* qui ont introduit dans leur enseignement les idées de bienveillance et de compassion envers les animaux; — 3° aux *Inventeurs* et *Propagateurs* d'appareils propres à diminuer les souffrances des animaux ou à faciliter leur travail; — 4° aux *Agents de l'Autorité* dont le concours profite à l'œuvre; — 5° aux *Gens de service* qui donnent des soins intelligents aux animaux de la race bovine sans cornes; — 6° aux *Bergers*, aux *Serviteurs* et *Servantes de ferme*, aux *Conducteurs de bestiaux*, aux *Cochers*, aux *Palefreniers*, aux *Charretiers*, aux *Maréchaux-Ferrants*, aux *Garçons Bouchers*, à toute personne enfin ayant fait preuve, à un haut degré, de bienveillance, de bons traitements et de soins assidus envers les animaux.

2. — Pour être *admis dans la Société*, il faut : 1° *Se faire présenter* par un de ses membres ; — 2° acquitter une *cotisation annuelle* de 10 fr. — Cette cotisation est *réduite* à 5 fr. pour les ecclésiastiques, les ministres des cultes reconnus, les instituteurs primaires et les écoles. — Les cotisations annuelles peuvent être *rachetées à perpétuité* par une somme de 100 fr. une fois payée.

3. — Les membres de la société sont munis d'une *carte* qui leur donne le droit de requérir, des agents de la police municipale, la constatation des contraventions à la loi du 2 juillet 1850, dite *Loi-Grammont*, parce que c'est le général Grammont, Représentant du Peuple, qui en fit la proposition. — Aux termes de cette loi, sont punis d'une *amende* de 5 fr. à 15 fr., et peuvent l'être d'un jour à 5 jours de *prison*, ceux qui ont exercé *publiquement* et *abusivement* de mauvais traitements envers les *animaux domestiques*. La peine de la *prison* est toujours appliquée en cas de *récidive*.

SOCIÉTÉS COOPÉRATIVES. — On désigne par ce mot, en faveur surtout depuis 1848, les associations d'ouvriers qui unissent leurs épargnes, leur intelligence ou leurs bras pour améliorer leur condition.

Sans prétendre faire une classification rigoureuse, on les divise d'ordinaire en *Sociétés coopératives de consommation* ayant pour objet de se procurer à meilleur marché les aliments, le logement, le vêtement, le chauffage, etc. ; — en *Sociétés coopératives de crédit* ayant pour objet de réunir les épargnes de l'ouvrier au profit de la classe ouvrière elle-même ; — en *Sociétés coopératives de production* ayant pour objet d'acheter des matières, de les façonner, de les vendre, et d'élever ainsi les ouvriers à la position d'Entrepreneurs. Cette dernière société est la plus difficile de toutes ; mais les illustres exemples de l'Angleterre, notamment ceux de Rochdale, de Leeds, etc., sont bien faits pour tenter l'ambition de nombreux imitateurs.

— En évitant tout engouement irréfléchi pour les sociétés coopératives, en ne leur attribuant pas la vertu de supprimer le salariat, la concurrence, de faire disparaître la misère, on ne saurait trop encourager ces associations qui sont une excellente école d'éducation morale et intellectuelle. Si elles demandent des hommes pour réussir, elles contribuent à en faire.

Longtemps gênées par notre législation trop minutieuse, elles ont vu s'ouvrir devant elles une plus libre carrière par la loi du 24 juillet 1867. — Voy. SOCIÉTÉ, sect. II, v.

SOCIÉTÉS DE CHARITÉ MATERNELLE. — Associations de mères de famille qui ont pour *objet* de visiter, d'assister les pauvres femmes en couches et de les entourer, ainsi que leurs enfants nouveau-nés, des soins que leur état réclame, en attendant que la crèche et plus tard la salle d'asile puissent exercer leur bienfaisante influence.

1. — L'*origine* des Sociétés de charité maternelle remonte au règne de Louis XVI. C'est en 1787 que la reine Marie-Antoinette recueillit avec un tendre empressement, sur la proposition de la duchesse de Lamballe, l'idée de cette institution qui fut immédiatement fondée.

2. — Les Sociétés actuellement existantes, au nombre de 78, sont établies dans les villes ci-après : *Albi, Alençon, Amiens, Angers, Angoulême, Arles, Arras, Apt, Auxerre, Avignon, Bar-le-Duc, Besançon, Bordeaux, Bourg, Bourges, Bourgoin, Brest, Caen, Calais, Carcassonne, Castres, Châlons-sur-Marne, Charenton-le-Pont, Chartres, Châteauroux, Cosne, Dijon, Douai, Draguignan, Elbeuf, Evreux, Issoudun, La Châtre, La Guerche, La Roche-sur-Yon, La Rochelle, Lavaur, Le Mans, Lille, Limoges, Lyon, Manosque, Marseille, Mayenne, Mazamet, Montauban, Montpellier, Moulins, Nantes, Narbonne,*

Nevers, Niort, Orléans, Paris, Pau, Poitiers, Reims, Rennes, Rethel, Rochefort, Rouen, Saint-Brieuc, Saint-Dizier, Saint-Lô, Sainte-Menehould, Saint-Omer, Saint-Pierre-lès-Calais, Saint-Yrieix, Sedan, Toulon, Toulouse, Tours, Troyes, Valenciennes, Vannes, Verdun, Versailles, Vitré.

SOCIÉTÉS DE SECOURS MUTUELS. — (Loi 15 juillet 1850; déc. 26 mars 1852; 27 octobre 1870.)

Les *Sociétés de secours mutuels* sont des associations basées sur la prévoyance et destinées à secourir, au moyen d'un fonds formé par des cotisations périodiques, ceux de leurs membres qui sont frappés d'incapacité de travail par suite de maladies ou de blessures.

Le secours *consiste*, dans la plupart des sociétés : 1° à payer une indemnité en argent qui sert à soutenir la famille privée du salaire de son chef; — 2° à fournir les médicaments et les visites du médecin; — 3° à supporter les frais des funérailles.

Il y a des sociétés qui donnent leur assistance sous une forme différente; mais le but de ces associations est toujours le même : écarter les conséquences qui résultent de l'état d'incapacité de travail, soit comme privation de salaire, soit comme création de charges et de dépenses nouvelles.

I. Origine des sociétés de secours mutuels. — Les sociétés de secours mutuels ne sont pas de création moderne : si la dénomination qui leur est aujourd'hui donnée n'a pas toujours été usitée, l'idée elle-même se retrouve dans l'antiquité, au moyen âge et dans les corporations.

Athènes et plusieurs villes de la Grèce possédaient, d'après Théophraste, qui vivait environ 300 ans avant Jésus-Christ, des associations d'assistance que les membres alimentaient au moyen de cotisations mensuelles. D'un autre côté, les statuts d'un grand nombre de confréries et de corporations renfermaient des articles où la mutualité du secours en cas de maladie est nettement formulée.

On doit donc reconnaître que de tout temps on a pensé que l'association mutuelle était le plus puissant moyen de neutraliser les causes de ruine et de misère qui menacent l'homme obligé de vivre de son travail, et si, de nos jours, le législateur s'est occupé de ces institutions et a réglé dans un ensemble de dispositions leur existence légale et les bases de leur organisation, le principe n'est pas modifié; son application devient, au contraire, plus générale que par le passé.

II. Législation. — La première loi organique des sociétés de secours mutuels est celle du 15 juillet 1850 ; avant cette époque, sauf la période qui suivit la révolution de 1848 et où le droit d'association ne fut soumis à aucune restriction, les sociétés de secours mutuels devaient être autorisées par le Gouvernement, en exécution de l'article 291 du Code pénal.

La loi de 1850 n'eut cependant pas les résultats qu'on en attendait : elle donnait aux sociétés la faculté d'être reconnues comme *établissements d'utilité publique* et leur conférait de nombreux avantages; mais les formalités de cette reconnaissance sont elles-mêmes compliquées, et, pour donner un développement important aux associations mutuelles, il fallait une législation plus pratique et plus simple. Cette législation fut réalisée par le décret du 26 mars 1852 qui créa, sous le nom de *Sociétés approuvées*, des associations auxquelles devaient être accordés les avantages de la loi de 1850, mais qui se trouveraient légalement constituées par l'approbation préfectorale.

Nous ferons connaître plus loin les dispositions du décret du 26 mars 1852, mais si l'on juge ce décret par les résultats qu'il a produits, on doit louer l'inspiration qui l'a dicté et convenir qu'un progrès notable a été obtenu. Le nombre des sociétés a, en effet, doublé dans la période de 19 années comprise entre 1852 et 1862, et le nombre des membres s'est élevé de 255 472 à 536 355.

— Il résulte de ce qui précède que les sociétés de secours mutuels se divisent en 3 catégories : 1° Sociétés *reconnues comme établissements d'utilité publique;* — 2° Sociétés *approuvées* conformément au décret du 26 mars 1852; — 3° Sociétés *privées*, c'est-à-dire constituées en vertu d'une simple autorisation qui est toujours révocable et qui ne confère aucun avantage particulier.

Nous consacrons un paragraphe spécial aux sociétés *approuvées*. Il est probable, en effet, que, sauf quelques exceptions, les sociétés privées actuellement existantes demanderont à jouir des avantages de l'approbation et que les sociétés qui se formeront à l'avenir seront, en général, constituées sous cette forme.

III. Des sociétés approuvées. — Il a été dit plus haut que l'*approbation des statuts* par les Préfets conférait aux sociétés créées conformément au décret du 26 mars 1852 leur caractère légal.

Les statuts doivent : 1° renfermer l'admission du principe de *Membres honoraires* qui contribuent aux charges de l'association sans participer à ses avantages ; — 2° ne pas promettre de secours en cas de chômage.

On comprend qu'en se proposant de multiplier les sociétés de secours mutuels sur toute la surface du pays, le Gouvernement ait cherché, d'une part, à faire servir cette institution à la fusion des diverses classes de la société et qu'il ait voulu, d'un autre côté, empêcher qu'elle favorisât les grèves et les coalitions.

Les *Président*, *Vice-Président*, *Secrétaire*, *Trésorier* et *Administrateurs* sont *élus* par l'assemblée générale des Sociétaires, et c'est également cette assemblée qui prononce, à la majorité des voix, l'admission des *membres nouveaux*.

— Une *Commission* a été établie pour étudier les moyens d'encourager et de perfectionner l'institution. Cette Commission présente, *chaque année*, un *rapport* qui résume les opérations des sociétés pendant l'année précédente et soumet au Chef du Pouvoir exécutif le résultat de ses opérations.

— Voici l'énumération sommaire des *avantages* que le décret du 26 mars 1852 a conférés aux sociétés *approuvées :*

1° Les sociétés approuvées peuvent prendre des immeubles à bail, posséder des objets mobiliers et faire tous les actes relatifs à ces droits. Elles peuvent recevoir, avec l'autorisation des Préfets, des dons et legs mobiliers dont la valeur n'excède pas 5 000 fr. Au-dessus de ce chiffre, l'*autorisation du Président de la République* serait nécessaire.

2° Diverses causes de dépenses sont évitées aux sociétés approuvées : — par l'obligation imposée aux Communes de leur fournir les *registres et imprimés nécessaires* à la comptabilité, ainsi que les locaux nécessaires aux réunions ; — par la remise des 2/3 qui leur est faite sur le montant du droit municipal sur les convois funèbres dans les villes où ce droit existe ; — enfin, par l'exemption des droits de timbre et d'enregistrement pour tous les actes qui les intéressent.

3° Les sociétés approuvées peuvent recevoir des subventions de l'Etat, du Département, de la Commune. Une dotation de 10 millions de francs a été créée à leur profit par le Gouvernement et sert à venir en aide aux sociétés éprouvées par des charges exceptionnelles.

4° Le *Gouvernement* offre aux sociétés approuvées divers modes de placement accompagnés d'avantages spéciaux. Le principal de ces modes de placement est le dépôt à la Caisse des Dépôts et Consignations qui alloue l'intérêt de 4 1/2 p. 100.

5° Les membres des sociétés approuvées reçoivent aussi personnellement certains privilèges : c'est ainsi que le diplôme de sociétaire peut, sous certaines conditions, servir de *passeport* et de *livret d'ouvrier*. Des *récompenses honorifiques* consistant en médailles d'or, d'argent ou de bronze, sont décernées par le Gouvernement aux sociétaires qui ont rendu des services à l'institution et qui ont contribué à son développement.

IV. Organisation économique des sociétés de secours mutuels. — Sans nous étendre sur les conditions d'organisation intérieure des sociétés de secours mutuels, nous ferons connaître seulement les principales règles que l'expérience a permis de formuler à cet égard :

Il a été reconnu que la *cotisation mensuelle* et l'*indemnité quotidienne en cas de maladie* doivent être fixées au *même chiffre* dans les sociétés qui supportent en outre les frais de médicaments, de médecins et les frais funéraires : sans cette proportion, il y a lieu de craindre que les ressources soient au-dessous des charges.

On conseille également de *limiter à une durée de six mois le secours en argent*, et, si la maladie se prolonge au delà, de laisser au bureau le soin de juger, d'après l'état des ressources, si le secours doit être continué.

L'âge d'admission doit être fixé de 16 à 50 ans, et, dans la plupart des sociétés, on fait payer un *droit d'entrée* gradué selon l'âge.

V. Statistique. — En 1852, il n'existait que 2 488 sociétés de secours mutuels. Dix ans après, ce nombre avait été porté à 4 386. En 1882, on en comptait 7279 dont 5 188 *approuvées* et 2091 *autorisées* simplement en vertu de l'article 291 du Code pénal. — L'*avoir général* des sociétés, qui n'était, en 1852, que de 10 millions en chiffres ronds, s'élevait, en 1882, à plus de 107 millions. On comptait, à cette époque, 1 152 208 membres, dont 153 516 *honoraires* et 988 692 *participants*.

SOCIÉTÉS SECRÈTES. — (Décr. 28 juillet 1848, art. 13.) — Les sociétés secrètes sont *interdites*. — Ceux qui sont convaincus d'en avoir fait partie sont punis d'une *amende* de 100 à 500 fr., d'un *emprisonnement* de 6 mois à 2 ans, et de la *privation des droits civiques* de 1 an à 5 ans. — Ces condamnations peuvent être portées *au double* contre les *chefs* ou *fondateurs* desdites sociétés.

SŒUR. — Du latin *soror*. — Les sœurs sont parentes au *deuxième degré*. — Elles se distinguent en *germaines*, *consanguines* ou *utérines*. — Les *germaines* sont celles qui sont nées de même père et de même mère ; — les *consanguines*, celles qui ont seulement le même père ; — les *utérines*, celles qui sont de la même mère, mais d'un père différent.

1. — Les *maris* des *sœurs germaines* du mineur font de droit partie du *Conseil de famille*, quel que soit leur nombre. (Cod. civ. art. 408.) — Voy. TUTELLE, I, 4°.

2. — Voy. FRÈRE, 2 et suiv.

SOLIDARITÉ. — (Cod. civ. art. 1197-1216 ; Cod. pén. art. 55.) — Du latin *solidum*, tout. — On désigne ainsi l'obligation contractée par plusieurs personnes ou en faveur de plusieurs personnes, de telle sorte que chacune d'elles puisse être poursuivie pour le tout et soit tenue de payer le tout, ou qu'elle puisse poursuivre et obtenir le payement pour le tout.

La *solidarité* peut exister ainsi soit *entre créanciers*, soit *entre débiteurs*.

I. Solidarité entre créanciers. — Elle a lieu lorsque le titre donne expressément à chacun des créanciers le droit de demander le payement du total de la créance, et que le payement fait à l'un d'eux libère le débiteur, bien que le bénéfice de l'obligation soit partageable et divisible entre les divers créanciers.

De pareilles conventions sont fort rares.

1. — Il est au choix du débiteur de payer à l'un ou à l'autre des créanciers solidaires, tant qu'il n'a pas été prévenu par les poursuites de l'un d'eux.

2. — Tout acte qui interrompt la prescription à l'égard de l'un des créanciers solidaires profite aux autres créanciers.

II. — SOLIDARITÉ ENTRE DÉBITEURS. — Elle existe lorsque plusieurs personnes se sont obligées à une même chose, de manière que chacune d'elles puisse être contrainte pour la totalité, et que le payement fait par une seule libère les autres envers le créancier. On voit qu'elle offre de très grandes garanties au créancier, puisqu'il peut demander à chaque débiteur le payement en entier, et, si l'un est insolvable, en poursuivre un autre.

1. — La solidarité *ne se présume point :* il faut qu'elle soit expressément stipulée. Cette règle ne cesse que dans le cas où la solidarité a lieu *de plein droit*, en vertu d'une disposition de la loi. Ainsi, *la mère tutrice* et son *second mari cotuteur* (Cod. civ. art. 396); — les *exécuteurs testamentaires* (Cod. civ. art. 1033); — répondent solidairement de leur gestion. Ainsi encore, *tous les individus condamnés* pour un *même crime* ou pour un *même délit* sont tenus solidairement des amendes, des restitutions, des dommages-intérêts et des frais. (Cod. pén. art. 55.)

2. — L'obligation contractée solidairement envers un créancier se divise de plein droit entre les débiteurs, qui n'en sont tenus entre eux que chacun pour sa part et portion.

SOMMAIRES. (MATIÈRES) — Voy. MATIÈRES SOMMAIRES.

SOURCE. — Eau qui commence à *sourdre*, à sortir de terre, pour continuer son cours. — Voy. EAUX, sect. I, § 1er.

SOUS-LOCATION. — Voy. LOUAGE, sect. I, I, 3; — II, § 2, 1.

SOUS-PRÉFET. — (Loi 28 pluviôse an VIII (17 février 1800), art. 8; déc. 13 avril 1861, art. 6.)

Le *Sous-Préfet* est l'agent direct du Pouvoir exécutif, placé à la tête de la division territoriale qu'on nomme *Arrondissement*, pour assurer l'exécution des lois, décrets, décisions ministérielles et arrêtés préfectoraux.

1. — Dans chaque arrondissement (*Sceaux et Saint-Denis exceptés*), il y a une Sous-Préfecture, sauf dans les chefs-lieux de département où les fonctions de Sous-Préfet sont remplies par le Préfet.

2. — Le décret du 13 avril 1861 a conféré aux Sous-Préfets le droit de décision dans un certain nombre d'affaires qui jusqu'alors étaient soumises à l'Autorité préfectorale, mais généralement ces fonctionnaires doivent être considérés comme n'étant que des agents de transmission, d'information, de surveillance et d'exécution, sous la direction immédiate du Préfet. Ils servent d'*intermédiaires* entre le Préfet et les Maires de leur arrondissement. Voilà leur caractère principal.

3. — Comme les Préfets, ils sont *nommés* et *révoqués* par décret du Président de la République, sur le rapport du Ministre de l'Intérieur.

SOUS SEING PRIVÉ. — Voy. ACTE SOUS SEING PRIVÉ.

SOUTIENS DE FAMILLE. — Voy. SERVICE MILITAIRE, tit. II, sect. II.

STAGIAIRE. (INSTITUTEUR) — Qualification donnée par la loi du 30 octobre 1886 aux maîtres qui débutent dans l'enseignement primaire public.

Il faut désormais, pour être nommé instituteur titulaire, avoir fait un *stage* de deux ans au moins dans une école publique ou privée, avoir obtenu le *certificat d'aptitude pédagogique* et être porté sur la liste d'admissibilité aux fonctions d'instituteur dressée par le Conseil départemental.

Les instituteurs et institutrices stagiaires enseignent en vertu d'une *délégation* de l'Inspecteur d'Académie, délégation que ce fonctionnaire peut retirer, sur l'avis motivé de l'inspecteur primaire.

STARIES. — Du latin *stare*, rester. — Voy. JOURS DE PLANCHE.

STATISTIQUE. — Du latin *status*, état, situation. — « La statistique est la science des faits sociaux, exprimés par des termes numériques. Elle a pour objet la connaissance approfondie de la Société, considérée dans ses éléments, son économie, sa situation et ses mouvements... C'est par ses travaux, ses investigations, que les grands intérêts de l'Etat sont élucidés, approfondis et connus ; ses chiffres fournissent les meilleurs arguments, les témoignages les plus péremptoires que l'on produise chaque jour au Conseil du Prince, au Parlement et à l'Académie... » (M. Moreau de Jonnès, *Eléments de statistique*, chapitre 1er.)

— Un décret du 1er juillet 1852 a créé au chef-lieu de *chaque canton* une *Commission de statistique*, dont les membres sont *nommés* par le Préfet. Les renseignements ainsi recueillis sur tous les points de la France sont *centralisés* au Ministère du Commerce et de l'Industrie.

STATUES. — 1. — Les statues sont rangées par l'article 525 du Code civil dans la classe des *immeubles par destination* « lorsqu'elles sont placées dans une niche pratiquée exprès pour les recevoir, encore qu'elles puissent être enlevées sans fracture ou détérioration. » — Voy. BIENS, I.

Les statues qui font partie du meuble d'un appartement sont comprises dans l'expression *meubles meublants*. (Cod. civ. art. 534.) — Voy. BIENS, III.

2. — La *destruction* ou *mutilation* des statues élevées par l'Autorité publique ou avec son autorisation est punie d'un *emprisonnement* d'un mois à deux ans et d'une *amende* de 100 à 500 fr. (Cod. pén. art. 257.)

STATUT PERSONNEL. — Ensemble des lois qui règlent l'état et la capacité des personnes (*nationalité*, *mariage*, *filiation*, *puissance paternelle* ou *maritale*, *majorité*, *interdiction*, *émancipation*, etc.), par opposition aux lois qui s'occupent des biens et qui forment ce qu'on appelle le *statut réel*.

Cette distinction a une importance pratique : Les lois *personnelles* régissent les Français partout où ils se trouvent, à l'étranger comme en France, de même que l'état et la capacité des étrangers résidant en France sont régis par la loi de leur pays.

Quant aux lois *réelles*, elles sont applicables à tous les immeubles, alors même qu'ils appartiennent à des étrangers. (Cod. civ. art. 3.)

STELLIONAT-STELLIONATAIRE. — Du latin *stellio*, nom donné par les Romains à un lézard venimeux dont la peau était mouchetée de points étoilés. « Les jurisconsultes, » dit M. Troplong (*le Code civil expliqué*, commentaire de l'article 2059), « comparant la fraude au venin de cet animal et à la variété changeante de ses couleurs, appelèrent *stellionataires* ceux qui, par de subtiles et insaisissables manœuvres, surprenaient la foi d'autrui. Toute fraude et toute imposture qui n'avait pas un nom particulier et ne tombait pas en crime caractérisé et défini prenait le nom de *stellionat*. »

1. — Il y a *stellionat*, aux termes de l'article 2059 du Code civil, lorsqu'on vend ou qu'on hypothèque un immeuble dont on sait n'être pas propriétaire ; lorsqu'on présente comme libres des biens hypothéqués ou que l'on déclare des hypothèques moindres que celles dont ces biens sont chargés.

2. — Le *stellionat* est un *délit purement civil* qui donnait seulement lieu à la contrainte par corps pour les restitutions qui en étaient la suite. La contrainte par corps étant abolie aujourd'hui en matière civile et commerciale, il n'y a plus d'applicable aux stellionataires que la disposition de l'article 612 du Code de commerce qui les prive, en cas de

faillite, du bénéfice de la *réhabilitation*. — Voy. FAILLITE, X.

STÈRE. — *Mètre cube*, unité des mesures de solidité. — Voy. POIDS ET MESURES.

SUBORNATION DE TÉMOINS. — (Cod. pén. art. 365.) — C'est le fait d'avoir engagé un témoin à déposer en Justice contrairement à la vérité. Il constitue un *crime* puni des mêmes peines que le faux témoignage. — Voy. FAUX TÉMOIGNAGE.

SUBROGATION. — (Cod. civ. art. 1249-1252.) — Du latin *subrogare*, mettre à la place. — C'est la transmission des droits et actions du créancier. au profit d'une tierce personne qui le paye.

1. — Le tiers qui paye pour le débiteur ou qui prête l'argent nécessaire pour l'acquittement d'une dette a bien une action à l'effet de recouvrer les fonds qu'il a avancés, mais cette action n'est garantie par aucune sûreté spéciale et elle laisse le tiers exposé à tous les dangers de l'insolvabilité du débiteur. Or, l'action qui appartient au créancier originaire était peut-être préférable, peut-être garantie par des priviléges, hypothèques ou cautionnements. Si les tiers qui emploient leur argent à venir en aide aux débiteurs malheureux obérés peuvent succéder à cette action, leur recours étant alors efficacement assuré, ils hésiteront moins à faire l'avance de leurs capitaux. C'est dans ce but qu'a été imaginée la *subrogation* qui a pour effet de mettre le tiers dont l'argent a servi à la libération du débiteur au lieu et place de l'ancien créancier, et devient ainsi un élément de crédit public.

2. — La subrogation est ou *conventionnelle* ou *légale*.

Elle est *conventionnelle :* 1° Lorsque le créancier, recevant son payement d'une tierce personne, la subroge dans ses droits, actions, priviléges ou hypothèques contre le débiteur : cette subrogation doit être *expresse* et faite *en même temps* que le payement. Aucune autre condition n'est exigée. — La quittance subrogatoire peut, au gré des parties, être sous seing privé ou notariée ; — 2° Lorsque le débiteur consent la subrogation au profit du tiers qui lui prête les fonds avec lesquels il paye sa dette. — Afin de prévenir toute fraude et de constater d'une manière certaine que la subrogation n'est pas postérieure au payement dans le but de donner les droits attachés à la créance éteinte à un nouveau créancier, au préjudice des créanciers antérieurs, la loi exige que l'*acte d'emprunt* et la *quittance* soient passées *devant notaire;* que, dans l'acte d'emprunt, il soit déclaré que la somme a été empruntée pour faire le payement, et que, dans la quittance, il soit déclaré que le payement a été fait des deniers fournis à cet effet par le nouveau créancier. Cette subrogation s'opère sans le concours de la volonté du créancier désintéressé.

3. — Le législateur n'a pas voulu accorder d'une façon générale la subrogation à tous ceux qui payent, avec leur propre argent, la dette d'autrui, car il se serait exposé à favoriser de mauvais desseins, tel individu ne cherchant peut-être, dans le payement qu'il offre, que l'occasion de placer ses fonds avec de bonnes garanties; tel autre voulant peut-être se substituer au créancier pour vexer de mille manières le débiteur.

Afin d'échapper à ce danger, il a posé en principe que ceux-là seulement acquièrent la subrogation qui la stipulent du créancier ou du débiteur ; elle n'a lieu de plein droit qu'exceptionnellement, dans les cas où il est évident que le tiers qui paye agit avec des vues honnêtes et légitimes. — Les cas de subrogation *légale* sont au nombre de 4.

Ainsi, la subrogation a lieu *de plein droit :* 1° Au profit de celui qui, étant lui-même créancier, paye un autre créancier qui lui est préférable à raison de ses priviléges ou hypothèques. Le créancier placé au dernier rang, a un intérêt légitime à écarter, en les désintéressant, ceux qui doivent être payés avant lui, car il empêchera peut-être par là une vente inopportune ou des poursuites ruineuses: — 2° Au profit de l'acquéreur d'un immeuble, qui emploie le prix de son acquisition au payement des créanciers auxquels cet héritage était hypothéqué; — 3° Au profit de celui qui, étant tenu avec d'autres ou pour d'autres au payement de la dette, avait intérêt de l'acquitter; — 4° Au profit de l'héritier bénéficiaire qui paye de ses deniers les dettes de la succession. Quoiqu'il ne soit pas tenu de payer de ses deniers les créanciers du défunt, l'héritier bénéficiaire a pourtant un intérêt légitime à les écarter, afin de diminuer les complications et les frais de la liquidation.

SUBROGÉ-TUTEUR. — (Cod. civ. art. 420-426; 505.) — C'est la personne nommée par le Conseil de famille pour surveiller l'administration du tuteur et remplacer ce dernier dans les actes où ses intérêts peuvent se trouver en opposition avec ceux du mineur ou de l'interdit. — Voy. TUTELLE, II; — CURATEUR, 2.

SUBSTANCES VÉNÉNEUSES. — (Loi 19 juillet 1845; ord. roy. 29 octobre 1846; Déc. 8 juillet 1850, 1er octobre 1864.) — On désigne ainsi les substances minérales ou végétales qui, administrées en petites quantités, ont la propriété de donner la mort plus ou moins promptement. Le législateur en a *réglementé le commerce* afin d'empêcher autant que possible qu'elles ne soient acquises pour un criminel usage.

1. — Les substances vénéneuses sont les suivantes : *Acide cyanhydrique; — Alcaloïdes végétaux vénéneux et leurs sels; — Arsenic et ses préparations; — Belladone, extrait et teinture; — Cantharides entières, poudre et extrait; — Chloroforme; — Ciguë, extrait et teinture; — Coque du Levant; — Cyanure de mercure; — Cyanure de potassium; — Digitale, extrait et teinture; — Emétique; — Jusquiame, extrait et teinture; — Nicotiane; — Nitrate de mercure; — Opium et son extrait; — Phosphore; — Seigle ergoté; — Stramonium, extrait et teinture; — Sublimé corrosif.*

2. — L'ordonnance royale du 29 octobre 1846 contient les prescriptions à observer par tous ceux qui, par état, sont dépositaires des substances vénéneuses et chargés de leur débit.

Ainsi, quiconque veut faire le commerce d'une ou de plusieurs des substances ci-dessus énumérées est tenu d'en faire préalablement la *déclaration* devant le Maire de la Commune, ou devant le Préfet de police à Paris et dans le ressort de la Préfecture, en indiquant le lieu où est situé son établissement. Les chimistes, fabricants ou manufacturiers, qui en font emploi, sont également astreints à cette déclaration, qui doit être *renouvelée* dans le cas de *déplacement de l'établissement*.

Les substances dont il s'agit ne peuvent être vendues ou livrées qu'aux commerçants, chimistes, fabricants ou manufacturiers qui ont fait la déclaration exigée, ou aux pharmaciens, et sur la demande écrite et signée de l'acheteur.

La vente des substances vénéneuses ne peut être faite, pour l'usage de la médecine, que par les pharmaciens, et sur la *prescription* d'un médecin, chirurgien, officier de santé, ou d'un vétérinaire breveté.

— Les substances vénéneuses doivent être *tenues dans un lieu sûr*, ouvert seulement par le chef de l'établissement.

3. — Toute *contravention* aux règlements sur la vente, l'achat et l'emploi des substances vénéneuses, est punie d'une *amende* de 100 fr. à 3000 fr. et d'un *emprisonnement* de 6 jours à 2 mois; sauf l'application, s'il y a lieu, du bénéfice des circonstances atténuantes.

SUBSTITUT. — Magistrat du *Ministère public*. — Voy. ce mot.

SUBSTITUTION. — (Cod. civ. art. 896-899; 1048-1074.) — Disposition par laquelle le donateur ou le testateur donne ou lègue à une personne, à la charge par celle-ci de conserver jusqu'à la mort les biens donnés ou légués et de les restituer à ce moment à un tiers que la disposition désigne.

1. — Fort usitées avant la Révolution parce qu'elles offraient le moyen de conserver ce qu'on appelait les *grandes familles*, en perpétuant dans les aînés *la splendeur du nom*, les substitutions furent prohibées en 1792, pour plusieurs *motifs :* — 1° Parce qu'elles étaient contraires au principe d'égalité qui est devenu la base de notre constitution politique ; — 2° Parce qu'elles permettaient à chaque citoyen d'établir un ordre légal de succession particulier à sa famille ; — 3° Parce qu'il était immoral de voir réduire à un état misérable tous les membres de la même famille afin de donner à un seul l'éclat du rang et de la fortune ; — 4° Enfin, parce que la circulation des biens se trouvait entravée.

Le Code civil a maintenu la prohibition édictée par le législateur de 1792, mais il y a apporté *deux exceptions :*

1° Les *pères* et *mères* peuvent donner ou léguer la *quotité disponible* (voy. ce mot) à un ou plusieurs de leurs enfants, à la charge par le donataire ou légataire de conserver jusqu'à sa mort et de rendre les biens à *tous* ses enfants *nés* ou *à naître*, au *premier degré seulement ;*

2° Les *frères* et *sœurs* qui n'ont pas d'enfants, peuvent également donner ou léguer les biens dont il leur est permis de disposer à leur frère ou à leur sœur, à la charge par le donataire ou légataire de conserver jusqu'à sa mort et de rendre lesdits biens à ses enfants *nés* ou *à naître*, au *premier degré seulement.*

Le but de ces dispositions permises exceptionnellement aux pères et mères et aux frères et sœurs est de conserver les biens à leurs petits-enfants ou neveux et nièces, lorsqu'il est à craindre qu'ils ne soient dissipés par leurs parents.

2. — On nomme *grevés* les donataires ou légataires qui sont tenus de conserver les biens, et *appelés* ceux auxquels les biens doivent être rendus un jour.

Les grevés n'ont qu'un simple *droit de jouissance* et ne peuvent exercer sur les biens qui sont compris dans la substitution aucun droit de propriété (*vente*, *hypothèque*, etc.). — De leur côté, les appelés n'ont *aucun droit* tant que dure la jouissance du grevé.

3. — Les *formalités* prescrites, tant dans l'intérêt des appelés que dans celui des tiers à qui il importe de connaître la substitution afin de ne pas être induits en erreur sur le véritable état des affaires et des ressources du grevé, sont tracées dans les articles 1055-1074 du Code civil.

SUBSTITUTION D'ENFANT. — Voy. ENFANT, 4.

SUCCESSIONS. — (Cod. civ. art. 718-892 ; Cod. proc. civ. art. 907-1002.) — A défaut de testament, les successions sont réglées par la loi. Elles sont transmises aux plus proches parents du défunt, à ceux pour lesquels il est présumé avoir eu le plus d'affection.

I. OUVERTURE DES SUCCESSIONS. — QUALITÉS REQUISES POUR SUCCÉDER. — 1. — La *mort civile* (voy. ce mot) ayant été abolie, les successions ne s'ouvrent plus aujourd'hui que par la *mort naturelle.*

2. — Pour succéder, il faut nécessairement exister à l'instant de l'ouverture de la succession. Celui qui n'est *pas encore conçu* ou l'enfant *né non viable* ne sont pas héritiers.

3. — Le Code a prévu le cas où plusieurs personnes *respectivement appelées à la succession l'une de l'autre* viendraient à *périr dans un même événement*, sans qu'il fût possible de savoir laquelle est décédée la première et a ainsi recueilli la succession de ses comourants pour la transmettre, avec la sienne propre, à ses plus proches parents. Dans cette hypothèse, la *présomption de sur-*

vie est déterminée par les *circonstances du fait.* S'il s'agit, par exemple, d'un naufrage, celui qui savait nager est présumé avoir survécu à celui qui ne le savait point; — s'il s'agit d'un incendie, celui-là est présumé avoir survécu, qui habitait la partie de la maison brûlée la dernière.

A défaut de ces circonstances, la présomption de survie est tirée de l'*âge* ou du *sexe* des comourants, d'après les distinctions établies dans les articles 721 et 722 du Code civil, ainsi conçus :

Art. 721. — « Si ceux qui ont péri ensemble avaient moins de 15 ans, le plus âgé sera présumé avoir survécu; — S'ils étaient tous *au-dessus de soixante ans*, le moins âgé sera présumé avoir survécu ; — Si les uns avaient *moins de quinze ans* et les autres *plus de soixante*, les premiers seront présumés avoir survécu. »

Art. 722. — « Si ceux qui ont péri ensemble avaient *quinze ans accomplis* et *moins de soixante*, le mâle est toujours présumé avoir survécu, lorsqu'il y a égalité d'âge ou si la différence qui existe n'excède pas une année; — S'ils étaient du *même sexe*, la présomption de survie, qui donne ouverture à la succession dans l'ordre de la nature, doit être admise : ainsi le *plus jeune* est présumé avoir survécu au plus âgé. »

4. — Sont *indignes* de succéder, et comme tels *exclus* des successions : — 1° Celui qui serait condamné pour avoir donné ou tenté de donner la mort au défunt; — 2° Celui qui a porté contre le défunt une plainte ou une dénonciation *capitale* (c'est-à-dire qui tendait à faire condamner à la peine de mort) jugée calomnieuse ; — 3° L'héritier majeur qui, instruit du meurtre du défunt, ne l'a pas dénoncé à la Justice. Toutefois, le *défaut de dénonciation* n'est *pas opposable* aux ascendants et descendants du meurtrier, ni à ses alliés au même degré, ni à son époux ou à son épouse, ni à ses frères ou sœurs, oncles et tantes, neveux et nièces.

Les *enfants de l'indigne*, venant à la succession, de leur chef et sans le secours de la *représentation* (voy. ce mot), ne sont pas exclus pour la faute de leur père; mais celui-ci ne peut, en aucun cas, réclamer sur les biens de cette succession l'usufruit que la loi accorde aux pères et mères sur les biens de leurs enfants.

5. — Voy. SAISINE ; — REPRÉSENTATION.

II. DIVERS ORDRES DE SUCCESSIONS. — § 1er. — *Successions déférées aux* DESCENDANTS. — 1. — Les descendants (*fils*, *petits-fils*, *petites-filles*, etc.) succèdent, *à l'exclusion de tous autres parents*, à leurs père et mère, aïeuls, aïeules, ou autres ascendants. On ne distingue ni leur sexe, ni leur primogéniture, ni s'ils sont issus de différents mariages.

EXEMPLE (1)

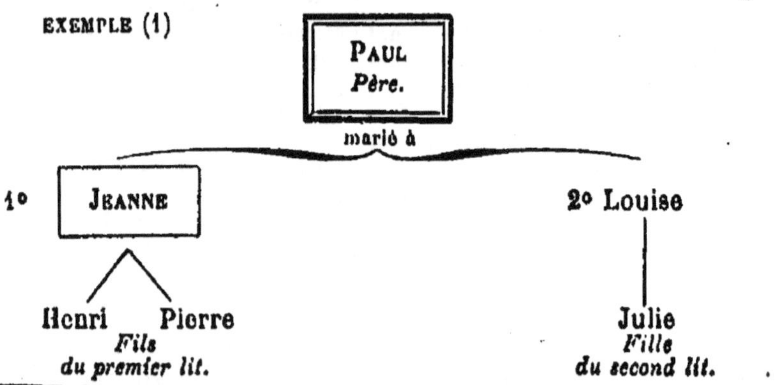

(1) NOTA. — Le nom du *défunt*, dont la succession est à partager, est en

La succession de Paul appartient à ses trois enfants, *Henri*, *Pierre* et *Julie*, chacun pour un tiers.

2. — Les descendants succèdent par *égales portions* et par *tête* quand ils sont tous *au premier degré* et appelés *de leur chef*; — ils succèdent *par souche* lorsqu'ils viennent tous ou en partie *par représentation*.

EXEMPLE :

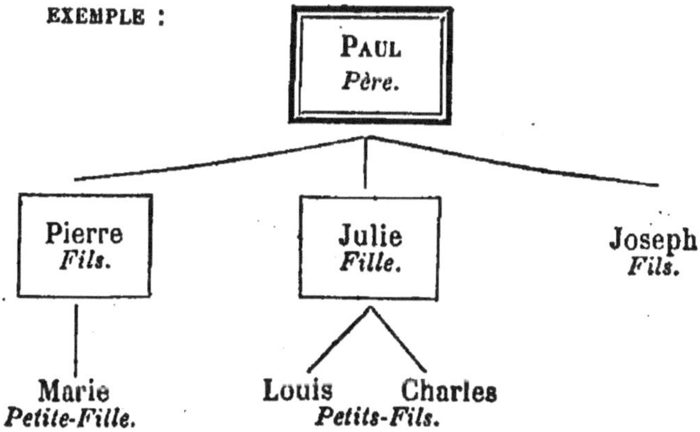

La succession de Paul se partage en trois souches : *Joseph*, le seul fils vivant, prend un tiers; — *Louis* et *Charles*, petits-fils, représentant leur mère, Julie, prédécédée, recueillent le second tiers; — et *Marie*, petite-fille, qui hérite par représentation de son père Pierre, également prédécédé, reçoit le troisième tiers.

§ 2. — *Successions déférées aux* ASCENDANTS. — 1. — Lorsque le défunt n'a laissé *ni postérité*, *ni frère*, *ni sœur*, *ni descendants d'eux*, sa succession se divise par *moitié* entre les ascendants de la *ligne paternelle* et les ascendants de la *ligne maternelle*. — L'ascendant qui se trouve au degré le plus proche recueille la moitié affectée à sa ligne, à l'exclusion de tous autres. Les ascendants *au même degré* succèdent *par tête*.

PREMIER EXEMPLE :

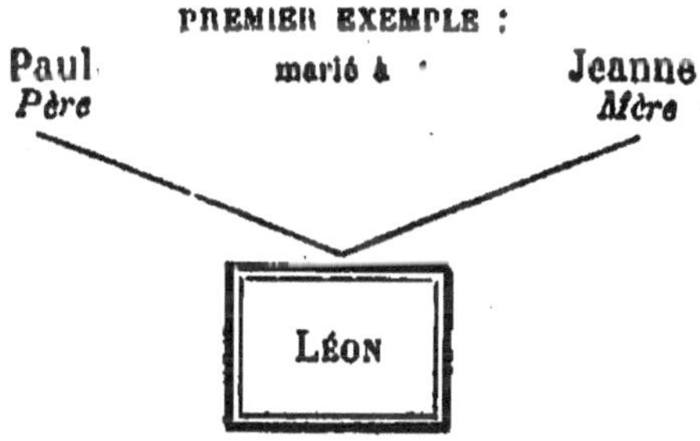

La succession de Léon appartient par moitié à ses père et mère qui, chacun dans leur ligne, sont les ascendants les plus proches.

petites capitales et dans un double cadre noir; — celui de ses *proches parents prédécédés* est en caractères ordinaires, mais entouré d'un cadre simple; — celui de ses *parents vivants*, parmi lesquels il faut trouver les héritiers, est également en caractères ordinaires, mais sans signe distinctif.

DEUXIÈME EXEMPLE :

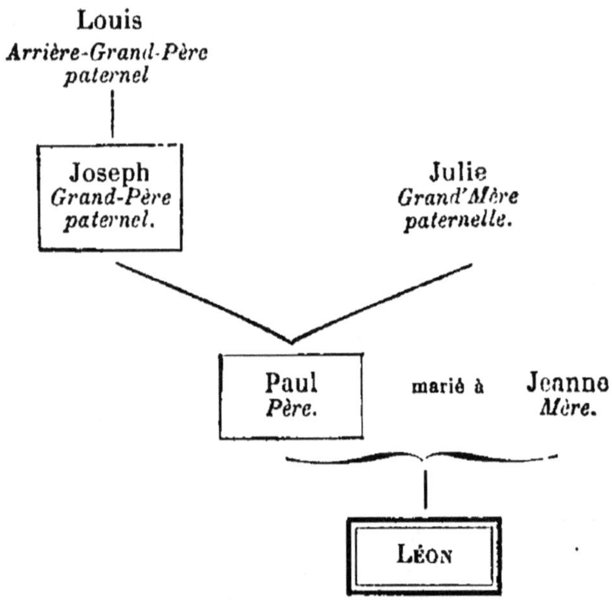

La moitié de la succession, dévolue à la ligne paternelle, appartient à *Julie*, grand'mère paternelle, qui exclut ainsi Louis, arrière-grand-père; l'autre moitié, réservée à la ligne maternelle, échoit à *Jeanne*, la mère survivante.

2. — Par dérogation à la règle ci-dessus formulée, les ascendants recueillent *exceptionnellement et à l'exclusion de tous autres*, les choses *par eux données* à leurs enfants ou descendants décédés sans postérité, lorsque les objets donnés *se retrouvent en nature* dans la succession. — Si les objets ont été *aliénés*, les ascendants recueillent le *prix qui peut en être dû*. — Ils succèdent aussi à l'*action en reprise* que pouvait avoir le donataire (pour cause de *lésion*, de *dol*, d'*incapacité*, etc.).

Le législateur a pensé qu'il ne fallait pas ajouter à la douleur de l'ascendant qui vient à perdre son enfant le chagrin de voir passer en d'autres mains des biens qui lui ont appartenu : il a considéré, en outre, qu'un ascendant se montrerait sans doute peu disposé à être libéral envers ses enfants s'il n'avait l'assurance de reprendre, dans la succession du donataire mort sans postérité, les biens dont il se serait dépouillé à son profit.

3. — Lorsque les père et mère d'une personne morte sans postérité lui ont survécu, si elle a laissé des frères, sœurs, ou des descendants d'eux, la succession se divise en deux portions égales, dont la moitié seulement est déférée au père et à la mère, qui la partagent entre eux également. — L'autre moitié appartient aux frères, sœurs, ou descendants d'eux, ainsi qu'il sera expliqué au § suivant. (Voy. 2.)

§ 3. — *Successions déférées aux* COLLATÉRAUX. — 1. — En cas de prédécès des père et mère d'une personne morte sans postérité, ses frères, sœurs, ou leurs descendants, sont appelés à la succession, à l'exclusion des ascendants et des autres collatéraux.

EXEMPLE :

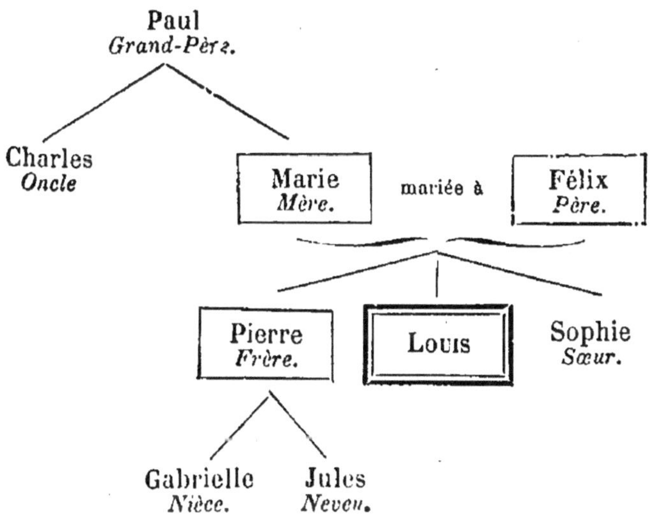

La succession de Louis revient, par moitié, à *Sophie*, sa sœur, et, pour l'autre moitié, à *Jules* et *Gabrielle*, ses neveu et nièce, qui représentent Pierre, leur père, décédé.

2. — Si les père et mère de la personne morte sans postérité lui ont survécu, ses frères, sœurs, ou leurs descendants, ne sont appelés qu'à la moitié de la succession. Ils recueillent les trois quarts, si le père ou la mère seulement a survécu.

EXEMPLE :

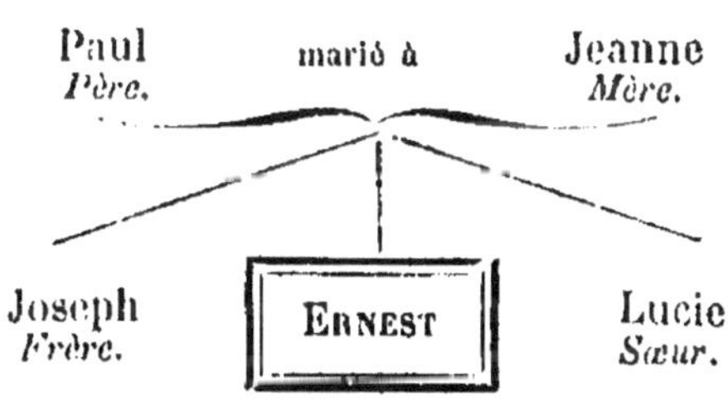

La succession d'Ernest appartient, pour moitié, à *Paul* et à *Jeanne*, ses père et mère, et, pour l'autre moitié, à *Joseph* et *Lucie*, ses frère et sœur. — Si le père seul était survivant, il prendrait le quart ; Joseph et Lucie auraient les trois autres quarts.

3. — Le partage de la moitié ou des trois quarts dévolus aux frères ou sœurs, ainsi qu'il vient d'être dit, s'opère entre eux par *égales portions*, s'ils sont tous du *même lit ;* — s'ils sont de *lits différents*, la division se fait par *moitié entre les deux lignes paternelle et maternelle* du défunt : les *germains* (nés du même père et de la même mère) prennent part dans les deux lignes, et les *utérins* (nés de la même mère, mais d'un père différent), ou les *consanguins* (nés du même père, mais d'une mère différente), prennent part dans leur ligne seulement.

EXEMPLE :

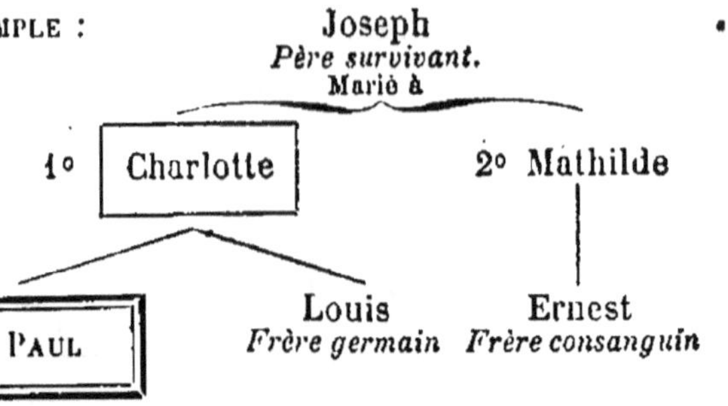

Il faut partager la succession de Paul qui est mort, laissant :

1° Joseph, son père ;

2° Louis, son frère *germain* (né comme lui de Joseph et de Charlotte, la première femme de ce dernier).

3° Ernest, son frère *consanguin* (né comme lui de Joseph, mais de Mathilde, la seconde femme de ce dernier).

La succession comprend un actif de 20 000 francs :

Joseph, le père survivant, a droit à un quart, c'est-à-dire à 5 000 fr. — Les trois autres quarts, soit 15 000 fr., sont le partage des frères du défunt ; mais comme ils ne sont pas du même lit, leur part se divise en deux moitiés, l'une, 7 500 fr. pour la ligne paternelle ; l'autre, 7 500 fr. pour la ligne maternelle.

La ligne paternelle étant représentée à la fois par *Louis*, frère germain, et par *Ernest*, frère consanguin du défunt, chacun d'eux a droit à la moitié de la part dévolue à cette ligne, soit 3 750 fr. — La ligne maternelle n'étant représentée que par *Louis*, frère germain, il recueille seul la part dont elle est gratifiée, soit 7 500 fr.

4. — S'il n'y a de frères ou sœurs que d'un côté (*consanguins* ou *utérins*), ils prennent la totalité de la part attribuée aux collatéraux, à l'exclusion de tous autres parents de l'autre ligne.

EXEMPLE :

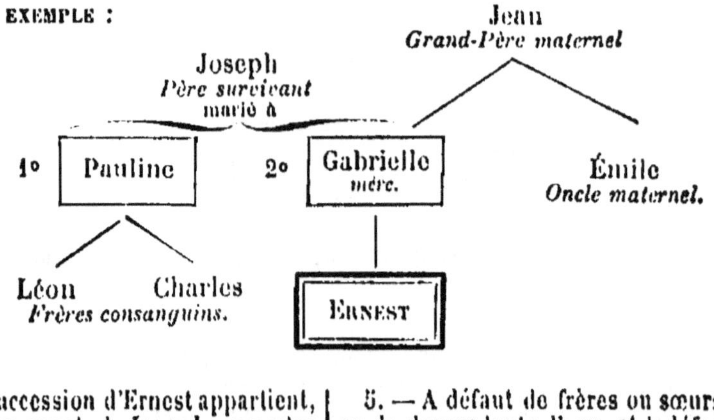

La succession d'Ernest appartient, pour un quart, à *Joseph*, son père survivant, et pour les autres trois quarts, à *Léon* et *Charles*, ses frères consanguins, qui excluent Jean, le grand-père maternel, et Emile, l'oncle maternel.

5. — A défaut de frères ou sœurs, ou de descendants d'eux, et à défaut d'ascendants dans l'une ou l'autre ligne, la succession est déférée pour moitié aux ascendants survivants, et, pour l'autre moitié, aux parents les plus proches de l'autre ligne.

EXEMPLE :

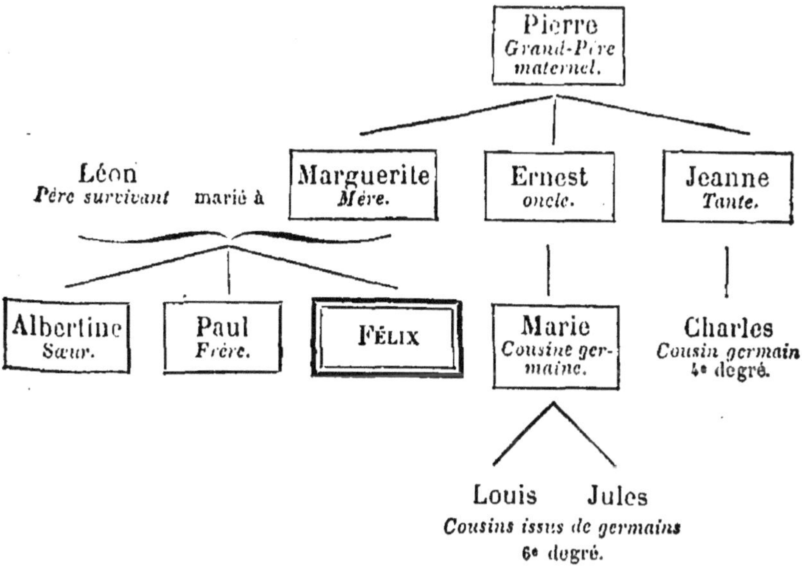

Dans l'espèce ci-dessus, les frère et sœur de Félix étant prédécédés sans laisser de postérité, sa succession se partagera entre *Léon*, ascendant paternel survivant, et *Charles*, cousin germain au 4e degré, qui, dans la ligne maternelle, se trouve être le plus proche parent. Louis et Jules, cousins issus de germain, n'étant parents du défunt qu'au 6e degré, sont exclus, car ils ne peuvent invoquer le bénéfice de la représentation qui n'est admise, dans la ligne collatérale, qu'au profit des enfants de frères ou de sœurs, c'est-à-dire au profit des *neveux, nièces, petits-neveux, petites-nièces*, etc. — En outre, Léon, le père survivant, aura l'usufruit du tiers de la portion de biens attribuée à la ligne maternelle, la loi accordant, dans l'hypothèse dont il s'agit, au *père* ou à la *mère survivant*, l'*usufruit du tiers* des biens auxquels il ne succède pas en propriété. (Cod. civ. art. 754.) — Cette attribution d'usufruit est ainsi motivée dans le rapport du Conseiller d'Etat Treilhard : « Lorsque le défunt laisse un père ou une mère, s'il ne laisse d'ailleurs ni descendants, ni frère ni sœur, ni neveux, ni aucun ascendant dans l'autre ligne, nous avons conservé dans ce cas au père ou mère survivant l'usufruit du tiers des biens dévolus aux collatéraux ; faible consolation sans doute pour le père ou la mère, mais consolation qui pourra leur procurer du soulagement dans l'âge des infirmités et des besoins. Cette disposition est encore fondée sur la volonté présumée du fils, qui certainement n'eût pas voulu, pour hâter la jouissance des collatéraux, laisser dans la détresse les auteurs de ses jours. »

6. — Enfin, si le défunt ne laisse ni frères, ni sœurs, ni descendants d'eux, ni ascendants paternels ou maternels, sa succession se divise par moitié entre les collatéraux les plus proches de l'une et l'autre ligne.

EXEMPLE :

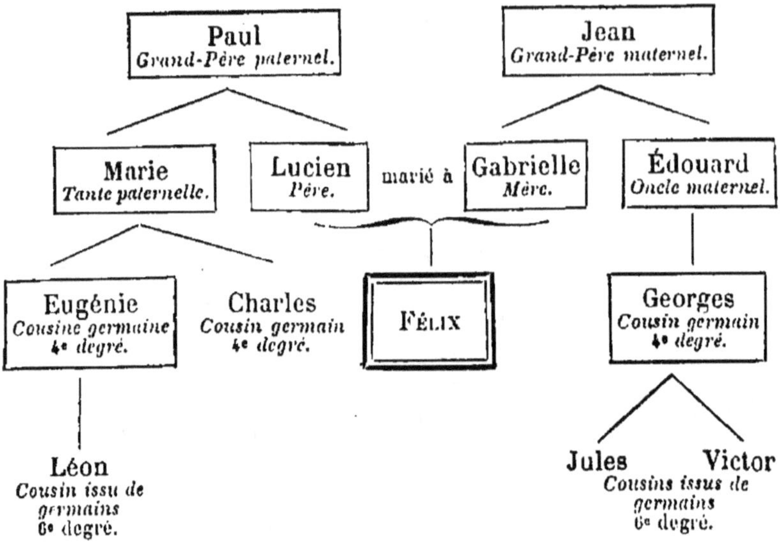

Dans cette hypothèse, la succession de Félix se partage en deux parts : moitié appartient à la ligne paternelle, où *Charles* est le parent le plus proche; l'autre moitié est dévolue à la ligne maternelle, c'est-à-dire à *Jules* et à *Victor*, qui sont au même degré et partagent entre eux ladite moitié.

7. -- Les parents *au delà du douzième degré* ne succèdent pas. — Pour la manière de calculer les degrés, voy. PARENTÉ, 6.

8. -- A défaut de parents au degré successible dans une ligne, les parents de l'autre ligne succèdent pour le tout.

§ 4. — *Successions* dites *irrégulières*. — Ce sont celles qui sont dévolues aux *enfants naturels reconnus*, au *conjoint survivant* et à l'*Etat*.

I. ENFANTS NATURELS RECONNUS. — 1. — Sous l'*ancienne jurisprudence*, les enfants naturels ne succédaient pas, lors même qu'ils étaient reconnus : ils n'avaient droit qu'à des aliments. — Portant la réaction jusqu'à l'excès, la *Révolution* assimila les enfants naturels aux enfants légitimes : une loi du 11 brumaire an XI (3 novembre 1802) leur accorda les mêmes droits de successibilité. — Le *Code civil* se plaçant entre ces deux systèmes et voulant concilier l'intérêt de l'humanité avec l'intérêt du mariage, accorde aux enfants naturels reconnus un droit de succession, moins étendu toutefois que celui attribué aux enfants légitimes, et dont la quotité varie suivant la proximité des parents légitimes avec lesquels ils se trouvent en concours.

1° Si le père ou la mère de l'enfant naturel a laissé des *descendants légitimes*, la part de cet enfant est du *tiers* seulement de la portion héréditaire qu'il aurait eue s'il eût été légitime.

EXEMPLE :

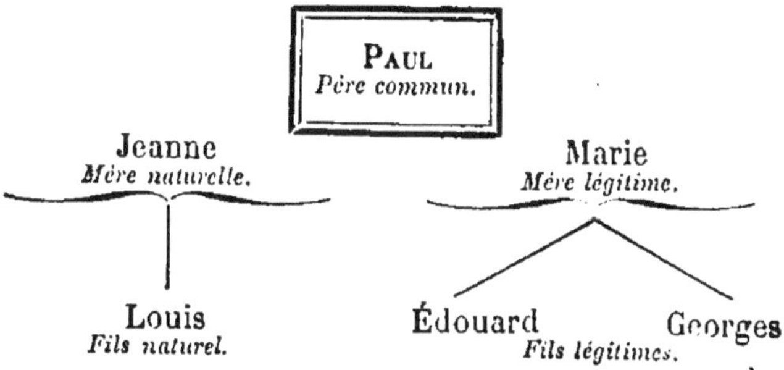

Paul, le défunt, laisse trois enfants : Louis qu'il a eu avant son mariage et qu'il a reconnu, Edouard et Georges, nés de son mariage avec Marie. Sa succession se monte à 45 000 fr. — Si les trois enfants eussent tous été légitimes, chacun d'eux aurait recueilli le tiers, soit 15 000 fr. Mais *Louis*, étant enfant naturel et se trouvant en concours avec des descendants légitimes, n'a droit qu'au tiers de ce qui lui aurait appartenu s'il eût été légitime. Il ne prendra conséquemment que 5 000 fr., et les 40 000 fr. restants seront partagés par moitié entre *Edouard* et *Georges*, les deux fils légitimes.

2° Lorsque les père ou mère ne laissent pas de descendants, mais bien des *ascendants* ou des *frères* ou *sœurs*, l'enfant naturel est plus favorisé : au lieu du tiers, il recueille la *moitié* de ce qu'il aurait reçu s'il eût été légitime.

EXEMPLE :

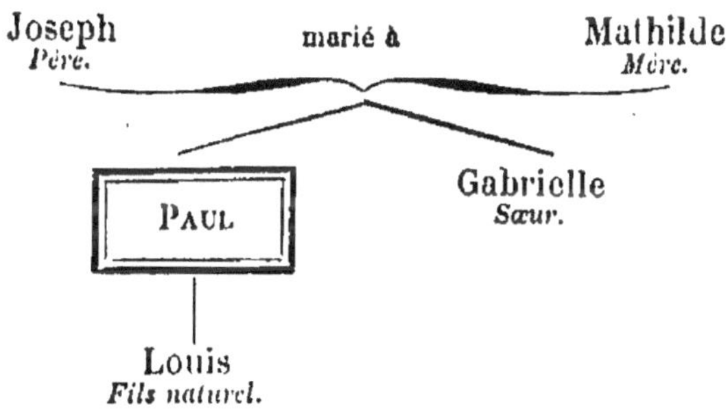

Paul, qui a eu un enfant naturel, Louis, et qui l'a reconnu, meurt en laissant son père, sa mère et une sœur. La succession s'élève à 60 000 fr. — Si *Louis* eût été légitime, il aurait recueilli tous les biens, à l'exclusion des autres parents du défunt. Sa part étant restreinte à la moitié de celle qui lui aurait appartenu s'il eût été légitime, il ne prendra que 30 000 fr. Les autres 30 000 fr. seront partagés par moitié entre *Joseph* et *Mathilde*, père et mère survivants de Paul, et *Gabrielle*, sœur du défunt.

3° Lorsque les père ou mère ne laissent ni *descendants*, ni *ascendants*, ni *frères*, ni *sœurs*, l'enfant naturel est encore mieux traité : il a droit aux *trois quarts* de ce qui lui aurait appartenu s'il eût été légitime.

EXEMPLE :

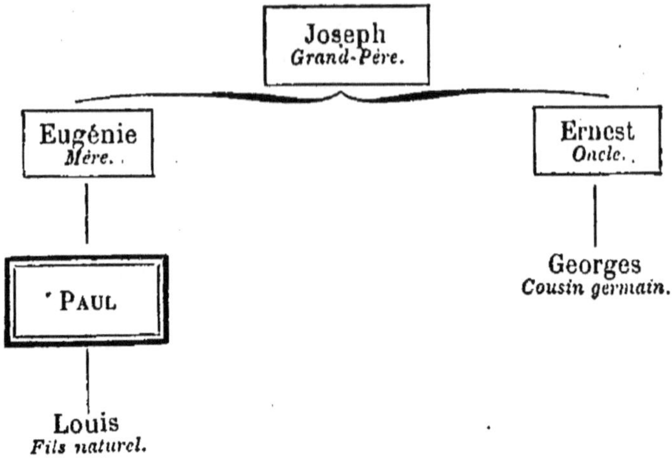

Paul, qui a eu un enfant naturel, Louis, et qui l'a reconnu, meurt en laissant pour plus proche parent un cousin germain, Georges. Sa succession monte à 40 000 fr. — Si *Louis* eût été légitime, il aurait recueilli tous les biens, à l'exclusion du cousin germain du défunt. Sa part étant fixée aux trois quarts de ce qu'il aurait reçu s'il eût été légitime; il prendra 30 000 fr., et *Georges*, le cousin germain, aura les 10 000 fr. restants.

4° Enfin, l'enfant naturel a droit à la *totalité* des biens, lorsque ses père ou mère ne laissent *pas de parents au degré successible*.

2. — En cas de *prédécès de l'enfant naturel*, ses enfants ou descendants *légitimes* peuvent réclamer les droits ci-dessus fixés; mais les enfants naturels, même reconnus, n'ont pas ce privilège : la loi ne leur accorde *aucun droit sur les biens des parents de leurs père et mère*.

3. — Les enfants naturels ne peuvent rien recevoir, ni par donation, ni par testament, au delà de la portion qui leur est accordée. Aussi sont-ils obligés d'*imputer* sur cette portion tout *ce qu'ils ont déjà reçu* du père ou de la mère dont la succession est ouverte, et qui serait sujet à *rapport* d'après les règles que nous ferons connaître plus loin (voy. IV).

Toute *réclamation* leur est *interdite*, lorsqu'ils ont reçu, du vivant de leur père ou de leur mère, la *moitié* de ce qui leur est attribué par la loi, avec la *déclaration expresse*, de la part de leur père ou mère, que leur intention est de réduire l'enfant naturel à la portion qu'ils lui ont assignée. — Dans le cas où cette portion serait inférieure à la moitié de ce qui devrait revenir à l'enfant naturel, il ne peut réclamer que le *supplément* nécessaire pour parfaire cette moitié.

4. — Les enfants naturels *incestueux* ou *adultérins* n'ont aucun droit de succession. La loi ne leur accorde que des *aliments*, lesquels sont réglés eu égard aux facultés du père ou de la mère, au nombre et à la qualité des héritiers légitimes.

— Lorsque le père ou la mère de l'enfant incestueux ou adultérin lui ont fait apprendre un art mécanique, ou lorsque l'un d'eux lui a assuré des aliments de son vivant, l'enfant ne peut élever *aucune réclamation* contre leur succession.

5. — Lorsqu'un enfant naturel décède *sans postérité*, sa succession est dévolue au *père* ou à la *mère* qui l'a reconnu, ou par moitié à tous

les deux, s'il a été reconnu par l'un et par l'autre.

En cas de *prédécès des père et mère* de l'enfant naturel, *les biens qu'il en avait reçus* passent aux *frères* ou *sœurs légitimes*, s'ils se trouvent en nature dans la succession; les actions en reprise s'il en existe, ou le prix de ces biens aliénés s'il est encore dû, retournent également aux frères et aux sœurs légitimes. *Tous les autres biens* passent aux *frères* et *sœurs naturels* ou à leurs descendants.

II. CONJOINT SURVIVANT. — 1. — Lorsque le défunt ne laisse ni *parents au degré successif*, *ni enfants naturels reconnus*, les biens de sa succession appartiennent au conjoint qui lui survit. La loi, on le voit, s'est montrée bien dure pour le conjoint, et il serait superflu de faire ressortir l'anomalie ou plutôt l'injustice d'une disposition qui le relègue au dernier rang, après les parents les plus éloignés, même après les enfants naturels s'il y en a !

« Cette rigueur de la loi à l'égard des conjoints, » dit M. Mourlon (*Répétitions écrites sur le Code civil*, t. II, p. 89, 90), ne peut s'expliquer qu'historiquement.

» Lorsqu'on discuta cette matière, un membre du Conseil d'Etat, faisant remarquer que l'époux survivant était oublié, proposa une disposition en sa faveur; mais cette proposition fut abandonnée par suite d'une équivoque : un autre membre du Conseil d'Etat répondit qu'il était inutile de s'occuper du conjoint, parce que, dit-il, l'article 754 lui avait déjà attribué le droit de concourir pour l'usufruit avec les collatéraux. Cette erreur matérielle empêcha de donner suite à la proposition qui avait été faite en sa faveur. »

2. — Pour réparer la regrettable inadvertance du législateur, les époux peuvent, du reste, faire un *testament* si leur *contrat de mariage* n'y a déjà pourvu.

III. ETAT. — 1. — *A défaut de conjoint survivant*, la succession est acquise à l'*Etat*.

2. — L'Etat, représenté par l'Administration des Domaines, doit, comme le conjoint survivant et les enfants naturels, se faire *envoyer en possession* par le Tribunal de première instance dans le ressort duquel la succession est ouverte. Le Tribunal statue sur la demande après 3 *publications* et *affiches* dans les formes usitées, et après avoir entendu le Procureur de la République. — Les successeurs irréguliers sont également tenus de faire apposer les *scellés* et de faire faire *inventaire*, afin de sauvegarder les droits des héritiers inconnus qui pourraient ultérieurement se présenter.

III. ACCEPTATION ET RÉPUDIATION DES SUCCESSIONS. — Celui auquel une succession est dévolue peut prendre l'un des *trois partis* suivants :

Accepter purement et simplement;

Renoncer;

Accepter sous bénéfice d'inventaire.

§ 1er. — ACCEPTATION PURE ET SIMPLE. — Elle a pour *conséquence* de soumettre l'héritier au *payement de toutes les dettes* de la succession, alors même que le passif dépasse l'actif.

1. — L'acceptation peut être *expresse* ou *tacite*. Elle est *expresse* quand l'héritier prend ce titre dans un acte authentique ou sous seing privé; — *tacite* quand il fait un acte qui suppose nécessairement son intention d'accepter et qu'il n'aurait droit de faire qu'en sa qualité d'héritier; par exemple, s'il vend des valeurs dépendant de la succession.

2. — Lorsque celui à qui une succession est échue vient à mourir sans l'avoir répudiée ou sans l'avoir acceptée expressément ou tacitement, ses héritiers peuvent l'accepter ou la répudier de son chef. — Si ces héritiers ne sont *pas d'accord* pour accepter ou pour

répudier la succession, elle doit être acceptée *sous bénéfice d'inventaire.*

3. — Le majeur n'est recevable à attaquer l'acceptation expresse ou tacite qu'il a faite d'une succession que dans le cas où cette acceptation aurait été la suite d'un *dol* pratiqué envers lui; il ne peut jamais réclamer sous prétexte de *lésion*, excepté seulement dans le cas où la succession se trouverait *absorbée* ou *diminuée de plus de moitié* par la *découverte d'un testament inconnu* au moment de l'acceptation.

§ 2. — Renonciation. — 1. — Elle *se fait au greffe du Tribunal* de l'arrondissement où la succession s'est ouverte. Le renonçant est réputé n'avoir jamais été héritier; en conséquence, sa part est dévolue à ceux qui doivent la recueillir à son défaut.

Pour renoncer valablement, il faut n'avoir pas accepté la succession, n'avoir disposé d'aucune de ses valeurs, n'avoir enfin rien diverti ou recélé des effets qui la composent; car, dans ces trois hypothèses, on serait héritier pur et simple, et, par suite, tenu de toutes les dettes.

2. — La renonciation n'est *pas irrévocable* comme l'acceptation, parce qu'elle n'entraine pas des engagements entre l'héritier et les créanciers de la succession. Aussi peut-on reprendre une succession qu'on a répudiée, pourvu qu'elle n'ait pas encore été acceptée par d'autres héritiers ou qu'il ne se soit pas écoulé 30 ans depuis le jour où l'on avait connu l'ouverture de ladite succession.

§ 3. — Acceptation sous bénéfice d'inventaire. — 1. — Accepter ou renoncer est une alternative qui peut souvent offrir de grands embarras, à cause de l'incertitude où se trouve l'héritier sur la valeur de la succession qui lui est échue. Aussi la loi permet-elle l'acceptation sous *bénéfice d'inventaire* dont l'*effet* est : 1° De n'obliger l'héritier au payement des dettes de la succession que jusqu'à concurrence de la valeur des biens qu'il y recueille; — 2° De ne pas confondre les biens personnels de l'héritier avec ceux de la succession, ce qui lui conserve contre elle le droit de réclamer le payement de ses créances.

2. — L'héritier qui veut user de ce bénéfice doit le *déclarer au greffe du Tribunal* de l'arrondissement où la succession s'est ouverte et faire procéder, *dans les 3 mois* du jour du décès, à l'*inventaire* exact de tous les biens composant la succession. Il a un *délai de 40 jours*, à partir de la clôture de l'inventaire, pour *délibérer* sur son acceptation ou sa renonciation.

3. — L'héritier bénéficiaire administre les biens de la succession, paye les créanciers au fur et à mesure qu'ils se présentent, sur l'actif qu'il a recueilli, et profite de ce qui reste, une fois les dettes soldées.

4. — Est *déchu* du bénéfice d'inventaire l'héritier qui a *recélé* ou *diverti* des effets de la succession.

5. — Ce serait une erreur de croire que l'acceptation sous bénéfice d'inventaire soit toujours le meilleur parti à prendre. En effet, indépendamment des soucis d'une liquidation qui peut ne rien laisser après elle, elle entraine l'obligation de rapporter à la masse les libéralités reçues du défunt. Or, il y a parfois avantage à renoncer, afin d'être dispensé du rapport et de conserver les libéralités du défunt en tant qu'elles n'excèdent pas la quotité disponible.

IV. Partage et rapports. — 1. — Lorsque plusieurs héritiers sont en présence, chacun d'eux a sur les objets de la succession un droit indéterminé. Or cet état d'*indivision* dans lequel ils se trouvent est un obstacle à la circulation des biens, à leur amélioration, et donne naissance à des procès. Aussi la loi déclare-t-elle que le *partage peut toujours être provoqué*. Toutefois, les cohéritiers pouvant avoir un intérêt légitime à retarder cette opération pendant quelque temps, il leur est permis de convenir que le partage *n'aura pas lieu avant 5 ans :* cette convention peut être *renouvelée.*

2. — Si tous les héritiers sont *présents* et *majeurs*, le partage peut se faire *à l'amiable*, sans formalités particulières. Si, au contraire, il y a parmi eux, des *mineurs*, des *interdits*, des *absents*, ou si les héritiers majeurs ne sont *pas d'accord*, il y a lieu à un partage *judiciaire*. Pour éviter les frais d'un partage en Justice, lorsqu'il y a des mineurs, rien ne s'oppose à ce qu'on fasse à l'amiable, en attendant leur majorité, un partage *provisionnel* ou de *jouissance* seulement, et, plus tard, devenus majeurs, les mineurs procéderont eux-mêmes et à l'amiable au partage définitif.

Quand il y a lieu à un partage judiciaire, le Tribunal dans l'arrondissement duquel la succession s'est ouverte désigne un notaire pour y procéder, et s'il y a des immeubles qui ne peuvent être partagés en nature, la vente ou *licitation* en est ordonnée.

3. — Afin de maintenir entre les héritiers l'*égalité de partage* qui serait troublée si l'un d'eux pouvait retenir les dons qu'il a reçus et prendre sa part dans le surplus des biens, la loi veut que tout héritier, même bénéficiaire, qui accepte la succession, *rapporte* à ses cohéritiers ce qu'il a reçu du défunt, par donation entre vifs, directement ou indirectement : il ne peut conserver les dons ni réclamer les legs à lui faits par le défunt, à moins que les dons ou legs ne lui aient été faits expressément *par préciput* et *hors part*, ou avec *dispense de rapport*, pourvu, bien entendu, qu'ils n'excèdent pas la quotité disponible.

Les dons et legs faits *au fils* de celui qui se trouve successible à l'époque de l'ouverture de la succession sont toujours *réputés faits avec dispense de rapport :* le père venant à la succession du donateur n'est pas tenu de les rapporter. — Pareillement, le fils venant *de son chef* à la succession du donateur n'est pas tenu de rapporter le don fait à son père, même quand il aurait accepté la succession de celui-ci ; mais si le fils ne vient que *par représentation*, il doit rapporter ce qui avait été donné à son père, même dans le cas où il aurait répudié sa succession.

Les dons et legs faits au *conjoint* d'un époux successible sont *réputés faits avec dispense de rapport.* — Si les dons et legs sont faits *conjointement* à deux époux dont l'un seulement est successible, celui-ci en rapporte la *moitié :* si les dons sont faits à l'*époux successible*, il les rapporte *en entier*.

Le rapport est dû de ce qui a été employé pour l'*établissement* (dot, achat d'un fonds de commerce, etc.) d'un des cohéritiers ou pour le *payement de ses dettes*.

Les frais de *nourriture*, d'*entretien*, d'*éducation*, d'*apprentissage*, les frais ordinaires d'*équipement*, ceux de *noces* et *présents d'usage* ne doivent *pas être rapportés*. — Il en est de même des *profits* que l'héritier a pu retirer de conventions passées avec le défunt, si ces conventions ne présentaient *aucun avantage indirect* lorsqu'elles ont été faites. Il n'est pas dû *non plus de rapport* pour les *associations faites sans fraude* entre le défunt et l'un de ses héritiers, lorsque les conditions ont été réglées par un *acte authentique*.

L'immeuble qui a *péri par cas fortuit* et sans la faute du donataire n'est *pas sujet à rapport*.

Les *fruits* et les *intérêts* des choses sujettes à rapport ne sont dus qu'*à compter du jour de l'ouverture de la succession*.

4. — Le rapport se fait *en nature* ou *en moins prenant*.

Il *peut être exigé en nature* à l'égard des immeubles, toutes les fois que l'immeuble donné n'a pas été aliéné par le donataire et qu'il n'y a pas, dans la succession, d'immeubles de même nature, valeur et bonté, dont on puisse former des lots à peu près égaux pour les autres cohéritiers.

Le rapport n'a lieu qu'*en moins prenant* quand le donataire a *aliéné* l'immeuble avant l'ouverture de la succession; il est dû de la *valeur de l'immeuble à l'époque de l'ouverture.*

Dans tous les cas, il doit être *tenu compte* au donataire des *impenses* qui ont *amélioré* la chose, *eu égard à ce dont sa valeur se trouve augmentée* au temps du partage. — Il doit lui être pareillement *tenu compte* des *impenses nécessaires* qu'il a faites pour la *conservation* de la chose, bien qu'elles n'aient point amélioré le fonds.

De son côté, le donataire doit tenir compte des *dégradations* et *détériorations* qui ont diminué la valeur de l'immeuble par son fait ou par sa faute et négligence.

Dans le cas où l'immeuble a été *aliéné* par le donataire, les *améliorations* ou *dégradations faites par l'acquéreur* doivent être imputées conformément aux règles ci-dessus posées. Exemple : Paul a vendu l'immeuble que Pierre, le défunt dont il est l'un des héritiers, lui avait donné. Ne pouvant rapporter l'immeuble en nature, il en doit la valeur au moment de l'ouverture de la succession. L'immeuble est estimé 40 000 fr.; mais l'acquéreur y a fait pour 10 000 fr. d'améliorations : sans cette dépense, l'immeuble ne vaudrait que 30 000 fr.; Paul ne doit à ses cohéritiers que 30 000 fr. — Si, au contraire, l'acquéreur avait fait des détériorations évaluées 10 000 fr. et sans lesquelles l'immeuble aurait valu 30 000 fr., c'est cette dernière somme que Paul devrait à ses cohéritiers. — Enfin si, pour conserver l'immeuble dans l'état où il se trouve, l'acquéreur y avait fait 5000 fr. de réparations nécessaires, il faudrait les déduire sur l'estimation de la somme à payer par Paul à ses cohéritiers.

— Quand le rapport se fait en nature, les biens se réunissent à la masse de la succession *francs et quittes de toutes charges* créées par le donataire; mais les *créanciers* ayant hypothèque peuvent *intervenir au partage* pour s'opposer à ce que le rapport se fasse en fraude de leurs droits, ce qui arriverait si, pour faire évanouir les hypothèques, leur débiteur rapportait l'immeuble en nature, tandis qu'il y a dans la succession des immeubles de même valeur et bonté.

— Lorsque le don d'un immeuble fait à un successible *avec dispense de rapport* excède la *portion disponible*, le rapport de l'excédent se fait en nature si le retranchement de cet excédent peut s'opérer commodément, s'il s'agit, par exemple, de terres labourables, de vignes, etc.

Dans le cas contraire, si l'excédent est de plus de moitié de la valeur de l'immeuble, le donataire doit rapporter l'immeuble en totalité, sauf à prélever sur la masse la valeur de la portion disponible : si cette portion excède la moitié de la valeur de l'immeuble, le donataire peut retenir l'immeuble en totalité, sauf à moins prendre et à récompenser ses cohéritiers en argent ou autrement.

— Le cohéritier qui fait le rapport en nature d'un immeuble *peut en retenir la possession* jusqu'au remboursement effectif des sommes qui lui sont dues pour impenses ou améliorations.

Le rapport du *mobilier* ne se fait qu'*en moins prenant*. Il s'effectue sur le pied de la valeur du mobilier lors de la donation, d'après l'état estimatif annexé à l'acte; et, à défaut de cet état, d'après une estimation par experts.

Le rapport de l'*argent donné* se fait *en moins prenant* dans le numéraire de la succession. En cas d'insuffisance, le donataire peut se dispenser de rapporter du numéraire en abandonnant jusqu'à due concurrence, du mobilier et, à défaut de mobilier, des immeubles de la succession.

5. — Toutes les fois que le rapport n'*est pas fait en nature*, les cohéritiers à qui il est dû *prélèvent* une portion égale sur la masse de la succession. — Les prélèvements se font, autant que possible, en objets de *même nature*, *qualité* et *bonté* que les objets non rapportés en nature.

Après ces prélèvements, il est procédé, sur ce qui reste dans la masse, à la composition d'autant de *lots égaux* qu'il y a d'héritiers copartageants ou de souches copartageantes.

Dans la formation et composition des lots, *on doit éviter* autant que possible de *morceler* les héritages et de *diviser* les exploitations : il convient de faire entrer dans chaque lot, s'il se peut, la *même quantité* de *meubles*, d'*immeubles*, de *droits* ou de *créances* de même nature et valeur. — L'inégalité des lots en nature se compense par un retour, soit en rente, soit en argent.

Les lots sont *tirés au sort*.

6. — Après le partage, *remise* doit être faite à chacun des copartageants, *des titres particuliers* aux objets qui lui sont échus. — Les titres d'une propriété divisée restent à celui qui a la plus grande part, à la charge d'en aider, à l'occasion, ceux de ses copartageants qui y auraient intérêt. — Les titres *communs* à toute l'hérédité sont remis à celui que les héritiers ont choisi pour en être le dépositaire, à la charge d'en aider les copartageants à toute réquisition. — S'il y a difficulté sur ce choix, il est réglé par la Justice.

7. — L'égalité des partages, qui est dans le vœu de la loi, n'existerait plus si l'héritier lésé n'avait pas une action pour faire annuler le partage qui porte atteinte à ses droits : aussi tout héritier *lésé de plus du quart* a-t-il le droit d'obtenir la *rescision* du partage, pourvu qu'il n'ait pas aliéné son lot postérieurement à la découverte de la lésion dont il se prétend victime. Les cohéritiers peuvent arrêter le cours de la demande en rescision et empêcher un nouveau partage en offrant au réclamant le *supplément* de sa portion, soit en numéraire, soit en nature.

8. — Les héritiers contribuent entre eux au *payement des dettes et charges* de la succession dans la proportion de leur part héréditaire : celui qui prend le quart de la succession supporte le quart des dettes ; celui qui recueille la moitié paye la moitié, etc.

9. — Voy. DÉCLARATION DE SUCCESSION ; — RETRAIT SUCCESSORAL ; — SÉPARATION DES PATRIMOINES.

V. SUCCESSIONS VACANTES. — 1. — Lorsqu'après l'expiration des délais pour faire inventaire et pour délibérer, il ne se présente personne qui réclame la succession, qu'il n'y a pas d'héritier connu ou que les héritiers connus y ont renoncé, cette succession est réputée *vacante*. Le Tribunal de première instance dans l'arrondissement duquel elle est ouverte nomme un *curateur* sur la demande des personnes intéressées (*créanciers*, *légataires* à *titre particulier*), ou sur la réquisition du Procureur de la République.

Le curateur est tenu, avant tout, de faire constater l'état de la succession par un *inventaire*; il en exerce et poursuit les droits; il répond aux demandes formées contre elle; il administre, à la charge de verser le numéraire qui se trouve dans la succession ainsi que les deniers provenant du prix des meubles ou immeubles vendus, à la Caisse des dépôts et consignations pour la conservation des droits de qui il appartiendra.

2. — Lorsqu'il est devenu certain qu'il n'existe pas d'héritiers légitimes ou irréguliers, la succession est dite *en déshérence*, et alors elle appartient à l'État.

SUCCESSORAL. (RETRAIT) — Voy. RETRAIT SUCCESSORAL.

SUCCURSALE. — Du latin *succurrere*, secourir. — On entend par là un établissement subordonné à un autre et destiné à lui venir en aide.

C'est ainsi que la *Banque de France*, les *Monts-de-Piété*, les *Caisses d'épargne* ont des succursales.

— Dans une acception spéciale, le mot *succursale* s'applique à toute église où le service se fait par un prêtre qui n'a que le titre de *desservant*. — Voy. CULTES, I.

SUCRE.--Substance alimentaire, extraite principalement de la canne et de la betterave. Le sucre de *canne* est un produit *colonial* ou *étranger ;* le sucre de *betterave* est un produit *indigène :* tous deux donnent lieu à la perception d'un *impôt*.

En 1886, cet impôt a produit 133 151 500 fr.

« Aucune partie de la législation n'a subi plus de modifications et ne donne lieu à plus de débats et de controverses que celle qui règle le régime du sucre. C'est qu'à cette question se rattachent les intérêts les plus considérables du pays, les plus recommandables, et souvent les plus difficiles à concilier. C'est, d'une part et en première ligne, l'intérêt du consommateur qui demande le sucre à bon marché, quelle que soit sa provenance ; c'est l'intérêt du Trésor qui, pour augmenter ses recettes, doit faciliter et étendre de plus en plus la consommation aussi bien que la production ; c'est l'intérêt de l'agriculture réclamant protection efficace pour le sucre de betterave qui fut longtemps incapable de soutenir la concurrence avec les sucres étrangers et coloniaux ; c'est l'intérêt des Colonies qui, forcées de livrer leurs sucres à la Métropole, veulent être sûres d'y trouver un placement avantageux ; c'est l'intérêt du commerce maritime qui, trouvant dans le transport des sucres coloniaux et étrangers un fret avantageux, et, pour la marine, un emploi utile de nos navires, ne veut pas avoir à souffrir de l'extension trop considérable du sucre indigène ; c'est aussi l'industrie du raffineur qui s'est trouvée souvent en désaccord et en opposition d'intérêts avec la production libre du sucre brut. » (*Dictionnaire universel du Commerce et de la Navigation*, tom. II, p. 1567, art. SUCRE.) — On s'explique dès lors les nombreuses modifications que les conflits et les tentatives de conciliation entre tous ces intérêts font apporter périodiquement à la législation des sucres. Il n'entre pas dans le cadre de ce dictionnaire de les faire connaître.

SUPPLICIÉS. — Coupables ayant subi la peine de mort.

1. — Les *corps* des suppliciés sont délivrés à leurs familles si elles les réclament, à la charge par elles de les faire inhumer sans aucun appareil. (Cod. pén. art. 14.)

2. — Il n'est *pas fait mention*, dans les *actes de décès* des suppliciés, du genre de leur mort. (Cod. civ. art. 85.)

SUPPOSITION D'ENFANT. — Voy. ENFANT, 4.

SUPPRESSION D'ENFANT. — Voy. ENFANT, 4.

SUR-ARBITRE. — Voy. TIERS-ARBITRE.

SURENCHÈRE. — (Cod. proc. civ. art. 708 et suiv. ; art. 832-838 ; Cod. com. art. 573.) — *Enchère* mise *sur* une enchère précédente.

1. — Dans les huit jours qui suivent l'adjudication sur *saisie immobilière*, toute personne peut faire une surenchère pourvu qu'elle soit du *sixième* au moins du prix principal de la vente.

2. — La surenchère sur *aliénation volontaire* n'est accordée qu'aux créanciers ayant une hypothèque inscrite sur l'immeuble aliéné. Elle doit être du *dixième* du prix stipulé dans le contrat ou déclaré par le nouveau propriétaire.

3. — Dans le cas de vente des immeubles du *failli*, toute personne a le droit de surenchérir. La surenchère doit être du *dixième* du prix principal de l'adjudication et être faite dans la quinzaine.

SURESTARIES. — Du latin *super*, au delà, et *stare*, rester. — On appelle *surestaries* ou *surstaries* les jours employés pour la charge ou la décharge du navire en sus du délai fixé par la convention ou par l'usage. Ils sont dus au capitaine. — Voy. JOURS DE PLANCHE.

SURVEILLANCE DE LA HAUTE POLICE. — Mesure prise à l'égard de certains condamnés, et qui avait pour effet de donner au Gouvernement le droit de déterminer le lieu dans lequel ils étaient tenus de résider après l'expiration de leur peine.

Les coupables condamnés aux *travaux forcés à temps*, à la *détention* et à la *réclusion*, étaient *de plein droit*, après qu'ils avaient subi leur peine et pendant *toute la vie*, sous la surveillance de la haute police. Les individus condamnés au *bannissement* étaient, de plein droit, sous la même surveillance pendant un temps égal à la durée de la peine qu'ils avaient subie.

Devaient être renvoyés sous la même surveillance ceux qui ont été condamnés pour crimes ou délits intéressant la *sûreté intérieure* ou *extérieure de l'Etat*.

Hors les cas ci-dessus prévus, les condamnés n'étaient placés sous la surveillance de la haute police que lorsqu'une *disposition particulière de la loi* l'avait permis.

La surveillance de la haute police, qui trop souvent était un obstacle insurmontable au relèvement de ceux qui y étaient soumis, a été *supprimée* par l'art. 19 de la loi du 27 mai 1885. Elle est aujourd'hui *remplacée* par la défense faite au condamné de paraître dans les lieux dont l'interdiction lui a été signifiée par le Gouvernement avant sa libération, à peine d'un emprisonnement de 5 ans au maximum. — Voy. INTERDICTION DE SÉJOUR.

SURVENANCE D'ENFANT. — 1. — Une fois consommée, l'*adoption* n'est pas révoquée par la survenance d'un enfant légitime à l'adoptant. (Cod. civ. art. 350.)

2. — La survenance d'enfants pendant la *tutelle* ne peut autoriser à l'abdiquer. (Cod. civ. art. 437.)

3. — Toute *donation entre vifs* par une personne qui n'avait alors aucun enfant vivant est révoquée de plein droit par la survenance d'un enfant au donateur. (Cod. civ. art. 960, 961.)

SUSPENSION DE PAYEMENTS. — Voy. FAILLITE.

SUSPENSION DE PRESCRIPTION. — Voy. PRESCRIPTION, I.

SYNAGOGUE. — Du grec *sun*, ensemble, *ago*, mener. — On désigne ainsi les lieux où s'assemblent les juifs pour l'exercice de leur culte. — Voy. CULTES, II, § 3.

SYNALLAGMATIQUE. (ACTE) — Voy. ACTE SYNALLAGMATIQUE.

SYNDICATS PROFESSIONNELS. (Loi 21 mars 1884.) — En proclamant, en 1791, avec la liberté du travail et de l'industrie, la suppression des corporations de métiers, le législateur poursuivait un but louable, mais le résultat fut de laisser les individus réduits à leurs propres forces et livrés à tous les hasards d'une concurrence illimitée. La révolution économique qui s'est accomplie depuis un siècle devait amener inévitablement patrons et ouvriers, chacun de leur côté, à se concerter, à s'unir pour se protéger mutuellement contre les risques de toute nature inhérents à la profession qu'ils exercent. Aussi la loi de 1791 est-elle tombée en désuétude, et, dès 1864, la coalition a-t-elle cessé de constituer par elle-même un délit. A l'exemple des *Trades Unions* anglaises, il s'était créé petit à petit en France des associations de patrons ou d'ouvriers, associations qui se sont multipliées depuis 1870 sous le nom de *Syndicats professionnels*. Tolérés par l'Administration, ces syndicats étaient en contradiction formelle avec la loi des 14-27 juin 1791 et avec les articles 291, 292, 293, 294 et 416 du Code pénal. Cette situation ne pouvait durer, et le Gouvernement républicain a voulu mettre la législation en harmonie avec les nouveaux usages, dans l'espoir d'arriver progressivement à diminuer l'antagonisme entre le capital et le travail.

Tel a été l'objet de la loi du 21 mars 1884 ainsi conçue :

Art. 1er. — « Sont *abrogés* la loi des 14-27 juin 1791 et l'article 416 du Code pénal.

Les articles 291, 292, 293, 294 du Code pénal et la loi du 18 avril 1834 *ne sont pas applicables* aux syndicats professionnels. »

Art. 2. — « Les syndicats ou associations professionnelles, même de plus de 20 personnes exerçant la même profession, des métiers similaires, ou des professions connexes concourant à l'établissement de produits déterminés, pourront se constituer librement *sans l'autorisation du Gouvernement.* »

Art. 3. — « Les syndicats professionnels ont exclusivement pour *objet* l'étude et la défense des intérêts économiques, industriels, commerciaux et agricoles. »

Art. 4. — « Les fondateurs de tout syndicat professionnel devront *déposer* les statuts et les noms de ceux qui, à un titre quelconque, seront chargés de l'administration ou de la direction.

Ce dépôt aura lieu à la mairie de la localité où le syndicat est établi, et, à Paris, à la préfecture de la Seine.

Ce dépôt sera *renouvelé* à chaque changement de la direction ou des statuts.

Communication des statuts devra être donnée par le Maire ou par le Préfet de la Seine au Procureur de la République.

Les membres de tout syndicat professionnel chargés de l'administration ou de la direction de ce syndicat devront être *Français* et jouir de leurs *droits civils.* »

Art. 5. — « Les syndicats professionnels régulièrement constitués, d'après les prescriptions de la présente loi, pourront librement se concerter pour l'étude et la défense de leurs intérêts économiques, industriels, commerciaux et agricoles.

Ces *unions* devront faire connaître, conformément au 2e § de l'article 4, les noms des syndicats qui les composent.

Elles ne pourront posséder *aucun immeuble* ni *ester en justice.* »

Art. 6. — « Les *syndicats professionnels* de patrons ou d'ouvriers auront le *droit d'ester en justice.*

Ils pourront employer les sommes provenant des cotisations.

Toutefois, ils ne pourront acquérir d'autres immeubles que ceux qui seront nécessaires à leurs réunions, à leurs bibliothèques et à des cours d'instruction professionnelle.

Ils pourront, *sans autorisation,* mais en se conformant aux autres dispositions de la loi, constituer entre leurs membres des caisses spéciales de secours mutuels et de retraites.

Ils pourront librement créer et administrer des offices de renseignements pour les offres et les demandes de travail.

Ils pourront être consultés sur tous les différends et toutes les questions se rattachant à leur spécialité.

Dans les affaires contentieuses, les avis du syndicat seront tenus à la disposition des parties, qui pourront en prendre communication et copie. »

Art. 7. — « Tout membre d'un syndicat professionnel *peut se retirer* à tout instant de l'association, nonobstant toute clause contraire, mais sans préjudice du droit pour le syndicat de réclamer la cotisation de l'année courante.

Toute personne qui se retire d'un syndicat conserve le droit d'être membre des sociétés de secours mutuels et de pensions de retraite pour la vieillesse à l'actif desquelles elle a contribué par des cotisations ou des versements de fonds. »

Art. 8. — « Lorsque des biens auront été acquis contrairement aux dispositions de l'article 6, la nullité de l'acquisition ou de la libéralité pourra être demandée par le procureur de la République ou par les intéressés. Dans le cas d'acquisition *à titre onéreux*, les immeubles seront vendus, et le prix en sera déposé à la caisse de l'association. Dans le cas de *libéralité*, les biens feront retour aux disposants ou à leurs héritiers ou ayants cause. »

Art. 9. — « Les *infractions* aux

dispositions des articles 2, 3, 4, 5 et 6 de la présente loi seront poursuivies contre les directeurs et administrateurs des syndicats et punies d'une *amende* de 16 à 200 francs. Les tribunaux pourront en outre, à la diligence du Procureur de la République, prononcer la *dissolution* du syndicat et la *nullité* des acquisitions d'immeubles faites en violation des dispositions de l'art. 6.

Au cas de *fausse déclaration* relative aux statuts et aux noms et qualités des administrateurs ou directeurs, l'*amende* pourra être portée à 500 fr. »

Art. 10. — « La présente loi est applicable à l'Algérie.

Elle est également applicable aux colonies de la Martinique, de la Guadeloupe et de la Réunion. Toutefois, les travailleurs *étrangers* et engagés sous le nom d'*immigrants* ne pourront faire partie des syndicats. »

SYNDIC. — Personne nommée par le jugement déclaratif de la *faillite* d'un négociant pour administrer les biens du failli dans l'intérêt de la masse des créanciers. — Voy. FAILLITE.

SYSTÈME MÉTRIQUE. — Système actuel des poids et mesures. Il a pour base l'unité de longueur, le *mètre*. — Voy. POIDS ET MESURES.

T

TABAC. — (Déc. 25 décembre 1810; loi 28 avril 1816, tit. V; Déc. 12 mars 1860; loi 22 juin 1862.) — Plante introduite en Europe, au xve siècle, par les Portugais, qui l'avaient découverte et en avaient appris l'usage singulier dans leur île de *Tabago*, d'où lui est venu son nom vulgaire de *tabac*.

1. — Après avoir vainement tenté d'abord d'interdire l'usage du tabac (1), on a eu l'ingénieuse idée d'exploiter ce goût bizarre au profit du Trésor, qui y trouve des ressources considérables.

L'*achat*, la *fabrication* et la *vente* des tabacs ont lieu, en France, pour le *compte de l'État*, qui s'est réservé ce monopole. La culture du tabac n'est permise que dans certains départements déterminés ; les produits doivent être ou vendus à la Régie ou exportés. L'importation des tabacs étrangers est généralement prohibée, à moins qu'elle ne soit faite pour le compte de l'Administration. Enfin, la vente s'opère par des agents commissionnés, aux prix fixés par la Régie. — Voy. DÉBITS DE TABAC.

2. — Le *produit brut* de la vente des tabacs qui était, en 1852, de 131 549 000 fr. a atteint, en 1880,

(1) « Le roi Jacques Ier d'Angleterre publia un libelle contre le tabac. En Italie, le pape Urbain VIII excommunia tous ceux qui oseraient prendre du tabac dans le temple du Seigneur. Don Bartholomé de la Camara, évêque de Salamanque (1635), défendit aux prêtres de priser avant la messe et deux heures après. En outre, il défendait au clergé et aux paroissiens de priser dans l'église, sous peine d'excommunication majeure et de mille maravédis d'amende chaque fois. En France, au commencement du dix-huitième siècle, les curés tonnaient fréquemment, dans leurs chaires, contre ceux qui troublaient l'office divin par le bruit qu'ils faisaient en pulvérisant leur tabac. A cette époque, les priseurs portaient, au lieu de tabatière, un bout de tabac et une sorte de râpe pour le mettre en poudre à mesure qu'ils en avaient besoin. Le sultan Amurat IV condamna les fumeurs à la mort; le tzar de Russie et le shah de Perse défendirent l'usage du tabac dans leurs Etats, sous peine d'avoir le nez coupé, voulant sans doute punir le crime par la partie coupable. » (*Encyclopédie des gens du monde*, art. *Tabac*.)

344 182 060 fr. 98 c. Le *bénéfice net* a été de 296 578 000 fr. — En 1886, les recouvrements se sont élevés à 368 925 000 fr.

3. — L'usage du tabac sous toutes les formes est *interdit* aux *condamnés* et aux *jeunes détenus*.

Il peut être retiré exceptionnellement aux *prévenus* et *accusés*, par décision ministérielle, lorsque la disposition des locaux ne permet pas de les séparer complètement des condamnés ou lorsqu'il y a danger d'incendie. (Déc. 11 novembre 1855, art. 58.)

TABLEAUX. — 1. — Ils sont censés mis à perpétuelle demeure dans un appartement et, par suite, sont considérés comme des *immeubles par destination*, lorsque le parquet sur lequel ils sont attachés fait corps avec la boiserie. (Cod. civ. art. 525.)

2. — Les tableaux détachés et faisant partie du meuble d'un appartement sont compris dans les mots *meubles meublants*, mais non les collections de tableaux qui peuvent être dans les galeries ou pièces particulières. (Cod. civ. art. 534.)

3. — A la cessation de l'usufruit, les tableaux que l'*usufruitier* avait fait placer peuvent être enlevés par lui ou ses héritiers, mais à la charge de rétablir les lieux dans leur premier état. (Cod. civ. art. 599.)

TACITE RECONDUCTION. — Du latin *reconductio*, louage à nouveau. C'est le renouvellement de bail qui s'opère par le fait de la continuation de jouissance du locataire, sans opposition du bailleur. Voy. LOUAGE, sect. I, I, § 3, 2; — II, § 1er, 4; § 2, 11.

TAILLE. — Morceau de bois divisé en deux parties, dont se servent certains marchands, notamment les boulangers et leurs clients, pour marquer les fournitures faites. A chaque livraison, on taille transversalement les deux parties réunies : celle que le marchand conserve s'appelle proprement la *taille*; l'autre, qui reste entre les mains du client, se nomme l'*échantillon*.

Les tailles corrélatives à leurs échantillons *font foi* entre les personnes qui sont dans l'usage de constater ainsi les fournitures qu'elles font ou reçoivent en détail. (Cod. civ. art. 1333.)

— On désignait autrefois sous le nom de *taille* une certaine imposition de deniers qu'on levait sur toutes les personnes qui n'étaient pas nobles ou ecclésiastiques ou qui ne jouissaient pas de quelque exception. La taille était *personnelle* quand elle s'imposait et se levait sur chaque personne taillable, et *réelle* quand elle s'imposait et se levait sur les terres et les possessions.

TANTE. — Sœur du père ou de la mère d'une personne.

1. — La tante est parente au *troisième degré* avec ses neveux et nièces. (Cod. civ. art. 738.) Voy. PARENTÉ.

2. — Le *mariage* est *prohibé* entre la tante et le neveu ; mais il est loisible au Gouvernement d'accorder une *dispense* pour *causes graves*. (Cod. civ. art. 163, 164.) — Voy. MARIAGE, I, 9.

3. — Voy. NEVEU-NIÈCE, 3 et 4.

TAPAGE NOCTURNE. — (Cod. pén. art. 479, n° 8; 480, 5°; 482.)

Sont punis d'une *amende* de 11 fr. à 15 fr. inclusivement et peuvent l'être, selon les circonstances, d'un *emprisonnement* pendant 5 jours au plus, « les auteurs ou complices de bruits ou tapages nocturnes troublant la tranquillité des habitants. » — La peine de la *prison* pendant 5 jours est toujours applicable en cas de *récidive*.

TAXE DES BIENS DE MAINMORTE. — (Lois 20 février 1849; 30 mars 1872, art. 5.) — On appelle *biens de mainmorte* ceux qui, appartenant à des personnes morales, n'acquittent aucun droit de mutation, parce que leurs propriétaires ne meurent pas et que les aliénations entre vifs sont excessivement rares.

1. — L'équité réclamait une disposition législative qui établit sur

les immeubles passibles de la contribution foncière et appartenant aux établissements de mainmorte une taxe représentative des droits de transmission entre vifs et par décès. Aux termes des articles 1 et 2 de la loi du 20 février 1849 et 5 de la loi du 30 mars 1872, ces immeubles supportent une *taxe annuelle* de 70 centimes par franc du principal de l'impôt foncier.

Les personnes morales auxquelles s'applique l'obligation d'acquitter la taxe de mainmorte sont les Départements, Communes, Hospices, Séminaires, Fabriques, Congrégations religieuses, Consistoires, Établissements de charité, Bureaux de bienfaisance, Sociétés anonymes autres que celles ayant pour objet exclusif l'achat et la vente des immeubles. (Loi 14 décembre 1875.)

2. — La *taxe* des biens de mainmorte a *rapporté* 3452018 fr. 90 c. en 1866, et 5369769 fr. 37 c. en 1880.

TAXE DES CHIENS. — (Loi 2 mai 1855; déc. 4 août 1855, 5 août 1861.)

Taxe établie exclusivement *au profit des Communes.* — Elle ne peut dépasser 10 fr. ni descendre audessous de 1 fr. Le tarif est arrêté, dans chaque Commune, par délibération du Conseil municipal homologuée par décret du Président de la République, après avis du Conseil général. Il ne contient que deux taxes : la plus élevée, pour les *chiens de luxe;* la moins élevée, pour les *chiens de garde.*

1. — L'impôt *est dû* pour tout chien possédé au 1er janvier, à l'exception de ceux qui, à cette époque, sont encore nourris par la mère. Il est dû pour l'*année entière.*

2. — Les possesseurs de chiens qui ont fait à la Mairie la *déclaration* du nombre de leurs chiens et des usages auxquels ils sont destinés ne sont *pas tenus de la renouveler annuellement.* La taxe à laquelle ils ont été soumis continue à être payée jusqu'à *déclaration contraire.*

3. — Le *changement de résidence* du contribuable hors de la Commune ou du ressort de la perception, ainsi que toute *modification* dans *le nombre* et la *destination des chiens*, entraînant une aggravation de taxe, rend une *nouvelle déclaration obligatoire.* En cas de *déménagement* hors du ressort de la perception, la taxe est *immédiatement exigible* pour la totalité de l'année courante.

4. — Le *défaut de déclaration* rend passible d'une *taxe triple;* l'*inexactitude* donne lieu à une *taxe double.*

5. — Le *recouvrement* de la taxe des chiens s'opère comme en matière de contributions directes.

TÉLÉGRAPHE. — Du grec *télé*, de loin, et *graphein*, écrire. — Art de correspondre à de grandes distances au moyen de signaux. Imparfait dans son origine comme tous les produits de l'intelligence humaine, il ne consista d'abord qu'à placer de distances en distances des vigies qui transmettaient les nouvelles au moyen de la voix, ou à montrer des objets voyants et à allumer des feux ayant une signification déterminée à l'avance. Aujourd'hui, par un miracle devant lequel l'esprit demeure réellement confondu, on peut, grâce à l'électricité, correspondre à des centaines de lieues aussi rapidement qu'avec la parole elle-même.

Il est permis à toute personne dont l'identité est établie de correspondre, au moyen du télégraphe électrique de l'État, par l'entremise de l'Administration télégraphique. L'expéditeur peut donc être tenu de justifier de son *identité.*

L'État n'est soumis à *aucune responsabilité* à raison du service de la correspondance privée par voie télégraphique.

I. Régime des correspondances. — Dans le service *intérieur*, qui comprend la France, la Corse, l'Algérie, ainsi que les bureaux en Tunisie et dans la principauté de Monaco, toutes les correspondances sont soumises au même régime.

Les correspondances internationales entre pays appartenant à l'Union télégraphique sont soumises aux règles, soit du régime *européen*, soit du régime *extra-européen*.

Le régime européen comprend toute l'Europe, l'Algérie, la Tunisie, la Turquie d'Asie, Tripoli et les îles Canaries.

Le régime extra-européen s'applique à tous les autres points reliés au réseau télégraphique.

Les correspondances échangées entre deux pays du régime européen par l'intermédiaire de lignes du régime extra-européen, ainsi que les correspondances échangées entre un pays du régime européen et un pays du régime extra-européen, suivent, sur tout leur parcours, les règles et les tarifs du régime extra-européen.

II. DÉPOT ET RÉDACTION DES TÉLÉGRAMMES. — A l'exception des télégrammes *pneumatiques* (cartes-télégrammes fermés) qui sont jetés dans les boîtes spéciales placées à cet effet à l'entrée des bureaux télégraphiques, les dépêches doivent être *déposées* au guichet des bureaux.

Les originaux des télégrammes doivent être écrits *lisiblement* et *sans abréviation*. Tout *interligne*, *renvoi*, *rature* ou *surcharge* doit être approuvé de l'expéditeur ou de son représentant.

Les télégrammes doivent comprendre : 1° Les indications éventuelles relatives à la nature des dépêches ou à la remise à domicile ; — 2° L'adresse du destinataire ; — 3° Le texte ; — 4° La signature de l'expéditeur.

Indications éventuelles. — L'expéditeur doit écrire sur la minute, entre parenthèses et immédiatement avant l'adresse, les indications éventuelles relatives à la remise à domicile, à la réponse payée, à l'accusé de réception, aux télégrammes urgents, recommandés, collationnés ou à faire suivre. Ces indications peuvent être écrites sous la forme abrégée adoptée pour les indications de service entre les bureaux. Dans ce cas, elles ne sont comptées chacune que pour *un mot*.

Les signes conventionnels adoptés pour ces indications sont les suivants : RP. — *Réponse payée ;* — TC. *Télégramme collationné ;* — CR. *Accusé de réception ;* — FS. *Télégramme à faire suivre ;* — PP. *Poste payée ;* — XP. *Exprès payé ;* — RO. *Télégramme remis ouvert ;* — TR. *Télégramme recommandé ;* — D. *Télégramme privé urgent*.

Adresse. — L'adresse peut être écrite soit sous une forme abrégée ou convenue, soit en langage ordinaire.

La faculté pour un destinataire de se faire remettre *à domicile* un télégramme dont l'adresse est rédigée sous une forme convenue ou abrégée est subordonnée à un *arrangement préalable* avec le bureau d'arrivée.

En France, la *taxe d'abonnement* est fixée pour chaque adresse, à 40 francs par an ou à 20 francs par semestre indivisible, courant du 1er janvier ou du 1er juillet de chaque année.

Toute adresse convenue ou abrégée doit contenir au moins 2 mots, représentant le premier le nom et l'adresse du destinataire, le second le nom du bureau télégraphique de destination.

Les dépêches dont l'adresse est écrite sous une forme abrégée ou convenue ne sont acceptées qu'aux *risques et périls de l'expéditeur*.

L'adresse du langage ordinaire doit porter les indications nécessaires pour que la remise au destinataire puisse avoir lieu sans recherches ni demandes de renseignements. L'expéditeur supporte toujours les conséquences de l'insuffisance de l'adresse, l'Administration n'assumant aucune responsabilité pour la non-remise des dépêches dont l'adresse est incomplète.

Texte. — Le texte peut être rédigé en langage *clair* ou en langage *secret* dans le cas où l'Etat dans lequel se trouve le lieu de destination admet ce dernier mode de correspondance.

Les télégrammes en langage clair doivent offrir un sens compréhensible dans l'une des 29 langues admises pour la correspondance internationale. Quelle que soit la langue employée, les télégrammes doivent être écrits en caractères romains.

Le *langage secret*, qui comprend les télégrammes rédigés en langage convenu et ceux rédigés en langage chiffré, est *admis* pour les correspondances à destination de la France et de l'Algérie, et pour la correspondance internationale avec l'Allemagne, l'Autriche, la Belgique, le Danemark, l'Espagne, la Grande-Bretagne et Gibraltar, la Grèce, la Hongrie, l'Italie, le Luxembourg, la Norvège, les Pays-Bas, le Portugal, la Russie, la Suède, la Suisse et les îles de Corfou, d'Héligoland et de Malte. — Il est admis, dans le régime extra-européen, sans aucune restriction, pour les relations avec l'Egypte par les voies de terre (El-Arich et Batoum) et la Russie d'Asie; — avec restriction aux groupes de chiffres et exclusion des groupes de lettres, pour toutes les autres relations, sauf pour la Perse, qui n'accepte pas le langage secret.

Pour Cuba, la correspondance secrète est admise, mais le Gouvernement cubain se réserve d'exiger la *traduction* des télégrammes au départ ou à l'arrivée.

La correspondance secrète n'est acceptée, en Europe, *sous aucune forme*, par la Russie et l'Herzégovine, la Bulgarie, le Monténégro, la Roumanie, la Serbie et la Turquie.

Dans le régime intérieur, les télégrammes en langage secret sont obligatoirement soumis à la *recommandation*.

Langage convenu. — On entend par là l'emploi de mots qui, tout en présentant chacun un sens intrinsèque, ne forment point des phrases compréhensibles pour les bureaux ou les offices en correspondance.

Dans le service intérieur et le régime européen, les télégrammes en langage convenu ne doivent contenir que des mots appartenant à l'une des langues admises par les Etats de l'Union pour la correspondance internationale en langage clair.

Dans le régime *extra-européen*, les télégrammes en *langage convenu* ne peuvent contenir que des mots appartenant aux langues *allemande*, *anglaise*, *espagnole*, *française*, *italienne*, *néerlandaise*, *portugaise* et *latine*. Tout télégramme peut contenir des mots puisés dans toutes les langues susmentionnées.

Les noms propres ne sont admis dans la rédaction des télégrammes en langage convenu, qu'avec leur signification en langage clair.

Le bureau d'origine peut demander, pour le contrôle, la production du vocabulaire qui a servi à la composition des télégrammes en langage convenu.

Sont considérés comme télégrammes en *langage chiffré:* ceux qui contiennent un texte chiffré ou en lettres secrètes; — ceux qui renferment soit des séries ou des groupes de chiffres ou de lettres dont la signification ne serait pas connue du bureau d'origine, soit des mots, des noms ou des assemblages de lettres ne remplissant pas les conditions exigées pour le langage clair.

Signature. — Pour la correspondance *intérieure*, tout télégramme doit être *signé* par l'expéditeur, qui est, en outre, tenu d'inscrire, d'une manière complète, son nom et son adresse sur la minute. Cette dernière indication n'entre dans le compte des mots soumis à la taxe que si l'expéditeur en a demandé la transmission.

Pour la correspondance *internationale*, la signature peut revêtir la forme abrégée ou être omise.

Récépissé de dépôt d'un télégramme. — L'expéditeur d'un télégramme a le droit d'en demander reçu contre payement d'une *taxe* uniforme de 10 centimes.

Retrait et annulation des dépêches par l'expéditeur. — Tout expéditeur peut, en justifiant de sa qualité, arrêter, s'il est encore temps, la transmission du télégramme qu'il a déposé. La taxe lui est *remboursée*, sous déduction d'un *droit fixe* de 50 centimes.

III. COMPTE DES MOTS. — Pour les dépêches en *langage clair*, le compte des mots s'établit de la manière suivante :

Correspondance à l'intérieur. — Ne sont comptées que pour *un seul mot* toutes les expressions françaises comprises au Dictionnaire de l'Académie, ainsi que les dénominations établies par actes officiels pour désigner les circonscriptions administratives (départements), les localités (villes, communes), les voies publiques (rues, avenues, etc.) et les numéros des habitations.

En cas de doute pour les locutions françaises et en règle générale pour les télégrammes rédigés en langue étrangère ou en langage convenu, le maximum de longueur d'un mot est fixé à 15 caractères selon l'alphabet Morse ; l'excédent, toujours jusqu'à concurrence de 15 caractères, est compté pour un mot.

Les réunions ou altérations de mots contraires à l'usage de la langue ne sont point admises. Toutefois, les noms propres de personnes, les titres, prénoms, particules ou qualifications, ainsi que les nombres écrits en toutes lettres, sont comptés, jusqu'à 15 lettres, pour le nombre de mots employés par l'expéditeur à l'exprimer.

Correspondance internationale. — Le maximum de longueur d'un mot est fixé à 15 caractères selon l'alphabet Morse ; l'excédent, toujours jusqu'à concurrence de 15 caractères, est compté pour un mot.

Pour la correspondance extra-européenne, ce maximum est fixé à 10 caractères.

Les expressions réunies par un trait d'union sont comptées pour le nombre de mots qui servent à les former.

Les mots séparés par une apostrophe sont comptés comme autant de mots isolés.

Nombres écrits en chiffres et groupes du langage chiffré. — Dans la correspondance échangée en France et entre les pays d'Europe, les nombres écrits en chiffres sont comptés chacun pour autant de mots qu'ils contiennent de fois 5 chiffres, plus 1 mot pour l'excédent. La même règle est applicable au calcul des groupes de lettres.

Pour la correspondance extra-européenne, le nombre de mots auquel correspond un groupe de chiffres ou de lettres s'obtient en divisant les chiffres par 3 et ajoutant, s'il y a lieu, 1 mot pour le reste.

Sont comptés pour un chiffre les points et les virgules qui entrent dans la formation des nombres, ainsi que les barres de division.

IV. APPLICATION ET PERCEPTION DES TAXES. — *Base des tarifs.* — Dans toutes les relations par les voies normales, la *taxe* est établie par mot conformément au tableau ci-après :

PAYS CORRESPONDANTS	TAXE par mot
Entre deux bureaux quelconques de la France (la Corse comprise), ou entre deux bureaux de l'Algérie ou de la Tunisie et, par assimilation, entre les bureaux français et les bureaux de la principauté de Monaco, ou entre ces derniers... (avec un minimum de perception de 50 centimes)	0.05

PAYS CORRESPONDANTS	TAXE par mot
Entre la France et l'Algérie ou la Tunisie................	0.10
(avec un minimum de perception de 1 franc)	
Entre la France et les pays ci-dessous désignés :	
Allemagne....................................	0.20
Autriche.......................................	0.30
Belgique :	
Correspondance frontière...............	0.10
Correspondance générale...............	0.15
Bosnie et Herzégovine........................	0.40
Bulgarie..	0.45
Danemark..	0.35
Espagne..	0.20
Gibraltar...	0.25
Grande-Bretagne...............................	0.25
Grèce :	
Grèce continentale..........................	0.55
Iles :	
Corfou..................................	
Céphalonie, Ithaque, Sainte-Maure, Zante, Hydra, Spezzia, Andros, Tynos, Kytnos, Kea, Kythira (Cerigo), Skiathos et Syra....................	0.55
Héligoland (Ile de)............................	0.50
Hongrie...	0.35
Italie...	0.35
Luxembourg :	
Relations frontières.................	0.05
Relations générales.................	0.125
Malte (Ile de)...................................	0.55
Manche (Iles de la)............................	0.25
Monténégro......................................	0.40
Norvège...	0.45
Pays-Bas..	0.20
Portugal...	0.25
Roumanie...	0.35
Russie :	
d'Europe..................................	0.60
du Caucase...............................	0.85
Serbie...	0.40
Suède...	0.45
Suisse :	
Relations frontières.....................	0.10
Relations générales.....................	0.15
Tripolitaine :	
Tripoli.....................................	1.35
Autres bureaux..........................	1.45
Turquie :	
d'Europe....................................	0.60
d'Asie (ports de mer).....................	0.85

PAYS CORRESPONDANTS		TAXE par mot.
Turquie d'Asie (intérieur)	1re région	0.95
	2e région	1.05
Ile de Chio		0.70
Iles de Metelin, Samos et Rhodes		1 »
Iles de Candie et de Chypre		1.10

La taxe des dépêches *pneumatiques* circulant dans les limites de l'ancien octroi de Paris est de 30 centimes pour les *cartes-télégrammes*, de 50 centimes pour les *télégrammes fermés* et de 60 centimes pour les *cartes-télégrammes avec réponse payée.*

Taxes à percevoir au départ. — La perception des taxes a lieu *au départ*, sauf les exceptions prévues pour les télégrammes à faire suivre, les télégrammes sémaphoriques, les réponses payées des télégrammes intérieurs, enfin les télégrammes avec exprès, lorsque l'envoi de l'exprès a été demandé par le destinataire et lorsqu'il s'agit d'une dépêche internationale avec exprès dont l'expéditeur n'a pas payé l'accusé de réception.

Taxes à percevoir à l'arrivée. — Les taxes à percevoir *à l'arrivée* et qui n'auraient pas été acquittées par le destinataire sont recouvrées sur l'expéditeur. Dans le cas où il doit y avoir perception à l'arrivée, le télégramme n'est délivré au destinataire que contre payement de la taxe due. Le facteur remet un récépissé de la taxe encaissée.

Taxes perçues en plus ou en moins. — Les taxes perçues *en moins* par erreur et les frais non perçus sur le destinataire, par suite de refus ou de l'impossibilité de le trouver, doivent être *complétées* par l'expéditeur. — De même, les taxes perçues *en plus* par erreur sont *remboursées* aux intéressés.

V. Remise a destination. — *Distributions des télégrammes.* — Les télégrammes peuvent être adressés, soit *à domicile*, soit *télégraphe restant.*

Un télégramme porté à domicile peut être remis, soit au destinataire, soit aux membres adultes de sa famille, à ses employés, locataires ou hôtes, soit au concierge de l'hôtel ou de la maison, à moins que le destinataire n'ait désigné par écrit un délégué spécial, ou que l'expéditeur n'ait demandé que la remise n'eût lieu qu'entre les mains du destinataire seul. L'expéditeur peut demander aussi que le télégramme soit remis ouvert, lorsqu'il est destiné à une localité située en France ou dans un des Etats qui ont déclaré accepter ce mode de remise à domicile. Ces deux dernières demandes sont insérées dans le télégramme avant l'adresse et sont comprises dans le nombre de mots taxés.

Télégrammes remis ouverts. — Les dépêches d'arrivée qui portent la mention « remise ouverte » R. O., sont portées aux destinataires dans les mêmes conditions que les télégrammes ordinaires; seulement, les plis ou enveloppes ne sont pas cachetés.

Des télégrammes à remettre ouverts peuvent être expédiés pour toutes les destinations comprises dans le service intérieur, ainsi que pour l'Allemagne, l'Autriche, la Belgique, la Bosnie-Herzégovine, le Danemark, l'Espagne, la Grèce, la Hongrie, l'Italie, la Norvège, les Pays-Bas, le Portugal, la Roumanie et la Suisse, l'île d'Héligoland et l'île de Malte, par Marseille ou Bône.

Dans le régime extra-européen, on peut les expédier également pour les îles Madère et St-Vincent, par la voie du câble direct de Lisbonne, pour Aden, les Indes néerlandaises, le Japon, la Cochinchine française et la Nouvelle-Zélande.

VI. TÉLÉGRAMMES SPÉCIAUX. — *Télégrammes urgents.* — L'expéditeur d'un télégramme privé international peut obtenir la *priorité de transmission* en inscrivant le mot « *urgent* » avant l'adresse et en payant le *triple* de la taxe d'un télégramme ordinaire de même longueur pour le même parcours.

Les télégrammes urgents peuvent être expédiés :

Dans le *régime européen*, pour l'Allemagne, l'Autriche et la Hongrie, la Belgique, la Bosnie-Herzégovine, l'Espagne, la Grèce (par les voies autres que celles de la Turquie), l'Italie, le Luxembourg, les Pays-Bas, le Portugal, la Roumanie (par la voie d'Autriche), la Russie (par toutes les voies, sauf par la Suède), l'île de Malte (par le câble de Modica) et l'île d'Héligoland.

La Compagnie Direct Spanish les accepte sur le câble de Marseille à Barcelone.

L'administration ottomane accepte par toutes les voies les télégrammes privés urgents échangés entre Constantinople et les bureaux des pays du régime européen qui admettent cette catégorie de télégrammes.

Dans le *régime extra-européen*, les télégrammes urgents sont acceptés pour Aden, l'Egypte, les Indes-Néerlandaises et la Nouvelle-Zélande. On peut également en Chine, dans la Cochinchine française et au Japon, mais seulement par la voie de Wladiwostock (ligne de l'Amour).

Réponse payée. — Tout expéditeur peut affranchir la réponse qu'il demande à son correspondant. Toutefois, lorsqu'il s'agit d'un télégramme international, l'affranchissement ne peut dépasser la taxe d'un télégramme ordinaire, de 30 mots, pour le même parcours.

Si l'expéditeur n'a pas indiqué le nombre de mots payés pour la réponse, il est perçu la taxe d'un télégramme ordinaire de 10 mots, par la même voie. — Dans le cas contraire, l'expéditeur doit compléter la mention « *réponse payée* » ou R. P, par l'indication du nombre de mots payés pour la réponse et acquitter la somme correspondante, dans les limites autorisées.

La somme versée pour la réponse peut être *remboursée* à l'expéditeur lorsque le destinataire n'a pas fait usage du bon à lui remis par le bureau d'arrivée, dans un délai de 8 jours s'il s'agit d'une réponse payée *intérieure*, de six semaines s'il s'agit d'une réponse payée *internationale*. A cet effet, le destinataire doit, avant l'expiration du délai ci-dessus fixé, déposer la formule qui lui conférait le droit de répondre en franchise au bureau qui l'a délivrée en l'accompagnant d'une demande de remboursement au profit de l'expéditeur.

Si le destinataire refuse la formule affectée à la réponse, le bureau d'arrivée en informe immédiatement l'expéditeur par un avis de service, tenant lieu de réponse.

Télégrammes recommandés. — Dans le service intérieur, tout expéditeur a la faculté de *recommander* son télégramme. Le télégramme recommandé donne lieu au collationnement intégral et à l'accusé de réception.

Les télégrammes en *langage secret* sont obligatoirement soumis à la *recommandation*.

La *taxe* du télégramme recommandé est celle du télégramme collationné, avec accusé de réception.

Télégrammes collationnés. — L'expéditeur de tout télégramme a la faculté d'en demander le *collationnement*. Dans ce cas, les divers bureaux qui concourent à la transmission en donnent le collationnement intégral.

La *taxe* du collationnement est égale à la *moitié* de celle d'un télégramme ordinaire de même longueur pour le même parcours.

Accusé de réception. — L'expéditeur de tout télégramme peut demander que l'indication de l'heure à laquelle son télégramme sera remis à son correspondant lui soit notifiée par le télégraphe aussitôt après la remise.

La *taxe* de l'accusé de réception est égale à celle d'un télégramme ordinaire de 10 mots par la même voie.

L'expéditeur peut demander que l'accusé de réception lui soit transmis par la poste. Dans ce cas, il doit formuler sa demande par l'abréviation *C. R. postal* qui est obligatoirement comprise dans le nombre des mots taxés, et acquitter une *taxe supplémentaire* de 0 25 c., dont 0 10 c. pour le récépissé qui lui est délivré.

Télégrammes à faire suivre. — Tout expéditeur peut demander, en inscrivant avant l'adresse les indications nécessaires, que le bureau d'arrivée fasse suivre son télégramme dans les limites adoptées pour le service international européen.

Lorsqu'un télégramme porte la mention « *faire suivre* », sans autre indication, il est d'abord présenté à l'adresse indiquée et réexpédié immédiatement, s'il y a lieu, à la nouvelle adresse désignée au domicile destinataire.

Si aucune indication n'est fournie à cet égard, le bureau expéditeur est informé des raisons qui ont empêché la remise.

Si la mention « *faire suivre* » est accompagnée d'adresses successives, la dépêche est successivement transmise à chacune des destinations indiquées jusqu'à la dernière, s'il y a lieu.

La taxe à percevoir au départ pour les télégrammes à faire suivre est simplement la *taxe afférente au premier parcours*, l'adresse complète entrant dans le nombre de mots. La taxe *complémentaire* est perçue sur le *destinataire*.

Si les réexpéditions successives d'un télégramme à faire suivre ont lieu dans l'Etat auquel appartient le bureau d'arrivée, la taxe est calculée pour chaque réexpédition, suivant le tarif intérieur de cet Etat.

Hors de cet Etat, la taxe complémentaire est calculée en considérant comme autant de télégrammes séparés chaque réexpédition internationale, et la taxe est perçue d'après le tarif international admis entre les Etats d'arrivée et de départ.

Toute personne peut demander par écrit, en fournissant les justifications nécessaires, que des télégrammes qui arriveraient à un bureau télégraphique pour lui être remis dans le rayon de distribution de ce bureau, lui soient réexpédiées, dans les conditions ci-dessus, à l'adresse qu'elle aura indiquée.

Les bureaux ont la faculté de faire suivre d'office dans les cas laissés à leur appréciation.

Télégrammes multiples. — Un télégramme multiple peut être adressé, soit à plusieurs destinataires dans une même localité, soit à un même destinataire à plusieurs domiciles dans la même localité.

Les télégrammes adressés dans une même localité à plusieurs destinataires ou à un même destinataire à plusieurs domiciles, avec ou sans réexpédition par la poste, sont taxés comme un seul télégramme; mais il est perçu, à titre de *droit de copie*, autant de fois 50 centimes par télégramme ne dépassant pas 100 mots qu'il y a de destinations, moins une. Au delà de 100 mots, ce droit est *augmenté* de 50 centimes par série ou fraction de série de 100 mots.

Télégrammes sémaphoriques. — Les télégrammes sémaphoriques sont les télégrammes échangés avec les navires en mer par l'intermédiaire des sémaphores établis sur le littoral de l'un quelconque des Etats de l'Union télégraphique.

Ils doivent être rédigés, soit dans la langue du pays où est le sémaphore chargé de les signaler, soit en signaux du Code commercial universel. Dans ce dernier cas, ils sont considérés comme des télégrammes chiffrés.

Quand les télégrammes sémaphoriques sont à destination des navires en mer, l'adresse doit comprendre, outre les indications ordinaires, le nom ou le numéro officiel du bâtiment destinataire et sa nationalité.

La *taxe* des télégrammes à échanger avec les navires en mer par l'intermédiaire des sémaphores est fixée, pour la transmission sémaphorique, ainsi qu'il suit :

En France :

Pour l'intérieur . .	1 franc (1)
Pour l'étranger . .	2 —

De l'étranger :

Pour la France. . .	2 —

Cette taxe s'ajoute au *prix du parcours électrique* et aux *frais accessoires* de remise à domicile, s'il y a lieu, calculés d'après les règles générales. La totalité est perçue sur l'*expéditeur* pour les télégrammes adressés aux navires en mer, et sur le *destinataire* pour les télégrammes provenant des bâtiments.

Télégrammes par exprès. — Les télégrammes adressés à des localités non desservies par le télégraphe peuvent être remis à destination suivant la demande de l'expéditeur ou du destinataire, soit par *exprès*, soit par la *poste*.

Toutefois, pour les télégrammes *internationaux*, l'envoi par exprès ne peut être demandé que pour les Etats d'Europe suivants : l'Allemagne, l'Autriche-Hongrie, la Belgique, le Danemark, la Grande-Bretagne, l'Italie, le Luxembourg, la Norvège, la Hollande, le Portugal, la Russie, la Serbie, la Suède, la Suisse.

Lorsque l'expéditeur désire que le télégramme soit envoyé par exprès et qu'il paie d'avance les frais de ce transport au delà du bureau télégraphique d'arrivée, la mention « *exprès payé* » ou X. P. doit être inscrite par lui avant l'adresse; elle est soumise à la taxe.

Si les frais d'exprès ne sont *pas payés au départ*, la mention à inscrire par l'expéditeur avant l'adresse se compose du seul mot « *Exprès* ».

Pour les télégrammes intérieurs, la taxe de l'exprès est perçue *au départ*. Elle est, toutefois, perçue sur le destinataire lorsque l'envoi par exprès a été demandé par lui, en vue des dépêches attendues.

En France, pour toute dépêche à expédier par exprès hors du lieu d'arrivée, il est perçu une *somme fixe* de 50 centimes par kilomètre ou fraction de kilomètre.

La taxe d'exprès est *calculée* d'après la distance réelle, et cette distance se compte, pour les habitations agglomérées, du bureau d'arrivée au centre de l'agglomération, et, pour les habitations isolées, du bureau d'arrivée au lieu même de destination.

Le montant de la somme à recevoir à titre d'arrhes ne peut être déterminé ; il appartient au bureau expéditeur d'apprécier quelle doit être l'importance de ce dépôt. La liquidation des arrhes est faite après réception des renseignements nécessaires. Lorsque l'expéditeur désire que cette liquidation soit effectuée dans un plus bref délai, il peut obtenir, en payant une réponse de 10 mots, que les renseignements sur la distance parcourue par l'exprès soient transmis par le télégraphe. Dans ce cas, il doit inscrire immédiatement avant l'adresse de son télégramme, au lieu de la mention « Exprès payé » ou X. P., l'indication « *Exprès-Arrhes-Télégraphe* ».

Les renseignements sur le prix dans les divers pays qui acceptent ce mode de transport sont donnés par les bureaux télégraphiques.

Télégrammes par poste. — Le bureau télégraphique d'arrivée est en droit d'employer la poste :

Lorsque l'expéditeur l'a formellement demandé ;

Lorsque l'envoi par exprès, bien

(1) Cette taxe s'applique à la dépêche *simple* de 20 mots. Elle *augmente de moitié* par chaque série indivisible de 10 mots au-dessus de 20.

que demandé, n'est point possible;

A défaut d'indication, dans le télégramme, du moyen de transport à employer;

Lorsqu'il s'agit d'un transport à payer par un destinataire qui aurait refusé antérieurement d'acquitter des frais d'exprès à l'arrivée.

L'envoi par la poste a lieu *sans frais*, sauf dans les cas suivants:

Pour les télégrammes intérieurs, l'envoi par la poste a lieu par lettre ordinaire; si l'expéditeur désire qu'il soit effectué par lettre recommandée, il doit verser, au départ, la taxe de la recommandation postale. Dans ce cas, l'indication « Poste » ou P. P. doit être suivie du mot « recommandé ».

Les télégrammes adressés à un bureau télégraphique situé près d'une frontière, pour être expédiés par poste sur le territoire voisin, donnent lieu à la perception, au départ, de la taxe intégrale d'une lettre recommandée.

Les télégrammes internationaux qui doivent traverser la mer, par voie postale, sont soumis à une taxe *variable*, à percevoir par le bureau d'origine. Cette taxe est, *en moyenne*, de 1 franc par dépêche. Les renseignements à cet égard sont donnés aux intéressés par les bureaux télégraphiques.

VII. Archives. — Les originaux des télégrammes sont *conservés* pendant 6 mois, à compter de leur date. Ce délai est porté à 18 mois pour les télégrammes *extra-européens*.

L'expéditeur et le destinataire d'un télégramme ou leurs fondés de pouvoirs ont le droit de se faire délivrer des *copies* certifiées conformes de l'original de ce télégramme. Cette faculté cesse après le délai fixé pour la conservation des archives.

Il est perçu, pour toute copie délivrée, un *droit fixe* de 50 centimes par télégramme ne dépassant pas 100 mots. Au delà de 100 mots, ce droit est *augmenté* de 50 centimes par série ou fraction de série de 100 mots.

VIII. Détaxes et remboursements. — Est *remboursée* à l'expéditeur, lorsqu'il en fait la demande:

La taxe intégrale de tout télégramme *collationné* qui, par suite d'erreurs de transmission, n'a pu manifestement remplir son objet; qui n'est point arrivé à destination plus tôt qu'il n'y serait parvenu par la poste, ou qui n'est pas parvenu à destination par le fait du service télégraphique;

La taxe des *réponses payées*, lorsque le destinataire n'en a pas fait usage et en a demandé le remboursement;

La taxe intégrale de tout télégramme *international* qui a éprouvé un retard notable ou qui n'est pas parvenu à destination, par le fait du service télégraphique.

Toute réclamation en remboursement de taxe doit être formée, sous peine de *déchéance*, dans les 2 mois de la perception. Ce délai est porté à 6 mois pour les télégrammes extra-européens.

La réclamation doit être accompagnée des *pièces probantes*, savoir: une déclaration écrite du bureau de destination ou du destinataire, si le télégramme n'est point parvenu, et la copie qui lui a été remise, s'il s'agit d'erreur ou de retard.

Si la réclamation est reconnue fondée, le remboursement est effectué par l'office d'origine.

L'expéditeur qui ne réside pas dans le pays où il a déposé son télégramme peut faire présenter sa réclamation à l'office d'origine, par l'intermédiaire d'un autre office qui, dans ce cas, s'il y a lieu, est chargé d'effectuer le remboursement.

IX. Dispositions pénales. — Les *contraventions*, *délits* et *crimes* relatifs aux lignes télégraphiques sont prévus et punis de la manière suivante par le titre II du décret du 27 décembre 1857:

Quiconque, par *imprudence* ou *involontairement*, a commis un fait matériel pouvant compromettre le service de la télégraphie; quiconque a dégradé ou détérioré de quelque manière que ce soit les appareils des lignes de télégraphie, est puni d'une *amende* de 16 fr. à 300 fr., sauf l'admission, s'il y a lieu, de circonstances atténuantes. — La contravention est poursuivie et jugée comme en matière de *grande voirie*, c'est-à-dire que le tribunal compétent est le Conseil de Préfecture.

Quiconque, par la rupture des fils, par la dégradation des appareils ou par tout autre moyen, a *volontairement* causé l'interruption de la correspondance télégraphique, est puni d'un *emprisonnement* de 3 mois à 2 ans et d'une *amende* de 100 fr. à 1 000 fr.

Sont punis de la *détention* et d'une *amende* de 1 000 fr. à 5 000 fr., sans préjudice des peines que pourrait entraîner leur complicité avec l'insurrection, les individus qui, dans un mouvement insurrectionnel, ont détruit ou rendu impropres au service un ou plusieurs fils d'une ligne de télégraphie électrique; ceux qui ont brisé ou détruit un ou plusieurs télégraphes, ou qui ont envahi à l'aide de violences ou de menaces un ou plusieurs postes télégraphiques, ou qui ont intercepté par tout autre moyen, avec violences et menaces, les communications ou la correspondance télégraphique entre les divers dépositaires de l'Autorité publique, ou qui s'opposent avec violences ou menaces au rétablissement d'une ligne télégraphique. — Cette pénalité peut toutefois être mitigée par l'admission de *circonstances atténuantes*.

— Toute attaque, toute résistance avec violences et voies de fait envers les inspecteurs et les agents de surveillance des lignes télégraphiques, dans l'exercice de leurs fonctions, est punie des peines appliquées à la *rébellion*, suivant les distinctions établies au Code pénal (art. 209 et suiv.). — Voy. RÉBELLION.

Les crimes, délits ou contraventions ci-dessus prévus sont *constatés* par les procès-verbaux que peuvent dresser concurremment les Officiers de police judiciaire, les Commissaires et Sous-Commissaires préposés à la surveillance des chemins de fer, les Inspecteurs des lignes télégraphiques, les Agents de surveillance nommés ou agréés par l'Administration et dûment assermentés. — Ces procès-verbaux font foi jusqu'à preuve contraire. — Ceux qui ont été dressés par des Agents de surveillance assermentés doivent être *affirmés* dans les 3 jours, à peine de nullité, devant le Juge de Paix ou le Maire, soit du lieu du délit ou de la contravention, soit de la résidence de l'agent.

— En cas de conviction de plusieurs crimes ou délits, la *peine la plus forte* est seule prononcée.

14. — Tout fonctionnaire public qui *viole le secret* de la correspondance télégraphique est puni d'une *amende* de 16 fr. à 500 fr. et d'un *emprisonnement* de 3 mois à 5 ans. Le coupable est, en outre, *interdit* de toute fonction ou emploi public pendant 5 ans au moins et 10 ans au plus.

X. — Le produit des taxes de la télégraphie privée française et internationale évalué, au budget de 1873, à la somme de 16 000 000 fr., a été, en 1886, de 29 163 000 fr.

TÉMOIN. — Se dit à la fois de la personne qui atteste en Justice avoir vu ou entendu une chose, et de celle qui prête son assistance pour la rédaction d'un acte. — On appelle témoins *judiciaires* ceux qui déposent en Justice, soit au civil, soit au criminel, et témoins *instrumentaires* ceux qui concourent à la rédaction d'un acte.

1. — *En matière civile*, les témoins qui font *défaut* sont condamnés à une somme qui ne peut être moindre de 10 fr. au profit de la partie, à titre de *dommages-intérêts;* ils peuvent de plus être condamnés à une *amende* de 100 fr. au maximum. Ils sont réassignés à leurs frais. S'ils font encore défaut, ils sont passibles d'une *amende* de 100 fr., et un *mandat d'amener* peut même être décerné contre eux.

Si le témoin justifie qu'il n'a pu se présenter au jour indiqué, il est déchargé, après sa déposition, de l'amende et des frais de réassignation.

— *Peuvent être reprochés* les parents ou alliés de l'une ou de l'autre des parties, jusqu'au degré de cousin issu de germain inclusivement; les parents et alliés des conjoints au degré ci-dessus, si le conjoint est vivant, ou si la partie ou le témoin en a des enfants vivants; en cas que le conjoint soit décédé et qu'il n'ait pas laissé de descendants, peuvent être reprochés les parents et alliés en ligne directe, les frères, beaux-frères, sœurs et belles-sœurs.

Peuvent aussi être reprochés le témoin héritier présomptif ou donataire; — celui qui a bu ou mangé avec la partie et à ses frais, depuis la prononciation du jugement qui a ordonné l'enquête; — celui qui a donné des certificats sur les faits relatifs au procès; — les serviteurs et domestiques; — le témoin en état d'accusation; — celui qui a été condamné à une peine afflictive ou infamante, ou même à une peine correctionnelle pour cause de vol. (Cod. proc. civ. art. 223-294.)

2. — *En matière criminelle*, les témoins qui *ne se rendent pas* à la citation sans justifier d'un empêchement légitime, ou qui *refusent* de déposer, sont passibles d'une *amende* de 100 fr. au maximum.

Ne peuvent être reçues les dépositions :

1° Du père, de la mère, de l'aïeul, de l'aïeule, ou de tout autre ascendant de l'accusé ou de l'un des accusés présents et soumis au même débat; — 2° Des fils, fille, petit-fils, petite-fille, ou de tout autre descendant; — 3° Des frères et sœurs; — 4° Des alliés aux mêmes degrés; — 5° Du mari ou de la femme; — 6° Des dénonciateurs dont la dénonciation est récompensée pécuniairement par la loi; — Sans néanmoins que l'audition des personnes ci-dessus désignées puisse opérer une nullité lorsque, soit le Procureur général, soit la partie civile, soit les accusés, ne se sont pas opposés à ce qu'elles fussent entendues. (Cod. instr. crim. art. 71-86; 316-335.)

3. — Les témoins produits aux *actes de l'Etat civil* ne peuvent être que du sexe masculin, âgés de 21 ans au moins, parents ou autres; ils sont choisis par les personnes intéressées. (Cod. civ. art. 37.) — Voy. ACTES DE L'ÉTAT CIVIL.

— Ne peuvent être pris pour témoins d'un *testament par acte public*, ni les légataires, à quelque titre qu'ils soient, ni leurs parents ou alliés jusqu'au 4° degré inclusivement, ni les clercs des notaires. (Cod. civ. art. 975.) — Voy. TESTAMENT, 2.

4. — *L'incapacité* d'être témoin dans des actes est une des conséquences de la *dégradation civique*. (Cod. pén. art. 34, 3°.) — Voy. DÉGRADATION CIVIQUE.

5. — Dans certains cas spécifiés par la loi, les *Tribunaux correctionnels* peuvent *priver* le condamné du droit d'être employé comme témoin dans les actes et de témoigner en Justice autrement que pour y faire de simples déclarations. (Cod. pén. art. 42, 43.) — Voy. INTERDICTION DES DROITS CIVIQUES, CIVILS ET DE FAMILLE.

6. — Voy. FAUX TÉMOIGNAGE.

TENTATIVE. — (Cod. pén. art. 2 et 3.) — On désigne sous ce nom les actes par lesquels un individu qui a formé le dessein de commettre un crime ou un délit en commence l'exécution.

1. — Toute *tentative de crime* qui a été manifestée par un commencement d'exécution, si elle n'a été suspendue ou si elle n'a manqué son effet que par des circonstances indépendantes de la volonté de son auteur, est *considérée* comme le *crime même* et *punie* de la *même manière*.

En effet, l'individu que des circonstances purement fortuites empêchent de consommer son criminel projet n'est pas moins coupable que s'il avait réussi dans sa perpétration. Il a commis le crime autant qu'il était en lui de le commettre.

2. — La *tentative de délit* n'ap-

pelle pas la même rigueur de la loi, car ses résultats sont moins graves, et, d'ailleurs, le délit ne suppose pas la corruption au même degré que le crime; aussi cette tentative n'est-elle assimilée au délit que dans les cas déterminés par une disposition spéciale, par exemple au cas de *vol* (Cod. pén. art. 388); — de *filouterie* (art. 401); — d'*escroquerie* (art. 405).

3. — Quant aux *tentatives de contravention*, la loi n'en parle pas : elles ne sont donc *jamais punissables*.

TERME. — Du latin *terminus*, fait du grec *terma*, borne, limite. — Limitation d'un temps donné pour faire une chose.

— Ce qui n'est dû qu'à terme ne peut être exigé avant l'échéance. On dit dans ce sens : *qui a terme ne doit rien*. Mais le débiteur est *déchu* du bénéfice du terme s'il vient à tomber en *faillite* ou en *déconfiture*, ou si, par son fait, il a *diminué les sûretés* données par le contrat au créancier, si, par exemple, ayant conféré une hypothèque sur sa propriété, il vient à la démolir, ou s'il fait des coupes insolites dans la forêt qu'il avait affectée par hypothèque au payement de sa dette. (Cod. civ. art. 1185-1188.)

TERRITORIALE. (ARMÉE) — Font partie, pendant *cinq ans*, de l'armée territoriale les hommes qui ont accompli le temps de service prescrit pour l'armée active et la réserve. Ils appartiennent ensuite, pendant *six ans*, à la réserve de l'armée territoriale.

1. — L'armée territoriale est formée des hommes domiciliés dans la région. Les militaires de tous grades qui la composent restent dans leurs foyers et ne sont réunis ou appelés à l'activité que sur l'ordre de l'autorité militaire.

La réserve de l'armée territoriale n'est appelée à l'activité qu'en cas d'insuffisance des ressources fournies par l'armée territoriale. Dans ce cas, l'appel se fait *par classe* et en commençant *par la moins ancienne*.

2. — Les *cadres* des troupes et des divers services de l'armée territoriale sont recrutés :

1° Pour les officiers et fonctionnaires, parmi les officiers et fonctionnaires démissionnaires ou en retraite des armées de terre ou de mer, parmi les engagés conditionnels d'un an qui ont obtenu des brevets d'officiers auxiliaires ou des commissions. — Toutefois, les anciens sous-officiers de la réserve et les engagés conditionnels d'un an munis du brevet de sous-officier, peuvent, après examen déterminé par le Ministre de la guerre, être promus au grade de sous-lieutenant dans l'armée territoriale au moment où ils passent dans ladite armée.

2° Pour les sous-officiers et employés, parmi les anciens sous-officiers et employés de la réserve et les engagés conditionnels d'un an munis du brevet de sous-officier, et parmi les anciens caporaux et brigadiers présentant les conditions d'aptitude nécessaires.

3. — En cas de *mobilisation*, les corps de troupe de l'armée territoriale peuvent être affectés à la garnison des places fortes, aux postes et lignes d'étapes, à la défense des côtes, des points stratégiques; ils peuvent être aussi formés en brigades, divisions et corps d'armée destinés à tenir campagne. Enfin, ils peuvent être détachés pour faire partie de l'armée active.

L'armée territoriale, *lorsqu'elle est mobilisée*, est soumise aux lois et règlements qui régissent l'armée active et lui est assimilée pour la solde et les prestations de toute nature.

TESTAMENT. — (Cod. civ. art. 895 et suiv.) — Acte par lequel une personne dispose de tout ou partie de ses biens pour le temps où elle n'existera plus, et qu'elle peut révoquer.

I. FORMES. — Il y a trois sortes de testaments : le testament *olographe*, le testament *par acte public* et le *testament mystique* ou *secret*.

1. — Le testament *olographe* (du grec *olos*, entier; *graphô*, j'écris) est celui que le testateur écrit de sa propre main en entier. Il doit être *daté* et *signé*. L'absence de l'une ou de l'autre de ces formalités entraînerait la nullité du testament.

2. — Le testament *par acte public* est celui qui est reçu par deux notaires en présence de *deux témoins*, ou par un notaire en présence de *quatre témoins*. Il est dicté par le testateur au notaire qui l'écrit tel quel et en donne ensuite lecture au testateur en présence des témoins, qui y apposent leur signature, ainsi que les notaires et le testateur. Si ce dernier ne sait ou ne peut signer, il en est fait mention ainsi que de la cause qui l'en empêche. — *Ne peuvent être pris pour témoins* les personnnes gratifiées dans le testament, ni leurs parents ou alliés jusqu'au 4me degré inclusivement, ni les clercs des notaires qui ont reçu l'acte. Toutes ces précautions ont pour but de s'assurer que les dispositions écrites sont bien celles qui ont été exprimées par le testateur.

Les *témoins* doivent être *mâles*, *majeurs*, *Français* et *jouissant de leurs droits civils*.

3. — Le testament *mystique* ou *secret* est celui que le testateur écrit ou fait écrire et qu'il présente ensuite clos et scellé à un notaire qui dresse un procès-verbal de dépôt. Sa validité est subordonnée à l'accomplissement des formalités suivantes: Celui qui veut disposer dans cette forme doit écrire ses dispositions lui-même ou les faire écrire, mais les signer: le papier qui les contient est clos et scellé: le testateur le remet au notaire, en présence de *six témoins*, et il déclare que ce papier renferme son testament. Sans en prendre connaissance, le notaire dresse acte de la déclaration qui lui est faite. Cet acte s'appelle *acte de suscription* parce qu'il est écrit sur le papier contenant les dispositions du testateur ou sur l'enveloppe : il est signé par le testateur, le notaire et les six témoins. — Si le testateur, par suite d'un empêchement survenu depuis la signature de l'écrit qui contient ses dispositions, ne peut pas signer l'acte de suscription, il en est fait mention. Mais si l'impossibilité de signer existait au moment où le testateur a fait écrire ses dispositions par un tiers, un *septième témoin* devrait être appelé, qui signerait, avec les six autres, l'acte de suscription, et mention serait faite de la cause pour laquelle il a été appelé.

4. — On voit, d'après ce qui précède, que les personnes qui *ne savent ni lire ni écrire* ne peuvent tester que par acte public. Elles ne peuvent se servir de la forme olographe puisqu'elles sont incapables d'écrire, ni de la forme mystique puisqu'il leur serait impossible de s'assurer que le testament qu'un tiers aurait écrit pour elles est bien l'expression de leur volonté. — Les *aveugles* qui savent écrire peuvent faire un testament olographe : ils ne sauraient faire un testament par acte public ou mystique. — Incapables de tester en la forme publique, les *muets* peuvent, s'ils savent écrire, tester, soit dans la forme olographe, soit dans la forme mystique. Dans ce cas, la déclaration que doit faire le testateur est remplacée par une attestation écrite au haut de l'acte de suscription en ces termes : *le papier que je présente est mon testament*. — Le *muet* qui *ne sait pas écrire* ne peut tester en aucune forme. — Les personnes qui sont *sourdes* peuvent, si elles *savent écrire*, faire un testament olographe ou mystique; si elles savent *seulement lire*, elles peuvent faire un testament mystique; mais, en aucun cas, elles ne peuvent tester par acte public. Elles sont donc incapables de tester si elles ne savent *ni lire ni écrire*.

5. — Le testament par acte public est le seul qui puisse recevoir direc-

tement son exécution. Le testament olographe doit être *présenté* préalablement au Président du Tribunal du domicile du défunt : ce magistrat en fait l'ouverture, en constate l'état et en ordonne le dépôt dans les mains d'un notaire. Il en est de même du testament mystique qui, en outre, doit être ouvert en présence de ceux des témoins et notaires signataires de l'acte de suscription, qui se trouvent sur les lieux.

II. Diverses sortes de legs. — Les dispositions testamentaires portent le nom de *legs*. Elles peuvent être ou *universelles*, ou à *titre universel*, ou à *titre particulier*.

1. — Le *legs universel* est la disposition par laquelle le testateur donne à une ou plusieurs personnes l'universalité des biens qu'il laissera à son décès. Ce qui forme le caractère essentiel du legs universel, c'est le droit *éventuel* qu'a le légataire de recueillir tout ce qui compose ou composera la succession. On peut être, en effet, légataire *universel* et cependant ne recueillir qu'une fraction très minime des biens, souvent moins qu'un légataire *particulier*. Le légataire universel peut se trouver en présence d'héritiers ayant droit à une *réserve* et être tenu, en outre, d'acquitter des legs particuliers ; mais, si les héritiers réservataires du défunt ne lui ont pas survécu ou s'ils renoncent à sa succession, si les légataires particuliers sont de même prédécédés ou s'ils répudient les libéralités qui leur ont été faites, rien ne s'opposera à la réalisation du droit éventuel accordé au légataire universel.

— Si le testateur a laissé des héritiers réservataires, le légataire universel est obligé de leur demander la *délivrance* des biens : il est, au contraire, saisi de plein droit des choses léguées s'il n'y a aucun héritier à réserve ; mais, lorsque le testament est olographe ou mystique, comme il n'a point par lui-même de force exécutoire, le légataire universel doit se faire *envoyer en possession* par ordonnance du Président du Tribunal du lieu de l'ouverture de la succession.

2. — Le legs *à titre universel* est celui par lequel le testateur donne une quote-part de ses biens, telle qu'une moitié, un quart, ou tous ses immeubles, ou tous ses meubles, ou une quotité fixe des uns ou des autres.

Le légataire à titre universel n'est jamais saisi de plein droit. Il est tenu de demander la *délivrance* de son legs à ceux qui sont saisis de la succession, c'est-à-dire aux héritiers réservataires s'il y en a, à leur défaut au légataire universel, et s'il n'y en a pas, aux héritiers appelés dans l'ordre de la succession.

Comme le légataire universel, le légataire à titre universel est tenu, pour sa part et portion, des dettes et charges de la succession du testateur.

3. — Le legs *particulier* est celui par lequel le testateur donne des objets déterminés, telle maison, une somme de 5 000 fr. Le légataire particulier, devant recevoir une chose déterminée, n'est pas tenu des dettes ; mais, bien entendu, il n'y a lieu à l'acquittement des legs qu'après le payement de toutes les dettes.

Le mode de *délivrance* des legs particuliers est le même que celui des legs à titre universel.

III. Exécuteurs testamentaires. — Le testateur peut charger spécialement une ou plusieurs personnes de veiller à l'entière exécution de ses volontés.

L'exécution testamentaire est un simple office d'ami, un mandat, d'où il résulte :

1° Que personne n'est tenu de l'accepter ; — 2° Que celui qui l'accepte n'a droit à aucun salaire : toutefois, il est d'usage que le testateur fasse, par son testament, un présent à son exécuteur testamentaire ; — 3° Que les frais sont à la charge de la succession ; — 4° Que les pouvoirs de l'exécuteur testamentaire ne passent point à ses héritiers.

IV. RÉVOCATION ET CADUCITÉ DES TESTAMENTS. — La *révocation* d'un testament résulte d'un changement de volonté chez le testateur; la *caducité* (du latin *cadere*, tomber) provient d'événements étrangers à la volonté du testateur, par exemple, de l'incapacité du légataire ou de la perte de la chose léguée.

1. — La *révocation* peut être *expresse* ou *tacite;* — expresse, en vertu d'un testament postérieur ou d'une déclaration devant notaire; — tacite, lorsqu'un second testament contient des dispositions contraires ou incompatibles avec celles d'un premier testament, ou lorsque, avant de mourir, le testateur a fait des actes qui supposent nécessairement le changement de volonté, par exemple, s'il a vendu la chose qu'il avait léguée.

2. — Les legs deviennent *caducs*, c'est-à-dire tombent d'eux-mêmes, si le légataire n'a pas survécu au testateur, s'il répudie la libéralité qui lui a été faite, si la chose léguée a totalement péri du vivant du testateur.

3. — Les legs sont *révocables*, comme les donations, pour *inexécution des conditions* et pour cause d'*ingratitude*. Lorsque le fait d'ingratitude s'est passé du vivant du testateur, celui-ci peut pardonner l'offense qu'il a reçue; s'il laisse passer *plus d'un an* sans révoquer son testament, le pardon est présumé. L'action en révocation ne passe donc à ses héritiers qu'autant qu'il est mort dans l'ignorance du délit ou dans l'année à partir du jour où il en a eu connaissance.

— Voy. QUOTITÉ DISPONIBLE.

TESTIMONIALE. (PREUVE) — Voy. OBLIGATIONS, V, § 2.

THÉATRES. — A la date du 6 janvier 1864, est intervenu un décret d'une grande importance, au point de vue économique, car il a consacré une fois de plus le principe de la liberté du travail et de l'industrie, principe auquel de nombreuses exceptions subsistent encore aujourd'hui.

Aux termes de ce décret, tout individu peut faire construire et exploiter un théâtre, à la seule condition : 1° D'en faire la *déclaration* au Ministre (aujourd'hui de l'Instruction publique et des Beaux-Arts) et à la Préfecture de Police, à Paris; à la Préfecture dans les départements; — 2° *De se conformer aux Ordonnances, Décrets et Règlements* pour tout ce qui concerne l'*ordre*, la *sécurité* et la *salubrité publics*.

1. — Les ouvrages dramatiques de *tous les genres* peuvent être représentés sur *tous les théâtres.*

2. — Sont *interdits* les théâtres d'*acteurs-enfants.*

3. — Les spectacles de curiosité continuent à former une catégorie à part. L'article 16 du décret du 8 juin 1806 soumet leur établissement à l'autorisation du Ministre, autorisation que, en réalité, donne et retire la Préfecture de Police, depuis que le service des théâtres a quitté le Ministère de l'Intérieur. Ils ne peuvent s'assimiler aux théâtres ni en prendre le nom; néanmoins, la tolérance coupable de l'Administration impériale a peu à peu laissé les *Cafés-Concerts* s'ériger en établissements dramatiques, au grand préjudice de l'art et de la morale.

4. — La *censure*, aujourd'hui rétablie, avait été abolie par le décret du 30 septembre 1870. Maintenue, à Paris, pour toute la durée de l'état de siège, elle devait cesser le jour où prendrait fin ce régime exceptionnel. Les représentations retombaient alors sous le coup de l'article 6 de la loi du 13 janvier 1791 qui les assujettit à la *répression;* loi sage, libérale, digne de l'Etat, des citoyens et de l'art, mais qui eut le tort d'édicter la répression dans des termes vagues et de ne pas l'organiser, ce qui revenait à proclamer la liberté absolue, avec la possibilité des excès qui font rétablir la censure.

5. — Le décret de 1864 a maintenu les *subventions*. Les théâtres

qui en reçoivent de l'Etat se trouvent à Paris : *Comédie-Française, Opéra, Opéra-Comique, Odéon*. Ils sont assujettis à l'exécution de cahiers des charges rédigés par le Ministre, sauf la Comédie-Française, régie par son acte social du 27 germinal an XII modifié quelque peu, en 1816 et en 1823, par les décrets du 15 octobre 1812 dit *de Moscou*, du 27 avril 1850 et du 19 novembre 1859. Les théâtres de province subventionnés par les Municipalités sont également soumis aux charges qu'elles leur imposent.

6. — Voy. DROIT DES PAUVRES.

TIERCE-OPPOSITION. — (Cod. proc. civ. art. 474-479.) — Opposition formée par un tiers à un jugement qui préjudicie à ses droits, lorsque ni lui, ni ceux qu'il représente, n'ont été appelés au procès. — Les *formes* et *conditions* en sont réglées par le Code de procédure civile (art. 474-479).

1. — La partie dont la tierce-opposition a été *rejetée* est condamnée à une *amende* de 50 fr. au minimum, et, s'il y a lieu, à des *dommages-intérêts*.

2. — D'après un arrêt de la Cour de cassation, du 17 germinal an IV (6 avril 1796), la tierce-opposition aux jugements dans lesquels on n'a été ni présent, ni appelé, *peut être formée pendant* 30 *ans*.

TIERS-ARBITRE. — On appelle *tiers-arbitre* ou *sur-arbitre* la personne chargée de départager des arbitres qui n'ont pu se mettre d'accord. — Voy. ARBITRAGE.

TIERS-SAISI. — C'est ainsi que le Code de procédure civile désigne la personne entre les mains de laquelle une *saisie-arrêt* a été pratiquée. — Voy. SAISIE-ARRÊT.

TIMBRE. — (Lois 13 brumaire an VII (3 novembre 1798) ; 5 juin 1850 ; 2 juillet 1862, art. 17-28 ; 13 mai 1863, art. 6-10 ; 8 juin 1864, art. 6, 7 ; 8 juillet 1865, art. 4, 5 ; 18 juillet 1866, art. 4 ; 23 août 1871, art. 2.)

Contribution perçue à l'occasion de l'application d'une marque officielle sur du papier dont l'emploi est exigé en général pour tous les actes ou écrits publics et privés, destinés à *constater un droit* ou à être *produits en Justice*. — Ce papier est fabriqué par l'Administration, et nul ne peut en vendre ou en distribuer qu'en vertu d'une commission.

1. — Il y a deux sortes de droits de timbre : l'un de *dimension*, tarifé à raison de la grandeur du papier employé, — l'autre *proportionnel*, gradué à raison des sommes exprimées, quelle que soit la dimension du papier.

2. — La loi du 23 août 1871 (art. 2) a ajouté *deux décimes* au principal des droits de timbre.

Il y a lieu à une *amende* de 50 fr. pour chaque acte ou écrit sous signature privée sujet au timbre de dimension et fait sur papier non timbré.

— Les *affiches* sont assujetties à un droit de timbre. Elles peuvent être imprimées sur un papier non timbré, pourvu que le timbre y soit apposé avant l'affichage.

3. — Le droit de *timbre proportionnel* est dû pour les *lettres de change* et *billets à ordre*. — Voy. EFFETS DE COMMERCE, 4.

— Également applicable aux titres et certificats d'actions dans les *compagnies* et *sociétés*, ce droit peut être converti en un *abonnement* payable par annuités, au lieu d'être acquitté au moment de l'émission des titres, ce qui nécessiterait une avance de fonds parfois considérable.

— Sont soumis à un droit de timbre proportionnel les titres de *rentes*, *emprunts* et autres *effets publics* des *Gouvernements étrangers*. Aucune transmission de ces titres ne peut avoir lieu avant l'acquittement du droit. En cas de *contravention*, le propriétaire du titre et l'agent de change ou tout officier public qui a concouru à sa transmission, sont passibles chacun d'une *amende* de 10 p. 100 de la valeur nominale de ce titre.

L'acquittement du droit est constató soit au moyen d'un *visa pour timbre*, soit par l'apposition sur les titres de *timbres mobiles* vendus par les soins de l'Administration de l'enregistrement.

4. — Ceux qui, dans une intention frauduleuse, ont *altéré*, *employé*, *vendu* ou *tenté de vendre* des papiers timbrés *ayant déjà servi*, sont poursuivis devant le Tribunal correctionnel et punis d'une *amende* de 50 fr. à 1 000 francs, sauf l'admission, s'il y a lieu, de *circonstances atténuantes*. — En cas de *récidive*, la peine est d'un *emprisonnement* de 5 jours à 1 mois et l'*amende* est *doublée*.

5. — Les *recettes* procurées par le timbre se sont élevées, en 1867, à la somme de 83 446 000 fr. Elles étaient évaluées, au budget de 1873, à la somme de 125 875 000 fr. En 1886, elles ont été de 156 094 500 fr.

TIRÉ. — On désigne ainsi, dans le langage du droit commercial, la personne sur qui est fournie une *lettre de change*. — Voy. EFFETS DE COMMERCE.

TIREUR. — Se dit de la personne qui fournit une *lettre de change*. — Voy. EFFETS DE COMMERCE.

TISSAGE ET BOBINAGE. — (Loi 7 mars 1850.) — 1. — Une loi du 7 mars 1850 est venue mettre un terme aux réclamations que suscitait le mode de règlement usité dans ces deux branches de l'industrie des tissus.

Le rapport présenté par M. Ch. Cunin-Gridaine, au nom de la Commission chargée d'examiner le projet de loi, fait connaître en ces termes les usages que le législateur s'est proposé de faire disparaître : « Le fabricant qui fait tisser une pièce d'étoffe remet au tisserand sa chaine et sa trame. Le poids, la longueur, le nombre de fils de la chaine sont essentiellement variables. — Sous l'empire de l'ancienne législation qui réglementait les fabriques, arts et métiers, une règle fixe déterminait la longueur des pièces, la quantité des fils à mettre dans la largeur, et leur finesse en raison de la quantité de l'étoffe. Il n'y avait aucun inconvénient à payer le prix du tissage à la pièce; tous les éléments du travail étaient connus; aujourd'hui ce mode de payement est encore suivi dans plusieurs localités, sans que la longueur de la chaine ait été mesurée; elle est censée la même dans chaque établissement, c'est-à-dire telle que l'a faite l'usage des diverses localités industrielles. Or, il faut le reconnaître, les chaines ont été successivement allongées; il n'y a plus de règle, et le tisserand peut ignorer l'étendue de l'ouvrage qu'il doit exécuter. Chaque crise ajoute inégalement au travail, qu'aucune circonstance ne vient ensuite diminuer.

» Il en est de même à peu près pour le bobinage. Lorsque les fils sont livrés par la filature, sous forme d'écheveaux, ils doivent être enroulés sur des bobines, pour faciliter les opérations ultérieures. Le fil est remis par poignées à l'ouvrière chargée de ce travail. (Il est ordinairement confié à des femmes.)

» Anciennement ces poignées se composaient d'une quantité fixe, connue d'avance : aujourd'hui elle est augmentée plus ou moins et diffère dans chaque établissement. La longueur de la chaine, le poids de la poignée de fils pouvant varier sans que l'ouvrier en soit prévenu, il résulte de là que le tisserand et le bobineur peuvent ignorer les conditions essentielles de leur travail et de leur salaire. Mais si, la longueur et le poids étant augmentés, le prix de façon n'est pas élevé dans la même proportion, le salaire se trouve diminué sans le consentement et à l'insu de l'ouvrier. C'est une atteinte grave à sa liberté et une atteinte plus grave à la morale publique. Et, comme tout s'enchaine dans des intérêts qu'on a tort de croire distincts et opposés, les conséquences de ces abus pèsent sur l'industrie en donnant naissance à une concurrence exceptionnelle sans doute, mais frauduleuse. L'intelligence, l'activité, l'expérience ne suffisent plus dans une lutte qui s'exerce aux dépens du salaire... »

Pour faire cesser cet état de choses, et établir la régularité des rapports entre patrons et ouvriers en matière de tissage et de bobinage, la loi du 7 mars 1850 a prescrit à tout fabricant, commissionnaire ou intermédiaire qui livre des fils pour être tissés, d'*inscrire*, au moment de la livraison, sur un *livret spécial* appartenant à l'ouvrier et laissé entre ses mains : 1° le poids et la longueur de la chaîne ; — 2° le poids de la trame et le nombre de fils de trame à introduire par unité de surface de tissu ; — 3° les longueur et largeur de la pièce à fabriquer ; — 4° le prix de façon, soit au mètre de tissu fabriqué, soit au mètre de longueur ou au kilogramme de la trame introduite dans le tissu.

Lorsqu'il s'agit de *fils à bobiner*, l'inscription portée au livret doit indiquer : 1° le poids brut et le poids net de la matière à travailler ; — 2° le numéro du fil ; — 3° le prix de façon soit au kilogramme de matière travaillée, soit au mètre de longueur de cette même matière.

— Le *prix de façon* doit être indiqué en monnaie légale sur le livret par le fabricant, commissionnaire ou intermédiaire.

L'ouvrier sait ainsi exactement comment il sera payé, il ne peut plus être contraint de recevoir des denrées ou marchandises au lieu du salaire en argent sur lequel il avait compté.

— Une fois exécuté, l'ouvrage doit être remis au fabricant, commissionnaire ou intermédiaire de qui l'ouvrier a directement reçu la matière première, et le compte de façon est arrêté au moment de cette remise. — Le législateur a pensé prévenir de la sorte les difficultés résultant des distances qui séparent d'ordinaire les ouvriers des fabricants eux-mêmes. Il a voulu que tout pût se régler entre les parties qui ont traité et que l'intermédiaire ne renvoyât point le tisserand au fabricant souvent éloigné.

La loi ne s'oppose pas à ce que les parties fassent des conventions différentes quant au mode de remise de l'ouvrage et quant au mode de payement, mais elle exige formellement que le livret mentionne ces conventions.

Toutes les indications portées sur le *livret* qui reste *entre les mains de l'ouvrier* doivent être reproduites par le fabricant, commissionnaire ou intermédiaire, sur un *registre d'ordre*.

Aucune des parties, on le voit, ne peut plus, grâce à ces diverses prescriptions, être laissée dans l'ignorance des conditions du contrat.

— Pour que le mesurage ou le pesage des matières puisse toujours avoir lieu, le fabricant, le commissionnaire ou intermédiaire, est obligé de tenir constamment exposés aux regards, dans les lieux où se règlent habituellement les comptes entre lui et l'ouvrier, les instruments nécessaires à la vérification des *poids et mesures*. La loi du 7 mars 1850 doit être aussi *affichée* dans le même endroit.

— Les *contraventions* aux diverses dispositions de cette loi sont punies d'une *amende* de 11 fr. à 15 fr. — Il est prononcé autant d'amendes qu'il a été commis de contraventions distinctes.

En cas de *récidive*, c'est-à-dire si, dans les 12 mois qui ont précédé la contravention, le fabricant a encouru une première condamnation, le Tribunal a la faculté d'ordonner l'*insertion du nouveau jugement* dans un journal de la localité, aux frais du contrevenant.

2. — La loi du 7 mars 1850 a laissé au Gouvernement (art. 7) la faculté d'en étendre les dispositions aux industries qui se rattachent au tissage et au bobinage.

En vertu de cette faculté, un décret du 20 juillet 1853 a déclaré ladite loi applicable à la *coupe des velours de coton*, ainsi qu'à la *teinture*, au *blanchiment* et à l'*apprêt des étoffes*.

TITRES AU PORTEUR. — A la

date du 15 juin 1872 est intervenue une loi importante relativement aux titres au porteur. Nous croyons devoir la reproduire en entier :

Art. 1er. — « Le propriétaire de titres au porteur qui en est dépossédé par quelque événement que ce soit, peut se faire restituer contre cette perte, dans la mesure et sous les conditions déterminées dans la présente loi. »

Art. 2. — « Le propriétaire dépossédé fera *notifier* par huissier à l'établissement débiteur un acte indiquant : le nombre, la nature, la valeur nominale, le numéro et, s'il y a lieu, la série des titres.

» Il devra aussi, autant que possible, énoncer :

» 1° L'époque et le lieu où il est devenu propriétaire, ainsi que le mode de son acquisition ; — 2° l'époque et le lieu où il a reçu les derniers intérêts ou dividendes ; — 3° les circonstances qui ont accompagné sa dépossession. Le même acte contiendra une élection de domicile dans la Commune du siège de l'établissement débiteur.

» Cette notification emportera opposition au payement tant du capital que des intérêts ou dividendes échus ou à échoir. »

Art. 3. — « Lorsqu'il se sera écoulé *une année* depuis l'opposition sans qu'elle ait été contredite et que, dans cet intervalle, deux termes au moins d'intérêts ou de dividendes auront été mis en distribution, l'opposant pourra se pourvoir auprès du Président du Tribunal civil du lieu de son domicile, afin d'obtenir l'autorisation de toucher les *intérêts* ou *dividendes* échus ou à échoir au fur et à mesure de leur exigibilité, et même le *capital* des titres frappés d'opposition dans le cas où ledit capital serait ou deviendrait exigible. »

Art. 4. — « Si le Président accorde l'autorisation, l'opposant devra, pour toucher les intérêts ou dividendes, fournir une *caution* solvable dont l'engagement s'étendra au montant des annuités exigibles et de plus à une valeur double de la dernière annuité échue. Après *deux ans* écoulés depuis l'autorisation sans que l'opposition ait été contredite, la caution sera de plein droit déchargée.

» Si l'opposant ne veut ou ne peut fournir la caution requise, il pourra, sur le vu de l'autorisation, exiger de la Compagnie le *dépôt* à la Caisse des dépôts et consignations des intérêts ou dividendes échus et de ceux à échoir, au fur et à mesure de leur exigibilité. Après *deux ans* écoulés depuis l'autorisation, sans que l'opposition ait été contredite, l'opposant pourra retirer de la Caisse des dépôts et consignations les sommes ainsi déposées, et percevoir librement les intérêts et dividendes à échoir, au fur et à mesure de leur exigibilité. »

Art. 5. — « Si le capital des titres frappés d'opposition est devenu exigible, l'opposant qui aura obtenu l'autorisation ci-dessus pourra en toucher le montant à charge de fournir caution. Il pourra, s'il le préfère, exiger de la Compagnie que le montant dudit capital soit déposé à la Caisse des dépôts et consignations.

» Lorsqu'il se sera écoulé *dix ans* depuis l'époque de l'exigibilité et *cinq ans* au moins à partir de l'autorisation sans que l'opposition ait été contredite, la caution sera déchargée, et, s'il y a eu dépôt, l'opposant pourra retirer de la Caisse des dépôts et consignations les sommes en faisant l'objet. »

Art. 6. — « La solvabilité de la caution à fournir en vertu des dispositions des articles précédents sera appréciée comme en matière commerciale. S'il s'élève des difficultés, il sera statué en référé par le Président du Tribunal du domicile de l'établissement débiteur.

» Il sera loisible à l'opposant de fournir un *nantissement* aux lieu et place d'une caution. Ce nantissement pourra être constitué en titres de rente sur l'Etat. Il sera restitué à l'expiration des délais fixés pour la libération de la caution. »

Art. 7. — « En cas de *refus de l'autorisation* dont il est parlé en l'article 3, l'opposant pourra saisir, par voie de requête, le Tribunal civil de son domicile, lequel statuera après avoir entendu le Ministère public. Le jugement obtenu dudit Tribunal produira les effets attachés à l'ordonnance d'autorisation. »

Art. 8. — « Quand il s'agira de coupons au porteur détachés du titre, si l'opposition n'a pas été contredite, l'opposant pourra, après trois années à compter de l'échéance et de l'opposition, réclamer le montant desdits coupons de l'établissement débiteur, sans être tenu de se pourvoir d'autorisation. »

Art. 9. — « Les payements faits à l'opposant suivant les règles ci-dessus posées libèrent l'établissement débiteur envers tout tiers-porteur qui se présenterait ultérieurement. Le tiers-porteur au préjudice duquel lesdits payements auraient été faits conserve seulement une action personnelle contre l'opposant qui aurait formé son opposition sans cause. »

Art. 10. — « Si, avant que la libération de l'établissement débiteur ne soit accomplie, il se présente un tiers-porteur des titres frappés d'opposition, ledit établissement doit provisoirement retenir ces titres contre un récépissé remis au tiers-porteur ; il doit de plus avertir l'opposant, par lettre chargée, de la présentation du titre en lui faisant connaître le nom et l'adresse du tiers-porteur. Les effets de l'opposition restent alors suspendus jusqu'à ce que la Justice ait prononcé entre l'opposant et le tiers-porteur. »

Art. 11. — « L'opposant qui voudra *prévenir* la *négociation* ou la *transmission* des titres dont il a été dépossédé devra *notifier* par exploit d'huissier au syndicat des agents de change de Paris une opposition renfermant les énonciations prescrites par l'article 2 de la présente loi ; l'exploit contiendra réquisition de faire publier les numéros des titres.

» Cette publication sera faite un jour franc au plus tard par les soins et sous la responsabilité du syndicat des agents de change de Paris, dans un *Bulletin* quotidien, établi et publié dans les formes et sous les conditions déterminées par un règlement d'administration publique.

» Le même règlement fixera le *coût* de la rétribution annuelle due par l'opposant pour frais de publicité. Cette rétribution annuelle sera payée d'avance à la caisse du syndicat, faute de quoi la dénonciation de l'opposition ne sera pas reçue ou la publication ne sera pas continuée à l'expiration de l'année pour laquelle la rétribution aura été payée. »

Art. 12. — « Toute négociation ou transmission *postérieure* au jour où le Bulletin est parvenu ou aurait pu parvenir par la voie de la poste dans le lieu où elle a été faite sera *sans effet* vis-à-vis de l'opposant, sauf le recours du tiers-porteur contre son vendeur et contre l'agent de change par l'intermédiaire duquel la négociation aura eu lieu. Le tiers-porteur pourra également, au cas prévu par le précédent article, contester l'opposition faite irrégulièrement ou sans droit.

» Sauf le cas où la mauvaise foi serait démontrée, les agents de change ne seront responsables des négociations faites par leur entremise qu'autant que les oppositions leur auront été signifiées personnellement ou qu'elles auront été publiées dans le Bulletin par les soins du syndicat. »

Art. 13. — « Les agents de change doivent inscrire sur leurs livres les numéros des titres qu'ils achètent ou qu'ils vendent.

» Ils mentionneront sur les bordereaux d'achat les numéros livrés. Un règlement d'administration publique déterminera le taux de la rémunération qui sera allouée à l'agent de change pour cette inscription des numéros. »

Art. 14. — « A l'égard des négociations ou transmissions de titres antérieurs à la publication de l'opposition, il n'est pas dérogé aux dispositions des articles 2279 et 2280 du Code civil. »

Art. 15. — « Lorsqu'il se sera écoulé *dix ans* depuis l'autorisation obtenue par l'opposant, conformément à l'article 3, et que, pendant le même laps de temps, l'opposition aura été publiée sans que personne se soit présenté pour recevoir les intérêts ou dividendes, l'opposant pourra exiger de l'établissement débiteur qu'il lui soit remis un *titre semblable* et subrogé au premier. Ce titre devra porter le même numéro que le titre originaire, avec la mention qu'il est délivré par *duplicata*.

» Le titre délivré en duplicata conférera les mêmes droits que le titre primitif et sera négociable dans les mêmes conditions.

» Le temps pendant lequel l'établissement n'aurait pas mis en distribution de dividendes ou d'intérêts ne sera pas compté dans le délai ci-dessus.

» Dans le cas du présent article, le titre primitif sera frappé de déchéance, et le tiers-porteur qui le représentera après la remise du nouveau titre à l'opposant n'aura qu'une action personnelle contre celui-ci au cas où l'opposition aurait été faite sans droit.

» L'opposant qui réclamera de l'établissement un duplicata payera les frais qu'il occasionnera. Il devra de plus garantir par un dépôt ou par une caution que le numéro du titre frappé de déchéance sera publié pendant dix ans, avec mention spéciale au Bulletin quotidien. »

Art. 16. — « Les dispositions de la présente loi sont applicables aux titres au porteur émis par les Départements, les Communes et les Établissements publics, mais elles ne sont pas applicables aux billets de la Banque de France, ni aux billets de même nature émis par des établissements légalement autorisés, ni aux rentes et autres titres au porteur émis par l'État, lesquels continueront à être régis par les lois, décrets et règlements en vigueur.

» Toutefois, les cautionnements exigés par l'Administration des finances pour la délivrance des duplicatas de titres perdus, volés ou détruits, seront restitués si, dans les vingt ans qui auront suivi, il n'a été formé aucune demande de la part des tiers-porteurs soit pour les arrérages, soit pour le capital. Le Trésor sera définitivement libéré envers le porteur des titres primitifs, sauf l'action personnelle de celui-ci contre la personne qui aura obtenu le duplicata. »

TONNAGE. — Droit de navigation imposé seulement, aujourd'hui, sur les bâtiments étrangers qui entrent dans les ports français. Il est ainsi nommé parce qu'il est calculé sur la contenance des bâtiments et que la mesure de capacité des navires a pour unité le *tonneau* (voy. ce mot).

TONNEAU. — Terme de marine. — *Unité de mesure* de la capacité des *navires*. Le tonneau représente un *poids* de 1 000 kilogrammes et un *espace* de 1 stère 404 millièmes, ou 42 pieds cubes.

TONTINES. — (Déc. 25 mars 1809; ord. roy. 12 juin 1842; déc. 16 janvier 1854; loi 24 juillet 1867, art. 66.) — Associations de personnes qui placent en commun un capital pour en retirer, à une époque déterminée, une rente viagère, et à la condition que l'intérêt sera réversible, à chaque décès, sur les survivants. Leur nom vient de ce que ce fut un banquier napolitain, Lorenzo *Tonti*, qui eut l'idée première de ces sortes d'associations (1653).

— Aucune société tontinière ne peut s'établir qu'avec l'*autorisation* du Président de la République sur la proposition du Ministre du commerce et de l'industrie et le Conseil d'État entendu.

2. — Les opérations des sociétés tontinières sont soumises à une *surveillance* toute spéciale exercée par une Commission de 5 membres nommés par le Ministre du commerce et de l'industrie, et de plus

à la *vérification* des Inspecteurs des Finances.

TOURBIÈRE. — (Loi 21 avril 1810, art. 83-86.) — Endroit d'où l'on extrait la *tourbe*, terre combustible résultant de la décomposition des végétaux dans l'eau.

1. — Les tourbes ne peuvent être exploitées que par le propriétaire du terrain, ou de son consentement.

Tout propriétaire qui veut exploiter des tourbes dans son terrain est tenu d'en faire préalablement la *déclaration* à la Sous-Préfecture, et d'en obtenir l'autorisation, à peine de 1 000 fr. d'*amende*.

Les exploitants doivent se conformer aux *règlements* déterminant la direction générale des travaux d'extraction dans le terrain où sont situées les tourbes, celle des rigoles de desséchement, enfin les mesures propres à faciliter l'écoulement des eaux dans les vallées et l'atterrissement des entailles tourbées; sinon ils peuvent être contraints à cesser leur exploitation.

2. — L'*usufruitier* n'a aucun droit aux tourbières dont l'exploitation n'est pas commencée à l'instant où il entre en jouissance. (Cod. civ. art. 598.)

TOUR D'ÉCHELLE. — On connaissait anciennement sous ce nom une servitude qui consistait dans le droit de passer sur la propriété voisine pour les réparations à faire à une maison ou à un mur contigu.

Le Code civil ne mentionnant pas cette servitude parmi les servitudes établies par la loi, le droit de *tour d'échelle* n'existe plus, si ce n'est en vertu d'un titre, ou moyennant une indemnité.

TRANSACTION. — (Cod. civ. art. 2044-2058.) Contrat par lequel les parties terminent une contestation déjà née ou préviennent une contestation à naître, au moyen de concessions réciproques. C'est, comme l'a dit très justement M. Bigot-Préameneu au Corps législatif, « de tous les moyens de mettre fin à tous les différends que font naître entre les hommes leurs rapports variés et multipliés à l'infini, le plus heureux dans ses effets. »

La transaction diffère du *compromis* qui a également pour but d'éviter un procès, en ce que, dans le compromis, ce sont des tiers qui sont chargés par les parties de régler les difficultés pendantes, tandis que, dans la transaction, ce sont les parties elles-mêmes qui sont leurs propres arbitres.

Transiger est donc plus avantageux que *compromettre*.

1. — La transaction doit être rédigée *par écrit* : disposition fort sage, car la transaction ayant pour but de prévenir ou de terminer un procès, c'eût été risquer d'en faire naître un nouveau que d'en laisser dépendre l'effet de l'admissibilité ou des résultats de la preuve testimoniale.

Lorsqu'on emploie la forme sous *seing privé*, il faut rédiger autant d'originaux qu'il y a de parties contractantes ayant un intérêt distinct, car la transaction, renfermant des obligations réciproques, est un contrat synallagmatique. — Voy. ACTE SOUS SEING PRIVÉ, 2.

2. — Pour transiger valablement, il faut avoir la capacité de disposer des objets compris dans la transaction.

Il résulte de ce principe que les *mineurs* et les *interdits* ne peuvent nullement transiger eux-mêmes. Leur tuteur, seul, le peut pour eux, sous certaines conditions déterminées dans l'article 467 du Code civil.

Les *Communes* et *Etablissements publics*, étant sous la tutelle perpétuelle du Gouvernement, ne peuvent transiger qu'avec son autorisation expresse, de même que cette autorisation leur est indispensable pour acquérir et aliéner.

3. — La transaction faite sur pièces qui depuis ont été reconnues *fausses* est nulle. Comme tout contrat, elle est rescindable pour *dol* et *violence*, ainsi que pour *erreur* sur la personne ou sur l'objet de la contestation. — Voy. DOL; — ERREUR; — VIOLENCE.

Elle n'est *pas attaquable* pour cause d'*erreur de droit* ni pour cause de *lésion :* autrement, loin de terminer ou de prévenir les procès, la transaction en deviendrait elle-même souvent une source.

L'*erreur de calcul* dans une transaction doit être réparée, car elle est évidemment contre la volonté des parties et, d'ailleurs, elle est facilement réparable.

TRANSCRIPTION. — (Loi 23 mars 1855; Déc. 24 nov. 1855.)

1. — La transcription est l'accomplissement d'une formalité destinée à procurer aux tiers, créanciers ou acquéreurs, la *publicité* matérielle, durable et facile à chercher, des *mutations* de la propriété immobilière et des *démembrements* ou *charges* qui peuvent en altérer la valeur. Elle *consiste* dans la copie littérale, sur un registre particulier tenu par le Conservateur des hypothèques, et que tout le monde peut consulter, des actes constatant des mutations, des démembrements ou des charges de la propriété immobilière.

2. — La loi du 23 mars 1855 a eu pour but de combler une regrettable lacune dans la législation. Avant elle, en effet, rien ne révélait d'une manière certaine et publique quel était le propriétaire d'un immeuble; il n'existait aucun moyen de s'assurer de la vérité à cet égard, et, en traitant avec celui qui avait toutes les apparences du droit de propriété, on n'était jamais sûr de traiter avec le véritable propriétaire. Il n'était pas impossible de vendre et de se faire payer plusieurs fois le même immeuble ou d'hypothéquer un immeuble que l'on avait vendu. Un propriétaire pouvait, dans une idée de fraude, aliéner seulement la nue propriété, conserver l'usufruit et la possession de l'immeuble, et abuser avec une extrême facilité, par une nouvelle vente, de la bonne foi d'un second acquéreur. — Tout en étant réellement propriétaire, le débiteur pouvait avoir altéré secrètement la valeur du gage qu'il offrait à son créancier, par une constitution d'usufruit, d'un bail de longue durée fait à vil prix, par le payement anticipé d'un grand nombre d'années de loyer, par l'établissement d'une antichrèse. Tous ces dangers ont disparu depuis la nécessité de la transcription sur un registre public de toutes les mutations de la propriété, de ses démembrements et de ses charges.

3. — Aux termes de la loi du 23 mars 1855, *doivent être transcrits* au bureau des hypothèques de la situation des biens : 1° Tout acte entre vifs, translatif de propriété immobilière ou de droits réels susceptibles d'hypothèque; — 2° Tout acte portant renonciation à ces mêmes droits; — 3° Tout jugement déclarant l'existence d'une convention verbale de la nature ci-dessus exprimée; — 4° Tout jugement d'adjudication, autre que celui rendu sur licitation au profit d'un cohéritier ou d'un copartageant.

— Doivent être également transcrits : 1° Tout acte constitutif d'antichrèse, de servitude, d'usage et d'habitation; — 2° Tout acte portant renonciation à ces mêmes droits; — 3° Tout jugement qui en déclare l'existence en vertu d'une convention verbale; — 4° Les baux d'une durée de plus de 18 années; — 5° Tout acte ou jugement constatant, même pour bail de moindre durée, quittance ou cession d'une somme équivalente à 3 années de loyers ou fermages non échus.

4. — ***Jusqu'à la transcription***, les droits résultant des actes et jugements ci-dessus énoncés ne peuvent être opposés aux tiers qui ont des droits sur l'immeuble et qui les ont conservés en se conformant aux lois. Les baux qui n'ont point été transcrits ne peuvent jamais leur être opposés pour une durée de plus de 18 ans.

— ***A partir de la transcription***, les créanciers privilégiés ou ayant hypothèque, aux termes des articles 2123, 2127 et 2128 du Code civil, ne peuvent prendre utilement inscription sur le précédent propriétaire. — Néanmoins, le vendeur ou le copartageant ont la faculté de faire inscrire les privilèges à eux conférés par les articles 2108 et 2109 du même Code, dans les 45 jours de l'acte de vente ou de partage, nonobstant toute transcription d'actes faite dans ce délai.

5. — Les *hypothèques légales* des *femmes*, des *mineurs* et des *interdits* sont affranchies de la publicité; mais cette faveur due aux incapables ne se prolonge pas au delà de leur état d'incapacité, et si la veuve, le mineur devenu majeur, l'interdit relevé de l'interdiction, leurs héritiers ou ayants cause, n'ont pas pris inscription dans l'année qui suit la dissolution du mariage ou la cessation de la tutelle, leur hypothèque ne date, à l'égard des tiers, que du jour des inscriptions prises ultérieurement.

6. — Dans le cas où les femmes peuvent céder leur hypothèque légale ou y renoncer, cette cession ou cette renonciation doit être faite par acte authentique, et les cessionnaires n'en sont saisis, à l'égard des tiers, que par l'inscription de cette hypothèque prise à leur profit, ou par la mention de la subrogation en marge de l'inscription préexistante. — Les dates des inscriptions ou mentions déterminent l'ordre dans lequel ceux qui ont obtenu des cessions ou renonciations exercent les droits hypothécaires de la femme.

7. — Le *salaire* alloué aux Conservateurs des hypothèques, pour la transcription des actes de mutation, est de 50 centimes par rôle de 25 lignes à la page et de 18 syllabes à la ligne.

8. — Les *registres* des transcriptions sont *ouverts au public*. Toute personne peut demander *copie* de la transcription ou des transcriptions dont elle a besoin. Ces copies sont délivrées par le Conservateur des hypothèques, sous sa responsabilité.

TRANSIT. — Faculté de transporter des marchandises de l'Etranger à l'Etranger en traversant le territoire français et sans payer les droits de douane : la loi en règle les conditions et les formalités. — Voy. DOUANES, 8.

TRANSPORT DE CRÉANCE. — Voy. VENTE, VI.

TRANSPORTATION. — Voy. TRAVAUX FORCÉS.

TRAVAIL. (DROIT AU) — Voy. DROIT AU TRAVAIL.

TRAVAIL. (DURÉE DU) — Voy. DURÉE DU TRAVAIL.

TRAVAIL. (LIBERTÉ DU) — Voy. LIBERTÉ DU TRAVAIL ET DE L'INDUSTRIE.

TRAVAIL DES ENFANTS ET DES FILLES MINEURES EMPLOYÉS DANS L'INDUSTRIE. — (Loi 19 mai 1874; déc. 27 mars, 12 mai, 13 mai, 14 mai 1875; 27 mars 1885.)

Le législateur a été frappé des résultats désastreux produits par le travail excessif des enfants employés dans les manufactures, usines et ateliers, et il avait cherché à y remédier par la loi du 22 mars 1841. Pour donner une idée du but et de l'esprit de cette loi, nous ne croyons pouvoir mieux faire que de reproduire le passage suivant du rapport présenté à la chambre des Pairs par M. Charles Dupin : « ... La concurrence excessive des individus qui, dans chaque pays, exercent la même industrie, la concurrence non moins redoutable des nations qui luttent ensemble afin d'obtenir l'avantage en fabriquant un même genre de produit : telles sont les causes les plus générales de la funeste tendance d'accroître au delà de toutes bornes la durée du travail journalier. — Cette extension devient plus dangereuse dans les établissements où la force productive est produite par des moteurs à la fois inépuisables et infatigables, tels que les moteurs mécaniques de l'eau, du feu et de la vapeur. — Ainsi, dans l'industrie, les progrès qu'on admire le plus, à raison du génie de l'inventeur, peuvent conduire à des conséquences fatales à la santé, à la vie même des hommes. Les travailleurs deviennent en quelque sorte des accessoires plus ou moins sacrifiés aux grandes forces impulsives qu'on emprunte à la nature inanimée. — Si la soif immodérée du lucre conduit certains chefs d'établissements industriels à dépasser les justes limites où la nature suffit à réparer les forces perdues par le travail de l'homme fait et robuste, qu'on juge du dépérissement où doivent tomber les adolescents et surtout les enfants, lorsqu'on les assujettit à la même longueur démesurée d'un travail journalier! Quelles sont les conséquences de pareils excès? Un rapide affaiblissement de la santé, des maladies professionnelles, variées et fréquentes, des infirmités graves et précoces; de sorte que ceux des jeunes travailleurs qui ne périssent pas victimes d'un tel excès de barbarie n'atteignent la virilité qu'avec un tempérament délabré, des forces énervées et avec des maux la plupart incurables. »

1. — La loi du 22 mars 1841, qui malheureusement était à peu près inexécutée, à cause surtout de la mauvaise organisation de l'inspection, a été remplacée par la loi du 19 mai 1874, ainsi conçue :

SECTION Ire. — AGE D'ADMISSION. — DURÉE DU TRAVAIL.

Art. 1er. — « Les enfants et les filles mineures ne peuvent être employés à un travail industriel dans les manufactures, fabriques, usines, mines, chantiers et ateliers, que sous les conditions déterminées par la présente loi. »

Art. 2. — « Les enfants ne pourront être employés par des patrons, ni être admis dans les manufactures, usines, mines, ateliers ou chantiers avant l'âge de *douze* ans révolus.

» Ils pourront être toutefois employés à l'âge de *dix* ans révolus dans les industries spécialement déterminées par un règlement d'administration publique rendu sur l'avis conforme de la Commission supérieure ci-dessous instituée (1). »

Art. 3. — « Les enfants jusqu'à l'âge de *douze ans* révolus ne pourront être assujettis à une durée de travail de plus de *six heures* par jour, divisées par un *repos*. — A partir de douze ans, ils ne pourront être employés plus de *douze heures* par jour divisées par un *repos*. »

SECTION II. — TRAVAIL DE NUIT, DES DIMANCHES ET JOURS FÉRIÉS.

Art. 4. — « Les enfants ne pourront être employés à aucun *travail de nuit* jusqu'à l'âge de *seize ans* révolus. — La même interdiction est appliquée à l'emploi des filles mineures de *seize* à *vingt-un ans*, mais seulement dans les usines et manufactures.

Tout travail entre *neuf heures du soir* et *cinq heures du matin* est considéré comme *travail de nuit*. — Toutefois, en cas de *chômage* résultant d'une interruption accidentelle et de force majeure, l'interdiction ci-dessus pourra être temporairement levée, et pour un délai déterminé, par la Commission locale ou l'Inspecteur ci-dessous institués, sans que l'on puisse employer au travail de nuit des enfants âgés de moins de *douze ans*. »

Art. 5. — « Les enfants âgés de moins de *seize ans* et les filles âgées de moins de *vingt-un ans* ne pourront être employés à aucun travail par leurs patrons, les *dimanches* et *fêtes* reconnues par la loi, même pour rangement de l'atelier. »

Art. 6. — « Néanmoins, dans les *usines à feu continu*, les enfants pourront être employés, la nuit ou

(1) Ces industries, aux termes du décret du 27 mars 1875, sont les suivantes : *Dévidage des cocons*; — *Filature de bourre de soie*; — *Filature de coton*; — *Filature de la laine*; — *Filature du lin*; — *Filature de la soie*; — *Impressions à la main sur tissus*; — *Moulinage de la soie*; — *Papeterie* (les enfants de 10 à 12 ans ne peuvent être employés au triage des chiffons); — *Retordage du coton*; — *Fabrication mécanique des tulles et dentelles*; — *Verrerie*.

les dimanches et jours fériés, aux travaux indispensables. — Les travaux tolérés et le laps de temps pendant lequel ils devront être exécutés seront déterminés par des règlements d'administration publique (1). Ces travaux ne seront, dans aucun cas, autorisés que pour des enfants âgés de *douze ans* au moins. — On devra en outre leur assurer le temps et la liberté nécessaire pour l'accomplissement des *devoirs religieux.* »

SECTION III. — TRAVAUX SOUTERRAINS.

Art. 7. — « Aucun enfant ne peut être admis dans les travaux souterrains des mines, minières et carrières avant l'âge de *douze ans* révolus. — Les filles et femmes ne peuvent être admises dans ces travaux. — Les conditions spéciales du travail des enfants de douze à seize ans, dans les galeries souterraines, seront déterminées par des règlements d'administration publique (2). »

SECTION IV. — INSTRUCTION PRIMAIRE.

Art. 8. — « Nul enfant ayant moins de *douze ans* révolus ne peut être employé par un patron qu'autant que ses parents ou tuteurs justifient qu'il fréquente actuellement une école publique ou privée. — Tout enfant admis avant douze ans dans un atelier devra, jusqu'à cet âge, suivre les *classes d'une école* pendant le temps libre du travail. — Il devra recevoir l'instruction pendant *deux heures* au moins, si une école spéciale est attachée à l'établissement industriel. — La fréquentation de l'école sera constatée au moyen d'une feuille de présence, dressée par l'instituteur et remise chaque semaine au patron. »

Art. 9. — « Aucun enfant ne pourra, avant l'âge de *quinze ans* accomplis, être admis à travailler plus de *six heures* chaque jour, s'il ne justifie par la production d'un certificat de l'instituteur ou de l'inspecteur primaire, visé par le Maire, qu'il a acquis l'instruction primaire élémentaire. — Ce certificat sera délivré sur papier libre et gratuitement. »

SECTION V. — SURVEILLANCE DES ENFANTS. — POLICE DES ATELIERS.

Art. 10. — « Les Maires seront tenus de délivrer aux père, mère ou tuteur, un *livret* sur lequel sont portés les nom et prénoms de l'enfant, la date et le lieu de sa naissance, son domicile, le temps pendant lequel il a suivi l'école. — Les chefs d'industrie ou patrons inscriront sur le livret la date de l'entrée dans l'atelier ou l'établissement, et celle de la sortie. — Ils devront également tenir un registre sur lequel seront mentionnées toutes les indications portées au présent article. »

Art. 11. — « Les patrons ou chefs d'industrie seront tenus de faire *afficher* dans chaque atelier les dispositions de la présente loi et les règlements d'administration publique relatifs à son exécution. »

Art. 12. — « Des règlements d'administration publique détermineront les différents genres de travaux présentant des causes de danger ou excédant leurs forces, qui seront interdits aux enfants dans les ateliers où ils seront admis (3). »

Art. 13. — « Les enfants ne pourront être employés dans les fabriques et ateliers indiqués au tableau officiel des *établissements insalubres* ou *dangereux* que sous les conditions déterminées par un règlement d'administration publique (4). —

(1) Il est intervenu à cet égard un décret à la date du 22 mai 1875, qui a été complété par le décret du 5 mars 1877.

(2) Ces conditions ont été déterminées par un décret du 12 mai 1875.

(3) Tel est l'objet d'un décret en date du 13 mai 1875, modifié par le décret du 2 mars 1877 en ce qui concerne les verreries, et par le décret du 22 septembre 1879.

(4) Ce règlement a été publié le 14 mai 1875; il a été modifié et complété par un décret du 3 mars 1877.

Cette interdiction sera généralement appliquée à toutes les opérations où l'ouvrier est exposé à des manipulations ou à des émanations préjudiciables à sa santé..... — La même interdiction s'applique aux travaux dangereux ou malsains, tels que : L'aiguisage ou le polissage à sec des objets en métal et des verres ou cristaux ; — Le battage ou le grattage à sec des plombs carbonatés dans les fabriques de céruse ; — Le grattage à sec d'émaux à base d'oxyde de plomb dans les fabriques de verre dit de mousseline ; — L'étamage au mercure des glaces ; — La dorure au mercure. »

Art. 14. — « Les ateliers doivent être tenus dans un état constant de propreté et convenablement ventilés. — Ils doivent présenter toutes les conditions de sécurité et de salubrité nécessaires à la santé des enfants.

Dans les usines à *moteurs mécaniques*, les courroies, les engrenages ou tout autre appareil, dans le cas où il aura été constaté qu'ils présentent une cause de danger, seront séparés des ouvriers de telle manière que l'approche n'en soit possible que pour les besoins du service. — Les puits, trappes et ouvertures de descente doivent être clôturés. »

Art. 15. — « Les patrons ou chefs d'établissements doivent, en outre, veiller au maintien des *bonnes mœurs* et à l'observation de la *décence publique* dans leurs ateliers. »

SECTION VI. INSPECTION.

Art. 16. — « Pour assurer l'exécution de la présente loi, il sera nommé 15 *Inspecteurs divisionnaires* (1). La nomination des Inspecteurs sera faite par le Gouvernement sur une liste de présentation dressée par la Commission supérieure ci-dessous instituée, et portant 3 candidats pour chaque emploi disponible. — Ces Inspecteurs seront rétribués par l'État. — Chaque Inspecteur divisionnaire résidera et exercera sa surveillance dans l'une des circonscriptions territoriales déterminées par un règlement d'administration publique (1). »

---

(1) Un décret du 27 mars 1885 a porté de 15 à 21 le nombre des Inspecteurs divisionnaires à qui la loi du 16 février 1883 a confié le soin de surveiller également l'application de la loi du 9 septembre 1848 limitant la durée du travail des adultes employés dans les usines et manufactures. Les circonscriptions territoriales dans lesquelles ils exercent leurs fonctions ont été déterminées de la manière suivante :

1re circonscription.	Département de la Seine. Résidence, *Paris*.
2e —	Seine-et-Oise, Seine-et-Marne, Eure-et-Loir. Résidence, *Versailles*.
3e —	Loiret, Loir-et-Cher, Indre, Cher, Nièvre. Résidence, *Bourges*.
4e —	Saône-et-Loire, Yonne, Côte-d'Or, Jura, Doubs. Résidence, *Dijon*.
5e —	Haute-Saône, Vosges, Meurthe-et-Moselle, Territoire de Belfort. Résidence, *Nancy*.
6e —	Marne, Meuse, Haute-Marne, Aube. Résidence, *Reims*.
7e —	Aisne, Ardennes. Résidence, *Saint-Quentin*.
8e —	Nord. Résidence, *Lille*.
9e —	Pas-de-Calais. Résidence, *Somme*.
10e —	Seine-Inférieure, Oise, Eure. Résidence, *Rouen*.
11e —	Manche, Calvados, Mayenne, Orne. Résidence, *Caen*.
12e —	Ille-et-Vilaine, Côtes-du-Nord, Finistère, Morbihan, Loire-Inférieure, Vendée. Résidence, *Nantes*.
13e —	Sarthe, Maine-et-Loire, Indre-et-Loire, Deux-Sèvres, Vienne. Résidence, *Angers*.
14e —	Charente, Charente-Inférieure, Haute-Vienne, Creuse, Corrèze, Lot, Dordogne. Résidence, *Limoges*.
15e —	Gironde, Lot-et-Garonne, Gers, Landes, Basses-Pyrénées, Hautes-Pyrénées. Résidence, *Bordeaux*.

Art. 17. — « Seront *admissibles aux fonctions d'inspecteur* les candidats qui justifieront du titre d'ingénieur de l'Etat ou d'un diplôme d'ingénieur civil, ainsi que les élèves diplômés de l'Ecole centrale des arts et manufactures et des Ecoles des mines. — Seront également admissibles ceux qui auront déjà rempli, pendant 3 ans au moins, les fonctions d'inspecteur du travail des enfants ou qui justifieront avoir dirigé ou surveillé pendant 5 années des établissements industriels occupant 100 ouvriers au moins. »

Art. 18. — « Les Inspecteurs ont entrée dans tous les établissements manufacturiers, ateliers et chantiers. Ils visitent les enfants; ils peuvent se faire représenter le registre prescrit par l'article 10, les livrets, les feuilles de présence aux écoles, les règlements intérieurs. — Les *contraventions* seront constatées par les procès-verbaux des Inspecteurs, qui feront foi jusqu'à preuve contraire.

Lorsqu'il s'agit de travaux souterrains, les contraventions seront constatées concurremment par les Inspecteurs ou par les gardes-mines....

Toutefois, lorsque les Inspecteurs auront reconnu qu'il existe dans un établissement ou atelier une cause de danger ou d'insalubrité, ils prendront l'avis de la Commission locale ci-dessous instituée, sur l'état du danger ou de l'insalubrité, et ils consigneront cet avis dans un procès-verbal... »

Art. 19. — « Les Inspecteurs devront, chaque année, adresser des *rapports* à la Commission supérieure ci-dessous instituée. »

SECTION VII. — COMMISSIONS LOCALES.

Art. 20. — « Il sera institué, dans chaque département, des *Commissions locales* dont les fonctions seront gratuites, *chargées* : 1° De veiller à l'exécution de la présente loi; — 2° De contrôler le service de l'inspection; — 3° D'adresser au Préfet du département, sur l'état du service et l'exécution de la loi, des rapports qui seront transmis au Ministre et communiqués à la Commission supérieure. — A cet effet, les Commissions locales visiteront les établissements industriels, ateliers et chantiers; elles pourront se faire accompagner d'un médecin quand elles le jugeront convenable. »

Art. 21. — « Le Conseil général déterminera, dans chaque département, le nombre et la circonscription des Commissions locales; il devra en établir une au moins dans chaque arrondissement; il en établira, en outre, dans les principaux centres industriels ou manufacturiers là où il le jugera nécessaire. — Le Conseil général pourra également nommer un inspecteur spécial rétribué par le département; cet inspecteur devra toutefois agir sous la direction de l'Inspecteur divisionnaire. »

Art. 22. — « Les Commissions locales seront *composées* de 5 membres au moins et de 7 au plus, nommés par le Préfet sur une liste de présentation arrêtée par le Conseil général. — On devra faire entrer, autant que possible, dans chaque commission, un Ingénieur de l'Etat

---

16° circonscription. Tarn, Tarn-et-Garonne, Haute-Garonne, Aude, Ariège, Pyrénées-Orientales. Résidence, *Toulouse*.
17° — Hérault, Gard, Aveyron, Lozère, Cantal. Résidence, *Nîmes*.
18° — Bouches-du-Rhône, Vaucluse, Var, Alpes-Maritimes, Corse. Résidence, *Marseille*.
19° — Isère, Hautes-Alpes, Basses-Alpes, Drôme, Ardèche. Résidence, *Grenoble*.
20° — Rhône, Ain, Haute-Savoie, Savoie. Résidence, *Lyon*.
21° — Loire, Haute-Loire, Puy-de-Dôme, Allier. Résidence, *Saint-Etienne*.

ou un Ingénieur civil, un Inspecteur de l'instruction primaire et un Ingénieur des mines dans les régions minières. — Les Commissions seront *renouvelées* tous les 5 ans; les membres sortants pourront être de nouveau appelés à en faire partie. »

SECTION VIII. — COMMISSION SUPÉRIEURE.

Art. 23. — « Une *Commission supérieure*, composée de 9 membres, dont les fonctions seront gratuites, est établie auprès du Ministre du commerce. Cette commission est *nommée* par le Président de la République; elle est *chargée* : 1° De veiller à l'application uniforme et vigilante de la présente loi; — 2° De donner son avis sur les règlements à faire et généralement sur les diverses questions intéressant les travailleurs protégés; — 3° Enfin, d'arrêter les listes de présentation des candidats pour la nomination des Inspecteurs divisionnaires. »

Art. 24. — « *Chaque année* le Président de la Commission supérieure adressera au Président de la République un *rapport* général sur les résultats de l'inspection et sur les faits relatifs à l'exécution de la présente loi. — Ce rapport devra être, dans le mois de son dépôt, publié au *Journal officiel*.

Le Gouvernement rendra *compte chaque année* à l'Assemblée nationale de l'exécution de la loi et de la publication des règlements d'administration publique destinés à la compléter. »

SECTION IX. — PÉNALITÉS.

Art. 25. — « Les manufacturiers, directeurs ou gérants d'établissements industriels et les patrons qui auront contrevenu aux prescriptions de la présente loi et des règlements d'administration publique relatifs à son exécution, seront poursuivis devant le tribunal correctionnel et punis d'une *amende* de 16 à 50 fr. — L'amende sera appliquée *autant de fois* qu'il y a eu de personnes employées dans des conditions contraires à la loi, sans que son chiffre total puisse excéder 500 francs. — Toutefois, la peine ne sera pas applicable si les manufacturiers, directeurs ou gérants d'établissements industriels et les patrons établissent que l'infraction à la loi a été le résultat d'une erreur provenant de la production d'actes de naissance, livrets ou certificats contenant de fausses énonciations, ou délivrés pour une autre personne. — Les dispositions des articles 12 et 13 de la loi du 22 juin 1854 sur les livrets d'ouvriers seront, dans ce cas, applicables aux auteurs des falsifications.

Les chefs d'industrie sont *civilement responsables* des condamnations prononcées contre leurs directeurs ou gérants. »

Art. 26. — « S'il y a *récidive*, les manufacturiers, directeurs ou gérants d'établissements industriels et les patrons seront condamnés à une *amende* de 50 à 200 fr. — La totalité des amendes réunies ne pourra toutefois excéder 1 000 fr. — Il y a récidive lorsque le contrevenant a été frappé dans les 12 mois qui ont précédé le fait qui est l'objet de la poursuite, d'un premier jugement pour infraction à la présente loi ou aux règlements d'administration publique relatifs à son exécution. »

Art. 27. — « *L'affichage du jugement* pourra, suivant les circonstances et en cas de récidive seulement, être ordonné par le tribunal de police correctionnelle. — Le tribunal pourra également ordonner, dans le même cas, l'*insertion* de sa sentence aux frais du contrevenant, dans un ou plusieurs *journaux du département*. »

Art. 28. — « Seront punis d'une *amende* de 16 fr. à 100 fr. les propriétaires d'établissements industriels et les patrons qui auront mis obstacle à l'accomplissement des devoirs d'un Inspecteur, des membres des Commissions ou des médecins, ingénieurs et experts délégués pour une visite ou une contestation. »

Art. 29. — « L'article 463 du Code pénal est applicable aux condamnations prononcées en vertu de la présente loi. — Le montant des amendes résultant de ces condamnations sera versé au fonds de subvention affecté à l'enseignement primaire dans le budget de l'instruction publique. »

SECTION X. — DISPOSITIONS SPÉCIALES.

Art. 30. — « Les articles 2, 3, 4 et 5 de la présente loi sont applicables aux enfants placés en apprentissage et employés à un travail industriel.

Les dispositions des articles 18 et 25 ci-dessus seront appliquées auxdits cas, en ce qu'elles modifient la juridiction et la quotité de l'amende indiquées au 1er § de l'article 20 de la loi du 22 février 1851. — Ladite loi continuera à recevoir son exécution dans ses autres prescriptions..... »

TRAVAUX FORCÉS. — (Cod. pén. art. 7, 9, 28-31, 36, 47; loi 30 mai 1854; déc. 2 septembre 1863; 31 août 1878; 18 juin 1880.) — Peine afflictive et infamante qui peut être prononcée *à perpétuité* ou *à temps* (de 5 à 20 ans), et dont le mode d'application est réglé par une loi du 30 mai 1854.

1. — C'est dans des établissements formés aux Colonies que les individus condamnés aux travaux forcés subissent aujourd'hui leur peine. Ils sont employés aux travaux les plus pénibles de la colonisation et à tous autres travaux d'utilité publique. Ils peuvent être enchaînés deux à deux ou assujettis à traîner le boulet, mais seulement à titre de punition disciplinaire ou par mesure de sûreté.

— Les *femmes* condamnées aux travaux forcés peuvent être conduites dans un des établissements créés aux Colonies; elles sont séparées des hommes et employées à des travaux en rapport avec leur âge et avec leur sexe.

— Un décret du 2 septembre 1863 a désigné la *Nouvelle-Calédonie* pour lieu de *transportation*.

Le *régime disciplinaire* des établissements de travaux forcés a été déterminé par le décret du 18 juin 1880.

2. — Les peines des travaux forcés à perpétuité et des travaux forcés à temps ne sont prononcées contre aucun individu âgé de *soixante ans* accomplis au moment du jugement; elles sont remplacées par celles de la *réclusion*, soit à perpétuité, soit à temps, selon la durée de la peine à laquelle elle est substituée.

3. — Tout individu condamné à *moins de huit années* de travaux forcés est tenu, à l'expiration de sa peine, de *résider dans la Colonie* pendant *un temps égal* à la durée de sa condamnation. — Si la peine est de *huit années*, il est tenu d'y *résider* pendant *toute sa vie*. — Toutefois, le libéré peut quitter momentanément la Colonie en vertu d'une autorisation expresse du Gouverneur. En aucun cas la faculté de se rendre en France ne lui est accordée. — Le condamné qui vient à être *gracié* ne peut être dispensé de l'obligation de la résidence que par une disposition spéciale des lettres de grâce.

Tout *libéré* coupable d'avoir *quitté la Colonie sans autorisation* ou d'avoir *dépassé le délai* fixé par l'autorisation est puni de la peine d'un an à 3 ans de *travaux forcés*.

4. — Le condamné *à temps* qui, à dater de son embarquement, se rend coupable d'*évasion*, est puni de 2 à 5 ans de *travaux forcés*. La peine, pour les condamnés *à perpétuité*, est l'application à la *double chaîne* pendant 2 ans au moins et 5 ans au plus.

5. — Les condamnés des deux sexes qui se sont rendus dignes d'indulgence par leur *bonne conduite*, leur *travail* et leur *repentir*, peuvent obtenir : 1° l'autorisation de travailler, aux conditions déterminées par l'Administration, soit pour les habitants de la Colonie, soit pour les Administrations locales; — 2° une concession de terrain et la faculté de le cultiver pour leur propre compte. — Cette concession ne devient dé-

finitive qu'après la libération du condamné.

6. — Le Gouvernement peut accorder aux condamnés aux travaux forcés à temps l'exercice, dans la Colonie, des droits civils ou de quelques-uns de ces droits, dont ils sont privés par leur état d'*interdiction légale*. Il peut autoriser ces condamnés à jouir ou disposer de tout ou partie de leurs biens.

7. — Les Gouverneurs peuvent accorder aux transportés des deux sexes des *concessions provisoires* qui deviennent *définitives* à l'expiration d'un délai de *cinq années* et après libération du condamné. La condition des transportés concessionnaires de terrains a été réglée par le décret du 31 août 1878.

TRAVAUX MIXTES. — On appelle ainsi les travaux à exécuter dans l'étendue de la zone frontière et dans le rayon des servitudes autour des places fortes. Une Commission spéciale, dite *Commission mixte*, composée de 4 Conseillers d'Etat, de 2 inspecteurs généraux du génie militaire, d'un inspecteur général d'artillerie, de 2 inspecteurs généraux des autres armes, de 2 inspecteurs généraux des ponts et chaussées, d'un officier général de la marine, d'un inspecteur général, membre du Conseil des travaux de la marine, est chargée d'examiner et de discuter les projets dont l'exécution peut intéresser à la fois la défense du territoire et d'autres services.

Le décret du 8 septembre 1878 a délimité à nouveau la zone frontière et déterminé les affaires de la compétence de la Commission mixte.

TRAVAUX PUBLICS. — On désigne sous cette dénomination tous les travaux qui ont un but d'*intérêt général*. — Les contestations auxquelles ils donnent lieu sont soumises à la *compétence administrative*, c'est-à-dire au Conseil de Préfecture, sauf recours au Conseil d'Etat. (Loi 28 pluviôse an VIII (17 février 1800), art. 4.) — Voy. CONSEIL DE PRÉFECTURE, I, 2°.

1. — L'exécution des travaux publics eût été souvent impossible si l'Administration n'avait pas été investie du droit de forcer les particuliers à lui céder, moyennant indemnité, leurs propriétés. — Voy. EXPROPRIATION POUR CAUSE D'UTILITÉ PUBLIQUE.

2. — Aux termes du décret du 8 février 1868, lorsqu'il y a lieu d'*occuper temporairement* un terrain, soit pour y extraire des terres ou des matériaux, soit pour tout autre objet relatif à l'exécution des travaux publics, cette occupation est *autorisée* par un arrêté du Préfet.

A défaut d'arrangement à l'amiable entre lui et le propriétaire, l'entrepreneur, préalablement à toute occupation du terrain désigné, fait au propriétaire ou, s'il ne demeure pas dans la Commune, à son fermier, locataire ou gérant, une notification par lettre chargée indiquant le jour où il compte se rendre sur les lieux ou s'y faire représenter. Il l'invite à désigner un *expert* pour procéder, contradictoirement avec celui qu'il aura lui-même choisi, à la constatation de l'état des lieux. — Entre cette notification et la visite des lieux, il doit y avoir un intervalle de 10 jours au moins.

Au jour fixé, les deux experts procèdent ensemble à leurs opérations contradictoires ; ils s'attachent à constater l'état des lieux, de manière qu'en rapprochant plus tard cette constatation de celle qui sera faite après l'exécution des travaux, on ait les éléments nécessaires pour évaluer la dépréciation du terrain et faire l'*estimation des dommages*; ils font eux-mêmes cette estimation si l'entrepreneur et le propriétaire y consentent.

Si le propriétaire refuse ou néglige de nommer son expert, le Maire en désigne un d'office pour opérer contradictoirement avec l'expert de l'entrepreneur.

— Immédiatement après les constatations ci-dessus prescrites, l'entrepreneur peut occuper le terrain et y commencer les travaux autorisés par l'arrêté du Préfet, tous les droits du propriétaire étant réservés en ce qui concerne le règlement de l'indemnité. Toutefois, s'il existe sur ce terrain des *arbres fruitiers* ou *de haute futaie* qu'il soit nécessaire d'abattre, l'entrepreneur est tenu de les laisser subsister jusqu'à ce que l'estimation en ait été faite dans les formes voulues par la loi. — En cas d'opposition de la part du propriétaire, l'occupation a lieu avec l'assistance du Maire ou de son délégué.

— Après l'achèvement des travaux, et, s'ils doivent durer plusieurs années, à la fin de chaque campagne, il est fait une nouvelle constatation de l'état des lieux.

A défaut d'accord entre l'entrepreneur et le propriétaire pour l'évaluation partielle ou totale de l'indemnité, il est procédé conformément à l'article 56 de la loi du 16 septembre 1807 ainsi conçu : « Les experts, pour l'évaluation des indemnités relatives à une occupation de terrain..., seront nommés, pour les objets de travaux de grande voirie, l'un par le propriétaire, l'autre par le Préfet, et le tiers-expert, s'il en est besoin, sera de droit l'Ingénieur en chef du département; lorsqu'il y aura des concessionnaires, un expert sera nommé par le propriétaire, un par le concessionnaire, et le tiers-expert par le Préfet. — Quant aux travaux des villes, un expert sera nommé par le propriétaire, un par le Maire de la ville, ou de l'arrondissement pour Paris, et le tiers-expert par le Préfet. »

3. — Il est de jurisprudence que les dommages résultant de l'exécution des travaux publics, dont les particuliers peuvent demander la réparation, sont les dommages *directs* et matériels, et non les dommages indirects. « Qu'un mur soit ébranlé, que le rez-de-chaussée soit, par des travaux de remblai, réduit à n'être qu'un sous-sol; que, par un déblai profond, l'issue d'une maison soit séparée de la voie publique et qu'il devienne nécessaire de rétablir la communication par des travaux de raccordement, — dans tous ces cas, une indemnité sera due au propriétaire atteint par l'exécution des travaux publics. Qu'au contraire, un hôtelier se plaigne du préjudice qu'il a souffert par suite de l'interruption de la circulation dans sa rue; qu'un propriétaire réclame parce que la location de sa maison est devenue plus difficile, — aucune indemnité ne leur sera due. » (M. Batbie, *Précis du droit public et administratif*, page 197.)

4. — Loin de causer des dommages aux propriétaires voisins, les travaux publics peuvent quelquefois faire leur fortune. « Que, par exemple, une maison située dans une rue humide, étroite, tortueuse, se trouve tout à coup sur une place saine, large et fréquentée; sa valeur sera peut-être décuplée. Il serait juste de faire contribuer spécialement à la dépense de ces travaux les propriétaires qui doivent retirer une *plus-value*. D'un autre côté, ils méritent d'être traités avec ménagement, parce que ce changement s'est produit sans leur fait, et qu'il est contraire aux principes de la liberté individuelle et de la propriété de forcer quelqu'un à payer un avantage qu'il n'a pas cherché. Entre ces deux considérations, la loi du 16 septembre 1807 (art. 30) a pris le parti suivant : les propriétaires peuvent être chargés de payer une somme tout au plus égale ou inférieure à la moitié de la plus-value, payable soit par le *délaissement d'une partie de la propriété*, soit par une *rente* constituée à 4 p. 100, soit en *argent*. Cette disposition n'est, du reste, pas applicable de plein droit, et, pour qu'elle le soit, il faut : 1° qu'un décret rendu dans la forme des règlements d'administration publique et sur le rapport du Ministre de l'Intérieur, ait décidé que la loi du 16 sept. 1807 (art. 30 et 31) serait spécialement appliquée aux travaux dont il s'agit; — 2° une *Commission*, composée de 7 membres et nommée par le chef de l'Etat, est appelée à fixer la

valeur antérieure aux travaux publics et celle qui résulte de leur exécution... » (M. BATBIE, *id.*)

TRÉSOR. — (Cod. civ. art. 716.) — Se dit de « *toute chose cachée ou enfouie sur laquelle personne ne peut justifier de sa propriété et qui est découverte par le pur effet du hasard.* »

1. — Il *appartient* à celui qui le trouve dans son propre fonds.

Si le trésor est trouvé dans le *fonds d'autrui*, il appartient pour *moitié* à celui qui l'a découvert, et, pour l'*autre moitié*, au propriétaire du fonds.

Les ouvriers qui, en creusant ou en démolissant, trouvent *par hasard* un trésor, peuvent en réclamer la moitié; mais il en serait autrement s'ils avaient été chargés de faire des fouilles ou une démolition précisément en vue de la découverte d'un trésor soupçonné.

2. — L'*usufruitier* n'a *aucun droit* sur le trésor trouvé dans la propriété dont il a la jouissance. (Cod. civ. art. 598.)

TRÉSOR. (BONS DU) — Voy. BONS DU TRÉSOR.

TRÉSORIER-PAYEUR GÉNÉRAL. — Un décret du 21 nov. 1865 a réuni les fonctions jusqu'alors distinctes de *Receveur général* et de *Payeur* dans chaque département, pour les confier à un seul fonctionnaire ayant le titre de *Trésorier-Payeur général.*

1. — Les Trésoriers-Payeurs généraux sont *nommés* par le Président de la République : ils sont divisés en *trois classes*, savoir :

3e classe au *traitement fixe de* 6000 francs;

2e classe au *traitement fixe de* 9000 francs;

1re classe au *traitement fixe de* 12000 francs.

Il est, en outre, alloué à chaque Trésorier-Payeur général, pour le couvrir des frais de bureau et l'indemniser des risques résultant des maniements de fonds, une *commission* spéciale sur les recettes et payements effectués dans son département : la quotité en est déterminée par le Ministre des finances.

L'admission aux emplois de Trésorier-Payeur général est réglée comme il suit : *Deux tiers* des vacances sont réservés aux Receveurs particuliers et aux autres candidats appartenant ou ayant appartenu à un service ressortissant au Ministère des finances. — *Un tiers* des vacances est réservé au choix du Gouvernement. (Déc. 22 juillet 1882.)

3. — Les Trésoriers-Payeurs généraux sont justiciables de la Cour des Comptes.

TRIBUNAL D'ARRONDISSEMENT. — Voy. TRIBUNAL DE PREMIÈRE INSTANCE.

TRIBUNAL DE COMMERCE. — (Cod. com. art. 615-648; Lois 2 mars 1840, 8 décembre 1883.) — Dans l'intérêt du commerce, on a senti la nécessité, d'une part, de résoudre promptement les contestations nombreuses que font naître les transactions commerciales et de diminuer les frais en simplifiant la procédure; d'autre part, de soumettre ces contestations à des Juges ayant l'habitude des opérations commerciales.

Les tribunaux de commerce sont, en effet, *composés* de négociants élus par les commerçants eux-mêmes. Il n'en existe que dans les villes où le commerce et l'industrie ont une certaine importance : leur nombre actuel est de 219. — Voici, par ordre alphabétique, la liste des localités où ils sont établis : *Abbeville, Agde, Agen, Aix, Ajaccio, Alais, Albi, Alençon, Ambert, Amiens, Anduze, Angers, Angoulême, Annonay, Antibes, Argentan, Arles, Arras, Aubenas, Auch, Aurillac, Autun, Auxerre, Auxonne, Avignon, Bagnères, Bar-le-Duc, Bastia, Bayeux, Bayonne, Beaune, Beauvais, Belfort, Bergerac, Bernay, Besançon, Béziers, Billom, Blaye, Blois, Bordeaux, Boulogne-sur-Mer, Bourges, Brest, Brignoles, Brioude, Brives, Caen,*

Cahors, Calais, Cambrai, Cannes, Carcassonne, Castelnaudary, Castres, Cette, Châlon-s.-Saône, Châlons-sur-Marne, Chambéry, Charleville, Charolles, Chartres, Châteauroux, Châtellerault, Châtillon-s.-Seine, Chaumont, Chauny, Cherbourg, Clamecy, Clermont (Hérault), *Clermont-Ferrand, Cognac, Compiègne, Condé-sur-Noireau, Coutances, Dax, Dieppe, Dijon, Dôle, Draguignan, Dreux, Dunkerque, Elbeuf, Epernay, Epinal, Eu* et *Tréport, Evreux, Falaise, Fécamp, Fréjus, Gap, Gournay, Granville, Grasse, Gray, Grenoble, Honfleur, Ile-Rousse, Isigny, Issoudun, Joigny, Laigle, Langres, La Rochelle, Laval, Le Havre, Le Mans, Le Puy, Libourne, Lille, Limoges, Limoux, Lisieux, Lodève, Lons-le-Saulnier, Lorient, Louhans, Louviers, Lyon, Mâcon, Mamers, Manosque, Marennes, Marmande, Marseille, Mayenne, Meaux, Melun, Menton, Millau, Mirecourt, Moissac, Montargis, Montauban, Montereau, Montluçon, Montpellier, Morlaix, Moulins, Nancy, Nantes, Narbonne, Nérac, Neuchâtel, Nevers, Nice, Nîmes, Niort, Nuits, Oloron-Sainte-Marie, Orléans, Paimpol, Paris, Pau, Périgueux, Perpignan, Pézénas, Poitiers, Pont-Audemer, Provins, Quimper, Quintin, Reims, Rennes, Riom, Roanne, Rochefort, Rodez, Romans, Romorantin, Rouen, Sainte-Affrique, Saint-Brieuc, Saint-Dizier, Saint-Etienne, Saint-Flour, Saint-Gaudens, Saint-Geniès, Saint-Hippolyte, Saint-Jean-d'Angély, Saint-Jean-de-Losne, Saint-Lô, Saint-Malo, Saint-Martin* (Ile de Ré), *Saint-Omer, Saint-Pierre* (Ile d'Oléron), *Saint-Quentin, Saint-Tropez, Saint-Valery-en-Caux, Saint-Valery* (Somme), *Saintes, Salins, Soissons, Tarascon, Tarbes, Thiers, Tinchebray, Toulon, Toulouse, Tournus, Tours, Troyes, Tulle, Valenciennes, Vannes, Verdun, Versailles, Vervins, Vienne* (Isère), *Villefranche* (Rhône), *Villeneuve-s.-Lot, Vimoutiers, Vire, Yvetot.*

1. — L'*arrondissement* de chaque Tribunal de commerce est le même que celui du Tribunal civil dans le ressort duquel il est placé. S'il se trouve plusieurs Tribunaux de commerce dans le ressort d'un Tribunal civil, il leur est assigné des arrondissements particuliers. Si, au contraire, il n'y a aucun Tribunal de commerce dans le ressort du Tribunal civil, c'est celui-ci qui en remplit les fonctions en jugeant, à certains jours, suivant les règles et les formes de la législation commerciale, sans l'assistance du Ministère public, sans l'intermédiaire des Avoués.

I. Organisation. — 1. — Chaque Tribunal de commerce est composé d'un Président, de Juges et de Suppléants. Le nombre des Juges ne peut être au-dessous de 2 ni au-dessus de 14, non compris le Président. Celui des Suppléants est proportionné aux besoins du service.

2. — Les membres des Tribunaux de commerce sont *élus* par les citoyens français commerçants patentés ou associés en nom collectif depuis 5 ans au moins, capitaines au long cours et maîtres de cabotage ayant commandé des bâtiments pendant 5 ans, directeurs des compagnies françaises anonymes de finances, de commerce et d'industrie, agents de change et courtiers d'assurances maritimes, courtiers de marchandises, courtiers-interprètes et conducteurs de navires, les uns et les autres après 5 années d'exercice, et tous, sans exception, devant être domiciliés depuis 5 ans au moins dans le ressort du tribunal.

Sont également *électeurs*, dans leur ressort, les membres anciens ou en exercice des tribunaux et des Chambres de commerce, des Chambres consultatives des arts et manufactures, les présidents anciens ou en exercice des Conseils de prud'hommes.

3. — *Ne peuvent participer à l'élection :*

1° Les individus condamnés soit

à des peines afflictives et infamantes, soit à des peines correctionnelles, pour faits qualifiés crimes;

2° Ceux qui ont été condamnés pour vol, escroquerie, abus de confiance, soustractions commises par les dépositaires de deniers publics, attentats aux mœurs;

3° Ceux qui ont été condamnés à l'emprisonnement pour délit d'usure, pour infraction aux lois sur les maisons de jeu, sur les loteries et les maisons de prêt sur gages, ou par application de l'article 1er de la loi du 27 mars 1851 tendant à la répression plus efficace de certaines fraudes dans la vente des marchandises, de l'article 1er de la loi du 5 mai 1855 sur la falsification des boissons, des articles 7 et 8 de la loi du 23 juin 1857 sur les marques de fabrique ou de commerce, et de l'article 1er de la loi du 27 juillet 1867;

4° Les individus condamnés à l'emprisonnement par application des lois du 17 juillet 1857, du 23 mai 1863 et du 24 juillet 1867 sur les sociétés;

5° Ceux qui ont été condamnés pour les délits prévus aux articles 400, 413, 414, 417, 418, 419, 420, 423, 433, 439, 443 du Code pénal (extorsion de titres, détournement et recel d'objets saisis, violation des règlements relatifs aux manufactures, au commerce et autres arts, atteinte au libre exercice du travail, divulgation à l'étranger de secrets de fabrique, tromperie sur la qualité ou la quantité des marchandises, destruction de titres, dégâts de marchandises) et aux articles 594, 596 et 597 du Code de commerce (malversations dans les faillites, détournement ou recel d'objets appartenant à la faillite);

6° Ceux qui ont été condamnés à un emprisonnement de 6 jours au moins ou à une amende de plus de 1 000 francs pour infraction aux lois sur les douanes, les octrois et les contributions indirectes, et à l'article 5 de la loi du 4 juin 1859 sur le transport, par la poste, des valeurs déclarées;

7° Les notaires, greffiers et officiers ministériels destitués en vertu de décisions judiciaires;

8° Les faillis non réhabilités;

9° Et généralement tous les individus privés du droit de vote dans les élections politiques.

4. — *Tous les ans*, la liste des électeurs du ressort de chaque tribunal est *dressée*, pour chaque commune, par le Maire assisté de 2 Conseillers municipaux désignés par le Conseil, dans la première quinzaine du mois de *septembre*.

La liste générale des électeurs du ressort est *déposée* au greffe du tribunal de commerce et la liste spéciale de chacun des cantons du ressort du greffe de chacune des justices de paix correspondantes. Ces listes sont communiquées, sans frais, à toute réquisition.

Pendant les *quinze jours* qui suivent le dépôt, tout ayant droit peut exercer ses réclamations, soit qu'il se plaigne d'avoir été indûment omis, soit qu'il demande la radiation d'un citoyen indûment inscrit. Ces réclamations sont portées devant le juge de paix du canton par *simple déclaration* au greffe de la justice de paix du domicile de l'électeur dont la qualité est mise en question. Cette déclaration se fait *sans frais*, et il en est donné récépissé.

Le juge de paix statue sans *opposition* ni *appel* dans les *dix jours*, *sans frais* ni *forme de procédure*, et sur simple avertissement donné, par les soins du juge de paix lui-même, à toutes les parties intéressées.

La décision du juge de paix peut être déférée à la Cour de *cassation*. Le pourvoi n'est recevable que s'il est formé dans les *dix jours* de la notification de la décision par le Maire de la Commune à qui le juge de paix l'a transmise. Le pourvoi n'est *pas suspensif*. Il est formé par simple requête, dénoncé aux défendeurs dans les 10 jours qui suivent, et jugé d'urgence, *sans frais* ni *consignation d'amende*.

L'intermédiaire d'un avocat n'est pas obligatoire.

Les pièces et mémoires fournis par les parties sont transmis *sans frais* par le greffier de la justice de paix au greffier de la Cour de cassation. — La Chambre civile de la Cour de cassation statue définitivement sur le pourvoi.

5. — Sont *éligibles* aux fonctions de président, de juge et de juge suppléant tous les électeurs inscrits sur la liste électorale âgés de trente ans, et les anciens commerçants français ayant exercé leur profession pendant 5 ans, au moins, dans l'arrondissement et y résidant. — Toutefois, nul ne peut être élu *président*, s'il n'a exercé pendant *deux ans* les fonctions de juge titulaire, et nul ne peut être nommé *juge* s'il n'a été juge *suppléant* pendant *un an.*

6. — Le vote a lieu par *canton* à la mairie du chef-lieu.

L'assemblée électorale est convoquée par le Préfet dans la première quinzaine de *décembre* au plus tard. Elle est présidée par le Maire ou son délégué, assisté de 4 électeurs.

7. — Le *Président* est élu au *scrutin individuel.* — Les *juges titulaires* et les *suppléants* sont nommés au *scrutin de liste*, par des bulletins distincts déposés dans des boîtes séparées.

Aucune élection n'est valable au *premier tour* de scrutin, si les candidats n'ont pas obtenu la *majorité* des suffrages exprimés, et si cette majorité n'est pas égale au *quart* des électeurs inscrits.

Le scrutin de *ballotage*, s'il est nécessaire, a lieu *quinze jours* après, et la majorité *relative* suffit, quel que soit le nombre des suffrages.

La durée de chaque scrutin est de *six heures :* il s'ouvre à 10 heures du matin et est fermé à 4 heures du soir.

8. — Le résultat général de l'élection de chaque ressort est constaté par une *Commission* siégeant à la préfecture.

Dans les *cinq jours* de l'élection, tout électeur a le droit d'élever des *réclamations* sur la régularité et la sincérité de l'élection. Dans les cinq jours de la réception du procès-verbal, le Procureur général a le même droit.

Ces réclamations, communiquées à qui de droit, sont jugées sommairement et sans frais, dans la *quinzaine*, par la Cour d'appel du ressort.

L'*opposition* n'est pas admise contre l'arrêt rendu *par défaut.*

Le pourvoi en *cassation* n'est recevable que s'il est formé dans les *dix jours* de la signification : il est *suspensif.*

La *nullité* partielle ou absolue de l'élection *ne peut être prononcée* que dans les cas suivants : 1° Si l'élection n'a pas été faite selon les formes prescrites par la loi ; — Si le scrutin n'a pas été libre, ou s'il y a incapacité légale dans la personne de l'un ou de plusieurs des élus.

9. — Le Président et les juges, sortant d'exercice après *deux années*, peuvent être *réélus* immédiatement pour deux autres années. Cette nouvelle période expirée, ils ne sont éligibles qu'après *un an d'intervalle.* — Toutefois, le Président, quel que soit, au moment de son élection, le nombre de ses années de judicature comme juge titulaire, peut toujours être élu pour deux années, à l'expiration desquelles il peut être réélu pour une période de même durée.

Tout membre élu *en remplacement* d'un autre, par suite de décès ou de toute autre cause, ne demeure en exercice que pendant la durée du mandat confié à son prédécesseur.

10. — Les fonctions des Juges de commerce sont purement *honorifiques.* — Si la Cour d'appel ne siège pas dans l'arrondissement où le tribunal de commerce est établi, et si les élus le demandent, elle peut commettre, pour leur *réception*, le tribunal civil de l'arrondissement, qui y procède en séance publique.

II. Compétence. — Les Tribunaux de commerce sont des Tribunaux exceptionnels qui ne peuvent connaître que des matières sur lesquelles la loi les a expressément appelés à statuer. Or, la loi leur a confié la mission de décider : 1° *les contestations relatives aux engagements et transactions entre négociants, marchands et banquiers;* — 2° *les contestations entre associés, pour raison d'une société de commerce;* — 3° *celles relatives aux actes de commerce entre toutes personnes.* Le caractère général des *actes de commerce* est la spéculation, c'est-à-dire l'intention qu'a celui qui s'y livre d'en tirer un profit (voy. ACTE DE COMMERCE); — 4° les Tribunaux de commerce connaissent des *actions contre les facteurs, commis des marchands ou leurs serviteurs, pour le fait seulement du trafic du marchand auquel ils sont attachés.* On entend par *facteur*, celui auquel un commerçant confie le droit de le représenter dans son négoce et d'agir pour son compte; — par *commis*, l'individu qui est chargé, dans une maison commerciale, de quelque emploi qu'il remplit sous la surveillance du chef de la maison, — et par *serviteurs*, les gens qu'un commerçant emploie pour les travaux corporels de son négoce. En assujettissant à la juridiction commerciale les facteurs, commis ou serviteurs des marchands, pour les faits dont ils se sont mêlés, bien qu'ils ne soient pas par eux-mêmes commerçants, le législateur a voulu, dans l'intérêt du commerce, rendre plus expéditive la réparation des erreurs ou des infidélités qu'ils pourraient commettre; — 5° enfin, les Tribunaux de commerce connaissent de *tout ce qui concerne les faillites.*

1. — Tandis qu'en règle générale, le défenseur doit être assigné devant le Tribunal de son domicile (Cod. proc. civ. art. 59), une exception a été introduite en faveur du commerce, afin de faciliter aux négociants les moyens d'arriver promptement à l'exécution de leurs transactions. Aux termes de l'article 420 du Code de procédure civile, le demandeur, en matière commerciale, peut assigner à *son choix* devant le Tribunal du *domicile du défendeur*, devant celui de l'arrondissement duquel la *promesse a été faite* et la *marchandise livrée*, ou devant le Tribunal dans l'arrondissement duquel le *payement devait être effectué*.

2. — Les Tribunaux de commerce jugent en *dernier ressort :* 1° Toutes les demandes dans lesquelles les parties justiciables de ces Tribunaux et usant de leurs droits ont déclaré vouloir être jugées définitivement et sans appel; — 2° toutes les demandes dont le principal n'excède pas la valeur de 1 500 fr.; — 3° les demandes reconventionnelles ou en compensation, lors même que, réunies à la demande principale, elles excéderaient 1 500 fr.

Dans les autres cas, les jugements sont susceptibles d'*appel.* — Voy. APPEL, III.

— Les Tribunaux de commerce connaissent, *en appel*, des jugements rendus par les Conseils de Prud'hommes, lorsque le chiffre de la demande dépasse 200 fr. — Voy. CONSEIL DE PRUD'HOMMES.

3. — Un décret du 18 juin 1880 a fixé les *émoluments attribués aux greffiers* des tribunaux de commerce spéciaux, aux greffiers des tribunaux civils qui exercent la juridiction commerciale, et aux greffiers des justices de paix des villes maritimes qui n'ont pas de tribunaux de commerce.

TRIBUNAL DE POLICE CORRECTIONNELLE. — Voy. TRIBUNAL DE PREMIÈRE INSTANCE, 2.

TRIBUNAL DE PREMIÈRE INSTANCE. — (Loi 27 ventôse an VIII (18 mars 1800), art. 67; Déc. 30 mars 1808, tit. II; Loi 20 avril 1810, chap. V, VIII; Déc. 18 août 1810; Loi 11 avril 1838; Cod. proc. civ. art. 48 et suiv.; Cod. instr. crim., art. 179-216.) — Juridiction établie dans *chaque arrondissement* (Saint-Denis et Sceaux exceptés) pour statuer sur toutes les affaires dont la connaissance n'a pas été attribuée à d'autres Juges par des lois particulières. C'est généralement au *chef-lieu de l'arrondissement* que se tient le Tribunal : par *exception* à cette règle, il y a 6 Tribunaux qui siègent dans une autre ville, savoir : *Cusset* (Allier), au lieu de La Palisse ; — *Chambon* (Creuse), au lieu de Boussac ; — *Bourgoin* (Isère), au lieu de la Tour-du-Pin ; — *Arbois* (Jura), au lieu de Poligny ; — *Saint-Palais* (Basses-Pyrénées), au lieu de Mauléon ; — *Lourdes* (Hautes-Pyrénées), au lieu de Argelès.

1. — Les *Tribunaux de première instance* sont ainsi appelés parce que, dans les contestations d'une certaine importance, au delà d'un taux déterminé, ils ne jugent qu'en *première instance*, c'est-à-dire sauf appel devant la Cour d'appel.

— Ils jugent en *premier et dernier ressort* les affaires mobilières et personnelles jusqu'à 1 500 fr. de principal, et les affaires immobilières dont l'objet ne dépasse pas 60 fr. de revenu : au delà de ce chiffre, leurs décisions sont susceptibles d'*appel* devant la Cour d'appel. — Voy. APPEL, II.

2. — Ils connaissent, *en appel*, des jugements rendus en premier ressort par les *Juges de paix* (voy. APPEL, I), et, à certains jours, ils jugent, comme *Tribunal correctionnel*, les infractions à la loi qualifiées *délits* et dont la peine excède cinq jours d'emprisonnement et 15 fr. d'amende.

3. — Les Tribunaux de première instance *tiennent lieu de Tribunal de commerce* dans les arrondissements où il n'y en a pas d'établi. Ils jugent alors, à certains jours, les affaires commerciales en suivant les règles et les formes du Code de commerce. — Voy. TRIBUNAL DE COMMERCE.

— Le nombre des Juges qui composent les Tribunaux de première instance ou d'arrondissement varie selon la population des villes où ils sont placés. Ils sont partagés en plusieurs *Chambres* lorsqu'ils sont assez nombreux pour que cette division soit possible et utile. L'un des membres de chaque Tribunal a le titre de *Président*.

— Auprès de tout Tribunal d'arrondissement se trouve un magistrat chargé du *Ministère public* (voy. ce mot) et nommé *Procureur de la République*, qui est assisté d'un ou de plusieurs *Substituts* selon que le Tribunal se compose d'une ou de plusieurs Chambres. Il y a aussi un *Greffier*, des *Avocats*, des *Avoués*, des *Huissiers*.

— Un des Juges de chaque Tribunal, désigné à cet effet et appelé *Juge d'instruction*, est spécialement chargé de procéder à la constatation des faits criminels. — Voy. JUGE D'INSTRUCTION.

TRIBUNAL DE SIMPLE POLICE. — (Cod. instr. crim. art. 137-178 ; loi 27 janvier 1873.) — Juridiction chargée de réprimer les infractions à la loi qualifiées de *contraventions*, c'est-à-dire punies soit de 15 fr. d'amende ou au-dessous, soit de 5 jours d'emprisonnement ou au-dessous.

1. — La loi du 27 janvier 1873 a modifié et abrogé divers articles du Code d'instruction criminelle relativement à l'organisation des tribunaux de simple police. Elle a *enlevé aux Maires* la connaissance de certaines contraventions de police qui leur était accordée par le Code de 1808, concurremment avec les juges de paix, pour en investir *exclusivement* ceux-ci, afin d'assurer de cette manière l'unité de juridiction des tribunaux de simple police dans chaque canton, et surtout pour rétablir ici le principe moderne de la séparation entre les pouvoirs soit judiciaire, soit législatif, soit exécutif, principe qui se trouvait violé, le Maire étant à la fois, dans la situation dont il s'agit, juge et autorité législative et même exécutive de ses propres décisions.

2. — Les fonctions du *Ministère public* sont remplies par le Commissaire du lieu où siège le Tribunal :

en cas d'empêchement du Commissaire de police, ou s'il n'y en a point, elles sont remplies par le Maire, qui peut se faire remplacer par son Adjoint.

3. — Les contraventions sont *prouvées* soit par procès-verbaux ou rapports, soit par témoins à défaut de rapports et procès-verbaux, ou à leur appui.

4. — Les jugements rendus en matière de police peuvent être attaqués par la voie de *l'appel* lorsqu'ils prononcent un *emprisonnement*, ou lorsque les *amendes*, *restitutions* ou autres *réparations civiles* excèdent la somme de 5 fr. outre les dépens. — Voy. APPEL, I, 2.

TRIBUNAL DES CONFLITS. — Rétabli par la loi du 24 mai 1872 sur le Conseil d'Etat, qui a remis en vigueur la loi du 4 février 1850 et le règlement du 26 octobre 1849, il est chargé de régler les conflits d'attribution qui s'élèvent entre l'autorité administrative et l'autorité judiciaire. — Voy. CONFLIT.

I. ATTRIBUTIONS. — Lorsqu'un Préfet estime que la connaissance d'une question portée devant un tribunal de l'ordre judiciaire est attribuée par une disposition législative à l'autorité administrative, il peut revendiquer le jugement de l'affaire pour l'autorité compétente, et le tribunal ou la Cour doit surseoir à statuer jusqu'à ce que le Tribunal des conflits ait prononcé sur la question de compétence.

Les Ministres ont également le droit de revendiquer devant le Tribunal des conflits les affaires portées à la section du contentieux du Conseil d'Etat et qui n'appartiendraient pas au contentieux administratif.

Enfin, lorsque sur une même question, l'autorité administrative et l'autorité judiciaire se déclarent toutes deux compétentes, le Tribunal des conflits, sur la requête des parties ou du Ministre intéressé, décide à quelle juridiction l'affaire doit être portée.

Les fonctions des membres du Tribunal des conflits sont *gratuites*.

II. COMPOSITION. — Le Tribunal des conflits se compose : 1° du Garde des sceaux, *président;* 2° de trois Conseillers d'Etat en service ordinaire et de trois Conseillers à la Cour de cassation, élus par leurs collègues, pour *trois ans*, et indéfiniment rééligibles; 3° de deux membres et de deux suppléants, élus par la majorité des autres juges. Le Tribunal choisit un *vice-président* au scrutin secret et à la majorité absolue des voix. Il ne peut délibérer valablement qu'au nombre de *cinq membres présents au moins*.

Les fonctions du *ministère public* sont remplies par deux commissaires du Gouvernement choisis, tous les ans, par le Président de la République, l'un parmi les Maîtres des requêtes, l'autre dans le parquet de la Cour de cassation. Il est adjoint à chacun d'eux un suppléant choisi de la même manière.

Un *secrétaire*, nommé par le Ministre de la justice, est attaché au Tribunal.

Les séances sont *publiques*.

Les parties peuvent se faire représenter devant le Tribunal des conflits par les avocats au Conseil d'Etat et à la Cour de cassation.

TROMPERIE SUR LA MARCHANDISE. — (Cod. pén. art. 423; loi 27 mars 1851.) — 1. — Sont passibles d'un *emprisonnement* de 3 mois au moins et d'un an au plus, et d'une *amende* qui ne peut excéder le quart des restitutions et dommages-intérêts, ni être au-dessous de 50 fr. :

1° Ceux qui trompent l'acheteur sur la nature de toutes marchandises ou sur la quantité des choses vendues soit en se servant de faux poids ou de fausses mesures, soit par des manœuvres ou procédés tendant à fausser l'opération du pesage ou mesurage, ou à augmenter frauduleusement le poids ou le volume de la marchandise, même avant cette opération, soit enfin par des indications frauduleuses tendant à faire croire à un pesage ou mesurage antérieur et exact ;

2° Ceux qui falsifient des substances ou denrées alimentaires ou médicamenteuses destinées à être vendues ;

3° Ceux qui vendent ou mettent en vente des substances ou denrées alimentaires ou médicamenteuses qu'ils savent falsifiées ou corrompues.

— Si, dans ces divers cas, il s'agit d'une marchandise contenant des *mixtions nuisibles à la santé*, l'amende est de 50 fr. à 500 fr., à moins que le quart des restitutions et dommages-intérêts n'excède cette dernière somme ; l'emprisonnement est de 3 mois à 2 ans.

2. — Sont passibles d'une *amende* de 16 fr. à 150 fr. et d'un *emprisonnement* de 6 à 10 jours, ou de l'une de ces deux peines seulement, suivant les circonstances, ceux qui, sans motifs légitimes, ont dans leurs magasins, boutiques, ateliers ou maisons de commerce, ou dans les halles, foires ou marchés, soit des poids ou mesures faux, ou autres appareils inexacts servant au pesage ou mesurage, soit des substances alimentaires ou médicamenteuses qu'ils savent être falsifiées ou corrompues. — Si la substance falsifiée est nuisible à la santé, l'amende peut être portée à 50 fr. et l'emprisonnement à 15 jours.

3. — En cas de *récidive* dans les 5 années qui ont précédé le délit, la peine peut être élevée jusqu'au *double du maximum*, sans préjudice de l'application, s'il y a lieu, des articles 56 et 57 du Code pénal. (Voy. RÉCIDIVE.)

4. — Les objets dont la vente, usage ou possession constitue le délit sont *confisqués*. S'ils sont propres à un usage alimentaire ou médical, ils peuvent être attribués aux établissements de bienfaisance. S'ils sont impropres à cet usage ou nuisibles, ils sont détruits ou répandus aux frais du condamné, et devant son domicile ou son établissement, si le Tribunal juge à propos de l'ordonner.

Le Tribunal a la faculté d'ordonner également l'*affiche du jugement* dans les lieux qu'il désigne et son *insertion* intégrale ou par extraits dans les *journaux* aux frais du condamné.

5. — Les *deux tiers* du produit des amendes sont *attribués aux Communes* dans lesquelles les délits ont été constatés.

TROTTOIRS. — (Loi 7 juin 1845 ; Déc. 25 mars 1852, art. 1, tabl. A, n° 54.) — Banquettes élevées de chaque côté de la chaussée pour faciliter la circulation des piétons, en les garantissant des voitures dans les rues et places publiques.

Les *propriétaires riverains* peuvent être appelés à *contribuer aux frais de construction* des trottoirs lorsque l'établissement en a été déclaré *d'utilité publique* par le Préfet.

TUTELLE — TUTEUR. — (Cod. civ. art. 389-475 ; loi 27 février 1880.) — Du latin *tueri*, défendre. — La *tutelle* est une charge civile et gratuite qui consiste à prendre soin de la personne et à administrer les biens d'un individu hors d'état de se gouverner lui-même. — On appelle *tuteur* celui à qui incombe cette charge.

1. — Dans une société bien organisée, on ne doit pas laisser sans appui, sans protecteur, les personnes qui, soit en raison de leur âge, soit à cause de l'infirmité de leur esprit, ne sont pas à même de se diriger. Ainsi la loi veut-elle qu'un tuteur soit donné aux *mineurs* et aux *interdits*.

Il ne sera question ici que de la tutelle des *mineurs :* c'est à l'article INTERDICTION que nous avons parlé de celle des *interdits*.

2. — Tout mineur n'est pas nécessairement en tutelle. Celui dont les père et mère sont vivants trouve en eux des protecteurs naturels, et, s'il a quelques biens personnels, l'administration en appartient à son père, aux conditions exposées au titre de la PUISSANCE PATERNELLE.

La tutelle ne s'ouvre qu'à la dissolution du mariage. Perdant alors un de ses protecteurs naturels, le mineur a besoin d'une protection plus spéciale de la loi.

I. DIVERSES ESPÈCES DE TUTELLE. — Il y a 4 espèces de tutelle : 1° la tutelle du *survivant des père et mère ;* — 2° la tutelle *déférée par le dernier mourant* des père et mère ; — 3° la tutelle des *ascendants ;* — 4° la tutelle *dative* ou *déférée par le Conseil de famille.*

1° *Tutelle du survivant des père et mère.* — Le survivant des père et mère, quel qu'il soit, a de plein droit la tutelle des enfants mineurs non émancipés. Mais il existe plusieurs *différences entre la tutelle du père survivant et celle de la mère survivante :* Ainsi 1° le père, en prévision de son décès, a la faculté, s'il doute de la capacité de sa femme, de lui désigner un Conseil sans l'assistance duquel elle ne pourra faire aucun acte relatif à la tutelle ou seulement certains actes spécifiés. Cette désignation se fait, soit par testament, soit par déclaration devant le Juge de paix ou devant un notaire. La mère, au contraire, ne peut, en prévision de son décès, restreindre la tutelle de son mari. — 2° Le père survivant est tuteur, bon gré mal gré. A moins qu'il ne se trouve dans un des cas d'excuse légale, il est tenu de gérer la tutelle : la mère survivante peut, au contraire, la refuser si elle se défie de ses propres forces. — 2° Le père qui se remarie conserve toujours la tutelle. Il n'en est pas de même de la mère qui contracte une nouvelle union, parce qu'elle perd en se remariant sa liberté d'action. Aussi la loi exige-t-elle que la mère tutrice, si elle veut se remarier, fasse convoquer, au préalable, le Conseil de famille pour décider si la tutelle lui sera conservée.

Lorsque la mère est maintenue dans la tutelle par le Conseil de famille, son nouveau mari devient *cotuteur* et, à ce titre, il est solidairement responsable avec sa femme de la gestion postérieure au mariage.

2° *Tutelle déférée par le dernier mourant des père et mère.* — La loi accorde au dernier mourant des père et mère le droit de désigner la personne qu'il désire avoir pour successeur dans l'exercice de la tutelle de ses enfants. Cette désignation peut se faire par testament, ou par déclaration soit devant le Juge de paix, soit devant un notaire.

Le tuteur ainsi désigné n'est pas tenu d'accepter la tutelle, à moins qu'il ne soit dans la classe de ceux que le Conseil de famille aurait pu en charger. — Voy. ci-après, III, 2°.

La mère remariée et non maintenue dans la tutelle des enfants de son premier mariage n'a point la faculté de choisir un tuteur. Si elle y a été maintenue, elle peut faire ce choix pourvu que le Conseil de famille le confirme.

3° *Tutelle des ascendants.* — Lorsqu'il n'a pas été choisi au mineur un tuteur par le dernier mourant de ses père et mère, la tutelle appartient de droit à son aïeul paternel ; à défaut de celui-ci, à son aïeul maternel, et ainsi en remontant, toujours en préférant l'ascendant paternel à l'ascendant maternel du même degré.

4° *Tutelle dative* ou *déférée par le Conseil de famille.* — Il peut se faire qu'un enfant reste sans père ni mère, ni ascendant mâle, ni tuteur élu par le dernier mourant de ses père et mère, ou bien que le tuteur de l'une de ces qualités se trouve valablement excusé ou dans le cas des exclusions dont il est parlé ci-après. Il est alors pourvu par un Conseil de famille à la nomination d'un tuteur.

Le *Conseil de famille* est composé, non compris le Juge de paix, de 6 parents ou alliés, pris tant dans la Commune où s'ouvre la tutelle que dans la distance de 2 myriamètres (5 lieues), moitié du côté paternel, moitié du côté maternel, et en suivant l'ordre de proximité dans chaque ligne. Le parent est préféré à l'allié du même degré ; le plus âgé au plus jeune.

Les frères *germains* (c'est-à-dire les enfants nés du même père et de la même mère) et les maris des sœurs *germaines* du mineur sont exceptés de la limitation de nombre dont nous venons de parler. S'ils sont 6 ou au delà, ils sont tous membres du Conseil de famille qu'ils composent seuls avec les ascendants non appelés à la tutelle, s'il y en a, et avec les ascendantes veuves. S'ils sont en nombre inférieur à 6, les autres parents ne sont appelés que pour compléter ce chiffre.

Si, dans la Commune ou dans la distance de 2 myriamètres (5 lieues), il ne se trouve pas assez de parents ou d'alliés pour composer le Conseil, le Juge de paix appelle des personnes connues pour avoir eu des relations habituelles d'amitié avec le père ou la mère du mineur.

Alors même qu'il y aurait sur les lieux un nombre suffisant de parents ou d'alliés, le Juge de paix peut appeler, à quelque distance qu'ils soient domiciliés, des parents ou alliés plus proches en degrés ou de même degré que les parents ou alliés présents, sans toutefois que le nombre des membres du Conseil soit supérieur à 6.

— Les *délais pour comparaître* sont fixés par le Juge de paix, de manière qu'il y ait toujours entre l'avis de convocation et le jour de la réunion un intervalle de 3 jours au moins quand toutes les parties convoquées résident dans la Commune ou à une distance de 2 myriamètres (5 lieues). Toutes les fois que, parmi les personnes convoquées, il s'en trouve de domiciliées au delà de cette distance, le délai est augmenté d'un jour par 3 myriamètres (7 lieues 1/2).

Les parents, alliés ou amis, ainsi convoqués sont tenus de se rendre à la réunion ou d'y envoyer un mandataire spécial qui ne peut, dans aucun cas, représenter plusieurs personnes à la fois.

Le *défaut de comparution*, non motivé par une excuse légitime, donne lieu à une *amende* de 50 fr. au maximum, prononcée par le Juge de paix sans appel.

S'il y a excuse suffisante et qu'il convienne, soit d'attendre le membre absent, soit de le remplacer, en ce cas comme en tout autre où l'intérêt du mineur semble l'exiger, le Juge de paix peut ajourner l'assemblée ou la proroger.

— La *réunion* du Conseil de famille a lieu de droit *chez le Juge de paix*, à moins qu'il ne désigne lui-même un autre local. La présence des trois quarts au moins de ses membres est nécessaire pour qu'il délibère. Le Juge de paix en a la *présidence*, avec voix délibérative et prépondérante en cas de partage.

— Quand un mineur, domicilié en France, possède des biens dans les Colonies ou réciproquement, l'administration spéciale de ces biens est confiée à un *protuteur*. En ce cas, le tuteur et le protuteur sont indépendants et non responsables l'un envers l'autre pour leur gestion respective.

— La tutelle est une charge personnelle qui ne passe point aux héritiers du tuteur. Ceux-ci répondent seulement de la gestion de leur auteur, et, s'ils sont majeurs, ils doivent la continuer jusqu'à la nomination d'un nouveau tuteur.

II. Du SUBROGÉ-TUTEUR. — Dans toute tutelle, il y a un *subrogé-tuteur* nommé par le Conseil de famille. Sa mission consiste à surveiller l'administration du tuteur et à le remplacer dans les actes où les intérêts de ce dernier seraient en opposition avec ceux du mineur.

— Le tuteur ne peut voter pour la nomination du subrogé-tuteur, qui doit être pris, hors le cas de frères germains, dans celle des deux lignes à laquelle le tuteur n'appartient pas.

— Le subrogé-tuteur ne remplace point de plein droit le tuteur lorsque la tutelle devient vacante. Il est obligé, dans cette hypothèse, à peine de dommages-intérêts envers le mineur, de provoquer la nomination d'un nouveau tuteur.

Les causes d'*excuse*, d'*incapacité*, d'*exclusion* et de *destitution* sont les mêmes pour le subrogé-tuteur que pour le tuteur (voy. ci-après, IV).

— Le tuteur ne peut ni provoquer la destitution du subrogé-tuteur, ni voter dans les Conseils de famille tenus pour cet objet.

III. Causes dispensant de la tutelle. — S'il est de principe que la tutelle est une charge dont on ne peut se dispenser, il est pourtant des cas, où l'intérêt général des circonstances particulières motivent des exceptions : le Code civil les a prévus et énumérés.

Ainsi : 1° sont dispensés de la tutelle les grands dignitaires de l'Etat, les Députés, les Conseillers d'Etat; les magistrats de la Cour de cassation et de la Cour des comptes ; les Préfets, les fonctionnaires publics et les Ecclésiastiques obligés à résidence, lorsqu'ils exercent leurs fonctions ou leur ministère dans un autre département que celui où s'ouvre la tutelle ; les militaires en activité de service; tous citoyens remplissant, hors du territoire de la République, une mission du Président.

Cette première cause d'excuse est fondée sur l'intérêt général qui exige que le service de l'Etat ne soit point entravé par des devoirs particuliers. — Il est libre néanmoins aux personnages et fonctionnaires ci-dessus énumérés de ne pas invoquer l'excuse dont ils peuvent se prévaloir, s'ils se sentent à même de remplir, sans préjudice pour le service de l'Etat, la charge de tuteur. S'ils avaient accepté la tutelle postérieurement à leurs fonctions, services ou missions, ils ne seraient pas admis à y renoncer. — Si leur acceptation est antérieure auxdites fonctions, ils peuvent se faire décharger de la tutelle pourvu qu'ils le demandent dans le mois. Passé ce délai, ils seraient non recevables. — Si enfin, à l'expiration de leurs fonctions ou services publics, ils veulent reprendre la tutelle, ils sont libres de la réclamer au Conseil de famille qui décidera suivant les intérêts du mineur.

2° Toute personne qui n'est *ni parente ni alliée* du mineur ne peut être forcée d'accepter la tutelle que dans le cas où il n'existerait pas, dans la distance de 4 myriamètres (10 lieues), des parents ou alliés en état de remplir cette charge qui doit, en effet, peser avant tout sur la famille.

3° Tout individu *âgé de 65 ans* accomplis peut refuser d'être tuteur. Celui qui a été nommé avant cet âge, est admis à se faire remplacer à 70 ans.

4° Tout individu atteint d'une *infirmité grave* peut être dispensé de la tutelle ou s'en faire décharger si cette infirmité est survenue depuis l'acceptation de la tutelle.

5° *Deux tutelles* sont, pour toute personne, une juste dispense d'en accepter une troisième. — Celui qui, époux ou père, est déjà chargé d'une tutelle n'est point forcé d'en accepter une seconde, si ce n'est celle de ses enfants.

6° Ceux qui ont 5 *enfants vivants* sont dispensés de toute tutelle autre que celle desdits enfants. Les enfants morts en activité de service dans les armées sont comptés pour opérer la dispense. Les autres enfants morts ne comptent qu'autant qu'ils ont laissé eux-mêmes des enfants actuellement existants.

La survenance d'enfants pendant la tutelle n'autorise point à l'abdiquer.

— Si le tuteur désigné est présent à la délibération qui le nomme, il faut qu'il propose sur-le-champ ses *excuses*, à peine d'être déclaré non recevable. S'il n'était pas présent, il est tenu de faire convoquer le Conseil de famille pour délibérer sur ses excuses, et ses diligences à cet effet doivent avoir lieu dans les 3 jours de la notification de sa nomination. Sinon, il serait encore déclaré non recevable.

Si ses excuses sont rejetées, il peut se pourvoir devant les Tribunaux pour les faire admettre; mais, pendant ce temps, il est obligé d'administrer provisoirement. S'il parvient à se faire exempter de la tutelle, ceux qui ont rejeté ses excuses peuvent être condamnés aux frais de l'instance. Il les supporte lui-même s'il est débouté de sa prétention.

IV. Incapacité, exclusion, destitution de la tutelle. — Il y a des individus qui sont incapables d'être tuteurs; d'autres qui, quoique capables de remplir cette charge, doivent en être exclus; d'autres enfin qui, déjà nommés, doivent être destitués.

1. — Sont *incapables* d'être tuteurs ni membres du Conseil de famille : 1° les mineurs, parce qu'ils sont privés eux-mêmes de l'exercice des droits civils et placés sous la dépendance d'autrui. Une exception existe en faveur des père et mère : l'affection qu'ils ont pour leurs enfants supplée, aux yeux de la loi, à l'expérience de l'âge; — 2° les interdits, parce qu'ils ont besoin les premiers de protection; — 3° les femmes, autres que la mère survivante, tutrice de droit, et les ascendantes nommées par le Conseil de famille tutrices de leurs petits-enfants; — 4° tous ceux qui ont, ou dont les père et mère ont avec le mineur un procès dans lequel l'état de ce mineur, sa fortune ou une partie notable de ses biens sont compromis.

2. — Doivent être *exclus* ou *destitués*, selon les cas : 1° ceux qui ont encouru une condamnation à une peine afflictive ou infamante. Cette exclusion ou destitution a lieu de plein droit, sans qu'il soit besoin de la faire prononcer par le Conseil de famille; — 2° les gens d'une inconduite notoire ou ceux dont la gestion attesterait l'incapacité ou l'infidélité. Toutes les fois qu'il y a lieu, pour ce second motif, à une exclusion ou à une destitution de tuteur, elle est prononcée par le Conseil de famille, convoqué à la diligence du subrogé-tuteur ou d'office par le Juge de paix. Toute délibération à cet égard doit être motivée et ne peut être prise qu'après que le tuteur a été entendu ou, du moins, appelé. Si ce dernier réclame contre la décision du Conseil de famille, les Tribunaux tranchent la difficulté; — 3° ceux qu'un jugement de police correctionnelle a formellement privés du droit de tutelle (Cod. pén. art. 42, 43, 335, 401).

Les individus qui ont été exclus ou destitués d'une tutelle ne peuvent être membres d'un Conseil de famille.

V. Administration du tuteur. — Le tuteur a pour mission de prendre soin de la personne du mineur et de le représenter dans tous les actes de la vie civile. Il est responsable de sa gestion, pour sûreté de laquelle la loi frappe d'hypothèque ses biens immeubles.

Les règles relatives à l'administration du tuteur sont formulées dans les articles 450 à 468 du Code civil et dans la loi du 27 février 1880. Voici les principales :

1. — Le tuteur peut, *de sa propre autorité*, faire les actes de pure administration et de conservation; mais il a besoin de l'*autorisation du Conseil de famille :* 1° pour répudier une succession échue au mineur ou pour l'accepter. Dans ce dernier cas, l'acceptation n'a jamais lieu que *sous bénéfice d'inventaire;* — 2° pour accepter une donation faite au mineur; — 3° pour former en Justice une action relative aux droits immobiliers du mineur ou pour acquiescer à une demande relative à ces mêmes droits; — 4° pour vendre des rentes, actions, parts d'intérêts, obligations et autres meubles incorporels quelconques; — 5° pour provoquer un partage; — 6° pour passer des baux au-dessus de 9 ans. Indépendamment de l'autorisation du Conseil de famille, il faut l'*homologation du Tribunal* toutes les fois qu'il s'agit d'emprunter, d'aliéner ou d'hypothéquer les immeubles du mineur ou de transiger en son nom. La nécessité ou l'avantage de la *transaction* (voy. ce mot) doivent de plus être constatés par l'avis de 3 jurisconsultes désignés par le Procureur de la République.

Lorsque la valeur des meubles incorporels (rentes, obligations, etc.) à aliéner *dépasse*, d'après l'appréciation du Conseil de famille, 1 500 *fr.*

en capital, la délibération de cette assemblée doit être soumise à l'*homologation* du tribunal qui statue en la chambre du Conseil, le Ministère public entendu. Dans tous les cas, le jugement rendu est en *dernier ressort*. — L'aliénation est opérée par le ministère d'un agent de change, toutes les fois que les valeurs sont négociables à la Bourse, au cours moyen du jour.

2. — Lors de l'entrée en exercice de toute tutelle autre que celle des père et mère, le Conseil de famille fixe, *par aperçu* et selon l'importance des biens régis, la somme à laquelle pourra s'élever la dépense annuelle du mineur ainsi que celle de l'administration de ses biens. Ce Conseil détermine *positivement* la somme à laquelle commencera, pour le tuteur, l'obligation d'employer l'excédent des revenus sur la dépense, dans un délai de 6 mois, passé lequel le tuteur doit les intérêts à défaut d'emploi.

Si le tuteur n'a pas fait déterminer par le Conseil de famille la somme à laquelle commencera cet emploi, il doit, après le délai de 6 mois, les intérêts de toute somme non employée, quelque modique qu'elle soit.

Le tuteur doit, *dans les 3 mois* qui suivent l'ouverture de la tutelle, convertir en *titres nominatifs* les titres au porteur appartenant au mineur ou à l'interdit, et dont le Conseil de famille n'aurait pas jugé l'aliénation nécessaire ou utile. — Il doit également convertir en titres nominatifs les titres au porteur qui adviendraient au mineur ou à l'interdit, de quelque manière que ce fût, et ce dans le même délai de 3 mois. — Le Conseil de famille peut fixer pour la conversion un terme plus long. — Lorsque, soit par leur nature, soit à raison de conventions, les valeurs au porteur ne sont pas susceptibles d'être converties en titres nominatifs, le tuteur doit, *dans les 3 mois*, obtenir du Conseil de famille l'autorisation soit de les aliéner avec emploi, soit de les conserver ; dans ce dernier cas, le Conseil peut prescrire le dépôt des titres au porteur, au nom du mineur ou de l'interdit, soit à la caisse des dépôts et consignations, soit entre les mains d'une personne ou d'une société spécialement désignée.

— Le tuteur doit faire *emploi des capitaux* appartenant au mineur ou à l'interdit, ou qui leur adviendraient par succession ou autrement, et ce *dans le délai de 3 mois*, à moins que le Conseil ne fixe un délai plus long, auquel cas il peut en ordonner le dépôt comme il a été dit plus haut.

3. — Le tuteur qui a des sujets de mécontentement graves sur la conduite du mineur peut porter ses plaintes au Conseil de famille et, s'il y est autorisé par ce Conseil, provoquer la réclusion du mineur, conformément à ce qui est statué à ce sujet au titre de la *puissance paternelle*.

VI. Comptes de tutelle. — Tout tuteur est comptable de sa gestion lorsqu'elle finit.

Même durant la tutelle, tout tuteur (*autre cependant que le père ou la mère*) peut être tenu de remettre, chaque année, au subrogé-tuteur un état de situation de sa gestion. C'est ainsi que le subrogé-tuteur peut accomplir sa mission de surveillance.

Le *compte définitif* est rendu à la majorité du mineur ou lors de son émancipation.

Si le pupille est devenu majeur, le compte lui est rendu à lui-même, par acte sous seing privé, à l'amiable, ou devant notaire. — Si le pupille est émancipé, le compte lui est rendu dans la même forme, mais en présence de son curateur. Dans l'un ou l'autre cas, il n'est pas besoin de s'adresser à la Justice s'il n'y a point de contestations.

1. — Les sommes dont le tuteur est reliquataire envers le mineur produisent de *plein droit* des intérêts à compter de la clôture du compte. Celles, au contraire, dont le mineur se trouverait redevable envers son tuteur ne portent intérêts qu'*à partir de la sommation de*

payer qui suit la clôture du compte.

2. — L'article 472 du Code civil frappe de nullité tout traité qui interviendrait entre le tuteur et le mineur devenu majeur, sans avoir été précédé de la reddition d'un compte détaillé et de la remise des pièces justificatives 10 jours au moins avant ledit traité. En édictant cette disposition, le législateur a voulu protéger le pupille devenu majeur contre son inexpérience. Il a pensé que l'impatience de jouir de sa liberté et de sa fortune l'aurait peut-être entraîné à de dangereuses concessions en faveur d'un tuteur cupide et rusé.

3. — Toute action du mineur contre son tuteur relativement aux faits de la tutelle *se prescrit* par 10 ans à compter de la majorité. Il était juste de ne pas prolonger indéfiniment les embarras d'une charge onéreuse et purement gratuite.

TUTELLE OFFICIEUSE.—(Cod. civ. art. 361-370.) — La *tutelle officieuse*, qui est d'une application fort rare, peut être définie l'obligation volontairement contractée d'élever gratuitement un enfant et de le mettre en état de gagner sa vie à sa majorité.

I. Conditions. — Le tuteur officieux doit, comme la personne qui voudrait adopter, être *âgé* de plus de 50 ans, n'avoir *ni enfants ni descendants légitimes*, et obtenir le *consentement de son conjoint* s'il est marié.

De son côté, le pupille doit être *âgé* de moins de 15 ans et avoir le *consentement* de ses père et mère, ou du survivant d'entre eux, ou, à leur défaut, celui du Conseil de famille.

II. Formes. — C'est devant le Juge de paix du domicile de l'enfant que le contrat de tutelle officieuse est passé. Il consiste dans un *procès-verbal* qui constate les demandes et consentements respectifs.

III. Nature et effets de la tutelle officieuse. — La tutelle officieuse est, en général, un acheminement à l'adoption qu'elle prépare et facilite.

En effet, on ne peut adopter, sauf quelques cas spéciaux (voy. Adoption, I), que la personne à qui, pendant sa minorité et durant 6 ans, on a donné des soins continus. Or, la famille d'un enfant hésiterait souvent à le confier à celui qui se propose de l'adopter, dans la crainte qu'il ne continuât pas ses soins et qu'il abandonnât l'enfant dans la suite, sans l'avoir ni adopté, ni mis à même de subvenir à sa subsistance. Le contrat de tutelle officieuse lève tout scrupule de la famille à cet égard, car l'enfant devant être mis en état de gagner sa vie à sa majorité, et, si, à cette époque, son tuteur ne veut point l'adopter et qu'il ne se trouve point en état de gagner sa vie, il peut, s'il y a lieu, faire condamner son tuteur à l'indemniser de l'incapacité où il est de pourvoir à sa subsistance.

La tutelle officieuse facilite encore et prépare l'adoption en ce sens que le tuteur qui craint de mourir avant la majorité de la personne qu'il s'est attachée par un titre légal, et par conséquent avant d'avoir pu l'adopter puisque, suivant le droit commun (Cod. civ. art. 346), on ne peut adopter que les majeurs, le tuteur, disons-nous, a la faculté de conférer par testament à son pupille le bénéfice de l'adoption.

Cette faculté, toutefois, ne peut être exercée : 1° qu'après 5 ans révolus depuis l'établissement de la tutelle ; — 2° que si le tuteur décède sans laisser d'enfants, car s'il lui en était survenu depuis son testament, l'adoption serait révoquée.

La loi a prévu le cas où le tuteur officieux mourrait, soit avant les 5 ans depuis l'établissement de la tutelle, soit après ce temps, mais sans avoir adopté son pupille. Elle décide qu'il sera fourni à ce dernier, durant sa minorité, des moyens de subsister, dont la quotité et l'espèce, s'il n'y a été antérieurement pourvu par une convention formelle, seront réglées soit amiablement entre les représentants respectifs du tuteur et du pupille, soit judiciairement en cas de contestation.

— Lorsque le pupille a atteint sa majorité, si son tuteur veut l'adopter et que le premier y consente, il est procédé à l'adoption suivant les formes prescrites.

Si le tuteur refuse l'adoption sans autre motif qu'un changement de volonté, le pupille hors d'état de pourvoir à sa subsistance peut réclamer de lui une indemnité, comme nous l'avons déjà dit.

Il en serait autrement si, lors de la formation du contrat de tutelle, il avait été expressément convenu que, ce cas échéant, le tuteur serait affranchi de toute indemnité, ou bien encore si c'était l'inconduite du pupille ou sa mauvaise volonté qui, seule, l'eût mis hors d'état de gagner sa vie. Les Tribunaux ont à cet égard tout pouvoir d'appréciation.

L'indemnité dont il s'agit consisterait en secours propres à procurer au pupille un métier, sans préjudice des stipulations qui auraient pu être faites dans la prévision de ce cas.

— Si le pupille a quelque bien, l'administration en appartient au tuteur officieux qui naturellement en doit compte et, pour garantie, est soumis, comme tuteur, à l'*hypothèque légale*. — Voy. HYPOTHÈQUE, II. — Les *frais d'éducation* du pupille ne sont pas imputés sur ses propres revenus : cette dépense est à la charge personnelle du tuteur.

— La puissance paternelle ne s'éclipse pas devant la tutelle officieuse, et elle n'en continue pas moins d'appartenir aux père et mère du pupille qui leur doit toujours obéissance et respect.

L'administration de la personne du pupille et celle de ses biens, s'il en a, passent, il est vrai, au tuteur officieux; mais les père et mère conservent les attributs principaux de la puissance paternelle, tels que le droit de correction, le droit de consentir au mariage de leur enfant, tant qu'il n'a pas atteint l'âge compétent pour se marier à son gré.

U

UNION DE CRÉANCIERS. — C'est l'état des créanciers d'une faillite, lorsqu'il n'intervient point de concordat. — Voy. FAILLITE, VII.

UNION GÉNÉRALE DES POSTES. — Traité conclu, le 9 octobre 1874, à Berne, entre la *France*, l'*Allemagne*, l'*Autriche-Hongrie*, la *Belgique*, le *Danemark*, l'*Egypte*, l'*Espagne*, les *Etats-Unis d'Amérique*, la *Grande-Bretagne*, la *Grèce*, l'*Italie*, le *Luxembourg*, la *Norvège*, les *Pays-Bas*, le *Portugal*, la *Roumanie*, la *Russie*, la *Serbie*, la *Suède*, la *Suisse* et la *Turquie*, aux termes duquel ces différents pays forment *un seul territoire postal* pour l'échange réciproque des correspondances entre leurs bureaux de poste. Il a reçu sa pleine et entière exécution à partir du 1er janvier 1876. (Loi 3 août 1875; déc. 3 sept. 1875.)

USAGE. — (Cod. civ. art. 625-636.) — Du latin *usus*. — Droit de se servir d'une chose dont la propriété appartient à autrui.

La personne à qui appartient ce droit se nomme *usager*.

Tandis que l'usufruitier a droit à la totalité des fruits, l'usager ne peut rien exiger au delà de ce qui est nécessaire à ses besoins et à ceux de sa famille, c'est-à-dire de ses descendants et des parents à qui il doit des aliments. Conséquemment *il ne peut louer* ni *céder son droit*.

De même que l'usufruitier, l'usager ne peut entrer en jouissance des choses sujettes à son droit qu'à la charge : 1° De donner *caution*; — 2° De faire dresser un *inventaire* des meubles et un état des immeubles. — (Voy. USUFRUIT.)

USAGE. (PRÊT A) — Voy. PRÊT, sect. I.

USAGES COMMERCIAUX. —

(Loi 13 juin 1866.) — Dans le but d'accroître la sécurité des transactions commerciales à l'intérieur et à l'étranger, en empêchant la naissance de conflits provenant d'usages différents, le plus souvent inconnus, une loi du 13 juin 1866, rendue après de minutieuses enquêtes, a déterminé les conditions, tares et autres usages qui seraient uniformément applicables aux ventes commerciales, dans toute l'étendue de la France, à défaut de convention contraire. Cette loi, trop détaillée pour être reproduite ici, mais qu'il était utile d'indiquer, contient à la fois des règles générales applicables à toute espèce de marché et des règles spéciales à certaines marchandises.

USANCE. — Période de *trente jours.*—Voy. EFFETS DE COMMERCE, V.

USINES. — Du latin *usus*, usage. — Ce mot désigne les établissements où les moteurs mécaniques sont la principale force employée.

1. — En raison de leur grande influence sur le régime des eaux et sur la navigation, les usines ne peuvent exister sur les cours d'eau *navigables* qu'avec l'autorisation de l'Administration. Cette autorisation, en principe, doit être accordée par décret; cependant le Préfet est compétent pour autoriser : 1° Des établissements *temporaires;* — 2° Des établissements *permanents, s'ils ne doivent pas sensiblement modifier le régime des eaux.*

Quant aux cours d'eau *non navigables ni flottables*, le Préfet peut autoriser tout établissement, temporaire ou permanent, qu'il modifie ou non le régime des eaux. (Déc. 25 mars 1852, art. 4, tabl. D, 1, 2, 3 et 4.)

— La permission de l'Administration est également nécessaire pour *tous les changements extérieurs* que l'usinier se proposerait de faire, s'ils sont de nature à exercer quelque influence sur le régime ou l'usage des eaux. Il en est de même lorsqu'il s'agit de reconstruire une usine détruite.

2. — L'autorisation d'établir une usine est toujours accordée *sauf les droits des tiers;* ceux-ci peuvent, s'il y a lieu, réclamer devant les Tribunaux ordinaires une indemnité pour le dommage que leur cause le voisinage de cet établissement.

3. — Lorsque l'expérience vient à révéler que le maintien d'une usine autorisée offrirait de graves inconvénients, l'Administration peut en ordonner la *suppression* en vertu du droit de police qui lui appartient sur les eaux.

— Si l'usine supprimée dans l'intérêt de la navigation était établie sur un cours d'eau *navigable* ou *flottable*, le propriétaire n'aurait aucun droit à réclamer une indemnité, car les cours d'eau navigables ou flottables faisant partie du domaine public, lequel est inaliénable et imprescriptible tant qu'il demeure affecté à un service public (voy. DOMAINE PUBLIC), son établissement n'existait que par une tolérance sujette à révocation. Le *droit à indemnité* n'est reconnu que pour les usines ayant un *titre régulier antérieur à l'Ordonnance royale rendue à Moulins en février* 1566 par Charles IX, et qui a proclamé d'une manière définitive le principe de l'inaliénabilité du domaine.

Quant aux usines supprimées sur les cours d'eau *non navigables ni flottables*, le *droit à indemnité* existe, *à moins que la clause contraire* n'ait été stipulée par l'Administration dans l'acte d'autorisation.

4. — La loi du 9 mai 1866 (art. 1) a *abrogé* les articles 73-78 de la loi du 21 avril 1810 qui exigeaient l'obtention d'une permission préalable pour l'établissement des fourneaux à fondre les minerais de fer et autres substances métalliques, des forges et martinets pour ouvrer le fer et le cuivre, des usines servant de patouillets et bocards, de celles pour le traitement des substances salines et pyriteuses dans lesquelles on consomme des combustibles.

5. — Voy. ÉTABLISSEMENTS DANGEREUX, INSALUBRES OU INCOMMODES.

USUFRUIT. — (Cod. civ. art. 578-624.)

Du latin *usus fructûs*, usage du fruit, du revenu. — C'est le droit d'user et de jouir des choses dont un autre a la propriété, comme le propriétaire lui-même, mais à la charge d'en conserver la substance.

1. — L'usufruit s'établit par la loi ou par la volonté de l'homme. En d'autres termes, il est *légal* ou *conventionnel*.

Comme exemple d'*usufruit légal*, nous citerons celui que la loi accorde aux père et mère sur les biens de leurs enfants mineurs. (Voy. PUISSANCE PATERNELLE, 3 ; — voy. aussi SUCCESSIONS, II, § 3, 5.)

L'*usufruit conventionnel* peut être établi par donation entre vifs, par testament ou par convention ; il peut être constitué soit purement et simplement, soit sous condition, — pour un temps fixé ou pour la vie de l'usufruitier, — en faveur des communes ou d'un établissement public comme au profit d'un simple particulier.

2. — Avant d'entrer en jouissance, l'usufruitier doit, en présence du propriétaire, faire dresser un *inventaire* des meubles et un *état* des immeubles sujets à l'usufruit. S'il n'en est pas dispensé par le titre, il doit fournir *caution* de jouir en bon père de famille. Il est tenu, pendant sa jouissance, des charges annuelles, telles que les contributions et autres qui, dans l'usage, sont censées charges des fruits. Il doit faire toutes les réparations devenues nécessaires par sa faute, et, dans tous les cas, les réparations d'*entretien :* ce sont toutes celles que le Code civil (art. 606) n'a pas mises au nombre des grosses réparations. Ces dernières sont à la charge du propriétaire, qui, du reste, ne peut être contraint de les faire.

3. — L'usufruitier a droit à tous les *fruits*, soit naturels, soit industriels, soit civils, de la chose soumise à l'usufruit. — Voy. FRUITS.

4. — La durée de l'usufruit est nécessairement bornée, car sa perpétuité rendrait illusoire le droit du propriétaire. L'usufruit *prend fin :* par la mort de l'usufruitier ; — par l'expiration du temps fixé pour sa durée ou par l'événement de la condition résolutoire stipulée ; — par le non-usage pendant 30 ans ; — par la perte totale de la chose sur laquelle il s'exerçait ; — par l'abus de jouissance ; — par la résolution du droit de celui qui l'avait constitué.

Lorsque l'usufruit est constitué en faveur d'une *ville* ou d'un *établissement public*, sa *durée* est de 30 ans.

USURE. — Délit qui consiste dans la perception habituelle d'intérêts supérieurs au taux légal. — Voy. PRÊT, sect. III.

USURPATION DE TITRES OU FONCTIONS. — (Cod. pén. art. 258, 259.) — Le Code pénal contient à cet égard les dispositions suivantes :

Art. 258. — « Quiconque, sans titre, se sera immiscé dans des fonctions publiques, civiles ou militaires, ou aura fait les actes d'une de ces fonctions, sera puni d'un *emprisonnement* de 2 à 5 ans, sans préjudice de la peine de faux si l'acte porte le caractère de ce crime. »

Art. 259. — « Toute personne qui aura publiquement porté un costume, un uniforme ou une décoration qui ne lui appartiendrait pas, sera punie d'un *emprisonnement* de 6 mois à 2 ans.

» Sera puni d'une *amende* de 500 francs à 10 000 francs, quiconque, sans droit et en vue de s'attribuer une distinction honorifique, aura publiquement pris un titre, changé, altéré ou modifié le nom que lui assignent les actes de l'état civil. — Le Tribunal ordonnera la mention du jugement en marge des actes authentiques ou des actes de l'état civil dans lesquels le titre aura été pris indûment ou le nom altéré. — Dans tous les cas prévus par le présent article, le Tribunal pourra ordonner l'*insertion* intégrale ou par extrait du jugement dans les journaux qu'il désignera. — Le tout *aux frais du condamné.* »

UTÉRIN. — Du latin *uterus*, ventre. — Se dit des frères et des sœurs qui sont nés de la même mère et d'un père différent, par opposition aux *consanguins*, qui sont du même père, mais d'une mère différente, et aux *germains* qui ont le même père et la même mère. — Voy. SUCCESSIONS, II, § 3.

UTILITÉ PUBLIQUE. (EXPROPRIATION POUR CAUSE D') — Voy. EXPROPRIATION POUR CAUSE D'UTILITÉ PUBLIQUE.

V

VACATION. — Se dit du temps consacré à une affaire par les officiers ministériels. La *durée* et les *honoraires* des vacations sont *fixés* par la loi.

VACHES. — Voy. AGRICULTURE, 4; — ANIMAUX; — LOUAGE, sect. III.

En 1887, on a recensé en France 7261726 vaches et génisses.

VAGABOND-VAGABONDAGE. — (Cod. pén. art. 269-273; 277-282.) — Du latin *vagare*, errer. — On appelle *vagabonds*, ou gens sans aveu, ceux qui n'ont ni domicile certain, ni moyens d'existence, et qui n'exercent habituellement ni métier, ni profession.

1. — Le *vagabondage*, dont le législateur a dû se préoccuper dans l'intérêt de la Société, est un délit puni de 3 à 6 mois d'*emprisonnement*. Le vagabond est, en outre, renvoyé sous la *surveillance de la haute police*, à l'expiration de sa peine, pendant 5 ans au moins et 10 ans au plus.

Si le vagabond est âgé de *moins de* 16 *ans*, il n'encourt pas la peine de l'emprisonnement, mais il est renvoyé sous la surveillance de la haute police jusqu'à l'âge de 20 ans accomplis, à moins qu'avant cet âge il n'ait contracté un engagement régulier dans les armées de terre ou de mer.

Les *étrangers* reconnus coupables de vagabondage peuvent être conduits, par les ordres du Gouvernement, hors du territoire de la République.

2. — Aux termes de l'article 273 du Code pénal, les vagabonds nés en France peuvent, même après condamnation, être réclamés par une délibération du Conseil municipal de la Commune où ils sont nés, ou cautionnés par un citoyen solvable. Si le Gouvernement accueille la réclamation ou agrée la caution, les individus ainsi réclamés ou cautionnés sont, par ses ordres, renvoyés ou conduits dans la Commune qui les a réclamés ou dans celle qui leur est assignée pour résidence, sur la demande de la caution.

3. — Le délit de vagabondage puise un caractère d'*aggravation* dans les circonstances qui l'accompagnent : ainsi, tout vagabond qui est saisi *travesti* d'une manière quelconque, — ou *porteur d'armes*, bien qu'il n'en ait usé ni menacé, — ou *muni de limes*, *crochets* ou autres *instruments* propres soit à commettre des vols ou d'autres délits, soit à lui procurer les moyens de pénétrer dans les maisons, est passible de 2 à 5 ans d'*emprisonnement*.

Tout vagabond qui est trouvé *porteur* d'un ou de plusieurs *effets d'une valeur supérieure à* 100 *fr.*, et qui ne justifie point d'où ils lui proviennent, est puni d'un *emprisonnement* de 6 mois à 2 ans.

Tout vagabond qui a exercé ou tenté d'exercer quelque acte de *violence* que ce soit envers les personnes est puni d'un *emprisonnement* de 2 à 5 ans, sans préjudice de peines plus fortes, s'il y a lieu, à raison du genre ou des circonstances de la violence. Si le vagabond qui a exercé ou tenté d'exercer des violences se trouvait, en outre, *porteur d'armes*, *limes*, *crochets*, etc., il est passible de la *réclusion*.

4. — Les peines prononcées contre les individus porteurs de *faux certificats*, *faux passeports* ou *fausses feuilles de route*, sont toujours infligées *au maximum* quand elles sont appliquées à des vagabonds.

5. — Aux termes de l'article 4, dernier §, de la loi du 27 mai 1885, sont considérés comme *gens sans aveu* et sont punis des peines édictées contre le *vagabondage* tous individus qui, soit qu'ils aient ou non un domicile certain, ne tirent habituellement leur subsistance que du fait de pratiquer ou faciliter sur la voie publique l'exercice des *jeux illicites*, ou la *prostitution d'autrui* sur la voie publique.

VAINE PATURE. — Droit en vertu duquel les habitants d'une même Commune envoient paitre leurs bestiaux sur les terres les uns des autres. — Voy. PACAGE.

VALEURS MOBILIERES. — Les titres d'obligations souscrits par les départements, communes, établissements publics et compagnies, sous quelque dénomination que ce soit, sont assujettis à un *droit de timbre* proportionnel de *un pour cent* du montant du titre. — La perception du droit suit les sommes et valeurs de 20 fr. en 20 fr. inclusivement, et sans fraction. — En cas de *contravention*, il y a lieu à une *amende* de 10 p. 100 du montant du titre.

Aux termes des articles 3 et 4 de la loi du 23 août 1871, les « dispositions de l'article 7 de la loi du 18 mai 1870, concernant les valeurs mobilières étrangères dépendant des successions régies par la loi française, et les transmissions entre vifs à titre gratuit de ces mêmes valeurs au profit d'un Français, sont étendues aux créances, parts d'intérêts, obligations des villes, établissements publics, et généralement à toutes les valeurs mobilières étrangères, de quelque nature qu'elles soient.

« Sont assujettis aux droits de mutation par décès les fonds publics, actions, obligations, parts d'intérêts, créances, et généralement toutes les valeurs mobilières étrangères, de quelque nature qu'elles soient, dépendant de la succession d'un étranger domicilié en France, avec ou sans autorisation. »

Il en est de même des transmissions entre vifs, à titre gratuit ou à titre onéreux, de ces mêmes valeurs, lorsqu'elles s'opèrent en France.

Un *impôt de* 3 *p.* °/₀ sur les *produits* et *bénéfices annuels* des actions, parts d'intérêts et commandites a été établi par la loi du 29 juin 1872. Ont été *exemptées de cet impôt*, par la loi du 1er déc. 1875, les parts d'intérêt dans les sociétés commerciales en nom collectif et dans les sociétés de toute nature, dites de *coopération*, formées exclusivement entre des ouvriers ou artisans au moyen de leurs cotisations périodiques. La loi de 1872 ne s'applique, dans les sociétés en commandite dont le capital n'est pas divisé par actions, qu'au montant de la commandite. Les *lots* et *primes de remboursement* payés aux créanciers et aux porteurs d'obligations, effets publics et tous autres titres d'emprunt ont été assujettis à la même taxe par la loi du 21 juin 1875. — L'impôt sur les valeurs mobilières a *produit*, en 1880, 39 101 092 fr. 13 c., et, en 1886, 47 215 500 francs.

Voy. TITRES AU PORTEUR.

VAPEUR. (CHEVAL) — Voy. CHEVAL-VAPEUR.

VAPEUR. (MACHINES ET CHAUDIÈRES A) — Voy. MACHINES ET CHAUDIÈRES A VAPEUR.

VARECH. — (Décr. 8 fév. 1868.) — Algue marine dont on tire parti comme engrais. — On l'appelle goémon sur les côtes de Bretagne.

1. — Les varechs ou goémons sont ainsi classés : 1° goémons *de rive;* — 2° goémons *poussant en mer ;* — 3° goémons venant *épaves à la côte.*

Les *goémons de rive* sont ceux qui tiennent au sol et que l'on peut atteindre du pied aux basses mers d'équinoxe.

Les *goémons poussant en mer* sont ceux qui, tenant aux fonds et aux rochers, ne peuvent être atteints du pied à la basse mer des marées d'équinoxe.

Les *goémons épaves* sont ceux qui, détachés par la mer, viennent à la côte portés par les flots.

2. — La récolte des *goémons de rive* appartient aux habitants des Communes riveraines. Tout habitant a droit d'y prendre part. Les propriétaires des terres situées dans les Communes du littoral ont le même droit sans être tenus de justifier du fait d'habitation.

Les goémons attenant au sol dans l'intérieur des pêcheries à poissons appartiennent aux habitants des Communes riveraines. Ceux qui poussent dans l'intérieur des parcs et dépôts à coquillages appartiennent aux détenteurs de ces établissements.

Deux coupes de goémon de rive peuvent être autorisées *chaque année*. Les *époques* et les *jours* consacrés à ces deux coupes sont *fixés* par l'Autorité municipale, qui en donne avis au Commissaire du quartier de l'inscription maritime dans lequel est située la Commune.

La coupe des goémons de rive *ne peut être opérée de nuit*. — Des affiches apposées 10 jours au moins à l'avance font connaître le jour de l'ouverture de la récolte. L'Autorité municipale est chargée, sous l'approbation du Préfet du département, de régler par des arrêtés les mesures d'ordre et de police relatives à l'enlèvement des goémons.

3. — La récolte ou coupe des goémons *poussant en mer* est permise *de jour* pendant *toute l'année*. — Elle ne peut être faite qu'au moyen de bateaux pourvus de rôles d'équipage. Néanmoins, pour la récolte de ceux de ces goémons qui sont destinés aux besoins particuliers des cultivateurs, ces derniers et leurs valets de ferme peuvent accidentellement s'adjoindre aux équipages réguliers des bateaux, sans toutefois que leur nombre excède deux individus par tonneau, non compris les hommes du bord.

4. — Il est permis à toute personne de recueillir en tout temps les goémons venant *épaves à la côte*. Ceux que la mer dépose dans l'intérieur des pêcheries, parcs et dépôts à coquillages, appartiennent aux détenteurs de ces établissements.

5. — Toutes les dispositions ci-dessus sont applicables aux diverses espèces d'herbes marines, quelle qu'en soit la dénomination, qui croissent dans la Manche et dans l'Océan.

6. — L'enlèvement des *amendements marins* et *sables coquilliers* ne peut avoir lieu que sur l'*autorisation* du Préfet maritime, après avis du Préfet du département. — S'il s'agit de l'extraction des *sables à bâtir*, *pierres* et *produits naturels* autres que ceux qui sont considérés comme amendements marins, les *autorisations* sont délivrées par le Préfet du département, après avis du Préfet maritime.

VENDANGE. — (Loi 28 sept. 1791, tit. I, sect. V, art. 2; Cod. pén. art. 475, n° 1; 478.)

Récolte du raisin pour faire le vin.

1. — Les Maires ont le droit de publier, chaque année, des *bans de vendange* pour fixer l'époque à laquelle on peut vendanger dans les vignes non closes.

Toute *contravention* est punie d'une *amende* de 6 à 10 fr. inclusivement et, en cas de *récidive*, d'un *emprisonnement* pendant cinq jours au plus.

2. — Dans l'intérêt de la sûreté des campagnes, les Maires peuvent défendre de chasser à une certaine distance des vignes jusqu'à la fin du ban de vendange.

3. — L'obligation de déclarer l'enlèvement et de prendre des expéditions n'est point applicable aux transports de vendanges ou de fruits. (Loi 28 avril 1816, art. 11.) — Voy. BOISSONS.

VENTE. — (Cod. civ. art. 1582-1701; Loi 23 mars 1855.) — Contrat par lequel l'une des parties (le *vendeur*) s'engage à transférer la propriété d'une chose moyennant un prix que l'autre (l'*acheteur*) s'engage à lui payer.

La vente n'est, en réalité, qu'un échange *perfectionné ;* car, si les peuples ont été amenés à établir la monnaie, valeur représentative de tous les objets susceptibles de commerce, c'est parce que les progrès de la civilisation avaient rendu l'échange en nature trop difficile ; le contrat de vente n'est autre chose que l'échange d'un objet contre de l'argent.

I. Formes de la vente. — *Entre les parties*, la vente est parfaite et la propriété est acquise à l'acheteur à l'égard du vendeur dès que tous deux sont convenus de la chose et du prix, quoique la chose n'ait pas encore été livrée ni le prix payé. Ainsi une vente peut se faire par acte sous seing privé, même verbalement ; mais, pour opérer la mutation de la propriété à *l'égard des tiers*, la loi du 23 mars 1855 exige que la vente soit *transcrite* au bureau des hypothèques de la situation des biens vendus. La *transcription* est la copie littérale de l'acte de vente sur un registre particulier que tout le monde peut consulter. Cette formalité a pour but d'informer le public que tel bien est passé du patrimoine de telle personne dans celui de telle autre, et de prévenir le retour d'abus et de fraudes possibles tant que rien ne révèle d'une manière certaine, publique, quel est le véritable propriétaire d'un immeuble. Jusqu'à la transcription de l'acte de vente la propriété de la chose vendue continue de résider, au regard des tiers, en la personne du vendeur, en sorte que, dans le cas où un individu aurait vendu la même chose à deux acheteurs différents, celui-là seul serait propriétaire vis-à-vis des tiers qui aurait fait transcrire la vente, fût-il le dernier qui eût acheté la chose. — Voy. TRANSCRIPTION.

La transcription, toutefois, n'est exigée que pour les *ventes d'immeubles*.

La propriété des choses *mobilières* est transférée à l'acheteur par le fait même de la livraison, s'il est de bonne foi, parce qu'*en fait de meubles possession vaut titre*. (Cod. civ. art. 2279.) Ainsi, supposez qu'une personne vende et *livre* une chose mobilière à un second acheteur de bonne foi : ce dernier seul sera propriétaire, et le premier acheteur ne pourra la revendiquer.

II. Obligations du vendeur. — Le vendeur a 2 obligations principales : *livrer* la chose, la *garantir*.

§ 1er. — L'obligation de livrer s'accomplit, s'il s'agit d'*immeubles*, par la remise des clefs ou par la remise des titres de propriété ; — s'il s'agit d'*objets mobiliers*, par la tradition réelle, c'est-à-dire par la livraison de la main à la main, ou par la remise des clefs des bâtiments qui contiennent les objets vendus, ou bien encore par le seul consentement des parties, si le transport ne peut pas s'en faire au moment de la vente, ou si l'acheteur les a déjà en son pouvoir à un autre titre, par exemple, comme emprunteur, locataire, dépositaire, etc. — Quant à la tradition des *droits incorporels*, tels qu'un droit d'usufruit, de servitude, elle se fait ou par la remise du titre constatant le droit, ou par l'usage que l'acquéreur fait de ce droit avec l'agrément du vendeur,

La *délivrance* doit se faire *au lieu* convenu entre les parties et, à défaut de convention, au lieu où se trouvait la chose vendue à l'époque de la vente. — Elle doit aussi se faire *au temps* fixé par la convention, et, à défaut de convention, au moment même de la vente.

Les *frais* de la délivrance sont à la charge du vendeur, et ceux de l'enlèvement à la charge de l'acheteur, s'il n'y a eu stipulation contraire.

— Lorsque la vente d'un immeuble a été faite avec *indication de la contenance* (40 hectares, par exemple), à raison de tant la mesure (1 000 fr. l'hectare), le vendeur est obligé de délivrer à l'acquéreur, s'il l'exige, la quantité indiquée au contrat; et si la chose n'est pas possible ou si l'acquéreur ne l'exige pas, le vendeur est obligé de souffrir une *diminution proportionnelle du prix*. Si, au contraire, dans l'hypothèse ci-dessus prévue, il se trouve une contenance plus grande que celle exprimée au contrat, l'acquéreur a le choix de fournir le *supplément du prix*, ou de *se désister du contrat* si l'excédent est d'*un vingtième au-dessus* de la contenance déclarée.

Dans tous les autres cas, c'est-à-dire lorsque les biens n'ont pas été vendus à tant la mesure, mais en totalité pour un certain prix, la contenance étant indiquée dans l'acte, il n'y a lieu à *aucun supplément de prix* en faveur du vendeur pour l'excédent de mesure, ni en faveur de l'acquéreur à *aucune diminution de prix* pour moindre mesure, qu'autant que la différence de la mesure réelle à celle exprimée au contrat est d'*un vingtième en plus* ou *en moins*, eu égard à la valeur de la totalité des objets vendus, s'il n'y a stipulation contraire. Lorsque, suivant ce qui vient d'être dit, il y a lieu à augmentation de prix pour excédent de mesure, l'acquéreur a le choix ou de *se désister* du contrat, ou de fournir le *supplément du prix*, et ce, avec les *intérêts* s'il a gardé l'immeuble.

L'*action en supplément de prix* de la part du vendeur, et celle en *diminution de prix* ou en *résiliation du contrat* de la part de l'acquéreur, doivent être intentées *dans l'année*, à compter du jour du contrat, à peine de *déchéance*.

§ 2. — La *garantie* à laquelle le vendeur est tenu envers l'acquéreur a deux objets : le premier est la *possession paisible* de la chose vendue; le second, les *défauts cachés* de cette chose ou les *vices rédhibitoires*.

1° *Garantie en cas d'éviction.* — On entend par *éviction* l'abandon forcé que le possesseur d'une chose est obligé d'en faire, en tout ou en partie, par suite d'un jugement qui l'y condamne.

Le vendeur est obligé *de droit*, même en l'absence de toute stipulation, à garantir l'acquéreur de l'éviction qu'il souffre dans la totalité ou partie de l'objet vendu, ou des charges prétendues sur cet objet et non déclarées lors de la vente.

Les parties peuvent, par des conventions particulières, ajouter à cette obligation de droit ou en diminuer l'effet; elles peuvent même convenir que le vendeur ne sera soumis à aucune garantie.

Quoiqu'il soit dit que le vendeur ne sera soumis à aucune garantie, il demeure cependant tenu de celle qui résulte d'un fait qui lui est personnel, par exemple, s'il a créé lui-même une hypothèque sur l'immeuble vendu, — s'il avait précédemment vendu l'immeuble à une autre personne, etc.

— Dans le même cas de stipulation de non-garantie, le vendeur est obligé, *en cas d'éviction*, de *restituer le prix* à l'acquéreur, à moins que celui-ci n'ait connu, lors de la vente, le danger de l'éviction, ou qu'il n'ait acheté à ses risques et périls.

— Lorsque la garantie a été promise ou qu'il n'a rien été stipulé à ce sujet, *si l'acquéreur est évincé* il a droit de demander contre le vendeur : 1° la restitution du prix; — 2° celle des fruits lorsqu'il est obligé de les rendre au propriétaire qui l'évince; — 3° les frais faits sur la demande en garantie, et ceux faits par le demandeur originaire; — 4° enfin les dommages et intérêts, ainsi que les frais et loyaux coûts du contrat.

— Si, à l'époque de l'éviction, la chose vendue se trouve *diminuée de valeur* ou *considérablement détériorée*, soit par la négligence de l'acheteur, soit par des accidents de force majeure, le vendeur n'en est pas moins tenu de restituer la totalité du prix. Mais si l'acquéreur a tiré profit des dégradations faites, le vendeur a droit de retenir sur le prix une somme égale à ce profit.

— Si la chose vendue se trouve avoir *augmenté de prix* à l'époque de l'éviction, indépendamment même du fait de l'acquéreur, le vendeur est tenu de lui payer ce qu'elle vaut au-dessus du prix de la vente.

Le vendeur doit rembourser ou faire rembourser à l'acquéreur, par celui qui l'évince, toutes les *réparations* et *améliorations utiles* qu'il a faites au fonds. S'il avait vendu de *mauvaise foi* la chose d'autrui, il serait obligé de rembourser à l'acquéreur *toutes les dépenses, même voluptuaires* ou *d'agréments*, faites par ce dernier.

— Si l'acquéreur n'est *évincé* que *d'une partie de la chose*, mais qu'elle soit de telle conséquence, relativement au tout, qu'il n'eût point acheté sans la partie dont il a été évincé, il peut faire *résilier* la vente.

Dans le cas de l'éviction d'une partie du fonds vendu, *si la vente n'est pas résiliée*, la valeur de cette partie est remboursée à l'acquéreur suivant l'estimation à l'époque de l'éviction, et non proportionnellement au prix total de la vente, soit que la chose vendue ait augmenté ou diminué de valeur.

— Si l'héritage vendu se trouve grevé, sans qu'il ait été fait de déclaration, de *servitudes non apparentes*, et qu'elles soient de telle importance qu'il y ait lieu de présumer que l'acheteur n'aurait pas acheté s'il en avait été instruit, il peut demander la *résiliation* du contrat si mieux il n'aime se contenter d'une *indemnité*.

— *La garantie pour cause d'éviction cesse* lorsque l'acquéreur s'est laissé condamner par un jugement en dernier ressort, ou dont l'appel n'est plus recevable, sans appeler son vendeur, si celui-ci prouve qu'il existait des moyens suffisants pour faire rejeter la demande.

2° *Garantie des défauts de la chose vendue*. — Le vendeur n'est *pas tenu des vices apparents* et dont l'acheteur a pu se convaincre lui-même. Il est *soumis à la garantie* à raison des *défauts cachés* qui rendent la chose impropre à l'usage auquel elle était destinée ou qui diminuent tellement cet usage que l'acheteur ne l'aurait pas acquise, ou n'en aurait donné qu'un moindre prix, s'il les avait connus. Le vendeur est tenu des vices cachés, quand même il les aurait ignorés, à moins qu'il n'ait stipulé qu'il ne serait obligé à aucune garantie.

Dans l'hypothèse où il y a lieu à garantie à raison des défauts cachés de la chose, l'acheteur a *le choix* de rendre cette chose et de se faire restituer le prix, ou de la garder et de demander le remboursement d'une partie du prix à dire d'experts.

— Si le vendeur *connaissait les vices* de la chose, il est tenu, outre la restitution du prix qu'il en a reçu, de tous les dommages-intérêts envers l'acheteur. S'il *ignorait les vices*, il n'est obligé qu'à restituer le prix et à rembourser à l'acquéreur les frais occasionnés par la vente.

— Si la chose qui avait des vices *a péri* par suite de sa mauvaise qualité, la perte est pour le vendeur, qui est tenu envers l'acheteur à la restitution du prix et aux autres dédommagements ci-dessus énoncés. Mais la perte arrivée par cas fortuit est pour le compte de l'acheteur.

— L'action en garantie pour défauts cachés de la chose n'a pas lieu dans les ventes faites par *autorité de Justice*.

— C'est surtout dans les ventes d'animaux que se rencontrent les défauts cachés ou *vices rédhibitoires*. La loi du 2 août 1884, qui a remplacé celle du 20 mai 1838, a déterminé les vices rédhibitoires dans les ventes et échanges d'animaux domestiques. Elle est ainsi conçue :

Art. 1er. — « L'action en garantie dans les ventes ou échanges d'animaux domestiques sera régie, à défaut de conventions contraires, par les dispositions suivantes, sans préjudice des *dommages* et *intérêts* qui peuvent être dus, s'il y a *dol.* »

Art. 2. — « Sont réputés *vices rédhibitoires* et donneront seuls ouverture aux actions résultant des articles 1641 et suivants du Code civil, sans distinction des localités où les ventes et échanges auront lieu, les maladies ou défauts ci-après, savoir :

POUR LE CHEVAL, L'ANE ET LE MULET.

La *morve ;* — Le *farcin ;* — *L'immobilité ;* — *L'emphysème pulmonaire ;* — Le *cornage chronique ;* — Le *tic* proprement dit, avec ou sans usure des dents ; — Les *boiteries* anciennes intermittentes ; — La *fluxion périodique des yeux.*

POUR L'ESPÈCE OVINE.

La *clavelée ;* cette maladie reconnue chez un seul animal entraînera la rédhibition de tout le troupeau s'il porte la marque du vendeur.

POUR L'ESPÈCE PORCINE.

La *ladrerie.*

Art. 3. — « L'action en réduction de prix, autorisée par l'article 1644 du Code civil, *ne pourra être exercée* dans les ventes et échanges d'animaux énoncés à l'article précédent lorsque le vendeur *offrira de reprendre* l'animal vendu, en restituant le prix et en remboursant à l'acquéreur les frais occasionnés par la vente. »

Art. 4. — « *Aucune action* en garantie, même en réduction de prix, ne sera admise pour les ventes ou pour les échanges d'animaux domestiques, si le prix, en cas de vente, ou la valeur, en cas d'échange, *ne dépasse pas* 100 *francs.* »

Art. 5. — « Le *délai* pour intenter l'action rédhibitoire sera de *neuf jours*, non compris le jour fixé pour la livraison, excepté pour la *fluxion périodique*, pour laquelle ce délai sera de *trente jours* francs, non compris le jour fixé pour la livraison. »

Art. 6. — « Si la livraison de l'animal a été effectuée *hors du lieu du domicile du vendeur*, ou si, après la livraison et dans le délai ci-dessus, l'animal a été conduit hors du lieu du domicile du vendeur, le délai pour intenter l'action sera *augmenté* à raison de la distance, suivant les règles de la procédure civile. »

Art. 7. — « Quel que soit le délai pour intenter l'action, l'acheteur, à peine d'être *non recevable*, devra provoquer, dans les délais de l'art. 5, la nomination d'experts, chargés de dresser procès-verbal. La requête sera présentée, verbalement ou par écrit, au Juge de paix du lieu où se trouve l'animal ; ce juge constatera dans son ordonnance la date de la requête et nommera immédiatement un ou trois *experts* qui devront opérer dans le plus bref délai. — Ces experts vérifieront l'état de l'animal, recueilleront tous les renseignements utiles, donneront leur avis, et, à la fin de leur procès-verbal, affirmeront, par serment, la sincérité de leurs opérations. »

Art. 8. — « Le vendeur sera appelé à l'expertise, à moins qu'il n'en soit autrement ordonné par le Juge de paix, à raison de l'urgence et de l'éloignement. — La citation à l'expertise devra être donnée au vendeur dans les délais déterminés par les articles 5 et 6 ; elle énoncera qu'il sera procédé même en son absence. — Si le vendeur a été appelé à l'expertise, la demande pourra être signifiée dans les 3 jours à compter de la clôture du procès-verbal, dont copie sera signifiée en tête de l'exploit. — Si le vendeur n'a pas été appelé à l'expertise, la demande devra être faite dans les délais fixés par les articles 5 et 6. »

Art. 9. — « La demande est portée devant les tribunaux compétents suivant les règles ordinaires du droit. — Elle est *dispensée de tout préliminaire de conciliation*, et, devant les tribunaux civils, elle est instruite et jugée comme matière sommaire. »

Art. 10. — « *Si l'animal vient à périr*, le vendeur ne sera pas tenu de la garantie, à moins que l'acheteur n'ait intenté une action régulière dans le délai légal et ne prouve que la perte de l'animal provient de l'une des deux maladies spécifiées dans l'article 2. »

Art. 11. — « Le vendeur sera dispensé de la garantie résultant de la morve et du farcin pour le cheval, l'âne et le mulet, et de la clavelée pour l'espèce ovine, s'il prouve que l'animal, depuis la livraison, a été mis *en contact avec des animaux atteints de ces maladies.* »

Art. 12. — « Sont *abrogés* tous règlements imposant une garantie exceptionnelle aux vendeurs d'animaux destinés à la boucherie. Sont également abrogés la loi du 20 mai 1838 et toutes les dispositions contraires à la présente loi. »

III. Obligations de l'acheteur. — A moins de stipulation contraire, les *frais d'actes* et *autres accessoires* à la vente sont à la *charge de l'acheteur.*

La principale obligation de l'acheteur est de *payer* le prix au jour et au lieu fixés par le contrat. S'il n'a rien été réglé à cet égard, lors de la vente, le payement doit être fait au *jour* et au *lieu* où se fait la délivrance. S'il a été accordé un terme, c'est au domicile de l'acquéreur que se fait le payement.

— Outre son prix, l'acheteur en doit l'*intérêt* jusqu'au payement du capital dans les trois cas suivants : 1° S'il a été ainsi convenu lors de la vente ; — 2° Si la chose vendue et livrée produit des fruits ou autres revenus ; — 3° Si l'acheteur a été sommé de payer ; dans le dernier cas, l'intérêt ne court que depuis la sommation.

— *L'obligation de payer son prix cesse* pour l'acquéreur lorsqu'il est troublé ou a juste sujet de craindre d'être troublé par une action soit hypothécaire, soit en revendication ; il peut alors suspendre le payement jusqu'à ce que le vendeur ait fait cesser le trouble, si mieux n'aime celui-ci donner caution, ou à moins qu'il n'ait été stipulé que, nonobstant le trouble, l'acheteur payera.

— *Si l'acheteur ne paye pas le prix*, le vendeur peut demander la résolution de la vente. — Cette résolution est prononcée de suite si le vendeur est en danger de perdre la chose et le prix. Si ce danger n'existe pas, les juges sont autorisés à accorder à l'acquéreur un délai plus ou moins long, suivant les circonstances, et passé lequel la résolution sera prononcée faute de payement.

— S'il a été stipulé, lors de la vente d'immeubles, que, faute de payement du prix dans le terme convenu, la vente serait résolue de plein droit, l'acquéreur peut néanmoins payer après l'expiration du délai, tant qu'il n'a pas été mis en demeure par une sommation ; mais, après cette sommation, le juge ne peut pas lui accorder de délai.

— En matière de vente de *denrées* et *effets mobiliers*, la résolution de la vente a lieu de plein droit et sans sommation, au profit du vendeur, après l'expiration du terme convenu pour le retirement. Les prix des denrées et effets mobiliers sont sujets à une telle variation que le moindre retard, pouvant amener une diminution sensible, aurait risqué de causer au vendeur un préjudice irréparable.

IV. Vente a réméré. — Le vendeur peut se réserver la faculté de reprendre la chose vendue, moyennant la restitution du prix principal et le remboursement des frais et loyaux coûts du contrat, des réparations nécessaires ainsi que de celles qui ont augmenté la valeur du fonds jusqu'à concurrence de cette augmentation.

La faculté de *rachat* ou de *réméré* ne peut être stipulée pour un terme excédant 5 ans. Faute par le vendeur d'en avoir usé dans le délai prescrit, l'acquéreur demeure propriétaire irrévocable.

La vente à réméré est, on le voit, un moyen de se procurer de l'argent, tout en conservant la possibilité de rentrer dans la propriété de sa chose.

Lorsque le vendeur rentre dans son héritage par l'effet du pacte de réméré, il le reprend *exempt de toutes les charges et hypothèques* dont l'acquéreur l'avait grevé; mais il est tenu d'exécuter les baux que ce dernier a consentis sans fraude.

V. **Rescision de la vente pour cause de lésion.** — C'est exceptionnellement que la lésion est une cause de rescision de la vente. Quelque considérable qu'elle soit dans une vente *mobilière*, elle ne vicie pas le contrat. Est-elle éprouvée dans une vente *immobilière* par l'*acheteur*, si énorme qu'elle soit, elle n'influe en rien sur la vente. Le *vendeur* seul, lorsqu'il est lésé de *plus de sept douzièmes*, est recevable à demander l'annulation du marché. Si la loi, dans cette hypothèse, vient au secours du vendeur, tandis que l'acheteur ne peut jamais invoquer la lésion, c'est qu'il y a présomption que le propriétaire qui vend un immeuble à vil prix a été contraint par la détresse à s'en défaire, et que l'acheteur a abusé de cette situation. Il n'y a jamais, au contraire, une nécessité urgente, impérieuse d'acheter un immeuble.

— *Pour savoir s'il y a lésion* de plus des sept douzièmes, il faut estimer l'immeuble suivant son état et sa valeur au moment de la vente.

L'*action en rescision* n'est *plus recevable après l'expiration de* 2 *années* à compter du jour de la vente. Le vendeur qui veut l'exercer doit d'abord obtenir un jugement qui l'admette à prouver la lésion : cette autorisation n'est accordée que s'il existe des présomptions graves.

La *preuve* de la lésion, lorsqu'elle est autorisée par la Justice, ne peut se faire que par une *expertise*. Les parties s'entendent pour nommer conjointement 3 arbitres ; sinon, ils sont désignés d'office par le Tribunal.

— Si l'existence de la lésion est reconnue, l'acquéreur a le *choix* ou de *rendre la chose* en retirant le prix qu'il a payé, ou de *garder le fonds* en payant le supplément du juste prix, sous la déduction du dixième du prix total, l'estimation des experts n'étant pas susceptible d'une précision mathématique.

Lorsque l'acquéreur *préfère garder* l'immeuble et payer le supplément du prix, il doit l'intérêt de ce supplément, du jour de la demnade en rescision. — S'il *aime mieux rendre* la chose et recevoir le prix, il doit compte des fruits du jour de la demande. — L'intérêt du prix qu'il a payé lui est compté du jour de la même demande, ou du jour du payement s'il n'a touché aucuns fruits.

— La lésion n'est pas une cause de rescision des *ventes d'immeubles faites en Justice*, la loi présumant que les objets vendus sous l'autorité de la Justice le sont toujours à leur juste valeur.

VI. **Transport des créances et autres droits incorporels.** — On nomme *cédant* celui qui transporte à un autre la créance, le droit ou l'action qu'il possède, et *cessionnaire* celui auquel le transport est fait.

Dans le transport d'une créance, d'un droit ou d'une action sur un tiers, la délivrance s'opère *entre le cédant et le cessionnaire* par la remise du titre. Mais le cessionnaire n'est saisi *à l'égard des tiers* que par la signification du transport faite au débiteur, à moins que celui-ci n'ait accepté le transport par un acte authentique.

La vente ou cession d'une créance comprend les *accessoires*, tels que *caution*, *privilège* et *hypothèque*.

Celui qui vend une créance ou autre droit incorporel doit en garantir l'existence au temps du transport, quoiqu'il soit fait sans garantie. — Il ne répond de la solvabilité du débiteur que lorsqu'il s'y est engagé, et jusqu'à concurrence seulement du prix qu'il a retiré de la créance.

Lorsqu'il a promis la garantie de la solvabilité du débiteur, cette promesse ne s'entend que de la solvabilité *actuelle* et ne s'étend pas au temps à venir, si le cédant ne l'a expressément stipulé.

— Celui qui vend une *hérédité* sans en spécifier en détail les objets n'est tenu de garantir que sa *qualité d'héritier*. S'il avait déjà profité des fruits de quelque créance appartenant à cette hérédité, ou vendu quelques effets de la succession, il est tenu de les rembourser à l'acquéreur, à moins qu'il ne les ait expressément réservés lors de la vente.

L'acquéreur doit, de son côté, rembourser au vendeur ce que celui-ci a payé pour les dettes et charges de la succession, et lui faire raison de tout ce dont il était créancier, s'il n'y a stipulation contraire.

— Celui contre lequel on a cédé un droit *litigieux* (donnant lieu à contestation, à procès) peut *s'en faire tenir quitte* par le cessionnaire, en lui remboursant le prix réel de la cession, avec les frais et loyaux coûts, et avec les intérêts à compter du jour où le cessionnaire a payé le prix de la cession à lui faite.

Cette disposition a été inspirée par le désir de mettre un frein à la cupidité des acheteurs de droits litigieux; aussi *cesse-t-elle d'être applicable :* 1° si la cession a été faite à un cohéritier ou copropriétaire du cédé; — 2° si elle a été faite à un créancier en payement de ce qui lui est dû; — 3° si elle a été faite au possesseur de l'héritage sujet au droit litigieux. — Dans ces trois hypothèses, en effet, le cessionnaire du droit a eu, pour l'acquérir, un juste motif.

VENTES JUDICIAIRES D'IMMEUBLES. (Loi 23 octobre 1884.) — En attendant la revision complète du Code de procédure civile, le législateur a voulu venir provisoirement au secours de la petite propriété et alléger le poids des frais judiciaires trop lourds pour elle. Tel a été l'objet d'une loi du 23 octobre 1884 ainsi conçue :

Art. 1er. — § 1er. — « Les ventes judiciaires d'immeubles dont le *prix principal d'adjudication ne dépassera pas* 2000 *fr.* seront l'objet des dégrèvements prévus aux articles 3 et 4 de la présente loi.

§ 2. — « Les lots mis en vente par le même acte seront réunis pour le calcul du prix d'adjudication, et la valeur des lots non adjugés entrera dans ce calcul pour leurs mises à prix.

La vente ultérieure des lots non adjugés profitera du bénéfice de la loi, d'après les mêmes règles. »

Art. 2. — § 1er. — Le bénéfice de la présente loi s'applique à toutes les ventes judiciaires d'immeubles de la valeur constatée, comme il est dit en l'art. 1er, ainsi qu'à leurs incidents de subrogation, de surenchère et de folle enchère.

§ 2. — « Dans les procédures n'ayant d'autre objet que la vente sur licitation, si les immeubles à liciter, dont les mises à prix seront inférieures à 2000 fr., appartiennent *indivisément* à des *mineurs* ou *incapables* et à des *majeurs*, ces derniers pourront se réunir aux représentants de l'incapable pour que la vente ait lieu sur requête, comme si les immeubles appartenaient seulement à des mineurs. L'avis du Conseil de famille ne sera pas nécessaire, lorsque la vente sera provoquée par les majeurs. »

§ 3. — « Dans les procédures où la licitation est incidente aux opérations de la liquidation et du partage, le bénéfice de la présente loi sera acquis à tous les actes nécessaires pour parvenir à l'adjudication, à partir du cahier des charges inclusivement; les frais antérieurs ne seront pas employés en frais de vente. »

Art. 3. — § 1er. — « Lorsque le prix d'adjudication, calculé comme il est dit en l'art. 1er, *ne dépassera pas* 2000 *fr.* et sera devenu définitif par l'expiration du délai de la surenchère, toutes les sommes payées au Trésor pour droits de timbre, d'enregistrement, de greffe et d'hypothèques, applicables aux actes rédigés en exécution de la loi pour parvenir à l'adjudication, seront *resti-*

tuées ainsi qu'il est stipulé dans l'article 4 ci-après. »

§ 2. — « Lorsque le prix d'adjudication *ne dépassera pas* 1 000 *fr.*, les divers agents de la loi subiront une *réduction d'un quart* sur les émoluments à eux dus et alloués en taxe, conformément au tarif du 10 octobre 1841. »

§ 3. — « L'état des frais de poursuite sera dressé par distinction entre les droits du Trésor et ceux des agents de la loi; il sera taxé et annexé au jugement ou au procès-verbal d'adjudication. »

Art. 4. — § 1er. — « Le jugement ou le procès-verbal d'adjudication constatera que le bénéfice de la présente loi est acquis à la vente, si le prix d'adjudication ne dépasse pas 2 000 fr. — Il ordonnera la restitution par le Trésor des sommes à lui payées pour les causes énoncées en l'art. 3, lesquelles devront être retranchées de l'état taxé, et, de plus, il réduira d'*un quart* les émoluments des agents de la loi compris en l'état, si le prix d'adjudication est inférieur ou égal à 1 000 fr. La disposition du jugement ou du procès-verbal d'adjudication relative à la fixation des droits à restituer sera susceptible d'*opposition* pendant 3 jours, à compter de l'enregistrement de l'acte de vente de la part des intéressés. Cette opposition sera formée et jugée comme en matière d'opposition à taxe. S'il n'y a pas eu d'opposition, il en sera justifié par un certificat du greffier; en cas de jugement rendu sur l'opposition, il sera produit un extrait de ce jugement; le tout aura lieu sans frais. »

§ 2. — « Le receveur de l'enregistrement qui procédera à l'enregistrement du jugement ou du procès-verbal d'adjudication restituera à l'avoué poursuivant, sur sa simple décharge et sur la remise d'un extrait délivré sans frais de l'ordre de restitution, le tout dans les 23 jours de cette adjudication, les sommes perçues par le Trésor et comprises en l'état taxé. »

§ 3. — « Le greffier du tribunal ou le notaire délégué pour la vente délivrera à l'adjudicataire un extrait suffisant pour la transcription de son titre, et au vendeur, mais seulement dans le cas de non-payement du prix ou de non-exécution des conditions de l'adjudication, un extrait en la forme exécutoire. »

Art. 5. — « Le tribunal devant lequel se poursuivra une vente d'immeuble dont la mise à prix sera inférieure à 2000 fr. pourra, par le jugement qui autorisera la vente, ordonner : 1° que les placards et insertions ne contiendront qu'une *désignation très sommaire* des immeubles: le prix des insertions sera de la *moitié* de celui fixé pour les autres ventes judiciaires; — 2° que les placards seront même *manuscrits* et apposés, sans procès-verbal d'huissier, dans les lieux que le tribunal indiquera, et ce, par dérogation à l'article 699 du Code de procédure civile. »

VENTES PUBLIQUES DE MARCHANDISES EN GROS. — (Loi 28 mai 1858; déc. 12 mars 1859; loi 3 juillet 1861; déc. 30 mai 1865.)

En rendant faciles et peu coûteuses les ventes publiques de marchandises en gros, le Gouvernement a voulu favoriser le développement des opérations commerciales. Ces ventes sont, en effet, profitables aux détenteurs de marchandises qui trouvent un marché public permanent, où le concours des acheteurs rend la réalisation certaine et soutient les cours; — aux acheteurs qui peuvent obtenir du producteur ou de l'importateur les objets dont ils ont besoin sans frais d'intermédiaires; — au public enfin, qui paye nécessairement moins cher lorsque le marchand auquel il achète a pu se procurer la marchandise de première main.

C'est en vue de ces avantages qu'une loi du 28 mai 1858 a supprimé la nécessité de l'autorisation du Tribunal de commerce pour les ventes publiques en gros de certaines marchandises déterminées, et qu'elle a réduit les droits d'enregistrement à 10 c. par 100 fr.; l'énumération des marchandises qui peuvent être vendues en gros aux enchères publiques se trouve contenue dans le tableau annexé au décret du 30 mai 1863.

1. — Il est procédé auxdites ventes à la *Bourse* ou dans les *salles spécialement autorisées à cet effet*, par le ministère des *Courtiers*. Toutefois, le Courtier a la faculté de vendre *sur place*, dans le cas où la marchandise ne peut être déplacée sans préjudice pour le vendeur et où, en même temps, la vente ne peut être convenablement faite que sur le vu de la marchandise. Il en est de même s'il n'existe pas de Bourse ni de salle de vente autorisée dans la Commune où la marchandise est déposée.

Deux jours au moins avant la vente, le public est admis à examiner et vérifier les marchandises. — *Les lots ne peuvent être*, d'après l'évaluation approximative et selon le cours moyen des marchandises, *au-dessous de* 500 *francs*. Ce *minimum* peut, du reste, être *élevé* ou *abaissé* dans chaque localité, pour certaines classes de marchandises, par arrêté du Ministre du commerce et de l'industrie, rendu après avis de la Chambre de commerce ou de la Chambre consultative des arts et manufactures.

En cas d'*avaries*, les marchandises peuvent être vendues par lots d'une valeur inférieure au minimum fixé pour chacune d'elles, mais sur l'autorisation du Président du Tribunal de commerce du lieu de la vente.

Le minimum de la valeur des lots est fixé à 100 francs pour les ventes après protêt de *warrant* (voy. ce mot) de marchandises de toute espèce.

2. — Les Tribunaux de commerce peuvent, *après décès*, ou *cessation de commerce*, et dans tous les autres *cas de nécessité* dont l'appréciation leur est soumise, autoriser la vente aux enchères en gros des marchandises de *toute espèce* et de *toute provenance*.

VENTILATION. — Du latin *ventilare*, agiter, exposer au vent. — Opération qui consiste à estimer la valeur particulière des différentes parties d'un même objet ou de chacune des choses comprises dans une même vente, eu égard au prix total.

Il y a lieu à *ventilation* dans les cas prévus par les articles 573, 1601, 1637, 1644, 2192 et 2211 du Code civil.

VERDICT. — Du latin *verè dictum*, dit sincèrement. — Déclaration du Jury touchant la culpabilité ou non-culpabilité d'un accusé. — Voy. JURY, 9 et suiv.

VÉRIFICATEUR DES POIDS ET MESURES. — Agent spécialement *chargé* de veiller à l'exécution de la loi relative à l'uniformité et à l'exactitude des poids et mesures, de constater les contraventions et de provoquer leur répression.

1. — L'emploi de Vérificateur est *incompatible* avec toutes autres fonctions publiques et toute profession assujettie à la vérification. Nul ne peut l'exercer s'il n'est *âgé* de 25 ans accomplis et s'il n'a subi des *examens* spéciaux. (Loi 4 juillet 1837; ord. roy. 17 avril 1839.)

2. — Les Vérificateurs des poids et mesures sont *nommés* aujourd'hui par les Préfets. (Déc. 25 mars 1852, art. 5, nº 10.) — Voy. POIDS ET MESURES.

VÉRIFICATION D'ÉCRITURE. — (Cod. proc. civ. art. 193-213.) — C'est l'examen fait en Justice d'un acte sous seing privé, afin de reconnaître de quelle personne il émane.

1. — Lorsque celui à qui on oppose un acte sous seing privé désavoue formellement son écriture ou sa signature, ou lorsqu'un héritier déclare ne pas reconnaître l'écriture ou la signature de son auteur, la vérification en peut être ordonnée tant par *titre* que par *experts* et par *témoins*.

Le jugement qui autorise la vérification ordonne qu'elle sera faite par 3 experts nommés d'office si les parties ne s'accordent pas pour les désigner, et en présence d'un Juge.

Des trois genres de preuves qui peuvent être employées simultanément, celui qui inspire le plus de confiance est sans contredit la vérification par titres, c'est-à-dire celle qui a lieu au moyen d'actes émanés de la partie à laquelle est attribué le titre non reconnu, et dans lesquels elle ferait elle-même mention de ce titre ou consentirait quelques conventions qui en supposeraient l'existence.

2. — Lorsque la vérification consiste dans une expertise, les parties conviennent des pièces de comparaison ; sinon elles sont choisies par le juge, qui ne peut recevoir comme telles que les signatures apposées à des actes publics par le défendeur, soit comme partie, soit comme fonctionnaire ; et les écritures privées formellement reconnues par lui. A défaut ou en cas d'insuffisance des pièces de comparaison, le Juge-Commissaire peut ordonner qu'il sera fait un *corps d'écriture* sous la dictée des Experts, le demandeur présent ou appelé.

— Enfin, ceux qui auraient vu écrire et signer l'écrit en question, ou qui auraient connaissance de faits de nature à conduire à la découverte de la vérité, peuvent être entendus comme témoins.

3. — Si, en définitive, il est prouvé que la lettre est écrite ou signée par celui qui l'a déniée, il est condamné à une *amende* de 150 fr., outre les *dépens* et *dommages-intérêts* de la partie.

VÉRIFICATION DES CRÉANCES. — Opération qui consiste à contrôler les prétentions de tous ceux qui se présentent comme créanciers d'un failli. — Voy. FAILLITE, III, 4.

VÉTÉRINAIRES. (ÉCOLES) — Voy. ÉCOLES VÉTÉRINAIRES.

VÉTUSTÉ. — Ancienneté. — Se dit des bâtiments que le temps fait tomber en ruines.

1. — Ni le *propriétaire*, ni l'*usufruitier* ne sont tenus de rétablir ce qui est tombé de vétusté. (Cod. civ. art. 607.)

2. — Si l'*usufruit* n'est établi que sur un bâtiment, et que ce bâtiment s'écroule de vétusté, l'usufruitier n'a le droit de jouir ni du sol, ni des matériaux. (Cod. civ. art. 624.)

3. — Aucune des réparations réputées locatives n'est à la charge des *locataires* quand elles ne sont occasionnées que par vétusté. (Cod. civ. art. 1755.)

4. — L'*incendie* des propriétés mobilières ou immobilières d'autrui qui a été causé par la vétusté des fours, cheminées, forges, maisons ou usines, est puni d'une *amende* de 50 fr. au moins et de 500 fr. au plus, indépendamment de la *réparation civile* du dommage. (Cod. pén. art. 458.)

VEUVE. — 1. — La veuve ne peut contracter un *nouveau mariage* qu'après 10 mois révolus depuis la dissolution du mariage précédent. (Cod. civ. art. 228.) — Voy. MARIAGE, VIII.

2. — La veuve qui veut conserver la faculté de *renoncer à la communauté* doit, dans les 3 mois du jour du décès de son mari, faire faire un inventaire fidèle et exact de tous les biens de la communauté, contradictoirement avec les héritiers du mari, ou eux dûment appelés. — Cet inventaire doit être par elle affirmé sincère et véritable, lors de sa clôture, devant le notaire qui l'a dressé. — Dans les trois mois et quarante jours après le décès du mari, elle doit faire sa renonciation au greffe du Tribunal de première instance dans l'arrondissement duquel le mari avait son domicile.

La veuve qui a *diverti* ou *recélé* quelques effets de la communauté est déclarée commune, nonobstant sa renonciation.

Soit qu'elle accepte, soit qu'elle renonce, la veuve a droit, pendant les trois mois et quarante jours qui lui sont accordés pour faire inventaire et délibérer, de prendre sa *nourriture* et celle de ses domestiques sur les provisions existantes, et, à défaut, par emprunt au compte de la masse commune, à charge d'en user modérément. Elle ne doit *aucun loyer* à raison de l'habitation qu'elle a pu faire, pendant ces délais, dans une maison dépendante de la communauté ou appartenant aux héritiers du mari; et si la maison qu'habitaient les époux à l'époque de la dissolution de la communauté était tenue par eux à titre de loyer, la femme ne contribue point, pendant les mêmes délais, au payement dudit loyer, lequel est pris sur la masse. (Cod. civ. art. 1456-1465.)

3. — La femme mariée sous le *régime dotal* qui devient veuve a le choix d'exiger les intérêts de sa dot pendant l'*an du deuil*, ou de se faire fournir des aliments pendant ledit temps aux dépens de la succession du mari; mais, dans les deux cas, l'habitation durant cette année et les habits de deuil doivent lui être fournis sur la succession et sans imputation sur les intérêts à elle dus. (Cod. civ. art. 1570.)

4. — La mère survivante et non remariée ne peut faire *détenir* l'enfant contre lequel elle a des sujets graves de mécontentement qu'avec le concours des deux plus proches parents paternels, et par voie de réquisition. (Cod. civ. art. 381.) — Voy. PUISSANCE PATERNELLE, 2.

5. — La *jouissance* que la loi accorde aux père et mère *sur les biens personnels de leurs enfants* jusqu'à l'âge de 18 ans cesse à l'égard de la mère dans le cas d'un second mariage. (Cod. civ. art. 386.) — Voy. PUISSANCE PATERNELLE, 3.

6. — Si, lors du décès du mari, la femme est *enceinte*, il est nommé un *Curateur au ventre* par le Conseil de famille. A la naissance de l'enfant, la mère en devient tutrice, et le Curateur au ventre en est de plein droit le subrogé-tuteur. (Cod. civ. art. 393.) — Voy. CURATEUR, 2.

7. — Si la mère *tutrice* veut se remarier, elle doit préalablement convoquer le Conseil de famille pour décider si la tutelle lui sera conservée. (Cod. civ. art. 395, 396.) — Voy. TUTELLE.

8. — La veuve d'un *fonctionnaire* ou d'un *militaire* ou *marin* a droit à une *pension viagère*. (Lois 9 juin 1853, art. 13; 11 avril 1831, art. 19, 20, 22; 18 avril 1831, art. 19, 20, 22.) — Voy. PENSIONS, sect I, II; sect. II, II. — La veuve est *déchue* de ce droit en cas de *séparation de corps* ou de *divorce prononcé* sur la demande du mari.

9. — Voy. PROPRIÉTÉ LITTÉRAIRE ET ARTISTIQUE, 4.

VIABILITÉ. — C'est l'état d'un enfant à sa naissance, lorsqu'il est conformé de manière à faire espérer qu'il vivra.

1. — La question de viabilité ou de non-viabilité est très importante à résoudre, car l'enfant non viable est considéré par la loi comme n'ayant jamais existé. Il n'acquiert, par conséquent, aucun droit et ne nuit à personne. — Ainsi : 1° L'enfant né avant le 180° jour du mariage ne peut être *désavoué* par le mari s'il n'est pas déclaré viable. (Cod. civ. art. 314.) — Voy. PATERNITÉ ET FILIATION, 2; — 2° L'enfant qui n'est pas né viable est *incapable de succéder*. (Cod. civ. art. 725.) — Voy. SUCCESSIONS, I, 2; — 3° La donation ou le testament qu'on peut faire en faveur d'un enfant simplement conçu au moment de la donation ou à l'époque du décès du testateur n'ont leur effet qu'autant que l'enfant naît viable. (Cod. civ. art. 906.)

2. — La non-viabilité *ne se présume pas*. C'est donc aux personnes intéressées à ce qu'elle soit prouvée à la faire constater par des hommes de l'art, et l'officier de l'état civil à qui on présente un enfant mort doit mentionner purement et simplement que l'enfant lui a été présenté *non vivant*.

VIAGÈRE. (RENTE) — Voy. RENTE VIAGÈRE.

VICES RÉDHIBITOIRES. — On désigne ainsi les défauts cachés de la chose vendue qui la rendent impropre à l'usage auquel elle était destinée, ou qui diminuent tellement cet usage que l'acheteur ne l'aurait pas acquise ou n'en aurait donné qu'un moindre prix s'il les avait connus. — Voy. VENTE, II, § 2, 2°.

VICINAUX. (CHEMINS) — Voy. CHEMINS VICINAUX.

VIGNE. — Terre où l'on cultive la plante qui porte le raisin.

1. — L'*usufruitier* peut prendre dans les bois des échalas pour les vignes. (Cod. civ. art. 593.)

2. — Le bail à ferme, *sans écrit*, d'une vigne est censé fait pour *un an*. (Cod. civ. art. 1774.)

3. — Le fait de mener dans les vignes d'autrui des bestiaux, de quelque nature qu'ils soient, constitue une contravention punie d'une *amende* de 11 à 15 francs inclusivement et, en cas de *récidive*, d'un *emprisonnement* pendant 5 jours au plus. (Cod. pén. art. 479, n° 10, et 482.)

4. — Le mode d'*évaluation du revenu net imposable* des vignes est déterminé de la manière suivante par la loi du 3 frimaire an VII (23 novembre 1798) :

Art. 60. — « Lorsqu'il s'agira d'évaluer le revenu net imposable des vignes, les répartiteurs supputeront d'abord quelle est la valeur du produit brut ou total qu'elles peuvent rendre année commune, en les supposant cultivées sans travaux ni dépenses extraordinaires, mais selon la coutume du pays, en formant l'année commune sur quinze, comme pour les terres labourables. »

Art. 61. — « L'année commune du produit brut des vignes étant déterminée, les répartiteurs feront déduction, sur ce produit brut, des frais de culture, de récolte, d'entretien et de pressoir. — Ils déduiront, en outre, un 15e de ce produit, en considération des frais de dépérissement annuel, de replantation partielle et des travaux à faire pendant les années où chaque nouvelle plantation est sans rapport. — Ce qui restera du produit brut après ces déductions formera le revenu net imposable et sera porté comme tel aux états des sections. »

— Voy. PHYLLOXERA.

VIGNERONS. — L'article 1326 du Code civil dispense les vignerons du *bon* ou *approuvé* que doit mettre au bas de l'acte la partie qui signe seulement, sans l'avoir écrit elle-même, un billet sous seing privé contenant engagement de payer une somme d'argent ou une chose appréciable. — Voy. ACTE SOUS SEING PRIVÉ, 3.

VIOL. — (Cod. pén. art. 332, 333.) — Conjonction illicite, par force et contre la volonté d'une personne.

1. — Plus sévèrement puni que les autres attentats violents à la pudeur, le viol entraine la peine des *travaux forcés à temps*.

2. — La *tentative* de viol est punie comme le viol consommé.

3. La peine du viol peut être *aggravée* par certaines circonstances, telles que l'*âge de la victime*, la *qualité du coupable*, le *concours de plusieurs personnes* dans la perpétration du crime. — Ainsi, lorsque la victime a moins de 15 ans, le *maximum* des travaux forcés à temps (20 ans) est applicable. La peine des travaux forcés à *perpétuité* est prononcée si les coupables sont les ascendants de la victime; s'ils sont de la classe de ceux qui ont autorité sur elle (père, mère, tuteur, curateur, maître vis-à-vis de son domestique) ; s'ils sont ses instituteurs ou ses serviteurs à gages, ou serviteurs à gages des personnes ci-dessus désignées ; s'ils sont fonctionnaires ou ministres d'un culte, ou si le coupable, quel qu'il soit, a été aidé dans son crime par une ou plusieurs personnes.

On comprend que la peine doive être plus forte quand au crime lui-même se joint l'abus de la confiance qui était accordée au coupable à raison de ses fonctions. On conçoit également que le concours de plusieurs au crime soit une circonstance aggravante. Cette aggravation se justifie non seulement par le degré de perversité que la réunion de plusieurs personnes suppose, et par la difficulté plus grande de résister, pour la victime, mais encore par la gravité plus cruelle de l'outrage.

VIOLATION DE DOMICILE. — Voy. DOMICILE, 8.

VIOLATION DE SÉPULTURE. — Voy. CIMETIÈRE, 3.

VIOLATION DU SECRET DES LETTRES. — Le Code pénal contient sur ce point les dispositions suivantes :

Art. 187. — « Toute suppression, toute ouverture de lettres confiées à la poste, commise ou facilitée par un fonctionnaire ou par un agent du Gouvernement ou de l'Administration des postes, sera punie d'une *amende* de 16 fr. à 500 fr., et d'un *emprisonnement* de 3 mois à 5 ans. Le coupable sera, de plus, *interdit* de toute fonction ou emploi public pendant 5 ans au moins et 10 ans au plus. »

VIOLENCE. — 1. — Elle est une cause de *rescision des contrats*. Le Code civil contient à ce sujet les dispositions suivantes :

Art. 1112. — « Il y a violence, lorsqu'elle est de nature à faire impression sur une personne raisonnable, et qu'elle peut lui inspirer la crainte d'exposer sa personne ou sa fortune à un mal considérable et présent. — On a égard, en cette matière, à l'âge, au sexe et à la condition des personnes. »

Art. 1113. — « La violence est une cause de nullité du contrat, non seulement lorsqu'elle a été exercée sur la partie contractante, mais encore lorsqu'elle l'a été sur son époux ou sur son épouse, sur ses descendants ou ses ascendants. »

Art. 1114. — « La seule crainte révérentielle envers le père, la mère, ou autre ascendant, sans qu'il y ait eu de violence exercée, ne suffit point pour annuler le contrat. »

Art. 1115. — « Un contrat ne peut plus être attaqué pour cause de violence si, depuis que la violence a cessé, ce contrat a été approuvé, soit expressément, soit en laissant passer le temps de la restitution fixé par la loi (10 ans) »

Art. 1117. — « La convention contractée par... violence.... n'est point nulle de droit ; elle donne seulement lieu à une action en nullité ou en rescision... » — Voy. RESCISION.

2. — La violence est une *circonstance aggravante* de l'*attentat à la pudeur ;* — du délit de *mendicité ;* — du *vol.* — Voy. ATTENTAT A LA PUDEUR, 3 ; — MENDICITÉ, 5 ; — VOL, 2.

VIOLENCES ENVERS LES DÉPOSITAIRES DE L'AUTORITÉ OU DE LA FORCE PUBLIQUE. — Le Code pénal prévoit et punit de la manière suivante les violences envers les dépositaires de l'Autorité ou de la force publique :

Art. 228. — « Tout individu qui, même sans armes et sans qu'il en soit résulté de blessures, aura frappé un *magistrat* dans l'exercice de ses fonctions, ou à l'occasion de cet exercice, ou commis toute autre violence ou voie de fait envers lui dans les mêmes circonstances, sera puni d'un *emprisonnement* de 2 à 5 ans. — Le *maximum* de cette peine sera toujours prononcé si la voie de fait a eu lieu *à l'audience* d'une Cour ou d'un Tribunal. — Le coupable pourra, en outre, dans les deux cas, être *privé des droits* mentionnés en l'article 42 du présent Code, pendant 5 ans au moins et 10 ans au plus, à compter du jour où il aura subi sa peine, et être placé sous la *surveillance de la haute police* pendant le même nombre d'années. »

Art. 229. — « Dans l'un et l'autre des cas exprimés en l'article précédent, le coupable pourra de plus être condamné à *s'éloigner*, pendant 5 à 10 ans, du lieu où siège le magistrat, et d'un *rayon de 2 myriamètres.* — Cette disposition aura son exécution à dater du jour où le condamné aura subi sa peine. — Si le condamné enfreint cet ordre avant l'expiration du temps fixé, il sera puni du *bannissement.* »

Art. 230. — « Les violences ou voies de fait de l'espèce exprimée en l'article 228, dirigées contre un *officier ministériel*, un *agent de la force publique*, ou un *citoyen chargé d'un ministère de service public*, si elles ont eu lieu pendant qu'ils exerçaient leur ministère ou à cette occasion, seront punies d'un *emprisonnement* d'un mois au moins et de 3 ans au plus, et d'une *amende* de 16 fr. à 500 fr. »

Art. 231. — « Si les violences exercées contre les fonctionnaires et agents désignés aux articles 228 et 230 ont été la cause d'*effusion de sang*, *blessures* ou *maladie*, la peine sera la *réclusion;* si la *mort* s'en est suivie dans les 40 jours, le coupable sera puni des *travaux forcés à perpétuité*. »

Art. 232. — « Dans le cas même où ces violences n'auraient pas causé d'effusion de sang, blessures ou maladie, les coups seront punis de la *réclusion*, s'ils ont été portés avec *préméditation* ou *guet-apens*. »

Art. 233. — « Si les coups ont été portés ou les blessures faites à un des fonctionnaires ou agents désignés aux articles 228 et 230, dans l'exercice ou à l'occasion de l'exercice de leurs fonctions, avec *intention* de donner la mort, le coupable sera puni de *mort*. »

VITRES.—L'article 1754 du Code civil met au nombre des *réparations locatives* ou de menu entretien dont le locataire est tenu, s'il n'y a clause contraire, celles à faire aux vitres, à moins qu'elles ne soient cassées par la grêle ou autres accidents extraordinaires et de force majeure dont il ne peut être tenu. — Voy. LOUAGE, sect. I, II, § 1er, 2.

VIVIER. — Pièce d'eau où l'on nourrit et où l'on conserve du poisson.

1. — Les poissons de viviers sont réputés biens *meubles*, à la différence des poissons des étangs, que la loi a rangés dans la classe des *immeubles par destination*. (Cod. civ. art. 524.)

2. — L'*empoisonnement* des viviers est puni d'un emprisonnement de 1 à 5 ans et d'une amende de 16 fr. à 500 fr. — Les coupables peuvent, en outre, être mis sous la surveillance de la haute police pendant 2 ans au moins et 5 ans au plus. (Cod. pén. art. 452.)

VOIRIE. — On donne ce nom à l'ensemble des règles relatives aux voies de communication, à leur établissement, à leur entretien et à leur police.

1. — La voirie se divise en *grande voirie* et en *petite voirie*.

La *grande voirie* comprend les routes nationales et départementales, les chemins de fer, les canaux, les cours d'eau navigables ou flottables et les rues des villes dans la partie où elles sont traversées par des routes nationales ou départementales. Rentrent dans la *petite voirie* les chemins vicinaux et les rues ou places des villes, dans les portions qui ne se confondent pas avec la traverse des grandes routes. — Les *rues de Paris*, sans distinctions, sont soumises au régime de la *grande voirie*.

2. — Les *contraventions* en matière de *grande voirie*, telles qu'anticipations, dépôts de fumier ou d'autres objets, et toutes détériorations commises sur les grandes routes, sur leurs arbres, fossés ou ouvrages d'art, sont jugées par le *Conseil de préfecture* (loi 29 floral an X (19 mai 1802); — celles qui sont relatives à la *petite voirie* sont de la compétence du *Juge de paix* siégeant comme Juge de *simple police*. (Cod. pén. art. 471, n° 5; 474.) — Voy. ALIGNEMENT; — ROUTES; — CHEMINS DE FER; — CANAUX; — EAUX; — CHEMINS VICINAUX; — POLICE DU ROULAGE.

VOITURE. — (LETTRE DE) — Voy. LETTRE DE VOITURE.

VOITURES. (IMPÔT SUR LES) — Voy. CHEVAUX, 4.

VOITURES PUBLIQUES. — Elles payent au Trésor un *droit* comme indemnité des dépenses faites par l'Etat pour l'établissement et l'entretien de la viabilité. Ce droit est actuellement de 2 *dixièmes*, pour les voitures se rendant à *jour* et *heure fixes* à des *lieux déterminés*. Celles qui partent *irrégulièrement* sont assujetties à une *taxe annuelle*, d'après leur *dimension*. Enfin celles qui ne partent qu'*accidentellement* sont imposées à un *droit fixe*, variable en raison du nombre de places, exigible par mois et d'avance. (Lois 25 mars 1871, art. 112 et suiv.; 28 juin 1833, art. 8; 20 juillet 1837, art. 11; 14 juillet 1879.) — Quant aux *chemins de fer*, le droit sur le prix des places et des transports à grande vitesse est de 2 *dixièmes*.

Les droits perçus, en 1886, sur les voitures publiques, ont rapporté au Trésor 91 526 300 fr.

VOITURIER. — (Cod. com. art. 103-108.) — Se dit de l'individu dont la profession est de transporter d'un lieu à un autre les marchandises ou effets qui lui sont remis à cette fin.

1. — Le voiturier est *garant de la perte* des objets à transporter, hors le cas de force majeure. Il est aussi *garant des avaries* autres que celles qui proviennent du vice propre de la chose ou de la force majeure.

2. — Si, par l'effet de la force majeure, le *transport* n'est pas effectué dans le *délai convenu*, il n'y a pas lieu à indemnité contre le voiturier pour cause de retard.

3. — La *réception* des objets transportés et le *payement* du prix de la voiture *éteignent toute action* contre le voiturier.

4. — En cas de *refus* ou *contestation* pour la réception des objets transportés, leur état est vérifié et constaté par des *experts* nommés par le Président du Tribunal de commerce, ou, à son défaut, par le Juge de Paix. — Le dépôt ou séquestre, et ensuite le transport dans un dépôt public peut en être ordonné. La vente peut en être autorisée en faveur du voiturier, jusqu'à concurrence du prix de voiture.

5. — Toutes *actions* contre le voiturier, à raison de la perte ou de l'avarie des marchandises, sont *prescrites* après *six mois*, pour les expéditions faites dans l'*intérieur de la France*, et après *un an*, pour celles faites à l'*étranger*; le tout à compter, pour les cas de perte, du jour où le transport des marchandises aurait dû être effectué, et pour les cas d'avarie, du jour où la remise des marchandises a été faite; sans préjudice des cas de fraude ou d'infidélité.

6. — Le Code civil renferme, de son côté, les dispositions suivantes sur les obligations et la responsabilité des voituriers :

Art. 1782. — « Les voituriers par terre et par eau sont assujettis, pour la garde et la conservation des choses qui leur sont confiées, aux mêmes obligations que les aubergistes, dont il est parlé au titre du *Dépôt* et du *Séquestre*. »

Art. 1783. — « Ils répondent non seulement de ce qu'ils ont déjà reçu dans leur bâtiment ou voiture, mais encore de ce qui leur a été remis sur le port ou dans l'entrepôt pour être placé dans leur bâtiment ou voiture. »

Art. 1784. — « Ils sont responsables de la perte et des avaries des choses qui leur sont confiées, à moins qu'ils ne prouvent qu'elles ont été perdues et avariées par cas fortuits ou force majeure. »

7. — Les *frais de voiture* et les dépenses accessoires sont *privilégiés* sur la chose voiturée. (Cod. civ. art. 2102, nº 6.) — Voy. PRIVILÈGE.

8. — Est puni de la *réclusion* le *vol* commis par un voiturier, un batelier, ou un de leurs préposés. (Cod. pén. art. 386, nº 4.)

9. — Les voituriers, bateliers ou leurs préposés, qui ont *altéré* ou *tenté d'altérer* des vins ou toute autre espèce de liquides ou marchandises dont le transport leur avait été confié, et qui ont commis ou tenté de commettre cette altération par le *mélange de substances malfaisantes*, sont passibles d'un *emprisonnement* de 2 à 5 ans et d'une *amende* de 25 à 500 fr. — Ils peuvent, en outre, être *privés des droits* mentionnés en l'article 42 du Code pénal (voy. INTERDICTION DES DROITS CIVIQUES, CIVILS ET DE FAMILLE) pendant 5 ans au moins et 10 ans au plus; ils peuvent aussi être mis sous la *surveillance de la haute police*

pendant le même nombre d'années.

S'il n'y a pas eu mélange de substances malfaisantes, la peine consiste en un *emprisonnement* d'un mois à un an et une *amende* de 16 fr. à 100 fr. (Cod. pén. art. 387.)

VOL. — (Cod. pén. art. 379-401.) — Soustraction *frauduleuse* de la chose d'autrui.

1. — Le vol est un *délit*, mais les circonstances dans lesquelles il a été commis peuvent lui donner le caractère d'un *crime*.

Ainsi le vol est puni des *travaux forcés à perpétuité* lorsqu'il a été commis avec la réunion des 5 circonstances suivantes : 1° s'il a eu lieu la *nuit* ; — 2° s'il a été commis par *deux* ou *plusieurs personnes* ; — 3° si les coupables ou l'un d'eux étaient *porteurs d'armes apparentes ou cachées* ; — 4° s'ils ont commis le crime, soit à l'aide d'*effraction* extérieure, ou d'*escalade* ou de *fausses clefs*, dans une *maison*, *appartement*, *chambre* ou *logement habités* ou *servant à l'habitation*, ou leurs *dépendances*, soit en *prenant le titre d'un fonctionnaire public* ou *d'un officier civil* ou *militaire*, ou après s'être *revêtus de l'uniforme* ou du *costume du fonctionnaire* ou de *l'officier*, ou en alléguant un *faux ordre de l'Autorité civile* ou *militaire* ; — 5° s'il y a eu *violence* ou *menace* de faire usage d'armes.

La peine des *travaux forcés à perpétuité* est également applicable au cas de violence s'il en est résulté des traces de *blessures* ou de *contusions*, ou lorsque le vol a été commis sur un *chemin public*, la *nuit*, par *deux* ou *plusieurs personnes*.

2. — Le vol est puni des *travaux forcés à temps* lorsqu'il a été effectué à l'aide de la *violence*, ou lorsqu'il a été commis avec deux des trois circonstances suivantes : 1° S'il a eu lieu la *nuit* ; — 2° s'il a été commis dans une *maison habitée* ou dans un des *édifices consacrés aux cultes* légalement établis en France ; — 3° s'il y avait *deux* ou *plusieurs coupables* ; et, en outre, si l'un d'eux était *porteur d'armes apparentes ou cachées*.

Le vol commis sur un *chemin public* avec une seule des 5 circonstances ci-dessus énumérées emporte aussi la peine des *travaux forcés à temps*. Il en est de même du vol commis sans violence, mais *conjointement*, la *nuit*, et si les coupables ou l'un d'eux étaient *porteurs d'armes apparentes ou cachées*.

3. — Sont passibles de la *réclusion* les vols commis sur un *chemin public*, sans autre circonstance aggravante ; — la *nuit* et par *deux* ou *plusieurs personnes* ; — le *jour*, mais *avec armes apparentes ou cachées* ; — par un *domestique*, *homme de service à gages*, *ouvrier*, *compagnon*, *apprenti*, ou *individu travaillant habituellement dans l'habitation* où il a volé ; — par un *aubergiste*, *hôtelier*, *voiturier*, *batelier* ou un de leurs *préposés*, pour les choses qui leur avaient été confiées.

4. — Les *autres vols*, *larcins* et *filouteries* sont punis d'un *emprisonnement* de 1 an à 5 ans et peuvent même l'être d'une *amende* de 16 fr. au moins et de 500 fr. au plus.

Les coupables peuvent encore être *interdits des droits* mentionnés en l'article 42 du Code pénal pendant 3 ans au moins et 10 au plus, à compter du jour où ils ont subi leur peine.

VOLONTARIAT D'UN AN. — Voy. SERVICE MILITAIRE, I, tit. IV, sect. III. *Des engagements conditionnels d'un an.*

VOYER. (AGENT) — Voy. AGENT VOYER.

VUES. — Ouvertures d'une maison par lesquelles on *voit* sur les lieux voisins.

Les droits et devoirs de propriétaires voisins en ce qui concerne les *vues* sont déterminés dans les articles 675 à 680 du Code civil. — Voy. BALCON ; — JOUR.

W

WARRANT. — Mot anglais qui veut dire *garantie*. — On appelle ainsi un certificat de dépôt des marchandises dans des *Docks* ou *Magasins généraux*, certificat qui est négociable et a pour garantie la valeur constatée des marchandises qu'il représente. — Voy. MAGASINS GÉNÉRAUX.

Z

ZONE. — Du grec *zônê*, ceinture. — 1. — Le droit des propriétaires voisins des places de guerre est soumis à certaines restrictions, dans l'intérêt de la défense nationale. Il existe autour de ces places 3 *zones de servitudes* (loi 7 avril 1851 ; déc. 16 août 1853, 15 mars 1862 ; 8 septembre 1878). — Voy. SERVITUDES, II, 1 ; — TRAVAUX MIXTES.

— Le décret du 8 septembre 1878 a délimité à nouveau la zone frontière.

2. — Voy. DOUANES, 3.

TABLE ALPHABÉTIQUE DES MATIÈRES

A

B

C

D

E

F

G

H

I

J

K

L

M

N

O

P

Q

R

S

T

U

V

W

Z

TABLE MÉTHODIQUE DES MATIÈRES

PRÉLIMINAIRES

DROIT PUBLIC ET ADMINISTRATIF

CODE CIVIL

PROCÉDURE CIVILE

INSTRUCTION CRIMINELLE

GÉNÉRALITÉS.

CODE PÉNAL

GÉNÉRALITÉS.

LÉGISLATION COMMERCIALE ET INDUSTRIELLE

ÉCONOMIE POLITIQUE ET STATISTIQUE

FIN DE LA TABLE MÉTHODIQUE DES MATIÈRES

SUPPLÉMENT

A

ABEILLES. — Les Préfets déterminent, après avis des conseils généraux, la *distance à observer* entre les ruches d'abeilles et les propriétés voisines ou la voie publique, sauf, en tout cas, l'action en dommage s'il y a lieu (Loi 4 avril 1889, art. 8).

AFFICHE — AFFICHEUR. — Depuis le 1er janvier 1891, le *droit* édicté par l'article 30 de la loi du 8 juillet 1852 pour toute affiche inscrite dans un lieu public, sur les murs, sur une construction quelconque ou même sur toile, au moyen de la peinture ou de tout autre procédé, est remplacé par une *taxe annuelle de timbre* ainsi fixée :

60 centimes par mètre carré pour les affiches apposées dans les communes dont la population est de moins de 2500 habitants;

75 centimes par mètre carré pour les affiches apposées dans les communes de 2500 à 40000 habitants;

1 franc par mètre carré pour les affiches apposées dans les communes d'une population supérieure à 40000 habitants;

1 fr. 50 par mètre carré à Paris.

Pour la liquidation du droit, toute fraction de mètre carré est comptée pour un mètre carré, et la taxe est due pour l'année entière sans fraction.

Ces droits ne sont pas soumis aux décimes (Loi de finances 26 décembre 1890, art. 5 à 10).

Un règlement d'administration publique, en date du 18 février 1891, a déterminé les diverses mesures d'exécution de ces dispositions.

AGENT DE CHANGE. — A la date du 7 octobre 1890, est intervenu un *règlement d'administration publique* pour l'exécution de l'article 90 du code de commerce et de la loi du 28 mars 1885 sur les marchés à terme. Il a pour objet la création et la suppression des offices et des parquets, les chambres syndicales, la négociation des effets publics et autres susceptibles d'être cotés, les règles applicables aux marchés au comptant et aux marchés à terme, les négociations judiciaires ou forcées, les certificats et légalisations, la cote des cours.

AGRICULTURE. — Une loi du 24 décembre 1888 donne le droit aux Préfets de prescrire les mesures nécessaires pour arrêter ou prévenir les dommages causés à l'agriculture par des *insectes*, des *cryptogames* ou autres *végétaux nuisibles*, lorsque ces dommages se produisent dans un ou plusieurs départements ou seulement dans une ou plusieurs communes et prennent ou peuvent prendre un caractère envahissant ou calamiteux.

L'arrêté n'est pris par le Préfet qu'après avis du conseil général, à moins qu'il ne s'agisse de mesures urgentes et temporaires.

Il détermine l'époque à laquelle il doit être procédé à l'exécution des mesures, les localités dans lesquelles elles sont applicables, ainsi que les modes spéciaux à employer. — Il n'est exécutoire, dans tous les cas, qu'après l'approbation du Ministre de l'agriculture qui prend, sur les procédés à appliquer, l'avis d'une commission technique instituée par décret.

Les propriétaires, fermiers, colons ou métayers, ainsi que les usufruitiers ou usagers sont tenus d'exécuter sur les immeubles qu'ils possèdent et cultivent, ou dont ils ont la jouissance ou l'usage, les mesures prescrites par l'arrêté préfectoral. Toutefois, dans les bois et forêts, ces mesures ne sont applicables qu'à une lisière de *trente mètres*.

Ils doivent ouvrir leurs terrains pour permettre la vérification ou la destruction, à la réquisition des agents.

L'Etat, les communes et les établissements publics et privés sont astreints aux mêmes obligations sur les propriétés leur appartenant.

En cas d'inexécution dans les délais fixés, *procès-verbal* est dressé par le Maire, l'adjoint, l'officier de gendarmerie, le commissaire de police, le garde forestier ou le garde champêtre, et le contrevenant est cité devant le juge de paix.

La citation est donnée par lettre recommandée ou par le garde champêtre. — Les parties peuvent comparaître volontairement et sur un simple avertissement du Juge de paix.

Le Juge de paix peut ordonner l'*exécution provisoire* de son jugement, nonobstant opposition ou appel sur minute et avant l'enregistrement.

A défaut d'exécution dans le délai imparti par le jugement, il est procédé à l'*exécution d'office*, aux frais des contrevenants, par les soins du Maire ou du commissaire de police. — Le *recouvrement des dépenses* ainsi faites est opéré par le percepteur, conformément aux règles suivies en matière de contributions directes.

Les *contraventions* sont punies d'une *amende* de 6 à 15 francs. L'amende est doublée, et la peine d'*emprisonnement* pendant cinq jours au plus peut être prononcée, en cas de récidive. L'article 463 du code pénal (*circonstances atténuantes*) est d'ailleurs toujours applicable.

ALIMENTS. — L'article 205 du code civil a été modifié ainsi qu'il suit par la loi du 9 mars 1891 :

Art. 205. — « Les enfants doivent des aliments à leurs père et mère ou autres ascendants qui sont dans le besoin. La succession de l'époux prédécédé en doit, dans le même cas, à l'époux survivant. Le délai pour les réclamer est d'un an à partir du décès et se prolonge, en cas de partage, jusqu'à son achèvement.

La pension alimentaire est prélevée sur l'hérédité. Elle est supportée par tous les héritiers et, en cas d'insuffisance, par tous les légataires particuliers, proportionnellement à leur émolument. — Toutefois, si le défunt a expressément déclaré que tel legs sera acquitté de préférence aux autres, il sera fait application de l'article 927 du code civil. »

AMENDE. — La loi du 26 octobre 1888, comblant une lacune du code pénal qui ne fixait pas le maximum de l'amende que les tribunaux correctionnels, en cas de circonstances atténuantes, sont autorisés à substituer à l'emprisonnement, a ajouté le paragraphe suivant à l'article 463 dudit code :

« Dans le cas où l'amende est substituée à l'emprisonnement, si la peine de l'emprisonnement est seule prononcée par l'article dont il est fait application, le *maximum* de cette amende sera de 3 000 francs. »

ANIMAUX. — Une loi du 4 avril 1889 relative aux animaux employés à l'exploitation des propriétés rurales est ainsi conçue :

Art. 1er. — « Lorsque des animaux non gardés ou dont le gardien est inconnu ont causé du dommage, le propriétaire lésé a le droit de les conduire sans retard au *lieu de dépôt* désigné par le Maire, qui, s'il connaît la personne responsable du dommage, aux termes de l'article 1385 du code civil, lui en donnera immédiatement avis.

Si les animaux ne sont pas réclamés, et si le dommage n'est pas payé dans la *huitaine* du jour où il a été commis, il est procédé à la *vente* sur ordonnance du juge de paix, qui évalue les dommages.

Cette ordonnance sera affichée sur papier libre, et sans frais, à la porte de la mairie. — Le montant des frais et des dommages sera prélevé sur le produit de la vente.

En ce qui concerne la *fixation du dommage*, l'ordonnance ne deviendra définitive, à l'égard du propriétaire de l'animal, que s'il n'a pas formé opposition par simple avertissement dans la huitaine de la vente. — Cette opposition sera même recevable après le délai de huitaine, si le juge de paix reconnait qu'il y a lieu, en raison des circonstances, de relever l'opposant de la rigueur du délai. »

Art. 2. — « Les Préfets peuvent, après avoir pris l'avis des conseils généraux et des conseils d'arrondissement, déterminer par des arrêtés les conditions sous lesquelles les chèvres peuvent être conduites et tenues au *pâturage.* »

Art. 3. — « Les propriétaires de chèvres conduites en commun sont *solidairement* responsables des dommages qu'elles causent. »

Art. 4. — « Celui dont les volailles passent sur la propriété voisine et y causent des dommages est tenu de réparer ces dommages. Celui qui les a soufferts peut même tuer les volailles, mais seulement sur le lieu, au moment du dégât, et *sans pouvoir se les approprier.* »

Art. 5. — « Les volailles et autres animaux de basse-cour qui s'enfuient dans les propriétés voisines ne cessent pas d'appartenir à leur maître quoiqu'il les ait perdus de vue. — Néanmoins, celui-ci ne pourra plus les réclamer *un mois* après la déclaration qui devra être faite à la mairie par les personnes chez lesquelles ces animaux se seront enfuis. » Voy. ABEILLES; — PACAGE; — PIGEONS; — VERS A SOIE.

ANNONCES SUR LA VOIE PUBLIQUE. — (Loi 19 mars 1889.) Les journaux et tous les écrits ou imprimés distribués ou vendus dans les rues et lieux publics ne peuvent être annoncés que par leur *titre*, leur *prix*, l'indication de leur *opinion* et les *noms* de leurs *auteurs* ou *rédacteurs*.

Aucun titre *obscène* ou contenant des *imputations*, *diffamations* ou *expressions injurieuses* pour une ou plusieurs personnes ne peut être annoncé sur la voie publique.

Les *infractions* à ces dispositions sont punies d'une *amende* d'un franc à 15 francs, et, en cas de *récidive*, d'un *emprisonnement* d'un jour à 5 jours. Toutefois, l'article 463 du code pénal (*circonstances atténuantes*) est toujours applicable.

ARCHITECTE. — Aux termes de l'article 30 de la loi du 27 juin 1833, rendu applicable aux travaux des communes par l'article 9 de la loi de finances du 15 mai 1850, il n'est dû aux architectes *aucun honoraire* ni indemnité pour les dépenses qui *excèdent les devis.*

ASSOCIATIONS SYNDICALES. (Loi 22 décembre 1888.) — La loi du 21 juin 1865 dont le but avait été de favoriser, pourvu qu'ils offrissent un caractère d'intérêt collectif, les travaux utiles à la protection et à l'amélioration de la propriété rurale au moyen des associations syndicales qui, jusque-là, n'existaient qu'à titre exceptionnel et en dehors de toute législation, n'a pas produit tous les effets espérés. D'autre part, on réclamait l'extension de la loi de 1865 aux travaux d'intérêt public à exécuter dans les villes et autres agglomérations d'habitants. C'est cette double préoccupation qui a inspiré la loi du 22 décembre 1888 ainsi conçue :

Art. 1er. — « La loi du 21 juin 1865 est modifiée ainsi qu'il suit :

« *Peuvent être l'objet d'une association syndicale*, entre propriétaires intéressés, l'exécution et l'entretien des travaux :

1° De défense contre la mer, les fleuves, les torrents et rivières navigables ou non navigables;

2° De curage, approfondissement, redressement et régularisation des canaux et cours d'eau non navigables ni flottables et des canaux de desséchement et d'irrigation;

3° De desséchement des marais;

4° Des étiers et ouvrages nécessaires à l'exploitation des marais salants;

5° D'assainissement des terres humides et insalubres;

9° D'assainissement dans les villes

et faubourgs, bourgs, villages et hameaux;

7° D'ouverture, d'élargissement, de prolongement et de pavage des voies publiques, et de toute autre amélioration ayant un caractère d'intérêt public, dans les villes et faubourgs, bourgs, villages ou hameaux;

8° D'irrigation et de colmatage;

9° De drainage;

10° De chemin d'exploitation et de toute autre amélioration agricole d'intérêt collectif. »

Art. 2. — « Il est ajouté à l'article 4 de la loi du 21 juin 1865 un second paragraphe ainsi conçu :

« Pourront adhérer à une association syndicale les Préfets pour les biens des départements, s'ils y sont autorisés par délibération du conseil général; les Maires ou administrateurs pour les biens des communes ou des établissements publics, s'ils y sont autorisés par délibération du conseil municipal ou du conseil d'administration; pour les biens de l'Etat, le Ministre des Finances. »

Art. 3. — L'article 9 de la loi du 21 juin 1865 est modifié de la manière suivante :

« Les propriétaires intéressés aux travaux spécifiés dans les six premiers numéros de l'article 1er pourront être réunis dans un arrêté préfectoral en associations syndicales autorisées soit sur la demande d'un ou de plusieurs d'entre eux, soit sur l'initiative du Maire ou du Préfet.

» Les travaux compris dans les numéros 7, 8, 9 et 10 du même article pourront être reconnus d'utilité publique par un décret rendu en Conseil d'État.

» Dans les cas prévus par les numéros 6, 7, 8, 9 et 10, aucun travail ne pourra être entrepris que sur l'autorisation du Préfet. Cette autorisation ne pourra être donnée qu'*après payement préalable des indemnités* de délaissement et d'expropriation et que si les membres de l'association syndicale autorisée ont *garanti le payement* des travaux, des fournitures et des indemnités pour dommages, au moyen de sûretés acceptées par les parties intéressées ou déterminées, en cas de désaccord, par le tribunal civil.

» En cas d'*insolvabilité de l'association syndicale*, les tiers qui ont éprouvé un dommage par suite de l'exécution des travaux ont un recours contre la commune, contre le département ou contre l'Etat, si la commune, le département ou l'Etat est intéressé aux travaux et en a profité. »

Art. 4. — « Il est ajouté au 1er paragraphe de l'article 11 de la loi du 21 juin 1865 un paragraphe ainsi conçu :

« Dans le cas où la commune ne figure pas parmi les propriétaires présumés intéressés, le Maire, sur l'initiative de qui l'association syndicale a été instituée, a néanmoins entrée à l'assemblée générale, mais avec voix consultative seulement. Le même droit appartient au Préfet qui a pris l'initiative, si l'Etat ou le département ne figure pas parmi les propriétaires présumés intéressés. Le Préfet et le Maire peuvent se faire représenter à l'assemblée générale. »

Art. 5. — « L'article 12 de la loi du 21 juin 1865 est modifié ainsi qu'il suit :

« Pour les travaux spécifiés aux numéros 1, 2, 3, 4 et 5 de l'article 1er, si la majorité des intéressés, représentant au moins les *deux tiers* de la superficie des terrains, ou les *deux tiers* des intéressés représentant *plus de la moitié* de la superficie, ont donné leur adhésion, le Préfet autorise, s'il y a lieu, l'association.

» Pour les travaux spécifiés aux numéros 6, 7, 8, 9 et 10 du même article, le Préfet ne pourra autoriser l'association qu'au cas d'adhésion des *trois quarts* des intéressés représentant *plus des deux tiers* de la superficie et payant *plus des deux tiers* de l'impôt foncier afférent aux immeubles, ou des *deux tiers* des intéressés représentant *plus des trois quarts* de la superficie et payant *plus des trois quarts* de l'impôt foncier afférent aux immeubles.

» Un extrait de l'acte des associations et l'arrêté du Préfet, en cas d'autorisation, et, en cas de refus, les arrêtés du Préfet sont affichés dans les communes de la situation des lieux et insérés dans le recueil des actes de la Préfecture.

» Pour les travaux spécifiés dans les paragraphes 6 et 7 de l'article 1er, l'autorisation du Préfet devra être précédée d'un avis conforme du conseil municipal, si les travaux intéressent la commune; du conseil général, si les travaux intéressent le département; et de ces deux assemblées, si les travaux intéressent à la fois la commune et le département. »

Art. 6. — « L'article 14 de la loi du 21 juin 1865 est ainsi modifié :

« S'il s'agit des travaux spécifiés aux numéros 3, 4, 5, 6, 7, 8, 9 et 10 de l'article 1er, les propriétaires qui n'auront pas adhéré au projet d'association pourront, dans le délai d'*un* mois ci-dessus déterminé, déclarer à la préfecture qu'ils entendent *délaisser*, moyennant indemnité, les terrains leur appartenant et compris dans le périmètre. Il leur sera donné récépissé de la déclaration. L'*indemnité à la charge de l'association* sera fixée conformément à la loi du 3 mai 1841 pour les travaux spécifiés aux numéros 6 et 7 de l'article 1er, et conformément à l'article 16 de la loi du 21 mai 1836 pour les travaux énumérés aux numéros 4, 5, 8, 9 et 10.

» Si des biens de *mineurs*, d'*interdits*, d'*absents*, ou *autres incapables* sont compris dans le périmètre, les tuteurs, ceux qui ont été envoyés en possession et tous représentants des incapables peuvent, après autorisation du tribunal donnée sur requête en chambre du conseil, le ministère public entendu, déclarer qu'ils entendent *délaisser* lesdits biens.

Le tribunal ordonne les mesures de conservation. Ces dispositions sont applicables aux immeubles dotaux. Les Préfets pourront, dans le même cas, délaisser les biens des départements, s'ils y sont autorisés par délibération du conseil général; les Maires ou administrateurs pourront délaisser les biens des communes et des établissements publics, s'ils y sont autorisés par délibération du conseil municipal ou du conseil d'administration; le Ministre des finances peut délaisser les biens de l'Etat. »

Art. 7. — « L'article 18 de la loi du 21 juin 1865 est ainsi modifié :

« Dans le cas où l'exécution des travaux entrepris par une association syndicale autorisée exige l'*expropriation de terrains*, il y est procédé conformément aux dispositions de la loi du 3 mai 1841, s'il s'agit de travaux spécifiés dans les numéros 6 et 7 de l'article 1er de la loi du 21 juin 1865, et conformément aux dispositions de la loi du 21 mai 1836, après déclaration d'utilité publique, par décret rendu en Conseil d'Etat, s'il s'agit d'autres travaux. »

Art. 8. — « L'article 23 de la loi du 21 juin 1865 est remplacé par l'article suivant :

« Lorsque, sur la demande du syndicat, il lui est accordé une *subvention* par l'Etat, par le département, par une commune ou par une chambre de commerce, cette subvention donne droit à la nomination, suivant les cas, par le Préfet, par la commission départementale, par le conseil municipal ou par la Chambre de commerce, d'un nombre de *syndics* proportionné à la part que la subvention représente dans l'ensemble de l'entreprise. »

ASSURANCES. — Une loi du 19 février 1889 a modifié complètement l'état antérieur de la jurisprudence d'après laquelle, si un créancier hypothécaire ou privilégié voyait périr son gage, c'est-à-dire l'immeuble sur lequel il avait privilège ou hypothèque, par suite d'un incendie, par exemple, le propriétaire avait droit à l'indemnité représentative de la valeur de cet immeuble due par une compagnie d'assurances l'ayant assuré. Le créancier hypothécaire était dans cette situation : il avait un droit sur la chose, mais, celle-ci ayant péri, il n'avait pas de droit sur l'indemnité représentative de cette chose.

La loi du 19 février 1889 dispose que les *indemnités* dues par suite d'assurances contre l'incendie, contre la grêle, contre la mortalité des bestiaux ou les autres risques, sont attribuées, sans qu'il y ait besoin de délégation expresse, aux *créanciers privilégiés* ou *hypothécaires*, suivant leur rang.

Néanmoins, les payements faits de bonne foi avant opposition sont valables.

Il en est de même des indemnités dues en cas de sinistre par le locataire ou par le voisin, par application des articles 1733 et 1382 du code civil.

En cas d'assurance du *risque locatif* ou du *recours du voisin*, l'assuré ou ses ayants droit ne peuvent toucher tout ou partie de l'indemnité sans que le *propriétaire* de l'objet loué, le *voisin* ou le *tiers subrogé* à leurs droits, aient été désintéressés des conséquences du sinistre.

AUBERGISTE. — Voy. DÉPÔT.

AUDITEUR AU CONSEIL D'ÉTAT. — La limite de *quatre* années fixée pour les fonctions d'*auditeur de 2e classe* au Conseil d'État, par l'article 5, § 6, de la loi du 24 mai 1872, a été portée à *huit* années.

La limite d'âge pour la nomination aux fonctions d'*auditeur de 1re classe*, fixée à *trente* ans par l'article 6 de la loi précitée, a été portée à *trente-trois* ans, qui sont comptés du 1er janvier de l'année de la nomination.

Chaque année, au mois de janvier, le *Journal officiel* fait connaître les *fonctions* mises à la disposition des *auditeurs de 2e classe ayant au moins 4 ans* de service. Ces fonctions peuvent être les suivantes : *Commissaire du gouvernement* près le Conseil de préfecture de la Seine; — *Secrétaire général* d'une préfecture de 1re ou 2e classe; — *Sous-préfet* de 1re ou 2e classe; — *Substitut* dans un tribunal de 2e classe. (Loi 1er juillet 1887.)

B

BAN DE VENDANGE. — Il ne peut être *établi* ou *même maintenu* que dans les communes où le conseil municipal l'a ainsi décidé par délibération soumise au conseil général et approuvée par lui. S'il est établi ou maintenu, il est réglé, chaque année, par arrêté du maire. Les prescriptions de cet arrêté ne sont pas applicables aux vignobles clos par mur, palissade, treillage, haie vive, fossé, traverses en bois ou fils métalliques s'élevant à un mètre de hauteur. (Loi 9 juillet 1889, art. 13.)

BLÉS EN VERT. — La loi du 6 messidor an III, relative à la *vente des blés en vert*, est abrogée. (Loi 9 juillet 1889, art. 14.)

C

CAISSE DES RETRAITES POUR LA VIEILLESSE. — L'immunité des droits de timbre et d'enregistrement, dont les pièces relatives à la caisse des retraites pour la vieillesse jouissent, en vertu de l'article 24 de la loi du 20 juillet 1886, ne s'applique pas aux *quittances d'arrérages* des rentes viagères, qui restent soumises au *droit de timbre de dix centimes* édicté par l'article 18 de la loi du 23 août 1871.

(Loi 30 mars 1888, art. 8.)

CANDIDATURES MULTIPLES. — *Elles sont prohibées par la loi* du 17 juillet 1889 qui, dans le but de rendre impossible le plébiscite sur le nom d'un homme, a édicté les dispositions suivantes :

Art. 1er. — « Nul ne peut être *candidat* dans plus d'*une circonscription.* »

Art. 2. — « Tout citoyen qui se présente ou est présenté aux élections générales ou partielles doit, par une *déclaration* signée ou visée par lui, et dûment légalisée, faire connaître dans quelle circonscription il entend être candidat. Cette déclaration est déposée, contre reçu provisoire, à la préfecture du département intéressé, le cinquième jour *au plus tard avant le jour* du scrutin. Il en sera délivré récépissé définitif dans les 24 heures. »

Art. 3. — « Toute déclaration faite en violation de l'article 1er de la présente loi est *nulle* et *irrecevable.*

» Si des déclarations sont déposées par le même citoyen dans plus d'une circonscription, la *première en date* est seule valable. Si elles portent la même date, toutes sont *nulles.* »

Art. 4. — « Il est interdit de signer ou d'apposer des affiches, d'envoyer ou de distribuer des bulletins, circulaires ou professions de foi, dans l'intérêt d'un candidat qui ne s'est pas conformé aux prescriptions de la présente loi. »

Art. 5. — « Les *bulletins* au nom d'un citoyen dont la candidature est posée en violation de la présente loi *n'entrent pas en compte* dans *le résultat du dépouillement.* Les affiches, placards, professions de foi, bulletins de vote, apposés ou distribués pour appuyer une candidature dans une circonscription où elle ne peut légalement être produite, seront *enlevés* ou *saisis.* »

Art. 6. — « *Seront punis* d'une *amende* de *dix mille francs* le candidat contrevenant aux dispositions de la présente loi, et d'une *amende* de *mille* à *cinq mille* francs toute personne qui agira en violation de l'article 4 de la présente loi. »

CARTE POSTALE. — Voy. DIFFAMATION ; — INJURE.

CERCLES. (TAXE SUR LES) — La taxe établie sur les cercles, sociétés et lieux de réunion où se paient des cotisations est réglée à la fois sur le montant des cotisations, y compris les droits d'entrée, et sur le montant de la valeur locative des bâtiments, locaux et emplacements affectés à l'usage de l'établissement, d'après les catégories suivantes :

1re catégorie. — *Cercles dont les* cotisations s'élèvent à 8 000 fr. et au-dessus, ou la valeur locative à 4 000 fr. et au-dessus :

20 p. 100 du montant des cotisations et 8 p. 100 du montant de la valeur locative ;

2e catégorie. — Cercles dont les cotisations sont de 3 000 fr. et au-dessus, mais inférieures à 8 000 fr. ou dont la valeur locative est de *2 000 fr. et* au-dessus, mais *n'atteint* pas 4 000 fr. :

10 p. 100 du montant des cotisations et 4 p. 100 du montant de la valeur locative.

3e catégorie. — Cercles dont les cotisations sont inférieures à 3 000 fr. *et la valeur locative inférieure* à 2 000 fr. :

5 p. 100 du montant des cotisations et 2 p. 100 du montant de la valeur locative.

La taxe est acquittée par les gérants, secrétaires et trésoriers. (Loi 8 août 1890, art. 33.)

Pour l'exécution de ces dispositions, un décret portant règlement d'administration publique est intervenu *à la date du 30 décembre 1890.*

CHAMBRE DES DÉPUTÉS. — La loi du 13 février 1889, portant rétablissement du *scrutin uninominal* pour l'élection des députés, a abrogé les articles 1, 2 et 3 de la loi du 16 juin 1885.

Les membres de la Chambre des députés sont *élus* au scrutin individuel. Chaque *arrondissement administratif* dans les départements et chaque *arrondissement municipal* à Paris et à Lyon nomme *un* député. Les arrondissements dont la *population dépasse* 100 000 habitants nomment *un* député *de plus* par 100 000 ou fraction de 100 000 habitants. Les arrondissements, dans ce cas, sont divisés en *circonscriptions* dont le tableau, annexé à la loi du 13 février 1889, ne peut être *modifié* que par une loi.

Il est attribué *un* député au territoire de *Belfort*, *six* à l'*Algérie* et *dix* aux *Colonies*.

Le *total* des membres de la Chambre des députés est aujourd'hui de 576.

CHAMBRES CONSULTATIVES DES ARTS ET MANUFACTURES. — SUPPRIMER de la liste des Chambres consultatives des arts et manufactures : *Agen*, *Alençon*, *Angoulême*, *Beauvais*, *Bolbec*, *Cambrai*, *Cholet*, *Flers*, *Nevers*, *Orange*, *Rocroy*, *Sens*, *Tourcoing*, *Valence*.

CHAMBRES DE COMMERCE. — AJOUTER à la liste des Chambres de commerce : *Alger*, *Alençon*, *Auxerre*, *Beauvais*, *Béthune*, *Bône*, *Constantine*, *Flers*, *Oran*, *Philippeville*, *Sens*, *Tréport (Le)*.

SUPPRIMER la ville de *Versailles*.

CHAMBRES FUNÉRAIRES. (Déc. 27 avril 1889, art. 5-9.) — Voy. FUNÉRAILLES. (*Liberté des*)

— Les communes dans lesquelles sont installées des Chambres funéraires peuvent percevoir des *droits* pour le dépôt des corps, suivant un tarif voté par le conseil municipal et approuvé par le préfet. (Loi de finances, 17 juillet 1889, art. 29.)

CIRCONSTANCES ATTÉNUANTES. — L'article 463 du code pénal (*circonstances atténuantes*) est applicable aux délits et contraventions prévus par les lois sur les *contributions indirectes*. (Loi de finances, 30 mars 1888, art. 42.)

CODE RURAL. — La revision du code rural, commencée dès 1881, s'est poursuivie par la promulgation des lois ci-après : 4 avril 1889 : *Animaux employés à l'exploitation des propriétés rurales;* — 9 juillet 1889 : *Parcours, Vaine pâture, Ban de vendange, Vente de blés en vert, Durée du louage des domestiques et ouvriers ruraux;* — 18 juillet 1889 : *Bail à colonat partiaire.* — Voy. ABEILLES; — ANIMAUX; — BAN DE VENDANGE; — BLÉS EN VERT; — COLONAT PARTIAIRE; — DOMESTIQUE; — OUVRIERS RURAUX; — PACAGE.

COLONAT PARTIAIRE. — Une loi du 18 juillet 1889 contient sur le colonat partiaire les dispositions suivantes :

Art. 1er. — « Le bail à colonat partiaire ou métayage est le contrat par lequel le possesseur d'un héritage rural le remet pour un certain temps à un preneur qui s'engage à le cultiver sous la condition d'en partager les produits avec le bailleur. »

Art. 2. — « Les fruits et produits se partagent par *moitié*, s'il n'y a stipulation ou usage contraire. »

Art. 3. — « Le bailleur est tenu à la délivrance et à la garantie des objets compris au bail. Il doit faire aux bâtiments toutes réparations qui peuvent devenir nécessaires. Toutefois, les réparations *locatives* ou de *menu entretien* qui ne sont occasionnées ni par la vétusté, ni par force majeure, demeurent, à moins de stipulations ou d'usage contraire, à la charge du colon. »

Art. 4. — « Le preneur est tenu d'user de la chose louée en bon père de famille, et suivant la destination qui lui a été donnée par le bail; il est également tenu des obligations spécifiées pour le fermier par les art. 1730, 1731 et 1768 du code civil.

» Il répond de l'incendie, des dégradations et des pertes arrivées pendant la durée du bail, à moins qu'il ne prouve qu'il a veillé à la garde et à la conservation de la chose en bon père de famille.

» Il doit se servir des bâtiments d'exploitation qui existent dans les héritages qui lui sont confiés, et résider dans ceux qui sont affectés à l'habitation. »

Art. 5. — « Le bailleur a la surveillance des travaux et la direction générale de l'exploitation, soit pour le mode de culture, soit pour l'achat et la vente des bestiaux. L'exercice de ce droit est déterminé, quant à son étendue, par la convention ou, à défaut de convention, par l'usage des lieux.

» Les droits de *chasse* et de *pêche* restent au propriétaire. »

Art. 6. — « La *mort du bailleur* de la métairie ne résout pas le bail à colonat. Ce bail est résolu par la *mort du preneur;* la jouissance des héritiers cesse à l'époque consacrée par l'usage des lieux pour l'expiration des baux annuels. »

Art. 7. — « S'il a été convenu qu'en cas de *vente* l'acquéreur pourrait résilier, cette résiliation ne peut avoir lieu qu'à la charge par l'acquéreur de donner congé suivant l'usage des lieux.

» Dans ce cas, comme dans celui qui est prévu par le dernier paragraphe de l'article précédent, le colon a droit à une *indemnité* pour les dépenses extraordinaires qu'il a faites, jusqu'à concurrence du profit qu'il aurait pu en tirer pendant la durée de son bail : la résiliation en cas de vente est régie au surplus par les articles 1743, 1749, 1750 et 1751 du code civil. »

Art. 8. — « Si, pendant la durée du bail, les objets qui y sont compris sont détruits *en totalité* par cas fortuit, le bail est résilié de plein droit. S'ils ne sont détruits qu'*en partie*, le bailleur peut se refuser à faire les réparations et les dépenses nécessaires pour les remplacer ou les rétablir. Le preneur et le bailleur peuvent, dans ce cas, suivant les circonstances, demander la résiliation.

» Si la résiliation est prononcée à la requête du bailleur, le juge appréciera l'indemnité qui pourrait être due au preneur, conformément au deuxième paragraphe de l'article 7 de la présente loi. »

Art. 9. — « Si, dans le cours de la jouissance du colon, la totalité ou une partie de la récolte est enlevée par *cas fortuit*, il n'a pas d'indemnité à réclamer du bailleur. Chacun d'eux supporte sa portion correspondante dans la perte commune. »

Art. 10. — « Le bailleur exerce le *privilège* de l'article 2102 du code civil sur les meubles, effets, bestiaux et portions de récolte appartenant au colon, pour le payement du reliquat du compte à rendre par celui-ci. »

Art. 11. — « Chacune des parties peut demander le *règlement annuel* du compte d'exploitation.

» Le juge de paix prononce sur les difficultés relatives aux articles du compte, lorsque les obligations résultant du contrat ne sont pas contestées, *sans appel* lorsque l'objet de la contestation ne dépasse pas le taux de sa compétence générale en dernier ressort, et *à charge d'appel* à quelque somme qu'il puisse s'élever.

» Le juge statue sur le vu des registres des parties; il peut même admettre la *preuve testimoniale* s'il le juge convenable. »

Art. 12. — « Toute action résultant du bail à colonat partiaire se prescrit par *cinq ans*, à partir de la sortie du colon. »

Art. 13. — « Les dispositions de la section première du titre du louage contenues dans l'article 1718, et dans les articles 1736 à 1741 inclusivement, et celles de la section 3 du même titre, contenues dans les articles 1766, 1777 et 1778, sont applicables aux baux à colonat partiaire. Ces baux sont en outre régis, pour le surplus, par l'usage des lieux. »

CONJOINT SURVIVANT. — L'article 767 du code civil qui avait réglé d'une manière si injuste les droits de l'époux sur la succession de son conjoint prédécédé a été ainsi modifié par une loi du 9 mars 1891 :

Art. 767. — Lorsque le défunt ne laisse ni parents au degré successible, ni enfants naturels, les biens de sa succession appartiennent en pleine propriété au conjoint non divorcé qui lui survit et contre lequel n'existe pas de jugement de séparation de corps passé en force de chose jugée.

Le conjoint survivant non divorcé qui ne succède pas à la pleine propriété, et contre lequel n'existe pas de jugement de séparation de corps passé en force de chose jugée, a, sur la succession du prédécédé, un droit d'usufruit qui est :

D'un quart, si le défunt laisse un ou plusieurs enfants issus du mariage;

D'une part d'enfant légitime le moins prenant, sans qu'elle puisse excéder le quart, si le défunt a des enfants nés d'un précédent mariage;

De moitié dans tous les autres cas, quels que soient le nombre et la qualité des héritiers.

Le calcul sera opéré sur une masse faite de tous les biens existant au décès du *de cujus*, auxquels seront réunis fictivement ceux dont il aurait disposé, soit par acte entre-vifs, soit par acte testamentaire au profit de successibles, sans dispense de rapport.

Mais l'époux survivant ne pourra exercer son droit que sur les biens dont le prédécédé n'aura disposé ni par acte entre-vifs ni par acte testamentaire, et sans préjudicier aux droits de réserve ni aux droits de retour.

Il cessera de l'exercer dans le cas où il aurait reçu du défunt des libéralités, même faites par préciput et hors part, dont le montant atteindrait celui des droits que la présente loi lui attribue, et, si ce montant était inférieur, il ne pourrait réclamer que le complément de son usufruit.

Jusqu'au partage définitif, les héritiers peuvent exiger, moyennant sûretés suffisantes, que l'usufruit de l'époux survivant soit converti en une rente viagère équivalente. S'ils sont en désaccord, la conversion sera facultative pour les tribunaux.

En cas de nouveau mariage, l'usufruit du conjoint cesse s'il existe des descendants du défunt.

CONSEIL D'ARRONDISSEMENT. — Voy. INÉLIGIBILITÉ.

CONSEIL DE PRÉFECTURE. — Une loi du 22 juillet 1889, qui n'a été que l'exécution de l'engagement pris par le législateur en 1865, détermine les *formes de procéder* devant les conseils de préfecture siégeant comme tribunaux administratifs. Elle est divisée en 6 titres dont voici l'objet : Tit. 1er : *Introduction des instances et mesures générales d'instruction;* — Tit. 2 : *Des différents moyens de vérification;* — Tit. 3 : *Des incidents;* — Tit. 4 : *Du jugement;* — Tit. 5 : *De l'opposition et du recours devant le Conseil d'Etat;* — Tit. 6 : *Des dépens.*

CONSEIL GÉNÉRAL. — Voy. INÉLIGIBILITÉ.

CONSEIL SUPÉRIEUR DU TRAVAIL. — Un décret du 23 janvier 1891 a établi auprès du Ministère du commerce, de l'industrie et des colonies un Conseil supérieur du travail. Il est *composé*, en outre de certains membres de droit, de cinquante membres choisis parmi les membres du Parlement, les industriels, les ouvriers, les membres des Chambres syndicales, des associations patronales ou ouvrières, des groupes corporatifs, des conseils de prud'hommes, et, d'une manière générale, parmi les hommes spécialement versés dans les questions économiques et sociales.

Les membres du Conseil, nommés pour *deux ans*, sont *rééligibles*.

CONTRIBUTIONS INDIRECTES. — Voy. CIRCONSTANCES ATTÉNUANTES.

COUR DE JUSTICE. (Loi 10 avril 1889.) — La procédure à suivre devant le Sénat constitué en cour de justice pour juger toute personne inculpée d'attentat contre la sûreté de l'État a fait l'objet d'une loi du 10 avril 1889. En voici les dispositions essentielles :

1. — La Cour a le droit de désigner pour la tenue de ses séances un *autre lieu* que celui fixé par le décret la constituant.

2. — Tous les sénateurs élus *antérieurement* à ce décret doivent se rendre à la convocation, à moins d'excuses dont les motifs sont ap-

préciés par le Sénat en Chambre du Conseil.

Les sénateurs élus *postérieurement* au décret de convocation ne peuvent connaître des faits incriminés.

3. — Le Président de la République nomme, parmi les membres des Cours d'appel ou de la Cour de cassation, un magistrat chargé des fonctions de *Procureur général* et un ou plusieurs magistrats chargés de l'assister comme *avocats généraux*.

Le secrétaire général de la présidence du Sénat remplit les fonctions de *greffier*.

4. — Une *commission* de *neuf sénateurs* est chargée de l'*instruction* et prononce sur la *mise en accusation*. Elle est nommée au scrutin de liste et sans débats, chaque année, au début de la session ordinaire. Elle choisit son président. Cinq membres *suppléants* sont élus de la même manière.

5. — Lorsque l'instruction est terminée, le président de la commission remet le dossier au Procureur général et invite chacun des inculpés à faire choix d'un défenseur. Faute par un inculpé de déférer à cette invitation, il lui en désigne un d'office.

Après que le Procureur général a rendu le dossier avec ses réquisitions écrites, communication en est donnée aux conseils des inculpés, au greffe où le dossier demeure déposé pendant trois jours au moins.

Après ce délai, la commission se réunit sous le nom de *Chambre d'accusation* et entend le rapport sur l'instruction, les réquisitions écrites du Procureur général, les mémoires des inculpés.

La Chambre d'accusation statue, par décision spéciale pour *chaque inculpé*, sur *chaque chef d'accusation*.

L'arrêt de mise en accusation contient une ordonnance de *prise de corps*. Il est rendu en Chambre du conseil.

6. — Le Procureur général rédige l'acte d'accusation. Cet acte, ainsi que l'arrêt de mise en accusation, sont notifiés aux accusés *trois jours au moins* avant le jour de l'audience. Il en est laissé copie à chacun d'eux, avec citation à comparaître au jour fixé par le président du Sénat.

7. — Les débats sont *publics*. Au commencement de chaque audience, il est procédé à l'*appel nominal*, Les sénateurs qui n'auraient pas été présents à toutes les audiences ne peuvent concourir au jugement. Ne peuvent non plus y concourir les sénateurs composant la commission dont il a été parlé plus haut, s'ils sont récusés par la défense.

Après l'audition des témoins, le réquisitoire du ministère public, les plaidoiries des défenseurs et les observations des accusés qui ont les derniers la parole, la Cour se retire dans la Chambre du conseil pour délibérer.

Pour *chaque accusé*, les questions sur la culpabilité et sur l'application de la peine sont formulées par le président et mises aux voix *séparément*.

Le vote a lieu par *appel nominal* en suivant l'ordre *alphabétique*, le sort désignant la lettre par laquelle on commence.

Les sénateurs votent *à haute voix*; le président vote le dernier.

Si l'accusé est reconnu coupable, il lui est donné connaissance en séance publique de la décision de la Cour.

8. — En ce qui concerne l'application de la peine, si, après *deux tours de vote*, aucune peine n'a réuni la majorité des voix, il est procédé à un *troisième tour*, dans lequel la peine la plus forte proposée au tour précédent est écartée de la délibération. Si aucune peine n'a encore réuni la majorité absolue des votes, il est procédé à un *quatrième tour* et ainsi de suite, en continuant à écarter la peine la plus forte, jusqu'à ce qu'une peine soit prononcée par la majorité absolue des votants.

Il n'appartient pas au Sénat de substituer de moindres peines à celles qui résultent des dispositions pénales relatives au fait dont l'accusé a été déclaré coupable, combinées, s'il y a lieu, avec l'art. 463 du code pénal (circonst. atténuantes).

L'arrêt définitif est lu en *audience publique;* il est notifié sans délai par le greffier à l'accusé.

9. — Les décisions ou arrêts du Sénat ne peuvent être rendus qu'avec le concours de la *moitié plus un au moins* de la totalité des sénateurs qui ont droit d'y prendre part. Ils ne sont susceptibles d'*aucun recours.*

10. — Tout sénateur est tenu de s'abstenir, s'il est *parent* ou *allié* de l'un des inculpés jusqu'au degré de cousin issu de germain inclusivement, ou s'il a été entendu comme *témoin* dans l'instruction.

Les sénateurs, *membres du Gouvernement*, ne prennent part ni à la délibération ni au vote sur la culpabilité.

COURSES DE CHEVAUX. (Loi 2 juin 1891, décr. 7 juillet 1891.) — Aucun champ de courses ne peut être ouvert sans l'autorisation préalable du ministère de l'agriculture.

Sont *seules autorisées* les courses de chevaux, ayant pour but exclusif l'amélioration de la race chevaline et organisées par des sociétés dont les statuts sociaux ont été approuvés par le Ministre de l'agriculture, après avis du Conseil supérieur des haras.

Quiconque a, en quelque lieu et sous quelque forme que ce soit, exploité le *pari* sur les courses de chevaux, en offrant à tous venants de parier ou en pariant avec tous venants, soit directement, soit par intermédiaire, est passible, sauf admission des circonstances atténuantes, des peines portées à l'article 410 du code pénal (2 à 6 mois de prison, 100 fr. à 6000 fr. d'amende, interdiction des droits civiques, civils et de famille pendant 5 ans au moins et 10 ans au plus, confiscation des fonds et effets servant au jeu).

Sont réputés *complices* et punis comme tels : 1° Quiconque a servi d'intermédiaire pour les paris, ou a reçu le dépôt préalable des enjeux; — 2° Quiconque a, en vue des paris à faire, vendu des renseignements sur les chances de succès des chevaux engagés ; — 3° Tout propriétaire ou gérant d'établissement public qui a laissé exploiter le pari dans son établissement :

Toutefois, les sociétés autorisées, comme il a été dit plus haut, peuvent, en vertu d'une autorisation spéciale et toujours révocable du Ministre de l'agriculture et moyennant un prélèvement fixe en faveur des œuvres locales de bienfaisance et de l'élevage, organiser le *pari mutuel* sur leurs champs de course exclusivement.

Un décret du 7 juillet 1891 a déterminé la quotité de ces prélèvements, ainsi que les formes et les conditions du fonctionnement du pari mutuel.

2 p. 100 sont prélevés en faveur des œuvres locales de bienfaisance, 1 p. 100 en faveur de l'élevage.

D

DÉPÔT. — (Loi 18 avril 1889.) — Le code civil (articles 1952 et 1953) prononçait la responsabilité illimitée des aubergistes et hôteliers quant aux effets des voyageurs. Or, depuis la promulgation du code, de graves changements sont survenus dans la consistance des fortunes et dans les mœurs. La richesse mobilière a pris un grand développement, et la monnaie fiduciaire, sous la forme de billets de banque et de titres au porteur, est devenue d'un fréquent usage. On transporte aujourd'hui, sous un petit volume, des valeurs importantes, transmissibles de la main à la main et fort exposées aux chances de vol dans les hôtels.

Une loi du 18 avril 1889 a fait cesser la situation périlleuse ainsi faite aux aubergistes et hôteliers en décidant que le paragraphe suivant serait ajouté à l'article 1953 du code civil :

« Cette responsabilité est limitée à *mille francs*, pour les espèces monnayées et les valeurs ou titres au porteur de toute nature *non déposés réellement* entre les mains des aubergistes ou hôteliers. »

DÉPUTÉ. — Voy. CANDIDATURES MULTIPLES ; — CHAMBRE DES DÉPUTÉS.

DIFFAMATION. — La diffamation commise par *correspondance* postale ou télégraphique *circulant à découvert* est punissable d'un *emprisonnement* de 5 jours à 6 mois, et d'une *amende* de 25 francs à 3 000 francs, ou de l'une de ces deux peines seulement. (Loi 12 juin 1887.)

DISTINCTIONS HONORIFIQUES UNIVERSITAIRES. — Les distinctions d'*officier d'académie* et d'*officier de l'instruction publique*, créées par l'article 32 du décret organique du 17 mars 1808, sont conférées par le Ministre de l'instruction publique et des beaux-arts.

Le *signe distinctif* des officiers de l'instruction publique est la *double palme d'or*, et celui des officiers d'académie la *double palme d'argent*, suspendue à un *ruban violet foncé*, avec rosette pour les officiers de l'instruction publique. (Déc. 7 avril 1866.)

Aux termes d'un décret du 24 décembre 1885, le *chiffre maximum des décorations à accorder annuellement* est fixé ainsi qu'il suit :

1 200 officiers d'académie.

300 officiers de l'instruction publique.

La moitié de ces distinctions au moins est réservée aux fonctionnaires de l'instruction publique.

Les distinctions honorifiques universitaires sont, en général, accordées sur la *proposition* du recteur, après *avis* du préfet.

Les *instituteurs* ne peuvent être présentés pour les palmes d'officier d'académie qu'après avoir obtenu, depuis deux ans au moins, la *médaille d'argent.*

Nul ne peut être nommé officier de l'instruction publique s'il n'est depuis *cinq ans* au moins officier d'académie. Il n'y a de dérogation autorisée à cette règle qu'en faveur des personnes déjà titulaires du grade d'*officier de la Légion d'honneur.*

Les *nominations ont lieu* le 1er janvier, le 14 juillet et, pour les membres des sociétés savantes et des sociétés des beaux-arts des départements, à l'époque de la réunion à Paris de ces sociétés. Elles sont *publiées* au *Journal officiel.*

DOMESTIQUE. — La *durée du louage* des domestiques *ruraux* est, sauf preuve d'une convention contraire, réglée suivant l'usage des lieux. (Loi 9 juillet 1889, art. 15.)

E

ÉCOLE NATIONALE FORESTIÈRE. — Un décret du 9 janvier 1889 a modifié ainsi qu'il suit les conditions de recrutement de l'École nationale forestière :

Art. 1er. — « A partir du 1er janvier 1889, tous les élèves de l'École nationale forestière se recruteront parmi les élèves diplômés de l'*Institut national agronomique* suivant le mode adopté à l'École polytechnique pour le recrutement de ses écoles d'application.

» Est maintenue l'exception établie en faveur des élèves sortant de l'*École polytechnique* par le décret du 15 avril 1873. »

Art. 2. — « Pour être admis à l'École nationale forestière, les élèves diplômés de l'Institut agronomique devront avoir eu *vingt-deux ans au plus* au 1er janvier de l'année courante.

» En ce qui concerne les jeunes gens *ayant satisfait à la loi militaire*, la limite d'âge sera reculée du temps qu'ils auront passé sous les drapeaux. »

Art. 3. — « Le nombre des élèves reçus chaque année à l'Ecole forestière ne pourra être supérieur à *douze.* »

Art. 4. — « Il est institué annuellement *dix bourses*, de 1 500 francs chacune, en faveur des élèves de l'Ecole forestière. Ces bourses peuvent être divisées en *demi-bourses.* »

Art. 5. — « Un arrêté ministériel déterminera les conditions d'admissibilité à l'Institut national agronomique. »

ÉCOLE PROFESSIONNELLE SUPÉRIEURE DES POSTES ET DES TÉLÉGRAPHES. — Nouvelle dénomination donnée par le décret du 27 mars 1888 à l'Ecole supérieure de télégraphie.

L'école est divisée en *deux sections.*

La 1re a pour but d'assurer le recrutement du *personnel supérieur* de l'administration des postes et des télégraphes ; la 2e a pour but d'assurer le recrutement des *ingénieurs* faisant partie de la même administration.

L'admission à l'Ecole professionnelle supérieure a lieu par voie de *concours.*

Sont *dispensés du concours d'entrée* dans la 2e section les élèves de l'Ecole polytechnique classés au concours de sortie dans le service des télégraphes.

ÉCOLES DE PLEIN EXERCICE DE MÉDECINE ET DE PHARMACIE. — Est aujourd'hui dans cette catégorie l'école de médecine et de pharmacie de *Toulouse.*

ÉCOLES PRÉPARATOIRES DE MÉDECINE ET DE PHARMACIE. — Leur nombre se trouve réduit à 14 par la suppression de l'Ecole existant à *Arras* et par la transformation en Ecole de plein exercice de celle de *Toulouse.*

ÉLECTIONS. — (Loi 24 janvier 1889.) L'article 15, § 14, du décret organique du 2 février 1852 prononçait la déchéance *perpétuelle* des droits électoraux contre les individus condamnés à l'emprisonnement, *quelle qu'en fût la durée*, pour infraction aux dispositions de l'article 1er de la loi du 27 mars 1851 qui vise la falsification, la vente, la mise en vente des denrées alimentaires ou médicamenteuses et la tromperie sur la quantité des choses vendues. Quant à l'article 2 de la même loi qui a trait à une catégorie de faits plus graves, la falsification de denrées altérées par la mixtion de substances nuisibles à la santé, il n'emportait aucune incapacité légale.

Pour remédier à ce défaut de proportionnalité et pour rendre en même temps à diverses catégories de condamnés leurs droits de vote et d'éligibilité à l'expiration ou à la remise de leur peine, une loi du 24 janvier 1889 a édicté les dispositions suivantes :

1° *Aucune déchéance* n'est encourue lorsque l'emprisonnement prononcé par application de l'article 1er de la loi du 27 mars 1851 n'atteint pas *un mois.*

2° Elle est *quinquennale*, lorsque l'emprisonnement s'élève à *plus d'un mois;*

3° Elle est *perpétuelle* quand l'emprisonnement est *supérieur à trois mois ;*

4° Dans les cas prévus par l'article 2 de la loi du 27 mars 1851, la déchéance *perpétuelle* est toujours encourue, *quelle que soit la durée* de l'emprisonnement.

— Voy. CHAMBRE DES DÉPUTÉS.

ENFANT. — 1. — Les père et mère de *sept* enfants vivants, *mineurs*, *légitimes* ou *reconnus*, assujettis à une *contribution personnelle-mobilière* égale ou inférieure à 10 fr. en principal, sont *exonérés* d'office de cette contribution. (Loi 11 août 1890; art. 31.)

2. — Les *réservistes* qui sont pères de *quatre enfants* vivants passent de droit dans l'*armée territoriale.* (Loi 15 juillet 1889, art. 58.)

3. — En temps de paix, *après un an* de présence sous les drapeaux, est envoyé *en congé* dans ses foyers, sur sa demande, jusqu'à la date de son passage dans la réserve,

l'aîné des fils d'une famille de *sept enfants* au moins. (Loi 15 juillet 1889, art. 20.)

4. — A la date du 24 juillet 1889, est intervenue une loi, depuis longtemps réclamée, ayant pour objet la *protection des enfants maltraités, délaissés ou moralement abandonnés.* Elle est ainsi conçue :

TITRE Ier

CHAPITRE Ier. — DE LA DÉCHÉANCE DE LA PUISSANCE PATERNELLE

Art. 1er. — « Les père et mère et ascendants sont *déchus de plein droit*, à l'égard de tous leurs enfants et descendants, de la puissance paternelle, ensemble de tous les droits qui s'y rattachent, notamment ceux énoncés aux articles 108, 141, 148, 150, 151, 346, 361, 372 à 387, 389, 390, 391, 397, 477 et 935 du code civil, à l'article 3 du décret du 22 février 1851 et à l'article 46 de la loi du 27 juillet 1872 :

» 1° S'ils sont condamnés par application du paragraphe 2 de l'article 334 du code pénal;

» 2° S'ils sont condamnés, soit comme auteurs, coauteurs ou complices d'un crime commis sur la personne d'un ou plusieurs de leurs enfants, soit comme coauteurs ou complices d'un crime commis par un ou plusieurs de leurs enfants;

» 3° S'ils sont condamnés deux fois comme auteurs, coauteurs ou complices d'un délit commis sur la personne d'un ou plusieurs de leurs enfants;

» 4° S'ils sont condamnés deux fois pour excitation habituelle de mineurs à la débauche.

» Cette déchéance laisse subsister entre les ascendants déchus et l'enfant les obligations énoncées aux articles 205, 206 et 207 du code civil. » (*Dette alimentaire.*)

Art. 2. — « *Peuvent être déclarés déchus* des mêmes droits :

» 1° Les père et mère condamnés aux travaux forcés à perpétuité ou à temps, ou à la réclusion comme auteurs, coauteurs ou complices d'un crime autre que ceux prévus par les articles 86 à 101 (*crimes contre la sûreté de l'Etat*) du code pénal;

» 2° Les père et mère condamnés deux fois pour un des faits suivants : séquestration, suppression, exposition ou abandon d'enfants, ou pour vagabondage;

» 3° Les père et mère condamnés par application de l'article 2, paragraphe 2, de la loi du 23 janvier 1873, ou des articles 1, 2 et 3 de la loi du 7 décembre 1874;

» 4° Les père et mère condamnés une première fois pour excitation habituelle de mineurs à la débauche;

» 5° Les père et mère dont les enfants ont été conduits dans une maison de correction par application de l'article 66 du code pénal;

» 6° En dehors de toute condamnation, les père et mère qui, par leur *ivrognerie habituelle*, leur *inconduite notoire* et *scandaleuse* ou par de *mauvais traitements*, compromettent soit la santé, soit la sécurité, soit la moralité de leurs enfants. »

Art. 3. — « L'action en déchéance est intentée devant la chambre du conseil du tribunal du domicile ou de la résidence du père ou de la mère, par un ou plusieurs parents du mineur au degré de cousin germain ou à un degré plus rapproché, ou par le ministère public. »

Art. 4. — « Le procureur de la République fait procéder à une enquête sommaire sur la situation de la famille du mineur et sur la moralité de ses parents connus, qui sont mis en demeure de présenter au tribunal les observations et oppositions qu'ils jugeront convenables.

» Le ministère public ou la partie intéressée introduit l'action en déchéance par un mémoire présenté au président du tribunal, énonçant les faits et accompagné des pièces justificatives. Ce mémoire est notifié aux père et mère ou ascendants dont la déchéance est demandée.

» Le président du tribunal commet un juge pour faire le rapport à jour indiqué.

» Il est procédé dans les formes prescrites par les articles 892 et 893 du code de procédure civile. Toutefois, la convocation du conseil de famille reste facultative pour le tribunal.

» La chambre du conseil procède à l'examen de l'affaire sur le vu de la délibération du conseil de famille lorsqu'il a été convoqué, de l'avis du juge de paix du canton, après avoir appelé, s'il y a lieu, les parents ou autres personnes et entendu le ministère public dans ses réquisitions.

» Le jugement est prononcé en audience publique. Il peut être déclaré exécutoire nonobstant opposition ou appel. »

Art. 5. — « Pendant l'instance en déchéance, la chambre du conseil peut ordonner, relativement à la garde et à l'éducation des enfants, telles mesures provisoires qu'elle juge utiles.

» Les jugements sur cet objet sont exécutoires par provision. »

Art. 6. — « Les jugements *par défaut* prononçant la déchéance de la puissance paternelle peuvent être attaqués par la voie de l'opposition dans le délai de *huit jours* à partir de la notification à la personne et dans le délai d'*un an* à partir de la notification à domicile. Si, sur l'opposition, il intervient un second jugement par défaut, ce jugement ne peut être attaqué par la voie de l'appel. »

Art. 7. — « L'*appel* des jugements appartient aux parties et au ministère public. Il doit être interjeté dans le délai de *dix jours* à compter du jugement s'il est *contradictoire*, et, s'il est rendu *par défaut*, du jour où l'opposition n'est plus recevable. »

Art. 8. — « Tout individu déchu de la puissance paternelle est incapable d'être tuteur, subrogé-tuteur, curateur ou membre du conseil de famille. »

Art. 9. — « Dans le cas de déchéance de plein droit encourue par le père, le ministère public ou les parents désignés à l'article 3 saisissent sans délai la juridiction compétente, qui décide si, dans l'intérêt de l'enfant, la mère exercera les droits de la puissance paternelle tels qu'ils sont définis par le code civil. Dans ce cas, il est procédé comme à l'article 4. Les articles 5, 6 et 7 sont également applicables.

» Toutefois, lorsque les tribunaux répressifs prononceront les condamnations prévues aux articles 1 et 2, paragraphes 1, 2, 3 et 4, ils pourront statuer sur la déchéance de la puissance paternelle dans les conditions établies par la présente loi.

» Dans le cas de déchéance facultative, le tribunal qui la prononce statue par le même jugement sur les droits de la mère à l'égard des enfants nés et à naître, sans préjudice, en ce qui concerne ces derniers, de toute mesure provisoire à demander à la chambre du conseil, dans les termes de l'article 5, pour la période du premier âge.

» Si le père déchu de la puissance paternelle contracte un *nouveau mariage*, la nouvelle femme peut, en cas de survenance d'enfants, demander au tribunal l'attribution de la puissance paternelle sur ces enfants. »

CHAPITRE II. — DE L'ORGANISATION DE LA TUTELLE EN CAS DE DÉCHÉANCE DE LA PUISSANCE PATERNELLE.

Art. 10. — « Si la mère est prédécédée, si elle a été déclarée déchue ou si l'exercice de la puissance paternelle ne lui est pas attribué, le conseil décide si la tutelle sera constituée dans les termes du droit commun, sans qu'il y ait, toutefois, obligation pour la personne désignée d'accepter cette charge.

» Les tuteurs institués en vertu de la présente loi remplissent leurs fonctions *sans que leurs biens soient grevés* de l'hypothèque légale du mineur.

» Toutefois, au cas où le mineur possède ou est appelé à recueillir des biens, le tribunal peut ordonner qu'une hypothèque générale ou spéciale soit constituée jusqu'à concurrence d'une somme déterminée. »

Art. 11. — « Si la *tutelle* n'a pas été constituée conformément à l'article précédent, elle est exercée par l'assistance publique, conformément aux lois des 15 pluviôse an XIII et 10 janvier 1849, ainsi qu'à l'article 24 de la présente loi. Les dépenses sont réglées conformément à la loi du 5 mai 1869.

» L'assistance publique peut, tout en gardant la tutelle, remettre les mineurs à d'autres établissements et même à des particuliers. »

Art. 12. — « Le tribunal, en prononçant sur la tutelle, fixe le montant de la pension qui devra être payée par les père et mère et ascendants auxquels des aliments peuvent être réclamés, ou déclare qu'à raison de l'indigence des parents il ne peut être exigé aucune pension. »

Art. 13. — « Pendant l'instance en déchéance, toute personne peut s'adresser au tribunal par voie de requête, afin d'obtenir que l'enfant lui soit confié.

» Elle doit déclarer qu'elle se soumet aux obligations prévues par le paragraphe 2 de l'article 364 du code civil, au titre de la tutelle officieuse.

» Si le tribunal, après avoir recueilli tous les renseignements et pris, s'il y a lieu, l'avis du conseil de famille, accueille la demande, les dispositions des articles 365 et 370 du même code sont applicables.

» En cas de décès du tuteur officieux avant la majorité du pupille, le tribunal est appelé à statuer de nouveau, conformément aux articles 11 et 12 de la présente loi.

» Lorsque l'enfant aura été placé par les administrations hospitalières ou par le directeur de l'assistance publique de Paris chez un particulier, ce dernier peut, après *trois ans*, s'adresser au tribunal et demander que l'enfant lui demeure confié dans les conditions prévues aux dispositions qui précèdent. »

Art. 14. — « En cas de déchéance de la puissance paternelle, les droits du père et, à défaut du père, les droits de la mère, quant au *consentement au mariage*, à l'*adoption*, à la *tutelle officieuse* et à l'*émancipation*, sont exercés par les mêmes personnes que si le père et la mère étaient décédés, sauf les cas où il aura été décidé autrement en vertu de la présente loi. »

CHAPITRE III. — DE LA RESTITUTION DE LA PUISSANCE PATERNELLE.

Art. 15. — « Les père et mère frappés de déchéance dans les cas prévus par l'article 1er et par l'article 2, paragraphes 1, 2, 3 et 4, ne peuvent être admis à se faire restituer la puissance paternelle qu'après avoir obtenu leur *réhabilitation*.

» Dans les cas prévus aux paragraphes 5 et 6 de l'article 2, les père et mère frappés de la déchéance peuvent demander au tribunal que l'exercice de la puissance paternelle leur soit restitué. L'action ne peut être introduite que *trois ans* après le jour où le jugement qui a prononcé la déchéance est devenu irrévocable. »

Art. 16. — « La demande en restitution de la puissance paternelle est introduite sur simple requête et instruite conformément aux dispositions des paragraphes 2 et suivants de l'article 4. L'avis du conseil de famille est obligatoire.

» La demande est notifiée au tuteur, qui peut présenter, dans l'intérêt de l'enfant ou en son nom personnel, les observations et oppositions qu'il aurait à faire contre la demande. Les dispositions des articles 5, 6 *et* 7 *sont également* applicables à ces demandes.

» Le tribunal, en prononçant la restitution de la puissance paternelle, fixe, suivant les circonstances, l'indemnité due au tuteur, ou déclare qu'à raison de l'indigence des parents il ne sera alloué aucune indemnité.

» La demande qui aura été rejetée *ne pourra plus être réintroduite*, si ce n'est par la mère, après la dissolution du mariage. »

TITRE II

DE LA PROTECTION DES MINEURS PLACÉS AVEC OU SANS L'INTERVENTION DES PARENTS.

Art. 17. — « Lorsque des administrations d'assistance publique, des associations de bienfaisance régulièrement autorisées à cet effet, des particuliers jouissant de leurs droits civils, ont accepté la charge de mineurs de seize ans que des pères, mères ou des tuteurs autorisés par le conseil de famille leur ont confiés, le tribunal du domicile de ces pères, mères ou tuteurs peut, à la requête des parties intéressées agissant conjointement, décider qu'il y a lieu, dans l'intérêt de l'enfant, de déléguer à l'assistance publique les droits de puissance paternelle abandonnés par les parents et de remettre l'exercice de ces droits à l'établissement ou au particulier gardien de l'enfant.

» Si des parents ayant conservé le droit de consentement au mariage d'un de leurs enfants refusent de consentir au mariage en vertu de l'article 148 du code civil, l'assistance publique peut les faire citer devant le tribunal, qui donne ou refuse le consentement, les parents entendus ou dûment appelés, dans la chambre du conseil. »

Art. 18. — « La requête est visée pour timbre et enregistrée gratis.

» Après avoir appelé les parents ou tuteur, en présence des particuliers ou des représentants réguliers de l'administration ou de l'établissement gardien de l'enfant, ainsi que du représentant de l'assistance publique, le tribunal procède à l'examen de l'affaire en chambre du conseil, le ministère public entendu.

» Le jugement est prononcé en audience publique. »

Art. 19. — « Lorsque des administrations d'assistance publique, des associations de bienfaisance régulièrement autorisées à cet effet, des particuliers jouissant de leurs droits civils, ont recueilli des enfants mineurs de *seize ans* sans l'intervention des père et mère ou tuteur, une déclaration doit être faite dans les *trois jours*, au maire de la commune sur le territoire de laquelle l'enfant a été recueilli, et, à Paris, au commissaire de police, à peine d'une *amende* de 5 à 15 fr.

» En cas de *nouvelle infraction* dans les douze mois, l'article 482 du code pénal est applicable. (*Emprisonnement pendant* 5 *jours*.)

» Est également applicable aux cas prévus par la présente loi le dernier paragraphe de l'article 463 du même code.

» Les maires et les commissaires de police doivent, dans le délai de quinzaine, transmettre ces déclarations au préfet, et, dans le département de la Seine, au préfet de police. Ces déclarations doivent être notifiées dans un nouveau délai de quinzaine aux parents de l'enfant. »

Art. 20. — « Si, dans les *trois mois* à dater de la déclaration, les père et mère ou tuteur n'ont point réclamé l'enfant, ceux qui l'ont recueilli peuvent adresser au président du tribunal. de leur domicile une requête afin d'obtenir que, dans l'intérêt de l'enfant, l'exercice de tout ou partie des droits de la puissance paternelle leur soit confié.

» Le tribunal procède à l'examen de l'affaire en chambre du conseil, le ministère public entendu. Dans le cas où il ne confère au requérant qu'une partie des droits de la puissance paternelle, il déclare, par le même jugement, que les autres, ainsi que la puissance paternelle, sont dévolus à l'assistance publique. »

Art. 21. — « Dans les cas visés par l'article 17 et l'article 19, les père, mère ou tuteur qui veulent obtenir que l'enfant leur soit rendu s'adressent au tribunal de la résidence de l'enfant, par voie de requête visée pour timbre et enregistrée gratis.

» Après avoir appelé celui auquel l'enfant a été confié et le représentant de l'assistance publique, ainsi que toute personne qu'il juge utile, le tribunal procède à l'examen de l'affaire en chambre du conseil, le ministère public entendu.

» Le jugement est prononcé en audience publique.

» Si le tribunal juge qu'il n'y a pas lieu de rendre l'enfant aux père, mère ou tuteur, il peut, sur la réquisition du ministère public, prononcer la déchéance de la puissance paternelle ou maintenir à l'établissement ou au particulier gardien les droits qui lui ont été conférés en vertu des articles 17 ou 20. En cas de remise de l'enfant, il fixe l'indemnité due à celui qui en a eu la charge, ou déclare qu'à raison de l'indigence des parents il ne sera alloué aucune indemnité.

» La demande qui a été rejetée ne peut plus être renouvelée que *trois ans* après le jour où la décision de rejet est devenue irrévocable. »

Art. 22. — « Les enfants confiés à des particuliers ou à des associations de bienfaisance, dans les conditions de la présente loi, sont sous la surveillance de l'État, représenté par le préfet du département.

» Un *règlement d'administration publique* déterminera le mode de fonctionnement de cette surveillance ainsi que de celle qui sera exercée par l'assistance publique.

» Les infractions audit règlement seront punies d'une *amende* de 25 à 1000 francs.

» En cas de *récidive*, la peine d'*emprisonnement* de huit jours à un mois pourra être prononcée. »

Art. 23. — « Le préfet du département de la résidence de l'enfant confié à un particulier ou à une association de bienfaisance, dans les conditions de la présente loi, peut toujours se pourvoir devant le tribunal civil de cette résidence afin d'obtenir, dans l'intérêt de l'enfant, que le particulier ou l'association soit dessaisi de tout droit sur ce dernier et qu'il soit confié à l'assistance publique.

» La requête du préfet est visée pour timbre et enregistrée gratis.

» Le tribunal statue, les parents entendus ou dûment appelés.

» La décision du tribunal peut être frappée d'appel, soit par le préfet, soit par l'association ou le particulier intéressé, soit par les parents.

» L'appel n'est pas suspensif.

» Les droits conférés au préfet par le présent article appartiennent également à l'assistance publique. »

Art. 24. — « Les représentants de l'assistance publique pour l'exécution de la présente loi sont les inspecteurs départementaux des enfants assistés, et, à Paris, le directeur de l'administration générale de l'assistance publique. »

Art. 25. — « Dans les départements où le conseil général se sera engagé à assimiler, pour la dépense, les enfants faisant l'objet des deux titres de la présente loi aux enfants assistés, la subvention de l'État sera portée au *cinquième* des dépenses, tant extérieures qu'intérieures, des deux services et le contingent des communes constituera pour celles-ci une dépense *obligatoire* conformément à l'article 136 de la loi du 5 avril 1884. »

ENGAGEMENT VOLONTAIRE. — Voy. SERVICE MILITAIRE.

ENGRAIS. — L'expérience ayant fait reconnaître que les mesures édictées par le législateur de 1867 étaient restées impuissantes pour réprimer les falsifications commises dans le commerce des engrais, une nouvelle loi est intervenue, le 4 février 1888, en vue de mieux préciser les fraudes et de fournir à l'acheteur, comme aux tribunaux, les moyens de combattre le mensonge et la mauvaise foi. En voici la teneur :

Art. 1er. — « Seront punis d'un *emprisonnement* de six jours à un mois et d'une *amende* de 50 à 2000 francs, ou de l'une de ces deux peines seulement :

» Ceux qui, en vendant ou en mettant en vente des engrais ou amendements, auront trompé ou tenté de tromper l'acheteur, soit sur leur nature, leur composition ou le dosage des éléments utiles qu'ils contiennent, soit sur leur provenance, soit par l'emploi, pour les désigner ou les qualifier, d'un nom qui, d'après l'usage, est donné à d'autres substances fertilisantes.

» En cas de *récidive* dans les 3 ans qui ont suivi la dernière condamnation, la peine pourra être élevée à 2 mois de *prison* et 4000 francs d'*amende*.

» Le tout sans préjudice de l'application du paragraphe 3 de l'article 1er de la loi du 27 mars 1851, relatif aux fraudes sur la quantité des choses livrées, et des articles 7, 8 et 9 de la loi du 23 juin 1857 concernant les marques de fabrique et de commerce. »

Art. 2. — « Dans les cas prévus à l'article précédent, les tribunaux peuvent, en outre des peines ci-dessus portées, ordonner que les jugements de condamnation seront, par extraits ou intégralement, *publiés* dans les journaux qu'ils détermineront, et *affichés* sur les portes de la maison et des ateliers ou magasins du vendeur, et sur celles des mairies de son domicile et de celui de l'acheteur.

» En cas de *récidive* dans les 5 ans, ces publications et affichages seront toujours prescrits. »

Art. 3. — « Seront punis d'une *amende* de 11 à 15 francs inclusivement ceux qui, au moment de la livraison, n'auront pas fait connaître à l'acheteur, dans les conditions indiquées à l'article 4 de la présente loi, la provenance naturelle ou industrielle de l'engrais ou de l'amendement vendu et sa teneur en principes fertilisants.

» En cas de *récidive* dans les 3 ans, la peine de l'*emprisonnement* pendant 5 jours au plus pourra être appliquée. »

Art. 4. — « Les indications dont il est parlé à l'article 3 seront fournies, soit dans le contrat même, soit dans le double de commission délivré à l'acheteur au moment de la vente, soit dans la facture remise au moment de la livraison.

» La teneur en principes fertilisants sera exprimée par les poids d'azote, d'acide phosphorique et de potasse contenus dans 100 kilog. de marchandise facturée telle qu'elle est livrée, avec l'indication de la nature ou de l'état de combinaison de ces corps, suivant les prescriptions du règlement d'administration publique dont il est parlé à l'article 6.

» Toutefois, lorsque la vente aura été faite avec stipulation du règlement du prix d'après l'analyse à faire sur échantillon prélevé au moment de la livraison, l'indication préalable de la teneur exacte ne sera pas obligatoire, mais mention devra être faite du prix du kilogramme de l'azote, de l'acide phosphorique et de la potasse contenus dans l'engrais, tel qu'il est livré, et de l'état de combinaison dans lequel se trouvent ces principes fertilisants. La justification de l'accomplissement des prescriptions qui précèdent sera fournie, s'il y a lieu, en l'absence de contrat préalable ou d'accusé de réception de l'acheteur, par la production, soit du copie de lettres du vendeur, soit de son livre de factures régulièrement tenu à jour et contenant l'énoncé prescrit par le présent article. »

Art. 5. — « Les dispositions des articles 3 et 4 de la présente loi ne sont pas applicables à ceux qui auront vendu, sous leur dénomination usuelle, des fumiers, des matières fécales, des composés, des gadoues ou boues de ville, des déchets de marchés, des résidus de brasserie, des varechs et autres plantes marines pour engrais, des déchets frais d'abattoirs, de la marne, des faluns, de la tangue, des sables coquilliers, des chaux, des plâtres, des cendres ou des suies provenant des houilles ou autres combustibles. »

Art. 6. — « Un *règlement d'administration publique* prescrira les procédés d'analyse à suivre pour la détermination des matières fertilisantes des engrais et statuera sur les autres mesures à prendre pour assurer l'exécution de la présente loi. »

ÉTRANGER. (Déc. 2 octobre 1888.) — En présence du nombre considérable et toujours croissant d'étrangers résidant en France, le gouvernement a jugé utile d'imposer à ceux qui étaient déjà établis dans notre pays ou qui viendraient à l'avenir s'y fixer, l'obligation de faire à l'autorité de leur résidence des déclarations concernant leur identité et leur nationalité, avec production de pièces justificatives à l'appui. L'accomplissement de ces formalités ne donne lieu à la perception d'aucune taxe et est absolument gratuit. Il a, d'ailleurs, été bien entendu que la nouvelle réglementation ne s'appliquerait qu'aux étrangers qui se sont définitivement fixés en France ou qui s'y établissent avec la pensée d'un séjour prolongé. Elle ne concerne pas les étrangers momentanément de passage sur notre territoire pour leurs affaires ou leurs plaisirs.

Le décret du 2 octobre 1888 contient à cet égard les prescriptions ci-après :

Art. 1er. — « Tout étranger *non admis à domicile* qui se proposera d'établir sa résidence en France devra, dans le *délai de 15 jours* à partir de son arrivée, faire à la mairie de la commune où il voudra fixer cette résidence une *déclaration* énonçant :

» 1° Ses nom et prénoms, ceux de ses père et mère ; — 2° sa nationalité ; — 3° le lieu et la date de sa naissance ; — 4° le lieu de son dernier domicile ; — 5° sa profession ou ses moyens d'existence ; — 6° le nom, l'âge et la nationalité de sa femme et de ses enfants mineurs, lorsqu'il sera accompagné par eux.

» Il devra produire toutes *pièces justificatives* à l'appui de sa déclaration. S'il n'est pas porteur de ces pièces, le maire pourra, avec l'approbation du préfet du département, lui accorder un délai pour se les procurer.

» Un *récépissé* de sa déclaration sera délivré *gratuitement* à l'intéressé. »

Art. 2. — « Les déclarations seront faites à *Paris* au Préfet de police et à *Lyon* au Préfet du Rhône. »

Art. 3. — « En cas de *changement de domicile*, une nouvelle déclaration sera faite devant le maire de la commune où l'étranger aura fixé sa nouvelle résidence. »

Art. 5. — « Les *infractions* aux formalités édictées par le présent décret seront punies des peines de simple police, sans préjudice du droit d'expulsion qui appartient au Ministre de l'intérieur en vertu de la loi du 3 décembre 1849, art. 7. »

— Voy. NATIONALITÉ.

EXERCICE FINANCIER. (Loi 25 janvier 1889.) — Les droits acquis et les services faits *du 1er janvier au 31 décembre* de l'année qui donne son nom à un budget sont seuls considérés comme appartenant à l'exercice de ce budget.

Toutefois l'administration peut, dans la limite des crédits ouverts au budget d'une année, et jusqu'au 31 janvier de l'année suivante, achever les services du matériel dont l'exécution commencée n'a pu être terminée avant le 31 décembre pour des causes de force majeure ou d'intérêt public qui doivent être énoncées dans une déclaration de l'ordonnateur.

La période d'exécution des services d'un budget embrasse, outre l'année même à laquelle il s'applique, des *délais complémentaires* accordés, sur l'année suivante, pour achever les opérations relatives au recouvrement des produits, à la constatation des droits acquis, à la liquidation, à l'ordonnancement et au payement des dépenses. A l'expiration de ces délais, l'exercice est *clos*.

En ce qui concerne le budget de l'Etat, ces délais s'étendent pendant la seconde année :

1° *Jusqu'au* 31 *mars*, pour la liquidation et l'ordonnancement des sommes dues aux créanciers;

2° *Jusqu'au* 30 *avril*, pour le payement des dépenses, la liquidation et le recouvrement des droits acquis à l'Etat pendant l'année du budget;

3° *Jusqu'au* 30 *juin*, pour l'autorisation et la régularisation, par des crédits supplémentaires, de dépenses afférentes aux charges publiques rendues obligatoires par la loi de finances, et dont le montant ne peut être définitivement connu qu'après l'exécution des services;

4° *Jusqu'au* 31 *juillet*, pour les opérations de régularisation nécessitées par les erreurs d'imputation, par le remboursement des avances ou cessions que les ministères se font réciproquement, par les reversements de fonds à rétablir aux crédits des ministres ordonnateurs, par la régularisation des traites de la marine et des colonies, et par le versement à la caisse des gens de mer ou à la caisse d'épargne postale du parfait paiement des allocations des états-majors et équipages embarqués hors des mers d'Europe.

La présentation du projet de loi de *règlement définitif* du budget du dernier exercice clos, et la production des *comptes des ministres* à l'appui doivent avoir lieu *au plus tard* à l'ouverture de la session ordinaire des Chambres qui suit la clôture de l'exercice.

Avant le 1er mai de l'année qui suit la clôture de l'exercice expiré, la *Cour des comptes* remet au ministre des finances la *déclaration générale de conformité* relative à cet exercice, pour qu'elle soit *distribuée* au Sénat et à la Chambre des Députés.

F

FACULTÉS. — Par décret du 22 octobre 1887, ont été transférés à *Lille* le siège de la Faculté des lettres et celui de la Faculté de droit existant à *Douai*.

FAILLITE. — Voy. LIQUIDATION JUDICIAIRE.

FEMME. — Voy. HYPOTHÈQUE.

FONCIÈRE. (CONTRIBUTION) — Sont *exempts* de la contribution foncière pendant *quatre ans* les terrains nouvellement plantés en vignes dans les départements ravagés par le *phylloxera*. (Loi 1er décembre 1887.)

La loi du 11 août 1890 a décidé qu'à partir du 1er janvier 1891, la contribution foncière cesserait d'être un impôt de répartition pour devenir un impôt de *quotité*.

Le *taux* de la contribution foncière des propriétés bâties a été fixé, jusqu'à nouvel ordre, en principal, à 3,20 p. 100 de la valeur locative, après *déduction* d'un quart pour les maisons et d'un tiers pour les usines en considération du dépérissement et des frais d'entretien et de réparation.

Tout propriétaire de propriété bâtie est admis à *réclamer* contre l'évaluation attribuée à son immeuble pendant les six mois à dater de la publication du premier rôle dans lequel cet immeuble a été imposé, et pendant trois mois à partir de la publication du rôle suivant.

En ce qui concerne les rôles subséquents, les propriétaires sont admis à réclamer pendant les trois mois de la publication de chaque rôle lorsque, par suite de circonstances exceptionnelles, leur immeuble a subi une dépréciation.

En dehors des cas ci-dessus prévus, aucune demande en décharge ou en réduction n'est recevable, sauf dans le cas où l'immeuble serait en tout ou en partie détruit ou converti en bâtiment rural.

Les réclamations sont présentées, instruites et jugées selon les règles suivies en matière de contributions directes.

Les évaluations servant de base à la contribution foncière des propriétés bâties sont *revisées* tous les *dix ans*.

Toutefois, si, par suite de circonstances exceptionnelles, il se produit dans l'intervalle de deux revisions décennales une dépréciation générale des propriétés bâties, soit de l'intégralité, soit d'une fraction notable d'une commune, le conseil municipal a le droit de demander qu'il soit procédé à une nouvelle évaluation des propriétés bâties de l'ensemble de la commune, à la charge pour celle-ci de supporter les frais de l'opération.

Les constructions nouvelles, les reconstructions et les additions de construction sont imposées par comparaison avec les autres propriétés de la commune où elles sont situées. Elles ne sont soumises à la contribution foncière que la *troisième année* après leur achèvement.

Pour jouir de cette exemption temporaire, le propriétaire doit faire à la mairie de la commune où est élevé le bâtiment passible de la contribution, et dans les *quatre mois* à partir de l'ouverture des travaux, une *déclaration* indiquant la nature du bâtiment, sa destination et la désignation, d'après les documents cadastraux, du terrain sur lequel il doit être construit.

Les constructions nouvelles, reconstructions et additions de construction non déclarées ou déclarées après l'expiration du délai ci-dessus fixé sont soumises à la contribution foncière à partir du 1er janvier de l'année qui suit celle de leur achèvement.

FUNÉRAILLES. (LIBERTÉ DES) — Une loi du 15 novembre 1887, destinée à assurer l'entière liberté des funérailles, contient les dispositions suivantes :

Toutes les prescriptions légales relatives aux *honneurs funèbres* seront appliquées, quel que soit le caractère des funérailles, civil ou religieux.

Il ne pourra jamais être établi, par voie d'arrêté, des *prescriptions particulières* applicables aux funérailles, en raison de leur caractère *civil* ou *religieux*.

Tout *majeur* ou *mineur émancipé*, en état de tester, peut régler les conditions de ses funérailles, notamment en ce qui concerne le caractère civil ou religieux à leur donner et le mode de sa sépulture. Il peut charger une ou plusieurs personnes de veiller à l'exécution de ses dispositions.

Sa volonté, exprimée dans un *testament* ou dans une *déclaration* faite en forme testamentaire, soit par-devant notaire, soit sous signature privée, a la même force qu'une disposition testamentaire relative aux biens; elle est soumise aux mêmes règles quant aux conditions de la révocation.

En cas de *contestation* sur les conditions des funérailles, il est statué, dans le jour, sur la citation de la partie la plus diligente, par le juge de paix du lieu du décès, sauf *appel* devant le président du tribunal civil de l'arrondissement qui devra statuer dans les 24 heures.

La décision est notifiée au maire, qui est chargé d'en assurer l'exécution.

Est passible des peines portées aux articles 199 et 200 du code pénal (*amende* de 16 à 100 francs; en cas de *récidive*, *emprisonnement* de 2 à 5 ans), sauf application des circonstances atténuantes, toute personne qui a donné aux funérailles un caractère contraire à la volonté du défunt ou à la décision judiciaire intervenue.

A la date du 27 avril 1889, a paru le *règlement d'administration publique* prévu par la loi du 15 novembre 1887 et déterminant les *conditions applicables aux divers modes de sépulture*. Nous croyons devoir le reproduire intégralement :

TITRE Ier

DISPOSITIONS GÉNÉRALES

Art. 1er. — « L'officier de l'état civil peut, s'il y a *urgence*, notamment en cas de décès survenu à la suite d'une maladie contagieuse ou épidémique, ou en cas de décomposition rapide, prescrire, sur l'avis du médecin commis par lui, la *mise en bière immédiate* après la constatation officielle du décès, sans préjudice du droit d'ordonner la sépulture avant l'expiration du délai fixé par l'article 77 du code civil. »

Art. 2. — « Si le décès paraît résulter d'une *maladie suspecte*, dont la protection de la santé publique exige la vérification, le Préfet peut, sur l'avis conforme écrit et motivé de deux docteurs en médecine, prescrire toutes les constatations nécessaires et même l'autopsie. »

Art. 3. — « Il ne peut être procédé aux opérations tendant à la conservation des cadavres par l'*embaumement* ou par tout autre moyen sans une *autorisation* du Préfet de police dans le ressort de la préfecture et du Maire partout ailleurs.

» Pour obtenir cette autorisation, il y a lieu de produire : 1° une déclaration indiquant le mode et les substances que l'on se propose d'employer, ainsi que le lieu et l'heure de l'opération; 2° un certificat du médecin traitant, affirmant que la mort est le résultat d'une cause naturelle.

» La décision est prise sur le rapport d'un médecin assermenté commis pour vérifier le décès, et établi selon les formes prescrites par l'article 17. »

Art. 4. — « Sauf la translation à la chambre funéraire prévue à l'article suivant, le *déplacement d'un cadavre* ne peut s'effectuer s'il n'a été autorisé par le Maire ou par le Sous-Préfet, selon que ce déplacement a lieu dans les limites de la commune ou de l'arrondissement; dans les autres cas il doit être autorisé par le Préfet du département où a eu lieu le décès.

» L'*introduction de corps en France*, leur transport au lieu de sépulture, sont autorisés par le Ministre de l'intérieur. »

Art. 5. — « Il peut être établi des *chambres funéraires* destinées à recevoir avant la sépulture les corps de personnes dont le décès n'a pas été causé par une maladie contagieuse.

» Ces chambres funéraires sont créées, sur la demande du conseil municipal, par arrêté du Préfet, qui ne peut statuer qu'après enquête *de commodo et incommodo* et avis du conseil d'hygiène.

» Si une chambre funéraire présente des inconvénients graves, le Préfet peut en ordonner la suppression, le conseil municipal entendu. »

Art. 6. — « L'*admission des corps à la chambre funéraire* ne peut avoir lieu que sur la production :

» 1° D'une demande écrite du chef de la famille ou de toute autre personne ayant qualité pour pourvoir aux funérailles. Cette demande énoncera les nom, prénoms, âge, profession et domicile du décédé; — 2° d'un certificat de décès dans lequel le médecin traitant doit constater que le décès n'a pas été causé par une maladie contagieuse.

» A défaut de médecin traitant, l'admission à la chambre funéraire ne peut avoir lieu qu'en vertu d'une autorisation du Maire ou du Commissaire de police.

» Dans les cas prévus par l'article 87 du code civil (*signes* ou *indices de mort violente*), cette admission doit être autorisée par le Procureur de la République. »

Art. 7. — « Le Commissaire de police peut requérir l'admission à la chambre funéraire des corps de personnes étrangères à la commune qui décèdent sur la voie publique ou dans un lieu ouvert au public. »

Art. 8. — « Les corps sont transportés à la chambre funéraire dans des voitures spéciales ou des civières fermées. — Ils doivent avoir le *visage découvert* et les *mains libres*. »

Art. 9. — « La constatation officielle du décès peut être faite à la chambre funéraire. »

Art. 10. — « La *sépulture dans le cimetière d'une commune est due :* 1° aux personnes décédées sur le territoire d'une commune, quel que soit leur domicile; — 2° aux personnes domiciliées sur son territoire, alors même qu'elles seraient mortes dans une autre commune; — 3° aux personnes non domiciliées dans la commune, mais y ayant droit à une sépulture de famille. »

Art. 11. — « *A défaut de la famille*, la commune est tenue de pourvoir à la sépulture des personnes décédées sur son territoire, sauf à réclamer à qui de droit le remboursement de la dépense. »

TITRE II

DES INHUMATIONS

Art. 12. — « Les cercueils doivent être déposés dans les fosses et tranchées à une profondeur d'*un mètre cinquante centimètres* au moins. »

Art. 13. — « Chaque fosse particulière doit avoir au minimum une largeur de *quatre-vingts centimètres* sur une longueur de *deux mètres*. Pour l'inhumation des enfants en bas âge, les fosses peuvent être réduites à *un mètre* superficiel.

» Les fosses doivent être distantes entre elles de *trente centimètres* au moins. »

Art. 14. — « Les concessions, dans le cas où il n'y a point de caveau de famille, ne peuvent recevoir plusieurs corps que si *cinq années* au moins séparent chaque inhumation ou si les corps ont été placés de manière que la profondeur réglementaire soit observée dans la dernière inhumation. »

Art. 15. — « Dans les inhumations en tranchée, les cercueils doivent être distants les uns des autres d'au moins *vingt centimètres.* »

TITRE III

DE L'INCINÉRATION

Art. 16. — « Aucun appareil crématoire ne peut être mis en usage sans une autorisation du Préfet accordée après avis du conseil d'hygiène. »

Art. 17. — « *Toute incinération* est faite sous la surveillance de l'autorité municipale. Elle doit être préalablement *autorisée* par l'officier de l'état civil du lieu de décès, qui ne donne cette autorisation que sur le vu des pièces suivantes :

» 1° Une demande écrite du membre de la famille ou de toute autre personne ayant qualité pour pourvoir aux funérailles; cette demande indiquera le lieu où doit s'effectuer l'incinération; — 2° un certificat du médecin traitant affirmant que la mort est le résultat d'une cause naturelle; — 3° le rapport d'un médecin assermenté commis par l'officier de l'état civil pour vérifier les causes du décès.

» A défaut de certificat d'un médecin traitant, le médecin assermenté doit procéder à une enquête sommaire dont il consignera les résultats dans son rapport.

» Dans aucun cas, l'autorisation ne peut être accordée que si le médecin assermenté certifie que la mort est due à une *cause naturelle.* »

Art. 18. — « Si l'incinération doit être faite dans une autre commune que celle où le décès a eu lieu, il doit en outre être justifié de l'autorisation de transporter le corps, conformément à l'article 4. »

Art. 19. — « La réception du corps et son incinération sont constatées par un *procès-verbal* qui est transmis à l'autorité municipale. »

Art. 20. — « Les cendres ne peuvent être *déposées*, même à titre provisoire, que dans des lieux de sépulture régulièrement établis. — Toutefois les dispositions des articles 12 et 15 ne sont pas applicables à ces dépôts. »

Art. 21. — « Les cendres ne

peuvent être *déplacées* qu'en vertu d'une permission de l'autorité municipale. »

Art. 22. — « Toute *contravention* aux dispositions réglant les conditions des sépultures, et contenues dans les articles 3, 4, 8, § 2, 16, 17, 18, 20 et 21, est passible des peines prévues aux articles 3 et 5 de la loi du 15 novembre 1887. »

H

HEURE LÉGALE. — L'heure légale, en France et en Algérie, est l'heure temps moyen de Paris. (Loi 14 mars 1891.)

HÔTELIER. — Voy. DÉPÔT.

HYPOTHÈQUE. — Les dispositions de la loi du 23 mars 1855, relatives à l'inscription de l'hypothèque légale de la femme mariée, des cessions et renonciations, ont été modifiées et complétées par une loi du 13 février 1889 dont voici la teneur :

Article unique. — « Il sera ajouté à l'article 9 de la loi du 23 mars 1855 une disposition ainsi conçue :

« La *renonciation* par la femme à son hypothèque légale au profit de l'acquéreur d'immeubles grevés de cette hypothèque en emporte l'extinction et vaut purge à partir, soit de la transcription de l'acte d'aliénation, si la renonciation y est contenue, soit de la mention faite en marge de la transcription de l'acte d'aliénation, si la renonciation a été consentie par acte authentique distinct.

» Dans tous les cas, cette renonciation n'est valable et ne produit les effets ci-dessus que si elle est contenue dans un acte authentique.

» En l'absence de stipulation expresse, la renonciation par la femme à son hypothèque légale ne pourra résulter de son concours à l'acte d'aliénation que si elle stipule, soit comme *covenderesse*, soit comme *garante* ou *caution* du mari.

» Toutefois la femme conserve son *droit de préférence* sur le prix, mais sans pouvoir répéter contre l'acquéreur le prix ou la partie du prix par lui payé de son consentement et sans préjudice du droit des autres créanciers hypothécaires.

» Le *concours* ou le *consentement* donné par la femme, soit à un acte d'aliénation contenant quittance totale ou partielle du prix, soit à l'acte ultérieur de quittance totale ou partielle, emporte, même à due concurrence, *subrogation* à l'hypothèque légale sur l'immeuble vendu, au profit de l'acquéreur, vis-à-vis des créanciers hypothécaires postérieurs en rang; mais cette subrogation ne pourra préjudicier aux tiers qui deviendraient cessionnaires de l'hypothèque légale de la femme sur d'autres immeubles du mari, à moins que l'acquéreur ne se soit conformé aux prescriptions du § 1er du présent article. »

— Voy. ENFANT, 4.

I

INCENDIE. — Voy. ASSURANCES.

INCINÉRATION. — Mode de sépulture aujourd'hui autorisé sous certaines garanties et conditions déterminées par un décret du 27 avril 1889 (tit. III). — Voy. FUNÉRAILLES. (*Liberté des*)

— Les communes dans lesquelles sont installés des appareils crématoires peuvent percevoir des *droits* pour l'incinération des corps, suivant un tarif voté par le Conseil municipal et approuvé par le Préfet.

INCOMPATIBILITÉS PARLEMENTAIRES. — Les articles 8 et 9 de la loi du 30 novembre 1875, aux termes desquels, sauf quelques exceptions déterminées, l'exercice des *fonctions publiques rétribuées* sur les fonds de l'État est incompatible avec le mandat de Député, ont été déclarés applicables aux élections sénatoriales par la loi du 26 décembre 1887.

INÉLIGIBILITÉ. — Une loi du 24 juillet 1891, étendant les cas d'inéligibilité au Conseil général et au Conseil d'arrondissement, dispose que ne peuvent être élus membres du Conseil général ou du Conseil d'arrondissement : les premiers présidents, présidents de chambre, conseillers à la Cour d'appel, procureurs généraux, avocats généraux et substituts du procureur général, dans l'étendue du ressort de la Cour; les militaires des armées de terre et de mer en activité de service. Cette disposition n'est applicable ni à la réserve de l'armée active, ni à l'armée territoriale, ni aux officiers maintenus dans la première section du cadre de l'état-major général comme ayant commandé en chef devant l'ennemi.

INHUMATION. — Voy. FUNÉRAILLES. (*Liberté des*)

INJURE. — L'expédition d'une *correspondance à découvert* contenant une *injure* est punissable d'un *emprisonnement* de 5 jours à 2 mois, et d'une *amende* de 16 à 300 francs, ou de l'une de ces deux peines seulement. (Loi 12 juin 1887.)

INSTRUCTION PUBLIQUE. — 1. — Une loi du 17 décembre 1888 a transféré à *Lille* le chef-lieu d'académie antérieurement fixé à *Douai*.

2. — AJOUTER à la liste des LYCÉES DE GARÇONS ceux de : *Paris* (lycée Buffon), *Alais*, *Annecy*, *Cherbourg*, *Digne*, *Foix*, *Laon*, *Oran*, *Quimper*, *Rochefort*, *Tulle*, *Valenciennes*.

AJOUTER à la liste des LYCÉES DE JEUNES FILLES ceux de : *Paris* (lycée Racine, lycée Molière), *Bourg*, *Charleville*, *Guéret*, *Montauban*, *Nice*, *Tours*.

AJOUTER à la liste des COLLÈGES DE GARÇONS ceux de : *Médéah*, *Milianah*, *Mostaganem*, *Mure* (*La*), *Narbonne*, *Remiremont*, *Saint-André* (*Réunion*), *Saint-Nazaire*, *Sées*, *Sézanne*, *Seynes*.

SUPPRIMER de la liste des COLLÈGES DE GARÇONS ceux de : *Aix*, *Alais*, *Annecy*, *Cherbourg*, *Digne*, *Foix*, *Laon*, *Oran*, *Paimbœuf*, *Quimper*, *Rochefort*, *Tulle*, *Valenciennes*, tous, sauf celui de Paimbœuf, érigés en lycées.

AJOUTER à la liste des COLLÈGES DE JEUNES FILLES ceux de : *Alais*, *Albi*, *Avignon*, *Carpentras*, *Chartres*, *Marseille*, *Montauban*, *Oran*, *Saint-Quentin*, *Valenciennes*.

3. — Une loi du 19 juillet 1889, réglant sur de nouvelles bases le SERVICE FINANCIER DE L'INSTRUCTION PRIMAIRE, a fixé les règles pour le classement et l'avancement hiérarchique des fonctionnaires de l'enseignement et de l'inspection, élevé le taux minimum des traitements et déterminé, avec la nature des ressources correspondantes, les dépenses qui incombent respectivement à l'État, aux départements et aux communes.

J

JOURNAL. — Voy. ANNONCES SUR LA VOIE PUBLIQUE.

L

LIQUIDATION JUDICIAIRE. (Lois 4 mars 1889; 4 avril 1890.) — La législation sur les faillites date de 1838. Il avait été reconnu utile de mettre cette législation en harmonie avec les vœux des négociants et avec les changements opérés depuis un demi-siècle dans la situation et les besoins du commerce. C'est dans ce but qu'est intervenue, à la date du 4 mars 1889, une loi ainsi conçue :

Art. 1er. — « Tout commerçant qui cesse ses payements peut obtenir, en se conformant aux dispositions suivantes, le bénéfice de la *liquidation judiciaire* telle qu'elle est réglée par la présente loi. »

Art. 2. — « La liquidation judiciaire ne peut être ordonnée que sur *requête* présentée par le débiteur au tribunal de commerce de son domicile, dans les *quinze jours* de la cessation de ses payements. Le droit de demander cette liquidation appartient au débiteur assigné en déclaration de faillite pendant cette période.

» La requête est accompagnée du bilan et d'une liste indiquant le nom et le domicile de tous les créanciers.

» Peuvent être admis au bénéfice de la liquidation judiciaire de la succession de leur auteur, les héritiers qui en font la demande *dans le mois* du décès de ce dernier, décédé dans la *quinzaine* de la cessation de ses payements, s'ils justifient de leur acceptation pure et simple ou bénéficiaire. »

Art. 3. — « En cas de cessation de payements d'une *société en nom collectif* ou *en commandite*, la requête contient le nom et l'indication du domicile de chacun des associés solidaires et elle est signée par celui ou ceux des associés ayant la signature sociale.

» En cas de cessation de payements d'une *société anonyme*, la requête est signée par le directeur ou l'administrateur qui en remplit les fonctions.

» Dans tous les cas, elle est déposée au greffe du tribunal dans le ressort duquel se trouve le siège social. A défaut de siège social en France, le dépôt est effectué au greffe du tribunal dans le ressort duquel la société a son principal établissement. »

Art. 4. — « Le jugement qui statue sur une demande d'admission à la liquidation judiciaire est délibéré en chambre du conseil et rendu en audience publique. Le débiteur doit être entendu en personne, à moins d'excuses reconnues valables par le tribunal. Si la requête est admise, le jugement nomme un des membres du tribunal *juge-commissaire* et un ou plusieurs *liquidateurs provisoires*. Ces derniers, qui sont immédiatement prévenus par le greffier, arrêtent et signent les livres du débiteur dans les 24 heures de leur nomination et procèdent avec celui-ci à l'inventaire. Ils sont tenus, dans le même délai, de requérir les inscriptions d'hypothèques mentionnées en l'article 490 du code de commerce.

» Dans le cas où une société est déclarée en état de liquidation judiciaire, s'il a été nommé antérieurement un liquidateur, celui-ci représentera la société dans les opérations de la liquidation judiciaire. Il rendra compte de sa gestion à la première réunion des créanciers. Toutefois, il pourra être nommé liquidateur provisoire.

» Le jugement qui déclare ouverte la liquidation judiciaire est *publié* conformément à l'article 442 du code de commerce. Il n'est susceptible d'*aucun recours* et ne peut être *attaqué* par voie de tierce-opposition. Cependant, si le tribunal est saisi en même temps d'une requête en admission au bénéfice de la liquidation judiciaire et d'une assignation en déclaration de faillite, il statue sur le tout par un seul et même jugement, rendu dans la forme ordinaire, *exécutoire par provision* et susceptible d'appel dans tous les cas. »

Art. 5, ainsi modifié par la loi du 4 avril 1890. — « A partir du jugement qui déclare ouverte la liquidation judiciaire, les *actions* mobilières ou immobilières et toutes *voies d'exécution*, tant sur les meubles que sur les immeubles, sont suspendues, comme en matière de faillite. Celles qui subsistent doivent être intentées ou suivies à la fois contre les liquidateurs et le débiteur.

» Il ne peut être pris sur les biens de ce dernier d'autres *inscriptions* que celles mentionnées en l'article 4, et les créanciers ne peuvent poursuivre l'expropriation des immeubles sur lesquels ils n'ont pas d'hypothèque.

» De son côté, le débiteur ne peut contracter *aucune nouvelle dette* ni *aliéner tout ou partie de son actif*, sauf dans les cas qui sont énumérés ci-après. »

Art. 6. — « Le débiteur peut, *avec l'assistance des liquidateurs*, procéder au recouvrement des effets et créances exigibles, faire tous actes conservatoires, vendre les objets sujets à dépérissement ou à dépréciation imminente ou dispendieux à conserver, et intenter ou suivre toute action mobilière ou immobilière.

» *Au refus du débiteur*, il pourra être procédé par les liquidateurs seuls, avec l'autorisation du juge-commissaire. Toutefois, s'il s'agit d'une action à intenter, cette autorisation ne sera pas demandée, mais les liquidateurs devront mettre le débiteur en cause.

» Le débiteur peut aussi, avec l'assistance des liquidateurs et l'autorisation du juge-commissaire, *continuer l'exploitation* de son commerce ou de son industrie.

» L'ordonnance du juge-commissaire qui autorise la continuation de l'exploitation est exécutoire par provision et *peut être déférée*, par toute partie intéressée, au tribunal de commerce.

» Les *fonds provenant des recouvrements et ventes* sont remis aux liquidateurs, qui les versent à la Caisse des dépôts et consignations. »

Art. 7. — « Le débiteur peut, après l'avis des *contrôleurs* qui auraient été désignés conformément à l'article 9, avec l'assistance des liquidateurs et l'autorisation du juge-commissaire, accomplir tous actes de *désistement*, de *renonciation* ou d'*acquiescement*.

» Il peut, sous les mêmes conditions, *transiger* sur tout litige dont la valeur n'excède pas 1 500 francs.

» Si l'objet de la transaction est d'une *valeur indéterminée* ou *excédant* 1 500 *francs*, la transaction n'est obligatoire qu'après avoir été homologuée dans les termes de l'article 487 du Code de commerce.

» L'article 1er de la loi du 11 avril 1838 sur les tribunaux civils de première instance est applicable à la détermination de la valeur des immeubles sur lesquels a porté la transaction.

» Tout créancier peut intervenir sur la demande en homologation de la transaction. »

Art. 8. — « Le jugement qui déclare ouverte la liquidation judiciaire rend *exigibles*, à l'égard du débiteur, les dettes passives *non échues*; il arrête, à l'égard de la masse seulement, le cours des *intérêts* de toute créance *non garantie* par un nantissement ou par une hypothèque.

» Les intérêts des créances *garanties* ne peuvent être réclamés que sur les sommes provenant des biens affectés au privilège, à l'hypothèque ou au nantissement. »

Art. 9. — « Dans les *trois jours* du jugement, le greffier informe les créanciers, par lettres et par insertions dans les journaux, de l'ouverture de la liquidation judiciaire et les convoque à se réunir, dans un délai qui ne peut excéder *quinze jours*, dans une des salles du tribunal, pour examiner la situation du débiteur. Le jour de la réunion est fixé par le juge-commissaire.

» Au jour indiqué, le débiteur, assisté des liquidateurs provisoires, présente un *état de situation* qu'il signe et certifie sincère et véritable et qui contient l'énumération et l'évaluation de tous ses biens mobiliers et immobiliers, le montant des dettes actives et passives, le tableau des profits et pertes et celui des dépenses.

» Les créanciers donnent leur avis sur la nomination des *liquidateurs définitifs*. Ils sont consultés par le juge-commissaire sur l'utilité d'élire parmi eux un ou deux *contrôleurs*.

» Ces contrôleurs peuvent être élus *à toute période de la liquidation*, s'ils ne l'ont été dans cette première assemblée.

» Il est dressé de cette réunion et des dires et observations des créanciers un *procès-verbal* portant fixation par le juge-commissaire, dans un délai de *quinzaine*, de la date de la première assemblée de *vérification des créances*.

» Ce procès-verbal est signé par le juge-commissaire et par le greffier. Sur le vu de cette pièce et le rapport du juge-commissaire, le tribunal nomme des *liquidateurs définitifs*. »

Art. 10. — « Les contrôleurs sont spécialement *chargés* de vérifier les livres et l'état de situation présenté par le débiteur et de surveiller les opérations des liquidateurs; ils ont toujours le droit de demander compte de l'état de la liquidation judiciaire, des recettes effectuées et des versements faits.

» Les liquidateurs sont tenus de prendre leur avis sur les actions à intenter ou à suivre.

» Les fonctions de contrôleurs sont *gratuites*. Ils ne peuvent être *révoqués* que par le tribunal de commerce, sur l'avis conforme de la majorité des créanciers et la proposition du juge-commissaire. Ils ne peuvent être déclarés *responsables* qu'en cas de faute lourde et personnelle.

» Les liquidateurs peuvent recevoir, quelle que soit leur qualité, une *indemnité* qui est taxée par le juge-commissaire. »

Art. 11. — « A partir du jugement d'ouverture de la liquidation judiciaire, les créanciers pourront remettre leurs titres, soit au greffe, soit entre les mains des liquidateurs. En faisant cette remise, chaque créancier sera tenu d'y joindre un *bordereau* énonçant ses nom, prénoms, profession et domicile, le montant et les causes de sa créance, les privilèges, hypothèques ou gages qui y sont affectés.

» Cette remise n'est astreinte à aucune forme spéciale.

» Le greffier tient état des titres et bordereaux qui lui sont remis et en donne *récépissé*. Il n'est *responsable* des titres que pendant *cinq années* à partir du jour de l'ouverture du procès-verbal de vérification.

» Les liquidateurs sont *responsables* des titres, livres et papiers qui leur ont été remis, pendant *dix ans*, à partir du jour de la reddition de leurs comptes. »

Art. 12. — « Après la réunion dont il est parlé en l'article 9, ou le lendemain au plus tard, les créanciers sont convoqués en la forme prévue par le même article pour la première assemblée de *vérification*. Les lettres de convocation et les insertions dans les journaux portent que ceux d'entre eux qui n'auraient pas fait à ce moment la remise des titres et bordereaux mentionnés en l'article 11 doivent faire cette remise, de la manière indiquée audit article, dans le délai fixé pour la réunion de l'assemblée de vérification. Ce délai peut être augmenté, par ordonnance du juge-commissaire, à l'égard des créanciers domiciliés hors du territoire continental de la France.

» La *vérification* et l'*affirmation des créances* ont lieu dans la même réunion et dans les formes prescrites par le code de commerce en tout ce qui n'est pas contraire à la présente loi. »

Art. 13. — « Le lendemain des opérations de la première assemblée de vérification, il est adressé, en la forme prescrite à l'article 9, une convocation à tous les créanciers, invitant ceux qui n'ont pas produit à faire leur production.

» Les créanciers sont prévenus que l'assemblée de vérification à laquelle ils sont convoqués sera la *dernière*. Cette assemblée a lieu *quinze jours* après la première.

» Si des *lettres de change* ou des *billets à ordre* souscrits ou endossés par le débiteur et non échus au moment de cette dernière assemblée sont en circulation, les liquidateurs pourront obtenir du juge-commissaire la convocation d'une *nouvelle assemblée de vérification.* »

Art. 14. — « Le lendemain de la dernière assemblée, dans laquelle le juge-commissaire prononce la clôture de la vérification, tous les créanciers vérifiés, ou admis par provision, sont invités, en la forme prescrite par l'article 9, à se réunir pour entendre les propositions de *concordat* du débiteur et en délibérer.

» Cette réunion a lieu *quinze jours* après la dernière assemblée de vérification.

» Toutefois, en cas de *contestation* sur l'admission d'une ou de plusieurs créances, le tribunal de commerce peut augmenter ce délai sans qu'il soit dérogé pour le surplus aux dispositions des articles 499 et 500 du code de commerce. »

Art. 15. — « Le traité entre les créanciers et le débiteur ne peut s'établir que s'il est consenti par la *majorité* de tous les créanciers vérifiés et affirmés ou admis par provision, représentant en outre les *deux tiers* de la totalité des créances vérifiées et affirmées ou admises par provision. Le tout à peine de nullité.

» Si le concordat est *homologué*, le tribunal déclare la liquidation judiciaire terminée. Lorsque le concordat contient abandon d'un *actif à réaliser*, les créanciers sont consultés sur le maintien ou le remplacement des liquidateurs et des contrôleurs. Le tribunal statue sur le maintien ou le remplacement des liquidateurs. Les opérations de réalisation et de répartition de l'actif abandonné se suivent conformément aux dispositions de l'article 541 du code de commerce.

» Dans la dernière assemblée, les liquidateurs donnent connaissance de l'état de leurs *frais* et *indemnités*, taxés par le juge-commissaire. Cet état est déposé au greffe. Le débiteur et les créanciers peuvent former *opposition* à la taxe dans la huitaine. Il est statué par le tribunal en chambre du conseil.

» Dans tous les cas où il y a lieu à reddition de comptes par les liquidateurs, la disposition du paragraphe précédent est applicable. »

Art. 16. — « Sont *nuls* et sans effet, tant à l'égard des parties intéressées qu'à l'égard des tiers, tous traités ou concordats qui, après l'ouverture de la liquidation judiciaire, n'auraient pas été souscrits dans les formes ci-dessus prescrites. »

Art. 17. — « Les prescriptions du décret du 18 juin 1880, contenant le tarif des droits et émoluments que les greffiers des tribunaux de commerce sont autorisés à percevoir, sont applicables au cas de liquidation judiciaire comme au cas de faillite. »

Art. 18. — « La *notification* à faire, s'il y a lieu, *au propriétaire* dans les termes de l'article 450 du code de commerce, est faite par le débiteur et les liquidateurs avec l'autorisation du juge-commissaire, les contrôleurs entendus. Ils ont, pour cette notification, un délai de *huit jours* à partir de la première assemblée de vérification. »

Art. 19. — « La *faillite* d'un commerçant admis au bénéfice de la liquidation judiciaire *peut être déclarée* par jugement du tribunal de commerce, soit d'office, soit sur la poursuite des créanciers :

» 1° S'il est reconnu que la requête à fin de liquidation judiciaire n'a pas été présentée dans les *quinze jours* de la cessation des payements ;

» 2° Si le débiteur n'obtient *pas de concordat*. Dans ce cas, si la faillite n'est pas déclarée, la liquidation judiciaire continue jusqu'à la réalisation et la répartition de l'actif, qui se feront conformément aux dispositions du deuxième alinéa de l'article 15 de la présente loi. Si la faillite est déclarée, il est procédé conformément aux articles 529 et suivants du code de commerce.

» Le tribunal *déclare la faillite* à toute période de la liquidation judiciaire :

» 1° Si, depuis la cessation des payements ou dans les dix jours précédents, le débiteur a consenti l'un des actes mentionnés dans les articles 446, 447, 448 et 449 du code de commerce, mais dans le cas seulement où la nullité aura été prononcée par les tribunaux compétents ou reconnue par les parties;

» 2° Si le débiteur a dissimulé ou exagéré l'actif ou le passif, omis sciemment le nom d'un ou de plusieurs créanciers, ou commis une fraude quelconque, le tout sans préjudice des poursuites du ministère public;

» 3° Dans le cas d'annulation ou de résolution du concordat;

» 4° Si le débiteur en état de liquidation judiciaire a été condamné pour banqueroute simple ou frauduleuse.

» Les opérations de la faillite sont suivies sur les derniers errements de la procédure de la liquidation. »

Art. 20. — « L'article 11 et les dispositions des paragraphes 1, 3 et 4 de l'article 15 de la présente loi sont applicables à l'état de faillite.

» Sont également applicables à l'état de faillite les dispositions de la présente loi concernant l'institution des *contrôleurs.* »

Art. 21. — « A partir du jugement d'ouverture de la liquidation judiciaire, le débiteur ne peut être nommé à *aucune fonction élective;* s'il exerce une fonction de cette nature, il est réputé *démissionnaire.* »

Art. 22. — « L'article 549 du code de commerce est modifié ainsi qu'il suit :

« Art. 549. — Le *salaire* acquis aux *ouvriers* directement employés par le débiteur, pendant les *trois mois* qui ont précédé l'ouverture de la liquidation judiciaire ou la faillite, est admis au nombre des créances *privilégiées* au même rang que le privilège établi par l'article 2101 du code civil pour le salaire des gens de service.

» Les *salaires* dus aux *commis* pour les six mois qui précèdent le jugement déclaratif sont admis au même rang. »

Art. 23. — « Le premier paragraphe de l'article 438 du code de commerce et le n° 4 de l'énumération faite par l'article 586 sont modifiés comme il suit :

« Art. 438, § 1er. — Tout failli sera tenu, dans les *quinze jours* de la cessation de ses payements, d'en faire la déclaration au greffe du tribunal de commerce de son domicile. Le jour de la cessation de payement sera compris dans les 15 jours. »

« Art. 586, 4°... Si, dans les *quinze jours* de la cessation de ses payements, il n'a pas fait au greffe la déclaration exigée par les articles 438 et 439, ou si cette déclaration ne contient pas les noms de tous les associés solidaires. »

Art. 24. — « Toutes les dispositions du Code de Commerce qui ne sont pas modifiées par la présente loi continueront à recevoir leur application en cas de liquidation judiciaire comme en cas de faillite. »

LIVRETS D'OUVRIERS. — La loi du 2 juillet 1890 a abrégé les dispositions relatives aux livrets d'ouvriers. Néanmoins elle a déclaré que continueront à être exécutées les dispositions de la loi du 18 mars 1806 sur les livrets d'acquit de la fabrique de Lyon; celle de la loi du 7 mars 1850 sur les livrets de compte pour le tissage et le bobinage, et l'article 10 de la loi du 19 mai 1874 relatif aux livrets des enfants et des filles mineures employés dans l'industrie, lequel sera applicable aux enfants et aux filles mineures employés comme apprentis ou autrement.

Le contrat de louage d'ouvrage, entre les chefs ou directeurs des établissements industriels et leurs ouvriers, est soumis aux règles du droit commun et peut être constaté dans les formes qu'il convient aux parties contractantes d'adopter.

Cette nature de contrat est *exempte de timbre et d'enregistrement.*

Toute personne qui engage ses services peut, à l'expiration du contrat, exiger de celui à qui il les a loués, sous peine de dommages et intérêts, un *certificat* contenant *exclusivement* la date de son entrée, celle de sa sortie et l'espèce de travail auquel elle a été employée.

Ce certificat est *exempt de timbre et d'enregistrement.*

LOUAGE. — Voy. ASSURANCES; — COLONAT PARTIAIRE; — PRIVILÈGE. — Une loi du 27 décembre 1890 sur le contrat de louage et sur les rapports des agents de chemins de fer avec les compagnies a complété l'article 1780 du code civil comme suit :

« Le louage de service, fait *sans détermination de durée*, peut toujours cesser par la volonté d'une des parties contractantes.

Néanmoins, la résiliation du contrat par la volonté d'un seul des contractants peut donner lieu à des *dommages-intérêts.*

Pour la fixation de l'indemnité à allouer, le cas échéant, il est tenu compte des usages, de la nature des services engagés, du temps écoulé, des retenues opérées et des versements effectués en vue d'une pension de retraite, et, en général, de toutes les circonstances qui peuvent justifier l'existence et déterminer l'étendue du préjudice causé.

Les parties *ne peuvent renoncer à l'avance* au droit éventuel de demander des dommages-intérêts en vertu des dispositions ci-dessus.

Les contestations auxquelles pourra donner lieu l'application des paragraphes précédents, lorsqu'elles seront portées devant les tribunaux civils et devant les cours d'appel, seront instruites comme *affaires sommaires* et *jugées d'urgence.* »

M

MARIAGE. — Les individus condamnés à la relégation et transférés dans les établissements pénitentiaires créés aux colonies françaises en vertu de la loi du 27 mai 1885, sont, s'ils veulent y contracter mariage, *dispensés* des obligations imposées par les articles 151, 152 et 153 du Code civil (*actes respectueux*).

Les *publications* faites dans la colonie sont suffisantes pour la régularité du mariage, même dans le cas où le domicile des parties ne serait pas établi par un séjour de 6 mois.

Les *actes de l'état civil* exigés par le code civil pour pouvoir contracter mariage peuvent être *remplacés*, soit par un extrait de la feuille matriculaire, soit par un acte de notoriété, soit par toute autre pièce jugée suffisante par le Gouverneur, en conseil privé. (Déc. 11 novembre 1887.)

— Voy. ENFANT, 4; — SERVICE MILITAIRE.

MARQUES DE FABRIQUE ET DE COMMERCE. — La loi du 3 mai 1890 a modifié comme suit l'article 2 de la loi du 23 juin 1857 sur les marques de fabrique et de commerce :

« Nul ne pourra revendiquer la propriété exclusive d'une marque s'il n'a déposé au greffe du tribunal de commerce de son domicile :

1° Trois exemplaires du modèle de cette marque; — 2° Le cliché typographique de cette marque.

En cas de dépôt de plusieurs marques appartenant à une même personne, il n'est dressé qu'un procès-verbal, mais il doit être déposé autant de modèles en triple exemplaire et autant de clichés qu'il y a de marques distinctes.

L'un des exemplaires déposés sera remis au déposant revêtu du visa du greffier et portant l'indication du jour et de l'heure du dépôt.

Les dimensions des clichés ne devront pas dépasser douze centimètres de côté.

Les clichés seront rendus aux intéressés après la publication officielle des marques par le département du commerce, de l'industrie et des colonies. »

MÉDAILLES D'HONNEUR. — Un décret du 28 mars 1888 dispose que des médailles d'honneur pourront être décernées par le *Ministre de la guerre*, sur la proposition de l'autorité militaire compétente, aux employés et ouvriers français qui comptent plus de *trente années* de bons services consécutifs dans les établissements ressortissant au département de la guerre.

Un décret antérieur, du 16 juillet 1886, avait disposé que des médailles d'honneur peuvent être décernées par le *Ministre du commerce et de l'industrie* aux ouvriers ou employés français, qui comptent plus de *trente années* de services consécutifs dans le même établissement industriel ou commercial situé sur le territoire de la République française.

MÉRITE AGRICOLE. — Les membres de l'ordre du Mérite agricole sont tenus de *verser au Trésor*, pour frais d'insignes et de brevet, la somme de *quinze francs* pour la croix de *chevalier* et celle de *soixante francs* pour la croix d'*officier*. (Loi de finances, 30 mars 1888, art. 11.)

MÉTAYAGE. — Voy. COLONAT PARTIAIRE.

MINES. — En vue d'assurer la sécurité des ouvriers mineurs, une loi du 8 juillet 1890 a édicté les mesures suivantes :

Des *délégués* sont institués pour visiter les travaux souterrains des mines, minières ou carrières, dans le but *exclusif* d'en examiner les conditions de sécurité pour le personnel qui y est occupé, et, d'autre part, en cas d'accident, les conditions dans lesquelles cet accident se serait produit.

Un délégué et un délégué suppléant exercent leurs fonctions dans une circonscription souterraine, dont les limites sont déterminées par un arrêté du préfet rendu après rapport des ingénieurs des mines, l'exploitant entendu.

Tout ensemble de puits, galeries et chantiers dépendant d'une même exploitation et dont la visite détaillée n'exige pas plus de 6 jours, ne constitue qu'une seule circonscription. Les autres exploitations sont subdivisées en 2, 3, etc., circonscriptions selon que la visite n'exige pas plus de 12, 18, etc., jours.

Un arrêté du préfet, rendu sur le rapport des ingénieurs des mines, peut dispenser de délégués toute concession de mines, ou tout ensemble de concessions de mines contiguës, ou tout ensemble de travaux souterrains de minières ou carrières qui, dépendant d'un même exploitant, emploierait moins de 25 ouvriers travaillant au fond.

Le délégué doit visiter 2 *fois par mois* tous les puits, galeries et chantiers de sa circonscription. Il visite également les appareils servant à la circulation et au transport des ouvriers. Il doit procéder sans délai à la visite des lieux où est survenu un accident ayant occasionné la mort ou des blessures graves à un ou plusieurs ouvriers, ou pouvant compromettre la sécurité des ouvriers. Avis de l'accident doit être donné sur le champ au délégué par l'exploitant.

Le *délégué suppléant* ne remplace le délégué qu'en cas d'empêchement motivé de celui-ci, sur l'avis que le délégué en a donné tant à l'exploitant qu'au délégué suppléant.

Les observations relevées par le délégué dans chacune de ses visites doivent être, le jour même ou au plus tard le lendemain, consignées par lui sur un *registre spécial* fourni par l'exploitant, et constamment tenu sur le carreau de l'exploitation à la disposition des ouvriers.

L'exploitant peut consigner ses observations et dires sur le même registre, en regard de ceux du délégué.

Des copies des uns et des autres sont immédiatement et respectivement envoyées par les auteurs au préfet qui les communique aux ingénieurs des mines.

Sont *électeurs* dans une circonscription les ouvriers qui y travaillent au fond, à la condition :

1° D'être Français et de jouir de leurs droits politiques;

2° D'être inscrits sur la feuille de la dernière page effectuée pour la circonscription avant l'arrêté de convocation des électeurs.

Sont *éligibles* dans une circonscription, à la condition de savoir lire et écrire, et, en outre, de n'avoir jamais encouru de condamnation pour infraction aux dispositions soit de la loi du 8 juillet 1890, soit de la loi du 21 avril 1810 et du décret du 3 janvier 1813, soit des articles 414 et 415 du code pénal :

1° Les électeurs ci-dessus désignés, âgés de 25 ans accomplis, travaillant au fond depuis 5 ans au moins dans la circonscription ou dans l'une des circonscriptions voisines dépendant du même exploitant;

2° Les anciens ouvriers domiciliés dans les communes sous le territoire desquelles s'étend l'ensemble des circonscriptions comprises avec la circonscription en question dans le même arrêté de délimitation, à la condition qu'ils soient âgés de 25 ans accomplis, Français, jouissant de leurs droits politiques, qu'ils aient travaillé au fond pendant 5 ans au moins dans les circonscriptions comprises dans l'arrêté précité et qu'ils n'aient pas cessé d'y être employés depuis plus de 10 ans, soit comme ouvriers du fond, soit comme délégués ou délégués suppléants;

3° Les anciens ouvriers ne sont éligibles que s'ils ne sont pas déjà délégués non seulement pour une circonscription de la mine de l'exploitant, mais encore pour une circonscription d'une autre mine située dans ou en dehors du territoire de leur commune.

— L'arrêté de convocation des électeurs est publié et affiché 15 jours au moins avant l'élection qui doit toujours avoir lieu un dimanche.

Nul n'est élu au *premier tour* s'il n'a obtenu la majorité absolue des suffrages exprimés et un nombre de voix au moins égal au quart du nombre des électeurs inscrits.

Au *deuxième tour*, la majorité relative suffit, quel que soit le nombre des votants.

En cas d'égalité de suffrages, le plus âgé des candidats est élu :

Le vote a lieu, à peine de nullité, *sous enveloppe* d'un type uniforme déposé à la préfecture.

Ceux qui, soit par voies de fait, violences, menaces, dons ou promesses, soit en faisant craindre à un électeur de perdre son emploi, d'être privé de son travail, ou d'exposer à un dommage sa personne, sa famille ou sa fortune, auraient influencé le vote, sont punissables d'un *emprisonnement* d'un mois à un an et d'une *amende* de 100 fr. à 2000 fr., sauf admission de circonstances atténuantes.

— Peut être *annulée* toute élection dans laquelle les candidats élus auraient influencé le vote en promettant de s'immiscer dans des questions ou revendications étrangères à l'objet des fonctions de délégué.

Les *protestations* contre l'élection doivent être consignées au procès-verbal ou être adressées, dans les 3 jours, au préfet. Les exploitants peuvent, comme les électeurs, adresser dans le même délai leurs protestations au préfet.

Le Conseil de préfecture, saisi du dossier au plus tard le cinquième jours après l'élection, doit statuer dans les 8 jours suivants.

En cas d'annulation, il est procédé à l'élection dans le délai d'un mois.

— Les délégués et délégués suppléants sont élus pour *trois ans*; toutefois, ils doivent continuer leurs fonctions tant qu'ils n'ont pas été remplacés.

Il est pourvu, dans le mois qui suit la vacance, au remplacement du délégué ou du délégué suppléant décédé ou démissionnaire, ou révoqué, ou déchu des qualités requises pour l'éligibilité.

Le nouvel élu est nommé pour le temps restant à courir jusqu'au terme qui était assigné aux fonctions de celui qu'il remplace.

— Tout délégué ou délégué suppléant peut, pour négligence grave ou abus dans l'exercice de ses fonctions, ou à la suite de condamnations prononcées en vertu des articles 414 et 415 du code pénal, être *suspendu* pendant 3 mois au plus par arrêté du préfet, pris, après enquête, sur avis motivé des ingénieurs des mines, et le délégué entendu.

L'arrêté de suspension est, dans la quinzaine, soumis par le préfet au ministre des travaux publics, lequel peut lever ou réduire la suspension et, s'il y a lieu, prononcer la *révocation* du délégué.

Les délégués et délégués suppléants *révoqués* ne peuvent être *réélus* avant un délai de 3 ans.

— Les visites prescrites par la loi sont payées par le Trésor au délégué comme *journées de travail.*

Chaque année, le préfet, sur l'avis des ingénieurs des mines, fixe pour l'année suivante et pour chaque circonscription le nombre maximum des journées que le délégué doit employer à ses visites et le prix de la journée. Il fixe également le maximum de l'indemnité mensuelle pour les circonscriptions comprenant au plus 120 ouvriers.

Dans les autres cas, l'indemnité à accorder aux délégués pour les visites mensuelles réglementaires ne peut être inférieure au prix de 10 journées de travail par mois.

Le délégué dresse mensuellement un état des journées employées aux visites tant par lui-même que par son suppléant. Cet état est vérifié par les ingénieurs des mines et arrêté par le préfet.

La somme due à chaque délégué lui est payée par le Trésor sur mandat mensuel délivré par le préfet.

Les frais avancés par le Trésor sont recouvrés sur les exploitants comme en matière de contributions directes.

— Les exploitations de mines, minières et carrières *à ciel ouvert* peuvent, en raison des dangers qu'elles présenteraient, être assimilées aux exploitations souterraines pour l'application de la loi du 8 juillet 1890, par arrêté du préfet, rendu sur le rapport des ingénieurs des mines.

Dans ce cas, les ouvriers attachés à l'extraction sont assimilés aux ouvriers du fond pour l'électorat et l'éligibilité.

MINISTRES. — 1. — La direction des *cultes*, distraite une fois de plus du ministère de l'*instruction publique*, a été rattachée à celui de la *justice*. (Déc. 3 avril 1888.)

2. — La direction générale des *postes et des télégraphes*, distraite du ministère des *finances* auquel elle avait été rattachée lors de la suppression du ministère spécial des postes et télégraphes, a été transférée au ministère du *commerce* et de l'*industrie*. (Déc. 5 janvier 1889.)

3. — Le service de l'*hygiène publique* est passé du ministère du *commerce* au ministère de l'*intérieur*. Toutefois les établissements dangereux, insalubres ou incommodes, les fabriques et dépôts de dynamite et autres matières explosibles ont été maintenus dans les attributions du ministère du commerce et de l'industrie. (Déc. 5 janvier 1889.)

4. — L'administration des *colonies* a été détachée du ministère de la *marine* et fait aujourd'hui partie, avec un sous-secrétaire d'Etat spécial, du ministère du *commerce*, de l'*industrie* et des *colonies*.

N

NATIONALITÉ. (Loi 26 juin 1889.) — Les lois qui régissent l'acquisition, la perte et le recouvrement de la qualité de Francais ont été, à diverses reprises, notamment en 1849, en 1851, en 1867, en 1874, l'objet de modifications profondes. Une loi du 26 juin 1889, abrogeant les dispositions antérieures, est venue régler à nouveau cette importante matière. En voici la teneur :

Art. 1er. — « Les articles 7, 8, 9, 10, 12, 13, 17, 18, 19, 20 et 21 du code civil sont modifiés ainsi qu'il suit :

Art. 7. — « L'exercice des droits civils est indépendant de l'exercice des droits politiques, lesquels s'acquièrent et se conservent conformément aux lois constitutionnelles et électorales. »

Art. 8. — « Tout Français jouira des droits civils.

» Sont Français :

» 1° Tout individu né d'un Français en France ou à l'étranger.

» L'enfant naturel dont la filiation est établie pendant la minorité, par reconnaissance ou par jugement, suit la nationalité de celui des parents à l'égard duquel la preuve a d'abord été faite. Si elle résulte pour le père ou la mère du même acte ou du même jugement, l'enfant suivra la nationalité du père ;

» 2° Tout individu né en France de parents inconnus ou dont la nationalité est inconnue ;

» 3° Tout individu né en France d'un étranger qui lui-même y est né ;

» 4° Tout individu né en France d'un étranger et qui, à l'époque de sa majorité, est domicilié en France, à moins que, dans l'année qui suit sa majorité, telle qu'elle est réglée par la loi française, il n'ait décliné la qualité de Français et prouvé qu'il a conservé la nationalité de ses parents par une attestation en due forme de son gouvernement, laquelle demeurera annexée à la déclaration, et qu'il n'ait, en outre, produit, s'il y a lieu, un certificat constatant qu'il a répondu à l'appel sous les drapeaux, conformément à la loi militaire de son pays, sauf les exceptions prévues au traité ;

» 5° Les étrangers naturalisés.

» Peuvent être naturalisés :

» 1° Les étrangers qui ont obtenu l'autorisation de fixer leur domicile en France, conformément à l'article 13 ci-dessous, après *trois ans* de domicile en France, à dater de l'enregistrement de leur demande au ministère de la justice ;

» 2° Les étrangers qui peuvent justifier d'une résidence non interrompue pendant *dix années ;*

» Est assimilé à la résidence en France le séjour en pays étranger pour l'exercice d'une fonction conférée par le gouvernement français ;

» 3° Les étrangers admis à fixer leur domicile en France, après *un an*, s'ils ont rendu des services importants à la France, s'ils y ont apporté des talents distingués ou s'ils y ont introduit soit une industrie, soit des inventions utiles, ou s'ils ont créé soit des établissements industriels ou autres, soit des exploitations agricoles, ou s'ils ont été attachés, à un titre quelconque, au service militaire dans les colonies et les protectorats français ;

» 4° L'étranger *qui a épousé une Française*, aussi après une année de domicile autorisé.

» Il est statué par décret sur la demande de naturalisation, après une enquête sur la moralité de l'étranger. »

Art. 9. — « Tout individu né en France d'un étranger et qui n'y est pas domicilié à l'époque de sa majorité pourra, jusqu'à l'âge de *vingt-deux ans accomplis*, faire sa soumission de fixer en France son domicile, et, s'il l'y établit dans l'année à compter de l'acte de soumission, réclamer la qualité de Français par une déclaration qui sera enregistrée au ministère de la justice.

» S'il est âgé de moins de *vingt et un ans accomplis*, la déclaration sera faite en son nom par son père; en cas de décès, par sa mère; en cas de décès du père et de la mère, ou de leur exclusion de la tutelle, ou dans les cas prévus par les articles 141, 142 et 143 du code civil, par le tuteur autorisé par délibération du conseil de famille.

» Il devient également Français si, ayant été porté sur le tableau de recensement, il prend part aux opérations de recrutement sans opposer son extranéité. »

Art. 10. — « Tout individu né en France ou à l'étranger de parents dont l'un a perdu la qualité de Français pourra réclamer cette qualité à tout âge, aux conditions fixées par l'article 9, à moins que, domicilié en France et appelé sous les drapeaux lors de sa majorité, il n'ait revendiqué la qualité d'étranger. »

Art. 12. — « L'étrangère *qui aura épousé un Français* suivra la condition de son mari.

» La femme mariée à un étranger qui se fait naturaliser Français et les enfants majeurs de l'étranger naturalisé pourront, s'ils le demandent, obtenir la qualité de Français, sans condition de stage, soit par le décret qui confère cette qualité au mari ou au père ou à la mère, soit comme conséquence de la déclaration qu'ils feront dans les termes et sous les conditions de l'article 9.

» Deviennent Français les enfants mineurs d'un père ou d'une mère survivant qui se font naturaliser Français, à moins que, dans l'année qui suivra leur majorité, ils ne déclinent cette qualité en se conformant aux dispositions de l'article 8, paragraphe 4. »

Art. 13. — « L'étranger qui aura été autorisé par décret à fixer son domicile en France y jouira de tous les droits civils.

» L'effet de l'autorisation cessera à l'expiration de *cinq années*, si l'étranger ne demande pas la naturalisation, ou si la demande est rejetée.

» En cas de décès avant la naturalisation, l'autorisation et le temps de stage qui a suivi profiteront à la femme et aux enfants qui étaient mineurs au moment du décret d'autorisation. »

Art. 17. — « PERDENT LA QUALITÉ DE FRANÇAIS :

» 1° Le Français naturalisé à l'étranger ou celui qui acquiert sur sa demande la nationalité étrangère par l'effet de la loi.

» S'il est encore soumis aux obligations du service militaire pour l'armée active, la naturalisation à l'étranger ne fera perdre la qualité de Français que si elle a été autorisée par le Gouvernement français;

» 2° Le Français qui a décliné la nationalité française dans les cas prévus au paragraphe 4 de l'article 8 et aux articles 12 et 18;

» 3° Le Français qui, ayant accepté des fonctions publiques conférées par un gouvernement étranger, les conserve nonobstant l'injonction du Gouvernement français de les résigner dans un délai déterminé;

4° Le Français qui, sans autorisation du Gouvernement, prend du service militaire à l'étranger, sans préjudice des lois pénales contre le Français qui se soustrait aux obligations de la loi militaire. »

Art. 18. — « Le Français qui a perdu sa qualité de Français peut la recouvrer pourvu qu'il réside en France, en obtenant sa réintégration par décret. La qualité de Français pourra être accordée par le même décret à la femme et aux enfants majeurs s'ils en font la demande. Les enfants mineurs du père ou de la mère réintégrés deviennent Français, à moins que, dans l'année qui suivra leur majorité, ils ne déclinent cette qualité, en se conformant aux dispositions de l'article 8, paragraphe 4. »

Art. 19. — « La *femme française qui épouse un étranger* suit la condition de son mari, à moins que son mariage ne lui confère pas la nationalité de son mari, auquel cas elle reste Française. Si son mariage est dissous par la mort du mari ou le divorce, elle recouvre la qualité de Française, avec l'autorisation du Gouvernement, pourvu qu'elle réside en France ou qu'elle y rentre, en déclarant qu'elle veut s'y fixer.

» Dans le cas où le mariage est dissous par la mort du mari, la qualité de Français peut être accordée par le même décret de réintégration aux enfants mineurs, sur la demande de la mère ou par un décret ultérieur, si la demande en est faite par le tuteur avec l'approbation du conseil de famille. »

Art. 20. — « Les individus qui acquerront la qualité de Français dans les cas prévus par les articles 9, 10, 18 et 19, ne pourront s'en prévaloir que pour les droits ouverts à leur profit depuis cette époque. »

Art. 21. — « Le Français qui, sans autorisation du Gouvernement, prendrait du *service militaire* à *l'étranger*, ne pourra rentrer en France qu'en vertu d'une permission accordée par décret, et recouvrer la qualité de Français qu'en remplissant les conditions imposées en France à l'étranger pour obtenir la naturalisation ordinaire. »

Art. 2. — « La présente loi est applicable à l'Algérie et aux colonies de la Guadeloupe, de la Martinique et de la Réunion.

» Continueront toutefois de recevoir leur application, le sénatus-consulte du 14 juillet 1865 et les autres dispositions spéciales à la naturalisation en Algérie. »

Art. 3. — « L'étranger naturalisé jouit de tous les droits civils et politiques attachés à la qualité de citoyen français. Néanmoins, il n'est *éligible* aux assemblées législatives que *dix* ans après le décret de naturalisation, à moins qu'une loi spéciale n'abrège ce délai. Le délai pourra être réduit à *une année*.

» Les Français qui recouvrent cette qualité, après l'avoir perdue, acquièrent immédiatement tous les droits civils et politiques, même l'éligibilité aux assemblées législatives. »

Art. 4. — « Les descendants des familles proscrites lors de la révocation de l'édit de Nantes continueront à bénéficier des dispositions de la loi du 15 décembre 1790, mais à la condition d'un décret spécial pour chaque demandeur. Ce décret ne produira d'effet que pour l'avenir. »

Art. 5. — « Pour l'exécution de la présente loi, un *règlement d'administration publique* déterminera : 1° les conditions auxquelles ses dispositions seront applicables aux colonies autres que celles dont il est parlé à l'article 2 ci-dessus, ainsi que les formes à suivre pour la naturalisation dans les colonies; 2° les formalités à remplir et les justifications à faire relativement à la naturalisation ordinaire et à la naturalisation de faveur, dans les cas prévus par les articles 9 et 10 du code civil, ainsi qu'à la renonciation à la qualité de Français, dans les cas prévus par les articles 8, paragraphe 4, 12 et 18. »

Art. 6. — « Sont abrogés les décrets des 6 avril 1809 et 26 août 1811; les lois des 22 mars 1849, 7 février 1851, 29 juin 1867, 16 décembre 1874, 14 février 1882, 28 juin 1883, et toutes les dispositions contraires à la présente loi. »

« *Dispositions transitoires.* — Toute admission à domicile obtenue antérieurement à la présente loi sera *périmée* si, dans un délai de *cinq années* à compter de la promulgation, elle n'a pas été suivie d'une demande en naturalisation, ou si la demande en naturalisation a été rejetée. »

— Formalités a remplir et justifications a faire pour l'admission a domicile ou la naturalisation, ainsi que pour la renon-

CIATION A LA QUALITÉ DE FRANÇAIS DANS LES CAS PRÉVUS PAR LES ARTICLES 8, § 4, 12 ET 18 DE LA LOI DU 26 JUIN 1889.

Un règlement d'administration publique, en date du 13 août 1889, dispose ce qui suit :

Art. 1er. — « L'étranger qui veut obtenir l'*autorisation de fixer son domicile en France*, conformément à l'article 13 du code civil, doit adresser au ministre de la justice une demande rédigée sur *papier timbré*, accompagnée de son *acte de naissance* et de celui de son *père*, de la *traduction* de ces actes, s'ils sont en langue étrangère, ainsi que d'un extrait du *casier judiciaire français*. »

Art. 2. — « L'étranger qui veut obtenir sa *naturalisation* doit, dans tous les cas, adresser au ministère de la justice une demande sur *papier timbré*, en y joignant son *acte de naissance*, un extrait du *casier judiciaire*, et, le cas échéant, son *acte de mariage* et les *actes de naissance* de ses enfants mineurs, avec la *traduction* de ces actes, s'ils sont en langue étrangère.

» Dans le cas où les intéressés seraient dans l'impossibilité de se procurer les actes de l'état civil dont la production est exigée par le présent décret, ces actes seront suppléés par un *acte de notoriété* délivré par le juge de paix dans la forme prescrite par l'article 71 du code civil. »

Art. 3. — « L'étranger qui a épousé une Française doit, s'il veut obtenir la naturalisation *après une année* de domicile autorisé, produire l'acte de naissance de sa femme et l'acte de naissance du père de celle-ci, si cet acte est nécessaire pour établir son origine française. »

Art. 4. — « L'étranger qui sollicite la naturalisation immédiate, après une résidence non interrompue pendant *dix ans*, doit joindre à sa demande les documents établissant qu'il réside actuellement en France et depuis dix années au moins. »

Art. 5. — « La femme et les enfants majeurs de l'étranger qui demande à devenir Français, soit par la naturalisation ordinaire, soit par la réintégration, doivent, s'ils désirent obtenir eux-mêmes la qualité de Français, sans condition de stage, par application des articles 12 et 18 du code civil, joindre leur demande de naturalisation à la demande faite par le mari, par le père ou par la mère.

» Dans les cas de naturalisation de faveur prévus par les articles 9 et 10 du code civil, la demande est jointe à la déclaration faite par le mari, le père ou la mère. »

Art. 6. — « Les déclarations souscrites soit pour acquérir, soit pour répudier la qualité de Français, *sont reçues* par le juge de paix du canton dans lequel réside le déclarant.

» Elles peuvent être faites par procuration spéciale et authentique.

» Elles sont dressées en *double* exemplaire sur *papier timbré*.

» Le déclarant est assisté de deux *témoins* qui certifient son identité; il doit produire à l'appui de sa déclaration toutes les justifications nécessaires, en y joignant son *acte de naissance*, et, le cas échéant, son *acte de mariage* et les *actes de naissance* de ses enfants mineurs, avec la *traduction* de ces actes, s'ils sont en langue étrangère.

» En cas de *résidence à l'étranger*, les déclarations sont reçues par les agents diplomatiques ou par les consuls. »

Art. 7. — « Les deux exemplaires de la déclaration et les pièces justificatives sont immédiatement adressées par le juge de paix au procureur de la République, qui les transmet sans délai au ministre de la justice. »

Art. 8. — « La déclaration est inscrite à la chancellerie sur un registre spécial; l'un des exemplaires est déposé dans les archives, l'autre renvoyé à l'intéressé avec la mention de l'enregistrement.

» La déclaration enregistrée prend

date du jour de sa réception par le juge de paix. »

Art. 9. — « Lorsqu'un individu né en France d'un étranger, et domicilié hors de France à l'époque de sa majorité, veut faire sa soumission de fixer en France son domicile dans les conditions prévues par l'article 9 du code civil, cet acte de soumission est reçu par un des agents diplomatiques ou consulaires de France à l'étranger. *Il est dressé en double exemplaire;* l'un est remis à l'intéressé, l'autre transmis immédiatement au ministre de la justice par la voie hiérarchique. »

Art. 10. — « L'individu né en France de parents dont l'un a perdu la qualité de Français, et qui réclame cette qualité en vertu de l'article 10 du code civil, doit établir quel était son domicile et celui de *ses parents à l'époque de sa majorité*, telle qu'elle est fixée par la loi française. »

Art. 11. — « La *renonciation du mineur* à la faculté qui lui appartient, par application des articles 8, § 4, 12 et 18 du code civil, de *décliner, à sa majorité, la qualité de* Français, est faite en son nom par les personnes désignées dans l'article 9, § 2, du code civil. »

NOTAIRE. — Les destitutions et les catastrophes notariales s'étaient tellement multipliées que le gouvernement reconnut la nécessité de compléter et de renforcer l'ordonnance du 4 janvier 1843 relative au notariat. Tel a été l'objet du décret *du 30 janvier 1890.*

Il *interdit* aux notaires : 1° de recevoir ou conserver des fonds à charge d'en servir l'intérêt; — 2° d'employer, même temporairement, les sommes ou valeurs dont ils sont constitués détenteurs à un *titre quelconque, à un usage auquel* elles ne seraient pas destinées; — 3° de retenir, même en cas d'opposition, les sommes qui doivent être *versées par eux à la caisse des dépôts* et consignations; — 4° de faire signer des billets ou reconnaissances en laissant le nom du créancier en *blanc; — 5° de laisser intervenir* leurs clercs, sans un mandat écrit, dans les actes qu'ils reçoivent.

Les notaires ne peuvent conserver durant plus de six mois les sommes qu'ils détiennent pour le compte de tiers, à quelque titre que ce soit. *Toute somme qui, avant l'expiration* de ce délai, n'a pas été remise aux ayants droit doit être versée par le notaire à la caisse des dépôts et consignations. Toutefois les notaires peuvent conserver ces fonds pour une nouvelle période n'excédant pas six mois, sur la demande écrite des parties intéressées et à la condition d'en donner immédiatement avis à la chambre,

Chaque notaire doit tenir une comptabilité destinée spécialement à constater les recettes et les dépenses de toute nature effectuées pour le compte de ses clients; à cet effet, il doit avoir au moins un livre-journal, un registre de frais d'actes, *un grand-livre*, un livre de dépôt des titres et valeurs, conformes à un modèle arrêté par le garde des sceaux.

Les chambres de discipline sont chargées de vérifier si la comptabilité des notaires est régulière, sans préjudice des droits de surveillance appartenant au ministère public.

De graves sanctions sont édictées contre les chambres qui auraient négligé d'exécuter les *dispositions* du décret et, par leur incurie, se rendraient complices des fautes de leurs membres.

— Un décret du 2 février 1890 a réglé les formalités spéciales nécessaires pour le dépôt et pour le retrait *des sommes déposées par les notaires* à la caisse des dépôts et consignations.

O

OFFICE DU TRAVAIL. — Une loi du 21 juillet 1891 a créé au ministère du commerce, de l'industrie et des colonies un *office du travail*, destiné à rassembler, coordonner et vulgariser tous les renseignements concernant la statistique du travail. Un règlement d'administration publique du 21 août suivant en a déterminé les attributions et le fonctionnement.

OFFICIER D'ACADÉMIE. — OFFICIER DE L'INSTRUCTION PUBLIQUE. — Voy. DISTINCTIONS HONORIFIQUES UNIVERSITAIRES.

OUVRIERS FRANÇAIS. (SOCIÉTÉS D') — Un décret du 4 juin 1888 relatif à la participation des sociétés françaises d'ouvriers aux *adjudications* et *marchés passés au nom de l'Etat* décide que ces adjudications et marchés seront autant que possible divisés en plusieurs lots, selon l'importance des travaux ou des fournitures, ou en tenant compte de la nature des professions intéressées.

Dans le cas où tous les lots ne seraient pas adjugés, l'administration a la faculté soit de traiter à l'amiable pour les lots non adjugés, soit de remettre en adjudication l'ensemble de l'entreprise ou les lots non adjugés, en les groupant s'il y a lieu.

Des *marchés de gré à gré* peuvent être passés avec les sociétés d'ouvriers français constituées dans l'une des formes prévues par l'article 19 du code de commerce ou par la loi du 24 juillet 1867, pour les travaux ou fournitures dont la *dépense totale n'excède pas* 20 000 *francs*.

Pour être admis à soumissionner, soit par voie d'adjudication publique, soit par voie de marché de gré à gré, les entreprises de travaux publics ou de fournitures, les sociétés doivent préalablement produire : 1° la liste nominative de leurs membres; — 2° l'acte de société; — 3° des certificats de capacité délivrés aux gérants, administrateurs ou autres associés spécialement délégués pour diriger l'exécution des travaux ou fournitures qui font l'objet du marché, et assister aux opérations destinées à constater les quantités d'ouvrages effectués ou de fournitures livrées.

Les sociétés doivent indiquer, en outre, le nombre minimum des sociétaires qu'elles s'engagent à employer à l'exécution du marché.

En cas d'adjudication, les pièces justificatives dont il s'agit sont produites *dix jours* au moins avant celui de l'adjudication.

Les sociétés d'ouvriers sont dispensées de fournir un *cautionnement*, lorsque le montant prévu des travaux ou fournitures *ne dépasse pas* 50 000 *francs*.

A égalité de rabais entre une soumission d'entrepreneur ou fournisseur et une soumission de société d'ouvriers, cette dernière est préférée.

Dans le cas où plusieurs sociétés d'ouvriers offriraient le même rabais, il est procédé à une *réadjudication* entre ces sociétés sur de nouvelles soumissions.

Si les sociétés se refusaient à faire de nouvelles offres, ou si les nouveaux rabais ne différaient pas, *le sort* en déciderait.

Des *acomptes* sur les ouvrages exécutés ou les fournitures livrées sont payés tous les *quinze jours* aux sociétés d'ouvriers, sauf les retenues prévues par les cahiers des charges.

Les sociétés d'ouvriers sont soumises aux clauses et conditions générales imposées aux entrepreneurs de travaux ou fournitures par les différents départements ministériels, en tout ce qu'elles n'ont pas de contraire au décret ci-dessus analysé.

Les dispositions de ce décret ne sont pas applicables aux marchés ou adjudications concernant les travaux ou fournitures de la *guerre* et de la *marine*, lorsque l'application de ces dispositions aura paru préjudiciable aux intérêts du service.

OUVRIERS MINEURS. — Voy. MINES.

OUVRIERS RURAUX. — La *durée du louage* des ouvriers *ruraux* est, sauf preuve d'une convention contraire, réglée suivant l'usage des lieux. (Loi 9 juillet 1889, art. 15.)

P

PACAGE. — Les conditions dans lesquelles le pacage du bétail peut désormais s'exercer ont fait l'objet des lois du 9 juillet 1889 et du 22 juin 1890. Ce sont les suivantes :

Art. 1er. — « Le droit de *parcours* est *aboli*. La suppression de ce droit ne donne lieu à *indemnité* que s'il a été acquis à titre *onéreux*. Le montant de l'indemnité est réglé par le Conseil de préfecture, sauf renvoi aux tribunaux ordinaires en cas de contestation sur le titre. »

Art. 2. — « Le droit de vaine pâture, appartenant à la généralité des habitants et s'appliquant en même temps à la généralité du territoire d'une commune ou d'une section de commune, cessera de plein droit un an après la promulgation de la présente loi.

Toutefois, dans l'année de cette promulgation, le maintien du droit de vaine pâture, fondé sur une ancienne loi ou coutume, sur un usage immémorial ou sur un titre, pourra être réclamé au profit d'une commune ou d'une section de commune, soit par délibération du conseil municipal, soit par requête d'un ou de plusieurs ayants droit adressée au Préfet. — En cas de réclamation particulière, le conseil municipal sera mis en demeure de donner son avis dans les six mois, à défaut de quoi il sera passé outre. Si la réclamation, de quelque façon qu'elle se soit produite, n'a pas été, dans l'année de la promulgation, l'objet d'une décision, conformément aux dispositions du § 1er de l'article 3 de la loi du 9 juillet 1889, la vaine pâture continuera à être exercée jusqu'à ce que cette décision soit intervenue. »

Art. 3. — « La demande de maintien, qu'elle émane du conseil municipal ou qu'elle émane d'un ou de plusieurs ayants droit, sera soumise au conseil général, dont la délibération sera définitive si elle est conforme à la délibération du conseil municipal. S'il y a divergence, la question sera tranchée par décret rendu en Conseil d'Etat.

» Si le droit de vaine pâture a été maintenu, le conseil municipal pourra seul ultérieurement, après enquête *de commodo et incommodo*, en proposer la suppression, sur laquelle il sera statué dans les formes ci-dessus indiquées. »

Art. 4. — « La vaine pâture s'exercera soit par troupeau séparé, soit au moyen du troupeau en commun, conformément aux usages locaux, sans qu'il puisse être dérogé aux dispositions des articles 647 et 648 du code civil et aux règles expressément établies par la présente loi. »

Art. 5. — « Dans *aucun cas* et dans *aucun temps*, la vaine pâture ne peut s'exercer sur les *prairies artificielles*. Le rétablissement de la vaine pâture sur les prairies naturelles supprimée de plein droit par la loi du 9 juillet 1889 pourra être réclamé dans les conditions où elle s'exerçait antérieurement à cette loi, et en se conformant aux dispositions édictées par les articles précédents. Elle ne peut avoir lieu sur aucune *terre ensemencée* ou *couverte d'une production quelconque* faisant l'objet d'une récolte, tant que la récolte n'est pas enlevée. »

Art. 6. — « Le droit de vaine pâture, établi comme il est dit en l'article 2, ne fait jamais obstacle à la faculté que conserve tout propriétaire, soit d'user d'un *nouveau mode d'assolement* ou *de culture*, soit de *se clore.* Tout terrain clos est affranchi de la vaine pâture.

» Est *réputé clos* tout terrain entouré soit par une haie vive, soit par un mur, une palissade, un treillage, une haie sèche d'une hauteur d'un mètre au moins, soit par un fossé d'un mètre 20 centimètres à l'ouverture et de 50 centimètres de profondeur, soit par des traverses en bois ou des fils métalliques distants entre eux de 38 centimètres au plus et s'élevant à un mètre de hauteur, soit par toute autre clôture continue et équivalente faisant obstacle à l'introduction des animaux. »

Art. 7. — « L'usage du *troupeau en commun* n'est pas obligatoire. — Tout ayant droit peut renoncer à cette communauté et faire garder par troupeau séparé le nombre de têtes de bétail qui lui est attribué par la répartition générale. »

Art. 8. — « La quantité de bétail proportionnée à l'étendue du terrain de chacun est fixée dans chaque commune ou section de commune entre tous les propriétaires ou fermiers exploitants, domiciliés ou non domiciliés, à tant de têtes par hectare, d'après les règlements et usages locaux. En cas de difficulté, il est pourvu par délibération du conseil municipal soumise à l'approbation du Préfet. »

Art. 9. — « Tout chef de famille domicilié dans la commune, alors même qu'il n'est *ni propriétaire, ni fermier* d'une parcelle quelconque des terrains soumis à la vaine pâture, peut mettre sur lesdits terrains, soit par troupeau séparé, soit dans le troupeau commun, six bêtes à laine et une vache avec son veau, sans préjudice des droits plus étendus qui lui seraient accordés par l'usage local ou le titre. »

Art. 10. — « Le droit de vaine pâture doit être exercé directement par les ayants droit et *ne peut être cédé* à personne. »

Art. 11. — « Les conseils municipaux peuvent toujours, conformément aux articles 68 et 69 de la loi du 5 avril 1884, prendre des arrêtés pour réglementer le droit de vaine pâture, notamment pour en suspendre l'exercice en cas d'épizootie, de dégel ou de pluies torrentielles, pour cantonner les troupeaux de différents propriétaires ou les animaux d'espèces différentes, pour interdire la présence d'animaux dangereux ou malades dans les troupeaux. »

Art. 12. — « Néanmoins, la vaine pâture, fondée sur un titre et établie sur un héritage déterminé, soit au profit d'un ou de plusieurs particuliers, soit au profit de la généralité des habitants d'une commune, est maintenue et continue à s'exercer conformément aux droits acquis. Mais le propriétaire de l'héritage grevé *pourra toujours l'affranchir*, soit moyennant *indemnité* fixée à dire d'experts, soit par voie de *cantonnement.* »

PARI MUTUEL. — Voy. COURSES DE CHEVAUX.

PASSEPORT. — Une loi du 16 juin 1888 a abaissé le *prix* des passeports à l'intérieur et à l'étranger à 60 *centimes.*

L'exposé des motifs du projet présenté par le gouvernement fait connaître en ces termes les raisons de la réduction :

« ... Les facilités toujours croissantes des communications internationales, les relations rendues de jour en jour plus fréquentes entre les citoyens des divers pays par les progrès du commerce et de l'industrie, ont eu pour conséquence de dispenser les nationaux de la plupart des peuples de l'Europe de la nécessité de se munir de passeports pour les voyages qu'ils entreprenaient à l'étranger. Aussi, le nombre des passeports non gratuits de cette nature délivrés en France, qui en 1868 était encore annuellement de 36 619, n'était plus en 1886 que de 3 452.

» Le chiffre élevé du droit de timbre ne présentait donc pas de sérieux inconvénients puisqu'il ne s'agissait que d'une délivrance facultative.

» Aujourd'hui, il n'en est plus ainsi. Des mesures récentes ont rendu cette délivrance obligatoire pour tous les voyageurs sortant de France par l'une de nos frontières. Pour beaucoup d'entre eux, qui, sans rentrer dans la catégorie de ceux auxquels la gratuité peut être accordée, sont cependant dans une position peu aisée, cette exigence constitue une lourde charge. A la taxe fiscale viennent s'ajouter, en outre, les frais élevés qui leur sont réclamés par l'apposition du visa diplomatique, sans lequel ils ne peuvent utiliser le passeport qui leur est délivré. Enfin, si ce visa vient à être refusé, ils se trouvent exposés à subir la perte du droit de timbre d'une pièce devenue inutile.

» En présence de cette situation, le Gouvernement a pensé qu'il ne devait pas hésiter à renoncer à la recette que lui procurait l'application du droit de timbre de 12 fr. sur les passeports à l'étranger. Il vous propose de l'abaisser dans la plus large mesure, c'est-à-dire au minimum du droit auquel ces pièces sont soumises d'après les principes généraux de l'impôt.

» ... L'abaissement à 60 centimes du droit de timbre des passeports à l'étranger entraînera nécessairement l'application du même tarif aux passeports à l'intérieur, actuellement soumis au droit de 2 fr. 40, décimes compris... »

PÊCHE. — Un décret du 27 décembre 1889 a modifié ainsi qu'il suit les époques pendant lesquelles la pêche est interdite :

Du 30 septembre exclusivement au 10 janvier inclusivement, pour le *saumon ;*

Du 20 octobre exclusivement au 10 janvier inclusivement, pour la *truite* et l'*ombre-chevalier ;*

Du 15 novembre exclusivement au 31 décembre inclusivement, pour le *lavaret ;*

Du 15 avril exclusivement au 15 juin inclusivement, pour tous les *autres poissons* et pour l'*écrevisse.*

Le même décret a fixé à 40 centimètres de longueur, au lieu de 25 centimètres, les dimensions au-dessous desquelles les saumons et anguilles ne peuvent être pêchés, même à la ligne flottante, et doivent être rejetés à l'eau.

PEINES. (Loi du 26 mars 1891). — Une loi importante sur l'atténuation et l'aggravation des peines, promulguée le 26 mars 1891, contient les dispositions suivantes :

Art. 1er. — En cas de condamnation à l'emprisonnement ou à l'amende, si l'inculpé n'a pas subi de condamnation antérieure à la prison pour crime et délit de droit commun, les Cours ou tribunaux peuvent ordonner, par le même jugement et par décision motivée, qu'il sera *sursis* à l'exécution de la peine.

Si, pendant le délai de *cinq ans* à dater du jugement ou de l'arrêt, le condamné n'a encouru aucune poursuite suivie de condamnation à l'emprisonnement ou à une peine plus grave pour crime ou délit de droit commun, la condamnation sera comme *non avenue.*

Dans le cas contraire, la première peine sera d'abord exécutée sans qu'elle puisse se confondre avec la seconde.

Art. 2. — La suspension de la peine ne comprend pas le paiement des frais du procès et des dommages-intérêts.

Elle ne comprend pas non plus les peines accessoires et les incapacités résultant de la condamnation.

Toutefois, ces peines accessoires et ces incapacités cesseront d'avoir effet du jour où, par application des dispositions de l'article précédent, la condamnation aura été réputée non avenue.

Art. 3. — Le président de la Cour ou du tribunal doit, après avoir prononcé la suspension, avertir le condamné qu'en cas de nouvelles condamnations dans les conditions de l'article 1er, la première peine sera exécutée sans confusion possible avec la seconde et que les peines de la récidive seront encourues dans les termes des articles 57 et 58 du Code pénal.

Art. 4. — La condamnation est inscrite au casier judiciaire, mais avec la mention expresse de la suspension accordée.

Si aucune poursuite suivie de condamnation dans les termes de l'article 1er, paragraphe 2, n'est intervenue dans le délai de cinq ans, elle ne doit plus être inscrite dans les extraits délivrés aux parties.

Art. 5. — Les articles 57 et 58 du Code pénal sont modifiés comme suit :

Art. 57. — « Quiconque, ayant été condamné pour crime à une peine supérieure à une année d'emprisonnement, aura, dans un délai de cinq années après l'expiration de cette peine ou sa prescription, commis un délit ou crime qui devra être puni de la peine d'emprisonnement, sera condamné au maximum de la peine portée par la loi, et cette peine pourra être élevée jusqu'au double.

» Défense pourra être faite, en outre, au condamné de paraître, pendant cinq ans au moins et dix au plus, dans les lieux dont l'interdiction lui sera signifiée par le Gouvernement avant sa libération. »

Art. 58. — « Il en sera de même pour les condamnés à un emprisonnement de plus d'une année pour délit qui, dans le même délai, seraient reconnus coupables du même délit ou d'un crime devant être puni de l'emprisonnement.

» Ceux qui, ayant été antérieurement condamnés à une peine d'emprisonnement de moindre durée, commettraient le même délit dans les mêmes conditions de temps seront condamnés à une peine d'emprisonnement qui ne pourra être inférieure au double de celle précédemment prononcée, sans toutefois qu'elle puisse dépasser le double du maximum de la peine encourue.

» Les délits de vol, escroquerie et abus de confiance seront considérés comme étant, au point de vue de la récidive, un même délit.

» Il en sera de même des délits de vagabondage et de mendicité. »

Art. 6. — La présente loi est applicable aux colonies où le Code pénal métropolitain a été déclaré exécutoire en vertu de la loi du 8 janvier 1877.

Des décrets statueront sur l'application qui pourra en être faite aux autres colonies.

Art. 7. — La présente loi n'est applicable aux condamnations prononcées par les tribunaux militaires qu'en ce qui concerne les modifications apportées par l'article 5 ci-dessus aux articles 57 et 58 du Code pénal.

PENSIONS. — 1. — Il résulte d'un avis du Conseil d'Etat, à la date du 17 juin 1889, que les fonctionnaires et employés civils qui remplissent les conditions d'âge et de services déterminées par l'article 5 de la loi du 9 juin 1853 *ne peuvent réclamer comme un droit* leur admission à la retraite. L'administration apprécie discrétionnairement le moment où doit être autorisée ou prescrite la cessation de l'activité du fonctionnaire.

2. — Un décret du 10 août 1886 fixant à 5 années le délai accordé pour la production des demandes de *pension à titre d'aggravation d'infirmités* imposait aux militaires réformés l'obligation de faire constater leur état de santé, chaque année, sous peine de déchéance. L'expérience ayant démontré que cette innovation était une source de difficultés nombreuses et de rigueurs parfois injustes, un décret du 15 mai 1889 a *exonéré* les anciens militaires de l'obligation des *visites annuelles.*

PERSONNELLE ET MOBILIÈRE. (Contribution) — En sont déclarés *exempts*, à partir de 10 francs, les père et mère de *sept* enfants vivants, *mineurs légitimes* ou *reconnus.* (Loi 11 août 1890, art. 31.)

PHYLLOXERA. — Une loi du 15 décembre 1888 relative à la création de *syndicats* autorisés pour la défense des vignes contre le phylloxera contient les dispositions suivantes :

Dans les contrées où l'invasion du phylloxera est menaçante, et dans celle où son apparition se manifeste par des taches limitées au milieu des vignes, il peut être établi des associations syndicales autorisées pour l'application des moyens propres à le combattre. Ces associations sont régies par la loi du 21 juin 1865, sous les modifications ci-après :

Elles ne peuvent être établies que sur la demande d'un ou de plusieurs propriétaires intéressés.

La *demande* est adressée au préfet et communiquée au comité local d'études et de vigilance et au professeur départemental d'agriculture, qui donnent leur avis et proposent le périmètre du terrain à comprendre dans l'association syndicale autorisée. Un arrêté du préfet ordonne ensuite une *enquête* qui est ouverte pendant *quinze jours* à la mairie de chacune des communes où sont situés les terrains compris dans le périmètre proposé. Les déclarations sont reçues par le maire.

Le *périmètre* ne doit comprendre qu'une zone de vignes représentant des conditions communes d'attaque et de défense, notamment par les insecticides et la submersion.

Après la clôture de l'enquête, un arrêté du préfet convoque, à la mairie de l'une des communes intéressées, tous les propriétaires des terrains compris dans le périmètre, à l'effet de délibérer sur la constitution du syndicat autorisé. La réunion est présidée par l'un d'eux, désigné par l'arrêté de convocation et assisté par les deux plus âgés des membres présents.

La *majorité* des adhésions nécessaires pour parvenir à la constitution du syndicat doit comprendre au moins les *deux tiers* des intéressés et représenter les *trois quarts* de la superficie en vigne ou les trois quarts des intéressés et les *deux tiers* de la superficie.

Les demandes, avis, registres d'enquête et délibérations sont ensuite soumis au conseil général ou, en son absence, à la commission départementale qui décide s'il y a lieu de constituer l'association syndicale, et qui en fixe le périmètre.

Un arrêté du Préfet déclare l'association syndicale définitivement constituée.

Dans les cas où le projet d'association s'étendrait sur plusieurs départements, il est procédé dans chacun d'eux à l'instruction suivant les mêmes règles. Les conseils généraux ou leur commission départementale statuent, et la constitution du syndicat est déclarée par le Ministre de l'agriculture.

Le comité directeur de l'association syndicale choisit les moyens à employer pour combattre le phylloxera; il peut ordonner le traitement par extinction ou arrachage, sauf à indemniser les propriétaires de la vigne arrachée. Dans tous les cas, il est seul chargé de faire exécuter les mesures qu'il a prescrites.

Toutes les dépenses de traitement ou autres ordonnées par le comité directeur sont à la charge de l'association. Elles sont payées sur les ressources du syndicat ou réparties entre les propriétaires intéressés proportionnellement à l'étendue de leurs vignes syndiquées.

Les propriétaires qui n'ont pas adhéré au projet de syndicat peuvent, dans le délai d'*un mois*, à partir de l'affichage dans les communes de l'extrait de l'acte d'association et de l'arrêté du Préfet ou du Ministre de l'agriculture, déclarer à la préfecture qu'ils entendent renoncer, pendant toute la durée du syndicat, et moyennant indemnité, à la culture de la vigne sur le terrain leur appartenant et compris dans le périmètre; l'indemnité qui peut être payée par l'association est fixée conformément à l'article 16 de la loi du 21 mai 1836 sur les chemins vicinaux.

A défaut de réclamation dans le délai ci-dessus fixé, l'adhésion des propriétaires est définitive.

Dans le cas où des vignes peuvent être traitées par *submersion*, les propriétaires de terrains intermédiaires sont tenus de souffrir, après avoir été entendus, moyennant indemnité, conformément à la loi du 29 avril 1845, l'exécution des travaux nécessaires pour la conduite des eaux. Les *terrains bâtis*, les *jardins* et les *enclos y attenant* sont *affranchis* de cette servitude.

L'indemnité est réglée sur un rapport d'expert par le juge de paix qui statue sauf appel.

Les associations syndicales autorisées sont constituées pour une durée de *cinq années;* à leur expiration, elles peuvent être *renouvelées* par une simple déclaration des syndics à la préfecture, en justifiant du nombre des adhésions exigées pour la constitution de l'association.

Un *règlement d'administration publique* doit fixer les règles nécessaires pour l'exécution de la loi du 15 décembre 1888.

— Voy. Foncière. (*Contribution*)

PIGEONS. — Les Préfets, après avis des conseils généraux, déterminent chaque année, pour tout le département, ou séparément pour chaque commune, s'il y a lieu, l'époque de l'*ouverture* et de la *clôture des colombiers*.

Pendant le temps de la clôture, les propriétaires et les fermiers peuvent tuer et s'approprier les pigeons trouvés sur leurs fonds, indépendamment des dommages-intérêts et des peines de police encourus par les propriétaires des pigeons.

En tout autre temps, les propriétaires et fermiers peuvent tuer, mais sans se les approprier, les pigeons trouvés sur leurs fonds. (Loi 4 avril 1889, art. 6 et 7.)

POSTES. — Aux termes d'une loi du 29 mars 1889, la *taxe* des objets de correspondance *non affranchis* exclusivement relatifs au *service public*, provenant des fonctionnaires dont la désignation est faite par décret, et adressés avec leur contreseing à des personnes vis-à-vis desquelles ces fonctionnaires n'ont pas droit de franchise postale, est *égale à la taxe d'affranchissement préalable* dont lesdits objets étaient passibles.

PRIVILÈGE. — L'extension donnée par le code civil (art. 2102) au privilège du bailleur pour le payement de ses loyers ou fermages était pour le locataire ou fermier un affaiblissement considérable de son crédit mobilier. La loi du 19 février 1889 y a remédié en décidant que ce privilège ne pourrait être exercé, même quand le bail a acquis date certaine, que pour les fermages des *deux dernières années échues*, de l'*année courante* et d'*une année*, à partir de l'expiration de l'année courante, ainsi que pour tout ce qui concerne l'exécution du bail et pour les dommages-intérêts qui pourraient être accordés au bailleur par les tribunaux.

PUISSANCE PATERNELLE. — Voy. Enfant.

R

RÉCIDIVE. — Voy. Peines.

RELÉGATION. — Voy. Mariage. — L'organisation du *régime disciplinaire des relégués collectifs* aux colonies a fait l'objet d'un décret en date du 22 août 1887. — L'organisation de la *relégation individuelle* a été réglée par un décret du 25 novembre de la même année.

RENGAGEMENT. — Voy. Service militaire.

RÉQUISITIONS MILITAIRES. — Un règlement d'administration publique, en date du 3 juin 1890, a désigné les autorités civiles auxquelles peut être délégué le droit de réquisition pour l'approvisionnement des places de guerre, et déterminé les conditions et les formes dans lesquelles ce droit s'exercera.

RESPONSABILITÉ. — Voy. Dépôt.

S

SANTÉ MILITAIRE. (ECOLE DU SERVICE DE) — Un décret du 25 décembre 1888 a créé à *Lyon* une Ecole du service de santé militaire. Cette école, instituée près la Faculté de médecine, a pour *objet :* 1° d'assurer le recrutement des médecins de l'armée; — 2° de seconder les études universitaires des élèves du service de santé; — 3° de donner à ces élèves l'éducation militaire jusqu'à leur passage à l'école d'application du Val-de-Grâce.

SCRUTIN UNINOMINAL. — La loi du 13 février 1889 l'a substitué au *scrutin de liste* pour l'élection des Députés. — Voy. CHAMBRE DES DÉPUTÉS.

SÉNAT. — Voy. COUR DE JUSTICE; — INCOMPATIBILITÉS PARLEMENTAIRES.

SÉPULTURE. — Voy. FUNÉRAILLES. (*Liberté des*)

SERVICE MILITAIRE. (Lois 26 juin, 15 juillet 1889, 6 novembre 1890.) — Après de longues discussions, le Parlement a voté une loi nouvelle sur le *service militaire* dont la durée a été réduite à *trois ans*. L'obligation absolue de ce service existe aujourd'hui pour tous, *sans exception*. Les dispensés de droit, les dispensés conditionnels, les soutiens de famille sont, en effet, tous astreints à *un an* de service en temps de paix, et au service de *guerre*, alors qu'ils ne faisaient aucun service de paix, et certains d'entre eux aucun service de guerre. C'est, de ce chef, plus de 60 000 hommes qui recevront, chaque année, une instruction militaire suffisante, alors qu'ils n'en recevaient aucune.

La loi du 27 juillet 1872 avait donné lieu à de nombreuses critiques. Au point de vue militaire, on faisait observer que les hommes de la seconde partie du contingent ne recevaient pas une instruction suffisante et qu'un très grand nombre de jeunes soldats étaient versés dans les réserves sans avoir reçu aucune instruction. Au point de vue social, on faisait ressortir l'inégalité de charges résultant de la durée différente du service actif pour les jeunes gens d'une même classe et surtout le privilège accordé plus encore, semblait-il, à la fortune qu'à *l'instruction* par *l'institution du volontariat*.

Aucun jeune Français en état de porter les armes, quels que soient sa fortune, son état de famille, la carrière à laquelle il se destine, ne sera plus laissé sans instruction. Tous passeront par la caserne; tous, à l'heure de la mobilisation, seront en état de se mêler aux soldats de trois ans et de partir avec eux.

Enfin, le service dans la *réserve de l'armée territoriale* étant prolongé jusqu'à *quarante-cinq ans*, la France pourra faire, sous l'empire de la nouvelle législation, tout l'effort dont elle est capable au point de vue des *effectifs*.

Telle est, à grands traits, l'économie de la loi du 15 juillet 1889 dont il nous reste à reproduire le texte :

I

LOI ORGANIQUE SUR LE RECRUTEMENT DE L'ARMÉE

TITRE PREMIER

DISPOSITIONS GÉNÉRALES

Art. 1er. — « *Tout Français* doit le service militaire personnel. »

Art. 2. — « *L'obligation du service militaire est égale pour tous.* Elle a une durée de *vingt-cinq années...* »

Art. 3. — « Nul n'est admis dans les troupes françaises, s'il n'est *Français* ou *naturalisé* Français, sauf les exceptions déterminées par la présente loi. »

Art. 4. — « Sont *exclus* de l'armée, mais mis, soit pour le temps de service actif, soit en cas de mobilisation, à la disposition du ministre de la marine et des colonies, qui détermine par arrêtés les services auxquels ils peuvent être affectés :

» 1° Les individus qui ont été condamnés à une peine *afflictive* et *infamante*, ou à une peine infamante dans le cas prévu par l'article 177 (*corruption de fonctionnaires publics*) du code pénal ;

» 2° Ceux qui, ayant été condamnés à une peine correctionnelle de *deux ans d'emprisonnement* et au-dessus, ont été, en outre, par application de l'article 42 du code pénal, frappés de l'*interdiction* de tout ou partie de l'exercice des droits civiques, civils et de famille ;

» 3° Les *relégués collectifs*.

» 4° Les relégués individuels sont incorporés dans les corps de disciplinaires coloniaux. Le ministre de la marine et des colonies désigne le corps auquel chacun d'eux est affecté en cas de mobilisation. »

Art. 5. — « Les individus reconnus coupables de *crimes* et condamnés seulement à l'emprisonnement par application de l'article 463 (*circonstances atténuantes*) du code pénal ;

» Ceux qui ont été condamnés correctionnellement à *trois mois de prison* au moins pour *outrages publics à la pudeur*, pour délit de *vol*, *escroquerie*, *abus de confiance* ou *attentat aux mœurs* prévu par l'article 334 du code pénal ;

» Ceux qui ont été l'objet de *deux condamnations* au moins, *quelle qu'en soit la durée*, pour l'un des délits spécifiés dans le paragraphe précédent ;

» Sont *incorporés dans les bataillons d'infanterie légère d'Afrique*.

» Ceux qui, au moment de l'appel de leur classe, se trouveraient retenus pour ces mêmes faits dans un établissement pénitentiaire, seront incorporés dans lesdits bataillons à l'expiration de leur peine, pour y accomplir le temps de service prescrit par la présente loi.

» Après un séjour d'une année dans ces bataillons, les hommes désignés au présent article, qui seraient l'objet de rapports favorables de leurs chefs, pourront être envoyés dans d'autres corps par le ministre de la guerre. »

Art. 6. — « Les dispositions des articles 4 et 5 ci-dessus ne sont pas applicables aux individus qui ont été condamnés pour *faits politiques* ou connexes à des faits politiques.

» En cas de contestation, il sera statué par le tribunal civil du lieu du domicile, conformément à l'article 31 ci-après.

» Ces individus suivront le sort de la première classe appelée après l'expiration de leur peine. »

Art. 7. — « Nul n'est admis dans une administration de l'Etat s'il ne justifie avoir satisfait aux obligations imposées par la présente loi. »

Art. 8. — « Tout corps organisé, quand il est sous les armes, est soumis aux lois militaires, fait partie de l'armée et relève, soit du Ministre de la guerre, soit du Ministre de la marine.

» Il en est de même des corps de vétérans que le ministre de la guerre est autorisé à créer en temps de guerre, et qui seraient recrutés par voie d'engagements volontaires parmi les hommes ayant accompli la totalité de leur service militaire. »

Art. 9. — « Les militaires et assimilés de tous grades et de toutes armes des armées de terre et de mer ne prennent part à *aucun vote* quand ils sont présents à leurs corps, à leur poste ou dans l'exercice de leurs fonctions. Ceux qui, au moment de l'élection, se trouvent en résidence libre, en non-activité ou en possession d'un congé, peuvent voter dans la commune sur les listes de laquelle ils sont régulièrement inscrits. Cette dernière disposition s'applique également aux officiers et assimilés qui sont en disponibilité ou dans le cadre de réserve. »

TITRE II

DES APPELS

CHAPITRE Ier. — DU RECENSEMENT ET DU TIRAGE AU SORT

Art. 10. — « Chaque année, pour la formation de la classe, les *tableaux de recensement* des jeunes gens ayant atteint l'âge de *vingt ans révolus* dans l'année précédente et domiciliés dans l'une des communes du canton sont dressés par les maires :

» 1° Sur la déclaration à laquelle sont tenus les jeunes gens, leurs parents ou leurs tuteurs; 2° d'office, d'après les registres de l'état civil et tous autres documents et renseignements.

» Ces tableaux mentionnent la profession de chacun des jeunes gens inscrits.

» Ils sont publiés et affichés dans chaque commune suivant les formes prescrites par les articles 63 et 64 du code civil. La dernière publication doit avoir lieu au plus tard le 15 janvier.

» Un avis publié dans les mêmes formes indique le lieu et le jour où il sera procédé à l'examen desdits tableaux et à la désignation par le sort des numéros assignés à chaque jeune homme inscrit. »

Art. 11. — « Les individus *déclarés Français* en vertu de l'article 1er de la loi du 16 décembre 1874 sont portés, dans les communes où ils sont domiciliés, sur les tableaux de recensement de la classe dont la formation suit l'époque de leur majorité. Ils sont soumis au service militaire s'ils n'établissent pas leur qualité d'étranger.

» Les individus *nés en France d'étrangers* et *résidant en France* sont également *portés dans* les communes où ils sont domiciliés, sur les tableaux de recensement de la classe dont la formation suit l'époque de la majorité telle qu'elle est fixée par la loi française. Ils peuvent réclamer contre leur inscription lors de l'examen du tableau de recensement et lors de leur convocation au conseil de revision, conformément à l'article 16 ci-après. S'ils ne réclament pas, le tirage au sort équivaudra pour eux à la déclaration prévue par l'article 9 du code civil. S'ils se font rayer, ils seront immédiatement déchus du bénéfice dudit article.

» Les mêmes dispositions sont applicables aux individus résidant en France et nés en pays étrangers, soit d'un étranger qui, depuis lors, a été naturalisé Français, soit d'un Français ayant perdu la qualité de Français, mais qui l'a recouvrée ultérieurement, si ces individus étaient mineurs lorsque leurs parents ont acquis ou recouvré la nationalité française. »

Art. 12. — « Les individus *devenus Français* par voie de naturalisation, réintégration ou déclaration faite conformément aux lois, sont portés sur les tableaux de recensement de la première classe formée après leur changement de nationalité.

» Les individus inscrits sur les tableaux de recensement en vertu du présent article et de l'article précédent ne sont assujettis qu'aux obligations de service de la classe à laquelle ils appartiennent par leur âge. »

Art. 13. — « Sont considérés comme légalement *domiciliés dans le canton :*

» 1° Les jeunes gens, même émancipés, engagés, établis au dehors, expatriés, absents ou en état d'emprisonnement, si, d'ailleurs, leur père, leur mère ou leur tuteur est domicilié dans une des communes du canton, ou si leur père, expatrié, avait son domicile dans une desdites communes; — 2° les jeunes gens mariés dont le père, ou la mère à défaut de père, sont domiciliés dans le canton, à moins qu'ils ne justifient de leur domicile réel dans un autre canton; — 3° les jeunes gens mariés et domiciliés dans le canton, alors que leur père ou leur mère n'y seraient pas domiciliés; — 4° les jeunes gens nés et résidant dans le canton qui n'auraient ni leur père, ni leur mère, ni un tuteur; — 5° les jeunes gens résidant dans le canton qui ne seraient dans aucun des cas précédents et qui ne justifieraient pas de leur inscription dans un autre canton.

» Les jeunes gens résidant, soit en Algérie, soit aux colonies, sont inscrits sur les tableaux de recensement du lieu de leur résidence. Sur la justification de cette inscription, ils sont, en ce cas, rayés des tableaux de recensement où ils auraient pu être portés en France, par application des dispositions du présent article. »

Art. 14. — « Sont, d'après la notoriété publique, considérés comme ayant l'âge requis pour l'inscription sur les tableaux de recensement, les jeunes gens qui ne peuvent produire ou n'ont pas produit, avant la vérification des tableaux de recensement, un extrait des registres de l'état civil constatant un âge différent ou qui, à défaut des registres de l'état civil, ne peuvent prouver ou n'ont pas prouvé leur âge conformément à l'article 46 du code civil. »

Art. 15. — « Si, dans les tableaux de recensement des années précédentes, des jeunes gens ont été omis, ils sont inscrits sur les tableaux de recensement de la classe qui est appelée après la découverte de l'omission, sauf le cas prévu à l'article 69 ci-après, à moins qu'ils n'aient quarante-cinq ans accomplis à l'époque de la clôture des tableaux, et sont soumis à toutes les obligations de cette classe.

» Toutefois, ils sont libérés à titre définitif à l'âge de *quarante-huit ans* au plus tard. »

Art. 16. — « L'examen des tableaux de recensement et le tirage au sort sont faits au chef-lieu du canton, en séance publique, devant le sous-préfet assisté des maires du canton.

» Dans les communes qui forment un ou plusieurs cantons, le sous-préfet est assisté du maire et de ses adjoints.

» Dans les villes divisées en plusieurs arrondissements, chaque arrondissement est représenté par un officier municipal.

» Les tableaux de recensement de chaque commune sont lus à haute voix. Les jeunes gens, leurs parents ou représentants sont entendus dans leurs observations. Les tableaux sont ensuite arrêtés et visés par le sous-préfet et par les maires.

» Dans les cantons composés de plusieurs communes, l'ordre dans lequel elles sont appelées pour le tirage est chaque fois indiqué par le sort. »

Art. 17. — « Le préfet inscrit en tête de la liste du tirage :

» 1° Le nom des jeunes gens qui se trouvent dans l'un des cas prévus par l'article 69 de la présente loi; 2° le nom de ceux qui se trouvent dans les cas prévus par l'article 15.

» Les *premiers numéros* leur sont attribués de droit. Ces numéros sont, en conséquence, extraits de l'urne avant l'opération du tirage.

» Avant de commencer les opérations du tirage, le sous-préfet compte publiquement les numéros et les dépose dans l'urne après s'être assuré que leur nombre est égal à celui des jeunes gens appelés à y prendre part; il en fait la déclaration à haute voix.

» Aussitôt après, chacun des jeunes gens, appelé dans l'ordre du tableau, prend dans l'urne un numéro qui est immédiatement proclamé. Pour les *absents*, le numéro est tiré par les parents ou, à défaut, par le maire de la commune.

» L'opération du tirage continue sans interruption jusqu'à ce que le dernier numéro soit extrait de l'urne. Elle *ne peut être recommencée* dans aucun cas.

» Les jeunes gens qui ne se trouveraient pas pourvus de numéros seront inscrits à la suite avec des numéros supplémentaires et tireront entre eux pour déterminer l'ordre suivant lequel ils seront inscrits.

» La liste du tirage est dressée à mesure que les numéros sont proclamés. — Elle est lue à haute voix, puis arrêtée et signée de la même manière que le tableau de recensement et annexée avec ledit tableau au procès-verbal des opérations. Elle est publiée et affichée dans chaque commune du canton. »

CHAPITRE II. — PREMIÈRE SECTION. — DU CONSEIL DE REVISION CANTONAL. — DES EXEMPTIONS, DES DISPENSES ET DES AJOURNEMENTS. — DES LISTES DE RECRUTEMENT CANTONAL.

Art. 18. — « Les opérations du recrutement sont revues, les réclamations auxquelles ces opérations peuvent donner lieu sont entendues, les causes d'exemption et de dispense prévues par les articles 20, 21, 22, 23 et 50 de la présente loi sont jugées en séance publique par un *conseil de revision* composé :

» Du préfet, président; à son défaut, du secrétaire général, et, exceptionnellement du vice-président du conseil de préfecture, ou d'un conseiller de préfecture délégué par le préfet; — d'un conseiller de préfecture désigné par le préfet; — d'un membre du conseil général du département autre que le représentant élu dans le canton où la revision a lieu, désigné par la commission départementale, conformément à l'article 82 de la loi du 10 août 1871; — d'un membre du conseil d'arrondissement, autre que le représentant élu dans le canton où la revision a lieu, désigné comme ci-dessus, et, dans le territoire de Belfort, d'un deuxième membre du conseil général; — d'un officier général ou supérieur désigné par l'autorité militaire.

» Un sous-intendant militaire, le commandant de recrutement, un médecin militaire ou, à défaut, un médecin civil désigné par l'autorité militaire, assistent aux opérations du conseil de revision. Le conseil ne peut statuer qu'après avoir entendu l'avis du médecin. Cet avis est consigné dans une colonne spéciale, en face de chaque nom, sur les tableaux de recensement.

» Le sous-intendant militaire est entendu dans l'intérêt de la loi toutes les fois qu'il le demande, et peut faire consigner ses observations au procès-verbal de la séance.

» Le sous-préfet de l'arrondissement et les maires des communes auxquelles appartiennent les jeunes gens appelés devant le conseil de revision assistent aux séances. Ils ont le droit de présenter des observations.

» En cas d'empêchement des membres du conseil général ou du conseil d'arrondissement, le préfet les fait suppléer d'office, par des membres appartenant à la même assemblée que l'absent; ces membres, désignés d'office, ne peuvent être les représentants élus du canton où la revision a lieu.

» Si, par suite d'une absence, le conseil de revision est réduit à quatre membres, il peut néanmoins délibérer lorsque le président, l'officier général ou supérieur et deux membres civils restent présents; la voix du président n'est pas prépondérante; la décision ne peut être prise qu'à la majorité de trois voix. En cas de partage, elle est ajournée.

» Dans les colonies, les attributions du préfet, des conseillers de préfecture et des conseillers d'arrondissement sont dévolues aux directeurs de l'intérieur, aux conseillers privés et aux conseillers généraux. Dans les colonies où n'existent ni conseil privé, ni conseils généraux, des décrets régleront la composition des conseils de revision. »

Art. 19. — « Le conseil de revision se transporte dans les divers cantons. Toutefois, le préfet peut, exceptionnellement, réunir plusieurs cantons et faire exécuter les opérations dans un même lieu.

» Les jeunes gens portés sur les tableaux de recensement, ainsi que ceux des classes précédentes qui ont été ajournés, conformément à l'article 27 ci-après, sont convoqués, examinés et entendus par le conseil de revision au lieu désigné. Ils peuvent faire connaître l'arme dans laquelle ils désirent être placés.

» S'ils ne se rendent pas à la convocation, s'ils ne s'y font pas représenter ou s'ils n'ont pas obtenu un délai, il est procédé comme s'ils étaient présents. »

Art. 20. — « Sont *exemptés* par le conseil de revision, siégeant au chef-lieu de canton, les jeunes gens que leurs infirmités rendent impropres à tout service actif ou auxiliaire.

» Il leur est délivré, pour justifier de leur situation, un certificat qu'ils sont tenus de représenter à toute réquisition des autorités militaire, judiciaire et civile. »

Art. 21. (Modifié par la loi du 6 novembre 1890.) — « En temps de paix, *après un an* de présence sous les drapeaux, sont envoyés *en congé* dans leurs foyers, sur leur demande, jusqu'à la date de leur passage dans la réserve :

» 1° L'*aîné d'orphelins* de père et de mère, ou l'aîné d'orphelins de mère dont le père est légalement déclaré *absent* ou *interdit ;*

» 2° Le *fils unique* ou l'*aîné des fils*, ou, à défaut de son fils ou de gendre, le *petit-fils unique* ou l'*aîné des petits-fils* d'une femme actuellement *veuve* ou d'une femme dont le mari a été légalement déclaré *absent* ou *interdit*, ou d'un père *aveugle* ou entré dans sa *soixante-dixième année;*

» 3° Le *fils unique* ou l'*aîné des fils* d'une famille de *sept enfants* au moins;

» Dans les cas prévus par les trois paragraphes précédents, le frère puiné jouira de la dispense, si le frère aîné est aveugle ou atteint de toute autre infirmité incurable qui le rende impotent;

» 4° *Le plus âgé* des deux frères inscrits la même année sur les listes du recrutement cantonal ou faisant partie du même appel;

» 5° Celui dont un *frère* sera *présent sous les drapeaux* au moment de l'appel de la classe, soit comme officier, soit comme appelé ou engagé volontaire pour trois ans au moins, soit comme rengagé, breveté ou commissionné après avoir accompli cette durée de service, soit enfin comme inscrit maritime levé d'office, levé sur sa demande, maintenu ou réadmis au service, quelle que soit la classe de recrutement à laquelle il appartient.

» Ces dispositions sont applicables aux frères des officiers mariniers des équipages de la flotte appartenant à l'inscription maritime et servant en qualité d'officiers mariniers du cadre de la maistrance ;

» Les dispositions des paragraphes 4° et 5° doivent toujours être appliquées de manière que, sur deux frères se suivant de moins de trois années d'intervalle, et reconnus tous deux aptes au service, l'un des deux ne fasse qu'une année en temps de paix.

» Si ces deux frères servent comme appelés, le dispensé qui en fera la demande ne sera incorporé qu'après l'expiration du temps obligatoire de service de l'autre frère;

» 6° Celui dont le *frère* sera *mort en activité de service* ou aura été *réformé* ou *admis à la retraite* pour blessures reçues dans un service commandé ou pour infirmités contractées dans les armées de terre ou de mer.

» La dispense accordée conformément aux paragraphes 5° et 6° ci-dessus ne sera appliquée qu'à *un seul frère* pour un *même cas*, mais elle se répétera dans la même famille autant de fois que les mêmes droits s'y reproduiront.

» Les demandes, accompagnées de documents authentiques justifiant de la situation des intéressés, sont adressées avant le tirage au sort au maire de la commune où les jeunes gens sont domiciliés. Il leur en sera donné récépissé.

» L'appelé ou l'engagé qui, postérieurement, soit à la décision du conseil de revision, soit à son incorporation, entre dans l'une des catégories prévues ci-dessus, est, sur sa demande, et dès qu'il compte un an de présence au corps, envoyé en congé dans ses foyers jusqu'à la date de son passage dans la réserve.

» Le jeune homme omis, qui ne s'est pas présenté ou fait représenter par ses ayants cause devant le conseil de revision ne peut être admis au bénéfice des dispenses indiquées par le présent article, si les motifs de ces dispenses ne sont survenus que postérieurement à la décision de ce conseil.

» Le présent article n'est applicable qu'aux enfants *légitimes*. Les enfants naturels reconnus par le père ou par la mère ne pourront jouir que de la dispense organisée par l'article suivant et dans les conditions prévues par cet article. »

Art. 22. — « En temps de paix, *après un an* de présence sous les drapeaux, peuvent être envoyés *en congé* dans leurs foyers sur leur demande, jusqu'à la date de leur passage dans la réserve, les jeunes gens qui remplissent effectivement les devoirs de *soutiens indispensables de famille*.

» Les demandes sont adressées, avant le tirage au sort, au maire de la commune où les jeunes gens sont domiciliés. Il en sera donné récépissé. Elles doivent comprendre à l'appui :

» 1° Un relevé des contributions payées par la famille et certifié par le percepteur; — 2° un avis motivé de trois pères de famille résidant dans la commune et ayant un fils sous les drapeaux ou, à défaut, dans la réserve de l'armée active, et jouissant de leurs droits civils et politiques.

» La liste de ces jeunes gens est présentée par le maire au conseil de revision, avec l'avis motivé du conseil municipal.

» Le nombre des jeunes gens dispensés par le conseil départemental de revision, à titre de soutiens indispensables de famille, ne peut dépasser 5 p. 100 du contingent à incorporer pour trois ans.

» Toutefois, le ministre de la guerre peut autoriser les chefs de corps à délivrer, en plus du chiffre fixé ci-dessus, des *congés* à titre de soutiens indispensables de famille aux militaires comptant *un an* et *deux ans* de présence sous les drapeaux.

» Le nombre des congés accordés en vertu du paragraphe précédent *ne pourra pas dépasser* 1 p. 100 après la première année et 1 p. 100 après la seconde.

» Il sera calculé d'après l'effectif des hommes de la classe appartenant au corps.

» Les intéressés devront produire les justifications mentionnées ci-dessus.

» Tous les ans, le maire de chaque commune présente au conseil de revision, siégeant au chef-lieu de canton, une délibération du conseil municipal faisant connaître la situation des jeunes gens qui ont été renvoyés dans leurs foyers comme soutiens de famille. Il est tenu de signaler au conseil de revision les plaintes des personnes dans l'intérêt desquelles l'envoi en congé a eu lieu en vertu du présent article et de l'article précédent.

» Le conseil départemental de revision décide s'il y a lieu ou non de maintenir ces dispenses. Les jeunes gens dont le maintien en congé n'est pas admis sont soumis à toutes les obligations de la classe à laquelle ils appartiennent. »

Art. 23. — « En temps de paix, *après un an* de présence sous les drapeaux, sont envoyés *en congé* dans leurs foyers, sur leur demande jusqu'à la date de leur passage dans la réserve :

» 1° Les jeunes gens qui contractent l'*engagement de servir pendant dix ans* dans les fonctions de l'instruction publique, dans les institutions nationales des sourds-muets ou des jeunes aveugles, dépendant du ministère de l'intérieur, et y rempliront effectivement un emploi de professeur, de maître répétiteur ou d'instituteur;

» Les instituteurs laïques ainsi que les novices et membres des congrégations religieuses vouées à l'enseignement et reconnues d'utilité publique qui prennent l'engagement de servir pendant dix ans dans les écoles françaises d'Orient et d'Afrique subventionnées par le Gouvernement français;

» 2° Les jeunes gens qui ont obtenu ou qui poursuivent leurs études en vue d'obtenir :

» Soit le *diplôme* de licencié ès lettres, ès sciences, de docteur en droit, de docteur en médecine, de pharmacien de 1re classe, de vétérinaire, ou le titre d'interne des hôpitaux nommé au concours dans une ville où il existe une Faculté de médecine;

» Soit le *diplôme* délivré par l'Ecole des Chartes, l'Ecole des langues orientales vivantes et l'Ecole d'administration de la marine;

» Soit le *diplôme* supérieur délivré aux élèves externes par l'Ecole des ponts et chaussées, l'Ecole supérieure des mines, l'Ecole du génie maritime;

» Soit le *diplôme* supérieur délivré par l'Institut national agronomique, l'Ecole des haras du Pin aux élèves internes, les écoles nationales d'agriculture de Grand-Jouan, de Grignon et de Montpellier, l'École des mines de Saint-Étienne, les écoles des maîtres ouvriers mineurs d'Alais et de Douai, les écoles nationales des arts et métiers d'Aix, d'Angers et de Châlons, l'Ecole des hautes études commerciales et les écoles supérieures de commerce reconnues par l'Etat;

» Soit l'un des *prix de Rome*, soit un *prix* ou *médaille d'Etat* dans les concours annuels de l'Ecole nationale des beaux-arts, du Conservatoire de musique et de l'Ecole nationale des arts décoratifs;

» 3° Les jeunes gens exerçant les *industries d'art*, qui sont désignés par un jury départemental formé d'ouvriers et de patrons. Le nombre de ces jeunes gens ne pourra en aucun cas dépasser un demi pour cent du contingent à incorporer pour trois ans;

» 4° Les jeunes gens admis, à titre d'*élèves ecclésiastiques*, à continuer leurs études en vue d'exercer le ministère dans l'un des cultes reconnus par l'Etat.

» En cas de *mobilisation*, les étudiants en médecine et en pharmacie et les élèves ecclésiastiques sont versés dans le *service de santé.*

» Tous les jeunes gens énumérés ci-dessus seront rappelés pendant *quatre semaines* dans le cours de l'année qui précédera leur passage dans la réserve de l'armée active. Ils suivront ensuite le sort de la classe à laquelle ils appartiennent.

» Des *règlements d'administration publique* détermineront : les conditions dans lesquelles sera contracté l'engagement décennal visé au paragraphe 1°; les justifications à produire par les jeunes gens visés aux paragraphes 2° et 4°, soit au moment de leur demande, soit chaque année pendant la durée de leurs études; la nomenclature des industries d'art qui donneront lieu à la dispense prévue au paragraphe 3°; le mode de répartition de ces dispenses entre les départements, le mode de constitution du jury d'Etat pour les ouvriers d'art, ainsi que les justifications annuelles d'aptitude, de travail et d'exercice régulier de leur profession, que les jeunes gens dispensés sur la proposition du jury devront fournir jusqu'à l'âge de vingt-six ans.

» Les mêmes règlements fixeront le nombre des diplômes supérieurs à délivrer annuellement, en vue de la dispense du service militaire, par chacune des écoles énumérées au troisième alinéa du paragraphe 2°, et définiront ceux de ces diplômes qui ne sont pas définis par la loi; ils fixeront également le nombre des prix et des médailles visés au quatrième alinéa du même paragraphe. »

Art. 24. — « Les jeunes gens visés au paragraphe 1er de l'article précédent qui, *dans l'année* qui suivra leur année de service, n'auraient pas obtenu un emploi de professeur, de maître répétiteur ou d'instituteur, ou qui cesseraient de le remplir avant l'expiration du délai fixé ;

» Ceux qui n'auraient pas obtenu avant l'âge de *vingt-six ans* les diplômes ou les prix spécifiés aux alinéas du paragraphe 2° ;

» Les jeunes gens visés au paragraphe 3° qui ne fourniraient pas les justifications professionnelles prescrites ;

» Les élèves ecclésiastiques mentionnés au paragraphe 4°, qui, à l'âge de *vingt-six ans*, ne seraient pas pourvus d'un emploi de ministre de l'un des cultes reconnus par l'État ;

» Les jeunes gens visés par les articles 21, 22 et 23 qui n'auraient pas satisfait, dans le cours de leur année de service, aux conditions de conduite et d'instruction militaire déterminées par le ministre de la guerre ;

» Ceux qui ne poursuivraient pas régulièrement les études en vue desquelles la dispense a été accordée ;

» Seront tenus d'accomplir les *deux années* de service dont ils avaient été dispensés. »

Art. 25. — « Quand les causes de dispenses prévues aux articles 21, 22 et 23 viennent à cesser, les jeunes gens qui avaient obtenu ces dispenses sont soumis à toutes les obligations de la classe à laquelle ils appartiennent.

» Ils peuvent *se marier* sans autorisation. »

Art. 26. — « La liste des jeunes gens de chaque département, dispensés en vertu des articles 21, 22, 23 et 50, sera publiée au *Bulletin administratif*, et les noms des dispensés de chaque commune seront affichés dans leur commune à la porte de la mairie.

» En cas de *guerre*, ils sont appelés et marchent avec les hommes de leur classe. Les dispositions de l'article 55 ci-après leur sont applicables. »

Art. 27. — « Peuvent être *ajournés* deux années de suite à un nouvel examen du conseil de revision, les jeunes gens qui n'ont pas la taille réglementaire d'un mètre cinquante-quatre centimètres, ou qui sont reconnus d'une complexion trop faible pour un service armé.

» Les jeunes gens ajournés reçoivent, pour justifier de leur situation, un certificat qu'ils sont tenus de représenter à toute réquisition des autorités militaire, judiciaire ou civile.

» A moins d'une autorisation spéciale, ils sont astreints à comparaître à nouveau devant le conseil de revision du canton devant lequel ils ont comparu.

» Ceux qui, après l'examen définitif, sont reconnus propres au service armé ou auxiliaire, sont soumis, selon la catégorie dans laquelle ils sont placés, aux obligations de la classe à laquelle ils appartiennent.

» Ils peuvent faire valoir les motifs de dispense énoncés aux articles 21, 22 et 23.

» Les droits à la dispense prévus au paragraphe numéroté 5° de l'article 21 qui existaient au moment de l'ajournement peuvent être valablement invoqués l'année suivante, lors même que, pendant l'ajournement, le frère du réclamant aurait cessé d'être présent sous les drapeaux. »

Art. 28. — « Les jeunes gens reçus à l'*École polytechnique*, à l'*École forestière* ou à l'*École centrale des arts et manufactures*, qui sont reconnus propres au service militaire, n'y sont définitivement admis qu'à la condition de contracter un *engagement volontaire* de *trois ans* pour les deux premières écoles, de *quatre ans* pour l'École centrale.

» Ils sont *considérés comme présents sous les drapeaux* dans l'armée active pendant tout le temps passé par eux dans lesdites écoles. Ils reçoivent, dans ces écoles, l'instruction militaire complète et sont à la disposition du ministre de la guerre.

» S'ils ne peuvent satisfaire aux examens de sortie ou s'ils sont renvoyés pour inconduite, ils sont incorporés dans un corps de troupe pour y terminer le temps de service qu'il leur reste à faire.

» Les élèves de l'Ecole polytechnique admis dans l'un des services civils recrutés à l'école, ou quittant l'école après avoir satisfait aux examens de sortie, sans entrer dans aucun de ces services, et les élèves de l'Ecole forestière admis dans l'administration des forêts, sont nommés sous-lieutenants de réserve et accomplissent en cette qualité, dans un corps de troupe, leur troisième année de service.

» Ceux qui viendraient à quitter le service civil dans lequel ils ont été admis n'en resteront pas moins soumis aux obligations indiquées par le paragraphe précédent.

» Ceux qui donneraient leur démission d'officier de réserve avant l'accomplissement de leur troisième année de service n'en resteront pas moins soumis à toutes les conséquences de l'engagement volontaire de trois ans contracté par eux lors de leur entrée à l'école.

» Les élèves de l'Ecole centrale des arts et manufactures quittant l'école après avoir satisfait aux examens de sortie accomplissent *une année* de service dans un corps de troupe. A la fin de cette année de service, ils peuvent être nommés sous-lieutenants de réserve.

» Les conditions d'aptitude physique, pour l'entrée à ces écoles, des jeunes gens qui, au moment de leur admission, ne sont pas aptes au service militaire, sont fixées par un règlement d'administration publique. »

Art. 29. — « Les élèves du *service de santé militaire* et les élèves militaires des *écoles vétérinaires* contractent, en entrant à l'école, l'engagement de servir dans l'armée active pendant *six ans* au moins, à dater de leur nomination au grade de médecin aide-major de 2e classe ou d'aide-vétérinaire.

» Ceux qui n'obtiendraient pas le grade d'aide-major ou d'aide-vétérinaire ou qui ne réaliseraient pas l'engagement sexennal sont incorporés dans un corps de troupe pour *trois ans*, sans déduction aucune du temps écoulé depuis leur entrée à l'école.

» Ces dispositions sont également applicables aux élèves de l'Ecole de médecine navale. »

Art. 30. — « Sont *considérés comme ayant satisfait* à l'appel de leur classe :

» 1° Les jeunes gens liés au service dans les armées de terre ou de mer en vertu d'un brevet ou d'une commission ;

» 2° Les jeunes marins portés sur les registres matricules de l'inscription maritime, conformément aux règles prescrites par les articles 1, 2, 3, 4 et 5 de la loi du 25 octobre 1795 (3 brumaire an IV).

» Les premiers, s'ils cessent leur service, et les seconds, s'ils se font rayer de l'inscription maritime, sont tenus d'en faire la déclaration au maire de leur commune dans les deux mois, de retirer une expédition de leur déclaration et de la soumettre au préfet du département, sous les peines portées par l'article 76 ci-après.

» Les uns et les autres accomplissent dans l'armée active le service prescrit par la présente loi, puis ils suivent le sort de la classe à laquelle ils appartiennent.

» Toutefois, le temps déjà passé par eux au service de l'Etat est déduit du nombre d'années pendant lesquelles tout Français fait partie de l'armée active. »

Art. 31. — « Lorsque les jeunes gens portés sur les tableaux de recensement ont fait des déclarations dont l'admission ou le rejet dépend de la décision à intervenir sur des questions judiciaires relatives à leur état ou à leurs droits civils, le conseil de revision ajourne sa décision ou ne prend qu'une décision conditionnelle.

» Les questions sont jugées contradictoirement avec le préfet, à la requête de la partie la plus diligente. Le tribunal civil du lieu du domicile statue sans délai, le ministère public entendu.

» Le délai de l'appel et du recours en cassation est de *quinze jours* francs à partir de la signification de la décision attaquée.

» Le recours est, ainsi que l'appel, dispensé de la consignation d'amende.

» L'affaire est portée directement devant la chambre civile.

» Les actes faits en exécution du présent article sont visés pour timbre et enregistrés gratis.

» Les paragraphes 2, 3, 4, 5 et 6 du présent article sont applicables au cas prévu par l'article 6. »

Art. 32. — « Hors les cas prévus par les articles 6 et 31, les décisions du conseil de revision sont *définitives*. Elles peuvent, néanmoins, être attaquées devant le conseil d'Etat pour *incompétence*, *excès de pouvoir*, ou *violation de la loi*.

» Le recours au Conseil d'Etat n'aura pas d'effet suspensif, et il ne pourra en être autrement ordonné.

» L'annulation prononcée sur le recours du Ministre de la guerre profite aux parties lésées. »

Art. 33. — « Après que le conseil de revision a statué sur les cas d'exemption, ainsi que sur toutes les réclamations auxquelles les opérations peuvent donner lieu, la liste de recrutement cantonal de la classe est définitivement arrêtée et signée par le conseil de revision.

» Cette liste, divisée en sept parties, comprend, par ordre de numéros de tirage :

» 1° Tous les jeunes gens déclarés propres au service militaire et qui ne doivent pas être classés dans les catégories suivantes ; — 2° les jeunes gens dispensés en vertu de l'article 21 ; — 3° les jeunes gens dispensés en vertu des articles 23 et 50 ; — 4° les jeunes gens liés au service en vertu d'un engagement volontaire, d'un brevet ou d'une commission, et les jeunes marins inscrits ; — 5° les jeunes gens qui sont ajournés conformément à l'article 27 ci-dessus ; — 6° les jeunes gens qui ont été classés dans les services auxiliaires de l'armée ; — 7° les jeunes gens exclus en vertu des dispositions de l'article 4. »

2e SECTION. — DU CONSEIL DE REVISION DÉPARTEMENTAL. — DE LA TAXE MILITAIRE.

Art. 34. — « Quand les listes de recrutement de tous les cantons du département ont été arrêtées, le conseil de revision, composé ainsi qu'il est dit à l'article 18 ci-dessus, mais auquel seront adjoints deux autres membres du conseil général, se réunit au chef-lieu du département et prononce, en séance publique, sur les demandes de dispenses à titre de soutiens de famille, stipulées à l'article 22.

» Les trois conseillers généraux et le conseiller d'arrondissement sont spécialement désignés à cet effet par la commission départementale.

» Les ajournés de l'année précédente concourent entre eux dans les mêmes conditions. »

Art. 35. — § 1er. — « A partir du 1er janvier qui suivra la mise en vigueur de la présente loi, seront assujettis au payement d'une *taxe militaire* annuelle ceux qui, par suite d'exemption, d'ajournement, de classement dans les services auxiliaires ou dans la seconde partie du contingent, de dispense, ou pour tout autre motif, bénéficieront de l'exonération du service dans l'armée active.

» § 2. — Sont seuls *dispensés* de cette taxe :

» 1° Les hommes réformés ou admis à la retraite pour blessures reçues dans un service commandé ou pour infirmités contractées dans les armées de terre ou de mer ;

» 2° Les contribuables se trouvant dans un état d'indigence notoire.

» § 3. — La taxe militaire *se compose* de : 1° une taxe *fixe* de six francs (6 fr.); 2° une taxe *proportionnelle* égale au montant en principal de la cote personnelle et mobilière de l'assujetti.

» Si cet assujetti a encore ses ascendants du premier degré ou l'un d'eux, la cote est augmentée du quotient obtenu en divisant la cote personnelle et mobilière de celui de ces ascendants qui est le plus imposé à cette contribution, en principal, par le nombre des enfants vivants et des enfants représentés dudit ascendant.

» Au cas de non-imposition des ascendants du premier degré, il sera procédé comme il vient d'être dit sur la cote des ascendants du second degré, en tenant compte des enfants de l'ascendant de chaque degré.

» Il n'est plus tenu compte de la cote des ascendants lorsque l'assujetti a atteint l'âge de trente ans révolus et qu'il a un domicile distinct de celui de ses ascendants.

» Les cotisations imposables sont celles qui sont portées aux rôles de la commune du domicile des contribuables. Elles sont déterminées sans égard aux prélèvements qui peuvent servir à les acquitter sur les produits de l'octroi.

» § 4. — La taxe fixe et la taxe proportionnelle sont *réduites* à proportion du temps pendant lequel l'assujetti n'a pas bénéficié de l'exonération établie à son profit dans le service de l'armée active.

» La taxe fixe n'est *pas due* par les hommes exemptés pour des infirmités entraînant l'incapacité absolue du travail.

» § 5. — La taxe est établie au 1er janvier pour l'année entière.

» Elle *cesse* par trois ans de présence effective des assujettis sous les drapeaux ou par leur inscription sur les registres matricules de l'inscription maritime.

» Elle cesse également à partir du 1er janvier qui suit le passage de la classe de l'assujetti dans la réserve de l'armée territoriale.

» Tout mois commencé est exigible en entier.

» § 6. — La taxe militaire est due par l'assujetti. *A défaut de payement* constaté par une sommation restée sans effet, elle est payée en son acquit par celui de ses ascendants dont la cotisation a été prise pour élément du calcul de la taxe, conformément au paragraphe 3° du présent article. Les ascendants ne sont plus responsables quand la taxe cesse d'être calculée sur leur cote, conformément au paragraphe 3° ci-dessus.

» La taxe est *exigible* dans la commune où le redevable a son domicile à la date du 1er janvier.

» Elle est *recouvrée* et les demandes en remise ou en décharge sont instruites et jugées comme en matière de contributions directes.

» En cas de retard de payement de trois douzièmes consécutifs constaté par un commandement resté sans effet, il sera dû une taxe *double* pour les douzièmes échus et non payés.

» § 7. — Il est ajouté au montant de la taxe :

» 1° Cinq centimes par franc pour couvrir les décharges ou remises ainsi que les frais d'assiette et de confection des rôles. En cas d'insuffisance, il est pourvu au déficit par un prélèvement sur le montant de la taxe; — 2° Trois centimes par franc pour frais de perception.

» § 8. — Un *règlement d'administration publique* déterminera les mesures nécessaires pour l'exécution du présent article, qui n'aura pas d'effet rétroactif. »

CHAPITRE III. — DU REGISTRE MATRICULE

Art. 36. — « Il est tenu par subdivision de région un *registre matricule* sur lequel sont portés tous les jeunes gens inscrits sur les listes de recrutement cantonal.

» Ce registre mentionne l'incorporation de chaque homme inscrit ou la position dans laquelle il est laissé, et, successivement, tous les changements qui peuvent survenir dans sa situation jusqu'à sa libération définitive.

» Tout homme inscrit sur le registre matricule reçoit un *livret individuel* qu'il est tenu de représenter à toute réquisition des autorités militaire, judiciaire et civile.

» En cas d'appel à l'activité ou de convocation pour des manœuvres, exercices ou revues, la représentation du livret individuel doit avoir lieu dans les vingt-quatre heures de la réquisition; en tout autre cas, le délai est de huit jours. »

TITRE III

DU SERVICE MILITAIRE

CHAPITRE Ier. — BASES DU SERVICE

Art. 37. — « Tout Français reconnu propre au service militaire fait partie successivement :

» De l'*armée active* pendant *trois ans;*

» De la *réserve de l'armée active* pendant *sept ans;*

» De l'*armée territoriale* pendant *six ans;*

» De la *réserve de l'armée territoriale* pendant *neuf ans.* »

Art. 38. — « Le service militaire est réglé par classe.

» L'armée active comprend, indépendamment des hommes qui ne proviennent pas des appels, tous les jeunes gens déclarés propres au service militaire et faisant partie des trois dernières classes appelées.

» La réserve de l'armée active comprend tous les hommes qui ont accompli le temps de service prescrit pour l'armée active.

» L'armée territoriale comprend tous les hommes qui ont accompli depuis moins de six ans le temps de service prescrit pour l'armée active et sa réserve.

» La réserve de l'armée territoriale comprend les hommes qui ont accompli le temps de service prescrit pour cette dernière armée. »

Art. 39. — « Chaque année, après l'achèvement des opérations du recrutement, le ministre de la guerre fixe sur la liste du tirage au sort de chaque canton et proportionnellement, en commençant par les numéros les plus élevés, le nombre d'hommes qui seront envoyés dans leurs foyers *en disponibilité* après leur première année de service. Ces jeunes soldats resteront néanmoins à la disposition du ministre, qui pourra les conserver sous les drapeaux ou les rappeler si leur conduite et leur instruction laissent à désirer, ou si l'effectif budgétaire le permet. »

Art. 40. — « La *durée du service* compte du 1er novembre de l'année de l'inscription sur les tableaux de recensement, et l'incorporation du contingent doit avoir lieu, au plus tard, le 16 novembre de la même année.

» En *temps de paix*, chaque année, au 31 octobre, les militaires qui ont accompli le temps de service prescrit :

» 1° Soit dans l'armée active;

» 2° Soit dans la réserve de l'armée active;

» 3° Soit dans l'armée territoriale;

» 4° Soit dans la réserve de l'armée territoriale,

» Sont envoyés respectivement :

» 1° Dans la réserve de l'armée active;

» 2° Dans l'armée territoriale;

» 3° Dans la réserve de l'armée territoriale;

» 4° Dans leurs foyers, comme libérés à titre définitif.

» Mention de ces divers passages et de la libération est faite sur le livret individuel.

» Après les grandes manœuvres, la totalité de la classe dont le service actif expire le 31 octobre suivant peut être renvoyée dans ses foyers, en attendant son passage dans la réserve.

» Dans le cas où les circonstances paraîtraient l'exiger, le ministre de la guerre et le ministre de la marine sont autorisés à conserver provisoirement sous les drapeaux la classe qui a terminé sa troisième année de service.

» Notification de cette décision sera faite aux Chambres dans le plus bref délai possible.

» En *temps de guerre*, les passages et la libération n'ont lieu qu'après l'arrivée de la classe destinée à remplacer celle à laquelle les militaires appartiennent. Cette disposition est exceptionnellement applicable, dès le temps de paix, aux hommes servant aux colonies.

» Les militaires faisant partie des corps mobilisés peuvent y être maintenus jusqu'à la cessation des hostilités, quelle que soit la classe à laquelle ils appartiennent.

» En temps de guerre, le ministre peut appeler par *anticipation* la classe qui ne serait appelée que le 1er novembre suivant. »

Art. 41. — « *Ne compte pas*, pour les années de service exigées par la présente loi dans l'armée active, la réserve de l'armée active et l'armée territoriale, le temps pendant lequel un militaire dans l'armée active, un réserviste ou un homme de l'armée territoriale a subi la peine de l'emprisonnement en vertu d'un jugement, si cette peine a eu pour effet de l'empêcher d'accomplir, au moment fixé, tout ou partie des obligations d'activité qui lui sont imposées par la présente loi ou par les engagements qu'il a souscrits.

» Ces individus seront tenus de remplir leurs obligations d'activité, soit à l'expiration de leur peine s'ils appartiennent à l'armée active, soit au moment de l'appel qui suit leur élargissement s'ils font partie de la réserve de l'armée active ou de l'armée territoriale.

» Toutefois, quelles que soient les déductions de service opérées, les hommes qui en sont l'objet sont rayés des contrôles en même temps que la classe à laquelle ils appartiennent. »

CHAPITRE II. — DU SERVICE DANS L'ARMÉE ACTIVE

Art. 42. — « Le contingent à incorporer est formé par les jeunes gens inscrits dans la première partie des listes de recrutement cantonal.

» Il est mis, à dater du 1er novembre, à la disposition du ministre de la guerre, qui en arrête la répartition. »

Art. 43. — « Sont affectés à l'*armée de mer :*

» 1° Les hommes fournis par l'inscription maritime;

» 2° Les hommes qui ont été admis à s'engager ou à contracter un rengagement dans les équipages de la flotte, suivant les conditions spéciales déterminées aux articles 59 et 63 ci-après;

» 3° Les jeunes gens qui, au moment des opérations du conseil de revision, auront demandé à entrer dans les équipages de la flotte et auront été reconnus aptes à ce service;

» 4° A défaut d'un nombre suffisant d'hommes compris dans les trois catégories précédentes, les hommes du contingent auxquels les numéros les moins élevés ont été attribués en vertu de l'article 17 de la présente loi, ou sont échus par l'effet du tirage au sort. »

Art. 44. — « *Sont affectés aux troupes coloniales :*

» 1° Les contingents coloniaux provenant des colonies autres que la Guadeloupe, la Martinique, la Guyane et la Réunion;

» 2° Les hommes qui ont été admis à s'engager ou à contracter un rengagement dans lesdites troupes suivant les conditions spéciales déterminées aux articles 59 et 63 ci-après;

» 3° Les jeunes gens qui, au moment des opérations du conseil de revision, auront demandé à entrer dans les troupes coloniales et auront été reconnus propres à ce service;

» 4° A défaut d'un nombre suffisant d'hommes compris dans les catégories précédentes, les jeunes gens dont les numéros suivent immédiatement ceux des hommes affectés à l'armée de mer.

» La proportion d'hommes à fournir par chaque canton sera calculée sur l'ensemble des jeunes gens reconnus propres au service.

» Les dispositions des articles 43 et 44 ne sont pas applicables aux jeunes gens dispensés en vertu des articles 21, 22 et 23. »

Art. 45. — « La durée du service actif ne pourra pas être interrompue par des congés, sauf le cas de *maladie* ou de *convalescence*, ou en exécution des articles 21, 22 et 23 de la présente loi. »

Art. 46. — « Le nombre d'hommes entretenus sous les drapeaux est, en cas d'excédent, ramené à l'effectif déterminé par les lois au moyen du renvoi dans leurs foyers, après une année de service, des hommes dont les numéros du tirage précèdent immédiatement ceux qui ont été déjà désignés pour la disponibilité aux termes de l'article 39. »

Art. 47. — « Les militaires qui, pendant la durée de leur service, auront subi des punitions de prison ou de cellule, seront *maintenus au corps* après le départ des hommes de leur classe, pendant un nombre de jours égal au nombre de journées de prison ou de cellule qu'ils auront subies.

» Cette disposition ne sera pas applicable aux militaires qui, au moment du départ des hommes de leur classe, seront en possession du grade de sous officier ou de celui de caporal ou brigadier.

» Si le total de ces journées de prison ou de cellule dépasse *soixante*, la durée du maintien au corps sera fixée par le conseil de discipline statuant en dernier ressort; elle ne pourra être inférieure à *trois mois* ni supérieure à *un an*. »

CHAPITRE III. — DU SERVICE DANS LES RÉSERVES.

Art. 48. — « Les hommes envoyés dans la réserve de l'armée active, dans l'armée territoriale et dans la réserve de ladite armée sont affectés aux divers corps de troupe et services de l'armée active ou de l'armée territoriale.

» Ils sont tenus de rejoindre leur corps en cas de mobilisation, de rappel de leur classe ordonné par décret, et de convocation pour des manœuvres ou exercices.

» *A l'étranger*, les ordres de mobilisation, de rappel ou de convocation sont transmis par les soins des agents consulaires de France.

» Le rappel de la réserve de l'armée active peut être fait d'une manière distincte et indépendante pour l'armée de terre, pour l'armée de mer ou pour les troupes coloniales; il peut être fait pour un, plusieurs ou tous les corps d'armée, et, s'il y a lieu, distinctement par arme. Dans tous les cas, il a lieu par classe, en commençant par *la moins ancienne*.

» Les mêmes dispositions sont applicables à l'armée territoriale.

» La réserve de l'armée territoriale n'est rappelée à l'activité qu'en cas de guerre et à défaut de ressources suffisantes fournies par l'armée territoriale. Le rappel se fait par classe ou fraction de classe en commençant par *la moins ancienne*.

» En cas de mobilisation, les militaires de la réserve domiciliés dans la région, et, en cas d'insuffisance, les militaires de la réserve domiciliés dans d'autres régions, complètent les effectifs des divers corps de troupe et des divers services qui entrent dans la composition de chaque corps d'armée.

» Les corps de troupe et services qui n'entrent pas dans la composition des corps d'armée sont complétés avec des militaires de la réserve pris sur l'ensemble du territoire.

» Mention du corps d'affectation est portée sur le livret individuel.

» Les hommes désignés dans l'article 5 comme devant être incorporés dans les bataillons d'infanterie légère d'Afrique, et qui n'auront point été jugés dignes d'être envoyés dans d'autres corps au moment où ils passeront dans la réserve, seront, lors de leur passage dans la réserve, affectés à ces mêmes corps.

» En temps de paix, ils accompliront leurs périodes d'exercices dans des compagnies spécialement désignées à cet effet.

» Les dispositions des deux derniers paragraphes seront appliquées aux hommes qui, après avoir quitté l'armée active, ont encouru les condamnations spécifiées à l'article 5.»

Art. 49. — « Les hommes de la *réserve de l'armée active* sont assujettis, pendant leur temps de service dans ladite réserve, à prendre part à *deux manœuvres*, chacune d'une durée de *quatre semaines*.

» Les hommes de l'*armée territoriale* sont assujettis à une période d'*exercices* dont la durée sera de *deux semaines*.

» Peuvent être *dispensés* de ces manœuvres ou exercices, comme soutiens indispensables de famille, et s'ils en remplissent effectivement les devoirs, les hommes de la réserve et de l'armée territoriale qui en font la demande.

» Le maire soumet les demandes au conseil municipal, qui opère comme il est prescrit à l'article 22 ci-dessus.

» Les listes de demandes annotées sont envoyées par les maires aux généraux commandant les subdivisions, qui statuent.

» Ces dispenses peuvent être accordées, par subdivision de région, *jusqu'à concurrence de* 6 *p.* 100 du nombre des hommes appelés momentanément sous les drapeaux; elles n'ont d'effet que pour la convocation en vue de laquelle elles sont délivrées.

» Peuvent être *dispensés* de ces manœuvres ou exercices les fonctionnaires et agents désignés au tableau B de la présente loi. »

Art. 50. — « En temps de paix, les jeunes gens qui, avant l'âge de *dix-neuf ans révolus*, ont établi leur *résidence à l'étranger*, hors d'Europe, et qui y occuperont une situation régulière, pourront, sur l'avis du consul de France, être dispensés du service militaire pendant la durée de leur séjour à l'étranger. Ils devront justifier de leur situation chaque année.

» S'ils rentrent en France *avant l'âge de trente ans*, ils devront accomplir le service actif prescrit par la présente loi, sans toutefois pouvoir être retenus sous les drapeaux au delà de l'âge de trente ans. Ils sont ensuite soumis à toutes les obligations de la classe à laquelle ils appartiennent.

» S'ils rentrent *après l'âge de trente ans*, ils ne seront soumis qu'aux obligations de leur classe.

» Pendant la durée de leur établissement à l'étranger, ils ne pourront séjourner accidentellement en France plus de *trois mois*, et sous la réserve d'aviser le consul de leur absence. »

Art. 51. — « En cas de *mobilisation*, nul ne peut se prévaloir de la fonction ou de l'emploi qu'il occupe pour se soustraire aux obligations de la classe à laquelle il appartient.

» Sont seuls autorisés à ne pas rejoindre immédiatement, dans le cas de convocation par voie d'affiches et de publications sur la voie publique, les titulaires des fonctions et emplois désignés aux tableaux A, B et C annexés à la présente loi, sous la condition qu'ils occupent ces fonctions ou emplois depuis six mois au moins.

» Les fonctionnaires et agents portés au tableau A, qui ne relèvent pas déjà des ministres de la guerre ou de la marine, sont mis à la disposition de ces ministres et attendent leurs ordres dans leur situation respective.

» Les fonctionnaires et agents du tableau B, qui ne comptent plus dans la réserve de l'armée active, et les fonctionnaires et agents du tableau C, même appartenant à la réserve de l'armée active, ne rejoignent leurs corps que sur ordres spéciaux.

» Les hommes autorisés à ne pas rejoindre immédiatement sont, dès la publication de l'ordre de mobilisation, soumis à la juridiction des tribunaux militaires, par application de l'article 57 du code de justice militaire. »

Art. 52. — « Sous les drapeaux, les hommes de la réserve et de l'armée territoriale sont soumis à toutes les obligations imposées aux militaires de l'armée active par les lois et règlements en vigueur.

» Ils sont *justiciables des tribunaux militaires*, en temps de paix comme en temps de guerre :

» 1° En cas de mobilisation, à partir du jour de leur appel à l'activité jusqu'à celui où ils sont renvoyés dans leurs foyers ;

» 2° Hors le cas de mobilisation, lorsqu'ils sont convoqués pour des manœuvres, exercices ou revues, depuis l'instant de leur réunion en détachement pour rejoindre, ou de leur arrivée à destination, s'ils rejoignent isolément, jusqu'au jour où ils sont renvoyés dans leurs foyers ;

» 3° Lorsqu'ils sont placés dans les hôpitaux militaires ou dans les salles des hôpitaux civils affectées aux militaires et lorsqu'ils voyagent comme militaires sous la conduite de la force publique, qu'ils se trouvent détenus dans les établissements, prisons et pénitenciers militaires ou qu'ils subissent dans un corps de troupe une peine disciplinaire.

» Toutefois, des circonstances atténuantes pourront être accordées, alors même que le code de justice militaire n'en prévoit pas, aux hommes qui, n'ayant pas trois mois de présence sous les drapeaux, se trouveront dans l'une des positions indiquées aux paragraphes 2° et 3° ci-dessus. »

Art. 53. — « Lorsque les hommes de la réserve et de l'armée territoriale, même non présents sous les drapeaux, sont revêtus d'effets d'uniforme, ils doivent à tout supérieur hiérarchique en uniforme les marques extérieures de respect prescrites par les règlements militaires, et sont considérés sous tous les rapports comme des militaires en congé.

Art. 54. — « Le seul fait, pour les hommes inscrits sur le registre matricule prévu à l'article 36 ci-dessus, de se trouver revêtus d'effets d'uniforme dans un rassemblement tumultueux et contraire à l'ordre public, et d'y demeurer contrairement aux ordres des agents de l'autorité ou de la force publique, les rend passibles des peines édictées à l'article 225 du code de justice militaire. »

Art. 55. — « Tout homme inscrit sur le registre matricule est astreint, *s'il se déplace*, aux obligations suivantes :

» 1° S'il se déplace pour changer de domicile ou de résidence, il fait viser, dans le délai d'*un mois*, son livret individuel par la gendarmerie dont relève la localité où il transporte son domicile ou sa résidence ;

» 2° S'il se déplace pour voyager pendant *plus d'un mois*, il fait viser son livret avant son départ par la gendarmerie de sa résidence habituelle ;

» 3° S'il va se fixer *en pays étranger*, il fait de même viser son livret avant son départ, et doit, en outre, dès son arrivée, prévenir l'agent consulaire de France, qui lui donne récépissé de sa déclaration et en envoie copie dans les huit jours au ministre de la guerre.

» A l'étranger, s'il se déplace pour changer de résidence, il en prévient, au départ et à l'arrivée, l'agent consulaire de France, qui en informe le ministre de la guerre.

» Lorsqu'il rentre en France, il se conforme aux prescriptions du paragraphe 1er ci-dessus. »

Art. 56. — « Les hommes qui se sont conformés aux prescriptions de l'article précédent, ont droit, en cas de mobilisation ou de rappel de leur classe, à des délais supplémentaires pour rejoindre, calculés d'après la distance à parcourir.

» Ceux qui ne s'y sont pas conformés sont considérés comme n'ayant pas changé de domicile ou de résidence. »

Art. 57. — « Les hommes de la réserve de l'armée active, de l'armée territoriale ou de sa réserve sont *justiciables des tribunaux militaires*, en temps de paix comme en temps de guerre, pour les crimes et délits prévus et punis par les articles du code de justice militaire énumérés dans le tableau D annexé à la présente loi, lorsque, après avoir été appelés sous les drapeaux, ils ont été renvoyés dans leurs foyers.

» L'application de ces articles est faite aux inculpés sous la réserve des dispositions spéciales indiquées audit tableau.

» Toutefois les hommes appartenant à l'armée territoriale ou à la réserve de cette armée ne sont plus justiciables des tribunaux militaires, en temps de paix, pour les crimes et délits prévus par les deux paragraphes précédents, lorsqu'ils ont été renvoyés dans leurs foyers depuis plus de six mois, à moins que, au moment où les faits incriminés ont été commis, les délinquants ne fussent revêtus d'effets d'uniforme. »

Art. 58. — « Les hommes de la disponibilité et de la réserve de l'armée active peuvent se marier sans autorisation. Ils restent soumis néanmoins à toutes les obligations de service imposées à leur classe.

» Les réservistes qui sont pères de *quatre enfants vivants* passent de droit dans l'armée territoriale. »

TITRE IV

DES ENGAGEMENTS VOLONTAIRES, DES RENGAGEMENTS ET DES COMMISSIONS.

CHAPITRE Ier. — DES ENGAGEMENTS VOLONTAIRES.

Art. 59. — « Tout Français ou naturalisé Français, comme il est dit aux articles 11 et 12 de la présente loi, ainsi que les jeunes gens qui doivent être inscrits sur les tableaux de recensement ou qui sont autorisés par les lois à servir dans l'armée française et les jeunes gens nés en pays étrangers d'un Français, peuvent être admis à contracter un *engagement volontaire* dans l'armée active, aux conditions suivantes :

» L'engagé volontaire :

» 1° S'il entre dans l'*armée de mer*, avoir *seize ans accomplis*, sans être tenu d'avoir la taille prescrite par la loi ;

» S'il entre dans l'*armée de terre*, avoir *dix-huit ans accomplis* et au moins la taille réglementaire de un mètre cinquante-quatre centimètres ;

» 2° N'être ni *marié* ni *veuf avec enfants ;*

» 3° N'avoir jamais été *condamné* pour vol, escroquerie, abus de confiance, attentat aux mœurs, et n'avoir subi aucune des peines prévues par l'article 5 de la présente loi, à moins qu'il ne veuille contracter son engagement pour un *bataillon d'infanterie légère d'Afrique ;*

» 4° Jouir de ses droits civils ;

» 5° Etre de bonne vie et mœurs ;

» 6° S'il a moins de *vingt ans*, être pourvu du consentement de ses père, mère ou tuteur; ce dernier doit être autorisé par une délibération du conseil de famille. Le consentement du directeur de l'Assistance publique dans le département de la Seine et du préfet dans les autres départements est nécessaire et suffisant pour les moralement abandonnés.

» L'engagé volontaire est tenu, pour justifier des conditions prescrites aux paragraphes 3°, 4° et 5° ci-dessus, de produire un extrait de son casier judiciaire et un certificat délivré par le maire de son dernier domicile.

» S'il ne compte pas au moins une année de séjour dans cette commune, il doit également produire un autre certificat du maire de la commune où il était antérieurement domicilié.

» Le certificat doit contenir le signalement du jeune homme qui veut s'engager et mentionner la durée du temps pendant lequel il a été domicilié dans la commune.

» La faculté de contracter l'engagement volontaire *cesse* dès que le jeune homme est inscrit par le conseil de revision sur la liste de recrutement cantonal. Toutefois, il peut devancer l'appel pour entrer dans la marine ou dans les troupes coloniales.

» Les hommes exemptés ou classés dans les services auxiliaires peuvent, jusqu'à l'âge de *trente-deux ans* accomplis, être admis à contracter des engagements volontaires s'ils réunissent les conditions d'aptitude physique exigées.

» Les conditions relatives soit à l'aptitude physique et à l'admissibilité dans les différents corps de l'armée, soit aux époques de l'année où les engagements peuvent être contractés, sont déterminées par des décrets insérés au *Bulletin des lois*.

» Il ne pourra être reçu d'engagements volontaires que pour la marine et les troupes coloniales, et pour les corps d'infanterie, de cavalerie, d'artillerie et du génie.

» La durée de l'engagement est de *trois*, *quatre* ou *cinq* ans.

» L'engagé volontaire admis, après concours, à l'Ecole normale supérieure, à l'Ecole des arts et manufactures ou à l'une des écoles spéciales visées à l'article 23, pourra bénéficier des dispositions dudit article, *après un an* de présence sous les drapeaux, à la condition que la demande ait été formulée au moment de l'engagement.

» Le service militaire fixé par l'article 37 ci-dessus compte du jour de la signature de l'acte d'engagement. »

Art. 60. — « Les jeunes gens remplissant les conditions stipulées à l'article précédent peuvent être admis à contracter, dans les troupes coloniales, des engagements volontaires d'une durée de *cinq ans*, donnant droit, pendant les deux dernières années, à une prime dont le montant sera fixé par décret.

» Cette disposition est applicable aux jeunes gens du contingent qui, affectés aux équipages de la flotte ou aux troupes coloniales, contractent l'engagement de servir pendant cinq ans.

» Le mode de payement de ces primes sera déterminé par un règlement d'administration publique.

» Les jeunes gens remplissant les conditions stipulées par le précédent article peuvent être admis à contracter dans les équipages de la flotte, soit des engagements à long terme dans les conditions de la loi du 22 juillet 1886, soit des engagements de *cinq ans*, soit enfin des engagements de *trois ans*.

» Ces derniers engagements ne donnent droit à *aucune prime*. Le ministre de la marine aura la faculté d'allouer des hautes payes, dans la limite des crédits prévus à cet effet par la loi de finances, aux hommes des professions ou spécialités utilisables dans la marine, et dont le recrutement, dans les conditions ordinaires, s'opère difficilement. »

Art. 61. — « En cas de *guerre*, tout Français ayant accompli le temps de service prescrit pour l'armée active, la réserve de ladite armée et l'armée territoriale, est admis à contracter, dans un corps de son choix, un *engagement pour la durée de la guerre*.

» Cette faculté cesse pour les hommes de la réserve de l'armée territoriale lorsque leur classe est rappelée à l'activité. »

Art. 62. — « Les engagements volontaires sont contractés dans les formes prescrites par les articles 34, 35, 36, 37, 38, 39, 40, 42 et 44 du code civil, devant les maires des chefs-lieux de canton.

» Les conditions relatives à la durée de ces engagements sont insérées dans l'acte même.

» Les autres conditions sont lues aux contractants avant la signature et mention en est faite à la fin de l'acte. »

CHAPITRE II. — DES RENGAGEMENTS

Art. 63. — « Les soldats décorés ou médaillés ou inscrits sur les listes d'aptitude pour le grade de caporal ou brigadier, ainsi que les caporaux ou brigadiers pourront être admis à contracter des *rengagements* pour *deux*, *trois* ou *cinq ans*, pendant le cours de leur dernière année de service sous les drapeaux.

» Tout homme des *troupes coloniales* peut être admis à contracter un rengagement pour *deux*, *trois* ou *cinq ans*, après six mois de service.

» Les rengagements datent du jour de l'expiration légale du service dans l'armée active. Ils sont renouvelables jusqu'à une durée totale de quinze années de service effectif.

» Les caporaux ou brigadiers et les soldats qui contractent un premier rengagement de cinq ans ont droit à une *prime* payable immédiatement après la signature de l'acte. Le montant de cette prime sera fixé comme il est indiqué à l'article 60 ci-dessus.

» Ceux qui contractent un *premier rengagement* de deux ou trois ans ont droit à une prime réduite, fixée au tiers de la prime totale dans le premier cas, et à la moitié dans le second. S'ils contractent un *second rengagement* avant l'expiration du premier, de manière à parfaire cinq ans de rengagement, ils reçoivent le complément de la prime totale telle qu'elle est fixée dans les conditions de l'article 60 au moment de ce rengagement.

» En outre, des *hautes payes* journalières sont allouées aux rengagés à partir du jour où leur rengagement commence à courir.

» Les valeurs de ces hautes payes journalières, distinctes pour les caporaux et brigadiers d'une part, et pour les soldats de l'autre, seront fixées par les tarifs de solde.

» Après *cinq années* de rengagement, ces hautes payes sont augmentées de *moitié* pour les caporaux ou brigadiers, et d'un *tiers* pour les soldats.

» Après *quinze ans* de service effectif, les rengagés auront droit à une *pension* proportionnelle égale aux 15/25 du minimum de la pension de retraite du grade dont ils seront titulaires depuis deux ans au moins, augmentés de 1/25 pour chaque année de campagne.

» Le taux des pensions proportionnelles et de retraite est décompté d'après les articles non abrogés de la loi du 11 avril 1831, et d'après les lois des 25 juin 1861, 18 août 1879 et le tarif joint à la loi du 19 mars 1889.

» Les autres conditions sont déterminées par un règlement inséré au *Bulletin des Lois*.

» Dans les équipages de la flotte, les rengagements d'une durée de *trois* ou de *cinq ans* sont contractés dans le cours de la dernière année de service. Ils peuvent exceptionnellement être reçus à la fin de la première année de service lorsqu'il s'agit d'hommes admis à suivre les cours d'une des écoles spéciales de la marine. Ces rengagements sont renouvelables jusqu'à une durée totale de *vingt-cinq années* de service effectif. »

Art. 64. — « Tout homme appartenant à la *cavalerie* peut contracter un rengagement d'*un an* dans le cours de sa troisième année de service.

» Il aura droit, pendant la quatrième année, à une *haute paye* dont le taux sera fixé par les tarifs de solde.

» Par dérogation aux dispositions de l'article 37, il ne restera que *trois ans* dans la réserve de l'armée active; il passera dans l'armée territoriale et par suite dans la réserve de cette armée trois ans avant la classe à laquelle il appartient. »

» Art. 65. — « Dans les troupes coloniales, les premiers rengagements des caporaux ou brigadiers et des soldats donnent droit à une *prime* payée au moment de la signature de l'acte et à des *gratifications annuelles*.

» Les rengagements ultérieurs ne donnent droit qu'aux gratifications annuelles.

» Le montant des primes et gratifications est fixé par décret.

» Les hautes payes journalières pour les caporaux ou brigadiers et pour les soldats seront augmentées de trois ans en trois ans. Cette augmentation sera déterminée par les tarifs de solde.

» Peuvent être admis à se rengager pour les troupes coloniales, avec le bénéfice des avantages mentionnés ci-dessus :

» 1° Les militaires de toutes armes; — 2° Les hommes de la réserve de l'armée active, âgés de moins de vingt-huit ans; — 3° Les hommes des régiments étrangers, autorisés par le ministre de la guerre.

» Le bénéfice des dispositions du paragraphe précédent est applicable, sans aucune restriction ni réserve, aux hommes résidant ou domiciliés en Algérie ou aux colonies avant leur incorporation ou après leur passage dans la réserve de l'armée active.

» Dans le corps des équipages de la flotte, les rengagements des quartiers-maîtres et marins provenant du recrutement donnent droit aux mêmes avantages pécuniaires que ceux qui sont accordés aux quartiers-maîtres et marins provenant de l'inscription maritime. »

Art. 66. — « Les rengagements sont contractés devant les sous-intendants militaires, dans la forme prescrite par l'article 63 ci-dessus, sur la preuve que le contractant peut rester ou être admis dans le corps pour lequel il se présente. »

Art. 67. — « Tout rengagé qui, étant sous les drapeaux, subit une condamnation à l'emprisonnement d'une durée de *trois mois* au moins, est déchu de tous ses droits à la gratification annuelle et à la haute paye. Il est dirigé, à l'expiration de sa peine, sur un bataillon d'infanterie légère d'Afrique pour y terminer son temps de service. »

CHAPITRE III. — DES COMMISSIONS

Art. 68. — « Peuvent être maintenus sous les drapeaux, en qualité de *commissionnés :*

» 1° Les sous-officiers de toutes armes, dans les conditions indiquées par la loi du 19 mars 1889;

» 2° Les militaires de la gendarmerie, les militaires du régiment des sapeurs-pompiers de Paris et le personnel employé dans les écoles militaires;

» 3° Les caporaux ou brigadiers et soldats affectés dans les divers corps et services à certains emplois déterminés par le ministre de la guerre.

» Tout militaire commissionné pourra être mis à la retraite après *vingt-cinq ans* de service; il ne pourra être maintenu sous les drapeaux que jusqu'à l'âge de *cinquante ans.*

» Toutefois, les militaires de la *gendarmerie* et de la *justice militaire* pourront rester en activité au delà de cette limite dans les conditions fixées par les règlements constitutifs de cette arme et de ce service.

» Peuvent être réadmis en la même qualité, dans les catégories mentionnées aux paragraphes 2° et 3° ci-dessus, les militaires ayant accompli le temps de service exigé dans l'armée active, et rentrés dans leurs foyers depuis moins de *trois ans.*

» Les militaires commissionnés ont droit à la *haute paye* de leur grade dans les mêmes conditions que les rengagés.

» En cas d'*inconduite* de la part du commissionné, le ministre de la guerre peut, sur l'avis conforme d'un conseil de discipline, soit suspendre les effets de la commission, soit révoquer définitivement le militaire commissionné, suivant la gravité des faits reprochés.

» Tout militaire commissionné quittant les drapeaux après *quinze années* de service effectif aura droit à une *pension* proportionnelle, dont le taux sera décompté comme il est prescrit à l'article 63 ci-dessus, pour chaque année de service et pour chaque campagne, à raison de 1/25 du minimum de la pension de retraite du grade dont il sera titulaire depuis deux ans au moins.

» Ceux qui obtiendraient d'être commissionnés après avoir quitté les drapeaux ne pourront réclamer ladite pension proportionnelle qu'après avoir servi *cinq ans* en cette nouvelle qualité.

» Les militaires commissionnés sont soumis aux lois et règlements militaires.

» Ils ne peuvent quitter leur emploi sans avoir reçu notification de l'acceptation de leur démission. La décision du ministre de la guerre devra être transmise dans un délai maximum de deux mois, augmenté hors de France des délais de distance, à partir de la date de la remise de la démission. En cas de guerre, les démissions ne sont jamais acceptées. »

TITRE V

DISPOSITIONS PÉNALES

Art. 68. — « Toutes *fraudes* ou *manœuvres* par suite desquelles un jeune homme a été omis sur les tableaux de recensement sont déférées aux tribunaux ordinaires et punies d'un *emprisonnement d'un mois* à *un an*.

» Sont déférés aux mêmes tribunaux et punis de la même peine :

» 1° Les jeunes gens appelés qui, par suite d'un concert frauduleux, se sont abstenus de comparaître devant le conseil de revision ;

» Les jeunes gens qui, à l'aide de fraudes ou de manœuvres, se font exempter ou dispenser par un conseil de revision, sans préjudice de peines plus graves en cas de faux.

» Les auteurs ou complices sont punis des mêmes peines.

» Si le jeune homme omis a été condamné comme auteur ou complice de fraudes ou manœuvres, les dispositions des articles 15 et 17 de la présente loi sont appliquées lors des premières opérations de recensement qui ont lieu après l'expiration de sa peine.

» Le jeune homme indûment exempté ou indûment dispensé est rétabli en tête de la première partie de la classe appelée, après qu'il a été reconnu que l'exemption ou la dispense avait été indûment accordée. »

Art. 70. — « Tout homme prévenu de s'être rendu *impropre au service militaire*, soit temporairement, soit d'une manière permanente, dans le but de se soustraire aux obligations imposées par la présente loi, est déféré aux tribunaux, soit sur la demande des conseils de revision, soit d'office. S'il est reconnu coupable, il est puni d'un *emprisonnement* d'*un mois* à *un an*.

» Sont également déférés aux tribunaux et punis de la même peine, les jeunes gens qui, dans l'intervalle de la clôture de la liste cantonale à leur mise en activité, se sont rendus coupables du même délit.

» A l'expiration de leur peine, les uns et les autres sont mis à la disposition du ministre de la guerre pour tout le temps du service militaire qu'ils doivent à l'Etat et sont envoyés dans une *compagnie de discipline*.

» La peine portée au présent article est prononcée contre les *complices*.

» Si les complices sont des *médecins*, des *officiers de santé* ou des *pharmaciens*, la durée de l'*emprisonnement* est pour eux de *deux mois* à *deux ans*, indépendamment d'une *amende* de 200 fr. à 1000 francs qui peut être aussi prononcée, et sans préjudice de peines plus graves dans les cas prévus par le code pénal. »

Art. 71. — « Les médecins militaires ou civils qui, appelés au conseil de revision à l'effet de donner leur avis conformément aux articles 18, 19, 20 et 27 de la présente loi, ont reçu des *dons* ou agréé des *promesses* pour être favorables aux jeunes gens qu'ils doivent examiner, sont punis d'un *emprisonnement* de *deux mois* à *deux ans*.

» Cette peine leur est appliquée, soit qu'au moment des dons ou promesses ils aient déjà été désignés pour assister au conseil de revision, *soit que les dons ou promesses aient* été agréés en prévision des fonctions qu'ils auraient à y remplir.

» Il leur est défendu, sous la même peine, de rien recevoir, *même pour* une *exemption* ou *dispense justement prononcée.* »

» Ceux qui leur ont fait des dons ou promesses sont punis de la même peine. »

Art. 72. — « Tout fonctionnaire ou *officier public*, civil ou militaire, qui, sous quelque prétexte que ce soit, a autorisé ou admis des exclusions, exemptions ou dispenses autres que celles déterminées par la présente loi, ou qui aura donné arbitrairement une extension quelconque, soit à la durée, *soit aux règles ou conditions* des appels, des engagements ou des rengagements, sera coupable d'abus d'autorité, et puni des peines portées dans l'article 185 du code pénal, sans préjudice de peines plus graves prononcées par ce code dans les autres cas qu'il a prévus. »

Art. 73. — « Tout jeune soldat appelé, au domicile duquel un ordre de route a été régulièrement notifié, *et qui n'est pas arrivé à sa destination* au jour fixé par cet ordre, est, après un délai d'*un mois* en temps de paix, et de *deux jours* en temps de guerre, et hors le cas de force majeure, puni, comme *insoumis*, d'un *emprisonnement d'un mois à un an* en temps de paix et de *deux à cinq ans* en temps de guerre. Dans ce dernier cas, à l'expiration de sa peine, il est envoyé dans une compagnie de discipline.

» En *temps de guerre*, les noms des insoumis sont *affichés* dans toutes les communes du canton de leur domicile ; ils restent affichés pendant toute la durée de la guerre. Le condamné pour insoumission ou désertion en temps de guerre sera, en outre, *privé de ses droits électoraux.*

» Ces dispositions sont applicables à tout engagé volontaire qui, sans motifs légitimes, n'est pas arrivé à sa destination dans le délai fixé par sa feuille de route.

» *En cas d'absence du domicile*, l'ordre de route est notifié au maire de la commune dans laquelle l'appelé a été porté sur la liste de recensement.

» A l'égard des appelés, le délai d'un mois sera porté :

» 1° A *deux mois*, s'ils demeurent en Algérie, en Tunisie ou en Europe ; — 2° A *six mois*, s'ils demeurent dans tout autre pays.

» En temps de *guerre ou en cas* de *mobilisation* par voie d'affiches et de publications sur la voie publique, les délais ci-dessus seront *diminués de moitié.*

» L'insoumis est jugé par le conseil de guerre de la région de corps d'armée dans laquelle il est arrêté. — Le temps pendant lequel l'engagé volontaire ou le jeune soldat appelé aura été insoumis ne compte pas dans les années de service exigées.

» La *prescription* contre l'action publique résultant de l'insoumission ne commence à courir que du jour où l'insoumis a atteint l'âge de *cinquante ans.* »

Art. 74. — « Quiconque est reconnu coupable *d'avoir sciemment* recélé ou pris à son service un insoumis est puni d'un emprisonnement qui ne peut excéder *six mois.* Selon les circonstances, la peine peut être réduite à une *amende* de 50 à 500 francs.

» Quiconque est convaincu d'avoir favorisé l'évasion d'un insoumis est puni d'un *emprisonnement* d'*un mois à un an.* — La même peine est prononcée *contre ceux qui, par* des manœuvres coupables, ont empêché ou retardé le départ des jeunes soldats. — Si le délit a été commis à l'aide d'un attroupement, la peine sera *double.*

» Si le délinquant est fonctionnaire public, employé du Gouvernement ou ministre d'un culte salarié par l'Etat, la peine peut être portée jusqu'à *deux années d'em-*

prisonnement, et il est, en outre, condamné à une *amende* qui ne pourra excéder 2000 fr. »

Art. 75. — « En *temps de paix*, les militaires en congé rappelés sous les drapeaux, les hommes de la réserve et ceux de l'armée territoriale convoqués pour des manœuvres ou des exercices ou appartenant à des classes rappelées par décret, qui ne seront pas rendus le jour fixé au lieu indiqué par les ordres d'appel ou affiches, seront passibles d'une *punition disciplinaire*.

» En cas de *récidive*, les pénalités de l'article 73 ci-dessus, concernant l'insoumission des jeunes soldats appelés, seront applicables aux hommes désignés au paragraphe précédent.

» En cas de *mobilisation*, les hommes appelés sont déclarés insoumis s'ils n'ont pas rejoint dans le délai de *deux jours*, sauf dans le cas prévu à l'article 56 de la présente loi.

» Tout homme qui n'a pas rejoint au jour indiqué pour des manœuvres ou exercices peut être astreint par l'autorité militaire à faire ou à compléter dans un corps de troupe le temps de service pour lequel il était appelé. »

Art. 76. — « Les hommes liés au service dans les conditions mentionnées à l'article 30 ci-dessus, qui n'ont pas fait les déclarations prescrites audit article, sont déférés aux tribunaux ordinaires et punis d'une *amende* de 10 fr. à 200 fr. Ils peuvent, en outre, être condamnés à un *emprisonnement* de *quinze jours* à *trois mois*.

» En temps de guerre, la peine est *double*. »

Art. 77. — « Les peines prononcées par les articles 71, 72 et 74 de la présente loi sont applicables aux tentatives des délits prévus par ces articles. »

Art. 78. — « Dans tous les cas non prévus par les dispositions précédentes, les tribunaux civils et militaires appliqueront les lois pénales ordinaires aux délits auxquels pourra donner lieu l'exécution du mode de recrutement déterminé par la présente loi.

» Lorsque la peine de l'emprisonnement est prononcée par la présente loi, les juges peuvent, sauf dans les cas prévus par les articles 73 et 75 ci-dessus, user de la faculté exprimée par l'article 463 du code pénal. »

Art. 79. — « Les crimes et délits prévus à l'article 57 ci-dessus, et énumérés dans le tableau D annexé à la présente loi, sont punis des peines portées par les articles visés dans ce tableau ; il pourra toutefois être accordé des circonstances atténuantes, alors même que le code de justice militaire ne les prévoit pas, aux hommes ayant moins de *trois mois* de présence sous les drapeaux.

» En temps de *guerre*, aucune circonstance atténuante n'est admise. »

Art. 80. — « Lorsque, par application de la faculté accordée par les articles 52 et 79 de la présente loi, les tribunaux militaires auront admis des circonstances atténuantes en faveur des inculpés de crimes ou délits pour lesquels le code de justice militaire ne les prévoit pas, les peines prononcées par ce code seront modifiées ainsi qu'il suit :

» Si la peine prononcée par la loi est celle de la *mort*, le conseil de guerre appliquera la peine des *travaux forcés à perpétuité* ou celle des *travaux forcés à temps*, sauf dans les cas prévus par les articles 209, 210, 211, 213, 217, 218, 220, 222, 223, 226, 227 et 228 du code de justice militaire, où la peine appliquée sera celle de la *détention*. Dans le cas de l'article 221 dudit code, la peine appliquée sera celle des *travaux forcés à perpétuité*, des *travaux forcés à temps* ou de la *détention*, suivant les circonstances.

» Si la peine est celle des *travaux forcés à perpétuité*, le conseil de guerre appliquera la peine des *travaux forcés à temps* ou celle de la *reclusion*.

» Si la peine est celle des *travaux forcés à temps*, le conseil de guerre appliquera la peine de la *réclusion* ou celle de la *dégradation militaire* avec *emprisonnement* de *deux* à *cinq* ans.

» Si la peine est celle de la *détention* ou de la *réclusion*, le conseil de guerre appliquera la peine de la *dégradation militaire* avec *emprisonnement* de *un* à *cinq* ans.

» Toutefois, si la peine prononcée par la loi est le *maximum* d'une peine afflictive, le conseil de guerre pourra toujours appliquer le *minimum* de cette peine.

» Si la peine est celle des *travaux publics*, le conseil de guerre appliquera un *emprisonnement* de *deux mois* à *cinq ans*.

» Dans tous les cas où la peine de l'emprisonnement est prononcée par le code de justice militaire, le conseil de guerre est autorisé à faire application de l'article 463 du code pénal, sans toutefois que la peine de l'emprisonnement puisse être remplacée par une amende.

» Nonobstant toute réduction de peine par suite de l'admission de circonstances atténuantes, la peine de la *destitution* sera toujours appliquée par le conseil de guerre dans les cas où elle est prononcée par le code de justice militaire. »

TITRE VI

RECRUTEMENT EN ALGÉRIE ET AUX COLONIES.

Art. 81. — « Les dispositions de la présente loi sont applicables dans les colonies de la Guadeloupe, de la Martinique, de la Guyane et de la Réunion.

» Elles sont également applicables en Algérie et dans toutes les colonies non désignées au paragraphe précédent, mais sous les réserves suivantes :

» En dehors d'exceptions motivées et dont il serait fait mention dans le compte rendu prévu par l'article 86 ci-après, les Français et naturalisés Français résidant en Algérie ou dans l'une des colonies autres que la Guadeloupe, la Martinique, la Guyane et la Réunion, sont incorporés dans les corps stationnés, soit en Algérie, soit aux colonies, et, *après une année* de présence effective sous les drapeaux, envoyés dans la disponibilité s'ils ont satisfait aux conditions de conduite et d'instruction militaire déterminées par le ministre de la guerre.

» S'il ne se trouve pas de corps stationné dans un rayon fixé par arrêté ministériel, ces jeunes gens sont dispensés de la présence effective sous les drapeaux. Dans le cas où cette situation se modifierait avant qu'ils aient atteint l'âge de *trente ans révolus*, ils accompliraient une année de service dans le corps de troupe le plus voisin.

» En cas de *mobilisation générale*, les hommes valides qui ont terminé leurs vingt années de service sont réincorporés avec la réserve de l'armée territoriale, sans cependant pouvoir être appelés à servir hors du territoire de l'Algérie et des colonies.

» Si un Français ou naturalisé Français ayant bénéficié des dispositions du paragraphe 2 du présent article, transportait son établissement en France avant l'âge de *trente ans accomplis*, il devrait compléter dans un des corps de la métropole, le temps de service dans l'armée active prescrit par l'article 37 de la présente loi, sans toutefois pouvoir être retenu sous les drapeaux au delà de l'âge de *trente ans*.

» Les Français ou naturalisés Français établis dans un pays de protectorat où seront stationnées des troupes françaises pourront être admis, sur leur demande, à bénéficier des dispositions qui précèdent. »

Art. 82. — « Les jeunes gens inscrits sur les listes de recrutement de la métropole, résidant dans une colonie ou un pays de protectorat où il n'y aurait pas de troupes françaises stationnées, pourront, sur l'avis conforme du gouverneur ou du résident, bénéficier des dispositions contenues dans l'article 50 ci-dessus.

» La même disposition s'applique aux jeunes gens inscrits sur les listes de recrutement d'une colonie autre que celle où ils résident. »

Art. 83. — « Les conditions spéciales de recrutement des corps étrangers et indigènes sont réglées par décret, jusqu'à ce qu'une loi spéciale ait déterminé les conditions du service militaire des indigènes. »

TITRE VII

DISPOSITIONS PARTICULIÈRES

Art. 84. — « A partir du 1er novembre de la troisième année qui suivra la mise en vigueur de la présente loi, nul ne pourra être admis à exercer certains emplois salariés par l'Etat ou les départements si, n'ayant pas été déclaré impropre au service militaire à l'appel de sa classe, il ne compte pas au moins *cinq années* de service actif dans les armées de terre ou de mer, dont deux comme *officier*, *sous-officier*, *caporal* ou *brigadier*, ou si, avant la date ci-dessus mentionnée, il n'a été retraité ou réformé.

» Un *règlement d'administration publique*, qui devra être promulgué un an au plus après la mise en vigueur de la présente loi, déterminera les emplois ainsi réservés, les conditions auxquelles les candidats devront satisfaire pour les obtenir et le mode de recrutement de ces emplois en cas d'insuffisance de candidats remplissant les conditions voulues. »

Art. 85. — « Une loi spéciale déterminera :

» 1° Les mesures à prendre pour rendre uniforme, dans tous les lycées et établissements d'enseignement, l'application de la loi du 27 janvier 1880 imposant l'obligation des exercices ; — 2° l'organisation de l'instruction militaire pour les jeunes gens de *dix-sept* à *vingt ans* et le mode de désignation des instructeurs. »

Art. 86. — « Chaque année, avant le 30 juin, il sera rendu compte aux Chambres, par le ministre de la guerre, de l'exécution des dispositions contenues dans la présente loi pendant l'année précédente. »

TITRE VIII

DISPOSITIONS TRANSITOIRES

Art. 87. — « Les dispositions de la présente loi seront appliquées au plus tard dans les six mois qui suivront la date de sa promulgation. »

Art. 88. — « Les jeunes soldats ayant accompli *trois ans* de service dans l'armée active au moment de la mise en vigueur de la présente loi seront envoyés dans la réserve. — Toutefois, pendant un délai de *deux années*, le ministre de la guerre pourra conserver sous les drapeaux, dans les limites prévues par l'article 36 de la loi du 27 juillet 1872, les jeunes gens déjà incorporés conformément aux prescriptions de ladite loi.

» Mention spéciale des décisions prises sera faite dans le compte rendu prescrit par l'article 86 ci-dessus.

» Les mêmes dispositions sont applicables aux engagés volontaires qui en feront la demande. »

Art. 89. — « Les jeunes soldats qui, au moment de la mise en vigueur de la présente loi, appartiendraient à la deuxième portion du contingent à raison de leur numéro de tirage au sort, et qui n'auraient pas encore accompli le temps de service prescrit par l'article 40 de la loi du 27 juillet 1872, seront, à l'expiration de ce temps, envoyés en congé dans leurs foyers. »

Art. 90. — « Les *sous-officiers* qui se trouveront dans leur *quatrième année* de service au moment de la mise en vigueur de la présente loi pourront être maintenus sous les drapeaux, par décision ministérielle, jusqu'à l'expiration de cette quatrième année de service, alors même que la classe à laquelle ils appartiennent serait renvoyée dans ses foyers.

» Les sous-officiers ainsi maintenus sous les drapeaux recevront la même *haute paye* que les sous-officiers rengagés et auront le droit de concourir pour les emplois civils visés par l'article 84 ci-dessus. »

Art. 91. — « Les jeunes gens qui, avant la mise en vigueur de la présente loi, seront admis à contracter un engagement conditionnel d'un an et ceux qui se trouvent dans la situation prévue par la loi du 31 décembre 1875, bénéficieront des dispositions des articles 53 à 57 inclus de la loi du 27 juillet 1872; mais les dispositions de l'article 38 de la loi du 24 juillet 1873 cesseront de leur être applicables. »

Art. 92. — « Les jeunes gens dispensés conditionnellement du service actif en temps de paix avant la mise en vigueur de la présente loi, conformément à l'article 20 de la loi du 27 juillet 1872, conserveront la situation qui leur est faite par ladite loi au point de vue des obligations du service militaire, sous la réserve des dispositions contenues dans l'article 93 ci-après. »

Art. 93. — « La présente loi est applicable aux hommes appelés en vertu des lois antérieures, libérés ou non du service militaire, jusqu'à ce qu'ils aient atteint l'âge de *quarante-cinq ans*. »

Art. 94. — « Dès la mise en vigueur de la présente loi, seront et demeureront *abrogées* :

La loi du 27 juillet 1872 sur le recrutement de l'armée ; — la loi du 6 novembre 1875, ayant pour objet de déterminer les conditions suivant lesquelles les Français domiciliés en Algérie seront soumis au service militaire; — la loi du 18 novembre 1875, ayant pour objet de coordonner les lois des 27 juillet 1872, 24 juillet 1873, 13 mars, 10 mars, et 6 novembre 1875 avec le code de justice militaire ; — les lois des 30 juillet, 4 décembre et 31 décembre 1875, et la loi du 29 juillet 1886, modifiant divers articles de la loi du 27 juillet 1872 ; — et d'une manière générale, toutes dispositions contraires à la présente loi. »

— Suivent comme annexes, 4 tableaux : le 1er énumérant le *personnel placé sous les ordres des Ministres de la guerre et de la marine ou mis à leur disposition, en cas de mobilisation;* — le 2e désignant les *fonctionnaires et agents qui, en cas de mobilisation, sont autorisés à ne pas rejoindre immédiatement, quand ils n'appartiennent pas à la réserve de l'armée active;* — le 3e désignant les *fonctionnaires et agents qui, en cas de mobilisation, sont autorisés à ne pas rejoindre immédiatement, même quand ils appartiennent à la réserve de l'armée active;* — le 4o énumérant les *articles du code de justice militaire applicables dans les cas prévus par les articles 57 et 79 de la loi sur le recrutement de l'armée.*

Nous nous bornerons à reproduire ce dernier tableau, d'un intérêt plus général :

I

TABLEAU D

ARTICLES DU CODE DE JUSTICE MILITAIRE

(Livre IV, titre II) applicables dans les cas prévus par les articles 57 et 79 de la loi sur le recrutement de l'armée.

Art. 204, 205, 206, 208. — Trahison, espionnage et embauchage. Art. 219, § 1er. — Violation de consigne. Art. 220. — Violence envers une sentinelle.	L'article 220 ne sera applicable aux hommes renvoyés dans leurs

TABLEAU D. (*Suite.*)

	foyers depuis plus de six mois que s'ils étaient, au moment du fait incriminé, revêtus d'effets d'uniforme.
Art. 223 et 224. — Voies de faits et outrages envers un supérieur.	Pour l'application du premier paragraphe de chacun de ces articles, le fait incriminé ne sera considéré comme ayant eu lieu à l'occasion du service que s'il est le résultat d'une vengeance contre un acte d'autorité légalement exercé. Le deuxième paragraphe de ces mêmes articles ne sera applicable que dans les cas où le supérieur et l'inférieur seraient l'un et l'autre revêtus d'effets d'uniforme.
Art. 225. — Rébellion.	Cet article n'est applicable qu'aux hommes revêtus d'effets d'uniforme et, en outre, dans les cas prévus par l'article 77 du code de justice militaire.
Art. 226, 228, 229. — Abus d'autorité.	Pour l'application de l'article 229 il est nécessaire que le supérieur et l'inférieur soient l'un et l'autre revêtus d'effets d'uniforme.
Art. 242, § 1er. — Provocation à la désertion.	
Art. 248. — Vol.	L'avant-dernier paragraphe de cet article n'est applicable que si le délinquant était logé militairement dans la maison où il a commis le vol.
Art. 249. — Blessures faites à un blessé pour le dépouiller.	
Art. 250, 251, 252, 253, 254, 255. — Pillage, destruction, dévastation d'édifices.	
Art. 258. — Meurtre chez l'habitant.	Cet article est applicable sous la réserve indiquée ci-dessus pour l'article 248.
Art. 266. — Port illégal d'insignes.	Cet article n'est applicable qu'en cas de port illégal, soit d'effets d'uniforme militaire, soit d'insignes, décorations ou médailles sur des effets d'uniforme militaire.

Une loi du 26 juin 1890 autorise les ministres de la guerre et de la marine à conserver provisoirement sous les drapeaux, dans le cas où les circonstances paraîtraient l'exiger, les hommes convoqués à un titre quelconque pour accomplir une période d'exercices.

II

DISPOSITIONS RÉGLEMENTAIRES RELATIVES AUX ENGAGEMENTS ET AUX RENGAGEMENTS.

La loi du 15 juillet 1889 a apporté aux conditions générales de l'engagement volontaire et du rengagement des modifications nombreuses dont les principales sont les suivantes :

1° Les engagements peuvent être signés non plus, comme précédemment, pour cinq années, mais pour *trois*, *quatre* ou *cinq* ans, et pour l'*infanterie*, la *cavalerie*, l'*artillerie* et le *génie* seulement ;

2° L'engagé pour 3 ans peut, dans certains cas, et lorsqu'il en fait la demande en s'engageant, être envoyé en *congé* dans ses foyers *après une année* de service effectif;

3° Des *engagements spéciaux* sont imposés aux jeunes gens admis à l'Ecole polytechnique, à l'Ecole forestière, à l'Ecole centrale des arts et manufactures, à l'Ecole du service de santé militaire, ou à titre de boursiers militaires dans les écoles vétérinaires ;

4° Enfin les rengagements ne peuvent plus être contractés que par les *caporaux* ou *brigadiers* et par une certaine catégorie de soldats, sauf dans l'arme de la *cavalerie* où tout homme peut se rengager pour une année.

Ces modifications rendant nécessaire le remaniement des décrets et instructions qui réglementent la matière, il y a été pourvu par un décret du 28 septembre 1889 ainsi conçu :

TITRE I

DES ENGAGEMENTS VOLONTAIRES.

Art. 1er. — « La durée de l'engagement volontaire est de *trois*, *quatre* ou *cinq* ans.

» Le temps de service de l'engagé compte du jour où il a signé son acte d'engagement. »

Art. 2. — « Tout homme qui demande à contracter un engagement volontaire, pour servir dans l'armée de terre, doit, indépendamment des conditions exigées par l'article 59 de la loi du 15 juillet 1889, réunir les conditions suivantes :

» 1° Etre sain, robuste et bien constitué ; — 2° ne pas être âgé de plus de *trente-deux ans* accomplis ; — 3° satisfaire, selon le corps où il veut servir, aux conditions de taille et d'aptitude fixées dans le tableau joint au présent décret ; — 4° n'être lié au service de terre ou de mer, ni dans l'armée active, ni dans la réserve de ladite armée, ni dans l'armée territoriale, ni comme inscrit maritime. »

Art. 3. — « Les engagements ne peuvent être reçus que pour les corps de troupe d'*infanterie*, de *cavalerie*, d'*artillerie* et du *génie*.

» Une décision ministérielle fixe annuellement le nombre *maximum* des engagés que peut recevoir chacun des corps de troupe de ces armes.

» Les engagements ne sont admis que pendant les *deux périodes* ci-après :

» 1° Du 1er au 31 mars ; — 2° du 1er octobre au 31 décembre.

» Toutefois, en ce qui concerne les compagnies d'*ouvriers d'artillerie* et les compagnies d'*artificiers*, les admissions s'effectuent *à toute époque* de l'année au fur et à mesure des vacances, en vertu d'autorisations ministérielles spéciales. »

Art. 4. — « L'engagé indique le corps dans lequel il désire servir. Si ce corps tient garnison dans la subdivision où il réside, l'engagé doit justifier de l'acceptation du chef de corps approuvée par le général commandant le corps d'armée.

» L'engagé peut toujours être *changé de corps et d'arme* lorsque l'intérêt ou les besoins du service l'exigent. »

Art. 5. — « Le jeune homme qui demande à s'engager se présente devant un commandant de bureau de recrutement. Cet officier supérieur, après s'être assuré, avec l'assistance d'un médecin militaire, ou, à défaut, d'un docteur en médecine désigné par l'autorité militaire, que le jeune homme n'a aucune infirmité ni maladie apparente ou cachée, qu'il est d'une constitution saine et robuste, qu'il a la taille et qu'il réunit les conditions exigées pour servir dans le corps où il désire entrer, lui délivre un *certificat d'aptitude.*

» Le chef du corps où désire entrer l'engagé peut également délivrer ce certificat après visite d'un des médecins sous ses ordres. »

Art. 6. — « Muni du certificat d'aptitude que lui a délivré l'autorité militaire, le contractant se présente *en France*, devant le maire d'un chef-lieu de canton;

» *En Algérie*, devant le maire de l'une des villes ci-après :

» Alger, Aumale, Blidah, Bouffarick, Bordj-Menaïel, Cherchell, Dellys, Douéra, Koleah, Marengo, Médéah, Milianah, Orléansville, Tenès, Tizi-Ouzou; — Aïn-Temouchen, Arzew, Saint-Cloud, Saint-Denis-du-Sig, Mascara, Mostaganem, Nemours, Oran, Relizane, Sidi-Bel-Abbès, Tlemcen; — Aïn-Beïda, Bathna, Bône, Bougie, Djidjelli, Guelma, Jemmapes, La Calle, Philippeville, Sétif, Souk-Arras;

» *Aux colonies* : devant les fonctionnaires qui seront désignés pour recevoir les engagements au titre de la marine et des troupes coloniales.

» Il justifie de son âge par pièces authentiques et produit, avec un extrait de son casier judiciaire, le certificat de bonnes vies et mœurs prescrit par l'article 59 de la loi du 15 juillet 1889, ainsi que le consentement de son père, de sa mère ou de son tuteur, s'il y a lieu.

» Si le *casier judiciaire* relate une condamnation, soit pour vol, escroquerie, abus de confiance ou attentat aux mœurs, soit une condamnation à l'une des peines prévues par l'article 5 de la loi, l'engagement n'est reçu que pour un *bataillon d'infanterie légère d'Afrique.* »

Art. 7. — « Le maire constate l'identité du contractant et lui fait déclarer devant les deux témoins exigés par l'article 37 du code civil :

» 1° Qu'il n'est ni marié, ni veuf avec enfants; — 2° Qu'il n'est lié au service de terre ou de mer ni dans l'armée active, ni dans la réserve de ladite armée, ni dans l'armée territoriale, ni comme inscrit maritime.

» Ladite déclaration est insérée dans l'acte d'engagement. »

Art. 8. — « Si le contractant désire bénéficier de la disposition contenue dans l'avant-dernier alinéa de l'article 59 de la loi, il doit en faire la demande par écrit et produire, à l'appui de sa demande, les justifications que le règlement d'administration publique prévu par l'article 23 de ladite loi exige des jeunes gens réclamant devant le conseil de revision l'envoi en congé après une année de service.

» Mention de cette demande et des justifications produites est faite dans l'acte. »

Art. 9. — « Si l'engagé a été déclaré impropre au service ou classé dans les services auxiliaires par le conseil de revision, ou si, ayant déjà servi, il a été réformé, il justifie de sa position par pièces authentiques.

» S'il a appartenu à l'inscription maritime, il doit présenter un acte de déclassement signé par le commissaire de l'inscription maritime de son quartier. »

Art. 10. — « La faculté de s'engager *cesse* pour les jeunes gens de la classe à partir du jour où le conseil de revision examine le canton auquel ils appartiennent. »

Art. 11. — « L'acte d'engagement volontaire est conforme au modèle joint au présent décret. »

Art. 12. — « Avant la signature de l'acte, le maire donne lecture à l'engagé :

» 1° Des paragraphes numérotés 1°, 2°, 3°, 4°, 5° et 6° du 2e alinéa de l'article 59 de la loi du 15 juillet 1889; — 2° Des articles 4, 14 et 15 du présent décret; — 3° De l'acte d'engagement.

» Les certificats et les autres pièces produites par l'engagé restent annexés à la minute de l'acte. »

Art. 13. — « Tout engagé volontaire reçoit, immédiatement après la signature de son acte d'engagement, une expédition de cet acte et un ordre de route. »

Art. 14. — « L'engagé se rend directement au corps. Il est tenu de s'y présenter dans les délais fixés par son ordre de route. »

Art. 15. — « Si, *un mois* en temps de paix, et *deux jours* en temps de guerre, après le jour où l'engagé volontaire devait arriver au corps, il n'y a point paru, il est, à moins de motifs légitimes, poursuivi comme *insoumis*, conformément aux dispositions de l'article 73 de la loi, et puni d'un *emprisonnement* d'un mois à un an en temps de paix, et de deux à cinq ans en temps de guerre. Dans ce dernier cas, à l'expiration de sa peine, il est envoyé dans une *compagnie de discipline*. »

Art. 16. — « L'engagé volontaire qui conteste la légalité ou la régularité de l'acte qui le lie au service militaire adresse sa réclamation au préfet du département où l'acte a été reçu. Les préfets transmettent les demandes en annulation d'acte d'engagement volontaire au ministre de la guerre qui statue, s'il y a lieu, ou renvoie la contestation devant les tribunaux. »

Art. 17. — « L'engagé volontaire réformé pour des motifs autres que pour blessures reçues *dans un service commandé* ou *pour infirmités contractées dans les armées de terre ou de mer*, peut être ultérieurement compris dans le contingent par le conseil de revision, si les motifs de la réforme ont cessé d'exister. — Dans ce cas, il lui est tenu compte, sur la durée de son service légal, du temps qu'il a précédemment passé sous les drapeaux. »

Art. 18. — « Tout Français qui, en cas de guerre, demande à contracter un engagement pour la durée de la guerre, doit justifier :

» 1° Qu'il n'est pas tenu à l'obligation du service dans l'armée active, dans la réserve de ladite armée et dans l'armée territoriale, ou dans les classes de la réserve de l'armée territoriale rappelées à l'activité ; — 2° Qu'il est sain, robuste et en état de faire campagne ; — 3° Qu'il ne se trouve pas dans l'un des cas d'exclusion de l'armée prévus par l'article 4 de la loi du 15 juillet 1889.

» L'acte d'engagement pour la durée de la guerre est conforme au modèle annexé au présent décret. »

TITRE II

DES ENGAGEMENTS SPÉCIAUX

(*Prévus aux articles* 28 et 29 *de la loi.*)

Art. 19. — « Les jeunes gens reçus à l'Ecole polytechnique, à l'Ecole forestière ou à l'Ecole centrale des arts et manufactures, sont tenus de contracter un engagement dont la durée est de *trois ans* pour les deux premières, et de *quatre ans* pour la dernière.

» Ces engagements courent du 1er octobre de l'année de l'entrée à l'Ecole.

» Si pendant la durée des études un élève est admis à redoubler une année à l'Ecole, cette année ne compte pas dans la durée de l'engagement. »

Art. 20. — « Ces engagements sont contractés au moment de l'admission à l'Ecole :

» Devant le maire de l'un des arrondissements de Paris, par les élèves de l'Ecole polytechnique et de l'Ecole centrale des arts et manufactures ;

» Devant le maire de Nancy par les élèves de l'Ecole forestière.

» Le contractant n'est assujetti à *aucune condition d'âge* autre que celles qui sont exigées pour l'admission à l'Ecole. Il en justifie par la production du certificat d'admission (modèle ci-annexé).

» Il produit en outre :

» 1° L'extrait de son casier judiciaire; — 2° le certificat d'aptitude visé à l'article 5 du présent décret.

» Ce certificat est délivré : — pour l'Ecole polytechnique, par le général commandant l'Ecole ; — pour l'Ecole forestière, par le commandant du bureau de recrutement de la subdivision de Nancy ; — pour l'Ecole centrale des arts et manufactures, par le commandant du bureau de recrutement de la Seine. »

Art. 21. — « Les engagements sont souscrits pour l'une des armes de l'*infanterie*, de l'*artillerie* ou du *génie*.

» L'autorité militaire désigne, au moment de la mise en route, le corps sur lequel sont dirigés les élèves de l'Ecole centrale des arts et manufactures ayant satisfait aux examens de sortie, et, le cas échéant, les élèves des Ecoles polytechnique ou forestière qui ne peuvent satisfaire auxdits examens, ou qui seraient renvoyés pour inconduite. »

Art. 22. — « Les jeunes gens nommés élèves de l'école du service de santé militaire et les élèves militaires des écoles vétérinaires souscrivent un engagement d'une durée de *trois ans* et s'obligent à servir pendant *six années* dans l'armée active à partir de leur nomination au grade de médecin aide-major de 2e classe ou d'aide-vétérinaire. »

Art. 23. — « L'engagement des élèves de l'Ecole du service de santé militaire est souscrit à la mairie de l'un des arrondissements de Lyon ; — celui des élèves militaires des écoles vétérinaires est reçu : pour les élèves d'Alfort, à Paris ; pour les élèves de Lyon et de Toulouse, aux mairies de ces villes.

» Le contractant n'est assujetti à *aucune condition d'âge* autre que celles qui sont exigées pour l'admission à l'Ecole. Il en justifie par la production du certificat d'admission (modèle ci-annexé). Il produit, en outre :

» 1o L'extrait de son casier judiciaire ; — 2o le certificat d'aptitude visé à l'article 5 du présent décret. Ce certificat est délivré par le commandant du bureau de recrutement de la subdivision dans laquelle est contracté l'engagement. »

Art. 24. — « Les engagements sont souscrits pour l'une des armes de l'*infanterie*, de la *cavalerie*, de l'*artillerie* ou du *génie*.

» L'autorité militaire désigne, au moment de la mise en route, le corps sur lequel les engagés sont dirigés :

» 1o S'ils n'obtiennent pas le grade de médecin aide-major de 2e classe ou d'aide-vétérinaire ; — 2o Si, une fois en possession de ce grade, ils ne servent pas dans l'armée active pendant six ans au moins.

» Dans l'un et l'autre cas, la durée de l'engagement de trois ans souscrit à l'entrée à l'Ecole ne court que du jour de l'incorporation. »

TITRE III

DES RENGAGEMENTS

Art. 25. — « Les rengagements sont contractés pour *deux*, *trois* ou *cinq* ans, par les soldats décorés ou médaillés ou inscrits sur les listes d'aptitude pour le grade de caporal ou brigadier, ainsi que par les caporaux ou brigadiers des corps de toutes armes ou services.

» Dans l'arme de la *cavalerie*, tout brigadier ou soldat peut se rengager pour *une année*. »

Art. 26. — « Le militaire qui se présente pour se rengager doit justifier :

» 1o Qu'il réunit les qualités requises pour faire un bon service dans le corps où il veut servir ; — 2o qu'il a toujours tenu une bonne conduite ; — 3o que le chef du corps dans lequel il veut servir consent à le recevoir ; — 4o qu'il est dans sa dernière année de service sous les drapeaux ; — 5o que son rengagement ne doit pas entraîner son maintien dans l'armée active au delà d'une durée totale de quinze ans de service effectif. »

Art. 27. — « Une fois passés dans la réserve et jusqu'à l'âge de *vingt-huit ans*, les militaires ne peuvent plus se rengager que pour l'armée coloniale, dans les conditions qui seront déterminées par un décret spécial. »

Art. 28. — « Les rengagements sont reçus par les fonctionnaires de l'intendance militaire pour le corps désigné par le rengagé et dans les formes prescrites par l'article 62 de la loi. — L'acte de rengagement est conforme au modèle annexé au présent décret. »

Art. 29. — « La durée des rengagements compte du jour de l'expiration légale du service dans l'armée active auquel les militaires étaient précédemment liés.

» Le temps de service que le rengagé doit accomplir dans la réserve de l'armée active ou dans l'armée territoriale se confond avec la durée du rengagement. »

DISPOSITIONS TRANSITOIRES

Art. 30. — « Jusqu'à leur passage dans la réserve de l'armée active, les jeunes gens inscrits sur les contrôles de la disponibilité et ceux qui doivent y être inscrits après avoir accompli le temps de service prescrit, soit par les articles 40 et 41, soit par l'article 56 de la loi du 27 juillet 1872, pourront être admis à accomplir sous les drapeaux le temps du service qu'ils devaient passer dans la disponibilité.

» Ils souscriront, à cet effet, devant un fonctionnaire de l'intendance militaire, l'engagement spécial dont la forme et les conditions sont déterminées par le décret du 30 novembre 1872 et l'instruction ministérielle du même jour. »

SOCIÉTÉS COOPÉRATIVES. — Voy. OUVRIERS FRANÇAIS. (*Sociétés d'*)

SOUS-OFFICIERS. — Une loi du 18 mars 1889 a déterminé à nouveau les *avantages* accordés aux sous-officiers qui contracteraient un *rengagement* de *deux*, *trois*, ou *cinq ans*, renouvelable jusqu'à une durée totale de *quinze années* de services effectifs. Les sous-officiers rengagés peuvent ensuite être maintenus sous les drapeaux, en qualité de *commissionnés*, jusqu'à l'âge de *quarante-sept ans*.

Ils ont droit à une première *mise d'entretien*, à une *prime de rengagement*, à une *haute paye d'ancienneté* et, s'ils sont *mariés*, à une *indemnité de logement*. En outre, à leur sortie du service, ils ont droit à des *emplois civils* désignés à un tableau annexé à la loi.

SYNDICATS DE COMMUNES. — Une loi du 22 mars 1890, sur les syndicats de communes, a ajouté à la loi municipale un titre VIII, autorisant, en certains cas et dans des conditions déterminées, l'association de plusieurs communes, en vue d'organiser des œuvres d'un intérêt collectif et des services publics, auxquels ni les départements, ni les communes isolées ne pourraient pourvoir.

Le syndicat peut être formé, non seulement par des communes d'un même département, mais encore par des communes appartenant à des départements différents, pourvu que ces départements soient limitrophes, condition qui n'est pas exigée pour les communes. C'est un décret, rendu en Conseil d'Etat, qui autorise, s'il y a lieu, sur la proposition du ministre de l'intérieur, la création du syndicat.

Les syndicats de communes sont investis de la *personnalité civile*. Ils ont la capacité d'acquérir à titre onéreux ou à titre gratuit, d'ester en justice, d'échanger et de faire tous autres actes analogues.

Une fois autorisée, l'association est assimilée à un groupe communal. La loi et les règlements concernant la tutelle et la comptabilité des communes lui sont applicables.

L'organe essentiel du syndicat consiste dans un *comité administrateur* composé, en règle générale, de membres élus par les Conseils municipaux des communes associées, à raison de deux délégués pour chacune d'elles.

Est *éligible* à la fonction de délégué tout citoyen de la commune réunissant les conditions requises pour faire partie d'un conseil municipal.

Le mandat des délégués du conseil municipal prend fin en même temps que les pouvoirs de l'assemblée qui les a nommés.

Les délégués sortants sont *rééligibles*.

Le comité tient chaque année deux *sessions ordinaires*, avant celles du Conseil général.

Le syndicat est formé soit à perpétuité, soit pour une durée déterminée par le décret d'institution.

La loi a prévu en outre le cas de dissolution forcée et indiqué deux hypothèses : 1° celle où la majorité des conseils municipaux en font la demande motivée; — 2° la dissolution prononcée d'office. Dans le premier cas, l'accord unanime exigé dans les délibérations initiales des conseils municipaux pour la création du syndicat n'est plus indispensable. Il suffit que la majorité des communes demande à se retirer de l'association. Mais la demande de dissolution doit être motivée, car il appartient au gouvernement de décider s'il convient de l'accueillir.

La dissolution d'office n'est prononcée que par décret rendu dans la forme des règlements d'administration publique et de plus conformément à l'avis du Conseil d'Etat.

T

TAXE MILITAIRE. — A la date du 30 décembre 1890, est intervenu un décret portant règlement d'administration publique pour l'application de l'article 35 de la loi du 15 juillet 1889 (Voy. SERVICE MILITAIRE).

TRANSCRIPTION. — Voy. HYPOTHÈQUE.

TRANSPORTATION. — Le *mode de constatation de la présence* des libérés tenus de résider dans les colonies pénitentiaires a fait l'objet d'un décret du 13 janvier 1888.

TRAVAIL. (CONSEIL SUPÉRIEUR DU) — Voy. CONSEIL SUPÉRIEUR DU TRAVAIL.

TRAVAIL. (OFFICE DU) — Voy. OFFICE DU TRAVAIL.

TRAVAUX PUBLICS. — Une loi du 28 juillet 1891 a étendu à tous les travaux ayant le caractère de travaux publics les dispositions du décret des 26 pluviôse — 28 ventôse an II. En conséquence, les sommes dues aux entrepreneurs de ces travaux ne peuvent être frappées de saisie-arrêt, ni d'opposition au préjudice soit des ouvriers auxquels des salaires sont dus, soit des fournisseurs qui sont créanciers à raison de fournitures de matériaux et d'autres objets servant à la construction des ouvrages.

Les sommes dues aux ouvriers pour salaires sont payées *de préférence* à celles dues aux fournisseurs.

TROMPERIE SUR LA MARCHANDISE. — Voy. VIN.

TUTELLE. — Voy. ENFANT, 4.

V

VAINE PATURE. — Voy. PACAGE.

VENDANGE. (BAN DE) — Voy. BAN DE VENDANGE.

VENTES PUBLIQUES DE MARCHANDISES EN GROS. — Un décret du 17 août 1888 a ajouté diverses marchandises à celles qui peuvent être vendues en gros aux enchères publiques, conformément à la loi du 28 mai 1858 et au décret du 12 mars 1859, modifié par celui du 30 mai 1863.

VERS A SOIE. — Ils ne peuvent être *saisis* pendant leur travail. Il en est de même des feuilles de mûrier qui leur sont nécessaires. (Loi 4 avril 1889, art. 11.)

VIN. — Une loi du 14 août 1889, désignée communément sous le nom du sénateur qui en a fait la proposition, M. Griffe, a pour objet d'indiquer au consommateur la nature du produit livré à la consommation comme vin, et de prévenir les fraudes dans la vente de ce produit. Elle est ainsi conçue :

Art. 1er. — « Nul ne pourra expédier, vendre ou mettre en vente, sous la dénomination de vin, un produit autre que celui de la fermentation des *raisins frais*. »

Art. 2. — « Le produit de la fermentation des marcs de raisins frais avec addition de sucre et d'eau; le mélange de ce produit avec le vin, dans quelque proportion que ce soit, ne pourra être expédié, vendu ou mis en vente que sous le nom de *vin de sucre*. »

Art. 3. — « Le produit de la fermentation des raisins secs avec de l'eau ne pourra être expédié, vendu ou mis en vente que sous la dénomination de *vin de raisins secs;* il en sera de même du mélange de ce produit, quelles qu'en soient les proportions, avec du vin. »

Art. 4. — « Les fûts ou récipients contenant des vins de sucre ou des vins de raisins secs devront porter en gros caractères : « Vin de *sucre*, vin de *raisins secs*. »

» Les livres, factures, lettres de voitures, connaissements devront contenir les mêmes indications, suivant la nature du produit livré. »

Art. 5. — « Les titres de mouvement accompagnant les expéditions de vins, vins de sucre, vins de raisins secs, devront être de *couleurs spéciales*.

» Un arrêté ministériel réglera les détails d'application de cette disposition. »

Art. 6. — « En cas de contravention aux articles ci-dessus, les délinquants seront punis d'une *amende* de 25 fr. à 500 fr. et d'un *emprisonnement* de dix jours à trois mois.

» L'article 463 (*circonstances atténuantes*) du code pénal sera applicable.

» En cas de *récidive*, la peine de l'*emprisonnement* sera toujours prononcée.

» Les tribunaux pourront ordonner, suivant la gravité des cas, l'impression dans les journaux et l'*affichage*, aux lieux qu'ils indiqueront, des jugements de condamnation aux frais du condamné. »

Art. 7. — « Toute addition au vin, au vin de sucre, au vin de raisins secs, soit au moment de la fermentation, soit après, du produit de la fermenttaion ou de la distillation des figues, caroubes, fleurs de mowra clochettes, riz, orge et autres matières sucrées constitue la *falsification* de denrées alimentaires prévue par la loi du 27 mars 1851.

» Les dispositions de cette loi sont applicables à ceux qui falsifient, détiennent, vendent ou mettent en vente la denrée alimentaire, sachant qu'elle est falsifiée.

» La denrée alimentaire falsifiée sera *confisquée* par application de l'article 5 de ladite loi. »

La loi du 14 août 1889 avait donné de sérieuses garanties aux consommateurs en ce qui concerne la valeur vraie de la chose vendue, mais elle a été jugée insuffisante pour arrêter les fraudes nombreuses et variées du commerce des vins. Pour protéger plus efficacement l'hygiène publique et la viticulture, une loi du 12 juillet 1891 est intervenue, dont voici la teneur :

Art. 1er. — « L'article 2 de la loi du 14 août 1889 est ainsi modifié :

« Le produit de la fermentation des marcs de raisins frais avec de l'eau, qu'il y ait ou non addition de sucre, le mélange de ce produit avec le vin, dans quelque proportion que ce soit, ne pourra être expédié, vendu ou mis en vente que sous le nom de *vin de marc* ou de *vin de sucre*. »

Art. 2. — « Constitue la *falsification* de denrées alimentaires prévue et réprimée par la loi du

27 mars 1851, toute addition au vin, au vin de sucre ou de marc, au vin de raisins secs :

» 1° De matières colorantes quelconques; — 2° De produits tels que les acides sulfurique, nitrique, chlorhydrique, salycilique, borique ou autres analogues; — 3° De chlorure de sodium au-dessus de 1 gramme par litre. »

Art. 3. — « Il est défendu de mettre en vente, de vendre ou de livrer des *vins plâtrés* contenant plus de 2 grammes de sulfate de potasse ou de soude par litre.

» Les délinquants seront punis d'une *amende* de 16 fr. à 500 fr. et d'un *emprisonnement* de 6 jours à 3 mois, ou de l'une de ces deux peines suivant les circonstances.

» Ces dispositions ne seront applicables aux vins de liqueurs que 2 ans après la promulgation de la présente loi.

» Les fûts ou récipients contenant des *vins plâtrés* devront en porter l'indication en gros caractères. Les livres, factures, lettres de voiture, connaissements, devront contenir la même indication. »

Art. 4. — « Les vins, les vins de marc ou de sucre, les vins de raisins secs seront suivis, chez les marchands en gros ou en détail et chez les entrepositaires, au moyen de comptes particuliers et distincts. Ils seront tenus séparément dans les magasins. »

Art. 5. — « Les registres de prise en charge et de décharge des acquits à caution et les bulletins 6 E formés pour les laissez-passer énonçant des envois supérieurs à 200 kilogrammes de raisins secs seront conservés pendant 3 ans dans les bureaux des directions et sous-directions. Ils seront communiqués sur place à tout requérant, moyennant un droit de recherche de 50 centimes.

» Les demandes de sucrage à taxe réduite faites en vue de la fabrication des vins de sucre définis par l'article 2 de la loi du 14 août 1889 sont conservées pendant 3 ans à la direction ou à la sous-direction des contributions indirectes, ainsi que les portatifs et les registres de décharge des acquits à caution après dénaturation des sucres. Elles sont communiquées à tout requérant moyennant un droit de recherche de 50 centimes par article. »

Art. 6. « La présente loi et la loi du 14 août 1889 sont applicables à l'Algérie et aux colonies. »

VOITURIER. — Les vœux du commerce français pour la modification des articles 105 et 108 du code de commerce ont reçu satisfaction par la loi du 11 avril 1888 ainsi conçue :

Art. 1er. — « Les articles 105 et 108 du code de commerce sont remplacés par les articles suivants :

Art. 105. — « La réception des objets transportés et le payement du prix de la voiture éteignent toute action contre le voiturier pour avarie ou perte partielle si, dans les *trois jours*, non compris les jours fériés, qui suivent celui de cette réception et de ce payement, le destinataire n'a pas notifié au voiturier, par acte extrajudiciaire ou par lettre recommandée, sa protestation motivée.

» Toutes *stipulations contraires* sont nulles et de nul effet. Cette dernière disposition n'est pas applicable aux *transports internationaux.* »

Art. 108. — « Les actions pour *avaries*, *pertes* ou *retard*, auxquelles peut donner lieu contre le voiturier le contrat de transport, sont *prescrites* dans le délai d'*un an*, sans préjudice des cas de *fraude* ou d'*infidélité*.

» Toutes les *autres actions* auxquelles ce contrat peut donner lieu, tant contre le voiturier ou le commissionnaire que contre l'expéditeur ou le destinataire, aussi bien que celles qui naissent des dispositions de l'article 541 du code de procédure civile, sont *prescrites* dans le délai de *cinq ans*.

» Le délai de ces prescriptions est compté, dans le cas de *perte totale*, du jour où la remise de la marchandise aurait dû être effectuée, et, *dans tous les autres cas*, du jour où la marchandise aura été remise ou offerte au destinataire.

» Le délai pour intenter chaque action récursoire est *d'un mois*, Cette prescription ne court que du jour de l'exercice de l'action contre le garanti.

» Dans le cas de transports faits pour le compte de l'Etat, la prescription ne commence à courir que du jour de la notification de la décision ministérielle emportant liquidation ou ordonnancement définitif... »

TABLE DES MATIÈRES

CONTENUES DANS LE SUPPLÉMENT

DEUXIÈME SUPPLÉMENT

A

ABONNEMENT. — Les conseils municipaux peuvent accorder aux propriétaires, sous l'approbation de la commission départementale, des abonnements relatifs aux subventions spéciales pour la dégradation des chemins vicinaux.

ABORDAGE. — Une loi du 10 mars 1891 détermine les *délits* et les *peines* en matière d'abordage, établit les *juridictions* compétentes pour statuer sur ces délits ainsi que la *procédure* à suivre.

ACTES DE L'ÉTAT CIVIL. — Des modifications ont été apportées par une loi du 8 juin 1893 aux dispositions du code civil relatives à certains actes de l'état civil; il y a lieu en conséquence de rectifier sur plusieurs points l'article du dictionnaire sur les *Actes de l'état civil.*

1. Au dernier alinéa du § III Règles spéciales, substituer ce qui suit :

Pour les décès arrivés pendant un voyage en mer, la loi prescrit des formalités particulières qui sont tracées dans les articles 86 à 92 du code civil.

2. Remplacer le § IV par le suivant :

IV. Actes de l'état civil des militaires et marins dans certains cas spéciaux. — Le même code, tout en déclarant les règles ordinaires applicables aux actes de l'état civil des militaires, des marins de l'Etat et des personnes employées à la suite des armées, établit également, dans les articles 93 à 98, pour *certaines circonstances expressément prévues* à ces articles, soit hors de France, soit en France, un mode spécial à l'effet de constater les mariages, naissances et décès concernant ces diverses personnes.

3. Au § V. Actes de l'état civil reçus a l'étranger, ajouter :

Des mesures destinées à assurer la conservation et la publicité de ces actes sont contenues dans les deux additions faites par la loi précitée aux articles 47 et 48 du Code civil et dont voici le sens :

1° Pour les actes dressés en la forme du pays par les autorités locales compétentes, lorsqu'un de ces actes concernant des Français sera transmis au ministère des affaires étrangères, il y restera *déposé* pour en être délivré expédition.

2° Quant aux actes établis dans la forme française par nos agents diplomatiques ou nos consuls, un double des registres des actes de l'état civil tenus par ces agents est adressé à la fin de chaque année au *ministère des affaires étrangères*, qui en assure la garde et peut en délivrer des extraits.

ADJUDICATIONS. — Voy. ouvriers français (sociétés d').

ADMISSION TEMPORAIRE. — Voy. douanes.

AFFICHAGE. — 1. *Affiches peintes.* — Toute personne qui veut inscrire des affiches dans un lieu public, sur les murs, sur une construction quelconque ou même sur toile, au moyen de la peinture ou de tout autre procédé, est tenue, préalablement à toute inscription : 1° d'en *faire la déclaration* au bureau de l'enregistrement dans la circonscription duquel se trouvent les communes où les affiches doivent être placées, et, à Paris, à l'un des bureaux désignés à cet effet par l'administration de l'enregistrement; 2° d'acquitter la taxe fixée, à partir du 1er janvier 1894, pour toute la durée de l'affiche, à 1 franc par mètre carré dans les communes dont la population n'excède pas 5000 habitants; à 1fr,50 dans les communes de 5001 à 50000 habitants; à 2 francs dans les communes supérieures à 50001 habitants; à 2fr,50 à Paris.

Pour le calcul du droit à payer, toute fraction de mètre carré est comptée pour un mètre carré. Toute contravention aux prescriptions légales en cette matière est punie d'une amende de cent francs, en principal (Lois des 26 décembre 1890 et 26 juillet 1893, art. 19; Décret du 18 février 1891).

2. *Affiches manuscrites.* — Elles sont *exemptées* du droit de *timbre* lorsqu'elles *concernent* exclusivement les demandes et les offres d'emploi. (Loi du 26 juillet 1893, art. 18.)

AGENT DE CHANGE. — Un décret du 7 octobre 1890 a été rendu en exécution de l'article 90 du Code de commerce et de la loi du 28 mars 1885 sur les marchés à terme (voy. au Dictionnaire, MARCHÉS À TERME).

Il est divisé en cinq titres dont voici l'objet : titre Ier. — *Organisation.* (Dispositions générales. Création et suppression d'offices d'agent de change ou de parquets. Chambres syndicales des agents de change. Assemblées générales des agents de change. Auxiliaires des agents de change.) — Titre II. Des *négociations.* (Marchés au comptant, marchés à terme. Négociations judiciaires ou forcées, négociations de valeurs appartenant à des mineurs ou à des interdits. Négociations d'effets commerçables et de valeurs métalliques.) — Titre III. Des *certifications et légalisations.* — Titre IV. De la *cote des cours.* — Titre V. *Dispositions particulières.*

ALGÉRIE. — 1. Tout étranger venant en Algérie doit, dans un délai de *trois jours* à partir de son arrivée, faire à la mairie de la commune où il veut séjourner, une *déclaration* énonçant ses nom et prénoms, et ceux de ses père et mère; sa nationalité, le lieu et la date de sa naissance, le lieu de son dernier domicile, sa profession ou ses moyens d'existence; le nom, l'âge et la nationalité de sa femme et de ses enfants mineurs, s'il est accompagné par eux.

Sont *dispensés* de cette formalité les étrangers qui viennent *hiverner en Algérie.* Pour ces derniers, il suffit de la déclaration faite sur leur compte par les aubergistes, hôteliers, logeurs ou loueurs de maisons garnies, conformément aux lois et règlements.

Toute *contravention* est punie des peines de *simple police, sans préjudice de l'expulsion* qui peut toujours être prononcée par le gouverneur *général* ou par les préfets. (Décret du 21 juin 1890.)

2. — La *navigation* entre la France et l'Algérie ne peut s'effectuer que sous pavillon *français.* (L. du 2 avril 1889.)

3. — Une loi du 14 avril 1893 fixe les conditions de fonctionnement des *sociétés indigènes* de *prévoyance,* de *secours* et de *prêts mutuels* des communes de l'Algérie.

Elle les reconnait comme établissements d'utilité publique.

ALIMENTS. — Voy. CONJOINT SURVIVANT.

ALLUMETTES. — Depuis que l'Etat a le monopole de la fabrication et de la vente des allumettes chimiques, il avait toujours usé de la faculté qui lui avait été donnée d'affermer ce monopole. Cette faculté lui a été retirée : à partir du 1er janvier 1890, l'Etat exploite directement son monopole.

ARBITRAGE. — Pour prévenir ou apaiser les conflits entre le capital et le travail, et surtout pour éviter ou abréger les grèves, la loi du 27 décembre 1892 règle de la manière suivante la conciliation et l'arbitrage *facultatifs* en matière de *différends collectifs entre patrons et ouvriers.*

Les patrons, ouvriers ou employés entre lesquels s'est produit un différend d'ordre collectif *portant sur les conditions du travail* peuvent soumettre les questions qui les divisent à un *comité de conciliation*, et, à défaut d'entente dans ce comité, à un *conseil d'arbitrage* (art. Ier).

Ils restent libres de recourir ou non à ces moyens d'apaisement; mais s'ils recherchent le secours que la loi leur offre, ils adressent, soit ensemble, soit séparément, en personne ou par mandataires, au *juge de paix* du canton ou de l'un des cantons où existe le différend, une *déclaration écrite* contenant :

Les noms, qualités et domiciles des *demandeurs* ou de ceux qui les représentent ;

L'*objet du différend*, avec l'exposé succinct des motifs allégués par la partie;

Les noms, qualités et domiciles des *délégués* choisis par les demandeurs pour les assister ou les représenter. Ces délégués, dont le nombre ne peut être supérieur à *cinq*, mais qui peut être *moindre*, sont nommés au gré des demandeurs, sans règle de procédure électorale spéciale, mais ils doivent être choisis parmi les personnes *directement intéressées* dans le conflit, et être *citoyens* français.

Dans les professions ou industries où les femmes sont employées, elles peuvent être désignées comme déléguées, à la condition d'appartenir à la nationalité française (art. 2 et 15).

Le juge de paix délivre récépissé de cette déclaration, avec indication de la date et de l'heure du dépôt; et il la *notifie* sans frais dans les vingt-quatre heures, à la partie adverse ou à ses représentants, par lettre recommandée, et au besoin par affiches apposées aux portes de la justice de paix des cantons et à celles de la mairie des communes sur le territoire desquelles s'est produit le différend (art. 3).

Les deux moyens peuvent être employés en même temps.

Les intéressés doivent faire parvenir leur *réponse* au juge de paix, dans les trois jours de cette notification. Passé ce délai, leur *silence* est tenu pour un *refus*. — S'ils acceptent, ils désignent dans leur réponse les noms, qualités et domiciles de *cinq délégués* au maximum choisis pour les assister ou représenter de la même manière qu'il est dit ci-dessus.

Si le délai de trois jours est insuffisant par suite de l'éloignement ou de l'absence des personnes auxquelles la proposition est notifiée, ou de la nécessité de consulter des mandants, des associés ou un conseil d'administration, les représentants de ces personnes doivent, dans ce délai de trois jours, déclarer quel est le délai nécessaire pour donner cette réponse. — Ladite déclaration est transmise par le juge de paix aux demandeurs dans les 24 heures (art. 4).

Si la proposition est *acceptée*, le juge de paix invite d'urgence les parties ou leurs délégués à se *réunir en comité de conciliation*. — Les réunions ont lieu en présence du *juge de paix*, qui est à la disposition du comité pour diriger les débats (art. 5).

Si l'*accord s'établit*, dans ce comité, sur les conditions de la conciliation, ces conditions sont consignées dans un *procès-verbal dressé par le juge de paix* et signé par les parties ou leurs délégués (art. 6).

Si l'*accord ne s'établit pas*, le juge de paix invite les parties à *désigner*, soit *chacune* un ou plusieurs *arbitres*, soit un *arbitre commun*. *La plus entière liberté* leur est laissée à ce sujet; il faut *seulement* que les arbitres soient *citoyens français*. — Si les *arbitres ne s'entendent pas* sur la solution à donner au différend, ils peuvent choisir un *nouvel arbitre*, qui, contrairement aux règles ordinaires de l'arbitrage, *peut apporter une solution nouvelle*. Si les *arbitres* ne *s'entendent pas sur ce choix*, l'*arbitre nouveau* est nommé par *le président du tribunal civil* (art. 7, 8 et 15).

La *décision* sur le fond, prise, rédigée et signée par les arbitres, est remise au *juge de paix* (art. 9).

Dans un seul cas, celui où une *grève* vient à éclater, le *juge de paix* peut substituer son initiative à celle des intéressés, si celle-ci ne s'exerce pas spontanément. Il invite d'office, par lettres recommandées et au besoin par affiches, les patrons, ouvriers et employés ou leurs représentants à lui faire connaître : 1° l'objet du différend, avec l'exposé succinct des motifs allégués; 2° leur acceptation ou refus de recourir à la conciliation et à l'arbitrage; 3° les noms, qualités et domiciles des délégués choisis, le cas échéant, par les parties, sans que le nombre des personnes désignées de chaque côté puisse être supérieur à cinq.

De même que dans le cas où les parties demandent elles-mêmes à se concilier, les réponses doivent parvenir dans le délai de trois jours qui peut être augmenté pour les mêmes causes et conditions.

Si la proposition est acceptée, il est procédé, conformément à ce qui vient d'être dit, d'abord à la tentative de conciliation, et, s'il y a lieu, à la désignation des arbitres (art. 10).

La demande de conciliation et d'arbitrage, le refus ou l'absence de réponse de la partie adverse, la décision du comité de conciliation ou celle des arbitres, notifiés par le juge de paix au maire de chacune des communes où s'étendait le différend, sont, par chacun de ces maires, *rendus publics* par *affichage* à la place réservée aux publications officielles. — L'affichage de ces décisions peut, en outre, se faire par les parties intéressées. Les affiches sont *dispensées du timbre*. — Il en est *de même de tous les actes faits en exécution de ladite loi* qui sont en outre *enregistrés gratis*.

Les *procès-verbaux* et *décisions* sont conservés en minute au *greffe de la justice de paix*, qui en délivre *gratuitement* une expédition à chacune des parties et en adresse une autre au ministre du commerce et de l'industrie (art. 11, 12 et 14).

Les *locaux* nécessaires à la tenue des comités de conciliation et aux réunions des arbitres sont fournis, chauffés et éclairés par les *communes* où ils siègent. Les *frais* qui en résultent sont compris dans les dépenses *obligatoires* des communes.

Les *dépenses des comités de conciliation et d'arbitrage* sont fixées par *arrêté du préfet* et portées au *budget départemental* comme dépenses *obligatoires* (art. 13).

ARMÉE. — 1. — Voy. SERVICE MILITAIRE.

2. — Une loi du 21 juin 1890 a modifié de la manière suivante les cadres et effectifs de l'armée *territoriale*, tels qu'ils avaient été établis par la loi du 13 mars 1875. — (Voy. ARMÉE, au Dictionnaire.)

Chaque subdivision de région fournit un régiment territorial d'*infanterie* composé d'un nombre de bataillons *variable* d'après les ressources du recrutement, et d'un dépôt.

La subdivision de Marseille comprend deux régiments, en raison de son étendue.

Les cadres des bataillons et compagnies sont *les mêmes* que ceux des unités correspondantes de l'armée active.

Les régiments sont commandés par des *lieutenants-colonels*.

Le nombre des bataillons de chacun de ces régiments et la composition de son dépôt sont *déterminés par le ministre de la guerre*.

Le recrutement des cadres de l'armée territoriale est déterminé par les articles 31, 36, 38 et 41 de la loi du 24 juillet 1873 et par la loi du 26 juin 1888.

ARMÉE COLONIALE. — (Loi du 30 juillet 1893.) L'armée coloniale, en ce qui concerne l'*élément français*, se recrute *exclusivement par des volontaires*.

Les *engagements* et *rengagements* sont contractés dans les conditions suivantes :

1° Par voie d'*engagements volontaires* pour une durée de trois, quatre ou cinq années;

2° Par voie d'*incorporation* des jeunes gens qui, au moment des opérations du conseil de revision, ont demandé à entrer dans les troupes coloniales et ont été reconnus aptes à ce service ;

3° Par voie de *rengagements* contractés conformément aux dispositions spéciales contenues dans les articles 63 et 65 de la loi du 15 juillet 1889 sur le recrutement de l'armée (voy. 1er supplément, SERVICE MILITAIRE) ; toutefois les sous-officiers, brigadiers, caporaux et soldats des réserves sont admis à rengager jusqu'à trente-deux ans révolus, dans des conditions déterminées, après entente entre les ministres de la guerre et de la marine ;

4° *En cas d'insuffisance*, par l'*appel* fait sous forme d'engagements *aux volontaires de l'armée de terre*, sous-officiers, brigadiers, caporaux ou soldats, ayant plus d'une année de présence sous les drapeaux.

En cas d'expédition, s'il y a *insuffisance* des engagés et rengagés volontaires, il est fait *appel à la légion étrangère* qui relève du ministre de la guerre.

Un certain nombre d'*emplois civils* et *militaires* déterminés par un règlement d'administration publique est exclusivement réservé en France, en Algérie et aux colonies, aux caporaux, brigadiers et soldats ayant accompli quinze années de service dans les troupes coloniales.

Ils peuvent, s'ils sont mariés et s'ils en font la demande, recevoir, dans l'année qui suit leur libération, un *titre de concession* sur les terres disponibles en Algérie ou dans les colonies. Cette concession leur est accordée dans les mêmes conditions que celles qui sont faites aux autres colons.

Par dérogation au paragraphe 1er de l'article 60 et au deuxième paragraphe de l'article 63 de la loi du 15 juillet 1889 (voy. 1er supplément, SERVICE MILITAIRE), il peut être alloué aux engagés volontaires de trois, quatre ou cinq ans et aux rengagés d'un, deux, trois et cinq ans, des *primes*, *gratifications* et *hautes payes*, dont le taux et les conditions de payement ont été déterminés par le décret du 4 août 1894.

ASSISTANCE MÉDICALE GRATUITE. — (Loi du 15 juillet 1893.) Une aussi importante question a manqué jusqu'à ces derniers temps d'une réglementation complète et efficace.

La loi du 7 août 1851 avait, il est vrai, décidé que les malades indigents des communes privées d'établissements hospitaliers pourraient entrer à l'hôpital d'une commune voisine, moyennant un prix de journée fixé par le préfet d'accord avec la commission administrative de l'établissement, et mis en principe à la charge des communes dont dépendent ces indigents. (Voy. au *Dictionnaire*, le mot HOSPICES, 4.) Mais ladite loi ne créait ainsi qu'une *faculté* et non une obligation pour les communes, en sorte que dans nombre d'entre elles, et notamment dans la grande majorité des communes rurales, les populations indigentes restèrent privées de tout secours médical gratuit.

La loi du 15 juillet 1893 a voulu remédier à cet état de choses ; elle organise l'assistance médicale gratuite sur *tout le territoire*, et en fait un service *obligatoire* pour les communes, les départements et l'Etat.

Il est donné ci-après une analyse détaillée de cette loi :

I. ORGANISATION. — 1. — Tout Français malade, privé de ressources, reçoit gratuitement de la commune, du département ou de l'Etat, suivant son *domicile de secours*, l'assistance médicale à *domicile* ou, s'il y a *impossibilité* de le soigner utilement à domicile, dans un *établissement hospitalier*.

Les femmes en couches sont assimilées à des malades.

Les *étrangers* malades, privés de ressources, sont *assimilés aux Français* toutes les fois que le gouvernement a passé un *traité de réciprocité* avec leur nation d'origine.

2. — La commune, le département ou l'État peuvent toujours exercer leur *recours*, s'il y a lieu, soit l'un contre l'autre, soit contre toutes personnes, sociétés ou corporations tenues à l'assistance médicale envers l'indigent malade, notamment contre les membres de la famille qui doivent une pension alimentaire à l'assisté en vertu des articles 205, 206, 207 et 212 du Code civil.

3. Toute commune est rattachée pour le traitement de ses malades à un ou plusieurs des *hôpitaux les plus voisins.* — Lorsqu'il y a impossibilité de soigner utilement un malade à domicile, le médecin délivre un *certificat d'admission* à l'hôpital, qui est contresigné par le président du bureau d'assistance et qui doit être représenté par l'hôpital lorsqu'il réclame le remboursement des frais de journée.

4. — Le service d'assistance médicale gratuite pour les malades privés de ressources est organisé dans *chaque département* sous *l'autorité du préfet.*

Le *conseil général* statue, par des délibérations *exécutoires par elles-mêmes*, sauf suspension : 1° sur l'*organisation* de ce service, la *détermination* et la *création des hôpitaux* auxquels est *rattachée* chaque commune ou syndicat de communes; 2° sur la *part de la dépense* incombant aux *communes* et au *département.*

II. Domicile de secours et bureau d'assistance. — 1. — L'assistance médicale est à la charge de la *commune* lorsque le malade privé de ressources a un *domicile de secours* dans cette commune.

Ce domicile *s'acquiert :*

1° Par une *résidence habituelle d'un an* dans la commune, postérieurement à la majorité ou à l'émancipation;

2° Par la *filiation.* L'enfant a le domicile de secours de son père. Si la mère a survécu au père ou si l'enfant est un enfant naturel reconnu par sa mère seulement, il a le domicile de sa mère. En cas de séparation de corps ou de divorce des époux, l'enfant légitime partage le domicile de secours de l'époux à qui a été confié le soin de son éducation ;

3° Par le *mariage.* La femme, du jour du mariage, acquiert le domicile de secours de son mari. Les veuves, les femmes divorcées ou séparées de corps conservent le domicile de secours antérieur à la dissolution du mariage ou au jugement de séparation.

Pour les cas non prévus par les dispositions qui précèdent, le domicile de secours est le *lieu de la naissance* jusqu'à la majorité ou à l'émancipation.

2. — Il se *perd :* 1° Par une *absence* ininterrompue volontairement pendant une année, après la majorité ou l'émancipation;

2° Par l'*acquisition d'un autre domicile de secours.*

3. — Dans chaque commune, un *bureau d'assistance* assure le service de l'assistance médicale.

La *commission administrative* de ce bureau est formée par les commissions administratives réunies de l'hospice et du bureau de bienfaisance, ou par cette dernière seulement quand il n'y a pas d'hospice dans la commune. S'il n'y a ni hospice, ni bureau de bienfaisance, la commission est composée d'après les règles relatives à la formation de la commission administrative des bureaux de bienfaisance et possède alors, en sus de ses attributions propres, celles qui appartiennent au bureau de bienfaisance.

La commission administrative du bureau d'assistance, qui se réunit au moins quatre fois par an sur la convocation de son président, dresse, un mois avant la première session ordinaire du conseil municipal, *la liste nominative de toutes les personnes* qui, ayant dans la commune leur domicile de secours, doivent être, en cas de maladie, admises à l'assistance médicale, et elle procède à la *revision* de cette liste un mois avant chacune des trois autres sessions.

La liste est *arrêtée* par le conseil municipal qui délibère en comité secret; elle est *déposée* au secrétariat de la mairie. Avis de ce dépôt est donné par le maire au moyen d'affiches.

Des réclamations en inscription ou en radiation peuvent être formées par tout habitant ou contribuable de la commune.

Une commission cantonale spéciale statue souverainement sur ces réclamations.

En cas d'*urgence*, dans l'intervalle de deux sessions, le bureau d'assistance peut admettre provisoirement un malade non inscrit sur la liste, ayant dans la commune son domicile de secours.

Si le bureau d'assistance ne peut être réuni à temps, le maire prononce l'admission, sauf à en rendre compte au conseil municipal, en comité secret, dans sa plus prochaine séance. Il en est de même en cas d'*accident* ou de *maladie aiguë* de personnes qui n'ont pas le domicile de secours dans la commune où s'est produit l'accident ou la maladie, s'il n'existe pas d'hôpital dans la commune. Le maire donne toutefois avis de cette admission au préfet.

4. — *A défaut de domicile de secours communal*, l'assistance médicale incombe au *département* dans lequel le malade privé de ressources aura acquis son domicile de secours.

Quand le malade n'a *ni domicile de secours communal, ni domicile de secours départemental*, l'assistance médicale incombe à l'*Etat*.

Le *préfet* prononce l'*admission* aux secours de l'assistance médicale des malades privés de ressources et dépourvus d'un domicile de secours communal. Le préfet adresse au commencement de chaque mois, à la commission départementale ou au ministre de l'intérieur, suivant que l'assistance incombe au département ou à l'Etat, la liste nominative des malades ainsi admis pendant le mois précédent aux secours de l'assistance médicale.

III. Secours hospitaliers. — Le *prix de journée* des malades placés dans les hôpitaux aux frais des communes, des départements ou de l'Etat est réglé, par le préfet, sur la proposition des commissions administratives de ces établissements et après avis du conseil général du département, sans que le prix de journée puisse être inférieur à la moyenne du prix de revient constaté pendant les cinq dernières années.

Les droits résultant d'actes de fondations, des édits d'union ou de conventions particulières sont et demeurent réservés, ainsi que le droit pour l'individu privé de ressources qui tombe malade dans une commune d'être admis à l'hôpital existant dans cette commune sans qu'aucune condition de domicile soit exigée de lui.

Tous les lits qui n'ont pas cette affectation spéciale et qui ne sont pas nécessaires aux services des vieillards, des incurables, des militaires, des enfants assistés et des maternités sont affectés au service de l'assistance médicale.

IV. Dépenses et moyens d'y pourvoir. — 1. — Les dépenses *ordinaires* comprennent :

1° Les honoraires des médecins, chirurgiens, et sages-femmes du service d'assistance à domicile;

2° Les médicaments et appareils;

3° Les frais de séjour des malades dans les hôpitaux.

Ces dépenses sont *obligatoires;* elles sont supportées par les *communes*, le *département* et l'*Etat*, de la manière suivante :

Les *communes* couvrent les frais de ce service à l'aide de leurs ressources spéciales d'assistance médicale et de leurs ressources ordinaires, inscrites à leur budget; en cas d'insuffisance de ces ressources, elles sont autorisées à voter des centimes additionnels aux quatre contributions directes ou des taxes d'octroi dont le montant ne pourra être moindre de 20 p. 100 ni supérieur à 90 p. 100 de la dépense à couvrir, conformément à un tableau annexé à la loi.

Les *départements*, outre les frais qui leur incombent, sont tenus de contribuer aux dépenses incombant aux communes qui sont obligées de recourir à des centimes additionnels ou à des taxes d'octroi, par des subventions d'autant plus fortes que le centime communal est plus faible et qui ne peuvent dépasser 80 p. 100 ni être inférieures à 10 p. 100 du produit de ces centimes ou taxes d'octroi conformément au même tableau. Ils peuvent voter à cet effet, en cas d'insuffisance de ressources spéciales inscrites au budget départemental, des centimes additionnels aux quatre contributions directes.

L'*État*, en sus des dépenses occasionnées par le traitement des malades n'ayant aucun domicile de secours, et des frais d'administration relatifs à l'exécution de la loi nouvelle, concourt aux dépenses départementales par des subventions aux départements dans une proportion qui varie de 10 à 70 p. 100 du total de ces dépenses couvertes par des centimes additionnels départementaux, et qui est calculée en raison inverse de la valeur du centime départemental par kilomètre carré, conformément à un tableau annexé à la loi.

2. — Les dépenses *extraordinaires* comprennent les frais d'agrandissement et de construction d'hôpitaux.

L'État contribue à ces dépenses par des subventions dans la limite des crédits inscrits à son budget pour cet objet spécial.

V. Dispositions générales. — 1. — Les communes, les départements, les bureaux de bienfaisance et les établissements hospitaliers possédant, en vertu d'actes de fondations, des biens dont le *revenu* a été affecté par le fondateur à l'assistance médicale des indigents à domicile, sont tenus de contribuer aux dépenses du service de l'assistance médicale jusqu'à concurrence dudit revenu, sauf les droits résultant d'actes de fondations, des édits d'union ou de conventions particulières, qui, comme il a été dit ci-dessus, sont réservés.

2. — *Tous les recouvrements* relatifs au service de l'assistance médicale gratuite s'effectuent comme en matière de *contributions directes*. Les recettes, pour lesquelles un mode spécial de recouvrement n'a pas été prévu, s'effectuent sur des états dressés par le président du bureau d'assistance; ces états sont exécutoires après qu'ils ont été visés par le préfet ou le sous-préfet.

3. — Tous les divers actes exclusivement relatifs à l'assistance médicale gratuite et faits en vertu de la loi nouvelle sont *dispensés du timbre*, et, s'il y a lieu à enregistrement, *enregistrés gratis*.

4. — Les communes ou syndicats de communes, qui justifient remplir d'une *manière complète* leur devoir d'assistance envers leurs malades, peuvent être autorisés, par une décision spéciale du ministre de l'intérieur après avis du conseil supérieur de l'assistance publique, à avoir une organisation *spéciale*.

ASSOCIATIONS DE MALFAITEURS.—(Loi du 18 décembre 1893.) — Les crimes commis récemment par les anarchistes ont rendu nécessaire la modification des articles 265 à 268 du Code pénal sur les *associations de malfaiteurs*. (Voy. le Dictionnaire.)

Les dispositions nouvelles punissent aussi bien l'*association formée*, quelle que soit sa durée ou le nombre de ses membres, que toute *entente* établie en vue de *commettre* ou de *préparer* des attentats contre les personnes ou les propriétés. D'autre part, en sus des peines édictées, il est permis d'appliquer aux condamnés la peine de la *relégation*, de manière à tenir éloignés de France, à l'expiration de leur peine, les hommes dont la présence constituerait un danger pour la sécurité publique. Enfin, faculté est donnée de prononcer, contre quiconque aura *favorisé sciemment* et *volontairement* cette association ou entente, comme peine accessoire, temporaire ou même perpétuelle, l'*interdiction de séjour*.

La loi du 18 décembre 1893 remplace les articles 265, 266 et 267 du Code pénal par les textes suivants :

« Art. 265. — Toute *association formée, quelle que soit sa durée ou le nombre de ses membres, toute entente* établie dans le but de *préparer* ou de *commettre* des crimes contre les personnes ou les propriétés, constitue *un crime contre la paix publique*.

» Art. 266. — Sera puni de la peine des travaux forcés à temps quiconque se sera *affilié à une association formée* ou *aura participé à une entente* établie dans le but spécifié à l'article précédent.

La peine de la *relégation* pourra en outre être prononcée, sans préjudice de l'application des dispositions de la loi du 30 mai 1854 sur l'exécution de la peine des travaux forcés.

Les personnes qui se seront rendues coupables du crime mentionné dans le présent article seront *exemples de peine*, si, *avant toute poursuite*, elles ont *révélé aux autorités constituées l'entente établie* ou *fait connaître l'existence de l'association*.

» Art. 267. — Sera puni de la *réclusion* quiconque aura *sciemment et volontairement favorisé les auteurs* des crimes prévus à l'article 265 en leur fournissant des instruments de crime, moyens de correspondance, logement ou lieu de réunion.

Le coupable pourra, *en outre*, être frappé, *pour la vie ou à temps*, de l'*interdiction de séjour* établie par l'article 19 de la loi du 27 mai 1885.

Seront toutefois applicables au coupable des faits prévus par le présent article les dispositions contenues dans le § 3 de l'article 266. »

La même loi du 18 décembre 1893 *abroge l'article* 268 du Code pénal.

B

BAILLEUR. — Le bailleur peut revendiquer les meubles qui garnissaient la maison louée ou la ferme et qui ont été déplacés sans son consentement, savoir : pendant quarante jours s'il s'agit de meubles garnissant une ferme, et quinze jours s'il s'agit de meubles garnissant une maison.

Toutefois, si les meubles que le bailleur revendique sont entre les mains d'un possesseur qui les a achetés dans une foire ou un marché, ou dans une vente publique, ou d'un marchand vendant des choses pareilles, le bailleur doit rembourser au possesseur le prix qu'ils lui ont coûté. (Loi du 11 juillet 1892.)

BANQUE DE FRANCE. — Le chiffre des émissions des billets de la Banque de France et de ses succursales, qui était fixé à 3 milliards 500 millions (voy. le Dictionnaire), a été élevé à 4 *milliards* par la loi du 25 janvier 1893.

BATAILLONS SCOLAIRES. — Ils ont cessé d'exister depuis plusieurs années sans qu'une disposition formelle soit venue abroger le décret du 6 juillet 1882 qui les avait créés. (Voy. le Dictionnaire.)

BUREAU D'ASSISTANCE MÉDICALE. — Voy. ASSISTANCE MÉDICALE GRATUITE.

C

CAISSE NATIONALE DES RETRAITES POUR LA VIEILLESSE. — La loi du 20 juillet 1886 fixait à 1 000 francs le *maximum* des sommes qui pouvaient être versées à la *caisse nationale des retraites pour la vieillesse* (voy. le Dictionnaire), dans une année, au compte de la même personne.

A partir du 1er janvier 1894, ce *maximum* est réduit à 500 francs. (Loi de finances du 26 juillet 1893, art. 61.)

CAISSES D'ASSURANCES EN CAS DE DÉCÈS ET D'ACCIDENTS. — La loi de finances du 26 juillet 1893 a autorisé, par son article 58, la Caisse des dépôts et consignations à prélever sur le portefeuille de la *Caisse d'assurances en cas d'accidents* (voy. le Dictionnaire) une somme d'un million de francs en rente 3 °/₀, et à l'attribuer à la *Caisse d'assurances en cas de décès* (voy. le Dictionnaire), à titre de dotation, tant pour la couvrir de ses pertes que pour lui constituer une réserve pour l'avenir.

CAISSES DE RETRAITES ET DE SECOURS DES OUVRIERS MINEURS. — Voy. OUVRIERS MINEURS.

CASIER JUDICIAIRE. — 1. — Le bulletin du casier judiciaire délivré aux particuliers et la demande de ce bulletin sont *dispensés* du droit de *timbre*.

Le droit d'enregistrement sur ce bulletin est réduit à 20 centimes. (Lois des 26 janvier 1892, art. 5, et 28 avril 1893, art. 37.)

2. — Depuis que, par suite des modifications apportées par la loi du 14 août 1885 à divers articles du Code d'instruction criminelle, la réhabilitation (voy. ce mot au Dictionnaire) *efface* la condamnation et fait cesser *pour l'avenir* toutes les incapacités qui en résultaient, l'extrait du casier judiciaire délivré aux particuliers *ne doit plus contenir* la condamnation pour laquelle la réhabilitation a été obtenue.

CERCLES. — (Lois des 16 septembre 1871, art. 9, 5 août 1874, art. 7, 30 mars 1888, art. 13, et 8 août 1890, art. 33.) — Les cercles, sociétés, et lieux de réunion où se payent des cotisations sont frappés d'une taxe perçue au profit de l'État et réglée à la fois sur le montant des cotisations, y compris les droits d'entrée, et sur le montant de la valeur locative des bâtiments, locaux et emplacements affectés à l'usage de l'établissement.

Ne sont pas assujetties à cette taxe les sociétés de bienfaisance et de secours mutuels, les sociétés exclusivement scientifiques, littéraires, agricoles, musicales, *dont les réunions ne sont pas quotidiennes*, les sociétés ayant pour objet exclusif des jeux d'adresse ou des exercices spéciaux, et dont les réunions ne sont pas quotidiennes, les associations d'étudiants des facultés de l'État, lorsque ces associations sont exclusivement scientifiques ou littéraires et qu'elles sont reconnues par les autorités préfectorale et universitaire.

CHEMINS VICINAUX. — (Voy. le Dictionnaire.) La *Caisse des chemins vicinaux*, créée par la loi du 11 juillet 1868, a été *supprimée* par l'article 55 de la loi de finances du 26 juillet 1893 à partir du 1er janvier 1894.

Le capital des obligations émises pour l'achèvement des chemins vicinaux et restant dans le portefeuille de la Caisse des dépôts et consignations à cette époque est remboursé au moyen de soixante demi-annuités calculées au taux de 3,25 °/₀.

COMMUNAUTÉ CONSISTORIALE ISRAÉLITE. — Agrégation de fidèles desservie dans une même commune par une ou plusieurs synagogues dont l'ouverture a été régulièrement autorisée à titre permanent. (Ord. du 25 mai 1844, art. 21, et Règlement d'administration publique du 27 mars 1893, art. 1er.) — Voy. FABRIQUE D'ÉGLISE.

COMPTABILITÉ DES FABRIQUES. — Voy. FABRIQUE D'ÉGLISE.

CONCILIATION. — Voy. ARBITRAGE.

CONJOINT SURVIVANT. — 1. ALIMENTS. — La *succession de l'époux prédécédé* doit des *aliments* à l'*époux survivant* qui est dans le besoin. Le délai pour les réclamer est d'un an à partir du décès et se prolonge, en cas de partage, jusqu'à son achèvement.

La pension alimentaire est prélevée sur l'*hérédité*. Elle est supportée par tous les héritiers, et, en cas d'insuffisance, par tous les légataires, proportionnellement à leur émolument.

Toutefois, si le défunt a expressément déclaré que tel legs sera acquitté de préférence aux autres, cette préférence aura lieu, en sorte qu'il ne supportera la pension alimentaire que dans le cas où les autres legs ne seraient pas suffisants pour assurer cette pension. (Loi du 9 mars 1891 modifiant l'article 205 du Code civil.)

2. SUCCESSION. — La même loi du 9 mars 1891 a fait disparaître l'anomalie qu'établissait l'article 767 du Code civil en n'appelant le conjoint survivant à la succession de l'époux prédécédé qu'après les parents les plus éloignés. (Voy. Dictionnaire au mot SUCCESSION, II, § 4, II. CONJOINT SURVIVANT.

Elle modifie ledit article de la manière suivante :

« Lorsque le défunt ne laisse ni parents au degré successible, ni enfants naturels, les biens de sa succession appartiennent *en pleine propriété* au conjoint non divorcé qui lui survit et contre lequel n'existe pas de jugement de séparation de corps passé en force de chose jugée.

» Le conjoint survivant non divorcé, qui ne succède pas à la pleine propriété et contre lequel il n'existe pas de jugement de séparation de corps passé en force de chose jugée, a, sur la succession du prédécédé, un droit d'*usufruit* qui est :

» D'un quart, si le défunt laisse un ou plusieurs enfants issus du mariage;

» D'une part d'enfant légitime le moins prenant, sans qu'elle puisse excéder le quart, si le défunt a des enfants nés d'un précédent mariage;

» De moitié, dans tous les autres cas, quels que soient le nombre et la qualité des héritiers.

» Le calcul sera opéré sur une masse faite de tous les biens existant au décès du *de cujus*, auxquels seront réunis fictivement ceux dont il aurait disposé, soit par acte entre vifs, soit par acte testamentaire au profit de successibles, sans dispense de rapport.

» Mais l'époux survivant ne pourra exercer son droit que *sur les biens dont le prédécédé n'aura disposé ni par acte entre vifs, ni par acte testamentaire*, et sans préjudicier aux droits de *réserve* ni aux droits de *retour*.

» Il *cessera* de l'exercer dans le cas où il aurait reçu du défunt des *libéralités* même faites par préciput et hors part, dont le montant atteindrait celui des droits que la présente loi lui attribue, et, si ce montant était inférieur, il ne pourrait réclamer que le *complément* de son usufruit.

» Jusqu'au partage définitif, les héritiers peuvent exiger, moyennant sûretés suffisantes, que l'usufruit de l'époux survivant soit converti en une rente viagère équivalente. S'ils sont en désaccord, la conversion sera facultative pour les tribunaux.

» En cas de *nouveau mariage*, l'usufruit du conjoint *cesse, s'il existe des descendants* du défunt. »

CONSEIL D'ARRONDISSEMENT. — En étendant les cas d'inéligibilité au Conseil général (voy. CONSEIL GÉNÉRAL), la loi du 23 juillet 1891 déclare que ses dispositions s'appliquent aussi au Conseil d'arrondissement.

CONSEIL D'ÉTAT. — 1. — Aux termes de la loi du 26 octobre 1888, lorsque les besoins du service l'exigent, il peut être formé, par décret en Conseil d'Etat, une *section temporaire du contentieux*, pour concourir au *jugement* des affaires *d'élections* et de *contributions directes ou taxes assimilées.*

Cette section temporaire est composée d'un président de section et de quatre conseillers d'Etat pris dans les différentes sections du Conseil, auxquelles ils continuent d'appartenir.

Il peut y avoir auprès d'elle un ou deux commissaires suppléants du gouvernement qui peuvent être choisis parmi les auditeurs de première classe.

Les membres de la section temporaire sont désignés par décret, les commissaires suppléants du gouvernement, par arrêté du ministre de la justice, sur la présentation du vice-président du Conseil d'Etat et des présidents de section.

La section temporaire et la section du contentieux peuvent statuer, *en audience publique*, sur les affaires d'élections et de contributions directes ou taxes assimilées *dans lesquelles il y a constitution d'avocat.* — Le renvoi de ces affaires à l'assemblée spéciale du contentieux peut avoir lieu sur la demande de l'un des membres de la section ou du commissaire du gouvernement.

Il n'est pas reçu, dans lesdites affaires, de constitution d'avocat après un délai de deux mois, qui court du jour de l'enregistrement du pourvoi au secrétariat du contentieux, à moins que, dans ce délai, l'une des parties n'ait déjà constitué avocat. Le délai ci-dessus ne fait, dans aucun cas, obstacle au jugement des affaires en état.

Un règlement d'administration publique du 9 novembre 1888 détermine les mesures propres à assurer l'exécution de la loi précitée. Spécialement en ce qui concerne les rapporteurs et le secrétariat, ce règlement dispose que *trois maîtres des requêtes* sont attachés à la section temporaire. Les rapports sont présentés devant elle par ces maîtres des requêtes, par les *auditeurs de la section du contentieux* et par *ceux des autres sections désignés* à cet effet par le vice-président du Conseil d'Etat délibérant avec les présidents de section.

Le *secrétariat du contentieux* fait fonction de secrétariat de la section temporaire. Le secrétaire du contentieux est remplacé aux séances de la section temporaire par un *secrétaire adjoint* désigné par le vice-président du Conseil d'Etat.

La section temporaire du contentieux a déjà fonctionné à diverses reprises, en exécution de cette loi.

CONSEIL GÉNÉRAL. — Les cas d'inéligibilité au Conseil général ont été étendus par la loi du 23 juillet 1891 qui est ainsi conçue :

« L'article 8 de la loi du 10 août 1871 est modifié comme il suit :

Ne peuvent être élus membres du Conseil général ou du Conseil d'arrondissement :

. . . .

2° Les premiers présidents, présidents de chambre, conseillers à la cour d'appel, procureurs généraux, avocats généraux et substituts du procureur général, dans l'étendue du ressort de la cour.

. . . .

5° et 6° Les militaires des armées de terre et de mer en activité de service. Cette disposition n'est applicable ni à la réserve de l'armée active, ni à l'armée territoriale, ni aux officiers maintenus dans la première section du cadre de l'état-major général comme ayant commandé en chef devant l'ennemi. »

CONSEIL JUDICIAIRE. — Voy. INTERDICTION JUDICIAIRE.

CONSEIL PRESBYTÉRAL. — Voy. FABRIQUE D'ÉGLISE.

CONSEILS DE GUERRE. — Les Conseils de guerre permanents, institués pour juger les crimes et délits commis par les militaires de l'armée de terre, sont composés uniformément d'un colonel ou lieutenant-colonel, président, et de six juges, savoir : un chef de bataillon ou chef d'escadron ou major; deux capitaines; un lieutenant; un sous-lieutenant, ou à défaut, un deuxième lieutenant; un sous-officier. (L. 21 avril 1892 modifiant l'article 3 du Code de justice militaire.)

CONTRÔLE DE L'ADMINISTRATION DE L'ARMÉE. — Corps chargé de sauvegarder les intérêts du Trésor et les droits des personnes, de constater dans tous les services de l'armée l'observation des lois, règlements et décisions ministérielles régissant le fonctionnement administratif.

Créé par la loi du 16 mars 1882, ce corps a une hiérarchie propre ne comportant aucune assimilation avec les grades de l'armée; cette hiérarchie est ainsi réglée : contrôleur adjoint; — contrôleur de 2e classe; — contrôleur de 1re classe; — contrôleur général de 2e classe; — contrôleur général de 1re classe.

CORPS DES FACULTÉS. — Corps formé par la réunion de plusieurs facultés de l'État dans un même ressort académique et investi de la *personnalité civile*. Cette personnalité est distincte de celle des facultés qui forment ledit corps.

Il est représenté par le *Conseil général* des facultés. — Il a été créé par l'article 71 de la loi de finances du 28 avril 1893.

COURSES DE CHEVAUX. — La loi du 2 juin 1891 est venue réglementer l'*autorisation* et le *fonctionnement* des courses de chevaux. Elle est ainsi conçue :

« Art. 1er. — Aucun champ de courses ne peut être *ouvert sans l'autorisation préalable* du *ministre de l'agriculture.*

Art. 2. — Sont seules autorisées les courses de chevaux ayant pour but *exclusif l'amélioration de la race chevaline* et organisées par *des sociétés* dont les *statuts* sociaux auront été *approuvés par le ministre de l'agriculture,* après avis du Conseil supérieur des haras.

Art. 3. — Le *budget annuel* et *les comptes* de toute société de courses sont soumis à l'*approbation et au contrôle des ministres de l'agriculture et des finances.*

Art. 4. — Quiconque aura, en quelque lieu, et sous quelque forme que ce soit, *exploité le pari* sur les courses de chevaux, en offrant à tous venants de parier, ou en pariant avec tous venants, soit directement, soit par intermédiaire, sera passible des peines portées à l'article 410 du Code pénal (emprisonnement de deux à six mois et amende de 100 à 6000 francs, interdiction de certains droits civiques, civils et de famille).

Seront réputés *complices du délit* ci-dessus déterminé et *punis comme tels :*

1° Quiconque aura servi d'intermédiaire pour les paris dont il s'agit, ou aura reçu le dépôt préalable des enjeux;

2° Quiconque aura, en vue des paris à faire, vendu des renseignements sur les chances de succès des chevaux engagés ;

3° Tout propriétaire ou gérant d'établissement public qui aura laissé exploiter le pari dans son établissement.

Les dispositions de l'article 463 du Code pénal (*circonstances atténuantes*) seront, dans tous les cas, applicables aux délits prévus par la présente loi.

Art. 5. — Toutefois, les sociétés remplissant les conditions prescrites par l'article 2 pourront, en vertu d'une *autorisation spéciale* et *toujours révocable* du ministre de l'agriculture, et *moyennant un prélèvement fixe* en faveur *des œuvres locales de bienfaisance* et *de l'élevage*, organiser le *pari mutuel* sur leurs champs de courses *exclusivement*, mais sans que cette autorisation puisse infirmer les autres dispositions de l'article 4.

Un décret rendu sur la proposition du ministre de l'agriculture déterminera la quotité des prélèvements ci-dessus visés, les formes et les conditions de fonctionnement du *pari mutuel*. »

Ce décret est intervenu le 7 juillet 1891.

En voici le résumé :

La *demande d'autorisation* de l'installation du pari mutuel doit être adressée par la société de courses (de la catégorie de celles que vise la loi du 2 juin 1891) au ministre de l'agriculture; elle est accompagnée d'un état certifié conforme des comptes de la société, en recette et en dépense, pour l'exercice précédent; du budget de la société pour l'exercice en vue duquel la demande d'autorisation est formée, et d'un relevé des dates des journées de courses prévues pour le même exercice, avec l'indication du nombre des courses par journée.

L'autorisation est délivrée pour *un an*, mais elle peut être *retirée* en cours d'exercice, soit pour cause d'inexécution des prescriptions de la loi du 2 juin 1891 ou des décrets et arrêtés pris pour son exécution, soit pour des raisons d'ordre public.

L'arrêté d'autorisation fixe pour chaque société de courses la quotité du prélèvement qu'elle peut faire sur les recettes brutes du pari mutuel pour ses *frais d'administration*.

Avant tout autre prélèvement, il est pris sur la masse des sommes versées au pari mutuel : 2 °/₀ en faveur des *œuvres locales de bienfaisance*, et 1 °/₀ en faveur de l'*élevage*.

Le prélèvement de 2 °/₀ est versé à la Caisse des dépôts et consignations. Le montant en est réparti entre les œuvres locales de bienfaisance, par une commission spéciale dont le décret détermine la composition.

Le prélèvement de 1 °/₀ pour l'élevage est versé dans les caisses du Trésor public, pour être rattaché au budget du ministère de l'agriculture.

Les sociétés de courses autorisées en vertu des loi et décret précités sont placées, au point de vue de leur gestion financière et des opérations du pari mutuel, sous la surveillance et le contrôle de l'inspection générale des finances. Dans les départements autres que ceux de la Seine et de Seine-et-Oise, les mêmes droits appartiennent aux trésoriers généraux et aux receveurs des finances.

La police intérieure des champs de courses est assurée par les soins du ministre de l'intérieur, qui délègue à ses agents, dans tous les départements, les pouvoirs nécessaires à cet effet.

CRÉDIT AGRICOLE. — Voy. SOCIÉTÉS DE CRÉDIT AGRICOLE.

D

DENTISTE. — Voy. MÉDECINE.

DÉTENTION PRÉVENTIVE. — Un tempérament à la détention préventive consiste dans la mise en *liberté provisoire* (voy. le Dictionnaire).

Un nouveau tempérament est apporté à cette mesure par la loi du 15 novembre 1892 qui admet l'*imputation* de la détention préventive sur la durée des peines prononcées.

Elle modifie en effet, *pour l'avenir*, les articles 23 et 24 du Code pénal de la manière suivante :

« Art. 23. — La durée de toute peine privative de la liberté compte du jour où le condamné est détenu en vertu de la condamnation, devenue irrévocable, qui prononce la peine.

» Art. 24. — Quand il y aura eu détention préventive, cette détention sera *intégralement déduite* de la durée de la peine qu'aura prononcée le jugement ou l'arrêt de condamnation, à moins que le juge n'ait ordonné, par disposition spéciale et motivée, que cette imputation n'aura pas lieu ou qu'elle n'aura lieu que pour partie.

» En ce qui concerne la détention préventive comprise entre la date du jugement ou de l'arrêt et le moment où la condamnation devient irrévocable, elle *sera toujours imputée* dans les deux cas suivants :

» 1° Si le condamné n'a point exercé de recours contre le jugement ou l'arrêt ;

» 2° Si, ayant exercé un recours, sa peine a été réduite sur son appel ou à la suite de son pourvoi. »

DIFFÉRENDS COLLECTIFS ENTRE PATRONS ET OUVRIERS. — Voy. ARBITRAGE.

DISTINCTIONS UNIVERSITAIRES. — *Un arrêté du Ministre de* l'instruction publique, en date du 16 janvier 1892, a institué un comité consultatif des distinctions universitaires.

Ce comité, qui siège au ministère, fixe annuellement le contingent des distinctions à attribuer à chacune des catégories de personnes énumérées au décret du 24 décembre 1885. (Voy. *Dictionnaire :* DISTINCTIONS UNIVERSITAIRES.)

Il examine et classe les titres des candidats n'appartenant pas à l'un des trois ordres d'enseignement ou n'étant pas fonctionnaires de l'administration de l'instruction publique.

Aucune nomination ne peut être faite si la commission n'a déclaré que le candidat réunissait les conditions exigées par les décrets et règlements.

DIVORCE. — La loi du 6 février 1893, faisant disparaître une lacune dans la législation en vigueur sur le divorce, ajoute cette disposition à l'article 299 du Code civil :

« Par l'effet du divorce, chacun des époux *reprend l'usage de son nom.* »

DOMICILE DE SECOURS. — Voy. ASSISTANCE MÉDICALE GRATUITE.

DOUANES. — (Loi du 11 janvier 1892.) — 1. — Les *droits* de douane sont perçus au moyen de tarifs indiquant les marchandises soumises à cet impôt et le montant des droits à percevoir sur elles.

Ces tarifs sont de deux sortes :

1° Le *tarif général* est actuellement établi par la loi du 11 janvier 1892 et comprend lui-même un tarif *minimum*, applicable aux marchandises originaires des pays qui font bénéficier les marchandises françaises d'avantages corrélatifs et qui leur appliquent leurs tarifs les plus réduits ; et le tarif *maximum*, qui s'applique aux marchandises des autres pays ;

Et 2° le tarif *conventionnel*, qui est fixé par les *traités de commerce* et qui frappe les produits provenant des pays avec lesquels ces traités sont passés.

En conséquence le tarif général ne s'applique qu'aux produits qui viennent de nations avec lesquelles la France n'a pas conclu de traités de commerce ou dont les traités n'ont pas parlé.

2. — Dans l'intérêt des industries françaises qui ont pour objet la transformation des matières premières, certaines matières brutes d'origine étrangère sont soumises à l'*admission temporaire*, c'est-à-dire qu'elles entrent en France en franchise, à la condition qu'elles seront réexpédiées hors de France dans un certain délai, après avoir subi une certaine manutention ou transformation.

Depuis la nouvelle loi portant tarif général des douanes, le bénéfice de l'admission temporaire ne peut plus être accordé à aucune industrie qu'en vertu d'une disposition législative, après avis du comité consultatif des arts et manufactures.

Dans certains cas exceptionnels indiqués par l'article 13 de la loi du 11 janvier 1892, le gouvernement continue à accorder des autorisations d'admission temporaire. Le même article donne le tableau des admissions temporaires antérieurement accordées et qui sont maintenues.

E

ÉCOLE COLONIALE. — (Décrets des 23 novembre 1889, 10 novembre 1892 et 1er juillet 1893.) — Cette école, qui fonctionne à Paris depuis 1885, et qui ne recevait tout d'abord que des élèves indigènes envoyés par nos colonies, a été complètement modifiée dans son organisation à la suite de la loi de finances de 1890 qui a consacré son existence légale.

L'école coloniale relève du ministère des colonies, et elle est divisée en trois sections : la section *indigène*, la section *française* et la section *commerciale*.

La section *indigène* est destinée à donner à de jeunes indigènes des colonies et des pays de protectorat une éducation française et une instruction primaire supérieure. Ils doivent être âgés de 14 à 20 ans et avoir déjà une connaissance suffisante de la langue française.

La durée des études est de 2 ans.

Les élèves qui satisfont à l'examen de sortie reçoivent un *certificat d'études primaires coloniales*.

La section *française* est destinée à donner l'enseignement des sciences coloniales et à assurer le recrutement des différents services coloniaux.

Les élèves ont de 18 à 25 ans, et doivent être français et bacheliers.

La durée des cours est fixée à 3 ans, et réduite à 2 ans pour les élèves qui entrent à l'école munis du diplôme de licencié en droit. — A la fin de la première année, les élèves doivent déclarer s'ils se destinent à une carrière coloniale.

Les élèves qui ont satisfait aux examens de sortie portant sur les cours généraux reçoivent un *brevet d'élève de l'école coloniale*. — Les aspirants fonctionnaires doivent en outre subir les examens de sortie portant sur les cours spéciaux.

Les carrières auxquelles peuvent être appelés les élèves brevetés sont les suivantes :

Administration centrale des colonies ; — Magistrature coloniale, si le candidat est licencié en droit ; — Commissariat colonial, si le candidat est licencié en droit et s'il a suivi le cours spécial du commissariat ; — Service des bureaux du secrétariat général du gouvernement de la Cochinchine (sous la réserve que le candidat a suivi avec succès le cours des langues indo-chinoises) ; — Administration des affaires indigènes et personnel des résidences au Cambodge, en Annam et au Tonkin (sous la même réserve) ; — Corps des administrateurs coloniaux ; — Administration des directions de l'intérieur ; — Administration pénitentiaire de la Guyane et de la Nouvelle-Calédonie.

La section *commerciale* est destinée aux élèves diplômés des écoles commerciales qui désirent, dans une période très courte, se préparer à la vie coloniale.

Les élèves doivent avoir les diplômes supérieurs ou certificats d'études délivrés par l'école des hautes études commerciales, l'institut commercial de Paris ou les écoles supérieures de commerce reconnues par l'Etat.

La durée des études est d'un an.

Les élèves qui satisfont aux examens de sortie reçoivent un *brevet spécial*.

ÉCOLE DU SERVICE DE SANTÉ DE LA MARINE. — Créée par la loi du 10 avril 1890 pour fonctionner à partir du 1er novembre suivant, et installée près de la Faculté de médecine de *Bordeaux*, cette école reçoit les élèves qui se destinent au service de santé de la marine; ils y accomplissent leurs trois dernières années d'études médicales et l'intégralité des études pharmaceutiques moins le stage.

Cette école a pour annexes trois succursales situées à Brest, Rochefort et Toulon, où les jeunes gens, qui se destinent à la médecine navale, suivent les cours de première année du doctorat en médecine et où les étudiants en pharmacie sont admis à faire leur stage.

ÉCOLE NATIONALE DES INDUSTRIES AGRICOLES. — (Décret du 20 mars 1893.) Une école spéciale a été créée à *Douai* (Nord) sous le titre d'école nationale des industries agricoles. Elle est destinée à répandre l'*instruction professionnelle*, à préparer et à former pour la conduite des sucreries, des distilleries, des brasseries et autres industries annexes de la ferme, des hommes capables de les diriger et des collaborateurs de tous ordres en état d'aider les chefs de ces diverses industries agricoles.

Elle sert en outre d'*école d'application* aux élèves sortant de l'Institut agronomique et des écoles nationales de l'Etat. Ces élèves prennent le titre de stagiaires.

Elle peut recevoir encore *dans les laboratoires* les personnes désireuses d'*étudier une industrie agricole* ou *une question spéciale* à ces industries.

Des *auditeurs libres* peuvent enfin être admis à suivre un ou plusieurs cours.

La durée des études est de 2 ans.

Le régime de l'école est l'externat.

L'admission en qualité d'élève ne peut avoir lieu qu'à la suite d'un concours qui se fait au siège de l'école. Les candidats doivent avoir 16 ans au moins dans l'année de leur admission.

Les élèves stagiaires sont désignés par le ministre, après concours, s'il y a lieu.

Les auditeurs libres sont admis par le directeur de l'école.

L'enseignement *théorique* embrasse les cours et matières ci-après : 1° *Cours généraux ou préparatoires : Mathématiques élémentaires* et leurs applications. — *Mécanique, constructions* et *dessin industriel.* — *Physique et chimie.* — *Agriculture et zootechnie.* — *Législation industrielle, économie rurale et comptabilité.* — 2° *Cours techniques : Cours d'industrie sucrière.* — *Cours de distillerie.* — *Cours de brasserie.* — *Cours d'industries diverses.*

L'enseignement *pratique* comprend l'exécution de tous les travaux des usines et des ateliers de l'école. Il est complété au moyen de visites aux usines et aux cultures industrielles du pays. Les élèves sont en outre exercés aux travaux et aux manipulations de laboratoire.

ÉCOLE NATIONALE FORESTIÈRE. — Les conditions de recrutement de l'école nationale forestière ont été modifiées par un décret du 2 juillet 1894, qui intercale les deux paragraphes suivants entre les deux alinéas de l'article 1er du décret du 9 janvier 1888 (voy. le 1er supplément) :

« Toutefois, avant d'être définitivement admis à l'école forestière, les élèves diplômés devront justifier : en ce qui concerne les mathématiques, d'une moyenne de 15, au moins, pour l'ensemble des épreuves subies à l'institut; en ce qui concerne l'allemand, de connaissances en cette langue, à la suite d'un examen spécial à la sortie de l'institut dans les conditions qui seront fixées par un arrêté ministériel.

Ces justifications seront exigées, pour la première fois, des élèves qui entreront à l'institut en 1895. »

ÉCOLE NORMALE DE L'ENSEIGNEMENT SECONDAIRE SPÉCIAL. — Elle a été supprimée en

1892, par suite de l'insuffisance des résultats obtenus. (Voy. le Dictionnaire.)

ÉCOLE POLYTECHNIQUE. — (Loi du 3 mars 1894.) Cette loi modifie l'âge auquel peuvent se présenter les candidats à l'examen d'admission à l'École polytechnique. (Voy. le Dictionnaire.)

Ne peuvent désormais subir cet examen que les Français âgés de 17 ans au moins et de 21 ans au plus au 1er janvier de l'année du concours.

La disposition spéciale concernant les candidats militaires ne s'applique plus que comme mesure transitoire, pour les militaires présents sous les drapeaux qui, au 1er janvier 1895, auront atteint ou dépassé l'âge de 21 ans.

ÉCOLES DE PLEIN EXERCICE DE MÉDECINE ET DE PHARMACIE. — (Voy. le Dictionnaire et le 1er supplément.) — Elles sont actuellement au nombre de trois : les écoles d'Alger, de Marseille et de Nantes.

L'école de Toulouse a été transformée en faculté mixte de médecine et de pharmacie.

ÉCOLES PRATIQUES DE COMMERCE OU D'INDUSTRIE. — (Loi du 26 janvier 1892 et décret du 22 février 1893.) — La loi de finances du 26 janvier 1892 a donné ce nom aux écoles primaires supérieures professionnelles dont l'enseignement est *principalement industriel* ou *commercial ;* elle les place en outre dans les attributions du ministère du commerce et de l'industrie.

L'enseignement dans ces écoles est entièrement gratuit.

Les élèves ne peuvent être admis qu'après avoir atteint l'âge de 12 ans accomplis et à la condition qu'ils produisent le certificat d'études primaires. Toutefois les candidats âgés de plus de 13 ans, qui n'ont pas ce certificat, mais qui justifient de l'accomplissement de l'obligation scolaire, peuvent être admis après avoir subi un examen spécial.

A la suite des examens de sortie, les élèves peuvent obtenir un *certificat d'études pratiques commerciales ou industrielles.*

Un conseil de perfectionnement est institué auprès de chaque école.

ÉCOLES PRÉPARATOIRES DE MÉDECINE ET DE PHARMACIE. — Leur nombre se trouve réduit à 13 par la transformation de l'école d'*Alger* en école de plein exercice. — (Voy. le Dictionnaire et le 1er supplément.)

ENGAGEMENT VOLONTAIRE. — Voy. ARMÉE COLONIALE; — SERVICE MILITAIRE.

ENGINS MEURTRIERS OU INCENDIAIRES. — Voy. EXPLOSIFS.

ENREGISTREMENT. — Voy. ARBITRAGE ; — ASSISTANCE MÉDICALE GRATUITE ; — CASIER JUDICIAIRE ; — HABITATIONS A BON MARCHÉ ; — OUVRIERS MINEURS ; — TRAVAUX PUBLICS.

ÉTRANGER. — (Loi du 8 août 1893.) — 1. — Le décret du 2 octobre 1888 sur les étrangers (voy. le 1er supplément, ÉTRANGER) étant à peu près tombé en désuétude, il était nécessaire de mettre un terme à une tolérance qui n'était pas sans danger, au double point de vue de l'équité sociale et de la sécurité publique, en assurant d'une manière plus efficace la surveillance des étrangers. Tel est l'objet de la loi du 8 août 1893, qui est ainsi conçue :

« Art. 1er. — Tout étranger *non admis à domicile*, arrivant dans une commune pour y exercer une profession, un commerce ou une industrie, devra faire à la mairie une *déclaration de résidence* en justifiant de *son identité* dans les *huit* jours de son arrivée. Il sera tenu à cet effet un *registre d'immatriculation* des étrangers, suivant la forme déterminée par un arrêté ministériel.

Un *extrait* de ce registre sera délivré au déclarant dans la forme des actes de l'état civil, *moyennant les mêmes droits.*

En cas de *changement de commune*, l'étranger fera *viser* son *certificat d'immatriculation*, dans les *deux jours* de son arrivée, à la mairie de sa nouvelle résidence.

Art. 2. — *Toute personne* qui emploiera *sciemment* un étranger *non muni* du certificat d'immatriculation, sera passible des peines de *simple police*.

Art. 3. — L'étranger qui *n'aura pas fait la déclaration* imposée par la loi dans le délai déterminé, ou qui *refusera de produire son certificat* à la première réquisition, sera passible d'une *amende de* 50 *à* 200 *francs*.

Celui qui aura fait *sciemment* une déclaration *fausse* ou *inexacte* sera passible d'une *amende de* 100 *à* 300 *francs*, et, s'il y a lieu, de l'*interdiction temporaire ou indéfinie* du territoire français.

L'étranger *expulsé* du territoire français et qui y serait rentré *sans l'autorisation* du gouvernement, sera condamné à un *emprisonnement de un à six mois*. Il sera, après l'expiration de sa peine, *reconduit à la frontière*.

L'article 463 du Code pénal (circonstances atténuantes) est applicable aux cas prévus par la présente loi.

Art. 4. — Les produits des amendes prévues par la présente loi seront attribués à la caisse municipale de la commune de la résidence de l'étranger qui en sera frappé.

Art. 6. — Il est accordé aux étrangers visés par l'article 1er, et actuellement en France, un délai d'un mois pour se conformer aux prescriptions de la loi. »

Voy. ALGÉRIE et ASSISTANCE MÉDICALE GRATUITE.

EXPLOSIFS. — 1. — A la suite des premiers attentats des anarchistes, une loi du 2 avril 1892 a modifié de la manière suivante les articles 435 et 436 du Code pénal :

» Art. 435. — La peine sera la même (mort, travaux forcés à perpétuité ou travaux forcés à temps), d'après les distinctions faites en l'article précédent, contre ceux qui auront détruit volontairement en tout ou en partie ou tenté de détruire par l'effet d'une mine *ou de toute substance explosible* les édifices, habitations, digues, chaussées, navires, bateaux, véhicules de toutes sortes, magasins ou chantiers, ou leurs dépendances, ponts, voies publiques ou privées et généralement tous objets mobiliers ou immobiliers de quelque nature qu'ils soient.

» Le *dépôt*, dans une intention criminelle, *sur une voie publique ou privée, d'un engin explosif* sera assimilé à la *tentative* de meurtre prémédité.

» Les personnes coupables des crimes mentionnés dans le présent article seront *exemptes de peine* si, avant la consommation de ces crimes et avant toutes poursuites, elles en ont donné connaissance et révélé les auteurs aux autorités constituées ou si, même après les poursuites commencées, elles ont procuré l'arrestation des autres coupables.

» Elles pourront néanmoins être frappées, pour la vie ou à temps, de l'*interdiction de séjour* établie par l'article 19 de la loi du 27 mai 1885.

» Art. 436. — *La menace d'incendier ou de détruire*, par l'effet d'une mine *ou de toute substance explosible*, les objets compris dans l'énumération de l'article 435 du Code pénal, sera punie de la peine portée contre la menace d'assassinat, et d'après les distinctions établies par les articles 305, 306 et 307. »

2. — Pour compléter les mesures prises contre les partisans de la propagande par le fait, par les lois des 13 et 18 décembre 1893 (voy. PRESSE et ASSOCIATIONS DE MALFAITEURS), une loi, qui porte aussi la date du 18 décembre 1893, a modifié de la manière suivante la législation concernant la *détention des engins meurtriers ou incendiaires* (art. 3 de la loi du 19 juin 1871) :

« Tout individu, *fabricant* ou *détenteur, sans autorisation et sans motifs légitimes*, de *machines ou engins meurtriers ou incendiaires*, agissant par *explosion ou autrement*, ou d'un *explosif quelconque*, quelle que soit sa composition ;

» Tout *individu, fabricant ou*

détenteur, sans motifs légitimes, de *toute autre substance destinée à entrer dans la composition d'un explosif*, sera puni d'un emprisonnement de six mois à cinq ans et d'une amende de 50 à 3 000 francs. »

F

FABRIQUE D'ÉGLISE. — (Loi de finances du 26 janvier 1892, art. 78, règlement d'administration publique du 27 mars 1893.) — Depuis le 1er janvier 1893, les comptes et budgets des *fabriques paroissiales*, des *conseils presbytéraux* et des *communautés consistoriales israélites* sont soumis à toutes les règles de la comptabilité des autres établissements publics. Trois règlements d'administration publique, en date du 27 juin 1893, ont déterminé les conditions d'application de cette mesure.

Voici le texte de celui qui concerne la *comptabilité des fabriques :*

« I. DES COMPTABLES DE FABRIQUES PAROISSIALES. — Art. 1er. — Les comptables des deniers des fabriques sont soumis aux *mêmes obligations* que les comptables des deniers des hospices et bureaux de bienfaisance. Les dispositions des lois, décrets et ordonnances concernant les *obligations de ces receveurs* et les *responsabilités* qui s'y rattachent, en particulier celles de l'arrêté consulaire du 19 vendémiaire an XII, relatives au recouvrement des revenus et à la conservation des droits, sont *applicables* aux *comptables des fabriques*, sous la *réserve des modifications résultant du présent décret*.

» Art. 2. — Le *comptable* de la fabrique est chargé *seul* et sous sa responsabilité de faire toutes les diligences pour assurer la *rentrée des sommes* dues à cet établissement, ainsi que d'*acquitter les dépenses mandatées* par le président du bureau des marguilliers jusqu'à concurrence des crédits régulièrement ouverts.

» Art. 3. — Toutefois, les *oblations* et les *droits perçus* à l'occasion des *cérémonies du culte*, conformément aux tarifs légalement approuvés, peuvent être reçus par le *curé* ou *desservant*, ou par l'ecclésiastique par lui délégué, moyennant la délivrance aux parties d'une *quittance* détachée d'un *registre à souche*, et à la charge de *versement au comptable* de la fabrique tous les mois, et plus fréquemment s'il en est ainsi décidé par l'évêque.

» Ce versement est effectué tant en deniers qu'en quittances, d'après la répartition prévue auxdits tarifs, et constatée au moyen d'un *état* dressé par le curé ou desservant et approuvé par le président du bureau des marguilliers.

» Le produit des *quêtes* faites au profit de la fabrique est, quand il n'est pas versé dans un tronc spécial, *encaissé au moins une fois par mois* par le comptable de la fabrique. Il est produit au comptable, à l'appui de ces encaissements, des *états* constatant, immédiatement après chaque quête, la reconnaissance des fonds et revêtus de la signature des quêteurs ; ces états sont certifiés sincères et véritables par le président du bureau des marguilliers.

» Le produit de la *location des bancs et chaises*, lorsqu'elle n'est pas affermée, est *encaissé* par le comptable de la fabrique sur le vu d'*états* certifiés par le président du bureau.

» Art. 4. — Lorsque les fonctions de comptable de la fabrique sont remplies par un *receveur spécial* ou par un *percepteur*, le marguillier-trésorier peut être chargé, à titre de *régisseur* et à charge de rapporter *dans le mois* au comptable de la fabrique les acquits des créanciers réels et les pièces justificatives, de *payer*, au moyen d'*avances* mises à sa disposition sur mandats du président du bureau, les *menues dépenses* de la célébration du culte. La quotité de ces avances et la liste des menues dépenses seront arrêtées par les règlements prévus à l'article 29 ci-après. Dans ce cas, le marguillier-trésorier peut également être chargé, comme intermédiaire, de *payer* sur émargements les *traitements et salaires* des vicaires, prêtres attachés, officiers et serviteurs de l'église.

» Art. 5. — Les fonctions de comptable de la fabrique sont remplies par les *trésoriers* de ces établissements tels qu'ils sont institués par le décret du 30 décembre 1809.

» En cas de *refus* du trésorier, elles peuvent être confiées par le conseil de fabrique à une personne désignée en dehors du conseil et qui prend le titre de *receveur spécial* de la fabrique. Le même receveur spécial *ne peut gérer* les services de fabriques appartenant à *des cantons différents*.

» A défaut du trésorier et d'un receveur spécial, les fonctions de comptable de la fabrique sont remplies par le *percepteur* de la réunion dans laquelle est située l'église paroissiale, et, dans les villes divisées en plusieurs arrondissements de perception, par le *percepteur désigné par le ministre des finances*.

» Dans tous les cas, les comptables des fabriques sont soumis aux *vérifications de l'inspection générale* des finances.

» Art. 6. — Lorsque les fonctions de comptable de fabrique sont confiées à un receveur spécial ou à un percepteur, le *trésorier* de la fabrique cesse d'être soumis aux *obligations dont le comptable demeure exclusivement chargé*, mais il *conserve toutes les autres attributions* qui sont dévolues au marguillier-trésorier par le décret de 1809.

» La *gestion* du comptable de fabrique est placée sous la *surveillance* et la *responsabilité du receveur des finances* de l'arrondissement quand les fonctions de comptable sont remplies par un *percepteur*.

» Art. 7. — Les conseils de fabrique peuvent toujours décider que la gestion de leurs deniers qui se trouverait confiée à un percepteur sera *remise à un receveur spécial*. Ils peuvent de même décider que la gestion qui serait confiée à un receveur spécial ou à un percepteur sera *remise au marguillier-trésorier*. Les délibérations qu'ils peuvent prendre dans ces deux cas ne sont exécutoires qu'*en fin d'année* ou de *gestion*.

» Les trésoriers et receveurs spéciaux qui seraient régulièrement *constitués en déficit* ou déclarés en état de *faillite* ou de *liquidation judiciaire* peuvent être *relevés de leurs fonctions de comptable* par le conseil de fabrique ou, à défaut, par le ministre des cultes. Ils peuvent l'être par le ministre des cultes pour l'une des *causes ci-après :* 1° condamnation à une peine afflictive ou infamante; 2° condamnation à une peine correctionnelle pour délits prévus par les articles 379 à 408 du Code pénal; 3° condamnation à une peine correctionnelle d'emprisonnement, et 4°, s'il s'agit d'officiers publics ou ministériels, destitution par jugement ou révocation par mesure disciplinaire.

» Art. 8. — L'article 18 du décret du 31 mai 1862, relatif à l'incompatibilité des fonctions de comptable avec l'exercice d'une profession, d'un commerce ou d'une industrie quelconque, *n'est pas applicable* aux trésoriers et aux receveurs spéciaux de fabriques.

» Art. 9. — Lorsque le trésorier de la fabrique n'est pas chargé des fonctions de comptable et lorsque la fabrique n'a pas désigné un receveur spécial, le *préfet* assure, de concert avec le trésorier-payeur général, la remise du service au percepteur des contributions directes.

» Pour l'exécution de cette disposition, le préfet reçoit de l'évêque, avant le 1er octobre de chaque année, l'état nominatif des trésoriers-receveurs et des receveurs spéciaux appelés à assurer la gestion des deniers des fabriques pendant l'année suivante. Il fait appel au concours des percepteurs pour toutes les fabriques non portées sur cet état.

» Art. 10. — Lorsque les fonctions de comptable de fabrique sont remplies par un percepteur, les titres de recettes, les budgets, chapitres additionnels et autorisations spéciales de dépenses lui sont transmis par l'intermédiaire de l'évêque, du préfet et du receveur des finances.

» Art. 11. — Lorsque les fonctions de comptable de la fabrique sont remplies par un receveur spécial ou par un percepteur, tous les fonds et valeurs de la fabrique lui sont remis, sans qu'il y ait lieu à l'application des articles 50 et 51 du décret du 30 décembre 1809.

» Art. 12. — Le comptable de la fabrique *assiste* à toutes les levées de troncs, sans exception, et il est dressé *procès-verbal* par les marguilliers.

» Quand les fonctions de comptable sont remplies par un percepteur résidant hors de la paroisse, les levées de troncs n'ont lieu que les jours de tournée de recette de ce comptable.

» Quand les fonctions de comptable sont remplies par un percepteur ou par un receveur spécial, les troncs sont fermés par deux serrures; l'une des clefs demeure entre les mains du président du bureau, l'autre entre les mains du comptable. Lorsque ces fonctions sont remplies par le trésorier-marguillier, il n'est pas dérogé aux dispositions de l'article 51 du décret du 30 décembre 1809.

» Art. 13. — La situation au 31 décembre et en fin de gestion des valeurs de caisse et de portefeuille des comptables des fabriques, lorsque ces fonctions ne sont pas exercées par un percepteur, est constatée par procès-verbal du bureau des marguilliers.

» Le bureau des marguilliers peut, à toute époque, *vérifier la situation de caisse et de portefeuille* du trésorier et du receveur spécial, sans préjudice du droit que tient l'évêque, au regard seulement du marguillier-trésorier, de l'article 87 du décret du 30 décembre 1809.

» Art. 14. — Lorsque les fonctions de comptable de fabrique sont remplies par un percepteur, cet agent a droit à des *remises* calculées d'après les recettes ordinaires et extraordinaires réalisées pendant l'exercice, et sur les bases suivantes :

Sur les premiers 5000 fr., à raison de...........	4 » °/o.
Sur les 25000 fr. suivants.	3 » °/o.
Sur les 70000 fr. suivants.	1,50 °/o.
Sur les 100000 fr. suivants jusqu'à 1 million.	0,66 °/o.
Au delà de 1 million de francs	0,21 °/o.

Les remises ainsi calculées sont *prélevées par le percepteur* au vu de décomptes dressés par lui, certifiés exacts par le receveur des finances et mandatés par l'ordonnateur.

» Lorsque les fonctions de comptable sont confiées à un receveur spécial, les allocations que peut lui accorder le conseil de fabrique *ne sauraient être supérieures* à celles auxquelles aurait droit un percepteur.

» En cas de refus de mandatement des remises ou allocations prévues au présent article, il est statué par décision exécutoire du ministre des cultes.

» Art. 15. — Les trésoriers-marguilliers ne sont pas astreints au versement d'un cautionnement.

» Les receveurs spéciaux et les percepteurs-receveurs sont astreints à fournir des *cautionnements en numéraire* ou *en rentes* sur l'État fixés à trois fois le montant des émoluments prévus pour les percepteurs par l'article précédent. Le cautionnement du receveur spécial d'une fabrique ne peut être inférieur à 100 *francs*.

» Lorsqu'un percepteur remplit les fonctions de comptable pour une ou plusieurs fabriques, il n'est astreint, à ce titre, à un *supplément de cautionnement* que si ce supplément, calculé conformément aux dispositions du précédent paragraphe, dépasse 1,000 francs. Dans tous les cas, le cautionnement qu'un percepteur a versé au Trésor en qualité de comptable des deniers de l'Etat, des communes et des établissements de bienfaisance, répond subsidiairement de sa gestion des deniers de fabriques.

» Art. 16. — Les trésoriers-marguilliers des fabriques remplissant les fonctions de comptable et les receveurs spéciaux de ces établissements prêtent devant les conseils de fabrique le *serment professionnel* des comptables publics.

» Les percepteurs ne prêtent point de serment spécial lorsqu'ils sont appelés à remplir les fonctions de comptables de fabriques.

» Art. 17. — L'*hypothèque légale* n'est inscrite sur les biens des comptables de deniers des fabriques que si cette inscription est autorisée par une décision spéciale du juge de leurs comptes et seulement dans les cas de gestions occultes, condamnations à l'amende pour retards dans la présentation des comptes, malversations, débets avoués ou résultant du jugement des comptes.

» Cette hypothèque est inscrite, *conformément aux dispositions* des articles 2121 et 2122 du Code civil sur tous les biens présents et à venir de ces comptables et sous réserve du droit du juge des comptes de prononcer sur les demandes en réduction ou translation formées par ses justiciables.

» II. DES BUDGETS ET DES COMPTES DES FABRIQUES PAROISSIALES. — Art. 18. — Le budget des fabriques est divisé en budget *ordinaire* et budget *extraordinaire*. Ce dernier comprend la recette et l'emploi des capitaux provenant de dons et legs, d'emprunts, d'aliénations et de remboursements, de coupes extraordinaires de bois et de toutes autres ressources exceptionnelles.

» Art. 19. — Le budget est voté à la *session de Quasimodo* prévue par l'ordonnance du 12 janvier 1825; à la même session sont votés les chapitres additionnels correspondant à l'exercice en cours.

» Art. 20. — La durée des périodes complémentaires de l'*exercice* s'étend jusqu'au 1er *mars* pour l'ordonnancement et, *jusqu'au* 15 *mars*, pour le recouvrement et le payement.

» Art. 21. — Les *fonds libres* des fabriques sont versés en *compte courant* au Trésor public, et ils sont productifs d'intérêts dans les mêmes conditions que les fonds des établissements de bienfaisance.

» Art. 22. — Les deniers des fabriques sont *insaisissables* et aucune opposition ne peut être pratiquée par leurs créanciers sur les sommes dues à ces établissements, sauf aux créanciers porteurs de titres exécutoires, à défaut de décision épiscopale de nature à leur assurer payement, *à se pourvoir devant le ministre des cultes à fin d'inscription d'office*. La décision du ministre des cultes est communiquée à l'évêque, qui règle le budget en conséquence de cette décision. Si l'évêque ne règle pas le budget dans un délai de deux mois à partir de cette communication, ou s'il ne tient pas compte de la décision du ministre, le budget est définitivement réglé par décret en Conseil d'Etat. En cas de refus d'ordonnancement, il est prononcé par le ministre des cultes, et l'arrêté ministériel tient lieu de mandat.

» Art. 23. — Les oppositions sur les sommes dues par les fabriques sont pratiquées entre les mains du *trésorier* tel qu'il est institué par le décret de 1809, lequel vise l'original de l'exploit et déclare à cette occasion, sous sa responsabilité, s'il exerce effectivement les fonctions de comptable ou si elles sont confiées à un autre agent qu'il est tenu de désigner. Dans ce dernier cas, les oppositions sont *signifiées à ce comptable* par les soins des créanciers opposants.

» Art. 24. — Les *comptes des ordonnateurs et des comptables* des fabriques sont présentés avec la distinction des gestions et des exercices dans la même forme que les comptes des établissements de bienfaisance.

» Les opérations relatives aux oblations perçues en vertu de tarifs que prévoit le deuxième paragraphe de l'article 2 du présent décret sont décrites comme opérations hors budget. Il est fait recette au budget de la partie des oblations revenant à la fabrique.

» Art. 25. — Le conseil de fabrique *délibère* dans sa session de Quasimodo et avant le vote du budget sur les comptes de l'ordonnateur et du comptable.

» L'ordonnateur et le comptable, dans le cas où celui-ci fait partie de la fabrique, se retirent au moment du vote sur leurs comptes.

» L'approbation par le conseil du compte de l'ordonnateur est accompagnée de la déclaration dudit conseil qu'il n'existe à sa connaissance aucune recette de la fabrique autre que celles mentionnées au compte.

» Art. 26. — Les *comptes* des comptables des fabriques sont *jugés et apurés* par les *conseils de préfecture* ou par la *Cour des comptes*, selon les distinctions applicables aux comptes des établissements de bienfaisance.

» En cas de retard dans la présentation des comptes, il peut être pourvu à leur reddition par l'institution de commis d'office nommés par le préfet, mais seulement après que le retard a donné lieu à condamnation à l'amende par le juge des comptes.

» III. Des comptables, budgets et comptes des fabriques métropolitaines et cathédrales. — Art. 27. — Les dispositions du présent décret sont applicables aux fabriques des églises métropolitaines et cathédrales.

Les comptes de ces fabriques sont *jugés par la Cour des comptes*, quel que soit le montant des revenus ordinaires.

» IV. Des comptables, budgets et comptes des syndicats pour le service des pompes funèbres. — Art. 28. — Les règles de comptabilité édictées par le présent décret sont applicables aux *syndicats* institués par décrets pour le service des pompes funèbres.

» V. Dispositions diverses et transitoires. — Art. 29. — La forme des budgets et des comptes des fabriques et des syndicats pour le service des pompes funèbres, ainsi que la nomenclature des pièces à produire par les comptables et, en général, les mesures d'exécution du présent décret seront déterminées par des règlements arrêtés de concert par les ministres des cultes et des finances.

» Les nomenclatures des pièces justificatives actuellement en vigueur pour le service des établissements municipaux de bienfaisance seront provisoirement applicables à la comptabilité des fabriques et syndicats, jusqu'à la promulgation des règlements prévus au précédent paragraphe.

» Il sera statué par une décision concertée des ministres des cultes et des finances sur la fixation provisoire des cautionnements.

(Les diverses mesures annoncées par cet article ont fait l'objet de l'instruction ministérielle du 15 décembre 1893.)

» Art. 30. — Les dispositions du présent décret sont applicables aux budgets délibérés par les fabriques et syndicats en 1893 et aux comptes rendus pour l'exécution de ces budgets.

» Art. 31. — Un décret spécial déterminera les conditions dans lesquelles le présent décret sera rendu applicable à l'Algérie.

» Art. 32. — Sont et demeurent abrogées toutes les dispositions contraires à celles du présent décret. »

FÊTES. — Le *lundi de Pâques* et le *lundi de Pentecôte* ont été ajoutés aux fêtes légales par la loi du 8 mars 1886. (Voy. Dictionnaire, FÊTES.)

G

GARDE PARTICULIER. — Une loi du 12 avril 1892, relative aux arrêtés administratifs agréant des gardes particuliers, est ainsi conçue :

« Art. 1er. — Les préfets pourront, par décision motivée, le propriétaire et le garde entendus ou dûment appelés, rapporter les arrêtés agréant les gardes particuliers.

Art. 2. — La demande tendant à faire agréer les gardes particuliers sera déposée à la Préfecture. Il en sera donné récépissé. Après l'expiration du délai d'un mois, le propriétaire qui n'aura pas obtenu de réponse pourra se pourvoir devant le ministre. »

GRÈVE. — Voy. ARBITRAGE.

H

HABITATIONS À BON MARCHÉ. — Une loi du 30 novembre 1894 a pour but l'amélioration de l'habitation ouvrière. Elle cherche à résoudre une question des plus importantes de l'économie sociale, dont les conséquences touchent à l'hygiène matérielle et morale des travailleurs, en même temps qu'au bien-être de la famille. Pour atteindre son but, la loi établit des comités locaux chargés de provoquer l'initiative privée en faveur de la construction de nouvelles maisons salubres et à bon marché, destinées aux ouvriers et aux employés, de manière à leur faciliter l'accès à la propriété de ces maisons ; elle accorde aux particuliers et aux sociétés qui se chargent de ces constructions certaines exemptions ou dégrèvements d'impôts ; et elle établit pour l'ouvrier et l'employé qui deviennent propriétaires des facilités pour l'assurance et la transmission des propriétés.

Cette loi mérite d'être citée tout entière. En voici le texte :

« Art. 1er. — Il pourra être établi dans chaque département un ou plusieurs *comités des habitations à bon marché*.

Ces comités ont pour mission d'*encourager la construction* de maisons salubres et à bon marché, soit par des particuliers ou des sociétés, en vue de les louer ou de les vendre à échéance fixe ou par payements fractionnés, à des personnes *n'étant propriétaires d'aucune maison*, notamment à des ouvriers ou employés vivant principalement de leur travail ou de leur salaire, soit par les intéressés eux-mêmes pour leur usage personnel.

Art. 2. — Ces comités peuvent recevoir des *subventions* de l'État, des départements et des communes, ainsi que *des dons et legs* aux conditions prescrites par l'article 910 du Code civil pour les établissements d'utilité publique.

Toutefois, ils ne peuvent posséder d'autres immeubles que celui qui est nécessaire à leurs réunions.

Ils peuvent faire des enquêtes, ouvrir des concours d'architecture, distribuer des prix d'ordre et de propreté, accorder des encouragements pécuniaires, et plus généralement employer les moyens de nature à provoquer l'initiative en faveur de la construction et de l'amélioration des maisons à bon marché.

Dans le cas où ces comités cesseraient d'exister, leur actif après liquidation pourra être dévolu, sur avis du conseil supérieur institué à l'article 14 ci-après, aux sociétés de construction des habitations à bon marché, aux associations de prévoyance et aux bureaux de bienfaisance de la circonscription.

Art. 3. — Les frais de local et de bureau, l'allocation au secrétaire du comité et les jetons de présence qui pourront être alloués, à titre d'indemnité de déplacement, aux membres des comités n'habitant pas la localité où se tiendraient les réunions, pourront être mis par le conseil général à la charge du budget départemental.

Art. 4. — Ces comités sont institués par *décret* du Président de la République, après avis du conseil général et du conseil supérieur des habitations à bon marché. Le même décret détermine l'*étendue de leur circonscription* et fixe le *nombre de leurs membres*, dans la limite de *neuf* au moins et de *douze* au plus.

Le tiers des membres du comité est nommé par le conseil général, qui le choisit parmi les conseillers généraux, les maires et les membres des chambres de commerce ou des chambres consultatives des arts et manufactures de la circonscription du comité.

Les deux autres tiers sont nommés par le préfet : l'un parmi les personnes spécialement versées dans les questions d'hygiène, de construction et d'économie sociale; l'autre parmi les membres des sociétés de construction d'habitations à bon marché, des sociétés mutuelles de prévoyance et d'épargne et des syndicats professionnels institués conformément à la loi.

Ces comités ainsi constitués font leur *règlement*, qui est soumis à l'approbation du préfet. Ils désignent leur président et leur secrétaire. Ce dernier peut être pris en dehors du comité.

Ces comités sont nommés pour trois ans.

Leur mandat peut être renouvelé.

Art. 5. — Les avantages concédés par la présente loi s'appliquent *exclusivement :*

En ce qui concerne les maisons individuelles destinées à être acquises par les personnes visées à l'article 1er, ou construites par elles, aux immeubles dont le revenu net imposable à la contribution foncière, déterminé conformément à l'article 5 de la loi du 8 août 1890, ne dépasse pas de plus d'un dixième :

Dans les communes au-dessous de 1 000 habitants, 90 francs;

De 1 001 à 6 000 habitants, 150 francs;

De 5 001 à 30 000 habitants, 170 francs;

De 30 001 à 200 000 habitants et dans celles qui sont situées dans un rayon de 40 kilomètres autour de Paris, 220 francs;

Dans les communes de 200 001 habitants et au-dessus, 300 francs;

A Paris, 375 francs;

En ce qui a trait aux maisons individuelles ou collectives destinées à être louées, à celles dont le revenu net imposable, pour leur intégralité ou pour chacun des logements les composant et destinés à être loués séparément, ne comporte pas un chiffre supérieur à ceux qui sont indiqués ci-dessus pour chaque catégorie de communes.

Art. 6. — Les *bureaux de bienfaisance, hospices et hôpitaux* peuvent, avec l'autorisation du préfet, employer une *fraction de leur patrimoine*, qui ne pourra excéder un cinquième, à la construction de maisons à bon marché, dans les limites de leurs circonscriptions charitables, ainsi qu'*en prêts hypothécaires* aux sociétés de construction de maisons à bon marché et aux sociétés de crédit qui, ne construisant pas elles-mêmes, ont pour objet de faciliter l'achat ou la construction de ces maisons, et en obligations de ces sociétés.

La *Caisse des dépôts et consignations* est autorisée à employer, jusqu'à concurrence du cinquième, la réserve provenant de l'emploi des *fonds des caisses d'épargne* qu'elle a constituée, en obligations négociables des sociétés de construction et de crédit indiquées au paragraphe précédent.

Art. 7. — La *caisse d'assurances en cas de décès*, instituée par la loi du 11 juillet 1868, est autorisée à passer avec les *acquéreurs* ou les *constructeurs* de maisons à bon marché, qui se libèrent du prix de leur habitation au moyen d'annuités, des *contrats d'assurances temporaires* ayant pour but de garantir à la mort de l'assuré, si elle survient dans la période d'années déterminée, le *payement des annuités* restant à échoir.

Le chiffre maximum du capital assuré ne pourra pas dépasser la somme déduite du taux de capitalisation de 4,27 pour 100, appliqué au revenu net énoncé à l'article 5.

Tout signataire d'une proposition d'assurance faite dans les conditions du paragraphe 1er du présent article devra répondre aux questions et se soumettre aux constatations médicales qui seront prescrites par les polices. En cas de rejet de la proposition, la décision ne devra pas être motivée. L'assurance produira son effet dès la signature de la police, nonobstant toute clause contraire.

La somme assurée sera, dans le cas du présent article, *cessible* en totalité dans les conditions fixées par les polices.

La durée du contrat devra être fixée de manière à ne reporter aucun payement éventuel de prime après l'âge de soixante-cinq ans.

Art. 8. — Lorsqu'une maison individuelle, construite dans les conditions édictées par la présente loi, figure dans une *succession*, et que cette maison est occupée, au moment du décès de l'acquéreur ou du constructeur, par le défunt, son conjoint, ou l'un de ses enfants, il est dérogé aux dispositions du Code civil, ainsi qu'il est dit ci-après :

1° Si le défunt laisse des descendants, l'*indivision peut être maintenue*, à la demande du conjoint ou de l'un de ses enfants, pendant *cinq années* à partir du décès.

Dans le cas où il se trouverait des *mineurs* parmi les descendants, l'indivision pourra être continuée pendant *cinq années à partir de la majorité de l'aîné* des mineurs, sans que sa durée totale puisse, à moins d'un consentement unanime, excéder dix ans.

Si le défunt ne laisse pas de descendants, l'indivision pourra être maintenue pendant cinq ans à compter du décès, à la demande et en faveur de l'*époux survivant*, s'il en est copropriétaire au moins pour moitié et s'il habite la maison au moment du décès.

Dans ces divers cas, le maintien de l'indivision est prononcé par le *juge de paix*, après avis du conseil de famille.

2° Chacun des héritiers et le conjoint survivant, s'il a un droit de copropriété, a la faculté de *reprendre la maison*, sur *estimation*. Lorsque plusieurs intéressés veulent user de cette faculté, la préférence est accordée d'abord à celui que le défunt a désigné, puis à l'époux, s'il est copropriétaire pour moitié au moins. Toutes choses égales, la majorité des intéressés décide. A défaut de majorité, il est procédé par voie de tirage au sort. — S'il y a contestation sur l'estimation de la maison, cette estimation est faite par le comité des habitations à bon marché et homologuée par le juge de paix. — Si l'attribution de la maison doit être faite par la majorité ou par le sort, les intéressés y procèdent sous la présidence du juge de paix, qui dresse procès-verbal des opérations.

Art. 9. — Sont *affranchies des contributions foncières* et des *portes et fenêtres* les maisons individuelles ou collectives destinées à être louées ou vendues, et celles qui sont construites par les intéressés eux-mêmes, pourvu qu'elles réunissent les conditions exigées par les articles 1 et 5.

Cette exemption sera *annuelle* et d'une durée de *cinq années* à partir de l'achèvement de la maison. Elle cesserait de plein droit si, par suite de transformations ou d'agrandissements, l'immeuble perdait le caractère d'une habitation à bon marché et acquérait une valeur sensiblement supérieure au maximum légal.

Pour être admis à jouir du bénéfice de la présente loi, on devra produire, dans les formes et les délais fixés par l'article 9, paragraphe 3, de la loi du 8 août 1890, une demande qui sera instruite et jugée comme les réclamations pour décharge ou réduction de contributions directes. Cette demande pourra être formulée dans la déclaration exigée, par le même article de ladite loi, de tout propriétaire ayant l'intention d'élever une construction passible de l'impôt foncier.

Les parties des bâtiments dont il est question au présent article destinées à l'habitation personnelle donneront lieu, conformément à l'article 2 de la loi du 4 août 1844, à l'augmentation du contingent départemental dans la contribution personnelle-mobilière, à raison du vingtième de leur valeur locative réelle, à dater de la troisième année de l'achèvement des bâtiments, comme si ces bâtiments ne jouissaient que de l'immunité ordinaire d'impôt foncier accordée par l'article 88 de la loi du 3 frimaire an VII aux maisons nouvellement construites ou reconstruites.

Sont *exemptées de la taxe* établie par l'article 1er de la loi du 20 février 1849, dans les termes de la loi du 29 décembre 1873, les *sociétés*, quelle qu'en soit la forme, qui ont pour *objet exclusif la construction et la vente des maisons* auxquelles s'applique la présente loi.

La taxe continuera à être perçue pour les maisons exploitées par la société ou mises en location par elle.

Art. 10. — Les *actes* constatant la vente de maisons individuelles à bon marché, construites par les bureaux de bienfaisance, hospices ou hôpitaux, les sociétés de construction, ou par des particuliers, soit avec leurs propres ressources, soit avec le concours des sociétés de crédit mentionnées aux articles 6 et 11, sont *soumis aux droits de mutation* établis par les lois en vigueur.

Toutefois, lorsque le prix aura été stipulé payable par annuités, la perception de ce droit pourra, sur la demande des parties, être effectuée en *plusieurs fractions égales*, sans que le nombre de ces fractions puisse excéder celui des annuités prévues au contrat ni être supérieur à cinq. Il sera justifié de la qualité de l'acquéreur par un certificat du maire de sa résidence. Il sera également justifié par un certificat du maire de la commune de la situation que l'immeuble a été reconnu exempt de l'impôt foncier par application des articles 5 et 9, ou que, tout au moins, une demande d'exemption a été formée dans les conditions prévues par ces articles. Ces deux certificats seront délivrés sans frais, chacun en double original, dont l'un sera annexé au contrat de vente, et l'autre déposé au bureau de l'enregistrement, lors de l'accomplissement de la formalité.

Le payement de la première fraction du droit aura lieu au moment où le contrat sera enregistré; les autres fractions seront exigibles d'année en année et seront acquittées dans le trimestre qui suivra l'échéance de chaque année, de manière que la totalité du droit soit acquittée dans l'espace de quatre ans et trois mois au maximum à partir du jour de l'enregistrement du contrat.

Si la demande d'exemption d'impôt foncier qui a motivé le fractionnement de la perception vient à être définitivement rejetée, les droits non encore acquittés seront immédiatement recouvrés.

Dans le cas où, par anticipation, l'acquéreur se libérerait entièrement du prix avant le payement intégral du droit, la portion restant due deviendrait exigible dans les trois mois du règlement définitif. Les droits seront dus solidairement par l'acquéreur et par le vendeur.

L'enregistrement des actes visés au présent article sera effectué dans les délais fixés et, le cas échéant, sous les peines édictées par les lois en vigueur. Tout retard dans le payement de la seconde fraction ou des fractions subséquentes des droits rendra immédiatement exigible la totalité des sommes restant dues au Trésor. Si la vente est résolue avant le payement complet des droits, les termes acquittés ou échus depuis plus de trois mois demeureront acquis au Trésor; les autres tomberont en non-valeur.

La résolution volontaire ou judiciaire du contrat ne donnera ouverture qu'au droit fixe de 3 francs.

Art. 11. — Les *actes* nécessaires à la *constitution et à la dissolution des associations de construction ou de crédit* actuellement existantes, ou à créer, telles qu'elles sont définies dans la présente loi, sont *dispensés du timbre* et *enregistrés gratis* s'ils remplissent les conditions prévues par l'article 68, § 3, n° 4, de la loi du 22 frimaire an VII. Les *pouvoirs* en vue de la représentation aux assemblées générales sont *dispensés du timbre*. Toutefois, ces sociétés restent soumises aux droits de timbre pour leurs titres d'actions et obligations, ainsi qu'au droit de timbre-quittance établi par l'article 18 de la loi du 23 août 1871.

Ces sociétés ne seront admises au bénéfice de ces exonérations et des autres faveurs concédées par la loi qu'autant que leurs statuts, approuvés par le ministre compétent, sur l'avis du conseil supérieur institué par l'article 14, limiteront leurs dividendes à un chiffre maximum.

Art. 12.— L'abonnement au timbre souscrit pour leurs actions par ces sociétés ne subira aucune réduction, quelle que soit la diminution du capital social; mais, en cas d'émissions nouvelles, les droits de timbre resteront les mêmes, tant que le capital social précédemment soumis à l'abonnement ne sera pas dépassé.

Art. 13. — Les mêmes sociétés sont *dispensées de toute patente*. Elles sont également *exonérées de l'impôt sur le revenu* attribué aux actions et aux parts d'intérêt, à la condition que les statuts imposent pour ces titres la *forme nominative*, mais seulement pour les associés dont le capital versé, constaté par le dernier inventaire, ne dépassera pas 2000 francs.

Les sociétés actuellement existantes jouiront, au même titre que celles qui se fonderont après la promulgation de la loi, de cette dispense et des autres faveurs ou immunités qu'elle concède, à la condition de modifier leurs statuts, le cas échéant, conformément à ces prescriptions.

Art. 14. — Il sera constitué auprès du ministre du commerce et de l'industrie un *conseil supérieur* des habitations à bon marché, auquel devront être soumis tous les règlements à faire en vertu de la présente loi, et d'une façon générale toutes les questions concernant les logements économiques.

Les comités locaux lui adresseront chaque année, dans le courant de janvier, un rapport détaillé sur leurs travaux. Le conseil supérieur en donnera le résumé, avec ses observations, dans un rapport d'ensemble adressé au Président de la République.

Art. 15. — Un règlement d'administration publique déterminera les mesures propres à assurer l'application des dispositions qui précèdent, et notamment : 1° l'organisation et le fonctionnement du conseil supérieur des habitations à bon marché et des comités locaux; 2° les dispositions que devront contenir les statuts des sociétés de construction et de crédit, pour que ces sociétés puissent bénéficier des faveurs de la loi ; 3° les conditions dans lesquelles la caisse d'assurance en cas de décès pourra organiser des assurances temporaires ; 4° la procédure à suivre pour l'application de l'article 8.

Art. 16. — La présente loi est applicable à l'Algérie. »

HYGIÈNE ET SÉCURITÉ DES TRAVAILLEURS. — (Loi du 12 juin 1893).— Une lacune regrettable existait à ce sujet dans nos lois. En présence du développement considérable donné à l'outillage industriel, le Parlement a reconnu la nécessité de réglementer les *mesures préventives* contre les *risques du travail* dans les établissements industriels.

Tel est l'objet de la loi du 12 juin 1893, dont voici le texte :

« Art. 1er. — Sont soumis aux dispositions de la présente loi les *manufactures*, *fabriques*, *usines*, *chantiers*, *ateliers de tout genre* et leurs dépendances.

Sont seuls exceptés les établissements où ne sont employés que les membres de la famille sous l'autorité soit du père, soit de la mère, soit du tuteur.

Néanmoins, si le travail s'y fait à l'aide de chaudière à vapeur ou de moteur mécanique, ou si l'industrie exercée est classée au nombre des établissements dangereux ou insalubres, l'inspecteur aura le droit de prescrire les mesures de sécurité et de salubrité à prendre conformément aux dispositions de la présente loi.

Art. 2. — Les établissements visés à l'article 1er doivent être tenus dans un état constant de propreté, et présenter les conditions d'hygiène et de salubrité nécessaires à la santé du personnel.

Ils doivent être aménagés de manière à garantir la sécurité des travailleurs. Dans tout établissement fonctionnant par des appareils mécaniques, les roues, les courroies, les engrenages ou tout autre organe pouvant offrir une cause de danger, *seront séparés des ouvriers*, de telle manière que l'approche n'en soit possible que pour les besoins du service. Les puits, trappes et ouvertures doivent être clôturés.

Les machines, mécanismes, appareils de transmission, outils et engins, doivent être installés et tenus dans les meilleures conditions possibles de sécurité.

Les dispositions qui précèdent sont applicables aux *théâtres*, *cirques*, *magasins et autres établissements similaires* où il est fait emploi d'*appareils mécaniques*.

Art. 3. — Des règlements d'administration publique, rendus après avis du Comité consultatif des arts et manufactures, détermineront :

1° Dans les trois mois de la promulgation de la présente loi, les mesures générales de protection et de salubrité applicables à tous les établissements assujettis, notamment en ce qui concerne l'éclairage, l'aération ou la ventilation, les eaux potables, les fosses d'aisances, l'évacuation des poussières et vapeurs, les précautions à prendre contre les incendies, etc.;

2° Au fur et à mesure des nécessités constatées, les prescriptions particulières relatives soit à certaines industries, soit à certains modes de travail.

Le comité consultatif d'hygiène publique de France sera appelé à donner son avis en ce qui concerne les règlements généraux prévus au § 2 du présent article (1).

Art. 4. — Les inspecteurs du travail sont chargés d'assurer l'exécution de la présente loi et des règlements qui y sont prévus ; ils ont *entrée* dans les établissements spécifiés à l'article 1er et au dernier paragraphe de l'article 2, à l'effet de procéder à la surveillance et aux enquêtes dont ils sont chargés.

Art. 5. — Les contraventions sont constatées par les *procès-verbaux*

(1) Règlement d'administration publique du 10 mars 1894.

des inspecteurs, qui font foi jusqu'à preuve contraire.

Les procès-verbaux sont dressés en double exemplaire, dont l'un est envoyé au préfet du département et l'autre envoyé au parquet.

Les dispositions ci-dessus ne dérogent point aux règles du droit *commun quant à la constatation* et à la poursuite des infractions commises à la présente loi.

Art. 6. — Toutefois, en ce qui concerne l'application des règlements d'administration publique prévus par l'article 3 ci-dessus, les inspecteurs, avant de dresser procès-verbal, *mettront les chefs d'industrie en demeure* de se conformer aux prescriptions dudit règlement.

Cette mise en demeure sera faite par *écrit, sur le registre de l'usine;* elle sera datée et signée, indiquera les contraventions relevées et fixera un *délai* à l'expiration duquel ces contraventions devront avoir disparu. Ce délai ne sera jamais inférieur à un mois.

Dans les quinze jours qui suivent cette mise en demeure, le chef d'industrie adresse, s'il le juge convenable, une réclamation au ministre du commerce et de l'industrie. Ce dernier peut, lorsque l'obéissance à la mise en demeure nécessite des transformations importantes portant sur le gros œuvre de l'usine, après avis conforme du comité des arts et manufactures, accorder à l'industriel un délai dont la durée, dans tous les cas, ne dépassera jamais dix-huit mois.

Notification de la décision est faite à l'industriel dans la forme administrative; avis en est donné à l'inspecteur.

Art. 7. — Les chefs d'industrie, directeurs, gérants ou préposés, qui auront contrevenu aux dispositions de la présente loi et des règlements d'administration publique relatifs à son exécution, seront poursuivis devant le tribunal de simple police et punis d'une *amende de 5 à 15 francs*. L'amende sera appliquée *autant de fois qu'il y aura de contraventions distinctes* constatées par le procès-verbal *sans toutefois que le chiffre total des amendes puisse excéder 200 francs.*

Le jugement fixera, en outre, le délai dans lequel seront exécutés les travaux de sécurité et de salubrité imposés par la loi.

Les chefs d'industrie sont civilement responsables des condamnations prononcées contre leurs directeurs, gérants ou préposés.

Art. 8. — Si, après une condamnation prononcée en vertu de l'article précédent, les mesures de sécurité ou de salubrité imposées par la présente loi ou par les règlements d'administration publique n'*ont pas été exécutées dans le délai* fixé par le jugement qui a prononcé la condamnation, l'affaire est, sur un nouveau procès-verbal, *portée devant le tribunal correctionnel,* qui peut, après une nouvelle mise en demeure restée sans résultat, *ordonner la fermeture de l'établissement.*

Le jugement sera susceptible d'appel; la cour statuera d'urgence.

Art. 9. — En cas de *récidive*, le contrevenant sera poursuivi devant le tribunal *correctionnel* et puni d'une *amende de 50 à 500 francs sans que la totalité des amendes puisse excéder 2000 francs.*

Il y a *récidive* lorsque le contrevenant a été frappé, dans *les douze mois qui ont précédé le fait qui est l'objet de la poursuite*, d'une première condamnation pour infraction à la présente loi ou aux règlements d'administration publique relatifs à son exécution.

Art. 10. — Les inspecteurs devront fournir, chaque année, des rapports circonstanciés sur l'application de la présente loi dans toute l'étendue de leurs circonscriptions. Ces rapports mentionneront les accidents dont les ouvriers auront été victimes et leurs causes. Ils contiendront les propositions relatives aux prescriptions nouvelles qui seraient de nature à mieux assurer la sécurité du travail.

Un rapport d'ensemble, résumant ces communications, sera publié tous les ans par les soins du ministre du commerce et de l'industrie.

Art. 11. — Tout accident *ayant causé une blessure* à un ou plusieurs ouvriers, survenu dans un des établissements mentionnés à l'article premier et au dernier paragraphe de l'article 2, sera l'objet d'une *déclaration par le chef de l'entreprise ou*, à son défaut et en son absence, *par le préposé.*

Cette déclaration contiendra le nom et l'adresse des témoins de l'accident; elle sera faite dans les quarante-huit heures au maire de la commune, qui en dressera procès-verbal dans la forme à déterminer par un règlement d'administration publique (1). A cette déclaration sera joint, produit par le patron, un certificat du médecin indiquant l'état du blessé, les suites probables de l'accident et l'époque à laquelle il sera possible d'en connaître le résultat définitif.

Récépissé de la déclaration et du certificat médical en sera remis, séance tenante, au déposant. Avis de l'accident est donné immédiatement par le maire à l'inspecteur divisionnaire ou départemental.

Art. 12. — Seront punis d'une *amende de* 100 *à* 500 *francs*, et en cas de *récidive, de* 500 *à* 1 000 *francs*, tous ceux qui auront *mis obstacle à l'accomplissement des devoirs d'un inspecteur.*

Les dispositions du Code pénal, qui prévoient et répriment *les actes de résistance, les outrages et les violences* contre les officiers de la police judiciaire, sont, en outre, applicables à ceux qui se rendront coupables de faits de même nature à l'égard *des inspecteurs.*

Art. 13. — Il n'est rien innové quant à la surveillance des appareils à vapeur.

Art. 14. — L'article 463 du Code pénal (circonstances atténuantes) est applicable aux condamnations prononcées en vertu de la présente loi.

Art. 15. — Sont et demeurent abrogées toutes les dispositions des lois et règlements contraires à la présente loi. »

I

INSPECTEUR DU TRAVAIL. — Voy. HYGIÈNE ET SÉCURITÉ DES TRAVAILLEURS et TRAVAIL DES ENFANTS, DES FILLES MINEURES ET DES FEMMES DANS L'INDUSTRIE.

INSTRUCTION PUBLIQUE. — 1. — Ajouter à la liste des *lycées de garçons* ceux de : *Paris* (lycées Voltaire, Montaigne et Carnot), *Aurillac, Chartres, Gap, Roanne* et *Tulle.*

Ajouter à la liste des *lycées de jeunes filles* ceux de : *Paris* (lycée Lamartine), *Agen, Auxerre, Brest, Chambéry, Grenoble, Mâcon, la Pointe-à-Pitre, Saint-Étienne* et *Versailles.*

Supprimer de la liste des *collèges de garçons*, ceux de : *Aurillac, Chartres, Gap, Roanne* et *Tulle*, transformés en lycées, et ceux de *Bailleul, Carentan, Cluny, Courdemanche, Ernée, Evron, Hazebrouck, Hesdin, Lamballe, Landerneau, Landrecies, Mézin, Miliana̋h, Saint-Amour, Saint-Hilaire-du-Harcourt,* et *le Vigan.*

Supprimer de la liste des *collèges de filles* ceux de : *Agen, Auxerre* et *Grenoble*, érigés en lycées. — Ajouter à cette liste les collèges de *Beauvais, Cahors, Castres, Dijon, Épernay, Laon* et *Sedan.*

2. — La loi du 19 juillet 1889, réglant les dépenses de l'instruction primaire, a été modifiée par celle

(1) Décret du 20 novembre 1893.

du 25 juillet 1893. Les principales modifications ont pour objet le classement, l'avancement et l'élévation du taux des traitements des fonctionnaires de l'instruction primaire; la mise à la charge de l'État des traitements des instituteurs et des institutrices dans les villes de 100 000 à 150 000 âmes et l'augmentation de la charge de l'Etat pour les dépenses de même nature dans les villes de 150 000 âmes, Paris excepté.

INTERDICTION DE SÉJOUR. — Voy. ASSOCIATIONS DE MALFAITEURS et EXPLOSIFS.

INTERDICTION JUDICIAIRE. — Les mesures édictées par le Code civil pour la *publicité* à donner à la décision prononçant l'interdiction d'un individu ou lui donnant un conseil judiciaire n'ayant pas paru suffisantes, dans l'intérêt des tiers, la loi du 16 mars 1893 est venue ajouter à l'article 501 du Code civil une disposition ainsi conçue :

« Un extrait sommaire du jugement ou arrêt sera en outre transmis, par l'avoué qui l'aura obtenu, *au greffe du tribunal du lieu de naissance* du défendeur, dans le mois du jour où la décision aura acquis l'autorité de la chose jugée. Cet extrait sera mentionné par le greffier, dans un délai de quinze jours, *sur un registre spécial* dont toute personne pourra prendre communication et se faire délivrer copie. Le greffier, dans un nouveau délai de quinze jours, adressera à l'avoué un certificat constatant l'accomplissement de la formalité.

» A l'égard des individus nés à l'étranger les décisions seront mentionnées, dans les mêmes formes et délais, sur un registre tenu au greffe du tribunal de la Seine; ce registre mentionnera également les décisions relatives aux individus nés dans les colonies françaises, indépendamment du registre qui sera tenu au greffe de leur lieu d'origine.

» Toute contravention aux dispositions ci-dessus, commise par les greffiers ou avoués, sera punie d'une amende de 50 francs, sans préjudice de tous dommages-intérêts. »

La même loi modifie les articles 896 et 897 du Code de procédure civile et exige :

1° Que le jugement qui pourvoit un individu d'un conseil judiciaire soit *affiché et inscrit au greffe* dans la forme ci-dessus indiquée.

2° Que les demandes *en mainlevée d'interdiction ou de conseil judiciaire* seront soumises, quant à l'instruction et au jugement, et quant *à la publicité de la décision*, aux mêmes règles que les demandes en interdiction ou nomination de conseil.

L

LETTRE DE CHANGE. — La lettre de change peut être tirée, soit d'un lieu sur l'autre, soit *d'un lieu sur le même lieu* (Loi du 7 juin 1894).

M

MARCHÉS A TERME. — Voy. AGENT DE CHANGE.

MÉDAILLE COLONIALE. — Cette médaille, qui a été créée par la loi de finances du 28 juillet 1893, art. 75, est destinée à récompenser les services militaires résultant de la participation à des opérations de guerre dans une colonie ou dans un pays de protectorat.

Les actions ou campagnes de guerre donnant droit à la médaille, sans condition de temps de service, sont déterminées, aussi bien pour les expéditions antérieures à cette loi que pour celles qui auront lieu à l'avenir, par un décret du président de la République, sur la proposition du ministre compétent.

Pour chacune des campagnes de guerre, il doit y avoir une agrafe spéciale portant le nom de la colonie et la date de la campagne.

MÉDAILLES D'HONNEUR. — Par analogie avec les dispositions contenues dans le décret du 16 juillet 1886 en faveur des ouvriers ou employés français qui comptent plus de trente années dans un établissement industriel ou commercial français (voy. 1er *supplément*, MÉDAILLES D'HONNEUR), un décret du 17 juin 1890 a institué des médailles d'honneur qui peuvent être décernées par le ministre de l'agriculture aux *ouvriers ruraux* comptant plus de *trente ans* de service dans la *même* exploitation.

MÉDECINE (Loi du 30 novembre 1892). — A plusieurs reprises, la revision de la vieille loi du 19 ventôse an XI sur l'exercice de la médecine avait été tentée. Les dispositions qu'elle contenait n'étaient plus en rapport avec les nécessités du temps présent et les progrès réalisés.

La loi du 30 novembre 1892 a remplacé la loi de l'an XI. Les modifications qu'elle contient ont notamment pour objet : *la suppression de l'officiat de santé*, — la *réglementation de l'exercice de la profession de dentiste*, profession qui était jusqu'ici considérée comme libre, — une nouvelle réglementation de l'exercice de la profession de *sage-femme*, — des mesures concernant les *médecins étrangers* qui veulent exercer en France, — la répression plus efficace de l'*exercice illégal* de la médecine, — le droit pour les médecins de se constituer en *syndicats professionnels* dans les conditions de la loi du 21 mars 1884.

A raison de l'importance de la loi du 30 novembre 1892, il convient d'en reproduire ci-après les termes:

« TITRE PREMIER. — CONDITIONS DE L'EXERCICE DE LA MÉDECINE. — Art. 1er. — Nul ne peut exercer la médecine en France *s'il n'est muni d'un diplôme de docteur en médecine*, délivré par le gouvernement français, à la suite d'examens subis devant un établissement d'enseignement supérieur médical de l'État (Facultés, écoles de plein exercice et écoles préparatoires réorganisées conformément aux règlements rendus après avis du Conseil supérieur de l'instruction publique).

Les inscriptions précédant les deux premiers examens probatoires pourront être prises et les deux premiers examens subis dans une école préparatoire réorganisée comme il est dit ci-dessus.

TITRE II. — CONDITIONS DE L'EXERCICE DE LA PROFESSION DE DENTISTE. — Art. 2. — Nul ne peut exercer la profession de *dentiste* s'il n'est muni d'*un diplôme de docteur en médecine ou de chirurgien-dentiste*. Le diplôme de chirurgien-dentiste sera délivré par le gouvernement français à la suite d'études organisées suivant un règlement rendu après avis du Conseil supérieur de l'instruction publique et d'examens subis devant un établissement d'enseignement supérieur médical de l'État (1).

TITRE III. — CONDITIONS DE L'EXERCICE DE LA PROFESSION DE SAGE-FEMME. — Art. 3. — Les *sages-femmes* ne peuvent pratiquer l'art des accouchements que si elles sont munies d'*un diplôme de 1re ou de 2e classe*, délivré par le gouvernement français, à la suite d'examens subis devant une Faculté de médecine, une école de plein exercice ou une école préparatoire de médecine et de pharmacie de l'État.

Un arrêté pris après avis du Conseil supérieur de l'instruction publique déterminera les conditions de

(1) Décrets des 25 juillet 1893 et 31 décembre 1894.

scolarité et le programme applicables aux élèves sages-femmes.

Les sages-femmes de 1re et de 2e classe continueront à exercer leur profession dans les conditions antérieures.

Art. 4. — Il est interdit aux sages-femmes d'employer des instruments. Dans les cas d'accouchement laborieux, elles feront appeler un docteur en médecine ou un officier de santé.

Il leur est également interdit de prescrire des médicaments, sauf le cas prévu par le décret du 23 juin 1873 et par les décrets qui pourraient être rendus dans les mêmes conditions, après avis de l'Académie de médecine.

Les sages-femmes sont autorisées à pratiquer les vaccinations et les revaccinations antivarioliques.

TITRE IV. — CONDITIONS COMMUNES A L'EXERCICE DE LA MÉDECINE, DE L'ART DENTAIRE ET DE LA PROFESSION DE SAGE-FEMME. — Art. 5. — Les médecins, les chirurgiens-dentistes et les sages-femmes, *diplômés à l'étranger*, quelle que soit leur nationalité, ne pourront exercer leur profession en France *qu'à la condition d'y avoir obtenu le diplôme de docteur en médecine, de dentiste ou de sage-femme*, et en se conformant aux dispositions prévues par les articles précédents.

Des dispenses de scolarité et d'examens pourront être accordées par le ministre, conformément à un règlement délibéré en Conseil supérieur de l'instruction publique (1). En aucun cas, les dispenses accordées pour l'obtention du doctorat ne pourront porter sur plus de trois épreuves.

Art. 6. — Les internes des hôpitaux et hospices français, nommés au concours et munis de douze inscriptions, et les étudiants en médecine dont la scolarité est terminée, peuvent être autorisés à exercer la médecine *pendant une épidémie* ou à titre de *remplaçants* de docteurs en médecine ou d'officiers de santé.

Cette autorisation, délivrée par le préfet du département, est limitée à trois mois; elle est renouvelable dans les mêmes conditions.

Art. 7. — Les *étudiants étrangers* qui postulent, soit le diplôme de docteur en médecine visé à l'article premier de la présente loi, soit le diplôme de chirurgien-dentiste visé à l'article 2, et les élèves de nationalité étrangère qui postulent le diplôme de sage-femme de 1re ou de 2e classe visé à l'article 3, sont soumis *aux mêmes règles de scolarité et d'examens* que les étudiants français.

Toutefois, il pourra leur être accordé, en vue de l'inscription dans les facultés et écoles de médecine, *soit l'équivalence* des diplômes ou certificats obtenus par eux à l'étranger, *soit la dispense des grades* français requis pour cette inscription, ainsi que *des dispenses partielles de scolarité* correspondant à la durée des études faites par eux à l'étranger.

Art. 8. — Le grade de *docteur en chirurgie est et demeure aboli*.

Art. 9. — Les docteurs en médecine, les chirurgiens-dentistes et les sages-femmes sont tenus, *dans le mois* qui suit leur établissement, de *faire enregistrer*, sans frais, *leur titre à la préfecture ou sous-préfecture* et *au greffe du tribunal civil* de leur arrondissement.

Le fait de porter *son domicile dans un autre département oblige à un nouvel enregistrement* du titre dans le même délai.

Ceux ou celles qui, *n'exerçant plus depuis deux ans*, veulent se livrer à l'exercice de leur profession, *doivent faire enregistrer leur titre* dans les mêmes conditions.

Il est *interdit d'exercer sous un pseudonyme* les professions ci-dessus, sous les peines édictées à l'article 15.

Art. 10. — Il est établi chaque

(1) Décret du 25 juillet 1893.

année dans les départements, par les soins des préfets et de l'autorité judiciaire, des *listes distinctes* portant les noms et prénoms, la résidence, la date et la provenance du diplôme des médecins, chirurgiens-dentistes et sages-femmes visés par la présente loi.

Ces *listes sont affichées* chaque année, dans le mois de janvier, *dans toutes les communes* du département. Des copies certifiées en sont transmises aux ministres de l'Intérieur, de l'Instruction publique et de la Justice.

La statistique du personnel médical existant en France et aux colonies est dressée tous les ans par les soins du ministre de l'Intérieur.

Art. 11. — L'article 2272 du Code civil est modifié ainsi qu'il suit :

« L'action des huissiers, pour le salaire des actes qu'ils signifient, et des commissions qu'ils exécutent ;

» Celle des marchands, pour les marchandises qu'ils vendent aux particuliers non marchands ;

» Celle des maîtres de pension, pour le prix de la pension de leurs élèves ; et des autres maîtres, pour le prix de l'apprentissage ;

» Celle des domestiques qui se louent à l'année, pour le paiement de leur salaire,

» Se prescrivent par un an.

» L'action des médecins, chirurgiens, chirurgiens-dentistes, sages-femmes et pharmaciens, pour leurs visites, opérations et médicaments, se prescrit par *deux ans*. »

Art. 12. — L'article 2101 du Code civil, relatif aux privilèges généraux sur les meubles, est modifié ainsi qu'il suit dans son paragraphe 3 :

« Les frais quelconques de la dernière maladie, *quelle qu'en ait été la terminaison*, concurremment entre ceux à qui ils sont dus. »

Art. 13. - A partir de l'application de la présente loi, les médecins, chirurgiens-dentistes et sages-femmes jouiront du *droit de se constituer en associations syndicales, dans les conditions de la loi du 21 mars 1884*, pour la défense de leurs intérêts professionnels, à l'égard de toutes personnes autres que l'Etat, les départements et les communes.

Art. 14. — Les fonctions de médecins *experts* près les tribunaux ne peuvent être remplies que par des docteurs en médecine *français*.

Un règlement d'administration publique revisera les tarifs du décret du 18 juin 1811, en ce qui touche les honoraires, vacations, frais de transport et de séjour des médecins.

Le même règlement déterminera les conditions suivant lesquelles pourra être conféré le titre d'expert devant les tribunaux (1).

Art. 15. — Tout docteur, officier de santé ou sage-femme est tenu de faire à l'autorité publique, son diagnostic établi, la *déclaration des cas de maladies épidémiques* tombées sous son observation et visées dans le paragraphe suivant.

La liste des maladies épidémiques, dont la divulgation n'engage pas le secret professionnel, sera dressée par arrêté du Ministre de l'intérieur, après avis de l'Académie de médecine et du Comité consultatif d'hygiène publique de France. Le même arrêté fixera le mode des déclarations desdites maladies. (Arrêté du 23 novembre 1893).

TITRE V. — EXERCICE ILLÉGAL. PÉNALITÉS. — Art. 16. — Exerce *illégalement* la médecine :

1° Toute personne qui, *non munie d'un diplôme* de docteur en médecine, d'officier de santé, de chirurgien-dentiste ou de sage-femme, ou *n'étant pas dans les conditions stipulées aux articles* 6, 30 *et* 34 de la présente loi, prend part *habituellement* ou *par une direction suivie*, au traitement des maladies ou des affections chirurgicales ainsi qu'à la pratique de l'art dentaire et des accouchements, *sauf les cas d'urgence avérée ;*

(1) Règlement d'administration publique du 21 novembre 1893.

2° *Toute sage-femme* qui *sort des limites fixées* pour l'exercice de sa profession par l'article 4 de la présente loi;

3° Toute personne qui, *munie d'un titre régulier, sort des attributions que la loi lui confère*, notamment en prêtant son concours aux personnes visées dans les paragraphes précédents à l'effet de les soustraire aux prescriptions de la présente loi.

Les dispositions du paragraphe premier du présent article ne peuvent s'appliquer aux élèves en médecine qui agissent comme aides d'un docteur ou que celui-ci place auprès de ses malades, ni aux gardes-malades, ni aux personnes qui, sans prendre le titre de chirurgien-dentistes opèrent accidentellement l'extraction des dents.

Art. 17. — Les infractions prévues et punies par la présente loi seront poursuivies devant la juridiction *correctionnelle*.

En ce qui concerne spécialement l'exercice illégal de la médecine, de l'art dentaire ou de la pratique des accouchements, les médecins, les chirurgiens-dentistes, les sages-femmes, les associations de médecins régulièrement constituées, les syndicats visés dans l'article 13 pourront en saisir les tribunaux par voie de *citation directe* donnée dans les termes de l'article 182 du Code d'instruction criminelle, sans préjudice de la faculté de se porter, s'il y a lieu, *partie civile* dans toute poursuite de ces délits intentée par le ministère public.

Art. 18. — Quiconque exerce *illégalement la médecine* est puni d'une amende de 100 à 500 francs, et, en cas de récidive, d'une amende de 500 à 1 000 francs et d'un emprisonnement de six jours à six mois, ou de l'une de ces deux peines seulement.

L'exercice illégal de l'art dentaire est puni d'une amende de 50 à 100 francs et, en cas de récidive, d'une amende de 100 à 500 francs.

L'exercice illégal de l'art des accouchements est puni d'une amende de 50 à 100 francs et, en cas de récidive, d'une amende de 100 à 500 francs et d'un emprisonnement de six jours à un mois, ou de l'une de ces deux peines seulement.

Art. 19. — L'exercice *illégal de la médecine ou de l'art dentaire, avec usurpation du titre de docteur ou d'officier de santé*, est puni d'une amende de 1 000 à 2 000 francs et, en cas de récidive, d'une amende de 2 000 à 3 000 francs et d'un emprisonnement de six mois à un an, ou de l'une de ces deux peines seulement.

L'*usurpation du titre de dentiste* sera punie d'une amende de 100 à 500 francs et, en cas de récidive, d'une amende de 500 à 1 000 fr. et d'un emprisonnement de six jours à un mois, ou de l'une de ces deux peines seulement.

L'*usurpation du titre de sage-femme* sera punie d'une amende de 100 à 500 francs et, en cas de récidive, d'une amende de 500 à 1 000 fr. et d'un emprisonnement de un mois à deux mois, ou de l'une de ces deux peines seulement.

Art. 20. — Est considéré comme ayant *usurpé* le titre français de docteur en médecine quiconque, se livrant à l'exercice de la médecine, fait précéder ou suivre son nom du titre de docteur en médecine *sans en indiquer l'origine étrangère*. Il sera puni d'une amende de 100 à 200 fr.

Art. 21. — Le docteur en médecine ou l'officier de santé qui n'aurait pas fait la déclaration prescrite par l'article 15 sera puni d'une amende de 50 à 200 francs.

Art. 22. — Quiconque exerce la médecine, l'art dentaire ou l'art des accouchements *sans avoir fait enregistrer son diplôme* dans les délais et conditions fixés à l'article 9 de la présente loi, est puni d'une amende de 25 à 100 francs.

Art. 23. — Tout docteur en médecine est tenu de déférer aux réquisitions de la justice, sous les peines portées à l'article précédent.

Art. 24. — Il n'y a *récidive* qu'autant que l'agent du délit relevé a été, dans les *cinq ans qui précèdent ce délit*, condamné pour une infraction de *qualification identique*.

Art. 25. — La *suspension temporaire* ou l'*incapacité absolue* de l'exercice de leur profession peuvent être prononcées par les Cours et tribunaux accessoirement à la peine principale contre tout médecin, officier de santé, dentiste ou sage-femme, qui est condamné :

1° A une peine afflictive et infamante ;

2° A une peine correctionnelle prononcée pour crime de faux, pour vol et escroquerie, pour crimes ou délits prévus par les articles 316, 317, 331, 332, 334 et 335 du Code pénal ;

3° A une peine correctionnelle prononcée par une Cour d'assises pour des faits qualifiés crimes par la loi.

En cas de condamnation prononcée à l'étranger pour un des crimes et délits ci-dessus spécifiés, le coupable pourra également, à la requête du ministère public, être frappé, par les tribunaux français, de suspension temporaire ou d'incapacité absolue de l'exercice de sa profession.

Les *aspirants ou aspirantes* aux diplômes de docteur en médecine, d'officier de santé, de chirurgien-dentiste et de sage-femme condamnés à l'une des peines énumérées aux paragraphes 1, 2 et 3 du présent article, *peuvent être exclus des établissements d'enseignement supérieur.*

La peine de l'exclusion sera prononcée dans les conditions prévues par la loi du 27 février 1880.

En aucun cas, les crimes et délits *politiques ne pourront entraîner* la suspension temporaire ou l'incapacité absolue d'exercer les professions visées au présent article, ni l'exclusion des établissements d'enseignement médical.

Art. 26. — L'exercice de leur profession par les personnes contre lesquelles a été prononcée la suspension temporaire ou l'incapacité absolue, dans les conditions spécifiées à l'article précédent, tombe sous le coup des articles 18, 19, 20, 21 et 22 de la présente loi.

Art. 27. — L'*article* 463 du Code pénal est *applicable* aux infractions prévues par la présente loi.

TITRE VI. — Dispositions transitoires. — Art. 28. — Les médecins et sages-femmes venus de l'étranger, autorisés à exercer leur profession avant l'application de la présente loi, continueront à jouir de cette autorisation dans les conditions où elle leur a été donnée.

Art. 29. — Les officiers de santé reçus antérieurement à l'application de la présente loi, et ceux reçus dans les conditions déterminées par l'article 31 ci-après, auront le droit d'exercer la médecine et l'art dentaire sur tout le territoire de la République. Ils seront soumis à toutes les obligations imposées par la loi aux docteurs en médecine.

Art. 30. — Un règlement délibéré en Conseil supérieur de l'instruction publique déterminera les conditions dans lesquelles : 1° un officier de santé pourra obtenir le grade de docteur en médecine; 2° un dentiste, qui bénéficie des dispositions transitoires ci-après, pourra obtenir le diplôme de chirurgien-dentiste (1).

Art. 31. — Les élèves, qui au moment de l'application de la présente loi, auront pris leur première inscription pour l'officiat de santé pourront continuer leurs études médicales et obtenir le diplôme d'officier de santé.

Art. 32. — Le droit d'exercer l'art dentaire est maintenu à tout dentiste justifiant qu'il est inscrit au rôle des patentes au 1er janvier 1892.

Les dentistes se trouvant dans les conditions indiquées au paragraphe précédent n'auront le droit de pratiquer l'anesthésie qu'avec l'assistance d'un docteur ou d'un officier de santé.

Les dentistes qui contreviendront aux dispositions du paragraphe précédent tomberont sous le coup des peines portées au deuxième paragraphe de l'article 19.

Art. 33. — Le droit de continuer

(1) Décrets du 25 juillet 1893.

l'exercice de leur profession est maintenu aux sages-femmes de 1re et de 2e classe, reçues en vertu des articles 30, 31 et 32 de la loi du 19 ventôse an XI, ou des décrets et arrêtés ministériels ultérieurs.

Art. 34. — La présente loi ne sera exécutoire qu'un an après sa promulgation.

Art. 35. — Des règlements d'administration publique détermineront les conditions d'application de la présente loi à l'Algérie et aux colonies, et fixeront les dispositions transitoires ou spéciales qu'il sera nécessaire d'édicter ou de maintenir.

Un règlement délibéré en Conseil supérieur de l'instruction publique déterminera les épreuves qu'auront à subir pour obtenir le titre de docteur les jeunes gens des colonies françaises ayant suivi les cours d'une école de médecine existant dans une colonie.

Art. 36. — Sont et demeurent abrogés à partir du moment où la présente loi sera exécutoire : la loi du 19 ventôse an XI, et généralement toutes les dispositions de lois et règlements contraires à la présente loi. »

MENÉES ANARCHISTES. — La sécurité publique, menacée par les prétendues doctrines dont l'anarchisme a poursuivi la réalisation à l'aide d'odieux attentats, a été défendue par la loi du 12 décembre 1893 (voy. PRESSE), et par deux lois du 18 décembre 1893 (voy. ASSOCIATION DE MALFAITEURS et EXPLOSIFS). Le Parlement a dû ajouter dans le même but, aux trois lois précitées, une loi du 28 juillet 1894, tendant à la *répression des menées anarchistes;* elle est ainsi conçue :

« Art. 1er. — Les infractions prévues par les articles 24, paragraphes 1 et 3, et 25 de la loi du 29 juillet 1881, modifiés par la loi du 12 décembre 1893 (voy. PRESSE), sont déférées aux tribunaux *de police correctionnelle, lorsque ces infractions ont pour but un acte de propagande anarchiste.*

» Art. 2. — Sera déféré aux tribunaux *de police correctionnelle* et puni d'un *emprisonnement de trois mois à deux ans* et d'une *amende de* 100 *à* 2000 *francs* tout individu qui, en dehors des cas visés par l'article précédent, sera convaincu d'avoir, *dans un but de propagande anarchiste :*

» 1° Soit par *provocation*, soit par *apologie* des faits spécifiés auxdits articles, *incité une ou plusieurs personnes* à commettre, soit un vol, soit les crimes de meurtre, de pillage, d'incendie, soit les crimes punis par l'article 435 du Code pénal (voy. EXPLOSIFS, 1).

» 2° Ou adressé une *provocation* à des *militaires* des armées de terre ou de mer, dans le but de les détourner de leurs devoirs militaires et de l'obéissance qu'ils doivent à leurs chefs dans ce qu'ils leur commandent pour l'exécution des lois et règlements militaires et la défense de la Constitution républicaine.

» Les pénalités prévues au paragraphe 1er seront appliquées même dans le cas où la provocation adressée à des militaires des armées de terre ou de mer n'aurait pas le caractère d'un acte de propagande anarchiste ; mais, dans ce cas, la pénalité accessoire de la relégation édictée par l'article 3 de la présente loi ne pourra être prononcée.

» La condamnation ne pourra être prononcée sur l'unique déclaration d'une personne affirmant avoir été l'objet des incitations ci-dessus spécifiées, si cette déclaration n'est pas corroborée par un ensemble de charges démontrant la culpabilité et expressément visées dans le jugement de condamnation.

» Art. 3. — La peine *accessoire* de la *relégation* pourra être prononcée contre les individus condamnés en vertu des articles 1 et 2 de la présente loi à une peine *supérieure à une année d'emprisonnement et ayant encouru, dans une période de moins de dix ans,* soit *une condamnation à plus de trois mois d'emprisonnement pour les faits spécifiés auxdits articles*, soit *une condamnation à la peine des travaux forcés, de la réclusion ou de plus de trois mois d'emprisonnement pour crime ou délit de droit commun.*

» Art. 4. — Les individus condamnés en vertu de la présente loi seront soumis à l'emprisonnement *individuel sans qu'il puisse résulter de cette mesure une diminution de la durée de la peine.*

» Les dispositions du présent article seront *applicables* pour l'exécution de la peine de la *réclusion ou de l'emprisonnement prononcée en vertu des lois du* 18 *décembre* 1893 sur les associations de malfaiteurs et la détention illégale d'engins explosifs.

» Art. 5. — Dans les *cas prévus par la présente loi*, et dans tous ceux où le fait incriminé a *un caractère anarchiste*, les cours et tribunaux *pourront interdire*, *en tout ou en partie, la reproduction des débats*, en tant que cette reproduction pourrait présenter un danger pour l'ordre public.

» Toute infraction à cette défense sera poursuivie conformément aux prescriptions des articles 42, 43, 44 et 49 de la loi du 29 juillet 1881 et sera punie d'un emprisonnement de six jours à un mois et d'une amende de 1 000 à 10 000 francs.

» Sera poursuivie dans les mêmes conditions et passible des mêmes peines toute publication ou divulgation, dans les cas prévus au paragraphe 1er du présent article, de documents ou actes de procédure spécifiés à l'article 38 de la loi du 29 juillet 1881. (Actes d'accusation et tous autres actes de procédure criminelle ou correctionnelle avant qu'ils aient été lus en audience publique).

» Art. 6. — Les dispositions de l'article 463 du Code pénal (*circonstances atténuantes*) sont applicables à la présente loi. »

Cette loi a été rendue applicable à l'Algérie par décret du 30 juillet 1894.

MINISTRES. 1. — L'administration des colonies a été érigée en *ministère* par la loi du 20 mars 1894.

2. — La direction des cultes a été rattachée de nouveau au ministère de l'instruction publique par décret du 27 janvier 1895.

N

NATIONALITÉ. — Cette importante matière a été réglementée à nouveau par la loi du 26 juin 1889, qui a modifié à cet effet plusieurs articles du Code civil. — (Voy. NATIONALITÉ, 1er *supplément.*)

La loi du 22 juillet 1893 est venue apporter les modifications suivantes à l'article 8 et à l'article 9 du Code civil ainsi remaniés :

Art. 1er. — Le paragraphe 3 de l'article 8 du Code civil est ainsi modifié :

« Est Français. . . . .

» 3° Tout individu *né en France de parents étrangers dont l'un y est lui-même né;* sauf la *faculté* pour lui, si c'est la *mère qui est née en France*, de *décliner dans l'année* qui suivra sa majorité la qualité de Français, en se conformant aux dispositions du paragraphe 4 ci-après.

» L'enfant *naturel* pourra, *aux mêmes conditions* que l'enfant légitime, *décliner la qualité de Français* quand le parent qui est né en France *n'est pas celui* dont il devrait, aux termes du paragraphe 1er, deuxième alinéa, suivre la nationalité. »

Art. 2. — Les individus auxquels l'article 8, paragraphe 3 modifié, réserve la faculté de réclamer la qualité d'étrangers et qui auront atteint leur majorité à l'époque de la promulgation de la présente loi, pourront réclamer cette qualité en remplissant les conditions prescrites dans le délai d'un an à partir de cette promulgation.

Art. 3. — L'article 9 du Code civil est modifié ainsi qu'il suit :

« Tout individu né en France d'un étranger et qui n'y est pas domicilié à l'époque de sa majorité pourra, jusqu'à l'âge de 22 ans accomplis, faire sa soumission de fixer en France son domicile, et, s'il l'y établit dans l'année à compter de l'acte de soumission, réclamer la qualité de Français par une déclaration qui sera, à peine de nullité, enregistrée au ministère de la justice.

» L'enregistrement sera *refusé* s'il résulte des pièces produites que le *déclarant n'est pas dans les conditions requises par la loi*, sauf à lui à se pourvoir devant les tribunaux civils, dans la forme prescrite par les articles 855 et suivants du Code de procédure civile.

» La *notification motivée du refus* devra être faite au réclamant dans le délai de deux mois à partir de sa déclaration.

» L'enregistrement pourra en outre être refusé, *pour cause d'indignité*, au déclarant qui réunirait toutes les conditions légales ; mais, dans ce cas, il devra être statué, le déclarant dûment avisé, par *décret rendu sur l'avis du conseil d'Etat*, dans le délai de trois mois à partir de la déclaration, ou, s'il y a eu contestation, du jour où le jugement qui a admis la réclamation est devenu définitif.

» Le déclarant aura la faculté de produire devant le conseil d'Etat des pièces et des mémoires.

» A défaut des notifications ci-dessus visées dans les délais sus-indiqués, et à leur expiration, le ministre de la justice remettra au déclarant, sur sa demande, une copie de sa déclaration, revêtue de la mention de l'enregistrement.

» La déclaration produira ses effets du jour où elle aura été faite, sauf l'annulation qui pourra résulter du refus d'enregistrement.

» Les règles relatives à l'enregistrement prescrites par les paragraphes 2 et 3 du présent article sont applicables aux déclarations faites en vue de décliner la nationalité française, conformément à l'article 8, paragraphes 3 et 4, et aux articles 12 et 18.

» Les déclarations faites, soit pour réclamer, soit pour décliner la qualité de Français, doivent, après enregistrement, être insérées au *Bulletin des lois*. Néanmoins l'omission de cette formalité ne pourra pas préjudicier aux droits des déclarants.

» Si l'individu qui réclame la qualité de Français est âgé de moins de 21 ans accomplis, la déclaration sera faite en son nom par son père ; en cas de décès, par sa mère ; en cas du décès du père et de la mère ou de leur exclusion de la tutelle, ou dans les cas prévus par les articles 141, 142 et 143 du Code civil, par le tuteur autorisé par délibération du conseil de famille.

» Il devient également Français si, ayant été porté sur le tableau de recensement, il prend part aux opérations de recrutement sans opposer son extranéité. »

O

OCCUPATION TEMPORAIRE DE PROPRIÉTÉS PRIVÉES. — Voy. TRAVAUX PUBLICS.

OFFICIER DE SANTÉ. — Voy. MÉDECINE.

OUVRIERS FRANÇAIS (SOCIÉTÉS D'). — Le décret du 4 juin 1888 a permis aux sociétés françaises d'ouvriers de participer aux *adjudications et marchés passés au nom* *de l'Etat* (voy. OUVRIERS FRANÇAIS, 1er supplément). La loi du 29 juillet 1893 admet aussi ces associations aux *adjudications des travaux communaux* dans les conditions déterminées par le décret précité.

OUVRIERS MINEURS. — Le législateur a cru nécessaire d'intervenir pour régler l'organisation et le fonctionnement des *caisses de retraites* et *des caisses de secours* des *ouvriers mineurs*, institutions qui étaient placées auparavant sous le régime de la liberté des conventions.

Cette importante modification a été réalisée par la loi du 29 juin 1894, dont le texte est reproduit ci-après :

« TITRE Ier. — DISPOSITIONS GÉNÉRALES. — Art. 1er. — Dans le délai de six mois, à partir de la promulgation de la présente loi, les *exploitants des mines* et les *ouvriers et employés de ces exploitations* seront soumis aux obligations et jouiront des avantages édictés par les titres II et III ci-après, pour ce qui touche l'*organisation* et le *fonctionnement* des caisses de retraites et des caisses de secours.

» Les employés et ouvriers, dont les appointements dépassent 2 400 francs, ne bénéficieront que jusqu'à concurrence de cette somme des dispositions de la présente loi.

» TITRE II. — DES PENSIONS DE RETRAITES. — Art. 2. — L'exploitant versera chaque mois, soit à la caisse nationale des retraites pour la vieillesse, soit dans une des caisses prévues à l'article 4, pour la formation du capital constitutif des pensions de retraite, une somme égale à 4 p. 100 du salaire des ouvriers ou employés, dont *moitié à prélever sur le salaire* et *moitié à fournir par l'exploitant* lui-même.

» Les versements pourront être augmentés par l'accord des deux parties intéressées. Ces versements seront inscrits sur un *livret individuel* au nom de chaque ouvrier ou employé. Ils seront faits à *capital aliéné*. Toutefois, si le titulaire du livret le *demande*, le versement de la part prélevée sur son salaire sera fait à *capital réservé*.

» L'exploitant pourra prendre à sa charge une fraction supérieure à la moitié du versement ou sa totalité.

» Art. 3. — Les pensions sont acquises et liquidées dans les conditions prévues à la loi du 20 juillet 1886 sur la caisse nationale des retraites pour la vieillesse.

» L'entrée en jouissance est fixée à 55 *ans ;* elle pourra être différée sur la demande de l'ayant droit, mais les versements cesseront, à partir de cet âge, d'être obligatoires.

» Art. 4. — Les exploitants de mines pourront obtenir l'autorisation de créer des *caisses syndicales* ou *patronales de retraites* pour les ouvriers ou employés occupés dans leurs exploitations.

» L'autorisation sera donnée par décret rendu dans la forme des règlements d'administration publique. Le décret fixera les limites du district, les conditions du fonctionnement de la caisse et son mode de liquidation. Il prescrira également les mesures à prendre pour assurer le transfert, soit à une autre caisse syndicale ou patronale, soit à la caisse nationale des retraites pour la vieillesse, des sommes inscrites au livret de chaque intéressé.

» Les fonds versés par les exploitants dans la caisse syndicale ou patronale devront être employés en *rentes sur l'Etat*, en *valeurs du Trésor* ou *garanties par le Trésor*, en *obligations départementales* ou *communales ;* les titres seront *nominatifs*.

» La gestion des caisses syndicales ou patronales sera soumise à la *vérification de l'inspection des finances* et au *contrôle du receveur particulier* de l'arrondissement du siège de la caisse.

» Art. 5. — Si des conventions spéciales interviennent entre les exploitants et leurs ouvriers ou employés dans le but d'assurer à ceux-ci, à leurs veuves ou à leurs enfants, soit un supplément de rente viagère, soit des rentes temporaires ou des indemnités déterminées d'avance, le capital formant la garantie des engagements résultant desdites conventions devra être versé ou représenté à la Caisse des dépôts et consignations ou dans les caisses à créer en vertu de l'article 4.

» Les exploitants adresseront chaque année, par l'intermédiaire du préfet, au ministre des travaux publics, et dans les formes déterminées par lui, le compte rendu des mesures prises en exécution du précédent paragraphe.

» TITRE III. — DES SOCIÉTÉS DE SECOURS. — Art. 6. — La caisse de chaque société de secours sera alimentée par :

1° Un *prélèvement sur le salaire* de chaque ouvrier ou employé, dont le montant sera fixé par le conseil d'administration de la société, sans pouvoir dépasser 2 p. 100 du salaire;

» 2° Un *versement de l'exploitant* égal à la moitié de celui des ouvriers ou employés;

» 3° Les *sommes allouées par l'Etat* sur les fonds de subvention aux sociétés de secours mutuels;

» 4° Les *dons et legs;*

» 5° Le *produit des amendes* encourues pour infraction aux statuts et de celles infligées aux membres participants par application du règlement intérieur de l'entreprise.

» Art. 7. — Les statuts des sociétés de secours doivent fixer : 1° la *nature* et la *quotité* des secours et des soins à donner aux *membres participants* que la maladie ou des infirmités empêcheraient de travailler; 2° en cas de décès des membres participants, la *nature* et la *quotité* des subventions à allouer à *leurs familles* ou *ayants droit.*

» Les statuts peuvent autoriser l'allocation de *secours en argent* et de *soins médicaux* et *pharmaceutiques* aux *femmes* et *enfants* *des membres participants* et à leurs *ascendants.* Ils peuvent aussi prévoir des secours *journaliers* en faveur des *femmes* et des *enfants* des *réservistes* de l'armée active et des *hommes de l'armée territoriale appelés à rejoindre leurs corps*, enfin des allocations *exceptionnelles* et *renouvelables* en faveur des *veuves* ou *orphelins* d'ouvriers ou employés décédés après avoir participé à la société de secours.

» Art. 8. — En cas de maladie entraînant une incapacité de travail de plus de quatre jours avec suppression de salaire, la caisse de la société de secours versera, à la fin de chaque semestre, *au compte individuel* du sociétaire participant à une caisse de retraites, une somme au moins égale à 5 p. 100 de l'indemnité de maladie prévue par les statuts.

» L'obligation de ce versement cessera avec l'indemnité de maladie elle-même.

» Art. 9. — A défaut d'accord entre les intéressés, la circonscription de chaque société de secours sera fixée par un décret rendu en conseil d'Etat.

» Une même exploitation pourra être divisée en plusieurs circonscriptions de secours.

» Une seule société pourra être établie pour les concessions ou exploitations voisines appartenant soit à un seul exploitant, soit à plusieurs concessionnaires.

» Les *industries annexes* des exploitations de mines pourront, à la demande des parties intéressées, et sous l'autorisation du ministre des travaux publics, être *agrégées* aux circonscriptions des sociétés de secours des mines.

» Art. 10. — La société est *administrée* par un conseil composé de neuf membres au moins.

» Un tiers des membres est désigné par l'*exploitant;* les deux autres tiers sont *élus* par les *ouvriers* ou *employés* parmi les membres participants dans les conditions indiquées aux articles suivants.

» Il sera procédé en même temps, et dans les mêmes conditions, à la nomination de trois *membres suppléants* destinés à remplacer, en cas d'absence ou de vacance, les membres titulaires.

» Si l'exploitant renonce, au moment d'une élection, à faire usage en tout ou en partie de la faculté qui lui est réservée par le précédent paragraphe, les membres du conseil non désignés par l'exploitant sont élus par les ouvriers et employés.

» Les décisions prises par le conseil ne sont valables que si plus des deux tiers des suffrages ont été exprimés; néanmoins, après une seconde convocation faite dans la forme ordinaire, les décisions sont prises à la majorité, quel que soit le nombre des suffrages exprimés.

» Le conseil nomme parmi ses membres un *président*, un *secrétaire*, un *trésorier*.

» Art. 11. — Sont *électeurs tous les ouvriers* et *employés, du fond et du jour, Français, jouissant de leurs droits politiques, inscrits sur la feuille de la dernière paye.*

» Sont *éligibles*, à la condition de savoir *lire et écrire*, et, en outre, de *n'avoir jamais encouru de condamnation* aux termes des dispositions, soit de la présente loi, soit de la loi du 21 avril 1810 et du décret du 3 janvier 1813, soit des articles 414 et 415 du Code pénal, les *électeurs* âgés de 25 *ans accomplis* occupés depuis *plus de cinq ans dans l'exploitation* à laquelle se rattache la société de secours. Toutefois, dans les cinq premières années de l'exploitation, le nombre des années de service exigées sera réduit à la durée de l'exploitation elle-même.

» Les électeurs sont convoqués pour la première fois par un *arrêté du préfet*, qui fixe la date de l'élection ainsi que les heures d'ouverture et de fermeture du scrutin.

» Le vote a lieu à la mairie de la commune désignée dans l'arrêté de convocation parmi celles sur le territoire desquelles s'étend la circonscription. Le bureau électoral est présidé par le maire.

» L'arrêté est *publié* et *affiché*, dans les communes intéressées, quinze jours au moins avant l'élection. Il est *notifié à l'exploitant.*

» Dans les huit jours qui suivent cette notification, *les listes électorales* de la circonscription *sont affichées, à la diligence de l'exploitant, aux lieux habituels pour les avis* donnés aux ouvriers.

» Un double de ces listes est, par les soins de l'exploitant, remis au maire, qui est chargé de présider le bureau.

» Sera puni des peines prévues aux articles 93 et suivants de la loi du 21 avril 1810, l'exploitant qui refuserait ou négligerait de se conformer aux prescriptions qui précèdent.

» Le préfet peut, en outre, faire dresser et afficher les listes électorales aux frais de l'exploitant; les frais rendus exécutoires par le préfet seront recouvrés comme en matière de contributions publiques.

» Les opérations électorales subséquentes ont lieu dans le local indiqué, suivant les formes et aux conditions prescrites par les statuts.

» Art. 12. — Le *vote* a toujours lieu au *scrutin de liste*, un *dimanche*. Nul n'est élu au premier tour de scrutin s'il n'a obtenu la majorité absolue des suffrages exprimés et un nombre de voix égal au quart du nombre des électeurs inscrits. Au deuxième tour de scrutin, auquel il doit être procédé le dimanche suivant, la majorité relative suffit. En cas d'égalité de suffrages, le plus âgé des candidats est élu.

» Les membres du conseil sont élus pour *trois ans* et *renouvelables par tiers* chaque année.

» Il est pourvu, dans les six mois qui suivent la vacance, au remplacement des membres décédés, démissionnaires ou déchus des qualités requises pour l'éligibilité. Les nouveaux élus sont nommés pour le temps restant à courir jusqu'au terme assigné aux fonctions de ceux qu'ils remplacent.

» Art. 13. — Les *contestations* sur la formation des listes et sur la validité des opérations électorales sont portées, dans le délai de quinze jours à dater de l'élection, devant le *juge de paix* de la commune où les opérations ont eu lieu. Elles sont introduites par simple déclaration au greffe.

» Le juge de paix statue dans les quinze jours de cette déclaration, sans frais ni forme de procédure et sur simple avertissement donné *trois jours à l'avance à toutes les* parties intéressées.

» La décision du juge de paix est en *dernier ressort*, mais elle peut être déférée à la cour de cassation.

» Le pourvoi n'est recevable que s'il est formé dans les dix jours de la notification de la décision. Il n'est pas suspensif. Il est formé par simple requête déposée au greffe de paix, dénoncée aux défendeurs dans les dix jours qui suivent. Il est dispensé du ministère d'un avocat à la cour et jugé d'urgence sans frais ni amende.

» Les pièces et les mémoires fournis par les parties sont transmis sans frais par le greffier de la justice de paix au greffier de la cour de cassation. La chambre des requêtes statue définitivement sur le pourvoi.

» *Tous les actes* sont *dispensés du timbre* et *enregistrés gratis*.

» Art. 14. — Les *statuts sont dressés par le premier conseil*; ils sont soumis, par l'intermédiaire du préfet, à l'*approbation du ministre des travaux publics*. Après l'approbation ils sont notifiés à l'exploitant.

» La décision du ministre peut être déférée au Conseil d'Etat, au contentieux. Le recours est dispensé des droits de timbre et d'enregistrement et peut être formé sans ministère d'avocat.

» *Toute modification* aux statuts comporte *une nouvelle approbation ministérielle*. Les statuts sont *affichés en permanence*, par les soins de l'exploitant, aux lieux habituels des avis donnés aux ouvriers. Un exemplaire en est remis par l'exploitant, contre récépissé, à *chaque ouvrier* ou *employé* lors de l'embauchage.

» Art. 15. — Les sociétés de secours sont tenues de *communiquer* leurs livres, procès-verbaux et pièces comptables de toute nature au préfet et aux ingénieurs des mines. Cette communication a lieu sans déplacement, sauf le cas où il en serait ordonné autrement par arrêté du préfet.

» Les sociétés adressent *chaque année*, par l'intermédiaire du préfet, aux ministres des travaux publics et de l'intérieur, et dans les formes déterminées par eux, le *compte rendu de leur situation financière* et un *état des cas de maladie ou de mort* éprouvés par les participants dans le cours de l'année.

» Art. 16. — A la fin de chaque année, le conseil d'administration fixe, sur les excédents disponibles, les *sommes à laisser dans la caisse* pour en assurer le service et *celles à déposer* à la Caisse des dépôts et consignations. Ce dépôt devra être effectué par le conseil d'administration dans le délai d'un mois, sous la *responsabilité solidaire* de ses membres, sans préjudice, le cas échéant, de l'application de l'article 408 du Code pénal.

» Les administrateurs qui auraient effectué ou laissé effectuer un emploi de fonds non autorisé par les statuts, encourent la même responsabilité et les mêmes pénalités.

» *Le total de la réserve* ne pourra dépasser le *double* des recettes de l'année.

» Art. 17. — Dans le cas d'inexécution des statuts ou de violation des dispositions de la présente loi, la *dissolution du conseil* d'administration *peut être prononcée* par le *ministre des travaux publics*, après avis du conseil général des mines, sans préjudice de la responsabilité civile ou pénale encourue par les administrateurs.

» Les électeurs devront être réunis, pour procéder à la nomination du nouveau conseil, au plus tard dans un délai de deux mois. Dans l'intervalle, la caisse sera gérée par un délégué du préfet.

» Art. 18. — Les sociétés de secours actuellement existantes, et dont les statuts sont régulièrement approuvés par l'autorité administrative, conserveront leur organisation et leur mode de fonctionnement pour ce qui touche les obligations du présent titre, sauf dans le cas où leur transformation serait reconnue nécessaire par le ministre des travaux publics, sur l'avis du conseil général des mines.

» Elles jouiront d'ailleurs des recettes prévues par l'article 6 qui précède.

» Art. 19. — Les statuts pourront décider que le *service des secours* sera confié à une *compagnie d'assurances*.

» Art. 20. — Les sociétés régulièrement constituées en conformité des articles qui précèdent bénéficieront des dispositions des lois sur les sociétés de secours mutuels et seront soumises aux obligations découlant de ces lois.

» TITRE IV. — DISPOSITIONS TRANSITOIRES ET RÉGLEMENTAIRES. — Art. 21. — Les pensions déjà acquises à un titre quelconque, dont le service incombe à l'exploitant, seront fournies comme précédemment, suivant les règlements particuliers de l'entreprise.

» Art. 22. — Le montant des pensions en cours d'acquisition, dont le service incombe à l'exploitant, sera calculé par application des règlements ou des usages en vertu desquels ces pensions étaient précédemment accordées.

» Si la rente acquise à raison des versements effectués en exécution de l'article 2 est inférieure au montant de la pension calculée comme il vient d'être dit, la différence restera à la charge de l'exploitant.

» Il pourra être dérogé aux dispositions des deux paragraphes qui précèdent par des conventions librement intervenues entre les exploitants et leurs ouvriers ou employés.

» Art. 23. — A partir de la mise en application de la présente loi, les caisses de prévoyance précédemment organisées avec le concours des ouvriers et employés en vue d'assurer des secours et de constituer des rentes temporaires, des pensions de retraite d'âge, d'invalidité ou d'accidents, fonctionneront *exclusivement* pour *l'exécution des engagements antérieurement contractés* par lesdites caisses, en ce qui concerne tant les pensions acquises à un titre quelconque que les pensions de retraite en cours d'acquisition.

» Toutefois, dans le premier mois, les caisses assureront les secours et les soins aux malades en traitement.

» Art. 24. — Les intéressés seront appelés à se prononcer, dans un délai maximum de six mois, sur les *mesures à prendre à raison des engagements précités* et sur le mode de réalisation des ressources nécessaires.

» A défaut d'entente entre les exploitants, d'une part, et la majorité des ouvriers ou employés, d'autre part, les deux parties pourront décider que le règlement des mesures à prendre et la fixation des versements à opérer seront confiés à la *commission arbitrale* instituée par l'article 26 ci-après :

» Si les exploitants et la majorité des ouvriers et employés ne peuvent se mettre d'accord dans le délai de six mois susindiqué, ni sur les mesures à adopter, ni sur le recours à la commission arbitrale, les tribunaux nommeront, à la requête de la partie la plus diligente, un *liquidateur* chargé d'assurer, au mieux des intérêts en présence, la liquidation de la caisse de prévoyance.

» Le rapport du liquidateur sera soumis à l'homologation du tribunal.

» Art. 25. — Tout ouvrier ou employé au profit duquel une pension de retraite d'âge ou d'invalidité est actuellement en cours d'acquisition sera dispensé de la retenue prescrite par l'article 2 s'il déclare, devant le maire de la commune de sa résidence, qu'il entend renoncer au bénéfice de cet article.

» Il lui sera délivré récépissé de de cette déclaration.

» Dans ce cas, et pendant toute la durée de la renonciation, l'exploitant sera également dispensé du versement qui lui incombe aux termes du même article 2.

» Art. 26. — La *commission arbitrale* prévue par l'article 24 sera composée de *sept membres permanents* nommés :

» Deux par le conseil général des mines;

» Deux par la Commission supérieure de la Caisse nationale des retraites pour la vieillesse;

» Deux par la Cour d'appel de Paris, parmi les conseillers de la cour;

» Un par la Cour des comptes, parmi les conseillers de la cour.

» La commission élira son président et son secrétaire; elle siégera au ministère des travaux publics; ses fonctions seront gratuites.

» Le nombre des membres de la commission arbitrale sera porté à neuf par l'adjonction dans chaque affaire de deux membres désignés : l'un par les exploitants, l'autre par la majorité des ouvriers et employés.

» La procédure se fera *sans frais* d'aucune sorte; tous actes, documents et pièces quelconques à produire seront *dispensés du timbre* et *enregistrés gratis*.

» Art. 27. — Pour les *différends* qui naîtraient de l'exécution de la présente loi, et qui seraient déférés aux tribunaux civils, il sera statué comme en *matière sommaire et* jugé d'*urgence*.

» Les intéressés bénéficieront de l'*assistance judiciaire*.

» Tous actes, documents et pièces quelconques à produire seront *dispensés du timbre* et *enregistrés gratis*.

» Les intéressés agissant en nom collectif seront représentés par un *mandataire* nommé par eux à la majorité des voix, sans préjudice, pour chacun d'eux, du droit d'intervention individuelle.

» Art. 28. — Le capital constitutif des rentes incombant, soit aux exploitants, soit aux caisses de prévoyance, pourra être déposé, en totalité ou par annuités successives, à la Caisse nationale des retraites pour la vieillesse qui devra, en ce cas, inscrire les rentes au livret individuel de chaque ayant droit et en effectuer le payement à partir de l'âge fixé pour l'entrée en jouissance.

» Art. 29. — Un règlement d'administration publique déterminera la procédure à suivre pour l'introduction, l'instruction et la solution des affaires soumises à la commission arbitrale; le nombre, le mode de nomination et les attributions des auxiliaires de l'instruction; le mode de nomination du mandataire prévu à l'article 27, et d'une manière générale les mesures nécessaires à l'application des prescriptions de la présente loi. (Décrets des 25 juillet et 14 août 1894).

» Art. 30. — Les infractions aux dispositions de l'article 5, § 2, et des articles 15 et 23 seront punies d'une amende de 16 à 200 francs.

» En cas de mauvaise foi, le chiffre de l'amende pourra être porté à 500 francs. Les infractions pourront être constatées, concurremment avec les officiers de police judiciaire, par les ingénieurs et contrôleurs des mines.

» Art. 31. — Les exploitations de minières et carrières souterraines ou à ciel ouvert pourront être assimilées aux exploitations de mines pour l'application de la présente loi, en vertu de décrets rendus en Conseil d'État sur la proposition du ministre des travaux publics.

OUVRIERS RURAUX. — Voy. MÉDAILLE D'HONNEUR.

P

PARI MUTUEL. — Voy. COURSES DE CHEVAUX.

PENSIONS CIVILES. — (Loi de finances du 28 avril 1893, art. 50.) — 1. — D'après la loi du 9 juin 1853 sur les pensions civiles, la rémunération des services militaires entrant dans le calcul d'une pension civile était faite conformément aux tarifs des lois de 1831.

Ces tarifs, qui étaient des plus modiques, ayant été modifiés plusieurs fois par des lois postérieures, se trouvaient tout à fait abrogés pour les pensions militaires, alors qu'ils continuaient d'être appliqués aux services militaires compris dans la liquidation des pensions civiles.

Cette anomalie a disparu grâce au § 1er de l'article 50 de la loi de finances du 28 avril 1893. Aux termes de cet article, « à partir de la promulgation de la présente loi, les services militaires compris dans la liquidation des pensions civiles seront calculés d'après le minimum affecté au grade *par les lois en vigueur à la date où ils ont été terminés.* »

2. — D'autre part, la loi du 9 juin 1853 ne donnait une pension à la veuve d'un fonctionnaire ou employé que si le mari avait déjà obtenu pension ou était décédé en activité, après avoir accompli la durée de service exigée par cette loi pour l'admission à la retraite à titre d'ancienneté (30 ans, ou 25 ans, pour le fonctionnaire qui a passé 15 ans dans la partie active).

Désormais, tout fonctionnaire ou employé, — que son emploi soit rangé dans la partie active ou dans la partie sédentaire, — ouvre le droit à pension à sa veuve, ou à ses orphelins mineurs, s'il meurt *après 25 ans de services valables pour la retraite.* Tel est l'effet du deuxième paragraphe de l'article 50 de la loi du 28 avril 1893, qui est ainsi conçu : « La veuve de *tout* fonctionnaire ou employé décédé postérieurement au 31 décembre 1892, après 25 ans de services, aura droit, si elle compte 6 ans de mariage, à une pension égale au tiers de la pension produite par la liquidation des services de son mari. Une pension temporaire de même importance sera accordée à l'orphelin ou aux orphelins mineurs du fonctionnaire, lorsque la mère sera décédée ou inhabile à recueillir la pension ou déchue de ses droits. »

PHYLLOXERA. — Une loi du 2 août 1879 a modifié les articles 3, 4, 5 et 12 de la loi du 15 juillet 1878 (voy. au *Dictionnaire*, PHYLLOXERA), relative aux mesures à prendre pour arrêter les progrès du phylloxera.

1° A l'article 3, elle ajoute le paragraphe suivant :

« Dans des cas urgents et particuliers, le préfet aura le droit d'ordonner ou d'autoriser ces investigations. »

2° Le dernier paragraphe de l'article 4 est remplacé par les dispositions suivantes :

« Le ministre peut ordonner, pendant plusieurs années, la continuation du traitement mentionné ci-dessus et prescrire au besoin le traitement des taches nouvelles qui viendraient à être découvertes.

» Dans les circonstances exceptionnelles, lorsqu'il y aura nécessité et urgence de préserver de l'invasion du phylloxera une contrée viticole, le Ministre, sur l'avis conforme de la section permanente, pourra ordonner, hors des contrées indemnes, dans les formes prescrites par le règlement d'administration publique, le traitement indiqué au premier paragraphe du présent article.

» Dans les cas ci-dessus énoncés,

les dépenses occasionnées par le traitement des vignes sont à la charge de l'Etat. »

3° La même loi substitue les articles 5 et 12 qui suivent aux articles 5 et 12 anciens :

« Art. 5. — Lorsqu'un département ou une commune votera une subvention destinée à aider les propriétaires qui traitent leurs vignes suivant l'un des modes approuvés par la commission supérieure du phylloxera, l'Etat donnera une subvention *égale* à celle du département ou de la commune, qui se trouvera ainsi doublée.

» Lorsque des propriétaires, en vue de la *destruction* du phylloxera sur leur territoire, se seront organisés en associations syndicales temporaires approuvées par l'autorité administrative, ils pourront recevoir, sur l'avis conforme de la section permanente de la commission supérieure du phylloxera, une *subvention de l'Etat*. Cette subvention *ne pourra, dans aucun cas, dépasser la somme votée par le syndicat* pour le traitement des vignes phylloxérées.

» Pourront *également être subventionnées par l'Etat*, sous les conditions et dans les proportions fixées par le paragraphe précédent, les associations syndicales temporaires approuvées par l'autorité administrative et constituées en vue de la *recherche* du phylloxora dans les contrées indemnes ou particulièrement atteintes. »

« Art. 12. — Les contraventions aux dispositions de la présente loi et à celles des décrets ou arrêtés pris pour son exécution, seront punies d'une amende de 50 à 500 francs. »

2. — Le régime adopté en France pour la protection du vignoble français contre le phylloxera se trouvait ainsi établi par la loi du 13 juillet 1878 (voy. *Dictionnaire*, PHYLLOXERA), modifiée par la loi précitée du 2 août 1879 et par le règlement d'administration publique du 26 décembre 1878.

Or, l'expérience ayant démontré que le moyen le plus sûr pour obtenir la reconstitution du vignoble français consistait dans l'introduction de plants de vigne *résistants*, le régime dont il s'agit, tantôt était inapplicable, tantôt donnait lieu au moins à de sérieuses difficultés.

La loi du 3 août 1891 a remédié à cet état de choses en *revisant* de la manière suivante la législation en vigueur :

« Art. 1er. — La *libre circulation* des sarments et plants de vignes, quelle que soit leur provenance, *peut être autorisée* dans les départements *par décision du Conseil général*.

» Un arrêté conforme du préfet assure l'exécution de cette délibération.

» L'autorisation s'étend au département entier, aux arrondissements, cantons ou communes, suivant la décision du Conseil général.

» Art. 2. — Lorsqu'un Conseil municipal, après constatation de l'existence du phylloxera sur le territoire de sa commune, demandera l'introduction des *plants de vigne résistants*, cette demande sera soumise à l'avis :

» 1° Du professeur d'agriculture;

» 2° A celui du Comité départemental d'études et de vigilance.

» Le dossier sera ensuite transmis au préfet, qui en saisira le Conseil général; celui-ci statuera *souverainement* sur la demande qui lui sera présentée.

» Le Préfet, à la suite de cette délibération, prendra d'urgence un arrêté conforme.

» En cas de divergence d'opinions entre les Conseils généraux de deux départements limitrophes, le Ministre de l'agriculture statuera en dernier ressort.

« Art. 3. — Lorsqu'un *département* ou une *commune* votera une *subvention* destinée à la reconstitution des vignobles au moyen de *cépages résistants*, l'*Etat* donnera une *subvention égale* à celle du département ou de la commune, qui se trouvera ainsi doublée.

» Lorsqu'un *comice* ou *une société*

agricole ou viticole aura *consacré une partie de ses ressources*, provenant de ses cotisations ou des souscriptions de ses membres, à la constitution d'*une pépinière de cépages résistants* ou à des *études sur l'adaptation* ou *le greffage*, ou à des *modes particuliers de culture*, le comice ou la société pourra recevoir une *subvention de l'État;* cette subvention ne pourra, dans aucun cas, dépasser la somme votée par l'association.

» La *justification d'emploi des subventions* prévues par la présente loi a lieu dans la forme adoptée pour les subventions attribuées par les articles 5 des lois des 15 juillet 1878 et 2 août 1879.

» Art. 4. — Sont abrogées les dispositions des lois des 15 juillet 1878 et 2 août 1879, en ce qu'elles peuvent avoir de contraire aux prescriptions de la présente loi. »

Cette dernière disposition indique que les lois de 1878 et de 1879 resteront entièrement applicables dans les départements où les Conseils généraux ne se seront pas servis des arti les 1 et 2 de la loi nouvelle.

PORTES ET FENÊTRES (voy. le *Dictionnaire*). — A partir du 1er janvier 1894, la contribution des portes et fenêtres a été supprimée et remplacée par une taxe représentative calculée à raison de 2fr,40 p. 100 du revenu net imposable de la propriété foncière bâtie. (Loi du 18 juillet 1892.)

PRESCRIPTION. — D'après l'article 2272 du Code civil, l'action des médecins, chirurgiens et apothicaires pour leurs visites, opérations et médicaments se prescrivait par un an.

L'article 11 de la loi du 30 novembre 1892 sur l'exercice de la médecine a modifié cette disposition en portant à *deux ans* le délai par lequel se prescrit désormais l'action des *médecins*, *chirurgiens-dentistes*, *sages-femmes* et *pharmaciens* pour lesdites créances. (Voy. MÉDECINE.)

PRESSE. — (Loi du 12 décembre 1893.) — La loi du 29 juillet 1881 sur la liberté de la presse punissait la provocation directe aux crimes de meurtre, de pillage et d'incendie; mais elle laissait impunie la provocation *au vol* et *aux autres crimes énoncés* dans l'article 435 du Code pénal (voy. EXPLOSIFS); de plus l'*apologie* de ces divers crimes échappait à toute répression.

La loi du 12 décembre 1893 modifiant les articles 24 (modification du § 1er et addition d'un § 3), 25 et 49 de la loi du 29 juillet 1881, dispose notamment que ceux qui, par l'un des moyens énoncés en l'article 23 (discours, cris ou menaces proférés dans des lieux ou réunions publics, écrits, imprimés, vendus ou distribués, mis en vente ou exposés dans des lieux ou réunions publics, placards ou affiches, exposés aux regards du public), feront l'*apologie* du vol, du meurtre, du pillage, de l'incendie et des autres crimes énoncés dans l'article 435 du Code pénal aussi bien que ceux qui les auront *provoqués* directement et dont la provocation n'aura pas été suivie d'effet, seront punis d'*un an à 5 ans* d'emprisonnement et de 100 à 3000 francs d'amende.

D'autre part, elle *élève* aussi *à la même peine* la répression qui était établie contre *toute provocation*, par l'un des moyens énoncés en l'article 23 et rappelés ci-dessus, adressée à des militaires dans le but de les détourner de leurs devoirs militaires et de l'obéissance qu'ils doivent à leurs chefs dans tout ce qu'ils leur commandent pour l'exécution des lois et règlements militaires.

Enfin, les individus qui se rendront coupables de ces diverses infractions seront placés sous le régime *du droit commun* (c'est-à-dire sous l'application des règles du Code d'instruction criminelle), au point de vue de *la saisie des écrits ou imprimés et de l'arrestation préventive*.

PRISONS. — (Loi du 4 février 1893.) — La loi du 5 juin 1875, qui établit le système de l'emprisonnement *cellulaire* ou *individuel* dans les prisons départementales (voy. au *Dictionnaire*, PRISONS, II), n'a reçu qu'une très lente et très incomplète application parce qu'elle n'imposait le système nouveau que pour l'avenir, en cas de reconstruction ou d'appropriation des prisons départementales, et qu'elle laissait les départements libres d'effectuer à leur gré les travaux nécessaires de transformation, sans leur fixer aucun délai.

En 1892, 23 départements étaient seuls pourvus d'établissements pénitentiaires où fonctionnait le régime de l'emprisonnement individuel.

En présence de l'augmentation croissante de la récidive, on a cherché à faciliter l'exécution de la loi du 5 juin 1875, la substitution du régime cellulaire au régime d'emprisonnement en commun pour les courtes peines étant considérée comme l'un des moyens les plus efficicaces pour arrêter les progrès de la criminalité.

Tel est le but de la loi du 4 février 1893, laquelle est ainsi conçue :

« Art. 1er. — Les départements peuvent être *exonérés* d'une partie des charges qui leur sont imposées par la loi du 5 juin 1875 (voy. *Dictionnaire*, PRISONS, II) s'ils *rétrocèdent à l'État* la propriété de leurs maisons d'arrêt, de justice ou de correction.

Les conventions doivent fixer la quotité des dépenses et charges incombant aux départements.

» Art. 2. — Toute maison d'arrêt, de justice ou de correction qui ne satisfait pas aux conditions indispensables d'hygiène, de moralité, de bon ordre ou de sécurité peut être *déclassée* comme établissement pénitentiaire.

Le déclassement est prononcé sur avis du Conseil supérieur des prisons, par décret rendu dans la forme des règlements d'administration publique.

» Art. 3. — Le déclassement a pour effet de mettre le département *en demeure* de faire procéder aux travaux d'appropriation et de reconstruction prévus par l'article 6 de la loi du 5 juin 1875.

Le département qui, sur cette mise en demeure, exécute volontairement les travaux, a droit au *maximum* de la subvention de l'État dans les conditions fixées par l'article 7 de ladite loi.

» Art. 4. — Deux ou plusieurs Conseils généraux peuvent *se concerter*, conformément aux dispositions du titre VII de la loi du 10 août 1871 et de l'article 6 de la loi du 5 juin 1875, pour construire ou transformer à frais communs des établissements pénitentiaires, en vue de la mise en pratique du régime de l'emprisonnement individuel.

La part contributive de chaque département dans le payement de la dépense est, sauf convention contraire, proportionnelle au nombre de cellules à établir pour sa circonscription. Il participe dans la même mesure aux droits et charges de la propriété.

» Art. 5. — En cas de création d'une prison interdépartementale, la subvention que l'État peut accorder est déterminée séparément, à l'égard de chacun des départements intéressés et dans les conditions prévues par l'article 7 de la loi du 5 juin 1875.

» Art. 6. — Dans le cas où l'État a traité avec un département de la rétrocession d'une ou plusieurs prisons et dans celui où il doit, après déclassement, pourvoir d'office à l'appropriation ou à la reconstruction d'une prison départementale, il peut traiter avec d'autres départements, dans les conditions de l'article 4 de la présente loi.

Il peut en outre s'entendre avec ces départements, pour construire ou transformer en leur lieu et place l'établissement départemental.

» Art. 7. — Les charges résultant pour les départements des articles 1, 3, 4 et 6 de la présente loi ont le caractère de dépenses *obligatoires*.

Il en est *de même* des dépenses

ordinaires d'entretien et de réparation des immeubles départementaux affectés à l'usage de maisons d'arrêt, de justice et de correction. L'article 61 de la loi du 10 août 1872 leur est applicable.

En conséquence, à défaut par les Conseils généraux de prendre les mesures nécessaires pour l'exécution des travaux ou de voter les ressources dans un délai d'un an, à partir de la mise en demeure qui leur est adressée, il y est pourvu *d'office*, en vertu d'un décret rendu en Conseil d'État, aux frais du département et dans les limites de la dépense prévue.

Le décret fixe, en cas de déclassement, la subvention à la charge de l'État dans les limites de l'article 7 de la loi du 5 juin 1875.

» Art. 8. — Le *nombre de cellules* de détention à établir pour toute maison affectée au régime de l'emprisonnement individuel est fixé d'après le chiffre moyen de la population pendant les cinq dernières années, en tenant compte des modifications intervenues dans les lois pénales. Il ne peut dépasser les trois quarts de l'effectif actuel calculé sur la même base.

Un quartier commun, exclusivement réservé, en cas d'insuffisance temporaire du nombre des cellules, aux condamnés aux peines les plus courtes ou aux détenus d'une même catégorie, est établi dans les maisons où l'administration le juge nécessaire.

» Art. 9. — Il peut être créé par le Ministre de l'intérieur des *chantiers pénitentiaires* pour utiliser la main-d'œuvre pénale à la *construction* ou *transformation des prisons*, sans toutefois porter atteinte à la distinction des peines et aux conditions essentielles de leur exécution.

Ne pourront être employés dans ces chantiers les détenus qui, d'après la nature de leur peine et le lieu de leur condamnation, devraient subir leur peine dans un établissement où fonctionne le régime de l'emprisonnement individuel. »

PRIVILÈGE. — (Loi du 30 novembre 1892, article 12.) Voy. MÉDECINE.

R

REGISTRE D'IMMATRICULATION. — Voy. ÉTRANGERS.

RELÉGATION. — Voy. ASSOCIATIONS DE MALFAITEURS.

S

SAGE-FEMME. — Voy. MÉDECINE.

SAISIE-ARRÊT. — La loi du 21 ventôse an IX a déclaré que les *traitements* des *fonctionnaires publics* et *employés civils* sont *saisissables* jusqu'à concurrence d'*un cinquième* sur les *premiers* 1 000 francs et sur toutes les sommes au-dessous de 1000 francs; *du quart*, sur les 5000 francs *suivants;* et du *tiers* sur la *portion excédant* 6000 francs.

Quant aux *gages*, *salaires*, *traitements* des *gens de service*, *ouvriers* ou *employés*, la *jurisprudence* adoptée jusqu'ici consistait à laisser aux *tribunaux* la faculté d'*apprécier*, *pour chaque cas particulier*, dans quelle mesure ces diverses rémunérations du travail avaient un caractère alimentaire et devaient demeurer insaisissables, et comme conséquence, pour quelle portion elles pouvaient être l'objet d'une saisie-arrêt.

On a pensé que, dans l'intérêt du débiteur comme dans l'intérêt du créancier, il était préférable de déterminer d'avance, par *mesure législative*, la partie saisissable des gages, salaires ou traitements, au lieu de faire dépendre cette fixation d'un procès dont les lenteurs et les frais pouvaient être très préjudiciables aux parties.

En accomplissant cette réforme, on a en même temps rendu, pour les cas dont il s'agit, la procédure de la saisie-arrêt plus simple, plus rapide et moins coûteuse.

Tel est le double but de la loi importante du 12 janvier 1895, dont voici le texte :

« TITRE Ier. — SAISIE-ARRÊT. — Art. 1er. — Les *salaires* des *ouvriers* et *gens de service* ne sont saisissables que jusqu'à concurrence du *dixième*, quel que soit le montant de ces salaires.

Les *appointements* ou *traitements* des *employés* ou *commis* et des *fonctionnaires* ne sont également saisissables que jusqu'à concurrence *du dixième lorsqu'ils ne dépassent pas* 2000 francs par an.

Art. 2. — Les *salaires*, *appointements* et *traitements* visés par l'article 1er ne pourront être *cédés* que jusqu'à concurrence d'un autre *dixième*.

Art. 3. — Les cessions et saisies faites pour le payement des *dettes alimentaires* prévues par les articles 203, 205, 206, 207, 214 et 349 du code civil *ne sont pas soumises aux restrictions* qui précèdent.

Art. 4. — *Aucune compensation* ne s'opère au profit des *patrons* entre le montant des salaires dus par eux à leurs ouvriers et les sommes qui leur seraient dues à eux-mêmes pour fournitures diverses, quelle qu'en soit la nature, à l'*exception* toutefois :

1° Des *outils* ou *instruments nécessaires au travail ;*

2° Des *matières et matériaux* dont l'ouvrier a la *charge et l'usage ;*

3° Des *sommes avancées* pour l'*acquisition de ces mêmes objets.*

Art. 5. — Tout patron qui fait une avance en espèces en dehors du cas prévu par le paragraphe 3 de l'article 4 qui précède ne peut se rembourser qu'au moyen de *retenues* successives *ne dépassant pas le dixième* du montant des salaires ou appointements exigibles.

La *retenue* opérée de ce chef *ne se confond ni avec la partie saisissable ni avec la partie cessible* portée en l'article 2.

Les *acomptes* sur un travail en cours ne sont pas considérés comme avances.

TITRE II. — PROCÉDURE DE SAISIE-ARRÊT SUR LES SALAIRES ET PETITS TRAITEMENTS. — Art. 6. — La saisie-arrêt sur les salaires et les appointements ou traitements ne dépassant pas annuellement 2000 francs, dont il s'agit à l'article 1er de la présente loi, ne pourra être pratiquée, *s'il y a titre*, que sur le *visa du greffier de la justice de paix* du domicile du débiteur saisi.

S'il n'y a point de titre, la saisie-arrêt ne pourra être pratiquée qu'en vertu de l'*autorisation du juge de paix* du domicile du débiteur saisi. Toutefois, avant d'accorder l'autorisation, le juge de paix pourra, si les parties n'ont déjà été appelées en conciliation, *convoquer* devant lui, par simple avertissement, *le créancier et le débiteur ;* s'il intervient un *arrangement*, il en sera tenu note par le greffier, sur un *registre spécial* exigé par l'article 14.

L'*exploit* de saisie-arrêt contiendra en tête l'extrait du titre s'il y en a un, ainsi que la copie de l'autorisation du juge. L'exploit sera *signifié* au tiers saisi ou à son représentant préposé au payement des salaires ou traitements, dans le lieu où travaille le débiteur saisi.

Art. 7. — L'autorisation accordée par le juge *évaluera* ou *énoncera la somme* pour laquelle la saisie-arrêt sera formée.

Le débiteur pourra toucher du tiers saisi la portion non saisissable de ses salaires, gages ou appointements.

Une *seule* saisie-arrêt doit être autorisée par le juge. S'il survient d'autres créanciers, leur réclamation, signée et déclarée sincère par eux et contenant toutes les pièces de nature à mettre le juge à même de faire l'évaluation de la créance, sera *inscrite* par le greffier sur le *registre* exigé par l'article 14. Le greffier se bornera à en donner *avis* dans les quarante-huit heures au débiteur saisi et au tiers saisi, par lettre recommandée qui vaudra *opposition*.

Art. 8. — L'huissier saisissant sera tenu de faire parvenir au juge de paix, dans le délai de huit jours, à dater de la saisie, l'original de l'exploit, sous peine d'une amende de dix francs, qui sera prononcée par le juge de paix en audience publique.

Art. 9. — Tout créancier saisissant, le débiteur et le tiers saisi pourront *requérir la convocation des intéressés* devant le juge de paix du débiteur saisi, par une déclaration consignée sur le registre spécial prévu en l'article 14.

Dans les quarante-huit heures de cette réquisition, le greffier adressera : 1° au saisi, 2° au tiers saisi, 3° à tous autres créanciers opposants, un *avertissement* recommandé à *comparaître* devant le juge de paix à l'audience que celui-ci aura fixée.

A cette audience ou à toute autre fixée par lui, le juge de paix, prononçant sans appel dans la limite de sa compétence, et, à charge d'appel, à quelque valeur que la demande puisse s'élever, *statuera* sur la *validité*, la *nullité* ou la *mainlevée* de la saisie, ainsi que sur la *déclaration affirmative* que le tiers saisi sera tenu de faire audience tenante.

Le tiers saisi qui ne comparaîtra pas, ou qui ne fera pas sa déclaration, ainsi qu'il est dit ci-dessus, sera déclaré *débiteur pur et simple des retenues non opérées* et *condamné aux frais* par lui occasionnés.

Art. 10. — Si le jugement est rendu par défaut, *avis* de ses dispositions sera transmis par le greffier à la partie défaillante, par *lettre recommandée*, dans les cinq jours du prononcé.

L'*opposition*, qui ne sera recevable que dans les huit jours de la date de la lettre, consistera dans une *déclaration* à faire au greffe de la justice de paix, sur le registre prescrit par l'article 14.

Toutes parties intéressées seront prévenues, par lettre recommandée du greffier, pour la plus prochaine audience utile. Le jugement qui interviendra sera réputé *contradictoire*. L'appel relevé contre le jugement contradictoire sera formé dans les dix jours du prononcé du jugement et, dans le cas où il aurait été rendu par défaut, du jour de l'expiration des délais d'opposition, sans que, dans le cas du jugement contradictoire, il soit besoin de le signifier.

Art. 11. — Après l'expiration des délais de recours, le juge de paix pourra *surseoir à la convocation des parties intéressées* tant que la somme à distribuer n'atteindra pas, d'après la déclaration du tiers saisi, et déduction faite des frais à prélever et des créances privilégiées, un chiffre suffisant pour distribuer aux créanciers connus un *dividende de* 20 *pour* 100 *au moins*. S'il y a somme suffisante, et si les parties ne se sont pas amiablement entendues pour la répartition, le juge procédera à la *distribution entre les ayants droit*. Il établira son *état de répartition* sur le *registre* prescrit par l'article 14. Une *copie de cet état*, signée du juge et du greffier, indiquant le montant des frais à prélever, le montant des créances privilégiées, s'il en existe, et le montant des sommes attribuées dans la répartition à chaque ayant droit, sera transmise par le greffier, par lettre recommandée, au débiteur saisi ou au tiers saisi, et à chaque créancier colloqué.

Ces derniers auront une action *directe* contre le tiers saisi en payement de leur collocation. Les ayants droit aux frais et aux collocations utiles donneront *quittance en marge de l'état de répartition remis au tiers saisi*, qui se trouvera *libéré* d'autant.

Art. 12. — Les *effets* de la saisie-arrêt et les oppositions consignées par le greffier sur le registre spécial subsisteront jusqu'à *complète libération* du débiteur.

Art. 13. — Les *frais* de saisie-arrêt et de distribution seront à la charge du *débiteur saisi*. Ils seront prélevés sur la somme à distribuer.

Tous frais de contestation jugée mal fondée seront mis à la charge de la partie qui aura succombé.

Art. 14. — Pour l'exécution de la présente loi, il sera tenu au *greffe de chaque justice de paix* un *registre* sur papier non timbré, qui sera coté et paraphé par le juge de paix et sur lequel seront inscrits :

1° Les visas ou ordonnances autorisant la saisie-arrêt;

2° Le dépôt de l'exploit;

3° La réquisition de la convocation des parties;

4° Les arrangements intervenus;

5° Les interventions des autres créanciers;

6° La déclaration faite par le tiers saisi;

7° La mention des avertissements ou lettres recommandées transmises aux parties;

8° Les décisions du juge de paix;

9° La répartition établie entre les ayants droit.

Art. 15. — *Tous* les exploits, autorisations, jugements, décisions, procès-verbaux et états de répartition qui pourront intervenir en exécution de la présente loi seront rédigés sur papier *non timbré* et enregistrés *gratis*. Les avertissements et lettres recommandées et les copies d'état de répartition sont *exempts* de tout droit de timbre et d'enregistrement.

Art. 16. — Un décret déterminera les émoluments à allouer aux greffiers pour l'envoi des lettres non recommandées et pour dresse de tous extraits et copies d'état de répartition.

Art. 17. — Les lois et décrets antérieurs sont abrogés en ce qu'ils ont de contraire à la présente loi.

Art. 18. — La présente loi est applicable à l'Algérie et aux colonies. »

SÉPARATION DE CORPS. — Des modifications ont été apportées par la loi du 6 février 1893 au régime de la séparation de corps (voy. le *Dictionnaire*), en ce qui concerne les *effets* qu'il produit et ceux qui résultent de la *cessation* dudit régime.

1. — EFFETS DE LA SÉPARATION. — 1° Elle rend à la femme le *plein exercice de sa capacité civile*, sans qu'elle ait besoin de recourir à l'autorisation de son mari ou de justice.

2° Le jugement qui prononce la séparation de corps ou un jugement postérieur peut interdire à la femme de porter le *nom de son mari*, ou l'autoriser à ne pas le porter. Dans le cas où le mari aurait joint à son nom le *nom de sa femme*, celle-ci peut également demander qu'il soit interdit au mari de le porter.

3° Quoique la femme séparée cesse d'avoir pour domicile légal le domicile de son mari, toute *signification* qui lui est faite en matière de *questions d'état*, doit *également être adressée au mari*, à peine de nullité.

2. — CESSATION DE LA SÉPARATION DE CORPS. — S'il y a cessation de la séparation de corps *par la réconciliation* des époux, la *capacité* de la femme est modifiée pour l'avenir et réglée par les dispositions qui concernent *la femme séparée de biens* (article 1449 du Code civil). Cette modification n'est opposable aux tiers que si la reprise de la vie commune a été constatée : 1° par acte passé devant notaire avec minute, dont un extrait est affiché sur un tableau spécial, dans la principale salle du tribunal de première instance, et, si le mari est marchand, banquier ou commerçant, dans celle du tribunal de commerce du lieu de son domicile; 2° par la mention,

en marge de l'acte de mariage et du jugement ou de l'arrêt de séparation; et 3° enfin par la publication en extrait dans un des journaux du département recevant les annonces légales.

SERVICE MILITAIRE. — I. — Plusieurs articles de la loi sur le recrutement du 15 juillet 1889 (voy. le 1er *supplément*) ont été modifiés depuis 1891. Voici les divers changements apportés à cette loi :

Art. 7 (modifié par la loi du 14 août 1893). — « Nul n'est admis dans une administration de l'Etat ou ne peut être investi de fonctions publiques électives s'il ne justifie avoir satisfait aux obligations imposées par la présente loi. »

Art. 17. — (Les deux premiers paragraphes de cet article sont remplacés par les dispositions suivantes de la loi du 2 février 1891) : « Le sous-préfet inscrit *en tête de la liste de tirage :*

» 1° Le nom des jeunes gens qui se trouvent dans l'un des cas prévus par l'article 69 de la présente loi;

» 2° Le nom des jeunes gens qui se trouvent dans l'un des cas prévus par l'article 15 et qui n'ont pas déposé à la sous-préfecture, huit jours au moins avant le tirage du canton, une demande tendant à faire excuser leur non-inscription sur le tableau de recensement des années précédentes, et justifiant que l'omission de leur nom sur ce tableau ne pouvait être imputée à leur négligence.

» Les *premiers numéros* leur sont attribués *de droit*. Ces numéros sont en conséquence extraits de l'urne avant l'opération du tirage.

» Quant aux omis qui se trouvent dans l'un des cas prévus par l'article 15, et qui auront déposé à la sous-préfecture la demande sus-indiquée dont ils pourront demander un récépissé, ils prendront part au tirage, provisoirement, jusqu'à la décision du conseil de revision, au jour de sa réunion au canton.

» Le conseil de revision, appréciant le degré de responsabilité encourue, maintiendra aux omis dont les explications seront jugées suffisantes le bénéfice définitif de leur numéro provisoire, et inscrira, en tête de la liste du tirage, immédiatement après ceux qui avaient été inscrits d'office par le sous-préfet au moment du tirage, les jeunes gens dont les explications paraîtraient insuffisantes, et qui, même sans intention frauduleuse, auraient fait preuve de négligence grave.

» Dans le cas où une intention frauduleuse aurait été relevée, le conseil renverra les jeunes gens devant les tribunaux, par application de l'article 69. »

Art. 23, sixième alinéa (modifié par la loi du 26 décembre 1892).— « Soit le diplôme délivré par l'école des *chartes* et l'école des *langues orientales vivantes*. »

Art. 28. — (Les trois derniers paragraphes de cet article sont seuls modifiés par la loi du 11 novembre 1892 et remplacés par les dispositions suivantes) :

« Les élèves de l'Ecole centrale des arts et manufactures quittant l'école après avoir satisfait aux examens de sortie sont admis à subir des épreuves d'aptitude au grade de sous-lieutenant de réserve déterminées par le ministre de la guerre.

» Ceux de ces élèves qui satisfont à ces examens sont nommés sous-lieutenants de réserve et accomplissent, en cette qualité, dans un corps de troupes, leur quatrième année de service.

» Ceux qui n'ont pas été jugés susceptibles d'être nommés immédiatement sous-lieutenants de réserve sont incorporés dans un corps de troupes comme simples soldats et accomplissent une année de service. A la fin de cette année de service, ils peuvent être nommés sous-lieutenants de réserve, s'ils satisfont aux conditions d'aptitude fixées par le ministre.

» Les jeunes gens qui, en sortant de l'Ecole polytechnique, de l'Ecole forestière ou de l'Ecole centrale, ont été nommés sous-lieutenants de réserve et qui donneraient leur démission avant la fin de l'année de service qu'ils doivent accomplir dans un corps de troupes, n'en resteront pas moins soumis à toutes les conséquences de l'engagement volontaire de trois ou quatre ans contracté par eux lors de leur entrée à l'école.

» Les conditions d'aptitude physique, pour l'entrée à ces écoles, des jeunes gens qui, au moment de leur admission, ne sont pas aptes au service militaire, sont fixées par un règlement d'administration publique. »

Art. 29. — (Addition du paragraphe suivant par la loi du 26 décembre 1892) :

« Les *élèves de l'école d'administration de la marine* contractent le même engagement et sont astreints aux mêmes obligations, dans le cas où ils n'obtiendraient pas le grade d'aide-commissaire ou ne réaliseraient pas l'engagement sexennal. »

Art. 35. — Voy. TAXE MILITAIRE.

Art. 37 (modifié par la loi du 19 juillet 1892). — « Tout Français reconnu propre au service militaire fait partie successivement :

» De l'armée *active* pendant *trois ans ;*

» De la *réserve de l'armée active* pendant *dix ans ;*

» De l'*armée territoriale* pendant *six ans;*

» De la *réserve de l'armée territoriale* pendant *six ans.* »

Art. 49. — (La loi du 19 juillet 1892 substitue au dernier paragraphe dudit article 49 les deux paragraphes suivants) :

« Les hommes de *la réserve de l'armée territoriale* peuvent être soumis, pendant leur temps de service dans ladite réserve, à une *revue d'appel* pour laquelle la durée du déplacement imposé n'excédera pas *une journée.*

» Peuvent être dispensés de ces manœuvres, exercices ou revues d'appel, les fonctionnaires et agents désignés au tableau B de la présente loi. »

Art. 59, avant-dernier alinéa (modifié par la loi du 11 juillet 1892). — « L'engagé volontaire qui remplira l'*une quelconque des conditions fixées par l'article* 23 pourra *bénéficier des dispositions dudit article, après un an de présence* sous les drapeaux, à la condition que la *demande ait été formulée au moment de l'engagement.* »

Art. 64. — La loi du 19 juillet 1892 abroge les dispositions du dernier paragraphe de l'article 64.

II. — Le décret du 26 janvier 1891 a modifié comme il suit les dispositions du décret du 28 septembre 1889 sur les engagements volontaires (voy. SERVICE MILITAIRE, II, 1er *supplément*) :

« Les engagements volontaires de *quatre* et de *cinq ans* seront reçus à *toute époque de l'année* et *sans limitation de nombre.* »

SOCIÉTÉS DE CRÉDIT AGRICOLE. — La loi du 5 novembre 1894 est venue permettre, sous des conditions toutes spéciales, d'organiser des *sociétés de crédit* dans l'intérêt de l'*industrie agricole.* Elle est reproduite en entier ci-après :

« Art. 1er. — Des sociétés de crédit agricole peuvent être constituées, soit par *la totalité des membres d'un ou de plusieurs syndicats professionnels agricoles*, soit par *une partie des membres de ces syndicats;* elles ont exclusivement pour objet de *faciliter* et même de *garantir* les opérations concernant l'*industrie agricole* et effectuées par ces *syndicats* ou par *des membres de ces syndicats.*

» Ces sociétés peuvent *recevoir des dépôts de fonds en comptes courants* avec ou sans intérêts, se charger, relativement aux opérations concernant *l'industrie agricole*, des *recouvrements* et des *paiements* à faire pour les syndicats ou pour les membres de ces syndicats. Elles peuvent, notamment, *contracter les emprunts* nécessaires pour constituer ou augmenter leur fonds de roulement.

» Le *capital social* ne peut être formé par des souscriptions d'actions. Il pourra être constitué à l'aide de *souscriptions des membres de la société*. Ces souscriptions formeront des *parts* qui pourront être de *valeur inégale*; elles seront *nominatives* et ne seront *transmissibles* que par voie de *cession aux membres des syndicats* et avec l'*agrément de la société*.

» La société ne pourra être *constituée* qu'après *versement du quart du capital souscrit*.

» Dans le cas où la société serait constituée sous la forme de société *à capital variable*, le capital *ne pourra être réduit* par les reprises des apports des sociétaires sortants *au-dessous du montant du capital de fondation*.

» Art. 2. — Les statuts détermineront le *siège* et le *mode d'administration* de la société de crédit, les *conditions nécessaires à la modification de ces statuts* et *à la dissolution de la société*, la *composition du capital* et la *proportion dans laquelle chacun de ses membres contribuera à sa constitution*.

» Ils détermineront le *maximum des dépôts* à recevoir en comptes courants.

» Ils régleront l'*étendue et les conditions de la responsabilité* qui incombera à chacun des sociétaires dans les engagements pris par la société.

» Les sociétaires ne pourront être *libérés* de leurs engagements qu'*après la liquidation* des opérations contractées par la société antérieurement à leur sortie.

» Art. 3. — Les statuts détermineront les *prélèvements* qui seront opérés *au profit de la société* sur les opérations faites par elle.

» Les sommes résultant de ces prélèvements, après acquittement des frais généraux et paiement des intérêts des emprunts et du capital social, seront d'abord affectées, jusqu'à *concurrence des trois quarts au moins*, à la constitution d'un *fonds de réserve*, jusqu'à ce qu'il ait atteint au moins la moitié de ce capital.

» Le surplus pourra être réparti, à la fin de chaque exercice, *entre les syndicats et entre les membres des syndicats au prorata des prélèvements* faits sur les opérations. *Il ne pourra, en aucun cas, être partagé sous forme de dividende entre les membres de la société.*

» A la *dissolution* de la société, ce fonds de réserve et le reste de l'actif seront *partagés entre les sociétaires*, proportionnellement à leur souscription, à moins que les statuts n'en aient affecté l'emploi à une œuvre d'intérêt agricole.

» Art. 4. — Les sociétés de crédit autorisées par la présente loi sont des sociétés *commerciales* dont les livres doivent être tenus conformément aux prescriptions du Code de commerce.

» Elles sont *exemptes* du droit de *patente* ainsi que de l'impôt sur les *valeurs mobilières*.

» Art. 5. — Les conditions *de publicité* prescrites pour les sociétés commerciales sont remplacées par les dispositions suivantes :

» Avant toute opération, les statuts, avec la liste complète des administrateurs ou directeurs et des sociétaires, indiquant leurs noms, profession, domicile, et le montant de chaque souscription seront déposés, en double exemplaire, au greffe de la justice de paix du canton où la société a son siège principal. Il en sera donné récépissé.

» Un des exemplaires des statuts et de la liste des membres de la société sera, par les soins du juge de paix, déposé au greffe du tribunal de commerce de l'arrondissement.

» Chaque année, dans la première quinzaine de février, le directeur ou un administrateur de la société déposera, en double exemplaire, au greffe de la justice de paix du canton, avec la liste des membres faisant partie de la société à cette date, le tableau sommaire des recettes et des dépenses, ainsi que des opérations effectuées dans l'année précédente. Un des exemplaires sera déposé par les soins du juge de paix au greffe du tribunal de commerce.

» Les documents déposés au greffe de la justice de paix et du tribunal de commerce seront communiqués à tout requérant.

» Art. 6. — Les *membres chargés de l'administration* de la société seront *personnellement responsables*, en cas de *violation* des statuts ou des dispositions de la présente loi, du préjudice résultant de cette violation.

» Ils pourront être poursuivis et punis d'une amende de 16 à 200 fr. Le tribunal pourra, en outre, à la diligence du procureur de la République, prononcer la *dissolution* de la société.

» Au cas de *fausse déclaration*, relative aux statuts ou aux noms et qualités des administrateurs, des directeurs ou des sociétaires, l'amende pourra être portée à 500 francs.

» Art. 7. — La présente loi est applicable à l'Algérie et aux colonies. »

SOCIÉTÉS PAR ACTIONS. — (Loi du 1er août 1893.) — La réglementation libérale des sociétés par actions, établie par la loi du 24 juillet 1867 a amené de tels abus et suscité tant de difficultés, qu'une réforme de cette loi a été vivement demandée. Le Parlement a cherché à donner satisfaction aux nombreuses et énergiques réclamations qui se sont produites, en votant les dispositions qui forment la loi du 1er août 1893 et qui modifient de la manière suivante la loi antérieure du 24 juillet 1867 :

I. Constitution des Sociétés par actions. — Les sociétés en commandite par actions ou anonymes ne peuvent *diviser leur capital* en actions ou coupures d'actions de moins de 25 *francs, lorsque le capital n'excède pas* 200 000 *francs*, de moins de *cent francs, lorsque le capital est supérieur à* 200 000 *francs*.

Elles ne peuvent être *définitivement constituées* qu'après la souscription de la totalité du capital et le *versement en espèces, par chaque actionnaire, du montant des actions ou coupures d'actions souscrites par lui, lorsqu'elles n'excèdent pas* 25 *francs*, et du quart au moins des actions, lorsqu'elles sont de 100 francs et au-dessus.

II. Forme et négociabilité des actions. — Les actions sont *nominatives jusqu'à leur entière libération*. Les actions *représentant des apports* devront toujours être *intégralement libérées au moment de la constitution de la société*.

Ces actions ne peuvent être détachées de la souche et ne sont *négociables* que *deux ans après la constitution définitive de la société*.

Pendant ce temps, elles devront, à la diligence des administrateurs, être frappées d'un *timbre* indiquant leur nature et la date de cette constitution.

III. Responsabilité des souscripteurs et des cessionnaires. — Les titulaires, les cessionnaires intermédiaires et les souscripteurs sont *tenus solidairement du montant de l'action*.

Toutefois, tout souscripteur ou actionnaire qui a cédé son titre cesse *deux ans après la cession* d'être responsable des versements non encore appelés.

IV. Actions en nullité et en responsabilité. — L'action en nullité de la société ou des actes et délibérations *postérieurs* à sa constitution n'est plus recevable, lorsqu'avant l'introduction de la demande, la cause de la nullité a cessé d'exister. L'action en responsabilité, pour les faits dont la nullité résultait, cesse également d'être recevable, lorsqu'avant l'introduction de la demande, la cause de nullité a cessé d'exister, et, en outre, que *trois ans* se sont écoulés, depuis le jour où la nullité était encourue.

Si, pour couvrir la nullité, une assemblée générale devait être convoquée, l'action en nullité ne sera plus recevable à partir de la date de la convocation régulière de cette assemblée.

Ces actions en nullité *contre les actes constitutifs* des sociétés sont prescrites *par dix ans*.

Lorsque la nullité de la société anonyme ou des actes et délibérations a été prononcée par suite de l'inobservation des règles concernant la constitution de cette société ou la nomination des administrateurs, les fondateurs auxquels la nullité est imputable et les administrateurs en fonctions au moment où elle a été encourue, sont responsables *solidairement*, non seulement envers les tiers (comme auparavant), mais aussi envers les *actionnaires*, du *dommage résultant de cette annulation*.

L'action en nullité et celle en responsabilité en résultant sont, d'ailleurs, soumises aux dispositions qui précèdent.

V. Représentation dans les assemblées générales. — Tous les propriétaires d'un nombre d'actions inférieur à celui déterminé pour être admis dans les assemblées générales, pourront *se réunir pour former le nombre nécessaire* et se faire *représenter* par l'un d'eux.

VI. — La loi du 1er août 1893 contient en outre les *dispositions diverses* suivantes :

» 1. *Quel que soit leur objet*, les sociétés en commandite ou anonymes qui seront constituées *dans les formes du Code de commerce* ou *de la présente loi*, seront *commerciales* et soumises aux lois et usages du commerce.

» 2. — Il pourra être *consenti hypothèque* au nom de toute société commerciale en vertu des pouvoirs résultant de son acte de formation même *sous seing privé*, ou *des délibérations ou autorisations constatées dans les formes réglées par ledit acte*.

» L'acte d'hypothèque sera passé en forme authentique, conformément à l'article 2127 du Code civil.

» 3. — Dans les cas où les sociétés ont continué à payer les intérêts ou dividendes des actions, obligations ou tous autres titres remboursables par suite d'un tirage au sort, *elles ne peuvent répéter* ces sommes, lorsque le titre est présenté au remboursement. »

4. — Le minimum spécial de 50 francs qui était fixé pour le montant des actions ou coupures d'actions dans la société à capital variable est supprimé; on applique le minimum ordinaire, 25 fr. (voy. 1), qui est plus favorable que le minimum exceptionnel créé pour les actions de ces sociétés par la loi de 1867.

VII. — Enfin, il convient de rappeler les *dispositions transitoires* ci-après :

» Pour toutes les sociétés par actions en commandite ou anonymes déjà existantes, il n'est pas dérogé à la faculté qu'elles peuvent avoir de *convertir* leurs actions en titres au porteur avant libération intégrale.

» Quant aux actions nominatives des mêmes sociétés, les deux ans après lesquels tout souscripteur ou actionnaire qui a cédé son titre cesse d'être responsable des versements appelés ne courent, à l'égard des créanciers antérieurs à la présente loi, qu'à partir de l'entrée en vigueur de la loi, et sauf application de l'article 2257 du Code civil (suspension de la prescription) pour les créances conditionnelles ou à terme et les actions en garantie.

» Les règles nouvelles concernant les actions en nullité et en responsabilité (voy. IV) s'appliquent aux sociétés existantes, mais seulement à celles qui ont été constituées sous l'empire de la loi du 24 juillet 1867.

» Les sociétés civiles actuellement constituées sous d'autres formes pourront, si leurs statuts ne s'y opposent pas, se transformer en sociétés anonymes par décision d'une assemblée générale spécialement convoquée, réunissant les conditions de l'acte social et composée d'un nombre d'actionnaires représentant la moitié au moins du capital social. »

SUCCESSION. — Voy. CONJOINT SURVIVANT.

SYNDICATS PROFESSIONNELS. — Voy. MÉDECINE et SOCIÉTÉS DE CRÉDIT AGRICOLE.

T

TAXE MILITAIRE. — 1. — L'article 35 de la loi du 15 juillet 1889 (voy. 1er *Supplément :* SERVICE MILITAIRE) est modifié comme il suit par l'article 16 de la loi de finances du 26 juillet 1893 :

» Est supprimé le troisième alinéa du § 3.

» Le § 6 est remplacé par le suivant :

» § 6. — La taxe militaire est *due* par l'*assujetti;* toutefois elle est *imposée* au nom de celui de ses *ascendants dont la cotisation a été prise pour élément de calcul de la taxe*, conformément au § 3 du présent article. La taxe ainsi imposée au nom des ascendants est *recouvrée sur eux*, sauf leur *recours* contre l'assujetti.

» Lorsque l'assujetti n'a plus ses ascendants du premier degré, lorsqu'ils sont indigents ou sans domicile connu en France, ou lorsque l'assujetti a atteint l'âge de 30 ans révolus et qu'il a un domicile distinct de celui de ses ascendants, il est *personnellement* imposable à la taxe militaire.

» La taxe est exigible dans la commune où le contribuable, au nom duquel elle doit être inscrite en vertu des dispositions du présent paragraphe, a son domicile au 1er janvier.

» Elle est recouvrée, et les réclamations sont instruites et jugées, comme en matière de contributions directes. »

2. — Le règlement d'administration publique du 30 décembre 1890 (voy. 1er *Supplément*, TAXE MILITAIRE) relatif à l'application de la taxe militaire prévue à l'article 35 de la loi du 15 juillet 1889 a été abrogé et remplacé par celui du 24 février 1894.

TIMBRE. — Voy. ARBITRAGE. — ASSISTANCE MÉDICALE GRATUITE. — CASIER JUDICIAIRE. — HABITATIONS A BON MARCHÉ. — OUVRIERS MINEURS et TRAVAUX PUBLICS.

TRAVAIL DES ENFANTS, DES FILLES MINEURES ET DES FEMMES EMPLOYÉES DANS L'INDUSTRIE. — (Loi du 2 novembre 1892.) — La réforme de la loi du 19 mai 1874 a été demandée depuis longtemps. Elle a été résolue par la loi du 2 novembre 1892, dont les principales modifications portent sur les points suivants :

Extension de l'inspection et de la surveillance, quant aux personnes (aux femmes) et quant aux établissements qui en étaient jusqu'ici l'objet (dépendances de ces établissements, établissements publics, même ceux qui ont pour objet l'enseignement professionnel); — *élévation* à treize ans de l'âge d'admission dans les établissements industriels, sauf pour les enfants munis du certificat d'études primaires qui peuvent être admis au travail à partir de l'âge de douze ans, sous la condition de produire un *certificat d'aptitude physique;* — *suppression du travail de demi-temps* pour les enfants n'ayant pas atteint l'âge requis ; — *réduction de la journée de travail* à dix heures pour les enfants des deux sexes de moins de seize ans, à onze heures pour les jeunes ouvriers ou ouvrières de seize à dix-huit ans, sans que le travail dépasse soixante heures par semaine, à onze heures pour les filles au-dessus de dix-huit ans et les femmes ; — *extension de l'interdiction* du travail de nuit et du repos hebdomadaire aux enfants âgés de seize à dix-huit ans, et aux femmes de tout âge ; — *institution d'un examen* pour les candidats aux fonctions d'inspecteur du travail; — *aggravation des pénalités* établies à l'égard des contrevenants.

Voici d'ailleurs le texte de la loi du 2 novembre 1892, qui a abrogé, à partir du 1er janvier 1893, la loi du 19 mai 1874.

« SECTION PREMIÈRE. — DISPOSITIONS GÉNÉRALES. — AGE D'ADMISSION. — DURÉE DU TRAVAIL.

» Art. 1er. — Le travail *des enfants, des filles mineures et des femmes* dans les usines, manufactures, mines, minières et carrières, chantiers, ateliers *et leurs dépendances*, de quelque nature que ce soit, *publics* ou *privés*, laïques ou religieux, *même lorsque ces établissements ont un caractère d'enseignement professionnel ou de bienfaisance*, est soumis aux obligations déterminées par la présente loi.

» *Toutes* les dispositions de la présente loi s'appliquent aux *étrangers* travaillant dans les établissements ci-dessus désignés.

» Sont exceptés les travaux effectués dans les établissements où ne sont employés que les membres de la famille, sous l'autorité soit du père, soit de la mère, soit du tuteur.

» Néanmoins, si le travail s'y fait à l'aide de chaudière à vapeur ou de moteur mécanique, ou si l'industrie exercée est classée au nombre des établissements dangereux ou insalubres, l'inspecteur aura le droit de prescrire les mesures de sécurité et de salubrité à prendre, conformément aux articles 12, 13 et 14.

» Art. 2. — Les enfants ne peuvent être employés par les patrons ni être admis dans les établissements énumérés dans l'article 1er, avant l'âge de *treize ans révolus*.

» Toutefois les enfants *munis du certificat d'études primaires* institué par la loi du 28 mars 1882 peuvent être employés à partir de l'âge de *douze ans*.

» Aucun enfant âgé *de moins de treize ans* ne pourra être admis au travail dans les établissements ci-dessus visés, s'il n'est muni d'un *certificat d'aptitude physique* délivré, à titre gratuit, par l'un des médecins chargés de la surveillance du premier âge ou l'un des médecins inspecteurs de l'école, ou tout autre médecin chargé d'un service public, désigné par le préfet. Cet examen sera contradictoire, si les parents le réclament.

» Les inspecteurs du travail pourront toujours requérir un examen médical de tous les enfants au-dessous de seize ans, déjà admis dans les établissements susvisés, à l'effet de constater si le travail dont ils sont chargés excède leurs forces.

» Dans ce cas, les inspecteurs auront le droit d'exiger leur renvoi de l'établissement sur l'avis conforme de l'un des médecins désignés au § 3 du présent article et après examen contradictoire, si les parents le réclament.

» Dans les orphelinats et institutions de bienfaisance visés à l'article 1er, et dans lesquels l'instruction primaire est donnée, l'enseignement manuel ou professionnel, pour les enfants âgés de moins de treize ans, sauf pour les enfants âgés de douze ans munis du certificat d'études primaires, ne pourra pas dépasser trois heures par jour.

» Art. 3. — Les enfants de l'un et de l'autre sexe âgés *de moins de seize ans* ne peuvent être employés à un travail effectif *de plus de dix heures par jour*.

» Les jeunes ouvriers ou ouvrières de *seize à dix-huit ans* ne peuvent être employés à un travail effectif de *plus de soixante heures par semaine*, sans que le travail journalier puisse excéder *onze heures*.

» *Les filles au-dessus de dix-huit ans* et les *femmes* ne peuvent être employées à un travail effectif *de plus de onze heures par jour*.

» Les heures de travail ci-dessus indiquées seront coupées par un ou plusieurs *repos* dont la durée totale ne pourra être inférieure à une heure et pendant lesquels le travail sera interdit.

» SECTION II. — TRAVAIL DE NUIT. — REPOS HEBDOMADAIRE.

» Art. 4. — Les *enfants âgés de moins de dix-huit ans*, les *filles mineures* et *les femmes* ne peuvent être employés à *aucun travail de nuit* dans les établissements énumérés à l'article 1er.

» Tout travail entre *neuf heures du soir et cinq heures du matin* est considéré comme *travail de nuit*; toutefois le travail sera autorisé de *quatre heures du matin à dix heures du soir*, quand il sera réparti entre deux postes d'ouvriers ne travaillant *pas plus de neuf heures chacun*.

» Le travail de chaque équipe sera coupé par un *repos* d'une heure au moins.

» Il sera accordé, pour les femmes et les filles âgées de plus de dix-huit ans, à certaines industries qui seront déterminées par un règlement d'administration publique (1) dans et les conditions d'application qui seront précisées dans ledit règlement, la faculté de prolonger le travail jusqu'à onze heures du soir, à certaines époques de l'année, pendant une durée totale qui ne dépassera pas soixante jours. En aucun cas, la journée de travail effectif ne pourra être prolongée au delà de 12 heures.

» Il sera accordé à certaines industries, déterminées par un règlement d'administration publique (1), l'autorisation de déroger d'une façon permanente aux dispositions des §§ 1 et 2 du présent article, mais sans que le travail puisse, en aucun cas, dépasser sept heures par vingt-quatre heures.

» Le même règlement pourra autoriser, pour certaines industries, une dérogation temporaire aux dispositions précitées.

» En outre, en cas de chômage résultant d'une interruption accidentelle ou de force majeure, l'interdiction ci-dessus peut, dans n'importe quelle industrie, être temporairement levée par l'inspecteur pour un délai déterminé.

» Art. 5. — Les *enfants âgés de moins de dix-huit ans* et les *femmes de tout âge* ne peuvent être employés dans les établissements énumérés à l'article 1er *plus de six jours par semaine, ni les jours de fête reconnus par la loi*, même pour rangement d'atelier.

» Une affiche apposée dans les ateliers indiquera le jour adopté pour le repos hebdomadaire.

» Art. 6. — *Néanmoins*, dans les usines *à feu continu*, les femmes majeures et les enfants du sexe masculin peuvent être employés tous les jours de la semaine, la nuit aux travaux *indispensables*, sous la condition qu'ils auront au moins un jour de repos par semaine.

» Les travaux tolérés et le laps de temps pendant lequel ils peuvent être exécutés seront déterminés par un règlement d'administration publique (1).

» Art. 7. — L'obligation du repos hebdomadaire et les restrictions relatives à la durée du travail peuvent être *temporairement levées par l'inspecteur divisionnaire*, pour les travailleurs visés à l'article 5, pour certaines industries à désigner par le susdit règlement d'administration publique (1).

» Art. 8. — Les enfants des deux sexes, âgés de *moins de treize ans*, *ne peuvent être employés* comme *acteurs*, *figurants*, etc., aux représentations données dans les théâtres et cafés-concerts sédentaires.

» Le ministre de l'instruction publique et des beaux-arts à Paris, et les préfets dans les départements, pourront exceptionnellement autoriser l'emploi d'un ou plusieurs enfants dans les théâtres pour la représentation de pièces déterminées.

» SECTION III. — TRAVAUX SOUTERRAINS. — Art. 9. — Les *filles* et les *femmes ne peuvent être admises* dans les travaux souterrains des mines, minières et carrières.

» Des règlements d'administration publique détermineront les con-

1. Règlement d'administration publique du 15 juillet 1893.

ditions spéciales du travail des *enfants de treize à dix-huit ans du sexe masculin* dans les travaux souterrains ci-dessus visés (1).

» Dans les mines spécialement visées par des règlements d'administration publique, comme exigeant, en raison de leurs conditions naturelles, une dérogation aux prescriptions du paragraphe 2 de l'article 4, ces règlements pourront permettre le travail des enfants à partir de quatre heures du matin et jusqu'à minuit, sous la condition expresse que les enfants ne soient pas assujettis à plus de huit heures de travail effectif, ni à plus de dix heures de présence dans la mine par vingt-quatre heures.

» SECTION IV. — SURVEILLANCE DES ENFANTS. — Art. 10. — Les maires sont tenus de délivrer *gratuitement* aux père, mère, tuteur ou patron, un *livret* sur lequel sont portés les nom et prénoms des enfants des deux sexes âgés de moins de dix-huit ans, la date, le lieu de leur naissance et leur domicile.

» Si l'enfant a moins de treize ans, le livret devra mentionner qu'il est muni du certificat d'études primaires institué par la loi du 28 mars 1882.

» Les chefs d'industrie ou patrons inscriront sur le livret la date de l'entrée dans l'atelier et celle de la sortie. Ils devront également tenir un registre sur lequel seront mentionnées toutes les indications insérées au présent article.

» Art. 11. — Les patrons ou chefs d'industrie et loueurs de force motrice sont tenus de *faire afficher* dans chaque atelier les dispositions de la présente loi, les règlements d'administration publique relatifs à son exécution et concernant plus spécialement leur industrie, ainsi que les adresses et les noms des inspecteurs de la circonscription.

» Ils afficheront également les heures auxquelles commencera et finira le travail, ainsi que les heures et la durée des repos. Un duplicata de cette affiche sera envoyé à l'inspecteur, un autre sera déposé à la mairie.

» L'organisation de relais, qui aurait pour effet de prolonger au delà de la limite légale la durée de la journée de travail, est interdite pour les personnes protégées par la présente loi.

» Dans toutes les salles de travail des ouvroirs, orphelinats, ateliers de charité ou de bienfaisance dépendant des établissements religieux ou laïques, sera placé d'une *façon permanente* un tableau indiquant, en caractères facilement lisibles, les conditions du travail des enfants telles qu'elles résultent des articles 2, 3, 4 et 5, et déterminant l'emploi de la journée, c'est-à-dire les heures du travail manuel, du repos, de l'étude et des repas. Ce tableau sera visé par l'inspecteur et revêtu de sa signature.

» Un état nominatif complet des enfants élevés dans les établissements ci-dessus désignés, indiquant leurs noms et prénoms, la date et le lieu de leur naissance, et certifié conforme par les directeurs de ces établissements, sera remis tous les trois mois à l'inspecteur et fera mention de toutes les mutations survenues depuis la production du dernier état.

» SECTION V. — HYGIÈNE ET SÉCURITÉ DES TRAVAILLEURS. — Art. 12. — Les différents genres de travail présentant des causes de danger, ou excédant les forces, ou dangereux pour la moralité qui, seront *interdits* aux femmes, filles et enfants, seront déterminés par des règlements d'administration publique (2).

» Art. 13. — Les femmes, filles et enfants *ne peuvent être employés* dans des établissements *insalubres* ou *dangereux* ou l'ouvrier est exposé à des manipulations où à des émanations préjudiciables à sa santé, que sous les conditions spéciales déterminées par des règlements d'administration publique (1)

---

(1) Règlement d'administration publique du 3 mai 1893.
(2) Règlement d'administration publique du 13 mai 1893.

pour chacune de ces catégories de travailleurs.

» Art. 14. — Les établissements visés dans l'article premier et leurs dépendances doivent être tenus dans un état constant de propreté, convenablement éclairés et ventilés. Ils doivent présenter toutes les conditions de sécurité et de salubrité nécessaires à la santé du personnel.

» Dans tout établissement contenant des appareils mécaniques, les roues, les courroies, les engrenages ou tout autre organe pouvant offrir une cause de danger, seront séparés des ouvriers de telle manière que l'approche n'en soit possible que pour les besoins du service.

» Les puits, trappes et ouvertures de descente doivent être clôturés.

» Art. 15. — *Tout accident* ayant occasionné une blessure à un ou plusieurs ouvriers, survenu dans un des établissements mentionnés à l'article premier, sera l'objet d'une *déclaration* par le chef de l'entreprise ou, à son défaut et en son absence, par son préposé.

» Cette déclaration contiendra le nom et l'adresse des témoins de l'accident; elle sera faite dans les quarante-huit heures au maire de la commune, qui en dressera procès-verbal dans la forme à déterminer par un règlement d'administration publique (1). A cette déclaration sera joint, produit par le patron, un certificat du médecin indiquant l'état du blessé, les suites probables de l'accident et l'époque à laquelle il sera possible d'en connaître le résultat définitif.

» Récépissé de la déclaration et du certificat médical sera remis, séance tenante, au déposant.

» Avis de l'accident est donné immédiatement par le maire à l'inspecteur divisionnaire ou départemental.

» Art. 16. — Les patrons ou chefs d'établissements doivent, en outre, veiller au maintien des bonnes mœurs et à l'observation de la décence publique.

» SECTION VI. — INSPECTION. — Art. 17. — Les *inspecteurs du travail* sont chargés d'assurer l'exécution de la présente loi et de la loi du 9 septembre 1848.

» Ils sont chargés, en outre, concurremment avec les commissaires de police, de l'exécution de la loi du 7 décembre 1874 relative à la protection des enfants employés dans les professions *ambulantes*.

» Toutefois, en ce qui concerne les exploitations de mines, minières et carrières, l'exécution de la loi est exclusivement confiée aux ingénieurs et contrôleurs des mines, qui, pour ce service, sont placés sous l'autorité du ministre du commerce et de l'industrie.

» Art. 18. — Les inspecteurs du travail sont nommés par le ministre du commerce et de l'industrie.

» Ce service comprendra :

1° Des *inspecteurs divisionnaires;*

2° Des *inspecteurs ou inspectrices départementaux.*

» Un décret rendu, après avis du comité des arts et manufactures et de la commission supérieure du travail ci-dessous instituée, déterminera les départements dans lesquels il y aura lieu de créer des inspecteurs départementaux. Il fixera le nombre, le traitement et les frais de tournée de ces inspecteurs (2).

» Les inspecteurs ou inspectrices départementaux sont placés sous l'autorité de l'inspecteur divisionnaire.

» Les inspecteurs du travail prêtent serment de ne point révéler les secrets de fabrication et, en général, les procédés d'exploitation dont ils pourraient prendre connaissance dans l'exercice de leurs fonctions.

» Toute violation de ce serment est punie conformément à l'article 378 du Code pénal.

(1) Règlement d'administration publique du 21 avril 1893.
(2) Décret du 13 décembre 1892.

» Art. 19. — Désormais ne seront admissibles aux fonctions d'inspecteur divisionnaire ou départemental que les candidats ayant satisfait *aux conditions et aux concours* visés par l'article 22.

» La nomination au poste d'inspecteur *titulaire* ne sera définitive qu'après *un stage d'un an.*

» Art. 20. — Les inspecteurs et inspectrices *ont entrée dans tous les établissements* visés par l'article premier; ils peuvent se faire représenter le registre prescrit par l'article 10, les livrets, les règlements intérieurs et, s'il y a lieu, le certificat d'aptitude physique mentionné à l'article 2.

» Les contraventions sont constatées par les procès-verbaux des inspecteurs et inspectrices, qui *font foi jusqu'à preuve du contraire.*

» Ces procès-verbaux dressés sont en double exemplaire, dont l'un est envoyé au Préfet du département et l'autre déposé au parquet.

» Les dispositions ci-dessus ne dérogent point aux règles du droit commun, quant à la constatation et à la poursuite des infractions à la présente loi.

» Art. 21. — Les inspecteurs ont pour mission, en dehors de la surveillance qui leur est confiée, d'établir la *statistique* des conditions du travail industriel dans la région qu'ils sont chargés de surveiller.

» Un *rapport d'ensemble* résumant ces communications sera publié tous les ans, par les soins du ministre du commerce et de l'industrie.

» SECTION VII. — COMMISSIONS SUPÉRIEURE ET DÉPARTEMENTALES. — Art. 22. — Une *commission supérieure* composée de *neuf* membres, dont les fonctions sont gratuites, est établie auprès du ministre du commerce et de l'industrie. Cette commission comprend deux sénateurs, deux députés élus par leurs collègues, et cinq membres nommés, pour une période de quatre ans, par le Président de la République. Elle est chargée :

1° De veiller à l'application uniforme et vigilante de la présente loi;

2° De donner son avis sur les règlements à faire et généralement sur les diverses questions intéressant les travailleurs protégés;

3° Enfin, d'arrêter les conditions d'admissibilité des candidats à l'inspection divisionnaire et départementale, et le programme du concours qu'ils devront subir.

» Les inspecteurs divisionnaires nommés en vertu de la loi du 19 mai 1874 et actuellement en fonctions seront répartis entre les divers postes d'inspecteurs divisionnaires et d'inspecteurs départementaux établis en exécution de la présente loi, sans être assujettis à subir le concours.

» Les inspecteurs départementaux pourront être conservés sans subir un nouveau concours.

» Art. 23. — Chaque année, le président de la commission supérieure adresse au Président de la République un rapport général sur les résultats de l'inspection et sur les faits relatifs à l'exécution de la présente loi.

» Ce rapport doit être, dans le mois de son dépôt, publié au Journal officiel.

» Art. 24. — Les conseils généraux devront instituer une ou plusieurs commissions chargées de présenter, sur l'exécution de la loi et les améliorations dont elle serait susceptible, des rapports qui seront transmis au ministre et communiqués à la commission supérieure.

» Les inspecteurs divisionnaires et départementaux, les président et vice-présidents du conseil de prud'hommes du chef-lieu ou du principal centre industriel du département, et, s'il y a lieu, l'ingénieur des mines, font partie de droit de ces commissions dans leurs circonscriptions respectives.

» Les commissions locales instituées par les articles 20, 21 et 22 de la loi du 19 mai 1874 sont abolies.

» Art. 25. — Il sera institué dans chaque département des *comités de patronage* ayant pour objet :

1° La protection des apprentis et

des enfants employés dans l'industrie;

2° Le développement de leur instruction professionnelle.

» Le conseil général, dans chaque département, déterminera le nombre et la circonscription des comités de patronage, dont les statuts seront approuvés, dans le département de la Seine, par le ministre de l'intérieur et le ministre du commerce et de l'industrie, et par les préfets dans les autres départements.

» Les Comités de patronage seront administrés par une Commission composée de sept membres, dont quatre seront nommés par le Conseil général et trois par le Préfet.

» Ils seront renouvelables tous les 3 ans. Les membres sortants pourront être appelés de nouveau à en faire partie.

» Leurs fonctions sont gratuites.

» SECTION VIII. — PÉNALITÉS. — Art. 26. — Les manufacturiers directeurs ou gérants d'établissements visés dans la présente loi qui auront *contrevenu* aux prescriptions de ladite loi et des règlements d'administration publique relatifs à son exécution, seront poursuivis devant le tribunal *de simple police* et passibles d'une *amende de 5 à 15 francs*.

» L'amende sera appliquée autant de fois qu'il y aura de personnes employées dans des conditions contraires à la présente loi.

» Toutefois, la peine ne sera pas applicable si l'infraction à la loi a été le résultat d'une erreur provenant de la production d'actes de naissance, livrets ou certificats contenant de fausses énonciations ou délivrés pour une autre personne.

» Les chefs d'industrie seront civilement responsables des condamnations prononcées contre leurs directeurs ou gérants. »

» Art. 27.— En cas de *récidive*, le contrevenant sera poursuivi devant le tribunal *correctionnel* et puni d'une *amende de 16 à 100 francs*.

» Il y a *récidive* lorsque, dans les douze mois antérieurs au fait poursuivi, le contrevenant a déjà subi une condamnation pour une contravention identique.

» En cas de pluralité de contraventions entraînant ces peines de la récidive, l'amende sera appliquée autant de fois qu'il aura été relevé de nouvelles contraventions.

» Les tribunaux correctionnels pourront appliquer les dispositions de l'article 463 du Code pénal sur les circonstances atténuantes, sans qu'en aucun cas l'amende, pour chaque contravention, puisse être inférieure à 5 francs. »

» Art. 28. — *L'affichage du jugement* peut, suivant les circonstances et en cas de récidive seulement, être ordonné par le tribunal de police correctionnelle.

» Le tribunal peut également ordonner, dans le même cas, l'*insertion du jugement*, aux frais du contrevenant, dans un ou plusieurs journaux du département. »

» Art. 29. — Est puni d'une amende de 100 à 500 francs quiconque aura mis obstacle à l'accomplissement des devoirs d'un inspecteur.

» En cas de récidive, l'amende sera portée de 500 à 1000 francs.

» L'article 463 du Code pénal est applicable aux condamnations prononcées en vertu de cet article.

» SECTION IX. — DISPOSITIONS SPÉCIALES. — Art. 30. — Les règlements d'administration publique nécessaires à l'application de la présente loi seront rendus après avis de la Commission supérieure du travail et du Comité consultatif des arts et manufactures.

» Le Conseil général des mines sera appelé à donner son avis sur les règlements prévus en exécution de l'article 9.

» Art. 31. — Les dispositions de la présente loi sont applicables aux enfants *placés en apprentissage* et employés dans un des établissements visés à l'article 1er.

» Art. 32. — Les dispositions édictées par la présente loi ne seront applicables qu'à dater du 1er janvier 1893.

» La loi du 19 mai 1874 et les règlements d'administration publique rendus en exécution de ses dispositions seront abrogés à la date susindiquée. »

TRAVAUX PUBLICS. — La loi du 29 décembre 1892 sur *les dommages causés à la propriété privée par l'exécution des travaux publics* porte un titre trop large; elle détermine seulement :

1° Les règles à suivre par l'administration pour pratiquer des *occupations temporaires* sur les propriétés privées, en vue, soit de procéder à *l'étude des projets* de travaux publics, *civils* ou *militaires*, exécutés pour le compte de l'Etat, des départements ou des communes, soit d'*extraire* ou de *ramasser des matériaux* sur ces propriétés, d'y *fouiller* ou d'y *faire des dépôts de terre, ou en vue de tout autre objet* relatif à l'exécution de travaux publics;

2° Les conditions dans lesquelles sont fixées *les indemnités* dues pour ces occupations temporaires.

I. — Cette loi, en stipulant une indemnité pour les occupations temporaires auxquelles peuvent donner lieu les opérations nécessaires à l'*étude de projets de travaux publics*, contient une disposition nouvelle.

Ces opérations ne peuvent être faites qu'en vertu d'un *arrêté préfectoral* qui indique les communes sur le territoire desquelles les études doivent être faites et qui est affiché à la mairie de ces communes dix jours au moins avant que les agents de l'administration ou les personnes déléguées par elles puissent pénétrer dans les propriétés privées.

En outre, elles *ne peuvent être autorisées à l'intérieur des maisons d'habitation.* — Il ne peut pas être abattu d'arbres fruitiers, d'ornement ou de haute futaie avant qu'un accord amiable ne soit établi sur leur valeur, ou qu'à défaut de cet accord, il ait été procédé à une constatation contradictoire destinée à fournir les éléments nécessaires pour l'évaluation des dommages.

Enfin, si les opérations sont faites dans des *propriétés closes autres que des maisons d'habitation*, elles ne doivent avoir lieu que cinq jours après notification de l'arrêté au propriétaire ou, en son absence, au gardien de la propriété. — A défaut de gardien connu demeurant dans la commune, le délai ne court qu'à partir de la notification au propriétaire faite à la mairie; ce délai expiré, si personne ne se présente pour permettre l'accès, les agents ou particuliers peuvent entrer avec l'assistance du juge de paix.

L'*indemnité* doit être *égale* au *dommage* causé par les études. *A défaut d'entente amiable*, elle est réglée par le *Conseil de préfecture* en suivant la procédure ordinaire employée devant ce tribunal administratif (article 1er).

II. — La loi innove encore sur plusieurs points, touchant la *servitude d'occupation temporaire de ramassage de matériaux*, de *fouilles*, de *dépôt de terre*, d'*extraction de matériaux*. Elle confirme aussi le décret du 8 février 1866. (Voy. le *Dictionnaire :* TRAVAUX PUBLICS, 2.)

Voici les principales dispositions de la loi relatives à cette servitude :

1. — Aucune opération temporaire de terrain ne peut être autorisée à l'intérieur des propriétés *attenant aux habitations et closes par des murs ou par des clôtures équivalentes*, suivant les usages du pays (article 2).

2. — Lorsqu'il y a lieu d'*occuper temporairement* un terrain, pour tout objet relatif à l'*exécution* de travaux publics, civils ou militaires, cette occupation est autorisée par *un arrêté du préfet* indiquant le nom de la commune où le territoire est situé, les numéros que les parcelles dont il se compose portent sur le plan cadastral, et le nom du propriétaire tel qu'il est inscrit sur la matrice des rôles.

Cet arrêté indique d'une façon

précise les travaux à raison desquels l'occupation est ordonnée, les surfaces sur lesquelles elle doit porter, la nature et la durée de l'occupation et la voie d'accès.

Un plan parcellaire désignant par une teinte les terrains à occuper est annexé à l'arrêté, à moins que l'occupation n'ait pour but exclusif le ramassage de matériaux (art. 3).

Le préfet envoie ampliation de son arrêté, et du plan annexé au chef de service public compétent et au maire de la commune.

Si l'administration ne doit pas occuper elle-même le terrain, le chef de service compétent remet une copie certifiée de l'arrêté à la personne à laquelle elle a délégué ses droits.

Le maire notifie l'arrêté avec copie du plan, soit au propriétaire du terrain, s'il est domicilié dans la commune, ou à défaut au fermier, locataire, gardien ou régisseur de la propriété; s'il n'y a dans la commune personne ayant qualité pour recevoir la notification, elle sera faite par lettre chargée au propriétaire.

L'arrêté et le plan parcellaire restent déposés à la mairie pour être communiqués sans déplacement aux intéressés, sur leur demande (article 4).

Après l'accomplissement des formalités qui précèdent et à défaut de convention amiable, le chef de service ou la personne à laquelle l'administration a délégué ses droits, fait au propriétaire du terrain, préalablement à toute occupation du terrain désigné, une *notification* par lettre recommandée, indiquant le jour et l'heure où il compte se rendre sur les lieux ou s'y faire représenter.

Il l'invite à s'y trouver ou à s'y faire représenter lui-même pour procéder contradictoirement à la *constatation de l'état des lieux*.

En même temps, il informe par écrit le maire de la commune de la notification faite par lui au propriétaire.

Lorsque l'occupation temporaire a pour objet *exclusif* le *ramassage des matériaux* à la surface du sol, les notifications individuelles sont remplacées par des *notifications collectives* par voie d'*affichage* et de *publication* à son de caisse ou de trompe dans la commune.

Entre la notification individuelle ou collective, il doit y avoir un intervalle de dix jours au moins (art. 5 et 6).

3. — Si le propriétaire ne se fait pas représenter sur les lieux, le maire lui désigne d'office un représentant.

Si les parties ou représentants sont d'accord, les travaux autorisés par l'arrêté peuvent être commencés aussitôt. En cas de désaccord sur l'état des lieux, la partie la plus diligente saisit le *Conseil de préfecture* et les travaux pourront commencer aussitôt que le Conseil aura rendu sa décision (article 7).

4. — Tout arrêté qui autorise une occupation temporaire est *périmé* de plein droit, s'il n'est suivi d'exécution dans les *six mois* de sa date (art. 8).

L'occupation temporaire ne peut être ordonnée pour un délai supérieur à 5 *ans*. Elle ne peut être *prolongée* au delà de ce délai *que par un accord amiable;* autrement l'administration devra procéder à l'*expropriation* du terrain sur la demande du propriétaire (article 9).

5. — Immédiatement après la fin de l'occupation temporaire des terrains et à la fin de chaque campagne, si les travaux doivent durer plusieurs années, la partie la plus diligente, à défaut d'accord amiable sur l'indemnité, saisit le Conseil de préfecture pour obtenir le règlement de cette indemnité (art. 10).

Avant qu'il soit procédé au règlement de l'indemnité, le *propriétaire* figurant dans l'instance ou dûment appelé est *tenu de mettre lui-même en cause* ou de *faire connaître* à la partie adverse, soit par la demande introductive d'instance, soit dans un délai de quinzaine à compter de l'assignation qui lui est donnée, les *fermiers*, les *locataires*, les *colons partiaires*, *ceux qui ont des droits d'usufruit ou d'usages* tels qu'ils sont réglés par le Code civil et *ceux qui peuvent réclamer des servitudes* résultant des titres mêmes du propriétaire ou d'autres actes dans lesquels il serait intervenu; *sinon*, il reste *seul chargé* envers eux des indemnités que ces derniers pourront réclamer (art. 11).

Néanmoins, en cas d'*insolvabilité* du propriétaire, les tiers dénommés à l'article précédent ont, pendant un délai de 2 ans depuis la cessation de l'occupation, *recours subsidiaire* contre l'administration ou la personne à laquelle elle a délégué ses droits, à moins que l'arrêté autorisant l'occupation n'ait été affiché dans la commune et inséré dans un journal de l'arrondissement, ou, à défaut, dans un journal du département (art. 12).

Dans l'*évaluation de l'indemnité*, il doit être tenu compte *tant du dommage fait à la surface que de la valeur des matériaux extraits*. La valeur des matériaux sera estimée d'après les prix courants sur place, abstraction faite de l'existence et des besoins de la route pour laquelle ils sont pris, ou des constructions auxquelles on les destine, et en tenant compte des frais de découverte et d'exploitation.

Les matériaux n'ayant d'autre valeur que celle qui résulte du travail de ramassage ne donnent lieu à indemnité que pour le dommage causé à la surface (art. 13).

Si l'exécution des travaux doit *procurer une augmentation de valeur immédiate et spéciale* à la propriété, cette augmentation sera *prise en considération* dans l'évaluation du montant de l'indemnité (art. 14).

Les constructions, plantations et améliorations ne donneront lieu à aucune indemnité lorsque, à raison de l'époque où elles auront été faites, ou de toute autre circonstance, il peut être établi qu'elles ont été faites dans le but d'obtenir une indemnité plus élevée (art. 15).

6. — Les matériaux dont l'extraction est autorisée ne peuvent, sans le consentement écrit du propriétaire, être employés, soit à l'exécution de travaux privés, soit à l'exécution de travaux publics autres que ceux en vue desquels l'autorisation a été accordée.

En cas d'infraction, le contrevenant paye la valeur des matériaux extraits et est puni correctionnellement d'une amende, savoir : par charretée ou tombereau, de 10 à 30 francs par chaque bête attelée; par charge de bête de somme, de 5 à 15 francs; par charge d'homme, de 2 à 6 francs.

Les mêmes peines sont applicables au cas où l'extraction n'aurait pas été précédée de l'autorisation administrative.

Il peut être fait application de l'article 463 du Code pénal (circonstances atténuantes) (art. 16).

7. — L'*action en indemnité* des propriétaires ou autres ayants droit est prescrite par un délai de 2 *ans* à compter du moment où cesse l'occupation (art. 17).

Les propriétaires des terrains et les autres ayants droit ont, pour le recouvrement des indemnités qui leur sont dues, *privilège et préférence à tous les créanciers* sur les *fonds déposés dans les caisses publiques*, pour être délivrés aux entrepreneurs ou autres personnes auxquelles l'administration a délégué ses droits.

En cas d'*insolvabilité* de ces personnes, ils ont un *recours subsidiaire* contre l'administration, qui doit les indemniser intégralement (art. 18).

Tous les actes faits en vertu de la présente loi seront *visés pour timbre et enregistrés gratis*, quand il y aura lieu à la formalité de l'enregistrement (art. 19).

V

VÉLOCIPÈDE. — (Loi du 26 avril 1893, art. 10 à 18.) — 1. — Une taxe annuelle de 10 *francs* est perçue, depuis le 1er juin 1893, par chaque vélocipède ou appareil analogue.

Sont *affranchis* de cette taxe : 1° les vélocipèdes *possédés par les marchands et exclusivement destinés à la vente*, et 2° ceux qui sont *possédés* en *conformité des règlements* militaires ou administratifs.

Les vélocipèdes possédés par les loueurs et destinés à la location sont imposables.

2. — La taxe est due dans la commune où les vélocipèdes séjournent le plus habituellement. Les contribuables sont tenus de faire à la mairie de cette commune la déclaration de leurs vélocipèdes imposables, sous peine de payer *double droit* en cas de *non-déclaration* ou de *déclaration tardive*.

Cet impôt est établi au profit de l'Etat ; toutefois il est attribué aux communes un quart du produit de la taxe, déduction faite des cotes ou portions de cotes allouées en dégrèvement.

3. — Lorsque des vélocipèdes sont possédés par des personnes majeures ou mineures ne jouissant pas de leurs droits, la taxe est imposée au nom des père, mère, tuteur ou curateur de ces personnes et recouvrée sur eux.

TABLE DES MATIÈRES

A

B

C

SAINT-CLOUD. — IMPRIMERIE BELIN FRÈRES.

www.ingramcontent.com/pod-product-compliance
Lightning Source LLC
LaVergne TN
LVHW020951300926
849160LV00007B/111